DICTIONNAIRE FRANÇAIS

ET

GÉOGRAPHIQUE,

CONTENANT,

OUTRE TOUS LES MOTS DE LA LANGUE FRANÇAISE,
DES SCIENCES ET DES ARTS,

LA NOMENCLATURE

DE TOUTES LES COMMUNES DE FRANCE

ET DES VILLES LES PLUS REMARQUABLES DU MONDE;

L'INDICATION DES PRINCIPAUX ÉTABLISSEMENS PUBLICS, PRÉFECTURES,
SOUS-PRÉFECTURES, COURS, TRIBUNAUX, BIBLIOTHÈQUES, MUSÉES,
BUREAUX D'ENREGISTREMENT ET DE POSTE, ETC.,

ET CELLE NON MOINS INTÉRESSANTE DU GENRE DE PRODUCTION ET DE
COMMERCE DE CHAQUE LOCALITÉ;

PAR M. BABAULT,

AUTEUR DU DICTIONNAIRE DES THÉATRES.

II.

PARIS,

CHEZ L'AUTEUR, RUE DES MARAIS-SAINT-MARTIN, 31,
ET CHEZ ÉDOUARD LEGRAND ET J. BERGOUNIOUX, LIBRAIRES,
QUAI DES AUGUSTINS, 59.

1836.

DICTIONNAIRE FRANÇAIS

ET

GÉOGRAPHIQUE.

IMPRIMERIE DE MADAME POUSSIN,
rue Mignon, 2, F.-S.-G.

DICTIONNAIRE
FRANÇAIS

CONTENANT,

OUTRE TOUS LES MOTS DE LA LANGUE FRANÇAISE,
DES SCIENCES ET DES ARTS,

LA NOMENCLATURE

DE TOUTES LES COMMUNES DE FRANCE;

L'INDICATION DES PRINCIPAUX ÉTABLISSEMENS PUBLICS, PRÉFECTURES, SOUS-PRÉFECTURES, COURS, TRIBUNAUX, BIBLIOTHÈQUES, MUSÉES, BUREAUX D'ENREGISTREMENT ET DE POSTE, etc., etc.,
ET CELLE NON MOINS INTÉRESSANTE DU GENRE DE PRODUCTION ET DE COMMERCE DE CHAQUE LOCALITÉ.

I.

IAM

I, s. m. Neuvième lettre de l'alphabet, troisième voyelle. Mettre les points sur les —, être dans ce qu'on fait d'une exactitude minutieuse, ne rien omettre. Fig.

IACCHUS, s. m. Nom qu'on donnait à Bacchus dans la célébration des bacchanales, parce qu'on y faisait beaucoup de bruit. T. de myth. —, ouistiti, sorte de petit singe du Brésil. T. d'hist. nat.

IACHAGOGUES, s. m. pl. C'est ainsi qu'on nommait ceux qui portaient la statue de Bacchus dans les fêtes d'Éleusis. T. de myth.

IACHT, s. m. Voy. YACHT.

IALÈME, s. m. Sorte d'élégie, de complainte, dans l'ancienne Grèce.

IAMBE, s. f. Fille de Pan et d'Écho, qui sut consoler Cérès de la perte de sa fille, et adoucir sa douleur par des contes plaisans dont elle l'entretenait. On lui attribue l'invention des vers ïambiques. T. de myth. —, s. m. Pied de vers grec ou latin composé d'une brève et d'une longue. —, adj. Se dit des vers composés d'ïambes; vers ïambes. T. de poés.

IAT

IAMBICE, s. m. Espèce de cythare, de lyre triangulaire des Hébreux et des Grecs.

IAMBIQUE, adj. Composé d'ïambes; vers ïambique. T. de poés.

IASSE, s. m. Insecte hémiptère. T. d'hist. nat.

IATRALEPTE, s. m. Médecin qui prétendait guérir par les frictions, les fomentations, les onguens. T. de chir. —, valet qui frictionnait les athlètes. T. d'antiq.

IATRALEPTIQUE, s. f. Partie de la chirurgie qui traite des frictions, des linimens et des onguens. T. de chir.

IATRIQUE, adj. Qui est relatif à la médecine; art ïatrique.

IATROCHIMIE, s. f. Chimie appliquée à la médecine.

IATROCHIMIQUE, adj. Qui appartient à la chimie médicale. Médecin —, qui se borne à l'emploi des remèdes chimiques.

IATROCHIMISTE, s. m. Médecin chimiste.

IATROPHA, s. m. Arbre de la famille des tithymaloïdes. T. de bot.

IATROPHYSIQUE, s. f. Physique médicale.

IBALIE, s. f. Insecte hyménoptère gallicole. T. d'hist. nat.

IBARRE, s. f. Com. du dép. des Basses-Pyrénées, cant. d'Iholdy, arr. de Mauléon. = St.-Palais.

IBARROLLE, s. f. Com. du dép. des Basses-Pyrénées, cant. d'Iholdy, arr. de Mauléon. = St.-Palais.

IBDARE, s. m. Poisson du genre du cyprin. T. d'hist. nat.

IBERE, s. f. Hélice, coquillage terrestre. T. d'hist. nat. —, s. m. pl. Les anciens habitans de l'Espagne.

IBÉRIDE, s. f. Genre de plantes crucifères. T. de bot.

IBÉRIE, s. f. L'Espagne dans l'antiquité.

IBIARE ou IBIJARE, s. m. petit serpent d'Amérique très dangereux. T. d'hist. nat.

IBIBE, s. m. Petit serpent de la Caroline. T. d'hist. nat.

IBIBOBOCA, s. m. Serpent du Brésil. T. d'hist. nat.

IBIGNY, s. m. Com. du dép. de la Meurthe, cant. de Réchicourt-le-Château, arr. de Sarrebourg. = Blâmont.

IBIJAU, s. m. Tette-chèvre, oiseau du Brésil. T. d'hist. nat.

IBIRA, s. m. Arbre de la Guiane. T. de bot.

IBIRACOA, s. m. Serpent du Brésil, dont la morsure est très dangereuse. T. d'hist. nat.

IBIRA-PITANGA, s. m. Arbre d'Amérique, qui produit le bois colorant qu'on nomme bois de Brésil. T. de bot.

IBIS, s. m. Espèce de courlis, oiseau échassier qui vit d'insectes, de coquillages, de poissons, et même de serpens. T. d'hist. nat.

IBITIN, s. m. Serpent des îles Philippines. T. d'hist. nat.

IBOS, s. m. Com. du dép. des Hautes-Pyrénées, cant. et arr. de Tarbes. = Tarbes.

ICAQUIER ou ICAQUE, s. m. Prunier des Antilles, dont le fruit est astringent. T. de bot.

ICASTIQUE, adj. f. Pleine d'images ; poésie icastique.

ICELUI, ICELLE, pronom relatif. Celui, celle dont on a déjà parlé. T. de procéd. (Vi.)

ICHNANTHE, s. f. Plante graminée de l'Amérique méridionale. T. de bot.

ICHNEUMON, s. m. Espèce de rat qui tue les crocodiles, et dont les Égyptiens avaient fait un dieu. —, genre d'insectes hyménoptères qui percent le corps de la chenille pour y déposer leurs œufs.

ICHNEUMONIDES, s. m. pl. Insectes hyménoptères, de la famille des ichneumons. T. d'hist. nat.

ICHNOGRAPHIE, s. f. Plan géométral d'un édifice.

ICHNOGRAPHIQUE, adj. Qui appartient à l'ichnographie.

ICHOR, s. m. (mot lat.). Sanie âcre, pus séreux qui découle des ulcères, particulièrement de ceux qui se forment aux articulations, aux ligamens, aux tendons et aux nerfs. T. de chir.

ICHOREUX, EUSE, adj. Séreux et âcre, en parlant du pus. T. de chir.

ICHOROÏDE, s. f. Sécrétion cutanée semblable à la sanie des ulcères. T. de méd.

ICHTRATZHEIM, s. m. Com. du dép. du Bas-Rhin, cant. de Geispolsheim, arr. de Strasbourg. = Strasbourg.

ICHTYITE, s. f. Pierre dans la cavité de laquelle on voit la figure d'un poisson. T. d'hist. nat.

ICHTYOCOLLE, s. m. Grand esturgeon. —, s. f. Colle faite avec les membranes de ce poisson.

ICHTYODONTES, s. m. pl. Dents de poissons pétrifiées. T. d'hist. nat.

ICHTYOLITHES, s. m. pl. Poissons pétrifiés ; pierres chargées d'empreintes de poissons. T. d'hist. nat.

ICHTYOLOGIE, s. f. Partie de la zoologie relative aux poissons.

ICHTYOLOGIQUE, adj. Qui appartient à l'histoire naturelle des poissons.

ICHTYOLOGISTE, s. m. Naturaliste qui écrit sur les poissons.

ICHTYOMANCIE, s. f. Divination qui s'opérait en consultant les entrailles des poissons.

ICHTYOMORPHES ou ICHTYOTYPOLITHES, s. f. pl. Pierres offrant des empreintes de poissons. T. d'hist. nat.

ICHTYOPHAGE, s. et adj. Qui ne vit que de poissons.

ICHTYOPHTALMITE, s. f. Pierre imitant l'œil d'un poisson.

ICHTYOSARCOLITHIE, s. f. Coquille fossile. T. d'hist. nat.

ICHTYOSE, s. f. Maladie de peau, espèce de dartres. T. de méd.

ICHTYOSPONDYLES, s. f. pl. Pétrifications qui offrent des vertèbres de poissons. T. d'hist. nat.

ICHTYPÉRIE, s. f. Odontopètre ; pétrification de dents, de poissons. T. d'hist. nat.

ICHY, s. m. Com. du dép. de Seine-et-Marne, cant. de Château-Landon, arr. de Fontainebleau. = Nemours.

ICI, adv. de lieu, de temps. En ce lieu-ci, en cet endroit; en ce temps-ci, en ce moment-ci. — se joint avec de, par, jusque; d'ici, par ici, jusqu'ici. — près, à côté. — bas, dans ce bas monde.

ICIQUIER, s. m. Plante de la famille des balsamiers. T. de bot.

ICHOUX, s. m. Village du dép. des Landes, cant. de Parentis-en-Born, arr. de Mont-de-Marsan. = Lypostey.

ICLON, s. m. Com. du dép. de la Seine-Inférieure, cant. de Fontaine, arr. d'Yvetot. = St.-Valery-en-Caux.

ICOGLAN, s. m. Page du grand-seigneur, de l'empereur turc.

ICONANTIDIPTYQUE, adj. f. Se dit de la lunette diplantidienne. T. d'opt.

ICONIQUE, adj. f. Elevée en l'honneur de celui qui avait été trois fois vainqueur dans les jeux sacrés; statue iconique. T. d'antiq.

ICONOCLASTE, s. m. Briseur d'images, hérétique.

ICONOGRAPHE, s. m. Antiquaire qui se livre à la description des images, des anciens monumens.

ICONOGRAPHIE, s. f. Description des images, des tableaux, des monumens antiques.

ICONOGRAPHIQUE, adj. Qui appartient à la description des monumens antiques, à l'iconographie.

ICONOLÂTRE, s. m. Adorateur des images; nom donné aux catholiques par les iconoclastes.

ICONOLOGIE, s. f. Interprétation des images, des monumens antiques.

ICONOLOGIQUE, adj. Qui a rapport à l'interprétation des images, à l'iconologie.

ICONOLOGUE, s. m. Savant qui donne l'explication des images, des monnaies antiques, etc.

ICONOMAQUE, s. m. Iconoclaste, hérétique, opposé au culte des images.

ICONOPHILE, s. et adj. Adorateur des images, catholique.

ICOSAÈDRE, s. m. Solide régulier dont la surface est composée de vingt triangles équilatéraux. T. de géom.

ICOSANDRIE, s. f. Douzième classe des végétaux dont les fleurs ont vingt étamines et plus. T. de bot.

ICOSANDRIQUE, adj. Qui appartient à la classe des végétaux compris dans l'icosandrie. T. de bot.

ICTÈRE, s. m., ou ICTÉRICIE, s. f. Épanchement de la bile; la jaunisse. T. de méd.

ICTÉRIQUE, adj. Se dit et des malades qui ont la jaunisse et des remèdes qui guérissent cette maladie. T. de méd.

ICTÉROCÉPHALE, s. m. Guêpier à tête jaune, oiseau qui mange les mouches. T. d'hist. nat.

ICTINIE, s. f. Genre d'oiseaux de proie, d'accipitrins. T. d'hist. nat.

ICTIS, s. m. Espèce de martre de Sardaigne, belette des anciens. T. d'hist. nat.

IDA, s. f. Montagne fameuse de la Phrygie où Pâris, le ravisseur d'Hélène, ayant à prononcer entre Junon, Minerve et Vénus, adjugea la pomme à cette dernière. Le mont Ida est situé dans les environs de l'ancienne Troie.

IDATIDE, s. m. Ver qui pénètre dans les chairs, qui s'y loge. T. d'hist. nat.

IDAUX, s. m. Com. du dép. des Basses-Pyrénées, cant. et arr. de Mauléon. = Mauléon.

IDE, s. m. Poisson d'eau douce du genre du cyprin. T. d'hist. nat.

IDÉAL, E, adj. Qui n'existe qu'en idée; imaginaire, chimérique, fantastique. —, s. m. Qualité, perfection que crée l'imagination.

IDÉALISME, s. m. Système de ceux qui voient en Dieu les idées de toutes choses, l'opposé de matérialisme.

IDÉE, s. f. Perception, image qui frappe l'imagination et que développe l'esprit. —, vision, chimère, fantôme de l'imagination. —, opinion, croyance; pensée, conception; croquis, esquisse d'un ouvrage. —, notions que l'esprit se forme d'une chose; bonne, mauvaise idée, idée fausse, claire, confuse, etc.

IDÉEN, NE, adj. Qui est originaire du mont Ida, qui appartient à ce mont fameux. —, surnom donné à Jupiter, parce qu'il fut nourri et élevé sur le mont Ida.

IDEM, s. m. Mot latin qui signifie le même, et s'emploie pour éviter la répétition de ce qu'on vient de dire ou écrire.

IDENTIFIÉ, E, part. Compris sous une même idée, sous une même nature, en parlant de deux ou plusieurs choses.

IDENTIFIER, v. a. Comprendre deux choses sous une même idée, sous une même nature. S'—, v. pron. Confondre son être, son existence avec celle d'un autre.

IDENTIQUE, adj. Le même; compris sous une même idée; qui ne fait qu'un avec un autre; parfaitement égal, semblable.

IDENTIQUEMENT, adv. D'une manière identique.

IDENTITÉ, s. f. Qualité de ce qui est identique; conformité, ressemblance parfaite; réunion de deux choses sous une même idée, une même nature.

IDEOGRAPHIQUE, adj. Qui exprime une idée. T. inus.

IDÉOLOGIE, s. f. Métaphysique des idées ; rêverie métaphysique.

IDÉOLOGUE, s. m. adj. Métaphysicien ; se dit souvent en mauvaise part.

IDERNES, s. f. Com. du dép. des Basses-Pyrénées, cant. de Lembeye, arr. de Pau. = Pau.

IDES, s. f. Com. du dép. du Cantal, cant. de Saignes, arr. de Mauriac. = Bort.

IDES, s. f. pl. Chez les anciens Romains, le quinze de mars, de mai, de juillet, d'octobre, et le treize des autres mois. — de mars, le jour où César fut assassiné en plein sénat.

IDES-ST.-ROCH, s. f. Com. du dép. du Cher, cant. du Châtelet, arr. de St.-Amand. = Linières.

IDEUC (St.-), s. m. Village du dép. d'Ille-et-Vilaine, cant. et arr. de St.-Malo. = St.-Malo.

IDIOCRASE, s. f. Voy. IDIOSYNCRASIE.

IDIO-ÉLECTRIQUE, adj. Susceptible d'être électrisé par frottement. T. de phys.

IDIOGYNES, adj. f. pl. Séparées du pistil, en parlant des étamines des plantes. T. de bot.

IDIOLÂTRE, s. et adj. Égoïste, qui n'aime que soi.

IDIOLÂTRIE, s. f. Égoïsme, amour-propre désordonné, idolâtrie de sa personne.

IDIOME, s. m. Langue particulière à une nation, langage d'une province, dialecte, patois.

IDIOMÈLE, s. m. Verset grec qui n'est pas tiré de l'Écriture.

IDIOMORPHE, s. et adj. Fossile animal ou végétal. T. d'hist. nat.

IDIOPATHIE, s. f. Maladie particulière à une partie du corps. —, inclination pour une chose, etc.

IDIOPATHIQUE, adj. Se dit des affections particulières aux parties qu'elles attaquent, et qui ne sont causées par aucune autre maladie, comme l'épilepsie idiopathique qui provient des vices du cerveau. T. de méd.

IDIOPROXÈNE, s. m. Athénien qui exerçait l'hospitalité envers un étranger, et le traitait à ses frais.

IDIOSYNCRASIE, s. f. Manière d'être ; disposition particulière qui résulte du tempérament. T. de méd.

IDIOT, E, s. et adj. Sot, stupide, imbécille, qui n'a pas d'idées.

IDIOTISME, s. m. Stupidité, imbécillité, privation des facultés intellectuelles, démence originaire. —, locution contraire aux règles de la grammaire, mais particulière à une langue.

IDOCRASE, s. f. Hyacinthe brune, pierre volcanique. T. d'hist. nat.

IDOINE, adj. Qui a qualité, qui est propre, qui est habile à contracter. T. de procéd. (Vi.)

IDOLÂTRE, s. et adj. Qui adore les idoles, les faux dieux ; qui rend un culte divin à la créature ; passionné, qui aime éperdument, avec idolâtrie.

IDOLÂTRÉ, E, part. Aimé avec idolâtrie.

IDOLÂTRER, v. a. Aimer passionnément, éperdument, avec idolâtrie. —, v. n. Adorer les idoles, les faux dieux. S'—, v. pron. N'aimer que soi. S'—, v. récip. S'adorer mutuellement, être vivement épris, idolâtres l'un de l'autre.

IDOLÂTRIE, s. f. Adoration des idoles, culte des faux dieux, le paganisme. —, amour excessif. Fig.

IDOLÂTRIQUE, adj. Qui concerne l'idolâtrie.

IDOLE, s. f. Figure, statue d'une fausse divinité qui est l'objet d'un culte ; fausse divinité. —, homme qui jouit d'une excessive popularité, que la multitude encense. —, objet d'une passion extrême. Fig. —, belle femme sans vivacité, sans grâce, sans esprit ; personne niaise, stupide. Fig. et iron. — des Maures, poisson du genre du chétodon. T. d'hist. nat. — des nègres, serpent boa, étouffeur. Voy. DEVIN.

IDOMÉNÉE, s. m. Petit-fils de Minos, roi de Crète, l'un des héros de l'Iliade d'Homère. Chassé de son royaume, parce qu'il avait sacrifié son fils pour accomplir un vœu imprudent qu'il avait fait dans une tempête, lors de son retour de Troie, il alla fonder un nouvel empire dans la Calabre, et rendit son peuple heureux. T. de myth.

IDOTÉE, s. f. Crustacé isopode. T. d'hist. nat.

IDRAC, s. m. Com. du dép. du Gers, cant. et arr. de Mirande. = Mirande.

IDRON, s. m. Com. du dép. des Basses-Pyrénées, cant. et arr. de Pau. = Pau.

IDS, s. m. Com. du dép. de l'Allier, cant. de Montmarault, arr. de Montluçon. = Montmarault.

IDUMÉE, s. f. Contrée de l'ancienne Syrie.

IDUMÉEN, NE, s. et adj. Habitant de l'Idumée ; qui concerne cette ancienne contrée asiatique.

IDYLLE, s. f. Petit poëme qui tient de l'églogue, et qui offre l'image de la simplicité des mœurs champêtres.

IÈBLE, s. f. Voy. Hièble.

IÉNITE ou JÉNITE, s. m. Substance minérale. T. d'hist. nat.

IÉROSCOPIE, s. f. Divination au moyen des offrandes, ce qui devait nécessairement les multiplier.

IEUSE, s. f. Voy. Yeuse.

IF, s. m. Arbre toujours vert, rameux, conifère, dont les feuilles sont longues et étroites. —, illumination en forme d'if, charpenté qui la supporte.

IFFENDIC, s. m. Com. du dép. d'Ille-et-Vilaine, cant. et arr. de Montfort. = Montfort.

IFFS (les), s. m. pl. Com. du dép. d'Ille-et-Vilaine, cant. de Bécherel, arr. de Montfort. = Bécherel.

IFS, s. m. Com. du dép. du Calvados, cant. et arr. de Caen. = Caen.

IFS (les), s. m. pl. Village du dép. de la Seine-Inférieure, réuni à la com. de Bouville, cant. de Pavilly, arr. de Rouen. = Dieppe.

IFS ou AVIS (les), s. m. pl. Com. du dép. de la Seine-Inférieure, cant. d'Envermeu, arr. de Dieppe. = Dieppe.

IFS-SUR-LAISON, s. m. Com. du dép. du Calvados, cant. de Bretteville-sur-Laise, arr. de Falaise. = Croissanville.

IGÉ, s. m. Com. du dép. de l'Orne, cant. de Bellême, arr. de Mortagne. = Bellême.

IGÉ, s. m. Com. du dép. de Saône-et-Loire, cant. de Cluny, arr. de Mâcon. = Cluny.

IGES, s. f. Com. du dép. des Ardennes, cant. et arr. de Sedan. = Sedan.

IGEST (St.-), s. m. Com. du dép. de l'Aveyron, cant. d'Asprières, arr. de Villefranche. = Villefranche.

IGEST (St.-), s. m. Com. du dép. de l'Aveyron, cant. de St.-Sernin, arr. de St.-Affrique. = St.-Sernin.

IGNAME, s. f. Plante exotique, genre de smilacées dont la racine se mange. T. de bot.

IGNAN (St.-), s. m. Com. du dép. de la Haute-Garonne, cant. et arr. de St.-Gaudens. = St.-Gaudens.

IGNARE, adj. Ignorant. T. fam.

IGNAT (St.-), s. m. Com. du dép. du Puy-de-Dôme, cant. d'Ennezat, arr. de Riom. = Maringues.

IGNAUCOURT, s. m. Com. du dép. de la Somme, cant. de Moreuil, arr. de Montdidier. = Corbie.

IGNAUVILLE, s. f. Com. du dép. de la Seine-Inférieure, cant. de Fécamp, arr. du Hâvre. = Fécamp.

IGNAUX, s. m. Com. du dép. de l'Ariège, cant. d'Ax, arr. de Foix. = Tarascon-sur-Ariège.

IGNE (St.-), s. m. Village du dép. de Tarn-et-Garonne, cant. de St.-Antonin, arr. de Montauban. = St.-Antonin.

IGNÉ, E, adj. Qui est de feu ou de sa nature.

IGNÉOLOGIE, s. f. Voy. Pyrologie.

IGNESCENT, E, adj. Igné, embrasé. T. inus.

IGNEUC (St.-), s. m. Com. du dép. des Côtes-du-Nord, cant. de Jugon, arr. de Dinan. = Broons.

IGNEY, s. m. Com. du dép. de la Meurthe, cant. de Réchicourt-le-Château, arr. de Sarrebourg. = Blâmont.

IGNEY, s. m. Com. du dép. des Vosges, cant. de Châtel, arr. d'Epinal. = Charmes.

IGNICOLE, s. et adj. Adorateur du feu.

IGNIFÈRE, s. et adj. Qui transmet le feu, qui le porte.

IGNITION, s. f. Etat d'un métal rougi par le feu; action de le porter à ce degré de chaleur. T. de chim.

IGNIVOME, adj. Qui vomit le feu, volcanique. T. inus.

IGNIVORE, s. et adj. Qui avale du feu; se dit des charlatans.

IGNOBLE, adj. Vil, honteux, qui marque la bassesse de l'extraction.

IGNOBLEMENT, adv. D'une manière ignoble.

IGNOL, s. m. Com. du dép. du Cher, cant. de Nérondes, arr. de St.-Amand. = Villequiers.

IGNOMINIE, s. f. Honte, déshonneur, avilissement, opprobre, infamie.

IGNOMINIEUSEMENT, adv. Avec ignominie; d'une manière avilissante.

IGNOMINIEUX, EUSE, adj. Déshonorant, avilissant, infamant.

IGNORAMMENT, adv. Avec ignorance.

IGNORANCE, s. f. Défaut d'instruction, de savoir; incapacité, impéritie.

IGNORANT, E, s. et adj. Illettré, qui est sans instruction, sans savoir. —, incapable, maladroit. —, qui ignore une chose, un fait, qui n'en est pas instruit.

IGNORANTIFIANT, E, adj. Qui rend ignorant. T. inus.

IGNORANTIFIÉ, E, adj. Rendu ignorant.

IGNORANTIN, s. m. Nom grossier que le bas-peuple donne aux frères des écoles chrétiennes.

IGNORANTISSIME, adj. Très ignorant. T. fam.

IGNORÉ, E, part. Qui n'a pas été su, n'a pas été connu. —, adj. Inconnu, obscur.

IGNORER, v. a. Ne savoir pas, ne pas connaître. —, n'être pas instruit, informé. S'—, v. pron. Ne pas se connaître.

IGNY, s. m. Com. du dép. de la Haute-Saône, cant. et arr. de Gray. = Gray.

IGNY, s. m. Com. du dép. de Seine-et-Oise, cant. de Palaiseau, arr. de Versailles. = Palaiseau.

IGNY-DE-ROCHE (St.-), s. m. Com. du dép. de Saône-et-Loire, cant. de Chauffailles, arr. de Charolles. = La Clayette.

IGNY-DE-VERS (St.-), s. m. Com. du dép. du Rhône, cant. de Monsol, arr. de Villefranche. = Beaujeu.

IGNY-LE-JARD, s. m. Com. du dép. de la Marne, cant. de Dormans, arr. d'Epernay. = Dormans.

IGON, s. m. Com. du dép. des Basses-Pyrénées, cant. de Clarac, arr. de Pau. = Pau.

IGORNAY, s. m. Com. du dép. de Saône-et-Loire, cant. de Lucenay-l'Evêque, arr. d'Autun. = Autun.

IGOVILLE, s. f. Com. du dép. de l'Eure, cant. de Pont-de-l'Arche, arr. de Louviers. = Pont-de-l'Arche.

IGUAN ou IGUANE, s. m. Genre de lézards des Indes, dont la chair est fort estimée. T. d'hist. nat.

IGUANIENS, s. m. pl. Reptiles sauriens. T. d'hist. nat.

IGUERANDE, s. f. Com. du dép. de Saône-et-Loire, cant. de Semur, arr. de Charolles. = Marcigny.

IHOLDY, s. m. Com. du dép. des Basses-Pyrénées, chef-lieu de cant. de l'arr. de Mauléon. Bur. d'enregistr. à St.-Palais. = St.-Palais.

IIAIMBO, s. m. Arbrisseau épineux du Brésil. T. de bot.

IL, pron. masc. qui se met devant la troisième personne des verbes, et après, quand la phrase contient une interrogation ; où est-il ?

ÎLE, s. f. Portion de terre entièrement entourée d'eau.

ILÉO-CŒCAL, E, adj. Qui appartient à la valvule iléo-cœcale et au cœcum. T. d'anat.

ILÉO-COLIQUE, adj. Qui appartient à l'iléon et au colon. T. d'anat.

ILÉOLOGIE, s. f. Traité sur les intestins.

ILÉON, s. m. Le troisième et le plus long des intestins grêles, situé en partie sur les os des îles. T. d'anat.

ILÉOSIE, s. f. Colique violente avec convulsion de l'intestin. T. de méd.

ILE-ROUSSE (l'), s. f. Petite ville du dép. de la Corse, chef-lieu de cant. de l'arr. de Calvi. Trib. de Comm. Bur. d'enregist. et de poste. Comm. d'huile d'olive.

ÎLES, s. f. pl. Les deux régions latérales et inférieures du bas-ventre, situées au-dessus des aines et séparées par la région hypogastrique. Os des —, le premier et le plus grand des trois os qui forment le bassin. T. d'anat.

ILÉUS, s. m. Passion iliaque. T. de méd.

ILHARRE, s. m. Com. du dép. des Basses-Pyrénées, cant. de St.-Palais, arr. de Mauléon. = St.-Palais.

ILHES (les), s. f. pl. Com. du dép. de l'Aude, cant. de Mas-Cabardès, arr. de Carcassonne. = Carcassonne.

ILHET, s. m. Com. du dép. des Hautes-Pyrénées, cant. d'Arreau, arr. de Bagnères. = Arreau.

ILHEU, s. m. Com. du dép. des Hautes-Pyrénées, cant. de Mauléon, arr. de Bagnères. = Montrejeau.

ILIADE, s. f. Poème épique d'Homère. —, pl. Les femmes d'Ilion, les Troyennes.

ILIAQUE, adj. Se dit des parties qui concernent les os des îles ; muscles, artères, veines, glandes iliaques. Passion —, maladie violente et dangereuse, douleur très vive qu'on sent particulièrement dans l'intestin iléon. T. de chir.

ILIE (St.-), s. m. Com. du dép. du Jura, cant. et arr. de Dôle. = Dôle.

ILIERGUES, s. f. Village du dép. du Tarn, cant. et arr. d'Albi. = Albi.

ILIO-ABDOMINAL, s. et adj. m. Muscle petit oblique abdominal. T. d'anat.

ILIO-APONÉVROSI-FÉMORAL, s. et adj. Muscle de l'aponévrose fémorale. T. d'anat.

ILIO-COSTAL, s. et adj. m. Muscle carré des lombes. T. d'anat.

ILIODÉES, s. f. pl. Algues. T. de bot.

ILIO-FÉMORAL, E, adj. Voy. Coxo-FÉMORAL.

ILIO-ISCH-TROCHANTÉRIEN, s. et adj. m. Le petit fessier. T. d'anat.

ILIO-LOMBAIRE, adj. Qui appartient au muscle iliaque et aux lombes. T. d'anat.

ILIO-LUMBI-COSTAL, s. et adj. Voy. ILIO-COSTAL.

ILIO-LUMBO-COSTI-ABDOMINAL, s. et adj. Voy. ILIO-ABDOMINAL.

ILION, s. m. Nom de l'ancienne Troye, ville qui fut assiégée et prise par les Grecs confédérés, et qui doit sa célébrité à l'Iliade, poème épique d'Homère. —, os coxal. T. d'anat.

ILIO-PECTINÉE, adj. f. Se dit de l'éminence de la base de l'ilion et du pubis. T. d'anat.

ILIO-PRÉTIBIAL, s. et adj. Muscle couturier. T. d'anat.

ILIO-PUBI-COSTO-ABDOMINAL, s. et adj. Voy. Costo-abdominal.

ILIO-ROTULIEN, s. et adj. m. Muscle grêle antérieur. T. d'anat.

ILIO-SACRO-FÉMORAL, s. et adj. m. Muscle grand fessier. T. d'anat.

ILIO-SACRO-SCIATIQUE ou **ILIO-SCIATIQUE**, adj. m. Se dit d'un ligament qui naît de la tubérosité de l'os des îles, et s'attache à l'ischion et au sacrum. T. d'anat.

ILIO-SCROTAL, s. et adj. m. Rameau nerveux qui se distribue à l'ischion et au scrotum. T. d'anat.

ILIO-TROCHANTÉRIEN (grand et petit), s. et adj. Muscle du moyen et du petit fessier. T. d'anat.

ILIUM, s. m. Voy. Ilion.

ILL (l'), s. m. Rivière dont on trouve la source près de Winckell, dép. du Haut-Rhin, et qui se rend dans le Rhin près de Vautzenau. L'Ill, dont le cours est d'environ 36 l., est navigable depuis le Ladhoff.

ILLAC, s. m. Com. du dép. de la Gironde, cant. de Pessac, arr. de Bordeaux. = Bordeaux.

ILLAN, s. m. Com. du dép. des Hautes-Pyrénées, cant. de Bordères, arr. de Bagnères. = Arreau.

ILLANGE, s. f. Com. du dép. de la Moselle, cant. de Metzervisse, arr. de Thionville. = Thionville.

ILLANKEN, s. m. Poisson du genre du saumon.

ILLAPS, s. m. Extase. T. inus.

ILLARTEIN, s. m. Com. du dép. de l'Ariège, cant. de Castillon, arr. de St.-Gaudens. = St.-Gaudens.

ILLAT, s. m. Com. du dép. de l'Ariège, cant. de Lavelanet, arr. de Foix. = Mirepoix.

ILLATIF, IVE, adj. Dont on infère. T. inus.

ILLATION, s. f. Action de porter; enterrement. T. inus.

ILLATS, s. m. Com. du dép. de la Gironde, cant. de Podensac, arr. de Bordeaux. = Podensac.

ILLE (l'), s. f. Rivière dont la source se trouve non loin de Montreuil, dép. d'Ille-et-Vilaine, arr. de Fougères, et qui se jette dans la Vilaine, à Rennes, après un cours d'environ 9 l.

ILLE, s. f. Petite ville du dép. des Pyrénées-Orientales, cant. de Vinça, arr. de Prades. = Perpignan.

ILLÉCÈBRE, s. m. Plante de la famille des amaranthoïdes. T. de bot.

ILLE-ET-VILAINE, s. f. (dép. d') Chef-lieu, Rennes; six arr. ou sous-préfect.: Rennes, Fougères, Redon, St.-Malo, Vitré et Montfort; 43 cant. ou justices de paix; 350 com.; pop. 553,460 hab. environ. Cour royale, évêché à Rennes; de la 13ᵉ div. milit.; 14ᵉ div. des ponts-et-chaussées; 1ʳᵉ div. des mines; direct. de l'enregist. et des domaines de 2ᵉ classe; du 14ᵉ arr. forestier et de la div. O. des douanes, dont la direct. est à St.-Malo, ainsi que la manuf. royale des tabacs.

Ce dép. maritime est borné au N. par le dép. de la Manche, à l'E. par celui de la Mayenne, au S. par celui de la Loire-Inférieure, et à l'O. par ceux du Morbihan et des Côtes-du-Nord. Il produit froment, orge, avoine, beaucoup de sarrasin, millet, maïs, pommes de terre; châtaignes, tabac de fort bonne qualité, fruits à cidre, lin, chanvre, excellent beurre, fromage façon gruyère; éducation d'abeilles; chevaux, bêtes à cornes, moutons, chèvres, porcs; grand et petit gibier; poissons de mer et d'eau douce, huîtres, soles, homards, cantharides; mines de fer et de plomb; carrières de granit, ardoises, grès à paver et à aiguiser, pouding, argile à potier, terre à crayon pour le dessin, tourbières. Manuf. de toiles à voiles, de toiles de chanvre et d'emballage; fabr. de fil de lin, bonneterie de fil; cordages, filets de pêche; maroquinerie; filatures de coton; forges, fonderies, tanneries, papeteries, faïenceries, verreries, teintureries, blanchisseries de toiles et de cire; construction de navires; entrepôt de sel et de denrées coloniales; armemens pour les Indes, les colonies et pour la pêche de la baleine et de la morue. Les rivières navigables sont: la Vilaine, le Cher et le Couësnon.

ILLEFURTH, s. m. Com. du dép. du Haut-Rhin, cant. et arr. d'Altkirch. = Altkirch.

ILLÉGAL, E, adj. Contraire à la loi.

ILLÉGALEMENT, adv. D'une manière illégale.

ILLÉGALITÉ, s. f. Infraction à la loi, aux formalités qu'elle prescrit.

ILLÉGITIME, adj. Qui n'a pas les conditions voulues par la loi pour être légitime, permis, autorisé. Enfant —, enfant naturel, né hors mariage. Fièvre —, irrégulière. T. de méd.

ILLÉGITIMEMENT, adv. D'une manière illégitime; illicitement.

ILLÉGITIMITÉ, s. f. Caractère de ce qui blesse la légitimité, usurpation.

ILLES-ET-LA-SELVE (les), s. f. pl. Village du dép. des Pyrénées-Orientales, cant. et arr. de Céret. = Céret.

ILLETTRÉ, E, adj. Ignorant, sans instruction, qui n'a aucune connaissance des belles-lettres.

ILLEVILLE-SUR-MONTFORT, s. f. Com. du dép. de l'Eure, cant. de Montfort, arr. de Pont-Audemer. = Pont-Audemer.

ILLHAUSEREN, s. m. Com. du dép. du Haut-Rhin, cant. de Ribeauvillé, arr. de Colmar. = Schélestadt.

ILLIAT, s. m. Com. du dép. de l'Ain, cant. de Thoissey, arr. de Trévoux. = Thoissey.

ILLIBÉRAL, E, adj. Bas, servile; mécanique.

ILLICITE, adj. Qui n'est pas permis; défendu par la loi.

ILLICITEMENT, adv. D'une manière illicite; illégalement, injustement.

ILLIDE (St.-), s. m. Com. du dép. du Cantal, cant. de St.-Cernin, arr. d'Aurillac. = Aurillac.

ILLIER-ET-LA-RAMADE, s. m. Com. du dép. de l'Ariège, cant. de Vicdessos, arr. de Foix. = Tarascon.

ILLIERS, s. m. Com. du dép. d'Eure-et-Loir, chef-lieu de cant. de l'arr. de Chartres. Bur. d'enregist. et de poste. Manuf. de draps, etc.

ILLIERS, s. m. Com. du dép. du Nord, cant. de la Bassée, arr. de Lille. = la Bassée.

ILLIERS-LA-VILLE (St.-), s. m. Com. du dép. de Seine-et-Oise, cant. de Bonnières, arr. de Mantes. = Rosny.

ILLIERS-LE-BOIS, s. m. Com. du dép. de Seine-et-Oise, cant. de Bonnières, arr. de Mantes. = Rosny-sur-Seine.

ILLIERS-L'ÉVÊQUE, s. m. Com. du dép. de l'Eure, cant. de Nonancourt, arr. d'Evreux. = Nonancourt.

ILLIFAUT, s. m. Com. du dép. des Côtes-du-Nord, cant. de Merdrignac, arr. de Loudéac. = Broons.

ILLIMITABLE, adj. Qui ne peut être limité. T. inus.

ILLIMITÉ, E, adj. Sans limites, sans bornes; temps, pouvoir illimité.

ILLINOIS, s. m. L'un des états de l'Amérique du nord. —, pl. Peuplade de l'Amérique septentrionale, sur la rivière de ce nom.

ILLINS-MONS-ET-LUZINAY, s. m. Com. du dép. de l'Isère, cant. et arr. de Vienne. = Vienne.

ILLIPÉ, s. m. Sapotillier, arbre du Malabar. T. de bot.

ILLISIBLE, adj. Qu'on ne peut lire.

ILLITION, s. f. Onction. T. de méd.

ILLITTÉRÉ, E, adj. Qui ne sait pas lire. T. inus.

ILLKIRCH, s. m. Com. du dép. du Bas-Rhin, cant. de Geispolsheim, arr. de Strasbourg. = Strasbourg.

ILLOGIQUE, adj. Inconséquent, contraire aux formes du raisonnement, à la logique. T. inus.

ILLOIS, s. m. Com. du dép. de la Seine-Inférieure, cant. d'Aumale, arr. de Neufchâtel. = Aumale.

ILLOUD, s. m. Com. du dép. de la Haute-Marne, cant. de Bourmont, arr. de Chaumont. = Bourmont.

ILLUMINATEUR, s. m. Particulier qui illumine dans les fêtes publiques; entrepreneur d'illuminations.

ILLUMINATIF, IVE, adj. Qui a la vertu d'éclairer; il ne s'emploie que dans un sens mystique.

ILLUMINATION, s. f. Action d'illuminer, de poser des lampions, des lumières sur les fenêtres des maisons particulières et des édifices publics, en signe d'allégresse; thermomètre de l'opinion publique. —, inspiration, lumière extraordinaire qui vient de Dieu. T. de dévot.

ILLUMINÉ, E, part. Eclairé. —, s. m. Visionnaire, fanatique qui se croit ou se prétend inspiré; charlatan. —, pl. Membres d'une société secrète, professant le théisme et les principes d'indépendance qui tendent à fonder une république universelle.

ILLUMINER, v. a. Eclairer, répandre la lumière. —, mettre des lampions sur les fenêtres en signe de réjouissance publique. —, éclairer l'âme, l'esprit; répandre intérieurement sa lumière divine, en parlant de Dieu. Fig.

ILLUMINISME, s. m. Secte, doctrine des illuminés.

ILLUSION, s. f. Erreur de l'imagination qui se laisse égarer par les sens, charme de la vie, consolation des malheureux; fable ingénieuse prise pour la réalité. —, erreur; chimère. Se faire —, se bercer d'une espérance chimérique.

ILLUSIONNÉ, E, part. Trompé par des illusions. T. inus.

ILLUSIONNER, v. a. Tromper par des illusions; faire illusion. T. inus.

ILLUSOIRE, adj. Captieux, qui tend à faire illusion; vain, frivole, chimérique, imaginaire; inutile, sans effet.

ILLUSOIREMENT, adv. D'une manière illusoire. T. de procéd.

ILLUSTRATEUR, s. m. Poëte qui chante les hauts faits d'un guerrier, qui le rend illustre, fait passer son nom à la postérité. T. inus.

ILLUSTRATION, s. f. Insignes qui distinguent une famille; célébrité acquise par des actions d'éclat, par de grands services rendus à la patrie.

ILLUSTRE, s. et adj. Fameux dans la carrière des armes, dans les hautes fonctions de la magistrature; célèbre par ses talens, ses ouvrages. —, distingué, renommé, en parlant des choses; rang illustre.

ILLUSTRÉ, E, part. Chanté, célébré, rendu illustre.

ILLUSTRER, v. a. Chanter, célébrer, rendre illustre; donner du lustre, de l'éclat. S'—, v. pron. Acquérir une juste célébrité par ses actions ou ses grandes vertus.

ILLUSTRISSIME, adj. Très illustre, vain titre qui n'ajoute rien à l'illustration, et qu'un homme vraiment illustre ne saurait accepter par cela seul qu'il en est digne.

ILLUTATION, s. f. Défaut de ce qui ne peut être nettoyé. —, action d'enduire de boue minérale quelque partie du corps. T. de méd.

ILLY, s. m. Com. du dép. des Ardennes, cant. et arr. de Sedan. = Sedan.

ILLYRIE, s. f. Esclavonie, ancienne contrée d'Europe, bornée au N. par la Pannonie, à l'E. par la Misie, et au S. et à l'O. par la mer Adriatique. Elle s'étendait depuis les frontières de l'Istrie jusqu'à l'embouchure du Drino.

ILLZACH, s. m. Com. du dép. du Haut-Rhin, cant. d'Habsheim, arr. d'Altkirch. = Mulhausen.

ILMU, s. m. Genre de plantes irridées. T. de bot.

ÎLOT, s. m. Petite île.

ILOTES, s. m. pl. Esclaves réduits au plus déplorable état d'abjection que les Lacédémoniens faisaient enivrer, afin d'inspirer à leurs enfans une sorte d'horreur pour l'ivrognerie.

ILOTISME, s. m. Dernier degré de l'abjection, de la servitude; condition des ilotes à Lacédémone ou Sparte.

ILPEMOXTLA, s. m. Espèce de renard de la Nouvelle-Hollande. T. d'hist. nat.

ILPIZE (St.-), s. m. Com. du dép. de la Haute-Loire, cant. de la Voute-Chilhac, arr. de Brioude. = Brioude.

ILUANA, adj. f. Se dit d'une sorte de bol blanc, de terre blanche. T. d'hist. nat.

ILUS, s. m. Fils de Tros et de Callirhoé, donna le nom d'Ilion à la ville de Troie.

IMAGE, s. f. Figure, portrait, représentation en peinture, sculpture, etc. —, idole, statue, tableau, objets d'un culte religieux. —, estampe grossière. —, ressemblance; Dieu a fait l'homme à son image. —, idée, tableau qui frappe l'imagination, qui rappelle des souvenirs. —, métaphore, expression figurée. T. de littér.

IMAGER, ÈRE, s. Fabricant et marchand d'images, d'estampes; enlumineur.

IMAGINABLE, adj. Qu'on peut imaginer; croyable, concevable, vraisemblable.

IMAGINAIRE, adj. Qui n'existe que dans l'imagination; idéal, chimérique. Malade —, espèce d'hypocondriaque qui, comme le personnage de la comédie de Molière, n'a de malade que l'imagination et finit par ruiner sa santé à force de se droguer. —, s. m. Impossible. T. d'algèbre.

IMAGINATIF, IVE, adj. Qui imagine aisément; inventif, industrieux, ingénieux. Puissance, faculté —, par laquelle on imagine. —, s. f. L'imagination.

IMAGINATION, s. f. Faculté de se créer une image des objets qui font impression sur les sens; invention. —, opinion hasardée, vision, chimère. —, idée singulière, folle, extravagante.

IMAGINATIONISTE, s. m. Celui qui croit aux effets de l'imagination sur le fœtus. T. inus.

IMAGINÉ, E, part. Créé, conçu; inventé, trouvé.

IMAGINER, v. a. Créer, se former l'image d'une chose; concevoir, croire, penser, trouver, découvrir, inventer. S'—, v. pron. Croire, juger, penser. S'— que, se figurer, se persuader.

IMAN, s. m. Ministre de la religion mahométane, prêtre, turc, chef d'une mosquée.

IMANAT, s. m. Dignité d'iman.

IMANTELIGME, s. m. Jeu grec qui consistait à délier un nœud fait autour d'un bâton.

IMANTOPÈDE, adj. Se dit des oiseaux dont les cuisses et les jambes fort longues sont à moitié nues. T. d'hist. nat.

IMARET, s. m. Hôpital, maison hospitalière pour les voyageurs et les pauvres en Turquie.

IMATIDIE, s. f. Insecte coléoptère tétramère. T. d'hist. nat.

IMBÉCILLE, s. et adj. Qui est tout-à-fait dépourvu d'intelligence, de sens commun; sot, idiot, stupide.

IMBÉCILLEMENT, adv. D'une manière stupide.

IMBÉCILLITÉ, s. f. Idiotisme, stupidité, privation d'intelligence, de sens commun.

IMBERBE, adj. Qui n'a pas de barbe au menton ; jeune homme imberbe. —, s. m. Poisson du genre de la donzelle. T. d'hist. nat.

IMBIBÉ, E, part. Abreuvé, mouillé, pénétré d'un liquide.

IMBIBER, v. a. Abreuver, arroser, humecter, mouiller, pénétrer d'un liquide. —, donner la première couche. T. de cirier. S'—, v. pron. Absorber, se pénétrer d'un liquide.

IMBIBITION, s. f. Action d'imbiber ; absorption. —, action des plantes qui pompent l'humidité. T. de bot.

IMBLEVILLE, s. f. Com. du dép. de la Seine-Inférieure, cant. de Tôtes, arr. de Dieppe. = Tôtes.

IMBOIRE (s'), v. pron. S'imbiber. T. inus.

IMBRIAQUE, s. et adj. Gris, ivre, pris de vin. T. inus.

IMBRICAIRE, s. f. Genre de plantes cryptogames. T. de bot.

IMBRICÉE, adj. f. Creuse, concave ; se dit d'une tuile.

IMBRIM, s. m. Grand plongeon du nord. T. d'hist. nat.

IMBRIQUÉ, E, adj. Disposé l'un sur l'autre, comme les tuiles d'un toit, en parlant des feuilles, des écailles des poissons et des ailes des oiseaux.

IMBROGLIO, s. m. (mot italien). Embrouillement, confusion, chaos ; intrigue compliquée d'une pièce de théâtre.

IMBSHEIM, s. m. Com. du dép. du Bas-Rhin, cant. de Bouxwiller, arr. de Saverne. = Saverne.

IMBU, E, adj. Rempli, pénétré. —, préoccupé, infatué ; imbu de préjugés. Fig.

IMÉCOURT, s. m. Com. du dép. des Ardennes, cant. de Buzancy, arr. de Vouziers. = Buzancy.

IMFREVILLE, s. f. Com. du dép. de l'Eure, cant. de Bourgthéroulde, arr. de Pont-Audemer. = Bourgthéroulde.

IMITABLE, adj. Qu'on peut imiter ; qui mérite d'être imité.

IMITATEUR, TRICE, s. et adj. Qui imite ; copiste, plagiaire.

IMITATIF, IVE, adj. Qui imite, a la faculté d'imiter.

IMITATION, s. f. Action d'imiter, de copier. —, titre de quelques livres de piété : Imitation de J.-C. A l'—, adv. A l'exemple d'un auteur, d'un peintre, etc.

IMITÉ, E, part. Pris pour modèle, copié.

IMITER, v. a. Prendre pour exemple, pour modèle ; prendre la méthode d'un auteur, la manière d'un artiste. —, contrefaire ; imiter l'écriture. —, copier, singer. T. fam.

IMLING, s. m. Com. du dép. de la Meurthe, cant. et arr. de Sarrebourg. = Sarrebourg.

IMMA, s. m. Ocre rouge dont on se sert pour la teinture.

IMMACULÉ, E, adj. Sans tache de péché ; ne se dit que de la conception de la Vierge.

IMMANENT, E, adj. Qui demeure, constant, continu. T. didact.

IMMANGEABLE, adj. Qui ne peut se manger. T. inus.

IMMANQUABLE, adj. Qui ne peut manquer d'arriver, de réussir ; indubitable, infaillible.

IMMANQUABLEMENT, adv. A coup sûr, infailliblement, sans faute.

IMMARCESSIBLE, adj. Qui ne peut se flétrir, incorruptible. T. didact.

IMMARTYROLOGISÉ, E, part. Inséré au martyrologe. T. inus.

IMMARTYROLOGISER, v. a. Insérer au martyrologe. T. inus.

IMMATÉRIALISÉ, E, part. Supposé immatériel. T. inus.

IMMATÉRIALISER, v. a. Rendre, supposer tout ce qui existe immatériel. T. inus.

IMMATÉRIALISME, s. m. Système de ceux qui professent l'immatérialité.

IMMATÉRIALISTE, s. m. Celui qui nie la matière, qui prétend que tout ce qui existe est esprit, que les sensations sont idéales, et que l'univers ne renferme que des êtres pensans.

IMMATÉRIALITÉ, s. f. Manière d'être, qualité de ce qui n'est pas matière ; spiritualité.

IMMATÉRIEL, LE, adj. Incorporel, purement spirituel, sans aucun mélange de matière.

IMMATÉRIELLEMENT, adv. D'une manière immatérielle.

IMMATRICULATION, s. f. Transcription sur une matricule, sur un registre, un livre.

IMMATRICULE, s. f. Immatriculation, enregistrement.

IMMATRICULÉ, E, part. Enregistré sur une matricule.

IMMATRICULER, v. a. Porter sur une matricule.

IMMÉDIAT, E, adj. Qui agit, prend ou suit sans intermédiaire, sans intervalle.

IMMÉDIATEMENT, adv. D'une manière immédiate, directement. — après, incontinent, aussitôt après.

IMMÉDIATION, s. f. Qualité de ce qui est immédiat. T. inus.

IMMÉDIATITÉ, s. f. Qualité de ce qui est immédiat, dépendance immédiate. T. inus.

IMMÉMORANT, E, adj. Qui a perdu le souvenir, la mémoire. T. inus.

IMMÉMORATIF, IVE, adj. Qui ne se souvient pas. T. inus.

IMMÉMORIAL, E, adj. De la plus haute antiquité, perdu dans la nuit des temps. —, inconnu, dont il ne reste aucun souvenir; de temps immémorial.

IMMENSE, adj. Incommensurable, infini, illimité, dont les bornes sont inconnues. —, très grand, très étendu, très vaste. Prop. et fig. —, énorme, excessif; fortune immense.

IMMENSÉMENT, adv. D'une manière immense; énormément, excessivement.

IMMENSITÉ, s. f. Grandeur, étendue immense.

IMMENSURABLE, adj. Qu'on ne peut mesurer, incommensurable. T. inus.

IMMERGÉ, E, part. Plongé dans un liquide.

IMMERGER, v. a. Plonger dans l'eau, dans un liquide. S'—, v. pron. Se plonger dans l'eau. T. inus.

IMMÉRITÉ, E, adj. Qui n'est pas mérité. T. inus.

IMMERSIF, IVE, adj. Fait par immersion. Calcination —, épreuve de l'or dans l'eau forte. T. de chim.

IMMERSION, s. f. Action de plonger dans l'eau, dans un liquide. —, entrée d'une planète dans l'ombre d'une autre; commencement d'éclipse; disparition, absorption d'un astre dans les rayons du soleil. T. d'astr.

IMMEUBLE, s. et adj. Bien qui tient au sol, qui est d'une nature immobilière.

IMMIGRATION, s. f. Etablissement d'étrangers dans un pays, l'opposé d'émigration.

IMMINENCE, s. f. Etat de ce qui est imminent; imminence d'un danger.

IMMINENT, E, adj. Menaçant, prêt à fondre, prêt à tomber sur quelqu'un; péril imminent, ruine imminente.

IMMISCER (s'), v. pron. Se mêler mal à propos d'une affaire, s'entremettre, s'ingérer de faire quelque chose. S'—, prendre possession d'un héritage. T. de jurisp.

IMMISCIBLE, adj. Qui ne peut se combiner avec un autre en parlant d'une substance.

IMMISÉRICORDIEUX, EUSE, adj. Dur, inhumain, impitoyable.

IMMIXTION, s. f. Action de s'immiscer dans une succession. T. de jurisp.

IMMOBILE, adj. Qui ne se meut pas. —, constant, ferme, inébranlable; tranquille, indolent, apathique. Fig. Cheval —, lunatique.

IMMOBILEMENT, adv. D'une manière ferme, assurée. T. inus.

IMMOBILIAIREMENT, adv. Comme immeuble.

IMMOBILIER, ÈRE, adj. Qui concerne les biens fonds, les terres, les maisons. Action —, qui a pour objet des biens immeubles.

IMMOBILISATION, s. f. Action d'immobiliser, de convertir ses capitaux en immeubles.

IMMOBILISÉ, E, part. Converti en immeubles.

IMMOBILISER, v. a. Convertir en immeubles, rendre immobilier. T. de jurisp. —, rendre immobile. T. inus.

IMMOBILITÉ, s. f. Etat, qualité de celui ou de ce qui est immobile. —, constance, fermeté d'une âme inébranlable; tranquillité, indolence apathie. Fig.

IMMODÉRATION, s. f. Défaut de modération. T. inus.

IMMODÉRÉ, E, adj. Qui est sans modération, qui passe les bornes; déréglé, désordonné, excessif, violent; désir immodéré.

IMMODÉRÉMENT, adv. Sans modération, avec excès.

IMMODESTE, adj. Qui manque de modestie, de pudeur en parlant des personnes; qui est contraire à la modestie, à la pudeur en parlant des choses.

IMMODESTEMENT, adv. D'une manière immodeste, impudique.

IMMODESTIE, s. f. Défaut de modestie, de pudeur; indécence.

IMMOLATEUR, s. m. Sacrificateur, qui immole les victimes.

IMMOLATION, s. f. Action d'immoler.

IMMOLÉ, E, part. Offert en sacrifice.

IMMOLER, v. a. Offrir en sacrifice. —, sacrifier. — quelqu'un à son ambition, à sa haine, le ruiner, le perdre pour satisfaire sa cupidité ou sa vengeance. S'—, v. pron. Se dévouer, se sacrifier. S'— pour quelqu'un, sacrifier sa fortune, sa vie pour lui.

IMMONDE, adj. Sale, impur. L'esprit —, le diable.

IMMONDICE, s. f. Souillure des Juifs en touchant quelque chose d'impur. —, pl. Malpropretés, ordures des rues, gadoue.

IMMONVILLE, s. f. Com. du dép. de la Moselle, cant. et arr. de Briey. = Briey.

IMMORAL, E, adj. Contraire à la morale, aux bonnes mœurs.

IMMORALEMENT, adv. D'une manière immorale.

IMMORALITÉ, s. f. Défaut de moralité, mépris des mœurs, opposition à la saine morale. —, action contraire aux mœurs, à la morale; commettre une immoralité.

IMMORTALISATION, s. f. Action d'immortaliser, de s'immortaliser. (Vi.)

IMMORTALISÉ, E, part. Perpétué dans la mémoire des hommes.

IMMORTALISER, v. a. Rendre immortel, dérober à l'oubli, perpétuer la mémoire d'un grand homme, recommander son nom à la postérité. S'—, v. pron. Se rendre immortel par l'éclat de ses actions ou de ses ouvrages, aller à la postérité.

IMMORTALITÉ, s. f. Qualité, condition de ce qui est immortel, ne peut mourir; l'immortalité de l'âme. —, renommée impérissable, acquise par des travaux littéraires, par de grandes vertus ou de grands crimes; souvenir des grands hommes qui se perpétue d'âge en âge par la biographie et par l'histoire. —, Phénix sur son bûcher. T. de blas.

IMMORTEL, s. m. Dieu de la fable. —, pl. Les dieux.

IMMORTEL, LE, adj. Impérissable, que la mort ne saurait atteindre. —, qu'on suppose devoir être d'une très longue durée. Fig. —, dont la mémoire doit durer toujours comme les chefs-d'œuvre d'Homère, de Virgile, etc. —, s. f. Genre de plantes corymbifères dont les fleurs ne se fanent point.

IMMORTIFICATION, s. f. Vice contraire à la mortification, sensualité.

IMMORTIFIÉ, E, adj. Sensuel, voluptueux.

IMMUABILITÉ, s. f. Voy. IMMUTABILITÉ. T. inus.

IMMUABLE, adj. Qui ne change point, ne peut changer; stable, invariable, permanent.

IMMUABLEMENT, adv. D'une manière immuable.

IMMUNITÉ, s. f. Exemption d'impôts, des charges publiques, etc., franchise, privilége.

IMMUTABILITÉ, s. f. Qualité de ce qui est immuable. —, éternel, invariable, irrévocable; l'immutabilité de Dieu.

IMMUTABLE, adj. Voy. IMMUABLE.

IMOGE (St.-), s. m. Com. du dép. de la Marne, cant. d'Ay, arr. de Reims. = Epernay.

IMPACTION, s. f. Fracture avec esquilles des os du crâne, des côtes, du sternum. T. de chir.

IMPAIR, E, adj. Qu'on ne peut diviser en deux nombres égaux. —, s. m. Nom générique de celles des parties du corps qui n'ont point de pareilles. T. de chir. —, s. f. Foliole terminale et solitaire d'une feuille pinnée. T. de bot.

IMPALPABILITÉ, s. f. Qualité des corps impalpables.

IMPALPABLE, adj. Insaisissable, qui ne peut se sentir. —, si fin, si délié qu'il se dérobe au toucher; poudre impalpable.

IMPANATEUR, s. m. Luthérien, partisan de l'impanation.

IMPANATION, s. f. Co-existence du pain avec le corps de J.-C., après la consécration. T. de théol.

IMPANÉ, adj. m. Réuni au pain dans le sacrement de l'eucharistie. T. de théol.

IMPARDONNABLE, adj. Qu'on ne peut pardonner; ne se dit que des choses, parce qu'on ne pardonne point les personnes, mais aux personnes.

IMPARFAIT, s. m. Second temps de l'indicatif dans la conjugaison des verbes.

IMPARFAIT, E, adj. Qui n'est pas parfait, qui n'est pas achevé; qui a des défauts, des imperfections; défectueux, fautif, incomplet. Livre —, auquel il manque des feuilles T. de libr. —, auquel il manque quelque partie nécessaire à la fructification. Graine —, qui n'a point été fécondée. T. de bot.

IMPARFAITEMENT, adv. D'une manière imparfaite.

IMPARISYLLABIQUE, adj. Qui a, au génitif singulier, une syllabe de plus qu'au nominatif. T. de gramm. grecque.

IMPARTABLE, adj. Voy. IMPARTAGEABLE. T. de jurisp.

IMPARTAGEABLE, adj. Qu'on ne peut partager, qui n'est pas divisible.

IMPARTI, E, part. Donné, communiqué. (Vi.)

IMPARTIAL, E, adj. Juste, équitable, qui ne fait acception de personne, qui n'épouse aucun parti.

IMPARTIALEMENT, adv. Sans partialité, également pour tous, justement, équitablement.

IMPARTIALITÉ, s. f. Justice, équité, égalité pour tous, sans acception de personne.

IMPARTIBILITÉ, s. f. Qualité de

deux fiefs qui ne pouvaient être partagés. T. de droit féodal.

IMPARTIBLE, adj. Qui ne peut être partagé. T. de droit féodal.

IMPARTIR, v. a. Donner, communiquer. (Vi.)

IMPASSE, s. f. Cul-de-sac, ruelle fermée par laquelle on ne peut passer qui ne communique pas d'une rue à l'autre.

IMPASSIBILITÉ, s. f. Caractère de l'être impassible.

IMPASSIBLE, adj. Qui ne peut souffrir, qui est au-dessus des souffrances, dont le caractère ne peut être ébranlé par les revers; sans passions, impartial, juste. Fig.

IMPASTATION, s. f. Réduction en pâte de substances broyées. T. de pharm.

IMPATIEMMENT, adv. Avec impatience, inquiétude; avec vivacité, empressement.

IMPATIENCE, s. f. Défaut de patience; agitation; sentiment d'inquiétude causé par la douleur, l'attente ou l'espoir. —, ardeur, empressement; vivacité, emportement.

IMPATIENT, E, adj. Inquiet, agité; qui perd patience, qui manque de patience. —, empressé, vif, bouillant, emporté. —, qui ne peut supporter le joug, etc.

IMPATIENTÉ, E, part. Fâché, poussé à bout.

IMPATIENTER, v. a. Faire perdre patience, fâcher, irriter, pousser à bout. S'—, v. pron., perdre patience, s'inquiéter, s'agiter, s'emporter. T. fam.

IMPATRONISER (s'), v. pron. S'introduire dans une maison, et finir par y dominer.

IMPAYABLE, adj. Qu'on ne peut trop payer, inappréciable, inestimable; excellent, admirable, merveilleux.

IMPECCABILITÉ, s. f. Etat de celui qui ne peut pécher.

IMPECCABLE, adj. Incapable de pécher, de faillir.

IMPECCANCE, s. f. Impeccabilité. T. de théol.

IMPÉCUNIEUX, EUSE, adj. Qui n'a pas d'argent. T. inus.

IMPÉCUNIOSITÉ, s. f. Manque d'argent. T. inus.

IMPÉNÉTRABILITÉ, s. f. Propriété de ce qui est impénétrable, qui rend impénétrable. —, discrétion. Fig.

IMPÉNÉTRABLE, adj. Qui ne peut être pénétré; dur, compacte, épais, solide, imperméable. —, inaccessible, inabordable, où l'on ne peut pénétrer. Fig. —, abstrait, caché, profond, mystérieux, inscrutable. Fig. Homme —, dont on ne peut découvrir la manière de penser.

IMPÉNÉTRABLEMENT, adv. D'une manière impénétrable. T. inus.

IMPÉNITENCE, s. f. Endurcissement de cœur, persévérance dans le péché. — finale, impénitence dans laquelle on meurt.

IMPÉNITENT, E, adj. Endurci dans le péché, dans le crime; persévérant dans l'iniquité, insensible aux remords.

IMPENNES, s. m. pl. Oiseaux nageurs. T. d'hist. nat.

IMPENSES, s. m. pl. Dépenses pour l'entretien ou l'amélioration d'un bien.

IMPÉRATE, s. f. Canamelle, lagure, érianthe, plantes. T. de bot.

IMPÉRATIA, s. f. Gypsophile, plante caryophilée. T. de bot.

IMPÉRATIF, s. m. Mode du verbe qui exprime commandement.

IMPÉRATIF, IVE, adj. Absolu, décisif, impérieux, tranchant. Disposition —, qui commande impérieusement de faire une chose. T. de jurisp. Mode. — Voy. IMPÉRATIF.

IMPÉRATIVEMENT, adv. D'une manière impérative.

IMPÉRATOIRE, s. f. Plante ombellifère, médicinale. T. de bot.

IMPÉRATRICE, s. f. Epouse d'un empereur; souveraine qui gouverne un empire; l'impératrice de Russie. — violette, prune d'une moyenne grosseur, d'un beau violet. T. de jard.

IMPERCEPTIBLE, adj. Qui ne peut être aperçu, senti; invisible, insensible, impalpable; qui échappe aux sens, et fig., à l'esprit.

IMPERCEPTIBLEMENT, adv. D'une manière imperceptible, insensiblement, peu à peu, petit à petit, sans qu'on s'en aperçoive.

IMPERDABLE, adj. Qu'on ne peut perdre.

IMPERFECTIBILITÉ, s. f. Caractère, état de ce qui est imperfectible.

IMPERFECTIBLE, adj. Qu'on ne peut rendre parfait.

IMPERFECTION, s. f. Vice, défaut de perfection. —, pl. Feuilles incomplètes. T. d'impr.

IMPERFORATION, s. f. Vice de conformation, fermeture des parties qui devraient naturellement être ouvertes, ce qui nécessite une opération. T. de chir.

IMPERFORÉ, E, adj. Fermé par vice de conformation. T. de chir.

IMPÉRIAL, E, adj. Qui appartient à

l'empire ou à l'empereur; pouvoir impérial.

IMPÉRIALE, s. f. Dessus d'un carrosse, d'une diligence; sorte de jeu de cartes qui tient du piquet et de la triomphe. —, serge de laine fine. —, monnaie d'or russe, 45 fr. 93 c. —, grosse prune ovale d'un violet clair; prune blanche. T. de jard. —, ou couronne —, plante liliacée, jaune, rouge ou panachée qui fleurit au printemps.

IMPÉRIALISTE, s. m. Partisan du gouvernement impérial.

IMPÉRIAUX, s. m. pl. Soldats de l'empereur d'Autriche.

IMPÉRIEUSEMENT, adv. D'une manière impérieuse, avec hauteur, orgueilleusement, fièrement, impérativement.

IMPÉRIEUX, EUSE, adj. Arrogant, hautain, orgueilleux, superbe, absolu, impératif. Besoin —, qu'il faut satisfaire.

IMPÉRIOSITÉ, s. f. Arrogance, orgueil, hauteur.

IMPÉRISSABLE, adj. Qui ne peut périr, indestructible, immortel.

IMPÉRIT, s. m. Ignorant, qui est plein d'impéritie. T. inus.

IMPÉRITIE, s. f. Défaut d'habileté dans une profession, ignorance dans un art, dans un état; inexpérience, maladresse.

IMPERMÉABILITÉ, s. f. Qualité de ce qui est imperméable.

IMPERMÉABLE, adj. Qui ne se laisse point pénétrer par les fluides, par l'eau; chapeau imperméable.

IMPERMUTABLE, adj. Qu'on ne peut échanger.

IMPERSONNEL, adj. m. Se dit des verbes qui ne se conjuguent qu'à la troisième personne du singulier, comme importer; il importe. T. de gramm.

IMPERSONNELLEMENT, adv. D'une manière impersonnelle. T. de gramm.

IMPERTINEMMENT, adv. Avec impertinence.

IMPERTINENCE, s. f. Action, parole impertinente, propos déplacé qui choque la bienséance; indiscrétion, sottise, ineptie; vanité dédaigneuse.

IMPERTINENT, E, s. et adj. Qui parle, agit contre les convenances; qui est contraire à la bienséance, à la politesse, à la raison. —, sot, absurde, fat, indiscret. —, étranger à la demande, à la question, etc. T. de jurisp.

IMPERTURBABILITÉ, s. f. Impassibilité, sang-froid, constance, fermeté, tranquillité d'âme.

IMPERTURBABLE, adj. Calme, tranquille, que rien ne peut troubler ni émouvoir.

IMPERTURBABLEMENT, adv. D'une manière imperturbable.

IMPÉTIGINES, s. f. pl. Affections cutanées, dartres. T. de méd.

IMPETIGO, s. m. Mot latin qui signifie dartre. Voy. IMPÉTIGINES. T. de méd.

IMPÉTRABLE, adj. Qu'on peut impétrer. T. de jurisp.

IMPÉTRANT, E, s. et adj. Celui, celle qui a obtenu des lettres du prince, qui a obtenu un bénéfice.

IMPÉTRATION, s. f. Obtention d'un bénéfice. T. de jurisp.

IMPÉTRÉ, E, part. Obtenu.

IMPÉTRER, v. a. Obtenir en vertu d'une supplique, d'une requête. T. de jurisp.

IMPÉTUEUSEMENT, adv. Avec impétuosité.

IMPÉTUEUX, EUSE, adj. Véhément, violent, rapide; torrent impétueux. —, qui s'emporte aisément, bouillant, fougueux. Fig.

IMPÉTUOSITÉ, s. f. Qualité de ce qui est impétueux; rapidité, violence. —, excessive vivacité dans l'esprit, l'humeur, les manières.

IMPHY, s. m. Com. du dép. de la Nièvre, cant. et arr. de Nevers. = Nevers. Manuf. de cuivre, de tôle et de fer-blanc.

IMPIE, s. et adj. Qui n'a point de religion, qui la méprise. —, contraire à la religion, qui offense Dieu; blasphématoire, sacrilège.

IMPIÉTÉ, s. f. Mépris pour la religion et ses commandemens; action impie.

IMPITEUX, EUSE, adj. impitoyable. (Vi.).

IMPITOYABLE, adj. Cruel, barbare, sans pitié; inflexible, implacable, inexorable.

IMPITOYABLEMENT, adv. Sans pitié, d'une manière cruelle, inexorable.

IMPLACABILITÉ, s. f. Persévérance dans la haine, le ressentiment.

IMPLACABLE, adj. Dont rien ne peut éteindre la haine, le ressentiment; que rien ne peut apaiser; inflexible, inexorable, irréconciliable.

IMPLANTATION, s. f. Insertion, plantation. T. de chir.

IMPLANTÉ, E, part. Posé, planté.

IMPLANTER, v. a. Insérer, poser, planter; implanter une dent. T. de chir.

IMPLEXE, adj. Complexe, l'opposé

de simple ; se dit de l'action d'une pièce de théâtre.

IMPLIABLE, adj. Qu'on ne peut plier. T. inus.

IMPLICATION, s. f. Accusation de complicité dans une action criminelle. T. de jurisp. —, contradiction.

IMPLICITE, adj. Renfermé dans une proposition par une conséquence naturelle ; tiré par induction.

IMPLICITEMENT, adv. D'une manière implicite.

IMPLIQUÉ, E, part. Compris dans un procès, dans des poursuites criminelles.

IMPLIQUER, v. a. Comprendre dans une action criminelle ; entraîner comme conséquence. —, renfermer ; ceci implique contradiction.

IMPLORANT, E, adj. Qui implore. T. inus.

IMPLORATION, s. f. Action d'implorer. T. inus.

IMPLORÉ, E, part. Demandé avec instance, réclamé, sollicité.

IMPLORER, v. a. Demander avec ardeur, avec humilité ; invoquer ; réclamer, solliciter.

IMPLOYABLE, adj. Qu'on ne peut faire ployer. T. inus.

IMPOLI, E, adj. Sans politesse ; incivil, grossier, malhonnête.

IMPOLICE, s. f. Défaut de police. T. inus.

IMPOLIMENT, adv. Grossièrement, sans politesse.

IMPOLITESSE, s. f. Action, discours contraire à la politesse ; incivilité, malhonnêteté, grossièreté.

IMPOLITIQUE, adj. Contraire aux mesures d'une saine politique : maladroit.

IMPOLLU, E, adj. Sans tache, sans souillure. (Vi.)

IMPONCTUEL, LE, adj. Inexact, irrégulier. T. inus.

IMPONDÉRABLE, adj. Dont on ne peut connaître la pesanteur. T. inus.

IMPOPULAIRE, adj. Contraire au peuple, à ses intérêts, à ses affections ; mesure impopulaire.

IMPOPULARITÉ, s. f. Défaut de popularité.

IMPORTANCE, s. f. Caractère qui rend une chose considérable, importante, qui lui donne du prix, soit par elle-même, soit par les suites qu'elle peut avoir ; qualité, rang, avantage, considération. Attacher de l'— à tout ce que l'on fait, avoir de grandes prétentions. Homme d'—, homme en place, qui a du crédit, de l'autorité ; homme qui jouit d'une grande fortune, qui est recommandable par son savoir et sa capacité. Faire l'homme d'—, se faire passer pour avoir du crédit, de l'influence. D'—, adv. Très fort, extrêmement.

IMPORTANT, s. m. Ce qui importe principalement ; l'important de cette affaire. —, suffisant, présomptueux, fat qui fait l'homme d'importance.

IMPORTANT, E, adj. Qui importe ; considérable, de conséquence, digne de considération, grave, utile ; avis important. —, qui jouit d'une grande fortune, d'un grand crédit, d'un grand pouvoir ; éminent par ses qualités, ses talens.

IMPORTATION, s. f. Introduction de marchandises étrangères dans un pays ; le contraire d'exportation.

IMPORTÉ, E, part. Apporté du dehors dans un pays.

IMPORTER, v. a. Apporter du dehors dans un pays, le contraire d'exporter. —, v. n. et impers. Être d'importance, de conséquence ; être digne d'attention, utile, précieux ; qu'importe ? A quoi bon ? De quoi sert ? Que m'importe ? Qu'est-ce que cela me fait ? N'importe ; il n'importe pas.

IMPORTUN, s. m. Fâcheux dont la présence est importune, qui a coutume d'importuner. —, merle d'Afrique.

IMPORTUN, E, adj. Qui importune, fatigue à force de soins, d'importunités. —, qui cause de l'importunité, ennuyeux, gênant, fatigant.

IMPORTUNÉ, E, part. Fatigué de soins, ennuyé.

IMPORTUNÉMENT, adv. Avec importunité, d'une manière importune.

IMPORTUNER, v. a. Se rendre importun, fatiguer à force de soins, d'assiduités, de questions, de demandes, etc. —, en parlant des choses, être importun, inquiéter, tourmenter ; déplaire, ennuyer, gêner, embarrasser, fatiguer.

IMPORTUNITÉ, s. f. Action importune, assiduité fatigante, babil ennuyeux, etc.

IMPOSABLE, adj. Sujet aux impositions ; qui peut être imposé.

IMPOSANT, E, adj. Qui commande le respect, qui impose des attentions, des égards. —, sérieux, grand, majestueux ; homme, regard imposant.

IMPOSÉ, E, part. Soumis à l'impôt.

IMPOSER, v. a. et n. Mettre dessus ; imposer les mains, en parlant d'un prêtre qui administre un sacrement. —, porter sur le rôle des contributions ; soumettre à un impôt. —, imputer à tort. —, obliger, assujettir à quelque chose de pénible ou de fâcheux ; imposer une obligation, une pénitence. —, inspirer du respect, de la crainte, exercer un ascendant sur quelqu'un. —, donner ;

imposer un nom. — silence, faire taire. —, réprimer. [Fig. —, avec la préposition en, mentir, tromper; inspirer de la crainte, du respect. —, mettre en pages. T. d'impr. S'—, v. pron., se donner une tâche, s'infliger une peine. S'en —, se faire illusion, se tromper.

IMPOSEUR, s. m. Metteur en pages. T. d'impr.

IMPOSITEUR, s. m. Répartiteur des contributions, qui assigne à chacun la part qu'il doit payer.

IMPOSITION, s. f. Action d'imposer les mains, un nom, une charge; assiette de l'impôt, contribution. —, mise en pages. T. d'impr.

IMPOSSIBILITÉ, s. f. Caractère de ce qui est impossible; empêchement invincible, obstacle insurmontable. — métaphysique; se dit de ce qui implique contradiction. — physique, contre l'ordre de la nature. — morale, chose vraisemblablement impossible.

IMPOSSIBLE, s. m. Ce qui est impossible; je ne puis pas faire l'impossible. Par —, adv., en supposant possible ce qui ne l'est pas ou ne le paraissait pas. —, adj., qui ne peut se faire, qui ne peut avoir lieu, impraticable, inexécutable. —, très difficile. Fig.

IMPOSSIBLEMENT, adv. Avec impossibilité. T. inus.

IMPOSTE, s. f. Partie du pied droit sur laquelle commence un arc, une arcade. T. d'arch. —, traverse du milieu d'un dormant de croisée. T. de menuis.

IMPOSTEUR, s. m. Celui qui en impose, fourbe, trompeur, calomniateur. —, adj. m. Qui tend à tromper, à calomnier; qui en impose par de fausses apparences. —, illusoire, mensonger; discours imposteur.

IMPOSTURE, s. f. Mensonge, calomnie, hypocrisie. —, fausse apparence, illusion, charlatanisme.

IMPÔT, s. m. Contribution, imposition, charge publique, revenu de l'État.

IMPOTENT, E, adj. Perclus, estropié, privé de l'usage de ses membres.

IMPOURVU, E, adj. Dénué, dépourvu, privé de. A l'—, adv. A l'improviste. (Vi.)

IMPRATICABLE, adj. Qui ne peut se faire, s'exécuter, impossible; projet impraticable. —, dans lequel on ne peut passer; chemin impraticable. Maison —, que l'on ne peut habiter. Personne —, avec laquelle on ne saurait vivre.

IMPRÉCATION, s. f. Malédiction, souhait de malheur contre quelqu'un à qui, ou de qui l'on parle. —, figure de rhétorique.

IMPRÉCATOIRE, adj. Qui se fait avec imprécation. T. didact.

IMPRÉCIABLE, adj. Inappréciable. T. inus.

IMPRÉGNABLE, adj. Qui peut être imprégné.

IMPRÉGNATION, s. f. Action par laquelle une liqueur s'imprègne des principes solubles d'une substance qu'on fait macérer. T. de pharm.

IMPRÉGNÉ, E, part. Chargé de particules étrangères, en parlant d'une liqueur.

IMPRÉGNER, v. a. Charger une liqueur de particules étrangères par la macération. —, pénétrer, remplir l'âme, l'esprit d'une opinion, d'un sentiment. S'—, v. pron., s'imbiber, se charger de particules étrangères, etc.

IMPRÉMÉDITÉ, E, adj. Qui n'a pas été prémédité. T. inus.

IMPRENABLE, adj. Qui ne peut être pris, inexpugnable, en parlant d'une ville de guerre, d'une place forte.

IMPRESCRIPTIBILITÉ, s. f. Qualité de ce qui est imprescriptible.

IMPRESCRIPTIBLE, adj. Qui ne se prescrit pas, qui n'est pas sujet à prescription. T. de procéd.

IMPRESSES, adj. f. pl. Qui font impression sur nous. T. didact. Voy. INTENTIONNEL.

IMPRESSIF, IVE, adj. Qui fait impression; qui pénètre.

IMPRESSION, s. f. Action d'un corps sur un autre; effet de cette action; empreinte. —, résultat des divers travaux ou fonctions de l'imprimerie en caractères, de l'imprimerie en taille-douce, de la lithographie, etc., etc. —, couleur qu'on met sur la toile, et qui sert de première couche; peinture à couches plates des peintres en bâtimens. —, idée, opinion, persuasion; sentiment gravé dans l'esprit et le cœur; effet produit sur l'âme ou sur les sens par les actions ou les discours. Fig.

IMPRESSIONNABLE, adj. Qui peut être, qui est susceptible d'être impressionné. T. inus.

IMPRESSIONNÉ, E, part. Ému, qui a reçu une impression. T. inus.

IMPRESSIONNER, v. a. Faire impression sur quelqu'un, émouvoir. T. inus.

IMPRESSIVEMENT, adv. D'une manière impressive, à faire impression.

IMPRÉVOYABLE, adj. Qui ne peut être prévu.

IMPRÉVOYANCE, s. f. Défaut de prévoyance, imprudence, étourderie.

IMPRÉVOYANT, E, adj. Imprudent,

irréfléchi, qui n'a pas de prévoyance, qui se conduit avec étourderie.

IMPRÉVU, E, adj. Inattendu, qu'on n'a pas prévu, qui surprend; soudain, subit.

IMPRIMABLE, adj. Qui peut être imprimé. T. inus.

IMPRIMAGE, s. m. Opération du tireur d'or passant le fil dans le prégaton, la première filière.

IMPRIMÉ, E, part. Tiré de dessous la presse, empreint, en parlant des feuilles composées au moyen des caractères mobiles ou stéréotypes, des planches gravées. —, s. m. Livre, papier imprimé.

IMPRIMER, v. a. Mettre sous presse, tirer, faire une empreinte sur le papier, etc., au moyen des caractères, des planches, etc. — publier un ouvrage, le faire imprimer. —, appliquer la couleur, donner la première couche. —, inculquer, inspirer; faire impression sur l'esprit, la mémoire, les sens, etc. —, communiquer le mouvement. T. de phys.

IMPRIMERIE, s. f. Art d'imprimer les livres, la typographie; atelier de l'imprimeur; caractères, presses, tous les ustensiles qui servent à l'impression.

IMPRIMEUR, s. m. Propriétaire d'une imprimerie, exerçant en vertu d'un brevet, d'un privilège; typographe, compositeur, ouvrier à la presse, etc. —, celui qui imprime en taille douce, etc.

IMPRIMURE, s. f. Enduit sur une toile, un carton, pour peindre.

IMPROBABILITÉ, s. f. Caractère de ce qui est improbable; invraisemblance.

IMPROBABLE, adj. Dénué de probabilité, de vraisemblance, inadmissible, incroyable, invraisemblable.

IMPROBABLEMENT, adv. Invraisemblablement.

IMPROBATEUR, TRICE, s. et adj. Censeur, celui, celle qui blâme, désapprouve; qui marque l'improbation.

IMPROBATION, s. f. Désapprobation, blâme, censure, condamnation.

IMPROBE, adj. Qui manque de probité.

IMPROBITÉ, s. f. Défaut de probité; mépris de la justice et de l'honnêteté.

IMPRODUCTIBLE, adj. Qui ne peut être produit.

IMPROLIFIQUE, s. et adj. Qui rend impuissant, anti-aphrodysiaque.

IMPROMIS, E, adj. Qui n'avait pas été promis. T. inus.

IMPROMPTU, s. et adj. m. Improvisé, ce qui se fait, se dit, se chante sur-le-champ, sans préparation.

IMPROMPTUAIRE, s. m. Improvisateur, faiseur d'improptus.

IMPROPÈRE, adj. Fâcheux, déshonorant. (Vi.)

IMPROPRE, adj. Qui n'est pas propre, qui n'est pas juste, qui ne convient pas, mal sonnant, dur, barbare. T. de gramm.

IMPROPREMENT, adv. D'une manière impropre. T. de gramm.

IMPROPRIÉTÉ, s. f. Inconvenance d'expression, défaut de justesse, dissonance, barbarisme. T. de gramm.

IMPROUVÉ, E, part. Désapprouvé, blâmé, censuré.

IMPROUVER, v. a. Désapprouver, blâmer, censurer, condamner.

IMPROVISATEUR, TRICE, s. Auteur qui fait des vers sans préparation, qui improvise.

IMPROVISATION, s. f. Action d'improviser, composition d'un improvisateur, impromptu.

IMPROVISÉ, E, part. Composé sans préparation et récité sur-le-champ.

IMPROVISER, v. a. Composer sur un sujet donné et réciter sur-le-champ un plus ou moins grand nombre de vers.

IMPROVISTE (à l'), adv. D'une manière imprévue, subitement, tout à coup, soudain, quand on y pense le moins.

IMPRUDEMMENT, adv. Avec imprudence, inconsidérément.

IMPRUDENCE, s. f. Défaut de prudence; action imprudente.

IMPRUDENT, E, adj. Qui manque de prudence; contraire à la prudence.

IMPUBÈRE, adj. Qui n'a pas atteint l'âge de puberté.

IMPUBERTÉ, s. f. Age qui précède la puberté, l'enfance.

IMPUDEMMENT, adv. Avec impudence; effrontément, insolemment.

IMPUDENCE, s. f. Action, parole impudente; effronterie, audace, insolence.

IMPUDENT, E, s. et adj. Effronté, insolent, audacieux; sans honte, sans pudeur.

IMPUDEUR, s. f. Défaut de pudeur, de bienséance.

IMPUDICITÉ, s. f. Action impudique; contraire à la chasteté, incontinence.

IMPUDIQUE, s. et adj. Débauché, qui se livre à l'impudicité, à l'incontinence; contraire à la chasteté, qui offense la pudeur.

IMPUDIQUEMENT, adv. D'une manière impudique.

IMPUGNÉ, E, part. Controversé, débattu, en parlant d'un point de doctrine (Vi.)

IMPUGNER, v. a. Débattre, discuter un point de doctrine. (Vi.)

IMPUISSANCE, s. f. Défaut de puissance, de forces, de moyens ; faiblesse, inefficacité. —, vice de conformation, incapacité de procréer qui entraîne la nullité du mariage.

IMPUISSANT, E, adj. Qui a peu ou point de pouvoir ; ennemi impuissant. —, incapable de produire son effet ; colère impuissante.—, s. et adj. Incapable d'engendrer ; déclaré tel par jugement.

IMPULSIF, IVE, adj. Qui agit par impulsion. T. de phys.

IMPULSION, s. f. Mouvement communiqué par une puissance quelconque. T. de phys. —, incitation, instigation ; encouragement. Fig.

IMPUNÉMENT, adv. Avec impunité, sans danger, sans risque, sans inconvénient ; en toute sûreté.

IMPUNI, E, adj. Qui n'a point été puni ; soustrait à l'animadversion publique, à l'action judiciaire, à la vengeance des lois.

IMPUNITÉ, s. f. Manque de punition.

IMPUR, E, adj. Qui n'est pas pur ; altéré, corrompu par un mélange. —, impudique. —, corrompu, immonde.

IMPUREMENT, adv. D'une manière impure. T. inus.

IMPURETÉ, s. f. Ce qu'il y a d'impur, de sale, de grossier dans un corps. —, luxure, impudicité. — légale, souillure que contractaient les juifs en contrevenant aux exigences de leur loi. —, pl. Obscénités.

IMPUTABLE, adj. Qui peut être imputé.

IMPUTATIF, IVE, adj. Qui impute. T. inus.

IMPUTATION, s. f. Inculpation dénuée de preuves. —, compensation, déduction d'une somme sur une autre. —, application des mérites de J.-C.

IMPUTÉ, E, part. Attribué à quelqu'un, en parlant d'une action blâmable, d'un crime.

IMPUTER, v. a. Accuser, inculper quelqu'un, lui attribuer une action blâmable. —, appliquer un paiement à une dette. S'—, v. pron. et récip. S'attribuer.

IN, prép. latine qui entre dans la composition d'un très grand nombre de mots, tantôt avec un sens négatif, comme dans inaction, et tantôt signifie dedans, comme dans incorporer.

INABONDANCE, s. f. Rareté, disette, infertilité.

INABORDABLE, adj. Qu'on ne peut aborder.

INABORDÉ, E, adj. Sauvage, inconnu, en parlant d'une côte, d'un rivage qui n'a point encore été découvert par les navigateurs.

INABRITÉ, E, adj. Exposé à l'intempérie des saisons, qui n'a point d'abri, et fig., sans asile, dénué de protection.

INABROGEABLE, adj. Fondamental, indestructible, qui ne peut être abrogé ; loi inabrogeable.

INACCEPTABLE, adj. Inadmissible, qu'on ne peut accepter. T. inus.

INACCESSIBILITÉ, s. f. Impossibilité, extrême difficulté d'aborder.

INACCESSIBLE, adj. Hérissé d'obstacles et rempli d'écueils, dont on ne peut approcher, en parlant d'une côte, d'une place de guerre. —, misanthrope, bourru, avare, défiant, qui ne veut recevoir personne. —, ferme, inébranlable, qui est à l'abri des séductions ; inaccessible à la peur, à la flatterie.

INACCOMMODABLE, adj. Inconciliable, qui ne peut être accommodé ; différend inaccommodable.

INACCORDABLE, adj. Antipathique, qui ne peut s'accorder ; caractères inaccordables.

INACCOSTABLE, adj. Inabordable, inaccessible.

INACCOUTUMÉ, E, adj. Inusité, insolite, qui n'a pas coutume de se faire, d'arriver.

INACHEVÉ, E, adj. Imparfait, incomplet, qui n'a pas été achevé.

INACHIDES, s. m. pl. Les Argiens, ainsi nommés à cause d'Inachus leur premier roi. T. de myth.

INACHUS, s. m. Père d'Io, le plus ancien roi d'Argos, donna son nom au Péloponèse et au fleuve Inachus. T. de myth. —, genre de crustacés décapodes. T. d'hist. nat.

INACTIF, IVE, adj. Qui manque d'activité, d'occupation ; paresseux, indolent ; stationnaire, en parlant de l'esprit.

INACTION, s. f. Privation de mouvement, d'action, loisir, repos ; paresse, indolence, indifférence ; lâcheté, stupeur.

INACTIVITÉ, s. f. Défaut d'activité, inaction, oisiveté.

INADMISSIBLE, adj. Qui ne peut être admis, non recevable.

INADMISSION, s. f. Refus d'admission. T. inus.

INADVERTANCE, s. f. Défaut d'attention, de réflexion; légèreté, imprudence, méprise; faute commise d'une manière irréfléchie.

INAIMABLE, adj. Qui n'est pas aimable. T. inus.

INAIMÉ, E, adj. Qui n'est pas aimé. T. inus.

INALBUMINÉ, E, adj. Se dit d'un embryon dénué d'albumen. T. de bot.

INALIÉNABILITÉ, s. f. Caractère de ce qui est inaliénable.

INALIÉNABLE, adj. Qu'on ne peut aliéner, qu'il n'est jamais permis de vendre, comme le bien d'un mineur, la liberté d'un peuple.

INALLIABLE, adj. Qu'on ne peut allier; se dit des métaux, etc.

INALTÉRABILITÉ, s. f. Incorruptibilité, qualité de ce qui ne peut s'altérer.

INALTÉRABLE, adj. Icorruptible, qui ne peut s'altérer.

INAMENDABLE, adj. Incorrigible, qui ne peut s'amender.

INAMISSIBILITÉ, s. f. Qualité de ce qui ne peut se perdre. T. de théol.

INAMISSIBLE, adj. Qui ne peut se perdre; grâce inamissible. T. de théol.

INAMOVIBILITÉ, s. f. Caractère d'une fonction qui ne peut être perdue, irrévocabilité; inamovibilité de la magistrature.

INAMOVIBLE, adj. Irrévocable, qui ne peut être destitué, qu'on ne peut changer; magistrat inamovible.

INAMUSABLE, adj. Qu'on ne peut distraire, qu'on ne saurait soustraire à l'ennui. T. inus.

INAMUSANT, E, adj. Ennuyeux.

INANGULÉ, E, adj. Sans angles. T. de bot.

INANIMATION, s. f. Mort, état de décomposition d'un être, néant.

INANIMÉ, E, adj. Qui n'est point animé, qui n'a pas d'âme, qui est mort, qui ne donne plus signe de vie; corps inanimé. —, lourd, froid, qui manque d'esprit, de sentiment; physionomie inanimée, récit inanimé. Fig.

INANISÉ, part. Rendu vain; revêtu d'une apparence trompeuse. T. inus.

INANISER, v. a. Rendre vain, frivole; donner une apparence trompeuse. T. inus.

INANITÉ, s. f. Vanité, frivolité, futilité. —, durée du monde jusqu'à la loi de Moïse. T. de chronologie.

INANITION, s. f. Faiblesse occasionnée par défaut de nourriture.

INAPERCEVABLE, adj. Invisible, qui ne peut être aperçu.

INAPERÇU, E, adj. Qu'on n'a pas remarqué, qui n'a pas été aperçu; passer inaperçu.

INAPPÉTENCE, s. f. Voy. ANOREXIE. T. de méd.

INAPPLICABLE, adj. Qui ne peut pas recevoir d'application, qui ne peut être appliqué.

INAPPLICATION, s. f. Défaut d'application, distraction.

INAPPLIQUÉ, E, adj. Distrait, inattentif, qui manque d'application.

INAPPRÉCIABLE, adj. D'un prix inestimable, qu'on ne peut trop priser; qui est d'un mérite infini.

INAPPRÊTÉ, E, adj. Qui n'a pas été assaisonné, qui n'a pas reçu d'apprêt.

INAPPRIVOISABLE, adj. Farouche, qu'on ne peut apprivoiser.

INAPTITUDE, s. f. Inhabileté, incapacité, défaut d'aptitude à faire une chose.

INARTICULÉ, E, adj. Sourd, confus, qui n'est point articulé; sons inarticulés.

INARTIFICIEL, LE, adj. Sans art, sans artifice.

INASSERMENTÉ, E, adj. Qui a refusé de prêter serment; prêtre inassermenté.

INASSOCIABLE, adj. Qui ne peut faire l'objet d'une association. T. inus.

INASSORTI, E, adj. Qui manque des choses nécessaires à l'assortiment.

INASSOUPI, E, adj. Qui peut se réveiller, qui n'est pas apaisé; sédition inassoupie. T. inus.

INATTAQUABLE, adj. Imprenable, inexpugnable, qu'on ne saurait attaquer avec succès; ville inattaquable.

INATTENDU, E, adj. Imprévu, surprenant.

INATTENTE, s. f. Privation d'attente, d'espoir.

INATTENTIF, IVE, adj. Préoccupé, distrait, qui n'a point d'attention.

INATTENTION, s. f. Préoccupation, distraction, impolitesse.

INAUGURAL, E, adj. Qui a rapport à l'inauguration.

INAUGURATION, s. f. Cérémonie religieuse au couronnement d'un souverain; consécration d'un monument, d'une statue; dédicace. Discours d'—, discours prononcé lors de l'installation d'un professeur.

INAUGURÉ, E, part. Sacré, dédié.

INAUGURER, v. a. Consulter les augures; sacrer, initier, dédier, faire l'inauguration d'un monument, etc.

INAUMONT, s. m. Com. du dép. des Ardennes, cant. de Château, arr. de Rhetel. = Rhetel.

INAURATION, s. f. Action de dorer des bols, des pilules. T. de pharm.

IMBLÂMABLE, adj. Exempt de blâme, irréprochable. T. inus.

INCA, s. m. Roi des Péruviens avant la conquête de l'Amérique méridionale par les Espagnols.

INCAGADE, s. f. Incartade, bravade, rodomontade. (Vi.)

INCAGUÉ, E, part. Défié, provoqué.

INCAGUER, v. a. Défier, provoquer, braver quelqu'un.

INCAHOTABLE, adj. Bien suspendu, qui roule doucement, sans causer de secousses, sans cahoter.

INCALCULABLE, adj. Innombrable, infini, qui passe les bornes du calcul.

INCALICÉ, E, adj. Se dit d'une fleur qui n'a point de calice. T. de bot.

INCAMÉRATION, s. f. Réunion d'une terre, d'un revenu au domaine de saint Pierre, dont le pape est usufruitier.

INCAMÉRÉ, E, part. Réuni au domaine de saint Pierre.

INCAMÉRER, v. a. Réunir une terre, un revenu au domaine de saint Pierre.

INCANDESCENCE, s. f. Etat d'un corps pénétré et blanchi par l'action du feu. T. de phys.

INCANDESCENT, E, adj. Chauffé à blanc, qui est arrivé au degré de chaleur au-delà duquel le fer entre en fusion.

INCANE, adj. Blanchâtre, en parlant du duvet des végétaux. T. de bot.

INCANTATION, s. f. Conjuration, évocation, enchantement, jonglerie des prétendus magiciens.

INCAPABLE, adj. Ignorant, maladroit, sans moyens, sans capacité; qui n'a pas les qualités requises. —, inhabile, exclu par la loi de l'exercice de certains droits; incapable de tester. T. de jurisp. —, infirme; incapable de servir. —, qui se trouve dans une disposition à ne pouvoir faire une chose; incapable de mentir. —, qui a trop de vertu, d'honneur pour commettre une bassesse; incapable de manquer à sa parole.

INCAPACITÉ, s. f. Défaut de capacité, de moyens; inhabileté; insuffisance.

INCARCÉRATION, s. f. Ecrou; emprisonnement.

INCARCÉRÉ, E, part. Mis en prison, constitué prisonnier.

INCARCÉRER, v. a. Constituer prisonnier; mettre en prison.

INCARNADIN, E, s. m. et adj. Se dit d'une couleur plus faible que celle de l'incarnat.

INCARNAT, s. m. et adj. D'une couleur de chair, plus foncé que le rose et moins que le rouge cerise.

INCARNATIF, IVE, adj. Se dit des onguens, des sutures, des bandages à l'aide desquels le chirurgien seconde la nature qui, seule, opère la cicatrisation des plaies et la guérison des ulcères. T. de chir.

INCARNATION, s. f. Mystère de la naissance de J.-C.

INCARNÉ, E, part. et adj. Qui s'est identifié avec la nature humaine par le mystère de l'incarnation, en parlant de J.-C.; Verbe incarné. —, très méchant, très vertueux; diable incarné, vertu incarnée, etc. T. fam.

INCARNER (s'), v. pron. Se revêtir d'une figure humaine, se faire homme en parlant de J.-C.

INCARTADE, s. f. Insulte faite inconsidérément, brusquerie, impertinence. —, pl. Inconvenances, folies, extravagances.

INCARTATION, s. f. Mélange d'eau forte et d'argent en grenaille pour purifier l'or.

INCARVILLE, s. m. Arbrisseau grimpant de la Chine. T. de bot.

INCARVILLE, s. f. Com. du dép. de l'Eure, cant. et arr. de Louviers. = Louviers.

Fab. de mécaniques pour les filatures.

INCAS, s. m. pl. Voy. INCA.

INCENDIAIRE, s. Auteur du crime d'incendie. —, adj. Très séditieux, capable d'échauffer les esprits, de porter le peuple à la révolte; discours incendiaire.

INCENDIE, s. f. Grand et violent embrasement. —, désordre, trouble dans un pays, insurrection, guerre civile, conflagration. Fig.

INCENDIÉ, E, part. Brûlé, consumé.

INCENDIER, v. a. Mettre le feu, commettre le crime d'incendie; brûler, consumer une maison, etc.

INCENTRIQUÉ, E, part. Placé au centre. T. inus.

INCENTRIQUER, v. a. Placer au centre. T. inus.

INCÉRATION, s. f. Incorporation de la cire avec une autre substance.

INCERTAIN, s. m. Le hasard. Quitter le certain pour l'—, quitter ce qu'on possède pour des éventualités.

INCERTAIN, E, adj. Douteux, éventuel. —, variable; temps incertain. —, indéterminé; nombre incertain. —, irrésolu, qui ne sait pas, qui doute. —, dont les angles et les pans sont inégaux; pierre incertaine. T. de maç.

INCERTAINEMENT, adv. D'une manière incertaine, avec incertitude.

INCERTITUDE, s. f. Doute, perplexité; indécision, irrésolution, hésitation. —, en parlant des choses, inconstance, variabilité, instabilité.

INCESSAMMENT, adv. Sans délai, au plus tôt, dans peu. —, sans cesse, continuellement, avec persévérance. En ce sens, il est vieux, et ne s'emploie qu'en poésie.

INCESSANT, E, adj. Qui ne cesse pas, sans fin. T. inus.

INCESSIBLE, adj. Inaliénable, qui ne peut être cédé. T. de jurisp.

INCESTE, s. m. Commerce incestueux, cohabitation entre parens et alliés au degré où la loi défend le mariage. —, incestueux; en ce sens, il ne se dit qu'en poésie.

INCESTUEUSEMENT, adv. D'une manière criminelle, incestueuse; dans l'inceste.

INCESTUEUX, EUSE, adj. Coupable d'inceste. —, où l'inceste existe; commerce incestueux. —, fruit d'un inceste; bâtard incestueux.

INCHANTABLE, adj. Indigne d'être chanté.

INCHARITABLE, adj. Insensible aux maux de l'humanité, égoïste, inhospitalier, qui ne remplit pas les devoirs de la charité chrétienne. T. inus.

INCHOATIF, adj. m. Se dit des verbes qui expriment un commencement d'action comme vieillir, verdir. T. de gramm.

INCHY, s. m. Com. du dép. du Nord, cant. du Catteau, arr. de Cambrai. = le Catteau.

INCHY, s. m. Com. du dép. du Pas-de-Calais, cant. de Marquion, arr. d'Arras. = Cambrai.

INCICATRISABLE, adj. Incurable, qui ne peut se cicatriser. T. de chir.

INCIDEMMENT, adv. Par incident, par suite, par connexité, par occasion.

INCIDENCE, s. f. Chute d'une ligne, d'un corps sur un plan. T. de géom.

INCIDENT, s. m. Evénement qui survient dans le cours d'une affaire, dans le cours de l'action principale d'un poëme dramatique; circonstance particulière, conjoncture. —, contestation étrangère au sujet d'une dispute, d'une discussion. —, difficulté qui survient dans le cours d'un procès, et qu'il faut vider avant d'arriver au jugement du fond. T. de procéd.

INCIDENT, E, adj. Se dit d'une demande accessoire formée dans le cours d'un procès et de toutes les difficultés que l'esprit de chicane suscite pour embrouiller les affaires. Rayon —, rayon qui tombe sur une surface. T. d'opt. Proposition —, proposition explicative, insérée dans la principale. T. de gramm.

INCIDENTAIRE, s. m. Plaideur fertile en incidens, chicaneur.

INCIDENTER, v. n. Faire naître des incidens pour éterniser les procès.

INCINÉRATION, s. f. Réduction en cendres. T. de chim.

INCIRCONCIS, E, s. et adj. Qui n'a pas été circoncis, qui n'est pas juif, de la religion juive. —, immortifié. T. biblique.

INCIRCONCISION, s. f. Immortification du cœur. T. biblique.

INCISE, s. f. Phrase incidente, petite phrase qui fait partie d'un membre de période. T. de gramm.

INCISÉ, E, part. Ouvert au moyen d'une incision, en parlant d'un abcès, etc. T. de chir. —, adj. Découpé en pointe. T. de bot.

INCISER, v. a. Faire une incision avec le bistouri, couper, ouvrir les chairs. T. de chir. —, diviser les humeurs. T. de méd. —, mouiller le verre pendant qu'il est chaud, ou le toucher avec un corps extrêmement froid. T. de verr.

INCISIF, IVE, adj. Propre à couper; dents incisives. —, se dit des remèdes propres à diviser et à atténuer les humeurs. T. de méd. —, qualification donnée à plusieurs muscles des lèvres, parce qu'ils se forment dans le voisinage des dents incisives; incisif inférieur, latéral, etc. T. de chir.

INCISION, s. f. Opération de chirurgie et d'anatomie par laquelle on coupe, on divise, on ouvre les chairs pour agrandir les plaies, afin de faire sortir le pus qu'elles renferment, pour extraire les corps étrangers, etc. — cruciale, incision en forme de croix. T. de chir.

INCISIVES, s. f. pl. Les quatre dents de devant, ainsi nommées parce qu'elles sont tranchantes.

INCITABILITÉ, s. f. Excitabilité, propriété au moyen de laquelle l'organisme exerce les fonctions vitales. T. de méd.

INCITATIF, IVE, adj. Stimulant, qui ranime l'incitabilité; forces incitatives. T. de méd.

INCITATION, s. f. Instigation, impulsion. —, effet des forces incitatives sur l'organisme. T. de méd.

INCITÉ, E, part. Animé, excité; poussé à faire quelque chose.

INCITEMENT, s. m. Motif, sujet, cause, aiguillon. T. inus.

INCITER, v. a. Animer, exciter, pousser à faire une chose quelconque.

INCIVIL, E, adj. Grossier, impoli, malhonnête; inconvenant, messéant. —, illégal. T. de jurisp.

INCIVILEMENT, adv. D'une manière incivile.

INCIVILISÉ, E, adj. Barbare, étranger aux lois, aux usages, aux mœurs des peuples civilisés.

INCIVILITÉ, s. f. Défaut de civilité, de politesse, grossièreté, malhonnêteté, impertinence.

INCIVIQUE, adj. Contraire aux devoirs du citoyen.

INCIVISME, s. m. Défaut de civisme, conduite d'un mauvais citoyen.

INCLAIRVOYANT, E, adj. Qui manque d'intelligence, de sagacité, de pénétration.

INCLÉMENCE, s. f. Dureté de cœur, inflexibilité. —, rigueur excessive de la température; inclémence de la saison.

INCLÉMENT, E, adj. Impitoyable, qui ne pardonne pas. T. inus.

INCLINAISON, s. f. État de ce qui penche. T. de phys. — d'un plan, l'angle que fait ce plan avec un autre. T. de géom. Angle d'—, angle que forme avec l'écliptique, l'orbite d'une planète. T. d'astr.

INCLINANT, adj. m. Se dit d'un cadran solaire, tracé sur un plan incliné à l'horizon, du côté du midi. T. de gnomonique.

INCLINATION, s. f. Action de pencher, situation d'une chose penchée, mouvement de la tête, du corps qui s'incline. —, disposition naturelle, penchant; affection, amour. Fig. —, personne aimée, chose pour laquelle on a du goût. Fig. et fam. Verser par —, pencher doucement le vase. T. de chim. et de pharm.

INCLINÉ, E, part. Penché, baissé, courbé. Plan —, qui fait un angle oblique avec l'horizon. T. de mécan.

INCLINER, v. a. Pencher, baisser, courber; incliner la tête. —, v. n. Avoir du penchant, de l'inclination pour quelqu'un ou quelque chose. —, pencher d'un côté, en parlant d'un corps, et fig. de la victoire. —, aller en penchant, en parlant d'un plan. T. de géom. S'—, v. pron. Se pencher, se baisser, se courber; faire un mouvement de tête en signe de respect, saluer.

INCLUS, E, adj. Enfermé, contenu. —, qui n'est pas saillant au dehors. T. de bot. —, s. f. Lettre enfermée dans un paquet.

INCLUSIF, IVE, adj. Contenant, qui renferme une chose. T. inus.

INCLUSION, s. f. État d'une chose incluse. T. inus.

INCLUSIVE, s. f. Réception au cardinalat dans le conclave fermé.

INCLUSIVEMENT, adv. En y comprenant; y compris.

INCOERCIBLE, adj. Qui ne peut être contraint.

INCOGNITO, adv. Sans être connu; passer incognito. —, s. m. Inconnu. Garder l'—, ne pas se faire connaître.

INCOHÉRENCE, s. f. Défaut de liaison, de connexion dans les idées, etc. —, désordre.

INCOHÉRENT, E, adj. Qui manque de liaison, d'ensemble; idées incohérentes. Prop. et fig.

INCOLORE, adj. Pâle, qui n'est point coloré. T. d'hist. nat.

INCOMBANT, E, adj. Appuyé sur une autre partie, en parlant des anthères et des divisions du calice des fleurs. T. de bot.

INCOMBUSTIBILITÉ, s. f. Qualité des matières incombustibles, qui résistent à l'action du feu.

INCOMBUSTIBLE, adj. Qui résiste à l'action du feu.

INCOMMENSURABILITÉ, s. f. Immensité; caractère de ce qui ne peut être mesuré.

INCOMMENSURABLE, adj. Immense; qui ne peut être mesuré. Quantités —, qui n'ont pas de mesure commune. T. de math.

INCOMMODANT, E, adj. Gênant, qui incommode.

INCOMMODE, adj. Gênant, embarrassant, dont on ne peut se servir avec facilité; meuble incommode. —, désagréable, qui fatigue; vent incommode. —, importun, fâcheux, en parlant des personnes.

INCOMMODÉ, E, part. Indisposé, ennuyé, importuné. Vaisseau —, qui a perdu de ses agrès. T. de mar.

INCOMMODÉMENT, adv. D'une manière incommode, avec incommodité.

INCOMMODER, v. a. Causer quelque incommodité; gêner, fatiguer, importuner, ennuyer. —, indisposer, rendre un peu malade. S'—, v. récip. Se gêner mutuellement.

INCOMMODITÉ, s. f. Désagrément que cause une chose incommode: indisposition, maladie légère, infirmité. —, besoin de secours. T. de mar.

INCOMMUNICABLE, adj. Se dit de certaines particularités qu'on ne doit pas r**é**ler, dont on ne peut pas faire part ans indiscrétion.

INCOMMUNICATION, s. f. Isolement. T. inus.

INCOMMUTABILITÉ, s. f. Possession à l'abri de contestations légitimes.

INCOMMUTABLE, adj. Qui ne peut être légitimement dépossédé; propriétaire incommutable. T. de jurisp.

INCOMMUTABLEMENT, adv. D'une manière incommutable.

INCOMPARABILITÉ, s. f. Qualité d'une chose qui n'offre pas de terme de comparaison, qui est incomparable.

INCOMPARABLE, adj. unique dans son genre, à qui rien ne peut être comparé.

INCOMPARABLEMENT, adv. Sans comparaison.

INCOMPATIBILITÉ, s. f. Opposition d'humeur, de caractère, antipathie. —, impossibilité légale de posséder à la fois deux charges; deux fonctions publiques, etc.

INCOMPATIBLE, adj. Opposé, contraire, inconciliable, antipathique. —, se dit des fonctions qu'il est défendu de cumuler.

INCOMPATIBLEMENT, adv. D'une manière incompatible. T. inus.

INCOMPENSABLE, adj. Qui ne peut être compensé.

INCOMPÉTEMMENT, adv. Sans compétence, par un tribunal incompétent.

INCOMPÉTENCE, s. f. Incapacité d'un tribunal à raison de la matière; erreur dans les attributions. T. de jurisp.

INCOMPÉTENT, E, adj. Se dit d'un tribunal saisi à tort de la connaissance d'une affaire, qui retient une cause hors de ses attributions.

INCOMPLAISANCE, s. f. Désobligeance, inattention, défaut de complaisance. T. inus.

INCOMPLAISANT, E, adj. Désobligeant, qui manque d'attention, de complaisance. T. inus.

INCOMPLÉMENT, s. m. Imperfection, état de ce qui n'est pas achevé, qui est incomplet. T. inus.

INCOMPLET, ÈTE, adj. Imparfait, inachevé, qui n'est pas entier.

INCOMPLEXE, adj. Simple, qui n'est pas composé. Grandeur —, qui s'exprime par un seul terme. T. de math. Syllogisme —, dont les propositions sont simples. T. de log.

INCOMPOSÉ, adj. m. Se dit d'un intervalle qui ne peut se résoudre en intervalles plus petits. T. de mus.

INCOMPRÉHENSIBILITÉ, s. f. Caractère particulier des merveilles de la création, des actes de la puissance divine; profondeur, abîme.

INCOMPRÉHENSIBLE, adj. Surnaturel, inaccessible à nos lumières, qui passe notre intelligence; inconcevable, inimaginable. —, abstrait, confus, embrouillé, entortillé, inintelligible. Homme —, dont on ne peut concevoir la conduite, les procédés.

INCOMPRÉHENSIBLEMENT, adv. D'une manière incompréhensible. T. inus.

INCOMPRESSIBILITÉ, s. f. Propriété d'un corps qu'aucune force extérieure ne peut réduire à un moindre volume par la compression; incompressibilité de l'eau.

INCOMPRESSIBLE, adj. Qui ne peut être réduit ni diminué par la compression.

INCONCEVABLE, adj. Incompréhensible, qui n'est pas concevable, dont on ne peut se rendre compte.

INCONCILIABLE, adj. Qui ne peut s'accorder, se concilier avec une autre; se dit des personnes et des choses.

INCONCLUANT, E, adj. Qui n'offre pas de solution, de conclusion. T. inus.

INCONDUITE, s. f. Mauvaise conduite, dérèglement de mœurs, libertinage.

INCONGRU, E, adj. Contraire aux règles de la syntaxe, à la logique. —, qui blesse la bienséance, les convenances. T. fam.

INCONGRUITÉ, s. f. Faute contre la grammaire; action, discours contraire au bon sens, à la bienséance, aux convenances.

INCONGRUMENT, adv. Avec incongruité.

INCONNU, E, s. Quantité qu'on cherche pour la solution d'un problème, etc.; aller du connu à l'inconnu. —, personne sans aveu.

INCONNU, E, adj. Qui n'est pas ou qui est peu connu; terres inconnues. —, obscur, qui n'a pas eu de publicité, qui n'a pas de réputation; auteur, livre inconnu. —, négligé, méprisé; dans ces temps malheureux la religion est inconnue.

INCONSÉQUENCE, s. f. Désordre dans les idées, les discours, la conduite, contradiction; défaut de liaison, de suite, de conséquence.

INCONSÉQUENT, E, adj. Léger, qui n'est pas conséquent dans ses idées, dans ses discours, sa manière d'agir; qui parle, agit contre ses propres principes. —, en parlant des choses, contradictoire;

raisonnement inconséquent. —, irréfléchi, inconsidéré; conduite inconséquente.

INCONSIDÉRATION, s. f. Inconséquence, légèreté, imprudence, irréflexion.

INCONSIDÉRÉ, E, s. et adj. Léger, imprudent, irréfléchi, étourdi; se dit des personnes et des choses.

INCONSIDÉRÉMENT, adv. D'une manière inconsidérée, étourdiment, imprudemment.

INCONSISTANCE, s. f. Qui manque de solidité, qui n'a pas de consistance; instabilité, variabilité.

INCONSISTANT, E, adj. Inconséquent, qui n'est pas d'accord, qui n'offre pas de connexité. T. inus.

INCONSOLABLE, adj. Livré à d'éternels regrets, qui vit dans l'affliction qu'on ne peut consoler.

INCONSOLABLEMENT, adv. De manière à ne pouvoir être consolé; sans espoir de consolation. T. inus.

INCONSOLÉ, E, adj. Chagrin, triste, affligé, qui n'est pas consolé. T. inus.

INCONSTAMMENT, adv. Légèrement, avec inconstance.

INCONSTANCE, s. f. Versatilité, excessive légèreté d'esprit, extrême facilité à changer d'opinion, de résolution, de goût, d'état, de conduite, etc. —, infidélité. —, en parlant des choses, instabilité, mobilité, variabilité; l'inconstance des saisons, des choses humaines.

INCONSTANT, E, adj. Volage, léger, infidèle, capricieux, dont l'esprit et le cœur ne peuvent être fixés.

INCONSTITUTIONNALITÉ, s. f. Disposition contraire à la constitution.

INCONSTITUTIONNEL, LE, adj. Attentatoire à la constitution, en opposition avec un ou plusieurs des articles qu'elle renferme.

INCONSTITUTIONNELLEMENT, adv. D'une manière illégale, inconstitutionnelle.

INCONSUMPTIBLE, adj. Eternel, qui ne peut être consumé, que le temps ne saurait détruire. T. inus.

INCONTESTABILITÉ, s. f. Certitude, évidence.

INCONTESTABLE, adj. Clair, certain, évident, manifeste, avéré, qu'on ne peut contester.

INCONTESTABLEMENT, adv. Certainement, évidemment, sans contestation.

INCONTESTÉ, E, adj. Reconnu, reçu, qui n'offre plus matière à contestation.

INCONTINEMMENT, adv. Par incontinence.

INCONTINENCE, s. f. Volupté, impudicité, jouissance, lubricité. — l'urine, écoulement involontaire et souvent insensible des urines. T. de méd.

INCONTINENT, adv. Aussitôt, sur-le-champ.

INCONTINENT, E, adj. Sensuel, voluptueux, impudique, qui se livre aux égaremens de l'amour.

INCONTRADICTION, s. f. Accord, assentiment, conformité d'avis. T. inus.

INCONVAINCU, E, adj. Qui persiste dans son opinion, qu'on n'a pu convaincre. T. inus.

INCONVENABLE, adj. Impropre, indécent; qui n'est pas à propos, qu'il n'est pas convenable de faire.

INCONVENANCE, s. f. Action, parole messéante, qui blesse les usages de la société, les convenances sociales.

INCONVENANT, E, adj. Grossier, incivil, contraire à la bienséance, aux convenances.

INCONVÉNIENT, s. m. Difficulté, embarras, obstacle, contre-temps, accident, malheur; conséquence fâcheuse d'une action, d'une mesure, d'un système, etc.

INCONVERTIBLE ou **INCONVERTISSABLE**, adj. Incorrigible, qu'on ne peut convertir. T. fam.

INCOQUE, adj. Sans coque. T. inus.

INCORPORALITÉ, s. f. Immatérialité, spiritualité. T. dogmatique.

INCORPORATION, s. f. Action d'incorporer; effets de cette action; union, mélange, mixtion. —, réunion d'une terre à une autre, etc. —, admission d'un soldat dans un corps, dans un régiment.

INCORPORÉ, E, part. Amalgamé, mélangé; enrégimenté.

INCORPOREL, LE, adj. Immatériel, spirituel, qui n'a point de corps, comme l'âme. Droits —, qu'on ne peut saisir, et qui consistent en droits et en actions. T. de jurisp.

INCORPORER, v. a. Amalgamer, mêler, réunir ensemble des substances pour ne faire qu'un corps. —, enrégimenter. T. d'art milit. S'—, v. pron. Se joindre, s'unir. S'—, v. récip. Se mêler ensemble.

INCORRECT, E, adj. qui manque de correction; inexact, irrégulier, imparfait, défectueux, fautif; style incorrect.

INCORRECTION, s. f. Défaut de correction, d'exactitude; irrégularité, imperfection, défectuosité.

INCORRIGIBILITÉ, s. f. Indocilité, opiniâtreté.

INCORRIGIBLE, adj. Qui ne peut, ne veut pas se corriger; qui ne peut être corrigé; indocile, obstiné, opiniâtre.

INCORRUPTIBILITÉ, s. f. Qualité de ce qui est incorruptible. —, droiture, équité, intégrité, probité à l'épreuve des séductions.

INCORRUPTIBLE, adj. Qui ne peut se corrompre, qui n'est pas sujet à la corruption. —, probe, juste, intègre, incapable de se laisser corrompre.

INCORRUPTION, s. f. Etat de ce qui n'est pas susceptible de corruption. T. de phys.

INCOUPABLE, adj. Innocent. T. inus.

INCOURANT, E, adj. Qui n'a pas cours. T. de comm. inus.

INCOURBE, adj. Courbe en dedans, convexe en dehors. T. de bot.

INCOURT, s. m. Com. du dép. du Pas-de-Calais, cant. de Parcq, arr. de St.-Pol. = Hesdin.

INCRASSANT, E, s. et adj. Ce qui épaissit le sang, les humeurs, l'opposé d'atténuant, d'incisif, T. de méd.

INCRASSATION, s. m. Epaississement du sang, des humeurs. T. de méd.

INCRASSÉ, E, part. Epaissi; se dit du sang, des humeurs. T. de méd.

INCRASSER, v. a. Epaissir le sang, les humeurs. T. de méd.

INCRÉDIBILITÉ, s. f. Motif qui rend une chose incroyable.

INCRÉDULE, s. et adj. Qui croit difficilement, qui répugne à croire. —, qui ne croit pas aux mystères de la religion, aux vérités qu'elle nous enseigne.

INCRÉDULITÉ, s. f. Difficulté, répugnance à croire. —, manque de foi, de religion.

INCRÉÉ, E, adj. Eternel, qui existe sans avoir été créé. L'Etre —, Dieu.

INCRÉMENT, s. m. Accroissement, augmentation quelconque d'une quantité variable. T. de géom.

INCRIMINÉ, E, part. Accusé d'un crime.

INCRIMINER, v. a. Accuser d'un crime, poursuivre criminellement; incriminer un article de journal.

INCROYABLE, s. et adj. Qui ne mérite point de foi, qui ne peut être cru, invraisemblable. —, difficile à croire, extraordinaire.

INCROYABLEMENT, adv. D'une manière incroyable.

INCRUSTATION, s. f. Action d'incruster, d'appliquer de l'or, de l'argent sur un meuble, etc., pour l'orner. —, enduit pierreux, croûte cristallisée. —, formation d'une croûte sur quelques parties du corps. T. de méd.

INCRUSTÉ, E, part. Appliqué sur un meuble, etc., pour l'enjoliver. —, adj. Se dit du péricarpe et de la graine dont les enveloppes se confondent. T. de bot.

INCRUSTER, v. a. Faire des incrustations, appliquer des ornemens sur ou contre une surface pour l'embellir. S'—, v. pron. Se couvrir d'une croûte. T. de méd.

INCUBATION, s. f. Couvée. —, temps qui s'écoule depuis l'introduction d'un principe morbifique dans l'économie animale, jusqu'à l'invasion de la maladie. T. de méd.

INCUBES ou ÉPHIALTES, s. m. pl. Démons fabuleux qui, disait-on dans les temps d'ignorance, étaient les ennemis des hommes et surtout des femmes, qu'ils s'efforçaient d'étouffer durant leur sommeil. T. de myth.

INCULCATION, s. f. Action d'inculquer. (Vi.)

INCULPABLE, adj. Coupable d'une faute, qui peut être inculpé.

INCULPATION, s. f. Accusation, imputation d'une faute.

INCULPÉ, E, part. Accusé d'une faute.

INCULPER, v. a. Accuser, imputer une faute à quelqu'un. S'—, v. pron. Avouer sa faute. S'—, v. récip. Se reprocher mutuellement une faute.

INCULQUÉ, E, part. Imprimé dans l'esprit.

INCULQUER, v. a. Mettre, graver, imprimer dans l'esprit, en répétant souvent ce qu'on veut enseigner.

INCULTE, adj. Qui n'est pas cultivé, qui reste en friche, désert; pays inculte. —, qui n'a pas d'instruction, ignorant; qui n'est pas civilisé, sauvage, farouche.

INCULTURE, s. f. Défaut de culture. T. inus.

INCUNABLE, s. f. et adj. Se dit des éditions qui remontent à l'enfance de l'imprimerie.

INCURABILITÉ, s. f. Etat de ce qui est incurable au moral comme au physique.

INCURABLE, s. et adj. Inguérissable, au propre et au figuré. —, s. m. pl. Malades abandonnés de la médecine, qu'on ne peut plus espérer de guérir; hôpital des incurables.

INCURIE, s. f. Défaut de soin, négligence, insouciance, apathie.

INCURIEUSEMENT, adv. Sans curiosité, sans soins. T. inus.

INCURIEUX, EUSE, adj. Indifférent, qui manque de curiosité, qui n'a pas de soins, qui ne s'inquiète de rien. T. inus.

INCURIOSITÉ, s. f. Défaut de curiosité, de soins. T. inus. —, négligence à s'instruire.

INCURSION, s. f. Course rapide d'un corps de cavalerie en pays ennemi.

INCURVATION, s. f. Action de courber, de plier en forme d'arc; courbure artificielle des os. T. de méd.

INCUSE, adj. f. Gravée en creux d'un ou de deux côtés; médaille incuse.

INDAGATEUR, s. m. Investigateur. T. inus.

INDAYE, s. m. Oiseau de proie peu connu. T. d'hist. nat.

INDE (l'), s. f. C'est ainsi qu'on nomme toute la partie méridionale de l'Asie renfermée entre la Perse et la Chine. Située entre l'équateur et le 36° degré de lat. sept., le 61° et le 107° de long. orient., cette contrée, la plus belle et la plus riche de l'Asie, est aujourd'hui courbée sous le joug des marchands anglais qui l'exploitent pour le compte de leur gouvernement. C'est là qu'est le secret de la puissance britannique, secret qu'avait deviné Napoléon lorsqu'il entreprit la campagne de Russie pour forcer l'empereur Alexandre à lui livrer passage à travers ses états. Les Anglais tirent de l'Inde de l'or, de l'argent, les plus belles pierreries qui existent, des étoffes précieuses et toutes sortes d'épiceries; indigo, fécule, bleu pour teinture, qu'on tire des feuilles d'une plante du Brésil, bois d'Inde, bois de Campêche, etc.

INDÉBROUILLABLE, adj. Indéchiffrable, qu'on ne peut débrouiller.

INDÉCEMMENT, adv. Contre la décence, d'une manière indécente.

INDÉCENCE, s. f. Action, parole indécente, inconvenance, défaut de bienséance.

INDÉCENT, E, adj. Contraire à la décence, à la pudeur; messéant, inconvenant, malhonnête.

INDÉCHIFFRABLE, adj. Illisible, qu'on ne peut déchiffrer; lettre indéchiffrable. —, obscur, embrouillé; passage indéchiffrable. Homme —, impénétrable, dont on ne peut connaître les actions.

INDÉCIS, E, adj. Qui n'est pas décidé, en parlant des choses. —, irrésolu, qui hésite, qui a de la peine à prendre une détermination, en parlant des personnes.

INDÉCISION, s. f. Irrésolution, hésitation, état d'une personne indécise.

INDÉCLINABILITÉ, s. f. Qualité des mots indéclinables. T. de gramm.

INDÉCLINABLE, adj. Se dit d'un mot qui ne se décline pas; nom indéclinable.

INDÉCOMPOSABLE, adj. Qui ne peut être décomposé.

INDÉCROTTABLE, adj. Couvert de crotte, qu'on ne peut décrotter. —, qu'on ne peut rendre honnête, poli; grossier, d'un caractère difficile, intraitable. —, en parlant des choses, embarrassé, embrouillé, indéfinissable, indéchiffrable.

INDÉFECTIBILITÉ, s. f. Indestructibilité.

INDÉFECTIBLE, adj. Indestructible, impérissable, comme l'église, la religion.

INDÉFENDABLE, adj. Qui n'offre pas de moyens de défense.

INDÉFENDU, E, adj. Abandonné, sans avoir été défendu. T. inus.

INDÉFINI, E, adj. Illimité, indéterminé, dont on ne peut déterminer les bornes.

INDÉFINIMENT, adv. D'une manière indéfinie.

INDÉFINISSABLE, adj. Indéchiffrable, indécrottable, qu'on ne saurait définir; homme indéfinissable.

INDÉFINITÉ, s. f. Qualité de l'indéfini. T. inus.

INDÉFINITIÈME, adj. Indéfini. T. de géom. inus.

INDÉHISCENCE, s. f. Privation de la faculté de s'ouvrir. T. de bot.

INDÉHISCENT, E, adj. Qui ne s'ouvre point. T. de bot.

INDEL, s. m. Sorte de palmier. T. de bot.

INDÉLÉBILE, adj. Ineffaçable; encre indélébile.

INDÉLÉBILITÉ, s. f. Caractère de ce qui ne peut s'effacer ni être effacé.

INDÉLIBÉRÉ, E, adj. Irréfléchi, sans délibération.

INDÉLICAT, E, adj. Qui manque de délicatesse.

INDÉLICATESSE, s. f. Grossièreté, malhonnêteté, friponnerie.

INDEMNE, adj. Indemnisé, dédommagé. T. de procéd.

INDEMNISATION, s. f. Action d'indemniser, fixation, partage, répartition d'une indemnité.

INDEMNISÉ, E, part. Dédommagé.

INDEMNISER, v. a. Dédommager,

réparer les pertes. S'—, v. pron. et récip. Se dédommager.

INDEMNITÉ, s. f. Dédommagement, au prop. et au fig.

INDÉMONTRABLE, adj. Qui n'est pas susceptible de démonstration.

INDENTÉ, E, adj. Sans dents ou dentelures. T. de bot.

INDÉPENDAMMENT, adv. D'une manière indépendante, librement, sans rapport, sans égard, en outre.

INDÉPENDANCE, s. f. Etat d'une personne libre de tout engagement, de toute sujétion; liberté d'agir selon les inspirations de sa conscience.

INDÉPENDANT, E, adj. Libre de toute influence, qui n'a d'autre guide que ses lumières, qui ne dépend de personne. —, qui n'a point de connexité, de rapport. —, pl. Sectaires qui méconnaissaient l'autorité ecclésiastique; partisans de la démocratie, républicains.

INDÉPENDANTISME, s. m. Parti des indépendans, leur système.—, état d'indépendance. T. inus.

INDE-PLATE, s. f. Mélange de bleu, d'émail et d'indigo.

INDESCRIPTIBLE, adj. Que l'on ne peut décrire. T. inus.

INDÉSIRABLE, adj. Méprisable, qui n'est pas digne d'être désiré. T. inus.

INDES OCCIDENTALES (les), s. f. pl. L'Amérique, ainsi nommée par Cristophe Colomb, qui en fit la découverte en 1492. Voy. AMÉRIQUE.

INDESTRUCTIBILITÉ, s. f. immortalité.

INDESTRUCTIBLE, adj. Impérissable, immortel.

INDÉTERMINATION. s. f. irrésolution, indécision.

INDÉTERMINÉ, E, adj. Indécis, irrésolu. —, en parlant des choses, indéfini.

INDÉTERMINÉMENT, adv. D'une manière indéterminée, sans déterminer, sans spécifier.

INDEVILLERS, s. m. Com. du dép. du Doubs, cant. de St.-Hyppolite, arr. de Montbéliard. = St.-Hyppolite-sur-le-Doubs.

INDEVINABLE, adj. Indéchiffrable, que l'on ne peut deviner.

INDÉVOT, E, s. et adj. Irréligieux, impie.

INDÉVOTEMENT, adv. D'une manière indévote, impie.

INDÉVOTION, s. f. Irréligion, impiété.

INDEX, s. m. (mot lat.). Table d'un livre; catalogue des livres dont la lecture est défendue par l'église. —, l'indicateur, le second doigt de la main. —, aiguille tournant sur un pivot. —, caractéristique, exposant. T. d'arith. —, surnom d'Hercule. T. de myth.

INDIANITE, s. f. Substance pierreuse, blanchâtre, transparente. T. d'hist. nat.

INDICATEUR, s. m. Le doigt index; muscle de ce doigt. —, genre d'oiseaux sylvains qui indiquent en criant les ruches d'abeilles sauvages. T. d'hist. nat.

INDICATEUR, TRICE, adj. Qui indique, dénonciateur. Doigt —, l'index. Muscle —, de l'index.

INDICATIF, s. m. Premier mode des verbes qui indique qu'une personne ou une chose est, possède, agit; je suis, tu as, il court. T. de gramm.

INDICATIF, IVE, adj. Symptomatique, diagnostique; symptôme indicatif de l'état d'un malade.

INDICATION, s. f. Action d'indiquer, signe qui indique. —, symptôme, diagnostic. T. de méd. —, direction de l'aiguille aimantée vers le N. T. de mar.

INDICE, s. m. Signe apparent et probable d'une chose. Voy. INDEX.

INDICIBLE, adj. Inexprimable. T. fam.

INDICOLITHE ou **INDIGOLITHE**, s. f. Substance minérale bleue, tourmaline. T. d'hist. nat.

INDICTION, s. f. Période de quinze années, convocation d'un concile, etc.

INDICTIVES, adj. f. pl. Ordonnées par le magistrat; fêtes indictives. Funérailles —, accompagnées de jeux solennels. T. d'antiq.

INDICULE, s. m. Petit indice.

INDIEN, s. m. Poisson de la mer des Indes. T. d'hist. nat. —, constellation méridionale. T. d'astr. — ou Indous, pl. Peuples d'Asie.

INDIEN, NE, adj. Originaire de l'Inde, qui appartient à cette contrée.—, s. f. Toile de coton de l'Inde.

INDIFFÉREMMENT, adv. Avec indifférence; sans choix, sans distinction.

INDIFFÉRENCE, s. f. Apathie, insouciance, froideur, penchant égal pour une chose comme pour l'autre.

INDIFFÉRENT, E, s. et adj. Qui n'est en soi ni bon, ni mauvais; action indifférente. —, qui attache peu, dont on ne se soucie point; lecture indifférente. —, qui peut se faire également bien d'une ou d'autre manière. —, froid, apathique, insouciant, qui n'a pas plus de préférence pour une chose que pour l'autre, qui n'aime rien, n'est touché de rien.

INDIFFÉRENTISME, s. m. Système des fatalistes, qui attribuent tout au hasard, qui considèrent toutes les religions comme des institutions indifférentes.

INDIFFÉRENTISTE, s. m. Fataliste.

INDIGÉNAT, s. m. Droit de naturalité.

INDIGENCE, s. f. Extrême pauvreté.

INDIGÈNE, s. et adj. Né dans un pays, qui l'habite de temps immémorial; peuple indigène. —, en parlant des choses, naturel à un pays, par opposition à exotique; plante indigène.

INDIGÉNÉITÉ, s. f. Etat de l'indigène.

INDIGENT, E, adj. Très pauvre, qui manque des choses de première nécessité.

INDIGESTE, adj. Lourd, difficile à digérer. —, mal conçu, embrouillé, diffus; compilation indigeste. Fig.

INDIGESTION, s. f. Embarras gastrique, trouble dans les fonctions digestives, irritation de l'estomac qui rejette les alimens sans coction; digestion difficile, dépravée. Voy. APEPSIE et DYSPEPSIE. T. de méd.

INDIGÈTE, s. m. Nom qu'on donnait aux hommes illustres, après leur mort, dans le pays qui les avait vus naître, où ils étaient honorés comme des dieux. T. de myth.

INDIGNATION, s. f. Colère excitée par le mépris, par ce qu'offre de révoltant la perfidie, l'injustice, etc.

INDIGNE, s. et adj. Qui n'est pas digne, qui ne mérite pas; être indigne de l'attention des honnêtes gens. —, méchant, odieux, condamnable; homme, action indigne. —, qui excite l'indignation, inconvenant, méprisable. —, exclu d'une succession pour cause d'indignité. T. de jurisp.

INDIGNÉ, E, part. Irrité, fâché par des actions ou des paroles indignes.

INDIGNEMENT, adv. d'une manière indigne.

INDIGNER, v. a. Irriter par des actions honteuses, exciter l'indignation. S'—, v. pron. Concevoir de l'indignation, s'irriter.

INDIGNITÉ, s. f. Cause qui rend indigne d'une donation, d'une succession, etc. —, perfidie, calomnie, ingratitude, cruauté, etc. —, pl. Traitement injurieux, insulte, outrage.

INDIGO, s. m. Anil, plante; fécule bleue qu'on en tire; couleur de l'indigo. Voy. INDE.

INDIGOTERIE, s. f. Plantation d'indigo, établissement où l'on prépare cette couleur végétale.

INDIGOTIER, s. m. Genre de plantes légumineuses, arbres et arbustes d'Afrique et d'Amérique, dont plusieurs espèces fournissent l'indigo. T. de bot.

INDILIGENT, E, adj. Paresseux. (Vi.)

INDIQUANT, E, adj. Indicatif, symptomatique. T. de méd.

INDIQUÉ, E, part. Montré, désigné.

INDIQUER, v. a. Montrer avec l'index, avec le doigt; marquer, désigner, servir d'indices en affaire; enseigner; faire savoir, publier, divulguer.

INDIRE, s. m. Droit de doubler les redevances. T. de droit féodal.

INDIRECT, E, adj. Détourné, écarté; oblique, sinueux. Vues —, intéressées. Voies —, moyens cachés et le plus souvent blâmables. Avantage —, fait par le moyen d'un tiers. Contributions —, qui sont assises sur la consommation, comme les droits réunis, les octrois.

INDIRECTEMENT, adv. D'une manière indirecte, par des voies détournées.

INDIRIGIBLE, adj. Indocile, rétif, qu'on ne peut diriger.

INDISCERNABLE, adj. Qu'on ne peut discerner.

INDISCIPLINABLE, adj. Indocile, insoumis, qui est incorrigible.

INDISCIPLINE, s. f. Défaut d'éducation, d'ordre, de conduite.

INDISCIPLINÉ, E, adj. Volontaire, qui n'est pas soumis au joug de la discipline; armée indisciplinée.

INDISCRET, E, s. et adj. Bavard, étourdi, imprudent, qui ne peut garder un secret. —, inconvenant, impertinent; regard indiscret.

INDISCRÈTEMENT, adv. D'une manière indiscrète, étourdiment, imprudemment.

INDISCRÉTION, s. f. Manque de discrétion, étourderie, imprudence, inconvenance, action indiscrète.

INDISPENSABLE, adj. Nécessaire, dont on ne peut se dispenser.

INDISPENSABLEMENT, adv. Nécessairement, par devoir.

INDISPONIBLE, adj. Se dit d'un bien dont on ne peut disposer par testament. T. de jurisp.

INDISPOSÉ, E, part. Mécontenté, fâché. —, adj. Légèrement malade.

INDISPOSER, v. a. Mettre dans une disposition peu favorable; mécontenter, fâcher, aliéner. —, incommoder, occasionner une indisposition.

INDISPOSITION, s. f. Incommodité,

légère altération qu'éprouve la santé. —, disposition peu favorable, mécontentement.

INDISPUTABLE, adj. Incontestable. T. inus.

INDISSOLUBILITÉ, s. f. Caractère des engagemens indissolubles; indissolubilité du mariage. —, insolubilité. T. de chim.

INDISSOLUBLE, adj. Dont les liens ne peuvent être rompus; union indissoluble. —, insoluble, qui ne peut se dissoudre. T. de chim.

INDISSOLUBLEMENT, adv. D'une manière indissoluble.

INDISTINCT, E, adj. Confus, qui n'est pas clair, en parlant des sons et des idées.

INDISTINCTEMENT, adv. Confusément, sans distinction, sans choix, sans préférence, sans acception des personnes.

INDISTINCTION, s. f. Confusion. T. inus.

INDIVIDU, s. m. Etre particulier de chaque espèce, en général; être indivisible. —, personne. T. fam.

INDIVIDUALISATION, s. f. Action d'individualiser; effets de cette action; état de l'objet individualisé. T. de métaph.

INDIVIDUALISÉ, E, part. Considéré individuellement, abstraction faite de l'espèce. T. de métaph.

INDIVIDUALISER, v. a. Considérer individuellement, abstraction faite de l'espèce. T. de métaph.

INDIVIDUALITÉ, s. f. Qualité, état de l'individu; ce qui le constitue tel.

INDIVIDUEL, LE, adj. Personnel, qui a rapport à l'individu, lui appartient, le concerne.

INDIVIDUELLEMENT, adv. D'une manière individuelle.

INDIVIS, E, adj. Possédé en commun, qui n'a point été partagé. T. de procéd. Par —, adv. en commun, sans partage.

INDIVISÉMENT, adv. D'une manière indivise. T. de procéd.

INDIVISIBILITÉ, s. f. Qualité de ce qui est indivisible, unité; indivisibilité de la république française.

INDIVISIBLE, adj. Impartageable, qu'on ne peut diviser, démembrer.

INDIVISIBLEMENT, adv. D'une manière indivisible.

INDIVISION, s. f. Communauté, état de ce qui est indivis; rester dans l'indivision. T. de procéd.

IN-DIX-HUIT, s. m. Format dans lequel chaque feuille forme dix-huit feuillets et trente-six pages. T. d'imp.

INDOCILE, adj. Difficile à instruire, à gouverner, qui supporte impatiemment le joug; écolier indocile; peuple indocile. —, qui manque de soumission, d'obéissance; enfant indocile.

INDOCILITÉ, s. f. Insubordination, rebellion.

INDOCTE, adj. Ignorant. T. inus.

INDOLEMMENT, adv. Avec nonchalance.

INDOLENCE, s. f. Nonchalance, paresse, indifférence, insouciance, incurie, apathie, etc. —, absence de douleur. T. de méd.

INDOLENT, E, adj. Paresseux, nonchalant; indifférent, insouciant, apathique. —, qui ne cause pas de douleur. T. de méd.

INDOMPTABLE, adj. Qu'on ne peut dompter.

INDOMPTÉ, E, adj. Furieux, fougueux, sauvage, qu'on n'a pu dompter.

INDOSTAN, s. m. Vaste partie de l'Inde où se trouvait l'empire du Grand-Mogol, dont les Anglais se sont emparés. On remarquait dans ce puissant empire, Dehly, Lahor, Surate, etc.

INDOTÉ, E, adj. Qui n'a pas eu de dot. T. inus.

INDOU, s. m. Indigène de l'Inde de la secte de Brama.

IN-DOUZE, s. m. Format dans lequel la feuille est pliée en douze feuillets, et fournit vingt-quatre pages. T. d'imp.

INDRE (l'), s. m. Rivière qui prend naissance à St.-Pierre-la-Marche, dép. de la Creuse, et qui se jette dans la Loire à Rivarennes, dép. d'Indre-et-Loire. Cette rivière, dont le cours est d'environ 50 l., est navigable depuis Loches jusqu'à son embouchure.

INDRE (dép. de l'), s. m. Chef-lieu de préf., Châteauroux; quatre arr. ou sous-préf.: Châteauroux, la Châtre, le Blanc, Issoudun; 23 cant., ou justices de paix; 259 com.; pop. 237,630 hab. envir. Cour royale, évêché à Bourges; de la 15e div. milit.; 6e div. des ponts-et-chaussées; 1re div. des mines; direct. de l'enregist. et des domaines, de 3e classe; 9e arr. forestier.

Ce dép. est borné N. par le dép. de Loir-et-Cher, E. par celui du Cher, S. par ceux de la Creuse et de la Haute-Vienne, O. par les dép. de la Vienne et d'Indre-et-Loire.

Le territoire du dép. d'Indre-et-Loire offre en grains une récolte suffisante à la consommation de ses habitans; mais les terres y sont généralement sablonneuses et conséquemment peu productives. Dans la partie qui se trouve entre la grande route de Paris à Limoges et la rive gauche de l'Indre, on trouve un grand nombre d'étangs qui fournissent beaucoup de poissons; mais ce sont surtout les bêtes à laine et les bestiaux en général qui font la richesse de ce pays, dont nous allons indiquer les principales productions. Outre toutes les espèces de céréales, on y récolte sarrasin, chanvre, lin, fruits, vins de médiocre qualité, bois, chataignes, foin en suffisante quantité pour la nourriture des bestiaux; grand et petit gibier; poissons d'étangs et de rivières, truites, écrevisses; sangsues; chevaux, grand nombre de mulets, ânes, bêtes à cornes et à laine; beaucoup de volailles, oies, dindons; mines de fer en grains et en roches; carrières de grès, pierres de taille calcaires, silex, pierres meulières, lithographiques; marne, terre à potier. Manuf. de draps; fab. de toiles, bonneterie, papiers, belle poterie, porcelaine; filatures de laine; tanneries, parcheminerie; brasseries, forges et hauts fourneaux. L'Indre est la seule rivière de ce dép. qui soit navigable.

INDRE, s. m. Com. du dép. de la Loire-Inférieure, cant. et arr. de Nantes. = Nantes.

INDRE-ET-LOIRE (dép. d'), s. m. Chef-lieu de préf., Tours; 3 arr. ou sous-préf.: Tours, Loches et Chinon; 24 cant. ou justices de paix; 303 com.; pop. 290,680 hab. env. Cour royale d'Orléans; évêché à Tours; de la 4e div. milit.; 13e div. des ponts-et-chaussées; 1re div. des mines; direct. de l'enregist. et des domaines, 2e classe; 11e arr. forestier.

Ce dép., formé en entier de la ci-devant province de Touraine, est borné au N.-E. par le dép. de Loir-et-Cher, au N.-O. par celui de la Sarthe, au S.-E. par le dép. de l'Indre, au S.-O. par celui de la Vienne, et à l'O. par celui de Maine-et-Loire.

La richesse des sites et la douceur du climat ont fait surnommer la Touraine le jardin de la France, et cependant les récoltes sont insuffisantes à la consommation des habitans. Les vallons qui bordent les grandes rivières et surtout le pays qu'on le nomme Varennes sont en effet de la plus grande fertilité; mais, à mesure qu'on s'en éloigne, on trouve une très grande quantité de landes et de terres en friches. Voici l'aperçu des productions du dép. d'Indre-et-Loire: froment, seigle, orge, avoine, millet, maïs, châtaignes, fruits délicieux, excellentes prunes avec lesquelles on fait les pruneaux connus dans le comm. sous le nom de pruneaux de Tours; plantes potagères, anis, coriandre, réglisse, angélique, chanvre, bois, vins rouges et blancs, d'assez bonne qualité; riches prairies, pépinières d'arbres à fruits; grand et menu gibier; poisson en abondance, vers à soie, abeilles; mines de fer; carrières de pierres de taille calcaires; pierres meulières et lithographiques, grès, marne et falun servant à l'engrais des terres; argile à potier, terre à pipe; manuf. de grosse draperie et d'étoffe de soie; fab. de rubans, passementerie, toile de ménage, bonneterie de soie, de coton et de filoselle; tapis de pied; pipes de terre; eaux-de-vie; fer, acier, limes, plomb de chasse; filatures de laine et de coton; raffineries de sucre de betteraves, amidonneries, poteries, papeteries et tanneries; raffinerie de poudre. La Loire, la Vienne, le Cher et la Creuse y sont navigables.

INDRI, s. m. Maki, mammifère qui a quatre incisives à la mâchoire inférieure. T. d'hist. nat.

INDROYE (l') s. f. Petite rivière dont la source se trouve dans le dép. de l'Indre, et qui se jette dans l'Indre près d'Azay, dép. d'Indre-et-Loire, après un cours de 10 lieues.

INDU, E, adj. Intempestif, contraire à l'usage, au devoir, à la raison. —, hors de saison; heure indue.

INDUBITABLE, adj. Dont on ne peut douter; assuré, certain.

INDUBITABLEMENT, adv. Sans doute, certainement.

INDUCTION, s. f. Instigation, impulsion. —, conséquence vraisemblable tirée d'un événement, etc. —, énumération pour établir la preuve d'une hypothèse; prouver par induction. —, manière de reconnaître la vérité d'une formule générale, en l'appliquant à un cas particulier. T. de math. —, action d'étendre un emplâtre. T. de chir.

INDUIRE, v. a. Porter, pousser à faire une chose; induire à mal faire, en erreur. —, inférer, tirer une conséquence. —, digérer. T. de fauc.

INDUIT, E, part. Porté, poussé à faire une chose.

INDULGEMMENT, adv. Avec indulgence.

INDULGENCE, s. f. Bonté, facilité à pardonner, à excuser. —, pl. Rémission de la peine due aux péchés; accorder les indulgences.

INDULGENT, E, adj. Bon, généreux, qui est plein d'indulgence, qui pardonne aisément.

INDULT, s. m. Droit accordé par le pape de nommer à de certains bénéfices. —, droit que percevait le roi d'Espagne sur toutes les productions venant d'Amérique.

INDULTAIRE, s. m. Possesseur d'un bénéfice à titre d'indult.

INDÛMENT, adv. A tort, illégalement, d'une manière indue. T. de procéd.

INDURATION, s. f. Endurcissement. T. de chir.

INDUS, s. m. Grand fleuve de l'Inde, qui prend sa source dans les montagnes de Kaschgar.

INDUSIE, s. f. Enveloppe qui recouvre la semence des fougères. T. de bot.

INDUSIUM, s. m. Vêtement que les dames romaines portaient sur la peau.

INDUSTRIAL, E, adj. Voy. INDUSTRIEL.

INDUSTRIE, s. f. Dextérité, adresse à faire une chose; intelligence, habileté. —, travail, commerce; l'industrie est aux abois. —, intrigue, filouterie; chevalier d'industrie.

INDUSTRIEL, LE, s. et adj. Qui concerne l'industrie et le travail, leur appartient, en provient.

INDUSTRIER, v. n. Employer son industrie. (Vi.)

INDUSTRIEUSEMENT, adv. Avec adresse, industrie.

INDUSTRIEUX, EUSE, adj. Ingénieux, adroit; fait avec industrie.

INDUTS, s. m. pl. Assistans du diacre et du sous-diacre aux messes solennelles.

INDUVIE, s. f. Péricarpe provenant d'un ovaire supérieur. T. de bot.

INÉBRANLABLE, adj. Ferme, constant, que rien ne peut ébranler.

INÉBRANLABLEMENT, adv. D'une manière inébranlable.

INÉCLAIRCI, E, adj. Epais, trouble, obscur, qui n'a pas été éclairci.

INÉDIE, s. f. Diète, abstinence. T. inus.

INÉDIT, E, adj. Manuscrit qui n'a pas été imprimé, publié.

INEFFABILITÉ, s. f. Impossibilité d'expliquer par la parole les mystères de la religion. T. de théol.

INEFFABLE, adj. Mystérieux, inexplicable.

INEFFAÇABLE, adj. Durable, qui ne peut être effacé; souvenir ineffaçable.

INEFFECTIF, IVE, adj. Inefficace, qui n'est pas suivi d'effet.

INEFFICACE, adj. Sans efficacité, ineffectif, qui ne produit pas d'effet.

INEFFICACITÉ, s. f. Manque d'efficacité, de vertu; insuffisance, inutilité, défaut de succès.

INÉGAL, E, adj. Qui n'est point de niveau, parallèle, uni, symétrique. —, raboteux, montueux; chemin inégal. —, capricieux, bizarre; homme inégal. —, qui n'est pas soutenu; style inégal. —, irrégulier; pouls inégal. T. de méd.

INÉGALEMENT, adv. D'une manière inégale.

INÉGALITÉ, s. f. Défaut d'égalité de deux ou plusieurs choses. —, différence des conditions, des fortunes, des facultés, du mérite, etc., fig. —, irrégularité du mouvement d'une planète. T. d'astr. —, irrégularité du pouls. T. de méd. —, pl. Caprices, bizarreries d'humeur.

INÉLÉGAMMENT, adv. Sans élégance.

INÉLÉGANCE, s. f. Défaut d'élégance.

INÉLÉGANT, E, adj. Qui manque d'élégance.

INÉLIGIBILITÉ, s. f. Condition de celui qui est inéligible.

INÉLIGIBLE, adj. Qui ne paie pas le cens, qui n'a pas les qualités requises pour être au nombre des éligibles.

INÉLOQUENT, E, adj. Sans éloquence. T. inus.

INEMBRYONNÉ, E, adj. Qui n'a pas de graines. T. de bot.

INÉNARRABLE, adj. Merveilleux, extraordinaire, qui ne peut être raconté.

INEPTE, adj. Sans aptitude; incapable, inhabile; impertinent, absurde.

INEPTEMENT, adv. Par ineptie. T. inus.

INEPTIE, s. f. Sottise, impertinence, absurdité. —, pl. Actions, propos, réflexions ineptes.

INÉPUISABLE, adj. Intarissable, qu'on ne peut épuiser. Prop. et fig.

INÉQUILATÈRE, adj. Se dit d'une plante à côtés inégaux. T. de bot.

INÉQUITÈLES, s. f. pl. Voy. FILANDIÈRES. T. d'hist. nat.

INÉQUIVALVE, adj. A valves inégales; se dit des coquilles et des fruits. T. d'hist. nat. et de bot.

INERME, adj. Sans armes, sans piquans, sans épines. T. de bot.

INERTE, adj. Sans ressort, sans activité, sans énergie. Fig.

INERTIE, s. f. Défaut de ressort. —, inaction, manque d'énergie. Fig. Force d'—, résistance au mouvement; propriété des corps de rester dans un état de repos ou de mouvement.

INÉRUDIT, E, adj. Sans érudition.

INÉRUDITION, s. f. Défaut d'instruction. T. inus.

INERVILLE, s. f. Com. du dép. de la Seine-Inférieure, cant. d'Envermeu, arr. de Dieppe. = Dieppe.

INESCATION, s. f. Action d'amorcer; jonglerie des charlatans qui prétendent faire passer la maladie d'une personne dans un animal dont on mange quelques parties.

INESPÉRÉ, E, adj. Heureux, imprévu, que l'on ne pouvait espérer.

INESPÉRÉMENT, adv. Contre toute espérance.

INESTIMABLE, adj. Inappréciable, qu'on ne peut assez estimer.

INÉTENDU, E, adj. Qui n'a point d'étendue. T. didact.

INEUIL, s. m. Com. du dép. du Cher, cant. de Linières, arr. de St.-Amand.= Linières.

INÉVIDENT, E, adj. Qui n'est pas clairement démontré. T. didact.

INÉVITABILITÉ, s. f. Qualité de ce qui est inévitable. T. inus.

INÉVITABLE, adj. Qu'on ne peut éviter, dont on ne peut se garantir; la mort est inévitable.

INÉVITABLEMENT, adv. D'une manière inévitable, nécessairement.

INEXACT, E, adj. Erroné, qui manque d'exactitude.

INEXACTITUDE, s. f. Incorrection, erreur, manque d'exactitude.

INEXCUSABLE, adj. Qui ne peut être excusé.

INEXÉCUTABLE, adj. Qui ne peut être exécuté.

INEXÉCUTION, s. f. Défaut d'exécution, en parlant d'un contrat, d'un traité, etc.

INEXERCÉ, E, adj. Qui n'est pas exercé. T. inus.

INEXIGIBILITÉ, s. f. Qualité de ce qui n'est pas exigible. T. inus.

INEXIGIBLE, adj. Qui n'est point obligatoire, qui ne peut être exigé.

INEXISTANT, E, adj. Qui n'existe pas. T. inus.

INEXISTENCE, s. f. Défaut d'existence.

INEXORABLE, adj. Inflexible, qu'on ne peut apaiser par des prières; dur, sévère.

INEXORABLEMENT, adv. D'une manière inexorable.

INEXPÉRIENCE, s. f. Défaut d'usage, d'expérience.

INEXPÉRIMENTÉ, E, adj. Qui manque d'usage, de connaissances; qui n'a point d'expérience.

INEXPERT, E, adj. Inhabile dans un art, qui n'est pas versé dans la pratique, qui n'est pas expert. T. inus.

INEXPIABLE, adj. Qui ne peut être expié.

INEXPLICABLE, adj. Incompréhensible, inintelligible, qu'on ne peut expliquer.

INEXPRESSIBLE, adj. Inexprimable. T. inus.

INEXPRIMABLE, adj. Qu'on ne peut exprimer, dont on ne peut faire connaître toute l'étendue ; joie inexprimable.

INEXPUGNABLE, adj. Inattaquable, imprenable, qui ne peut être forcé, pris d'assaut.

INEXTINGUIBILITÉ, s. f. Qualité de ce qui est inextinguible.

INEXTINGUIBLE, adj. Qu'on ne peut éteindre; soif inextinguible. Fig.

INEXTIRPABLE, adj. Qu'on ne peut déraciner ; erreur inextirpable.

INEXTRICABLE, adj. Embrouillé, obscur, insoluble, qui ne peut être démêlé.

INFAILLIBILITÉ, s. f. Qualité de l'être infaillible; impossibilité de se tromper, d'être trompé. —, certitude, en parlant des choses.

INFAILLIBLE, adj. Qui ne peut errer, ni tromper; Dieu seul est infaillible, en ce sens. —, certain, immanquable, en parlant des choses.

INFAILLIBLEMENT, adv. Certainement, indubitablement, immanquablement.

INFAISABLE, adj. Inexécutable. T. inus.

INFAMANT, E, adj. Déshonorant, flétrissant, qui porte infamie.

INFAMATION, s. f. Note d'infamie. T. de jurisp.

INFÂME, s. et adj. Diffamé, noté, flétri par un jugement, par l'opinion publique. —, honteux, déshonorant, indigne; commerce infâme. —, sale, malpropre, malséant; logement infâme. T. fam.

INFAMEMENT, adv. Avec infamie. T. inus.

INFAMIE, s. f. Flétrissure imprimée par un jugement criminel ou par l'opinion publique. —, action infâme, avilissante; déshonneur, opprobre, ignominie. —, pl. Paroles, actions injurieuses.

INFANT, E, s. Titre des enfans puînés des rois d'Espagne, de Naples et de Portugal ; l'infant don Miguel.

INFANTERIE, s. f. Corps de fantassins, de soldats qui combattent à pied.

INFANTICIDE, s. m. Meurtre ou meurtrier d'un enfant.

INFATIGABILITÉ, s. f. Qualité de l'être infatigable.

INFATIGABLE, adj. Que rien ne fatigue, qui n'est jamais las; coureur infatigable.

INFATIGABLEMENT, adv. Sans se fatiguer.

INFATUATION, s. f. Entêtement, prévention ridicule et excessive pour une personne ou une chose.

INFATUÉ, E, part. Prévenu en faveur de quelqu'un ou de quelque chose, engoué.

INFATUER, v. a. Prévenir excessivement, sans retour, en faveur de quelqu'un. S'—, v. pron. S'entêter, se coiffer, s'engouer d'une personne.

INFÉCOND, E, adj. Stérile, au prop. et au fig.

INFÉCONDITÉ, s. f. Stérilité.

INFECT, E, adj. Puant, corrompu; qui infecte, est infecté.

INFECTÉ, E, part. Empuanti, rendu infect, gâté, corrompu.

INFECTER, v. a. Exhaler une mauvaise odeur, répandre une odeur fétide, empuantir, gâter, corrompre par le venin; rendre infect. —, corrompre l'esprit, les mœurs. Fig. S'—, v. pron. Se gâter, se corrompre, au prop. et au fig.

INFECTION, s. f. Corruption, contagion, miasmes fétides. —, mauvaise odeur, puanteur.

INFÉLICITÉ, s. f. Malheur, disgrâce.

INFÉODATION, s. f. Action d'inféoder.

INFÉODÉ, E, part. Donné à titre de fief. Dixmes —, aliénées par l'église à des laïques. T. de droit féod.

INFEODER, v. a. Donner une terre pour être tenue en fief. T. de droit féod.

INFÈRE, adj. Qui fait entièrement corps avec le tube du calice, en parlant de l'ovaire. Demi —, qui ne fait corps avec le tube du calice que par sa moitié inférieure. T. de bot.

INFÉRÉ, E, part. Conclu, tiré d'un raisonnement; se dit d'une conséquence.

INFÉRER, v. a. Conclure, tirer la conséquence d'une proposition.

INFÉRIEUR, E, s. et adj. Placé au-dessous, en parlant des choses. —, qui se trouve plus bas dans la hiérarchie sociale, qui est subordonné. —, qui n'est point égal en qualité, en valeur; marchandise inférieure. —, se dit en géographie par rapport au cours des rivières; Loire-Inférieure.

INFÉRIEUREMENT, adv. Au-dessous.

INFÉRIORITÉ, s. f. Rang de l'inférieur relativement au supérieur; rang de ce qui est inférieur.

INFERMABLE, adj. Qu'on ne peut fermer.

INFERNAL, E, adj. Qui appartient à l'enfer, qui tient de l'enfer, en est digne. Pierre —, nitrate d'argent, pierre à cautère.

INFERNALEMENT, adv. D'une manière infernale.

INFÉROBRANCHES, s. m. pl. Dermobranches. T. d'hist. nat.

INFERTILE, adj. Stérile, au prop. et au fig.

INFERTILISABLE, adj. Que l'on ne peut fertiliser.

INFERTILITÉ, s. f. Stérilité.

INFESTÉ, E, part. Pillé, dévasté; incommodé, tourmenté.

INFESTER, v. a. Piller, dévaster par des incursions, en parlant des ennemis; tourmenter, incommoder, causer du dommage, en parlant des animaux.

INFEUILLÉ, E, adj. Sans feuilles. T. de bot.

INFIBULATION, s. f. Action de mettre une boucle à la nature d'une jument, pour empêcher qu'elle ne soit saillie.

INFIBULÉ, E, part. Bouclé; se dit d'une jument.

INFIBULER, v. a. Boucler une jument, pour empêcher qu'elle ne soit saillie.

INFIDÈLE, s. et adj. Déloyal, qui manque de foi, de fidélité. —, qui trahit son devoir. —, inexact, défectueux, fautif; récit infidèle. Mémoire —, qui n'est pas sûre.

INFIDÈLEMENT, adv. D'une manière infidèle.

INFIDÉLITÉ, s. f. Infraction à la foi jurée, à la parole donnée, déloyauté, trahison. —, inconstance en amour. — de mémoire, manque de mémoire.

INFILTRATION, s. f. Action d'un fluide qui s'infiltre.

INFILTRÉ, E, part. Passé au travers d'un solide.

INFILTRER (s'), v. pron. Passer dans les pores d'un solide, comme à travers d'un filtre.

INFIME, adj. Dernier, le plus bas, le plus petit. (Vi.)

INFINI, s. m. Incommensurable, immense, qui n'a point de bornes. A l'—, adv. Sans fin, sans bornes, sans mesure.

INFINI, E, adj. Qui n'a ni commencement, ni fin, qui n'a point de bornes, innombrable. —, très grand, très considérable; travaux infinis.

INFINIMENT, adv. À l'infini, sans bornes, sans mesure. —, extrêmement. — petits, s. m. pl. Molécules organiques, principes des corps; quantités conçues comme moindres qu'aucune quantité assignable. T. de math.

INFINITÉ, s. f. Immensité, qualité de l'infini. —, grand nombre, grande quantité.

INFINITÉSIMAL, E, adj. Se dit du calcul des infiniment petits; calcul infinitésimal.

INFINÉTÉSIME, s. et adj. Partie infiniment petite d'une grandeur quelconque. T. de géom.

INFINITIF, s. m. Mode des verbes qui ne marque ni nombre, ni personnes. T. de gramm.

INFIRMATIF, IVE, adj. Qui infirme, qui rend nul. T. de procéd.

INFIRME, s. et adj. Faible, débile, mal constitué, valétudinaire, qui est affecté de quelque infirmité. —, faible, fragile, qui manque de force pour prendre une détermination.

INFIRMÉ, E, part. Réformé, invalidé, déclaré nul. T. de jurisp.

INFIRMER, v. a. Réformer, invalider, déclarer nul. T. de procéd. — une preuve, un témoignage, l'affaiblir.

INFIRMERIE, s. f. Lieu destiné aux malades dans les établissemens publics. —, lieu destiné aux arbres en caisses quand ils sont languissans. T. de jard. —, cage pour les oiseaux malades. T. d'oiseleur.

INFIRMIER, ÈRE, s. Garde malade, employé dans un hôpital pour servir les malades, veiller auprès d'eux, etc.

INFIRMITÉ, s. f. Maladie actuelle ou habituelle, vice d'organisation naturel ou accidentel qui prive de l'usage d'un sens, d'un membre, d'un organe. —, faiblesse, imperfection, fragilité. Fig.

INFIXÉ, E, part. Implanté, fixé, rendu fixe.

INFIXER, v. a. Implanter, fixer une chose dans une autre, rendre fixe.

INFLAMMABILITÉ, s. f. Qualité des matières inflammables; irritabilité.

INFLAMMABLE, adj. Qui s'enflamme aisément, irritable.

INFLAMMATION, s. f. Action qui enflamme un combustible; tumeur produite par l'affluence du sang, accompagnée de chaleur, de rougeur, de tension, de douleur et souvent de fièvre; phlogose, phlegmasie, etc. T. de méd.

INFLAMMATOIRE, adj. Se dit de toutes les maladies internes ou externes qui sont accompagnées de chaleur, de pulsation, de rougeur et de douleur, telles que le phlegmon, l'érysipèle, etc.; fièvre inflammatoire.

INFLATION, s. f. Enflure, tumeur, gonflement. T. de méd. inus.

INFLÉCHI, E, part. Dévié. —, adj. Fléchi en dedans. T. de bot.

INFLÉCHIR (s'), v. pron. Dévier.

INFLEXIBILITÉ, s. f. Qualité, caractère de l'être inflexible; dureté d'un corps qu'on ne peut faire plier; détermination inébranlable, persévérance dans une juste sévérité.

INFLEXIBLE, adj. Qui ne cède à aucune compression; invariable dans ses volontés, ses résolutions, son courroux; qui ne se laisse point fléchir, dur, implacable, impitoyable. Fig.

INFLEXIBLEMENT, adv. D'une manière inflexible.

INFLEXION, s. f. Disposition naturelle à incliner le corps au moyen des articulations; inflexion du genou. —, changement de la voix en passant d'un ton à un autre; facilité plus ou moins grande à changer de ton. —, déclinaison, conjugaison. T. de gramm. —, déviation des rayons de lumière sur un corps opaque. T. d'opt. —, changement de direction des rayons du soleil qui rasent le bord de la lune. T. d'astr. Point d'— d'une courbe, point où une courbe commence à se replier dans un sens contraire à celui où elle se pliait d'abord. T. de géom.

INFLICTIF, IVE, adj. Qui est ou doit être infligé; peine inflictive.

INFLICTION, s. f. Condamnation à une peine inflictive. T. de jurisp.

INFLIGÉ, E, part. Imposé, en parlant d'une peine, d'un châtiment.

INFLIGER, v. a. Déterminer, ordonner, prescrire, imposer une peine, un châtiment.

INFLORESCENCE, s. f. Manière dont les fleurs sortent de la tige. T. de bot.

INFLUENCE, s. f. Action supposée des astres sur les corps terrestres. —, action d'une cause qui aide à produire quelque effet. —, impression sur l'esprit, ascendant.

INFLUENCÉ, E, part. Se dit d'une personne sur l'esprit et les déterminations de laquelle il a été exercé une influence.

INFLUENCER, v. a. Exercer une influence, avoir part dans les déterminations par son ascendant sur les esprits.

INFLUENT, E, adj. Qui exerce de l'influence, qui a de l'ascendant.

INFLUER, v. a. Communiquer, déterminer par une vertu secrète. —, v. n. Faire une impression, agir par influence, au prop. et au fig. — sur une détermination, contribuer à la faire prendre.

INFOLIATURE, s. f. Incrustation. (Vi.)

IN-FOLIO, s. m. Voy. FOLIO.

INFORMATEUR, s. m. Précepteur en Allemagne.

INFORMATIF, IVE, adj. Qui sert à représenter. (Vi.)

INFORMATION, s. f. Action de s'enquérir, de prendre des renseignemens. —, audition de témoins, enquête. T. de jurisp.

INFORME, adj. Mal conformé, qui n'a pas la forme qu'il devrait avoir. —, imparfait, incomplet; confus, indigeste. Etoile —, isolée, qui n'appartient pas à une constellation. T. d'astr.

INFORMÉ, E, part. Averti, prévenu, instruit. —, s. m. Information; plus ample informé.

INFORMER, v. a. Avertir, donner avis, faire savoir, instruire. —, faire une information, une enquête contre quelqu'un, ou sur un fait. T. de jurisp. —, être la forme substantielle d'un corps. T. de philos. S' —, v. pron. S'enquérir, prendre des informations, des renseignemens.

INFORTIAT, s. m. Second volume du Digeste, recueil de décisions des jurisconsultes romains.

INFORTUNE, s. f. Malheur, adversité, perte, disgrâce, revers. —, état d'adversité, de misère.

INFORTUNÉ, E, adj. Malheureux. —, accompagné de malheurs; jours infortunés.

INFOURNAS (les), s. m. pl. Com. du dép. des Hautes-Alpes, cant. de Saint-Bonnet, arr. de Gap. = Gap.

INFRACTEUR, s. m. Violateur, transgresseur d'une loi, d'un traité.

INFRACTION, s. f. Transgression, violation, contravention, inobservation.

INFRALAPSAIRE, s. et adj. Qui croit à la grâce suffisante après la chute d'Adam. T. de théol.

INFRANCHISSABLE, adj. Que l'on ne peut dépasser; limite infranchissable.

INFRANGIBLE, adj. Qui ne peut être rompu.

INFRÉQUENTÉ, E, adj. Abandonné, isolé; lieu infréquenté.

INFRUCTUEUSEMENT, adv. Sans fruit, sans profit, sans utilité.

INFRUCTUEUX, EUSE, adj. Improductif, stérile. —, qui ne rapporte point de fruit, de profit, ou n'en produit que fort peu; vain; inutile, tenté sans succès. Fig.

INFULE, s. f. Bandeau de laine blanche, espèce de diadème sur la tête du prêtre. T. d'antiq.

INFUNDIBULÉ, E, ou INFUNDIBULIFORME, adj. En forme d'entonnoir. T. de bot.

INFUNDIBULUM, s. m. Voy. ENTONNOIR. T. d'anat.

INFUS, E, adj. Qu'on possède sans l'avoir acquis par ses études, versé dans l'âme comme surnaturellement; science infuse.

INFUSÉ, E, part. Trempé dans un liquide; macéré, en parlant d'une substance.

INFUSER, v. a. Faire tremper une substance dans un liquide pour en tirer le suc. —, v. n. Tremper, se macérer.

INFUSIBLE, adj. Qu'on ne peut fondre.

INFUSION, s. f. Action d'infuser, substance infusée, liqueur dans laquelle on infuse. —, injection d'une liqueur dans une veine. T. de chir. —, manière dont les facultés surnaturelles sont infusées dans l'âme; les apôtres avaient le don des langues par infusion. Fig.

INFUSOIRES, s. et adj. m. pl. Animalcules, vers qui naissent dans les infusions, les eaux croupies.

INFUSUM, s. m. Produit d'une fusion. T. de chim.

INGA, s. f. Acacia. T. de bot.

INGAMBE, adj. Alerte, léger, agile, dispos.

INGÉNÉRABLE, adj. Qui ne peut être engendré. T. inus.

INGÉNÉREUX, EUSE, adj. Sans générosité. T. inus.

INGENHEIM, s. m. Com. du dép. du Bas-Rhin, cant. de Hochfelden, arr. de Saverne. = Saverne.

INGÉNIER (s'), v. pron. Chercher des expédiens pour faire quelque chose, s'évertuer, exercer son imagination.

INGÉNIEUR, s. m. Géomètre, mathématicien qui dirige les constructions des ponts-et-chaussées, qui trace les plans des fortifications d'une ville, conduit l'attaque et la défense des places, etc., officier du génie; ingénieur des ponts-et-chaussées.

INGÉNIEUSEMENT, adv. D'une manière ingénieuse, fine et spirituelle; adroitement, subtilement.

INGÉNIEUX, EUSE, adj. Qui a du génie; plein d'esprit, d'invention, d'adresse. —, dont l'imagination multiplie, exagère les sujets d'affliction ; ingénieux à se tourmenter. —, qui annonce du génie dans son auteur, en parlant des productions de l'art; fable ingénieuse.

INGÉNU, E, adj. Naïf, simple, sans déguisement. —, s. f. Jeune personne qui a ou affecte de l'ingénuité.

INGÉNUITÉ, s. f. Naïveté, candeur, simplicité, franchise.

INGÉNUMENT, adv. D'une manière ingénue, naïvement.

INGÉRER (s'), v. pron. Se mêler de quelque chose sans en être requis, faire de son propre mouvement.

INGERSHEIM, s. m. Com. du dép. du Haut-Rhin, canton de Kaisersberg, arr. de Colmar. = Colmar.

INGHEM, s. m. Com. du dép. du Pas-de-Calais, cant. d'Aire, arr. de Saint-Omer. = Aire-sur-la-Lys.

INGLANGE, s. f. Com. du dép. de la Moselle, cant. de Metzervisse, arr. de Thionville. = Thionville.

INGLEVERT (St.-), s. m. Com. du dép. du Pas-de-Calais, cant. de Marquise, arr. de Boulogne. = Marquise.

IN GLOBO, adv. (expression latine). En masse.

INGLORIEUX, EUSE, adj. Sans gloire. T. inus.

INGOGNE, s. f. Boisson à l'usage de certains nègres.

INGOLSHEIM, s. m. Com. du dép. du Bas-Rhin, canton de Soultz-sous-Forêts, arr. de Wissembourg. = Wissembourg.

INGOUVERNABLE, adj. Indisciplinable, qu'on ne peut gouverner.

INGOUVILLE, s. f. Com. du dép. de la Seine-Inférieure, chef-lieu de cant. de l'arr. du Hâvre où est le bur. d'enregist. = le Hâvre.
Fabrique de vitriol ; raffineries de sucre, faïenceries, etc.

INGOUVILLE, s. f. Com. du dép. de la Seine-Inférieure, cant. de St.-Valery, arr. d'Yvetot. = St.-Valery-en-Caux.

INGRANDE, s. f. Com. du dép. de l'Indre, cant. et arr. du Blanc. = le Blanc.

INGRANDE, s. f. Petite ville du dép. de Maine-et-Loire, cant. de St.-Georges-sur-Loire, arr. d'Angers. Bur. de poste.

INGRANDE, s. f. Com. du dép. de la Vienne, cant. de Dangé, arr. de Châtellerault. = Châtellerault.

INGRANDE, s. f. Com. du dép. d'Indre-et-Loire, cant. de Langeais, arr. de Chinon. = Bourgueil.

INGRANNE, s. f. Com. du dép. du Loiret, cant. de Neuville, arr. d'Orléans. = Boiscommun.

INGRAT, E, s. et adj. Insensible aux bienfaits, qui manque de gratitude, de reconnaissance; qui ne répond pas à l'amitié, à l'amour qu'on lui porte. —, stérile, infructueux ; terre ingrate. —, dont il est difficile de tirer parti ; sujet ingrat. —, difficile à exécuter, qui ne produit pas en raison du travail qu'il nécessite; ouvrage ingrat.

INGRATEMENT, adv. Avec ingratitude.

INGRATISSIME, adj. superl. Très ingrat. (Vi.)

INGRATITUDE, s. f. Manque de gratitude, de reconnaissance, oubli, mépris des bienfaits.

INGRÉ, s. m. Com. du dép. du Loiret, cant. et arr. d'Orléans. = Orléans.

INGRÉDIENT, s. m. Substance qui entre dans la composition d'un mélange, d'un assaisonnement, d'un médicament.

INGREZ ou INGRÈS, s. m. Pénétration, entrée, imbibition. T. d'arts inus.

INGUÉABLE, adj. Que l'on ne peut passer à gué, en parlant d'un rivière.

INGUÉRISSABLE, adj. Incurable.

INGUINAL, E, adj. Se dit de tout ce qui concerne les aines; hernie inguinale. Ligament —, repli de fibres aponévrotiques du muscle oblique externe. Bandage —, bandage employé pour la hernie de l'aine, après sa réduction. T. de chir.

INGUINIEL, s. m. Com. du dép. du Morbihan, cant. de Plouay, arr. de Lorient. = Hennebon.

INGUINO-CUTANÉ, s. et adj. Rameau moyen de la branche antérieure du premier nerf lombaire. T. d'anat.

INGWILLER, s. m. Petite ville du dép. du Bas-Rhin, cant. de Bouxwiller, arr. de Saverne. = Saverne.
Fab. de potasse, savon, amidon, bonneterie, poterie de terre, etc.

INHABILE, adj. Maladroit, incapable; qui n'a pas les qualités requises. T. de jurisp.

INHABILETÉ, s. f. Incapacité, maladresse.

INHABILITÉ, s. f. Incapacité. T. de jurisp.

INHABITABLE, adj. Qui n'est pas logeable, qu'on ne peut habiter; maison inhabitable. —, malsain, inhospitalier, etc. ; pays inhabitable.

INHABITÉ, E, adj. Désert, qui n'est point habité.

INHABITUDE, s. f. Défaut d'habitude.

INHABITUÉ, E, adj. Inaccoutumé, qui n'a pas ou a perdu l'habitude.

INHALATION, s. f. Inspiration. T. de bot.

INHARMONIEUX, EUSE, adj. Discordant, sans harmonie.

INHÉRENCE, s. f. Union, jonction de choses qui ne peuvent être séparées que par abstraction.

INHÉRENT, E, adj. Naturellement et inséparablement uni à un objet.

INHIBÉ, E, part. Prohibé, défendu. T. de procéd.

INHIBER, v. a. Prohiber, défendre. T. de procéd.

INHIBITION, s. f. Prohibition, défense; faire expresse inhibition. T. de procéd.

INHIBITOIRE, adj. Qui défend, prohibe. T. de procéd.

INHONORÉ, E, adj. Qui n'a pas reçu les honneurs qui lui sont dus. T. poét.

INHOSPITALIER, ÈRE, adj. Qui n'aime pas à exercer l'hospitalité; contraire aux devoirs qu'elle impose. —, inhumain envers les étrangers; peuple inhospitalier. —, périlleux, fécond en naufrages; rivage inhospitalier.

INHOSPITALITÉ, s. f. Refus d'hospitalité.

INHUMAIN, E, adj. Sans humanité, impitoyable, dur, cruel, barbare. —, s. f. Cruelle qui est insensible à la tendresse d'un amant.

INHUMAINEMENT, adv. Cruellement, d'une manière inhumaine.

INHUMANITÉ, s. f. Action inhumaine, insensibilité aux maux d'autrui, dureté envers les malheureux, cruauté, barbarie.

INHUMATION, s. f. Enterrement, funérailles.

INHUMÉ, E, part. Enterré.

INHUMER, v. a. Donner la sépulture, faire des funérailles, enterrer un mort.

INIÈRES, s. f. Com. du dép. de l'Aveyron, cant. et arr. de Rodez. = Rodez.

INIMAGINABLE, adj. Incompréhensible, inconcevable.

INIMITABLE, adj. Trop beau, trop parfait pour être imité.

INIMITIÉ, s. f. Aversion, haine ouverte et durable; malveillance, rancune. —, antipathie entre des animaux, des végétaux.

ININDUSTRIE, s. f. Défaut d'industrie. T. inus.

ININTELLIGIBILITÉ, s. f. Qualité de ce qui est inintelligible.

ININTELLIGIBLE, adj. Obscur, incompréhensible.

ININTERROMPU, E, adj. Non interrompu. T. inus.

INIQUE, adj. Contraire à l'équité, injuste à l'excès.

INIQUEMENT, adv. D'une manière inique.

INIQUITÉ, s. f. Injustice excessive; illégalité; improbité, méchanceté, malice. —, corruption des mœurs, débordement des vices; péché.

INITIAL, E, adj. Qui se trouve au commencement; lettre initiale.

INITIATIF, IVE, adj. Qui donne, laisse l'initiative. —, s. f. Droit de faire la proposition des lois; l'initiative de la couronne.

INITIATION, s. f. Admission à la connaissance de certains mystères; cérémonie usitée dans ces occasions solennelles.

INITIÉ, E, part. et s. Admis à participer aux mystères d'une divinité, d'une religion, etc.

INITIER, v. a. Admettre à la participation des cérémonies secrètes, des mystères d'une religion. —, introduire dans une société particulière, dans une loge de francs-maçons. —, révéler les secrets d'une science, les ruses de la politique. S'—, v. pron. Se mettre au fait.

INJECTÉ, E, part. Rempli de liqueur par injection.

INJECTER, v. a. Mondifier une plaie, un ulcère, à l'aide d'injections. T. de chir. —, faire une injection dans les vaisseaux sanguins d'un cadavre pour connaître les ramifications de ces vaisseaux. T. d'anat.

INJECTION, s. f. Action d'injecter; liqueur injectée. T. de chir.

INJONCTION, s. f. Commandement, ordre exprès.

INJOUABLE, adj. Qui n'est pas digne d'être représentée, en parlant d'une pièce de théâtre.

INJOUX, s. m. Com. du dép. de l'Ain, cant. de Châtillon, arr. de Nantua. = Châtillon-de-Michaille.

INJUDICIEUX, EUSE, adj. Sans jugement. (Vi.)

INJURE, s. f. Tort, affront, outrage; insulte de parole ou de fait. — du temps, intempérie des saisons; destruction lente que le temps opère. — du sort, revers de fortune, malheur.

INJURIÉ, E, part. Insulté, outragé.

INJURIER, v. a. Insulter, outrager, dire ou faire des injures. S'—, v. récip. Se quereller, se dire mutuellement des injures.

INJURIEUSEMENT, adv. D'une manière injurieuse.

INJURIEUX, EUSE, adj. Offensant, insultant, outrageant. —, injuste; le sort injurieux.

INJUSTE, s. et adj. Qui n'a pas de justice, d'équité; qui est inique, contraire à la justice. Soupçon —, mal fondé.

INJUSTEMENT, adv. D'une manière injuste, contre la justice, à tort.

INJUSTICE, s. f. Iniquité, déni de justice, action injuste.

INLET, s. m. Entrée d'un bras de mer dans les terres. T. inus.

INLISIBLE, adj. Illisible, indéchiffrable, dont la lecture est insupportable.

INNASCIBILITÉ, s. f. Qualité de l'être incréé, de Dieu. T. de théol.

INNASCIBLE, adj. Incréé. T. de théol.

INNAVIGABILITÉ, s. f. Dégradation d'un navire qui le rend incapable de naviguer.

INNAVIGABLE, adj. Où l'on ne peut naviguer, sur lequel on ne peut naviguer; mer, vaisseau innavigable.

INNÉ, E, adj. Naturel, né avec nous, apporté en naissant.

INNENHEIM, s. m. Com. du dép. du Bas-Rhin, cant. d'Obernai, arr. de Schelestadt. = Strasbourg.

INNERVATION, s. f. Influence nerveuse nécessaire à l'entretien de la vie et des fonctions organiques. T. de méd.

INNIMOND, s. m. Com. du dép. de l'Ain, cant. de Huis, arr. de Belley. = Belley.

INNOCEMMENT, adv. Avec innocence, sans préméditation, sans intention de mal faire, sans fraude ni tromperie. —, sottement, niaisement. T. fam.

INNOCENCE, s. f. Etat d'ignorance du bien ou du mal, pureté de mœurs, intégrité de la vie. —, état de celui qui n'est point coupable. —, simplicité, niaiserie. T. fam.

INNOCENCE (Ste.-), s. f. Com. du dép. de la Dordogne, cant. d'Eymet, arr. de Bergerac. = Bergerac.

INNOCENT, E, adj. Qui n'est pas coupable; homme innocent. —, exempt de crime, de méchanceté; action innocente. —, qui ne cause pas de scandale; divertissement innocent. —, qui est insignifiant; remède innocent. —, pur, candide. —, niais, simple, idiot. T. fam. Tourte d'—, de pigeonneaux. —, s. Enfant au-dessous de sept ans. —, pl. Enfans qui furent égorgés par l'ordre d'Hérode, roi de Judée; massacre des saints innocens.

INNOCENTÉ, E, part. Acquitté, absous d'une accusation.

INNOCENTER, v. a. Absoudre, acquitter, décharger d'une accusation, déclarer innocent.

INNOCENTS (les), s. m. pl. Com. du dép. de la Seine-Inférieure, cant. de Bellencombre, arr. de Dieppe. = Saint-Saens.

INNOCUITÉ, s. f. Qualité de ce qui n'est pas nuisible. T. de méd. inus.

INNOMBRABLE, adj. Incalculable, qu'on ne peut nombrer; en très grand nombre.

INNOMBRABLEMENT, adv. D'une manière innombrable.

INNOMÉ, adj. m. Sans dénomination particulière; contrat innomé. T. de jurisp.

INNOMINABLE, adj. Que l'on ne peut nommer. T. inus.

INNOMINÉ, E, adj. Qui n'a point de nom. —, pl. Os des îles. Voy. ILES.

INNOVATEUR, s. m. Voy. NOVATEUR.

INNOVATION, s. f. Introduction de quelque nouveauté dans une coutume, un acte, etc.

INNOVÉ, E, part. Changé.

INNOVER, v. a. et n. Faire des changemens, introduire des nouveautés dans un pays.

INNUMÉRABLE, adj. Voy INNOMBRABLE.

INO, s. m. Papillon de jour. T. d'hist. nat.

INOBÉDIENT, E; adj. Désobéissant. T. inus.

INOBÉISSANCE, s. f. Désobéissance. T. inus.

INOBSERVANCE ou INOBSERVATION, s. f. Défaut d'obéissance aux lois, de fidélité à ses engagemens; contravention, infraction, violation.

INOCARPE, s. m. Arbre des îles de la mer du Sud. T. de bot.

INOCCUPÉ, E, adj. Qui est sans ouvrage, sans occupation.

IN-OCTAVO, s. m. Format d'un livre dont la feuille pliée en huit offre seize pages. T. d'impr.

INOCULATEUR, TRICE, s. Celui, celle qui inocule; instrument pour inoculer.

INOCULATION, s. f. Action d'inoculer, opération par laquelle on communique le virus variolique ou tout autre.

INOCULÉ, E, part. Se dit d'une personne sur laquelle l'inoculation a été pratiquée.

INOCULER, v. a. Pratiquer l'inoculation, insérer le virus variolique au moyen d'une légère incision, donner la petite vérole; se dit d'une opinion, d'un système, etc. Fig.

INOCULISTE, s. m. Partisan de l'inoculation.

INODORE, adj. Sans odeur; fleur inodore.

INOFFICIEUX, EUSE, adj. Désobligeant, l'opposé d'officieux. Testament —, où l'héritier légitime est déshérité sans motif. Donation —, faite aux dépens de la légitime. T. de jurisp.

INOFFICIOSITÉ, s. f. Caractère de ce qui est inofficieux. Action d'—, plainte rendue contre un testament inofficieux.

INOLITHE, s. f. Chaux carbonatée, concrétionnée, à structure fibreuse. T. d'hist. nat.

INONDATION, s. f. Débordement des eaux qui submergent un pays; eaux débordées. —, grande multitude, quantité prodigieuse. Fig.

INONDÉ, E, part. Submergé, couvert d'eau : se dit des plantes qui naissent dans l'eau et ne s'élèvent jamais à sa surface. T. de bot.

INONDER, v. a. Submerger par un débordement, couvrir d'eau. —, jeter beaucoup d'eau sur quelqu'un. —, répandre avec profusion; inonder le public de rapsodies. — un pays de soldats, l'envahir. S'—, v. pron. Faire tomber une grande quantité d'eau sur soi.

INOPINÉ, E, adj. Imprévu, à quoi l'on ne s'attendait pas.

INOPINÉMENT, adv. Tout à coup, d'une manière imprévue, inopinée.

INOPPORTUN, E, adj. A contretemps, qui n'a plus d'à-propos, d'opportunité.

INOR, s. m. Com. du dép. de la Meuse, cant. de Stenay, arr. de Montmédy. == Stenay.

INORGANIQUE, adj. Dont les parties n'ont entre elles que des rapports d'adhérence, brut.

INORTHODOXIE, s. f. Voy. HÉTÉRODOXIE.

INOS, s. m. Com. du dép. de la Lozère, cant. de St.-Georges, arr. de Florac. == Séverac.

INOSCULATION, s. f. Abouchement des artères. T. d'anat.

INOSÉ, E, adj. Que l'on n'a point osé, que l'on a craint de faire. T. inus.

INOUI, E, adj. Singulier, étrange, tel qu'on n'a jamais entendu dire quelque chose de semblable.

IN PACE, s. m. (mots latins). Prison des moines.

INQUART, s. m. Alliage d'un quart d'or avec trois quarts d'argent; purification de l'or avec trois parties d'argent.

IN-QUARTO, s. m. Format de livre où la feuille pliée en quatre fournit huit pages. T. d'impr.

INQUERESSE, s. f. Femme qui prépare les harengs pour les porter au roussable.

INQUIET, E, adj. Qui a de l'inquiétude, de l'agitation, du chagrin, du trouble; mécontent de sa situation, remuant. —, qui marque de l'inquiétude; visage inquiet.

INQUIÉTANT, E, adj. Qui cause de l'inquiétude, du chagrin.

INQUIÉTÉ, E, adj. Tourmenté, chagriné.

INQUIÉTER, v. a. Causer de l'inquiétude, rendre inquiet; chagriner, troubler dans ses possessions, ses projets; tourmenter en général. S'—, v. pron. Se donner de l'inquiétude, se tourmenter, se mettre en peine.

INQUIÉTUDE, s. f. Trouble, agitation de l'âme causée par l'incertitude, la crainte, etc. —, agitation du corps occasionnée par indisposition. —, pl. Petites douleurs vagues, surtout aux jambes.

INQUISITEUR, s. m. Juge du tribunal de l'inquisition, du saint-office.

INQUISITION, s. f. Recherche, perquisition, enquête. T. inus. —, le saint-office, tribunal composé de prêtres fanatiques et cruels qui, sur la plus légère dénonciation de leurs familiers, faisaient arrêter les accusés d'hérésie, les torturaient, leur arrachaient l'aveu de crimes imaginaires, et les faisaient solennellement brûler aux applaudissemens d'une multitude avide de ces sortes de spectacles. Voy. AUTO-DA-FÉ. —, censure, police vexatoire. Fig. et fam.

INQUISITIONNAIRE, adj. Qui émane de l'inquisition. T. inus.

INRAMO, s. m. Sorte de coton du Levant.

INRUINABLE, adj. Ruiné, qui ne peut l'être conséquemment. T. inus.

INSAISISSABLE, adj. Se dit de certaines portions de revenus qu'on ne peut saisir, comme les pensions alimentaires, les rentes sur l'état, etc.

INSALUBRE, adj. Malsain, contraire à la santé.

INSALUBRITÉ, s. f. Mauvaise qualité des alimens, de l'air, de tout ce qui peut nuire à la santé.

INSANITÉ, s. f. Absence de jugement, privation du sens commun. T. inus.

INSATIABILITÉ, s. f. Avidité de manger, qu'on ne peut rassasier; appétit démesuré, faim dévorante. —, avarice, désir immodéré, insatiable, d'amasser des richesses. Fig.

INSATIABLE, adj. Qu'on ne peut rassasier. Prop. et fig.

INSATIABLEMENT, adv. D'une manière insatiable.

INSATURABLE, adj. Qui ne peut être saturé.

INSCIEMMENT, adv. Sans savoir, sans connaître.

INSCIENCE, s. f. Ignorance, incapacité.

INSCRIPTION, s. f. Action d'inscrire un nom sur un registre. —, consécration, inauguration d'un monument sur lequel on grave ordinairement le nom du fondateur, de celui à la mémoire duquel il est dédié, l'année de la fondation, etc. Académie des —, section de l'Académie chargée d'interpréter les inscriptions qui se trouvent sur les monumens de l'antiquité. — hypothécaire, transcription au bureau de la conservation des hypothèques, du titre en vertu duquel on prend inscription sur les immeubles d'un débiteur. — en faux, plainte dans laquelle on cherche à établir la fausseté d'une pièce produite dans le cours d'une procédure. T. de jurisp.

INSCRIRE, v. a. Ecrire un nom sur un registre public. —, tracer une figure dans une autre. T. de géom. S'—, v. pron. Mettre son nom sur un registre. S'— en faux, arguer une pièce de faux. T. de jurisp.

INSCRIT, E, part. Ecrit sur un registre.

INSCRUTABLE, adj. Impénétrable.

INSÇU ou INSU (à l'), adv. Sans qu'on le sache.

INSCULPÉ, E, part. Frappé, en parlant d'un poinçon.

INSCULPER, v. a. Frapper un poinçon.

INSÉCABLE, adj. Qu'on ne peut couper.

INSECOUABLE, adj. Dont on ne peut s'affranchir; joug insecouable. T. inus.

INSECTE, s. m. Classe d'animaux invertébrés dont le corps et les membres sont articulés.

INSECTIFÈRE, adj. Se dit des fleurs qui offrent l'image d'un insecte. T. de bot.

INSECTIRODES, s. m. pl. Hyménoptères qui déposent leurs œufs dans les larves des autres insectes. T. d'hist. nat.

INSECTIVORES, adj. Qui se nourrit d'insectes. T. d'hist. nat.

INSECTOLOGIE, s. f. Voy. ENTOMOLOGIE.

INSÉCURITÉ, s. f. Crainte. T. Inus.

IN-SEIZE, s. m. Format d'un livre dont les feuilles sont pliées en seize feuillets, et composent trente-deux pages. T. d'impr.

INSENSÉ, E, s. et adj. Fou, aliéné, qui a perdu le sens, la raison; qui n'a pas de bon sens, extravagant. —, contraire à la raison.

INSENSIBILITÉ, s. f. Défaut de sensibilité morale ou physique.

INSENSIBLE, s. et adj. Qui n'éprouve aucune des impressions que les objets extérieurs font ordinairement sur les sens et sur l'âme; dur, inhumain, impitoyable. —, imperceptible, invisible, qui échappe aux sens. —, froid, indifférent qui n'est pas sensible à l'amour. Fig.

INSENSIBLEMENT, adv. Peu à peu, d'une manière insensible.

INSÉPARABILITÉ, s. f. Indivisibilité, indissolubilité.

INSÉPARABLE, adj. Indivisible, indissoluble. —, constamment uni; qualités inséparables. —, s. pl. Amis, amans, époux, qui ont un vif attachement l'un pour l'autre, qui ne se quittent jamais.

INSÉPARABLEMENT, adv. D'une manière inséparable, à ne pouvoir être séparé, pour toujours.

INSÉRÉ, E, part. Mis dans un contrat, en parlant d'une clause, etc. —, ajouté.

INSÉRER, v. a. Mettre dans, placer parmi, faire entrer, glisser, ajouter, intercaler; insérer un article dans un journal, une clause dans un testament. S'—, v. pron. Se mettre, entrer dans.

INSERMENTÉ, E, adj. Qui n'a pas prêté le serment prescrit par la loi; prêtre insermenté.

INSERTION, s. f. Action d'insérer. —, addition d'une lettre dans un mot, d'un mot dans une phrase. T. de gramm. —, adhérence d'une partie avec une autre. T. d'anat. —, liaison des parties; point d'attache entre la corolle et des étamines. T. de bot.

INSESSION, s. f. Demi-bain; bain de vapeur, de fumigation, que l'on prend étant assis. T. de méd.

INSEXÉ, E, adj. Se dit des fleurs qui n'ont pas de sexe. T. de bot.

INSIDIATEUR, TRICE, s. et adj. Agent provocateur, qui tend des piéges. —, se dit aussi du démon qui porte au mal, à l'erreur.

INSIDIEUSEMENT, adv. D'une manière insidieuse, qui tend à tromper, à surprendre.

INSIDIEUX, EUSE, adj. Artificieux, qui tend à surprendre, à tromper. —, captieux, sophistique; raisonnement insidieux.

INSIGNE, adj. Signalé, remarquable; faveur insigne, voleur insigne. —, s. m. pl. Décorations, signes honorifiques.

INSIGNIFIANCE, s. f. Caractère de ce qui n'a aucune signification, aucune importance.

INSIGNIFIANT, E, adj. Se dit d'une personne ou d'un ouvrage, etc., sans expression, sans caractère, qui ne signifie rien. —, obscur, embrouillé, insipide; discours insignifiant.

INSINUANT, E, adj. Souple, adroit, qui a le talent d'insinuer ou de s'insinuer; homme insinuant.—, dont le but est de capter la bienveillance, de persuader; discours insinuant.

INSINUATEUR, s. m. Zélateur qui est chargé d'enseigner, d'insinuer une doctrine.

INSINUATIF, IVE, adj. Propre à insinuer.

INSINUATION, s. f. Discours adroit à l'aide duquel on cherche à capter la bienveillance, à insinuer ce qu'on a intérêt à persuader à ses auditeurs, etc.; suggestion, instigation. —, autrefois, enregistrement d'un acte.

INSINUÉ, E, part. Introduit adroitement dans quelque chose, et fig., dans l'esprit.

INSINUER, v. a. Introduire doucement et adroitement dans quelque chose. —, faire entendre, faire entrer adroitement dans l'esprit. Fig. —, autrefois, enregistrer un acte. S'—, v. pron. S'introduire, se glisser dans une maison, dans les bonnes grâces, etc.

INSIPIDE, adj. Sans goût, sans saveur. —, qui n'offre rien de piquant, de saillant, sans sel, fade, ennuyeux, fastidieux, dégoûtant. Fig.

INSIPIDEMENT, adv. D'une manière insipide.

INSIPIDITÉ, s. f. Caractère de ce qui est insipide. Au prop. et et au fig.

INSIPIENCE, s. f. Défaut de sagesse. (Vi.)

INSISTANCE, s. f. Importunité, persévérance à demander, à solliciter.

INSISTER, v. n. Demander avec importunité, revenir à la charge, persévérer dans ses démarches, ses sollicitations. —, appuyer fortement sur un raisonnement ; j'insiste sur ce point.

INSMING, s. m. Com. du dép. de la Meurthe, cant. d'Albestroff, arr. de Château-Salins. = Dieuze.

INSOCIABILITÉ, s. f. Sauvagerie, caractère insociale.

INSOCIABLE, adj. Sauvage, misanthrope, qui fuit la société, avec qui l'on ne peut vivre.

INSOCIAL, E, adj. Anti-social, contraire aux usages de la société, à ses lois, à ses mœurs. T. inus.

INSOLATION, s. f. Exposition au soleil des substances renfermées dans un vase. T. de chim.

INSOLÉ, E, part. Exposé au soleil.

INSOLEMMENT, adv. Avec insolence, arrogamment, effrontément.

INSOLENCE, s. f. Grossièreté, impertinence, manque de respect, arrogance, effronterie.

INSOLENT, E, s. et adj. Orgueilleux, arrogant, grossier, malhonnête, qui perd le respect, qui blesse les bienséances. —, qui annonce l'insolence ; regard insolent.

INSOLER, v. a. Exposer au soleil. T. de chim.

INSOLITE, adj. Contraire à l'usage, aux règles ; inusité, nouveau, extraordinaire.

INSOLUBILITÉ, s. f. Qualité de ce qui est insoluble. —, qualité de ce qui ne peut se dissoudre. T. de chim.

INSOLUBLE, adj. Qu'on ne peut résoudre, dont la solution est impossible ; problème insoluble.—, qui ne peut se dissoudre ; substance insoluble. T. de chim.

INSOLVABILITÉ, s. f. Etat d'un débiteur en carence, qui ne peut payer.

INSOLVABLE, adj. Qui ne peut payer.

INSOMNIE, s. f. Défaut de sommeil.

INSONDABLE, adj. Qu'on ne peut sonder. T. inus.

INSOUCIANCE, s. f. Indifférence, nonchalance, apathie.

INSOUCIANT, E, adj. Qui ne se soucie, ne s'affecte de rien ; indifférent, négligent, indolent, apathique.

INSOUCIEUX, EUSE, adj. Gai, sans soucis.

INSOUMIS, E, adj. Indocile, désobéissant.

INSOUTENABLE, adj. Insupportable ; qu'on ne peut soutenir, dénué de fondement, inadmissible, invraisemblable, incroyable.

INSPECTÉ, E, part. Examiné.

INSPECTER, v. a. Examiner en qualité d'inspecteur.

INSPECTEUR, s. m. Surveillant qui est chargé d'inspecter, de veiller à la conservation d'un monument, de la tranquillité publique, etc.; inspecteur de police.

INSPECTION, s. f. Examen, surveillance, fonction d'un inspecteur. —, visite d'un ou de plusieurs inspecteurs.

INSPIRATEUR, TRICE, adj. Qui inspire; génie inspirateur. Muscles —, muscles qui concourent à la respiration. T. d'anat.

INSPIRATION, s. f. Mouvement de la poitrine au moyen duquel l'air entre dans les poumons, l'opposé d'expiration. —, lumière du ciel, influence du Saint-Esprit; idée, pensée; suggestion, insinuation, conseil. —, faculté qu'ont les végétaux de se pénétrer des fluides qui les environnent. T. de bot.

INSPIRÉ, E, part. et s. Eclairé par le ciel; illuminé.

INSPIRER, v. a. Faire entrer l'air dans ses poumons, respirer. —, éclairer intérieurement, mouvoir par la grâce, en parlant du ciel, du Saint-Esprit. —, faire naître une pensée, une idée, un sentiment; insinuer, suggérer.

INSPRUCK, s. m. Ville capitale du Tyrol.

INSTABILITÉ, s. f. Incertitude, vicissitude, défaut de stabilité.

INSTABLE, adj. Incertain, sujet aux vicissitudes. T. inus.

INSTABLEMENT, adv. Sans stabilité. T. inus.

INSTALLATION, s. f. Action d'installer, par laquelle on est installé, mise en possession d'une chaire, etc.; installation d'un professeur.

INSTALLÉ, E, part. Mis en possession, en exercice.

INSTALLER, v. a. Mettre en possession, en exercice d'une fonction. S'—, v. pron. S'établir, emménager. S'— dans une maison, etc., s'y établir, y dominer comme si l'on était le maître.

INSTAMMENT, adv. Avec instance, d'une manière pressante.

INSTANCE, s. f. Sollicitation pressante. —, demande en justice; tribunal de première instance. T. de procéd. —, preuve nouvelle. T. d'école.

INSTANT, s. m. Moment, le plus petit espace de temps. A l'—, adv. A l'heure même, tout à l'heure, sur-le-champ.

INSTANT, E, adj. Pressant; instante prière. —, imminent; péril instant. —, urgent; besoin instant.

INSTANTANÉ, E, adj. Momentané, qui ne dure qu'un instant.

INSTANTANÉITÉ, s. f. Existence instantanée. T. didact.

INSTAR (à l'). A l'exemple, à la manière de, d'après, comme, de même que.

INSTAURATION, s. f. Etablissement solennel; restauration; réédification.

INSTAURÉ, E, part. Restauré, réparé, réédifié.

INSTAURER, v. a. Restaurer, réparer, réédifier.

INSTIGATEUR, TRICE, s. Celui, celle qui incite, qui pousse à faire quelque chose.

INSTIGATION, s. f. Incitation, suggestion, provocation; se dit surtout en mauvaise part.

INSTIGUÉ, E, part. Incité, poussé, provoqué.

INSTIGUER, v. a. Inciter, provoquer, pousser à faire le mal. (Vi.)

INSTILLATION, s. f. Action d'instiller.

INSTILLÉ, E, part. Versé goutte à goutte.

INSTILLER, v. a. Verser, faire couler goutte à goutte.

INSTINCT, s. m. Sentiment, mouvement naturel, irréfléchi, qui dirige les animaux; facultés intellectuelles de l'animal, proportionnées aux besoins de la conservation et de la reproduction de son espèce. —, en parlant de l'homme, sens moral, conscience du bien et du mal; premier mouvement qui précède la réflexion.

INSTINCTIF, IVE, adj. Qui vient de l'instinct, qui est produit par l'instinct.

INSTINCTIVEMENT, adv. Par instinct.

INSTIPULÉ, E, adj. Dépourvu de stipules. T. de bot.

INSTITOIRE, adj. Se dit d'une action exercée contre le maître d'un commis avec lequel on a traité.

INSTITUÉ, E, part. Créé, établi.

INSTITUER, v. a. Créer, établir quelque chose de nouveau; instituer un ordre, une fête. —, établir en fonction, en charge; nommer, constituer un héritier par testament.

INSTITUT, s. m. Constitution religieuse, règle monastique; manière de vivre sous cette règle. — de Bologne, académie des sciences établie à Bologne. —, nom donné à l'Académie française lors de sa restauration.

INSTITUTAIRE, s. m. Professeur des Institutes de Justinien.

INSTITUTES, s. f. pl. ou **INSTITUTS**, s. m. pl. Principes du droit romain, rédigés par ordre de l'empereur Justinien. — coutumières, introduction à l'étude des coutumes.

INSTITUTEUR, TRICE, s. Fondateur, celui qui institue. —, précepteur, maître de pension.

INSTITUTION, s. f. Fondation, établissement.—d'héritier, sa nomination. —, pensionnat, maison d'éducation.

INSTRUCTEUR, s. m. et adj. Sous-officier, soldat qui enseigne l'exercice aux recrues. Juge —, qui est chargé de l'instruction d'une affaire criminelle.

INSTRUCTIF, IVE, adj. Qui instruit, est fait pour instruire, qui est rempli de bons enseignemens.

INSTRUCTION, s. f. Education, institution, enseignement, leçons, préceptes. —, connaissances acquises. — d'un procès criminel, audition des témoins, etc. —, pl. Ordres expédiés à un ambassadeur.

INSTRUIRE, v. a. Enseigner. donner des leçons pour les sciences, des préceptes pour les mœurs. —, faire savoir, donner avis, avertir, informer. — des animaux, les dresser. — un procès, faire les enquêtes nécessaires pour le mettre en état d'être jugé. — le procès de quelqu'un, lui faire son procès, en matière criminelle. S'—, v. pron. Se livrer à l'étude, acquérir par soi-même de l'instruction. S'—, v. récip. S'enseigner mutuellement, se communiquer l'un à l'autre ce que l'on sait.

INSTRUISANT, E, adj. Instructif. (Vi.)

INSTRUIT, E, part. Enseigné. —, adj. Qui a de l'instruction ; informé.

INSTRUMENT, s. m. Outil, machine portative, tout ce qui sert à faire quelque chose. —, expédient, moyen, voie, organe. —, cause, agent.— de musique, toute machine destinée à produire des sons harmonieux. —, acte, contrat. T. de jurisp. — de paix, traité de paix. T. de diplomatie.

INSTRUMENTAIRE, adj. m. Se dit du témoin qui accompagne un officier et signe avec lui pour la validité d'un acte.

INSTRUMENTAL, E, adj. Qui sert d'instrument. Musique —, composée pour des instrumens.

INSTRUMENTATIF, IVE, adj. Qui sert à instrumenter.

INSTRUMENTER, v. n. Faire des actes, des contrats ; dresser, rédiger des procès-verbaux de saisie, etc.

INSTRUMENTISTE, s. m. Accompagnateur. T. inus.

INSUBMERGIBLE ou **INSUMMERSIBLE**, adj. Qui ne peut être submergé.

INSUBORDINATION, s. f. Indiscipline, désobéissance, défaut de soumission aux ordres de ses chefs.

INSUBORDONNÉ, E, adj. Indiscipliné, qui manque à la subordination, qui a l'esprit d'insubordination.

INSUCCÈS, s. m. Défaut de succès. T. inus.

INSUCCESSIF, IVE, adj. Qui ne se suit pas.

INSUFFISAMMENT, adv. D'une manière insuffisante.

INSUFFISANCE, s. f. Manque de suffisance, incapacité.

INSUFFISANT, E, adj. Qui ne suffit pas ; ignorant, incapable.

INSUFFLATION, s. f. Action de souffler. T. de méd.

INSULAIRE, s. et adj. Habitant d'une île.

INSULARISÉ, E, part. Rendu insulaire.

INSULARISER, v. a. Rendre insulaire. S'—, v. pron. Se rendre insulaire. T. inus.

INSULTANT, E, adj. Injurieux, qui contient une insulte ; propos insultant.

INSULTE, s. f. Mauvais traitement de fait ou de paroles, dans l'intention d'offenser. Mettre une place hors d'—, à l'abri d'un coup de main. T. d'art milit.

INSULTÉ, E, part. Injurié, outragé.

INSULTER, v. a. Faire une insulte, injurier, outrager. —, attaquer ouvertement, brusquement, une place, un poste. T. d'art milit. —, v. n. Manquer aux égards que l'on doit aux personnes et aux choses ; insulter au malheur.

INSUPÉRABLE, adj. Que l'on ne peut surpasser. T. inus.

INSUPPORTABLE, adj. Intolérable, qui ne peut être souffert.

INSUPPORTABLEMENT, adv. D'une manière insupportable.

INSURGÉ, s. m. Séditieux, révolté, fauteur, soldat d'une insurrection.

INSURGÉ, E, part. Mis en insurrection.

INSURGENCE, s. f. Action de s'insurger ; état d'insurrection.

INSURGENT, s. m. Insurgé. —, pl. Troupes hongroises levées dans les cas extraordinaires.

INSURGER, v. a. Mettre en insurrection. S'—, v. pron. Se soulever contre un gouvernement.

INSURMONTABLE, adj. Invincible, qu'on ne peut surmonter ; obstacle insurmontable.

INSURRECTEUR, s. m. Moteur d'une insurrection.

INSURRECTION, s. f. Soulèvement contre un gouvernement.

INSURRECTIONNEL, LE, adj. Qui a pour but l'insurrection, qui en tient; mouvement insurrectionnel.

INSWILLER, s. m. Com. du dép. de la Meurthe, cant. d'Albestroff, arr. de Château-Salins. = Dieuze.

INTABULÉ, E, part. Inscrit sur un tableau.

INTABULER, v. a. Inscrire sur le tableau des membres d'un ordre, d'une compagnie. T. inus.

INTACT, E, adj. Auquel on n'a pas touché, entier; dépôt intact. —, pur; vertu intacte. —, irréprochable; homme intact.

INTACTILE, adj. Qui ne peut tomber sous le sens du tact, du toucher. T. didact.

INTAILLE, s. f. Pierre gravée en creux.

INTANGIBLE, adj. Qui échappe au toucher.

INTARISSABLE, adj. Inépuisable, qui ne peut se tarir.

INTÉGRAL, E, adj. Entier. Calcul —, par lequel on trouve une quantité finie dont on connaît la partie infiniment petite. —, s. f. L'intégrale d'une différentielle, la quantité finie dont cette différentielle est la partie infiniment petite. T. de math.

INTÉGRALEMENT, adv. Entièrement.

INTÉGRALITÉ, s. f. Etat d'une chose entière, complète.

INTÉGRANT, E, adj. Qui contribue à l'intégrité d'un tout; partie intégrante.

INTÉGRATION, s. f. Action d'intégrer. T. de math.

INTÈGRE, adj. Qui est d'une probité incorruptible; juge intègre.

INTÉGRÉ, E, part. Trouvé, en parlant de l'intégrale d'une différentielle. T. de math.

INTÉGRER, v. a. Trouver l'intégrale d'une différentielle. T. de math.

INTÉGRITÉ, s. f. Etat d'un tout complet, d'une chose saine, non corrompue. —, probité sévère, vertu incorruptible. Fig.

INTÉGUMENT, s. m. Voy. Tégument. T. de chir.

INTELLECT, s. m. Faculté de l'âme, entendement. T. didact.

INTELLECTIF, IVE, adj. Qui appartient à l'intellect; faculté intellective.

INTELLECTION, s. f. Action de comprendre, de concevoir. T. didact.

INTELLECTIVE, s. f. Intelligence, esprit.

INTELLECTUALISÉ, E, part. Mis au rang des choses intellectuelles. T. inus.

INTELLECTUALISER, v. a. Mettre, élever au rang des choses intellectuelles. T. inus.

INTELLECTUEL, LE, adj. Qui existe dans l'entendement, qui lui appartient. —, spirituel, l'opposé de matériel.

INTELLIGEMMENT, adv. Avec intelligence. T. inus.

INTELLIGENCE, s. f. Lumière éternelle; Dieu, source de toute intelligence. —, flambeau de la vie, faculté de concevoir, de comprendre, de saisir une idée, une combinaison, un système, etc. —, connaissance approfondie; intelligence des affaires. —, union, amitié réciproque; conformité d'opinion, de sentimens. —, connivence, accord entre des personnes pour tromper; coupable intelligence. Etre d'—, se prend ici en bonne part; être d'accord, s'entendre parfaitement ensemble, se dit aussi des choses. Bonne —, bonne amitié, état de paix. Pratiquer, entretenir des —, correspondre avec des espions, des traîtres.

INTELLIGENT, E, adj. Doué de la faculté de concevoir des idées, de comprendre un raisonnement, de juger des rapports des choses entre elles. —, qui a du bon sens, de la pénétration, de l'habileté, de la capacité.

INTELLIGIBILITÉ, s. f. Clarté d'un discours.

INTELLIGIBLE, adj. Aisé à comprendre; qu'on peut ouïr facilement, distinctement.

INTELLIGIBLEMENT, adv. D'une manière intelligible.

INTEMPÉRAMMENT, adv. Avec intempérance. T. inus.

INTEMPÉRANCE, s. f. Sensualité, incontinence, gourmandise, ivrognerie; excès.

INTEMPÉRANT, E, adj. Qui fait des excès.

INTEMPÉRÉ, E, adj. Déréglé dans ses passions, dans ses goûts.

INTEMPÉRIE, s. f. Dérangement, inclémence de l'air, des saisons, inconstance de la température, rigueur du temps, mauvais temps. —, mauvaise constitution, déréglement de l'organisme qui contrarie la régularité des fonctions. T. de méd.

INTEMPESTIF, IVE, adj. Hors de saison, qu'il n'est pas à propos de faire.

INTENABLE, adj. Que l'on ne peut défendre avec succès, que l'on ne peut espérer de conserver, en parlant d'un poste, d'une place de guerre.

INTENDANCE, s. f. Administration des biens d'un prince, d'un grand seigneur, d'affaires importantes ; gouvernement, direction, régie, etc. —, charge, fonction d'intendant ; durée de sa gestion, sa résidence, sa maison ; étendue de sa juridiction.

INTENDANT, E, s. Administrateur, régisseur, chargé des recettes et de la dépense de la maison d'un prince, de la direction des affaires d'un grand seigneur, d'un homme riche. — de province, magistrat préposé à l'administration d'une province, aujourd'hui préfet.

INTENDIT, s. m. Preuve, allégation, principale déposition. (Vi.)

INTENSE, adj. Grand, fort, vif, ardent ; froid intense. T. de phys. Son —, qui s'entend au loin. T. de mus. Maladie —, dont les symptômes se manifestent avec violence. T. de méd.

INTENSIF, IVE, adj. Qui a de l'intensité. T. inus.

INTENSION, s. f. Force, véhémence, ardeur. T. de phys. Voy. INTENSITÉ.

INTENSITÉ, s. f. Degré d'existence, de force, d'activité ; intensité du feu, du froid. T. de phys.

INTENSIVEMENT, adv. Avec intensité.

INTENTÉ, E, part. Se dit d'une action formée contre quelqu'un.

INTENTER, v. a. Former une demande en justice, commencer, entamer un procès.

INTENTION, s. f. Mouvement de l'âme vers un but, dessein, projet, vue, idée, volonté. —, connaissance d'une chose ; chose connue. T. de log. —, motif. T. de mus. et d'arts.

INTENTIONNÉ, E, part. et adj. Qui a une intention, un dessein ; bien, mal intentionné.

INTENTIONNEL, LE, adj. Qui appartient à l'intention, qui lui est relatif. Question —, question préjudicielle relative à l'intention de l'accusé au moment où il a commis le crime. Espèces — ou impresses, pl. Images que les Anciens supposaient sortir des corps pour frapper les sens.

INTENTIONNELLEMENT, adv. Selon l'intention ; en intention.

INTENTIONNER, v. a. Diriger l'intion vers un but. (Vi.)

INTER-ARTICULAIRE, adj. Se dit des parties situées entre les articulations. T. d'anat.

INTERCADENCE, s. f. Inégalité du pouls ; pulsation intermédiaire. T. de méd.

INTERCADENT, adj. m. Se dit d'une espèce de pouls inégal, qui offre une pulsation au milieu de deux battemens ordinaires. T. de méd.

INTERCALAIRE, adj. Ajouté, inséré. Jour —, ajouté dans les années bissextiles. Lune —, treizième lune qui se trouve de trois ans en trois ans. Vers —, répétés plusieurs fois dans certains petits poëmes, dans les ballades, etc.

INTERCALATION, s. f. Action d'intercaler ; chose intercalée. —, addition d'un jour au mois de février dans les années bissextiles.

INTERCALÉ, E, part. Inséré, ajouté.

INTERCALER, v. a. Insérer un article dans un compte, une ligne, une phrase dans un écrit —, ajouter un jour au mois de février dans les années bissextiles.

INTERCÉDER, v. n. Prier, solliciter pour quelqu'un.

INTERCEPTATION, s. f. Voy. INTERCEPTION.

INTERCEPTÉ, E, part. Interrompu, arrêté dans son cours.

INTERCEPTER, v. a. Interrompre, arrêter dans son cours ; intercepter la lumière. — une lettre, s'en emparer par surprise.

INTERCEPTION, s. f. Action d'intercepter. —, interruption du cours direct. T. de phys.

INTER-CERVICAUX, s. m. pl. adj. Voy. INTER-ÉPINEUX. T. d'anat.

INTERCESSEUR, s. m. Médiateur qui intercède, qui prie pour quelqu'un.

INTERCESSION, s. f. Action d'intercéder, prière.

INTERCIDENCE, s. f. Petite chute. T. de plain-chant.

INTER-CLAVICULAIRE, s. et adj. m. Ligament qui s'étend d'une clavicule à l'autre et passe derrière la partie supérieure du sternum. T. d'anat.

INTER-COSTAL, E, s. et adj. Nerf grand sympathique situé dans la poitrine le long des parties latérales des vertèbres sur la racine des apophyses transverses ; artères, veines intercostales, muscles intercostaux, qui sont distribués dans les intervalles des côtes. T. d'anat.

INTERCURRENT, E, adj. Se dit des maladies qui règnent dans des saisons ou dans des lieux qui en sont ordinairement exempts. Voy. INTERCADENT. T. de méd.

INTERCUTANÉ, E, adj. Sous cutané, entre la chair et la peau. T. de méd.

INTER-DENTAIRE, adj. m. Se dit de

l'espace qui se trouve entre les dents des animaux. T. de méd. vétér.

INTERDICTION, s. f. Décision de l'autorité compétente qui suspend un juge, un ecclésiastique, etc., et lui interdit d'exercer ses fonctions.—, jugement provoqué par un conseil de famille qui interdit un insensé, un prodigue, et le rend inhabile à contracter. T. de jurisp.

INTERDIRE, v. a. Défendre quelque chose à quelqu'un —, prononcer une interdiction contre un ecclésiastique, un juge, etc. —, rendre un jugement portant interdiction contre un prodigue, un fou. —, étonner, troubler, déconcerter. Fig.

INTERDIT, s. m. Sentence de l'autorité ecclésiastique qui suspend un prêtre de ses fonctions. Mettre un pays en —, y défendre l'exercice du culte catholique.

INTERDIT, E, part. Frappé d'interdiction; étonné, troublé, déconcerté. Fig.

INTER ÉPINEUX, EUSE, adj. Situé entre les apophyses épineuses. — s. m. et adj. muscles du dos, qui vont de l'extrémité de l'apophyse d'une des vertèbres dorsales, à celle qui la suit. — du cou, petits muscles placés entre les épines des six vertèbres cervicales. T. d'anat.

INTÉRESSANT, E, adj. Digne d'intérêt, de fixer l'attention, d'exciter la curiosité; qui mérite considération, qui a de la gravité, de l'importance, qui prévient en sa faveur, fait naître un doux intérêt; attachant, séduisant, touchant.

INTÉRESSÉ, E, part. et adj. Associé, qui a un intérêt dans une spéculation. —, mu par l'intérêt; service intéressé. —, s. et adj. Fort attaché à ses intérêts; qui craint la dépense, parcimonieux, avare, avide, passionné pour l'argent.

INTÉRESSER, v. a. Donner un intérêt, associer, faire entrer dans une spéculation. —, allécher, attirer, gagner; intéresser par des flatteries. —, appartenir aux intérêts, à la réputation, etc.; cela intéresse votre fortune, votre honneur. —, importer; en quoi cela vous intéresse-t-il?—, attacher; le théâtre intéresse. — le jeu, le rendre plus attachant par l'appât du gain —, v. n. Fixer l'attention, inspirer de l'intérêt, rendre sensible, toucher, émouvoir. S'—, v. pron. Prendre parti pour quelqu'un; prendre part à un événement, prendre intérêt dans une affaire.

INTÉRÊT, s. m. Cupidité, avarice, passion de l'argent. —, ce qui importe à l'honneur, à l'utilité de quelqu'un; gain, profit; taux de l'argent prêté. —, attachement, inclination, bienveillance; prendre intérêt à une personne. Prendre l'— de quelqu'un, embrasser son parti, sa défense. —, émotion, sensation, attrait, plaisir que l'on éprouve à la lecture d'un ouvrage, à la représentation d'une pièce de théâtre, etc. —, impression vive et profonde que fait un chef-d'œuvre. T. d'arts.

INTÉRIEUR, s. m. Le dedans, en général. —, le chez soi, la vie privée, le ménage; ce qui est caché, ce qui se passe au-dedans, le secret; la conscience, les dispositions de l'ame, les mouvemens les plus intimes du cœur.

INTÉRIEUR, E, adj. Qui est au-dedans, par opposition à extérieur; se dit au phys. et au moral. L'homme —, spirituel, par opposition à charnel.

INTÉRIEUREMENT, adv. Au-dedans, en général.

INTÉRIM, s. m. (mot latin.) Espace de temps entre deux termes, intervalle entre deux époques. Par —, adv. Dans l'intervalle, provisoirement; remplir des fonctions par intérim.

INTÉRIMAIRE, adj. Qui est relatif à l'intérim. T. inus.

INTÉRIMISTES, s. m. pl. Luthériens attachés au formulaire provisoire de 1548.

INTÉRIORITÉ, s. f. Qualité des choses qui se font dans l'intérieur, chez soi.

INTERJECTÉ, E, part. Interposé.

INTERJECTER, v. a. Interposer, mettre entre, parmi. T. inus.

INTERJECTIF, IVE, adj. Qui exprime, exige l'interjection. T. de gramm.

INTERJECTION, s. f. Particule qui sert à exprimer la vivacité des passions, des impressions qu'on éprouve; Ah! Hélas! — d'appel, action d'interjeter appel, signification de l'acte d'appel. T. de procéd.

INTERJETÉ, E, part. Signifié, en parlant d'un acte d'appel, tendant à la réformation d'un jugement de première instance.

INTERJETER, v. a. Former appel d'un jugement de première instance, signifier un acte d'appel. T. de procéd.

INTERLIGNE, s. m. Espace entre deux lignes manuscrites ou imprimées. — s. f. Lame de plomb qui sert à espacer les lignes. T. d'imp.

INTERLIGNÉ, E, part. Se dit des lignes entre lesquelles il a été mis des interlignes.

INTERLIGNER, v. a. Mettre des interlignes.

INTERLINÉAIRE, adj. Qui est écrit, placé dans l'interligne.

INTERLOBULAIRE, adj. Qui sépare les lobules du poumon. T. d'anat.

INTERLOCUTEUR, s. m. Personnage introduit dans un dialogue.

INTERLOCUTION, s. f. Dialogue. T. inus. —, jugement interlocutoire.

INTERLOCUTOIRE, s. m. et adj. Se dit d'un jugement avant faire droit; jugement interlocutoire. T. de procéd.

INTERLOPE, s. m. et adj. Passé en fraude; marchandise interlope. Commerce —, de contrebande sur mer. Vaisseau —, qui fait la fraude.

INTERLOQUÉ, E, part. Embarrassé, interdit.

INTERLOQUER, v. a. et n. Embarrasser, interdire, étourdir. —, rendre un jugement interlocutoire. T. de procédure.

INTERLUNIUM, s. m. Temps où la lune ne paraît pas. T. d'astr.

INTERMAXILLAIRE, adj. Qui se trouve entre les mâchoires. T. d'anat.

INTERMÈDE, s. m. Divertissement dans les entr'actes d'une pièce de théâtre. —, substance ajoutée à une autre pour en faciliter la distillation. T. de chim.

INTERMÉDIAIRE, s. m. et adj. Qui se trouve entre deux. —, subordonné; pouvoir, fonction intermédiaire.

INTERMÉDIAT, s. m. Lettres d'—, lettres qui accordaient les honoraires d'un office depuis la mort du titulaire jusqu'à la prise de possession par le successeur.

INTERMÉDIAT, E, adj. Se dit d'un intervalle de temps écoulé entre deux actions, deux termes. Congrégations —, assemblées qui se tiennent entre deux chapitres.

INTERMINABLE, adj. Dont on ne peut prévoir le terme, qui ne finit pas, hérissé de difficultés; procès interminable.

INTERMISSION, s. f. Interruption, discontinuation d'un effet, d'une cause. —, cessation par intervalle d'une fièvre qui vient par accès et à diverses reprises. T. de méd.

INTERMITTENCE, s. f. Interruption, discontinuation. —, chances, alternatives. T. de joueur. —, intervalle entre deux accès de fièvre, interruption du pouls, qui cesse de battre après une ou plusieurs pulsations. T. de méd. Voy. APYREXIE.

INTERMITTENT, E, adj. Qui cesse momentanément et revient par accès, par intervalle; pouls intermittent, fièvre intermittente.

INTERMONDE, s. m. Espace entre les mondes ou les planètes.

INTERMUSCULAIRE, s. et adj. Tissu cellulaire qui partage les faisceaux musculaires dont un muscle est composé. Ligamens —, pl. Bandes ligamenteuses placées sur les deux côtés de l'os huméus à chacun des bras. T. d'anat.

INTERNE, s. m. Pensionnaire, médecin, chirurgien qui est logé et nourri dans l'établissement auquel il appartient, par opposition à externe.

INTERNE, adj. Qui est au-dedans; cause interne, fièvre interne. Angle —, que forme les côtés d'une figure rectiligne pris au-dedans de cette figure. T. de géom.

INTERNÉ, E, part. Uni, confondu.

INTERNER (s'), v. pron. Se confondre, ne faire qu'un; s'unir intimement. T. inus.

INTERNISSABLE, adj. Qui ne peut être terni, en parlant de la gloire, de la réputation, etc.

INTERNONCE, s. m. Ministre chargé des affaires de la cour de Rome dans une cour étrangère.

INTERNONCIATURE, s. f. Dignité d'internonce.

INTER-OSSEUX, s. m. Instrument de chirurgie pour passer entre deux os. —, s. et adj. Petits muscles qui occupent les intervalles que laissent entre eux les os du métacarpe et du métatarse. T. d'anat.

INTERPELLATEUR, TRICE, s. et adj. Qui interpelle.

INTERPELLATION, s. f. Sommation de répondre sur un fait. T. de procéd.

INTERPELLÉ, E, part. Interrogé, pressé de répondre.

INTERPELLER, v. a. Interroger, faire une interpellation, presser de répondre. —, attester, prendre à témoin; interpeller la conscience. Fig. —, sommer de répondre sur un fait. T. de procéd.

INTERPINNÉ, E, adj. Se dit des feuilles qui ont de petites folioles entre des grandes. T. de bot.

INTERPOLATEUR, s. m. Celui qui fait des interpolations, des insertions.

INTERPOLATION, s. f. Insertion, addition, intercalation.

INTERPOLÉ, E, part. Inséré, intercalé.

INTERPOLER, v. a. Insérer, ajouter, intercaler un mot, une phrase dans un manuscrit. —, lier, par une seule loi, une suite de faits, d'observations. T. scientifique.

INTERPONCTUATION, s. f. Longue suite de points pour suppléer à la pénurie d'expressions.

INTERPOSÉ, E, part. Mis entre deux.

INTERPOSER, v. a. Mettre entre deux. —, employer, faire intervenir; interposer son autorité, la médiation de quelqu'un. S'—, v. pron. Intervenir.

INTERPOSITION, s. f. Situation d'un corps, d'une chose entre deux autres. —, intervention d'une autorité supérieure, d'une personne pour une autre. Fig.

INTERPRÉTATIF, IVE, adj. Qui sert à développer le sens, à l'interpréter, à l'expliquer.

INTERPRÉTATION, s. f. Action d'interpréter, explication, glose, commentaire, version.

INTERPRÉTATIVEMENT, adv. D'une manière interprétative.

INTERPRÈTE, s. m. Personne versée dans la connaissance des langues étrangères, qui traduit verbalement d'une langue dans une autre. —, traducteur, commentateur qui éclaircit un texte, le sens d'un auteur. —, devin, prophète qui explique les présages, les songes. —, intermédiaire chargé de faire connaître, d'expliquer la pensée, les sentimens, les intentions, la volonté d'autrui; se dit par analogie des yeux qui font connaître les mouvemens de l'âme. Fig.

INTERPRÉTÉ, E, part. Traduit verbalement d'une langue dans une autre.

INTERPRÉTER, v. a. Traduire verbalement, mot pour mot, d'une langue dans une autre. —, débrouiller, éclaircir, développer, commenter; interpréter un auteur. —, expliquer ce qui est obscur ou caché; interpréter un songe. —, prendre en bonne ou mauvaise part; vous avez mal interprété mes démarches. — un arrêt, le corriger, l'expliquer par un second. T. de jurisp.

INTERRÈGNE, s. m. Intervalle durant lequel le trône reste vacant.

INTERROGANT, E, adj. Qui a la manie d'interroger. Point —, qui marque l'interrogation. ? T. de gramm.

INTERROGAT, s. m. Question faite en justice. T. de procéd.

INTERROGATEUR, s. m. et adj. Qui est chargé d'interroger; juge interrogateur.

INTERROGATIF, IVE, adj. Se dit de particules qui servent à interroger, comme : où? quand? comment? Point —, point interrogant.

INTERROGATION, s. f. Question, demande adressée à quelqu'un. —, figure de rhétorique qui anime le discours, exprime l'indignation, la douleur, la crainte et tous les mouvemens de l'âme. Point d'—, point interrogant.

INTERROGATIVEMENT, adv. En interrogeant. T. inus.

INTERROGATOIRE, s. m. Questions adressées par un juge instructeur sur les faits qui ont motivé une accusation ou une prévention; réponses de l'accusé, du prévenu, des témoins; procès-verbal de leurs dires et observations, protestations, réserves, etc. T. de procéd.

INTERROGÉ, E, part. Questionné, examiné, consulté.

INTERROGER, v. a. Questionner, faire une demande à quelqu'un. —, examiner, faire subir un examen ; interroger un candidat. —, consulter; interrogeons les événemens. —, faire subir un interrogatoire à un accusé, à un témoin. S'—, v. pron. Consulter sa conscience. S'—, v. récip. Se faire mutuellement des questions.

INTERROMPRE, v. a. Empêcher la continuation ou la continuité d'une chose, arrêter, suspendre; interrompre un orateur, un ouvrage, etc. S'—, v. pron. Cesser momentanément de parler, d'agir. S'—, v. récip. Se couper mutuellement la parole.

INTERROMPU, E, part. Arrêté, suspendu. De propos —, sans suite. Epi —, entrecoupé. T. de bot.

INTERRUPTEUR, TRICE, s. Celui, celle qui interrompt quelqu'un en parlant.

INTERRUPTION, s. f. Action d'interrompre; effets de cette action; état de ce qui est interrompu; suspension, discontinuation. —, figure de rhétorique dans laquelle l'orateur s'interrompt lui-même pour combattre les objections. Sans —, continuellement, sans cesse.

INTERSCAPULAIRE, adj. Qui est entre les épaules. T. d'anat.

INTERSECTION, s. f. Point où deux lignes, deux plans se coupent. T. de math.

INTERSTELLAIRE, adj. m. Se dit d'un espace entre les étoiles. T. d'astr.

INTERSTICE, s. m. Intervalle de temps que l'on doit observer entre la réception de deux ordres sacrés. —, espace entre les molécules des corps. T. de phys. —, espace entre des parties que l'on croirait réunies. T. de bot.

INTER-TRACHÉLIEN, s. m. adj. Se dit des muscles inter-transversaires du cou. T. d'anat.

INTER-TRANSVERSAIRE ou INTER-TRANSVERSAL, E, s. m. adj. Ligament membraneux attaché aux apophyses transverses. — du cou, pl. Petits muscles fort courts qui occupent les intervalles des apophyses transverses des vertèbres cervicales et lombaires. T. d'anat.

INTER-TRIGO, s. m. Inflammation érysipélateuse causée par le frottement des parties; excoriation de la peau par l'âcreté de la sueur, des urines; intumescence, tumeur générale. T. de méd.

INTERVALLE, s. m. Distance d'un lieu ou d'un temps à un autre. Par —, adv. De temps en temps.

INTERVALVAIRE, adj. Se dit de la cloison interposée entre les valves d'un fruit. T. de bot.

INTERVENANT, E, adj. Qui intervient dans une instance; partie intervenante. T. de jurisp.

INTERVENIR, v. n. Entrer dans une affaire, une contestation. —, se rendre médiateur, interposer son autorité, etc. —, se rendre partie dans une instance; se dit aussi des jugemens rendus, des incidens qui surviennent dans le cours d'une procédure.

INTERVENTION, s. f. Action d'intervenir.

INTERVERSION, s. f. Trouble, dérangement dans l'ordre des dates, des temps; renversement d'ordre, confusion.

INTER-VERTÉBRAL, E, adj. Se dit d'un cartilage qui couvre tout le corps des vertèbres, entre lesquelles il est placé. T. d'anat.

INTERVERTI, E, part. Changé, dérangé.

INTERVERTIR, v. a. Changer, déranger, renverser l'ordre.

INTERVERTISSEMENT, s. m. Voy. INTERVERSION.

INTESTABLE, adj. Qui ne peut être admis en témoignage. T. inus.

INTESTAT, adj. Qui n'a pas fait de testament; mourir intestat. Héritier ab —, héritier d'une personne morte sans avoir fait son testament.

INTESTIN, E, s. et adj. Interne, qui est renfermé dans la cavité du corps. —, intérieur; guerres intestines. Fig.

INTESTINAL, E, adj. Qui appartient aux intestins. Ver —, qui naît et se développe dans les intestins des animaux. T. d'hist. nat.

INTESTINS, s. m. pl. Canal qui commence à l'orifice de l'estomac et se termine à l'anus. Ce canal, attaché à une membrane formée par un repli du péritoine qu'on nomme mésentère, est fort long et a sept à huit fois la longueur du corps; il forme l'appareil digestif. — grêles, Voy. DUODÉNUM, JÉJUNUM et ILÉON. T. d'anat.

INTIGE, E, adj. Sans tige. Voy. ACAULE. T. de bot.

INTIMATION, s. f. Assignation, citation en justice.

INTIME, s. et adj. Lié intimement, étroitement; ami intime. —, qui est le résultat de l'intimité; liaison intime. —, intérieur et profond; conviction intime. Sens —, sentiment intérieur, conscience.

INTIMÉ, E, part. Assigné à comparaître en justice. —, s. m. Défendeur en cause d'appel. T. de procéd.

INTIMEMENT, adv. D'une manière intime, avec une vive affection, étroitement; intimement lié. —, intérieurement et profondément; être intimement convaincu.

INTIMER, v. a. Assigner, signifier un acte d'appel; prendre à partie. —, assigner, désigner le temps, le lieu, etc.; intimer un concile.

INTIMIDATION, s. f. Action d'intimider, menace pour intimider.

INTIMIDÉ, E, part. Troublé, déconcerté, effrayé.

INTIMIDER, v. a. Troubler, déconcerter, désorienter, donner de la crainte, effrayer. S'—, v. pron. Concevoir des craintes, se troubler, se faire peur.

INTIMITÉ, s. f. Liaison intime, vive amitié, confiance réciproque.

INTINCTION, s. f. Mélange d'une partie de l'hostie consacrée avec le sang de J.-C., dont le vin est le symbole.

INTITULATION, s. f. Titre qu'on met à un livre.

INTITULÉ, E, part. Caractérisé par un titre, en parlant d'un livre, etc. —, s. m. Titre d'un acte. T. de procéd.

INTITULER, v. a. Caractériser un livre par un titre; donner, mettre un titre. —, écrire le titre d'un acte. T. de procéd.

INTOLÉRABLE, adj. Insupportable, qu'on ne peut tolérer.

INTOLÉRABLEMENT, adv. D'une manière intolérable.

INTOLÉRANCE, s. f. Défaut d'indulgence, de condescendance. —, erreur, aveuglement du fanatisme, qui méconnaît la bonté divine et s'arme d'une rigueur inflexible contre tout ce qui ne partage pas ses opinions religieuses.

INTOLÉRANT, E, s. et adj. Qui manque d'indulgence; qui ne pardonne pas la plus légère faute. —, fanatique qui professe l'intolérance en matière de religion, qui veut qu'un Dieu essentiellement indulgent et bon soit haineux et vindicatif comme lui.

INTOLÉRANTISME, s. m. Opinion, doctrine des sectes intolérantes.

INTONATION, s. f. Manière d'entonner un chant; ton donné aux syllabes en parlant.

INTORSION, s. f. Contorsion, flexion. T. de bot.

INTOXIQUÉ, E, part. Empoisonné. (Vi.)

INTOXIQUER, v. a. Empoisonner. (Vi.)

INTRADOS, s. m. Douelle intérieure, partie intérieure et concave d'une voûte. T. d'arch.

INTRADUISIBLE, adj. Qu'on ne peut traduire.

INTRAITABLE, adj. Dur, bourru, d'un commerce difficile, insociable, avec qui l'on ne peut avoir de relation. —, indocile, opiniâtre, entêté, obstiné; écrivain intraitable.

INTRA-MUROS, adv. (mots latins). Dans l'intérieur des murs, dans l'enceinte de la ville.

INTRANSITIF, IVE, adj. Se dit des verbes neutres qui expriment une action qui ne s'étend pas au-delà du sujet.

INTRANSMISSIBLE, adj. Qui n'est pas transmissible. T. inus.

INTRANSMUTABLE, adj. Se dit des insectes qui ne subissent point de métamorphose. T. d'hist. nat.

INTRANT, s. m. Celui qui était chargé d'élire le recteur, dans l'université de Paris.

INTRAVILLE, s. f. Com. du dép. de la Seine-Inférieure, cant. d'Envermeu, arr. de Dieppe. = Dieppe.

IN-TRENTE-DEUX, s. m. Format d'un livre dont les feuilles sont pliées en trente-deux feuillets et fournissent soixante-quatre pages. T. d'imp.

INTRÉPIDE, adj. Ferme, courageux, qui ne craint point le danger, qui l'affronte de sang-froid.

INTRÉPIDEMENT, adv. D'une manière intrépide.

INTRÉPIDITÉ, s. f. Fermeté, courage inébranlable dans le péril. —, hardiesse, assurance, suffisance; la bonne opinion qu'il a de sa personne va jusqu'à l'intrépidité.

INTREVILLE, s. f. Com. du dép. d'Eure-et-Loir, cant. de Janville, arr. de Chartres. = Angerville.

INTRIGANT, E, s. et adj. Qui vit d'intrigue, qui intrigue habituellement; brouillon, cabaleur qui se plaît à ourdir des intrigues.

INTRIGUE, s. f. Pratique, intelligence secrète pour ou contre le succès d'une affaire; machination, menée, cabale. —, commerce secret de galanterie. —, embarras, incident fâcheux. T. inus. —, nœud d'une pièce de théâtre, incidens qui préparent le dénouement. T. de litt. dramatique.

INTRIGUÉ, E, part. Inquiété troublé, embarrassé. Comédie bien —, dont les fils se dénouent sans effort.

INTRIGUER, v. a. Inquiéter, causer de la défiance, inspirer des soupçons; embarrasser; tracasser, troubler. —, v. n. Faire des intrigues. —, inventer, disposer, combiner, filer l'intrigue d'une pièce de théâtre. T. de litt. dramatique. S'—, v. pron. Se donner beaucoup de peine pour réussir.

INTRIGUEUR, EUSE, s. et adj. Voy. Intrigant.

INTRINSÈQUE, adj. Intérieur, qui est en soi. Valeur — des monnaies, leur valeur par rapport au poids. Muscles — de la langue, faisceaux musculaires qui concourent à la formation de la langue. T. d'anat.

INTRINSÈQUEMENT, adv. D'une manière intrinsèque.

INTRODUCTEUR, TRICE, s. Celui, celle qui introduit; introducteur des ambassadeurs.

INTRODUCTIF, IVE, adj. Préalable; préliminaire, qui commence, qui sert comme d'entrée au procès; demande introductive d'instance. T. de procéd.

INTRODUCTION, s. f. Action d'introduire, au prop. et au fig. —, entrée, acheminement à une science, etc.; livre élémentaire; exorde, préface, avant-propos, discours préliminaire. — d'instance, commencement de procédure. T. de procéd.

INTRODUIRE, v. a. Faire entrer, fourrer, insérer, mettre dedans. —, donner entrée. —, donner cours, faire adopter; introduire un usage. —, faire intervenir un personnage dans une action, un dialogue. S'—, v. pron. Entrer dans un appartement, etc.; prendre commencement, prendre faveur; s'immiscer dans une affaire.

INTROÏT, s. m. (mot latin). Prière au commencement de la messe.

INTROMISSION, s. f. Action par laquelle on introduit un corps dans un autre. T. de phys.

INTRONISATION, s. f. Installation d'un évêque.

INTRONISÉ, E, part. Installé; se dit d'un évêque.

INTRONISER, v. a. Installer un évêque.

INTROUVABLE, adj. Qu'on ne peut trouver. T. fam.

INTROUVÉ, E, adj. Qui n'a pas été, qui n'a pu être trouvé.

INTRUS, E, s. et adj. Entré, introduit par ruse, illégalement; installé par violence, usurpateur.

INTRUSION, s. f. Entrée, introduction frauduleuse, installation violente, occupation illégale, possession injuste, usurpation.

INTUITION, s. f. Perception intérieure, indépendante des sens; vision intuitive.

INTUITIVE, adj. f. Claire et certaine. Vision — de Dieu, telle que les bienheureux, les anges, l'ont dans le ciel. T. de théol.

INTUITIVEMENT, adv. D'une manière intuitive.

INTUMESCENCE, s. f. Gonflement. T. de phys. —, enflure, tumeur. T. de méd.

INTUS-SUSCEPTION, s. f. Introduction d'un suc, d'une substance dans un corps organisé, pour son développement. —, entrée accidentelle d'une portion d'intestins dans une autre. T. de méd.

INTVILLE-LA-GUÉTARD, s. f. Com. du dép. du Loiret, cant. de Malesherbes, arr. de Pithiviers. = Pithiviers.

INULE, s. Genre de plantes corymbifères. T. de bot.

INULÉES, s. f. pl. Plantes synanthérées. T. de bot.

INULINE, s. f. Matière amilacée de l'inule. T. d'hist. nat.

INUSITÉ, E, adj. Qui n'est pas usité; mot inusité.

INUSTION, s. f. Brûlure intérieure. T. inus.

INUTILE, adj. Qui ne sert à rien, qui n'est d'aucune utilité. —, superflu; regrets inutiles. —, surabondant, redondant; détails inutiles.

INUTILEMENT, adv. Sans utilité, vainement.

INUTILISÉ, E, part. Rendu inutile. T. inus.

INUTILISER, v. a. Rendre inutile. T. inus.

INUTILITÉ, s. f. Manque d'utilité, défaut d'emploi, d'occasion de servir. —, pl. Réflexions, détails inutiles.

INVADÉ, E, part. Envahi. T. inus.

INVADER, v. a. Assaillir, faire une invasion. T. inus.

INVAINCU, E, adj. Qui n'a jamais été vaincu.

INVAL-BOIRON, s. m. Com. du dép. de la Somme, cant. d'Oisemont, arr. d'Amiens. = Aumale.

INVALIDE, s. m. Soldat estropié, incapable de continuer le service militaire. —, pl. Soldats invalides; l'hôtel des Invalides. —, adj. Blessé, estropié, infirme, hors d'état de servir. —, sans validité. T. de procéd.

INVALIDÉ, E, part. Déclaré nul. T. de procéd.

INVALIDEMENT, adv. Sans validité.

INVALIDER, v. a. Rendre, déclarer nul, sans validité. T. de procéd.

INVALIDITÉ, s. f. Défaut de validité, nullité. T. de procéd.

INVARIABILITÉ, s. f. Fixité, immuabilité, immutabilité.

INVARIABLE, adj. Fixe, immuable, qui ne change point, qui ne varie point.

INVARIABLEMENT, adv. D'une manière invariable.

INVASION, s. f. Irruption à main armée dans un pays.

INVECTIF, IVE, adj. Qui sert à traîner. T. inus.

INVECTIVE, s. f. Parole, expression véhémente et injurieuse; se répandre en invectives.

INVECTIVÉ, E, part. Injurié.

INVECTIVER, v. a. Injurier, dire des invectives, s'emporter; déclamer avec véhémence contre quelqu'un ou quelque chose.

INVENDABLE, adj. Inaliénable, qu'on ne peut pas vendre.

INVENDU, E, adj. Qui n'a pas été vendu, qu'on n'a pu vendre.

INVENTAIRE, s. m. Etat, description, dénombrement, article par article, des meubles, effets, argent, etc.; acte dressé par un notaire pour la conservation des objets inventoriés. —, état des marchandises qui se trouvent en magasin, de l'actif et du passif d'une maison de commerce; faire son inventaire. —, porcelaine sur laquelle on essaie les couleurs.

INVENTÉ, E, part. Créé, imaginé; supposé, controuvé.

INVENTER, v. a. Créer, imaginer; découvrir, trouver quelque chose de nouveau dans les sciences, dans les arts; imaginer quelque chose en général. —, supposer, controuver; inventer des nouvelles.

INVENTEUR, TRICE, s. Celui, celle qui a inventé, en général.

INVENTIF, IVE, adj. Qui a le génie, le talent d'inventer; esprit inventif.

INVENTION, s. f. Faculté, action

d'inventer; chose inventée; création, découverte. —, artifice, mensonge. —, découverte de reliques; fête à l'occasion de cette découverte. —, première partie de la rhétorique. T. de litt. —, pl. Choix des objets qui conviennent au sujet. T. d'arts.

INVENTORIÉ, E, part. Compris dans un inventaire.

INVENTORIER, v. a. Décrire, faire inventaire, dresser l'état des meubles et effets d'une maison, etc.; comprendre dans un inventaire.

INVERSABLE, adj. Qui ne peut verser; voiture inversable.

INVERSE, adj. Pris dans un ordre contraire, renversé, retourné. Proposition —, où l'attribut de la proposition directe est mis à la place du sujet. T. de log. A l'—, adv. D'une manière inverse, à rebours.

INVERSEMENT, adv. A l'inverse.

INVERSION, s. f. Dérangement dans l'ordre naturel des mots.

INVERTÉBRÉ, E, s. et adj. Se dit des animaux sans vertèbres. T. d'hist. nat.

INVESTI, E, part. Cerné, bloqué, assiégé.

INVESTIGATEUR, s. m. Explorateur, qui fait des recherches, des investigations.

INVESTIGATION, s. f. Recherche exacte et suivie sur un objet.

INVESTIR, v. a. Mettre en possession d'un fief; donner l'investiture d'une charge, etc. —, cerner, environner, entourer, assiéger, bloquer une place de guerre. T. d'art milit. —, circonvenir par ses assiduités. Fig.

INVESTISSEMENT, s. m. Action d'investir une place pour en faire le siége. T. d'art milit.

INVESTITURE, s. f. Collation d'un fief; concession d'un titre. —, installation dans une dignité par le seigneur suzerain. T. de droit féodal.

INVÉTÉRÉ, E, adj. Vieilli, enraciné; haine invétérée.

INVÉTÉRER, v. n. et s'—, v. pron. Devenir vieux et difficile à guérir, à vaincre. —, s'enraciner, en parlant des maladies, des vices, des habitudes.

INVIGILANCE, s. f. Défaut de vigilance. (Vi.)

INVINCIBILITÉ, s. f. Qualité de l'être invincible.

INVINCIBLE, adj. Qu'on ne saurait vaincre. —, insurmontable, irrésistible; obstacle, amour invincible. Fig. Argument —, sans réplique.

INVINCIBLEMENT, adv. D'une manière invincible.

IN-VINGT-QUATRE, s. m. Format où la feuille est pliée en vingt quatre feuillets, et donne quarante-huit pages. T. d'impr.

INVIOLABILITÉ, s. f. Qualité de ce qui est inviolable. —, privilége, prérogative du roi, qui ne peut être traduit en jugement pour les actes du gouvernement, les ministres seuls devant être responsables, aux termes de la constitution.

INVIOLABLE, adj. Qu'on ne doit jamais violer, enfreindre; vénérable, sacré. —, qu'on ne viole point, permanent, invariable. —, qui jouit du privilége de l'inviolabilité.

INVIOLABLEMENT, adv. D'une manière inviolable.

INVISCANT, s. et adj. m. Gluant. T. inus.

INVISIBILITÉ, s. f. Etat, qualité de l'être invisible, de ce qui est invisible.

INVISIBLE, adj. Qui échappe à la vue par sa nature, sa petitesse ou son éloignement, imperceptible. —, qui disparaît, ne se trouve jamais, ne se laisse point voir. Devenir —, disparaître subitement et sans qu'on s'en aperçoive.

INVISIBLEMENT, adv. D'une manière invisible.

INVITATEUR, TRICE, s. Celui, celle qui fait une invitation.

INVITATION, s. f. Action d'inviter. Prop. et fig. —, termes par lesquels on invite; billet, lettre d'invitation, pour inviter.

INVITATOIRE, s. m. Nom d'une antienne qu'on chante à matines.

INVITÉ, E, part. Convié, engagé à faire quelque chose.

INVITER, v. a. Convier, engager, prier de se trouver, d'assister à une cérémonie, etc. —, exciter, porter à. S'—, v. pron. Se présenter sans avoir été convié.

INVOCATION, s. f. Action d'invoquer. —, partie d'un poëme dans laquelle on invoque une Muse, un Dieu, etc.

INVOCATOIRE, adj. Contenant une invocation.

INVOLONTAIRE, adj. Indépendant de la volonté, sans le vouloir.

INVOLONTAIREMENT, adv. Contre son gré, sans le vouloir.

INVOLUCELLE, s. m. Involucre partiel ou secondaire. T. de bot.

INVOLUCRE, s. m. Petites folioles qui enveloppent le pédoncule; enveloppe commune et continue. T. de bot.

INVOLUCRÉ, E, adj. Pourvu d'un involucre. T. de bot.

INVOLUTE, E, adj. Se dit d'une gemmation où les rudimens des feuilles sont roulés en dedans. T. de bot.

INVOLUTION, s. f. Assemblage d'embarras, de difficultés. T. de procéd.

INVOLVÉ, E, adj. Embrouillé. T. de jurisp. inus.

INVOQUÉ, E, part. Prié, appelé en aide.

INVOQUER, v. a. Prier, appeler à son aide une puissance surnaturelle et protectrice ; invoquer Dieu, les Muses, etc. —, citer en sa faveur ; invoquer une loi, etc.

INVRAISEMBLABLE, adj. Qui n'est pas vraisemblable, qui n'a pas l'apparence du vrai.

INVRAISEMBLABLEMENT, adv. D'une manière invraisemblable.

INVRAISEMBLANCE, s. f. Défaut de vraisemblance.

INVULNÉRABILITÉ, s. f. Qualité, état de l'être invulnérable.

INVULNÉRABLE, adj. Qui ne peut être blessé. Prop. et fig.

INXENT, s. m. Com. du dép. du Pas-de-Calais, cant. d'Etaples, arr. de Montreuil. = Montreuil.

INZINZAC, s. m. Com. du dép. du Morbihan, cant. d'Hennebon, arr. de Lorient. = Hennebon.

IO, s. m. Sorte de papillon. —, ou **ISIS**, s. f. Fille d'Inachus et d'Ismène, qui fut métamorphosée en vache par Jupiter, afin de la soustraire à la vigilance de Junon ; elle passa en Egypte, où ce dieu fit cesser sa métamorphose, et eut d'elle Epaphus. Les Egyptiens lui dressèrent des autels et l'adoraient sous le nom d'Isis. T. de myth.

IODATE, s. m. Sel formé par la combinaison de l'acide iodique avec une base. T. de chim.

IODE, s. m. Substance lamelleuse, grisâtre, et d'un éclat métallique, à laquelle on attribue la propriété de guérir les scrophules (vulgairement les écrouelles). T. de chim.

IODIQUE, adj. Se dit d'une combinaison d'oxigène et d'iode ; acide iodique. T. de chim.

IODURES, s. m. pl. Combinaisons de l'iode avec les corps simples. T. de chim.

IOL, s. m. Petit navire léger du Nord.

IOLCHOS ou **IOLCOS**, s. m. Ville capitale de la Thessalie, célèbre par la naissance de Jason. C'est dans cette ville que s'assemblèrent les princes Grecs pour aller à la conquête de la Toison-d'Or. T. de myth.

IOLITHE, s. f. Pierre violette. T. d'hist. nat.

ION, s. m. Roi de l'Attique, qui donna son nom à l'Ionie.

IONIE, s. f. Iles de la Grèce, situées sur les bords de la mer Ionienne. Ces îles furent cédées à la France par le traité de Campo-Formio. Depuis 1815 elles sont sous le protectorat de l'Angleterre qui les occupe militairement.

IONIEN, NE, s. et adj. Né dans l'Ionie, qui appartient à cette contrée ; se dit aussi d'un dialecte grec et d'un mode de musique ancienne.

IONIQUE, adj. Se dit du troisième ordre d'architecture ; ordre ionique. Secte —, de Thalès. Voy. ION.

IOTA, s. m. Neuvième lettre de l'alphabet grec. Il n'y manque pas un —, il n'y manque rien.

IOTACISME, s. m. Difficulté de prononcer certaines lettres, prononciation ou répétition vicieuse de l'i.

IPÉCACUANHA, s. m. Vomitif que donne la racine de plusieurs plantes d'Amérique.

IPHIGÉNIE, s. f. Fille d'Agamemnon et de Clytemnestre. Cette princesse fut désignée par Calchas pour la victime qu'il fallait sacrifier, afin d'obtenir un vent favorable à la flotte grecque enchaînée au rivage de l'Aulide, au moment où les Argiens s'embarquaient pour le siége de Troie. Cette fable a fourni le sujet d'un grand nombre de pièces de théâtre. T. de myth.

IPO, s. m. Voy. UPAS. T. de bot.

IPOMÉE, s. f. Espèce de convolvulus. T. de bot.

IPOMOPSIS, s. f. Quamoclite, plante à fleurs rouges. T. de bot.

IPPÉCOURT, s. m. Com. du dép. de la Meuse, cant. de Thiaucourt, arr. de Bar-le-Duc. = Clermont-en-Argonne.

IPPLING, s. m. Com. du dép. de la Moselle, cant. et arr. de Sarreguemines. = Sarreguemines.

IPPO, s. m. Substance gommo-résineuse d'un arbre des Célèbes, poison sans antidote connu. T. de bot.

IPREAU, s. m. Orme à larges feuilles.

IPS, s. m. Genre d'insectes coléoptères. T. d'hist. nat.

IPSIDES, s. m. pl. Insectes coléoptères. T. d'hist. nat.

IPSO-FACTO, adv. (mots latins). Par le seul fait.

IPSOLA, s. f. Sorte de laine de Constantinople.

IPSULLICES, s. f. pl. Médaillons représentant ceux que les magiciens prétendaient rendre amoureux à l'aide de leurs enchantemens. T. d'antiq.

IQUETAYA, s. f. Plante du Brésil. T. de bot.

IR, s. m. Arbre du Sénégal. T. de bot.

IRACONDE, s. f. Colère. (Vi.)

IRAI, s. m. Com. du dép. de l'Orne, cant. de l'Aigle, arr. de Mortagne. = St.-Maurice.

IRAIS, s. m. Com. du dép. des Deux-Sèvres, cant. d'Airvault, arr. de Parthenay. = Airvault.

IRANCY, s. m. Com. du dép. de l'Yonne, cant. de Coulange-la-Vineuse, arr. d'Auxerre. = Auxerre.

IRASCIBILITÉ, s. f. Disposition à se mettre en colère.

IRASCIBLE, adj. Disposé à la colère, prompt à se mettre en colère, à se fâcher. Appétit, faculté —, qui porte l'ame à vaincre les difficultés qui se rencontrent dans la poursuite du bien ou dans la fuite du mal. T. de philos.

IRASSE, s. f. Palmier. T. de bot.

IRAZEIN, s. m. Com. du dép. de l'Ariége, cant. de Castillon, arr. de St.-Girons. = St.-Girons.

IRE, s. f. Colère, courroux céleste. (Vi.)

IRÉ, E, adj. En colère. (Vi.)

IRÉ-LE-SEC, s. m. Com. du dép. de la Meuse, cant. et arr. de Montmédy. = Montmédy.

IRÉNARQUE, s. m. Officier de l'empire grec, qui était chargé de maintenir la tranquillité dans les provinces. T. d'antiq.

IRÉNÉE (St.-), s. m. Village du dép. des Hautes-Alpes, cant. et arr. d'Embrun. = Embrun.

IRENNUS, s. m. Périploque de l'île de Ceylan, dont la racine est purgative. T. de bot.

IRÉNOPHYLACE, s. m. Conservateur de la paix. T. d'antiq.

IRÉON, s. m. Arbuste du cap de Bonne-Espérance. T. de bot.

IRÉOS, s. m. Iris de Florence à racine médicinale. T. de bot.

IRÉSINE, s. f. Genre d'amaranthoïdes. T. de bot.

IRÉSIONE, s. f. Attribut des supplians; rameau d'olivier entortillé de laine et orné de fruits. T. d'antiq.

IREUX, EUSE, adj. Irascible, colère. (Vi.)

IRI, s. m. Racine du Brésil. T. de bot.

IRIARTÉE, s. f. Petit palmier du Pérou. T. de bot.

IRIBIN, s. m. Oiseau accipitre, vautourin. T. d'hist. nat.

IRIDÉES, s. f. pl. Famille des iris. T. de bot.

IRIDIUM, s. m. Métal d'un blanc d'argent, très dur, difficile à fondre. T. d'hist. nat.

IRIDORCHIS, s. m. Plante orchidée. T. de bot.

IRIDROGALVIE, s. f. Narthège, espèce de jonc du Pérou. T. de bot.

IRIEN, NE, adj. Qui a rapport à l'iris. T. d'anat.

IRIGNY, s. m. Com. du dép. du Rhône, cant. de St.-Genis-Laval, arr. de Lyon. = Lyon.

IRION, s. m. Senevé des champs; espèce de sarrazin; rossoli du cap de Bonne-Espérance. T. de bot.

IRIS, s. m. Plante iridée à belles fleurs bleues, dont la racine à odeur de violette sert à entretenir la suppuration des cautères. T. de bot Pierre d'—, pierre qui offre les couleurs de l'arc-en-ciel. —, ou vert d'—, couleur pour la gouache et la miniature. —, couleur autour des objets vus dans une lunette. —, membrane circulaire que l'on aperçoit au travers de la cornée transparente. T. d'anat. —, s. f. Messagère de Junon qui la métamorphosa en ce météore qu'on nomme l'arc-en-ciel. T. de myth. —, cristal irisé; pierre orientale d'un blanc perlé ou irisé. T. de bot.

IRIS BULBEUX, s. m. Faux hermodacte. T. de bot.

IRISÉ, E, adj. Qui offre les nuances de l'iris, de l'arc-en-ciel. T. d'hist. nat.

IRISIOLE, s. f. Achit, plante de la Jamaïque. T. de bot.

IRISSARRY, s. m. Com. du dép. des Basses-Pyrénées, cant. d'Iholdy, arr. de Mauléon. = St.-Palais.

IRITIS, s. f. Inflammation de l'iris. T. de méd.

IRLANDE, s. f. Grande île située à l'O de l'Angleterre, dont elle est séparée par un canal. Cette île, très fertile, forme un des trois royaumes unis de la Grande-Bretagne.

IRLANDAIS, E, s. et adj. Originaire d'Irlande; qui appartient à ce royaume.

IRLES, s. f. Com. du dép. de la Somme, cant. d'Albert, arr. de Péronne. = Albert.

IRMSTETT, s. m. Com. du dép. du Bas-Rhin, cant. de Wasselonne, arr. de Strasbourg. = Molsheim.

IRODOUER, s. m. Com. du dép. d'Ille-et-Vilaine, cant. de Montauban, arr. de Montfort. = Bécherel.

IRON, s. m. Com. du dép. de l'Aisne, cant. de Guise, arr. de Vervins.= Guise.

IRONIE, s. f. Raillerie fine, moquerie —, figure de rhétorique par laquelle on dit le contraire de ce qu'on veut faire entendre.

IRONIQUE, adj. Railleur, moqueur; dérisoire, où il y a de l'ironie, qui tient de l'ironie.

IRONIQUEMENT, adv. D'une manière ironique, d'un ton ironique, par ironie.

IROQUOIS, E, s. Né parmi les Iroquois, peuple de l'Amérique septentrionale. —, homme singulier, bizarre. T. fam.

IROUCAN, s. m. Arbrisseau de la Guiane. T, de bot.

IROULEGUY, s. m. Com. du dép. des Basses-Pyrénées, cant. de St.-Etienne, arr. de Mauléon. = St.-Jean-Pied-de-Port.

IRRACHETABLE, adj. Qui ne peut être racheté. T. inus.

IRRADIATION, s. f. Emission, expansion, effusion des rayons d'un corps lumineux.—, tout mouvement du centre à la circonférence, dans un corps organisé.

IRRADIER, v. n. Se séparer en rayons.

IRRAISONNABILITÉ, s. f. Défaut de l'homme, de l'être irraisonnable. T. inus.

IRRAISONNABLE, adj. Qui n'est pas doué de raison.

IRRAISONNABLEMENT, adv. D'une manière irraisonnable.

IRRAMENABLE, adj. Incorrigible, qu'on ne peut ramener à la raison.

IRRASSASIABLE, adj. Insatiable. T. inus.

IRRATIONNEL, LE, adj. Se dit des lignes qui n'ont aucun rapport entre elles, des quantités qui n'ont aucune mesure commune avec l'unité. T. de math.

IRRECEVABLE, adj. Non recevable, inadmissible.

IRRÉCONCILIABLE, adj. Implacable, qui ne peut se réconcilier.

IRRÉCONCILIABLEMENT, adv. D'une manière irréconciliable.

IRRÉCONCILIÉ, E, adj. Se dit de personnes, d'ennemis qui n'ont pu être réconciliés.

IRRÉCUSABLE, adj. Recevable, qui ne peut être récusé; juge, témoin irrécusable.

IRRÉDUCTIBILITÉ, s. f. Qualité de ce qui est irréductible.

IRRÉDUCTIBLE, adj. Qui ne peut être réduit sous une forme plus simple. T. d'alg. —, qui ne peut être ramené à l'état de métal en parlant des oxydes. T. de chim.—, qui ne peut être ramené à sa position naturelle. T. de chir.

IRRÉFLÉCHI, E, adj. Léger, étourdi, qui agit, parle sans réflexion —, qui n'est pas réfléchi, médité; dit étourdiment, fait sans réflexion.

IRRÉFLEXION, s. f. Défaut de réflexion.

IRRÉFORMABILITÉ, s.f. Etat, qualité de ce qui est irréformable.

IRRÉFORMABLE, adj. Définitif, sans appel, qui ne peut être réformé; jugement irréformable.

IRRÉFRAGABLE, adj. Incontestable, irrécusable.

IRRÉGULARITÉ, s. f. Défaut, manque de régularité, au prop. et au fig.

IRRÉGULIER, ÈRE, adj. Qui n'est point suivant les règles, contraire aux règles; plan, verbe irrégulier, conduite irrégulière. Vers —, vers libres où le poète ne s'assujettit point aux règles ordinaires. Ecclésiastique —, qui a encouru les censures et ne peut remplir son ministère. Corps —, dont les parties sont inégales. T. de math. Pouls —, dont les battemens sont inégaux. T. de méd.

IRRÉGULIÈREMENT, adv. D'une manière irrégulière, avec irrégularité, au prop. et au fig.

IRRÉLIGIEUSEMENT, adv. Avec impiété.

IRRÉLIGIEUX, EUSE, adj. Impie; contraire à la religion, qui blesse ses pratiques, sa doctrine.

IRRÉLIGION, s. f. Impiété, mépris des devoirs que la religion nous enseigne.

IRREMÉABLE, adj. Se dit d'un lieu d'où l'on ne peut revenir, des enfers, par exemple. T. inus.

IRRÉMÉDIABLE, adj. Qui est sans remède. Prop. et fig.

IRRÉMÉDIABLEMENT, adv. D'une manière irrémédiable.

IRRÉMISSIBLE, adj. Inexcusable, impardonnable.

IRRÉMISSIBLEMENT, adv. Sans rémission, sans miséricorde.

IRRÉPARABLE, adj. Qu'on ne peut réparer, qui est sans remède.

IRRÉPARABLEMENT, adv. D'une manière irréparable.

IRRÉPARÉ, E, adj. Se dit d'un crime, d'un tort qui n'a pas été réparé.

IRRÉPRÉHENSIBILITÉ, s. f. Qualité de ce qui est irrépréhensible. T. inus.

IRRÉPRÉHENSIBLE, adj. Exempt de blâme, irréprochable, qu'on ne saurait reprendre.

IRRÉPRÉHENSIBLEMENT, adv. D'une manière irrépréhensible.

IRRÉPRIMABLE, adj. Qu'on ne peut réprimer.

IRRÉPROCHABLE, adj. Irrépréhensible, qui est sans reproche, exempt de toute faute. Témoin —, qu'on ne peut récuser. T. de procéd.

IRRÉPROCHABLEMENT, adv. D'une manière irréprochable.

IRRÉSISTIBILITÉ, s. f. Qualité de ce qui est irrésistible.

IRRÉSISTIBLE, adj. A quoi l'on ne peut résister; force irrésistible.

IRRÉSISTIBLEMENT, adv. D'une manière irrésistible.

IRRÉSOLU, E, adj. Indécis, incertain, chancelant, indéterminé; qui a peine à se résoudre, qui est en balance, qui demeure en suspens.

IRRÉSOLUBLE, adj. Insoluble. T. inus.

IRRÉSOLUMENT, adv. D'une manière irrésolue.

IRRÉSOLUTION, s. f. Indécision, indétermination, incertitude, hésitation.

IRRESPECTUEUX, EUSE, adj. Qui manque au respect, ou de respect.

IRRESPONSABLE, adj. Qui n'est pas soumis à la responsabilité. T. inus.

IRRÉUSSITE, s. f. Défaut de succès, revers. T. inus.

IRRÉVÉREMMENT, adv. Avec irrévérence, d'une manière irrévérente.

IRRÉVÉRENCE, s. f. Manque de respect, de vénération.

IRRÉVÉRENT, E, adj. Irrespectueux; contraire au respect, à la vénération qu'on doit.

IRREVILLE, s. f. Com. du dép. de l'Eure, cant. et arr. d'Evreux. = Evreux.

IRRÉVOCABILITÉ, s. f. Qualité de ce qui est irrévocable.

IRRÉVOCABLE, adj. Inamovible; qui ne peut être révoqué.

IRRÉVOCABLEMENT, adv. D'une manière irrévocable.

IRRÉVOQUÉ, E, adj. Qui n'a point été révoqué, abrogé.

IRRIGATION, s. f. Arrosement à l'aide de rigoles.

IRRITABILITÉ, s. f. Caractère de ce qui est irritable, au prop. et au fig. —, faculté de se contracter au toucher, à la lumière, au souffle. T. de bot.

IRRITABLE, adj. Qui peut être aisément irrité. Prop. et fig.

IRRITANT, E, adj. Qui casse, annulle. T. de procéd. —, s. m. et adj. Qui excite les organes de manière à déranger leurs fonctions. T. de méd.

IRRITATION, s. f. Emportement, colère; action des irritans sur les nerfs, etc.

IRRITÉ, E, part. Fâché, courroucé. Flots —, soulevés par la tempête. Fig. et poét.

IRRITER, v. a. Fâcher, courroucer, mettre en colère. —, en parlant des choses, augmenter, aigrir. —, exciter, provoquer. —, causer de l'irritation, de l'inflammation. T. de méd. S'—, v. pron. Se mettre en colère. S'—, s'enflammer. T. de méd.

IRRORATION, s. f. Arrosement. T. de chim.

IRROUERRE, s. f. Com. du dép. de l'Yonne, cant. et arr. de Tonnerre. = Tonnerre.

IRRUPTION, s. f. Entrée soudaine de hordes barbares dans un pays; irruption de cosaques.

IRVILLAC, s. m. Com. du dép. du Finistère, cant. de Daoulas, arr. de Brest. = Landerneau.

ISABELLE, adj. Se dit d'une couleur entre le blanc et le jaune. —, s. m. Coquille jaune du genre porcelaine. T. d'hist. nat.

ISAC (l'), s. m. Rivière qui prend naissance près d'Abbaretz, dép. de la Loire-Inférieure, et qui se joint à la Vilaine, à Rieux, après un cours d'environ 14 lieues. Cette rivière est navigable depuis Guerronet jusqu'à son embouchure.

ISACHNÉ, s. f. Plante graminée de la Nouvelle-Hollande. T. de bot.

ISAGONE, adj. Qui est à angles égaux.

ISAIRE, s. f. Genre de champignons. T. de bot.

ISALGUE, s. f. Fleur en forme de cinq trèfles à queue, traversant un croissant renversé. T. de blas.

ISAMBRON, s. m. Sorte d'étoffe.

ISANA, s. m. Etourneau, oiseau du Mexique. T. d'hist. nat.

ISANGY, s. m. Com. du dép. de l'Yonne, cant. de l'Ile-sur-le-Serein, arr. d'Avallon. = Avallon.

ISANTHE, s. m. Plante labiée. T. de bot.

ISARD, s. m. Chamois, chèvre sauvage. T. d'hist. nat.

ISARIS, s. m. Toile de coton des Indes.

ISATIS, s. m. Quadrupède du nord qui tient du renard et du chien. T. d'hist. nat. —, pastel, réséda, plantes. T. de bot.

ISAURE, s. m. Arbrisseau de l'île de Madagascar. T. de bot.

ISBERGUES, s. f. Com. du dép. du Pas-de-Calais, cant. de Norrent Fontes, arr. de Béthune. = Aire-sur-la-Lys.

IS-BONNECOMBE, s. m. Com. du dép. de l'Aveyron, cant. et arr. de Rodez. = Rodez.

ISCA, s. m. Bolet ongulé dont on fait l'amadou. T. de bot.

ISCHE, s. f. Com. du dép. des Vosges, cant. de la Marche, arr. de Neufchâteau. = la Marche.

ISCHÈME, s. m. Plante graminée. T. de bot.

ISCHIADIQUE, adj. Voy. Ischiatique. T. d'anat.

ISCHIAGRE, s. f. Goutte à la hanche. T. de méd.

ISCHIAL, E, adj. Qui a rapport à l'ischion.

ISCHIATIQUE, adj. Qui est relatif à l'ischion. —, s. f. Veine de la cuisse et de la hanche. T. de méd.

ISCHIO-CAVERNEUX, s. et adj. m. pl. Muscles de l'ischion et du corps caverneux. T. d'anat.

ISCHIOCÈLE ou ISCHIATOCÈLE, s. f. Hernie des viscères abdominaux à travers l'échancrure ischiatique. T. de chir.

ISCHIO-CLITORIDIEN, s. et adj. m. Voy. Ischio-sous-clitorien. T. d'anat.

ISCHIO-COCCYGIEN, s. et adj. m. Muscle qui s'étend de l'épine du coccyx et de la partie inférieure du sacrum à l'épine sciatique. T. d'anat.

ISCHIO-CRÉTI-TIBIAL, s. et adj. m. Voy. Ischio-Prétibial. T. d'anat.

ISCHIO-FÉMORAL, s. et adj. m. Muscle grand abducteur de la cuisse. T. d'anat.

ISCHIO-FÉMORO-PÉRONIEN, s. et adj. m. Biceps crural. T. d'anat.

ISCHION, s. m. Os situé à la partie postérieure et inférieure de l'os des îles, dans lequel s'emboîte le fémur. T. d'anat.

ISCHIO-PECTINÉ, adj. m. Qui appartient à l'ischion et au muscle pectiné. T. d'anat.

ISCHIO-PÉRINÉAL, s. et adj. m. Muscle transverse du périnée. T. d'anat.

ISCHIO-POPLITI-TIBIAL, s. et adj. m. Muscle demi-aponévrotique de l'ischion à la tubérosité du tibia. T. d'anat.

ISCHIO-PRÉTIBIAL, s. et adj. m. Muscle qui s'attache aux tubérosités de l'ischion et du tibia. T. d'anat.

ISCHIO-PROSTATIQUE, s. et adj. m. Muscle qui se dirige vers les prostates. T. d'anat.

ISCHIO-PUBI-FÉMORAL, s. et adj. m. Voy. Ischio-Fémoral. T. d'anat.

ISCHIO-SOUS-CLITORIEN, s. et adj. m. Muscle ischio-caverneux. T. d'anat.

ISCHIO-SOUS-PÉNIEN, s. et adj. m. Muscle ischio-caverneux, chez l'homme. T. d'anat.

ISCHIO-SOUS-TROCHANTÉRIEN, s. et adj. m. Carré crural. T. d'anat.

ISCHIO-SPINI-TROCHANTÉRIENS, s. et adj. m. pl. Muscles de la cuisse et du bassin. T. d'anat.

ISCHIO-TIBIAL, adj. m. Qui a rapport à l'ischion et au tibia. T. d'anat. vétér.

ISCHIO-TROCHANTÉRIENS, s. et adj. m. pl. Muscles jumeaux du bassin. T. d'anat.

ISCHNOPHONIE, s. f. Bégaiement. T. de méd.

ISCHNOTE ou ISCHNOTIE, s. f. Gracilité excessive du corps. T. de méd.

ISCHURÉTIQUE, s. m. et adj. Se dit des remèdes propres à guérir ou à calmer l'ischurie. T. de méd.

ISCHURIE, s. f. Rétention d'urine. T. de méd.

ISCLE (l'), s. m. Village du dép. des Basses-Alpes, cant. d'Annot, arr. de Castellanne. = Castellanne.

ISDES, s. f. Com. du dép. du Loiret, cant. de Sully, arr. de Gien. = Gien.

ISÉLASTIQUES, adj. m. pl. Se dit de jeux grecs dans lesquels le vainqueur avait les honneurs du triomphe et entrait par une brèche dans sa ville natale. T. d'antiq.

ISELOTTE ou ISOLOTTE, s. f. Monnaie d'argent turque.

ISENAY-ET-SAUZAY, s. m. Com. du dép. de la Nièvre, cant. de Moulins-Engilbert, arr. de Château-Chinon. = Moulins-Engilbert.

IS-EN-BASSIGNY, s. m. Com. du dép. de la Haute-Marne, cant. de Nogent, arr. de Chaumont. = Montigny-le-Roi.

ISENHAUSEN, s. m. Com. du dép. du Bas-Rhin, cant. de Hochfelden, arr. de Saverne. = Saverne.

ISÈRE (l'), s. m. Rivière dont la source se trouve au pied du mont Iscreau en Piémont, et qui se rend dans le Rhône à deux lieues au-dessus de Valence, après un cours extrêmement rapide d'environ 65 l. Cette rivière est flottable depuis Moustier, et navigable depuis Montmélian jusqu'à son embouchure.

ISÈRE (Dép. de l'), s. m. Chef-lieu de préf., Grenoble ; 4 arr. ou sous-préf.: Grenoble, St.-Marcellin, la Tour-du-Pin, Vienne ; 45 cant. ou justices de paix; 554 com. ; pop. 525,990 hab. environ. Cour royale et évêché à Grenoble; de la 7ᵉ div. milit., 7ᵉ div. des ponts-et-chaussées, 4ᵉ div. des mines ; direct. de l'enregist. et de domaines, 2ᵉ classe ; du 13ᵉ arr. forestier et de la div. E. des douanes, dont la direct. est à Grenoble, ainsi que le dépôt royal d'étalons et un jardin botanique ; eaux minérales à Triage. Ce dép. est borné au N. par celui de l'Ain, à l'E. par la Savoie, au S. par le dép. des Hautes-Alpes, au S.-O. par celui de la Drôme, et à l'O. par celui du Rhône.

Hérissé de hautes montagnes sur le versant desquelles on trouve de grandes forêts, des villages et de beaux pâturages, ce pays est riche en troupeaux et en gibier de toute espèce ; mais il produit peu de grains et de légumes. Cependant on y trouve des coteaux couverts d'arbres fruitiers, des vignes qui produisent de bons vins, des vallées fertiles en grain, chanvre et fruits, dans lesquelles on voit des rivières et des lacs qui fournissent une très grande quantité d'excellents poissons. Le climat y est froid, mais sain ; et, malgré la longueur des hivers, les fruits parviennent à leur maturité. Enfin, en dépit d'un sol ingrat, les récoltes suffisent à la consommation des habitans. Indépendamment des céréales, le dép. de l'Isère produit pommes de terre, fruits de toute espèce, noix, marrons, châtaignes, amandes, vins, bois, plantes médicinales ; mulets très beaux, beaucoup de bétail ; grand et menu gibier, bouquetins, chamois, ours ; poissons de rivières et de lacs, loutres, castors, tortues ; mines de fer, de plomb et d'argent exploitées ; or, cuivre, antimoine, zinc, cobalt, cristal de roche, houille, vitriol, soufre, carrières de granit, porphyre, gypse, pierre de taille, grès, ardoises.

Manuf. de toiles à voiles et d'emballage ; fab. considérable de gants de peaux très recherchés, de drap pour l'habillement des troupes, indiennes, acides minéraux, liqueurs fines ; canons, fer, acier, papeteries, clouteries, teintureries, verreries, poteries, martinets à cuivre, scierie de marbre. Comm. considérable de tous ces objets de fabrication. Les rivières navigables sont le Rhône et l'Isère.

ISÉRINE, s. f. Titane oxydé, ferrifère. T. d'hist. nat.

ISERNAY, s. m. Com. du dép. de Maine-et-Loire, cant. de Chollet, arr. de Beaupréau. = Chollet.

ISGARUM, s. m. Espèce de soude.

ISIAQUE, adj. Qui concerne la déesse Isis ; mystère, culte isiaque. Table —, table de bronze représentant les mystères d'Isis.

ISIDÉES, s. f. pl. Polypiers dendroïdes. T. d'hist. nat.

ISIDION, s. m. Genre de lichens. T. de bot.

ISIER, s. m. Com. du dép. de la Côte-d'Or, cant. de Genlis, arr. de Dijon. = Genlis.

ISIGNY, s. m. Petite ville du dép. du Calvados, chef-lieu de cant. de l'arr. de Bayeux. Trib. de comm., bur. d'enregist. et de poste.

Cette ville, située à l'embouchure de la Vire et de l'Aure, possède un petit port qui peut recevoir des bâtimens de cent tonneaux.

Comm. de beurre, cidre, jambons, graines de trèfle, plumes et duvet d'oies, moutons, bestiaux, etc.

ISIGNY, s. m. Com. du dép. de la Manche, chef-lieu de cant. de l'arr. de Mortain. Bur. d'enregist. à St.-Hilaire-du-Harcouet. = St.-Hilaire-du-Harcouet.

ISIS, s. m. Polypier branchu. T. d'hist. nat. —, s. f. Voy. Io. T. de myth.

ISLAMISME, s. m. Mahométisme.

ISLAND, s. m. Com. du dép. de l'Yonne, cant. et arr. d'Avallon. = Avallon.

ISLANDE, s. f. Très grande île située en partie sous le cercle polaire arctique, à environ deux cents lieues des côtes de Norwège. Cette île, qui est gelée pendant huit mois de l'année, n'offre que des pâturages dans la partie méridionale ; le reste est stérile.

ISLANDAIS, E, s. et adj. Habitant de l'Islande ; qui est relatif à cette île.

ISLE, s. f. Com. du dép. de la Haute-Vienne, cant. et arr. de Limoges. = Limoges.

ISLE (St.-), s. m. Com. du dép. de la Mayenne, cant. de Loiron, arr. de Laval. = Laval.

ISLE (l'), s. f. Petite ville du dép. de Vaucluse, chef-lieu de cant. de l'arr.

d'Avignon. Bur. d'enregist. et de poste. Fab. de couvertures de laine, filatures de laine de soie, etc.

ISLE (l'), s. f. Rivière qui prend naissance à Ladignac, dép. de la Haute-Vienne, et qui se jette dans la Dordogne après un cours d'environ 45 l. Cette rivière est navigable depuis le barrage des moulins de Laubardemont jusqu'à son embouchure.

ISLE-ADAM (l'), s. f. Com. du dép. de Seine-et-Oise, chef-lieu de cant. de l'arr. de Pontoise. Bur. d'enregist. à Beaumont. = Beaumont-sur-Oise. Comm. de grains.

ISLE-AU-MONT, s. f. Com. du dép. de l'Aube, cant. de Bouilly, arr. de Troyes. = Troyes.

ISLE-AUX-MOINES, s. f. Com. du dép. du Morbihan, cant. et arr. de Vannes. = Vannes.

ISLE-BAISE, s. f. Com. du dép. du Gers, cant. de Montesquiou, arr. de Mirande. = Mirande.

ISLE-BARBE (l'), s. f. Petite île du dép. du Rhône, formée par la Saône, à une demi-lieue de Lyon. C'est le rendez-vous des Lyonnais.

ISLE-BASCOUS (l'), s. f. Com. du dép. du Gers, cant. d'Eauze, arr. de Condom. = Condom.

ISLE-BOUCHARD (l'), s. f. Ville du dép. d'Indre-et-Loire, chef-lieu de cant. de l'arr. de Chinon. Bur. d'enregist. et de poste.
Comm. de vins, eaux-de-vie, fruits secs, cire, etc.

ISLE-BOUZON (l'), s. f. Com. du dép. du Gers, cant. de St.-Clar, arr. de Lectoure. = St.-Clar.

ISLE-D'ALBEAU, s. f. Com. du dép. de l'Isère, cant. de la Verpillière, arr. de Vienne. = la Verpillière.

ISLE-D'ARZ, s. f. Com. du dép. du Morbihan, cant. et arr. de Vannes. = Vannes.

ISLE-DE-BAIX (l'), s. f. Village du dép. de la Drôme, cant. de Loriol, arr. de Valence. = Loriol.

ISLE-D'ELLE (l'), s. f. Com. du dép. de la Vendée, cant. de Chaillé-les-Marais, arr. de Fontenay. = Fontenay.

ISLE-D'OLONNE (l'), s. f. Com. du dép. de la Vendée, cant. et arr. des Sables-d'Olonne. = les Sables-d'Olonne.
Comm. de blé, chevaux, mulets et bestiaux.

ISLE-D'YEU ou ISLE-DIEU, s. f. Petite île dans l'océan Atlantique, dép. de la Vendée, formant un cant. de l'arr. des Sables-d'Olonne. Bur. d'enregist. = les Sables-d'Olonne.

ISLE-EN-DODON (l'), s. f. Petite ville du dép. de la Haute-Garonne, chef-lieu de cant. de l'arr. de St.-Gaudens. Bur. d'enregist. et de poste.

ISLE-JOURDAIN (l'), s. f. Petite ville du dép. du Gers, chef-lieu de cant. de l'arr. de Lombez. Bur. d'enregist. et de poste.

ISLE-JOURDAIN (l'), s. f. Petite ville du dép. de la Vienne, chef-lieu de cant. de l'arr. de Montmorillon. Bur. d'enregist. et de poste.

ISLE-MADAME (l'), s. f. Petite île fortifiée du dép. de la Charente-Inférieure, située à l'embouchure de la Charente, arr. de Marennes. = Marennes.

ISLE-MOLÈNE, s. f. Village du dép. du Finistère, cant. de St.-Renan, arr. de Brest. = Brest.

ISLE (Notre-Dame de l'), s. f. Com. du dép. de l'Eure, cant. et arr. des Andelys. = Vernon.

ISLES, s. f. Com. du dép. de la Marne, cant. de Bourgogne, arr. de Reims. = Reims.

ISLE-ST.-DENIS (l'), s. f. Com. du dép. de la Seine, cant. et arr. de St.-Denis. = St.-Denis.

ISLE-ST.-GEORGE, s. f. Com. du dép. de la Gironde, cant. de la Brède, arr. de Bordeaux. = Bordeaux.

ISLES-BARDELS (les), s. f. pl. Com. du dép. du Calvados, cant. et arr. de Falaise. = Falaise.

ISLES-LES-VILLENOY, s. f. Com. du dép. de Seine-et-Marne, cant. de Claye, arr. de Meaux. = Claye.

ISLE SOUS-RAMERUPT, s. f. Com. du dép. de l'Aube, cant. de Ramerupt, arr. d'Arcis-sur-Aube. = Arcis-sur-Aube.

ISLE-SURIMONDE (l'), s. f. Com. du dép. du Gers, cant. de Gimont, arr. d'Auch. = Gimont.

ISLE-SUR-LE-SEREIN, s. f. Com. du dép. de l'Yonne, chef-lieu de cant. de l'arr. d'Avallon. Bureau d'enregist. = Avallon.

ISLE-SUR-MARMANDE, s. f. Com. du dép. de l'Allier, cant. de Cérilly, arr. de Montluçon. = Cérilly.

ISLE-SUR-MARNE, s. f. Com. du dép. de la Marne, cant. de Thiéblemont, arr. de Vitry. = Vitry-le-Français.

ISLETTES (les), s. f. pl. Com. du dép. de la Meuse, cant. de Clermont, arr. de Verdun. = Verdun.

ISLE-TUDY (l'), s. f. Village du dép. du Finistère, cant. de Pont-l'Abbé, arr. de Quimper. = Quimper.

ISMIER (St.-), s. m. Com. du dép. de

l'Isère, cant. et arr. de Grenoble. = Grenoble.

ISNARDE, s. f. Plante épilobienne. T. de bot.

ISNEAUVILLE, s. f. Com. du dép. de la Seine-Inférieure, cant. de Darnetal, arr. de Rouen. = Rouen.

ISOCARDE, s. f. Coquille cordiforme. T. d'hist. nat.

ISOCÈLE ou ISOSCÈLE, adj. Se dit d'un triangle qui a deux côtés égaux.

ISOCHRONE, adj. Se dit des mouvemens qui se font en même temps et qui sont d'égale durée. T. de phys.

ISOCHRONISME, s. m. Egalité de durée dans les mouvemens d'un corps. T. de phys.

ISOETE, s. f. Fougère aquatique. T. de bot.

ISOGONE, adj. Qui forme des angles égaux.

ISOLACCIO, s. m. Com. du dép. de la Corse, cant. de Prunelli, arr. de Corte. = Bastia.

ISOLAROSSA, s. f. Village du dép. de la Corse, cant. de l'Isle-Rousse, arr. de Calvi. = Bastia.

ISOLATION, s. f. Action d'isoler les corps. T. de phys.

ISOLÉ, E, part. Réduit à vivre dans la solitude, abandonné. —, séparé, écarté ; maison isolée. —, adj. Libre, indépendant, qui ne tient à rien, à qui personne ne s'intéresse.

ISOLEMENT, s. m. Etat d'abandon dans lequel vit une personne isolée ; état de ce qui est isolé. —, distance entre les parties. T. d'arch.

ISOLÉMENT, adv. D'une manière isolée.

ISOLER, v. a. Séparer des hommes, mettre au secret ; faire qu'une chose ne tienne pas à une autre, détacher, écarter, ne laisser tenir à rien. —, placer un corps sur des supports qui ne puissent transmettre son électricité. T. de phys. S'—, v. pron. Se séparer de la société, vivre seul.

ISOLOIR, s. m. Instrument de physique qui sert à isoler les corps pour les électriser. T. de phys.

ISOMÉRIE, s. f. Réduction des fractions au même dénominateur. T. d'arith.

ISOMES, s. f. Com. du dép. de la Haute-Marne, cant. de Prauthoy, arr. de Langres. = Langres.

ISONEMA, s. f. Plante de la famille des apocynées. T. de bot.

ISONOME, adj. Se dit d'un cristal qui décroît également sur les bords et sur les angles. T. d'hist. nat.

ISONOMIE, s. f. Egalité de droits. T. inus.

ISOODON, s. m. Genre de mammifères marsupiaux. T. d'hist. nat.

ISOPÉRIMÈTRE, adj. Se dit des figures dont les contours sont égaux.

ISOPHLIS, s. m. Production marine, gélatineuse, des mers de Sicile. T. d'hist. nat.

ISOPLEURE, adj. Se dit d'une figure qui a sept côtés égaux. T. de géom.

ISOPODES, s. m. pl. Crustacés qui ont les pieds presque semblables. T. d'hist. nat.

ISOPSÈPHE, adj. Se dit des vers, des mots, qui ont le même nombre de lettres.

ISOPYRE, s. m. Plante renonculacée. T. de bot.

ISOPYRON, s. m. Ellébore. T. de bot.

ISORROPASTIQUE ou ISORROPIE, s. f. Science de l'équilibre. T. de math.

ISORROPIQUE, adj. Qui concerne la science de l'équilibre. T. de math.

ISOTE, s. f. Plante de la famille des fougères. T. de bot.

ISOTILE, s. m. Etranger à la ville d'Athènes.

ISOTRIA, s. f. Plante orchidée d'Amérique. T. de bot.

ISPAGNAC, s. m. Petite ville du dép. de la Lozère, cant. et arr. de Florac. = Florac. Manuf. de mouchoirs et de toiles de coton.

ISPAHAN, s. m. Ancienne capitale du royaume de Perse.

ISPOURE, s. m. Com. du dép. des Basses-Pyrénées, cant. de St.-Jean-Pied-de-Port, arr. de Mauléon. = St.-Jean-Pied-de-Port.

ISQUES, s. f. Com. du dép. du Pas-de-Calais, cant. de Samer, arr. de Boulogne. = Boulogne-sur-Mer.

ISRAËL, s. m. Mot hébreux qui signifie fort contre le Seigneur, surnom qui fut donné à Jacob par l'ange.

ISRAÉLITE, s. et adj. La postérité de Jacob, les Hébreux, les Juifs. Bon —, homme simple et plein de candeur.

ISSAC, s. m. Com. du dép. de la Dordogne, cant. de Villamblard, arr. de Bergerac. = Mussidan.

ISSAMOULENC, s. m. Com. du dép. de l'Ardèche, cant. de St.-Pierreville, arr. de Privas. = Privas.

ISSANCOURT, s. m. Com. du dép. des Ardennes, cant. et arr. de Mézières. = Mézières.

ISSANS, s. m. Com. du dép. du Doubs,

cant. et arr. de Montbéliard. == Montbéliard.

ISSANT, E, adj. Placé sous le chef. T. de blas.

ISSARDS (les), s. m. pl. Com. du dép. de l'Ariège, cant. et arr. de Pamiers. == Pamiers.

ISSARLÈS, s. m. Com. du dép. de l'Ardèche, cant. de Coucouron, arr. de Largentière. == Langogne.

ISSAS, s. m. Corde pour hisser. T. inus.

ISSÉ, s. m. Com. du dép. de la Loire-Inférieure, cant. de Moisdon, arr. de Châteaubriant. == Châteaubriant.

ISSÉ, s. m. Com. du dép. de la Marne, cant. et arr. de Châlons. == Châlons.

ISSEL, s. m. Com. du dép. de l'Aude, cant. et arr. de Castelnaudary. == Castelnaudary.

ISSENDOLUS - L'HÔPITAL, s. m. Com. du dép. du Lot, cant. de Lacapelle-Marival, arr. de Figeac. == Gramat.

ISSENGEAUX. Voy. YSSINGEAUX.

ISSENHEIM, s. m. Com. du dép. du Haut-Rhin, cant. de Soultz, arr. de Colmar. == Rouffach.

ISSEPT, s. m. Com. du dép. du Lot, cant. de Livernon, arr. de Figeac. == Figeac.

ISSER, v. a. Voy. HISSER.

ISSERPENT, s. m. Com. du dép. de l'Allier, cant. et arr. de la Palisse. == la Palisse.

ISSERTAUX, s. m. Com. du dép. du Puy-de-Dôme, cant. de Vic-le-Comte, arr. de Clermont. == Billom.

ISSIGEAC, s. m. Petite ville du dép. de la Dordogne, chef-lieu de cant. de l'arr. de Bergerac. Bur. d'enregist. == Bergerac.

ISSIRAC, s. m. Com. du dép. du Gard, cant. de Pont-St.-Esprit, arr. d'Uzès. == Pont-St.-Esprit.

ISSOIRE, s. m. Ville du dép. du Puy-de-Dôme, chef-lieu de sous-préf. et de cant.; trib. de 1re inst. et de comm.; conserv. des hypoth.; direct. des contrib. indir.; recev. part. des fin.; bur. d'enregist. et de poste.

Cette ville, située sur la rivière de Couze, au milieu des plaines fertiles de la Limagne, fut assiégée et détruite de fond en comble, en 1577, sous Henri III, et soutint un nouveau siège contre les ligueurs, qui y furent défaits, sous Henri IV, en 1590.

Fab. de chaudrons et autres ouvrages en cuivre. Comm. de bestiaux et d'huile de noix, etc.

ISSON, s. m. Com. du dép. de la Marne, cant. de Remy-en-Bouzemont, arr. de Vitry. == Vitry-le-Français.

ISSONCOURT, s. m. Com. du dép. de la Meuse, cant. de Triaucourt, arr. de Bar-le-Duc. == Verdun.

ISSOR, s. m. Com. du dép des Basses-Pyrénées, cant. d'Aramits, arr. d'Oloron. == Oloron.

ISSOU, s. m. Com. du dép. de Seine-et-Oise, cant. de Limay, arr. de Mantes. == Mantes.

ISSOUDUN. s. m. Ville du dép. de l'Indre, chef-lieu de sous-préf. et de deux cant.; trib. de 1re inst. et de comm.; chambre consultative des manuf.; conserv. des hypoth.; direct. des contrib. indir.; receveur part. des finances; bur. d'enregist. et de poste.

Manuf. de draps; bonneterie, filatures de laine, parcheminerie, etc. Comm. de blé, vins, draps, laine, bestiaux, etc. Pop. 11,250 hab. envir.

ISSOUDUN, s. m. Com. du dép. de la Creuze, cant. de Chénérailles, arr. d'Aubusson. == Chénérailles.

ISSOUS, s. m. pl. Cordages pour hisser les vergues. T. de mar.

ISSU, E, part. du verbe inusité issir, et adj. Descendu d'une personne, d'une race; issu du sang des Dieux.

ISSUDEL, s. m. Com. du dép. du Lot, cant. de Puy-l'Evêque, arr. de Cahors. == Castelfranc.

ISSUE, s. f. Sortie, porte, ouverture; événement, succès bon ou mauvais, fin d'une affaire.—, expédient, moyen pour se tirer d'affaire. —. pl. Les dehors, les environs d'une ville; les extrémités, les entrailles des animaux; le son, le fleurage des grains. A l'— de, immédiatement après; à l'issue de l'audience.

IS-SUR-TILLE, s. m. Ville du dép. de la Côte-d'Or, chef-lieu de cant. de l'arr. de Dijon; bur. d'enregist. et de poste.

Manuf. de draps; filatures de coton; fonderies de cuivre et mines de fer; carrières de pierres à bâtir, etc.

ISSUS, s. m. Com. du dép. de la Haute-Garonne, cant. de Montgiscard, arr. de Villefranche-de-Lauragnais. == Villefranche.

ISSUS, s. m. Insecte hémiptère. T. d'hist. nat.

ISSY, s. m. Com. du dép. de la Seine, cant. et arr. de Sceaux. == Sceaux.

ISSY-L'ÉVÊQUE, s. m. Com. du dép. de Saône-et-Loire, chef-lieu de cant. de l'arr. d'Autun. Bur. d'enregist. == Luzy.

ISTHME, s. m. Langue de terre entre deux mers ou golfes, qui joint une presqu'île au continent. —, détroit qui sépare la bouche du pharynx. T. d'anat.

ISTHMIENS ou ISTHMIQUES, adj. m. pl. Se dit de jeux qu'on célébrait dans l'isthme de Corinthe, en l'honneur de Neptune. T. de myth.

ISTHMION, s. m. Coiffure des dames grecques.

ISTIOPHORES, s. m. pl. Poissons thoraciques. T. d'hist. nat.

ISTONGUE, s. m. Colibri de la Caroline. T. d'hist. nat.

ISTRES, s. m. Com. du dép. des Bouches-du-Rhône, chef-lieu de cant. de l'arr. d'Aix. Bur. d'enregist. à St.-Chamas. ═ Salon.
Comm. d'huile d'olives et de kermès.

ISTRES-ET-BURY (les), s. m. pl. Com. du dép. de la Marne, cant. d'Avise, arr. d'Epernay. ═ Epernay.

ISTRIE, s. f. Province qui occupe la côte occ. du golfe de Venise, en face de cette ville, et qui appartient aujourd'hui à l'empire d'Autriche. Cette province, dont Capo-d'Istria est la capitale, offre un territoire fertile en vins, grains, huile, etc.

ISTURITS, s. m. Com. du dép. des Basses-Pyrénées, cant. de la Bastide-de-Clarence, arr. de Bayonne.═St.-Palais.

ISURUS, s. m. Raie de la mer de Sicile. T. d'hist. nat.

ITAGUE, s. m. Cordage attaché à un objet qu'il sert à hisser; manœuvre courante entre deux poulies. T. de mar.

ITALIANISER, v. n. Affecter les mœurs, les locutions italiennes.

ITALICISME ou ITALISME, s. m. Locution italienne.

ITALIE, s. f. Grande contrée d'Europe, longue presqu'île qui s'avance dans la Méditerranée, en forme de botte, et qui est bornée au N. par la France, l'Allemagne et la Suisse, au S., à l'or. et à l'occ. par la Méditerranée. Elle renferme un assez grand nombre d'états indépendans, parmi lesquels on distingue les royaumes du Piémont de Naples, et les états du pape.

ITALIEN, NE, s. et adj. Originaire d'Italie; qui appartient à l'Italie, lui est propre.—, s. m. La langue italienne; apprendre l'italien.

ITALIOTES, s. m. Peuple de l'ancienne Italie, avant la fondation de Rome.

ITALIQUE, s. m. et adj. Sorte de caractère d'imprimerie, incliné de droite à gauche. —, qui vient de l'ancienne Italie, lui est relatif.

ITALUS, s. m. Roi d'Arcadie qui donna son nom à l'Italie. T. de myth.

ITAM, s. m. Espèce de citronnier. T. de bot.

ITANCOURT, s. m. Com. du dép. de l'Aisne, cant. de Moy, arr. de St.-Quentin. ═ St.-Quentin.

ITCHIXPALON, s. m. Palmier de l'Inde. T. de bot.

ITÉ, s. m. Plante, genre de rhodoracées. T. de bot.

ITEM, adv. (mot latin). De plus. —, s. m. Article de compte. Voilà l'—, voilà la difficulté. T. fam.

ITÉRATIF, IVE, adj. Répété plusieurs fois, par intervalle; itératif commandement. T. de procéd.

ITÉRATIVEMENT, adv. D'une manière itérative.

ITÉRATO, s. m. Jugement portant contrainte par corps après un certain délai. T. de procéd.

ITEUIL, s. m. Com. du dép. de la Vienne, cant de Vivonne, arr. de Poitiers. ═ Vivonne.

ITHAQUE, s. m. Île de la Grèce, aujourd'hui Thiaki, célèbre dans la littérature par le grand nom d'Ulisse et les aventures de son fils Télémaque, qui régnèrent sur cette côte hérissée de montagnes et de rochers. Cette petite île est située près la côte N.-E. de Céphalonie.

ITHOROTS-OLHAIBY, s. m. Com. du dép. des Basses-Pyrénées, cant. de St.-Palais, arr. de Mauléon. ═ St.-Palais.

ITHYMBE, s. m. Chant en l'honneur de Bacchus. T. d'antiq.

ITINÉRAIRE, s. m. Guide du voyageur, mémoire, petit livre où sont notés les lieux que l'on doit parcourir, les commodités, les curiosités qu'ils renferment, etc. —, indication du chemin.—, adj. Se dit d'une colonne placée aux carrefours, pour indiquer les routes. Mesure—, distance des lieux où l'on doit passer.

ITON (l'), s. m. Rivière dont on trouve la source près de l'ancienne abbaye de la Trappe, dép. de l'Orne, arr. de Mortagne, et qui se rend dans l'Eure, non loin des Planches, dép. de l'Eure, après un cours d'environ 25 l.

ITRES, s. m. Com. du dép. de la Somme, cant. de Combles, arr. de Péronne. ═ Bapaume.

ITSATSOU, s. m. Com. du dép. des Basses-Pyrénées, cant. d'Espelette, arr. de Bayonne. ═ Bayonne.

ITTENHEIM, s. m. Com. du dép. du Bas-Rhin, cant. d'Oberhausbergen, arr. de Strasbourg. ═ Strasbourg.

ITTERSWILLER, s. m. Com. du dép.

du Bas-Rhin, cant. de Barr, arr. de Schélestadt. = Barr.

ITTEVILLE, s. f. Com. du dép. de Seine-et-Oise, cant. de la Ferté-Aleps, arr. d'Etampes. = la Ferté-Aleps.

ITTLENHEIM, s. m. Com. du dép. du Bas-Rhin, cant. de Truchtersheim, arr. de Strasbourg. = Strasbourg.

ITYPHALLE, s. m. Amulette des anciens.

ITZAC, s. m. Com. du dép. du Tarn, cant. de Vaour, arr. de Gaillac. = Cordes.

ITZCEUIN - TEPORZOTLI, s. m. Chien de la Nouvelle-Espagne. T. d'hist. nat.

IULE, s. m. Voy. ASCAGNE. —, genre d'insectes myriapodes. T. d'hist. nat.

IVE ou IVETTE, s. f. Plante de la famille des germandrées. T. de bot.

IVERGNY, s. m. Com. du dép. du Pas-de-Calais, cant. d'Avesnes-le-Comte, arr. de St.-Pol. = Auxy-le-Château.

IVERNY, s. m. Com. du dép. de Seine-et-Marne, cant. de Claye, arr. de Meaux. = Meaux.

IVIERS, s. m. Com. du dép. de l'Aisne, cant. d'Aubenton, arr. de Vervins. = Aubenton.

IVILLE, s. f. Com. du dép. de l'Eure, cant. du Neubourg, arr. de Louviers. = le Neubourg.

IVOIRE, s. m. Dent de l'éléphant, de l'hippopotame, mise en œuvre. —, la blancheur de l'ivoire, son poli. Fig.

IVOIRIER, s. m. Marchand d'ivoire, ouvrier en ivoire.

IVORS, s. m. Com. du dép. de l'Oise, cant. de Betz, arr. de Senlis. = Crépy.

IVORY, s. m. Com. du dép. du Jura, cant. de Salins, arr. de Poligny. = Poligny.

IVRAC, s. m. Village du dép. de la Gironde, cant. de Carbon-Blanc, arr. de Bordeaux. = Bordeaux.

IVRAC-ET-MALLÉRAN, s. m. Com. du dép. de la Charente, cant. de la Rochefoucault, arr. d'Angoulême. = la Rochefoucault.

IVRAIE ou IVROIE, s. f. Mauvaise herbe à graine noire, qui croît parmi le blé ; genre de graminées.

IVRE, adj. Qui a le cerveau troublé par les fumées des liqueurs spiritueuses. —, transporté de.....; ivre de joie. Fig.

IVRESSE, s. f. Etat d'une personne ivre. —, exaltation, délire des passions, délire du bonheur ; enthousiasme poétique, verve, transport.

IVREY, s. m. Com. du dép. du Jura, cant. de Salins, arr. de Poligny. = Salins.

IVROGNE, s. et adj. Pilier de cabaret, soûlard qui boit avec excès, qui a l'habitude de s'enivrer.

IVROGNER, v. n. Boire avec excès, s'enivrer, se soûler. T. fam.

IVROGNERIE, s. f. Habitude de boire avec excès, de s'enivrer.

IVROGNESSE, s. f. Femme sujette à s'enivrer. T. fam.

IVRY, s. m. Com. du dép. de la Seine, cant. de Villejuif, arr. de Sceaux. Bur. de poste.

IVRY, s. m. Com. du dép. de la Côte-d'Or, cant. de Nolay, arr. de Beaune. = Nolay.

IVRY-LA-BATAILLE, s. m. Com. du dép. de l'Eure, cant. de St.-André, arr. d'Évreux. = Pacy-sur-Eure.
Ce village est à jamais célèbre par la victoire que remporta Henri IV sur les ligueurs, en 1590.
Fab. d'instrumens à vent ; filatures de coton, etc.

IVRY-LE-TEMPLE, s. m. Com. du dép. de l'Oise, cant. de Méru, arr. de Beauvais. = Méru.

IWAFICURN, s. m. Baleine du Japon. T. d'hist. nat.

IWUY, s. m. Com. du dép. du Nord, cant. et arr. de Cambrai. = Cambrai.

IVY (St.-), s. m. Village du dép. du Finistère, cant. de Rosporden, arr. de Quimper. = Rosporden.

IXEUTIQUE, s. f. Art de prendre des oiseaux à la glu.

IXIE, s. f. Fleur printannière, genre de plantes de la famille des iridées. T. de bot.

IXION, s. m. Roi des Lapithes. Ayant essayé de corrompre Junon, Jupiter, pour éprouver le séducteur, forma une nue à laquelle il donna la ressemblance de cette Déesse, et l'introduisit dans un lieu secret, où Ixion la découvrit, et ne manqua pas d'assouvir sa passion. Alors, Jupiter, convaincu de son audace, le foudroya, et le précipita dans les Enfers, où les Euménides l'attachèrent à une roue qui tournait sans cesse. T. de myth. —, la constellation d'Hercule et la couronne australe. T. d'astr.

IXOCAULOS, s. m. Plante caryophyllée. T. de bot.

IXODE, s. m. Arachnide acaride, tique de l'ordre des trachéennes. T. d'hist. nat. —, s. f. Arbrisseau de la Nouvelle-Hollande qui, seul, constitue un genre dans la syngénésie égale. T. de bot.

IXORE, s. f. Genre de plantes de la famille des rubiacées. T. de bot.

IZAIRE (St.-), s. m. Com. du dép. de

l'Aveyron, cant. de St.-Sernin, arr. de St.-Affrique. = St.-Sernin.

IZAOURT, s. m. Com. du dép. des Hautes-Pyrénées, cant. de Mauléon-Barousse, arr. de Bagnères. = Montrejeau.

IZARI, s. m. Garance du Levant.

IZAUT-DE-L'HÔTEL, s. m. Com. du dép. de la Haute-Garonne, cant. d'Aspet, arr. de St.-Gaudens. = St.-Gaudens.

IZAUTE, s. f. Com. du dép. du Gers, cant. de Nogaro, arr. de Condom. = Nogaro.

IZAUX, s. m. Com. du dép. des Hautes-Pyrénées, cant. de Labarthe, arr. de Bagnères. = Tarbes.

IZÉ, s. m. Com. du dép. d'Ille-et-Vilaine, cant. et arr. de Vitré. = Vitré.

IZÉ, s. m. Com. du dép. de la Mayenne, cant. de Bais, arr. de Mayenne. = Evron.

IZEAU, s. m. Com. du dép. de l'Isère, cant. de Rives, arr. de St.-Marcellin. = Rives.

IZEL-LES-EQUERCHIN, s. m. Com. du dép. du Pas-de-Calais, cant. de Vimy, arr. d'Arras. = Arras.

IZEL-LES-HAMEAUX, s. m. Com. du dép. du Pas-de-Calais, cant. d'Aubigny, arr. de St.-Pol. = Arras.

IZENAVE, s. f. Com. du dép. de l'Ain, cant. de Brenod, arr. de Nantua. = Cerdon.

IZERNORE, s. m. Com. du dép. de l'Ain, chef-lieu de cant. de l'arr. de Nantua. Bur. d'enregist. = Nantua.

IZERON, s. m. Com. du dép. de l'Isère, cant. de Pont-en-Royans, arr. de St.-Marcellin. = St.-Marcellin.

IZESCHNÉ, s. m. Ouvrage de Zoroastre en soixante-douze chapitres.

IZESTE, s. f. Com. du dép. des Basses-Pyrénées, cant. d'Arudy, arr. d'Oloron. = Oloron.

IZEURE, s. f. Com. du dép. de la Côte-d'Or, cant. de Genlis, arr. de Dijon. = St.-Jean-de-Losne.

IZIEUX, s. m. Com. du dép. de l'Ain, cant. et arr. de Belley. = Belley.

IZIEUX, s. m. Com. du dép. de la Loire, cant. de St.-Chamond, arr. de St.-Etienne. = St.-Chamond.

Fab. de rubans; comm. de vins.

IZON, s. m. Com. du dép. de la Drôme, cant. de Séderon, arr. de Nyons. = le Buis.

IZON, s. m. Com. du dép. de la Gironde, cant. de Fronsac, arr. de Libourne. = Libourne.

IZOTGES, s. f. Com. du dép. du Gers, cant. de Plaisance, arr. de Mirande. = Plaisance.

IZQUIERDE, s. f. Arbre du Pérou. T. de bot.

IZY, s. m. Com. du dép. du Loiret, cant. d'Outarville, arr. de Pithiviers. = Neuville-aux-Bois.

J.

J, s. m. Dixième lettre de l'alphabet, septième consonne.

JÀ, adv. Déjà. (Vi.)

JAAJA, s. m. Palétuvier, arbre du genre des caprifoliacées, qui croît à Sierra-Léone. T. de bot.

JAALONS, s. m. Com. du dép. de la Marne, cant. d'Ecury-sur-Coole, arr. de Châlons. = Châlons.

JABEBINETTE, s. f. Raie du Brésil. T. d'hist. nat.

JABIRU, s. m. Oiseau, genre d'échassiers d'Amérique. T. d'hist. nat.

JABLE, s. m. Rainure ou entaille faite dans les douves pour arrêter les pièces du fond. T. de tonnel. —, jonction du fond d'un pot avec la flèche. T. de verr.

JABLÉ, E, part. Se dit des douves où il a été fait des rainures pour les attacher au fond des tonneaux. T. de tonnel.

JABLER, v. a. Faire les jables des douves. T. de tonnel.

JABLINES, s. f. Com. du dép. de Seine-et-Marne, cant. de Lagny, arr. de Meaux. = Lagny.

JABLOIRE, s. f. Outil de tonnelier pour jabler.

JABORANDI, s. m. Plante dont la racine est alexipharmaque. T. de bot.

JABOROSE, s. f. Plante de la famille des solanées. T. de bot.

JABOT, s. m. Poche membraneuse au-dessous du cou des oiseaux. —, mousseline ajoutée à l'ouverture supérieure d'une chemise pour servir d'ornement. Faire —, faire le fier, se rengorger. T. fam.

JABOTAPITA, s. m. Arbre du Brésil. T. de bot.

JABOTIÈRE, s. f. Mousseline d'un jabot. —, oie de Guinée.

JABOTTER, v. n. Caqueter, babiller. T. fam.

JABREILLES, s. f. Com. du dép. de la Haute-Vienne, cant. de Laurières, arr. de Bellac. = Chanteloube.

JABRON (le), s. m. Petite rivière dont la source se trouve à Dieu-le-Fit, dép. de la Drôme, arr. de Montélimart, et qui se joint au Rhône près de cette ville, après un cours de 9 lieues.

JABRUN, s. m. Com. du dép. du Cantal, cant. de Chaudes-Aigues, arr. de St.-Flour. = St.-Flour.

JACA ou **JACKA**, s. m. Arbre à pain. T. de bot.

JACACAIL, s. m. Oiseau du Brésil. T. d'hist. nat.

JACAMAR, s. m. Genre d'oiseaux grimpans, voisins du martin-pêcheur. T. d'hist. nat.

JACANA, s. m. Oiseau échassier d'Amérique. T. d'hist. nat.

JACAPA, s. m. Genre d'oiseaux sylvains de l'Amérique méridionale. T. d'hist. nat.

JACAPANI, s. m. Rossignol brun et jaune. T. d'hist. nat.

JACAPU, s. m. Oiseau du Brésil. T. d'hist. nat.

JACAR, s. m. Voy. JAGUAR.

JACARANDA, s. m. Arbre du Brésil dont le bois est fort dur. T. de bot.

JACARET, s. m. Sorte de crocodile. T. d'hist. nat.

JACARINI, s. m. Oiseau, espèce de bruant. T. d'hist. nat.

JACÉE, s. f. Plante vulnéraire du genre des cynarocéphales. T. de bot.

JACENT, E, adj. Abandonné; se dit d'un bien, d'une succession. T. de jurisp.

JACHÈRE, s. f. Etat d'une terre assolée qu'on laisse reposer; guéret. T. d'agric.

JACHÉRÉ, E, part. Labouré, en parlant d'un guéret, d'une terre en jachère.

JACHÉRER, v. n. Lever le guéret, labourer une pièce de terre en jachère. —, étendre le chanvre sur les guérets. T. d'agric.

JACINTHE, s. f. Plante bulbeuse à fleur printanière, du genre des liliacées. Voy. HYACINTHE.

JACKANAPER, s. m. Singe du Cap-Vert. T. d'hist. nat.

JACKASSH, s. m. Quadrupède de la baie d'Hudson. T. d'hist. nat.

JACKIE, s. f. Grenouille de Surinam. T. d'hist. nat.

JACOBÉE, s. f. Plante agreste, à fleurs radiées.

JACOBIN, s. m. Religieux de l'ordre de Saint-Dominique. —, membre d'une société révolutionnaire qui tenait ses séances dans un ancien couvent de jacobins; démocrate. —, oiseau de l'île de Java, espèce de gros-bec. T. d'hist. nat.

JACOBINE, s. f. Corneille mantelée, oiseau mouche.

JACOBINISÉ, E, part. Endoctriné par des jacobins; qui partage les principes de la démocratie.

JACOBINISER, v. a. Propager les principes du jacobinisme.

JACOBINISME, s. m. Doctrine politique des jacobins; démocratie.

JACOBITE, s. m. Partisan de la maison des Stuarts à l'époque de la dernière révolution d'Angleterre; royaliste demeuré fidèle à Jacques, dernier roi de cette maison, qui mourut en France, à St.-Germain, sous le règne de Louis XIV.

JACOBUS, s. m. Monnaie d'or anglaise à l'effigie de Jacques Ier.

JACOU, s. m. Com. du dép. de l'Hérault, cant. de Castries, arr. de Montpellier. = Montpellier.

JACQUE, s. m. Com. du dép. des Hautes-Pyrénées, cant. de Pouyastruc, arr. de Tarbes. = Tarbes.

JACQUES (St.-), s. m. Com. du dép. du Calvados, cant. et arr. de Lisieux. = Lisieux.

JACQUES (St.-), s. m. Com. du dép. des Hautes-Alpes, cant. de St.-Firmin, arr. de Gap. = Corps.

JACQUES (St.-), s. m. Com. du dép. des Basses-Alpes, cant. de Barrême, arr. de Digne. = Digne.

JACQUES (St.-), s. m. Com. du dép. de Loir-et-Cher, cant. de Moutoire, arr. de Vendôme. = Montoire.

JACQUES (St.-), s. m. Com. du dép. de la Seine-Inférieure, cant. de Darnétal, arr. de Rouen. = Rouen.

JACQUES-D'AMBUR (St.-), s. m. Com. du dép. du Puy-de-Dôme, cant. de Pont-Gibaud, arr. de Riom. = Clermont-Ferrand.

JACQUES-D'ATTICIEUX (St.-), s. m. Com. du dép. de l'Ardèche, cant. de Serrières, arr. de Tournon. = Annonay.

JACQUES-DE-LA-LANDE (St.-), s. m. Com. du dép. d'Ille-et-Vilaine, cant. et arr. de Rennes. = Rennes.

JACQUES-DES-ARRÊTS (St.-), s. m. Com. du dép. du Rhône, cant. de Monsol, arr. de Villefranche. = Beaujeu.

JACQUES-DES-BLATS (St.-), s. m. Com. du dép. du Cantal, cant. de Vic, arr. d'Aurillac. = Vic-sur-Cère.

JACQUES-DE-THOUARS (St.-), s. m. Com. du dép. des Deux-Sèvres, cant. de Thouars, arr. de Bressuire. = Thouars.

JACQUES-LA-BOUQUERIE (St.-), s. m. Village du dép. du Gers, cant. et arr. de Condom. = Condom.

JACQUEVILLE, s. f. Com. du dép. de Seine-et-Marne, cant. de la Chapelle-la-Reine, arr. de Fontainebleau. = Malesherbes.

JACQUINIER, s. m. Genre d'hilospermes, plante. T. de bot.

JACRE ou JAGRE, s. m. Sucre extrait du vin de palmier et de cocotier.

JACTANCE, s. f. Vanterie, forfanterie, hâblerie.

JACTATION, s. f. Agitation continuelle. T. de méd.

JACTER (se), v. pron. Se vanter. (Vi.)

JACULATOIRE, adj. Se dit d'une prière, d'une oraison courte, mais fervente. Fontaine —, jet d'eau.

JACUT (St.-), s. m. Com. du dép. des Côtes-du-Nord, cant. de Ploubalay, arr. de Dinan. = Plancoët.

JACUT (St.-), s. m. Com. du dép. du Morbihan, cant. d'Alaire, arr. de Vannes. = Redon.

JACUT-DU-MENÉ (St.-), s. m. Com. du dép. des Côtes-du-Nord, cant. de Colinée, arr. de Loudéac. = Plancoët.

JADE, s. m. ou **PIERRE NEPHRÉTIQUE**, s. f. Pierre fort dure d'une couleur verdâtre. T. d'hist. nat.

JADIS, adv. Autrefois, au temps passé. —, adj. Au temps jadis.

JAGAQUE, s. m. Poisson qui tient du persègue et du chétodon. T. d'hist. nat.

JAGNY, s. m. Com. du dép. de Seine-et-Oise, cant. de Luzarches, arr. de Pontoise. = Chevreuse.

JAGONNAS, s. m. Com. du dép. de la Haute-Loire, cant. de Pradelles, arr. du Puy. = le Puy.

JAGRA, s. m. Ecorce aromatique qui entre dans la composition de l'arack.

JAGUA, s. m. Palmier d'Amérique d'une très grande élévation. T. de bot.

JAGUAR, s. m. Quadrupède carnassier d'Amérique, qui ressemble à l'once.

JAGUARÈTE, s. m. Variété du jaguar, espèce de grand chat noir du Paraguai. T. d'hist. nat.

JAGUARUNDI ou GAQUARUNDI, s. m. Chat du Paraguai. T. d'hist. nat.

JAGUILMA, s. m. Espèce de perroquet. T. d'hist. nat.

JAÏET, s. m. Voy. JAIS.

JAIGNES, s. f. Com. du dép. de Seine-et-Marne, cant. de Lisy, arr. de Meaux. = Lisy-sur Ourcq.

JAILLANS, s. m. Village du dép. de la Drôme, réuni à la com. de Beauregard, cant. de Bourg-du-Péage, arr. de Valence. = Romans.

JAILLE-YVON (la), s. f. Com. du dép. de Maine-et-Loire, cant. du Lion-d'Angers, arr. de Segré. = le Lion-d'Angers.

JAILLIR, v. n. Saillir, s'élancer, sortir impétueusement, en parlant d'un fluide.

JAILLISSANT, E, adj. Qui sort avec impétuosité, qui jaillit.

JAILLISSEMENT, s. m. Action de jaillir.

JAILLON, s. m. Com. du dép. de la Meurthe, cant. de Domèvre, arr. de Toul. = Toul.

JAILLY, s. m. Com. du dép. de la Nièvre, cant. de St.-Saulge, arr. de Nevers. = Nevers.

JAILLY-LES-MOULINS, s. m. Com. du dép. de la Côte-d'Or, cant. de Flavigny, arr. de Semur. = Vitteaux.

JAINVILLOTTE, s. f. Com. du dép. des Vosges, cant. et arr. de Neufchâteau. = Neufchâteau.

JAIS, s. m. Bitume fossile d'un noir luisant; sorte de verre teint en noir.

JAL (St.-), s. m. Com. du dép. de la Corrèze, cant. de Seilhac, arr. de Tulle. = Tulle.

JALABERTIE (la), s. f. Village du dép. de la Haute-Garonne, cant. de Revel, arr. de Villefranche. = Revel.

JALAGE, s. m. Ancien droit seigneurial sur la vente du vin en détail par jales ou jattes.

JALAP, s. m. Espèce de liseron dont la racine réduite en poudre offre un violent purgatif pour les chevaux.

JALE, s. f. Grande jatte, espèce de baquet.

JALECHES, s. f. Com. du dép. de la Creuse, cant. de Châtelus, arr. de Boussac. = Boussac.

JALÉE, s. f. Plein une jale.

JALENQUES, s. f. Village du dép. de l'Aveyron, com. de Quins, cant. de Naucelle, arr. de Rodez. = Rodez.

JALET, s. m. Petit caillou rond. Voy. GALET.

JALEYRAC, s. m. Com. du dép. du Cantal, cant. et arr. de Mauriac. = Mauriac.

JALIGNY, s. m. Com. du dép. de l'Allier, chef-lieu de cant. de l'arr. de la Palisse. Bur. d'enregist. à Donjon. = la Palisse.

JALLAIS, s. m. Com. du dép. de Maine-et-Loire, cant. et arr. de Beaupréau. = Beaupréau.

JALLANGES, s. f. Com. du dép. de la Côte-d'Or, cant. de Seurre, arr. de Beaune. = Seurre.

JALLANS, s. m. Com. du dép.

d'Eure-et-Loir, cant. et arr. de Châteaudun. = Châteaudun.

JALLAUCOURT, s. m. Com. du dép. de la Meurthe, cant. de Delme, arr. de Château-Salins. = Château-Salins.

JALLE (Ste.-), s. f. Com. du dép. de la Drôme, cant. du Buis, arr. de Nyons. = le Buis.

JALLERANGE, s. f. Com. du dép. du Doubs, cant. d'Audeux, arr. de Besançon. = Marnay.

JALLIEU, s. m. Com. du dép. de l'Isère, cant. de Bourgoin, arr. de la Tour-du-Pin. = Bourgoin.
Fab. d'indiennes et de toiles; comm. de chanvre.

JALOGNES, s. f. Com. du dép. du Cher, cant. et arr. de Sancerre. = Sancerre.

JALOGNY, s. m. Com. du dép. de Saône-et-Loire, cant. de Cluny, arr. de Mâcon. = Cluny.

JALON, s. m. Pieu planté pour marquer un alignement.

JALONNÉ, E, part. Se dit d'un terrain sur lequel il a été placé des jalons.

JALONNER, v. a. et n. Planter des jalons de distance en distance.

JALOT, s. m. Grand baquet de chandelier.

JALOUSÉ, E, part. Envié, exposé à la malveillance des envieux.

JALOUSER, v. a. Porter envie, être jaloux, avoir de la jalousie.

JALOUSIE, s. f. Chagrin, dépit de voir en la possession d'un autre ce qu'on désire pour soi, envie qu'excite les prospérités, les succès, la gloire d'autrui. —, tourment occasionné par la crainte d'être trahi dans ses amours. —, ombrage que porte à ses voisins une puissance envahissante. —, treillis, sorte de volet à claire-voie qui se lève et se baisse à volonté.

JALOUX, OUSE, s. et adj. Amant, époux qui est tourmenté par la jalousie. —, envieux, désireux; jaloux de son honneur. —, curieux, soigneux, attentif à conserver; les Français cesseraient-ils d'être jaloux de leur liberté? Poste —, très exposé. T. d'art. milit. Vaisseau —, qui a le côté faible, qui se tourmente trop. T. de mar.

JAMACARU, s. m. Sorte de figuier d'Amérique.

JAMAÏQUE (la), s. f. Île des Antilles qui appartient à l'Angleterre et qui est très fertile en sucre, café, indigo, cacao, etc.

JAMAIS, adv. En aucun temps, en aucune occasion, en aucun cas. A —, toujours. —, s. m. Un temps sans fin.

JAMAVAS, s. m. Taffetas des Indes à fleurs d'or ou de soie.

JAMBAGE, s. m. Assise de pierre, pilier, poteau, soutien; petit mur latéral sous le manteau d'une cheminée. —, ligne droite dont se compose une lettre, un caractère d'imprimerie; les jambages de l'm.

JAMBE, s. f. Partie du corps qui s'étend depuis le genou jusqu'aux chevilles du pied. —, branche d'un compas. T. d'arts et mét. —, pilier à plomb en pierres de taille. —, sous poutre, jambage qui soutient les poutres. T. d'archit. — de bois, jambe artificielle dont se servent les amputés. — de-ci — de-là, adv. A califourchon.

JAMBÉ, E, adj. Qui a la jambe bien ou mal faite; voilà un homme bien jambé.

JAMBELONGUE, s. f. Fruit du jambosier.

JAMBETTE, s. f. Petit couteau dont la lame se plie dans le manche, espèce d'eustache. —, pl. Petits poteaux qui soutiennent les chevrons. T. de charp. —, pièces de bois qui lient ensemble les lisses de l'éperon. T. de mar.

JAMBIER, s. m. Grosse cheville de bois pour suspendre les bestiaux tués à la boucherie. — antérieur, muscle placé sur le devant de la jambe, entre le tibia et l'extenseur commun des orteils. — grêle ou plantaire, petit muscle qui est attaché au-dessus du bord externe du condile du fémur et passe sous le jarret. — postérieur, muscle extenseur du pied situé derrière le tibia, entre cet os et le péroné. T. d'anat. —, pl. Famille de champignons. T. de bot.

JAMBIER-BLANC, s. m. Agaric. T. de bot.

JAMBIÈRE, s. f. Ancienne armure qui s'attachait aux jambes.

JAMBLES, s. f. Com. du dép. de Saône-et-Loire, cant. de Givry, arr. de Châlons. = Châlons.

JAMBLUSSE, s. f. Village du dép. du Lot, com. de Saillac, cant. de Limogne, arr. de Cahors. = Cahors.

JAMBOA, s. m. Citron des îles Philippines. T. de bot.

JAMBOLANA, s. m. Jambolier épineux. T. de bot.

JAMBOLIER, s. m. Arbre d'Amérique de la famille des myrtes. T. de bot.

JAMBOLOM, s. m. Jambosier de l'Inde. T. de bot.

JAMBON, s. m. Cuisse ou épaule de cochon, de sanglier, salée et fumée.

JAMBONNEAU, s. m. Petit jambon.

—, pluine marine, genre de coquillages bivalves. T. d'hist. nat.

JAMBOS, s. m. Enfant d'un sauvage et d'une métisse. —, goyavier. T. de bot.

JAMBOSIER, s. m. Plante de la famille des myrtes. T. de bot.

JAMBU, s. m. Oiseau du Brésil de la famille des gallinacés. T. d'hist. nat.

JAMBVILLE, s. f. Com. du dép. de Seine-et-Oise, cant. de Limay, arr. de Mantes. = Meulan.

JAMES (St.-), s. m. Ville du dép. de la Manche, chef-lieu de cant. de l'arr. d'Avranches. Bur. d'enregist. et de poste.

JAMESONITE, s. m. Substance minérale. T. d'hist. nat.

JAMETZ, s. m. Village du dép. de la Meuse, cant. et arr. de Montmédy. = Stenay.

JAMEZIEU, s. m. Com. du dép. de l'Isère, cant. de Crémieux, arr. de la Tour-du-Pin. = la Tour-du-Pin.

JAMMA-BUKI, s. m. Corette du Japon, plante de la famille des liliacées. T. de bot.

JAMMA-NINSIN, s. m. Cerfeuil du Japon. T. de Bot.

JAMMA-SIMIRA, s. m. Cornouiller du Japon. T. de bot.

JAMMERICOURT, s. m. Com. du dép. de l'Oise, cant. de Chaumont, arr. de Beauvais. = Chaumont-en-Vexin.

JAMMES-LA-HAGÈDE (St.-), s. m. Com. du dép. des Basses-Pyrénées, cant. de Morlaas, arr. de Pau. = Pau.

JAMME-SUR-SARTHE (Ste.-), s. f. Com. du dép. de la Sarthe, cant. de Ballon, arr. du Mans. = le Mans.

JAMOGI, s. m. Armoise, plante du Japon. T. de bot.

JAN, s. m. Petit —, les six premières cases. Grand —, les six dernières. — de retour, les six premières cases du côté de l'adversaire, quand on entre dans son jeu. — de mézéas, prise du coin de repos, avant d'avoir abattu aucune autre dame. T. de jeu de trictrac.

JANACA, s. m. Quadrupède d'Afrique, T. d'hist. nat.

JANAILLAC, s. m. Com. du dép. de la Haute-Vienne, cant. de Nexon, arr. de St.-Yrieix. = Pierre-Buffière.

JANAILLAT, s. m. Com. du dép. de la Creuse, cant. de Pontarion, arr. de Bourganeuf. = Bourganeuf.

JANCIGNY, s. m. Com. du dép. de la Côte-d'Or, cant. de Mirebeau, arr. de Dijon. = Mirebeau-sur-Bèze.

JANDIROBE, s. f. Plante rampante d'Amérique. T. de bot.

JANDUN, s. m. Com. du dép. des Ardennes, cant. de Signy-l'Abbaye, arr. de Mézières. = Launois.

JANEIRO (RIO), s. m. Ville capitale du Brésil qui contient environ 100,000 habit.

JAN-FRÉDÉRIC, s. m. Merle d'Afrique. T. d'hist. nat.

JANGAC, s. m. Toile de coton des Indes.

JANGOMAS, s. m. Arbre de l'île de Java. T. de bot.

JANIE, s. f. Genre de polypiers. T. d'hist. nat.

JANISSAIRE, s. m. Soldat dans un corps d'infanterie turque, qui avait le privilége de former la garde des sultans, auxquels il fut souvent redoutable; corps qui a été supprimé par Mahmoud, empereur régnant.

JANISSEROLE, s. m. Enfant de tribu turque.

JANNEQUIN, s. m. Coton filé du Levant.

JANNET, s. m. Ancienne monnaie de Malte.

JANNEYRIAS, s. m. Com. du dép. de l'Isère, cant. de Meysieu, arr. de Vienne. = Crémieu.

JANOT, s. m. Niais. T. fam.

JANOVAIRE, s. m. Espèce de Jaguar.

JANS, s. m. Com. du dép. de la Loire-Inférieure, cant. de Derval, arr. de Châteaubriant. = Derval.

JANSANIÈRE, s. f. Village du dép. de la Loire, cant. de St.-Georges-en-Couzan, arr. de Montbrison. = Montbrison.

JANS-CAPPEL (St.-), s. m. Com. du dép. du Nord, cant. de Bailleul, arr. d'Hazebrouck. = Bailleul.

JANSÉNISME, s. m. Doctrine de Jansénius sur la grâce et la prédestination.

JANSÉNISTE, s. m. Partisan de la doctrine de Jansénius, du jansénisme. —, adj. Qui appartient au jansénisme.

JANSÉNISTIQUE ou JANSÉNIEN, NE, adj. Qui tient du jansénisme, qui a du rapport avec l'austérité de sa morale, sa dévotion sévère.

JANSÉNIUS, m. Évêque d'Ypres qui florissait vers le commencement du dix-septième siècle, auteur de divers écrits contre le molinisme, doctrine relâchée que professent les jésuites.

JANTE, s. f. Pièce de bois courbée, qui fait partie du cercle de la roue d'une voiture.

JANTHINE, s. f. Genre de coquilles, mollusque gastéropode. T. d'hist. nat.

JANTIÈRE, s. f. Instrument de charronnage pour assembler les jantes.

JANTILLE, s. f. Planche de bois qu'on applique sur les jantes d'une roue d'usine pour former les aubes.

JANTILLÉ, E, part. Garni de jantilles, en parlant de la roue d'une usine.

JANTILLER, v. a. Poser des jantilles, des ais sur une roue d'usine. T. de charp.

JANUALES, s. et adj. pl. Fêtes en l'honneur de Janus, à qui les Romains offraient une espèce de gâteau qu'ils nommaient janual. T. de myth.

JANUS, s. m. Roi d'Italie, fils d'Apollon et de Créuse. Il reçut Saturne dans ses états, lequel, pour lui témoigner sa reconnaissance d'avoir bien voulu l'accueillir au moment où il était l'objet des poursuites de Jupiter qui l'avait chassé du ciel, le gratifia d'une rare prudence et lui donna la connaissance du passé et de l'avenir. C'est pour cela que la fable lui suppose deux visages. On lui éleva dans Rome un temple dont les portes étaient fermées durant la paix et ouvertes pendant la guerre. T. de myth.

JANVIER, s. m. Premier mois de l'année, ainsi nommé de Janus, auquel il était consacré.

JANVILLE, s. f. Petite ville du dép. d'Eure-et-Loir, chef-lieu de cant. de l'arr. de Chartres. Bur. d'enregist. = Thoury. Fab. de bonneterie.

JANVILLE, s. f. Com. du dép. du Calvados, cant. de Troarn, arr. de Caen. = Troarn.

JANVILLE, s. f. Com. du dép. de l'Oise, cant. et arr. de Compiègne. = Compiègne.

JANVILLERS, s. m. Com. du dép. de la Marne, cant. de Montmirail, arr. d'Epernay. = Montmirail.

JANVRY, s. m. Com. du dép. de la Marne, cant. de Ville-en-Tardenois, arr. de Reims. = Reims.

JANVRY, s. m. Com. du dép. de Seine-et-Oise, cant. de Limours, arr. de Rambouillet. = Limours.

JANZAT, s. m. Com. du dép. de l'Allier, cant. et arr. de Gannat. = Gannat.

JANZÉ, s. m. Com. du dép. d'Ille-et-Vilaine, chef-lieu de cant. de l'arr. de Rennes. Bur. d'enregist. = la Guerche. Comm. de volailles.

JAPET, s. m. Fils du ciel et de la terre, père de Prométhée et d'Epiméthée, qui créèrent le genre humain, selon la fable. T. de myth.

JAPON, s. m. Empire d'Asie, composé d'îles situées à l'orient de la Chine. Ce pays, où l'on fabrique de la porcelaine fort estimée, est très peu connu dans l'intérieur. Les Hollandais seuls sont admis dans une île pour leur commerce. Pop. 40,000,000 d'hab. envir.

JAPONAIS, E, s. et adj. Habitant du Japon ; qui est relatif à cet empire.

JAPONNÉ, E, part. Cuit à la manière du Japon, en parlant de la porcelaine.

JAPONNER, v. a. Recuire la porcelaine pour imiter celle du Japon.

JAPPE, s. f. Caquet, babil. T. fam.

JAPPEMENT, s. m. Action de japper, aboiement.

JAPPER, v. n. Aboyer, en parlant des petits chiens et du renard.

JAQUE, s. m. Ancien vêtement court et serré. —, de mailles, armure qui couvrait le corps depuis le cou jusqu'à la ceinture, comme la cuirasse.

JAQUEMART, s. m. Marteau d'horloge. —, figure représentant un homme armé qui frappe les heures sur la cloche d'une horloge. —, ressort en forme de manivelle. T. de monn.

JAQUETTE, s. f. Vêtement de villageois qui descendait jusqu'au genou. —, robe de petits garçons jusqu'au temps où ils peuvent porter la culotte.

JAQUIER, s. m. Plante de la famille des urticées. T. de bot.

JARACATIA, s. m. Cactier du Brésil ; papayer. T. de bot.

JARARACA, s. f. Vipère du Brésil. T. d'hist. nat.

JARARE, s. f. Plante légumineuse du Brésil. T. de bot.

JARAVE, s. f. Plante graminée du Pérou. T. de bot.

JARBIÈRE, s. f. Lame emmanchée, outil de boisselier.

JARCIEU, s. m. Com. du dép. de l'Isère, cant. de Beaurepaire, arr. de Vienne. = Beaurepaire.

JARD (la), s. f. Com. du dép. de la Charente-Inférieure, cant. et arr. de Saintes. = Pons.

JARD, s. f. Com. du dép. de la Vendée, cant. de Talmont, arr. des Sables-d'Olonne. = Avrillé.

JARDIN, s. m. Com. du dép. de l'Isère, cant. et arr. de Vienne. = Vienne.

JARDIN, s. m. Terrain ordinairement enclos, planté d'arbres à fruits, où l'on cultive des légumes et des fleurs. —, pays abondant en fruits. Jeter des pierres dans le — de quelqu'un, l'attaquer indirectement.

JARDINAGE, s. m. Art de cultiver les jardins, travail du jardinier. —, jardins réunis. —, grain dans le diamant.

JARDINAL, E, adj. Qui concerne les jardins, leur culture, qui y croît habituellement.

JARDINER, v. n. Travailler au jardin ; cultiver, soigner un jardin. T. fam.

JARDINET, s. m. Petit jardin. —, compartiment sur le pont, pour encaquer le hareng. T. de mar.

JARDINEUSE, adj. f. Sombre et peu nette ; émeraude jardineuse.

JARDINIER, ÈRE, s. Celui, celle qui cultive un jardin, qui fait son état du jardinage.

JARDINIÈRE, s. f. Manchette brodée ; meuble avec un bassin pour mettre des plantes ; mets composé de divers légumes.

JARDONS, s. m. pl. Tumeurs calleuses aux jambes du cheval. T. de méd. vétér.

JARDRES, s. f. Com. du dép. de la Vienne, cant. de St.-Julien, arr. de Poitiers. = Chauvigny.

JARET, s. m. Petit spare, poisson thoracique. T. d'hist. nat.

JARGAUDER, v. n. Jaser, caqueter. (Vi.)

JARGEAU, s. m. Ville du dép. du Loiret, chef-lieu de cant. de l'arr. d'Orléans. Bur. d'enregist. = Orléans.

JARGON, s. m. Langage corrompu, patois, argot ; locutions, acceptions singulières, bizarres.

JARGONNELLE, s. f. Petite poire d'été. T. de jard.

JARGONNER, v. a. et n. Parler un jargon, un langage corrompu, inintelligible.

JARGONNEUR, EUSE, s. Celui, celle qui jargonne.

JARJAYES, s. f. Com. du dép. des Basses-Alpes, cant. de Noyers, arr. de Sisteron. = Sisteron.

JARJAYES, s. f. Com. du dép. des Hautes-Alpes, cant. de Tallard, arr. de Gap. = Gap.

JARLOT, s. m. Entaille dans la quille, l'étrave, l'étambord, où l'on fait entrer le bordage. T. de mar.

JARMÉNIL, s. m. Com. du dép. des Vosges, cant. et arr. de Remiremont. = Remiremont.

JARNAC, s. m. Ville du dép. de la Charente, chef-lieu de cant. de l'arr. de Cognac. Bur. d'enregist. et de poste. Cette petite ville est située sur la Charente qui y forme un petit port.

JARNAC, s. m. Espèce de petit poignard semblable à celui que portait un spadassin de ce nom. Coup de —. Voy. Coup.

JARNAC-CHAMPAGNE, s. m. Com. du dép. de la Charente-Inférieure, cant. d'Archiac, arr. de Jonzac. = Pons.

JARNAGES, s. f. Com. du dép. de la Creuse, chef-lieu de cant. de l'arr. de Boussac. Bur. d'enregist. et de poste. Comm. de bestiaux, de beurre et de fromage excellent.

JARNE (la), s. f. Com. du dép. de la Charente-Inférieure, cant. de la Jarrie, arr. de la Rochelle. = la Rochelle.

JARNOSSE, s. f. Com. du dép. de la Loire, cant. de Charlieu, arr. de Roanne. = Roanne.

JARNY, s. m. Com. du dép. de la Moselle, cant. de Conflans, arr. de Briey. = Metz.

JARRE, s. m. Mesure de capacité dans les échelles du Levant. —, s. f. Grand vase de grès, grande cruche ; fontaine de terre cuite. —, mauvaise laine ; poil de vigogne, de castor.

JARRE-BOSSE, s. f. Corde garnie d'un crampon pour accrocher l'anneau de l'ancre à sa sortie de l'eau. T. de mar.

JARRÉE, s. et adj. f. Laine mêlée de poils blancs, longs et durs.

JARRET, s. m. Partie postérieure de l'articulation de la cuisse avec la jambe ; endroit où se plie la jambe de derrière des quadrupèdes. —, bosse d'une voûte. T. d'arch. —, point qui s'éloigne d'une courbe, qui la rompt. T. de menuis. —, longue branche nue. T. de jard. —, partie du mors. T. d'éperonnier.

JARRET, s. m. Com. du dép. des Hautes-Pyrénées, cant. de Lourdes, arr. d'Argelès. = Argelès.

JARRETÉ, E, adj. Se dit des animaux dont les jambes de derrière sont tournées en dedans ; cheval jarreté.

JARRETER, v. n. Avoir un angle, une inégalité. Se —, v. pron. Mettre des jarretières ; se heurter les jarrets, en parlant du cheval.

JARRETIER, s. et adj. m. Petit muscle placé sous le jarret, l'un des fléchisseurs de la cuisse qui sert à tourner la jambe de dedans en dehors lorsqu'elle est fléchie. T. d'anat.

JARRETIER, ÈRE, adj. Se dit de tout ce qui est relatif au jarret. T. d'anat.

JARRETIÈRE, s. f. Ruban, ouvrage en peau garni d'élastiques, etc., qui sert à lier les bas, dartre au jarret. T. de méd. —, lien qui tient les jumelles. T. de mét. Ordre de la —, ordre de chevalerie en Angleterre.

JARREUX, EUSE, adj. Mauvais ; laine jarreuse. Poil —, qui se trouve dans la laine jarrée.

JARRIE (la), s. f. Com. du dép. de

la Charente-Inférieure, chef-lieu de cant. de l'arr. de la Rochelle. Bur. d'enregist. = la Rochelle.

JARRIE, s. f. Com. du dép. de l'Isère, cant. de Vizille, arr. de Grenoble. = Vizille.

JARRIE (Haute-), s. f. Village du dép. de l'Isère, cant. de Vizille, arr. de Grenoble. = Vizille.

JARRIE-AUDOUIN (la), s. f. Com. du dép. de la Charente-Inférieure, cant. de Loulay, arr. de St.-Jean-d'Angely. = St.-Jean-d'Angely.

JARS, s. m. Mâle de l'oie. Entendre le —, être fin, peu facile à tromper. T. fam.

JARS-ET-NANCREY, s. m. Com. du dép. du Cher, cant. de Vailly, arr. de Sancerre. = Sancerre.

JARVILLE, s. f. Com. du dép. de la Meurthe, cant. et arr. de Nancy. = Nancy.

JARZAY, s. m. Com. du dép. de la Vienne, cant. de Mirebeau, arr. de Poitiers. = Mirebeau.

JARZÉ, s. m. Com. du dép. de Maine-et-Loire, cant. de Seiches, arr. de Baugé. = Baugé.

JAS, s. m. Com. du dép. de la Loire, cant. de Feurs, arr. de Montbrison. = Feurs.

JAS, s. m. Premier réservoir des marais salans. —, jouet, ou bois de l'ancre, qui sert à la tenir droite pour qu'elle puisse mordre au fond. T. de mar.

JASER, v. n. Causer, caqueter, babiller. —, commettre des indiscrétions en bavardant.

JASERIE, s. f. Causerie, caquetage.

JASERON, s. m. Gros bouillon de broderie. —, chaîne très fine en or à laquelle les femmes suspendent leur montre.

JASEUR, EUSE, s. Causeur, babillard; indiscret. —, s. m. Oiseau sylvain d'Amérique de la couleur du rossignol. T. d'hist. nat.

JASIONE, s. f. Plante de la famille des campanulacées. T. de bot.

JASMELÉE, s. f. Huile qu'on obtient des fleurs de violette blanche.

JASMIN, s. m. Arbuste sarmenteux dont la fleur est odoriférante. —, touffe au bout du cordonnet. T. de passementier.

JASMINÉES, s. f. pl. Plantes de la famille des jasmins. T. de bot.

JASMINOÏDE, s. f. Arbuste grimpant. T. de bot.

JASNEY, s. m. Com. du dép. de la Haute-Saône, cant. de Vauvilliers, arr. de Lure. = Luxeuil.

JASON, s. m. Fils d'Eson et d'Alcimède, chef des Argonautes, princes grecs qui s'embarquèrent avec lui sur le navire Argo pour aller à la conquête de la toison-d'or. Jason, à l'aide d'une herbe que lui donna Médée, endormit et tua le dragon monstrueux qui gardait la toison, et l'emporta. T. de myth.

JASPACHATE, s. f. Pierre précieuse, composée de jaspe vert et d'agate.

JASPE, s. m. Silex fin, mêlé d'argile et d'oxyde de fer, qui offre des couleurs variées; pierre de la nature de l'agate. —, vert et vermillon pour marbrer la tranche des livres. T. de rel.

JASPÉ, E, part. Bigarré à l'imitation du jaspe; marbre jaspé.

JASPER, v. a. Imiter le jaspe; bigarrer de diverses couleurs.

JASPERON, s. m. Très gros bouillon pour les bordures, etc. T. de brodeur.

JASPINER, v. n. Parler à tort et à travers. (Vi.)

JASPURE, s. f. Action de jasper; effet de cette action.

JASSANS, s. m. Com. du dép. de l'Ain, cant. et arr. de Trévoux. = Trévoux.

JASSEFAT, s. m. Vaisseau persan dans les Indes.

JASSEINES, s. f. Com. du dép. de l'Aube, cant. de Chavanges, arr. d'Arcis-sur-Aube. = Brienne.

JASSERON, s. m. Com. du dép. de l'Ain, cant. de Cesériat, arr. de Bourg. = Bourg.

JASSES, s. f. Com. du dép. des Basses-Pyrénées, cant. de Navarrenx, arr. d'Orthez. = Navarrenx.

JATARON, s. m. Coquille bivalve. T. d'hist. nat.

JATOU, s. m. Espèce de rocher. T. d'hist. nat.

JATTE, s. f. Vase rond et sans bord, sébile de bois. —, artifice en girandole. —, enceinte de planches à l'avant d'un navire, pour recevoir l'eau dans les coups de mer. T. de mar.

JATTÉE, s. f. Plein une jatte.

JATXOU, s. m. Com. du dép. des Basses-Pyrénées, cant. d'Ustarits, arr. de Bayonne. = Bayonne.

JAUCOURT, s. m. Com. du dép. de l'Aube, cant. et arr. de Bar-sur-Aube. = Bar-sur-Aube.

JAUDONNIÈRE (la), s. f. Com. du dép. de la Vendée, cant. de Ste.-Hermine, arr. de Fontenay. = Ste.-Hermine.

JAUDRAIS, s. m. Com. du dép. d'Eure-et-Loir, cant. de Senonches, arr. de Dreux. = Châteauneuf.

JAUGE, s. f. Capacité que doit avoir un vaisseau ou un tonneau pour mesurer un liquide; verge réduite d'après le calcul décimal pour mesurer le contenu des futailles; vaisseau servant d'étalon pour ajuster les autres; boîte percée dont on se sert pour connaître la quantité d'eau que fournit une source. —, petit espace laissé vide en labourant avec la bêche.

JAUGÉ, E, part. Mesuré avec la jauge.

JAUGEAGE, s. m. Action de jauger; droit que perçoit le jaugeur.

JAUGENAY, s. m. Com. du dép. de la Nièvre, cant. et arr. de Nevers. = Nevers.

JAUGER, v. a. Mesurer à l'aide d'une jauge. —, rendre parallèles les surfaces, les arêtes. T. d'archit.

JAUGEUR, s. m. Employé des contributions indirectes, préposé aux droits d'octroi, qui jauge les liquides, etc., à leur entrée.

JAUJAC, s. m. Com. du dép. de l'Ardèche, cant. de Thuyets, arr. de Largentière. = Thuyets.

JAULDES, s. f. Com. du dép. de la Charente, cant. de la Rochefoucault, arr. d'Angoulême. = la Rochefoucault.

JAULGES, s. f. Com. du dép. de l'Yonne, cant. de St.-Florentin, arr. d'Auxerre. = St.-Florentin.

JAULGONNE, s. f. Com. du dép. de l'Aisne, cant. de Condé, arr. de Château-Thierry. = Château-Thierry.

JAULNAY, s. m. Com. du dép. d'Indre-et-Loire, cant. de Richelieu, arr. de Chinon. = Richelieu.

JAULNAY, s. m. Com. du dép. de la Vienne, cant. de St.-Georges, arr. de Poitiers. = Poitiers.

JAULNES, s. f. Com. du dép. de Seine-et-Marne, cant. de Bray, arr. de Provins. = Bray-sur-Seine.

JAULNY, s. m. Com. du dép. de la Meurthe, cant. de Thiaucourt, arr. de Toul. = Pont-à-Mousson.

JAU-LOIRAC-ET-DIGNAC, s. m. Com. du dép. de la Gironde, cant. de St.-Vivien, arr. de Lesparre. = Lesparre.

JAULZY, s. m. Com. du dép. de l'Oise, cant. d'Attichy, arr. de Compiègne. = Vic-sur-Aisne.

JAUMÉA, s. m. Arbrisseau qui croît à l'embouchure de la rivière de la Plata, dans l'Amérique méridionale.

JAUMIÈRE, s. f. Ouverture par laquelle passe le timon du gouvernail. T. de mar.

JAUNAC, s. m. Com. du dép. de l'Ardèche, cant. du Chaylard, arr. de Tournon. = le Chaylard.

JAUNÂTRE, s. m. Poisson du genre du labre. T. d'hist. nat.

JAUNÂTRE, adj. Tirant sur le jaune.

JAUNE, s. m. L'une des sept couleurs primitives; couleur d'or, de safran, de citron, etc. —, adj. Qui est de couleur jaune.

JAUNE ANTIQUE, s. m. Marbre que les Anciens tiraient de Numidie, province d'Afrique.

JAUNE DE MONTAGNE, s. m. Voy. OCRE.

JAUNE DE NAPLES, s. m. Terre qui entre dans la composition de l'émail.

JAUNE D'ŒUF, s. m. Partie de l'œuf qui forme comme une petite boule jaune. —, arbre des Antilles; fruit de cet arbre dont la chair est jaune.

JAUNE ÉCARLATE, s. m. Agaric orangé. T. de bot.

JAUNE-LISSE, s. f. Sorte de pêche.

JAUNELLIPSE, s. m. Poisson, espèce de lutjan.

JAUNET, s. m. Petite fleur jaune des prés.

JAUNI, E, part. Rendu jaune, teint en jaune.

JAUNIR, v. a. Rendre jaune, colorer, teindre en jaune. —, v. n. Devenir jaune.

JAUNISSANT, E, adj. Qui jaunit; moissons jaunissantes. T. poét.

JAUNISSE, s. f. Maladie causée par les épanchemens de la bile, pâles couleurs.

JAUNOIR, s. m. Merle jaune et noir du cap de Bonne-Espérance. T. d'hist. nat.

JAUNOTE, s. f. Agaric jaune. T. de bot.

JAURE, s. f. Com. du dép. de la Dordogne, cant. de St.-Astier, arr. de Périgueux. = Neuvic.

JAUSIERS, s. m. Com. du dép. des Basses-Alpes, cant. et arr. de Barcelonnette. = Barcelonnette.

JAUTAN, s. m. Com. du dép. de Lot-et-Garonne, cant. de Houeilles, arr. de Nérac. = Castel-Jaloux.

JAUVARD-ET-NESMES, s. m. Com. du dép. de l'Indre, cant. et arr. du Blanc. = le Blanc.

JAUX, s. m. Com. du dép. de l'Oise, cant. et arr. de Compiègne. = Compiègne.

JAUZÉ, s. m. Com. du dép. de la Sarthe, cant. de Bonnétable, arr. de Mamers. = Bonnétable.

JAVA, s. m. L'une des îles de la Sonde, dont les Hollandais possèdent la plus grande partie. Batavia est la capitale de cette île, dans laquelle on trouve toutes les productions de l'Inde. —, poisson du genre du teuthis ou teuthie. T. d'hist. nat.

JAVARI, s. m. Sanglier d'Amérique. T. d'hist. nat.

JAVART, s. m. Tumeur douloureuse, furoncle entre le pâturon et la couronne du cheval. T. de méd. vétér.

JAVARZAY, s. m. Com. du dép. des Deux-Sèvres, cant. de Chefboutonne, arr. de Melle. = Chefboutonne.

JAVAUGUES, s. f. Com. du dép. de la Haute-Loire, cant. et arr. de Brioude. = Brioude.

JAVEAU, s. m. Île de sable et de limon, formée par un débordement.

JAVELAGE, s. m. Action de mettre en javelles.

JAVELÉ, E, part. Mis en javelles.

JAVELER, v. a. Mettre le blé, etc., en javelles.

JAVELEUR, s. m. Moissonneur qui met en javelles.

JAVELINE, s. f. Espèce de dard long et menu, qu'on lançait dans les rangs ennemis. —, fagot de sarmens; botte de lattes, d'échalas.

JAVELLE, s. f. Poignée de blé, de seigle, scié, qui demeure couchée sur le sillon avant d'être mise en gerbes. —, fagot, botte.

JAVELOT, s. m. Espèce de dard; arme de trait. —, serpent qui s'élance sur sa proie.

JAVENÉ, s. m. Com. du dép. d'Ille-et-Vilaine, cant. et arr. de Fougères. = Fougères.

JAVERDAT, s. m. Com. du dép. de la Haute-Vienne, cant. de St.-Junien, arr. de Rochechouart. = St.-Junien.

JAVERLHIAC, s. m. Com. du dép. de la Dordogne, cant. et arr. de Nontron. = Nontron.
Mines de fer et d'antimoine.

JAVERNANT, s. m. Com. du dép. de l'Aube, cant. de Bouilly, arr. de Troyes. = Troyes.

JAVIE (la), s. f. Com. du dép. des Basses-Alpes, chef-lieu de cant. de l'arr. de Digne, où est le bur. d'enregist. = Digne.

JAVOLS, s. m. Com. du dép. de la Lozère, cant. d'Aumont, arr. de Marvejols. = St.-Chély.
Fab. de cadis; sources d'eau minérale et thermale.

JAVRESAC, s. m. Com. du dép. de la Charente, cant. et arr. de Cognac. = Cognac.

JAVRON, s. m. Com. du dép. de la Mayenne, cant. de Couptrain, arr. de Mayenne. = le Ribay.

JAX, s. m. Com. du dép. de la Haute-Loire, cant. de Paulhaguet, arr. de Brioude. = Brioude.

JAXU, s. m. Com. du dép. des Basses-Pyrénées, cant. de St.-Jean-Pied-de-Port, arr. de Mauléon. = St.-Jean-Pied-de-Port.

JAYAC, s. m. Com. du dép. de la Dordogne, cant. de Salignac, arr. de Sarlat. = Sarlat.

JAYAT, s. m. Com. du dép. de l'Ain, cant. de Montrevel, arr. de Bourg. = Pont-de-Vaux.

JAYMES (St.-), s. m. Com. du dép. du Gers, cant. et arr. de Mirande. = Mirande.

JAZENEUIL, s. m. Com. du dép. de la Vienne, cant. de Lusignan, arr. de Poitiers. = Lusignan.

JAZENNES, s. m. Com. du dép. de la Charente-Inférieure, cant. de Gemozac, arr. de Saintes. = Pons.

JE, pron. sing. de la première personne, qui signifie moi et qui se met après le verbe dans une interrogation ; que dirai-je ?

JÉ ou ROTIN, s. m. Sonde de jonc dont se servent les plombiers.

JEAN (St.-), s. m. Com. du dép. de l'Ariège, cant. de Castillon, arr. de St.-Girons. = St.-Girons.

JEAN (St.-), s. m. Com. du dép. d'Indre-et-Loire, cant. et arr. de Loches. = Loches.

JEAN-AUX-AMOIGNES (St.-), s. m. Com. du dép. de la Nièvre, cant. de St.-Benin-d'Azy, arr. de Nevers. = Nevers.

JEAN-AUX-BOIS (St.-), s. m. Com. du dép. des Ardennes, cant. de Chaumont, arr. de Rethel. = Rozoy-sur-Serre.

JEAN-AUX-BOIS (St.-), s. m. Com. du dép. de l'Oise, cant. et arr. de Compiègne. = Compiègne.

JEAN-BONNEFOND (St.-), s. m. Com. du dép. de la Loire, cant. et arr. de St.-Etienne. = St.-Etienne.

JEAN-BREVELAY (St.-), s. m. Com. du dép. du Morbihan, chef-lieu de cant. de l'arr. de Ploërmel. Bur. d'enregist. à Bignant. = Locminé.

JEAN-CHAMBRE (St.-), s. m. Com. du dép. de l'Ardèche, cant. de Vernoux, arr. de Tournon. = Vernoux.

JEAN-CHAZORNE (St.-), s. m. Com. du dép. de la Lozère, cant. de Villefort, arr. de Mende. = Villefort.

JEANCOURT, s. m. Com. du dép. de l'Aisne, cant. de Vermand, arr. de St.-Quentin. = St.-Quentin.

JEAN-COURTZERODE (St.-), s. m. Com. du dép. de la Meurthe, cant. de Phalsbourg, arr. de Sarrebourg. = Sarrebourg.

JEAN-D'ABBETOT (St.-), s. m. Com. du dép. de la Seine-Inférieure, cant. de St.-Romain-de-Colbosc, arr. du Hâvre. = St.-Romain-de-Colbosc.

JEAN-D'AIGUES-VIVES (St.-), s. m. Com. du dép. de l'Ariège, cant. de Lavelanet, arr. de Foix. = Mirepoix.

JEAN-D'ALCAPIÉS (St.-), s. m. Com. du dép. de l'Aveyron, cant. et arr. de St.-Affrique. = St.-Affrique.

JEAN-D'ANGELY (St.-), s. m. Ville du dép. de la Charente-Inférieure, chef-lieu de sous-préf. et de cant. ; trib. de 1re inst. et de comm. ; société d'agric. ; conserv. des hypoth. ; direct. des contrib. indir. ; receveur part. des finances. Bur. d'enregist. et de poste.
Cette ville, située sur la Boutonne, qui commence à y être navigable, a beaucoup souffert pendant nos guerres de religion. Louis XIII s'en étant emparé en 1621, à la suite d'une révolte, fit détruire ses fortifications.
Fab. de poudre de chasse; comm. de vins excellens, d'eaux-de-vie de Cognac, bois de construction, etc.

JEAN-D'ANGLE (St.-), s. m. Com. du dép. de la Charente-Inférieure, cant. de St.-Agnant, arr. de Marennes.= Rochefort-sur-Mer.

JEAN-D'ANGLÈS (St.-), s. m. Com. du dép. du Gers, cant. de Vic-Fezensac, arr. d'Auch. = Vic-Fezensac.

JEAN-D'AOUT (St.-), s. m. Com. du dép. des Landes, cant. et arr. de Mont-de-Marsan. = Mont-de-Marsan.

JEAN-D'ARDIÈRES (St.-), s. m. Com. du dép. du Rhône, cant. de Belleville, arr. de Villefranche. = Belleville-sur-Saône.

JEAN-D'ASNIÈRES (St.-), s. m. Com. du dép. de l'Eure, cant. de Cormeilles, arr. de Pont-Audemer. = Pont-Audemer.

JEAN-D'ASSÉ (St.-), s. m. Com. du dép. de la Sarthe, cant. de Ballon, arr. du Mans. = Beaumont-le-Vicomte.

JEAN-D'AUBRIGOUX (St.-), s. m. Com. du dép. de la Haute-Loire, cant. de Crapoune, arr. du Puy.=Crapoune.

JEAN-D'AVELANNE (St.-), s. m. Com. du dép. de l'Isère, cant. de Pont-de-Beauvoisin, arr. de la Tour-du-Pin. = Pont-de-Beauvoisin.

JEAN-DE-BARROU (St.-), s. m. Com. du dép. de l'Aude, cant. de Durban, arr. de Narbonne. = Sigean.

JEAN-DE-BASSEL (St.-), s. m. Com. du dép. de la Meurthe, cant. de Fénétrange, arr. de Sarrebourg.=Sarrebourg.

JEAN-DE-BAZILLAC (St.-), s. m. Village du dép. du Gers, cant. de Jegun, arr. d'Auch. = Auch.

JEAN-DE-BEAUREGARD (St.-), s.m. Com. du dép. de Seine-et-Oise, cant. de Limours, arr. de Rambouillet. = Limours.

JEAN-DE-BEUGNER (St.-), s. m. Village du dép. de la Vendée, cant. de Ste.-Hermine, arr. de Fontenay.=Ste.-Hermine.

JEAN-DE-BLAIGNAC (St.-), s. m. Com. du dép. de la Gironde, cant. de Pujols, arr. de Libourne. = Castillon.

JEAN-DE-BŒUF (St.-), s. m. Com. du dép. de la Côte-d'Or, cant. de Sombernon, arr. de Dijon. = Sombernon.

JEAN-DE-BOIZEAU (St.-), s. m. Com. du dép. de la Loire-Inférieure, cant. de Pellerin, arr. de Paimbœuf.= Paimbœuf.

JEAN-DE-BONNEVAL (St.-), s. m. Com. du dép. de l'Aube, cant. de Bouilly, arr. de Troyes. = Troyes.

JEAN-DE-BOURNAY (St.-), s. m. Com. du dép. de l'Isère, chef-lieu de cant. de l'arr. de Vienne. Bur. d'enregist. = Bourgoin.
Manuf. de draps et de toiles à voiles.

JEAN-DE-BRAYE (St.-), s. m. Com. du dép. du Loiret, cant. et arr. d'Orléans. = Orléans.

JEAN-DE-BUÈGES (St.-), s. m. Com. du dép. de l'Hérault, cant. de St.-Martin-de-Londres, arr. de Montpellier. = Ganges.

JEAN-DE-CEIRARGUES (St.-), s. m. Com. du dép. du Gard, cant. de Vézénobres, arr. d'Alais. = Uzès.

JEAN-DE-CELLES (St.-), s. m. Com. du dép. du Tarn, cant. et arr. de Gaillac. = Gaillac.

JEAN-DE-CHAUSSAN (St.-), s. m. Com. du dép. du Rhône, cant de Mornant, arr. de Lyon. = Lyon.

JEAN-DE-COCULLES (St.-), s. m. Com. du dép. de l'Hérault, cant. des Matelles, arr. de Montpellier. =Montpellier.

JEAN-DE-COLE (St.-), s. m. Com. du dép. de la Dordogne, cant. de Thiviers, arr. de Nontron. = Thiviers.

JEAN-DE-CORCOUÉ (St.-), s. m. Com. du dép. de la Loire-Inférieure, cant. de Leger, arr. de Nantes. = Machecoul.

JEAN-DE-CORNIES (St.-), s. m. Com. du dép. de l'Hérault, cant. de Castries, arr. de Montpellier. = Sommières.

JEAN-DE-CRIEULON (St.-), s. m.

Com. du dép. du Gard, cant. de Sauve, arr. du Vigan. = Sauve.

JEAN-DE-DAYE (St.-), s. m. Ville du dép. de la Manche, chef-lieu de cant. de l'arr. de St.-Lô où se trouve le bur. d'enregist. = St.-Lô.

JEAN-DE-DURAS (St.-), s. m. Com. du dép. de Lot-et-Garonne, cant. de Duras, arr. de Marmande. = Marmande.

JEAN - DE - DURFORT - DE - SAULT (St.-), s. m. Village du dép. de Vaucluse, cant. de Sault, arr. de Carpentras. = Apt.

JEAN-DE-FOLLEVILLE (St.-), s. m. Com. du dép. de la Seine-Inférieure, cant. de Lillebonne, arr. du Hâvre. = Lillebonne.

JEAN-DE-FOS (St.-), s. m. Com. du dép. de l'Hérault, cant. de Gignac, arr. de Lodève. = Gignac.

JEAN-DE-GONVILLE (St.-), s. m. Com. du dép. de l'Ain, cant. de Collonge, arr. de Gex. = Collonge.

JEAN-DE-JEANNES (St.-), s. m. Com. du dép. du Tarn, cant. d'Alban, arr. d'Albi. = Albi.

JEAN-DE-LA-CHAÎNÉ (St.-), s. m. Village du dép. d'Eure-et-Loir, cant. et arr. de Châteaudun. = Châteaudun.

JEAN-DE-LA-CROIX (St.-), s. m. Com. du dép. de Maine-et-Loire, cant. des Ponts-de-Cé, arr. d'Angers. = Angers.

JEAN-DE-LA-FORÊT (St.-), s. m. Com. du dép. de l'Orne, cant. de Nocé, arr. de Mortagne. = Bellême.

JEAN-DE-LA-HAIZE (St.-), s. m. Com. du dép. de la Manche, cant. et arr. d'Avranches. = Avranches.

JEAN-DE-LA-LÉQUERAYE (St.-), s. m. Com. du dép. de l'Eure, cant. de St.-Georges-du-Vièvre, arr. de Pont-Audemer. = Licuray.

JEAN-DE-LA-MOTTE (St.-), s. m. Com. du dép. de la Sarthe, cant. de Pont-Vallain, arr. de la Flèche. = la Flèche.

JEAN-DE-LA-NEUVILLE (St.-), s. m. Com. du dép. de la Seine-Inférieure, cant. de Bolbec, arr. du Hâvre. = Bolbec.

JEAN-DE-LA-RIVE (St.-), s. m. Village du dép. du Tarn, cant. de Graulhet, arr. de Lavaur. = Lavaur.

JEAN-DE-LA-RIVIÈRE (St.-), s. m. Com. du dép. de la Manche, cant. de Barneville, arr. de Valognes. = Valognes.

JEAN-DE-LA-RUELLE (St.-), s. m. Com. du dép. du Loiret, cant. et arr. d'Orléans. = Orléans.

JEAN-DE-LAUR (St.-), s. m. Com. du dép. du Lot, cant. de Cajarc, arr. de Figeac. = Cahors.

JEAN-DEL-FRECH (St.-), s. m. Village du dép. du Tarn, cant. de Vabre, arr. de Castres. = Castres.

JEAN-DE-LIER (St.-), s. m. Com. du dép. des Landes, cant. de Montfort, arr. de Dax. = Tartas.

JEAN-DE-LINCOURT (St.-), s. m. Com. du dép. de la Meurthe, cant. de Nomeny, arr. de Nancy. = Pont-à-Mousson.

JEAN-DE-LINIÈRES (St.-), s. m. Com. du dép. de Maine-et-Loire, cant. de St.-Georges-sur-Loire, arr. d'Angers. = Angers.

JEAN-DE-LIVERSAY (St.-), s. m. Com. du dép. de la Charente-Inférieure, cant. de Courçon, arr. de la Rochelle. = Nuaillé.

JEAN-DE-LIVET (St.-), s. m. Com. du dép. du Calvados, cant. et arr. de Lisieux. = Lisieux.

JEAN-DE-LIZE (St.-), s. m. Com. du dép. de la Moselle, cant. de Conflans, arr. de Briey. = Metz.

JEAN-DE-LOSNE (St.-), s. m. Ville du dép. de la Côte-d'Or, chef-lieu de cant. de l'arr. de Beaune. Trib. de comm.; bur. d'enregist. et de poste.

Cette ville est située sur la rive gauche de la Saône, à la jonction du canal de Bourgogne.

Manuf. de draps, de serges, etc.; comm. de blé, fer, bois, etc., dont l'exportation est très considérable.

JEAN-DE-LUZ (St.-), s. m. Ville du dép. des Basses-Pyrénées, chef-lieu de cant. de l'arr. de Bayonne. Bur. d'enregist. et de poste.

Cette ville, située au fond du golfe de Gascogne, à l'embouchure de la Nivelle, possède un port vaste et spacieux, mais peu sûr. Ce port est défendu par le fort de Soccoa. Pêche de la sardine et armement pour la pêche de la morue.

JEAN-DE-MAGREPERBIÈRE (St.-), s. m. Village du dép. du Tarn, cant. de Lautrec, arr. de Castres. = Castres.

JEAN-DE-MARCEL (St.-), s. m. Village du dép. du Tarn, cant. de Valderies, arr. d'Alby. = Alby.

JEAN-DE-MARSACQ (St.-), s. m. Com. du dép. des Landes, cant. de St.-Vincent-de-Tyros, arr. de Dax. = Dax.

JEAN-DE-MARVÉJOLS (St.-), s. m. Com. du dép. du Gard, cant. de Barjac, arr. d'Alais. = Barjac.

JEAN-DE-MOIRANS (St.-), s. m. Com. du dép. de l'Isère, cant. de Rives, arr. de St.-Marcellin. = Moirans.

JEAN-DE-MONT (St.-), s. m. Com. du dép. de la Vendée, chef-lieu de cant. de l'arr. des Sables-d'Olonne. Bur. d'enregist. à St.-Gilles. = St.-Gilles-sur-Vie.

JEAN-DE-MONTELS (St.-), s. m. Village du dép. du Tarn, cant. de Montmirail, arr. de Gaillac. = Gaillac.

JEAN-DE-MUZOLS (St.-), s. m. Com. du dép. de l'Ardèche, cant. et arr. de Tournon. = Tournon.

JEAN-DE-NAY (St.-), s. m. Com. du dép. de la Haute-Loire, cant. de Loudes, arr. du Puy. = le Puy.

JEAN-DE-NIOST (St.-), s. m. Com. du dép. de l'Ain, cant. de Meximieux, arr. de Trévoux. = Meximieux.

JEAN-DE-PARACOL (St.-), s. m. Com. du dép. de l'Aude, cant. de Chalabre, arr. de Limoux. = Quillan.

JEAN-DE-PERGES (St.-), s. m. Village du dép. de Tarn-et-Garonne, cant. de Molières, arr. de Montauban. = Montauban.

JEAN-DE-PIERRE-FIXTE (St.-), s. m. Com. du dép. d'Eure-et-Loir, cant. et arr. de Nogent-le-Rotrou. = Nogent-le-Rotrou.

JEAN-DE-POURCHARESSE (St.-), s. m. Com. du dép. de l'Ardèche, cant. des Vans, arr. de Largentière. = les Vans.

JEAN-DE-REBERVILLIERS (St.-), s. m. Com. du dép. d'Eure-et-Loir, cant. de Châteauneuf, arr. de Dreux. = Châteauneuf-en-Thimerais.

JEAN-DE-RIVES, (St.-), s. m. Com. du dép. du Tarn, cant. et arr. de Lavaur. = Lavaur.

JEAN-DE-SALES (St.-), s. m. Village du dép. du Tarn, cant. de Villefranche, arr. d'Albi. = Albi.

JEAN-DES-ARCADES (St.-), s. m. Village du dép. du Lot, cant. de l'Albenque, arr. de Cahors. = Cahors.

JEAN-DE-SAUVES (St.-) s. m. Com. du dép. de la Vienne, cant. de Moncontour, arr. de Loudun. = Mirebeau.

JEAN-DE-SAVIGNY (St.-), s. m. Com. du dép. de la Manche, cant. de St.-Clair, arr. de St.-Lô. = St.-Lô.

JEAN-DES-BAISANS (St.-), s. m. Com. du dép. de la Manche, cant. de Torigny, arr. de St.-Lô. = Torigny.

JEAN-DES-BOIS (St.-), s. m. Com. du dép. de l'Orne, cant. de Tinchebray, arr. de Domfront. = Tinchebray.

JEAN-DES-CHAMPS (St.-), s. m. Com. du dép. de la Manche, cant. de la Haye-Pesnel, arr. d'Avranches. = Granville.

JEAN-DES-CHOUX (St.-), s. m. Com. du dép. du Bas-Rhin, cant. et arr. de Saverne. = Saverne.

JEAN-DES-CROTTES (St.-), s. m. Village du dép. des Hautes-Alpes, cant. et arr. d'Embrun. = Embrun.

JEAN-DES-ECHELLES (St.-), s. m. Com. du dép. de la Sarthe, cant. de Montmirail, arr. de Mamers. = la Ferté-Bernard.

JEAN-DE-SERRES (St.-), s. m. Com. du dép. du Gard, cant. de Lédignan, arr. d'Alais. = Nismes.

JEAN-DES-ESSARTIERS (St.-), s. m. Com. du dép. du Calvados, cant. d'Aunay, arr. de Vire. = Balleroy.

JEAN-DES-ESSARTS (St.-), s. m. Com. du dép. de la Seine-Inférieure, cant. de St.-Romain, arr. du Hâvre. = St.-Romain-de-Colbosc.

JEAN-DES-MARAIS (St.-) s. m. Village du dép. du Morbihan, cant. d'Allaire, arr. de Vannes. = Redon.

JEAN-DES-MAUVRETS (St.-), s. m. Com. du dép. de Maine-et-Loire, cant. des Ponts-de-Cé, arr. d'Angers. = Brissac.

JEAN-DES-MEURGERS (St.-), s. m. Com. du dép. de l'Orne, cant. de Longny, arr. de Mortagne. = Champrond.

JEAN-DES-OLLIÈRES (St.-), s. m. Com. du dép. du Puy-de-Dôme, cant. de St.-Dier, arr. de Clermont. = Billom.

JEAN-DE-SOUDAIN (St.-), s. m. Com. du dép. de l'Isère, cant. et arr. de la Tour-du-Pin. = la Tour-du-Pin.

JEAN-DES-PIERRES (St.-), s. m. Com. du dép. de la Haute-Garonne, cant. de Verfeil, arr. de Toulouse. = Toulouse.

JEAN-D'ESTISSAC (St.-), s. m. Com. du dép. de la Dordogne, cant. de Villamblard, arr. de Bergerac. = Mussidan.

JEAN-DES-VIGNES (St.-), s. m. Com. du dép. du Rhône, cant. d'Anse, arr. de Villefranche. = Anse.

JEAN-DES-VIGNES (St.-), s. m. Com. du dép. de Saône-et-Loire, cant. et arr. de Châlons. = Châlons.

JEAN-DE-THOUARS (St.-), s. m. Com. du dép. des Deux-Sèvres, cant. de Thouars, arr. de Bressuire. = Thouars.

JEAN-DE-THURAC (St.-), s. m. Com. du dép. de Lot-et-Garonne, cant. de Puymirol, arr. d'Agen. = la Magistère.

JEAN-DE-THURIGNEUX (St.-), s. m. Com. du dép. de l'Ain, cant. et arr. de Trévoux. = Trévoux.

JEAN-DE-TOULAS (St.-), s. m. Com. du dép. du Rhône, cant. de Givors, arr. de Lyon. = Lyon.

JEAN-D'ÉTREUX (St.-), s. m. Com. du dép. du Jura, cant. de St.-Amour, arr. de Lons-le-Saulnier. = St.-Amour.

JEAN-DE-TREZY (St.-) s. m. Com.

du dép. de Saône-et-Loire, cant. de Couches, arr. d'Autun. = Couches.

JEAN-DE-VALS (St.-), s. m. Com. du dép. du Tarn, cant. de Roquecourbe, arr. de Castres. = Castres.

JEAN-DEVANT-POISSESSE (St.-), s. m. Com. du dép. de la Marne, cant. de Heilz-le-Maurupt, arr. de Vitry. = Vitry-le-Français.

JEAN-DE-VAUX (St.-), s. m. Com. du dép. de l'Isère, cant. de Vizille, arr. de Grenoble. = Vizille.

JEAN-DE-VAUX (St.-), s. m. Com. du dép. de Saône-et-Loire, cant. de Givry, arr. de Châlons. = Bourgneuf.

JEAN-DE-VÉDAS (St.-), s. m. Com. du dép. de l'Hérault, cant. et arr. de Montpellier. = Montpellier.

JEAN-DE-VERGES (St.-), s. m. Com. du dép. de l'Ariège, cant. et arr. de Foix. = Foix.

JEAN-DE-VERGT (St.-). Voy. Vergt.

JEAN-D'EYRAUD (St.-), s. m. Com. du dép. de la Dordogne, cant. de Villamblard, arr. de Bergerac. = Bergerac.

JEAN-D'HÉRANS (St.-), s. m. Com. du dép. de l'Isère, cant. de Mens, arr. de Grenoble. = Mens.

JEAN-D'HEURS (St.-), s. m. Com. du dép. du Puy-de-Dôme, cant. de Lezoux, arr. de Thiers. = Lezoux.

JEAN-D'ORMONT (St.-), s. m. Com. du dép. des Vosges, cant. de Senones, arr. de St.-Dié. = St.-Dié.

JEAN-DU-BOIS (St.-), s. m. Com. du dép. de la Sarthe, cant. de Malicorne, arr. de la Flèche. = Foulletourte.

JEAN-DU-BOUZET (St.-), s. m. Com. du dép. de Tarn-et-Garonne, cant. de Lavit, arr. de Castel-Sarrasin. = St.-Nicolas-de-la-Grave.

JEAN-DU-BRUEL (St.-), s. m. Com. du dép. de l'Aveyron, cant. de Nant, arr. de Milhau. = Nant.

JEAN-DU-CARDONNAY (St.-), s. m. Com. du dép. de la Seine-Inférieure, cant. de Maromme, arr. de Rouen. = Rouen.

JEAN-DU-CORAIL (St.-), s. m. Com. du dép. de la Manche, cant. et arr. de Mortain. = Mortain.

JEAN-DU-CORAIL (St.-), s. m. Com. du dép. de la Manche, cant. de Bressey, arr. d'Avranches. = Villedieu.

JEAN-DU-DOIGT (St.-), s. m. Com. du dép. du Finistère, cant. de Lanmeur, arr. de Morlaix. = Morlaix.

JEAN-DU-FALGA (St.-), s. m. Com. du dép. de l'Ariège, cant. et arr. de Pamiers. = Pamiers.

JEAN-DU-GARD (St.-), s. m. Ville du dép. du Gard, chef-lieu de cant. de l'arr. d'Alais. Bur. d'enregist. et de poste. Fab. d'étoffes de soie et de filoselle; poterie de terre; exploitation de manganèse, etc.

JEAN-DU-MARCHÉ (St.-), s. m. Com. du dép. des Vosges, cant. de Bruyères, arr. d'Epinal. = Bruyères.

JEAN-DU-PIN (St.-), s. m. Com. du dép. du Gard, cant. et arr. d'Alais. = Alais.

JEAN-DU-THENNEY (St.-), s. m. Com. du dép. de l'Eure, cant. de Broglie, arr. de Bernay. = Broglie.

JEAN-DU-VIGAN (St.-), s. m. Com. du dép. du Tarn, cant. de Cadalen, arr. de Gaillac. = Gaillac.

JEAN-EN-ROYANS (St.-), s. m. Petite ville du dép. de la Drôme, chef-lieu de cant. de l'arr. de Valence. Bur. d'enregist. = Romans. Manuf. considérable de draps; papeteries, etc.

JEAN-EN-VAL (St.-), s. m. Com. du dép. du Puy-de-Dôme, cant. de Sauxillanges, arr. d'Issoire. = Issoire.

JEAN-ET-ST.-PAUL (St.-), s. m. Com. du dép. de l'Aveyron, cant. de Cornus, arr. de St.-Affrique. = St.-Affrique.

JEAN-FROIDMENTEL (St.-), s. m. Com. du dép. de Loir-et-Cher, cant. de Morée, arr. de Vendôme. = Cloye.

JEAN-KERDANIEL (St.-), s. m. Com. du dép. des Côtes-du-Nord, cant. de Plouagat, arr. de Guingamp. = Châtelaudren.

JEAN-LA-BUSSIÈRE (St.-), s. m. Com. du dép. du Rhône, cant. de Thizy, arr. de Villefranche. = Tarare.

JEAN-LA-CHALM (St.-), s. m. Com. du dép. de la Haute-Loire, cant. de Cayres, arr. du Puy. = le Puy.

JEAN-LA-FOUILLOUSE (St.-), s. m. Com. du dép. de la Lozère, cant. de Châteauneuf, arr. de Mende. = Langogne.

JEAN-LASSEILLE (St.-), s. m. Com. du dép. des Pyrénées-Orientales, cant. de Thuir, arr. de Perpignan. = Perpignan.

JEAN-LA-VÊTRE (St.-), s. m. Com. du dép. de la Loire, cant. de Noirétable, arr. de Montbrison. = Thiers.

JEAN-LE-BLANC, s. m. Oiseau de proie.

JEAN-LE-BLANC (St.-), s. m. Com. du dép. du Calvados, cant. de Condé, arr. de Vire. = Condé-sur-Noireau.

JEAN-LE-BLANC (St.-), s. m. Com. du dép. du Loiret, cant. et arr. d'Orléans. = Orléans.

JEAN-LE-CENTENIER (St.-), s. m. Com. du dép. de l'Ardèche, cant. de Villeneuve, arr. de Privas.=Villeneuve-de-Berg.

JEAN-LE-COMTAL (St.-), s. m. Com. du dép. du Gers, cant. et arr. d'Auch. = Auch.

JEAN-LE-PRICE (St.-), s. m. Com. du dép. de Saône-et-Loire, cant. et arr. de Mâcon. = Mâcon.

JEAN-LES-BUZY (St.-), s. m. Com. du dép. de la Meuse, cant. d'Etain, arr. de Verdun. = Etain.

JEAN-LES-DEUX-JUMEAUX (St.-), s. m. Com. du dép. de Seine-et-Marne, cant. de la Ferté-sous-Jouarre, arr. de Meaux. = Meaux.

JEAN-LESPINASSE (St.-), s. m. Com. du dép. du Lot, cant. de St.-Céré, arr. de Figeac. = St.-Céré.

JEAN-LE-THOMAS (St.-), s. m. Com. du dép. de la Manche, cant. de Sartilly, arr. d'Avranches. = Avranches.

JEAN-LE-VIEUX (St.-), s. m. Com. du dép. de l'Ain, cant. de Poncin, arr. de Nantua. =Pont-d'Ain.

JEAN-LE-VIEUX (St.-), s. m. Com. du dép. de l'Isère, cant. de Domène, arr. de Grenoble. = Grenoble.

JEAN-LE-VIEUX (St.-), s. m. Com. du dép. des Basses-Pyrénées, cant. de St.-Jean-Pied-de-Port, arr. de Mauléon. = St.-Jean-Pied-de-Port.

JEAN-LHERM (St.-), s. m. Com. du dép. de la Haute-Garonne, cant. de Montastruc, arr. de Toulouse. = Toulouse.

JEAN-LIGOURRE (St.-), s. m. Com. du dép. de la Haute-Vienne, cant. de Pierre-Buffière, arr. de Limoges. = Pierre-Buffière.

JEAN-MÉNIL (St.-), s. m. Com. du dép. des Vosges, cant. de Rambervillers, arr. d'Epinal. = Rambervillers.

JEAN-MIRABEL (St.-), s. m. Com. du dép. du Lot, cant. et arr. de Figeac. = Figeac.

JEANNET (St.-), s. m. Com. du dép. des Basses-Alpes, cant. de Mezel, arr. de Digne. = Digne.

JEANNET (St.-), s. m. Com. du dép. du Var, cant. de Vence, arr. de Grasse. = Vence.

JEANNETTE, s. f. Narcisse des poètes. T. de bot.

JEAN-PIED-DE-PORT (St.-), s. m. Ville fortifiée du dép. des Basses-Pyrénées, chef-lieu de cant. de l'arr. de Mauléon ; place de guerre de 4e classe. Bur. d'enregist. et de poste.

Cette ville, située sur la Nive, à l'entrée des Pyrénées, est dominée par une citadelle.

JEAN-PLA-DE-CORS (St.-), s. m. Com. du dép. des Pyrénées-Orientales, cant. et arr. de Céret. = Céret.

JEAN-POUDGE (St.-), s. m. Com. du dép. des Basses-Pyrénées, cant. de Garlin, arr. de Pau. = Pau.

JEAN-POUTGE (St.-), s. m. Com. du dép. du Gers, cant. de Vic-Fezensac, arr. d'Auch. = Fezensac.

JEAN-ROSBACH (St.-), s. m. Com. du dép. de la Moselle, cant. de Sarralbe, arr. de Sarreguemines. = Puttelange.

JEAN-ROURE (St.-), s. m. Com. du dép. de l'Ardèche, cant. de St.-Martin-de-Valamas, arr. de Tournon. = le Chaylard.

JEAN-ST.-GERVAIS (St.-), s. m. Com. du dép. du Puy-de-Dôme, cant. de Brassac, arr. d'Issoire. = Issoire.

JEAN-ST.-NICOLAS (St.-), s. m. Com. du dép. des Hautes-Alpes, cant. d'Orcières, arr. d'Embrun. = Serre.

JEAN-SOLEYMIEUX (St.-), s. m. Com. du dép. de la Loire, chef-lieu de cant. de l'arr. de Montbrison. Bur. d'enregist. à St.-Bonnet-le-Château. = Montbrison.

JEAN-SUR-CAILLY (St.-), s. m. Com. du dép. de la Seine-Inférieure, cant. de Clères, arr. de Rouen. = Rouen.

JEAN-SUR-COUESNON (St.-), s. m. Com. du dép. d'Ille-et-Vilaine, cant. de St.-Aubin-du-Cormier, arr. de Fougères. = St.-Aubin-du-Cormier.

JEAN-SUR-ERVE (St.-), s. m. Com. du dép. de la Mayenne, cant. de Ste.-Suzanne, arr. de Laval. = Evron.

JEAN-SUR-MAYENNE (St.-), s. m. Com. du dép. de la Mayenne, cant. et arr. de Laval. = Laval.

JEAN-SUR-MOIVRE (St.-), s. m. Com. du dép. de la Marne, cant. de Marson, arr. de Châlons. = Châlons.

JEAN-SUR-REYSSOUZE (St.-), s. m. Com. du dép. de l'Ain, cant. de St-Trivier-de-Courtes, arr. de Bourg. = Pont-de-Vaux.

JEAN-SUR-TOURBE (St.-), s. m. Com. du dép. de la Marne, cant. et arr. de Ste.-Ménehould. = Ste.-Ménehould.

JEAN-SUR-VEYLE (St.-), s. m. Com. du dép. de l'Ain, cant. de Pont-de-Veyle, arr. de Bourg. = Mâcon.

JEAN-SUR-VILAINE (St.-), s. m. Com. du dép. d'Ille-et-Vilaine, cant. de Châteaubourg, arr. de Vitré. = Vitré.

JEANTES, s. m. Com. du dép. de l'Aisne, cant. d'Aubenton, arr. de Vervins. = Aubenton.

JEAN-TROLIMON (St.-), s. m. Com.

du dép. du Finistère, cant. de Pont-l'Abbé, arr. de Quimper. = Quimper.

JEAN-VALERISCLE (St.-), s. m. Com. du dép. du Gard, cant. de St.-Ambroix, arr. d'Alais. = St.-Ambroix.

JEAN-VILLENOUVELLE (St.-), s. m. Com. du dép. de Tarn-et-Garonne, cant. et arr. de Montauban. = Montauban.

JEAN-VRAIN (St.-), s. m. Com. du dép. du Cher, cant. de Château-Meillant, arr. de St.-Amand. = St.-Amand.

JEBSHEIM, s. m. Com. du dép. du Haut-Rhin, cant. d'Andolsheim, arr. de Colmar. = Colmar.

JECKOTE, s. m. Reptile saurien. T. d'hist. nat.

JÉCORAIRE, adj. Voy. Hépatique.

JECTIGATION, s. f. Tressaillement du pouls indiquant une affection cérébrale. T. de méd.

JECTISSES, adj. f. pl. Remuées ou rapportées ; terres jectisses. —, posées à la main ; pierres jectisses. T. de maç.

JECUIBA, s. m. Arbre du Brésil. T. de bot.

JEFFERSONE, s. f. Podophylle, plante du genre des papavéracées. T. de bot.

JEGNEUX, s. m. Sorte de gobelet fort évasé qui est garni d'une anse.

JEGUN, s. m. Petite ville du dép. du Gers, chef-lieu de cant. de l'arr. d'Auch, où se trouve le bur. d'enregist. =Auch.

JEHOVAH, s. m. Mot hébreu qui signifie Dieu, et que le grand-prêtre portait gravé sur sa tiare.

JÉJUNUM, s. m. (mot lat.) Second des intestins grêles, ainsi nommé parce qu'on le trouve souvent vide. T. d'anat.

JEK, s. m. Serpent aquatique du Brésil. T. d'hist. nat.

JEMBLET, s. m. Partie du moule du fondeur.

JENLIN, s. m. Com. du dép. du Nord, cant. du Quesnoy, arr. d'Avesnes. = le Quesnoy.

JÉRÉMIADE, s. f. Lamentation à la manière du prophète Jérémie ; plainte fréquente et importune. T. fam.

JÉRICHO, s. m. Petite ville de la Turquie asiatique, dans le pachalic de Damas, à huit lieues de Jérusalem.

JÉROME (St.-), s. m. Com. du dép. de l'Ain, cant. de Poncin, arr. de Nantua. = Cerdon.

JÉROPHORE, s. m. Prêtre égyptien qui portait les choses sacrées. T. d'antiq.

JÉROSE, s. f. Plante crucifère, vulgairement nommée rose de Jéricho. T. de bot.

JERSEY, s. m. Île qui appartient à l'Angleterre et qui est située près des côtes de France ; elle est voisine de la Normandie dont elle dépendait autrefois.

JÉRUSALEM, s. f. Ville de la Turquie asiatique dans le pachalic de Damas. Pop. 20,000 h. Cette ville est l'ancienne capitale de la Judée ; on y remarque le temple de Salomon, le St.-Sépulcre, le château de David, etc.

JÉSITE, s. f. Voy. Polythalame. T. d'hist. nat.

JÉSON, s. m. Cardite, genre de coquilles du Sénégal. T. d'hist. nat.

JÉSONVILLE, s. f. Com. du dép. des Vosges, cant. de Darney, arr. de Mirecourt. = Darney.

JESSAINS, s. m. Com. du dép. de l'Aube, cant. de Vandœuvre, arr. de Bar-sur-Aube. = Vandœuvre.

JESSE, s. m. Poisson du genre du cyprin. T. d'hist. nat.

JÉSUITE, s. m. Religieux de la société de Jésus.

JÉSUITIQUE, adj. Qui appartient à l'ordre des jésuites, qui a rapport à la politique de ce corps fameux ; qui décèle une arrière-pensée.

JÉSUITIQUEMENT, adv. A la manière des jésuites.

JÉSUITISME, s. m. Système politique, moral et religieux des jésuites.

JÉSUS, s. m. Nom du Sauveur ; Jésus-Christ. —, sorte de papier. T. de pap.

JET, s. m. Action de jeter, chose jetée, espace parcouru par la chose jetée. — de lumière, rayon de lumière qui paraît subitement. —, calcul qui se fait au moyen des jetons. —, canne d'un seul jet, sans nœuds. —, coup de filet, ce qu'il produit. —, bourgeon développé. T. de bot. — d'abeilles, nouvel essaim qui sort de la ruche. — de draperies, manière de draper les figures. T. de peint. —, cylindre de cire ; canal pour introduire le métal dans le moule. Figure d'un seul —, fondu tout à la fois. — d'eau, volume d'eau qui jaillit hors d'un tuyau. — d'eau marin, holothurie qui lance des jets d'eau. — de marchandises, action de les jeter à la mer pour alléger la charge dans une tempête. —, courroie à la jambe de l'oiseau. T. de véner.

JETÉ, s. m. Pas de danse.

JETÉ, E, part. Lancé au loin ; abattu, renversé.

JETÉE, s. f. Amas de pierres encaissées pour rompre la force du courant ; digue, levée, chaussée.

JETER, v. a. Lancer au loin; abattre, renverser; semer, répandre; faire tomber. — à la porte, pousser dehors. — des bourgeons, des scions, pousser. — une figure, faire couler du métal fondu dans un moule pour en avoir l'empreinte. —, mettre dehors un nouvel essaim, en parlant des abeilles. —, mettre, faire tomber dans; jeter dans l'embarras, dans l'erreur. Fig. — un cri, crier. — un soupir, soupirer. —, répandre; jeter l'épouvante. —, v. n. Pousser, exsuder. Se —, v. pron. Se lancer, se précipiter sur....., dans.....; se jeter sur quelqu'un, se jeter dans l'embarras. Se —, s'adonner, se livrer; se jeter dans la débauche. Se —, s'engager inconsidérément; se jeter dans un procès. Se — à la tête des gens, offrir ses services à tout propos.

JETEUR, s. m. Ouvrier qui jette. T. de mét.

JETON, s. m. Pièce ronde et mince pour calculer, pour marquer au jeu, etc.

JETONNIER, s. m. Académicien qui ne se présente qu'autant qu'il y a des jetons à recevoir.

JETTERSWILLER, s. m. Com. du dép. du Bas-Rhin, cant. de Marmoutier, arr. de Saverne. = Saverne.

JETTICE, adj. f. Jarrée, de rebut; laine jettice.

JETTINGEN, s. m. Com. du dép. du Haut-Rhin, cant. et arr. d'Altkirch. = Altkirch.

JEU, s. m. Divertissement, amusement, récréation. —, exercice soumis à des règles; machines, choses faites, taillées pour jouer, cartes, dés, etc. —, art de tirer des accords d'un instrument de musique; jeu de flûte. —, manière de jouer un rôle dans une pièce de théâtre; le jeu d'un acteur. —, accord des parties d'une machine, liberté dans le mouvement; variété, aisance dans la composition d'un tableau. T. de mécan. et d'arts. —, événement extraordinaire; jeu du hasard, menées secrètes, etc. Mettre en —, citer mal à propos, compromettre. Bon — bon argent, très sérieusement. — de mots, allusion fondée sur leur ressemblance ou leur consonnance. —, pl. Spectacles des Anciens, divertissemens publics, luttes, joûtes, courses, combats de gladiateurs, etc. — de la nature, phénomènes.

JEUDI, s. m. Le cinquième jour de la semaine. — gras, qui précède le dimanche du carnaval. — saint, jeudi de la semaine sainte.

JEUFOSSE, s. f. Com. du dép. de Seine-et-Oise, cant. de Bonnières, arr. de Mantes. = Bonnières.

JEUGNY, s. m. Com. du dép. de l'Aube, cant. de Bouilly, arr. de Troyes. = Troyes.

JEU-LES-BOIS, s. m. Com. du dép. de l'Indre, cant. d'Ardentes-St.-Vincent, arr. de Châteauroux. = Châteauroux.

JEU-MALOCHES, s. m. Com. du dép. de l'Indre, cant. d'Ecueillé, arr. de Châteauroux. = Levroux.

JEUMÉRANTE, s. f. Planche qui sert de patron pour les jantes. T. de charr.

JEUMONT, s. m. Com. du dép. du Nord, cant. de Maubeuge, arr. d'Avesnes. = Maubeuge.

JEUN (à), adv. Sans avoir mangé depuis son lever.

JEÛNE, s. m. Mortification imposée par l'église, abstinence de viande en ne faisant qu'un repas dans la journée. Jours de —, jours où l'on doit s'abstenir des plaisirs de la table.

JEUNE, s. et adj. Peu avancé en âge, se dit des personnes, des animaux et des plantes. —, le moins âgé, le cadet. —, qui possède encore de la vigueur et quelques-uns des agrémens de la jeunesse. —, étourdi, évaporé. T. fam.

JEUNEMENT, adv. Nouvellement. T. de véner.

JEÛNER, v. n. Se priver d'alimens, manger peu, observer les jeûnes prescrits par l'église. —, manquer d'alimens, se passer forcément de manger. Fig. et fam.

JEUNESSE, s. f. Partie de la vie humaine depuis l'adolescence jusqu'à l'âge viril. —, les jeunes gens. —, jeune fille. T. fam. Déesse de la —, Hébé. T. de myth.

JEUNET, TE, adj. Fort jeune, mot qu'on retrouve dans quelques chansons villageoises pour rimer avec brunette. (Vi.)

JEÛNEUR, EUSE, s. Grand observateur des commandemens de l'église; qui jeûne exactement.

JEU-PARTI, s. m. Convention entre associés de lester un navire dans le cas où l'un d'eux viendrait à se retirer. T. de comm. marit.

JEURE (St.-), s. m. Com. du dép. de l'Ardèche, cant. de Satilieu, arr. de Tournon. = Annonay.

JEURE (St.-), s. m. Com. du dép. de la Haute-Loire, cant. de Tence, arr. d'Yssingeaux. = Yssingeaux.

JEURE-D'ANDAURE (St.-), s. m. Com. du dép. de l'Ardèche, cant. de St.-Agrève, arr. de Tournon. = le Chaylard.

JEURRE, s. m. Com. du dép. du Jura, cant. de Moirans, arr. de St.-Claude. = St.-Claude.

JEUXEY, s. m. Com. du dép. des Vosges, cant. et arr. d'Epinal.=Epinal.

JEUX-LÈS-BARD, s. m. Com. du dép. de la Côte-d'Or, cant. et arr. de Semur. = Semur.

JEVONCOURT, s. m. Com. du dép. de la Meurthe, cant. d'Haroué, arr. de Nancy. = Vézelise.

JEZAINVILLE, s. f. Com. du dép. de la Meurthe, cant. de Pont-à-Mousson, arr. de Nancy. = Vézelise.

JEZEAU, s. m. Com. du dép. des Hautes-Pyrénées, cant. d'Arreau, arr. de Bagnères. = Arreau.

JOACHIM (St.-), s. m. Com. du dép. de la Loire-Inférieure, cant. de Pont-Château, arr. de Savenay. = Nantes.

JOAILLERIE, s. f. Ouvrage, marchandises, commerce du joaillier; bijouterie.

JOAILLIER, ÈRE, s. Bijoutier qui fabrique et vend des pierreries, des joyaux.

JOANINS (les), s. m. pl. Village du dép. de la Drôme, com. de Rac, cant. de Crest, arr. de Montélimar. = Crest.

JOANNAS, s. m. Com. du dép. de l'Ardèche, cant. et arr. de Largentière. = Largentière.

JOB, s. m. Com. du dép. du Puy-de-Dôme, cant. et arr. d'Ambert. = Ambert.

JOBET, s. m. Fil de fer pour assujettir la matrice. T. de fond.

JOBOURG, s. m. Com. du dép. de la Manche, cant de Beaumont, arr. de Cherbourg. = Cherbourg.

JOC, s. m. Repos du moulin. Mettre un moulin à —, l'arrêter.

JOCH, s. m. Com. du dép. des Pyrénées-Orientales, cant. de Vinça, arr. de Prades. = Perpignan.

JOCHES, s. m. Com. du dép. de la Marne, cant. de Montmort, arr. d'Epernay. = Sézanne.

JOCKEY, s. m. Maquignon; jeune postillon qui conduit une voiture bourgeoise.

JOCKO, s. m. Espèce d'orang-outang; celui des singes qui ressemble le plus à l'homme.

JOCRISSE, s. m. Nom d'un personnage de comédie; niais, benêt qui se laisse mener, qui s'occupe de bagatelles, de tous les petits soucis du ménage.

JODARD (St.-), s. m. Com. du dép. de la Loire, cant. de Néronde, arr. de Roanne. = St.-Symphorien-de-Lay.

JOEL, s. m. Voy. ATHÉNINE.

JOELS, s. m. Village du dép. de l'Aveyron, cant. de Sauveterre, arr. de Rodez. = Rodez.

JOEUF, s. m. Com. du dép. de la Moselle, cant. et arr. de Briez. = Briez.

JOGANVILLE, s. f. Com. du dép. de la Manche, cant. de Montebourg, arr. de Valognes. = Montebourg.

JOGUE, s. m. Age fabuleux des Indiens.

JOHN, s. m. Poisson abdominal. Voy. LABRE. T. d'hist. nat.

JOHNSONIE, s. f. Asphodèle de la Nouvelle-Hollande. T. de bot.

JOIE, s. f. Sensation vive et agréable qu'éprouve l'ame par la possession d'un bien réel ou imaginaire; satisfaction, contentement, plaisir.

JOIGNANT, prép. Attenant, près, tout contre.

JOIGNANT, E, adj. Attenant, contigu, qui joint, est auprès; se dit des maisons et des terres.

JOIGNY, s. m. Ville du dép. de l'Yonne, chef-lieu de sous-préf. et de cant.; trib. de 1re inst. et de comm.; conserv. des hypoth.; direct. des contrib. indir.; receveur part. des finances; bur. d'enregist. et de poste. Manuf. de draps, toiles, feuillettes, etc. Distilleries d'eaux-de-vie, etc. Comm. de grains, vins, eaux-de-vie, laines, bois et charbon.

JOIGNY, s. m. Com. du dép. des Ardennes, cant. de Charleville, arr. de Mézières. = Mézières.

JOINDRE, v. a. Approcher deux ou plusieurs choses de telle sorte qu'elles se touchent; joindre les mains. —, unir, allier. —, ajouter. — quelqu'un, l'atteindre, l'attraper, parvenir à le rencontrer. Se —, v. pron. S'unir. Se —, v. récip. Se rencontrer.

JOINT, s. m. Point de jonction, de contact des pierres, etc. —, articulation des os. —, assemblage. T. de mét. Trouver le —, trouver le nœud, la difficulté d'une affaire. — que, à ce que, à cela que, conj. Ajoutez que; outre que. Ci —, adv. Avec; après.

JOINT, E, part. Approché; uni.

JOINTE, s. f. Paturon. T. de man. —, partie de l'organsin. T. de manuf.

JOINTÉ, E, adj. Se dit du paturon d'un cheval; long-jointé, court-jointé. T. de man.

JOINTÉE, s. f. Ce que peuvent contenir les mains rapprochées.

JOINTIF, IVE, adj. Qui est joint. T. d'arch. et de menuis.

JOINTOYÉ, E, part. Rempli de plâtre, de mortier. T. de maç.

JOINTOYER, v. a. Remplir les joints des pierres de plâtre, de mortier. T. de maç.

JOINTURE, s. f. Joint; point d'union, de contact; attache, articulation.

JOINVILLE, s. f. Ville du dép. de la Haute-Marne, chef-lieu de cant. de l'arr. de Vassy. Bur. d'enregist. et de poste.
Manuf. de serges, cotonnades, treillis, droguets, etc.

JOIRE (St.-), s. m. Com. du dép. de la Meuse, cant. de Gondrecourt, arr. de Commercy. = Ligny.

JOISELLE, s. f. Com. du dép. de la Marne, cant. d'Esternay, arr. d'Epernay. = Sézanne.

JOL, s. m. Petite coquille, buccin. T. d'hist. nat.

JOLI, E, adj. Agréable à l'œil, qui plaît plus par sa gentillesse que par sa beauté; gentil, mignon. —, vilain, blâmable. T. iron.

JOLIET, TE, adj. Diminutif de joli, mot forgé pour la rime. T. inus. —, s. f. Planche couverte de potée d'étain, pour polir.

JOLIMENT, adv. D'une manière jolie. —, vilainement, ridiculement. T. iron.

JOLIMETS, s. m. Com. du dép. du Nord, cant. du Quesnoy, arr. d'Avesnes. = le Quesnoy.

JOLITE, s. f. Voy. IOLITHE.

JOMBARBE, s. f. Voy. JOUBARBE.

JONAGE, s. m. Com. du dép. de l'Isère, cant. de Meyzieu, arr. de Vienne. = Crémieu.

JONC, s. m. Plante aquatique, rosacée. —, canne de jonc. —, ce qui imite le jonc. T. d'arts et mét. —, bague sans chaton. — de pierre, pierre formée par des tubipores fossiles. — fleuri, plante vivace, aquatique. — marin, genêt épineux.

JONCACÉES, s. f. pl. Famille des joncs. T. de bot.

JONCAIRE, s. f. Espèce de garance, plante vulnéraire. T. de bot.

JONCELS, s. m. Com. du dép. de l'Hérault, cant. de Lunas, arr. de Lodève. = Lodève.

JONCHAIE, s. f. Lieu rempli de joncs.

JONCHE, s. f. Ganse de cordes qui unit les pièces des filets. T. de pêch.

JONCHÉ, E, part. Parsemé, couvert; jonché de fleurs.

JONCHÉE, s. f. Herbes, feuillages, fleurs dont on jonche les rues dans une cérémonie. —, petit panier de jonc dans lequel on fait égoutter le fromage à la crème.

JONCHER, v. a. Parsemer, couvrir d'herbes, de fleurs. —, se dit des morts sur un champ de bataille; joncher la terre de cadavres. Fig.

JONCHÈRE, s. f. Touffe de joncs; lieu couvert de joncs. Voy. JONCHAIE.

JONCHÈRE (la), s. f. Com. du dép. de la Vendée, cant. de Moutiers-les-Mauxfaits, arr. des Sables-d'Olonne. = Avrillé.

JONCHÈRE (la), s. f. Com. du dép. de la Haute-Vienne, cant. de Laurières, arr. de Limoges. = Chanteloup.

JONCHÈRES, s. f. Com. du dép. de la Drôme, cant. de Luc-en-Diois, arr. de Die. = Die.

JONCHÈRES, s. f. Com. du dép. de la Haute-Loire, cant. de Pradelles, arr. du Puy. = le Puy.

JONCHERY, s. m. Com. du dép. de la Haute-Marne, cant. et arr. de Chaumont-en-Bassigny. = Chaumont.

JONCHERY, s. m. Com. du dép. du Haut-Rhin, cant. de Delle, arr. de Belfort. = Delle.

JONCHERY-SUR-SUIPPES, s. m. Com. du dép. de la Marne, cant. de Suippes, arr. de Châlons. = Châlons.

JONCHERY-SUR-VESLE, s. m. Com. du dép. de la Marne, cant. de Fismes, arr. de Reims. = Fismes.

JONCHETS, s. m. pl. Petits bâtons menus qu'on jette pêle-mêle, et qu'il faut enlever un à un sans remuer les autres. T. de jeu.

JONCIER, s. m. Genêt d'Espagne. T. de bot.

JONCINELLE, s. f. Plante joncoïde. T. de bot.

JONCIOLE, s. f. Plante joncoïde. T. de bot.

JONCOÏDES, s. f. pl. Joncacées, famille des joncs. T. de bot.

JONCOURT, s. m. Com. du dép. de l'Aisne, cant. du Catelet, arr. de St.-Quentin. = le Catelet.

JONCREUIL, s. m. Com. du dép. de l'Aube, cant. de Chavanges, arr. d'Arcis-sur-Aube. = Brienne.

JONCTION, s. f. Action de joindre; union, assemblage; réunion, confluent.

JONCY, s. m. Com. du dép. de Saône-et-Loire, cant. de Guiche, arr. de Charolles. Bur. de poste.

JONDELLE, s. f. Voy. FOULQUE. T. d'hist. nat.

JONGERMANNE, s. f. Plante cryptogame, hépatique. T. de bot.

JONGLER, v. n. Faire des jongleries, des tours de passe-passe.

JONGLERIE, s. f. Charlatanerie, farce, escamotage, tour de passe-passe.

JONGLEUR, s. m. Ménétrier qui allait

chantant de manoirs en manoirs. —, saltimbanque, bateleur, charlatan, farceur qui fait des tours sur la place publique.

JONOPSIS, s. m. Plante parasite du Pérou. T. de bot.

JONQUE, s. f. Navire indien.

JONQUERÈTES, s. f. Com. du dép. de Vaucluse, cant. de l'Isle, arr. d'Avignon. = Avignon.

JONQUERETS (les), s. m. pl. Com. du dép. de l'Eure, cant. de Beaumesnil, arr. de Bernay. = Broglie.

JONQUERY, s. m. Com. du dép. de la Marne, cant. de Châtillon, arr. de Reims. = Dormans.

JONQUIÈRES, s. f. Com. du dép. de l'Aude, cant. de Durban, arr. de Narbonne. = la Grasse.

JONQUIÈRES, s. f. Petite ville du dép. des Bouches-du-Rhône, cant. de Martigues, arr. d'Aix. = Martigues.

JONQUIÈRES, s. f. Com. du dép. de l'Hérault, cant. de Gignac, arr. de Lodève. = Gignac.

JONQUIÈRES, s. f. Com. du dép. de l'Oise, cant. d'Estrées-St.-Denis, arr. de Compiègne. = Compiègne.

JONQUIÈRES, s. f. Village du dép. du Tarn, cant. de Lautrec, arr. de Castres. = Castres.

JONQUIÈRES, s. f. Village du dép. du Tarn, cant. et arr. de Lavaur. = Lavaur.

JONQUIÈRES, s. f. Com. du dép. du Gard, cant. et arr. d'Orange. = Orange.

JONQUIÈRES-ET-ST.-VINCENT, s. f. Com. du dép. du Gard, cant. de Beaucaire, arr. de Nismes. = Beaucaire.

JONQUILLE, s. f. Plante printanière dont la fleur est jaune et odoriférante. — du chêne, agaric jonquille.

JONS, s. m. Com. du dép. de l'Isère, cant. de Meymieu, arr. de Vienne. = Crémieu.

JONTHLAPSI, s. m. Voy. CLYPÉOLE. T. de bot.

JONVAL, s. m. Com. du dép. des Ardennes, cant. de Tourteron, arr. de Vouziers. = Mézières.

JONVELLE, s. f. Com. du dép. de la Haute-Saône, cant. de Jussey, arr. de Vesoul. = Jussey.

JONVILLE, s. f. Com. du dép. de la Meuse, cant. de Vigneulles, arr. de Commercy. = St.-Mihiel.

JONZAC, s. m. Petite ville du dép. de la Charente-Inférieure, chef-lieu de sous-préf. et de cant.; trib. de 1re inst.; conserv. des hypoth.; direct. des contrib. indir.; recev. part. des finances. Bur. d'enregist. et de poste. Manuf. de flanelles, calmoucks, serges et autres étoffes de laine. Comm. de vins, eaux-de-vie, etc.

JONZAIS, s. m. Com. du dép. de l'Allier, cant. de Montmarault, arr. de Montluçon. = Montmarault.

JONZIEUX, s. m. Com. du dép. de la Loire, cant. de St.-Genet-Malifaux, arr. de St.-Etienne. = St.-Etienne.

JONZY, s. m. Com. du dép. de Saône-et-Loire, cant. de Semur, arr. de Charolles. = Marcigny.

JOOSIE, s. f. Plante graminée du Pérou. T. de bot.

JOPPE, s. f. Insecte hyménoptère ichneumonide. T. d'hist. nat.

JOPPÉCOURT, s. m. Com. du dép. de la Moselle, cant. d'Audun-le-Roman, arr. de Briey. = Longwy.

JORDAIN, s. m. Poisson des îles Moluques. T. d'hist. nat.

JORDY (St.-), s. m. Com. du dép. de l'Aveyron, cant. de Villeneuve, arr. de Villefranche. = Villefranche.

JORES (St.-), s. m. Com. du dép. de la Manche, cant. de Périers, arr. de Coutances. = Carentan.

JORO, s. m. Arbrisseau du Japon. T. de bot.

JOROPA, s. m. Palmier de l'Amérique méridionale. T. de bot.

JORQUENAY, s. m. Com. du dép. de la Haute-Marne, cant. et arr. de Langres. = Langres.

JORT, s. m. Com. du dép. du Calvados, cant. de Coulibœuf, arr. de Falaise. = Croissanville.

JORXEY, s. m. Com. du dép. des Vosges, cant. de Dompaire, arr. de Mirecourt. = Mirecourt.

JORY (St.-), s. m. Com. du dép. de la Haute-Garonne, cant. de Fronton, arr. de Toulouse. = Fronton.

JORY-DE-CHALAIS (St.-), s. m. Com. du dép. de la Dordogne, cant. de Jumillac-le-Grand, arr. de Nontron. = Thiviers.

JORY-LASBLOUX (St.-), s. m. Com. du dép. de la Dordogne, cant. d'Exideuil, arr. de Périgueux. = Exideuil.

JOSAS, s. m. Com. du dép. de la Haute-Loire, cant. de Paulhaguet, arr. de Brioude. = Brioude.

JOSEPH, s. m. L'un des fils de Jacob qui fut vendu par ses frères, et qui devint, par sa sagesse, le libérateur de l'Egypte qu'il préserva de la famine. — (St.-), l'époux de la Vierge. —, s. et adj. Papier Joseph, très mince. — musc, papier pour enveloppes. — fluant, papier sans colle, pour filtrer. —, poisson de mer qu'on trouve dans les parages du cap de Bonne-Espérance. T. d'hist. nat.

JOSEPHIE, s. f. Genre de plantes de la Nouvelle-Hollande. T. de bot.

JOSNES, s. m. Com. du dép. de Loiret-Cher, cant. de Marchénoir, arr. de Blois. = Beaugency.

JOSSE, s. m. Com. du dép. des Landes, cant. de St.-Vincent-de-Tyros, arr. de Dax. = Dax.

JOSSE, s. m. Com. du dép. du Pas-de-Calais, cant. et arr. de Montreuil. = Montreuil-sur-Mer.

JOSSELASSAR, s. m. Coton filé de Smyrne, l'une des échelles du Levant.

JOSSELIN, s. m. Ville du dép. du Morbihan, chef-lieu de cant. de l'arr. de Ploërmel. Bur. d'enregist. et de poste. Manuf. de draps.

JOSSIGNY, s. m. Com. du dép. de Seine-et-Marne, cant. de Lagny, arr. de Meaux. = Lagny.

JOTA, s. m. Oiseau de proie du Chili. T. d'hist. nat.

JOTAVILLA, s. f. Espèce d'alouette. T. d'hist. nat.

JOTTE, s. f. Bette ou poirée. —, s. f. pl. Côtés de l'avant du navire. T. de mar.

JOTTERAUX, s. m. pl. Pièces de bois qui soutiennent l'éperon. T. de mar.

JOUAC, s. m. Com. du dép. de la Haute-Vienne, cant. de St.-Sulpice-les-Feuilles, arr. de Bellac. = Arnac.

JOUAIGNES, s. f. Com. du dép. de l'Aisne, cant. de Braisne, arr. de Soissons. = Braisne.

JOUAILLER, v. n. Jouer à petit jeu. T. fam.

JOUAN, s. m. Golfe de la Méditerranée, entre les îles de Lérins et le cap de la Garoupe, dép. du Var. C'est dans ce golfe que débarqua l'empereur Napoléon à son retour de l'île d'Elbe, en 1815.

JOUANCY, s. m. Com. du dép. de l'Yonne, cant. de Noyers, arr. de Tonnerre. = Noyers.

JOUAN-DE-L'ISLE (St.-), s. m. Com. du dép. des Côtes-du-Nord, chef-lieu de cant. de l'arr. de Dinan. Bur. d'enregist. à Broons. = Broons.

JOUAN-DES-GUÉRETS (St.-), s. m. Com. du dép. d'Ille-et-Vilaine, cant. de St.-Servan, arr. de St.-Malo. = St.-Servan.

JOUANT, E, adj. Vacillant, qui joue, qui se meut aisément. T. inus.

JOUARRE, s. f. Com. du dép. de Seine-et-Marne, cant. de la Ferté-sous-Jouarre, arr. de Meaux. = la Ferté-sous-Jouarre. Comm. de grains.

JOUARS-PONTCHARTRAIN, s. m. Com. du dép. de Seine-et-Oise, cant. de Chevreuse, arr. de Rambouillet. = Neauphle.

JOUAVILLE, s. f. Com. du dép. de la Moselle, cant. et arr. de Briey. = Briey.

JOUBARBE, s. f. Plante grasse, médicinale. T. de bot.

JOUCAS, s. m. Com. du dép. de Vaucluse, cant. de Gordes, arr. d'Apt. = Apt.

JOUCOU, s. m. Com. du dép. de l'Aude, cant. de Belcaire, arr. de Limoux. = Quillan.

JOUDES, s. f. Com. du dép. de Saône-et-Loire, cant. de Cuizans, arr. de Louhans. = St.-Amour.

JOUDREVILLE, s. f. Com. du dép. de la Moselle, cant. d'Audun-le-Roman, arr. de Briey. = Briey.

JOUE, s. f. Partie latérale de la face, du visage. Donner sur la —, donner un soufflet. Tendre la —, la présenter. Coucher en —, appuyer son fusil sur la joue pour ajuster ; viser à quelque chose pour l'obtenir. T. fam. —, espace entre les haubans de misaine et l'étrave. T. de mar.

JOUÉ, E, part. Risqué au jeu, hasardé.

JOUÉ, s. m. Com. du dép. d'Indre-et-Loire, cant. et arr. de Tours. = Tours.

JOUÉ, s. m. Com. du dép. de la Loire-Inférieure, cant. de Riaillé, arr. d'Ancenis. = Ancenis.

JOUÉ-DU-BOIS, s. m. Com. du dép. de l'Orne, cant. de Carrouges, arr. d'Alençon. = Carrouges.

JOUÉ-DU-PLAIN, s. m. Com. du dép. de l'Orne, cant. d'Ecouché, arr. d'Argentan. = Argentan.

JOUÉE, s. f. Epaisseur du mur dans l'ouverture d'une fenêtre.

JOUÉ-EN-CHARNIE-ET-MONTREUIL-EN-CHAMPAGNE, s. m. Com. du dép. de la Sarthe, cant. de Loué, arr. du Mans. = Sillé-le-Guillaume.

JOUÉ-ET-ÉTIAU, s. m. Com. du dép. de Maine-et-Loire, cant. de Thouarcé, arr. de Saumur. = Vihiers.

JOUÉ-L'ABBÉ, s. m. Com. du dép. de la Sarthe, cant. de Ballon, arr. du Mans. = le Mans.

JOUER, v. a. Faire une partie de jeu. — une carte, la jeter sur le tapis. — le jeu, suivant les règles du jeu. —, exécuter un morceau de musique ; jouer une ouverture. — une comédie, la représenter. — un rôle, le débiter; jouir d'un grand crédit, prendre une part active aux affaires publiques, etc. Fig. — la comédie, exercer la profession de comédien; tromper par de belles paroles, par des grimaces, faire des protestations mensongères. Fig. —, feindre; jouer la douleur, la surprise. — quelqu'un, le tromper, jouer la comédie avec lui. —, v. n. Se récréer, se divertir, s'amuser, folâtrer. — à coup sûr, être certain du succès. — au fin, au plus fin, ruser, faire assaut de dextérité pour se tromper. — de malheur, perdre toujours, ne jamais réussir. — de son reste, faire son va-tout, exposer ses dernières ressources, achever de se ruiner. —, s'exposer à...; jouer à se faire enfermer. —, hasarder; jouer sa vie. — d'un instrument, savoir en tirer des accords. —, en parlant des machines, avoir du jeu, se mouvoir aisément. Faire —, mettre en action, en mouvement; faire représenter une pièce de théâtre. Se —, v. pron. S'amuser, faire une chose en jouant. Se — de quelqu'un, s'en moquer, le tromper. Se — des lois, les violer. Se —, v. récip. Se duper l'un et l'autre.

JOUEREAU, s. m. Écolier au jeu; qui joue petit jeu. T. fam.

JOUÉRY (St.-), s. m. Village du dép. de l'Aveyron, cant. de St.-Amans, arr. d'Espalion. = Mur-de-Barrez.

JOUET, s. m. Com. du dép. de la Vienne, cant. et arr. de Montmorillon. = Montmorillon.

JOUET, s. m. Joujou pour amuser les enfants. —, personne dont on se moque, qui est l'objet de la raillerie, du persiflage. —, qui est à la merci de...; jouet de la fortune, des passions. —, petite chaîne du mors, gourmette.

JOUETTE, s. f. Petit trou que fait le lapin de garenne en se jouant. T. de véner.

JOUEUR, EUSE, s. Qui joue, aime à folâtrer, qui perd son temps à jouer; qui joue à quelque jeu. —, qui a la passion du jeu. — d'instrument, qui joue d'un instrument de musique.

JOUEY, s. m. Com. du dép. de la Côte-d'Or, cant. d'Arnay-le-Duc, arr. de Beaune. = Arnay-le-Duc.

JOUFLU, E, s. et adj. Qui a de grosses joues. T. fam.

JOUG, s. m. Pièce de bois pour atteler les bœufs. —, sujétion, assujettissement, servitude, esclavage. —, domination, tyrannie. —, fléau d'une balance. —, pique soutenue par deux autres, sous laquelle les Romains faisaient passer les vaincus. T. d'antiq.

JOUGNE, s. f. Com. du dép. du Doubs, cant. de Mouthe, arr. de Pontarlier. = Pontarlier. Comm. de sel.

JOUHE, s. f. Com. du dép. du Jura, cant. de Rochefort, arr. de Dôle. = Dôle.

JOUHET (St.-Denis-de-), s. m. Com. du dép. de l'Indre, cant. d'Aigurande, arr. de la Châtre. = la Châtre.

JOUI, s. m. Jus de bœuf rôti que les Japonais mêlent avec d'autres substances pour faire un consommé très succulent.

JOUIÈRES, s. f. pl. Murs à-plomb d'une berge d'écluse.

JOUILLAC, s. m. Com. du dép. de la Creuse, cant. et arr. de Guéret. = Guéret.

JOUIN (St.-), s. m. Com. du dép. du Calvados, cant. de Dives, arr. de Pont-l'Evêque. = Dozuley.

JOUIN (St.-), s. m. Com. du dép. de la Seine-Inférieure, cant. de Criquetot-l'Esneval, arr. du Hâvre. = Montivilliers.

JOUIN-DE-BLAVOU (St.-), s. m. Com. du dép. de l'Orne, cant. de Pervenchères, arr. de Mortagne. = Mortagne.

JOUIN-DE-MARNES (St.-), s. m. Com. du dép. des Deux-Sèvres, cant. d'Airvault, arr. de Parthenay. = Airvault.

JOUIN-DE-MILLY (St.-), s. m. Com. du dép. des Deux-Sèvres, cant. de Cerizay, arr. de Bressuire. = Bressuire.

JOUIN-SOUS-CHÂTILLON (St.-), s. m. Com. du dép. des Deux-Sèvres, cant. de Châtillon, arr. de Bressuire. = Châtillon-sur-Sèvres.

JOUIR, v. n. Avoir l'usage, l'usufruit, la possession d'une chose. —, avoir commerce. —, goûter le plaisir; jouir de la belle saison, des plaisirs de la campagne.

JOUISSANCE, s. f. Usage, possession.

JOUISSANT, E, adj. Qui est en jouissance, qui jouit. T. de procéd.

JOUJOU, s. m. Jouet d'enfants.

JOUQUES, s. f. Com. du dép. des Bouches-du-Rhône, cant. de Peyrolles, arr. d'Aix. = Aix.

JOUQUEVIEL, s. m. Com. du dép. du Tarn, cant. de Pampelonne, arr. d'Alby. = Cordes.

JOUR, s. m. Clarté, lumière du soleil; l'astre du jour. —, temps durant lequel le soleil éclaire notre horizon. —, espace de vingt-quatre heures, le jour et la nuit. —, journée. —, le moment, le temps actuel; les intrigues du jour. —, ouverture par laquelle vient le jour; vide par où le jour, l'air peut passer. Faux —, lumière réfléchie qui trompe la vue; erreur, faux aspect sous lequel se présentent les choses. Fig. —, la vie ; perdre le jour. Mettre au —, publier. —, l'opposé d'ombre. T. de peint. — ; pl. Les beaux jours, la jeunesse, le bon temps, le temps où florissent les lettres, les sciences et les arts ; les beaux jours de la Grèce. — gras, les derniers jours du carnaval. D'un — à l'autre, adv. Du jour au lendemain.

JOURDAIN, s. m. Fleuve de Syrie, qui prend sa source dans le lac Phiala, et se jette dans la mer Morte après un cours d'environ cinquante lieues. Les rives du Jourdain sont célèbres dans l'Ecriture sainte. C'est dans les eaux de ce fleuve que fut baptisé Jésus-Christ par saint Jean-Baptiste. —, constellation N. sous la grande Ourse. T. d'astr.

JOURDIN, s. m. Voy. HOLOCENTRE. T. d'hist. nat.

JOURNAC, s. m. Com. du dép. de la Haute-Vienne, cant. d'Aixe, arr. de Limoges. = Limoges.

JOURNAL, s. m. Mémoire, relation jour par jour de ce qui arrive ou de ce qui est arrivé dans un voyage, etc. —, écrit périodique. —, ancienne mesure de terre. —, adj. m. Se dit d'un livre qui contient la vente, la recette et la dépense de chaque jour ; livre-journal. T. de comm.

JOURNALIER, s. m. Manouvrier qui travaille à la journée.

JOURNALIER, ÈRE, adj. Quotidien, qui se fait par jour. —, capricieux, fantasque, inégal, inconstant ; beauté, humeur journalière.

JOURNALISME, s. m. Les journaux, leur système politique, moral et littéraire ; leur influence sur l'opinion publique, sur les actes du gouvernement.

JOURNALISTE, s. m. Ecrivain attaché à la rédaction d'un journal.

JOURNANS, s. m. Com. du dép. de l'Ain, cant. de Pont-d'Ain, arr. de Bourg. = Pont-d'Ain.

JOURNÉE, s. f. Intervalle entre le lever et le coucher du soleil. —, heures de travail des ouvriers durant le jour ; prix de ces heures de travail ; salaire de l'ouvrier. —, bataille ; la journée d'Austerlitz.

JOURNELLEMENT, adv. Tous les jours, d'ordinaire, très souvent.

JOURNET, s. m. Com. du dép. de la Vienne, cant. de la Trimouille, arr. de Montmorillon. = Montmorillon.

JOURNIAC, s. m. Com. du dép. de la Dordogne, cant. du Bugue, arr. de Sarlat. = le Bugue.

JOURNY, s. m. Com. du dép. du Pas-de-Calais, cant. d'Ardres, arr. de St.-Omer. = Ardres.

JOURS, s. m. Com. du dép. de la Côte-d'Or, cant. de Baigneux-les-Juifs, arr. de Châtillon. = Baigneux-les-Juifs.

JOURSAC, s. m. Com. du dép. du Cantal, cant. d'Allanche, arr. de Murat. = Murat.

JOURS-EN-VAUX, s. m. Com. du dép. de la Côte-d'Or, cant. de Nolay, arr. de Beaune. = Nolay.

JOURTE, s. f. Hutte souterraine de quelques peuplades sauvages.

JOUSION, s. m. Poisson de mer, squale, marteau. T. d'hist. nat.

JOU-SOUS-MONJOU, s. m. Com. du dép. du Cantal, cant. de Vic, arr. d'Aurillac. = Vic-sur-Cère.

JOUSSÉ, s. m. Com. du dép. de la Vienne, cant. de Charroux, arr. de Civray. = Civray.

JOUSSEROTS (les), s. m. pl. Com. du dép. du Jura, cant. de Chemin, arr. de Dôle. = Dôle.

JOUTAI, s. m. Arbre de la Guiane. T. de bot.

JOÛTE, s. f. Tournoi, combat à cheval d'homme à homme en champ clos. —, simulacre de combat sur l'eau ; divertissement public. —, débat, dispute. Fig.

JOÛTER, v. n. Faire des joûtes ; essayer ses forces, disputer. Fig. et fam.

JOUTEREAUX, s. m. pl. Voy. JOTTERAUX.

JOÛTEUR, s. m. Champion ; marinier qui joûte sur l'eau dans les divertissemens publics. Rude —, homme accoutumé à vaincre dans les disputes, au jeu. Fig. et fam.

JOUVE, s. f. Petit oiseau d'Afrique. T. d'hist. nat.

JOUVEAUX, s. m. Com. du dép. de l'Eure, cant. de Cormeilles, arr. de Pont-Audemer. = Lieurey.

JOUVENCE, s. f. Jeunesse. (Vi.) Fontaine de —, fontaine fabuleuse dont l'eau rajeunissait.

JOUVENCEAU, s. m. Adolescent, jeune homme beau et bien fait. (Vi.)

JOUVENCELLE, s. f. Jeune fille. (Vi.)

JOUVENÇON, s. m. Com. du dép. de Saône-et-Loire, cant. de Cuizery, arr. de Louhans. = Louhans.

JOUVENT (St.-), s. m. Com. du dép. de la Haute-Vienne, cant. de Nieul, arr. de Limoges. = Limoges.

JOUX, s. m. Com. du dép. du Rhône, cant. de Tarare, arr. de Villefranche. = Tarare.

JOUX, s. m. Com. du dép. de l'Yonne, cant. de l'Isle-sur-le-Serein, arr. d'Avallon. = Lucy-le-Bois.

JOUXTE, prép. Proche, conformément à. (Vi.)

JOUY, s. m. Com. du dép. de l'Aisne, cant. de Vailly, arr. de Soissons. = Soissons.

JOUY, s. m. Com. du dép. du Cher, cant. de Sancoins, arr. de St.-Amand. = Sancoins.

JOUY, s. m. Com. du dép. d'Eure-et-Loir, cant. et arr. de Chartres. = Chartres.

JOUY, s. m. Com. du dép. du Loiret, cant. d'Outarville, arr. de Pithiviers. = Pithiviers.

JOUY, s. m. Com. du dép. de la Marne, cant. de Ville-en-Tardenois, arr. de Reims. = Reims.

JOUY, s. m. Com. du dép. de la Meuse, cant. de Clermont, arr. de Verdun. = Clermont.

JOUY, s. m. Com. du dép. de l'Yonne, cant. de Chéroy, arr. de Sens. = Chéroy.

JOUY-AUX-ARCHES, s. m. Com. du dép. de la Moselle, cant. de Gorze, arr. de Metz. = Metz.

JOUY-EN-JOSAS, s. m. Com. du dép. de Seine-et-Oise, cant. et arr. de Versailles. = Versailles.
Ce village, situé sur la Bièvre, possède une manufacture de toiles peintes, qui rivalisent avec tout ce qu'il y a de plus beau en ce genre en Europe et dans l'Inde.

JOUY-LE-CHÂTEL, s. m. Com. du dép. de Seine-et-Marne, cant. de Nangis, arr. de Provins. = Provins.

JOUY-LE-COMTE, s. m. Com. du dép. de Seine-et-Oise, cant. de l'Isle-d'Adam, arr. de Pontoise. = Beaumont.

JOUY-LE-MOUTIER, s. m. Com. du dép. de Seine-et-Oise, cant. et arr. de Pontoise. = Pontoise.

JOUY-LE-POTHIER, s. m. Com. du dép. du Loiret, cant. de la Ferté-St.-Aubin, arr. d'Orléans. = la Ferté-St.-Aubin.

JOUY-MAUVOISIN, s. m. Com. du dép. de Seine-et-Oise, cant. de Bonnières, arr. de Mantes. = Mantes.

JOUY-SOUS-LES-CÔTES, s. m. Com. du dép. de la Meuse, cant. et arr. de Commercy. = Commercy.

JOUY-SOUS-TELLE, s. m. Com. du dép. de l'Oise, cant. d'Auneuil, arr. de Beauvais. = Chaumont.

JOUY-SUR-EURE, s. m. Com. du dép. de l'Eure, cant. et arr. d'Evreux. = Pacy-sur-Eure.

JOUY-SUR-MORIN, s. m. Petite ville du dép. de Seine-et-Marne, cant. de la Ferté-Gaucher, arr. de Coulommiers. = la Ferté-Gaucher. Papeteries.

JOVIAL, E, adj. sans pl. Joyeux, gaillard, ami de la joie, du plaisir: —, enjoué, plaisant; propos jovial.

JOVIALEMENT, adv. Joyeusement.

JOVILABE, s. m. Instrument d'astronomie pour observer la planète qu'on nomme Jupiter, et les satellites de cette planète.

JOYAU, s. m. Bijou, parure précieuse en or, pierreries; se dit surtout au pl.

JOYEUSE, s. f. Ville du dép. de l'Ardèche, chef-lieu de cant. de l'arr. de Largentière. Bur. d'enregist. et de poste.

JOYEUSEMENT, adv. Gaiement.

JOYEUSETÉ, s. f. Plaisanterie, mot pour rire. (Vi.)

JOYEUX, EUSE, adj. Qui éprouve de la joie, rempli de joie; personne, humeur joyeuse. —, qui fait naître de la joie; qui donne de la satisfaction; nouvelle joyeuse.

JOYEUX, s. m. Com. du dép. de l'Ain, cant. de Meximieux, arr. de Trévoux. = Meximieux.

JOZE, s. m. Com. du dép. du Puy-de-Dôme, cant. de Maringues, arr. de Thiers. = Maringues.

JOZERAND, s. m. Com. du dép. du Puy-de-Dôme, cant. de Combronde, arr. de Riom. = Aigueperse.

JOZO, s. m. Poisson du genre du gobie. T. d'hist. nat.

JU, s. m. Com. du dép. du Gers, cant. de Plaisance, arr. de Mirande. = Plaisance.

JUAN (St.-), s. m. Com. du dép. du Doubs, cant. et arr. de Baume. = Baume-les-Dames.

JUANULLE, s. f. Plante du Pérou. T. de bot.

JUAYE, s. m. Com. du dép. du Calvados, cant. de Balleroy, arr. de Bayeux. = Bayeux.

JUBAINVILLE, s. f. Com. du dép. des Vosges, cant. de Coussey, arr. de Neufchâteau. = Neufchâteau.

JUBARTE, s. f. Espèce de baleine sans dents. T. d'hist. nat.

JUBAUDIÈRE (la), s. f. Com. du dép. de Maine-et-Loire, cant. et arr. de Beaupréau. = Beaupréau.

JUBE, s. f. Crinière du lion.

JUBÉ, s. m. Sorte de tribune d'église en forme de galerie. Venir à —, se soumettre. Fig. et fam.

JUBÉCOURT, s. m. Com. du dép. de la Meuse, cant. de Clermont, arr. de Verdun. = Clermont.

JUBÉE, s. f. Palmier du Chili. T. de bot.

JUBILAIRE, adj. Se dit d'une personne qui a assisté aux offices du jubilé, et d'un profès reçu depuis cinquante ans.

JUBILATION, s. f. Réjouissance, bonne chère. T. fam.

JUBILÉ, s. m. Fête juive instituée par Moïse, et qui était célébrée de cinquante en cinquante ans avec la plus grande solennité, de telle sorte qu'alors chacun rentrait dans son héritage, et se trouvait quitte de ses dettes. —, indulgence plénière et solennelle, accordée par le pape; pratiques religieuses pour la mériter.

JUBILÉ, E, part. Pensionné, retraité, en parlant d'un domestique.

JUBILER, v. a. Pensionner un ancien domestique, et lui donner la moitié de ses gages pour le récompenser de ses services. T. inus. —, v. n. Se réjouir.

JUBIS, s. m. Raisins en grappes, séchés au soleil.

JUBLAINS, s. m. Com. du dép. de la Mayenne, cant. de Bais, arr. de Mayenne. = Mayenne.

JUCHÉ, E, adj. Se dit d'un cheval dont le boulet se porte tellement en avant qu'il marche sur la pince.

JUCHER, v. n. Se percher sur un bâton, une branche, pour dormir, en parlant des poules. Se —, v. pron. Se percher, se loger sous les toits d'une manière peu convenable. T. fam.

JUCHOIR ou **JUC**, s. m. Perchoir, poulailler.

JUDA, s. m. Petite ouverture au plancher d'une boutique pour voir ce qui s'y passe.

JUDAÏQUE, adj. Qui appartient aux Juifs, les concerne, leur est propre. Pierres —, pointes d'oursins pétrifiés. T. d'hist. nat.

JUDAÏSER, v. n. Admettre, suivre en quelques points les cérémonies judaïques.

JUDAÏSME, s. m. La religion juive.

JUDAÏTE, s. m. Juif républicain.

JUDAS, s. m. Apôtre qui vendit Jésus-Christ, et lui donna un baiser pour le désigner aux satellites qui vinrent l'arrêter. —, traître. Baiser de —, baiser perfide comme celui qui fut donné à Jésus-Christ. Poil de —, rouge. T. fam.

JUDÉE, s. f. Contrée d'Asie qui comprenait diverses provinces conquises par les Juifs à leur sortie d'Egypte. Elle fait aujourd'hui partie de la Syrie. Bitume de —, bitume qui se trouve à la surface de la mer morte. Arbre de —, arbre légumineux à fleurs rouges.

JUDELLE, s. f. Voy. FOULQUE.

JUDICANDE, s. f. Sujet d'une proposition. T. de log.

JUDICAT, s. m. (mot latin). Attribut d'une proposition. T. de log.

JUDICATEUR, s. m. Voy. COPULE. T. de log.

JUDICATOIRE, adj. Qui sert à juger. (Vi.)

JUDICATUM SOLVI, s. m. (mots latins). Caution que doit fournir un étranger, pour garantie des dépens auxquels il pourrait être condamné. T. de procéd.

JUDICATURE, s. f. Condition, état, fonction de juge, magistrature.

JUDICIAIRE, s. f. Faculté de juger; jugement, discernement.

JUDICIAIRE, adj. Qui appartient à l'administration de la justice; qui concerne la justice, est relatif à ses décisions. Genre —, l'un des trois genres d'éloquence relatif à l'accusation et à la défense des parties. T. de rhét. Astrologie —, voy. ASTROLOGIE.

JUDICIAIREMENT, adv. Dans les formes judiciaires, en justice.

JUDICIEUSEMENT, adv. Avec jugement, d'une manière judicieuse.

JUDICIEUX, EUSE, adj. Qui a une bonne judiciaire, un jugement sain. —, fait, dit avec discernement; réponse judicieuse.

JUDOCE (St.-), s. m. Com. du dép. des Côtes-du-Nord, cant. d'Evran, arr. de Dinan. = Dinan.

JUÉRY (St.-), s. m. Com. du dép. de l'Aveyron, cant. de St.-Sernin, arr. de St.-Affrique. = St.-Sernin.

JUÉRY (St.-), s. m. Com. du dép. de la Lozère, cant. de Fournel, arr. de Marvejols. = St.-Chély.

JUÉRY (St.-), s. m. Com. du dép. du Tarn, cant. de Villefranche, arr. d'Albi. = Albi.

JUGAL, s. m. Rameau de nerf qui se détache de la portion dure du nerf auditif. T. d'anat.

JUGAZAN, s. m. Com. du dép. de la Gironde, cant. de Branne, arr. de Libourne. = Castillon.

JUGE, s. m. Magistrat inamovible, légiste chargé de juger les contestations qui naissent entre particuliers, les procès criminels, etc. —, arbitre, appréciateur, estimateur. —, pl. Le septième livre de la Bible.

JUGÉ, E, part. Décidé, arrêté par un tribunal; apprécié, estimé.

JUGEABLE, adj. Qui peut être mis en jugement. T. inus.

JUGEALS, s. m. Com. du dép. de la Corrèze, cant. et arr. de Brive. = Brive.

JUGEMENT, s. m. Décision des juges prononcée en justice, sentence, arrêt. —, faculté de découvrir, de juger, de comparer, de discerner, d'apprécier les rapports qui existent entre diverses idées. —, avis, opinion, sentiment. — dernier, jugement annoncé par l'Ecriture sainte pour la fin du monde.

JUGER, v. a. et n. Prononcer un jugement, une sentence, un arrêt. —, apercevoir les rapports qui existent entre des idées ; discerner, apprécier, déterminer ces rapports. —, estimer, dire son sentiment, donner son avis ; augurer, pressentir, prévoir ; croire, penser ; comprendre, se figurer, se faire une idée ; jugez de ma surprise.

JUGÈRE, s. f. Ancienne mesure de terre.

JUGERIE, s. f. Charge, fonction de juge. (Vi.)

JUGEUR, s. m. Espèce de Georges Dandin qui a la manie de juger ; ignorant, qui juge, prononce sur tout sans réflexion.

JUGLANDÉES, s. f. pl. Espèces de térébinthacées, plantes. T. de bot.

JUGOLINE, s. f. Voy. SESAME. T. de bot.

JUGON, s. m. Ville du dép. des Côtes-du-Nord, chef-lieu de cant. de l'arr. de Dinan. Bur. d'enregist. = Broons.

JUGULAIRE, adj. Qui appartient à la gorge. Veines —, veines dont le tronc se trouve dans le cou. Glandes —, corps glanduleux qui entourent la gorge et le cou. —, s. f. La veine jugulaire. T. d'anat.

JUGULÉ, E, part. Egorgé, étranglé.

JUGULER, v. a. Egorger, étrangler. —, mettre à contribution, pressurer, vider la poche de quelqu'un, lui enlever tout son argent. T. fam.

JUGY, s. m. Com. du dép. de Saône-et-Loire, cant. de Sennecey, arr. de Chalons. = Sennecey-le-Grand.

JUICQ, s. m. Com. du dép. de la Charente-Inférieure, cant. de St.-Hilaire, arr. de St.-Jean-d'Angély. = St.-Jean-d'Angély.

JUIF, s. m. Com. du dép. de Saône-et-Loire, cant. de Montret, arr. de Louhans. = Louhans.

JUIF, IVE, s. Qui professe la loi de Moïse, le judaïsme. —, usurier, qui vend trop cher. Fig. et fam.

JUIGNAC, s. m. Com. du dép. de la Charente, cant. de Montmoreau, arr. de Barbezieux. = Blanzac.

JUIGNÉ, s. m. Com. du dép. de la Loire-Inférieure, cant. de St.-Julien-de-Vouvantes, arr. de Châteaubriant. = Châteaubriant.

JUIGNÉ-BÉNÉ, s. m. Com. du dép. de Maine-et-Loire, cant. et arr. d'Angers. = Angers.

JUIGNÉ-SUR-LOIRE, s. m. Com. du dép. de Maine-et-Loire, cant. des Ponts-de-Cé, arr. d'Angers. = Angers.

JUIGNÉ-SUR-SARTHE, s. m. Com. du dép. de la Sarthe, cant. de Sablé, arr. de la Flèche. = Sablé.

JUIGNETTE, s. f. Com. du dép. de l'Eure, cant. de Rugles, arr. d'Evreux. = Rugles.

JUILLAC, s. m. Com. du dép. de la Corrèze, chef-lieu de cant. de l'arr. de Brive. Bur. d'enregist. = Brive.

JUILLAC, s. m. Com. du dép. du Gers, cant. de Marciac, arr. de Mirande. = Mirande.

JUILLAC-LE-COQ, s. m. Com. du dép. de la Charente, cant. de Segonzac, arr. de Cognac. = Cognac.

JUILLACQ, s. m. Com. du dép. des Basses-Pyrénées, cant. de Lembeye, arr. de Pau. = Pau.

JUILLAGUËT, s. m. Com. du dép. de la Charente, cant. de la Valette, arr. d'Angoulême. = Angoulême.

JUILLAN, s. m. Com. du dép. des Hautes-Pyrénées, cant. d'Ossun, arr. de Tarbes. = Tarbes.

JUILLÉ, s. m. Com. du dép. de la Charente, cant. de Manles, arr. de Ruffec. = Aulnay.

JUILLÉ, s. m. Com. du dép. de la Sarthe, cant. de Beaumont, arr. de Mamers. = Beaumont.

JUILLÉ, s. m. Com. du dép. des Deux-Sèvres, cant. de Brioux, arr. de Melle. = Melle.

JUILLENAY, s. m. Com. du dép. de la Côte-d'Or, cant. de Saulieu, arr. de Semur. = Saulieu.

JUILLES, s. m. Com. du dép. du Gers, cant. de Gimont, arr. d'Auch. = Gimont.

JUILLET, s. m. Septième mois de l'année commune.

JUILLETTE (Ste.-), s. f. Com. du dép. de l'Aveyron, cant. de Cassagnes-Bégonhès, arr. de Rodez. = Rodez.

JUILLEY, s. m. Com. du dép. de la Manche, cant. de Ducey, arr. d'Avranches. = Avranches.

JUILLY, s. m. Com. du dép. de la Côte-d'Or, cant. et arr. de Semur. = Semur.

JUILLY, s. m. Com. du dép. de Seine-et-Marne, cant. de Dammartin, arr. de Meaux. = Dammartin.

Ce village possède une célèbre maison d'éducation.

JUIN, s. m. Sixième mois de l'année commune.

JUINE (la), s. f. Rivière couverte d'usines dont la source se trouve dans la com. d'Autruy, dép. du Loiret, et qui se jette dans l'Essonne au-dessous de la Ferté-Aleps.

JUIRE (St.-), s. m. Com. du dép. de la Vendée, cant. de Ste.-Hermine, arr. de Fontenay. = Ste.-Hermine.

JUIVERIE, s. f. Quartier d'une ville habitée par des juifs ; marché usuraire. T. fam.

JUJOLS-ET-FLASSA, s. m. Com. du dép. des Pyrénées-Orientales, cant. d'Olette, arr. de Prades. = Prades.

JUJUBE, s. m. Fruit doux et mucilagineux du jujubier, avec lequel on fait des pastilles pectorales.

JUJUBIER, s. m. Genre de rhamnoïdes, arbre épineux de la grandeur de l'olivier.

JUJURIEUX, s. m. Com. du dép. de l'Ain, cant. de Poncin, arr. de Nantua. = Pont-d'Ain.

JUL, s. m. Com. du dép. du Tarn, cant. de St.-Paul, arr. de Lavaur. = Lavaur.

JULE ou JULES, s. m. Prénom de César, empereur romain ; monnaie romaine, valant 30 c., à l'effigie de cet empereur. — ou iule, insecte, espèce de scolopendre.

JULEP, s. m. Potion médicinale.

JULIA (Ste.-), s. f. com. du dép. de la Haute-Garonne, cant. de Revel, arr. de Villefranche. = Revel.

JULIA-DE-BEC (Ste.-), s. f. Com. du dép. de l'Aude, cant. de Quillan, arr. de Limoux. = Quillan.

JULIANGES, s. f. Com. du dép. de la Haute-Loire, cant. de la Chaise-Dieu, arr. de Brioude. = Craponne.

JULIE (Ste.-), s. f. Com. du dép. de l'Ain, cant. de Lagnieu, arr. de Belley. = Ambérieux.

JULIEN (St.-), s. m. Espèce de prune, de poire.

JULIEN, NE, adj. Se dit d'un calendrier réformé par Jules-César. Ere —, qui date de cet empereur.

JULIEN (St.-), s. m. Com. du dép. des Basses-Alpes, cant. et arr. de Castellanne. = Castellanne.

JULIEN (St.-), s. m. Com. du dép. de l'Aube, cant. et arr. de Troyes. = Troyes.

JULIEN (St.-), s. m. Com. du dép. de la Charente-Inférieure, cant. et arr. de St.-Jean-d'Angély. = St.-Jean-d'Angély.

JULIEN (Val-St.-), s. m. Com. du dép. de la Côte-d'Or, cant. et arr. de Dijon. = Dijon.

JULIEN (St.-), s. m. Com. du dép. des Côtes-du-Nord, cant. et arr. de St.-Brieuc. = St.-Brieuc.

JULIEN (St.-), s. m. Com. du dép. de la Dordogne, cant. de Brantôme, arr. de Périgueux. = Bourdeille.

JULIEN (St.-), s. m. Com. du dép. du Doubs, cant. et arr. de Montbéliard. = Montbéliard.

JULIEN (St.-), s. m. Com. du dép. du Doubs, cant. de Russey, arr. de Montbéliard. = Montbéliard.

JULIEN (St.-), s. m. Com. du dép. de la Haute-Garonne, cant. de Rieux, arr. de Muret. = Saverdun.

JULIEN (St.-), s. m. Com. du dép. de l'Hérault, cant. d'Olargues, arr. de St.-Pons. = St.-Pons.

JULIEN (St.-), s. m. Com. du dép. de l'Isère, cant. de Crémieu, arr. de la Tour-du-Pin. = la Tour-du-Pin.

JULIEN (St.-), s. m. Com. du dép. de l'Isère, cant. de Beaurepaire, arr. de Vienne. = Beaurepaire.

JULIEN (St.-), s. m. Com. du dép. du Jura, chef-lieu de cant. de l'arr. de Lons-le-Saulnier. Bur. d'enregist. à St.-Amour. = St.-Amour.

JULIEN (St.-), s. m. Com. du dép. de la Vienne, chef-lieu de cant. de l'arr. de Poitiers, où est le bur. d'enregist. = Chauvigny

JULIEN (St.-), s. m. Com. du dép. des Vosges, cant. de la Marche, arr. de Neufchâteau. = la Marche.

JULIEN (St.-), s. m. Com. du dép. du Var, cant. de Ginasservis, arr. de Brignoles. = Barjols.

JULIEN (St.-), s. m. Com. du dép. de la Haute-Saône, cant. de Vitrey, arr. de Vesoul. = Cintrey.

JULIEN (St.-), s. m. Com. du dép. du Rhône, cant. et arr. de Villefranche. = Villefranche.

JULIEN (St.-), s. m. Com. du dép. de la Meuse, cant. et arr. de Commercy. = Commercy.

JULIEN (St.-), s. m. Com. du dép. de Loir-et-Cher, cant. de Montrichard, arr. de Blois. = Montrichard.

JULIEN (St.-), s. m. Com. du dép. de Loir-et-Cher, cant. de Mennetou, arr. de Romorantin. = Romorantin.

JULIEN (St.-), s. m. Com. du dép. de la Lozère, cant. de Blaymard, arr. de Mende. = Mende.

JULIEN (St.-), s. m. Com. du dép. des Landes, cant. de Gabarret, arr. de Mont-de-Marsan. = Dax.

JULIEN (St.-), s. m. Village du dép. de Lot-et-Garonne, cant. de Port-Ste.-Marie, arr. d'Agen. = Agen.

JULIEN (St.-), s. m. Village du dép. de Lot-et-Garonne, cant. de Puymirol, arr. d'Agen. = la Magistère.

JULIEN-AUX-BOIS (St.-), s. m. Com. du dép. de la Corrèze, cant. de Servière, arr. de Tulle. = Argentat.

JULIEN-BOUTIÈRES (St.-), s. m. Com. du dép. de l'Ardèche, cant. de St.-Martin-de-Valamas, arr. de Tournon. = le Chaylard.

JULIEN-CHAPTEUIL (St.-), s. m. Com. du dép. de la Haute-Loire, chef-lieu de cant. de l'arr. du Puy. Bur. d'enregist. = le Puy.

JULIEN-D'ANSE (St.-), s. m. Com. du dép. de la Haute-Loire, cant. de Craponne, arr. du Puy. = Craponne.

JULIEN-D'ARPAON (St.-), s. m. Com. du dép. de la Lozère, cant. de Barre, arr. de Florac. = Florac.

JULIEN-DE-BRIOLA (St.-), s. m. Com. du dép. de l'Aude, cant. de Fanjeaux, arr. de Castelnaudary. = Castelnaudary.

JULIEN-DE-CASTELNAUD (St.-), s. m. Com. du dép. de la Dordogne, cant. de Domme, arr. de Sarlat. = Sarlat.

JULIEN-DE-CHAZOT (St.-), s. m. Com. du dép. de la Haute-Loire, cant. de Langeac, arr. de Brioude. = Langeac.

JULIEN-DE-CIVRY (St.-), s. m. Com. du dép. de Saône-et-Loire, cant. et arr. de Charolles. = Charolles.

JULIEN-DE-CONCELLES (St.-), s. m. Com. du dép. de la Loire-Inférieure, cant. du Loroux, arr. de Nantes. = Nantes.

JULIEN-DE-COPEL (St.-), s. m. Com. du dép. du Puy-de-Dôme, cant. de Billom, arr. de Clermont. = Billom.

JULIEN-DE-CRAY (St.-), s. m. Com. du dép. de Saône-et-Loire, cant. de Semur, arr. de Charolles. = Marcigny.

JULIEN-DE-CREMPSE (St.-), s. m. Com. du dép. de la Dordogne, cant. de Villamblard, arr. de Bergerac. = Bergerac.

JULIEN-DE-FAYRET (St.-), s. m. Village du dép. de l'Aveyron, cant. de Vezin, arr. de Milhau. = Sévérac.

JULIEN-DE-GAIX (St.-), s. m. Village du dép. du Tarn, cant. de Labruguière, arr. de Castres. = Castres.

JULIEN-DE-GRAS-CAPON (St.-), s. m. Com. du dép. de l'Ariége, cant. de Mirepoix, arr. de Pamiers. = Mirepoix.

JULIEN-DE-LA-LIÈGUE (St.-), s. m. Com. du dép. de l'Eure, cant. de Gaillon, arr. de Louviers. = Gaillon.

JULIEN-DE-LAMPON (St.-), s. m. Com. du dép. de la Dordogne, cant. de Carlux, arr. de Sarlat. = Sarlat.

JULIEN-DE-LA-NEF (St.-), s. m. Com. du dép. du Gard, cant. de Sumène, arr. du Vigan. = le Vigan.

JULIEN-DE-MAILLOC (St.-), s. m. Com. du dép. du Calvados, cant. d'Orbec, arr. de Lisieux. = Orbec.

JULIEN-DE-MALMONT (St.-), s. m. Village du dép. de l'Aveyron, cant. de Conques, arr. de Rodez. = Rodez.

JULIEN-D'EMPARE (St.-), s. m. Com. du dép. de l'Aveyron, cant. d'Asprières, arr. de Villefranche. = Riguac.

JULIEN-DE-PEYROLAS (St.-), s. m. Com. du dép. du Gard, cant. du Pont-St.-Esprit, arr. d'Uzès. = le Pont-St.-Esprit.

JULIEN-DE-PIGANIOL (St.-), s. m. Com. du dép. de l'Aveyron, cant. d'Aubin, arr. de Villefranche. = Riguac.

JULIEN-DE-PRADOUX (St.-), s. m. Com. du dép. du Tarn, cant. de Valence, arr. d'Albi. = Albi.

JULIEN-DE-RATZ (St.-), s. m. Com. du dép. de l'Isère, cant. de Voiron, arr. de Grenoble. = Grenoble.

JULIEN-DE-REIGNAC (St.-), s. m. Com. du dép. de la Gironde, cant. de Pauillac, arr. de Lesparre. = St.-Laurent.

JULIEN-DE-RODELLE (St.-), s. m. Village du dép. de l'Aveyron, cant. de Bozouls, arr. de Rodez. = Rodez.

JULIEN-DES-DOUTES (St.-), s. m. Village du dép. de Tarn-et-Garonne, cant. de Montpezat, arr. de Montauban. = Montauban.

JULIEN-DES-LANDES (St.-), s. m. Com. du dép. de la Vendée, cant. de la Mothe, arr. des Sables-d'Olonne. = la Mothe-Achard.

JULIEN-DES-POINTS (St.-), s. m. Com. du dép. de la Lozère, cant. de St.-Germain-de-Calberte, arr. de Florac. = Villefort.

JULIEN-DE-THIVES (St.-), s. m. Village du dép. de l'Indre, cant. et arr. de la Châtre. = la Châtre.

JULIEN-DE-TOURSAC (St.-), s. m. Com. du dép. du Cantal, cant. de Maurs, arr. d'Aurillac. = Maurs.

JULIEN-DE-VALGALGUES (St.-), s. m. Com. du dép. du Gard, cant. de St.-Martin-de-Valgalgues, arr. d'Alais. = Alais.

JULIEN-DE-VOUVANTES (St.-), s. m. Com. du dép. de la Loire-Inférieure, chef-lieu de cant. de l'arr. de Châteaubriant. Bur. d'enregist. et de poste à Châteaubriant.

JULIEN-D'EYMET (St.-), s. m. Com. du dép. de la Dordogne, cant. d'Eymet, arr. de Bergerac. = Bergerac.

JULIEN-DU-GUA (St.-), s. m. Com. du dép. de l'Ardèche, cant. de St.-Pierreville, arr. de Privas. = Privas.

JULIEN-DU-PINET (St.-), s. m. Com. du dép. de la Haute-Loire, cant. et arr. d'Yssingeaux. = Yssingeaux.

JULIEN-DU-PUY (St.-), s. m. Com. du dép. du Tarn, cant. de Lautrec, arr. de Castres. = Castres.

JULIEN-DU-SAULT (St.-), s. m. Com. du dép. de l'Yonne, chef-lieu de cant. de l'arr. de Joigny. Bur. d'enregist. à Villeneuve-le-Roi. = Villeneuve-le-Roi. Manuf. de draps, d'acier poli, etc.

JULIEN-DU-SERRE (St.-), s. m. Com. du dép. de l'Ardèche, cant. d'Aubenas, arr. de Privas. = Aubenas.

JULIEN-EN-BEAUCHÈNE (St.-), s. m. Com. du dép. des Hautes-Alpes, cant. d'Aspres-les-Veynes, arr. de Gap. = Veynes.

JULIEN-EN-BORNE (St.-), s. m. Com. du dép. des Landes, cant. de Castets, arr. de Dax. = Dax.

JULIEN-EN-CHAMPSAUR (St.-), s. m. Com. du dép. des Hautes-Alpes, cant. de St.-Bonnet, arr. de Gap. = Gap.

JULIEN-EN-QUINT (St.-), s. m. Com. du dép. de la Drôme, cant. et arr. de Die. = Die.

JULIEN-EN-ST.-ALBAN (St.-), s. m. Com. du dép. de l'Ardèche, cant. de Chomérac, arr. de Privas. = Privas.

JULIEN-EN-VERCORS (St.-), s. m. Com. du dép. de la Drôme, cant. de la Chapelle-Vercors, arr. de Die. = St.-Marcellin.

JULIEN-LA-BROUSSE (St.-), s. m. Com. du dép. de l'Ardèche, cant. du Chaylard, arr. de Tournon. = le Chaylard.

JULIEN-LA-GENESTE (St.-), s. m. Com. du dép. du Puy-de-Dôme, cant. de St.-Gervais, arr. de Riom. = Montaigut.

JULIEN-LA-GENÈTE (St.-), s. m. Com. du dép. de la Creuse, cant. d'Evaux, arr. d'Aubusson. = Chambon.

JULIEN-LE-CHÂTEL (St.-), s. m. Com. du dép. de la Creuse, cant. de Chambon, arr. de Boussac. = Chénerailles.

JULIEN-LE-FAUCON (St.-), s. m. Com. du dép. du Calvados, cant. de Mézidon, arr. de Lisieux. = Lisieux.

JULIEN-LE-PELLERIN (St.-), s. m. Com. du dép. de la Corrèze, cant. de Mercœur, arr. de Tulle. = Argentat.

JULIEN-LE-PETIT (St.-), s. m. Com. du dép. de la Haute-Vienne, cant. d'Eymoutiers, arr. de Limoges. = St.-Léonard.

JULIEN-LE-ROUX (St.-), s. m. Com. du dép. de l'Ardèche, cant. de Vernoux, arr. de Tournon. = Vernoux.

JULIEN-LES-GORZE (St.-), s. m. Com. du dép. de la Moselle, cant de Gorze, arr. de Metz. = Metz.

JULIEN-LES-METZ (St.-), s. m. Com. du dép. de la Moselle, cant. et arr. de Metz. = Metz.

JULIEN-LE-VENDOMOIS (St.-), s. m. Com. du dép. de la Corrèze, cant. de Lubersac, arr. de Brive. = Uzerche.

JULIEN-MOLHESABATE (St.-), s. m. Com. du dép. de la Haute-Loire, cant. de Montfaucon, arr. d'Yssingeaux. = Yssingeaux.

JULIEN-MOMONT (St.-), s. m. Com. du dép. de la Corrèze, cant de Meyssac, arr. de Brive. = Brive.

JULIENNE, s. f. Potage composé de plusieurs sortes de légumes; plante du genre des crucifères, très voisine des giroflées. —, poisson de mer. Voy. LINGUE.

JULIENNE, s. f. Com. du dép. de la Charente, cant. de Jarnac, arr. de Cognac. = Jarnac.

JULIENNE (Ste.-), s. f. Village du dép. de la Haute-Garonne, cant. de Rieux, arr. de Muret. = Rieux.

JULIEN-PRÈS-BORT (St.-), s. m. Com. du dép. de la Corrèze, cant. de Bort, arr. d'Ussel. = Bort.

JULIEN-PUY-LA-VEZE (St.-), s. m. Com. du dép. du Puy-de-Dôme, cant. du Bourg-Lastic, arr. de Clermont. = Tauves.

JULIEN-SUR-BIBOST (St.-), s. m. Com. du dép. du Rhône, cant de l'Arbresle, arr. de Lyon. = l'Arbresle.

JULIEN-SUR-CALONNE (St.-), s. m. Com. du dép. du Calvados, cant. de Blangy, arr. de Pont-l'Evêque. = Pont-l'Evêque.

JULIEN-SUR-D'HEUNE (St.-), s. m. Com. du dép. de Saône-et-Loire, cant. de Couches, arr. d'Autun. = Couches.

JULIEN-SUR-REYSSOUZE (St.-), s. m. Com. du dép. de l'Ain, cant. de St.-Trivier-de-Courtes, arr. de Bourg. = Pont-de-Vaux.

JULIEN-SUR-SARTHE (St.-), s. m. Com. du dép. de l'Orne, cant. de Pervenchères, arr. de Mortagne. = le Mêle.

JULIEN-SUR-VEYLE (St.-), s. m. Com. du dép. de l'Ain, cant. de Châtillon, arr. de Trévoux.=Châtillon-les-Dombes.

JULIEN-VOCANCE (St.-), s. m. Com. du dép. de l'Ardèche, cant. d'Annonay, arr. de Tournon. = Annonay.

JULIETTE (Ste.-), s. f. Com. du dép. de Tarn-et-Garonne, cant. de Lauzerte, arr. de Moissac. = Lauzerte.

JULITE (Ste.-), s. f. Com. du dép. d'Indre-et-Loire, cant. de Pressigny-le-Grand, arr. de Loches. = Loches.

JULLÉNIAS, s. m. Com. du dép. du Rhône, cant. de Beaujeu, arr. de Villefranche. = Beaujeu.

JULLIAC, s. m. Com. du dép. de la Gironde, cant. de Pujols, arr. de Libourne. = Castillon.

JULLIANGES, s. f. Com. du dép. de la Lozère, cant. de Malzieu-Ville, arr. de Marvejols.=St.-Chély.

JULLIÉ, s. m. Com. du dép. du Rhône, cant. de Beaujeu, arr. de Villefranche. = Beaujeu.

JULLIEN (St.-), s. m. Village du dép. de l'Aube, cant. de Marcilly-le-Hayer, arr. de Nogent. = Nogent-sur-Seine.

JULLIEN-D'ASSE (St.-), s. m. Com. du dép. des Basses-Alpes, cant. de Mezel, arr. de Digne. = Digne.

JULLIEN-DE-CASSAGNAS (St.-), s. m. Com. du dép. du Gard, cant. de St.-Ambroix, arr. d'Alais. = St.-Ambroix.

JULLIEN-D'ODDES (St.-), s. m. Com. du dép. de la Loire, cant. de St.-Germain-Laval, arr. de Roanne.=Roanne.

JULLIEN-DU-TERROUX (St.-), s. m. Com. du dép. de la Mayenne, cant. de Lassay, arr. de Mayenne. = le Ribay.

JULLIEN-EN-JARRET (St.-), s. m. Com. du dép. de la Loire, cant. de St.-Chamond, arr. de St.-Etienne. = St.-Chamond.

JULLIEN-LA-VÊTRE (St.-), s. m. Com. du dép. de la Loire, cant. de Noirétable, arr. de Montbrison. = Thiers.

JULLIEN-MOLIN-MOLETTE (St.-), s. m. Com. du dép. de la Loire, cant. de Bourg-Argental, arr. de St.-Etienne. = Annonay.

JULLY, s. m. Com. du dép. de l'Yonne, cant. d'Ancy, arr. de Tonnerre.=Ancy-le-Franc.

JULLY-LÈS-BUXY, s. m. Com. du dép. de Saône-et-Loire, cant. de Buxy, arr. de Châlons. = Buxy.

JULLY-SUR-SARCE, s. m. Com. du dép. de l'Aube, cant. et arr. de Bar-sur-Seine. = Bar-sur-Seine.

JULOS, s. m. Com. du dép. des Hautes-Pyrénées, cant. de Lourdes, arr. d'Argelès. = Lourdes.

JULVÉCOURT, s. m. Com. du dép. de la Meuse, cant. de Souilly, arr. de Verdun. = Clermont-en-Argonne.

JUMARAS, s. m. Taffetas des Indes.

JUMART, s. m. Mulet engendré, soit par l'accouplement d'un taureau avec une jument ou une ânesse, soit par celui d'un cheval ou d'un âne avec une vache.

JUMEAU, ELLE, s. et adj. Se dit de deux ou plusieurs enfans nés d'une même couche, et de deux fruits joints ensemble. Petits —, pl. Nom d'une paire de petits muscles situés entre la tubérosité de l'ischion et le grand trochanter. Grands —. Voy. GASTROCNÉMIENS. T. d'anat. —, alambics réunis. T. de chim.

JUMEAUVILLE, s. f. Com. du dép. de Seine-et-Oise, cant. et arr. de Mantes. = Maulle.

JUMEAUX, s. m. pl. Com. du dép. du Puy-de-Dôme, chef-lieu de cant. de l'arr. d'Issoire. Bur. d'enregist. à St.-Germain-Lembron. = Lempde.

JUMEAUX (les), s. m. pl. Com. du dép. des Deux-Sèvres, cant. de St.-Loup, arr. de Parthenay. = Airvault.

JUMEL, s. m. Com. du dép. de la Somme, cant. d'Ailly-sur-Noye, arr. de Mont-Didier. = Amiens.

JUMELÉ, E, part. Fortifié avec des jumelles. —, adj. Formé de deux jumelles. T. de blas.

JUMELER, v. a. Appuyer, fortifier avec des jumelles.

JUMELLE, s. f. Pièce d'artillerie. —, pl. Pièces de bois parallèles servant d'appui; fusées adossées. —, outils, machines doubles et semblables de tout point. T. d'arts et mét. —, petites fasces parallèles. T. de blas.

JUMELLE, s. f. Com. du dép. de Maine-et-Loire, cant. de Longué, arr. de Baugé. = Beaufort.

JUMELLES, s. f. Com. du dép. de l'Eure, cant. de St.-André, arr. d'Evreux. = Evreux.

JUMELLIÈRE (la), s. f. Com. du dép. de Maine-et-Loire, cant. de Chemillé, arr. de Beaupréau. = Chemillé.

JUMENCOURT, s. m. Com. du dép. de l'Aisne, cant. de Coucy-le-Château, arr. de Laon. = Coucy-le-Château.

JUMENT, s. f. Cavale, femelle du cheval; machine pour la fabrication des monnaies.

JUMIÈGES, s. f. Com. du dép. de la

Seine-Inférieure, cant. de Duclair, arr. de Rouen. = Rouen.

JUMIGNY, s. m. Com. du dép. de l'Aisne, cant. de Craonne, arr. de Laon. = Fismes.

JUMILLAC-DE-COLE, s. m. Com. du dép. de la Dordogne, cant. de Champagne-de-Belair, arr. de Nontron. = Thiviers.

JUMILLAC-LE-GRAND, s. m. Com. du dép. de la Dordogne, chef-lieu de cant. de l'arr. de Nontron. Bur. d'enregist. = Thiviers.

JUMPERS, s. m. pl. Espèce de convulsionnaires du pays de Galles.

JUNAC, s. m. Com. du dép. de l'Ariège, cant. de Tarascon, arr. de Foix. = Tarascon.

JUNAS, s. m. Com. du dép. du Gard, cant. de Sommières, arr. de Nismes. = Sommières.

JUNAY, s. m. Com. du dép. de l'Yonne, cant. et arr. de Tonnerre. = Tonnerre.

JUNCAGO, s. m. Plante aquatique. T. de bot.

JUNCALAS, s. m. Com. du dép. des Hautes-Pyrénées, cant. de Lourdes, arr. d'Argelès. = Lourdes.

JUNGIE, s. f. Plante de l'Amérique méridionale; arbrisseau des îles de la mer du Sud. T. de bot.

JUNHAC, s. m. Com. du dép. du Cantal, cant. de Montsalvy, arr. d'Aurillac. = Aurillac.

JUNIA, s. m. Sorte de raisin précoce, verdâtre.

JUNIEN (St.-), s. m. Petite ville du dép. de la Haute-Vienne, chef-lieu de cant. de l'arr. de Rochechouart. Bur. d'enregist. et de poste.
Manuf. de serges, gants de peau; comm. de chevaux et de mulets.

JUNIEN-LA-BRUGÈRES (St.-), s. m. Com. du dép. de la Creuse, cant. de Royère, arr. de Bourganeuf. = Bourganeuf.

JUNIEN-LES-COMBES-ET-LAGUZET (St.-), s. m. Com. du dép. de la Haute-Vienne, cant. et arr. de Bellac. = Bellac.

JUNIES (les), s. f. pl. Com. du dép. du Lot, cant. de Catus, arr. de Cahors. = Castelfranc.

JUNIPER, s. m. Arbre d'Arabie qui produit l'encens.

JUNIVILLE, s. f. Com. du dép. des Ardennes, chef-lieu de cant. de l'arr. de Rethel. Bur. d'enregist. = Rethel. Fab. d'étoffes de laine.

JUNON, s. f. Fille de Saturne et de Rhée, sœur et épouse de Jupiter, reine des Dieux. Cette déesse était fière, jalouse et vindicative; elle présidait aux mariages et aux accouchemens, sous le nom de Lucine. T. de myth. —, planète entre Vesta et Cérès. T. d'astr.

JUNTE, s. f. Conseil supérieur en Espagne, conseil de régence dans les cas extraordinaires; junte de Cadix, de Navarre.

JUPE, s. f. Partie du vêtement des femmes qui prend à la ceinture et descend plus ou moins bas selon la mode.

JUPILLE, s. f. Com. du dép. de la Sarthe, cant. de Château-du-Loir, arr. de St.-Calais. = Château-du-Loir.

JUPITER, s. m. Fils de Saturne et de Rhée, le maître du tonnerre, le plus puissant des Dieux. On le représente tenant la foudre à la main, assis sur un aigle, oiseau qu'il affectionnait et protégeait. On lui éleva des temples partout l'univers, en ajoutant à son nom celui du lieu où ces temples étaient construits. Ainsi, les Egyptiens le nommèrent Jupiter-Ammon; mais son véritable surnom était Olympien, parce qu'on s'imaginait qu'il demeurait sur le sommet du Mont-Olympe avec toute la cour céleste. T. de myth. —, planète entre Mars et Saturne. T. d'astr.

JUPON, s. m. Jupe de dessous, plus courte que celle de dessus.

JURA, s. m. Chaîne de montagnes parallèles aux Alpes, qui s'étend depuis l'extrémité méridionale du dép. de l'Ain jusqu'à celui du Haut-Rhin et sépare la Suisse de la France.

JURA, s. m. (dép. du). Ce dép. est formé de la ci-devant province de Franche-Comté. Chef-lieu de préf., Lons-le-Saulnier; quatre arr. de sous-préf. : St.-Claude, Dôle, Lons-le Saulnier et Poligny; 32 cant. ou justices de paix; 707 com. Pop. 310,280 hab. environ. Cour royale à Besançon; diocèse de St.-Claude; de la 6e divis. milit.; 5e divis. des ponts-et-chaussées; 4e divis. des mines; direct. de l'enregist. et des domaines de 3e classe et du 8e arr. forestier. Il est borné au N. par le dép. de la Haute-Saône, au N.-E. par celui du Doubs, à l'E. par la Suisse, au S. par le dép. de l'Ain, et à l'O. par ceux de Saône-et-Loire et de la Côte-d'Or.

Le dép. du Jura, dont la plus grande partie du territoire est couverte de montagnes, est généralement peu fertile et ne fait pas des récoltes suffisantes pour sa consommation; mais il trouve une compensation dans la richesse de ses pâturages où l'on élève beaucoup de gros bétail et de chevaux. C'est dans les montagnes du Jura que se fabrique le fromage de gruyère. Voici un aperçu des productions de ce dép. Outre les céréales, il récolte chanvre, navette, noix, fruits, vins, bois, pâturages, plantes médicinales. On y trouve une très grande quantité de gibier, du poisson de lac et de rivière, truites saumonées, écrevisses, etc.; chevaux, mulets, bêtes à cornes, volailles, abeilles, etc.; mines de fer très productives, houillères, carrières de marbre, d'albâtre, plâtre, pierres à chaux; sources d'eaux salées exploitées à Salins et Lons-le-Saulnier; manuf. considérables de toutes sortes d'ouvrages en corne, os, ivoire, écaille, buis, etc., d'horloges de bois; fabr. de gros draps, de toiles, mouchoirs; acides minéraux, sel, futailles, acier, faulx; forges, fonderies, clouteries de toute espèce; nombreuses tuileries, papeteries et tanneries. Comm. de grains, vins, eaux-de-vie, miel, bois, planches de sapin, chanvre, huile de navette; ouvrages au tour, tabletterie et horlogerie. Les principales rivières qui l'arrosent sont : le Doubs, l'Ain, la Clause, la Loue, la Crossane, le Tacon et le canal du Rhône au Rhin.

JURABLE, adj. Pour lequel on devait le serment de fidélité; fief jurable. T. de droit féod.

JURABLETÉ, s. f. Droit d'exiger le serment de fidélité. (Vi.)

JURADE, s. f. Charge pour l'investiture de laquelle on était tenu de prêter serment au suzerain. (Vi.)

JURANÇON, s. m. Com. du dép. des Basses-Pyrénées, cant. et arr. de Pau. = Pau.

Le territoire de cette com. produit d'excellens vins, connus sous le nom de vins de Jurançon.

JURANDE, s. f. Charge de juré dans un corps de métier; temps durant lequel on exerçait cette charge; le corps des jurés.

JURANVILLE, s. f. Com. du dép. du Loiret, cant. de Beaune, arr. de Pithiviers. = Bois-Commun.

JURAT, s. m. Membre du corps des échevins de la ville de Bordeaux.

JURATOIRE, adj. f. Se dit du serment fait en justice de représenter sa personne ou une chose quelconque; caution juratoire. T. de procéd.

JURÉ, s. m. Membre d'un jury de jugement institué par la loi et désigné par le sort, pour l'appréciation des faits. — syndic, officier d'une communauté qui veille à l'exécution des statuts.

JURÉ, E, part. Affirmé par serment. —, adj. Qui faisait le serment voulu pour la maîtrise, qui était reçu; chirurgien juré, perruquier juré. Ennemi —, implacable, irréconciliable.

JURE (St.-), s. m. Com. du dép. de la Moselle, cant. de Verny, arr. de Metz. = Metz.

JURÉ, s. m. Com. du dép. de la Loire, cant. de St.-Just-en-Chevalet, arr. de Roanne. = Roanne.

JUREMENT, s. m. Serment fait en vain, sans nécessité. —, blasphème, imprécation.

JURER, v. a. et n. Faire un serment; affirmer, confirmer, ratifier par serment. —, proférer des juremens, blasphémer. — par, invoquer l'appui, l'exemple, le témoignage de. —, contraster désagréablement, en parlant des choses. —, rendre un son aigre, discordant, en parlant d'un instrument de musique.

JUREUR, s. m. Blasphémateur; charretier qui jure souvent par habitude, par emportement ou par grossièreté.

JURI ou JURY, s. m. Institution constitutionnelle qui offre une sorte de garantie de la liberté individuelle, de la liberté de la presse, etc. — d'accusation, composé de juges qui déclarent s'il y a lieu ou non à accusation. — de jugement, composé de citoyens désignés par le sort pour prononcer par oui et par non sur les faits compris dans un acte d'accusation.

JURIDICIANT, s. m. Magistrat, juge. (Vi.)

JURIDICIÉ, E, adj. Se dit d'une personne à laquelle on a fait rendre justice. (Vi.)

JURIDICTION, s. f. Pouvoir, compétence, attributions du juge, d'un tribunal; ressort, étendue de ce pouvoir.

JURIDICTIONNEL, LE, adj. Qui appartient à la juridiction.

JURIDIQUE, adj. Qui appartient à l'administration de la justice, aux formes judiciaires.

JURIDIQUEMENT, adv. D'une manière juridique.

JURIGNAC, s. m. Com. du dép. de la Charente, cant. de Blanzac, arr. d'Angoulême. = Blanzac.

JURISCONSULTE, s. m. Légiste, avocat consultant. Voy. AVOCAT.

JURISPRUDENCE, s. f. Science du droit. —, manière d'entendre, d'interpréter, d'appliquer les lois, en parlant d'un tribunal; jurisprudence du tribunal de cassation. —, corps, esprit des lois d'un pays.

JURISTE, s. m. Auteur qui a écrit sur les matières de droit, jurisconsulte.

JURON, s. m. Façon particulière de jurer, de proférer des juremens. T. fam.

JURQUES, s. f. Com. du dép. du Calvados, cant. d'Aunay, arr. de Vire. = Aunay-sur-Odon.

JURS, s. m. Com. du dép. des Basses-Alpes, cant. de Riez, arr. de Digne. = Riez.

JURSON (St.-), s. m. Com. du dép. des Basses-Alpes, cant. de Mezel, arr. de Digne. = Digne.

JURVIELLE, s. f. Com. du dép. de la Haute-Garonne, cant. de Bagnères, arr. de St.-Gaudens. = Bagnères-de-Luchon.

JURY, s. m. Com. du dép. de la Moselle, cant. de Verny, arr. de Metz. = Metz.

JUS, s. m. Suc qu'on tire d'une chose, en la pressurant ou la faisant bouillir.

JUSANT, s. m. Reflux de la marée. T. de mar.

JUSANVIGNY, s. m. Com. du dép. de l'Aube, cant. de Soulaines, arr. de Bar-sur-Aube. = Brienne.

JUSCORPS, s. m. Com. du dép. des Deux-Sèvres, cant. de Prahecq, arr. de Niort. = Niort.

JUSÉE, s. f. Eau emprégnée des sels contenus dans la tannée. T. de tann.

JUSIX, s. m. Com. du dép. de Lot-et-Garonne, cant. de Meilhan, arr. de Marmande. = Marmande.

JUSQUE ou JUSQUES, prép. de temps, de lieu, qui désigne un terme au-delà duquel on ne passe pas; jusqu'à midi; jusqu'à Pantin. —, même; on doit aimer jusqu'à ses ennemis.

JUSQUIAME, s. f. Plante, espèce de solanée dont le fruit, ressemblant à une fève, donne des convulsions aux porcs.

JUSSAN, s. m. Com. du dép. du Cantal, cant. et arr. d'Aurillac. = Aurillac.

JUSSARUPT, s. m. Com. du dép. des Vosges, cant. de Corcieux, arr. de St.-Dié. = Bruyères.

JUSSAS, s. m. Com. du dép. de la Charente-Inférieure, cant. de Montendre, arr. de Jonzac. = Montendre.

JUSSAT, s. m. Com. du dép. du Puy-de-Dôme, cant. de Randon, arr. de Riom. = Clermont-Ferrand.

JUSSECOURT, s. m. Com. du dép. de la Marne, cant. de Heiltz-le-Maurupt, arr. de Vitry. = Vitry-le-Français.

JUSSEY, s. m. Petite ville du dép. de la Haute-Saône, chef-lieu de cant. de l'arr. de Vesoul. Bur. d'enregist. et de poste.

JUSSIE, s. f. Genre de plantes épilobiennes. T. de bot.

JUSSION, s. f. Commandement, ordre scellé. Lettre de —, commandement fait par le roi aux cours supérieures de revenir sur leurs décisions.

JUSSY, s. m. Com. du dép. de l'Aisne, cant. de St.-Simon, arr. de St.-Quentin. = Chauny.

JUSSY, s. m. Com. du dép. de la Moselle, cant. de Gorze, arr. de Metz. = Metz.

JUSSY, s. m. Com. du dép. de l'Yonne, cant. de Coulange-la-Vineuse, arr. d'Auxerre. = Auxerre.
Cette com. est riche en vins d'une excellente qualité.

JUSSY-CHAMPAGNE, s. m. Com. du dép. du Cher, cant. de Baugy, arr. de Bourges. = Dun-le-Roi.

JUSSY-LE-CHAUDRIER, s. m. Com. du dép. du Cher, cant. de Sancergues, arr. de Sancerre. = la Charité.

JUST (St.-), s. m. Com. du dép. de l'Ain, cant. et arr. de Bourg. = Bourg.

JUST (St.-), s. m. Com. du dép. de l'Ardèche, cant. de Bourg-St.-Andéol, arr. de Privas. = Bourg-St.-Andéol.

JUST (St.-), s. m. Com. du dép. de l'Aveyron, cant. de Naucelle, arr. de Rodez. = Rodez.

JUST (St.-), s. m. Com. du dép. du Cantal, cant. de Ruines, arr. de St.-Flour. = St.-Flour.

JUST (St.-), s. m. Com. du dép. de la Charente-Inférieure, cant. et arr. de Marennes. = Marennes.

JUST (St.-), s. m. Com. du dép. du Cher, cant. de Levet, arr. de Bourges. = Bourges.

JUST (St.-), s. m. Com. du dép. de la Dordogne, cant. de Montagrier, arr. de Ribérac. = Bourdeilles.

JUST (St.-), s. m. Com. du dép. de l'Eure, cant. de Vernon, arr. d'Evreux. = Vernon.

JUST (St.-), s. m. Com. du dép. de l'Hérault, cant. de Lunel, arr. de Montpellier. = Lunel.

JUST (St.-), s. m. Com. du dép. d'Ille-et-Vilaine, cant. de Pipriac, arr. de Redon. = Redon.

JUST (St.-), s. m. Com. du dép. de la Marne, cant. d'Anglure, arr. d'Epernay. = les Granges.

JUST (St.-), s. m. Com. du dép. de Lot-et-Garonne, cant. de Penne, arr. de Villeneuve. = Villeneuve-d'Agen.

JUST (St.-), s. m. Com. du dép. des

Basses-Pyrénées, cant. d'Iholdy, arr. de Mauléon. = St.-Palais.

JUST (St.-), s. m. Com. du dép. de Seine-et-Marne, cant. de Nangis, arr. de Provins. = Nangis.

JUST (St.-), s. m. Com. du dép. de la Seine-Inférieure, cant. de Bacqueville, arr. de Dieppe. = Bacqueville.

JUST (St.-), s. m. Com. du dép. de la Haute-Vienne, cant. et arr. de Limoges. = Limoges.

JUSTAUCORPS, s. m. Vêtement d'homme qui serre le corps.

JUST-D'AVRAY (St.-), s. m. Com. du dép. du Rhône, cant. de Bois-d'Oingt, arr. de Villefranche. = Villefranche.

JUST-DE-BAFFIE (St.-), s. m. Com. du dép. du Puy-de-Dôme, cant. de Viverols, arr. d'Ambert. = Ambert.

JUST-DE-BELENGARD (St.-), s. m. Com. du dép. de l'Aude, cant. de Quillan, arr. de Limoux. = Limoux.

JUST-DE-CLAIX (St.-), s. m. Com. du dép. de l'Isère, cant. de Pont-en-Royans, arr. de St.-Marcellin. = St.-Marcellin.

JUST-DES-MARAIS (St.-), s. m. Com. du dép. de l'Oise, cant. et arr. de Beauvais. = Beauvais.

JUST-DES-VERCHETS (St.-), s. m. Village du dép. de Maine-et-Loire, cant. de Doué, arr. de Saumur. = Doué.

JUSTE, s. m. Homme vertueux, religieux, équitable, probe. —, habillement de villageoise. —, adj. Conforme à la justice, au droit, à l'équité, à la raison; qui agit selon les lois de la plus exacte probité. —, légitime; sa demande est juste. —, mérité; juste châtiment. —, qui a la justesse convenable; mesure juste. —, étroit; habit juste. —, adv. Avec justesse; convenablement, comme il faut. —, précisément, à point nommé, à propos. Au —, justement, précisément.

JUSTEMENT, adv. Avec justice, avec raison. —, juste, au juste, précisément, à point nommé.

JUST-EN-BAS (St.-), s. m. Com. du dép. de la Loire, cant. de St.-Georges-en-Couzau, arr. de Montbrison.=Montbrison.

JUST-EN-CHAUSSÉE (St.-), s. m. Petite ville du dép. de l'Oise, chef-lieu de cant. de l'arr. de Clermont. Bur. d'enregist. et de poste.

JUST-EN-CHEVALET (St.-), s. m. Com. du dép. de la Loire, chef-lieu de cant. de l'arr. de Roanne. Bur. d'enregist. = Roanne.

JUSTESSE, s. f. Proportion, régularité; exactitude, précision.

JUST-ET-CHALEYSSIN (St.-), s. m. Com. du dép. de l'Isère, cant. d'Heyrieu, arr. de Vienne. = Vienne.

JUST-ET-LE-BEZU (St.-), s. m. Com. du dép. de l'Aude, cant. d'Alaigne, arr. de Limoux. = Limoux.

JUST-ET-VACQUIÈRES (St.-), s. m. Com. du dép. du Gard, cant. de Vézénobres, arr. d'Alais. = Alais.

JUSTIAN (St.-), s. m. Com. du dép. du Gers, cant. de Valence, arr. de Condom. = Vic-Fézensac.

JUSTICE, s. f. Thémis, divinité allégorique, fille de Jupiter et d'Astrée qu'on représente sous la figure d'une jeune personne, tenant d'une main une balance et de l'autre un glaive. T. de myth. —, observation rigoureuse des devoirs imposés par la religion et la morale; vertu qui fait rendre à chacun ce qui lui appartient, qui fait respecter les droits d'autrui; probité, intégrité, bon droit, raison. —, ordre judiciaire, la magistrature; juridiction; exécution d'arrêt ou de sentence criminelle. Rendre la —, juger une cause, rendre un jugement. Rendre — à quelqu'un, en parler bien ou mal, le traiter comme il le mérite. Se faire —, se condamner soi-même, se venger, se payer par ses mains.

JUSTICIABLE, adj. Soumis à la juridiction d'un tribunal.

JUSTICIÉ, E, part. Exécuté en vertu d'un jugement, supplicié.

JUSTICIEMENT, s. m. Exécution de justice. (Vi.)

JUSTICIER, s. m. Protecteur, défenseur de la justice; prince qui aime à rendre la justice, à la faire rendre. —, qui avait droit de justice.

JUSTICIER, v. a. Exécuter un jugement criminel, supplicier.

JUSTIFIABLE, adj. Qu'on peut justifier.

JUSTIFIANT, E, adj. Qui justifie, rend juste intérieurement; grâce justifiante.

JUSTIFICATEUR, s. m. Ouvrier fondeur en caractères qui justifie les lettres; outil pour justifier.

JUSTIFICATIF, IVE, adj. Qui sert à justifier un accusé, à prouver une allégation.

JUSTIFICATION, s. f. Rémission des péchés; effet de la grâce qui rend juste. —, action de justifier, de se justifier; preuve en faveur de l'innocence. —, longueur des lignes. T. d'impr. —, action de mettre les lettres en ligne et de niveau; instrument qui sert à faire ce travail. T. de fondeur en caract.

JUSTIFIÉ, E, part. Innocenté, déchargé d'une accusation, d'un blâme.

JUSTIFIER, v. a. et n. Prouver, démontrer l'innocence de quelqu'un; détruire, renverser les chefs d'accusation, les sujets de blâme; prouver la bonté, la vérité d'un avis, la vérité d'une assertion. —, mettre en évidence, donner la preuve que...; justifiez que vous êtes Français. —, légitimer; rien ne peut justifier l'usurpation. —, donner aux lignes la longueur convenable. T. d'impr. Se —, v. pron. Prouver son innocence, la justice de ses actions.

JUSTIFIEUR, s. m. Principale partie du coupoir. T. de fond. en caract.

JUSTIN (St.-), s. m. Com. du dép. du Gers, cant. de Marciac, arr. de Mirande. = Mirande.

JUSTIN (St.-), s. m. Com. du dép. des Landes, cant. de Roquefort, arr. de Mont-de-Marsan. = Roquefort.

JUSTINE (Ste.-), s. f. Com. du dép. des Ardennes, cant. de Novion, arr. de Rethel. = Rethel.

JUSTINE, s. f. Monnaie d'argent vénitienne valant six francs.

JUSTINIAC, s. m. Com. du dép. de l'Ariège, cant. de Saverdun, arr. de Pamiers. = Saverdun.

JUST-LA-PENDUE (St.-), s. m. Com. du dép. de la Loire, cant. de St.-Symphorien-de-Lay, arr. de Roanne. = St.-Symphorien-de-Lay.

JUST-MALMONT (St.-), s. m. Com. du dép. de la Haute-Loire, cant. de St.-Didier-la-Séauve, arr. d'Yssingeaux. = Monistrol.

JUSTOUS (Hameau de St.-Créac-), s. m. Com. du dép. des Hautes-Pyrénées, cant. de Lourdes, arr. d'Argelès. = Lourdes.

JUST-PRÈS-BRIOUDE (St.-), s. m. Com. du dép. de la Haute-Loire, cant. et arr. de Brioude. = Brioude.

JUST-PRÈS-CHOMELIX (St.-), s. m. Com. du dép. de la Haute-Loire, cant. d'Allègre, arr. du Puy. = Craponne.

JUST-SUR-DIVE (St.-), s. m. Com. du dép. de Maine-et-Loire, cant. de Montreuil-Bellay, arr. de Saumur. = Saumur.

JUST-SUR-LOIRE (St.-), s. m. Com. du dép. de la Loire, cant. de St.-Rambert, arr. de Montbrison. = St.-Etienne.

JUTEUX, EUSE, adj. Qui a beaucoup de jus.

JUVAINCOURT, s. m. Com. du dép. des Vosges, cant. et arr. de Mirecourt. = Mirecourt.

JUVANCOURT, s. m. Com. du dép. de l'Aube, cant. et arr. de Bar-sur-Aube. = Clairvaux.

JUVANZÉ, s. m. Com. du dép. de l'Aube, cant. de Vandœuvre, arr. de Bar-sur-Aube. = Brienne.

JUVARDEIL, s. m. Com. du dép. de Maine-et-Loire, cant. de Châteauneuf, arr. de Segré. = Châteauneuf.

JUVAT (St.-), s. m. Com. du dép. des Côtes-du-Nord, cant. d'Evron, arr. de Dinan. = Dinan.

JUVELIZE, s. f. Com. du dép. de la Meurthe, cant. de Vic, arr. de Château-Salins. = Château-Salins.

JUVÉNAUX, adj. m. pl. Se dit de jeux mêlés de danses et d'exercices gymnastiques institués en l'honneur de la jeunesse. T. d'antiq.

JUVENCOURT-ET-DAMARY, s. m. Com. du dép. de l'Aisne, cant. de Neufchâtel, arr. de Laon. = Reims.

JUVÉNIL, E, adj. Jeune, de jeunesse, de la jeunesse. (Vi.)

JUVIGNAC, s. m. Com. du dép. de l'Hérault, cant. et arr. de Montpellier. = Montpellier.

JUVIGNÉ, s. m. Com. du dép. de la Mayenne, cant. de Chailland, arr. de Laval. = Ernée.

JUVIGNIES, s. f. Com. du dép. de l'Oise, cant. de Niviller, arr. de Beauvais. = Beauvais.

JUVIGNY, s. m. Com. du dép. de l'Aisne, cant. et arr. de Soissons. = Soissons.

JUVIGNY, s. m. Com. du dép. du Calvados, cant. de Tilly, arr. de Caen. = Tilly-sur-Seulles.

JUVIGNY, s. m. Com. du dép. de la Manche, chef-lieu de cant. de l'arr. de Mortain, où se trouve le bur. d'enregist. = Mortain.

JUVIGNY, s. m. Com. du dép. de la Marne, cant. et arr. de Châlons. = Châlons.

JUVIGNY-EN-PERTOIS, s. m. Com. du dép. de la Meuse, cant. d'Ancerville, arr. de Bar-le-Duc. = St.-Dizier.

JUVIGNY-SOUS-AUDAINE, s. m. Com. du dép. de l'Orne, chef-lieu de cant. de l'arr. de Domfront. Bur. d'enregist. = Domfront.

JUVIGNY-SUR-LOISON, s. m. Com. du dép. de la Meuse, cant. et arr. de Montmédy. = Etain.

JUVIGNY-SUR-ORNE, s. m. Com. du dép. de l'Orne, cant. et arr. d'Argentan. = Argentan.

JUVILLE, s. f. Com. du dép. de la Meurthe, cant. de Delme, arr. de Château-Salins. = Château-Salins.

JUVIN (St.-), s. m. Com. du dép. des Ardennes, cant. de Grandpré, arr. de Vouziers. = Grandpré.

JUVINAS, s. m. Com. du dép. de l'Ardèche, cant. d'Antraigues, arr. de Privas. = Aubenas.

JUVISY-SUR-ORGE, s. m. Com. du dép. de Seine-et-Oise, cant. de Longjumeau, arr. de Corbeil. = Fromenteau.

JUVRECOURT, s. m. Com. du dép. de la Meurthe, cant. de Vic, arr. de Château-Salins. = Moyenvic.

JUXTA-POSÉ, E, adj. Se dit de parties réunies à d'autres par juxta-position. T. de phys.

JUXTA-POSITION, s. f. Augmentation du volume des corps par addition successive des matières extérieures. T. de phys.

JUXUE, s. f. Com. du dép. des Basses-Pyrénées, cant. d'Iholdy, arr. de Mauléon. = St.-Palais.

JUZANCOURT, s. m. Com. du dép. des Ardennes, cant. d'Asfeld, arr. de Rethel. = Rethel.

JUZENNECOURT, s. m. Com. du dép. de la Haute-Marne, chef-lieu de cant. de l'arr. de Chaumont. Bur. d'enregist. et de poste.

JUZES, s. f. Com. du dép. de la Haute-Garonne, cant. de Revel, arr. de Villefranche. = Villefranche.

JUZET-DE-LUCHON, s. m. Com. du dép. de la Haute-Garonne, cant. de Bagnères, arr. de St.-Gaudens. = Bagnères.

JUZET-D'ISAUT, s. m. Com. du dép. de la Haute-Garonne, cant. d'Aspet, arr. de St.-Gaudens. = St.-Gaudens.

JUZIERS-LA-VILLE, s. m. Com. du dép. de Seine-et-Oise, cant. de Limay, arr. de Mantes. = Meulan.

K.

K, s. m. Onzième lettre de l'alphabet, huitième consonne.

KAA ou KAHA, s. m. Curcuma de l'île de Ceylan. T. de bot.

KAARSAAK, s. m. Grèbe, oiseau du Groënland. T. d'hist. nat.

KAAT, s. m. Décoction d'une plante d'Amérique nommée barleria.

KAATE, s. m. Voy. AREC. T. de bot.

KAAVA ou KAVA, s. m. Boisson enivrante que composent les sauvages des îles des Amis.

KAAWY, s. m. Boisson composée avec du riz cuit, dont on fait usage au Brésil.

KABAK, s. m. Sorte d'estaminet en Russie.

KABANI, s. m. Fonctionnaire public, notaire, dans le Levant.

KABASSOU, s. m. Nom de la grande espèce de tatou que l'on trouve à la Guiane. T. d'hist. nat.

KABBADE, s. m. Habit militaire des Grecs modernes.

KABESQUI, s. m. Monnaie de Perse, valant deux centimes et demi.

KABIN, s. m. Mariage mahométan contracté pour un temps limité.

KACHIN, s. m. Coquille du Sénégal. T. d'hist. nat.

KACHO, s. m. Squale, poisson du Kamstchatka. T. d'hist. nat.

KACY, s. m. Arbre d'Afrique dont les nègres font des canots.

KADELÉE, s. f. Haricot de l'Inde. T. de bot.

KADRIS, s. m. Religieux turc qui a la singulière habitude de danser en tournant sans cesse.

KAGNE, s. f. Pâte italienne très fine.

KAHIRIE, s. f. Voy. ETHULIE. T. de bot.

KAHOUANNE, s. f. Tortue dont l'écaille s'emploie dans les ouvrages de marqueterie.

KAIRE, s. m. Filamens du cocotier dont les Indiens se servent pour faire des cordes.

KAJOU, s. m. Voy. SAJOU.

KAKAM, s. m. Chef des rabbins en Turquie.

KAKATOÈS, s. m. Gros perroquet dont la huppe se redresse à volonté. T. d'hist. nat.

KAKERLAQUE, s. f. Voy. BLATTE. T. d'hist. nat.

KAKÉTAN, s. m. Espèce de liseron. T. de bot.

KAKI, s. m. Sorte de plaqueminier, arbre du Japon. T. de bot.

KAKONGO, s. m. Poisson d'Afrique du genre du salmone. T. d'hist. nat.

KALAN, s. m. Coquille qui fournit la couleur pourpre. T. d'hist. nat.

KALANCHÉE, s. f. Plante succulente. T. de bot.

KALATEUR, s. m. Héraut des prêtres romains. T. d'antiq.

KALÉIDOSCOPE, s. m. Cylindre opaque dans la longueur duquel trois verres sont disposés en prisme, de manière à varier à l'infini l'aspect de ce qu'on met dans l'objectif.

KALEMBOURG, s. m. Com. du dép. de la Moselle, cant. de Sierck, arr. de Thionville. = Thionville.

KALENDA, s. f. Sorte de danse des nègres.

KALENDER, s. m. Moine turc.

KALHAUSEN, s. m. Com. du dép. de la Moselle, cant. de Rorbach, arr. de Sarreguemines. = Sarreguemines.

KALI, s. m. Soude, plante marine dont on tire de l'alcali.

KALKSINTER, s. m. Chaux carbonatée, concrétionnée; coralloïde de l'arragonite. T. d'hist. nat.

KALKSPATH, s. m. Chaux cristallisée. T. d'hist. nat.

KALKSTEIN, s. m. Chaux carbonatée. T. d'hist. nat.

KALL, s. m. Euphorbe de l'Inde. T. de bot.

KALLSTROEMIA, s. f. Plante de la décandrie, dixième classe des végétaux. T. de bot.

KALMIE, s. f. Plante de la famille des bruyères. T. de bot.

KALMUQUES ou KALMOUKS, s. m. pl. Peuple nomade dont les hordes sont disséminées en Chine et en Russie.

KALTENHAUSEN, s. m. Com. du dép. du Bas-Rhin, cant. d'Haguenau, arr. de Strasbourg. = Haguenau.

KAMICHI, s. m. Grand oiseau échassier de l'Amérique méridionale. T. d'hist. nat.

KAMINA-MASLA ou KAMENOIS-MASLO, s. m. Substance minérale qu'on trouve en Sibérie et qui est composée d'acide vitriolique, de sel alcali minéral et de guhr. T. d'hist. nat.

KAMTSCHADALES, s. m. pl. Indigènes du Kamtschatka.

KAMTSCHATKA, s. m. Presqu'île située à l'extrémité orientale de la Tartarie russe, en Sibérie. C'est de ce pays, où le froid est excessif, qu'on tire les fourrures les plus précieuses, la marte zibeline, etc.

KAN ou KHAN, s. m. Prince, commandant d'une horde de Tartares. —, marché public dans l'Orient.

KANAAP, s. m. Mimosa, sensitive, plante dont se nourrit la girafe.

KANASTER, s. m. Panier de jonc en Amérique.

KANDEN, s. m. Arbre épineux du Malabar. T. de bot.

KANELSTEIN, s. m. Substance minérale de l'île de Ceylan. T. d'hist. nat.

KANFEN, s. m. Com. du dép. de la Moselle, cant. de Cattenom, arr. de Thionville. = Thionville.

KANGIAR, s. m. Poignard des Indiens.

KANGUROO, s. m. Quadrupède rongeur de la Nouvelle-Hollande, d'un gris cendré. T. d'hist. nat.

KANNA, s. f. Racine du cap de Bonne-Espérance. T. de bot.

KANNAME, s. f. Alisier du Japon. T. d'hist. nat.

KANTERCANS, s. m. Sorte de fromage.

KANTUFFA, s. m. Acacia d'Abyssinie. T. de bot.

KAOLIN, s. m. Feld-spath argileux, terre dont on se sert pour la fabrication de la porcelaine.

KAPIRAT, s. m. Poisson du genre des gymnotes. T. d'hist. nat.

KAPPELEN, s. m. Com. du dép. du Haut-Rhin, cant. de Landser, arr. d'Altkirch. = Huningue.

KAPPELKINGER, s. m. Com. du dép. de la Moselle, cant. de Sarralbe, arr. de Sarreguemines. = Sarreguemines.

KARAGAN, s. m. Mammifère carnassier, digitigrade. T. d'hist. nat.

KARA-KUSA, s. f. Ortie du Japon. T. d'hist. nat.

KARMATIENS, s. m. pl. Sectaires arabes.

KAS, s. m. Châssis garni de toile de crin. T. de papet. —, tambour des nègres.

KASBIACO, s. m. Lis du Japon, plante. T. de bot.

KASCHOUÉ, s. m. Brochet du Nil. T. d'hist. nat.

KASSIGIAK, s. m. Phoque sans oreilles externes. T. d'hist. nat.

KAT-CHÉRIF, s. m. Ordonnance qui émane directement du grand seigneur, de l'empereur turc.

KATQUI, s. f. Toile de coton de Surate, ville de l'Inde.

KATRACA, s. m. Faisan de la Guiane. T. d'hist. nat.

KATZENTHAL, s. m. Com. du dép. du Haut-Rhin, cant. de Kaisersberg, arr. de Colmar. = Colmar.

KAUCHTEUSE, adj. f. Se dit d'une mine abondante en houille.

KAUFFENHEIM, s. m. Com. du dép. du Bas-Rhin, cant. de Bischwiller, arr. de Strasbourg. = Haguenau.

KAURIS, s. m. Coquille du genre porcelaine qui sert de monnaie aux nègres.

KAVAUCHE, s. f. Sorte de carpe que les Tartares font sécher pour se nourrir l'hiver.

KAVEKIN, s. m. Mimusops, plante qui croît à Pondichéry. T. de bot.

KAVEKINE, s. f. Myrte de l'Inde. T. de bot.

KAYDANGE, s. f. Com. du dép. de la Moselle, cant. de Metzervisse, arr. de Thionville. = Thionville.

KAYSERSBERG, s. m. Com. du dép. du Haut-Rhin, chef lieu de cant. de l'arr. de Colmar. Bur. d'enregist. = Colmar.
Filatures de coton.

KAZINE, s. f. Trésor particulier du grand-seigneur.

KEFFEKILITHE, s. m. Magnésie carbonatée, minéral de Crimée. T. d'hist. nat.

KEFFENACH, s. m. Com. du dép. du Bas-Rhin, cant. de Soultz-sous-Forêts, arr. d'Haguenau. = Wissembourg.

KEIRIE, s. f. Giroflier jaune. Voy. VIOLIER. T. de bot.

KEIROTOMIE, s. f. Imposition des mains.

KELEK, s. m. Bâtiment soutenu par des outres, sur le Tigre et sur l'Euphrate, fleuves d'Asie.

KELELÉ, s. m. Saule qui croît sur les bords de la rivière du Niger.

KELKEL, s. m. Tranche de sole sèche et salée.

KÉLONTER, s. m. Principal magistrat de certaines villes du royaume de Perse.

KEMBS, s. m. Com. du dép. du Haut-Rhin, cant. d'Habsheim, arr. d'Altkirch. = Huningue.

KEMPLICH, s. m. Com. du dép. de la Moselle, cant. de Metzervisse, arr. de Thionville. = Thionville.

KENNEL-KOHLE, s. m. Variété de houille. T. d'hist. nat.

KÉPHALÉONOMANCIE, s. f. Divination qui se pratiquait sur une tête d'âne cuite.

KERBACH, s. m. Com. du dép. de la Moselle, cant. de Forbach, arr. de Sarreguemines. = Forbach.

KÉRÈRE, s. f. Bignone, plante sarmenteuse. T. de bot.

KERFEUNTEUN, s. m. Com. du dép. du Finistère, cant. et arr. de Quimper. = Quimper.

KERGLOFF, s. m. Com. du dép. du Finistère, cant. de Carhaix, arr. de Châteaulin. = Carhaix.

KERGRIST, s. m. Com. du dép. du Morbihan, cant. de Cléguérec, arr. de Pontivy. = Pontivy.

KERGRIST-MOELOU, s. m. Com. du dép. des Côtes-du-Nord, cant. de Rostrenen, arr. de Guingamp. = Rostrenen.

KÉRIEN, s. m. Com. du dép. des Côtes-du-Nord, cant. de Bourbriac, arr. de Guingamp. = Guingamp.

KÉRITY, s. m. Com. du dép. des Côtes-du-Nord, cant. de Paimbol, arr. de St.-Brieuc. = Paimbol.

KERLING-LES-SIERCK, s. m. Com. du dép. de la Moselle, cant. de Sierck, arr. de Thionville. = Thionville.

KERLOUAN, s. m. Com. du dép. du Finistère, cant. de Lesneven, arr. de Brest. = Lesneven.

KERMARIA-SULARD, s. m. Com. du dép. des Côtes-du-Nord, cant. de Perros-Guirec, arr. de Lanion. = Lanion.

KERMÈS, s. m. Insecte hémiptère qui produit, par sa piqûre sur le chêne vert, une petite excroissance rouge dont on se sert pour teindre en écarlate. — minéral, ou poudre des chartreux, oxyde d'antimoine sulfuré rouge. T. de chim.

KERMESSE ou KARMESSE, s. f. Foire annuelle en Hollande.

KERMORCH, s. m. Com. du dép. des Côtes-du-Nord, cant. de Bégard, arr. de Guingamp. = Guingamp.

KERNÈRE, s. f. Plante fluviatile. T. de bot.

KERNEVEL, s. m. Com. du dép. du Finistère, cant. de Bannalec, arr. de Quimperlé. = Rosporden.

KERNILIS, s. m. Com. du dép. du Finistère, cant. de Plabennec, arr. de Brest. = Lesneven.

KERNOUEZ, s. m. Com. du dép. du Finistère, cant. de Lesneven, arr. de Brest. = Lesneven.

KÉRONE, s. f. Ver polype amorphe. T. d'hist. nat.

KERPERT, s. m. Com. du dép. des Côtes-du-Nord, cant. de Bothoa, arr. de Guingamp. = Guingamp.

KERPRICH-AUX-BOIS, s. m. Com. du dép. de la Meurthe, cant. et arr. de Sarrebourg. = Sarrebourg.

KERPRICH-LÈS-DIEUZE, s. m. Com. du dép. de la Meurthe, cant. de Dieuze, arr. de Château-Salins. = Dieuze.

KERSAINT-PLABENNEC, s. m. Com. du dép. du Finistère, cant. de Plabennec, arr. de Brest. = Brest.

KERSANTON, s. m. Roche d'un gris noir. T. d'hist. nat.

KERTZFELD, s. m. Com. du dép.

du Bas-Rhin, cant. de Benfeld, arr. de Schélestadt. = Benfeld.

KERVIGNAC, s. m. Com. du dép. du Morbihan, cant. de Port-Louis, arr. de Lorient. = Hennebon.

KESKASTEL, s. m. Com. du dép. du Bas-Rhin, cant. de Saar-Union, arr. de Saverne. = Sarrewerden.

KESSELDORFF, s. m. Com. du dép. du Bas-Rhin, cant. de Seltz, arr. de Wissembourg. = Lauterbourg.

KESTLACH, s. m. Com. du dép. du Haut-Rhin, cant. de Ferrette, arr. d'Altkirch. = Huningue.

KETCH, s. m. Navire anglais à deux mâts dont la poupe est carrée. T. de mar.

KETMIE, s. f. Plante annuelle, genre de malvacées. T. de bot.

KETZINGEN, s. m. Com. du dép. du Haut-Rhin, cant. de Landser, arr. d'Altkirch. = Mulhausen.

KEVEU, s. m. Grive du Chili. T. d'hist. nat.

KFOURN, s. m. Village du dép. du Morbihan, cant. et arr. de Pontivy. = Pontivy.

KHAF, s. m. Plante que les habitans de Maroc fument avec le tabac. T. de bot.

KHOAI-BUU, s. m. Arbrisseau de la Cochinchine. T. de bot.

KIASTRE ou CHIASTRE, s. m. Bandage en forme de X pour la réduction des fractures de la rotule. T. de chir.

KIBIT ou KIBITKI, s. m. Chariot russe à quatre roues.

KIÉGAN, s. m. Etoffe du Japon à fond bleu.

KIEL, s. m. Arbrisseau des îles Moluques. T. de bot.

KIENHEIM, s. m. Com. du dép. du Bas-Rhin, cant. de Truchtersheim, arr. de Strasbourg. = Strasbourg.

KIENTZHEIM, s. m. Com. du dép. du Haut-Rhin, cant. de Kaysersberg, arr. de Colmar. = Colmar.

KIEU, s. m. Ail de la Chine. T. de bot.

KIFFIS, s. m. Com. du dép. du Haut-Rhin, cant. de Ferrette, arr. d'Altkirch. = Huningue.

KIGGELLAIRE, s. m. Arbrisseau tithymaloïde. T. de bot.

KIHAIA, s. m. Lieutenant-général du grand-visir.

KILDIR, s. m. Pluvier criard de Virginie. T. d'hist. nat.

KILIARE, s. m. Mesure de superficie égale à mille ares.

KILIEN (St.-), s. m. Village du dép. de la Haute-Saône, cant. de Gy, arr. de Gray. = Gy.

KILLAS, s. m. Schiste argileux. T. d'hist. nat.

KILLEM, s. m. Com. du dép. du Nord, cant. de Hondschoote, arr. de Dunkerque. = Bergues.

KILO ou KILIO, s. m. Mot générique placé devant un nom de mesure pour désigner mille fois la chose.

KILOGONE, s. m. Figure à mille côtés et mille angles. T. de géom.

KILOGRAMME, s. m. Mesure de pesanteur égale à mille grammes.

KILOLITRE, s. m. Mesure de capacité égale à mille litres.

KILOMÈTRE, s. m. Mesure itinéraire égale à mille mètres.

KILOSTÈRE, s. m. Mille stères.

KILSTETT, s. m. Com. du dép. du Bas-Rhin, cant. de Brumath, arr. de Strasbourg. = Strasbourg.

KIM-KUIT, s. m. Arbrisseau de la Cochinchine. T. de bot.

KIM-PHANG, s. m. Petit arbre de la Chine et de la Cochinchine. T. de bot.

KINA ou KINAKINA, s. m. Voy. QUINQUINA.

KINANCIE, s. f. Voy. ESQUINANCIE.

KINATE, s. m. Nom générique des sels formés par la combinaison de l'acide kinique avec une base. T. de chim.

KINDWILLER, s. m. Com. du dép. du Bas-Rhin, cant. de Niederbronn, arr. de Wissembourg. = Haguenau.

KING, s. m. Instrument de musique chinois. —, les cinq principaux ouvrages de morale de Confucius, le législateur de la Chine.

KINGERSHEIM, s. m. Com. du dép. du Haut-Rhin, cant. de Mulhausen, arr. d'Altkirch. = Mulhausen.

KINIQUE, adj. m. Extrait de l'écorce du quinquina combiné avec la chaux; acide kinique. T. de chim. Voy. QUINIQUÉ.

KINKAJOU, s. m. Mammifère carnassier, plantigrade. T. d'hist. nat.

KINKAN, s. m. Nom de l'oranger au Japon.

KINKI, s. m. Poule dorée de la Chine.

KINKINA, s. m. Voy. QUINQUINA.

KINNER ou CYNNYRE, s. m. Lyre antique; instrument de musique des Hébreux.

KINO, s. m. Substance végétale rouge.

KINTZHEIM, s. m. Com. du dép. du Bas-Rhin, cant. et arr. de Schélestadt. = Schélestadt.

KIO, s. m. Livre sacré des Japonais.

KION, s. m. Gonflement de la luette. T. de méd.

KIONKOUM, s. m. Palmier du Sénégal. T. de bot.

KIOSQUE, s. m. Pavillon des jardins turcs.

KIOTOME, s. m. Instrument de chirurgie pour débrider le rectum.

KI-QUAT-YONG, s. m. Arbrisseau de la Chine. T. de bot.

KIRCHBERG, s. m. Com. du dép. du Haut-Rhin, cant. de Massevaux, arr. de Belfort. = Belfort.

KIRCHHEIM, s. m. Com. du dép. du Bas-Rhin, cant. de Wasselonne, arr. de Strasbourg. = Strasbourg.

KIRLANG-HISCH, s. m. Petit navire qui suit le vaisseau amiral dans une flotte turque. T. de mar.

KIRRBERG, s. m. Com. du dép. du Bas-Rhin, cant. de Drulingen, arr. de Saverne. = Sarrebourg.

KIRRWILLER, s. m. Com. du dép. du Bas-Rhin, cant. de Bouxwiller, arr. de Saverne. = Saverne.

KIRSCH-LES-LUTTANGE, s. m. Com. du dép. de la Moselle, cant. de Metzervisse, arr. de Thionville. = Thionville.

KIRSCH-LES-SIERCK, s. m. Com. du dép. de la Moselle, cant. de Sierck, arr. de Thionville. = Thionville.

KIRSCH-NAUMEN, s. m. Com. du dép. de la Moselle, cant. de Sierck, arr. de Thionville. = Thionville.

KIRSCH-WASSER, s. m. Liqueur spiritueuse très estimée qu'on tire des cerises sauvages, au moyen de la distillation.

KIRSOTOMIE, s. f. Opération de chirurgie qui consiste à inciser les veines variqueuses à l'aide d'une lancette, afin de les dégorger.

KIRWILLER, s. m. Com. du dép. de la Moselle, cant. de Sarralbe, arr. de Sarreguemines. = Sarreguemines.

KI-SI-THAN, s. m. Plante de la Chine et de la Cochinchine. T. de bot.

KISLAR-AGA, s. m. Chef des eunuques noirs du sérail.

KISTE, s. m. Laine d'Allemagne. Voy. KYSTE.

KITAIBÉLIE, s. f. Plante malvacée de Hongrie. T. de bot.

KITTAVIAH, s. m. Gélinotte de Barbarie. T. d'hist. nat.

KLAAS, s. m. Coucou d'Afrique. T. d'hist. nat.

KLANDIANE, s. f. Acacia de l'île de Java. T. de bot.

KLANG, s. m. Com. du dép. de la Moselle, cant. de Metzervisse, arr. de Thionville. = Thionville.

KLAPROTHITE, s. f. Voy. LAZULITUE. T. d'hist. nat.

KLEINFRANKENHEIM, s. m. Com. du dép. du Bas-Rhin, cant. de Truchtersheim, arr. de Strasbourg. = Strasbourg.

KLEINGOEFT, s. m. Com. du dép. du Bas-Rhin, cant. de Marmoutier, arr. de Saverne. = Saverne.

KLEINHOVE, s. m. Arbre malvacé de l'Inde. T. de bot.

KLEINIE, s. f. Genre de plantes corymbifères. T. de bot.

KLEISTAGNATHES, s. m. pl. Crustacés décapodes, brachyures. T. d'hist. nat.

KLINGENTHAL, s. m. Com. du dép. du Bas-Rhin, cant. de Rosheim, arr. de Schélestadt. = Strasbourg. Manuf. royale d'armes blanches, fleurets, outils, coutellerie, etc. Fab. de cuivre rouge.

KLINGSTEIN, s. m. Pierre sonore. T. d'hist. nat.

KLIPDAS, s. m. Marmotte bâtarde d'Afrique.

KLOPODE, s. f. Ver infusoire, animalcule. T. d'hist. nat.

KNAPPIA, s. f. Plante graminée. T. de bot.

KNAUTIE, s. f. Plante dipsacée. T. de bot.

KNÉMA, s. m. Grand arbre de la Cochinchine. T. de bot.

KNÉPIER, s. m. Arbre de l'Amérique méridionale. T. de bot.

KNÈS, s. m. Titre, dignité héréditaire en Russie.

KNESME, s. m. Démangeaison morbifique.

KNIFFA, s. f. Millepertuis, plante. T. de bot.

KNIGHTIE, s. f. Grand arbre de la Nouvelle-Zélande. T. de bot.

KNIPOLOBOS ou AMASSEUR DE MOUCHES, s. m. Grimpereau, oiseau qui grimpe le long des arbres. T. d'hist. nat.

KNODALOMORPHE, adj. Qui offre quelque ressemblance avec l'homme; singe knodalomorphe.

KNOERSHEIM, s. m. Com du dép. du Bas-Rhin, cant. de Marmoutier, arr. de Saverne. = Saverne.

KNORH-AHN ou COQ-KNOR, s. m. Oiseau du cap de Bonne-Espérance. T. d'hist. nat.

KNORINGEN, s. m. Com. du dép. du Haut-Rhin, cant. d'Huningue, arr. d'Altkirch. = Huningue.

KNOUT, s. m. Supplice du fouet, de la bastonnade, en Russie.

KNOXIE, s. f. Plante herbacée de l'île de Ceylan. T. de bot.

KNUTANGE, s. f. Com. du dép. de la Moselle, cant. d'Audun-le-Roman, arr. de Briey. = Thionville.

KOALA, s. m. Genre de mammifères marsupiaux. T. d'hist. nat.

KOEKIN, s. m. Com. du dép. de la Moselle, cant. de Cattenom, arr. de Thionville. = Thionville.

KOELERE, s. m. Arbre de Saint-Domingue. T. de bot.

KOELLÉE, s. f. Ellébore blanc; robertie. T. de bot.

KOELREUTERE, s. f. Arbrisseau de la Chine. T. de bot.

KOENINGSMACHER ou FREYMACHER, s. m. Com. du dép. de la Moselle, cant. de Metzervisse, arr. de Thionville. = Thionville.

KOENIGSBERG, s. m. Ville forte, grande, belle et très commerçante du royaume de Prusse.

KOETSCH-WASSER, s. m. Eau-de-vie de prune, faux kirsch.

KOETZINGEN, s. m. Com. du dép. du Haut-Rhin, cant. de Landser, arr. d'Altkirch. = Altkirch.

KOEUR-LA-GRANDE, s. f. Com. du dép. de la Meuse, cant. de Pierrefitte, arr. de Commercy. = St.-Mihiel.

KOEUR-LA-PETITE, s. f. Com. du dép. de la Meuse, cant. de Pierrefitte, arr. de Commercy. = St.-Mihiel.

KOFF, s. m. Navire marchand hollandais de moyenne grandeur. T. de mar.

KOGENHEIM, s. m. Com. du dép. du Bas-Rhin, cant. de Benfeld, arr. de Schélestadt. = Benfeld.

KOKADATOS, s. m. Oiseau gallinacé d'Afrique. T. d'hist. nat.

KOKERA, s. m. Plante de la Jamaïque. T. de bot.

KOL, s. m. Grand filet dont se servent les Hollandais pour la pêche de la morue. T. de pêch.

KOLBSHEIM, s. m. Com. du dép. du Bas-Rhin, cant. d'Oberhausbergen, arr. de Strasbourg. = Strasbourg.

KOLEHO, s. m. Arbre de l'île de Java. T. de bot.

KOLINIL, s. m. Voy. GALÉGA. T. de bot.

KOLLYRITE, s. m. Terre argileuse, blanche, qui absorbe l'eau avec sifflement.

KOLPODE, s. m. Ver infusoire dont le corps est plat et sinueux. T. d'hist. nat.

KOL-QUALL, s. m. Voy. EUPHORBE. T. de bot.

KONISMARCK, s. f. Lame d'épée, très large vers la poignée.

KONTZ-BASSE, s. f. Com. du dép. de la Moselle, cant. de Cattenom, arr. de Thionville. = Thionville.

KONTZ-HAUTE, s. f. Com. du dép. de la Moselle, cant. de Cattenom, arr. de Thionville. = Thionville.

KOPECK, s. m. Monnaie russe de cinq centimes.

KORALLEN-ERTZ, s. m. Minerai de mercure. T. d'hist. nat.

KORAN, s. m. Voy. ALCORAN.

KORAQUES, s. f. pl. Grosses toiles de coton de Surate.

KOREITE, s. f. Pierre onctueuse, pierre de lard. T. d'hist. nat.

KORIOM, s. m. Alisier du Kamtschatka. T. de bot.

KOROSVEL, s. m. Arbrisseau sarmenteux de l'île de Ceylan. T. de bot.

KORRO, s. m. Instrument de musique des nègres.

KORSAC ou CORSAC, s. m. Espèce de chien voisin du renard. T. d'hist. nat.

KORYLE, s. m. Mesure antique pour les liquides.

KOSCHAB, s. m. Boisson des Orientaux.

KOUAN, s. m. Plante dont on tire le carmin.

KOUBO ou KUBO, s. m. Titre de l'empereur civil du Japon.

KOUFIQUE, s. et adj. Espèce de caractère arabe.

KOULIC, s. m. Sorte de toucan de Cayenne.

KOUPHOLITHE, s. f. Pierre légère, translucide. T. d'hist. nat.

KOURI ou PETIT-UNAU, s. m. Quadrupède de la Guiane. T. d'hist. nat.

KOUTING, s. m. Guitare à trois cordes dont se servent les nègres.

KOUXEURY, s. m. Poisson des lacs de l'Amérique méridionale. T. d'hist. nat.

KOVA, s. m. Ancien caractère chinois.

KRAAL, s. m. Village hottentot.

KRAKE, s. f. Cablière pour la pêche du saumon en Norwège.

KRAKEN, s. m. Animal monstrueux et fabuleux qui habite, dit-on, les mers du nord.

KRAMER, s. m. Arbrisseau de l'Amérique méridionale. T. de bot.

KRAUTERGERSHEIM, s. m. Com. du dép. du Bas-Rhin, cant. d'Obernai, arr. de Schélestadt. = Strasbourg.

KRAUTWILLER, s. m. Com. du dép.

du Bas-Rhin, cant. de Brumath, arr. de Strasbourg. = Strasbourg.

KREMLIN, s. m. Palais impérial de la ville de Moscou, dont l'incendie, en 1812, fut comme le signal de la désastreuse retraite de l'armée française.

KREUTZER, s. m. Monnaie de compte allemande qui vaut environ quatre centimes.

KRIEGSHEIM, s. m. Com. du dép. du Bas-Rhin, cant. de Brumath, arr. de Strasbourg. = Strasbourg.

KRIGIE, s. f. Hyoséride de Virginie, plante chicoracée. T. de bot.

KROKERIE, s. f. Voy. LOTIER. T. de bot.

KROS, s. m. Espèce de manteau de peau de mouton dont se couvrent les Hottentots.

KROUFFE ou CREIN, s. m. Faille des mines de houille.

KRUTH, s. m. Com. du dép. du Haut-Rhin, cant. de St.-Amarin, arr. de Belfort. = Cernay.

KTÉINA, s. f. Plante d'Arabie qui remplace l'amadou.

KUARA, s. f. Erythrine d'Abyssinie, plante. T. de bot.

KUDDA-MULLA, s. m. Sambac, sorte de jasmin de l'île de Malabar. T. de bot.

KUÉMA, s. f. Agaric feuilleté. T. de bot.

KUENHEIM, s. m. Com. du dép. du Haut-Rhin, cant. d'Andolsheim, arr. de Colmar. = Neufbrisack.

KUERELLE, s. f. Grès schisteux. T. d'hist. nat.

KUHLENDORF, s. m. Com. du dép. du Bas-Rhin, cant. de Soultz-sous-Forêts, arr. de Wissembourg. = Wissembourg.

KUHNIE, s. f. Plante cynarocéphale. T. de bot.

KUNTHIE, s. f. Palmier de la Nouvelle-Grenade. T. de bot.

KUNTZIG, s. m. Com. du dép. de la Moselle, cant. de Metzervisse, arr. de Thionville. = Thionville.

KUPHE, s. m. Tuyau vermiculaire. T. d'hist. nat.

KUPHÉA, s. f. Plante annuelle du Brésil. T. de bot.

KURBATOS, s. m. Oiseau pêcheur du Sénégal. T. d'hist. nat.

KURITE, s. f. Scolopsis, sorte de poisson des Indes. T. d'hist. nat.

KURTCHIS, s. m. pl. Corps de cavalerie persanne, composé de nobles d'ancienne extraction.

KURTE, s. m. Poisson plat, sans écailles.

KURTZENHAUSEN, s. m. Com. du dép. du Bas-Rhin, cant. de Brumath, arr. de Strasbourg. = Strasbourg.

KUSSIR, s. m. Instrument de musique, composé de cinq cordes tendues sur une peau qui couvre une assiette de bois.

KUTTOLSHEIM, s. m. Com. du dép. du Bas-Rhin, cant. de Truchtersheim, arr. de Strasbourg. = Strasbourg.

KUTZENHAUSEN, s. m. Com. du dép. du Bas-Rhin, cant. de Soultz-sous-Forêts, arr. de Wissembourg. = Wissembourg.

KUZURI, s. m. Alphabet des Géorgiens, dont l'usage est borné aux livres sacrés.

KYNANCIE, s. f. Esquinancie inflammatoire qui empêche la respiration et fait haleter le malade, comme font les chiens en tirant la langue. T. de méd.

KYNORRHODON, s. m. Voy. CYNORRHODON.

KYPHONISME, s. m. Supplice barbare, qui consistait à exposer au soleil le patient nu et frotté de miel.

KYPHOSE, s. m. Genre de poissons thoraciques de la mer du Sud. T. d'hist. nat.

KYRIELLE, s. f. Ancienne poésie française accompagnée d'un refrain. —, longue suite de choses fatigantes, ennuyeuses ou fâcheuses.

KYRSOTOMIE, s. f. Genre de déplétion locale. T. de méd.

KYSTE, s. m. Sac membraneux qui se développe accidentellement. T. de chir.

KYSTÉOTOMIE ou KYSTIOTOMIE, s. f. Voy. CYSTOTOMIE. T. de chir.

KYSTIQUE, adj. Qui appartient au kiste, est propre à le guérir. T. de chir.

KISTITOME. Voy. CYSTITOME.

KZEL-BACHE, s. m. Ornement de tête des Persans.

L.

L, s. m. et f. Douzième lettre de l'alphabet, neuvième consonne ; lettre numérale 50.

LA, art. f. —, pron. relatif. Voy. LE. —, s. m. Sixième note de musique.

LÀ, adv. démonstratif, détermine le lieu, la place ; je vais là. —, opposé à ici, marque seulement la différence des lieux. —, désigne précisément ; cette révolution-là n'est pas heureuse. —, exprime l'admiration, la surprise, etc.; c'est donc là l'ordre et la liberté ! —, se dit pour suspendre un discours dont la suite pourrait amener des explications désagréables ; brisons là. —, se joint avec d'autres adv. de lieu qu'il précède toujours ; là-haut, là-bas. —, avec des prép.; de là, par là. Demeurez —, restez où vous êtes. Demeurez-en —, ne dites rien de plus. — là, interj. Pour exhorter, consoler, réprimer.

LAA-MONDRANS, s. m. Com. du dép. des Basses-Pyrénées, cant. de Lagor, arr. d'Orthez. = Orthez.

LAAS, s. m. Com. du dép. du Gers, cant. de Vic-Fezensac, arr. d'Auch. = Vic-Fezensac.

LAAS, s. m. Com. du dép. du Gers, cant. et arr. de Mirande. = Mirande.

LAAS, s. m. Com. du dép. du Loiret, cant. et arr. de Pithiviers. = Pithiviers.

LAAS, s. m. Com. du dép. des Basses-Pyrénées, cant. de Sauveterre, arr. d'Orthez. = Orthez.

LABABAN, s. m. Com. du dép. du Finistère, cant. de Plougastel-St.-Germain, arr. de Quimper. = Quimper.

LABACHELERIE, s. f. Com. du dép. de la Dordogne, cant. de Terrasson, arr. de Sarlat. = Terrasson.

LAB-AC-THAN, s. m. Arbrisseau de la Cochinchine, dont les fleurs sont argentées. T. de bot.

LABARDE, s. f. Com. du dép. de la Gironde, cant. de Castelnau, arr. de Bordeaux. = Castelnau-de-Médoc.

LABARRÈRE, s. m. Com. du dép. du Gers, cant. de Montréal, arr. de Condom. = Condom.

LABARTHE, s. m. Com. du dép. de la Haute-Garonne, cant. et arr. de Muret. = Muret.

LABARTHE, s. m. Com. du dép. du Gers, cant. et arr. d'Auch. = Auch.

LABARTHE, s. m. Com. du dép. des Hautes-Pyrénées, cant. de Rabastens, arr. de Tarbes. = Tarbes.

LABARTHE, s. m. Com. du dép. de Tarn-et-Garonne, cant. de Molières, arr. de Montauban. = Montauban.

LABARTHE-BLEY, s. m. Com. du dép. du Tarn, cant. de Cordes, arr. de Gaillac. = Cordes.

LABARTHE-DE-RIVIÈRE, s. m. Com. du dép. de la Haute-Garonne, cant. et arr. de St.-Gaudens. = St.-Gaudens.

LABARTHE-INARD, s. m. Com. du dép. de la Haute-Garonne, cant. et arr. de St.-Gaudens. = St.-Gaudens.

LABARTHE-MOUR, s. m. Com. du dép. des Hautes-Pyrénées, chef-lieu de cant. de l'arr. de Bagnères. Bur. d'enregist. = Tarbes.

LABARTHÈTE, s. m. Com. du dép. du Gers, cant. de Riscle, arr. de Mirande. = Nogaro.

LABARUM, s. m. Etendard de Constantin sur lequel cet empereur avait fait mettre le monogramme de J.-C.

LABASSÈRE, s. m. Com. du dép. des Hautes-Pyrénées, cant. et arr. de Bagnères. = Bagnères-de-Bigorre.

LABASTIDE, s. f. Com. du dép. du Gers, cant. de Masseube, arr. de Mirande. = Auch.

LABASTIDE, s. f. Com. du dép. des Landes, cant. d'Hagetmau, arr. de St.-Sever. = St.-Sever.

LABASTIDE, s. f. Com. du dép. de Lot-et-Garonne, cant. de Bouglon, arr. de Marmande. = Castel-Jaloux.

LABASTIDE, s. f. Com. du dép. des Hautes-Pyrénées, cant de Labarthe, arr. de Bagnères. = Tarbes.

LABASTIDE, s. f. Village du dép. de l'Aveyron, réuni à la com. de St.-Just, cant. de Naucelle, arr. de Rodez. = Rodez.

LABASTIDE, s. f. Com. du dép. du Tarn, cant. et arr. de Lavaur. = Lavaur.

LABASTIDE-BEAUVOIR, s. f. Voy. BASTIDE-BEAUVOIR (la).

LABASTIDE-CEZERACQ, s. f. Com. du dép. des Basses-Pyrénées, cant. d'Arthez, arr. d'Orthez. = Orthez.

LABASTIDE-CLAIRENCE, s. f. Petite ville du dép. des Basses-Pyrénées, chef-lieu de cant. de l'arr. de Bayonne. Bur. d'enregist. = Bayonne.

LABASTIDE-CLERMONT, s. f. Com. du dép. de la Haute-Garonne, cant. de Rieumes, arr. de Muret. = Noé.

LABASTIDE-CONSTANCE, s. f. Com. du dép. de la Haute-Garonne, cant. et arr. de Toulouse. = Toulouse.

LABASTIDE - D'ARMAGNAC, s. f. Com. du dép. du Gers, cant. de Cazaubon, arr. de Condom. = Roquefort.

LABASTIDE-DE-HAUTMONT, s. f. Com. du dép. du Lot, cant. de la Tronquière, arr. de Figeac. = St.-Céré.

LABASTIDE-DE-LEVIS, s. f. Com. du dép. du Tarn, cant. et arr. de Gaillac. = Gaillac.

LABASTIDE-DENAT, s. f. Com. du dép. du Tarn, cant. de Réalmont, arr. d'Albi. = Albi.

LABASTIDE-DE-PENNE, s. f. Com. du dép. de Tarn-et-Garonne, cant. de Montpezat, arr. de Montauban. = Cahors.

LABASTIDE-DU-VERT, s. f. Com. du dép..du Lot. cant. de Catus, arr. de Cahors. = Castelfranc.

LABASTIDE-EL-GOUDOU, s. f. Com. du dép. du Lot, chef-lieu de cant. de l'arr. de Gourdon. Bur. d'enregist. = Gourdon.

LABASTIDE - GABAUSSE - ET - LA-TESSONARIÉ, s. f. Com. du dép. du Tarn, cant. de Monestiés, arr. d'Albi. = Albi.

LABASTIDE-MARNHAC, s. f. Com. du dép. du Lot, cant. et arr. de Cahors. = Cahors.

LABASTIDE-MONREJAU, s. f. Com. du dép. des Basses-Pyrénées, cant. d'Arthez, arr. d'Orthez. = Orthez.

LABASTIDE-PAUMÉS, s. f. Com. du dép. de la Haute-Garonne, cant. de l'Isle-en-Dodon. arr. de St.-Gaudens. = l'Isle-en-Dodon.

LABASTIDE - ROUAIROUZE, s. f. Com. du dép. du Tarn, cant. de St.-Amans-la-Bastide, arr. de Castres. Bur. de poste.

LABASTIDE-SAINT-SERNIN, s. f. Com. du dép. de la Haute-Garonne, cant. de Fronton, arr. de Toulouse. = Toulouse.

LABASTIDE-SAVÉS, s. f. Com. du dép. du Gers, cant. de Samatan, arr. de Lombez. = Lombez.

LABASTIDETTE, s. f. Com. du dép. de la Haute-Garonne, cant. et arr. de Muret. = Muret.

LABASTIDE-VILLEFRANCHE, s. f. Com. du dép. des Basses-Pyrénées, cant. de Salies, arr. d'Orthez. = Orthez.

LABATHUDE, s. f. Com. du dép. du Lot, cant. de la Capelle, arr. de Figeac. = Figeac.

LABATIE, s. f. Plante ébénacée. T. de bot.

LABATMALE, s. f. Com. du dép. des Basses-Pyrénées, cant. de Pontacq, arr. de Pau. = Pau.

LABATUT, s. m. Com. du dép. de l'Ariège, cant. de Saverdun, arr. de Pamiers. = Saverdun.

LABATUT, s. m. Com. du dép. des Landes, cant. de Pouillon, arr. de Dax. = Dax.

LABATUT, s. m. Com. du dép. des Basses-Pyrénées, cant. de Montaner, arr. de Pau. = Vic-en-Bigorre.

LABATUT, s. m. Com. du dép. des Hautes-Pyrénées, cant. de Maubourguet, arr. de Tarbes. = Tarbes.

LABAZI, s. m. Hutte pratiquée sur des arbres dans les forêts du nord.

LABBE ou STERCORAIRE, s. m. Oiseau aquatique, espèce de mouette.

LABBEVILLE, s. f. Com. du dép. de Seine-et-Oise, cant. de l'Isle-Adam, arr. de Pontoise. = Pontoise.

LABDACISME, s. m. Espèce de grasseyement surtout en prononçant les ll.

LABECEDE-LAURAGAIS, s. m. Com. du dép. de l'Aude, cant. et arr. de Castelnaudary. = Castelnaudary.

LABÈGE, s. m. Com. du dép. de la Haute-Garonne, cant. de Castanet, arr. de Toulouse. = Toulouse.

LABÉJAN, s. m. Com. du dép. du Gers, cant. et arr. de Mirande. = Mirande.

LABELLE, s. f. Pétale inférieure en forme de lèvre. T. de bot.

LABENNE, s. f. Com. du dép. des Landes, cant. de St.-Vincent-de-Tyros, arr. de Dax. = Bayonne.

LABERGEMENT, s. m. Com. du dép. du Doubs, cant. de Mouthe, arr. de Pontarlier. = Pontarlier.

LABERGEMENT-DE-CUISERY, s. m. Com. du dép. de Saône-et-Loire, cant. de Cuisery, arr. de Louhans.=Tournus.

LABERGEMENT-DU-NAVOIS, s. m. Com. du dép. du Doubs, cant. d'Amancey, arr. de Besançon. = Ornans.

LABERGEMENT - FOIGNEY, s. m. Com. du dép. de la Côte-d'Or, cant. de Genlis, arr. de Dijon. = Genlis.

LABERGEMENT-LÈS-AUXONNE, s. m. Com. du dép. de la Côte-d'Or, cant. d'Auxonne, arr. de Dijon. = Auxonne.

LABERGEMENT - LES - SEURRE, s. m. Com. du dép. de la Côte-d'Or, cant. de Seurre, arr. de Beaune. = Seurre.

LABERGEMENT-STE.-COLOMBE, s. m. Com. du dép. de Saône-et-Loire, cant. de St.-Germain-du-Plain, arr. de Châlons. = Châlons.

LABESCAU, s. m. Com. du dép. de

la Gironde, cant. de Grignols, arr. de Bazas. = Bazas.

LABESSE-NOUETS, s. f. Village du dép. de l'Aveyron, cant. d'Aubin, arr. de Villefranche. = Villefranche.

LABESSERETTE, s. f. Com. du dép. du Cantal, cant. de Montsalvy, arr. d'Aurillac. = Montsalvy.

LABESSETTE, s. f. Com. du dép. du Puy-de-Dôme, cant. de Tauves, arr. d'Issoire. = Tauves.

LABESSIÈRE-CANDEIL, s. f. Com. du dép. du Tarn, cant. de Candalen, arr. de Gaillac. = Gaillac.

LABETS, s. m. Com. du dép. des Basses-Pyrénées, cant. de St.-Palais, arr. de Mauléon. = St.-Palais.

LABEUR, s. m. Travail. Terres en —, façonnées, cultivées. —, ouvrage considérable et tiré à grand nombre d'exemplaires, par opposition à ouvrage de ville. T. d'impr.

LABEURER, v. n. Opérer, produire de l'effet. (Vi.)

LABEUVILLE, s. f. Com. du dép. de la Meuse, cant. de Fresnes-en-Vœvre, arr. de Verdun. = Etain.

LABEUVRIÈRE, s. f. Com. du dép. du Pas-de-Calais, cant. et arr. de Béthune. = Béthune.

LABEYRIE, s. f. Com. du dép. des Basses-Pyrénées, cant. d'Arthez, arr. d'Orthez. = Orthez.

LABIAL, E, adj. Se dit de tout ce qui concerne les lèvres. Glandes —, corps glanduleux qui tapissent la partie interne des lèvres. T. d'anat. Lettres —, qui se prononcent des lèvres, comme le B, le P, etc.

LABIATIFLORE, adj. f. Dont les fleurons ont deux lèvres, en parlant des fleurs composées. T. de bot.

LABIATION, s. f. Etat d'une fleur labiée. T. de bot.

LABIÉ, E, adj. Se dit des fleurs dont le limbe est comme partagé en deux. T. de bot.

LABIÉES, s. f. pl. Famille de plantes dicotylédones monopétales, à corolles hypogynes. T. de bot.

LABILE, adj. Peu fidèle, en parlant de la mémoire, etc.

LABOISSIÈRE, s. f. Com. du dép. de la Somme, cant. d'Hornoy, arr. d'Amiens. = Amiens.

LABOISSIÈRE, s. f. Com. du dép. de la Somme, cant. et arr. de Montdidier. = Montdidier.

LABOISSIÈRE-D'ANS, s. f. Com. du dép. de la Dordogne, cant. de Thenon, arr. de Périgueux. = Périgueux.

LABORATOIRE, s. m. Lieu dans lequel on travaille; laboratoire de chimie.

LABORDE, s. m. Com. du dép. des Hautes-Pyrénées, cant. de Labarthe, arr. de Bagnères. = Bagnères.

LABORIEUSEMENT, adv. D'une manière laborieuse, avec une grande peine, avec beaucoup de travail.

LABORIEUX, EUSE, adj. Qui aime le travail, qui travaille beaucoup. —, qui exige beaucoup de travail; entreprise laborieuse. —, difficile; digestion laborieuse. —, pénible, douloureux; accouchement laborieux. —, qui demande plus de travail que de génie; recherches laborieuses.

LABOSSE, s. f. Village du dép. de la Sarthe, cant. de Tuffé, arr. de Mamers. = Mamers.

LABOUBÉE, s. f. Com. du dép. du Gers, cant. et arr. d'Auch. = Auch.

LABOUFFIE-ET-ST.-PAUL, s. f. Com. du dép. du Lot, cant. de Castelnau, arr. de Cahors. = Castelnau.

LABOUHEYRE, s. f. Com. du dép. des Landes, cant. de Sabres, arr. de Mont-de-Marsan. = Lipostey.

LABOULBÈNE, s. f. Com. du dép. du Tarn, cant. et arr. de Castres. = Castres.

LABOUQUERIE, s. f. Com. du dép. de la Dordogne, cant. de Beaumont, arr. de Bergerac. = Bergerac.

LABOUR, s. m. Façon qu'on donne à la terre avec la charrue, avec un instrument aratoire quelconque. Terre en —, terre labourée pour recevoir la semence. —, sorte de bêche, outil de plombier.

LABOUR (le), s. m. Petit pays qui dépendait autrefois de la province de Gascogne, et qui fait aujourd'hui partie du dép. des Basses-Pyrénées.

LABOURABLE, adj. Propre à être labouré; terre labourable.

LABOURAGE, s. m. Art de labourer la terre; labour. —, sortie des bateaux, leur passage sous un pont; partie du train sous l'eau.

LABOURÉ, E, part. Façonné, en parlant d'un champ; terre labourée.

LABOURER, v. a. et n. Retourner la terre avec la charrue, avec la bêche, la houe, etc. —, soulever la terre, en parlant des taupes, du canon, etc. — le papier, écrire péniblement. Fig. — les vins, les sortir du bateau et les conduire à terre. T. de comm. —, v. n. Fatiguer beaucoup, avoir beaucoup de peine, avoir beaucoup à souffrir. —, toucher le fond, en parlant d'un navire; ne pas s'accrocher, en parlant d'une ancre. T. de mar.

LABOUREUR, s. m. Cultivateur, agriculteur.

LABOURGADE, s. f. Com. du dép. de Tarn-et-Garonne, cant. de St.-Nicolas-de-la-Grave, arr. de Castel-Sarrasin. = Beaumont-de-Lomagne.

LABOURSE, s. f. Com. du dép. du Pas-de-Calais, cant. de Cambrin, arr. de Béthune. = Béthune.

LABRAX, s. m. Poisson voisin des scares. T. d'hist. nat.

LABRE, s. m. Genre de poissons thoraciques. —, lèvre supérieure des insectes. T. d'hist. nat.

LABRÈDE, s. f. Com. du dép. de la Gironde, chef-lieu de cant. de l'arr. de Bordeaux. Bur. d'enregist. à Castres. = Castres.

LABRICHE, s. f. Com. du dép. du Gers, cant. de Mauvesin, arr. de Lectoure. = Gimont.

LABRIT, s. m. Com. du dép. des Landes, chef-lieu de cant. de l'arr. de Mont-de-Marsan. Bur. d'enregist. = Mont-de-Marsan.

LABROQUÈRE, s. f. Com. du dép. de la Haute-Garonne, cant. de St.-Bertrand, arr. de St.-Gaudens. = Montrejeau.

LABROSITÉ, s. f. Etat d'une chose en forme de lèvre. (Vi.)

LABROSSE, s. f. Com. du dép. du Loiret, cant. de Malesherbes, arr. de Pithiviers. = Malesherbes.

LABROUSSE, s. f. Com. du dép. du Cantal, cant. et arr. d'Aurillac. = Vic-sur-Cère.

LABROUSSE, s. f. Com. du dép. de la Haute-Loire, cant. d'Auzon, arr. de Brioude. = Brioude.

LABROYE, s. f. Com. du dép. du Pas-de-Calais, cant. d'Hesdin, arr. de Montreuil. = Hesdin.

LABRUGUIÈRE, s. f. Petite ville du dép. du Tarn, chef-lieu de cant. de l'arr. de Castres, où se trouve le bur. d'enregist. = Castres.

LABRUGUIÈRE-BEZACOUL, s. f. Com. du dép. du Tarn, cant. d'Alban, arr. d'Albi. = Castres.

LABRUSCA, s. f. Petite vigne qui croît dans la Virginie. T. de bot.

LABRUYÈRE, s. f. Com. du dép. de la Côte-d'Or, cant. de Seurre, arr. de Beaune. = Seurre.

LABRUYÈRE, s. f. Com. du dép. de la Haute-Garonne, cant. d'Auterrive, arr. de Muret. = Auterrive.

LABRY, s. m. Com. du dép. de la Moselle, cant. de Conflans, arr. de Briey. = Metz.

LABUISSIÈRE, s. f. Com. du dép. du Pas-de-Calais, cant. d'Houdain, arr. de Béthune. = Béthune.

LABURGADE, s. f. Com. du dép. du Lot, cant. de Lalbenque, arr. de Cahors. = Cahors.

LABURNE, s. m. Sorte de cytise, faux ébénier. T. de bot.

LABUSSIÈRE-SUR-OUCHE, s. f. Com. du dép. de la Côte-d'Or, cant. de Pouilly, arr. de Beaune. = Sombernon.

LABYRINTHE, s. m. Enceinte remplie de bois et de bâtimens disposés avec tant d'art que, quand une fois on y était entré, l'on n'en pouvait trouver l'issue. L'antiquité offre plusieurs de ces édifices ; le plus célèbre est celui qui fut construit par Dédale, et dans lequel cet habile mécanicien fut enfermé lui-même. Voy. DÉDALE. —, petit bois formé d'allées qui s'entre-coupent, et dont il est difficile de sortir. —, grand embarras ; complication d'affaires embrouillées. — de l'oreille, partie de l'oreille interne, ainsi nommée, à cause des différentes sinuosités qu'elle forme. T. d'anat.

LABYRINTHIQUE, s. et adj. Se dit du nerf auditif qui se distribue dans les cavités de l'oreille. T. d'anat.

LAC, s. m. Grand amas d'eau au milieu d'une contrée, sans issue apparente ou considérable. — supérieur (le), très grand lac du Canada.

LAC (le), s. m. Com. du dép. du Doubs, cant. de Morteau, arr. de Pontarlier. = Morteau.

LACABARÈDE, s. f. Com. du dép. du Tarn, cant. de St.-Amans-Labastide, arr. de Castres. = Mazamet.

LACADÉE, s. f. Com. du dép. des Basses-Pyrénées, cant. d'Arthez, arr. d'Orthez. = Orthez.

LACADIÈRE, s. f. Com. du dép. du Gard, cant. de St.-Hippolyte, arr. du Vigan. = St.-Hippolyte.

LACAJUNTE, s. f. Com. du dép. des Landes, cant. de Geaune, arr. de St.-Sever. = St.-Sever.

LACALM, s. m. Com. du dép. de l'Aveyron, cant. de Ste.-Geneviève, arr. d'Espalion. = Mur-de-Barrez.

LACANAU, s. m. Com. du dép. de la Gironde, cant. de Castelnau, arr. de Bordeaux. = Bordeaux.

LACANCHE, s. f. Com. du dép. de la Côte-d'Or, cant. d'Arnay-le-Duc, arr. de Beaune. = Arnay-le-Duc.

LACANEDA, s. f. Com. du dép. de la Dordogne, cant. et arr. de Sarlat. = Sarlat.

LACAPELLE-BANHAC, s. f. Voy. CAPELLE-BANHAC (la).

LACAPELLE-CABANAC, s. f. Com. du dép. du Lot, cant. de Puy-l'Evêque, arr. de Cahors. = Fumel.

LACAPELLE-MARIVAL, s. f. Com. du dép. du Lot, chef-lieu de cant. de l'arr. de Figeac. Bur. d'enregist. = Figeac.

LACARRE, s. f. Com. du dép. des Basses-Pyrénées, cant. de St.-Jean-Pied-de-Port, arr. de Mauléon. = St.-Jean-Pied-de-Port.

LACASSAGNE, s. f. Com. du dép. de la Dordogne, cant. de Terrasson, arr. de Sarlat. = Terrasson.

LACASSAGNE, s. f. Com. du dép. des Hautes-Pyrénées, cant. de Rabastens, arr. de Tarbes. = Tarbes.

LACASSAIGNE, s. f. Com. du dép. du Gers, cant. et arr. de Mirande. = Mirande.

LACASSE, s. f. Com. du dép. de la Haute-Garonne, cant. et arr. de Muret. = Muret.

LACASTAGNÈRE, s. f. Com. du dép. du Gers, cant. et arr. d'Auch. = Auch.

LACATANE, s. f. Variété de banane. T. de bot.

LACAUGNE, s. f. Com. du dép. de la Haute-Garonne, cant. de Rieux, arr. de Muret. = Noé.

LACAUNE, s. f. Petite ville du dép. du Tarn, chef-lieu de cant. de l'arr. de Castres. Bur. d'enregist. et de poste.

LACAURE, s. f. Com. du dép. de la Marne, cant. de Montmort, arr. d'Epernay. = Epernay.

LACAUSSADE, s. f. Com. du dép. du Gers, cant. d'Aignan, arr. de Mirande. = Nogaro.

LACAVE, s. f. Com. du dép. de l'Ariège, cant. de St.-Lizier, arr. de St.-Girons. = St.-Girons.

LACAVE, s. f. Com. du dép. du Lot, cant. de Souillac, arr. de Gourdon. = Souillac.

LACAZE, s. f. Com. du dép. du Gers, cant. et arr. de Lombez. = Lombez.

LACAZE, s. f. Com. du dép. du Tarn, cant. de Vabre, arr. de Castres. = Lacaune.

LACCA, s. f. Gomme laque.

LACCARRY, s. m. Com. du dép. des Basses-Pyrénées, cant. de Tardets, arr. de Mauléon. = Mauléon.

LAC-DES-ROUGES-TRUITES (le), s. m. Com. du dép. du Jura, cant. de St.-Laurent, arr. de St.-Claude. = Morez.

LACÉ, s. m. Entrelacs d'un lustre en grains de verre.

LACÉ, E, part. Serré avec un lacet.

LACÉDÉMON, s. m. Fils de Jupiter et de Taygète. Il bâtit une ville à laquelle il donna le nom de sa femme, Sparte. T. de myth.

LACÉDÉMONE ou SPARTE, s. f. Ville de l'ancienne Grèce. Cette ville fut célèbre par la singularité de ses lois et des mœurs de ses habitans.

LACELLE, s. f. Com. du dép. de la Corrèze, cant. de Treignac, arr. de Tulle. = Uzerche.

LACELLE (la), s. f. Com. du dép. de l'Orne, cant. et arr. d'Alençon. = Alençon.

LACELLE-SOUS-CHANTEMERLE, s. f. Com. du dép. de la Marne, cant. d'Anglure, arr. d'Epernay. = Sézanne.

LACELLE-SUR-LOIRE, s. f. Com. du dép. de la Nièvre, cant. et arr. de Cosne. = Neuvy-sur-Loire.

LACELLE-SUR-NIÈVRE, s. f. Com. du dép. de la Nièvre, cant. de la Charité, arr. de Cosne. = la Charité.

LACENAS, s. m. Com. du dép. du Rhône, cant. et arr. de Villefranche. = Villefranche.

LACÈNE, s. f. Com. du dép. de Lot-et-Garonne, cant. et arr. de Villeneuve. = Villeneuve-d'Agen.

LACÉPÈDE, s. f. Com. du dép. de Lot-et-Garonne, cant. des Praissas, arr. d'Agen. = Clairac.

LACER, v. a. Passer un lacet dans des œillets pour serrer ; lacer le corset d'une femme. →, faire les mailles d'un filet. —, couvrir sa femelle, en parlant d'un chien. —, attacher la voile à la vergue. T. de mar.

LACÉRATION, s. f. Action de lacérer, de déchirer un écrit. T. de jurisp.

LACÉRÉ, E, part. Déchiré, en parlant d'un titre, d'un écrit. T. de jurisp.

LACÉRER, v. a. Déchirer un écrit. T. de jurisp.

LACERET, s. m. Petite tarrière. T. de mét.

LACERNE, s. m. Habit que les Romains portaient pour se garantir de la pluie.

LACERON, s. m. Voy. LAITERON.

LACERT, s. m. Poisson de mer du genre du callionyme. T. d'hist. nat.

LACERTIENS, s. m. pl. Reptiles sauriens. T. d'hist. nat.

LACERTOÏDES, s. m. pl. Lézards. T. d'hist. nat.

LACET, s. m. Cordon de fil ou de soie ferré par les deux bouts, pour lacer le corset des femmes, etc. —, lacs pour prendre des oiseaux. —, corde, rivure. T. de mét. —, pl. Amas de varecs linéaires, quelquefois si considérables qu'ils ressemblent à des îles.

LACÈTE, s. f. Manière d'arranger les briques.

LACEUR, s. m. Ouvrier qui fait les filets, mailleur.

LACHALADE, s. f. Com. du dép. de la Meuse, cant. de Varennes, arr. de Verdun. = Varennes.

LACHALEUR, s. f. Com. du dép. de la Côte-d'Or, cant. de Sombernon, arr. de Dijon. = Sombernon.

LACHAMBRE, s. f. Com. du dép. de la Moselle, cant. de St.-Avold, arr. de Sarreguemines. = St.-Avold.

LACHAMP, s. m. Com. du dép. de la Lozère, cant. de St.-Amans, arr. de Mende. = Mende.

LACHAPELLE, s. f. Com. du dép. de la Somme, cant. de Poix, arr. d'Amiens. = Poix.

LACHAPELLE-AUX-BROS, s. f. Com. du dép. de la Corrèze, cant. et arr. de Brive. = Brive.

LACHAPELLE - AUX - SAINTS, s. f. Com. du dép. de la Corrèze, cant. de Beaulieu, arr. de Brive. = Tulle.

LACHAPELLE - ST. - GÉRAUD, s. f. Com. du dép. de la Corrèze, cant. de Mercœur, arr. de Tulle. = Argentat.

LACHAPELLE - SOUS - CHAUX, s. f. Com. du dép. du Haut-Rhin, cant. de Giromagny, arr. de Belfort. = Belfort.

LACHAPELLE-SOUS-ROUGEMONT, s. f. Com. du dép. du Haut-Rhin, cant. de Fontaine, arr. de Belfort. = Belfort.

LACHAUME, s. f. Com. du dép. de la Côte-d'Or, cant. de Montigny-sur-Aube, arr. de Châtillon. = Selongey.

LACHAUSSÉE, s. f. Com. du dép. de la Meuse, cant. de Vigneulles, arr. de Commercy. = St.-Mihiel.

LACHAUSSÉE-TIRANCOURT, s. f. Com. du dép. de la Somme, cant. de Picquigny, arr. d'Amiens. = Amiens.

LACHAUX, s. f. Com. du dép. du Puy-de-Dôme, cant. de Châteldon, arr. de Thiers. = Thiers.

LACHE, s. f. Espèce de poisson du genre du clupé, qu'on trouve dans la Méditerranée. T. d'hist. nat.

LÂCHE, s. et adj. Indolent, paresseux, efféminé; qui manque de cœur, de courage, poltron. —, qui n'est pas tendu, qui n'est pas serré. Ventre —, ventre libre. —, en parlant des personnes, indigne d'un homme d'honneur, bas, honteux, avilissant. Style —, languissant, sans nerf. —, adv. L'opposé de serré; coudre lâche.

LÂCHÉ, E, part. Desserré, détendu.

LACHÉ, s. m. Com. du dép. de la Nièvre, cant. de Brinon, arr. de Clamecy. = Nevers.

LACHELLE, s. f. Com. du dép. de l'Oise, cant. d'Estrées-St.-Denis, arr. de Compiègne. = Compiègne.

LÂCHEMENT, adv. Mollement, nonchalamment, sans activité, sans force, sans vigueur. —, en poltron, sans cœur, sans courage; sans générosité, sans honneur; bassement, d'une manière avilissante.

LACHENALE, s. f. Genre de plantes liliacées. T. de bot.

LÂCHER, v. a. Desserrer, détendre. —, cesser de tenir, de retenir, ouvrir; lâcher une écluse. —, laisser aller, laisser s'évader; lâcher un prisonnier. — la bride, l'abandonner, donner carrière. Fig. — le pied, s'enfuir. — la main, diminuer son premier prix, céder de ses prétentions. — prise, abandonner un dessein, renoncer, se désister. — un mot, le dire avec ou sans intention. — le mot, s'expliquer catégoriquement. —, v. n. Se détendre, en parlant d'une corde, d'une arme à feu. Se —, v. pron. Perdre de sa tension. Se —, dire ou faire des incongruités. T. fam.

LACHÉSIS, s. f. L'une des trois parques. T. de myth. —, s. m. Genre de serpens. T. d'hist. nat.

LÂCHETÉ, s. f. Nonchalance, paresse; défaut de cœur, de courage, poltronnerie. —, pl. Actions lâches, honteuses; bassesses, infamies.

LACHNÉE, s. f. Plante daphnoïde. T. de bot.

LACHY, s. m. Com. du dép. de la Marne, cant. de Sézanne, arr. d'Epernay. = Sézanne.

LACINIÉ, E, adj. Se dit des feuilles étroites, alongées en forme de lanières, et découpées irrégulièrement. T. de bot.

LACIS, s. m. Réseau de fil, de soie, etc. —, entrelacement de vaisseaux sanguins. T. d'anat.

LACISTÈME, s. m. Ortie de la Guiane qui croît sur les bords du Surinam. T. de bot.

LACK, s. m. Monnaie de compte indienne ou russe; lacks de roupies.

LACLASTRE, s. m. Com. du dép. de la Haute-Garonne, cant. de Caraman, arr. de Villefranche. = Caraman.

LACLAU, s. m. Village du dép. de l'Aveyron, cant. de Vezin, arr. de Milhau. = Milhau.

LACLAVERIE, s. f. Com. du dép. du Gers, cant. de Valence, arr. de Condom. = Condom.

LACOLLONGE, s. f. Com. du dép. du Haut-Rhin, cant. de Fontaine, arr. de Belfort. = Belfort.

LACOMMANDE, s. f. Com. du dép. des Basses-Pyrénées, cant. de Lasseube, arr. d'Oloron. = Oloron.

LACONIQUE, adj. Serré, concis, à la manière des Lacédémoniens.

LACONIQUEMENT, adv. D'une manière laconique, brièvement.

LACONISER, v. n. Vivre chichement; parler laconiquement. T. inus.

LACONISME, s. m. Façon de parler concise et énergique des Lacédémoniens.

LACONOMANIE, s. f. Affectation de laconisme. T. inus.

LACOSTE, s. f. Com. du dép. de l'Hérault, cant. de Clermont, arr. de Lodève. = Clermont.

LACOUGOTTE-CADOUL, s. f. Com. du dép. du Tarn; cant. et arr. de Lavaur. = Lavaur.

LACOUR, s. f. Com. du dép. de Tarn-et-Garonne, cant. de Montaigut, arr. de Moissac. = Lauzerte.

LACOUR-D'ARCENAY, s. f. Com. du dép. de la Côte-d'Or, cant. de Précy-sous-Thil, arr. de Semur. = Semur.

LACOUR-ST.-PIERRE, s. f. Com. du dép. de Tarn-et-Garonne, cant. de Montech, arr. de Castel-Sarrasin. = Montauban.

LACOURT, s. m. Com. du dép. de l'Ariège, cant. et arr. de St.-Girons. = St.-Girons.

Carrière de marbre gris et de quartz.

LACOURTADE-COURNABOUC-ET-RIVIÈRES, s. f. Com. du dép. du Tarn, cant. et arr. de Gaillac. = Gaillac.

LACOUTURE, s. f. Com. du dép. du Pas-de-Calais, cant. et arr. de Béthune. = Béthune.

LACOUX, s. m. Com. du dép. de l'Ain, cant. d'Hauteville, arr. de Belley. = St.-Rambert.

LACQ, s. m. Com. du dép. des Basses-Pyrénées, cant. de Lagor, arr. d'Orthez. = Orthez.

LACQUE, s. f. Voy. Laque.

LACQUY, s. m. Com. du dép. des Landes, cant. de Villeneuve, arr. de Mont-de-Marsan. = Tartas.

LACRABE, s. f. Com. du dép. des Landes, cant. d'Hagetmau, arr. de St.-Sever. = St.-Sever.

LACRAN, s. m. Village du dép. de la Haute-Garonne, cant. et arr. de St.-Gaudens. = St. Gaudens.

LACRES, s. f. Com. du dép. du Pas-de-Calais, cant. de Samer, arr. de Boulogne. = Samer.

LACRÊTE, s. f. Com. du dép. de la Haute-Marne, cant. d'Andelot, arr. de Chaumont. = Andelot.

LACROISILLE, s. f. Com. du dép. du Tarn, cant. de Cuq-Toulza, arr. de Lavaur. = Puy-Laurens.

LACROIX, s. f. Com. du dép. de l'Aveyron, cant. de Mur-de-Barrez, arr. d'Espalion. = Mur-de-Barrez.

LACROIX, s. f. Com. du dép. de la Moselle, cant. de Bouzonville, arr. de Thionville. = Bouzonville.

LACROIX-FALGARDE, s. f. Com. du dép. de la Haute-Garonne, cant. de Castanet, arr. de Toulouse. = Toulouse.

LACROIX-ST.-OUEN, s. f. Com. du dép. de l'Oise, cant. et arr. de Compiègne. = Compiègne.

LACROIX-SUR-MEUSE, s. f. Com. du dép. de la Meuse, cant. de St.-Mihiel, arr. de Commercy. = St.-Mihiel.

LACROPTE, s. f. Com. du dép. de la Dordogne, cant. de Vergt, arr. de Périgueux. = Périgueux.

LACROUZETTE, s. f. Com. du dép. du Tarn, cant. de Roquecourbe, arr. de Castres. = Castres.

Fab. de bonneterie de laine.

LACRYMAL, E, adj. Se dit de tout ce qui a rapport aux larmes; canal, nerf, sac lacrymal. Fistule —, ulcère qui se forme à l'angle interne de l'œil, dans le sac lacrymal. T. de chir.

LACRYMATOIRE, s. m. Petit vase dans lequel les Romains conservaient les larmes versées aux funérailles des personnes qui leur étaient chères. —, adj. Se dit de ce petit vase; urne lacrymatoire.

LACS, s. m. pl. Cordons déliés; nœud coulant; lacet pour prendre des oiseaux, des lapins, etc. —, embarras, piége dont on a peine à se tirer; séductions, manières artificieuses d'une coquette, passion qu'elle vous inspire. — d'amour, cordons entrelacés d'une certaine manière.

LACS, s. m. Com. du dép. de l'Indre, cant. et arr. de la Châtre. = la Châtre.

LACTAIRE, s. f. Plante de la famille des apocynées. T. de bot. —, adj. Se dit d'une colonne près de laquelle on exposait les enfans trouvés dans l'ancienne Rome.

LACTATE, s. m. Sel formé par la combinaison de l'acide lactique avec une base. T. de chim.

LACTATION, s. f. Voy. Allaitement.

LACTÉ, s. m. Serpent blanc avec des taches noires.

LACTÉ, E, adj. Qui a la blancheur, la nature et la qualité du lait. Veines —, vaisseaux blancs, transparens, destinés à recevoir le chyle des intestins. Fièvre —, fièvre de lait. Voie —, trace blanche formée dans le ciel par un amas considérable d'étoiles. T. d'astr.

LACTENSIN (St.-), s. m. Com. du dép. de l'Indre, cant. de Buzançais, arr. de Châteauroux. = Buzançais.

LACTESCENT, E, adj. Laiteux, qui donne un suc ayant l'apparence du lait. T. de bot.

LACTIFÈRE, adj. Qui porte, conduit le lait; veines lactifères. T. d'anat. Plantes —, qui abondent en sucs laiteux. T. de bot.

LACTIFIQUE, adj. Qui produit le lait, en augmente la sécrétion.

LACTIFLUE, s. f. Agaric à suc laiteux. T. de bot.

LACTIFUGE, s. et adj. Qui fait fuir le lait. Voy. ANTIGALACTIQUE.

LACTIPHAGE, s. m. Voy. GALACTOPHAGE.

LACTIQUE, adj. Se dit de l'acide du lait; acide lactique. T. de chim.

LACUNE, s. f. Omission importante dans un livre, un texte, etc.; interruption, intervalle. —, pl. Ouvertures situées dans l'intérieur de l'urèthre et de chaque côté de l'orifice du vagin. T. d'anat.

LACURE, s. f. Action de lacer; ce qui sert à lacer. T. de tailleur.

LACUSTRAL, E, adj. Se dit des plantes qui croissent sur le bord des lacs, des étangs. T. de bot.

LADANUM, s. m. Substance résineuse, aromatique, qui découle des feuilles du lédum ou ciste, plante rosacée.

LADAPEYRE, s. f. Com. du dép. de la Creuse, cant. et arr. de Guéret. = Guéret.

LADAUX, s. m. Com. du dép. de la Gironde, cant. de Targon, arr. de la Réole. = Cadillac.

LADERN, s. m. Com. du dép. de l'Aude, cant. de St.-Hilaire, arr. de Limoux. = Limoux.

LADEVÈZE-RIVIÈRE, s. f. Com. du dép. du Gers, cant. de Marciac, arr. de Mirande. = Aire-sur-l'Adour.

LADEVÈZE-VILLE, s. f. Com. du dép. du Gers, cant. de Marciac, arr. de Mirande. = Aire-sur-l'Adour.

LADI ou **LADY**, s. f. Dame ou demoiselle, femme ou fille d'un homme de qualité en Angleterre.

LADIGNAC, s. m. Com. du dép. de la Corrèze, cant. et arr. de Tulle. = Tulle.

LADIGNAC-ET-LE-CHALARD, s. m. Com. du dép. de la Haute-Vienne, cant. et arr. de St.-Yrieix. = St.-Yrieix.

LADINHAC, s. m. Com. du dép. de l'Aveyron, cant. de Mur-de-Barrez, arr. d'Espalion. = Nant.

LADINHAC, s. m. Com. du dép. du Cantal, cant. de Monsalvy, arr. d'Aurillac. = Aurillac.

LADIVILLE, s. f. Com. du dép. de la Charente, cant. et arr. de Barbezieux. = Barbezieux.

LADON, s. m. Com. du dép. du Loiret, cant. de Bellegarde, arr. de Montargis. = Montargis.

LADONCHAMPS, s. m. Com. du dép. de la Moselle, cant. et arr. de Metz. = Metz.

LADORNAC, s. m. Com. du dép. de la Dordogne, cant. de Terrasson, arr. de Sarlat. = Terrasson.

LADOS, s. m. Com. du dép. de la Gironde, cant. d'Auros, arr. de Bazas. = Bazas.

LADOSSE, s. f. Com. du dép. de la Dordogne, cant. de Mareuil, arr. de Nontron. = Mareuil.

LADOUZE, s. f. Com. du dép. de la Dordogne, cant. de St.-Pierre-de-Chignac, arr. de Périgueux. = Périgueux.

LADOYE, s. f. Com. du dép. du Jura, cant. de Voiteur, arr. de Lons-le-Saulnier. = Champagnole.

LADRE, ESSE, s. et adj. Lépreux. —, se dit surtout des animaux; cochon ladre. —, insensible de corps et d'esprit; vilain, avare, fesse-Mathieu. Fig.

LADRERIE, s. f. Lèpre, éléphantiasis. —, hôpital pour les lépreux. —, avarice, sordidité. Fig. et fam.

LADUZ, s. m. Com. du dép. de l'Yonne, cant. d'Aillant, arr. de Joigny. = Joigny.

LADY, s. m. Com. du dép. de Seine-et-Marne, cant. de Mormant, arr. de Melun. = Mormant.

LAFAGE, s. f. Com. du dép. de la Corrèze, cant. de Lapleau, arr. de Tulle. = Mauriac.

LAFARE, s. f. Com. du dép. des Bouches-du-Rhône, cant. de Berre, arr. d'Aix. = Aix.

LAFARE, s. f. Com. du dép. de Vaucluse, cant. de Beaumes, arr. d'Orange. = Carpentras.

LAFARRE, s. f. Com. du dép. de la Haute-Loire, cant. de Pradelles, arr. du Puy. = le Puy.

LAFAT, s. m. Com. du dép. de la Creuse, cant. de Dun, arr. de Guéret. = Argentan.

LAFAUCHE, s. f. Com. du dép. de la Haute-Marne, cant. de St.-Blin, arr. de Chaumont. = Andelot.

LAFAYE-LIVRON, s. m. Com. du

dép. du Cher, cant. de Baugy, arr. de Bourges. = Villequiers.

LAFERRIÈRE, s. f. Village du dép. des Côtes-du-Nord, cant. de Lachèze, arr. de Loudéac. = Loudéac.

LAFEUILLADE, s. f. Com. du dép. de la Dordogne, cant. de Terrasson, arr. de Sarlat. = Terrasson.

LAFFAUX, s. m. Com. du dép. de l'Aisne, cant. de Vailly, arr. de Soissons. = Soissons.

LAFFITE-TOUPIÈRE, s. f. Com. du dép. du Gers, cant. et arr. de Mirande. = Mirande.

LAFFITTE, s. f. Com. du dép. de Lot-et-Garonne, cant. de Tonneins, arr. de Marmande. = Tonneins.

LAFFITTE-TOUPIÈRE, s. f. Com. du dép. de la Haute-Garonne, cant. de St.-Martory, arr. de St.-Gaudens. = St.-Martory.

LAFFREY, s. m. Com. du dép. de l'Isère, cant. de Vizille, arr. de Grenoble. = Vizille.

LAFITAU-PETITE, s. f. Com. du dép. de la Haute-Garonne, cant. et arr. de St.-Gaudens. = St.-Gaudens.

LAFITE, s. f. Com. du dép. de Tarn-et-Garonne, cant. de St.-Nicolas-de-la-Grave, arr. de Castel-Sarrasin.=Castel-Sarrasin.

LAFITOLE, s. f. Com. du dép. des Hautes-Pyrénées, cant. de Maubourguet, arr. de Tarbes. = Tarbes.

LAFITTE-VIGORDANNE, s. f. Com. du dép. de la Haute-Garonne, cant. du Fousseret, arr. de Muret. = Noé.

LAFORCE, s. f. Com. du dép. de la Dordogne, chef-lieu de cant. de l'arr. de Bergerac, où sont les bur. d'enregist. et de poste.
Comm. de vins, grains et bestiaux.

LAFOSSE, s. f. Com. du dép. de la Gironde, cant. de St.-Savin, arr. de Blaye. = Bourg-sur-Gironde.

LAFOUX, s. m. Village du dép. des Basses-Alpes, cant. d'Allos, arr. de Barcelonnette. = Barcelonnette.

LAFOX, s. m. Com. du dép. de Lot-et-Garonne, cant. de Puymirol, arr. d'Agen. = Agen.

LAFRANÇAISE, s. f. Petite ville du dép. de Tarn-et-Garonne, chef-lieu de cant. de l'arr. de Montauban. Bur. d'enregist. = Montauban.

LAFRAYE, s. f. Com. du dép. de l'Oise, cant. de Niviller, arr. de Beauvais. = Beauvais.

LAFRESNOYE, s. f. Com. du dép. de la Somme, cant. d'Hornoy, arr. d'Amiens. = Abbeville.

LAFRIMBOLLE, s. f. Com. du dép. de la Meurthe, cant. de Lorquin, arr. de Sarrebourg. = Blamont.

LAGAMAS, s. m. Com. du dép. de l'Hérault, cant. de Gignac, arr. de Lodève. = Gignac.

LAGAN, s. m. Voy. Épave.

LAGANISTE, s. m. Pain de millet.

LAGANNE, s. f. Com. du dép. du Cantal, cant. de Riom, arr. de Mauriac. = Bort.

LAGARDE, s. f. Com. du dép. de l'Ariège, cant. de Mirepoix, arr. de Pamiers. = Mirepoix.

LAGARDE, s. f. Com. du dép. de l'Aveyron, cant. de Réquista, arr. de Rodez. = Rodez.

LAGARDE, s. f. Com. du dép. de la Corrèze, cant. et arr. de Tulle. = Tulle.

LAGARDE, s. f. Com. du dép. de la Haute-Garonne, cant. et arr. de Villefranche. = Villefranche.

LAGARDE, s. f. Com. du dép. du Gers, cant. et arr. de Lectoure. = Lectoure.

LAGARDE, s. f. Com. du dép. de la Meurthe, cant. de Vic, arr. de Château-Salins. = Moyenvic.

LAGARDE, s. f. Com. du dép. des Hautes-Pyrénées, cant. et arr. de Tarbes. = Tarbes.

LAGARDE, s. f. Village du dép. de Vaucluse, cant. et arr. d'Apt. = Apt.

LAGARDE-DE-L'ISLE, s. f. Com. du dép. de la Haute-Garonne, cant. de l'Isle-en-Dodon, arr. de St.-Gaudens. = l'Isle-en-Dodon.

LAGARDELLE, s. f. Com. du dép. de la Haute-Garonne, cant. et arr. de Muret. = Muret.

LAGARDE-NOBLE, s. f. Com. du dép. du Gers, cant. et arr. de Mirande. = Mirande.

LAGARDÈRE, s. f. Com. du dép. du Gers, cant. de Valence, arr. de Condom. = Condom.

LAGARDÈRE, s. f. Com. du dép. du Gers, cant. de Riscle, arr. de Mirande. = Auch.

LAGARDE-SUR-LE-NÉ, s. f. Com. du dép. de la Charente, cant. et arr. de Barbezieux. = Barbezieux.

LAGARDIOLE, s. f. Com. du dép. du Tarn, cant. de Dourgne, arr. de Castres. = Revel.

LAGARRIGUE, s. f. Com. du dép. du Tarn, cant. de Labruguière, arr. de Castres. = Castres.

LAGASCA, s. f. Plante corymbifère. T. de bot.

LAGÉNITE, s. f. Pierre qui a la forme d'une bouteille. T. d'hist. nat.

LAGENULE, s. f. Arbrisseau de la

Cochinchine. T. de bot. —, genre de coquilles. T. d'hist. nat.

LAGER (St.-), s. m. Com. du dép. de l'Ardèche, cant. de Chomérac, arr. de Privas. = Privas.

LAGER (St.-), s. m. Com. du dép. du Rhône, cant. de Belleville, arr. de Villefranche. = Belleville. Comm. de vins très renommés.

LAGERSTROME, s. f. Plante de la famille des salicaires. T. de bot.

LAGERVILLE, s. f. Com. du dép. de Seine-et-Marne, cant. de Château-Landon, arr. de Fontainebleau. = Egreville.

LAGERY, s. m. Com. du dép. de la Marne, cant. de Ville-en-Tardenois, arr. de Reims. = Fismes.

LAGET-A-DENTELLE ou LAGETTO, s. m. Arbrisseau d'Amérique, dont le bois se sépare par couches et imite la dentelle. T. de bot.

LAGIAS, s. m. Belle toile peinte du Pégu, royaume de l'Indostan.

LAGNEFIE, s. f. Village du dép. de Tarn-et-Garonne, cant. de St.-Antonin, arr. de Montauban. = Montauban.

LAGNES, s. f. Com. du dép. de Vaucluse, cant. de l'Isle, arr. d'Avignon. = Avignon.

LAGNEY, s. m. Com. du dép. de la Meurthe, cant. et arr. de Toul. = Toul.

LAGNICOURT, s. m. Com. du dép. du Pas-de-Calais, cant. de Marquion, arr. d'Arras. = Bapaume.

LAGNIEU, s. m. Ville du dép. de l'Ain, chef-lieu de cant. de l'arr. de Belley. Bur. d'enregist. = Ambérieux.

LAGNY, s. m. Petite ville du dép. de Seine-et-Marne, chef-lieu de cant. de l'arr. de Meaux. Bur. d'enregist. et de poste.

Cette petite ville, située sur la Marne, se trouve au milieu de coteaux couverts de vignes. Comm. de vins, grains, farines, fromages de Brie, etc.

LAGNY, s. m. Com. du dép. de l'Oise, cant. de Lassigny, arr. de Compiègne. = Noyon.

LAGNY-LE-SEC, s. m. Com. du dép. de l'Oise, cant. de Nanteuil, arr. de Senlis. = Dammartin.

LAGOECIE, s. f. Plante ombellifère. T. de bot.

LAGOMYS, s. m. Espèce de lièvre sans queue, dont les jambes sont égales. Voy PIKA. T. d'hist. nat.

LAGON, s. m. Petit lac d'eau de mer sur les côtes. T. de mar.

LAGONI, s. m. pl. Sources d'eaux minérales volcaniques en Italie. T. d'hist. nat.

LAGOPÈDE, s. m. Espèce de gélinotte blanche, oiseau dont les pieds sont velus, et ont quelque ressemblance avec ceux du lièvre. T. d'hist. nat.

LAGOPHTALMIE, s. f. Maladie dans laquelle la paupière supérieure est tellement retirée qu'on ne peut fermer l'œil, de sorte qu'on est obligé de dormir comme le lièvre, les yeux ouverts. T. de méd.

LAGOPUS, s. m. Isatis, lagopède. T. d'hist. nat. —, trèfle. T. de bot.

LAGOR, s. m. Com. du dép. des Basses-Pyrénées, chef-lieu de cant. de l'arr. d'Orthez. Bur. d'enregist. = Orthez.

LAGORCE, s. f. Com. du dép. de l'Ardèche, cant. de Vallon, arr. de Largentière. = Barjac.

LAGORCE, s. f. Com. du dép. de la Gironde, cant. de Guitre, arr. de Libourne. = Coutras.

LAGORD, s. m. Com. du dép. de la Charente-Inférieure, cant. et arr. de la Rochelle. = la Rochelle.

LAGORGUE, s. f. Com. du dép. du Nord, cant. de Merville, arr. d'Hazebrouck. = Estaires.

LAGOS, s. m. Com. du dép. des Basses-Pyrénées, cant. de Clarac, arr. de Pau. = Pau.

LAGOUARDE, s. f. Com. du dép. du Gers, cant. de Saramou, arr. d'Auch. = Auch.

LAGRACE-DIEU-ET-MAGRENS, s. f. Com. du dép. de la Haute-Garonne, cant. d'Auterrive, arr. de Muret. = Auterrive.

LAGRAND, s. m. Com. du dép. des Hautes-Alpes, cant. d'Orpierre, arr. de Gap. = Serre.

LAGRANGE, s. f. Com. du dép. des Landes, cant. de Gabarret, arr. de Mont-de-Marsan. = Roquefort.

LAGRANGE, s. f. Com. du dép. des Hautes-Pyrénées, cant. de Launemezan, arr. de Bagnères. = Tarbes.

LAGRANGE, s. f. Com. du dép. du Haut-Rhin, cant. de Fontaine, arr. de Belfort. = Belfort.

LAGRASSE, s. f. Petite ville du dép. de l'Aude, chef-lieu de cant. de l'arr. de Carcassonne. Bur. d'enregist. et de poste.

LAGRAULAS, s. m. Com. du dép. du Gers, cant. d'Eauze, arr. de Condom. = Vic-Fezensac.

LAGRAULET, s. m. Com. du dép. de la Haute-Garonne, cant. de Cadours, arr. de Toulouse. = Beaumont.

LAGRAULET, s. m. Com. du dép. du Gers, cant. de Montréal, arr. de Condom. = Condom.

LAGRAULIÈRE, s. f. Com. du dép.

de la Corrèze, cant. de Seilhac, arr. de Tulle. = Uzerche.

LAGRAVE, s. f. Com. du dép. du Tarn, cant. et arr. de Gaillac. = Gaillac.

LAGRE, s. f. Feuille de verre sur laquelle on étend les autres. T. de verr.

LAGRIE, s. f. Insecte coléoptère hétéromère. T. d'hist. nat.

LAGUE, s. f. Sillage d'un navire. T. de mar.

LAGUENNE, s. f. Com. du dép. de la Corrèze, cant. et arr. de Tulle. = Tulle.

LAGUEPIE, s. f. Com. du dép. de Tarn-et-Garonne, cant. de St.-Antonin, arr. de Montauban. = St.-Antonin.

LAGUIAN-MIÉLAN, s. m. Com. du dép. du Gers, cant. de Miélan, arr. de Mirande. = Miélan.

LAGUIAN-RISCLE, s. m. Com. du dép. du Gers, cant. de Plaisance, arr. de Mirande. = Plaisance.

LAGUILLERE, s. f. Rets de fil de lin doubles. T. de pêch.

LAGUINGE, s. f. Com. du dép. des Basses-Pyrénées, cant. de Tardets, arr. de Mauléon. = Mauléon.

LAGUIOLE, s. f. Ville du dép. de l'Aveyron, chef-lieu de cant. de l'arr. d'Espalion. Bur. d'enregist. = Espalion. Comm. de bestiaux et de fromages.

LAGUIS, s. m. Nœud coulant au bout d'un cordage. T. de mar.

LAGUNE, s. f. Petit lac, flaque d'eau sur les bords marécageux de la mer.

LAGUNÉE, s. f. Plante malvacée. T. de bot.

LAGUPIE, s. f. Com. du dép. de Lot-et-Garonne, cant. de Seyches, arr. de Marmande. = Marmande.

LAGURE, s. m. Plante graminée. T. de bot. —, s. f. Rat de la Sibérie. T. d'hist. nat.

LAHAGE, s. f. Com. du dép. de la Haute-Garonne, cant. de Rieumes, arr. de Muret. = Muret.

LAHAIMEIX, s. m. Com. du dép. de la Meuse, cant. de Pierrefitte, arr. de Commercy. = St.-Mihiel.

LAHARIE, s. f. Com. du dép. des Landes, cant. d'Arjuzanx, arr. de Mont-de-Marsan. = Tartas.

LAHARMAND, s. m. Com. du dép. de la Haute-Marne, cant. et arr. de Chaumont. = Chaumont.

LAHAS, s. m. Com. du dép. du Gers, cant. de Samatan, arr. de Lombez. = Gimont.

LAHAYVILLE, s. f. Com. du dép. de la Meuse, cant. de St.-Mihiel, arr. de commercy. = St.-Mihiel.

LAHEYCOURT, s. m. Com. du dép. de la Meuse, cant. de Vaubecourt, arr. de Bar-le-Duc. = Bar-le-Duc.

LAHILLAIRE, s. f. com. du dép. du Gers, cant. de Samatan, arr. de Lombez. = Lombez.

LAHITAU, s. m. Com. du dép. des Hautes-Pyrénées, cant. de Rabastens, arr. de Tarbes. = Tarbes.

LAHITE, s. f. Com. du dép. des Hautes-Pyrénées, cant. de Labarthe, arr. de Bagnères. = Bagnères.

LAHITERE, s. f. Com. du dép. de la Haute-Garonne, cant. de Montesquieu-Volvert, arr. de Muret. = Rieux.

LAHITTE, s. f. Com. du dép. du Gers, cant. et arr. d'Auch. = Auch.

LAHITTE, s. f. Com. du dép. des Hautes-Pyrénées, cant. de Lourdes, arr. d'Argelès. = Lourdes.

LAHITTE-TOUPIERE, s. f. Com. du dép. des Hautes-Pyrénées, cant. de Maubourguet, arr. de Tarbes. = Tarbes.

LAHONTAN, s. m. Com. du dép. des Basses-Pyrénées, cant. de Salies, arr. d'Orthez. = Orthez.

LAHOSSE, s. f. Com. du dép. des Landes, cant. de Mugron, arr. de St.-Sever. = St.-Sever.

LAHOURCADE, s. f. Com. du dép. des Basses-Pyrénées, cant. de Monein, arr. d'Oloron. = Pau.

LAHOUSSOYE, s. f. Com. du dép. de la Somme, cant. de Corbie, arr. d'Amiens. = Corbie.

LAI, s. m. Laïque. —, doléance, complainte, sorte de poésie plaintive, de poème élégiaque.

LAI, E, adj. Laïque, qui n'est point dans les ordres sacrés. Frère —, frère servant. Sœur —, sœur converse. Soldat —, qui était au service d'une abbaye.

LAICHE, s. f. Plante aquatique, genre de cypéroïdes à fleurs coupantes qui blessent les chevaux. Voy. ACUÉE.

LAID, E, adj. Mal fait, mal bâti, difforme, désagréable à la vue. —, malhonnête, indécent, honteux. Fig. et fam.

LAIDEMENT, adv. D'une manière difforme ou indécente. T. inus.

LAIDERON, s. m. Fille ou femme laide, mais qui n'est pas tout-à-fait dépourvue d'agrémens. T. Fam.

LAIDEUR, s. m. Difformité, vice de ce qui est désagréable à la vue. —, turpitude. Fig.

LAIE, s. f. Femelle du sanglier. —, route étroite dans une forêt. —, marteau denté de tailleur de pierre. —, boîte d'orgue. Voy. LAYE.

LAIFOUR, s. m. Com. du dép. des Ardennes, cant. de Monthermé, arr. de Mézières. = Mézières.

LAIGNÉ, s. m. Com. du dép. de la Mayenne, cant. et arr. de Château-Gonthier. = Château-Gonthier.

LAIGNÉ-EN-BELIN, s. m. Com. du dép. de la Sarthe, cant. d'Ecommoy, arr. du Mans. = Ecommoy.

LAIGNELET, s. m. Com. du dép. d'Ille-et-Vilaine, cant. et arr. de Fougères. = Fougères.

LAIGNES, s. f. Com. du dép. de la Côte-d'Or, chef-lieu de cant. de l'arr. de Châtillon. Bur. d'enregist. et de poste. Manuf. de toile, chapeaux, etc. Comm. de boissellerie, laine, bestiaux, etc.

LAIGNES (la), s. f. Petite rivière qui prend naissance près de Laignes, dép. de la Côte-d'Or, et qui se jette dans la Seine après un cours de 6 l.

LAIGNEVILLE, s. f. Com. du dép. de l'Oise, cant. de Liancourt, arr. de Clermont. = Creil.

LAIGNY, s. m. Com. du dép. de l'Aisne, cant. et arr. de Vervins. = Vervins.

LAIGNY, s. m. Village du dép. de l'Yonne, cant. de Toucy, arr. d'Auxerre. = Toucy.

LAILLÉ, s. m. Com. du dép. d'Ille-et-Vilaine, cant. de Guichen, arr. de Redon. = Bain.

LAILLY, s. m. Com. du dép. du Loiret, cant. de Beaugency, arr. d'Orléans. = Beaugency.

LAILLY, s. m. Com. du dép. de l'Yonne, cant. de Villeneuve, arr. de Sens. = Villeneuve-l'Archevêque.

LAIMONT, s. m. Com. du dép. de la Meuse, cant. de Revigny, arr. de Bar-le-Duc. = Bar-le-Duc.

LAIN, s. m. Com. du dép. de l'Yonne, cant. de Courson, arr. d'Auxerre. = St.-Fargeau.

LAINAGE, s. m. Marchandise de laine; façon donnée aux draps avec des chardons, pour tirer la laine.

LAINE, s. f. Poil frisé des moutons; cheveux crépus des nègres. — de Moscovie, duvet qui croît sous le ventre du castor. Bêtes à —, moutons, brebis, agneaux.

LAINÉ, E, part. Se dit du drap dont la laine a été tirée avec des chardons.

LAINER, v. a. Tirer la laine du drap avec des chardons, donner le lainage.

LAINERIE, s. f. Fabrique, marchandise, commerce de laine.

LAINES-AUX-BOIS, s. f. Com. du dép. de l'Aube, cant. et arr. de Troyes. = Troyes.

LAINEUR, s. m. Cardeur, ouvrier qui travaille la laine.

LAINEUX, EUSE, adj. Bien fourni de laine; mouton; drap laineux. —, recouvert d'une sorte de laine ou d'un tissu drapé. T. de bot.

LAINIER, s. m. Marchand de laine en écheveaux, laineur.

LAINS, s. m. Com. du dép. du Jura, cant. de St-Julien, arr. de Lons-le-Saulnier. = St.-Amour.

LAINSECQ, s. m. Com. du dép. de l'Yonne, cant. de St.-Sauveur, arr. d'Auxerre. = St.-Fargeau.

LAINVILLE, s. f. Com. du dép. de Seine-et-Oise, cant. de Limay, arr. de Mantes. = Meulan.

LAÏQUE, s. et adj. Qui n'est point engagé dans les ordre sacrés, qui n'est point ecclésiastique.

LAIRD, s. m. Lord écossais.

LAIRE, s. f. Com. du dép. du Doubs, cant. et arr. de Montbéliard. = Montbéliard.

LAIRES, s. f. Com. du dép. du Pas-de-Calais, cant. de Fauquemberque, arr. de St.-Omer. = Fruges.

LAIRIÈRE, s. f. Com. du dép. de l'Aude, cant. de Monthoumet, arr. de Carcassonne. = Carcassonne.

LAIRIÈRE, s. f. Com. du dép. de la Vendée, cant. des Essarts, arr. de Bourbon-Vendée. = Bourbon-Vendée.

LAIROUX, s. m. Com. du dép. de la Vendée, cant. de Luçon, arr. de Fontenay. = Luçon.

LAÏS, s. f. Courtisane de Corinthe, fameuse par sa beauté et surtout par le prix excessif qu'elle mettait à ses charmes; ce qui fit dire: il n'est pas permis à tout le monde d'aller à Corinthe.

LAIS, s. m. Jeune baliveau de réserve.

LAISCHES, s. f. pl. Lames de fer qui s'adaptaient au vêtement pour amortir les coups.

LAISSADE, s. f. Partie du fond d'une galère où elle diminue de largeur.

LAISSE, s. f. Corde pour mener les chiens. Mener quelqu'un en —, le faire aller, le diriger comme on veut. —, cordon de chapeau. —, pl. Attérissemens. Fig. —, lavures. T. de fond.

LAISSÉ, E, part. Cédé, quitté, abandonné.

LAISSÉES, s. f. pl. Fiente de bêtes fauves. T. de vèner.

LAISSER, s. m. Choix; le prendre ou le laisser.

LAISSER, v. a. Quitter, abandonner;

oublier. —, confier, mettre en dépôt; laisser en garde. —, céder, léguer, abandonner la jouissance, la propriété; laisser son bien aux pauvres. —, passer sous silence, omettre, négliger. — faire, permettre, ne pas empêcher, souffrir. —, accorder; laisser la vie à quelqu'un. —, perdre; laisser sa vie dans une bataille. — à l'abandon, abandonner. — son fils au soin d'un ami, lui confier le soin de veiller sur lui. —, v. n. Souffrir, permettre; laissez, que je dise un mot. Ne pas — de, n'en faire pas moins une chose. Ne pas — que de, faire beaucoup et sans éclat. Se —, v. pron. Endurer, souffrir que; se laisser insulter.

LAISSER-ALLER, s. m. Faiblesse, abandon, négligence, facilité à donner son assentiment, à céder aux impressions, aux conseils.

LAISSER-COURRE, s. m. Signal pour lâcher les chiens; son du cor pour annoncer le départ d'une meute. T. de véner.

LAISSEY-ET-DOUVOT, s. m. Com. du dép. du Doubs, cant. de Roulans, arr. de Baume. = Baume.

LAIT, s. m. Substance animale produit des sécrétions des glandes mammaires, liqueur blanche qui se forme dans les mamelles de la femme et des femelles des animaux. —, liqueur blanche des œufs frais, des plantes. —, liqueur artificielle ayant la couleur du lait; lait d'amande. — coupé, étendu d'eau. — de poule, jaune d'œuf délayé dans l'eau tiède avec du sucre. Petit —, sérosité qui se sépare du lait caillé. — de beurre, résidu qu'on trouve dans la baratte, après la formation du beurre. Dents de —, premières dents. Frère de —, enfant de la nourrice, par rapport à son nourrisson; enfans qui ont sucé le même lait.

LAITAGE, s. m. Aliment qu'on prépare avec le lait, crème, beurre, fromage, etc.

LAITANCE, s. f. Voy. LAITE.

LAIT DE LUNE ou DE MONTAGNE, s. m. Chaux carbonatée.

LAIT-DORÉ ou LAITEUX-BRIQUE, s. m. Sorte de champignon. T. de bot.

LAITE, s. f. Substance blanche et molle qui ressemble au lait caillé et qui contient la semence des poissons mâles.

LAITÉ, E, adj. Qui a de la laite; hareng laité.

LAITÉE, s. f. Portée d'une chienne de chasse. T. de véner.

LAITERIE, s. f. Endroit où l'on dépose le lait et prépare le laitage.

LAITERON ou LAITRON, s. m. Plante laiteuse, rafraîchissante, dont les lapins sont très friands; genre de chicoracées.

LAITEUX, EUSE, adj. Qui a un suc blanc comme du lait. Opale —, dont le blanc est trouble. T. de lapidaire. Maladie —, occasionnée par le lait, à la suite des couches.

LAITEUX-POIVRÉS, s. m. pl. Famille de champignons. T. de bot.

LAITIER, s. m. Matière semblable au verre, qui nage sur le métal fondu. — des volcans, lave vitreuse.

LAITIÈRE, s. f. Femme qui vend du lait. —, adj. Se dit d'une nourrice ou d'une vache qui a beaucoup de lait; vache laitière.

LAITON, s. m. Fil de cuivre jaune mêlé avec la mine de zinc.

LAITRE-SOUS-AMANCE, s. m. Com. du dép. de la Meurthe, cant. et arr. de Nancy. = Nancy.

LAITUE, s. f. Plante potagère, laiteuse, herbacée, que l'on mange en salade. — romaine, variété de laitue, chicon.

LAIT VIRGINAL, s. m. Teinture de benjoin dans l'esprit de vin.

LAÏUS, s. m. Fils de Labdacus, roi de Thèbes, mari de Jocaste et père d'Œdipe. T. de myth.

LAIVES, s. f. Com. du dép. de Saône-et-Loire, cant. de Sennecey, arr. de Châlons. = Sennecey-le-Grand.

LAIX, s. m. Com. du dép. de l'Ain, cant. de Pont-de-Veyle, arr. de Bourg. = Mâcon.

LAIX, s. m. Com. du dép. de la Moselle, cant. de Longwy, arr. de Briey. = Longwy.

LAIZE, s. f. Largeur d'une étoffe entre deux lisières.

LAIZÉ, s. m. Com. du dép. de Saône-et-Loire, cant. et arr. de Mâcon. = Mâcon.

LAIZE-LA-VILLE, s. f. Com. du dép. du Calvados, cant. de Bourguébus, arr. de Caen. = Caen.

LAIZY, s. m. Com. du dép. de Saône-et-Loire, cant. de Mesvres, arr. d'Autun. = Autun.

LAJARNE, s. f. Village du dép. de la Charente-Inférieure, cant. de la Jarrie, arr. de la Rochelle. = la Rochelle.

LAJEMAYE, s. f. Com. du dép. de la Dordogne, cant. de St.-Aulaye, arr. de Ribérac. = Ribérac.

LAJESSE, s. f. Com. du dép. de l'Aube, cant. de Chaource, arr. de Bar-sur-Seine. = Chaource.

LAJO, s. m. Village du dép. de la Lozère, cant. de St.-Alban, arr. de Marvejols. = Marvejols.

LAKMUS, s. m. Bleu composé de fruits de myrtille, de chaux vive, de vert de gris et de sel ammoniac.

LAKTAK, s. m. Grand phoque du Kamtschatka. T. d'hist. nat.

LALAIGNE, s. f. Com. du dép. de la Charente-Inférieure, cant. de Courçon, arr. de la Rochelle. = la Rochelle.

LALAING, s. m. Com. du dép. du Nord, cant. et arr. de Douai. = Douai.

LALANDE, s. f. Com. du dép. de la Gironde, cant. et arr. de Libourne. = St.-André-de-Cubzac.

LALANDE, s. f. Com. du dép. de l'Yonne, cant. de Toucy, arr. d'Auxerre. = Toucy.

LALANDE-DE-CUBZAC, s. f. Com. du dép. de la Gironde, cant. de Fronzac, arr. de Libourne. = Bordeaux.

LALANDUSSE, s. f. Com. du dép. de Lot-et-Garonne, cant. de Castillonnès, arr. de Villeneuve. = Lauzun.

LALANNE, s. f. Com. du dép. du Gers, cant. de Fleurance, arr. de Lectoure. = Fleurance.

LALANNE, s. f. Com. du dép. des Hautes-Pyrénées, cant. de Castelnau-Magnoac, arr. de Bagnères. = Castelnau-Magnoac.

LALANNE, s. f. Com. du dép. des Hautes-Pyrénées, cant. de Trie, arr. de Tarbes. = Tarbes.

LALANNE-ARQUÉ, s. f. Com. du dép. du Gers, cant. de Masseube, arr. de Mirande. = Boulogne.

LALANNE-RACANÉ, s. f. Com. du dép. du Gers, cant. de Masseube, arr. de Mirande. = Auch.

LALAYE, s. f. Com. du dép. du Bas-Rhin, cant. de Villé, arr. de Schélestadt. = Schélestadt.

LALBARÈDE, s. f. Com. du dép. du Tarn, cant. de Vielmur, arr. de Castres. = Lavaur.

LALBENQUE, s. f. Petite ville du dép. du Lot, chef-lieu de cant. de l'arr. de Cahors. Bur. d'enregist. = Cahors.

LALEU, s. m. Com. du dép. de la Charente-Inférieure, cant. et arr. de la Rochelle. = la Rochelle.

LALEU, s. m. Com. du dép. de l'Orne, cant. du Mêle-sur-Sarthe, arr. d'Alençon. = le Mêle.

LALEU, s. m. Com. du dép. de la Somme, cant. de Molliens-Vidame, arr. d'Amiens. = Airaines.

LALEUGUE, s. f. Com. du dép. du Gers, cant. d'Aignan, arr. de Mirande. = Nogaro.

LALHEUE, s. f. Com. du dép. de Saône-et-Loire, cant. de Sennecey, arr. de Châlons. = Sennecey.

LALINDE, s. f. Com. du dép. de la Dordogne, chef-lieu de cant. de l'arr. de Bergerac. Bur. d'enregist. et de poste.

LALLATION, s. f. Prononciation de doubles ll sans nécessité.

LALLEU, s. m. Com. du dép. d'Ille-et-Vilaine, cant. du Sel, arr. de Redon. = Bain.

LALLEU, s. m. Com. du dép. de Loir-et-Cher, cant. de Montrichard, arr. de Blois. = Montrichard.

LALLEY, s. m. Village du dép. de l'Isère, cant. de Clelles, arr. de Grenoble. = Grenoble.

LALLEYRIAT, s. m. Com. du dép. de l'Ain, cant. et arr. de Nantua. = Nantua.

LALO, s. m. Village du dép. de l'Aveyron, cant. de Montbazens, arr. de Villefranche. = Villefranche.

LALOBBE, s. f. Com. du dép. des Ardennes, cant. de Novion, arr. de Rethel. = Rethel.

LALŒUF, s. m. Com. du dép. de la Meurthe, cant. de Vézelise, arr. de Nancy. = Vézelise.

LALOGE, s. f. Com. du dép. du Pas-de-Calais, cant. d'Hesdin, arr. de Montreuil. = Hesdin.

LALONDE, s. f. Com. du dép. de la Seine-Inférieure, cant. d'Elbeuf, arr. de Rouen. = Elbeuf.

LALONGUE, s. f. Com. du dép. des Basses-Pyrénées, cant. de Lembeye, arr. de Pau. = Pau.

LALONQUÈRE, s. f. Com. du dép. des Basses-Pyrénées, cant. de Lembeye, arr. de Pau. = Pau.

LALONQUETTE, s. f. Com. du dép. des Basses-Pyrénées, cant. de Thèze, arr. de Pau. = Pau.

LALOUBÈRE, s. f. Com. du dép. des Hautes-Pyrénées, cant. et arr. de Tarbes. = Tarbes.

LALOURET, s. m. Com. du dép. de la Haute-Garonne, cant. et arr. de St.-Gaudens. = St.-Gaudens.

LALUQUE, s. f. Com. du dép. des Landes, cant. de Tartas, arr. de St.-Sever. = Tartas.

LAMA, s. m. Prêtre tartare. Voy. GLAMA.

LAMA, s. m. Com. du dép. de la Corse, chef-lieu de cant. de l'arr. de Bastia où se trouvent les bur. d'enregist. et de poste.

LAMAGISTÈRE, s. f. Com. du dép. de Tarn-et-Garonne, cant. de Valence, arr. de Moissac. Bur. de poste.

LAMAGUÈRE, s. f. Com. du dép. du Gers, cant. de Saramon, arr. d'Auch. = Auch.

LAMAID, s. m. Com. du dép. de l'Allier, cant. et arr. de Montluçon. = Montluçon.

LAMAIN (St.), s. m. Com. du dép. du Jura, cant. de Sellières, arr. de Lons-le-Saulnier. = Sellières.

LAMAIRÉ, s. m. Com. du dép. des Deux-Sèvres, cant. de St.-Loup, arr. de Parthenay. = Airvault.

LAMALHOURE, s. f. Com. du dép. des Côtes-du-Nord, cant. de Moncontour, arr. de St.-Brieuc. = Moncoutour.

LAMAN, s. m. Espèce de morelle. T. de bot.

LAMANAGE, s. m. Travail, pilotage des mariniers lamaneurs. T. de mar.

LAMANDA, s. m. Superbe serpent de l'île de Java. T. d'hist. nat.

LAMANEUR ou LOEMAN, s. m. Pilote côtier qui connaît l'entrée d'un port et dirige les vaisseaux.

LAMANON, s. m. Com. du dép. des Bouches-du-Rhône, cant. d'Eyguières, arr. d'Arles. = Salon.

LAMANTIN, s. m. Mammifère amphibie, espèce de phoque dont les pattes de derrière sont peu distinctes; genre de cétacés. T. d'hist. nat.

LAMARCHE-EN-WŒVRE, s. f. Com. du dép. de la Meuse, cant. de Vigneulles, arr. de Commercy. = Pont-à-Mousson.

LAMARCHE-SUR-SAÔNE, s. f. Com. du dép. de la Côte-d'Or, cant. de Pontailler, arr. de Dijon. = Pontailler.

LAMARGELLE, s. f. Com. du dép. de la Côte-d'Or, cant. de St.-Seine, arr. de Dijon. = St.-Seine.

LAMARGELLE, s. f. Com. du dép. de la Haute-Marne, cant. d'Auberive, arr. de Langres. = Langres.

LAMARONDE, s. f. Com. du dép. de la Somme, cant. de Poix, arr. d'Amiens. = Poix.

LAMARQUE, s. f. Com. du dép. de la Gironde, cant. de Castelnau, arr. de Bordeaux. = Bordeaux.

LAMARQUE-PONTAC, s. f. Com. du dép. des Hautes-Pyrénées, cant. d'Ossun, arr. de Tarbes. = Tarbes.

LAMARQUE-RUSTAN, s. f. Com. du dép. des Hautes-Pyrénées, cant. de Trie, arr. de Tarbes. = Trie.

LAMARTINIÉ, s. m. Com. du dép. du Tarn, cant. de Lautrec, arr. de Castres. = Castres.

LAMASQUÈRE, s. f. Com. du dép. de la Haute-Garonne, cant. de St.-Lys, arr. de Muret. = St.-Lys.

LAMATH, s. m. Com. du dép. de la Meurthe, cant. de Gerbeviller, arr. de Lunéville. = Lunéville.

LAMAYOU, s. m. Com. du dép. des Basses-Pyrénées, cant. de Montaner, arr. de Pau. = Vic-en-Bigorre.

LAMAZÈRE, s. f. Com. du dép. du Gers, cant. de Valence, arr. de Condom. = Condom.

LAMAZÈRE, s. f. Com. du dép. du Gers, cant. et arr. de Mirande. = Mirande.

LAMAZIÈRE-BASSE, s. f. Com. du dép. de la Corrèze, cant. de Neuvic, arr. d'Ussel. = Ussel.

LAMAZIÈRE-HAUTE, s. f. Com. du dép. de la Corrèze, cant. d'Eygurande, arr. d'Ussel. = Ussel.

LAMBACH, s. m. Com. du dép. de la Moselle, cant. de Rorbach, arr. de Sarreguemines. = Bitche.

LAMBALLE, s. f. Petite ville du dép. des Côtes-du-Nord, chef-lieu de cant. de l'arr. de St.-Brieuc. Bur. d'enregist. et de poste.

C'est dans cette ville qu'est né M. Jaubert, l'un des célèbres chirurgiens de la capitale.

LAMBDOÏDE, adj. Se dit d'une suture qui joint les pariétaux à l'occipital, suture ainsi nommée parce qu'on a trouvé qu'elle ressemblait au lambda Λ, l des Grecs. T. d'anat.

LAMBEAU, s. m. Morceau d'étoffe déchirée. —, morceau de chair qu'on laisse en faisant une amputation pour couvrir le moignon. —, faible partie d'un patrimoine, d'une succession; fragment de vers ou de prose; se dit ordinairement en mauvaise part. —; pl. Peau velue du bois d'un cerf. T. de véner.

LAMBEL, s. m. Sorte de brisure dans l'écu des puînés. T. de blas.

LAMBERSART, s. m. Com. du dép. du Nord, cant. et arr. de Lille. = Lille.

LAMBERT, s. m. Com. du dép. des Basses-Alpes, cant. et arr. de Digne. = Digne.

LAMBERT (St.-), s. m. Com. du dép. des Ardennes, cant. d'Attigny, arr. de Vouziers. = Attigny.

LAMBERT (St.-), s. m. Com. du dép. du Calvados, cant. de Thury-Harcourt, arr. de Falaise. = Thury-Harcourt.

LAMBERT (St.-), s. m. Com. du dép. de Seine-et-Oise, cant. de Chevreuse, arr. de Rambouillet. = Chevreuse.

LAMBERT-DE-LA-POTERIE (St.-), s. m. Com. du dép. de Maine-et-Loire, cant. et arr. d'Angers. = Angers.

LAMBERT-DES-LEVÉES (St.-), s. m. Com. du dép. de Maine-et-Loire, cant. et arr. de Saumur. = Saumur.

LAMBERT-DU-LATTAY (St.-), s. m.

Com. du dép. de Maine-et-Loire, cant. de Thouarcé, arr. d'Angers. = Angers.

LAMBERTIE, s. f. Plante voisine des protées. T. de bot.

LAMBERT-SUR-DIVE (St.-), s. m. Com. du dép. de l'Orne, cant. de Trun, arr. d'Argentan. = Argentan.

LAMBERVILLE, s. f. Com. du dép. de la Manche, cant. de Torigny, arr. de St.-Lô. = Torigny.

LAMBERVILLE, s. f. Com. du dép. de la Seine-Inférieure, cant. de Bacqueville, arr. de Dieppe. = Bacqueville.

LAMBESC, s. m. Petite ville du dép. des Bouches-du-Rhône, chef-lieu de cant. de l'arr. d'Aix. Bur. d'enregist. et de poste.
Manuf. de savon; filat. de soie.

LAMBEZELLEC, s. m. Com. du dép. du Finistère, cant. et arr. de Brest. = Brest.

LAMBIN, E, s. et adj. Musard, nonchalant, qui agit avec lenteur.

LAMBINER, v. n. Muser, niaiser; tarder, différer, agir lentement, user de remises. T. fam.

LAMBLOCE, s. f. Com. du dép. d'Eure-et-Loir, cant. de la Ferté-Vidame, arr. de Dreux. = Brezolles.

LAMBOURDE, s. f. Pierre tendre des environs de Paris. —, pièce de bois qui soutient un plancher, les bouts de solive, etc. —, menue branche du pêcher. T. de jard.

LAMBREQUINS, s. m. pl. Ornemens qui descendent du casque autour de l'écu. T. de blas.

LAMBRES, s. m. Com. du dép. du Nord, cant. et arr. de Douai. = Douai.

LAMBRES, s. m. Com. du dép. du Pas-de-Calais, cant. de Norrent-Fontes, arr. de Béthune. = Aire-sur-la-Lys.

LAMBREY, s. m. Com. du dép. de la Haute-Saône, cant. de Combeau-Fontaine, arr. de Vesoul. = Jussey.

LAMBRIS, s. m. Revêtement d'un plancher, d'un mur, en menuiserie, etc.; papier peint qui l'imite. — dorés, appartemens somptueux. Le céleste —, le ciel. T. poét.

LAMBRISSAGE, s. m. Travaux d'un menuisier, d'un maçon qui a lambrissé.

LAMBRISSÉ, E, part. Revêtu d'un lambris.

LAMBRISSER, v. a. Faire un lambris, revêtir de lambris.

LAMBRUCHE ou LAMBRUSQUE, s. f. Sorte de vigne sauvage; fruit de cette vigne.

LAMBRUISSE, s. f. Com. du dép. des Basses-Alpes, cant. de Barrême, arr. de Digne. = Digne.

LAME, s. f. Feuille mince de métal, fer d'une épée, d'un instrument piquant ou tranchant; lame d'épée. —, partie osseuse et mince. T. d'anat. —, vague, flot, houle. T. de mar. —, couche mince. T. d'hist. nat. —, partie supérieure et élargie d'un pétale unguiculé. T. de bot.

LAMÉ, E, adj. Orné de lames d'or ou d'argent.

LAMÉAC, s. m. Com. du dép. des Hautes-Pyrénées, cant. de Rabastens, arr. de Tarbes. = Tarbes.

LAMÉCOURT, s. m. Com. du dép. de l'Oise, cant. et arr. de Clermont. = Clermont.

LAMÉGO, s. m. Ville maritime du Portugal, au confluent du Balsamao et du Douro, célèbre par les anciennes Cortès qui ont réglé les droits de succession au trône.

LAMELLÉ, E, adj. Composé de lames, feuilleté.

LAMELLEUX, EUSE, adj. Garni de lames. T. de bot.

LAMELLICORNES, s. m. pl. Famille d'insectes coléoptères. T. d'hist. nat.

LAMELLIROSTRES, s. m. pl. Oiseaux palmipèdes. T. d'hist. nat.

LAMELLOBRANCHE, s. m. Mollusque acéphale. T. d'hist. nat.

LAMELOUZE, s. f. Com. du dép. du Gard, cant. de St.-Martin-de-Valgalgues, arr. d'Alais. = Alais.

LAMENAY, s. m. Com. du dép. de la Nièvre, cant. de Dornes, arr. de Nevers. = Decize.

LAMENECLE, s. f. Com. du dép. de la Charente, cant. d'Aubeterre, arr. de Barbezieux. = la Graulle.

LAMENSANS, s. m. Com. du dép. des Landes, cant. de Grenade, arr. de Mont-de-Marsan. = Grenade.

LAMENTABLE, adj. Déplorable; digne de pitié. —; douloureux, plaintif, qui excite à la pitié; histoire lamentable.

LAMENTABLEMENT, adv. D'un ton lamentable.

LAMENTATION, s. f. Gémissemens, cris plaintifs. Les — de Jérémie, poëme de ce prophète sur la ruine future de Jérusalem.

LAMENTÉ, E, part. Déploré, regretté.

LAMENTER, v. a. Plaindre avec gémissement, regretter, déplorer. —, chanter sur un ton plaintif. Se —, v. pron. Pleurer, se désoler, gémir, fondre en larmes.

LAMÉRAC, s. m. Com. du dép. de la Charente, cant. de Baignes, arr. de Barbezieux. = la Graulle.

LAMERIES, s. f. Com. du dép. du Nord, cant. de Maubeuge, arr. d'Avesnes. = Maubeuge.

LAMETZ, s. m. Com. du dép. des Ardennes, cant. de Tourteron, arr. de Vouziers. = Attigny.

LAMEYRANS, s. m. Village du dép. du Puy-de-Dôme, cant. d'Ardes, arr. d'Issoire. = Ardes.

LAMIDOU, s. m. Com. du dép. des Basses-Pyrénées, cant. de Navarrenx, arr. d'Orthez. = Navarrenx.

LAMIE, s. f. Requin de la plus grande espèce. —, genre d'insectes coléoptères. —, pl. Spectres ou démons qui, disait-on, prenaient la figure d'une belle femme pour s'emparer des enfans et les dévorer. T. de myth.

LAMIER, s. m. Ouvrier qui lamine l'or et l'argent. —, plante labiée. T. de bot.

LAMINAGE, s. m. Action de laminer.

LAMINCOUART, s. m. Arbre de la Guiane dont le bois est percé à jour. T. de bot.

LAMINÉ, E, part. Passé au laminoir.

LAMINER, v. a. Passer une feuille de métal au laminoir.

LAMINODONTE ou **DENT DE LAMIE**, s. f. Dent de requin fossile, glossopètre. T. d'hist. nat.

LAMINOIR, s. m. Machine composée de deux cylindres d'acier au milieu desquels on fait passer le métal pour obtenir une épaisseur uniforme.

LAMMERVILLE, s. f. Com. du dép. de la Seine-Inférieure, cant. de Bacqueville, arr. de Dieppe. = Bacqueville.

LAMNAY, s. m. Com. du dép. de la Sarthe, cant. de Montmirail, arr. de Mamers. = la Ferté-Bernard.

LAMONGERIE, s. f. Com. du dép. de la Corrèze, cant. d'Uzerche, arr. de Tulle. = Uzerche.

LAMONTELARIE, s. f. Com. du dép. du Tarn, cant. d'Anglès, arr. de Castres. = Castres.

LAMONTGIE, s. f. Com. du dép. du Puy-de-Dôme, cant. de Jumeaux, arr. d'Issoire. = Issoire.

LAMONZIE-MONTASTRUC, s. f. Com. du dép. de la Dordogne, cant. et arr. de Bergerac. = Bergerac.

LAMONZIE-SAINT-MARTIN, s. f. Com. du dép. de la Dordogne, cant. de Cunège, arr. de Bergerac. = Bergerac.

LAMORVILLE, s. f. Com. du dép. de la Meuse, cant. de Vigneulles, arr. de Commercy. = St.-Mihiel.

LAMOTHE, s. f. Com. du dép. du Gers, cant. de Saramon, arr. d'Auch. = Auch.

LAMOTHE, s. f. Com. du dép. des Landes, cant. de Tartas, arr. de St.-Sever. = Tartas.

LAMOTHE, s. f. Com. du dép. de la Haute-Loire, cant. et arr. de Brioude. = Brioude.

LAMOTHE, s. f. Com. du dép. du Tarn, cant. de Puy-Laurens, arr. de Lavaur. = Puy-Laurens.

LAMOTHE-ANDO, s. f. Com. du dép. du Gers, cant. de Fleurance, arr. de Lectoure. = Fleurance.

LAMOTHE-CAPDEVILLE, s. f. Com. du dép. de Tarn-et-Garonne, cant. et arr. de Montauban. = Montauban.

LAMOTHE-CASSEL, s. f. Com. du dép. du Lot, cant. de St.-Germain, arr. de Gourdon. = Gourdon.

LAMOTHE-CUMIOUT, s. f. Com. du dép. de Tarn-et-Garonne, cant. de Beaumont, arr. de Castel-Sarrasin. = Beaumont-de-Lomagne.

LAMOTHE-DES-CHAMPS, s. f. Com. du dép. du Gers, cant. de Samatan, arr. de Lombez. = Lombez.

LAMOTHE-FÉNELON, s. f. Com. du dép. du Lot, cant. de Peyrac, arr. de Gourdon. = Peyrac.

LAMOTHE-GOAS, s. f. Com. du dép. du Gers, cant. de Fleurance, arr. de Lectoure. = Fleurance.

LAMOTHE-GONDRIN, s. f. Com. du dép. du Gers, cant. de Montréal, arr. de Condom. = Condom.

LAMOTHE-LANDERON, s. f. Com. du dép. de la Gironde, cant. et arr. de la Réole. = la Réole.

LAMOTHE-POUY, s. f. Com. du dép. du Gers, cant. de Mauvesin, arr. de Lectoure. = Gimont.

LAMOTTE, s. f. Com. du dép. de Vaucluse, cant. de Bollène, arr. d'Orange. = Le Pont-St.-Esprit.

LAMOTTE-BREBIÈRE, s. f. Com. du dép. de la Somme, cant. de Corbie, arr. d'Amiens. = Amiens.

LAMOTTE-BULEUX, s. f. Com. du dép. de la Somme, cant. de Nouvion, arr. d'Abbeville. = Abbeville.

LAMOTTE-EN-SANGTERRE, s. f. Com. du dép. de la Somme, cant. de Corbie, arr. d'Amiens. = Corbie.

LAMOTTE-MONRAVEL, s. f. Com. du dép. de la Dordogne, cant. de Vélines, arr. de Bergerac. = Castillon.

LAMOTTE-TERNANT, s. f. Com. du dép. de la Côte-d'Or, cant. de Saulieu, arr. de Semur. = Saulieu.

LAMOUILLY, s. m. Com. du dép. de la Meuse, cant. de Stenay, arr. de Montmédy. = Stenay.

LAMPADAIRE, s. m. Instrument

propre à soutenir les lampes. —, officier qui portait les lampes devant les empereurs. T. d'antiq.

LAMPADATION, s. f. Torture qui consistait à brûler les jarrets avec des lampes.

LAMPADÉDROMIES, s. f. pl. Courses où le prix était accordé à celui qui arrivait le premier au but, avec un flambeau allumé qu'il tenait à sa main. T. d'antiq.

LAMPADISTES, s. f. pl. Grecs qui s'exerçaient à la course des flambeaux.

LAMPADOMANCIE, s. f. Divination par l'inspection de la flamme d'une lampe.

LAMPADOPHORE, s. m. Porteur des flambeaux dans les lampadophories. T. de myth.

LAMPADOPHORIES, s. f. pl. Fêtes nocturnes de Minerve, dans lesquelles on faisait les sacrifices à la lueur des flambeaux. T. de myth.

LAMPANTE, adj. f. Claire, purifiée; huile lampante.

LAMPAREILLES, s. f. pl. Espèce de camelot.

LAMPAS, s. m. Sorte d'étoffe de soie de la Chine. —, tumeur inflammatoire à la voûte palatine de la bouche du cheval. T. de méd. vétér.

LAMPASSÉ, E, adj. Se dit d'une figure dont la langue sort. T. de blas.

LAMPASSES, s. f. pl. Toiles peintes des Indes.

LAMPAUL, s. m. Com. du dép. du Finistère, cant. de Landivisiau, arr. de Morlaix. = Landivisiau.

LAMPE, s. f. Vase dans lequel on met de l'huile pour éclairer au moyen d'une mèche de coton qui s'adapte au bec. —, étamine de laine d'Espagne; cette laine. T. de comm.

LAMPÉ, E, part. Bu à grands verres.

LAMPÉE, s. f. Grand verre de vin. T. de fam.

LAMPER, v. a. et n. Boire à plein verre. T. fam.

LAMPERON, s. m. Bec d'une lampe.

LAMPERTHEIM, s. m. Com. du dép. du Bas-Rhin, cant. d'Oberhausbergen, arr. de Strasbourg. = Strasbourg.

LAMPERTSLOCH, s. m. Com. du dép. du Bas-Rhin, cant. de Wœrth-sur-Sauer, arr. de Wissembourg. = Haguenau.

LAMPERY, s. m. Arbrisseau des îles Moluques. T. de bot.

LAMPION, s. m. Petit godet de terre, de fer-blanc ou de verre, qu'on emplit de suif ou d'huile, avec une mèche au milieu, pour illuminer.

LAMPIONNÉ, E, part. Garni de lampions. T. inus.

LAMPIONNER, v. a. Mettre des lampions, garnir de lampions. T. inus.

LAMPOL-PLOUARZEL, s. m. Com. du dép. du Finistère, cant. de Ploudalmezeau, arr. de Brest. = Brest.

LAMPOL-PLOUDALMEZEAU, s. m. Com. du dép. du Finistère, cant. de Ploudalmezeau, arr. de Brest. = Brest.

LAMPONS, s. m. pl. Refrains de chansons d'ivrognes. T. fam.

LAMPOURDE, s. f. Plante de la famille des urticées. T. de bot. —, pl. Banc de moellons.

LAMPRESSE, s. f. Filet pour la pêche des lamproies.

LAMPRIE, s. f. Insecte coléoptère. T. d'hist. nat.

LAMPRIME, s. f. Coléoptère lucanide. T. d'hist. nat.

LAMPROIE, s. f. Sorte d'anguille de mer qui remonte les fleuves.

LAMPROPHORE, s. m. Néophyte vêtu de blanc, dans la primitive église.

LAMPROYON, s. m. Petite lamproie.

LAMPSANE, s. f. Plante chicoracée. T. de bot.

LAMPYRE, s. m. Genre d'insectes coléoptères, ver luisant.

LAMPYRIDES, s. f. pl. Coléoptères pentamères. T. d'hist. nat.

LAMUIRE, s. f. Com. du dép. du Jura, cant. de Voiteur, arr. de Lons le-Saulnier. = Lons-le-Saulnier.

LANAIRE, s. f. Plante liliacée du cap de Bonne-Espérance. T. de bot.

LANANS, s. m. Com. du dép. du Doubs, cant. et arr. de Baume. = Baume.

LANARCE, s. f. Village du dép. de l'Ardèche, cant. de Coucouron, arr. de Largentière. = Langogne.

LANARVILLY, s. m. Com. du dép. du Finistère, cant. de Plabennec, arr. de Brest. = Brest.

LANÇAIS, s. m. Village du dép. de la Dordogne, cant. de Lalinde, arr. de Bergerac. = Lalinde.

LANCE, s. m. Com. du dép. de Loir-et-Cher, cant. de St.-Amand, arr. de Vendôme. = Vendôme.

LANCE, s. f. Arme offensive composée d'un long manche et d'un fer acéré; lancier, soldat armé d'une lance. —, hâton de drapeau. —, instrument de chirurgie qui a la forme d'une lance et dont on se sert pour différentes opérations. T. de chir. —, outil de stucateur; météore igné en forme de lance. —, instrument pour mettre la charge dans l'âme du canon. — à feu, fusée au bout d'un bâton pour mettre le feu à une pièce d'artillerie. Rompre une — avec quelqu'un, se disputer. Rompre une — pour quelqu'un, le défendre. Fig. et fam.

LANCÉ, E, part. Dardé, jeté avec force.

LANCÉOLAIRE, adj. f. En forme de fer de lance; feuille lancéolaire. T. de bot.

LANCÉOLÉE, adj. f. Se dit des feuilles dont l'extrémité se rétrécit comme un fer de lance. T. de bot.

LANCER, v. a. Jeter avec force, darder, décocher, faire partir; lancer une flèche, — le cerf, etc., le faire sortir du fort. — un vaisseau, couper les chevilles qui le retenaient sur le chantier, et le laisser couler à la mer. T. de mar. — des regards, jeter les yeux avec vivacité. — des traits de raillerie, persifler, etc. Se —, v. pron. Se jeter avec impétuosité, s'élancer.

LANCERÉ, E, part. Frappé, atteint d'un coup de lance. (Vi.)

LANCERER, v. a. Frapper avec la lance. (Vi.)

LANCERON, s. m. Jeune brochet dont le corps est effilé comme un fer de lance.

LANCETTE, s. f. Petit instrument de chirurgie, en forme de lance, pour pratiquer la saignée. —, couteau de boucher; ferrement de graveur en bois, en forme de lancette.

LANCETTE, s. f. Com. du dép. du Jura, cant. de St.-Julien, arr. de Lons-le-Saulnier. = St.-Amour.

LANCETTIER, s. m. Étui à lancettes.

LANCHARRE, s. f. Com. du dép. de Saône-et-Loire, cant. de St.-Gengoux-le-Royal, arr. de Mâcon. = Buxy.

LANCHÈRES, s. f. Com. du dép. de la Somme, cant. de St.-Valery, arr. d'Abbeville. = St.-Valery-en-Caux.

LANCHES-ST.-HILAIRE, s. f. Com. du dép. de la Somme, cant. de Domart, arr. de Doullens. = Flixecourt.

LANCHY, s. m. Com. du dép. de l'Aisne, cant. de Vermand, arr. de St.-Quentin. = Ham.

LANCIÉ, s. m. Com. du dép. du Rhône, cant. de Belleville, arr. de Villefranche. = la Maison-Blanche.

LANCIER, s. m. Soldat d'un régiment de cavalerie armé d'une lance.

LANCIEUX, s. m. Com. du dép. des Côtes-du-Nord, cant. de Ploubalay, arr. de Dinan. = Plancoët.

LANCINANT, E, adj. Qui se fait sentir par élancement; douleur lancinante.

LANCIS, s. m. Pierre en parement. T. d'arch.

LANCISIE, s. f. Espèce de cotyle, plante corymbifère. T. de bot.

LANÇOIR, s. m. Vanne d'un moulin.

LANÇON, s. m. Com. du dép. des Ardennes, cant. de Grandpré, arr. de Vouziers. = Grandpré.

LANÇON, s. m. Com. du dép. des Bouches-du-Rhône, cant. de Salon, arr. d'Aix. = Salon.

LANÇON, s. m. Com. du dép. des Hautes-Pyrénées, cant. d'Arreau, arr. de Bagnères. = Arreau.

LANÇONNIER, s. m. Engin de maçon-piseur.

LANCOSME, s. f. Com. du dép. de Loir-et-Cher, cant. d'Herbault, arr. de Blois. = Blois.

LANCRANS, s. m. Com. du dép. de l'Ain, cant. de Collonge, arr. de Gex. = Collonge.

LANCRÉTIE, s. f. Plante caryophyllée. T. de bot.

LANDAN, s. m. Voy. SAGOUTIER. T. de bot.

LANDANGE, s. f. Com. du dép. de la Meurthe, cant. de Lorquin, arr. de Sarrebourg. = Sarrebourg.

LANDAS, s. m. Com. du dép. du Nord, cant. d'Orchies, arr. de Douai. = Orchies.

LANDAU, s. m. Com. du dép. du Haut-Rhin, cant. d'Habsheim, arr. d'Altkirch. = Huningue.

LANDAU, s. m. Ville fortifiée, chef-lieu d'un district de Bavière dans le cercle du Rhin, place qui appartient aujourd'hui à la confédération germanique. —, sorte de voiture.

LANDAUL, s. m. Com. du dép. du Morbihan, cant. de Pluvigner, arr. de Lorient. = Auray.

LANDAVILLE, s. f. Com. du dép. des Vosges, cant. et arr. de Neufchâteau. = Neufchâteau.

LANDAVRAN, s. m. Com. du dép. d'Ille-et-Vilaine, cant. et arr. de Vitré. = Vitré.

LANDE (la), s. f. Com. du dép. de l'Eure, cant. de Beuzeville, arr. de Pont-Audemer. = Pont-Audemer.

LANDÉAN, s. m. Com. du dép. d'Ille-et-Vilaine, cant. et arr. de Fougères. = Fougères.

LANDEBAERON, s. m. Com. du dép. des Côtes-du-Nord, cant. de Bégard, arr. de Guingamp. = Guingamp.

LANDEBIA, s. f. Com. du dép. des Côtes-du-Nord, cant. de Plancoët, arr. de Dinan. = Plancoët.

LANDEC (la), s. f. Com. du dép. des Côtes-du-Nord, cant. de Plélan, arr. de Dinan. = Dinan.

LANDE-CHASLE (la), s. f. Com. du dép. de Maine-et-Loire, cant. de Longué, arr. de Baugé. = Baugé.

LANDÉCOURT, s. m. Com. du dép. de la Meurthe, cant. de Bayon, arr. de Lunéville. = Lunéville.

LANDEDA, s. f. Com. du dép. du Finistère, cant. de Lannilis, arr. de Brest. = Lesneven.

LANDE-D'AIROU (la), s. f. Com. du dép. de la Manche, cant. de Villedieu, arr. d'Avranches. = Villedieu.

LANDE-DE-GOULT (la), s. f. Com. du dép. de l'Orne, cant. de Carrouges, arr. d'Alençon. = Carrouges.

LANDE-DE-LOUGE (la), s. f. Com. du dép. de l'Orne, cant. de Briouze, arr. d'Argentan. = Argentan.

LANDE-EN-SON (la), s. f. Com. du dép. de l'Oise, cant. du Coudray-St.-Germer, arr. de Beauvais. = Gisors.

LANDEHEN, s. m. Com. du dép. des Côtes-du-Nord, cant. de Lamballe, arr. de St.-Brieuc. = Lamballe.

LANDELLE (la), s. f. Com. du dép. de l'Oise, cant. du Coudray-St.-Germer, arr. de Beauvais. = Beauvais.

LANDELLEAU, s. m. Com. du dép. du Finistère, cant. de Châteauneuf, arr. de Châteaulin. = Châteaulin.

LANDELLES, s. f. Com. du dép. d'Eure-et-Loir, cant. de Courville, arr. de Chartres. = Courville.

LANDELLES-ET-COUPIGNY, s. f. Com. du dép. du Calvados, cant. de St.-Sever, arr. de Vire. = Vire.

LANDEMONT, s. m. Com. du dép. de Maine-et-Loire, cant. de Champtoceaux, arr. de Beaupréau. = Ancenis.

LANDE-PATRY (la), s. f. Com. du dép. de l'Orne, cant. de Flers, arr. de Domfront. = Tinchebray.

LANDEPEREUSE, s. f. Com. du dép. de l'Eure, cant. de Beaumesnil, arr. de Bernay. = Broglie.

LANDERNEAU, s. m. Ville du dép. du Finistère, chef-lieu de cant. de l'arr. de Brest. Bur. d'enregist. et de poste.
Cette ville, située sur un bras de mer, possède un port assez commerçant, qui peut recevoir des bâtimens de 300 tonneaux. Manuf. considérables de cuirs, chandelles, savon, papeteries, etc. Comm. de vins, de toiles de Bretagne, fromages d'Hollande, etc.

LANDERONDE, s. f. Com. du dép. de la Vendée, cant. de la Mothe-Achard, arr. des Sables-d'Olonne. = la Mothe-Achard.

LANDERROUAT, s. m. Com. du dép. de la Gironde, cant. de Pellegrue, arr. de la Réole. = Monségur.

LANDERROUET, s. m. Com. du dép. de la Gironde, cant. de Monségur, arr. de la Réole. = la Réole.

LANDERSHEIM, s. m. Com. du dép. du Bas-Rhin, cant. de Marmoutier, arr. de Saverne. = Saverne.

LANDES, s. f. pl. Terres incultes couvertes de bruyères, de genêts, etc.

LANDES, s. f. Com. du dép. du Calvados, cant. de Villers-Bocage, arr. de Caen. = Villers-Bocage.

LANDES, s. f. Com. du dép. de la Charente-Inférieure, cant. et arr. de St.-Jean-d'Angély. = St.-Jean-d'Angély.

LANDES, s. f. Com. du dép. de Loir-et-Cher, cant. d'Herbault, arr. de Blois. = Blois.

LANDES ou LANDES DE BORDEAUX (les), s. f. pl. Contrée qui appartenait à la ci-devant province de Gascogne, et qui forme aujourd'hui la majeure partie des dép. de la Gironde et des Landes. Ce pays, qui s'étend depuis l'Adour jusqu'à Bordeaux, offre une sorte de désert couvert de bruyères. Toutefois, on aperçoit, de loin en loin, quelques pâturages; mais, sur le bord de la mer et sur une étendue de deux à trois lieues, on trouve de belles forêts de sapins.

LANDES (Dép. des), s. f. pl. Chef lieu de préf., Mont-de-Marsan; trois arr. ou sous-préf., Mont-de-Marsan, Dax et St.-Sever; 28 cant. ou just. de paix; 348 com.; pop., 265,300 hab. env.; cour royale à Pau; évêché d'Aire; 11e div. milit.; 10e div. des ponts-et-chaussées; 5e div. des mines; direct. de l'enregist. et des domaines, de 3e classe; 17e arr. forestier.

Ce département est borné, au N., par celui de la Gironde; à l'E., par ceux de Lot-et-Garonne et du Gers; au S., par celui des Basses-Pyrénées, et, à l'O., par l'Océan.

La majeure partie de ce dép. est stérile; mais, au S. de l'Adour, on trouve des plaines très fertiles en blé, maïs, etc., et des coteaux couverts de vignes. Au surplus, voici un aperçu de ses productions : froment en petite quantité, beaucoup de seigle, sarrasin, maïs, légumes, pommes de terre, lin, chanvre, fruits excellens, vins de bonne qualité, bois, safran, pastel, garance, pin, liège, grand et petit gibier, poissons de toute espèce, tortues, sangsues; chevaux, mulets, bœufs, nombreux troupeaux de moutons et de chèvres; porcs des bois, dont on préfère la chair pour les jambons glacés; volailles, abeilles, etc.; mines de fer, de houille et de bitume; carrières de marbre, plâtre, pierres lithographiques, basalte, pouzzolane, tourbe, terre à porcelaine; eaux minérales et thermales.

Fab. de toiles à voiles, linge de table; liqueur, vinaigre, résine, poix, goudron; tanneries renommées; poteries, faïenceries, verreries, forges et hauts-fourneaux. Entrepôt du comm. entre la France et l'Espagne.

Les principales rivières de ce dép. sont l'Adour et le gave de Pau, qui y sont navigables.

LANDE-ST.-SIMÉON (la), s. f. Com. du dép. de l'Orne, cant. d'Athis, arr. de Domfront. = Condom-sur-Noireau.

LANDES-GENUSSON (les), s. f. pl. Com. du dép. de la Vendée, cant. de Mortagne, arr. de Bourbon-Vendée. = Montaigu.

LANDES-NEUVES-ET-VIEILLES (les), s. f. pl. Com. du dép. de la Seine-Inférieure, cant. de Blangy, arr. de Neufchâtel. = Aumale.

LANDE-SUR-DRÔME (la), s. f. Com. du dép. du Calvados, cant. de Caumont, arr. de Bayeux. = Balleroy.

LANDE-SUR-EURE (la), s. f. Com. du dép. de l'Orne, cant. de Longni, arr. de Mortagne. = Longni.

LANDÉVANT, s. m. Com. du dép. du Morbihan, cant. de Pluvigner, arr. de Lorient. = Auray.

LANDE-VAUMONT (la), s. f. Com. du dép. du Calvados, cant. et arr. de Vire. = Vire.

LANDÉVENNEC, s. m. Com. du dép. du Finistère, cant. de Crozon, arr. de Châteaulin. = Châteaulin.

LANDEVIEILLE, s. f. Com. du dép. de la Vendée, cant. de St.-Gilles, arr. des Sables-d'Olonne. = St.-Gilles.

LANDÉVILLE, s. f. Com. du dép. de la Haute-Marne, cant. de Donjeux, arr. de Vassy. = Joinville.

LANDEYRAT, s. m. Com. du dép. du Cantal, cant. d'Allanche, arr. de Murat. = Murat.

LANDGRAVE, s. m. Titre que prennent quelques princes d'Allemagne.

LANDGRAVIAT, s. m. État d'un landgrave.

LANDI ou LANDIT, s. m. Nom d'une foire qui se tenait à St.-Denis, près Paris. —, congé célèbre dans l'ancienne université de Paris. —, honoraires que les écoliers donnaient à leur régent.

LANDIER, s. m. Grand chenet de cuisine; genêt épineux.

LANDIFAY-BERTAIGNEMONT, s. m. Com. du dép. de l'Aisne, cant. de Sains, arr. de Vervins. = Guise.

LANDIGOU, s. m. Com. du dép. de l'Orne, cant. de Flers, arr. de Domfront. = Condé-sur-Noireau.

LANDIN (le), s. m. Com. du dép. de l'Eure, cant. de Routot, arr. de Pont-Audemer. = Pont-Audemer.

LANDIRAS-ET-GUILHOS, s. m. Com. du dép. de la Gironde, cant. de Podensac, arr. de Bordeaux. = Podensac.

LANDISACQ, s. m. Com. du dép. de l'Orne, cant. de Flers, arr. de Domfront. = Tinchebray.

LANDIVISIAU, s. m. Ville du dép. du Finistère, chef-lieu de cant. de l'arr. de Morlaix. Bur. d'enregist. et de poste.

Manuf. de toiles, etc. Comm. de grains, vins, eaux-de-vie, beurre, graines de lin, de trèfle, etc.

LANDIVY, s. m. Com. du dép. de la Mayenne, chef-lieu de cant. de l'arr. de Mayenne. Bur. d'enregist. à Gorron. = St.-Hilaire.

LANDOLPHIE, s. f. Arbrisseau d'Afrique. T. de bot.

LANDONVILLERS, s. m. Com. du dép. de la Moselle, cant. de Pange, arr. de Metz. = Metz.

LANDORTHE, s. f. Com. du dép. de la Haute-Garonne, cant. et arr. de St.-Gaudens. = St.-Gaudens.

LANDOS, s. m. Com. du dép. de la Haute-Loire, cant. de Pradelles, arr. du Puy. = le Puy.

LANDOUVILLE, s. f. Com. du dép. d'Eure-et-Loir, cant. de Châteauneuf, arr. de Dreux. = Châteauneuf.

LANDOUZY-LA-COUR, s. m. Com. du dép. de l'Aisne, cant. et arr. de Vervins. = Vervins.

LANDOUZY-LA-VILLE, s. m. Com. du dép. de l'Aisne, cant. d'Aubenton, arr. de Vervins. = Vervins.

LANDOY, s. m. Com. du dép. de Seine-et-Marne, cant. et arr. de Provins. = Provins.

LANDRAIS, s. m. Com. du dép. de la Charente-Inférieure, cant. d'Aigrefeuille, arr. de Roquefort. = Surgères.

LANDRECIES, s. f. Ville fortifiée du dép. du Nord, chef-lieu de cant. de l'arr. d'Avesnes. Bur. d'enregist. et de poste.

Cette ville, située sur la Sambre, a été tour à tour prise et reprise par les Français et les Espagnols, dans le dix-septième siècle. Les Autrichiens s'en emparèrent en 1794; mais ils furent bientôt forcés de s'en éloigner par les armées républicaines.

Fab. de chandelles, eaux-de-vie, etc. Comm. de grains, vinaigre, fromages, houblon, ardoises, charbon, bestiaux, etc.

LANDRECOURT, s. m. Com. du dép.

de la Meuse, cant. de Souilly, arr. de Verdun. = Verdun.

LANDREFANG, s. m. Com. du dép. de la Moselle, cant. de Faulquemont, arr. de Metz. = St.-Avold.

LANDREMONT, s. m. Com. du dép. de la Meurthe, cant. de Pont-à-Mousson, arr. de Nancy. = Pont-à-Mousson.

LANDRES, s. f. Com. du dép. des Ardennes, cant. de Buzancy, arr. de Vouziers. = Buzancy.

LANDRES, s. f. Com. du dép. de la Moselle, cant. d'Audun-le-Roman, arr. de Briey. = Briey.

LANDRESSE, s. f. Com. du dép. du Doubs, cant. de Pierre-Fontaine, arr. de Baume. = Baume.

LANDRETHUN, s. m. Com. du dép. du Pas-de-Calais, cant. de Marquise, arr. de Boulogne. = Marquise.

LANDRETHUN, s. m. Com. du dép. du Pas-de-Calais, cant. d'Ardres, arr. de St.-Omer. = Ardres.

LANDREVANGE, s. f. Com. du dép. de la Moselle, cant. de Metzervisse, arr. de Thionville. = Briey.

LANDREVILLE, s. f. Com. du dép. de l'Aube, cant. d'Essoye, arr. de Bar-sur-Seine. = Bar-sur-Seine.
Comm. de grains, bois, vins et eaux-de-vie.

LANDRICHAMPS, s. m. Com. du dép. des Ardennes, cant. de Givet, arr. de Rocroy. = Givet.

LANDRICOURT, s. m. Com. du dép. de l'Aisne, cant. de Coucy, arr. de Laon. = Coucy-le-Château.

LANDRICOURT, s. m. Com. du dép. de la Marne, cant. de St.-Rémy-en-Bouzemont, arr. de Vitry. = St.-Dizier.

LANDROFF, s. m. Com. du dép. de la Moselle, cant. de Grostenquin, arr. de Sarreguemines. = St.-Avold.

LANDSER, s. m. Com. du dép. du Haut-Rhin, chef-lieu de cant. de l'arr. d'Altkirch. Bur. d'enregist. = Mulhausen.

LANDSTOURNE, s. f. Levée en masse de la population en Allemagne.

LANDUDAL, s. m. Village du dép. du Finistère, cant. de Briec, arr. de Quimper. = Quimper.

LANDUDEC, s. m. Com. du dép. du Finistère, cant. de Plougastel-St.-Germain, arr. de Quimper. = Quimper.

LANDUJAN, s. m. Com. du dép. d'Ille-et-Vilaine, cant. de Montauban, arr. de Montfort. = Montauban.

LANDUNVEZ, s. m. Com. du dép. du Finistère, cant. de Ploudalmézeau, arr. de Brest. = Brest.

LANDUZIÈRE-CIZERON, s. f. Com. du dép. de la Loire, cant. de Chambon, arr. de St.-Etienne. = St.-Etienne.

LANDWER, s. m. Garde nationale mobile en Allemagne.

LANDZÉCOURT, s. m. Com. du dép. de la Meuse, cant. et arr. de Montmédy. = Montmédy.

LANEIRIA, s. f. Com. du dép. du Jura, cant. de St.-Julien, arr. de Lons-le-Saulnier. = St.-Amour.

LANERET, s. m. Mâle du lanier, espèce de faucon. T. d'hist. nat!

LANESPÈDE, s. f. Com. du dép. des Hautes-Pyrénées, cant. de Tournay, arr. de Tarbes. = Tarbes.

LANET, s. m. Com. du dép. de l'Aude, cant. de Monthoumet, arr. de Carcassonne. = la Grasse.

LANET, s. m. Truble monté comme une raquette. T. de pêch.

LANEUVÉVILLE, s. f. Village du dép. des Vosges, cant. de Raon-l'Étape, arr. de St.-Dié. = St.-Dié.

LANEUVEVILLE-DERRIÈRE-FOUG, s. f. Com. du dép. de la Meurthe, cant. et arr. de Toul. = Toul.

LANEUVEVILLE-DEVANT-BAYON, s. f. Com. du dép. de la Meurthe, cant. d'Haroné, arr. de Nancy. = Nancy.

LANEUVEVILLE-DEVANT-NANCY, s. f. Com. du dép. de la Meurthe, cant. de St.-Nicolas, arr. de Nancy. = Nancy.

LANEUVEVILLE-EN-SAULNOIS, s. f. Com. du dép. de la Meurthe, cant. de Delme, arr. de Château-Salins. = Château-Salins.

LANEUVEVILLE-LES-LORQUIN, s. f. Com. du dép. de la Meurthe, cant. de Lorquin, arr. de Sarrebourg. = Sarrebourg.

LANEUVEVILLE-SUR-BOIS, s. f. Com. du dép. de la Meurthe, cant. et arr. de Lunéville. = Lunéville.

LANEUVILLE, s. f. Com. du dép. du Loiret, cant. de Puiseaux, arr. de Pithiviers. = Pithiviers.

LANEUVILLE-AU-RUPT, s. f. Com. du dép. de la Meuse, cant. de Void, arr. de Commercy. = Void.

LANEUVILLE-SUR-MEUSE, s. f. Com. du dép. de la Meuse, cant. de Stenay, arr. de Montmédy. = Stenay.

LANFAINS, s. m. Com. du dép. des Côtes-du-Nord, cant. de Plœuc, arr. de St.-Brieuc. = Quintin.

LANFROICOURT, s. m. Com. du dép. de la Meurthe, cant. de Nomeny, arr. de Nancy. = Nancy.

LANGAGE, s. m. Idiome d'une nation, d'un peuple; discours, style, manière quelconque de parler, de s'exprimer; tout ce qui sert à se faire comprendre, à expliquer sa pensée, ses sentimens; langage du cœur, etc. —, voix, cri des animaux; chant des oiseaux. —, manière particulière de s'exprimer; langage des halles.

LANGAHA, s. m. Serpent de l'île de Madagascar. T. d'hist. nat.

LANGAN, s. m. Com. du dép. d'Ille-et-Vilaine, cant. de Bécherel, arr. de Montfort. = Bécherel.

LANGANNERIE, s. f. Village du dép. du Calvados, réuni à la com. de Grainville-la-Campagne, cant. de Bretteville, arr. de Falaise. Bur. de poste.

LANGAR, s. m. Espèce de brigantin, nommé encore senau-brick.

LANGAST, s. m. Com. du dép. des Côtes-du-Nord, cant. de Plouguenast, arr. de Loudéac. = Loudéac.

LANGATTE, s. f. Com. du dép. de la Meurthe, cant. et arr. de Sarrebourg. = Sarrebourg.

LANGE, s. m. Morceau de toile avec lequel on enveloppe un enfant au maillot. —, pl. Morceaux de drap pour séparer les cartons. T. de cartonn.

LANGÉ, s. m. Com. du dép. de l'Indre, cant. de Valançay, arr. de Châteauroux. = Valançay.

LANGEAC, s. m. Petite ville du dép. de la Haute-Loire, chef-lieu de cant. de l'arr. de Brioude. Bur. d'enregist. et de poste.

Mines de houille et d'antimoine; carrières de pierres meulières.

LANGEAC-PLAT-PAYS, s. m. Com. du dép. de la Haute-Loire, cant. de Langeac, arr. de Brioude. = Langeac.

LANGEAIS, s. m. Ville du dép. d'Indre-et-Loire, chef-lieu de cant. de l'arr. de Chinon. Bur. d'enregist. et de poste.

Fab. de toiles, tuiles et carreaux; comm. de vins, blé, huiles, chanvre, etc.

LANGELOTTE, s. f. Machine pour triturer l'or.

LANGENSOULTZBACH, s. m. Com. du dép. du Bas-Rhin, cant. de Wœrth-sur-Sauer, arr. de Wissembourg. = Haguenau.

LANGERON, s. m. Com. du dép. de la Nièvre, cant. de St.-Pierre-le-Moutier, arr. de Nevers. = St.-Pierre-le-Moutier.

LANGESSE, s. f. Com. du dép. du Loiret, cant. et arr. de Gien. = Nogent-sur-Vernisson.

LANGEY, s. m. Com. du dép. d'Eure-et-Loir, cant. de Cloye, arr. de Châteaudun. = Cloye.

LANGIS (St.-), s. m. Com. du dép. de l'Orne, cant. et arr. de Mortagne. = Mortagne.

LANGIT, s. m. Plante de la famille des balsamiers. T. de bot.

LANGLADE, s. f. Com. du dép. du Gard, cant. de Sommières, arr. de Nismes. = Clavisson.

LANGLÉE, s. f. Village du dép. du Loiret, cant. et arr. de Montargis. = Montargis.

Papeterie; filature de coton.

LANGLEY, s. m. Com. du dép. des Vosges, cant. de Charmes, arr. de Mirecourt. = Charmes.

LANGOAT, s. m. Com. du dép. des Côtes-du-Nord, cant. de Tréguier, arr. de Lannion. = Tréguier.

LANGOELAN, s. m. Com. du dép. du Morbihan, cant. de Guémenée, arr. de Pontivy. = le Faouet.

LANGOGNE, s. f. Ville du dép. de la Lozère, chef-lieu de cant. de l'arr. de Mende. Bur. d'enregist. et de poste.

Manuf. de draps, martinets à cuivre; comm. de mulets et de bestiaux.

LANGOIRAN, s. m. Com. du dép. de la Gironde, cant. de Cadillac, arr. de Bordeaux. = Cadillac.

Comm. de vins.

LANGOLIN, s. m. Com. du dép. du Finistère, cant. de Briec, arr. de Quimper. = Quimper.

LANGON, s. m. Petite ville du dép. de la Gironde, chef lieu de cant. de l'arr. de Bazas. Bur. d'enregist. et de poste.

Cette ville est située sur la Garonne, dans un pays fertile en excellens vins. Fab. de tonnelleries, etc. Comm. de vins très renommés, eaux-de-vie, etc.

LANGON, s. m. Com. du dép. d'Ille-et-Vilaine, cant. et arr. de Redon. = Redon.

LANGON, s. m. Com. du dép. de Loir-et-Cher, cant. de Menneton, arr. de Romorantin. = Romorantin.

LANGON (le), s. m. Com. du dép. de la Vendée, cant. et arr. de Fontenay. = Fontenay-le-Comte. Fab. de toiles.

LANGONNET, s. m. Com. du dép. du Morbihan, cant. de Gourin, arr. de Pontivy. = le Faouet.

LANGOU ou LANGOUT, s. m. Arbre sarmenteux de l'île de Madagascar; fruit de cet arbre. T. de bot.

LANGOUET, s. m. Com. du dép. d'Ille-et-Vilaine, cant. d'Hédé, arr. de Rennes. = Hédé.

LANGOUHÈDRE, s. m. Village du dép. des Côtes-du-Nord, réuni à la com. de Pléuée-Jugon, cant. de Jugon, arr. de Dinan. = Broons.

LANGOURER (se), v. pron. Exprimer sa langueur, son amoureux martyre. (Vi.)

LANGOUREUSEMENT, adv. D'une manière langoureuse.

LANGOUREUX, EUSE, adj. Qui est en langueur. —, qui annonce la langueur; ton langoureux. Faire le —, affecter un air tendre, tenir des propos doucereux.

LANGOURLA, s. f. Com. du dép. des Côtes-du-Nord, cant. de Colinée, arr. de Loudéac. = Broons.

LANGOUSTE, s. f. Espèce d'écrevisse de mer, homard, sorte de sauterelle.

LANGOUSTIÈRE, s. f. Filet pour prendre les langoustes. T. de pêch.

LANGOUSTINES, s. f. pl. Crustacés décapodes, macroures. T. d'hist. nat.

LANGRAIEN, s. m. Pie-grièche d'Afrique. T. d'hist. nat.

LANGRENUS, s. m. L'une des taches de la lune.

LANGRES, s. f. Ville très ancienne du dép. de la Haute-Marne, chef-lieu de sous-préf. et d'un cant., trib. de 1re inst. et de comm.; évêché érigé dans le 3e siècle; grand et petit séminaire; biblioth. publique de 30,000 vol.; inspect. des domaines; conservat. des hypoth.; inspect. des forêts; direct. des contrib. indir.; recev. part. des finances; bur. d'enregist. et de poste; pop. 7,200 hab. envir.

Cette ville est bâtie sur une montagne escarpée, des flancs de laquelle sortent plusieurs rivières, entr'autres, la Meuse, la Marne, l'Amance et la Vingeanne.

Patrie de Diderot. Fab. de coutellerie très estimée; comm. de grains, farines, vin, chanvre, bœufs, moutons, faïence, meules à moudre, etc.

LANGROLAY, s. m. Com. du dép. des Côtes-du-Nord, cant. de Ploubalay, arr. de Dinan. = Dinan.

LANGRUNE, s. f. Com. du dép. du Calvados, cant. de Douvres-la-Délivrande, arr. de Caen. = Caen.

LANGUE, s. f. Muscle très agile qui remplit la capacité de la bouche, et qui est le principal organe de la parole et des saveurs. —, idiome d'une nation, manière d'exprimer ses idées par des mots, des signes de convention. — vivante, langue parlée. — morte, langue qu'on ne parle plus. — mère, dont les divers idiomes sont dérivés. — dorée, personne qui cherche à séduire par de douces paroles, par des discours spécieux. Mauvaise —, médisant. Coup de —, médisance. Prendre —, s'informer de ce qui se passe, de l'état des affaires. —, nation, dans l'ordre de Malte. — de terre, pièce de terre longue et étroite enclavée dans d'autres ou entourée d'eau, excepté par un bout. — de serpent, espèce de rugine pour nettoyer les dents de la mâchoire inférieure. T. de chir. —, tout ce qui a la forme de la langue. T. d'arts et mét. — d'agneau, espèce de plantin. — de bouc. Voy. VIPÉRINE. — de bœuf, de cerf. Voy. SCOLOPENDRE. — de chien. Voy. CYNOGLOSSE. — de vache, grande consoude, scabieuse des bois, etc.

LANGUÉ, E, adj. Se dit des oiseaux, des reptiles dont la langue sort et est d'un autre émail que le corps de l'animal. T. de blas.

LANGUEDIAS, s. m. Com. du dép. des Côtes-du-Nord, cant. de Plélan, arr. de Dinan. = Plélan.

LANGUEDOC, s. m. Ancienne province du royaume de France, qui forme aujourd'hui les dép. de l'Aude, du Tarn, de l'Hérault, de la Lozère, de l'Ardèche et du Gard, ainsi que les arr. de Toulouse et de Ville-Franche (Haute-Garonne), l'arr. de Castel-Sarrasin (Tarn-et-Garonne), et les arr. de Puy et d'Yssingeaux (Haute-Loire).

LANGUEDOCIEN, NE, s. et adj. Habitant de l'ancienne province du Languedoc.

LANGUENAN, s. m. Com. du dép. des Côtes-du-Nord, cant. de Plancoët, arr. de Dinan. = Plancoët.

LANGUETTE, s. f. Petite langue; sa forme. —, pièce mobile de métal sur un trou d'instrument à vent. —, tout corps alongé, étroit et plat; bout amenuisé d'un ais; feuille de fer battu; petit morceau d'or, d'argent pour l'essai. T. d'arts et mét. — de balance, aiguille perpendiculaire au fléau. —, mur de séparation entre deux cheminées. T. de maç. —, poisson du genre du pleuronecte. T. d'hist. nat. —, appendice long et étroit qui termine les demi-fleurons des fleurs composées; famille des ficoïdes. T. de bot.

LANGUEUR, s. f. Abattement, débilité; défaillance de corps ou d'esprit. —, air, maintien, regard langoureux; ennuis, chagrins d'amour; indolence, nonchalance, paresse. —, stagnation, souffrance des affaires, du commerce. Fig.

LANGUEUX, s. m. Com. du dép. des Côtes-du-Nord, cant. et arr. de St.-Brieuc. = St.-Brieuc.

LANGUEVOISIN, s. m. Com. du dép. de la Somme, cant. de Nesle, arr. de Péronne. = Nesle.

LANGUÉYAGE, s. m. Examen de la langue du porc.

LANGUÉYÉ, E, part. Se dit d'un porc dont on a examiné la langue.

LANGUÉYER, v. a. Examiner la langue d'un porc pour s'assurer s'il est ladre ou sain.

LANGUÉYEUR, s. m. Connaisseur qui languéye les porcs.

LANGUIDIC, s. m. Com. du dép. du Morbihan, cant. d'Hennebon, arr. de Lorient. = Hennebon.

LANGUIER, s. m. Langue et gorge de porc fumées.

LANGUIMBERG, s. m. Com. du dép. de la Meurthe, cant. de Réchicourt-le-Château; arr. de Sarrebourg. = Dieuze.

LANGUIR, v. n. Etre abattu, languissant, souffrir depuis long-temps, être consumé peu à peu par une maladie. —, souffrir un supplice lent; languir dans les fers. —, dépérir par l'effet de l'ennui, du chagrin, d'un amour malheureux. —, attendre impatiemment, espérer depuis long-temps, s'ennuyer, se morfondre. Fig. —, en parlant des plantes, se flétrir, se faner faute d'engrais, etc. —, être dans un état de stagnation, de souffrance, en parlant des affaires commerciales. Laisser — la conversation, la laisser tomber. —, traîner en longueur, éprouver des retards, des contrariétés. —, être froid, languissant, en parlant du style. Fig.

LANGUISSAMMENT, adv. D'une manière languissante.

LANGUISSANT, E, adj. Affecté d'une maladie de langueur. —, qui souffre, languit; commerce languissant. —, qui annonce beaucoup d'ennui ou d'amour; regards languissans. —, lourd, traînant, inanimé, sans feu, sans mouvement; style languissant. Fig.

LANGURIE, s. f. Insecte coléoptère clavipalpe. T. d'hist. nat.

LANGY, s. m. Com. du dép. de l'Allier, cant. de Varennes, arr. de la Palisse. = St.-Gérand.

LANGY, s. m. Com. du dép. de la Nièvre, cant. de St.-Beniu-d'Azy, arr. de Nevers. = Decize.

LANHAC, s. m. Com. du dép. de l'Aveyron, cant. de Bozouls, arr. de Rodez. = Rodez.

LANHELIN, s. m. Com. du dép. d'Ille-et-Vilaine, cant. de Combourg, arr. de St.-Malo. = Combourg.

LANHOUARNEAU, s. m. Com. du dép. du Finistère, cant. de Plouescat, arr. de Morlaix. = Lesneven.

LANI, s. m. Arbre des îles Moluques. T. d'hist. nat.

LANIAIRE, adj. f. Longue et pointue, qui déchire; dents laniaires. T. d'hist. nat.

LANICE, adj. f. Se dit de la bourre qui provient de la laine.

LANIER, s. m. Espèce de faucon, femelle du laneret.

LANIÈRE, s. f. Courroie longue et étroite.

LANIFÈRE, adj. Qui porte de la laine; se dit des animaux et des plantes.

LANILDUT, s. m. Com. du dép. du Finistère, cant. de Ploudalmézeau, arr. de Brest. = Brest.

LANILLE, s. f. Sorte d'étoffe de laine fabriquée en Flandre.

LANING, s. m. Com. du dép. de la Moselle, cant. de Grostenquin, arr. de Sarreguemines. = St.-Avold.

LANIOGÈRE, s. m. Insecte nudibranche. T. d'hist. nat.

LANION, s. m. Oiseau sylvain, collurion. T. d'hist. nat.

LANISCAT, s. m. Com. du dép. des Côtes-du-Nord, cant. de Goarec, arr. de Loudéac. = Rostrenen.

LANISCOURT, s. m. Com. du dép. de l'Aisne, cant. d'Anizy-le-Château, arr. de Laon. = Laon.

LANISTE, s. m. Celui qui formait, achetait ou vendait des gladiateurs. T. d'antiq.

LANLEFF, s. m. Com. du dép. des Côtes-du-Nord, cant. de Plouha, arr. de St.-Brieuc. = Paimpol.

LANLOUP, s. m. Com. du dép. des Côtes-du-Nord, cant. de Plouha, arr. de St.-Brieuc. = St.-Brieuc.

LANMÉRIN, s. m. Com. du dép. des Côtes-du-Nord, cant. de Tréguier, arr. de Lannion. = Lannion.

LANMEUR, s. m. Ville du dép. du Finistère, chef-lieu de cant. de l'arr. de Morlaix. Bur. d'enregist. = Morlaix. Comm. de grains et de bestiaux.

LANMODEZ, s. m. Com. du dép. des Côtes-du-Nord, cant. de Lezardrieux, arr. de Lannion. = Tréguier.

LANNE, s. m. Com. du dép. des Basses-Pyrénées, cant. d'Aramits, arr. d'Oloron. = Oloron.

LANNE, s. m. Com. du dép. des Hautes-Pyrénées, cant. d'Ossun, arr. de Tarbes. = Tarbes.

LANNE (St.-), s. m. Com. du dép. des Hautes-Pyrénées, cant. de Castelnau-Rivière-Basse, arr. de Tarbes. = Tarbes.

LANNEANOU, s. m. Com. du dép. du Finistère, cant. de Plouigneau, arr. de Morlaix. = Morlaix.

LANNEBERT, s. m. Com. du dép. des Côtes-du-Nord, cant. de Lanvollon, arr. de St.-Brieuc. = Paimpol.

LANNECAUBE-ET-MEILLAC, s. m. Com. du dép. des Basses-Pyrénées, cant. de Lembeye, arr. de Pau. = Pau.

LANNÉDERN, s. m. Com. du dép. du Finistère, cant. de Pleyben, arr. de Châteaulin. = Châteaulin.

LANNEGRASSE, s. f. Com. du dép. des Basses-Pyrénées, cant. de Lembeye, arr. de Pau. = Pau.

LANNEMAIGNAN, s. m. Com. du dép. du Gers, cant. de Cazaubon, arr. de Condom. = Roquefort.

LANNEMEZAN, s. m. Ville du dép. des Hautes-Pyrénées, chef-lieu de cant. de l'arr. de Bagnères. Bur. d'enregist. = Tarbes.

LANNEPAX, s. m. Com. du dép. du Gers, cant. d'Eauze, arr. de Condom. = Vic-Fezensac.

LANNEPLAA, s. m. Com. du dép. des Basses-Pyrénées, cant. et arr. d'Orthez. = Orthez.

LANNERAY, s. m. Com. du dép. d'Eure-et-Loir, cant. et arr. de Châteaudun. = Châteaudun.

LANNÈRES, s. m. Com. du dép. de la Meuse, cant. d'Etain, arr. de Verdun. = Etain.

LANNES, s. m. Com. du dép. de Lot-et-Garonne, cant. de Mezin, arr. de Nérac. = Nérac.

LANNES, s. m. Village du dép. des Landes, cant. de Peyrehorade, arr. de Dax. = Dax.

LANNES-ET-TRONCHOY, s. m. Com. du dép. de la Haute-Marne, cant. de Neuilly, arr. de Langres. = Langres.

LANNE-SOUBIRAN, s. m. Com. du dép. du Gers, cant. de Nogaro, arr. de Condom. = Nogaro.

LANNEUFRET, s. m. Com. du dép. du Finistère, cant. de Ploudiry, arr. de Brest. = Landerneau.

LANNEVER, s. m. Com. du dép. des Côtes-du-Nord, cant. de Paimpol, arr. de St.-Brieuc. = Paimpol.

LANNILIS, s. m. Com. du dép. du Finistère, chef-lieu de cant. de l'arr. de Brest. Bur. d'enregist. = Lesneven. Fab. de poterie de terre.

LANNION, s. m. Ville du dép. des Côtes-du-Nord, chef-lieu de sous-préf. et de canton.; trib. de 1re inst.; société d'agric.; conserv. des hypoth.; direct. des contrib. indir.; recev. partic. des finances; bur. d'enregist. et de poste. Manuf. de toiles, papeteries, etc.; comm. de vins, beurre, chanvre, etc.

LANNOY, s. m. Ville du dép. du Nord, chef-lieu de cant. de l'arr. de Lille. Bur. d'enregist. à Roubaix. = Lille.

LANNOY-CUILLÈRE, s. m. Com. du dép. de l'Oise, cant. de Formerie, arr. de Beauvais. = Aumale.

LANNUX, s. m. Com. du dép. du Gers, cant. de Riscle, arr. de Mirande. = Aire-sur-l'Adour.

LANO, s. m. Com. du dép. de la Corse, cant. de St.-Laurent, arr. de Corte. = Bastia.

LANOBRE, s. m. Com. du dép. du Cantal, cant. de Champs, arr. de Mauriac. = Bort.

LANOUAILLE, s. f. Com. du dép. de la Dordogne, chef-lieu de cant. de l'arr. de Nontron. Bur. d'enregist. à Jumilac. = Exideuil.

LANOUAYE, s. f. Com. du dép. d'Ille-et-Vilaine, cant. et arr. de Montfort. = Montfort.

LANOUÉE, s. f. Com. du dép. du Morbihan, cant. de Josselin, arr. de Ploërmel. = Josselin.

LANOUX, s. m. Com. du dép. de l'Ariège, cant. de Fossat, arr. de Pamiers. = le Mas-d'Azil.

LANQUAIS, s. m. Com. du dép. de la Dordogne, cant. de Lalinde, arr. de Bergerac. = Bergerac.

LANQUERRE, s. f. Gros bourrelet de peau qui aide à nager.

LANQUES, s. f. Com. du dép. de la Haute-Marne, cant. de Nogent, arr. de Chaumont. = Chaumont.

LANQUETOT, s. m. Com. du dép. de la Seine-Inférieure, cant. de Bolbec, arr. du Hâvre. = Bolbec.

LANQUETTE, s. f. Espèce de pourpier.

LANRELAS, s. m. Com. du dép. des Côtes-du-Nord, cant. de Broons, arr. de Dinan. = Broons.

LANRIEC, s. m. Com. du dép. du Finistère, cant. de Concarneau, arr. de Quimper. = Concarneau.

LANRIGAN, s. m. Com. du dép. d'Ille-et-Vilaine, cant. d'Hédé, arr. de Rennes. = Combourg.

LANRIVAIN, s. m. Com. du dép. des Côtes-du-Nord, cant. de Bothoa, arr. de Guingamp. = Rostrenen.

LANRIVOARÉ, s. m. Com. du dép. du Finistère, cant. de St.-Renan, arr. de Brest. = Brest.

LANRODEC, s. m. Com. du dép. des Côtes-du-Nord, cant. de Plouagat, arr. de Guingamp. = Châtelaudren.

LANS, s. m. Ecart que fait un vaisseau à gauche ou à droite de sa route. T. de mar.

LANS, s. m. Com. du dép. de l'Isère, cant. de Villard-de-Lans, arr. de Grenoble. = Grenoble.

LANS, s. m. Com. du dép. de Saône-et-Loire, cant. et arr. de Châlons. = Châlons.

LANS, s. m. Village du dép. des Basses-Alpes, cant. et arr. de Barcelonnette. = Barcelonnette.

LANSA, s. m. Arbre des îles Moluques. T. d'hist. nat.

LANSAC, s. m. Poire d'automne. T. de jard.

LANSAC, s. m. Com. du dép. des Pyrénées-Orientales, cant. de la Tour, arr. de Perpignan. = Perpignan.

LANSAC, s. m. Com. du dép. des Hautes-Pyrénées, cant. de Pouyastruc, arr. de Tarbes. = Tarbes.

LANSAC, s. m. Com. du dép. de la Gironde, cant. de Bourg, arr. de Blaye. = Bourg-sur-Gironde.

LANSAC, s. m. Village du dép. des Bouches-du-Rhône, cant. de Tarascon, arr. d'Arles. = Tarascon.

LANSARGUES, s. f. Com. du dép. de l'Hérault, cant. de Maugnio, arr. de Montpellier. = Lunel.

LANSO, s. m. Com. du dép. des Hautes-Pyrénées, cant. de Lourdes, arr. d'Argelès. = Lourdes.

LANSQUENET, s. m. Nom d'un ancien corps d'infanterie allemande; sorte de jeu de cartes.

LANTA, s. f. Petite ville du dép. de la Haute-Garonne, chef-lieu de cant. de l'arr. de Villefranche. Bur. d'enregist. à Caraman. = Caraman.

LANTABAT, s. m. Com. du dép. des Basses-Pyrénées, cant. d'Iholdy, arr. de Mauléon. = St.-Palais.

LANTAGE, s. m. Com. du dép. de l'Aube, cant. de Chaource, arr. de Bar-sur-Seine. = Chaource.

LANTAN, s. m. Com. du dép. du Cher, cant. de Dun-le-Roi, arr. de St.-Amand. = Dun-le-Roi.

LANTANIER, s. m. Voy. LATANIER.

LANTÉAS, s. m. Barque chinoise.

LANTÉFONTAINE, s. f. Com. du dép. de la Moselle, cant. et arr. de Briey. = Briey.

LANTENAY, s. m. Com. du dép. de la Côte-d'Or, cant. et arr. de Dijon. = Dijon.

LANTENNE-ET-VERTIÈRE, s. f. Com. du dép. du Doubs, cant. d'Audeux, arr. de Besançon. = St.-Vyt.

LANTENOT, s. m. Com. du dép. de la Haute-Saône, cant. de Luxeuil, arr. de Lure. = Lure.

LANTER, v. a. Voy. LENTER. T. de chaudronnier.

LANTERNE, s. f. Boîte avec des ouvertures garnies de verre ou de corne pour renfermer une lumière et empê-cher que le vent ne l'éteigne. — sourde, lanterne garnie de plaques tournantes qui interceptent la lumière. — magique, sorte d'optique qui porte sur un plan extérieur les objets peints sur le verre. —, tourelle ouverte sur un comble, sur un dôme. —, tribune grillée d'où l'on peut voir sans être vu. —, petite roue formée de fuseaux dans lesquels s'engrènent les dents d'une autre roue; lanterne de moulin. —, pignon; dévidoir. —, partie à jour de la crosse d'un évêque. —, cuiller, instrument pour charger le canon. — à mitraille, bois rond, concave, qu'on emplit de mitraille pour charger le canon. T. d'artill. — à gargousses, étui de bois ou de fer-blanc dans lequel on met les gargousses. T. de mar. —, coquille du genre des myes. T. d'hist. nat. —, pl. Fadaises, discours frivoles, contes impertinens.

LANTERNE (la), s. f. Petite rivière dont on trouve la source entre les com. de Lanterne et Cromagny, dép. de la Haute-Saône, et qui se jette dans la Saône à Couflandy après un cours de 12 l.

LANTERNÉ, E, part. Amusé par de vaines paroles.

LANTERNEAU, s. m. Petite chaussée. T. de sal.

LANTERNE (la) ET-LES-ARMONTS, s. f. Com. du dép. de la Haute-Saône, cant. de Luxeuil, arr. de Lure. = Luxeuil.

LANTERNER, v. a. Ajourner, amuser par de vaines paroles. —, importuner, fatiguer par des fadaises, des discours impertinens. —, v. n. Hésiter, être incertain, indécis, irrésolu; perdre son temps à des bagatelles. T. fam.

LANTERNERIE, s. f. Irrésolution, difficulté futile; fadaise, discours frivole.

LANTERNIER, s. m. Fabricant et marchand de lanternes; allumeur de réverbères. —, homme irrésolu, avec qui l'on ne peut rien terminer; musard, diseur de riens, faiseur de contes, hâbleur, menteur. Fig.

LANTERNINE, s. f. Monnaie d'argent de Florence, valant 6 livres en Toscane.

LANTERNISTE, s. m. Membre de l'Académie de Toulouse.

LANTERNON, s. m. Sorte de coupole.

LANTHÉNANS, s. m. Com. du dép. du Doubs, cant. de l'Isle-sur-le-Doubs, arr. de Baume. = l'Isle-sur-le-Doubs.

LANTHENAY, s. m. Com. du dép. de Loir-et-Cher, cant. et arr. de Romorantin. = Romorantin.

LANTHES, s. m. Com. du dép. de la Côte-d'Or, cant. de Seurre, arr. de Beaune. = Seurre.

LANTHEUIL, s. m. Com. du dép. du Calvados, cant. de Creully, arr. de Caen. = Caen.

LANTIC, s. m. Com. du dép. des Côtes-du-Nord, cant. d'Etables, arr. de St.-Brieuc. = St.-Brieuc.

LANTIGNÉ, s. m. Com. du dép. du Rhône, cant. de Beaujeu, arr. de Villefranche. = Beaujeu.

LANTILLAC, s. m. Com. du dép. du Morbihan, cant. de Rohan, arr. de Ploërmel. = Josselin.

LANTILLY, s. m. Com. du dép. de la Côte-d'Or, cant. et arr. de Semur. = Semur.

LANTIPONNAGE, s. m. Conversation frivole et importune. T. fam.

LANTIPONNER, v. n. Dire des niaiseries, tenir des propos frivoles et importuns. T. fam.

LANTON, s. m. Com. du dép. de la Gironde, cant. d'Audenge, arr. de Bordeaux. = la Tête-de-Buch.

LANTOR ou LONTARD, s. m. Palmier des Indes. T. de bot.

LANTRIAC, s. m. Com. du dép. de la Haute-Loire, cant. de St.-Julien-Chapteuil, arr. du Puy. = le Puy.

LANTURE, s. f. Voy. LENTURE.

LANTURLU, s. m. Sorte de jeu de carte; refrain de chanson.

LANTY, s. m. Com. du dép. de la Haute-Marne, cant. de Château-Vilain, arr. de Chaumont. = Château-Vilain.

LANUÉJOLS, s. m. Com. du dép. du Gard, cant. de Trèves, arr. du Vigan. = Meyrueis.

LANUÉJOLS, s. m. Com. du dép. de la Lozère, cant. et arr. de Mende. = Mende.

LANUÉJOULS, s. m. Com. du dép. de l'Aveyron, cant. de Montbazens, arr. de Villefranche. = Villefranche.

LANUGINEUX, EUSE, adj. Se dit des plantes couvertes de duvet. T. de bot.

LANUSURE, s. f. Pièce de plomb sur les amortissemens. T. de plombier.

LANUSSE, s. f. Com. du dép. des Basses-Pyrénées, cant. de Thèze, arr. de Pau. = Pau.

LANVALLAY, s. m. Com. du dép. des Côtes-du-Nord, cant. et arr. de Dinan. = Dinan.

LANVAUDAN, s. m. Com. du dép. du Morbihan, cant. de Plouay, arr. de Lorient. = Hennebon.

LANVELLEC, s. m. Com. du dép. des Côtes-du-Nord, cant. de Plestin, arr. de Lannion. = Lannion.

LANVÉNÉGEN, s. m. Com. du dép. du Morbihan, cant. du Faouet, arr. de Pontivy. = le Faouet.

LANVERN, s. m. Com. du dép. du Finistère, cant. de Plougastel-St.-Germain, arr. de Quimper. = Quimper.

LANVÉZÉAC, s. m. Com. du dép. des Côtes-du-Nord, cant. de la Roche-Derrien, arr. de Lannion. = Lannion.

LANVIGNEC, s. m. Com. du dép. des Côtes-du-Nord, cant. de Paimpol, arr. de St.-Brieuc. = Paimpol.

LANVOLLON, s. m. Com. du dép. des Côtes-du-Nord, chef-lieu de cant. de l'arr. de St.-Brieuc. Bur. d'enregist. = Châtelaudren. Comm. de fil.

LANZAC-ET-CIEURAC, s. m. Com. du dép. du Lot, cant. de Souillac, arr. de Gourdon. = Souillac.

LANZANI, s. m. Animal d'Afrique redouté du lion.

LAOCOON, s. m. Fils de Priam et d'Hécube, grand-prêtre d'Apollon. S'étant opposé à l'entrée du cheval de bois dans la ville de Troie, deux énormes serpens sortirent tout à coup de la mer, et vinrent attaquer ses enfans aux pieds des autels; il voulut les secourir, et fut étouffé comme eux par ces monstres. T. de myth. —, le serpentaire. T. d'astr.

LAOCRATIE, s. f. Influence du bas-peuple. T. inus.

LAOMÉDÉE, s. f. Polypier sertulaire. T. d'hist. nat.

LAOMÉDON, s. m. Roi de Phrygie. Il releva les murs de Troie à l'aide de Neptune et d'Apollon qui avaient été chassés du ciel pour avoir conspiré contre Jupiter; mais, leur ayant refusé le salaire qui leur était dû, ces dieux irrités, désolèrent son pays. Apollon lui envoya la peste, et Neptune, après une inondation terrible, déchaîna un monstre marin, auquel Hésione, fille de Laomédon, fut exposée sur la foi de l'oracle. Cette princesse ayant été délivrée par Hercule, qui avait exigé sa main pour prix de ce service, Laomédon manqua de nouveau à sa parole, et fut tué par ce héros, qui donna Hésione à Télamon. T. de myth.

LAON, s. m. Ville et chef-lieu de préf. du dép. de l'Aisne, d'un arr. de sous-préf. et d'un canton; cour d'assises; tribunal de 1re instance; école de dessin; biblioth. publique; ingénieur en chef des ponts-et-chaussées; direct. de l'enregist. et des domaines de 2e classe; conserv. des hypoth.; direct. des contrib. dir. et indir.; bur. de garantie des matières d'or et d'argent; recev. génér. des douanes; payeur du dép.; bur. d'enregist. et de poste; pop. 7,360 hab. envir.

Cette ville, située sur une montagne isolée, est généralement bien construite; ses rues sont larges et bien percées. Le général Serrurier, doyen des maréchaux de l'empire, et l'astronome Méchin lui appartiennent. Fabr. de toiles, bonneterie, étoffes de laine, couvertures communes, chapeaux, clous, etc. Comm. de grains, vins, eaux-de-vie, artichauts renommés, fer, orfévrerie. On y remarque la cathédrale, bâtie dans le 12e siècle; la salle de spectacle et l'Hôtel-Dieu.

LAON (St.-), s. m. Com. du dép. de la Vienne, cant. et arr. de Loudun. = Loudun.

LAONCE, s. f. Com. du dép. des Basses-Pyrénées, cant. et arr. de Bayonne. = Bayonne.

LAONS, s. m. Com. du dép. d'Eure-et-Loir, cant. de Brezolles, arr. de Dreux. = Nonancourt.

LAOSINACTE, s. m. Officier de l'église grecque, chargé de convoquer le peuple.

LAPAGERIE, s. f. Plante asparagoïde. T. de bot.

LAPALISSE, s. f. Petite ville du dép. de l'Allier, chef-lieu de sous-préf. et de cant.; conserv. des hyp.; direct. des contrib. indir.; recev. part. des finances; Bur. d'enregist. et de poste.

Fab. de bottes et de souliers de pacotille; filature de coton. Comm. de blé, lin, chanvre, etc.

LAPALME, s. f. Com. du dép. de l'Aude, cant. de Sijean, arr. de Narbonne. = Sijean.

LAPALUD, s. m. Com. du dép. de Vaucluse, cant. de Bollène, arr. d'Orange. Bur. de poste.

LAPAN, s. m. Com. du dép. du Cher, cant. de Levet, arr. de Bourges. = Châteauneuf-sur-Cher.

LAPAROCÈLE, s. f. Hernie abdominale. T. de chir.

LAPATHUM ou PARELLE, s. m. Plante médicinale. Voy. PATIENCE.

LAPEGE, s. m. Com. du dép. de l'Ariège, cant. de Tarascon, arr. de Foix. = Tarascon.

LAPENCHE, s. f. Com. du dép. de Tarn-et-Garonne, cant. de Montpezat, arr. de Montauban. = Caussade.

LAPENNE, s. f. Com. du dép. de l'Ariège, cant. de Mirepoix, arr. de Pamiers. = Mirepoix.

LAPENTY, s. m. Com. du dép. de la Manche, cant. de St.-Hilaire-du-Harcouet, arr. de Mortain. = St.-Hilaire.

LAPER, v. n. Boire en tirant le liquide avec sa langue; se dit du chien.

LAPERCHE, s. f. Com. du dép. de Lot-et-Garonne, cant. de Lauzun, arr. de Marmande. = Marmande.

LAPEREAU, s. m. Jeune lapin.

LAPERRIÈRE, s. f. Com. du dép. de la Côte-d'Or, cant. de St.-Jean-de-Losne, arr. de Beaune. = St.-Jean-de-Losne.

LAPEYRE, s. f. Com. du dép. des Hautes-Pyrénées, cant. de Trie, arr. de Tarbes. = Tric.

LAPEYRÈRE-ET-GUIGNOLAS, s. m. Com. du dép. de la Haute-Garonne, cant. de Montesquieu-Volvest, arr. de Muret. = Rieux.

LAPEYROUSIE, s. f. Arbrisseau du cap. de Bonne-Espérance. T. de bot.

LAPEYROUSSE, s. f. Com. du dép. de la Haute-Garonne, cant. de Montastruc, arr. de Toulouse. = Toulouse.

LAPHRIE, s. f. Insecte diptère. T. d'hist. nat.

LAPIDAIRE, s. m. Bijoutier qui taille et vend des pierres précieuses. —, adj. Se dit des inscriptions sur la pierre, les métaux; style lapidaire

LAPIDATION, s. f. Action de lapider; supplice de celui qu'on lapidait chez les Juifs; tableau représentant ce supplice barbare. —, fêtes qu'on célébrait à Trézène, en l'honneur de deux jeunes filles tuées à coups de pierres dans une sédition. T. de myth.

LAPIDÉ, E, part. Tué à coups de pierres.

LAPIDER, v. a. Assommer à coups de pierres. —, maltraiter, injurier; se dit de plusieurs personnes qui s'élèvent avec véhémence contre quelqu'un.

LAPIDIFICATION, s. f. Formation des pierres.

LAPIDIFIÉ, E, part. Réduit en pierre; se dit des métaux.

LAPIDIFIER, v. a. Réduire les métaux en pierre. T. de chim.

LAPIDIFIQUE, adj. Se dit des substances propres à former des pierres. T. de chim.

LAPILLO, s. m. Gravier de lave.

LAPIN, s. m. Petit quadrupède herbivore qui se loge dans les terriers, mammifère rongeur du genre du lièvre.

LAPIRÉ, s. m. Bois de l'île de Cayenne.

LAPIS, s. m. (mot latin). Pierre quartzeuse, bleue, mêlée de veines blanches. Voy. LAZULITHE.

LAPISTE, s. f. Com. du dép. des Basses-Pyrénées, cant. de St.-Palais, arr. de Mauléon. = St.-Palais.

LAPITHES, s. m. Peuple de la Thessalie ; ils furent les premiers qui domptèrent des chevaux. T. de myth.

LAPLAUD, s. m. Com. du dép. de la Charente, cant. de St.-Claud, arr. de Confolens. = Confolens.

LAPLEAU, s. m. Com. du dép. de la Corrèze, chef-lieu de cant. de l'arr. de Tulle. Bur. d'enregist. à Egletons. = Marciac.

LAPLUME, s. f. Com. du dép. de Lot-et-Garonne, chef-lieu de cant. de l'arr. d'Agen. Bur. d'enregist. = Agen.

LAPLYSIE, s. f. Ver mollusque nu. T. d'hist. nat.

LAPMUDE, s. f. Robe de peau de renne.

LAPON, NE, s. et adj. Habitant de la Laponie, remarquable par la petitesse de sa taille.

LAPONIE, s. f. Contrée à l'extrémité septentrionale de l'Europe, qui appartient à la Suède, à la Russie et à la Norwège. Ce pays, rempli de marécages, de landes et de montagnes couvertes de neige, est excessivement froid les trois quarts de l'année, et excessivement chaud pendant deux mois de l'été. Il est en partie privé du soleil durant l'hiver. On y trouve fer, aimant, plomb, zinc, cuivre, vif-argent, cinabre, cristal ; oiseaux de terre et de mer, élans, castors, rennes, martes zibelines, ours, etc.

LAPOUAYDE, s. f. Com. du dép. de la Gironde, cant. de Guître, arr. de Libourne. = Coutras.

LAPPA, s. f. Espèce de bardane. T. de bot.

LAPPAGO, s. m. Véronique, plante dont la famille ressemble à celle du lierre ; gaillet. T. de bot.

LAPPAGUE, s. f. Plante graminée. T. de bot.

LAPPION, s. m. Com. du dép. de l'Aisne, cant. de Sissonne, arr. de Laon. = Laon.

LAPPULA, s. f. Voy. CAUCALIDE. T. de bot.

LAPPULIER, s. m. Genre de plantes liliacées, arbrisseaux d'Asie et d'Amérique. T. de bot.

LAPPUY, s. m. Com. du dép. de la Vienne, cant. de Plumartin, arr. de Châtellerault. = Chauvigny.

LAPRADE, s. f. Com. du dép. de l'Aude, cant. de Mas-Cabardès, arr. de Carcassonne. = Carcassonne.

LAPRADE, s. f. Com. du dép. de la Charente, cant. d'Aubeterre, arr. de Barbezieux. = la Graulle.

LAPS, s. m. Ecoulement, espace de temps.

LAPS, s. m. Com. du dép. du Puy-de-Dôme, cant. de Vic-le-Comte, arr. de Clermont. = Billom.

LAPS, E, adj. Tombé. — et relaps, qui a apostasié plusieurs fois. T. de théol.

LAPTE, s. m. Com. du dép. de la Haute-Loire, cant. et arr. d'Yssingeaux. = Yssingeaux.

LAPUGNOY, s. m. Com. du dép. du Pas-de-Calais, cant. et arr. de Béthune. = Béthune.

LAPUJOLLE, s. f. Com. du dép. du Gers, cant. de Riscle, arr. de Mirande. = Nogaro.

LAQ, s. m. Nœud coulant que l'on fait avec une bande plus ou moins longue, et qui sert à saisir les parties qu'il faut tirer pour les extensions et contre-extensions dans les accouchemens, etc. T. de chir.

LAQUAIS, s. m. Domestique à livrée, valet de pied.

LAQUE, s. m. Beau vernis de la Chine, noir ou rouge. — ou GOMME LAQUE, s. f. Résine d'un rouge brun qu'accumule un insecte sur certains arbres, aux Indes occidentales. —, couleur pourpre faite avec l'alumine teinte par une matière colorante.

LAQUÉAIRE, s. m. Athlète qui tenait d'une main un lacet, et de l'autre un poignard.

LAQUELLE, pron. f. Voy. LEQUEL.

LAQUENEXY, s. m. Com. du dép. de la Moselle, cant. de Pange, arr. de Metz. = Metz.

LAQUÉNOLÉ, s. m. Village du dép. du Finistère, cant. de Taulé, arr. de Morlaix. = Morlaix.

LAQUETON, s. m. Petit et mauvais laquais. T. fam.

LAQUEUILLE, s. f. Com. du dép. du Puy-de-Dôme, cant. de Rochefort, arr. de Clermont. = Clermont.

LARA, s. f. Village du dép. de l'Ariège, cant. de St.-Lizier, arr. de St.-Girons. = St.-Girons.

LARAGNE, s. f. Com. du dép. des Hautes-Alpes, chef-lieu de cant. de l'arr. de Gap. Bur. d'enregist. à Ventavom. = Serres. Manuf. de draps.

LARAIRE, s. m. Petite chapelle destinée aux dieux lares.

LARAJASSE, s. f. Com. du dép. du Rhône, cant. de St.-Symphorien-sur-Coize, arr. de Lyon. = Chazelles.

LARAN, s. m. Com. du dép. des Hautes-Pyrénées, cant. de Castelnau, arr. de Bagnères. = Castelnau-Magnoac.

LARAN (le), s. m. Petite rivière dont la source se trouve dans le dép. des Basses-Pyrénées, et qui se perd dans l'Adour près d'Urt.

LARBEY, s. m. Com. du dép. des Landes, cant. de Mugron, arr. de St.-Sever. = St.-Sever.

LARBONT, s. m. Com. du dép. de l'Ariège, cant. de la Bastide-Seron, arr. de Foix. = Foix.

LARBRÉE, s. f. Stellaire aquatique. T. de bot.

LARBROYE, s. f. Com. du dép. de l'Oise, cant. de Noyon, arr. de Compiègne. = Noyon.

LARCAN, s. m. Com. du dép. de la Haute-Garonne, cant et arr. de St.-Gaudens. = St.-Gaudens.

LARCAT, s. m. Com. du dép. de l'Ariège, cant. de Cabannes, arr. de Foix. = Tarascon.

LARÇAY, s. m. Com. du dép. d'Indre-et-Loire, cant. et arr. de Tours. = Tours.

LARCEVEAU, s. m. Com. du dép. des Basses-Pyrénées, cant. d'Iholdy, arr. de Mauléon. = St.-Palais.

LARCHAMP, s. m. Com. du dép. de la Mayenne, cant. d'Ernée, arr. de Mayenne. = Ernée.

LARCHAMP, s. m. Com. du dép. de l'Orne, cant. de Tinchebray, arr. de Domfront. = Tinchebray.

LARCHANT, s. m. Com. du dép. de Seine-et-Marne, cant. de la Chapelle, arr. de Fontainebleau. = Nemours.

LARCHE, s. f. Ville du dép. de la Corrèze, chef-lieu de cant. de l'arr. de Brive, où se trouvent les bur. d'enregist. et de poste.

LARCHE, s. f. Com. du dép. des Basses-Alpes, cant. de St.-Paul, arr. de Barcelonnette. = Barcelonnette.

LARCIN, s. m. Vol; chose volée, dérobée. —, plagiat. Fig.

LARD, s. m. Graisse ferme du porc, de la baleine, entre la chair et la peau. Faire du —, dormir la grasse matinée. Gras à —, fort gras.

LARDACÉ, E, adj. Se dit d'une substance animale qui offre l'aspect du lard. T. de méd.

LARDAGE, s. m. Ancien droit que les seigneurs percevaient sur le lard.

LARDAYROLES, s. f. Village du dép. de l'Aveyron, cant. de Sauveterre, arr. de Rodez. = Rodez.

LARDÉ, E, part. Garni, piqué de lardons.

LARDER, v. a. Piquer, garnir de lardons. —, percer de coups; larder à coups d'épée. —, lancer des lardons, des épigrammes. Fig.

LARDERET, s. m. Com. du dép. du Jura, cant. de Champagnole, arr. de Poligny. = Champagnole.

LARDIER, s. m. Espèce de mésange.

LARDIÈRES, s. f. Com. du dép. de l'Oise, cant. de Méru, arr. de Beauvais. = Méru.

LARDIER-ET-VALENÇA, s. m. Com. du dép. des Hautes-Alpes, cant. de Tallard, arr. de Gap. = Gap.

LARDIERS, s. m. Com. du dép. des Basses-Alpes, cant. de St.-Etienne, arr. de Forcalquier. = Forcalquier.

LARDITE, s. f. Pierre qui ressemble à un morceau de petit salé entrelardé. T. d'hist. nat.

LARDIZABALE, s. f. Plante ménispermoïde. T. de bot.

LARDOIRE, s. f. Brochette, instrument de cuisine pour larder la viande. —, fer au bout des pilotis.

LARDON, s. m. Aiguillette de lard. —, mot piquant, épigramme, brocard. Fig. et fam. —, serpenteau. T. d'artif.

LARDONNÉ, E, part. Coupé, taillé en forme de lardons.

LARDONNER, v. a. Couper, tailler, pincer, et fig. lancer des lardons.

LARDURE, s. f. Défaut dans le tissu du drap, dont les fils sont entrelacés.

LARDY, s. m. Com. du dép. de Seine-et-Oise, cant. de la Ferté-Aleps, arr. d'Etampes. = Etrechy.

LARÉE, s. f. Com. du dép. du Gers, cant. de Cazaubon, arr. de Condom. = Condom.

LARENIER, s. m. Rebord d'un châssis pour écarter l'eau. T. de menuis.

LARÉOLE, s. f. Com. du dép. de la Haute-Garonne, cant. de Cadours, arr. de Toulouse. = Beaumont.

LARES, s. m. pl. Pénates, dieux domestiques, petites statues qu'on révérait dans l'intérieur des habitations. T. de myth. —, maison. T. poét.

LARGE, s. m. Largeur. —, espace entre le navire et le rivage; pleine mer. Prendre le —, gagner la haute mer. Gagner le —, s'enfuir. T. de mar. Au —, adv. Largement, spacieusement; commodément, à son aise, dans l'opulence. Etre au —, en haute mer. T. de mar. En —, en largeur. Au long et au —, dans toute l'étendue de la superficie.

LARGE, adj. Etendu en largeur, vaste, spacieux. —, ample, l'opposé d'étroit; habit large. —, grand; large blessure.

—, généreux, libéral. Fig. —, facile, moelleux, grand; touche large. T. de peint. Conscience —, peu scrupuleuse. Fig.

LARGEASSE, s. f. Com. du dép. des Deux-Sèvres, cant. de Moncoutant, arr. de Parthenay. = Bressuire.

LARGEMENT, adv. Abondamment; libéralement. —, au large. —, d'une manière large. T. de peint.

LARGENTIÈRE, s. f. Petite ville du dép. de l'Ardèche, chef-lieu de sous-préf. et de cant; trib. de 1re inst.; contrib. indir.; recev. part. des finances; bur. d'enregist. et de poste.

Fabr. de soie ouvrée; filature de soie, etc.

LARGER, v. n. Aller large, gagner du terrain en s'éloignant du centre de la volte. T. de man.

LARGESSE, s. f. Libéralité; distributions, dons d'argent, etc. — de loi, ce qui excède le titre ordonné par la loi. T. de monn.

LARGETTE, s. f. Petite faveur. T. de passementier.

LARGEUR, s. f. Etendue en large d'un côté à l'autre.

LARGHETTO, adv. Moins lentement que largo. T. de mus.

LARGILLAY-ET-MARSONNAY, s. m. Com. du dép. du Jura, cant. de Clairvaux, arr. de Lons-le-Saulnier. = Orgelet.

LARGITZEN, s. m. Com. du dép. du Haut-Rhin, cant. d'Hirsingue, arr. d'Altkirch. = Altkirch.

LARGNY, s. m. Com. du dép. de l'Aisne, cant. de Villers-Cotterets, arr. de Soissons. = Villers-Cotterets.

LARGO, adv. Très lentement. T. de mus.

LARGUE, s. et adj. m. La haute mer. Vent —, vent de travers. A la —, adv. Loin du rivage ou des autres vaisseaux. T. de mar.

LARGUE (le), s. m. Village du dép. des Basses-Alpes, cant. de Banon, arr. de Forcalquier. = Forcalquier.

LARGUÉ, E, part. Filé, en parlant du cordage qui retient une voile par le bas.

LARGUER, v. a. Lâcher une manœuvre; filer le cordage qui retient la voile par le bas. —, v. n. Porter plein et arriver; se désassembler. T. de mar.

LARIANS-ET-MUNANS, s. m. Com. du dép. de la Haute-Saône, cant. de Montbozon, arr. de Vesoul. = Rioz.

LARIGOT, s. m. Petit flageolet; sorte de jeu de l'orgue. Boire à tire —, boire excessivement. T. fam.

LARIN, s. m. Monnaie de Perse.

LARIVIÈRE, s. f. Com. du dép. du Haut-Rhin, cant. de Fontaine, arr. de Belfort. = Belfort.

LARIVOIRE, s. m. Com. du dép. du Jura, cant. de Bouchoux, arr. de St.-Claude. = St.-Claude.

LARIX, s. m. Genre de plantes qui renferme le mélèze et le cèdre du Liban. T. de bot.

LARME, s. f. Lymphe séparée du sang artériel dans la glande lacrymale, et dans les petites glandes dont l'intérieur des paupières est parsemé, goutte d'eau limpide, douce ou légèrement salée, qui sort des yeux avec abondance lorsque l'âme est agitée par de violentes passions, comme la douleur, le chagrin, la joie, etc. —, goutte, petite quantité d'un liquide; larme de vin. —, suc qui découle d'un arbre goutte à goutte; larmes de la vigne. — batavique, goutte de verre fondu tombée dans l'eau. — de plomb, petit plomb pour tirer des oiseaux.

LARME DE JOB, s. f. Graminée à feuilles de maïs. T. de bot.

LARME MARINE, s. f. Plante aquatique en forme de larme de verre. T. de bot.

LARMIER, s. m. Saillie pour empêcher que l'eau ne coule le long d'un mur; saillie de la corniche; larenier. —, pl. Tempes du cheval.

LARMIÈRES, s. f. pl. Fentes au-dessous des yeux du cerf, d'où découlent ses larmes ou une liqueur jaune.

LARMILLE, s. f. Voy. LARME DE JOB. T. de bot.

LARMOIEMENT, s. m. Ecoulement involontaire de larmes.

LARMOYANT, E, adj. Qui pleure, qui fond en larmes. Comique —, genre de poëmes dramatiques où, à côté de scènes comiques et même bouffonnes, on trouve des situations pleines de pathétique; tragi-comédie.

LARMOYER, v. n. Pleurer, verser des larmes; fondre en larmes. T. fam.

LARNAGE, s. f. Com. du dép. de la Drôme, cant. de Tain, arr. de Valence. = Tain.

LARNAGOL, s. m. Com. du dép. du Lot, cant. de Cajarc, arr. de Figeac. = Figeac.

LARNAS, s. m. Com. du dép. de l'Ardèche, cant. de Bourg-St.-Andéol, arr. de Privas. = Bourg-St.-Andéol.

LARNAT, s. m. Com. du dép. de l'Ariège, cant. de Cabannes, arr. de Foix. = Tarascon.

LARNAUD, s. m. Com. du dép. du Jura, cant. de Bletterans, arr. de Lons-le-Saulnier. = Lons-le-Saulnier.

LARNOD, s. m. Com. du dép. du Doubs, cant. de Boussières, arr. de Besançon. = Besançon.

LAROCHE, s. f. Com. du dép. de la Corrèze, chef-lieu de cant. de l'arr. de Tulle, où se trouvent les bur. d'enregist et de poste.

LAROCHEBEAUCOUR, s. f. Com. du dép. de la Dordogne, cant. de Mareuil, arr. de Nontron. = Mareuil.

LAROCHE-CHALAIS, s. m. Com. du dép. de la Dordogne, cant. de St.-Aulaye, arr. de Ribérac. = Coutras.

LAROCHE-EN-BREUIL, s. f. Com. du dép. de la Côte-d'Or, cant. de Saulieu, arr. de Semur. = Rouvray.

LAROCHEFOUCAULT, s. m. Ville du dép. de la Charente, chef-lieu de cant. de l'arr. d'Angoulême. Bur. d'enregist. et de poste.

LAROCHE-MILLAY, s. f. Com. du dép. de la Nièvre, cant. de Luzy, arr. de Château-Chinon. = Luzy.

LAROCHEPOT, s. m. Com. du dép. de la Côte-d'Or, cant. de Nolay, arr. de Beaune. = Nolay.

LAROCHE-PRÈS-FEYT, s. f. Com. du dép. de la Corrèze, cant. d'Eygurande, arr. d'Ussel. = Bort.

LAROCHE-VANNEAU, s. f. Com. du dép. de la Côte-d'Or, cant. de Flavigny, arr. de Semur. = Flavigny.

LARODDE, s. f. Com. du dép. du Puy-de-Dôme, cant. de Tauves, arr. d'Issoire. = Tauves.

LAROIN, s. m. Com. du dép. des Basses-Pyrénées, cant. et arr. de Pau. = Pau.

LAROQUE, s. f. Com. du dép. de l'Ariège, cant. de Mirepoix, arr. de Pamiers. = Mirepoix.

LAROQUE, s. f. Com. du dép. de la Gironde, cant. de Cadillac, arr. de Bordeaux. = Cadillac.

LAROQUE, s. f. Com. du dép. de l'Hérault, cant. de Ganges, arr. de Montpellier. = Ganges.

LAROQUE, s. f. Com. du dép. du Lot, cant. et arr. de Cahors. = Cahors.

LAROQUE-GAGEAC, s. f. Com. du dép. de la Dordogne, cant. et arr. de Sarlat. = Sarlat.

LAROQUE-ROUCAZEL, s. f. Com. du dép. du Tarn, cant. de Valence, arr. d'Albi. = Albi.

LAROQUE-STE.-MARGUERITE, s. f. Com. du dép. de l'Aveyron, cant. de Peyreleau, arr. de Milhau. = Milhau.

LAROQUE-TOIRAC, s. f. Com. du dép. du Lot, cant. de Cajarc, arr. de Figeac. = Figeac.

LAROQUETTE, s. f. Com. du dép. du Tarn, cant. de Salvaignac, arr. de Gaillac. = Gaillac.

LAROUILLIES, s. f. Com. du dép. du Nord, cant. et arr. d'Avesnes. = Avesnes.

LAROUQUETTE, s. f. Com. du dép. de la Dordogne, cant. de Vélines, arr. de Bergerac. = Bergerac.

LARRATES, s. f. pl. Insectes hyménoptères fouisseurs. T. d'hist. nat.

LARRAU, s. m. Com. du dép. des Basses-Pyrénées, cant. de Tardets, arr. de Mauléon. = Mauléon.

LARRAZET, s. m. Com. du dép. de Tarn-et-Garonne, cant. de Beaumont, arr. de Castel-Sarrasin. = Beaumont-de-Lomagne.

LARRE, s. f. Insecte hyménoptère, porte-aiguillon. T. d'hist. nat.

LARRÉ, s. m. Com. du dép. du Morbihan, cant. de Questembert, arr. de Vannes. = Vannes.

LARRE, s. m. Com. du dép. de l'Orne, cant. et arr. d'Alençon. = Alençon.

LARREBIEU, s. m. Com. du dép. des Basses-Pyrénées, cant. et arr. de Mauléon. = Mauléon.

LARRÉE, s. f. Arbrisseau du Brésil, de la famille des rutacées. T. de bot.

LARRESINGLE, s. f. Com. du dép. du Gers, cant. et arr. de Condom. = Condom.

LARRESSORE, s. f. Com. du dép. des Basses-Pyrénées, cant. d'Ustarits, arr. de Bayonne. = Bayonne.

LARRET, s. m. Com. du dép. du Finistère, cant. de Ploudalmezeau, arr. de Brest. = Brest.

LARRET, s. m. Com. du dép. de la Haute-Saône, cant. de Champlitte, arr. de Gray. = Champlitte.

LARREULE, s. f. Com. du dép. des Basses-Pyrénées, cant. d'Arzacq, arr. d'Orthez. = Pau.

LARREULE, s. f. Com. du dép. des Hautes-Pyrénées, cant. de Maubourguet, arr. de Tarbes. = Tarbes.

LARREY, s. m. Com. du dép. de la Côte-d'Or, cant. de Laignes, arr. de Châtillon. = Laignes.

LARRIBAR, s. m. Com. du dép. des Basses-Pyrénées, cant. de St.-Palais, arr. de Mauléon. = St.-Palais.

LARRIVIÈRE, s. f. Com. du dép. des Landes, cant. et arr. de St.-Sever. = St.-Sever.

LARRON, NESSE, s. Voleur, qui dérobe furtivement. —, pli de feuillet qui n'a pas été rogné. T. de rel. —, morceau de papier détaché qui couvre la feuille et reçoit l'impression. T. d'impr.

LARRONNEAU, s. m. Petit voleur, filou, qui ne vole que des bagatelles.

LARROQUE, s. f. Com. du dép. de la Haute-Garonne, cant. de Boulogne, arr. de St.-Gaudens. = Boulogne.

LARROQUE, s. f. Com. du dép. des Hautes-Pyrénées, cant. de Castelnau, arr. de Bagnères.=Castelnau Magnoac.

LARROQUE, s. f. Com. du dép. du Tarn, cant. de Castelnau-Montmirail, arr. de Gaillac. = Gaillac.

LARROQUE-EN-GALIN, s. f. Com. du dép. du Gers, cant. et arr. de Lectoure. = Lectoure.

LARROQUE-ORDAN, s. f. Com. du dép. du Gers, cant. de Jegun, arr. d'Auch. = Auch.

LARROQUE-SUR-LOSSE, s. f. Com. du dép. du Gers, cant. de Montréal, arr. de Condom. = Condom.

LARRORY, s. m. Com. du dép. des Basses-Pyrénées, cant. et arr. de Mauléon. = Mauléon.

LARROUCAU, s. m. Com. du dép. du Gers, cant. et arr. de Lombez.=Lombez.

LARROUMIEU, s. m. Com. du dép. du Gers, cant. et arr. de Condom. = Condom.

LARTIGOLLE, s. f. Com. du dép. du Gers, cant. et arr. d'Auch. = Auch.

LARTIGUE, s. f. Com. du dép. du Gers, cant. de Saramon, arr. d'Auch. = Condom.

LARTIGUE, s. f. Com. du dép. de la Gironde, cant. de Captieux, arr. de Bazas. = Bazas.

LARUNS, s. m. Com. du dép. des Basses-Pyrénées, chef-lieu de cant. de l'arr. d'Oloron. Bur. d'enregist. à Arudy. = Oloron.

LARUSCADE, s. f. Com. du dép. de la Gironde, cant. de St.-Savin, arr. de Blaye. = St.-André-de-Cubzac.

LARVE, s. f. Premier état de l'insecte en sortant de l'œuf. T. d'hist. nat. —, s. m. pl. Ames des méchans qui erraient sous des formes hideuses pour tourmenter les vivans. T. de myth.

LARY (St.-), s. m. Com. du dép. de l'Ariège, cant. de Castillon, arr. de St.-Girons. = St.-Girons.

LARY (St.-), s. m. Com. du dép. de la Haute-Garonne, cant. de Boulogne, arr. de S.-Gaudens. = Boulogne.

LARY (St.-), s. m. Com. du dép. du Gers, cant. de Jegun, arr. d'Auch. = Auch.

LARY (St.-), s. m. Com. du dép. du Gers, cant. de Fleurance, arr. de Lectoure. = Fleurance.

LARY (St.-), s. m. Com. du dép. des Hautes-Pyrénées, cant. de Vielle, arr. de Bagnères. = Arreau.

LARYNGÉ, E, ou LARYNGIEN, NE, adj. Qui concerne le larynx, lui appartient. T. d'anat.

LARYNGOGRAPHIE, s. f. Description du larynx. T. d'anat.

LARYNGOLOGIE, s. f. Traité sur le larynx. T. d'anat.

LARYNGOTOMIE, s. f. Voy. BRONCHOTOMIE. T. de chir.

LARYNX, s. m. Extrémité supérieure de la trachée-artère que l'on nomme vulgairement le nœud de la gorge, le morceau ou la pomme d'Adam. T. d'anat.

LARZAC, s. m. Com. du dép. de la Dordogne, cant. de Belvès, arr. de Sarlat. = Belvès.

LARZICOURT, s. m. Com. du dép. de la Marne, cant. de Thiéblemont, arr. de Vitry. = Vitry.

LAS, s. m. Outil de batteur d'or.

LAS! interj. Pour hélas! (Vi.)

LAS, SE, adj. Fatigué, harassé; dégoûté, importuné, ennuyé. Fig.

LASALLE, s. f. Com. du dép. du Gard, chef-lieu de cant. de l'arr. du Vigan. Bur. d'enregist.=St. Hippolyte-du-Fort.

LASBORDES, s. f. Com. du dép. de l'Aude, cant. et arr. de Castelnaudary. = Castelnaudary.

LASBOUYGUES, s. f. Village du dép. du Lot, cant. de Moncuq, arr. de Cahors. = Cahors.

LASCAUX, s. m. Com. du dép. de la Corrèze, cant. de Juillac, arr. de Brive. = Brive.

LASCAZÈRES, s. f. Com. du dép. des Hautes-Pyrénées, cant. de Castelnau-Rivière-Basse, arr. de Tarbes.=Tarbes.

LASCELLE, s. f. Com. du dép. du Cantal, cant. et arr. d'Aurillac. = Aurillac.

LASCIF, IVE, adj. Fort enclin à la luxure; qui fait naître des désirs lubriques.

LASCIVEMENT, adj. D'une manière lascive.

LASCIVETÉ, s. f. Lubricité, penchant à la luxure.

LASCLAVERIES, s. f. Com. du dép. des Basses-Pyrénées, cant. de Thèze, arr. de Pau. = Pau.

LASCLOTTES, s. f. Com. du dép. du Tarn, cant. de Salvaignac, arr. de Gaillac. = Rabastens.

LASER ou LASERPITIUM, s. m.

Genre de plantes ombellifères du midi de l'Europe. T. de bot.

LASFAILLADES, s. f. Com. du dép. du Tarn, cant. de Brassac, arr. de Castres. = Brassac.

LASGRAISSES, s. f. Com. du dép. du Tarn, cant. de Cadalen, arr. de Gaillac. = Gaillac.

LASIANTHÈRE, s. f. Plante de la famille des apocynées. T. de bot.

LAS-ILLES, s. f. Com. du dép. des Pyrénées-Orientales, cant. et arr. de Céret. = Céret.

LASLADES, s. f. Com. du dép. des Hautes-Pyrénées, cant. de Pouyastruc, arr. de Tarbes. = Tarbes.

LASMARTRES, s. f. Com. du dép. du Gers, cant. de Miradoux, arr. de Lectoure. = Lectoure.

LASPLANQUES, s. f. Com. du dép. du Tarn, cant. de Pampelonne, arr. d'Albi. = Albi.

LASQUE, s. f. Com. du dép. des Basses-Pyrénées, cant. de Garlin, arr. de Pau. = Pau.

LASQUETTE, s. f. Jeune hermine; sa peau.

LASSALLES, s. f. Com. du dép. des Hautes-Pyrénées, cant. de Castelnau-Magnoac, arr. de Bagnères. = Castelnau-Magnoac.

LASSANT, E, adj. Fatigant, ennuyeux.

LASSAUVETAT, s. m. Com. du dép. du Gers, cant. de Fleurance, arr. de Lectoure. = Fleurance.

LASSAY, s. m. Com. du dép. de Loir-et-Cher, cant. de Selles, arr. de Romorantin. = Selles.

LASSAY, s. m. Petite ville du dép. de la Mayenne, chef-lieu de cant. de l'arr. de Mayenne. Bur. d'enregist. = le Ribay. Comm. de grains, lin, chanvre, fromages, volailles et bestiaux.

LASSE, s. f. Com. du dép. de Maine-et-Loire, cant. de Noyant, arr. de Baugé. = Baugé.

LASSE, s. f. Com. du dép. des Basses-Pyrénées, cant. de St.-Etienne, arr. de Mauléon. = St.-Jean-Pied-de-Port.

LASSÉ, E, part. Fatigué; ennuyé.

LASSER, v. a. Causer de la lassitude, fatiguer. —, ennuyer. Se —, v. pron. Se fatiguer. Se — de quelqu'un ou de quelque chose, s'en dégoûter.

LASSERAN, s. m. Com. du dép. du Gers, cant. et arr. d'Auch. = Auch.

LASSERET, s. m. Piton à vis. T. de serr. Voy. LACERET.

LASSERIE, s. f. Ouvrage fin du vannier.

LASSERRADE, s. f. Com. du dép. du Gers, cant. de Plaisance, arr. de Mirande. = Plaisance.

LASSERRE, s. f. Village du dép. de l'Ariège, cant. de Ste.-Croix, arr. de St.-Girons. = St.-Girons.

LASSERRE, s. f. Com. du dép. de l'Aude, cant. d'Alaigne, arr. de Limoux. = Limoux.

LASSERRE, s. f. Com. du dép. de la Haute-Garonne, cant. de Léguevin, arr. de Toulouse. = l'Isle-Jourdain.

LASSERRE, s. f. Com. du dép. de Lot-et-Garonne, cant. de Francescas, arr. de Nérac. = Nérac.

LASSERRE, s. f. Com. du dép. des Basses-Pyrénées, cant. de Lembeye, arr. de Pau. = Vic-en-Bigorre.

LASSERRE-BERDOUES, s. f. Com. du dép. du Gers, cant. et arr. de Mirande. = Mirande.

LASSEUBE, s. f. Com. du dép. du Gers, cant. et arr. de Lombez. = Lombez.

LASSEUBE, s. f. Com. du dép. des Basses-Pyrénées, chef-lieu de cant. de l'arr. d'Oloron. Bur. d'enregist. à Monein. = Oloron.

LASSEUBE-PROPRE, s. f. Com. du dép. du Gers, cant. et arr. d'Auch. = Auch.

LASSEUBETAT, s. m. Com. du dép. des Basses-Pyrénées, cant. de Lasseube, arr. d'Oloron. = Oloron.

LASSICOURT, s. m. Com. du dép. de l'Aude, cant. de Brienne-le-Château, arr. de Bar-sur-Aube. = Brienne.

LASSIEN, s. m. Endroit de la grange où l'on entasse les gerbes.

LASSIER, s. m. Filet à manche.

LASSIÈRE, s. f. Filet pour prendre les loups. T. de véner.

LASSIGNY, s. m. Com. du dép. de l'Oise, chef-lieu de cant. de l'arr. de Compiègne. Bur. d'enregist. = Noyon.

LASSIS, s. m. Bourre de soie; étoffe fabriquée avec cette bourre.

LASSITUDE, s. f. Fatigue, abattement, épuisement. —, dégoût, ennui. Fig.

LASSON, s. m. Com. du dép. du Calvados, cant. de Creully, arr. de Caen. = Caen.

LASSON, s. m. Com. du dép. de l'Yonne, cant. de Flogny, arr. de Tonnerre. = St.-Florentin.

LASSOUTS, s. m. Com. du dép. de l'Aveyron, cant. et arr. d'Espalion. = Espalion.

LASSUR, s. m. Com. du dép. de l'Ariège, cant. de Cabannes, arr. de Foix. = Tarascon-sur-Ariège.

LASSY, s. m. Com. du dép. du Calvados, cant. de Condé-sur-Noireau, arr. de Vire. = Condé-sur-Noireau.

LASSY, s. m. Com. du dép. d'Ille-et-Vilaine, cant. de Guichen, arr. de Redon. = Plélan.

LASSY, s. m. Com. du dép. de Seine-et-Oise, cant. de Luzarches, arr. de Pontoise. = Luzarches.

LASTASSIÈRES, s. f. Com. du dép. de l'Aveyron, cant. de Layssac, arr. de Milhau. = Sévérac.

LASTE, s. m. Poids de deux tonneaux. T. de mar.

LASTELLE, s. f. Com. du dép. de la Manche, cant. de Périers, arr. de Coutances. = Périers.

LASTENS, s. m. Com. du dép. du Tarn, cant. de Cuq-Toulza, arr. de Lavaur. = Lavaur.

LASTIC, s. m. Com. du dép. du Cantal, cant. et arr. de St.-Flour. = St.-Flour.

LASTIC, s. m. Village du dép. du Puy-de-Dôme, cant. de Bourg-Lastic, arr. de Clermont. = Clermont.

LASTOURS, s. m. Com. du dép. de l'Aude, cant. de Mas-Cabardès, arr. de Carcassonne. = Carcassonne.

LASTRE, s. m. Verre blanc dont on se sert pour vitrer, en Orient.

LASVAL, s. m. Com. du dép. de l'Aveyron, cant. de Najac, arr. de Villefranche. = Villefranche-de-Rouergue.

LASVAUX, s. m. Village du dép. du Lot, cant. de Martel, arr. de Gourdon. = Cressensac.

LATAINVILLE, s. f. Com. du dép. de l'Oise, cant. de Chaumont, arr. de Beauvais. = Chaumont-en-Vexin.

LATANIER ou BACHE, s. m. Palmier d'Amérique dont les feuilles, en forme d'éventail, servent à couvrir les toits. T. de bot.

LATAULLE, s. f. Com. du dép. de l'Oise, cant. de Ressons, arr. de Compiègne. = Compiègne.

LATENT, E, adj. Caché. T. de méd.

LATÉRAL, E, adj. Qui appartient au côté. —, qui a son insertion sur les côtes de la tige. T. de bot.— du nez, s. et adj. Muscle très mince qui s'attache à l'apophyse nasale de l'os maxillaire, et inférieurement à l'aile du nez. T. d'anat.

LATÉRALEMENT, adv. De côté.

LATÉRALISETES ou CHÉLOTOXES, s. m. pl. Insectes diptères. T. d'hist. nat.

LATERCULE, s. m. Officier des empereurs grecs qui prenait soin de leur cabinet.

LATÉRÉ (légat à). Voy. Légat.

LATÉRIGRADES, s. f. pl. Arachnides fileuses. T. d'hist. nat.

LATERRADE-DE-MAU, s. f. Com. du dép. du Gers, cant. de Nogaro, arr. de Condom. = Nogaro.

LATERRADE-ST.-AUBIN, s. f. Com. du dép. du Gers, cant. de Nogaro, arr. de Condom. = Nogaro.

LATET (le), s. m. Com. du dép. du Jura, cant. de Champagnole, arr. de Poligny. = Champagnole.

LATETTE (la), s. f. Com. du dép. du Jura, cant. de Nozeroy, arr. de Poligny. = Champagnole.

LATHUS, s. m. Com. du dép. de la Vienne, cant. et arr de Montmorillon. = Montmorillon.

LATICLAVE, s. m. Tunique que portaient les sénateurs romains.

LATILLÉ, s. m. Com. du dép. de la Vienne, cant. de Vouillé, arr. de Poitiers. = Poitiers.

LATILLY, s. m. Com. du dép. de l'Aisne, cant. de Neuilly-St.-Front, arr. de Château-Thierry. = Neuilly-St.-Front.

LATIN, s. m. La langue latine. — de cuisine, fort mauvais latin. Perdre son —, perdre son temps. —, pl. Peuples d'Italie qui habitaient le Latium, et qui furent soumis par les Romains après trois cents ans de guerre. —, les catholiques d'Occident par opposition aux chrétiens grecs.

LATIN, E, adj. Qui concerne les Latins, la langue latine. —, écrit en latin ; discours latin. Rit —, rit de l'église catholique romaine. Voile —, voile en triangle rectangle.

LATINEUR, s. m. Marchand de latin, pédant. T. inus.

LATINIER, s. m. Savant profondément versé dans la connaissance de la langue latine, interprète pour le latin. T. inus.

LATINISATION, s. f. Action de latiniser.

LATINISÉ, E, part. Se dit d'un mot français, etc., auquel il a été donné une terminaison latine.

LATINISER, v. a. Donner à un mot d'une autre langue une terminaison latine. —, v. n. Parler latin, faire parade de son savoir.

LATINISEUR, s. m. Néologue qui latinise, qui forge des mots latins. T. inus.

LATINISME, s. m. Tour de phrase propre à la langue latine ; locution latine ; idiotisme latin.

LATINISTE, s. m. Professeur, écolier qui entend et parle le latin.

LATINITÉ, s. f. La langue latine, lorsqu'elle était langue vivante. —, les auteurs latins. Bonne —, latin des auteurs classiques. Basse —, latin corrompu du moyen-âge.

LATINUS, s. m. Roi de Laurente dans le Latium, père de Lavinie, héroïne de l'Enéide, poëme de Virgile. T. de myth.

LATIOME, s. f. Espèce de galère chinoise à seize rangs de rames, pour la course. T. de mar.

LATIPHRONISIE, s. f. Dépravation de l'imagination, de la raison; perte de la mémoire. T. inus.

LATIQUE, adj. Quotidienne et accompagnée d'une chaleur continue; fièvre latique. T. de méd.

LATIROSTRES, s. m. pl. Oiseaux échassiers à bec plat. T. d'hist. nat.

LATITUDE, s. f. Distance des lieux par rapport à l'écliptique; distance de l'équateur en allant vers l'un ou l'autre des pôles. —, liberté d'action, faculté de s'étendre en traitant un sujet. Fig.

LATIUM, s. m. Contrée d'Italie entre le Tibre et les campagnes de Circé, où régnait le roi Latinus qui a donné son nom aux Latins, et conséquemment à la langue latine.

LATOMIE, s. f. Carrière dans laquelle on renfermait des prisonniers. T. d'antiq.

LATONE, s. f. Fille de Cœus et de Phœbé, mère d'Apollon et de Diane qu'elle eut de Jupiter. T. de myth.

LATOUE, s. f. Com. du dép. de la Haute-Garonne, cant. d'Aurignac, arr. de St.-Gaudens. = St.-Gaudens.

LATOUR, s. f. Com. du dép. de la Haute-Garonne, cant. de Montesquieu-Volvest, arr. de Muret. = Martres.

LATOUR, s. f. Com. du dép. des Pyrénées-Orientales, chef-lieu de cant. de l'arr. de Perpignan. Bur. d'enregist. à St.-Paul. = Perpignan.

LATOUR-EN-WŒVRE, s. f. Com. du dép. de la Meuse, cant. de Fresnes-en-Wœvre, arr. de Verdun. = Etain.

LATOUR-ET-MARGNAGUES, s. f. Com. du dép. de l'Aveyron, cant. de Cornus, arr. de St.-Affrique. = St.-Affrique.

LATOURETTE, s. f. Com. du dép. de la Corrèze, cant. et arr. d'Ussel. = Ussel.

LATOUR-ST.-AUSTRILLE, s. f. Com. du dép. de la Creuse, cant. de Chénérailles, arr. d'Aubusson. = Chénérailles.

LATOUR-ST.-PARDOUX, s. f. Com. du dép. du Puy-de-Dôme, chef-lieu de cant. de l'arr. d'Issoire. Bur. d'enregist. à Tauves. = Tauves.

LATRAPE, s. f. Com. du dép. de la Dordogne, cant. de Villefranche-de-Belvès, arr. de Sarlat. = Belvès.

LATRAPE, s. f. Com. du dép. de la Haute-Garonne, cant. de Rieux, arr. de Muret. = Rieux.

LATRECEY, s. m. Com. du dép. de la Haute-Marne, cant. de Château-Vilain, arr. de Chaumont. = Château-Vilain.

LATRESNE, s. m. Com. du dép. de la Gironde, cant. de Créon, arr. de Bordeaux. = Bordeaux.

LATREYNE, s. f. Com. du dép. du Tarn, cant. de Cordes, arr. de Gaillac. = Cordes.

LATRIDIE, s. f. Insecte coléoptère xilophage. T. d'hist. nat.

LATRIE, s. f. Adoration, culte que l'on rend à Dieu seul.

LATRILLE, s. f. Com. du dép. des Landes, cant. d'Aire, arr. de St.-Sever. = Aire-sur-l'Adour.

LATRINES, s. f. pl. Commodités, lieux d'aisance.

LATRONCHE, s. f. Com. du dép. de la Corrèze, cant. de Lapleau, arr. de Tulle. = Mauriac.

LATRONQUIÈRE, s. f. Com. du dép. du Lot, chef-lieu de cant. de l'arr. de Figeac. Bur. d'enregist. = Figeac.

LATTE, s. f. Pièce de bois plate, longue et droite qu'on attache sur des solives pour porter la tuile, pour les plafonds, les cloisonnages, etc. —, pl. pièces de bois minces entre les baux, etc.; longues pièces de bois qui soutiennent la couverture d'une galère. T. de mar.

LATTÉ, E, part. Garni de lattes.

LATTER, v. a. Poser, clouer des lattes, garnir de lattes.

LATTES, s. f. Com. du dép. de l'Hérault, cant. et arr. de Montpellier. = Montpellier.

LATTIER (St.-), s. m. Com. du dép. de l'Isère, cant. et arr. de St.-Marcellin. = St.-Marcellin.

LATTIS, s. m. Arrangement de lattes sur un comble.

LATTRE-ST.-QUENTIN, s. m. Com. du dép. du Pas-de-Calais, cant. d'Avesnes-le-Comte, arr. de St.-Pol. = Arras.

LAU, s. m. Com. du dép. des Hautes-Pyrénées, cant. et arr. d'Argelès. = Argelès.

LAUBACH, s. m. Com. du dép. du Bas-Rhin, cant. de Wœrth-sur-Sauer, arr. de Wissembourg. = Haguenau.

LAUBEPIN, s. m. Com. du dép. du Jura, cant. de St.-Amour, arr. de Lons-le-Saulnier. = St.-Amour.

LAUBERT, s. m. Village du dép. de la

Lozère, cant. de Bleymard, arr. de Mende. = Mende.

LAUBIES, s. f. Com. du dép. de la Lozère, cant. de St.-Amans, arr. de Mende. = Mende.

LAUBRESSEL, s. m. Com. du dép. de l'Aube, cant. de Lusigny, arr. de Troyes. = Troyes.

LAUBRIÈRES, s. f. Com. du dép. de la Mayenne, cant. de Cossé-le-Vivien, arr. de Château-Gontier. = Craon.

LAUCH (la), s. f. Rivière dont la source se trouve à Steinbach, dép. du Haut-Rhin, et qui se joint à l'Ill, près de Colmar, après avoir parcouru un espace d'environ 12 l.

LAUCOURT, s. m. Com. du dép. de la Somme, cant. de Roye, arr. de Montdidier. = Roye.

LAUDANUM, s. m. Remède narcotique dont l'opium fait la base. T. de pharm.

LAUDATEUR, TRICE, s. et adj. Adulateur, flatteur. T. inus.

LAUDATIF, IVE, adj. Qui loue; ne se dit que des choses et en mauvaise part.

LAUDES, s. f. pl. Partie de l'office divin, après matines. T. de liturgie.

LAUDICÈNES, s. m. pl. Claqueurs à gage, mercenaires que les auteurs et les acteurs romains payaient pour applaudir aux pièces de théâtre. —, flatteurs, parasites.

LAUDUN, s. m. Com. du dép. du Gard, cant. de Roquemaure, arr. d'Uzès. = Bagnols.

LAUGIER ou LAUGERIE, s. f. Plante rubiacée. T. de bot.

LAUGNAC, s. m. Com. du dép. de Lot-et-Garonne, cant. de Prayssas, arr. d'Agen. = Agen.

LAUJUSSAN, s. m. Com. du dép. du Gers, cant. de Nogaro, arr. de Condom. = Nogaro.

LAULNE, s. f. Com. du dép. de la Manche, cant. de Lessay, arr. de Coutances. = Périers.

LAUMESFELD, s. m. Com. du dép. de la Moselle, cant. de Sierck, arr. de Thionville. = Bouzonville.

LAUNAC, s. m. Com. du dép. de la Haute-Garonne, cant. de Grenade, arr. de Toulouse. = Grenade.

LAUNAGUET, s. m. Com. du dép. de la Haute-Garonne, cant. et arr. de Toulouse. = Toulouse.

LAUNAY, s. m. Com. du dép. de l'Eure, cant. de Beaumont, arr. de Bernay. = Bernay.

LAUNAY-VILLIERS, s. m. Com. du dép. de la Mayenne, cant. de Loiron, arr. de Laval. = Laval.

LAUNEUC (St.-), s. m. Com. du dép. des Côtes-du-Nord, cant. de Merdrignac, arr. de Loudéac. = Broons.

LAUNEY, s. m. Com. du dép. du Calvados, cant. de Blangy, arr. de Pont-l'Evêque. = Pont-l'Evêque.

LAUNOIS, s. m. Com. du dép. des Ardennes, cant. de Signy-l'Abbaye, arr. de Mézières. Bur. de poste.

LAUNOY, s. m. Com. du dép. de l'Aisne, cant. d'Oulchy, arr. de Soissons. = Oulchy-le-Château.

LAUNSTROFF, s. m. Com. du dép. de la Moselle, cant. de Sierck, arr. de Thionville. = Thionville.

LAUNZAN, s. m. Arbre de l'Inde. T. de bot.

LAUPIE (la), s. f. Com. du dép. de la Drôme, cant. de Marsanne, arr. de Montélimar. = Montélimar.

LAUR, s. m. Com. du dép. du Gers, cant. de Nogaro, arr. de Condom. = Nogaro.

LAURABUC, s. m. Com. du dép. de l'Aude, cant. et arr. de Castelnaudary. = Castelnaudary.

LAURAC, s. m. Com. du dép. de l'Ardèche, cant. et arr. de Largentière. = Largentière.

LAURAC, s. m. Com. du dép. de l'Aude, cant. de Fanjeaux, arr. de Castelnaudary. = Castelnaudary.

LAURAC, s. m. Com. du dép. du Gers, cant. de Samatan, arr. de Lombez. = Gimont.

LAURAET, s. m. Com. du dép. du Gers, cant. de Montréal, arr. de Condom. = Condom.

LAURAGUEL, s. m. Com. du dép. de l'Aude, cant. d'Alaigne, arr. de Limoux. = Limoux.

LAURE, s. f. Ancien établissement pour les solitaires en Orient, où les cellules éparses çà et là formaient une sorte de village.

LAURE, s. m. Com. du dép. de l'Aude, cant. de Peyriac-Minervois, arr. de Carcassonne. = Carcassonne.

LAURE (St.-), s. m. Com. du dép. du Puy-de-Dôme, cant. d'Ennezat, arr. de Riom. = Riom.

LAURÉ, E, adj. Couronné de lauriers; tête laurée. T. de numismatique.

LAURÉAT, s. et adj. m. Poète auquel il a été décerné publiquement une couronne de lauriers.

LAURÈDE, s. m. Com. du dép. des Landes, cant. de Montfort, arr. de Dax. = Tartas.

LAURÉLIE, s. f. Arbre du Chili. T. de bot.

LAURENAN, s. m. Com. du dép. des Côtes-du-Nord, cant. de Merdrignac, arr. de Loudéac. = Loudéac.

LAURENDANE, s. f. Com. du dép. de Lot-et-Garonne, cant. de la Roque-Timbaut, arr. d'Agen. = Agen.

LAURENQUE, s. f. Village du dép. de Lot-et-Garonne, cant. de Monflanquin, arr. de Villeneuve. = Monflanquin.

LAURENS, s. m. Com. du dép. de l'Hérault, cant. de Murviel, arr. de Béziers. = Béziers.

LAURENS-DES-MIRES, s. m. Village du dép. de l'Hérault, réuni à la com. de St.-Gervais-Terre-Foraine, cant. de St.-Gervais, arr. de Béziers. = Béziers.

LAURENT (St.-), s. m. Com. du dép. du Jura, chef-lieu de cant. de l'arr. de St.-Claude. Bur. d'enregist. et de poste. Comm. de bois et de fromage.

LAURENT (St.-), s. m. Com. du dép. du Jura, cant. de Beaufort, arr. de Lons-le-Saulnier. = Lons-le-Saulnier.

LAURENT (St.-), s. m. Com. du dép. des Landes, cant. de St.-Esprit, arr. de Dax. = Mont de-Marsan.

LAURENT (St.-), s. m. Com. du dép. du Lot, cant. de Moncuq, arr. de Cahors. = Cahors.

LAURENT (St.-), s. m. Com. du dép. du Lot, cant. de St.-Céré, arr. de Figeac. = St.-Céré.

LAURENT (St.-), s. m. Com. du dép. de Lot et-Garonne, cant. de Lavardac, arr. de Nérac. = Agen.

LAURENT (St.-), s. m. Com. du dép. de la Meuse, cant. de Spincourt, arr. de Montmédy. = Longuion.

LAURENT (St.-), s. m. Com. du dép. du Morbihan, cant. de Rochefort, arr. de Vannes. = Ploërmel.

LAURENT (St.-), s. m. Com. du dép. de la Nièvre, cant. de Pouilly, arr. de Cosne. = Cosne.

LAURENT (St.-), s. m. Com. du dép. du Pas-de-Calais, cant. et arr. d'Arras. = Arras.

LAURENT (St.-), s. m. Com. du dép. des Basses-Pyrénées, cant. de Morlaas, arr. de Pau. = Pau.

LAURENT (St.-), s. m. Com. du dép. des Hautes-Pyrénées, cant. de Nestier, arr. de Bagnères. = Montrejeau.

LAURENT (St.-), s. m. Com. du dép. de la Seine-Inférieure, cant. de Doudeville, arr. d'Yvetot. = Doudeville.

LAURENT (St.-), s. m. Com. du dép. du Var, cant. de Vence, arr. de Grasse. = Antibes.

LAURENT (St.-), s. m. Com. du dép. des Vosges, cant. et arr. d'Epinal. = Epinal.

LAURENT (St.-), s. m. Com. du dép. d'Indre-et-Loire, cant. de Château-Renault, arr. de Tours. = Château-Renault.

LAURENT (St.-), s. m. Com. du dép. de la Haute-Garonne, cant. de l'Isle-en-Dodon, arr. de St.-Gaudens. = l'Isle-en-Dodon.

LAURENT (St.-), s. m. Com. du dép. de la Creuse, cant. et arr. de Guéret. = Guéret.

LAURENT (St.-), s. m. Com. du dép. des Côtes-du-Nord, cant. de Bégard, arr. de Guingamp. = Guingamp.

LAURENT (St.-), s. m. Com. du dép. du Cher, cant. de Mehun, arr. de Bourges. = Mehun-sur-Yèvre.

LAURENT (St.-), s. m. Com. du dép. de la Charente, cant. et arr. de Cognac. = Cognac.

LAURENT (St.-), s. m. Com. du dép. de la Charente, cant. de Montmoreau, arr. de Barbezieux. = Blanzac.

LAURENT (St.-), s. m. Com. du dép. de la Charente, cant. de Brossac, arr. de Barbezieux. = la Graulle.

LAURENT (St.-), s. m. Com. du dép. de l'Aveyron, cant. de Champagnac, arr. de Milhau. = St.-Geniès.

LAURENT (St.-), s. m. Com. du dép. des Ardennes, cant. et arr. de Mézières. = Mézières.

LAURENT (St.-), s. m. Com. du dép. des Basses-Alpes, cant. de Riez, arr. de Digne. = Riez.

LAURENT (St.-), s. m. Com. du dép. des Hautes-Alpes, cant. de St.-Bonnet, arr. de Gap. = Gap.

LAURENT (St.-), s. m. Com. du dép. de l'Ain, cant. de Bagé-le-Châtel, arr. de Bourg. = Mâcon.

LAURENT (St.-), s. m. Village du dép. de l'Aude, cant. et arr. de Castelnaudary. = Castelnaudary.

LAURENT (St.-), s. m. Village du dép. de la Haute-Loire, cant. et arr. du Puy. = le Puy.

LAURENT (St.-), s. m. Village du dép. de Tarn-et-Garonne, cant. de Monclar, arr. de Montauban. = Montauban.

LAURENT-CHABREUGES (St.-), s. m. Com. du dép. de la Haute-Loire, cant. et arr. de Brioude. = Brioude.

LAURENT-D'AGNY (St.-), s. m. Com. du dép. du Rhône, cant. de Mornant, arr. de Lyon. = Lyon.

LAURENT-D'AIGOUZE (St.-), s. m. Com. du dép. du Gard, cant. d'Aigues-

Mortes, arr. de Nismes. = Aigues-Mortes.

LAURENT-D'ARCE (St.-), s. m. Com. du dép. de la Gironde, cant. de St.-André, arr. de Bordeaux. = St.-André-de-Cubzac.

LAURENT-D'AUDENAY (St.-), s. m. Com. du dép. de Saône-et-Loire, cant. de Buxy, arr. de Châlons. = Montcenis.

LAURENT-DE-BEAUMÉNIL (St.-), s. m. Com. du dép. de l'Orne, cant. de Sées, arr. d'Alençon. = Sées.

LAURENT-DE-BRÉVEDENS (St.-), s. m. Com. du dép. de la Seine-Inférieure, cant. de St.-Romain-de-Colbosc, arr. du Hâvre. = Honfleur.

LAURENT-DE-CARNOLS (St.-), s. m. Com. du dép. du Gers, cant. de Pont-St.-Esprit, arr. d'Uzès. = Pont-St.-Esprit.

LAURENT-DE-CASTELNAUD (St.-), s. m. Com. du dép. de la Dordogne, cant. de Domme, arr. de Sarlat. = Sarlat.

LAURENT-DE-CERDANS (St.-), s. m. Com. du dép. des Pyrénées-Orientales, cant. de Prats-de-Mollo, arr. de Céret. = Arles-sur-Tech.

LAURENT-DE-CÉRIS (St.-), s. m. Com. du dép. de la Charente, cant. de St.-Claud, arr. de Confolens. = St.-Claud.

LAURENT-DE-CHAMOUSSET (St.-), s. m. Com. du dép. du Rhône, chef-lieu de cant. de l'arr. de Lyon. Bur. d'enregist. = l'Arbresle.

LAURENT-DE-CONDEL (St.-), s. m. Com. du dép. du Calvados, cant. de Bretteville, arr. de Falaise. = Thury-Harcourt.

LAURENT-DE-CUVES (St.-), s. m. Com. du dép. de la Manche, cant. de St.-Pois, arr. de Mortain. = Sourdeval.

LAURENT-DE-JOURDES (St.-), s. m. Com. du dép. de la Vienne, cant. de Lussac, arr. de Montmorillon. = Poitiers.

LAURENT-DE-LA-BARRIÈRE (St.-), s. m. Com. du dép. de la Charente-Inférieure, cant. de Tonnay-Boutonne, arr. de St.-Jean-d'Angély. = St.-Jean-d'Angély.

LAURENT-DE-LA-CABRERISSE (St.-), s. m. Com. du dép. de l'Aude, cant. de Durban, arr. de Narbonne. = la Grasse.

LAURENT-DE-LA-PLAINE (St.-), s. m. Com. du dép. de Maine-et-Loire, cant. de St.-Florent-le-Vieil, arr. de Beaupréau. = Beaupréau.

LAURENT-DE-LA-PRÉE (St.-), s. m. Com. du dép. de la Charente-Inférieure, cant. et arr. de Rochefort. = Rochefort.

LAURENT-DE-LA-SALANQUE (St.-), s. m. Com. du dép. des Pyrénées-Orientales, cant. de Rivesaltes, arr. de Perpignan. = Perpignan.

LAURENT-DE-LA-SALLE (St.-), s. m. Com. du dép. de la Vendée, cant. de l'Hermenault, arr. de Fontenay. = Fontenay.

LAURENT-DE-LA-VERNÈDE (St.-), s. m. Com. du dép. du Gard, cant. de Lussan, arr. d'Uzès. = Uzès.

LAURENT-DE-LIN (St.-), s. m. Com. du dép. d'Indre-et-Loire, cant. de Château-la-Vallière, arr. de Chinon. = le Lude.

LAURENT-DE-MURE (St.-), s. m. Com. du dép. de l'Isère, cant. d'Heyrieu, arr. de Vienne. = la Verpillière.

LAURENT-DE-MURET (St.-), s. m. Com. du dép. de la Lozère, cant. et arr. de Marvejols. = Marvejols.

LAURENT-D'ENVERMEU (St.-), s. m. Com. du dép. de la Seine-Inférieure, cant. d'Envermeu, arr. de Dieppe. = Dieppe.

LAURENT-DES-ARBRES (St.-), s. m. Com. du dép. du Gard, cant. de Roquemaure, arr. d'Uzès. = Roquemaure.

LAURENT-DES-AUTELS (St.-), s. m. Com. du dép. de Maine-et-Loire, cant. de Champtoceaux, arr. de Beaupréau. = Ancenis.

LAURENT-DES-BAINS (St.-), s. m. Com. du dép. de l'Ardèche, cant. de St.-Etienne-de-Lugdarès, arr. de Largentière. = Langogne. Eaux thermales.

LAURENT-DES-BÂTONS (St.-), s. m. Com. du dép. de la Dordogne, cant. de St.-Alvère, arr. de Bergerac. = Bergerac.

LAURENT-DES-BOIS (St.-), s. m. Com. du dép. de l'Eure, cant. de St.-André, arr. d'Evreux. = Dreux.

LAURENT-DES-BOIS (St.-), s. m. Com. du dép. de Loir-et-Cher, cant. de Marchénoir, arr. de Blois. = Beaugency.

LAURENT-DES-COMBES (St.-), s. m. Com. du dép. de la Gironde, cant. de Castillon, arr. de Libourne. = Castillon.

LAURENT-DES-EAUX (St.-), s. m. Com. du dép. de Loir-et-Cher, cant. de Bracieux, arr. de Blois. = Beaugency.

LAURENT-DES-GRÈS (St.-), s. m. Com. du dép. de l'Eure, cant. de Broglie, arr. de Bernay. = Montreuil-l'Argilé.

LAURENT-DES-HOMMES (St.-), s. m. Com. du dép. de la Dordogne, cant. de Mussidan, arr. de Ribérac. = Mussidan.

LAURENT-DES-MORTIERS (St.-), s. m. Com. du dép. de la Mayenne, cant. de Bierné, arr. de Château-Gontier. = Château-Gontier.

LAURENT-DES-VIGNES (St.-), s. m.

Com. du dép. de la Dordogne, cant. et arr. de Bergerac. = Bergerac.

LAURENT-DE-TERREGATTE (St.-), s. m. Com. du dép. de la Manche, cant. de St.-James, arr. d'Avranches. = St.-James.

LAURENT-DE-TRÈVES (St.-), s. m. Com. du dép. de la Lozère, cant. et arr. de Florac. = Florac.

LAURENT-DE-VAUX (St.-), s. m. Com. du dép. du Rhône, cant. de Vaugneray, arr. de Lyon. = Lyon.

LAURENT-DE-VEYRES (St.-), s. m. Com. du dép. de la Lozère, cant. de Fournels, arr. de Marvejols. = St.-Chély.

LAURENT-D'OINGT (St.-), s. m. Com. du dép. du Rhône, cant. de Bois d'Oingt, arr. de Villefranche. = Tarare.

LAURENT-DU-BOIS (St.-), s. m. Com. du dép. de la Gironde, cant. de St.-Macaire, arr. de la Réole. = St.-Macaire.

LAURENT-DU-LEVEZON (St.-), s. m. Com. du dép. de l'Aveyron, cant. de Vezin, arr. de Milhau. = Milhau.

LAURENT-DU-MONT (St.-), s. m. Com. du dép. du Calvados, cant. de Mezidon, arr. de Lisieux. = Croissanville.

LAURENT-DU-MOTTAY (St.-), s. m. Com. du dép. de Maine-et-Loire, cant. de St.-Florent-le-Vieil, arr. de Beaupréau. = Beaupréau.

LAURENT-DU-PAPE (St.-), s. m. Com. du dép. de l'Ardèche, cant. de la Voulte, arr. de Privas. = la Voulte.

LAURENT-DU-PLAN (St.-), s. m. Com. du dép. de la Gironde, cant. de St.-Macaire, arr. de la Réole. = St.-Macaire.

LAURENT-DU-PONT (St.-), s. m. Com. du dép. de l'Isère, chef-lieu de cant. de l'arr. de Grenoble. Bur. d'enregist. = Voiron.

LAURENT-DU-RIEU (St.-), s. m. Com. du dép. du Calvados, cant. de Balleroy, arr. de Bayeux. = Balleroy.

LAURENT-DU-TENCEMENT (St.-), s. m. Com. du dép. de l'Eure, cant. de Broglie, arr. de Bernay. = Montreuil-l'Argilé.

LAURENT-EN-BEAUMONT (St.-), s. m. Com. du dép. de l'Isère, cant. de Corps, arr. de Grenoble. = la Mure.

LAURENT-EN-BRIONNAIS (St.-), s. m. Com. du dép. de Saône-et-Loire, cant. de la Clayette, arr. de Charolles. = la Clayette.

LAURENT-EN-ROYANS (St.-), s. m. Com. du dép. de la Drôme, cant. de St.-Jean-en-Royans, arr. de Valence. = St.-Marcellin.

LAURENT-ET-BENON (St.-), s. m. Com. du dép. de la Gironde, chef-lieu de cant. de l'arr. de Lesparre. Bur. d'enregist. à Pauillac. = Lesparre. Comm. de vins renommés, de résine et de goudron.

LAURENTIALES, s. f. pl. Fêtes qu'on célébrait à Rome en l'honneur d'Acca Laurentia, femme qui éleva Rémus et Romulus. T. de myth.

LAURENTINE, s. f. Etoffe de soie, coton et poil, ornée de fleurs.

LAURENT-LA-CONCHE (St.-), s. m. Com. du dép. de la Loire, cant. de Feurs, arr. de Montbrison. = Feurs.

LAURENT-LA-GATINE (St.-), s. m. Com. du dép. d'Eure-et-Loir, cant. de Nogent-le-Roi, arr. de Dreux. = Nogent-le-Roi.

LAURENT-LE-MINIER (St.-), s. m. Com. du dép. du Gard, cant. de Sumène, arr. du Vigan. = Ganges.

LAURENT-LES-ÉGLISES (St.-), s. m. Com. du dép. de la Haute-Vienne, cant. d'Ambazac, arr. de Limoges. = St.-Léonard.

LAURENT-ROCHEFORT (St.-), s. m. Com. du dép. de la Loire, cant. de Boën, arr. de Montbrison. = Roanne.

LAURENT-SOUS-COIRON (St.-), s. m. Com. du dép. de l'Ardèche, cant. de Villeneuve-de-Berg, arr. de Privas. = Villeneuve.

LAURENT-SUR-GORRE (St.-), s. m. Com. du dép. de la Haute-Vienne, chef-lieu de cant. de l'arr. de Rochechouart, où se trouve le bur. d'enregist. = St.-Junien.

LAURENT-SUR-MANOIRE (St.-), s. m. Com. du dép. de la Dordogne, cant. de St.-Pierre-de-Chignac, arr. de Périgueux. = Périgueux.

LAURENT-SUR-MER (St.-), s. m. Com. du dép. du Calvados, cant. de Trevières, arr. de Bayeux. = Bayeux.

LAURENT-SUR-SÈVRE (St.-), s. m. Com. du dép. de la Vendée, cant. de Mortagne, arr. de Bourbon-Vendée. = Mortagne-sur-Sèvre.

LAURÉOLE, s. f. Genre de plantes daphnoïdes, thymelée. T. de bot.

LAURESSES, s. f. Com. du dép. du Lot, cant. de Labastide-de-Hautmont, arr. de Figeac. = Figeac.

LAURE-SUR-SEREIN, s. m. Village du dép. de la Côte-d'Or, cant. et arr. de Semur. = Semur.

LAURET, s. m. Com. du dép. du Gers, cant. de Mauvesin, arr. de Lectoure. = Fleurance.

LAURET, s. m. Com. du dép. de l'Hérault, cant. de Claret, arr. de Montpellier. = Sauve.

LAURET, s. m. Com. du dép. des Landes, cant. de Geaune, arr. de St.-Sever. = St.-Sever.

LAURIE, s. f. Com. du dép. du Cantal, cant. de Massiac, arr. de St.-Flour. = Massiac.

LAURIER, s. m. Arbre toujours vert, d'un grand nombre d'espèces, symbole de la victoire. —, triomphe, victoire; moissonner des lauriers. Fig. Flétrir ses —, déshonorer sa victoire. — cerise, arbrisseau exotique du genre des cerisiers. — chêne, plante de la Grèce et de la Dalmatie. — épineux, variété du houx. — royal ou des Indes, arbrisseau cultivé en Portugal. — rose. Voy. LAUROSE. — thym, arbrisseau dont le fruit est d'un bleu noirâtre. — tulipier, arbre exotique dont la fleur est très odorante. — jambons, toutes les espèces dont les feuilles sont employées dans les assaisonnemens.

LAURIÈRES, s. f. Com. du dép. de la Haute-Vienne, chef-lieu de cant. de l'arr. de Limoges. Bur. d'enregist. = Chanteloube.

LAURIFOLIA, s. f. Arbre exotique dont les feuilles ont quelque rapport avec celles du laurier rose. T. de bot.

LAURINE, s. f. Variété d'olivier. T. de bot.

LAURINÉES, s. f. Famille des lauriers. T. de bot.

LAURINGUE, adj. Qui appartient aux lauriers. T. inus.

LAURIOT, s. m. Petit baquet. T. de boulanger.

LAURIS, s. m. Com. du dép. de Vaucluse, cant. de Cadenet, arr. d'Apt. = Cadenet.

LAURIS-MARINE, s. f. Espèce de petite huître.

LAUROPHYLLE, s. m. Arbre du cap de Bonne-Espérance. T. de bot.

LAUROSE, s. m. Bel arbrisseau à fleur monopétale, qui fait l'ornement de nos jardins.

LAUROUX, s. m. Com. du dép. de l'Hérault, cant. et arr. de Lodève. = Lodève.

LAURS, s. m. Com. du dép. des Deux-Sèvres, cant. de Coulonges, arr. de Niort. = Niort.

LAUSANNE, s. f. Ville de la Suisse, capitale du pays de Vaud, à 12 l. de Genève.

LAUSSAC, s. m. Village du dép. de l'Aveyron, réuni à la com. de Thérondels, cant. de Mur-de-Barrez, arr. d'Espalion. = Mur-de-Barrez.

LAUSSEIGNAN, s. m. Village du dép. de Lot-et-Garonne, cant. de Lavardac, arr. de Nérac. = Nérac.

LAUSSONNE, s. f. Com. du dép. de la Haute-Loire, cant. de Monastier, arr. du Puy. = le Puy.

LAUSSOU, s. m. Com. du dép. de Lot-et-Garonne, cant. de Monflanquin, arr. de Villeneuve. = Monflanquin.

LAUTENBACH, s. m. Com. du dép. du Haut-Rhin, cant. de Guebwiller, arr. de Colmar. = Ruffac.

LAUTENBACH-ZELL, s. m. Com. du dép. du Haut-Rhin, cant. de Guebwiller, arr. de Colmar. = Ruffac.

LAUTER (la), s. f. Rivière dont la source se trouve à Lauterbronn, dans la Bavière rhénane, et qui se jette dans le Rhin à Neubourg, après avoir parcouru un espace d'environ 15 l.

LAUTERBOURG, s. m. Petite ville du dép. du Bas-Rhin, chef-lieu de cant. de l'arr. de Wissembourg. Bur. d'enregist. et de poste.
Fab. de potasse; fonderies, corderies, blanchisseries de toiles, etc.

LAUTHARET, s. m. Village du dép. des Basses-Alpes, cant. de Lauzet, arr. de Barcelonnette. = Barcelonnette.

LAUTHIERS, s. m. Com. du dép. de la Vienne, cant. de Chauvigny, arr. de Montmorillon. = Chauvigny.

LAUTIGNAC, s. m. Com. du dép. de la Haute-Garonne, cant. de Rieumes, arr. de Muret. = Lombez.

LAUTREC, s. m. Petite ville du dép. du Tarn, chef-lieu de cant. de l'arr. de Castres. Bur. d'enregist. = Castres.

LAUVINES, s. f. pl. Voy. AVALANCHE.

LAUW, s. m. Com. du dép. du Haut-Rhin, cant. de Massevaux, arr. de Belfort. = Belfort.

LAUWIN-PLANQUE, s. m. Com. du dép. du Nord, cant. et arr. de Douai. = Douai.

LAUX (le), s. m. Com. du dép. du Tarn, cant. de Lautrec, arr. de Castres. = Castres.

LAUX-MONTAUD, s. m. Com. du dép. de la Drôme, cant. de Remusat, arr. de Nyons. = le Buis.

LAUZAC, s. m. Village du dép. du Lot, cant. de Souillac, arr. de Gourdon. = Souillac.

LAUZACH, s. m. Com. du dép. du Morbihan, cant. de Questembert, arr. de Vannes. = Muzillac.

LAUZERTE, s. f. Ville du dép. de Tarn-et-Garonne, chef-lieu de cant. de l'arr. de Moissac. Bur. d'enregist. et de poste.

Comm. de grains, vins, fruits et bestiaux.

LAUZERVILLE, s. f. Com. du dép. de la Haute-Garonne, cant. de Lanta, arr. de Villefranche. = Caraman.

LAUZÈS, s. m. Com. du dép. du Lot, chef-lieu de cant. de l'arr. de Cahors. Bur. d'enregist. à St.-Géry. = Cahors.

LAUZET (le), s. m. Com. du dép. des Basses-Alpes, chef-lieu de cant. de l'arr. de Barcelonnette. Bur. d'enregist. = Barcelonnette.

LAUZUN, s. m. Ville du dép. de Lot-et-Garonne, chef-lieu de cant. de l'arr. de Marmande. Bur. d'enregist. = Marmande.

Fab. de toiles; distilleries d'eaux-de-vie. Comm. de grains, vins, bestiaux, etc.

LAVABO, s. m. (mot latin). Petit linge avec lequel le prêtre s'essuie les doigts à la messe. —, meuble garni d'un pot à l'eau et d'une cuvette.

LAVAGE, s. m. Action de laver; trop grande quantité d'eau répandue pour laver. —, boisson, aliment dans lequel on a mis une trop grande quantité d'eau.

LAVAGNE, s. f. Ardoise de Gênes.

LAVAIL, s. m. Com. du dép. des Pyrénées-Orientales, cant. d'Argelès, arr. de Céret. = Collioure.

LAVAISSE, s. f. Village du dép. de l'Aveyron, cant. de Vezin, arr. de Milhau. = Milhau.

LAVAL, s. m. Ville et chef-lieu de préf. du dép. de la Mayenne, d'un arr. de sous-préf. et de deux cant.; cour d'assises, trib. de 1re inst. et de comm.; société d'agric.; biblioth. publique de 25,000 vol.; ingén. en chef des ponts-et-chaussées; direct. de l'enregist. et des domaines de 3e classe; conserv. des hypoth.; direct. des contrib. dir. et indir.; bur. de garantie des matières d'or et d'argent; recev. général des finances; payeur du dép.; bur. d'enregist. et de poste. Pop. 13,900 hab. env.

Cette ville, assise sur la pente d'un coteau, domine la Mayenne, rivière qui coule au pied de ses murs. On y remarque un très beau pont qui communique à l'un de ses faub., la rue qui fait face à ce pont, l'hôtel de la préf. et l'ancien château des ducs de Laval, dont on a fait une prison. Fab. considérable de toiles, de calicots, linge de table, basins, siamoises, mouchoirs, flanelles, serges, étamines, savon vert; nombreuses blanchisseries de toiles; tanneries et teintureries.

LAVAL, s. m. Com. du dép. de Seine-et-Marne, cant. de Montereau, arr. de Fontainebleau. = Montereau.

LAVAL, s. m. Com. du dép. de l'Aisne, cant. d'Anizy-le-Château, arr. de Laon. = Laon.

LAVAL, s. m. Com. du dép. de la Corrèze, cant. de Lapleau, arr. de Tulle. = Mauriac.

LAVAL, s. m. Com. du dép. du Doubs, cant. de Russey, arr. de Montbéliard. = Morteau.

LAVAL, s. m. Com. du dép. de l'Isère, cant. de Domène, arr. de Grenoble. = Grenoble.

LAVAL, s. m. Com. du dép. de la Haute-Loire, cant. de la Chaise-Dieu, arr. de Brioude. = Brioude.

LAVAL, s. m. Com. du dép. de la Marne, cant. et arr. de Ste.-Ménehould. = Ste.-Ménehould.

LAVAL, s. m. Com. du dép. des Vosges, cant. de Bruyères, arr. d'Epinal. = Bruyères.

LAVAL (Notre-Dame-de), s. m. Com. du dép. du Gard, cant. de St.-Martin-de-Valgalgues, arr. d'Alais. = Alais.

LAVAL, s. m. Village du dép. du Tarn, cant. de Pampelonne, arr. d'Albi. = Albi.

LAVALADE, s. f. Com. du dép. de la Dordogne, cant. de Montpazier, arr. de Bergerac. = Nontron.

LAVAL-ATGER, s. m. Com. du dép. de la Lozère, cant. de Grandrieu, arr. de Mende. = Langogne.

LAVAL-D'AIX, s. m. Com. du dép. de la Drôme, cant. et arr. de Die. = Die.

LAVAL-D'AURELLE, s. m. Com. du dép. de l'Ardèche, cant. de St.-Etienne-de-Lugdarès, arr. de Largentière. = Langogne.

LAVALDENS, s. m. Com. du dép. de l'Isère, cant. d'Entraigues, arr. de Grenoble. = la Mure.

LAVALDIEU, s. m. Village du dép. des Ardennes, cant. de Monthermé, arr. de Mézières. = Mézières.

LAVAL-DU-TARN, s. m. Com. du dép. de la Lozère, cant. de la Canourgue, arr. de Marvejols. = la Canourgue.

LAVAL-ET-CÉNOMÈS, s. m. Com. du dép. de l'Aveyron, cant. de Camarès, arr. de St.-Affrique. = St.-Affrique.

LAVALETTE, s. f. Com. du dép. de la Haute-Garonne, cant. de Verfeil, arr. de Toulouse. = Toulouse.

LAVALETTE, s. f. Com. du dép. de l'Hérault, cant. de Lunas, arr. de Lodève. = Lodève.

LAVALETTE, s. f. Com. du dép. d'Ille-et-Vilaine, cant. de Châteaubourg, arr. de Vitré. = Vitré.

LAVALLÉE, s. f. Com. du dép. de la Meuse, cant. de Pierrefitte, arr. de Commercy. = St.-Mihiel.

LAVAL-MORENCY, s. m. Com. du dép. des Ardennes, cant. et arr. de Rocroy. = Mézières.

LAVAL-ROQUECEZIÈRE, s. m. Com. du dép. de l'Aveyron, cant. de St.-Sernin, arr. de St.-Affrique. = St.-Sernin.

LAVAL-ST.-ROMAN, s. m. Com. du du Gard, cant. de Pont-St.-Esprit, arr. d'Uzès. = Pont-St.-Esprit.

LAVANCHE, s. f. Voy. AVALANCHE.

LAVANCIA, s. f. Com. du dép. du Jura, cant. et arr. de St.-Claude. = St.-Claude.

LAVANDE, s. f. Plante aromatique qu'on cultive dans les jardins.

LAVANDER, s. m. Toile ouvrée de Flandre.

LAVANDERIE, s. f. Voy. BUANDERIE.

LAVANDIER, s. m. Officier de la maison du roi chargé de veiller au blanchissage du linge.

LAVANDIÈRE, s. f. Blanchisseuse, femme qui lave la lessive. —, passereau subulirostre, hochequeue qui vit d'insectes sur le bord des rivières.

LAVANGEOT, s. m. Com. du dép. du Jura, cant. de Rochefort, arr. de Dôle. = Dôle.

LAVANNES, s. m. Com. du dép. de la Marne, cant. de Bourgogne, arr. de Reims. = Reims.

LAVANS, s. m. Com. du dép. du Jura, cant. et arr. de St.-Claude. = St.-Claude.

LAVANS, s. m. Com. du dép. du Jura, cant. de Rochefort, arr. de Dôle. = Dôle.

LAVANS, s. m. Com. du dép. du Jura, cant. d'Arinthod, arr. de Lons-le-Saulnier. = Orgelet.

LAVANS-QUINGEY, s. m. Com. du dép. du Doubs, cant. de Quingey, arr. de Besançon. = Quingey.

LAVANS-VUILLAFANS, s. m. Com. du dép. du Doubs, cant. d'Ornans, arr. de Besançon. = Ornans.

LAVAQUERESSE, s. f. Com. du dép. de l'Aisne, cant. de Guise, arr. de Vervins. = Guise.

LAVARDAC, s. m. Ville du dép. de Lot-et-Garonne, chef-lieu de cant. de l'arr. de Nérac, où se trouvent les bur. d'enregist. et de poste. Comm. de larine.

LAVARDENS, s. m. Com. du dép. du Gers, cant. de Jegun, arr. d'Auch. = Auch.

LAVARDIN, s. m. Com. du dép. de Loir-et-Cher, cant. de Montoire, arr. de Vendôme. = Montoire.

LAVARDIN, s. m. Com. du dép. de la Sarthe, cant. de Conlie, arr. du Mans. = le Mans.

LAVARET, s. m. Espèce de saumon, poisson qu'on trouve dans les lacs de la Savoie.

LAVARONUS, s. m. Poisson de la Méditerranée.

LAVARRÉ, s. m. Com. du dép. de la Sarthe, cant. de Vibraye, arr. de St.-Calais. = Connerré.

LAVARS, s. m. Com. du dép. de l'Isère, cant. de Mens, arr. de Grenoble. = Mens.

LAVASAN, s. m. Com. du dép. de la Gironde, cant. de Grignols, arr. de Bazas. = Bazas.

LAVASSE, s. f. Ondée, averse, grande pluie de courte durée. —, lavage, sauce, vin, etc., dans lequel on met une trop grande quantité d'eau. —, pierre plate avec laquelle on couvre les toits.

LAVASTRIE, s. f. Com. du dép. du Cantal, cant. et arr. de St.-Flour. = St.-Flour.

LAVATÈRE, s. f. Genre de plantes malvacées. T. de bot.

LAVATOGGIO, s. m. Com. du dép. de la Corse, cant. d'Algajola, arr. de Calvi. = Bastia.

LAVAU, s. m. Com. du dép. de l'Aube, cant. et arr. de Troyes. = Troyes.

LAVAU, s. m. Com. du dép. de la Loire-Inférieure, cant. et arr. de Savenay. = Savenay.

LAVAU, s. m. Com. du dép. de l'Yonne, cant. de St.-Fargeau, arr. de Joigny. = St.-Fargeau.

LAVAUDIEU, s. m. Com. du dép. de la Haute-Loire, cant. et arr. de Brioude. = Brioude.

LAVAULT-STE.-ANNE, s. m. Com. du dép. de l'Allier, cant. et arr. de Montluçon. = Montluçon.

LAVAUR, s. m. Ville du dép. du Tarn, chef-lieu de sous-préf. et de cant.; trib. de 1re inst.; société d'agric.; conserv. des hypoth.; recev. part. des finances. Bur. d'enregist. et de poste. Fab. d'étoffes de soie, serges, bonneterie; filature de soie et de coton; éducation de vers à soie.

LAVAUR, s. m. Com. du dép. de la Dordogne, cant. de Villefranche-de-Belvès, arr. de Sarlat. = Belvès.

LAVAURETTE, s. f. Com. du dép. de Tarn-et-Garonne, cant. de Caussade, arr. de Montauban. = Caussade.

LAVE, s. f. Matière en fusion que vomissent les volcans et qui forme des torreus de flamme ; cette matière devenue compacte en se refroidissant. —, pierre plate.

LAVÉ, E, part. Nettoyé avec un liquide. Couleur —, faible, claire, délayée.

LAVÉE, s. f. Tas de laine à sa sortie de l'eau.

LAVÉGE, s. f. Pierre ollaire avec laquelle on fait des vases qui résistent à l'action du feu.

LAVEISSIÈRE, s. f. Village du dép. du Cantal, cant. et arr. de Murat. = Murat.

LAVELANET, s. m. Com. du dép. de l'Ariège, chef-lieu de cant. de l'arr. de Foix. Bur. d'enregist. = Mirepoix. Fab. de draps.

LAVELANET, s. m. Com. du dép. de la Haute-Garonne, cant. de Rieux, arr. de Muret. = Rieux.

LAVELINE, s. f. Com. du dép. des Vosges, cant. et arr. de St.-Dié. = St.-Dié.

LAVELINE-DEVANT-BRUYÈRES, s. f. Com. du dép. des Vosges, cant. de Bruyères, arr. d'Épinal. = Bruyères.

LAVELINE-DU-HOUX, s. f. Com. du dép. des Vosges, cant. de Bruyères, arr. d'Épinal. = Bruyères.

LAVE-MAIN, s. m. Lavabo, cuvette pour se laver les mains.

LAVEMENT, s. m. Cérémonie religieuse dans laquelle on lave les pieds, les autels. —, clystère.

LAVENAY, s. m. Com. du dép. de la Sarthe, cant. de la Chartre, arr. de St.-Calais. = la Chartre.

LAVENTIE, s. f. Com. du dép. du Pas-de-Calais, chef-lieu de cant. de l'arr. de Béthune. Bur. d'enregist. = Estaires.

LAVER, v. a. Nettoyer avec un liquide ; laver le linge, la vaisselle. —, baigner, passer auprès, en parlant d'un fleuve, d'une rivière, etc. Fig. — quelqu'un, le justifier. — la tête, réprimander. —, prendre des boissons rafraîchissantes, des lavemens. T. de méd. —, coucher des couleurs à plat. T. de peint. — un dessin, l'ombrer avec l'encre de la Chine, etc. Se —, v. pron. Se nettoyer avec de l'eau. Se — d'une inculpation, se justifier. Se — les mains d'une action quelconque, se décharger de toute responsabilité, de tout reproche.

LAVERAET, s. m. Com. du dép. du Gers, cant. de Marciac, arr. de Mirande. = Mirande.

LAVERCANTIÈRE, s. f. Com. du dép. du Lot, cant. de Salviac, arr. de Gourdon. = Gourdon.

LAVERDINES, s. f. Com. du dép. du Cher, cant. de Baugy, arr. de Bourges. = Villequiers.

LAVERGNE, s. f. Com. du dép. de Lot-et-Garonne, cant. de Lauzun, arr. de Marmande. = Lauzun.

LAVERIE, s. f. Lavoir.

LAVERNAT, s. m. Com. du dép. de la Sarthe, cant. de Mayet, arr. de la Flèche. = Château-du-Loir.

LAVERNAY, s. m. Com. du dép. du Doubs, cant. d'Audeux, arr. de Besançon. = Besançon.

LAVERNHE, s. f. Com. du dép. de l'Aveyron, cant. de Sévérac, arr. de Milhau. = Sévérac.

LAVERNHE-TAYRAC, s. f. Com. du dép. de l'Aveyron, cant. de la Salvetat, arr. de Rodez. = Rodez.

LAVERNOSE, s. f. Com. du dép. de la Haute-Garonne, cant. et arr. de Muret. = Muret.

LAVERNOY, s. m. Com. du dép. de la Haute-Marne, cant. de Varennes, arr. de Langres. = Bourbonne.

LAVERQ, s. m. Village du dép. des Basses-Alpes, cant. de Lauzet, arr. de Barcelonnette. = Barcelonnette.

LAVERSINE, s. f. Com. du dép. de l'Aisne, cant. de Vic-sur-Aisne, arr. de Soissons. = Soissons.

LAVERSINES, s. f. Com. du dép. de l'Oise, cant. de Niviller, arr. de Beauvais. = Beauvais.

LAVERT, s. m. Insecte d'Amérique.

LAVÉRUNE, s. f. Com. du dép. de l'Hérault, cant. et arr. de Montpellier. = Montpellier.

LAVETON, s. m. Grosse bourre de drap foulé.

LAVETTE, s. f. Morceau de torchon, de vieux linge, pour laver la vaisselle.

LAVEUR, EUSE, s. Celui, celle qui lave la lessive.

LAVEYRON, s. m. Com. du dép. de la Drôme, cant. de St.-Vallier, arr. de Valence. = St.-Vallier.

LAVEYSSIÈRE, s. f. Com. du dép. de la Dordogne, cant. de Villamblard, arr. de Bergerac. = Bergerac.

LAVIEU, s. m. Com. du dép. de la Loire, cant. de St.-Jean-Soleymieux, arr. de Montbrison. = Montbrison.

LAVIÉVILLE-ET-NAGLANICOURT, s. f. Com. du dép. des Vosges, cant. de Dompaire, arr. de Mirecourt. = Mirecourt.

LAVIGERIE, s. f. Village du dép. du Cantal, cant. et arr. de Murat. = Murat.

LAVIGNAC, s. m. Com. du dép. de la Haute-Vienne, cant. de Chalus, arr. de St.-Yrieix. = Chalus.

LAVIGNÉVILLE, s. f. Com. du dép.

de la Meuse, cant. de Vigneulles, arr. de Commercy. = St.-Mihiel.

LAVIGNEY, s. m. Com. du dép. de la Haute-Saône, cant. de Vitrey, arr. de Vesoul. = Cintrey.

LAVIGNON, s. m. Coquillage de mer bon à manger, espèce de came.

LAVIGNY, s. m. Com. du dép. du Jura, cant. de Voiteur, arr. de Lons-le-Saulnier. = Lons-le-Saulnier.

LAVIGNY, s. m. Village du dép. des Vosges, cant. de Raon-l'Étape, arr. de St.-Dié. = Raon-l'Étape.

LAVILLEDIEU, s. m. Com. du dép. de la Dordogne, canton de Terrasson, arr. de Sarlat. = Terrasson.

LAVILLEDIEU, s. m. Com. du dép. de Tarn-et-Garonne, canton de Montech, arr. de Castel-Sarrasin. = Castel-Sarrasin.

LAVILLENEUVE-LES-CONVERS, s. f. Com. du dép. de la Côte-d'Or, cant. de Baigneux-les-Juifs, arr. de Châtillon. = Baigneux-les-Juifs.

LAVILLENEUVE-SUR-VINGEANNE, s. f. Com. du dép. de la Côte-d'Or, cant. de Fontaine-Française, arr. de Dijon. = Champlitte.

LAVINCOURT, s. m. Com. du dép. de la Meuse, cant. d'Ancerville, arr. de Bar-le-Duc. = Ligny.

LAVINIE, s. f. Fille unique de Latinus, roi du Latium. La main de cette princesse occasionna une guerre entre Énée et Turnus qui fut tué par son rival, guerre qui fait le sujet de l'Énéide, poëme de Virgile. —, ville du Latium bâtie par Énée. T. de myth.

LAVINZELLE, s. f. Com. du dép. de l'Aveyron, cant. de Conques, arr. de Rodez. = Rodez.

LAVIRON, s. m. Com. du dép. du Doubs, cant. de Pierre-Fontaine, arr. de Baume. = Baume.

LAVIS, s. m. Manière de laver un dessin. —, dessin lavé.

LAVIT-DE-LOMAGNE, s. m. Ville du dép. de Tarn-et-Garonne, chef-lieu de cant. de l'arr. de Castel-Sarrasin. Bur. d'enregist. = St.-Nicolas-de-la-Grave.

LAVOIR, s. m. Pierre posée sur le bord d'une rivière, dans une cuisine, pour laver le linge, la vaisselle. —, machine pour laver le minerai. —, baguette pour laver un fusil.

LAVONCOURT, s. m. Com. du dép. de la Haute-Saône, cant. de Dampierre-sur-Salon, arr. de Gray. = Cintrey.

LAVOURS, s. m. Com. du dép. de l'Ain, cant. et arr. de Belley. = Belley.

LAVOUTE-CHILHAC, s. m. Com. du dép. de la Haute-Loire, chef-lieu de cant. de l'arr. de Brioude. Bur. d'enregist. = Brioude.

LAVOUTE-SUR-LOIRE, s. m. Com. du dép. de la Haute-Loire, cant. de St.-Paulien, arr. du Puy. = le Puy.

LAVOUX, s. m. Com. du dép. de la Vienne, cant. de St.-Julien, arr. de Poitiers. = Chauvigny.

LAVOYE, s. f. Com. du dép. de la Meuse, cant. de Triaucourt, arr. de Bar-le-Duc. = Clermont.

LAVURE, s. f. Eau dont on s'est servi pour laver ; lavure de vaisselle. —, pl. Or, argent provenant de la lessive des cendres des fourneaux. T. d'orf. et de monn.

LAW (la), s. f. Rivière qui prend naissance dans le dép. du Pas-de-Calais et qui se jette dans la Lys, près de la Gorgue, après avoir parcouru un espace de 10 l. Cette rivière est navigable depuis Béthune jusqu'à son embouchure.

LAWARDE-MAUGER, s. m. Com. du dép. de la Somme, cant. d'Ailly-sur-Noye, arr. de Montdidier. = Breteuil.

LAX, s. m. Com. du dép. de l'Aveyron, cant. et arr. de Rodez. = Rodez.

LAXATIF, IVE, adj. Se dit des médicamens qui relâchent les intestins et purgent doucement par le bas. T. de méd.

LAXIFLORE, adj. Se dit des plantes dont les fleurs sont écartées, divergentes. T. de bot.

LAXITÉ, s. f. Relâchement des fibres. T. de méd.

LAXMANNIE, s. f. Plante voisine des bidents. T. de bot.

LAXOU, s. m. Com. du dép. de la Meurthe, cant. et arr. de Nancy. = Nancy.

LAY, s. m. Com. du dép. des Basses-Pyrénées, cant. de Navarrenx, arr. d'Orthez. = Navarrenx.

LAY, s. m. Village du dép. de la Loire, cant. de St.-Symphorien-de-Lay, arr. de Roanne. = St.-Symphorien-de-Lay.

LAY (le), s. m. Rivière qui se forme de deux ruisseaux, le grand et le petit Lay, dép. de la Vendée, et qui se perd dans l'Océan, à l'anse de l'Aiguillon, après avoir parcouru un espace de 20 l.

LAYE, s. f. Boîte où sont renfermées les soupapes de l'orgue.

LAYE, s. m. Com. du dép. des Hautes-Alpes, cant. de St.-Bonnet, arr. de Gap. = Gap.

LAYÉ, E, part. Travaillé avec la laie, en parlant des pierres. T. de maç.

LAYER, v. a. Tracer une laie, une route dans une forêt. —, battre la pierre avec la laie pour faire disparaître les traces du marteau à ébaucher. T. de maç.

LAYETIER, s. m. Fabricant et marchand de boîtes, de caisses, de malles pour emballer, etc.

LAYETTE, s. f. Cassette, petit coffre; petite caisse; tiroir de buffet; tiroir pour serrer les papiers. —, petit trousseau d'un enfant nouveau-né.

LAYEUR, s. m. Garde forestier qui trace les laies, les routes dans les forêts, qui marque les bois à couper.

LAYMONT, s. m. Com. du dép. du Gers, cant. et arr. de Lombez. = Lombez.

LAYON (le), s. m. Rivière dont la source se trouve dans le dép. de Maine-et-Loire, arr. de Saumur, et qui se jette dans la Loire après un cours de 18 lieues.

LAYRAC, s. m. Com. du dép. de la Haute-Garonne, cant. de Villemur, arr. de Toulouse. = Fronton.

LAYRAC, s. m. Petite ville du dép. de Lot-et-Garonne, cant. d'Astaffort, arr. d'Agen. = Agen. Comm. de blé et de maïs.

LAYRISSE, s. f. Com. du dép. des Hautes-Pyrénées, cant. d'Ossun, arr. de Tarbes. = Tarbes.

LAY-ST.-CHRISTOPHE, s. m. Com. du dép. de la Meurthe, cant. et arr. de Nancy. = Nancy.

LAY-ST.-REMY, s. m. Com. du dép. de la Meurthe, cant. et arr. de Toul. = Toul.

LAYSSAC, s. m. Com. du dép. de l'Aveyron, chef-lieu de cant. de l'arr. de Milhau. Bur. d'enregist. = Sévérac. Fab. de cadis.

LAYS-SUR-LE-DOUBS, s. m. Com. du dép. de Saône-et-Loire, cant. de Pierre, arr. de Louhans. = Verdun-sur-Saône.

LAZ, s. m. Com. du dép. du Finistère, cant. de Châteauneuf, arr. de Châteaulin. = Châteaulin.

LAZAGNES, s. f. pl. Pâte de Semoule en forme de ruban.

LAZARE (St.-), s. m. Com. du dép. de la Dordogne, cant. de Terrasson, arr. de Sarlat. = Terrasson.

LAZARET, s. m. Etablissement sanitaire, édifice isolé, destiné à désinfecter les hommes et les choses qui viennent des lieux où règnent des maladies contagieuses.

LAZARISTE, s. m. Prêtre de la congrégation de St.-Lazare.

LAZARITE, s. m. Chevalier de l'ordre de St.-Lazare.

LAZENAY, s. m. Com. du dép. du Cher, cant. de Lury, arr. de Bourges. = Vierzon.

LAZER, s. m. Com. du dép. des Hautes-Alpes, cant. de Laragne, arr. de Gap. = Serre.

LAZULITHE, s. f. Pierre qui fournit l'outre-mer, et qui est remarquable par sa couleur d'un beau bleu d'azur.

LAZZI, s. m. Jeu de théâtre; grossières plaisanteries particulières aux bouffons de l'ancien théâtre italien.

LE, sing. m. LA, sing. f. LES, pl. des deux genres. Joints à des noms, ces mots sont des articles; à des verbes ils sont pronoms, et remplacent les pronoms lui, elle, eux, elles.

LÉ, s. m. Largeur d'une toile, d'un drap entre ses deux lisières. —, espace pour le halage sur le bord des rivières.

LÉALVILLERS, s. m. Com. du dép. de la Somme, cant. d'Acheux, arr. de Doullens. = Albert.

LÉAM ou LÉANG, s. m. Morceau d'argent qui sert de monnaie à la Chine, et qu'on prend au poids.

LÉANGION, s. m. Plante globuleuse. T. de bot.

LÉANS, adv. Là-dedans. (Vi.)

LÉAO, s. m. Espèce de bleu métallique que les Chinois appliquent sur la porcelaine.

LÉARD, s. m. Peuplier noir. T. de bot.

LÉAUPARTIE, s. f. Com. du dép. du Calvados, cant de Cambremer, arr. de de Pont-l'Évêque. = Pont-l'Évêque.

LÉAZ, s. m. Com. du dép. de l'Ain, cant. de Collonge, arr. de Gex. = Collonge.

LEBECK, s. m. Acacia de l'Inde. T. de bot.

LEBECKIE, s. f. Arbuste du cap de Bonne-Espérance. T. de bot.

LEBERIS ou LOBERIS, s. f. Vipère du Canada. T. d'hist. nat.

LEBEROPAL, s. m. Opal couleur de foie. T. d'hist. nat.

LEBESSIÈRE, s. f. Com. du dép. du Tarn, cant. de Lautrec, arr. de Castres. = Castres.

LEBETAIN, s. m. Com. du dép. du Haut-Rhin, cant. de Delle, arr. de Belfort. = Delle.

LEBEUVILLE, s. f. Com. du dép. de la Meurthe, cant. d'Haroué, arr. de Nancy. = Charmes.

LEBIE, s. f. Insecte coléoptère carabique. T. d'hist. nat.

LEBIEZ, s. m. Com. du dép. du Pas-de-Calais, cant. de Fruges, arr. de Montreuil. = Fruges.

LEBIGNON, s. m. Com. du dép. du Loiret, cant. de Ferrières, arr. de Montargis. = Egreville.

LEBOULIN, s. m. Com. du dép. du Gers, cant. et arr. d'Auch. = Auch.

LEBREIL, s. m. Com. du dép. du Gers, cant. de Moncuq, arr. de Cahors. = Cahors.

LÉCANOMANCIE, s. f. Sorte de divination qui se pratiquait en jetant des pierres dans un bassin rempli d'eau. T. de myth.

LÉCAUDE, s. f. Com. du dép. du Calvados, cant. de Mezidon, arr. de Lisieux. = Lisieux.

LECCI, s. m. Com. du dép. de la Corse, cant. de Porto-Vecchio, arr. de Sartène. = Ajaccio.

LECELLE, s. f. Com. du dép. du Nord, cant. de St.-Amand, rive gauche, arr. de Valenciennes. = St.-Amand-les-Eaux.

LECEY, s. m. Com. du dép. de la Haute-Marne, cant. de Neuilly, arr. de Langres. = Langres.

LECHATELET, s. m. Com. du dép. de la Côte-d'Or, cant. de Seurre, arr. de Beaune. = Seurre.

LÈCHE, s. f. Tranche fort mince de quelque chose à manger. T. fam. —, vernis donné aux piastres du Mexique. — Voy. Acuée. A — doigt, adv. En petite quantité, en parlant des mets. T. fam.

LÉCHÉ, E, part. Nettoyé avec la langue. —, très soigné, mais point avec peu d'art et de goût. T. de peint. —, travaillé avec trop de soin. T. de litt.

LÈCHEFRITE, s. f. Ustensile de cuisine pour recevoir le jus qui tombe de la viande, en rôtissant à la broche.

LÉCHELLE, s. f. Com. du dép. de la Marne, cant. de Montmirail, arr. d'Epernay. = Montmirail.

LÉCHELLE, s. f. Com. du dép. de Seine-et-Marne, cant. de Villiers-St.-Georges, arr. de Provins. = Provins.

LÉCHELLES, s. f. Village du dép. des Ardennes, cant. de Rumigny, arr. de Rocroi. = Mézières.

LÉCHER, v. a. Nettoyer avec la langue ; lécher ses doigts, son assiette. —, finir avec trop de soin. T. de peint.

LÉCHEROLLES, s. f. Com. du dép. de Seine-et-Marne, cant. de la Ferté-Gaucher, arr. de Coulommiers. = la Ferté-Gaucher.

LÈCHES (les), s. f. pl. Com. du dép. de la Dordogne, cant. de la Force, arr. de Bergerac. = Mussidan.

LECIDÉE, s. f. Plante, genre de lichens. T. de bot.

LÉCLUSE, s. f. Com. du dép. du Nord, cant. d'Arleux, arr. de Douai. = Douai.

LEÇON, s. f. Enseignement d'un maître à son élève ; leçon de géographie, etc. —, action, manière d'enseigner ; bonne leçon. —, devoir ; leçon de rudiment, de catéchisme. —, avis, remontrance, réprimande. Fig. —, manière dont le texte d'un auteur est écrit, dont une chose est contée. —, partie de l'office que l'on dit à matines. T. de liturgie.

LÉCOURT, s. m. Com. du dép. de la Haute-Marne, cant. de Montigny, arr. de Langres. = Montigny.

LECOUSSE, s. f. Com. du dép. d'Ille-et-Vilaine, cant. et arr. de Fougères. = Fougères.

LECT, s. m. Com. du dép. du Jura, cant. de Moirans, arr. de St.-Claude. = Orgelet.

LECTEUR, TRICE, s. Celui, celle qui lit, qui aime à lire, qui lit habituellement. —, homme de lettres chargé de lire, de faire la lecture à un souverain, à un prince, etc. — au collége de France, professeur. —, dans les universités d'Allemagne, grade au-dessous de celui de professeur. —, l'un des quatre ordres mineurs ; celui qui est promu à cet ordre.

LECTICAIRE, s. m. Artisan qui faisait et portait des litières dans l'ancienne Rome.

LECTISTERNES, s. m. pl. Festins sacrés et publics en l'honneur des Dieux dont on plaçait les statues sur des lits et des coussins, devant des tables jonchées de fleurs et couvertes de mets. T. de myth.

LECTOURE, s. m. Ville du dép. du Gers, chef-lieu de sous-préf. et de cant. ; trib. de 1re inst. ; conserv. des hypoth. ; direct. des contrib. indir. ; recev. partic. des finances. Bur. d'enregist. et de poste.
Cette ville, assise sur une montagne au pied de laquelle coule le Gers, se glorifie d'avoir vu naître les généraux Castex, Soulès et le maréchal Lannes, duc de Montebello.
Manuf. de draps, serges, etc. ; comm. de grains, vins, eaux-de-vie, bestiaux, etc.

LECTURE, s. f. Action, habitude de lire. —, art de lire ; enseigner la lecture. —, étude, érudition, savoir.

LECUMBERRY, s. m. Com. du dép. des Basses-Pyrénées, cant. de St.-Jean-Pied-de-Port, arr. de Mauléon. = St.-Jean-Pied-de-Port.

LÉCUSSAN, s. m. Com. du dép. de la Haute-Garonne, cant. de Montrejeau, arr. de St.-Gaudens. = Montrejeau.

LECYTHE, s. m. Vase en forme de grosse bouteille.

LECYTHIS ou MARMITE DE SINGE, s. m. Arbre du Brésil. T. de bot.

LÉDA, s. f. Fille de Thestius et femme de Tyndare. Jupiter ne pouvant la séduire, se métamorphosa en cygne, et la surprit en jouant avec elle sur les bords du fleuve Eurotas où elle se baignait. Elle accoucha de deux œufs de l'un desquels sortirent Castor et Pollux, et de l'autre Hélène et Clytemnestre. T. de myth.

LEDAR, s. m. Village du dép. de l'Ariége, cant. et arr. de St.-Girons. = St.-Girons.

LEDAS-ET-PANTHIÉS, s. m. Com. du dép. du Tarn, cant. de Valence, arr. d'Albi. = Albi.

LÉDAT, s. m. Com. du dép. de Lot-et-Garonne, cant. et arr. de Villeneuve. = Villeneuve.

LÉDE ou LÉDUM, s. m. Espèce de ciste, arbrisseau qui fournit le ladanum.

LEDE, s. f. Le milieu du jas ou réservoir des marais salans.

LÉDENON, s. m. Com. du dép. du Gard, cant. de Marguerittes, arr. de Nismes. = Nismes.

LÉDERGUES, s. f. Com. du dép. de l'Aveyron, cant. de Requista, arr. de Rodez. = Rodez.

LEDÉRIS ou LOBÉRIS, s. m. Vipère du Canada. T. d'hist. nat.

LEDERZEELE, s. f. Com. du dép. du Nord, cant. de Wormhout, arr. de Dunkerque. = St.-Omer.

LEDEUIX, s. m. Com. du dép. des Basses-Pyrénées, cant. et arr. d'Oloron. = Oloron.

LEDIGNAN, s. m. Com. du dép. du Gard, chef-lieu de cant. de l'arr. d'Alais. Bur. d'enregist. à Anduze. = Nismes.

LEDINGHEM, s. m. Com. du dép. du Pas-de-Calais, cant. de Lombres, arr. de St.-Omer. = St.-Omer.

LEDRE, s. m. Insecte hémiptère. T. d'hist. nat.

LEDRINGHEM, s. m. Com. du dép. du Nord, cant. de Wormhout, arr. de Dunkerque. = Wormhout.

LÉE, s. m. Monnaie de cuivre chinoise, la seule, dit-on, qui porte une empreinte. —, s. f. Plante voisine des sureaux. —, adj. En fente; greffe en lée. T. de jard.

LÉE, s. f. Com. du dép. des Basses-Pyrénées, cant. et arr. de Pau. = Pau.

LEERS, s. m. Com. du dép. du Nord, cant. de Lannoy, arr. de Lille. = Lille.

LÉERSIE, s. f. Plante graminée. T. de bot.

LÉES-ATHAS, s. m. Com. du dép. des Basses-Pyrénées, cant. d'Accous, arr. d'Oloron. = Oloron.

LEFAUX, s. m. Com. du dép. du Pas-de-Calais, cant. d'Etaples, arr. de Montreuil. = Montreuil.

LEFAY, s. m. Village du dép. de la Loire, cant. de Beaurepaire, arr. de Louhans. = Louhans.

LEFÉTE, s. m. Com. du dép. de la Côte-d'Or, cant. d'Arnay, arr. de Beaune. = Arnay-le-Duc.

LEFFART, s. m. Com. du dép. du Calvados, cant. et arr. de Falaise. = Falaise.

LEFFINCOURT, s. m. Com. du dép. des Ardennes, cant. de Machault, arr. de Vouziers. = Vouziers.

LEFFOND, s. m. Com. du dép. de la Haute-Saône, cant. de Champlitte, arr. de Gray. = Champlitte.

LEFFONDS, s. m. Com. du dép. de la Haute-Marne, cant. d'Arc-en-Barrois, arr. de Chaumont. = Chaumont.

LEFFRINCKHOUKE, s. f. Com. du dép. du Nord, cant. et arr. de Dunkerque. = Dunkerque.

LÉFLINGE, s. f. Genre de plantes caryophyllées. T. de bot.

LÉGAL, E, adj. Selon la loi, conforme à ses dispositions. —, qui concerne la loi de Moïse; impureté légale. Médecine —, cas de médecine qui présente des questions de droit civil, criminel et canonique.

LÉGALEMENT, adv. Selon les lois; d'une manière légale.

LÉGALISATION, s. f. Visa d'une autorité compétente pour attester l'authenticité d'une signature, d'un acte, etc.

LÉGALISÉ, E, part. Visé par une autorité compétente pour faire foi en justice.

LÉGALISER, v. a. Viser un acte, une signature pour attester son authenticité et faire foi en justice, hors du ressort de la juridiction.

LÉGALITÉ, s. f. Qualité de ce qui est conforme aux lois.

LÉGAT, s. m. Cardinal délégué par le pape pour gouverner une province de l'état ecclésiastique. — à latéré, ambassadeur extraordinaire du pape auprès d'une puissance chrétienne.

LÉGATAIRE, s. et adj. Héritier testamentaire. — universel, institué seul héritier par un testament.

LÉGATINE, s. f. Sorte d'étoffe moitié soie et laine.

LÉGATION, s. f. Dignité, charge de légat, son administration, ses employés ; étendue de son gouvernement ; la durée de ses fonctions. —, ambassadeur, son hôtel, ses bureaux, les personnes attachées à l'ambassade. —, commission donnée à un envoyé près d'une puissance.

LÉGATOIRE, adj. Gouverné par un lieutenant au temps des empereurs romains.

LÈGE, adj. Se dit d'un vaisseau sans charge ou qui n'a pas assez de lest. T. de mar.

LÈGE, s. m. Com. du dép. de la Haute-Garonne, cant. de St.-Béat, arr. de St.-Gaudens. = St.-Béat.

LÈGE, s. m. Com. du dép. de la Gironde, cant. d'Audenge, arr. de Bordeaux. = la Teste-de-Buch.

LEGÉ, s. m. Com. du dép. de la Loire-Inférieure, chef-lieu de cant. de l'arr. de Nantes. Bur. d'enregist. à St.-Philbert. = Machecoul.

LÉGENDAIRE, s. m. Auteur de légende.

LÉGENDE, s. f. Vie des saints. —, par allusion à ces sortes d'ouvrages, liste ennuyeuse, kyrielle. —, inscription autour d'une médaille, d'une pièce de monnaie.

LÉGER, ÈRE, adj. Qui ne pèse guère, l'opposé de lourd, de pesant. —, qui n'a pas le poids qu'il doit avoir; monnaie légère. —, agile; pied léger. —, de facile digestion ; aliment léger. —, subtil, l'opposé d'épais; vapeur légère. —, mince ; étoffe légère. —, peu considérable; blessure légère. —, aisé à supporter; joug léger. —, volage, inconstant, étourdi, évaporé, irréfléchi, inconsidéré. —, peu important; léger service. —, superficiel, frivole. —, agréable, facile, en parlant du style. Troupes —, employées hors ligne, qu'on envoie en tirailleurs pour harceler l'ennemi. Poésies —, sur des sujets badins. —, délicat, gracieux, facile; peinture légère. — de rames, de voile, qui marche bien à l'aviron, à la voile, en parlant d'un canot. T. de mar. A la —, adv. Légèrement; vêtu à la légère. A la —, inconsidérément, sans réflexion. Fig.

LÉGER (St.-), s. m. Com. du dép. des Hautes-Alpes, cant. de St.-Bonnet, arr. de Gap. = Gap.

LÉGER (St.-), s. m. Com. du dép. de l'Aube, cant. de Bouilly, arr. de Troyes. = Troyes.

LÉGER (St.-), s. m. Com. du dép. de la Charente, cant. de Blanzac, arr. d'Angoulême. = Blanzac.

LÉGER (St.-), s. m. Com. du dép. de la Charente-Inférieure, cant. de Pons, arr. de Saintes. = Pons.

LÉGER (St.-), s. m. Com. du dép. de la Côte-d'Or, cant. de Pontailler, arr. de Dijon. = Pontailler.

LÉGER (St.-), s. m. Com. du dép. de la Creuse, cant. de St.-Vaulry, arr. de Guéret. = Guéret.

LÉGER (St.-), s. m. Com. du dép. d'Ille-et-Vilaine, cant. de Combourg, arr. de St.-Malo. = Combourg.

LÉGER (St.-), s. m. Com. du dép. de la Loire, cant. et arr. de Roanne. = Roanne.

LÉGER (St.-), s. m. Com. du dép. de la Haute-Loire, cant. de la Chaise-Dieu, arr. de Brioude. = Brioude.

LÉGER (St.-), s. m. Com. du dép. de la Loire-Inférieure, cant. de Bouaie, arr. de Nantes. = Nantes.

LÉGER (St.-), s. m. Com. du dép. de Lot-et-Garonne, cant. de Damazan, arr. de Nérac. = Aiguillon.

LÉGER (St.-), s. m. Com. du dép. de la Manche, cant. de la Haye-Pesnel, arr. d'Avranches. = Granville.

LÉGER (St.-), s. m. Com. du dép. de la Mayenne, cant. de Ste.-Suzanne, arr. de Laval. = Evron.

LÉGER (St.-), s. m. Com. du dép. du Pas-de-Palais, cant. de Croisilles, arr. d'Arras. = Bapaume.

LÉGER (St.), s. m. Village du dép. du Haut-Rhin, cant. de Dannemarie, arr. de Belfort. = Belfort.

LÉGER (St.-), s. m. Com. du dép. de Seine-et-Marne, cant. de Rebais, arr. de Coulommiers. = Rebais.

LÉGER (St.-), s. m. Com. du dép. de Vaucluse, cant. de Maucène, arr. d'Orange. = Carpentras.

LÉGER (St.-), s. m. Com. du dép. de l'Yonne, cant. de Quarré-les-Tombes, arr. d'Avallon. = Rouvray. Fab. de glu.

LÉGER-AU-BOIS (St.-), s. m. Com. du dép. de la Seine-Inférieure, cant. de Blangy, arr. de Neuchâtel. = Neuchâtel.

LÉGER-AUX-BOIS (St.-), s. m. Com. du dép. de l'Oise, cant. de Ribécourt, arr. de Compiègne. = Ribécourt.

LÉGER-BRIDEREIX (St.-), s. m. Com. du dép. de la Creuse, cant. de la Souterraine, arr. de Guéret. = Argenton.

LÉGER-DE-FOUGERET (St.-), s. m.

Com. du dép. de la Nièvre, cant. et arr. de Château-Chinon. = Château-Chinon.

LÉGER-DE-FOURCHES (St.-), s. m. Com. du dép. de la Côte-d'Or, cant. de Saulieu, arr. de Semur. = Saulieu.

LÉGER-DE-GLATIGNY (St.-), s. m. Com. du dép. de l'Eure, cant. de Thiberville, arr. de Bernay. = Lieurey.

LÉGER-DE-LA-HAYE (St.-), s. m. Com. du dép. de l'Orne, cant. de Sées, arr. d'Alençon. = Sées.

LÉGER-DE-MELLE (St.-), s. m. Com. du dép. des Deux-Sèvres, cant. et arr. de Melle. = Melle.

LÉGER-DE-MONTBRISSAIS (St.-), s. m. Com. du dép. de la Vienne, cant. des Trois-Moutiers, arr. de Loudun. = Loudun.

LÉGER-DE-PEYRE (St.-), s. m. Com. du dép. de la Lozère, cant. et arr. de Marvejols. = Marvejols.

Manuf. de serges, cadis et autres étoffes de laine.

LÉGER-DES-ARASSIS (St.-), s. m. Com. du dép. de l'Orne, cant. de Trun, arr. d'Argentan. = Argentan.

LÉGER-DES-AUBÉES (St.-), s. m. Com. du dép. d'Eure-et-Loir, cant. d'Auneau, arr. de Chartres. = Gallardon.

LÉGER-DES-BOIS (St.-), s. m. Com. du dép. de Maine-et-Loire, cant. de St.-Georges, arr. d'Angers. = St.-Georges.

LÉGER-DES-BRUYÈRES (St.-), s. m. Com. du dép. de l'Allier, cant. du Donjon, arr. de Lapalisse. = Donjon.

LÉGER-DES-VIGNES (St.-), s. m. Com. du dép. de la Nièvre, cant. de Decize, arr. de Nevers. = Decize.

LÉGER-DU-BALSON (St.-), s. m. Com. du dép. de la Gironde, cant. de St.-Symphorien, arr. de Bazas. = Bazas.

LÉGER-DU-BOIS (St.-), s. m. Com. du dép. de Saône-et-Loire, cant. d'Epinal, arr. d'Autun. = Autun.

LÉGER-DU-BOSCDEL (St.-), s. m. Com. du dép. de l'Eure, cant. et arr. de Bernay. = Bernay.

LÉGER-DU-BOSQ (St.-), s. m. Com. du dép. du Calvados, cant. de Dives, arr. de Pont-l'Évêque. = Dozulcy.

LÉGER-DU-BOURG-DENY (St.-), s. m. Com. du dép. de la Seine-Inférieure, cant. de Darnetal, arr. de Rouen. = Rouen.

LÉGER-DU-GENNETEY (St.-), s. m. Com. du dép. de l'Eure, cant. de Bourgthéroulde, arr. de Pont-Audemer. = Bourgthéroulde.

LÉGER-DU-HOULEY (St.-), s. m. Com. du dép du Calvados, cant. et arr. de Lizieux. = Lizieux.

LÉGER-DU-MALZIEU (St.-), s. m. Com. du dép. de la Lozère, canton de Malzieu, arr. de Malvejols. = St.-Chély.

LÉGER-DU-MAY (St.-), s. m. Village du dép. de Maine-et-Loire, cant. et arr. de Beaupréau. = Beaupréau.

LÉGER-DU-VIGNANE (St.-), s. m. Com. du dép. de la Gironde, cant. de Sauveterre, arr. de la Réole. = Bazas.

LÉGÈREMENT, adv. D'une manière légère, agilement, lestement. —, faiblement, très peu ; légèrement blessé. —, inconsidérément, sans réflexion.

LÉGER-EN-BRAY (St.-), s. m. Com. du dép. de l'Oise, cant. d'Auneuil, arr. de Beauvais. = Beauvais.

LÉGER-EN-YVELINE (St.-), s. m. Com. du dép. de Seine-et-Oise, cant. et arr. de Rambouillet. = Rambouillet.

LÉGÈRETÉ, s. f. Qualité de ce qui est léger, peu pesant ; agilité, vitesse. —, inconstance, instabilité ; étourderie, imprudence. —, peccadille, faute peu grave. —, pl. Discours irréfléchis, imprudens.

LÉGER-LA-MONTAGNE (St.-), s. m. Com. du dép. de la Haute-Vienne, cant. de Laurières, arr. de Limoges. = Limoges.

LÉGER-LE-PAUVRE (St.-), s. m. Com. du dép. de la Somme, cant. d'Oisemont, arr. d'Amiens. = Aumale.

LÉGER-LE-PETIT (St.-), s. m. Com. du dép. du Cher, cant. de Sancergues, arr. de Sancerre. = la Charité.

LÉGER-LÈS-AUTHIES (St.-), s. m. Com. du dép. de la Somme, cant. d'Acheux, arr. de Doullens. = Doullens.

LÉGER-LÈS-DOMART (St.-), s. m. Com. du dép. de la Somme, cant. de Domart, arr. de Doullens. = Doullens.

LÉGER-LÈS-PARAY (St.-), s. m. Com. du dép. de Saône-et-Loire, cant. de Paray-le-Monial, arr. de Charolles. = Paray-le-Monial.

LÉGER-MAGNAZEIX (St.-), s. m. Com. du dép. de la Haute-Vienne, cant. de Magnac-Laval, arr. de Bellac. = Arnac.

LÉGER-SOUS-BEUVRAY (St.-), s. m. Com. du dép. de Saône-et-Loire, chef-lieu de cant. de l'arr. d'Autun, où est le bur. d'enregist. = Autun.

LÉGER-SOUS-BRIENNE (St.-), s. m. Com. du dép. de l'Aube, cant. de Brienne, arr. de Bar-sur-Aube. = Brienne-le-Château.

LÉGER-SOUS-LA-BUSSIÈRES (St.-), s. m. Com. du dép. de Saône-et-Loire, cant. de Tramayes, arr. de Mâcon. = Mâcon.

LÉGER-SOUS-MARGERIE (St.-), s. m. Com. du dép. de l'Aube, cant. de Chavanges, arr. d'Arcis-sur-Aube. = Brienne.

LÉGER-SUR-BONNEVILLE (St.-), s. m. Com. du dép. de l'Eure, cant. de Beuzeville, arr. de Pont-Audemer. = Pont-Audemer.

LÉGER-SUR-D'HEUNE (St.-), s. m. Com. du dép. de Saône-et-Loire, cant. de Chagny, arr. de Châlons. = Couches.

LÉGER-SUR-SARTHE (St.-), s. m. Com. du dép. de l'Orne, cant. du Mêle-sur-Sarthe, arr. d'Alençon. = le Mêle-sur-Sarthe.

LÈGES, s. f. Com. du dép. de l'Aisne, cant. de Braisne, arr. de Soissons. = Braisne.

LÉGÉVILLE, s. f. Com. du dép. des Vosges, cant. de Dompaire, arr. de Mirecourt. = Mirecourt.

LÉGILE ou LÉVILE, s. m. Pièce d'étoffe qui recouvre le pupitre de l'Evangile.

LÉGION, s. f. Corps de troupes composé d'infanterie et de cavalerie qui formait ce que nous appelons une brigade, dans l'armée romaine. Chez nous, on a donné momentanément ce nom aux régimens d'infanterie, et maintenant il est réservé aux gardes nationales.

LÉGIONNAIRE, s. et adj. Soldat qui faisait partie d'une légion romaine. —, aujourd'hui membre de la Légion-d'Honneur.

LÉGIS, s. et adj. f. pl. Belles soies de Perse.

LÉGISLATEUR, TRICE, s. Celui, celle qui fait des lois, qui coopère à leur établissement ; membre d'une assemblée législative.

LÉGISLATIF, IVE, adj. Qui est relatif à la confection des lois. Pouvoir —, mandat d'un législateur. Corps —, assemblée délibérante, qui examine, discute et vote les lois.

LÉGISLATION, s. f. Droit, pouvoir de faire des lois ; autorité, puissance législative. —, corps, ensemble des lois.

LÉGISLATURE, s. f. Corps législatif en exercice ; durée de ses fonctions législatives.

LÉGISTE, s. m. Jurisconsulte ; professeur, écolier en droit. —, commentateur, analyste, qui éclaircit le texte et explique le sens des dispositions législatives.

LÉGITIMAIRE, adj. Qui appartient à la légitime, à la portion qui revient à l'héritier légitime.

LÉGITIMATION, s. f. Changement d'état ; effet du mariage qui permet aux époux, en se mariant, de légitimer leurs enfans naturels. —, acte authentique constatant la validité des pouvoirs d'un agent diplomatique.

LÉGITIME, s. f. Portion héréditaire accordée aux enfans, par la loi, sur les biens de leurs parens décédés. —, adj. Conforme à la loi, qui a les qualités requises par la loi. —, licite, qui n'est pas défendu par la loi. —, juste, équitable ; fondé sur la loi naturelle qui est la règle générale. Enfant —, né dans le mariage.

LÉGITIMÉ, E, part. Reconnu comme enfant légitime.

LÉGITIMEMENT, adv. Conformément à la loi, à la justice, à la raison.

LÉGITIMER, v. a. Reconnaître dans l'acte civil du mariage qu'un enfant naturel appartient aux contractans, et qu'à ce titre il a droit d'être admis au bénéfice de la loi. —, donner les formes légales, reconnaître pour authentique. —, rendre légitime ; donner, prêter une apparence de justice, d'équité. Se —, v. pron. Faire reconnaître ses droits, ses pouvoirs pour légitimes.

LÉGITIMITÉ, s. f. État d'un enfant légitime. —, la première et la plus sûre garantie de la propriété, de la stabilité des états, des institutions ; succession au trône par ordre de primogéniture, le contraire d'usurpation. —, qualité de ce qui est légitime, conforme aux dispositions de la loi.

LÉGITIMISTE, s. m. Partisan du droit héréditaire, ennemi de l'illégalité, de la violence et de l'usurpation.

LÉGLANTIER, s. m. Com. du dép. de l'Oise, cant. de Maignelay, arr. de Clermont. = St.-Just.

LÉGLISE-AUX-BOIS, s. f. Com. du dép. de la Corrèze, cant. de Treignac, arr. de Tulle. = Uzerche.

LÉGNA, s. f. Com. du dép. du Jura, cant. d'Arinthod, arr. de Lons-le-Saulnier. = Orgelet.

LEGNY, s. m. Com. du dép. du Rhône, cant. de Bois-d'Oingt, arr. de Villefranche. = Anse.

LEGOUZIE, s. f. Campanule à corolle en forme de roue. T. de bot.

LEGS, s. m. Don fait par une disposition testamentaire.

LÉGUÉ, E, part. Donné, laissé par testament.

LÉGUER, v. a. Faire un legs, donner, laisser par testament.

LÉGUEVIN, s. m. Com. du dép. de la Haute-Garonne, chef-lieu de cant. de l'arr. de Toulouse, où se trouvent les bur. d'enregist. et de poste.

LEGUGNON, s. m. Com. du dép. des Basses-Pyrénées, cant. de Ste.-Marie, arr. d'Oloron. = Oloron.

LÉGUILLAC-DE-CERCLES, s. m. Com. du dép. de la Dordogne, cant. de Mareuil, arr. de Nontron. = Mareuil.

LÉGUILLAC-DE-LAUCHE, s. m. Com. du dép. de la Dordogne, cant. de St.-Astier, arr. de Périgueux. = Périgueux.

LÉGUME, s. m. Plante potagère, fruit, racine bonne à manger, que l'on met dans le pot-au-feu. —, gousse. T. de bot.

LÉGUMINEUSES, s. f. pl. Famille de plantes dicotylédones, polypétales, à étamines périgynes. T. de bot.

LÉGUMINEUX, EUSE, adj. Dont le fruit est renfermé dans une gousse; plantes légumineuses. T. de bot.

LÉGUMINIFORME, adj. Qui a la forme d'une gousse. T. de bot.

LÉHA, s. m. Arbre des îles Moluques. T. d'hist. nat.

LEHON, s. m. Com. du dép. des Côtes-du-Nord, cant. et arr. de Dinan. = Dinan.

LEICHE, s. f. Voy. LAICHE. T. de bot.

LEICHERT, s. m. Com. du dép. de l'Ariège, cant. de Lavelanet, arr. de Foix. = Foix.

LEIGNÉ, s. m. Com. du dép. de la Vienne, cant. de Chauvigny, arr. de Montmorillon. = Châtellerault.

LEIGNÉ-LES-BOIS, s. m. Com. du dép. de la Vienne, cant. de Plumartin, arr. de Châtellerault. = Châtellerault.

LEIGNÉ-SUR-USSEAU, s. m. Com. du dép. de la Vienne, chef-lieu de cant. de l'arr. de Châtellerault, où se trouvent les bur. d'enregist. et de poste.

LEIGNEUX, s. m. Com. du dép. de la Loire, cant. de Boën, arr. de Montbrison. = Roanne.

LEIMBACH, s. m. Com. du dép. du Haut-Rhin, cant. de Thann, arr. de Belfort. = Cernay.

LEIMONITES, s. m. pl. Oiseaux sylvains, anisodactyles. T. d'hist. nat.

LEINHAC, s. m. Com. du dép. du Cantal, cant. de Maurs, arr. d'Aurillac. = Maurs.

LEIOGNATE, s. m. Genre de poissons thoraciques. T. d'hist. nat.

LÉIOPOMES, s. m. pl. Poissons osseux. T. d'hist. nat.

LÉIOSTOME, s. m. Poisson thoracique. T. d'hist. nat.

LÉIPOGRAMME, s. f. Pièce de vers dans chacun desquels il manque une lettre de l'alphabet.

LEIPSICK, s. m. Ville de Saxe, au confluent de l'Elster, célèbre par ses foires, et surtout par la bataille à jamais mémorable qui fut livrée sous ses murs vers la fin de l'année 1813. Pop., 36,000 hab. env.

LEITERSWILLER, s. m. Com. du dép. du Bas-Rhin, cant. de Soultz-sous-Forêts, arr. de Wissembourg. = Wissembourg.

LEJARDIN, s. m. Com. du dép. de la Corrèze, cant. d'Egletons, arr. de Tulle. = Egletons.

LEJOS, s. m. Village du dép. du Tarn, cant. de Réalmont, arr. d'Albi. = Réalmont.

LÉLÉBA, s. f. Plante graminée qui croît dans l'île d'Amboine. T. de bot.

LELEX, s. m. Com. du dép. de l'Ain, cant. et arr. de Gex. = Gex.

LELIN, s. m. Com. du dép. du Gers, cant. de Riscle, arr. de Mirande. = Aire.

LELLING, s. m. Com. du dép. de la Moselle, cant. de Grostenquin, arr. de Sarreguemines. = St.-Avold.

LEMAINVILLE, s. f. Com. du dép. de la Meurthe, cant. d'Haroué, arr. de Nancy. = Vézelize.

LÉMAN, s. m. Lac considérable, au S.-O. de la Suisse, long d'environ 20 l. et large de 3 à 4. Ce lac, qui baigne les murs de Genève, dont il porte aussi le nom, est très renommé pour ses truites.

LEMBACH, s. m. Com. du dép. du Bas-Rhin, cant. et arr. de Wissembourg. = Wissembourg.

LEMBAIRES, s. m. pl. Troupes qui combattaient sur des bateaux. T. d'antiq.

LEMBÈJE, s. m. Com. du dép. du Gers, cant. de Masseube, arr. de Mirande. = Auch.

LEMBERG, s. m. Com. du dép. de la Moselle, cant. de Bitche, arr. de Sarreguemines. = Bitche.

LEMBEYE, s. m. Petite ville du dép. des Basses-Pyrénées, chef-lieu de cant. de l'arr. de Pau. Bur. d'enregist. = Pau.

LEMBRAS, s. m. Com. du dép. de la Dordogne, cant. et arr. de Bergerac. = Bergerac.

LEMÉ, s. m. Com. du dép. de l'Aisne, cant. de Sains, arr. de Vervins. = Marle.

LEME, s. m. Com. du dép. des Basses-

Pyrénées, cant. de Thèze, arr. de Pau. = Pau.

LEMÉNIL-MITRY, s. m. Com. du dép. de la Meurthe, cant. d'Haroué, arr. de Nancy. = Charmes.

LÉMERÉ, s. m. Com. du dép. d'Indre-et-Loire, cant. de Richelieu, arr. de Chinon. = Richelieu.

LEMESTROFF, s. m. Com. du dép. de la Moselle, cant. de Metzervisse, arr. de Thionville. = Thionville.

LEMING, s. m. Quadrupède rongeur du Nord, espèce de campagnol. T. d'hist. nat.

LEMME, s. m. Proposition qui prépare à la démonstration d'une autre. T. de math. —, silence ou pause. T. de mus. —, plante aquatique. T. de bot.

LEMMECOURT, s. m. Com. du dép. des Vosges, cant. et arr. de Neufchâteau. = Neufchâteau.

LEMMES, s. f. Com. du dép. de la Meuse, cant. de Souilly, arr. de Verdun. = Verdun.

LEMNICASTE, s. f. Courbe qui a la forme d'un 8. T. de géom.

LEMNISQUE, s. m. Bandelette de pourpre avec laquelle on liait les couronnes des athlètes. T. d'antiq. —, serpent d'Asie ayant des anneaux blancs et noirs. T. d'hist. nat.

LÉMONCOURT, s. m. Com. du dép. de la Meurthe, cant. de Delme, arr. de Château-Salins. = Château-Salins.

LEMOULEMON, s. m. Capricorne de l'île de Cayenne. T. d'hist. nat.

LEMPAUT, s. m. Com. du dép. du Tarn, cant. de Puy-Laurens, arr. de Lavaur. = Puy-Laurens.

LEMPDES, s. f. Com. du dép. de la Haute-Loire, cant. d'Auzon, arr. de Brioude. Bur. de poste.

LEMPDES, s. f. Com. du dép. du Puy-de-Dôme, cant. de Pont-du-Château, arr. de Clermont. = Clermont.

LEMPIRE, s. m. Com. du dép. de l'Aisne, cant. du Catelet, arr. de St.-Quentin. = le Catelet.

LEMPIRE, s. m. Com. du dép. de la Meuse, cant. de Souilly, arr. de Verdun. = Verdun.

LEMPS, s. m. Com. du dép. de la Drôme, cant. de Remusat, arr. de Nyons. = Beaurepaire.

LEMPS, s. m. Com. du dép. de l'Ardèche, cant. et arr. de Tournon. = Tournon.

LEMPS-LE-GRAND, s. m. Com. du dép. de l'Isère, chef-lieu de cant. de l'arr. de la Tour-du-Pin. Bur. d'enregist. et de poste.

LEMPTY, s. m. Com. du dép. du Puy-de-Dôme, cant. de Lezoux, arr. de Thiers. = Lezoux.

LEMPZOURS, s. m. Com. du dép. de la Dordogne, cant. de Thiviers, arr. de Nontron. = Thiviers.

LEMUD, s. m. Com. du dép. de la Moselle, cant. de Pange, arr. de Metz. = Metz.

LÉMUNCULE, s. f. Petit bateau pour la pêche. T. d'antiq.

LÉMURES, s. f. pl. Voy. LARVES.

LÉMURIENS, s. m. pl. Famille des mammifères quadrumanes. T. d'hist. nat.

LEMUY, s. m. Com. du dép. du Jura, cant. de Salins, arr. de Poligny. = Salins.

LENA-NOËL, s. m. Liseron du Pic de Ténériffe, qui a l'odeur de la rose. T. de bot.

LÉNAULT, s. m. Com. du dép. du Calvados, cant. de Condé, arr. de Vire. = Condé-sur-Noireau.

LENAX, s. m. Com. du dép. de l'Allier, cant. du Donjon, arr. de la Palisse. = le Donjon.

LENCOUACQ, s. m. Com. du dép. des Landes, cant. de Roquefort, arr. de Mont-de-Marsan. = Roquefort.

LENCRANS, s. m. Com. du dép. de l'Ain, cant. de Collonge, arr. de Gex. = Collonge.

LENDEMAIN, s. m. Le jour suivant; le jour qui a suivi ou qui doit suivre immédiatement celui dont on parle.

LENDORE, s. et adj. Lent, paresseux, toujours endormi. T. fam.

LENDRESSE, s. f. Com. du dép. des Basses-Pyrénées, cant. de Lagor, arr. d'Orthez. = Orthez.

LENGELSHEIM, s. m. Com. du dép. de la Moselle, cant. de Volmunster, arr. de Sarreguemines. = Bitche.

LENGRONNE, s. f. Com. du dép. de la Manche, cant. de Gavray, arr. de Coutances. = Coutances.

LENGROS, s. m. Com. du dép. du Gers, cant. de Plaisance, arr. de Mirande. = Plaisance.

LENHARRÉE, s. f. Com. du dép. de la Marne, cant. de Fère-Champenoise, arr. d'Epernay. = Fère-Champenoise.

LÉNIFIÉ, E, part. Adouci. T. de méd.

LÉNIFIER, v. a. Dulcifier; adoucir. T. de méd.

LENING, s. m. Com. du dép. de la Meurthe, cant. d'Albestroff, arr. de Château-Salins. = Dieuze.

LÉNISEUL, s. m. Com. du dép. de

la Haute-Marne, cant. de Clefmont, arr. de Chaumont. == Montigny-le-Roi.

LÉNITIF, s. m. Calmant, adoucissant. —, adoucissement à sa douleur, consolation. Fig. et fam.

LÉNITIF, IVE, adj. Se dit des médicamens légèrement purgatifs. T. de méd.

LENNON, s. m. Com. du dép. du Finistère, cant. de Pleyben, arr. de Châteaulin. == Châteaulin.

LÉNOK, s. m. Poisson de Sibérie. T. d'hist. nat.

LENONCOURT, s. m. Com. du dép. de la Meurthe, cant. de St.-Nicolas, arr. de Nancy. == St.-Nicolas-du-Port.

LENS, s. m. Ville du dép. du Pas-de-Calais, chef-lieu de cant. de l'arr. de Béthune. Bur. d'enregist. et de poste. Distilleries considérables d'eaux-de-vie; comm. de blé, lin, chanvre, etc.

LENS-LESTANG, s. m. Com. du dép. de la Drôme, cant. du Grand-Serre, arr. de Valence. == Beaurepaire.

LENT, s. m. Com. du dép. du Jura, cant. de Champagnole, arr. de Poligny. == Champagnole.

LENT, E, adj. Qui agit avec lenteur, qui manque de vivacité; négligent, nonchalant. —, pesant, tardif; qui se fait petit à petit, s'opère lentement.

LENTE, s. f. Œuf de vermine, de pou.

LENTÉ, E, part. Etamé en première façon. T. de chaudr.

LENTEMENT, adv. Avec lenteur.

LENTENAY, s. m. Com. du dép. de l'Ain, cant. de Brenod, arr. de Nantua. == Cerdon.

LENTER, v. a. Etamer en première façon; laisser des traces des coups de marteau. T. de chaudr.

LENTEUIL, s. m. Com. du dép. de la Corrèze, cant. de Beynat, arr. de Brive. == Brive.

LENTEUR, s. f. Manque d'activité, de célérité, en général.

LENTICULAIRE, s. f. Fossile en forme de lentille. —, adj. Qui a la forme d'une lentille. Os —, quatrième os de la première rangée du carpe. — de l'oreille, quatrième osselet qui se trouve dans la caisse du tambour. T. d'anat.

LENTICULE, s. f. Nymphœacée, petite plante qui flotte sur les eaux dormantes. T. de bot.

LENTICULÉ, E, adj. Voy. LENTICULAIRE.

LENTIFORME, adj. En forme de lente. T. d'anat.

LENTIGNY, s. m. Com. du dép. de la Loire, cant. et arr. de Roanne. == Roanne.

LENTILHAC, s. m. Com. du dép. du Lot, cant. de St.-Céré, arr. de Figeac. == St.-Céré.

LENTILHAC-PRÈS-FIGEAC, s. m. Com. du dép. du Lot, cant. et arr. de Figeac. == Figeac.

LENTILLAC, s. m. Com. du dép. du Lot, cant. de Laurès, arr. de Cahors. == Cahors.

LENTILLAC, s. m. Espèce de chien de mer.

LENTILLADE, s. f. Sorte de raie.

LENTILLE, s. f. Plante légumineuse dont la graine sert d'aliment. — d'eau ou de marais, plante aquatique. — du Canada, plante à très petites fèves blanches, bonnes à manger. — d'Espagne, plante dont la graine ressemble à de petites fèves de marais. —, verre convexe des deux côtés. —, ce qui a la forme d'une lentille. T. d'arts. —, pl. Taches de rousseur sur la peau.

LENTILLE, s. f. Com. du dép. de l'Aube, cant. de Brienne, arr. de Bar-sur-Aube. == Brienne.

LENTILLEUX, EUSE, adj. Semé de taches ou lentilles; peau lentilleuse.

LENTILLIÈRES, s. f. Com. du dép. de l'Ardèche, cant. d'Aubenas, arr. de Privas. == Aubenas.

LENTILLY, s. m. Com. du dép. du Rhône, cant. de l'Arbresle, arr. de Lyon. == l'Arbresle.

LENTIOL, s. m. Com. du dép. de l'Isère, cant. de Royhon, arr. de St.-Marcellin. == Beaurepaire.

LENTISQUE, s. m. Arbre des pays chauds, toujours vert. —, adj. m. Se dit d'un miroir ardent; miroir lentisque.

LENTO, s. m. Com. du dép. de la Corse, cant. de Campitello, arr. de Bastia. == Bastia.

LENT-SUR-VEYLE, s. m. Com. du dép. de l'Ain, cant. et arr. de Bourg. == Bourg.

LÉO ou CHARDON FÉROCE, s. m. Espèce de chardon. T. de bot.

LÉOBARD, s. m. Com. du dép. du Lot, cant. de Salviac, arr. de Gourdon. == Gourdon.

LÉOCADIE (Ste.-), s. f. Com. du dép. des Pyrénées-Orientales, cant. de Saillagouse, arr. de Prades. == Mont-Louis.

LEOGEATS, s. m. Com. du dép. de la Gironde, cant. de Langon, arr. de Bazas. == Langon.

LÉOGNAN, s. m. Com. du dép. de la Gironde, cant. de Labrède, arr. de Bordeaux. == Bordeaux.

LÉOGROCOTTE, s. m. Prétendu métis de la lionne et de la hyenne mâle.

LÉOJAC-ET-BELLEGARDE, s. m. Com. du dép. de Tarn-et-Garonne, cant. et arr. de Montauban. = Montauban.

LÉOMER (St.-), s. m. Com. du dép. de la Vienne, cant. de la Trimouille, arr. de Montmorillon. = Montmorillon.

LÉON, s. m. Ancien royaume, aujourd'hui province et ville d'Espagne.

LÉON (St.-), s. m. Com. du dép. de l'Allier, cant. de Jaligny, arr. de la Palisse. = le Donjon.

LÉON (St.-), s. m. Com. du dép. de la Dordogne, cant. d'Issigeac, arr. de Bergerac. = Bergerac.

LÉON (St.-), s. m. Com. du dép. de la Dordogne, cant. de Montignac, arr. de Sarlat. = Montignac.

LÉON (St.-), s. m. Com. du dép. de la Haute-Garonne, cant. de Nailloux, arr. de Villefranche. = Villefranche.

LÉON (St.-), s. m. Com. du dép. de la Gironde, cant. de Créon, arr. de Bordeaux. = Bordeaux.

LÉON (St.-), s. m. Com. du dép. des Landes, cant. de Castets, arr. de Dax. = Dax.

LÉON (St.-), s. m. Com. du dép. de Lot-et Garonne, cant. de Damazan, arr. de Nérac. = Aiguillon.

LÉONARD (St.-), s. m. Ville du dép. de la Haute-Vienne, chef-lieu de cant. de l'arr. de Limoges. Bur. d'enregist. et de poste.
Manuf. de draps, porcelaine, papeteries. Comm. de bestiaux.

LÉONARD (St.-), s. m. Com. du dép. des Vosges, cant. de Fraize, arr. de St.-Dié. = St.-Dié.

LÉONARD (St.-), s. m. Com. du dép. de la Seine-Inférieure, cant. de Fécamp, arr. du Hâvre. = Fécamp.

LÉONARD (St.-), s. m. Com du dép. du Pas-de-Calais, cant. de Samer, arr. de Boulogne. = Boulogne.

LÉONARD (St.-), s. m. Com. du dép. de l'Oise, cant. et arr. de Senlis. = Senlis.

LÉONARD (St.-), s. m. Com. du dép. de la Marne, cant. et arr. de Reims. = Reims.

LÉONARD (St.-), s. m. Com. du dép. de Loir-et-Cher, cant. de Marchénoir, arr. de Blois. = Mer.

LÉONARD (St.-), s. m. Com. du dép. du Gers, cant. de St.-Clar, arr. de Lectoure. = St.-Clar.

LÉONARD (St.-) ou le HAMEAU-DE-LA-RIVIÈRE, s. m. Com. du dép. du Calvados, cant. de Honfleur, arr. de Pont-l'Evêque. = Honfleur.

LÉONARD (St.-), s. m. Village du dép. d'Ille-et-Vilaine, cant. de Dol, arr. de St.-Malo. = Dol.

LÉONARD-DES-BOIS (St.-), s. m. Com. du dép. de la Sarthe, cant. de Fresnay, arr. de Mamers. = Fresnay.

LÉONARD-DES-PARCS (St.-), s. m. Com. du dép. de l'Orne, cant. de Courtomer, arr. d'Alençon. = Sées.

LÉONCEL, s. m. Village du dép. de la Drôme, cant. de Chabeuil, arr. de Valence. = Romans.

LÉONESSES, adj. f. pl. Se dit des laines de la province de Léon; ségovies léonesses.

LÉONIER, s. m. Arbre du Pérou. T. de bot.

LÉONIN, E, adj. Qui concerne le lion, est particulier à cet animal. Société —, société frauduleuse, dans laquelle le plus fort ou le plus riche tire tout l'avantage de son côté. Vers —, vers latins dont le milieu rime avec la fin.

LÉONS (St.-), s. m. Com. du dép. de l'Aveyron, cant. de Vezins, arr. de Milhau. = Milhau.

LÉON-SUR-L'ISLE (St.-), s. m. Com. du dép. de la Dordogne, cant. de St.-Astier, arr. de Périgueux. = Neuvic.

LÉONTIASIS, s. f. Lèpre des Arabes, éléphantiasis.

LÉONTICE, s. f. Cacalie, plante de la famille des vinétiers. T. de bot.

LÉONTODON, s. m. Plante chicoracée. T. de bot.

LÉONTOPÉTALON, s. m. Plante rosacée, alexitère. T. de bot.

LÉONVILLE, s. f. Com. du dép. du Loiret, cant. d'Outarville, arr. de Pithiviers. = Thoury.

LÉOPARD, s. m. Quadrupède carnassier, féroce, du genre du chat, un peu moins gros que la panthère, à poil fauve et blanc, marqueté de noir. —, lionne représentée les pattes de devant élevées. T. de blas.

LÉOPARDÉ, E, adj. Vu de face; lion léopardé. T. de blas.

LÉOPARDIN (St.-), s. m. Com. du dép. de l'Allier, cant. de Lurcy-Levy, arr. de Moulins. = St.-Pierre-le-Moutier.

LÉOTOING, s. m. Com. du dép. de la Haute-Loire, cant. de Blesle, arr. de Brioude. = Lempdes.

LÉOVILLE, s. f. Com. du dép. de la

Charente-Inférieure, cant. et arr. de Jonzac. = Jonzac.

LÉPADOGASTÈRE, s. m. Poisson branchiostège. T. d'hist. nat.

LÉPANGES, s. f. Com. du dép. des Vosges, cant. de Bruyères, arr. d'Epinal. = Bruyères.

LÉPANTE, s. m. Ville fortifiée de la Grèce, dans la Livadie, à 45 lieues d'Athènes. C'est dans le golfe de Lépante que les Turcs, jusqu'alors si redoutables pour la chrétienté, furent défaits par don Juan d'Autriche, en 1572.

LÉPANTHE, s. f. Genre de plantes orchidées. T. de bot.

LÉPARIS, s. m. Voy. MALAXIS. T. de bot.

LÉPARON, s. m. Com. du dép. de la Dordogne, cant. de St.-Aulaye, arr. de Ribérac. = Coutras.

LÉPAS, s. m. Coquillage univalve en forme d'entonnoir très évasé, qui s'attache aux rochers. T. d'hist. nat.

LÉPAUD, s. m. Com. du dép. de la Creuse, cant. de Chambon, arr. de Boussac. = Chambon.

LÉPÉ, s. m. Village du dép. de la Sarthe, cant. de Sablé, arr. de la Flèche. = Sablé.

LÉPIDAGATE, s. f. Acanthe de l'Inde. T. de bot.

LÉPIDAPLOA, s. m. Espèce de cresson alénois. T. de bot.

LÉPIDION, s. m. Passerage, menthe, dentelaire, cochléaria, plantes antiscorbutiques. T. de bot.

LÉPIDOÏDE, adj. Se dit d'une suture qui unit chaque os temporal au pariétal correspondant. T. d'anat.

LÉPIDOLÈPRE, s. m. Poisson thoracique. T. d'hist. nat.

LÉPIDOLITHE, s. f. Substance voisine du mica. T. d'hist. nat.

LÉPIDOPE, s. m. Voy. TRICHIURE. T. d'hist. nat.

LÉPIDOPHYLLE, s. f. Conise cupressiforme. T. de bot.

LÉPIDOPOMES, s. m. pl. Poissons osseux. T. d'hist. nat.

LÉPIDOPTÈRES, s. m. pl. Insectes à quatre ailes membraneuses et écaillées. T. d'hist. nat.

LÉPIDOSARCOME, s. m. Tumeur sarcomateuse formée dans la bouche, et couverte d'écailles. T. de méd.

LÉPIDOSPERME, s. m. Genre de plantes de la Nouvelle-Hollande. T. de bot.

LÉPIDOTE, s. f. Poisson thoracique. T. d'hist. nat. —, voy. LYCOPODE. T. de bot. —, ou LÉPIDOTIS, s. m. Pierre imitant les écailles de poisson. T. d'hist. nat.

LÉPIMPHIS, s. m. Genre de poissons thoraciques. T. d'hist. nat.

LÉPIN, s. m. Com. du dép. du Gers, cant. de Cologne, arr. de Lombez. = Gimont.

LÉPINAS, s. m. Com. du dép. de la Creuse, cant. d'Ahun, arr. de Guéret. = Ahun.

LÉPINAY-LE-COMTE, s. m. Com. du dép. de l'Orne, cant. de Passais, arr. de Domfront. = Domfront.

LÉPINE, ou NOTRE-DAME-DE-LEPINE, s. f. Com. du dép. de la Marne, cant. de Marson, arr. de Châlons. = Châlons.

LEPINOY, s. m. Com. du dép. du Pas-de-Calais, cant. de Campagne, arr. de Montreuil. = Montreuil.

LÉPIRONIE, s. f. Plante de l'île de Madagascar. T. de bot.

LEPISME, s. m. Poisson du genre du sciène. T. d'hist. nat.

LEPISMÈNES, s. m. pl. Famille d'insectes. T. d'hist. nat.

LÉPODUS, s. m. Poisson voisin du léiognate. T. d'hist. nat.

LÉPORINS, s. m. Famille de mammifères rongeurs de l'espèce du lièvre. T. d'hist. nat.

LEPORT, s. m. Village du dép. de l'Ariège, cant. de Massat, arr. de St.-Girons. = St.-Girons.

LÈPRE, s. f. Ladrerie. Voy. ELÉPHANTIASIS.

LEPREIRE, s. m. Lichen, plante parasite. T. de bot.

LÉPREUX, EUSE, s. et adj. Affecté de la lèpre.

LEPRON, s. m. Village du dép. des Ardennes, cant. de Rumigni, arr. de Rocroy. = Rocroy.

LÉPROSERIE, s. f. Hôpital pour les lépreux.

LEPTA, s. m. Arbre à feuilles ternées. T. de bot.

LEPTADÉNIE, s. f. Plante de la famille des apocynées. T. de bot.

LEPTANTHE, s. f. Voy. PONTÉDÈRE. T. de bot.

LEPTASIS, s. m. Genre de plantes graminées. T. de bot.

LEPTE, s. m. Genre d'insectes arachnides. T. d'hist. nat. —, s. f. Très petite monnaie de l'antiquité, quarante-deuxième partie d'une obole.

LEPTÉRUS, s. m. Poisson voisin des holocentres. T. d'hist. nat.

LEPTOCARPOÏDE, s. f. Jonc de la Nouvelle-Hollande. T. de bot.

LEPTOCÉPHALE, s. m. Genre de poissons apodes. T. d'hist. nat.

LEPTOCHLOA, s. f. Genre de plantes graminées. T. de bot.

LEPTODACTYLES, s. m. pl. Voy. AYE-AYE. T. d'hist. nat.

LEPTOLÈNE, s. m. Arbrisseau de l'île de Madagascar. T. de bot.

LEPTOMÈRE, s. m. Genre de crustacés. T. d'hist. nat.

LEPTOMÉRIE, s. f. Chalef, plante de la Nouvelle-Hollande. T. de bot.

LEPTOPE, s. m. Insecte hémiptère. T. d'hist. nat.

LEPTOPHONIE, s. f. Gracilité de la voix. T. inus.

LEPTOPHYTE, s. f. Voy. IMMORTELLE. T. de bot.

LEPTOPODE, s. m. Voy. CORYPHÈNE. T. d'hist. nat.

LEPTOPODIE, s. f. Voy. MACROPODIE. T. d'hist. nat.

LEPTOPYRON, s. m. Genre de plantes graminées voisines des avoines. T. de bot.

LEPTORIMA, s. m. Algue, plante aquatique. T. de bot.

LEPTORKIS, s. m. Plante de la famille des orchidées. T. de bot.

LEPTOSAPHE, s. m. Porphyre d'Egypte tacheté.

LEPTOSOMES, s. m. pl. Poissons osseux. T. d'hist. nat.

LEPTOSOMUS, s. m. Voy. VOUROUDRIOU. T. d'hist. nat.

LEPTOSPERME, s. m. Plante de la famille des myrtes. T. de bot.

LEPTOSTACHYA, s. m. Voy. PHRYMA. T. de bot.

LEPTOSTOME, s. m. Sorte de mousse. T. de bot.

LEPTURE, s. f. Insecte coléoptère tétramère. T. d'hist. nat. —, plante graminée de la Nouvelle-Hollande. T. de bot.

LEPTURÈTES, s. f. pl. Coléoptères longicornes. T. d'hist. nat.

LEPTURUS, s. m. Voy. PHAÉTON. T. d'hist. nat.

LEPTYNITE, s. f. Roche primitive. T. d'hist. nat.

LEPUIX, s. m. Com. du dép. du Haut-Rhin, cant. de Delle, arr. de Belfort. = Delle.

LEPUIX, s. m. Com. du dép. du Haut-Rhin, cant. de Giromagny, arr. de Belfort. = Belfort.

LEQUE, s. m. Plante caryophyllée. T. de bot.

LEQUEL, LAQUELLE, pron. relat. Celui, celle qui. —, pron. interrogatif. Quel est celui ? etc.

LEQUES, s. f. Com. du dép. du Gard, cant. de Sommières, arr. de Nismes. = Sommières.

LÉRAN, s. m. Com. du dép. de l'Ariège, cant. de Mirepoix, arr. de Pamiers. = Mirepoix.

LERCOUL, s. m. Com. du dép. de l'Ariège, cant. de Vicdessos, arr. de Foix. = Tarascon.

LÉRÉ, s. m. Com. du dép. du Cher, chef-lieu de cant. de l'arr. de Sancerre. Bur. d'enregist. = Cosne.

LEREN, s. m. Com. du dép. des Basses-Pyrénées, cant. de Salies, arr. d'Orthez. = Orthez.

LÉRIA, s. f. Genre de plantes labiées. T. de bot.

LERIBOSC, s. m. Village du dép. de Tarn-et-Garonne, cant. de la Française, arr. de Montauban. = Montauban.

LÉRIDA, s. f. Ville fortifiée d'Espagne, dans la Catalogne.

LÉRIGNEUX, s. m. Com. du dép. de la Loire, cant. et arr. de Montbrison. = Montbrison.

LÉRINS (îles de), s. m. pl. C'est ainsi qu'on nomme deux petites îles dans la Méditerranée, dép. du Var, arr. de Grasse. Voy. STE.-MARGUERITE ET ST. HONORAT.

LERM-ET-MUSSET, s. m. Com. du dép. de la Gironde, cant. de Grignols, arr. de Bazas. = Bazas.

LERNE, s. m. Marais dans lequel il existait un hydre à plusieurs têtes qui fut tué par Hercule. T. de myth. — ou lernée, genre de vers mollusques, parasites. T. d'hist. nat.

LERNÉ, s. m. Com. du dép. d'Indre-et-Loire, cant. et arr. de Chinon. = Chinon.

LÉROT, s. m. Quadrupède rongeur du genre du loir. — volant, espèce de chauve-souris.

LÉROUVILLE, s. f. Com. du dép. de la Meuse, cant. et arr. de Commercy. = Commercy.

LEROUXIE, s. f. Lysimachie des bois. T. de bot.

LERQUE, s. m. Arbrisseau des Indes. T. de bot.

LERRAIN, s. m. Com. du dép. des Vosges, cant. de Darney, arr. de Mirecourt. = Darney.

LERS (le), s. m. Rivière dont la source se trouve dans le dép. de l'Ariège, et qui se perd dans l'Ariège à Cintegabelle, après avoir parcouru un espace de 25 l.

LERS (le), s. m. Rivière qui prend

naissance dans le dép. de l'Ariège, arr. de Castelnaudary, cant. de Sales, et qui se réunit à la Garonne, près de Grenade, dép. de la Haute-Garonne, après un cours de 24 l.

LERSTREM, s. m. Com. du dép. du Pas-de-Calais, cant. de Laventie, arr. de Béthune. == Estaires.

LÉRY, s. m. Com. du dép. de la Côte-d'Or, cant. de St.-Seine, arr. de Dijon. == St.-Seine.

LÉRY, s. m. Com. du dép. de l'Eure, cant. de Pont-de-l'Arche, arr. de Louviers. == Pont-de-l'Arche.

LÉRY (St.-), s. m. Com. du dép. du Morbihan, cant. de Mauron, arr. de Ploërmel. == Ploërmel.

LERZY, s. m. Com. du dép. de l'Aisne, cant. la Capelle, arr. de Vervins. == la Capelle.

LES, art. et pron. pl. Voy. LE.

LESBIE, s. f. Genre de poissons abdominaux. T. d'hist. nat.

LESBOEUFS, s. m. Com. du dép. de la Somme, cant. de Combles, arr. de Péronne. == Bapaume.

LESBOIS, s. m. Com. du dép. de la Mayenne, cant. de Gorron, arr. de Mayenne. == Mayenne.

LESBOS, s. m. Ile de l'archipel Grec, fameuse par le culte qu'on y rendait à Apollon, et surtout par la naissance de Sapho.

LESCAR, s. m. Petite ville du dép. des Basses-Pyrénées, chef-lieu de cant. de l'arr. de Pau, où se trouvent les bur. d'enregist. et de poste.

Fab. d'étoffes de coton et de bonneterie de laine.

LESCHÉ, s. m. Salle d'assemblée publique à Lacédémone. T. d'antiq.

LESCHELLE, s. f. Com. du dép. de l'Aisne, cant. de Nouvion, arr. de Vervins. == Soissons.

LESCHÈRES, s. f. Com. du dép. du Jura, cant. et arr. de St.-Claude. == St.-Claude.

LESCHÈRES, s. f. Com. du dép. de la Haute-Marne, cant. de Doulevant, arr. de Vassy. == Vignory.

LESCHEROUX, s. m. Com. du dép. de l'Ain, cant. de St.-Trivier-de-Courtes, arr. de Bourg. == Pont-de-Vaux.

LESCHES, s. f. Com. du dép. de la Drôme, cant. de Luc-en-Diois, arr. de Die. == Die.

LESCHES, s. f. Com. du dép. de Seine-et-Marne, cant. de Lagny, arr. de Meaux. == Lagny.

LESCHOUX ou CHOUX (les), s. m. pl. Com. du dép. du Loiret, cant. et arr. de Gien. == Gien.

LESCLAUSELS ou ÉCLAUSELS, s. m. Com. du dép. du Lot, cant. de St.-Géry, arr. de Cahors. == Cahors.

LESCOUET, s. m. Com. du dép. des Côtes-du-Nord, cant. de Jugon, arr. de Dinan. == Broons.

LESCOUET, s. m. Com. du dép. des Côtes-du-Nord, cant. de Goarec, arr. de Loudéac. == Rostrenen.

LESCOUSSE, s. f. Com. du dép. de l'Ariège, cant. et arr. de Pamiers. == Pamiers.

LESCOUT, s. m. Com. du dép. du Tarn, cant. de Puy-Laurens, arr. de Lavaur. == Puy-Laurens.

LESCUN, s. m. Com. du dép. des Basses-Pyrénées, cant. d'Accous, arr. d'Oloron. == Oloron.

LESCUNS, s. m. Com. du dép. de la Haute-Garonne, cant. de Cazères, arr. de Muret. == Martres.

LESCURE, s. f. Com. du dép. de l'Ariège, cant. et arr. de St.-Girons. == St.-Girons.

LESCURE, s. f. Com. du dép. de l'Aveyron, cant. de la Salvetat, arr. de Rodez. == Rodez.

LESCURE, s. f. Petite ville du dép. du Tarn, cant. et arr. d'Albi. == Albi.

LESCURE, s. f. Village du dép. du Cantal, cant. et arr. de St.-Flour. == St.-Flour.

LESCURE-LES-ROUEN, s. f. Village du dép. de la Seine-Inférieure, cant. de Boos, arr. de Rouen. == Rouen.

LESCURRY, s. m. Com. du dép. des Hautes-Pyrénées, cant. de Rabastens, arr. de Tarbes. == Tarbes.

LESDAIN, s. m. Com. du dép. du Nord, cant. de Marcoing, arr. de Cambrai. == Cambrai.

LESDINS, s. m. Com. du dép. de l'Aisne, cant. et arr. de St.-Quentin. == St.-Quentin.

LÈSE, adj. f. Qui blesse, qui est commis contre. Crime de — majesté, attentatoire à la vie du souverain, aux droits de la souveraineté.

LÉSÉ, E, part. Offensé, blessé, trompé.

LÉSER, v. a. Offenser, blesser, faire tort, porter préjudice.

LESGOR, s. m. Com. du dép. des Landes, cant. de Tartas, arr. de St.-Sever. == Tartas.

LESGOULES, s. f. Com. du dép. de la Côte-d'Or, cant. de Montigny, arr. de Châtillon. == Château-Vilain.

LÉSIGNAN, s. m. Com. du dép. des Hautes-Pyrénées, cant. de Lourdes, arr. d'Argelès. == Lourdes.

LÉSIGNAN-LA-CÈBE, s. m. Com. du dép. de l'Hérault, cant. de Montagnac, arr. de Béziers. = Pézénas.

LÉSIGNAT-DURAND, s. m. Com. du dép. de la Charente, cant. de Montembœuf, arr. de Confolens. = Chabanais.

LÉSIGNY, s. m. Com. du dép. de Seine-et-Marne, cant. de Brie, arr. de Melun. = Brie.

LÉSIGNY, s. m. Com. du dép. de la Vienne, cant. de Plumartin, arr. de Châtellerault. = Châtellerault.

LÉSINE, s. f. Avarice, épargne sordide jusque dans les plus petites choses.

LÉSINER, v. n. User de lésine.

LÉSINERIE, s. f. Acte de lésine. T. fam.

LÉSION, s. f. Tort, dommage qu'on éprouve dans un partage. —, altération quelconque des propriétés vitales, des fonctions de l'économie animale ou des tissus organiques. T. de méd.

LESKIE, s. f. Mousse. T. de bot.

LESLAY (le), s. m. Com. du dép. de la Côte-d'Or, cant. de Quintin, arr. de St.-Brieuc. = Quintin.

LESME, s. m. Com. du dép. de Saône-et-Loire, cant. de Bourbon-Lancy, arr. de Charolles. = Bourbon-Lancy.

LESMÉNILS, s. m. Com. du dép. de la Meurthe, cant. de Pont-à-Mousson, arr. de Nancy. = Pont-à-Mousson.

LESMONT, s. m. Com. du dép. de l'Aube, cant. de Brienne, arr. de Bar-sur-Aube. = Brienne.

LESNEVEN, s. m. Petite ville du dép. du Finistère, chef-lieu de cant. de l'arr. de Brest. Bur. d'enregist. et de Poste. Comm. de blé.

LESPARRE, s. f. Petite ville du dép. de la Gironde, chef-lieu de sous-préf. et de cant.; trib. de 1re inst.; société d'agric.; conserv. des hypoth.; direct. des contrib. indir.; recev. part. des finances. Bur. d'enregist. et de poste. Comm. de vins de Médoc, sel, grains, graines de lin, etc.

LESPÈRES, s. f. Com. du dép. de la Haute-Garonne, cant. de Rieumes, arr. de Muret. = Muret.

LESPÉRON, s. m. Com. du dép. de l'Ardèche, cant. de Coucouron, arr. de Largentière. = Langogne.

LESPÉRON, s. m. Com. du dép. des Landes, cant. d'Arjuzanx, arr. de Mont-de-Marsan. = Tartas.

LESPESQUIES, s. f. Village du dép. de l'Aveyron, cant. et arr. de Villefranche. = Villefranche.

LESPESSES, s. f. Com. du dép. du Pas-de-Calais, cant. de Norrent-Fontes, arr. de Béthune. = Lillers.

LESPIELLE, s. f. Com. du dép. des Basses-Pyrénées, cant. de Lembeye, arr. de Pau. = Pau.

LESPIGNAN, s. m. Com. du dép. de l'Hérault, cant. et arr. de Béziers. = Béziers.

LESPINASSE, s. f. Com. du dép. de la Haute-Garonne, cant. de Fronton, arr. de Toulouse. = Toulouse.

LESPINASSIÈRE, s. f. Com. du dép. de l'Aude, cant. de Peyriac-Minervois, arr. de Carcassonne. = Carcassonne.

LESPITAU, s. m. Com. du dép. de la Haute-Garonne, cant. et arr. de St.-Gaudens. = St.-Gaudens.

LESPLANS, s. m. Com. du dép. de l'Hérault, cant. et arr. de Lodève. = Lodève.

LESPOUEY, s. m. Com. du dép. des Hautes-Pyrénées, cant. de Tournay, arr. de Tarbes. = Tarbes.

LESPOURCY, s. m. Com. du dép. des Basses-Pyrénées, cant. de Morlaas, arr. de Pau. = Pau.

LESPUGNE, s. f. Com. du dép. de la Haute-Garonne, cant. de Boulogne, arr. de St.-Gaudens. = Boulogne.

LESQUE, s. m. Espèce de filet pour la pêche.

LESQUERDE, s. f. Com. du dép. des Pyrénées-Orientales, cant. de St.-Paul, arr. de Perpignan. = St.-Paul.

LESQUIELLES-ST.-GERMAIN, s. f. Com. du dép. de l'Aisne, cant. de Guise, arr. de Vervins. = Guise.

LESQUIN, s. m. Com. du dép. du Nord, cant. de Seclin, arr. de Lille. = Lille.

LESSAC (Petit-), s. m. Com. du dép. de la Charente, cant. et arr. de Confolens. = Confolens.

LESSARD, s. m. Com. du dép. du Jura, cant. et arr. de St.-Claude. = St.-Claude.

LESSARD-EN-BRESSE, s. m. Com. du dép. de Saône-et-Loire, cant. de St.-Germain-du-Plain, arr. de Châlons. = Châlons.

LESSARD-ET-LE-CHÊNE, s. m. Com. du dép. du Calvados, cant. et arr. de Lisieux. = Lisieux.

LESSARD-LE-ROYAL, s. m. Com. du dép. de Saône-et-Loire, cant. de Chagny, arr. de Châlons. = Chagny.

LESSAY, s. m. Com. du dép. de la Manche, chef-lieu de cant. de l'arr. de Coutances. Bur. d'enregist. à Périers. = Périers.

LESSE, s. f. Com. du dép. de la

Meurthe, cant. de Delme, arr. de Château-Salins. = Château-Salins.

LESSE, s. f. Sonnerie pour les morts. T. inus. —, tour du ressort. T. d'horl. Voy. LAISSE.

LESSERTIE, s. f. Voy. BAGUENAUDIER. T. de bot.

LESSEUX, s. m. Com. du dép. des Vosges, cant. et arr. de St.-Dié. = St.-Dié.

LESSIVE, s. f. Eau dans laquelle on fait dissoudre un mordant quelconque, de la cendre, de la potasse, pour nettoyer le linge, etc. —, lotion. T. de chim. —, grande perte au jeu. Fig. et fam.

LESSIVÉ, E, part. Nettoyé, blanchi avec la lessive.

LESSIVER, v. a. Faire la lessive, blanchir; nettoyer avec la lessive. —, nettoyer avec un liquide.

LESSON, s. m. Com. du dép. de la Vendée, cant. de Maillezais, arr. de Fontenay. = Fontenay.

LESSY, s. m. Com. du dép. de la Moselle, cant. de Gorze, arr. de Metz. = Metz.

LEST, s. m. Matières pesantes et peu volumineuses qu'on met au fond des navires pour les tenir en équilibre. Revenir sur son —, sans cargaison. T. de mar.

LESTAGE, s. m. Action de lester un navire. T. de mar.

LESTANVILLE, s. f. Com. du dép. de la Seine-Inférieure, cant. de Bacqueville, arr. de Dieppe. = Bacqueville.

LESTAP, s. m. Com. du dép. du Tarn, cant. de Dourgne, arr. de Castres. = Castres.

LESTARDS, s. m. Com. du dép. de la Corrèze, cant. de Bugeat, arr. d'Ussel. = Ussel.

LESTE, adj. Léger, agile, alerte. Vêtement —, élégant et gracieux, qui laisse l'entière liberté des mouvemens. —, inconvenant, peu délicat, peu circonspect; propos leste.

LESTÉ, E, part. Garni de lest, en parlant d'un navire. T. de mar.

LESTELLE, s. f. Com. du dép. de la Haute-Garonne, cant. de St.-Martory, arr. de St.-Gaudens. = St.-Martory.

LESTELLE, s. f. Com. du dép. des Basses-Pyrénées, cant. de Clarac, arr. de Pau. = Pau.

LESTEMENT, adv. D'une manière leste, au prop. et au fig.

LESTER, v. a. Garnir un vaisseau de lest. T. de mar.

LESTERNE, s. f. Com. du dép. de Lot-et-Garonne, cant. de Prayssas, arr. d'Agen. = Agen.

LESTERNES, s. f. Village du dép. du Cantal, cant. et arr. de St.-Flour. = St.-Flour.

LESTERPS, s. m. Com. du dép. de la Charente, cant. et arr. de Confolens. = Confolens.

LESTEUR, s. m. Bateau dont on se sert pour transporter le lest. T. de mar.

LESTÈVE, s. f. Genre d'insectes coléoptères. T. d'hist. nat.

LESTIAC, s. m. Com. du dép. de la Gironde, cant. de Cadillac, arr. de Bordeaux. = Cadillac.

LESTIBOUDÈJE, s. f. Voy. SOUCI. T. de bot.

LESTIBOUDOISE, s. f. Amarante de l'île de Madagascar. T. de bot.

LESTIGNAC, s. m. Com. du dép. de la Dordogne, cant. de Sigoulés, arr. de Bergerac. = Bergerac.

LESTION, s. m. Com. du dép. de Loir-et-Cher, cant. de Mer, arr. de Blois. = Beaugency.

LESTRADE, s. f. Com. du dép. de l'Aveyron, cant. de St.-Amans, arr. d'Espalion. = Espalion.

LESTRE, s. m. Com. du dép. de la Manche, cant. de Montebourg, arr. de Valognes. = Valognes.

LESTRIGONS, s. m. pl. Fils de Neptune, antropophages qui habitaient la Campanie. T. de myth.

LÉTANG, s. m. Com. du dép. de Seine-et-Marne, cant. de Mormant, arr. de Melun. = Guignes.

LÉTANG-VERGY, s. m. Com. du dép. de la Côte-d'Or, cant. de Gevrey, arr. de Dijon. = Nuits.

LÉTANNE, s. f. Com. du dép. des Ardennes, cant. de Mouzon, arr. de Sedan. = Mouzon.

LÉTANVILLE, s. f. Com. du dép. du Calvados, cant. d'Isigny, arr. de Bayeux. = Isigny.

LETCHI ou LITCHI, s. m. Arbre de la Chine de la famille des saponacées, qui fournit un fruit délicieux de la grosseur d'une noix.

LÉTHALITÉ, s. f. Circonstance qui rend une plaie essentiellement mortelle; léthalité des plaies. T. de chir.

LÉTHARGIE, s. f. Sommeil ou assoupissement profond et contre nature, accompagné d'une sorte d'insensibilité, de délire et d'une petite fièvre continue. T. de méd. —, nonchalance, apathie; insensibilité. Fig.

LÉTHARGIQUE, adj. Qui tient de la léthargie, qui en est atteint. —, insouciant, apathique; insensible à tout. Fig.

LÉTHÉ, s. m. Fleuve d'enfer où les

ombres étaient obligées de venir boire, afin d'oublier entièrement le passé. T. de myth.

LÉTHECH ou LETECH, s. m. LÉTÈQUE, s. f. Mesure hébraïque.

LÉTHIFÈRE, adj. Qui cause la mort.

LÉTHRUS, s. m. Genre d'insectes coléoptères. T. d'hist. nat.

LETHUIN, s. m. Com. du dép. d'Eure-et-Loir, cant. d'Auneau, arr. de Chartres. = Angerville.

LÉTIA, s. f. Com. du dép. de la Corse, cant. de Vico, arr. d'Ajaccio. = Ajaccio.

LÉTICORNES, s. m. pl. Papillons. T. d'hist. nat.

LETITRE, s. m. Com. du dép. de la Somme, cant. de Nouvion, arr. d'Abbeville. = Abbeville.

LÉTOILE, s. f. Com. du dép. de la Somme, cant. de Picquigny, arr. d'Amiens. = Flixecourt.

LÉTRA, s. m. Com. du dép. du Rhône, cant. de Bois-d'Oingt, arr. de Villefranche. = Villefranche.

LÉTRICOURT, s. m. Com. du dép. de la Meurthe, cant. de Nomeny, arr. de Nancy. = Pont-à-Mousson.

LETTÉGUIVES, s. f. Com. du dép. de l'Eure, cant. d'Ecouis, arr. des Andelys. = Ecouis.

LETTENKOHL, s. m. Espèce de houille.

LETTRE, s. f. Caractère de l'alphabet. —, caractère d'imprimerie; lettre italique, romaine, etc., écriture, manière d'écrire; lettre bâtarde, ronde, coulée. —, inscription au bas d'une gravure; gravure avant la lettre. —, épître, missive. —, sens littéral; s'attacher à la lettre. — de change, effet de commerce tiré de place en place sur un négociant. — de créance, qui accrédite un envoyé. —, pl. Actes de chancellerie; lettres patentes. —, la littérature. Homme de —, littérateur. A la —, adv. Littéralement, mot pour mot, dans le vrai sens.

LETTRÉ, s. m. Homme de lettres, littérateur. —, mandarin chinois.

LETTRÉ, E, adj. Qui a de l'érudition, du savoir, qui est versé dans la littérature.

LETTRET, s. m. Com. du dép. des Hautes-Alpes, cant. de Tallard, arr. de Gap. = Gap.

LETTRINE, s. f. Petite lettre indicative; majuscule qui se met en tête des pages d'un dictionnaire. T. d'impr.

LETTSOME, s. f. Arbrisseau du Pérou. T. de bot.

LEUBRINGHEN, s. m. Com. du dép. du Pas-de-Calais, cant. de Marquise, arr. de Boulogne. = Marquise.

LEUC, s. m. Com. du dép. de l'Aude, cant. et arr. de Carcassonne. = Carcassonne.

LEUCADE ou LEUCATE, s. f. Île de la mer Ionienne où l'on remarque un promontoire formé de rochers escarpés qu'on nomme le Saut de Leucade, parce que les Amans malheureux, entr'autres, l'immortelle Sapho, firent la folie de se jeter de ce promontoire dans la mer, pour se guérir des tourmens de l'amour. T. de myth. —, voy. PHLOMIS. T. de bot.

LEUCADENDRO ou LEUCADENDROS, s. m. LEUCADENDRA, s. f. Espèce de plante de la famille des myrtes. T. de bot.

LEUCAÉRIE, s. f. Genre de plantes composées. T. de bot.

LEUCAM, s. m. Com. du dép. du Cantal, cant. de Montsalvy, arr. d'Aurillac. = Aurillac.

LEUCANTHÉMON, s. m. Plante à fleurs blanches et jaunes au milieu. T. de bot.

LEUCAS, s. m. Voy. DRYADE. T. de bot.

LEUCATE, s. f. Village du dép. de l'Aude, cant. de Sijean, arr. de Narbonne. = Sijean.

LEUCÉ, s. f. Dartre squammeuse. Voy. ALFOS. T. de méd.

LEUCHEY, s. m. Com. du dép. de la Haute-Marne, cant. de Prauthoy, arr. de Langres. = Langres.

LEUCHSPATH, s. m. Pierre phosphorescente. T. d'hist. nat.

LEUCITE, s. f. Produit volcanique de Bohême et d'Italie, grenat blanc. Voy. AMPHIGÈNE. T. d'hist. nat.

LEUCOCHRYSOS, s. m. Pierres précieuses dont l'une est d'un blanc doré et l'autre d'un blanc jaunâtre. T. d'hist. nat.

LEUCODON, s. m. Mousse. T. de bot.

LEUCOLITHE, s. m. Schorl blanc, prismatique, silice fluaté ou topaze. T. d'hist. nat.

LEUCOMA ou LEUCOME, s. m. Voy. ALBUGO.

LEUCOPHLEGMATIE, s. f. Voy. ANASARQUE. T. de méd.

LEUCOPHLEGMATIQUE, s. et adj. Attaqué d'une sorte d'hydropisie, d'une enflure œdémateuse. T. de méd.

LEUCOPHRE, s. f. Genre d'animalcules infusoires. T. d'hist. nat.

LEUCOPHTHALMOS, s. m. Agate œillée, blanche et noire. T. d'hist. nat.

LEUCOPHYLLE, s. m. Scrofulaire, plante de l'Amérique méridionale. T. de bot.

LEUCOPŒCILOS, s. m. Pierre blanche avec des raies de couleur d'or. T. d'hist. nat.

LEUCOPOGON, s. m. Plante de la famille des bruyères. T. de bot.

LEUCOPSIS, s. m. Insecte hyménoptère, chalcidite. T. d'hist. nat.

LEUCOPYRUS, s. m. Arbrisseau des Indes orientales à baies d'un blanc de neige. T. de bot.

LEUCORRHÉE, s. f. Ecoulement de mucosités par le vagin, fleurs blanches. T. de méd.

LEUCORRHÉIQUE, adj. f. Affecté de fleurs blanches. T. de méd.

LEUCORYX, s. m. Antilope à cornes droites. T. d'hist. nat.

LEUCO-SAPHIR ou LUCO-SAPHIR, s. m. Saphir blanc.

LEUCOSCEPTRE, s. m. Plante verbénacée de l'Inde. T. de bot.

LEUCOSIE, s. f. Genre de crustacés décapodes. T. d'hist. nat.

LEUCOSPERME, s. m. Plante de la famille des protéoïdes. T. de bot.

LEUCOSTICTOS, s. m. Porphyre rouge antique. T. d'hist. nat.

LEUCOXYLON, s. m. Voy. BIGNONE. T. d'hist. nat.

LEUDE, s. f. Droit de péage qui se levait en Languedoc. —, pl. Nobles Francs sous Clovis.

LEU-D'ESSERENT (St.-), s. m. Com. du dép. de l'Oise, cant. de Creil, arr. de Senlis. = Chantilly.
Carrières renommées de pierres à bâtir, dites de St.-Leu.

LEUDEVILLE, s. f. Com. du dép. de Seine-et-Oise, cant. d'Arpajon, arr. de Corbeil. = Arpajon.

LEUDON, s. m. Com. du dép. de Seine-et-Marne, cant. de la Ferté-Gaucher, arr. de Coulommiers. = la Ferté-Gaucher.

LEUGÉON, s. m. Filet du genre des manets, pour prendre des raies. T. de pêch.

LEUGLAY, s. m. Com. du dép. de la Côte-d'Or, cant. de Recey-sur-Ourche, arr. de Châtillon. = Aignan.

LEUGNEY, s. m. Village du dép. du Doubs, cant. de Vercel, arr. de Baume. = Baume.

LEUGNY, s. m. Com. du dép. de la Vienne, cant. de Dangé, arr. de Châtellerault. = Châtellerault.

LEUGNY, s. m. Com. du dép. de l'Yonne, cant. de Toucy, arr. d'Auxerre. = Toucy.

LEUH, s. m. Livre dont parle l'Alcoran, où sont écrites par la main des anges, toutes les actions des hommes.

LEUHAN, s. m. Com. du dép. du Finistère, cant. de Châteauneuf, arr. de Châteaulin. = Rosporden.

LEUILLY, s. m. Com. du dép. de l'Aisne, cant. de Coucy, arr. de Laon. = Coucy.

LEULINGHEM, s. m. Com. du dép. du Pas-de-Calais, cant. de Lombres, arr. de St.-Omer. = St.-Omer.

LEULINGHEN, s. m. Com. du dép. du Pas-de-Calais, cant. de Marquise, arr. de Boulogne. = Marquise.

LEUQUEUE (la), s. f. Com. du dép. de la Seine-Inférieure, cant. de Londinières, arr. de Neufchâtel. = Neufchâtel.

LEUR, pron. pers. sans pl. A eux, à elles; il leur est agréable. —, pron. possessif. pl. d'eux, d'elles; leurs armes, leurs rangs.

LEURINE (Ste.-), s. f. Com. du dép. de la Charente-Inférieure, cant. d'Archiac, arr. de Jonzac. = Jonzac.

LEURRE, s. m. Cuir rouge en forme d'oiseau pour rappeler le faucon. T. de fauc. —, amorce, appât pour attirer et tromper. Fig.

LEURRÉ, E, part. Attiré par un leurre; trompé.

LEURRER, v. a. Attirer avec le leurre; dresser au leurre. T. de fauc. —, attirer par un appât, par des promesses pour tromper. Fig. Se —, v. pron. Se bercer d'un fol espoir.

LEURVILLE, s. f. Com. du dép. de la Haute-Marne, cant. de St.-Blin, arr. de Chaumont. = Andelot.

LEURY, s. m. Com. du dép. de l'Aisne, cant. et arr. de Soissons. = Soissons.

LEU-TAVERNY (St.-), s. m. Com. du dép. de Seine-et-Oise, cant. d'Enghien, arr. de Pontoise. = Franconville.

LEUTENHEIM, s. m. Com. du dép. du Bas-Rhin, cant. de Bischwiller, arr. de Strasbourg. = Strasbourg.

LEUTRITE, s. f. Pierre marneuse. T. d'hist. nat.

LEUVILLE, s. f. Com. du dép. de Seine-et-Oise, cant. d'Arpajon, arr. de Corbeil. = Linas.

LEUVRIGNY, s. m. Com. du dép. de la Marne, cant. de Dormans, arr. d'Epernay. = Dormans.

LEUY, s. m. Com. du dép. des Landes, cant. de Tartas, arr. de St.-Sever. = Tartas.

LEUZE, s. f. Com. du dép. de l'Aisne, cant. d'Aubenton, arr. de Vervins. = Aubenton.

LEUZÉE, s. f. Centaurée conifère. T. de bot.

LEVAGE, s. m. Ancien droit seigneurial sur les denrées qui séjournaient dans l'étendue d'un fief.

LEVAIN, s. m. Substance qui excite la fermentation ; morceau de pâte aigrie qu'on délaie et qu'on mêle avec la farine pour faire lever la pâte. —, mauvaise disposition des humeurs. —, impression que le vice laisse dans l'ame, reste d'une passion violente. —, cause, principe, germe, ferment ; le levain de la discorde.

LEVAINVILLE, s. f. Com. du dép. d'Eure-et-Loir, cant. d'Auneau, arr. de Chartres. = Gallardon.

LEVAL, s. m. Com. du dép. du Nord, cant. de Berlaimont, arr. d'Avesnes. = Avesnes.

LEVAL, s. m. Com. du dép. du Haut-Rhin, cant. de Massevaux, arr. de Belfort. = Belfort.

LEVAL, s. m. Com. du dép. de la Haute-Saône, cant. et arr. de Lure. = Lure.

LEVANT, s. m. Est, orient, partie de la terre d'où le soleil semble se lever. —, adj. m. Qui se lève ; le soleil levant. Adorer le soleil —, s'attacher à la puissance, à la faveur naissante. Fig.

LEVANTIN, E, s. et adj. Originaire du Levant, qui habite les côtes orientales de la Méditerranée.

LEVANTINE, s. f. Sorte d'étoffe de soie. —, pl. Coquilles du genre Vénus. T. d'hist. nat.

LEVANTIS, s. m. Soldat d'une galère turque. — patron, capitaine d'une galère turque.

LEVARÉ, s. m. Com. du dép. de la Mayenne, cant. de Gorron, arr. de Mayenne. = Mayenne.

LEVAULT, s. m. Com. du dép. de l'Yonne, cant. et arr. d'Avallon. = Avallon.

LEVAVILLE-ST.-SAUVEUR, s. f. Com. du dép. d'Eure-et-Loir, cant. de Châteauneuf, arr. de Dreux. = Châteauneuf.

LÈVE, s. f. Cuiller de bois à long manche qui sert à lever la boule au jeu de mail.

LEVÉ, s. m. Mouvement du pied, de la main pour indiquer la mesure. T. de mus.

LEVÉ, E, part. Haussé, dressé.

LEVÉCOURT, s. m. Com. du dép. de la Haute-Marne, cant. de Bourmont, arr. de Chaumont. = Bourmont.

LEVÉE, s. f. Action de recueillir les grains, de moissonner, récolte ; action de lever les impôts, de retirer les lettres des boîtes de poste. —, heure à laquelle une assemblée se lève pour finir la séance, clôture. —, enrôlement, recrue. — de siège, retraite des assiégeans. — de boucliers, grands préparatifs pour une entreprise imprudente. —, quai, digue, chaussée. —, ce qu'on enlève ou coupe sur une pièce d'étoffe. —, carte enlevée par une plus forte. T. de jeu. —, prélèvement d'un associé pour sa dépense. T. de comm., etc.

LEVÉMONT, s. m. Com. du dép. de l'Oise, cant. de Chaumont, arr. de Beauvais. = Magny.

LEVENHOOKIE, s. f. Plante orchidée de la Nouvelle-Hollande. T. de bot.

LEVENS, s. m. Com. du dép. des Basses-Alpes, cant. de Moustiers, arr. de Digne. = Riez.

LEVENT, s. m. Voy. LEVANTIS.

LEVER, s. m. L'heure à laquelle on se lève, on sort du lit. — du soleil, d'un astre, sa première apparition au-dessus de l'horizon.

LEVER, v. a. Hausser, faire qu'une chose soit plus haute ; dresser ce qui était penché, couché. —, lever une chose de dessus une autre, lever un appareil. —, ramasser, récolter, recueillir ; lever les moissons. —, couper, retrancher, prendre une partie d'un tout ; lever un habit, une somme. — des hommes, recruter pour le service militaire. — une place, la tracer. — un acte, le faire expédier. —, faire cesser ; lever une difficulté, etc. —, v. n. Pousser, sortir de terre, en parlant des plantes ; fermenter, en parlant de la pâte. —, faire la levée. T. de jeu. Se —, v. pron. Sortir du lit ; cesser d'être assis. Se —, paraître sur l'horizon, en parlant d'un astre ; recommencer à souffler, en parlant du vent. Fig.

LEVERGIES, s. f. Com. du dép. de l'Aisne, cant. du Catelet, arr. de St.-Quentin. = St.-Quentin.

LEVERNOIS, s. m. Com. du dép. du Doubs, cant. et arr. de Montbéliard. = Montbéliard.

LEVERNOIS-SUR-LA-BOURGEOISE, s. m. Com. du dép. de la Côte-d'Or, cant. et arr. de Beaune. = Beaune.

LÈVES, s. m. Com. du dép. d'Eure-et-Loir, cant. et arr. de Chartres. = Chartres.

LÈVES (les) ET-TOUMEYRAGUE, s. m. pl. Com. du dép. de la Gironde, cant. de Ste.-Foi, arr. de Libourne. = Ste.-Foi-la-Grande.

LEVESVILLE-LA-CHENARD, s. f. Com. du dép. d'Eure-et-Loir, cant. de

Janville, arr. de Chartres. = Angerville.

LEVET, s. m. Com. du dép. du Cher, chef-lieu de cant. de l'arr. de Bourges, où se trouvent les bur. d'enregist. et de poste.

LEVEUR, EUSE, s. Celui qui lève les formes, les feuilles de papier, etc. —, de lettres, compositeur très habile, ou sans instruction.

LEVÈZE, s. m. Com. du dép. de Lot-et-Garonne, cant. de Mézin, arr. de Nérac. = Nérac.

LÉVIATHAN, s. m. Animal marin dont il est fait mention dans les livres de Job, et qu'on croit être un cétacé.

LEVIE-ET-CARBINI, s. f. Com. du dép. de la Corse, chef-lieu de cant. de l'arr. de Sartène. Bur. d'enregist. à Carbini. = Ajaccio.

LEVIER, s. m. Com. du dép. du Doubs, chef-lieu de cant. de l'arr. de Pontarlier. Bur. d'enregist. = Pontarlier.

LEVIER, s. m. Barre de bois, de fer, propre à soulever les fardeaux. —, instrument de chirurgien, de dentiste. —, outil qui sert à égaler la fusée au ressort. T. d'horl.

LEVIÈRE, s. f. Grosse corde sur un treuil pour lever les filets. T. de pêch.

LEVIGATION, s. f. Pulvérisation. T. de pharm.

LEVIGÉ, E, part. Pulvérisé. T. de pharm.

LEVIGER, v. a. Pulvériser, réduire en poudre impalpable. T. de pharm.

LÉVIGNAC, s. m. Com. du dép. de la Haute-Garonne, cant. de Léguevin, arr. de Toulouse. = l'Isle-en-Jourdain.

LÉVIGNAC, s. m. Com. du dép. de Lot-et-Garonne, cant. de Seyches, arr. de Marmande. = Marmande.

LÉVIGNACQ, s. m. Com. du dép. des Landes, cant. de Castets, arr. de Dax. = Dax.

LÉVIGNAU, s. m. Com. du dép. des Landes, cant. de Grenade, arr. de Mont-de-Marsan. = Grenade.

LÉVIGNEN, s. m. Com. du dép. de l'Oise, cant. de Betz, arr. de Senlis. = Senlis.

LÉVIGNY, s. m. Com. du dép. de l'Aube, cant. de Soulaines, arr. de Bar-sur-Aube. = Bar.

LEVINHAC-LE-BAS, s. m. Com. du dép. de l'Aveyron, cant. d'Asprières, arr. de Villefranche. = Rignac.

LEVINHAC-LE-HAUT, s. m. Com. du dép. de l'Aveyron, cant. d'Aubin, arr. de Villefranche. = Rignac.

LEVIRAT, s. m. Mariage hébreu avec la veuve d'un frère.

LEVIROSTRES, s. m. pl. Famille d'oiseaux grimpeurs qui ont un bec très volumineux, mais creux en dedans, et conséquemment beaucoup plus léger qu'il ne le semble, comme le perroquet.

LEVIS, adj. m. Se dit d'un pont qui se lève et se baisse à volonté; pont levis.

LEVIS, s. m. Com. du dép. de l'Yonne, cant. de Toucy, arr. d'Auxerre. = Toucy.

LÉVISANUS, s. m. Arbrisseau du cap de Bonne-Espérance. T. de bot.

LÉVISILEX, s. m. Quartz agate nectique. T. d'hist. nat.

LÉVITE, s. m. Descendant de Lévi; israélite de la tribu de Lévi, prêtre, sacrificateur chez les Hébreux. —, s. f. Sorte de vêtement, de robe ample.

LÉVITIQUE, s. m. Troisième livre du Pentateuque, relatif aux cérémonies des Lévites.

LEVO-KIOU, ou COLLERO, s. m. Fourmi à tête rouge, très méchante. T. d'hist. nat.

LEVONCOURT, s. m. Com. du dép. de la Meuse, cant. de Pierrefitte, arr. de Commercy. = St.-Mihiel.

LEVONCOURT, s. m. Com. du dép. du Haut-Rhin, cant. de Ferrette, arr. d'Altkirch. = Huningue.

LEVRAUT, s. m. Jeune lièvre.

LÈVRE, s. f. Partie glanduleuse et musculeuse qui forme l'ouverture de la bouche et qui se divise en inférieure et supérieure. —, ce qui en a la forme; bord d'une ouverture, de la vulve, d'une plaie, etc. —, pl. Découpures qui caractérisent les fleurs des plantes labiées. T. de bot.

LEVRETEAU, s. m. Petit levraut.

LEVRETTE, s. f. Femelle du levrier.

LEVRETTÉ, E, adj. Qui a la taille mince comme un levrier.

LEVRETTER, v. n. Chasser au lièvre avec des levriers; mettre bas, en parlant d'une hase. T. de véner.

LEVRETTERIE, s. f. Art de dresser des levriers. T. de véner.

LEVRETTEUR, s. m. Garde-chasse chargé du soin d'élever et de dresser des levriers.

LEVREUX, EUSE, adj. Qui a de grosses lèvres.

LEVREZY, s. m. Com. du dép. des Ardennes, cant. de Monthermé, arr. de Mézières. = Mézières.

LEVRICHE, s. f. Femelle d'un petit lièvre.

LEVRIER, s. m. Chien remarquable par la délicatesse et l'élégance de sa tête, de ses jambes et de sa taille, qui attrape le lièvre à la course et franchit en un instant la distance qui le sépare de sa proie.

LEVRON, s. m. Jeune lévrier ; joli lévrier d'Italie.

LEVROUX, s. m. Ville du dép. de l'Indre, chef-lieu de cant. de l'arr. de Châteauroux. Bur. d'enregist. et de poste.
Manuf. de draps. Comm. de vins, grains, etc.

LEVURE, s. f. Écume de la bierre en fermentation dont les boulangers se servent pour levain. —, partie du porc entre la couenne et le maigre, levée pour larder. —, première rangée de mailles d'un filet. T. de pêch.

LEVURIER, s. m. Marchand de levure.

LEVY-ST.-NOM, s. m. Com. du dép. de Seine-et-Oise, cant. de Chevreuse, arr. de Rambouillet. = Trappes.

LEWARDE, s. f. Com. du dép. du Nord, cant. et arr. de Douai. = Douai.

LEWISIE, s. f. Plante vivace de l'Amérique septentrionale. T. de bot.

LEXIARQUE, s. m. Magistrat qui examinait la conduite des membres du prytanée. T. d'Antiq.

LEXICOGRAPHE, s. m. Auteur d'un lexique, d'un dictionnaire.

LEXICOGRAPHIE, s. f. Art de faire des dictionnaires.

LEXICOGRAPHIQUE, adj. Qui appartient, est relatif à la lexicographie.

LEXICOLOGIE, s. f. Science qui embrasse tout ce qui concerne les langues.

LEXICOLOGIQUE, adj. Qui est relatif à la lexicologie.

LEXIQUE, s. m. Dictionnaire grec. —, adj. Manuel. —, dictionnaire d'un usage facile et fréquent.

LEXY, s. m. Com. du dép. de la Moselle, cant. de Longwy, arr. de Briey, = Longwy.

LEY, s. m. Com. du dép. de la Meurthe, cant. de Vic, arr. de Château-Salins. = Moyenvic.

LEYDING, s. m. Com. du dép. de la Moselle, cant. de Bouzonville, arr. de Thionville. = Bouzonville.

LEYME, s. m. Com. du dép. du Lot, cant. de la Capelle, arr. de Figeac. = Figeac.

LEYMEN, s. m. Com. du dép. du Haut-Rhin, cant. de Huningue, arr. d'Altkirch. = Huningue.

LEYMENT, s. m. Com. du dép. de l'Ain, cant. de Lagnieu, arr. de Belley, = Ambérieux.

LEYNES, s. f. Com. du dép. de Saône-et-Loire, cant. de la Capelle-de-Guinchay, arr. de Mâcon. = Mâcon.

LEYR, s. m. Com. du dép. de la Meurthe, cant. de Nomeny, arr. de Nancy. = Nancy.

LEYRAT, s. m. Com. du dép. de la Creuse, cant. et arr. de Boussac. = Boussac.

LEYRE (le), s. m. Petite rivière dont on trouve la source près de Tauriet, dép. des Landes, arr. de Mont-de-Marsan, et qui se jette dans le bassin d'Arcachon, dép. de la Gironde, après avoir parcouru un espace de 20 l. Cette rivière est flottable en trains, depuis le pont de Belict jusqu'à son embouchure.

LEYRIEU, s. m. Com. du dép. de l'Isère, cant. de Crémieu, arr. de la Tour-du-Pin. = Crémieu.

LEYRITS, s. m. Com. du dép. de Lot-et-Garonne, cant. de Casteljaloux, arr. de Nérac. = Casteljaloux.

LEYSÈRE, s. f. Genre de plantes corymbifères. T. de bot.

LEYSSARD, s. m. Com. du dép. de l'Ain, cant. d'Izernore, arr. de Nantua. = Nantua.

LEYVAUX, s. m. Com. du dép. du Cantal, cant. de Massiac, arr. de St.-Flour. = Massiac.

LEYWILLER, s. m. Com. du dép. de la Moselle, cant. de Grostenquin, arr. de Sarreguemines. = St.-Avold.

LEZ, s. m. Com. du dép. de la Haute-Garonne, cant. de St.-Béat, arr. de St.-Gaudens. = St.-Béat.

LEZ, s. m. Village du dép. de l'Aveyron, réuni à la com. de Taussac, cant. de Mur-de-Barrez, arr. d'Espalion. = Mur-de-Barrez.

LEZ (le), s. m. Rivière qui prend naissance au-dessus de St.-Mathieu, dép. de l'Hérault, arr. de Montpellier. Cette rivière, que l'on nomme aussi canal du Lez ou de Grave, a été rendue navigable au moyen de trois écluses, depuis le port de Juvénal jusqu'à la remonte du canal des Etangs, où elle va se perdre.

LEZ, adv. A côté de, près de; St.-Germain-lez-Prés. (Vi.)

LÉZA, s. f. Com. du dép. du Jura, cant. de Morez, arr. de St.-Claude. = Morez.

LÉZAN, s. m. Com. du dép. du Gard, cant. de Ledignan, arr. d'Alais. = Nismes.

LÉZARD, s. m. Quadrupède ovipare à longue queue, très vif; genre de reptiles sauriens. —, constellation septentrionale. T. d'astr.

LÉZARDE, s. f. Femelle du lézard; crevasses dans un mur.

LÉZARDÉ, E, adj. Rempli de lézardes, crevassé.

LÉZARDELLE, s. f. Plante vivace, herbacée. T. de bot.

LÉZARDRIEUX, s. m. Com. du dép. des Côtes-du-Nord, chef-lieu de cant. de l'arr. de Lannion. Bur. d'enregist. = Paimbol.

LÉZAT, s. m. Ville du dép. de l'Arriège, cant. de Fossat, arr. de Pamiers. Bur. d'enregist. = Auterive.

LÉZAY, s. m. Com. du dép. des Deux-Sèvres, cant. de Chenay, arr. de Melle. = Melle.

LÉZENNES, s. f. Com. du dép. du Nord, cant. et arr. de Lille. = Lille.

LÉZER (St.-), s. m. Com. du dép. des Hautes-Pyrénées, cant. de Vic, arr. de Tarbes. = Vic.

LÉZÉVILLE, s. f. Com. du dép. de la Haute-Marne, cant. de Poissons, arr. de Vassy. = Joinville.

LEZEY, s. m. Com. du dép. de la Meurthe, cant. de Vic, arr. de Château-salins. = Moyenvic.

LEZ-FONTAINE, s. f. Com. du dép. du Nord, cant. de Solre-le-Château, arr. d'Avesnes. = Solre-le-Château.

LEZIAN, s. m. Village du dép. du Gers, cant. de Jegun, arr. d'Auch. = Auch.

LÉZIGNAN, s. m. Com. du dép. de l'Aude, chef-lieu de cant. de l'arr. de Narbonne. Bur. d'enregist. et de poste.

LEZIGNÉ, s. m. Com. du dép. de Maine-et-Loire, cant. de Seiches, arr. de Baugé. = Durtal.

LÉZIGNEUX, s. m. Com. du dép. de la Loire, cant. et arr. de Montbrison. = Montbrison.

LÉZIN (St.-), s. m. Com. du dép. de Maine-et-Loire, cant. de Chemillé, arr. de Beaupréau. = Chemillé.

LÉZINNES, s. f. Com. du dép. de l'Yonne, cant. d'Ancy, arr. de Tonnerre. = Ancy-le-Franc.

LEZONS, s. m. Com. du dép. des Basses-Pyrénées, cant. et arr. de Pau. = Pau.

LEZOUX, s. m. Ville du dép. du Puy-de-Dôme, chef-lieu de cant. de l'arr. de Thiers. Bur. d'enregist. et de poste.

LHABIT (le), s. m. Com. du dép. de l'Eure, cant. de St.-André, arr. d'Evreux. = Pacy-sur-Eure.

LHERM, s. m. Com. du dép. de la Haute-Garonne, cant. et arr. de Muret. = Muret.

LHERM, s. m. Com. du dép. du Lot, cant. de Catus, arr. de Cahors.=Castelfranc.

LHERZOLITHE, s. f. Variété de pyroxène, produit volcanique. T. d'hist. nat.

LHEURE, s. f. Com. du dép. de la Seine-Inférieure, cant. d'Ingouville, arr. du Hâvre. = le Hâvre.

LHEZ, s. m. Com. du dép. des Hautes-Pyrénées, cant. de Tournay, arr. de Tarbes. = Tarbes.

LHOMMAIZÉ, s. m. Com. du dép. de la Vienne, cant. de Lussac, arr. de Montmorillon. = Chauvigny.

LHÔPITAL, s. m. Com. du dép. des Basses-Pyrénées, cant. et arr. de Mauléon. = Mauléon.

LHÔPITAL-D'ORION, s. m. Com. du dép. des Basses-Pyrénées, cant. de Sauveterre, arr. d'Orthez. = Orthez.

LHOR, s. m. Com. du dép. de la Meurthe, cant. d'Albestroff, arr. de Château-Salins. = Dieuze.

LHOSPITALET, s. m. Com. du dép. du Lot, cant. de Castelnau, arr. de Cahors. = Castelnau.

LHOUMOIS, s. m. Com. du dép. des Deux-Sèvres, cant. de Thenezay, arr. de Parthenay. = Parthenay.

LHUISSERIE, s. f. Com. du dép. de la Mayenne, cant. et arr. de Laval. = Laval.

LHUITRE, s. f. Com. du dép. de l'Aube, cant. de Ramerupt, arr. d'Arcis. = Arcis-sur-Aube.

LHUYS, s. m. Com. du dép. de l'Aisne, cant. de Braisne, arr. de Soissons. = Braisne.

LIAC, s. m. Com. du dép. des Hautes-Pyrénées, cant. de Rabastens, arr. de Tarbes. = Tarbes.

LIAGE, s. m. Ancien droit sur la lie de vin. Fil de —, fil qui lie la dorure et la soie. T. de manuf.

LIAGORE, s. m. Polypier tubulaire. T. d'hist. nat.

LIAIS, s. m. Pierre dure, d'un grain très fin. —, longue tringle de bois qui soutient les lisses. T. de tisser.

LIAISON, s. f. Union, jonction de plusieurs corps. —, enchaînement des parties du discours. —, connexité, rapport. —, attachement, union d'amitié, d'intérêt. —, tout ce qui est propre à épaissir une sauce. T. de cuis. —, mortier, plâtre qui sert à jointoyer les pierres. T. de maç. —, pl. Société; intelligences, intimités, accointances. —, traits déliés qui unissent les jambages des lettres. Maçonnerie en —, où les pierres sont posées sur les joints de deux autres.

LIAISONNÉ, E, part. Disposé en liaison; se dit des pierres.

LIAISONNER, v. a. Disposer les pierres, les pavés, en liaison. T. de maç. —, les lattes, les clouer de manière qu'elles n'aboutissent pas toutes sur le même chevron. T. de couvr.

LIALORES, s. m. Com. du dép. du Gers, cant. et arr. de Condom. = Condom.

LIAMONE (le), s. m. Rivière dont on trouve la source dans le lac de Creno, dép. de la Corse, arr. d'Ajaccio, cant. de Vico, et qui se jette dans la Méditerranée, au golfe de Sagone, après un cours de 15 l.

LIANCE, s. f. Ancien droit du seigneur sur son vassal lige.

LIANCOURT-FOSSE, s. m. Com. du dép. de la Somme, cant. de Roye, arr. de Montdidier. = Roye.

LIANCOURT-ST.-PIERRE, s. m. Com. du dép. de l'Oise, cant. de Chaumont, arr. de Beauvais. = Chaumont.

LIANCOURT-SOUS-CLERMONT, s. m. Com. du dép. de l'Oise, chef-lieu de cant. de l'arr. de Clermont. Bur. d'enregist. et de poste.
Manuf. de calicots, linge de table, sabots; filatures de coton, etc. Comm. de grains, légumes, fruits, etc.

LIANE, s. f. Nom générique des plantes sarmenteuses d'Amérique.

LIANT, s. m. Douceur, souplesse de caractère.

LIANT, E, adj. Souple, flexible; facile à travailler, ductile, en parlant des métaux. —, affable, doux, complaisant, affectueux. Fig.

LIARD, s. m. Petite monnaie de cuivre qui valait trois deniers. —, peuplier noir; peuplier à feuilles vernissées.

LIARDER, v. n. Lésiner, payer liard à liard. —, boursiller. T. fam.

LIARDEUR, s. m. Boursilleur, avare, harpagon. T. fam.

LIART, s. m. Com. du dép. des Ardennes, cant. de Rumigny, arr. de Rocroy. = Aubenton.

LIAS, s. m. Com. du dép. du Gers, cant. de Cazaubon, arr. de Condom. = l'Isle-Jourdain.

LIAS, s. m. Com. du dép. du Gers, cant. de l'Isle-Jourdain, arr. de Lombez. = Nogaro.

LIAS, s. m. Com. du dép. des Hautes-Pyrénées, cant. de Lourdes, arr. d'Argelès. = Lourdes.

LIASSE, s. f. Amas de papiers liés ensemble; fil qui sert à lier les dossiers; lien.

LIATRIX, s. m. Voy. SERRATULE. T. de bot.

LIAUCOUS, s. m. Com. du dép. de l'Aveyron, cant. de Peyreleau, arr. de Milhau. = Milhau.

LIAUSSON, s. m. Com. du dép. de l'Hérault, cant. de Clermont, arr. de Lodève. = Clermont.

LIBAGE, s. m. Gros moellon mal taillé; pierre de taille qui a des fils, des fentes.

LIBAN, s. m. Jeune Syrien assassiné par des scélérats, qui fut métamorphosé en montagne pour le récompenser de sa piété. T. de myth. —, chaîne de montagnes de Syrie. —, corde qui borde le pied du filet. T. de pêch.

LIBANIE, s. f. ou LIBANOTIS, s. m. Plante vivace, ombellifère du midi de l'Europe, dont la racine a une odeur d'encens.

LIBANOMANCIE, s. f. Divination qui se faisait à l'aide de l'encens.

LIBANOTE, s. m. Voy. ATHAMANTE. T. de bot.

LIBAROS, s. m. Com. du dép. des Hautes Pyrénées, cant. de Galan, arr. de Tarbes. = Tric.

LIBARREUX, s. m. Com. du dép. des Basses-Pyrénées, cant. et arr. de Mauléon. = Mauléon.

LIBATION, s. f. Cérémonie religieuse, effusion de vin ou autre liqueur en l'honneur des Dieux. T. de myth.

LIBATTE, s. f. Camp ou village des nègres.

LIBELLATIQUE, s. Chrétien qui se rachetait de la persécution, et auquel, en échange de son argent, les magistrats donnaient une sauvegarde.

LIBELLE, s. m. Écrit injurieux, diffamatoire. —, exploit, acte du ministère d'un huissier. T. de procéd.

LIBELLÉ, E, part. Rédigé dans les formes; motivé, en parlant d'une demande. T. de procéd.

LIBELLER, v. a. Dresser, rédiger un acte de procédure selon les formes; motiver une demande; désigner l'emploi d'une somme.

LIBELLISTE, s. m. Auteur d'un libelle.

LIBELLULES, s. f. ou LIBELLULINES, s. f. pl. Genre d'insectes névroptères. T. d'hist. nat.

LIBER, s. m. Troisième enveloppe de l'écorce du bois; couche corticale.

LIBÉRA, s. m. (mot latin). Prière de l'Église dans l'office des morts.

LIBÉRAL, E, adj. Généreux, bienfaisant, qui se plaît à faire des libéralités. —, digne d'une personne libre et bien née; éducation libérale. Idées —, fondées sur la raison, le progrès des lumières et la haine de l'arbitraire.

LIBÉRALEMENT, adv. D'une manière libérale, généreusement.

LIBÉRALISME, s. m. Système des novateurs, qui nomment idées libérales, les sophismes à l'aide desquels on est parvenu à ébranler tous les principes religieux, moraux et politiques.

LIBÉRALITÉ, s. f. Inclination libérale, générosité, bienfaisance. —, pl. Largesse, don d'une personne libérale.

LIBÉRATEUR, TRICE, s. Celui, celle qui délivre, a délivré une personne ou un peuple de la servitude, d'un grand péril.

LIBÉRATIF, IVE, adj. Qui opère la libération.

LIBÉRATION, s. f. Décharge d'une dette, d'une poursuite, d'une servitude.

LIBERMONT, s. m. Com. du dép. de l'Oise, cant. de Guiscard, arr. de Compiègne. = Guiscard.

LIBERTÉ, s. f. Divinité allégorique qu'on représente sous la figure d'une femme vêtue de blanc, tenant un sceptre d'une main, un bonnet de l'autre, et ayant près d'elle un char avec un joug rompu. T. de myth. —, pouvoir d'agir sans obstacle, au moral comme au physique; indépendance des commandemens, de la volonté d'autrui. —, état d'une personne libre, l'opposé d'esclavage. —, manière libre, familière, hardie. —, règne de la loi, l'opposé de despotisme. — civile, droit de faire tout ce que les lois permettent. — politique, garantie constitutionnelle des personnes et des propriétés, etc., ou du moins opinion qu'ont les citoyens de cette garantie; chimère. — de conscience, liberté des cultes. —, pl. Franchises, immunités; libertés de l'Eglise gallicane. —, trop grandes familiarités.

LIBERTICIDE, adj. Destructif de la liberté.

LIBERTIN, E, s. et adj. Qui hait la contrainte; déréglé dans ses mœurs, débauché. —, esprit fort, impie, blasphémateur.

LIBERTINAGE, s. m. Dérèglement de vie, débauche. —, légèreté d'esprit, de caractère. —, incrédulité, irréligion.

LIBERTINER, v. n. Etre dissipé, courir les aventures, vivre dans le libertinage. Se —, v. pron. Se livrer à la dissipation, s'écarter de son devoir. T. fam.

LIBETTE, s. f. Petit insecte.

LIBIDINEUX, EUSE, adj. Incontinent, lascif, dissolu. T. inus.

LIBITINAIRE, s. m. Entrepreneur des pompes funèbres dans l'ancienne Rome.

LIBITINE, s. f. Divinité qui présidait aux funérailles, Proserpine. T. de myth.

LIBOU, s. m. Com. du dép. du Gers, cant. de Saramon, arr. d'Auch. = Auch.

LIBOURET, s. m. Espèce de ligne. T. de pêch.

LIBOURNE, s. f. Ville du dép. de la Gironde, chef-lieu de sous-préf. et de cant.; trib. de 1re inst., trib. et bourse de comm.; biblioth. pub. de 3,000 vol.; jardin de bot.; ingén. des ponts-et-chaussées; conserv. des hypoth.; direct. des contrib. indir.; recev. partic. des finances; bur. d'enregist. et de poste.

Cette ville, située au confluent de la Dordogne et de l'Isle, a été fondée par Edouard 1er, roi d'Angleterre, en 1286. Elle est très bien bâtie, et possède de belles places publiques, de vastes casernes et des promenades charmantes.

Fab. de petites étoffes; filat. de coton. Comm. de grains, vins, eaux-de-vie, fer, houille, sel, etc. Pop. 9,000 hab.

LIBRAIRE, s. m. Marchand de livres.

LIBRAIRIE, s. f. Art, profession, commerce, boutique de libraire; corps des libraires. —, bibliothèque. (Vi.)

LIBRAMENT, s. m. Balancier des insectes diptères. T. d'hist. nat.

LIBRATION, s. f. Balancement apparent de la lune autour de son axe. T. d'astr.

LIBRE, adj. Qui a le pouvoir d'agir ou de n'agir pas; qui est maître de choisir, qui fait ce qu'il lui plaît; indépendant; qui n'est ni esclave, ni captif, ni prisonnier; qui jouit de sa liberté, en général. —, délivré, exempt; libre de soins, d'engagemens. —, hardi, téméraire. —, indiscret, licencieux; paroles libres. —, aisé, dégagé, facile; mouvement libre. Route —, que l'on peut parcourir en sûreté. —, vacant, dont on peut disposer; emploi libre. Etat —, où le peuple participe à la puissance législative. Vers —, d'un mètre inégal. Etre — avec quelqu'un, n'être pas gêné avec lui. —, qui n'est pas adhérent. T. de bot.

LIBRECY, s. m. Village du dép. des Ardennes, cant. de Signy-l'Abbaye, arr. de Mézières. = Mézières.

LIBREMENT, adv. Avec liberté; familièrement, sans cérémonie; sans circonspection, sans égard.

LIBURNE, s. m. Bâtiment à rames des anciens.

LIBYE, s. f. Fille d'Epaphus et de Cassiope, qui donna son nom à une grande contrée d'Afrique. T. de myth.

LICATI, s. m. Laurier de la Guiane. T. de bot.

LICE, s. f. Enceinte préparée pour les courses, les tournois. —, concurrence, rivalité. Entrer en —, concourir, s'engager dans une discussion. —, barrière d'un manége, garde-fou, etc. —, fabrique de tapisserie, nommée haute-lisse, quand le fond sur lequel on travaille est tendu de bas en haut, et basse-lisse, quand il est couché horizontalement. —, tapisserie. —, femelle du chien de chasse.

LICENCE, s. f. Trop grande liberté; déréglement de mœurs, de paroles. —, permission particulière de commercer avec les ports ennemis en état de blocus. —, temps que les bacheliers demeurent sur les bancs; degré entre le baccalauréat et le doctorat. —, figure de rhétorique qui écarte les déguisemens, les ménagemens. — poétique, irrégularité permise aux poëtes en faveur du nombre, de l'harmonie et de la rime; se dit aussi en musique, en peinture, etc.

LICENCIÉ, s. m. Promu au grade qui précède le doctorat; qui a fait sa licence.

LICENCIÉ, E, part. Réformé, congédié.

LICENCIEMENT, s. m. Congé donné à des troupes dont on cesse d'avoir besoin; réforme, renvoi, suppression de troupes dont on est mécontent, que l'on craint.

LICENCIER, v. a. Congédier, renvoyer des troupes, une armée. Se —, v. pron. S'émanciper, sortir des bornes, des convenances.

LICENCIEUSEMENT, adv. D'une manière licencieuse.

LICENCIEUX, EUSE, adj. Déréglé, désordonné dans les mœurs, dissolu, qui blesse la pudeur.

LICERON, s. m. Voy. LISSERON.

LICET, s. m. (mot latin). Permission.

LICETTE, s. f. Voy. LISSETTE.

LICEY-SUR-VINGEANNE, s. m. Com. du dép. de la Côte-d'Or, cant. de Fontaine-Française, arr. de Dijon. = Mirebeau-sur-Bèze.

LICHANOTUS, s. m. Genre de makis. T. d'hist. nat.

LICHANS, s. m. Com. du dép. des Basses-Pyrénées, cant. de Tardets, arr. de Mauléon. = Mauléon.

LICHARRE, s. f. Com. du dép. des Basses-Pyrénées, cant. et arr. de Mauléon. = Mauléon.

LICHE, s. m. Voy. SQUALE. T. d'hist. nat.

LICHEN, s. m. Genre de plantes cryptogames, parasites, qui croissent sur les arbres, la terre, les pierres. T. de bot.

LICHENÉES ou LIKENÉES, s. f. pl. Chenilles de noctuelles. T. d'hist. nat.

LICHENITES, s. f. pl. Pierres incrustées de lichens. T. d'hist. nat.

LICHENOÏDE, s. f. Espèce de lichen. T. de bot.

LICHÈRES, s. f. Com. du dép. de l'Yonne, cant. de Vézelay, arr. d'Avallon. = Coulances.

LICHÈRES, s. f. Com. du dép. de la Charente, cant. de Manles, arr. de Ruffec. = Manles.

LICHÈRES-PRÈS-AIGREMONT, s. f. Com. du dép. de l'Yonne, cant. de Chablis, arr. d'Auxerre. = Noyers.

LICHNOPHORES, s. m. pl. Prêtres qui portaient un van dans les fêtes de Bacchus. T. de myth.

LICHOS, s. m. Com. du dép. des Basses-Pyrénées, cant. de Navarrenx, arr. d'Orthez. = Navarrenx.

LICHTENBERG, s. m. Com. du dép. du Bas-Rhin, cant. de Petite-Pierre, arr. de Saverne. = Phalsbourg.

LICHTENSTENIE, s. f. Arbrisseau du cap de Bonne-Espérance. T. de bot.

LICHTER, s. m. Petit bâtiment à voiles dont on se sert dans le port d'Amsterdam, où les gros navires ne peuvent entrer pour décharger les vaisseaux marchands.

LICIER, s. m. Voy. LISSIER.

LICIET, s. m. Plante de la famille des solanées. T. de bot.

LICINE, s. f. Coléoptère carabique. T. d'hist. nat.

LICITATION, s. f. Vente entre cohéritiers au plus offrant et dernier enchérisseur, d'un bien qui ne peut être partagé.

LICITATOIRE, adj. Qui concerne la licitation, qui exige, entraîne ses formes.

LICITE, adj. Permis par la loi.

LICITÉ, E, part. Vendu par licitation.

LICITEMENT, adv. D'une manière licite, conforme aux dispositions de la loi.

LICITER, v. a. Vendre par licitation.

LICOCHE, s. f. Limace. T. d'hist. nat.

LICONDO, s. m. Arbre d'Afrique. T. de bot.

LICONNAS, s. m. Com. du dép. du Jura, cant. de St.-Julien, arr. de Lons-le-Saulnier. = St.-Amour.

LICOPHRE, s. f. Coquille fossile voisine des nummulithes. T. d'hist. nat.

LICORNE, s. f. Animal sauvage, fabuleux; cheval avec une corne au front. —, sorte de papier. —, constellation méridionale. T. d'astr. — de mer, narwhal, cétacé des mers du Nord.

LICOU ou LICOL, s. m. Chevêtre garni d'une longe qu'on met à la tête d'un cheval pour l'attacher à l'écurie.

LICOURT, s. m. Com. du dép. de la Somme, cant. de Nesle, arr. de Péronne. = Nesle.

LICQ, s. m. Com. du dép. des Basses-Pyrénées, cant. de Tardets, arr. de Mauléon. = Mauléon.

LICQUES, s. f. Com. du dép. du Pas-de-Calais, cant. de Guines, arr. de Boulogne. = Ardres.

LICTEUR, s. m. Officier armé d'une hache entourée de faisceaux, qui marchait devant les consuls au temps de la république romaine. T. d'antiq.

LICUALE, s. m. Palmier des îles Moluques. T. de bot.

LICY-LES-MOINES, s. m. Com. du dép. de l'Aisne, cant. de Neuilly-St.-Front, arr. de Château-Thierry. = Gandelu.

LIDBECKE, s. f. Plante herbacée du cap. de Bonne-Espérance. T. de bot.

LIDMÉE, s. f. Antilope de la grande espèce.

LIDREQUIN, s. m. Com. du dép. de la Meurthe, cant. et arr. de Château-Salins. = Dieuze.

LIDREZING, s. m. Com. du dép. de la Meurthe, cant. de Dieuze, arr. de Château-Salins. = Dieuze.

LIE, s. f. Sédiment d'un liquide qui se précipite par le repos; partie la plus grossière d'une liqueur qui tombe au fond du vase. — du peuple, la plus basse populace. Fig.

LIE, adj. Joyeux, gai. Faire chère —, faire bonne chère avec gaieté.

LIÉ, E, part. Attaché, serré avec un lien.

LIÉ, s. m. Com. du dép. de la Vendée, cant. de Maillezais, arr. de Fontenay. = Fontenay.

LIEBENSWILLER, s. m. Com. du dép. du Haut-Rhin, cant. d'Huningue, arr. d'Altkirch. = Huningue.

LIEBSDORFF, s. m. Com. du dép. du Haut-Rhin, cant. de Ferrette, arr. d'Altkirch. = Huningue.

LIEBVILLERS, s. m. Com. du dép. du Doubs, cant. de St.-Hyppolite, arr. de Montbéliard. = St.-Hyppolite.

LIEDERSCHEIDT, s. m. Com. du dép. de la Moselle, cant. de Volmunster, arr. de Sarreguemines. = Bitche.

LIEFFRANS, s. m. Com. du dép. de la Haute-Saône, cant. de Scey, arr. de Vesoul. = Rioz.

LIEFNANS, s. m. Com. du dép. du Jura, cant. de St.-Laurent, arr. de St.-Claude. = Lons-le-Saulnier.

LIÉGE (Granges-du-), s. m. Com. du dép. du Doubs, cant. d'Ornans, arr. de Besançon. = Besançon.

LIÉGE (le), s. m. Com. du dép. d'Indre-et-Loir, cant. de Montrésor, arr. de Loches. = Loches.

LIÉGE, s. m. Sorte de chêne vert dont l'écorce est très spongieuse et sert à faire des bouchons. —, côté du pommeau de la selle.

LIÉGE, s. m. Ville du royaume des Pays-Bas, capitale de l'ancienne province qui porte son nom, possède un évêché très ancien. Cette ville, située au confluent de la Meuse et de l'Ourthe, est très commerçante et très riche en nombreuses tanneries qui fournissent, dit-on, le meilleur cuir de l'Europe. Fab. d'armes de luxe très florissantes, quincaillerie, draps, dentelles, toiles, savon, vert de gris, etc. Pop. 61,000 hab. env.

LIÉGÉ, E, part. Garni de liége.

LIÉGEOIS, E, s. et adj. Originaire de liége; qui est relatif à cette ville.

LIÉGER, v. a. Garnir de morceaux de liége; liéger un filet.

LIÉGEUX, EUSE, adj. De la nature du liége. T. de bot.

LIEHON, s. m. Com. du dép. de la Moselle, cant. de Verny, arr. de Metz. = Metz.

LIÈME (la), s. f. Com. du dép. du Jura, cant. de Conliége, arr. de Lons. = Lons-le-Saulnier.

LIEN, s. m. Ce qui sert à lier, corde, courroie, liasse, ligament, ligature. —, tout ce qui attache, joint, unit; se dit des personnes et des choses. —, pl. Corde ou chaîne dont un prisonnier est attaché. —, servitude, esclavage. Fig.

LIENCOURT, s. m. Com. du dép. du Pas-de-Calais, cant. d'Avesnes-le-Comte, arr. de St.-Pol. = Frévent.

LIENNE, s. f. Fils de la chaîne qui n'ont pas été levés. T. de tisser.

LIENTADES, s. m. Com. du dép. du Cantal, cant. de Chaudesaigues, arr. de St.-Flour. = Chaudesaigues.

LIENTERIE, s. f. Flux de ventre dans lequel on rend les alimens crus et mal digérés, peu de temps après les avoir pris. T. de méd.

LIENTÉRIQUE, adj. Qui appartient à la lienterie, lui est relatif. T. de méd.

LIÉOUX, s. m. Com. du dép. de la Haute-Garonne, cant. et arr. de St.-Gaudens. = St.-Gaudens.

LIEPVRE, s. m. Com. du dép. du

Haut-Rhin, cant. de Ste.-Marie-aux-Mines, arr. de Colmar. = Ste.-Marie-aux-Mines.
Manuf. de toiles de coton; mines d'argent, de plomb et d'antimoine.

LIER, v. a. Attacher, serrer avec un lien. —, faire un nœud, joindre, unir ensemble; amalgamer, incorporer, mélanger. —, donner de la consistance, épaissir; lier une sauce. —, unir, marier. Fig. —, obliger, astreindre; lier par un serment. — une partie de chasse, la projeter, l'arranger. — conversation, entrer en conversation. — amitié, contracter amitié. — et délier, donner ou refuser l'absolution. — v. pron. S'obliger, s'astreindre. Se —, former un bel ensemble par l'enchaînement et l'harmonie des détails. T. d'arts. Se —, v. récip. Former une société, consentir un acte synallagmatique. Se —, prendre de l'attachement l'un pour l'autre.

LIÉRAMONT, s. m. Com. du dép. de la Somme, cant. de Roisel, arr. de Péronne. = Péronne.

LIERCOURT, s. m. Com. du dép. de la Somme, cant. d'Hallencourt, arr. d'Abbeville. = Abbeville.

LIERES, s. f. Com. du dép. du Pas-de-Calais, cant. de Norrent-Fontes, arr. de Béthune. = Lillers.

LIERGUES, s. f. Com. du dép. du Rhône, cant. d'Anse, arr. de Villefranche. = Anse.

LIERNAIS, s. m. Com. du dép. de la Côte-d'Or, chef-lieu de cant. de l'arr. de Beaune. Bur. d'enregist. à Arnay. = Saulieu.

LIERNE, s. f. Pièce de bois qui sert à faire les planchers, à garnir une palée, etc.

LIERNÉ, E, part. Garni de liernes. T. d'archit.

LIERNER, v. a. Garnir de liernes un comble, une palée, un bateau, etc. T. d'archit.

LIERNOLLES, s. f. Com. du dép. de l'Allier, cant. de Jaligny, arr. de la Palisse. = le Donjon.

LIERRE, s. m. Arbuste grimpant à tiges sarmenteuses, à feuilles luisantes, qui s'attache fortement aux arbres, aux murs. — terrestre, plante vivace à fleurs labiées, qui vient dans les lieux ombragés.

LIERRÉ, E, adj. Qui tient du lierre, qui lui ressemble. T. de bot.

LIERVAL, s. m. Com. du dép. de l'Aisne, cant. de Craonne, arr. de Laon. = Laon.

LIERVILLE, s. f. Com. du dép. de l'Oise, cant. de Chaumont, arr. de Beauvais. = Chaumont.

LIES, s. f. Com. du dép. des Hautes-Pyrénées, cant. et arr. de Bagnères. = Bagnères.

LIESLE, s. f. Com. du dép. du Doubs, cant. de Quingey, arr. de Besançon. = Quingey.

LIESSE, s. f. Joie, gaieté. (Vi.)

LIESSE (Notre-Dame-de-), s. f. Com. du dép. de l'Aisne, cant. de Sissonne, arr. de Laon. Bur. d'enregist. = Laon. Fabr. d'orfévrerie.

LIESSIES, s. f. Com. du dép. du Nord, cant. de Solre, arr. d'Avesnes. = Solre-le-Château.

LIESVILLE, s. f. Com du dép. de la Manche, cant. de Ste.-Mère-Eglise, arr. de Valognes. = Carentan.

LIETTRES, s. f. Com. du dép. du Pas-de-Calais, cant. de Norrent-Fontes, arr. de Béthune. = Aire-sur-la-Lys.

LIEU, s. m. Espace occupé par un corps, endroit désigné. —, local, pays, site; lieu agréable. —, place, rang; en premier lieu. —, temps convenable pour dire ou faire quelque chose; ce n'est pas ici le lieu. —, occasion, moyen, sujet; naissance, maison, famille. —, passage d'un livre. — d'élection, lieu choisi par un chirurgien pour faire une opération. — de nécessité, où l'on est forcé d'opérer. T. de chir. Tenir — de, valoir autant, remplacer, suppléer. —, pl. Appartemens, latrines. — communs, sources générales où puisent les orateurs, traits vagues, réflexions communes; matières rebattues, triviales. Au — de, prép. A la place de. Au — que, conj. Tandis que.

LIEU (bas), s. m. Com. du dép. du Nord, cant. et arr. d'Avesnes. = Avesnes.

LIEU (haut), s. m. Com. du dép. du Nord, cant. et arr. d'Avesnes. = Avesnes.

LIEUCAMP, s. m. Com. du dép. de l'Aveyron, cant. d'Asprières, arr. de Villefranche. = Rignac.

LIEUCOURT, s. m. Com. du dép. de la Haute-Saône, cant. de Pesmes, arr. de Gray. = Gray.

LIEUDIEU, s. m. Com. du dép. de l'Isère, cant. de St.-Jean-de-Bournay, arr. de Vienne. = Bourgoin.

LIEUE, s. f. Mesure itinéraire contenant deux mille deux cent quatre-vingt-deux toises. — marine, deux mille huit cent cinquante-deux toises, neuf milles.

LIEUR, s. m. Calvanier qui lie les gerbes de blé, ou botteleur qui lie le foin.

LIEURAC, s. m. Com. du dép. de l'Ariège, cant. de Lavelanet, arr. de Foix. = Mirepoix.

LIEURAN-CABRIÈRES, s. m. Com. du dép. de l'Hérault, cant. de Monta-

gnac, arr. de Béziers. = Clermont-de-Lodève.

LIEURAN-LES-BÉZIERS-ET-RIBAUTE, s. m. Com. du dép. de l'Hérault, cant. et arr. de Béziers. = Béziers.

LIEUREY, s. m. Com. du dép. de l'Eure, cant. de St.-Georges-du-Vièvre, arr. de Pont-Audemer. Bur. d'enregist. et de poste. Fab. de coutils, sangles et rubans de fil. Comm. de grains, lin et cidre.

LIEUREY, s. m. Com. du dép. du Calvados, cant. de St.-Pierre-sur-Dives, arr. de Lisieux. = Croissanville.

LIEURON, s. m. Com. du dép. d'Ille-et-Vilaine, cant. de Pipriac, arr. de Redon. = Bain.

LIEUSAINT, s. m. Com. du dép. de la Manche, cant. et arr. de Valognes. = Valognes.

LIEUSAINT, s. m. Com. du dép. de Seine-et-Marne, cant. de Brie, arr. de Melun. Bureau de poste.

LIEU-SAINT-AMAND, s. m. Com. du dép. du Nord, cant. de Bouchain, arr. de Valenciennes. = Bouchain.

LIEUTENANCE, s. f. Grade de lieutenant.

LIEUTENANT, s. m. Officier d'une compagnie dont le grade est au-dessous de celui de capitaine. — général, qui commande en l'absence du général en chef. — civil, criminel, qui connaissait des causes civiles ou criminelles.

LIEUTENANTE, s. f. Epouse d'un lieutenant de justice.

LIEUVILLER, s. m. Com. du dép. de l'Oise, cant. de St.-Just, arr. de Clermont. = St.-Just-en-Chaussée.

LIEUX (St.-), s. m. Com. du dép. du Tarn, cant. et arr. de Lavaur. = Lavaur.

LIEUX-LAFENASSE (St.-), s. m. Com. du dép. du Tarn, cant. de Réalmont, arr. d'Albi. = Albi.

LIÉVANS, s. m. Com. du dép. de la Haute-Saône, cant. de Noroy-le-Bourg, arr. de Vesoul. = Vesoul.

LIÈVE, s. f. Extrait d'un papier terrier pour la perception des droits seigneuriaux. T. de droit féodal.

LIÉVIN, s. m. Com. du dép. du Pas-de-Calais, cant. de Lens, arr. de Béthune. = Lens.

LIÈVRE, s. m. Mammifère rongeur, herbivore, d'un poil gris-roux, ayant de longues oreilles, fort vif, et d'une timidité caractéristique. Lever le —, faire, le premier, une proposition délicate, une ouverture. C'est là que gît le —, c'est là le secret, le nœud d'une affaire. Courir deux — à la fois, poursuivre à la fois et manquer deux affaires. Mémoire de —, mémoire courte, infidèle. —, constellation australe. T. d'astr. —, poisson du genre du blenne. T. d'hist. nat. — marin, zoophyte rond; mollusque gastéropode.

LIÈVREMONT, s. m. Com. du dép. du Doubs, cant. de Montbenoit, arr. de Pontarlier. = Pontarlier.

LIEVRETEAU, s. m. Petit lièvre.

LIEZ, s. m. Com. du dép. de l'Aisne, cant. de la Fère, arr. de Laon. = la Fère.

LIÈZE, s. f. Com. du dép. d'Indre-et-Loire, cant. de l'Isle-Bouchard, arr. de Chinon. = l'Isle-Bouchard.

LIFFOL-LE-GRAND, s. m. Com. du dép. des Vosges, cant. et arr. de Neufchâteau. = Neufchâteau.

LIFFOL-LE-PETIT, s. m. Com. du dép. de la Haute-Marne, cant. de St.-Blin, arr. de Chaumont. = Andelot.

LIFFRÉ, s. m. Com. du dép. d'Ille-et-Vilaine, chef-lieu de cant. de l'arr. de Rennes. Bur. d'enregist. à St.-Aubin-d'Aubigné. = St.-Aubin.

LIGAMENT, s. m. Organe fibreux autour des articulations pour maintenir les os en situation. T. d'anat.

LIGAMENTEUX, EUSE, adj. Qui tient de la nature des ligamens, qui leur est relatif. T. d'anat. —, se dit des plantes dont la racine est entortillée en forme de corde.

LIGARDES, s. f. Com. du dép. du Gers, cant. et arr. de Lectoure. = Lectoure.

LIGATURE, s. f. Bande de drap ou de toile dont on se sert pour comprimer les vaisseaux dans l'opération de la saignée. —, opération très délicate qui exige des connaissances anatomiques, de la dextérité, du sang-froid, et qui consiste à lier les artères après une amputation, etc.; ligature d'artères. —, plusieurs lettres liées ensemble par un trait. T. d'impr.

LIGE, s. f. Droit de relief. —, adj. Se dit d'un vassal qui était tenu envers son seigneur d'une obligation plus étroite que celle du vassal simple. T. de droit féodal.

LIGEMENT, adv. D'une manière lige.

LIGENCE, s. f. Assujettissement d'un homme lige; qualité d'un fief lige.

LIGESCOURT, s. m. Com. du dép. de la Somme, cant. de Crécy, arr. d'Abbeville. = Montreuil.

LIGHTFOOTE, s. f. Plante campanulacée. T. de bot.

LIGIE s. f. Genre de crustacés isopodes. T. d'hist. nat.

LIGINIAC, s. m. Com. du dép. de la Corrèze, cant. de Neuvic, arr. d'Ussel. = Ussel.

LIGLET. s. m. Com. du dép. de la Vienne, cant. de la Trimouille, arr. de Montmorillon. = Montmorillon.

LIGNAC-ET-CHÂTEAU-GUILLAUME, s. m. Com. du dép. de l'Indre, cant. de Bélabre, arr. du Blanc. = St.-Benoît-du-Sault.

LIGNAGE, s. m. Naissance, extraction, lignée; famille, race. —, espèce de vin rouge composé de toutes sortes de raisins.

LIGNAGER, s. m. Parent de la même souche, du même lignage. —, adj. Qui est relatif aux droits de lignage. Retrait —, rachat d'un héritage transmis par des aïeux. T. de droit féodal.

LIGNAIROLLES, s. f. Com. du dép. de l'Aude, cant. d'Alaigne, arr. de Limoux. = Limoux.

LIGNAN, s. m. Com. du dép. de la Gironde, cant. et arr. de Bazas. = Bazas.

LIGNAN, s. m. Com. du dép. de la Gironde, cant. de Créon, arr. de Bordeaux. = Bordeaux.

LIGNAN, s. m. Com. du dép. de l'Hérault, cant. et arr. de Béziers. = Béziers.

LIGNAREIX, s. m. Com. du dép. de la Corrèze, cant. et arr. d'Ussel. = Ussel.

LIGNE, s. f. Etendue en longueur, sans largeur ni profondeur; trait simple. —, suite continue de points mathématiques; ligne droite, courbe, etc. —, suite de mots dans la largeur de la page; raie dans la main, au front. —, douzième partie d'un pouce; ficelle pour aligner. —, fil de crin, etc., avec un hameçon pour pêcher. —, lignage, lignée, descendance; ligne directe, collatérale. —, bornes, limites; ordre, rang. —, conduite, route; suivre la ligne du devoir. Fig. — équinoxiale, la ligne, l'équateur. —, longue file; retranchement, circonvallation. Troupe de —, infanterie qui forme le corps de bataille. T. d'art milit. Vaisseau de —, grand vaisseau de guerre à deux rangs de sabords. T. de mar. — blanche ou médiane, fibres qu'on remarque sur le ventre depuis le cartilage xiphoïde jusqu'au pubis. T. d'anat. Mettre en — de compte, employer dans un compte.

LIGNÉ, E, part. Tracé au cordeau, frotté de craie. T. de charp. —, adj. Marqué de lignes fines. T. de bot.

LIGNÉ, s. m. Com. du dép. de la Loire-Inférieure, chef-lieu de cant. de l'arr. d'Ancenis, où se trouve le bur. d'enregist. = Ancenis.

LIGNÉ, s. m. Com. du dép. de la Charente, cant. d'Aigre, arr. de Ruffec. = Aigre.

LIGNÉE, s. f. Lignage, race; enfans.

LIGNEMARE, s. f. Com. du dép. de la Seine-Inférieure, cant. de Londinières, arr. de Neufchâtel. = Neufchâtel.

LIGNER, v. a. Tracer sur une pièce de bois une ou des lignes avec un cordeau frotté de craie. T. de charp. —, couvrir sa femelle, en parlant du loup. T. de véner.

LIGNERAC, s. m. Com. du dép. de la Corrèze, cant. de Meyssac, arr. de Brive. = Cressensac.

LIGNÈRES, s. m. Com. du dép. de l'Orne, cant. de Merlerault, arr. d'Argentan. = Nonant.

LIGNEREUIL, s. m. Com. du dép. du Pas-de-Calais, cant. d'Avesnes-le-Comte, arr. de St.-Pol. = Frévent.

LIGNEROLLE, s. f. Petite ficelle de vieux fil de caret. T. de mar.

LIGNEROLLES, s. f. Com. du dép. de l'Allier, cant. et arr. de Montluçon. = Montluçon.

LIGNEROLLES, s. f. Com. du dép. de la Côte-d'Or, cant. de Montigny, arr. de Châtillon. = Château-Vilain.

LIGNEROLLES, s. f. Com. du dép. de l'Eure, cant. de St.-André, arr. d'Evreux. = Evreux.

LIGNEROLLES, s. f. Com. du dép. de l'Orne, cant. de Tourouvre, arr. de Mortagne. = Mortagne.

LIGNEROLLES, s. f. Com. du dép. de l'Indre, cant. de Ste.-Sevère, arr. de la Châtre. = la Châtre.

LIGNETTE, s. f., ou **BRUMET,** s. m. Petite ficelle pour faire des filets.

LIGNEUL, s. m. Fil poissé dont se servent les cordonniers pour coudre les souliers.

LIGNEUX, EUSE, adj. Qui est de la nature du bois. Plantes —, qui ont la consistance du bois.

LIGNEUX, s. m. Com. du dép. de la Gironde, cant. de Ste.-Foi, arr. de Libourne. = Ste-Foi-la-Grande.

LIGNÉVILLE, s. f. Com. du dép. des Vosges, cant. de Vittel, arr. de Mirecourt. = Darney.

LIGNIÈRES, s. f. Com. du dép. de l'Aube, cant. de Chaource, arr. de Bar-sur-Aube. = Ervy.

LIGNIÈRES, s. f. Com. du dép. de la Charente, cant. de Segonzac, arr. de Cognac. = Barbezieux.

LIGNIÈRES, s. f. Com. du dép. d'Indre-et-Loire, cant. d'Azay, arr. de Chinon. = Azay-le-Rideau.

LIGNIÈRES, s. f. Com. du dép. de la Meuse, cant. de Pierrefitte, arr. de Commercy. = Commercy.

LIGNIÈRES, s. f. Com. du dép. de la Somme, cant. et arr. de Montdidier. = Montdidier.

LIGNIÈRES-CHATELAIN, s. f. Com. du dép. de la Somme, cant. de Poix, arr. d'Amiens. = Poix.

LIGNIÈRES-FOUCAUCOURT, s. f. Com. du dép. de la Somme, cant. d'Oisemont, arr. d'Amiens. = Abbeville.

LIGNIÈRES-LA-CARELLE, s. f. Com. du dép. de la Sarthe, cant. de la Fresnay, arr. de Mamers. = Alençon.

LIGNIÈRES - LA - DOUCELLE, s. f. Com. du dép. de la Mayenne, cant. de Couptrain, arr. de Mayenne. = Prezen-Pail.

LIGNIERS-LANGOUST, s. m. Com. du dép. de la Vienne, cant. de Monts, arr. de Loudun. = Mirebeau.

LIGNIFIER (se), v. pron. Se convertir en bois.

LIGNIPERDE, s. f. Ver, chenille pour amorcer le poisson.

LIGNITE, s. f. Bois bitumineux ou fossile, substance minérale combustible.

LIGNIVORE, adj. Se dit des insectes qui rongent le bois. T. d'hist. nat. —, s. m. pl. Voy. XYLOPHAGES.

LIGNOL, s. m. Com. du dép. de l'Aube, cant. et arr. de Bar-sur-Aube. = Bar-sur-Aube.

LIGNOL, s. m. Com. du dép. du Morbihan, cant. de Guémené, arr. de Pontivy. = le Faouet.

LIGNOLET, s. m. Faîte en ardoises; couvrir en lignolet. T. de couvr.

LIGNON (le), s. m. Rivière qui prend naissance dans les montagnes du Forez, dép. de la Loire, arr. de Montbrison, et qui se jette dans la Loire, près de Feurs, après un cours de 9 l.

LIGNON, s. m. Com. du dép. de la Marne, cant. de St.-Remy-en-Bouzemont, arr. de Vitry. = Vitry-le-Français.

LIGNON, s. m. Com. du dép. de l'Orne, cant. de Briouze, arr. d'Argentan. = Argentan.

LIGNORELLES, s. f. Com. du dép. de l'Yonne, cant. de Ligny, arr. d'Auxerre. = Chablis.

LIGNUODE, adj. De couleur de suie; langue lignuode. T. de méd.

LIGNY, s. m. Ville du dép. de la Meuse, chef-lieu de cant. de l'arr. de Bar-le-Duc. Bur. d'enregist. et de poste. Manuf. de draps et de toiles; filature de laine et de coton. Forges et hauts fourneaux. Comm. de vins, bois, laines, etc.

LYGNY, s. m. Com. du dép. du Nord, cant. de Clary, arr. de Cambrai. = Cambrai.

LIGNY, s. m. Com. du dép. du Nord, cant. de Haubourdin, arr. de Lille. = Lille.

LIGNY, s. m. Com. du dép. de Saône-et-Loire, cant. de Semur-en-Brionnais, arr. de Charolles. = la Clayette.

LIGNY, s. m. Com. du dép. de l'Yonne, chef-lieu de cant. de l'arr. d'Auxerre. Bur. d'enregist. = Chablis. Manuf. de couvertures.

LIGNY-ET-LEBARQUE, s. m. Com. du dép. du Pas-de-Calais, cant. de Bapaume, arr. d'Arras. = Arras.

LIGNY-LE-RIBAULT, s. m. Com. du dép. du Loiret, cant. de la Ferté-St.-Aubin, arr. d'Orléans. = la Ferté-St.-Aubin.

LIGNY-LES-RELY, s. m. Com. du dép. du Pas-de-Calais, cant. de Norrent-Fontes, arr. de Béthune. = Aire-sur-la-Lys.

LIGNY-ST.-FLOCHEL, s. m. Com. du dép. du Pas-de-Calais, cant. et arr. de St.-Pol. = St.-Pol.

LIGNY-SUR-CANCHE, s. m. Com. du dép. du Pas-de-Calais, cant. d'Auxy-le-Château, arr. de St.-Pol. = Frévent.

LIGOMBEAU, s. m. Petite écrevisse de mer.

LIGOTS, s. m. Village du dép. du Tarn, cant. de Valderies, arr. d'Albi. = Albi.

LIGRÉ, s. m. Com. du dép. d'Indre-et-Loire, cant. de Richelieu, arr. de Chinon. = Chinon.

LIGRON, s. m. Com. du dép. de la Sarthe, cant. de Malicorne, arr. de la Flèche. = la Flèche.

LIGSDORFF, s. m. Com. du dép. du Haut-Rhin, cant. de Ferrette, arr. d'Altkirch. = Huningue.

LIGUAIRE (St.-), s. m. Com. du dép. des Deux-Sèvres, cant. et arr. de Niort. = Niort.

LIGUE, s. f. Alliance, confédération entre des souverains, des factions, pour l'attaque ou la défense; cabale, intrigue, complot, conspiration. —, confédération des princes de la maison de Guise contre Henri III et Henri IV au 16ᵉ siècle. —, poëme de Voltaire sur les guerres de cette époque. — italique, ligue de tous les peuples de l'Italie contre Rome, en l'an 662 de la fondation de l'empire romain. — grises ou suisses, pl. Les trois communautés des Grisons.

LIGUÉ, E, part. Confédéré, allié.

LIGUEIL, s. m. Com. du dép. d'Indre-et-Loire, chef-lieu de cant. de l'arr. de Loches. Bur. d'enregist. = Loches. C'est dans ce village qu'on recueille les prunes dont on fait les pruneaux dits de Tours.

LIGUER, v. a. Former une confédération, une ligue. Se —, v. pron. Se confédérer, entrer dans une ligue.

LIGUEUIL, s. m. Com. du dép. de la Charente-Inférieure, cant. de Loulay, arr. de St.-Jean-d'Angély. = Saint-Jean-d'Angély.

LIGUEUR, EUSE, s. Factieux, membre de cette ligue qui, après avoir fait assassiner Henry III par Jacques Clément, voulait changer l'ordre de successibilité au trône, sous prétexte que Henri IV était né protestant.

LIGUEUX, s. m. Com. du dép. de la Dordogne, cant. de Savignac-les-Eglises, arr. de Périgueux. = Périgueux.

LIGUGÉ, s. m. Com. du dép. de la Vienne, cant. et arr. de Poitiers. = Poitiers.

LIGULAIRE, s. f. Cinéraire de Sibérie, plante corymbifère. T. de bot.

LIGULE, s. f. Genre de vers intestinaux. T. d'hist. nat. —, petite membrane au sommet de la gaîne des feuilles. T. de bot.

LIGULÉ, E, adj. Taillé en forme de languette, en parlant des fleurs. T. de bot.

LIGURE, s. f. Pierre précieuse du rational, qui désignait la tribu d'Azer chez les Juifs.

LIGURIE, s. f. Contrée d'Italie, aujourd'hui l'état de Gênes.

LIGURITE, s. f. Titane, silicéo calcaire. T. d'hist. nat.

LIGUSTICUM, s. m. Plante ombellifère de la Ligurie. T. de bot.

LIGUSTRUM, s. m. Voy. TROÈNE. T. de bot.

LIGUUS, s. m. Coquille univalve. T. d'hist. nat.

LIHONS, s. m. Com. du dép. de la Somme, cant. de Chaulnes, arr. de Péronne. Bur. de poste.

LIHUS, s. m. Com. du dép. de l'Oise, cant. de Marseille, arr. de Beauvais. = Crèvecœur.

LILACÉES, s. f. pl. Famille des lilas. T. de bot.

LILAÉE, s. f. Plante vivace de l'Amérique méridionale. T. de bot.

LILAS, s. m. Arbuste qui fleurit au printemps et dont la fleur violette, en forme de pyramide, répand une odeur fort agréable.

LILÉE, s. f. Plante cypéroïde. T. de bot.

LILHAC, s. m. Com. du dép. de la Haute-Garonne, cant. de l'Isle-en-Dodon, arr. de St.-Gaudens. = l'Isle en-Dodon.

LILIACÉ, E, adj. Se dit des plantes dont la fleur ressemble à celle du lis. T. de bot.

LILIACÉES, s. f. pl. Famille des lis. T. de bot.

LILIAGO, s. m. Lis asphodèle, anthéric. T. de bot.

LILIANTHOS, s. m. Voy. UVULAIRE. T. de bot.

LILIGNOD, s. m. Com. du dép. de l'Ain, cant. de Champagne, arr. de Belley. = Belley.

LILIUM, s. m. Cordial très actif pour rappeler les esprits. T. de méd. — lapidéum, fossile très rare. T. d'hist. nat.

LILLE, s. f. Grande, belle et très forte ville du dép. du Nord, chef-lieu de préf., d'un arr. de sous-préf. et de cinq cant.; 16e div. militaire; 2e div. des ponts-et-chaussées; cour d'assises, trib. de 1re inst. et de comm.; société des sciences et arts; académie royale de musique; école de dessin, d'arch. et de bot.; cours pratique de méd., chir. et pharm.; cours de chim. appliquée aux arts; biblioth. pub.; musée de tableaux; hôtel des monn.; bur. de garantie des matières d'or et d'argent; ingén. en chef des ponts-et-chaussées; direct. de l'enregist. et des domaines, 1re classe; conserv. des hypoth.; direct. des contrib. dir. et indir.; recev. gén. des finances, payeur du dép. Bur. d'enregist. et de poste. Pop. 68,860 hab. envir.

Cette ville, située au milieu d'une plaine fertile, sur la Deule qui y est navigable, est entourée de fortifications et possède une citadelle construite par Vauban. Après avoir été prise et reprise à différentes époques, elle fut définitivement cédée à la France par le traité d'Utrecht. Mais en 1792, tous ces anciens traités ayant été déchirés par la révolution française, l'armée autrichienne vint de nouveau mettre le siège devant cette ville. Les habitants se couvrirent de gloire, en forçant l'ennemi à se retirer honteusement.

On remarque à Lille, la citadelle, l'arsenal, l'hôtel-de-ville, la salle de spectacle, les marchés et de vastes places bordées de fort belles maisons en pierres de taille, etc. Manuf. de toiles écrues, de toiles blanches et à carreaux, coutils, calicots, linge de table, mouchoirs et indiennes; fab. de fil à coudre et à dentelles, drap, camelot, laine peignée, lacets, dentelles; céruse, bleu d'azur, savon, cordes, distilleries d'eaux-de-vie de grains; raffineries de sel et de sucre; filatures de coton; épuration d'huiles; blanchisseries de toiles, amidonneries; papeteries; verreries, faïenceries; tanneries et corroieries. Comm. considérable sur tous ces objets auxquels il faut ajouter, tabac, garance, graines, chicorée, café, vins et denrées coloniales.

LILLEBONNE, s. f. Com. du dép. de la Seine-Inférieure, chef-lieu de cant. de l'arr. du Hâvre. Bur. d'enregist. à Bolbec. Bur. de poste.
Comm. de draps, épiceries et quincailleries.

LILLE-MER, s. f. Com. du dép. d'Ille-et-Vilaine, cant. de Châteauneuf, arr. de St.-Malô. = Châteauneuf.

LILLERS, s. m. Ville du dép. du Pas-de-Calais, chef-lieu de cant. de l'arr. de Béthune. Bur. d'enregist. et de poste.
Comm. de poteries; papeteries, etc.

LILLETOT, s. m. Com. du dép. de l'Eure, cant. de Quillebœuf, arr. de Pont-Audemer. = Pont-Audemer.

LILLY, s. m. Com. du dép. de l'Eure, cant. de Lyons, arr. des Andelys. = Lyons-la-Forêt.

LIMA, s. f. Ville capitale du Pérou.

LIMACE, s. f. Vis d'Archimède, machine pour élever l'eau. Voy. LIMAS.

LIMACIAL, E, adj. Qui tient de la limace, du limaçon. T. inus.

LIMACIE, s. f. Arbrisseau de la Cochinchine. T. de bot.

LIMACIEN, NE, adj. Qui a rapport au limaçon, cavité de l'oreille interne. T. d'anat.

LIMACINE, s. f. Mollusque gastéropode. T. d'hist. nat.

LIMAÇON, s. m. Insecte rampant qui porte une coquille dans laquelle il se retire à volonté, mollusque gastéropode, visqueux, à deux cornes oculaires, rétractiles. —, ce qui est en spirale. T. d'arts et mét. Escalier en —, qui tourne autour d'un noyau. —, cornet, spirale à double conduit, la plus antérieure des cavités qui forment le labyrinthe de l'oreille. T. d'anat.

LIMAÇONNE, s. f. Sorte de chenille. T. d'hist. nat.

LIMACULE, s. f. Dent de requin pétrifiée. T. d'hist. nat.

LIMAGNE (la), s. f. Contrée riche et fertile, qui dépendait autrefois de la Basse-Auvergne, et qui fait partie maintenant du dép. du Puy-de-Dôme. Ce pays, l'un des plus riches de la France, est semé de montagnes, d'où coulent un grand nombre de sources, qui contribuent singulièrement à sa fécondité. La Limagne s'étend entre la Dore, au levant, et les montagnes qui sont au couchant de la ville de Clermont. Elle a 6 à 12 l. de large sur 30 de long.

LIMAILLE, s. f. Petite partie de métal détachée par la lime.

LIMAIRE, s. m. Thon, poisson de mer qui commence à grossir.

LIMALONGES, s. f. Com. du dép. des Deux-Sèvres, cant. de Sauzé, arr. de Melle. = Sauzé-Vaussais.

LIMANCHIE ou LIMOCTONIE, s. f. Jeûne excessif. T. de méd.

LIMANDE, s. f. Poisson de mer plat, du genre du pleuronecte. —, pièce de bois plate, étroite et mince. T. de charp. —, Bande de toile goudronnée, pour envelopper un cordage. T. de mar.

LIMANDÉ, E, part. Enveloppé d'une limande, en parlant d'un cordage. T. de mar.

LIMANDER, v. a. Envelopper un cordage avec une limande. T. de mar.

LIMANS, s. m. Com. du dép. des Basses-Alpes, cant. et arr. de Forcalquier. = Forcalquier.

LIMANTON, s. m. Com. du dép. de la Nièvre, cant. de Châtillon, arr. de Château-Chinon. = Moulins-Engilbert.

LIMAS, s. m. Com. du dép. du Rhône, cant. et arr. de Villefranche. = Villefranche.

LIMAS, s. m. Limaçon sans coquille; mollusque gastéropode, adélobranche, à quatre cornes oculaires, rétractiles. —, grosse lime.

LIMATION, s. f. Réduction en limaille.

LIMAY, s. m. Com. du dép. de Seine-et-Oise, chef-lieu de cant. de l'arr. de Mantes, où se trouvent les bur. d'enregist. et de poste.

LIMAYRAC, s. m. Com. du dép. de l'Aveyron, cant. de Sauveterre, arr. de Rodez. = Rignac.

LIMBE, s. m. Cercle autour de la tête d'un saint, d'un empereur, etc., auréole. —, bord extérieur d'un astre, d'un quart de cercle gradué. T. d'astr. —, partie supérieure d'une fleur monopétale. —, pl. Séjour des justes, des saints, avant la venue de J.-C.; séjour de l'ame des enfans morts sans baptême. T. de théol.

LIMBEUF, s. m. Com. du dép. de l'Eure, cant. d'Amfréville, arr. de Louviers. = le Neubourg.

LIMBILITHE, s. f. Substance volcanique jaune. T. d'hist. nat.

LIMBORCHIA, s. f. Voy. GENTIANELLE. T. de bot.

LIMBOURG, s. m. Province des Pays-Bas, dont Maestricht est la capitale. Ce pays est situé entre Anvers et Liége.

LIMBRASSAC, s. m. Com. du dép. de

l'Ariége, cant. de Mirepoix, arr. de Pamiers. = Mirepoix.

LIMÉ, s. m. Com. du dép. de l'Aisne, cant. de Braisne, arr. de Soissons. = Braisne.

LIME, s. f. Lame, tige de fer, d'acier, couverte de lignes creuses qui se croisent, pour enlever la superficie des métaux, des corps durs, les user et les polir. Passer la —, polir, corriger, en parlant du style. Fig. — sourde, garnie de plomb pour qu'elle ne fasse pas de bruit; sournois, hypocrite, dissimulé, qui agit en secret; cause qui détruit insensiblement. Fig. —, sorte de petit limon ou citron. —, coquille bivalve du genre des huîtres. T. d'hist. nat. —, pl. Défenses du sanglier. T. de véner.

LIMÉ, E, part. Dégrossi, poli avec la lime.

LIME-BOIS, s. m. Insecte coléoptère, pentamère. T. d'hist. nat.

LIMEIL-BREVANNES, s. m. Com. du dép. de Seine-et-Oise, cant. de Boissy-St.-Léger, arr. de Corbeil.=Villeneuve-St.-Georges.

LIMEJOULS, s. m. Com. du dép. de la Dordogne, cant. de Carlux, arr. de Sarlat. = Sarlat.

LIMENARQUE, s. m. Gouverneur d'un port de mer. T. d'antiq.

LIMENDOUS, s. m. Com. du dép. des Basses-Pyrénées, cant. de Pontacq, arr. de Pau. = Pau.

LIMENITIS, s. m. Genre d'insectes lépidoptères. T. d'hist. nat.

LIMÉOLE, s. f. Genre de plantes de la famille des portulacées. T. de bot.

LIMER, v. a. Dégrossir, couper, polir avec la lime. —, châtier, corriger, polir, mettre la dernière main, en parlant du style. Fig.

LIMERAY, s. m. Com. du dép. d'Indre-et-Loire, cant. d'Amboise, arr. de Tours. = Amboise.

LIMERSHEIM, s. m. Com. du dép. du Bas-Rhin, cant. d'Ernstein, arr. de Schélestadt. = Strasbourg.

LIMERZEL, s. m. Com. du dép. du Morbihan, cant. de Rochefort, arr. de de Vannes. = Redon.

LIMESTRE, s. f. Serge croisée.

LIMETTE, s. f. Essence de limon ou de bigarade; eau de limette.

LIMETZ, s. m. Com. du dép. de Seine-et-Oise, cant. de Bonnières, arr. de Mantes. = Bonnières.

LIMEUIL, s. m. Com. du dép. de la Dordogne, cant. de St.-Alvère, arr. de Bergerac. = le Bugue.

LIMÉUM, s. m. Renoncule, varaire vénéneuse. T. de bot.

LIMEUX, EUSE, adj. Limoneux, fangeux, bourbeux. (Vi.)

LIMEUX, s. m. Com. du dép. du Cher, cant. de Lury, arr. de Bourges. = Vierzon.

LIMEUX, s. m. Com. du dép. de la Somme, cant. d'Hallencourt, arr. d'Abbeville. = Abbeville.

LIMEY, s. m. Com. du dép. de la Meurthe, cant. de Thiaucourt, arr. de Toul. = Pont-à-Mousson.

LIMEYRAT, s. m. Com. du dép. de la Dordogne, cant. de Thenon, arr. de Périgueux. = Périgueux.

LIMÉZY, s. m. Com. du dép. de la Seine-Inférieure, cant. de Pavilly, arr. de Rouen. = Barentin.

LIMICOLE, s. m. Oiseau échassier, courlis, bécasse, etc. T. d'hist. nat.

LIMIE, s. m. Arbrisseau, espèce de gatilier. T. de bot.

LIMIER, s. m. Chien de chasse, chien courant qui évente le cerf, etc., et le fait sortir du fort. T. de véner. —, mouchard qui court çà et là, pour faire quelque découverte; limier de la police. Fig.

LIMIERS, s. m. Com. du dép. du Loiret, cant. et arr. de Pithiviers. = Pithiviers.

LIMINAIRE, adj. Préliminaire, qui se met en tête d'un livre; épître liminaire. (Vi.)

LIMINARQUE, s. m. Commandant qui veillait à la sûreté des frontières, dans l'ancienne Rome.

LIMITATIF, IVE, adj. Qui limite, renferme dans des bornes fixes; restrictif. T. de jurisp.

LIMITATION, s. f. Fixation, restriction.

LIMITATIVEMENT, adv. D'une manière limitée.

LIMITÉ, E, part. Borné, fixé, déterminé.

LIMITER, v. a. Fixer des limites, borner, déterminer, circonscrire.

LIMITES, s. f. pl. Bornes qui séparent les territoires, les états; frontières. —, points de l'orbite d'une planète, les plus éloignés de l'écliptique. T. d'astr.

LIMITROPHE, adj. Voisin, attenant, contigu; frontière.

LIMNÉE, s. f. Genre de vers mollusques. T. d'hist. nat.

LIMNEUDÉTIQUE, s. f. Art de prendre ses hauteurs pour se retrouver en mer. T. de mar.

LIMNITE, s. f. Pierre qui offre quelque ressemblance avec une carte géographique. T. d'hist. nat.

LIMNOBION, s. m. Morène spongieuse, plante aquatique. T. de bot.

LIMNOCHARE, s. f. Genre d'insectes arachnides. T. d'hist. nat.

LIMODORE, s. m. Genre de plantes orchidées. T. de bot.

LIMOGES, s. m. Ville et chef-lieu de préf. du dép. de la Haute-Vienne, d'un arr. de sous-préf. et de deux cant.; cour royale, trib. de 1re inst. et de comm.; évêché, érigé dans le troisième siècle; chambre consultative des manuf.; cours d'anat.; société d'agric., sciences et arts; biblioth. publique; musée d'hist. nat., d'arts et d'antiquités; hôtel des monnaies: bur. de garantie des matières d'or et d'argent; ingén. en chef des ponts-et-chaussées; direct. de l'enregist. et des domaines, de 3e classe; conserv. des hypoth.; direct. des contrib. dir. et indir.; recev. gén. des finances; payeur du dép.; bur. d'enregist. et de poste. Pop. 26,000 hab. env.

Bâtie en amphithéâtre, sur le penchant d'une colline dont le pied est arrosé par la Vienne, cette ville est généralement mal distribuée, et n'offre à l'œil du voyageur que des rues tortueuses et escarpées; elle est fort ancienne. En effet, son existence est antérieure à la conquête des Gaules. On y trouve encore des monuments qui attestent la domination romaine. Limoges peut se glorifier à juste titre d'avoir vu naître le chancelier d'Aguesseau, l'honneur de la magistrature française; le maréchal Jourdan et le célèbre Vergniaud.

Manuf. de porcelaine et de creusets; fab. de draps, casimirs, droguets, cuirs de laine, mouchoirs, flanelle, colle forte, bougie, etc.; filatures de coton et de laine; papeteries; faïenceries, poteries. Comm. de grains, vins, châtaignes, fer, cuivre jaune, kaolin; entrepôt du comm. des dép. méridionaux.

LIMOGES-FOURCHE, s. f. Com. du dép. de Seine-et-Marne, cant. de Brie, arr. de Melun. = Brie.

LIMOGNE, s. f. Com. du dép. du Lot, chef-lieu de cant. de l'arr. de Cahors. Bur. d'enregist. = Cahors.

LIMOINE, s. f. Plante aquatique du genre des caryophyllées. T. de bot.

LIMOISE, s. f. Com. du dép. de l'Allier, cant. de Lurcy-Lévy, arr. de Moulins. = St.-Pierre-le-Moutier.

LIMON, s. m. Bouc, bourbe, terre détrempée, fangeuse, entraînée par les eaux. —, sorte de petit citron très juteux. —, pièce de bois qui soutient les marches d'un escalier; l'une des deux branches d'une charrette, qui forment la limonière.

LIMON, s. m. Com. du dép. de Lot-et-Garonne, cant. de Lavardac, arr. de Nérac. = Nérac.

LIMON, s. m. Com. du dép. de la Nièvre, cant. de St.-Bénin-d'Azy, arr. de Nevers. = Nevers.

LIMONADE, s. f. Boisson rafraîchissante faite avec du jus de citron ou de limon.

LIMONADIER, ÈRE, s. Cafetier, qui fait et vend de la limonade, des liqueurs, etc.

LIMONCELLO, s. m. Arbre de la Calabre qui produit les limons. T. de bot.

LIMONELLIER, s. m. Arbre et arbrisseau des Indes, de la famille des citronniers. T. de bot.

LIMONEST, s. m. Com. du dép. du Rhône, chef-lieu de cant. de l'arr. de Lyon. Bur. d'enregist. à St.-Cyr-au-Mont-d'Or. = Lyon.

LIMONEUX, EUSE, adj. Bourbeux, plein de vase, de limon. —, s. m. Poisson du genre du cobite. T. d'hist. nat.

LIMONIATE, s. f. Espèce d'émeraude de couleur vert-pré.

LIMONIE, s. f. Genre d'insectes diptères. T. d'hist. nat.

LIMONIER, s. m. Cheval de limon. —, arbre qui produit les limons. T. de bot.

LIMONIÈRE, s. f. Sorte de brancard de charrette, formé de deux limons.

LIMONS, s. m. Com. du dép. du Puy-de-Dôme, cant. de Maringues, arr. de Thiers. = Maringues.

LIMONT-FONTAINE, s. m. Com. du dép. du Nord, cant. de Maubeuge, arr. d'Avesnes. = Maubeuge.

LIMONY, s. m. Com. du dép. de l'Ardèche, cant. de Serrières, arr. de Tournon. = le Péage.

LIMOSELLE, s. f. Plante personnée, de la famille des lysimachies. T. de bot.

LIMOSIN, E, ou LIMOUSIN, E, s. et adj. Habitant du Limosin, de Limoges; qui concerne ce pays. —, s. m. Compagnon maçon qui fait le limousinage.

LIMOURS, s. m. Petite ville du dép. de Seine-et-Oise, chef-lieu de cant. de l'arr. de Rambouillet. Bur. d'enregist. et de poste.

LIMOUSE-ST.-JEAN, s. f. Com. du dép. de l'Aveyron, cant. et arr. de Rodez. = Rodez.

LIMOUSIN (le), s. m. Ancienne province de France, comprise aujourd'hui dans les dép. de la Corrèze et de la Haute-Vienne.

LIMOUSINAGE, s. m. Maçonnerie en moellons et mortier.

LIMOUSINE, s. f. Anémone verte, rouge et blanche. T. de jard. fleur.

LIMOUSINÉ, E, part. Maçonné en petites pierres.

LIMOUSINER, v. a. et n. Maçonner en moellons, faire du limousinage.

LIMOUSINERIE, s. f. Voy. LIMOUSINAGE.

LIMOUSINIÈRE (la), s. f. Com. du dép. de la Vendée, cant. et arr. de Bourbon-Vendée. = Bourbon-Vendée.

LIMOUX, s. m. Ville du dép. de l'Aude, chef-lieu de sous-préf. et de cant.; trib. de 1re inst. et de comm.; chambre consultative des manuf.; société d'agric.; conserv. des hypoth.; direct. des contrib. indir.; recev. part. des finances; bur d'enregist et de poste.

Cette ville est située sur la rive gauche de l'Aude, au milieu d'un pays fertile en vins, parmi lesquels on distingue le vin blanc connu sous le nom de blanquette de Limoux.

Manuf. de draps et de ratine. Comm. de vins, d'huile d'olive, savon, etc.

LIMOUZINIÈRE (la), s. f. Com. du dép. de la Loire-Inférieure, cant. de St.-Philbert, arr. de Nantes. = Machecoul.

LIMOUZIS, s. m. Com. du dép. de l'Aude, cant. de Conques, arr. de Carcassonne. = Carcassonne.

LIMPIDE, adj. Clair, net, transparent; eau limpide.

LIMPIDITÉ, s. f. Clarté, transparence des liquides.

LIMPIVILLE, s. f. Com. du dép. de la Seine-Inférieure, cant. de Valmont, arr. d'Yvetot. = Fauville.

LIMULE, s. m. Crustacé branchiopode. T. d'hist. nat.

LIMURE, s. f. Action de limer; état d'un ouvrage limé.

LIN, s. m. Genre de plantes caryophyllées dont il existe un grand nombre d'espèces. Graine de —, graine émolliente dont on tire de l'huile. Filasse de —, filasse très fine et très estimée qu'on tire de l'écorce de cette plante. Gris de —, couleur gris bleuâtre.

LIN (St.-), s. m. Com. du dép. des Deux-Sèvres, cant. de Mazières, arr. de Parthenay. = St.-Maixent.

LINAC, s. m. Com. du dép. du Lot, cant. et arr. de Figeac. = Figeac.

LINAIGRETTE, s. f. Lin de marais, plante graminée dont la semence est entourée de filets lanugineux.

LINAIRE, s. m. Lin sauvage. —, genre de mufliers.

LINARD, s. m. Com. du dép. de la Creuse, cant. de Bonnat, arr. de Guéret. = la Châtre.

LINARDS, s. m. Com. du dép. de la Haute-Vienne, cant. de Châteauneuf, arr. de Limoges. = Pierre-Buffière.

LINARS, s. m. Com. du dép. du Lot, cant. de St.-Germain, arr. de Gourdon. = Gourdon.

LINARS, s. m. Com. du dép. de la Charente, cant. d'Hiersac, arr. d'Angoulême. = Angoulême.

LINAS, s. m. Com. du dép. de Seine-et-Oise, cant. d'Arpajon, arr. de Corbeil. Bur. de poste.

LINAY, s. m. Com. du dép. des Ardennes, cant. de Carignan, arr. de Sedan. = Carignan.

LINAZAY, s. m. Com. du dép. de la Vienne, cant. et arr. de Civray. = Civray.

LINCARQUE, s. m. Village du dép. du Tarn, cant. et arr. de Gaillac. = Gaillac.

LINCE, s. f. Sorte de satin de la Chine.

LINCEL, s. m. Com. du dép. des Basses-Alpes, cant. de Reillanne, arr. de Forcalquier. = Manosque.

LINCEUL, s. m. Drap avec lequel on ensevelit les morts.

LINCHEUX, s. m. Com. du dép. de la Somme, cant. d'Hornoy, arr. d'Amiens. = Poix.

LINÇOIR, s. m. Pièce dans laquelle on assemble les solives aux baies, les chevrons aux lucarnes. T. de charp.

LINCONE, s. f. Arbrisseau du cap de Bonne-Espérance. T. de bot.

LINCOUX, s. m. Com. du dép. de l'Aveyron, cant. de Requista, arr. de Rodez. = Rodez.

LINDEBEUF, s. m. Com. du dép. de la Seine-Inférieure, cant. d'Yerville, arr. d'Yvetot. = Doudeville.

LINDÈRE, s. f. Arbrisseau du Japon. T. de bot.

LINDERNE, s. f. Plante voisine des gratioles. T. de bot.

LINDOIS (le), s. m. Com. du dép. de la Charente, cant. de Montembœuf, arr. de Confolens. = la Rochefoucault.

LINDRE-BASSE, s. f. Com. du dép. de la Meurthe, cant. de Dieuze, arr. de Château-Salins. = Dieuze.

LINDRE-HAUTE, s. f. Com. du dép. de la Meurthe, cant. de Dieuze, arr. de Château-Salins. = Dieuze.

LINDRY, s. m. Com. du dép. de l'Yonne, cant. de Toucy, arr. d'Auxerre. = Auxerre.

LINÉAIRE, s. m. Poisson du genre du labre. T. d'hist. nat.

LINÉAIRE, adj. Qui a rapport aux

lignes, qui se fait par des lignes; dessin linéaire. Feuilles —, étroites, aplaties, à peu près égales dans toute leur longueur. T. de bot.

LINÉAL, E, adj. Qui a rapport aux lignes de parenté; succession linéale. T. de jurisp.

LINÉAMENT, s. m. Trait du visage, en général, trait à peine esquissé, légèrement indiqué.

LINETTE, s. f. Semence du lin.

LINEXER, s. m. Com. du dép. de la Haute-Saône, cant. de Luxeuil, arr. de Lure. = Lure.

LINGARD, s. m. Fil qui sert à réparer ceux qui se rompent en tissant. T. de manuf.

LINGARELLE, s. f. Scapulaire de chanoine.

LINGE, s. m. Toile mise en œuvre, chemises, draps, serviettes.

LINGÉ, s. m. Com. du dép. de l'Indre, cant. de Tournon-St.-Martin, arr. du Blanc. = le Blanc.

LINGEARD, s. m. Com. du dép. de la Manche, cant. de St.-Pois, arr. de Mortain. = Sourdeval.

LINGER, ÈRE, s. Qui tient une boutique de lingerie. —, s. f. Ouvrière en linge.

LINGERIE, s. f. Boutique de lingère, commerce de linge. —, endroit où l'on serre le linge.

LINGETTE, s. f. Espagnolette, petite serge.

LINGÈVRES, s. m. Com. du dép. du Calvados, cant. de Balleroy, arr. de Bayeux. = Tilly-sur-Seulles.

LINGHEM, s. m. Com. du dép. du Pas-de-Calais, cant. de Norrent-Fontes, arr. de Béthune. = Aire-sur-la-Lys.

LINGOLSHEIM, s. m. Com. du dép. du Bas-Rhin, cant. de Geispolsheim, arr. de Strasbourg. = Strasbourg.

LINGOT, s. m. Or, argent en barre, en masse. —, cylindre de métal ou de plomb avec lequel on charge un fusil, au lieu de balle.

LINGOTIÈRE, s. f. Moule dans lequel on coule les métaux en fusion.

LINGOUMBAUD, s. m. Ecrevisse de mer. T. d'hist. nat.

LINGREVILLE, s. f. Com. du dép. de la Manche, cant. de Mont-Martin-sur-Mer, arr. de Coutances. = Coutances.

LINGUA, s. f. (mot latin.) Renoncule, plante dont les feuilles ont la forme d'une langue de chien. T. de bot.

LINGUAL, E, adj. Se dit de tout ce qui est relatif à la langue; nerf petit lingual, glandes linguales. T. d'anat. —, se dit encore des consonnes dont le son est formé par le mouvement de la langue, comme L, R, T, etc. T. de gramm.

LINGUATULE, s. f. Genre de vers intestinaux. T. d'hist. nat.

LINGUE, s. f. Morue verte très maigre.

LINGUET, s. m. Sorte de satin. —, pièce pour arrêter le cabestan. T. de mar.

LINGUIFORME, adj. En forme de langue. T. d'hist. nat.

LINGUISUGES, s. m. pl. Insectes hyménoptères. T. d'hist. nat.

LINGUIZZETTA, s. f. Com. du dép. de la Corse, cant. de Piétra, arr. de Corte. = Bastia.

LINGULE, s. f. Genre de coquilles bivalves. T. d'hist. nat.

LINIAIRE, adj. Alongé comme un fil; pétiole liniaire. T. de bot.

LINIER, s. m. Peigneur de lin, de chanvre.

LINIÈRE, s. f. Courtil ensemencé en lin, propre à semer du lin.

LINIÈRE-BOUTON, s. f. Com. du dép. de Maine-et-Loire, cant. de Noyant, arr. de Baugé. = Baugé.

LINIÈRES, s. f. Petite ville du dép. du Cher, chef-lieu de cant. de l'arr. de St.-Amand. Bur. d'enregist. et de poste.

LINIÈRES, s. f. Com. du dép. de Loir-et-Cher, cant. de Morée, arr. de Vendôme. = Vendôme.

LINIEZ, s. m. Com. du dép. de l'Indre, cant. de Vatan, arr. d'Issoudun. = Vatan.

LINIMENT, s. m. Médicament liquide composé de corps gras, de sels volatils, etc., que l'on applique à la surface de la peau, à l'aide de frictions; topique qui agit par absorption. T. de méd.

LINITION, s. f. Application d'un liniment, friction. T. de méd.

LINLIBRIZIN ou YULIBRIZIN, s. m. Acacia sans épines. T. de bot.

LINNÉE, s. f. Plante odoriférante, toujours verte, dédiée à la mémoire du célèbre Linnée, naturaliste suédois.

LINOCARPE, s. m. Lin multiflore. T. de bot.

LINOCIÈRE, s. f. Plante de la famille des jasmins. T. de bot.

LINON, s. m. Toile de lin claire, très blanche et très fine, dont on se sert pour garnir les bonnets des dames.

LINOT, TE, s. Petit oiseau gris brun dont le chant est fort agréable. Tête de —, tête légère, sans jugement. Siffler la —, boire; être en prison. T. fam.

LINSDORFF, s. m. Com. du dép. du Haut-Rhin, cant. de Ferrette, arr. d'Altkirch. = Huningue.

LINSELLES, s. f. Com. du dép. du Nord, cant. de Turcoing, arr. de Lille. = Lille.

LINSOIRE, s. m. Pièce de bois qui porte le pied des chevrons. T. de charp.

LINSTROFF, s. m. Com. du dép. de la Moselle, cant. de Grostenquin, arr. de Sarreguemines. = St.-Avold.

LINTÉAIRE, s. f. Courbe formée par une corde attachée verticalement à deux points fixes et chargée d'un fluide en équilibre. T. de géom.

LINTEAU, s. m. Traverse au-dessus de l'ouverture d'une porte, etc., pour soutenir la maçonnerie.

LINTHAL, s. m. Com. du dép. du Haut-Rhin, cant. de Guebwiller, arr. de Colmar. = Ruffach.

LINTHELLES, s. f. Com. du dép. de la Marne, cant. de Sézanne, arr. d'Épernay. = Sézanne.

LINTHES, s. f. Com. du dép. de la Marne, cant. de Sézanne, arr. d'Epernay. = Sézanne.

LINTIBULAIRES, s. f. pl. Famille de plantes entre les acanthacées et les primulacées. T. de bot.

LINTIN, s. m. Com. du dép. de l'Aveyron, cant. de Requista, arr. de Rodez. = Rodez.

LINTOT, s. m. Com. du dép. de la Seine-Inférieure, cant. de Longueville, arr. de Dieppe. = Dieppe.

LINTOT, s. m. Com. du dép. de la Seine-Inférieure, cant. de Bolbec, arr. du Hâvre. = Bolbec.

LINTRÉES, s. f. pl. Etoffes de soie de la Chine.

LINTREY, s. m. Com. du dép. de la Meurthe, cant. de Blâmont, arr. de Lunéville. = Blâmont.

LINUS, s. m. Fils d'Apollon et de Terpsichore, frère d'Orphée, inventa la poésie lyrique et les chansons. T. de myth.

LINXE, s. m. Com. du dép. des Landes, cant. de Castets, arr. de Dax. = Dax.

LINY-DEVANT-DUN, s. m. Com. du dép. de la Meuse, cant. de Dun, arr. de Montmédy. = Dun.

LINYPHIE, s. f. Genre d'insectes arachnides. T. d'hist. nat.

LINZEUX, s. m. Com. du dép. du Pas-de-Calais, cant. et arr. de St.-Pol. = Frévent.

LIOCOURT, s. m. Com. du dép. de la Meurthe, cant. de Delme, arr. de Château-Salins. = Château-Salins.

LIOMER, s. m. Com. du dép. de la Somme, cant. d'Hornoy, arr. d'Amiens. = Aumale.

LION, NE, s. Animal féroce et fier, le roi des animaux carnassiers; mammifère digitigrade qui se distingue par sa crinière, et dont la queue est terminée par une touffe de poils noirs. Fig. — homme hardi, courageux; homme emporté, furieux, terrible dans sa colère. Fig. — (le), lion de la forêt de Némée étranglé par Hercule, qui fut placé par Jupiter au nombre des signes du zodiaque. T. de myth. Petit —, constellation entre le lion et la grande ourse. — marin, espèce de phoque.

LION, s. m. Com. du dép. du Calvados, cant. de Douvres-la-Délivrande, arr. de Caen. = Caen.

LION, s. m. Com. du dép. du Loiret, cant. de Sully, arr. de Gien. = Gien.

LION, s. m. Com. du dép. des Basses-Pyrénées, cant. de Lembeye, arr. de Pau. = Pau.

LIONCEAU, s. m. Petit de la lionne.

LION-D'ANGERS (le), s. m. Petite ville du dép. de Maine-et-Loire, chef-lieu de cant. de l'arr. de Segré. Bur. de poste. Comm. de vins, cidre, bestiaux, etc.

LIONDENT, s. m. Plante, genre de chicoracées. T. de bot.

LION-DEVANT-DUN, s. m. Com. du dép. de la Meuse, cant. de Dun, arr. de Montmédy. = Dun.

LION-EN-BEAUCE, s. m. Com. du dép. du Loiret, cant. d'Artenay, arr. d'Orléans. = Artenay.

LIONNÉ, adj. m. Rampant; léopard lionné. T. de blas.

LIONS (St.-), s. m. Com. du dép. des Basses-Alpes, cant. de Barême, arr. de Digne. = Digne.

LIORAC, s. m. Com. du dép. de la Dordogne, cant. de Lalinde, arr. de Bergerac. = Bergerac.

LIORHYNQUE, s. m. Genre de vers intestinaux. T. d'hist. nat.

LIOUBE, s. f. Entaille pour enter un mât. T. de mar.

LIOUC, s. m. Com. du dép. du Gard, cant. de Quissac, arr. du Vigan. = Sauve.

LIOUJAS, s. m. Com. du dép. de l'Aveyron, cant. de Bozouls, arr. de Rodez. = Rodez.

LIOURDRE, s. m. Com. du dép. de la Corrèze, cant. de Beaulieu, arr. de Brive. = Tulle.

LIOUVILLE, s. f. Com. du dép. de la Meuse, cant. de St.-Mihiel, arr. de Commercy. = St.-Mihiel.

LIOUX, s. m. Village du dép. des Basses-Alpes, cant. de Senez, arr. de Castellanne. = Castellanne.

LIOUX, s. m. Com. du dép. de Vaucluse, cant. de Gordes, arr. d'Apt. = Apt.

LIOUX-LES-MONGES, s. m. Com. du dép. de la Creuse, cant. d'Auzances, arr. d'Aubusson. = Auzances.

LIPARE, s. f. Genre d'insectes coléoptères. T. d'hist. nat.

LIPARIS, s. m. Poisson branchiostège. T. d'hist. nat.

LIPAROCÈLE, s. f. Tumeur graisseuse au scrotum. T. de chir.

LIPIN, s. m. Coquille du genre des rochers. T. d'hist. nat.

LIPOGRAMMATIQUE, adj. Se dit d'un ouvrage dans la composition duquel on s'impose l'obligation de ne pas faire entrer quelques lettres de l'alphabet.

LIPOME, s. m. Sorte de tumeur enkistée formée par la graisse, dans quelque cellule de la membrane adipeuse. Voy. Loupe. T. de chir.

LIPOSTEY, s. m. Village du dép. des Landes, réuni à la com. et cant. de Pissos, arr. de Mont-de-Marsan. Bur. de poste.

LIPOTHYMIE ou **LIPOPSYCHIE**, s. f. Syncope, défaillance. T. de méd.

LIPPE, s. f. Lèvre inférieure trop grosse et trop saillante; ce qui ressemble à cette difformité. T. d'arts et mét.

LIPPÉE, s. f. Bouchée. Franche —, repas copieux qui ne coûte rien. T. fam.

LIPPI, s. m. Genre de plantes verbénacées. T. de bot.

LIPPISTE, s. m. Coquille très fragile. T. d'hist. nat.

LIPPITUDE, s. f. Maladie des yeux dans laquelle une humeur visqueuse et âcre suinte des paupières et les enflamme. T. de chir.

LIPPU, E, adj. Qui a la lèvre inférieure trop saillante.

LIPSHEIM, s. m. Com. du dép. du Bas-Rhin, cant. de Geispolsheim, arr. de Strasbourg. = Strasbourg.

LIPURE, s. f. Quadrupède de la baie d'Hudson. T. d'hist. nat.

LIPYRIE, s. f. Fièvre maligne accompagnée d'une chaleur interne considérable, ou d'une inflammation érysipélateuse aux viscères et en même temps d'un froid excessif aux parties externes. T. de méd.

LIQUATION, s. f. Ressuage, fusion, séparation à l'aide du plomb, de l'argent que renferme le cuivre.

LIQUÉFACTION, s. f. Transmutation d'un solide en liquide.

LIQUÉFIÉ, E, part. Fondu, rendu liquide.

LIQUÉFIER, v. a. Fondre, rendre liquide. Se —, v. pron. Devenir liquide.

LIQUES, s. f. Village du dép. du Pas-de-Calais, cant. de Guines, arr. de Boulogne. = Boulogne.

LIQUET, s. m. Poire âcre qu'on fait cuire.

LIQUEUR, s. f. Substance liquide, en général. —, boisson qui a pour base soit de l'esprit-de-vin, soit de l'eau-de-vie. Vins de —, vins de Frontignan, de Rivesalte, d'Espagne, etc. — de cailloux, dissolution de silice dans la potasse liquide. T. de chim.

LIQUIDAMBAR ou **COPALME**, s. m. Arbres et arbustes amentacés d'Amérique, qui produisent une résine aromatique, claire et rougeâtre.

LIQUIDATEUR, s. m. Préposé à l'examen des comptes d'une opération de commerce, d'une société, etc., pour opérer une liquidation.

LIQUIDATION, s. f. Règlement des comptes d'une maison de commerce, d'une succession, etc.; acte pour constater l'arrêté de ces comptes.

LIQUIDE, adj. Se dit d'une substance fluide. —, clair et net, dont on peut disposer, en parlant de l'avoir d'une personne. Consonne —, facile à prononcer, comme L, M, N. —, s. m. Aliment liquide.

LIQUIDÉ, E, part. Réglé, en parlant d'un compte.

LIQUIDEMENT, adv. D'une manière liquide.

LIQUIDER, v. a. Régler des comptes, faire la liquidation d'une maison de commerce, d'une succession, etc.

LIQUIDITÉ, s. f. Qualité des substances liquides.

LIQUISSE (la), s. f. Village du dép. de l'Aveyron, cant. de Nant, arr. de Milhau. = Nant.

LIQUOREUX, EUSE, adj. Se dit d'un vin dépouillé de toutes ses parties acides par les années, ou d'un vin frelaté qui a un goût doucereux, fade.

LIRAC, s. m. Com. du dép. du Gard, cant. de Roquemaure, arr. d'Uzès. = Roquemaure.

LIRE, v. a. Parcourir des yeux les lettres d'un mot, ou les mots, avec l'intelligence de leur valeur, de leur signification, à haute voix ou mentalement; faire la lecture d'un livre. —, expliquer le sens d'un auteur; lire Homère, Virgile. —, deviner, augurer; lire dans l'avenir. —, pénétrer; lire dans l'âme, dans les yeux. — un dessin, marquer à l'ouvrier le nombre et la place des fils pour le former. T. de manuf.

LIRE, s. m. Com. du dép. de Maine-et-Loire, cant. de Champtoceaux, arr. de Beaupréau. = Ancenis.

LIREY, s. m. Com. du dép. de l'Aube, cant. de Bouilly, arr. de Troyes. = Troyes.

LIRI, s. m. Coquille univalve du genre patelle. T. d'hist. nat.

LIRION ou LIRIUM, s. m. Voyez AMARYLLIS. T. de bot.

LIRON, s. m. Marmotte des Alpes. Voy. LOIR.

LIRONCOURT, s. m. Com. du dép. des Vosges, cant. de la Marche, arr. de Neufchâteau. = la Marche.

LIRONVILLE, s. f. Com. du dép. de la Meurthe, cant. de Thiaucourt, arr. de Toul. = Pont-à-Mousson.

LIROSE, s. f. Com. du dép. du Calvados, cant. de Troarn, arr. de Caen. = Troarn.

LIRY, s. m. Com. du dép. des Ardennes, cant. de Monthois, arr. de Vouziers. = Vouziers.

LIS, s. m. Plante bulbeuse, dont les fleurs sont blanches et odoriférantes. Teint de —, d'une blancheur extrême. Fig. — jaune, variété du blanc, inodore. Fleur de —, voy. FLEUR.

LIS (St.-), s. m. Com. du dép. de la Haute-Garonne, chef-lieu de cant. de l'arr. de Muret. Bur. d'enregist. à Ricaumes; bur. de poste. Manuf. de toile.

LISABLE, adj. Que l'on peut lire avec quelque plaisir. T. inus.

LISANT, s. m. Com. du dép. de la Vienne, cant. et arr. de Civray. = Civray.

LISARD, s. m. Toile des Indes.

LISARDE, s. f. Femelle du lézard.

LISBONINE ou MOËDE, s. f, Monnaie d'or du Portugal, valant environ 42 francs.

LISBONNE, s. f. Ville capitale du royaume de Portugal, à l'embouchure du Tage; port de mer; siége d'un archevêché; arsenal, chantier de construction; bourse de comm.; académie des sciences, belles-lettres et arts, etc. Pop. 260,000 hab. environ. Cette ville fut presque entièrement détruite par un tremblement de terre, en 1755.

LISBOURG, s. m. Com. du dép. du Pas-de-Calais, cant. de Heuchin, arr. de St.-Pol. = Fruges.

LISCANTHES, s. m. pl. Plantes de la famille des gentianes. T. de bot.

LISERAGE, s. m. Broderie autour d'une étoffe, avec un cordonnet d'or ou de soie.

LISERÉ, s. m. Liserage, broderie autour d'une étoffe.

LISÉRÉ, E, part. Se dit d'une étoffe sur laquelle il a été fait un liseré.

LISÉRER, v. a. Broder un liseré.

LISÉROLE, s. f. Genre de plantes convolvulacées. T. de bot.

LISERON, s. m. Plante grimpante, médicinale, du genre des convolvulacées. T. de bot.

LISET, s. m. Coupe-bourgeon, insecte coléoptère qui détruit les bourgeons des arbres. T. d'hist. nat.

LISEUR, EUSE, s. Celui, celle qui aime à lire, qui lit beaucoup. —, muscle abducteur de l'œil. T. d'anat.

LISIBLE, adj. Facile à lire. —, agréable à lire. Fig.

LISIBLEMENT, adv. D'une manière lisible.

LISIER-DUPLANTÉ (St.-), s. m. Com. du dép. du Gers, cant. et arr. de Lombez. = Lombez.

LISIÈRE, s. f. Extrémité de la largeur d'une étoffe; bande d'une couleur et d'un tissu différens aux bords latéraux des étoffes de laine. —, limite d'un champ, d'un pays. —, bretelles pour soutenir un enfant qui commence à marcher. Mener à la —, comme un enfant. Fig.

LISIEUX, s. m. Ville du dép. du Calvados, chef lieu de sous-préf. et de deux cant. Trib. de 1re inst. et de comm.; chambre consultative des manuf.; biblioth. pub.; conserv. des hypoth.; direct. des contrib. indir.; recev. part. des finances; bur. d'enregist. et de poste.
Cette ville, située au confluent de l'Orbec et de la Touques, est en général bien bâtie, entourée de murailles, et possède des rues larges et propres. On y remarque la cathédrale, l'ancien évêché et l'hôpital. Pop. 10,750 hab. envir. Manuf. de toiles cretonnes, draps, flanelles, molletons, couvertures tissues en fil et poil de bœuf; filature de coton et de laine, etc. Comm. de grains, fruits, cidre, lin, chanvre, bœufs, moutons, etc.

LISLE, s. f. Com. du dép. de la Dordogne, cant. de Brantôme, arr. de Périgueux. = Bourdeilles.

LISLE, s. f. Com. du dép. de Loir-et-Cher, cant. de Morée, arr. de Vendôme. = Vendôme.

LISLE, s. f. Com. du dép. du Tarn, chef-lieu de cant. de l'arr. de Gaillac, où se trouvent les bur. d'enregist. et de poste.

LISLE-EN-BARROIS, s. f. Com. du dép. de la Meuse, cant. de Vaubecourt, arr. de Bar-le-Duc. = Bar-le-Duc.

LISLE-EN-RIGAULT, s. f. Com. du

dép. de la Meuse, cant. d'Ancerville, arr. de Bar-le-Duc. == Bar-le-Duc.

LISLE-SUR-LE-DOUBS, s. f. Com. du dép. du Doubs, chef-lieu de cant. de l'arr. de Baume. Bur. d'enregist. et de poste.

LISLET, s. m. Com. du dép. de l'Aisne, cant. de Rozoy, arr. de Laon. == Rozoy.

LISMATISMES, s. f. pl. Nations arabes qui exigeaient des lismes, des tributs.

LISMES, s. f. pl. Tributs imposés par les Arabes aux nations chrétiennes, aux Francs.

LISOIR, s. m. Pièce d'un carrosse qui porte le train de devant, les moutons. —, construction en charpente pour l'apprêt des étamines. T. de manuf.

LISON, s. m. Com. du dép. du Calvados, cant. d'Isigny, arr. de Bayeux. == Isigny.

LISORES, s. f. Com. du dép. du Calvados, cant. de Livarot, arr. de Lisieux. == Vimoutiers.

LISORS, s. m. Com. du dép. de l'Orne, cant. de Lyons, arr. des Andelys. == Lyons-la-Forêt.

LISPE, s. f. Insecte diptère muscide. T. d'hist. nat.

LISPUND, s. m. Poids d'Allemagne, quatorze livres.

LISSAC, s. m. Com. du dép. de l'Ariège, cant. de Saverdun, arr. de Pamiers. == Saverdun.

LISSAC, s. m. Com. du dép. de la Corrèze, cant. de Larche, arr. de Brive. == Brive.

LISSAC, s. m. Com. du dép. de la Haute-Loire, cant. de St.-Paulien, arr. du Puy. == le Puy.

LISSAC, s. m. Com. du dép. du Lot, cant. et arr. de Figeac. == Figeac.

LISSAY, s. m. Com. du dép. du Cher, cant. de Levet, arr. de Bourges. == Bourges.

LISSE, s. f. Pièce transversale d'un garde-fou; assemblage de gros fils sur des tringles pour recevoir ceux de la chaîne; ustensile pour lisser, polir, etc. —, assemblage de pièces de bois servant à lier les parties d'un navire. T. de mar. —, couleuvre brune, tachetée de roux. T. d'hist. nat.

LISSE, adj. Uni, poli.

LISSÉ, E, part. Rendu lisse, uni, poli.

LISSE, s. f. Com. du dép. de Lot-et-Garonne, cant. de Mezin, arr. de Nérac. == Nérac.

LISSE, s. f. Com. du dép. de la Marne, cant. et arr. de Vitry. == Vitry-le-Français.

LISSE, s. f. Com. du dép. de Seine-et-Oise, cant. et arr. de Corbeil. == Corbeil.

LISSEAU, s. m. Peloton de fil ou de ficelle.

LISSÉE, adj. f. Pelée et couverte de sucre: amande lissée. T. de confis.

LISSER, v. a. Rendre lisse, uni, poli. —, garnir de lisses. T. de mar.

LISSERON, s. m. Liteau de bois pour tendre les lisses.

LISSETTE, s. f. Lisse attachée à la queue des rames, au lieu d'être tendue sur le lisseron. —, os pour polir. —, ficelle qui sert à faire lever les fils de la chaîne. T. de gazier.

LISSEUIL, s. m. Com. du dép. du Puy-de-Dôme, cant. de Menat, arr. de Riom. == Montaigut.

LISSEUR, s. m. Ouvrier qui lisse.

LISSEY, s. m. Com. du dép. de la Meuse, cant. de Damvillers, arr. de Montmédy. == Damvillers.

LISSIER, s. m. Celui qui fait les lisses.

LISSIEU, s. m. Com. du dép. du Rhône, cant. de Limonest, arr. de Lyon. == Lyon.

LISSOIR, s. m. Instrument, outil pour lisser, polir. —, perche pour remuer la laine.

LISSURE, s. f. Polissure faite avec un lissoir.

LISSY, s. m. Com. du dép. de Seine-et-Marne, cant. de Brie, arr. de Melun. == Brie.

LISTE, s. f. Suite de noms, de mots au-dessous les uns des autres, catalogue. — civile, somme allouée au roi pour l'entretien de sa maison.

LISTEAU, s. m. Morceau de bois qu'on ajoute à un autre qui manque d'épaisseur ou de largeur. T. de mar.

LISTEL, s. m. Petite moulure carrée, bande ou règle qui sert d'ornement. —, espace plein entre les cannelures d'une colonne. T. d'arch.

LISTON, s. m. Petite bande où l'on inscrit une devise. T. de blas.

LISTRAC, s. m. Com. du dép. de la Gironde, cant. de Castelnau, arr. de Bordeaux. == Bordeaux.

LISTRAC-DE-DURÈZE, s. m. Com. du dép. de la Gironde, cant. de Pellegrue, arr. de la Réole. == Monségur.

LISTRONITE, s. f. Coquille bivalve, fossile. T. d'hist. nat.

LIT, s. m. Meuble pour se coucher; tout ce qui compose ce meuble, bois de lit, tour de lit, matelas, etc. — de plumes, coutil rempli de plumes. — de parade, sur lequel on expose les grands après leur mort. —, lieu, place où l'on se couche. —, mariage; enfant du premier lit. Fig. Mourir au — d'honneur, sur le champ de bataille, à son poste. — de justice, trône du roi dans les anciens parlemens. —, canal par lequel coule une rivière, un fleuve. —, couche d'une chose étendue sur une autre; un lit de gerbes. — de marée, endroit où il existe un courant. — du vent, sa direction exacte. T. de mar.

LITANIE, s. f. Longue et fatigante énumération. T. fam. —, pl. Prières en l'honneur de Dieu, de la Vierge et des saints.

LITCHI, s. m. Voy. LETCHI.

LIT-DE-CAMP, s. m. Lit de planches dans un corps-de-garde.

LITÉ, E, part. Mis, rangé par lits.

LITEAU, s. m. Lieu où se repose le loup durant le jour. —, petite tringle de bois couchée sur une autre. —, pl. Raies rouges ou bleues au linge de table; serviettes à liteaux.

LITER, v. a. Mettre le poisson salé dans des barils, le ranger par lits. —, couvrir le drap pour qu'il ne prenne pas la teinture. T. de manuf.

LIT-ET-MIXE, s. m. Com. du dép. des Landes, cant. de Castets, arr. de Dax. = Dax.

LITEUSE, s. f. Ouvrière qui lite les draps T. de manuf.

LITHAGOGUE, s. m. et adj. Se dit des médicamens auxquels on attribue la propriété d'expulser le gravier qui se trouve dans la vessie. T. de méd.

LITHAIRE, s. m. Com. du dép. de la Manche, cant. de la Haye-du-Puits, arr. de Coutances. = Périers.

LITHARGE, s. f. Oxyde de plomb à demi vitreux. T. de chim.

LITHARGÉ, E ou LITHARGIRÉ, E, adj. Altéré, falsifié avec la litharge; vin lithargé.

LITHÉOSPHORE, s. m. Variété de baryte. T. d'hist. nat.

LITHIASIE, s. f. Formation du calcul dans la vessie. —, tumeur dure et pétrifiée sur le bord des paupières. T. de méd.

LITHIATE, s. m. Voy. URATE.

LITHIQUE, adj. Voy. URIQUE.

LITHIRONTHOS, s. m. Escarboucle des Indes. T. d'hist. nat.

LITHOBIBLION, s. m. Empreinte des feuilles naturelles et fossiles; bibliolithe litophylle. T. d'hist. nat.

LITHOBIE, s. f. Insecte myriapode, scolopendre. T. d'hist. nat.

LITHOCALAME ou STÉLÉCHITE, s. f. Tige pétrifiée de roseaux, de graminées. T. d'hist. nat.

LITHOCARPE, s. m. Fruit fossile. T. d'hist. nat.

LITHOCRHOME, s. m. Lithographe en couleurs. —, adj. Qui concerne la lithographie coloriée.

LITHOCHROMIE, s. f. Art de lithographier avec les couleurs.

LITHOCOLLE, s. f. Ciment dont se servent les lapidaires pour assujettir les pierres qu'on veut tailler sur la meule.

LITHODE, s. f. Poisson thoracique, macroure. T. d'hist. nat.

LITHODOME, s. m. Moule, coquillage bivalve. T. d'hist. nat.

LITHOGÉNÉSIE, s. f. Voy. GÉOLOGIE.

LITHOGÉOGNOSIE, s. f. Partie de l'histoire naturelle qui concerne les différentes natures de pierres.

LITHOGLYPHITES, s. m. pl. Fossiles représentant des objets sculptés. T. d'hist. nat.

LITHOGRAPHE ou LITOLOGUE, s. m. Auteur, artiste qui écrit sur des pierres, qui lithographie.

LITHOGRAPHIE ou LITHOLOGIE, s. f. Partie de l'histoire naturelle qui a pour objet la connaissance et la description des pierres; art de dessiner, de graver sur des pierres, d'imprimer avec des planches de pierre imprégnées d'une substance grasse, puis imbibées d'eau et touchées d'encre.

LITHOGRAPHIÉ, E, part. Imprimé à l'aide des procédés lithographiques.

LITHOGRAPHIER, v. a. Dessiner, écrire sur des pierres, puis imprimer à l'aide des procédés lithographiques.

LITHOGRAPHIQUE, adj. Qui concerne la lithographie.

LITHOÏDE, adj. Qui a l'apparence d'une pierre. T. d'hist. nat.

LITHOLABE, s. m. Tenette pour saisir la pierre dans la vessie. T. de chir.

LITHOLISATION, s. f. Exploration dans une contrée pour examiner les pierres, et recueillir celles qui peuvent entrer dans une classification.

LITHOMANCIE, s. f. Sorte de divination par l'inspection des pierres.

LITHOMARGE, s. f. Argile infusible. T. d'hist. nat.

LITHOMORPHITES, s. f. pl. Voy. DENDRITE.

LITHONTRIBON, s. m. Voy. HERNIOLE. T. de bot.

LITHONTRIPTIQUE, s. m. et adj. Médicament qu'on croyait propre à dissoudre la pierre dans la vessie.

LITHOPHAGE, s. m. Petit ver qui se trouve dans la pierre d'ardoise et qu'on croit se nourrir de cette pierre. T. d'hist. nat.

LITHOPHOSPHORE, s. f. Pierre phosphorique. T. d'hist. nat.

LITHOPHYLLES, s. f. pl. feuilles pétrifiées. T. d'hist. nat.

LITHOPHYTE, s. m. Substance pierreuse des insectes de mer. T. d'hist. nat.

LITHOSIE, s. f. Insecte lépidoptère, bombix à forme de teigne. T. d'hist. nat.

LITHOSPERME, s. m. Gremil officinal, plante. T. de bot.

LITHOSTROTE, s. m. Pavé en mosaïque.

LITHOTOME, s. m. Instrument tranchant avec lequel on ouvre la vessie, pour retirer les pierres qu'elle renferme. T. de chir.

LITHOTOMIE, s. f. Incision, ouverture de la vessie pour extraire les corps étrangers qui rendent cette opération nécessaire. T. de chir.

LITHOTOMISTE, s. m. Chirurgien qui s'est spécialement exercé à l'opération de la pierre.

LITHOTRITIE, s. f. Opération de chirurgie, nouveau procédé pour détruire le calcul en broyant la pierre dans la vessie, au moyen d'un instrument qu'on nomme brise-pierre, etc.

LITHUANIE, s. f. Province considérable de l'ancienne Pologne, qui appartient aujourd'hui à l'empire de Russie, dont elle forme plusieurs gouvernemens.

LITHUANIEN, NE, s. et adj. Originaire de Lithuanie; qui est relatif à cette province.

LITIÈRE, s. f. Paille qu'on répand dans les écuries et sur laquelle couchent les chevaux et autres bestiaux, pour la convertir en fumier. —, voiture ou chaise couverte portée par des hommes ou des mulets à l'aide de brancards; chaise à porteurs. Faire — de son argent, ne pas le ménager. Etre sur la —, être malade au lit.

LITIGANT, E, adj. Plaidant, qui est en procès.

LITIGE, s. m. Contestation en justice, procès.

LITIGIEUX, EUSE, adj. Contestable, qui est ou peut former la matière d'une demande en justice.

LITISPENDANCE, s. f. Durée d'un procès depuis l'exploit introductif jusqu'au jugement définitif.

LITORNE, s. f. Grosse grive.

LITOTE, s. f. Figure de rhétorique par laquelle on dit le moins pour faire entendre le plus, ce qui rehausse l'éclat de la modestie, surtout lorsqu'on parle de soi.

LITRE, s. f. Bande noire autour d'une église, sur laquelle sont peintes les armoiries du seigneur.

LITRE, s. m. Unité des mesures de capacité, un décimètre carré, environ une pinte et un vingtième, ou un litron et un quart.

LITRON, s. m. Ancienne mesure formant le seizième du boisseau, seize pouces cubes.

LITTÉ, E, part. Roulé sur soi-même, en parlant de la lisière d'un drap.

LITTEAU, s. m. Com. du dép. du Calvados, cant. de Balleroy, arr. de Bayeux. = Balleroy.

LITTÉE, s. f. Arbre élevé de la Chine et de l'Ile-de-France, genre de lauriers. T. de bot.

LITTENHEIM, s. m. Com. du dép. du Bas-Rhin, cant. et arr. de Saverne. = Saverne.

LITTER, v. a. Rouler la lisière d'un drap sur elle-même.

LITTÉRAIRE, adj. Qui appartient aux lettres, à la littérature. —, consacré aux lettres; société littéraire.

LITTÉRAL, E, adj. A la lettre, selon la lettre; rendu mot à mot, traduit mot pour mot; sens littéral. Grec, arabe —, ancien, l'opposé de vulgaire. —, exprimé par des lettres, algébrique; calcul littéral. T. de math.

LITTÉRALEMENT, adv. Mot pour mot, à la lettre, selon le sens littéral.

LITTÉRALITÉ, s. f. Attachement scrupuleux d'un traducteur au sens littéral de l'auteur qu'il traduit.

LITTÉRATEUR, s. m. Homme de lettres versé dans la connaissance des règles, des préceptes et des productions des grands maîtres, tant anciens que modernes.

LITTÉRATURE, s. f. Belles-lettres, règles qui les constituent, productions qui les distinguent; littérature ancienne, moderne, française, étrangère. —, connaissance littéraire; érudition. —, corps des gens de lettres; ensemble des productions littéraires d'une nation.

LITTÉROMANIE, s. f. Manie de ceux qui veulent se faire passer pour littérateurs.

LITTORAL, E, adj. Qui appartient au rivage, qui le baigne. Contrée —, voisine des côtes. Poisson —, qui se trouve dans le voisinage des côtes.

LITTORAUX, s. m. pl. Oiseaux échassiers qui ne quittent pas les côtes. T. d'hist. nat.

LITTORELLE, s. f. Petite plante aquatique, vivace, du genre des plantaginées. T. de bot.

LITTRY, s. m. Com. du dép. du Calvados, cant. de Balleroy, arr. de Bayeux. = Bayeux.

LITUITES, s. f. pl. Coquilles fossiles, cloisonnées. T. d'hist. nat.

LITURE, s. f. Rature. (Vi.)

LITURGIE, s. f. Ordre, cérémonies, prières du service divin.

LITURGIQUE, adj. Qui appartient, a rapport à la liturgie.

LITURGISTE, s. m. Auteur d'un recueil de liturgies; personne qui connaît le cérémonial et les prières du service divin, qui est attachée à l'église.

LITUUS, s. m. (mot latin). Bâton recourbé par le haut, dont les augures se servaient, et qui a servi de crosse aux anciens évêques. —, clairon, trompette recourbée des Romains.

LITZ, s. m. Com. du dép. de l'Oise, cant. et arr. de Clermont. = Clermont.

LIURE, s. f. Grosse et longue corde pour lier des gerbes, etc., entassées sur une charrette, au moyen d'un tourniquet. —, pièce de bois courbée par un bout pour élever les bords d'un bateau. T. de charp.

LIVADIE, s. f. Ville et province de la Grèce, séparée de la Thessalie par le fameux défilé des Thermopyles. Cette province, qui fait partie du Péloponèse, est l'ancienne Achaïe, autrefois couverte de villes dont il reste à peine quelques ruines.

LIVAIE, s. f. Com. du dép. de l'Orne, cant. de Carrouges, arr. d'Alençon. = Carrouges.

LIVARDE, s. f. Corde d'étoupe. Voy. BALESTON.

LIVAROT, s. m. Com. du dép. du Calvados, chef-lieu de cant. de l'arr. de Lisieux. Bur. d'enregist. et de poste.

LIVÈCHE, s. f. Plante vivace, ombellifère. T. de bot.

LIVERDUN, s. m. Com. du dép. de la Meurthe, cant. de Domèvre, arr. de Toul. = Nancy.

LIVERDY, s. m. Com. du dép. de Seine-et-Marne, cant. de Tournan, arr. de Melun. = Tournan.

LIVERNON, s. m. Com. du dép. du Lot, chef-lieu de cant. de l'arr. de Figeac. Bur. d'enregist. = Figeac.

LIVERS, s. m. Com. du dép. du Tarn, cant. de Cordes, arr. de Gaillac. = Cordes.

LIVET, s. m. Com. du dép. de la Mayenne, cant. d'Evron, arr. de Laval. = Evron.

LIVET, s. m. Com. du dép. de l'Orne, cant. de l'Aigle, arr. de Mortagne. = l'Aigle.

LIVET, s. m. Com. du dép. de la Sarthe, cant. de St.-Pater, arr. de Mamers. = Mamers.

LIVET-EN-OUCHE, s. m. Com. du dép. de l'Eure, cant. de Beaumesnil, arr. de Bernay. = Brionne.

LIVET-ET-GAVET, s. m. Com. du dép. de l'Isère, cant. de Bourg-d'Oisans, arr. de Grenoble. = Bourg-d'Oisans.

LIVET-SUR-AUTHOU, s. m. Com. du dép. de l'Eure, cant. de Brionne, arr. de Bernay. = Brionne.

LIVIDE, s. m. Poisson du genre du labre. T. d'hist. nat.

LIVIDE, adj. De couleur de plomb, noirâtre; teint livide.

LIVIDITÉ, s. f. Etat de ce qui est livide; couleur bleuâtre produite sur le corps par une contusion.

LIVIE, s. f. Sorte de gallinsecte. T. d'hist. nat.

LIVIÈRE (Ste.-), s. f. Com. du dép. de la Marne, cant. de St.-Remy-en-Bouzemont, arr. de Vitry. = St.-Dizier.

LIVILLIERS, s. m. Com. du dép. de Seine-et-Oise, cant. de l'Isle-Adam, arr. de Pontoise. = Pontoise.

LIVINIÈRE (la), s. f. Com. du dép. de l'Hérault, cant. d'Olonzac, arr. de St.-Pons. = Azillé.

LIVISTONE, s. f. Palmier de la Nouvelle-Hollande. T. de bot.

LIVONIE, s. f. Province de l'empire de Russie sur la mer Baltique.

LIVONINE, s. f. Monnaie d'argent de Livonie.

LIVOURNE, s. f. Ville maritime de la Toscane, grande, bien peuplée et très fortifiée, dont le port est fréquenté par les navires de toutes les nations. Pop. 50,600 hab. envir.

LIVOURNINE, s. f. Monnaie de compte de Livourne, 4 fr. 54 cent.

LIVOYE (Notre-Dame-de-), s. f. Com. du dép. de la Manche, cant. de Brecy, arr. d'Avranches. = Avranches.

LIVRADE (Ste.-), s. f. Com. du dép. de la Haute-Garonne, cant. de Léguevin, arr. de Toulouse. = l'Isle-Jourdain.

LIVRADE (Ste.-), s. f. Com. du dép. de Lot-et-Garonne, chef-lieu de cant. de l'arr. de Villeneuve, où se trouve le bur. d'enregist. Bur. de poste. Comm. de pruneaux renommés.

LIVRADE (Ste.-), s. f. Village du dép. de Tarn-et-Garonne, cant. et arr. de Moissac. = Moissac.

LIVRAISON, s. f. Action de livrer une

marchandise vendue. —, partie d'un livre, d'un ouvrage, que l'on publie séparément.

LIVRANCIER, s. m. Commis chargé de livrer les marchandises. T. de comm.

LIVRE, s. m. Feuilles de papier écrites ou imprimées et reliées ensemble; tome, volume. —, ouvrage, production littéraire de quelque importance, partie, division de cet ouvrage; livre premier, deux, etc. — en blanc, feuilles imprimées d'un livre avant d'être broché. —, observations qui mènent à la connaissance d'une chose; le livre de la nature. —, registre, papier. —, journal, etc. T. de comm. — de bord, registre sur lequel sont portées les marchandises formant la cargaison d'un navire. T. de mar. A — ouvert, adv. Sur-le-champ, avec facilité; traduire un auteur à livre ouvert.

LIVRE, s. f. Poids de 16 onces. —, ancienne monnaie de compte, 20 sous. — sterling ou anglaise, 21 fr. 75 cent. à 24 fr. 69 cent.

LIVRÉ, E, part. Abandonné, délivré, mis en main, en la possession d'un acheteur, etc.

LIVRÉ, s. m. Com. du dép. d'Ille-et-Vilaine, cant. de Liffré, arr. de Rennes. = St.-Aubin-du-Cormier.

LIVRÉ, s. m. Com. du dép. de la Mayenne, cant. de Craon, arr. de Château-Gontier. = Craon.

LIVRÉE, s. f. Habits de couleurs particulières que portent les valets; tous les domestiques à livrée, les laquais, la valetaille. —, indice, marque caractéristique; livrée de la misère. —, fil de soie portant le numéro d'une pièce de batiste. —, pelage marqueté de certaines jeunes bêtes fauves. —, limaçon terrestre.

LIVRER, v. a. Abandonner, délivrer, mettre en la possession d'un autre, etc.; livrer des marchandises. —, mettre par trahison une personne ou une chose dans des mains ennemies; livrer une ville au pillage. — bataille, la donner. Se —, v. pron. Se donner, se mettre au pouvoir, à la possession de quelqu'un; s'abandonner, se confier imprudemment. Se —, consacrer ses soins, ses travaux, s'appliquer à faire quelque chose; se livrer à l'étude. Se —, s'abandonner sans réserve; se livrer au plaisir, à la dissipation.

LIVRET, s. m. Petit livre. —, petit livre de police que les ouvriers sont tenus de présenter aux maîtres en entrant dans leurs ateliers. —, table des multiples de neuf. —, treize cartes. T. de jeu. —, assemblage des couches les plus intérieures de l'écorce d'un arbre. T. de bot.

LIVRON, s. m. Village du dép. de la Drôme, cant. de Loriol, arr. de Valence. = Loriol.

LIVRON, s. m. Com. du dép. des Basses-Pyrénées, cant. de Pontacq, arr. de Pau. = Pau.

LIVRY, s. m. Com. du dép. du Calvados, cant. de Caumont, arr. de Bayeux. = Balleroy.

LIVRY, s. m. Com. du dép. de la Marne, cant. de Suippes, arr. de Châlons. = Châlons.

LIVRY, s. m. Com. du dép. de la Nièvre, cant. de St.-Pierre-le-Moutier, arr. de Nevers. = St.-Pierre-le-Moutier.

LIVRY, s. m. Com. du dép. de Seine-et-Marne, cant. et arr. de Melun. = Melun.

LIVRY, s. m. Com. du dép. de Seine-et-Oise, cant. de Gonesse, arr. de Pontoise. Bur. de poste.

LIXE, s. m. Genre d'insectes coléoptères. T. d'hist. nat.

LIXHAUSEN, s. m. Com. du dép. du Bas-Rhin, cant. d'Hochfelden, arr. de Saverne. = Saverne.

LIXHEIM, s. m. Village du dép. de la Meurthe, cant. de Phalsbourg, arr. de Sarrebourg. = Sarrebourg.

LIXIÈRES, s. f. Com. du dép. de la Meurthe, cant. de Nomeny, arr. de Nancy. = Pont-à-Mousson.

LIXIÈRES, s. f. Village du dép. de la Moselle, cant. de Conflans, arr. de Briey. = Briey.

LIXING, s. m. Com. du dép. de la Moselle, cant. de Grostenquin, arr. de Sarreguemines. = St.-Avold.

LIXING, s. m. Com. du dép. de la Moselle, cant. et arr. de Sarreguemines. = Sarreguemines.

LIXIVIATION, s. f. Lessive, lavage de cendre pour en tirer les sels alcalis.

LIXIVIEL, LE, adj. Se dit des sels alcalis qu'on obtient en lessivant les cendres. T. de chim.

LIXY, s. m. Com. du dép. de l'Yonne, cant. de Pont-sur-Yonne, arr. de Sens. = Villeneuve-la-Guiard.

LIZAC, s. m. Village du dép. de Tarn-et-Garonne, cant. et arr. de Moissac. = Moissac.

LIZAIGNE (Ste.-), s. f. Com. du dép. de l'Indre, cant. et arr. d'Issoudun. = Issoudun.

LIZARDES, s. m. pl. Toiles du Caire, ville d'Egypte.

LIZÉ, E, part. Tiré par les lisières, en parlant d'un drap qui avait de faux plis.

LIZER ou ÉLIZER, v. a. Tirer un drap par les lisières pour effacer les faux plis.

LIZERAI, s. m. Com. du dép. de l'Indre, cant. et arr. d'Issoudun. = Issoudun.

LIZIER (St.-), s. m. Petite ville du dép. de l'Ariège, chef-lieu de cant. de l'arr. de St.-Girons. Bur. d'enregist. = St.-Girons.

Fab. de tissus en laine et coton; papeteries; mines de cuivre et de plomb; carrières de marbre.

LIZIÈRE, s. f. Com. du dép. de la Creuse, cant. du Grand-Bourg, arr. de Guéret. = la Souterraine.

LIZINE, s. f. Com. du dép. du Doubs, cant. d'Amancey, arr. de Besançon. = Quingey.

LIZINES, s. f. Com. du dép. de Seine-et-Marne, cant. de Donnemarie, arr. de Provins. = Donnemarie.

LIZIO, s. m. Com. du dép. du Morbihan, cant. de Malestroit, arr. de Ploërmel. = Ploërmel.

LIZOLLE (la), s. f. Com. du dép. de l'Allier, cant. d'Ebreuil, arr. de Gannat. = Gannat.

LIZORS, s. m. Com. du dép. des Hautes-Pyrénées, cant. de Pouyastruc, arr. de Tarbes. = Tarbes.

LIZY, s. m. Com. du dép. de l'Aisne, cant. d'Anizy-le-Château, arr. de Laon. = Laon.

LIZY-SUR-OURCQ, s. m. Com. du dép. de Seine-et-Marne, chef-lieu de cant. de l'arr. de Meaux. Bur. d'enregist. et de poste.

Comm. de grains; filatures de laine.

LLAGONE (la), s. f. Com. du dép. des Pyrénées-Orientales, cant. de Mont-Louis, arr. de Prades. = Mont-Louis.

LLAGUNE, s. f. Euphorbe du Pérou, plante. T. de bot.

LLAMA, s. m. Voy. GLAMA.

LLAR, s. m. Com. du dép. des Pyrénées-Orientales, cant. d'Olette, arr. de Prades. = Prades.

LLAURO, s. m. Com. du dép. des Pyrénées-Orientales, cant. de Thuir, arr. de Perpignan. = Perpignan.

LLO, s. m. Com. du dép. des Pyrénées-Orientales, cant. de Saillagouse, arr. de Prades. = Mont-Louis.

LLUPIA, s. f. Com. du dép. des Pyrénées-Orientales, cant. de Thuir, arr. de Perpignan. = Perpignan.

LO, s. m. Gaze de la Chine.

LÔ (St.-), s. m. Ville du dép. de la Manche, chef-lieu de préf., de sous-préf. et de cant.; trib. de 1re inst. et de comm.; société d'agric.; biblioth. pub.; ingén. en chef des ponts-et-chaussées; direct. de l'enregist. et des domaines, 2e classe; conserv. des hypoth., direct. des contrib. dir. et indir., bureau de garantie des matières d'or et d'argent; recev. gén. des finances, payeur du dép.; bur. d'enregist. et de poste.

Cette ville, située sur la rive droite de la Vire, est importante par ses fabr. et son comm. On y remarque la cathédrale et l'église Ste.-Croix.

Fab. de coutellerie renommée, de draps, serges, coutils, basins, rubans de fil, serrurerie; filature de coton; pêche du saumon. Comm. de grains, cidre, beurre salé, fer, quincaillerie, volailles, bestiaux, etc.

LOASE, s. f. Plante de la famille des onagres. T. de bot.

LOBAIRE, s. f. Plante de la famille des algues. T. de bot. —, adj. Qui se distribue aux lobes cérébraux; artères lobaires. T. d'anat.

LOBE, s. f. Partie intégrante de quelque viscère considérable et qui, par la collection et l'ensemble de ses fibres, approche en quelque sorte de la figure d'un peloton de fil. — de l'oreille, appendice cutané que l'on perce pour attacher les boucles d'oreilles. —, partie saillante dans les intervalles des échancrures. T. de bot.

LOBÉ, E, adj. Divisé en plusieurs lobes par des sinus profonds; feuilles lobées. T. de bot.

LOBÉLIACÉES, s. f. pl. Plantes campanulacées à corolles irrégulières. T. de bot.

LOBÉLIE, s. f. Plante campanulacée. T. de bot.

LOBIOLE, s. f. Diminutif de lobe. T. de bot.

LOBIPÈDES, s. m. pl. Oiseaux échassiers longirostres. T. d'hist. nat.

LOBSANN, s. m. Com. du dép. du Bas-Rhin, cant. de Soultz-sous-Forêts, arr. de Wissembourg. = Wissembourg.

LOBULAIRE, adj. Qui est relatif au lobe. —, s. f. Plante qui croît sur les bords de la Méditerranée. T. de bot.

LOBULE, s. m. Petit lobe.

LOCAL, s. m. pl. Locaux. Emplacement, situation, disposition d'un lieu; logement, appartement.

LOCAL, E, adj. Qui appartient, est relatif à certain lieu; maladie locale. —, dépendant d'un lieu; administration locale. Couleur —, propre à chaque objet, à chaque partie. T. de peint.

LOCALEMENT, adv. D'une manière locale; relativement au local.

LOCALISATION, s. f. Action de rendre local, d'adapter aux localités. T. inus.

LOCALISÉ, E, part. Approprié au local. T. inus.

LOCALISER, v. a. Rendre logeable, approprier au local. T. inus.

LOCALITÉ, s. f. Particularité, circonstance locale. —, qualité de couleur qui ne convient qu'à certains objets, à certaines parties. —, pl. Lieux; connaître les localités.

LOCAR, s. m. Voy. EPEAUTRE.

LOCARN, s. m. Com. du dép. des Côtes-du-Nord, cant. de Mael-Carhaix, arr. de Guingamp. = Rostrenen.

LOCATAIRE, s. Celui, celle qui tient à loyer tout ou partie d'une maison, d'une habitation; fermier.

LOCATEUR, s. m. Bailleur, bailleresse, qui loue. T. inus.

LOCATI ou LOCATIS, s. m. (mots latins). Cheval, carrosse de louage. T. fam.

LOCATIF, IVE, adj. Qui concerne le locataire, est à sa charge; réparations locatives.

LOCATION, s. f. Action de donner à ferme, à loyer; prix du loyer.

LOC-BRÉVALAIRE, s. m. Com. du dép. du Finistère, cant. de Plabennec, arr. de Brest. = Lesneven.

LOC-ÉGUINER, s. m. Com. du dép. du Finistère, cant. de Ploudiry, arr. de Brest. = Carhaix.

LOCH, s. m. Espèce de cordage. —, instrument de bois, garni d'une ficelle, qu'on jette à la mer pour mesurer la vitesse d'un navire. T. de mar.

LOCHAGUE, s. m. Commandant de cohorte ou loque spartiate. T. d'antiq.

LOCHE, s. f. Petit poisson d'eau douce du genre du cobite. — de mer, poisson du genre du gobie.

LOCHÉ, E, part. Secoué pour détacher. T. de mét.

LOCHÉ, s. m. Com. du dép. d'Indre-et-Loire, cant. de Montrésor, arr. de Loches. = Loches.

LOCHÉ, s. m. Com. du dép. de Saône-et-Loire, cant. et arr. de Mâcon. = Mâcon.

LOCHER, v. a. Secouer un objet pour le détacher. T. de mét. —, v. n. Etre près de tomber, en parlant du fer d'un cheval. —, aller mal, en parlant d'une affaire. T. fam.

LOCHES, s. f. Com. du dép. de l'Aube, cant. d'Essoye, arr. de Bar-sur-Seine. = Bar-sur-Seine.

Ce village, depuis quelques années, jouit d'une grande importance dans la statistique de son dép. En effet, c'est dans ses murs qu'est né M. Gerdy, professeur de pathologie à l'Ecole de Médecine de Paris, célèbre physiologiste, chirurgien de l'hôpital St.-Louis, et l'un des plus grands anatomistes dont l'Europe s'honore.

LOCHES, s. f. Ville du dép. d'Indre-et-Loire, chef-lieu de sous-préf. et de cant.; trib. de 1re inst.; conserv. des hypoth.; direct. des contrib. indir.; recev. partic. des finances; bur. d'enregist. et de poste.

Cette ville, bâtie en amphithéâtre, au milieu de belles prairies, possède encore les ruines d'un ancien château qui servit de prison d'état au temps de Louis XI, et où ce monarque tint enfermé dans une cage de fer le cardinal La Balue. Ce même château a été long-temps habité par la belle Agnès Sorel, dont on voit encore le tombeau à l'hôtel de la sous-préf.

Manuf. de draps, toiles; filatures de laine, papeteries. Comm. de vins, bois, laines et bestiaux.

LOCHET, s. m. Bêche étroite.

LOCHEUR (le), s. m. Com. du dép. du Calvados, cant. de Villers-Bocage, arr. de Caen. = Villers-Bocage.

LOCHIES, s. f. pl. Vidanges, évacuations de sang et d'humeurs après l'accouchement. T. de chir.

LOCHIEU, s. m. Com. du dép. de l'Ain, cant. de Champagne, arr. de Belley. = Belley.

LOCHIORRHÉE, s. f. Flux excessif des lochies. T. de chir.

LOCHWILLER, s. m. Com. du dép. du Bas-Rhin, cant. de Marmoutier, arr. de Saverne. = Saverne.

LOCHY, s. m. Com. du dép. du Cher, cant. de Levet, arr. de Bourges. = Bourges.

LOCMALO, s. m. Com. du dép. du Morbihan, cant. de Guémené, arr. de Pontivy. = Pontivy.

LOCMAN, s. m. Voy. LAMANEUR. T. de mar.

LOC-MARIA, s. m. Com. du dép. du Finistère, cant. de St.-Renan, arr. de Brest. = Landivisiau.

LOC-MARIA, s. m. Com. du dép. du Finistère, cant. d'Huelgoat, arr. de Châteaulin. = Lesneven.

LOC-MARIA, s. m. Com. du dép. du Morbihan, cant. de Belle-Isle, arr. de Lorient. = Belle-Isle.

LOCMARIAQUER, s. m. Com. du dép. du Morbihan, cant. d'Auray, arr. de Lorient. = Auray.

LOC-MÉLARD, s. m. Com. du dép.

du Finistère, cant. de Sizun, arr. de Morlaix. = Landivisiau.

LOCMINÉ, s. m. Ville du dép. du Morbihan, chef-lieu de cant. de l'arr. de Pontivy. Bur. d'enregist. et de poste.

LOCOAL-MENDON, s. m. Com. du dép. du Morbihan, cant. de Belz, arr. de Lorient. = Auray.

LOCOL, s. m. Petite abeille des îles Manilles, dont le miel est acide et la cire noire. T. d'hist. nat.

LOCOMOBILE, adj. Qui peut être changé de place.

LOCOMOBILITÉ, s. f. Faculté de se mouvoir; locomotion.

LOCOMOTEUR, s. et adj. Qui sert à la locomotion. Appareils —, les os, organes passifs, les muscles et leurs annexes, organes actifs de la locomotion. T. d'anat.

LOCOMOTIF, IVE, adj. Qui produit la locomotion. —, qui change, peut être changé de place; plante locomotive.

LOCOMOTION, s. f. Changement de lieu, de place; faculté de se mouvoir, de se transporter d'un lieu dans un autre, attribut exclusif de l'animal.

LOCOMOTIVITÉ, s. f. Voy. LOCOMOBILITÉ.

LOCON, s. m. Com. du dép. du Pas-de-Calais, cant. et arr. de Béthune. = Béthune.

LOCONVILLE, s. f. Com. du dép. de l'Oise, cant. de Chaumont, arr. de Beauvais. = Chaumont.

LOCQUENOLÉ, s. m. Com. du dép. du Finistère, cant. de Taulé, arr. de Morlaix. = Morlaix.

LOCQUENVEL, s. m. Com. du dép. des Côtes-du-Nord, cant. de Belle-Isle, arr. de Guingamp.= Belle-Isle-en-Terre.

LOCQUIGNOL, s. m. Com. du dép. du Nord, cant. du Quesnoy, arr. d'Avesnes. = le Quesnoy.

LOCRENAN, s. m. Grosse toile écrue de Bretagne.

LOCRONAN, s. m. Com. du dép. du Finistère, cant. et arr. de Châteaulin. =Douarnenez. Manuf. de toiles à voiles.

LOCTUDY, s. m. Com. du dép. du Finistère, cant. de Pont-l'Abbé, arr. de Quimper. = Quimper.

LOCULAIRE, adj. Se dit d'un fruit dont les semences sont disposées dans des alvéoles. T. de bot.

LOCULAR, s. m. Variété de l'épeautre. T. de bot.

LOCULE, s. f. Bourse, coffre. (Vi.)

LOCUNOLÉ, s. m. Com. du dép. du Morbihan, cant. du Faouet, arr. de Pontivy. = le Faouet.

LOCUSTAIRES, s. m. pl. Insectes orthoptères, sauterelles. T. d'hist. nat.

LOCUSTE, s. f. Alouette des saules, pipi, fauvette. T. d'hist. nat.

LOCUSTIER, s. m. Arbre d'Asie dont le fruit, semblable à celui du cassier, est très recherché des sauterelles. T. de bot.

LOCUTION, s. f. Expression, manière de parler, de s'énoncer; locution impropre, vicieuse.

LODDE, s. m. Poisson, salmone de la mer du Nord. T. d'hist. nat.

LODDE, s. f. Com. du dép. de l'Allier, cant. du Donjon, arr. de la Palisse. = le Donjon.

LODDIGÉSIE, s. f. Arbrisseau légumineux du cap de Bonne-Espérance. T. de bot.

LODES, s. f. Com. du dép. de la Haute-Garonne, cant. et arr. de St.-Gaudens. = St.-Gaudens.

LODÈVE, s. f. Ville du dép. de l'Hérault, chef-lieu de sous-préf. et de cant.; trib. de 1re inst. et de comm.; chambre de comm.; conseil de prud'hommes; société d'agric.; conserv. des hypoth; direct. des contrib. indir.; recev. part. des finances; bur. d'enregist. et de poste. Pop. 10,000 hab. env.

Cette ville, située au pied des Cévennes, et entourée de murailles, existait déjà du temps des Romains; elle fut ravagée par les Goths, et par les Albigeois, en 1573.

Manuf. de draps pour le Levant et pour l'habillement des troupes. Fab. d'eaux-de-vie, d'huile d'olive, savon, bougie, chapeaux, faïence, poterie; filature de laine; comm. de draps, vins, eaux-de-vie, etc.

LODI, s. m. Ville fortifiée d'Italie, située dans le duché de Milan, sur l'Adda. Cette ville fut témoin de l'un des plus beaux faits d'armes du général Bonaparte, dans sa première campagne d'Italie. Pop. 17,800 hab. environ.

LODICULAIRE, s. f. Genre de plantes graminées. T. de bot.

LODICULE, s. f. Partie des graminées autour de l'ovaire. T. de bot.

LODIER, s. m. Courte-pointe.

L'ODOÏCE, s. f. Palmier des îles Maldives. T. de bot.

LODS, s. m. Com. du dép. du Doubs, cant. d'Ornans, arr. de Besançon. = Ornans.

Fab. de clous et de pointes; forges, etc.

LODS et VENTES, s. m. pl. Ancien droit du seigneur sur les bois vendus dans l'étendue de sa censive.

LOERI, s. m. Perruche à plumage noir.

LOÉSELIE, s. f. Liseron du Mexique. T. de bot.

LOEUILLEY, s. m. Com. du dép. de la Haute-Saône, cant. d'Autrey, arr. de Gray. = Mirebeau.

LOEUILLY, s. m. Com. du dép. de la Somme, cant. de Conty, arr. d'Amiens, = Amiens.

LOEUILLY, s. m. Com. du dép. de la Seine-Inférieure, cant. de Tôtes, arr. de Dieppe. = Tôtes.

LOF, s. m. Moitié du navire dans sa longueur. Aller au —, au plus près du vent. Au —! interj. Gouvernez au vent. T. de mar.

LOFER, v. n. Venir au vent. T. de mar.

LOFFRE, s. m. Com. du dép. du Nord, cant. et arr. de Douai. = Douai.

LOGARITHME, s. m. Nombre pris dans une progression arithmétique et répondant à un nombre d'une progression géométrique. T. de math.

LOGARITHMIQUE, s. f. Courbe. —, adj. Qui a rapport aux logarithmes. T. de math.

LOGARITHMOTHÉNIE, s. f. Construction des tables de logarithmes. T. de math.

LOGATE, s. f. Voy. GIGOT.

LOGE, s. f. Cabane faite à la hâte, petite hutte, petite boutique; réduit pour les bêtes, pour les fous; logement de portier. —, petit cabinet ouvert par devant dans une salle de spectacle; loge grillée. —, temple de francs-maçons; leur réunion. —, bureau de commerce européen dans les Indes. —, petite cavité contenant la semence des fruits. T. de bot.

LOGÉ, E, part. Hébergé, pourvu d'un logement.

LOGE (la), s. f. Village du dép. de Loir-et-Cher, réuni à la com. de Thellay, cant. de Salbris, arr. de Romorantin. = Salbris.

LOGEABLE, adj. Habitable, où l'on peut loger convenablement.

LOGE-AUX-CHÈVRES (la), s. f. Com. du dép. de l'Aube, cant. de Vendœuvre, arr. de Bar-sur-Aube. = Vendœuvre.

LOGE-FOUGEREUSE (la), s. f. Com. du dép. de la Vendée, cant. de la Châtaigneraie, arr. de Fontenay. = la Châtaigneraie.

LOGEMENT, s. m. Logis, appartement, demeure, maison, habitation, gîte, asile, etc., tout lieu qui est ou peut être habité. —, logis, gîte assigné pour les troupes en marche; billet de logement. —, campement, quartier, retranchement. T. d'art milit.

LOGE-POMBLIN (la), s. f. Com. du dép. de l'Aube, cant. de Chaource, arr. de Bar-sur-Aube. = Chaource.

LOGER, v. a. Donner retraite, recevoir les voyageurs, héberger; fournir, assigner un logement. —, incarcérer, mettre en prison. T. fam. et iron. —, ranger, mettre en place, en parlant des choses. —, v. n. Avoir domicile, résider, habiter, demeurer. Se —, v. pron. Faire construire une maison, se choisir un appartement, venir habiter. Se —, prendre position, se retrancher. T. d'art milit.

LOGES (les), s. f. pl. Com. du dép. du Calvados, cant. d'Aunay, arr. de Vire. = Aunay.

LOGES (les), s. f. pl. Com. du dép. de la Haute-Marne, cant. du Fays-Billot, arr. de Langres. = le Fays-Billot.

LOGES (les), s. f. pl. Com. du dép. de Seine-et-Oise, cant. et arr. de Versailles. = Dourdan.

LOGES (les), s. f. pl. Com. du dép. de la Seine-Inférieure, cant. de Fécamp, arr. du Hâvre. = Fécamp.

LOGES (les Grandes-), s. f. pl. Com. du dép. de la Marne, cant. et arr. de Châlons. = Châlons.

LOGES (les Petites-), s. f. pl. Com. du dép. de la Marne, cant. de Verzy, arr. de Reims. = Reims.

LOGES-MARCHIS (les), s. f. pl. Com. du dép. de la Manche, cant. de St.-Hilaire-du-Harcouet, arr. de Mortain. = St.-Hilaire.

LOGES-MARGUERON (les), s. f. pl. Com. du dép. de l'Aube, cant. de Chaource, arr. de Bar-sur-Aube. = Chaource.

LOGES-SAULCES (les), s. f. pl. Com. du dép. du Calvados, cant. et arr. de Falaise. = Falaise.

LOGES-SUR-BRECEY (les), s. f. pl. Com. du dép. de la Manche, cant. de Brecey, arr. d'Avranches. = Villedieu.

LOGETTE, s. f. Petite loge.

LOGEUR, s. m. Particulier autorisé par la police locale qui tient des logemens garnis de meubles, qui loge les ouvriers et autres, quand ils sont munis de livrets ou de permis de séjour.

LOGICAL, E, adj. Conforme à la logique. T. inus.

LOGICIEN, s. m. Dialecticien, savant versé dans l'art de raisonner suivant les règles de la logique; homme qui raisonne avec méthode, raisonneur conséquent, exact; étudiant en logique.

LOGIE, s. f. Discours traité. Ce mot ne s'emploie qu'avec un autre dont il forme la terminaison; théologie, physiologie, zoologie, etc.

LOGIQUE, s. f. Art de penser et de raisonner avec méthode; science, traité analytique sur la manière d'asseoir un raisonnement et d'en tirer une conséquence juste; classe où l'on enseigne à raisonner juste au moyen de l'analyse, en allant du connu à l'inconnu; dialectique. — naturelle, disposition naturelle d'un esprit juste. Orateur sans —, qui raisonne mal. —, adj. Conforme à la dialectique, à la logique.

LOGIQUEMENT, adv. Démonstrativement, d'une manière conséquente, logique.

LOGIS, s. m. Habitation, maison. —, hôtellerie. Corps de —, Partie principale d'un bâtiment.

LOGISTES, s. m. pl. Vérificateurs des dépenses publiques dans Athènes.

LOGISTIQUE, s. f. Algèbre. (Vi.)

LOGISTORIQUE, s. f. Recueil de mots, de discours remarquables.

LOGLENHEIM, s. m. Com. du dép. du Haut-Rhin, cant. de Neufbrisach, arr. de Colmar. = Colmar.

LOGNE, s. f. Com. du dép. de la Moselle, cant. de Metzervisse, arr. de Thionville. = Thionville.

LOGNES, s. f. Com. du dép. de Seine-et-Marne, cant. de Lagny, arr. de Meaux. = Lagny.

LOGNY-BOGNY, s. m. Com. du dép. des Ardennes, cant. de Rumigny, arr. de Rocroy. = Mézières.

LOGNY-LES-AUBENTON, s. m. Com. du dép. de l'Aisne, cant. d'Aubenton, arr. de Vervins. = Aubenton.

LOGNY-LES-CHAUMONT, s. m. Com. du dép. des Ardennes, cant. de Chaumont, arr. de Rethel. = Rethel.

LOGODIARRHÉE ou **LOGORRHÉE**, s. f. Flux de paroles, bavardage. T. inus.

LOGOGRAPHE, s. m. Sténographe, tachygraphe, qui écrit aussi vite que la parole.

LOGOGRAPHIE, s. f. Art d'écrire aussi vite que l'on parle.

LOGOGRAPHIQUE, adj. Qui appartient, est relatif à la logographie.

LOGOGRIPHE, s. m. Sorte d'énigme dont le mot se décompose en d'autres mots qu'on définit et qu'on donne à deviner.

LOGOMACHIE, s. f. Dispute de mots.

LOGONA-QUIMERCH, s. f. Com. du dép. du Finistère, cant. du Faou, arr. de Châteaulin. = Landerneau.

LOGONNA, s. f. Com. du dép. du Finistère, cant. de Daoulas, arr. de Brest. = Landerneau.

LOGOPHILE, s. et adj. Prodigue de paroles, bavard. T. inus.

LOGOTECHNIE, s. f. Science des mots, de leurs différentes acceptions. T. inus.

LOGOTHÈTE, s. m. Officier de l'empire grec, ministre des finances.

LOGRAS, s. m. Com. du dép. de l'Ain, cant. de Collonge, arr. de Gex. = Collonge.

LOGRIAN, s. m. Com. du dép. du Gard, cant. de Sauve, arr. du Vigan. = Sauve.

LOGRON, s. m. Com. du dép. d'Eure-et-Loir, cant. et arr. de Châteaudun. = Châteaudun.

LOGUÉ, E, part. Humecté; se dit des formes du sucre.

LOGUER, v. a. Humecter les formes du sucre.

LOGUETTE, s. f. Alonge d'un câble pour le halage des bateaux.

LOGUIS, s. m. Verroterie pour la traite des nègres.

LOGUIVY-LES-LANNION, s. m. Com. du dép. des Côtes-du-Nord, cant. et arr. de Lannion. = Lannion.

LOGUIVY-PLOUGRAS, s. m. Com. du dép. des Côtes-du-Nord, cant. de Plouaret, arr. de Lannion. = Belle-Isle-en-Terre.

LOHÉAC, s. m. Com. du dép. d'Ille-et-Vilaine, cant. de Pipriac, arr. de Redon. = Bain.

LOHITZUN, s. m. Com. du dép. des Basses-Pyrénées, cant. de St.-Palais, arr. de Mauléon. = St.-Palais.

LOHONG, s. m. Outarde huppée d'Arabie.

LOHR, s. m. Com. du dép. du Bas-Rhin, cant. de Petite-Pierre, arr. de Saverne. = Phalsbourg.

LOHUEC, s. m. Com. du dép. des Côtes-du-Nord, cant. de Callac, arr. de Guingamp. = Belle-Isle-en-Terre.

LOI, s. f. Règle invariable que suit la nature; rapport nécessaire qui dérive de la nature des choses; les lois de la pesanteur, du mouvement, etc. —, convention sociale qui établit les droits et trace les devoirs de l'homme en société; pacte social, constitution. — puissance, autorité; la loi du plus fort. —, obligation de la vie civile; les lois de la bienséance. — de nature, principes de justice et d'équité que Dieu a placés dans le cœur de l'homme. — écrite, qui remplace la volonté arbitraire de l'homme pour le soumettre à des règles. — ancienne, le judaïsme. —

nouvelle, le christianisme. — divine, la religion qui rappelle sans cesse l'homme à l'idée d'un Dieu. — humaine, faite par les hommes. — civile, qui règle les droits respectifs des citoyens. — criminelle, pénale, qui statue sur la punition des délits et des crimes. —, pl. — révolutionnaires, superfétations, fatras, cahos, monument qui atteste à la fois la violence, la tyrannie, le despotisme, l'imprévoyance, la faiblesse et la peur des différens gouvernemens qui se sont succédé en France depuis 1789, sans exception. Homme de —, titre vague que prend un homme d'affaires qui n'appartient pas directement à l'ordre judiciaire.

LOIGNÉ, s. m. Com. du dép de la Mayenne, cant. et arr. de Château-Gontier. = Château-Gontier.

LOIGNY, s. m. Com. du dép. d'Eure-et-Loir, cant. d'Orgères, arr. de Châteaudun. = Artenay.

LOIMOGRAPHIE, s. f. Description de la peste et des maladies contagieuses. T. de méd.

LOIN, adv. et prép. de lieu et de temps. A une grande distance ; d'un temps très éloigné. Revenir de —, échapper à une maladie, à un grand danger. — de compte, éloigné du but, du succès, de l'intelligence d'une chose. Aller —, faire de grands progrès dans les sciences, en affaires, etc. Voir venir de —, deviner l'intention. Au —, adv. dans un pays éloigné, loin de soi. De —, dans l'éloignement. De — à —, ou de — en —, à de grandes distances, à de grands intervalles, de temps en temps, rarement. — d'ici, interj. Retirez-vous d'ici. Non —, près. T. poét. —, bien — de ou que, conj. Au lieu de, tant s'en faut que.

LOING (le), s. m. Rivière dont la source se trouve près de Ste.-Colombe-en-Puisaye, dép. de l'Yonne, arr. d'Auxerre, et qui se jette dans la Seine à Moret, après un cours de 30 l. Cette rivière est flottable depuis St.-Fargeau et navigable depuis Montargis jusqu'à son embouchure.

LOING (canal du) ou de Montargis, s. m. Ce canal, alimenté par les canaux d'Orléans et de Briare, dont il fait la suite, ainsi que par la rivière de Loing, commence à Montargis, et se jette dans la Seine à St.-Mamert.

LOINTAIN, s. m. Éloignement. Dans le —, dans l'éloignement. —, perspective éloignée, fond d'un paysage. T. de peint.

LOINTAIN, E, adj. Éloigné du lieu où l'on est, dont on parle ; pays lointains.

LOIR, s. m. Petit quadrupède rongeur qui dort tout l'hiver. — dryade, variété du loir commun.

LOIR (le), s. m. Rivière qui prend sa source à Cernay, arr. de Chartres, dép. d'Eure-et-Loir, et se jette dans la Sarthe, au-dessous de Briolay, dép. de Maine-et-Loire, après un cours de 55 l. Elle commence à être flottable à Poncé et navigable à Coësmont près Château-du-Loir.

LOIRE (la), s. f. Fleuve qui prend sa source au mont Gerbier-le-Joux, près du village de Ste.-Eulalie, dép. de l'Ardèche, et qui se jette dans l'Océan entre le Croisic et Bourgneuf, après un cours de 220 l. Ce fleuve, qui est de la plus haute importance pour le comm. de l'intérieur de la France, commence à être flottable à Retournac, Haute-Loire, et navigable à la Noirie, dép. de la Loire ; mais ce n'est qu'à Roanne que l'on embarque la majeure partie des marchandises de Lyon, du Languedoc, de la Provence et du Dauphiné.

LOIRE (dép. de la), s. f. Chef-lieu de préf., Montbrison ; 3 arr. de sous-préf. : Montbrison, Roanne et St.-Etienne ; 28 cant. ou just. de paix ; 326 com. ; pop. 375,720 hab. env. Cour royale et diocèse de Lyon ; 19° div. milit. ; 7° div. des ponts-et-chaussées ; 4° division des Mines ; direct. de l'enregist. et des domaines, de 3° classe ; 13° arr. forestier.

Le dép. de la Loire est borné N. par celui de Saône-et-Loire, à l'E. par celui du Rhône, au S. par ceux de l'Ardèche et de la Haute-Loire, et à l'O. par ceux de Puy-de-Dôme et de l'Allier. Ce dép., dont le sol est aride et peu productif, est l'un des plus riches de la France en mines de houille. Au N. il est entouré de hautes montagnes couvertes de sapins qui fournissent beaucoup de térébenthine claire, liquide et très odoriférante. Il produit, outre les céréales, pommes de terre excellentes, très bons marrons qu'on vend à Paris sous le nom de marrons de Lyon, fruits, chanvre, garance, safran, vin, bois, sapin ; gibier grand et petit ; poisson de rivière et d'étang ; chevaux, mulets, bêtes à cornes ; moutons, chèvres ; mines de fer, plomb, acier naturel, émeri noir ; houillères, les meilleures de France ; carrières de marbre, granit, porphyre ; pierres à aiguiser et à fusil ; établissemens d'eaux minérales à St.-Alban, au Sail-en-Cousan ; manuf. considérables d'armes et de quincailleries ; fabr. de toiles, calicots, batiste ; grosse draperie ; dentelles, rubans de soie, lacets et cordonnets de soie ; colle forte, noir de fumée ; acier fondu et corroyé, limes, lames de scies, serrures, fleurets, couteaux, clous ; filatures de coton ; papeteries, verreries considérables ; tanneries et chamoiseries.

LOIRE (dép. de la Haute-), s. f. Chef-lieu de préf., le Puy ; 3 arr. de sous-préf.: le Puy, Brioude et Yssingeaux ; 28 cant. ou justices de paix ; 273 com.; pop. 285,670 hab. env. Cour royale de Riom, diocèse du Puy ; 19e div. milit.; 11e des ponts-et-chaussées ; 4e div. des mines ; direct. de l'enregist. et des domaines de 3e classe ; 15e arr. forestier.

Ce dép. est borné N. par celui de la Loire et du Puy-de-Dôme, à l'E. par celui de l'Ardèche, au S. par le dép. de la Lozère et à l'O. par celui du Cantal.

Les montagnes basaltiques dont ce dép. est hérissé, sont couvertes de neige pendant six mois de l'année, et ne fournissent que des bois et des pâturages où l'on élève des bestiaux, des mules et des mulets ; mais les vallées sont fertiles en blé, fruits, légumes, marrons, etc.; les coteaux donnent de bons vins, notamment des vins blancs mousseux. Le sol produit froment, légumes, pois, fèves, lentilles renommées, vins blancs mousseux ; bois ; mules, mulets, bestiaux, abeilles ; mines d'antimoine ; houillères abondantes, carrières de marbre statuaire, granit, pierres meulières ; fab. considérables de dentelles noires et blanches, tuls de fil, blondes de soie ; rubans, couvertures de laine ; tanneries considérables ; papeteries, teintureries.

LOIRÉ, s. m. Com. du dép. de la Charente-Inférieure, cant. d'Aunay, arr. de St.-Jean-d'Angély. = Aunay.

LOIRÉ, s. m. Com. du dép. de Maine-et-Loire, cant. de Candé, arr. de Segré. = Candé.

LOIRÉ, s. m. Com. du dép. du Rhône, cant. de Ste-Colombe, arr. de Lyon. = Lyon.

LOIRE-INFÉRIEURE (dép. de la), s. f. Chef-lieu de préf., Nantes ; 5 arr. de sous-préf. : Nantes, Ancenis, Châteaubriant, Paimbœuf et Savenay ; 45 cant. ou just. de paix ; 207 com.; pop. 457,090 hab. envir.; cour royale de Rennes, diocèse de Nantes ; 12e div. milit.; 14e div. des ponts-et-chaussées ; 1re div. des mines ; direct. de l'enregist. et des domaines de 2e classe ; 10e arr. forestier, div. O. des douanes dont la direct. est à Nantes.

Le dép. de la Loire-Inférieure est borné au N.-O. par celui du Morbihan, au N. par celui d'Ille-et-Vilaine, à l'O. par celui de Maine-et-Loire, au S. par le dép. de la Vendée et à l'E. par l'Océan.

Le sol de ce dép. maritime est généralement fertile en grains, vins et fruits ; mais les vins y sont de médiocre qualité ; en outre, il abonde en excellens pâturages où paissent des bœufs d'une belle race et de bons chevaux. On y trouve, le long de la côte, plusieurs marais salans très productifs ; en un mot les récoltes suffisent à la consommation des habitans. Les productions agricoles et manuf. du dép. de la Loire-Inférieure consistent en froment, seigle, millet, sarrasin, pommes de terre, châtaignes, fruits à cidre, vin, bois, beurre excellent ; grand et petit gibier ; poisson de mer et d'eau douce ; chevaux, bêtes à cornes et à laine ; éducation d'abeilles, etc.; mines de fer, antimoine, étain, aimant, houillères ; carrières de marbre, granit, pierre de taille, quartz vitreux, schorl noir, kaolin, argile à potier, tourbières ; fab. de toiles de lin et de coton, mouchoirs, indiennes, flanelles, bas ; porcelaine, faïence, pipes ; fer, fonte, chaudières à sucre, etc.; acides minéraux, noir de fumée, cuir, maroquin ; corderie ; papeterie ; verreries ; filatures de coton ; raffineries de sucre ; exploitation de marais salans ; forges, hauts fourneaux, fonderies royales de canons ; constructions de navires ; entrepôt réel et fictif ; armemens pour la pêche de la morue ; pêche du hareng, etc.; magasin général de vivres et munitions pour la marine ; comm. d'importation et d'exportation avec l'Europe, l'Afrique et les Indes. Les rivières navigables sont la Loire et la Sèvre-Niortaise, etc.

LOIRES, s. f. Com. du dép. de la Charente-Inférieure, cant. et arr. de Rochefort. = Rochefort.

LOIRET (le), s. m. Petite rivière qui prend naissance au château de la Source, arr. d'Orléans, et se jette dans la Loire, au-dessous de St.-Mesmin, après un cours de 3 l. Elle porte bateau à peu de distance de sa source, et comme elle ne gèle point, elle sert de garre aux bateaux qui se trouvent sur la Loire à Orléans, au moment des grandes gelées.

LOIRET (dép. du), s. m. Chef-lieu de préf., Orléans ; 4 arr. de sous-préf.: Orléans, Gien, Montargis et Pithiviers ; 31 cant. ou just. de paix ; 361 com.; pop. 304,230 hab.; cour royale et diocèse d'Orléans ; 11e div. milit. ; 1re div. des ponts-et-chaussées et des mines ; direct. de l'enregist. et des domaines, 2e classe ; 1er arr. forestier.

Le dép. du Loiret est borné N. par ceux de Seine-et-Oise et de Seine-et-Marne, à l'E. par celui de l'Yonne, au S. par ceux du Cher et de Loir-et-Cher, et à l'O. par le dép. d'Eure-et-Loir.

Le sol de ce dép., généralement uni, se compose de plaines fertiles, de vastes forêts, de prairies et de riches vignobles qui fournissent des vins d'assez bonne qualité; mais la partie qui s'étend d'Orléans à Briare n'offre qu'un terrain ingrat et sablonneux. Productions : outre toutes les céréales, sarrasin, maïs, millet, légumes, colza, chanvre, lin, safran d'excellente qualité dans l'arr. de Pithiviers, fruits, pâturages, bois, vin; gros et petit gibier; poisson de rivière et d'étang; bestiaux, moutons mérinos; éducation d'abeilles; élève en grand de volailles, particulièrement d'oies et de dindons, pour l'approvisionnement de Paris; jardin botanique à Orléans; mines d'antimoine; établissemens d'eaux minérales à Segray et à Beaugency; manuf. de couvertures de laine; fab. de drap, serge drapée, papier, parchemin, cuir, limes, plomb de chasse; vinaigre estimé; nombreuses raffineries de sucre; distilleries d'eau-de-vie; blanchisseries de cire; filatures de laine et de coton. Comm. considérable de farines, grains, vins, eaux-de-vie, vinaigres, épiceries, drogueries ; miel excellent, safran, laines; bois à brûler, etc.

Les principales rivières de ce dép. sont : la Loire et le Loiret.

LOIR-ET-CHER (dép. de), s. m. Chef-lieu de préf. Blois; 3 arr. de sous-préf. Blois, Vendôme et Romorantin; 24 cant. ou just. de paix; 310 com.; pop. 230,670 hab. envir.; cour royale d'Orléans; diocèse de Blois; 4ᵉ div. milit.; 13ᵉ des ponts-et-chaussées; 1ʳᵉ div. des mines; direct. de l'enregist. et des domaines de 3ᵉ classe; 11ᵉ arr. forestier. Ce dép. est borné au N.-O. par le dép. de la Sarthe, au N.-E. par celui du Loiret, au S. par celui de l'Indre, au S.-E. par celui du Cher, et au S.-O. par le dép. d'Indre-et-Loire.

Le territoire de ce dép. est séparé en deux par la Loire. La portion qui se trouve sur la rive gauche de ce fleuve ne possède que des terres marécageuses et sablonneuses; mais l'autre partie est de la plus grande fertilité. On y voit des plaines riches et bien cultivées, ainsi que de vastes et belles prairies. Les coteaux qui bordent la Loire sont couverts de vignes et de jolies maisons de campagne qui offrent un tableau tout-à-fait pittoresque. Il produit toutes les céréales, sarrasin, châtaignes, fruits, chanvre, vins de bonne qualité, bois, excellens pâturages; menu gibier; poissons de rivière; beaucoup de bêtes à cornes et de moutons, chevaux, volailles, abeilles, vers à soie; dépôt royal d'étalons à Blois; mines de fer; carrières d'albâtre, de pierres de taille, de silex, qui fournit la plupart des pierres à fusil que l'on emploie en France; manuf. de grosses draperies; fabr. de cotonnades, molletons, couvertures de coton, bonneterie en laine, coutellerie; raffineries de sucre de betterave; filatures de laine et de coton; forges, verreries, faïenceries.

Les rivières navigables de ce dép. sont la Loire et le Cher.

LOIRON, s. m. Com. du dép. de la Mayenne, chef-lieu de cant. de l'arr. de Laval. Bur. d'enregist. à St.-Ouen. = Laval.

LOISAIL, s. m. Com. du dép. de l'Orne, cant. et arr. de Mortagne. = Mortagne.

LOISÉ, s. m. Village du dép. de l'Orne, cant. et arr. de Mortagne. = Mortagne.

LOISELEURIE, s. f. Azalée rampante, espèce de bruyère. T. de bot.

LOISELIÈRE, s. f. Com. du dép. de la Seine-Inférieure, cant. de St.-Romain-de-Colbosc, arr. du Hâvre. = St.-Romain.

LOISEY, s. m. Com. du dép. de la Meuse, cant. de Ligny, arr. de Bar-le-Duc. = Bar-le-Duc.

LOISIA, s. f. Com. du dép. du Jura, cant. de St.-Amour, arr. de Lons-le-Saulnier. = St.-Amour.

LOISIBLE, adj. Permis, licite.

LOISIR, s. m. Temps dont on peut disposer, où l'on n'a rien à faire, repos, désœuvrement. —, temps suffisant pour faire une chose commodément. A —, adv. A son aise, sans se gêner, dans ses momens perdus; avec réflexion, sérieusement.

LOISIREUX, EUSE, adj. Fait à loisir. T. inus.

LOISON, s. m. Com. du dép. de la Meuse, cant. de Spincourt, arr. de Montmédy. = Etain.

LOISON, s. m. Com. du dép. du Pas-de-Calais, cant. de Lens, arr. de Béthune. = Hesdin.

LOISON, s. m. Com. du dép. du Pas-de-Calais, cant. de Campagne, arr. de Montreuil. = Lens.

LOISSAN, s. m. Village du dép. du Gers, cant. de Nogaro, arr. de Condom. = Nogaro.

LOISY, s. m. Com. du dép. de la Meurthe, cant. de Pont-à-Mousson, arr. de Nancy. = Pont-à-Mousson.

LOISY-EN-BRIE, s. m. Com. du dép. de la Marne, cant. de Vertus, arr. d'Epernay. = Vertus.

LOISY SUR-MARNE, s. m. Com. du

dép. de la Marne, cant. et arr. de Vitry. = Vitry-le-Français.

LOIVRE, s. m. Com. du dép. de la Marne, cant. de Bourgogne, arr. de Reims. = Reims.

LOIX, s. m. Com. du dép. de la Charente-Inférieure, cant. d'Ars, arr. de la Rochelle. = St.-Martin-de-Ré.

LOIZÉ, s. m. Com. du dép. des Deux-Sèvres, cant. de Chefboutonne, arr. de Melle. = Chefboutonne.

LOIZY, s. m. Com. du dép. des Ardennes, cant. et arr. de Vouziers. = Vouziers.

LOIZY, s. m. Com. du dép. de Saône-et-Loire, cant. de Cuizery, arr. de Louhans. = Louhans.

LOK, s. m. Voy. LOOCH.

LOLIF, s. m. Com. du dép. de la Manche, cant. de Sartilly, arr. d'Avranches. = Avranches.

LOLME, s. m. Com. du dép. de la Dordogne, cant. de Montpazier, arr. de Bergerac. = Montpazier.

LOLON, s. m. Com. du dép. d'Eure-et-Loir, cant. de Bonneval, arr. de Châteaudun. = Bonneval.

LOMAGNE (la), s. f. Petit pays qui dépendait de la province de Gascogne, et qui fait partie aujourd'hui des dép. de la Haute-Garonne et du Gers.

LOMANDRE, s. f. Genre de plantes joncoïdes. T. de bot.

LOMARIE, s. f. Genre de fougères. T. de bot.

LOMATIE, s. f. Voy. EMBOTHRION. T. de bot.

LOMATOPHYLLE, s. f. Dragonnier marginé. T. de bot.

LOMBA, s. m. Poivre de l'île d'Amboine. T. de bot.

LOMBAIRE, adj. Se dit de tout ce qui a rapport aux lombes, muscles, artères, veines, vertèbres, etc.

LOMBARD, s. m. Habitant de la Lombardie. —, établissement particulier où l'on prêtait sur gage dans la révolution. —, sorte de papier.

LOMBARD, s. m. Com. du dép. du Doubs, cant. de Quingey, arr. de Besançon. = Quingey.

LOMBARD, s. m. Com. du dép. du Jura, cant. de Sellières, arr. de Lons-le-Saulnier. = Sellières.

LOMBARDIE, s. f. Ancienne province de l'Italie qui comprenait le Milanais et le Mantouan.

LOMBARDO-VÉNITIEN, s. m. Royaume qui renferme toutes les possessions de la maison d'Autriche en Italie. Il est borné N. par la Suisse et le Tyrol, E. par l'Illyrie et la mer Adriatique, S.-E. par les états de l'Eglise, Modène et Parme, S.-O. et O. par le Piémont.

LOMBERS, s. m. Petite ville du dép. du Tarn, cant. de Réalmont, arr. d'Albi. = Albi.

C'est dans cette ville que se tint, en 1176, le fameux concile qui condamna la doctrine des Albigeois.

LOMBES, s. f. pl. Régions latérales de l'ombilic, situées au-dessous des hypocondres et au-dessus des régions iliaques. T. d'anat. —, partie située entre le milieu du dos et la queue du poisson. T. d'hist. nat.

LOMBEZ, s. m. Ville du dép. du Gers, chef-lieu de sous-préf. et de cant.; trib. de 1re inst.; conserv. des hypoth.; recev. part. des finances. Bur. d'enregist. et de poste.

Cette ville est située dans une plaine très fertile sur la Save qui, par ses fréquens débordemens, ravage souvent les pays d'alentour.

Comm. de grains, laines, cuirs, bestiaux, etc.

LOMBIA, s. f. Com. du dép. des Basses-Pyrénées, cant. de Morlaas, arr. de Pau. = Pau.

LOMBILICAL, E, adj. Qui a la forme d'un ver.

LOMBIS, s. m. Grosse coquille vermeille.

LOMBO-ABDOMINAL, s. et adj. m. Muscle transverse abdominal. T. d'anat.

LOMBO-COSTAL, s. et adj. m. Muscle petit-dentelé inférieur. T. d'anat.

LOMBO-COSTO-TRACHÉLIEN, s. et adj. m. Muscle sacro-lombaire. T. d'anat.

LOMBO-DORSO-TRACHÉLIEN, s. et adj. m. Muscle long dorsal. T. d'anat.

LOMBO-HUMÉRAL, s. et adj. m. Muscle grand dorsal. T. d'anat.

LOMBO-ILI-ABDOMINAL, s. et adj. m. Muscle transverse abdominal. T. d'anat.

LOMBO-SACRÉ, s. et adj. m. Nerf fourni par la branche antérieure du cinquième nerf lombaire. T. d'anat.

LOMBOYÉ, E, part. Epaissi, en parlant du sel. T. de sal.

LOMBOYER, v. a. Faire épaissir le sel. T. de sal.

LOMBRAY, s. m. Com. du dép. de l'Aisne, cant. de Coucy, arr. de Laon. = Noyon.

LOMBRÈS, s. m. Com. du dép. des Hautes-Pyrénées, cant. de Nestier, arr. de Bagnères. = Montrejeau.

LOMBREUIL, s. m. Com. du dép. du Loiret, cant. et arr. de Montargis. = Montargis.

LOMBRIC, s. m. Ver cylindrique formé d'anneaux charnus et contractiles; ver de terre; ver intestinal qui ressemble au lombric terrestre; espèce de serpent blanchâtre. T. d'hist. nat.

LOMBRICAL, E, adj. Qui ressemble au lombric. —, pl. Lombricaux. Muscles —, muscles grêles placés dans le fond de la main, qui ressemblent à des vers de terre. Muscles — des orteils, petits muscles du pied ainsi nommés, parce qu'ils ont la même ressemblance que les précédens. T. d'anat.

LOMBRICOÏDE, s. et adj. m. Espèce d'ascaride, ver intestinal. T. d'hist. nat.

LOMBRON, s. m. Com. du dép. de la Sarthe, cant. de Montfort, arr. du Mans. = Connerré.

LOMBUT, s. m. Com. du dép. des Ardennes, cant. de Mouzon, arr. de Sedan. = Mouzon.

LOME, s. m. Plongeon, oiseau aquatique à gorge rouge. T. d'hist. nat.

LOMECHUSE, s. f. Insecte coléoptère brachélytre. T. d'hist. nat.

LOMENTACÉES, s. f. pl. Plantes légumineuses. T. de bot.

LOMME, s. m. Com. du dép. du Nord, cant. de Haubourdin, arr. de Lille. = Lille.

LOMMERANGE, s. f. Com. du dép. de la Moselle, cant. d'Audun-le-Roman, arr. de Briey. = Briey.

LOMMOYE, s. m. Com. du dép. de Seine-et-Oise, cant. de Bonnières, arr. de Mantes. = Bonnières.

LOMNÉ, s. m. Com. du dép. des Hautes-Pyrénées, cant. de Labarthe, arr. de Bagnères. = Bagnères.

LOMONT, s. m. Com. du dép. du Doubs, cant. et arr. de Baume. = Baume.

LOMONT-ET-LOMONTOT, s. m. Com. du dép. de la Haute-Saône, cant. de Héricourt, arr. de Lure. = Lure.

LOMPE, s. m. Poisson du genre du cycloptère. T. d'hist. nat.

LOMPIAN, s. m. Village du dép. de Lot-et-Garonne, cant. de Damazan, arr. de Nérac. = Nérac.

LOMPNAZ, s. m. Com. du dép. de l'Ain, cant. d'Huis, arr. de Belley. = Belley.

LOMPNES, s. f. Com. du dép. de l'Ain, cant. d'Hauteville, arr. de Belley. = St.-Rambert.

LOMPNIEU, s. m. Com. du dép. de l'Ain, cant. de Champagne, arr. de Belley. = Belley.

LOMPRET, s. m. Com. du dép. du Nord, cant. du Quesnoy-sur-Deule, arr. de Lille. = Lille.

LON (St.-), s. m. Com. du dép. des Landes, cant. de Peyrehorade, arr. de Dax. = Dax.

LONCHÈRES, s. m. pl. Mammifères rongeurs du genre des échimys. T. d'hist. nat.

LONCHIEUX, s. m. pl. Poissons à nageoires ventrales séparées, dont les nageoires de la queue sont en forme de lancette. T. d'hist. nat.

LONCHITE ou LONCHITIS, s. f. Espèce de fougère, plante. T. de bot. — hastiforme, espèce de comète en forme de pique. T. d'astr.

LONCHURES, s. m. pl. Poissons thoraciques. T. d'hist. nat.

LONÇON, s. m. Com. du dép. des Basses-Pyrénées, cant. d'Arzacq, arr. d'Orthez. = Pau.

LONDE (la), s. f. Com. du dép. de l'Eure, cant. d'Etrépagny, arr. des Andelys. = Ecouis.

LONDIGNY, s. m. Com. du dép. de la Charente, cant. de Villefaguan, arr. de Ruffec. = Ruffec.

LONDINIÈRES, s. f. Com. du dép. de la Seine-Inférieure, chef-lieu de cant. de l'arr. de Neufchâtel. Bur. d'enregist. = Neufchâtel.

LONDRES, s. m. Ville capitale de l'Angleterre, dans le comté de Middlesex. Cette ville, traversée par la Tamise, grande et belle rivière toujours couverte d'une immense quantité de navires, est l'une des plus commerçantes de l'univers. Pop. 1,263,600 hab. env.

LONDRES, s. m. Com. du dép. de Lot-et-Garonne, cant. de Seyches, arr. de Marmande. = Marmande.

LONDRIN, s. m. Drap léger qui imite quelques-uns de ceux que l'on fabrique en Angleterre.

LONE-CHANGEY-ET-MAISON-DIEU, s. m. Com. du dép. de la Côte-d'Or, cant. de St.-Jean-de-Losne, arr. de Beaune. = St.-Jean-de-Losne.

LONG, s. m. Longueur; dix aunes de long. Prendre le plus —, le chemin le plus long. En savoir —, être très expérimenté, très rusé. De son —, tout de son —, adv. Tout étendu. Au —, tout au —, amplement. Au —, le —, tout le — de, prép. de lieu. En côtoyant, à côté, auprès. —, prép. de temps. Dans l'espace, dans l'intervalle, pendant la durée; jeûner le long du carême. En —, voy. LARGE.

LONG, UE, adj. Etendu en longueur; qui est de longue durée; diffus, prolixe, qui offre des longueurs. —, tardif, lent en parlant des personnes. Syllabe —, l'opposé de brève, syllabe qui se prononce lentement. T. de gramm.

LONG, s. m. Com. du dép. de la Somme, cant. d'Ailly-le-Haut-Clocher, arr. d'Abbeville. = Abbeville.

LONGAGES, s. f. Com. du dép. de la Haute-Garonne, cant. de Carbonne, arr. de Muret. = Noé.

LONGANIME, adj. Qui a de la longanimité. T. inus.

LONGANIMITÉ, s. f. Clémence de Dieu qui tarde à punir les oppresseurs des peuples; patience qui vient de bonté et de grandeur d'âme.

LONGAULNAY, s. m. Com. du dép. d'Ille-et-Vilaine, cant. de Tinténiac, arr. de St.-Malo. = Bécherel.

LONGAVESNES, s. f. Com. du dép. de la Somme, cant. de Roisel, arr. de Péronne. = Péronne.

LONG-CHAMP, s. m. Com. du dép. de l'Aube, cant. et arr. de Bar-sur-Aube. = Clairvaux.

LONG-CHAMP, s. m. Com. du dép. de la Côte-d'Or, cant. de Genlis, arr. de Dijon. = Genlis.

LONG-CHAMP, s. m. Com. du dép. de l'Eure, cant. d'Étrépagny, arr. des Andelys. = les Andelys.

LONG-CHAMP, s. m. Com. du dép. de la Haute-Marne, cant. de Clefmont, arr. de Chaumont. = Chaumont.

LONG-CHAMP, s. m. Com. du dép. de la Meuse, cant. de Pierrefitte, arr. de Commercy. = St.-Mihiel.

LONG-CHAMP, s. m. Com. du dép. des Vosges, cant. et arr. d'Épinal. = Épinal.

LONG-CHAMP, s. m. Com. du dép. des Vosges, cant. de Châtenois, arr. de Neufchâteau. = Neufchâteau.

LONG-CHAMPS, s. m. Com. du dép. de l'Aisne, cant. de Guise, arr. de Vervins. = Guise.

LONGCHAUMOIS, s. m. Com. du dép. du Jura, cant. de Morez, arr. de St.-Claude. = St.-Claude.

LONGCOCHON, s. m. Com. du dép. du Jura, cant. de Nozeroy, arr. de Poligny. = Champagnole.

LONGE, s. f. Corde, lanière de cuir qu'on attache à l'anneau du licou. Marcher sur sa —, s'embarrasser dans ses propres mesures. — de veau, moitié de l'échine, du bas de l'épaule à la queue. —, petite lanière qu'on attache aux pieds de l'oiseau. T. de fauc.

LONGÉ, E, part. Cotoyé. —, adj. Avec une longe d'un autre émail; oiseau longé. T. de blas.

LONGEAU, s. m. Com. du dép. de la Haute-Marne, chef-lieu de cant. de l'arr. de Langres. Bur. d'enregist. = Langres.

LONGEAULT, s. m. Com. du dép. de la Côte-d'Or, cant. de Genlis, arr. de Dijon. = Genlis.

LONGEAUX, s. m. Com. du dép. de la Meuse, cant. de Ligny, arr. de Bar-le-Duc. = Ligny.

LONGECHAUX, s. m. Com. du dép. du Doubs, cant. de Vercel, arr. de Baume. = Besançon.

LONGECHENAL, s. m. Com. du dép. de l'Isère, cant. de Lemps, arr. de la Tour-du-Pin. = Lemps.

LONGECOMBE, s. m. Com. du dép. de l'Ain, cant. d'Hauteville, arr. de Belley. = St.-Rambert.

LONGECOURT, s. m. Com. du dép. de la Côte-d'Or, cant. de Genlis, arr. de Dijon. = Genlis.

LONGECOURT-LÈS-CULÈTRE, s. m. Com. du dép. de la Côte-d'Or, cant. d'Arnay, arr. de Beaune. = Arnay-le-Duc.

LONGEMAISON, s. f. Com. du dép. du Doubs, cant. de Vercel, arr. de Baume. = Morteau.

LONGEPIERRE, s. f. Com. du dép. de Saône-et-Loire, cant. de Verdun, arr. de Châlons. = Seurre.

LONGER, v. a. Côtoyer, aller le long; longer la rivière.

LONGERAY, s. m. Village du dép. de l'Ain, réuni à la com. de Léaz, cant. de Collonge, arr. de Gex. = Collonge.

LONGERON, s. m. Com. du dép. de Maine-et-Loire, cant. de Montfaucon, arr. de Beaupréau. = Chollet.

LONGES-ET-TRÈVES, s. f. Com. du dép. du Rhône, cant. de Ste.-Colombe, arr. de Lyon. = Condrieu.

LONGESSAIGNE, s. f. Com. du dép. du Rhône, cant. de St.-Laurent-de-Chamousset, arr. de Lyon. = l'Arbresle.

LONGEVELLE, s. f. Com. du dép. du Doubs, cant. de l'Isle-sur-le-Doubs, arr. de Baume. = St.-Hippolyte.

LONGEVELLE, s. f. Com. du dép. du Doubs, cant. de Russey, arr. de Montbéliard. = l'Isle-sur-le-Doubs.

LONGEVELLE, s. f. Com. du dép. de la Haute-Saône, cant. de Villersexel, arr. de Lure. = Vesoul.

LONGÈVES, s. f. Com. du dép. de la Charente-Inférieure, cant. de Marans, arr. de la Rochelle. = Marans.

LONGÈVES, s. f. Com. du dép. de la Vendée, cant. et arr. de Fontenay. = Fontenay-le-Comte.

LONGEVILLE, s. f. Com. du dép. de l'Aube, cant. de Bouilly, arr. de Troyes. = Troyes.

LONGEVILLE, s. f. Com. du dép. du Doubs, caut. d'Ornans, arr. de Besançon. = Ornans.

LONGEVILLE, s. f. Com. du dép. du Doubs, cant. de Montbenoît, arr. de Pontarlier. = Pontarlier.

LONGEVILLE, s. f. Com. du dép. de la Haute-Marne, cant. de Montierender, arr. de Vassy. = Montierender.

LONGEVILLE, s. f. Com. du dép. de la Meuse, cant. et arr. de Bar-le-Duc. = Bar-le-Duc.

LONGEVILLE, s. f. Com. du dép. de la Vendée, cant. de Talmont, arr. des Sables-d'Olonne. = Avrillé.

LONGEVILLE-LÈS-CHEMINOT, s. f. Com. du dép. de la Moselle, cant. de Verny, arr. de Metz. = Metz.

LONGEVILLE-LÈS-METZ, s. f. Com. du dép. de la Moselle, cant. et arr. de Metz. = Metz.

LONGEVILLE-LÈS-ST.-AVOLD, s. f. Com. du dép. de la Moselle, cant. de Faulquemont, arr. de Metz. = St.-Avold.

LONGEVILLES (les), s. f. pl. Com. du dép. du Doubs, cant. de Mouthe, arr. de Pontarlier. = Pontarlier.

LONGÉVITÉ, s. f. Longue durée de la vie.

LONG-FOSSÉ-ET-STE.-GERTRUDE, s. m. Com. du dép. du Pas-de-Calais, cant. de Desvres, arr. de Boulogne. = Samer.

LONGICAUDES, s. m. pl. Famille des gallinacés; paons, coqs, faisans, etc. — ou MACROURES, crustacés décapodes. T. d'hist. nat.

LONGICORNES, s. m. pl. Coléoptères. T. d'hist. nat.

LONGIMÉTRIE, s. f. Art de mesurer les longueurs.

L'ONGINE (la), s. f. Com. du dép. de la Haute-Saône, cant. de Faucogney, arr. de Lure. = Luxeuil.

LONGIPALPES, s. m. pl. Insectes coléoptères; carabiques brachélytres. T. d'hist. nat.

LONGIPENNES, s. m. pl. Famille d'oiseaux palmipèdes. T. d'hist. nat.

LONGIROSTRES, s. m. pl. Familles d'oiseaux à long bec. T. d'hist. nat.

LONGIS, s. m. Lambin. T. fam.

LONGIS (St.-), s. m. Com. du dép. de la Sarthe, cant. et arr. de Mamers. = Mamers.

LONGITUDE, s. f. Distance d'un lieu au premier méridien. T. de géogr. —, distance de deux étoiles, prise sur l'écliptique, en allant du couchant au levant. T. d'astr.

LONGITUDINAL, E, adj. Etendu en longueur. Sinus —, canal veineux qui se trouve le long de la faulx de la duremère. T. d'anat.

LONGITUDINALEMENT, adv. En longueur.

LONG-JOINTÉ, E, adj. Se dit d'un cheval dont le paturon est trop long.

LONGJUMEAU, s. m. Com. du dép. de Seine-et-Oise, chef-lieu de cant. de l'arr. de Corbeil. Bur. d'enregist. et de poste. Comm. de vins, grains, farines, fruits, légumes et bestiaux.

LONG-LA-VILLE, s. f. Com. du dép. de la Moselle, cant. de Longwy, arr. de Briey. = Longwy.

LONG-MESNIL, s. m. Com. du dép. de la Seine-Inférieure, cant. de Forges, arr. de Neuchâtel. = Forges.

LONGNE, s. f. Com. du dép. de la Sarthe, cant. de Loué, arr. du Mans. = Sillé-le-Guillaume.

LONGNES, s. f. Com. du dép. de Seine-et-Oise, cant. de Houdan, arr. de Mantes. = Mantes.

LONGNY, s. m. Com. du dép. de l'Orne, chef-lieu de cant. de l'arr. de Mortagne. Bur. d'enregist. et de poste.

LONG-PAN, s. m. Le plus long côté d'un comble. T. de charp.

LONGPERRIER, s. m. Com. du dép. de Seine-et-Marne, cant. de Dammartin, arr. de Meaux. = Dammartin.

LONGPONT, s. m. Com. du dép. de l'Aisne, cant. de Villers-Cotterets, arr. de Soissons. = Villers Cotterets.

LONGPONT, s. m. Com. du dép. de Seine-et-Oise, cant. de Longjumeau, arr. de Corbeil. = Linas.

LONGPRÉ, s. m. Com. du dép. de l'Aube, cant. d'Essoye, arr. de Bar-sur-Aube. = Vandœuvre.

LONGPRÉ, s. m. Com. du dép. de Loir-et-Cher, cant. de Saint-Amand, arr. de Vendôme. = Château-Renault.

LONGPRÉ-LÈS-AMIENS, s. m. Village du dép. de la Somme, cant. et arr. d'Amiens. = Amiens.

LONGPRÉ-LES-CORPS (St.-), s. m. Com. du dép. de la Somme, cant. d'Hallencourt, arr. d'Abbeville. = Abbeville.

LONGRAYE, s. m. Com. du dép. du Calvados, cant. de Caumont, arr. de Bayeux. = Tilly.

LONGRÉ, s. m. Com. du dép. de la Charente, cant. de Villefagnan, arr. de Ruffec. = Ruffec.

LONGROY, s. m. Com. du dép. de la Seine-Inférieure, cant. d'Eu, arr. de Dieppe. = Eu.

LONGSOLS, s. m. Com. du dép. de

l'Aube, cant. de Ramerupt, arr. d'Arcis. = Arcis-sur-Aube.

LONG-TEMPS, adv. Pendant un long espace de temps.

LONGUE, s. f. Ancienne note de musique. —, syllabe longue. A la —, adv. Avec patience, avec le temps.

LONGUÉ, s. m. Petite ville du dép. de Maine-et-Loire, chef-lieu de cant. de l'arr. de Baugé. Bur. d'enregist. = Saumur.

Fab. de sabots; huileries, etc.; comm. de grains, graines, chanvre, sangsues, bœufs, etc.

LONGUEAU, s. m. Village du dép. de l'Oise, cant. de Liancourt, arr. de Clermont. = Clermont.

LONGUEAU, s. m. Com. du dép. de la Somme, cant. et arr. d'Amiens. = Amiens.

LONGUE-ÉPINE, s. f. Poisson du genre du deux dents. T. d'hist. nat.

LONGUEFUYE, s. f. Com. du dép. de la Mayenne, cant. de Bierne, arr. de Château-Gontier. = Château-Gontier.

LONGUEIL, s. m. Com. du dép. de la Seine-Inférieure, cant. d'Offranville, arr. de Dieppe. = Dieppe.

LONGUEIL-STE.-MARIE, s. m. Com. du dép. de l'Oise, cant. d'Estrées-St.-Denis, arr. de Compiègne. = Verberie.

LONGUEIL-SOUS-THOUROTTE, s. m. Com. du dép. de l'Oise, cant. de Ribécourt, arr. de Compiègne. = Compiègne.

LONGUELUNE, s. f. Com. du dép. de l'Eure, cant. de Verneuil, arr. d'Evreux. = Tilliers.

LONGUEMENT, adv. Durant un long temps. —, au long, en détail, sans rien omettre; disserter longuement.

LONGUENESSE, s. f. Com. du dép. du Pas-de-Calais, cant. et arr. de St.-Omer. = St.-Omer.

LONGUENOE, s. m. Com. du dép. de l'Orne, cant. de Carrouges, arr. d'Alençon. = Carrouges.

LONGUERIE, s. f. Longueur, lenteur apprêtée dans le discours (Vi.).

LONGUERINE, s. f. Assemblage de charpente, en forme de grillage. T. de mar.

LONGUE-RUE, s. f. Com. du dép. de la Seine-Inférieure, cant. de Buchy, arr. de Rouen. = Rouen.

LONGUES, s. f. Com. du dép. du Calvados, cant. de Rycs, arr. de Bayeux. = Bayeux.

LONGUESSE, s. f. Com. du dép. de Seine-et-Oise, cant. de Marines, arr. de Pontoise. = Meulan.

LONGUESSE, s. f. Partie d'une exploitation d'ardoise où l'on travaille.

LONGUET, s. m. Sorte de papier; marteau de facteur de forté-piano.

LONGUET, TE, adj. Un peu long. T. fam.

LONGUEUR, s. f. Etendue d'une chose de l'une de ses extrémités à l'autre; étendue, dimension en long. —, durée du temps; lenteur dans ce qu'on fait. —, pl. Délais, retards. —, superfluités, détails fastidieux dans un ouvrage. T. de littér.

LONGUEVAL, s. m. Com. du dép. de l'Aisne, cant. de Braisne, arr. de Soissons. = Fismes.

LONGUEVAL, s. m. Com. du dép. de la Somme, cant. de Combles, arr. de Péronne. = Albert.

LONGUEVILLE, s. f. Com. du dép. de l'Aube, cant. de Méry, arr. d'Arcis-sur-Aube. = Méry-sur-Seine.

LONGUEVILLE, s. f. Com. du dép. du Calvados, cant. d'Isigny, arr. de Bayeux. = Isigny.

LONGUEVILLE, s. f. Com. du dép. de Lot-et-Garonne, cant. et arr. de Marmande. = Marmande.

LONGUEVILLE, s. f. Com. du dép. de la Manche, cant. de Bréhal, arr. de Coutances. = Grandville.

LONGUEVILLE, s. f. Com. du dép. du Nord, cant. de Bavay, arr. d'Avesnes. = Bavay.

LONGUEVILLE, s. f. Com. du dép. du Pas-de-Calais, cant. de Desvres, arr. de Boulogne. = Samer.

LONGUEVILLE, s. f. Com. du dép. de la Seine-Inférieure, chef-lieu de cant. de l'arr. de Dieppe. Bur. d'enregist. à Bacqueville. = Rouen.

LONGUEVILLETTE, s. f. Com. du dép. de la Somme, cant. et arr. de Doullens. = Doullens.

LONGUION, s. m. Petite ville du dép. de la Moselle, chef-lieu de cant. de l'arr. de Briey. Bur. d'enregist. et de poste.

Fab. considérables de canons de fusils; hauts fourneaux, forges, fonderies, martinets, etc.

LONGVIC, s. m. Com. du dép. de la Côte-d'Or, cant. et arr. de Dijon. = Dijon.

LONGVILLERS, s. m. Com. du dép. du Calvados, cant. de Villers-Bocage, arr. de Caen. = Villers-Bocage.

LONGVILLERS, s. m. Com. du dép. du Pas-de-Calais, cant. d'Etaples, arr. de Montreuil. = Montreuil.

LONGVILLERS, s. m. Com. du dép. de la Somme, cant. de Crécy, arr. d'Abbeville. = Abbeville.

LONGVILLIERS, s. m. Com. du dép. de Seine-et-Oise, cant. de Dourdan, arr. de Rambouillet. = Dourdan.

LONGWEZ, s. m. Com. du dép. des Ardennes, cant. et arr. de Vouziers. = Vouziers.

LONGWY, s. m. Com. du dép. du Jura, cant. de Chemin, arr. de Dôle. = Dôle.

LONGWY, s. m. Ville fortifiée du dép. de la Moselle, chef-lieu de cant. de l'arr. de Briey. Bur. d'enregist. et de poste.

Cette ville, située sur une hauteur, près la rive droite du Chiers, fut cédée à la France, en 1678, sous Louis XIV, qui la fit fortifier. Elle fut prise par les Prussiens, en 1792, et reprise la même année.

Manuf. d'étoffes de laine, bonneterie, chapeaux, toiles de coton, mouchoirs, faïence, terre de pipe. Comm. de bestiaux et de jambons recherchés.

LONLAY-L'ABBAYE, s. m. Com. du dép. de l'Orne, cant. et arr. de Domfront. = Domfront.

LONLAY-LE-TESSON, s. m. Com. du dép. de l'Orne, cant. de la Ferté-Macé, arr. de Domfront. = la Ferté-Macé.

LONNES, s. f. Com. du dép. de la Charente, cant. de Maules, arr. de Ruffec. = Maules.

LONNY, s. m. Com. du dép. des Ardennes, cant. de Renwez, arr. de Mézières. = Mézières.

LONRAI, s. m. Com. du dép. de l'Orne, cant. et arr. d'Alençon. = Alençon.

LONS, s. m. Com. du dép. des Basses-Pyrénées, cant. de Lescar, arr. de Pau. = Pau.

LONS-LE-SAULNIER, s. m. Ville et chef-lieu de préf. du dép. du Jura, d'une sous-préf. et d'un cant.; cour d'assises, trib. de 1re inst. et de comm.; société d'agriculture; biblioth. publique, musée d'antiquités; ingén. en chef des ponts-et-chaussées; direction de l'enregist. et des domaines, de 3e classe; conserv. des hypoth.; inspect. des forêts; direct. des contrib. dir. et indir.; bur. de garantie des matières d'or et d'argent; recev. général des finances; payeur du dép.; bur. d'enregist. et de poste. Pop., 7,870 hab. envir.

Cette ville, située au fond d'un bassin, à l'entrée de la gorge d'une montagne, est généralement bien construite. A l'extrémité septentrionale, on voit un puits de 60 pieds de profondeur, dont les eaux salées sont aspirées par quatre pompes, et distribuées dans de vastes bâtimens de graduation. Patrie du général Lecourbe.

Nombreuses tanneries et teintureries; fab. considérables de fromages, dit de Gruyère, dans les montagnes environnantes. Comm. considérable de sel, fer, bois de construction, vins, eaux-de-vie. Entrepôt de comm. du Jura pour Lyon et pour l'intérieur de la France.

LONZAC, s. m. Com. du dép. de la Charente-Inférieure, cant. d'Archiac, arr. de Jonzac. = Pons.

LONZAC, s. m. Com. du dép. de la Corrèze, cant. de Treignac, arr. de Tulle. = Uzerche.

LONZAT, s. m. Com. du dép. de l'Allier, cant. de St.-Pourçain, arr. de Gannat. = St.-Pourçain.

LOOBERGHE, s. m. Com. du dép. du Nord, cant. de Bourbourg, arr. de Dunkerque. = Bourbourg.

LOOCH, s. m. Médicament pectoral et béchique qu'on prend par cuillerée. T. de pharm.

LOOHE, s. f. Oie de Sibérie. T. d'hist. nat.

LOON, s. m. Com. du dép. du Nord, cant. de Gravelines, arr. de Dunkerque. = Gravelines.

LOOS, s. m. Com. du dép. du Nord, cant. de Haubourdin, arr. de Lille. = Lille.

LOOS, s. m. Com. du dép. du Pas-de-Calais, cant. de Lens, arr. de Béthune. = Lens.

LOOS, s. m. Com. du dép. des Basses-Pyrénées, cant. de Lescar, arr. de Pau. = Pau.

LOOZE, s. f. Com. du dép. de l'Yonne, cant. et arr. de Joigny. = Joigny.

LOPERCHET, s. m. Com. du dép. du Finistère, cant. de Daoulas, arr. de Brest. = Landerneau.

LOPÉREC, s. m. Com. du dép. du Finistère, cant. du Faou, arr. de Châteaulin. = Châteaulin.

LOPÈZE, s. f. Plante du Mexique. T. de bot.

LOPHARIS, s. f. Perche, poisson. T. d'hist. nat.

LOPHIDIE, s. f. Fougère, plante. T. de bot.

LOPHIE, s. f. Poisson branchiostège. T. d'hist. nat.

LOPHIOLE, s. f. Conostyle, plante irridée. T. de bot.

LOPHIONOTES, s. m. pl. Poissons osseux. T. d'hist. nat.

LOPHIRE, s. m. Arbre d'Afrique. T. de bot.

LOPHOBRANCHES, s. m. pl. Eleuthéropomes, ostéodermes, poissons. T. d'hist. nat.

LOPHOPHORE, s. m. Voy. MONAUL. T. d'hist. nat.

LOPHORINE, s. f. Oiseau sylvain. T. d'hist. nat.

LOPHOTE, s. m. Poisson de la Méditerranée. T. d'hist. nat.

LOPHYRES, s. m. pl. Reptiles sauriens; insectes hyménoptères; vers mollusques. T. d'hist. nat.

LOPHYROPES, s. m. pl. Crustacés branchiopodes. T. d'hist. nat.

LOPIGNA, s. f. Com. du dép. de la Corse, cant. de Sari, arr. d'Ajaccio. = Ajaccio.

LOPIN, s. m. Morceau de viande, etc. —, morceau de fer pour forger des fers à cheval.

LOQUACITÉ, s. f. Babil, habitude de parler beaucoup.

LOQUE, s. f. Lambeau, pièce, morceau, chiffon, guenille. —, cohorte spartiate composée de 115 hommes.

LOQUÉ, E, adj. Mordu par d'autres poissons; hareng loqué.

LOQUEFFRET, s. m. Com. du dép. du Finistère, cant. de Pleyben, arr. de Châteaulin. = Châteaulin.

LOQUÈLE, s. f. Facilité à parler trivialement de choses communes.

LOQUET, s. m. Fermeture fort simple qui se lève au moyen d'une petite bascule. Couteau à —, qu'on ne peut fermer qu'en retirant le ressort avec l'ongle du pouce. —, pl. Laines de la cuisse.

LOQUETÉ, E, part. Remué, en parlant du loquet d'une porte.

LOQUETEAU, s. m. Petit loquet. T. inus.

LOQUETER, v. a. Remuer le loquet d'une porte. (Vi.)

LOQUETEUX, EUSE, adj. Déchiré, en guenilles. T. inus.

LOQUETTE, s. f. Petite loque. T. fam. —, rouleau de laine cardée.

LOQUIREC, s. m. Com. du dép. du Finistère, cant. de Lanmeur, arr. de Morlaix. = Morlaix.

LOQUIS, s. m. Verroterie en petits cylindres.

LOQUISTE, s. m. Grand parleur. T. inus.

LOR, s. m. Com. du dép. de l'Aisne, cant. de Neufchâtel, arr. de Laon. = Reims.

LORANDIER, s. m. Valet de ferme qu'on envoie à charrue dans les cas extraordinaires.

LORANTHE, s. f. Plante caprifoliacée. T. de bot.

LORANTHÉES, s. f. pl. Plantes rubiacées. T. de bot.

LORAY, s. m. Com. du dép. du Doubs, cant. de Pierre-Fontaine, arr. de Baume. = Morteau.

LORCIÈRES, s. f. Com. du dép. du Cantal, cant. de Ruines, arr. de St.-Flour. = St.-Flour.

LORCY, s. m. Com. du dép. du Loiret, cant. de Beaune, arr. de Pithiviers. = Boiscommun.

LORD, s. m. Noble anglais, seigneur.

LORDAT, s. m. Com. du dép. de l'Ariège, cant. de Cabannes, arr. de Foix. = Tarascon.

LORDOSE, s. f. Courbure de la colonne vertébrale. T. de chir.

LORÉ, s. m. Com. du dép. de l'Orne, cant. de Juvigny, arr. de Domfront. = Domfront.

LORÉ, E, adj. Se dit de nageoires d'un émail différent de celui des poissons. T. de blas.

LORENTZEN, s. m. Com. du dép. du Bas-Rhin, cant. de Saar-Union, arr. de Saverne. = Sarrewerden.

LORENZO (St.-), s. m. Com. du dép. de la Corse, chef-lieu de cant. de l'arr. de Corte, où se trouve le bur. d'enregist. = Bastia.

LORETO-DI-CASINCA, s. m. Com. du dép. de la Corse, cant. de Vescovato, arr. de Bastia. = Bastia.

LORETO-DI-TALLANO, s. m. Com. du dép. de la Corse, cant. de Ste.-Lucie, arr. de Sartène. = Ajaccio.

LORETTE, s. f. Ville d'Italie dans la marche d'Ancône, où les catholiques se rendent en pélerinage pour visiter la chambre de la sainte Vierge qui, dit-on, fut apportée de Nazareth par des anges.

LOREUR (le), s. m. Com. du dép. de la Manche, cant. de Bréhal, arr. de Coutances. = Coutances.

LOREUX, s. m. Com. du dép. de Loir-et-Cher, cant. et arr. de Romorantin. = Romorantin.

LOREY, s. m. Com. du dép. de l'Eure, cant. de Pacy, arr. d'Evreux. = Pacy-sur-Eure.

LOREY (le), s. m. Com. du dép. de la Manche, cant. de St.-Sauveur-Lendelin, arr. de Coutances. = Coutances.

LOREY, s. m. Com. du dép. de la Meurthe, cant. de Bayon, arr. de Lunéville. = Nancy.

LORGES, s. f. Com. du dép. de Loir-et-Cher, cant. de Marchénoir, arr. de Blois. = Beaugency.

LORGIES, s. f. Com. du dép. du Pas-de-Calais, cant. de Laventie, arr. de Béthune. = la Bassée.

LORGNADE, s. f Action de lorgner; coup d'œil à la dérobée.

LORGNÉ, E, part. Regardé de côté; convoité. Fig.

LORGNER, v. a. Regarder en tournant les yeux de côté, et comme à la dérobée. — une femme, la regarder amoureusement. —, convoiter, jeter les yeux, avoir des vues sur une fille, une succession, etc. Fig. et fam.

LORGNERIE, s. f. Action de lorgner.

LORGNETTE, s. f. Petite lunette d'approche dont on se sert au spectacle, dans les réunions publiques, où les objets sont peu éloignés.

LORGNEUR, EUSE, s. Celui, celle qui lorgne. T. fam.

LORGUES, s. f. Petite ville du dép. du Var, chef-lieu de cant. de l'arr. de Draguignan. Bur. d'enregist. = le Luc. Comm. d'huile d'olive.

LORI ou LORY, s. m. Perroquet à plumes rouges. T. d'hist. nat.

LORICAIRES, s. m. pl. Poissons abdominaux, revêtus d'une sorte de cuirasse. T. d'hist. nat.

LORICÈRE, s. f. Coléoptère carabique. T. d'hist. nat.

LORIENT, s. m. Ville maritime du dép. du Morbihan, chef-lieu de sous-préf. et de deux cant.; trib. de 1re inst. et de comm.; bourse de comm.; école d'hydrographie de 2e classe; observatoire; comité d'agric.; conserv. des hypoth.; direct. des douanes; direct. des contrib. indir.; recev. part. des finances. Bur. d'enregist. et de poste.

Cette ville, assise sur l'Océan, au fond de la baie de St.-Louis, à l'embouchure de la rivière de Scorf, a été bâtie en 1720 pour servir d'entrepôt à la compagnie des Indes, qui en fit long-temps le centre de son commerce. Elle est défendue par de bonnes fortifications. Son port, vaste, commode, et orné de beaux quais, peut recevoir les plus gros bâtimens.

Comm. de vins, eaux-de-vie, cire, miel, sardines, sel. Navigation au long cours; grand et petit cabotage. Comm. d'importation et d'exportation avec les principaux ports de l'Europe, de l'Amérique et des Indes.

LORIGE, s. f. Com. du dép. de l'Allier, cant. de St.-Pourçain, arr. de Gannat. = St.-Pourçain.

LORIGNAC, s. m. Com. du dép. de la Charente-Inférieure, cant. de St.-Génis, arr. de Jonzac. = St.-Génis.

LORIGNÉ, s. m. Com. du dép. des Deux-Sèvres, cant. de Sauzé, arr. de Melle. = Sauzé-Vaussais.

LORIOL, s. m. Petite ville du dép. de la Drôme, chef-lieu de cant. de l'arr. de Valence. Bur. d'enregist. et de poste.
Comm. de soie, organsin, peaux, etc. Pépinière.

LORIOL, s. m. Com. du dép. de Vaucluse, cant. et arr. de Carpentras. = Carpentras.

LORIOT, s. m. Oiseau jaune dont les ailes sont noires, passereau conirostre.
—, baquet de boulanger.

LORIPE, s. m. Mollusque testacé. T. d'hist. nat.

LORIQUE, s. f. Tunique qui recouvre la graine. T. de bot.

LORIS, s. m. Petit animal, genre de makis. T. d'hist. nat.

LORLANGE, s. f. Com. du dép. de la Haute-Loire, cant. de Blesle, arr. de Brioude. = Lempde.

LORLEAU, s. m. Com. du dép. de l'Eure, cant. de Lyons, arr. des Andelys. = Lyons-la-Forêt.

LORMAISON, s. f. Com. du dép. de l'Oise, cant. de Méru, arr. de Beauvais. = Méru.

LORMAN, s. m. Voy. HOMARD. T. d'hist. nat.

LORMAYE, s. f. Com. du dép. d'Eure-et-Loir, cant. de Nogent, arr. de Dreux. = Nogent-le-Roi.

LORMEL (St.-), s. m. Com. du dép. des Côtes-du-Nord, cant. de Plancoët, arr. de Dinan. = Plancoët.

LORMERIE, s. f. Clouterie, petits ouvrages en fer.

LORMES, s. f. Ville du dép. de la Nièvre, chef-lieu de cant. de l'arr. de Clamecy. Bur. d'enregist. et de poste.

LORMIER, s. m. Cloutier. (Vi.)

LORMONT, s. m. Com. du dép. de la Gironde, cant. de Carbon-Blanc, arr. de Bordeaux. = Bordeaux.

LORMUSE, s. m. Lézard gris. T. d'hist. nat.

LOROMONZEY, s. m. Com. du dép. de la Meurthe, cant. de Bayon, arr. de Lunéville. = Nancy.

LOROUX (le), s. m. Com. du dép. d'Ille-et-Vilaine, cant. et arr. de Fougères. = Fougères.

LOROUX (le), s. m. Com. du dép. de la Loire-Inférieure, chef-lieu de cant. de l'arr. de Nantes. Bur. d'enregist. = Nantes.

LORQUIN, s. m. Com. du dép. de la Meurthe, chef-lieu de cant. de l'arr. de Sarrebourg. Bur. d'enregist. = Sarrebourg.

LORRAIN, E, s. et adj. Qui appartient à l'ancienne province de Lorraine.

LORRAINE (la), s. f. Ancienne province de France, qui forme aujourd'hui les dép. des Vosges, de la Meurthe, de la Meuse et de la Moselle.

LORREZ, s. m. Com. du dép. de

Seine-et-Marne, chef-lieu de cant. de l'arr. de Fontainebleau. Bur. d'enregist. = Egreville.

LORRIS, s. m. Petite ville du dép. du Loiret, chef-lieu de cant. de l'arr. de Montargis. Bur. d'enregist. et de poste. Comm. de bois.

LORRY-DEVANT-LE-PONT, s. m. Com. du dép. de la Moselle, cant. de Verny, arr. de Metz. = Metz.

LORRY-LÈS-METZ, s. m. Com. du dép. de la Moselle, cant. et arr. de Metz. = Metz.

LORS, adv. alors. (Vi:) — de, prép. Dans le temps de. Dès —; adv. Dès ce temps-là; en conséquence, par conséquent. Pour —, en ce temps-là; en ce cas-là; étant ainsi; donc.

LORSQUE, conj. Dans le temps que, pendant que, tandis que, quand.

LORTHET, s. m. Com. du dép. des Hautes-Pyrénées, cant. de Labarthe, arr. de Baguères. = Tarbes.

LORUM, s. m. (mot latin.) Partie de la tête des oiseaux, entre l'œil et le bec. T. d'ornithologie.

LOS, s. m. Louange. (Vi.)

LOSANGE, s. f. Figure à quatre côtés égaux, et qui a deux angles aigus et deux obtus. T. de géom. —, serpent à bandes blanches en losange. T. d'hist. nat.

LOSANGÉ, E, adj. Se dit d'un écu divisé en losanges, d'émaux différens. T. de blas.

LOSCOUET (le), s. m. Com. du dép. des Côtes-du-Nord, cant. de Merdrignac, arr. de Loudéac. = Broons.

LOSSE (la), s. f. Rivière dont on trouve la source près de Rabastens, dép. des Hautes-Pyrénées, arr. de Tarbes, et qui se jette dans la Baise à Lavardac, dép. de Lot-et-Garonne, après avoir parcouru un espace de 25 lieues.

LOSSE, s. f. Com. du dép. des Landes, cant. de Gabarret, arr. de Mont-de-Marsan. = Roquefort.

LOSSE ou LOUSSE, s. f. Outil pour percer les trous des bondes. T. de tonnel.

LOSTANGES, s. f. Com. du dép. de la Corrèze, cant. de Meyssac, arr. de Brive. = Brive.

LOSTROFF, s. m. Com. du dép. de la Meurthe, cant. d'Albestroff, arr. de Château-Salins. = Dieuze.

LOT, s. m. Portion d'un tout partagé entre plusieurs; part de chacun des héritiers dans le partage d'une succession. —, condition, sort, partage; travailler sans cesse, voilà mon lot. Fig. —, gain à la loterie.

LOT (le), s. m. Rivière qui prend naissance dans les montagnes des Cévennes, près du village de Blaymard, arr. de Mende, et qui se jette dans la Garonne au-dessus d'Aiguillon; elle commence à être navigable à Cahors.

LOT (dép. du), s. m. Chef-lieu de préf., Cahors; 3 arr. de sous-préf.: Cahors, Figeac et Gourdon; 29 cant. ou just. de paix; 302 com.; pop. 280,520 hab. envir.; cour royale d'Agen; diocèse de Cahors; 11ᵉ div. milit.; 11ᵉ div. des ponts-et-chaussées; 5ᵉ div. des mines; direct. de l'enregist. et des domaines de 3ᵉ classe; 16ᵉ arr. forestier.

Le dép. du Lot est borné au N. par celui de la Corrèze, à l'E. par ceux du Cantal et de l'Aveyron, au S. par celui de Tarn-et-Garonne, et à l'O. par ceux de Lot-et-Garonne et de la Dordogne.

Le territoire de ce dép., composé de plaines, de montagnes et de vallons, est fertile en blé, vin, chanvre, tabac, fruits, etc.; il possède de bons pâturages qui alimentent une très grande quantité de moutons et de bestiaux. Indépendamment des céréales, il fournit, safran, truffes, bois, beaucoup de gibier et de poisson; chevaux propres à la cavalerie légère; quantité de porcs; vers à soie; mines de fer, houille; carrières de marbre de toutes couleurs; granit, albâtre, grès, pierres lithographiques; spath calcaire; terre à foulon; argile à creuzet pour les verreries; établissemens d'eaux minérales; fab. de draps, ratines, cadis; étoffes de coton; toiles à voiles; dentelles; distilleries d'eaux-de-vie, forges. Les principales rivières du dép. sont le Lot et la Dordogne qui lui ouvrent des communications avec les ports de l'Océan.

LOTERIE, s. f. Jeu de hasard combiné de telle sorte que ceux qui s'y laissent entraîner par l'espoir du gain se ruinent infailliblement. —, leurre, espoir frivole. —, affaire sur le résultat de laquelle on ne doit pas compter. Fig.

LOT-ET-GARONNE (dép. de), s. m. Chef-lieu de préf., Agen; 4 arr. ou sous-préf.: Agen, Marmande, Nérac et Villeneuve; 35 cant. ou just. de paix; 383 com.; pop. 336,890 hab. envir.; cour royale et diocèse d'Agen; 11ᵉ div. milit.; 10ᵉ div. des ponts-et-chaussées; 5ᵉ div. des mines; direct. de l'enregist. et des domaines, de 2ᵉ classe; 16ᵉ arr. forestier.

Ce dép. est borné au N. par celui de la Dordogne, à l'E. par ceux de Tarn-et-Garonne et du Lot, au S. par celui du Gers, et à l'O. par ceux des Landes et de la Gironde.

Le sol de ce dép. est d'une très grande

fertilité. Il produit froment, seigle, avoine, orge, maïs, châtaignes, tabac, prunes excellentes, chanvre, vins de médiocre qualité, bois, chênes à liége; grand et menu gibier; beaucoup de poisson d'eau douce; dépôt royal d'étalons à Villeneuve-d'Agen; carrières de pierres de taille, plâtre, marne, terre à poterie; manuf. considérables de toiles à voiles; fab. de toiles de ménage et de coton, molletons, indiennes, serges; filatures de coton; distilleries d'eaux-de-vie; forges, hauts fourneaux; fonderies; martinets; verreries; nombreuses papeteries, corderies, tanneries, teintureries; comm. de farines, d'eaux-de-vie, etc.; entrepôt du comm. de Bordeaux et de Toulouse. Les rivières navigables sont: la Garonne, le Lot et la Bayse.

LOTHEY, s. m. Com. du dép. du Finistère, cant. de Pleyben, arr. de Châteaulin. = Châteaulin.

LOTI, E, part. Distribué par lots, réparti. Bien —, trompé dans ses espérances. T. fam. et iron.

LOTIER, s. m. Intéressé dans une entreprise de pêche, qui prend une part entière. T. de pêche. —, plante annuelle, légumineuse. T. de bot.

LOTION, s. f. Ablution, lavage, remède qui lave.

LOTIR, v. a. Distribuer par lots, répartir, procéder à la formation des lots pour opérer un partage entre cohéritiers.

LOTISSAGE, s. m. Essai d'un tas de minéral pulvérisé en ayant soin de prendre dans différens endroits de ce tas, pour procéder avec plus d'exactitude.

LOTISSEMENT, s. f. Action de lotir des marchandises.

LOTISSEUR, s. m. Marchand chargé de lotir des marchandises.

LOTO, s. m. Jeu de hasard, espèce de loterie jouée avec des demi-boules et des numéros.

LOTOPHAGE, s. m. pl. Peuples d'Afrique qui vivaient du fruit du lotos, dont la vertu, selon la fable, faisait oublier leur patrie aux étrangers qui en mangeaient. T. de myth.

LOTOS ou LOTUS, s. m. Arbre célèbre d'Egypte et de l'Inde; sorte de jujubier. —, ou fève d'Egypte, plante aquatique.

LOTTE, s. f. Excellent poisson d'eau douce du genre du gade.

LOTTINGHEN, s. m. Com. du dép. du Pas-de-Calais, cant. de Desvres, arr. de Boulogne. = Samer.

LOUABLE, adj. Digne de louange, d'éloge; estimable, honorable. —, qui a les qualités requises; déjection louable. T. de méd.

LOUABLEMENT, adv. D'une manière louable.

LOUAGE, s. m. Location, bail, cession de la jouissance d'une chose pendant un temps déterminé et moyennant un prix convenu.

LOUAILLE, s. f. Com. du dép. de la Sarthe, cant. de Sablé, arr. de la Flèche. = Sablé.

LOUAN, s. m. Com. du dép. de Seine-et-Marne, cant. de Villers-St.-Georges, arr. de Provins. = Villenauxe.

LOUANGE, s. f. Eloge, panégyrique; témoignage d'estime, remercîment; actions de grâce.

LOUANGÉ, E, part. Loué d'une manière exagérée.

LOUANGER, v. a. Louer, donner, prodiguer des louanges.

LOUANGEUR, EUSE, s. Celui, celle qui aime à louer, qui loue sans discernement; flatteur, complimenteur, adulateur. —, adj. Qui renferme des louanges; discours louangeur.

LOUANNEC, s. m. Com. du dép. des Côtes-du-Nord, cant. de Perros-Guirec, arr. de Lannion. = Lannion.

LOUANS, s. m. Com. du dép. d'Indre-et-Loire, cant. de Ligueil, arr. de Loches. = Cormery.

LOUARGAT, s. m. Com. du dép. des Côtes-du-Nord, cant. de Belle-Isle, arr. de Guingamp. = Belle-Isle-en-Terre.

LOUATRE, s. m. Com. du dép. de l'Aisne, cant. de Villers-Cotterets, arr. de Soissons. = Villers-Cotterets.

LOUBAJAC, s. m. Com. du dép. des Hautes-Pyrénées, cant. de St.-Pé, arr. d'Argelès. = Lourdes.

LOUBARESSE, s. f. Com. du dép. de l'Ardèche, cant. de Valgorge, arr. de Largentière. = Largentière.

LOUBAUT, s. m. Com. du dép. de l'Ariège, cant. du Mas-d'Azil, arr. de Pamiers. = Rieux.

LOUBE (St.-), s. m. Com. du dép. du Gers, cant. et arr. de Lombez. = Lombez.

LOUBEDAT, s. m. Com. du dép. du Gers, cant. de Nogaro, arr. de Condom. = Nogaro.

LOUBEJAC, s. m. Com. du dép. de la Dordogne, cant. de Villefranche-de-Belvès, arr. de Sarlat. = Sarlat.

LOUBENS, s. m. Com. du dép. de l'Ariège, cant. de Varilles, arr. de Pamiers. = Pamiers.

LOUBENS, s. m. Com. du dép. de la

Haute-Garonne, cant. de Caraman, arr. de Villefranche. = Caraman.

LOUBENS, s. m. Com. du dép. de la Gironde, cant. et arr. de la Réole. = la Réole.

LOUBERS, s. m. Com. du dép. du Tarn, cant. de Cordes, arr. de Gaillac. = Cordes.

LOUBERSAN, s. m. Com. du dép. du Gers, cant. et arr. de Mirande. = Mirande.

LOUBERT, s. m. Com du dép. d ela Charente, cant. de St.-Claud, arr. de Confolens. = St.-Claud.

LOUBERT (St.-), s. m. Com. du dép. de la Gironde, cant. de Langon, arr. de Bazas. = Langon.

LOUBERVILLE, s. f. Com. du dép. du Gers, cant. de l'Isle-Jourdain, arr. de Lombez. = l'Isle-Jourdain.

LOUBÈS (St.-), s. m. Com. du dép. de la Gironde, cant. de Carbon-Blanc, arr. de Bordeaux. = Bordeaux.

LOUBÈS, s. m. Com. du dép. de Lot-et-Garonne, cant. de Duras, arr. de Marmande. = Marmande.

LOUBEYRAT, s. m. Com. du dép. du Puy-de-Dôme, cant. de Manzat, arr. de Riom. = Riom.

LOUBIENG, s. m. Com. du dép. des Basses-Pyrénées, cant. de Lagor, arr. d'Orthez. = Orthez.

LOUBIÈRE (la), s. f. Com. du dép. de l'Aveyron, cant. de Bozouls, arr. de Rodez. = Rodez.

LOUBIÈRES, s. f. Com. du dép. de l'Ariège, cant. et arr. de Foix. = Foix.

LOUBIGNÉ, s. m. Com. du dép. des Deux-Sèvres, cant. de Chef-Boutonne, arr. de Melle. = Chef-Boutonne.

LOUBILLÉ, s. m. Com. du dép. des Deux-Sèvres, cant. de Chef-Boutonne, arr. de Melle. = Chef-Boutonne.

LOUBION, s. m. Com. du dép. du Gers, cant. de Nogaro, arr. de Condom. = Nogaro.

LOUBIX, s. m. Com. du dép. des Basses-Pyrénées, cant. de Montaner, arr. de Pau. = Pau.

LOUBOUER (St.-), s. m. Com. du dép. des Landes, cant. d'Aire, arr. de St.-Sever. = Aire-sur-l'Adour.

LOUBOUS, s. m. Village du dép. de l'Aveyron, cant. de Réquista, arr. de Rodez. = Rodez.

LOUBRESSAC, s. m. Com. du dép. du Lot, cant. de St.-Céré, arr. de Figeac. = St.-Céré.

LOUBROUIL, s. m. Com. du dép. du Gers, cant. de Jegun, arr. d'Auch. = Auch.

LOUCASTAGNET, s. m. Com. du dép. du Gers, cant. de Nogaro, arr. de Condom. = Nogaro.

LOUCÉ, s. m. Com. du dép. de l'Orne, cant. d'Écouché, arr. d'Argentan. = Argentan.

LOUCELLES, s. f. Com. du dép. du Calvados, cant. de Tilly, arr. de Caen. = Tilly-sur-Seulles.

LOUCHAP, s. m. Village du dép. du Lot, cant. de Martel, arr. de Gourdon. = Gourdon.

LOUCHE, s. m. Apparence équivoque qui porte au soupçon ; défaut de clarté. —, s. f. Cuiller à potage. —, gouge en forme de cône.—, poisson du genre du labre. —, adj. Qui regarde habituellement de travers ; œil louche. —, trouble ; vin louche. —, équivoque, ambigu ; conduite louche. —, embrouillé, confus ; phrase louche.

LOUCHEMENT, s. m., ou LOUCHERIE, s. f. Strabisme.

LOUCHER, v. n. Avoir la vue louche, regarder de travers.

LOUCHES, s. f. Com. du dép. du Pas-de-Calais, cant. d'Ardres, arr. de St.-Omer. = Ardres.

LOUCHET, s. m. Sorte de hoyau, de bêche pour fouir la terre.

LOUCHETTE, s. f. instrument pour empêcher de loucher.

LOUCHEUR, EUSE, adj. Affecté de strabisme. T. inus.

LOUCHY, s. m. Com. du dép. de l'Allier, cant. de St.-Pourçain, arr. de Gannat. = St.-Pourçain.

LOUCRUP, s. m. Com. du dép des Hautes-Pyrénées, cant. d'Ossun, arr. de Tarbes. = Tarbes.

LOUDÉAC, s. m. Ville du dép. des Côtes-du-Nord, chef-lieu de sous-préf. et de cant. ; trib. de 1re inst. ; chambre cons. des manuf. ; société d'agric. ; conserv. des hypoth. ; direct. des contrib. indir. ; recev. part. des fin. Bur. d'enregist. et de poste. Manuf. considérables de toiles, dites de Bretagne ; papeteries, forges, etc.

LOUDENVIELLE, s. f. Com. du dép. des Hautes-Pyrénées, cant. de Bordères, arr. de Bagnères. = Arreau.

LOUDES, s. f. Com. du dép. de la Haute-Loire, chef-lieu de cant. de l'arr. du Puy, où sont les bur. d'enregist. et de poste.

LOUDET, s. m. Com. du dép. de la Haute-Garonne, cant. de Montrejeau, arr. de St.-Gaudens. = Montrejeau.

LOUDIER, s. m. Grosse couverture de poils pour les prisonniers.

LOUDREFING, s. m. Com. du dép.

de la Meurthe, cant. d'Albestroff, arr. de Château-Salins. = Dieuze.

LOU-DU-LAC (le), s. m. Com. du dép. d'Ille-et-Vilaine, cant. de Montauban, arr. de Montfort. = Montfort.

LOUDUN, s. m. Ville du dép. de la Vienne, chef-lieu de sous-préf. et de cant; trib. de 1re inst.; société d'agric.; conserv. des hypoth.; direct. des contrib. indir.; recev. part. des fin. Bur. d'enregist. et de poste.

Cette ville, située sur une hauteur, se trouve entourée de vignes, qui donnent des vins très estimés.

Manuf. de toiles, dentelles, d'objets d'orfèvrerie, etc; comm. de vins, eaux-de-vie, blés, huile de noix, lin, chanvre, moutons, etc.

LOUDUNOIS, E, s. et adj. Habitant de Loudun.

LOUÉ, E, part. Affermé, donné ou pris à louage.

LOUE (la), s. f. Rivière dont on trouve la source près d'Aubonne, dép. du Doubs, et qui se jette dans le Doubs, au-dessous du pont de Parcey. Cette rivière fait mouvoir quantité d'usines à quelques pas de sa source, et devient flottable depuis Cramans jusqu'à son embouchure; son cours est d'environ 20 l.

LOUÉ, s. m. Com. du dép. de la Sarthe, chef-lieu de cant. de l'arr. du Mans. Bur. d'enregist. à Vallon. = le Mans.

LOUER, v. a. Donner ou prendre à loyer. —, donner des louanges, faire l'éloge; louanger, encenser, préconiser, prôner vanter. —, bénir, remercier, rendre grâces; louer Dieu. Se —, v. pron. Contracter l'obligation de servir, de travailler moyennant un prix convenu. Se —, se donner des louanges, se vanter. Se — de quelqu'un, témoigner qu'on est content de ses procédés. Se —, v. récip. Se prodiguer des louanges l'un et l'autre.

LOUER, s. m. Com. du dép. des Landes, cant. de Montfort, arr. de Dax. = Tartas.

LOUERRE, s. m. Com. du dép. de Maine-et-Loire, cant. de Gennes, arr. de Saumur. = Les Rosiers.

LOUESME, s. m. Com. du dép. de la Côte-d'Or, cant. de Montigny-sur-Aube, arr. de Châtillon. = Châtillon-sur-Seine.

LOUESME, s. m. Com. du dép. de l'Yonne, cant. de Bléneau, arr. de Joigny. = St.-Fargeau.

LOUESTAULT, s. m. Com. du dép. d'Indre-et-Loire, cant. de Neuvy, arr. de Tours. = Neuvy-le-Roi.

LOUET-PRÈS-AUTHIE (St.-), s. m. Com. du dép. du Calvados, cant. de Tilly, arr. de Caen. = Caen.

LOUET-SUR-LOZON (St.-), s. m. Com. du dép. de la Manche, cant. de Marigny, arr. de St.-Lô. = St.-Lô.

LOUET-SUR-SEULLES (St.-), s. m. Com. du dép. du Calvados, cant. de Villers-Bocage, arr. de Caen. = Villers-Bocage.

LOUET-SUR-VIRE (St.-), s. m. Com. du dép. de la Manche, cant. de Tessy, arr. de St.-Lô. = Torigny.

LOUEUR, EUSE, s. Qui donne à louer, qui loue. —, flatteur, louangeur.

LOUEUSE, s. f. Com. du dép. de l'Oise, cant. de Songeons, arr. de Beauvais. = Songeons.

LOUEY, s. m. Com. du dép. des Hautes-Pyrénées, cant. d'Ossun, arr. de Tarbes. = Tarbes.

LOUGARRANÉ, s. m. Com. du dép. du Gers, cant. et arr. de Mirande. = Mirande.

LOUGÉ-SUR-MAIRE, s. m. Com. du dép. de l'Orne, cant. de Briouze, arr. d'Argentan. = Argentan.

LOUGRATTE, s. f. Com. du dép. de Lot-et-Garonne, cant. de Castillonnès, arr. de Villeneuve. = Lauzun.

LOUGRE, s. m. Espèce de navire marchand. T. de mar.

LOUGRES, s. m. Com. du dép. du Doubs, cant. et arr. de Montbéliard. = l'Isle-sur-le-Doubs.

LOUHAGET, s. m. Com. du dép. du Gers, cant. de Nogaro, arr. de Condom. = Nogaro.

LOUHANS, s. m. Ville du dép. de Saône-et-Loire, chef-lieu de sous-préf. et de cant.; trib. de 1re inst. et de comm.; conserv. des hypoth.; direct. des contrib. indir.; recev. particulier des finances. Bur. d'enregist. et de poste.

Cette ville est située sur la Seille, dans un pays fertile en grains.

Manuf. de toiles, d'étoffes de laine; hauts fourneaux, forges, etc. Comm. de grains, sel, etc.

LOUHOSSOA, s. m. Com. du dép. des Basses-Pyrénées, cant. d'Espelette, arr. de Bayonne. = Bayonne.

LOUIGNAC, s. m. Com. du dép. de la Corrèze, cant. d'Ayen, arr. de Brive. = Brive.

LOUIN, s. m. Com. du dép. des Deux-Sèvres, cant. de St.-Loup, arr. de Partenay. = Airvault.

LOUIS, s. m. Monnaie d'or de vingt-quatre livres à l'effigie des rois de France qui ont porté ce nom.

LOUIS (St.-), s. m. Com. du dép. de la Dordogne, cant. de Mussidan, arr. de Ribérac. = Mussidan.

LOUIS (St.-), s. m. Com. du dép. du Haut-Rhin, cant. d'Huningue, arr. d'Altkirch. = Huningue.

LOUIS (île St.-), s. m. Voy. SÉNÉGAL.

LOUIS-DE-LA-PETITE-FLANDRE (St.-), s. m. Com. du dép. de la Charente-Inférieure, cant. de Tonnay-Charente, arr. de Rochefort. = Tonnay-Charente.

LOUIS-DE-MONTFERRAND (St.-), s. m. Com. du dép. de la Gironde, cant. de Carbon-Blanc, arr. de Bordeaux. = Bordeaux.

LOUIS-ET-PARAHOU (St.-), s. m. Com. du dép. de l'Aude, cant. de Quillan, arr. de Limoux. = Quillan.

LOUISFERT, s. m. Com. du dép. de la Loire-Inférieure, cant. de Moisdon, arr. de Châteaubriant. = Châteaubriant.

LOUISIANE, s. f. Ancienne contrée de l'Amérique du nord, qui appartint originairement à la France, comme l'indique son nom, et qui forme aujourd'hui l'un des états de l'union américaine. Ce pays est borné au N. par le Canada, au S. par le golfe du Mexique, à l'O. par le Mexique, et à l'E. par l'état de Mississipi.

LOUIT, s. m. Com. du dép. des Hautes-Pyrénées, cant. de Pouyastruc, arr. de Tarbes. = Tarbes.

LOULANS, s. m. Com. du dép. de la Haute-Saône, cant. de Montbazon, arr. de Vesoul. = Rioz.

LOULAY, s. m. Com. du dép. de la Charente-Inférieure; chef-lieu de cant. de l'arr. de St.-Jean-d'Angély, où se trouvent les bur. d'enregist. et de poste.

LOULLE, s. f. Com. du dép. du Jura, cant. de Champagnole, arr. de Poligny. = Champagnole.

LOUMASSÉS, s. m. Com. du dép. du Gers, cant. de Masseube, arr. de Mirande. = Boulogne.

LOUMÉRACQ, s. m. Village du dép. des Basses-Pyrénées, cant. d'Arzacq, arr. d'Orthez. = Orthez.

LOUNIAC, s. m. Village du dép. de la Corrèze, cant. d'Ayen, arr. de Brive. = Brive.

LOUP, s. m. Quadrupède sauvage et carnassier, mammifère plantigrade du genre du chien. —, sorte de masque de velours noir que portaient les femmes pour se garantir du hâle. —, ulcère malin, chancreux, qui vient aux jambes et ronge les chairs. T. de chir. —, instrument d'arts et métiers. —, bâton aplati pour dresser les ballots quand ils sont cordés. T. de libr. —, constellation australe. T. d'astr. Marcher à pas de —, doucement, pour surprendre. Hurler avec les —, céder à l'entraînement, faire comme les autres. Entre chien et —, à la pointe ou à la chute du jour. Saut de —, voy. SAUT. — cervier, voy. LYNX. — des eaux douces, le brochet. — doré, le chacal. — du Mexique, quadrupède de l'Amérique méridionale du genre du chien.

LOUP (St.-), s. m. Com. du dép. de l'Allier, cant. de Neuilly-le-Réal, arr. de Moulins. = Varennes.

LOUP (St.-), s. m. Com. du dép. des Ardennes, cant. de Château-Porcien, arr. de Rethel. = Rethel.

LOUP (St.-), s. m. Com. du dép. de l'Aveyron, cant. d'Asprières, arr. de Villefranche. = Villefranche.

LOUP (St.-), s. m. Com. du dép. de la Charente-Inférieure, cant. de Tonnay-Boutonne, arr. de St.-Jean-d'Angély. = St.-Jean-d'Angély.

LOUP (St.-), s. m. Com. du dép. de la Creuse, cant. de Chambon, arr. de Boussac. = Chénérailles.

LOUP (St.-), s. m. Com. du dép. d'Eure-et-Loir, cant. d'Illiers, arr. de Chartres. = Chartres.

LOUP (St.-), s. m. Com. du dép. de la Haute-Garonne, cant. de Boulogne, arr. de St.-Gaudens. = Boulogne.

LOUP (St.-), s. m. Com. du dép. de la Haute-Garonne, cant. et arr. de Toulouse. = Toulouse.

LOUP (St.-), s. m. Com. du dép. du Jura, cant. de Chemin, arr. de Dôle. = Dôle.

LOUP (St.-), s. m. Com. du dép. du Loiret, cant. de Beaune, arr. de Pithiviers. = Bois-Commun.

LOUP (St.-), s. m. Com. du dép. de Loir-et-Cher, cant. de Menneton, arr. de Romorantin. = Romorantin.

LOUP (St.-), s. m. Com. du dép. de Lot-et-Garonne, cant. et arr. de Nérac. = Nérac.

LOUP (St.-), s. m. Com. du dép. de la Manche, cant. et arr. d'Avranches. = Avranches.

LOUP (St.-), s. m. Com. du dép. de la Marne, cant. de Sézanne, arr. d'Epernay. = Sézanne.

LOUP (St.-), s. m. Com. du dép. de la Haute-Marne, cant. d'Auberive, arr. de Langres. = Château-Vilain.

LOUP (St.-), s. m. Com. du dép. de la Mayenne, cant. de Grez-en-Bouère, arr. de Château-Gontier. = Sablé.

LOUP (St.-), s. m. Com. du dép. de

la Nièvre, cant. et arr. de Cosne. = Cosne.

LOUP (St.-), s. m. Com. du dép. du Rhône, cant. de Tarare, arr. de Villefranche. = Tarare.

LOUP (St.-), s. m. Com. du dép. de la Haute-Saône, cant. et arr. de Gray. = Gray.

LOUP (St.-), s. m. Com. du dép. de la Haute-Saône, chef-lieu de cant. de l'arr. de Lure. Bur. d'enregist. = Luxeuil. Fab. de glu.

LOUP (St.-), s. m. Com. du dép. des Deux-Sèvres, chef-lieu de cant. de l'arr. de Parthenay. Bur. d'enregist. et de poste à Airvault. Comm. de vins, laines, moutons, etc.

LOUP (St.-), s. m. Village du dép. du Tarn, cant. de Puylaurens, arr. de Lavaur. = Lavaur.

LOUP (St.-), s. m. Com. du dép. de Tarn-et-Garonne, cant. d'Auvillar, arr. de Moissac. = Valence.

LOUP-AUX-BOIS (St.-), s. m. Com. du dép. des Ardennes, cant. de Tourteron, arr. de Vouziers. = Launois.

LOUP-CANIVET (St.-), s. m. Com. du dép. du Calvados, cant. et arr. de Falaise. = Falaise.

LOUP-DE-BUFFIGNY (St.-), s. m. Com. du dép. de l'Aube, cant. de Romilly, arr. de Nogent. = Nogent-sur-Seine.

LOUP-DE-FRIBOIS (St.-), s. m. Com. du dép. du Calvados, cant. de Mézidon, arr. de Lisieux. = Croissanville.

LOUP-DE-GONNOIS (St.-), s. m. Com. du dép. du Loiret, cant. de Courtenai, arr. de Montargis. = Courtenai.

LOUP-DE-LA-SALLE (St.-), s. m. Com. du dép. de Saône-et-Loire, cant. de Verdun-sur-le-Doubs, arr. de Châlons. = Beaune.

LOUP-DE-NAUD (St.-), s. m. Com. du dép. de Seine-et-Marne, cant. et arr. de Provins. = Provins.

LOUP-DES-CHAUMES (St.-), s. m. Com. du dép. du Cher, cant. de Châteauneuf, arr. de St.-Amand. = Châteauneuf-sur-Cher.

LOUP-DE-VARENNE (St.-), s. m. Com. du dép. de Saône-et-Loire, cant. et arr. de Châlons. = Châlons.

LOUP-D'ORDON (St.-), s. m. Com. du dép. de l'Yonne, cant. de St.-Julien-du-Sault, arr. de Joigny. = Villeneuve-le-Roi.

LOUP-DU-GAST (St.-), s. m. Com. du dép. de la Mayenne, cant. d'Ambrières, arr. de Mayenne. = Mayenne.

LOUPE, s. f. Tumeur indolente, souvent enkistée, et ordinairement ronde ou ovale, plus ou moins consistante, suivant la matière dont elle est formée. —, excroissance ligneuse ou charnue des plantes. T. de bot. —, ou Lentille, verre convexe qui grossit les objets. —, pierre précieuse imparfaite; sucre pierreux et nacré, extravasé de l'huître perlière.

LOUPE (la), s. f. Com. du dép. d'Eure-et-Loir, chef-lieu de cant. de l'arr. de Nogent-le-Rotrou. Bur. d'enregist. et de poste.

LOUPEIGNE, s. m. Com. du dép. de l'Aisne, cant. d'Oulchy-le-Château, arr. de Soissons. = Fère-en-Tardenois.

LOUPERSHAUSEN, s. m. Com. du dép. de la Moselle, cant. et arr. de Sarreguemines. = Puttelange.

LOUPES, s. f. Com. du dép. de la Gironde, cant. de Créon, arr. de Bordeaux. = Bordeaux.

LOUPEUX, EUSE, adj. Qui a des loupes; arbre loupeux.

LOUP-FOUGÈRES, s. m. Com. du dép. de la Mayenne, cant. de Villaine, arr. de Mayenne. = Villaine.

LOUP-GAROU, s. m. Loup dont il faut se garer, qui mange les cadavres, les hommes; loup enragé. (Vi.) —, sorcier déguisé en loup; esprit malin, ou plutôt voleur, qui s'affublait d'une peau de loup pour effrayer les villageois et les dévaliser à son aise. —, homme bourru, insociable, farouche, sauvage. Fig. et fam.

LOUP-HORS (St.-), s. m. Com. du dép. du Calvados, cant. et arr. de Bayeux. = Bayeux.

LOUPIA, s. m. Com. du dép. de l'Aude, cant. et arr. de Limoux. = Limoux.

LOUPIAC, s. m. Com. du dép. de l'Aveyron, cant. d'Asprières, arr. de Villefranche. = Villefranche.

LOUPIAC, s. m. Com. du dép. du Cantal, cant. de Pléaux, arr. de Mauriac. = Mauriac.

LOUPIAC, s. m. Com. du dép. du Tarn, cant. de Rabastens, arr. de Gaillac. = Gaillac.

LOUPIAC, s. m. Village du dép. du Lot, cant. de Puy-l'Evêque, arr. de Cahors. = Castelfranc.

LOUPIAC-DE-BLAIGNIAC, s. m. Com. du dép. de la Gironde, cant. et arr. de la Réole. = la Réole.

LOUPIAC-DE-CADILLAC, s. m. Com. du dép. de la Gironde, cant. de Cadillac, arr. de Bordeaux. = Cadillac.

LOUPIAN, s. m. Com. du dép. de l'Hérault, cant. de Mèze, arr. de Montpellier. = Mèze.

LOUPLANDE, s. f. Com. du dép. de la Sarthe, cant. de la Suze, arr. du Mans. = Foulletourte.

LOUP-MARIN, s. m. Espèce de phoque; poisson du genre du persègue; espèce de filet.

LOUPMONT, s. m. Com. du dép. de la Meuse, cant. de St.-Mihiel, arr. de Commercy. = St.-Mihiel.

LOUPOURRET, s. m. Com. du dép. du Gers, cant. de Riscle, arr. de Mirande. = Nogaro.

LOUPPY-LE-CHÂTEAU, s. m. Com. du dép. de la Meuse, cant. de Vaubecourt, arr. de Bar-le-Duc. = Bar-le-Duc.

LOUPPY-LE-PETIT, s. m. Com. du dép. de la Meuse, cant. de Vaubecourt, arr. de Bar-le-Duc. = Bar-le-Duc.

LOUPPY-SUR-LOISON, s. m. Com. du dép. de la Meuse, cant. et arr. de Montmédy. = Etain.

LOUPTIÈRE (la), s. f. Com. du dép. de l'Aube, cant. et arr. de Nogent-sur-Seine. = Nogent-sur-Seine.

LOURADIA, s. f. Genre de méliacées, plante. T. de bot.

LOURCHES, s. f. Com. du dép. du Nord, cant. de Bouchain, arr. de Valenciennes. = Bouchain.

LOURD, E, adj. Pesant, difficile à remuer, à porter. —, difficile à faire; lourde besogne. —, dispendieux, onéreux; maison lourde. —, qui se remue pesamment, lent dans ses mouvemens. —, grossier, hébété, stupide. Fig.

LOURDAUD, E, adj. Grossier et maladroit.

LOURDE, s. f. Com. du dép. de la Haute-Garonne, cant. de St.-Bertrand, arr. de St.-Gaudens. = St.-Béat.

LOURDEMENT, adv. Pesamment, rudement, gauchement, maladroitement. —, grossièrement; se tromper lourdement.

LOURDERIE ou LOURDISE, s. f. Faute grossière contre le bon sens et la bienséance, gaucherie.

LOURDES, s. f. Petite ville du dép. des Hautes-Pyrénées, chef-lieu de cant. de l'arr. d'Argelès. Bur. d'enregist. et de poste.
Manuf. de toiles de lin, mouchoirs, crépons, bas rayés, etc.

LOURDEUR, s. f. Pesanteur.

LOURDIER, s. m. Lourdaut. T. inus.

LOURDOUEIX-ST.-MICHEL, s. m. Com. du dép. de l'Indre, cant. d'Aigurande, arr. de la Châtre. = la Châtre.

LOURDOUEIX-ST.-PIERRE, s. m. Com. du dép. de la Creuse, cant. de Bonnat, arr. de Guéret. = la Châtre.

LOURE, s. f. Danse grave à deux temps. —, ancien instrument semblable à une musette.

LOURÉ, E, part. Se dit de notes liées ensemble, en chantant ou en jouant d'un instrument de musique.

LOUREIRE, s. f. Genre d'euphorbes, plante. T. de bot.

LOURER, v. a. Lier des notes en chantant ou en jouant d'un instrument. —, v. n. Imiter le jeu de la loure.

LOURES, s. f. Com. du dép. des Hautes-Pyrénées, cant. de Mauléon-Barousse, arr. de Bagnères. = Montrejeau.

LOURESSE, s. f. Com. du dép. de Maine-et-Loire, cant. de Doué, arr. de Saumur. = Doué.

LOUREUR, s. m. Joueur de loure. (Vi.)

LOURMAIS, s. m. Com. du dép. d'Ille-et-Vilaine, cant. de Combourg, arr. de St.-Malo. = Combourg.

LOURMARIN, s. m. Com. du dép. de Vaucluse, cant. de Cadenet, arr. d'Apt. = Cadenet.

LOURNAND, s. m. Com. du dép. de Saône-et-Loire, cant. de Cluny, arr. de Mâcon. = Cluny.

LOUROUER, s. m. Com. du dép. de l'Indre, cant. et arr. de la Châtre. = la Châtre.

LOUROUER-LES-BOIS, s. m. Com. du dép. de l'Indre, cant. d'Ardentes-St.-Vincent, arr. de Châteauroux. = Châteauroux.

LOUROUX (le), s. m. Com. du dép. d'Indre-et-Loire, cant. de Ligueil, arr. de Loches. = Loches.

LOUROUX-BÉCONNAIS (le), s. m. Com. du dép. de Maine-et-Loire, chef-lieu de cant. de l'arr. d'Angers. Bur. d'enregist. à St.-Georges-sur-Loire. = Angers.

LOUROUX-BOURBONNAIS, s. m. Com. du dép. de l'Allier, cant. de Hérisson, arr. de Montluçon. = Hérisson.

LOUROUX-DE-BEAUNE, s. m. Com. du dép. de l'Allier, cant. de Montmarault, arr. de Montluçon. = Montmarault.

LOUROUX-DE-BOUBLE, s. m. Com. du dép. de l'Allier, cant. d'Ebreuil, arr. de Gannat. = Montmarault.

LOUROUX-HODÉMENT, s. m. Com. du dép. de l'Allier, cant. de Hérisson, arr. de Montluçon. = Hérisson.

LOURPIDON, s. f. Vieille femme difforme. (Vi.)

LOURPS, s. m. Com. du dép. de Seine-et-Marne, cant. et arr. de Provins. = Provins.

LOURQUEN, s. m. Com. du dép. des

Landes, cant. de Montfort, arr. de Dax. == Tartas.

LOURTIES, s. f. Com. du dép. du Gers, cant. de Masseube, arr. de Mirande. == Auch.

LOURY, s. m. Com. du dép. du Loiret, cant. de Neuville, arr. d'Orléans. == Neuville.

LOUSERSOU, s. m. Com. du dép. du Gers, cant. de Riscle, arr. de Mirande. == Nogaro.

LOUSLITGES, s. f. Com. du dép. du Gers, cant. de Montesquiou, arr. de Mirande. == Mirande.

LOUSPEYROUX, s. m. Com. du dép. de Lot-et-Garonne, cant. de Mezin, arr. de Nérac. == Nérac.

LOUSSOUS-DEBAT, s. m. Com. du dép. du Gers, cant. d'Aignan, arr. de Mirande. == Plaisance.

LOUTARI, s. m. Poisson d'Afrique.

LOUTEHEL, s. m. Com. du dép. d'Ille-et-Vilaine, cant. de Maure, arr. de Redon. == Plélan.

LOUTHAIN (St.-), s. m. Com. du dép. du Jura, cant. de Sellières, arr. de Lons-le-Saulnier. == Poligny.

LOUTRE, s. f. Quadrupède amphibie, genre de mammifères carnassiers, digitigrades. —, s. m. Chapeau, fourrure de loutre.

LOUTREMANGE, s. f. Com. du dép. de la Moselle, cant. de Boulay, arr. de Metz. == Boulay.

LOUTS (le), s. m. Rivière qui prend naissance près du village de Thèze, dép. des Basses-Pyrénées, arr. de Pau, et qui se jette dans l'Adour, au-dessus de Dax, dép. des Landes, après un cours d'environ 15 l.

LOUTZWILLER, s. m. Com. du dép. de la Moselle, cant. de Volmunster, arr. de Sarreguemines. == Bitche.

LOUVAGNY, s. m. Com. du dép. du Calvados, cant. de Coulibœuf, arr. de Falaise. == Croissanville.

LOUVAINES-ET-LA-JAILLETTE, s. f. Com. du dép. de Maine-et-Loire, cant. et arr. de Segré. == Segré.

LOUVAT, s. m. Jeune loup; chien-loup. T. inus.

LOUVATANGE, s. f. Com. du dép. du Jura, cant. de Gendrey, arr. de Dôle. == St.-Vyt.

LOUVE, s. f. Femelle du loup. —, outil de fer pour enlever une pierre; filet de pêche; barrique défoncée pour la morue.

LOUVÉ, E, part. Se dit d'une pierre dans laquelle on a fait un trou pour enfoncer la louve.

LOUVECIENNES, s. f. Com. du dép. de Seine-et-Oise, cant. de Marly-le-Roi, arr. de Versailles. == St.-Germain-en-Laye.

LOUVEMONT, s. m. Com. du dép. de la Haute-Marne, cant. et arr. de Vassy. == Vassy.

LOUVEMONT, s. m. Com. du dép. de la Meuse, cant. de Charny, arr. de Verdun. == Verdun.

LOUVENCOURT, s. m. Com. du dép. de la Somme, cant. d'Acheux, arr. de Doullens. == Albert.

LOUVENNE, s. f. Com. du dép. du Jura, cant. de St.-Julien, arr. de Lons-le-Saulnier. == St.-Amour.

LOUVENT (St.-), s. m. Com. du dép. de la Marne, cant. de St.-Remy-en-Bouzemont, arr. de Vitry. == Vitry-le-Français.

LOUVER, v. a. Faire un trou dans une pierre pour enfoncer la louve.

LOUVERCY, s. m. Com. du dép. de la Marne, cant. de Suippes, arr. de Châlons. == Châlons.

LOUVERGNY, s. m. Com. du dép. des Ardennes, cant. de Chesne, arr. de Vouziers. == Attigny.

LOUVERNE, s. m. Com. du dép. de la Mayenne, cant. d'Argentré, arr. de Laval. == Laval.

LOUVEROT (le), s. m. Com. du dép. du Jura, cant. de Voiteur, arr. de Lons-le-Saulnier. == Lons-le-Saulnier.

LOUVERSEY, s. m. Com. du dép. de l'Eure, cant. de Conches, arr. d'Evreux. == Conches.

LOUVESC (la), s. f. Com. du dép. de l'Ardèche, cant. de Satilieu, arr. de Tournon. == Annonay.

LOUVET, TE, adj. Se dit d'un cheval dont la couleur approche de celle d'un loup.

LOUVETEAU, s. m. Petit de la louve sous sa mère.

LOUVETER, v. n. Faire ses petits, en parlant de la louve.

LOUVETERIE, s. f. Equipage pour la chasse du loup; lieu destiné à loger cet équipage.

LOUVETIER, s. m. Chef de la louveterie.

LOUVETOT, s. m. Com. du dép. de la Seine-Inférieure, cant. de Caudebec, arr. d'Yvetot. == Caudebec.

LOUVETTE ou PHALÈNE-LOUVETTE, s. f. Espèce d'hépiale dont la chenille se nourrit de houblon. — des piqueurs, tique de chien. Border en —, de manière à ce que les bordages se touchent carrément. T. de mar.

LOUVEUR, s. m. Ouvrier qui perce la pierre pour poser la louve. T. de maç.

LOUVICAMP, s. m. Com. du dép. de la Seine Inférieure, cant. de Forges, arr. de Neufchâtel. = Forges.

LOUVIE-JUZON, s. m. Com. du dép. des Basses-Pyrénées, cant. d'Arudy, arr. d'Oloron. = Oloron.

LOUVIÈRE (la), s. f. Com. du dép. de l'Aude, cant. de Salles, arr. de Castelnaudary. = Castelnaudary.

LOUVIÈRES, s. f. Com. du dép. du Calvados, cant. de Trevières, arr. de Bayeux. = Bayeux.

LOUVIÈRES, s. f. Com. du dép. de la Haute-Marne, cant. de Nogent, arr. de Chaumont. = Chaumont.

LOUVIÈRES, s. f. Com. du dép. de l'Orne, cant. de Trun, arr. d'Argentan. = Argentan.

LOUVIERS, s. m. Ville du dép. de l'Eure, chef-lieu de sous-préf. et de cant.; trib. de 1re inst. et de comm.; chambre consultative de manuf.; conseil de prud'hommes; conserv. des hypoth.; direct. des contrib. indir.; recev. part. des finances; bur. d'enregist. et de poste.
Cette ville, située sur l'Eure, est assez bien bâtie et entourée de murailles.
Manuf. de draps fins, très recherchés, de siamoises, nankins; filatures de laine et de coton, etc. Comm. de grains, lin, laines, draps, casimirs, gaudes, chardons à cardes, etc. Pop. 9,500 hab.

LOUVIERS, s. m. Drap fabriqué à Louviers.

LOUVIE-SOUBIRON, s. m. Com. du dép. des Basses-Pyrénées, cant. de Laruns, arr. d'Oloron. = Oloron.

LOUVIGNÉ, s. m. Com. du dép. de la Mayenne, cant. d'Argentré, arr. de Laval. = Laval.

LOUVIGNÉ-DE-BAIS, s. m. Com. du dép. d'Ille-et-Vilaine, cant. de Châteaubourg, arr. de Vitré. = Vitré.

LOUVIGNÉ-DU-DÉSERT, s. m. Com. du dép. d'Ille-et-Vilaine, chef-lieu de cant. de l'arr. de Fougères. Bur. d'enregist. = Fougères.

LOUVIGNIES-LE-QUESNOY, s. f. Com. du dép. du Nord, cant. du Quesnoy, arr. d'Avesnes. = le Quesnoy.

LOUVIGNIES-LES-BAVAY, s. f. Com. du dép. du Nord, cant. de Bavay, arr. d'Avesnes. = Bavay.

LOUVIGNY, s. m. Com. du dép. de la Moselle, cant. de Verny, arr. de Metz. = Metz.

LOUVIGNY, s. m. Com. du dép. des Basses-Pyrénées, cant. d'Arzacq, arr. d'Orthez. = Orthez.

LOUVIGNY, s. m. Com. du dép. de la Sarthe, cant. et arr. de Mamers. = Mamers.

LOUVIGNY-ET-ATHIS, s. m. Com. du dép. du Calvados, cant. et arr. de Caen. = Caen.

LOUVIL, s. m. Com. du dép. du Nord, cant. de Cysoing, arr. de Lille. = Lille.

LOUVILLE-LA-CHENARD, s. f. Com. du dép. d'Eure-et-Loir, cant. de Voves, arr. de Chartres. = Chartres.

LOUVILLIERS EN-DROUAIS, s. m. Com. du dép. d'Eure-et-Loir, cant. et arr. de Dreux. = Dreux.

LOUVILLIERS-LES-PERCHES, s. m. Com. du dép. d'Eure-et-Loir, cant. de Senonches, arr. de Dreux. = Dreux.

LOUVOIS, s. m. Com. du dép. de la Marne, cant. d'Ay, arr. de Reims. = Epernay.

LOUVOYER, v. n. Courir des bordées, aller tantôt d'un côté et tantôt de l'autre pour gagner le vent. T. de mar. —, se conduire avec ménagement, éviter les difficultés. Fig.

LOUVRE, s. m. Palais contigu à celui des Tuileries, à Paris. —, hôtel magnifique, maison superbe. Fig.

LOUVRECHIES, s. f. Com. du dép. de la Somme, cant. d'Ailly-sur-Noye, arr. de Montdidier. = Amiens.

LOUVRES, s. m. Com. du dép. de Seine-et-Oise, cant. de Luzarches, arr. de Pontoise. Bur. de poste.
Fab. de dentelles et de blondes.

LOUVROIL, s. m. Com. du dép. du Nord, cant. de Maubeuge, arr. d'Avesnes. = Maubeuge.

LOUYE, s. m. Com. du dép. de l'Eure, cant. de Nonancourt, arr. d'Evreux. = Dreux.

LOUZAC, s. m. Com. du dép. de la Charente, cant. et arr. de Cognac. = Cognac.

LOUZE, s. f. Com. du dép. de la Haute-Marne, cant. de Montierender, arr. de Vassy. = Montierender.

LOUZE, s. f. Com. du dép. de la Sarthe, cant. de la Fresnaye, arr. de Mamers. = Mamers.

LOUZIGNAC, s. m. Com. du dép. de la Charente-Inférieure, cant. de Matha, arr. de St.-Jean-d'Angély. = St.-Jean-d'Angély.

LOUZOUER, s. m. Com. du dép. du Loiret, cant. de Courtenay, arr. de Montargis. = Montargis.

LOUZOURM, s. m. Com. du dép. des Hautes-Pyrénées, cant. de Lourdes, arr. d'Argelès. = Lourdes.

LOUZY, s. m. Com. du dép. des Deux-

Sèvres, cant. de Thouars, arr. de Bressuire. = Thouars.

LOVÉ, E, part. Roulé en forme de cerceau, en parlant d'un câble. T. de mar.

LOVELY, s. m. Fringille de l'Inde, oiseau sylvain. T. d'hist. nat.

LOVER, v. a. Plier un câble en forme de cerceau, pour le mettre en état d'être filé. T. de mar.

LOVET, s. m. Tumeur charbonneuse accompagnée de fièvre. T. de méd. vétér.

LOWA, s. m. Cormoran de la Chine, oiseau aquatique très vorace qui se nourrit de poissons, etc. T. d'hist. nat.

LOWANDO, s. m. Guenon des Indes orientales. T. d'hist. nat.

LOXARTHRE, s. m. Déviation des os de la tête. T. de chir.

LOXÉVILLE, s. f. Com. du dép. de la Meuse, cant. et arr. de Commercy. = Ligny.

LOXIE, s. f. Oiseau à bec croisé, tel que le bouvreuil, etc. T. d'hist. nat.

LOXOCARYE, s. f. Plante de la famille des joncoïdes. T. de bot.

LOXOCÈRE, s. f. Insecte diptère, muscide. T. d'hist. nat.

LOXOCOSME, s. m. Instrument pour démontrer les phénomènes du mouvement de la terre et de l'inégalité des jours. T. d'astr.

LOXODROMIE, s. f. Ligne courbe que décrit un navire en suivant la même aire de vent. T. de mar.

LOXODROMIQUE, adj. Qui est relatif à la loxodromie. Tables —, à l'aide desquelles on peut calculer l'espace que parcourt un vaisseau dans un temps donné. T. de mar.

LOYAL, E, adj. Conforme à la loi, qui n'est point falsifié. —, plein d'honneur, de probité, de délicatesse et de franchise; procédé loyal.

LOYALEMENT, adv. Avec loyauté, de bonne foi.

LOYAT, s. m. Com. du dép. du Morbihan, cant. et arr. de Ploërmel. = Ploërmel.

LOYAUTÉ, s. f. Bonne foi, franchise, probité.

LOYE, s. f. Com. du dép. du Cher, cant. de Saulzais-le-Pothier, arr. de St.-Amand. = St.-Amand.

LOYE (la), s. f. Com. du dép. du Jura, cant. de Montbarrey, arr. de Dôle. = Dôle.

LOYER, s. m. Prix de la location d'une maison; salaire dû à un ouvrier, gage d'un domestique, etc. —, récompense. Fig.

LOYER-DES CHAMPS (St.-), s. m. Com. du dép. de l'Orne, cant. de Mortrée, arr. d'Argentan. = Argentan.

LOYÈRE (la), s. f. Com. du dép. de Saône-et-Loire, cant. et arr. de Châlons. = Châlons.

LOYES, s. f. Com. du dép. de l'Ain, cant. de Meximieux, arr. de Trévoux. = Meximieux.

LOYETTES, s. f. Com. du dép. de l'Ain, cant. de Lagnieu, arr. de Belley. = Crémieu.

LOZANE, s. f. Com. du dép. du Rhône, cant. d'Anse, arr. de Villefranche. = Anse.

LOZAY, s. m. Com. du dép. de la Charente-Inférieure, cant. de Loulay, arr. de St.-Jean-d'Angély. = St.-Jean-d'Angély.

LOZE, s. f. Com. du dép. de Tarn-et-Garonne, cant. de Caylux, arr. de Montauban. = Caylux.

LOZÈRE (dép. de la), s. f. Chef-lieu de préf., Mende; 3 arr. ou sous-préf.: Mende, Florac, Marvejols; 24 cant. ou justices de paix, 171 com. Pop. 138,778 hab. environ. Cour royale de Nismes; diocèse de Mende; 9e div. milit., 11e div. des ponts-et-chaussées; 5e div. des mines; direct. de l'enregist. et des domaines de 3e classe; 18e arr. forestier.

Le territoire du dép. de la Lozère est couvert de montagnes, au milieu desquelles on découvre quelques plaines de médiocre étendue; ces plaines, peu fertiles, donnent du froment, de menus grains, des fourrages et des fruits. Quant aux montagnes des Cévennes, qui occupent une partie de ce dép., elles sont couvertes de neige la plus grande partie de l'année, et ne produisent qu'un peu de seigle, des châtaignes et quantité de pommes de terre; mais on y trouve des plantes médicinales en abondance. Durant l'été, les troupeaux transhumans du Bas-Languedoc, viennent chercher le frais dans ces montagnes. Au surplus voici un aperçu des productions territoriales et manufacturières du dép. de la Lozère: froment, seigle, orge, avoine, vins, pommes de terre, châtaignes, mûriers, garance, pastel, plantes médicinales; bois, pâturages, grand et petit gibier, excellent poisson de rivière et de lac; éducation des vers à soie; mines de fer, plomb, antimoine, cuivre, argent; carrières de marbre, granit, porphyre, plâtre; établissement d'eaux thermales à Bagnols.

Fab. de serges et de cadis; filatures de coton; exploitation de mines de cuivre et de plomb; fonderies; comm. de vins, châtaignes, huile, grosse draperie, serges, cadis, coton filé. Les principales rivières qui l'arrosent sont : le Tarn, le Lot, l'Allier, etc.

LOZINGHEM, s. m. Com. du dép. du Pas-de-Calais, cant. de Norrent-Fontes, arr. de Béthune. = Béthune.

LOZZI, s. m. Com. du dép. de la Corse, cant. de Caluccia, arr. de Corte. = Bastia.

LU, E, part. Se dit d'un livre, d'un acte, etc., dont on a pris lecture.

LUANT, s. m. Com. du dép. de l'Indre, cant. et arr. de Châteauroux. = Châteauroux.

LUART (le), s. m. Com. du dép. de la Sarthe, cant. de Tuffé, arr. de Mamers. = Connerré.

LUAT (le), s. m. Com. du dép. de l'Oise, cant. de Nanteuil, arr. de Senlis. = Crépy.

LUBAN, s. m. Com. du dép. de Lot-et-Garonne, cant. d'Houeilles, arr. de Nérac. = Casteljaloux.

LUBBON, s. m. Com. du dép. des Landes, cant. de Gabarret, arr. de Mont-de-Marsan. = Roquefort.

LUBE, s. f. Com. du dép. des Basses-Pyrénées, cant. de Lembeye, arr. de Pau. = Pau.

LUBECK, s. m. L'une des villes anséatiques, dans le duché de Holstein. Pop. 26,000 hab. env.

LUBÉCOURT, s. m. Com. du dép. de la Meurthe, cant. et arr. de Château-Salins. = Château-Salins.

LUBERNE, s. f. Femelle du léopard.

LUBERSAC, s. m. Petite ville du dép. de la Corrèze, chef-lieu de cant. de l'arr. de Brive. Bur. d'enregist. = Uzerche.

LUBERSAC, s. m. Com. du dép. de Lot-et-Garonne, cant. de Duras, arr. de Marmande. = Marmande.

LUBEY, s. m. Com. du dép. de la Moselle, cant. de Conflans, arr. de Briey. = Briey.

LUBIE, s. f. Quinte, boutade, fantaisie ridicule, caprice extravagant.

LUBILHAC, s. m. Com. du dép. de la Haute-Loire, cant. de Blesle, arr. de Brioude. = Massiac.

LUBIN (St.-), s. m. Com. du dép. de Loir-et-Cher, cant. et arr. de Blois. = Blois.

LUBIN-DE-CRAVAUT (St.-), s. m. Com. du dép. d'Eure-et-Loir, cant. de Brezolles, arr. de Dreux. = Brezolles.

LUBIN-DE-LA-HAYE (St.-), s. m. Com. du dép. d'Eure-et-Loir, cant. d'Anet, arr. de Dreux. = Houdan.

LUBIN-DES-CINQ-FONDS (St.-), s. m. Com. du dép. d'Eure-et-Loir, cant. d'Authon, arr. de Nogent-le-Rotrou. = Nogent-le-Rotrou.

LUBIN-DES-JONCHERETS (St.-), s. m. Com. du dép. d'Eure-et-Loir, cant. de Brezolles, arr. de Dreux. = Nonancourt.

LUBIN-DES-PRÉS (St.-), s. m. Com. du dép. de Loir-et-Cher, cant. de Morée, arr. de Vendôme. = Cloye.

LUBIN-D'ISIGNY (St.-), s. m. Com. du dép. d'Eure-et-Loir, cant. et arr. de Châteaudun. = Châteaudun.

LUBINE, s. f. Com. du dép. des Vosges, cant. de Saales, arr. de St.-Dié. = St.-Dié.

LUBLÉ, s. m. Com. du dép. d'Indre-et-Loire, cant. de Château-Lavallière, arr. de Chinon. = le Lude.

LUBRET, s. m. Com. du dép. des Hautes-Pyrénées, cant. de Trie, arr. de Tarbes. = Trie.

LUBRICITÉ, s. f. Impudicité, lasciveté.

LUBRIFIÉ, E, part. Enduit d'une substance grasse, onctueuse; rendu glissant.

LUBRIFIER, v. a. Enduire d'une substance onctueuse, oindre, rendre glissant. T. didact.

LUBRIQUE, adj. Impudique, lascif.

LUBRIQUEMENT, adv. D'une manière lubrique.

LUBY, s. m. Com. du dép. des Hautes-Pyrénées, cant. de Trie, arr. de Tarbes. = Trie.

LUC, s. m. Com. du dép. de l'Aveyron, cant. de Cassagnes-Bégonhès, arr. de Rodez. = Rodez.

LUC, s. m. Com. du dép. du Calvados, cant. de Douvres-la-Délivrande, arr. de Caen. = Caen.

LUC, s. m. Com. du dép. de la Lozère, cant. de Langogne, arr. de Mende. = Langogne.

LUC, s. m. Com. du dép. des Basses-Pyrénées, cant. de Lembeye, arr. de Pau. = Pau.

LUC, s. m. Com. du dép. des Hautes-Pyrénées, cant. de Tournay, arr. de Tarbes. = Tarbes.

LUC (le), s. m. Com. du dép. du Var, chef-lieu de cant. de l'arr. de Draguignan. Bur. d'enregist. à Lorgues. Bur. de poste.

LUC (St.-), s. m. Com. du dép. de l'Eure, cant. et arr. d'Evreux. = Evreux.

LUC (St.-), s. m. Com. du dép. des Hautes-Pyrénées, cant. de Trie, arr. de Tarbes. = Trie.

LUCANIDES, s. f. pl. Insectes coléoptères pentamères, lamellicornes. T. d'hist. nat.

LUCARNE, s. f. Petite fenêtre sur le toit pour éclairer un grenier.

LUÇAY-LE-CAPTIF, s. m. Com. du dép. de l'Indre, cant. de Vatan, arr. d'Issoudun. = Vatan.

LUÇAY-LE-MÂLE, s. m. Com. du dép. de l'Indre, cant. de Valançay, arr. de Châteauroux. = Valançay.

LUCBARDEZ, s. m. Com. du dép. des Landes, cant. et arr. de Mont-de-Marsan. = Mont-de-Marsan.

LUCCARRÉ, s. m. Com. du dép. des Basses-Pyrénées, cant. de Lembeye, arr. de Pau. = Pau.

LUCCIANA, s. f. Com. du dép. de la Corse, cant. de Borgo, arr. de Bastia. = Bastia.

LUCE (Ste.-), s. f. Com. du dép. de l'Isère, cant. de Corps, arr. de Grenoble. = Corps.

LUCE (Ste.-), s. f. Com. du dép. de la Loire-Inférieure, cant. de Carquefou, arr. de Nantes. = Nantes.

LUCÉ, s. m. Com. du dép. de l'Orne, cant. de Juvigny, arr. de Domfront. = Domfront.

LUCÉ (le grand), s. m. Com. du dép. de la Sarthe, chef-lieu de cant. de l'arr. de St.-Calais. Bur. d'enregist. = le Mans.

LUCEAU, s. m. Com. du dép. de la Sarthe, cant. de Château-du-Loir, arr. de St.-Calais. = Château-du-Loir.

LUCELANS, s. m. Com. du dép. du Doubs, cant. de Pont-de-Roide, arr. de Montbéliard. = l'Isle-sur-le-Doubs.

LUCELLE, s. f. Com. du dép. du Haut-Rhin, cant. de Ferrette, arr. d'Altkirch. = Huningue.

LUCENAY, s. m. Com. du dép. du Rhône, cant. d'Anse, arr. de Villefranche. = Anse.

LUCENAY-LE-DUC, ou LUCENAY-EN-MONTAGNE, s. m. Com. du dép. de la Côte-d'Or, cant. de Montbard, arr. de Semur. = Montbard.

LUCENAY-LES-AIX, s. m. Com. du dép. de la Nièvre, cant. de Dormes, arr. de Nevers. = Decize.

LUCENAY-L'ÉVÊQUE, s. m. Com. du dép. de Saône-et-Loire, chef-lieu de cant. de l'arr. d'Autun. Bur. d'enregist. et de poste.

LUC-EN-DIOIS, s. m. Com. du dép. de la Drôme, chef-lieu de cant. de l'arr. de Die. Bur. d'enregist. à Châtillon. = Die.

LUCERNAIRE, s. f. Répons aux vêpres ambroisiennes. —, mollusque, genre de radiaires. T. d'hist. nat.

LUCERNATES, s. m. pl. Cantiques des premiers chrétiens, dans leurs réunions nocturnes.

LUCERNE, s. f. Ville de la Suisse, capitale du canton de ce nom.

LUCÉ-SOUS BALLON, s. m. Com. du dép. de la Sarthe, cant. de Marolles, arr. de Mamers. = Mamers.

LUCET, s. m. Côté mobile du bassicot, caisse dans laquelle ou transporte l'ardoise. —, plante rampante des îles Malouines, qui a l'odeur de la fleur d'orange. T. de bot.

LUCETTES, s. f. Village du dép. de la Drôme, réuni à la com. de Luz-la-Croix-Haute, cant. de Châtillon, arr. de Die. = Die.

LUCEY, s. m. Com. du dép. de la Côte-d'Or, cant. de Recey, arr. de Châtillon. = Aignay-le-Duc.

LUCEY, s. m. Com. du dép. de la Meurthe, cant. et arr. de Toul. = Toul.

LUCGARIER, s. m. Com. du dép. des Basses-Pyrénées, cant. de Pontacq, arr. de Pau. = Pau.

LUCHAPT, s. m. Com. du dép. de la Vienne, cant. de l'Isle-Jourdain, arr. de Montmorillon. = l'Isle-Jourdain.

LUCHAT, s. m. Com. du dép. de la Charente-Inférieure, cant. de Saujon, arr. de Saintes. = Saujon.

LUCHÉ-ET-PRINGE, s. m. Com. du dép. de la Sarthe, cant. du Lude, arr. de la Flèche. = le Lude.

LUCHÉ-SUR-BRIOUX, s. m. Com. du dép. des Deux-Sèvres, cant. de Brioux, arr. de Melle. = Chef-Boutonne.

LUCHÉ-THOUARSAIS, s. m. Com. du dép. des Deux-Sèvres, cant. de St.-Varent, arr. de Bressuire. = Thouars.

LUCHEUX, s. m. Com. du dép. de la Somme, cant. et arr. de Doullens. = Doullens.

LUCH-SAPHIR, s. m. Saphir d'un blanc bleuâtre. T. d'hist. nat.

LUCHY, s. m. Com. du dép. de l'Oise, cant. de Crèvecœur, arr. de Clermont. = Clermont.

LUCIA (Sta.-), s. f. Com. du dép. de la Corse, cant. de Sermano, arr. de Corte. = Bastia.

LUCIA-DI-MORIANI (Sta.-), s. f. Com. du dép. de la Corse, cant. de San-Nicolao, arr. de Bastia. = Bastia.

LUCIA-DI-TALLANO (Sta.-), s. f. Com. du dép. de la Corse, cant. de Ste.-Lucie, arr. de Sartène. = Ajaccio.

LUCIDE, adj. Qui jette de la lumière. —, clair, net. Fig. Moment —, durant lequel un aliéné montre de la raison.

LUCIDITÉ, s. f. Clarté, netteté.

LUCIE (canal de Ste.-), s. f. Ce canal ouvert en 1810 est une prolongation du canal et de la robine de Narbonne. Il sert de communication entre la robine et le port de la Nouvelle.

LUCIEN (St.-), s. m. Com. du dép.

d'Eure-et-Loir, cant. de Nogent-le-Roi, arr. de Dreux. = Nogent-le-Roi.

LUCIEN (St.-), s. m. Com. du dép. de la Seine-Inférieure, cant. d'Argueil, arr. de Neufchâtel. = Rouen.

LUCIFER, s. m. Prince des ténèbres, chef des démons, chez les chrétiens. —, fils de Jupiter et d'Aurore, qui fut mis au nombre des astres ; sa fonction était d'annoncer le jour. —, planète de Vénus lorsqu'elle paraît un peu avant le jour. T. de myth. et d'astr.

LUCIFUGE, adj. Qui fuit la lumière. —, s. m. pl. Famille d'insectes coléoptères qui fuient la lumière. T. d'hist. nat.

LUCILIE, s. f. Sarriette, plante potagère à feuilles aiguës. T. de bot.

LUCIMÈTRE, s. m. Instrument pour mesurer les degrés de lumière.

LUCINE, s. f. Divinité qui présidait aux accouchemens. T. de myth. —, coquille du genre de celles auxquelles on a donné le nom de Vénus. T. d'hist. nat.

LUCIODONTES, s. f. pl. Dents de poissons fossiles. T. d'hist. nat.

LUCIOLE, s. f. Mouche brillante.

LUCIOUX, s. m. Com. du dép. de l'Indre, cant. de Valançay, arr. de Châteauroux. = Selles.

LUCMAU, s. m. Com. du dép. de la Gironde, cant. de Villandraut, arr. de Bazas. = Bazas.

LUÇON, s. m. Ville du dép. de la Vendée, chef-lieu de cant. de l'arr. de Fontenay ; évêché érigé dans le quatorzième siècle. Bur. d'enregist. et de poste. Cette ville est située au milieu des marais, à l'extrémité du canal de Luçon, qui conduit à la mer et favorise l'exportation des marchandises des pays environnans. On y remarque la cathédrale, bel édifice gothique.

LUÇON (canal de), s. m. Vieux chenal amélioré en 1807 et 1808 par le gouvernement, entre Luçon et l'écluse dite du Chapitre ; il part de Luçon, traverse les marais desséchés de Fraisy et St.-Michel en l'Herm, puis se jette dans la mer à l'anse de l'Aiguillon. Ce canal est navigable par allége de vingt-cinq tonneaux et par le flux et le reflux de la mer que remonte les marchandises de la Rochelle et de l'île de Ré ; il favorise des exportations assez considérables de grains, bois de construction et de chauffage, etc.

LUCQ, s. m. Com. du dép. des Basses-Pyrénées, cant. de Monein, arr. d'Oloron. = Oloron.

LUCQUY, s. m. Com. du dép. des Ardennes, cant. de Novion, arr. de Réthel. = Réthel.

LUCRATIF, IVE, adj. Qui apporte du lucre, du profit ; entreprise lucrative.

LUCRE, s. m. Gain, profit de l'industrie, du travail, etc. —, petit oiseau voisin du tarin. T. d'hist. nat.

LUCS (les), s. m. pl. Com. du dép. de la Vendée, cant. de Poiré, arr. de Bourbon-Vendée. = Bourbon-Vendée.

LUC-SUR-AUDE, s. m. Com. du dép. de l'Aude, cant. de Couiza, arr. de Limoux. = Limoux.

LUC-SUR-ORBIEU, s. m. Com. du dép. de l'Aude, cant. de Lézignan, arr. de Narbonne. = Lézignan.

LUCTUEUX, EUSE, adj. Plaintif ; respiration luctueuse. T. de méd.

LUCUBRATION, s. f. Voy. ÉLUCUBRATION.

LUCUBRER, v. n. Passer la nuit à travailler. T. inus.

LUCULLITE, s. m. Chaux carbonatée fétide. T. d'hist. nat.

LUCUMA, s. m. Arbre du Pérou du genre des sapotilliers. T. de bot.

LUCVIELLE, s. f. Com. du dép. du Gers, cant. de Gimont, arr. d'Auch. = Gimont.

LUCY, s. m. Com. du dép. de la Marne, cant. de Montmort, arr. d'Epernay. = Epernay.

LUCY, s. m. Com. du dép. de la Meurthe, cant. de Delme, arr. de Château-Salins. = Château-Salins.

LUCY, s. m. Com. du dép. de la Seine-Inférieure, cant. et arr. de Neufchâtel. = Neufchâtel.

LUCY-LE-BOCAGE, s. m. Com. du dép. de l'Aisne, cant. de Charly, arr. de Château-Thierry. = Château-Thierry.

LUCY-LE-BOIS, s. m. Com. du dép. de l'Yonne, cant. et arr. d'Avallon. Bur. de poste.

LUCY-SUR-CURE, s. m. Com. du dép. de l'Yonne, cant. de Vermanton, arr. d'Auxerre. = Vermanton.

LUCY-SUR-YONNE, s. m. Com. du dép. de l'Yonne, cant. de Coulange-sur-Yonne, arr. d'Auxerre. = Coulange.

LUDDISTES, s. m. pl. Ouvriers anglais révoltés qui brisent les mécaniques, pour favoriser la main-d'œuvre.

LUDE-ET-ST.-MARS-DE-CRÉ (le), s. m. Petite ville du dép. de la Sarthe, chef-lieu de cant. de l'arr. de la Flèche. Bur. d'enregist. et de poste.

LUDELANGE, s. f. Com. du dép. de la Moselle, cant. d'Audun-le-Roman, arr. de Briey. = Thionville.

LUDES, s. f. Com. du dép. de la Marne, cant. de Verzy, arr. de Reims. = Reims.

LUDESSE, s. f. Com. du dép. du Puy-de-Dôme, cant. de Champeix, arr. d'Issoire. = Issoire.

LUDIER, s. m. Genre de plantes rosacées. T. de bot.

LUDIÉS, s. m. Com. du dép. de l'Ariège, cant. et arr. de Pamiers. = Pamiers.

LUDION, s. m. Figure d'émail suspendue à une petite boule de verre, qu'on enferme dans une fiole remplie d'eau, et qu'on fait monter et descendre à volonté, en pressant le bouchon qui ferme la fiole.

LUDON, s. m. Com. du dép. de la Gironde, cant. de Blanquefort, arr. de Bordeaux. = Bordeaux.

LUDOVIE, s. f. Plante, genre d'aroïdes. T. de bot.

LUDRES, s. m. Com. du dép. de la Meurthe, cant. et arr. de Nancy. = Nancy.

LUDWIGIE, s. f. Plante de la famille des épilobiennes. T. de bot.

LUE, s. f. Com. du dép. des Landes, cant. de Sabres, arr. de Mont-de-Marsan. = Lipostey.

LUÉ, s. m. Com. du dép. de Maine-et-Loire, cant. de Seiches, arr. de Baugé. = Baugé.

LUEMSCHWILLER, s. m. Com. du dép. du Haut-Rhin, cant. et arr. d'Altkirch. = Altkirch.

LUETTE, s. f. Substance glanduleuse semblable à un grain de raisin, qui se trouve au milieu de la cloison du palais à laquelle elle est attachée par des membranes. T. d'anat.

LUEUR, s. f. Clarté faible, lumière sombre ou momentanée. — , légère apparence; lueur d'espérance. Fig.

LUFFE, s. f. Plante cucurbitacée. T. de bot.

LUGAGNAN, s. m. Com. du dép. des Hautes-Pyrénées, cant. de Lourdes, arr. d'Argelès. = Lourdes.

LUGAIGNAC, s. m. Com. du dép. de la Gironde, cant. de Brannes, arr. de Libourne. = Libourne.

LUGAN, s. m. Com. du dép. de l'Aveyron, cant. de Montbazens, arr. de Villefranche. = Rignac.

LUGAN, s. m. Com. du dép. du Tarn, cant. et arr. de Lavaur. = Lavaur.

LUGANHAC, s. m. Com. du dép. du Lot, cant. de Limogne, arr. de Cahors. = Cahors.

LUGARDE, s. f. Com. du dép. du Cantal, cant. de Marsenat, arr. de Murat. = Murat.

LUGASSON, s. m. Com. du dép. de la Gironde, cant. de Targon, arr. de la Réole. = Cadillac.

LUGAUT, s. m. Com. du dép. des Landes, cant. de Roquefort, arr. de Mont-de-Marsan. = Roquefort.

LUGEAC, s. m. Com. du dép. de la Haute-Loire, cant. et arr. de Brioude. = Brioude.

LUGLON, s. m. Com. du dép. des Landes, cant. de Sabres, arr. de Mont-de-Marsan. = Mont-de-Marsan.

LUGNY, s. m. Com. du dép. de l'Aisne, cant. et arr. de Vervins. = Vervins.

LUGNY, s. m. Com. du dép. de Saône-et-Loire, chef-lieu de cant. de l'arr. de Mâcon. Bur. d'enregist. = St.-Ouen.

LUGNY-BOURBONNAIS, s. m. Com. du dép. du Cher, cant. de Nérondes, arr. de St.-Amand. = Dun-le-Roi.

LUGNY-CHAMPAGNE, s. m. Com. du dép. du Cher, cant. de Sancergues, arr. de Sancerre. = Villequiers.

LUGNY-LES-CHAROLLES, s. m. Com. du dép. de Saône-et-Loire, cant. et arr. de Charolles. = Charolles.

LUGO-DI-NAZZA, s. m. Com. du dép. de la Corse, cant. de Vezzani, arr. de Corte. = Bastia.

LUGO-DI-VECCHIO, s. m. Com. du dép. de la Corse, cant. de Serragio, arr. de Corte. = Bastia.

LUGON-ET-L'ISLE-DE-CARNEY, s. m. Com. du dép. de la Gironde, cant. de Fronsac, arr. de Libourne. = Libourne.

LUGOS, s. m. Com. du dép. de la Gironde, cant. de Belin, arr. de Bordeaux. = Bordeaux.

LUGUBRE, adj. Triste, sombre, funèbre, qui fait naître la douleur, le deuil.

LUGUBREMENT, adv. D'une manière lugubre.

LUGY, s. m. Com. du dép. du Pas-de-Calais, cant. de Fruges, arr. de Montreuil. = Fruges.

LUHÉ, s. m. Arbre de la famille des tilleuls. T. de bot.

LUHIER, s. m. Com. du dép. du Doubs, cant. de Russey, arr. de Montbéliard. = Morteau.

LUI, pron. pers. de la troisième personne du genre masculin. — même, la personne elle-même.

LUIGNAN, s. m. Liane, plante sarmenteuse de l'île de Madagascar. T. de bot.

LUIGNÉ, s. m. Com. du dép. de Maine-et-Loire, cant. de Thouarcé, arr. d'Angers. = Angers.

LUIGNY, s. m. Com. du dép. d'Eure-et-Loir, cant. d'Authon, arr. de Nogent-le-Rotrou. = Brou.

LUIRE, v. n. Répandre de la lumière, éclairer, briller. Au prop. et au fig.

LUISANS, s. m. Com. du dép. du Doubs, cant. de Pierrefontaine, arr. de Baume. = Morteau.

LUISANT, s. m. Com. du dép. d'Eure-et-Loir, cant. et arr. de Chartres. = Chartres.

LUISANT, s. m. Le lustre, l'éclat; le luisant du drap, etc.

LUISANT, E, adj. Qui luit, qui a de l'éclat, dont la surface réfléchit la lumière.

LUISANTE, s. f. Étoile brillante de la lyre, constellation boréale. T. d'astr.

LUISETAINES, s. m. Com. du dép. de Seine-et-Marne, cant. de Donnemarie, arr. de Provins. = Donnemarie.

LUITES, s. f. pl. Testicules du sanglier. T. de véner.

LUITON, s. m. Lutin. (Vi.)

LUITRÉ, s. m. Com. du dép. d'Ille-et-Vilaine, cant. et arr. de Fougères. = Fougères.

LULU, s. m. Petite alouette huppée.

LUMACHELLE, adj. Formé d'un amas de petites coquilles; marbre lumachelle.

LUMB, s. m. Lumne, oiseau aquatique à bec crochu. T. d'hist. nat.

LUMBAGO, s. m. Rhumatisme qui affecte les muscles de la région lombaire. T. de méd.

LUMBIN, s. m. Com. du dép. de l'Isère, cant. du Touvet, arr. de Grenoble. = le Touvet.

LUMBRES, s. m. Com. du dép. du Pas-de-Calais, chef-lieu de cant. de l'arr. de St.-Omer. Bur. d'enregist. = St.-Omer.

LUMBRICITE ou LOMBRICITE, s. f. Pétrification en forme de lombrics, de vers de terre. T. d'hist. nat.

LUMEAU, s. m. Com. du dép. d'Eure-et-Loir, cant. d'Orgères, arr. de Châteaudun. = Artenay.

LUMENÇON, s. m. Village du dép. de l'Aveyron, cant. et arr. de Milhau. = Milhau.

LUMES, s. f. Com. du dép. des Ardennes, cant. et arr. de Mézières. = Mézières.

LUMEVILLE, s. f. Com. du dép. de la Meuse, cant. de Gondrecourt, arr. de Commercy. = Gondrecourt.

LUMIE, s. f. Variété d'oranger. T. de bot.

LUMIÈRE, s. f. Fluide subtil qui éclaire et rend les objets visibles; clarté, splendeur; ce qui éclaire; bougie, chandelle allumée. —, le jour, la vie. T. poét. —, connaissance, intelligence, tout ce qui éclaire l'esprit; indice, éclaircissement. Fig. —, homme très instruit. —, petit trou pratiqué à la culasse d'une arme à feu; ouverture par où le vent pénètre dans un tuyau d'orgue; petit trou par lequel on aperçoit les objets dans un instrument de mathématiques à pinnules. —, endroits qui doivent paraître les plus éclairés. T. de peint. et d'art. —, yeux différens du corps de l'animal. T. de blas.

LUMIER-EN-CHAMPAGNE (St.-), s. m. Com. du dép. de la Marne, cant. et arr. de Vitry. = Vitry-le-Français.

LUMIER-LA-POPULEUSE (St-.), s. m. Com. du dép. de la Marne, cant. de Thiéblemont, arr. de Vitry. = Vitry-le-Français.

LUMIGNON, s. m. Le bout brûlé d'une chandelle allumée; reste de chandelle, de bougie.

LUMIGNY, s. m. Com. du dép. de Seine-et-Marne, cant. de Rozoy, arr. de Coulommiers. = Rozoy.

LUMINAIRE, s. m. Corps lumineux. —, cierges d'église. —, la vue. T. fam.

LUMINE-DE-CLISSON (St.-), s. m. Com. du dép. de la Loire-Inférieure, cant. de Clisson, arr. de Nantes. = Clisson.

LUMINE-DE-COUTAIS (St.-) s. m. Com. du dép. de la Loire-Inférieure, cant. de St.-Philbert, arr. de Nantes. = Machecoul.

LUMINEUSEMENT, adv. d'une manière lumineuse.

LUMINEUX, EUSE, adj. Qui a, qui répand de la lumière. Prop. et fig. —, brillant, éclatant. Fig. Vérité —, qui fait jaillir un grand nombre d'autres vérités. Principe —, fécond en conséquences.

LUMIO, s. m. Com. du dép. de la Corse, cant. de Calenzana, arr. de Calvi. = Bastia.

LUMNE, s. m. Petit plongeon du nord, oiseau aquatique. T. d'hist. nat.

LUMPS, s. m. Poisson cycloptère. T. d'hist. nat.

LUNAC, s. m. Com. du dép. de l'Aveyron, cant. de Najac, arr. de Villefranche. = Villefranche.

LUNAGUET, s. m. Village du dép. du Tarn, cant. de Pampelonne, arr. d'Albi. = Albi.

LUNAIRE, s. f. Plante crucifère, astringente. T. de bot. —, s. et adj. Qui appartient à la lune. Cadran —, qui indique l'heure par le moyen de la lune. T. d'astr. —, s. et adj. Second os de la première rangée du carpe, ainsi nommé parce qu'une de ses facettes offre l'image d'un croissant. T. d'anat.

LUNAIRE (St.-), s. m. Com. du dép. d'Ille-et-Vilaine, cant. de Pleurtuit, arr. de St.-Malo. = St.-Malo.

LUNAISE (Ste.-), s. f. Com. du dép. du Cher, cant. de Levet, arr. de Bourges. = Châteauneuf.

LUNAISON, s. f. Espace de temps d'une lune à l'autre.

LUNAN, s. m. Com. du dép. du Lot, cant. et arr. de Figeac. = Figeac.

LUNAS, s. m. Com. du dép. de la Dordogne, cant. de la Force, arr. de Bergerac. = Bergerac.

LUNAS, s. m. Petite ville du dép. de l'Hérault, chef-lieu de cant. de l'arr. de Lodève, où se trouvent les bur. d'enregist. et de poste.

LUNATIQUE, s. et adj. Se dit de personnes dont l'esprit est supposé changer suivant les phases de la lune. —, fantasque, capricieux, fig. et fam. Cheval —, cheval sujet à une fluxion périodique sur les yeux, suivant le cours de la lune.

LUNAX, s. m. Com. du dép. de la Haute-Garonne, cant. de Boulogne, arr. de St.-Gaudens. = Boulogne.

LUNAY, s. m. Com. du dép. de Loir-et-Cher, cant. de Savigny, arr. de Vendôme. = Montoire.

LUNDE, s. m. Oiseau amphibie, ennemi du corbeau.

LUNDI, s. m. Second jour de la semaine. — gras, qui précède le mardi gras.

LUNE, s. f. La planète la plus rapprochée de la terre, qui tourne autour de notre globe et l'éclaire la nuit. —, mois. T. poét. —, fantaisie, caprice. —, ancien nom de l'argent; couleur de fer en fusion. — de mer, poisson d'argent, qui brille la nuit. Pierre de —, agate nébuleuse à reflets.

LUNEAU, s. m. Com. du dép. de l'Allier, cant. du Donjon, arr. de la Palisse. = le Donjon.

LUNEGARDE, s. f. Village du dép. du Lot, cant. de Labastide, arr. de Gourdon. = Gramat.

LUNEL, s. m. Ville du dép. de l'Hérault, chef-lieu de cant. de l'arr. de Montpellier. Bur. d'enregist. et de poste. Cette ville, très ancienne, possède un canal au moyen duquel elle communique avec le Rhône, la mer, et le canal du Midi. Elle est renommée par l'excellente qualité de ses vins muscats. Distilleries de liqueurs, eaux-de-vie et esprits. Comm. de grains, laines, raisins secs, etc.

LUNEL, s. m. Village du dép. de l'Aveyron, cant. de St.-Geniez, arr. d'Espalion. = St.-Geniez.

LUNEL, s. m. Village du dép. de Tarn-et-Garonne, cant. de la Française, arr. de Montauban. = Montauban.

LUNELS, s. m. Quatre croissans en rose. T. de blas.

LUNEL-VIEL, s. m. Com. du dép. de l'Hérault, cant. de Lunel, arr. de Montpellier. = Lunel.

LUNERAY, s. m. Com. du dép. de la Seine-Inférieure, cant. de Bacqueville, arr. de Dieppe. = Bacqueville.

LUNERY, s. m. Com. du dép. du Cher, cant. de Charost, arr. de Bourges. = Châteauneuf.

LUNETIÈRES, s. f. Genre de plantes crucifères. T. de bot.

LUNETTE, s. f. Instrument d'optique propre à rapprocher les objets; lunette d'approche. —, partie de la boîte d'une montre où s'enchâsse le verre; ouverture d'une chaise percée, des latrines; os fourchu de l'estomac des oiseaux. —, petit jour dans le berceau d'une voûte. —, petite demi-lune. T. de fortif. —, case vide. T. de jeu de dames. —, bésicles. —, petits ronds de feutre au milieu desquels passent les yeux du cheval. T. de man.

LUNETTIER, s. m. Opticien qui fait et vend des lunettes.

LUNÉVILLE, s. f. Ancienne et fort jolie ville du dép. de la Meurthe, chef-lieu de sous-préf. et de deux cant.; trib. de 1re inst.; société d'agric.; conserv. des hypoth; inspect. des forêts; direct. des contrib. indir.; recev. partic. des fin.; bur. d'enregist. et de poste. Cette ville se trouve à l'entrée d'une belle plaine, sur la Meurthe, un peu au-dessus du confluent de cette rivière et de la Vezouze. Elle est élégamment bâtie et possède de jolies promenades, une fort belle église et une place publique ornée d'une superbe fontaine. Son magnifique château, ancienne résidence des ducs de Lorraine, a été converti en un vaste quartier de cavalerie qui peut contenir 2,000 hommes. En 1801, il y fut conclu un traité de paix entre l'empereur d'Autriche et Bonaparte, alors premier consul de la république française. Patrie du chevalier de Bouflers, de Monvel, acteur célèbre et auteur dramatique, et du comte Stanislas Girardin, député. Manuf. de faïence renommée; fabr. de bonneterie, draps, siamoises, dentelles, gants de peau, tôle, acier; filatures de laine; comm. de vins, bois, chanvre et lin. Pop. 12,388 hab. env.

LUNGHIGNANO, s. m. Com. du dép.

de la Corse, cant. de Calenzana, arr. de Calvi. = Bastia.

LUNI-SOLAIRE, adj. Composé de la révolution du soleil et de celle de la lune; cycle luni-solaire. T. d'astr.

LUNULE, s. f. Figure qui a la forme d'un croissant. T. de géom.

LUNULÉ, E, adj. En forme de croissant. T. de bot.

LUON, s. m. Pièce d'un moulin à vent.

LUORÉES, s. f. pl. Sainfoins. T. de bot.

LUOT (le), s. m. Com. du dép. de la Manche, cant. de la Haye-Pesnel, arr. d'Avranches. = Avranches.

LUPCOURT, s. m. Com. du dép. de la Meurthe, cant. de St.-Nicolas, arr. de Nancy. = St.-Nicolas-du-Port.

LUPE, s. f. Genre de crustacés. T. d'hist. nat.

LUPÉ, s. m. Com. du dép. de la Loire, cant. de Pélussin, arr. de St.-Etienne. = Condrieu.

LUPERCA, s. f. Déesse que les bergers invoquaient contre la fureur des loups. T. de myth.

LUPERCALES, s. f. pl. Fêtes qui se célébraient à Rome en l'honneur du dieu Pan. T. de myth.

LUPERCE (St.-), s. m. Com. du dép. d'Eure-et-Loir, cant. de Courville, arr. de Chartres. = Courville.

LUPERCES, s. m. pl. Prêtres du dieu Pan qui restaient nus durant les lupercales. T. de myth.

LUPÈRE, s. m. Genre d'insectes coléoptères. T. d'hist. nat.

LUPERSAT, s. m. Com. du dép. de la Creuse, cant. de Bellegarde, arr. d'Aubusson. = Aubusson.

LUPIAC, s. m. Com. du dép. du Gers, cant. d'Aignan, arr. de Mirande. = Vic-Fezensac.

LUPICIN (St.-), s. m. Com. du dép. du Jura, cant. et arr. de St.-Claude. = St.-Claude.

LUPIN, s. m. Genre de plantes légumineuses. T. de bot.

LUPINELLE, s. f. Trèfle dont la fleur est incarnat. T. de bot.

LUPLANTÉ, s. m. Com. du dép. d'Eure-et-Loir, cant. d'Illiers, arr. de Chartres. = Chartres.

LUPOGE, s. f. Genre d'oiseaux huppés. T. d'hist. nat.

LUPON, s. m. Porcelaine du Sénégal, genre de testacés. T. d'hist. nat.

LUPPÉ, s. m. Com. du dép. du Gers, cant. de Nogaro, arr. de Condom. = Nogaro.

LUPPY, s. m. Com. du dép. de la Moselle, cant. de Pange, arr. de Metz. = Metz.

LUPSAULT, s. m. Com. du dép. de la Charente, cant. d'Aigre, arr. de Ruffec. = Aigre.

LUPSTEIN, s. m. Com. du dép. du Bas-Rhin, cant. et arr. de Saverne. = Saverne.

LUPULINE, s. f. Espèce de luzerne; substance jaune, aromatique et tonique, qu'on trouve dans le houblon.

LUQUET, s. m. Com. du dép. des Hautes-Pyrénées, cant. d'Ossun, arr. de Tarbes. = Tarbes.

LUQUOISE, s. f. Etoffe de soie.

LURAIS, s. m. Com. du dép. de l'Indre, cant. de Tournon-St.-Martin, arr. du Blanc. = le Blanc.

LURAY, s. m. Com. du dép. d'Eure-et-Loir, cant. et arr. de Dreux. = Dreux.

LURBE, s. f. Com. du dép. des Basses-Pyrénées, cant. et arr. d'Oloron. = Oloron.

LURCY, s. m. Com. du dép. de l'Ain, cant. de St.-Trivier-sur-Mognand, arr. de Trévoux. = Montmerle.

LURCY-LE-BOURG, s. m. Com. du dép. de la Nièvre, cant. de Prémery, arr. de Cosne. = Nevers.

LURCY-LÉVY, s. m. Com. du dép. de l'Allier, chef-lieu de cant. de l'arr. de Moulins. Bur. d'enregist. = St.-Pierre-le-Moutier.

Manuf. de porcelaine blanche, de poterie; éducation de chèvres-cachemires. Comm. de grains, vins, poissons, bois, charbon, bestiaux, etc.

LURCY-SUR-ABRON, s. m. Com. du dép. de la Nièvre, cant. de Dornes, arr. de Nevers. = Decize.

LURE, s. m. Ville du dép. de la Haute-Saône, chef-lieu de sous-préf. et de cant.; trib. de 1re inst.; société d'agric.; conserv. des hypoth.; direct. des contrib. indir.; recev. part. des finances; bur. d'enregist. et de poste.

Cette ville, située sur la rive droite de l'Oignon, est généralement bien bâtie; elle possède des fabr. de tissus de coton, bonneterie, chapeaux de paille; forges et verreries.

LURÉ, s. m. Com. du dép. de la Loire, cant. de St.-Germain-Laval, arr. de Roanne. = Roanne.

LUREUIL, s. m. Com. du dép. de l'Indre, cant. de Tournon-St.-Martin, arr. du Blanc. = le Blanc.

LUREY, s. m. Com. du dép. de la Marne, cant. d'Anglure, arr. d'Epernay. = Pont-le-Roi.

LURI, s. m. Com. du dép. de la Corse,

chef-lieu de cant. de l'arr. de Bastia. = Bastia.

LURIECQ, s. m. Com. du dép. de la Loire, cant. de St.-Jean-Soleymieux, arr. de Montbrison. = Montbrison.

LURON, s. m. Gaillard, bon vivant. T. fam.

LURS, s. m. Com. du dép. des Basses-Alpes, cant. de Peyruis, arr. de Forcalquier. = Forcalquier.

LURY, s. m. Petite ville du dép. du Cher, chef-lieu de cant. de l'arr. de Bourges. Bur. d'enregist. à Vierzon. = Vierzon.

LUSANS, s. m. Com. du dép. du Doubs, cant. de Roulans, arr. de Baume. = Baume.

LUSCAN, s. m. Com. du dép. de la Haute-Garonne, cant. de St.-Bertrand, arr. de St.-Gaudens. = Montrejeau.

LUSIGNAC, s. m. Com. du dép. de la Dordogne, cant. de Verteillac, arr. de Ribérac. = Ribérac.

LUSIGNAN, s. m. Ville du dép. de la Vienne, chef-lieu de cant. de l'arr. de Poitiers. Bur. d'enregist. et de poste. Manuf. de serges. Comm. de graines de trèfle et de luzerne, de grains, mulets, etc.

LUSIGNAN-GRAND, s. m. Com. du dép. de Lot-et-Garonne, cant. de Pont-Ste.-Marie, arr. d'Agen. = Agen.

LUSIGNAN-PETIT, s. m. Com. du dép. de Lot-et-Garonne, cant. de Prayssas, arr. d'Agen. = Agen.

LUSIGNY, s. m. Com. du dép. de l'Allier, cant. de Chevagne, arr. de Moulins. = Moulins.

LUSIGNY, s. m. Com. du dép. de l'Aube, chef-lieu de cant. de l'arr. de Troyes. Bur. d'enregist. = Troyes.

LUSIGNY-SUR-OUCHE, s. m. Com. du dép. de la Côte-d'Or, cant. de Bligny-sur-Ouche, arr. de Beaune. = Beaune.

LUS-LA-CROIX-HAUTE, s. m. Com. du dép. de la Drôme, cant. de Châtillon, arr. de Die. = Die.

LUSSAC, s. m. Com. du dép. de la Charente, cant. de St.-Claud, arr. de Confolens. = la Rochefoucauld.

LUSSAC, s. m. Com. du dép. de la Charente-Inférieure, cant. et arr. de Jonzac. = Jonzac.

LUSSAC, s. m. Com. du dép. de la Gironde, chef-lieu de cant. de l'arr. de Libourne, où se trouvent les bur. d'enregist. et de poste.

LUSSAC, s. m. Petite ville du dép. de la Vienne, chef-lieu de cant. de l'arr. de Montmorillon, où se trouvent les bur. d'enregist. et de poste.

LUSSAC-LES-ÉGLISES, s. m. Com. du dép. de la Haute-Vienne, cant. de St.-Sulpice-les-Feuilles, arr. de Bellac. = le Dorat.

LUSSAGNET, s. m. Com. du dép. des Basses-Pyrénées, cant. de Lembeye, arr. de Pau. = Pau.

LUSSAIGNET, s. m. Com. du dép. des Landes, cant. de Grenade, arr. de Mont-de-Marsan. = Grenade.

LUSSAN, s. m. Com. du dép. du Gard, chef-lieu de cant. de l'arr. d'Uzès, où se trouve le bur. d'enregist. = Uzès.

LUSSAN, s. m. Com. du dép. de la Haute-Garonne, cant. du Fousseret, arr. de Muret. = Martres.

LUSSAN, s. m. Com. du dép. du Gers, cant. de Gimont, arr. d'Auch. = Condom.

LUSSANT, s. m. Com. du dép. de la Charente-Inférieure, cant. de Tonnay-Charente, arr. de Rochefort. = Tonnay-Charente.

LUSSAS, s. m. Com. du dép. de l'Ardèche, cant. de Villeneuve, arr. de Privas. = Villeneuve.

LUSSAS, s. m. Com. du dép. de la Dordogne, cant. et arr. de Nontron. = Nontron.

LUSSAT, s. m. Com. du dép. de la Creuse, cant. de Chambon, arr. de Boussac. = Chambon.

LUSSAT, s. m. Com. du dép. du Puy-de-Dôme, cant. de Pont-du-Château, arr. de Clermont. = Clermont-Ferrand.

LUSSAUD, s. m. Com. du dép. du Cantal, cant. de Massiac, arr. de St.-Flour. = Massiac.

LUSSAULT, s. m. Com. du dép. d'Indre-et-Loire, cant. d'Amboise, arr. de Tours. = Amboise.

LUSSAY, s. m. Com. du dép. des Deux-Sèvres, cant. de Chef-Boutonne, arr. de Melle. = Chef-Boutonne.

LUSSE, s. f. Com. du dép. des Vosges, cant. de Saales, arr. de St.-Dié. = St.-Dié.

LUSSERAY, s. m. Com. du dép. des Deux-Sèvres, cant. de Brioux, arr. de Melle. = Melle.

LUSSON, s. m. Com. du dép. des Basses-Pyrénées, cant. de Lembeye, arr. de Pau. = Pau.

LUSTAR, s. m. Com. du dép. des Hautes-Pyrénées, cant. de Trie, arr. de Tarbes. = Tric.

LUSTRAGE, s. m. Action de cylindrer une étoffe, de lui donner le lustre.

LUSTRAL, E, adj. Se dit de fêtes, de cérémonies religieuses, qui se célébraient à Rome de cinq ans en cinq ans, et dans lesquelles on faisait des aspersions, des sacrifices expiatoires. T. de myth. Eau —, avec laquelle les prêtres du paganisme aspergeaient le peuple.

LUSTRATIF, IVE, adj. Qui donne du lustre. T. inus.

LUSTRATIONS, s. f. pl. Purifications, expiations, cérémonies religieuses célébrées fréquemment et avec beaucoup de solennité chez les Grecs et chez les Romains. T. de myth.

LUSTRE, s. m. État naturel ou artificiel. —, relief que donnent la beauté, le mérite, la naissance et les dignités. Fig. —, chandelier de cristal à plusieurs branches qu'on suspend au plafond. —, espace de cinq ans.

LUSTRÉ, E, part. Cylindré.

LUSTRER, v. a. Cylindrer une étoffe, lui donner de l'éclat, du lustre.

LUSTREUR, s. m. Ouvrier qui donne le lustre.

LUSTREUX, EUSE, adj. Qui a beaucoup de lustre. T. inus.

LUSTRIER, s. m. Fabricant de lustres.

LUSTRINE, s. f. Sorte de droguet de soie.

LUSTROIR, s. m. Chapeau pour nettoyer les glaces, les polir; instrument de vitrier; molette.

LUT, s. m. Enduit pour luter les appareils. T. de chim.

LUTAIRE, s. f. Genre d'algues, plante. T. de bot.

LUTATION, s. f. Action de luter un vase. T. de chim.

LUTÉOLA, s. f. Réséda, plante odoriférante à feuilles entières. T. de bot.

LUTER, v. a. Enduire de lut, fermer hermétiquement un vaisseau, un appareil, au moyen d'une espèce de mastic. T. de chim.

LUTH, s. m. Instrument de musique à cordes. —, sorte de tortue.

LUTHÉE, adj. f. Se dit de la mandore, instrument de musique ressemblant au luth.

LUTHENAY, s. m. Com. du dép. de la Nièvre, cant. de St.-Pierre, arr. de Nevers. = St.-Pierre-le-Moutier.

LUTHER, s. m. Moine schismatique, fondateur de la réforme religieuse introduite dans plusieurs états de l'Allemagne, où elle fit naître des guerres sanglantes.

LUTHÉRANISME, s. m. Doctrine de Luther.

LUTHERIE, s. f. Profession, marchandise, commerce de luthier.

LUTHÉRIEN, NE, s. et adj. Sectateur de Luther; conforme à la doctrine de ce moine fameux.

LUTHÉZIEU, s. m. Com. du dép. de l'Ain, cant. de Champagne, arr. de Belley. = Belley.

LUTHIER, s. m. Facteur et marchand de luths, d'instrumens de musique à cordes et autres.

LUTILLOUS, s. m. Com. du dép. des Hautes-Pyrénées, cant. de Lannemezan, arr. de Bagnères. = Tarbes.

LUTIN, s. m. Esprit follet, farfadet. —, enfant espiègle, très bruyant. —, personne très active, qui dort peu. Fig.

LUTINÉ, E, part. Tourmenté comme par un lutin.

LUTINER, v. a. Tourmenter quelqu'un comme pourrait le faire un lutin. —, v. n. Faire le lutin.

LUTJAN, s. m. Genre de poissons thoraciques. T. d'hist. nat.

LUTRAIRE, s. f. Genre de coquilles. T. d'hist. nat.

LUTRAN, s. m. Com. du dép. du Haut-Rhin, cant. de Dounemarie, arr. de Belfort. = Belfort.

LUTRIN, s. m. Pupitre d'église sur lequel on place les gros livres de plainchant.

LUTRIX, s. m. Couleuvre des Indes. T. d'hist. nat.

LUTTANGE, s. f. Com. du dép. de la Moselle, cant. de Metzervisse, arr. de Thionville. = Thionville.

LUTTE, s. f. Sorte d'exercice gymnastique dans lequel deux athlètes nus et frottés d'huile, cherchaient à se terrasser. T. de myth. —, combat. Fig. De haute —, adv. D'autorité, par force; emporter de haute lutte.

LUTTENBAC, s. m. Com. du dép. du Haut-Rhin, cant. de Munster, arr. de Colmar. = Colmar.

LUTTER, v. n. S'exercer à la lutte, combattre corps à corps. —, combattre, résister. Fig. —, couvrir la brebis en parlant du bélier.

LUTTER, s. m. Com. du dép. du Haut-Rhin, cant. de Ferrette, arr. d'Altkirch. = Huningue.

LUTTERBACH, s. m. Com. du dép. du Haut-Rhin, cant. de Mulhausen, arr. d'Altkirch. = Mulhausen.

LUTTEUR, s. m. Athlète qui se livre aux exercices gymnastiques; combattant. Fig.

LUTZ, s. m. Com. du dép. d'Eure-et-Loir, cant. et arr. de Châteaudun. = Châteaudun.

LUTZELBOURG, s. m. Com. du dép. de la Meurthe, cant. de Phalsbourg, arr. de Sarrebourg. = Phalsbourg.

LUTZELHAUSEN, s. m. Com. du dép. du Bas-Rhin, cant. de Molsheim, arr. de Strasbourg. = Molsheim.

LUVIGNY, s. m. Com. du dép. des

Vosges, cant. de Raon-l'Etape, arr. de St.-Dié. = Raon-l'Etape.

LUX, s. m. Com. du dép. de la Côte-d'Or, cant. d'Is-sur-Tille, arr. de Dijon. = Is-sur-Tille.

LUX, s. m. Com. du dép. de la Haute-Garonne, cant. et arr. de Villefranche. = Villefranche.

LUX, s. m. Com. du dép. de Saône-et-Loire, cant. et arr. de Châlons. = Châlons.

LUXATION, s. f. Déplacement des os, dislocation.

LUXE, s. m. Somptuosité, magnificence dans le vêtement, le mobilier, les équipages, etc.

LUXE, s. m. Com. du dép. des Basses-Pyrénées, cant. de St.-Palais, arr. de Mauléon. = St.-Palais.

LUXÉ, s. m. Com. du dép. de la Charente, cant. d'Aigre, arr. de Ruffec. = Aigre.

LUXÉ, E, part. Sorti de sa cavité, en parlant d'un os. T. de chir.

LUXÉMONT-ET-VILLOTTE, s. m. Com. du dép. de la Marne, cant. et arr. de Vitry. = Vitry-le-Français.

LUXER, v. a. Faire sortir un os de sa cavité. Se —, v. pron. Sortir de sa cavité, en parlant d'un os. T. de chir.

LUXEUIL, s. m. Ancienne et fort jolie ville du dép. de la Haute-Saône, chef-lieu de cant. de l'arr. de Lure. Bur. d'enregist. et de poste.
Cette ville, située au pied des Vosges, possède des eaux minérales et thermales, dont les propriétés salutaires étaient estimées par les Celtes et les Romains, sous l'empire desquels elle paraît avoir joui d'une grande splendeur, comme semblent l'indiquer d'anciens monumens qu'on découvre çà et là.
Fabr. de chapeaux de paille; eau de cerise, jambon façon Mayence; merrain, cuirs, fers ouvrés et polis. Dans les environs, papeteries, filatures de coton, forges et hauts fourneaux. Comm. de grains, vins, bestiaux, etc.

LUXEY, s. m. Com. du dép. des Landes, cant. de Sore, arr. de Mont-de-Marsan. = Lipostey.

LUXIEN (St.-), s. m. Village du dép. d'Eure-et-Loir, cant. de Nogent-le-Roi, arr. de Dreux. = Nogent-le-Roi.

LUXIOL, s. m. Com. du dép. du Doubs, cant. et arr. de Baume. = Baume.

LUXUEUX, EUSE, adj. Vaniteux, qui étale son luxe. T. inus.

LUXURE, s. f. Incontinence, lubricité, lasciveté.

LUXURIANCE, s. f. Végétation extraordinaire, surabondance, superfluité. T. de bot.

LUXURIANT, E, adj. Se dit d'un arbre, d'une plante dont la végétation est excessive, qui pousse trop. T. inus.

LUXURIER, v. n. Être d'une trop grande fécondité, pousser trop de tiges, de rameaux, en parlant des végétaux.

LUXURIEUSEMENT, adv. D'une manière lubrique, luxurieuse.

LUXURIEUX, EUSE, adj. Impudique, incontinent, lubrique, lascif.

LUY (le), s. m. Rivière qui se forme de deux ruisseaux, le Luy de France et le Luy de Béarn, dép. des Basses-Pyrénées, arr. de Pau, et qui se jette dans l'Adour après un cours de 24 lieues.

LUYÈRES, s. m. Com. du dép. de l'Aube, cant. de Piney, arr. de Troyes. = Troyes.

LUYNES, s. f. Ville du dép. d'Indre-et-Loire, cant. et arr. de Tours. = Tours.
Cette ville, située près de la rive droite de la Loire, est assise sur un rocher calcaire, dans les flancs duquel on a creusé de nombreuses habitations.
Fabr. de passementerie, velours, rubans, galons, fleurets, etc.

LUZ, s. m. Petite ville du dép. des Hautes-Pyrénées, chef-lieu de cant. de l'arr. d'Argelès. Bur. d'enregist. = Tarbes.

LUZANCY, s. m. Com. du dép. de Seine-et-Marne, cant. de la Ferté, arr. de Meaux. = la Ferté-sous-Jouarre.

LUZANGER, s. m. Com. du dép. de la Loire-Inférieure, cant. de Derval, arr. de Châteaubriant. = Derval.

LUZARCHES, s. f. Ville du dép. de Seine-et-Oise, chef-lieu de cant. de l'arr. de Pontoise. Bur. d'enregist. et de poste.
Fabr. de dentelles; comm. de grains.

LUZAY, s. m. Com. du dép. des Deux-Sèvres, cant. de St.-Varent, arr. de Bressuire. = Chef-Boutonne.

LUZE, s. f. Com. du dép. de la Haute-Saône, cant. d'Héricourt, arr. de Lure. = Belfort.

LUZÉ, s. m. Com. du dép. d'Indre-et-Loire, cant. de Richelieu, arr. de Chinon. = Richelieu.

LUZECH, s. m. Petite ville du dép. du Lot, chef-lieu de cant. de l'arr. de Cahors. Bur. d'enregist. = Castelfranc. Comm. de vins.

LUZENAC, s. m. Com. du dép. de l'Ariège, cant. de Cabannes, arr. de Foix. = Tarascon.

LUZERET, s. m. Com. du dép. de l'Indre, cant. de St.-Gaultier, arr. du Blanc. = Argenton.

LUZERNE (la), s. f. Com. du dép. de la Manche, cant. de la Haye-Pesnel, arr. d'Avranches. = Granville.

LUZERNE (la), s. f. Com. du dép. de la Manche, cant. et arr. de St.-Lô. = St.-Lô.

LUZERNE, s. f. Plante à fleurs légumineuses, fourrage pour les bestiaux.

LUZERNIÈRE, s. f. Terre ensemencée de luzerne, champ de luzerne.

LUZETTE, s. f. Maladie des vers à soie.

LUZILLAT, s. m. Com. du dép. du Puy-de-Dôme, cant. de Maringues, arr. de Thiers. = Maringues.

LUZILLÉ, s. m. Com. du dép. d'Indre-et-Loire, cant. de Bléré, arr. de Tours. = Amboise.

LUZIN, s. m. Cordage pour les enfléchures. T. de mar.

LUZIOLE, s. f. Plante graminée du Pérou. T. de bot.

LUZITANIE, s. f. Ancienne province d'Europe répondant à peu près au Portugal actuel.

LUZOIR, s. m. Com. du dép. de l'Aisne, cant. de la Capelle, arr. de Vervins. = la Capelle.

LUZURIAGUE, s. f. Genre d'asperges. T. de bot.

LUZY, s. m. Com. du dép. de la Haute-Marne, cant. et arr. de Chaumont. = Chaumont.

LUZY, s. m. Com. du dép. de la Meuse, cant. de Stenay, arr. de Montmédy. = Stenay.

LUZY, s. m. Petite ville du dép. de la Nièvre, chef-lieu de cant. de l'arr. de Château-Chinon. Bur. d'enregist. et de poste. Comm. de bois et de charbon.

LY, s. m. Mesure itinéraire de la Chine, le dixième d'une lieue environ.

LYANTE, s. f. Tulipe amarante. T. de bot.

LYAS, s. m. Com. du dép. de l'Ardèche, cant. et arr. de Privas. = Privas.

LYCANTHROPE, s. m. Misantrope, fou, extravagant, qui fuit la société des hommes, qui quitte sa maison la nuit et erre çà et là comme un loup. —, loup garou. T. fam.

LYCANTHROPIE, s. f. Espèce de délire dans lequel les malades s'imaginent être changés en loups. T. de méd.

LYCÉE, s. m. Montagne d'Arcadie consacrée à Jupiter et à Pan, où l'on célébrait des fêtes instituées en l'honneur de ces Dieux. —, gymnase célèbre dans Athènes où Aristote donnait ses leçons. T. de myth. —, école d'Aristote. —, réunion de gens de lettres; le lieu de leur assemblée.

LYCHNIDE, s. f. Genre de plantes caryophyllées. T. de bot.

LYCHNIS, s. m. Escarboucle. T. d'hist. nat. —, plante caryophyllée. T. de bot.

LYCHNITE, s. m. Marbre de Paros; plante dont la moelle servait de mèches aux lampes.

LYCHNOBÉ, s. et adj. Qui fait de la nuit le jour. T. inus.

LYCHNOSOMATE, s. m. Lumière universelle; lumière du monde.

LYCIE, s. f. Ancienne province de l'Asie-Mineure, célèbre par les oracles d'Apollon et par la fable de la Chimère.

LYCIUM, s. m. Arbre épineux. T. de bot.

LYCODONTES ou DENTS DE LOUP, s. f. pl. Dents de requins fossiles.

LYCOGALE, s. f. Réticulaire, vesse de loup. T. de bot.

LYCOPE, s. f. Genre de plantes labiées. T. de bot.

LYCOPERDINE, s. f. Coléoptère trimère, insecte. T. d'hist. nat.

LYCOPERDITES, s. m. pl. Alcyons fossiles. T. d'hist. nat.

LYCOPERDON, s. m. Plante cryptogame. T. de bot.

LYCOPHTHALMOS, s. m. Pierre ressemblant à l'œil d'un loup. T. d'hist. nat.

LYCOPODE ou PIED DE LOUP, s. m. Genre de mousses; poussière inflammable contenue dans les capsules de ces mousses. T. de bot.

LYCOPSIS, s. m. Plante borraginée. T. de bot.

LYCOPUS, s. m. Marrube aquatique. T. de bot.

LYCOREXIE, s. f. Lienterie. T. de méd.

LYCOSE, s. f. Genre d'insectes arachnides. T. d'hist. nat.

LYCTE, s. f. Coléoptère trogossitaire. T. d'hist. nat.

LYCUS ou LIQUE, s. m. Coléoptère lampyre. T. d'hist. nat.

LYÉ (St.-), s. m. Com. du dép. de l'Aube, cant. et arr. de Troyes. = Troyes.

LYÉ (St.-), s. m. Com. du dép. de l'Indre, cant. de Valançay, arr. de Châteauroux. = Selles.

LYÉ (St.-), s. m. Com. du dép. du Loiret, cant. de Neuville, arr. d'Orléans. = Neuville.

LY-FONTAINE, s. f. Com. du dép. de l'Aisne, cant. de Moy, arr. de St.-Quentin. = la Fère.

LYGÉE, s. m. Insecte hémiptère. T. d'hist. nat.

LYGISTE, s. m. Plante de la famille des rubiacées. T. de bot.

LYGODISODÉE, s. m. Arbrisseau grimpant. T. de bot.

LYGOPHILES ou TÉRÉBRICOLES, s. m. pl. Insectes coléoptères hétéromères. T. d'hist. nat.

LYMEXYLON, s. m. Insecte coléoptère, lime-bois. T. d'hist. nat.

LYMPHATHIQUE, adj. Se dit de tout ce qui concerne la lymphe ; tempérament lymphatique.

LYMPHE, s. f. Fluide lympide, visqueux, qui se sépare de la masse du sang et circule dans des vaisseaux qui lui sont propres.

LYNCÉ, s. m. Crustacé branchiopode. T. d'hist. nat.

LYNCURIUS, s. m. Espèce d'escarboucle. T. d'hist. nat.

LYNDE, s. m. Com. du dép. du Nord, cant. et arr. d'Hazebrouck. = Aire-sur-la-Lys.

LYNGODE, s. et adj. f. Fièvre intermittente, accompagnée de hoquets. T. de méd.

LYNX, s. m. Espèce de chat sauvage qui a la vue très perçante. Avoir des yeux de —, avoir la vue fort bonne ; avoir de la pénétration. Fig.

LYOFFANS, s. m. Com. du dép. de la Haute-Saône, cant. et arr. de Lure. = Lure.

LYON, s. m. Grande ville de France, l'une des plus riches du royaume par son comm. et ses manuf. ; chef-lieu de préf. du dép. du Rhône, d'un arr. de sous-préf. et de six cant. ou just. de paix ; cour royale ; archevêché érigé dans le 2° siècle ; chef-lieu de la 19° div. milit. ; 7° div. des ponts-et-chaussées ; 4° div. des mines ; trib. de 1™ inst. ; trib., chambre et bourse de comm. ; conseil de prud'hommes ; hôtel des monnaies ; bur. de garantie des matières d'or et d'argent ; académie royale des sciences, belles-lettres et arts ; école spéciale des beaux-arts ; conserv. des arts ; école vétérinaire et d'économie rurale ; institution des sourds-muets ; société d'agric., histoire naturelle et arts utiles ; biblioth. pub. d'environ 110,000 volumes, dont plus de 800 manuscrits ; musée de tableaux et d'antiq. ; jardin bot. ; ing. en chef des ponts-et-chaussées ; ing. des mines ; direct. de l'enregist. et des domaines de 1™ classe ; conserv. des hypoth. ; entrepôt des douanes ; direct. des contrib. dir. et indir. ; recev. gén. des finances ; payeur du dép. ; bur. d'enregist. et de poste ; pop. 146,680 hab. envir.

Cette ville, située au confluent du Rhône et de la Saône, est l'une des plus anciennes des Gaules. Elle doit sa fondation au consul Lucius Munatius Plancus, qui y rassembla les habitans de Vienne, chassés par les Allobroges. L'an 41 avant J.-C. Auguste l'éleva au rang de métropole de la Gaule celtique, et Claude lui fit accorder le droit de cité romaine, etc. Elle est dominée au N. et à l'O. par les montagnes de Fourvières et de St.-Sébastien, que décorent une multitude de maisons de campagnes qui offrent le coup d'œil le plus agréable. De cette hauteur, la vue se promène à une distance immense sur les belles plaines du Dauphiné, à l'extrémité desquelles apparaissent comme des nuages bleuâtres, les cimes neigeuses des Alpes. On y remarque l'Hôtel-de-Ville, le palais des Beaux-Arts, l'Hôtel-Dieu, l'église St.-Jean, le grand théâtre, les casernes, l'immense place Bellecour, plusieurs ponts sur le Rhône et la Saône, le jardin botanique, les promenades des Brotteaux, l'allée Perrache, l'Ille-Barbe, etc. Parmi les hommes célèbres, tant anciens que modernes qui sont nés dans cette ville, nous citerons les empereurs Marc-Aurèle, Caracalla et Claude ; Linguet, homme de lettres ; de Jussieu, botaniste ; Morellet, Philippon-la-Magdeleine, Delandine, Prud'homme, et Degérando, hommes de lettres ; le général Duphot et le maréchal Suchet, duc d'Albuféra.

Manuf. considérables d'étoffes de soie, tulles, crêpes, chapellerie, toiles peintes, tissus de coton, passementerie, dorures, bonneterie de soie et filoselle, dentelles d'or et d'argent ; papiers peints ; fabr. considérables de liqueurs estimées, d'acides minéraux et produits chimiques ; teintureries en rouge d'Andrinople, teintureries en soie ; fonderies de métaux et de caractères d'imprimerie ; ateliers de tireurs d'or et d'argent ; verreries, faïenceries, tanneries et corroieries estimées. Comm. immense de soie en bottes, étoffes de soie et nouveautés, rubans, huiles, marrons, savon, draps, laines, toiles, chapellerie, mercerie, papeterie, grains, farines, vins, eaux-de-vie et liqueurs fines ; entrepôt de soie, de sel, de denrées coloniales, etc. Dist. de Paris, 118 l.

LYONNAIS (le), s. m. Ancienne province de France, qui forme aujourd'hui les dép. du Rhône et de la Loire. Il était compris dans la première Lyonnaise sous la domination romaine.

LYONS-LA-FORÊT, s. m. Com. du

dép. de l'Eure, chef-lieu de cant. de l'arr. des Andelys. Bur. d'enregist. et de poste.

Fabr. d'indiennes ; comm. de grains.

LYONSIE, s. f. Arbrisseau de la Nouvelle-Hollande. T. de bot.

LYPÉMANIE, s. f. Mélancolie. T. de méd.

LYPÉRANTHE, s. f. Plante de la famille des orchidées. T. de bot.

LYPHARD (St.-), s. m. Com. du dép. de la Loire-Inférieure, cant. d'Herbignac, arr. de Savenay. = Guérande.

LYPY, s. m. Tulipe d'un rouge brûlé. T. de jard. fleur.

LYRE, s. f. Instrument de musique en usage dans l'antiquité ; symbole de l'harmonie, de la concorde. —, muse, poésie lyrique. Fig. —, constellation boréale. —, surface intérieure du plancher triangulaire de la voûte du cerveau. T. d'anat. —, poisson, coquillage du genre des tonnes. T. d'hist. nat.

LYRÉE, adj. f. Se dit d'une feuille dont la partie supérieure est entière, l'inférieure se divisant en lobes qui vont en décroissant. T. de bot.

LYRIQUE, adj. Qui se chante sur la lyre. Poésie —, propre à être mise en musique, comme l'hymne, l'ode, la cantate, etc. Poëte —, qui compose des odes.

LYRODIE, s. f. Air pour la lyre. T. d'antiq.

LYRON, s. m. Plante aquatique. T. de bot.

LYROPE, s. m. Genre d'insectes hyménoptères. T. d'hist. nat.

LYS, s. m. Com. du dép. de la Nièvre, cant. de Tannay, arr. de Clamecy. = Tannay.

LYS (la), s. f. Rivière dont on trouve la source au village de Lisbourg, dép. du Pas-de-Calais, arr. de St.-Pol, et qui se jette dans l'Escaut à Gand (Pays-Bas). Cette rivière est navigable depuis Aire jusqu'à son embouchure. Son cours est d'environ 50 l.

LYS (le), s. m. Com du dép. de l'Oise, cant. de Creil, arr. de Senlis. = Chantilly.

LYS, s. m. Com. du dép. de Saône-et-Loire, cant. de St.-Gengoux-le-Royal, arr. de Mâcon. = Mâcon.

LYSIMACHIE, s. f. Souci d'eau, plante qui arrête le sang ; famille de plantes. T. de bot.

LYSINÈME, s. f. Bicorne, plante de la Nouvelle-Hollande. T. de bot.

LYSIODE, s. m. Baladin qui faisait les rôles de femmes. T. d'antiq.

LYSIS, s. f. Crise salutaire. T. de méd.

LYS-LES-LANNOY, s. m. Com. du dép. du Nord, cant. de Lannoy, arr. de Lille. = Lille.

LYSMATE, s. f. Genre de crustacés. T. d'hist. nat.

LYS-ST.-GEORGES, s. m. Com. du dép. de l'Indre, cant. de Neuvy-St.-Sépulcre, arr. de la Châtre. = la Châtre.

LYSSODECTE, adj. Qui a été mordu par un chien enragé. T. de méd.

LYSTRE, s. f. Genre d'insectes hémiptères. T. d'hist. nat.

LYTHRODE, s. f. Pierre grasse rouge. T. d'hist. nat.

LYTHRUM, s. m. Plante de la famille des lysimachies. T. de bot.

M.

M, s. m. et s. f. Treizième lettre de l'alphabet, dixième consonne ; lettre numérale mille.

MA, pron. possessif f. Voy. Mon.

MAAST-ET-VIOLAINE, s. m. Com. du dép. de l'Aisne, cant. d'Oulchy-le-Château, arr. de Soissons. = Soissons.

MAASTRICHT, s. m. Ville très commerçante et très forte des Pays-Bas, capitale du Limbourg.

MAATZ, s. m. Com. du dép. de la Haute-Marne, cant. de Prauthoy, arr. de Langres. = Champlitte.

MABA, s. f. Genre de plantes de la famille des ébénacées. T. de bot.

MABIER, s. m. Arbrisseau de la famille des euphorbes. T. de bot.

MABLY, s. m. Com. du dép. de la Loire, cant. et arr. de Roanne. = Roanne.

MABOLO, s. m. Plaqueminier, arbre des îles Manilles. T. de bot.

MABOUIER, s. m. Arbre d'Amérique. T. de bot.

MABOUJA, s. f. Arbre d'Amérique, avec la racine duquel les sauvages font des massues.

MABURNIE, s. f. Arbre de l'île de Madagascar. T. de bot.

MACAGUA, s. m. Oiseau de proie de l'ordre des accipitres. T. d'hist. nat.

MACAHANE, s. m. Arbrisseau de la Guiane. T. de bot.

MACAIRE (St.-), s. m. Ville du dép.

de la Gironde, chef-lieu de cant. de l'arr. de la Réole, où se trouve le bur. d'enregist. ; bur. de poste.

Cette ville possède un port assez commode sur la Garonne, où la marée se fait sentir. Comm. de vins.

MACAIRE (St.-), s. m. Com. du dép. de Maine-et-Loire, cant. de Montfaucon, arr. de Beaupréau. = Beaupréau.

MACAIRE (St.-), s. m. Com. du dép. de Maine-et-Loire, cant. de Montreuil-Bellay, arr. de Saumur. = Doué.

MACANILLA-DE-CARIPE, s. m. Palmier de l'Amérique méridionale. T. de bot.

MACAO, s. m. Ville très commerçante de la Chine, située dans une petite île à l'entrée de la baie de Canton. Cette ville fut long-temps occupée par les Portugais, moyennant une rétribution de cent mille ducats.

MACAQUE, s. m. Genre de singes à nat.

MACARANGUE, s. f. Arbre de l'île de Madagascar. T. de bot.

MACAREUX, s. m. Genre d'oiseaux aquatiques. T. d'hist. nat.

MACARISIE, s. f. Arbrisseau de l'île de Madagascar. T. de bot.

MACARON, s. m. Petite pâtisserie composée de farine, d'amandes et de sucre. —, peigne arrondi par les bouts.

MACARONÉE, s. f. Pièce de vers, en style macaronique.

MACARONI, s. m. Mets italien, composé d'une pâte non fermentée comme celle du vermicelle, et de fromage de parmesan.

MACARONIQUE, adj. Burlesque, rempli de mots vulgaires avec des terminaisons latines ; style macaronique.

MACARONISME, s. m. Poésie macaronique.

MACASSAR, s. m. Ville capitale des îles Célèbes, grande île de l'Océanie, à l'E. de Bornéo et à l'O. des îles Moluques. Cette ville, défendue par un fort, est très riche et très commerçante ; elle appartient aux Hollandais, qui possèdent plusieurs autres établissemens dans cette île.

MACAU, s. m. Com. du dép. de la Gironde, cant. de Blanquefort, arr. de Bordeaux. = Bordeaux.

MACAYE, s. m. Com. du dép. des Basses-Pyrénées, cant. de Hasparren, arr. de Bayonne. = Bayonne.

MACÉ, s. m. Com. du dép. de l'Orne, cant. de Sées, arr. d'Alençon. = Sées.

MACÉDOINE, s. f. Province du nouveau royaume de Grèce qui répond à cette contrée de l'ancienne Grèce, où régnèrent Philippe et Alexandre. Salonique et son port, au fond d'un golfe, est tout ce qu'il y a de remarquable dans la partie septentrionale ; mais, dans la partie opposée qui remplace l'ancienne Thessalie, on voit encore l'Olympe, le Pinde, la vallée de Tempé et le fleuve Pénée. On y remarque Larisse, ville grande et commerçante. Voy. LARISSE.
—, ragoût de plusieurs sortes de viandes, de divers légumes. —, sorte de jeu de cartes. —, mélange de morceaux de littérature.

MACÉMUTINE, s. f. Ancienne monnaie d'or.

MACER, MACIR ou MACRE, s. m. Arbre dont l'écorce jaunâtre est employée en médecine.

MACÉRATION, s. f. Mortification de la chair par jeûnes et autres austérités. —, séjour d'une substance dans un liquide. T. de pharm.

MACÉRÉ, E, part. Mortifié par le jeûne et les austérités, en parlant de la chair ; détrempé dans un liquide, en parlant d'une substance.

MACÉRER, v. a. Mortifier ses sens, calmer l'effervescence de ses passions par des austérités. —, faire tremper à froid un médicament, etc., dans un liquide, pour le ramollir, en détacher ou exalter les principes, en extraire les propriétés. T. de chim. et de pharm. Se —, v. pron. Séjourner dans un liquide.

MACÉRIS, s. m. Constellation d'Hercule. T. d'astr.

MACÉRON, s. m. Plante potagère du genre des ombellifères ; gros persil de Macédoine. T. de bot.

MACEY, s. m. Com. du dép. de l'Aube, cant. et arr. de Troyes. = Troyes.

MACEY, s. m. Com. du dép. de la Manche, cant. de Pontorson, arr. d'Avranches. = Pontorson.

MACHABÉES, s. m. pl. Les deux derniers livres de l'ancien Testament, relatifs au massacre des sept fils et de l'épouse de Judas Machabée, par ordre d'Antiochus Epiphanes.

MACHAMONE, s. f. Calebasse à chair rafraîchissante, fruit d'une sorte de calebassier.

MACHANE, s. f. Arbrisseau de l'île de Cayenne. T. de bot.

MACHAONIE, s. f. Petit arbre de l'Amérique méridionale, qui appartient à la pentandrie, cinquième classe des végétaux. T. de bot.

MACHAULT, s. m. Com. du dép. des

Ardennes, chef-lieu de cant. de l'arr. de Vouziers, où se trouvent les bur. d'enregist. et de poste.

MACHAULT, s. m. Com. du dép. de Seine-et-Marne, cant. du Châtelet, arr. de Melun. = le Châtelet.

MACHÉ, s. m. Com. du dép. de la Vendée, cant. de Palluau, arr. des Sables-d'Olonne. = Palluau.

MÂCHE, s. f. Herbe qu'on mange en salade.

MÂCHÉ, E, part. Broyé avec les dents.

MACHECOUL, s. m. Petite ville du dép. de la Loire-Inférieure, chef-lieu de cant. de l'arr. de Nantes. Bur. d'enregist. et de poste. Cette ville a beaucoup souffert dans les guerres de la Vendée. Comm. de grains.

MÂCHECOULIS ou MACHICOULIS, s. m. Ouverture dans les galeries supérieures des anciennes fortifications, pour faire tomber des pierres sur les assaillans.

MÂCHEFER, s. m. Scorie qui se détache du fer et de l'acier, soit au feu, soit à la forge.

MACHEFIN, s. m. Com. du dép. du Jura, cant. de Chaumergy, arr. de Dôle. = Sellières.

MACHEIX, s. m. Com. du dép. de la Corrèze, cant. de Beaulieu, arr. de Brive. = Brive.

MÂCHELIÈRE, s. et adj. Se dit des dents molaires, parce qu'elles servent à mâcher les alimens. T. de chir.

MACHEMONT, s. m. Com. du dép. de l'Oise, cant. de Ribécourt, arr. de Compiègne. = Ribécourt.

MÂCHEMOURE, s. f. Reste du biscuit donné à l'équipage d'un navire. T. de mar.

MÂCHER, v. a. Broyer avec la mâchoire, avec les dents. —, manger avidement, goulument. —, ébaucher, dégrossir, apprêter; mâcher la besogne. — à vide, voir manger sans être invité à en faire autant; éprouver des privations en attendant un bien qui n'arrive pas. Fig. Ne pas — une chose, la dire franchement, sans adoucissement.

MACHEREN, s. m. Com. du dép. de la Moselle, cant. de St.-Avold, arr. de Sarreguemines. = St.-Avold.

MACHEROMENIL, s. m. Com. du dép. des Ardennes, cant. de Novion, arr. de Réthel. = Réthel.

MÂCHEUR, EUSE, s. Celui qui mâche; mâcheur de tabac. —, grand mangeur, gourmand, goinfre. T. fam.

MACHII ou MATCHI, s. m. Sorte de singe, sapajou. T. d'hist. nat.

MACHIAVEL, s. m. Écrivain politique italien, qui érige la fourberie et le crime en moyens de gouvernement.

MACHIAVÉLIQUE, adj. Qui tient de la politique infernale de Machiavel.

MACHIAVÉLISME, s. m. Système politique perfide, insidieux, diabolique, fondé sur la ruse, la force, les assassinats et le poison; matérialisme politique. —, conduite astucieuse, perfide. Fig.

MACHIAVÉLISTE, s. m. Prince fourbe, dissimulé, parjure, qui viole les lois, opprime les citoyens, dévore la substance des peuples, et justifie les plus noirs attentats par le succès.

MÂCHICATOIRE, s. m. Drogue qu'on mâche comme le tabac, sans l'avaler.

MACHICOT, s. m. Chantre d'église; mauvais chanteur. T. de mépris.

MACHICOTAGE, s. m. Addition de notes qui remplissent les intervalles. T. de mus. inus.

MACHICOTÉ, E, part. Chanté comme un machicot.

MACHICOTER, v. a. Chanter mal, comme le fait un machicot.

MACHIEL, s. m. Com. du dép. de la Somme, cant. de Rue, arr. d'Abbeville. = Abbeville.

MACHILE, s. m. Arbrisseau voisin des lauriers. T. de bot. —, insecte lépismène. T. d'hist. nat.

MACHINAL, E, adj. Involontaire, qui tient de la machine; mouvement machinal.

MACHINALEMENT, adv. D'une manière machinale, involontairement.

MACHINATEUR, s. m. Factieux qui ourdit un complot, qui en dirige les fils.

MACHINATION, s. f. Conspiration, coalition, complot; piéges, embûches.

MACHINE, s. f. Outil, instrument, engin, tout appareil propre à communiquer le mouvement, à augmenter les forces. —, assemblage de ressorts mécaniques, de pièces mobiles. —, invention, ruse, machination. Fig. et fam. —, grand ouvrage de génie. T. d'arts. — ronde, l'univers. —, apparition de quelque divinité ou génie sur la scène. — de théâtre, rouage à l'aide desquels on opère les changemens de décoration, etc.

MACHINE (la), s. f. Com. du dép. de la Nièvre, cant. de Decize, arr. de Nevers. = Decize.

MACHINÉ, E, part. Ourdi, tramé, en parlant d'un complot.

MACHINER, v. a. Ourdir, tramer une

intrigue, un complot; former quelque mauvais dessein. —, unir les fils avec le machinoir. T. de cordonn.

MACHINEUR, s. m. Voy. MACHINATEUR.

MACHINISME, s. m. Emploi des machines.

MACHINISTE, s. m. Mécanicien qui invente, construit des machines pour les décorations théâtrales, l'horlogerie, l'hydraulique, etc.

MACHINOIR, s. m. Outil pour unir les points de derrière du soulier. T. de cordonn.

MACHOIRAN, s. m. Poisson du genre du silure. T. d'hist. nat.

MÂCHOIRE, s. f. Os en forme de fer à cheval, dans lequel les dents sont implantées. — inférieure, dernier os de la face, et le seul de la tête qui soit mobile. —, homme qui s'énonce mal et pesamment; homme borné, inepte. Fig. et fam. —, partie du chien de la batterie d'un fusil qui porte la pierre. —, pièces mobiles qui serrent les objets en se rapprochant; les mâchoires d'un étau.

MACHOMOR, s. m. Champignon du Kamtschatka. T. de bot.

MÂCHONNÉ, E, part. Mâché superficiellement. —, adj. Mal fait, mal exécuté, incorrect, dur. T. d'arts.

MÂCHONNER ou MÂCHOTTER, v. a. et n. Mâcher avec difficulté, pignocher. T. fam.

MACHOQUET, s. m. Insecte sauteur, espèce de grillon des îles. T. d'hist. nat.

MACHOSOR, s. m. Livre de prières des Juifs.

MACHUL ou MACHOL, s. m. Espèce de sistre, instrument de musique des Hébreux.

MÂCHURAT, s. m. Apprenti; ouvrier malpropre, gauche. T. d'impr.

MÂCHURE, s. f. Partie du drap où le poil n'est pas coupé uni.

MÂCHURÉ, E, part. Déchiré avec un instrument qui coupe difficilement.

MÂCHURER, v. a. Déchirer avec un mauvais couteau ou de mauvais ciseaux, etc.; déchirer, gâter. —, barbouiller, noircir, salir les feuilles, en parlant des ouvriers à la presse. T. d'impr.

MACHY, s. m. Com. du dép. de l'Aube, cant. de Bouilly, arr. de Troyes. = Troyes.

MACHY, s. m. Com. du dép. de la Somme, cant. de Rue, arr. d'Abbeville. = Abbeville.

MACIGNO, s. m. Pierre marneuse et micacée. T. d'hist. nat.

MACIS, s. m. Membrane réticulaire au-dessus de la première écorce de la noix muscade, —, écorce intérieure.

MACK, s. m. Insecte, espèce de cousin.

MACKAU-TRÉE, s. m. Palmier à tronc épineux. T. de bot.

MACKENHEIM, s. m. Com. du dép. du Bas-Rhin, cant. de Marckolsheim, arr. de Schélestadt. = Marckolsheim.

MACKER, s. m. Com. du dép. de la Moselle, cant. de Boulay, arr. de Metz. = Boulay.

MACKWILLER, s. m. Com. du dép. du Bas-Rhin, cant. de Drulingen, arr. de Saverne. = Sarrewerden.

MACLAGE, s. m. Mélange de verre de différentes natures.

MACLAS, s. m. Com. du dép. de la Loire, cant. de Pélussin, arr. de St.-Étienne. = Condrieu.

MACLAUNAY, s. m. Com. du dép. de la Marne, cant. de Montmirail, arr. d'Epernay. = Montmirail.

MACLE, s. f. Espèce de schorl, pierre de croix, en prisme quadrangulaire. —, espèce de trèfle d'eau. —, sorte de filet. T. de pêch. —, maille de cuirasse en losange. T. de blas.

MACLÉ, E, part. Remué, en parlant du verre fondu.

MACLER, v. a. Remuer le verre en fusion; mêler du verre dur avec du verre plus mou. T. de verr.

MACLONJÈRE, s. f. Filet de pêche, espèce de folle.

MACLOU (St.-), s. m. Com. du dép. du Calvados, cant. de Mézidon, arr. de Lisieux. = Croissanville.

MACLOU (St.-), s. m. Com. du dép. de l'Eure, cant. de Beuzeville, arr. de Pont-Audemer. = Pont-Audemer.

MACLOU-DE-FOLLEVILLE (St.-), s. m. Com. du dép. de la Seine-Inférieure, cant. de Tôtes, arr. de Dieppe. = Tôtes.

MACLOU-DE-LA-BRIÈRE (St.-), s. m. Com. du dép. de la Seine-Inférieure, cant. de Goderville, arr. du Hâvre. = Fauville.

MACOGO, s. m. Quadrupède du royaume de Congo, antilope. T. d'hist. nat.

MACOGWER, s. m. Espèce de courge. T. de bot.

MACOMEIRA, s. m. Palmier du Brésil. T. de bot.

MAÇON, s. m. Ouvrier en bâtiment dont le savoir se borne à entasser des pierres les unes sur les autres avec du plâtre ou de la chaux, etc.; soyez plutôt maçon. —, ouvrier qui travaille grossièrement. Fig. et fam.

MACON, s. m. Com. du dép. de l'Aube, cant. et arr. de Nogent-sur-Seine. = Nogent-sur-Seine.

MÂCON, s. m. Ville du dép. de Saône-et-Loire, chef-lieu de préf., d'une sous-préf. et de deux cant.; cour d'assises; trib. de 1re inst. et de comm.; société des sciences, arts et belles-lettres; ingén. en chef des ponts-et-chaussées; direct. de l'enregist. et des domaines, 2e classe; conserv. des hypoth.; direct. des contrib. dir. et indir.; sous-inspect. des forêts; bur. de garantie des matières d'or et d'argent; recev. gén. des finances, payeur du dép.; bur. d'enregist. et de poste; pop. 10,970 hab. envir.
Cette ville, agréablement située sur la rive droite de la Saône, est, en général, mal bâtie et n'offre que des rues étroites et tortueuses; mais elle possède un très beau quai où l'on remarque l'hôtel-de-ville, la salle de spectacle, les bains, etc. Patrie de Sennecé, poète, et de M. Lamartine, auteur des Méditations. Fabr. de couvertures de laines, toiles; bonneterie, chapeaux; confitures sèches très recherchées; belle fonderie de fer; comm. considérable d'excellens vins de son terroir, farines, cerceaux, merrains, etc.

MACONCOURT, s. m. Com. du dép. de la Haute-Marne, cant. de Donjeux, arr. de Vassy. = Joinville.

MACONCOURT, s. m. Com. du dép. des Vosges, cant. de Châtenois, arr. de Neufchâteau. = Neufchâteau.

MACONGE, s. f. Com. du dép. de la Côte-d'Or, cant. de Pouilly-en-Auxois, arr. de Beaune. = Arnay.

MAÇONNAGE, s. m. Travail de maçon, maçonnerie.

MACONNAIS (le), s. m. Petit pays dépendant autrefois de la province de Bourgogne, et qui fait aujourd'hui partie du dép. de Saône-et-Loire. Ce pays est fertile en excellens vins.

MÂCONNAIS, E, s. et adj. Habitant de Mâcon; qui concerne cette ville.

MAÇONNÉ, E, part. Construit, bâti en maçonnerie.

MAÇONNER, v. a. Construire, bâtir en maçonnerie. —, travailler grossièrement. Fig. et fam.

MAÇONNERIE, s. f. Ouvrage, construction, bâtisse en pierres, liées avec le mortier, le plâtre, le ciment, etc. —, ancienne juridiction pour la police des bâtimens.

MACORNAY, s. m. Com. du dép. du Jura, cant. et arr. de Lons-le-Saulnier. = Lons-le-Saulnier.

MACOU (St.-), s. m. Com. du dép. de la Vienne, cant. et arr. de Civray. = Civray.

MACOUBA, s. m. Tabac de la Martinique, préparé avec du sucre brut.

MACOUBÉ, s. m. Arbre de la Guiane. T. de bot.

MACOUCOU, s. m. Grand arbre de la Guiane. T. de bot.

MACQUE, s. f. Instrument pour broyer la tige du chanvre.

MACQUÉ, E, part. Broyé, en parlant du chanvre.

MACQUELINES, s. f. Com. du dép. de l'Oise, cant. de Betz, arr. de Senlis. = Crépy.

MACQUENOM, s. m. Com. du dép. de la Moselle, cant. et arr. de Thionville. = Thionville.

MACQUER, v. a. Broyer les tiges du chanvre avec la macque, pour en détacher la filasse.

MACQUERIE, s. f. Veine de matières étrangères, inclinée au nord dans un banc d'ardoise.

MACQUEVILLE, s. f. Com. du dép. de la Charente-Inférieure, cant. de Matha, arr. de St.-Jean-d'Angély. = St.-Jean-d'Angély.

MACQUIGNY, s. m. Com. du dép. de l'Aisne, cant. de Guise, arr. de Vervins. = Guise.

MACRE, s. f. Châtaigne d'eau, tribule aquatique, plante de la famille des onagres. T. de bot.

MACRÉE, s. f. Voy. Mascaret.

MACREUSE, s. f. Oiseau aquatique qui ressemble au canard.

MACROCÉPHALE, adj. Qui a la tête alongée. Embryon —, dont les cotylédons renflés sont plus gros que les autres linéamens. T. de bot. —, pl. Famille d'insectes coléoptères. T. d'hist. nat.

MACROCÈRE, s. f. Insecte hyménoptère apiaire. T. d'hist. nat.

MACROCHÈRE, s. f. Tunique à longues manches. T. d'antiq.

MACROCOSME, s. m. Le grand monde, l'univers. T. inus.

MACRODACTYLES, s. m. pl. Oiseaux échassiers. —, s. f. pl. Coléoptères clavicornes. T. d'hist. nat.

MACRODITE, s. f. Coquille univalve. T. d'hist. nat.

MACROGASTRES, s. m. pl. Insectes coléoptères hétéromères. T. d'hist. nat.

MACROGLOSSE, s. m. Insecte lépidoptère sphingide. T. d'hist. nat. —, s. et adj. Dont la langue est très volumineuse. T. de méd. —, s. m. pl. Oiseaux sylvains. T. d'hist. nat.

MACROGNATHES, s. m. pl. Poissons apodes. T. d'hist. nat.

MACROLÉPIDOTE, adj. Se dit des poissons à grandes écailles. T. d'hist. nat.

MACRONYQUE, s. m. Coléoptère macrodactyle. T. d'hist. nat.

MACROPHTALME, s. m. Espèce de lutjan, poisson du Japon. T. d'hist. nat.

MACROPHYLLE, adj. A grosses feuilles. T. de bot.

MACROPHYSOCÉPHALE, s. et adj. Se dit d'un enfant dont la tête est alongée et gonflée. T. de méd.

MACROPNÉE, s. f. Respiration longue et ralentie. T. de méd. inus.

MACROPODE, adj. m. Se dit d'un embryon dont la radicule est fort grosse et renflée en tête. T. de bot. —, s. m. pl. Poissons thoraciques; quadrupèdes rongeurs. T. d'hist. nat.

MACROPODIE, s. f. Crustacé décapode, brachyure. T. d'hist. nat.

MACROPTÈRE, adj. Se dit des oiseaux qui ont des ailes très longues. —, s. m. pl. Oiseaux palmipèdes. T. d'hist. nat.

MACROPTÉRONOTE, s. m. Poisson du genre du silure. T. d'hist. nat.

MACRORAMPHOSE, s. m. Poisson abdominal, silure cornu. T. d'hist. nat.

MACRORYNQUE, s. m. Poisson branchiostège. T. d'hist. nat.

MACROSTICHE, adj. Ecrit à longues lignes.

MACROTARCIENS, s. m. pl. Makis, gerboises, quadrupèdes rongeurs. T. d'hist. nat.

MACROURES, s. m. pl. Famille de crustacés décapodes à longues queues. T. d'hist. nat.

MACSARAT, s. m. Maison de nègres.

MACTRE, s. f Huche où l'on pétrit. —, coquillage bivalve qui a la forme d'un coffret. T. d'hist. nat.

MACTRISME, s. m. Danse ridicule. T. d'antiq.

MACUÈRE, s. f. Plante herbacée. T. de bot.

MACULATION, s. f. Action de maculer. T. d'impr.

MACULATURE, s. f. Feuille mal tirée. —, gros papier gris qui sert d'enveloppe. T. d'impr.

MACULE, s. f. Tache, souillure. (Vi.) —, tache obscure sur le disque du soleil. T. d'astr. —, tache sur la peau. T. de méd.

MACULÉ, E, part. Taché, barbouillé. T. d'impr.

MACULER, v. a. et n. Tacher, barbouiller. T. d'impr.

MADAGASCAR, s. m. Voy. BOURBON (île de).

MADAILLAN, s. m. Com. du dép. de Lot-et-Garonne, cant. de Prayssas, arr. d'Agen. = Agen.

MADAME, s. f., pl. Mesdames. Qualification commune à toutes les femmes mariées et qu'on réservait autrefois aux dames de qualité, aux chanoinesses. —, fille aînée du roi; épouse de son frère.

MADAPOLAME, s. f. Espèce de percale pour faire des chemises.

MADAROSE, s. f. Chute des cils. T. de méd.

MADÉCASSE, s. et adj. Indigène de l'île de Madagascar

MADECOURT, s. m. Com. du dép. des Vosges, cant. de Vittel, arr. de Mirecourt. = Mirecourt.

MADÉFACTION, s. f. Action d'humecter. T. de pharm.

MADEGNEY, s. m. Com. du dép. des Vosges, cant. de Dompaire, arr. de Mirecourt. = Charmes.

MADELAINE (la), s. f. Com. du dép. du Pas-de-Calais, cant. et arr. de Montreuil. = Montreuil.

MADELAINE (la), s. f. Com. du dép. de Seine-et-Marne, cant. de Château-Landon, arr. de Fontainebleau. = Château-Landon.

MADELAINE-BOUVET (la), s. f. Com. du dép. de l'Orne, cant. de Rémalard, arr. de Mortagne. = Champrond.

MADELAINE - VILLEFROIN (la), s. f. Com. du dép. de Loir-et-Cher, cant. de Marchénoir, arr. de Blois. = Mer.

MADELEINE (la), s. f. Com. du dép. du Haut-Rhin, cant. de Giromagny, arr. de Belfort. = Belfort.

MADELEINE-DE-NONANCOURT, s. f. Com. du dép. de l'Eure, cant. de Nonancourt, arr. d'Evreux. = Nonancourt.

MADEMOISELLE, s. f. Titre d'honneur qu'on donne à la fille aînée d'un Prince héritier du trône. —, qualification des demoiselles, en leur parlant ou en parlant d'elles.

MADEN (St.-), s. m. Com. du dép. des Côtes-du-Nord, cant. de St.-Jouan-de-l'Isle, arr. de Dinan. = Dinan.

MADÈRE, s. f. Ile de l'Océan atlantique vis-à-vis des côtes de Maroc. Cette île, qui appartient au royaume de Portugal, est renommée par l'excellente qualité de ses vins; on y cultive la canne à sucre.

MADI, s. m. Plante corymbifère. T. de bot.

MADIAN, s. m. Fruit de l'Inde.
MADIC, s. m. Com. du dép. du Cantal, cant. de Saignes, arr. de Mauriac. = Bort.
MADIÈRE, s. f. Com. du dép. de l'Ariège, cant. et arr. de Pamiers. = Pamiers.
MADIEU (le grand), s. m. Com. du dép. de la Charente, cant. de St.-Claud, arr. de Confolens. = St.-Claud.
MADIEU (le petit), s. m. Com. du dép. de la Charente, cant. de St.-Claud, arr. de Confolens. = St.-Claud.
MADIRAC, s. m. Com. du dép. de la Gironde, cant. de Créon, arr. de Bordeaux. = Bordeaux.
MADIRAN, s. m. Com. du dép. des Hautes-Pyrénées, cant. de Castelnau-Rivière-Basse, arr. de Tarbes. = Tarbes.
MADON (le), s. m. Rivière qui prend naissance près de Mirecourt, dép. des Vosges, et qui se jette dans la Moselle à Pont-St.-Vincent, dép. de la Meurthe, après un cours de 151.
MADONE, s. f. Statue, figure, image de la Vierge.
MADONNE-ET-LAMEREY, s. f. Com. du dép. des Vosges, cant. de Dompaire, arr. de Mirecourt. = Mirecourt.
MADONNINE, s. f. Monnaie de l'état de Gênes, valant 75 c.
MADOUINE, s. f. Pistole du Piémont.
MADRAGUE, s. f. Enceinte de cordes, de filets, pour prendre des thons, etc.
MADRAS, s. m. Ville considérable de l'Inde, sur la côte de Coromandel, qui fait partie des possessions anglaises dans cette partie du monde. Pop., 300,000 h. —, fichu de soie et coton des Indes.
MADRÉ, s. m. Com. du dép. de l'Orne, cant. de la Ferté-Macé, arr. de Domfront. = la Ferté-Macé.
MADRÉ, E, adj. Diversifié de couleurs, moucheté, marbré. —, s. et adj. Fin, rusé, matois. Fig. Oiseau —, qui a mué plusieurs fois. T. de fauc.
MADRÉNAGUE ou MADRENAQUE, s. f. Toile dont la chaîne est de coton, et la trame de fil de palmier des Philippines.
MADRÉPORE, s. m. Genre de polypiers pierreux ramifiés. T. d'hist. nat.
MADRÉPORITE, s. m. Madrépore pétrifié; chaux carbonatée, fétide. T. d'hist. nat.
MADRESSE, s. f. Académie turque.
MADRIAT, s. m. Com. du dép. du Puy-de-Dôme, cant. d'Ardes, arr. d'Issoire. = Ardes.
MADRID, s. m. Ville capitale du royaume d'Espagne, dans la nouvelle Castille. Cette ville, grande, riche et belle, est la résidence du roi. Pop., 200,000 hab. env.
MADRIER, s. m. Planche de chêne, très épaisse.
MADRIGAL, s. m. Pensée ingénieuse ou galante, renfermée en quelques vers. —, pièce de musique savante, fort en vogue en Italie au seizième siècle.
MADRIGALESQUE, adj. m. Se dit du contre-point rigoureux du madrigal musical. T. de mus.
MADRIGALET, s. m. Petit madrigal. T. inus.
MADRIGALIER, s. m. Auteur de madrigaux.
MADRIGALIQUE, adj. Qui est relatif au madrigal.
MADRURE, s. f. Tache, bigarrure sur la peau d'un animal; veine du bois madré.
MAEL-CARHAIX, s. m. Com. du dép. des Côtes-du-Nord, chef-lieu de cant. de l'arr. de Guingamp. Bur. d'enregist. à Rostrenen. = Rostrenen.
MAEL-PESTIVIEN, s. m. Com. du dép. des Côtes-du-Nord, cant. de Callac, arr. de Guingamp. = Rostrenen.
MAENNOLSHEIM, s. m. Com. du dép. du Bas-Rhin, cant. et arr. de Saverne. = Saverne.
MAESTRAL, s. m. Vent du N.-O. sur la Méditerranée.
MAESTRALISER, v. n. Tourner à l'ouest, en parlant de la boussole. T. de mar.
MAFFLÉ, E, ou MAFFLU, E, s. et adj. Bouffi, boursouflé, joufflu.
MAFFLIÈRES, s. f. Com. du dép. de Seine-et-Oise, cant. d'Ecouen, arr. de Pontoise. = Ecouen.
MAFFRÉCOURT, s. m. Com. du dép. de la Marne, cant. et arr. de Ste.-Ménehould. = Ste.-Ménehould.
MAFORTE, s. m. Manteau des moines égyptiens.
MAFRACH, s. m. Valise des Persans.
MAGADE, s. f. Lyre à vingt cordes, semblable à celle dont se servait Anacréon. T. de mus. ancienne.
MAGADISER, v. n. Jouer de la magade; chanter à l'octave. T. de mus.
MAGAI, s. m. Arbre d'Amérique.
MAGALAISE, s. f. Mine de fer contenant du zinc. T. d'hist. nat.
MAGALAS, s. m. Com. du dép. de l'Hérault, cant. de Roujan, arr. de Béziers. = Béziers.
MAGANÈSE, s. f. Voy. MAGNÉSIE.
MAGAS, s. m. Concavité au bas de la lyre pour la rendre plus sonore. T. de

mus. ancienne. —, coquillage fossile. T. d'hist. nat.

MAGASIN, s. m. Lieu dans lequel sont déposées des marchandises. —, grand amas de provisions, de munitions, etc.

MAGASINAGE, s. m. Action de mettre en magasin; durée du séjour des marchandises en magasin; droit dû au magasinier.

MAGASINER, v. a. Voy. EMMAGASINER.

MAGASINIER, s. m. Garde-magasin.

MAGASTACHYE, s. f. Genre de plantes graminées. T. de bot.

MAGDALÉON, s. m. Emplâtre en rouleau.

MAGDEBOURG, s. m. Ville fortifiée du royaume de Prusse, sur l'Elbe. Cette ville, qui possède de nombreuses manufactures, est très commerçante. Pop., 35,000 hab. env.

MAGDELAINE (la), s. f. Com. du dép. de la Charente, cant. de Villefagnan, arr. de Ruffec. = Ruffec.

MAGDELAINE (la), s. f. Village du dép. de Lot-et-Garonne, cant. de Puymirol, arr. d'Agen. = Agen.

MAGDELAINE (la), s. f. Com. du dép. de Lot-et-Garonne, cant. et arr. de Marmande. = Marmande.

MAGDELEINE (la), s. f. Com. du dép. de la Charente, cant. de Segonzac, arr. de Cognac. = Barbezieux.

MAGDELEINE (la), s. f. Com. du dép. du Nord, cant. et arr. de Lille. = Lille.

MAGDELONNETTES, s. f. pl. Sorte de religieuses.

MAGE (le), s. m. Com. du dép. de l'Orne, cant. de Longni, arr. de Mortagne. = Longni.

MAGE, s. m. Homme savant en astrologie, en philosophie, chef de la religion dans l'ancienne Perse. —, s. et adj. Autrefois, lieutenant du sénéchal dans plusieurs provinces.

MAGEL (la), s. f. Rivière dont la source se trouve près de la Croix-Rouge, dép. du Bas-Rhin, et qui se jette dans la Bruche, non loin de Molsheim.

MAGESCQ, s. m. Com. du dép. des Landes, cant. de Soustons, arr. de Dax. = Dax.

MAGICIEN, NE, s. Charlatan, jongleur qui fascinait les yeux de la multitude par de grossières fantasmagories; enchanteur, sorcier qui fait merveilles dans les contes de fées.

MAGIE, s. f. Effet produit par la physique sur l'imagination des peuples dans les temps d'ignorance et de barbarie; déplorable superstition qui accréditait les impostures de quelques fripons, auxquels on supposait le pouvoir d'asservir les élémens, d'évoquer l'ombre des morts, le diable, etc. —, illusion produite par les efforts de l'art; magie du style, du pinceau.

MAGILE, s. f. Genre de coquilles univalves. T. d'hist. nat.

MAGIQUE, adj. Qui est relatif à la magie. —, admirable, surprenant, merveilleux. Lanterne —, voy. LANTERNE.

MAGISME, s. m. Religion des mages.

MAGISTER, s. m. (mot latin). Maître d'école de village; pédagogue.

MAGISTÈRE, s. m. Dignité du grand-maître de l'ordre de Malte; durée de son gouvernement. —, précipité de quelque dissolution par un sel quelconque; préparation occulte, le grand œuvre. T. d'alch.

MAGISTRAL, E, adj. Qui tient du magister, pédantesque. —, se dit des médicamens composés d'après l'ordonnance du médecin. T. de méd. Ligne —, ligne principale d'un plan tracé par un ingénieur.

MAGISTRALEMENT, adv. D'une manière magistrale; pédantesque.

MAGISTRAT, s. m. Dignitaire dans les cours et tribunaux, juge, officier de police judiciaire.

MAGISTRATURE, s. f. Dignité, fonctions du magistrat; le corps des magistrats.

MAGMA, s. m. Sédiment, marc des substances dont on a exprimé les parties liquides. T. de pharm.

MAGNAC, s. m. Com. du dép. du Cantal, cant. de Chaudesaigues, arr. de St.-Flour. = St.-Flour.

MAGNAC, s. m. Village du dép. de Lot-et-Garonne, cant. de Penne, arr. de Villeneuve. = Villeneuve.

MAGNAC-BOURG, s. m. Com. du dép. de la Haute-Vienne, cant. de St.-Germain-les-Belles-Filles, arr. de St.-Yrieix. = St.-Yrieix. Manuf. de porcelaine, de poterie de terre et de grès.

MAGNAC-LAVAL, s. m. Petite ville du dép. de la Haute-Vienne, chef-lieu de cant. de l'arr. de Bellac. Bur. d'enregist. au Dorat. = le Dorat.

MAGNAC-LAVALETTE, s. m. Com. du dép. de la Charente, cant. de Lavalette, arr. d'Angoulême. = Angoulême.

MAGNAC-SUR-TOUVRE, s. m. Com. du dép. de la Charente, cant. et arr. d'Angoulême. = Angoulême.

MAGNALE, s. f. Esprit de l'eau. T. de phys.

MAGNAN, s. m. Com. du dép. du Gers, cant. de Nogaro, arr. de Condom. = Condom.

MAGNANCE (Ste.-), s. f. Com. du dép. de l'Yonne, cant. de Quarré-les-Tombes, arr. d'Avallon. = Avallon.

MAGNANIER, s. m. Chef d'un établissement où l'on fait l'éducation des vers à soie.

MAGNANIÈRE ou MAGNONIÈRE, s. f. Lieu dans lequel on élève les vers à soie.

MAGNANIME, adj. Noble, grand, généreux ; qui a l'ame grande et élevée.

MAGNANIMEMENT, adv. D'une manière magnanime.

MAGNANIMITÉ, s. f. Grandeur d'ame.

MAGNANT, s. m. Com. du dép. de l'Aube, cant. d'Essoye, arr. de Bar-sur-Seine. = Bar-sur-Seine.

MAGNANVILLE, s. f. Com. du dép. de Seine-et-Oise, cant. et arr. de Mantes. = Mantes.

MAGNAS, s. m. Com. du dép. du Gers, cant. de St.-Clar, arr. de Lectoure. = St.-Clar.

MAGNAT, s. m. Com. du dép. de la Creuse, cant. de la Courtine, arr. d'Aubusson. = Felletin.

MAGNATS, s. m. pl. La haute noblesse, les grands, en Pologne.

MAGNE (St.-), s. m. Com. du dép. de la Gironde, cant. de Belin, arr. de Bordeaux. = Bordeaux.

MAGNE (St.-), s. m. Com. du dép. de la Gironde, cant. de Castillon, arr. de Libourne. = Castillon.

MAGNÉ, s. m. Com. du dép. des Deux-Sèvres, cant. et arr. de Niort. = Niort.

MAGNÉ, s. m. Com. du dép. de la Vienne, cant. de Gençay, arr. de Civray. = Vivonne.

MAGNÈS-ARSÉNICAL, s. m. Combinaison d'arsenic, de soufre et d'antimoine.

MAGNÉSIE, s. f. Terre sous-alcaline blanche, absorbante, qu'on administre avec succès dans certains embarras gastriques. T. de pharm.

MAGNÉSIEN, NE, adj. Qui renferme de la magnésie. T. de chim.

MAGNET, s. m. Com. du dép. de l'Allier, cant. de Varennes, arr. de la Palisse. = St.-Gérand.

MAGNÉTIQUE, adj. Qui tient de l'aimant, en a la propriété.

MAGNÉTISÉ, E, part. Se dit d'une personne qui s'est laissé palper, titiller par un magnétiseur, qui a ou n'a pas éprouvé les influences du magnétisme.

MAGNÉTISER, v. a. Manier, palper les chairs, faire des attouchemens à un malade imaginaire, pour développer le fluide animal.

MAGNÉTISEUR, s. m. Charlatan qui accrédite les prétendues influences de ses attouchemens, pour satisfaire sa cupidité ou ses passions animales.

MAGNÉTISME, s. m. Propriété de l'aimant. — animal, mesmérisme. Voy. MESMER.

MAGNETTES, s. f. pl. Toiles de Hollande.

MAGNEUX, s. m. Com. du dép. de la Marne, cant. de Fismes, arr. de Reims. = Fismes.

MAGNEUX, s. m. Com. du dép. de la Haute-Marne, cant. et arr. de Vassy. = Vassy.

MAGNEUX-HAUTE-RIVE, s. m. Com. du dép. de la Loire, cant. et arr. de Montbrison. = Montbrison.

MAGNEVILLE, s. f. Com. du dép. de la Manche, cant. de Bricquebec, arr. de Valognes. = Valognes.

MAGNICOURT, s. m. Com. du dép. de l'Aube, cant. de Chavanges, arr. d'Arcis-sur-Aube. = Brienne.

MAGNICOURT-EN-COMTÉ, s. m. Com. du dép. du Pas-de-Calais, cant. d'Aubigny, arr. de St.-Pol. = St.-Pol.

MAGNICOURT-SUR-CANCHÉ, s. m. Com. du dép. du Pas-de-Calais, cant. d'Avesnes-le-Comte, arr. de St.-Pol. = Frévent.

MAGNIEN, s. m. Com. du dép. de la Côte-d'Or, cant. d'Arnay, arr. de Beaune. = Arnay-le-Duc.

MAGNIÈRE, s. f. Com. du dép. de la Meurthe, cant. de Gerbéviller, arr. de Lunéville. = Lunéville.

MAGNIEU, s. m. Com. du dép. de l'Ain, cant. et arr. de Belley. = Belley.

MAGNIFICENCE, s. f. Pompe, éclat, somptuosité. —, richesse, élévation de style. Fig.

MAGNIFIÉ, E, part. Loué, célébré, exalté, en parlant de Dieu. (Vi.)

MAGNIFIER, v. a. Louer, célébrer, chanter, exalter les bontés de Dieu. (Vi.)

MAGNIFIQUE, adj. Qui aime le luxe, l'éclat, qui se plaît à faire de grandes dépenses. —, brillant, éclatant, fastueux, pompeux, somptueux, splendide, en parlant des choses ; festin magnifique. —, très beau, superbe. T. fam. —, élevé, sublime ; style magnifique. Offre —, très belle, séduisante. Promesse —, qui fait concevoir de grandes espérances.

MAGNIFIQUEMENT, adv. Avec magnificence.

MAGNI-LE-DÉSERT, s. m. Com. du dép. de l'Orne, cant. de la Ferté-Macé, arr. de Domfront. = la Ferté-Macé.

MAGNILS (les), s. m. pl. Com. du dép. de la Vendée, cant. de Luçon, arr. de Fontenay. = Luçon.

MAGNIVRAY, s. m. Com. du dép. de la Haute-Saône, cant. de Luxeuil, arr. de Lure. = Luxeuil.

MAGNODES, s. m. pl. Baladins grecs qui remplissaient les rôles d'hommes et jouaient avec les lyviodes, qui faisaient les rôles de femme.

MAGNOLE, s. f. Noix du magnolier.

MAGNOLIÉES, s. f. pl. Famille des magnoliers. T. de bot.

MAGNOLIER, s. m. Bel arbre tulipifère d'Amérique. T. de bot.

MAGNON, s. m. Com. du dép. de Lot-et-Garonne, cant. de Tonneins, arr. de Marmande. = Tonneins.

MAGNONCOURT, s. m. Com. du dép. de la Haute-Saône, cant. de St.-Loup, arr. de Lure. = Luxeuil. Fabr. de tôle.

MAGNORAY (les), s. m. Com. du dép. de la Haute-Saône, cant. de Montbozon, arr. de Vesoul. = Vesoul.

MAGNOTE, s. f. Voy. MARMOTTE.

MAGNY, s. m. Com. du dép. du Calvados, cant. de Ryes, arr. de Bayeux. = Bayeux.

MAGNY, s. m. Com. du dép. d'Eure-et-Loir, cant. d'Illiers, arr. de Chartres. = Illiers.

MAGNY, s. m. Com. du dép. de l'Indre, cant. et arr. de la Châtre. = la Châtre.

MAGNY, s. m. Com. du dép. de la Moselle, cant. de Verny, arr. de Metz. = Metz.

MAGNY, s. m. Com. du dép. de la Nièvre, cant. de Corbigny, arr. de Clamecy. = Corbigny.

MAGNY, s. m. Com. du dép. de la Nièvre, cant. et arr. de Nevers. = Nevers.

MAGNY, s. m. Com. du dép. du Haut-Rhin, cant. de Dannemarie, arr. de Belfort. = Belfort.

MAGNY (gros), s. m. Com. du dép. du Haut-Rhin, cant. de Giromagny, arr. de Belfort. = Belfort.

MAGNY (petit), s. m. Com. du dép. du Haut-Rhin, cant. de Giromagny, arr. de Belfort. = Belfort.

MAGNY, s. m. Petite ville du dép. de Seine-et-Oise, chef-lieu de cant. de l'arr. de Mantes. Bur. d'enregist. et de poste. Bonneterie.

MAGNY, s. m. Com. du dép. de l'Yonne, cant. et arr. d'Avallon. = Avallon.

MAGNY (le), s. m. Com. du dép. des Vosges, cant. de Bains, arr. d'Epinal. = Bains.

MAGNY (les), s. m. pl. Com. du dép. de la Haute-Saône, cant. de Villersexel, arr. de Lure. = Lure.

MAGNY-CHATELARD, s. m. Com. du dép. du Doubs, cant. de Vercel, arr. de Baume. = Baume.

MAGNY-D'ANIGON, s. m. Com. du dép. de la Haute-Saône, cant. et arr. de Lure. = Lure.

MAGNY-FOUCHARD, s. m. Com. du dép. de l'Aube, cant. de Vendeuvre, arr. de Bar-sur-Aube. = Vendeuvre.

MAGNY-JOBERT, s. m. Com. du dép. de la Haute-Saône, cant. et arr. de Lure. = Lure.

MAGNY-LA-CAMPAGNE-ET-VAUX-LA-CAMPAGNE, s. m. Com. du dép. du Calvados, cant. de Bretteville, arr. de Falaise. = Croissanville.

MAGNY-LA-FOSSE, s. m. Com. du dép. de l'Aisne, cant. du Catelet, arr. de St.-Quentin. = St.-Quentin.

MAGNY-LAMBERT, s. m. Com. du dép. de la Côte-d'Or, cant. de Baigneux-les-Juifs, arr. de Châtillon. = Baigneux-les-Juifs.

MAGNY-LA-VILLE, s. m. Com. du dép. de la Côte-d'Or, cant. et arr. de Semur. = Semur.

MAGNY-LE-FREULE, s. m. Com. du dép. du Calvados, cant. de Mézidon, arr. de Lisieux. = Croissanville.

MAGNY-LE-HONGRE, s. m. Com. du dép. de Seine-et-Marne, cant. de Crécy, arr. de Meaux. = Lagny.

MAGNY-LÈS-AUBIGNY, s. m. Com. du dép. de la Côte-d'Or, cant. de St.-Jean-de-Losne, arr. de Beaune. = St.-Jean-de-Losne.

MAGNY-LÈS-AUXONNE, s. m. Com. du dép. de la Côte-d'Or, cant. d'Auxonne, arr. de Dijon. = Auxonne.

MAGNY-LÈS-HAMEAUX, s. m. Com. du dép. de Seine-et-Oise, cant. de Chevreuse, arr. de Rambouillet. = Chevreuse.

MAGNY-LÈS-JUSSEY, s. m. Com. du dép. de la Haute-Saône, cant. de Jussey, arr. de Vesoul. = Jussey.

MAGNY-LÈS-VILLERS, s. m. Com. du dép. de la Côte-d'Or, cant. de Nuits, arr. de Beaune. = Nuits.

MAGNY-ST.-MÉDARD ou MAGNY-SUR-ALBANE, s. m. Com. du dép. de la Côte-d'Or, cant. de Mirebeau, arr. de Dijon. = Mirebeau.

MAGNY-SUR-TILLE, s. m. Com. du dép. de la Côte-d'Or, cant. de Genlis, arr. de Dijon. = Genlis.

MAGNY-VERNOIS (le), s. m. Com.

du dép. de la Haute-Saône, cant. et arr. de Lure. == Lure.

MAGOARD, s. m. Com. du dép. des Côtes-du-Nord, cant. de Bourbriac, arr. de Guingamp. == Guingamp.

MAGOT, s. m. Gros singe. —, figure grotesque de porcelaine; magot de la Chine. —, homme fort laid, fort gauche, grossier dans ses manières. —, amas d'argent caché, mis en réserve.

MAGRAPHE, s. m. Nom de deux instrumens de musique dont se servaient les Hébreux, l'un ayant la forme d'une cloche, et l'autre celle d'un tube, comme la flûte, etc.

MAGREDINES, s. f. pl. Toiles de lin d'Egypte.

MAGRIE, s. f. Com. du dép. de l'Aude, cant. et arr. de Limoux. == Limoux.

MAGRIN, s. m. Com. du dép. de l'Aveyron, cant. de Cassagnes-Bégonhès, arr. de Rodez. == Rodez.

MAGRIN, s. m. Com. du dép. du Tarn, cant. de St.-Paul, arr. de Lavaur. == Albi.

MAGSTATT-LE-BAS, s. m. Com. du dép. du Haut-Rhin, cant. de Landser, arr. d'Altkirch. == Huningue.

MAGSTATT-LE-HAUT, s. m. Com. du dép. du Haut-Rhin, cant. de Landser, arr. d'Altkirch. == Huningue.

MAGUELONE, s. f. Petite île et com. située dans cette île du dép. de l'Hérault, cant. de Frontignan, arr. de Montpellier. == Montpellier.

MAHABOUD, s. m. Monnaie de la Régence de Tripoli, valant sept francs.

MAHALEB, s. m. Bois de Ste-Lucie; espèce de cerisier sauvage originaire de Lorraine.

MAHALON, s. m. Com. du dép. du Finistère, cant. de Pont-Croix, arr. de Quimper. == Pont-Croix.

MAHERNE, s. m. Plante de la famille des sterculiacées. T. de bot.

MAHÉRU, s. m. Com. du dép. de l'Orne, cant. de Moulins-la-Marche, arr. de Mortagne. == Moulins-la-Marche.

MAHEUTRE, s. m. Soldat de l'armée royale au temps de la ligue. (Vi.)

MAHMOUDIER, s. m. Pièce d'or turque de vingt-cinq piastres.

MAUOGON, s. m. Arbre de St.-Domingue de la famille des citronniers. T. de bot.

MAHOMERIE, s. f. Mosquée.

MAHOMET, s. m. Guerrier législateur, faux prophète, célèbre imposteur qui, du rang le plus abject, parvint à étendre sa domination dans la plus grande partie de l'Orient où il fonda l'islamisme, religion dominante en Turquie, etc.

MAHOMÉTAN, ANE, s. et adj. Sectateur de Mahomet; qui professe l'islamisme; qui concerne cette religion.

MAHOMÉTISME, s. m. Religion fondée par Mahomet.

MAHOMME, s. f. Sorte de galéasse turque. T. de mar.

MAHOT, s. m. Arbrisseau rampant de la famille des malvacées; espèce de cotonnier. T. de bot.

MAHOU, s. m. Drap de laine fabriqué en Languedoc, pour le Levant.

MAHURI, s. m. Arbrisseau de la Guiane. T. de bot.

MAHUTE, s. f. Le haut des ailes de l'oiseau. T. de fauc.

MAI, s. m. Cinquième mois de l'année. —, arbre orné de rubans qu'on plante le premier jour de ce mois devant une porte, etc. —, grillage pour égoutter les cordages qu'on vient de goudronner. T. de mar.

MAÏA, s. f. Fille d'Atlas et de Pléione, l'une des pléiades. T. de myth. et d'astr. —, genre de crustacés décapodes. T. d'hist. nat.

MAÏANTHÈME, s. m. Muguet. T. de bot.

MAICHE, s. m. Com. du dép. du Doubs, chef-lieu de cant. de l'arr. de Montbéliard. Bur. d'enregist. == St.-Hippolyte.

MAIDAN, s. m. Marché dans l'Orient; place où il se tient.

MAIDIÈRES, s. f. Com. du dép. de la Meurthe, cant. de Pont-à-Mousson, arr. de Nancy. == Pont-à-Mousson.

MAIE, s. f. Huche, pétrin.

MAIE (la), s. f. Rivière dont la source se trouve près de Crécy, dép. de la Somme, arr. d'Abbeville, et qui se rend dans la Manche à l'embouchure de la Somme, après un cours de 9 l.

MAÏEUR, s. m. Maire. (Vi.)

MAIGNAN, s. m. Village du dép. du Gers, cant. d'Eauze, arr. de Condom. == Condom.

MAIGNAUT, s. m. Com. du dép. du Gers, cant. de Valence, arr. de Condom. == Condom.

MAIGNÉ, s. m. Com. du dép. de la Sarthe, cant. de Brûlon, arr. de la Flèche. == Sablé.

MAIGNELAY, s. m. Com. du dép. de l'Oise, chef-lieu de cant. de l'arr. de Clermont. Bur. d'enregist. == St.-Just. Fabr. de taillanderie et d'ustensiles.

MAIGNER (St.-), s. m. Com. du dép. du Puy-de-Dôme, cant. de Pionsat, arr. de Riom. == Montaigut.

MAIGRE, s. m. Partie charnue de la viande où il n'y a pas de gras; alimens maigres, poisson, légumes, etc. Faire —, s'abstenir de manger de la viande. —, poisson de mer du genre du scième. T. d'hist. nat. —, adj. qui manque d'embonpoint; qui n'a pas de graisse; sec, décharné. Jours —, où l'Eglise défend de manger non seulement de la viande, mais encore des alimens préparés avec du jus de viande. — chère, mauvaise chère. Terrain —, privé d'engrais, sec et stérile. —, léger, peu important. —, adv. D'une manière sèche. T. d'arts et mét. Etamper —, percer les trous d'un fer à cheval près du bord extérieur.

MAIGRELET, TE, adj. Un peu maigre. T. fam.

MAIGREMENT, adv. D'une manière maigre, petitement, chichement.

MAIGRET, TE, adj. Maigrelet, un peu maigre. T. fam.

MAIGREUR, s. f. Défaut d'embonpoint.

MAIGRIN (St.-), s. m. Com. du dép. de la Charente-Inférieure, cant. d'Archiac, arr. de Jonzac. = Jonzac.

MAIGRIR, v. n. Devenir maigre.

MAIGUE, s. m. Petit lait. —, s. f. Poisson de mer.

MAIHARI ou **BAGUAHIL**, s. m. Chameau qui n'a qu'une bosse. T. d'hist. nat.

MAIL, s. m. Masse de bois ferré par les deux bouts, garnie d'un manche long et flexible pour chasser une boule de bois; jeu, emplacement où l'on joue au mail. —, maillet, marteau, masse de fer.

MAILHAC, s. m. Com. du dép. de l'Aude, cant. de Ginestas, arr. de Narbonne. = Narbonne.

MAILHAC, s. m. Com du dép. de la Haute-Vienne, cant. de St.-Sulpice-les-Feuilles, arr. de Bellac. = Arnac.

MAILHET, s. m. Com. du dép. de l'Allier, cant. de Hérisson, arr. de Montluçon, = Hérisson.

MAILHOC, s. m. Com. du dép. du Tarn, cant. et arr. d'Albi. = Albi.

MAILHOLAS, s. m. Com. du dép. de la Haute-Garonne, cant. de Rieux, arr. de Muret. = Rieux.

MAILLAC, s. m. Com. du dép. de l'Ain, cant. et arr. de Nantua. = Nantua.

MAILLADE, s. f. Sorte de filet. T. de pêch.

MAILLANE, s. f. Com. du dép. des Bouches-du-Rhône, cant. de St.-Remy, arr. d'Arles. = St.-Remy.

MAILLAS, s. m. Com. du dép. des Landes, cant. de Roquefort, arr. de Mont-de-Marsan. = Roquefort.

MAILLE, s. f. Petit anneau qui entre dans la composition de divers tissus, de réseaux, de filets. —, annelets de métal dont on se servait pour faire les anciennes armures; cotte de maille. —, espèce de plumes rouges qui poussent sur l'estomac du perdreau, quand il commence à prendre de la force. —, tache ronde qui vient sur la prunelle de l'œil. —, ancienne petite monnaie; il n'a ni sou ni maille. —, poids, quatrième partie de l'once. —, distance entre les membres d'un navire. T. de mar. —, variété du manioc. T. de bot.

MAILLÉ, s. m. Com. du dép. d'Indre-et-Loire, cant. de Ste.-Maure, arr. de Chinon. = Ste.-Maure.

MAILLÉ, s. m. Com. du dép. de la Vendée, cant. de Maillezais, arr. de Fontenay. = Fontenay.

MAILLÉ, s. m. Com. du dép. de la Vienne, cant. de Vouillé, arr. de Poitiers. = Poitiers.

MAILLÉ, E, part. Armé de mailles de fer, en parlant d'une armure. Perdreau —, qui a des mailles, qui est déjà fort.

MAILLEAU, s. m. Instrument de bois pour mouvoir le mâle, c'est-à-dire le tranchant supérieur des forces à tondre le drap.

MAILLEBOIS, s. m. Com. du dép. d'Eure-et-Loir, cant. de Châteauneuf, arr. de Dreux. = Châteauneuf. Fabr. de draps.

MAILLER, v. a. Garnir une armure de mailles de fer; faire des mailles. —, abattre le grain de la batiste, battre au maillet. —, v. n. Se former, en parlant du nœud du raisin, etc. Se —, v. pron. Se couvrir de mailles, de plumes d'un gris argenté, en parlant des perdreaux.

MAILLÈRES, s. f. Com. du dép. des Landes, cant. de Labrit, arr. de Mont-de-Marsan. = Mont-de-Marsan.

MAILLERIE, s. f. Usine pour battre le chanvre.

MAILLERONCOURT-CHARETTE, s. m. Com. du dép. de la Haute-Saône, cant. de Saulx, arr. de Lure. = Vesoul.

MAILLERONCOURT-ST.-PANCRAS, s. m. Com. du dép. de la Haute-Saône, cant. de Vauvillers, arr. de Lure. = Vesoul.

MAILLET, s. m. Com. du dép. de l'Indre, cant. de Neuvy-St.-Sépulcre, arr. de la Châtre. = Argenton.

MAILLET, s. m. Espèce de gros marteau de bois à deux têtes. —, branche de l'année, avec deux chicots. —, arme dont on se servait au quatorzième siècle. —, hache à marteau pour immoler les victimes. T. d'antiq.

MAILLETAGE, s. m. Action de doubler la carène d'un navire. T. de mar.

MAILLETÉ, E, part. Cloué, en parlant du doublage d'un navire. T. de mar.

MAILLETER, v. a. Doubler un navire, clouer le doublage. T. de mar.

MAILLEUR, s. m. Laceur, ouvrier qui fait des filets.

MAILLEVAL, s. m. Com. du dép. de la Haute-Saône, cant. de Héricourt, arr. de Lure. = Héricourt.

MAILLEY-ET-CHAZELOT, s. m. Com. du dép. de la Haute-Saône, cant. de Scey-sur-Saône, arr. de Vesoul. = Vesoul.

MAILLEZAIS, s. m. Petite ville du dép. de la Vendée, chef-lieu de cant. de l'arr. de Fontenay. Bur. d'enregist. = Fontenay-le-Comte. Fabr. de toiles.

MAILLIER, s. m. Bijoutier, artisan qui fabrique des chaînes en or, en acier, etc., qui fait des portes, des agrafes.

MAILLOCHE, s. f. Gros maillet de bois ; masse de fer.

MAILLOIR, s. m. Marbre sur lequel on bat les toiles pour les rendre plus lisses.

MAILLON, s. m. Petit anneau d'émail dont on se sert pour attacher les lissettes aux plombs. T. de gazier. —, chaînon. T. de fabr. de chaînes.—, nœud coulant. T. de mar.

MAILLOT, s. m. Couches, langes avec lesquels on emmaillotte un enfant. —, genre de coquilles univalves. T. d'hist nat.

MAILLOT, s. m. Com. du dép. de l'Yonne, cant. et arr. de Sens. = Sens.

MAILLOTIN, s. m. Arme ancienne, espèce de massue de bois ou de fer pour enfoncer les casques et les cuirasses. —, pressoir à olives. (Vi.) —, pl. Factieux armés de maillets et de maillotins, sous Charles VII.

MAILLURE, s. f. Moucheture sur les ailes d'un oiseau de proie. T. de fauc.

MAILLY, s. m. Com. du dép. de l'Aube, cant. et arr. d'Arcis = Arcis-sur-Aube.

MAILLY, s. m. Com. du dép. de la Marne, cant. de Verzy, arr. de Reims. = Reims.

MAILLY, s. m. Com. du dép. de la Meurthe, cant. de Nomeny, arr. de Nancy. = Pont-à-Mousson.

MAILLY, s. m. Com. du dép. de Saône-et-Loire, cant. de Semur-en-Brionnais, arr. de Charolles. = Marcigny.

MAILLY, s. m. Com. du dép. de la Somme, cant. d'Acheux, arr. de Doullens. = Albert.

MAILLY-BAS ou MAILLY-LE-MONT, s. m. Com. du dép. de la Côte-d'Or, cant. d'Auxonne, arr. de Dijon. = Auxonne.

MAILLY-LA-VILLE, s. m. Com. du dép. de l'Yonne, cant. de Vermanton, arr. d'Auxerre. = Vermanton.

MAILLY-LE-CHÂTEAU, s. m. Com. du dép. de l'Yonne, cant. de Coulange, arr. d'Auxerre. = Coulange.

MAILLY-RAINEVAL, s. m. Com. du dép. de la Somme, cant. d'Ailly-sur-Noye, arr. de Montdidier.=Montdidier.

MAIMBEVILLE, s. f. Com. du dép. de l'Oise, cant. et arr. de Clermont.=Clermont.

MAIME (St.-), s. m. Com. du dép. des Basses-Alpes, cant. et arr. de Forcalquier. =Forcalquier.

MAIMON, s. m. Singe du genre macaque. T. d'hist. nat.

MAIN, s. f. Partie du corps humain qui s'articule avec l'avant-bras, organe immédiat du toucher, à l'aide duquel l'homme exécute tous les travaux nécessaires à ses besoins. —, puissance, autorité, soin, direction. Fig. —, instrumens, choses qui ont plus ou moins la forme d'une main, qui servent à tenir, tirer à soi, etc. —, pied des oiseaux de fauconnerie et des perroquets.—, levée au jeu de cartes. — de papier, vingt-cinq feuilles. Lever la —, afirmer en justice. Tenir la — à l'exécution d'un arrêt, le faire exécuter. Avoir la — heureuse, réussir souvent, faire un bon choix. Donner sa —, épouser. Se tenir par la —, être d'intelligence. Forcer la —, contraindre. Tendre la —, demander l'aumône. Avoir une belle —, une belle écriture. Faire —basse, ne point faire de quartier, tuer ; ne pas épargner, critiquer, retrancher. Fig. Acheter de la deuxième —, d'un second acheteur. En venir aux —, commencer à se battre. En être aux —, combattre. Battre des —, applaudir. Etre en bonnes —, être sous la protection d'un homme capable, puissant. Avoir les — nettes, n'avoir à se reprocher aucune soustraction de deniers. Sous —, adv. Secrètement, clandestinement, en cachette. De — en —, successivement, tour à tour, de l'un à l'autre. De longue —, depuis long-temps. A pleines —, abondamment, libéralement.

MAINATE, s. m. Oiseau des Indes orientales, du genre du merle. T. d'hist. nat.

MAINBRESSON, s. m. Com. du dép.

des Ardennes, cant. de Chaumont, arr. de Réthel. = Rozoy.

MAINBRESSY, s. m. Com. du dép. des Ardennes, cant. de Chaumont, arr. de Réthel. = Rozoy.

MAIN-BRUNE, s. f. Papier qu'on met entre les cartons pour donner de l'épaisseur et de la solidité à une couverture de livre.

MAIN-CHAUDE, s. f. Sorte de jeu villageois qui consiste, de la part d'une personne dont la vue est couverte, à deviner celui qui vient de frapper dans sa main, posée sur son dos.

MAINCOURT, s. m. Com. du dép. de Seine-et-Oise, cant. de Chevreuse, arr. de Rambouillet. = Trappes.

MAINCY, s. m. Com. du dép. de Seine-et-Marne, cant. et arr. de Melun. = Melun.

MAIN-DE-DIEU, s. f. Sorte d'emplâtre.

MAIN-DE-JUSTICE, s. f. Sceptre au bout duquel est une main figurée.

MAIN-D'ŒUVRE, s. f. Travail de l'ouvrier, façon ; prix du travail.

MAINE, s. m. Arbrisseau de l'île de Cayenne. T. de bot.

MAINE (le), s. m. Ancienne province de France, qui forme aujourd'hui le dép. de la Sarthe, à l'exception de l'arr. de la Flèche ; les arr. de Laval et de Mayenne, dép. de la Mayenne ; l'arr. de Mortagne, du dép. de l'Orne, et une partie des arr. de Dreux et de Nogent-le-Rotrou, du dép. d'Eure-et-Loir.

Cette province, qui, sous la domination romaine, faisait partie de la troisième Lyonnaise, fut occupée par les Francs au 5e siècle. Après avoir été gouvernée successivement par Hugues, comte de Paris, Jean-sans-Terre, Philippe-Auguste, etc., elle fut réunie définitivement à la couronne, sous Louis XI.

MAINE-DE-BOIXE (le), s. m. Com. du dép. de la Charente, cant. de St.-Amand-de-Boixe, arr. d'Angoulême. = Manles.

MAINE-ET-LOIRE (dép. de), s. m. Chef-lieu de préf., Angers ; cinq arr. ou sous-préf. : Angers, Baugé, Beaupréau, Saumur et Segré ; 34 cant. ou justices de paix ; 384 com. Pop. 453,674 hab. env. ; cour royale et diocèse d'Angers ; 4e div. militaire ; 13e div. des ponts-et-chaussées ; 1re div. des mines ; direct. de l'enregistrement et des domaines, 2e classe, et du 11e arr. forestier.

Le dép. de Maine-et-Loire est borné au N. par celui de la Mayenne et de la Sarthe, à l'E. par celui d'Indre-et-Loire, au S. par celui de la Vienne, des Deux-Sèvres et de la Vendée, et à l'O. par celui de la Loire-Inférieure. Son territoire est formé de belles plaines, de coteaux vineux, et coupé de nombreuses rivières qui arrosent de bons pâturages, où l'on élève une très grande quantité de bestiaux qui forment une des principales branches du commerce de ce pays. Le sol y est en général très fertile ; on y récolte des vins de bonne qualité, particulièrement des vins blancs. Récoltes plus que suffisantes ; céréales, sarrasins, légumes secs, melons, amandes, noix, pommes, prunes excellentes, bons fruits à cidre, chanvre, vins de bonne qualité ; gibier et poisson en abondance ; chevaux, moutons, quantité de bêtes à cornes ; mines de fer, houille ; carrières de marbre de toutes couleurs, granit, ardoise, pierres de taille, grès à paver ; dépôt royal d'étalons à Angers ; manuf. de toiles à voiles ; fabr. de mouchoirs de toutes couleurs et qualités, de toiles communes, calicots, toiles dites cholettes ; draperies, étamines, siamoises ; huile de noix, de lin et de graines ; raffineries de sucre ; filatures de coton ; papeteries ; tanneries ; teintureries ; forges, hauts fourneaux, feux d'affineries ; exploitation en grand des carrières d'ardoises ; commerce considérable de tous ces produits. Les principales rivières qui arrosent ce dép. sont la Loire, la Mayenne, la Sarthe, le Loir, l'Audon, le Thouet et le Layons, qui y sont navigables.

MAIN-FERME, s. f. Bail à cens. T. de droit féodal.

MAIN-FLEURIE, s. f. Petit papier.

MAINFONDS, s. m. Com. du dép. de la Charente, cant. de Blanzac, arr. d'Angoulême. = Blanzac.

MAIN-FORTE, s. f. Concours de la force publique pour l'exécution des arrêts de la justice, des mesures de police, etc. —, étoffe de laine croisée.

MAING, s. m. Com. du dép. du Nord, cant. et arr. de Valenciennes. = Valenciennes.

MAIN-GARNIE, s. f. Possession de la chose en litige. T. de procéd.

MAIN-LEVÉE, s. f. Désistement de poursuites, jugement qui déclare non recevable, qui lève les oppositions, saisies, etc. ; quittance, décharge. T. de procéd.

MAIN-MISE, s. f. Opposition, saisie. T. de procéd.

MAIN-MORTABLE, adj. Qui concernait les gens de main-morte.

MAIN-MORTE, s. f. Etat de ceux qui ne pouvaient rendre les devoirs auxquels les fiefs obligeaient.

MAINNEVILLE, s. f. Com. du dép. de l'Eure, cant. de Gisors, arr. des Andelys. = Gisors.

MAIN-POTE, s. f. Main mutilée, rétrécie.

MAINSAT, s. m. Com. du dép. de la Creuse, cant. de Bellegarde, arr. d'Aubusson. = Auzances.

MAINT, E, adj. Plusieurs. (Vi.)

MAINTENANT, adv. Présentement, à cette heure; aujourd'hui, de nos jours.

MAINTENAY, s. m. Com. du dép. du Pas-de-Calais, cant. de Campagne, arr. de Montreuil. = Montreuil.

MAINTENIR, v. a. Tenir au même état, en état de stabilité, d'immobilité; affermir, conserver. —, protéger, défendre. —, affirmer; soutenir. Se —, v. pron. Se conserver dans le même état.

MAINTENON, s. f. Petite croix en or, à l'instar de celle que portait la célèbre Duchesse de ce nom.

MAINTENON, s. m. Ville du dép. d'Eure-et-Loir, chef-lieu de cant. de l'arr. de Chartres. Bur. d'enregist. et de poste.

Cette ville, située dans une belle plaine, au confluent de l'Eure et de la Voise, possède un superbe château, dont le parc immense est entrecoupé de canaux.

MAINTENU, E, part. Conservé, affermi, protégé.

MAINTENUE, s. f. Jugement au possessoire, qui maintient dans la possession d'un bien en litige.

MAINTERNE, s. m. Com. du dép. d'Eure-et-Loir, cant. de Brezolles, arr. de Dreux. = Brezolles.

MAINTES-FOIS, adv. Souvent, plusieurs fois, une infinité de fois.

MAINTIEN, s. m. Conservation, affermissement. —, air, contenance, habitude de corps, tenue; attitude.

MAINTRU, s. m. Com du dép. de la Seine-Inférieure, cant. de Londinières, arr. de Neufchâtel. = Neufchâtel.

MAINVILLE, s. f. Com. du dép. de la Moselle, cant. d'Audun-le-Roman, arr. de Briey. = Briey.

MAINVILLERS, s. m. Com. du dép. de la Moselle, cant. de Faulquemont, arr. de Metz. = Metz.

MAINVILLIERS, s. m. Com. du dép. d'Eure-et-Loir, cant. et arr. de Chartres. = Chartres.

MAINVILLIERS, s. m. Com. du dép. du Loiret, cant. de Malesherbes, arr. de Pithiviers. = Malesherbes.

MAINXE, s. f. Com. du dép. de la Charente, cant. de Segonzac, arr. de Cognac. = Jarnac.

MAINZAC, s. m. Com. du dép. de la Charente, cant. de Montbron, arr. d'Angoulême. = la Rochefoucault.

MAIPOURI, s. m. Petite perruche de l'île de Cayenne, à tête noire. T. d'hist. nat.

MAIRANIE, s. f. Arbousier des Alpes; raisin d'ours. T. de bot.

MAIRE, s. m. Chef d'un corps municipal, premier officier de l'état civil d'une commune. — du palais, ministre tout puissant qui gouvernait l'état, sous les rois de France de la première race.

MAIRÉ, s. m. Com. du dép. de la Vienne, cant. de Plumartin, arr. de Châtellerault. = Châtellerault.

MAIRÉ-L'EVESCAULT, s. m. Com. du dép. des Deux-Sèvres, cant. de Sauzé, arr. de Melle. = Sauzé-Vaussais.

MAIRIE, s. f. Charge de maire, durée de ses fonctions; maison commune où ce fonctionnaire donne ses audiences, rédige les actes de l'état civil, etc.

MAIRIEUX, s. m. Com. du dép. du Nord, cant. de Maubeuge, arr. d'Avesnes. = Maubeuge.

MAIRRAIN, s. m. Voy. MERRAIN.

MAIRY, s. m. Com. du dép. des Ardennes, cant. de Mouzon, arr. de Sedan. = Mouzon.

MAIRY, s. m. Com. du dép. de la Moselle, cant. d'Audun-le-Roman, arr. de Briey. = Briey.

MAIRY-SUR-MARNE, s. m. Com. du dép. de la Marne, cant. d'Ecury-sur-Coole, arr. de Châlons. = Châlons.

MAIS, conj. adversative qui marque contrariété, exception, différence, augmentation, diminution, transition, comparaison. —, s. m. Obstacle, empêchement, restriction; il y a toujours des si et des mais. —, adv. Je n'en puis —, ce n'est pas ma faute.

MAÏS, s. m. Blé de Turquie.

MAISDON, s. m. Com. du dép. de la Loire-Inférieure, cant. d'Aigrefeuille, arr. de Nantes. = Clisson.

MAISEROY, s. m. Com. du dép. de la Moselle, cant. de Pange, arr. de Metz. = Metz.

MAISERY, s. m. Com. du dép. de la Moselle, cant. de Pange, arr. de Metz. = Metz.

MAISEY-LE-DUC ou MAISEY-SUR-OURCHE, s. m. Com. du dép. de la Côte-d'Or, cant. et arr. de Châtillon. = Châtillon-sur-Seine.

MAISICOURT, s. m. Village du dép. de la Somme, cant. de Bernaville, arr. de Doullens. = Doullens.

MAISIÈRES, s. f. Com. du dép. du Pas-de-Calais, cant. d'Aubigny, arr. de St.-Pol. = St.-Pol.

MAISNIÈRES, s. f. Com. du dép. de

la Somme, cant. de Gamaches, arr. d'Abbeville. = Abbeville.

MAISNIL (le), s. m. Com. du dép. du Nord, cant. de Haubourdin, arr. de Lille. = Lille.

MAISNIL, s. m. Com. du dép. du Pas-de-Calais, cant. et arr. de St.-Pol. = St.-Pol.

MAISNIL-EN-ARROUAISE, s. m. Com. du dép. de la Somme, cant. de Combles, arr. de Péronne. = Péronne.

MAISNIL-LÈS-RUIT, s. m. Com. du dép. du Pas-de-Calais, cant. d'Houdain, arr. de Béthune. = Béthune.

MAISOD, s. m. Com. du dép. du Jura, cant. de Moirans, arr. de St.-Claude. = Orgelet.

MAISON, s. f. Bâtiment habité ou fait pour être habité, logis; ceux qui occupent les logemens; personnes qui forment une même famille; équipages domestiques, valets, etc.; gardes d'un souverain, officiers de son palais; race, en parlant des familles illustres; communauté, institution de charité, établissement public, de commerce, etc. — rustique, tous les bâtimens qui servent à l'exploitation d'une ferme; ouvrage, traité sur l'économie domestique. — de Dieu, l'église. Les douze — du soleil, les douze signes du zodiaque. Tenir —, tenir ménage. Faire une bonne —, amasser beaucoup de bien, etc.

MAISON-BLANCHE, s. f. Village du dép. de Saône-et-Loire, com. de Romanèche, cant. de la Chapelle-de-Guinchay, arr. de Mâcon. Bur. de poste.

MAISON-BLANCHE (la), s. f. Village du dép. de la Seine, cant. de Villejuif, arr. de Sceaux. Bur. de poste.

MAISONCELLE, s. f. Com. du dép. des Ardennes, cant. de Raucourt, arr. de Sedan. = Sedan.

MAISONCELLE, s. f. Com. du dép. du Pas-de-Calais, cant. du Parcq, arr. de St.-Pol. = St.-Pol.

MAISONCELLE, s. f. Com. du dép. de Seine-et-Marne, cant. et arr. de Coulommiers. = Crécy.

MAISONCELLE, s. f. Com. du dép. de Seine-et-Marne, cant. de Château-Landon, arr. de Fontainebleau. = Château-Landon.

MAISONCELLE, s. f. Com. du dép. de Seine-et-Marne, cant. de Villiers-St.-Georges, arr. de Provins. = Sézanne.

MAISONCELLES, s. f. Com. du dép. de la Haute-Marne, cant. de Clefmont, arr. de Chaumont. = Bourmont.

MAISONCELLES, s. f. Com. du dép. de la Mayenne, cant. de Meslay, arr. de Laval. = Laval.

MAISONCELLES, s. f. Com. du dép. de la Sarthe, cant. de Bouloire, arr. de St.-Calais. = St.-Calais.

MAISONCELLE-ST.-PIERRE, s. f. Com. du dép. de l'Oise, cant. de Niviller, arr. de Beauvais. = Beauvais.

MAISONCELLES-LA-JOURDAN, s. f. Com. du dép. du Calvados, cant. et arr. de Vire. = Vire.

MAISONCELLES-PELVEY, s. f. Com. du dép. du Calvados, cant. de Villers-Bocage, arr. de Caen. = Villers-Bocage.

MAISONCELLES-SUR-AJON, s. f. Com. du dép. du Calvados, cant. de Villers-Bocage, arr. de Caen. = Aulnay-sur-Odon.

MAISONCELLE-TUILERIE, s. f. Com. du dép. de l'Oise, cant. de Froissy, arr. de Clermont. = Breteuil.

MAISON-COMMUNE, s. f. Lieu où s'assemblent les officiers municipaux.

MAISON D'ARRÊT, s. f. Prison, maison de détention.

MAISON-DE-BOURGOGNE, s. f. Village du dép. de Saône-et-Loire, cant. et arr. d'Autun. = Autun.

MAISON D'ÉDUCATION, s. f. Pensionnat, institution, collége.

MAISON-DES-CHAMPS (la), s. f. Com. du dép. de l'Aube, cant. de Vendeuvre, arr. de Bar-sur-Aube. = Vendeuvre.

MAISON DE VILLE, s. f. Maison commune d'une ville.

MAISON-DIEU (la), s. f. Com. du dép. de la Nièvre, cant. de Taunay, arr. de Clamecy. = Tannay.

MAISONFEINE, s. f. Com. du dép. de la Creuse, cant. de Dun, arr. de Guéret. = Argenton.

MAISON GARNIE, s. f. Maison meublée qu'on loue aux étrangers au jour le jour, à court terme.

MAISON-MAUGIS, s. f. Com. du dép. de l'Orne, cant. de Rémalard, arr. de Mortagne. = Rémalard.

MAISONNAGE, s. m. Bois de haute-futaie abattus pour la charpente.

MAISONNAIS, s. m. Com. du dép. du Cher, cant. du Châtelet, arr. de St.-Amand. = Châteaumeillant.

MAISONNAIS, s. m. Com. du dép. de la Haute-Vienne, cant. de St.-Mathieu, arr. de Rochechouart. = Rochechouart.

MAISONNAY, s. m. Com. du dép. des Deux-Sèvres, cant. et arr. de Melle. = Melle.

MAISONNÉE, s. f. Famille; toutes les personnes qui habitent une même maison, un même appartement.

MAISONNETTE, s. f. Petite maison.

MAISONNETTES (les), s. f. pl. Com. du dép. du Doubs, cant. de Pierrefontaine, arr. de Baume. = Morteau.

MAISON-NEUVE, s. f. Village du dép. de la Haute-Saône, cant. et arr. de Rioz. = Rioz.

MAISONNISSES, s. f. Com. du dép. de la Creuse, cant. d'Ahun, arr. de Guéret. = Guéret.

MAISON-PONTHIEU, s. f. Com. du dép. de la Somme, cant. de Crécy, arr. d'Abbeville. = Auxy-le-Château.

MAISON-ROLAND, s. f. Com. du dép. de la Somme, cant. d'Ailly-le-Haut-Clocher, arr. d'Abbeville. = Abbeville.

MAISON-ROUGE (la), s. f. Village du dép. de la Haute-Vienne, com. et cant. de Nantiat, arr. de Bellac. = Limoges.

MAISON-ROUGE (la), s. f. Village du dép. de Seine-et-Marne, cant. de Courtevroust, cant. de Nangis, arr. de Provins. = Nangis.

MAISONS (les), s. f. pl. Com. du dép. de l'Aube, cant. de Chaource, arr. de Bar-sur-Seine. = Chaource.

MAISONS, s. f. Com. du dép. de l'Aube, cant. de Soulaines, arr. de Bar. = Bar-sur-Aube.

MAISONS, s. f. Com. du dép. de l'Aude, cant. de Tuchan, arr. de Carcassonne. = la Grasse.

MAISONS, s. f. Com. du dép. du Calvados, cant. de Trévières, arr. de Bayeux. = Bayeux.

MAISONS, s. f. Com. du dép. d'Eure-et-Loir, cant. d'Aunéau, arr. de Chartres. = Gallardon.

MAISONS, s. f. Com. du dép. de la Marne, cant. et arr. de Vitry. = Vitry-le-Français.

MAISONS, s. f. Com. du dép. de la Seine, cant. de Charenton-le-Pont, arr. de Sceaux. Bur. de poste.

MAISONS-DU-BOIS, s. f. Com. du dép. du Doubs, cant. de Mont-Benoît, arr. de Pontarlier. = Pontarlier.

MAISONS-SUR-SEINE, s. f. Com. du dép. de Seine-et-Oise, cant. de St.-Germain-en-Laye, arr. de Versailles. = St.-Germain-en-Laye.

MAISONTIERS, s. m. Com. du dép. des Deux-Sèvres, cant. de St.-Loup, arr. de Parthenay. = Airvault.

MAISSE, s. f. Com. du dép. de Seine-et-Oise, cant. de Milly, arr. d'Etampes. = Milly.

MAISSEMY, s. m. Com. du dép. de l'Aisne, cant. de Vermand, arr. de St.-Quentin. = St.-Quentin.

MAISY, s. m. Com. du dép. du Calvados, cant. d'Isigny, arr. de Bayeux. = Isigny.

MAÎTRE, s. m. Souverain absolu, despote; roi, prince qui a des sujets. —, particulier qui a des esclaves, des serviteurs. —, supérieur qui commande de droit ou de force. —, propriétaire, possesseur; chef d'atelier qui a des compagnons, des apprentis; celui qui fait travailler des ouvriers. —, précepteur, instituteur, professeur. —, savant, expert dans un art, grand artiste; les maîtres de l'art; c'est fait de main de maître. —, titre qu'on donnait aux magistrats, aux gens de robe; maître Dupin. —, premier officier marinier qui commande la manœuvre. —, cavalier; compagnie de cinquante maîtres. (Vi.) — des hautes œuvres, bourreau, exécuteur des arrêts criminels. — des basses œuvres, vidangeur. Grand —, chef de l'ancienne université de France, d'un ordre de chevalerie; grand-maître de l'ordre de Malte. Petit —, fat, fréluquet, damoiseau, jeune homme avantageux, suffisant, libre dans ses manières. — fourbe, grand fourbe, etc. —, principal; maître autel.

MAÎTRE-À-DANSER, s. m. Danseur qui enseigne son art. —, calibre pour prendre les hauteurs; compas à jambes croisées, dont les pointes sont tournées en dehors. Fig.

MAÎTRE-ÈS-ARTS, s. m. Instituteur, professeur qui, après avoir subi divers examens et passé par divers degrés, recevait un diplôme de l'université.

MAÎTRESSE, s. f. Voy. MAÎTRE. —, femme qui avait des lettres de maîtrise. —, femme à qui l'on fait la cour, pour laquelle on a de l'amour; fille que l'on recherche en mariage, amante. Petite —, coquette qui a les mêmes ridicules que le petit-maître. —, adj. f. Principale, maîtresse branche. — femme, femme énergique, habile, intelligente, qui fait les affaires de sa maison, qui est la maîtresse dans son ménage.

MAÎTRISE, s. f. Qualité de maître; ancien privilége supprimé par décret de l'assemblée constituante; charge, dignité, juridiction, résultant de ce privilége.

MAÎTRISÉ, E, part. Dominé.

MAÎTRISER, v. a. Dominer, gouverner en maître, exercer un pouvoir absolu. —, se rendre maître, vaincre, dompter, subjuguer; maîtriser ses passions. Fig.

MAIXANT (St.-), s. m. Com. du dép.

de la Creuse, cant. et arr. d'Aubusson. = Aubusson.

MAIXANT (St.-), s. m. Com. du dép. de la Gironde, cant. de St.-Macaire, arr. de la Réole. = St.-Macaire.

MAIXE, s. m. Com. du dép. de la Meurthe, cant. et arr. de Lunéville. = Lunéville.

MAIXENT (St.-), s. m. Com. du dép. de la Sarthe, cant. de Montmirail, arr. de Mamers. = la Ferté-Bernard.

MAIXENT (St.-), s. m. Ville du dép. des Deux-Sèvres, chef-lieu de deux cant. de l'arr. de Niort. Bur. d'enregist. et de poste.

Cette ville, située sur la rive droite de la Sèvre, est entourée de promenades charmantes. Elle a beaucoup souffert dans les guerres de religion et de la Vendée.

Fabr. de serges et de bonneterie de laine. Comm. de mules, mulets, chevaux, laine; dépôt royal d'étalons, etc.

MAIXENT (St.-), s. m. Com. du dép. de la Vendée, cant. de St.-Gilles, arr. des Sables-d'Olonne. = St.-Gilles.

MAIXME (St.-), s. m. Com. du dép. d'Eure-et-Loir, cant. de Châteauneuf, arr. de Dreux. = Châteauneuf.

MAIZERAY, s. m. Com. du dép. de la Meuse, cant. de Fresnes-en-Vœvre, arr. de Verdun. = Etain.

MAIZET, s. m. Com. du dép. du Calvados, cant. d'Evrecy, arr. de Caen. = Caen.

MAIZEY, s. m. Com. du dép. de la Meuse, cant. de St.-Mihiel, arr. de Commercy. = St.-Mihiel.

MAIZICOURT, s. m. Com. du dép. de la Somme, cant. de Bernaville, arr. de Doullens. = Auxy-le-Château.

MAIZIÈRE, s. f. Com. du dép. de la Haute-Saône, cant. de Rioz, arr. de Vesoul. = Rioz.

MAIZIÈRES, s. f. Com. du dép. de l'Aube, cant. de Brienne, arr. de Bar-sur-Aube. = Brienne.

MAIZIÈRES, s. f. Com. du dép. du Calvados, cant. de Bretteville, arr. de Falaise. = Falaise.

MAIZIÈRES, s. f. Com. du dép. du Doubs, cant. d'Ornans, arr. de Besançon. = Ornans.

MAIZIÈRES, s. f. Com. du dép. de la Haute-Marne, cant. de la Ferté-sur-Amance, arr. de Langres. = le Fays-Billot.

MAIZIÈRES, s. f. Com. du dép. de la Haute-Marne, cant. de Chevillon, arr. de Vassy. = Joinville.

MAIZIÈRES, s. f. Com. du dép. de la Meurthe, cant. de Vic, arr. de Château-Salins. = Moyenvic.

MAIZIÈRES, s. f. Com. du dép. de la Meurthe, cant. et arr. de Toul. = Nancy.

MAIZIÈRES-LA-GRANDE-PAROISSE, s. f. Com. du dép. de l'Aube, cant. de Romilly, arr. de Nogent-sur-Seine. = les Granges.

MAIZILLY, s. m. Com. du dép. de la Loire, cant. de Charlieu, arr. de Roanne. = Roanne.

MAIZY, s. m. Com. du dép. de l'Aisne, cant. de Neufchâtel, arr. de Laon. = Fismes.

MAJA, s. m. Genre de crustacés. T. d'hist. nat.

MAJAGUE, s. m. Oiseau palmipède, espèce d'oie. T. d'hist. nat.

MAJALE, s. f. Primevère, plante à feuilles farineuses. T. de bot.

MAJANE, s. f. Plante aromatique, basilic à feuilles panachées. T. de bot.

MAJASTRES, s. m. Com. du dép. des Basses-Alpes, cant. de Senez, arr. de Castellanne. = Castellanne.

MAJAUFE, s. f. Variété du fraisier, plante dont on compte un grand nombre d'espèces. T. de bot.

MAJESTÉ, s. f. Grandeur suprême de Dieu, des souverains, de la religion, des lois. —, se dit de tout ce qui offre quelque chose de grand, d'auguste; la majesté d'un édifice, du style. —, titre qu'on donne aux empereurs et impératrices, aux rois et aux reines. Sa —, le souverain régnant.

MAJESTUEUSEMENT, adv. Avec majesté; d'une manière noble, majestueuse.

MAJESTUEUX, EUSE, adj. Qui a de la majesté, de l'éclat, de la grandeur; noble, plein de dignité; élevé, pompeux, sublime.

MAJET, s. m. Porcelaine, insecte stercoraire du genre des boursiers. T. d'hist. nat. —, arbrisseau de l'île de Cayenne. T. de bot.

MAJEUR, E, adj. Qui a l'âge fixé par les lois pour jouir des droits civils et contracter valablement. Force —, irrésistible. Affaire —, très importante. La — partie, la plus grande partie. Ordres —, la prêtrise, le diaconat, par opposition aux ordres mineurs. Mode ou ton —, dont la tierce est composée de deux tons. T. de mus.

MAJEURE, s. f. Première proposition d'un syllogisme. —, acte soutenu pendant la licence. T. de théol.

MAJOR, s. m. (mot latin.) Officier supérieur chargé de la police du régiment et de transmettre au corps d'officiers les ordres du colonel. — général, général qui transmet aux généraux divisionnaires les ordres du général en chef, qui est chargé de maintenir la discipline dans l'armée, etc. —, adj. Plus grand, le premier. Etat —, corps d'officiers supérieurs d'une armée, d'un régiment. Chirurgien —, premier chirurgien d'un régiment. Aide —, adjoint au chirurgien-major. Tierce, quarte, quinte —, ou majeure, séquence de trois, quatre ou cinq des plus fortes cartes d'une même couleur. T. de jeu de piquet.

MAJORAT, s. m. Immeubles inaliénables affectés à un titre de noblesse.—, droit d'aînesse en Espagne.

MAJORDOME, s. m. Maître d'hôtel en Espagne et en Italie. —, officier qui a soin des vivres pour une galère.

MAJORIQUE, s. f. Terre cuite, ornée de peintures.

MAJORITÉ, s. f. Age fixé par le code civil pour jouir de ses biens et pouvoir en disposer. —, le plus grand nombre, la pluralité des suffrages, des boules, dans une assemblée délibérante, instrument d'autant plus dangereux dans les mains d'un gouvernement corrupteur, que celui-ci peut colorer d'un vernis de légalité, des actes irréfléchis, violens, ruineux et oppressifs.

MAJUSCULE, s. f. et adj. Lettre capitale.

MAK, s. m. Moucheron, espèce de cousins. T. d'hist. nat.

MAKAIRA, s. m. Genre de poissons thoraciques. T. d'hist. nat.

MAKAKOUNAN, s. m. Petit quadrupède féroce de la Guyanne. T. d'hist. nat.

MAKI, s. m. Genre de mammifères quadrumanes. T. d'hist. nat.

MAL, s. m. Le contraire de bien, ou du bien, en général. —, défaut, imperfection, vice ; faute, péché ; délit, crime ; tout ce qui nuit à autrui, trouble l'ordre établi, dénature, altère, corrompt, etc. ; travail, fatigue, peine ; tort, dommage, perte, infortune, malheur ; déplaisir, chagrin ; inconvénient, incommodité, gêne ; etc., douleur, infirmité, maladie locale. — d'aventure, panaris. — des ardens, fièvre érysipélateuse. Tourner une chose à —, supposer de mauvaises intentions. —, poisson du genre du silure. T. d'hist. nat. —, adv. Autrement qu'il ne faut, qu'il ne convient ; gauchement, maladroitement. Etre —, être très malade, en danger de mourir. Se trouver —, tomber en défaillance. Etre — avec quelqu'un, être brouillé. Penser — de quelqu'un, en avoir une opinion fâcheuse.

MAL, E, adj. Méchant, mauvais. Ce mot est vieux et n'entre plus que dans quelques composés, comme malheur, malaise.

MALABAR (côte du), s. m. Côte de la presqu'île en deçà du Gange, qui s'étend du N. au S. depuis Surate jusqu'au cap Comorin, et qui est séparée de la côte de Coromandel par le golfe du Bengale.

MALABAT, s. m. Com. du dép. du Gers, cant. de Miélan, arr. de Mirande. = Miélan.

MALABATHRUM, s. m. Arbre de l'Inde dont la feuille entre dans la composition de la thériaque. T. de pharm.

MALACCA, s. f. Ville de l'Inde dans la presqu'île et sur le détroit du même nom, appartenant aux Hollandais qui y possèdent un comptoir.

MALACHÈRE (la), s. f. Com. du dép. de la Haute-Saône, cant. de Rioz, arr. de Vesoul. = Rioz.

MALACHIE, s. f. Insecte coléoptère pentamère. T. d'hist. nat.

MALACHITE, s. f. Stalagmite cuivreuse d'un vert opaque. T. d'hist. nat.

MALACHRE, s. f. Genre de plantes de la famille des mauves. T. de bot.

MALACIE, s. f. Dépravation du goût, envie de femmes enceintes pour certains alimens. T. de méd.

MALACODENDRE, s. m. Arbrisseau de la monadelphie, seizième classe des végétaux. T. de bot.

MALACODERME, adj. Se dit des animaux qui ont la peau molle, pour les distinguer des testacés. —, s. m. pl. Insectes coléoptères serricornes. T. d'hist. nat.

MALACOÏDE, s. f. Plante dont la feuille est semblable à celle de la mauve. T. d'hist. nat.

MALACOLITHE, s. f. Substance minérale. T. d'hist. nat.

MALACOPTÉRYGIEN, adj. m. Se dit d'un poisson à nageoires sans aiguillons. — abdominaux, s. m. pl. Famille de poissons osseux abdominaux. Voy. DERMOPTÈRES. T. d'hist. nat.

MALACOSTÉON, s. m. Ramollissement des os. T. de méd. inus.

MALACOSTRACÉS, s. m. pl. Genre d'animaux crustacés. T. d'hist. nat.

MALACOXYLE, s. m. Grand arbre de l'île de France. T. de bot.

MALACTIQUE, s. m. et adj. Se dit des remèdes émolliens, comme la mauve, la graine de lin, etc. T. de méd.

MALADE, s. et adj. Attaqué de maladie, infirme, languissant, dont la santé est altérée par une cause morbide; se dit des parties du corps affectées de quelque mal, des animaux, des arbres, des plantes, et fig. de l'esprit, de l'imagination.

MALADIE, s. f. Dérangement, altération dans les fonctions vitales, privation de la santé; qui a pour terme la convalescence ou la mort, et dont les causes et la guérison font l'objet des études de la médecine; infirmité, souffrance, langueur. —, travers d'esprit, goût désordonné pour quelque chose; avoir la maladie du jeu. — du pays, désir violent de retourner dans son pays, chagrin d'en être éloigné. — des plantes, altération qui survient dans l'économie végétale.

MALADIF, IVE, adj. Sujet à être malade, valétudinaire.

MALADRERIE, s. f. Léproserie, hôpital pour la guérison des maladies de la peau.

MALADRESSE, s. f. Défaut d'adresse, gaucherie, bévue.

MALADROIT, E, adj. Gauche, qui manque d'adresse, au prop. et au fig.

MALADROITEMENT, adv. Gauchement, d'une manière maladroite.

MALAFRÉTAZ, s. m. Com. du dép. de l'Ain, cant. de Montrevel, arr. de Bourg. = Bourg.

MALAGA, s. f. Ville maritime d'Espagne dans la province de Grenade. Cette ville, qui est la résidence du gouverneur général de la province, est renommée par l'excellente qualité de ses vins. Pop. 50,000 hab. environ.

MALAGME, s. m. Cataplasme émollient. T. de méd.

MALAGMÉ, E, part. Amalgamé; se dit des métaux.

MALAGMER, v. a. Amalgamer, incorporer diverses espèces de métaux.

MALAGUETTE ou MAINGUETTE, s. f. Graine de paradis, poivre de Guinée.

MALAI, s. m. Langue la plus pure des Indes orientales. —, s. m. pl. Indiens d'une race particulière qui forment une nation considérable, dont les possessions s'étendent depuis la péninsule Malaie jusqu'à Madagascar et jusqu'au fond du grand Océan. Ces Indiens se livrent à la piraterie.

MALAIN, s. m. Com. du dép. de la Côte-d'Or, cant. de Sombernon, arr. de Dijon. = Sombernon.

MALAINCOURT, s. m. Com. du dép. de la Haute-Marne, cant. de Bourmont, arr. de Chaumont. = Bourmont.

MALAINCOURT, s. m. Com. du dép. des Vosges, cant. de Bulgnéville, arr. de Neufchâteau. = Neufchâteau.

MALAIRE, adj. Se dit de l'os de la face qui forme la pommette. T. d'anat.

MALAISE, s. m. Etat fâcheux, incommode. —, gêne, privation, détresse, indigence. Fig.

MALAISÉ, E, adj. Pénible, fatigant, difficile à exécuter, au prop. et au fig. —, d'un usage incommode. —, gêné, peu aisé, qui s'impose des privations; difficile à vivre, fâcheux. Riche —, qui se trouve dans la gêne en ayant une grande fortune, dont les affaires sont embarrassées.

MALAISÉMENT, adv. Difficilement, avec peine.

MALAKENTOMOZAIRES, s. m. pl. Classe d'animaux marins entre les mollusques et les crustacés. T. d'hist. nat.

MALAMIRIS, s. m. Poivre qui croît à la Jamaïque et à St.-Domingue. T. de bot.

MALANCOURT, s. m. Com. du dép. de la Meuse, cant. de Varennes, arr. de Verdun. = Varennes.

MALANDRES, s. f. pl. Défectuosités du bois équarri, pourri par places. —, fentes aux genoux d'un cheval d'où s'écoule une humeur fétide. T. de méd. vétér.

MALENDREUX, EUSE, adj. Défectueux, pourri par places, en parlant du bois.

MALANDRIE, s. f. Sorte de lèpre. T. de méd.

MALANDRY, s. m. Com. du dép. des Ardennes, cant. de Carignan, arr. de Sedan. = Carignan.

MALANGE, s. f. Com. du dép. du Jura, cant. de Gendray, arr. de Dôle. = Dôle.

MALANI, s. m. Genre de plantes de la famille des rubiacées. T. de bot.

MALANS, s. m. Com. du dép. du Doubs, cant. d'Amancey, arr. de Besançon. = Ornans.

MALANS, s. m. Com. du dép. de la Haute-Saône, cant. de Pesmes, arr. de Gray. = Gray.

MALAPÆNNA, s. m. Arbre de la côte du Malabar. T. de bot.

MALAPARI, s. m. Arbre des îles Moluques. T. de bot.

MALAPERTURE, s. m. Silure électrique, espèce de poisson abdominal. T. d'hist. nat.

MALAPRE, s. m. Ouvrier qui a de la peine à lire. T. d'impr.

MALARCE, s. f. Com. du dép. de l'Ardèche, cant. des Vans, arr. de Largentière. = les Vans.

MALARMAT, s. m. Poisson du genre du trigle. T. d'hist. nat.

MALART, s. m. Canard sauvage, mâle.

MALARTIE, s. f. Com. du dép. du Gers, cant. et arr. d'Auch. = Auch.

MALATE, s. m. Nom générique des sels formés par la combinaison de l'acide malique avec différentes bases. T. de chim.

MALAUCÈNE, s. f. Petite ville du dép. de Vaucluse, chef-lieu de cant. de l'arr. d'Orange. Bur. d'enregist. =Carpentras. Papeteries; filatures de soie; martinets pour le cuivre, etc.

MALAUCOURT, s. m. Com. du dép. de la Meurthe, cant. de Delme, arr. de Château-Salins. = Château-Salins.

MALAUMONT, s. m. Com. du dép. de la Meuse, cant. et arr. de Commercy. =Commercy.

MALAUNAY, s. m. Com. du dép. de la Seine-Inférieure, cant. de Maromme, arr. de Rouen. = Rouen.

MALAUSE, s. f. Com. du dép. de Tarn-et-Garonne, cant. et arr. de Moissac. = Moissac.

MALAUSSANNE, s. f. Com. du dép. des Basses-Pyrénées, cant. d'Arzacq, arr. d'Orthez. = Orthez.

MALAVEN, s. m. Bois incorruptible des Philippines.

MALAVENTURE, s. f. Voy. MÉSAVENTURE.

MALAVILLE, s. f. Com. du dép. de la Charente, cant. de Châteauneuf, arr. de Cognac. = Châteauneuf.

MALAVILLERS, s. m. Com. du dép. de la Moselle, cant. d'Audun-le-Roman, arr. de Briey. = Briey.

MALAVISÉ, E, s. et adj. Irréfléchi, imprudent, indiscret, qui parle, agit à contre-temps.

MALAXATION, s. f. Action de pétrir des drogues pour les ramollir. T. de pharm.

MALAXÉ, E, part. Pétri; se dit des drogues. T. de pharm.

MALAXER, v. a. Pétrir des drogues pour les rendre plus unies, plus molles. T. de pharm.

MALAXIS, s. m. Genre de plantes de la famille des orchidées. T. de bot.

MALAY, s. m. Com. du dép. de Saône-et-Loire, cant. de St.-Gengoux-le-Royal, arr. de Mâcon. = Buxy.

MALAY-LE-ROI, s. m. Com. du dép. de l'Yonne, cant. et arr. de Sens. = Sens.

MALAY-LE-VICOMTE, s. m. Com. du dép. de l'Yonne, cant. et arr. de Sens. = Sens.

MALBÂTI, E, s. et adj. Malfait, mal tourné. T. fam.

MALBERGE, s. f. Assemblée des Francs sur les montagnes.

MALBO, s. m. Com. du dép. du Cantal, cant. de Pierrefort, arr. de St.-Flour. = St.-Flour.

MALBOROUGH, s. m. Nom d'un ancien et célèbre général anglais, sur la mort duquel on fit une chanson qui eut une vogue extraordinaire. —, petite étoffe rase.

MALBOS, s. m. Com. du dép. de l'Ardèche, cant. des Vans, arr. de Largentière. = les Vans.

MALBOUHANS, s. m. Com. du dép. de la Haute-Saône, cant. et arr. de Lure. = Lure.

MALBOUZON, s. m. Com. du dép. de la Lozère, cant. de Nasbinals, arr. de Marvejols. = Marvejols.

MALBRANS, s. m. Com. du dép. du Doubs, cant. d'Ornans, arr. de Besançon. = Ornans.

MALBROUCK, s. m. Espèce de guenon. T. d'hist. nat.

MALBUISSON, s. m. Com. du dép. du Doubs, cant. et arr. de Pontarlier. = Pontarlier.

MALCONTENT, E, adj. Mécontent.

MAL DE MER, s. m. Vomissement produit par le roulis et le tangage, au commencement de la navigation.

MALDER, s. m. Mesure d'Allemagne.

MALDISANT, E, s. et adj. Médisant. T. inus.

MALDRE, s. m. Mesure de seize boisseaux à Hambourg.

MÂLE, s. m. Individu qui appartient au sexe masculin; se dit des animaux. —, couteau supérieur des forces, des ciseaux à tondre les draps. —, adj. Qui est du sexe masculin, l'opposé de femelle. —, fort, vigoureux, plein d'énergie. Fig. —, conçu, exécuté avec audace; qui porte l'empreinte du génie. T. d'arts. Fleurs —, qui ont des étamines sans pistils. T. de bot.

MALE, s. m. Com. du dép. de l'Orne, cant. de Theil, arr. de Mortagne. = Nogent-le-Roi.

MALEBESTE ou MALBESTE, s. f. Hache à marteau pour le calfat. T. de mar.

MALEBÊTE, s. f. Personne dangereuse, dont il faut se méfier. T. fam.

MALEBOSSE, s. f. Charbon pestilentiel; grosse bosse. T. inus.

MALEBOUCHE, s. f. Bouche infecte. T. inus.

MALÉDICTION, s. f. Imprécation; fatalité, mauvaise étoile, mauvais destin. Fig.

MALEFAIM, s. f. Faim cruelle. T. inus.

MALÉFICE, s. m. Action d'un malfaiteur; sort jeté sur les hommes, sur les bestiaux, etc., à l'aide de prétendues opérations magiques.

MALÉFICIE, E, adj. Languissant, malade; maltraité. T. fam.

MALÉFIQUE, adj. Se dit des planètes auxquelles l'ignorance attribuait des influences malignes.

MALEHEURE (à la), adv. Malheureusement. (Vi.)

MALEGOUDE, s. f. Com. du dép. de l'Ariège, cant. de Mirepoix, arr. de Pamiers. = Mirepoix.

MALEMORT, s. f. Mort accidentelle, funeste. T. fam.

MALEMORT, s. m. Com. du dép. de la Corrèze, cant. et arr. de Brive. = Brive.

MALEMORT, s. m. Com. du dép. de Vaucluse, cant. de Mormoiron, arr. de Carpentras. = Carpentras.

MALENCONTRE, s. f. Mauvaise rencontre, malheur, accident fâcheux. T. fam.

MALENCONTREUSEMENT, adv. Accidentellement, par malheur. (Vi.)

MALENCONTREUX, EUSE, adj. Malheureux, sujet à de mauvaises rencontres, à des accidens; qui porte malheur, en parlant des choses.

MALENE (la), s. f. Com. du dép. de la Lozère, cant. de St.-Enimie, arr. de Florac. = Meyrueis.

MALENGIN, s. m. Tromperie. (Vi.)

MAL-EN-POINT, adv. En mauvais état pour la fortune ou la santé.

MALENSAC, s. m. Com. du dép. du Morbihan, cant. de Rochefort, arr. de Vannes. = Redon.

MALENTENDU, s. m. Equivoque, méprise; paroles prises à contre-sens; action mal interprétée, qui occasionne des désagrémens.

MALENTENDU, E, adj. Mal conçu, mal ordonné.

MALÉON, s. m. Com. du dép. de la Haute-Vienne, cant. de Châteauneuf, arr. de Limoges. = St.-Léonard.

MALEPESTE, interj. qui marque la surprise. T. fam.

MALERAGE, s. f. Faim canine, désir violent. T. inus.

MALEROUDA, s. m. Oiseau de l'île de Ceylan.

MALESHERBE, s. f. Plante du Pérou. T. de bot.

MALESHERBES, s. f. Com. du dép. du Loiret, chef-lieu de cant. de l'arr. de Pithiviers. Bur. d'enregist. et de poste.

MALESTROIT, s. m. Petite ville du dép. du Morbihan, chef-lieu de cant. de l'arr. de Ploërmel. Bur. d'enregist. = Ploërmel. Comm. de miel et de cire.

MALETABLE, s. f. Com. du dép. de l'Orne, cant. de Longni, arr. de Mortagne. = Longni.

MAL-ÊTRE, s. m. Malaise, état de langueur, de vague indisposition.

MALETROUSSE, s. f. Ancien droit seigneurial sur les fruits, les bestiaux, etc.

MALEVESIE, s. f. Com. du dép. de la Haute-Garonne, cant. de St.-Bertrand, arr. de St.-Gaudens. = St.-Béat.

MALÉVOLE, adj. Malveillant. T. fam.

MALFAÇON, s. f. Défectuosité, ce qu'il y a de mal fait dans un ouvrage. —, mauvaise façon d'agir, supercherie. Fig. et fam.

MALFAIRE, v. n. Faire du mal, faire tort, nuire.

MALFAISANCE, s. f. Disposition à faire le mal, à nuire.

MALFAISANT, E, adj. Qui se plaît à faire du mal, à nuire. —, en parlant des choses, nuisible, qui incommode, qui fait du mal; vin malfaisant.

MALFAIT, E, part. et adj. Malbâti, contrefait, difforme. —, en parlant des choses, mal composé, mal ordonné, mal exécuté.

MALFAITEUR, s. m. Maraudeur, voleur, vagabond, qui a l'habitude du crime.

MALFAMÉ, E, adj. Qui jouit d'une mauvaise réputation.

MALGRACIEUSEMENT, adv. Grossièrement, d'une manière malgracieuse, impolie.

MALGRACIEUX, EUSE, adj. Grossier, rude; incivil, malhonnête, impertinent.

MALGRÉ, prép. Contre le gré, la volonté de quelqu'un. —, nonobstant quelque chose. — que, quoique.

MALGUENAC, s. m. Com. du dép. du Morbihan, cant. de Gléguérec, arr. de Pontivy. = Pontivy.

MALHABILE, adj. Qui manque d'habileté, d'adresse, d'intelligence, de capacité.

MALHABILEMENT, adv. Gauchement, maladroitement.

MALHABILETÉ, s. f. Maladresse, manque d'intelligence, de capacité.

MALHERBE, s. f. Espèce de thymélée, plante dont on se sert pour la teinture.

MALHEUR, s. m. Mauvaise fortune, mauvaise destinée. —, disgrâce, revers; accident fâcheux, désastre. —, sorte de fatalité qui poursuit les malheureux. Par —, adv. Accidentellement, malheureusement. — à, interj. qui annonce l'imprécation, la menace; malheur aux vaincus.

MALHEUREUSEMENT, adv. Par malheur, d'une manière malheureuse.

MALHEUREUX, EUSE, s. et adj. Qui n'est pas heureux, infortuné; qui a du malheur, est à plaindre; qui est dans l'indigence, la pauvreté, la misère; méchant, vil, méprisable. —, qui est préjudiciable, plonge dans l'infortune, les regrets, la douleur. —, qui porte malheur, annonce ou semble annoncer le malheur. —, mauvais en son genre; malheureux écrivain. —, médiocre, insuffisant, disproportionné; n'avoir qu'un malheureux habit.

MALHONNÊTE, adj. Contraire à l'honnêteté, à la politesse, à la bienséance. —, qui manque d'honneur, de probité.

MALHONNÊTEMENT, adv. D'une manière malhonnête.

MALHONNÊTETÉ, s. f. Impolitesse, incivilité, grossièreté, manque d'usage, de bienséance; improbité.

MALICE, s. f. Inclination à mal faire, à nuire, à causer de la peine; malignité, méchanceté, action maligne, parole piquante dite avec malice. —, attrape, niche, espièglerie, etc. Fig.

MALICIEUSEMENT, adv. Avec malice.

MALICIEUX, EUSE, s. et adj. Enclin à la malice; espiègle, qui se plaît à faire des niches, des espiègleries.

MALICORIUM, s. m. Ecorce de la grenade; fruit du grenadier.

MALICORNAY, s. m. Com. du dép. de l'Indre, cant. de Neuvy-St.-Sépulcre, arr. de la Châtre. = Argenton.

MALICORNE, s. f. Com. du dép. de l'Allier, cant. de Montmarault, arr. de Montluçon. = Montmarault.

MALICORNE, s. f. Com. du dép. de la Sarthe, chef-lieu de cant. de l'arr. de la Flèche, où se trouvent les bur. d'enregist. et de poste.
Fabr. de faïence, de poterie, etc.

MALICORNE, s. f. Com. du dép. de l'Yonne, cant. de Charny, arr. de Joigny. = Joigny.

MALIGNEMENT, adv. Avec malignité.

MALIGNITÉ, s. f. Inclination à faire, à dire du mal; méchanceté spirituelle, réfléchie. —, qualité nuisible, influence maligne; malignité des humeurs.

MALIGNY, s. m. Com. du dép. de la Côte-d'Or, cant. d'Arnay-le-Duc, arr. de Beaune. = Arnay.

MALIGNY, s. m. Com. du dép. de l'Yonne, cant de Ligny, arr. d'Auxerre. = Chablis.

MALIJAI, s. m. Com. du dép. des Basses-Alpes, cant. de Mées, arr. de Digne. = Digne.

MALIMBE, s. m. Oiseau, espèce de cardinal.

MALIN, s. m. Homme fin, rusé, astucieux, défiant, auquel il n'est pas facile d'en faire accroire.

MALIN, IGNE, adj. Qui prend plaisir à faire des malices, à médire. —, qui tend à nuire; propos malin. —, mordant, satirique. —, nuisible, malfaisant, qui a de la malignité. Fièvre —, fièvre ataxique.

MALINCOURT, s. m. Com. du dép. du Nord, cant. de Clary, arr. de Cambrai. = Cambrai.

MALINE, s. f. Epoque des grandes marées. T. de mar.

MALINES, s. f. Ville archiépiscopale du royaume des Pays-Bas, province d'Anvers, renommée par la beauté et la richesse de ses dentelles. Pop. 20,000 hab. env.

MALINGRE, adj. Qui est d'une complexion faible, délicate, qui ne jouit pas d'une bonne santé; qui a peine à se rétablir après une longue maladie.

MALINTENTIONNÉ, E, s. et adj. Qui a de mauvaises intentions.

MALINTRAT, s. m. Com. du dép. du Puy-de-Dôme, cant. et arr. de Clermont. = Clermont.

MALIQUE, adj. Se dit d'un acide végétal tiré du jus de pomme; acide malique. T. de chim.

MALIS, s. f. Abcès rempli de vers; clavelée. T. inus.

MALISSART, s. m. Village du dép. de la Drôme, cant. de Chabeuil, arr. de Valence. = Valence.

MALITORNE, s. f. Nom d'une servante de basse-cour à laquelle, dans le roman de Cervantes, Don Quichotte fait des complimens, s'imaginant que c'est à sa Dulcinée qu'il les adresse. —, adj. Grossier, maladroit, gauche, inepte. T. fam.

MALJUGÉ, s. m. Erreur d'un tribunal, jugement contraire aux formes de procédure, à l'équité, au droit, à la loi. —, jugement faux, erroné. Fig.

MALKOHA, s. m. Genre d'oiseaux sylvains. T. d'hist. nat.

MALLA, s. f. Capucine du Pérou, plante polypétale. T. de bot.

MALLARD, s. m. Petite meule de rémouleur.

MALLE, s. f. Coffre couvert de peau dont on se sert en voyage; valise, grand panier des merciers ambulans. — poste, voiture pour le service de la poste aux lettres. —, ou Glanis, s. m. Poisson du Nil, du genre du silure.

MALLÉABILITÉ, s. f. Ductilité.

MALLÉABLE, adj. Ductile, qu'on peut forger et étendre à coups de marteau.

MALLÉAMOTHE, s. m. Arbrisseau du Malabar. T. de bot.

MALLEFOUGASSE, s. f. Com. du dép. des Basses-Alpes, cant. de St.-Etienne, arr. de Forcalquier. = Forcalquier.

MALLELOY, s. m. Com. du dép. de la Meurthe, cant. de Nomeny, arr. de Nancy. = Nancy.

MALLEMOISSON, s. m. Com. du dép. des Basses-Alpes, cant. et arr. de Digne. = Digne.

MALLEMOLLE, s. f. Toile de coton blanche, espèce de mousseline des Indes.

MALLEMORT, s. m. Com. du dép. des Bouches-du-Rhône, cant. d'Eyguières, arr. d'Arles. = Lambesc.

MALLÉOLAIRE, adj. Qui a rapport aux malléoles. T. d'anat.

MALLÉOLE, s. f. Eminence placée à la partie inférieure de la jambe, des deux côtés de son articulation avec le pied; cheville du pied. T. d'anat.

MALLÉOU, s. m. Com. du dép. de l'Ariège, cant. de Varilles, arr. de Pamiers. = Pamiers.

MALLERET, s. m. Com. du dép. de la Creuse, cant. et arr. de Boussac. = Boussac.

MALLEREY, s. m. Com. du dép. du Jura, cant. de Beaufort, arr. de Lons-le-Saulnier. = Lons-le-Saulnier.

MALLERRET, s. m. Com. du dép. de la Creuse, cant. de la Courtine, arr. d'Aubusson. = Felletin.

MALLET, s. m. Com. du dép. du Cantal, cant. de Chaudesaigues, arr. de St.-Flour. = St.-Flour.

MALLETIER, s. m. Coffretier, layetier.

MALLETTE, s. f. Petite malle. T. inus.

MALLÉVAL, s. m. Com. du dép. de la Loire, cant. de Pélussin, arr. de St.-Étienne. = Condrieu.

MALLEVILLE, s. f. Com. du dép. de l'Aveyron, cant. de Montbazens, arr. de Villefranche. = Villefranche.

MALLEVILLE-LES-GRÈS, s. f. Com. du dép. de la Seine-Inférieure, cant. de Cany, arr. d'Yvetot. = Cany.

MALLEVILLE-SUR-LE-BEC, s. f. Com. du dép. de l'Eure, cant. de Brionne, arr. de Bernay. = Brionne.

MALLIER, s. m. Cheval qui porte la malle; cheval de brancard d'une chaise de poste.

MALLIÈVRE, s. m. Com. du dép. de la Vendée, cant. de Mortagne, arr. de Bourbon-Vendée. = les Herbiers.

MALLING, s. m. Com. du dép. de la Moselle, cant. de Sierck, arr. de Thionville. = Thionville.

MALLINGTONE, s. m. Grand arbre de l'Inde. T. de bot.

MALLOCOQUE, s. f. Voy. GREUVIER. T. de bot.

MALLOTE, s. m. Arbre de la Cochinchine. T. de bot.

MALLOUÉ, s. m. Com. du dép. du Calvados, cant. de Bény-Bocage, arr. de Vire. = Torigny.

MALMAISON, s. f. Maison isolée, mal située. —, réglisse sauvage.

MALMAISON (la), s. f. Com. du dép. de l'Aisne, cant. de Neufchâtel, arr. de Laon. = Reims.

MALMENÉ, E, part. Maltraité.

MALMENER, v. a. Maltraiter, mener rudement de fait ou de paroles.

MALMERSPACH, s. m. Com. du dép. du Haut-Rhin, cant. de St.-Amarin, arr. de Belfort. = Cernay.

MALMORT, s. m. Lèpre cutanée, très maligne.

MALMOULUE, s. et adj. f. Fumée du cerf mal digérée. T. de véner.

MALMY, s. m. Com. du dép. des Ardennes, cant. d'Omont, arr. de Mézières. = Mézières.

MALMY, s. m. Com. du dép. de la Marne, cant. de Ville-sur-Tourbe, arr. de Ste.-Ménehould. = Ste.-Ménehould.

MALNOMMÉE, s. f. Euphorbe, plante de St.-Domingue. T. de bot.

MALNOYER, s. m. Com. du dép. de l'Orne, cant. d'Exmes, arr. d'Argentan. = Gacé.

MALO (St.-), s. m. Ville maritime du dép. d'Ille-et-Vilaine, chef-lieu de sous-préf. et de cant.; trib. de 1re inst. et de comm.; école d'hydrographie de 1re classe; consulats étrangers; conserv. des hypoth.; direct. des contrib. indir.; direct. des douanes; bur. de garantie des matières d'or et d'argent; bur. d'enregist. et de poste; pop. 9,900 hab. env.

Cette ville, située dans une île qu'on a jointe à la terre ferme par une chaussée étroite, nommée le Sillon, possède un port sûr et commode, mais d'un accès difficile à cause des rochers qui s'y trouvent en très grand nombre. Comme ce port est dans le fond d'un cul-de-sac, la mer s'y engouffre avec rapidité, et, dans les grandes marées, le flot s'y élève à 45 pieds au-dessus du niveau de la basse mer; en conséquence les plus gros vaisseaux peuvent entrer devant la ville, s'ils sont d'une forme et d'un échantillon qui leur permettent d'échouer. A l'O. de St.-Malo, au-dehors de l'embouchure de la rivière de Rance, qui renferme deux ports séparés par une haute tour qui servait jadis à défendre la navigation, se trouve la rade. Les Anglais bombardèrent cette ville, berceau de la compagnie des Indes, en 1693 et 1758. Parmi les hommes célèbres, dont la mémoire sera toujours chère aux Malouins, nous citerons Dugay-Trouin, Jacques Cartier, qui découvrit le Canada en 1534, Maupertuis, etc.

Fabr. de bonneterie, filets de pêche, fils à voiles, poulies; construction de navires; manuf. royale des tabacs; comm. de vins, eaux-de-vie, salaisons, tabacs, chanvre, goudron, mâtures; entrepôt de denrées coloniales, de sel; armemens considérables pour les Deux-Indes, et pour la pêche de la baleine, de la morue et du maquereau; grand et petit cabotage, etc.

MALO (St.-), s. m. Com. du dép. de la Nièvre, cant. de Donzy, arr. de Cosne. = Donzy.

MALO (St.-), s. m. Com. du dép. de l'Orne, cant. de Putanges, arr. d'Argentan. = Argentan.

MALO-DE-BEIGNON (St.-), s. m. Com. du dép. du Morbihan, cant. de Guer, arr. de Ploërmel. = Plélan.

MALO-DE-LA-LANDE (St.-), s. m. Com. du dép. de la Manche, chef-lieu de cant. de l'arr. de Coutances, où se trouvent les bur. d'enregist. et de poste.

MALO-DE-PHILY (St.-), s. m. Com. du dép. d'Ille-et-Vilaine, cant. de Pipriac, arr. de Redon. = Bain.

MALO-DU-BOIS (St.-), s. m. Com. du dép. de la Vendée, cant. de Mortagne, arr. de Bourbon-Vendée. = Mortagne.

MALON (St.-), s. m. Com. du dép. d'Ille-et-Vilaine, cant. de St.-Méen, arr. de Montfort. = Montfort.

MALONS, s. m. pl. Briques pour maçonner les chaudières à savon.

MALONS-ET-ELZE, s. m. Com. du dép. du Gard, cant. de Genolhac, arr. d'Alais. = Genolhac.

MALOPE, s. f. Genre de plantes malvacées. T. de bot.

MALORA, s. m. Sorte de palmier. T. de bot.

MALORDONNÉ, E, adj. Se dit de trois pièces, dont une se trouve en chef et les deux autres parallèles en pointes. T. de blas.

MALOTRU, E, s. et adj. Vil, méprisable; grossier, maussade; malbâti, malpropre.

MALOUIN, E, s. et adj. Originaire de St.-Malo; qui concerne cette ville.

MALOUY, s. m. Com. du dép. de l'Eure, cant. et arr. de Bernay. = Bernay.

MALPART, s. m. Com. du dép. de la Somme, cant. et arr. de Montdidier. = Montdidier.

MALPAS, s. m. Com. du dép. du Doubs, cant. et arr. de Pontarlier. = Pontarlier.

MALPEIGNÉ, E, s. Personne sale, dont les cheveux sont en désordre. T. fam.

MALPIGHIACÉES, s. f. pl. Famille de plantes la plupart exotiques, comprenant des arbres et des arbrisseaux très rameux. T. de bot.

MALPLAISANT, E, adj. Désagréable, fâcheux. (Vi.)

MALPLAQUET, s. m. Com. du dép. du Nord, cant. de Bavay, arr. d'Avesnes. = Bavay.

Ce village est célèbre par une bataille livrée entre les Français et les alliés, en 1709, bataille où ces derniers restèrent maîtres du champ, mais avec une perte de 20,000 hommes.

MALPOLE, s. m. Serpent d'Amérique. T. d'hist. nat.

MALPROPRE, adj. Qui manque de propreté, sale, dégoûtant. —, s. et adj. Qui vit dans la malpropreté.

MALPROPREMENT, adv. D'une manière malpropre, salement.

MALPROPRETÉ, s. f. Défaut de propreté, saleté.

MALQUINIER, s. m. Fabricant et marchand de fil.

MALRAS, s. m. Com. du dép. de l'Aude, cant. et arr. de Limoux. = Limoux.

MALROY, s. m. Com. du dép. de la Moselle, cant. de Vigy, arr. de Metz. = Metz.

MALSAIN, E, adj. Qui n'est pas sain, qui a les humeurs viciées. —, contraire à la santé; nourriture malsaine. —, dangereux; rivage malsain. T. de mar.

MALSÉANT, E, adj. Messéant, contraire à la bienséance.

MALSEMÉ, E, adj. Se dit du bois

d'un cerf, dont les andouillers sont en nombre impair. T. de véner.

MALSONNANT, E, adj. Inadmissible, choquant, hétérodoxe; se dit en théologie des propositions condamnables.

MALT, s. m. Orge, grain germé, pour faire de la bière.

MALTAILLÉ, E, adj. Taillé d'une manière bizarre. T. de blas.

MALTALENT, s. m. Esprit méchant, dangereux : rancune, désir de vengeance. (Vi.)

MALTAT, s. m. Com. du dép. de Saône-et-Loire, cant. de Bourbon-Lancy, arr. de Charolles. = Bourbon-Lancy.

MALTE, s. f. Ville capitale de l'île de ce nom, située entre la Sicile et l'Afrique, etc. Cette île, ou plutôt ce rocher couvert de terre importée et garni de fortifications inexpugnables, fut long-temps le boulevart de la chrétienté; il appartint à un ordre militaire de chevaliers qui, sous la bannière de la croix, s'opposèrent constamment aux excursions des Turcs, dont l'Europe était tributaire. Lors de son expédition d'Egypte, le général Bonaparte devint maître de cette position, qui pouvait servir d'abri à sa flotte; mais celle-ci ayant été détruite par Nelson, Malte ne fut plus pour l'armée française que d'une utilité secondaire. Bientôt les Anglais s'emparèrent de ce poste important pour leur marine militaire, et la confisquèrent à leur profit; ils l'occupent encore en ce moment, et ne paraissent guère disposés à s'en dessaisir, malgré les réclamations des anciens propriétaires à diverses époques.

MALTHE, s. f. Poix minérale, espèce de bitume. T. d'hist. nat.

MALTHÉE, s. f. Voy. LOPHIE. T. d'hist. nat.

MALTOT, s. m. Com. du dép. du Calvados, cant. d'Evrecy, arr. de Caen. = Caen.

MALTÔTE, s. f. Exaction, concussion, perception d'un impôt illégal.

MALTÔTIER, s. m. Exacteur, concussionnaire.

MALTRAITÉ, E, part. Traité durement, insulté, outragé.

MALTRAITER, v. a. Traiter durement, battre, insulter, outrager. —, faire éprouver une perte, un dommage; porter un jugement défavorable.

MALVACÉES, s. f. pl. Famille des mauves. T. de bot.

MALVAL, s. m. Com. du dép. de la Creuse, cant. de Bonnat, arr. de Guéret. = la Châtre.

MALVEILLANCE, s. f. Disposition à vouloir du mal, mauvaise volonté, intention de nuire.

MALVEILLANT, E, s. et adj. Malintentionné, qui veut le mal, qui l'annonce; propos malveillant.

MALVÉISINE, s. f. Ancien pierrier, petit canon, espèce de mortier.

MALVERSATION, s. f. Abus de pouvoir, délit commis dans l'exercice d'une fonction; concussion, soustraction de deniers.

MALVERSER, v. n. Commettre des malversations, des exactions, des concussions dans l'exercice de ses fonctions.

MALVES, s. m. Com. du dép. de l'Aude, cant. de Conques, arr. de Carcassonne. = Carcassonne.

MALVIÈRES, s. f. Com. du dép. de la Haute-Loire, cant. de la Chaise-Dieu, arr. de Brioude. = Craponne.

MALVIÈS, s. m. Com. du dép. de l'Aude, cant. d'Alaigne, arr. de Limoux. = Limoux.

MALVILLE, s. f. Com. du dép. de la Loire-Inférieure, cant. et arr. de Savenai. = Savenai.

MALVILLERS, s. m. Com. du dép. de la Haute-Saône, cant. de Vitrey, arr. de Vesoul. = Cintrey.

MALVOISIE, s. f. Petite île de la Morée, fertile en excellens vins. Vin de —, vin muscat cuit.

MALVOULOIR, s. m. Malveillance, mauvaise volonté; intention de faire du mal. (Vi.)

MALVOULU, E, adj. Haï, détesté; à qui l'on veut du mal. T. fam. (Vi.)

MALZÉVILLE, s. f. Com. du dép. de la Meurthe, cant. et arr. de Nancy. = Nancy.

MALZIEU-FORAIN, s. m. Com. du dép. de la Lozère, cant. de Malzieu-Ville, arr. de Marvejols. = St.-Chély.

MALZIEU-VILLE, s. m. Com. du dép. de la Lozère, chef-lieu de cant. de l'arr. de Marvejols. Bur. d'enregist. = St.-Chély.

MALZY, s. m. Com. du dép. de l'Aisne, cant. de Guise, arr. de Vervins. = Guise.

MAMAN, s. f. Mère. Grand'—, grand'-mère.

MAMANIRA, s. m. Arbrisseau des îles Moluques. T. de bot.

MAMANPIAN, s. m. Ulcère qui annonce l'invasion du pian, maladie des Américains. T. de méd.

MAMANT, s. m. Voy. MAMMOUT.

MAMBI, s. m. Substance d'un gris blanchâtre que mâchent les Péruviens.

MAMBOUHANS, s. m. Com. du dép. du Doubs, cant. de Pont-de-Roide, arr. de Montbéliard. = l'Isle-sur-le-Doubs.

MAMBRINE, s. f. Variété de la chèvre. T. d'hist. nat.

MAMEI, s. m. Abricotier des Antilles. T. de bot.

MAMELEN, s. m. Arbre de l'île d'Amboine. T. de bot.

MAMELLE, s. f. Partie charnue et glanduleuse qui se remarque sur les deux côtés de la poitrine, où elle offre une éminence en forme de demi-globe; organe qui sert à la sécrétion du lait chez la femme. —, nom de plusieurs espèces d'agaric. T. de bot.

MAMELON, s. m. Petite éminence placée au milieu et dans la partie la plus élevée de la mamelle, d'un tissu spongieux, élastique, et percé de huit ou dix petits trous par lesquels coule le lait. — de la peau, petite pyramide nerveuse répandue sur toute la surface de la peau. —, partie supérieure d'une montagne terminée en pointe. —, extrémité arrondie. T. d'arts et mét. —, concrétion tuberculeuse. T. d'hist. nat. —, protubérance ronde. T. de bot.

MAMELONNÉ, s. m. Poisson du genre du baliste. T. d'hist. nat. —, pl. Famille de champignons. T. de bot.

MAMELONNÉ, E, adj. Qui offre la figure d'un mamelon. —, garni de mamelons. T. de bot.

MAMELU, E, s. et adj. Qui a de grosses mamelles. T. fam.

MAMELUK, s. m. Esclave affranchi, qui était admis dans la cavalerie des anciens beys d'Egypte.

MAMERS, s. m. Petite ville du dép. de la Sarthe, chef-lieu de sous-préf. et de cant.; trib. de 1re inst. et de comm.; conseil de prud'hommes; conserv. des hypoth.; direct. des contrib. indir.; recev. part. des finances; bur. d'enregist. et de poste. Manuf. de toiles à voiles, serges, basins, calicots, bonneterie, etc. Comm. de grains, vins, eaux-de-vie, cire, bestiaux, etc.

MAMERT (St.-), s. m. Com. du dép. du Gard, chef-lieu de cant. de l'arr. de Nismes. Bur. d'enregist. à Clarensac. = Nismes.

MAMERT (St.-), s. m. Com. du dép. du Rhône, cant. de Monsol, arr. de Villefranche. = Beaujeu.

MAMES (St.-), s. m. Com. du dép. de Seine-et-Marne, cant. de Foret, arr. de Fontainebleau. = Fontainebleau.

MAMET (St.-), s. m. Com. du dép. du Cantal, chef-lieu de cant. de l'arr. d'Aurillac. Bur. d'enregist. = Aurillac. Manuf. de serges et de cadis, etc.

MAMET (St.-), s. m. Com. du dép. de la Haute-Garonne, cant. de Bagnères, arr. de St.-Gaudens. = Bagnères-de-Luchon.

MAMETZ, s. m. Com. du dép. du Pas-de-Calais, cant. d'Aire, arr. de St.-Omer. = Aire.

MAMETZ, s. m. Com. du dép. de la Somme, cant. d'Albert, arr. de Péronne. = Albert.

MAMEY, s. m. Com. du dép. de la Meurthe, cant. de Domèvre, arr. de Toul. = Pont-à-Mousson.

MAMILLAIRE, adj. Mastoïde; qui a la figure d'un mamelon. T. d'anat.

MAMINA, s. m. Arbre des îles Moluques. T. d'hist. nat.

MAMIROLLE, s. f. Com. du dép. du Doubs, cant. et arr. de Besançon. = Besançon.

MAMMAIRE, s. f. Genre de vers mollusques. T. d'hist. nat. —, adj. Se dit des parties qui concernent les mamelles, soit artères ou veines. T. d'anat.

MAMMALOGIE, s. f. Partie de l'histoire naturelle qui a pour objet la connaissance et la description des mammifères.

MAMMALOGISTE, s. m. Naturaliste qui écrit sur les mammifères.

MAMMIFÈRE, adj. Qui a des mamelles. —, s. m. pl. Animaux ayant des mamelles. T. d'hist. nat.

MAMMIFORME, adj. Qui a la forme d'une mamelle.

MAMMOUT ou MAMMOUTH, s. m. Animal monstrueux, inconnu, dont on a trouvé les ossemens fossiles près des grandes rivières de Sibérie. On suppose qu'il existe dans l'Amérique du nord; que cet animal est herbivore, et offre l'aspect d'un sanglier haut de quinze pieds.

MAMMULE, s. f. Cupule, fleur mâle des lichens. T. de bot.

MAMOUDI, s. m. Monnaie de Perse, des Indes.

MAMOUDIS, s. m. Toile peinte du Mogol.

M'AMOUR, s. m. Mon amour. T. de tendresse et de mignardise qu'on retrouve encore dans quelques-unes de nos vieilles comédies. (Vi.)

MAMPATA ou NÉON, s. m. Arbre du Sénégal. T. de bot.

MAN, s. m. Poids dans les états du Mogol. —, larve du hanneton. T. d'hist. nat.

MANABO, s. m. Voy. ÆGIPHYLLE. T. de bot.

MANACA, s. m. Palmier de l'Amérique du sud. T. de bot.

MANACOU, s. m. Très beau chat des Indes.

MANAGUIER, s. m. Arbre de la Guiane. T. de bot.

MANAGURELL, s. m. Voy. COENDOU. T. d'hist. nat.

MANAKIN, s. m. Petit oiseau d'Amérique, genre de passereaux. T. d'hist. nat.

MANALE, s. f. Pierre sacrée que l'on roulait dans les rues de Rome pour obtenir de la pluie. T. d'antiq.

MANANCOURT, s. m. Com. du dép. de la Somme, cant. de Combles, arr. de Péronne. = Péronne.

MANANT, s. m. Habitant de la campagne, villageois. —, paysan, rustre.

MANAS, s. m. Com. du dép. de la Drôme, cant. de Marsanne, arr. de Montélimar. = Montélimar.

MANAS, s. m. Com. du dép. du Gers, cant. de Miélan, arr. de Mirande. = Miélan.

MANAURIE, s. f. Com. du dép. de la Dordogne, cant. du Bugue, arr. de Sarlat. = le Bugue.

MANCANDRITES, s. f. pl. Champignons de mer.

MANCE, s. f. Com. du dép. de la Moselle, cant. et arr. de Briey. = Briey.

MANCE, s. f. Punition pour une faute légère. (Vi.)

MANCEAU, CELLE, s. et adj. Habitant du Maine.

MANCELLE, s. f. Chaîne du collier du cheval.

MANCELLIÈRE (la), s. f. Com. du dép. d'Eure-et-Loir, cant. de Brezolles, arr. de Dreux. = Brezolles.

MANCELLIÈRE (la), s. f. Com. du dép. de la Manche, cant. de Canisy, arr. de St.-Lô. = St.-Lô.

MANCELLIÈRE (la), s. f. Com. du dép. de la Manche, cant. d'Isigny, arr. de Mortain. = St.-Hilaire.

MANCENANS, s. m. Com. du dép. du Doubs, cant. de l'Isle-sur-le-Doubs, arr. de Baume. = Baume.

MANCENANS, s. m. Com. du dép. du Doubs, cant. de Maiche, arr. de Montbéliard. = St.-Hippolyte.

MANCENILLIER, s. m. Arbre très vénéneux d'Amérique, du genre des tithymaloïdes. T. de bot.

MANCEY, s. m. Com. du dép. de Saône-et-Loire, cant. de Sennecey-le-Grand, arr. de Châlons. = Tournus.

MANCHE, s. m. Partie que saisit la main pour se servir d'un outil, d'un instrument. —, extrémité d'un gigot de mouton. — d'un violon, etc., partie où sont les touches. Branler dans le —, manquer de stabilité, menacer ruine. T. fam.

MANCHE, s. f. Partie supérieure du vêtement dans laquelle on passe le bras; manche de chemise. Gardes de la —, gardes vêtus de hoquetons et armés de pertuisanes qui se tenaient aux côtés du roi. Gentilshommes de la —, qui accompagnaient les fils de France dans leur jeunesse. Avoir dans sa —, à sa disposition. Autre paire de —, affaire, chose différente. —, tuyau de cuir ou de toile goudronnée pour conduire l'eau. —, sorte de filet pour la pêche. — d'Hippocrate, sac conique pour filtrer, — de couteau, coquillage bivalve. — de velours, cormoran du cap de Bonne-Espérance. T. d'hist. nat.

MANCHE (la), s. f. Partie de l'Océan-Atlantique qui se trouve resserrée par l'Angleterre et la France, depuis l'embouchure de la Somme jusqu'à Brest.

MANCHE (dép. de la), s. f. Chef-lieu de préf., St.-Lô; 6 arr. ou sous-préf. : St.-Lô, Avranches, Cherbourg, Coutances, Mortain et Valognes; 48 cant. ou just. de paix; 653 com.; pop. 611,206 hab. environ; cour royale à Caen; évêché de Coutances; 14° div. milit.; 15° div. des ponts-et-chaussées; 2° div. des mines; direct. de l'enregist. et des domaines, 2° classe; 3° arr. forestier et de la div. N. des douanes, dont la direct. est à Cherbourg.

Le dép. de la Manche est borné au N. et à l'O. par cette longue suite de côtes qui bordent la Manche, dont le point le plus avancé est le cap de la Hogue, à l'E. par les dép. du Calvados et de l'Orne, et au S. par ceux de la Mayenne et d'Ille-et-Vilaine. Son sol produit des grains, du lin et du chanvre en assez grande abondance; mais il est surtout riche en pâturages, dans lesquels on élève de bons chevaux et beaucoup de bestiaux. Le climat y est tempéré, mais humide. Récolte suffisante; froment, orge, avoine, bons légumes, fruits de médiocre qualité, cidre, beurre excellent; chevaux très estimés, bœufs, moutons, porcs, volailles; mines de fer, plomb, houille; carrières de marbre de toutes couleurs, granit, pierres de taille et à aiguiser; pierres noires à crayon; kaolin; argile à poterie; tourbières; dépôt royal d'étalons à Saint-Lô.

Manuf. de glaces. Fabr. de serges, basins, calicots, droguets, coutils, étoffes de laine; dentelles, rubans de fil; tissus de crin; porcelaine; huile; bougie;

chaudronnerie ; poëlerie, quincaillerie, coutellerie; blanchisserie de cire ; raffineries de soude; filatures de coton ; tanneries et parchemineries ; forges et hauts fourneaux. Construction de navires; entrepôts réels et fictifs; cabotage. Les principales rivières qui arrosent ce dép. sont : la Vire, la Douvre, le Merderet, la Saune, la Sève et la Terrette qui y sont navigables.

MANCHECOURT, s. m. Com. du dép. du Loiret, cant. de Malesherbes, arr. de Pithiviers. = Malesherbes.

MANCHEREAUX, s. m. pl. Poignées de la boîte de la lisse. T. de manuf.

MANCHERONS, s. m. pl. Partie de la charrue que tient le charretier pour labourer. —, ornemens au haut des manches d'une robe de femme.

MANCHESTER, s. m. Ville d'Angleterre, la plus importante de ce royaume par le nombre et la richesse de ses manuf. ; pop. 110,000 hab. environ.

MANCHETTE, s. f. Ornement de mousseline, de dentelle, etc., qui s'attache au poignet de la chemise. —, partie des bras d'un fauteuil, garnie d'étoffe. —, pl. Empreintes rouges et douloureuses au poignet fortement serré avec deux doigts. Ouvrage à —, manuscrit dont les marges sont chargées d'additions. T. d'impr.

MANCHON, s. m. Fourrure dans laquelle on met les mains pour se garantir du froid. —, virole des tuyaux de fonte; cylindre de verre.

MANCHONNIER, s. m. Ouvrier qui fait les manchons de verre.

MANCHOT, s. m. Poisson du genre du pleuronecte. —, pl. Famille d'oiseaux palmipèdes dont les ailes sont très courtes. T. d'hist. nat.

MANCHOT, E, s. et adj. Estropié, privé d'un bras, d'une main. N'être pas —, être fin, adroit. Fig. et fam.

MANCIENNE, s. f. Voy. VIORNE.

MANCIET, s. m. Com. du dép. du Gers, cant. de Nogaro, arr. de Condom. = Nogaro.

MANCIEULLES, s. f. Com. du dép. de la Moselle, cant. et arr. de Briey. = Briey.

MANCINE (la), s. f. Com. du dép. de la Haute-Marne, cant. de Vignory, arr. de Chaumont. = Chaumont.

MANCIOUX, s. m. Com. du dép. de la Haute-Garonne, cant. de St.-Martory, arr. de St.-Gaudens. = St.-Martory.

MANCY, s. m. Com. du dép. de la Marne, cant. d'Avize, arr. d'Épernay. = Épernay.

MANCY, s. m. Com. du dép. de la Moselle, cant. de Metzervisse, arr. de Thionville. = Thionville.

MANDACOU, s. m. Com. du dép. de la Dordogne, cant. d'Issigeac, arr. de Bergerac. = Bergerac.

MANDAGOUT, s. m. Com. du dép. du Gard, cant. et arr. du Vigan. = le Vigan.

MANDAILLES, s. f. Com. du dép. de l'Aveyron, cant. et arr. d'Espalion. = Espalion.

MANDAILLES, s. f. Com. du dép. du Cantal, cant. et arr. d'Aurillac. = Aurillac.

MANDANT, s. m. Celui qui donne un mandat, une procuration. T. de jurisp.

MANDARIN, s. m. Dignitaire, lettré chinois.

MANDARIN, E, adj. qui concerne les mandarins.

MANDARINAT, s. m. Dignité de mandarin.

MANDAT, s. m. Rescrit du pape adressé au collateur ordinaire, pour l'autoriser à nommer quelqu'un au premier bénéfice vacant. —, ordre de payer à valoir sur des capitaux dont on est dépositaire; billet à payer par un tiers. —, papier monnaie qui a succédé aux assignats. —, procuration. — d'amener, ordre à un agent de la force publique d'amener un prévenu devant un juge d'instruction. — d'arrêt, ordre d'arrêter un prévenu.

MANDATAIRE, s. m. Porteur d'un mandat du pape. —, fondé de pouvoir.

MANDATÉ, E, adj. Porté en un mandat; somme mandatée.

MANDATUM, s. m. (mot latin). Lavement des pieds le jeudi saint.

MANDE, s. f. Panier pour la terre à pipe.

MANDÉ, E, part. Appelé en justice; instruit par lettre ou par message.

MANDÉ (St.-), s. m. Com. du dép. de la Charente-Inférieure, cant. d'Aunay, arr. de St.-Jean-d'Angély. = Aunay.

MANDÉ (St.-), s. m. Com. du dép. de la Seine, cant. de Vincennes, arr. de Sceaux. = Charenton.

MANDELIEU, s. m. Com. du dép. du Var, cant. et arr. de Grasse. = Cannes.

MANDELSTEIN, s. m. Roche du genre des amygdaloïdes. T. d'hist. nat.

MANDEMENT, s. m. Ordre par écrit; ordonnance publiée par une autorité quelconque; bon tiré sur un comptable. —, ordre, injonction. T. de procéd.

MANDER, v. a. Donner avis, appeler, faire venir. —, faire savoir par lettre ou par message.

MANDEURE, s. m. Com. du dép. du Doubs, cant. d'Audincourt, arr. de Montbéliard. = Montbéliard.

MANDEVILLE, s. f. Com. du dép. du Calvados, cant. de Trévières, arr. de Bayeux. = Bayeux.

MANDEVILLE, s. f. Com. du dép. de l'Eure, cant. d'Amfreville, arr. de Louviers. = Louviers.

MANDIBULE, s. f. Mâchoire inférieure. —, pl. Les deux parties dont se compose le bec d'un oiseau; parties saillantes de la bouche des insectes, au-dessus des mâchoires. T. d'hist. nat.

MANDIBULÉS, s. m. pl. Famille d'insectes. T. d'hist. nat.

MANDIBULITHE, s. f. Mâchoire fossile de poisson. T. d'hist. nat.

MANDIL ou MANDIT, s. m. Espèce de bonnet ou de turban dont se coiffent les Persans.

MANDILLE, s. f. Ancienne casaque que portaient les laquais.

MANDIOCHE, s. f. Voy. MÉDIANOCHE.

MANDOLINE, s. f. Sorte de petite mandore.

MANDORE, s. f. Instrument de musique, espèce de luth.

MANDOUL, s. m. Com. du dép. du Tarn, cant. et arr. de Castres. = Castres.

MANDRAGORE, s. f. Espèce de belladone, plante narcotique dont les racines ont une forme bizarre. T. de bot.

MANDRAY, s. m. Com. du dép. des Vosges, cant. de Fraize, arr. de St.-Dié. = St.-Dié.

MANDRE, s. m. Com. du dép. de la Meuse, cant. de Montier-sur-Saulx, arr. de Bar-le-Duc. = Gondrecourt.

MANDRERIE, s. f. Ouvrage plein. T. de vannier.

MANDRES, s. m. Com. du dép. de l'Eure, cant. de Verneuil, arr. d'Evreux. = Verneuil.

MANDRES, s. m. Com. du dép. de la Haute-Marne, cant. de Nogent, arr. de Chaumont. = Chaumont.

MANDRES, s. m. Com. du dép. de Seine-et-Oise, cant. de Boissy-St.-Léger, arr. de Corbeil. = Brie-Comte-Robert.

MANDRES, s. m. Com. du dép. des Vosges, cant. de Bulgnéville, arr. de Neufchâteau. = Neufchâteau.

MANDRES-AUX-QUATRE-TOURS, s. m. Com. du dép. de la Meurthe, cant. de Domèvre, arr. de Toul. = Pont-à-Mousson.

MANDREVILLARS, s. m. Com. du dép. de la Haute-Saône, cant. d'Héricourt, arr. de Lure. = Belfort.

MANDRIER, s. m. Ouvrier en mandrerie.

MANDRILL, s. m. Singe de Guinée, fort laid. T. d'hist. nat.

MANDRIN, s. m. Moule à cartouches. —, arbre sur lequel le tourneur assujettit son ouvrage. —, poinçon pour percer à chaud. T. de serr. —, tringle sur laquelle on forme le tuyau d'un cor de chasse. —, fil de fer adapté à une sonde. T. de chir. —, fameux contrebandier, brigand célèbre dans les annales du crime.

MANDUCABLE, adj. Mangeable, bon à manger.

MANDUCATION, s. f. Action de manger l'hostie dans l'eucharistie. T. de liturgie.

MANDUEL, s. m. Com. du dép. du Gard, cant. de Marguerittes, arr. de Nismes. = Nismes.

MANE, s. m. Com. du dép. des Basses-Alpes, cant. et arr. de Forcalquier. = Forcalquier.

MANE, s. m. Com. du dép. de la Haute-Garonne, cant. de Salies, arr. de St.-Gaudens. = St.-Martory.

MANEAGE, s. m. Travail gratuit des matelots, pour charger et décharger un navire. T. de mar.

MANÉGE, s. m. Art de dresser les chevaux, de monter à cheval; lieu où l'on dresse les chevaux, où l'on enseigne à monter à cheval, école d'équitation. —, conduite adroite, artificieuse; art de manier les esprits. Fig. —, direction des veines de charbon de terre. —, évolution. T. de mar.

MANÉGÉ, E, adj. Dressé au manége, en parlant d'un cheval.

MANÉHOUVILLE, s. f. Com. du dép. de la Seine-Inférieure, cant. de Longueville, arr. de Dieppe. = Rouen.

MANELLI, s. m. Arbrisseau de l'Inde. T. de bot.

MANENT, s. m. Com. du dép. du Gers, cant. de Masseube, arr. de Mirande. = Boulogne.

MANEQUE, s. m. Variété de muscade. T. de bot.

MANERBE, s. f. Com. du dép. du Calvados, cant. de Blangy, arr. de Pont-l'Evêque. = Lisieux.

MANÈRE (la), s. f. Com. du dép. des Pyrénées-Orientales, cant. de Prats-de-Mollo, arr. de Céret. = Céret.

MANES, s. m. pl. Divinités infernales préposées à la purification des ames, les Dieux. T. de myth. —, ombre, ame des morts.

MANET, s. m. Sorte de filet. T. de pêch.

MANETOU, s. m. Voy. AMPULLAIRE. T. d'hist. nat.

MANETTE, s. f. Poignée en fer d'une branche d'outil, etc.

MANGABEY, s. m. Guenon. T. d'hist. nat.

MANGA-CHAPAY, s. m. Arbre des Philippines. T. d'hist. nat.

MANGAÏBA, s. m. Arbre du Brésil. T. de bot.

MANGALIS, s. m. Poids des Indes, cinq grains.

MANGAN ou MANGONNEAU, s. m. Machine pour lancer de grosses pierres.

MANGA-NARI, s. m. Gratiole, plante personnée des côtes du Malabar. T. de bot.

MANGANÈSE, s. f. Métal d'un gris blanc, peu malléable, peu fusible, se réduisant en oxyde par le feu et l'air; savon des verriers.

MANGANIE, s. f. Divination au moyen de l'aimant.

MANGARSAHOE, s. m. Ane sauvage de l'île de Madagascar. T. d'hist. nat.

MANGÉ, E, part. Se dit d'un aliment consommé; dépensé, en parlant du bien.

MANGEABLE, adj. Bon à manger, qui peut être mangé sans inconvénient.

MANGEAILLE, s. f. Nourriture des animaux domestiques; aliment de l'homme. T. fam.

MANGEANT, E, adj. Qui mange.

MANGE-BOUILLON, s. m., ou SOUFFRETEUSE, s. f. Sorte de petit insecte.

MANGE-FROMENT, s. m. Chenille qui ronge le blé en vert.

MANGEOIRE, s. f. Auge pour donner à manger aux bestiaux.

MANGER, s. m. Aliment, nourriture, ce qu'on mange.

MANGER, v. a. Prendre des alimens pour se nourrir. —, dépenser, consumer; manger son bien. —, ronger, user, détruire peu à peu; la rouille mange le fer. —, ruiner; les contributions nous mangent. — de caresses, les prodiguer. — ses mots, bredouiller. Se —, v. pron. Etre mangeable. Se —, s'élider. T. de gramm. Se —, v. récip. Se dévorer, se détruire l'un et l'autre.

MANGERIE, s. f. Action de manger. T. inus. —, frais de chicane, volerie. Fig. et fam.

MANGEUR, EUSE, s. Personne de bon appétit, qui mange beaucoup. — de chèvres, serpent d'Amérique. — de fourmis, fourmillier didactyle; se dit d'un grand nombre d'oiseaux, de reptiles, d'insectes, etc.

MANGEURE, s. f. Endroit rongé d'une étoffe; mangeure de vers. —, pâture du sanglier. T. de véner.

MANGIENNES, s. f. Com. du dép. de la Meuse, cant. de Spincourt, arr. de Montmédy. = Damvillers.

MANGIER ou MANGIFERA, s. m. Voy. MANGUIER. T. de bot.

MANGIUM, s. m. Manglier des Indes orientales. T. de bot.

MANGLIER, s. m. Arbre aquatique d'Amérique; fruit de cet arbre. T. de bot.

MANGLIEU, s. m. Com. du dép. du Puy-de-Dôme, cant. de Vic-le-Comte, arr. de Clermont. = Billom.

MANGOICHE, s. f. Serin de l'île de Madagascar. T. d'hist. nat.

MANGONNIER, s. m. Chasse-marée, marchand de poisson. T. inus.

MANGONVILLE, s. f. Com. du dép. de la Meurthe, cant. d'Haroué, arr. de Nancy. = Vézelise.

MANGOS, s. m. Poisson abdominal du genre polynème. T. d'hist. nat. —, manglier. T. de bot.

MANGOUSTAN ou MANGOSTAN, s. m. Arbre des îles Moluques, dont le fruit a la forme d'une petite orange. T. de bot.

MANGOUSTE, s. m. Mammifère carnassier, digitigrade, du genre des civettes. T. d'hist. nat.

MANGUE, s. m. Grand filet de pêche. —, fruit du manguier.

MANGUEIRO, s. m. Petit arbre d'Afrique. T. de bot.

MANGUIER, s. m. Arbre fruitier du Brésil et des Indes. — blanc, coquemollier. T. de bot.

MANHAC, s. m. Com. du dép. de l'Aveyron, cant. de Cassagnes-Bégonhès, arr. de Rodez. = Rodez.

MANHEIM, s. m. Ville d'Allemagne, dans le cercle du Bas-Rhin. Pop. 18,200 hab. envir.

MANHEULLES, s. f. Com. du dép. de la Meuse, cant. de Fresnes-en-Vœvre, arr. de Verdun. = Verdun.

MANHOUÉ, s. m. Com. du dép. de la Meurthe, cant. et arr. de Château-Salins. = Château-Salins.

MANI ou MANIL, s. m. Arbre de la Guiane. T. de bot.

MANIABLE, adj. Aisé à manier, qui se prête à l'action de la main; facile à mettre en œuvre. —, traitable, doux; esprit maniable. Fig.

MANIACAL, E, adj. Qui provient de la manie, qui tient du délire.

MANIAQUE, s. et adj. Attaqué de manie, furieux.

MANICAIRE, s. m. Palmier de la Guiane hollandaise. T. de bot.

MANICAMP, s. m. Com. du dép. de l'Aisne, cant. de Coucy-le-Château, arr. de Laon. = Chauny.

MANICAMP (canal de). Voy. CANAL DE ST.-QUENTIN.

MANICANTERIE, s. f. Ecole de chant des enfans de chœur.

MANICHÉEN, s. m. Sectaire qui admet un bon et un mauvais principe, Oromase et Arimane.

MANICHÉISME, s. m. Hérésie des manichéens.

MANICHORDION, s. m. Instrument de musique, à clavier et à cordes; fil de métal pour certaines cordes d'instrumens.

MANICLE, s. f. Instrument qui fait agir les cisailles, les forces. —, manique de cordonnier. —, pl. Menottes.

MANICOLLE, s. f. Grand truble. T. de pêch.

MANICOU ou MANITON, s. m. Sarigue, petit quadrupède. —, Espèce de félibe, dieu de quelques tribus sauvages de l'Amérique du nord.—, coquille du genre des tonnes. T. d'hist. nat.

MANICOURT, s. m. Com. du dép. de la somme, cant. de Roye, arr. de Montdidier. = Nesle.

MANICROC, s. m. Invalide mutilé. T. fam.

MANIE, s. f. Mère des dieux lares, furie. T. de myth. —, aliénation d'esprit qui va jusqu'à la fureur, mais sans fièvre; transport, délire perpétuel. —, passion excessive, habitude invétérée, caprice, fantaisie.

MANIÉ, E, part. Pris avec la main, palpé, touché.

MANIEMENT, s. m. Action de manier. — des armes, exercice militaire. — d'argent, d'affaires, recette, administration. Fig. —, manière de conduire son pinceau. T. de peint.

MANIER, s. m. Maniement. Au —, adv. En maniant.

MANIER, v. a. Prendre avec la main, palper, toucher, tâter. —, avoir en sa disposition, administrer; manier les deniers publics. Fig. —, gouverner, conduire, diriger avec adresse; manier les esprits. — la parole, parler avec plus ou moins de facilité. — un sujet, l'examiner, le traiter, l'approfondir. — un instrument quelconque, s'en servir d'une manière plus ou moins habile. — un cheval, le monter avec art. —, v. n. Se mouvoir, en parlant d'un cheval.

MANIÈRE, s. f. Façon d'agir, de parler, façon en général; manière de penser, etc.—, usage, coutume, habitude mode, pratique; procédés particuliers. —, affectation. —, apparence, qui semble être, qui ressemble; une manière de savant.—, caractère particulier du travail, le faire d'un artiste. —, pl. Façon de se présenter, de se conduire dans le monde, en affaires. —, délicatesse outrée; afféterie. De — que, conj. tellement que, en sorte que. Par — de, par forme de.

MANIÉRÉ, s. m. Imitation fausse et d'habitude. T. d'arts.

MANIÉRÉ, E, adj. Plein d'affectation, d'afféterie; étudié, recherché, guindé; se dit des personnes et des choses. —, qui n'est pas naturel, qui tient à une habitude uniforme. T. d'arts.

MANIÉRISME, s. m. Défaut d'un peintre maniéré.

MANIÉRISTE, s. m. Peintre entiché de sa manière, qui n'est point inspiré par les beautés de la nature.

MANIETTE, s. f. Morceau de feutre pour nettoyer le châssis, etc. T. d'impr.

MANIEUR, EUSE, s. Celui, celle qui manie. T. fam. — d'argent, receveur des deniers publics. T. de mép.

MANIFESTATION, s. f. Action de manifester, de se manifester, publicité.

MANIFESTE, s. m. Notification à toutes les cours, après la rupture des négociations diplomatiques, des motifs qui déterminent un souverain à déclarer la guerre; exposition des griefs qui l'obligent à recourir à la force des armes. —, adj. Notoire, évident, connu de tout le monde.

MANIFESTÉ, E, part. Mis en évidence, publié.

MANIFESTEMENT, adv. Ouvertement, clairement, évidemment.

MANIFESTER, v. a. Rendre manifeste, mettre en évidence, publier. —, annoncer, déclarer; manifester ses opinions. Se —, v. pron. Devenir public, se montrer, se faire connaître.

MANIGANCE, s. f. Intrigue, procédé artificieux.

MANIGANCÉ, E, part. Tramé, en parlant d'une intrigue.

MANIGANCER, v. a. Intriguer, tramer quelque manigance, user de subterfuge, ruser.

MANIGUIÈRE, s. f. Filet tendu sur des pieux pour prendre des anguilles. T. de pêch.

MANIKOR, s. m. Passereau du genre

du manakin, dont le plumage est jaune orange et noir. T. d'hist. nat.

MANILLE, s. f. Ville capitale de l'île Luçon, la plus grande des Philippines. Cette ville, très commerçante, était la résidence du vice-roi espagnol. —, cheville pour percer la tête des gros pains de sucre; brasselet indien de laque colorée; anneau de cuivre dont se parent les nègres et qu'ils portent soit aux bras, soit aux jambes. —, vipère de l'Inde. T. d'hist. nat.

MANIN, s. m. Com. du dép. du Pas-de-Calais, cant. d'Avesnes-le-Comte, arr. de St.-Pol. = Arras.

MANINGHEM, s. m. Com. du dép. du Pas-de-Calais, cant. de Hucqueliers, arr. de Montreuil. = Montreuil.

MANINGHEN-WIMILLE, s. m. Com. du dép. du Pas-de-Calais, cant. de Marquise, arr. de Boulogne. = Marquise.

MANIOC, s. m. Arbrisseau d'Amérique dont la racine fournit une fécule avec laquelle on fait du pain.

MANIOLLE, s. f. Grand truble. T. de pêch.

MANIPULAIRE, s. m. Capitaine d'une compagnie. T. d'antiq.

MANIPULATION, s. f. Travail du pharmacien, composition officinale, manière de mélanger les drogues, de préparer les médicamens.

MANIPULE, s. m. Petite étole que le prêtre porte au bras gauche en célébrant la messe. —, compagnie de soldats. T. d'antiq. —, botte de pétards. —, poignée. T. de pharm.

MANIPULÉ, E, part. Préparé, en parlant d'un médicament.

MANIPULER, v. a. Arranger, mêler, préparer les médicamens. T. de pharm.

MANIQUE, s. f. Espèce de mitaine en cuir dont les cordonniers se servent pour tirer le fil poissé.

MANIQUERVILLE, s. f. Com. du dép. de la Seine-Inférieure, cant. de Fécamp, arr. du Hâvre. = Fécamp.

MANISURE, s. f. Genre de plantes graminées. T. de bot.

MANITOU, s. m. Voy. MANICOU.

MANIVEAU, s. m. Petit plateau d'osier sur lequel on entasse les champignons que l'on vend au marché.

MANIVELLE, s. f. Pièce de bois ou de fer placée à l'extrémité d'un essieu, et qui sert à le faire tourner. —, instrument de fer pour tordre un cordage. —, essieu à manche pour conduire deux roues à la fois; moitié d'essieu pour conduire une roue. T. de charr. —, brancard avec corde et crochet pour soulever les pierres. T. de maç. —, morceau de bois creux et arrondi qui garnit la broche dont on se sert pour faire reculer le train d'une presse. T. d'impr. —, pièce de bois avec laquelle le timonnier fait mouvoir le gouvernail. T. de mar.

MANLAY, s. m. Com. du dép. de la Côte-d'Or, cant. de Liernais, arr. de Beaune. = Arnay-le-Duc.

MANLES, s. f. Petite ville du dép. de la Charente, chef-lieu de cant. de l'arr. de Ruffec. Bur. d'enregist. et de poste. Comm. de grains, vins et eaux-de-vie.

MANNE, s. f. Suc concret d'une espèce de frêne, drogue médicinale légèrement purgative. —, aliment que Dieu fit tomber du ciel pour nourrir les Israélites dans le désert. —, récolte abondante après des années stériles, après la disette. Fig. — céleste, la parole de Dieu. —, papillon dont on se sert pour amorcer le poisson. T. de pêch. —, sorte de panier plus long que large dans lequel on met le linge, etc. — d'enfant, panier d'osier qui sert de berceau.

MANNÉE, s. f. Plein une manne. —, mesure d'une certaine quantité de lest. T. de mar.

MANNÉGLISE, s. f. Com. du dép. de la Seine-Inférieure, cant. de Montivilliers, arr. du Hâvre. = Montivilliers.

MANNEQUIN, s. m. Panier long et étroit dont se servent les maraichers et les chiffonniers. —, figure d'homme en osier ou en bois, que les peintres et les sculpteurs habillent, pour draper leurs personnages. —, mécanique représentant une femme pour exercer les élèves en chirurgie dans les cours d'accouchement. —, personne sans caractère, qu'on fait agir comme on veut.

MANNEQUINAGE, s. m. Sorte de sculpture employée dans les édifices.

MANNEQUINÉ, E, adj. Qui suit l'affectation, le mannequin; qui manque de grâce, de naturel. T. de peint.

MANNETTE, s. f. Petite manne.

MANNEVILLE, s. f. Com. du dép du Calvados, cant. de Troarn, arr. de Caen. = Troarn.

MANNEVILLE (St.-Pierre-de-), s. f. Com. du dép. de la Seine-Inférieure, cant. de Couronne-le-Grand, arr. de Rouen. = Rouen.

MANNEVILLE-ÈS-PLAINS, s. f. Com. du dép. de la Seine-Inférieure, cant. de St.-Valery, arr. d'Yvetot. = St.-Valery-en-Caux.

MANNEVILLE-LA-GOUPIL, s. f. Com. du dép. de la Seine-Inférieure, cant. de Goderville, arr. du Hâvre. = Bolbec.

MANNEVILLE-LA-PIPARD, s. f. Com.

du dép. du Calvados, cant. de Blangy, arr. de Pont-l'Evêque. = Pont-l'Evêque.

MANNEVILLE-LA-RAOULT, s. f. Com. du dép. de l'Eure, cant. de Beuzeville, arr. de Pont-Audemer. = Honfleur.

MANNEVILLE-LE-THIL, s. f. Com. du dép. de la Seine-Inférieure, cant. de Bacqueville, arr. de Dieppe. = Dieppe.

MANNEVILLE-SUR-RISCLE, s. f. Com. du dép. de l'Eure, cant. et arr. de Pont-Audemer. = Pont-Audemer.

MANNEVILLETTE, s. f. Com. du dép. de la Seine-Inférieure, cant. de Montivilliers, arr. du Hâvre. = Montivilliers.

MANO, s. m. Com. du dép. des Landes, cant. de Pissos, arr. de Mont-de-Marsan. = Lipostey.

MANŒUVRE, s. m. Gâcheur, garçon maçon, garçon couvreur. —, s. f. Le gréement d'un navire, ses évolutions ; art de naviguer. —, exercice militaire sur une grande échelle ; évolutions, simulacre d'un combat, petite guerre. —, mouvement qu'on se donne pour la réussite d'une affaire, démarches, brigues, menées. Fig. —, ensemble des opérations exécutées sur le mannequin. T. de chir.

MANŒUVRÉ, E, part. Gouverné ; se dit d'une voile, d'un navire.

MANŒUVRER, v. a. Faire la manœuvre. — un navire, le gouverner. —, v. n. Exécuter des évolutions militaires ; faire l'exercice. —, intriguer, faire des démarches pour la réussite d'une affaire. Fig.

MANŒUVRIER, s. m. Officier versé dans la connaissance des manœuvres, qui connaît bien sa théorie. —, matelot exercé, habile à manœuvrer. T. de mar.

MANŒUVRIER, ÈRE, adj. Se dit d'une armée, d'un régiment, d'une flotte, d'une escadre, d'un navire, habile à faire des évolutions. T. d'art milit. et de mar.

MANOIR, s. m. Habitation, maison à la campagne. T. poét. et de jurisp.

MANOIR (le), s. m. Com. du dép. du Calvados, cant. de Ryes, arr. de Bayeux. = Bayeux.

MANOIR (le), s. m. Com. du dép. de l'Eure, cant. de Pont-de-l'Arche, arr. de Louviers. = Conches.

MANOIS, s. m. Com. du dép. de la Haute-Marne, cant. de St.-Blin, arr. de Chaumont. = Andelot.

MANOLITHES, s. m. pl. Monuments creusés dans le roc. T. inus.

MANOM, s. m. Com. du dép. de la Moselle, cant. de Cattenom, arr. de Thionville. = Thionville.

MANOMÈTRE ou MANOSCOPE, s. m. Instrument pour mesurer la densité, la raréfaction de l'air.

MANONCOURT-EN-VERMOIS, s. m. Com. du dép. de la Meurthe, cant. de St.-Nicolas, arr. de Nancy. = St.-Nicolas-du-Port.

MANONCOURT-EN-VOIVRE, s. m. Com. du dép. de la Meurthe, cant. de Domèvre, arr. de Toul. = Toul.

MANONCOURT-SUR-SEILLE, s. m. Com. du dép. de la Meurthe, cant. de Nomeny, arr. de Nancy. = Pont-à-Mousson.

MANONVILLE, s. f. Com. du dép. de la Meurthe, cant. de Domèvre, arr. de Toul. = Pont-à-Mousson.

MANONVILLER, s. m. Com. du dép. de la Meurthe, cant. et arr. de Lunéville. = Lunéville.

MANOQUE, s. f. Rouleau de tabac.

MANORINE, s. f. Genre d'oiseaux sylvains et chanteurs. T. d'hist. nat.

MANOSQUE, s. m. Petite ville du dép. des Basses-Alpes, chef-lieu de cant. de l'arr. de Forcalquier. Bur. d'enregist. et de poste.

Cette ville est située dans un pays riche en olives, amandes, vins, truffes, etc., et possède des promenades charmantes.

Fabr. de sirop de raisin, de toiles, cadis, filoselle, etc. ; filature de soie, etc.

MANOSSE, s. f. Excavation dans les longuesses. T. d'ardoisier.

MANOT, s. m. Com. du dép. de la Charente, cant. et arr. de Confolens. = Confolens.

MANOTE, s. f. Genre de champignons coralloïdes, clavaire. T. de bot.

MANOU, s. m. Com. du dép. d'Eure-et-Loir, cant. de la Loupe, arr. de Nogent-le-Rotrou. = Champrond.

MANOUL, s. m. Quadrupède de la Tartarie, du genre des chats. T. d'hist. nat.

MANOUSE, s. f. Lin du Levant.

MANOUVRIER, s. m. Journalier, terrassier, ouvrier qui travaille aux champs.

MANQUE, s. m. Défaut, privation, absence d'une chose ; le manque de confiance compromet nos affaires. De —, adv. De moins. — de, faute de.

MANQUÉ, E, part. Se dit d'une occasion qu'on a laissé échapper, etc. —, adj. Défectueux, vicieux, imparfait, avorté.

MANQUEMENT, s. m. Faute par omission ; défaut ; manque de foi ; de respect, de convenance.

MANQUER, v. a. Ne pas rencontrer ; ne pas attraper ; laisser partir ; laisser échapper. —, ne pas atteindre en lâchant un coup de fusil ; manquer un lièvre. —, ne pas réussir ; manquer son coup. —, v. n. Etre de moins ; ne pas être. —, périr, tomber ; défaillir, en parlant du cœur. —, rater, en parlant d'une arme à feu. — d'argent, en être privé. — de tomber, être sur le point de tomber. —, omettre, oublier ; ne manquez pas d'écrire. — à ses devoirs, ne pas faire ce qu'on doit. — à quelqu'un, oublier les égards qu'on lui doit, l'insulter. —, faire une faute ; faire faillite. Se —, v. pron. et récip. Ne pas s'attraper. Se — à soi-même, s'oublier, se compromettre.

MANRE, s. m. Com. du dép. des Ardennes, cant. de Monthois, arr. de Vouziers. = Vouziers.

MANS (le), s. m. Ville du dép. de la Sarthe, chef-lieu de préf., de sous-préf. et de trois cant. ; cour d'assises ; trib. de 1re inst. et de comm. ; chambre consultative des manuf. ; évêché érigé dans le 3e siècle ; société royale des arts ; cours gratuit d'accouchement ; école de dessin ; biblioth. pub. de 41,000 volumes ; musée d'hist. nat. ; ingén. en chef des ponts-et-chaussées ; direct. de l'enregist. et des domaines, 3e classe ; conserv. des hypoth. ; direct. des contrib. dir. et indir. ; bur. de garantie des matières d'or et d'argent ; recev. gén. des finances ; payeur du dép. ; bur. d'enregist. et de poste. Pop. 19,500 hab.

Cette ville, bâtie sur le penchant d'une colline, est baignée par la Sarthe que l'on y passe sur deux ponts très anciens. Ses rues sont étroites, tortueuses, et de difficile accès, excepté dans le quartier neuf où l'on trouve de belles maisons en pierres de taille. On y remarque la cathédrale, superbe édifice gothique commencé au 9e siècle, de belles promenades, surtout celles des Jacobins et celle du Greffier, situées en amphithéâtre sur la rive gauche de la Sarthe.

Fabr. de couvertures, d'étamines à pavillon et autres, toiles, mouchoirs, siamoises, bonneterie, dentelles, bougies, savon ; blanchisseries de cire et de toiles ; papeteries ; comm. de toiles, fil, sel, fer, vins, eaux-de-vie, marrons, noix, maïs, haricots, résine, cire, porcs, moutons, bestiaux, volailles ; centre du comm. de graines de trèfle et de luzerne.

MANSAC, s. m. Com. du dép. de la Corrèze, cant. de Larche, arr. de Brive. = Brive.

MANSAN, s. m. Com. du dép. des Hautes-Pyrénées, cant. de Rabastens, arr. de Tarbes. = Tarbes.

MANSANA, s. m. Jujubier. T. de bot.

MANSARD, s. m. Pigeon ramier.

MANSARDE, s. f. Toit dont le comble est pour ainsi dire à plat ; le logement immédiatement au-dessous, le grenier. —, pl. Croisées à coulisses. T. de menuis.

MANSAT, s. m. Com. du dép. de la Creuse, cant. et arr. de Bourganeuf. = Bourganeuf.

MANSEMPUY, s. m. Com. du dép. du Gers, cant. de Mauvesin, arr. de Lectoure. = Gimont.

MANSENCOME, s. m. Com. du dép. du Gers, cant. et arr. de Condom. = Condom.

MANSFENI, s. m. Oiseau de proie des Antilles.

MANSIGNÉ, s. m. Com. du dép. de la Sarthe, cant. de Pontvallain, arr. de la Flèche. = le Lude.

MANSION, s. f. Campement, logement en route. T. d'antiq.

MANSIONNAIRE, s. m. Portier d'une église grecque.

MANSJOUS, s. m. pl. Pirogues indiennes.

MANSOIS, s. m. Ancienne monnaie d'argent.

MANSONVILLE, s. f. Com. du dép. de Tarn-et-Garonne, cant. de Lavit, arr. de Castel-Sarrasin. = Valence-d'Agen.

MANSPACH, s. m. Com. du dép. du Haut-Rhin, cant. de Dannemarie, arr. de Belfort. = Belfort.

MANS-ST.-BENOÎT (le), s. m. Com. du dép. de la Sarthe, cant. et arr. du Mans. = le Mans.

MANSUÈTEMENT, adv. Avec mansuétude. T. inus.

MANSUETTE, s. f. Sorte de grosse poire. T. de jard.

MANSUÉTUDE, s. f. Bénignité, bonhomie, douceur d'âme, de caractère.

MANT, s. m. Com. du dép. des Landes, cant. d'Hagetmau, arr. de St.-Sever. = St.-Sever.

MANTALLOT, s. m. Com. du dép. des Côtes-du-Nord, cant. de la Roche-Derrien, arr. de Lannion. = Lannion.

MANTE, s. f. Grand et long voile noir que portaient les femmes de qualité dans les cérémonies funèbres. —, habit de certaines religieuses. —, sorte d'é- de manteau. —, genre d'insectes orthoptères. T. d'hist. nat.

MANTEAU, s. m. Vêtement ample, sans manches, qu'on porte par-dessus ses habits. —, prétexte, apparence, déguisement. Sous le —, en cachette, malgré les prohibitions; vendre sous le manteau. Fig. Rôle à —, rôle de tuteur, de vieillard. — de cheminée, partie saillante de la cheminée. —, bout d'une pièce d'étoffe. T. de manuf. —, feuilles qui enveloppent la fleur des anémones. T. de jard. fleur.—, fourrure herminée sur laquelle est posé l'écu. T. de blas. — couleur du plumage. T. de fauc. —, peau très coriace des mollusques. T. d'hist. nat. — ducal, coquillage bivalve; chenille.

MANTELÉE, adj. f. Voy. EMMANTELÉE.

MANTELET, s. m. Sorte d'ornement violet que portent les évêques en cérémonies. —, petit manteau de femme à capuchon. —, pièce de cuir devant la portière d'un carrosse; rideau d'un corbillard. —, machine composée de madriers qu'on pousse devant soi, pour se garantir du feu de l'ennemi dans l'attaque des places. T. d'art milit.—, genre de coquillages. T. d'hist. nat. —, pl. Fenêtres des sabords. T. de mar.

MANTELINE, s. f. Ancien manteau que portaient les villageoises.

MANTELURE, s. f. Poil du dos d'un chien, d'une autre couleur que celui du corps.

MANTÈQUE, s. f. Sain-doux du sanglier.

MANTES, s. m. Ville du dép. de Seine-et-Oise, chef-lieu de sous-préf. et de cant.; trib. de 1re inst.; conserv.; des hypoth.; direct. des contrib. indir.; recev. part. des fin.; bur. d'enregist. et de poste. Cette ville est agréablement située sur la rive gauche de la Seine, en face du bourg de Limay, avec lequel elle communique par deux beaux ponts en pierre. Elle est très bien bâtie, entourée de belles promenades et ornée de fontaines; ses environs offrent des points de vue les plus pittoresques. Nombreux moulins à tan et à farine; salpétrière royale. Comm. de vins, blé et cuirs.

MANTES-LA-VILLE, s. f. Com. du dép. de Seine-et-Oise, cant. et arr. de Mantes. = Mantes.

MANTET, s. m. Com. du dép. des Pyrénées-Orientales, cant. d'Olette, arr. de Prades. = Prades.

MANTEVILLE, s. f. Com. du dép. de la Seine-Inférieure, cant. de Goderville, arr. du Hâvre. = Fécamp.

MANTEYER, s. m. Com. du dép. des Hautes-Alpes, cant. et arr. de Gap. = Gap.

MANTHELAN, s. m. Com. du dép. d'Indre-et-Loire, cant. de Ligueil, arr. de Loches. = Loches.

MANTHELON. s. m. Com. du dép. de l'Eure, cant. de Damville, arr. d'Evreux. = Damville.

MANTHENAY, s. m. Com. du dép. de l'Ain, cant. de St.-Trivier-de-Courtes, arr. de Bourg. = Pont-de-Vaux.

MANTHEVILLE, s. f. Com. du dép. de la Seine-Inférieure, cant. de Cany, arr. d'Yvetot. = Cany.

MANTICHORE, s. m. Espèce de Chacal très féroce. T. d'hist. nat.

MANTICORE, s. m. Genre d'insectes coléoptères. T. d'hist. nat.

MANTIDES, s. m. pl. Insectes orthoptères coureurs. T. d'hist. nat.

MANTILLE, s. f. Mantelet sans capuchon. —, petit mantelet de dentelle pour se parer.

MANTILLY, s. m. Com. du dép. de l'Orne, cant. de Passais, arr. de Domfront. = Domfront.

MANTISIE, s. f. Balisier de l'Inde. T. de bot.

MANTISPE, s. f. Genre d'insectes orthoptères qui ressemblent aux mantes. T. d'hist. nat.

MANTOCHE, s. m. Com. du dép. de la Haute-Saône, cant. d'Autrey, arr. de Gray. = Gray.

MANTODDA, s. m. Arbrisseau de la côte du Malabar. T. de bot.

MANTONNET, s. m. Pièce qui reçoit le bout d'un loquet.

MANTOUE, s. f. Ville d'Italie, place de guerre de premier rang, située au milieu d'un lac formé par les eaux du Mincio. Cette ville, qui fait partie des possessions autrichiennes en Italie, est la patrie de Virgile, auquel on a élevé un monument que les voyageurs vont visiter avec le plus vif intérêt. Pop. 25,000 hab. environ.

MANTRY, s. m. Com. du dép. du Jura, cant. de Sellières, arr. de Lons-le-Saulnier. = Sellières.

MANTURE, s. f. Grand coup de mer, agitation violente des flots. T. de mar. —, fil de fer brûlé en quelques endroits.

MANUBALISTE, s. f. Machine portative des Anciens, qui servait à lancer des traits; arbalète.

MANUBIAIRE, adj. Orné de trophées en bas-relief.

MANUCODE, s. m. Genre d'oiseaux sylvains. T. d'hist. nat.

MANUCODIATES, s. m. pl. Oiseaux sylvains anisodactyles. T. d'hist. nat.

MANUDUCTEUR, s. m. Introducteur

des chœurs qui battait la mesure; ch c d'orchestre. (Vi.)

MANUEL, s. m. Livre portatif à l'usage d'un corps d'artisans; livre de prières.

MANUEL, LE, adj. Qui se fait avec les mains; qu'on peut porter à la main.

MANUELLE, s. f. Outil de cordier pour tordre. Voy. MANIVELLE.

MANUELLEMENT, adv. Avec la main, de la main à la main.

MANUFACTURE, s. f. Grande fabrique d'ouvrages manuels; grand établissement industriel.

MANUFACTURÉ, E, part. Fabriqué dans une manufacture.

MANUFACTURER, v. a. Fabriquer en manufacture.

MANUFACTURIER, s. m. Directeur, chef, propriétaire d'une manufacture; ouvrier qui travaille dans une manufacture.

MANULÉE, s. f. Genre de plantes personnées. T. de bot.

MANULUVE, s. m. Bain des mains dans un liquide chaud. T. de méd.

MANUMISSION, s. f. Affranchissement d'un esclave, d'un serf.

MANUSCRIT, s. m. Original d'un livre, ouvrage écrit à la main.

MANUSCRIT, E, adj. Ecrit à la main.

MANUTENTION, s. f. Action de maintenir, de conserver; surveillance, régie, administration.

MANUTENTIONNÉ, E, part. Maintenu, conservé.

MANUTENTIONNER, v. a. Maintenir, conserver; régir, administrer.

MANVIEU (St.-), s. m. Com. du dép. du Calvados, cant. de Tilly-sur-Seulle, arr. de Caen. = Tilly-sur-Seulle.

MANVIEU (St.-), s. m. Com. du dép. du Calvados, cant. de St.-Séver, arr. de Vire. = Vire.

MANVIEUX, s. m. Com. du dép. du Calvados, cant. de Ryes, arr. de Bayeux. = Bayeux.

MANY, s. m. Com. du dép. de la Moselle, cant. de Faulquemont, arr. de Metz. = St.-Avold.

MANZAC, s. m. Com. du dép. de la Dordogne, cant. de St.-Astier, arr. de Périgueux. = Neuvic.

MANZAT, s. m. Com. du dép. du Puy-de-Dôme, chef-lieu de cant. de l'arr. de Riom, où se trouvent les bur. d'enregist. et de poste.

MANZEL, s. m. Rendez-vous des voyageurs, en Perse, à la fin du jour.

MANZIAT, s. m. Com. du dép. de l'Ain, cant. de Bagé-le-Châtel, arr. de Bourg. = Mâcon.

MAPAS, s. m. Arbre à suc laiteux de la Guiane. T. de bot.

MAPEURITA ou MAPURITA, s. f. Moufette, petit quadrupède de l'Amérique méridionale. T. d'hist. nat.

MAPOU, s. m. Nom donné aux Antilles à tous les bois légers et mous.

MAPPAIRE, s. m. Officier qui donnait le signal dans les jeux. T. d'antiq.

MAPPE, s. f. Rouleau de linge, qui servait de signal pour annoncer l'ouverture des jeux du cirque. T. d'antiq.

MAPPÉ, E, part. Nettoyé; se dit des meubles.

MAPPEMONDE, s. f. Carte représentant les deux hémisphères. T. de géogr.

MAPPER, v. a. Nettoyer les meubles. (Vi.)

MAPROUNIER, s. m. Arbrisseau de la Guiane. T. de bot.

MAPURITA, s. m. Voy. ZORILLE. T. d'hist. nat.

MAQUE, s. f. Paquet de fil de cent aunes. —, pl. Montant de la hotte. T. de vann. —, voy. MACQUE.

MAQUEREAU, s. m. Poisson de mer, du genre du scombre. —, homme corrompu, misérable qui vit dans les lieux de prostitution. —, pl. Espèce de marbrure qui vient aux jambes, quand on s'est chauffé de trop près.

MAQUERELLAGE, s. m. Infâme métier du maquereau. T. fam.

MAQUERELLE, s. f. La honte et le rebut de son sexe, femme qui fait métier de débaucher et de prostituer les jeunes filles. T. fam.

MAQUETTE, s. f. Première ébauche de sculpture, en glaise; pièce de fer pour faire un canon de fusil; état du fer corroyé et soudé à coups de marteau.

MAQUIGNON, s. m. Marchand de chevaux. —, agent d'affaires qui intrigue pour faire des mariages, etc.

MAQUIGNONNAGE, s. m. Métier de maquignon. —, intrigue, entremise, commerce illicite, secret.

MAQUIGNONNÉ, E, part. Se dit d'une vente faite par un maquignon.

MAQUIGNONNER, v. a. Faire le maquignonnage, tromper en vendant un cheval; user d'artifice pour cacher les défauts d'une rosse. —, intriguer pour faire des affaires. Fig. et fam.

MAQUILLEUR, s. m. Bateau à simple tillac pour la pêche du maquereau.

MARABOU, s. m. Oiseau de l'Inde, espèce d'argala. —, pl. Plumes de cet oiseau que les dames portent sur leurs chapeaux.

MARABOUT, s. m. Prêtre mahométan qui dessert une mosquée. —, homme très laid. —, cafetière de fer-blanc à ventre très large. —, voile de galère. T. de mar.

MARABOUTIN, s. m. Voile principale du grand mât d'une galère. T. de mar.

MARAC, s. m. Com. du dép. de la Haute-Marne, cant. et arr. de Langres. = Langres.

MARACA ou TAMARACA, s. f. Courge du Brésil. T. de bot.

MARACAXAO, s. m. Chardonneret vert de la Nouvelle-Espagne.

MARAÎCHER, s. m. Jardinier de Paris qui cultive d'anciens marais, qui vend des légumes.

MARAIL, s. m. Femelle de l'yacou. T. d'hist. nat.

MARAINVILLE, s. f. Com. du dép. des Vosges, cant. de Charmes, arr. de Mirecourt. = Mirecourt.

MARAINVILLER, s. m. Com. du dép. de la Meurthe, cant et arr. de Lunéville. = Lunéville.

MARAIS, s. m. Terres abreuvées d'eaux stagnantes, qui n'ont point d'issue. —, terrain bas où l'on cultive les légumes. — salant, où l'on fait venir l'eau de la mer pour faire du sel.

MARAIS (le), s. m. Com. du dép. du Calvados, cant. de Coulibœuf, arr. de Falaise. = Falaise.

MARAIS-VERNIER (le), s. m. Com. du dép. de l'Eure, cant. de Quillebœuf, arr. de Pont-Audemer. = Pont-Audemer.

MARAJAIBU, s. m. Palmier du Brésil. T. de bot.

MARALIE, s. f. Arbuste de l'île de Madagascar. T. de bot.

MARAMBAT, s. m. Com. du dép. du Gers, cant. d'Eauze, arr. de Condom. = Vic-Fezensac.

MARANDÉ, E, part. Mis à la mer, en parlant des appelets. T. de pêch.

MARANDER, v. a. Jeter les appelets à la mer; radouber les filets. T. de pêch.

MARANDEUIL, s. m. Com. du dép. de la Côte-d'Or, cant. de Pontailler-sur-Saône, arr. de Dijon. = Pontailler.

MARANGEA, s. f. Com. du dép. du Jura, cant. d'Orgelet, arr. de Lons-le-Saulnier. = Orgelet.

MARANGE-SYLVANGE, s. f. Com. du dép. de la Moselle, cant. et arr. de Metz. = Metz.

MARANGE-ZONDRANG, s. f. Com. du dép. de la Moselle, cant. de Faulquemont, arr. de Metz. = St.-Avold.

MARANS, s. m. Ville du dép. de la Charente-Inférieure, chef-lieu de cant. de l'arr. de la Rochelle. Bur. d'enregist. et de poste.

Cette ville, située dans des marais salans, au confluent de la Sèvre et de la Vendée, possède une bonne rade, qui peut recevoir des bâtimens de 100 tonneaux.

Comm. de vins, eaux-de-vie, blé, légumes secs, graines grasses, luzerne, trèfle, lin, chanvre, bois, feuillards, merrain, et surtout de farines dites minot, très recherchées pour leur excellente qualité; dépôt de bois de construction pour les marines royale et marchande; exploitation de marais salans très productifs; entrepôt de sel.

MARANS, s. m. Com. du dép. de Maine-et-Loire, cant. du Lion-d'Angers, arr. de Segré. = Segré.

MARANSIN, s. m. Com. du dép. de la Gironde, cant. de Guitre, arr. de Libourne. = Coutras.

MARANT, s. m. Com. du dép. du Pas-de-Calais, cant. de Campagne, arr. de Montreuil. = Montreuil.

MARANVILLE, s. f. Com. du dép. de la Haute-Marne, cant. de Juzennecourt, arr. de Chaumont. = Clairvaux.

MARANWEZ, s. m. Com. du dép. des Ardennes, cant. de Signy-l'Abbaye, arr. de Mézières. = Launois.

MARAPUTE, s. m. Quadrupède de la côte du Malabar, du genre des chats. T. d'hist. nat.

MARASCA, s. m. Cerise acide.

MARASME, s. m. Maigreur extrême, dépérissement, consomption.

MARASQUIN, s. m. Sorte de liqueur fort estimée, faite avec la petite cerise qu'on nomme marasca.

MARAT, s. m. Com. du dép. du Puy-de-Dôme, cant. d'Olliergues, arr. d'Ambert. = Ambert.

MARAT, s. m. Com. du dép. de la Haute-Saône, cant. de Villersexel, arr. de Lure. = Vesoul.

MARATHRE, s. f. Naïade, plante de la Nouvelle-Hollande. T. de bot.

MARÂTRE, s. f. Belle-mère; femme très dure envers les enfans de son mari, d'un autre lit; mauvaise mère, mère dénaturée.

MARATS (les), s. m. pl. Com. du dép. de la Meuse, cant. de Vaubecourt, arr. de Bar-le-Duc. = Bar-le-Duc.

MARAUCOURT, s. m. Com. du dép. des Ardennes, cant. et arr. de Sedan. = Sedan.

MARAUD, E, s. Vaurien, gueux, fripon; vil et impudent coquin.

MARAUDAILLE, s. f. Bande de marauds.

MARAUDE, s. f. Vol fait par des soldats écartés de l'armée ; action de butiner, vol en maraudant.

MARAUDER, v. n. Aller à la maraude, voler, piller.

MARAUDEUR, s. m. Soldat à la maraude, qui a l'habitude de marauder; voleur, pillard.

MARAULT, s. m. Com. du dép. de la Haute-Marne, cant. de Vignory, arr. de Chaumont. = Chaumont.

MARAUSSAN-ET-VILLENOUVETTE, s. m. Com. du dép. de l'Hérault, cant. et arr. de Béziers. = Béziers.

MARAVAT, s. m. Com. du dép. du Gers, cant. de Mauvesin, arr. de Lectoure. = Fleurance.

MARAVÉDIS, s. m. Petite monnaie de cuivre espagnole valant un liard.

MARAYE EN-OTHE, s. m. Com. du dép. de l'Aube, cant. d'Aix-en-Othe, arr. de Troyes. = Estissac.

MARBACHE, s. m. Com. du dép. de la Meurthe, cant. et arr. de Nancy. = Nancy.

MARBAIX, s. m. Com. du dép. du Nord, cant. et arr. d'Avesnes. = Avesnes.

MARBEUF, s. m. Com. du dép. de l'Eure, cant. du Neubourg, arr. de Louviers. = le Neubourg.

MARBÉVILLE, s. f. Com. du dép. de la Haute-Marne, cant. de Vignory, arr. de Chaumont. = Vignory.

MARBOTTE, s. f. Com. du dép. de la Meuse, cant. de St.-Mihiel, arr. de Commercy. = St.-Mihiel.

MARBOUÉ, s. m. Com. du dép. d'Eure-et-Loir, cant. et arr. de Châteaudun. = Châteaudun.

MARBOZ, s. m. Com. du dép. de l'Ain, cant. de Coligny, arr. de Bourg. = St.-Amour.

MARBRE, s. m. Pierre calcaire, colorée et très dure, susceptible d'être polie. —, pierre, plaque unie, table pour broyer les couleurs. T. d'arts. et mét. —, pierre pour poser les formes. T. d'impr. Table de —, ancienne juridiction de la connétablie, de l'amirauté, des eaux et forêts. —, pl. Ouvrages en marbre, statues, etc.

MARBRÉ, s. m. Sorte de lézard. T. d'hist. nat.

MARBRÉ, E, part. Peint en marbre. —, adj. Qui a des veines, des taches comme le marbre.

MARBRÉE, s. f. Ragoût de viande en salmis. —, lamproie marine.

MARBRER, v. a. Imiter les nuances variées du marbre, peindre en marbre. —, passer sur le marbre, le verre en fusion. T. de verr.

MARBRERIE, s. f. Atelier où l'on taille et polit le marbre ; boutique de marbrier.

MARBRIER, s. m. Marchand de marbrerie ; ouvrier qui taille et polit le marbre, qui le façonne.

MARBRIÈRE, s. f. Carrière de marbre.

MARBRURE, s. f. Imitation du marbre par un peintre en bâtiment, etc. —, pl. Taches violacées sur la peau, occasionnées par le feu ou par le froid.

MARBY, s. m. Com. du dép. des Ardennes, cant. de Rumigny, arr. de Rocroy. = Mézières.

MARC, s. m. Résidu des fruits pressurés, des substances bouillies ; marc de raisin, de café. —, poids de huit onces. Au — la livre, en proportion de ce qui est dû.

MARC (St.-), s. m. Com. du dép. des Bouches-du-Rhône, cant. et arr. d'Aix. = Aix.

MARC (St.-), s. m. Com. du dép. du Cantal, cant. de Ruines, arr. de St.-Flour. = St.-Flour.

MARC (St.-), s. m. Com du dép. de la Charente-Inférieure, cant. de Surgères, arr. de Rochefort. = Surgères.

MARC (St.-), s. m. Com. du dép. de la Côte-d'Or, cant. de Baigneux-les-Juifs, arr. de Châtillon. = Châtillon.

MARC (St.-), s. m. Com. du dép. du Finistère, cant. et arr. de Brest. = Brest.

MARC-À-FRONGIER (St.-), s. m. Com. du dép. de la Creuse, cant. et arr. d'Aubusson. = Aubusson.

MARCAIJE, s. m. Ancien droit sur le poisson de mer.

MARÇAIS, s. m. Com. du dép. du Cher, cant. et arr. de St.-Amand. = St.-Amand.

MARCAL (St.-), s. m. Com. du dép. des Pyrénées-Orientales, cant. d'Arles, arr. de Céret. = Arles.

MARC-À-LOUBAUD (St.-), s. m. Com. du dép. de la Creuse, cant. de Gentioux, arr. d'Aubusson. = Felletin.

MARCAMPS, s. m. Com. du dép. de la Gironde, cant. de Bourg, arr. de Blaye. = Bourg-sur-Gironde.

MARCAN (St.-), s. m. Com. du dép. d'Ille-et-Vilaine, cant. de Pleine-Fougères, arr. de St.-Malô. = Dol.

MARCASSIN, s. m. Jeune sanglier.

MARCASSITE, s. f. Substance minérale, sulfure de fer.

MARÇAY, s. m. Com. du dép. d'Indre-et-Loire, cant. de Richelieu, arr. de Chinon. = Chinon.

MARÇAY, s. m. Com. du dép. de

da Vienne, cant. de Vivonne, arr. de Poitiers. = Vivonne.

MARC-DE-VAUX (St.-), s. m. Com. du dép. de Saône-et-Loire, cant. de Givry, arr. de Châlons. = le Bourgneuf.

MARC-D'OUILLY (St.-), s. m. Com. du dép. du Calvados, cant. de Thury-Harcourt, arr. de Falaise. = Thury-Harcourt.

MARC-DU-COR (St.-), s. m. Com. du dép. de Loir-et-Cher, cant. de Montdoubleau, arr. de Vendôme. = Montdoubleau.

MARCÉ, s. m. Com. du dép. de Loir-et-Cher, cant. de Montoire, arr. de Vendôme. = Montoire.

MARCÉ, s. m. Com. du dép. de Maine-et-Loire, cant. de Seiches, arr. de Baugé. = Angers.

MARCEAU, s. m. Espèce de saule. T. de bot.

MARCEAU (St.-), s. m. Com. du dép. des Ardennes, cant. de Flize, arr. de Mézières. = Mézières.

MARCEAU (St.-), s. m. Com. du dép. de la Sarthe, cant. de Beaumont, arr. de Mamers. = Beaumont.

MARCEI, s. m. Com. du dép. l'Orne, cant. de Mortrée, arr. d'Argentan. = Mortrée.

MARCEL (St.-), s. m. Com. du dép. de l'Ain, cant. et arr. de Trévoux. = Trévoux.

MARCEL (St.-), s. m. Petite ville du dép. de l'Ardèche, cant. de Bourg-St.-Andéol, arr. de Privas. = Bourg-St.-Andéol.

MARCEL (St.-), s. m. Com. du dép. de l'Ardèche, cant. d'Annonay, arr. de Tournon. = Annonay.

MARCEL (St.-), s. m. Com. du dép. des Ardennes, cant. de Renwez, arr. de Mézières. = Mézières.

MARCEL (St.-), s. m. Com. du dép. de l'Aude, cant. de Ginestas, arr. de Narbonne. = Narbonne.

MARCEL (St.-), s. m. Com. du dép. de l'Aveyron, cant. de Conques, arr. de Rodez. = Rodez.

MARCEL (St.-), s. m. Com. du dép. de la Dordogne, cant. de Lalinde, arr. de Bergerac. = Bergerac.

MARCEL (St.-), s. m. Com. du dép. de la Drôme, cant. de Marsanne, arr. de Montélimar. = Montélimar.

MARCEL (St.-), s. m. Village du dép. de la Drôme réuni à la com. de Bourg-lès-Valence, cant. et arr. de Valence. = Valence.

MARCEL (St.-), s. m. Com. du dép. de l'Eure, cant. de Vernon, arr. d'Evreux. = Vernon.

MARCEL (St.-), s. m. Com. du dép. de la Haute-Garonne, cant. de Verfeil, arr. de Toulouse. = Toulouse.

MARCEL (St.-), s. m. Com. du dép. de l'Indre, cant. d'Argenton, arr. de Châteauroux. = Argenton. Comm. de vins.

MARCEL (St.-), s. m. Com. du dép. de l'Isère, cant. du Touvet, arr. de Grenoble. = le Touvet.

MARCEL (St.-), s. m. Com. du dép. de l'Isère, cant. de Bourgoin, arr. de la Tour-du-Pin. = Vienne.

MARCEL (St.-), s. m. Com. du dép. de la Moselle, cant. de Conflans, arr. de Briey. = Metz.

MARCEL (St.-), s. m. Com. du dép. du Morbihan, cant. de Questembert, arr. de Vannes. = Ploërmel.

MARCEL (St.-), s. m. Com. du dép. du Rhône, cant. de Tarare, arr. de Villefranche. = Tarare.

MARCEL (St.-), s. m. Com. du dép. de la Haute-Saône, cant. de Vitrey, arr. de Vesoul. = Jussey.

MARCEL (St.-), s. m. Com. du dép. de Saône-et-Loire, cant. et arr. de Châlons. = Châlons.

MARCELCAVE, s. f. Com. du dép. de la Somme, cant. de Corbie, arr. d'Amiens. = Corbie.

MARCEL-DE-CARREIRET (St.-), s. m. Com. du dép. du Gard, cant. de Lussan, arr. d'Uzès. = Bagnols.

MARCEL-DE-CRUSSOLS (St.-), s. m. Com. du dép. de l'Ardèche, cant. de la Voulte, arr. de Privas. = la Voulte.

MARCEL-DE-FÉLINES (St.-), s. m. Com. du dép. de la Loire, cant. de Néronde, arr. de Roanne. = St.-Symphorien-de-Lay.

MARCEL-DE-FOUS-FOUILLOUSE (St.-), s. m. Com. du dép. du Gard, cant. de St.-André-de-Valborgne, arr. du Vigan. = le Pompidou.

MARCEL-D'URPHÉ (St.-), s. m. Com. du dép. de la Loire, cant. de St.-Just-en-Chevalet, arr. de Roanne. = Roanne.

MARCEL-EN-MARCILLAT (St.-), s. m. Com. du dép. de l'Allier, cant. de Marcillat, arr. de Montluçon. = Montluçon.

MARCEL-EN-MURAT (St.-), s. m. Com. du dép. de l'Allier, cant. de Montmarault, arr. de Montluçon. = Montmarault.

MARCEL-ET-ST.-MARTIAL (St.-), s. m. Com. du dép. du Tarn, cant. de Cordes, arr. de Gaillac. = Cordes.

MARCELLIN (St.-), s. m. Com. du

dép. de Vaucluse, cant. de Vaison, arr. d'Orange. = Carpentras.

MARCELLIN (St.-), s. m. Com. du dép. de Saône-et-Loire, cant. de Guiche, arr. de Charolles. = Joncy.

MARCELLIN (St.-), s. m. Petite ville du dép. de l'Isère, chef-lieu de sous-préf. et de cant.; trib. de 1re inst.; conserv. des hypoth.; direct. des contrib. indir.; recev. part. des finances; bur. d'enregist. et de poste.

Cette ville, assez bien bâtie, est située dans un pays riche en vins très estimés. Ses environs sont très agréables.

Filature de coton; faïencerie, etc. Comm. de vins, soie, fer, acier, etc.

MARCELLIN (St.-), s. m. Petite ville du dép. de la Loire, cant. de St.-Rambert, arr. de Montbrison. = Montbrison.

MARCELLOIS, s. m. Com. du dép. de la Côte-d'Or, cant. de Vitteaux, arr. de Semur. = Vitteaux.

MARCELLUS, s. m. Com. du dép. de Lot-et-Garonne, cant. de Meilhan, arr. de Marmande. = Marmande.

MARCENAT, s. m. Com. du dép. du Cantal, chef-lieu de cant. de l'arr. de Murat. Bur. d'enregist. = Murat.

MARCENAY, s. m. Com. du dép. de la Côte-d'Or, cant. de Laignes, arr. de Châtillon. = Laignes.

MARCENNAIS, s. m. Com. du dép. de la Gironde, cant. de St.-Savin, arr. de Blaye. = St.-André-de-Cubzac.

MARCERIN, s. m. Com. du dép. des Basses-Pyrénées, cant. d'Arthez, arr. d'Orthez. = Orthez.

MARCESSENCE, s. f. Propriété des calices de fleurs qui sèchent sur leur tige. T. de bot.

MARCESSENT, E, adj. Se dit d'une feuille qui sèche sur sa tige. T. de bot.

MARCÉ-SUR-ÈVRE, s. m. Com. du dép. d'Indre-et-Loire, cant. de la Haye, arr. de Loches. = la Haye-Descartes.

MARCET (St.-), s. m. Com. du dép. de la Haute-Garonne, cant. et arr. de St.-Gaudens. = St.-Gaudens.

MARCEVOL, s. m. Com. du dép. des Pyrénées-Orientales, cant. de Sournia, arr. de Prades. = Perpignan.

MARCEY, s. m. Com. du dép. de la Manche, cant. et arr. d'Avranches. = Avranches.

MARCHAINVILLE, s. f. Com. du dép. de l'Orne, cant. de Longni, arr. de Mortagne. = Longni.

MARCHAIS, s. m. Maquereau dont la peau n'a pas de taches; hareng après le frai, qui est vide.

MARCHAIS, s. m. Com. du dép. de l'Aisne, cant. de Condé, arr. de Château-Thierry. = Montmirail.

MARCHAIS, s. m. Com. du dép. de l'Aisne, cant. de Sissonne, arr. de Laon. = Laon.

MARCHAIS-BETON, s. m. Com. du dép. de l'Yonne, cant. de Charny, arr. de Joigny. = Joigny.

MARCHAMP, s. m. Com. du dép. de l'Ain, cant. d'Huis, arr. de Belley. = Belley.

MARCHAMPT, s. m. Com. du dép. du Rhône, cant. de Beaujeu, arr. de Villefranche. = Beaujeu.

MARCHAND, E, s. Personne qui fait profession de vendre et d'acheter. Se trouver mauvais —, éprouver des pertes, des suites fâcheuses. —, adj. Propre à être acheté, vendu. —, bien situé pour le commerce, où l'on vend beaucoup, où il existe un grand nombre de marchands; quartier marchand. Prix —, de marchand à marchand. Vaisseau —, propre au transport des marchandises: Rivière —, rivière navigable.

MARCHANDAILLÉ, E, part. Marchandé pour une bagatelle.

MARCHANDAILLER, v. a. Marchander long-temps et pour peu de choses.

MARCHANDÉ, E, part. Discuté, débattu sur le prix.

MARCHANDEMENT, adv. D'une manière marchande. T. inus.

MARCHANDER, v. a. et n. Demander, débattre, discuter le prix d'une marchandise. —, chercher à corrompre, vouloir acheter à prix d'argent; marchander les consciences. —, hésiter, balancer. Fig. Ne pas —, ne pas épargner, maltraiter. Fig. et fam.

MARCHANDISE, s. f. Objet de commerce, chose à vendre. —, trafic. Faire valoir sa —, vanter ce qu'on possède, faire valoir ses discours. Moitié guerre, moitié —, moitié de gré, moitié de force.

MARCHANTHE, s. f. Plante de la Cochinchine. T. de bot.

MARCHASTEL, s. m. Com. du dép. du Cantal, cant. de Marsenat, arr. de Murat. = Murat.

MARCHASTEL, s. m. Com. du dép. de la Lozère, cant. de Nasbinals, arr. de Marvejols. = Marvejols.

MARCHAUX, s. m. Com. du dép. du Doubs, chef-lieu de cant. de l'arr. de Besançon. Bur. d'enregist. = Besançon.

MARCHE, s. f. Frontière d'un état, territoire d'un pays; la marche d'Ancône. —, locomotion, action, manière de marcher; chemin, distance d'un lieu à un autre; procession, cortége, mouvement de troupes par étapes. —, air de musique pour la marche. —, degré d'un escalier. —, conduite, progrès de l'action d'un poëme, progression des idées. Fig. —, mouvement particulier à chaque pièce au jeu d'échecs. —, portion de glaise que le marcheur piétine. —, touche de la vielle, etc. —, levier mu par le pied. T. de tiss. Faire une fausse —, feindre de se diriger d'un côté, et se porter de l'autre. Gagner une —, gagner un jour sur l'ennemi. — des affaires, des événemens, leur ordre, leurs résultats inévitables. Faire une — forcée, doubler l'étape, faire plus de chemin que de coutume. Cacher sa —, cacher son jeu, agir secrètement.

MARCHE (la), s. f. Ancienne province de France, qui forme aujourd'hui le dép. de la Creuse, et partie des arr. de Limoges et de Bellac, dép. de la Haute-Vienne.

Cette province, qui faisait partie de la première Aquitaine, passa de la domination romaine sous celle des Francs, et fut gouvernée ensuite par des comtes particuliers jusqu'en 1531, époque où elle fut réunie à la France par François 1er.

MARCHE (la), s. f. Com. du dép. de la Nièvre, cant. de la Charité, arr. de Cosne. = la Charité.

MARCHE (la), s. f. Petite ville du dép. des Vosges, chef-lieu de cant. de l'arr. de Neufchâteau. Bur. d'enregist. et de poste.

Fabr. de couverts en fer battu; forges.

MARCHÉ, s. m. Lieu public où l'on expose et l'on vend des denrées; vendeurs et acheteurs qui s'y réunissent; prix de ce qui s'y vend; cours du marché. —, convention entre particuliers, vente, achat d'une marchandise. Bon —, prix modéré. Avoir bon — de quelqu'un, le convaincre aisément, en venir facilement à bout. Mettre le — à la main, demander son compte, en parlant des domestiques.

MARCHÉ, E, part. Foulé avec les pieds, en parlant de la terre à briques.

MARCHE-ALLOUARDE, s. f. Com. du dép. de la Somme, cant. de Roye, arr. de Montdidier. = Nesle.

MARCHÉLEPOT, s. m. Com. du dép. de la Somme, cant. de Nesle, arr. de Péronne. = Péronne.

MARCHE-MAISONS, s. f. Com. du dép. de l'Orne, cant. du Mêle-sur-Sarthe, arr. d'Alençon. = le Mêle.

MARCHEMORET, s. m. Com. du dép. de Seine-et-Marne, cant. de Dammartin, arr. de Meaux. = Dammartin.

MARCHÉNOIR, s. m. Petite ville du dép. de Loir-et-Cher, chef-lieu de cant. de l'arr. de Blois. Bur. d'enregist.=Mer.

MARCHE-PALIER, s. m. Marche du bord d'un palier.

MARCHEPIED, s. m. Marche, petite estrade, banquette pour les pieds. —, se dit fig. d'une personne sur laquelle on s'appuie, que l'on abaisse pour s'élever. —, bord de rivière navigable; planche en glacis, etc. —, cordage à nœuds pour poser les pieds. T. de mar.

MARCHER, s. m. Marche, manière dont on marche.

MARCHER, v. a. Fouler avec les pieds, piétiner. —, v. n. Aller, avancer par le mouvement des pieds; s'avancer de quelque manière que ce soit, à pied, à cheval, etc. —, aller suivant un certain ordre dans une cérémonie, un cortége, etc., occuper un rang conforme à sa dignité; marcher de pair. — sur des épines, parcourir une carrière semée d'écueils. Fig. — sur les pas de quelqu'un, imiter son exemple. Fig. —, en parlant des choses, avancer par une impulsion quelconque; se dit aussi des choses abstraites, relativement à leur cours, à leur progrès, à leur développement; le temps marche d'un pas égal; cela marche tout seul, n'offre pas de difficultés. —; se débrouiller, se développer, en parlant de l'intrigue d'une pièce de théâtre; cette action marche avec art.

MARCHES, s. f. Com. du dép. de la Drôme, cant. de Bourg-de-Péage, arr. de Valence. = Romans.

MARCHESEUIL, s. m. Com. du dép. de la Côte-d'Or, cant. de Liernais, arr. de Beaune. = Arnay-le-Duc.

MARCHÉSIEUX, s. m. Com. du dép. de la Manche, cant. de Périers, arr. de Coutances. = Périers.

MARCHETTE, s. f. Planchette d'un piége. —, pl. Petites planches qui font baisser lentement les lisses de liage. T. de manuf.

MARCHEUR, EUSE, s. Celui, celle qui marche peu ou beaucoup, bien ou mal. —, ouvrier qui piétine la terre à brique.

MARCHEUX, s. m. Fosse pour corroyer la terre à cuire.

MARCHÉVILLE, s. f. Com. du dép. d'Eure-et-Loir, cant. d'Illiers, arr. de Chartres. = Illiers.

MARCHÉVILLE, s. f. Com. du dép. de la Meuse, cant. de Fresnes-en-Wœvre, arr. de Verdun. = Verdun.

MARCHÉVILLE, s. f. Com. du dép.

de la Somme, cant. de Crécy, arr. d'Abbeville. = Abbeville.

MARCHEZAIS, s. m. Com. du dép. d'Eure-et-Loir, cant. d'Anet, arr. de Dreux. = Houdan.

MARCHIENNES-CAMPAGNE, s. f. Com. du dép. du Nord, cant. de Marchiennes-Ville, arr. de Douai. = Douai.

MARCHIENNES-VILLE, s. f. Com. du dép. du Nord, chef-lieu de cant. de l'arr. de Douai. Bur. d'enregist. et de poste.

Fabr. de serrurerie, etc.; comm. d'arbres fruitiers et de griffes d'asperges.

MARCHOIR, s. m. Atelier où l'on prépare la terre à pots.

MARCIAC, s. m. Petite ville du dép. du Gers, chef-lieu de cant. de l'arr. de Mirande. Bur. d'enregist. et de poste.

MARCIAGE, s. m. Ancien droit seigneurial.

MARCIEU, s. m. Com. du dép. de l'Isère, cant. de la Mure, arr. de Grenoble. = la Mure.

MARCIGNY, s. m. Petite ville du dép. de Saône-et-Loire, chef-lieu de cant. de l'arr. de Charolles. Bur. d'enregist. et de poste. Comm. de grains.

MARCIGNY-SOUS-THIL, s. m. Com. du dép. de la Côte d'Or, cant. de Précy-sous-Thil, arr. de Semur. = Semur.

MARCILHAC, s. m. Com. du dép. du Lot, cant. de Cajarc, arr. de Figeac. = Figeac.

MARCILLAC, s. m. Com. du dép. de l'Aveyron, chef-lieu de cant. de l'arr. de Rodez. Bur. d'enregist. = Rodez.

Fabr. de toiles; comm. d'huile de noix et de bestiaux.

MARCILLAC, s. m. Com. du dép. de la Corrèze, cant. de Laroche, arr. de Tulle. = Tulle.

MARCILLAC, s. m. Com. du dép. de la Dordogne, cant. et arr. de Sarlat. = Sarlat.

MARCILLAC, s. m. Com. du dép. de la Gironde, cant. de St.-Ciers-la-Lande, arr. de Blaye. = Blaye.

MARCILLAC-LANVILLE, s. m. Com. du dép. de la Charente, cant. de Rouillac, arr. d'Angoulême. = Aigre.

MARCILLAT, s. m. Com. du dép. de l'Allier, chef-lieu de cant. de l'arr. de Montluçon. Bur. d'enregist. = Montluçon.

MARCILLAT, s. m. Com. du dép. du Puy-de-Dôme, cant. de Menat, arr. de Riom. = Montaigut.

MARCILLÉ, s. m. Com. du dép. de la Mayenne, cant. et arr. de Mayenne. = Mayenne.

MARCILLÉ-RAOUL, s. m. Com. du dép. d'Ille-et-Vilaine, cant. d'Antrain, arr. de Fougères. = Antrain.

MARCILLÉ-ROBERT, s. m. Com. du dép. d'Ille-et-Vilaine, cant. de Rethiers, arr. de Vitré. = la Guerche.

MARCILLOLE, s. f. Com. du dép. de l'Isère, cant. de Roybon, arr. de St.-Marcellin. = la Côte-St.-André.

MARCILLY, s. m. Com. du dép. du Cher, cant. de Sancergues, arr. de Sancerre. = Villequiers.

MARCILLY, s. m. Com. du dép. de la Côte-d'Or, cant. d'Is-sur-Tille, arr. de Dijon. = Is-sur-Tille.

MARCILLY, s. m. Com. du dép. d'Indre-et-Loire, cant. de Château-la-Vallière, arr. de Tours. = Tours.

MARCILLY, s. m. Com. du dép. de Loir-et-Cher, cant. et arr. de Vendôme. = Vendôme.

MARCILLY, s. m. Com. du dép. de la Manche, cant. de Ducey, arr. d'Avranches. = Avranches.

MARCILLY, s. m. Com. du dép. de la Marne, cant. d'Anglure, arr. d'Epernay. = Pont-le-Roi.

MARCILLY, s. m. Com. du dép. de la Haute-Marne, cant. de Varennes, arr. de Langres. = Langres.

MARCILLY, s. m. Com. du dép. de Seine-et-Marne, cant. de Lizy, arr. de Meaux. = Meaux.

MARCILLY-D'AZERGUES, s. m. Com. du dép. du Rhône, cant. de Limonest, arr. de Lyon. = Lyon.

MARCILLY-EN-GAULT, s. m. Com. du dép. de Loir-et-Cher, cant. de Salbris, arr. de Romorantin. = Salbris.

MARCILLY-EN-VILLETTE, s. m. Com. du dép. du Loiret, cant. de la Ferté-St.-Aubin, arr. d'Orléans. = la Ferté-St.-Aubin.

MARCILLY-LA-CAMPAGNE, s. m. Com. du dép. de l'Eure, cant. de Nonancourt, arr. d'Evreux. = Nonancourt.

MARCILLY-LA-GUEURCE, s. m. Com. du dép. de Saône-et-Loire, cant. et arr. de Charolles. = Charolles.

MARCILLY-LE-HAYER, s. m. Com. du dép. de l'Aube, chef-lieu de cant. de l'arr. de Nogent-sur-Seine. Bur. d'enregist. = Nogent-sur-Seine.

MARCILLY-LE-PAVÉ, s. m. Com. du dép. de la Loire, cant. de Boën, arr. de Montbrison. = Montbrison.

MARCILLY-LES-BUXY, s. m. Com. du dép. de Saône-et-Loire, cant. de Buxy, arr. de Châlons. = Buxy.

MARCILLY-LES-VITTEAUX, s. m. Com. du dép. de la Côte-d'Or, cant. de Vitteaux, arr. de Semur. = Vitteaux.

MARCILLY-SOUS-MONT-ST.-JEAN, s. m. Com. du dép. de la Côte-d'Or, cant. de Pouilly-et-Auxois, arr. de Beaune. = Saulieu.

MARCILLY-SUR-EURE, s. m. Com. du dép. de l'Eure, cant. de St.-André, arr. d'Evreux. = Dreux.

MARCILLY-SUR-VIENNE, s. m. Com. du dép. d'Indre-et-Loire, cant. de Ste.-Maure, arr. de Chinon. = Ste.-Maure.

MARCK, s. m. Com. du dép. du Pas-de-Calais, cant. de Calais, arr. de Boulogne. = Calais.

MARCKOLSHEIM, s. m. Petite ville du dép. du Bas-Rhin, chef-lieu de cant. de l'arr. de Schélestadt. Bur. d'enregist. et de poste.
Fabr. de toiles et de poterie de terre; comm. de tabac et de chanvre.

MARC-LA-LANDE (St.-), s. m. Com. du dép. des Deux-Sèvres, cant. de Mazières, arr. de Parthenay. = St.-Maixent.

MARC-LA-TOUR, s. m. Com. du dép. de la Corrèze, cant. et arr. de Tulle. = Tulle.

MARC-LE-BLANC (St.-), s. m. Com. du dép. d'Ille-et-Vilaine, cant. de St.-Brice, arr. de Fougères. = St.-Aubin-du-Cormier.

MARCLOP, s. m. Com. du dép. de la Loire, cant. de Feurs, arr. de Montbrison. = Feurs.

MARCOING, s. m. Com. du dép. du Nord, chef-lieu de cant. de l'arr. de Cambrai. Bur. d'enregist. = Cambrai.

MARCOLEZ, s. m. Com. du dép. du Cantal, cant. de St.-Mamet, arr. d'Aurillac. = Aurillac.

MARCOLIÈRES, s. f. pl. Filets pour prendre les oiseaux de mer pendant la nuit.

MARCOLIN, s. m. Com. du dép. de l'Isère, cant. de Roybon, arr. de St.-Marcellin. = Beaurepaire.

MARCOLS, s. m. Com. du dép. de l'Ardèche, cant. de St-Pierreville, arr. de Privas. = Privas.

MARÇON, s. m. Com. du dép. de la Sarthe, cant. de la Chartre, arr. de St.-Calais. = la Chartre.

MARCONNE, s. f. Com. du dép. du Pas-de-Calais, cant. d'Hesdin, arr. de Montreuil. = Hesdin.

MARCONNELLE, s. f. Com. du dép. du Pas-de-Calais, cant. d'Hesdin, arr. de Montreuil. = Hesdin.

MARCORIGNAN, s. m. Com. du dép. de l'Aude, cant. et arr. de Narbonne. = Narbonne.

MARCORY, s. m. Com. du dép. de la Dordogne, cant. de Montpazier, arr. de Bergerac. = Montpazier.

MARCOTTE, s. f. Branche couchée en terre pour qu'elle y prenne racine; jeune plante formée de cette manière.

MARCOTTÉ, E, part. Couché en terre, en parlant d'une plante.

MARCOTTER, v. a. Coucher en terre des branches ou rejetons pour leur faire prendre racine.

MARCOTTIN, s. m. Petit fagot.

MARCOUF (St.-), s. m. Com. du dép. du Calvados, cant. d'Isigny, arr. de Bayeux. = Isigny.

MARCOUF (St.-), s. m. Com. du dép. de la Manche, cant. de Montebourg, arr. de Valognes. = Montebourg.

MARCOUSSIS, s. m. Com. du dép. de Seine-et-Oise, cant. de Limours, arr. de Rambouillet. = Linas.

MARCOUVILLE, s. f. Com. du dép. de l'Eure, cant. d'Écouis, arr. des Andelys. = Bourgthéroulde.

MARCOUVILLE, s. f. Com. du dép. de l'Eure, cant. de Bourgthéroulde, arr. de Pont-Audemer. = Écouis.

MARCOUX, s. m. Com. du dép. des Basses-Alpes, cant. et arr. de Digne. = Digne.

MARCOUX, s. m. Com. du dép. de la Loire, cant. de Boën, arr. de Montbrison. = Montbrison.

MARCOUX, s. m. Village du dép. de Lot-et-Garonne, cant. de Beauville, arr. d'Agen. = Agen.

MARCQ, s. m. Com. du dép. des Ardennes, cant. de Grandpré, arr. de Vouziers. = Grandpré.

MARCQ, s. m. Com. du dép. du Nord, cant. d'Arleux, arr. de Douai. = Bouchain.

MARCQ, s. m. Com. du dép. de Seine-et-Oise, cant. de Montfort, arr. de Rambouillet. = Montfort-l'Amaury.

MARCQ-EN-BARŒUL, s. m. Com. du dép. du Nord, cant. de Turcoing, arr. de Lille. = Lille.

MARC-SUR-COUESNON (St.-), s. m. Com. du dép. d'Ille-et-Vilaine, cant. de St.-Aubin, arr. de Fougères. = St.-Aubin-du-Cormier.

MARC-SUR-SEINE (St.-), s. m. Com. du dép. de la Côte-d'Or, cant. de Baigneux-les-Juifs, arr. de Châtillon. = Châtillon.

MARCY, s. m. Com. du dép. de l'Aisne, cant. de Marle, arr. de Laon. = Marle.

MARCY, s. m. Com. du dép. de l'Aisne, cant. et arr. de St.-Quentin. = St.-Quentin.

MARCY, s. m. Com. du dép. de la

Nièvre, cant. de Varzy, arr. de Clamecy. = Varzy.

MARCY, s. m. Com. du dép. du Rhône, cant. d'Anse, arr. de Villefranche. = Villefranche.

MARD (St.-), s. m. Com. du dép. de l'Aisne, cant. de Braisne, arr. de Soissons. = Braisne.

MARD (St.-), s. m. Com. du dép. de la Meurthe, cant. de Bayon, arr. de Lunéville. = Nancy.

MARD (St.-), s. m. Com. du dép. de Seine-et-Marne, cant. de Dammartin, arr. de Meaux. = Dammartin.

MARD (St.-), s. m. Com. du dép. de la Somme, cant. de Roye, arr. de Montdidier. = Roye.

MARD-DE-RENO (St.-), s. m. Com. du dép. de l'Orne, cant. et arr. de Mortagne. = Mortagne.

MARDELLE, s. f. Voy. Margelle.

MARDEUIL, s. m. Com. du dép. de la Marne, cant. et arr. d'Epernay. = Epernay.

MARDI, s. m. Troisième jour de la semaine. — gras, dernier jour du carnaval.

MARDICK, s. m. Com. du dép. du Nord, cant. et arr. de Dunkerque. = Dunkerque.

MARDIÉ, s. m. Com. du dép. du Loiret, cant. et arr. d'Orléans. = Orléans.

MARDIGNY, s. m. Com. du dép. de la Moselle, cant. de Verny, arr. de Metz. = Metz.

MARDILLI, s. m. Com. du dép. de l'Orne, cant. de Gacé, arr. d'Argentan. = Gacé.

MARD-LEZ-ROUFFY (St.-), s. m. Com. du dép. de la Marne, cant. de Vertus, arr. de Châlons. = Vertus.

MARDOR, s. m. Com. du dép. de la Haute-Marne, cant. et arr. de Langres. = Langres.

MARDORE, s. m. Com. du dép. du Rhône, cant. de Thizy, arr. de Villefranche. = St.-Symphorien.

MARDS (St.-), s. m. Com. du dép. de l'Aube, cant. d'Aix-en-Othe, arr. de Troyes. = Estissac. Fabr. de bonneterie et d'étoffes de laine.

MARD-SUR-AUVE (St.-) s. m. Com. du dép. de la Marne, cant. de Dommartin-sur-Yèvre, arr. de Ste.-Ménehould. = Ste.-Ménehould.

MARD-SUR-LE-MONT (St.-), s. m. Com. du dép. de la Marne, cant. de Dommartin-sur-Yèvre, arr. de Ste.-Ménehould. = Ste.-Ménehould.

MARE, s. f. Amas d'eau dormante. —, auge pour écraser les olives. — ou marre, houe de vigneron.

MARÉ, E, part. Labouré avec la mare.

MARÉAGE, s. m. Convention entre le propriétaire d'un navire et l'équipage, qui s'engagent pour un voyage. T. de mar.

MAREAU-AUX-BOIS, s. m. Com. du dép. du Loiret, cant. et arr. de Pithiviers. = Pithiviers.

MAREAU-AUX-PRÉS, s. m. Com. du dép. du Loiret, cant. de Cléry, arr. d'Orléans. = Meung-sur-Loire.

MAREC ou MARÉCA, s. m. Canard de Bahama, l'une des îles Lucayes.

MARÉCAGE, s. m. Terrain bas et humide.

MARÉCAGEUX, EUSE, adj. Plein de marécages; contrée marécageuse. —, humide, bourbeux, qui sent le marécage; qui habite les marécages.

MARÉCHAL, s. m. Forgeron qui fait des fers pour garnir le pied des chevaux, qui ferre et panse les chevaux, etc. —, titre de divers officiers supérieurs militaires; maréchal de France, maréchal de camp. — des logis, sous-officier dans un régiment de cavalerie; employé de la maison du roi, chargé des logemens.

MARÉCHALE, s. f. Epouse d'un maréchal de France; madame la maréchale.

MARÉCHALERIE, s. f. Art, boutique du maréchal ferrant.

MARÉCHAUSSÉE, s. f. Juridiction des maréchaux de France, connétablie. —, compagnie de cavalerie chargée de veiller à la sûreté publique, gendarmerie.

MARÉE, s. f. Flux et reflux de la mer. —, poisson de mer frais. Aller contre vent et —, marcher dans la résolution de vaincre tous les obstacles.

MAREIL, s. m. Com. du dép. de Seine-et-Oise, cant. d'Ecouen, arr. de Pontoise. = Luzarches.

MAREIL - EN - CHAMPAGNE, s. m. Com. du dép. de la Sarthe, cant. de Brûlon, arr. de la Flèche. = Sablé.

MAREIL-LE-GUYON, s. m. Com. du dép. de Seine-et-Oise, cant. de Montfort, arr. de Rambouillet. = Montfort-l'Amaury.

MAREILLES, s. f. Com. du dép. de la Creuse, cant. de St.-Sulpice-les-Champs, arr. d'Aubusson. = Ahun.

MAREILLES, s. f. Com. du dép. de la Haute-Marne, cant. d'Andelot, arr. de Chaumont. = Andelot.

MAREIL-MARLY, s. m. Com. du dép. de Seine-et-Oise, cant. de St.-Germain-en-Laye, arr. de Versailles. = St.-Germain-en-Laye.

MAREIL-SUR-LOIR, s. m. Com. du dép. de la Sarthe, cant. et arr. de la Flèche. = la Flèche.

MAREIL-SUR-MAULDRE, s. m. Com. du dép. de Seine-et-Oise, cant. de Meulan arr. de Versailles. = Maule.

MARÉKANITE ou MARIKANITE, s. m. Verre de volcan. T. d'hist. nat.

MARENGO, s. m. Village célèbre du Piémont, sur la rivière de la Bormida, à deux lieues d'Alexandrie, où, peu de temps après son retour d'Egypte, le général Bonaparte, alors premier consul, remporta sur l'armée autrichienne une victoire qui décida du sort de l'Italie.

MARENLA, s. f. Com. du dép. du Pas-de-Calais, cant. de Campagne, arr. de Montreuil. = Montreuil.

MARENNES, s. f. Ville du dép. de la Charente-Inférieure, chef-lieu de sous-préf. et de cant.; trib. de 1re inst. et de comm.; conserv. des hypoth.; direct. des contrib. indir.; recev. part. des fin.; bur. d'enregist. et de poste.
Cette ville, située sur la Seudre, à une demi-lieue de la mer, est environnée de marais salans très productifs. Comm. de sel, vins, eaux-de-vie, légumes, huîtres vertes très renommées, etc.

MARENNES, s. f. Com. du dép. de l'Isère, cant. de St.-Symphorien-d'Ozon, arr. de Vienne. = St.-Symphorien-d'Ozon.

MARENTERIE, s. f. Arbrisseau de l'île de Madagascar.

MARENWEZ, s. m. Village du dép. des Ardennes, cant. de Signy-l'Abbaye, arr. de Mézières. = Mézières.

MARER, v. a. Labourer avec la marre.

MARESCHÉ, s. m. Com. du dép. de la Sarthe, cant. de Beaumont, arr. de Mamers. = Beaumont.

MARESCHES, s. m. Com. du dép. du Nord, cant. du Quesnoy, arr. d'Avesnes. = le Quesnoy.

MARESMONTIERS, s. m. Com. du dép. de la Somme, cant. et arr. de Montdidier. = Montdidier.

MARESQUEL, s. m. Com. du dép. du Pas-de-Calais, cant. de Campagne, arr. de Montreuil. = Hesdin.

MAREST, s. m. Com. du dép. de l'Oise, cant. de Ribécourt, arr. de Compiègne. = Ribécourt.

MAREST, s. m. Com. du dép. du Pas-de-Calais, cant. de Heuchin, arr. de St.-Pol. = St.-Pol.

MARESTANG, s. m. Com. du dép. du Gers, cant. de l'Isle-Jourdain, arr. de Lombez. = l'Isle-Jourdain.

MAREST-DAMPCOURT, s. m. Com. du dép. de l'Aisne, cant. de Chauny, arr. de Laon. = Chauny.

MAREST-OUST, s. m. Com. du dép. de la Somme, cant. d'Ault, arr. d'Abbeville. = Eu.

MARESVILLE, s. f. Com. du dép. du Pas-de-Calais, cant. d'Etaples, arr. de Montreuil. = Montreuil.

MARET-MARÉCHET, s. m. Com. du dép. du Jura, cant. et arr. de St.-Claude. = St.-Claude.

MARETS (les), s. m. pl. Com. du dép. de Seine-et-Marne, cant. de Villiers-St.-Georges, arr. de Provins. = Provins.

MARETZ, s. m. Com. du dép. du Nord, cant. de Clary, arr. de Cambrai. = le Catteau.

MAREUGHEOL, s. m. Com. du dép. du Puy-de-Dôme, cant. de St.-Germain-Lembron, arr. d'Issoire. = Issoire.

MAREUIL, s. m. Com. du dép. de la Charente, cant. de Rouillac, arr. d'Angoulême. = Angoulême.

MAREUIL, s. m. Com. du dép. du Cher, cant. de Charost, arr. de Bourges. = Issoudun.

MAREUIL, s. m. Com. du dép. de la Dordogne, chef-lieu de cant. de l'arr. de Nontron. Bur. d'enregist. et de poste.

MAREUIL, s. m. Com. du dép. de Loir-et-Cher, cant. de St.-Aignan, arr. de Blois. = St.-Aignan.

MAREUIL, s. m. Com. du dép. de Seine-et-Marne, cant. et arr. de Meaux. = Meaux.

MAREUIL, s. m. Com. du dép. de la Somme, cant. et arr. d'Abbeville. = Abbeville.

MAREUIL, s. m. Com. du dép. de la Vendée, chef-lieu de cant. de l'arr. de Bourbon-Vendée. Bur. d'enregist. à Luçon. = Bourbon-Vendée.

MAREUIL-EN-BRIE, s. m. Com. du dép. de la Marne, cant. de Montmort, arr. d'Epernay. = Epernay.

MAREUIL-EN-DOLE, s. m. Com. du dép. de l'Aisne, cant. de Fère-en-Tardenois, arr. de Château-Thierry. = Fère-en-Tardenois.

MAREUIL-LA-MOTTE, s. m. Com. du dép. de l'Oise, cant. de Lassigny, arr. de Compiègne. = Compiègne.

MAREUIL-LE-PORT, s. m. Com. du dép. de la Marne, cant. de Dormans, arr. de Reims. = Epernay.

MAREUIL-SUR-AY, s. m. Com. du dép. de la Marne, cant. d'Ay, arr. de Reims. = Epernay.

MAREUIL-SUR-OURCQ, s. m. Com.

du dép. de l'Oise, cant. de Betz, arr. de Senlis. = la Ferté-Milon.

MAREY, s. m. Com. du dép. des Vosges, cant. de la Marche, arr. de Neufchâteau. = la Marche.

MAREYEUR, s. m. Marchand, conducteur de marée.

MAREY-LES-FUSSEY, s. m. Com. du dép. de la Côte-d'Or, cant. de Nuits, arr. de Beaune. = Nuits.

MAREY-SUR-TILLE, s. m. Com. du dép. de la Côte-d'Or, cant. de Selongey, arr. de Dijon. = Is-sur-Tille.

MARFAUX, s. m. Com. du dép. de la Marne, cant. de Ville-en-Tardenois, arr. de Reims. = Reims.

MARFIL ou MORFIL, s. m. Dent d'éléphant non débitée.

MARFONTAINE, s. f. Com. du dép. de l'Aisne, cant. de Sains, arr. de Vervins. = Marle.

MARFORIO, s. m. Statue de Rome où l'on attache les placards en réponse à ceux affichés sur la statue de Pasquin.

MARGAJAT, s. m. Petit garçon. (Vi.)

MARGAUX, s. m. Com. du dép. de la Gironde, cant. de Castelnau, arr. de Bordeaux. = Bordeaux.

MARGAY, s. m. Chat sauvage de l'Amérique méridionale. T. d'hist. nat.

MARGE, s. f. Blanc autour d'une page écrite ou imprimée. —, temps, moyens de reste pour réussir, latitude pour agir; nous avons de la marge.

MARGÉ, E, part. Compassé; se dit des marges d'une feuille de papier sur laquelle on veut écrire ou imprimer.

MARGÉE, s. f. Oie d'Islande.

MARGELLE, s. f. Pierre percée, assise de pierres autour d'un puits.

MARGENCY, s. m. Com. du dép. de Seine-et-Oise, cant. d'Enghien, arr. de Pontoise. = Enghien.

MARGEOIRS, s. m. pl. Pièces de fonte, d'argile, fermant les soupiraux d'un fourneau.

MARGER, v. a. Compasser les marges d'une feuille de papier pour écrire ou imprimer. —, sceller les margeoirs.

MARGERIDE, s. f. Com. du dép. de la Corrèze, cant. de Bort, arr. d'Ussel. = Bort.

MARGERIE-CHANTAGRET, s. m. Com. du dép. de la Loire, cant. de St.-Jean-Soleymieu, arr. de Montbrison. = Montbrison.

MARGERITELLE, s. f. Petite marguerite. T. de bot.

MARGERY, s. m. Com. du dép. de la Marne, cant. de St.-Remy-en-Bouzemont, arr. de Vitry. = Vitry-le-Français.

MARGÈS, s. m. Com. du dép. de la Drôme, cant. de St.-Donat, arr. de Valence. = Romans.

MARGEUR, s. m. Ouvrier maçon qui scelle les margeoirs.

MARGILLEY, s. m. Com. du dép. de la Haute-Saône, cant. de Champlitte, arr. de Gray. = Champlitte.

MARGINAL, E, adj. Placé en marge; note marginale. —, placé au bord. T. de bot.

MARGINÉ, E, adj. Qui a une bordure, dont les bords sont saillans. T. de bot.

MARGINELLE, s. f. Porcelaine, espèce de coquillage; mollusque. T. d'hist. nat.

MARGIVAL, s. m. Com. du dép. de l'Aisne, cant. de Vailly, arr. de Soissons. = Soissons.

MARGNÈS (le), s. m. Com. du dép. du Tarn, cant. d'Anglès, arr. de Castres. = Castres.

MARGNÈS (le), s. m. Com. du dép. du Tarn, cant. de Brassac, arr. de Castres. = Brassac.

MARGNY, s. m. Com. du dép. des Ardennes, cant. de Carignan, arr. de Sedan. = Carignan.

MARGNY, s. m. Com. du dép. de la Marne, cant. de Montmort, arr. d'Epernay. = Epernay.

MARGNY-AUX-CERISES, s. m. Com. du dép. de l'Oise, cant. de Lassigny, arr. de Compiègne. = Roye.

MARGNY-LÈS-COMPIÈGNE, s. m. Com. du dép. de l'Oise, cant. et arr. de Compiègne. = Compiègne.

MARGNY-SUR-MATZ, s. m. Com. du dép. de l'Oise, cant. de Ressons, arr. de Compiègne. = Compiègne.

MARGOET, s. m. Village du dép. du Gers, cant. d'Aignan, arr. de Mirande. = Mirande.

MARGON, s. m. Com. du dép. d'Eure-et-Loir, cant. et arr. de Nogent-le-Rotrou. = Nogent-le-Rotrou.

MARGON, s. m. Com. du dép. de l'Hérault, cant. de Roujan, arr. de Béziers. = Pézénas.

MARGOT, s. m. Oiseau de mer; oiseau de proie, pie. —, femme bavarde. Fig. et fam.

MARGOTAS, s. m. Bateaux accouplés chargés de foin, etc.

MARGOTTER, v. n. Crier, en parlant des cailles.

MARGOUFLIER, s. m. Arbre des Indes, toujours vert.

MARGOUILLET, s. m. Casse-tête, espèce de massue. —, anneau de bois dans l'ouverture duquel passent les manœuvres. T. de mar.

MARGOUILLIS, s. m. Gâchis plein d'ordures. —, embarras que cause une mauvaise affaire. T. fam.

MARGOUILLISTE, s. m. Brouillon. T. inus.

MARGOUZIER, s. m. Voy. AZÉDARAC.

MARGRAVE, s. m. Nom de quelques princes souverains d'Allemagne. —, arbrisseau parasite des Antilles.

MARGRAVIACÉES, s. f. pl. Famille de plantes. T. de bot.

MARGRAVIAT, s. m. Dignité de margrave.

MARGRIETTE ou MARGRILLETTE, s. f. Verre bien foncé pour le commerce d'Afrique.

MARGRITIN, s. m. Espèce de rassade, grain de verre pour faire des colliers.

MARGUERAY, s. m. Com. du dép. de la Manche, cant. de Percy, arr. de St.-Lô. = Villedieu.

MARGUERITE, s. f. Plante radiée à fleurs terminales solitaires. Reine —, plante apportée de la Chine, dont la fleur est très agréable, variété de la marguerite commune. —, perle ; il ne faut pas jeter des marguerites devant des pourceaux. —, petite tumeur sur l'œil. T. de méd. —, cordage amarré au milieu d'une manœuvre. T. de mar. —, pl. Petites étoffes de laine.

MARGUERITE (île Ste.-), s. f. La plus considérable des îles de Lérins, dép. du Var, arr. de Grasse. = Cannes. Cette île, située dans la Méditerranée, est inculte ; elle est défendue par un château-fort où fut enfermé le prisonnier au masque de fer, sous Louis XIV.

MARGUERITE (Ste.-), s. f. Com. du dép. de la Moselle, cant. de Metzervisse, arr. de Thionville. = Thionville.

MARGUERITE (Ste.-), s. f. Com. du dép. de la Seine-Inférieure, cant. d'Offranville, arr. de Dieppe. = Dieppe.

MARGUERITE (Ste.-), s. f. Com. du dép. de la Seine-Inférieure, cant. d'Aumale, arr. de Neufchâtel. = Aumale.

MARGUERITE (Ste.-), s. f. Com. du dép. de la Seine-Inférieure, cant. de Duclair, arr. de Rouen. = Barentis.

MARGUERITE (Ste.-), s. f. Com. du dép. de la Seine-Inférieure, cant. de Fauville, arr. d'Yvetot. = Fauville.

MARGUERITE (Ste.-), s. f. Com. du dép. des Vosges, cant. et arr. de St.-Dié. = St.-Dié.

MARGUERITE-DE-L'HÔTEL (Ste.-), s. f. Com. du dép. de l'Eure, cant. de Breteuil, arr. d'Évreux. = Conches.

MARGUERITE-DES-LOGES (Ste.-), s. f. Com. du dép. du Calvados, cant. de Livarot, arr. de Lisieux. = Lisieux.

MARGUERITE-DE-VIETTE (Ste.-), s. f. Com. du dép. du Calvados, cant. de St.-Pierre-sur-Dives, arr. de Lisieux. = Croissanville.

MARGUERITE-LA-FIGRÉE (Ste.-), s. f. Com. du dép. de l'Ardèche, cant. des Vans, arr. de Largentière. = les Vans.

MARGUERITTE-EN-OUCHE (Ste.-), s. f. Com. du dép. de l'Eure, cant. de Beaumesnil, arr. de Bernay. = Bernay.

MARGUERITTES, s. f. Com. du dép. du Gard, chef-lieu de cant. de l'arr. de Nismes. Bur. d'enregist. = Nismes.

MARGUERON, s. m. Com. du dép. de la Gironde, cant. de Ste.-Foi-la-Grande, arr. de Libourne. = Ste.-Foi-la-Grande.

MARGUILLERIE, s. f. Charge de marguillier.

MARGUILLIER, s. m. Administrateur de la fabrique d'une paroisse, d'une confrérie.

MARGUITELLE, s. f. Petite marguerite.

MARGUT, s. m. Com. du dép. des Ardennes, cant. de Carignan, arr. de Sedan. = Carignan.

MARGYROCARPE, s. m. Camarine, plante du Chili. T. de bot.

MARI, s. m. Époux, homme marié.

MARIABLE, adj. Qui est en âge d'être marié.

MARIAC, s. m. Com. du dép. de l'Ardèche, cant. du Chaylard, arr. de Tournon. = le Chaylard.

MARIA-DI-LOTA (Sta.-), s. f. Com. du dép. de la Corse, cant. de San-Martino, arr. de Bastia. = Bastia.

MARIA-ET-FIGANIELLA (Sta.-), s. f. Com. du dép. de la Corse, cant. d'Olmeto, arr. de Sartène. = Ajaccio.

MARIA-ET-POGGIO (Sta.-), s. f. Com. du dép. de la Corse, cant. de San-Nicolao, arr. de Bastia. = Bastia.

MARIA-ET-SICCHÉ (Sta.-), s. f. Com. du dép. de la Corse, cant. de Ste.-Marie, arr. d'Ajaccio. = Ajaccio.

MARIAGE, s. m. Acte de l'état civil qui constate l'union d'un homme et d'une femme ; sacrement qui sanctifie cette union ; cérémonie du mariage, noces, dot. — de conscience, où les cérémonies ecclésiastiques ont été secrètes. — clandestin, célébré sans publicité. — en détrempe, concubinage.

MARIANS, s. m. Com. du dép. des Pyrénées-Orientales, cant. d'Olette, arr. de Prades. = Prades.

MARIAUD, s. m. Com. du dép. des

Basses-Alpes, cant. de la Javie, arr. de Digne. = Digne.

MARIBOUSE, s. f. Guêpe de Surinam. T. d'hist. nat.

MARICOURT, s. m. Com. du dép. de la Somme, cant. de Combles, arr. de Péronne. = Albert.

MARIÉ, E, s. Celui, celle qui vient d'être marié. —, part. Engagé dans les liens du mariage par l'officier de l'état civil.

MARIE (Ste.-), s. f. Com. du dép. des Hautes-Alpes, cant. de Rosans, arr. de Gap. = Serre.

MARIE (Ste.-), s. f. Com. du dép. du Cantal, cant. de Pierrefort, arr. de St.-Flour. = St.-Flour.

MARIE (Ste.-), s. f. Com. du dép. de la Charente, cant. de Chalais, arr. de Barbezieux. = la Graulle.

MARIE (Ste.-), s. f. Com. du dép. de la Charente-Inférieure, cant. de St.-Martin, arr. de la Rochelle. = la Flotte.

MARIE (Ste.-), s. f. Com. du dép. du Doubs, cant. et arr. de Montbéliard. = Montbéliard.

MARIE (Ste.-), s. f. Com. du dép. du Gers, cant. de Gimont, arr. d'Auch. = Gimont.

MARIE (Ste.-), s. f. Com. du dép. des Landes, cant. de St.-Vincent-de-Tyros, arr. de Dax. = Bayonne.

MARIE (Ste.-), s. f. Com. du dép. de la Loire-Inférieure, cant. de Pornic, arr. de Paimbœuf. = Pornic.

MARIE (Ste-), s. f. Com. du dép. de la Nièvre, cant. de St.-Saulge, arr. de Nevers. = Nevers.

MARIE (Ste.-), s. f. Petite ville du dép. des Basses-Pyrénées, chef-lieu de cant. de l'arr. d'Oloron, où se trouve le bur. d'enregist. = Oloron.

MARIE (Ste.-), s. f. Com. du dép. des Hautes-Pyrénées, cant. de Mauléon-Barousse, arr. de Bagnères. = Bagnères-de-Bigorre.

MARIE (Ste.-), s. f. Com. du dép. des Pyrénées-Orientales, cant. et arr. de Perpignan. = Perpignan.

MARIE A-PY (Ste.-), s. f. Com. du dép. de la Marne, cant. de Ville-sur-Tourbe, arr. de Ste.-Ménehould. = Châlons.

MARIE-AU-BOSC (Ste.-), s. f. Com. du dép. de la Seine-Inférieure, cant. de Criquetot-l'Esneval, arr. du Hâvre. = Montivilliers.

MARIE-AUX-ANGLAIS (Ste.-), s. f. Com. du dép. du Calvados, cant. de Mézidon, arr. de Lisieux. = Croissanville.

MARIE-AUX-CHÊNES (Ste.-), s. f. Com. du dép. de la Moselle, cant. et arr. de Briey. = Briey.

MARIE-AUX-MINES (Ste.), s. f. Ville du dép. du Haut-Rhin, chef-lieu de cant. de l'arr. de Colmar. Bur. d'enregist. et de poste.
Cette ville, située sur la Liepvrette, renferme de nombreux établissemens d'industrie. Manuf. de draps, toiles de coton, siamoises, toiles peintes, filatures de laine; bonneterie, papeteries. Comm. d'eaux-de-vie de cerises. Pop. 8,670 hab.

MARIE-CAPPEL (Ste.-), s. f. Com. du dép. du Nord, cant. de Cassel, arr. d'Hazebrouck. = Cassel.

MARIE-D'ALLOIX (Ste.-), s. f. Com. du dép. de l'Isère, cant. du Touvet, arr. de Grenoble. = le Touvet.

MARIE-DE-CHIGNAC (Ste.-), s. f. Com. du dép. de la Dordogne, cant. de St.-Pierre-de-Chignac, arr. de Périgueux. = Périgueux.

MARIE-DE-FRUGIE (Ste.-), s. f. Com. du dép. de la Dordogne, cant. de Jumillac-le-Grand, arr. de Nontron. = Thiviers.

MARIE-DES-CHAMPS (Ste.-), s. f. Com. du dép. de l'Eure, cant. d'Etrépagny, arr. des Andelys. = les Thilliers.

MARIE-DES-CHAMPS (Ste.-), s. f. Com. du dép. de la Seine-Inférieure, cant. et arr. d'Yvetot. = Yvetot.

MARIE-DES-CHAZES (Ste.-), s. f. Com. du dép. de la Haute-Loire, cant. de Langeac, arr. de Brioude. = Langeac.

MARIE-DES-MONTS (Ste.-), s. f. Com. du dép. de la Manche, cant. de Tessy, arr. de St.-Lô. = Torigny.

MARIE-DE-VAUX (Ste.-), s. f. Com. du dép. de la Haute-Vienne, cant. de St.-Laurent-sur-Gorre, arr. de Rochechouart. = St.-Junien.

MARIE-DE-VERGT (Ste.-), s. f. Com. du dép. de la Dordogne, cant. de Vergt, arr. de Périgueux. = Périgueux.

MARIE-DU-BOIS (Ste.-), s. f. Com. du dép. de la Manche, cant. de Teilleul, arr. de Mortain. = Mortain.

MARIE-DU-BOIS (Ste.-), s. f. Com. du dép. de la Mayenne, cant. de Lassay, arr. de Mayenne. = Mayenne.

MARIE-DU-BOIS (Ste.-), s. f. Com. du dép. de l'Orne, cant. de Juvigny, arr. de Domfront. = Domfront.

MARIE-DU-MONT (Ste.-), s. f. Com. du dép. de la Manche, cant. de Ste.-Mère-Eglise, arr. de Valognes. = Carentan.

MARIE-EN-CHANOIS (Ste.-), s. f. Com. du dép. de la Haute-Saône, cant. de Faucogney, arr. de Lure. = Luxeuil.

MARIE-EN-CHAUX (Ste.-), s. f. Com. du dép. de la Haute-Saône, cant. de Luxeuil, arr. de Lure. = Luxeuil.

MARIE-GALANTE (île de), s. f. L'une des Antilles françaises, située à l'E. de l'île des Saints et au S.-S.-E. de la grande-terre de la Guadeloupe.

Cette île, qui fait partie du gouvernement de la Guadeloupe, possède un trib. de 1re inst. et un cant. ou just. de paix. Elle renferme 3 com. : le Grand-Bourg, le Capesterre et St.-Louis. Son comm. consiste en café, sucre, coton, cacao et vivres.

MARIE-KERQUE (Ste.-), s. f. Com. du dép. du Pas-de-Calais, cant. d'Audruick, arr. de St.-Omer. = Gravelines.

MARIE-LA-BLANCHE (Ste.-), s. f. Com. du dép. de la Côte-d'Or, cant. et arr. de Beaune. = Beaune.

MARIE-LA-PANOUSE (Ste.-), s. f. Com. du dép. de la Corrèze, cant. de Neuvic, arr. d'Ussel. = Ussel.

MARIE-LA-ROBERT (Ste.-), s. f. Com. du dép. de l'Orne, cant. de Carrouges, arr. d'Alençon. = Carrouges.

MARIE-LAUMONT (Ste.-), s. f. Com. du dép. du Calvados, cant. de Bény-Bocage, arr. de Vire. = Vire.

MARIE-MAURENS (Ste.-), s. f. Village du dép. du Gers, dépendant de la com. d'Aurimont, cant. de Saramon, arr. d'Auch. = l'Isle-Jourdain.

MARIEN, s. m. Monnaie du royaume de Hanovre, qui vaut un peu plus de dix centimes.

MARIEN (St.-), s. m. Com. du dép. de la Creuse, cant. et arr. de Boussac. = Boussac.

MARIENS (St.-), s. m. Com. du dép. de la Gironde, cant. de St.-Savin, arr. de Blaye. = Bourg.

MARIENTHAL, s. m. Com. du dép. de la Moselle, cant. de St.-Avold, arr. de Sarreguemines. = St.-Avold.

MARIE-OUTRE-L'EAU (Ste.-), s. f. Com. du dép. du Calvados, cant. de St.-Sever, arr. de Vire. = Vire.

MARIER, v. a. Prononcer l'union des époux après avoir rempli les formalités voulues par la loi; rédiger l'acte civil du mariage; donner la bénédiction nuptiale. —, établir, mettre en ménage; procurer un mariage, y contribuer. —, faire des mariages. Fille bonne à —, en âge d'être mariée. —, unir, joindre deux choses. —, allier, assortir, faire rapporter; marier des couleurs, etc. Se —, v. pron. Prendre mari ou femme, épouser. Se —, v. récip. Se prendre mutuellement pour mari et femme.

MARIES (Stes.-), s. f. pl. Petite ville du dép. des Bouches-du-Rhône, formant un canton de l'arr. d'Arles. Bur. d'enregist. = Arles.

MARIE-SALOPE, s. f. Bateau pour transporter la vase d'un port, la bourbe. T. de mar.

MARIE-SOUS-BOURG (Ste.-), s. f. Com. du dép. des Ardennes, cant. et arr. de Vouziers. = Vouziers.

MARIE-SUR-OUCHE (Ste.-), s. f. Com. du dép. de la Côte-d'Or, cant. de Sombernon, arr. de Dijon. = Sombernon.

MARIEULLES, s. f. Com. du dép. de la Moselle, cant. de Verny, arr. de Metz. = Metz.

MARIEUR, EUSE, s. Faiseur de mariages, matrimoniomane.

MARIEUX, s. m. Com. du dép. de la Somme, cant. d'Acheux, arr. de Doullens. = Doullens.

MARIGNA, s. f. Com. du dép. du Jura, cant. et arr. de St.-Claude. = St.-Claude.

MARIGNA, s. f. Com. du dép. du Jura, cant. d'Arinthod, arr. de Lons-le-Saulnier. = Orgelet.

MARIGNAC, s. m. Com. du dép. de la Charente-Inférieure, cant. de Pons, arr. de Saintes. = Pons.

MARIGNAC, s. m. Com. du dép. de la Drôme, cant. et arr. de Die. = Die.

MARIGNAC, s. m. Com. du dép. de la Haute-Garonne, cant. de St.-Béat, arr. de St.-Gaudens. = St.-Béat.

MARIGNAC, s. m. Com. du dép. de Tarn-et-Garonne, cant. de Beaumont, arr. de Castel-Sarrasin. = Beaumont-de-Lomagne.

MARIGNAC-LASCLARES, s. m. Com. du dép. de la Haute-Garonne, cant. du Fousseret, arr. de Muret. = Martres.

MARIGNAC-LASPEYRES, s. m. Com. du dép. de la Haute-Garonne, cant. de Cazères, arr. de Muret. = Martres.

MARIGNANA, s. f. Com. du dép. de la Corse, cant. d'Evisa, arr. d'Ajaccio. = Ajaccio.

MARIGNANE, s. f. Com. du dép. des Bouches-du-Rhône, cant. de Martigues, arr. d'Aix. = Martigues.

Comm. de vins.

MARIGNÉ, s. m. Com. du dép. de Maine-et-Loire, cant. de Châteauneuf, arr. de Segré. = Châteauneuf.

MARIGNÉ, s. m. Com. du dép. de la Sarthe, cant. d'Ecommoy, arr. du Mans. = Ecommoy.

MARIGNÉ, s. m. Com. du dép. des Deux-Sèvres, cant. de Beauvoir, arr. de Niort. = Niort.

MARIGNÉ-PEUTON, s. m. Com. du dép. de la Mayenne, cant. et arr. de Château-Gontier. = Château-Gontier.

MARIGNIEU, s. m. Com. du dép. de l'Ain, cant. de Virieu-le-Grand, arr. de Belley. = Belley.

MARIGNY, s. m. Com. du dép. de l'Allier, cant. de Souvigny, arr. de Moulins. = Souvigny.

MARIGNY, s. m. Com. du dép. de l'Aube, cant. de Marcilly-le-Hayer, arr. de Nogent. = Nogent-sur-Seine.

MARIGNY, s. m. Com. du dép. du Calvados, cant. de Ryes, arr. de Bayeux. = Bayeux.

MARIGNY, s. m. Com. du dép. du Jura, cant. de Clairvaux, arr. de Lons-le Saulnier. = Lons-le-Saulnier.

MARIGNY, s. m. Com. du dép. du Loiret, cant. et arr. d'Orléans. = Orléans.

MARIGNY, s. m. Com. du dép. de la Manche, chef-lieu de cant. de l'arr. de St.-Lô, où se trouvent les bur. d'enregist. et de poste.

MARIGNY, s. m. Com. du dép. de la Marne, cant. de Fère-Champenoise, arr. d'Epernay. = Fère-Champenoise.

MARIGNY, s. m. Com. du dép. de Saône-et-Loire, cant. de Mont-St.-Vincent, arr. de Châlons. = Joncy.

MARIGNY-BRIZAIS, s. m. Com. du dép. de la Vienne, cant. de Neuville, arr. de Poitiers. = Poitiers.

MARIGNY-CHEMEREAU, s. m. Com. du dép. de la Vienne, cant. de Vivonne, arr. de Poitiers. = Vivonne.

MARIGNY-EN-ORXOIS, s. m. Com. du dép. de l'Aisne, cant. et arr. de Château-Thierry. = Gandelu.

MARIGNY-LE-CAHOUET, s. m. Com. du dép. de la Côte-d'Or, cant. de Flavigny, arr. de Semur. = Semur.

MARIGNY-L'ÉGLISE, s. m. Com. du dép. de la Nièvre, cant. de Lormes, arr. de Clamecy. = Lormes.

MARIGNY-LÈS-REULLÉE, s. m. Com. du dép. de la Côte-d'Or, cant. et arr. de Beaune. = Beaune.

MARIGNY-MARMANDE, s. m. Com. du dép. d'Indre-et-Loire, cant. de Richelieu, arr. de Chinon. = Richelieu.

MARIGNY-SUR-YONNE, s. m. Com. du dép. de la Nièvre, cant. de Corbigny, arr. de Clamecy. = Corbigny.

MARIGOT, s. m. Marécage dans les îles.

MARIKINA, s. m. Singe-lion.

MARILAN, s. m. Jeu de cartes.

MARILE, s. f. Genre de plantes guttifères. T. de bot.

MARILLAC, s. m. Com. du dép. de la Charente, cant. de la Rochefoucault, arr. d'Angoulême. = la Rochefoucault.

MARILLAIS (le), s. m. Com. du dép. de Maine-et-Loire, cant. de St.-Florent-le-Vieil, arr. de Beaupréau. = Varades.

MARILLET, s. m. Com. du dép. de la Vendée, cant. de la Châtaigneraye, arr. de Fontenay. = la Châtaigneraye.

MARIMBAUT, s. m. Com. du dép. de la Gironde, cant. et arr. de Bazas. = Bazas.

MARIMONT, s. m. Com. du dép. de la Meurthe, cant. d'Albestroff, arr. de Château-Salins. = Dieuze.

MARIN, s. m. Homme de mer, navigateur.

MARIN, s. m. Com. du dép. de l'Aveyron, cant. de Villeneuve, arr. de Villefranche. = Villefranche.

MARIN, E, adj. Qui concerne la mer, qui en vient, qui vit dans son sein. Carte —, qui sert pour la navigation. Pied —, accoutumé au roulis du navire.

MARINADE, s. f. Mélange de vinaigre, sel, poivre et autres épices pour faire mariner les viandes; friture de viande marinée.

MARINE, s. f. Science relative à la navigation. —, troupes de mer, matelots, vaisseaux, forces navales d'un pays. —, goût, odeur de la mer. Plage —, vue, paysage maritime, tableau de genre.

MARINÉ, E, part. Trempé dans la saumure, dans le vinaigre. —, avarié. —, qui a une queue de poisson. T. de blas.

MARINER, v. a. Tremper, faire macérer du gibier ou du poisson dans le vinaigre, la saumure, pour les conserver.

MARINES, s. f. Com. du dép. de Seine-et-Oise, chef-lieu de cant. de l'arr. de Pontoise. Bur. d'enregist. = Pontoise. Tuilerie et four à chaux.

MARINGE, s. f. Com. du dép. de la Loire, cant. de St.-Galmier, arr. de Montbrison. = Chazelles.

MARINGOUIN, s. m. Moucheron d'Amérique, espèce de cousin.

MARINGUES, s. f. Petite ville du dép. du Puy-de-Dôme, chef-lieu de cant. de l'arr. de Thiers. Bur. d'enregist. et de poste.

MARINIER, s. m. Conducteur de bateaux sur les rivières marchandes, les fleuves. —, homme de mer, marin. T. poét. Officier —, sous-officier pour la manœuvre. T. de mar.

MARIOL, s. m. Com. du dép. de l'Allier, cant. de Cusset, arr. de Lapalisse. = Cusset.

MARIONNETTE, s. f. Petite figure que l'on fait mouvoir à l'aide de ressorts. —, théâtre où l'on fait jouer ces petites figures. —, personne frivole, que l'on fait agir comme on veut. Fig.—, ancienne monnaie lorraine; poids; petite pièce mobile qui tient les fuseaux des rouets. —, sorte de poulie. T. de mar.

MARIONS, s. m. Com. du dép. de la Gironde, cant. de Grignols, arr. de Bazas. = Bazas.

MARIPE, s. m. Plante de la Guiane, de la famille des cabrillets. T. de bot.

MARIPOU, s. m. Voy. JAMBOISIER. T. de bot.

MARIQUE, s. f. Voy. BERMUDIENNE. T. de bot.

MARISCOU, s. m. Jonc d'étang. T. de bot.

MARISQUE, s. f. Grosse figue insipide. —, excroissance charnue en forme de figue, dans les maladies vénériennes. T. de méd.

MARISSEL, s. m. Com. du dép. de l'Oise, cant. et arr. de Beauvais. = Beauvais.

MARITACA, s. m. Moufette, petit quadrupède du Brésil. T. d'hist. nat.

MARITAL, E, adj. Qui appartient au mari, qui le concerne.

MARITALEMENT, adv. En mari, en bon mari.

MARITIME, adj. Relatif à la mer, qui en est voisin; côtes maritimes.

MARITORNE, s. f. Femme mal bâtie et maussade. (Vi.)

MARIVAUDAGE, s. m. Style précieux, vide de sens; mélange de métaphysique subtile, de sentimens quintessenciés et de locutions triviales, dans le genre de Marivaux.

MARIVAUDER, v. n. Faire du marivaudage.

MARIVAUX, s. m. Poète dramatique, membre de l'Académie française, dont les ouvrages offrent plus d'esprit que de jugement.

MARIZY, s. m. Com. du dép. de Saône-et-Loire, cant. de Guiche, arr. de Charolles. = St.-Bonnet-de-Joux.

MARIZY-LE-GRAND, s. m. Com. du dép. de l'Aisne, cant. de Neuilly-St.-Front, arr. de Château-Thierry. = Neuilly-St.-Front.

MARIZY-ST.-MARD, s. m. Com. du dép. de l'Aisne, cant. de Neuilly-St.-Front, arr. de Château-Thierry. = Neuilly-St.-Front.

MARJOLAINE, s. f. Plante labiée, vivace, aromatique.

MARJOLET, s. m. Jeune et petit fat qui fait le galant, l'entendu. T. fam.

MARKAIRE, s. m. Pâtre qui fait le fromage de gruyère dans un chalet de la Suisse, des Vosges.

MARKAIRERIE, s. f. Art de faire le fromage de gruyère; chalet, chaumière de pâtre dans les montagnes de la Suisse et des Vosges.

MARLE, s. m. Petite ville du dép. de l'Aisne, chef-lieu de cant. de l'arr. de Laon, Bur. d'enregist. et de poste.

MARLEMONT, s. m. Com. du dép. des Ardennes, cant. de Rumigny, arr. de Rocroy. = Mézières.

MARLENHEIM, s. m. Com. du dép. du Bas-Rhin, cant. de Wasselonne, arr. de Strasbourg. = Strasbourg.

MARLER, v. a. Voy. MARNER.

MARLERS, s. m. Com. du dép. de la Somme, cant. de Poix, arr. d'Amiens. = Poix.

MARLES, s. m. Com. du dép. du Pas-de-Calais, cant. de Houdain, arr. de Béthune. = Béthune.

MARLES, s. m. Com. du dép. du Pas-de-Calais, cant. de Campagne, arr. de Montreuil. = Montreuil.

MARLES, s. m. Com. du dép. de Seine-et-Marne, cant. de Rozoy, arr. de Coulommiers. = Guignes.

MARLHES, s. m. Com. du dép. de la Loire, cant. de St.-Genêt-Malifaux, arr. de St.-Etienne. = St.-Etienne.

MARLI, s. m. Espèce de grosse gaze gommée.

MARLIAC, s. m. Com. du dép. de la Haute-Garonne, cant. de Cintegabelle, arr. de Muret. = Saverdun.

MARLIENS, s. m. Com. du dép. de la Côte-d'Or, cant. de Genlis, arr. de Dijon. = Genlis.

MARLIEUX, s. m. Petite ville du dép. de l'Ain, cant. de Chalamont, arr. de Trévoux. = Châtillon-les-Dombes.

MARLIN, s. m. Voy. MERLIN.

MARLY, s. m. Com. du dép. de l'Aisne, cant. de Guise, arr. de Vervins. = Guise.

MARLY, s. m. Com. du dép. de la Moselle, cant. de Verny, arr. de Metz. = Metz.

MARLY, s. m. Com. du dép. du Nord, cant. et arr. de Valenciennes. = Valenciennes.

MARLY-LA-VILLE, s. m. Com. du dép. de Seine-et-Oise, cant. de Luzarches, arr. de Pontoise. = Louvres.

MARLY-LE-ROI, s. m. Com. du dép. de Seine-et-Oise, chef-lieu de cant. de l'arr. de Versailles. Bur. d'enregist. = St.-Germain-en-Laye.

MARLY-SOUS-ISSY, s. m. Com. du dép. de Saône-et-Loire, cant. d'Issy-l'Évêque, arr. d'Autun. = Luzy.

MARLY-SUR-ARROUX, s. m. Com. du dép. de Saône-et-Loire, cant. de

Toulon-sur-Arroux, arr. de Charolles. = Perrecy.

MARMAGNE, s. f. Com. du dép. du Cher, cant. de Mehun-sur-Yèvre, arr. de Bourges. = Bourges.

MARMAGNE, s. f. Com. du dép. de la Côte-d'Or, cant. de Montbard, arr. de Semur. = Montbard.

MARMAGNE, s. f. Com. du dép. de Saône-et-Loire, cant. de Montcenis, arr. d'Autun. = Montcenis.

MARMAILLE, s. f. Bande de petits enfans, de marmots. T. fam.

MARMANDE, s. f. Ville du dép. de Lot-et-Garonne, chef-lieu de sous-préf. et de cant.; trib. de 1re inst. et de comm.; société d'agric.; biblioth. pub.; conserv. des hypoth.; direct. des contrib. indir.; recev. part. des finances, bur. d'enregist. et de poste.

Fabr. d'étoffes de laine, toiles, cordages, etc. Comm. de grains, farines de minot, vins, eaux-de-vie, prunes, chanvre, etc.

MARMANHAC, s. m. Com. du dép. du Cantal, cant. et arr. d'Aurillac. = Aurillac.

MARMARIGE, s. m. Berlue scintillante.

MARMEAUX, s. m. Com. du dép. de l'Yonne, cant. de Guillon, arr. d'Avallon. = Avallon.

MARMELADE, s. f. Confiture de fruits réduits en bouillie. En —, trop cuit, et fig. en morceaux, en mille morceaux.

MARMENTAUX, s. et adj. pl. Bois laissés çà et là pour l'ornement d'une terre.

MARMESSE, s. f. Com. du dép. de la Haute-Marne, cant. de Château-Vilain, arr. de Chaumont. = Chateau-Vilain.

MARMIGNAC, s. m. Com. du dép. du Lot, cant. de Cazals, arr. de Cahors. = Gourdon.

MARMITE, s. f. Vase de métal, de terre, pour mettre le pot-au-feu, pour faire bouillir des viandes. Faire bouillir la —, fournir à la dépense d'une maison. Ecumeur de —, parasite. Nez en pied de —, large par le bas et retroussé.

MARMITEUX, EUSE, adj. Pauvre, malingre, mal portant. (Vi.)

MARMITON, s. m. Valet de cuisine.

MARMITONNER, v. n. Faire le marmiton.

MARMOLIER, s. m. Arbre de Surinam. T. de bot.

MARMON, s. m. Com. du dép. de l'Aveyron, cant. de Najac, arr. de Villefranche. = Villefranche.

MARMONNER, v. n. Murmurer tout bas. T. fam.

MARMONT-PACHAS, s. m. Com. du dép. de Lot-et-Garonne, cant. de Laplume, arr. d'Agen. = Agen.

MARMOSE, s. f. Petit quadrupède d'un gris fauve, dont la tête ressemble à celle du renard.

MARMOT, s. m. Gros singe barbu, à longue queue. —, poisson du genre du spare. —, petite figure grotesque. —, petit garçon. Croquer le —, attendre long-temps.

MARMOTTAGE, s. m. Murmure sourd; ce que l'on dit entre ses dents.

MARMOTTE, s. f. Quadrupède rongeur du genre des loirs. —, petite fille. T. fam. —, coiffure négligée, fichu autour de la tête, à la manière des petites Savoyardes qui font voir la marmotte. — volante, espèce de chauve-souris.

MARMOTTE, E, part. Dit entre les dents.

MARMOTTER, v. a. et n. Parler confusément et entre ses dents.

MARMOTTEUR, EUSE, s. Personne de mauvaise humeur, qui marmotte.

MARMOUILLÉ, s. m. Com. du dép. de l'Orne, cant. de Mortrée, arr. d'Argentan. = Nonant.

MARMOUSET, s. m. Petite figure grotesque. —, sorte de chenet sans pieds. —, petit garçon; petit homme mal fait, rabougri. T. fam.

MARMOUTIER, s. m. Petite ville du dép. du Bas-Rhin, chef-lieu de cant. de l'arr. de Saverne. Bur. d'enregist. = Saverne.

Fabr. de poterie de terre, etc. Comm. de bestiaux.

MARMOUTIERS, s. m. Com. du dép. d'Indre-et-Loire, cant. et arr. de Tours. = Tours.

MARNAC, s. m. Com. du dép. de la Dordogne, cant. de St.-Cyprien-de-Lussas, arr. de Sarlat. = Sarlat.

MARNAGE, s. m. Action de marner une terre.

MARNAND, s. m. Com. du dép. du Rhône, cant. de Thizy, arr. de Villefranche. = St.-Symphorien.

MARNANS, s. m. Com. du dép. de l'Isère, cant. de Roybon, arr. de St.-Marcellin. = la Côte-St.-André.

MARNAVAL, s. m. Com. du dép. de la Haute-Marne, cant. de St.-Dizier, arr. de Vassy. = St.-Dizier.

MARNAVES, s. m. Com. du dép. du Tarn, cant. de Vaour, arr. de Gaillac. = Cordes.

MARNAY, s. m. Com. du dép. de l'Aube, cant. et arr. de Nogent-sur-Seine. = Pont-le-Roi.

MARNAY, s. m. Com. du dép. de la

Haute-Marne, cant. de Nogent, arr. de Chaumont. == Chaumont.

MARNAY, s. m. Com. du dép. de la Haute-Saône, chef-lieu de cant. de l'arr. de Gray. Bur. d'enregist. et de poste.

MARNAY, s. m. Com. du dép. de Saône-et-Loire, cant. et arr. de Châlons. == Châlons.

MARNAY, s. m. Com. du dép. de la Vienne, cant. de Vivonne, arr. de Poitiers. == Vivonne.

MARNE, s. f. Terre calcaire dont on se sert pour engrais, dans les terres froides.

MARNE (la), s. f. Com. du dép. de la Loire-Inférieure, cant. de Machecoul, arr. de Nantes. == Machecoul.

MARNE (la), s. f. Rivière considérable qui prend sa source à une lieue de Langres, et qui se jette dans la Seine à Charenton. Cette rivière est navigable depuis St.-Dizier jusqu'à son embouchure. Les principaux objets de transport consistent en vins de Champagne, légumes secs, menus grains, fruits, blés, farines, foins, bois, charbon, fer, bouteilles, pierres à plâtre, meules, etc. Son cours est d'environ 80 l.

MARNE (Dép. de la), s. f. Chef-lieu de préf., Châlons; cinq arr. ou sous-préf.: Châlons, Epernay, Reims, Ste.-Ménehould et Vitry-sur-Marne; 32 cant. ou just. de paix; 692 com. Pop., 325,045 hab. env. Cour royale de Paris; évêché à Châlons pour les arr. de Châlons, Epernay, Ste.-Ménehould et Vitry-sur-Marne, et à Reims pour l'arr. de cette dernière ville; de la 2e div. militaire; 13e div. des ponts-et-chaussées, 2e div. des mines; direct. de l'enregist. et des domaines, de 2e classe; 5e arr. forestier. Ce dép. est borné au N. par celui des Ardennes, à l'E. par celui de la Meuse, au S. par ceux de la Haute-Marne et de l'Aube, et à l'O. par ceux de Seine-et-Marne et de l'Aisne.

La plus grande richesse de ce dép. consiste en vignes qui produisent des vins renommés, et recherchés de toutes les nations. C'est dans l'arr. d'Epernay que l'on trouve les coteaux célèbres qui produisent les vins mousseux de Champagne les plus estimés.

Productions: toutes les céréales, légumes secs de toute espèce, oignons, melons, champignons, moutarde blanche, navette, fruits à pepins et à noyaux, châtaigniers, chanvre, lin, vins de Champagne mousseux et non mousseux; bois, gibier, poisson d'étang et de rivière; chevaux, bestiaux, nombreux troupeaux de moutons-mérinos, éducation de chèvres-cachemires; beaucoup d'abeilles;

belles carrières de pierres meulières, grès, argile noire et grise, pour la poterie, craie, tourbières considérables; exploitation de cendres fossiles sulfureuses. Jardins des plantes à Châlons. Manuf. de couvertures de laines; draps, casimirs, étoffes pour gilets, mérinos; fabr. de silésies, flanelles, châles façon cachemire, bonneterie, étamines à bluteaux, surfaix, cuirs; papiers, carton d'apprêteurs, bougies, chandelles; savon noir, pain d'épices, huile; filature en grand de la laine et du coton; teintureries, faïenceries, poteries, tuileries, verreries, forges et hauts fourneaux. Carbonisation de bois par distillation; fabr. d'acide acétique et pyroligneux. Comm. de grains, farines, vins de Champagne, eaux-de-vie, etc. Les principales rivières qui arrosent ce dép. sont la Marne et l'Aube, qui y sont navigables.

MARNE (Dép. de la Haute-), s. f. Chef-lieu de préf., Chaumont; 3 arr. ou sous-préf.: Chaumont, Langres et Vassy; 28 cant. ou just. de paix; 549 com.; pop. 244,823 hab. Cour royale de Dijon; évêché à Langres; 18e div. milit.; 3e div. des ponts-et-chaussées; 3e div. des mines; direct. de l'enregist. et des domaines, 3e classe; 2e arr. forestier. Le dép. de la Haute-Marne est borné, N. par celui de la Meuse, N.-O. par celui de la Marne, à l'E. par celui des Vosges, au S.-E. par celui de la Haute-Saône, au S.-O. par celui de la Côte-d'Or, et à l'O. par celui de l'Aube. Son territoire est semé de montagnes de peu d'élévation, au pied desquelles plusieurs rivières prennent leur source; il contient une grande étendue de forêts, mais sa richesse consiste principalement en mines de fer très abondantes et de qualité supérieure. Il produit, outre toutes les céréales, légumes secs, navets, navettes, moutarde blanche et noire, champignons comestibles, chanvre; grand et petit gibier; poisson d'eau douce; chevaux, bonnes vaches laitières, moutons de petite espèce, beaucoup de chèvres; éducation en grand des abeilles; quantité de minerais de fer en grain et de roche; carrières de marbre; faux albâtre; grès à aiguiser et à paver; gypse, argile à briques et à foulon; marne; bancs de pyrites martiales, tourbières; établissement d'eaux thermales très fréquenté à Bourbonne-les-Bains; dépôt royal d'étalons à Montierender. Fabr. de droguets, bas de laine à l'aiguille, gants de peaux; coutellerie estimée, pointes de Paris; poêle à frire, plaques, tuyaux et autres ouvrages en fonte; eaux-de-vie de marc; blanchisseries de cire; filatures de laine; vinaigreries;

tanneries et corroieries ; papeteries ; quantité de forges et hauts fourneaux; martinets, fonderies, fileries et sableries; construction de bateaux. Comm. de blés, vins, huiles, miel, cire, navettes, meules à aiguiser, merrain, bois en planches et de charpente, etc. Les principales rivières qui arrosent ce dép. sont: la Marne qui y est navigable, la Meuse, l'Aube, l'Anjou, la Blaise et le Rognon.

MARNÉ, E, part. Amendé avec de la marne.

MARNEFER, s. m. Com. du dép. de l'Orne, cant. de la Ferté-Frenel, arr. d'Argentan. = l'Aigle.

MARNER, v. a. Répandre de la marne sur la terre. —, v. n. Se retirer, en parlant de la mer. T. de mar.

MARNERON, s. m. Ouvrier qui travaille dans les marnières.

MARNES, s. f. Com. du dép. de Seine-et-Oise, cant. de Sèvres, arr. de Versailles. = Sèvres.

MARNES, s. f. Com. du dép. des Deux-Sèvres, cant. d'Airvault, arr. de Parthenay. = Airvault.

MARNEUX, EUSE, adj. Qui renferme de la marne; terrain marneux.

MARNÉZIA, s. f. Com. du dép. du Jura, cant. d'Orgelet, arr. de Lons-le-Saulnier. = Orgelet.

MARNHAC, s. m. Com. du dép. de l'Aveyron, cant. de St.-Geniez, arr. d'Espalion. = St.-Geniez.

MARNIÈRE, s. f. Carrière de marne.

MARNIÈRES, s. f. Com. du dép. de l'Eure, cant. de Rugles, arr. d'Evreux. = Rugles.

MARNOIS, s. m. Grand bateau de transport pour le comm. de la Marne avec Paris.

MARNOZ, s. m. Com. du dép. du Jura, cant. de Salins, arr. de Poligny. = Salins.

MAROBOTIN, s. m. Ancienne monnaie de France en or pur.

MAROC, s. m. Ville d'Afrique, capitale de l'empire de ce nom. Pop. 50,000 hab. env. Empire de —, empire composé des royaumes de Fez et de Tafilet, borné au N. par la Méditerranée, et à l'O. par l'Océan. Cet empire est situé dans l'un des plus agréables climats; il y règne, pour ainsi dire, un printemps perpétuel. D'ailleurs il est très fertile en céréales, et pourrait, si la civilisation y était plus avancée, offrir toutes les productions des autres parties du monde.

MAROEUL, s. m. Com. du dép. du Pas-de-Calais, cant. et arr. d'Arras. = Arras.

MAROILLES, s. f. Com. du dép. du Nord, cant. de Landrecies, arr. d'Avesnes. = Landrecies. Fabr. de fromages dits de Marolles, de chicorée-café, etc.

MAROLETTE-ET-ST.-AUBIN, s. f. Com. du dép. de la Sarthe, cant. et arr. de Mamers. = Mamers.

MAROLLE (la), s. f. Com. du dép. de Loir-et-Cher, cant. de Neung-sur-Beuvron, arr. de Romorantin. = la Ferté-St.-Aubin.

MAROLLES, s. f. Com. du dép. du Calvados, cant. et arr. de Lisieux. = Lisieux.

MAROLLES, s. f. Com. du dép. d'Eure-et-Loir, cant. de Thiron-Gardais, arr. de Nogent-le-Rotrou. = Chartres.

MAROLLES, s. f. Com. du dép. de Loir-et-Cher, cant. et arr. de Blois. = Blois.

MAROLLES, s. f. Com. du dép. de la Marne, cant. et arr. de Vitry. = Vitry-le-Français.

MAROLLES, s. f. Com. du dép. de l'Oise, cant. de Betz, arr. de Senlis. = la Ferté-Milon.

MAROLLES, s. f. Com. du dép. de la Sarthe, cant. et arr. de St.-Calais. = St.-Calais.

MAROLLES, s. f. Com. du dép. de Seine-et-Marne, cant. de la Ferté-Gaucher, arr. de Coulommiers. = Coulommiers.

MAROLLES, s. f. Com. du dép. de Seine-et-Oise, cant. de Méréville, arr. d'Etampes. = Etampes.

MAROLLES-EN-BRIE, s. f. Com. du dép. de Seine-et-Oise, cant. de Boissy-St.-Léger, arr. de Corbeil. = Boissy-St.-Léger.

MAROLLES-EN-HUREPOIX, s. f. Com. du dép. de Seine-et-Oise, cant. d'Arpajon, arr. de Corbeil. = Arpajon.

MAROLLES-LÈS-BAILLY, s. f. Com. du dép. de l'Aube, cant. et arr. de Bar-sur-Seine. = Bar-sur-Seine.

MAROLLES-LÈS-BRAUX, s. f. Com. du dép. de la Sarthe, chef-lieu de cant. de l'arr. de Mamers. Bur. d'enregist. = Mamers.

MAROLLES-SUR-LIGNIÈRES, s. f. Com. du dép. de l'Aube, cant. de Chaource, arr. de Bar-sur-Seine. = Ervy.

MAROLLES-SUR-SEINE, s. f. Com. du dép. de Seine-et-Marne, cant. de Montereau, arr. de Fontainebleau. = Montereau-Faut-Yonne.

MAROLS, s. m. Com. du dép. de

la Loire, cant. de St.-Jean-Soleymieux, arr. de Montbrison. = Montbrison.

MAROLY, s. m. Grand oiseau de proie fabuleux.

MAROMME, s. f. Com. du dép. de la Seine-Inférieure, chef-lieu de cant. de l'arr. de Rouen, où se trouvent les bur. d'enregist. et de poste. Fabr. d'indiennes; filature de coton, papeterie, etc.

MARON, s. m. Cœur non calciné d'une pierre à chaux.

MARON, s. m. Com. du dép. de l'Indre, cant. d'Ardentes-St.-Vincent, arr. de Châteauroux. = Châteauroux.

MARON, s. m. Com. du dép. de la Meurthe, cant. et arr. de Nancy. = Nancy.

MARONAGE ou MARRONAGE, s. m. Droit dont jouissaient quelques anciennes communes, de couper, dans les forêts, le bois nécessaire à leurs constructions.

MARONCOURT, s. m. Com. du dép. des Vosges, cant. de Dompaire, arr. de Mirecourt. = Mirecourt.

MARONITES, s. m. pl. Catholiques du Mont-Liban, au nombre d'environ 150,000 ames, qui cultivent la terre et ont conservé la simplicité des mœurs de la primitive église.

MARONNE (la), s. f. Rivière dont on trouve la source près du village de Salers, dép. du Cantal, arr. de Mauriac, et qui se rend dans la Dordogne au-dessous d'Argental, dép. de la Corrèze, après un cours d'environ 15 lieues. Elle est flottable depuis St.-Julien-les-Bois, jusqu'à son embouchure.

MAROQUIN, s. m. Peau de bouc ou de chèvre, apprêtée à la manière de Maroc. —, rides en long au milieu d'une feuille de papier. —, sorte de raisin.

MAROQUINÉ, E, part. Façonné en maroquin.

MAROQUINER, v. a. Apprêter les peaux à la manière de Maroc, leur donner l'apparence du maroquin.

MAROQUINERIE, s. f. Apprêt, ouvrage, fabrique d'un maroquinier.

MAROQUINIER, s. m. Fabricant de maroquin.

MAROT, s. m. Ancien poète français.

MAROTIQUE, adj. A la manière de Clément Marot, naïf, concis et mêlé de vieux mots ; style marotique.

MAROTTE, s. f. Attribut de la folie, espèce de sceptre terminé par une tête grotesque, coiffée d'un capuchon bigarré et garnie de grelots. —, objet d'une affection violente et déréglée, d'une passion folle; chacun a sa marotte.

MAROTTI, s. m. Arbre de l'Inde. T. de bot.

MAROUCHIN, s. m. Pastel de mauvaise qualité.

MAROUÉ, s. m. Com. du dép. des Côtes-du-Nord, cant. de Lamballe, arr. de St.-Brieuc. = Lamballe.

MAROUETTE, s. f. Petit râle, oiseau aquatique.

MAROUFLE, s. m. Impertinent, rustre, grossier, fripon. —, s. f. Sorte de colle.

MAROUFLÉ, E, part. Collé avec la maroufle.

MAROUFLER, v. a. Coller avec de la maroufle.

MARPAIN, s. m. Com. du dép. du Jura, cant. de Montmirey, arr. de Dôle. = Gray.

MARPAPS, s. m. Com. du dép. des Landes, cant. d'Amou, arr. de St.-Sever. = St.-Sever.

MARPENT, s. m. Com. du dép. du Nord, cant. de Maubeuge, arr. d'Avesnes. = Maubeuge.

MARPÉSIA, s. f. Minéral de l'île de Paros.

MARPIRÉ, s. m. Com. du dép. d'Ille-et-Vilaine, cant. et arr. de Vitré. = Vitré.

MARQUAIX, s. m. Com. du dép. de la Somme, cant. de Roisel, arr. de Péronne. = Péronne.

MARQUANT, E, adj. Distingué, qui se fait remarquer, est digne qu'on le remarque. —, qui marque, donne des points. T. de jeu.

MARQUAY, s. m. Com. du dép. de la Dordogne, cant. et arr. de Sarlat. = Sarlat.

MARQUAY, s. m. Com. du dép. du Pas-de-Calais, cant. et arr. de St.-Pol. = St.-Pol.

MARQUE, s. f. Ce qui sert à désigner, à distinguer une chose; empreinte, entaille; instrument pour marquer; impression, trace laissée sur un corps. —, tache, signe apporté en naissant. —, ornement distinctif; homme de marque. —, signe pour se rappeler de quelque chose. —, chiffre, caractère mis à un ouvrage, à une marchandise. —, lettre initiale sur le linge de ménage, etc. —, jeton, fiche pour marquer, compter. —, tache sur la dent du cheval, indiquant son âge. —, flétrissure, empreinte d'un fer chaud sur l'épaule d'un condamné aux fers. —, indice, présage. —, preuve, témoignage; marque d'amitié. Lettre de —, autorisation accordée par une puissance maritime, à ceux de ses sujets qui veulent armer en course, pour inquiéter le commerce ennemi.

MARQUE, E, part. Se dit d'un objet sur lequel il a été fait une marque, une empreinte. Papier —, papier timbré pour les actes publics. — au bon coin, très bien fait. Goût —, goût particulier pour une chose.

MARQUEFAVE, s. f. Com. du dép. de la Haute-Garonne, cant. de Carbonne, arr. de Muret. = Noé.

MARQUÉGLISE, s. f. Com. du dép. de l'Oise, cant. de Ressons, arr. de Compiègne. = Compiègne.

MARQUEIN, s. m. Com. du dép. de l'Aude, cant. de Salles, arr. de Castelnaudary. = Castelnaudary.

MARQUEMONT, s. m. Com. du dép. de l'Oise, cant. de Chaumont, arr. de Beauvais. = Chaumont.

MARQUER, v. a. Faire une marque, une empreinte; faire une impression par un coup, une blessure; mettre une marque pour souvenir; laisser des marques, des traces. —, flétrir un criminel. —, indiquer, désigner. —, écrire, faire savoir; annoncer, pronostiquer; témoigner, donner des marques. —, v. n. Laisser une empreinte, quelque trace. —, en parlant d'un cheval, avoir sur les dents un signe qui indique l'âge. —, faire de l'effet, être remarquable. —, valoir un ou plusieurs points, les gagner. T. de jeu.

MARQUERIE, s. f. Com. du dép. des Hautes-Pyrénées, cant. de Pouyastruc, arr. de Tarbes. = Tarbes.

MARQUES, s. f. Com. du dép. de la Seine-Inférieure, cant. d'Aumale, arr. de Neufchâtel. = Aumale.

MARQUESTAU, s. m. Com. du dép. du Gers, cant. de Cazaubon, arr. de Condom. = Roquefort.

MARQUETÉ, E, part. Semé de taches. Ouvrage —, ouvrage de marqueterie.

MARQUETER, v. a. Moucheter, tacheter.

MARQUETERIE, s. f. Ouvrage d'ébénisterie de pièces de rapport, en bois de diverses couleurs.

MARQUETRINE, s. f. Espèce de tulipe.

MARQUETTE, s. f. Pain de cire vierge.

MARQUETTE, s. f. Com. du dép. du Nord, cant. et arr. de Lille. = Lille.

MARQUETTE, s. f. Com. du dép. du Nord, cant. de Bouchain, arr. de Valenciennes. = Bouchain.

MARQUEUR, s. m. Celui qui marque.

MARQUIGNY, s. m. Com. du dép. des Ardennes, cant. de Tourteron, arr. de Vouziers. = Attigny.

MARQUILLIES, s. f. Com. du dép. du Nord, cant. de la Bassée, arr. de Lille. = la Bassée.

MARQUION, s. m. Com. du dép. du Pas-de-Calais, chef-lieu de cant. de l'arr. d'Arras. Bur. d'enregist. à Oisy. = Cambrai.

MARQUIS, s. m. Autrefois préposé à la garde d'une marche ou frontière; chef de maison noble. —, aujourd'hui, rang entre le comte et le duc.

MARQUISAT, s. m. Titre de marquis; terre à laquelle ce titre était attaché. —, sorte de tulipe.

MARQUISE, s. f. Épouse d'un marquis; femme possédant de son chef un marquisat. —, tente d'officier, doublée. —, sorte de fusée volante. —, poire d'automne. —, filet à petites mailles.

MARQUISE, s. f. Com. du dép. du Pas-de-Calais, chef-lieu de cant. de l'arr. de Boulogne. Bur. d'enregist. et de poste.

MARQUISER, v. n. Faire le marquis.

MARQUIVILLIERS, s. m. Com. du dép. de la Somme, cant. et arr. de Montdidier. = Montdidier.

MARQUIXANES, s. f. Com. du dép. des Pyrénées-Orientales, cant. de Vinça, arr. de Prades. = Perpignan.

MARQUOIR, s. m. Instrument de tailleur, etc. —, petit morceau de toile où sont tracées les lettres de l'alphabet, pour enseigner à marquer le linge.

MARRAINE, s. f. Commère qui tient ou a tenu un enfant sur les fonts de baptême.

MARRAST, s. m. Com. du dép. du Gers, cant. de Montréal, arr. de Condom. = Condom.

MARRAY, s. m. Com. du dép. d'Indre-et-Loire, cant. de Neuvy-le-Roi, arr. de Tours. = Neuvy-le-Roi.

MARRAY, s. m. Com. du dép. de Loir-et-Cher, cant. de Menneton, arr. de Romorantin. = Romorantin.

MARRE (la), s. f. Com. du dép. du Jura, cant. de Voiteur, arr. de Lons-le-Saulnier. = Poligny.

MARRE, s. f. Com. du dép. de la Meuse, cant. de Charny, arr. de Verdun. = Verdun.

MARRI, E, adj. Chagrin, affligé, fâché, repentant. (Vi.)

MARRON, s. m. Fruit du marronnier, espèce de grosse châtaigne ronde, fort bonne à manger. —, couleur de ce fruit. —, grosse boucle de cheveux; plaque gravée indiquant l'heure des rondes; sorte de pétard, fusée volante. —, grumeau dans la pâte. —, pamphlet imprimé clandestinement. T. d'impr. —, poisson du genre du spare. T. d'hist.

nat. — d'Inde, fruit du marronnier d'Inde.

MARRON, NE, adj. De couleur marron, rouge brun. Nègre —, nègre fugitif qui se cache dans les montagnes. Cochon —, devenu sauvage. Courtier —, qui usurpe les fonctions de courtier de commerce.

MARRONNÉ, E, part. Frisé en marrons ; imprimé clandestinement.

MARRONNER, v. a. Friser en marrons, en grosses boucles. —, imprimer clandestinement. —, v. a. et n. Murmurer sourdement, être mécontent. T. fam.

MARRONNIER, s. m. Espèce de châtaignier qui produit les marrons. — d'Inde, grand et bel arbre apporté en Europe, dont le fruit, qui ressemble à la châtaigne, est très amer.

MARROULE, s. f. Com. du dép. de l'Aveyron, cant. et arr. de Villefranche. = Villefranche.

MARRUBE, s. m. Plante labiée, vivace, qui a des propriétés médicinales. T. de bot.

MARRUBIASTRE, s. m. Faux marrube.

MARRY, s. m. Com. du dép. de Saône-et-Loire, cant. de Mont-St.-Vincent, arr. de Châlons. = Joncy.

MARS, s. m. Fils de Junon, Dieu de la guerre et amant de Vénus. T. de myth. —, grand guerrier, héros, par allusion au dieu de la fable. —, troisième mois de l'année commune. —, fer. T. d'alchim. —, papillon de jour. T. d'hist. nat. —, l'une des sept planètes. T. d'astr. —, pl. Grains qu'on sème en mars et avril. T. d'agric.

MARS, s. m. Com. du dép. du Gard, cant. et arr. du Vigan. = le Vigan.

MARS, s. m. Com. du dép. de la Loire, cant. de Charlieu, arr. de Roanne. = Roanne.

MARS, s. m. Com. du dép. de la Nièvre, cant. de St.-Pierre-le-Moutier, arr. de Nevers. = St.-Pierre-le-Moutier.

MARS (les), s. m. pl. Com. du dép. de la Creuse, cant. d'Auzances, arr. d'Aubusson. = Auzances.

MARS (Petit-), s. m. Com. du dép. de la Loire-Inférieure, cant. de Nort, arr. de Châteaubriant. = Châteaubriant.

MARS (St.-), s. m. Com. du dép. de la Seine-Inférieure, cant. de Bacqueville, arr. de Dieppe. = Bacqueville.

MARS (St.-), s. m. Com. du dép. de Seine-et-Marne, cant. de la Ferté-Gaucher, arr. de Coulommiers. = la Ferté-Gaucher.

MARSA, s. f. Com. du dép. de l'Aude, cant. de Quillan, arr. de Limoux. = Quillan.

MARSAC, s. m. Com. du dép. de la Charente, cant. de St.-Amant-de-Boixe, arr. d'Angoulême. = Angoulême.

MARSAC, s. m. Com. du dép. de la Creuse, cant. de Bénévent, arr. de Bourganeuf. = Chanteloube.

MARSAC, s. m. Com. du dép. de la Dordogne, cant. et arr. de Périgueux. = Périgueux.

MARSAC, s. m. Com. du dép. de la Loire-Inférieure, cant. de Guémené, arr. de Savenay. = Nozay.

MARSAC, s. m. Com. du dép. du Puy-de-Dôme, cant. et arr. d'Ambert. = Ambert.

MARSAC, s. m. Com. du dép. des Hautes-Pyrénées, cant. de Vic, arr. de Tarbes. = Vic-en-Bigorre.

MARSAC, s. m. Com. du dép. de Tarn-et-Garonne, cant. de Lavit, arr. de Castel-Sarrasin. = St.-Clar.

MARSAINVILLIERS, s. m. Com. du dép. du Loiret, cant. et arr. de Pithiviers. = Pithiviers.

MARSAIQUE, s. f. Filets tendus sur des perches, pour prendre le hareng. T. de pêch.

MARSAIS, s. m. Com. du dép. de la Charente-Inférieure, cant. de Surgères, arr. de Rochefort. = Surgères.

MARSAIS, s. m. Com. du dép. de la Vendée, cant. de l'Hermenault, arr. de Fontenay. = Fontenay.

MARSAL, s. m. Petite ville du dép. de la Meurthe, cant. de Vic, arr. de Château-Salins. = Moyenvic.

MARSALES, s. m. Com. du dép. de la Dordogne, cant. de Montpazier, arr. de Bergerac. = Montpazier.

MARSAN, s. m. Com. du dép. du Gers, cant. de Gimont, arr. d'Auch. = Gimont.

MARSANE, s. f. Arbrisseau, espèce de murrai. T. de bot.

MARSANEIX, s. m. Com. du dép. de la Dordogne, cant. de St.-Pierre-de-Chignac, arr. de Périgueux. = Périgueux.

MARSANGIS, s. m. Com. du dép. de la Marne, cant. d'Anglure, arr. d'Epernay. = Sézanne.

MARSANGIS, s. m. Com. du dép. de l'Yonne, cant. et arr. de Sens. = Villeneuve-le-Roi.

MARSANNAY-LA-CÔTE, s. m. Com. du dép. de la Côte-d'Or, cant. et arr. de Dijon. = Dijon.

MARSANNAY-LE-BOIS, s. m. Com. dép. de la Côte-d'Or, cant. d'Is-sur-Tille, arr. de Dijon. = Dijon.

MARSANNE, s. f. Com. du dép. de la

Drôme, chef-lieu de cant. de l'arr. de Montélimar où se trouve le bur. d'enregist. = Montélimar.

MARSAS, s. m. Com. du dép. de la Drôme, cant. de St.-Donat, arr. de Valence. = Tain.

MARSAS, s. m. Com. du dép. de la Gironde, cant. de St.-Savin, arr. de Blaye. = St.-André-de-Cubzac.

MARSAS, s. m. Com. du dép. des Hautes-Pyrénées, cant. et arr. de Bagnères. = Bagnères.

MARSAT, s. m. Com. du dép. du Puy-de-Dôme, cant. et arr. de Riom. = Riom.

MARSAULT (St.-), s. m. Com. du dép. des Deux-Sèvres, cant. de Cérizay, arr. de Bressuire. = Bressuire.

MARS-DE-COUTAIS (St.-), s. m. Com. du dép. de la Loire-Inférieure, cant. de Machecoul, arr. de Nantes. = Machecoul.

MARS-DE-FRESNE (St.-), s. m. Com. du dép. de l'Eure, cant. de Thiberville, arr. de Bernay. = Orbec.

MARS-D'ÉGRENNE (St.-), s. m. Com. du dép. de l'Orne, cant. de Gassais, arr. de Domfront. = Domfront.

MARS-DE-LOCQUENAY (St.-), s. m. Com. du dép. de la Sarthe, cant. de Bouloire, arr. de St.-Calais. = Connerré.

MARSDÉNIE, s. f. Plante de la famille des apocynées. T. de bot.

MARS-DES-PRÉS (St.-), s. m. Com. du dép. de la Vendée, cant. de Chantonnay, arr. de Bourbon-Vendée. = Chantonnay.

MARS-D'OUTILLÉ (St.-), s. m. Com. du dép. de la Sarthe, cant. d'Ecommoy, arr. du Mans. = Ecommoy.

MARS-DU-DÉSERT (St.-), s. m. Com. du dép. de la Loire-Inférieure, cant. de Nort, arr. de Châteaubriant. = Nantes.

MARS-DU-DÉSERT (St.-), s. m. Com. du dép. de la Mayenne, cant. de Villaines, arr. de Mayenne. = Villaines-sur-la-Juhel.

MARSEAU ou MARSAULT, s. m. Voy. MARCEAU.

MARSÈCHE, s. f. Orge.

MARSEILLAIS, E, s. et adj. Né à Marseille; qui concerne cette ville.

MARSEILLAN, s. m. Com. du dép. du Gers, cant. et arr. d'Auch. = Auch.

MARSEILLAN, s. m. Com. du dép. du Gers, cant. et arr. de Mirande. = Mirande.

MARSEILLAN, s. m. Petite ville du dép. l'Hérault, cant. d'Agde, arr. de Béziers. = Mèze.

Cette ville, située sur l'étang de Thau, y possède un petit port qui peut contenir 60 bâtimens de petit cabotage.

MARSEILLAN, s. m. Com. du dép. des Hautes-Pyrénées, cant. de Pouyastruc, arr. de Tarbes. = Tarbes.

MARSEILLE, s. f. Grande, riche et fort belle ville du dép. des Bouches-du-Rhône, chef-lieu de préf., de sous-préf. et de 6 cant.; 8ᵉ div. milit.; évêché érigé dans les premiers siècles; trib. de 1ʳᵉ inst. et de comm.; chambre et bourse de comm.; conseil de prud'hommes; syndicat maritime; consuls étrangers; hôtel des monnaies; observatoire royal de la marine; académie des sciences, belles-lettres et arts; société royale de médecine; école de musique; biblioth. pub. de 60,000 vol.; musée de tableaux; cabinet d'hist. nat.; lazaret; jardin des plantes; mont-de-piété; caisse d'épargne et de prévoyance; petite poste; ingén. en chef des ponts-et-chaussées; direct. de l'enregist. et des domaines, 1ʳᵉ classe; conserv. des hypoth.; direct. des contrib. dir. et indir.; direct. des douanes; recev. gén. des finances; payeur du dép.; bur. d'enregist. et de poste; pop. 115,950 hab. environ.

Cette ville fut fondée six cents ans avant l'ère chrétienne, par une colonie de Phocéens. Dans la suite, ayant été subjuguée par les Romains, elle acquit une telle célébrité que Cicéron l'appelait l'Athènes Gauloise, et Pline la maîtresse des études. Réunie à la couronne, sous Clotaire, elle ne tarda pas à proclamer son indépendance et demeura en république jusqu'en 1251, époque à laquelle un comte de Provence s'en rendit maître. En 1586, profitant des troubles de la ligue, des factieux s'emparèrent de l'autorité souveraine, à l'aide des Espagnols, et Marseille, courbée sous le joug de la plus odieuse tyrannie, subissait toutes les horreurs d'un long siége, lorsqu'un de ses magnanimes habitans, Pierre Bayon, Libertat, conçut la noble et périlleuse résolution de mettre un terme à l'anarchie qui dévorait ses concitoyens. Secondé de ses deux frères, Barthélemy et Antoine, il s'arme pour le salut public, frappe Casaulx, l'un des chefs de la faction, qui s'était décoré du titre pompeux de consul, triomphe des partisans de Daix, autre consul, chasse les Espagnols de la ville et la livre aux armes de Henri IV qui, en apprenant cette heureuse nouvelle, s'écria : C'est maintenant que je suis roi de France. En reconnaissance de cet important service, Pierre Bayen, plus connu dans l'histoire sous le seul nom de Libertat, fut comblé d'honneurs et de dignités par son roi, et Marseille fit ériger, à la mémoire de son libérateur, une statue d'airain qu'on voit encore à l'hôtel-de-ville.

Marseille est située au fond d'un golfe, sur la Méditerranée, dans un bassin formé par une chaîne de montagnes couvertes d'oliviers, de grenadiers et de vignes, au milieu desquels s'élèvent une immense quantité de maisons de campagne appelées Bastides. On y remarque le port, qui est bordé de quais magnifiques, la superbe rue qui conduit de la porte d'Aix à celle de Rome, le cours, qui occupe le milieu de cette rue, l'hôtel-de-ville, la salle de spectacle, la cathédrale, l'une des plus anciennes des Gaules, l'arsenal, l'hôpital, la corderie, le lazaret, situé à 200 pas de la ville, et qui est le plus vaste qui existe, l'observatoire, les promenades publiques, les allées de Meilhan, etc. Le port, qui peut contenir 1,200 vaisseaux, est un des plus beaux et des plus fréquentés du royaume ; il est de forme ovale et peut avoir environ 600 toises de long sur 160 de large. La baie de Marseille est fort grande ; elle est défendue par plusieurs petites îles, et particulièrement par celle qui porte le château d'If. Patrie de Pétronne, de Mascaron, du Pujet, de Dumarsais, de Barbaroux, du marquis de Pastoret, du général Gardanne, de Lantier, etc.

Manuf. de bas et de bonnets, façon de Tunis. Fabr. de savon, huile d'olives, eaux-de-vie, esprits, liqueurs fines, colle-forte, verre à vitres, blanc de céruse ; produits chimiques ; bouchons de liège ; corail, parfumerie, bougies, chapeaux de paille ; filatures de coton ; raffineries de sucre ; nombreuses raffineries de soufre ; amidonneries ; tanneries et maroquineries. Manuf. royale de tabac. Comm. d'huile d'olives, de savon, vins, eaux-de-vie, esprits, grains, graines, fruits, fruits secs et confits, salaisons, tabacs, laines, peaux, fer, coton, bois de teinture et autres denrées coloniales. Comm. d'importation et d'exportation avec l'Italie, l'Espagne, les côtes d'Afrique, les échelles du Levant, les ports de l'Océan et de la Méditerranée, de la mer Noire et de la Baltique, avec les îles Françaises et de l'Amérique, etc.

MARSEILLE, s. f. Com. du dép. de l'Oise, chef-lieu de cant. de l'arr. de Beauvais. Bur. d'enregist. et de poste.

MARSEILLE-LES-AUBIGNY, s. f. Com. du dép. du Cher, cant. de Sancerques, arr. de Sancerre. = la Charité.

MARSEILLETTE, s. f. Com. du dép. de l'Aude, cant. de Peyriac-Minervois, arr. de Carcassonne. = Carcassonne.

MARSENAY, s. m. Com. du dép. du Jura, cant. d'Orgelet, arr. de Lons-le-Saulnier. = Orgelet.

MARSILE, s. f. Plante, genre de fougères. T. de bot.

MARSILIAME, s. f. Sorte de navire vénitien à poupe carrée.

MARSILLAC-LA-CROSE, s. m. Com. du dép. de la Corrèze, cant. de la Roche, arr. de Tulle. = Tulle.

MARSILLARGUES, s. f. Com. du dép. de l'Hérault, cant. de Lunel, arr. de Montpellier. = Lunel.

MARSILLON, s. m. Com. du dép. des Basses-Pyrénées, cant. de Lagor, arr. d'Orthez. = Orthez.

MARSILLY, s. m. Com. du dép. de la Charente-Inférieure, cant. et arr. de la Rochelle. = la Rochelle.

MARSILLY, s. m. Com. du dép. de la Moselle, cant. de Pange, arr. de Metz. = Metz.

MARS-LA-BRIÈRE-ET-ST.-DENIS-DU-TERTRE (St.-), s. m. Com. du dép. de la Sarthe, cant. de Montfort, arr. du Mans. = Connerré.

MARS-LA-JAILLE, s. m. Com. du dép. de la Loire-Inférieure, chef-lieu de cant. de l'arr. d'Ancenis. Bur. d'enregist. = Candé.

MARS-LA-RÉORTHE (St.-), s. m. Com. du dép. de la Vendée, cant. des Herbiers, arr. de Bourbon-Vendée. = les Herbiers.

MARS-LA-TOUR, s. m. Com. du dép. de la Moselle, cant. de Gorze, arr. de Metz. = Metz.

MARSO, s. m. Com. du dép. de l'Aveyron, cant. de Ste.-Geneviève, arr. d'Espalion. = Mur-de-Barrez.

MARSOLAN, s. m. Com. du dép. du Gers, cant. et arr. de Lectoure. = Lectoure.

MARSON, s. m. Com. du dép. de la Marne, chef-lieu de cant. de l'arr. de Châlons. Bur. d'enregist. à Courtisols. = Châlons.

MARSON, s. m. Com. du dép. de la Meuse, cant. de Void, arr. de Commercy. = Ligny.

MARSONNAZ, s. m. Com. du dép. de l'Ain, cant. de Montrevel, arr. de Bourg. = Bourg.

MARSOUIN, s. m. Pourceau de mer, espèce de cétacé du genre du dauphin. —, homme rabougri, laid, malbâti, malpropre. T. fam. —, pièce de charpente sur les fourcats. T. de mar.

MARSOULAS, s. m. Com. du dép. de la Haute-Garonne, cant. de Salies, arr. de St.-Gaudens. = St.-Martory.

MARSOUS, s. m. Com. du dép. des Hautes-Pyrénées, cant. d'Aucun, arr. d'Argelès. = Argelès.

MARSPICH, s. m. Com. du dép. de la Moselle, cant. et arr. de Thionville. = Thionville.

MARSSAC, s. m. Com. du dép. du Tarn, cant. et arr. d'Albi. = Albi.

MARSSAL, s. m. Com. du dép. du Tarn, cant. de Villefranche, arr. d'Albi. = Albi.

MARS-SOUS-BOURCQ, s. m. Com. du dép. des Ardennes, cant. et arr. de Vouziers. = Vouziers.

MARS-SUR-COLMONT (St.-), s. m. Com. du dép. de la Mayenne, cant. de Gorron, arr. de Mayenne. = Mayenne.

MARS-SUR-LA-FUTAIE (St.-), s. m. Com. du dép. de la Mayenne, cant. de Landivy, arr. de Mayenne. = Ernée.

MARS-SUR-RISCLE (St.-), s. m. Com. du dép. de l'Eure, cant. et arr. de Pont-Audemer. = Pont-Audemer.

MARSUPIAUX, s. m. pl. Mammifères pédimanes, à poche. T. d'hist. nat.

MARTAGNY, s. m. Com. du dép. de l'Eure, cant. de Gisors, arr. des Andelys. = Gisors.

MARTAGON, s. m. Lis sauvage à petites fleurs. T. de bot.

MARTAINNEVILLE, s. f. Com. du dép. de la Somme, cant. de Gamaches, arr. d'Abbeville. = Abbeville.

MARTAINVILLE, s. f. Com. du dép. du Calvados, cant. de Thury-Harcourt, arr. de Falaise. = Thury-Harcourt.

MARTAINVILLE, s. f. Com. du dép. de l'Eure, cant. de Beuzeville, arr. de Pont-Audemer. = Pont-Audemer.

MARTAINVILLE-LE-CORMIER, s. f. Com. du dép. de l'Eure, cant. de Pacy, arr. d'Evreux. = Pacy-sur-Eure.

MARTAINVILLE-SUR-RY, s. f. Com. du dép. de la Seine-Inférieure, cant. de Darnetal, arr. de Rouen. = Rouen.

MARTAISÉ, s. m. Com. du dép. de la Vienne, cant. de Moncontour, arr. de Loudun. = Loudun.

MARTAVANES, s. f. pl. Grands vases de terre, vernis, qu'on fabrique dans l'Inde, et dont on se sert pour les voyages de long cours.

MARTE, s. f. Petit quadrupède carnivore du genre de la fouine, dont la peau s'emploie en fourrure, et la queue à faire des pinceaux pour la miniature.

MARTEAU, s. m. Outil de fer garni d'un manche pour frapper, cogner, forger, etc. —, l'un des osselets de l'oreille interne. T. d'anat. —, heurtoir pour frapper à une porte. Graisser le —, donner de l'argent au portier d'une maison pour s'en faciliter l'entrée. —, genre de coquillages bivalves. —, ou niveau d'eau, insecte aquatique, qui a la figure d'un T. —, ou zigène, espèce de chien de mer. T. d'hist. nat.

MARTÉGAL, s. m. Sorte de brégin. T. de pêch.

MARTEL, s. m. Marteau. (Vi.) Mettre — en tête, donner de l'inquiétude, de la jalousie. Fig. et fam.

MARTEL, s. m. Petite ville du dép. du Lot, chef-lieu de cant. de l'arr. de Gourdon. Bur. d'enregist. et de poste.

MARTELAGE, s. m. Marque que font aux arbres, qui doivent être coupés, les employés de l'administration forestière.

MARTELÉ, E, part. Fait à coups de marteau ; qui sent le travail, pénible, dur, en parlant du style, des vers. Médaille —, à laquelle on a frappé un nouveau revers. T. d'arts. Fumées —, carrées ou aplaties par les bouts. T. de véner.

MARTELÉE, s. f. Médaille martelée. —, pl. Fumées martelées. T. de véner.

MARTELER, v. a. Frapper, battre, travailler avec le marteau. —, écrire péniblement, grossièrement. Fig. —, faire son nid. T. de fauc. Se —, v. pron. Se tourmenter, se casser la tête pour produire rien qui vaille.

MARTELET, s. m. Petit marteau à long manche.

MARTELEUR, s. m. Ouvrier qui dirige le marteau des grosses forges.

MARTELINE, s. f. Petit marteau dentelé.

MARTELLEMENT, s. m. Sorte d'agrément dans le chant français. T. de mus.

MARTEVILLE, s. f. Com. du dép. de l'Aisne, cant. de Vermand, arr. de St.-Quentin. = St.-Quentin.

MARTHE (Ste.-), s. f. Com. du dép. de l'Eure, cant. de Conches, arr. d'Evreux. = Conches.

MARTHE (Ste.-), s. f. Village du dép. de Lot-et-Garonne, cant. du Mas-d'Agénois, arr. de Marmande. = Marmande.

MARTHEMONT, s. m. Com. du dép. de la Meurthe, cant. de Vézelise, arr. de Nancy. = Vézelise.

MARTHES, s. f. Com. du dép. du Pas-de-Calais, cant. d'Aire, arr. de St.-Omer. = Aire-sur-la-Lys.

MARTHIL, s. m. Com. du dép. de la Meurthe, cant. de Delme, arr. de Château-Salins. = Château-Salins.

MARTHON, s. m. Com. du dép. de la Charente, cant. de Montbron, arr. d'Angoulême. = la Rochefoucault.

MARTIAL, E, adj. Guerrier, belliqueux ; air martial. —, militaire ; cour martiale. —, ferrugineux. T. de chim.

MARTIAL (St.-), s. m. Com. du dép. de l'Ardèche, cant. de St.-Martin-de-Valmas, arr. de Tournon. = le Chaylard.

MARTIAL (St.-), s. m. Village du dép. de l'Aveyron, réuni à la com. de Tauriac, cant. de la Salvetat, arr. de Rodez. = Rodez.

MARTIAL (St.-), s. m. Com. du dép. du Cantal, cant. de Chaudesaigues, arr. de St.-Flour. = St.-Flour.

MARTIAL (St.-), s. m. Com. du dép. de la Charente, cant. d'Aubeterre, arr. de Barbezieux. = la Graulle.

MARTIAL (St.-), s. m. Com. du dép. de la Charente, cant. de Montmoreau, arr. de Barbezieux. = Blanzac.

MARTIAL (St.-), s. m. Com. du dép. de la Charente-Inférieure, cant. de Loulay, arr. de St.-Jean-d'Angély. = St.-Jean-d'Angély.

MARTIAL (St.-), s. m. Com. du dép. du Gard, cant. de Sumène, arr. du Vigan. = Ganges.

MARTIAL (St.-), s. m. Com. du dép. de la Gironde, cant. de St.-Macaire, arr. de la Réole. = St.-Macaire.

MARTIAL (St.-), s. m. Com. du dép. de la Vienne, cant. de Chauvigny, arr. de Montmorillon. = Chauvigny.

MARTIAL (St.-), s. m. Com. du dép. de la Haute-Vienne, cant. de Mézières, arr. de Bellac. = Bellac.

MARTIAL-D'ALBARÈDE (St.-), s. m. Com. du dép. de la Dordogne, cant. d'Exideuil, arr. de Périgueux. = Exideuil.

MARTIAL-D'ARTENSET (St.-), s. m. Com. du dép. de la Dordogne, cant. de Monpont, arr. de Ribérac. = Monpont.

MARTIAL-DE-CAMARENS (St.-), s. m. Village du dép. du Tarn, cant. et arr. de Castres. = Castres.

MARTIAL-DE-COCULET (St.-), s. m. Com. du dép. de la Charente-Inférieure, cant. d'Archiac, arr. de Jonzac. = Jonzac.

MARTIAL-DE-GIMEL (St.-), s. m. Com. du dép. de la Corrèze, cant. et arr. de Tulle. = Tulle.

MARTIAL-DE-MIRAMBEAU (St.-), s. m. Com. du dép. de la Charente-Inférieure, cant. de Mirambeau, arr. de Jonzac. = Mirambeau.

MARTIAL-DE-NABIRAT (St.-), s. m. Com. du dép. de la Dordogne, cant. de Domme, arr. de Sarlat. = Sarlat.

MARTIAL-DE-VALETTE (St.-), s. m. Com. du dép. de la Dordogne, cant. et arr. de Nontron. = Nontron.

MARTIAL-DE-VITATERNE (St.-), s. m. Com. du dép. de la Charente-Inférieure, cant. et arr. de Jonzac. = Jonzac.

MARTIAL-DE-VIVEYROL (St.-), s. m. Com. du dép. de la Dordogne, cant. de Verteillac, arr. de Ribérac. = Ribérac.

MARTIAL-ENTRAIGUES (St.-), s. m. Com. du dép. de la Corrèze, cant. d'Argentat, arr. de Tulle. = Argentat.

MARTIAL-LABORIE (St.-), s. m. Com. du dép. de la Dordogne, cant. d'Hautefort, arr. de Périgueux. = Périgueux.

MARTIAL-LE-MONT (St.-), s. m. Com. du dép. de la Creuse, cant. de St.-Sulpice-les-Champs, arr. d'Aubusson. = Ahun.

MARTIAL-LE-VIEUX (St.-), s. m. Com. du dép. de la Creuse, cant. de la Courtine, arr. d'Aubusson. = Felletin.

MARTICLES, s. f. pl. Petites cordes aboutissant à des poulies qu'on nomme araignées. T. de mar.

MARTIEL, s. m. Com. du dép. de l'Aveyron, cant. et arr. de Villefranche. = Villefranche.

MARTIGNA, s. f. Com. du dép. du Jura, cant. de Moirans, arr. de St.-Claude. = Orgelet.

MARTIGNARGUES, s. f. Com. du dép. du Gard, cant. de Vézénobres, arr. d'Alais. = Alais.

MARTIGNAS, s. m. Com. du dép. de la Gironde, cant. de Pessac, arr. de Bordeaux. = Bordeaux.

MARTIGNAT, s. m. Com. du dép. de l'Ain, cant. d'Oyonnax, arr. de Nantua. = Nantua.

MARTIGNÉ, s. m. Com. du dép. de Maine-et-Loire, cant. de Doué, arr. de Saumur. = Doué.

MARTIGNÉ, s. m. Com. du dép. de la Mayenne, cant. et arr. de Mayenne. Bur. de poste.

MARTIGNÉ-FERCHAUD, s. m. Com. du dép. d'Ille-et-Vilaine, cant. de Rethiers, arr. de Vitré. = la Guerche.

MARTIGNY, s. m. Com. du dép. de l'Aisne, cant. de Craonne, arr. de Laon. = Laon.

MARTIGNY, s. m. Com. du dép. de l'Aisne, cant. d'Aubenton, arr. de Vervins. = Aubenton.

MARTIGNY, s. m. Com. du dép. du Calvados, cant. et arr. de Falaise. = Falaise.

MARTIGNY, s. m. Com. du dép. de la Manche, cant. d'Isigny, arr. de Mortain. = St.-Hilaire.

MARTIGNY, s. m. Com. du dép. de la Seine-Inférieure, cant. d'Offranville, arr. de Dieppe. = Dieppe.

MARTIGNY-LE-COMTE, s. m. Com. du dép. de Saône-et-Loire, cant. de Palinges, arr. de Charolles. = Charolles.

MARTIGNY-LÈS-GERBONVEAUX, s. m. Com. du dép. des Vosges, cant. de Coussey, arr. de Neufchâteau. = Neufchâteau.

MARTIGNY-LÈS-LAMARCHE, s. m. Com. du dép. des Vosges, cant. de la Marche, arr. de Neufchâteau. = la Marche.

MARTIGUES, s. f. Ville maritime du dép. des Bouches-du-Rhône, chef-lieu de cant. de l'arr. d'Aix. Bur. d'enregist. et de poste.

Pêche considérable de poisson qui fait la richesse du pays. Comm. de vins, d'huile, poissons, sel, etc.

MARTILLAC, s. m. Com. du dép. de la Gironde, cant. de la Brède, arr. de Bordeaux. = Castres.

MARTIN, s. m. Genre d'oiseaux chanteurs. — pêcheur, petit oiseau bleu qui se nourrit de poisson. — chasseur, martin-pêcheur des bois.

MARTIN (île de St.-), s. m. L'une des îles du Vent ou Antilles du Mexique, située au N.-O. de l'île de St.-Barthélemi, et au S.-O. de l'Anguille. Cette île, dont la France possède environ les deux tiers, dépend du gouvernement de la Guadeloupe, dont elle forme un cant. Elle produit du manioc, du sucre, du tabac, réputé le meilleur des Antilles, de l'indigo, un peu de rocou et des pois. Légumes, fruits rares, mais excellens; poissons, troupeaux de moutons considérables; volaille et gibier très communs.

MARTIN (St.-), s. m. Petite ville du dép. de la Charente-Inférieure, chef-lieu de cant. de l'arr. de la Rochelle. Bur. d'enregist. et de poste.

Cette ville, située au bord de l'Océan, dans l'île de Ré, possède un port commode, précédé d'une rade sûre. Distilleries d'eaux-de-vie. Comm. de vins, eaux-de-vie, vinaigre, sel, poisson, bois, chanvre, etc. Armemens pour la pêche de la morue et de la raie.

MARTIN (St.-), s. m. Com. du dép. des Basses-Alpes, cant. de Seyne, arr. de Digne. = Seyne.

MARTIN (St.-), s. m. Com. du dép. de la Charente, cant. et arr. de Cognac. = Cognac.

MARTIN (St.-), s. m. Com. du dép. du Gers, cant. de Nogaro, arr. de Condom. = Nogaro.

MARTIN (St.-), s. m. Com. du dép. du Gers, cant. et arr. de Lombez. = St.-Clar.

MARTIN (St.-), s. m. Com. du dép. du Gers, cant. et arr. de Mirande. = Mirande.

MARTIN (St.-), s. m. Com. du dép. de l'Hérault, cant. d'Olargues, arr. de St.-Pons. = Lodève.

MARTIN (St.-), s. m. Com. du dép. de Loir-et-Cher, cant. de Montoire, arr. de Vendôme. = Montoire.

MARTIN (St.-), s. m. Village du dép. de Lot-et-Garonne, cant. de Beauville, arr. d'Agen. = Agen.

MARTIN (St.-), s. m. Com. du dép. de Lot-et-Garonne, cant. de Casteljaloux, arr. de Nérac. = Casteljaloux.

MARTIN (St.-), s. m. Com. du dép. de Lot-et-Garonne, cant. de Villeréal, arr. de Villeneuve. = Villeneuve.

MARTIN (St.-), s. m. Com. du dép. de la Haute-Marne, cant de Juzennecourt, arr. de Chaumont. = Chaumont.

MARTIN (St.-), s. m. Com. du dép. de la Haute-Marne, cant. et arr. de Langres. = Langres.

MARTIN (St.-), s. m. Com. du dép. de la Meurthe, cant. de Blâmont, arr. de Lunéville. = Blâmont.

MARTIN (St.-), s. m. Com. du dép. du Morbihan, cant. de Carentoir, arr. de Vannes. = Redon.

MARTIN (St.-), s. m. Com. du dép. de la Nièvre, cant. de Lormes, arr. de Clamecy. = Lormes.

MARTIN (St.-), s. m. Com. du dép. de la Nièvre, cant. de Pouilly, arr. de Cosne. = Cosne.

MARTIN (St.-), s. m. Com. du dép. du Nord, cant. de Solesmes, arr. de Cambrai. = Douai.

MARTIN (St.-), s. m. Com. du dép. des Basses-Pyrénées, cant. d'Hasparren, arr. de Bayonne. = St.-Palais.

MARTIN (St.-), s. m. Com. du dép. des Basses-Pyrénées, cant. de Sauveterre, arr. d'Orthez = Orthez.

MARTIN (St.-), s. m. Com. du dép. des Hautes-Pyrénées, cant. et arr. de Tarbes. = Tarbes.

MARTIN (St.-), s. m. Com. du dép. des Pyrénées-Orientales, cant. et arr. de Céret. = Céret.

MARTIN (St.-), s. m. Com. du dép. des Pyrénées-Orientales, cant. de St.-Paul, arr. de Perpignan. = St.-Paul-de-Fenouillet.

MARTIN (St.-), s. m. Com. du dép. du Bas-Rhin, cant. de Villé, arr. de Schélestadt. = Schélestadt.

MARTIN (St.-), s. m. Com. du dép. de l'Yonne, cant. de Cruzy, arr. de Tonnerre. = Tonnerre.

MARTIN-AU-LAERT (St.-), s. m. Com. du dép. du Pas-de-Calais, cant. et arr. de St.-Omer. = St.-Omer.

MARTIN-AUX-ARBRES (St.-), s. m. Com. du dép. de la Seine-Inférieure, cant. d'Yerville, arr. d'Yvetot.=Yvetot.

MARTIN-AUX-BOIS (St.-), s. m. Com. du dép. de l'Oise, cant de Maignelay, arr. de Clermont. = St.-Just.

MARTIN-AUX-BOIS (St.-), s. m. Com. du dép. de la Seine-Inférieure, cant. de Blangy, arr. de Neufchâtel. = Aumale.

MARTIN-AUX-BUNEAUX (St.-), s. m. Com. du dép. de la Seine-Inférieure, cant. de Cany, arr. d'Yvetot.=Cany.

MARTIN-AUX-CHAMPS (St.-), s. m. Com. du dép. de la Marne, cant. d'Ecury-sur-Coole, arr. de Châlons.= Châlons.

MARTIN-AUX-CHARTRAINS (St.-), s. m. Com. du dép. du Calvados, cant. et arr. de Pont-l'Evêque. = Pont-l'Evêque.

MARTIN-BINAGRE (St.-), s. m. Com. du dép. du Gers, cant. et arr. d'Auch. = Auch.

MARTIN-BOULOGNE (St.-), s. m. Com. du dép. du Pas-de-Calais, cant. et arr. de Boulogne. = Boulogne.

MARTIN-CANTALEIX (St.-), s. m. Com. du dép. du Cantal, cant. de Pleaux, arr. de Mauriac. = St.-Martin-Valmeroux.

MARTIN-CHÂTEAU (St.-), s. m. Com. du dép. de la Creuse, cant. de Royère, arr. de Bourganeuf. = Bourganeuf.

MARTIN-CHENNETRON (St.-), s. m. Com. du dép. de Seine-et-Marne, cant. de Villiers-St.-Georges, arr. de Provins. = Provins.

MARTIN-CHOQUEL (St.-), s. m. Com. du dép. du Pas-de-Calais, cant. de Desvres, arr. de Boulogne. = Samer.

MARTINCOURT, s. m. Com. du dép. de la Meurthe, cant. de Domèvre, arr. de Toul. = Toul.

MARTINCOURT, s. m. Com. du dép. de la Meuse, cant. de Stenay, arr. de Montmédy. = Stenay.

MARTINCOURT, s. m. Com. du dép. de l'Oise, cant. de Songeons, arr. de Beauvais. = Creil.

MARTIN-D'ABBAT (St.-), s. m. Com. du dép. du Loiret, cant. de Châteauneuf, arr. d'Orléans. = Châteauneuf.

MARTIN-D'AOÛT (St.-), s. m. Com. du dép. de la Drôme, cant. de St.-Vallier. arr. de Valence. = St.-Vallier.

MARTIN-D'APRES (St.-), s. m. Com. du dép. de l'Orne, cant. de Moulins-la-Marche, arr. de Mortagne. = Moulins-la-Marche.

MARTIN-D'ARCÉ (St.-), s. m. Com. du dép. de Maine-et-Loire, cant. et arr. de Baugé. = Baugé.

MARTIN-D'ARDÈCHE (St.-), s. m. Com. du dép. de l'Ardèche, cant. de Bourg-St.-Andéol, arr. de Privas. = Bourg-St.-Andéol.

MARTIN-D'ARDINGHEM (St.-), s. m. Com. du dép. du Pas-de-Calais, cant. de Fauquembergue, arr. de St.-Omer. = Fruges.

MARTIN-D'AROSSA (St.-), s. m. Village du dép. des Basses-Pyrénées, cant. de St.-Etienne-de-Baigorry, arr. de Mauléon. =Mauléon.

MARTIN-D'ARY (St.-), s. m. Com. du dép. de la Charente-Inférieure, cant. de Montguyon, arr. de Jonzac. = Montlieu.

MARTIN-D'ASSON (St.-), Village du dép. des Basses-Pyrénées, cant. de Nay, arr. de Pau. = Pau.

MARTIN-D'AUBIGNY (St.-), s. m. Com. du dép. de la Manche, cant. de Périers, arr. de Coutances. = Périers.

MARTIN-D'AUDOUVILLE (St.-), s. m. Com. du dép. de la Manche, cant. de Montebourg, arr. de Valognes. = Montebourg.

MARTIN-D'AUXIGNY (St.-), s. m. Com. du dép. du Cher, chef-lieu de cant. de l'arr. de Bourges où se trouvent les bur. d'enregist. et de poste.

MARTIN-D'AUXY (St.-), s. m. Com. du dép. de Saône-et-Loire, cant. de Buxy, arr. de Châlons. = Buxy.

MARTIN-DE-BAREL (St.-), s. m. Com. du dép. de l'Ain, cant. de Virieu-le-Grand, arr. de Belley. = Belley.

MARTIN-DE-BIENFAITE (St.-), s. m. Com. du dép. du Calvados, cant. d'Orbec, arr. de Lisieux. = Orbec.

MARTIN-DE-BLAGNY (St.-), s. m. Com. du dép. du Calvados, cant. de Balleroy, arr. de Bayeux. = Balleroy.

MARTIN-DE-BOCHERVILLE (St.-), s. m. Com. du dép. de la Seine-Inférieure, cant. de Duclair, arr. de Rouen. = Rouen.

MARTIN-DE-BOISY (St.-), s. m. Com. du dép. de la Loire, cant. et arr. de Roanne. = Roanne.

MARTIN-DE-BON-FOSSÉ (St.-), s. m. Com. du dép. de la Manche, cant. de Canisy, arr. de St.-Lô. = St.-Lô.

MARTIN-DE-BONNUT (St.-), s. m. Village du dép. des Basses-Pyrénées, cant. et arr. d'Orthez. = Orthez.

MARTIN-DE-BOUBAUX (St.-), s. m. Com. du dép. de la Loire, cant. de St.-Germain-de-Calberte, arr. de Florac. = St.-Jean-du-Gard.

MARTIN-DU-BOUILLAC (St.-), s. m. Com. du dép. de l'Aveyron, cant. d'Asprières, arr. de Villefranche. ⇒ Rignac.

MARTIN-DE-BREM (St.-), s. m. Com. du dép. de la Vendée, cant. de St.-Gilles, arr. des Sables-d'Olonne. ⇒ St.-Gilles-sur-Vie.

MARTIN-DE-BRÉTENCOURT (St.-), s. m. Com. du dép. de Seine-et-Oise, cant. de Dourdan, arr. de Rambouillet. ⇒ Dourdan.

MARTIN-DE-BROMES (St.-), s. m. Com. du dép. des Basses-Alpes, cant. de Valensolle, arr. de Digne. ⇒ Riez.

MARTIN-DE-CARALP (St.-) s. m. Com. du dép. de l'Arjège, cant. et arr. de Foix. ⇒ Foix.

MARTIN-DE-CASTILLON (St.-), s. m. Com. du dép. des Bouches-du-Rhône, cant. de St.-Remy, arr. d'Arles. ⇒ St.-Remy.

MARTIN-DE-CASTILLON (St.-), s. m. Com. du dép. de Vaucluse, cant. et arr. d'Apt. ⇒ Apt.

MARTIN-DE-CASTILLONNÈS (St.-), s. m. Com. du dép. de Lot-et-Garonne, cant. de Castillonnès, arr. de Villeneuve. ⇒ Lausun.

MARTIN-DE-CASTRIES (St.-), s. m. Com. du dép. de l'Hérault, cant. et arr. de Lodève. ⇒ Lodève.

MARTIN-DE-CENILLY (St.-), s. m. Com. du dép. de la Manche, cant. de Cérisy-la-Salle, arr. de Coutances. ⇒ Coutances.

MARTIN-DE-CERMIÈRES (St.-), s. m. Com. du dép. de l'Eure, cant. de Broglie, arr. de Bernay. ⇒ Montreuil-l'Argilé.

MARTIN-DE-CHAULIEU (St.-), s. m. Com. du dép. de la Manche, cant. de Sourdeval, arr. de Mortain. ⇒ Sourdeval.

MARTIN-DE-CLELLES (St.-), s. m. Com. du dép. de l'Isère, cant. de Clelles, arr. de Grenoble. ⇒ Grenoble.

MARTIN-DE-COMMUNE (St.-), s. m. Com. du dép. de Saône-et-Loire, cant. de Couches, arr. d'Autun. ⇒ Couches.

MARTIN-DE-CONNÉE (St.-), s. m. Com. du dép. de la Mayenne, cant. de Bais, arr. de Mayenne. ⇒ Evron.

MARTIN-DE-CORCONAC (St.-), s. m. Com. du dép. du Gard, cant. de St.-André-de-Valborgne, arr. du Vigan. ⇒ St.-Jean-du-Gard.

MARTIN-DE-CORNAS (St.-), s. m. Com. du dép. du Rhône, cant. de Givors, arr. de Lyon. ⇒ Lyon.

MARTIN-DE-COURT (St.-), s. m. Com. du dép. du Cher, cant. de Vierzon, arr. de Bourges. ⇒ Vierzon.

MARTIN-DE-COUX (St.-), s. m. Com. du dép. de la Charente-Inférieure, cant. de Montguyon, arr. de Jonzac. ⇒ Montlieu.

MARTIN-DE-CRAU (St.-), s. m. Com. du dép. des Bouches-du-Rhône, cant. et arr. d'Arles. ⇒ Arles.

MARTIN-D'ÉCUBLEI (St.-), s. m. Com. du dép. de l'Orne, cant. de l'Aigle, arr. de Mortagne. ⇒ l'Aigle.

MARTIN-DE-CURTON (St.-), s. m. Com. du dép. de Lot-et-Garonne, cant. de Castel-Jaloux, arr. de Nérac. ⇒ Castel-Jaloux.

MARTIN-DE-FONTENAY (St.-), s. m. Com. du dép. du Calvados, cant. de Bourguébus, arr. de Caen. ⇒ Caen.

MARTIN-DE-FOUILLOUX (St.-), s. m. Com. du dép. de Maine-et-Loire, cant. de St.-Georges-sur-Loire, arr. d'Angers. ⇒ Angers.

MARTIN-DE-FOUILLOUX (St.-), s. m. Com. du dép. de la Vendée, cant. de St.-Hilaire-sur-l'Autize, arr. de Fontenay. ⇒ Fontenay.

MARTIN-DE-FRESNAY (St.-), s. m. Com. du dép. du Calvados, cant. de St.-Pierre-sur-Dives, arr. de Lisieux. ⇒ Croissanville.

MARTIN-DE-FRESSENGEAS (St.-), s. m. Com. du dép. de la Dordogne, cant. de Thiviers, arr. de Nontron. ⇒ Thiviers.

MARTIN-DE-FUGÈRES (St.-), s. m. Com. du dép. de la Haute-Loire, cant. de Monastier, arr. du Puy. ⇒ le Puy.

MARTIN-DE-GOGNE (St.-), s. m. Com. du dép. du Gers, cant. et arr. de Lectoure. ⇒ Lectoure.

MARTIN-DE-GURÇON (St.-), s. m. Com. du dép. de la Dordogne, cant. de Villefranche-de-Longchapt, arr. de Bergerac. ⇒ Monpont.

MARTIN-DE-HINX (St.-), s. m. Com. du dép. des Landes, cant. de St.-Vincent-de-Tyros, arr. de Dax. ⇒ Bayonne.

MARTIN-DE-JUILLIERS (St.-), s. m. Com. du dép. de la Charente-Inférieure, cant. d'Aunay, arr. de St.-Jean-d'Angély. ⇒ Aunay.

MARTIN-DE-JUSSAC (St.-), s. m. Com. du dép. de la Haute-Vienne, cant. de St.-Junien, arr. de Rochechouart. ⇒ St.-Junien.

MARTIN-DE-LA-BRASQUE (St.-), s. m. Com. du dép. de Vaucluse, cant. de Pertuis, arr. d'Apt. ⇒ Pertuis.

MARTIN-DE-LA-CAUSSADE (St.-), s. m. Com. du dép. de la Gironde, cant. et arr. de Blaye. ⇒ Blaye.

MARTIN-DE-LA-COUDRE (St.-), s. m. Com. du dép. de la Charente-Inférieure, cant. de Loulay, arr. de St.-Jean-d'Angély. ⇒ St.-Jean-d'Angély.

MARTIN-DE-LA-LIEUE (St.-), s. m.

Com. du dép. du Calvados, cant. et arr. de Lisieux. = Lisieux.

MARTIN-DE-LA-MER (St.-) s. m. Com. du dép. de la Côte-d'Or, cant. de Liernais, arr. de Beaune. = Saulieu.

MARTIN-DE-LAMPS (St.-), s. m. Com. du dép. de l'Indre, cant. de Levroux, arr. de Châteauroux. = Levroux.

MARTIN-DE-LANDELLE (St.-), s. m. Com. du dép. de la Manche, cant. de St.-Hilaire-du-Harouet, arr. de Mortain. = St.-Hilaire-du-Harouet.

MARTIN-DE-LA-PLACE (St.-), s. m. Com. du dép. de Maine-et-Loire, cant. et arr. de Saumur. = les Rosiers.

MARTIN-DE-LAS-OUMETTES (St.-), s. m. Com. du dép. du Gers, cant. de St.-Clar, arr. de Lectoure. = St.-Clar.

MARTIN-DE-LAUSUSCLE (St.-), s. m. Com. du dép. de la Lozère, cant. de St.-Germain-de-Calberte, arr. de Florac. = St.-Jean-du-Gard.

MARTIN-DE-LAYE (St.-), s. m. Com. du dép. de la Gironde, cant. de Guître, arr. de Libourne. = Coutras.

MARTIN-DE-LEZEAU (St.-), s. m. Com. du dép. d'Eure-et-Loir, cant. de Châteauneuf, arr. de Dreux. = Châteauneuf-en-Thimerais.

MARTIN-DE-LENNE (St.-), s. m. Com. du dép. de l'Aveyron, cant. de Champagnac, arr. de Milhau. = St.-Geniez.

MARTIN-DE-LHERM (St.-), s. m. Com. du dép. de la Gironde, cant. de Sauveterre, arr. de la Réole. = la Réole.

MARTIN-DE-LIXY (St.-), s. m. Com. du dép. de Saône-et-Loire, cant. de Chauffailles, arr. de Charolles. = la Clayette.

MARTIN-DE-LODIÈS (St.-), s. m. Village du dép. du Tarn, cant. et arr. de Castres. = Castres.

MARTIN-DE-LONDRES (St.-), s. m. Com. du dép. de l'Hérault, chef-lieu de cant., de l'arr. de Montpellier. Bur. d'enregist. = Montpellier.
Fabr. de bas de soie.

MARTIN-DE-MÂCON (St.-), s. m. Com. du dép. des Deux-Sèvres, cant. de Thouars, arr. de Bressuire. = Thouars.

MARTIN-DE-MAILLOC (St.-), s. m. Com. du dép. du Calvados, cant. d'Orbec, arr. de Lisieux. = Orbec.

MARTIN-DE-MELLE (St.-), s. m. Com. du dép. des Deux-Sèvres, cant. et arr. de Melle. = Melle.

MARTIN-DE-MISÈRE (St.-), s. m. Com. du dép. de l'Isère, cant. et arr. de Grenoble. = Grenoble.

MARTIN-DE-NIGELLES (St.-), s. m. Com. du dép. d'Eure-et-Loir, cant. de Nogent-le-Roi, arr. de Dreux. = Maintenon.

MARTIN-D'ENTRAIGUES (St.-), s. m. Com. du dép. des Deux-Sèvres, cant. de Chef-Boutonne, arr. de Melle. = Chef-Boutonne.

MARTIN-DE-PALLIÈRES (St.-), s. m. Com. du dép. du Var, cant. de Barjols, arr. de Brignoles. = Barjols.

MARTIN-DE-QUEYRIÈRES (St.-), s. m. Com. du dép. des Hautes-Alpes, cant. de l'Argentière, arr. de Briançon. = Briançon.

MARTIN-DE-RENACAS (St.-), s. m. Com. du dép. des Basses-Alpes, cant. de Reillanne, arr. de Forcalquier. = Sisteron.

MARTIN-DE-RONSAC (St.-), s. m. Com. du dép. de la Haute-Garonne, cant. de Lenta, arr. de Villefranche. = Caraman.

MARTIN-DE-ST.-MAIXENT (St.-), s. m. Com. du dép. des Deux-Sèvres, cant. de St.-Maixent, arr. de Niort. = Niort.

MARTIN-DE-SALANCEY (St.-), s. m. Com. du dép. de Saône-et-Loire, cant. de Guiche, arr. de Charolles. = St.-Bonnet-de-Joux.

MARTIN-DE-SALIES (St.-), s. m. Village du dép. des Basses-Pyrénées, cant. de Salies, arr. d'Orthez. = Orthez.

MARTIN-DE-SALLEN (St.-), s. m. Com. du dép. du Calvados, cant. d'Evrecy, arr. de Caen. = Thury-Harcourt.

MARTIN-DE-SANZAY (St.-), s. m. Com. du dép. des Deux-Sèvres, cant. de Thouars, arr. de Bressuire. = Thouars.

MARTIN-DES-BESACES (St.-), s. m. Com. du dép. du Calvados, cant. de Bény-Bocage, arr. de Vire. = Aulnay-sur-Odon.

MARTIN-DES-BOIS (St.-), s. m. Com. du dép. du Calvados, cant. de Bretteville, arr. de Falaise. = Caen.

MARTIN-DES-BOIS (St.-), s. m. Com. du dép. de Seine-et-Marne, cant. de Villiers-St.-Georges, arr. de Provins. = Provins.

MARTIN-DES-CAILLES (St.-), s. m. Com. du dép. de Lot-et-Garonne, cant. de Penne, arr. de Villeneuve. = Villeneuve.

MARTIN-DES-CHAMPS (St.-), s. m. Com. du dép. du Cher, cant. de Sancergues, arr. de Sancerre. = la Charité.

MARTIN-DES-CHAMPS (St.-), s. m.

Com. du dép. du Finistère, cant. et arr. de Morlaix. = Morlaix.

MARTIN-DES-CHAMPS (St.-), s. m. Com. du dép. de la Manche, cant. et arr. d'Avranches. = Avranches.

MARTIN-DES-CHAMPS (St.-), s. m. Com. du dép. de la Manche, cant. de St.-Jean-de-Daye, arr. de St.-Lô. = St.-Lô.

MARTIN-DES-CHAMPS (St.-), s. m. Com. du dép. de Seine-et-Marne, cant. de la Ferté-Gaucher, arr. de Coulommiers. = la Ferté-Gaucher.

MARTIN-DES-CHAMPS (St.-), s. m. Com. du dép. de Saône-et-Loire, cant. et arr. de Châlons. = Châlons.

MARTIN-DES-CHAMPS (St.-), s. m. Com. du dép. de Seine-et-Oise, cant. de Houdan, arr. de Mantes. = Mantes.

MARTIN-DES-CHAMPS (St.-), s. m. Com. du dép. de l'Yonne, cant. de St.-Fargeau, arr. de Joigny. = St.-Fargeau.

MARTIN-DES-COMBES (St.-), s. m. Com. du dép. de l'Hérault, cant. de Lunas, arr. de Lodève. = Lodève.

MARTIN-DES-COMBES (St.-), s. m. Com. du dép. de la Dordogne, cant. de Villamblard, arr. de Bergerac. = Bergerac.

MARTIN-DE-SEIGNAUX (St.-), s. m. Com. du dép. des Landes, cant. de St.-Esprit, arr. de Dax. = Bayonne.

MARTIN-DE-SENOZAN (St.-), s. m. Com. du dép. de Saône-et-Loire, cant. et arr. de Mâcon. = Mâcon.

MARTIN - DES - ENTRÉES - ET - ST.- GERMAIN-DE-LA-LIEUE (St.-), s. m. Com. du dép. du Calvados, cant. et arr. de Bayeux. = Bayeux.

MARTIN-DE-SESCATS (St.-), s. m. Com. du dép. de la Gironde, cant. de St.-Macaire, arr. de la Réole. = St.-Macaire.

MARTIN-DE-SEYSSUEL (St.-), s. m. Village du dép. de l'Isère, com. de Seyssuel, cant. et arr. de Vienne. = Vienne.

MARTIN-DES-FONTAINES (St.-), s. m. Com. du dép. de la Vendée, cant. de l'Hermenault, arr. de Fontenay. = Fontenay.

MARTIN-DES-LAIS (St.-), s. m. Com. du dép. de l'Allier, cant. de Chevagne, arr. de Moulins. = Moulins.

MARTIN-DES-LANDES (St.-), s. m. Com. du dép. de l'Orne, cant. de Carrouges, arr. d'Alençon. = Carrouges.

MARTIN-DES-MONTS (St.-), s. m. Com. du dép. de la Sarthe, cant. de la Ferté, arr. de Mamers. = la Ferté-Bernard.

MARTIN-DES-NOYERS (St.-), s. m. Com. du dép. du Calvados, cant. de Livarot, arr. de Lisieux. = Lisieux.

MARTIN-DES-NOYERS (St.-), s. m. Com. du dép. de la Vendée, cant. des Essarts, arr. de Bourbon-Vendée. = Chantonnay.

MARTIN-DES-OLLIÈRES (St.-), s. m. Com. du dép. du Puy-de-Dôme, cant. de Jumeaux, arr. d'Issoire. = Issoire.

MARTIN-DES-OLMES (St.-), s. m. Com. du dép. du Puy-de-Dôme, cant. et arr. d'Ambert. = Ambert.

MARTIN-DE-SOS (St.-), s. m. Com. du dép. de Lot-et-Garonne, cant. de Mézin, arr. de Nérac. = Nérac.

MARTIN-DE-SOSSENAC (St.-), s. m. Com. du dép. du Gard, cant. de Sauve, arr. du Vigan. = Sauve.

MARTIN-DES-PESERITS (St.-), s. m. Com. du dép. de l'Orne, cant. de Moulins-la-Marche, arr. de Mortagne. = Moulins-la-Marche.

MARTIN-DES-PIERRES (St.-), s. m. Com. du dép. de la Haute-Garonne, cant. de Verfeil, arr. de Toulouse. = Toulouse.

MARTIN-DES-PLAINS (St.-), s. m. Com. du dép. du Puy-de-Dôme, cant. de Sauxillanges, arr. d'Issoire. = Issoire.

MARTIN - DES - PRÉS (St.-), s. m. Com. du dép. des Côtes-du-Nord, cant. de Corlay, arr. de Loudéac. = Quintin.

MARTIN - DES - PRÉS (St.-), s. m. Com. du dép. de l'Orne, cant. de l'Aigle, arr. de Mortagne. = l'Aigle.

MARTIN-DES-PUITS (St.-), s. m. Com. du dép. de l'Aude, cant. de la Grasse, arr. de Carcassonne. = la Grasse.

MARTIN-D'ESTREAUX (St.-), s. m. Com. du dép. de la Loire, cant. de la Pacaudière, arr. de Roanne. Bur. de poste.

MARTIN-D'ÉTABLEAUX (St.-), s. m. Com. du dép. d'Indre-et-Loire, cant. de Pressigny-le-Grand, arr. de Loches. = Loches.

MARTIN-DE-TAISSAC (St.-), s. m. Com. du dép. de l'Aude, cant. de Quillan, arr. de Limoux. = Quillan.

MARTIN-DE-VALAMAS (St.-), s. m. Com. du dép. de l'Ardèche, chef-lieu de cant. de l'arr. de Tournon. Bur. d'enregist. au Chaylard. = le Chaylard.

MARTIN - DE - VALGALGUES (St.-), s. m. Com. du dép. du Gard, chef-lieu de cant. de l'arr. d'Alais, où se trouvent les bur. d'enregist. et de poste.

MARTIN - DE - VALOIS (St.-), s. m.

Com. du dép. du Cantal, cant. de St.-Cernin, arr. d'Aurillac. = Aurillac.

MARTIN-DE-VARREVILLE (St.-), s. m. Com. du dép. de la Manche, cant. de Ste.-Mère-Eglise, arr. de Valognes. = Ste.-Mère-Eglise.

MARTIN-DE-VAULSERRE (St.-), s. m. Com. du dép. de l'Isère, cant. de Pont-de-Beauvoisin, arr. de la Tour-du-Pin. = Pont-de-Beauvoisin.

MARTIN-DE-VILLENEUVE (St.-), s. m. Com. du dép. de la Charente-Inférieure, cant. de Courçon, arr. de la Rochelle. = Nuaillé.

MARTIN-DE-VILLERÉAL (St.-), s. m. Com. du dép. de Lot-et-Garonne, cant. de Villeréal, arr. de Villeneuve. = Monflanquin.

MARTIN-DE-VILLEREGLAN (St.-), s. m. Com. du dép. de l'Aude, cant. et arr. de Limoux. = Limoux.

MARTIN-D'HÈRE (St.-), s. m. Com. du dép. de l'Isère, cant. et arr. de Grenoble. = Grenoble.

MARTIN-D'HEUILLE (St.-), s. m. Com. du dép. de la Nièvre, cant. de Pougues, arr. de Nevers. = Nevers.

MARTIN-DON (St.-), s. m. Com. du dép. du Calvados, cant. de Bény-Bocage, arr. de Vire. = Vire.

MARTIN-D'ONEY (St.-), s. m. Com. du dép. des Landes, cant. et arr. de Mont-de-Marsan. = Mont-de-Marsan.

MARTIN-D'ORDON (St.-), s. m. Com. du dép. de l'Yonne, cant. de St.-Julien-de-Sault, arr. de Joigny. = Villeneuve-le-Roi.

MARTIN-D'OYDES (St.-), s. m. Com. du dép. de l'Ariège, cant. et arr. de Pamiers. = Pamiers.

MARTIN-DU-BEC (St.-), s. m. Com. du dép. de la Seine-Inférieure, cant. de Criquetot-l'Esneval, arr. du Hâvre. = Montivilliers.

MARTIN-DU-BOIS (St.-), s. m. Com. du dép. de la Gironde, cant. de Guître, arr. de Libourne. = Coutras.

MARTIN-DU-BOIS (St.-), s. m. Com. du dép. de Maine-et-Loire, cant. et arr. de Segré. = Segré.

MARTIN-DU-BUT (St.-), s. m. Com. du dép. du Calvados, cant. et arr. de Falaise. = Falaise.

MARTIN-DU-CHARDONNET (St.-), s. m. Com. du dép. de Seine-et-Marne, cant. de Villiers-St.-Georges, arr. de Provins. = la Ferté-Gaucher.

MARTIN DU-CLOCHER (St.-), s. m. Com. du dép. de la Charente, cant. de Villefagnan, arr. de Ruffec. = Ruffec.

MARTIN-DU-FOUILLOUX (St.-), s. m. Com. du dép. de Maine-et-Loire, cant. de St.-Georges, arr. d'Angers. = St.-Georges-sur-Loire.

MARTIN-DU-FOUILLOUX (St.-), s. m. Com. du dép. des Deux-Sèvres, cant. de Ménigoute, arr. de Parthenay. = Parthenay.

MARTIN-DU-FRÊNE (St.-), s. m. Com. du dép. de l'Ain, cant. et arr. de Nantua. = Nantua.

MARTIN-DU-LAC (St.-), s. m. Com. du dép. de Saône-et-Loire, cant. de Marcigny, arr. de Charolles. = Marcigny.

MARTIN-DU-LIMET (St.-), s. m. Com. du dép. de la Mayenne, cant. de Craon, arr. de Château-Gontier. = Craon.

MARTIN-DU-MANOIR (St.-), s. m. Com. du dép. de la Seine-Inférieure, cant. de Montivilliers, arr. du Hâvre. = Harfleur.

MARTIN-DU-MONT (St.-), s. m. Com. du dép. de l'Ain, cant. de Pont-d'Ain, arr. de Bourg. = Pont-d'Ain.

MARTIN-DU-MONT (St.-), s. m. Com. du dép. de la Côte-d'Or, cant. de St.-Seine, arr. de Dijon. = St.-Seine.

MARTIN-DU-MONT (St.-), s. m. Com. du dép. de Saône-et-Loire, cant. de Beaurepaire, arr. de Louhans. = Louhans.

MARTIN-DU-PARC (St.-), s. m. Com. du dép. de l'Eure, cant. de Brionne, arr. de Bernay. = Brionne.

MARTIN-DU-PÉAN (St.-), s. m. Com. du dép. d'Eure-et-Loir, cant. de Bonneval, arr. de Châteaudun. = Bonneval.

MARTIN-DU-PLESSIS (St.-), s. m. Com. du dép. de la Seine-Inférieure, cant. de Buchy, arr. de Rouen. = Rouen.

MARTIN-DU-PUY (St.-), s. m. Com. du dép. de la Gironde, cant. de Sauveterre, arr. de la Réole. = la Réole.

MARTIN-D'URIAGE (St.-), s. m. Com. du dép. de l'Isère, cant. de Domène, arr. de Grenoble. = Grenoble.

MARTIN-DU-TARTRE (St.-), s. m. Com. du dép. de Saône-et-Loire, cant. de Buxy, arr. de Châlons. = Buxy.

MARTIN-DU-TERTRE (St.-), s. m. Com. du dép. de Seine-et-Oise, cant. de Luzarches, arr. de Pontoise. = Luzarches.

MARTIN-DU-TERTRE (St.-), s. m. Com. du dép. de l'Yonne, cant. et arr. de Sens. = Sens.

MARTIN-DU-VIVIER (St.-), s. m. Com. du dép. de la Seine-Inférieure, cant. de Darnetal, arr. de Rouen. = Rouen.

MARTIN-ÉGLISE, s. m. Com. du dép. de la Seine-Inférieure, cant. d'Offranville, arr. de Dieppe. = Dieppe.

MARTIN-EN-BIERRE (St.-), s. m. Com. du dép. de Seine-et-Marne, cant. et arr. de Melun. = Fontainebleau.

MARTIN-EN-BRESSE (St.-), s. m. Com. du dép. de Saône-et-Loire, chef-lieu de cant. de l'arr. de Châlons. Bur. d'enregist. à Verdun. = Verdun-sur-Saône.

MARTIN-EN-CAMPAGNE (St.-), s. m. Com. du dép. de la Seine-Inférieure, cant. d'Envermeu, arr. de Dieppe. = Dieppe.

MARTIN-EN-COAILLEUX (St.-), s. m. Com. du dép. de la Loire, cant. de St.-Chamond, arr. de St.-Etienne. = St.-Chamond.

MARTIN-EN-GATINAIS (St.-), s. m. Com. du dép. de Saône-et-Loire, cant. de Verdun, arr. de Châlons. = Verdun-sur-Saône.

MARTIN-EN-HAUT (St.-), s. m. Com. du dép. du Rhône, cant. de St.-Symphorien, arr. de Lyon. = Lyon.

MARTIN-EN-VERCORS (St.-), s. m. Com. du dép. de la Drôme, cant. de la Chapelle-en-Vercors, arr. de Die. = St.-Marcellin.

MARTIN-ES-VIGNES (St.-), s. m. Com. du dép. de l'Aube, cant. et arr. de Troyes. = Troyes.

MARTINET, s. m. Espèce d'hirondelle dont le plumage est entièrement noir. —, discipline de cordes au bout d'un manche. —, petit chandelier plat à manche. —, marteau de forge mu par une usine. —, manœuvre. T. de mar. — pêcheur. Voy. MARTIN.

MARTINET, s. m. Com. du dép. de la Vendée, cant. de la Mothe-Achard, arr. des Sables-d'Olonne. = la Mothe-Achard.

MARTINET (St.-), s. m. Com. du dép. de la Haute-Vienne, cant. de Nexon, arr. de Limoges. = St.-Yrieix.

MARTIN-ET-FAGES (St.-), s. m. Com. du dép. du Lot, cant. de Lauzès, arr. de Cahors. = Cahors.

MARTINÈZE, s. f. Palmier du Pérou. T. de bot.

MARTINGALE, s. f. Courroie attachée à la muserolle et à la sangle pour tenir le cheval en respect et l'empêcher de se cabrer. T. de man. —, suite de coups en doublant la mise à chacun, pour couvrir la perte de coups précédens. T. de jeu.

MARTINIEN (St.-), s. m. Com. du dép. de l'Allier, cant. de Huriel, arr. de Montluçon. = Montluçon.

MARTINIQUE (la), s. f. Île de l'Amérique septentrionale, la principale et la plus riche de celles que possède la France aux Antilles.

Cette île, découverte par Christophe Colomb en 1493, a 20 l. de long du S.-E. au N.-O., 10 l. dans sa plus grande largeur, et environ 60 l. de tour. Elle est située par 14° 23' de latitude septentrionale et 63° 18' de longitude occidentale du méridien de Paris. Chef-lieu du gouvernement, le Fort-Royal, ville fortifiée et maritime, où se trouvent la cour royale, un arr. de cour d'assises, un trib. de 1re inst. et un cant. ou just. de paix.

St.-Pierre, autre ville maritime sur la côte occidentale, possède une cour d'assises, un trib. de 1re inst. et un cant. Enfin, d'après l'ordonnance du 24 sept. 1828, concernant l'ordre judiciaire, il a été établi à la Martinique deux autres cant. ou justices de paix, l'un dans le bourg le Marin et l'autre à la Trinité, com. maritime, dont le port est un des meilleurs de l'île, dans laquelle on compte deux villes, quatre bourgs et vingt villages. Pop. 98,275 hab. env., savoir : 9,869 blancs, 11,073 gens de couleurs libres, 77,339 esclaves et 15,000 personnes non recensées.

Productions territoriales : café, cannes à sucre, cacao, coton, patates, manioc, indigo, gingembre, aloës, cocos, tabac, bananes, oranges, ananas, casse, légumes, melons, plantes médicinales, etc.

Fabr. d'indigo ; 171 sucreries, dont 11 à vapeur ; 179 usines diverses ; tuileries et briqueteries, etc. Comm. d'exportation : sucre brut et terré, café, cacao, coton, rhum, tafia, sirops, girofle, etc. Comm. d'importation : vins, eaux-de-vie, liqueurs de toute espèce ; ouvrages en fer et en fonte ; chapeaux, huiles, bijouteries, tissus, modes, etc.

MARTIN-LABOUVAL (St.-), s. m. Com. du dép. du Lot, cant. de Limogne, arr. de Cahors. = Cahors.

MARTIN-LA-CAMPAGNE (St.-), s. m. Com. du dép. de l'Eure, cant. et arr. d'Evreux. = Evreux.

MARTIN-LA-CORNEILLE (St.-), s. m. Com. du dép. de l'Eure, cant. d'Amfreville, arr. de Louviers. = Elbœuf.

MARTIN-LA-FOSSE (St.-), s. m. Com. du dép. de l'Aube, cant. de Romilly-sur-Seine, arr. de Nogent. = Nogent-sur-Seine.

MARTIN-LA-GARENNE (St.-), s. m. Com. du dép. de Seine-et-Oise, cant. de Limay, arr. de Mantes. = Mantes.

MARTIN-LA-GUÉPIE (St.-), s. m. Com. du dép. du Tarn, cant. de Cordes, arr. de Gaillac. = Cordes.

MARTIN-L'AIGUILLON (St.-), s. m.

Com. du dép. de l'Orne, cant. de Carrouges, arr. d'Alençon. = Carrouges.

MARTIN-LA-LANDE (St.-), s. m. Com. du dép. de l'Aude, cant. et arr. de Castelnaudary. = Castelnaudary.

MARTIN-LA-MÉANNE (St.-), s. m. Com. du dép. de la Corrèze, cant. de Laroche, arr. de Tulle. = Argentat.

MARTIN-LA-PATROUILLE (St.-), s. m. Com. du dép. de Saône-et-Loire, cant. de Guiche, arr. de Charolles. = Joncy.

MARTIN-LA-PLAINE (St.-), s. m. Com. du dép. de la Loire, cant. de Rive-de-Gier, arr. de St.-Etienne. = Rive-de-Gier.

MARTIN-LA-RIVIÈRE (St.-), s. m. Com. du dép. de la Vienne, cant. de Chauvigny, arr. de Montmorillon. = Chauvigny.

MARTIN-LA-ROCHE (St.-), s. m. Com. du dép. de la Dordogne, cant. d'Exideuil, arr. de Périgueux. = Exideuil.

MARTIN-LARS (St.-), s. m. Com. du dép. de la Vendée, cant. de Mortagne, arr. de Bourbon-Vendée. = Mortagne-sur-Sèvre.

MARTIN-LARS (St.-), s. m. Com. du dép. de la Vienne, cant. d'Availles, arr. de Civray. = Civray.

MARTIN-LARS (St.-), s. m. Com. du dép. de la Vendée, cant. de Ste.-Hermine, arr. de Fontenay. = Ste.-Hermine.

MARTIN-LA-SAUVETÉ (St.-), s. m. Com. du dép. de la Loire, cant. de St.-Germain-Laval, arr. de Roanne. = Roanne.

MARTIN-L'ASTIER (St.-), s. m. Com. du dép. de la Dordogne, cant. de Mussidan, arr. de Ribérac. = Mussidan.

MARTIN-LA-VALLÉE (St.-), s. m. Com. du dép. de Saône-et-Loire, cant. de Semur, arr. de Charolles. = Marcigny.

MARTIN-LE-BEAU (St.-), s. m. Com. du dép. d'Indre-et-Loire, cant. d'Amboise, arr. de Tours. = Amboise.

MARTIN-LE-BLANC (St.-), s. m. Com. du dép. de la Seine-Inférieure, cant. de St.-Saens, arr. de Neufchâtel. = Neufchâtel.

MARTIN-LE-BOUILLANT (St.-), s. m. Com. du dép. de la Manche, cant. de St.-Pois, arr. de Mortain. = Villedieu.

MARTIN-LE-CHATEL (St.-), s. m. Com. du dép. de l'Ain, cant. de Montrevel, arr. de Bourg. = Bourg.

MARTIN-LE-COLONEL (St.-), s. m. Com. du dép. de la Drôme, cant. de St.-Jean-en-Royans, arr. de Valence. = Romans.

MARTIN-LE-GAILLARD (St.-), s. m. Com. du dép. de la Seine-Inférieure, cant. d'Eu, arr. de Dieppe. = Eu.

MARTIN-LE-GRÉARD (St.-), s. m. Com. du dép. de la Manche, cant. d'Octeville, arr. de Cherbourg. = Cherbourg.

MARTIN-LE-HÉBERT (St.-), s. m. Com. du dép. de la Manche, cant. de Bricqueville, arr. de Valognes. = Valognes.

MARTIN-LE-MAULT (St.-), s. m. Com. du dép. de la Haute-Vienne, cant. de St.-Sulpice-les-Feuilles, arr. de Bellac. = le Dorat.

MARTIN-LE-NŒUD (St.-), s. m. Com. du dép. de l'Oise, cant. et arr. de Beauvais. = Beauvais.

MARTIN-LE-PIN (St.-), s. m. Com. du dép. de la Dordogne, cant. et arr. de Nontron. = Nontron.

MARTIN-LES-CASTONS (St.-), s. m. Com. du dép. de Lot-et-Garonne, cant. de Seyches, arr. de Marmande. = Marmande.

MARTIN-LESTRA (St.-), s. m. Com. du dép. de la Loire, cant. de Feurs, arr. de Montbrison. = Feurs.

MARTIN-LE-SUPÉRIEUR (St.-), s. m. Com. du dép. de l'Ardèche, cant. de Rochemaure, arr. de Privas. = Montélimar.

MARTIN-LES-VOULANGIS (St.-), s. m. Com. du dép. de Seine-et-Marne, cant. de Crécy, arr. de Meaux. = Crécy.

MARTIN-LE-VIEIL (St.-), s. m. Com. du dép. de l'Aude, cant. d'Alzonne, arr. de Carcassonne. = Alzonne.

MARTIN-LE-VIEUX (St.-), s. m. Com. du dép. du Calvados, cant. de Caumont, arr. de Bayeux. = Balleroy.

MARTIN-LE-VIEUX (St.-), s. m. Com. du dép. de l'Eure, cant. et arr. de Bernay. = Bernay.

MARTIN-LE-VIEUX (St.-), s. m. Com. du dép. de la Haute-Vienne, cant. d'Aixe, arr. de Limoges. = Limoges.

MARTIN-LE-VINOUX (St-), s. m. Com. du dép. de l'Isère, cant. et arr. de Grenoble. = Grenoble.

MARTIN-L'HEUREUX (St.-), s. m. Com. du dép. de la Marne, cant. de Beine, arr. de Reims. = Reims.

MARTIN-L'HORTIER (St.-), s. m. Com. du dép. de la Seine-Inférieure, cant. et arr. de Neufchâtel. = Neufchâtel.

MARTIN-L'INFÉRIEUR (St.-), s. m. Com. du dép. de l'Ardèche, cant. de Rochemaure, arr. de Privas. = Privas.

MARTIN-LONGUEAU (St.-), s. m.

Com. du dép. de l'Oise, cant. de Liancourt, arr. de Clermont. = Pont-Ste.-Maxence.

MARTINO (San-), s. m. Com. du dép. de la Corse, chef-lieu de cant. de l'arr. de Bastia. = Bastia.

MARTIN-PUICH, s. m. Com. du dép. du Pas-de-Calais, cant. de Bapaume, arr. d'Arras. = Bapaume.

MARTIN-RIVIÈRE (St.-), s. m. Com. du dép. de l'Aisne, cant. de Wasigny, arr. de Vervins. = Guise.

MARTIN-ST.-FIRMIN (St.-), s. m. Com. du dép. de l'Eure, cant. de St.-Georges-du-Vièvre, arr. de Pont-Audemer. = Pont-Audemer.

MARTIN-STE.-CATHERINE (St.-), s. m. Com. du dép. de la Creuse, cant. et arr. de Bourganeuf. = Bourganeuf.

MARTIN-SEC, s. m. Petite poire d'automne.

MARTIN-SEPERS (St.-), s. m. Com. du dép. de la Corrèze, cant. de Lubersac, arr. de Brive. = Uzerche.

MARTIN-SIRE, s. m. Poire d'automne.

MARTIN-SOUS-MONTAIGU (St.-), s. m. Com. du dép. de Saône-et-Loire, cant. de Givry, arr. de Châlons. = Châlons.

MARTIN-SOUS-MOUZEUIL (St.-), s. m. Com. du dép. de la Vendée, cant. de l'Hermenault, arr. de Fontenay. = Fontenay.

MARTIN-SOUS-VIGOUROUX (St.-), s. m. Com. du dép. du Cantal, cant. de Pierrefort, arr. de St.-Flour. = St.-Flour.

MARTIN-SUR-COJEUL (St.-), s. m. Com. du dép. du Pas-de-Calais, cant. de Croisilles, arr. d'Arras. = Arras.

MARTIN-SUR-LE-PRÉ (St.-), s. m. Com. du dép. de la Marne, cant. et arr. de Châlons. = Châlons.

MARTIN-SUR-OCRE (St.-), s. m. Com. du dép. du Loiret, cant. et arr. de Gien. = Gien.

MARTIN-SUR-OCRE (St.-), s. m. Com. du dép. de l'Yonne, cant. d'Aillant, arr. de Joigny. = Toucy.

MARTIN-SUR-OREUSE (St.-), s. m. Com. du dép. de l'Yonne, cant. de Sergines, arr. de Sens. = Sens.

MARTIN-SUR-OUANE (St.-), s. m. Com. du dép. de l'Yonne, cant. de Charny, arr. de Joigny. = Charny.

MARTIN-TERRESUS (St.-), s. m. Com. du dép. de la Haute-Vienne, cant. de St.-Léonard, arr. de Limoges. = St.-Léonard.

MARTIN-VALMEROUX (St.-), s. m. Com. du dép. du Cantal, cant. de Salers, arr. de Mauriac. Bur. de poste.

MARTINVAST, s. m. Com. du dép. de la Manche, cant. d'Octeville, arr. de Cherbourg. = Cherbourg.

MARTINVELLE, s. f. Com. du dép. des Vosges, cant. de Monthureux-sur-Saône, arr. de Mirecourt. = Darney.

MARTIOBARBULE, s. m. Arme ancienne, espèce de marteau dont l'un des bouts offrait une pointe; guerrier armé de cette arme.

MARTISERRE, s. f. Com. du dép. de la Haute-Garonne, cant. de l'Isle-en-Dodon, arr. de St.-Gaudens. = l'Isle-en-Dodon.

MARTIZAY, s. m. Com. du dép. de l'Indre, cant. de Tournon-St.-Martin, arr. du Blanc. = Preuilly.

MARTOIRE, s. m. Marteau à deux pannes. T. de serr.

MARTORY (St.-), s. m. Petite ville du dép. de la Haute-Garonne, chef-lieu de cant. de l'arr. de St.-Gaudens. Bur. d'enregist. à Salies. Bur. de poste. Manuf. de draps, carrières de pierres de taille.

MARTOT, s. m. Com. du dép. de l'Eure, cant. de Pont-de-l'Arche, arr. de Louviers. = Pont-de-l'Arche.

MARTRAGNY, s. m. Com. du dép. du Calvados, cant. de Creully, arr. de Caen. = Caen.

MARTRE, s. f. Voy. MARTE.

MARTRE (la), s. f. Com. du dép. du Var, cant. de Comps, arr. de Draguignan. = Draguignan.

MARTRES, s. f. Ville du dép. de la Haute-Garonne, cant. de Cazères, arr. de Muret. Bur. de poste.

MARTRES, s. f. Com. du dép. de la Gironde, cant. de Targon, arr. de la Réole. = Cadillac.

MARTRES-D'ARTIÈRES, s. f. Com. du dép. du Puy-de-Dôme, cant. de Pont-du-Château, arr. de Clermont. = Clermont-Ferrand.

MARTRES-DE-RIVIÈRE, s. f. Com. du dép. de la Haute-Garonne, cant. de St.-Bertrand, arr. de St.-Gaudens. = Montrejeau.

MARTRES-DE-VEYRE, s. f. Com. du dép. du Puy-de-Dôme, cant. de Veyre-Monton, arr. de Clermont. = Clermont-Ferrand.

MARTRES-SUR-MORGES, s. f. Com. du dép. du Puy-de-Dôme, cant. d'Ennezat, arr. de Riom. = Riom.

MARTRIN, s. m. Com. du dép. de l'Aveyron, cant. de St.-Sernin, arr. de St.-Affrique. = St.-Sernin.

MARTROIS, s. m. Com. du dép. de la

Côte-d'Or, cant. de Pouilly-en-Auxois, arr. de Beaune. = Vitteaux.

MARTYR, E, s. Victime du fanatisme, qui a souffert des tortures, qui est mort pour sa foi. —, qui a beaucoup souffert, qui souffre beaucoup, en général.

MARTYRE, s. m. Tourmens endurés pour la foi; mort au milieu des tortures. —, souffrances extrêmes; chagrins d'amour. T. poét.

MARTYRE (la), s. f. Com. du dép. du Finistère, cant. de Ploudiry, arr. de Brest. = Landerneau.

MARTYRISÉ, E, part. Torturé.

MARTYRISER, v. a. Faire souffrir le martyre, torturer.

MARTYROLOGE, s. m. Catalogue des martyrs, des saints.

MARTYROLOGISTE, s. m. Auteur d'un catalogue des martyrs, des saints.

MARTYS (les), s. m. pl. Com. du dép. de l'Aude, cant. du Mas-Cabardès, arr. de Carcassonne. = Carcassonne.

MARUÉJOLS-LES-GARDONS, s. m. Com. du dép. du Gard, cant. de Ledignan, arr. d'Alais. = Nismes.

MARUM, s. m. Plante vivace, aromatique, anti-scorbutique, très recherchée par les chats, qu'elle enivre. — mastic, marjolaine d'Angleterre, petite plante ligneuse des pays chauds.

MARUN, s. m. Com. du dép. du Gers, cant. et arr. de Lombez. = Lombez.

MARURANG, s. m. Ciste, plante des Indes-Orientales. T. de bot.

MARVAL, s. m. Com. du dép. de la Haute-Vienne, cant. de St.-Mathieu, arr. de Rochechouart. = Chalus.

MARVAUX, s. m. Corbeille pour égoutter le sel. T. de sal.

MARVAUX, s. m. Com. du dép. des Ardennes, cant. de Monthois, arr. de Vouziers. = Vouziers.

MARVEJOLS, s. m. Ville du dép. de la Lozère, chef-lieu de sous-préf. et de cant.; trib. de 1re inst.; chambre consultative des manuf.; société d'agric.; conserv. des hypoth.; direct. des contrib. indir.; recev. part. des finances. Bur. d'enregist. et de poste.
Fabr. de cadis et de serges. Comm. de draps et étoffes de laine, de chapellerie, etc.

MARVELIZE, s. f. Com. du dép. du Doubs, cant. de l'Isle-sur-le-Doubs, arr. de Baume. = l'Isle-sur-le-Doubs.

MARVILLE, s. f. Com. du dép. de la Meuse, cant. et arr. de Montmédy. = Montmédy.

MARVILLE-LES-BOIS, s. f. Com. du dép. d'Eure-et-Loir, cant. de Châteauneuf, arr. de Dreux. = Châteauneuf.

MARVILLE-MOUTIERS-BRÛLÉ, s. f. Com. du dép. d'Eure-et-Loir, cant. et arr. de Dreux. = Dreux.

MARY (St.-), s. m. Com. du dép. du Cantal, cant. de St.-Mamet, arr. d'Aurillac. = Aurillac.

MARY (St.-), s. m. Com. du dép. de la Charente, cant. de St.-Claud, arr. de Confolens. = la Rochefoucault.

MARY (St.-), s. m. Com. du dép. de Seine-et-Marne, cant. de Lizy, arr. de Meaux. = Lizy.

MARYLAND, s. m. L'un des Etats qui composent la confédération de l'Amérique du Nord.

MARY-LE-GROS (St.-), s. m. Com. du dép. du Cantal, cant. de Massiac, arr. de St.-Flour. = Massiac.

MARY-LE-PLEIN (St.-), s. m. Com. du dép. du Cantal, cant. de Massiac, arr. de St.-Flour. = Massiac.

MARZAN, s. m. Com. du dép. du Morbihan, cant. de la Roche-Bernard, arr. de Vannes. = la Roche-Bernard.

MARZEAU, s. m. Excroissance charnue sous le cou des cochons.

MARZENS, s. m. Com. du dép. du Tarn, cant. et arr. de Lavaur. = Lavaur.

MARZIALS, s. m. Com. du dép. de l'Aveyron, cant. de Bauzély, arr. de Milhau. = Milhau.

MARZY, s. m. Com. du dép. de la Nièvre, cant. et arr. de Nevers. = Nevers.

MAS, s. m. Nom de diverses monnaies d'Orient.

MAS (le), s. m. Com. du dép. du Var, cant. de St.-Auban, arr. de Grasse. = Grasse.

MASARIDES, s. m. pl. Insectes hyménoptères diploptères. T. d'hist. nat.

MASATO, s. m. Sorte de boisson des Péruviens.

MAS-BLANC, s. m. Com. du dép. des Bouches-du-Rhône, cant. et arr. d'Arles. = St.-Rémy.

MAS-CABARDÈS (le), s. m. Com. du dép. de l'Aude, chef-lieu de cant. de l'arr. de Carcassonne. Bur. d'enregist. = Carcassonne.

MASCARADE, s. f. Déguisement avec des masques pour se divertir en temps de carnaval; troupe de masques, de gens déguisés.

MASCARAS, s. m. Com. du dép. du Gers, cant. de Montesquiou, arr. de Mirande. = Mirande.

MASCARAS, s. m. Com. du dép. des Basses-Pyrénées, cant. de Garlin, arr. de Pau. = Pau.

MASCARAS, s. m. Com. du dép. des Hautes-Pyrénées, cant. de Tournay, arr. de Tarbes. = Tarbes.

MASCARET, s. m. Reflux violent de la mer dans la Dordogne.

MASCARIDES, s. f. pl. Insectes hyménoptères du S. de l'Europe et de l'Afrique.

MASCARIN, s. m. Sorte de perroquet.

MASCARON, s. m. Tête grotesque qu'on met aux portes, aux fontaines.

MASCARVILLE, s. f. Com. du dép. de la Haute-Garonne, cant. de Caraman, arr. de Villefranche. = Caraman.

MASCLAT, s. m. Com. du dép. du Lot, cant. de Peyrac, arr. de Gourdon. = Peyrac.

MASCULIN, s. m. Le genre masculin. T. de gramm.

MASCULIN, E, adj. Qui appartient au mâle; sexe masculin. Genre —, genre des noms masculins. Substantif —, qui désigne un mâle ou une chose qui peut être précédée des mots le ou un. Fief —, que les mâles seuls pouvaient posséder.

MASCULINISÉ, E, part. Classé parmi les noms masculins, en parlant d'un mot.

MASCULINISER, v. a. Ranger un mot parmi les noms masculins, lui donner ce genre.

MASCULINITÉ, s. f. Caractère, qualité du mâle.

MASCULIT ou MASULIT, s. m. Sorte de chaloupe des Indes.

MAS-D'AGENAIS (le), s. m. Ville du dép. de Lot-et-Garonne, chef-lieu de cant. de l'arr. de Marmande. Bur. d'enregist. = Tonneins.

MAS-D'AIRE, s. m. Village du dép. des Landes, cant. d'Aire, arr. de St.-Sever. = Aire-sur-l'Adour.

MAS-D'ARTIGE (le), s. m. Com. du dép. de la Creuse, cant. de la Courtine, arr. d'Aubusson. = Felletin.

MAS-D'AUVIGNON (le), s. m. Com. du dép. du Gers, cant. et arr. de Lectoure. = Lectoure.

MAS-D'AZIL (le), s. m. Ville du dép. de l'Ariège, chef-lieu de cant. de l'arr. de Pamiers. Bur. d'enregist. et de poste.

MAS-DE-L'HOM, s. m. Com. du dép. de l'Aveyron, cant. de Najac, arr. de Villefranche. = Villefranche.

MAS-DE-LONDRES, s. m. Com. du dép. de l'Hérault, cant. de St.-Martin-de-Londres, arr. de Montpellier. = Ganges.

MAS-DES-COURS, s. m. Com. du dép. de l'Aude, cant. de Capendu, arr. de Carcassonne. = Carcassonne.

MASDEVALLIE, s. f. Plante orchidée. T. de bot.

MASDIEU, s. m. Com. du dép. du Gard, cant. de St.-Martin-de-Valgalgues, arr. d'Alais. = Alais.

MAS-DU-CAUSSE, s. m. Com. du dép. de l'Aveyron, cant. d'Asprières, arr. de Villefranche. = Villefranche.

MAS-DU-SOULIÉ, s. m. Village du dép. de l'Aveyron, cant. de Réquista, arr. de Rodez. = Rodez.

MASGNAPENNE, s. f. Racine d'une plante de Virginie.

MAS-GRENIER (le), s. m. Com. du dép. de Tarn-et-Garonne, cant. de Verdun, arr. de Castel-Sarrasin. = Grisolles.

MASIER, s. m. Ver à tuyau. T. d'hist. nat.

MASLACQ, s. m. Com. du dép. des Basses-Pyrénées, cant. de Lagor, arr. d'Orthez. = Orthez.

MASLES ou MÂLES, s. f. pl. Peintures du gouvernail. T. de mar.

MASLIVES, s. f. Com. du dép. de Loir-et-Cher, cant. de Bracieux, arr. de Blois. = Bracieux.

MASMES (St.-), s. m. Com. du dép. de la Marne, cant. de Beine, arr. de Reims. = Reims.

MASNAU (le), s. m. Village du dép. du Tarn, cant. de Vabre, arr. de Castres. = Castres.

MASNIÈRES, s. f. Com. du dép. du Nord, cant. de Marcoing, arr. de Cambrai. = Cambrai.

MASNY, s. m. Com. du dép. du Nord, cant. et arr. de Douai. = Douai.

MASOLES, s. m. pl. Milice croate.

MASOS, s. m. Com. du dép. des Pyrénées-Orientales, cant. et arr. de Prades. = Prades.

MASPARRAUTE, s. f. Com. du dép. des Basses-Pyrénées, cant. de St.-Palais, arr. de Mauléon. = St.-Palais.

MASPIE, s. f. Com. du dép. des Basses-Pyrénées, cant. de Lembeye, arr. de Pau. = Pau.

MASQUE, s. m. Empreinte de la figure d'un mort; visage de carton peint, pour se déguiser, ou de velours, pour se garantir du hâle, comme faisaient autrefois les dames. —, personne travestie, masquée. —, prétexte, déguisement, fausse apparence, dehors trompeurs. Fig. —, physionomie du comédien; le masque de Préville. Lever le —, cesser de feindre, agir à découvert. Arracher le —, démasquer, faire connaître. —, bandage pour les brûlures et les plaies du visage. T. de chir. —, partie antérieure de la tête des libellules ; genre de coquilles. T. d'hist. nat.

MASQUÉ, E, part. Couvert d'un masque. Bal —, dans lequel sont admis ceux qui jugent à propos de se masquer. Batterie —, pièces d'artillerie cachées. Lion —, qui porte un masque. T. de blas.

MASQUER, v. a. Déguiser, travestir, couvrir la figure d'un masque. —, cacher, dérober à la vue. —, prendre une voie détournée, agir en secret ; masquer ses mauvais desseins. Fig. — une batterie, une maison, etc., élever des travaux, des constructions vis-à-vis d'une batterie, etc. Se —, v. pron. Se déguiser, se couvrir la figure d'un masque. Se —, cacher ses desseins. Fig.

MASQUIÈRES, s. f. Village du dép. de Lot-et-Garonne, cant. de Tournon, arr. de Villeneuve. = Villeneuve.

MASSABRAC, s. m. Com. du dép. de la Haute-Garonne, cant. de Montesquieu-Volvest, arr. de Muret. = Rieux.

MASSAC, s. m. Com. du dép. de l'Aude, cant. de Monthoumet, arr. de Carcassonne. = la Grasse.

MASSAC, s. m. Com. du dép. de la Charente-Inférieure, cant. de Matha, arr. de St.-Jean-d'Angély. = St.-Jean-d'Angély.

MASSAC, s. m. Com. du dép. du Tarn, cant. de St.-Paul, arr. de Lavaur. = Lavaur.

MASSACHUSETTS, s. m. L'un des états de la république Américaine du Nord, dont Boston est la capitale.

MASSACRANT, E, adj. Fatigant, assommant, maussade ; humeur massacrante. Fig.

MASSACRE, s. m. Tuerie, carnage sans distinction de sexe ni d'âge ; horrible boucherie d'êtres inoffensifs. —, sommet de la tête d'un cerf. T. de vener. —, mauvais ouvrier qui gâte la besogne. T. fam.

MASSACRÉ, E, part. Tué, égorgé, assassiné sans avoir pu se défendre. —, mal fait, gâté. Fig.

MASSACRER, v. a. Tuer, égorger, assommer, mutiler indistinctement femmes, enfans, vieillards ; assassiner lâchement, cruellement des êtres sans défense, des hommes désarmés. —, travailler mal, gâter l'ouvrage par maladresse, ou par étourderie. Fig. et fam.

MASSACREUR, s. m. Celui qui massacre. —, massacre T. fam.

MASSAGE, s. m. Sorte de friction, magnétisme. T. de chir.

MASSAGUEL, s. m. Com. du dép. du Tarn, cant. de Dourgne, arr. de Castres. = Revel.

MAS-SAINTES-PUELLES (le), s. m. Village du dép. de l'Aude, cant. et arr. de Castelnaudary. = Castelnaudary.

MASSAIS, s. m. Com. du dép. des Deux-Sèvres, cant. d'Argenton-Château, arr. de Bressuire. = Argenton-Château.

MASSALS, s. m. Com. du dép. du Tarn, cant. d'Alban, arr. d'Albi. = St.-Sernin.

MASSANE, s. f. Cordon de la poupe d'une galère. T. de mar.

MASSANGIS, s. m. Com. dép. de l'Yonne, cant. de l'Isle-sur-le-Serin, arr. d'Avallon. = Lucy-le-Bois.

MASSANNES, s. f. Com. du dép. du Gard, cant. de Ledignan, arr. d'Alais. = Nismes.

MASSAPE, s. f. Instrument pour mouvoir les cordages. T. de mar.

MASSAT, s. m. Ville du dép. de l'Ariège, chef-lieu de cant. de l'arr. de St.-Girons. Bur. d'enregist. = St.-Girons. Forges et mines de fer.

MASSAVACURI, s. m. Palmier de l'Amérique méridionale. T. de bot.

MASSAY, s. m. Com. du dép. du Cher, cant. de Vierzon, arr. de Bourges. = Vierzon.

MASSE, s. f. Amas de parties qui font corps ensemble. —, corps solide, pesant ; masse de plomb. —, homme d'un embonpoint extraordinaire ; cet homme est une masse de chair. —, le trésor, la caisse d'un régiment ; retenue qu'on fait au soldat sur sa solde. T. d'art milit. —, fonds d'argent mis au jeu ; totalité des biens qui composent une succession, etc., espèce de massue ; gros marteau pour assommer les bœufs ; gros bout d'une queue de billard. —, canne à tête d'or ou d'argent qu'on porte dans certaines cérémonies. —, réunion des parties, l'ensemble. T. de peint. — au bedeau, plante des champs, espèce de roquette. — d'eau. Voy. MASSETTE.

MASSÉ, E, part. Réuni, formé en masse.

MASSEILLES, s. f. Com. du dép. de la Gironde, cant. de Grignols, arr. de Bazas. = Bazas.

MASSELOTTE, s. f. Superfluité de métal dans le moule d'un canon. T. de fond.

MASSELS, s. m. Com. du dép. de Lot-et-Garonne, cant. de Penne, arr. de Villeneuve. = Villeneuve.

MASSEPAIN, s. m. Pâtisserie composée d'amandes pilées et de sucre.

MASSER, v. a. Réunir des capitaux, faire une masse au jeu. —, distribuer par masse, jeter sur la toile les parties principales d'un tableau. T. de peint. —, frictionner, magnétiser.

MASSÉRAC, s. m. Com. du dép. de la Loire-Inférieure, cant. de Guémené, arr. de Savenay. = Redon.

MASSERET, s. m. Com. du dép. de la Corrèze, cant. d'Uzerche, arr. de Tulle. Bur. de poste.

MASSETER, s. m. Muscle très fort placé à la partie postérieure de la joue. — interne, muscle grand ptérygoïdien. T. d'anat.

MASSÉTÉRIQUE, adj. Qui appartient, est relatif au muscle masseter. T. d'anat.

MASSETTE, s. f. Genre de vers intestinaux. — ou masse d'eau, plante aquatique, genre de typhoïdes. T. de bot.

MASSEUBE, s. m. Ville du dép. du Gers, chef-lieu de cant. de l'arr. de Mirande. Bur. d'enregist. = Auch. Fabr. de cadis, capes et couvertures; comm. de mulets.

MASSEUR, s. m. Magnétiseur.

MASSEVAUX, s. m. Petite ville du dép. du Haut-Rhin, chef-lieu de cant. de l'arr. de Belfort. Bur. d'enregist. = Belfort. Fabr. d'ouvrages en cuivre et de tissus de coton; filatures de coton.

MASSIAC, s. m. Com. du dép. du Cantal, chef-lieu de cant. de l'arr. de St.-Flour. Bur. d'enregist. et de poste.

MASSICAUT, s. m. Ancien droit sur les vins.

MASSICOT, s. m. Oxyde de plomb qui sert à vernisser la faïence.

MASSIER, s. m. Officier qui portait une masse, c'est-à-dire une canne garnie d'une pomme d'or ou d'argent, dans certaines cérémonies.

MASSIEUX, s. m. Com. du dép. de l'Ain, cant. et arr. de Trévoux. = Trévoux.

MASSIF, s. m. Construction pleine et solide. T. de maç. —, masse de bois qui borne la vue.

MASSIF, IVE, adj. Épais, pesant; ornement massif. Or —, plein et sans mélange. —, grossier, lourd; esprit massif. Fig.

MASSIGES, s. f. Com. du dép. de la Marne, cant. de Ville-sur-Tourbe, arr. de Ste.-Ménéhould. = Ste.-Ménéhould.

MASSIGNAT, s. m. Com. du dép. de la Charente, cant. de Montembœuf, arr. de Confolens. = la Rochefoucault.

MASSIGNIEU, s. m. Com. du dép. de l'Ain, cant. et arr. de Belley. = Belley.

MASSILLARGUES, s. f. Village du dép. du Gard, cant. de Sauve, arr. du Vigan. = Anduze.

MASSILLY, s. m. Com. du dép. de Saône-et-Loire, cant. de Cluny, arr. de Mâcon. = Cluny.

MASSINGY, s. m. Com. du dép. de la Côte-d'Or, cant. et arr. de Châtillon. = Châtillon-sur-Seine.

MASSINGY - LES - SEMUR, s. m. Com. du dép. de la Côte-d'Or, cant. et arr. de Semur. = Semur.

MASSINGY-LES-VITTEAUX, s. m. Com. du dép. de la Côte-d'Or, cant. de Vitteaux, arr. de Semur. = Vitteaux.

MASSIVEMENT, adv. D'une manière massive, lourdement, pesamment.

MASSIVETÉ, s. f. Epaisseur, pesanteur. T. inus.

MASSOGNES, s. f. Com. du dép. de la Vienne, cant. de Mirebeau, arr. de Poitiers. = Mirebeau.

MASSOLE, s. f. Horrible boucherie, genre de supplice qui consistait à assommer avec une massue, dans certaines contrées de l'Italie.

MASSON, s. m. Espèce de jujubier. T. de bot.

MASSONE, s. f. Plante liliacée. T. de bot.

MASSORAH ou MASSORE, s. f. Critique du texte de la Bible par des docteurs juifs.

MASSORÈTES, s. m. pl. Docteurs juifs qui ont fait une critique du texte de la Bible.

MASSORÉTIQUE, adj. Qui est relatif à la massore, à la critique de la Bible.

MASSOU, s. m. Table de madriers pour former les pains de sel. T. de sal.

MASSOULÈS, s. m. Com. du dép. de Lot-et-Garonne, cant. de Penne, arr. de Villeneuve. = Villeneuve.

MASSUE, s. f. Enorme bâton plein de nœuds et beaucoup plus gros d'un bout que de l'autre. Coup de —, événement accablant, imprévu. Fig. et fam.

MASSUGAS, s. m. Com. du dép. de la Gironde, cant. de Pellegrue, arr. de la Réole. = Monségur.

MASSUGUIÈS, s. m. Com. du dép. du Tarn, cant. de Vabre, arr. de Castres. = St.-Sernin.

MASSY, s. m. Com. du dép. de Saône-et-Loire, cant. de Cluny, arr. de Mâcon. = Cluny.

MASSY, s. m. Com. du dép. de Seine-et-Oise, cant. de Longjumeau, arr. de Corbeil. = Antony.

MASSY, s. m. Com. du dép. de la

Seine-Inférieure, cant. et arr. de Neufchâtel. = Neufchâtel.

MAST, s. m. Pièce à l'extrémité d'un manche de parapluie.

MASTAING, s. m. Com. du dép. du Nord, cant. de Bouchain, arr. de Valenciennes.= Bouchain.

MASTIC, s. m. Gomme du lentisque. —, nom de différentes compositions qui servent à enduire, à boucher, etc.

MASTICATION, s. f. Broiement des alimens solides par l'action de la mâchoire inférieure sur la supérieure, afin de diviser les alimens et les rendre plus faciles à digérer.

MASTICATOIRE, s. m. Ingrédient qu'on mâche pour exciter la sécrétion des glandes salivaires.

MASTICOPHORE, s. m. Espèce d'huissier chargé de faire la police dans les jeux publics de la Grèce.

MASTIGADOUR, s. m. Mors qui fait sortir l'écume de la bouche du cheval et la lui rafraîchit.

MASTIQUÉ, E, part. Enduit de mastic, collé, bouché avec du mastic.

MASTIQUER, v. a. Enduire, coller, boucher, joindre avec du mastic.

MASTODONTE, s. m. Mammifère fossile, voisin de l'éléphant. T. d'hist. nat.

MASTODYNIE, s. f. Phlegmon des mamelles. T. de méd.

MASTOÏDE ou MASTOÏDIEN, NE, adj. Qui a la forme d'un mamelon; se dit de toutes les apophyses qui ont cette forme, et particulièrement de celle que l'on remarque dans l'os temporal à la base du crâne. T. d'anat.

MASTOÏDO-AURICULAIRE ou CONCHINIEN, s. et adj. m. Muscle postérieur de l'oreille. T. d'anat.

MASTOÏDO-GÉNIEN, s. et adj. Muscle digastrique. T. d'anat.

MASTRE (la), s. f. Com. du dép. de l'Ardèche, chef-lieu de cant. de l'arr. de Tournon. Bur. d'enregist. = Tournon.

MASTURBATION, s. f. Habitude dangereuse de se masturber.

MASTURBER (se), v. pron. Commettre le péché d'Onan, se livrer à des attouchemens qui provoquent l'évacuation de la semence.

MASULIPATAN, s. m. Ville de l'Inde sur la côte de Coromandel, remarquable par ses fabriques de mouchoirs et de toiles peintes. —, toile de coton très fine provenant des fabriques de cette ville.

MASURE, s. f. Fragmens d'une habitation tombée en ruines; vieille maison, vieux bâtiment qui menace ruine.

MAT, s. m. Coup qui met le roi en position de ne pouvoir bouger de place, sans éprouver un nouvel échec. T. de jeu d'échecs.

MÂT, s. m. Grosse et longue pièce de bois ajustée sur un navire pour porter les voiles.

MAT, E, adj. Qui n'est point poli, en parlant des métaux qu'on met en œuvre ; or mat. —, lourd, compact ; pain mat. Broderie —, trop chargée.

MATACHÉ, E, part. Tatoué.

MATACHER ou MATACHIER, v. a. Tatouer, teindre la peau.

MATACON, s. m. Noisette d'Afrique.

MATADON, s. m. Coquille du genre des pétoncles. T. d'hist. nat.

MATADOR, s. m. Carte supérieure. T. de jeu d'hombre. —, homme riche, renommé, considérable par son crédit. Fig. et fam.

MATAFELON, s. m. Com. du dép. de l'Ain, cant. d'Izernore, arr. de Nantua. = Nantua.

MATAFION, s. m. Petit cordage. T. de mar.

MATAMORE, s. m. Personnage de comédie, ridicule par ses forfanteries ; faux brave.

MATARO, s. m. Ville maritime d'Espagne, dans la Catalogue. Pop. 25,000 hab. env.

MATASSE, s. f. Soie grège, soie écrue; coton non filé.

MATASSIN, s. m. Bouffon. —, pl. Danse bouffonne ; ceux qui exécutent cette danse.

MATASSINADE, s. f. Bouffonnerie des matassins.

MATASSINER, v. n. Faire des bouffonneries, danser les matassins.

MATATAN, s. m. Gros tambour dont se servent les Indiens.

MATAYBÉ, s. m. Grand arbre de la Guiane. T. de bot.

MATCHI, s. m. Sapajou. T. d'hist. nat.

MÂTÉ, E, part. Garni de mâts. T. de mar.

MATÉ, E, part. Se dit d'un coup par lequel le roi a été fait mat. T. de jeu d'échecs. —, humilié, dompté. Fig.

MATELAS, s. m. Sorte de sac en toile à carreaux, rempli de laine et piqué d'espace en espace, pour garnir un lit. —, coussin piqué dont on garnit les côtés de l'intérieur d'un carrosse.

MATELASSÉ, E, part. Garni de laine ou de coton, et piqué.

MATELASSER, v. a. Garnir un vêtement de laine ou de ouate. —, garnir une fenêtre de matelas pour la garantir des coups de feu.

MATELASSIER, ÈRE, s. Cardeur qui fait les matelas et les rebat.

MATELÉE, s. f. Plante marécageuse de la Guiane. T. de bot.

MATELLES (les), s. f. pl. Petite ville du dép. de l'Hérault, chef-lieu de cant. de l'arr. de Montpellier. Bur. d'enregist. à St.-Martin-de-Londres. = Montpellier.

MATELOT, s. m. Marin qui sert à la manœuvre d'un navire. —, dans une armée navale, petit navire qui accompagne un vaisseau de haut bord pour exécuter ses ordres. T. de mar.

MATELOTAGE, s. m. Solde des matelots.

MATELOTTE, s. f. Mets composé de plusieurs sortes de poissons ; danse des matelots. A la —, adv. A la manière des matelots.

MATEMALE, s. m. Com. du dép. des Pyrénées-Orientales, cant. de Mont-Louis, arr. de Prades. = Mont-Louis.

MATÉOLOGIE, s. f. Vaine recherche, discussion dangereuse sur des matières abstraites, considérées comme articles de foi.

MATÉOLOGIEN, s. m. Mortel orgueilleux qui cherche à approfondir les mystères de la religion, les décrets impénétrables de la Providence.

MATER, v. a. Faire mat. T. de jeu d'échecs. —, rompre le caractère, dompter l'humeur ; abattre, fatiguer, affaiblir, mettre dans l'impuissance ; mortifier, humilier. Voy. MATTER.

MÂTER, v. a. Garnir de mâts. —, mettre debout. T. de mar.

MÂTEREAU, s. m. Petit mât ; bout de mât. T. de mar.

MATÉRIALISÉ, E, part. Se dit d'une substance spirituelle rangée parmi les êtres corporels, par les matérialistes.

MATÉRIALISER, v. a. Nier l'existence de Dieu, d'un être purement spirituel auquel la matière est soumise ; faire de l'athéisme, de l'irréligion, saper les fondemens de la société, ravaler l'homme à la condition de la bête, etc. Se —, v. pron. Prendre un corps, se faire homme ; J.-C. s'est matérialisé pour nous sauver.

MATÉRIALISME, s. m. Athéisme ; système révoltant basé sur la supposition absurde que tout est matière, et conséquemment qu'il n'existe pas un Dieu créateur de toutes choses.

MATÉRIALISTE, s. et adj. Athée ; partisan de la dangereuse erreur de l'athéisme, du matérialisme.

MATÉRIALITÉ, s. f. Qualité de ce qui est matière.

MATÉRIAUX, s. m. pl. Les différentes matières qui entrent dans la construction d'un bâtiment. —, documens qui servent à la composition d'un ouvrage de littérature. Fig.

MATÉRIEL, s. m. Le fond, la substance ; ce qui compose, concerne le corps. — de guerre, le train d'artillerie, les bagages, les canons, les munitions, etc.

MATÉRIEL, LE, adj. Qui sort de la matière, formé de matière. —, lourd, épais ; ornement matériel. —, grossier, pesant ; esprit matériel.

MATÉRIELLEMENT, adv. Selon la matière, d'une manière matérielle.

MATERNEL, LE, adj. Naturel aux sentimens, à la tendresse d'une mère ; sollicitude maternelle. —, qui vient du côté de la mère ; succession maternelle. Langue —, du pays qui vous a vu naître.

MATERNELLEMENT, adv. Avec la tendresse d'une mère ; d'une manière maternelle.

MATERNISER, v. n. Tenir de sa mère. T. inus.

MATERNITÉ, s. f. Etat, qualité de mère.

MÂTEUR, s. m. Charpentier qui fait et place les mâts des navires. T. de mar.

MATHA, s. m. Com. du dép. de la Charente-Inférieure, chef-lieu de cant. de l'arr. de St.-Jean-d'Angély. Bur. d'enregist. = St.-Jean-d'Angély.

MATHAUX, s. m. Com. du dép. de l'Aube, cant. de Brienne, arr. de Bar-sur-Aube. = Brienne.

MATHAY, s. m. Com. du dép. du Doubs, cant. de Pont-de-Roide, arr. de Montbéliard. = Montbéliard.

MATHÉMATICIEN, s. m. Savant versé dans la connaissance des mathématiques, qui les enseigne, en fait l'application.

MATHÉMATIQUE, adj. Qui appartient, est relatif aux mathématiques. —, déduit régulièrement de principes sûrs, démontré, exact, rigoureux, infaillible.

MATHÉMATIQUEMENT, adv. D'une manière exacte, selon les règles de la science, des mathématiques.

MATHÉMATIQUES, s. m. pl. Science des grandeurs et de leurs propriétés en général.

MATHENAY, s. m. Com. du dép. du Jura, cant. d'Arbois, arr. de Poligny. = Arbois.

MATHES (les), s. m. pl. Com. du dép. de la Charente-Inférieure, cant. de la

Tremblade, arr. de Marennes. = la Tremblade.

MATHIEU (St.-), s. m. Com. du dép. du Calvados, cant. de Douvres-la-Délivrande, arr. de Caen. = Caen.

MATHIEU (St.-), s. m. Com. du dép. de la Haute-Vienne, chef-lieu de cant. de l'arr. de Rochechouart. Bur. d'enregist. à Oradour-sur-Vayres. = Rochechouart.

MATHIEU-DE-TRÉVIERS (St.-), s. m. Com. du dép. de l'Hérault, cant. des Matelles, arr. de Montpellier. = Montpellier.

MATHON, s. m. Village du dép. des Ardennes, cant. de Carignan, arr. de Sedan. = Carignan.

MATHONS, s. m. Com. du dép. de la Haute-Marne, cant. de Joinville, arr. de Vassy. = Joinville.

MATHONVILLE, s. f. Com. du dép. de la Seine-Inférieure, cant. de St.-Saens, arr. de Neufchâtel. = Rouen.

MATHURIN, s. m. Moine, religieux.

MATHURIN (St.-), s. m. Com. du dép. de Maine-et-Loire, cant. des Ponts-de-Cé, arr. d'Angers. = les Rosiers.

MATHURIN-LÉOBAZEL (St.-), s. m. Com. du dép. de la Corrèze, cant. de Mercœur, arr. de Tulle. = Argentat.

MATI, E, part. Rendu mat, en parlant de l'or ou de l'argent.

MATIÈRE, s. f. Substance corporelle, étendue, impénétrable, susceptible de prendre toutes sortes de formes. —, l'opposé d'esprit, ce dont une chose est composée ; sujet d'un écrit, d'un discours ; cause, sujet, motif, occasion. —, pus qui découle d'une plaie ; déjections alvines. T. de méd. — première, production de la nature. — d'or, d'argent, fondue par la Monnaie. En — de, adv. En fait de, quand il s'agit de.

MATIGNICOURT, s. m. Com. du dép. de la Marne, cant. de Thiéblemont, arr. de Vitry. = Vitry-le-Français.

MATIGNON, s. m. Ville du dép. des Côtes-du-Nord, chef-lieu de cant. de l'arr. de Dinan. Bur. d'enregist. = Plancoët.

MATIGNY, s. m. Com. du dép. de la Somme, cant. de Ham, arr. de Péronne. = Ham.

MÂTIN, s. m. Gros chien de basse-cour très vigoureux, dont la tête est alongée.

MATIN, s. m. Temps du lever du soleil, les premières heures du jour, moitié de la journée de minuit à midi. —, commencement ; le matin de la vie. T.

poét. —, adv. Dès le matin ; se lever matin.

MATINAGE, s. m. Courbure des copeaux du treillageur.

MATINAL, E, adj. Qui se lève matin ; qui paraît, se fait au point du jour. T. poét.

MATINALEMENT, adv. Au matin, dès le matin. T. inus.

MÂTINEAU, s. m. Petit mâtin.

MATINÉE, s. f. Le temps qui s'écoule depuis le point du jour jusqu'à midi. Dormir la grasse —, se lever tard.

MÂTINER, v. a. Couvrir une chienne de plus noble espèce, en parlant d'un mâtin. —, gourmander, maltraiter de paroles. T. fam.

MATINES, s. f. pl. La première partie de l'office divin.

MATINEUX, EUSE, adj. Qui se lève matin, qui a l'habitude de se lever matin.

MATINIER, IÈRE, adj. Se dit de l'étoile du matin. T. inus.

MATIR, v. a. Rendre mat de l'or ou de l'argent. T. d'orf.

MATISIE, s. f. Arbre du Pérou. T. de bot.

MATITE, s. f. Pierre qui offre l'image d'une mamelle, d'un mamelon. T. d'hist. nat.

MATO, s. m. Arbre du genre des mangoustans. T. de bot.

MATOIR ou MATTOIR, s. m. Instrument pour mater l'or, etc.

MATOIS, E, s. et adj. Fin, rusé.

MATOISEMENT, adv. En matois. T. inus.

MATOISERIE, s. f. Caractère du matois, ruse, finesse, tromperie.

MATON, s. m. Lait caillé, réduit en grumeaux.

MATOU, s. m. Gros chat entier. —, poisson du genre du silure.

MATOUGUES, s. f. Com. du dép. de la Marne, cant. d'Ecury-sur-Coole, arr. de Châlons. = Châlons.

MATOUR, s. m. Com. du dép. de Saône-et-Loire, chef-lieu de cant. de l'arr. de Mâcon. Bur. d'enregist. = Mâcon.

MATOURI, s. m. Genre de plantes personnées. T. de bot.

MATRA, s. f. Com. du dép. de la Corse, cant. de Moita, arr. de Corte. = Bastia.

MATRACA, s. m. Roue garnie de marteaux de bois. —, instrument de musique espagnole.

MATRAMAUX, s. m. pl. Folles, filets à larges mailles. T. de pêch.

MATRAS, s. m. Vase de terre à long

cou. T. de chim. —, Outil de savonnier. —, trait d'arbalète. (Vi.)

MATRASSÉ, E, adj. Moulu de coups. (Vi.)

MATRÉ (St.-), s. m. Com. du dép. du Lot, cant. de Moncuq, arr. de Cahors. = Castelfranc.

MATRICAIRE, s. f. Genre de plantes corymbifères. T. de bot.

MATRICAUX, s. et adj. m. pl. Se dit des remèdes pour les affections de la matrice. T. de méd.

MATRICE, s. f. Viscère particulier à la femme, situé entre la vessie et le rectum, et destiné à renfermer le fœtus durant la grossesse; utérus. T. de méd. —, moule pour la fonte des caractères d'impression; étalon des poids et mesures; coin pour les médailles, les monnaies. —, lieu où se forment les minéraux, les pierres; matière dont ils se composent; leur enveloppe. —, bâton pour rouler le tabac en feuilles. — du rôle des contributions, registre original. —, adj. Qui a donné naissance à d'autres; église matrice. Langue —, primitive, dont sont dérivées d'autres langues. Couleurs —, simples et qui servent à en composer d'autres.

MATRICIDE, s. m. Attentat à la vie de sa mère.

MATRICULAIRE, s. m. Inscrit sur une matricule.

MATRICULE, s. f. Sorte de registre, livre, rôle où l'on inscrit les noms des personnes qui entrent dans une société, dans un corps. —, extrait du rôle. — de l'empire, dénombrement des princes et des états qui ont voix dans les diètes.

MATRIMONIAL, E, adj. Qui appartient au mariage.

MATRIMONIOMANE, s. m. Qui a la manie de faire des mariages.

MATRIMONIOMANIE, s. f. Manie de faire des mariages.

MATRINGHEM, s. m. Com. du dép. du Pas-de-Calais, cant. de Fruges, arr. de Montreuil. = Fruges.

MATRONALES, s. f. pl. Fêtes que les dames romaines célébraient en l'honneur de Mars. T. de myth.

MATRONE, s. f. Dame, dans l'ancienne Rome. —, sage-femme.

MATTAINCOURT, s. m. Com. du dép. des Vosges, cant. et arr. de Mirecourt. = Mirecourt.

MATTANVILLIERS, s. m. Com. du dép. d'Eure-et-Loir, cant. de Brezolles, arr. de Dreux. = Brezolles.

MATTE, s. f. Substance métallique encore chargée de soufre. T. de chim.

—, thé du Paraguay. T. de bot. — de —, thons, banc de thons. T. de pêch.

MATTÉ, E, part. Alongé à coups de marteau; se dit du fer.

MATTEAU, s. m. Assemblage d'écheveaux de soie. T. de manuf.

MATTÉES, s. f. pl. Mets délicats composés de viandes hachées et épicées. T. d'antiq.

MATTEGAU ou MARTEGAU, s. m. Jumelle en taquet sur le milieu des basses œuvres. T. de mar.

MATTELIN, s. m. Laine du Levant.

MATTER, v. a. Battre le fer sur l'enclume, l'étendre, l'alonger. —; passer de la colle sur l'or mat.

MATTEXEY, s. m. Com. du dép. de la Meurthe, cant. de Gerbéviller, arr. de Lunéville. = Lunéville.

MATTHIOLE, s. f. Giroflée. T. de bot.

MATTI, s. m. Truffe de la Chine. T. de bot.

MATTIGNY, s. m. Village du dép. de la Somme, cant. de Molliens-Vidame, arr. d'Amiens. = Amiens.

MATTON, s. m. Gros pavé de brique. —, nœud, bourre, inégalité dans les cordages.

MATTON-ET-CLÉMENCY, s. m. Com. du dép. des Ardennes, cant. de Carignan, arr. de Sedan. = Carignan.

MATTSTALL, s. m. Com. du dép. du Bas-Rhin, cant. de Wœrth-sur-Sauer, arr. de Wissembourg. = Haguenau.

MATUITUI, s. m. Oiseau du Brésil.

MATULI, s. m. Mesure de liquides en Barbarie.

MATURATIF, IVE, s. et adj. Suppuratif, qui accélère la suppuration. T. de méd.

MATURATION, s. f. Progrès des fruits qui mûrissent. —, marche progressive d'un abcès flegmoneux vers sa maturité. T. de chir. —, épuration du métal. T. de chim.

MATURE, s. f. Les mâts d'un navire; bois propre à faire des mâts; art de mâter un vaisseau.

MATURITÉ, s. f. État, qualité de ce qui est mûr, en parlant des fruits, des graines, des abcès. —, état, qualité de l'âge mûr, de l'esprit dans sa force, d'une affaire, d'un projet, etc., à son terme. Avec —, avec réflexion, judicieusement, avec prudence, circonspection.

MATUTE, s. f. Genre de crustacés décapodes. T. d'hist. nat.

MATUTINAIRE, s. m. Livre d'église contenant l'office des matines. (Vi.)

MATUTINAL, E, adj. Qui appartient à la matinée, aux matines.

MATVIEL, s. m. Village du dép. du Tarn, cant. de Murat, arr. de Castres. = Castres.

MATZENHEIM, s. m. Com. du dép. du Bas-Rhin, cant. de Benfeld, arr. de Schélestadt. = Benfeld.

MAUBEC, s. m. Com. du dép. de l'Isère, cant. de la Verpillière, arr. de Vienne. = Bourgoin.

MAUBEC, s. m. Com. du dép. des Basses-Pyrénées, cant. de Montaner, arr. de Pau. = Vic-en-Bigorre.

MAUBEC, s. m. Com. du dép. de Tarn-et-Garonne, cant. de Beaumont, arr. de Castel-Sarrasin. = Beaumont.

MAUBEC, s. m. Com. du dép. de Vaucluse, cant. de Cavaillon, arr. d'Avignon. = Avignon.

MAUBÈCHE, s. m. Oiseau du genre du bécasseau.

MAUBERT-FONTAINE, s. m. Com. du dép. des Ardennes, cant. et arr. de Rocroy. = Mézières.

MAUBEUGE, s. m. Ville du dép. du Nord, chef-lieu de cant. de l'arr. d'Avesnes, place de guerre de 3e classe. Bur. d'enregist. et de poste.
Cette ville, généralement bien bâtie, est située sur la Sambre qui y favorise le transport de la houille, du marbre et de l'ardoise, etc.
Fabr. d'ouvrages en fer battu et coulé, de fer-blanc, clouterie. Manuf. royales d'armes à feu. Comm. de vins, eaux-de-vie, fer, ardoise, marbre, houille, etc.

MAUBOURGUET, s. m. Petite ville du dép. des Hautes-Pyrénées, chef-lieu de cant. de l'arr. de Tarbes. Bur. d'enregist. = Tarbes.

MAUCHAMPS, s. m. Com. du dép. de Seine-et-Oise, cant. et arr. d'Etampes. = Etrechy.

MAUCO (Bas-), s. m. Com. du dép. des Landes, cant. et arr. de St.-Sever. = St.-Sever.

MAUCO (Haut-), s. m. Com. du dép. des Landes, cant. et arr. de Mont-de-Marsan. = Mont-de-Marsan.

MAUCOMBLE, s. m. Com. du dép. de la Seine-Inférieure, cant. de St.-Saens, arr. de Neufchâtel. = St.-Saens.

MAUCOR, s. m. Com. du dép. des Basses-Pyrénées, cant. de Morlaas, arr. de Pau. = Pau.

MAUCORNE, s. m. Mélange de grains. T. inus.

MAUCOURT, s. m. Com. du dép. de la Meuse, cant. d'Etain, arr. de Verdun. = Etain.

MAUCOURT, s. m. Com. du dép. de l'Oise, cant. de Guiscard, arr. de Compiègne. = Guiscard.

MAUCOURT, s. m. Com. du dép. de la Somme, cant. de Rosières, arr. de Montdidier. = Libons-en-Santerre.

MAUDAN (St.-), s. m. Com. du dép. des Côtes-du-Nord, cant. et arr. de Loudéac. = Loudéac.

MAUDE (la), s. f. Petite rivière qui prend sa source dans l'étang de Mude, dép. de la Creuse, et qui se rend dans la Vienne, à l'Artigue, dép. de la Haute-Vienne, après un cours de 10 l.

MAUDÉTOUR, s. m. Com. du dép. de Seine-et-Oise, cant. de Magny, arr. de Mantes. = Magny.

MAUDEZ (St.-), s. m. Com. du dép. des Côtes-du-Nord, cant. de Pléla u, arr. de Dinan. = Dinan.

MAUDIRE, v. a. Faire des imprécations, donner des malédictions, charger de sa malédiction. —, abandonner, rejeter, réprouver, en parlant de Dieu.

MAUDISSON, s. m. Malédiction. T. fam. et inus.

MAUDIT, s. m. Réprouvé.

MAUDIT, E, part. Chargé d'imprécations, de malédictions. —, adj. Très mauvais, détestable.

MAUFFANS, s. m. Com. du dép. du Jura, cant. de Sellières, arr. de Lons-le-Saulnier. = Sellières.

MAUGAN (St.-), s. m. Com. du dép. d'Ille-et-Vilaine, cant. de St.-Méen, arr. de Montfort. = Montfort.

MAUGÈRE, s. f. Petit tuyau de cuir ou de toile goudronnée pour l'écoulement des eaux. T. de mar.

MAUGNIO, s. m. Com. du dép. de l'Hérault, chef-lieu de cant. de l'arr. de Montpellier, où se trouvent les bur. d'enregist. et de poste.

MAUGRÉ, adv. Malgré. T. fam.

MAUGREBIN, s. m. Soldat barbaresque.

MAUGRÉER, v. n. Jurer, pester. T. fam.

MAULAIN, s. m. Com. du dép. de la Haute-Marne, cant. de Montigny, arr. de Langres. = Montigny-le-Roi.

MAULAIS, s. m. Com. du dép. des Deux-Sèvres, cant. de Thouars, arr. de Bressuire. = Thouars.

MAULAIX, s. m. Com. du dép. de la Nièvre, cant. de Feurs, arr. de Nevers. = Decize.

MAULAN, s. m. Com. du dép. de la Meuse, cant. de Ligny, arr. de Bar-le-Duc. = Ligny.

MAULAY, s. m. Com. du dép. de la Vienne, cant. et arr. de Loudun. = Loudun.

MAULDE, s. f. Com. du dép. du

Nord, cant. de St.-Amand, arr. de Valenciennes. = St.-Amand.

MAULE, s. f. Com. du dép. de Seine-et-Oise, cant. de Meulan, arr. de Versailles. Bur. de poste.

MAULÉON, s. m. Voy. CHATILLON-SUR-SÈVRE.

MAULÉON, s. m. Ville du dép. des Basses-Pyrénées, chef-lieu de sous-préf. et de cant.; trib. de 1re inst. à St.-Palais; direct. des contrib. indir. ; recev. part. des finances; bur. d'enregist. et de poste.

MAULÉON, s. m. Com. du dép. du Gers, cant. de Cazaubon, arr. de Condom. = Condom.

MAULÉON-BAROUSSE, s. m. Com. du dép. des Hautes-Pyrénées, chef-lieu de cant. de l'arr. de Bagnères. Bur. d'enregist. à Labarthe. = Bagnères-de-Bigorre.

MAULERS, s. m. Com. du dép. de l'Oise, cant. de Crèvecœur, arr. de Clermont. = Crèvecœur.

MAULETTE, s. f. Com. du dép. de Seine-et-Oise, cant. de Houdan, arr. de Mantes. = Houdan.

MAULEVRIER, s. m. Com. du dép. de Maine-et-Loire, cant. de Chollet, arr. de Beaupréau. = Chollet.

MAULEVRIER, s. m. Com. du dép. de la Seine-Inférieure, cant. de Caudebec, arr. d'Yvetot. = Caudebec.

MAULICHÈRES, s. f. Com. du dép. du Gers, cant. de Riscle, arr. de Mirande. = Nogaro.

MAULIN, s. m. Quadrupède du Chili. T. d'hist. nat.

MAULVIS (St.-), s. m. Com. du dép. de la Somme, cant. d'Oisemont, arr. d'Amiens. = Abbeville.

MAUMUS, s. m. Com. du dép. du Gers, cant. de Miélan, arr. de Mirande. = Miélan.

MAUMUSSON, s. m. Com. du dép. du Gers, cant. de Plaisance, arr. de Mirande. = Plaisance.

MAUMUSSON, s. m. Com. du dép. de la Loire-Inférieure, cant. de St.-Mars-la-Jaille, arr. d'Ancenis. = Ancenis.

MAUMUSSON, s. m. Com. du dép. des Basses-Pyrénées, cant. de Garlin, arr. de Pau. = Pau.

MAUMUSSON, s. m. Com. du dép. de Tarn-et-Garonne, cant. de Lavit, arr. de Castel-Sarrasin. = Beaumont.

MAUNE, s. f. Poids de cinquante livres, dans l'empire du Mogol.

MAUNÉIE, s. f. Arbrisseau de l'île de Madagascar. T. de bot.

MAUNY, s. m. Com. du dép. de la Seine-Inférieure, cant. de Duclair, arr. de Rouen. = Bourg-Achard.

MAUPAS, s. m. Com. du dép. de l'Aube, cant. de Bouilly, arr. de Troyes. = Troyes.

MAUPAS, s. m. Com. du dép. du Gers, cant. de Cazaubon, arr. de Condom. = Nogaro.

MAUPERTHUIS, s. m. Com. du dép. de Seine-et-Marne, cant. et arr. de Coulommiers. = Coulommiers.

MAUPERTUIS, s. m. Com. du dép. de la Manche, cant. de Percy, arr. de St.-Lô. = Villedieu.

MAUPERTUS, s. m. Com. du dép. de la Manche, cant. de St.-Pierre-Eglise, arr. de Cherbourg. = Cherbourg.

MAUPITEUX, EUSE, adj. Cruel, impitoyable. —, qui se lamente sans sujet. (Vi.)

MAUPREVOIR, s. m. Com. du dép. de la Vienne, cant. d'Availles, arr. de Civray. = Civray.

MAUQUENCHY, s. m. Com. du dép. de la Seine-Inférieure, cant. de Forges, arr. de Neufchâtel. = Forges.

MAUR (St.-), s. m. Com. du dép. du Cher, cant. de Château-Meillant, arr. de St.-Amand. = Château-Meillant.

MAUR (St.-), s. m. Com. du dép. d'Eure-et-Loir, cant. de Bonneval, arr. de Châteaudun. = Bonneval.

MAUR (St.-), s. m. Com. du dép. du Gers, cant. et arr. de Mirande. = Mirande.

MAUR (St.-), s. m. Com. du dép. de l'Indre, cant. et arr. de Châteauroux. = Châteauroux.

MAUR (St.-), s. m. Com. du dép. du Jura, cant. de Conliége, arr. de Lons-le-Saulnier. = Lons-le-Saulnier.

MAUR (St.-), s. m. Com. du dép. de Maine-et-Loire, cant. de Gennes, arr. de Saumur. = les Rosiers.

MAUR (St.-), s. m. Com. du dép. de l'Oise, cant. de Grandvilliers, arr. de Beauvais. = Grandvilliers.

MAUR (St.-), s. m. Com. du dép. de la Seine, cant. de Charenton, arr. de Sceaux. = Charenton-le-Pont. On y remarque un canal qui fut construit pour abréger la navigation de la Marne, et qui traverse une côte autour de laquelle cette rivière décrit un long circuit.

MAURA, s. f. Village du dép. du Jura, cant. de Septmoncel, arr. de St.-Claude. = St.-Claude.

MAURAN, s. m. Com. du dép. de la Haute-Garonne, cant. de Cazères, arr. de Muret. = Martres.

MAUR-DES-BOIS (St.-), s. m. Com. du dép. de la Manche, cant. de St.-Pois, arr. de Mortain. = Torigny.

MAURE, s. m. Serpent à bandes transversales sur les côtes. T. d'hist. nat. —, petit canal. T. de sal. —, Voy. MORE.

MAURE, s. m. Com. du dép. d'Ille-et-Vilaine, chef-lieu de cant. de l'arr. de Redon. Bur. d'enregist. à Lohéac. = Redon.

MAURE, s. m. Com. du dép. des Basses-Pyrénées, cant. de Montaner, arr. de Pau. = Pau.

MAURE (Ste.-), s. f. Com. du dép. de l'Aube, cant. et arr. de Troyes. = Troyes.

MAURE (Ste.-), s. f. Petite ville du dép. d'Indre-et-Loire, chef-lieu de cant. de l'arr. de Chinon. Bur. d'enregist. et de poste. Fabr. de toiles, mouchoirs, toiles peintes, étamines, etc. Comm. de pruneaux.

MAURECOURT, s. m. Com. du dép. de Seine-et-Oise, cant. de Poissy, arr. de Versailles. = Poissy.

MAURE-DE-PEYRIAC (St.-), s. m. Com. du dép. de Lot-et-Garonne, cant. de Mézin, arr. de Nérac. = Nérac.

MAUREGARD, s. m. Com. du dép. de Seine-et-Marne, cant. de Dammartin, arr. de Meaux. = Dammartin.

MAUREGNY-EN-HAYE, s. m. Com. du dép. de l'Aisne, cant. de Sissonne, arr. de Laon. = Laon.

MAUREILHAN-ET-RAMEJAN, s. m. Com. du dép. de l'Hérault, cant. de Capestang, arr. de Béziers. = Béziers.

MAUREILLAS, s. m. Com. du dép. des Pyrénées-Orientales, cant. et arr. de Céret. = Céret.

MAURELLE, s. f. Tournesol préparé pour la teinture.

MAURELLE, s. f. Com. du dép. de Lot-et-Garonne, cant. de Ste.-Livrade, arr. de Villeneuve. = Ste.-Livrade.

MAUREMONT, s. m. Com. du dép. de la Haute-Garonne, cant. et arr. de Villefranche. = Villefranche.

MAURENS, s. m. Com. du dép. de la Dordogne, cant. de Villamblard, arr. de Bergerac. = Bergerac.

MAURENS, s. m. Com. du dép. de la Haute-Garonne, cant. de Revel, arr. de Villefranche. = Villefranche.

MAURENS, s. m. Com. du dép. du Gers, cant. de l'Isle-Jourdain, arr. de Lombez. = l'Isle-Jourdain.

MAURENS-SCOPON, s. m. Com. du dép. du Tarn, cant. de Cuq-Toulza, arr. de Lavaur. = Lavaur.

MAUREPAS, s. m. Com. du dép. de Seine-et-Oise, cant. de Chevreuse, arr. de Rambouillet. = Neauphle.

MAUREPAS, s. m. Com. du dép. de la Somme, cant. de Combles, arr. de Péronne. = Péronne.

MAURESSAC, s. m. Com. du dép. de la Haute-Garonne, cant. d'Auterrive, arr. de Muret. = Auterrive.

MAURESSARGUES, s. f. Com. du dép. du Gard, cant. de Lédignan, arr. d'Alais. = Nismes.

MAURETTE, s. f. Fruit de l'airelle vulgaire. T. de bot.

MAUREVILLE, s. f. Com. du dép. de la Haute-Garonne, cant. de Caraman, arr. de Villefranche. = Caraman.

MAURIAC, s. m. Ville du dép. du Cantal, chef-lieu de sous-préf. et de cant.; trib. de 1re inst.; société d'agric.; conserv. des hypoth.; direct. des contrib. indir.; recev. part. des finances; bur. d'enregist. et de poste. Comm. de chevaux, mulets, bestiaux, étoffes de laine, toiles, dentelles.

MAURIAC, s. m. Com. du dép. de la Gironde, cant. de Sauveterre, arr. de la Réole. = Castillon.

MAURIAC, s. m. Village du dép. du Tarn, cant. et arr. de Gaillac. = Gaillac.

MAURIAN (Notre-Dame-de-), s. m. Village du dép. de l'Hérault, réuni à la com. de St.-Gervais, cant. de St.-Gervais, arr. de Béziers. = Béziers.

MAURICE, s. m. Sorte de palmier. T. de bot.

MAURICE (St.-), s. m. Com. du dép. de l'Ain, cant. d'Ambérieux, arr. de Belley. = Ambérieux.

MAURICE (St.-), s. m. Com. du dép. des Hautes-Alpes, cant. de St.-Firmin, arr. de Gap. = Corps.

MAURICE (St.-), s. m. Com. du dép. de l'Ardèche, cant. de Vernoux, arr. de Tournon. = Villeneuve.

MAURICE (St.-), s. m. Com. du dép. du Cantal, cant. et arr. de St.-Flour. = St.-Flour.

MAURICE (St.-), s. m. Com. du dép. de la Charente, cant. et arr. de Confolens. = Confolens.

MAURICE (St.-), s. m. Com. du dép. de la Charente-Inférieure, cant. et arr. de la Rochelle. = la Rochelle.

MAURICE (St.-), s. m. Com. du dép. de la Creuse, cant. de Crocq, arr. d'Aubusson. = Felletin.

MAURICE (St.-), s. m. Com. du dép. de la Creuse, cant. de la Souterraine, arr. de Guéret. = la Souterraine.

MAURICE (St.-), s. m. Com. du dép. de la Dordogne, cant. de Villamblard, arr. de Bergerac. = Bergerac.

MAURICE (St.-), s. m. Com. du dép.

du Doubs, cant. de Pont-de-Roide, arr. de Montbéliard. = l'Isle-sur-le-Doubs.

MAURICE (St.-), s. m. Com. du dép. de la Drôme, cant. et arr. de Nyons.= Nyons.

MAURICE (St.-), s. m. Com. du dép. de l'Hérault, cant. du Caylar, arr. de Lodève. = Lodève.

MAURICE (St.-), s. m. Com. du dép. du Jura, cant. de St.-Laurent, arr. de St.-Claude. = Lons-le-Saulnier.

MAURICE (St.-), s. m. Com. du dép. des Landes, cant. et arr. de St.-Sever. = St.-Sever.

MAURICE (St.-), s. m. Com. du dép. du Lot, cant. de la Capelle, arr. de Figeac. = Figeac.

MAURICE (St.-), s. m. Com. du dép. de Lot-et-Garonne, cant. de Cancon, arr. de Villeneuve. = Lausun.

MAURICE (St.-), s. m. Com. du dép. de la Manche, cant. de Bernaville, arr. de Valognes. = Valognes.

MAURICE (St.-), s. m. Com. du dép. de la Haute-Marne, cant. et arr. de Langres. = Langres.

MAURICE (St.-), s. m. Com. du dép. de la Meurthe, cant. de Baccarat, arr. de Lunéville. = Blâmont.

MAURICE (St.-), s. m. Com. du dép. de la Nièvre, cant. de St.-Saulge, arr. de Nevers. = Décize.

MAURICE (St.-), s. m. Com. du dép. de l'Orne, cant. de la Ferté-Macé, arr. de Domfront. Bur. de poste.

MAURICE (St.-), s. m. Com. du dép. du Puy-de-Dôme, cant. de Vic-le-Comte, arr. de Clermont. = Billom.

MAURICE (St.-), s. m. Com. du dép. du Puy-de-Dôme, cant. de Pionsat, arr. de Riom. = Billom.

MAURICE (St.-), s. m. Com. du dép. du Bas-Rhin, cant. de Villé, arr. de Schélestadt. = Schélestadt.

MAURICE (St.-), s. m. Com. du dép. du Rhône, cant. de Mornant, arr. de Lyon. = Lyon.

MAURICE (St.-), s. m. Com. du dép. de Seine-et-Oise, cant. de Dourdan, arr. de Rambouillet. = Dourdan.

MAURICE (St.-), s. m. Com. du dép. de la Seine-Inférieure, cant. de Forges, arr. de Neufchâtel. = Forges.

MAURICE (St.-), s. m. Com. du dép. de la Vienne, cant. de Gençay, arr. de Civray. = Gençay.

MAURICE (St.-), s. m. Com. du dép. des Vosges, cant. de Rambervillers, arr. d'Epinal. = Rambervillers.

MAURICE (St.-), s. m. Com. du dép. des Vosges, cant. de Ramonchamp, arr. de Remiremont. = Remiremont.

MAURICE-AUX-RICHES-HOMMES, (St.-), s. m. Com. du dép. de l'Yonne, cant. de Sergines, arr. de Sens. = Nogent-sur-Seine.

MAURICE-DE-BENOST (St.-), s. m. Com. du dép. de l'Ain, cant. de Montluel, arr. de Trévoux. = Lyon.

MAURICE-DE-CAZEVIELLE (St.-), s. m. Com. du dép. du Gard, cant. de Vézenobres, arr. d'Alais. = Uzès.

MAURICE-D'ÉCHAZEAUX (St.-), s. m. Com. du dép. de l'Ain, cant. de Treffort, arr. de Bourg. = Bourg.

MAURICE-DE-GALOUP (St.-), s. m. Com. du dép. d'Eure-et-Loir, cant. de la Loupe, arr. de Nogent-le-Rotrou. = Champrond.

MAURICE-DE-GOURDAN (St.-), s. m. Com. du dép. de l'Ain, cant. de Meximieux, arr. de Trévoux. = Meximieux.

MAURICE-DE-LAURENÇANNES (St.-), s. m. Com. du dép. de la Charente-Inférieure, cant. de Montendre, arr. de Jonzac. = Montendre.

MAURICE-D'ÉLETOT (St.-), s. m. Com. du dép. de la Seine-Inférieure, cant. de Lillebonne, arr. du Hâvre. = Lillebonne.

MAURICE-DE-LIGNON (St.-), s. m. Com. du dép. de la Haute-Loire, cant. de Monistrol, arr. d'Yssingeaux. = Monistrol.

MAURICE-DE-L'ISLE-BOUCHARD (St.-), s. m. Com. du dép. d'Indre-et-Loire, cant. de l'Isle-Bouchard, arr. de Chinon. = l'Isle-Bouchard.

MAURICE-DE-MAIRE (St.-), s. m. Com. du dép. des Deux-Sèvres, cant. de Prahecq, arr. de Niort. = Niort.

MAURICE-DES-CHAMPS (St.-), s. m. Com. du dép. de Saône-et-Loire, cant. de Buxy, arr. de Châlons. = Buxy.

MAURICE-DES-NOUES (St.-), s. m. Com. du dép. de la Vendée, cant. de la Châtaigneraye, arr. de Fontenay. = la Châtaigneraye.

MAURICE-DES-PRÉS (St.-), s. m. Com. du dép. de Saône-et-Loire, cant. de Lugny, arr. de Mâcon. = Cluny.

MAURICE-DE-TAVERNOLLE (St.-), s. m. Com. du dép. de la Charente-Inférieure, cant. et arr. de Jonzac. = Jonzac.

MAURICE-DE-VENTALON (St.-), s. m. Com. du dép. de la Lozère, cant. de Pont-de-Montvert, arr. de Florac.= Villefort.

MAURICE-D'EXIL (St.-), s. m. Com. du dép. de l'Isère, cant. de Roussillon, arr. de Vienne. = le Péage.

MAURICE-D'IBIE (St.-), s. m. Com. du dép. de l'Ardèche, cant. de Villeneuve, arr. de Privas. = Villeneuve.

MAURICE-EN-GOURGOIS (St.-), s. m. Com. du dép. de la Loire, cant. de St.-Bonnet-le-Château, arr. de Montbrison. = St.-Etienne.

MAURICE-EN-RIVIÈRE (St.-), s. m. Com. du dép. de Saône-et-Loire, cant. de St.-Martin-en-Bresse, arr. de Châlons. = Verdun.

MAURICE-ET-LANAS (St.-), s. m. Com. du dép. de l'Ardèche, cant. de Villeneuve, arr. de Privas. = Villeneuve.

MAURICE-LA-FOUGEREUSE (St.-), s. m. Com. du dép. des Deux-Sèvres, cant. d'Argenton, arr. de Bressuire. = Argenton-Château.

MAURICE-LALLEY (St.-), s. m. Com. du dép. de l'Isère, cant. de Clelles, arr. de Grenoble. = Mens.

MAURICE-LE-GIRARD (St.-), s. m. Com. du dép. de la Vendée, cant. de la Châtaigneraye, arr. de Fontenay. = la Châtaigneraye.

MAURICE-LES-BROUSSES (St.-), s. m. Com. du dép. de la Haute-Vienne, cant. de Pierre-Buffière, arr. de Limoges. = Pierre-Buffière.

MAURICE-LES-CHÂTEAUNEUF (St.-), s. m. Com. du dép. de Saône-et-Loire, cant. de Chauffailles, arr. de Charolles. = la Clayette.

MAURICE-LES-CHERENCEI (St.-), s. m. Com. du dép. de l'Orne, cant. de Tourouvre, arr. de Mortagne. Bur. de poste.

MAURICE-LES-COUCHES (St.-), s. m. Com. du dép. de Saône-et-Loire, cant. de Couches, arr. d'Autun. = Couches.

MAURICE-LE-VIEIL (St.-), s. m. Com. du dép. de l'Yonne, cant. d'Aillant, arr. de Joigny. = Joigny.

MAURICE-SOUS-LES-CÔTES (St.-), s. m. Com. du dép. de la Meuse, cant. de Vigneulles, arr. de Commercy. = St.-Mihiel.

MAURICE-SUR-AVEIRON (St.-), s. m. Com. du dép. du Loiret, cant. de Châtillon, arr. de Montargis. = Châtillon-sur-Loing.

MAURICE-SUR-FESSARD (St.-), s. m. Com. du dép. du Loiret, cant. et arr. de Montargis. = Montargis.

MAURICE-SUR-HUINE (St.-), s. m. Com. du dép. de l'Orne, cant. de Nocé, arr. de Mortagne. = Rémalard.

MAURICE-SUR-LOIR (St.-), s. m. Com. du dép. d'Eure-et-Loir, cant. de Bonneval, arr. de Châteaudun. = Bonneval.

MAURICE-SUR-VINGEANNE (St.-) ou AVALLON-SUR-VINGEANNE, s. m. Com. du dép. de la Côte-d'Or, cant. de Fontaine-Française, arr. de Dijon. = Champlitte.

MAURICE-THIZOUAILLE (St.-), s. m. Com. du dép. de l'Yonne, cant. d'Aillant, arr. de Joigny. = Joigny.

MAURIES, s. m. Com. du dép. des Landes, cant. de Geaune, arr. de St.-Sever. = St.-Sever.

MAURIET, s. m. Com. du dép. du Gers, cant. de Nogaro, arr. de Condom. = Nogaro.

MAURIN (St.-), s. m. Com. du dép. de Lot-et-Garonne, cant. de Beauville, arr. d'Agen. = Agen.

MAURINES, s. f. Com. du dép. du Cantal, cant. de Chaudesaigues, arr. de St.-Flour. = St.-Flour.

MAURIS ou PERCALE, s. f. Toile de coton des Indes.

MAURITANIE, s. f. Province d'Afrique sur la côte de Barbarie, à l'O. de la Numidie.

MAURON, s. m. Ville du dép. du Morbihan, chef-lieu de cant. de l'arr. de Ploërmel. Bur. d'enregist. = Ploërmel.

MAURONE, s. f. Accipenser, poisson du Volga, fleuve de Russie. T. d'hist. nat.

MAUROUX, s. m. Petite ville du dép. du Gers, cant. de St.-Clar, arr. de Lectoure. = St.-Clar.

MAUROUX, s. m. Com. du dép. du Lot, cant. de Puy-l'Evêque, arr. de Cahors. = Fumel.

MAUROY, s. m. Com. du dép. du Nord, cant. du Catteau, arr. de Cambrai. = le Catteau.

MAURRIN, s. m. Com. du dép. des Landes, cant. de Grenade, arr. de Mont-de-Marsan. = Grenade.

MAURS, s. m. Petite ville du dép. du Cantal, chef-lieu de cant. de l'arr. d'Aurillac. Bur. d'enregist. et de poste. Comm. de porcs, jambons, bestiaux, toiles, etc.

MAURUPT, s. m. Com. du dép. de la Marne, cant. de Thiéblemont, arr. de Vitry. = Vitry.

MAURY, s. m. Com. du dép. des Pyrénées-Orientales, cant. de St.-Paul, arr. de Perpignan. = St.-Paul.

MAUSOLE, s. m. Roi de Carie auquel Artemise, son épouse, fit faire un tombeau qui passait pour l'une des sept merveilles du monde. T. de myth.

MAUSOLÉE, s. m. Tombeau magnifique qu'on élève aux grands, aux riches. —, catafalque.

MAUSOLEO, s. m. Com. du dép. de la Corse, cant. d'Olmi-et-Capella, arr. de Calvi. = Bastia.

MAUSSAC, s. m. Com. du dép. de la Corrèze, cant. de Meymac, arr. de Brive. = Ussel.

MAUSSADE, adj. Désagréable, qui a mauvaise grâce ; dont l'humeur est chagrine.

MAUSSADEMENT, adv. D'une manière maussade.

MAUSSADERIE, s. f. Humeur désagréable, chagrine ; mauvaise grâce, façon maussade.

MAUSSANNE, s. f. Com. du dép. des Bouches-du-Rhône, cant. de St.-Remy, arr. d'Arles. = St.-Remy.

MAUSSANS, s. m. Com. du dép. de la Haute-Saône, cant. de Montbozon, arr. de Vesoul. = Rioz.

MAUSSANS, s. m. Com. du dép. du Tarn, cant. et arr. d'Albi. = Albi.

MAUTES, s. m. Com. du dép. de la Creuse, cant. de Bellegarde, arr. d'Aubusson. = Aubusson.

MAUVAGE, s. m. Com. du dép. de la Meuse, cant. de Gondrecourt, arr. de Commercy. = Vaucouleurs.

MAUVAIS, s. m. et adv. Méchant ; ce qui n'est pas bon. Faire le —, menacer de battre, de faire du scandale. Sentir —, exhaler une odeur désagréable.

MAUVAIS, E, adj. Méchant, qui n'est pas bon, qui a quelque vice essentiel au moral comme au physique. —, incommode, nuisible, qui cause du mal. —, sinistre, funeste ; mauvaise mine. —, fâcheux, dangereux ; mauvais voisin. —, maladroit, sans talent ; mauvais ouvrier. —, défectueux, vicieux, incorrect ; mauvais tableau, mauvais vers. — bruits, qui compromettent la réputation. — lieu, lieu de prostitution.

MAUVAISETÉ, s. f. Méchanceté. (Vi.)

MAUVAIZIN, s. m. Com. du dép. de l'Ariège, cant. de Ste.-Croix, arr. de St.-Girons. = St.-Girons.

MAUVE, s. f. Plante vivace, médicinale, d'espèces nombreuses. — ou Mouette, oiseau palmipède.

MAUVES, s. f. Com. du dép. de l'Ardèche, cant. et arr. de Tournon. = Tournon.

MAUVES, s. f. Com. du dép. de la Loire-Inférieure, cant. de Craquefou, arr. de Nantes. = Nantes.

MAUVES, s. f. Com. du dép. de l'Orne, cant. et arr. de Mortagne. = Mortagne.

MAUVESIN, s. m. Com. du dép. de l'Ariège, cant. de St.-Lizier, arr. de St.-Girons. = St.-Girons.

MAUVESIN, s. m. Com. du dép. de la Haute-Garonne, cant. de Nailloux, arr. de Villefranche. = Villefranche.

MAUVESIN, s. m. Petite ville du dép. du Gers, chef-lieu de cant. de l'arr. de Lectoure. Bur. d'enregist. = Auch. Comm. de blé, maïs et bestiaux.

MAUVESIN-DE-L'ISLE, s. m. Com. du dép. de la Haute-Garonne, cant. de l'Isle-en-Dodon, arr. de St.-Gaudens. = l'Isle-en-Dodon.

MAUVEZIN, s. m. Com. du dép. des Landes, cant. de Gabarret, arr. de Mont-de-Marsan. = Roquefort.

MAUVEZIN, s. m. Com. du dép. de Lot-et-Garonne, cant. de Seyches, arr. de Marmande. = Marmande.

MAUVEZIN, s. m. Com. du dép. des Hautes-Pyrénées, cant. de Lannemezan, arr. de Bagnères. = Bagnères-de-Bigorre.

MAUVEZIN-DERRIÈRE, s. m. Com. du dép. du Gers, cant. de Saramon, arr. d'Auch. = Auch.

MAUVIÈRES, s. f. Com. du dép. de l'Indre, cant. de Bélabre, arr. du Blanc. = le Blanc.

MAUVIETTE, s. f. Voy. ALOUETTE.

MAUVILLY, s. m. Com. du dép. de la Côte-d'Or, cant. d'Aignay, arr. de Châtillon. = Aignay.

MAUVIS, s. m. Petite grive.

MAUVISQUE, s. m. Arbrisseau du Mexique de la famille des mauves. T. de bot.

MAUX, s. m. Com. du dép. de la Nièvre, cant. de Moulins-Engilbert, arr. de Château-Chinon. = Moulins-Engilbert.

MAUZAC, s. m. Com. du dép. de la Haute-Garonne, cant. de Carbonne, arr. de Muret. = Noé.

MAUZAC, s. m. Com. du dép. de la Dordogne, cant. de Lalinde, arr. de Bergerac. = Bergerac.

MAUZENS-ET-MIREMONT, s. m. Com. du dép. de la Dordogne, cant. du Bugue, arr. de Sarlat. = le Bugue.

MAUZÉ-SUR-LE-MIGNON, s. m. Petite ville du dép. des Deux-Sèvres, chef-lieu de cant. de l'arr. de Niort. Bur. d'enregist. et de poste. Comm. de vins et d'eaux-de-vie.

MAUZÉ-THOUARSAIS, s. m. Com. du dép. des Deux-Sèvres, cant. de Thouars, arr. de Bressuire. = Thouars.

MAUZUN, s. m. Com. du dép. du Puy-de-Dôme, cant. de Billom, arr. de Clermont. = Billom.

MAVES, s. f. Com. du dép. de Loiret-Cher, cant. de Mer, arr. de Blois. = Blois.

- MAVILLY, s. m. Com. du dép. de la Côte-d'Or, cant. et arr. de Beaune. = Beaune.

MAX, s. m. Monnaie d'or du royaume de Bavière, valant 25 fr. 87 centimes.

MAX (St.-), s. m. Com. du dép. de la Meurthe, cant. et arr. de Nancy. = Nancy.

MAXENT, s. m. Com. du dép. d'Ille-et-Vilaine, cant. de Plélan, arr. de Montfort. = Plélan.

MAXENT (St.-), s. m. Com. du dép. de la Somme, cant. de Moyenville, arr. d'Abbeville. = Abbeville.

MAXÉVILLE, s. f. Com. du dép. de la Meurthe, cant. et arr. de Nancy. = Nancy.

MAXEY-SUR-MEUSE, s. m. Com. du dép. des Vosges, cant. de Coussey, arr. de Neufchâteau. = Neufchâteau.

MAXEY-SUR-VAIZE, s. m. Com. du dép. de la Meuse, cant. de Vaucouleurs, arr. de Commercy. = Vaucouleurs.

MAXILLAIRE, s. f. Plante orchidée du Pérou. T. de bot. —, adj. Qui concerne la mâchoire, qui lui appartient; os, nerf, veines, artères maxillaires. T. d'anat.

MAXILLO-PALATIN, s. et adj. m. Se dit d'un canal qui résulte de l'union de l'os palatin avec celui de la mâchoire supérieure. T. d'anat.

MAXILLY-SUR-SAÔNE, s. m. Com. du dép. de la Côte-d'Or, cant. de Pontailler, arr. de Dijon. = Pontailler.

MAXIME, s. f. Proposition générale qui sert de règle, en matière de mœurs, de conduite. —, signe qui vaut huit mesures à deux temps. T. de mus.

MAXIME (Ste.-), s. f. Com. du dép. du Var, cant. de Grimaud, arr. de Draguignan. = St.-Tropez.

MAXIMÉ, E, part. Taxé au maximum.

MAXIMER, v. a. Taxer, déterminer le maximum, le plus haut prix d'une denrée. T. inus.

MAXIMIN (St.-), s. m. Com. du dép. du Gard, cant. et arr. d'Uzès. = Uzès.

MAXIMIN (St.-), s. m. Com. du dép. de l'Isère, cant. de Goncelin, arr. de Grenoble. = Goncelin.

MAXIMIN (St.), s. m. Com. du dép. de l'Oise, cant. de Creil, arr. de Senlis. = Chantilly.

MAXIMIN (St.-), s. m. Ville du dép. du Var, chef-lieu de cant. de l'arr. de Brignoles. Bur. d'enregist. et de poste.

Fabr. d'étoffes de laine; filature de coton; distilleries d'eaux-de-vie. Comm. de safran.

MAXIMUM, s. m. (mot latin, superlatif.) Le plus haut degré où une grandeur puisse atteindre. T. de math. —, taxe des blés, sous la convention; taux le plus élevé de certaines marchandises de première nécessité, dont le prix était fixé par une loi.

MAXIRE (St.-), s. m. Com. du dép. des Deux-Sèvres, cant. et arr. de Niort. = Niort.

MAXOU, s. m. Com. du dép. du Lot, cant. de Catus, arr. de Cahors. = Cahors.

MAXSTADT, s. m. Com. du dép. de la Moselle, cant. de Grostenquin, arr. de Sarreguemines. = St.-Avold.

MAY, s. m. Com. du dép. du Calvados, cant. de Bourguébus, arr. de Caen. = Caen.

MAY (St.-), s. m. Com. du dép. de la Drôme, cant. de Rémusat, arr. de Nyons. = Nyons.

MAY, s. m. Com. du dép. de Seine-et-Marne, cant. de Lizy, arr. de Meaux. = Lizy.

MAYAC, s. m. Com. du dép. de la Dordogne, cant. de Savignac-les-Eglises, arr. de Périgueux. = Périgueux.

MAYAQUE, s. f. Genre de plantes de la triandrie, troisième classe des végétaux. T. de bot.

MAYE, s. f. Pierre creuse dans laquelle tombe l'huile du moulin à olives.

MAYENCE, s. f. Ville très forte d'Allemagne dans l'électorat de Hesse-Darmstadt, occupée par les troupes de la confédération germanique. Cette ville, sur le Rhin, est renommée par ses jambons. Pop. 25,000 hab. environ.

MAYENNE, s. f. Toile de Bretagne.

MAYENNE (la), s. f. Rivière dont la source se trouve au village du Maine, dép. de l'Orne, arr. d'Alençon, et qui se jette dans la Loire à Bouche-Maine. Elle commence à être flottable à St.-Jean, et navigable à Laval. Son cours est d'environ 45 l.

°MAYENNE, s. f. Ancienne ville du dép. de la Mayenne, chef-lieu de sous-préf. et de 2 cant.; trib. de 1re inst. et de comm.; chambre consult. des manuf.; conserv. des hypoth.; direct. des contrib. indir.; recev. part. des finances; bur. d'enregist. et de poste. Pop. 9,780 hab. environ.

Cette ville est assise sur le penchant d'une montagne, près de la Mayenne. On y voit encore l'ancien château du duc de Mayenne. Fabr. de toile de lin, chanvre, coton; mouchoirs, calicots;

filatures de coton; blanchisseries de toiles; forges dans les environs; comm. de vin, toiles, lin, mouchoirs, etc.

MAYENNE (dép. de la), s. f. Chef-lieu de préf., Laval; 3 arr. ou sous-préf.: Laval, Château-Gontier et Mayenne; 27 cant. ou just. de paix; 281 com.; pop. 354,188 hab. environ; cour royale d'Angers; évêché au Mans; 4e div. milit.; 15e div. des ponts-et-chaussées; 1re div. des mines; direct. de l'enregist. et des domaines, 3e classe; 11e arr. forestier. Ce dép. est borné au N. par les dép. de la Manche et de l'Orne, à l'E. par celui de la Sarthe, au S. par celui de Maine-et-Loire, et à l'O. par celui d'Ille-et-Vilaine. Son territoire est généralement fertile; on y élève beaucoup de bêtes à cornes et de moutons. Le beurre et la laine sont un des principaux articles du comm. des habitans. Productions: peu de froment; très beau seigle, orge, avoine, sarrasin, châtaignes, lin, chanvre; peu de vin; cidre, bois; chevaux de petite espèce; éducation en grand des abeilles; mines de fer, marbre, pierres de taille.

Manuf. de toiles à voiles, de toiles de Laval et de Mayenne. Fabr. de calicots, mouchoirs, siamoises, linge de table, serges, étamines, fil et chaîne de lin; filatures de coton; blanchisseries de toiles; hauts-fourneaux et feux d'affinerie, papeteries; comm. de grains, vins, cidre, eaux-de-vie, etc.

Les principales rivières qui arrosent ce dép. sont: la Mayenne qui y est navigable, la Jouanne, l'Ernée, le Colmont, le Vicoin, la Vaise, l'Oudon et l'Erve.

MAYEPE, s. m. Arbrisseau de la Guiane. T. de bot.

MAYET, s. m. Com. du dép. de la Sarthe, chef-lieu de cant. de l'arr. de la Flèche. Bur. d'enregist. à Ecommoy. = Ecommoy.

MAYET-D'ÉCOLE (le), s. m. Com. du dép. de l'Allier, cant. et arr. de Gannat. = Gannat.

MAYET-DE-MONTAGNE (le), s. m. Com. du dép. de l'Allier, chef-lieu de cant. de l'arr. de la Palisse. Bur. d'enregist. = Cusset.

MAY-ET-ST.-LÉGER (le), s. m. Com. du dép. de Maine-et-Loire, cant. et arr. de Beaupréau. = Chollet.

MAYEUX (St.-), s. m. Com. du dép. des Côtes-du-Nord, cant. de Corlay, arr. de Loudéac. = Loudéac.

MAYLIS, s. m. Com. du dép. des Landes, cant. de Mugron, arr. de St.-Séver. = St.-Séver.

MAYME-DE-PEREYROL (St.-), s. m. Com. du dép. de la Dordogne, cant. de Vergt, arr. de Périgueux. = Périgueux.

MAYNAL, s. m. Com. du dép. du Jura, cant. de Beaufort, arr. de Lons-le-Saulnier. = Lons-le-Saulnier.

MAYON, s. m. Poids de Siam; monnaie de la Chine valant 45 centimes.

MAYOT, s. m. Com. du dép. de l'Aisne, cant. de la Fère, arr. de Laon. = la Fère.

MAYRE, s. m. Com. du dép. de l'Isère, cant. de la Mure, arr. de Grenoble. = la Mure.

MAYREGNE, s. m. Com. du dép. de la Haute-Garonne, cant. de Bagnères, arr. de St.-Gaudens. = Bagnères-de-Luchon.

MAYRES, s. m. Com. du dép. de l'Ardèche, cant. de Thueyts, arr. de Largentière. = Thueyts.

MAYRES, s. m. Com. du dép. du Puy-de-Dôme, cant. d'Arlanc, arr. d'Ambert. = Ambert.

MAYREVILLE, s. f. Com. du dép. de l'Aude, cant. de Salles, arr. de Castelnaudary. = Castelnaudary.

MAYRONNES, s. f. Com. du dép. de l'Aude, cant. de la Grasse, arr. de Carcassonne. = la Grasse.

MAYSEL, s. m. Com. du dép. de l'Oise, cant. de Creil, arr. de Senlis. = Creil.

MAYTEN, s. m. Arbre du Pérou, toujours vert. T. de bot.

MAZAME ou MAÇAME, s. m. Chevreuil du Mexique.

MAZAMET, s. m. Com. du dép. du Tarn, chef-lieu de cant. de l'arr. de Castres. Bur. d'enregist. et de poste. Manuf. de draps, papeteries, etc.

MAZAN, s. m. Com. du dép. de Vaucluse, cant. et arr. de Carpentras. = Carpentras.

MAZAN-ET-MAZEYRAC, s. m. Com. du dép. de l'Ardèche, cant. de Montpezat, arr. de Largentière. = Thueyts.

MAZANGÉ, s. m. Com. du dép. de Loir-et-Cher, cant. et arr. de Vendôme. = Vendôme.

MAZARIN, s. m. Petit gobelet commun.

MAZARINE, s. f. Pâtisserie d'amendes; confitures, etc.

MAZAUGUES, s. f. Com. du dép. du Var, cant. de Roquebrussanne, arr. de Brignoles. = St.-Maximin.

MAZAYE, s. m. Com. du dép. du Puy-de-Dôme, cant. de Roquefort, arr. de Clermont. = Clermont.

MAZÉ, s. m. Com. du dép. de Maine-et-Loire, cant. de Beaufort arr. de Baugé. = Beaufort.

MAZEIRAS, s. m. Com. du dép. de la Creuse, cant. de Chambon, arr. de Boussac. = Chambon.

MAZEIRAS, s. m. Com. du dép. de la Creuse, cant. d'Ahun, arr. de Guéret. = Guéret.

MAZELAY, s. m. Com. du dép. des Vosges, cant. de Châtel, arr. d'Epinal. = Epinal.

MAZERAT-AUROUZE, s. m. Com. du dép. de la Haute-Loire, cant. de Paulhaguet, arr. de Brioude. = Brioude.

MAZERAY, s. m. Com. du dép. de la Charente-Inférieure, cant. et arr. de St.-Jean-d'Angély. = St.-Jean-d'Angély.

MAZÈRES, s. m. Petite ville du dép. de l'Ariège, cant. de Saverdun, arr. de Pamiers. = Saverdun.

MAZÈRES, s. m. Com. du dép. de la Haute-Garonne, cant. de Salies, arr. de St.-Gaudens. = St.-Martory.

MAZÈRES, s. m. Com. du dép. de la Gironde, cant. de Langon, arr. de Bazas. = Langon.

MAZÈRES, s. m. Village du dép. de Lot-et-Garonne, cant. de Port-Ste.-Marie, arr. d'Agen. = Agen.

MAZÈRES, s. m. Com. du dép. des Basses-Pyrénées, cant. et arr. de Pau. = Pau.

MAZÈRES, s. m. Com. du dép. des Hautes-Pyrénées, cant. de Nestier, arr. de Bagnères. = Montrejeau.

MAZÈRES-CAMPEILS, s. m. Com. du dép. du Gers, cant. de Saramon, arr. d'Auch. = Auch.

MAZERETTES, s. f. Com. du dép. du Gers, cant. et arr. de Mirande. = Mirande.

MAZERIER, s. m. Com. du dép. de l'Allier, cant. et arr. de Gannat. = Gannat.

MAZERNY, s. m. Com. du dép. des Ardennes, cant. d'Omont, arr. de Mézières. = Launoy.

MAZEROLES, s. f. Com. du dép. de l'Aude, cant. d'Alaigne, arr. de Limoux. = Limoux.

MAZEROLES, s. f. Com. du dép. de l'Aveyron, cant. de Najac, arr. de Villefranche. = Villefranche.

MAZEROLES, s. f. Com. du dép. du Doubs, cant. d'Audeux, arr. de Besançon. = Besançon.

MAZEROLES, s. f. Com. du dép. des Landes, cant. et arr. de Mont-de-Marsan. = Mont-de-Marsan.

MAZEROLES, s. f. Com. du dép. des Basses-Pyrénées, cant. d'Arzacq, arr. d'Orthez. = Pau.

MAZEROLLE, s. f. Com. du dép. de la Charente-Inférieure, cant. de Pons, arr. de Saintes. = Pons.

MAZEROLLES, s. f. Com. du dép. de la Charente, cant. de Montembœuf, arr. de Confolens. = la Rochefoucault.

MAZEROLLES, s. f. Com. du dép. des Hautes-Pyrénées, cant. de Trie, arr. de Tarbes. = Trie.

MAZEROLLES, s. f. Com. du dép. de la Vienne, cant. de Lussac, arr. de Montmorillon. = Montmorillon.

MAZERULLES, s. f. Com. du dép. de la Meurthe, cant. et arr. de Château-Salins. = Château-Salins.

MAZETTE, s. f. Mauvais petit cheval. —, personne maladroite, sans capacité; joueur qui manque d'adresse, qui joue mal. T. de mépris.

MAZEUIL, s. m. Com. du dép. de la Vienne, cant. de Moncontour, arr. de Loudun. = Mirebeau.

MAZEYRAT-CRISPINHAC, s. m. Com. du dép. de la Haute-Loire, cant. de Langeac, arr. de Brioude. = Brioude.

MAZEYROLLES, s. f. Com. du dép. de la Dordogne, cant. de Villefranche-de-Belvès, arr. de Sarlat. = Belvès.

MAZIÈRE (la), s. f. Com. du dép. de la Creuse, cant. de Crocq, arr. d'Aubusson. = Felletin.

MAZIÈRES, s. f. Com. du dép. d'Indre-et-Loire, cant. de Langeais, arr. de Chinon. = Langeais.

MAZIÈRES, s. f. Com. du dép. de Lot-et-Garonne, cant. de Villeréal, arr. de Villeneuve. = Monflanquin.

MAZIÈRES, s f. Com. du dép. de Maine-et-Loire, cant. de Chollet, arr. de Beaupréau. = Chollet.

MAZIÈRES, s. f. Village du dép. du Tarn, cant. de Lautrec, arr. de Castres. = Castres.

MAZIÈRES (les), s. f. pl. Com. du dép. de l'Aveyron, cant. de Najac, arr. de Villefranche. = Villefranche.

MAZIÈRES-EN-GÂTINE, s. f. Com. du dép. des Deux-Sèvres, chef-lieu de cant. de l'arr. de Parthenay, où se trouvent les bur. d'enregist. et de poste.

MAZIÈRES-SUR-LA-BÉRONNE, s. f. Com. du dép. des Deux-Sèvres, cant. et arr. de Melle. = Melle.

MAZILLE, s. f. Com. du dép. de Saône-et-Loire, cant. de Cluny, arr. de Mâcon. = Cluny.

MAZILLE, s. f. Argent de mauvais aloi.

MAZINGARBE, s. f. Com. du dép. du Pas-de-Calais, cant. de Lens, arr. de Béthune. = Béthune.

MAZINGHEM, s. m. Com. du dép. du Pas-de-Calais, cant. de Norrent-Fontes, arr. de Béthune. = Béthune.

MAZINGHIEN, s. m. Com. du dép. du Nord, cant. du Catteau, arr. de Cambrai. = le Catteau.

MAZION, s. m. Com. du dép. de la Gironde, cant. et arr. de Blaye. = Blaye.

MAZIRAT, s. m. Com. du dép. de l'Allier, cant. de Marcillat, arr. de Montluçon. = Montluçon.

MAZIROT, s. m. Com. du dép. des Vosges, cant. et arr. de Mirecourt. = Mirecourt.

MAZIS (le), s. m. Com. du dép. de la Somme, cant. d'Oisemont, arr. d'Amiens. = Aumale.

MAZOIRES, s. f. Com. du dép. du Puy-de-Dôme, cant. d'Ardes, arr. d'Issoire. = Ardes.

MAZONE, s. f. Monnaie d'Alger, pièce de quatorze centimes.

MAZOUAU, s. m. Com. du dép. des Hautes-Pyrénées, cant. de Labarthe, arr. de Bagnères. = Tarbes.

MAZOUS, s. m. Com. du dép. du Gers, cant. de Miélan, arr. de Mirande. = Miélan.

MAZUBI, s. m. Com. du dép. de l'Aude, cant. de Belcaire, arr. de Limoux. = Quillan.

MAZURES (les), s. m. pl. Com. du dép. des Ardennes, cant. de Renwez, arr. de Mézières. = Mézières.

MAZUS, s. m. Scrofulaire, plante de la Cochinchine. T. de bot.

MAZZOLA, s. m. Com. du dép. de la Corse, cant. de Sermano, arr. de Corte. = Bastia.

ME, pron. pers. qui désigne la première personne; je, moi. — à moi; la liberté m'est chère.

MÉADIA, s. f. Plante de la Caroline. T. de bot.

MÉAILLES, s. f. Com. du dép. des Basses-Alpes, cant. d'Annot, arr. de Castellanne. = Castellanne.

MÉALLET, s. m. Com. du dép. du Cantal, cant. et arr. de Mauriac. = Mauriac.

MÉANDRE, s. m. Fleuve de la grande Phrygie, ancienne contrée d'Asie, dont les bords fameux ont été célébrés par les poètes. T. de myth. —, sinuosité des fleuves, des rivières. T. poét.

MÉANDRITE ou MÉANDRINE, s. f. Polypier pierreux. T. d'hist. nat.

MÉARD (St.-), s. m. Com. du dép. de la Haute-Vienne, cant. de Château-Neuf, arr. de Limoges. = Pierre-Buffières.

MÉARD-DE-DRONE (St.-), s. m. Com. du dép. de la Dordogne, cant. et arr. de Ribérac. = Ribérac.

MÉARD-DE-GURÇON (St.-), s. m. Com. du dép. de la Dordogne, cant. de Villefranche-de-Lonchapt, arr. de Bergerac. Bur. d'enregist. = Monpont.

MÉASNES, s. f. Com. du dép. de la Creuse, cant. de Bonnat, arr. de Guéret. = la Châtre.

MÉAT, s. m. Conduit; méat urinaire. T. d'anat.

MEAUCÉ, s. m. Com. du dép. d'Eure-et-Loir, cant. de la Loupe, arr. de Nogent-le-Rotrou. = Champrond.

MEAUCÉ, s. m. Com. du dép. de la Nièvre, cant. et arr. de Nevers. = Nevers.

MÉAUDRE, s. m. Com. du dép. de l'Isère, cant. de Villars-de-Lans, arr. de Grenoble. = Grenoble.

MEAUFFE (la), s. f. Com. du dép. de la Manche, cant. de St.-Clair, arr. de St.-Lô. = St.-Lô.

MEAUGEON (la), s. f. Com. du dép. des Côtes-du-Nord, cant. et arr. de St.-Brieuc. = St.-Brieuc.

MEAULNE, s. f. Com. du dép. de l'Allier, cant. de Cérilly, arr. de Montluçon. = Cérilly.

MÉAULTE, s. f. Com. du dép. de la Somme, cant. d'Albert, arr. de Péronne. = Albert.

MÉAUTIS, s. m. Com. du dép. de la Manche, cant. de Carentan, arr. de St.-Lô. = Carentan.

MEAUX, s. m. Ville du dép. de Seine-et-Marne, chef-lieu de sous-préf. et de cant.; trib. de 1re inst. et de comm.; évêché érigé dans le 3e siècle; société d'agric., sciences et arts; biblioth. pub.; inspect. de l'enregist. et des domaines; conserv. des hypoth.; direct. des contrib. indir.; recev. part. des fin. Bur. d'enregist. et de poste.

Cette ville, située sur la Marne, dans une contrée fertile en grains et pâturages, est en général bien bâtie, et possède de promenades charmantes. La cathédrale, superbe monument gothique, où l'on remarque le tombeau de l'illustre Bossuet, est digne de l'attention des voyageurs.

Fabr. de calicots, indiennes, colleforte, salpêtre, etc. Comm. de grains, farines, laines, bestiaux, volailles, et surtout de fromages de Brie. Pop. 7,850 hab.

MEAUZAC, s. m. Com. du dép. de Tarn-et-Garonne, cant. et arr. de Castel-Sarrazin. = Castel-Sarrazin.

MÉBORIER, s. m. Arbre de la Guiane. T. de bot.

MÉCANICIEN, s. m. Machiniste versé dans la connaissance de la mécanique, qui fait profession d'établir des mécaniques.

MÉCANIQUE, s. f. Science des lois du mouvement, des principes de l'équilibre, des forces motrices ; art de construire des machines. —, structure naturelle ou artificielle d'un corps ; machine mise en mouvement par le jeu de ressorts ; l'ensemble de ces ressorts. —, adj. Se dit des arts qui ont surtout besoin du travail de la main. —, conforme aux lois de la mécanique, du mouvement. Mouvement —, machinal, raide, régulier comme celui d'une machine, d'un automate. Métier —, bas, ignoble.

MÉCANIQUEMENT, adv. D'une manière mécanique.

MÉCANISÉ, E, part. Employé comme une machine ; méprisé.

MÉCANISER, v. a. Employer comme une machine ; rendre machine ; insulter, mépriser. T. fam.

MÉCANISME, s. m. Structure d'un corps suivant les lois de la mécanique ; manière dont agit une cause mécanique. —, construction de la prose, des vers, suivant les règles de la grammaire et les principes de la versification. Fig.

MÉCARDONIE, s. f. Scrofulaire, plante du Pérou. T. de bot.

MECÉ, s. m. Com. du dép. d'Ille-et-Vilaine, cant. et arr. de Vitré. = Vitré.

MÉCÈNE, s. m. Ministre d'Auguste, empereur Romain, l'ami, le protecteur éclairé des lettres et des arts. —, ministre qui encourage les lettres. Fig.

MÉCHAMMENT, adv. Avec méchanceté.

MÉCHANCETÉ, s. f. Penchant à faire du mal ; plaisir de nuire, malice, malignité. —, action méchante. —, médisance, calomnie ; dire des méchancetés. —, indocilité, espièglerie des enfans.

MÉCHANITIS, s. m. Insecte lépidoptère héliconien. T. d'hist. nat.

MÉCHANT, E, s. et adj. Enclin au mal, qui se plaît à faire le mal, à nuire ; mauvais, qui ne vaut rien en son genre. —, nuisible, dangereux ; méchante langue. —, contraire à la justice, à la probité ; méchante action. —, de peu de valeur, usé ; méchant habit. Mine —, qui annonce un grands fonds de méchanceté. — mine, mine basse, ignoble.

MÈCHE, s. f. Tissu de coton préparé pour adapter aux lampes ; cordon de coton au milieu des cierges, bougies, chandelles. —, matière préparée pour prendre aisément feu, pour le communiquer ; amadou, linge demi-brûlé ; corde préparée pour mettre le feu aux canons, aux mines, etc. Éventer la —, découvrir un complot. —, fer d'un villebrequin, d'une vrille, d'un foret ; spirale d'un tire-bouchon ; languette de toile soufrée pour mécher les tonneaux ; bout de ficelle au fouet ; toron. — du mât, la partie du mât depuis son pied jusqu'à la hune. — de gouvernail, la première pièce de bois qui en forme le corps. T. de mar.

MÉCHÉ, E, part. Se dit d'un tonneau dans lequel on a fait entrer une mèche de soufre.

MÉCHEF, s. m. Fâcheuse aventure, malheur. (Vi.)

MÉCHER, v. a. Introduire une mèche soufrée dans un tonneau, pour donner de la vigueur au vin qu'il renferme.

MÉCHERS, s. m. Com. du dép. de la Charente-Inférieure, cant. de Cozes, arr. de Saintes. = Cozes.

MECHMONT, s. m. Com. du dép. du Lot, cant. de Catus, arr. de Cahors.= Cahors.

MÉCHOACAN, s. m. Liseron du Brésil. T. de bot.

MÉCHY, s. m. Com. du dép. de la Moselle, cant. de Vigy, arr. de Metz. = Metz.

MECKLENBOURG, s. m. Grand duché dans le cercle de la Basse-Saxe, qui appartient à deux ducs de la même famille, dont les possessions se distinguent par les noms de deux villes, Swerin et Strélitz.

MÉCLEUVES, s. f. Com. du dép. de la Moselle, cant. de Verny, arr. de Metz. = Metz.

MÉCOMÈTRE, s. m. Instrument pour mesurer les longueurs.

MÉCOMPTE, s. m. Erreur de calcul dans un compte. —, espérance déçue, contre-temps, désappointement. Fig. et fam.

MÉCOMPTER (se), v. pron. Se tromper dans un calcul, et fig. dans une affaire, dans ses espérances, ses conjectures, ses raisonnemens.

MÉCONIAL, E, adj. Qui est relatif au méconium.

MÉCONITES, s. f. pl. Concrétions calcaires de sable marin. T. d'hist. nat.

MÉCONIUM, s. m. Suc du pavot. —, humeur excrémentielle, jaune ou noirâtre, qui s'accumule dans les intestins du fœtus, et qu'il rend par l'anus un peu après sa naissance. T. de chir.

MÉCONNAISSABLE, adj. Qui n'est pas reconnaissable, tant il est changé.

MÉCONNAISSANCE, s. f. Défaut de reconnaissance, ingratitude. T. inus.

MÉCONNAISSANT, E, adj. Qui oublie facilement les bienfaits, ingrat.

MÉCONNAÎTRE, v. a. Ne pas vouloir reconnaître. —, manquer de reconnaissance; méconnaître un service. —, désavouer; méconnaître sa famille. Se —, v. pron. Oublier ce qu'on a été, ce qu'on est; oublier le respect qu'on doit à un supérieur.

MÉCONNU, E, part. Oublié; désavoué.

MÉCONTENS, s. m. pl. Les opprimés, ceux dont les intérêts ou les espérances sont froissés par le gouvernement.

MÉCONTENT, E, adj. Contrarié, fâché, qui n'est pas content, satisfait.

MÉCONTENTÉ, E; part. Fâché, indisposé.

MÉCONTENTEMENT, s. m. Déplaisir, indisposition, défaut de contentement, de satisfaction.

MÉCONTENTER, v. a. Indisposer, fâcher, rendre mécontent, donner sujet de l'être.

MECQUE (la), s. f. Ville de l'Arabie, où naquit Mahomet, située dans une vallée aride, à huit lieues de la mer. Cette ville, où les Mahométans vont en pèlerinage, au moins une fois dans leur vie, est en vénération chez les Arabes, qui s'imaginent qu'une petite maison carrée qu'on remarque dans la mosquée, a été bâtie par Abraham. Pop. 20,000 hab. envir.

MECQUIGNIES, s. f. Com. du dép. du Nord, cant. de Bavay, arr. d'Avesnes. = Bavay.

MÉCRÉANT, s. m. Incrédule, infidèle, impie.

MÉCRIN, s. m. Com. du dép. de la Meuse, cant. et arr. de Commercy. = Commercy.

MÉCRINGES, s. f. Com. du dép. de la Marne, cant. de Montmirail, arr. d'Epernay. = Montmirail.

MÉCROIRE, v. n. Refuser de croire, ne pas croire. T. inus.

MÉDAILLE, s. f. Pièce de métal frappée en mémoire d'un événement ou d'un personnage illustre. Revers de la —, mauvais côté d'une affaire. Fig. et fam. —, plaque de métal numérotée des charbonniers, porte-faix, etc., autorisés par la police de Paris. —, ou médaillon, bas-relief. T. d'arch.

MÉDAILLIER, s. m. Collection de médailles; cabinet, armoire qui les renferme.

MÉDAILLISTE, s. m. Antiquaire qui connaît les médailles, en fait collection.

MEDAILLON, s. m. Grande médaille; bijou à charnière, dans laquelle on met un portrait, des cheveux, etc.

MÉDAN, s. m. Com. du dép. de Seine-et-Oise, cant. de Poissy, arr. de Versailles. = Poissy.

MÉDARD (St.-), s. m. Com. du dép. de la Charente, cant. de Rouillac, arr. d'Angoulême. = Angoulême.

MÉDARD (St.-), s. m. Com. du dép. de la Charente, cant. et arr. de Barbezieux. = Barbezieux.

MÉDARD (St.-), s. m. Com. du dép. de la Charente-Inférieure, cant. et arr. de Jonzac. = Surgères.

MÉDARD (St.-), s. m. Com. du dép. de la Charente-Inférieure, cant. de la Jarrie, arr. de la Rochelle. = la Rochelle.

MÉDARD (St.-), s. m. Com. du dép. de la Dordogne, cant. d'Exideuil, arr. de Périgueux. = Ribérac.

MÉDARD (St.-), s. m. Com. du dép. de la Dordogne, cant. de Mussidan, arr. de Ribérac. = Mussidan.

MÉDARD (St.-), s. m. Com. du dép. de la Haute-Garonne, cant. de St.-Martory, arr. de St.-Gaudens. = St.-Martory.

MÉDARD (St.-), s. m. Com. du dép. du Gers, cant. et arr. de Mirande. = Mirande.

MÉDARD (St.-), s. m. Com. du dép. de l'Indre, cant. de Châtillon, arr. de Châteauroux. = Châtillon-sur-Indre.

MÉDARD (St.-), s. m. Com. du dép. de la Loire, cant. de St.-Galmier, arr. de Montbrison. = Chazelles.

MÉDARD (St.-), s. m. Com. du dép. de Lot-et-Garonne, cant. de Prayssas, arr. d'Agen. = Agen.

MÉDARD (St.-), s. m. Com. du dép. de la Meurthe, cant. de Dieuze, arr. de Château-Salins. = Dieuze.

MÉDARD (St.-), s. m. Com. du dép. des Deux-Sèvres, cant. de Celles, arr. de Melle. = Melle.

MÉDARD-DE-BEAUSSE (St.-), s. m. Com. du dép. des Landes, cant. et arr. de Mont-de-Marsan. = Mont-de-Marsan.

MÉDARD-DE-GUIZIÈRE (St.-), s. m. Com. du dép. de la Gironde, cant. de Coutras, arr. de Libourne. = Coutras.

MÉDARD-DE-PRESQUE (St.-), s. m. Com. du dép. du Lot, cant. de St.-Céré, arr. de Figeac. = St.-Céré.

MÉDARD-DES-PRÉS (St.-), s. m. Com. du dép. de la Vendée, cant. et arr. de Fontenay. = Fontenay.

MÉDARD-D'EYRANS (St.-), s. m.

Com. du dép. de la Gironde, cant. de la Brède, arr. de Bordeaux. = Castres.

MÉDARD-EN-JALLE (St.-), s. m. Com. du dép. de la Gironde, cant. de Blanquefort, arr. de Bordeaux. = Bordeaux.

MÉDARD-LAGARENIE (St.-), s m. Com. du dép. du Lot, cant. de la Capelle, arr. de Figeac. = Figeac.

MÉDARD-NICOURBIE (St.-), s. m. Com. du dép. du Lot, cant. de la Tronquière, arr. de Figeac. = Figeac.

MÉDARD-SUR-ILLE (St.-), s. m. Com. du dép. d'Ille-et-Vilaine, cant. de St.-Aubin-d'Aubigné, arr. de Rennes. = Rennes.

MÉDART (St.-), s. m. Com. du dép. de la Creuse, cant. de Chénerailles, arr. d'Aubusson. = Chénerailles.

MÉDART (St.-), s. m. Com. du dép. du Lot, cant. de Catus, arr. de Cahors. = Castelfranc.

MÉDART (St.-), s. m. Com. du dép. des Basses-Pyrénées, cant. d'Arthez, arr. d'Orthez. = Orthez.

MÉDAVI, s. m. Com. du dép. de l'Orne, cant. de Mortrée, arr. d'Argentan. = Mortrée.

MÉDECIN, s. m. Docteur reçu dans une faculté, qui exerce la médecine et traite spécialement les maladies internes. —, ce qui remédie à un mal quelconque; le temps est un grand médecin.

MÉDECINE, s. f. Ensemble des connaissances anatomiques, pathologiques, etc., nécessaires au traitement des maladies internes; partie de l'art de guérir qui a pour objet l'étude des divers symptômes à l'aide desquels on peut reconnaître les caractères et les variations d'une maladie. —, potion purgative. — de cheval, purgatif trop fort, trop violent. — vétérinaire, qui est relative au traitement des animaux domestiques.

MÉDECINÉ, E, part. Drogué, purgé inconsidérément.

MÉDECINER, v. a. Droguer, purger fréquemment. T. fam.

MÉDÉE, s. f. Fameuse magicienne qui épousa Jason, auquel elle facilita, par ses enchantemens, la conquête de la Toison-d'Or. Pour se venger des infidélités de ce héros, elle massacra elle-même, de ses propres mains, deux enfans qu'elle avait de lui. T. de myth. —, titre d'un grand nombre de pièces de théâtre; Médée d'Euripide, de Sénèque, de Longepierre, de Corneille, de Clément de Dijon, etc., etc.

MÉDÉOLE, s. f. Plante de la famille des asperges. T. de bot.

MÈDES (les), s. m. pl. Habitans de la Médie.

MÉDEYROLLES, s. f. Com. du dép. du Puy-de-Dôme, cant. de Viverols, arr. d'Ambert. = Ambert.

MÉDIAIRE, adj. Qui est au milieu. T. de bot.

MÉDIAN, ANE, adj. Qui se trouve au milieu; nerf médian, veine médiane. Nervure —, au milieu de la feuille. T. de bot.

MÉDIANE, s. f. Grosse branche veineuse qui passe par dessous le tendon du muscle biceps, et qui, formée par les veines ascendantes de l'avant-bras, communique d'un côté avec la basilique et de l'autre avec la céphalique. T. d'anat.

MÉDIANOCHE, s. m. Repas après minuit sonné, le lendemain d'un jour maigre.

MÉDIANTE, s. f. Tierce au-dessus de la note tonique; pause. T. de mus.

MÉDIASTIN, s. m. Duplicature des plèvres qui partage la cavité de la poitrine en deux parties oblongues pour loger les deux lobes du poumon. — du cerveau, repli de la lame interne de la dure-mère, qui sépare le cerveau en deux parties ou lobes. Voy. FAULX. T. d'anat.

MEDIASTINES, s. et adj. f. pl. Se dit de veines et d'artères qui se distribuent au médiastin. T. d'anat.

MÉDIAT, E, adj. Indirect, qui n'a de rapport que par un intermédiaire.

MÉDIATEMENT, adv. Indirectement.

MÉDIATEUR, TRICE, s. Intermédiaire, conciliateur, arbitre, négociateur, pacificateur. —, sorte de jeu de carte.

MÉDIATION, s. f. Intervention, entremise pour concilier.

MÉDIATISÉ, E, part. Relevé, déchargé des obligations d'une suzeraineté immédiate, en parlant d'un prince allemand.

MÉDIATISER, v. a. Proclamer l'indépendance d'un pays, d'un Prince, le relever de ses obligations envers un suzerain.

MÉDICAGO, s. m. Plante, espèce de luzerne.

MÉDICAL, E, adj. Qui appartient à la médecine, la concerne, lui est relatif. Matière —, connaissance des médicamens, de leurs propriétés et de la manière de les administrer; science du pharmacien.

MÉDICAMENT, s. m. Remède pris intérieurement ou appliqué extérieurement; toutes les préparations pharmaceutiques employées en médecine. —, pl. Drogues.

MÉDICAMENTAIRE, adj. Qui traite des médicamens et de la manière de les préparer.

MÉDICAMENTÉ, E, part. Purgé, drogué.

MÉDICAMENTER, v. a. Purger, droguer, administrer des médicamens. Se —, v. pron. Se droguer sans consulter le médecin.

MÉDICAMENTEUX, EUSE, adj. Qui a la vertu d'un médicament, qui peut entrer dans sa composition.

MÉDICASTRE, s. m. Médecin ignorant; charlatan. T. inus.

MÉDICATION, s. f. Mode de traitement; changement opéré dans l'organisme par l'effet des remèdes; modification des propriétés vitales.

MÉDICINAL, E, adj. Qui entre dans la composition des remèdes, qui a des propriétés purgatives.

MÉDICINIER, s. m. Plante de la famille des euphorbes, comprenant des arbres et des arbrisseaux exotiques. T. de bot.

MÉDIE, s. f. Ancien royaume d'Asie.

MÉDIÈRE, s. f. Com. du dép. du Doubs, cant. de l'Isle-sur-le-Doubs, arr. de Baume. = l'Isle-sur-le-Doubs.

MÉDILLAC, s. m. Com. du dép. de la Charente, cant. de Chalais, arr. de Barbezieux. = la Graulle.

MEDIMNE, s. f. Mesure grecque pour les céréales, environ six boisseaux. T. d'antiq.

MÉDINE, s. f. Ville d'Arabie qui possède le tombeau de Mahomet, renfermé dans une magnifique mosquée. A leur retour de la Mecque, les Mahométans passent ordinairement par cette ville, pour y admirer ce tombeau et faire leurs dévotions.

MÉDIOCRE, adj. Entre le grand et le petit, le bon et le mauvais; modique, moyen, peu considérable.

MÉDIOCREMENT, adv. D'une façon médiocre.

MÉDIOCRITÉ, s. f. Etat moyen, juste milieu entre la fortune et l'adversité; le bon et le mauvais, le talent et la sottise, etc.

MÉDIONNÉ, E, part. Compensé.

MÉDIONNER, v. a. Compenser.

MÉDIQUE, adj. Qui concerne la Médie, les Mèdes.

MÉDIRE, v. n. Dire du mal de quelqu'un sans nécessité, par inconséquence ou malignité.

MÉDIS, s. m. Com. du dép. de la Charente-Inférieure, cant. de Saujon, arr. de Saintes. = Saujon.

MÉDISANCE, s. f. Penchant à médire, insinuations malignes, propos nuisibles et mal fondés, imposture.

MÉDISANT, E, adj. Enclin à la médisance, envieux, jaloux, qui se plaît à exercer la malignité de sa langue, à dire du mal.

MÉDITATIF, IVE, adj. Pensif, réfléchi, qui a l'habitude de méditer, qui est porté à la méditation. —, livré à de profondes réflexions; esprit méditatif. Vie —, vie contemplative, passée à réfléchir, à méditer sur le néant des grandeurs humaines.

MÉDITATION, s. f. Elaboration de la pensée, exercice de la faculté qu'a notre esprit de comparer et de juger pour prendre une détermination; réflexion. —, écrit sur un sujet de dévotion ou de philosophie; oraison mentale.

MÉDITÉ, E, part. Se dit d'une pensée, d'un événement, d'un sujet qui a été l'objet de profondes réflexions; concerté.

MÉDITER, v. a. et n. Réfléchir profondément, se livrer avec la plus grande attention à l'examen d'une pensée, d'un projet, des vicissitudes de la vie humaine. —, examiner, approfondir; méditer les écrits de Pascal. — un vol, en concevoir l'idée, concerter les moyens de l'exécuter.

MÉDITERRANÉE, s. f. Mer qui communique avec l'Océan par le détroit de Gibraltar, et avec la mer Noire par les Dardanelles. —, adj. Qui est au milieu des terres; mer Méditerranée.

MÉDIUM, s. m. (mot latin.) Le milieu; terme moyen pour opérer un accommodement. —, argument contre une thèse. Voix dans le —, entre la basse-taille et la haute-contre, Ténor. T. de mus. —, plante astringente. T. de bot.

MÉDIUS, s. m. (mot latin.) Le doigt du milieu.

MÉDOC (le), s. m. Pays compris dans la ci-devant province de Guienne, et qui fait partie aujourd'hui du dép. de la Gironde. Ce pays est extrêmement fertile en vins très renommés et connus sous le nom de Médoc.

MÉDOC, s. m. Caillou brillant. —, vin renommé de la contrée de ce nom.

MÉDONNÉ, E, part. Mal donné. T. de jeu.

MÉDONNER, v. a. Mal donner. T. de jeu.

MÉDONVILLE, s. f. Com. du dép. des Vosges, cant. de Bulgnéville, arr. de Neufchâteau. = Neufchâteau.

MÉDRÉAC, s. m. Com. du dép. d'Ille-et-Vilaine, cant. de Montauban, arr. de Montfort. = Montauban.

MÉDRÈSE, s. f. Académie, collège bâti par un sultan près d'une mosquée.

MÉDULLAIRE, adj. Qui appartient à la moelle, qui est de sa nature; canal médullaire. Substance — du cerveau, substance blanche qui forme la plus grande partie du cerveau et occupe le centre de ce viscère. T. d'anat.

MÉDUSA, s. f. Arbre de la Cochinchine. T. de bot.

MÉDUSE, s. f. Fille de Phorcus, dieu marin, l'une des trois Gorgones. Neptune en ayant abusé dans le temple de Minerve, cette Déesse métamorphosa ses cheveux en serpens, et donna à sa tête le pouvoir de changer en pierres tous ceux qui la regardaient. Persée lui coupa la tête, du sang de laquelle naquit le cheval Pégase qui, frappant du pied, fit jaillir la fontaine d'Hippocrène. T. de myth. —, genre de zoophytes. T. d'hist. nat.

MÉE, s. f. Outil pour mêler la calamine et le charbon en poudre.

MÉE (le), s. m. Com. du dép. d'Eure-et-Loir, cant. de Cloyes, arr. de Châteaudun. = Cloyes.

MÉE (le), s. m. Com. du dép. de la Mayenne, cant. de Craon, arr. de Château-Gontier. = Craon.

MÉE (le), s. m. Com. du dép. de Seine-et-Marne, cant. et arr. de Melun. = Melun.

MÉEN (St.-), s. m. Com. du dép. du Finistère, cant. de Lesneven, arr. de Brest. = Lesneven.

MÉEN (St.-), s. m. Com. du dép. d'Ille-et-Vilaine, chef-lieu de cant. de l'arr. de Montfort. Bur. d'enregist. = Montauban.

MÉES (les), s. m. pl. Ville du dép. des Basses-Alpes, chef-lieu de cant. de l'arr. de Digne. Bur. d'enregist. = Digne.

MÉES (les), s. m. pl. Com. du dép. des Landes, cant. et arr. de Dax. = Dax.

MÉES (les), s. m. pl. Com. du dép. de la Sarthe, cant. et arr. de Mamers. = Mamers.

MÉFAIRE, v. n. Faire mal, faire une mauvaise action, porter préjudice, faire tort.

MÉFAIT, s. m. Action coupable, crime.

MÉFIANCE, s. f. Défaut de confiance, crainte habituelle d'être trompé.

MÉFIANT, E, adj. Inquiet, soupçonneux, qui vit dans la crainte d'être trompé, qui manque de confiance.

MÉFIER (se), v. pron. Manquer de confiance; élever des doutes sur la sincérité et la fidélité des autres; soupçonner de mauvaise foi, craindre d'être trompé.

MÉGACÉPHALE, s. m. Genre d'insectes coléoptères. T. d'hist. nat.

MÉGACHILE, s. m. Genre d'insectes hyménoptères dont la lèvre supérieure offre un carré alongé. T. d'hist. nat.

MÉGADERME, s. m. Mammifère carnassier du genre des cheiroptères. T. d'hist. nat.

MÉGALANTHROPOGÉNÉSIE, s. f. Art imaginaire de procréer des grands hommes; traité sur cet art hypothétique.

MÉGALODONTE, s. m. Genre d'insectes hyménoptères. T. d'hist. nat.

MÉGALOGRAPHIE, s. f. Art de peindre les grandes actions, les tableaux d'histoire.

MÉGALOGRAPHIQUE, adj. Qui appartient à la mégalographie.

MÉGALONYX, s. m. Quadrupède fossile. T. d'hist. nat.

MÉGALOPE, s. m. Genre d'insectes coléoptères. —, poisson abdominal. T. d'hist. nat.

MÉGALOPTÈRE, s. m. Insecte névroptère. T. d'hist. nat.

MÉGALOSPLANCHNIE, s. f. Tumeur des viscères abdominaux. T. de méd.

MÉGALOSPLÉNIE, s. f. Gonflement de la rate, sans dureté. T. de méd.

MÉGAMÈTRE, s. m. Instrument pour mesurer la distance des astres entre eux, pour déterminer les longitudes en mer.

MÉGANGE, s. f. Com. du dép. de la Moselle, cant. de Boulay, arr. de Metz. = Boulay.

MÉGARDE, s. f. Inattention, inadvertance. Par —, adv. Par défaut d'attention, d'ordre, de soin.

MÉGASCOPE, s. m. Instrument d'optique qui grossit les objets opaques.

MÉGATHÈRE, s. m. Genre de mammifères fossiles. T. d'hist. nat.

MÉGATOME, s. m. Genre d'insectes coléoptères. T. d'hist. nat.

MÉGÈRE, s. f. L'une des trois furies, des Euménides. T. de myth. —, femme méchante, emportée, furieuse.

MÉGI, E, adj. Apprêté par le mégissier.

MÉGILLE, s. f. Genre d'insectes hyménoptères. T. d'hist. nat.

MÉGISSERIE, s. f. Préparation des peaux en blanc; boutique, commerce du mégissier.

MÉGISSIER, s. m. Apprêteur de peaux en blanc.

MÉGISTANES, s. m. pl. Oiseaux échassiers. T. d'hist. nat.

MÉGRIT, s. m. Com. du dép. des Côtes-du-Nord, cant. de Broons, arr. de Dinan. = Broons.

MÉGUILLAUME, s. m. Com. du dép. de l'Orne, cant. de Putanges, arr. d'Argentan. = Argentan.

MÉHARICOURT, s. m. Com. du dép. de la Somme, cant. de Rosières, arr. de Montdidier. = Lihons-en-Santerre.

MÉHARIN, s. m. Com. du dép. des Basses-Pyrénées, cant. d'Hasparren, arr. de Bayonne. = St.-Palais.

MEHENBETÈNE, s. f. Noisette de l'Inde. T. de bot.

MÉHERS, s. m. Com. du dép. de Loir-et-Cher, cant. de St.-Aignan, arr. de Blois. = Selles.

MÉHEUDIN, s. m. Com. du dép. de l'Orne, cant. d'Écouché, arr. d'Argentan. = Argentan.

MÉHONCOURT, s. m. Com. du dép. de la Meurthe, cant. de Bayon, arr. de Lunéville. = Lunéville.

MÉHOUDIN, s. m. Com. du dép. de l'Orne, cant. de la Ferté-Macé, arr. de Domfront. = Pré-en-Pail.

MÉHUN, s. m. Com. du dép. de l'Indre, cant. de Buzançais, arr. de Châteauroux. = Châteauroux.

MEHUN-SUR-YÈVRE, s. m. Petite ville du dép. du Cher, chef-lieu de cant. de l'arr. de Bourges. Bur. d'enregist. et de poste.
On y remarque encore les ruines d'un château bâti par Charles VII, où ce roi, refusant toute espèce de nourriture dans la crainte du poison, se laissa mourir de faim.
Manuf. de toiles pour l'emballage des laines, etc.

MEIGLE ou MÈGLE, s. f. Espèce de pioche dont le fer est recourbé et pointu.

MEIGNANE, s. f. Com. du dép. de Maine-et-Loire, cant. et arr. d'Angers. = Angers.

MEIGNÉ, s. m. Com. du dép. de Maine-et-Loire, cant. de Noyant, arr. de Baugé. = le Lude.

MEIGNÉ, s. m. Com. du dép. de Maine-et-Loire, cant. de Doué, arr. de Saumur. = Doué.

MEIGNEUX, s. m. Com. du dép. de Seine-et-Marne, cant. de Donnemarie, arr. de Provins. = Donnemarie.

MEIGNEUX, s. m. Com. du dép. de la Somme, cant. de Poix, arr. d'Amiens. = Poix.

MEILHAC, s. m. Com. du dép. de la Haute-Vienne, cant. de Nexon, arr. de St.-Yrieix. = Limoges.

MEILHAN, s. m. Com. du dép. du Gers, cant. de Jegun, arr. d'Auch. = Lombez.

MEILHAN, s. m. Com. du dép. des Landes, cant. de Tartas, arr. de St.-Sever. = Tartas.

MEILHAN, s. m. Com. du dép. de Lot-et-Garonne, chef-lieu de cant. de l'arr. de Marmande. Bur. d'enregist. à Cocumont. = Marmande.

MEILHARD, s. m. Com. du dép. de la Corrèze, cant. d'Uzerche, arr. de Tulle. = Uzerche.

MEILHAUD, s. m. Com. du dép. du Puy-de-Dôme, cant. et arr. d'Issoire. = Issoire.

MEILLAC, s. m. Com. du dép. d'Ille-et-Vilaine, cant. de Combourg, arr. de St.-Malo. = Combourg.

MEILLAN, s. m. Com. du dép. du Gers, cant. et arr. de Lombez. = Auch.

MEILLANT, s. m. Com. du dép. du Cher, cant. et arr. de St.-Amand. = St.-Amand.

MEILLARD, s. m. Com. du dép. de l'Allier, cant. de Montet, arr. de Moulins. = St.-Pourçain.

MEILLARD (le), s. m. Com. du dép. de la Somme, cant. de Bernaville, arr. de Doullens. = Doullens.

MEILLARS, s. m. Com. du dép. du Finistère, cant. de Pont-Croix, arr. de Quimper. = Pont-Croix.

MEILLERAIE (la), s. f. Com. du dép. de la Loire-Inférieure, cant. de Moisdon, arr. de Châteaubriant. = Châteaubriant.

MEILLERAY, s. m. Com. du dép. de Seine-et-Marne, cant. de la Ferté-Gaucher, arr. de Coulommiers. = la Ferté-Gaucher.

MEILLERAYE (la), s. f. Com. du dép. de la Vendée, cant. de Pouzanges, arr. de Fontenay. = Pouzanges.

MEILLEUR, E, s. m. et adj. Qui a plus de bonté, de qualité, comparativement. Le —, superlatif de bon. Qui est au-dessus de tout en bonté, en qualité.

MEILLIER-FONTAINE, s. m. Com. du dép. des Ardennes, cant. de Monthermé, arr. de Mézières. = Mézières.

MEILLIERS, s. m. Com. du dép. de l'Allier, cant. de Souvigny, arr. de Moulins. = Souvigny.

MEILLON, s. m. Com. du dép. des Basses-Pyrénées, cant. et arr. de Pau. = Pau.

MEILLONNAS, s. m. Com. du dép. de l'Ain, cant. de Treffort, arr. de Bourg. = Bourg.

MEILLY-SUR-ROUVRES, s. m. Com. du dép. de la Côte-d'Or, cant. de Pouilly-en-Auxois, arr. de Beaune. = Arnay-le-Duc.

MEINARGUETTES, s. f. Com. du dép. du Var, cant. de St.-Maximin, arr. de Brignoles. = St.-Maximin.

MÉIONITE, s. f. Minéral voisin du feldspath. T. d'hist. nat.

MEIRANNES, s. f. Com. du dép. du Gard, cant. de St.-Ambroix, arr. d'Alais. = St.-Ambroix.

MEISENTHAL, s. m. Com. du dép. de la Moselle, cant. de Bitche, arr. de Sarreguemines. = Bitche.

MEISSENGOTT, s. m. Com. du dép. du Bas-Rhin, cant. de Villé, arr. de Schélestadt. = Schélestadt.

MEISTRATZHEIM, s. m. Com. du dép. du Bas-Rhin, cant. d'Obernay, arr. de Schélestadt. = Strasbourg.

MEISTRE ou MESTRE, s. m. Le plus grand des deux mâts d'une galère. T. de mar.

MEIX (Grand-et-Petit-), s. m. Com. du dép. du Jura, cant. de Chaussin, arr. de Dôle. = Dôle.

MEIX (le), s. m. Com. du dép. de la Marne, cant. d'Esternay, arr. d'Epernay. = Sézanne.

MEIX (le), s. m. Com. du dép. de la Côte-d'Or, cant. de Grancey-le-Château, arr. de Dijon. = Grancey.

MEIXTIERCELIN (le), s. m. Com. du dép. de la Marne, cant. de Sompuis, arr. de Vitry. = Vitry-le-Français.

MEIZERIAT, s. m. Com. du dép. de l'Ain, cant. de Châtillon, arr. de Trévoux. = Châtillon-les-Dombes.

MEJANNES-LE-CLAP, s. m. Com. du dép. du Gard, cant. de Barjac, arr. d'Alais. = Barjac.

MEJANNES-LES-ALAIS, s. m. Com. du dép. du Gard, cant. et arr. d'Alais. = Alais.

MÉJUGER (se), v. pron. Porter les pieds de derrière au-delà de la trace de ceux de devant, en parlant du cerf. T. de véner.

MELA, s. f. Com. du dép. de la Corse, cant. de Ste.-Lucie, arr. de Sariène. = Ajaccio.

MELAC (Etain de), s. m. Etain fin du Pérou.

MELADOS, s. m. Race de chevaux albinos. T. d'hist. nat.

MÉLÆNA ou MÉLANOSE, s. f. Maladie noire, évacuation de matières noires par haut et par bas. T. de méd.

MÉLAGASTRE, s. m. Poisson du genre du labre. T. d'hist. nat.

MELAGE, s. m. Arrangement de différentes sortes de papiers avant le collage. T. de cartier.

MELAGUES, s. f. Com. du dép. de l'Aveyron, cant. de Camarès, arr. de St.-Affrique. = St.-Affrique.

MELAINE (St.-), s. m. Com. du dép. du Calvados, cant. et arr. de Pont-l'Evêque. = Pont-l'Evêque.

MELAINE (St.-), s. m. Com. du dép. d'Ille-et-Vilaine, cant. de Châteaubourg, arr. de Vitré. = Vitré.

MELAINE (St.-), s. m. Com. du dép. de Maine-et-Loire, cant. des Ponts-de-Cé, arr. d'Angers. = Brissac.

MELAIN-LA-CAMPAGNE (St.-), s. m. Com. du dép. de l'Eure, cant. et arr. d'Evreux. = le Neubourg.

MÉLALEUQUE, s. m. Plante de la famille des myrtes. T. de bot.

MÉLAMARE, s. m. Com. du dép. de la Seine-Inférieure, cant. de Lillebonne, arr. du Hâvre. = Lillebonne.

MÉLAMPE, s. f. Genre de coquilles. T. d'hist. nat.

MÉLAMPITE, s. f. ou MÉLAMPYRE, s. m. Genre de plantes rhynantoïdes. T. de bot.

MELAN, s. m. Com. du dép. des Basses-Alpes, cant. et arr. de Digne. = Digne.

MÉLANAGOGUE, s. m. et adj. Se dit des médicamens qu'on croit propres à chasser la bile noire ou mélancolie. T. de méd.

MÉLANCHLOROSE, s. f. Ictère noir, jaunisse. T. de méd.

MÉLANCHRYSE, s. m. Genre de plantes corymbifères. T. de bot.

MÉLANCOLIE, s. f. Bile noire, attrabile, hypocondrie; disposition à la tristesse que cause cette affection; délire sans fièvre. —, amour de la rêverie, de la solitude; chagrin sans cause; tristesse habituelle.

MÉLANCOLIQUE, s. et adj. Hypocondriaque, affecté de mélancolie. —, enclin à la tristesse, au chagrin. —, qui inspire, fait naître la mélancolie; pensée mélancolique.

MÉLANCOLIQUEMENT, adv. D'une manière triste, mélancolique.

MÉLANCONION, s. m. Champignon noir. T. de bot.

MÉLANCRANIE, s. f. Sparte; espèce de jonc des îles Baléares, appartenant à l'Espagne, dans la Méditerranée. T. de bot.

MÉLANDRE, s. m. Petit poisson noir de la Méditerranée. T. d'hist. nat.

MÉLANDRYE, s. f. Genre d'insectes coléoptères. T. d'hist. nat.

MÉLANÉ, E, adj. De la nature de la mélæna ou mélanose, maladie noire. T. de méd.

MÉLANGE, s. m. Assemblage, union de choses diverses, au propre et au fig. Bonheur sans —, pur, sans chagrins. —, croisement des races. —, réunion de couleurs. T. de peint. —, pl. Recueil de divers morceaux de littérature.

MÉLANGÉ, E, part. Mêlé ensemble.

MÉLANGER, v. a. Mêler ensemble, faire un mélange.

MÉLANGULA, s. f. Orange à tubercule et à mamelon; citron, cédrat. T. de bot.

MÉLANICTÈRE, s. m. Espèce de tangara, oiseau sylvain. T. d'hist. nat.

MÉLANIE, s. f. Genre de testacés univalves. T. d'hist. nat.

MÉLANIS, s. m. Sorte de vipère. T. d'hist. nat.

MÉLANITE, s. f. Grenat d'un noir de velours; insecte lépidoptère. T. d'hist. nat.

MÉLANOGRAPHITES, s. f. pl. Pierres à dessins noirs. T. d'hist. nat.

MÉLANOÏDE, s. f. Coquille voisine des mélanies. T. d'hist. nat.

MÉLANOPHORE, s. m. Insecte diptère muscide. T. d'hist. nat.

MÉLANTÉRIE, s. f. Substance minérale vitriolique. T. d'hist. nat.

MÉLANTHACÉES, s. f. pl. Famille des joncs.

MÉLANTHE, s. m. Plante de la famille des mélanthacées. T. de bot.

MÉLANY, s. m. Com. du dép. de l'Ardèche, cant. de Valgorge, arr. de Largentière. = Joyeuse.

MÉLAR, s. m. Coquille du genre de celles qu'on nomme cône. T. d'hist. nat. —, petite figue d'Espagne. T. de bot.

MÉLAS, s. m. Maladie de peau, espèce d'alphos, tache superficielle noirâtre sur la peau. T. de méd. —, très gros chat de l'île de Java, de la taille du léopard. T. d'hist. nat.

MÉLAS-ICTÈRE, s. m. Ictère noir. T. de méd.

MÉLASIS, s. m. Genre d'insectes coléoptères. T. d'hist. nat.

MÉLASME, s. m. Espèce d'ecchymose. T. de méd.

MÉLASOMES, s. m. pl. Insectes coléoptères hétéromères. T. d'hist. nat.

MÉLASPHÆRULE, s. f. Sirop de sucre qui fournit le tafia.

MÉLASSE, s. f. Résidu du sucre rafiné.

MÉLASTOME, s. m. Arbrisseau de la famille des mélastomées. T. de bot.

MÉLASTOMÉES, s. f. pl. Famille de plantes exotiques dont le fruit est d'un goût agréable. T. de bot.

MELAUCOURT, s. m. Com. du dép. de la Moselle, cant. et arr. de Briey. = Briey.

MELAY, s. m. Com. du dép. de Maine-et-Loire, cant. de Chemillé, arr. de Beaupréau. = Chemillé.

MELAY, s. m. Com. du dép. de la Haute-Marne, cant. de Bourbonne, arr. de Langres. = Bourbonne.

MELAY, s. m. Com. du dép. de Saône-et-Loire, cant. de Marcigny, arr. de Charolles. = Marcigny.

MÊLÉ, E, part. Brouillé, confondu ensemble. Vin —, mélangé, frelaté. — de, modifié; sévérité mêlée de douceur.

MÉLÉAGRE, s. m. Fils d'Œnée et d'Althée, fameux chasseur dont l'existence était attachée à la durée d'un tison. Ayant oublié de sacrifier à Diane, cette déesse envoya un énorme sanglier qui ravageait tout le pays de Calydon. Alors, les princes grecs s'assemblèrent pour tuer ce monstre, et Méléagre à leur tête signala son courage. Atalante, la première, blessa le sanglier dont la hure lui fut offerte; mais, jaloux de cette préférence, les frères d'Althée voulurent s'en emparer de vive force et tombèrent sous les coups de Méléagre, qui devint l'époux d'Atalante. Pour venger la mort de ses frères, Althée jeta au feu le tison fatal et se tua de désespoir, après la mort de son fils. T. de myth. — sabot, genre de testacés. T. d'hist.

MÉLÉAGRIDE, s. f. Oiseau du genre des gallinacés, espèce de poule. —, pl. Sœurs de Méléagre qui furent métamorphosées en poules. T. de myth.

MÉLÉAGRIS, s. m. Voy. FRITILLAIRE. T. de bot.

MELECEY, s. m. Com. du dép. de la Haute-Saône, cant. de Villersexel, arr. de Lure. = Vesoul.

MÉLECTE, s. f. Genre d'insectes hyménoptères. T. d'hist. nat.

MÉLÉE, s. f. Combat opiniâtre, corps à corps, entre des troupes qui se trouvent pêle-mêle; batterie entre particuliers réunis en certain nombre. —, contestation opiniâtre, vive dispute. Fig.

MÊLER, v. a. Brouiller, confondre ensemble des choses qui doivent être séparées. —, rassembler sans ordre, embrouiller; mêler des papiers. —, frelater, falsifier, faire un mélange; mêler des vins. —, joindre, unir; mêler l'utile à l'agréable. — une serrure, en fausser le mécanisme. — les races, les croiser. — quelqu'un dans une affaire, l'y intéresser; dans une accusation, l'y comprendre. Se —, v. pron. Prendre soin de... Se —, s'entremettre, s'ingérer mal à propos. Se —, en parlant des animaux, s'accoupler. Se — dans la foule, s'y engager. Se —, v. récip. Se confondre; les fleuves se mêlent dans la mer.

MELESSE, s. f. Com. du dép. d'Ille-et-Vilaine, cant. de St.-Aubin-d'Aubigné, arr. de Rennes. = Rennes.

MÊLE-SUR-SARTHE (le), s. m. Com. du dép. de l'Oise, chef-lieu de cant. de l'arr. d'Alençon. Bur. d'enregist. et de poste.

MELETTE, s. f. Petit poisson de mer. — ou l'angélique, sorte de petite figue.

MÉLÈZE, s. m. Grand arbre résineux; le sapin. T. de bot.

MELGVEN, s. m. Com. du dép. du Finistère, cant. de Bannalec, arr. de Quimperlé. = Rosporden.

MÉLIACÉES, s. f. pl. Famille de plantes exotiques. T. de bot.

MÉLIANTHE, s. m. Plante de la famille des rues, pimprenelle d'Afrique dont on tire une liqueur mielleuse, cordiale et nutritive. T. de bot.

MÉLIBÉE, s. m. Petit papillon de jour.

MÉLICA ou MÉLIQUE, s. f. Blé barbu, sorte de millet. T. de bot.

MÉLICÉRIS, s. m. Espèce d'abcès, tumeur enkistée qui contient une matière jaunâtre de la couleur du miel. T. de méd.

MÉLICERTE, s. m. Genre de crustacés. T. d'hist. nat.

MILICESTE, s. f. Constellation d'Hercule. T. d'astr.

MELICHRYSON, s. m. Topaze couleur d'or, de miel.

MÉLICOCQ, s. m. Com. du dép. de l'Oise, cant. de Ribécourt, arr. de Compiègne. = Compiègne.

MÉLICOPE, s. f. Plante de la Nouvelle-Zélande. T. de bot.

MÉLICOURT, s. m. Com. du dép. de l'Eure, cant. de Broglie, arr. de Bernay. = Montreuil-l'Argillé.

MÉLICYTE, s. m. Plante de la Nouvelle-Zélande. T. de bot.

MÉLIDE, s. f. Maladie des ânes, la morve.

MÉLIER, s. m. Sorte de raisin blanc.

MÉLIGNY-LE-GRAND, s. m. Com. du dép. de la Meuse, cant. de Void, arr. de Commercy. = Void.

MELIGNY-LE-PETIT, s. m. Com. du dép. de la Meuse, cant. de Void, arr. de Commercy. = Void.

MÉLILOT, s. m. Plante, genre de légumineuses. T. de bot.

MELIN, s. m. Com. du dép. de la Haute-Saône, cant. de Combeau-Fontaine, arr. de Lure. = Vesoul.

MÉLINCOURT, s. m. Com. du dép. de la Haute-Saône, cant. de Vauvillers, arr. de Lure. = Vesoul.

MÉLINE, s. f. Terre alumineuse jaune. T. d'hist. nat.

MÉLINET, s. m. Plante borraginée des Alpes. T. de bot.

MÉLINGE, s. f. Etoffe de laine.

MÉLINIS, s. m. Plante graminée du Brésil. T. de bot.

MÉLIOPONE, s. f. Genre d'insectes hyménoptères de l'Amérique méridionale. T. d'hist. nat.

MÉLIORAT, s. m. Organsin de Boulogne.

MÉLIORATION, s. f. Amélioration. (Vi.)

MÉLIORER, v. a. Améliorer, rendre meilleur. (Vi.)

MÉLIS, s. m. Toile à voile fabriquée en Anjou.

MÉLISEY, s. m. Com. du dép. de la Haute-Saône, chef-lieu de cant. de l'arr. de Lure. Bur. d'enregist. = Lure.

MÉLISEY, s. m. Com. du dép. de l'Yonne, cant. de Cruzy, arr. de Tonnerre. = Tonnerre.

MÉLISMATIQUE, adj. Qui tient à la douceur, à l'agrément de la voix. T. inus.

MÉLISSE, s. f. Plante labiée, médicinale, qui a l'odeur du citron. T. de bot.

MÉLISSOPHAGE, adj. Qui mange le miel, qui en vit.

MÉLITE, s. f. Genre de crustacés. T. d'hist. nat.

MÉLITÉE, s. f. Insecte lépidoptère; polypier. T. d'hist. nat.

MÉLITIS, s. m. Pierre précieuse de couleur vert pomme. T. d'hist. nat.

MÉLITOPHILE, adj. Se dit des insectes qui aiment le miel. —, s. m. pl. Insectes coléoptères. T. d'hist. nat.

MELJAC, s. m. Village du dép. de l'Aveyron, réuni à la com. de St.-Just, cant. de Naucelle, arr. de Rodez. = Rodez.

MELLAC, s. m. Com. du dép. du Finistère, cant. et arr. de Quimperlé. = Quimperlé.

MELLE, s. f. Petite ville du dép. des Deux-Sèvres, chef-lieu de sous-préf. et de cant.; trib. de 1re inst.; conserv. des hypoth.; direct. des contrib. indir.; recev. part. des fin.; bur. d'enregist. et de poste.
Manuf. de serges et d'étoffes de laine. Papeterie, etc. Comm. de grains, graines de trèfle; laine, bestiaux, et surtout de mulets, que l'on regarde comme les meilleurs de l'Europe.

MELLÉ, s. m. Com. du dép. d'Ille-et-Vilaine, cant. de Louvigné-du-Désert, arr. de Fougères. = St.-James.

MELLECY, s. m. Com. du dép. de Saône-et-Loire, cant. de Givry, arr. de Châlons. = le Bourgneuf.

MELLERAI, s. m. Com. du dép. de l'Orne, cant. de Juvigny, arr. de Domfront. = Domfront.

MELLERAN, s. m. Com. du dép. des Deux-Sèvres, cant. de Sauzé-Vaussais, arr. de Melle. = Chef-Boutonne.

MELLERAY, s. m. Com. du dép. de la Mayenne, cant. de Lassay, arr. de Mayenne. = le Ribay.

MELLERAY, s. m. Com. du dép. de la Sarthe, cant. de Montmirail, arr. de Mamers. = la Ferté-Bernard.

MELLEROI, s. m. Com. du dép. du Loiret, cant. de Château-Renard, arr. de Montargis. = Châtillon-sur-Loing.

MELLES, s. f. Com. du dép. de la Haute-Garonne, cant. de St.-Béat, arr. de St.-Gaudens. = St.-Béat.

MELLEVILLE, s. f. Com. du dép. de la Seine-Inférieure, cant. d'Eu, arr. de Dieppe. = Eu.

MELLICHRYSOS, s. m. Gemme des anciens. T. d'hist. nat.

MELLIER, s. m. Troisième ventricule du bœuf. T. de boucherie.

MELLIFÈRE, adj. Qui porte du miel. —, s. m. pl. Insectes hyménoptères qui portent aiguillons. T. d'hist. nat.

MELLIFICATION, s. f. Manière dont les abeilles font le miel.

MELLIFLU, E, adj. Trop doux; qui donne le miel.

MELLIFLUITÉ, s. f. Qualité d'un style doux et coulant. T. inus.

MELLINE, s. f. Genre d'insectes hyménoptères. T. d'hist. nat.

MELLINIORES, s. m. pl. Insectes crabronites. T. d'hist. nat.

MELLIONNEC, s. m. Com. du dép. des Côtes-du-Nord, cant. de Goarec, arr. de Loudéac. = Rostrenen.

MELLISSOGRAPHE, s. m. Naturaliste qui écrit sur les abeilles. T. inus.

MELLISSOGRAPHIE, s. f. Traité sur le miel, sur les abeilles. T. inus.

MELLITHE, s. f. Substance minérale de la couleur du miel. T. d'hist. nat.

MELLITURGE, s. f. Insecte hyménoptère mellifère. T. d'hist. nat.

MELLITURGIE, s. f. Préparation du miel; travail des abeilles. T. d'hist. nat.

MELLIVORE, s. m. Ratel, mammifère carnassier d'Afrique qui mange le miel. T. d'hist. nat.

MELLO, s. m. Com. du dép. de l'Oise, cant. de Creil, arr. de Senlis. = Creil. Fabr. de tissus mérinos, et de cachemire.

MÉLOBÉSIE, s. f. Polypier coralligène. T. d'hist. nat.

MÉLOCACTE, s. m. Melon chardon, plante d'Amérique, sans branche ni feuille. T. de bot.

MÉLOCARPOS, s. m. Voy. ARISTOLOCHE. T. de bot.

MÉLOCHIE, s. f. Plante d'Egypte de la famille des mauves. T. de bot.

MÉLOCHITE, s. f. Pierre d'Arménie, sorte de cuivre carbonaté. T. d'hist. nat.

MÉLODICA, s. m. Sorte d'instrument de musique.

MÉLODIE, s. f. Harmonie qui résulte d'une suite de sons; douceur agréable, charme de la voix.

MÉLODIEUSEMENT, adv. D'une manière mélodieuse, pleine d'harmonie.

MÉLODIEUX, EUSE, adj. Harmonieux, plein de mélodie.

MÉLODIN, s. m. Arbrisseau de la Nouvelle-Ecosse. T. de bot.

MÉLODRAMATURGE, s. m. Faiseur de mélodrames.

MÉLODRAME, s. m. Drame informe qui tient tout à la fois du tragique, du comique, du lyrique, de la pantomime et du ballet; superfétation dramatique, espèce de monstre vomi sur la scène par le génie révolutionnaire pour achever de pervertir le goût, et renverser toutes les idées reçues.

MÉLOÉ, s. m. Mouche du genre des cantharides. T. d'hist. nat.

MÉLOGRAPHIE, s. f. Art de noter la musique.

MÉLOIR (St.-), s. m. Com. du dép. des Côtes-du-Nord, cant. de Plélan, arr. de Dinan. = Plancoët.

MÉLOIR-DES-ONDES (St.-), s. m. Com. du dép. d'Ille-et-Vilaine, cant. de Cancale, arr. de St.-Malo. = St.-Malo.

MÉLOISEY, s. m. Com. du dép. de la Côte-d'Or, cant. et arr. de Beaune. = Beaune.

MÉLOLONTHE, s. m. Insecte coléoptère, hanneton. T. d'hist. nat.

MÉLOMANE, s. Enthousiaste, qui a la manie de la musique.

MÉLOMANIE, s. f. Passion, manie de la musique.

MELON, s. m. Plante annuelle, cucurbitacée, qui fait un objet assez considérable de commerce; son fruit à côtes offre une chair sucrée, fondante, rafraîchissante, et présente beaucoup de variétés. — d'eau, pastèque. — du Mont-Carmel, géode en forme de melon. —, étui rond à perruque. Fig.

MÉLONGÈNE, s. f. Aubergine, plante anodine, résolutive à l'extérieur. T. de bot.

MELONNÉE, s. f. Courge. T. de bot.

MELONNIER, s. m. Marchand de melons. T. inus.

MELONNIÈRE, s. f. Couche de melons.

MÉLOPE, s. m. Poisson du genre du labre. T. d'hist. nat.

MÉLOPÉE, s. f. Règle de la composition du chant chez les Grecs; déclamation notée des Romains.

MÉLOPEPONITE, s. m. Melon pétrifié. T. d'hist. nat.

MÉLOPHAGE, s. m. Genre d'insectes diptères. T. d'hist. nat.

MÉLOPLASTE, s. m. Méthode d'enseignement de la musique au moyen d'un tableau.

MÉLOS, s. m. Douceur du chant, mélodie. T. inus.

MÉLOSE, s. f. Action d'explorer avec la sonde. T. de chir.

MÉLOTE, s. f. Peau de brebis avec sa laine.

MELOTHRIE, s. f. Plante, genre de cucurbitacées. T. de bot.

MELPOMÈNE, s. f. L'une des neuf sœurs, la muse tragique représentée sous la figure d'une jeune fille, chaussée d'un cothurne, tenant des sceptres et des couronnes d'une main, et de l'autre un poignard. T. de myth.

MELRAND, s. m. Com. du dép. du Morbihan, cant. de Baud, arr. de Pontivy. = Pontivy.

MELS-ET-COLOMBEZ, s. m. Com. du dép. de l'Aveyron, cant. de St.-Amans, arr. d'Espalion. = Mur-de-Barrez.

MELSHEIM, s. m. Com. du dép. du Bas-Rhin, cant. de Hochfelden, arr. de Saverne. = Saverne.

MELUN, s. m. Ville du dép. de Seine-et-Marne, chef-lieu de préf., d'une sous-préf. et de 2 cant.; cour d'assises; trib. de 1re inst.; biblioth. publique de 8,000 vol.; société d'agric.; ingén. en chef des ponts-et-chaussées; direct. de l'enregist. et des domaines, de 2e classe; direct. des contrib. dir. et indir.; bur. de garantie des matières d'or et d'argent; recev. gén. des finances; payeur du dép. Bur. d'enregist. et de poste.

Cette ville, généralement bien bâtie, est située sur la Seine, qui la divise en deux parties, et dont les eaux y font mouvoir plusieurs établissemens. Manuf. de verres à vitres, de draps, serges, droguets, percales, calicots; filatures de coton, etc.; comm. de blé, farines, vins, fromages, laines et bestiaux. Pop. 7,200 hab.

MELUNOIS, E, s. et adj. Habitant de Melun; qui concerne cette ville.

MELURSUS, s. m. Quadrupède voisin des ours. T. d'hist. nat.

MELVE, s. f. Com. du dép. des Basses-Alpes, cant. de la Motte-du-Caire, arr. de Sisteron. = Sisteron.

MELVIEU, s. m. Village du dép. de l'Aveyron, cant. de St.-Rome-du-Tarn, arr. de St.-Affrique. = St.-Affrique.

MÉLYRE, s. m. Coléoptère mélyride. T. d'hist. nat.

MÉLYRIDES, s. m. pl. Coléoptères serricornes. T. d'hist. nat.

MELZICOURT, s. m. Com. du dép. de la Marne, cant. de Ville-sur-Tourbe, arr. de Ste.-Ménehould. = Ste.-Ménehould.

MELZ-SUR-SEINE, s. m. Com. du dép. de Seine-et-Marne, cant. de Villiers-St.-Georges, arr. de Provins. = Nogent-sur-Seine.

MÉMARCHURE, s. f. Entorse du cheval, en faisant un faux pas.

MEMBRACE, s. f. Genre d'insectes hémiptères voisins des cigales. T. d'hist. nat.

MEMBRAN ou MEMBRON, s. m. Troisième pièce de l'enfaîtement en plomb. T. de couvreur.

MEMBRANE, s. f. Tissu organique composé de fibres ligamenteuses, tendineuses ou aponévrotiques, qui sert à protéger les parties qu'il recouvre, etc. T. d'anat.

MEMBRANÉE, adj. f. Aplatie comme une membrane; tige membranée. T. de bot.

MEMBRANEUX, EUSE, adj. Se dit des parties qui tiennent de la nature des membranes; formé de membranes. —, sans pulpe entre les membranes. T. de bot.

MEMBRANIFORME, adj. Mince et large comme une membrane. T. d'anat.

MEMBRE, s. m. Nom donné à toutes les parties principales du corps, et spécialement aux extrémités supérieures et inférieures, la tête exceptée. —, partie d'une terre, d'un bénéfice; agrégé, associé d'une compagnie littéraire, d'un corps politique, etc. — d'une phrase, d'une période, l'une des parties dont elle se compose. — d'une équation, chacune des deux parties séparées par le signe d'égalité. T. d'alg. —, grosse pièce d'un navire. T. de mar.

MEMBRÉ, E, adj. Se dit des jambes et des cuisses d'un oiseau, dont l'émail est différent de celui du corps. T. de blas.

MEMBRET, s. m. Lame pour attacher l'éperon.

MEMBREY, s. m. Com. du dép. de la Haute-Saône, cant. de Dampierre, arr. de Gray. = Cintrey.

MEMBRIOLET, s. m. Petit membret. T. inus.

MEMBROLLE (la), s. f. Com. du dép. de Maine-et-Loire, cant. et arr. d'Angers. = le Lion-d'Angers.

MEMBROLLES, s. f. Com. du dép. de Loir-et-Cher, cant. d'Ouzouer-le-Marché, arr. de Blois. = Châteaudun.

MEMBRU, E, adj. Qui a de gros membres. T. fam.

MEMBRURE, s. f. Pièce de bois épaisse dans laquelle on enchâsse les panneaux. T. de menuis. —, sorte de mesure pour la vente du bois à brûler. —, ais pour mettre les livres en presse. T. de rel. —, les membres d'un navire. T. de mar.

MÊME, pron. adj. Qui n'est point autre, point différent. —, après un pron. pers., marque plus expressément la personne dont on parle; soi-même, eux-mêmes. —, adv. En outre, aussi, encore. De —, de la même manière. De — que, ainsi que. A — de, à portée de. Manger à —, manger dans.

MÊME (St.-), s. m. Com. du dép. de la Charente, cant. de Segonzac, arr. de Cognac. = Jarnac.

MÊME (St.-), s. m. Com. du dép. de la Loire-Inférieure, cant. de Machecoul, arr. de Nantes. = Machecoul.

MÉMÉCYLON, s. m. Genre de plantes myrtoïdes. T. de bot.

MEMEL, s. m. Ville fortifiée et très commerçante de la Prusse orientale, qui possède un port sur la Baltique. Cette ville a été cédée à la Russie par le roi de Prusse, en échange d'une petite portion de la Lithuanie.

MEMELSHOFFEN, s. m. Com. du dép. du Bas-Rhin, cant. de Soultz-sous-Forêts, arr. de Wissembourg. = Wissembourg.

MÊMEMENT, adv. De même, de la même manière. (Vi.)

MÉMÉNIL, s. m. Com. du dép. des Vosges, cant. de Bruyères, arr. d'Epinal. = Bruyères.

MEMENTO, s. m. (mot latin). Prière à la messe pour les vivans et les morts. —, souvenir, marque pour se ressouvenir de quelque chose.

MÉMER, s. m. Com. du dép. de l'Aveyron, cant. et arr. de Villefranche. = Villefranche.

MÊMETÉ, s. f. Idendité. T. inus.

MÉMI (St.-), s. m. Village du dép. du Tarn, cant. de Graulhet, arr. de Lavaur. = Lavaur.

MÉMIN ou **MEMINA**, s. m. Espèce de chevrotin, gazelle de l'île de Java. T. d'hist. nat.

MÉMIN (St.-), s. m. Com. du dép. de l'Aube, cant. de Méry, arr. d'Arcis-sur-Aube. = Méry-sur-Seine.

MÉMIN (St.-), s. m. Com. du dép. de la Côte-d'Or, cant. de Vitteaux, arr. de Semur. = Vitteaux.

MÉMIN (St.-), s. m. Com. du dép. de la Dordogne, cant. d'Exideuil, arr. de Périgueux. = Exideuil.

MEMMIE (St.-), s. m. Com. du dép. de la Marne, cant. et arr. de Châlons. = Châlons. Fabr. de sacs sans coutures.

MÉMOIRE, s. m. Écrit, état sommaire; note détaillée d'ouvrages faits, d'objets fournis; écrit pour faire ressouvenir, pour instruire, mettre au fait d'une affaire. — d'apothicaire, porté trop haut. —, pl. Relations de faits, d'événemens pour servir à l'histoire, à la biographie, etc.

MÉMOIRE, s. f. sans pl. Faculté qui semble appartenir à l'ame de classer les idées et d'en garder le souvenir; action, effet de cette faculté, qui s'augmente par le travail et l'exercice; souvenir. —, commémoration; réputation bonne ou mauvaise qui survit à l'homme. — locale, souvenir réveillé par la présence des objets. — artificielle, méthode qui aide la mémoire. Les filles de —, les muses. T. poét.

MEMONT, s. m. Com. du dép. du Doubs, cant. de Russey, arr. de Montbéliard. = Morteau.

MÉMORABLE, adj. Remarquable, louable, glorieux, digne de rester dans la mémoire.

MÉMORABLEMENT, adv. D'une manière mémorable. T. inus.

MÉMORATIF, IVE, adj. Qui se souvient de quelque chose.

MÉMORIAL, s. m. Écrit pour se rappeler la mémoire des faits; mémorial de Sainte-Hélène. —, mémoire, placet, en parlant des cours de Rome et d'Espagne. —, brouillard, journal. T. de comm. —, pl. Mémoriaux. Registres de la chambre des comptes où étaient inscrites les lettres-patentes.

MÉMORIAL, E, adj. Qui concerne la mémoire, qui la rappelle.

MÉMORIALISTE, s. m. Auteur d'un mémorial, de mémoires. T. inus.

MEMPHIS, s. m. Très ancienne ville d'Egypte, dont les ruines se retrouvent à quelques lieues du Caire. Cette ville, qui était la résidence de Pharaon à l'époque où, par sa sagesse, Joseph délivra l'Egypte du fléau de la famine, jouissait d'une grande splendeur.

MEMPHITE, s. f. Pierre d'Egypte, sorte d'agate onyx.

MEMPHITIQUE, adj. Qui appartient à Memphis. Pierre —, memphite. Danse —, danse guerrière qui s'exécutait à Memphis au son des instrumens militaires.

MEMPHITIS, s. m. Marbre de Memphis.

MENAÇANT, E, adj. Qui indique, annonce, exprime la menace; air, regard, ton menaçant. Avenir —, qui fait craindre de grands revers.

MENACE, s. f. Parole, geste pour faire connaître et craindre à quelqu'un le mal qu'on lui prépare, pour annoncer le mal qui s'approche.

MENACÉ, E, part. Se dit d'une personne qui a été l'objet des menaces d'une autre.

MENACER, v. a. Faire des menaces. —, pronostiquer; nous sommes menacés d'une banqueroute. Fig. — ruine, être près de crouler, et fig. être près de finir, de s'anéantir; les finances de l'Espagne menacent ruine. Se —, v. récip. Se faire mutuellement des menaces.

MENACEUR, s. m. Celui qui menace. T. inus.

MÉNADE, s. f. Bacchante. —, femme emportée, furieuse. Fig.

MENADES, s. m. Com. du dép. de l'Yonne, cant. et arr. d'Avallon. = Avallon.

MÉNAGE, s. m. Gouvernement domestique; famille, tout ce qui concerne son entretien; meubles, ustensiles. —, conduite dans l'administration de son bien; épargne, économie. —, mari et femme, leur conduite réciproque; bon, mauvais ménage. Mettre en —, marier. Bonne femme de —, qui entend bien la conduite de sa maison.

MÉNAGÉ, E, part. Employé avec économie.

MÉNAGEMENT, s. m. Circonspection, précaution, retenue, réserve dans le discours, la conduite; égard. — des esprits, art de les manier.

MÉNAGER, v. a. Employer avec économie, avec sagesse; ménager son bien. —, ne pas abuser; il faut ménager sa santé. —, conserver avec soin; il importe de ménager son crédit. —, traiter avec égard, ne pas heurter, conduire, manier avec adresse; ménager les esprits. —, pratiquer avec art; ménager un escalier dans un bâtiment. — un terrain, une étoffe, l'employer si bien qu'il n'y ait rien de perdu. — les troupes, ne pas les fatiguer, ne pas les exposer mal à propos. — une surprise, la préparer. — ses paroles, parler peu, avec circonspection. — la délicatesse, ne rien proposer qui l'offense. — la modestie, ne rien faire ni dire qui y soit contraire. Se —, v. pron. Ménager sa santé; et fig. se conduire avec prudence. Se — une chose, travailler adroitement à se la procurer. Se —, v. récip. Se traiter l'un et l'autre avec égard.

MÉNAGER, ÈRE, s. et adj. Econome, qui entend le ménage, l'épargne. —, s. f. Servante qui prend soin du ménage. —, femme mariée. T. fam.

MÉNAGERIE, s. f. Lieu où l'on entretient des animaux rares et étrangers, des bestiaux, des volailles, des oiseaux.

MÉNAGOGUE, s. et adj. Voy. EMMENAGOGUE.

MÉNAIS, s. m. Plante borraginée. T. de bot.

MÉNAKANITE ou MÉNACANITE, s. f. Titane oxydé, mélangé de fer et de manganèse. T. d'hist. nat.

MENANDRIENS, s. m. pl. Gnostiques des premiers temps du christianisme.

MÉNARD, s. m. Com. du dép. de la

Vendée, cant. des Herbiers, arr. de Bourbon-Vendée. = les Herbiers.

MÉNARMONT, s. m. Com. du dép. des Vosges, cant. de Rambervillers, arr. d'Epinal. = Rambervillers.

MENARS, s. m. Com. du dép. de Loir-et-Cher, cant. de Mer, arr. de Blois. Bur. de poste.

MENAT, s. m. Com. du dép. du Puy-de-Dôme, chef-lieu de cant. de l'arr. de Riom. Bur. d'enregist. à Montaigut. = Montaigut.

MENAUCOURT, s. m. Com. du dép. de la Meuse, cant. de Ligny, arr. de Bar-le-Duc. = Ligny.

MENCAS, s. m. Com. du dép. du Pas-de-Calais, cant. de Fruges, arr. de Montreuil. = Fruges.

MENCHHOFFEN, s. m. Com. du dép. du Bas-Rhin, cant. de Bouxwiller, arr. de Saverne. = Saverne.

MENDE, s. f. Ville du dép. de la Lozère, chef-lieu de préf., de sous-préf. et d'un cant.; cour d'assises; trib. de 1re inst.; évêché érigé dans le 5e siècle; chambre consult. de manuf.; société d'agric., sciences et arts; biblioth. pub. de 6,500 vol.; ingén. en chef des ponts-et-chaussées; direct. de l'enregist. et des domaines de 3e classe; direct. des contrib. dir. et indir.; recev. gén. des fin.; payeur du dép.; bur. d'enregist. et de poste.

Cette ville, située sur le Lot, est bien bâtie, et possède de superbes promenades. On y remarque la cathédrale et plusieurs belles fontaines. Manuf. de draps communs, connus sous le nom de serges de Mende.

MENDIANT, E, s. et adj. Qui demande l'aumône, qui mendie. Ordres —, religieux qui vivaient du produit de leur quête. Les quatre —, jacobins, cordeliers, augustins et carmes; quatre sortes de fruits secs, raisins, figues, amandes, avelines.

MENDIBIEU, s. m. Com. du dép. des Basses-Pyrénées, cant. et arr. de Mauléon. = Mauléon.

MENDICITÉ, s. f. Etat de pauvreté, d'indigence, qui réduit à la cruelle nécessité de mendier.

MENDIÉ, E, part. Demandé, sollicité humblement, avec importunité.

MENDIER, v. a. et n. Tendre la main, demander l'aumône; mendier son pain. —, rechercher, solliciter avec une sorte de bassesse et d'importunité; mendier des suffrages. Fig.

MENDIONDE, s. m. Com. du dép. des Basses-Pyrénées, cant. d'Hasparren, arr. de Bayonne. = Bayonne.

MENDITTE, s. f. Com. du dép. des Basses-Pyrénées, cant. et arr. de Mauléon. = Mauléon.

MENDIVE, s. f. Com. du dép. des Basses-Pyrénées, cant. de St.-Jean-Pied-de-Port, arr. de Mauléon. = St.-Jean-Pied-de-Port.

MENDOLE, s. f. Poisson du genre du spare. T. d'hist. nat.

MENDOUSSE, s. f. Com. du dép. des Basses-Pyrénées, cant. de Garlin, arr. de Pau. = Pau.

MENDOZE, s. f. Genre de plantes de la didynamie, quatorzième classe des végétaux. T. de Lot.

MENDY, s. m. Com. du dép. des Basses-Pyrénées, cant. et arr. de Mauléon. = Mauléon.

MENE, s. f. Genre de poissons abdominaux. T. d'hist. nat.

MENÉ, E, part. Guidé, conduit.

MÉNÉAC, s. m. Com. du dép. du Morbihan, cant. de la Trinité, arr. de Poërmel. = Josselin.

MENEAU, s. m. Séparation des ouvertures de croisées.

MENEAUX, s. m. Village du dép. de Lot-et-Garonne, cant. de Lavardac, arr. de Nérac. = Nérac.

MÉNECHME, s. m. Nom de deux frères dont la parfaite ressemblance, au physique comme au moral, fait naître une foule de situations comiques et de quiproquos, dans les comédies de Ménandre, de Plaute, de Regnard, etc.

MENÉE, s. f. Intrigue pour la réussite d'un projet, d'une affaire. —, chemin d'une dent de rouage. T. d'horlog. —, route d'un cerf qui fuit la poursuite du chasseur. T. de véner.

MÉNEHOULD (Ste.-), s. f. Ville du dép. de la Marne, chef-lieu de sous-préf. et de cant.; trib. de 1re inst.; conserv. des hypoth.; direct. des contrib. indir.; recev. part. des fin.; bur. d'enregist. et de poste.

Cette ville, située dans une contrée marécageuse, sur l'Aisne, offre des promenades fort agréables. Elle est renommée par sa charcuterie et surtout par l'apprêt des pieds de cochon. Fabr. de serges et de ras, dits de Châlons, d'ouvrages au tour; dans les environs, forges, verreries, faïenceries. Comm. de bois, blé, avoine, merrain, etc.

MÉNÉLAS, s. m. Roi de Lacédémone, frère d'Agamemnon et mari d'Hélène, beauté fatale, dont le ravissement par Pâris, fils de Priam, causa le fameux siège et la ruine de Troie. T. de myth.

MENER, v. a. Guider, conduire. —, conduire par force; mener en prison.

—, commander, faire marcher et agir une armée; mener au combat. —, amuser par de fausses promesses, par de vaines espérances. — des chevaux, les conduire. — des marchandises, les voiturer. —, présenter en un lieu, introduire, donner accès; mener dans une société. — quelqu'un, le gouverner. — une affaire, la diriger. — une bonne conduite, avoir des habitudes réglées, de bonnes mœurs.

MÉNERBES, s. f. Com. du dép. de Vaucluse, cant. de Bonnieux, arr. d'Apt. = Avignon.

MÉNERVAL, s. m. Com. du dép. de la Seine-Inférieure, cant. de Gournay, arr. de Neufchâtel. = Gournay.

MÉNERVILLE, s. f. Com. du dép. de Seine-et-Oise, cant. de Bonnières, arr. de Mantes. = Mantes.

MENESBLE, s. f. Com. du dép. de la Côte-d'Or, cant. de Recey-sur-Ouche, arr. de Châtillon. = Aignay-le-Duc.

MENESLIES, s. f. Village du dép. de la Somme, cant. d'Ault, arr. d'Abbeville. = Abbeville.

MENESPLET, s. m. Com. du dép. de la Dordogne, cant. de Monpont, arr. de Ribérac. = Monpont.

MENESQUEVILLE, s. f. Com. du dép. de l'Eure, cant. d'Ecouis, arr. des Andelys. = Ecouis.

MENESSAIRE, s. m. Com. du dép. de la Côte-d'Or, cant. de Liernais, arr. de Beaune. = Lucenay-l'Evêque.

MENESTREAU, s. m. Com. du dép. du Loiret, cant. de la Ferté-St.-Aubin, arr. d'Orléans. = la Ferté-St.-Aubin.

MÉNESTREL, s. m. Chansonnier, chanteur, ménétrier ambulant. (Vi.)

MENET, s. m. Com. du dép. du Cantal, cant. de Riom, arr. de Mauriac. = Bort.

MENETOU, s. m. Com. du dép. de l'Indre, cant. de St.-Christophe, arr. d'Issoudun. = Selles.

MENETOU-COUTURE, s. m. Com. du dép. du Cher, cant. de Nérondes, arr. de St.-Amand. = Villequiers.

MENETOU-RATEL, s. m. Com. du dép. du Cher, cant. et arr. de Sancerre. = Sancerre.

MENETOU-SALON, s. m. Com. du dép. du Cher, cant. de St.-Martin-d'Auxigny, arr. de Bourges. = Bourges. Fabr. de serges; comm. de vins, eaux-de-vie, etc.

MENETREAU, s. m. Com. du dép. de la Nièvre, cant. de Donzy, arr. de Cosne. = Donzy.

MÉNÉTRÉOL-SOUS-LE-LANDAIS-ET-L'ANCIENNE-ABBAYE-DU-LANDAIS, s. m. Com. du dép. de l'Indre, cant. d'Ecueillé, arr. de Châteauroux. = Levroux.

MÉNÉTRÉOL-SOUS-VATAN, s. m. Com. du dép. de l'Indre, cant. de Vatan, arr. d'Issoudun. = Vatan.

MENETREUIL, s. m. Com. du dép. de Saône-et-Loire, cant. de Monpont, arr. de Louhans. = Louhans.

MÉNÉTREUX-LE-PITOIS, s. m. Com. du dép. de la Côte-d'Or, cant. de Flavigny, arr. de Semur. = Flavigny.

MÉNÉTRIER, s. m. Autrefois, joueur d'instrument; aujourd'hui, racleur, joueur de violon dans les fêtes de village.

MÉNÉTROL, s. m. Com. du dép. du Puy-de-Dôme, cant. et arr. de Riom. = Riom.

MÉNÉTRU, s. m. Com. du dép. du Jura, cant. de Voiteur, arr. de Lons-le-Saulnier. = Poligny.

MÉNÉTRU-EN-JOUX, s. m. Com. du dép. du Jura, cant. de Clairvaux, arr. de Lons. = Lons-le-Saulnier.

MENEUR, EUSE, s. Celui, celle qui mène, qui amène les nourrices à Paris. —, chef de parti, qui donne l'impulsion.

MÉNÉVILLER, s. m. Com. du dép. de l'Oise, cant. de Maignelay, arr. de Clermont. = Clermont.

MENGE (St.-), s. m. Com. du dép. des Vosges, cant. et arr. de Mirecourt. = Mirecourt.

MENGES (St.-), s. m. Com. du dép. des Ardennes, cant. et arr. de Sedan. = Sedan.

MENGLON, s. m. Com. du dép. de la Drôme, cant. de Châtillon, arr. de Die. = Die.

MÉNI, s. m. Fruit du Brésil dont on tire de l'huile. T. de bot.

MÉNIANE, s. f. Espèce de balcon ou de galerie avec une saillie hors de l'édifice. T. d'arch.

MÉNIANTHE, s. m. Trèfle d'eau, plante anti-scorbutique de la famille des lysimachies. T. de bot.

MENIÈRE (la), s. f. Com. du dép. de l'Orne, cant. de Bazoches-sur-Hoëne, arr. de Mortagne. = Mortagne.

MÉNIGOUTE, s. f. Com. du dép. des Deux-Sèvres, chef-lieu de cant. de l'arr. de Parthenay. Bur. d'enregist. et de poste à St.-Maixent.

MÉNIL, s. m. Habitation, village; Ménil-Montant. (Vi.)

MÉNIL, s. m. Com. du dép. de la

Mayenne, cant. et arr. de Château-Gontier. = Château-Gontier.

MÉNIL, s. m. Com. du dép. des Vosges, cant. de Senones, arr. de St.-Dié. = Remiremont.

MÉNIL, s. m. Com. du dép. des Vosges, cant. de Rambervillers, arr. d'Epinal. = Raon-l'Etape.

MÉNIL (le), s. m. Com. du dép. des Vosges, cant. de Ramonchamp, arr. de Remiremont. = Remiremont.

MÉNIL-AUX-BOIS, s. m. Com. du dép. de la Meuse, cant. de Pierrefitte, arr. de Commercy. = Commercy.

MÉNIL-BÉRARD, s. m. Com. du dép. de l'Orne, cant. de Moulins-la-Marche, arr. de Mortagne. = Moulins-la-Marche.

MÉNIL-BROUT (le), s. m. Com. du dép. de l'Orne, cant. du Mêle-sur-Sarthe, arr. d'Alençon. = le Mêle-sur-Sarthe.

MÉNIL-CIBOULT (le), s. m. Com. du dép. de l'Orne, cant. de Tinchebray, arr. de Domfront. = Tinchebray.

MÉNIL-DE-BRIOUZE (le), s. m. Com. du dép. de l'Orne, cant. de Briouze, arr. d'Argentan. = Argentan.

MENIL-EN-XAINTOIS, s. m. Com. du dép. des Vosges, cant. et arr. de Mirecourt. = Mirecourt.

MÉNIL-ERREUX, s. m. Com. du dép. de l'Orne, cant. du Mêle, arr. d'Alençon. = Alençon.

MÉNIL-FROGER, s. m. Com. du dép. de l'Orne, cant. de Merlerault, arr. d'Argentan. = Nonant.

MÉNIL-GLAISE, s. m. Com. du dép. de l'Orne, cant. d'Ecouché, arr. d'Argentan. = Argentan.

MÉNIL-GONDOUIN, s. m. Com. du dép. de l'Orne, cant. de Putanges, arr. d'Argentan. = Argentan.

MÉNIL-GUYON (le), s. m. Com. du dép. de l'Orne, cant. de Courtomer, arr. d'Alençon. = Bonnières.

MÉNIL-HERMEI, s. m. Com. du dép. de l'Orne, cant. de Putanges, arr. d'Argentan. = Falaise.

MÉNIL-HUBERT-EN-EXMES, s. m. Com. du dép. de l'Orne, cant. de Gacé, arr. d'Argentan. = Condé-sur-Noireau.

MÉNIL-HUBERT-SUR-ORNE, s. m. Com. du dép. de l'Orne, cant. d'Athis, arr. de Domfront. = Nonant.

MÉNIL-IMBERT, s. m. Com. du dép. de l'Orne, cant. de Vimoutiers, arr. d'Argentan. = Vimoutiers.

MÉNILITHE, s. m. Substance minérale de la nature du silex. T. d'hist. nat.

MÉNIL-JEAN, s. m. Com. du dép. de l'Orne, cant. d'Ecouché, arr. d'Argentan. = Argentan.

MÉNIL-LAHORGNE, s. m. Com. du dép. de la Meuse, cant. de Void, arr. de Commercy. = Void.

MÉNIL-LA-TOUR, s. m. Com. du dép. de la Meurthe, cant. et arr. de Toul. = Toul.

MÉNILLE, s. f. Manche pour lever les mises. T. de papet.

MÉNIL-L'EPINOIS (le), s. m. Com. du dép. des Ardennes, cant. de Juniville, arr. de Rethel. = Reims.

MÉNILLES, s. f. Com. du dép. de l'Eure, cant. de Pacy, arr. d'Evreux. = Pacy-sur-Eure.

MÉNIL-LEZ-ANNELLES (le), s. m. Com. du dép. des Ardennes, cant. de Juniville, arr. de Rethel. = Rethel.

MÉNILLOT, s. m. Com. du dép. de la Meurthe, cant. et arr. de Toul. = Toul.

MÉNIL-MONTANT, s. m. Village du dép. de la Seine, dépendant de la com. de Belleville, cant. de Panthin, arr. de St.-Denis. Banlieue de Paris.

MÉNIL-SCELLEUR (le), s. m. Com. du dép. de l'Orne, cant. de Carrouges, arr. d'Alençon. = Carrouges.

MÉNIL-SUR-SAULX, s. m. Com. du dép. de la Meuse, cant. de Montier-sur-Saulx, arr. de Bar-le-Duc. = Ligny.

MÉNIL-VICOMTE, s. m. Com. du dép. de l'Orne, cant. de Merlerault, arr. d'Argentan. = Nonant.

MÉNIL-VIN, s. m. Com. du dép. de l'Orne, cant. de Putanges, arr. d'Alençon. = Falaise.

MENIN, s. m. Gentilhomme attaché au Dauphin.

MÉNINGE, s. f. Voy. DURE-MÈRE. T. d'anat.

MÉNINGÉ, E, adj. Qui appartient à la dure-mère. T. d'anat.

MÉNINGÉE, s. f. Inflammation des méninges. T. de méd.

MÉNINGETTE, s. f. Pie-mère. T. d'anat.

MÉNINGINE, s. f. Arachnoïde. T. d'hist. nat.

MENINGO-GASTRIQUE, s. et adj. Se dit des fièvres bilieuses. T. de méd.

MENINGOPHYLAX, s. m. Instrument dont on se sert dans le pansement qui a lieu, par suite de l'opération du trépan, pour comprimer la dure-mère et la garantir des accidens. T. de chir. Voy. DÉPRESSOIR.

MENINGOSE, s. f. Réunion de deux os par des ligamens étendus en forme de membranes. T. d'anat.

MÉNIPÉE, s. f. Polypier coralligène. T. d'hist. nat.

MÉNIPPÉE, adj. f. Se dit d'une satire mêlée de prose et de vers, qui fut faite contre la Ligue par le P. Rapin ; satire ménippée.

MÉNISCÉ, s. m. Plante, genre de fougères. T. de bot.

MÉNISPERME, s. m. Plante ménispermoïde. T. de bot.

MÉNISPERMOÏDES, s. f. pl. Famille de plantes exotiques dont la graine a quelque ressemblance avec un croissant. T. de bot.

MENISQUE, s. m. Verre convexe d'un côté, et concave de l'autre. T. d'opt.

MÉNITRÉE, s. f. Com. du dép. de Maine-et-Loire, cant. des Ponts-de-Cé, arr. d'Angers. = les Rosiers.

MENNECY, s. m. Com. du dép. de Seine-et-Oise, cant. et arr. de Corbeil. = Corbeil.

MENNESSIS, s. m. Com. du dép. de l'Aisne, cant. de la Fère, arr. de Laon. = la Fère.

MENNETON, s. m. Petite ville du dép. de Loir-et-Cher, chef-lieu de cant. de l'arr. de Romorantin. Bur. d'enregist. et de poste à Romorantin. Fabr. de bonneterie et de parchemin.

MENNETRÉOL-EN-SANCERRE, s. m. Com. du dép. du Cher, cant. et arr. de Sancerre. = Sancerre.

MENNETRÉOL-SUR-SAULDRE, s. m. Com. du dép. du Cher, cant. d'Aubigny, arr. de Sancerre. = Aubigny.

MENNEVAL, s. m. Com. du dép. de l'Eure, cant. et arr. de Bernay. = Bernay.

MENNEVILLE, s. f. Com. du dép. de l'Aisne, cant. de Neufchâtel, arr. de Laon. = Reims.

MENNEVILLE, s. f. Com. du dép. du Pas-de-Calais, cant. de Desvres, arr. de Boulogne. = Samer.

MENNEVRET, s. m. Com. du dép. de l'Aisne, cant. de Wasigny, arr. de Vervins. = Guise.

MENNOUVEAUX, s. m. Com. du dép. de la Haute-Marne, cant. de Clefmont, arr. de Chaumont.= Chaumont-en-Bassigny.

MÉNODORE, s. m. Arbrisseau du Mexique. T. de bot.

MÉNOIRE, s. m. Com. du dép. de la Corrèze, cant. d'Argentat, arr. de Tulle. = Argentat.

MENOLE, s. f. Planche ronde, emmanchée, pour battre le beurre.

MENOLOGE, s. m. Martyrologe ; calendrier de l'église grecque.

MENOMBRET, s. m. Com. du dép. de la Vendée, cant. de la Châtaigneraye, arr. de Fontenay. = la Châtaigneraye.

MENON, s. m. Chèvre du Levant dont la peau est employée à faire du beau maroquin.

MENONCOURT, s. m. Com. du dép. du Haut-Rhin, cant. de Fontaine, arr. de Belfort. = Belfort.

MÉNONVAL, s. m. Com. du dép. de la Seine-Inférieure, cant. et arr. de Neufchâtel. = Neufchâtel.

MÉNORRHAGIE, s. f. Flux excessif des menstrues. T. de méd.

MÉNOSTASIE, s. f. Colique occasionnée par le retard du flux menstruel. T. de méd.

MENOTEY, s. m. Com. du dép. du Jura, cant. de Rochefort, arr. de Dôle. = Dôle.

MENOTTE, s. f. Main d'enfant ; jolie petite main. —, pl. Fers qu'on met aux mains des criminels.

MENOTTÉ, E, adj. Qui a des menottes.

MENOU, s. m. Com. du dép. de la Nièvre, cant. de Varzy, arr. de Clamecy. = Varzy.

MENOUILLES, s. f. Com. du dép. du Jura, cant. d'Arinthod, arr. de Lons-le-Saulnier. = Orgelet.

MÉNOUVILLE, s. f. Com. du dép. de Seine-et-Oise, cant. de Marines, arr. de Pontoise. = Pontoise.

MENOUX (St.-), s. m. Com. du dép. de l'Allier, cant. de Souvigny, arr. de Moulins. = Souvigny.

MENOUX (le), s. m. Com. du dép. de l'Indre, cant. d'Argenton, arr. de Châteauroux. = Argenton.

MENOUX, s. m. Com. du dép. de la Haute-Saône, cant. d'Amance, arr. de Vesoul. = Vesoul.

MENS, s. m. Com. du dép. de l'Isère, chef-lieu de cant. de l'arr. de Grenoble. Bur. d'enregist. et de poste. Fabr. de toiles.

MENSE, s. f. Autrefois table à manger. —, revenu d'un couvent, d'une abbaye. — abbatiale, conventuelle, commune, revenu de l'abbé, des religieux, dont ces derniers et l'abbé jouissent en commun.

MENSIGNAC, s. m. Com. du dép. de la Dordogne, cant. de St.-Astier, arr. de Périgueux. = Périgueux.

MENSKIRCK, s. m. Com. du dép. de la Moselle, cant. de Bouzonville, arr. de Thionville. = Bouzonville.

MENSOLE, s. f. Clef d'une voûte. T. d'arch.

MENSONGE, s. m. Discours contre la vérité, à dessein d'en imposer, de tromper; fausseté, imposture. —, erreur, illusion. Fig.

MENSONGER, ÈRE, adj. Faux, trompeur; se dit poét. des choses.

MENSONGÈREMENT, adv. D'une manière mensongère.

MENSTRUATION, s. f. Ecoulement des menstrues, des règles. T. de méd.

MENSTRUE, s. f. Liqueur propre à dissoudre les solides. T. de chim. —, pl. Ecoulement menstruel, règles. T. de méd.

MENSTRUEL, LE, adj. Qui a rapport aux menstrues; qui arrive tous les mois.

MENSUAIRE, adj. Qui se reproduit tous les mois. T. inus.

MENSUEL, LE, adj. Qui se fait par mois.

MENSURABILITÉ, s. f. Propriété d'un corps de pouvoir être mesuré. T. de géom.

MENTAGRE, s. m. Sorte de dartre au menton. T. de méd.

MENTAL, E, adj. Qui se fait intérieurement, en esprit seulement. Oraison —, sans proférer une parole. Restriction —, tacite, faite en soi-même. Aliénation —, altération des fonctions intellectuelles.

MENTALEMENT, adv. Par la seule pensée, intérieurement.

MENTERIE, s. f. Mensonge, fausseté.

MENTES, s. f. pl. Couvertures de laine fabriquées à Reims.

MENTEUR, EUSE, s. et adj. Qui ment, qui a l'habitude de mentir; qui a l'apparence trompeuse; qui contient des faussetés.

MENTHE, s. f. Plante labiée, aromatique, de beaucoup d'espèces. T. de bot.

MENTIÈRES, s. f. Com. du dép. du Cantal, cant. et arr. de St.-Flour. = St.-Flour.

MENTION, s. f. Commémoration; mémoire de.

MENTIONNÉ, E, part. Dont il a été fait mention.

MENTIONNER, v. a. Faire mention d'une chose.

MENTIR, v. n. Dire un mensonge; affirmer pour vrai ce qu'on sait être faux. Sans —, à dire vrai, en vérité.

MENTISME, s. m. Mouvement déréglé de l'action mentale. T. de méd. inus.

MENTON, s. m. Eminence située au milieu du bord inférieur de la face et qui est formée par la convexité de l'os de la mâchoire inférieure. —, dessous de la lèvre inférieure du cheval, de la chèvre, etc.

MENTONNET, s. m. Boulon, tenon, petit crochet. T. de mét.

MENTONNIER, ÈRE, adj. Qui a rapport au menton. Artère —, artère maxillaire externe. T. d'anat.

MENTONNIÈRE, s. f. Partie d'un masque, d'un casque, destinée à couvrir le menton. —, bandage dont on se sert dans la fracture et les plaies de la mâchoire inférieure. T. de chir.

MENTONNIER-LABIAL, s. et adj. m. Muscle abaisseur de la lèvre inférieure. T. d'anat.

MENTOR, s. m. Nom d'un ami auquel Ulysse avait confié le soin de sa maison, en partant pour le siége de Troie; ami dont Minerve prit la figure et la voix, pour accompagner Télémaque, lorsque ce jeune Prince partit d'Itaque pour aller chercher son père. T. de myth. —, guide sûr, conseiller sage, gouverneur prudent. Fig.

MENTQUE, s. m. Com. du dép. du Pas-de-Calais, cant. d'Ardres, arr. de St.-Omer. = Ardres.

MENU, s. m. Note détaillée des mets qui doivent être servis dans un repas. Compter par le —, avec un grand détail. Payer par le —, par petites sommes. —, adv. En petits morceaux; hacher menu. Trotter dru et —, à petits pas précipités.

MENU, E, adj. Délié, mince, qui a peu de volume. —, de peu de conséquence; menus frais. — peuple, le bas peuple. — plaisirs, dépenses de fantaisie, d'amusemens. — plaisirs du roi, administration des théâtres de la cour. — grains, orge, avoine, etc.

MENUAILLE, s. f. Quantité de petite monnaie, de petits poissons, fretin. T. fam.

MENUCOURT, s. m. Com. du dép. de Seine-et-Oise, cant. et arr. de Pontoise. = Meulan.

MENUET, s. m. Danse ancienne qui ressemblait assez à une promenade en cadence, dans laquelle on faisait de petits pas et surtout beaucoup de saluts et de révérences; air monotone de cette dans.

MENUF, s. m. Sorte de lin et de toile d'Egypte.

MENUFAMILLE, s. f. Com. du dép. de l'Isère, cant. de la Verpillière, arr. de Vienne. = la Verpillière.

MENUFEUILLÉ, E, adj. Dont les feuilles sont menues. T. de bot.

MENUISE, s. f. Menu plomb pour la chasse.

MENUISÉ, E, part. Façonné par le menuisier.

MENUISER, v. a. et n. Travailler en menuiserie.

MENUISERIE, s. f. Art, ouvrage du menuisier. —, petits ouvrages. T. d'orfév.

MÉNULS (les), s. m. pl. Com. du dép. de Seine-et-Oise, cant. de Montfort-l'Amaury, arr. de Rambouillet. == Montfort-l'Amaury.

MENURE, s. m. Genre d'oiseaux sylvains. — parkinson, oiseau de la Nouvelle-Hollande, faisan des montagnes. T. d'hist. nat.

MENUS (les), s. m. pl. Com. du dép. de l'Orne, cant. de Longni, arr. de Mortagne. == Champrond.

MENU-VAIR, s. m. Fourrure, petit-gris. (Vi.)

MENU-VAIRÉ, E, adj. D'un menu-vair d'émail différent. T. de blas.

MENVILLE, s. f. Com. du dép. de la Haute-Garonne, cant. de Grenade, arr. de Toulouse. == Grenade.

MENZIÈZE, s. m. Arbuste d'Amérique. T. de bot.

MÉOBECQ, s. m. Com. du dép. de l'Indre, cant. de Busançais, arr. de Châteauroux. == Châteauroux.

MÉOLANS, s. m. Com. du dép. des Basses-Alpes, cant. de Lauzet, arr. de Barcelonnette. == Barcelonnette.

MÉON ou MÉUM, s. m. Plante ombellifère, aromatique. T. de bot.

MÉON, s. m. Com. du dép. de Maine-et-Loire, cant. de Noyant, arr. de Baugé. == Baugé.

MÉOUILLES, s. f. Com. du dép. des Basses-Alpes, cant. de St.-André, arr. de Castellanne. == Castellanne.

MÉOUNES, s. f. Com. du dép. du Var, cant. de Roquebrussane, arr. de Brignoles. == Brignoles.

MÉPHITIQUE, adj. Se dit d'exhalaisons fétides, d'un air vicié par la présence de corps en putréfaction.

MÉPHITIS, s. m. Miasmes putrides, gaz infects, exhalaisons dangereuses des matières animales et végétales en putréfaction.

MÉPHITISÉ, E, part. Infecté par un air corrompu, méphitique.

MÉPHITISER, v. a. Infecter en répandant un air méphitique.

MÉPHITISME, s. m. Exhalaisons méphitiques. Voy. MÉPHITIS.

MÉPILLAT, s. m. Com. du dép. de l'Ain, cant. de Pont-de-Veyle, arr. de Bourg. == Mâcon.

MÉPLACÉ, E, part. Mal placé. T. inus.

MÉPLACER, v. a. Placer d'une manière inconvenante, mal placer. T. inus.

MÉPLAT, s. m. Indication des plans. T. de peint.

MÉPLAT, E, adj. Plus large qu'épais. T. de peint.

MÉPRENDRE (se), v. pron. Prendre une chose pour une autre, se tromper.

MÉPRIS, s. m. Sentiment qu'inspire une personne ou une chose indigne d'estime, d'égards, d'attention; dédain. —, sentiment qui élève l'ame au-dessus de la crainte ou du désir; mépris de la mort. —, pl. Paroles ou actions qui témoignent le mépris. Au — de, au préjudice, sans égard, sans respect pour..., sans crainte de...; au mépris des lois, des convenances.

MÉPRISABLE, adj. Digne de mépris.

MÉPRISABLEMENT, adv. D'une manière méprisable.

MÉPRISAMMENT, adv. Avec mépris. (Vi.)

MÉPRISANT, E, adj. Qui marque du mépris.

MÉPRISE, s. f. Erreur, inadvertance.

MÉPRISÉ, E, part. Jugé digne de mépris.

MÉPRISER, v. a. Refuser son estime, avoir du mépris pour quelqu'un. —, ne faire aucun cas, n'attacher aucun prix à une chose, la juger indigne de fixer l'attention. —, braver le danger, s'élever au-dessus de la crainte; mépriser la mort.

MER, s. f. Vaste étendue d'eau salée qui environne les terres. — extérieure, qui sépare les continens. — intérieure, qui est enfermée dans les continens, et communique avec les mers extérieures par des détroits, comme la Méditerranée, etc. Basse —, la mer vers la fin de son reflux. Haute —, la mer loin du rivage. Se mettre en —, s'embarquer. — à boire, chose d'une exécution impossible. Ce n'est pas la — à boire, c'est facile à faire.

MER, s. f. Petite ville du dép. de Loiret-Cher, chef-lieu de cant. de l'arr. de Blois. Bur. d'enregist. et de poste. Comm. de vins, eaux-de-vie, vinaigre, etc.

MÉRACQ, s. m. Com. du dép. des Basses-Pyrénées, cant. d'Arzacq, arr. d'Orthez. == Oloron.

MÉRAINVILLE, s. f. Com. du dép. du Loiret, cant. de Courtenai, arr. de Montargis. == Courtenai.

MÉRAL, s. m. Com. du dép. de la Mayenne, cant. de Cossé-le-Vivien, arr. de Château-Gontier. == Craon.

MÉRANDINES, s. f. pl. Toiles d'Auvergne.

MÉRAS, s. m. Com. du dép. de l'Ariège, cant. du Mas-d'Azil, arr. de Pamiers. = Rieux.

MERCADONE, s. f. Plante herbacée du Pérou. T. de bot.

MERCANTILE, adj. Qui concerne le commerce. Esprit —, de marchand.

MERCANTILEMENT, adv. D'une manière mercantile.

MERCANTILLE, s. f. Petit négoce. T. inus.

MERCANTORISTE, adj. Se dit du style des marchands; style mercantoriste.

MERCATEL, s. m. Com. du dép. du Pas-de-Calais, cant. de Beaumetz, arr. d'Arras. = Arras.

MERCELOT, s. m. Petit mercier ambulant.

MERCENAC, s. m. Com. du dép. de l'Ariège, cant. de St.-Lizier, arr. de St.-Girons. = St.-Girons.

MERCENAIRE, s. m. Celui, celle qui travaille pour de l'argent. —, adj. Qui se fait pour de l'argent. —, intéressé, vénal, facile à corrompre. Fig.

MERCENAIREMENT, adv. D'une façon mercenaire.

MERCERIE, s. f. Boutique, marchandise, commerce, corps des marchands merciers.

MERCEUIL, s. m. Com. du dép. de la Côte-d'Or, cant. et arr. de Beaune. = Beaune.

MERCEY (le Grand-), s. m. Com. du dép. du Doubs, cant. d'Audeux, arr. de Besançon. = St.-Vyt.

MERCEY, s. m. Com. du dép. de l'Eure, cant. de Vernon, arr. d'Évreux. = Vernon.

MERCEY-SUR-SAÔNE, s. m. Com. du dép. de la Haute-Saône, cant. de Fresne-St.-Mamès, arr. de Gray. = Gray.

MERCI, s. m. sans pl. Remercîment. Grand —, adv. Je vous rends grâces. Dieu —, grâces à Dieu. —, s. f. Miséricorde. Crier —, demander grâce. Etre à la —, à la discrétion de.

MERCIER, ÈRE, s. Marchand qui vend des toiles, du fil, du ruban et autres menues marchandises pour l'habillement, et surtout pour la parure des dames.

MERCIN-ET-VAUX, s. m. Com. du dép. de l'Aisne, cant. et arr. de Soissons. = Soissons.

MERCKEGHEIM, s. m. Com. du dép. du Nord, cant. de Wormhout, arr. de Dunkerque. = St.-Omer.

MERCŒUR, s. m. Com. du dép. de la Corrèze, chef-lieu de cant. de l'arr. de Tulle. Bur. d'enregist. à Argentat. = Argentat.

MERCŒUR, s. m. Com. du dép. de la Haute-Loire, cant. de la Voûte-Chilhac, arr. de Brioude. = Brioude.

MERCQ-ST.-LIÉVIN, s. m. Com. du dép. du Pas-de-Calais, cant. de Fauquemberque, arr. de St.-Omer. = Fruges.

MERCREDI, s. m. Quatrième jour de la semaine.

MERCUER, s. m. Com. du dép. de l'Ardèche, cant. d'Aubenas, arr. de Privas. = Aubenas.

MERCUÉS, s. m. Com. du dép. du Lot, cant. et arr. de Cahors. = Cahors.

MERCURE, s. m. Dieu de l'éloquence, du commerce et des voleurs; messager des Dieux, et surtout de Jupiter. On le représente un caducée à la main, avec des ailes à la tête et aux talons. T. de myth. —, entremetteur d'aventures galantes. Fig. —, substance métallique blanche et fluide; vif-argent. —, planète la plus voisine du soleil. T. d'astr. —, feuille périodique d'une haute importance pour les sciences, les lettres et les arts, avant la révolution. —, papillon du genre satyre. T. d'hist. nat. —, pl. Enfans employés dans la célébration des mystères. T. d'antiq.

MERCUREY, s. m. Com. du dép. de Saône-et-Loire, cant. de Givry, arr. de Châlons. = le Bourgneuf.

MERCURIALE, s. f. Assemblée du parlement, où l'on s'élevait contre les abus qui s'étaient introduits dans l'administration de la justice; discours des avocats-généraux dans ces assemblées solennelles. —, réprimande. Fig. et fam. —, genre de tithymaloïdes. T. de bot.

MERCURIAUX, s. et adj. m. pl. Médicamens dans la composition desquels il entre du mercure. T. de méd.

MERCURIEL, LE, adj. Qui contient du mercure; pilules mercurielles.

MERCURIFICATION, s. f. Opération à l'aide de laquelle les alchimistes prétendent extraire le mercure renfermé dans les métaux.

MERCUROL, s. m. Com. du dép. de la Drôme, cant. de Tain, arr. de Valence. = Tain.

MERCUS, s. m. Com. du dép. de l'Ariège, cant. de Tarascon, arr. de Foix. = Tarascon.

MERCY, s. m. Com. du dép. de l'Allier, cant. de Neuilly-le-Réal, arr. de Moulins. = Moulins.

MERCY, s. m. Com. du dép. de l'Yonne, cant. de Brienon, arr. de Joigny. = Brienon.

MERCY-LE-BAS, s. m. Com. du dép. de la Moselle, cant. d'Audun-le-Roman, arr. de Briey. = Longwy.

MERCY-LE-HAUT, s. m. Com. du dép. de la Moselle, cant. d'Audun-le-Roman, arr. de Briey. = Longwy.

MERCY-LE-HAUT, s. m. Com. du dép. de la Moselle, cant. de Pange, arr. de Metz. = Metz.

MERD (St.-), s. m. Com. du dép. de la Creuse, cant. de la Courtine, arr. d'Aubusson. = Felletin.

MERD (St.-), s. m. Com. du dép. de la Corrèze, cant. de Lapleau, arr. de Tulle. = Mauriac.

MERDAILLE, s. f. Troupe importune de petits enfans. T. fam.

MERDE, s. f. Matière fécale, excrément de l'homme et de quelques animaux. — d'oie, couleur des déjections de cet oiseau. — du diable. Voy. ASSA FOETIDA.

MERDERET (le), s. m. Rivière qui naît à Huberville, près de Valogne, dép. de la Manche, et qui se jette dans la Douve, à l'île Marie, après un cours de 6 lieues.

MERDEUX, EUSE, adj. Souillé de merde. Bâton —, personne d'un caractère intraitable, qu'on ne sait comment aborder. Fig. et fam.

MERD-LES-OUSSINES (St.-), s. m. Com. du dép. de la Corrèze, cant. de Bugeat, arr. d'Ussel. = Ussel.

MERDRIGNAC, s. m. Com. du dép. des Côtes-du-Nord, chef-lieu de cant. de l'arr. de Loudéac. Bur. d'enregist. = Broons.

MÈRE, s. f. Femme qui a mis au monde, allaité et prodigué les plus tendres soins à un enfant; femelle d'un animal qui a eu des petits. —, religieuse professe. —, femme compatissante, charitable, qui protège, donne des secours. —, cause principale; l'oisiveté est la mère de tous les vices. —, matrice. T. d'arts et mét. —, adj. f. Principale; qui a fourni; qui engendre. — goutte, le vin qui découle de la cuve avant qu'on ait foulé le raisin. — laine, laine la plus fine. — patrie, pays considéré par rapport à ses dépendances. Belle —, grand' —, dure —. Voy. ces mots.

MÈRE (Ste.-), s. f. Com. du dép. du Gers, cant. de Miradoux, arr. de Lectoure. = Lectoure.

MÉRÉ, s. m. Com. du dép. de Seine-et-Oise, cant. de Montfort-l'Amaury, arr. de Rambouillet. = Magny.

MÉRÉ, s. m. Com. du dép. de l'Yonne, cant. de Ligny, arr. d'Auxerre. = Auxerre.

MÉREAU, s. m. Sorte de jeton distribué aux chanoines, pour constater leur présence aux offices. —, marque d'admission.

MÉREAU, s. m. Com. du dép. du Cher, cant. de Lury, arr. de Bourg. = Vierzon.

MÉREAUCOURT, s. m. Com. du dép. de la Somme, cant. de Poix, arr. d'Amiens. = Flixecourt.

MÈRE-ÉGLISE (Ste.-), s. f. Com. du dép. de la Manche, chef-lieu de cant. de l'arr. de Valognes. Bur. d'enregist. et de poste.

MÉRÉGLISE, s. f. Com. du dép. d'Eure-et-Loir, cant. d'Illiers, arr. de Chartres. = Illiers.

MÉRÉLESSART, s. m. Com. du dép. de la Somme, cant. d'Hallencourt, arr. d'Abbeville. = Abbeville.

MÉRELLE ou MARELLE, s. f. Jeu d'enfans qui poussent à cloche-pied un palet entre des lignes, qu'il leur est défendu de toucher avec le pied.

MÉRENDÈRE, s. f. Plante de la famille des liliacées. T. de bot.

MÉRENS, s. m. Com. du dép. de l'Ariège, cant. d'Ax, arr. de Foix. = Tarascon.

MÉRENS, s. m. Com. du dép. du Gers, cant. de Jegun, arr. d'Auch. = Auch.

MÉRENS, s. m. Village du dép. de Lot-et-Garonne, cant. et arr. d'Agen. = Agen.

MÉRENVIELLE, s. f. Com. du dép. de la Haute-Garonne, cant. de Léguevin, arr. de Toulouse. = l'Isle-en-Jourdain.

MÉRÉTRICE, s. f. Vénus, coquille bivalve. T. d'hist. nat.

MÉRÉTRICIER, s. m. Animal renfermé dans la coquille nommée mérétrice. T. d'hist. nat.

MÉREUIL, s. m. Com. du dép. des Hautes-Alpes, cant. de Serres, arr. de Gap. = Serres.

MÉRÉVILLE, s. f. Com. du dép. de la Meurthe, cant. et arr. de Nancy. = Nancy.

MÉRÉVILLE, s. f. Com. du dép. de Seine-et-Oise, chef-lieu de cant. de l'arr. d'Étampes. = Angerville. Bur. d'enregist.

On y remarque un des plus magnifiques châteaux des environs de Paris.

MÉREY, s. m. Com. du dép. de l'Eure, cant. de Pacy, arr. d'Évreux. = Pacy-sur-Eure.

MÉREY-SOUS-MONTROND, s. m.

Com. du dép. du Doubs, cant. d'Ornans, arr. de Besançon. = Besançon.

MÉREY-VIEILLEY, s. m. Com. du dép. du Doubs, cant. de Marchaux, arr. de Besançon. = Besançon.

MERFY, s. m. Com. du dép. de la Marne, cant. de Bourgogne, arr. de Reims. = Reims.

MERGEY, s. m. Com. du dép. de l'Aube, cant. et arr. de Troyes. = Troyes.

MERGULE, s. m. Genre d'oiseaux nageurs. T. d'hist. nat.

MERIA, s. f. Com. du dép. de la Corse, cant. de Luri, arr. de Bastia. = Bastia.

MÉRIAL, s. m. Com. du dép. de l'Aude, cant. de Belcaire, arr. de Limoux. = Quillan.

MÉRIANE, s. f. Plante de la famille des mélastomées. T. de bot.

MÉRIANELLE, s. f. Voy. ANTHOLISE. T. de bot.

MÉRICOURT, s. m. Com. du dép. du Pas-de-Calais, cant. de Vimy, arr. d'Arras. = Lens.

MÉRICOURT, s. m. Com. du dép. de Seine-et-Oise, cant. de Bonnières, arr. de Mantes. = Bonnières.

MÉRICOURT-EN-VIMEUX, s. m. Com. du dép. de la Somme, cant. d'Hornoy, arr. d'Amiens. = Poix.

MÉRICOURT-L'ABBÉ, s. m. Com. du dép. de la Somme, cant. de Bray, arr. de Péronne. = Corbie.

MÉRICOURT-SUR-SOMME, s. m. Com. du dép. de la Somme, cant. de Bray, arr. de Péronne. = Corbie.

MÉRIDIANE, s. f. Pourpier. T. de bot.

MÉRIDIEN, s. m. Grand cercle de la sphère qui passe par les pôles et par le zénith.

MÉRIDIEN, NE, adj. Qui regarde le midi.

MÉRIDIENNE, s. f. Ligne du nord au sud dans le plan du méridien; ligne verticale ou horizontale pour marquer le midi. —, sommeil après le dîner, la sieste; faire la méridienne.

MÉRIDIONAL, E, adj. Qui est au midi, du côté du midi; contrées méridionales.

MÉRIE, s. f. Genre d'insectes hyménoptères. T. d'hist. nat.

MÉRIEL, s. m. Com. du dép. de Seine-et-Oise, cant. de l'Isle-Adam, arr. de Pontoise. = Pontoise.

MERIER-BLANC, s. m. Oiseau qui mange les mûres.

MÉRIFONS, s. m. Com. du dép. de l'Hérault, cant. de Lunas, arr. de Lodève. = Clermont-Lodève.

MÉRIGNAC, s. m. Com. du dép. de la Charente, cant. de Jarnac, arr. de Cognac. = Jarnac.

MÉRIGNAC, s. m. Com. du dép. de la Charente-Inférieure, cant. de Montlieu, arr. de Jonzac. = Montlieu.

MÉRIGNAC, s. m. Com. du dép. de la Gironde, cant. de Pessac, arr. de Bordeaux. = Bordeaux.

MÉRIGNAS, s. m. Com. du dép. de la Gironde, cant. de Sauveterre, arr. de la Réole. = Castillon.

MÉRIGNAT, s. m. Com. du dép. de la Creuse, cant. et arr. de Bourganeuf. = Bourganeuf.

MÉRIGNIES, s. f. Com. du dép. du Nord, cant. de Pont-à-Marcq, arr. de Lille. = Lille.

MÉRIGNY, s. m. Com. du dép. de l'Indre, cant. de Tournon-St.-Martin, arr. du Blanc. = le Blanc.

MÉRIGON, s. m. Com. du dép. de l'Ariège, cant. de Ste.-Croix, arr. de St.-Girons. = St.-Girons.

MÉRILHEU, s. m. Com. du dép. des Hautes-Pyrénées, cant. et arr. de Bagnères. = Bagnères.

MÉRILLAC, s. m. Com. du dép. des Côtes-du-Nord, cant. de Merdrignac, arr. de Loudéac. = Broons.

MÉRINCHAL, s. m. Com. du dép. de la Creuse, cant. de Crocq, arr. d'Aubusson. = Auzances.

MÉRINDOL, s. m. Com. du dép. de la Drôme, cant. du Buis, arr. de Nyons. = le Buis.

MÉRINDOL, s. m. Com. du dép. de Vaucluse, cant. de Cadenet, arr. d'Apt. = Cadenet.

MÉRINGIE, s. f. Plante du genre des caryophyllées. T. de bot.

MERINGUE, s. f. Sorte de massepain au milieu duquel on met de la crème.

MÉRINOS, s. m. Mouton d'Espagne ou de race espagnole; laine précieuse de ce mouton; tissu de cette laine.

MÉRINVILLE, s. f. Com. du dép. de l'Aude, cant. de Peyriac-Minervois, arr. de Carcassonne. = Carcassonne.

MÉRION, s. m. Fidèle compagnon d'Idoménée, roi de Crète qui, ainsi que son maître, s'immortalisa au siège de Troie. —, genre d'oiseaux sylvains chanteurs. T. d'hist. nat.

MÉRIOT (le), s. m. Com. du dép. de l'Aube, cant. et arr. de Nogent-sur-Seine. = Nogent.

MERISE, s. f. Fruit du merisier.

MERISIER, s. m. Cerise sauvage.

MÉRITANT, E, adj. Qui a beaucoup de mérite.

MÉRITE, s. m. Qualité qui rend digne d'estime, de récompense; le bon côté des personnes et des choses. —, talent, vertu; c'est un homme de mérite. Se faire un — d'une chose, en tirer gloire, vanité. —, pl. Actions bonnes ou mauvaises, qui rendent digne de récompense ou de punition; Dieu nous traitera selon nos mérites. —, effets de la grâce; bonnes œuvres. Les — de J.-C., ses souffrances en vue de notre rédemption.

MÉRITÉ, E, part. Jugé digne d'estime, de récompense.

MÉRITEIN, s. m. Com. du dép. des Basses-Pyrénées, cant. de Navarrenx, arr. d'Orthez. = Navarrenx.

MÉRITER, v. a. Être, se rendre digne d'honneur, de récompense; mériter la décoration. — un châtiment, l'encourir. — une chose à quelqu'un, solliciter pour la lui faire obtenir. — confirmation, avoir besoin de nouveaux renseignemens pour acquérir la certitude d'une nouvelle. — de, ou que, v. n. Se mettre dans le cas; mériter d'être battu. Bien — de la patrie, lui rendre d'importans services.

MÉRITOIRE, adj. Digne de récompense. —, qui mérite les récompenses éternelles; action méritoire.

MÉRITOIREMENT, adv. D'une manière méritoire.

MERLAN, s. m. Poisson de mer du genre du gade, à chair très légère.

MERLAS, s. m. Com. du dép. de l'Isère, cant. de St.-Geoire, arr. de la Tour-du-Pin. = Pont-de-Beauvoisin.

MERLATIÈRE (la), s. f. Com. du dép. de la Vendée, cant. des Essarts, arr. de Bourbon-Vendée. = Bourbon-Vendée.

MERLAUT, s. m. Com. du dép. de la Marne, cant. et arr. de Vitry. = Vitry-le-Français.

MERLE, s. m. Genre d'oiseaux chanteurs dont une espèce, le merle noir, est très commun en France. Fin —, homme fin, adroit. Beau —, homme laid, mal fait, sans esprit. Fig.

MERLE, s. m. Com. du dép. de la Loire, cant. de St.-Bonnet-le-Château, arr. de Montbrison. = St.-Etienne.

MERLÉAC, s. m. Com. du dép. des Côtes-du-Nord, cant. d'Uzel, arr. de Loudéac. = Quintin.

MERLEBACH, s. m. Com. du dép. de la Moselle, cant. de Forbach, arr. de Sarreguemines. = Forbach.

MERLERAULT, s. m. Com. du dép. de l'Orne, chef-lieu de cant. de l'arr. d'Argentan. Bur. d'enregist. = Nonant. Comm. de bestiaux.

MERLES, s. m. Com. du dép. de la Meuse, cant. de Damvillers, arr. de Montmédy. = Damvillers.

MERLES, s. m. Com. du dép. de Tarn-et-Garonne, cant. d'Auvillar, arr. de Moissac. = St.-Nicolas-de-la-Grave.

MERLETTE, s. f. Ancienne armure de tête. —, petit oiseau sans pieds ni bec. T. de blas.

MERLEVENEZ, s. m. Com. du dép. du Morbihan, cant. de Port-Louis, arr. de Lorient. = Hennebon.

MERLIEUX-ET-FOUQUEROLLES, s. m. Com. du dép. de l'Aisne, cant. d'Anizy-le-Château, arr. de Laon. = Chavignon.

MERLIMONT, s. m. Com. du dép. du Pas-de-Calais, cant. et arr. de Montreuil. = Montreuil.

MERLIN, s. m. Enchanteur célèbre dans les anciens romans de chevalerie. —, grosse massue de boucher; outil de menuisier; instrument pour fendre du bois. —, menu cordage. T. de mar.

MERLINE, s. f. Orgue mécanique, à l'unisson de la voix du merle.

MERLINÉ, E, part. Attaché avec du merlin. T. de mar.

MERLINER, v. a. Attacher une voile aux ralingues avec du merlin. T. de mar.

MERLINES, s. f. Com. du dép. de la Corrèze, cant. d'Eygurande, arr. d'Ussel. = Ussel.

MERLON, s. m. Partie du parapet entre deux embrasures. T. de fortif.

MERLOT, s. m. Poisson du genre du labre. T. d'hist. nat.

MERLUCHE, s. f. Morue sèche.

MERLUS, s. m. Poisson du genre du gade. T. d'hist. nat.

MERLUT, s. m. Peau avec sa laine, séchée sur des cordes. T. de mégissier.

MERNEL, s. m. Com. du dép. d'Ille-et-Vilaine, cant. de Maure, arr. de Redon. = Plélan.

MÉROBERT, s. m. Com. du dép. de Seine-et-Oise, cant. de Dourdan, arr. de Rambouillet. = Etampes.

MÉROCÈLE, s. f. Hernie crurale. T. de chir.

MÉROCTE, s. f. Pierre d'un vert semblable à celui du poireau. T. d'hist. nat.

MÉRODON, s. m. Insecte diptère du genre des syrphies. T. d'hist. nat.

MÉRON, s. m. Com. du dép. de Maine-et-Loire, cant. de Montreuil-Bellay, arr. de Saumur. = Saumur.

MÉRONNA, s. f. Com. du dép. du Jura, cant. d'Orgelet, arr. de Lons-le-Saulnier. = Orgelet.

MÉROPE, s. f. Fille d'Atlas et de Pléione qui, comme ses sœurs, fut changée en astre. T. de myth. —, pléiade. T. d'astr. —, épouse de Cresphonte, assassin de Polyphonte, son premier mari, et usurpateur du trône de ce dernier. Le fils de cette reine, voulant venger la mort de son père, fut reconnu par sa mère à l'instant où elle allait le poignarder. T. de myth. —, tragédie de Voltaire, etc.

MEROPS, s. m. Guêpier. T. d'hist. nat.

MÉROU, s. m. Poisson du genre du persègue. T. d'hist. nat.

MÉROUVILLE, s. f. Com. du dép. d'Eure-et-Loir, cant. de Janville, arr. de Chartres. = Angerville.

MÉROUX, s. m. Com. du dép. du Haut-Rhin, cant. et arr. de Belfort. = Belfort.

MÉROVÉE, s. m. Successeur de Pharamon, roi des Francs, qui a donné son nom à la première race des rois de France.

MÉROVINGIEN, NE, adj. Qui appartient à la dynastie de Mérovée. —, s. m. pl. Rois de la race de Mérovée.

MERPIS, s. m. Com. du dép. de la Charente, cant. et arr. de Cognac. = Cognac.

MERRAIN, s. m. Bois de chêne fendu en menues planches.

MERREY, s. m. Com. du dép. de l'Aube, cant. et arr. de Bar-sur-Seine. = Bar-sur-Seine.

MERREY, s. m. Com. du dép. de la Haute-Marne, cant. de Clefmont, arr. de Chaumont. = Montigny-le-Roi.

MERRI, s. m. Com. du dép. de l'Orne, cant. de Trun, arr. d'Argentan. = Argentan.

MERRIS, s. m. Com. du dép. du Nord, cant. de Bailleul, arr. d'Hazebrouck. = Bailleul.

MERRY-LA-VALLÉE, s. m. Com. du dép. de l'Yonne, cant. d'Aillant, arr. de Joigny. = Toucy.

MERRY-SEC, s. m. Com. du dép. de l'Yonne, cant. de Courson, arr. d'Auxerre. = Auxerre.

MERRY-SUR-YONNE, s. m. Com. du dép. de l'Yonne, cant. de Coulange, arr. d'Auxerre. = Coulauge-sur-Yonne.

MERS, s. m. Com. du dép. de l'Indre, cant. de Neuvy-St.-Sépulcre, arr. de la Châtre. = la Châtre.

MERS, s. m. Com. du dép. de la Somme, cant. d'Ault, arr. d'Abbeville. = Eu.

MERSCHWEILLER, s. m. Com. du dép. de la Moselle, cant. de Sierck, arr. de Thionville. = Thionville.

MERSUAY, s. m. Com. du dép. de la Haute-Saône, cant. de Port-sur-Saône, arr. de Vesoul. = Jussey.

MERTEN, s. m. Com. du dép. de la Moselle, cant. de Bouzonville, arr. de Thionville. = St.-Avold.

MERTENSIE, s. f. Plante de la famille des urticées. T. de bot.

MERTRUD, s. m. Com. du dép. de la Haute-Marne, cant. de Doulevant, arr. de Vassy. = Doulevant.

MERTZEN, s. m. Com. du dép. du Haut-Rhin, cant. d'Hirsingue, arr. d'Altkirch. = Altkirch.

MERTZWILLER, s. m. Com. du dép. du Bas-Rhin, cant. de Niederbronn, arr. de Wissembourg. = Haguenau.

MERU, s. m. Petite ville du dép. de l'Oise, chef-lieu de cant. de l'arr. de Beauvais. Bur. d'enregist. et de poste. Fabr. de tabletterie, de dentelles, de blanc d'Espagne; comm. de laine.

MERUA, s. f. Plante de l'Arabie-Heureuse. T. de bot.

MÉRULE, s. m. Genre de plantes cryptogames, espèce de champignon. T. de bot.

MERVAL, s. m. Com. du dép. de l'Aisne, cant. de Braisne, arr. de Soissons. = Fismes.

MERVAL, s. m. Com. du dép. de la Seine-Inférieure, cant. d'Argueil, arr. de Neufchâtel. = Gournay.

MERVANS, s. m. Com. du dép. de Saône-et-Loire, cant. de St.-Germain-du-Bois, arr. de Louhans. = Verdun-sur-Saône.

MERVANT, s. m. Com. du dép. de la Vendée, cant. de St.-Hilaire-sur-l'Autize, arr. de Fontenay. = Fontenay.

MERVEILLE, s. f. Chose rare, extraordinaire, surprenante; phénomène, prodige, miracle. —, chef-d'œuvre; les merveilles de l'art. Faire —, faire fort bien. A —, d'une manière admirable, parfaitement bien. — d'hiver, poire d'automne. T. de jard.

MERVEILLEUSEMENT, adv. A merveille, étonnamment, extraordinairement, d'une façon merveilleuse.

MERVEILLEUX, EUSE, adj. Admirable, surprenant, étonnant; digne d'admiration, qui l'excite. —, excellent dans son genre. —, s. m. Intervention des dieux, des génies, dans un poëme. —, s. Personne à prétentions, petit-maître, petite-maîtresse.

MERVIEL, s. m. Com. du dép. de l'Ariège, cant. de Lavelanet, arr. de Foix. = Foix.

MERVILLA, s. f. Com. du dép. de la Haute-Garonne, cant. de Castanet, arr. Toulouse. = Toulouse.

MERVILLE, s. f. Com. du dép. du Calvados, cant. de Troarn, arr. de Caen. = Troarn.

MERVILLE, s. f. Com. du dép. de la Haute-Garonne, cant. de Grenade, arr. de Toulouse. = Grenade.

MERVILLE, s. f. Ville du dép. du Nord, chef-lieu de cant. de l'arr. d'Hazebrouck. Bur. d'enregist. et de poste.
Fabr. de toile et de linge de table, etc. Comm. de grains et de bestiaux.

MERVILLE-AU-BOIS, s. f. Com. du dép. de la Somme, cant. d'Ailly-sur-Noye, arr. de Montdidier. = Amiens.

MERVILLER, s. m. Com. du dép. de la Meurthe, cant. de Baccarat, arr. de Lunéville. = Baccarat.

MERVILLIERS, s. m. Com. du dép. d'Eure-et-Loir, cant. de Janville, arr. de Chartres. = Toury.

MERXHEIM, s. m. Com. du dép. du Haut-Rhin, cant. de Soultz, arr. de Colmar. = Ensisheim.

MÉRY, s. m. Com. du dép. de l'Oise, cant. de Maignelay, arr. de Clermont. = Montdidier.

MÉRY, s. m. Com. du dép. de Seine-et-Marne, cant. de la Ferté-sous-Jouarre, arr. de Meaux. = la Ferté-sous-Jouarre.

MÉRY (St.-), s. m. Com. du dép. de Seine-et-Marne, cant. de Mormant, arr. de Melun. = Guignes.

MÉRYCISME, s. m. Rumination. T. de méd.

MÉRYCOLE, s. et adj. Sujet au mérycisme. T. de méd.

MÉRYCOLOGIE, s. f. Traité sur la rumination ou sur les ruminans; description du mérycisme. T. de méd.

MÉRY-CORBON, s. m. Com. du dép. du Calvados, cant. de Mézidon, arr. de Lisieux. = Croissanville.

MÉRY-ÈS-BOIS, s. m. Com. du dép. du Cher, cant. de la Chapelle-d'Angilon, arr. de Sancerre. = Henrichemont.

MÉRYN, s. m. Genre d'insectes coléoptères. T. d'hist. nat.

MÉRY-PREMECY, s. m. Com. du dép. de la Marne, cant. de Ville-en-Tardenois, arr. de Reims. = Reims.

MÉRY-SUR-CHER, s. m. Com. du dép. du Cher, cant. de Vierzon, arr. de Bourges. = Vierzon.

MÉRY-SUR-OISE, s. m. Com. du dép. de Seine-et-Oise, cant. de l'Isle-Adam, arr. de Pontoise. = Pontoise.

MÉRY-SUR-SEINE, s. m. Ville du dép. de l'Aube, chef-lieu de cant. de l'arr. d'Arcis-sur-Aube. Bur. d'enregist. et de poste.
En 1814, il se livra un combat dans les environs de cette ville, à la suite duquel elle fut presque entièrement incendiée.
Fabr. de bonneterie de coton; éducation des abeilles. Comm. de grains, vins, chanvre, laine, miel, cire, etc.

MÉRYTE, s. f. Plante de la diœcie, vingt-deuxième classe des végétaux. T. de bot.

MERZER (le), s. m. Com. du dép. des Côtes-du-Nord, cant. de Lanvollon, arr. de St.-Brieuc. = Guingamp.

MES, adj. pron. pl. Les miens, les miennes.

MÉS, particule qui entre dans la composition des mots, et change la signification du bien au mal, comme dans mésaventure, etc.

MESA, s. m. Plante de la pentandrie, cinquième classe des végétaux. T. de bot.

MÉSAGE (Notre-Dame-de-), s. f. Com. du dép. de l'Isère, cant. de Vizille, arr. de Grenoble. = Vizille.

MÉSAIR, s. m. Allure du cheval entre le terre-à-terre et les courbettes. T. de man.

MÉSAISE, s. m. Malaise.

MÉSALLIANCE, s. f. Alliance inconvenante, mariage avec une personne d'une condition inférieure.

MÉSALLIÉ, E, part. Marié avec une personne d'une condition inférieure.

MÉSALLIER, v. a. Marier avec une personne d'une condition inférieure, faire faire un mauvais mariage. Se —, v. pron. Se marier avec une personne au-dessous de soi, d'un rang très inférieur. Se —, v. pron. Fréquenter des inférieurs. T. fam.

MÉSANGE, s. f. Petit oiseau de passage, genre de passereaux subulirostres. T. d'hist. nat.

MÉSANGER, s. m. Com. du dép. de la Loire-Inférieure, cant. et arr. d'Ancenis. = Ancenis.

MÉSANGÈRE, s. f. Grosse mésange.

MÉSANGETTE, s. f. Espèce de piège pour prendre des mésanges.

MÉSANIO, s. m. Sorte de corail.

MÉSARAÏQUE, adj. Se dit des veines qui appartiennent au mésentère. T. d'anat. Voy. MÉSENTÉRIQUE.

MÉSARRIVER, v. impers. Avoir une issue fâcheuse.

MÉSAULE, s. m. Petite cour entre deux corps de bâtiment.

MÉSAVENIR, v. impers. Mésarriver.

MÉSAVENTURE, s. f. Aventure désagréable, malheur, accident fâcheux.

MESBRECOURT, s. m. Com. du dép. de l'Aisne, cant. de Crécy-sur-Serre, arr. de Laon. = Laon.

MESCHIEF, s. m. Malheur, infortune. (Vi.)

MESCOULES, s. f. Com. du dép. de la Dordogne, cant. de Cunégès, arr. de Bergerac. = Bergerac.

MÈSE, s. f. Corde la plus aiguë du tétracorde.

MÉSÉDIFIÉ, E, part. Scandalisé. T. inus.

MÉSÉDIFIER, v. a. Scandaliser. T. inus.

MÉSENTÈRE, s. m. Toile membraneuse située au centre du canal intestinal, et à laquelle les intestins grêles sont attachés. T. d'anat.

MÉSENTÉREMPHRAXIS, s. f. Obstruction du mésentère. T. de méd.

MÉSENTÉRIQUE, adj. Se dit de tout ce qui appartient au mésentère ; plexus, artères, glandes mésentériques. T. d'anat. —, s. f. Genre de plantes cryptogames. T. de bot.

MÉSENTÉRIQUE ou MÉSENTÉRITE, s. f. Inflammation du mésentère. T. de méd.

MÉSÈRES, s. f. Com. du dép. de la Haute-Loire, cant. de Vorey, arr. du Puy. = le Puy.

MÉSESTIME, s. f. Mauvaise opinion, privation d'estime. T. inus.

MÉSESTIMÉ, E, part. Méprisé.

MÉSESTIMER, v. a. Mépriser, n'avoir pas, ou cesser d'avoir de l'estime pour quelqu'un ; avoir mauvaise opinion. —, en parlant des choses, estimer, priser au-dessous de sa valeur.

MESGE (la), s. f. Com. du dép. de la Somme, cant. de Picquigny, arr. d'Amiens. = Picquigny.

MESGRIGNY, s. m. Com. du dép. de l'Aube, cant. de Méry-sur-Seine, arr. d'Arcis-sur-Aube. = Méry-sur-Seine.

MÉSIER, s. m. Arbrisseau de l'Inde, de la famille des anones. T. de bot.

MÉSINTELLIGENCE, s. f. Désunion, dissension, brouille entre des personnes qui ont été ou devraient être de bonne intelligence. —, opposition, incompatibilité. Fig.

MÉSINTERPRÉTÉ, E, part. Mal interprété.

MÉSINTERPRÉTER, v. a. Interpréter défavorablement.

MESIRE, s. m. Maladie du foie. T. de méd.

MESLAIN-DU-BOSC (St.-), s. m. Com. du dép. de l'Eure, cant. d'Amfreville, arr. de Louviers. = le Neubourg.

MESLAN, s. m. Com. du dép. du Morbihan, cant. du Faouet, arr. de Pontivy. = le Faouet.

MESLAND, s. m. Com. du dép. de Loir-et-Cher, cant. d'Herbault, arr. de Blois. = Ecure.

MESLAY, s. m. Com. du dép. du Calvados, cant. de Thury-Harcourt, arr. de Falaise. = Thury-Harcourt.

MESLAY, s. m. Com. du dép. de Loir-et-Cher, cant. et arr. de Vendôme. = Vendôme.

MESLAY, s. m. Com. du dép. de la Mayenne, chef-lieu de cant. de l'arr. de Laval. Bur. d'enregist. = Laval. Fabr. d'étamines.

MESLAY-LE-GRENET, s. m. Com. du dép. d'Eure-et-Loir, cant. d'Illiers, arr. de Chartres. = Chartres.

MESLAY-LE-VIDAME, s. m. Com. du dép. d'Eure-et-Loir, cant. de Bonneval, arr. de Châteaudun. = Bonneval.

MESLIÈRES, s. f. Com. du dép. du Doubs, cant. de Blamont, arr. de Montbéliard. = l'Isle-sur-le-Doubs.

MESLIN, s. m. Com. du dép. des Côtes-du-Nord, cant. de Lamballe, arr. de St.-Brieuc. = Lamballe.

MESLON, s. m. Com. du dép. du Cher, cant. de Charenton, arr. de St.-Amand. = St.-Amand.

MESMAY, s. m. Com. du dép. du Doubs, cant. de Quingey, arr. de Besançon. = Quingey.

MESME (St.-), s. m. Com. du dép. de la Charente-Inférieure, cant. de St.-Hilaire, arr. de St.-Jean-d'Angély. = St.-Jean-d'Angély.

MESME (St.-), s. m. Com. du dép. de Seine-et-Oise, cant. de Dourdan, arr. de Rambouillet. = Dourdan.

MESMER, s. m. Médecin allemand qui a découvert les prétendues influences du magnétisme.

MESMÉRIEN, s. et adj. m. Partisan du système de Mesmer.

MESMÉRISME, s. m. Magnétisme animal.

MESMES (St.-), s. m. Com. du dép. de Seine-et-Marne, cant. de Claye, arr. de Meaux. = Claye.

MESMIN (St.-), s. m. Com. du dép.

de la Vendée, cant. de Pouzauges, arr. de Fontenay. = Pouzauges.

MESMONT, s. m. Com. du dép. des Ardennes, cant. de Novion, arr. de Rethel. = Rethel.

MESMONT, s. m. Com. du dép. de la Côte-d'Or, cant. de Sombernon, arr. de Dijon. = Sombernon.

MESMOULINS, s. m. Com. du dép. de la Seine-Inférieure, cant. de Fécamp, arr. du Hâvre. = Fécamp.

MESNAC, s. m. Com. du dép. de la Charente, cant. et arr. de Cognac. = Cognac.

MESNAY, s. m. Com. du dép. du Jura, cant. d'Arbois, arr. de Poligny. = Arbois.

MESNELIES, s. f. Com. du dép. de la Somme, cant. d'Ault, arr. d'Abbeville. = Eu.

MESNEUX (les), s. m. pl. Com. du dép. de la Marne, cant. de Ville-en-Tardenois, arr. de Reims. = Reims.

MESNIÈRES, s. f. Com. du dép. de la Seine-Inférieure, cant. et arr. de Neufchâtel. = Neufchâtel.

MESNIL (le), s. m. Com. du dép. de l'Aube, cant. de Ramerupt, arr. d'Arcis. = Arcis-sur-Aube.

MESNIL (le), s. m. Com. du dép. de Maine-et-Loire, cant. de St.-Florent-le-Vieil, arr. de Beaupréau. = Beaupréau.

MESNIL (le), s. m. Com. du dép. de la Manche, cant. de Barneville, arr. de Valognes. = Valognes.

MESNIL (le), s. m. Com. du dép. de la Marne, cant. d'Avize, arr. d'Epernay. = Epernay.

MESNIL (le), s. m. Com. du dép. de la Meuse, cant. de Fresnes-en-Woëvre, arr. de Verdun. = Verdun.

MESNIL-ADELÉE (le), s. m. Com. du dép. de la Manche, cant. de Juvigny, arr. de Mortain. = Mortain.

MESNIL-AMAND (le), s. m. Com. du dép. de la Manche, cant. de Gavray, arr. de Coutances. = Coutances.

MESNIL-AMELOT (le), s. m. Com. du dép. de Seine-et-Marne, cant. de Dammartin, arr. de Meaux. Bur. de poste.

MESNIL-AMEY (le), s. m. Com. du dép. de la Manche, cant. de Marigny, arr. de St.-Lô. = St.-Lô.

MESNIL-ANGOT (le), s. m. Com. du dép. de la Manche, cant. de St.-Jean-de-Daye, arr. de St.-Lô. = St.-Lô.

MESNIL-AUBERT (le), s. m. Com. du dép. de la Manche, cant. de Bréhal, arr. de Coutances. = Coutances.

MESNIL-AUBRY (le), s. m. Com. du dép. de Seine-et-Oise, cant. d'Ecouen, arr. de Pontoise. = Ecouen.

MESNIL-AU-GRAIN (le), s. m. Com. du dép. du Calvados, cant. de Villers-Bocage, arr. de Caen. = Aunay-sur-Odon.

MESNIL-AUVAL (le), s. m. Com. du dép. de la Manche, cant. d'Octeville, arr. de Cherbourg. = Cherbourg.

MESNIL-AUZOUF (le), s. m. Com. du dép. du Calvados, cant. d'Aunay, arr. de Vire. = Aunay.

MESNIL-BACLAY (le), s. m. Com. du dép. du Calvados, cant. de Livarot, arr. de Lisieux. = Lisieux.

MESNIL-BENOIST (le), s. m. Com. du dép. du Calvados, cant. de St.-Sever, arr. de Vire. = Vire.

MESNIL-BŒUFS (le), s. m. Com. du dép. de la Manche, cant. d'Isigny, arr. de Mortain. = St.-Hilaire.

MESNIL-BONANT (le), s. m. Com. du dép. de la Manche, cant. de Gavray, arr. de Coutances. = Coutances.

MESNIL-BRUNTEL (le), s. m. Com. du dép. de la Somme, cant. et arr. de Péronne. = Péronne.

MESNIL-CAUSSAIS (le), s. m. Com. du dép. du Calvados, cant. de St.-Sever, arr. de Vire. = Vire.

MESNIL-CONTEVILLE (le), s. m. Com. du dép. de l'Oise, cant. de Grandvilliers, arr. de Beauvais. = Grandvilliers.

MESNIL-DAVID, s. m. Com. du dép. de la Seine-Inférieure, cant. d'Aumale, arr. de Neufchâtel. = Aumale.

MESNIL-DONQUEUR, s. m. Com. du dép. de la Somme, cant. d'Ailly-le-Haut-Clocher, arr. d'Abbeville. = Abbeville.

MESNIL-DREY (le), s. m. Com. du dép. de la Manche, cant. de la Haye-Pesnel, arr. d'Avranches. = Granville.

MESNIL-DURAND (le), s. m. Com. du dép. du Calvados, cant. de Livarot, arr. de Lisieux. = Lisieux.

MESNIL-DURAND (le), s. m. Com. du dép. de la Manche, cant. de St.-Jean-de-Daye, arr. de St.-Lô. = St.-Lô.

MESNIL-DURDENT (le), s. m. Com. du dép. de la Seine-Inférieure, cant. de St.-Valery, arr. d'Yvetot. = St.-Valery-en-Caux.

MESNIL-DURECU (le), s. m. Com. du dép. de la Seine-Inférieure, cant. de Pavilly, arr. de Rouen. = Barentin.

MESNIL-EN-ARROUAISE (le), s. m. Village du dép. de la Somme, cant. de Combles, arr. de Péronne. = Péronne.

MESNIL-ESNARD (le), s. m. Com.

du dép. de la Seine-Inférieure, cant. de Boos, arr. de Rouen. = Rouen.

MESNIL-EUDES (le), s. m. Com. du dép. du Calvados, cant. et arr. de Lisieux. = Lisieux.

MESNIL-EUDIN (le), s. m. Com. du dép. de la Somme, cant. d'Oisemont, arr. d'Amiens. = Abbeville.

MESNIL-EURY (le), s. m. Com. du dép. de la Manche, cant. de Marigny, arr. de St.-Lô. = St.-Lô.

MESNIL-FOLLEMPRISE (le), s. m. Com. du dép. de la Seine-Inférieure, cant. de Bellencombre, arr. de Dieppe. = Rouen.

MESNIL-FREMENTEL (le), s. m. Com. du dép. du Calvados, cant. de Troarn, arr. de Caen. = Caen.

MESNIL-FUGUET (le), s. m. Com. du dép. de l'Eure, cant. et arr. d'Evreux. = Evreux.

MESNIL-GARNIER (le), s. m. Com. du dép. de la Manche, cant. de Gavray, arr. de Coutances. = Coutances.

MESNIL-GEFFROY (le), s. m. Com. du dép. de la Seine-Inférieure, cant. de Fontaine, arr. d'Yvetot. = St.-Valery-en-Caux.

MESNIL-GERMAIN (le), s. m. Com. du dép. du Calvados, cant. de Livarot, arr. de Lisieux. = Livarot.

MESNIL-GILBERT (le), s. m. Com. du dép. de la Manche, cant. de St.-Pois, arr. de Mortain. = Sourdeval.

MESNIL-GUILLAUME (le), s. m. Com. du dép. du Calvados, cant. et arr. de Lisieux. = Lisieux.

MESNIL-HARDRAY (le), s. m. Com. du dép. de l'Eure, cant. de Conches, arr. d'Evreux. = Conches.

MESNIL-HERMAN (le), s. m. Com. du dép. de la Manche, cant. de Canisy, arr. de St.-Lô. = St.-Lô.

MESNIL-HUE (le), s. m. Com. du dép. de la Manche, cant. de Gavray, arr. de Coutances. = Coutances.

MESNIL-JOURDAIN (le), s. m. Com. du dép. de l'Eure, cant. et arr. de Louviers. = Louviers.

MESNILLARD (le), s. m. Com. du dép. de la Manche, cant. de St.-Hilaire-du-Harcouet, arr. de Mortain. = St.-Hilaire.

MESNIL-LE-ROI (le), s. m. Com. du dép. de Seine-et-Oise, cant. de St.-Germain-en-Laye, arr. de Versailles. = St.-Germain.

MESNIL-LES-HURLUS (le), s. m. Com. du dép. de la Marne, cant. de Ville-sur-Tourbe, arr. de Ste.-Ménehould. = Châlons.

MESNIL-LETTRE, s. m. Com. du dép. de l'Aube, cant. de Ramerupt, arr. d'Arcis. = Arcis-sur-Aube.

MESNIL-LIEUBRAY (le), s. m. Com. du dép. de la Seine-Inférieure, cant. d'Argueil, arr. de Neufchâtel. = Gournay.

MESNIL-MARTINSART, s. m. Com. du dép. de la Somme, cant. d'Albert, arr. de Péronne. = Albert.

MESNIL-MAUGER (le), s. m. Com. du dép. du Calvados, cant. de Mézidon, arr. de Lisieux. = Croissanville.

MESNIL-MAUGER, s. m. Com. du dép. de la Seine-Inférieure, cant. de Forges, arr. de Neufchâtel. = Forges.

MESNIL-OPAC (le), s. m. Com. du dép. de la Manche, cant. de Tessy, arr. de St.-Lô. = Torigny.

MESNIL-OURY (le), ou la TRINITÉ-DU, s. m. Com. du dép. du Calvados, cant. et arr. de Lisieux. = Lisieux.

MESNIL-OZEME (le), s. m. Com. du dép. de la Manche, cant. de Ducey, arr. d'Avranches. = Avranches.

MESNIL-PATRY (le), s. m. Com. du dép. du Calvados, cant. de Tilly-sur-Seulles, arr. de Caen. = Tilly-sur-Seulles.

MESNIL-RAINFRAY (le), s. m. Com. du dép. de la Manche, cant. de Juvigny, arr. de Mortain. = Mortain.

MESNIL-RAOULT (le), s. m. Com. du dép. de la Manche, cant. de Tessy, arr. de St.-Lô. = Torigny.

MESNIL-RAOULT (le), s. m. Com. du dép. de la Seine-Inférieure, cant. de Boos, arr. de Rouen. = Rouen.

MESNIL-REAULME (le), s. m. Com. du dép. de la Seine-Inférieure, cant. d'Eu, arr. de Dieppe. = Eu.

MESNIL-ROBERT (le), s. m. Com. du dép. du Calvados, cant. de St.-Sever, arr. de Vire. = Vire.

MESNIL-ROGUES (le), s. m. Com. du dép. de la Manche, cant. de Gavray, arr. de Coutances. = Coutances.

MESNIL-ROUSSET, s. m. Com. du dép. de l'Eure, cant. de Broglie, arr. de Bernay. = Montreuil-l'Argilé.

MESNIL-ROUXELIN (le), s. m. Com. du dép. de la Manche, cant. et arr. de St.-Lô. = St.-Lô.

MESNIL-RURY (le), s. m. Com. du dép. de la Seine-inférieure, cant. de Doudeville, arr. d'Yvetot. = Doudeville.

MESNIL-ST.-DENIS, s. m. Com. du dép. de l'Oise, cant. de Neuilly-en-Thelle, arr. de Senlis. = Beaumont.

MESNIL-ST.-DENIS, s. m. Com. du

dép. de Seine-et-Oise, cant. de Chevreuse, arr. de Rambouillet. = Trappes.

MESNIL-ST.-FIRMIN (le), s. m. Com. du dép. de l'Oise, cant. de Breteuil, arr. de Clermont. = Breteuil.

MESNIL-ST.-GEORGES (le), s. m. Com. du dép. de la Somme, cant. et arr. de Montdidier. = Montdidier.

MESNIL-ST.-GERMAIN, s. m. Com. du dép. de la Seine-Inférieure, cant. de Longueville, arr. de Dieppe. = Rouen.

MESNIL-ST.-LAURENT, s. m. Com. du dép. de l'Aisne, cant. et arr. de St.-Quentin. = St.-Quentin.

MESNIL-ST.-LOUP, s. m. Com. du dép. de l'Aube, cant. de Marcilly-le-Hayer, arr. de Nogent-sur-Seine. = Estissac.

MESNIL-ST.-NICAISE, s. m. Com. du dép. de la Somme, cant. de Nesle, arr. de Péronne. = Nesle.

MESNIL-ST.-PÈRE, s. m. Com. du dép. de l'Aube, cant. de Lusigny, arr. de Troyes. = Vendeuvre.

MESNIL-SELLIÈRES, s. m. Com. du dép. de l'Aube, cant. de Piney, arr. de Troyes. = Troyes.

MESNIL-SIMON (le), s. m. Com. du dép. du Calvados, cant. et arr. de Lisieux. = Lisieux.

MESNIL-SIMON (le), s. m. Com. du dép. d'Eure-et-Loir, cant. d'Anet, arr. de Dreux. = Anet.

MESNIL-SOUS-JUMIÈGES (le), s. m. Com. du dép. de la Seine-Inférieure, cant. de Duclair, arr. de Rouen. = Rouen.

MESNIL-SOUS-LILLEBONNE, s. m. Com. du dép. de la Seine-Inférieure, cant. de Lillebonne, arr. du Hâvre. = Lillebonne.

MESNIL-SOUS-VIENNE, s. m. Com. du dép. de l'Eure, cant. de Gisors, arr. des Andelys. = Gisors.

MESNIL-SUR-BLANGY (le), s. m. Com. du dép. du Calvados, cant. de Blangy, arr. de Pont-l'Évêque. = Pont-l'Évêque.

MESNIL-SUR-BULLES (le), s. m. Com. du dép. de l'Oise, cant. de St.-Just-en-Chaussée, arr. de Clermont. = Clermont.

MESNIL-SUR-L'ESTRÉE, s. m. Com. du dép. de l'Eure, cant. de Nonancourt, arr. d'Évreux. = Nonancourt.

MESNIL-THÉBAULT (le), s. m. Com. du dép. de la Manche, cant. d'Isigny, arr. de Mortain. = St.-Hilaire.

MESNIL-THÉRIBUS (le), s. m. Com. du dép. de l'Oise, cant. d'Auneuil, arr. de Beauvais. = Clermont.

MESNIL-THOMAS (le), s. m. Com. du dép. d'Eure-et-Loir, cant. de Senonches, arr. de Dreux. = Dreux.

MESNIL-TOUFFRAY (le), s. m. Com. du dép. du Calvados, cant. de Bretteville-sur-Laize, arr. de Falaise. = Caen.

MESNIL-TOVE (le), s. m. Com. du dép. de la Manche, cant. de Juvigny, arr. de Mortain. = Mortain.

MESNIL-VÉNERON (le), s. m. Com. du dép. de la Manche, cant. de St.-Jean-de-Daye, arr. de St.-Lô. = St.-Lô.

MESNIL-VERCLIVES, s. m. Com. du dép. de l'Eure, cant. d'Écouis, arr. des Andelys. = Écouis.

MESNIL-VIGOT (le), s. m. Com. du dép. de la Manche, cant. de Marigny, arr. de St.-Lô. = St.-Lô.

MESNIL-VILLEMAN (le), s. m. Com. du dép. de la Manche, cant. de Gavray, arr. de Coutances. = Coutances.

MESNIL-VILLEMENT (le), s. m. Com. du dép. du Calvados, cant. et arr. de Falaise. = Falaise.

MESNOIS, s. m. Com. du dép. du Jura, cant. de Clairvaux, arr. de Lons-le-Saulnier. = Lons-le-Saulnier.

MÉSOCÉPHALE, s. m. Moelle alongée du cerveau. T. d'anat.

MÉSOCÉPHALIQUE, adj. Qui a rapport au mésocéphale. T. d'anat.

MÉSOCHONDRIAQUE, adj. f. Se dit de fibres musculeuses situées entre les segmens cartilagineux de la trachée-artère. T. d'anat.

MÉSOCHORE, s. m. Directeur de concert. T. d'antiq.

MÉSO-COLON, s. m. Partie du mésentère attachée au colon. T. d'anat.

MÉSO-CŒCUM, s. m. Repli du péritoine qui fixe le cœcum. T. d'anat.

MÉSO-CRÂNE, s. m. Le milieu de la tête, le vertex. T. d'anat.

MÉSOCURE, s. f. Jeune actrice grecque qui avait la tête à demi rasée. T. d'antiq.

MÉSOFFRIR, v. n. Offrir beaucoup au-dessous de la valeur d'une marchandise.

MÉSOGLOSSE, s. m. Voy. GÉNIO-GLOSSE.

MÉSOÏDE, s. f. Mélopée dithyrambique.

MÉSOLABE, s. m. Ancien instrument de mathématiques pour trouver deux moyennes proportionnelles. T. de math.

MÉSOLOBE, s. m. Corps calleux. T. d'anat.

MÉSOLOGARITHME, s. m. Logarithme des co-sinus et des co-tangentes. T. de math.

MÉSOMÉRIE, s. f. Partie du corps entre les cuisses. T. d'anat.

MÉSOPOTAMIE, s. f. Ancienne province d'Asie, entre l'Euphrate et le Tigre.

MÉSORE, s. m. Intervalle entre les heures canoniques.

MÉSO-RECTUM, s. m. Membrane formée par une duplicature du péritoine, qui enveloppe l'intestin rectum qu'elle retient en place. T. d'anat.

MÉSOTHÉNAR, s. m. Muscle antithénar. Voy. ce mot. T. d'anat.

MÉSOTYPE, s. f. Voy. ZÉOLITHE. T. d'hist. nat.

MÉSOZEUGME, s. m. Espèce de zeugme. T. de rhét.

MESPAUL, s. m. Com. du dép. du Finistère, cant. de St.-Pol-de-Léon, arr. de Morlaix. = St.-Pol-de-Léon.

MESPLÈDE, s. m. Com. du dép. des Basses-Pyrénées, cant. d'Arthez, arr. d'Orthez. = Orthez.

MESPLES, s. m. Com. du dép. de l'Allier, cant. d'Huriel, arr. de Montluçon. = Montluçon.

MESPUITS, s. m. Com. du dép. de Seine-et-Oise, cant. de Milly, arr. d'Etampes. = Etampes.

MESQUER, s. m. Com. du dép. de la Loire-Inférieure, cant. de Guérande, arr. de Savenay. = Guérande.

MESQUIN, E, adj. Chiche, parcimonieux. —, en parlant des choses, fait avec parcimonie. —, maigre, pauvre, de mauvais goût. T. d'arts.

MESQUINEMENT, adv. D'une manière mesquine.

MESQUINERIE, s. f. Lésinerie, épargne sordide.

MESQUIS, s. m. Basane apprêtée.

MESQUITE, s. m. Arbre légumineux d'Amérique. T. de bot.

MESSAC, s. m. Com. du dép. d'Ille-et-Vilaine, cant. de Bain, arr. de Redon. = Bain.

MESSAC, s. m. Com. du dép. de la Charente-Inférieure, cant. de Montendre, arr. de Jonzac. = Montendre.

MESSAGE, s. m. Envoi d'une personne chargée de dire ou de porter quelque chose; ce que cette personne est chargée de dire ou de faire. —, communication officielle du gouvernement.

MESSAGER, ÈRE, s. Envoyé chargé d'un message. — des dieux, Mercure.

T. de myth. —, signe avant-coureur, pronostic. Fig. —, facteur, employé de la poste aux lettres ou d'une administration particulière qui porte les paquets, qui fait les commissions d'une ville à l'autre. — d'état, employé du corps diplomatique qui transmet officiellement les communications d'un gouvernement à un autre. —, genre d'oiseaux plumicolles qu'on trouve en Afrique. T. d'hist. nat.

MESSAGERIE, s. f. Voiture publique, diligence; charge, emploi de messager. —, pl. Entreprise de diligences; lieu de cet établissement; bureaux de son administration.

MESSALINE, s. f. Epouse de Claude, empereur romain, célèbre par les plus honteuses débauches, dont le nom seul est une injure. —, femme lassive, impudique. Fig. —, toile d'Egypte.

MESSANDANS, s. m. Com. du dép. du Doubs, cant. de Rougemont, arr. de Baume. = Baume.

MESSANGES, s. f. Com. du dép. de la Côte-d'Or, cant. de Gevrey, arr. de Dijon. = Nuits.

MESSANGES, s. f. Com. du dép. des Landes, cant. de Soustons, arr. de Dax. = Dax.

MESSAS, s. m. Com. du dép. du Loiret, cant. de Beaugency, arr. d'Orléans. = Beaugency.

MESSAY, s. m. Com. du dép. de la Vienne, cant. de Moncontour, arr. de Loudun. = Mirebeau.

MESSE, s. f. Sacrifice du corps et du sang de J.-C., suivant le rit catholique. —, paroles et musique d'une messe.

MESSÉ, s. m. Com. du dép. des Deux-Sèvres, cant. de Chenay, arr. de Melle. = Couhé.

MESSÉANCE, s. f. Manque de bienséance, inconvenance, impolitesse.

MESSÉANT, E, adj. Contraire à la bienséance, inconvenant, incivil, impoli.

MESSEIN, s. m. Com. du dép. de la Meurthe, cant. et arr. de Nancy. = Nancy.

MESSEIX, s. m. Com. du dép. du Puy-de-Dôme, cant. de Bourg-Lastic, arr. de Clermont. = Tauves.

MESSÉMÉ, s. m. Com. du dép. de la Vienne, cant. et arr. de Loudun. = Loudun.

MESSÈNE, s. f. Fille de Triopas, roi d'Argos, épouse de Polycaon, fut révérée après sa mort, comme une divinité, par les Messéniens. T. de myth.

MESSÉNIENNE, s. f. Elégie sur les malheurs de la Messénie. —, pl. Poésies de M. Casimir Delavigne, dans le genre de ces élégies.

MESSEOIR, v. n. Etre messéant, inconvenant.

MESSER, s. m. Messire. (Vi.)

MESSETERIE, s. f. Droit perçu sur les cafés à Constantinople.

MESSEUX, s. m. Com. du dép. de la Charente, cant. et arr. de Ruffec. = Ruffec.

MESSEY-SUR-GRONE, s. m. Com. du dép. de Saône-et-Loire, cant. de Buxy, arr. de Châlons. = Buxy.

MESSIA, s. m. Com. du dép. du Jura, cant. et arr. de Lons-le-Saulnier. = Lons-le-Saulnier.

MESSIA, s. m. Com. du dép. du Jura, cant. d'Orgelet, arr. de Lons-le-Saulnier. = Orgelet.

MESSIDOR, s. m. Dixième mois de l'année républicaine, partie de juin et de juillet.

MESSIE, s. m. Le Christ annoncé dans l'ancien Testament. Etre attendu comme le —, avec la plus vive impatience. —, s. f. pl. Déesses des moissons. T. de myth.

MESSIER, s. m. Gardien des moissons, garde champêtre.

MESSIEURS, s. m. pl. Voy. MONSIEUR.

MESSIGNY, s. m. Com. du dép. de la Côte-d'Or, cant. et arr. de Dijon. = Dijon.

MESSIMI, s. m. Com. du dép. du Rhône, cant. de Vaugneray, arr. de Lyon. = Lyon.

MESSIMY, s. m. Com. du dép. de l'Ain, cant. de St.-Trivier-sur-Mognand, arr. de Trévoux. = Montmerle.

MESSIN (le), s. m. L'une des provinces de France, dont Metz était la capitale. Ce pays forme aujourd'hui la plus grande partie du dép. de la Moselle, et une partie de ceux de la Meuse et de la Meurthe.

MESSIN, E, s. et adj. Habitant de Metz; qui concerne cette ville.

MESSINCOURT, s. m. Com. du dép. des Ardennes, cant. de Carignan, arr. de Sedan. = Carignan.

MESSIRE, s. m. Titre honorifique que les notaires donnaient aux personnes de distinction, dans les actes où elles étaient parties.

MESSIRE-JEAN, s. m. Sorte de poire.

MESSON, s. m. Com. du dép. de l'Aube, cant. d'Estissac, arr. de Troyes. = Estissac.

MESSY, s. m. Com. du dép. de Seine-et-Marne, cant. de Claye, arr. de Meaux. = Claye.

MESTERRIEUX, s. m. Com. du dép. de la Gironde, cant. de Monségur, arr. de la Réole. = la Réole.

MESTES, s. m. Com. du dép. de la Corrèze, cant. et arr. d'Ussel. = Ussel.

MESTIVAGE, s. m. Ancien droit seigneurial sur les moissons.

MESTRANCE, s. f. Voy. MISTRANCE.

MESTRE, s. m. Grand mât de galère; arbre de mestre. T. de mar.

MESTRE-DE-CAMP, s. m. Autrefois colonel d'un régiment de cavalerie ou de dragons; la première compagnie de ces régimens.

MESTRY, s. m. Com. du dép. du Calvados, cant. d'Isigny, arr. de Bayeux. = Isigny.

MESURABLE, adj. Qui peut être mesuré.

MESURAGE, s. m. Action de mesurer, de vérifier la mesure; salaire, droit, procès-verbal pour constater l'opération.

MESURE, s. f. Etalon légal qui sert de règle pour évaluer les longueurs, surfaces, capacités et poids; vaisseau, instrument pour mesurer; quantité mesurée, grandeur déterminée, étendue fixée; bonne, mauvaise mesure. —, cadence d'un vers, déterminée ou par les longues et les brèves, ou par le nombre des syllabes. T. de poésie. —, division du temps en espaces égaux; mouvement qui règle, marque les intervalles. T. de mus. —, limites, proportions, justes bornes; prudence, circonspection, ménagemens; précautions, moyens pour assurer le succès d'une affaire. Outre —, avec excès. A — que, conj. Selon, suivant que, en proportion, en même temps que.

MESURÉ, E, part. Arpenté, toisé, jaugé, etc.

MESURER, v. a. Déterminer une quantité, une dimension à l'aide d'une mesure; emplir une mesure, peser, jauger, toiser, arpenter, etc. — des yeux, juger à la vue. — ses discours, ses actions, parler, agir avec circonspection. — ses forces, proportionner ses moyens aux exigences d'une entreprise. Se —, v. pron. Lutter, essayer contre quelqu'un ses forces physiques ou intellectuelles. Fig.

MESUREUR, s. m. Celui qui mesure.

MÉSUSER, v. a. Abuser, faire un mauvais usage.

MESVRES, s. f. Com. du dép. de Saône-et-Loire, chef-lieu de cant. de l'arr. d'Autun, où se tient le bur. d'enregist. = Autun.

MÉTABIEF, s. m. Com. du dép. du

Doubs, cant. de Mouthe, arr. de Pontarlier. = Pontarlier.

MÉTABOLE, s. f. Répétition d'une même idée en termes différens. T. de rhét.

MÉTABOLÉLOGIE, s. f. Description des changemens qui peuvent survenir dans le cours d'une maladie. T. de méd.

MÉTACARPE, s. m. Seconde partie de la main entre les doigts et le carpe. T. d'anat.

MÉTACARPIEN, s. m. Muscle grand hypothénar. T. d'anat.

MÉTACARPIEN, NE, adj. Qui appartient au métacarpe.

MÉTACARPO-PHALANGIEN, NE, adj. Qui appartient au métacarpe et aux phalanges. T. d'anat.

MÉTACHORÈSE, s. f. Déplacement des humeurs. T. de méd.

MÉTACHRONISME, s. m. Anachronisme, en avançant la date d'un événement.

MÉTACISME, s. m. Défaut dans la prononciation de l'M.

MÉTAGITNION, s. m. Second mois de l'année athénienne. T. d'antiq. —; surnom d'Apollon, en l'honneur duquel on célébrait des fêtes dans Athènes. T. de myth.

MÉTAIL, s. m. Composition formée de métaux.

MÉTAIRIE, s. f. Bien de campagne, ferme; bâtimens pour son exploitation.

MÉTAIRIES (les), s. f. pl. Com. du dép. de la Charente, cant. de Jarnac; arr. de Cognac. = Jarnac.

MÉTAIRIES-DE-ST.-QUIRIN (les), s. f. pl. Com. du dép. de la Meurthe, cant. de Lorquin, arr. de Sarrebourg. = Sarrebourg.

MÉTAL, s. m., pl. Métaux. Substance fusible, malléable, simple, opaque et brillante. —, pl. L'or et l'argent. T. de blas.

MÉTALENT, s. m. Défaut de talent. T. inus.

MÉTALEPSE, s. f. Figure de rhétorique par laquelle on prend l'antécédent pour le conséquent et réciproquement; il a vécu, nous le pleurons, pour il est mort.

MÉTALLÉITÉ, s. f. Réunion des propriétés qui caractérisent les métaux; état des métaux parfaits. T. de chim.

MÉTALLIFÈRE, adj. Où l'on trouve des métaux.

MÉTALLIQUE, s. f. Métallurgie. —, valeur numéraire allemande. —, adj. De la nature du métal; substance métallique. —, qui concerne les métaux; traité métallique. Histoire —, des médailles.

MÉTALLISATION, s. f. Formation des métaux dans le sein de la terre. —, action de métalliser. T. de chim.

MÉTALLISÉ, E, part. Transformé en métal. T. d'alch.

MÉTALLISER, v. a. Faire prendre la forme métallique à une substance.

MÉTALLOGRAPHIE, s. f. Traité sur les métaux.

MÉTALLURGIE, s. f. Partie de la chimie qui concerne les métaux, qui enseigne l'art de les extraire des mines, et de les purifier.

MÉTALLURGIQUE, adj. Qui est relatif à la métallurgie.

MÉTALLURGISTE, s. m. Naturaliste qui s'occupe de métallurgie.

MÉTAMORPHISTES, s. m. pl. Hérétiques qui prétendaient que le corps de J.-C. s'était identifié avec sa divinité, lors de son ascension.

MÉTAMORPHOSABLE, adj. Susceptible d'être métamorphosé.

MÉTAMORPHOSE, s. f. Transformation. T. de myth. —, changement extraordinaire dans la fortune, le caractère, les mœurs, etc. Fig.

MÉTAMORPHOSÉ, E, part. Changé de forme, transformé.

MÉTAMORPHOSER, v. a. Changer de forme, donner une forme contre nature par un pouvoir surnaturel. —, travestir, opérer un changement extraordinaire dans la fortune, etc. Se —, v. pron. Changer de forme; se travestir. T. fam.

MÉTAPHORE, s. f. Figure de rhétorique qui renferme une comparaison et change le sens naturel des mots en un autre sens figuré. Par —, métaphoriquement.

MÉTAPHORIQUE, adj. Qui tient de la métaphore, lui appartient; figuré, allégorique, surchargé de métaphores.

MÉTAPHORIQUEMENT, adv. D'une manière métaphorique, par similitude, par métaphore.

MÉTAPHRASE, s. f. Traduction littérale.

MÉTAPHRASTE, s. m. Qui traduit littéralement.

MÉTAPHYSICIEN, s. m. Savant versé dans l'étude des sciences abstraites, habile, profond dans la métaphysique.

MÉTAPHYSIQUE, s. f. Science des êtres spirituels, des choses purement intellectuelles; art d'abstraire les idées;

idéologie. —, adj. Qui appartient à la métaphysique; qui n'existe que dans la pensée, abstrait.

MÉTAPHYSIQUÉ, E, part. Traité métaphysiquement.

MÉTAPHYSIQUEMENT, adv. D'une manière métaphysique.

MÉTAPHYSIQUER, v. a. Traiter un sujet métaphysiquement.

MÉTAPLASME, s. m. Altération dans un mot autorisée par l'usage; malgré ses dents pour malgré ses aidans.

MÉTAPLEXIS, s. m. Sous-arbrisseau de la Chine. T. de bot.

MÉTAPOROPOIÈSE, s. f. Changement qui s'opère dans la transpiration. T. de méd.

MÉTAPOSCOPIE, s. f. Espèce de physiognomonie.

MÉTAPTOSE ou MÉTAPTOME, s. f. Changement d'une maladie en une autre. T. de méd.

MÉTASTASE, s. f. Changement d'une maladie en une autre; déplacement de la matière morbifique. T. de méd.

MÉTASTATIQUE, adj. Qui appartient, est relatif à la métastase.

MÉTASTELMA, s. m. Asclépiade, plante vivace. T. de bot.

MÉTASYNCRISE, s. f. Changement opéré par les remèdes, crise favorable au rétablissement de la santé. T. de méd. inus.

MÉTASYNCRITIQUE, adj. Qui produit un changement, une crise favorable. T. de méd. inus.

MÉTATARSE, s. m. Partie du pied entre le tarse et les orteils. T. d'anat.

MÉTATARSIEN, s. m. Muscle situé sous la plante du pied, dont il diminue la largeur. T. d'anat.

MÉTATARSIEN, NE, adj. Qui est relatif au métatarse. T. d'anat.

MÉTATHÈSE, s. f. Transposition d'une lettre dans un mot. T. de gramm. —, métastase. T. de méd.

MÉTAYER, ÈRE, s. Cultivateur, fermier qui fait valoir une métairie.

MÉTÉCAL, s. m. Ducat d'or du royaume de Maroc.

MÉTEIL, s. m. Froment et seigle, semés, récoltés et moulus ensemble.

MÉTEL, s. m. Espèce de stramoine ou stramonium, dont la noix est soporative. T. de bot.

METELIN, s. m. Autrefois Lesbos, île de l'Archipel grec. —, ville capitale de cette île.

MÉTEMPSYCOSE, s. f. Transmigration des ames d'un corps dans un autre. T. de myth.

MÉTEMPSYCOSISTE, s. m. Partisan du système extravagant de la métempsycose.

MÉTEMPTOSE, s. f. Equation solaire pour le calcul exact des lunes. T. d'astr.

MÉTÉORE, s. m. Corps lumineux, phénomène qui se forme et apparaît dans l'air.

MÉTÉORIQUE, adj. Qui appartient aux météores. Fleur—, dont l'épanouissement dépend de l'état de l'atmosphère. T. de bot.

MÉTÉORISME, s. m. Tension de l'abdomen occasionnée par des gaz. T. de méd.

MÉTÉOROGRAPHE, s. f. Instrument pour connaître les variations de l'atmosphère. Voy. MÉTÉOROLOGUE.

MÉTÉOROLITHE, s. f. Pierre tombée de l'atmosphère.

MÉTÉOROLOGIE, s. f. Partie de la physique relative aux météores.

MÉTÉOROLOGIQUE, adj. Qui concerne les météores, l'air, les vents, le froid, etc.

MÉTÉOROLOGUE, s. m. Physicien qui écrit sur la météorologie. —, météorographe, instrument pour faire la nuit des observations météorologiques.

MÉTÉOROMANCIE, s. f. Divination en interrogeant les météores, les éclairs, le tonnerre, etc.

MÉTÉOROSCOPE, s. m. Instrument d'astronomie, astrolabe.

MÉTHAMIS, s. m. Com. du dép. de Vaucluse, cant. de Mormoiron, arr. de Carpentras. = Carpentras.

MÉTHODE, s. f. Manière de dire ou de faire quelque chose avec ordre, d'après certains principes; règles pour l'étude, la théorie, la pratique d'un art, d'une science. —, livre élémentaire pour l'étude d'une langue. —, coutume, usage, habitude. —, marche à suivre pour résoudre un problème. T. de math. —, classification des êtres d'après les caractères qui les distinguent. T. d'hist. nat.

MÉTHODIQUE, adj. Qui a de la méthode; fait, arrangé, distribué avec ordre, avec méthode.

MÉTHODIQUEMENT, adv. D'une manière méthodique.

MÉTHODISME, s. m. Secte des méthodistes.

MÉTHODISTE, s. m. Membre de l'une des nombreuses sectes répandues en Angleterre. —, auteur, partisan d'une méthode.

MÉTHONIQUE, s. f. Plante du genre des liliacées. T. de bot.

MÉTHONIQUE ou MÉTONIQUE, adj. m. Se dit du cycle lunaire ou période de dix-neuf ans.

MÉTICAL ou MÉTIGAL, s. m. Poids pour les perles, l'ambre, etc.

MÉTICULEUX, EUSE, adj. Ingénieux à se tourmenter, à concevoir des craintes à tous propos; craintif, peureux.

MÉTIER, s. m. Profession d'un art mécanique; apprendre un métier. —, profession quelconque; le métier des armes, etc. Fig. —, machine pour la fabrique; métier de tisserand, etc. Corps de —, corps d'artisans. Plat de son —, action qui tient à la profession. Tour de son —, adresse, subtilité du métier. Mettre une comédie sur le —, la commencer. Fig. —, liqueur tirée du houblon trempé. T. de brasseur.

MÉTIGNY, s. m. Com. du dép. de la Somme, cant. de Molliens-Vidame, arr. d'Amiens. = Airaines.

MÉTIS, ISSE, s. et adj. Né d'un Européen et d'une Indienne, ou d'un Indien et d'une Européenne. —, en parlant des animaux, engendré de deux espèces.

MÉTIVAGE, s. m. Droit sur les moissons.

MÉTIVE, s. f. Moisson. —, métisse. T. inus.

MÉTIVIER, s. m. Moissonneur.

MÉTOÉCIEN, s. m. Etranger établi dans l'Attique. T. d'antiq.

MÉTONOMASIE, s. f. Changement du nom propre par la traduction; Ramus pour la Ramée.

MÉTONYMIE, s. f. Figure de rhétorique qui consiste à nommer la cause pour l'effet, le contenant pour le contenu, le nom abstrait pour le concret, le moral pour le physique, et réciproquement, l'effet pour la cause, etc.

MÉTOPE, s. f. Intervalle carré entre les triglyphes de l'ordre dorique. T. d'arch.

MÉTOPIE, s. f. Insecte diptère muscide. T. d'hist. nat.

MÉTOPION, s. m. Sumac, arbre de la famille des térébinthacées qui produit la gomme ammoniaque. T. de bot.

MÉTOPOMANCIE, s. f. Divination par l'inspection de la face.

MÉTOPOSCOPE, s. m. Diseur de bonne aventure, charlatan.

MÉTOPOSCOPIE, s. f. Jonglerie du métoscope qui prétend deviner par l'inspection des traits du visage, le tempérament, les habitudes, les mœurs et l'avenir d'une personne; espèce de craniologie.

MÉTOPOSCOPIQUE, adj. Qui a rapport à la métoposcopie.

MÉTOSE, s. f. Premier degré de la phtisie pupillaire. T. de méd.

MÉTOURNÉ, E, adj. Mal tourné, contrefait, bancal, tortu.

MÉTOYERIE, s. f. Voy. MITOYERIE.

MÉTRAGE, s. m. Mesurage au mètre.

MÉTRALGIE, s. f. Douleur de matrice. T. de méd.

MÈTRE, s. m. Mesure de longueur, la dix millionième partie de l'arc du méridien terrestre, compris entre le pôle boréal et l'équateur, environ trente-six pouces onze lignes et demie. —, pied de vers déterminé par la quantité, comme le dactyle, le spondée, etc. —, mesure du vers; le vers lui-même.

MÉTREMPHRAXIS, s. f. Engorgement, obstruction de la matrice. T. de méd.

MÉTRENCHYTE, s. f. Petite seringue pour injecter la matrice. T. de méd.

MÉTRÈTE, s. f. Amphore, mesure des anciens pour les liquides.

MÉTRICH, s. m. Com. du dép. de la Moselle, cant. de Metzervisse, arr. de Thionville. = Thionville.

MÉTRIOPATHIE, s. f. Etat de celui qui modère ses passions. T. de philos.

MÉTRIQUE, s. f. Partie de la musique ancienne relative à la prosodie. —, adj. Composé de longues et de brèves; vers métrique. Art —, prosodie.

MÉTRITE ou METRITIS, s. f. Inflammation de la matrice. T. de méd.

MÉTROCYNIE, s. f. Arbrisseau de l'île de Madagascar. T. de bot.

MÉTROLOGIE, s. f. Recueil, traité des mesures.

MÉTROMANE, s. m. Possédé du démon des vers, qui a la manie de rimer.

MÉTROMANIE, s. f. Manie, fureur de rimer, de faire des vers. —, nymphomanie. T. de méd.

MÉTROMÈTRE, s. m. Instrument pour régler la mesure d'un air. T. de mus.

MÉTRONOME, s. m. Inspecteur des mesures. T. d'antiq.

MÉTROPOLE, s. f. Ville capitale; état, relativement à ses colonies. —, ville archiépiscopale. —, adj. Métropolitaine; église métropole.

MÉTROPOLITAIN, s. m. Archevêque.

MÉTROPOLITAIN, E, adj. Archiépiscopal.

MÉTRORRHAGIE, s. f. Perte, flux de sang considérable de la matrice. T. de méd.

MÉTROSIDÉROS, s. m. Plante de la famille des myrtes. T. de bot.

METS, s. m. Aliment, préparation culinaire qu'on sert sur table pour les repas.

METTABLE, adj. Se dit des habits qu'on peut revêtir; cet habit n'est pas mettable.

METTARIE, s. f. Femme qui remplit les moules. T. de sal.

METTEREN, s. m. Com. du dép. du Nord, cant. de Bailleul, arr. d'Hazebrouck. = Bailleul.

METTEUR EN ŒUVRE, s. m. Ouvrier, bijoutier qui monte les pierreries.

METTEUR EN PAGES, s. m. Compositeur chargé de la mise en pages d'un ouvrage. T. d'impr.

METTING, s. m. Com. du dép. de la Meurthe, cant. de Phalsbourg, arr. de Sarrebourg. = Phalsbourg.

METTRAY, s. m. Com. du dép. d'Indre-et-Loire, cant. et arr. de Tours. = Tours.

METTRE, v. a. Poser, placer quelqu'un ou quelque chose en un lieu quelconque; se dit au prop. et au fig. Ce verbe se joint à une infinité de mots; mettre aux mains, en fuite, en crédit, etc. — bas, faire ses petits, en parlant de la femelle des animaux. Se —, v. pron. Se placer, au prop. et au fig. Se —, s'habiller, se vêtir; cette femme se met avec goût. Se — à faire quelque chose, commencer à y travailler. Se — à son aise, en user sans façon. Se — en colère, se fâcher, etc.

METTRE-PROU, s. m. Dernière opération pour former le sel. T. de sal.

METZ, s. m. Ville et place de guerre de 1re classe du dép. de la Moselle, chef-lieu de préf., de sous-préf. et de 3 cant.; 3e div. milit.; cour royale; évêché érigé dans le troisième siècle; trib. de 1re inst. et de comm.; chambre et bourse de comm.; école d'application d'artillerie et du génie; société des lettres, sciences et arts; société d'encouragement pour l'agric. et l'industrie; cours publics d'accouchement et de bot.; caisse d'épargnes et de prévoyance; mont-de-piété; biblioth. pub.; cabinet d'hist. nat.; jardin bot.; salle de spectacle; ingén. en chef des ponts-et-chaussées; direct. de l'enregist. et des domaines, 2e classe; direct. des contrib. dir. et indir.; conserv. des hypoth.; bur. de garantie des matières d'or et d'argent; recev. gén. des finances; payeur du dép.; bur. d'enregist. et de poste. Pop. 45,280 hab. environ.

Cette ville est située au confluent de la Moselle et de la Seille. Sa citadelle et ses remparts la rendent la place la plus forte de France, après Strasbourg. Elle est généralement bien bâtie; ses rues sont larges, droites, très bien pavées et ornées de beaux édifices. Patrie du maréchal Fabert, du général Custines, de Barbé-Marbois, de Lacretelle aîné, littérateur, et du général Lasalle.

Fabr. de grosses draperies, flanelles et étoffes de laine; passementerie, chapellerie, broderie; papiers peints, cannes en bois, colle forte, chicorée-café; filatures de coton; brasseries, amidonneries, clouteries, tuileries, etc. Comm. de vins, eaux-de-vie, confitures, drogueries, épiceries, fer, cuirs, quincaillerie, bois de construction, etc. On y remarque le palais du gouverneur, l'hôtel de ville, la préfecture, la cathédrale, la place Croislin, l'esplanade, l'hôpital militaire, les arsenaux, les casernes, le palais-de-justice, la salle de spectacle, etc. Dist. de Paris, 80 l.

METZ-EN-COUTURE, s. m. Com. du dép. du Pas-de-Calais, cant. de Bertincourt, arr. d'Arras. = Bapaume.

METZÉRAL, s. m. Com. du dép. du Haut-Rhin, cant. de Munster, arr. de Colmar. = Colmar.

METZÉRESCHE, s. f. Com. du dép. de la Moselle, cant. de Metzervisse, arr. de Thionville. = Thionville.

METZERVISSE, s. f. Com. du dép. de la Moselle, chef-lieu de cant. de l'arr. de Thionville. Bur. d'enregist. = Thionville.

METZING, s. m. Com. du dép. de la Moselle, cant. de Forbach, arr. de Sarreguemines. = Forbach.

METZ-LE-COMTE, s. m. Com. du dép. de la Nièvre, cant. de Tannay, arr. de Clamecy. = Tannay.

METZ-ROBERT, s. m. Com. du dép. de l'Aube, cant. de Chaource, arr. de Bar-sur-Seine. = Chaource.

MEU (le), s. m. Rivière qui prend naissance dans le dép. des Côtes-du-Nord, et qui se jette dans la Vilaine, près de Pontreau, dép. d'Ille-et-Vilaine, après un cours de 15 l.

MEUBLE, s. m. Tout ce qui sert à garnir, orner une maison, un appartement, et qui peut se transporter. —, pièce quelconque qui se trouve dans les armoiries. T. de blas. —, adj. Léger, aisé à labourer; terre meuble. Biens —, le mobilier, l'argent, tout ce qui n'est point attaché au sol, qui n'est point compris par la loi dans la classe des immeubles.

MEUBLÉ, E, adj. Garni de meubles.

MEUBLER, v. a. Garnir de meubles; meubler un appartement. — une ferme, la garnir de tout ce qui est nécessaire à son exploitation.

MEUCON, s. m. Com. du dép. du Morbihan, cant. de Grandchamp, arr. de Vannes. = Vannes.

MEUDON, s. m. Com. du dép. de Seine-et-Oise, cant. de Sèvres, arr. de Versailles. Bur. de poste de la banlieue de Paris.

MEUGLEMENT, s. m. Voy. BEUGLEMENT.

MEUILLEY, s. m. Com. du dép. de la Côte-d'Or, cant. de Nuits, arr. de Beaune. = Nuits.

MEULAN, s. m. Petite ville du dép. de Seine-et-Oise, chef-lieu de cant. de l'arr. de Versailles. Bur. d'enregist. et de poste. Fabr. de bonneterie, de cordes, etc. Comm. de grains.

MEULARD, s. m. Meule d'un grand diamètre.

MEULE, s. f. Pierre ronde et plate pour moudre, broyer, réduire en poudre; roue de grès pour aiguiser les instrumens tranchans. —, tas de blé, de fourrage en forme de cône; meule de foin. —, racine rude et raboteuse, du bois du cerf. T. de véner. —, morceau de verre qui s'attache à la canne. T. de verr.

MEULEAU, s. m. Meule d'un petit diamètre.

MEULERS, s. m. Com. du dép. de la Seine-Inférieure, cant. d'Envermeu, arr. de Dieppe. = Dieppe.

MEULIER, s. m. Tailleur de pierres qui fait, qui taille les meules de moulin, etc.

MEULIÈRE, s. f. Pierre avec laquelle on fait les meules de moulin; moellon de roche fort dur; carrière d'où l'on tire ce moellon.

MEULIN, s. m. Com. du dép. de Saône-et-Loire, cant. de Matour, arr. de Mâcon. = Mâcon.

MEULLES, s. f. Com. du dép. du Calvados, cant. d'Orbec, arr. de Lisieux. = Orbec.

MEULSON, s. m. Com. du dép. de la Côte-d'Or, cant. d'Aignay-le-Duc, arr. de Châtillon. = Aignay-le-Duc.

MEUNET-PLANCHE ou MEUNET-SOUS-BRIVE, s. m. Com. du dép. de l'Indre, cant. et arr. d'Issoudun. = Issoudun.

MEUNET-SUR-VATAN, s. m. Com. du dép. de l'Indre, cant. de Vatan, arr. d'Issoudun. = Vatan.

MEUNG, s. m. Petite ville du dép. du Loiret, chef-lieu de cant. de l'arr. d'Orléans. Bur. d'enregist. et de poste. Fabr. de feutres; papeteries.

MEUNIER, s. m. Propriétaire ou locataire d'un moulin à blé, qui moud à blanc ou à petits sacs. —, scarabé noir qui vit dans la farine humide. —, poisson d'eau douce du genre du cyprin. — de mer, poisson du genre de la persègue.

MEUNIÈRE, s. f. Epouse d'un meunier. —, corneille mantelée; mésange à longue queue. —, agaric blanc. T. de bot.

MEURCÉ, s. m. Com. du dép. de la Sarthe, cant. de Marolles, arr. de Mamers. = Mamers.

MEURCHIN, s. m. Com. du dép. du Pas-de-Calais, cant. de Lens, arr. de Béthune. = Carvin.

MEURCOURT, s. m. Com. du dép. de la Haute-Saône, cant. de Saulx, arr. de Lure. = Luxeuil.

MEURDRAQUIÈRE (la), s. f. Com. du dép. de la Manche, cant. de Bréhal, arr. de Coutances. = Granville.

MEURES, s. f. Com. du dép. de la Haute-Marne, cant. de Juzennecourt, arr. de Chaumont. = Chaumont.

MEURIVAL, s. m. Com. du dép. de l'Aisne, cant. de Neufchâtel, arr. de Laon. = Fismes.

MEURON, s. m. Fruit de la ronce.

MEURSAC, s. m. Com. du dép. de la Charente-Inférieure, cant. de Gémozac, arr. de Saintes. = Cozes.

MEURSAULT, s. m. Com. du dép. de la Côte-d'Or, cant. et arr. de Beaune. = Beaune. Vins blancs très estimés.

MEURTHE (la), s. f. Rivière qui prend naissance dans le dép. des Vosges, et qui se jette dans la Moselle au-dessous de Frouard, dép. de la Meurthe. Cette rivière, dont le cours est de 36 l., commence à être flottable à Plainfaing, et navigable un peu au-dessus de Nancy.

MEURTHE (dép. de la), s. f. Chef-lieu de préf.: Nancy; 5 arr. de sous-préf.: Nancy, Château-Salins, Lunéville, Sarrebourg et Toul; 29 cant. ou just. de paix; 714 com.; pop. 403,038 hab. env. Cour royale et évêché à Nancy; 3° div. milit.; 4° div. des ponts-et-chaussées; 3° div. des mines; direct. de l'enregist. et des domaines, 1re classe; 6° arr. forestier.

Le dép. de la Meurthe est borné au N. par celui de la Moselle, à l'E. par celui du Bas-Rhin et par celui des Vosges, et à l'O. par celui de la Meuse. Ce dép. présente une réunion de vallons arrosés par de nombreuses rivières et entourés de coteaux que décorent des bois, des vignes et des pâturages. Dans la partie orientale où commencent les Vosges, on trouve des sites très pittoresques. Les vins y sont en général faibles et froids, mais les grains qu'on récolte dans les vallons de la Meurthe et de la Seille, sont bons et très abondans. Productions : toutes les espèces de céréales, pommes de terre, betteraves, fruits excellens, houblon, chanvre, navette, lin, vin, belles prairies, beurre excellent, bois ; grand et petit gibier, beaucoup de poisson d'étangs et de rivières ; chevaux de petite espèce ; bêtes à cornes et à laine ; mérinos, chèvres, porcs ; quantité d'oies ; beaucoup d'abeilles ; carrières de marbre ; pierres de taille, pierres lithographiques ; grès rouge et gris, grès à aiguiser ; terre à verrerie ; argile à potiers ; mines de sel gemme ; puits salans, les plus riches qui existent en France ; sources d'eaux minérales dans plusieurs com. ; jardin botanique à Nancy ; haras à Bouxières. Fabr. de draps, toiles de chanvre et de coton ; broderies en tous genres ; papiers peints ; glaces, cristaux, pipes de terres ; liqueurs ; acides minéraux ; boisselerie ; filatures de coton ; raffineries de sucre de betteraves ; forges, fonderies ; verreries ; teintureries ; papeteries ; faïenceries et poteries ; salines royales à Dieuze, Moyenvic et Château-Salins ; comm. de tous ces produits. Les principales rivières qui arrosent ce dép. sont : la Meurthe et la Moselle qui y sont navigables, la Sarre, la Seille, la Vezouse, le Madon et la Mortagne.

MEURTRE, s. m. Homicide, assassinat. —, grand dommage ; c'est un meurtre de mutiler les monumens de l'architecture. Fig. et fam.

MEURTRI, E, part. Blessé avec un instrument contondant.

MEURTRIER, ERE, s. Auteur d'un meurtre, coupable d'un meurtre, assassin. —, adj. Qui a coûté beaucoup de monde ; siége meurtrier. —, qui cause habituellement la mort ; arme meurtrière.

MEURTRIÈRE, s. f. Ouverture dans un mur de fortification pour tirer sur les assiégeans.

MEURTRIR, v. a. Tuer (Vi). —, faire une meurtrissure, une contusion ; froisser. —, adoucir la vivacité de la couleur. T. de peint.

MEURTRISSURE, s. f. Ecchymose, contusion. —, tache sur les fruits provenant d'une chute, d'un froissement.

MEURVILLE, s. f. Com. du dép. de l'Aube, cant. de Vendeuvre, arr. de Bar-sur-Aube. = Vendeuvre.

MEUSE, s. f. Com. du dép. de la Haute-Marne, cant. de Montigny, arr. de Langres. = Montigny-le-Roi.

MEUSE (la), s. f. Fleuve considérable qui prend sa source près de la com. de Meuse, arr. de Langres, dép. de la Haute-Marne, et qui est navigable depuis Verdun jusqu'à son embouchure. Il entre en Belgique au-dessous de Givet, et se jette dans la mer du Nord entre la Brille et Gravesand. Son cours est de 160 l.

MEUSE (dép. de la), s. f. Chef-lieu de préf., Bar-le-Duc ; 4 arr. ou sous-préf. : Bar-le-Duc, Commercy, Verdun et Montmédy ; 28 cant. ou just. de paix ; 589 com. Pop. 306,360 hab. env. Cour royale de Nancy ; évêché à Verdun ; 2e div. milit. ; 3e div. des ponts-et-chaussées ; 2e div. des mines ; direct. de l'enregist. et des domaines de 2e classe ; 5e arr. forest.

Ce dép. est borné au N. et au N. O. par celui des Ardennes, à l'E. par ceux de la Moselle et de la Meurthe, au S.-E. par celui des Vosges, au S.-O. par celui de la Haute-Marne, et à l'O. par celui de la Marne. Son sol, entrecoupé de vallons, de montagnes et de plaines, produit des grains en abondance et des vins très estimés. On y trouve des forêts très étendues et de belles prairies. Productions : toutes les céréales, navette, chanvre, lin, graines oléagineuses, chicorée-café, vins de bonne qualité ; grand et menu gibier ; chevaux de petite espèce ; beaucoup de bestiaux ; culture en grand du groseillier rouge et blanc ; nombreuses mines de fer ; carrières de pierres de taille ; poterie ; marne ; fossiles.

Manuf. de cotonnades, dites de Bar, et de toile de coton. Fabr. de bonneteries en coton ; futailles, carton, dragées, liqueurs, huile ; filatures de coton et de laine ; nombreuses forges ; verreries, papeteries, faïenceries ; teintureries en rouge d'Andrinople. Comm. de tous ces produits. Les principales rivières qui arrosent ce dép., sont : la Meuse qui y est navigable, l'Oise, l'Ornain, le Chiers, l'Ortain, la Saux, la Teinte et l'Orne.

MEUSNES, s. f. Com. du dép. de Loir-et-Cher, cant. de St.-Aignan, arr. de Blois. = Selles.

MEUSSIA, s. f. Com. du dép. du Jura,

cant. de Moitans, arr. de St.-Claude. = Orgelet.

MEUTANG, s. m. Plante, fleur de la Chine.

MEUTE, s. f. Troupe de chiens courans. Chef de —, chef de parti. Fig. et fam.

MEUVAINES, s. f. Com. du dép. du Calvados, cant. de Ryes, arr. de Bayeux. = Bayeux.

MEUVY, s. m. Com. du dép. de la Haute-Marne, cant. de Clefmont, arr. de Chaumont. = Montigny-le-Roi.

MEUX, s. m. Com. du dép. de la Charente-Inférieure, cant. et arr. de Jonzac. = Jonzac.

MEUX (le), s. m. Com. du dép. de l'Oise, cant. d'Estrées-St.-Denis, arr. de Compiègne. = Compiègne.

MEUZAC, s. m. Com. du dép. de la Haute-Vienne, cant. de St.-Germain-les-Belles, arr. de St.-Yrieix. = Pierre-Buffière.

MÉVELAVITE, s. m. Dervis; charlatan turc.

MÉVENDRE, v. a. Vendre à vil prix. T. inus.

MÉVENDU, E, part. Vendu à bas prix, mal vendu.

MÉVENTE, s. f. Vente à vil prix. T. inus.

MÈVES, s. f. Com. du dép. de la Nièvre, cant. de Pouilly, arr. de Cosne. = Pouilly.

MÉVOISINS, s. m. Com. du dép. d'Eure-et-Loir, cant. de Maintenon, arr. de Chartres. = Maintenon.

MÉVOUILLON, s. m. Com. du dép. de la Drôme, cant. de Séderon, arr. de Nyons. = le Buis.

MEXENT (St.-), s. m. Com. du dép. de la Corrèze, cant. et arr. de Tulle. = Tulle.

MEXICAIN, E, s. et adj. Habitant du Mexique; qui a rapport à cette contrée de l'Amérique.

MEXICO, s. m. Ville archiépiscopale et capitale du Mexique, très régulièrement bâtie sur le bord d'un lac, probablement desséché aujourd'hui. Cette ville, très commerçante, et qui possède une université, une académie d'arts et métiers, et divers autres établissemens publics, est la plus grande de toute l'Amérique du sud. Pop. 137,000 hab. env.

MEXIMIEUX, s. m. Com. du dép. de l'Ain, chef-lieu de cant. de l'arr. de Trévoux. Bur. d'enregist. et de poste.

MEXIQUE, s. m., ou NOUVELLE-ESPAGNE, s. f. Vaste contrée de l'Amérique méridionale, bornée au N. par le Nouveau-Mexique, S.-E. isthme Darien, O. grand Océan et mer Vermeille, E. golfe de son nom et la mer Caraïbe. Ce pays, qui faisait partie des possessions espagnoles dans l'Amérique méridionale, forme aujourd'hui un état indépendant. Pop. 6,500,000 hab. env. Nouveau —, pays immense situé entre la Louisiane et la Californie, au nord de l'ancien Mexique.

MEXY, s. m. Com. du dép. de la Moselle, cant. de Longwy, arr. de Briey. = Longwy.

MÉY, s. m. Com. du dép. de la Moselle, cant. et arr. de Metz. = Metz.

MEYDAN, s. m. Marché en Perse.

MEYENHEIM, s. m. Com. du dép. du Haut-Rhin, cant. d'Ensisheim, arr. de Colmar. = Ensisheim.

MEYÈRE, s. f. Plante annuelle de la Jamaïque. T. de bot.

MEYLAN, s. m. Com. du dép. de l'Isère, cant. et arr. de Grenoble. = Grenoble.

MEYLAN, s. m. Com. du dép. de Lot-et-Garonne, cant. de Mezin, arr. de Nérac. = Nérac.

MEYLIEU-MONTROND, s. m. Com. du dép. de la Loire, cant. de St.-Galmier, arr. de Montbrison. = Chazelles.

MEYMAC, s. m. Petite ville du dép. de la Corrèze, chef-lieu de cant. de l'arr. d'Ussel. Bur. d'enregist.=Ussel. Comm. de chevaux, mulets, et bestiaux.

MEYMANS, s. m. Com. du dép. de la Drôme, cant. de Bourg-du-Péage, arr. de Valence. = Valence.

MEYMES, s. f. Com. du dép. du Gers, cant. d'Aignan, arr. de Mirande. = Nogaro.

MEYNES, s. f. Com. du dép. du Gard, cant. d'Aramon, arr. de Nismes. = Nismes.

MEYRALS, s. m. Com. du dép. de la Dordogne, cant. de St.-Cyprien-de-Lussas, arr. de Sarlat. = Sarlat.

MEYRAND (la), s. f. Com. du dép. du Puy-de-Dôme, cant. d'Ardes, arr. d'Issoire. = Ardes.

MEYRARGUES, s. f. Com. du dép. des Bouches-du-Rhône, cant. de Peyrolles, arr. d'Aix. = Aix.

MEYRAS, s. m. Com. du dép. de l'Ardèche, cant. de Thueyts, arr. de Largentière. = Thueyts.

MEYREUIL, s. m. Com. du dép. des Bouches-du-Rhône, cant. et arr. d'Aix. = Aix.

MEYRIAT, s. m. Com. du dép. de l'Ain, cant. de Cériat, arr. de Bourg. = Bourg.

MEYRIÉ, s. m. Com. du dép. de l'Isère, cant. de la Verpillière, arr. de Vienne. = Bourgoin.

MEYRIEU, s. m. Com. du dép. de l'Isère, cant. de St.-Jean-de-Bournay, arr. de Vienne. = Bourgoin.

MEYRIGNAC, s. m. Com. du dép. de la Corrèze, cant. de Corrèze, arr. de Tulle. = Tulle.

MEYRINHAC-L'ENTOUR, s. m. Com. du dép. du Lot, cant. de St.-Céré, arr. de Figeac. = Gramat.

MEYRONNES, s. f. Com. du dép. des Basses-Alpes, cant. de St.-Paul, arr. de Barcelonnette. = Barcelonnette.

MEYRUEIS, s. m. Ville du dép. de la Lozère, chef-lieu de cant. de l'arr. de Florac. Bur. d'enregist. et de poste. Comm. de grains et de mulets.

MEYS, s. m. Com. du dép. du Rhône, cant. de St.-Symphorien-sur-Coize, arr. de Lyon. = Chazelles.

MEYSSAC, s. m. Com. du dép. de la Corrèze, chef-lieu de cant. de l'arr. de Brive. Bur. d'enregist. = Brive.

MEYSSE, s. f. Com. du dép. de l'Ardèche, cant. de Rochemaure, arr. de Privas. = Privas.

MEYSSE (la), s. f. Com. du dép. de la Haute-Vienne, cant. de Nexon, arr. de St.-Yrieix. = St.-Yrieix.

MEYSSIÉS, s. m. Com. du dép. de l'Isère, cant. de St.-Jean-de-Bournay, arr. de Vienne. = Vienne.

MEYZIEU, s. m. Com. du dép. de l'Isère, chef-lieu de cant. de l'arr. de Vienne. Bur. d'enregist. = Lyon.

MEZAIL, s. m. Le devant, le milieu du heaume. T. de blas.

MÉZAIR, s. m. Demi-air. T. de man.

MÉZANCE ou MEIGE, s. f. Chambre du comite d'une galère. T. de mar.

MÉZANGERS, s. m. Com. du dép. de la Mayenne, cant. d'Evron, arr. de Laval. = Evron.

MÉZANGUEVILLE, s. f. Com. du dép. de la Seine-Inférieure, cant. d'Argueil, arr. de Neufchâtel. = Gournay.

MÉZANGY, s. m. Com. du dép. de l'Allier, cant. de Lurcy-Lévi, arr. de Moulins. = St.-Pierre-le-Moutier.

MÉZANINE, s. f. Attique, petit étage sur un autre.

MÉZARD (St.-), s. m. Com. du dép. du Gers, cant. et arr. de Lectoure. = Lectoure.

MÈZE, s. f. Petite ville du dép. de l'Hérault, chef-lieu de cant. de l'arr. de Montpellier. Bur. d'enregist. et de poste.

Cette ville possède un petit port sur le Thau, qui peut recevoir des navires de 50 tonneaux.

Comm. d'eaux-de-vie et de liqueurs.

MÉZEL, s. m. Com. du dép. des Basses-Alpes, chef-lieu de cant. de l'arr. de Digne. Bur. d'enregist. = Digne.

MÉZEL, s. m. Com. du dép. du Puy-de-Dôme, cant. de Vertaizon, arr. de Clermont. = Billom.

MÉZELAINE, ou MÉSELINE, s. f. Brocatelle de soie et de laine.

MÉZENCE, s. m. Roi des Tyrrhéniens qui fut tué par Enée, tyran cruel qui faisait périr ceux qui lui déplaisaient, et les faisait attacher bouche à bouche avec un cadavre ; supplice de Mézence.

MÉZENS, s. m. Com. du dép. du Tarn, cant. de Rabastens, arr. de Gaillac. = Tarbes.

MÉZERAY, s. m. Com. du dép. de la Sarthe, cant. de Malicorne, arr. de la Flèche. = Foulletourte.

MÉZÉRÉON, s. m. Plante, lauréole femelle.

MÉZÉROLLES, s. f. Com. du dép. de la Somme, cant. de Bernaville, arr. de Doullens. = Doullens.

MÉZERVILLE, s. f. Com. du dép. de l'Aude, cant. de Belpech, arr. de Castelnaudary. = Castelnaudary.

MÉZIDON, s. m. Com. du dép. du Calvados, chef-lieu de cant. de l'arr. de Lisieux. Bur. d'enregist. à St.-Pierre-sur-Dives. = Croissanville.

MÉZIÈRE (la), s. f. Com. du dép. d'Ille-et-Vilaine, cant. d'Hédé, arr. de Rennes. = Rennes.

MÉZIÈRES, s. f. Com. du dép. de l'Aisne, cant. de Moy, arr. de St.-Quentin. = St.-Quentin.

MÉZIÈRES, s. f. Ville du dép. des Ardennes, chef-lieu de préf., de sous-préf. et d'un cant. ; cour et trib. de 1re inst. à Charleville ; place de guerre de 4e classe ; société d'agric., sciences, arts et comm. ; biblioth. pub. ; ingén. en chef des ponts-et-chaussées ; direct. de l'enregist. et des domaines, 2e classe ; direct. des contrib. dir. ; recev. gén. des finances ; payeur du dép. ; bur. d'enregist. et de poste. Pop., 4,160 hab. env.

Cette ville, défendue par de bonnes fortifications et par une citadelle, est située sur la partie la plus resserrée d'une presqu'île formée par la Meuse. Elle communique par un pont avec Charleville, qui se trouve de l'autre côté de la rivière.

Comm. de cuirs forts, serges, bonneterie, toiles de lin, fers à repasser, etc.

MÉZIÈRES, s. f. Com. du dép. de la Charente, cant. de St.-Claud, arr. de Confolens. = St.-Claud.

MÉZIÈRES, s. f. Com. du dép. de l'Eure, cant. d'Ecos, arr. des Andelys. = Vernon.

MÉZIÈRES, s. f. Com. du dép. d'Ille-et-Vilaine, cant. de St.-Aubin-du-Cormier, arr. de Fougères. = St.-Aubin-du-Cormier.

MÉZIÈRES, s. f. Com. du dép. du Loiret, cant. de Bellegarde, arr. de Montargis. = Meung-sur-Loire.

MÉZIÈRES, s. f. Com. du dép. du Loiret, cant. de Cléry, arr. d'Orléans. = Orléans.

MÉZIÈRES, s. f. Com. du dép. de la Moselle, cant. et arr. de Metz. = Metz.

MÉZIÈRES, s. f. Com. du dép. de Seine-et-Oise, cant. et arr. de Mantes. = Mantes.

MÉZIÈRES, s. f. Com. du dép. de Seine-et-Oise, cant. de l'Isle-Adam, arr. de Pontoise. = Pontoise.

MÉZIÈRES, s. f. Com. du dép. de la Somme, cant. de Moreuil, arr. de Montdidier. = Montdidier.

MÉZIÈRES, s. f. Com. du dép. de la Haute-Vienne, chef-lieu de cant. de l'arr. de Bellac, où se tient le bur. d'enregist. = Bellac.

MÉZIÈRES-EN-BRENNE-ET-SUBTRAY, s. f. Com. du dép. de l'Indre, chef-lieu de cant. de l'arr. du Blanc. Bur. d'enregist. = Châtillon-sur-Indre.

MÉZIÈRES-EN-DROUAIN, s. f. Com. du dép. d'Eure-et-Loir, cant. et arr. de Dreux. = Dreux.

MÉZIÈRES-EN-PERCHE, s. f. Com. du dép. d'Eure-et-Loir, cant. de Brou, arr. de Châteaudun. = Illiers.

MÉZIÈRES-ET-ST.-CHÉRON, s. f. Com. du dép. de la Sarthe, cant. de Conlie, arr. du Mans. = Sillé-le-Guillaume.

MÉZIÈRES-SOUS-BALLON, s. m. Com. du dép. de la Sarthe, cant. de Marolles, arr. de Mamers. = Bonnétable.

MÉZILHAC, s. m. Com. du dép. de l'Ardèche, cant. d'Antraigues, arr. de Privas. = Privas.

MÉZILLES, s. f. Com. du dép. de l'Yonne, cant. de St.-Fargeau, arr. de Joigny. = St.-Fargeau.

MÉZIN, s. m. Petite ville du dép. de Lot-et-Garonne, chef-lieu de cant. de l'arr. de Nérac. Bur. d'enregist. = Nérac.
Fabr. de bouchons de liège, de poterie de terre; papeterie.

MÉZIRE, s. m. Com. du dép. du Haut-Rhin, cant. de Delle, arr. de Belfort. = Delle.

MÉZOARGUES, s. f. Com. du dép. des Bouches-du-Rhône, cant. de Tarascon, arr. d'Arles. = Tarascon.

MÉZOS, s. m. Com. du dép. des Landes, cant. de Mimizan, arr. de Mont-de-Marsan. = Lipostey.

MÉZY, s. m. Com. du dép. de Seine-et-Oise, cant. de Meulan, arr. de Versailles. = Meulan.

MÉZY-MOULINS, s. m. Com. du dép. de l'Aisne, cant. de Condé, arr. de Château-Thierry. = Château-Thierry.

MEZZABOUT, s. m. Voile de galère pour les gros temps. T. de mar.

MEZZANIN, s. m. Mât du milieu. T. de mar.

MEZZANINE, s. f. Ordre d'architecture à deux étages.

MEZZO-TERMINÉ, s. m. (mots italiens). Expédient pour terminer une affaire.

MEZZO-TINTO, s. m. (mots italiens). Estampe en manière noire.

MHÈRE, s. m. Com. du dép. de la Nièvre, cant. de Corbigny, arr. de Clamecy. = Lormes.

M'HERVÉ (St.-), s. m. Com. du dép. d'Ille-et-Vilaine, cant. et arr. de Vitré. = Vitré.

M'HERVON (St.-), s. m. Com. du dép. d'Ille-et-Vilaine, cant. de Montauban, arr. de Montfort. = Montauban.

MI, s. m. Troisième note de la gamme. T. de mus. —, particule indécl. Demi, la moitié, le milieu. A —, adv. A la moitié; à mi-côte, à mi-jambe.

MIACATOTOLT, s. m. Petit oiseau du Mexique. T. d'hist. nat.

MIALET, s. m. Serge des Cévennes.

MIALET, s. m. Com. du dép. du Gard, cant. de St.-Jean-du-Gard, arr. d'Alais. = St.-Jean-du-Gard.

MIALET, s. m. Com. du dép. du Lot, cant. de la Capelle, arr. de Figeac. = Figeac.

MIALLET, s. m. Com. du dép. de la Dordogne, cant. de St.-Pardoux-de-la-Rivière, arr. de Nontron. = Chalus.

MIALOS, s. m. Com. du dép. des Basses-Pyrénées, cant. d'Arzacq, arr. d'Orthez. = Pau.

MIANNAY, s. m. Com. du dép. de la Somme, cant. de Moyenneville, arr. d'Abbeville. = Abbeville.

MIASMATIQUE, adj. Qui est produit par les miasmes.

MIASMES, s. m. pl. Emanations contagieuses, morbifiques; fluides aériformes, gaz infects, suffocans.

MIAULANT, E, adj. Qui crie, en parlant du chat.

MIAULARD, s. m. Oiseau de mer, goéland, mouette.

MIAULÉE, s. f. Mie de pain dans du vin. T. fam.

MIAULEMENT, s. m. Cri du chat.

MIAULER, v. n. Crier, en parlant du chat.

MIBORE, s. f. Plante graminée, agrostide naine. T. de bot.

MICA, s. m. Pierre primitive, translucide, écailleuse, qu'on trouve dans les granits et autres roches, et qui se partage en feuilles minces et flexibles.

MICACÉ, E, adj. De la nature du mica, qui en contient.

MICARELLE, s. f. Substance minérale.

MICASCHISTE ou SCHISTE-MICACÉ, s. m. Roche primitive. T. d'hist. nat.

MICATION, s. f. Jeu d'enfant. Voy. MOURRE.

MICAUD (St-), s. m. Com. du dép. de Saône-et-Loire, cant. de Mont-St.-Vincent, arr. de Châlons. = Joncy.

MICHAUGNES, s. f. Com. du dép. de la Nièvre, cant. de Brinon, arr. de Clamecy. = Corbigny.

MICHAUT, s. m. Assoupissement, sommeil. T. d'impr.

MICHAUXIE, s. f. Plante bisannuelle de la famille des campanulacées. T. de bot.

MICHE, s. f. Pain d'une ou de plusieurs livres. —, gros morceau de mie. T. fam. Donner les —, distribuer des faveurs. T. fam.

MICHÉ, s. m. Sot, niais qui paie pour les autres. T. fam.

MICHEL (St.-), s. m. Com. du dép. des Basses-Alpes, cant. et arr. de Forcalquier. = Forcalquier.

MICHEL (St.-), s. m. Com. du dép. de l'Aisne, cant. d'Hirson, arr. de Vervins. = Vervins.

MICHEL (St.-), s. m. Com. du dép. de l'Ariège, cant. et arr. de Pamiers. = Pamiers.

MICHEL (St.-), s. m. Com. du dép. de l'Aveyron, cant. de Nant, arr. de Milhau. = Nant.

MICHEL (St.-), s. m. Com. du dép. de l'Aveyron, cant. d'Aubin, arr. de Villefranche. = Rignac.

MICHEL (St.-), s. m. Com. du dép. de la Charente, cant. et arr. d'Angoulême. = Angoulême.

MICHEL (St.-), s. m. Village du dép. de la Drôme, réuni à la com. de Montmiral, cant. de Romans, arr. de Valence. = Romans.

MICHEL (St.-), s. m. Com. du dép. de la Haute-Garonne, cant. de Cazères, arr. de Muret. = Martres.

MICHEL (St.-), s. m. Com. du dép. du Gers, cant. et arr. de Mirande. = Mirande.

MICHEL (St.-), s. m. Com. du dép. de la Gironde, cant. de Podensac, arr. de Bordeaux. = Podensac.

MICHEL (St.-), s. m. Com. du dép. de la Gironde, cant. et arr. de la Réole. = la Réole.

MICHEL (St.-), s. m. Com. du dép. de l'Hérault, cant. du Caylar, arr. de Lodève. = Lodève.

MICHEL (St.-), s. m. Com. du dép. d'Indre-et-Loire, cant. de Langeais, arr. de Chinon. = Loche.

MICHEL (St.-), s. m. Com. du dép. de la Loire, cant. de Pélussin, arr. de St.-Etienne. = Condrieu.

MICHEL (St.-), s. m. Com. du dép. de la Loire-Inférieure, cant. de Pornic, arr. de Paimbœuf. = Pornic.

MICHEL (St.-), s. m. Com. du dép. du Loiret, cant. de Beaune, arr. de Pithiviers. = Boiscommun.

MICHEL (St.-), s. m. Com. du dép. de la Haute-Marne, cant. de Longeau, arr. de Langres. = Langres.

MICHEL (St.-), s. m. Com. du dép. du Pas-de-Calais, cant. de Hucqueliers, arr. de Montreuil. = Montreuil.

MICHEL (St.-), s. m. Com. du dép. du Pas-de-Calais, cant. et arr. de St.-Pol. = St.-Pol.

MICHEL (canal de St.-), s. m. Ce canal a été ouvert en 1686 pour établir une communication entre la Scarpe et les fossés de la ville d'Arras.

MICHEL (St.-), s. m. Com. du dép. des Basses-Pyrénées, cant. de St.-Jean-Pied-de-Port, arr. de Mauléon. = St.-Jean-Pied-de-Port.

MICHEL (St.-), s. m. Com. du dép. de Tarn-et-Garonne, cant. d'Auvillar, arr. de Moissac. = St.-Nicolas-de-la-Grave.

MICHEL (St.-), s. m. Com. du dép. des Vosges, cant. et arr. de St.-Dié. = St.-Dié.

MICHELBACH, s. m. Com. du dép. du Haut-Rhin, cant. de Thann, arr. de Belfort. = Cernay.

MICHELBACH-LE-BAS, s. m. Com. du dép. du Haut-Rhin, cant. d'Huningue, arr. d'Altkirch. = Huningue.

MICHELBACH-LE-HAUT, s. m. Com. du dép. du Haut-Rhin, cant. d'Huningue, arr. d'Altkirch. = Huningue.

MICHEL-DE-BONNEFARRE (St.-), s. m. Com. du dép. de la Dordogne, cant. de Vélines, arr. de Bergerac. = Castillon.

MICHEL-DE-CASTELNAU (St.-), s. m. Com. du dép. de la Gironde, cant. de Captieux, arr. de Bazas. = Bazas.

MICHEL-DE-CHABRILLANOUX, (St.-), s. m. Com. du dép. de l'Ardèche, cant. de la Voulte, arr. de Privas. = Vernoux.

MICHEL-DE-CHAILLOT (St.-), s. m. Com. du dép. des Hautes-Alpes, cant. de St.-Bonnet, arr. de Gap. = Gap.

MICHEL-DE-CHAVAGNE (St.-), s. m. Com. du dép. de la Sarthe, cant. de Bouloire, arr. de St.-Calais. = Connerré.

MICHEL-DE-CLOUCQ (St.-), s. m. Com. du dép. de la Vendée, cant. de St.-Hilaire-sur-l'Autise, arr. de Fontenay. = Fontenay.

MICHEL-DE-DÈZE (St.-), s. m. Com. du dép. de la Lozère, cant. de St.-Germain-de-Calberte, arr. de Florac. = Villefort.

MICHEL-DE-DOUBLE (St.-), s. m. Com. du dép. de la Dordogne, cant. de Mussidan, arr. de Ribérac. = Mussidan.

MICHEL-DE-FEINS (St.), s. m. Com. du dép. de la Mayenne, cant. de Bierné, arr. de Château-Gontier. = Château-Gontier.

MICHEL-DE-LA-BADIÉ (St.-), s. m. Com. du dép. du Tarn, cant. de Valence, arr. d'Albi. = Albi.

MICHEL-DE-LA-HAYE (St.-), s. m. Com. du dép. de l'Eure, cant. de Routot, arr. de Pont-Audemer. = Bourg-Achard.

MICHEL-DE-LANDESQUE (St.-), s. m. Com. du dép. de l'Aveyron, cant. de St.-Rome-du-Tarn, arr. de St.-Affrique. = St.-Affrique.

MICHEL-DE-LANES (St.-), s. m. Com. du dép. de l'Aude, cant. de Salles, arr. de Castelnaudary. = Castelnaudary.

MICHEL-DE-LA-PIERRE (St.-), s. m. Com. du dép. de la Manche, cant. de St.-Sauveur-Landelin, arr. de Coutances. = Périers.

MICHEL-DE-LA-RIVIÈRE (St.-), s. m. Com. du dép. de la Gironde, cant. de Fronsac, arr. de Libourne. = Libourne.

MICHEL-DE-LA-ROË (St.-), s. m. Com. du dép. de la Mayenne, cant. de St.-Aignan, arr. de Château-Gontier. = Craon.

MICHEL-DE-LIVET (St.-), s. m. Com. du dép. du Calvados, cant. de Livarot, arr. de Lisieux. = Lisieux.

MICHEL-DE-LLOTES (St.-), s. m. Com. du dép. des Pyrénées-Orientales, cant. de Vinça, arr. de Prades. = Perpignan.

MICHEL-DE-PLÉLAN (St.-), s. m. Com. du dép. des Côtes-du-Nord, cant. de Plélan, arr. de Dinan. = Plancoët.

MICHEL-DE-PRÉAUX (St.-), s. m. Com. du dép. de l'Eure, cant. et arr. de Pont-Audemer. = Pont-Audemer.

MICHEL-DE-ST.-GÉOIRS (St.-), s. m. Com. du dép. de l'Isère, cant. de St.-Etienne-de-St.-Géoirs, arr. de St.-Marcellin. = Bourgoin.

MICHEL-DES-LOUPS (St.-), s. m. Com. du dép. de la Manche, cant. de Sartilly, arr. d'Avranches. = Granville.

MICHEL-DE-SOMMAIRE (St.-), s. m. Com. du dép. de l'Orne, cant. de la Ferté-Frênel, arr. d'Argentan. = l'Aigle.

MICHEL-D'EUZET (St.-), s. m. Com. du dép. du Gard, cant. de Bagnols, arr. d'Uzès. = Bagnols.

MICHEL-DE-VAX (le), s. m. Com. du dép. du Tarn, cant. de Vaour, arr. de Gaillac. = Cordes.

MICHEL-DE-VESSE (St.-), s. m. Com. du dép. de la Creuse, cant. de St.-Sulpice-des-Champs, arr. d'Aubusson. = Aubusson.

MICHEL-DE-VILLADEIX (St.-), s. m. Com. du dép. de la Dordogne, cant. de Vergt, arr. de Périgueux. = Périgueux.

MICHEL-DE-VOLANGY (St.-), s. m. Com. du dép. du Cher, cant. des Aix-d'Angilon, arr. de Bourges. = Bourges.

MICHEL-D'HALÉCOURT (St.-), s. m. Com. du dép. de la Seine-Inférieure, cant. de Forges, arr. de Neufchâtel. = Forges.

MICHEL-DU-HAIREL (St.-), s. m. Com. du dép. de la Seine-Inférieure, cant. de St.-Romain, arr. du Hâvre. = St.-Romain-de-Colbosc.

MICHEL-EN-BEAUMONT (St.-), s. m. Com. du dép. de l'Isère, cant. de Corps, arr. de Grenoble. = Corps.

MICHEL-EN-BRENNE (St.-), s. m. Com. du dép. de l'Indre, cant. de Mézières-en-Brenne, arr. du Blanc. = Châtillon-sur-Indre.

MICHEL-EN-GRÈVE (St.-), s. m. Com. du dép. des Côtes-du-Nord, cant. de Plestin, arr. de Lannion. = Lannion.

MICHEL-EN-L'HERM (St.-), s. m. Com. du dép. de la Vendée, cant. de Luçon, arr. de Fontenay. = Luçon.

MICHEL-ET-CHANVEAUX (St.-), s. m. Com. du dép. de Maine-et-Loire, cant. de Pouancé, arr. de Segré. = Segré.

MICHEL-ET-CONDAT (St.-), s. m.

Com. du dép. du Lot, cant. de Vayrac, arr. de Gourdon. = Martel.

MICHELIA, s. f. Voy. CHAMPAC. T. de bot.

MICHEL-LA-FORÊT (St.-), s. m. Com. du dép. de l'Orne, cant. de l'Aigle, arr. de Mortagne. = l'Aigle.

MICHEL-L'ANNUEL (St.-), s. m. Com. du dép. de la Charente-Inférieure, cant. de St.-Porchaire, arr. de Saintes. = Saintes.

MICHEL-L'ÉCLUSE (St.-), s. m. Com. du dép. de la Dordogne, cant. de St.-Aulaye, arr. de Ribérac. = Coutras.

MICHEL-LE-RANCE (St.-), s. m. Com. du dép. de l'Ardèche, cant. du Chaylard, arr. de Tournon. = le Chaylard.

MICHEL-LES-PORTES (St.-), s. m. Com. du dép. de l'Isère, cant. de Clelles, arr. de Grenoble. = Grenoble.

MICHEL-LOUBEJOU (St.-), s. m. Com. du dép. du Lot, cant. de Bretenoux, arr. de Figeac. = St.-Céré.

MICHEL-MONT-MERCURE (St.-), s. m. Com. du dép. de la Vendée, cant. de Pouzauges, arr. de Fontenay. = Pouzauges.

MICHEL-SUR-ORGE (St.-), s. m. Com. du dép. de Seine-et-Oise, cant. d'Arpajon, arr. de Corbeil. = Linas.

MICHERY, s. m. Com. du dép. de l'Yonne, cant. de Pont-sur-Yonne, arr. de Sens. = Pont-sur-Yonne.

MICHON, s. m. Petite miche. T. fam.

MICHROMÈTRE, s. m. Instrument d'astronomie pour mesurer la distance d'un groupe d'étoiles.

MICHUACANENS, s. m. pl. Chiens de la Nouvelle-Espagne. T. d'hist. nat.

MICINE, s. f. Agaric. T. de bot.

MICMAC, s. m. Manigance, intrigue secrète dans de mauvaises intentions. T. fam.

MICO, s. m. Sagouin, petit singe dont la face et les oreilles sont d'un rouge vif. T. d'hist. nat.

MICOCOULIER, s. m. Grand arbre des contrées méridionales, qui ressemble à l'orme et dont le fruit astringent a la forme d'une cerise. T. de bot.

MICONE, s. m. Arbre du Pérou. —, s. f. Molène à tige nue, plante de la famille des solanées. T. de bot.

MICROCARPE, s. m. Genre de champignons. T. de bot.

MICROCÈLE, adj. Qui a un petit ventre. T. inus.

MICROCÉPHALE, adj. Qui a une petite tête. T. inus. —, s. m. pl. Insectes brachélytres. T. d'hist. nat.

MICROCHLOA, s. f. Nard de l'Inde, plante aromatique. T. de bot.

MICROCHORYS, s. m. Plante labiée de la Nouvelle-Hollande. T. de bot.

MICROCOS, s. m. Arbuste de l'île de Ceylan. T. de bot.

MICROCOSME, s. m. Petit monde; monde en abrégé. T. didact.

MICROCOUSTIQUE, adj. Propre à augmenter le son. T. de phys.

MICROGASTRE, s. m. Insecte hyménoptère, ichneumonide. T. d'hist. nat.

MICROGRAPHIE, s. f. Description des objets vus au microscope, des insectes microscopiques.

MICROLÉPIDOTE, adj. Qui est couvert de petites écailles. T. d'hist. nat.

MICROLOGUE, s. m. Discours laconique. T. inus.

MICROMÈTRE, s. m. Instrument d'optique pour mesurer le diamètre des astres ou leurs petites distances.

MICROMMATE, s. f. Genre d'insectes arachnides. T. d'hist. nat.

MICROPE, s. f. Plante de la famille des corymbifères. T. de bot.

MICROPEPLE, s. m. Genre d'insectes coléoptères. T. d'hist. nat.

MICROPÈZE, s. m. Insecte diptère, muscide. T. d'hist. nat.

MICROPHONE, s. et adj. Porte-voix; qui augmente la voix, les sons; qui l'affaiblit; à la voix faible.

MICROPHYLLE, adj. Qui a de petites feuilles. T. inus.

MICROPORE, s. m. Genre de champignons. T. de bot.

MICROPTÈRE, s. m. Poisson thoracique. —, pl. Famille d'insectes coléoptères. T. d'hist. nat.

MICROPYLE, s. m. Petit trou dans l'enveloppe des graines. T. de bot.

MICROSCOME, s. m. Animal marin vivant dans une enveloppe pierreuse, couverte de petits coquillages, de plantes, etc. T. d'hist. nat. —, nom que les anciens anatomistes donnaient au corps humain, dont ils comparaient les parties avec les différens corps célestes. T. de chir.

MICROSCOPE, s. m. Instrument d'optique qui grossit les objets.

MICROSCOPIQUE, adj. Qui a rapport au microscope. Examen —, que l'on fait à l'aide du microscope. Vers infusoires —, qui ne peuvent être aperçus qu'au moyen du microscope.

MICROSTEMME, s. f. Plante tubéreuse de la Nouvelle-Hollande. T. de bot.

MICROSTOME, s. m. Espèce de lutjan, poisson thoracique. T. d'hist. nat. —, adj. Qui a la bouche petite. T. inus.

MICROTÉE, s. f. Plante de la Martinique de la famille des arroches. T. de bot.

MICROTIS, s. m. Plante de la famille des orchidées. T. de bot.

MICROTRACHÈLE, adj. Qui a le col court. T. inus.

MICTYRE, s. m. Genre de crustacés décapodes. T. d'hist. nat.

MIDAS, s. m. Roi de Phrygie qui fut gratifié d'oreilles d'âne, parce qu'il trouva le chant du dieu Pan et de Marsias plus harmonieux que celui d'Apollon. T. de myth. —, singe tamarin; genre d'insectes diptères. T. d'hist. nat.

MIDDELBOURG, s. m. Ville maritime du royaume de Hollande, capitale de la province de Zéelande. Cette ville, très bien fortifiée, possède une société d'histoire naturelle, de science et d'arts. Sa pop. est d'environ 13,000 hab.

MI-DENIER, s. m. Moitié des sommes dépensées par la communauté, pour impenses et améliorations sur l'héritage de l'un des conjoints. T. de jurisp.

MIDI, s. m. sans pl. Le milieu du jour; heure de midi. —, le milieu de la vie. T. poét. —, un des quatre points cardinaux, le sud. —, contrées méridionales. —, la plus haute élévation du soleil, d'une planète. T. d'astr. — vrai, l'instant où le soleil se trouve dans le méridien. — moyen, le temps où il devrait être midi, si le soleil avait un mouvement égal. En plein —, adv. En plein jour, publiquement.

MIDI (canal du), s. m. Ce canal, commencé et achevé sous le règne de Louis XIV, établit une communication entre l'Océan et la Méditerranée par la Garonne, qu'il rejoint dans Toulouse.

MIDOU (le), s. m. Rivière dont la source se trouve près de celle de la Douze, à laquelle elle se réunit après un cours d'environ 18 l.

MI-DOUAIRE, s. m. Pension équivalente à la moitié du douaire, faite à une femme par son mari. T. de jurisp.

MIDOUZE (la), s. f. Nom donné à la réunion de la Douze et du Midou à Mont-de-Marsan où elle commence à être navigable; elle se jette dans l'Adour, à Tartas.

MIDREVAUX, s. m. Com. du dép. des Vosges, cant. de Coussey, arr. de Neufchâteau. = Neufchâteau.

MIE, s. f. Partie molle du pain entre les croûtes. —, abréviation d'amie, bonne d'enfant; maîtresse, amante. (Vi.)

—, particule négative mise au lieu de point; je n'en veux mie. (Vi.)

MIÈGES, s. m. Com. du dép. du Jura, cant. de Nozeroy, arr. de Poligny. = Champagnole.

MIEL, s. m. Suc pectoral, doux, laxatif que l'abeille distille sur le calice des fleurs, et qu'elle dépose ensuite avec une admirable industrie dans les alvéoles en cire, dont les ruches sont remplies. —, paroles doucereuses; choses sucrées, douces. Fig. et fam.

MIÉLAN, s. m. Petite ville du dép. du Gers, chef-lieu de cant. de l'arr. de Mirande. Bur. d'enregist. et de poste.

MIELLAT, s. m. MIELLURE ou MIELLÉE, s. f. Sorte de gomme sucrée qu'on remarque dans la matinée sur les feuilles de certaines plantes.

MIELLEUX, EUSE, adj. De la nature du miel. —, fade, doucereux; discours mielleux. Fig.

MIELLIN, s. m. Village du dép. de la Haute-Saône, cant. de Vauvillers, arr. de Lure. = Lure.

MIEN, s. m. Mon bien, ma propriété, ce qui est à moi. —, pl. Mes parens, ma famille, ceux qui m'appartiennent.

MIEN, NE, adj. possessif et relatif. Qui est à moi, qui m'appartient.

MIÉNITE, s. f. Variété de chaux carbonatée. T. d'hist. nat.

MIENNES, s. f. Com. du dép. de la Nièvre, cant. et arr. de Cosne. = Cosne.

MIERMAIGNE, s. f. Com. du dép. d'Eure-et-Loir, cant. d'Authon, arr. de Nogent-le-Rotrou. = Brou.

MIERS, s. m. Com. du dép. du Lot, cant. de Gramat, arr. de Gourdon. = Gramat.

MIÉRY, s. m. Com. du dép. du Jura, cant. et arr. de Poligny. = Poligny.

MIESSOT, s. m. Com. du dép. du Doubs, cant. de Marchaux, arr. de Besançon. = Besançon.

MIETESHEIM, s. m. Com. du dép. du Bas-Rhin, cant. de Niederbronn, arr. de Wissembourg. = Haguenau.

MIETTE, s. f. Parcelle qui se détache du pain quand on le rompt, le coupe ou le mange. —, très petite portion d'un mets. Fig. et fam.

MIEUCÉ, s. m. Com. du dép. de l'Orne, cant. et arr. d'Alençon. = Alençon.

MIEUX, s. m. État meilleur; ce qu'il y a de mieux fait, ce qui offre une plus grande perfection; le mieux est l'ennemi du bien. —, adj. Meilleur, plus convenable. —, adv. Comparatif de bien.

Plus parfaitement, plus avantageusement, d'une manière préférable, en meilleur état, etc. —, plus. Il vaut —, il est plus utile. Le —, superl. de bien. Le — du monde, très bien. De — en —, adv. Progressivement, vers un état meilleur. A qui —, —, à l'envi l'un de l'autre.

MIÈVRE, adj. Vif, égrillard, espiègle.

MIÈVRERIE, s. f. Espièglerie, tour d'écolier.

MIFAGET, s. m. Com. du dép. des Basses-Pyrénées, cant. d'Arudy, arr. d'Oloron. = Oloron.

MIGÉ, s. m. Com. du dép. de l'Yonne, cant. de Coulange-la-Vineuse, arr. d'Auxerre. = Auxerre.

MIGENNES, s. f. Com. du dép. de l'Yonne, cant. et arr. de Joigny. = Joigny.

MIGLOS, s. m. Com. du dép. de l'Ariège, cant. de Tarascon, arr. de Foix. = Tarascon.

MIGNALOUX-BEAUVOIR, s. m. Com. du dép. de la Vienne, cant. de St.-Julien, arr. de Poitiers. = Poitiers.

MIGNARD, E, adj. Mignon, délicat. —, mêlé de gentillesse et d'afféterie; sourire mignard. —, caressant, doucereux; enfant mignard.

MIGNARDÉ, E, part. Caressé, dorloté, traité avec mignardise.

MIGNARDEMENT, adv. Avec affectation, avec mignardise.

MIGNARDER, v. a. Caresser, dorloter; mignarder un enfant. —, parer, orner d'une manière affectée; mignarder son style. Se —, v. pron. Se caresser, se dorloter, soigner sa petite personne avec une extrême délicatesse. T. fam.

MIGNARDISE, s. f. Délicatesse, gentillesse, afféterie, minauderie. —, pl. Caresses, flatteries, coquetteries, cajoleries. —, petits œillets frangés.

MIGNÉ, s. m. Com. du dép. de l'Indre, cant. de St.-Gauthier, arr. du Blanc. = le Blanc.

MIGNÉ, s. m. Com. du dép. de la Vienne, cant. et arr. de Poitiers. = Poitiers.

MIGNÈRES, s. f. Com. du dép. d'Eure-et-Loir, cant. et arr. de Chartres. = Chartres.

MIGNERETTE, s. f. Com. du dép. du Loiret, cant. de Ferrières, arr. de Montargis. = Montargis.

MIGNEVILLE, s. f. Com. du dép. de la Meurthe, cant. de Baccarat, arr. de Lunéville. = Baccarat.

MIGNIÈRES, s. f. Com. du dép. du Loiret, cant. de Ferrières, arr. de Montargis. = Montargis.

MIGNON (le), s. m. Rivière dont la source se trouve à St.-Martin-d'Auge, dép. des Deux-Sèvres, arr. de Melle, et qui se jette dans la Sèvre-Niortaise, après un cours de 9 l.

MIGNON, NE, s. et adj. Bien-aimé, cher, préféré; c'est le mignon de sa mère. —, délicat et gentil; bouche mignonne. Péché —, péché d'habitude. Argent —, qu'on peut employer pour ses menus plaisirs. —, s. m. pl. C'est ainsi que furent nommés, au temps de la ligue, quelques grands seigneurs favoris de Henri III.

MIGNONNE, s. f. Caractère d'imprimerie entre le petit-texte et la nompareille. —, Sorte de pêche, de prune. T. de jard. —, mauvisque à fleurs rouges, arbrisseau du Mexique. T. de bot.

MIGNONNEMENT, adv. Avec délicatesse, d'une manière mignonne.

MIGNONNETTE, s. f. Sorte de dentelle légère. —, poivre concassé. —, pl. Petits œillets dont on orne les plates-bandes.

MIGNOT, E, s. et adj. Caressé, gâté; se dit d'un enfant. T. inus.

MIGNOTÉ, E, part. Caressé, dorloté, gâté.

MIGNOTER, v. a. Caresser, dorloter. Se —, v. pron. Se dorloter. T. fam.

MIGNOTISE, s. f. Mignardise, flatterie, caresse.

MIGNOVILLARD, s. m. Com. du dép. du Jura, cant. de Nozeroy, arr. de Poligny. = Champagnole.

MIGNY, s. m. Com. du dép. de l'Indre, cant. et arr. d'Issoudun. = Issoudun.

MIGRAINE, s. f. Espèce de céphalalgie, douleur aiguë qui n'affecte que la moitié de la tête. T. de méd.

MIGRANE, s. m. Crustacé brachyure, espèce de crabe. T. d'hist. nat.

MIGRATION, s. f. Émigration d'un grand nombre de personnes qui abandonnent un pays ingrat, pour aller chercher fortune ailleurs; se dit aussi des animaux.

MIGRÉ, s. m. Com. du dép. de la Charente-Inférieure, cant. de Loulay, arr. de St.-Jean-d'Angély. = St.-Jean-d'Angély.

MIGRON, s. m. Com. du dép. de la Charente-Inférieure, cant. de Burie, arr. de Saintes. = Saintes.

MIGUEL (San-), s. m. Île du royaume

de Portugal, la plus grande et la plus fertile des Açores. Pop. 90,000 hab. env.

MIHIEL (St.-), s. m. Petite ville du dép. de la Meuse, chef-lieu de cant. de l'arr. de Commercy; cour d'assises du dép.; trib. de 1re inst. de l'arr.; conserv. des hypoth.; bur. d'enregist. et de poste.

On y remarque son église paroissiale, un superbe monument représentant le tombeau de J.-C., lequel se compose de 13 figures supérieurement exécutées et qui sont dues au ciseau de Ligier-Michier, élève de Michel-Ange.

Fabr. de toiles de coton. Comm. de grains, vins, bois, linge de table; papiers, dentelles, etc.

MIJANÈS, s. m. Com. du dép. de l'Ariège, cant. de Quérigut, arr. de Foix. = Tarascon.

MIJAURÉE; s. f. Petite-maîtresse, coquette précieuse, bégueule.

MIJOTÉ, E, part. Cuit à petit feu, lentement.

MIJOTER, v. a. Faire cuire doucement, à petit feu. —, mignoter, mignarder. T. fam.

MIJOUX, s. m. Village du dép. du Jura, réuni à la com. de Septmoncel, cant. et arr. de St.-Claude. = St.-Claude.

MIKANIE, s. f. Genre d'eupatoires, plantes corymbifères. T. de bot.

MIL, adj. numéral. Voy. MILLE.

MIL ou MILLET, s. m. Plante graminée; graine fort petite, que produit cette plante.

MILABRE, s. m. Petit insecte des fleurs. T. d'hist. nat.

MILAN, s. m. Ville fortifiée d'Italie. Cette ville, grande et magnifiquement bâtie, est la capitale du royaume Lombardo-Vénitien, et la résidence du vice-roi. Elle possède, entre autres établissemens publics, la célèbre bibliothèque ambroisienne, musée, cabinet d'hist. nat.; acad. des beaux-arts; écoles de méd., de chirurg., de méd. vétérinaire, de législation, d'éloquence, etc. Parmi les monumens, on y remarque la citadelle, la cathédrale et le théâtre de la Scala. Pop. 130,000 hab. env.

MILAN, s. m. Oiseau de proie. — marin, poisson du genre du trigle.

MILANAIS, E, s. et adj. Habitant de Milan; qui concerne cette ville et la province dont elle est la capitale.

MILANDRE, s. m. Espèce de chien de mer. T. d'hist. nat.

MILANEAU, s. m. Petit milan.

MILANÈSE, s. f. Ouvrage de fileur d'or à deux brins de soie.

MILÉSIE, s. f. Genre d'insectes diptères. T. d'hist. nat.

MILESSE, s. f. Com. du dép. de la Sarthe, cant. et arr. du Mans. = le Mans.

MILHAC, s. m. Com. du dép. de l'Aveyron, cant. de Réquista, arr. de Rodez. = Rodez.

MILHAC, s. m. Village du dép. de Lot-et-Garonne, cant. de Cancon, arr. de Villeneuve. = Villeneuve.

MILHAC-ET-ST.-CIRQ-MAGDELON, s. m. Com. du dép. du Lot, cant. et arr. de Gourdon. = Gourdon.

MILHAGUET, s. m. Com. du dép. de la Haute-Vienne, cant. de St.-Mathieu, arr. de Rochechouart. = Chalus.

MILHARS, s. m. Com. du dép. du Tarn, cant. de Vaour, arr. de Gaillac. = Cordes.

MILHAU, s. m. Ville du dép. de l'Aveyron, chef-lieu de sous-préf. et de cant; trib. de 1re inst. et de comm.; chambre de comm.; société d'agric.; conserv. des hypoth.; direct. de contrib. indir.; recev. part. des finances; bur. d'enregist. et de poste. Pop. 8,600 hab. envir.

Cette ville, située sur la rive droite du Tarn, est assez bien bâtie. Elle possède plusieurs fontaines publiques et des promenades agréables. Fabr. de draps, serges, gants, mégisseries et chamoiseries. Comm. de grains, laines en suint et filées, cuirs, bois de construction, merrain, vins, bestiaux, etc.

MILHAUD, s. m. Com. du dép. du Gard, cant. et arr. de Nismes.=Nismes.

MILHAVET, s. m. Com. du dép. du Tarn, cant. et arr. d'Albi. = Albi.

MILIAIRE, s. f. Espèce de couleuvre. T. d'hist. nat. —, adj. Qui ressemble à des grains de mil ou de millet. Fièvre —, phlegmasie caractérisée par l'éruption de petites pustules, semblables à des grains de millet. T. de méd.

MILIASSE, s. f. Bouillie avec de la farine de millet.

MILICA, s. m. Sorte de millet.

MILICE, s. f. Art militaire chez les anciens. —, mode de recrutement en usage avant la révolution, espèce de conscription dont les nobles étaient exempts ; tirer à la milice. —, nouvelles recrues; troupes armées pour un service momentané, comme la garde nationale mobile en France, la landwer en Prusse, la schuttery en Hollande, etc.

MILICIEN, s. m. Soldat de milice.

MILICOTON, s. m. Variété de pêche. T. de jard.

MILIEU, s. m. Endroit, point également éloigné de la circonférence ou des extrémités, du commencement et de la fin; le cœur, le centre. —, tempérament dans les affaires; prendre un milieu. Juste —, qui est à égale distance entre deux principes, entre le bien et le mal, l'honneur et l'infamie, la république et la monarchie, etc. —, fluide environnant; corps traversé par la lumière, etc. T. de phys. Au—de, adv. Entre, parmi, dans; au milieu du danger.

MILIOLITHE, s. f. Coquillage fossile. T. d'hist. nat.

MILIORATI, s. m. pl. Espèce de soie d'Italie.

MILITAIRE, s. m. Soldat, homme de guerre quel que soit son grade. —, l'état militaire, par opposition au civil. —, adj. Qui est relatif à la guerre, aux hommes de guerre.

MILITAIREMENT, adv. D'une manière militaire, à la façon des militaires.

MILITANT, E, adj. Qui combat. T. inus. Eglise —, assemblée des fidèles sur la terre.

MILITER, v. n. Combattre, venir à l'appui d'une proposition, d'une raison, d'un raisonnement.

MILIZAC, s. m. Com. du dép. du Finistère, cant. de Plabennec, arr. de Brest. = Brest.

MILLA, s. f. Plante bulbeuse du Mexique. T. de bot.

MILLAC, s. m. Com. du dép. de l'Aveyron, cant. de Cassagnes-Bégonhès, arr. de Rodez. = Rodez.

MILLAC, s. m. Com. du dép. de la Vienne, cant. de l'Isle-Jourdain, arr. de Montmorillon. = l'Isle-Jourdain.

MILLAC-D'AUBEROCHE, s. m. Com. du dép. de la Dordogne, cant. de St.-Pierre-de-Chignac, arr. de Périgueux. = Périgueux.

MILLAC-DE-NONTRON, s. m. Com. du dép. de la Dordogne, cant. de St.-Pardoux-de-la-Rivière, arr. de Nontron. = Nontron.

MILLAC-LE-SEC, s. m. Com. du dép. de la Dordogne, cant. de Carlux, arr. de Sarlat. = Sarlat.

MILLAM, s. m. Com. du dép. du Nord, cant. de Bourbourg, arr. de Dunkerque. = St.-Omer.

MILLANÇAY, s. m. Com. du dép. de Loir-et-Cher, cant. et arr. de Romorantin. = Romorantin.

MILLARIÉ (la), s. f. Com. du dép. du Tarn, cant. de Réalmont, arr. d'Albi. = Albi.

MILLAS, s. m. Com. du dép. des Pyrénées-Orientales, chef lieu de cant. de l'arr. de Perpignan, où se trouvent les bur. d'enregist. et de poste.

MILLAY, s. m. Com. du dép. de la Nièvre, cant. de Luzy, arr. de Château-Chinon. = Luzy.

MILLE, s. m. Mesure itinéraire, environ mille pas géométriques.

MILLE, adj. numéral sans pl. Dix fois cent —, nombre indéterminé, considérable; mille maux viennent nous accabler à la fois. —, dans la supputation des années, suivi d'un ou de plusieurs autres nombres, s'écrit mil; l'an mil huit cent trente-six.

MILLEBOSC, s. m. Com. du dép. de la Seine-Inférieure, cant. d'Eu, arr. de Dieppe. = Eu.

MILLE CANTON, s. m. Très petite perche du lac de Genève.

MILLE-FANTI, s. m. Pâte de vermicelle ovale.

MILLE-FEUILLES, s. f. Plante vivace, médicinale, dont les feuilles sont comme découpées.

MILLE-FLEURS (eau de), s. f. Urine de vache employée comme remède. Rossolis de —, distillation d'une grande quantité de fleurs.

MILLE FOIS, adv. Très souvent.

MILLE GRAINES, s. f. Espèce d'hysope de l'île St.-Domingue.

MILLEGREUX, s. m. Jonc marin qui borde les côtes.

MILLEMONT, s. m. Com. du dép. de Seine-et-Oise, cant. de Montfort-l'Amaury, arr. de Rambouillet. = la Queue.

MILLÉNAIRE, s. m. Dix siècles, mille ans. —, pl. Sectaires qui soutenaient qu'après le jugement dernier, sous le règne du Christ, les élus jouiraient sur la terre de mille ans de béatitude. —, adj. Qui contient mille.

MILLENCOURT, s. m. Com. du dép. de la Somme, cant. de Nouvion, arr. d'Abbeville. = Abbeville.

MILLENCOURT, s. m. Com. du dép. de la Somme, cant. d'Albert, arr. de Péronne. = Albert.

MILLEPÈDE, s. m. Araignée de mer; coquillage du genre du murex. T. d'hist. nat.

MILLEPERTUIS, s. m. Plante vivace, vulnéraire, antihystérique, à fleurs rosacées.

MILLE-PIEDS, s. m. Voy. MYRIAPODES.

MILLEPOINTS, s. m. Coquille du genre de celles qu'on nomme cône. T. d'hist. nat.

MILLEPORE, s. m. Production poreuse des polypes, offrant diverses configurations. T. d'hist. nat.

MILLEPORITES, s. m. pl. Millepores fossiles. T. d'hist. nat.

MILLERÉE, s. f. Monnaie d'or de Portugal, sept francs soixante-quinze centimes.

MILLERET, s. m. Sorte d'ornement en bordures, au bas des robes de femme.

MILLERIE, s. f. Genre de plantes corymbifères. T. de bot.

MILLÉRINE, s. f. Terre semée de millet.

MILLEROLEE, s. f. Vase contenant soixante-dix pintes, pour mesurer l'huile.

MILLERY, s. m. Com. du dép. de la Côte-d'Or, cant. et arr. de Semur. = Semur.

MILLERY, s. m. Com. du dép. de la Meurthe, cant. de Pont-à-Mousson, arr. de Nancy. = Pont-à-Mousson.

MILLERY, s. m. Com. du dép. du Rhône, cant. de Givors, arr. de Lyon. = Lyon.

MILLES (les), s. m. pl. Village du dép. des Bouches-du-Rhône, cant. et arr. d'Aix. = Aix.

MILLE-SAVATES, s. m. Com. du dép. de l'Orne, cant. d'Athis, arr. de Domfront. = Condé-sur-Noireau.

MILLÉSIME, s. m. Date d'une monnaie, d'une médaille, etc.

MILLET, s. m. Voy. MIL.

MILLEVACHES, s. f. Com. du dép. de la Corrèze, cant. de Sornac, arr. d'Ussel. = Ussel.

MILLIADE, s. f. Révolution de mille ans.

MILLIAIRE, adj. Qui marque les milles, les distances itinéraires; borne milliaire. —, qu'on ne peut compter, innombrable; graines milliaires. T. de bot.

MILLIARD, s. m. Dix fois cent millions, mille millions.

MILLIARE, s. m. Millième partie de l'are.

MILLIASSE, s. f. mille milliards, une quantité innombrable; se dit des insectes, de la vermine. T. fam.

MILLIÈME, s. m. Unité d'un tout composé de mille. —, adj. numéral. Qui complète le nombre mille.

MILLIER, s. m. Nom collectif, mille. —, mille livres pesant. —, pl. Un grand nombre de mille. A ou par —, adv. En grande quantité, en grand nombre.

MILLIÈRES, s. f. Com. du dép. de la Manche, cant. de Lessay, arr. de Coutances. = Périers.

MILLIÈRES, s. f. Com. du dép. de la Haute-Marne, cant. de Clefmont, arr. de Chaumont. = Chaumont.

MILLIGRAMME, s. m. Millième partie du gramme, environ un cinquantième de grain.

MILLILITRE, s. m. Millième partie du litre.

MILLIMÈTRE, s. m. Millième partie du mètre.

MILLINGTON, s. m. Grand et bel arbre de l'Inde, voisin des bignones. T. de bot.

MILLION, s. m. Dix fois cent mille; mille fois mille. —, un million de francs.

MILLIONIÈME, s. m. Une des parties d'un tout composé d'un million. —, adj. numéral. Qui complète le nombre d'un million.

MILLIONNAIRE, s. et adj. Se dit d'une personne très riche, qu'on suppose posséder un ou plusieurs millions.

MILLOCOCO, s. m. Grand millet d'Afrique. T. de bot.

MILLON, s. m. Com. du dép. de Maine-et-Loire, cant. de Seiches, arr. de Baugé. = Beaufort.

MILLON-FOSSE, s. m. Com. du dép. du Nord, cant. de St.-Amand, arr. de Valenciennes. = St.-Amand.

MILLOUINAN ou MILLOUIN, s. m. Oiseau palmipède, espèce de canard sauvage. T. d'hist. nat.

MILLY, s. m. Com. du dép. de la Manche, cant. de St.-Hilaire-du-Harcouet, arr. de Mortain. = St.-Hilaire-du-Harcouet.

MILLY, s. m. Com. du dép. de la Meuse, cant. de Dun, arr. de Montmédy. = Dun.

MILLY, s. m. Com. du dép. de l'Oise, cant. de Marseille, arr. de Beauvais. = Beauvais.

MILLY, s. m. Com. du dép. de Saône-et-Loire, cant. et arr. de Mâcon. = Mâcon.

MILLY, s. m. Petite ville du dép. de Seine-et-Oise, chef-lieu de cant. de l'arr. d'Etampes. Bur. d'enregist. et de poste. Comm. de grains et de châtaignes.

MILLY, s. m. Com. du dép. de l'Yonne, cant. de Chablis, arr. d'Auxerre. = Chablis.

MILMILS, s. f. pl. Toile de coton des Indes.

MILON-LA-CHAPELLE, s. m. Com. du dép. de Seine-et-Oise, cant. de Montfort-l'Amaury, arr. de Rambouillet. = Montfort-l'Amaury.

MILORD, s. m. Voy. LORD.

MILORT, s. m. Serpent sans venin qu'on trouve dans le Milanais.

MILPHOSE ou MILTOSE, s. f. Calvitie des paupières. T. de méd.

MIMBASTE, s. m. Com. du dép. des Landes, cant. de Pouillon, arr. de Dax. = Dax.

MIMES, s. m. pl. Pièces satiriques des théâtres grec et romain, espèces de farces dans lesquelles on imitait, d'une manière indécente, les paroles, les gestes et les actions des personnes qui pouvaient prêter au ridicule; auteurs, acteurs de ces sortes de pièces.

MIMET, s. m. Com. du dép. des Bouches-du-Rhône, cant. de Gardanne, arr. d'Aix. = Aix.

MIMEURE, s. m. Com. du dép. de la Côte-d'Or, cant. d'Arnay-le-Duc, arr. de Beaune. = Arnay-le-Duc.

MIMEUX, EUSE, adj. Se dit des plantes qui se contractent au toucher, comme la sensitive. T. de bot.

MIMIAMBE, s. et adj. m. Vers iambique qu'on employait dans la composition des mimes, pièces de théâtre obscènes. T. de poés.

MIMIQUES, adj. Qui appartient aux mimes.

MIMIZAN, s. m. Com. du dép. des Landes, chef-lieu de cant. de l'arr. de Mont-de-Marsan. Bur. d'enregist. à Pissos. = Lipostey.

MIMOGRAPHE, s. m. Auteur et acteur des mimes.

MIMOLOGIE, s. f. Imitation de la voix, du geste, etc., d'une autre personne.

MIMOLOGUE, s. m. Exercé dans la mimologie.

MIMORT, s. m. Com. du dép. du Gers, cant. d'Aignan, arr. de Mirande. = Nogaro.

MIMOSA, s. f. Voy. SENSITIVE. T. de bot.

MIMULE, s. f. Plante personnée voisine de la gratiole. T. de bot.

MIMUSOPS, s. m. Genre de plantes hilospermes, espèce de sapotille. T. de bot.

MINABLE, adj. Pitoyable, qui fait compassion. T. fam.

MINAGE, s. m. Ancien droit sur les grains vendus au marché.

MINAHOUET ou MINAQUET, s. m. Machine pour raidir les cordages. T. de mar.

MINARET, s. m. Tour en forme de clocher sur les mosquées, d'où l'on annonce les heures et l'on appelle les Musulmans à la prière.

MINARZIN, s. m. Astronome du roi de Perse.

MINAUCOURT, s. m. Com. du dép. de la Marne, cant. de Ville-sur-Tourbe, arr. de Ste.-Ménehould. = Ste.-Ménehould.

MINAUDER, v. n. Faire des mines, affecter des manières agréables pour plaire.

MINAUDERIES, s. f. pl. Mines affectées, manières étudiées d'une coquette pour se donner un air gracieux.

MINAUDIER, ÈRE, s. et adj. Personne grimacière qui s'exprime avec affectation, qui siffle les mots plutôt qu'elle ne les articule, qui compose ses gestes, son visage pour se faire une réputation de merveilleuse.

MINCE, adj. Qui a peu d'épaisseur. —, modique; mince revenu. —, très médiocre; savoir mince.

MINE, s. f. Air du visage, physionomie, extérieur d'une personne; apparence, dehors; contenance que l'on prend avec intention; feinte, semblant. —, apparence bonne ou mauvaise, en parlant de choses; ces fruits ont bonne mine. Homme de bonne —, d'un extérieur avantageux. Homme de mauvaise —, mal couvert, dont on croit devoir se méfier. Faire des —, des minauderies, des grimaces. —, lieu où se forment les minéraux, surtout les métaux; ces minéraux, ces métaux non exploités. —, ouvrage où l'on peut puiser beaucoup de faits, de documens. Fig. — de plomb. Voy. PLOMBAGINE. —, cavité souterraine, pratiquée sous une fortification, etc., etc., pour la faire sauter au moyen de la poudre à canon. Faire jouer la —, exécuter un complot. Eventer la —, découvrir un projet caché. Fig. —, mesure de capacité, la moitié du setier. —, monnaie grecque de la valeur de cent drachmes; monnaie hébraïque.

MINÉ, E, part. Creusé, cavé pour pratiquer une mine.

MINECOURT, s. m. Com. du dép. de la Marne, cant. d'Heiltz-le-Maurupt, arr. de Vitry. = Vitry.

MINER, v. a. Creuser la terre, le roc, etc., pour pratiquer une mine. —, affaiblir, épuiser, consumer peu à peu; les révolutions minent la France. Fig.

MINERAI, s. m. Métal combiné dans la mine avec des substances étrangères.

MINÉRAL, s. m. Corps solide inorganique tiré des mines.

MINÉRAL, E, adj. Qui tient des minéraux, leur appartient. Règne —, réunion des corps qui appartiennent à la terre et se forment dans son sein. Eaux —, chargées de principes minéraux en assez grande quantité, pour être employées en médecine avec succès contre certaines affections.

MINÉRALISATEUR, s. m. Substance étrangère qui se combine avec un métal, et qui constitue le minerai.

MINÉRALISATION, s. f. Combinaison d'un métal avec le soufre, l'arsenic, etc.

MINÉRALISÉ, E, part. Converti en minerai.

MINÉRALISER, v. a. Faire perdre à un métal ses propriétés particulières, le convertir en minerai.

MINÉRALISTE, s. m. Minéralogiste. T. inus.

MINÉRALOGIE, s. f. Connaissance des minéraux et de la manière de les extraire.

MINÉRALOGIQUE, adj. Qui concerne la minéralogie.

MINÉRALOGISTE, s. m. Naturaliste versé dans l'étude de la minéralogie.

MINERVE ou PALLAS, s. f. Fille de Jupiter qui la fit sortir de son cerveau, armée de pied en cap; Déesse de la sagesse, de la guerre et des arts. On la représente comme Déesse de la guerre avec un casque sur la tête, l'égide au bras et une lance dans sa main; comme Déesse des arts, ayant auprès d'elle une chouette et divers instrumens de mathématiques. T. de myth. —, femme aussi belle que sage, par allusion à la Déesse de ce nom. Fig. —, génie poétique. Rimer malgré —, sans inspiration, sans génie, sans goût.

MINERVE, s. f. Com. du dép. de l'Hérault, cant. d'Olonzac, arr. de St.-Pons. = Azille.

MINET, s. m. Petit chat. T. fam.

MINETTE, s. f. Petite chatte. —, variété de minerai de fer. —, baquet pour mettre le sable qui entre dans la composition de la brique.

MINEUR, s. m. Ouvrier qui travaille dans les mines. —, soldat du génie, sapeur qui exécute les travaux nécessaires à l'attaque et à la défense des places de guerre.

MINEUR, E, s. et adj. Qui n'a pas atteint l'âge voulu par la loi pour disposer de sa personne et de ses biens. —, adj. comparatif. Plus petit; Asie mineure. Ordres —, les quatre petits ordres conférés au portier, au lecteur, à l'exorciste et à l'acolyte d'un ordre religieux. Frères —, cordeliers. Ton —, dont la tierce est la mineure. Tierce —, composée d'un ton et d'un semi-ton. T. de mus.

MINEURE, s. f. Seconde proposition d'un syllogisme. T. de log. —, thèse soutenue durant la licence. T. de théol.

MINGART, s. m. Arbre de la Guiane. T. de bot.

MINGLE, s. m. Mesure hollandaise, contenant une pinte un quart.

MINGOT, s. m. Com. du dép. de la Nièvre, cant. de Châtillon, arr. de Château-Chinon. = Moulins-Engilbert.

MINGOT, s. m. Com. du dép. des Hautes-Pyrénées, cant. de Rabastens, arr. de Tarbes. = Tarbes.

MINGOVAL, s. m. Com. du dép. du Pas-de-Calais, cant. d'Aubigny, arr. de St.-Pol. = Arras.

MINGRELIE, s. f. L'ancienne Colchide, province de la Géorgie, sur la mer Noire, riche en grains, vin, huile, fruits, bestiaux, miel et soie. Pop., 70,000 hab. env.

MINGRELIN, E, adj. Sans force, débile. T. inus.

MINIAC, s. m. Com. du dép. d'Ille-et-Vilaine, cant. de Bécherel, arr. de Montfort. = Bécherel.

MINIAC-MORVAN, s. m. Com. du dép. d'Ille-et-Vilaine, cant. de Châteauneuf, arr. de St.-Malo. = Châteauneuf.

MINIADE, s. f. Genre de vers échinodermes. T. d'hist. nat.

MINIATURE, s. f. Peinture sur ivoire avec des couleurs à la gomme, pour de petits sujets, et particulièrement pour le portrait. —, portrait, objet peint par un miniaturiste. —, petite femme mignonne et jolie. Fig. et fam. En —, en petit; voir le monde en miniature.

MINIATURISTE, s. m. Peintre en miniature.

MINICULE, s. f. Très petite parcelle. T. de naturaliste.

MINIER (le), s. m. Com. du dép. de l'Aveyron, cant. de St.-Bauzély, arr. de Milhau. = Milhau.

MINIÈRE, s. f. Exploitation de minerai, de lignite pyriteux, faite à ciel ouvert; tourbière.

MINIÈRES, s. f. Com. du dép. de l'Eure, cant. de Damville, arr. d'Evreux. = Damville.

MINIÈRES (les), s. f. pl. Village du dép. de la Vienne, dépendant de la com. de Payré, cant. de Couhé, arr. de Civray. = Couhé.

MINIHY-TRÉGUIER, s. m. Com. du dép. des Côtes-du Nord, cant. de Tréguier, arr. de Lannion. = Tréguier.

MINIME, s. m. Religieux de l'ordre de St.-François-de-Paule. —, adj. Très petit ou le plus petit. T. fam. —, d'une couleur tannée, obscure, comme celle de la robe des minimes.

MINIMUM, s. m. (mot latin). Le plus petit degré de valeur d'une chose, d'une somme à payer. —, le plus petit degré auquel une valeur puisse être réduite. T. de math.

MINISTÈRE, s. m. Emploi, charge, fonction; entremise; action d'un agent. —, département confié à un ministre d'état; son administration; corps des ministres d'état; employés, bureaux, hôtel d'un ministre. — public, procureurs et avocats généraux.

MINISTERIAT, s. m. Administration d'un ministre. T. inus. —, titre claustral.

MINISTÉRIEL, s. m. Partisan aveugle des ministres, homme vendu ou qui veut se vendre; humble serviteur de quiconque peut disposer du trésor public et des places.

MINISTÉRIEL, LE, adj. Qui concerne le ministère, lui appartient, en provient. —, dévoué, inféodé au ministère; député ministériel.

MINISTÉRIELLEMENT, adv. Dans la forme ministérielle.

MINISTRE, s. m. Celui dont on se sert pour l'exécution de quelque chose, exécuteur. Il ne se dit guère qu'au moral; ministre des vengeances d'une faction impitoyable. —, homme d'état, chargé par le pouvoir exécutif d'une branche de l'administration publique; ministre des finances, etc. —, ambassadeur, envoyé d'un prince, d'un gouvernement, dans une cour étrangère. — du culte catholique, prêtre. — protestant, prédicateur.

MINIUM, s. m. (mot latin). Oxyde de plomb rouge. T. de chim.

MINOIS, s. m. Jeune et joli visage dont les traits ont quelque chose de piquant.

MINON, s. m. Chat. T. enfantin.

MINORATIF, IVE, s. et adj. Léger purgatif. T. de méd.

MINORATION, s. f. Légère purgation.

MINORITE, s. m. Frère mineur de l'ordre de St.-François.

MINORITÉ, s. f. État d'un mineur; sa durée. —, règne d'un roi mineur; la minorité de Louis XIV. —, le petit nombre, par opposition à majorité.

MINORQUE, s. m. Île de la Méditerranée qui appartient à l'Espagne. Port-Mahon, place très forte, est la capitale de cette île.

MINORVILLE, s. f. Com. du dép. de la Meurthe, cant. de Domèvre, arr. de Toul. = Toul.

MINOS, s. m. Fils de Jupiter et d'Europe, juge des enfers. Il déclara la guerre aux Athéniens pour venger la mort de son fils Androgée, et les réduisit à une telle extrémité, qu'il les obligea par un traité, à lui livrer chaque année sept jeunes hommes et sept jeunes filles pour être la proie du minotaure. T. de myth.

MINOT, s. m. Mesure pour les grains, contenant la moitié de la mine, le quart du setier.

MINOT, s. m. Com. du dép. de la Côte-d'Or, cant. d'Aignay, arr. de Châtillon. = Aignay-le-Duc.

MINOTAURE, s. m. Monstre qui naquit de Pasiphaé et d'un taureau, et qui fut enfermé dans un labyrinthe parce qu'il ne se nourrissait que de chair humaine. Thésée, étant au nombre des jeunes Grecs qui devaient être la proie de ce monstre, le tua, et sortit du labyrinthe au moyen d'un peloton de fil que lui donna Ariane, fille de Minos. T. de myth. —, le centaure, le sagittaire. T. d'astr.

MINUART, s. m. Plante du genre des caryophyllées. T. de bot.

MINUIT, s. m. La moitié, le milieu de la nuit.

MINULE, s. m. Petit épervier.

MINUSCULAIRE, s. m. Employé des fermes, des contributions à Rome. T. d'antiq.

MINUSCULE, s. f. et adj. Petite lettre, petite capitale, par opposition à majuscule. T. d'impr.

MINUTE, s. f. Soixantième partie de l'heure; très court espace de temps. Dans la —, sur-le-champ. —, brouillon; original d'un acte public. —, lettre, écriture très petite. —, soixantième partie de chaque degré d'un cercle. T. d'astr. et de géogr. —, quarante-huitième partie d'une tête. T. d'arts. —, partie d'un module. T. d'arch.

MINUTÉ, E, part. Écrit très fin.

MINUTER, v. a. Faire la minute d'un écrit, d'un acte public. —, écrire très fin. T. de praticien. —, v. a. et n. Projeter pour accomplir bientôt; minuter son départ.

MINUTIE, s. f. Bagatelle, chose frivole, de peu de conséquence, vétille.

MINUTIEUSEMENT, adv. D'une manière minutieuse.

MINUTIEUX, EUSE, adj. Qui s'attache trop à des minuties; homme minutieux. —, exact à l'excès; recherches minutieuses.

MINVERSHEIM, s. m. Com. du dép. du Bas-Rhin, cant. d'Hochfelden, arr. de Saverne. = Saverne.

MINZAC, s. m. Com. du dép. de la Dordogne, cant. de Villefranche-de-Longchapt, arr. de Bergerac. = Monpont.

MIOCHE, s. m. Enfant, petit garçon. T. fam.

MIOLES, s. f. Com. du dép. du Tarn, cant. d'Alban, arr. d'Albi. = St.-Sernin.

MIONNAI, s. m. Com. du dép. de l'Ain, cant. et arr. de Trévoux. = Lyon.

MIONS, s. m. Com. du dép. de l'Isère, cant. de St.-Symphorien-d'Ozon, arr. de Vienne. = St.-Symphorien.

MIOS, s. m. Com. du dép. de la Gironde, cant. d'Audenge, arr. de Bordeaux. = la Teste-de-Buch.

MIOSSENS, s. m. Com. du dép. des Basses-Pyrénées, cant. de Thèze, arr. de Pau. = Pau.

MIOSTADE, s. f. Petite serge.

MI-PARTI, E, part. Composé de deux parties égales, mais dissemblables, au prop. et au fig.

MI-PARTIR, v. a. Composer de deux parties égales, mais différentes.

MIQUELETS, s. m. pl. Bandits qui infestaient les Pyrénées.

MIQUELON (Ile de), s. m. Voy. PIERRE (Ile de St.-).

MIQUELOT, s. m. Mendiant qui allait en pélerinage au mont St.-Michel, afin d'avoir un prétexte pour quêter. —, hypocrite. T. fam.

MIRAB, s. m. Etoile fixe du cou du cygne. T. d'astr.

MIRABANDE, s. f. Taon, insecte du Brésil.

MIRABEAU, s. m. Com. du dép. des Basses-Alpes, cant. de Mées, arr. de Digne. = Digne.

MIRABEAU, s. m. Com. du dép. de Vaucluse, cant. de Pertuis, arr. d'Apt. = Pertuis.

MIRABEL, s. m. Com. du dép. de l'Ardèche, cant. de Villeneuve-de-Berg, arr. de Privas. = Villeneuve-de-Berg.

MIRABEL, s. m. Com. du dép. de l'Aveyron, cant. de Rignac, arr. de Rodez. = Rignac.

MIRABEL, s. m. Com. du dép. de la Drôme, cant. de Crest, arr. de Die. = Crest.

MIRABEL, s. m. Com. du dép. de la Drôme, cant. et arr. de Nyons. = Nyons. Fabr. d'étoffes de soie.

MIRABEL, s. m. Com. du dép. de Tarn-et-Garonne, cant. de Caussade, arr. de Montauban. = Caussade.

MIRABELIE, s. f. Arbuste de la Nouvelle Hollande. T. de bot.

MIRABELLE, s. f. Sorte de petite prune jaune.

MIRACH, s. m. Etoile fixe dans la ceinture d'Andromède. T. d'astr.

MIRACLE, s. m. Acte de la puissance divine, contraire aux lois connues de la nature; prodige, chose extraordinaire, qui fait naitre l'étonnement, l'admiration. A —, très bien. T. fam.

MIRACULÉ, E, s. et adj. Se dit d'une personne ou d'une chose sur laquelle s'est opéré un miracle.

MIRACULEUSEMENT, adv. D'une manière miraculeuse.

MIRACULEUX, EUSE, adj. Opéré par miracle; qui tient du miracle, surnaturel. —, merveilleux, admirable.

MIRADOUX, s. m. Petite ville du dép. du Gers, chef-lieu de cant. de l'arr. de Lectoure. Bur. d'enregist. = Lectoure.

MIRAGE, s. m. Effet d'optique sur mer et dans les déserts sablonneux de l'Afrique.

MIRAGUAMA, s. m. Palmier de l'île de Cuba. T. de bot.

MIRAILLÉ, E, adj. Se dit des ailes de papillon et des queues de paon, d'émaux différens. T. de blas.

MIRAILLET ou MIRALET, s. m. Poisson du genre de la raie. T. d'hist. nat.

MIRAMAS, s. m. Com. du dép. des Bouches-du-Rhône, cant. de Salon, arr. d'Aix. = Salon.

MIRAMBEAU, s. m. Com. du dép. de la Charente-Inférieure, chef-lieu de cant. de l'arr. de Jonzac. Bur. d'enregist. et de poste.

MIRAMBEAU, s. m. Com. du dép. de la Haute-Garonne, cant. de l'Isle-en-Dodon, arr. de St.-Gaudens. = l'Isle-en-Dodon.

MIRAMIONES, s. f. pl. Religieuses qui élevaient des jeunes filles et soignaient les malades.

MIRAMONT, s. m. Com. du dép. de la Haute-Garonne, cant. et arr. de St.-Gaudens. = St.-Gaudens.

MIRAMONT, s. m. Com. du dép. du Gers, cant. et arr. de Mirande. = Mirande.

MIRAMONT, s. m. Com. du dép. du Gers, cant. de Fleurance, arr. de Lectoure. = Fleurance.

MIRAMONT, s. m. Com. du dép. des Landes, cant. de Geaune, arr. de St.-Sever. = St.-Sever.

MIRAMONT, s. m. Com. du dép. de Lot-et-Garonne, cant. de Lauzun, arr. de Marmande. = Marmande.

MIRAMONT, s. m. Com. du dép. de

Tarn-et-Garonne, cant. de Bourg-de-Viza, arr. de Moissac. = Lauzerte.

MIRAMONT-D'AIGUILLON, s. m. Com. du dép. de Lot-et-Garonne, cant. de Pont-Ste.-Marie; arr. d'Agen. = Aiguillon.

MIRAN, s. m. Com. du dép. du Gers, cant. de Valence, arr. de Coudom. = Vic-Fezensac.

MIRANDE, s. f. Jolie ville du dép. du Gers, chef-lieu de sous-préf. et d'un cant.; trib. de 1re inst.; conserv. des hypoth.; direct. des contrib. indir.; recev. part. des finances; bur. d'enregist. et de poste.

Cette ville, en général bien bâtie, a été en partie détruite dans nos guerres civiles; cependant elle possède encore ses murailles, ainsi qu'un château-fort.

Comm. de vins, eaux-de-vie, laines estimées, cuirs, etc.

MIRANDOL, s. m. Com. du dép. du Tarn, cant. de Pampelonne, arr. d'Albi. = Cordes.

MIRANNES, s. f. Com. du dép. du Gers, cant. de Vic-Fezensac, arr. d'Auch. = Vic-Fezensac.

MIRAUDÉ, E, part. Regardé, fixé.

MIRAUDER, v. a. Regarder avec attention, fixer.

MIRAUMONT, s. m. Com. du dép. de la Somme, cant. d'Albert, arr. de Péronne. = Albert.

MIRAVAL-CABARDÈS, s. m. Com. du dép. de l'Aude, cant. de Mas-Cabardès, arr. de Carcassonne. = Carcassonne.

MIRAVAL-LAURAGAIS, s. m. Com. du dép. de l'Aude, cant. et arr. de Castelnaudary. = Castelnaudary.

MIRBEL, s. m Com. du dép. du Calvados, cant. de Mézidon, arr. de Lisieux. = Croissanville.

MIRBEL, s. m. Com. du dép. de la Haute-Marne, cant. de Vignory, arr. de Chaumont. = Vignory.

MIRE, s. m. Bouton à l'extrémité d'un canon de fusil, pour mirer. —, visée. T. d'artill. Point de —, objet que l'on a en vue, le but. Fig. et fam.

MIRÉ, adj. m. Se dit d'un sanglier de cinq ans qui a les défenses recourbées. T. de véner.

MIRÉ, E, part. Visé, ajusté.

MIRÉ, s. m. Com. du dép. de Maine-et-Loire, cant. de Châteauneuf, arr. de Segré. = Châteauneuf.

MIREBEAU, s. m. Com. du dép. de la Côte-d'Or, chef-lieu de cant. de l'arr. de Dijon. Bur. d'enregist. et de poste.

Fabr. de serges, droguets; chapellerie, etc. Comm. de grains.

MIREBEAU, s. m. Petite ville du dép. de la Vienne, chef-lieu de cant. de l'arr. de Poitiers. Bur. d'enregist. et de poste.

Comm. de grains, vins, laines et moutons.

MIREBEL, s. m. Com. du dép. du Jura, cant. de Conliége, arr. de Lons-le-Saulnier. = Lons-le-Saulnier.

MIRECOURT, s. m. Petite ville du dép. des Vosges, chef-lieu de sous-préf. et d'un cant.; trib. de 1re inst. et de comm.; biblioth. pub.; conserv. des hypoth.; direct. des contrib. indir.; recev. part. des finances; bur. d'enregist. et de poste.

Cette ville est située au milieu d'une plaine fertile, sur le Madon.

Fabr. de dentelles, d'instrumens de musique, etc. Comm. de grains, vins, eaux-de-vie, moutons, bois, boissellerie, ouvrages en fer battu, etc.

MIREFLEURS, s. m. Com. du dép. du Puy-de-Dôme, cant. de Vic-le-Comte, arr. de Clermont. = Billom.

MIREMONT, s. m. Com. du dép. de la Haute-Garonne, cant. d'Auterrive, arr. de Muret. = Auterrive.

MIREMONT, s. m. Com. du dép. du Puy-de-Dôme, cant. de Pontaumur, arr. de Riom. = Clermont-Ferrand.

MIREPEISSET, s. m. Com. du dép. de l'Aude, cant. de Ginestas, arr. de Narbonne. = Narbonne.

MIREPEIX, s. m. Com. du dép. des Basses-Pyrénées, cant. de Clarac, arr. de Pau. = Pau.

MIREPOIX, s. m. Ville du dép. de l'Ariége, chef-lieu de cant. de l'arr. de Pamiers. Bur. d'enregist. et de poste.

Fabr. de toiles, serges, draps; filatures de laine. Mines de fer et de houille.

MIREPOIX, s. m. Com. du dép. de la Haute-Garonne, cant. de Villemur, arr. de Toulouse. = Fronton.

MIREPOIX, s. m. Com. du dép. du Gers, cant. et arr. d'Auch. = Auch.

MIRER, v. a. et n. Regarder avec attention, fixer le but qu'on veut atteindre, viser. —, regarder en faisant passer la lumière au travers; mirer un œuf. —, avoir en vue, convoiter; mirer un emploi. Se —, v. pron. Se regarder dans un miroir ou autre chose qui réfléchit l'image. Se —, s'admirer, se délecter dans la contemplation de son mérite, vrai ou faux.

MIREVAL, s. m. Com. du dép. de l'Hérault, cant. de Frontignan, arr. de Montpellier. = Montpellier.

MIRI, s. m. Impôt territorial en Turquie.

MIRIBEL, s. m. Com. du dép. de

l'Ain, cant. de Montluel, arr. de Trévoux. = Lyon.

MIRIBEL, s. m. Com. du dép. de la Drôme, cant. de Romans, arr. de Valence. = Romans.

MIRIBEL, s. m. Com. du dép. de l'Isère, cant. de St.-Laurent-du-Pont, arr. de Grenoble. = Grenoble.

MIRIBEL-ET-CHÂTEAU-BERNARD, s. m. Com. du dép. de l'Isère, cant. de Monestier, arr. de Grenoble. = Pont-de-Beauvoisin.

MIRIDE, s. f. Insecte hyménoptère à corps triangulaire. T. d'hist. nat.

MIRIFIQUE, adj. Admirable, merveilleux. T. inus.

MIRIGNAT, s. m. Com. du dép. de l'Ain, cant. de Poncin, arr. de Nantua. Cerdon.

MIRIOFLE, s. m. Genre de plantes épilobiennes. T. de bot.

MIRIS, s. m. Genre d'insectes hémiptères. T. d'hist. nat.

MIRITI, s. m. Palmier du Brésil. T. de bot.

MIRLIFLORE, s. m. Jeune fat qui fait l'agréable, le merveilleux. T. fam.

MIRLIROT, s. m. Voy. MELILOT.

MIRLITON, s. m. Petite flûte de roseau, garnie de pelure d'oignon par les deux bouts.

MIRMANDE, s. f. Com. du dép. de la Drôme, cant. de Loriol, arr. de Valence. = Loriol.

MIRMÉCOPHAGE, s. m. Fourmillier. T. d'hist. nat.

MIRMIDON, s. m. Jeune homme de petite taille et très suffisant, qui veut en imposer et n'inspire que le mépris; homme qui s'oublie envers des gens qui sont infiniment au-dessus de lui par le mérite. —, pl. Thessaliens qui accompagnèrent Achille au siége de Troie.

MIRMILLONS, s. m. pl. Gladiateurs armés d'un bouclier et d'une faulx, qui portaient sur leur casque la figure d'un poisson. T. d'antiq.

MIROIR, s. m. Verre étamé, glace, métal poli qui réfléchit les objets qu'on lui présente. —, se dit fig. des yeux en rapport avec l'ame dont ils expriment les mouvemens; les yeux sont le miroir de l'ame. —, entaille sur un arbre. T. d'eaux et forêts. —, ornement oval. T. d'arch. —, cadre chargé d'armoiries à l'arrière du navire. T. de mar. —, instrument de chirurgie pour dilater les plaies, dilatateur. T. de chir. —, fiente des bécassines; instrument sur les côtés duquel sont incrustés des morceaux de glaces, et qu'on fait tourner à l'aide d'une ficelle ou d'un mécanisme, pour attirer les alouettes dans les gelées blanches. T. de véner. —, plaque à reflets métalliques sur la couverture des ailes de certains oiseaux; papillon de jour, espèce d'argus. T. d'hist. nat. —, œufs au —, œufs cuits sur un plat enduit de beurre, sans avoir été brouillés. T. de cuis.

MIROIR (le), s. m. Com. du dép. de Saône-et-Loire, cant. de Cuizeaux, arr. de Louhans. = St.-Amour.

MIROITANT, E, adj. Se dit des parties qui offrent des reflets brillans, comme les métaux. T. d'hist. nat.

MIROITÉ, E, adj. Se dit des chevaux dont le poil bai présente sur la croupe des marques ou plus brunes ou plus claires; bai pommelé.

MIROITERIE, s. f. Fabrique de miroirs; commerce du miroitier.

MIROITIER, s. m. Fabricant et marchand de miroirs.

MIROSPERME, s. m. Genre de plantes légumineuses. T. de bot.

MIROTON, s. m. Mets composé de viandes déjà cuites avec divers assaisonnemens.

MIROXYLE, s. m. Xilome, plante des îles de la mer du Sud. T. de bot.

MIRSINE, s. f. Plante de la famille des sapotilles. T. de bot.

MIRTIL, s. m. Papillon de jour. T. d'hist. nat.

MIRTILLE, s. f. Voy. AIRELLE. T. de bot.

MIRVAUX, s. m. Com. du dép. de la Somme, cant. de Villers-Bocage, arr. d'Amiens. = Amiens.

MIRVILLE, s. f. Com. du dép. de la Seine-Inférieure, cant. de Goderville, arr. du Hâvre. = Bolbec.

MIS, s. m. Date du dépôt de la remise des pièces d'un procès au greffe. T. de procéd.

MIS, E, part. Posé, placé. —, vêtu; bien mis.

MISAGO ou BISAGO, s. m. Epervier, oiseau de proie aquatique. T. d'hist. nat.

MISAINE, s. f. Voile entre le beaupré et la grande voile. Mât de —, mât entre le beaupré et le grand mât. T. de mar.

MISANTHROPE, s. m. Homme révolté de l'effronterie et de l'injustice des autres hommes, qui éprouve un profond dégoût pour les vices de la société, qui a pris le monde en aversion, qui le fuit; homme d'une humeur bourrue, chagrine.

MISANTHROPIE, s. f. Dégoût, haine, aversion pour la fausseté des hommes, pour les vices d'une société corrompue ; humeur bourrue, chagrine.

MISANTHROPIQUE, adj. Affecté de misanthropie ; qui appartient à la disposition d'esprit du misanthrope ; bourru, chagrin.

MISCELLANÉES, s. f. pl. Mélanges de morceaux de littérature.

MISCHIO, s. m. Espèce de marbre de différentes couleurs.

MISCIBILITÉ, s. f. Qualité de ce qui peut s'allier, se mêler ; miscibilité des métaux.

MISCIBLE, adj. Qui a la propriété de se mêler, de s'allier avec une autre substance.

MISCON, s. m. Com. du dép. de la Drôme, cant. de Luc-en-Diois, arr. de Die. = Die.

MISE, s. f. Somme qu'on expose aux chances du jeu de loterie ; fonds placés dans une société commerciale ; offre d'enchère. —, cours des monnaies ; cet argent n'est pas de mise. —, manière de se mettre, de s'habiller. Etre de —, être de mode, sociable, présentable, admissible. —, pièce de fer préparée pour être fondue avec une autre ; pièce de bois sous la presse du fabricant de papier ; partie d'un train de bois ; caisse à savon. T. de mét. — en possession, exécution d'un jugement qui envoie en possession. — en jugement, jugement qui déclare y avoir lieu à accusation. T. de procéd. — hors, avances, frais d'une entreprise.

MISÉRABLE, s. Personne de mauvaise vie, capable de commettre toutes sortes de bassesses ; gueux, vagabond, escroc, voleur ; femme débauchée. — adj. Qui est dans la misère, dans la souffrance, malheureux, digne de compassion. —, qui annonce la pauvreté, la misère ; situation misérable. —, funeste ; fin misérable. —, méprisable, pitoyable ; intrigue misérable.

MISÉRABLEMENT, adv. D'une manière misérable.

MISÈRE, s. f. Etat d'abandon, de privations, de souffrances, extrême indigence, pauvreté, dénument absolu. —, peine, difficulté, embarras. —, calamité, malheur, infortune. —, bagatelle, minutie, vétille. C'est une —, ce n'est rien, c'est chose de peu d'importance. Collier de —, travail pénible, ennuyeux. Fig. et fam. —, pl. Imperfections, infirmités, infortunes inséparables de la condition humaine.

MISERERE, s. m. (mot lat.). Passion iliaque ; colique violente par suite de laquelle on rend les excrémens par la bouche. T. de méd. —, espace de temps fort court ; se dit par allusion à un psaume que les chantres ont coutume de dire avec une extrême volubilité.

MISEREY, s. m. Com. du dép. du Doubs, cant. d'Audeux, arr. de Besançon. = Besançon.

MISEREY, s. m. Com. du dép. de l'Eure, cant. et arr. d'Evreux. = Evreux.

MISÉRICORDE, s. f. Charité chrétienne, vertu qui porte à la compassion, à la pitié, à soulager les misères d'autrui ; grâce, pardon ; bonté, clémence de Dieu envers les pécheurs. Crier —, pousser des cris de douleur. —, petite saillie de bois attachée sous le siége d'une stalle et sur laquelle on se trouve assis quand le siége est levé. —, poignard ancien pour les duels à outrance. —, divinité allégorique dans le temple de laquelle les malheureux trouvaient un asile inviolable. T. de myth. —, interj. qui marque la surprise, la frayeur, l'épouvante.

MISÉRICORDIEUSEMENT, adv. Avec miséricorde.

MISERICORDIEUX, EUSE, adj. Qui est rempli de miséricorde, enclin à pardonner.

MISÉRIEUX, s. m. Com. du dép. de l'Ain, cant. et arr. de Trévoux. = Trévoux.

MISERY, s. m. Com. du dép. de la Somme, cant. de Nesle, arr. de Péronne. = Péronne.

MISFIKI, s. m. Espèce de persicaire du Japon, plante aquatique. T. de bot.

MISGURNE, s. m. Poisson du genre du cobite. T. d'hist. nat.

MISILE, s. m. Coquille en forme de cruche. T. d'hist. nat.

MISILLAC, s. m. Com. du dép. de la Loire-Inférieure, cant. de St.-Gildas, arr. de Savenay. = Pont-Château.

MISIS, s. m. Papillon de jour. T. d'hist. nat.

MISNE, s. f. Livre contenant les interprétations des lois hébraïques.

MISOCAMPE, s. m. Genre d'insectes hyménoptères. T. d'hist. nat.

MISOGAME, s. m. Ennemi du mariage. T. inus.

MISOGYNIE, s. f. Aversion pour les femmes.

MISOLAMPE, s. m. Genre d'insectes coléoptères. T. d'hist. nat.

MISOLOGUE, s. m. Ennemi de la science, des méthodes scientifiques. T. inus.

MISOM, s. m. Boisson chinoise.

MISON, s. m. Com. du dép. des Basses-Alpes, cant. et arr. de Sisteron. == Sisteron.

MISPICKEL, s. m. Pyrite, fer arsénical. T. d'hist. nat.

MISQUE, s. m. Genre d'insectes hyménoptères. T. d'hist. nat.

MISSÉ, s. m. Com. du dép. des Deux-Sèvres, cant. de Thouars, arr. de Bressuire. == Thouars.

MISSÈCLE, s. m. Com. du dép. du Tarn, cant. de Graulhet, arr. de Lavaur. == Lavaur.

MISSÈGRE, s. m. Com. du dép. de l'Aude, cant. de Couiza, arr. de Limoux. == Limoux.

MISSEL, s. m. Livre contenant les prières de la messe.

MISSERY, s. m. Com. du dép. de la Côte-d'Or, cant. de Pouilly-en-Auxois, arr. de Beaune. == Saulieu.

MISSILANCE, s. m. Espèce de petit faucon.

MISSION, s. f. Envoi d'un chargé d'affaires ; charge, pouvoir donné à un envoyé, à une personne quelconque. —, pouvoir de prêcher ; les missionnaires, pris collectivement ; leur fonction, sa durée ; leur maison ; pays où ils exercent leur saint ministère, leur apostolat.

MISSIONNAIRE, s. m. Prêtre chargé de la conversion des infidèles et de l'instruction des chrétiens, à la Chine, dans l'Inde, etc.

MISSIRIAC, s. m. Com. du dép. du Morbihan, cant. de Rochefort, arr. de Vannes. == Vannes.

MISSISSIPI, s. m. Etat de l'Amérique du nord, arrosé par la rivière du même nom, pays très fertile en coton, sucre, tabac, indigo, etc. Pop. 80,000 hab. env.

MISSITAVIE, s. f. Droit de douane à Constantinople.

MISSIVE, s. f. et adj. Écrite pour être envoyée à quelqu'un ; lettre missive.

MISSOLONGHI, s. m. Ville fortifiée du nouveau royaume de Grèce, dans la Livadie. Cette ville est à jamais célèbre par l'héroïque résistance de ses habitans, qui s'ensevelirent sous les ruines de leurs fortifications.

MISSON, s. m. Com. du dép. des Landes, cant. de Pouillon, arr. de Dax. == Dax.

MISSY, s. m. Com. du dép. de l'Aisne, cant. de Sissonne, arr. de Laon. == Laon.

MISSY, s. m. Com. du dép. du Calvados, cant. de Villers-Bocage, arr. de Caen. == Villers-Bocage.

MISSY-AUX-BOIS, s. m. Com. du dép. de l'Aisne, cant. de Vic-sur-Aisne, arr. de Soissons. == Soissons.

MISSY-SUR-AISNE, s. m. Com. du dép. de l'Aisne, cant. de Vailly, arr. de Soissons. == Soissons.

MISTRANCE, s. f. Corps des bas officiers d'une galère. T. de mar.

MISY, s. m. Substance vitriolique, décomposition d'une pyrite ferrugineuse. T. d'hist. nat.

MISY, s. m. Com. du dép. de Seine-et-Marne, cant. de Montereau, arr. de Fontainebleau. == Villeneuve.

MITA, s. m. Racine d'un souchet, plante cypéroïde de l'île de Madagascar. T. de bot.

MITAINE, s. f. Gros gant sans séparation pour les doigts, dont se servent les charretiers de labour. —, petit gant de femme sans doigts, qui ne couvre que l'extrémité de la main. Onguent miton —, qui ne fait ni bien ni mal ; expédient inutile. —, peau de castor ; plaque de tôle. T. de verr.

MITAN, s. m. Milieu. T. fam. (Vi.)

MITCHELLE, s. f. Plante rubiacée. T. de bot.

MITE, s. f. Insecte presque imperceptible ; qui naît dans le fromage. Voy. ACARIDES.

MITELÈNE, s. m. Espèce d'ortolan. T. d'hist. nat.

MITELLE, s. f. Cyrrhipède, scalpelle, petit coquillage. T. d'hist. nat. —, sanicle, cortuse d'Amérique, plantes saxifragées. T. de bot.

MITHRAX, s. m. Genre de crustacés décapodes. T. d'hist. nat.

MITHRIDATE, s. m. Roi de Pont, ennemi irréconciliable des Romains auxquels il ne cessa de faire la guerre. Il s'était, dit-on, familiarisé avec les poisons, au point de ne pouvoir s'en servir. —, tragédie de Racine. —, sorte de thériaque, antidote, contre-poison. Vendeur de —, charlatan, marchand d'orviétan. —, plante de la famille des monimiées. T. de bot.

MITIGATIF, IVE, adj. Qui sert à mitiger.

MITIGATION, s. f. adoucissement à une règle austère, à une peine encourue.

MITIGÉ, E, part. Adouci.

MITIGER, v. a. Adoucir une règle, une loi, une peine ; rendre plus aisé à supporter.

MITIS, s. m. Gros chat, matou.

MITON, s. m. Sorte de gant qui ne couvre que l'avant-bras.

MITONNÉ, E, part. Se dit d'une

soupe, etc. qu'on a fait bouillir à petit feu.

MITONNER, v. a. Faire bouillir la soupe sur un petit feu ; faire mijoter. —, mignoter, mignarder, dorloter, caresser, être aux petits soins ; disposer, préparer doucement une affaire pour la faire réussir ; ménager quelqu'un dans des vues d'intérêt. Fig. et fam. —, v. n. Cuire lentement, à petit feu.

MITOYEN, NE, adj. Se dit d'un mur de séparation, commun entre des propriétaires ; mur mitoyen. Parti —, éloigné des extrêmes. Dents — d'un cheval, dents situées entre les pinces et les coins.

MITOYENNETÉ, s. f. Caractère d'une propriété mitoyenne, d'un mur mitoyen. Droit de —, de deux propriétaires sur un mur mitoyen.

MITOYERIE, s. f. Séparation par un mur mitoyen. T. de procéd.

MITRAILLADE, s. f. Volée de canons chargés à mitraille.

MITRAILLE, s. f. Vieille ferraille. —, petite monnaie. —, menue ferraille, morceaux de cuivre, balles, biscaïens, vieux clous, etc., qu'on met dans des boîtes, et dont on charge les canons pour en rendre l'effet plus meurtrier.

MITRAILLÉ, E, part. Estropié, tué, ravagé par la mitraille.

MITRAILLER, v. a. Tirer à mitraille.

MITRAIRE, s. m. Arbrisseau grimpant. T. de bot.

MITRAL, E, adj. Qui a la forme d'une mitre.

MITRASACME, s. m. Plante de la Nouvelle-Hollande. T. de bot.

MITRE, s. f. Ornement de tête des évêques, archevêques, etc. en habits pontificaux. —, coiffure des Romains empruntée des Perses. T. d'antiq. —, angle de quarante-cinq degrés. T. de math. —, tuiles placées en forme de mitre ; espèce de pyramide tronquée sur une cheminée. T. de maç. —, base de la lame d'un couteau près du manche. T. de coutel. —, genre de volutes. T. d'hist. nat.

MITRÉ, E, adj. Qui porte la mitre ; qui a droit de la porter.

MITRE (St.-), s. m. Com. du dép. des Bouches-du-Rhône, cant. d'Istres, arr. d'Aix. = Martigues.

MITRON, s. m. Garçon boulanger. T. fam.

MITRY, s. m. Com. du dép. de Seine-et-Marne, cant de Claye, arr. de Meaux. = Claye.

MITSCHDORF, s. m. Com. du dép. du Bas-Rhin, cant. de Wœrth-sur-Sauer, arr. de Wissembourg. = Haguenau.

MITTAINVILLE, s. f. Com. du dép. de Seine-et-Oise, cant. et arr. de Rambouillet. = Epernon.

MITTAINVILLIERS, s. m. Com. du dép. d'Eure-et-Loir, cant. de Courville, arr. de Chartres. = Courville.

MITTE, s. f. Emanation, gaz qui s'exhale des fosses d'aisance, irrite fortement les yeux, et produit le plomb.

MITTEK, s. m. Espèce de plongeon ou de poule d'eau du Groenland. T. d'hist. nat.

MITTELBERGHEIM, s. m. Com. du dép. du Bas-Rhin, cant. de Barr, arr. de Schélestadt. = Schélestadt.

MITTELBRONN, s. m. Com. du dép. de la Meurthe, cant. de Phalsbourg, arr. de Sarrebourg. = Sarrebourg.

MITTELHAUSBERGEN, s. m. Com. du dép. du Bas-Rhin, cant. d'Oberhausbergen, arr. de Strasbourg. = Strasbourg.

MITTELHAUSEN, s. m. Com. du dép. du Bas-Rhin, cant. d'Hochfelden, arr. de Saverne. = Saverne.

MITTELMUESPACH, s. m. Com. du dép. du Haut-Rhin, cant. de Ferrette, arr. d'Altkirch. = Altkirch.

MITTELSCHAEFFOLSHEIM, s. m. Com. du dép. du Bas-Rhin, cant. de Brumath, arr. de Strasbourg. = Strasbourg.

MITTELWIHR, s. m. Com. du dép. du Haut-Rhin, cant. de Kaysersberg, arr. de Colmar. = Colmar.

MITTERSHEIM, s. m. Com. du dép. de la Meurthe, cant. de Fénétrange, arr. de Sarrebourg. = Sarrebourg.

MITTOIS, s. m. Com. du dép. du Calvados, cant. de St.-Pierre-sur-Dives, arr. de Lisieux. = Croissanville.

MITZACH, s. m. Com. du dép. du Haut-Rhin, cant. de St.-Amarin, arr. de Belfort. = Cernay.

MITZLI, s. m. Grand chat d'Amérique. T. d'hist. nat.

MIURE, adj. Inégal, irrégulier, décroissant ; pouls miure. T. de méd. Voy. MYURE.

MIVE, s. f. Pulpe, sirop, gelée de coing.

MI-VOIE (la), s. f. Com. du dép. de la Seine-Inférieure, cant. de Boos, arr. de Rouen. = Rouen.

MIXTE, s. m. Corps mixte. —, adj. Composé de corps hétérogènes ; mêlé, mélangé, mixtionné. Causes —, qui sont de la compétence des tribunaux civils et de commerce, etc.

MIXTILIGNE, adj. Terminé par des lignes droites et par des lignes courbes. T. de géom.

MIXTION, s. f. Mélange de diverses substances pour la composition d'un médicament. T. de pharm. —, mélange d'huile et de suif pour neutraliser l'action de l'eau forte. T. de grav. —, mordant léger. T. de dor. sur bois.

MIXTIONNÉ, E, part. Mélangé, frelaté.

MIXTIONNER, v. a. Mêler, faire une mixtion ; mélanger, frelater.

MIXTURE, s. f. Médicament composé. T. de pharm.

MIZÉRIEUX, s. m. Com. du dép. de la Loire, cant. de Boën, arr. de Montbrison. = Feurs.

MIZOEN, s. m. Com. du dép. de l'Isère, cant. du Bourg-d'Oisans, arr. de Grenoble. = le Bourg-d'Oisans.

MNÉMONIQUE, s. f. Art d'aider la mémoire par des signes.

MNÉMOSYNE, s. f. Déesse de la mémoire, mère des muses dont elle accoucha sur le mont Piérius. T. de myth. —, espèce de papillon. T. d'hist. nat.

MNÉMOTECHNIE, s. f. Art d'exercer, de cultiver, de conserver la mémoire.

MNIARE, s. f. Arroche de la Nouvelle-Zélande. T. de bot.

MNIE, s. f. Genre de mousses. T. de bot.

MNIOTILTE, s. m. Grimpereau, oiseau de l'Amérique du nord. T. d'hist. nat.

MOBECQ, s. m. Com. du dép. de la Manche, cant. de la Haye-du-Puits, arr. de Coutances. = Coutances.

MOBILE, s. m. Force motrice, moteur. —, cause, principe, premier agent, motif des actions. Fig. —, celui qui donne l'impulsion. —, le corps mu. T. de méd. —, adj. Qui se meut ou peut être mu. —, léger, inconstant, changeant ; esprit mobile. Imagination —, qui reçoit facilement les impressions. Fête —, dont le jour change chaque année, comme Pâques, etc.

MOBILIAIRE, adj. Voy. MOBILIER.

MOBILIER, s. m. Tous les meubles et effets qui garnissent un appartement, une maison.

MOBILIER, ÈRE, adj. De la nature des meubles. —, qui concerne les biens meubles ; succession mobilière.

MOBILISATION, s. f. Voy. AMEUBLISSEMENT.

MOBILISER, v. a. Voy. AMEUBLIR.

MOBILITÉ, s. f. Facilité à se mouvoir, à être mu. —, inconstance, légèreté, instabilité, versatilité. Fig. —, susceptibilité nerveuse avec des dispositions convulsives. T. de méd.

MOCA, s. m. Voy. MOKA.

MOCADE, s. f. Sorte d'étoffe.

MOCA-ET-CROCE, s. f. Com. du dép. de la Corse, cant. de Petreto-et-Bicchisano, arr. de Sartène. = Ajaccio.

MOCAGA, s. m. Palmier de l'île de Cayenne. T. de bot.

MOCANÈRE, s. f. Arbrisseau des îles Canaries, de la famille des onagres. T. de bot.

MOCAYA, MOAICA ou MONCAYA, s. m. Palmier de la Guiane. T. de bot.

MOCHE, s. f. Paquet de fil de Bretagne, pesant dix livres. Soie en —, paquet de soie divisé par tiers.

MOCHLIQUE, s. m. et adj. Purgatif violent ; qui est relatif à ce purgatif. T. de méd.

MOCOCO, s. m. Voy. MAKI.

MOCOTOTOLT, s. m. Oiseau du Mexique. T. d'hist. nat.

MODALE, adj. f. Conditionnelle ou restrictive ; proposition modale. T. de log.

MODALITÉ, s. f. Mode, qualité, manière d'être. T. didact.

MODE, s. m. Système, règle ; mode de gouvernement. —, forme, manière d'être. T. de philos. —, ton dans lequel un morceau de musique est composé. T. de mus. — ou Mœuf, manière de conjuguer les verbes. T. de gramm.

MODE, s. f. Manière d'agir, usage continu ; chacun vit à sa mode. —, usage, caprice, fantaisie, goût passager ; manière de se vêtir, vogue de certaines parures. Etre à la —, être mis au goût du jour, être fort recherché. —, pl. Parures à la mode. Marchande de —, qui fait et vend des chapeaux de femme, des parures de tête.

MODÈLE, s. m. Personne dont les mœurs et la conduite sont exemplaires ; exemple à suivre. —, objet d'imitation ; essai en petit d'un ouvrage qu'on se propose d'imiter en grand —, homme ou femme qui fait métier de poser devant un peintre, etc.

MODELÉ, E, part. Imité en plâtre, en cire.

MODELER, v. a. et n. Imiter un objet en cire, en plâtre, pour tirer un creux. T. d'arts. Se —, v. pron. Se régler sur quelqu'un, le prendre pour modèle.

MODÈNE, s. f. Ville d'Italie, capitale du duché de ce nom. Cette ville est agréable, bien bâtie et ornée de fort beaux édifices. Pop. 19,550 hab. env.

MODÈNE, s. f. Com. du dép. de

Vaucluse, cant. de Mormoiron, arr. de Carpentras. = Carpentras.

MODÉNOIS, E, s. et adj. Originaire de Modène; qui concerne cette ville.

MODÈQUE, s. f. Arbrisseau sarmenteux. T. de bot.

MODER (la), s. f. Rivière dont la source se trouve près de Zittersheim, dép. du Bas-Rhin, et qui se jette dans le Rhin, au-dessous du Fort-Louis, après un cours d'environ 12 l.

MODÉRANTISME, s. m. Système politique des modérés, ou plutôt d'une poignée d'intrigans, de sophistes, qui ont servi tous les gouvernemens, et qui pactiseraient avec le diable s'il arrivait au pouvoir.

MODÉRATEUR, TRICE, s. Celui, celle qui règle et gouverne, qui a la direction d'une chose. — de l'univers, Dieu.

MODÉRATION, s. f. Empire de la raison sur les déterminations de l'homme; vertu qui consiste à garder une juste mesure en toutes choses; réserve, tempérance, retenue. —, diminution d'un prix, d'une peine infligée, d'une taxe, etc.

MODÉRÉ, s. m. Révolutionnaire qui ne voulait ni la république, ni la monarchie; partisan d'un système de bascule qui s'est continué jusqu'à ce jour.

MODÉRÉ, E, part. Tempéré, adouci. —, adj. Sage, retenu; qui ne fait pas d'excès.

MODÉRÉMENT, adv. Avec modération, sans excès.

MODÉRER, v. a. Adoucir, tempérer, mettre des bornes à ses désirs, à ses passions, etc. —, diminuer le prix d'une chose. Se —, v. pron. Se tempérer, en parlant du froid, etc. —, avoir de la modération, se posséder, se contenir.

MODERNE, adj. Nouveau, récent, actuel. —, selon le goût du jour, par opposition à ancien. A la —, adv. Suivant le goût des modernes.

MODERNÉ, E, part. Restauré à la moderne.

MODERNER, v. a. Rétablir, restaurer à la moderne. —, rapprocher du goût moderne.

MODERNES, s. m. pl. Les hommes en général, depuis la chute de l'empire romain; auteurs, savans, artistes depuis la renaissance des lettres et des beaux-arts en Europe.

MODESTE, adj. Sage, réservé, qui a de la modestie; qui marque de la modestie; sans éclat, sans faste.

MODESTEMENT, adv. Avec modestie.

MODESTIE, s. f. Sagesse, modération, circonspection, réserve dans la conduite, dans les discours, décence, pudeur.

MODICITÉ, s. f. Médiocrité, exiguïté.

MODIFICATIF, s. m. Mot qui modifie, qui détermine le sens d'un autre, adverbe. T. de gramm.

MODIFICATIF, IVE, adj. Qui modifie le sens d'un mot. T. de gramm.

MODIFICATION, s. f. Action de modifier, de restreindre; adoucissement, mitigation, tempérament. —, manière d'être d'une substance. T. didact.

MODIFIÉ, E, part. Adouci, mitigé; limité, restreint.

MODIFIER, v. a. Adoucir, mitiger, tempérer, limiter, restreindre; modifier une peine, une loi, une proposition. —, donner un mode, une manière d'être. T. didact.

MODILLON, s. m. Petite corniche qui soutient la corniche corinthienne. T. d'arch.

MODIOLA, s. f. Mauve de la Caroline. T. de bot.

MODIOLE, s. m. Mollusque acéphale. T. d'hist. nat.

MODIQUE, adj. Médiocre, exigu, borné.

MODIQUEMENT, adv. Avec modicité.

MODISTE, s. f. Ouvrière en modes. —, adj. Qui suit les modes.

MODON, s. m. Ville fortifiée du nouveau royaume de Grèce, dans la Morée.

MODULATION, s. f. Suite de tons qui forment un chant dans un mode donné; chant varié et noté; manière d'établir le mode; transport d'un chant d'un mode dans un autre; transition harmonique. T. de mus.

MODULE, s. m. Mesure pour les proportions d'un ordre d'architecture; divisions du temps, du mouvement; diamètre d'une colonne, d'une médaille, etc.

MODULÉ, E, part. Composé suivant les principes de la modulation, en parlant d'un chant.

MODULER, v. a. et n. Composer, former un chant suivant les règles de la modulation.

MOEHRINGIA, s. f. Genre de plantes caryophyllées. T. de bot.

MOELAIN, s. m. Com. du dép. de la Haute-Marne, cant. de St.-Dizier, arr. de Vassy. = St.-Dizier.

MOELAN, s. m. Com. du dép. du Finistère, cant. de Pont-Aven, arr. de Quimperlé. = Quimperlé.

MOELLE, s. f. Substance grasse, jaunâtre, d'une certaine consistance, qui remplit la cavité des os longs et sert à les nourrir. — alongée, substance médullaire qui occupe la partie moyenne de la base du crâne, entre le cerveau et le cervelet, au-dessus du grand trou occipital. — épinière, continuation de la moelle alongée, qui occupe les vertèbres, depuis l'occiput jusqu'à l'os sacrum. T. d'anat. —, substance vasculaire qui se trouve au centre de la partie ligneuse des végétaux.

MOELLEUSEMENT, adv. D'une manière douce, moelleuse.

MOELLEUX, s. m. Se dit, en peinture et en sculpture, d'un dessin correct, dont les formes gracieuses et les contours artistement arrondis, flattent l'œil agréablement. T. d'arts.

MOELLEUX, EUSE, adj. Rempli de moelle; qui tient de la nature de cette substance. —, plein de sens, abondant, persuasif; discours moelleux. Fig. Vin —, qui a du corps, agréable au goût. Etoffe —, qui est souple et douce au toucher. Voix —, pleine de douceur, flexible. —, doux, agréable; pinceau moelleux. T. d'arts.

MOELLON, s. m. Pierre tendre qu'on tire des carrières des environs de Paris, et dont on se sert pour la bâtisse; pierre pour adoucir les glaces.

MOELLONNIER, s. m. Petit coin pour fendre le moellon.

MOÉMOÉ, s. m. Arbrisseau de la côte du Malabar. T. de bot.

MOENS, s. m. Com. du dép. de l'Ain, cant. de Ferney, arr. de Gex. = Ferney.

MOÈRES (les), s. m. pl. Com. du dép. du Nord, cant. d'Hondschoote, arr. de Dunkerque. = Bergues.

MOERZA, s. m. Genre de crustacés. T. d'hist. nat.

MŒUF, s. m. Mode, manière de conjuguer les verbes. Voy. Mode.

MŒURS, s. f. pl. Vertus morales, naturelles à l'homme; habitudes naturelles ou acquises, bonnes ou mauvaises, dans la conduite de la vie; manière de vivre; inclinations, coutumes, lois particulières à une nation; usages des peuples. —, le caractère, le génie, l'humeur des personnages que l'on met en scène. T. de poés. Avoir des —, de bonnes mœurs. —, naturel, habitudes des animaux. T. didact.

MŒURS, s. m. Com. du dép. de la Marne, cant. de Sézanne, arr. d'Epernay. = Sézanne.

MOEUVRES, s. m. Com. du dép. du Nord, cant. de Marcoing, arr. de Cambrai. = Cambrai.

MOEZE, s. f. Com. du dép. de la Charente-Inférieure, cant. de St.-Aignan, arr. de Marennes. = Rochefort.

MOFETTE, s. f. Voy. Moufette.

MOFFANS, s. m. Com. du dép. de la Haute-Saône, cant. et arr. de Lure. = Lure.

MOGEVILLE, s. f. Com. du dép. de la Meuse, cant. d'Etain, arr. de Verdun. = Etain.

MOGILALISME, s. m. Difficulté de prononcer les lettres labiales. T. de méd.

MOGILNIK, s. m. Espèce d'aigle du nord.

MOGNES, s. f. Com. du dép. des Ardennes, cant. de Carignan, arr. de Sedan. = Carignan.

MOGNÉVILLE, s. f. Com. du dép. de la Meuse, cant. de Revigny, arr. de Bar-le-Duc. = Bar-le-Duc.

MOGNÉVILLE, s. f. Com. du dép. de l'Oise, cant. de Liancourt, arr. de Clermont. = Chaumont-en-Vexin.

MOGOL ou MOGOLISTAN, s. m. Empire de l'Indostan, fondé par les Mongols, borné à l'O. par la Perse, au N. par la Boukarie et le Thibet, à l'E. par la péninsule en-deçà du Gange.

MOGOLIEN, NE, s. et adj. Habitant de l'empire du Mogol; qui est relatif à cet empire.

MOGORI ou MOGRITE, s. m. Plante de la famille des jasmins. T. de bot.

MOHABUT, s. m. Toile de coton des Indes.

MOHATRA, adj. m. Se dit d'un contrat usuraire, par lequel on rachète à vil prix, argent comptant, ce qu'on a vendu fort cher et à crédit.

MOHON, s. m. Com. du dép. des Ardennes, cant. et arr. de Mézières. = Mézières.

MOHON, s. m. Com. du dép. du Morbihan, cant. de la Trinité, arr. de Ploërmel. = Josselin.

MOI, s. m. La personne entière, l'individu; attachement à soi-même, égoïsme. —, pron. personnel. Je, me. Quant à —, pour moi, pour ce qui me concerne. De vous à —, entre nous, confidentiellement. A —! exclamation. Venez à —, venez à mon secours!

MOIDIEU, s. m. Com. du dép. de l'Isère, cant. et arr. de Vienne. = Vienne.

MOIDORE, s. m. Monnaie portugaise.

MOIDREY, s. m. Com. du dép. de la Manche, cant. de Pontorson, arr. d'Avranches. = Pontorson.

MOIGNÉ, s. m. Com. du dép. d'Ille-et-Vilaine, cant. de Mordelles, arr. de Rennes. = Rennes.

MOIGNENEINS, s. m. Com. du dép.

de l'Ain, cant. de Thoissey, arr. de Trévoux. = Thoissey.

MOIGNON, s. m. Reste d'un membre amputé; reste d'une branche coupée.

MOIGNY, s. m. Com. du dép. de Seine-et-Oise, cant. de Milly, arr. d'Etampes. = Milly.

MOILETTE, s. f. Outil de bois garni de feutre pour frotter les glaces.

MOIMAY, s. m. Com. du dép. de la Haute-Saône, cant. de Villersexel, arr. de Lure. = Vesoul.

MOI-MOI, s. m. Bryone, plante du Sénégal dont le fruit est d'un rouge de corail. T. de bot.

MOINAILLE, s. m. Les moines, en général.

MOINDRE, adj. comparatif. Plus petit en étendue, en quantité, en qualité; moins considérable. —, avec l'article, est superlatif, et marque le dernier degré d'infériorité. —, précédé de la négative, signifie aucun; je n'y fais pas la moindre attention.

MOINDRES, s. m. pl. Les quatre ordres mineurs.

MOINE, s. m. Religieux qui vit éloigné du monde, isolé; religieux, en général. —, cylindre en bois, garni de fer-blanc, dans l'intérieur duquel on introduit un boulon de fer, rougi au feu, pour échauffer le lit. —, papier sur la traînée du saucisson d'une mine. —, mot qui ne vient pas à l'impression, qui reste en blanc. T. d'impr. —, scarabée qui se forme dans le tan; coquille du genre cône. — ou Ange, espèce de chien de mer. T. d'hist. nat.

MOINE (la), s. f. Rivière dont la source se trouve dans le dép. de Maine-et-Loire, et qui se jette dans la Sèvre nantaise, après un cours d'environ 12 l.

MOINEAU, s. m. Petit oiseau d'un gris brun; passereau conirostre. Tirer sa poudre aux —, perdre son temps et son argent. —, bastion dont la pointe forme un angle obtus. T. de fortif. —, adj. Se dit d'un cheval auquel on a coupé les oreilles.

MOINERIE, s. f. Les moines, en général; l'esprit monastique. T. iron.

MOINESSE ou MOINETTE, s. f. Religieuse, petite religieuse. T. iron.

MOINEVILLE, s. f. Com. du dép. de la Moselle, cant. et arr. de Briey. = Briey.

MOINGS, s. m. Com. du dép. de la Charente-Inférieure, cant. et arr. de Jonzac. = Jonzac.

MOINGT, s. m. Com. du dép. de la Loire, cant. et arr. de Montbrison. = Montbrison.

MOINILLON ou MOINETON, s. m. Petit moine. T. iron.

MOINS, s. m. Moindre nombre, moindre quantité, portion moins considérable, l'opposé de plus. —, la moindre chose; c'est le moins que vous puissiez faire. —, signe de soustraction. T. d'alg. —, adv. comparatif. En plus petite quantité, pas autant. —, précédé de LE, marque le superlatif. A —, à plus bas prix, pour une moindre cause. A — de, vu que, si ce n'est que. Au —, du —, marque compensation ou restriction.

MOINVILLE-LA-JEULIN, s. f. Com. du dép. d'Eure-et-Loir, cant. d'Auneau, arr. de Chartres. = Chartres.

MOIRANS, s. m. Com. du dép. de l'Isère, cant. de Rives, arr. de St.-Marcellin. Bur. de poste.

MOIRANS, s. m. Petite ville du dép. du Jura, chef-lieu de cant. de l'arr. de St.-Claude. Bur. d'enregist. = Orgelet. Fabr. de chapeaux de paille d'Italie.

MOIRAX, s. m. Com. du dép. de Lot-et-Garonne, cant. de Laplume, arr. d'Agen. = Agen.

MOIRE, s. f. Etoffe de soie ondée et serrée. —, coquille du genre cône. T. d'hist. nat.

MOIRÉ, E, part. Ondé comme la moire.

MOIRÉ, s. m. Com. du dép. du Rhône, cant. du Bois-d'Oingt, arr. de Villefranche. = Anse.

MOIREMONT, s. m. Com. du dép. de la Marne, cant. et arr. de Ste.-Ménéhould. = Ste.-Ménéhould.

MOIRER, v. a. Donner à une étoffe les ondulations de la moire.

MOIREY, s. m. Com. du dép. de la Meuse, cant. de Damvillers, arr. de Montmédy. = Damvillers.

MOIRON, s. m. Com. du dép. du Jura, cant. et arr. de Lons-le-Saulnier. = Lons-le-Saulnier.

MOIRY, s. m. Com. du dép. des Ardennes, cant. de Carignan, arr. de Sedan. = Carignan.

MOIS, s. m. La douzième partie de l'année, espace de trente jours ou environ. —, prix convenu pour un mois. —, pl. Flux menstruel.

MOISDON, s. m. Com. du dép. de la Loire-Inférieure, chef-lieu de cant. de l'arr. de Châteaubriant où se tient le bur. d'enregist. = Châteaubriant.

MOÏSE, s. m. Homme d'un génie supérieur, auquel l'ancien Testament attribue une foule d'événemens miraculeux; législateur, libérateur des Juifs, qu'il arracha de l'Egypte où ils étaient l'objet des plus cruelles persécutions;

auteur du Pentateuque, des cinq premiers livres de l'ancien Testament. Il florissait environ 1500 ans avant J.-C. —, tragédie de M. de Châteaubriand.

MOISE, s. f. Pièce de bois qui sert à en lier d'autres. T. de charp. —, long crochet de fer. T. de verr.

MOISÉ, E, part. Garni de moises. T. de charp.

MOISELLES, s. f. Com. du dép. de Seine-et-Oise, cant. d'Ecouen, arr. de Pontoise. = Ecouen.

MOISENAY, s. m. Com. du dép. de Seine-et-Marne, cant. du Châtelet, arr. de Melun. = Melun.

MOISER, v. a. Mettre une ou des moises. T. de charp.

MOISI, s. m. Chose moisie, qui commence à se corrompre, qui a une odeur désagréable.

MOISI, E, part. Gâté par l'influence d'un lieu humide privé d'air.

MOISIR, v. a. Gâter, pourrir, en parlant d'une cave et autres lieux humides privés d'air. —, v. n. Et se —, v. pron, Se couvrir d'une espèce de duvet blanc qui annonce un commencement de pourriture; se chancir.

MOISISSURE, s. f. Sorte de végétation en forme de duvet qu'on remarque sur les choses qui commencent à se pourrir; le moisi. —, genre de champignons, de mousses microscopiques. T. de bot.

MOISLAINS, s. m. Com. du dép. de la Somme, cant. et arr. de Péronne. = Péronne.

MOISON, s. f. Bail à ferme, moyennant la moitié ou une partie du produit agricole. —, longueur de la chaîne, dimension, qualité requise du drap. T. de manuf.

MOISONIER, s. m. Cultivateur qui paie ses fermages en nature.

MOISSAC, s. m. Com. du dép. du Cantal, cant. et arr. de Murat. = Murat.

MOISSAC, s. m. Com. du dép. de la Lozère, cant. de St.-Germain-de-Calberte, arr. de Florac. = le Pompidou.

MOISSAC, s. m. Ville du dép. de Tarn-et-Garonne, chef-lieu de sous-préf. et d'un cant.; trib. de 1er inst. et de comm.; conserv. des hypoth.; direct. des contrib. indir.; recev. part. des finances; bur. d'enregist. et de poste. Pop. 10,150 hab. environ.

Cette ville est située sur le Tarn, qui y est navigable.

Fabr. de minots; comm. de blé, farines, vins, huile, safran, laines, etc.

MOISSAC, s. m. Com. du dép. du Var, cant. de Tavernes, arr. de Brignoles. = Aups.

MOISSANNES, s. f. Com. du dép. de la Haute-Vienne, cant. de St.-Léonard, arr. de Limoges. = St.-Léonard.

MOISSAT, s. m. Com. du dép. du Puy-de-Dôme, cant. de Vertaizon, arr. de Clermont. = Billom.

MOISSEY, s. m. Com. du dép. du Jura, cant. de Montmirey, arr. de Dôle. = Dôle.

MOISSIEU, s. m. Com. du dép. de l'Isère, cant. de Beaurepaire, arr. de Vienne. = Beaurepaire.

MOISSINE, s. f. Faisceau de branches de vigne, chargées de grappes de raisin.

MOISSON, s. f. Récolte des céréales; époque où l'on moissonne; durée des travaux du moissonneur. —, les blés encore sur pied. —, année. T. poét. —, se dit fig. des succès et des nombreux triomphes d'une armée; moisson de lauriers.

MOISSON, s. m. Com. du dép. de Seine-et-Oise, cant. de Bonnières, arr. de Mantes. = Bonnières.

MOISSONNÉ, E, part. Recueilli, récolté.

MOISSONNER, v. a. et n. Scier, faucher, récolter, faire la moisson. —, détruire, faire périr; la guerre moissonne les soldats. — de la gloire, des lauriers, obtenir de nombreux succès, triompher; s'illustrer dans la carrière militaire ou dans celle des lettres, etc.

MOISSONNEUR, EUSE, s. Scieur, faucheur, etc., qui travaille à la moisson.

MOISSY-CRAHAYEL, s. m. Com. du dép. de Seine-et-Marne, cant. de Brie, arr. de Melun. = Lieusaint.

MOISVILLE, s. f. Com. du dép. de l'Eure, cant. de Nonancourt, arr. d'Evreux. = Nonancourt.

MOISY, s. m. Com. du dép. de Loir-et-Cher, cant. d'Ouzouer, arr. de Blois. = Cloyes.

MOITA, s. f. Com. du dép. de la Corse, chef-lieu de cant. de l'arr. de Corte. = Bastia.

MOITE, adj. Un peu humide.

MOITEUR, s. f. Humidité. —, légère transpiration. T. de méd.

MOITI, E, part. Légèrement humecté.

MOITIÉ, s. f. L'une des deux parties d'un tout divisé également; portion approximative de la moitié. —, épouse à l'égard de son mari. Fig. Etre de —, être associé pour moitié dans la perte et le gain. —, adv. A demi. A —, à demi, en partie. De —, à partie égale.

MOITIERS, s. m. Com. du dép. de la Manche, cant. de St.-Sauveur-le-Vicomte, arr. de Valognes. = Valognes.

MOITIERS-D'ALONNE (les), s. m. pl. Com. du dép. de la Manche, cant. de Barneville, arr. de Valognes. = Valognes.

MOITIR, v. a. Mouiller, humecter; moitir le papier. T. inus.

MOITRON, s. m. Com. du dép. de la Côte-d'Or, cant. d'Aiguay-le-Duc, arr. de Châtillon. = Aignay-le-Duc.

MOITRON, s. m. Com. du dép. de la Sarthe, cant. de Fresnay, arr. de Mamers. = Beaumont.

MOIVRES, s. m. Com. du dép. de la Marne, cant. de Marson, arr. de Châlons. = Châlons.

MOIVRON, s. m. Com. du dép. de la Meurthe, cant. de Nomeny, arr. de Nancy. = Nancy.

MOKHA ou MOCCA, s. m. Ville très ancienne de cette partie de l'Arabie-Heureuse qu'on nomme l'Yemen. Cette ville, située près du détroit de Bab-el-Mandel, possède un port sur la mer Rouge, et fait un très grand commerce de café qu'elle tire de Betelfagui, pays éloigné de 35 lieues. Pop. 18,000 hab. env. —, café petit, rond, très estimé, qu'on récolte à Mokha.

MOL, adj. Voy. Mou.

MOLAC, s. m. Com. du dép. du Morbihan, cant. de Questembert, arr. de Vannes. = Vannes.

MOLAGNY - MENNEVIEUX, s. m. Com. du dép. de la Seine-Inférieure, cant. de Gournay, arr. de Neufchâtel. = Gournay.

MOLAIN, s. m. Com. du dép. de l'Aisne, cant. de Wasigny, arr. de Vervins. = Guise.

MOLAIN, s. m. Com. du dép. du Jura, cant. et arr. de Poligny. = Poligny.

MOLAIRE, adj. Se dit des dents qui se trouvent à la partie latérale et postérieure de la mâchoire, parce qu'elles servent à moudre les alimens. T. d'anat.

MOLAISE, s. f. Com. du dép. de Saône-et-Loire, cant. de Verdun, arr. de Châlons. = Verdun-sur-le-Doubs.

MOLAIZE, s. f. Com. du dép. de Saône-et-Loire, cant. de Cuizery, arr. de Louhans. = Louhans.

MOLAMBOZ, s. m. Com. du dép. du Jura, cant. d'Arbois, arr. de Poligny. = Arbois.

MOLANDIER, s. m. Com. du dép. de l'Aude, cant. de Belpech, arr. de Castelnaudary. = Castelnaudary.

MOLARD (le), s. m. Com. du dép. de la Drôme, cant. de St.-Vallier, arr. de Valence. = St.-Vallier.

MOLAS, s. m. Com. du dép. de la Haute-Garonne, cant. de l'Isle-en-Dodon, arr. de St.-Gaudens. = l'Isle-en-Dodon.

MOLAY (le), s. m. Com. du dép. du Calvados, cant. de Balleroy, arr. de Bayeux. = Bayeux.

MOLAY, s. m. Com. du dép. du Jura, cant. de Chemin, arr. de Dôle. = Dôle.

MOLAY, s. m. Com. du dép. de la Haute-Saône, cant. de Vitrey, arr. de Vesoul. = Cintrey.

MOLAY, s. m. Com. du dép. de l'Yonne, cant. de Noyers, arr. de Tonnerre. = Noyers.

MOLDAVE, s. et adj. Originaire de Moldavie; qui est relatif à cette province.

MOLDAVIE, s. f. Province située dans la partie septentrionale de la Turquie d'Europe, à l'E. de la Transylvanie, et qui s'étend du S. au N. des bords du Danube à l'endroit où ce fleuve quitte la Valachie, jusqu'à la Podolie, province polonaise.

MOLDAVIQUE, s. f. Mélisse des Canaries. T. de bot.

MÔLE, s. m. Jetée de pierres, muraille à l'entrée d'un port. —, mausolée des Romains, rond, sur une base carrée, entouré de colonnes et recouvert d'un dôme. —, rainure d'essai des languettes. T. de menuis. —, fil de laiton pour garnir les têtes d'épingles. T. d'éping. —, poisson du genre du blenne. T. d'hist. nat. —, s. f. Masse informe qui occupe la matrice et qui s'en détache dans les fausses couches. T. de chir.

MOLEANS, s. m. Com. du dép. d'Eure-et-Loir, cant. et arr. de Châteaudun. = Châteaudun.

MOLEAU, s. m. Première huile exprimée d'une peau chamoisée.

MOLÉCULE, s. f. Partie infiniment petite qui constitue un corps qu'on dit être organisé. —, petite masse; molécule sanguine, lymphatique. T. d'anat.

MOLÈDES, s. m. Com. du dép. du Cantal, cant. de Massiac, arr. de St.-Flour. = Massiac.

MOLENAER, s. m. Poisson du genre du gade. T. d'hist. nat.

MOLÈNE, s. f. Plante du genre des solanées. T. de bot.

MOLENNE (île de), s. f. Com. du dép. du Finistère, cant. de St.-Renan, arr. de Brest. = Brest.

MOLER, v. n. Prendre le vent en poupe. T. de mar.

MOLÈRE, s. f. Com. du dép. des Hautes-Pyrénées, cant. de Lannemezan, arr. de Bagnères. = Bagnères.

MOLESME, s. m. Com. du dép. de la Côte-d'Or, cant. de Laignes, arr. de Châtillon. = Laignes.

MOLESME, s. m. Com. du dép. de l'Yonne, cant. de Courson, arr. d'Auxerre. = Auxerre.

MOLESTÉ, E, part. Vexé, tourmenté.

MOLESTER, v. a. Insulter, vexer, tourmenter, maltraiter.

MOLETTE, s. f. Extrémité d'un éperon en forme d'étoile, qui sert à piquer les flancs du cheval. —, tumeur molle à la jambe du cheval près du boulet; épi de poils au front du cheval. —, instrument de marbre en forme de cône, pour broyer les couleurs. —, petite roue. T. d'horl. —, grandes pincettes. T. d'orfév. —, petit rouleau de bois avec un fer en crochet. T. de cordier. —, lustroir. T. de vitr.

MOLETTÉ, E, part. Poli avec le lustroir, en parlant des glaces.

MOLETTER, v. a. Polir les glaces avec le lustroir.

MOLEZON, s. m. Com. du dép. de la Lozère, cant. de Barre, arr. de Florac. = le Pompidou.

MOLFF (St.-), s. m. Com. du dép. de la Loire-Inférieure, cant. de Guérande, arr. de Savenay. = Guérande.

MOLIENS, s. m. Com. du dép. de l'Oise, cant. de Formerie, arr. de Beauvais. = Grandvilliers.

MOLIÈRE, s. f. Carrière de pierres dures avec lesquelles on fait les meules des moulins à farines. —, adj. f. Grasse et marécageuse; terre molière. —, voy. MOLAIRE.

MOLIÈRES, s. f. Com. du dép. de l'Aude, cant. de St.-Hilaire, arr. de Limoux. = Limoux.

MOLIÈRES, s. f. Com. du dép. de la Dordogne, cant. de Cadouin, arr. de Bergerac. = Bergerac.

MOLIÈRES, s. f. Com. du dép. de la Drôme, cant. et arr. de Die. = Die.

MOLIÈRES, s. f. Com. du dép. du Gard, cant. et arr. du Vigan. = le Vigan.

MOLIÈRES, s. f. Com. du dép. du Lot, cant. de la Capelle, arr. de Figeac. = St.-Céré.

MOLIÈRES, s. f. Com. du dép. de Tarn-et-Garonne, chef-lieu de cant. de l'arr. de Montauban. Bur. d'enregist. = Castelnau.

MOLIÈRES (les), s. m. pl. Com. du dép. de Seine-et-Oise, cant. de Limours, arr. de Rambouillet. = Bonnières.

MOLIETS-ET-MAA, s. m. Com. du dép. des Landes, cant. de Soustons, arr. de Dax. = Dax.

MOLINA, s. m. Jésuite espagnol, auteur d'un livre qui a fait naître les trop fameuses controverses sur la grâce et la prédestination, et qui a partagé les dominicains et les jésuites en thomistes et en molinistes. —, genre de plantes de la Syngénésie. T. de bot.

MOLINCHART, s. m. Com. du dép. de l'Aisne, cant. et arr. de Laon. = Laon.

MOLINCOURT, s. m. Com. du dép. de l'Eure, cant. d'Ecos, arr. des Andelys. = Tilliers-en-Vexin.

MOLINE, s. f. Laine d'Espagne.

MOLINES, s. f. Com. du dép. des Hautes-Alpes, cant. de St.-Bonnet, arr. de Gap. = Gap.

MOLINES, s. f. Com. du dép. des Hautes-Alpes, cant. d'Aiguilles, arr. de Briançon. = Mont-Dauphin.

MOLINET, s. m. Com. du dép. de l'Allier, cant. de Dompierre, arr. de Moulins. = Digoin.

MOLINGES, s. f. Com. du dép. du Jura, cant. et arr. de St.-Claude. = St.-Claude.

MOLINGHEM, s. m. Com. du dép. du Pas-de-Calais, cant. de Norrent-Fontes, arr. de Béthune. = Aire-sur-la-Lys.

MOLINIE, s. f. Plante graminée. T. de bot.

MOLINISME, s. m. Opinion de Molina sur la grâce.

MOLINISTE, s. m. Disciple de Molina, partisan de sa doctrine.

MOLINONS, s. m. Com. du dép. de l'Yonne, cant. de Villeneuve, arr. de Sens. = Villeneuve-l'Archevêque.

MOLINOS, s. m. Prêtre espagnol dont la doctrine fut condamnée, ainsi que soixante-huit propositions contenues dans ses écrits. Voy. QUIÉTISME.

MOLINOSISME, s. m. Doctrine de Molinos; quiétisme. Voy. ce mot.

MOLINOT, s. m. Com. du dép. de la Côte-d'Or, cant. de Nolay, arr. de Beaune. = Nolay.

MOLINS, s. m. Com. du dép. de l'Aube, cant. de Brienne, arr. de Bar-sur-Aube. = Brienne.

MOLITARD, s. m. Com. du dép. d'Eure-et-Loir, cant. et arr. de Châteaudun. = Châteaudun.

MOLITG, s. m. Com. du dép. des Pyrénées-Orientales, cant. et arr. de Prades. = Prades.

MOLLANS, s. m. Com. du dép. de la

Drôme, cant. du Buis, arr. de Nyons. = le Buis.

MOLLANS, s. m. Com. du dép. de la Haute-Saône, cant. et arr. de Lure. = Lure.

MOLLASSE, adj. Trop mou, désagréable au toucher; chair mollasse. Etoffe —, qui n'a point de corps.

MOLLAU, s. m. Com. du dép. du Haut-Rhin, cant. de St.-Amarin, arr. de Belfort. = Cernay.

MOLLAVI, s. m. Plante, genre de sterculiacées. T. de bot.

MOLLÉ, s. m. Poisson du genre du gade. T. d'hist. nat. —, arbre du Pérou, poivrier lentisque. T. de bot.

MOLLE, s. f. Botte d'osier fendu; paquet de cerceaux.

MOLLE (la), s. f. Com. du dép. du Var, cant. de St.-Tropez, arr. de Draguignan. = St.-Tropez.

MOLLÉGÉS, s. m. Com. du dép. des Bouches-du-Rhône, cant. d'Orgon, arr. d'Arles. = Orgon.

MOLLEMENT, adv. Dans un bon lit; sur un siége bien doux. —, dans la mollesse, la volupté; d'une manière molle, efféminée. —, faiblement, sans vigueur, sans activité.

MOLLE-MER, s. f. L'instant où il n'y a ni flux ni reflux. T. de mar.

MOLLERA, s. m. Poisson des îles Baléares. T. d'hist. nat.

MOLLES, s. f. Com. du dép. de l'Allier, cant. de Cusset, arr. de la Palisse. = Cusset.

MOLLESSE, s. f. Qualité de ce qui est mou; manque de dureté. —, vie oisive, paresse voluptueuse; délicatesse efféminée. Fig. —, manque de vigueur, de fermeté dans le caractère; excès d'indulgence. —, douceur du style. T. de litt. — des chairs, imitation de leur flexibilité. — du pinceau, défaut de fermeté dans les touches. T. de peint.

MOLLET, s. m. Le gras de la jambe; partie postérieure et supérieure de la jambe, formée par le ventre des muscles gastrocnémiens et du solaire, puis des jambiers, etc. T. d'anat. —, sorte de frange aux lits.

MOLLET, TE, adj. Un peu mou; qui est d'une douceur agréable au toucher. Coucher —, qui cède doucement sous le poids du corps. Pain —, sorte de pain blanc et léger.

MOLLETON, s. m. Etoffe de laine ou de coton, douce et mollette.

MOLLEVILLE, s. f. Com. du dép. de l'Aude, cant. de Salles, arr. de Castelnaudary. = Castelnaudary.

MOLLIE, s. f. Voy. JUNCIE. T. de bot.

MOLLIENS-AU-BOIS, s. m. Com. du dép. de la Somme, cant. de Villers-Bocage, arr. d'Amiens. = Amiens.

MOLLIENS-VIDAME, s. m. Com. du dép. de la Somme, chef-lieu de cant. de l'arr. d'Amiens. Bur. d'enregist. = Picquigny.

MOLLIFICATION, s. f. Action de mollifier; effets de cette action. T. inus.

MOLLIFIÉ, E, part. Liquéfié. T. de méd.

MOLLIFIER, v. a. Rendre mou, liquéfier. T. de méd.

MOLLINEDE, s. m. Plante de la famille des urticées. T. de bot.

MOLLIPENNES, s. m. pl. Insectes coléoptères à élytres mous. T. d'hist. nat.

MOLLIR, v. n. Devenir mou, en parlant des fruits; manquer de solidité, plier. —, céder trop aisément; fléchir, manquer de fermeté.

MOLLKIRCH, s. m. Com. du dép. du Bas-Rhin, cant. de Rosheim, arr. de Schélestadt. = Schélestadt.

MOLLUGO, s. m. Plante, genre de caryophyllées. T. de bot.

MOLLUSQUES, s. m. pl. Classe d'animaux imparfaits, mous, sans articulations ni vertèbres, mais pourvus d'organes propres à la circulation, ayant un cerveau, des nerfs et des vaisseaux. T. d'hist. nat.

MOLO, s. m. Première huile qui sort des peaux qu'on apprête.

MOLOBRE, s. m. Genre d'insectes némocères. T. d'hist. nat.

MOLOCHITE, s. f. Pierre dont la couleur est voisine de celle de la mauve. T. d'hist. nat.

MOLOMPIZE, s. f. Com. du dép. du Cantal, cant. de Massiac, arr. de St.-Flour. = Massiac.

MOLON, s. m. Com. du dép. de l'Ain, cant. de Meximieux, arr. de Trévoux. = Meximieux.

MOLON, s. m. Voy. FILIPENDULE. T. de bot.

MOLOPS, s. m. Voy. FÉRONIE. T. d'hist. nat.

MOLORGUE, s. m. Genre d'insectes coléoptères. T. d'hist. nat.

MOLOSME, s. m. Com. du dép. de l'Yonne, cant. et arr. de Tonnerre. = Tonnerre.

MOLOSSE, s. m. Fils de Phyrrhus et d'Andromaque. —, pied de vers grec ou latin de trois longues. T. de poés. —, mammifère carnassier du genre des cheiroptères. T. d'hist. nat. —, pl. Peuples d'Epire. T. de myth.

MOLOXITA, s. m. Religieuse d'Abyssinie, espèce de merle.

MOLOY, s. m. Com. du dép. de la Côte-d'Or, cant. d'Is-sur-Tille, arr. de Dijon. = Is-sur-Tille.

MOLPADIE, s. f. Echinoderme, ver marin voisin des holothuries. T. d'hist. nat.

MOLPHEY, s. m. Com. du dép. de la Côte-d'Or, cant. de Saulieu, arr. de Semur. = Saulieu.

MOLRING, s. m. Com. du dép. de la Meurthe, cant. d'Albestroff, arr. de Château-Salins. = Dieuze.

MOLSHEIM, s. m. Ville du dép. du Bas-Rhin, chef-lieu de cant. de l'arr. de Strasbourg. Bur. d'enregist. et de poste. Fabr. de bonneterie, rubans de fil, et d'outils de toute espèce.
Comm. de grains, et vins très estimés.

MOLTFAO, s. m. Com. du dép. de la Corse, cant. de Castifao, arr. de Corte. = Bastia.

MOLTOLINOS, s. m. Peau de mouton du Levant.

MOLUCELLE, s. f. Genre de plantes labiées. T. de bot.

MOLUGINE, s. f. Plante du genre des caryophyllées. T. de bot.

MOLUNES, s. f. Com. du dép. du Jura, cant. et arr. de St.-Claude. = St.-Claude.

MOLUQUE, s. f. Mélisse des îles Moluques. —, s. f. pl. Îles de la mer Orientale, qui se trouvent à l'E. des îles de la Sonde, les seules qui produisent le clou de girofle et la muscade. La plupart de ces îles ont des rois particuliers qui sont soumis aux Hollandais. On y remarque l'île de Célèbes, qui renferme le royaume de Macassar, et Amboine, la plus considérable et la plus fertile de ces îles.

MOLURE, s. f. Couleuvre des Indes. T. d'hist. nat.

MOLURIS, s. m. Genre d'insectes coléoptères.

MOLVANGE, s. f. Com. du dép. de la Moselle, cant. de Cattenom, arr. de Thionville. = Thionville.

MOLVE, s. f. Poisson du genre du gade. T. d'hist. nat.

MOLY, s. m. Sorte d'ail. —, plante que Mercure remit à Ulysse pour empêcher l'effet des breuvages de Circée. T. de myth.

MOLYBDATE, s. m. Sel tiré de l'acide molybdique, combiné avec différentes bases. T. de chim.

MOLYBDÈNE, s. m. Demi-métal en petits grains, couleur de plomb; plombagine.

MOLYBDIQUE, adj. m. Se dit d'un acide dont le molybdène est la base. T. de chim.

MOLYBDITE, s. f. Pierre minérale contenant du plomb. T. d'hist. nat.

MOLYBDOÏDE, s. f. Mine de plomb, plombagine. T. d'hist. nat.

MOM, s. m. Sorte de bière.

MOMAS, s. m. Com. du dép. des Basses-Pyrénées, cant. de Lescar, arr. de Pau. = Pau.

MOMBOS, s. m. Com. du dép. de la Dordogne, cant. de Cunèges, arr. de Bergerac. = Bergerac.

MOMELIN (St.-), s. m. Com. du dép. du Nord, cant. de Bourbourg, arr. de Dunkerque. = St.-Omer.

MOMENEL, s. m. Espèce de singe. T. d'hist. nat.

MOMENET-CYNOCÉPHALE, s. m. Singe à tête de chien. T. d'hist. nat.

MOMENT, s. m. Petite partie de temps, temps fort court, instant. —, produit de la puissance du levier; quantité de mouvement. T. de mécan. —, pl. Temps, en général; je ne veux point abuser des momens du lecteur. A tout —, adv. Continuellement, sans cesse. Dans le —, sur-le-champ. Du — que, conj. Dès que, depuis que.

MOMENTANÉ, E, adj. Qui ne dure qu'un moment, passager.

MOMENTANÉMENT, adv. Passagèrement, pour, ou pendant un moment.

MOMÈRES, s. f. Com. du dép. des Hautes-Pyrénées, cant. et arr. de Tarbes. = Tarbes.

MOMERIE, s. f. Mascarade. (Vi). —, cérémonie ridicule, pratique superstitieuse. —, affectation de sentimens qu'on n'a pas, déguisement; chose concertée, jeu joué pour tromper en plaisantant, pour faire rire.

MOMESTROFF, s. m. Com. du dép. de la Moselle, cant. de Boulay, arr. de Metz. = Boulay.

MOMIE, s. f. Corps embaumé des grands personnages de la vieille Egypte, qu'on retrouve encore dans les anciens monumens de cette contrée fameuse. —, cadavre desséché sur le sable des déserts. —, personne indolente, nonchalante. Fig. et fam. —, cire noire pour greffer. T. de jard.

MOMMENHEIM, s. m. Com. du dép. du Bas-Rhin, cant. de Brumath, arr. de Strasbourg. = Strasbourg.

MOMON, s. m. Somme qu'on jouait aux dés sur un défi porté par des personnes masquées. —, partie où les joueurs prennent un nombre égal de jetons, et qu'il faut gagner tous pour avoir la mise totale. T. de jeu de cartes.

MOMONT, s. m. Faisan de l'Indostan. T. d'hist. nat.

MOMORDIQUE, s. f. Plante du genre des cucurbitacées. T. de bot.

MOMOT, s. m. Passereau d'Amérique, oiseau sylvain. T. d'hist. nat.

MOMUS, s. m. Fils du Sommeil et de la Nuit, Dieu de la raillerie. On le représente levant le masque d'un visage, et tenant une marotte à la main. T. de myth.

MOMUY, s. m. Com. du dép. des Landes, cant. d'Hagetmau, arr. de St.-Sever. = St.-Sever.

MOMY, s. m. Com. du dép. des Basses-Pyrénées, cant. de Lembeye, arr. de Pau. = Pau.

MON, MA, pron. possessif. Le mien, la mienne. —, pl. m. et f. Mes.

MONACAILLE, s. f. Les moines, engeance monacale. T. iron.

MONACAL, E, adj. Qui est relatif aux moines.

MONACALEMENT, adv. D'une façon monacale; à la manière des moines.

MONACANTHE, s. m. Baliste, poisson cartilagineux. T. d'hist. nat.

MONACCIA, s. f. Com. du dép. de la Corse, cant. de Piedicroce, arr. de Corte. = Bastia.

MONACHELLE, s. f. Marron, poisson du genre du spare. T. d'hist. nat.

MONACHISME, s. m. L'état des moines. T. iron.

MONACHNE, s. m. Genre de plantes graminées. T. de bot.

MONADE, s. m. Elément simple des corps, suivant le système du philosophe Leibnitz. —, animalcule infusoire, le plus petit des animaux connus. T. d'hist. nat.

MONADELPHE, adj. f. Se dit des étamines réunies par des filets. T. de bot.

MONADELPHIE, s. f. Seizième classe des végétaux, à étamines monadelphes. T. de bot.

MONADISTE, s. m. et adj. Partisan du système des monades.

MONAMPTEUIL, s. m. Com. du dép. de l'Aisne, cant. d'Anizy-le-Château, arr. de Laon. = Chauvignon.

MONANDRE, adj. Se dit d'une plante dont les étamines sont réunies par des filets. T. de bot.

MONANDRIE, s. f. Première classe des végétaux à une seule étamine. T. de bot.

MONARCHIE, s. f. Etat gouverné par un monarque, un souverain.

MONARCHIEN ou MONARCHISTE, s. m. Partisan du gouvernement d'un seul, royaliste.

MONARCHIQUE, adj. Qui concerne la monarchie; qui appartient à cette forme de gouvernement.

MONARCHIQUEMENT, adv. D'une manière monarchique.

MONARDE, s. f. Genre de plantes labiées de l'Amérique méridionale. T. de bot.

MONARQUE, s. m. Roi, empereur, souverain d'une monarchie.

MONARRHENE, s. m. Plante du genre des synanthérées. T. de bot.

MONASE ou BARBACOU, s. m. Oiseau sylvain. T. d'hist. nat.

MONASSUT, s. m. Com. du dép. des Basses-Pyrénées, cant. de Lembeye, arr. de Pau. = Pau.

MONASTÈRE, s. m. Demeure, habitation de moines, de religieuses; couvent.

MONASTÈRE (le), s. m. Com. du dép. de l'Aveyron, cant. et arr. de Rodez. = Rodez.

MONASTIER (le), s. m. Com. du dép. de la Haute-Loire, chef-lieu de cant. de l'arr. du Puy. Bur. d'enregist. = le Puy.

MONASTIER, s. m. Com. du dép. de la Lozère, cant. de St.-Germain-du-Teil, arr. de Marvejols. = Marvejols.

MONASTIQUE, adj. Qui appartient au monastère; qui est relatif aux moines, aux religieuses.

MONAUL, s. m. Bel oiseau des Indes du genre des gallinacés. T. d'hist. nat.

MONAULE, s. f. Flûte, instrument de musique dont on se servait dans l'ancienne Grèce.

MONAUT, adj. m. Se dit d'un chien ou d'un chat qui n'a qu'une oreille.

MONAX, s. m. Marmotte du Canada. T. d'hist. nat.

MONAY, s. m. Com. du dép. du Jura, cant. de Sellières, arr. de Lons-le-Saulnier. = Sellières.

MONBADON, s. m. Com. du dép. de la Gironde, cant. de Lussac, arr. de Libourne. = Coutras.

MONBAHUS, s. m. Com. du dép. de Lot-et-Garonne, cant. de Cancon, arr. de Villeneuve. = Lauzun.

MONBAIN ou MONBIN, s. m. Prunier des Antilles de la famille des térébinthacées. T. de bot.

MONBALEN, s. m. Com. du dép. de Lot-et-Garonne, cant. de la Roque-Timbaut, arr. d'Agen. = Agen.

MONBARDON, s. m. Com. du dép. du Gers, cant. de Masseube, arr. de Mirande. = Auch.

MONBARLA, s. m. Com. du dép. de Tarn-et-Garonne, cant. de Lauzerte, arr. de Moissac. = Lauzerte.

MONBAZILLAC, s. m. Com. du dép. de la Dordogne, cant. de Cunèges, arr. de Bergerac. = Bergerac.

MONBÉQUI, s. m. Com. du dép. de Tarn-et-Garonne, cant. de Grisolles, arr. de Castel-Sarrasin. = Grisolles.

MONBERT, s. m. Com. du dép. du Gers, cant. et arr. d'Auch. = Auch.

MONBLANC, s. m. Com. du dép. du Gers, cant. de Samatan, arr. de Lombez. = Lombez.

MONBONNOT, s. m. Com. du dép. de l'Isère, cant. et arr. de Grenoble. = Grenoble.

MONBRAN, s. m. Com. du dép. de Lot-et-Garonne, cant. et arr. d'Agen. = Agen.

MONBRIER, s. m. Com. du dép. de la Gironde, cant. de Bourg, arr. de Blaye. = Bourg.

MONBRUN, s. m. Com. du dép. de la Haute-Garonne, cant. de Montesquieu, arr. de Muret. = Rieux.

MONBRUN, s. m. Com. dép. du Gers, cant. de Cologne, arr. de Lombez. = Auch.

MONBRUN, s. m. Com. du dép. du Gers, cant. de Masseube, arr. de Mirande. = l'Isle-en-Jourdain.

MONBRUN, s. m. Com. du dép. du Lot, cant. de Cajarc, arr. de Figeac. = Figeac.

MONBRUN, s. m. Com. du dép. des Deux-Sèvres, cant. de Thouars, arr. de Bressuire. = Thouars.

MONBUSQ, s. m. Village du dép. de Lot-et-Garonne, cant. et arr. d'Agen. = Agen.

MONCALE, s. m. Com. du dép. de la Corse, cant. de Calenzana, arr. de Calvi. = Bastia.

MONCARRET, s. m. Com. du dép. de la Dordogne, cant. de Velines, arr. de Bergerac. = Castillon.

MONCASSIN, s. m. Com. du dép. du Gers, cant. et arr. de Mirande. = Mirande.

MONCASSIN, s. m. Village du dép. de Lot-et-Garonne, cant. de Casteljaloux, arr. de Nérac. = Casteljaloux.

MONCAUP, s. m. Com. du dép. de la Haute-Garonne, cant. d'Aspet, arr. de St.-Gaudens. = St.-Gaudens.

MONCAUP, s. m. Com. du dép. des Basses-Pyrénées, cant. de Lembeye, arr. de Pau. = Pau.

MONCAUT, s. m. Com. du dép. de Lot-et-Garonne, cant. et arr. de Nérac. = Nérac.

MONCAYAT, s. m. Sorte d'étoffe de laine.

MONCAYOLLE, s. f. Com. du dép. des Basses-Pyrénées, cant. et arr. de Mauléon. = Mauléon.

MONCEAU, s. m. Tas, amas en forme de mont.

MONCEAU-ST.-WAAT, s. m. Com. du dép. du Nord, cant. de Berlaymont, arr. d'Avesnes. = Avesnes.

MONCEAUX, s. m. Com. du dép. du Calvados, cant. et arr. de Bayeux. = Bayeux.

MONCEAUX (les), s. m. pl. Com. du dép. du Calvados, cant. et arr. de Lisieux. = Lisieux.

MONCEAUX, s. m. Com. du dép. de la Corrèze, cant. d'Argentat, arr. de Tulle. = Argentat.

MONCEAUX, s. m. Com. du dép. de la Nièvre, cant. de Tannay, arr. de Clamecy. = Corbigny.

MONCEAUX, s. m. Com. du dép. de l'Oise, cant. de Liancourt, arr. de Clermont. = Clermont.

MONCEAUX, s. m. Com. du dép. de l'Orne, cant. de Longni, arr. de Mortagne. = Longni.

MONCEAUX, s. m. Com. du dép. de Seine-et-Marne, cant. de Villers-St-Georges, arr. de Provins. = Tournon.

MONCEAUX-L'ABBAYE, s. m. Com. du dép. de l'Oise, cant. de Formerie, arr. de Beauvais. = Grandvilliers.

MONCÉ-EN-BELIN, s. m. Com. du dép. de la Sarthe, cant. d'Ecommoy, arr. du Mans. = le Mans.

MONCÉ-EN-SONNOIS, s. m. Com. du dép. de la Sarthe, cant. de Marolles, arr. de Mamers. = Mamers.

MONCEL, s. m. Com. du dép. de la Meurthe, cant. et arr. de Château-Salins. = Château-Salins.

MONCEL-ET-APPONCOURT, s. m. Com. du dép. des Vosges, cant. de Coussey, arr. de Neufchâteau. = Neufchâteau.

MONCEL-LES-LUNÉVILLE, s. m. Com. du dép. de la Meurthe, cant. et arr. de Lunéville. = Lunéville.

MONCETS, s. m. Com. du dép. de la Marne, cant. de Marson, arr. de Châlons. = Châlons-sur-Marne.

MONCETZ, s. m. Com. du dép. de la Marne, cant. de Thiéblemont, arr. de Vitry. = Vitry-le-Français.

MONCEY, s. m. Com. du dép. du Doubs, cant. de Marchaux, arr. de Besançon. = Besançon.

MONCHAUX, s. m. Com. du dép. du Nord, cant. et arr. de Valenciennes. = Valenciennes.

MONCHEAUX, s. m. Com. du dép. du Nord, cant. de Pont-à-Marcq, arr. de Lille. = Douai.

MONCHEAUX, s. m. Com. du dép. du Pas-de-Calais, cant. et arr. de St.-Pol. = Frévent.

MONCHECOURT, s. m. Com. du dép. du Nord, cant. d'Arleux, arr. de Douai. = Douai.

MONCHEL, s. m. Com. du dép. du Pas-de-Calais, cant. d'Auxy-le-Château, arr. de St.-Pol. = Frévent.

MONCHENOT, s. m. Village du dép. de la Marne, com. de Villers-Allerand, cant. de Verzy, arr. de Reims. = Reims.

MONCHEUX, s. m. Com. du dép. de la Moselle, cant. de Verny, arr. de Metz. = Metz.

MONCHIET, s. m. Com. du dép. du Pas-de-Calais, cant. de Beaumetz, arr. d'Arras. = Arras.

MONCHY-AU-BOIS, s. m. Com. du dép. du Pas-de-Calais, cant. de Beaumetz, arr. d'Arras. = Arras.

MONCHY-BRETON, s. m. Com. du dép. du Pas-de-Calais, cant. d'Aubigny, arr. de St.-Pol. = St.-Pol.

MONCHY-CAYEUX, s. m. Com. du dép. du Pas-de-Calais, cant. d'Heuchin, arr. de St.-Pol. = St.-Pol.

MONCHY-HUMIÈRES, s. m. Com. du dép. de l'Oise, cant. de Ressons, arr. de Compiègne. = Compiègne.

MONCHY-LAGACHE, s. m. Com. du dép. de la Somme, cant. de Ham, arr. de Péronne. = Péronne.

MONCHY-LE-CHÂTEL, s. m. Com. du dép. de l'Oise, cant. de Noailles, arr. de Beauvais. = Beauvais.

MONCHY-LE-PREUX, s. m. Com. du dép. du Pas-de-Calais, cant. de Vitry, arr. d'Arras. = Arras.

MONCHY-ST.-ÉLOY, s. m. Com. du dép. de l'Oise, cant. de Liancourt, arr. de Clermont. = Creil.

MONCI, s. m. Com. du dép. de l'Orne, cant. de Tinchebray, arr. de Domfront. = Tinchebray.

MONCLA, s. m. Com. du dép. des Basses-Pyrénées, cant. de Garlin, arr. de Pau. = Seyne.

MONCLAR, s. m. Com. du dép. du Gers, cant. de Cazaubon, arr. de Condom. = Condom.

MONCLAR, s. m. Com. du dép. du Gers, cant. de Montesquiou, arr. de Mirande. = Roquefort.

MONCLAR, s. m. Petite ville du dép. de Lot-et-Garonne, chef-lieu de cant. de l'arr. de Villeneuve-d'Agen. Bur. d'enregist. à Casseneuil. = Ste.-Livrade.

MONCLAR, s. m. Petite ville du dép. de Tarn-et-Garonne, chef-lieu de cant. de l'arr. de Montauban. Bur. d'enregist. à Négrepelisse. = Montauban.

MONCLERA, s. m. Com. du dép. du Lot, cant. de Cazals, arr. de Cahors. = Gourdon.

MONCLEY, s. m. Com. du dép. du Doubs, cant. d'Audeux, arr. de Besançon. = Besançon.

MONCLIN, s. m. Com. du dép. des Ardennes, cant. de Novion, arr. de Réthel. = Réthel.

MONCONTOUR, s. m. Petite ville du dép. des Côtes-du-Nord, chef-lieu de cant. de l'arr. de St.-Brieuc. Bur. d'enregist. et de poste.
Fabr. de toiles d'emballage.

MONCONTOUR, s. m. Petite ville du dép. de la Vienne, chef-lieu de cant. de l'arr. de Loudun. Bur. d'enregist. = Airvault.

MONCORNEIL-DERRIÈRE, s. m. Com. du dép. du Gers, cant. de Saramon, arr. d'Auch. = Auch.

MONCORNEIL-DEVANT, s. m. Com. du dép. du Gers, cant. de Saramon, arr. d'Auch. = Auch.

MONCOURT, s. m. Com. du dép. de la Meurthe, cant. de Vic, arr. de Château-Salins. = Château-Salins.

MONCOUTANT, s. m. Com. du dép. des Deux-Sèvres, chef-lieu de cant. de l'arr. de Parthenay. Bur. d'enregist. = Bressuire.
Fabr. de droguets; comm. de grains.

MONCRABEAU, s. m. Com. du dép. de Lot-et-Garonne, cant. de Francescas, arr. de Nérac. = Nérac.

MONCUBE, s. m. Com. du dép. des Landes, cant. et arr. de St.-Sever. = St.-Sever.

MONCUQ, s. m. Petite ville du dép. du Lot, chef-lieu de cant. de l'arr. de Cahors. Bur. d'enregist. = Cahors.

MONDAIN, s. m. Espèce de pigeon de volière.

MONDAIN, E, s. et adj. Qui aime la société, le monde et ses plaisirs; qui est attaché aux futilités, aux vanités de ce monde. —, qui se ressent de cet attachement, en est la preuve; parure mondaine.

MONDAINEMENT, adv. D'une manière mondaine.

MONDANE (Ste.-), s. f. Com. du dép. de la Dordogne, cant. de Carlux, arr. de Sarlat. = Sarlat.

MONDANITÉ, s. f. Vanité, sensualité, attachement aux faiblesses de ce monde.

MONDAVESAN, s. m. Com. du dép. de la Haute-Garonne, cant. de Cazères, arr. de Muret. = Martres.

MONDE, s. m. Le ciel et la terre,

l'univers; Dieu a créé le monde. —, le globe terrestre, la terre; faire le tour du monde. —, les deux hémisphères; l'Ancien, le Nouveau-Monde. —, le genre humain, la plupart, le commun, le plus grand nombre des hommes; l'opinion est la maîtresse du monde. —, multitude, grand nombre; troupe considérable, armée; la bataille de Leipsick a coûté bien du monde. —; gens, personnes, dans un sens indéfini; vous vous moquez du monde. —, famille, domestiques, suite, etc.; maltraiter son monde. —, la société; voir le monde. Le grand —, la première classe de la société, les grands, les riches. Connaître le —, connaître les hommes. —, la vie séculière, par opposition à la vie monastique; se retirer du monde. —, la vie des hommes sur la terre, par opposition à la vie future; les peines de ce monde. Venir au —, naître. Sortir du —, mourir. —, globe surmonté d'une croix. T. de blas.

MONDE, adj. Pur, l'opposé d'immonde.

MONDÉ, E, part. Nettoyé, dégagé de sa pellicule, en parlant du grain; orge mondée.

MONDEBAT, s. m. Com. du dép. du Gers, cant. de Plaisance, arr. de Mirande. = Plaisance.

MONDEBAT, s. m. Com. du dép. des Basses-Pyrénées, cant. de Thèze, arr. de Pau. = Pau.

MONDELANGE, s. m. Com. du dép. de la Moselle, cant. et arr. de Thionville. = Thionville.

MONDEMENT, s. m. Com. du dép. de la Marne, cant. de Sézanne, arr. d'Epernay. = Sézanne.

MONDER, v. a. Nettoyer, purifier. — l'orge, enlever sa pellicule. — la casse, retirer la substance renfermée dans sa gousse. — des amandes, les échauder pour enlever la peau, etc.

MONDESCOURT, s. m. Com. du dép. de l'Oise, cant. de Noyon, arr. de Compiègne. = Noyon.

MONDEVERT, s. m. Com. du dép. d'Ille-et-Vilaine, cant. et arr. de Vitré. = Vitré.

MONDEVILLE, s. f. Com. du dép. du Calvados, cant. et arr. de Caen. = Caen.

MONDEVILLE, s. f. Com. du dép. de Seine-et-Oise, cant. de la Ferté-Aleps, arr. d'Etampes. = la Ferté-Aleps.

MONDICOURT, s. m. Com. du dép. du Pas-de-Calais, cant. d'Avesnes-le-Comte, arr. de St.-Pol. = Doullens.

MONDIFICATIF, IVE, adj. Se dit des médicamens employés pour nettoyer les plaies et les ulcères; détersif. T. de chir.

MONDIFIÉ, E, part. Nettoyé, en parlant d'une plaie. T. de chir.

MONDIFIER, v. a. Nettoyer une plaie, un ulcère; enlever le pus dont le séjour empêche la cicatrisation. T. de chir.

MONDIGNY, s. m. Com. du dép. des Ardennes, cant. de Flize, arr. de Mézières. = Mézières.

MONDILHAN, s. m. Com. du dép. de la Haute-Garonne, cant. de Boulogne, arr. de St.-Gaudens. = Boulogne.

MONDION, s. m. Com. du dép. de la Vienne, cant. de Leigné-sur-Usseau, arr. de Châtellerault. = les Ormes.

MONDIQUE, s. f. Substance pierreuse dans les mines d'étain; pyrite blanche, arsénicale.

MONDO, s. m. Espèce de muguet du Japon. T. de bot.

MONDON, s. m. Com. du dép. du Doubs, cant. de Rougemont, arr. de Baume. = Baume.

MONDONSKKA, s. m. Véron des rivières de Sibérie. T. d'hist. nat.

MONDONVILLE, s. f. Com. du dép. de la Haute-Garonne, cant. et arr. de Toulouse. = Toulouse.

MONDONVILLE-ST.-JEAN, s. f. Com. du dép. d'Eure-et-Loir, cant. d'Auneau, arr. de Chartres. = Gallardon.

MONDORÉ, s. m. Com. du dép. de la Haute-Saône, cant. de Vauvillers, arr. de Lure. = Vesoul.

MONDORFF, s. m. Com. du dép. de la Moselle, cant. de Cattenom, arr. de Thionville. = Thionville.

MONDOUMERC, s. m. Com. du dép. du Lot, cant. de Lalbenque, arr. de Cahors. = Cahors.

MONDOUZIL, s. m. Com. du dép. de la Haute-Garonne, cant. et arr. de Toulouse. = Toulouse.

MONDOVI, s. m. Ville fortifiée du Piémont, capitale de la province de ce nom. Pop., 21,500 hab. env.

MONDRAGON, s. m. Com. du dép. du Tarn, cant. de Lautrec, arr. de Castres. = Castres.

MONDRAIN, s. m. Monticule de sable. T. de mar.

MONDRAINVILLE, s. f. Com. du dép. du Calvados, cant. de Tilly-sur-Seulles, arr. de Caen. = Caen.

MONDRECOURT, s. m. Com. du dép. de la Meuse, cant. de Triaucourt, arr. de Bar-le-Duc. = Verdun-sur-Meuse.

MONDREPUIS, s. m. Com. du dép. de l'Aisne, cant. d'Hirson, arr. de Vervins. = la Chapelle.

MONDREVILLE, s. f. Com. du dép.

de Seine-et-Marne, cant. de Château-Landon, arr. de Fontainebleau. = Château-Landon.

MONDREVILLE, s. f. Com. du dép. de Seine-et-Oise, cant. d'Houdan, arr. de Mantes. = Mantes.

MONE ou MONA, s. f. Guenon. T. d'hist. nat.

MONÉDULE, s. f. Genre d'insectes hyménoptères. T. d'hist. nat.

MONEIN, s. m. Petite ville du dép. des Basses-Pyrénées, chef-lieu de cant. de l'arr. d'Oloron. Bur. d'enregist. = Pau. Comm. de vins.

MONERIS, s. m. Navire à un seul rang de rames, dont se servaient les anciens.

MONERME, s. f. Genre de plantes graminées. T. de bot.

MONÈS-ET-GARMIONT, s. m. Com. du dép. de la Haute-Garonne, cant. de Rieumes, arr. de Muret. = Lombez.

MONESPLE, s. m. Com. du dép. de l'Ariège, cant. du Fossat, arr. de Pamiers. = le Mas-d'Azil.

MONESTIER, s. m. Com. du dép. de l'Allier, cant. de Chantelle-le-Château, arr. de Gannat. = St.-Pourçain.

MONESTIER, s. m. Com. du dép. de l'Ardèche, cant. d'Annonay, arr. de Tournon. = Annonay.

MONESTIER (le), s. m. Com. du dép. des Hautes-Alpes, chef-lieu de cant. de l'arr. de Briançon. = Gap.
Etablissement d'eaux thermales; fabr. de toiles; filatures de coton; clouteries.

MONESTIER (le), s. m. Com. du dép. du Puy-de-Dôme, cant. de St.-Amand-Roche-Savine, arr. d'Ambert.= Ambert.

MONESTIER-D'AMBEL, s. m. Com. du dép. de l'Isère, cant. de Corps, arr. de Grenoble. = Corps.

MONESTIER-DE-CLERMONT, s. m. Com. du dép. de l'Isère, chef-lieu de cant. de l'arr. de Grenoble. Bur. d'enregist. = Grenoble.

MONESTIER-DUPERCY, s. m. Com. du dép. de l'Isère, cant. de Clelles, arr. de Grenoble. = Mens.

MONESTIER-LE-PORT-DIEU, s. m. Com. du dép. de la Corrèze, cant. de Bort, arr. d'Ussel. = Ussel.

MONESTIER-MERLINES, s. m. Com. du dép. de la Corrèze, cant. d'Eygurande, arr. d'Ussel. = Ussel.

MONESTIÉS, s. m. Petite ville du dép. du Tarn, chef-lieu de cant. de l'arr. d'Albi. Bur. d'enregist. = Albi.
Comm. de toile, fil et bestiaux.

MONESTROL, s. m. Com. du dép. de la Haute-Garonne, cant. de Nailloux, arr. de Villefranche. = Villefranche.

MONÉTAIRE, s. m. Intendant des monnaies, qui les faisait fabriquer. (Vi.) —, adj. Qui a rapport aux monnaies; système monétaire.

MONETAY, s. m. Com. du dép. du Jura, cant. de St.-Julien, arr. de Lons-le-Saulnier. = Lons-le-Saulnier.

MONÉTEAU, s. m. Com. du dép. de l'Yonne, cant. et arr. d'Auxerre. = Auxerre.

MONÉTRIER-ALLEMOND (le), s. m. Com. du dép. des Hautes-Alpes, cant. de Laragne, arr. de Gap. = Gap.

MONÉTISATION, s. f. Fabrication de monnaie; conversion des papiers publics en valeurs monétaires; émission de papier-monnaie.

MONÉTISÉ, E, part. Converti en valeurs monétaires, en parlant des papiers publics.

MONÉTISER, v. a. Convertir du papier en valeurs monétaires; émettre du papier-monnaie, lui donner cours.

MONFA, s. m. Com. du dép. du Tarn, cant. de Roquecourbe, arr. de Castres. = Castres.

MONFAND, s. m. Com. du dép. de l'Allier, cant. de St.-Pourçain, arr. de Gannat. = St.-Pourçain.

MONFAUCON, s. m. Com. du dép. de la Dordogne, cant. de la Force, arr. de Bergerac. = Ste.-Foi.

MONFAUCON, s. m. Com. du dép. du Lot, cant. de la Bastide, arr. de Gourdon. = Gourdon.

MONFAUCON, s. m. Com. du dép. des Hautes-Pyrénées, cant. de Rabastens, arr. de Tarbes. = Tarbes.

MONFERMIER, s. m. Com. du dép. de Tarn-et-Garonne, cant. de Montpezat, arr. de Montauban.=Castelnau-de-Mont-Ratier.

MONFERRAN, s. m. Com. du dép. du Gers, cant. de Saramon, arr. d'Auch. =-Auch.

MONFERRAN, s. m. Com. du dép. du Gers, cant. de l'Isle-Jourdain, arr. de Lombez. = l'Isle-Jourdain.

MONFERRANT, s. m. Com. du dép. de la Dordogne, cant. de Beaumont, arr. de Bergerac. = Montpazier.

MONFLANQUIN, s. m. Petite ville du dép. de Lot-et-Garonne, chef-lieu de cant. de l'arr. de Villeneuve. Bur. d'enregist. et de poste.
Cette ville, agréablement située sur une hauteur, domine la Lède.

MONFORT, s. m. Com. du dép. du Gers, cant. de Mauvezin, arr. de Lectoure. = Lectoure.

MONFRÉVILLE, s. f. Com. du dép. du Calvados, cant. d'Isigny, arr. de Bayeux, = Isigny.

MONGAILLARD, s. m. Com. du dép. du Gers, cant. de Vic-Fezensac, arr. d'Auch. = Vic-Fezensac.

MONGAILLARD, s. m. Com. du dép. de Lot-et-Garonne, cant. de Lavardac, arr. de Nérac. = Nérac.

MONGARDIN, s. m. Com. du dép. du Gers, cant. et arr. de Mirande. = Mirande.

MONGAUZY, s. m. Com. du dép. du Gers, cant. et arr. de Lombez. = Lombez.

MONGEFOND, s. m. Com. du dép. du Jura, cant. d'Arinthod, arr. de Lons-le-Saulnier. = Orgelet.

MONGESTY, s. m. Com. du dép. du Lot, cant. de Salviac, arr. de Gourdon. = Gourdon.

MONGET, s. m. Com. du dép. des Landes, cant. d'Hagetmau, arr. de St.-Sever. = St.-Sever.

MONGORER, s. m. Espèce de saumon des rivières de Sibérie. T. d'hist. nat.

MONGOUS, s. m. Espèce de maki, mammifère quadrumane. T. d'hist. nat.

MONGRAS, s. m. Com. du dép. de la Haute-Garonne, cant. de Ricumes, arr. de Muret. = St.-Lys.

MONGUILLEM, s. m. Com. du dép. du Gers, cant. de Nogaro, arr. de Condom. = Nogaro.

MONHEURT, s. m. Com. du dép. de Lot-et-Garonne, cant. de Damazan, arr. de Nérac. = Aiguillon.

MONIAL, E, s. et adj. Qui concerne les moines, les religieux. —, s. f. Religieuse. T. de droit canon.

MONIÈRE, s. f. Genre de plantes personnées. T. de bot.

MONIEUX, s. m. Com. du dép. de Vaucluse, cant. de Sault, arr. de Carpentras. = Apt.

MONILIFERA, s. f. Arbrisseau du cap de Bonne-Espérance. T. de bot.

MONILIFORME, adj. En forme de collier.

MONIMIE, s. f. Genre de plantes de la diœcie, vingt-deuxième classe des végétaux. T. de bot.

MONIMIÉES, s. f. pl. Plantes voisines des laurinées et des renonculacées. T. de bot.

MONINE, s. f. Genre de plantes de l'octandrie, huitième classe des végétaux. T. de bot.

MONISTROL-D'ALLIER, s. m. Com. du dép. de la Haute-Loire, cant. de Saugues, arr. du Puy. = Langeac.

MONISTROL-SUR-LOIRE, s. m. Petite ville du dép. de la Haute-Loire, chef-lieu de cant. de l'arr. d'Yssingeaux. Bur. d'enregist. et de poste.

Fabr. de dentelles, rubans; quincaillerie; tanneries et papeteries.

MONITEUR, s. m. Personnage officieux qui avertit, donne des conseils. —, chef de classe dans l'enseignement mutuel. —, journal français officiel, immense recueil de toutes les extravagances qui ont été faites ou dites depuis le commencement de la révolution. — ou Monitor tupinambis, sorte de lézard de la Guiane, qui siffle, dit-on, à l'approche du serpent à sonnettes.

MONITION, s. f. Avertissement signifié juridiquement, avant de lancer une excommunication.

MONITOIRE, s. m. et adj. Se dit de la lettre d'un official, d'un juge, pour obliger à faire des révélations sur un fait, sous peine d'encourir les censures ecclésiastiques.

MONITORIAL, E, adj. En forme de monitoire; lettre monitoriale.

MONJOI, s. m. Com. du dép. de Tarn-et-Garonne, cant. de Valence, arr. de Moissac. = Valence-d'Agen.

MONJOLI, s. m. Plante de la famille des sebesteniers. T. de bot.

MONKIE, s. f. Guenon dont la tête hideuse ressemble à celle d'un mort. T. d'hist. nat.

MONLAUR, s. m. Com. du dép. du Gers, cant. de Masseube, arr. de Mirande. = Castelnau-Magnoac.

MONLÉON, s. m. Com. du dép. des Hautes-Pyrénées, cant. de Castelnau-Magnoac, arr. de Bagnères. = Castelnau-Magnoac.

MONLET, s. m. Com. du dép. de la Haute-Loire, cant. d'Allègre, arr. du Puy. = le Puy.

MONLEZUN, s. m. Com. du dép. du Gers, cant. de Nogaro, arr. de Condom. = Nogaro.

MONLEZUN, s. m. Com. du dép. du Gers, cant. de Marciac, arr. de Mirande. = Mirande.

MONLONG, s. m. Com. du dép. des Hautes-Pyrénées, cant. de Castelnau-Magnoac, arr. de Bagnères. = Montrejeau.

MONMANDALÈS, s. m. Com. du dép. de la Dordogne, cant. d'Issigeac, arr. de Bergerac. = Bergerac.

MONMARVÈS, s. m. Com. du dép. de la Dordogne, cant. d'Issigeac, arr. de Bergerac. = Bergerac.

MONNA (le), s. m. Com. du dép. de l'Aveyron, cant. et arr. de Milhau. = Milhau.

MONNAI, s. m. Com. du dép. de l'Orne, cant. de la Ferté-Fresnel, arr. d'Argentan. = le Sap.

MONNAIE, s. f. Pièce de métal ayant cours ; valeur représentative qu'on donne en échange dans les transactions commerciales et autres ; hôtel où l'on fabrique ces pièces ; valeur d'une pièce d'or ou d'argent en pièces d'un moindre prix, etc. —, chose équivalente. Payer en même —, rendre injure pour injure. — de Guinée, coquille qui sert de monnaie dans cette contrée de l'Afrique.

MONNAIE, s. f. Com. du dép. d'Indre-et-Loire, cant. de Vouvray, arr. de Tours. = Tours.

MONNAIERIE, s. f. Lieu d'un hôtel des monnaies où l'on frappe les pièces.

MONNAYAGE, s. m. Fabrication de monnaie.

MONNAYÉ, E, part. Converti en monnaie ; argent monnayé.

MONNAYER, v. a. Fabriquer des monnaies, les frapper, leur donner l'empreinte légale.

MONNAYEUR, s. m. Ouvrier qui travaille à la fabrication des monnaies. Faux —, celui qui fabrique de la monnaie sans autorisation, qui émet cette monnaie sachant qu'elle est fausse, etc.

MONNEREN, s. m. Com. du dép. de la Moselle, cant. de Metzervisse, arr. de Thionville. = Thionville.

MONNERVILLE, s. f. Com. du dép. de Seine-et-Oise, cant. de Méréville, arr. d'Etampes. = Angerville.

MONNÉTAI-SUR-ALLIER, s. m. Com. du dép. de l'Allier, cant. du Montet, arr. de Moulins. = St.-Pourçain.

MONNÉTAI-SUR-LOIRE, s. m. Com. du dép. de l'Allier, cant. de Dompierre, arr. de Moulins. = Moulins.

MONNET-LA-VILLE, s. m. Com. du dép. du Jura, cant. de Champagnole, arr. de Poligny. = Champagnole.

MONNIÈRES, s. f. Com. du dép. du Jura, cant. et arr. de Dôle. = Dôle.

MONNIÈRES, s. f. Com. du dép. de la Loire-Inférieure, cant. de Clisson, arr. de Nantes. = Clisson.

MONOBLET, s. m. Com. du dép. du Gard, cant. de Lasalle, arr. du Vigan. = St.-Hippolyte.

MONOBOLON, s. m. Tours de force que faisaient les sauteurs pour s'exercer. T. d'antiq.

MONO-CAPUCHINO, s. m. Singe de l'espèce du saki. T. d'hist. nat.

MONOCÉROS, s. m. Licorne cétacée ; scarabée rhinocéros ; poisson du genre du baliste. T. d'hist. nat. —, constellation australe. T. d'astr.

MONOCHROMATE, s. m. Tableau d'une seule couleur, espèce de camaïeu des anciens. T. d'antiq.

MONOCLE, s. m. Lunette à un seul verre, pour un œil. —, genre de crustacés dont les yeux semblent n'en faire qu'un. T. d'hist. nat. —, ou Monoculaire, adj. Qui n'a qu'un œil.

MONOCLINE, adj. f. Se dit des plantes dont les organes sexuels sont réunis dans la même fleur. T. de bot.

MONOCORDE, s. m. Instrument de musique à une seule corde, pour connaître les différens intervalles des tons. T. de mus.

MONOCOTYLÉDONE, adj. f. Se dit des plantes dont les semences n'ont qu'un seul cotylédon. T. de bot.

MONOCULE, s. m. Bandage pour la fistule lacrymale et les plaies des joues. T. de chir.

MONODACTYLE, s. m. Genre de poissons thoraciques. T. d'hist. nat.

MONODELPHES, s. m. pl. Mammifères. T. d'hist. nat.

MONODIE, s. f. Chant élégiaque pour une seule voix. T. d'antiq.

MONODON, s. m. Voy. NARWAL.

MONODONTE, s. m. Coquille du genre des toupies. T. d'hist. nat.

MONODONTIER, s. m. Animal renfermé dans la coquille des monodontes. T. d'hist. nat.

MONŒCIE, s. f. Vingt-unième classe des végétaux à fleurs mâles et femelles placées sur la même tige. T. de bot.

MONO-FÉO, s. m. Singe du genre du saki. T. d'hist. nat.

MONOGAME, s. et adj. Qui n'a été marié qu'une fois. —, se dit des plantes dont les fleurs ont leurs étamines réunies par leurs anthères. T. de bot.

MONOGAMIE, s. f. Etat de ceux qui n'ont été mariés qu'une fois. —, dernier ordre de la syngénésie, qui comprend les plantes monogames. T. de bot.

MONOGASTRIQUE, adj. Se dit des quadrupèdes qui n'ont qu'un estomac, par opposition aux ruminans qui en ont plusieurs.

MONOGRAMMATIQUE, adj. Qui appartient au monogramme.

MONOGRAMME, s. m. Chiffre composé des lettres d'un nom entrelacées. —, simple esquisse. T. de peint. —, genre de fougères. T. de bot.

MONOGRAPHE, adj. Qui ne traite que d'un seul objet ; livre monographe.

MONOGRAPHIE, s. f. Traité sur un sujet unique ; description d'un seul objet.

MONOGYNE, adj. f. Se dit d'une

plante dont la fleur n'a qu'un pistil. T. de bot.

MONOGYNIE, s. f. Premier ordre de la treizième classe des végétaux. T. de bot.

MONOÏQUE, adj. Se dit des plantes de la monœcie. T. de bot.

MONOLITHE, s. m. et adj. Fait d'une seule pierre; colonne monolithe.

MONOLOGUE, s. m. Discours d'un personnage resté seul sur la scène; réflexion qu'il fait sur la situation où il se trouve.

MONOMACHIE, s. f. Combat singulier, duel.

MONOMANIE, s. f. Idée fixe, manie de revenir sans cesse vers un même objet; amour de l'isolement, de la solitude.

MONOME, s. m. Quantité algébrique qui n'est point divisée par des signes.

MONOMÈRES, s. m. pl. Insectes coléoptères. T. d'hist. nat.

MONOMOTAPA ou **MOCARANGA**, s. m. Royaume d'Afrique.

MONOPAGIE ou **MONOPÉGIE**, s. f. Douleur qui n'affecte qu'une partie de la tête. T. de méd.

MONOPÈDE, adj. Qui n'a qu'un pied, qu'une jambe. T. inus.

MONOPÉRIANTHÉ, E, adj. Se dit d'une fleur qui n'a qu'un périanthe, un calice. T. de bot.

MONOPÉTALE, adj. Qui n'a qu'un pétale; se dit des fleurs. T. de bot.

MONOPHYLLE, adj. Qui est d'une seule pièce; calice monophylle. T. de bot.

MONOPHYSISME, s. m. Système qui n'admet qu'une seule nature en J.-C.

MONOPHYSISTE, s. m. Partisan de l'hérésie des monophysistes.

MONOPIRE, s. m. Genre de polypes coralligènes. T. d'hist. nat.

MONOPLEUROBRANCHES, s. m. pl. Mollusques à coquilles irrégulières. T. d'hist. nat.

MONOPODE, s. m. Table à manger des anciens, qui n'avait qu'un pied.

MONOPOLE, s. m. Entrave à la liberté du commerce; privilége pour la vente de certaines marchandises, pour l'exploitation de certaines industries, accordé à quelques personnes au préjudice de tous. —, droit exorbitant sur une marchandise. —, accaparement pour faire hausser le prix des denrées de première nécessité.

MONOPOLER ou **MONOPOLISER**, v. n. Faire le monopole, ou se concerter pour faire hausser le prix d'une marchandise.

MONOPOLEUR, s. m. Marchand qui fait le monopole; membre d'une industrie privilégiée, comme l'imprimerie, etc.

MONOPTÈRE, s. m. Temple rond, dont la couverture n'était soutenue que par des colonnes. T. d'antiq. —, poisson du genre du gade, du scombre. T. d'hist. nat.

MONOPTOTE, adj. Indéclinable, en parlant des noms grecs et latins. T. de gramm.

MONOPYRÈNE, adj. Se dit des fruits qui ne renferment qu'un noyau. T. de bot.

MONORCHIS, s. m. Plante orchidée. T. de bot.

MONORCHITE, s. m. Priapolithe. T. d'hist. nat.

MONORIME, s. m. Petit poëme dont tous les vers sont sur la même rime.

MONOSITIE, s. f. Habitude de ne faire qu'un seul repas dans les vingt-quatre heures.

MONOSPERME ou **MONOSPERMATIQUE**, adj. Se dit d'une plante qui n'a qu'une semence. T. de bot.

MONOSTIQUE, s. m. Epigramme d'un seul vers. —, adj. Se dit des cristaux qui n'ont qu'un rang de facettes autour de chaque base.

MONOSTOME, s. m. Genre de vers intestinaux. T. d'hist. nat.

MONOSTYLE, adj. Qui n'a qu'un style. T. de bot.

MONOSYLLABE, s. et adj. Mot composé d'une syllabe. T. de gramm.

MONOSYLLABIQUE, adj. Formé de monosyllabes.

MONOTHÉLISME, s. m. Hérésie des monothélites.

MONOTHÉLITES, s. m. pl. Sectaires qui prétendaient que J.-C. n'avait qu'une seule volonté.

MONOTOME, s. m. Insecte coléoptère. T. d'hist. nat.

MONOTONE, adj. Qui est toujours sur le même ton. —, triste, ennuyeux, dont l'uniformité est fatigante; vie monotone.

MONOTONIE, s. f. Uniformité fatigante de ton, psalmodie. —, défaut de variété dans le style, dans la disposition des couleurs, etc. Fig.

MONOTOQUE, s. f. Bruyère de la Nouvelle-Hollande. T. de bot.

MONOTRÈMES, s. m. pl. Mammifères de la Nouvelle-Hollande qui tiennent à la fois des oiseaux et des reptiles. T. d'hist. nat.

MONOTRIGLYPHE, s. m. Espace d'un triglyphe entre deux colonnes ou deux pilastres. T. d'arch.

MONOTROPE, s. m. Genre de plantes de la décandrie, dixième classe des végétaux. T. de bot.

MONOTYPE, adj. Qui n'offre qu'un type.

MONOXILO, s. m. Bateau d'un seul tronc d'arbre.

MONPARDIAC, s. m. Com. du dép. du Gers, cant. de Marciac, arr. de Mirande. = Mirande.

MONPEZET, s. m. Com. du dép. de la Gironde, cant. de Sauveterre, arr. de la Réole. = Cadillac.

MONPEZAT, s. m. Com. du dép. des Basses-Pyrénées, cant. de Lembeye, arr. de Pau. = Pau.

MONPLAISANT, s. m. Com. du dép. de la Dordogne, cant. de Belvès, arr. de Sarlat. = Belvès.

MONPONT, s. m. Com. du dép. de la Dordogne, chef-lieu de cant. de l'arr. de Ribérac. Bur. d'enregist. et de poste.

MONPRINBLANC, s. m. Com. du dép. de la Gironde, cant. de Cadillac, arr. de Bordeaux. = Cadillac.

MONROSIER, s. m. Com. du dép. du Tarn, cant. de Vaour, arr. de Gaillac. = Cordes.

MONS, s. m. Ville fortifiée des Pays-Bas, capitale du Hainaut.

MONS, s. m. Abréviation de monsieur. T. iron.

MONS, s. m. Com. du dép. de la Charente, cant. de Rouillac, arr. d'Angoulême. = Aigre.

MONS, s. m. Com. du dép. de la Charente-Inférieure, cant. de Matha, arr. de St.-Jean-d'Angély. = St.-Jean-d'Angély.

MONS, s. m. Com. du dép. de la Dordogne, cant. et arr. de Bergerac. = Bergerac.

MONS, s. m. Com. du dép. du Gard, cant. et arr. d'Alais. = Alais.

MONS, s. m. Com. du dép. de la Haute-Garonne, cant. et arr. de Toulouse. = Toulouse.

MONS, s. m. Com. du dép. du Gers, cant. et arr. d'Auch. = Auch.

MONS, s. m. Com. du dép. de l'Hérault, cant. d'Olargues, arr. de St.-Pons. = St.-Pons.

MONS, s. m. Com. du dép. du Pas-de-Calais, cant. et arr. de St.-Pol. = St.-Pol.

MONS, s. m. Com. du dép. du Puy-de-Dôme, cant. de Randan, arr. de Riom. = Maringues.

MONS, s. m. Com. du dép. de Seine-et-Marne, cant. de Donnemarie, arr. de Provins. = Brie-Comte-Robert.

MONS, s. m. Com. du dép. de Seine-et-Oise, cant. de Longjumeau, arr. de Corbeil. = Longjumeau. Fabr. d'huiles.

MONS, s. m. Com. du dép. du Var, cant. de Faïence, arr. de Draguignan. = Draguignan.

MONSAC, s. m. Com. du dép. de la Dordogne, cant. de Beaumont, arr. de Bergerac. = Bergerac.

MONSAGUEL, s. m. Com. du dép. de la Dordogne, cant. d'Issigeac, arr. de Bergerac. = Bergerac.

MONSALES, s. m. Com. du dép. de l'Aveyron, cant. de Villeneuve, arr. de Villefranche. = Villefranche-de-Rouergue.

MONSAURIN, s. m. Com. du dép. du Gers, cant. et arr. de Mirande. = Mirande.

MONS-BOUBERT, s. m. Com. du dép. de la Somme, cant. de St.-Valery, arr. d'Abbeville. = St.-Valery-sur-Somme.

MONSEC, s. m. Com. du dép. de la Dordogne, cant. de Mareuil, arr. de Nontron. = Mareuil.

MONSÉGUR, s. m. Petite ville du dép. de la Gironde, chef-lieu de cant. de l'arr. de la Réole. Bur. d'enregist. et de poste.

MONSÉGUR, s. m. Com. du dép. des Landes, cant. d'Hagetmau, arr. de St.-Sever. = St.-Sever.

MONSÉGUR, s. m. Com. du dép. de Lot-et-Garonne, cant. de Monflanquin, arr. de Villeneuve. = Monflanquin.

MONSÉGUR, s. m. Com. du dép. des Basses-Pyrénées, cant. de Montaner, arr. de Pau. = Vic-en-Bigorre.

MONSEIGNEUR, s. m., pl. Messeigneurs. Titre qu'on donne à des personnes d'une haute dignité.

MONSEIGNEURISÉ, E, part. Qualifié de monseigneur.

MONSEIGNEURISER, v. a. Traiter, qualifier de monseigneur.

MONSEMPRON, s. m. Com. du dép. de Lot-et-Garonne, cant. de Fumel, arr. de Villeneuve. = Fumel.

MONS-EN BARŒUL, s. m. Com. du dép. du Nord, cant. et arr. de Lille. = Lille.

MONS-EN-CHAUSSÉE, s. m. Com. du dép. de la Somme, cant. et arr. de Péronne. = Péronne.

MONS-EN-LAONNAIS-ET-LES-CREUTTES, s. m. Com. du dép. de l'Aisne, cant. d'Anizy-le-Château, arr. de Laon. = Laon.

MONS-EN-PÉVÈLE, s. m. Com. du dép. du Nord, cant. de Pont-à-Marcq, arr. de Lille. = Douai.

MONSÉRIA, s. m. Com. du dép. du Jura, cant. d'Orgelet, arr. de Lons-le-Saulnier. = Orgelet.

MONSERIE, s. m. Com. du dép. des Hautes-Pyrénées, cant. de Nestier, arr. de Bagnères. = Montrejeau.

MONSEVEROUX-ET-MILIEU, s. m. Com. du dép. de l'Isère, cant. de Beaurepaire, arr. de Vienne. = Beaurepaire.

MONSIEUR, s. m., pl. Messieurs. Titre de pure civilité que les gens bien élevés donnent indistinctement aux personnes respectables, quel que soit leur rang. —, frère aîné du Roi de France. Faire le —, faire l'homme d'importance. T. fam. —, sorte de grosse prune.

MONSIREIGNE, s. m. Com. du dép. de la Vendée, cant. de Pouzauges, arr. de Fontenay-le-Comte. = Chantonnay.

MONSOL, s. m. Com. du dép. du Rhône, chef-lieu de cant. de l'arr. de Villefranche. Bur. d'enregist. = Beaujeu.

MONSONÉ, s. f. Plante de la famille des géraniums. T. de bot.

MONSTRE, s. m. Animal ou végétal dont la conformation est contraire à l'ordre de la nature, prodige. —, laid, difforme. —, personne cruelle, barbare, dénaturée. —, bête féroce; les monstres des forêts. T. poét. —, fleur double. T. de bot. —, pl. Sorte de petits ciseaux.

MONSTRUEUSEMENT, adv. Prodigieusement, excessivement.

MONSTRUEUX, EUSE, adj. Qui tient de la conformation du monstre; prodigieux, excessif, au physique comme au moral.

MONSTRUOSITÉ, s. f. Caractère, vice de ce qui est monstrueux. —, tout ce qui est contraire à l'ordre naturel; chose monstrueuse. Prop. et fig. —, cruauté, atrocité.

MONSURES, s. m. Com. du dép. de la Somme, cant. de Conty, arr. d'Amiens. = Breteuil.

MONSWILLER, s. m. Com. du dép. du Bas-Rhin, cant. et arr. de Saverne. = Saverne.

MONT, s. m. Montagne isolée. Le double —, le Parnasse, la double colline. T. poét. — de piété, établissement public où l'on prête sur nantissement. — de Vénus, le pénil, le pubis: éminence au-dessous du pouce. T. d'anat. Les —, pl. Les Alpes. Courir par — et par vaux, courir çà et là, de tous côtés. Fig. et fam.

MONT (St.-), s. m. Com. du dép. du Gers, cant. de Riscle, arr. de Mirande. = Nogaro.

MONT (le), s. m. Com. du dép. du Jura, cant. d'Arinthod, arr. de Lons-le-Saulnier. = Lons-le-Saulnier.

MONT, s. m. Com. du dép. de la Meurthe, cant. de Gerbéviller, arr. de Lunéville. = Lunéville.

MONT, s. m. Com. du dép. de la Meuse, cant. de Fresne-en-Wœvre, arr. de Verdun. = Verdun.

MONT, s. m. Com. du dép. de la Moselle, cant. de Pange, arr. de Metz. = Metz.

MONT, s. m. Com. du dép. des Basses-Pyrénées, cant. de Lagor, arr. d'Orthez. = Orthez.

MONT, s. m. Com. du dép. des Basses-Pyrénées, cant. de Garlin, arr. de Pau. = Pau.

MONT, s. m. Com. du dép. des Hautes-Pyrénées, cant. de Bordères, arr. de Bagnères. = Arreau.

MONT, s. m. Com. du dép. de Saône-et-Loire, cant. de Bourbon-Lancy, arr. de Charolles. = Bourbon-Lancy.

MONT (le), s. m. Com. du dép. des Vosges, cant. de Senones, arr. de St.-Dié. = Raon-l'Etape.

MONT, s. m. Com. du dép. des Vosges, cant. de la Marche, arr. de Neufchâteau. = la Marche.

MONT, s. m. Com. du dép. des Vosges, cant. et arr. de Neufchâteau. = Neufchâteau.

MONTABART, s. m. Com. du dép. de l'Orne, cant. de Trun, arr. d'Argentan. = Argentan.

MONTABON, s. m. Com. du dép. de la Sarthe, cant. de Château-du-Loir, arr. de St.-Calais. = Château-du-Loir.

MONTABOT, s. m. Com. du dép. de la Manche, cant. de Percy, arr. de St.-Lô. = St.-Lô.

MONTACHER, s. m. Com. du dép. de l'Yonne, cant. de Chéroy, arr. de Sens. = Chéroy.

MONTADET, s. m. Com. du dép. du Gers, cant. et arr. de Lombez. = Lombez.

MONTADROIT, s. m. Com. du dép. du Jura, cant. d'Arinthod, arr. de Lons-le-Saulnier. = Orgelet.

MONTADY, s. m. Com. du dép. de l'Hérault, cant. de Capestang, arr. de Béziers. = Béziers.

MONTAGE, s. m. Action de monter quelque chose, moyennant un salaire. T. de mét.

MONTAGNAC, s. m. Com. du dép. des Basses-Alpes, cant. de Riez, arr. de Digne. = Riez.

MONTAGNAC, s. m. Com. du dép. du Gers, cant. de Cologne, arr. de Lombez. = Gimont.

MONTAGNAC, s. m. Petite ville du dép. de l'Hérault, chef-lieu de cant. de l'arr. de Béziers. Bur. d'enregist. et de poste. Comm. de laines, serges, droguets, ratines, raz, etc.

MONTAGNAC-D'AUBEROCHE, s. m. Com. du dép. de la Dordogne, cant. de Thenon, arr. de Périgueux. = Périgueux.

MONTAGNAC-LA-CREMPSE, s. m. Com. du dép. de la Dordogne, cant. de Villamblard, arr. de Bergerac. = Bergerac.

MONTAGNAC-SUR-AUVIGNON, s. m. Com. du dép. de Lot-et-Garonne, cant. et arr. de Nérac. = Nérac.

MONTAGNAC-SUR-LÈDE, s. m. Com. du dép. de Lot-et-Garonne, cant. de Monflanquin, arr. de Villeneuve. = Monflanquin.

MONTAGNA-LE-RECONDUIT, s. m. Com. du dép. du Jura, cant. de St.-Amour, arr. de Lons-le-Saulnier. = St.-Amour.

MONTAGNA-LE-TEMPLIER, s. m. Com. du dép. du Jura, cant. de St.-Julien, arr. de Lons-le-Saulnier. = St.-Amour.

MONTAGNARD, s. m. Oiseau de proie, espèce de faucon.

MONTAGNARD, E, s. et adj. Habitant des montagnes.—, qui a rapport aux mœurs de ces habitans; chanson montagnarde.

MONTAGNAT, s. m. Com. du dép. de l'Ain, cant. et arr. de Bourg. = Bourg.

MONTAGNE, s. f. Grande masse de terre ou de rochers au-dessus du sol. — de glaces, amas considérable de glaces dans les mers du nord. — de la table, constellation australe. T. d'astr.

MONTAGNE, s. f. Com. du dép. de l'Ariège, cant. de la Bastide-de-Seron, arr. de Foix. = Foix.

MONTAGNE, s. f. Com. du dép. de la Gironde, cant. de Lussac, arr. de Libourne. = Libourne.

MONTAGNE, s. f. Com. du dép. de l'Isère, cant. et arr. de St.-Marcellin. = St.-Marcellin.

MONTAGNE (la), s. f. Com. du dép. de la Haute-Saône, cant. de Faucogney, arr. de Lure. = Luxeuil.

MONTAGNE, s. f. Com. du dép. de la Somme, cant. de Molliens-Vidame, arr. d'Amiens. = Picquigny.

MONTAGNE-EN-LAVIEU (la), s. f. Com. du dép. de la Loire, cant. de St.-Jean-Soleymieux, arr. de Montbrison. = Montbrison.

MONTAGNEL, s. m. Com. du dép. de l'Aveyron, cant. de Camarès, arr. de St.-Affrique. = St.-Affrique.

MONTAGNEUX, EUSE, adj. Qui renferme beaucoup de montagnes; pays montagneux.

MONTAGNEY, s. m. Com. du dép. du Doubs, cant. de Rougemont, arr. de Baume. = Baume.

MONTAGNEY, s. m. Com. du dép. de la Haute-Saône, cant. de Pesme, arr. de Gray. = Marnay.

MONTAGNIEU, s. m. Com. du dép. de l'Ain, cant. d'Huis, arr. de Belley. = Belley.

MONTAGNIEU, s. m. Com. du dép. de l'Isère, cant. et arr. de la Tour-du-Pin. = la Tour-du-Pin.

MONTAGNY, s. m. Com. du dép. de la Loire, cant. de Perreux, arr. de Roanne. = Roanne.

MONTAGNY, s. m. Com. du dép. de l'Oise, cant. de Chaumont, arr. de Beauvais. = Chaumont-en-Vexin.

MONTAGNY, s. m. Com. du dép. du Rhône, cant. de Givors, arr. de Lyon. = Lyon.

MONTAGNY, s. m. Com. du dép. de Saône-et-Loire, cant. de Matour, arr. de Mâcon. = Mâcon.

MONTAGNY, s. m. Com. du dép. de la Seine-Inférieure, cant. d'Argueil, arr. de Neufchâtel. = Lyons-la-Forêt.

MONTAGNY-LÈS-BEAUNE, s. m. Com. du dép. de la Côte-d'Or, cant. et arr. de Beaune. = Beaune.

MONTAGNY-LÈS-BUXY, s. m. Com. du dép. de Saône-et-Loire, cant. de Buxy, arr. de Châlons. = Buxy.

MONTAGNY-LÈS-SEURRE, s. m. Com. du dép. de la Côte-d'Or, cant. de St.-Jean-de-Losne, arr. de Beaune. = St.-Jean-de-Losne.

MONTAGNY-PRÈS-LOUHANS, s. m. Com. du dép. de Saône-et-Loire, cant. et arr. de Louhans. = Louhans.

MONTAGNY-STE.-FÉLICITÉ, s. m. Com. du dép. de l'Oise, cant. de Nanteuil, arr. de Senlis. = Nanteuil-le-Haudouin.

MONTAGOUDIN, s. m. Com. du dép. de la Gironde, cant. et arr. de la Réole. = la Réole.

MONTAGRIER, s. m. Com. du dép. de la Dordogne, chef-lieu de cant. de l'arr. de Ribérac. Bur. d'enregist. = Ribérac.

MONTAGUDET, s. m. Com. du dép. de Tarn-et-Garonne, cant. de Bourg-de-Visa, arr. de Moissac. = Lauzerte.

MONTAGUT, s. m. Com. du dép. des Basses-Pyrénées, cant. d'Arzacq, arr. d'Orthez. = Orthez.

MONTAIGU, s. m. Com. du dép. de l'Aisne, cant. de Sissonne, arr. de Laon. = Laon.

MONTAIGU, s. m. Com. du dép. du Jura, cant. de Conliège, arr. de Lons-le-Saulnier. = Lons-le-Saulnier.

MONTAIGU, s. m. Com. du dép. de la Manche, cant. de Torigny, arr. de St.-Lô. = Torigny.

MONTAIGU, s. m. Com. du dép. de la Manche, cant. et arr. de Valognes. = Valognes.

MONTAIGU, s. m. Petite ville du dép. de la Vendée, chef-lieu de cant. de l'arr. de Bourbon-Vendée. Bur. d'enregist. et de poste. Distilleries d'eaux-de-vie.

MONTAIGUET, s. m. Com. du dép. de l'Allier, cant. du Donjon, arr. de la Palisse. = le Donjon.

MONTAIGU-LES-BOIS, s. m. Com. du dép. de la Manche, cant. de Gavray, arr. de Coutances. = Coutances.

MONTAIGUT, s. m. Com. du dép. de la Creuse, cant. de St.-Vaulry, arr. de Guéret. = Guéret.

MONTAIGUT, s. m. Com. du dép. de la Haute-Garonne, cant. de Grenade, arr. de Toulouse. = Fronton.

MONTAIGUT, s. m. Com. du dép. du Puy-de-Dôme, cant. de Champeix, arr. d'Issoire. = Issoire.

MONTAIGUT, s. m. Petite ville du dép. du Puy-de-Dôme, chef-lieu de cant. de l'arr. de Riom. Bur. d'enregist. et de poste.

MONTAIGUT, s. m. Petite ville du dép. de Tarn-et-Garonne, chef-lieu de cant. de l'arr. de Moissac. Bur. d'enregist. = Lauzerte.

Fabr. d'étoffes de laine; tanneries. -

MONTAIGUT-LE-BLIN, s. m. Com. du dép. de l'Allier, cant. de Varennes, arr. de la Palisse.=St.-Gérand-de-Vaux.

MONTAILLÉ, s. m. Com. du dép. de la Sarthe, cant. et arr. de St.-Calais. = St.-Calais.

MONTAILLOU, s. m. Com. du dép. de l'Ariège, cant. d'Ax, arr. de Foix. = Tarascon-sur-Ariège.

MONTAIN, s. m. Pinson des Ardennes.

MONTAIN, s. m. Com. du dép. du Jura, cant. de Voiteur, arr. de Lons-le-Saulnier. = Lons-le-Saulnier.

MONTAINE (Ste.-), s. f. Com. du dép. du Cher, cant. d'Aubigny-la-Ville, arr. de Sancerre. = Aubigny.

MONTAINVILLE, s. f. Com. du dép. d'Eure-et-Loir, cant. de Voves, arr. de Chartres. = Chartres.

MONTAINVILLE, s. f. Com. du dép. de Seine-et-Oise, cant. de Meulan, arr. de Versailles. = Maule.

MONTAISON, s. f. Epoque de l'année où certains poissons de mer remontent dans les rivières. T. de pêch.

MONTALBA, s. m. Com. du dép. des Pyrénées-Orientales, cant. d'Arles, arr. de Céret. = Arles-sur-Tech.

MONTALBA, s. m. Com. du dép. des Pyrénées-Orientales, cant. de Latour, arr. de Perpignan. = Perpignan.

MONTALEMBERT, s. m. Com. du dép. des Deux-Sèvres, cant. de Sauzé-Vaussais, arr. de Melle. = Sauzé-Vaussais.

MONTALET-LE-BOIS, s. m. Com. du dép. de Seine-et-Oise, cant. de Limay, arr. de Mantes. = Meulan.

MONTALIEU, s. m. Com. du dép. de l'Isère, cant. du Touvet, arr. de Grenoble. = le Touvet.

MONTALZAT, s. m. Com. du dép. de Tarn-et-Garonne, cant. de Montpezat, arr. de Montauban. = Caussade.

MONTAMAT, s. m. Com. du dép. du Gers, cant. et arr. de Lombez. = Lombez.

MONTAMBERT, s. m. Com. du dép. de la Nièvre, cant. de Fours, arr. de Nevers. = Decize.

MONTAMISÉ, s. m. Com. du dép. de la Vienne, cant. de St.-Georges, arr. de Poitiers. = Poitiers.

MONTAMY, s. m. Com. du dép. du Calvados, cant. de Bény-Bocage, arr. de Vire. = Vire.

MONTANAY, s. m. Com. du dép. de l'Ain, cant. et arr. de Trévoux. = Lyon.

MONTANCY, s. m. Com. du dép. du Doubs, cant. de St.-Hippolyte, arr. de Montbéliard. = St.-Hippolyte-sur-le-Doubs.

MONTANDON, s. m. Com. du dép. du Doubs, cant. de St.-Hippolyte, arr. de Montbéliard. = St.-Hippolyte-sur-le-Doubs.

MONTANÉ, s. m. Com. du dép. du Gers, cant. de Masseube, arr. de Mirande. = Boulogne.

MONTANEL, s. m. Com. du dép. de la Manche, cant. de St.-James, arr. d'Avranches. = St.-James.

MONTANER, s. m. Com. du dép. des Basses-Pyrénées, chef-lieu de cant. de l'arr. de Pau. Bur. d'enregist. à Morlaas. = Pau.

MONTANGES, s. m. Com. du dép. de l'Ain, cant. de Châtillon-de-Michaille, arr. de Nantua. = Châtillon-de-Michaille.

MONTANGON, s. m. Com. du dép. de l'Aube, cant. de Piney, arr. de Troyes. = Troyes.

MONTANS-ET-ST.-MARTIN-DU-

TAUR, s. m. Com. du dép. du Tarn, cant. et arr. de Gaillac. = Gaillac.

MONTANT, s. m. Pièce de bois ou de fer posée de bout, dans les travaux de menuiserie, de serrurerie. —, total d'un compte. —, la partie spiritueuse des vins, goût relevé; ce vin a du montant. —, ortolan de roseaux. —, vol de l'oiseau de proie au-dessus de celui qu'il attaque. T. de fauc. —, pl. Pièces de bois en saillie aux côtés d'une porte, etc., pour soutenir la corniche, le fronton. —, parties de la bride du cheval qui s'élèvent de la bouche vers les oreilles. — de presse, les jumelles. T. d'impr.

MONTANT, E, adj. Qui monte, en général; marée montante. —, un peu arqué à sa base et se redressant dans sa partie supérieure. T. de bot.

MONTANT (St.-), s. m. Com. du dép. de l'Ardèche, cant. de Bourg-St.-Andéol, arr. de Privas. = Bourg-St.-Andéol.

MONTAPAS, s. m. Com. du dép. de la Nièvre, cant. de St.-Saulge, arr. de Nevers. = St.-Saulge.

MONTARCHER, s. m. Com. du dép. de la Loire, cant. de St.-Jean-Soleymieux, arr. de Montbrison. = Montbrison.

MONTARDIT, s. m. Com. du dép. de l'Ariège, cant. de Ste.-Croix, arr. de St.-Girons. = St.-Girons.

MONTARDON, s. m. Com. du dép. des Basses-Pyrénées, cant. de Morlaas, arr. de Pau. = Pau.

MONTAREN-ET-ST.-MÉDIERS, s. m. Com. du dép. du Gard, cant. et arr. d'Uzès. = Uzès.

MONTARGIS, s. m. Ville du dép. du Loiret, chef-lieu de sous-préf. et de cant.; trib. de 1re inst. et de comm.; conserv. des hypoth.; direct. des contrib. indir.; recev. part. des finances; bur. d'enregist. et de poste.

Cette ville est agréablement située près la belle forêt de son nom, sur le Loing. On y remarque l'église de la Madeleine. Fabr. de draps; filatures de coton; papeteries. Comm. de grains, vins, safran, cire, miel, laines, fers et bestiaux.

MONTARLOT, s. m. Com. du dép. de la Haute-Saône, cant. de Rioz, arr. de Vesoul. = Champlitte.

MONTARLOT, s. m. Com. du dép. de Seine-et-Marne, cant. de Moret, arr. de Fontainebleau. = Moret.

MONTARLOT, s. m. Com. du dép. de la Côte-d'Or, cant. d'Auxonne, arr. de Dijon. = Auxonne.

MONTARLOT, s. m. Com. du dép. de la Haute-Saône, cant. de Champlitte, arr. de Gray. = Rioz.

MONTARMET, s. m. Village du dép. de la Côte-d'Or, com. de Salives, cant. de Grancey-le-Château, arr. de Dijon. = Grancey-le-Château.

MONTARNAUD, s. m. Com. du dép. de l'Hérault, cant. d'Aniane, arr. de Montpellier. = Montpellier.

MONTARON, s. m. Com. du dép. de la Nièvre, cant. de Moulins-Engilbert, arr. de Château-Chinon. = Moulins-Engilbert.

MONTASSIN ou MONTASIN, s. m. Coton filé du Levant.

MONTASTRUC, s. m. Com. du dép. de la Haute-Garonne, cant. de Salies, arr. de St.-Gaudens. = St.-Martory.

MONTASTRUC, s. m. Com. du dép. de la Haute-Garonne, chef-lieu de cant. de l'arr. de Toulouse. Bur. d'enregist. = Toulouse.

MONTASTRUC, s. m. Com. du dép. du Gers, cant. de Saramon, arr. d'Auch. = Auch.

MONTASTRUC, s. m. Com. du dép. de Lot-et-Garonne, cant. de Monclar, arr. de Villeneuve. = Ste.-Livrade.

MONTASTRUC, s. m. Com. du dép. des Hautes-Pyrénées, cant. de Galan, arr. de Tarbes. = Trie.

MONTASTRUC, s. m. Com. du dép. de Tarn-et-Garonne, cant. de la Française, arr. de Montauban. = Montauban.

MONTASTRUC-SAVÉ, s. m. Com. du dép. de la Haute-Garonne, cant. de Rieumes, arr. de Muret. = Lombez.

MONTAT (le), s. m. Com. du dép. du Lot, cant. et arr. de Cahors. = Cahors.

MONTATAIRE, s. m. Com. du dép. de l'Oise, cant. de Creil, arr. de Senlis. = Creil.

MONTAUBAN, s. m. Com. du dép. de la Drôme, cant. de Sédéron, arr. de Nyons. = le Buis.

MONTAUBAN, s. m. Com. du dép. de la Haute-Garonne, cant. de Bagnères-de-Luchon, arr. de St.-Gaudens. = Bagnères-de-Luchon.

MONTAUBAN, s. m. Com. du dép. d'Ille-et-Vilaine, chef-lieu de cant. de l'arr. de Montfort. Bur. d'enregist. et de poste.

MONTAUBAN, s. m. Com. du dép. de la Somme, cant. de Combles, arr. de Péronne. = Albert.

MONTAUBAN, s. m. Ville du dép. de Tarn-et-Garonne, chef-lieu de préf., de sous-préf. et de deux cant.; cour d'assises; trib. de 1re instance et de comm. ; évêché érigé dans le 14e siècle ; chambre consult. des manuf.; société des sciences, agric. et belles-lettres ; faculté de théologie de l'église réformée; biblioth. pub. de 10,000 vol.; ingén. en chef des ponts-et-chaussées ; direct. de l'enregist. et des domaines, 3e classe ; conserv. des hypoth.; direct. des contrib. dir. et indir.; bur. de garantie des matières d'or et d'argent; recev. gén. des finances; payeur du dép.; bur. d'enregist. et de poste. Pop. 25,470 hab. envir.

Cette ville, agréablement située, est bâtie sur une hauteur qui domine une fertile et belle campagne, arrosée par le Tarn. C'est dans son sein qu'est né Cahuzac, poète dramatique. Fabr. de draps, cadis, molletons, bas de soie, savon, eaux-de-vie; filatures de coton ; teintureries, amidonneries, tanneries. Comm. de grains, farines, cuirs forts, draps, laine, huiles, drogueries et épiceries.

MONTAUD, s. m. Com. du dép. de l'Hérault, cant. de Castries, arr. de Montpellier. = Sommières.

MONTAUD, s. m. Com. du dép. de l'Isère, cant. de Tullins, arr. de St.-Marcellin. = Tullins.

MONTAUD, s. m. Com. du dép. de la Loire, cant. et arr. de St.-Etienne. = St.-Etienne.

MONTAUDIN, s. m. Com. du dép. de la Mayenne, cant. de Landivy, arr. de Mayenne. = Ernée.

MONTAULIEU, s. m. Com. du dép. de la Drôme, cant. et arr. de Nyons. = Nyons.

MONTAULIN, s. m. Com. du dép. de l'Aube, cant. de Lusigny, arr. de Troyes. = Troyes.

MONTAULT, s. m. Com. du dép. d'Ille-et-Vilaine, cant. de Louvigné-du-Désert, arr. de Fougères. = St.-James.

MONTAURE, s. m. Com. du dép. de l'Eure, cant. de Pont-de-l'Arche, arr. de Louviers. = Louviers.

MONTAURIEL, s. m. Com. du dép. de l'Aude, cant. de Salles, arr. de Castelnaudary. = Castelnaudary.

MONTAURIOL, s. m. Com. du dép. de la Haute-Garonne, cant. et arr. de Toulouse. = Toulouse.

MONTAURIOL, s. m. Com. du dép. de Lot-et-Garonne, cant. de Castillonnès, arr. de Villeneuve. = Lauzun.

MONTAURIOL, s. m. Com. du dép. des Pyrénées-Orientales, cant. et arr. de Céret. = Céret.

MONTAURIOL, s. m. Com. du dép. du Tarn, cant. de Pampelonne, arr. d'Albi. = Albi.

MONTAUROUX, s. m. Com. du dép. du Var, cant. de Fayence, arr. de Draguignan. = Draguignan.

MONTAUSEL, s. m. Com. du dép. du Tarn, cant. et arr. de Lavaur. = Lavaur.

MONTAUT, s. m. Com. du dép. de l'Ariège, cant. de Saverdun, arr. de Pamiers. = Saverdun.

MONTAUT, s. m. Com. du dép. de l'Aude, cant. d'Alaigne, arr. de Limoux. = Limoux.

MONTAUT, s. m. Com. du dép. de la Dordogne, cant. d'Issigeac, arr. de Bergerac. = Bergerac.

MONTAUT, s. m. Com. du dép. de la Haute-Garonne, cant. d'Aurignac, arr. de St.-Gaudens. = Martres.

MONTAUT, s. m. Com. du dép. de la Haute-Garonne, cant. de Carbonne, arr. de Muret. = Noé.

MONTAUT, s. m. Com. du dép. du Gers, cant. et arr. d'Auch. = Auch.

MONTAUT, s. m. Com. du dép. du Gers, cant. de Miélan, arr. de Mirande. = Miélan.

MONTAUT, s. m. Com. du dép. des Landes, cant. et arr. de St.-Sever. = St.-Sever.

MONTAUT, s. m. Com. du dép. de Lot-et-Garonne, cant. de Villeréal, arr. de Villeneuve. = Monflanquin.

MONTAUT, s. m. Com. du dép. des Basses-Pyrénées, cant. de Clarac, arr. de Pau. = Pau.

MONTAUTOUR, s. m. Com. du dép. d'Ille-et-Vilaine, cant. et arr. de Vitré. = Vitré.

MONTAUVILLE, s. f. Com. du dép. de la Meurthe, cant. de Pont-à-Mousson, arr. de Nancy. = Pont-à-Mousson.

MONTAY, s. m. Com. du dép. du Nord, cant. du Catteau, arr. de Cambrai. = le Catteau.

MONTAYROL, s. m. Village du dép. de Lot-et-Garonne, cant. de Tournon, arr. de Villeneuve. = Villeneuve.

MONTAZEAU, s. m. Com. du dép. de la Dordogne, cant. de Velines, arr. de Bergerac. = Ste.-Foi.

MONTAZELS, s. m. Com. du dép. de l'Aude, cant. de Quillan, arr. de Limoux. = Limoux.

MONTBARD, s. m. Petite ville du dép. de la Côte-d'Or, chef-lieu de cant. de l'arr. de Semur. Bur. d'enregist. et de poste.

Cette ville est située au pied d'une colline, sur le bord de la Brenne, et du canal de Bourgogne. Sur le sommet de cette colline on remarque un ancien château où naquit le célèbre Buffon. Ce château est entouré de jardins disposés en terrasses et dominé par une vieille tour d'un aspect imposant; c'est là que cet homme immortel composa son histoire naturelle. On voit encore son cabinet d'études, et les restes de son cabinet d'histoire naturelle. Fabr. de draps, droguets, lacets, tresses; tanneries. Comm. de chanvre, fils, laine, bois, etc.

MONTBARREY, s. m. Com. du dép. du Jura, chef-lieu de cant. de l'arr. de Dôle, où se trouve le bur. d'enregist. = Dôle.

MONTBARROIS, s. m. Com. du dép. du Loiret, cant. de Beaune, arr. de Pithiviers. = Bois-Commun.

MONTBARTIER, s. m. Com. du dép. de Tarn-et-Garonne, cant. de Montech, arr. de Castel-Sarrasin. = Montech.

MONTBAVIN, s. m. Com. du dép. de l'Aisne, cant. d'Anizy-le-Château, arr. de Laon. = Laon.

MONTBAZENS, s. m. Com. du dép. de l'Aveyron, chef-lieu de cant. de l'arr. de Villefranche. Bur. d'enregist. = Rignac.

MONTBAZIN, s. m. Com. du dép. de l'Hérault, cant. de Mèze, arr. de Montpellier. = Mèze.

MONTBAZON, s. m. Petite ville du dép. d'Indre-et-Loire, chef-lieu de cant. de l'arr. de Tours. Bur. d'enregist. et de poste. Comm. de grains.

MONTBEL, s. m. Com. du dép. de l'Ariège, cant. de Mirepoix, arr. de Pamiers. = Mirepoix.

MONTBÉLIARD, s. m. Ville du dép. du Doubs, chef-lieu de sous-préf. et de cant.; trib. de 1re inst.; biblioth. pub.; conserv. des hypoth.; direct. des contrib. indir.; bur. de garantie des matières d'or et d'argent; recev. part. des finances; bur. d'enregist. et de poste. Cette ville, située au pied d'un rocher, et au milieu d'un beau vallon arrosé par la Halle et la Luzine, est généralement bien bâtie et bien percée. On y remarque particulièrement l'hôtel-de-ville, l'église St.-Martin et le bâtiment des halles. Elle s'honore à juste titre d'avoir vu naître Cuvier, dont les sciences ont si vivement déploré la perte. Manuf. d'horlogerie; fabr. de bonneterie, percales, toiles, draps, faulx, outils aratoires, pointes de Paris, etc. Comm. de grains, épiceries, fromages, etc.

MONTBÉLIARDOT, s. m. Com. du dép. du Doubs, cant. de Russey, arr. de Montbéliard. = Morteau.

MONTBELLET, s. m. Com. du dép. de Saône-et-Loire, cant. de Lugny, arr. de Mâcon. = St.-Oyen.

MONTBENOÎT, s. m. Com. du dép. du Doubs, chef-lieu de cant. de l'arr. de Pontarlier. Bur. d'enregist. = Pontarlier.

MONTBERAUD, s. m. Com. du dép. de la Haute-Garonne, cant. de Cazères, arr. de Muret. = Martres.

MONTBERNARD, s. m. Com. du dép. de la Haute-Garonne, cant. de l'Isle-en-Dodon, arr. de St.-Gaudens. = l'Isle-en-Dodon.

MONTBERNENCHON, s. m. Com. du dép. du Pas-de-Calais, cant. de Lillers, arr. de Béthune. = St.-Venant.

MONTBERON, s. m. Com. du dép. de la Haute-Garonne, cant. et arr. de Toulouse. = Toulouse.

MONBERT, s. m. Com. du dép. de la Loire-Inférieure, cant. d'Aigrefeuille, arr. de Nantes. = Machecoul.

MONTBERTHAULT, s. m. Com. du dép. de la Côte-d'Or, cant. et arr. de Semur. = Semur.

MONT-BERTRAND, s. m. Com. du dép. du Calvados, cant. de Bény-Bocage, arr. de Vire. = Torigny.

MONTBETON, s. m. Com. du dép. de Tarn-et-Garonne, cant. de Montech, arr. de Castel-Sarrasin. = Montauban.

MONTBEUGNY, s. m. Com. du dép. de l'Allier, cant. de Neuilly-le-Réal, arr. de Moulins. = Moulins.

MONTBIZOT, s. m. Com. du dép. de la Sarthe, cant. de Ballon, arr. du Mans. = Beaumont-le-Vicomte.

MONTBLAINVILLE, s. f. Com. du dép. de la Meuse, cant. de Varennes, arr. de Verdun. = Varennes.

MONTBLANC, s. m. Com. du dép. des Basses-Alpes, cant. d'Annot, arr. de Castellanne. = Castellanne.

MONTBLANC, s. m. Com. du dép. de l'Hérault, cant. de Servian, arr. de Béziers. = Pézénas.

MONTBOILLON, s. m. Com. du dép. de la Haute-Saône, cant de Gy, arr. de Gray. = Gy.

MONTBOISSIER, s. m. Com. du dép. d'Eure-et-Loir, cant. de Bonneval, arr. de Châteaudun. = Bonneval.

MONTBOLO, s. m. Com. du dép. des Pyrénées-Orientales, cant. d'Arles, arr. de Céret. = Arles.

MONTBOUCHER, s. m. Com. du dép. de la Creuse, cant. et arr. de Bourganeuf. = Bourganeuf.

MONTBOUCHER, s. m. Com. du dép. de la Drôme, cant. et arr. de Montélimar. = Montélimar.

MONTBOUTON, s. m. Com. du dép. du Haut-Rhin, cant. de Delle, arr. de Belfort. = Delle.

MONTBOUY, s. m. Com. du dép. du Loiret, cant. de Châtillon, arr. de Montargis. = Châtillon.

MONTBOYER, s. m. Com. du dép. de la Charente, cant. de Chalais, arr. de Barbezieux. = la Graulle.

MONTBOZON, s. m. Com. du dép. de la Haute-Saône, chef-lieu de cant. de l'arr. de Vesoul. Bur. d'enregist. = Vesoul.

MONTBRAND, s. m. Com. du dép. des Hautes-Alpes, cant. d'Aspres-les-Veynes, arr. de Gap. = Veynes.

MONTBRAS, s. m. Com. du dép. de la Meuse, cant. de Vaucouleurs, arr. de Commercy. = Vaucouleurs.

MONTBRAY, s. m. Com. du dép. de la Manche, cant. de Percy, arr. de St.-Lô. = Villedieu.

MONTBRÉ, s. m. Com. du dép. de la Marne, cant. de Verzy, arr. de Reims. = Reims.

MONTBREHAIN, s. m. Com. du dép. de l'Aisne, cant. de Bohain, arr. de St.-Quentin. = St.-Quentin.

MONTBRÉTIE, s. f. Voy. GLAÏEUL. T. de bot.

MONTBRISON, s. m. Com. du dép. de la Drôme, cant. de Grignan, arr. de Montélimar. = Taulignan.

MONTBRISON, s. m. Ville du dép. de la Loire, chef-lieu de préf., d'une sous-préf. et d'un cant.; trib. de 1re inst.; société d'agric. et de comm.; biblioth. publ.; ingén. en chef des ponts-et-chaussées; direct. de l'enregist. et des domaines, 3e classe; conserv. des hypoth.; direct. des contrib. dir. et indir.; recev. gén. des fin.; payeur du dép.; bur. d'enregist. et de poste. Pop., 5,153 hab. env.

Cette ville, située au milieu d'une belle et fertile plaine, sur la petite rivière de Vizezy, est en général mal bâtie et peu peuplée pour son étendue. Quoiqu'elle soit la résidence d'un préfet, c'est l'une des villes les moins importantes du dép. On y remarque l'hôtel de la préf., la salle de spectacle, etc.

Fabr. de toiles, linons et batistes. Comm. de grains, laines et bestiaux.

MONTBRON, s. m. Ville du dép. de la Charente, chef-lieu de cant. de l'arr. d'Angoulême. Bur. d'enregist. = la Rochefoucau't.

MONTBRONN, s. m. Com. du dép. de la Moselle, cant. de Rorbach, arr. de Sarreguemines. = Bitche.

MONTBRUN, s. m. Com. du dép. de l'Aude, cant. de Lézignan, arr. de Narbonne. = Lézignan.

MONTBRUN, s. m. Com. du dép. de la Drôme, cant. de Sédéron, arr. de Nyons. = le Buis.

MONTBRUN, s. m. Com. du dép. de la Haute-Garonne, cant. de Montgiscard, arr. de Villefranche. = Villefranche.

MONTCARRA, s. m. Com. du dép. de l'Isère, cant. et arr. de la Tour-du-Pin. = la Tour-du-Pin.

MONT-CASSIN, s. m. Com. du dép. de Lot-et-Garonne, cant. de Castel Jaloux, arr. de Nérac. = Castel-Jaloux.

MONT-CAUVAIRE, s. m. Com. du dép. de la Seine-Inférieure, cant. de Clères, arr. de Rouen. = Rouen.

MONT-CAVREL, s. m. Com. du dép. du Pas-de-Calais, cant. d'Etaples, arr. de Montreuil. = Montreuil.

MONTCEAU, s. m. Com. du dép. de la Côte-d'Or, cant. de Bligny-sur-Ouche, arr. de Beaune. = Beaune.

MONTCEAU-FAUCOUZY, s. m. Com. du dép. de l'Aisne, cant. de Sains, arr. de Vervins. = Vervins.

MONTCEAU-LES-LEUPS, s. m. Com. du dép. de l'Aisne, cant. de la Fère, arr. de Laon. = la Fère.

MONTCEAU-LE-WAST, s. m. Com. du dép. de l'Aisne, cant. de Marle, arr. de Laon. = Laon.

MONTCEAU-SUR-OISE, s. m. Com. du dép. de l'Aisne, cant. de Guise, arr. de Vervins. = Guise.

MONTCEAUX, s. m. Com. du dép. de l'Ain, cant. de Thoissey, arr. de Trévoux. = Montmerle.

MONTCEAUX, s. m. Com. du dép. de l'Aube, cant. de Bouilly, arr. de Troyes. = Troyes.

MONTCEAUX, s. m. Com. du dép. de l'Isère, cant. de Bourgoin, arr. de la Tour-du-Pin. = la Tour-du-Pin.

MONTCEAUX, s. m. Com. du dép. de Saône-et-Loire, cant. de Sennecey-le-Grand, arr. de Châlons. = Sennecey.

MONTCEAUX, s. m. Com. du dép. de Seine-et-Marne, cant. et arr. de Meaux. = Meaux.

MONTCEAUX, s. m. Com. du dép. de Seine-et-Oise, cant. et arr. de Corbeil. = Corbeil.

MONTCEAUX-L'ÉTOILE, s. m. Com. du dép. de Saône-et-Loire, cant. de Marcigny, arr. de Charolles. = Joncy.

MONTCEL, s. m. Com. du dép. de l'Ain, cant. et arr. de Bourg. = Bourg.

MONTCEL, s. m. Com. du dép. du Puy-de-Dôme, cant. de Combronde, arr. de Riom. = Riom.

MONTCENIS, s. m. Petite ville du dép. de Saône-et-Loire, chef-lieu de cant. de l'arr. d'Autun. Bur. d'enregist. et de poste.

Cette ville, située sur une éminence, entre deux montagnes, a donné son nom à l'important établissement du Creusot, qui en est à peu de distance. Aux environs, mines de fer et de houille. Comm. de fer et de bestiaux.

MONTCEY, s. m. Com. du dép. de la Haute-Saône, cant. et arr. de Vesoul. = Vesoul.

MONTCHABOUD, s. m. Com. du dép. de l'Isère, cant. de Vizille, arr. de Grenoble. = Vizille.

MONTCHALONS, s. m. Com. du dép. de l'Aisne, cant. et arr. de Laon. = Laon.

MONTCHAMP, s. m. Com. du dép. du Cantal, cant. et arr. de St.-Flour. = St.-Flour.

MONT-CHAMP-LE-GRAND, s. m. Com. du dép. du Calvados, cant. de Vassy, arr. de Vire. = Vire.

MONT-CHAMP-LE-PETIT, s. m. Com. du dép. du Calvados, cant. de Vassy, arr. de Vire. = Vire.

MONTCHARVOT, s. m. Com. du dép. de la Haute-Marne, cant. de Bourbonne, arr. de Langres. = Bourbonne.

MONTCHATON, s. m. Com. du dép. de la Manche, cant. de Mont-Martin-sur-Mer, arr. de Coutances. = Coutances.

MONTCHAUDE, s. m. Com. du dép. de la Charente, cant. et arr. de Barbezieux. = Barbezieux.

MONTCHAUVET, s. m. Com. du dép. du Calvados, cant. de Bény-Bocage, arr. de Vire. = Vire.

MONTCHAUVET, s. m. Com. du dép. de Seine-et-Oise, cant. de Houdan, arr. de Mantes. = Mantes.

MONTCHAUVIER, s. m. Com. du dép. du Jura, cant. de Sellières, arr. de Lons-le-Saulnier. = Sellières.

MONTCHAUVROT, s. m. Com. du dép. du Jura, cant. de Sellières, arr. de Lons-le-Saulnier. = Sellières.

MONTCHAUX, s. m. Com. du dép. de la Seine-Inférieure, cant. de Blangy, arr. de Neufchâtel. = Blangy.

MONTCHENU, s. m. Com. du dép. de la Drôme, cant. de St.-Donat, arr. de Valence. = Romans.

MONTCHEUTIN, s. m. Com. du dép. des Ardennes, cant. de Monthois, arr. de Vouziers. = Vouziers.

MONTCHEVREL, s. m. Com. du dép. de l'Orne, cant. de Courtomer, arr. d'Alençon. = le Mêle.

MONTCHEVRIER, s. m. Com. du dép. de l'Indre, cant. d'Aigurande, arr. de la Châtre. = Argenton-sur-Creuse.

MONTCLAR, s. m. Com. du dép. des Basses-Alpes, cant. de Seyne, arr. de Digne. = Seyne.

MONTCLAR, s. m. Com. du dép. de l'Aude, cant. de Montréal, arr. de Carcassonne. = Carcassonne.

MONTCLAR, s. m. Com. du dép. de l'Aveyron, cant. de St.-Sernin, arr. de St.-Affrique. = St.-Sernin.

MONTCLAR, s. m. Com. du dép. de la Haute-Garonne, cant. de Cazères, arr. de Muret. = Martres.

MONTCLAR, s. m. Com. du dép. de la Haute-Garonne, cant. et arr. de Villefranche. = Villefranche.

MONTCLARAT, s. m. Com. du dép. de l'Aveyron, cant. et arr. de St.-Affrique. = St.-Affrique.

MONTCLARD, s. m. Com. du dép. de la Drôme, cant. de Crest, arr. de Die. = Crest.

MONTCLARD, s. m. Com. du dép. de la Haute-Loire, cant. de Paulhaguet, arr. de Brioude. = Brioude.

MONT-CLUS, s. m. Com. du dép. des Hautes-Alpes, cant. de Serres, arr. de Gap. = Serres.

MONT-CLUS, s. m. Com. du dép. du Gard, cant. du Pont-St.-Esprit, arr. d'Uzès. = Barjac.

MONTCOMBROUX, s. m. Com. du dép. de l'Allier, cant. du Donjon, arr. de la Palisse. = le Donjon.

MONTCONY, s. m. Com. du dép. de Saône-et-Loire, cant. de Beaurepaire, arr. de Louhans. = Louhans.

MONTCORBON, s. m. Com. du dép. du Loiret, cant. de Château-Renard, arr. de Montargis. = Courtenai.

MONTCORNET, s. m. Com. du dép. de l'Aisne, cant. de Rozoy-sur-Serre, arr. de Laon. Bur. de poste.

MONTCORNET, s. m. Com. du dép. des Ardennes, cant. de Renwez, arr. de Mézières. = Mézières.

MONTCOURT, s. m. Com. du dép. de la Haute-Saône, cant. de Jussey, arr. de Vesoul. = Jussey.

MONTCOUX, s. m. Com. du dép. du Jura, cant. d'Arinthod, arr. de Lons-le-Saulnier. = Orgelet.

MONTCOUYOUL, s. m. Com. du dép. du Tarn, cant. de Montredon, arr. de Castres. = Albi.

MONTCOY, s. m. Com. du dép. de Saône-et-Loire, cant. de St.-Martin-en-Bresse, arr. de Châlons. = Châlons.

MONTCRABIER, s. m. Com. du dép.

du Tarn, cant. et arr. de Lavaur. = Lavaur.

MONTCRESSON, s. m. Com. du dép. du Loiret, cant. de Châtillon-sur-Loing, arr. de Montargis. = Châtillon-sur-Loing.

MONTCUIT, s. m. Com. du dép. de la Manche, cant. de St.-Sauveur-Lendelin, arr. de Coutances. = Coutances.

MONTCUSEL, s. m. Com. du dép. du Jura, cant. de Moirans, arr. de St.-Claude. = St.-Claude.

MONTCY-NOTRE-DAME, s. m. Com. du dép. des Ardennes, cant. de Charleville, arr. de Mézières. = Charleville.

MONTCY-ST.-PIERRE, s. m. Com. du dép. des Ardennes, cant. de Charleville, arr. de Mézières. = Charleville.

MONTDARDIER, s. m. Com. du dép. du Gard, cant. et arr. du Vigan. = le Vigan.

MONT-D'ASTARAC, s. m. Com. du dép. du Gers, cant. de Masseube, arr. de Mirande. = Castelnau.

MONT-DAUPHIN, s. m. Com. du dép. des Hautes-Alpes, cant. de Guillestre, arr. d'Embrun. Bur. de poste.

MONT-DAUPHIN, s. m. Com. du dép. de Seine-et-Marne, cant. de Rebais, arr. de Coulommiers. = Montmirail.

MONT-DEBOURG, s. m. Com. du dép. de la Seine-Inférieure, cant. d'Yerville, arr. d'Yvetot. = Yvetot.

MONT-DE-GALIER, s. m. Com. du dép. de la Haute-Garonne, cant. de St.-Bertrand, arr. de St.-Gaudens. = St.-Béat.

MONT-DE-JEUX, s. m. Com. du dép. des Ardennes, cant. d'Attigny, arr. de Vouziers. = Attigny.

MONT-DE-LANS, s. m. Com. du dép. de l'Isère, cant. du Bourg-d'Oisans, arr. de Grenoble. = le Bourg-d'Oisans.

MONT-DE-LAVAL, s. m. Com. du dép. du Doubs, cant. de Russey, arr. de Montbéliard. = Montbéliard.

MONT-DE-L'IF, s. m. Com. du dép. de la Seine-Inférieure, cant. de Pavilly, arr. de Rouen. = Yvetot.

MONT-DE-MARRAST, s. m. Com. du dép. du Gers, cant. de Miélan, arr. de Mirande. = Miélan.

MONT-DE-MARSAN, s. m. Ville du dép. des Landes, chef-lieu de préf., de sous-préf. et d'un cant.; cour d'assises; trib. de 1re inst.; société d'agric. de comm. et des arts; biblioth. pub. de 12,000 vol.; ingén. en chef des ponts-et-chaussées; direct. de l'enregist. et des domaines de 3e classe; conserv. des hypoth.; direct. des contrib. dir. et indir.; recev. gén. des fin.; payeur du dép.; Bur. d'enregist. et de poste.

Cette ville est située dans une plaine sablonneuse, sur la Douze et le Midou qui s'y réunissent et forment une rivière navigable qu'on nomme la Midouze.

On y remarque plusieurs beaux édifices, entre autres, l'hôtel de préf., des casernes, et un pont sur la Midouze.

Fabr. de couvertures, draps, toiles à voiles, etc. Entrepôt du comm. de Bordeaux et de Bayonne pour les vins, les eaux-de-vie et les laines.

MONT-DEVANT-SASSEY, s. m. Com. du dép. de la Meuse, cant. de Dun, arr. de Montmédy. = Dun-sur-Meuse.

MONT-DE-VOUGNEY, s. m. Com. du dép. du Doubs, cant. de Maiche, arr. de Montbéliard. = St.-Hippolyte-sur-le-Doubs.

MONTDIDIER, s. m. Com. du dép. de la Meurthe, cant. d'Albestroff, arr. de Château-Salins. = Dieuze.

MONTDIDIER, s. m. Ville du dép. de la Somme, chef-lieu de sous-préf. et de cant.; trib. de 1re inst.; société d'agric.; conserv. des hypoth.; direct. des contrib. indir.; recev. part. des fin.; bur. d'enregist. et de poste.

Fabr. de bonneterie, calicot, serges; filature de cotons, etc. Comm. de grains, bestiaux, charbon de terre, etc.

MONTDOL, s. m. Com. du dép. d'Ille-et-Vilaine, cant. de Dol, arr. de St.-Malo. = Dol.

MONT-D'OR (le), s. m. Haute montagne du dép. du Puy-de-Dôme, ainsi nommée d'un faible ruisseau appelé le Dor qui, à quelque distance de sa source, se réunit à un autre ruisseau, la Dogne, pour former ensemble la Dordogne.

MONT-D'OR, ou MONTE-ROTONDO, s. m. Montagne située au centre de l'île de Corse, du sommet de laquelle on découvre toute l'étendue de l'île, les côtes de Sardaigne, de France et d'Italie.

MONT-D'ORIGNY, s. m. Com. du dép. de l'Aisne, cant. de Ribemont, arr. de St.-Quentin. = Origny-Ste.-Benoîte.

MONT-D'OR-LÈS-BAINS, s. m. Village du dép. du Puy-de-Dôme, arr. d'Issoire. = Clermont-Ferrand.

Ce village est situé dans une vallée fertile et très pittoresque. Il possède des eaux thermales fournies par plusieurs sources, qu'on a réunies dans un établissement nouvellement construit aux frais du gouvernement.

MONTDOUBLEAU, s. m. Com. du dép. de Loir-et-Cher, chef-lieu de cant. de l'arr. de Vendôme. Bur. d'enregist. et de poste. Fabr. de serges et de cotonnades. Comm. de fruits secs.

MONTDRAGON, s. m. Com. du dép. de Vaucluse, cant. de Bollène, arr. d'Orange. = le Pont-St.-Esprit.

MONTDURAUSSE, s. m. Com. du dép. du Tarn, cant. de Salvaignac, arr. de Gaillac. = Tarbes.

MONTE, s. f. Accouplement des chevaux et des cavales; temps de cet accouplement.

MONTÉ, E, part. Transporté en haut. —, adj. Assemblé, dressé, préparé pour un usage quelconque. Cheval haut —, qui a les jambes trop longues et disproportionnées. Cavalier bien —, qui monte un bon cheval. Navire — par l'amiral, sur lequel est embarqué cet officier supérieur. —, échauffé, exalté; imagination montée. Personne bien ou mal —, de bonne ou de mauvaise humeur.

MONTÉ, s. m. Com. du dép. de la Corse, cant. de Campile, arr. de Bastia. = Bastia.

MONTEAUX, s. m. Com. du dép. de Loir-et-Cher, cant. d'Herbault, arr. de Blois. = Ecure.

MONTEBOURG, s. m. Com. du dép. de la Manche, chef-lieu de cant. de l'arr. de Valognes, où se trouvent les bur. d'enregist. et de poste. Fabr. de coutils.

MONTECH, s. m. Com. du dép. de Tarn-et-Garonne, chef-lieu de cant. de l'arr. de Castel-Sarrasin. Bur. d'enregist. et de poste.

MONTÉ-CHEROUX, s. m. Com. du dép. du Doubs, cant. de St.-Hippolyte, arr. de Montbéliard. = St.-Hippolyte-sur-le-Doubs.

MONTÉE, s. f. Petit escalier, marche, degré. —, pente de colline; chemin qui va en montant; élévation de la courbure d'un pont, d'une voûte. —, vol de l'oiseau s'élevant par degrés. T. de fauc. —, petit poisson du genre de la murène, qui remonte les rivières, dans lesquelles on en prend une immense quantité avec une sorte de panier. T. d'hist. nat.

MONTÉGLIN, s. m. Com. du dép. des Hautes-Alpes, cant. de Laragne, arr. de Gap. = Serres.

MONTÉGUT, s. m. Com. du dép. de l'Ariège, cant. et arr. de St.-Girons. = St.-Girons.

MONTÉGUT, s. m. Com. du dép. de l'Ariège, cant. de Varilles, arr. de Pamiers. = Pamiers.

MONTÉGUT, s. m. Com. du dép. de l'Aveyron, cant. de Camarès, arr. de St.-Affrique. = St.-Affrique.

MONTÉGUT, s. m. Com. du dép. de la Haute-Garonne, cant. du Fousseret, arr. de Muret. = Martres.

MONTÉGUT, s. m. Com. du dép. de la Haute-Garonne, cant. de Revel, arr. de Villefranche. = Fronton.

MONTÉGUT, s. m. Com. du dép. du Gers, cant. et arr. d'Auch. = Auch.

MONTÉGUT, s. m. Com. du dép. du Gers, cant. et arr. de Lombez. = Miélan.

MONTÉGUT, s. m. Com. du dép. du Gers, cant. de Miélan, arr. de Mirande. = Plaisance.

MONTÉGUT, s. m. Com. du dép. des Landes, cant. de Villeneuve, arr. de Mont-de-Marsan. = Mont-de-Marsan.

MONTÉGUT, s. m. Com. du dép. des Hautes-Pyrénées, cant. de Nestier, arr. de Bagnères. = Montrejeau.

MONTÉGUT-GURES, s. m. Com. du dép. du Gers, cant. d'Aignan, arr. de Mirande. = Lombez.

MONTEIGNET, s. m. Com. du dép. de l'Allier, cant. et arr. de Gannat. = le Donjon.

MONTEIL (le), s. m. Com. du dép. de la Haute-Loire, cant. et arr. du Puy. = le Puy.

MONTEIL-AU-VICOMTE (le), s. m. Com. du dép. de la Creuse, cant. de Royère, arr. de Bourganeuf. = Bourganeuf.

MONTEIL-GUILLAUME, s. m. Com. du dép. de la Creuse, cant. de Crocq, arr. d'Aubusson. = Felletin.

MONTEILLE, s. f. Com. du dép. du Calvados, cant. de Mézidon, arr. de Lisieux. = Croissanville.

MONTEILS, s. m. Com. du dép. du Gard, cant. de Vézénobres, arr. d'Alais. = Alais.

MONTEILS, s. m. Com. du dép. de Tarn-et-Garonne, cant. de Caussade, arr. de Montauban. = Caussade.

MONTEILS-EN-FLOIRAC, s. m. Com. du dép. de l'Aveyron, cant. de Najac, arr. de Villefranche. = Villefranche-de-Rouergue.

MONTFLARIÉ (la), s. f. Village du dép. du Tarn, cant. d'Angles, arr. de Castres. = Castres.

MONTEL-DE-GELAT, s. m. Com. du dép. du Puy-de-Dôme, cant. de Pontaumur, arr. de Riom. = Auzances.

MONTELÉGIER, s. m. Com. du dép. de la Drôme, cant. et arr. de Valence. = Valence.

MONTÉLIER, s. m. Com. du dép. de la Drôme, cant. de Chabeuil, arr. de Valence. = Valence.

MONTÉLIMAR, s. m. Ville du dép. de la Drôme, chef-lieu de sous-préf. et de cant.; trib. de 1re inst.; biblioth. pub.; ingén. des ponts-et-chaussées; conserv. des hypoth.; direct. des contrib. indir.; recev. part. des finances; bur. d'enregist. et de poste. Pop. 7,900 hab. env.

Cette ville, assise sur le penchant d'une colline et dominée par une citadelle, est environnée de coteaux couverts de vignes et de belles plaines où croissent en pleine terre le mûrier, l'olivier et l'oranger. Fabr. de toiles, liqueurs; tanneries et maroquineries. Comm. de grains, farines, légumes, miel, cire, huile de noix et d'olives, soies ouvrées et en trames, poterie, bestiaux.

MONTELLIER (le), s. m. Com. du dép. de l'Ain, cant. de Meximieux, arr. de Trévoux. = Meximieux.

MONTELS, s. m. Com. du dép. de l'Ariège, cant. de la Bastide-de-Seron, arr. de Foix. = Foix.

MONTELS, s. m. Com. du dép. de l'Aveyron, cant. de St.-Sernin, arr. de St.-Affrique. = St.-Sernin.

MONTELS, s. m. Com. du dép. de l'Hérault, cant. de Capestang, arr. de Béziers. = Béziers.

MONTELS, s. m. Com. du dép. du Tarn, cant. de Castelnau-Montmirail, arr. de Gaillac. = Gaillac.

MONTEMAGGIORE, s. m. Com. du dép. de la Corse, cant. de Calenzana, arr. de Calvi. = Bastia.

MONTEMAIN, s. m. Com. du dép. d'Eure-et-Loir, cant. de Bonneval, arr. de Châteaudun. = Bonneval.

MONTEMBŒUF, s. m. Com. du dép. de la Charente, chef lieu de cant. de l'arr. de Confolens. Bur. d'enregist. à Vitrac. = la Rochefoucault.

MONTENACH, s. m. Com. du dép. de la Moselle, cant. de Sierck, arr. de Thionville. = Thionville.

MONTENAY, s. m. Com. du dép. de l'Ain, cant. et arr. de Trévoux. = Trévoux.

MONTENAY, s. m. Com. du dép. de la Mayenne, cant. d'Ernée, arr. de Mayenne. = Ernée.

MONTENDRE, s. m. Petite ville du dép. de la Charente-Inférieure, chef-lieu de cant. de l'arr. de Jonzac. Bur. d'enregist. et de poste.

MONTENESCOURT, s. m. Com. du dép. du Pas-de-Calais, cant. de Beaumetz, arr. d'Arras. = Arras.

MONTENEUF, s. m. Com. du dép. du Morbihan, cant. de Guer, arr. de Ploërmel. = Ploërmel.

MONTENILS, s. m. Com. du dép. de Seine-et-Marne, cant. de Rebais, arr. de Coulommiers. = Montmirail.

MONTENOIS, s. m. Com. du dép. du Doubs, cant. de l'Isle-sur-le-Doubs, arr. de Baume. = l'Isle-sur-le-Doubs.

MONTENOISON, s. m. Com. du dép. de la Nièvre, cant. de Prémery, arr. de Cosne. = Nevers.

MONTENOY, s. m. Com. du dép. de la Meurthe, cant. de Nomeny, arr. de Nancy. = Nancy.

MONTEPILLOY, s. m. Com. du dép. de l'Oise, cant. et arr. de Senlis. = Senlis.

MONTEPLAIN, s. m. Com. du dép. du Jura, cant. de Dampierre, arr. de Dôle. = Dôle.

MONTÉPREUX, s. m. Com. du dép. de la Marne, cant. de Fère-Champenoise, arr. d'Épernay. = Fère-Champenoise.

MONTER, v. a. Gravir, grimper, se transporter en haut. —, disposer, ajuster, assembler, joindre, réunir les différentes pièces d'un ouvrage; monter un fusil. —, établir, garnir de choses nécessaires; monter une maison, une fabrique. — un régiment de cavalerie; lui donner des chevaux. —, v. n. Se transporter en un lieu plus élevé; monter aux tours Notre-Dame. —, grimper à, ou sur, quitter le sol en général; monter à un arbre, sur un cheval. —, augmenter en élévation, en parlant des eaux. — , avoir de l'élévation, en parlant des choses solides. —, s'élever, tendre en haut, en général. —, croître, s'accroître; croître en valeur, augmenter de prix; arriver à un grade supérieur, parvenir. — au trône, devenir souverain. — à cheval, savoir manier un cheval. — sur un navire, s'embarquer. — en chaire, prêcher. — sur les planches, se faire comédien, etc. Se —, v. pron. Se procurer les choses dont on a besoin. Se — à, former un total. Se — la tête, se résoudre, s'encourager à la persévérance, à l'obstination.

MONTERBLANC, s. m. Com. du dép. du Morbihan, cant. d'Elven, arr. de Vannes. = Vannes.

MONTEREAU, s. m. Com. du dép. du Loiret, cant. d'Ouzouer-sur-Loire, arr. de Gien. = Lorris.

MONTEREAU-FAUT-YONNE, s. m. Petite ville du dép. de Seine-et-Marne, chef-lieu de cant. de l'arr. de Fontainebleau, trib. de comm. Bur. d'enregist. et de poste.

Située au confluent de l'Yonne et de la Seine, cette ville possède une manuf. considérable de faïence blanche, façon anglaise, et de grès noir imité de Weedvoed, de faïence brune et de poterie. Comm. considérable de grains pour l'approvisionnement de Paris, de bois flotté, bestiaux, etc.

MONTEREAU-SUR-JARD, s. m. Com. du dép. de Seine-et-Marne, cant. et arr. de Melun. = Melun.

MONTE-RESSORT, s. m. Outil d'arquebusier pour monter le grand ressort de la batterie d'un fusil.

MONTERFIL, s. m. Com. du dép. d'Ille-et-Vilaine, cant. de Plélan, arr. de Montfort. = Plélan.

MONTÉROLIER, s. m. Com. du dép. de la Seine-Inférieure, cant. de St.-Saens, arr. de Neufchâtel. = St.-Saens

MONTEROL-SENARD, s. m. Com. du dép. de la Haute-Vienne, cant. de Mézières, arr. de Bellac. = Bellac.

MONTERRIN, s. m. Com. du dép. du Morbihan, cant. de Malestroit, arr. de Ploërmel. = Ploërmel.

MONTERTELOT, s. m. Com. du dép. du Morbihan, cant. et arr. de Ploërmel. = Ploërmel.

MONTESCOT, s. m. Com. du dép. des Pyrénées-Orientales, cant. et arr. de Perpignan. = Perpignan.

MONTESCOURT-LIZEROLLES, s. m. Com. du dép. de l'Aisne, cant. de St.-Simon, arr. de St.-Quentin. = St.-Quentin.

MONTESPAN, s. m. Com. du dép. de la Haute-Garonne, cant. de Salies, arr. de St.-Gaudens. = St.-Gaudens.

MONTESPIEU, s. m. Com. du dép. du Tarn, cant. et arr. de Castres. = Castres.

MONTESQUIEU, s. m. Com. du dép. de la Haute-Garonne, cant. et arr. de Villefranche. = Villefranche.

MONTESQUIEU, s. m. Com. du dép. de l'Ariège, cant. de St.-Lizier, arr. de St.-Girons. = St.-Girons.

MONTESQUIEU, s. m. Com. du dép. de l'Hérault, cant. de Roujan, arr. de Béziers. = Pézenas.

MONTESQUIEU, s. m. Com. du dép. de Lot-et-Garonne, cant. de Lavardac, arr. de Nérac. = Port-Ste.-Marie.

MONTESQUIEU, s. m. Com. du dép. des Pyrénées-Orientales, cant. d'Argelès, arr. de Céret. = Collioure.

MONTESQUIEU, s. m. Com. du dép. de Tarn-et-Garonne, cant. et arr. de Moissac. = Moissac.

MONTESQUIEU-DE-L'ISLE, s. m. Com. du dép. de la Haute-Garonne, cant. de l'Isle-en-Dodon, arr. de St.-Gaudens. = l'Isle-en-Dodon.

MONTESQUIEU-VOLVEST, s. m. Petite ville du dép. de la Haute-Garonne, chef-lieu de cant. de l'arr. de Muret. Bur. d'enregist. à Rieux. = Rieux.

MONTESQUIOU, s. m. Com. du dép. du Gers, chef-lieu de cant. de l'arr. de Mirande, où se trouve le bur. d'enregist. = Mirande.

MONTESSAUX, s. m. Com. du dép. de la Haute-Saône, cant. de Mélisey, arr. de Lure. = Lure.

MONTESSON, s. m. Com. du dép. de la Haute-Marne, cant. de la Ferté-sur-Amance, arr. de Langres. = Fays-Billot.

MONTESSON, s. m. Com. du dép. de Seine-et-Oise, cant. d'Argenteuil, arr. de Versailles. = Chatou.

MONTESTRUC, s. m. Com. du dép. du Gers, cant. de Fleurance, arr. de Lectoure. = Auch.

MONTESTRUCQ, s. m. Com. du dép. des Basses-Pyrénées, cant. de Lagor, arr. d'Orthez. = Orthez.

MONTET, s. m. Com. du dép. du Lot, cant. de la Tronquière, arr. de Figeac. = Figeac.

MONTET-AUX-MOINES (le), s. m. Com. du dép. de l'Allier, chef-lieu de cant. de l'arr. de Moulins. Bur. d'enregist. et de poste.

MONT-ET-MARRE, s. m. Com. du dép. de la Nièvre, cant. de Châtillon, arr. de Château-Chinon. = Château-Chinon.

MONTETON, s. m. Com. du dép. de Lot-et-Garonne, cant. de Seiches, arr. de Marmande. = Marmande.

MONTEUR, s. m. Fabricant de boîtes de montres; ouvrier qui rassemble les pièces, monte les machines.

MONTEUX, s. m. Com. du dép. de Vaucluse, cant. et arr. de Carpentras. = Carpentras.

MONTEVRAIN, s. m. Com. du dép. de Seine-et-Marne, cant. de Lagny, arr. de Meaux. = Lagny.

MONTEYNARD, s. m. Com. du dép. de l'Isère, cant. de la Mure, arr. de Grenoble. = la Mure.

MONTEZIC, s. m. Com. du dép. de l'Aveyron, cant. de St.-Amans, arr. d'Espalion. = Mur-de-Barrez.

MONTFA, s. m. Com. du dép. de

l'Ariège, cant. du Mas-d'Azil, arr. de Pamiers. = le Mas-d'Azil.

MONTFALCON, s. m. Com. du dép. de l'Isère, cant. de Roybon, arr. de St.-Marcellin. = St.-Marcellin.

MONTFAUCON, s. m. Dimension de la feuille d'une sorte de papier.

MONTFAUCON, s. m. Com. du dép. l'Aisne, cant. de Charly, arr. de Château-Thierry. = Château-Thierry.

MONTFAUCON, s. m. Com. du dép. du Doubs, cant. et arr. de Besançon. = Besançon.

MONTFAUCON, s. m. Com. du dép. du Gard, cant. de Rocquemaure, arr. d'Uzès. = Rocquemaure.

MONTFAUCON, s. m. Petite ville du dép. de la Haute-Loire, chef-lieu de cant. de l'arr. d'Yssingeaux. Bur. d'enregist. = Yssingeaux.

MONTFAUCON, s. m. Petite ville du dép. de Maine-et-Loire, chef-lieu de cant. de l'arr. de Beaupréau. Bur. d'enregist. = Beaupréau.

MONTFAUCON, s. m. Petite ville du dép. de la Meuse, chef-lieu de cant. de l'arr. de Montmédy. Bur. d'enregist. = Varennes-en-Argonne.

MONT-FAUXELLES, s. m. Com. du dép. des Ardennes, cant. de Monthois, arr. de Vouziers. = Vouziers.

MONTFERMEIL, s. m. Com. du dép. de Seine-et-Oise, cant. de Gonesse, arr. de Pontoise. = Livry.

MONTFERMY, s. m. Com. du dép. du Puy-de-Dôme, cant. de Pontgibaud, arr. de Riom. = Clermont-Ferrand.

MONTFERNEY, s. m. Com. du dép. du Doubs, cant. de Rougemont, arr. de Baume. = Baume.

MONTFERRAND, s. m. Com. du dép. de l'Aude, cant. et arr. de Castelnaudary. = Castelnaudary.

MONTFERRAND, s. m. Com. du dép. du Doubs, cant. de Boussières, arr. de Besançon. = Besançon.

MONTFERRAND, s. m. Com. du dép. de la Drôme, cant. de Remuzat, arr. de Nyons. = le Buis.

MONTFERRAT, s. m. Com. du dép. de l'Isère, cant. de St.-Geoire, arr. de la Tour-du-Pin. = Pont-de-Beauvoisin.

MONTFERRAT, s. m. Com. du dép. du Var, cant. de Callas, arr. de Draguignan. = Draguignan.

MONTFERRER, s. m. Com. du dép. des Pyrénées-Orientales, cant. d'Arles, arr. de Céret. = Arles-sur-Tech.

MONTFERRIER, s. m. Com. du dép. de l'Ariège, cant. de Lavelanet, arr. de Foix. = Mirepoix.

MONTFERRIER, s. m. Com. du dép. de l'Hérault, cant. et arr. de Montpellier. = Montpellier.

MONTFERRIER, s. m. Village du dép. du Tarn, cant. et arr. de Lavaur. = Lavaur.

MONTFERRINE, s. f. Danse du Montferrat.

MONTFEY, s. m. Com. du dép. de l'Aube, cant. d'Ervy, arr. de Troyes. = Ervy.

MONTFIQUET, s. m. Com. du dép. du Calvados, cant. de Balleroy, arr. de Bayeux. = Balleroy.

MONTFLEUR, s. m. Com. du dép. du Jura, cant. de St.-Julien, arr. de Lons-le-Saulnier. = St.-Amour.

MONTFLOURS, s. m. Com. du dép. de la Mayenne, cant. d'Argentré, arr. de Laval. = Laval.

MONTFLOVIN, s. m. Com. du dép. du Doubs, cant. de Montbenoît, arr. de Pontarlier. = Pontarlier.

MONTFORT, s. m. Com. du dép. des Basses-Alpes, cant. de Volonne, arr. de Sisteron. = Sisteron.

MONTFORT, s. m. Com. du dép. de l'Aude, cant. de Roquefort-de-Sault, arr. de Limoux. = Quillan.

MONTFORT, s. m. Com. du dép. du Doubs, cant. de Quingey, arr. de Besançon. = Quingey.

MONTFORT, s. m. Petite ville du dép. d'Ille-et-Vilaine, chef-lieu de sous-préf. et d'un cant.; trib. de 1re inst.; conserv. des hypoth.; direct. des contrib. indir.; recev. part. des finances; bur. d'enregist. et de poste.
Filatures de lin; comm. de grains, lin, chanvre, toile, bestiaux, etc.

MONTFORT, s. m. Com. du dép. de l'Eure, chef-lieu de cant. de l'arr. de Pont-Audemer. Bur. d'enregist. = Pont-Audemer.

MONTFORT, s. m. Com. du dép. des Landes, chef-lieu de cant. de l'arr. de Dax. Bur. d'enregist. = Dax.

MONTFORT, s. m. Com. du dép. de Maine-et-Loire, cant. de Doué, arr. de Saumur. = Doué.

MONTFORT, s. m. Com. du dép. des Basses-Pyrénées, cant. de Sauveterre, arr. d'Orthez. = Orthez.

MONTFORT, s. m. Com. du dép. du Var, cant. de Cotignac, arr. de Brignoles. = Brignoles.

MONTFORT-ET-SAUSSAY, s. m. Petite ville du dép. de la Sarthe, chef-lieu de cant. de l'arr. du Mans. Bur. d'enregist. = Connerré.
Fabr. de toile; comm. de grains, chanvre, toile, etc.

MONTFORT-L'AMAURY, s. m. Petite ville du dép. de Seine-et-Oise, chef lieu de cant. de l'arr. de Rambouillet. Bur. d'enregist. et de poste.
Comm. de blé, avoine, chevaux et bestiaux.

MONTFRANC, s. m. Com. du dép. de l'Aveyron, cant. de St.-Sernin, arr. de St.-Affrique. = St.-Sernin.

MONTFRIN, s. m. Com. du dép. du Gard, cant. d'Aramon, arr. de Nismes. = Beaucaire.

MONTFROC, s. m. Com. du dép. de la Drôme, cant. de Sédéron, arr. de Nyons. = le Buis.

MONTFURON, s. m. Com. du dép. des Basses-Alpes, cant. de Manosque, arr. de Forcalquier. = Manosque.

MONTGAILLARD, s. m. Com. du dép. de l'Ariège, cant. et arr. de Foix. = Foix.

MONTGAILLARD, s.m. Com. du dép. de l'Aude, cant. de Tuchan, arr. de Carcassonne. = la Grasse.

MONTGAILLARD, s. m. Com. du dép. de la Haute-Garonne, cant. et arr. de Villefranche. = Villefranche.

MONTGAILLARD, s. m. Com. du dép. des Landes, cant. et arr. de St.-Sever. = St.-Sever.

MONTGAILLARD, s. m. Com. du dép. des Hautes-Pyrénées, cant. et arr. de Bagnères. = Bagnères-de-Bigorre.

MONTGAILLARD, s. m. Com. du dép. du Tarn, cant. de Salvaignac, arr. de Gaillac. = Tarbes.

MONTGAILLARD, s. m. Com. du dép. de Tarn-et-Garonne, cant. de Lavit, arr. de Castel-Sarrasin. = Beaumont-de-Lomagne.

MONTGAILLARD-PRÈS-BOULOGNE, s. m. Com. du dép. de la Haute-Garonne, cant. de Boulogne, arr. de St.-Gaudens. = Boulogne.

MONTGAILLARD - PRÈS - SALIES, s. m. Com. du dép. de la Haute-Garonne, cant. de Salies, arr. de St.-Gaudens. = St.-Martory.

MONTGARDIN, s. m. Com. du dép. des Hautes-Alpes, cant. de la Bastie-Neuve, arr. de Gap. = Gap.

MONTGARDON, s. m. Com. du dép. de la Manche, cant. de la Haye-du-Puits, arr. de Coutances. = Periers.

MONTGAROULT, s. m. Com. du dép. de l'Orne, cant. d'Ecouché, arr. d'Argentan. = Argentan.

MONTGAUCH, s. m. Com. du dép. de l'Ariège, cant. de St.-Lizier, arr. de St.-Girons. = St.-Girons.

MONTGAUDRY, s. m. Com. du dép. de l'Orne, cant. de Pervenchères, arr. de Mortagne. = Mamers.

MONTGAUGUIER, s. m. Com. du dép. de la Vienne, cant. de Mirebeau, arr. de Poitiers. = Mirebeau.

MONTGAUZY, s. m. Com. du dép. de la Gironde, cant. et arr. de la Réole. = la Réole.

MONTGAZIN, s. m. Com. du dép. de la Haute-Garonne, cant. de Carbonne, arr. de Muret. = Noé.

MONTGÉ, s. m. Com. du dép. de Seine-et-Marne, cant. de Dammartin, arr. de Meaux. = Dammartin.

MONTGEARD, s. m. Com. du dép. de la Haute-Garonne, cant. de Nailloux, arr. de Villefranche. = Villefranche-de-Lauragais.

MONT-GENÈVRE, s. m. Com. du dép. des Hautes-Alpes, cant. et arr. de Briançon. = Briançon.

MONTGENOT, s. m. Com. du dép. de la Marne, cant. d'Esternay, arr. d'Epernay. = Villenauxe.

MONTGENOUX, s. m. Com. du dép. du Cher, cant. du Châtelet, arr. de St.-Amand. = Château-Meillant.

MONTGERAIN, s. m. Com. du dép. de l'Oise, cant. de Maignelay, arr. de Clermont. = St.-Just.

MONTGERMONT, s. m. Com. du dép. d'Ille-et-Vilaine, cant. et arr. de Rennes. = Rennes.

MONTGERON, s. m. Com. du dép. de Seine-et-Oise, cant. de Boissy-St.-Léger, arr. de Corbeil. = Corbeil.

MONTGEROULT, s. m. Com. du dép. de Seine-et-Oise, cant. de Marines, arr. de Pontoise. = Pontoise.

MONTGESOYE, s. m. Com. du dép. du Doubs, cant. d'Ornans, arr. de Besançon. = Ornans.

MONTGEY, s. m. Com. du dép. du Tarn, cant. de Cuq-Toulza, arr. de Lavaur. = Puy-Laurens.

MONT-GIBAUD, s. m. Com. du dép. de la Corrèze, cant. de Lubersac, arr. de Brive. = Uzerche.

MONTGISCARD, s. m. Petite ville du dép. de la Garonne, chef-lieu de cant. de l'arr. de Villefranche. Bur. d'enregist. = Villefranche-de-Lauragais.

MONTGIVRAY, s. m. Com. du dép. de l'Indre, cant. et arr. de la Châtre. = la Châtre.

MONTGIVROUX, s. m. Com. du dép. de la Marne, cant. de Sézanne, arr. d'Epernay. = Sézanne.

MONTGOBERT, s. m. Com. du dép. de l'Aisne, cant. de Villers-Cotterets, arr. de Soissons. = Villers-Cotterets.

MONTGOLFIÈRE, s. f. Aérostat rempli de fumée, à l'instar de ceux qui furent inventés par Montgolfier.

MONTGON, s. m. Com. du dép. des Ardennes, cant. du Chesne, arr. de Vouziers. = Attigny.

MONGOTHIER, s. m. Com. du dép. de la Manche, cant. d'Isigny, arr. de Mortain. = St.-Hilaire.

MONTGRADAIL, s. m. Com. du dép. de l'Aude, cant. d'Alaigne, arr. de Limoux. = Limoux.

MONTGRELEIX, s. m. Com. du dép. du Cantal, cant. de Marsenat, arr. de Murat. = Murat.

MONTGRIFFON, s. m. Com. du dép. de l'Ain, cant. de St.-Rambert, arr. de Belley. = St.-Rambert.

MONTGRU-ST.-HILAIRE, s. m. Com. du dép. de l'Aisne, cant. d'Oulchy-le-Château, arr. de Soissons. = Oulchy-le-Château.

MONTGUERS, s. m. Com. du dép. de la Drôme, cant. de Sédéron, arr. de Nyons. = le Buis.

MONTGUEUX, s. m. Com. du dép. de l'Aube, cant. et arr. de Troyes. = Troyes.

MONTGUILLON, s. m. Com. du dép. de Maine-et-Loire, cant. et arr. de Segré. = Segré.

MONTGUYON, s. m. Petite ville du dép. de la Charente-Inférieure, chef-lieu de cant. de l'arr. de Jonzac. Bur. d'enregist. = Montlieu.

MONTHAIRONS, s. m. Com. du dép. de la Meuse, cant. de Souilly, arr. de Verdun. = Verdun.

MONTHARLENT, s. m. Com. du dép. de l'Oise, cant. de Méru, arr. de Beauvais. = Méru.

MONTHARVILLE, s. f. Com. du dép. d'Eure-et-Loir, cant. de Bonneval, arr. de Châteaudun. = Bonneval.

MONTHAULT, s. m. Com. du dép. de Loir-et-Cher, cant. et arr. de Romorantin. = Romorantin.

MONTHELIE, s. f. Com. du dép. de la Côte-d'Or, cant. et arr. de Beaune. = Beaune.

MONTHELON, s. m. Com. du dép de Saône-et-Loire, cant. et arr. d'Autun. = Autun.

MONTHELON, s. m. Com. du dép. de la Marne, cant. d'Avize, arr. d'Epernay. = Epernay.

MONTHENAULT, s. m. Com. du dép. de l'Aisne, cant. de Craonne, arr. de Laon. = Laon.

MONTHERAULT, s. m. Com. du dép. de la Charente-Inférieure, cant. de St.-Porchaire, arr. de Saintes. = Tonnay-Charente.

MONTHERIE, s. f. Com. du dép. de la Haute-Marne, cant. de Juzennecourt, arr. de Chaumont. = Chaumont.

MONTHERMÉ, s. m. Com. du dép. des Ardennes, chef-lieu de cant. de l'arr. de Mézières. Bur. d'enregist. à Charleville. = Mézières.

MONTHIERS, s. m. Com. du dép. de l'Aisne, cant. de Neuilly-St.-Front, arr. de Château-Thierry. = Gandelu.

MONTHIEUX, s. m. Com. du dép. de l'Ain, cant. de St.-Trivier-sur-Mognand, arr. de Trévoux. = Trévoux.

MONTHION, s. m. Com. du dép. de Seine-et-Marne, cant. de Dammartin, arr. de Meaux. = Meaux.

MONTHODON, s. m. Com. du dép. d'Indre-et-Loire, cant. de Château-Renault, arr. de Tours. = Château-Renault.

MONTHOIS, s. m. Com. du dép. des Ardennes, chef lieu de cant. de l'arr. de Vouziers, où se trouve le bur. d'enregist. = Vouziers.

MONTHOLIER, s. m. Com. du dép. du Jura, cant. et arr. de Poligny. = Poligny.

MONTHOUDOU, s. m. Com. du dép. de la Sarthe, cant. de Marolles, arr. de Mamers. = Mamers.

MONTHUCHON, s. m. Com. du dép. de la Manche, cant. de St.-Sauveur-Lendelin, arr. de Coutances. = Coutances.

MONTHUREL, s. m. Com. du dép. de l'Aisne, cant. de Condé, arr. de Château-Thierry. = Château-Thierry.

MONTHUREUX-LE-SEC, s. m. Com. du dép. des Vosges, cant. de Vittel, arr. de Mirecourt. = Darney.

MONTHUREUX-SUR-SAÔNE, s. m. Petite ville du dép. des Vosges, chef-lieu de cant. de l'arr. de Mirecourt. Bur. d'enregist. = Darney.

MONTICELLO, s. m. Com. du dép. de la Corse, cant. de l'Ile-Rousse, arr. de Calvi. = Bastia.

MONTICHICOURS, s. m. Etoffe de soie et coton des Indes.

MONTICULAIRE, s. m. Madrépore. T. d'hist. nat.

MONTICULE, s. m. Petit mont; élévation de terrain.

MONTIE, s. f. Plante de la famille des pourpiers. T. de bot.

MONTIER, s. m. Inspecteur dans les salines.

MONTIÉRAMEY, s. m. Com. du dép. de l'Aube, cant. de Lusigny, arr. de Troyes. = Vendœuvre.

MONTIERCHAUME, s. m. Com. du dép. de l'Indre, cant. et arr. de Châteauroux. = Châteauroux.

MONTIÉRENDER, s. m. Com. du dép. de la Haute-Marne, chef-lieu de cant. de l'arr. de Vassy. Bur. d'enregist. et de poste.

MONTIER-EN-L'ISLE, s. m. Com. du dép. de l'Aube, cant. et arr. de Bar-sur-Aube. = Bar-sur-Aube.

MONTIÈRES, s. f. Village du dép. de la Somme, cant. et arr. d'Amiens. = Amiens.

MONTIERS, s. m. Com. du dép. de l'Oise, cant. de St.-Just-en-Chaussée, arr. de Clermont. = St.-Just.

MONTIER-SUR-SAULX, s. m. Com. du dép. de la Meuse, chef-lieu de cant. de l'arr. de Bar-le-Duc. Bur. d'enregist. = Ligny.

MONTIES, s. m. Com. du dép. du Gers, cant. de Masseube, arr. de Mirande. = Auch.

MONTIGNAC, s. m. Com. du dép. de l'Aveyron, cant. de Conques, arr. de Rodez. = Rodez.

MONTIGNAC, s. m. Com. du dép. de la Charente-Inférieure, cant. de Pons, arr. de Saintes. = Pons.

MONTIGNAC, s. m. Com. du dép. de la Dordogne, cant. de Monpont, arr. de Ribérac. = Monpont.

MONTIGNAC, s. m. Com. du dép de la Dordogne, chef-lieu de cant. de l'arr. de Sarlat. Bur. d'enregist. et de poste.

MONTIGNAC, s. m. Com. du dép. de la Gironde, cant. de Targon, arr. de la Réole. = Cadillac.

MONTIGNAC, s. m. Com. du dép. des Hautes-Pyrénées, cant. et arr. de Tarbes. = Tarbes.

MONTIGNAC - CHARENTE, s. m. Com. du dép. de la Charente, cant. de St.-Amand-de-Boixe, arr. d'Angoulême. = Maules.

MONTIGNAC-DE-LAUZUN, s. m. Com. du dép. de Lot-et-Garonne, cant. de Lauzun, arr. de Marmande. = Lauzun.

MONTIGNAC-LE-COQ, s. m. Com. du dép. de la Charente, cant. d'Aubeterre, arr. de Barbezieux. = la Graulle.

MONTIGNAC-TOUPINERIES, s. m. Com. du dép. de Lot-et-Garonne, cant. de Seyches, arr. de Marmande. = Marmande.

MONTIGNARGUES, s. m. Com. du dép. du Gard, cant. de St.-Chaptes, arr. d'Uzès. = Nismes.

MONTIGNÉ, s. m. Com. du dép. de la Charente, cant. de Rouillac, arr. d'Angoulême. = Angoulême.

MONTIGNÉ, s. m. Com. du dép. de Maine-et-Loire, cant. et arr. de Baugé. = Baugé.

MONTIGNÉ, s. m. Com. du dép. de Maine-et-Loire, cant. de Montfaucon, arr. de Beaupréau. = Beaupréau.

MONTIGNÉ, s. m. Com. du dép. de la Mayenne, cant. et arr. de Laval. = Laval.

MONTIGNÉ, s. m. Com. du dép. des Deux-Sèvres, cant. de Celles, arr. de Melle. = Melle.

MONTIGNY, s. m. Com. du dép. de l'Aube, cant. d'Ervy, arr. de Troyes. = Ervy.

MONTIGNY, s. m. Com. du dép. du Calvados, cant. d'Evrecy, arr. de Caen. = Thury-Harcourt.

MONTIGNY, s. m. Com. du dép. du Cher, cant. d'Henrichemont, arr. de Sancerre. = Henrichemont.

MONTIGNY, s. m. Com. du dép. du Jura, cant. d'Arbois, arr. de Poligny. = Arbois.

MONTIGNY, s. m. Com. du dép. du Jura, cant. de Champagnole, arr. de Poligny. = Arbois.

MONTIGNY, s. m. Com. du dép. du Loiret, cant. d'Outarville, arr. de Pithiviers. = Neuville-aux-Bois.

MONTIGNY, s. m. Com. du dép. de la Marne, cant. de Fismes, arr. de Reims. = Fismes.

MONTIGNY, s. m. Com. du dép. de la Manche, cant. d'Isigny, arr. de Mortain. = St.-Hilaire-du-Harcouet.

MONTIGNY, s. m. Com. du dép. de la Meurthe, cant. de Baccarat, arr. de Lunéville. = Blamont.

MONTIGNY, s. m. Com. du dép. de la Nièvre, cant. de St.-Benin-d'Azy, arr. de Nevers. = Nevers.

MONTIGNY, s. m. Com. du dép. du Nord, cant. de Clary, arr. de Cambrai. = Cambrai.

MONTIGNY, s. m. Com. du dép. du Nord, cant. et arr. de Douai. = Douai.

MONTIGNY, s. m. Com. du dép. de l'Oise, cant. de Maignelay, arr. de Clermont. = St.-Just.

MONTIGNY, s. m. Com. du dép. de la Sarthe, cant. de la Fresnaye, arr. de Mamers. = Alençon.

MONTIGNY, s. m. Com. du dép. de la Seine-Inférieure, cant. de Maromme, arr. de Rouen. = Rouen.

MONTIGNY, s. m. Com. du dép. des Deux-Sèvres, cant. de Cerizay, arr. de Bressuire. = Bressuire.

MONTIGNY, s. m. Com. du dép. de la Somme, cant. de Villers-Bocage, arr. d'Amiens. = Auxy-le-Château.

MONTIGNY, s. m. Com. du dép. de la Somme, cant. de Bernaville, arr. de Doullens. = Auxy-le-Château.

MONTIGNY, s. m. Com. du dép. de l'Yonne, cant. de Ligny, arr. d'Auxerre. = Auxerre.

MONTIGNY-CAROTTE, s. m. Com. du dép. de l'Aisne, cant. de Bohain, arr. de St.-Quentin. = St.-Quentin.

MONTIGNY-DEVANT-SASSEY, s. m. Com. du dép. de la Meuse, cant. de Dun, arr. de Montmédy. = Dun-sur-Meuse.

MONTIGNY-EN-GOHELLE, s. m. Com. du dép. du Pas-de-Calais, cant. de Carvin, arr. de Béthune. = Lens.

MONTIGNY-EN-MORVAND, s. m. Com. du dép. de la Nièvre, cant et arr. de Château-Chinon. = Château-Chinon.

MONTIGNY-L'ALLIER, s. m. Com. du dép. de l'Aisne, cant. de Neuilly-St.-Front, arr. de Château-Thierry. = Gandelu.

MONTIGNY-LE-BRETONNEUX, s. m. Com. du dép. de Seine-et-Oise, cant. et arr. de Versailles. = Trappes.

MONTIGNY-LE-CHARTIF, s. m. Com. du dép. d'Eure-et-Loir, cant. de Thiron-Gardais, arr. de Nogent-le-Rotrou. = Illiers.

MONTIGNY-LE-FRANC, s. m. Com. du dép. de l'Aisne, cant. de Marle, arr. de Laon. = Montcornet.

MONTIGNY-LE-GAUCLON, s. m. Com. du dép. d'Eure-et-Loir, cant. de Cloyes, arr. de Châteaudun. = Cloyes.

MONTIGNY-LE-GUESCLIN, s. m. Com. du dép. de Seine-et-Marne, cant. de Bray-sur-Seine, arr. de Provins. = Bray-sur-Seine.

MONTIGNY-LENCOUP, s. m. Com. du dép. de Seine-et-Marne, cant. de Donnemarie, arr. de Provins. = Donnemarie.

MONTIGNY-LENGRAINE, s. m. Com. du dép. de l'Aisne, cant. de Vic-sur-Aisne, arr. de Soissons. = Vic-sur-Aisne.

MONTIGNY-LE-ROI, s. m. Petite ville du dép. de la Haute-Marne, chef-lieu de cant. de l'arr. de Langres. Bur. d'enregist. et de poste.

MONTIGNY-LES-CHERLIEUX, s. m. Com. du dép. de la Haute-Saône, cant. de Vitrey, arr. de Vesoul. = Cintrey.

MONTIGNY-LES-CONDÉ, s. m. Com. du dép. de l'Aisne, cant. de Condé, arr. de Château-Thierry. = Château-Thierry.

MONTIGNY-LÈS-CORMEIL, s. m. Com. du dép. de Seine-et-Oise, cant. d'Argenteuil, arr. de Versailles. = Franconville.

MONTIGNY-LÈS-METZ, s. m. Com. du dép. de la Moselle, cant. et arr. de Metz. = Metz.

MONTIGNY-LÈS-VAUCOULEURS, s. m. Com. du dép. de la Meuse, cant. de Vaucouleurs, arr. de Commercy. = Vaucouleurs.

MONTIGNY-LÈS-VESOUL, s. m. Com. du dép. de la Haute-Saône, cant. et arr. de Vesoul. = Vesoul.

MONTIGNY-MONTFORT, s. m. Com. du dép. de la Côte-d'Or, cant. de Montbard, arr. de Semur. = Montbard.

MONTIGNY-ST.-BARTHÉLEMY, s. m. Com. du dép. de la Côte-d'Or, cant. de Précy-sous-Thil, arr. de Semur. = Semur.

MONTIGNY-SOUS-CRÉCY, s. m. Com. du dép. de l'Aisne, cant. de Crécy-sur-Serre, arr. de Laon. = Laon.

MONTIGNY-SOUS-MARLE, s. m. Com. du dép. de l'Aisne, cant. de Marle, arr. de Laon. = Marle.

MONTIGNY-SUR-ARMANÇON, s. m. Com. du dép. de la Côte-d'Or, cant. et arr. de Semur. = Semur.

MONTIGNY-SUR-AUBE, s. m. Com. du dép. de la Côte-d'Or, chef-lieu de cant. de l'arr. de Châtillon où se tient le bur. d'enregist. = Châtillon-sur-Seine.

MONTIGNY-SUR-AVRE, s. m. Com. du dép. d'Eure-et-Loir, cant. de Brezolles, arr. de Dreux. = Tillières-sur-Avre.

MONTIGNY-SUR-CANNE, s. m. Com. du dép. de la Nièvre, cant. de Châtillon, arr. de Château-Chinon. = Moulins-Engilbert.

MONTIGNY-SUR-CHIERS, s. m. Com. du dép. de la Moselle, cant. de Longuion, arr. de Briey. = Metz.

MONTIGNY-SUR-LOING, s. m. Com. du dép. de Seine-et-Marne, cant. de Moret, arr. de Fontainebleau. = Moret.

MONTIGNY-SUR-MEUSE, s. m. Com. du dép. des Ardennes, cant. de Fumay, arr. de Rocroi. = Fumay.

MONTIGNY-SUR-VENCE, s. m. Com. du dép. des Ardennes, cant. d'Omont, arr. de Mézières. = Mézières.

MONTIGNY-SUR-VINGEANNE, s. m. Com. du dép. de la Côte-d'Or, cant. de Fontaine-Française, arr. de Dijon. = Champlitte.

MONTILLI, s. m. Com. du dép. de l'Orne, cant. de Flers, arr. de Domfront. = Condé-sur-Noireau.

MONTILLIERS, s. m. Com. du dép. de Maine-et-Loire, cant. de Vihiers, arr. de Saumur. = Vihiers.

MONTILLOT, s. m. Com. du dép. de

l'Yonne, cant. de Vézelay, arr. d'Avallon. = Vézelay.

MONTILLY, s. m. Com. du dép. de l'Allier, cant. et arr. de Moulins. = Moulins.

MONTILS, s. m. Com. du dép. de la Charente-Inférieure, cant. de Pons, arr. de Saintes. = Pons.

MONTIN, s. m. Arbuste du cap de Bonne-Espérance. T. de bot.

MONTIPOURET, s. m. Com. du dép. de l'Indre, cant. de Neuvy-St.-Sépulcre, arr. de la Châtre. = la Châtre.

MONTIRAT, s. m. Com. du dép. de l'Aude, cant. de Capendu, arr. de Carcassonne. = Carcassonne.

MONTIRAT, s. m. Com. du dép. du Tarn, cant. de Monestiés, arr. d'Albi. = Cordes.

MONTIRE, s. f. Plante de la Guyanne. T. de bot.

MONTIREAU, s. m. Com. du dép. d'Eure-et-Loir, cant. de la Loupe, arr. de Nogent-le-Rotrou. = Champrond.

MONTIRON, s. m. Com. du dép. du Gers, cant. de Samatan, arr. de Lombez. = Gimont.

MONTIVERNAGE, s. m. Com. du dép. du Doubs, cant. et arr. de Baume. = Baume.

MONTIVILLIERS, s. m. Petite ville du dép. de la Seine-Inférieure, chef-lieu de cant. de l'arr. du Hâvre. Bur. d'enregist. et de poste. Fabr. de draps, dentelles et filatures de coton; papeterie. Comm. de draps, et de quincaillerie.

MONTJAI, s. m. Com. du dép. des Hautes-Alpes, cant. de Rosans, arr. de Gap. = Serres.

MONTJARDIN, s. m. Com. du dép. de l'Aude, cant. de Calabre, arr. de Limoux. = Limoux.

MONTJAUX, s. m. Com. du dép. de l'Aveyron, cant. de St.-Bauzély, arr. de Milhau. = Milhau.

MONT-JAVOULT, s. m. Com. du dép. de l'Oise, cant. de Chaumont, arr. de Beauvais. = Chaumont-en-Vexin.

MONTJAY, s. m. Com. du dép. de Saône-et-Loire, cant. de St.-Pierre, arr. de Louhans. = Verdun-sur-Saône.

MONTJAY-LA-TOUR, s. m. Village du dép. de Seine-et-Marne, dépendant de la com. de Villevaudé, cant. de Claye, arr. de Meaux. = Claye.

MONTJEAN, s. m. Com. du dép. de la Charente, cant. de Villefagnan, arr. de Ruffec. = Ruffec.

MONTJEAN, s. m. Com. du dép. de Maine-et-Loire, cant. de St.-Florent-le-Vieil, arr. de Beaupréau. = Ingrande.

MONTJEAN, s. m. Com. du dép. de la Mayenne, cant. de Loiron, arr. de Laval. = Laval.

MONTJOI, s. m. Com. du dép. de l'Aude, cant. de Monthoumet, arr. de Carcassonne. = la Grasse.

MONTJOIE, s. m. Titre du premier roi d'armes de France. —, ancien cri de guerre de nos pères; Montjoie St.-Denis. —, s. f. Amas de pierres qui servait de monument triomphal, ou d'indication de chemin.

MONTJOIE (la), s. f. Com. du dép. de Lot-et-Garonne, cant. de Francescas, arr. de Nérac. = Agen.

MONTJOIRE, s. m. Com. du dép. de la Haute-Garonne, cant. de Fronton, arr. de Toulouse. = Toulouse.

MONT-JOLI, s. m. Sauge des montagnes; plante des Antilles. T. de bot.

MONTJOUVENT, s. m. Com. du dép. du Jura, cant. d'Orgelet, arr. de Lons-le-Saulnier. = Orgelet.

MONTJOUX, s. m. Com. du dép. de la Drôme, cant. de Dieu-le-Fit, arr. de Montélimar. = Dieu-le-Fit.

MONTJOY, s. m. Com. du dép. de l'Ariège, cant. de St.-Lizier, arr. de St.-Girons. = St.-Girons.

MONTJOYE, s. m. Com. du dép. du Doubs, cant. de St.-Hippolyte, arr. de Montbéliard. = St.-Hippolyte-sur-le-Doubs.

MONTJOYE, s. m. Com. du dép. de la Manche, cant. de St.-James, arr. d'Avranches. = Sourdeval.

MONTJOYE, s. m. Com. du dép. de la Manche, cant. de St.-Pois, arr. de Mortain. = St.-James.

MONTJUSTIN, s. m. Com. du dép. des Basses-Alpes, cant. de Reillanne, arr. de Forcalquier. = Manosque.

MONTJUSTIN-ET-VELOTTE, s. m. Com. du dép. de la Haute-Saône, cant. de Noroy-le-Bourg, arr. de Vesoul. = Vesoul.

MONTLANDON, s. m. Com. du dép. d'Eure-et-Loir, cant. de la Loupe, arr. de Nogent-le-Rotrou. = Champrond.

MONTLANDON, s. m. Com. du dép. de la Haute-Marne, cant. de Neuilly, arr. de Langres. = Langres.

MONTLAUR, s. m. Com. du dép. de l'Aude, cant. de la Grasse, arr. de Carcassonne. = la Grasse.

MONTLAUR, s. m. Com. du dép. de l'Aveyron, cant. de Belmont, arr. de St.-Affrique. = St.-Affrique.

MONTLAUR, s. m. Com. du dép. de

la Drôme, cant. de Luc-en-Diois, arr. de Die. = Die.

MONTLAUR, s. m. Com. du dép. de la Haute-Garonne, cant. de Montgiscard, arr. de Villefranche. = Villefranche.

MONT-LAURENT, s. m. Com. du dép. des Ardennes, cant. et arr. de Réthel. = Réthel.

MONTLAUX, s. m. Com. du dép. des Basses-Alpes, cant. de St.-Etienne, arr. de Forcalquier. = Forcalquier.

MONTLAUZUN, s. m. Com. du dép. du Lot, cant. de Moncuq, arr. de Cahors. = Cahors.

MONTLAY, s. m. Com. du dép. de la Côte-d'Or, cant. de Saulieu, arr. de Semur. = Saulieu.

MONT-LE-BON, s. m. Com. du dép. du Doubs, cant. de Morteau, arr. de Pontarlier. = Morteau.

MONT-LE-FRANOIS, s. m. Com. du dép. de la Haute-Saône, cant. de Champlitte, arr. de Gray. = Champlitte.

MONT-LES-ETRELLES-ET-VILLERS-CHEMIN, s. m. Com. du dép. de la Haute-Saône, cant. de Gy, arr. de Gray. = Gy.

MONT-LES-SEURRE, s. m. Com. du dép. de Saône-et-Loire, cant. de Verdun-sur-le-Doubs, arr. de Châlons. = Seurre.

MONT-L'ÉTROIT, s. m. Com. du dép. de la Meurthe, cant. de Colombey, arr. de Toul. = Colombey.

MONT-L'ÉVÊQUE, s. m. Com. du dép. de l'Oise, cant. et arr. de Senlis. = Senlis.

MONT-LE-VERNOIS, s. m. Com. du dép. de la Haute-Saône, cant. et arr. de Vesoul. = Vesoul.

MONT-LE-VICQ, s. m. Com. du dép. de l'Indre, cant. et arr. de la Châtre. = la Châtre.

MONT-LE-VIGNOBLE, s. m. Com. du dép. de la Meurthe, cant. et arr. de Toul. = Toul.

MONTLEVON, s. m. Com. du dép. de l'Aisne, cant. de Condé, arr. de Château-Thierry. = Château-Thierry.

MONTLHÉRY, s. m. Com. du dép. de Seine-et-Oise, cant. d'Arpajon, arr. de Corbeil. = Linas.

MONTLIARD, s. m. Com. du dép. du Loiret, cant. de Beaune, arr. de Pithiviers. = Bois-Commun.

MONTLIEU, s. m. Petite ville du dép. de la Charente-Inférieure, chef-lieu de cant. de l'arr. de Jonzac. Bur. d'enregist. et de poste.

MONTLIGNON, s. m. Com. du dép. de Seine-et-Oise, cant. d'Enghien, arr. de Pontoise. = Enghien.

MONTLINS, s. m. Com. du dép. de l'Ain, cant. de St.-Trivier-de-Courtes, arr. de Bourg. = Pont-de-Vaux.

MONTLIOT-ET-COURCELLE-LES-RANGS, s. m. Com. du dép. de la Côte-d'Or, cant. et arr. de Châtillon-sur-Seine. = Châtillon-sur-Seine.

MONTLIVAULT, s. m. Com. du dép. de Loir-et-Cher, cant. et arr. de Blois. = St.-Dié-sur-Loir.

MONTLOGNON, s. m. Com. du dép. de l'Oise, cant. de Nanteuil, arr. de Senlis. = Senlis.

MONTLOUÉ, s. m. Com. du dép. de l'Aisne, cant. de Rozoy-sur-Serre, arr. de Laon. = Montcornet.

MONTLOUET, s. m. Com. du dép. d'Eure-et-Loir, cant. de Maintenon, arr. de Chartres. = Gallardon.

MONTLOUIS, s. m. Com. du dép. du Cher, cant. de Linières, arr. de de St.-Amand. = Linières.

MONTLOUIS, s. m. Com. du dép. d'Indre-et-Loire, cant. et arr. de Tours. = Tours. Comm. de vins.

MONTLOUIS, s. m. Petite ville du dép. des Pyrénées-Orientales, chef-lieu de cant. de l'arr. de Prades. Bur. d'enregist. et de poste.
Cette ville, bâtie sous le règne de Louis XIV, possède une superbe citadelle, construite par Vauban.

MONTLOUVÉ-ST.-FERRÉOL, s. m. Com. du dép. du Tarn, cant. de Rabastens, arr. de Gaillac. = Rabastens.

MONTLUÇON, s. m. Ville du dép. de l'Allier, chef-lieu de sous-préf. et de cant.; trib. de 1re inst.; conserv. des hypoth.; direct. des contrib. indir.; recev. part. des fin.; bur. d'enregist. et de poste.
Fabr. de toiles, serges, étamines, crépons, etc. Comm. de grains, vins, fromages et bestiaux.

MONTLUEL, s. m. Petite ville du dép. de l'Ain, chef-lieu de cant. de l'arr. de Trévoux. Bur. d'enregist. et de poste.

MONTMACHOUX, s. m. Com. du dép. de Seine-et-Marne, cant. de Lorrez, arr. de Fontainebleau. = Montereau.

MONTMACQ, s. m. Com. du dép. de l'Oise, cant. de Ribécourt, arr. de Compiègne. = Compiègne.

MONTMAGNY, s. m. Com. du dép. de Seine-et-Oise, cant. d'Enghien, arr. de Pontoise. = Enghien.

MONTMAHOUX, s. m. Com. du dép.

du Doubs, cant. d'Amancey, arr. de Besançon. = Salins.

MONTMAIN, s. m. Com. du dép. de la Côte-d'Or, cant. de Seurre, arr. de Beaune. = Seurre.

MONTMAIN, s. m. Com. du dép. de la Seine-Inférieure, cant. de Boos, arr. de Rouen. = Rouen.

MONTMALIN, s. m. Com. du dép. du Jura, cant. d'Arbois, arr. de Poligny. = Arbois.

MONTMANÇON, s. m. Com. du dép. de la Côte-d'Or, cant. de Pontailler-sur-Saône, arr. de Dijon. = Pontailler.

MONTMARAULT, s. m. Petite ville du dép. de l'Allier, chef-lieu de cant. de l'arr. de Montluçon. Bur. d'enregist. et de poste. Fabr. de coutellerie. Comm. de grains, fruits, châtaignes, fromages, etc.

MONT-MARCÉ, s. m. Com. du dép. de l'Orne, cant. du Merlerault, arr. d'Argentan. = Nonant.

MONTMARES, s. m. Village du dép. de Lot-et-Garonne, cant. et arr. de Villeneuve. = Villeneuve.

MONTMARLON, s. m. Com. du dép. du Jura, cant. de Salins, arr. de Poligny. = Salins.

MONTMARQUET, s. m. Com. du dép. de la Somme, cant. d'Hornoy, arr. d'Amiens. = Aumale.

MONTMARTIN, s. m. Com. du dép. de l'Aube, cant. d'Essoye, arr. de Bar-sur-Seine. = Vendœuvre.

MONTMARTIN, s. m. Com. du dép. de l'Oise, cant. d'Estrées-St.-Denis, arr. de Compiègne. = Compiègne.

MONTMARTIN-EN-GRAIGNES, s. m. Com. du dép. de la Manche, cant. de St.-Jean-de-Daye, arr. de St.-Lô. = St.-Lô.

MONTMARTIN-SUR-MER, s. m. Com. du dép. de la Manche, chef-lieu de cant. de l'arr. de Coutances où se trouve le bur. d'enregist. = Coutances.

MONTMARTRE, s. m. Com. du dép. de la Seine, cant. de Neuilly, arr. de St.-Denis. Banlieue de Paris.
Ce village est situé sur l'une des hauteurs qui dominent Paris. Fabr. de toiles cirées et de taffetas gommé. Carrières à plâtre.

MONTMAUR, s. m. Com. du dép. des Hautes-Alpes, cant. de Veynes, arr. de Gap. = Veynes.

MONTMAUR, s. m. Com. du dép. de l'Aude, cant. et arr. de Castelnaudary. = Castelnaudary.

MONTMAUR, s. m. Com. du dép. de la Drôme, cant. et arr. de Die. = Die.

MONTMAURIN, s. m. Com. du dép. de la Haute-Garonne, cant. de Boulogne, arr. de St.-Gaudens. = Boulogne.

MONTMÉDY, s. m. Ville du dép. de la Meuse, place de guerre de 4ᵉ classe; chef-lieu de sous-préf. et de cant.; trib. de 1ʳᵉ instance; conserv. des hypoth.; direct. des contrib. indir.; recev. part. des finances; bur. d'enregist. et de poste. Fabr. de bonneterie et de chapellerie.

MONTMEILLANT, s. m. Com. du dép. des Ardennes, cant. de Chaumont, arr. de Réthel. = Réthel.

MONTMÉJEAN, s. m. Com. du dép. de l'Aveyron, cant. de Peyreleau, arr. de Milhau. = Milhau.

MONTMELARD, s. m. Com. du dép. de Saône-et-Loire, cant. de Matour, arr. de Mâcon. = Mâcon.

MONTMELAS-ST.-SORLIN, s. m. Com. du dép. du Rhône, cant. et arr. de Villefranche. = Villefranche.

MONT-MENALE, s. m. Constellation septentrionale. T. d'astr.

MONTMERLE, s. m. Petite ville du dép. de l'Ain, cant. de Thoissey, arr. de Trévoux. Bur. de poste.

MONTMERREI, s. m. Com. du dép. de l'Orne, cant. de Mortrée, arr. d'Argentan. = Mortrée.

MONTMEYAN, s. m. Com. du dép. du Var, cant. de Tavernes, arr. de Brignoles. = Barjols.

MONTMEYRAN, s. m. Com. du dép. de la Drôme, cant. de Chabeuil, arr. de Valence. = Valence.

MONTMIRAIL, s. m. Petite ville du dép. de la Marne, chef-lieu de cant. de l'arr. d'Epernay. Bur. d'enregist. et de poste.
Patrie du cardinal de Retz. Fabr. de coutellerie, chaudronnerie; comm. de laine.

MONTMIRAIL, s. m. Com. du dép. de la Sarthe, chef-lieu de cant. de l'arr. de Mamers où se trouve le bur. d'enregist. = la Ferté-Bernard.

MONTMIRAL, s. m. Com. du dép. de la Drôme, cant. de Romans, arr. de Valence. = Romans.

MONTMIRAT, s. m. Com. du dép. du Gard, cant. de St.-Mamert, arr. de Nismes. = Sommières.

MONTMIREY-LA-VILLE, s. m. Com. du dép. du Jura, cant. de Montmirey-le-Château, arr. de Dôle. = Dôle.

MONTMIREY-LE-CHÂTEAU, s. m. Com. du dép. du Jura, chef-lieu de cant. de l'arr. de Dôle. Bur. d'enregist. = Dôle.

MONTMOREAU, s. m. Com. du dép. de la Charente, chef-lieu de cant. de l'arr. de Barbezieux. Bur. d'enregist. = Blanzac.

MONTMORENCY, s. m. Com. du dép. de l'Aube, cant. de Brienne-le-Château, arr. de Bar-sur-Aube. = Brienne.

MONTMORENCY - ENGHIEN, s. m. Voy. Enghien-Montmorency.

MONTMORILLON, s. m. Ville du dép. de la Vienne, chef-lieu de sous-préf. et de cant.; trib. de 1re inst.; société d'agric.; conserv. des hypoth.; direct. des contrib. indir.; recev. part. des finances; bur. d'enregist. et de poste. Fabr. de biscuits; papeteries. Comm. de bestiaux.

MONTMORIN, s. m. Com. du dép. des Hautes-Alpes, cant. de Serres, arr. de Gap. = Serres.

MONTMORIN, s. m. Com. du dép. du Puy-de-Dôme, cant. de Billom, arr. de Clermont. = Billom.

MONTMOROT, s. m. Com. du dép. du Jura, cant. et arr. de Lons-le-Saulnier. = Lons-le-Saulnier.

MONTMORT, s. m. Com. du dép. de la Marne, chef-lieu de cant. de l'arr. d'Epernay. Bur. d'enregist. = Epernay.

MONTMORT, s. m. Com. du dép. de Saône-et-Loire, cant. d'Issy-l'Evêque, arr. d'Autun. = Toulon-sur-Arroux.

MONTMOTIER, s. m. Com. du dép. des Vosges, cant. de Bains, arr. d'Epinal. = Bains.

MONTMOURRE, s. m. Com. du dép. du Tarn, cant. de Dourgnes, arr. de Castres. = Revel.

MONTMOYEN, s. m. Com. du dép. de la Côte-d'Or, cant. de Recey-sur-Ource, arr. de Châtillon. = Aignay-le-Duc.

MONTMURAT, s. m. Com. du dép. du Cantal, cant. de Maurs, arr. d'Aurillac. = Maurs.

MONTNER, s. m. Com. du dép. des Pyrénées-Orientales, cant. de Latour, arr. de Perpignan. = Perpignan.

MONT-NOTRE-DAME, s. m. Com. du dép. de l'Aisne, cant. de Braisne, arr. de Soissons. = Braisne-sur-Vêle.

MONTOILLOT, s. m. Com. du dép. de la Côte-d'Or, cant. de Sombernon, arr. de Dijon. = Sombernon.

MONTOIR, s. m. Pierre, billot pour aider à monter à cheval.

MONTOIR, s. m. Com. du dép. de la Loire-Inférieure, cant. de St.-Nazaire, arr. de Savenay. = Savenay.

MONTOIRE, s. f. Jolie petite ville du dép. de Loir-et-Cher, chef-lieu de cant. de l'arr. de Vendôme. Bur. d'enregist. et de poste. Fabr. de serges, cotonades, toiles, bas de laine, etc.

MONTOIRON, s. m. Com. du dép. de la Vienne, cant. de Vouneuil, arr. de Châtellerault. = Châtellerault.

MONTOIS (le), s. m. Com. du dép. de la Marne, cant. de Thiéblemont, arr. de Vitry. = Vitry-le-Français.

MONTOIS, s. m. Com. du dép. de la Moselle, cant. et arr. de Briey. = Briey.

MONTOISON, s. m. Com. du dép. de la Drôme, cant. de Crest, arr. de Die. = Crest.

MONTOLDRE, s. m. Com. du dép. de l'Allier, cant. de Varennes, arr. de la Palisse. = Varennes-sur-Allier.

MONTOLIEU, s. m. Com. du dép. de l'Aude, cant. d'Alzonne, arr. de Carcassonne. = Carcassonne.

MONTOLIVET, s. m. Com. du dép. de Seine-et-Marne, cant. de la Ferté-Gaucher, arr. de Coulommiers. = Montmirail.

MONTONVILLERS, s. m. Com. du dép. de la Somme, cant. de Villers-Bocage, arr. d'Amiens. = Amiens.

MONTORD, s. m. Com. du dép. de l'Allier, cant. de St.-Pourçain, arr. de Gannat. = St.-Pourçain.

MONTORMEL, s. m. Com. du dép. de l'Orne, cant. de Trun, arr. d'Argentan. = Argentan.

MONTORMENTIER, s. m. Com. du dép. de la Haute-Marne, cant. de Prauthoy, arr. de Langres. = Langres.

MONTORY, s. m. Com. du dép. des Basses-Pyrénées, cant. de Tardets, arr. de Mauléon. = Mauléon.

MONTOT, s. m. Com. du dép. de la Côte-d'Or, cant. de St.-Jean-de-Losne, arr. de Beaune. = St.-Jean-de-Losne.

MONTOT, s. m. Com. du dép. de la Haute-Marne, cant. d'Andelot, arr. de Chaumont. = Andelot.

MONTOT, s. m. Com. du dép. de la Haute-Saône, cant. de Dampierre-sur-Salon, arr. de Gray. = Champlitte.

MONTOULIERS, s. m. Com. du dép. de l'Hérault, cant. de St.-Chinian, arr. de St.-Pons. = St.-Chinian.

MONTOULIEU, s. m. Com. du dép. de l'Ariège, cant. et arr. de Foix = Foix.

MONTOULIEU, s. m. Com. du dép. de la Haute-Garonne, cant. d'Auriguac, arr. de St.-Gaudens. = Martres.

MONTOULIEU, s. m. Com. du dép. de l'Hérault, cant. de Ganges, arr. de Montpellier. = Ganges.

MONTOUR, s. m. Com. du dép. d'Ille-et-Vilaine, cant. de St.-Brice, arr. de Fougères. = Fougères.

MONTOURNOIS, s. m. Com. du dép. de la Vendée, cant. de Pouzauges, arr. de Fontenay. = Pouzauges.

MONTOURTIER, s. m. Com. du dép. de la Mayenne, cant. de Montsurs, arr. de Laval. = Mayenne.

MONTOUSSÉ, s. m. Com. du dép. des Hautes-Pyrénées, cant. de Labarthe, arr. de Bagnères. = Tarbes.

MONTOUSSIN, s. m. Com. du dép. de la Haute-Garonne, cant. du Fousseret, arr. de Muret. = Martres.

MONTOY, s. m. Com. du dép. de la Moselle, cant. de Pange, arr. de Metz. = Metz.

MONT-PAGNOTE, s. m. Eminence d'où l'on peut voir les évolutions militaires sans danger.

MONTPAON, s. m. Com. du dép. de l'Aveyron, cant. de Cornus, arr. de St.-Affrique. = St.-Affrique.

MONTPAZIER, s. m. Petite ville du dép. de la Dordogne, chef-lieu de cant. de l'arr. de Bergerac. Bur. d'enregist. et de poste.

MONTPELLIER, s. m. Com. du dép. de la Charente-Inférieure, cant. de Gemozac, arr. de Saintes. = Cozes.

MONTPELLIER, s. m. Belle et grande ville du dép. de l'Hérault, chef-lieu de préf., de sous-préf. et de 3 cant.; 9e div. milit.; div. S. des douanes; 5e div. des mines; évêché érigé dans le 6e siècle; cour royale; trib. de 1re inst. et de comm.; chambre et bourse de comm.; société d'agric.; faculté de médecine et des sciences; athénée, collège royal, école spéciale de pharmacie et de médecine vétérinaire; biblioth. pub.; musée de tableaux; jardin bot.; ingén. en chef des ponts-et-chaussées; direct. de l'enregist. et des domaines, 2e classe; conserv. des hypoth.; direct. des contrib. dir. et indir.; recev. gén. des finances; payeur du dép.; mont-de-piété; maison centrale de détention; bur. d'enregist. et de poste. Pop. 35,850 hab. env.

Cette ville, bâtie sur une colline, baignée par le Lez et le Medarson, est environnée de campagnes couvertes de vignes et d'oliviers. On y remarque plusieurs édifices et établissemens publics, entre autres l'école de médecine, fondée par des médecins arabes, chassés d'Espagne par les Goths et accueillis par le comte de Montpellier; la biblioth. de l'école, contenant 35,000 vol. et celle de la ville; le musée de tableaux, dit le musée Fabre; le jardin bot., le premier qui ait été formé en France, et où se trouve la tombe de Narcissa, fille du célèbre poète anglais Young; la promenade dite de l'Esplanade, la place Canourgue, la salle de spectacle, la bourse, l'observatoire, l'hôpital, la fontaine de Jacques Cœur; enfin la promenade du Peyrou, l'une des plus belles que l'on connaisse et d'où l'œil jouit de la plus magnifique perspective. Patrie de Barthez et de Broussonnet, célèbres médecins; de Cambacérès, du poète Roucher, des généraux Mathieu, Poitevin, Maurin, Berthezène et Lepic; de Daru, du peintre Vien, de Carion-Nisas, homme de lettres, etc. Fabr. de vert-de-gris, d'acides minéraux et autres produits chimiques, de savon, bouchons de liége, parfums; filatures de coton; nombreuses distilleries d'eaux-de-vie; raffineries de sucre, etc. Manuf. de draps, couvertures de laine, percales, mousselines et mouchoirs. Comm. de vins, eaux-de-vie, esprits, huile d'olives, citrons, oranges, fruits secs, laines, cuivre et verdet.

MONTPENSIER, s. m. Com. du dép. du Puy-de-Dôme, cant. d'Aigueperse, arr. de Riom. = Aigueperse.

MONTPERREUX, s. m. Com. du dép. du Doubs, cant. et arr. de Pontarlier. = Pontarlier.

MONTPEYROUX, s. m. Com. du dép. de l'Aveyron, cant. de la Guiole, arr. d'Espalion. = Espalion.

MONTPEYROUX, s. m. Com. du dép. de la Dordogne, cant. de Villefranche-de-Lonchapt, arr. de Bergerac. = Monpont.

MONTPEYRROUX, s. m. Com. du dép. de l'Hérault, cant. de Gignac, arr. de Lodève. = Gignac.

MONTPEZAT, s. m. Com. du dép. des Basses-Alpes, cant. de Riez, arr. de Digne. = Riez.

MONTPEZAT, s. m. Com. du dép. de l'Ardèche, chef-lieu de cant. de l'arr. de Largentière. Bur. d'enregist. = Thueyts.

MONTPEZAT, s. m. Com. du dép. du Gard, cant. de St.-Mamert, arr. de Nismes. = Sommières.

MONTPEZAT, s. m. Com. du dép. du Gers, cant. et arr. de Lombez. = Lombez.

MONTPEZAT, s. m. Com. du dép. de Lot-et-Garonne, cant. de Prayssas, arr. d'Agen. = Ste.-Livrade.

MONTPEZAT, s. m. Petite ville du dép. de Tarn-et-Garonne, chef-lieu de cant. de l'arr. de Montauban. Bur. d'enregist. à Caussade. = Caussade.

MONTPIGNIER, s. m. Com. du dép. du Tarn, cant. de Lautrec, arr. de Castres. = Castres.

MONTPINCHON, s. m. Com. du dép. de la Manche, cant. de Cerizy-la-Salle, arr. de Coutances. = Coutances.

MONTPINÇON, s. m. Com. du dép. du Calvados, cant. de St.-Pierre-sur-

Dives, arr. de Lisieux. = Croissanville.

MONTPITOL-ET-LA-SOULADE, s. m. Com. du dép. de la Haute-Garonne, cant. de Montastruc, arr. de Toulouse. = Toulouse.

MONTPLONNE, s. f. Com. du dép. de la Meuse, cant. d'Ancerville, arr. de Bar-le-Duc. = Bar-le-Duc.

MONTPOLLIN, s. m. Com. du dép. de Maine-et-Loire, cant. et arr. de Baugé. = Baugé.

MONTPONT, s. m. Com. du dép. de Saône-et-Loire, chef-lieu de cant. de l'arr. de Louhans où se tient le bur. d'enregist. = Louhans.

MONT-POTIER, s. m. Com. du dép. de l'Aube, cant. de Villenauxe, arr. de Nogent-sur-Seine. = Nogent-sur-Seine.

MONTPUILLAN, s. m. Com. du dép. de Lot-et-Garonne, cant. de Meilhan, arr. de Marmande. = Marmande.

MONTRABÉ, s. m. Com. du dép. de la Haute-Garonne, cant. et arr. de Toulouse. = Toulouse.

MONTRABOT, s. m. Com. du dép. de la Manche, cant. de Torigny, arr. de St.-Lô. = Torigny.

MONTRACOL, s. m. Com. du dép. de l'Ain, cant. et arr. de Bourg. = Bourg.

MONTRAMBERT, s. m. Com. du dép. du Jura, cant. de Montmirey, arr. de Dôle. = Gray.

MONTRAVERS, s. m. Com. du dép. des Deux-Sèvres, cant. de Cerizai, arr. de Bressuire. = Châtillon-sur-Sèvre.

MONTRE, s. f. Petite horloge portative, petit bijou. —, échantillon qu'on expose dans une boutique; boîte vitrée remplie de bijoux, etc. —, marché où l'on expose les chevaux pour les vendre; course qu'on leur fait faire pour les essayer. —, tuyaux d'orgues qui paraissent au dehors. —, revue de gens de guerre; solde qu'on leur faisait au moment de cette revue. (Vi.) —, apparence; étalage d'érudition, d'esprit. Fig. et fam.

MONTRÉ, E, part. Exposé à la vue.

MONTRÉAL, s. m. Com. du dép. de l'Ain, cant. et arr. de Nantua. = Nantua.

MONTRÉAL, s. m. Com. du dép. de l'Ardèche, cant. et arr. de Largentière. = Largentière.

MONTRÉAL, s. m. Petite ville du dép. de l'Aude, chef-lieu de cant. de l'arr. de Carcassonne. Bur. d'enregist. = Carcassonne.

MONTRÉAL, s. m. Com. du dép. de la Drôme, cant. de Remuzat, arr. de Nyons. = Nyons.

MONTRÉAL, s. m. Petite ville du dép. du Gers, chef-lieu de cant. de l'arr. de Condom où est le bur. d'enregist. = Condom.

MONTRÉAL, s. m. Com. du dép. de l'Yonne, cant. de Guillon, arr. d'Avallon. = Avallon.

MONTRÉCOURT, s. m. Com. du dép. du Nord, cant. de Solesmes, arr. de Cambrai. = Cambrai.

MONTREDON, s. m. Com. du dép. de l'Aude, cant. et arr. de Narbonne. = Carcassonne.

MONTREDON, s. m. Com. du dép. de l'Aveyron, cant. de St.-Rome-du-Tarn, arr. de St.-Affrique. = St.-Affrique.

MONTREDON, s. m. Com. du dép. du Lot, cant. et arr. de Figeac. = Figeac.

MONTREDON, s. m. Village du dép. du Tarn, cant. d'Alban, arr. d'Albi. = Albi.

MONTREDON, s. m. Com. du dép. du Tarn, chef-lieu de cant. de l'arr. de Castres. Bur. d'enregist. = Castres.

MONTREGARD, s. m. Com. du dép. de la Haute-Loire, cant. de Montfaucon, arr. d'Yssingeaux. = Yssingeaux.

MONTREJEAU, s. m. Petite ville du dép. de la Haute-Garonne, chef-lieu de cant. de l'arr. de St.-Gaudens. Bur. d'enregist. et de poste.

MONTRELAIS, s. m. Com. du dép. de la Loire-Inférieure, cant. de Varades, arr. d'Ancenis. = Ingrande.

MONTRELET, s. m. Com. du dép. de la Somme, cant. de Domart, arr. de Doullens. = Doullens.

MONTREN, s. m. Com. du dép. de la Dordogne, cant. de St.-Astier, arr. de Périgueux. = Neuvic.

MONTREQUIENNE, s. m. Com. du dép. de la Moselle, cant. de Metzervisse, arr. de Thionville. = Thionville.

MONTRER, v. a. Exposer à la vue, faire voir. —, indiquer, faire connaître; montrer le chemin. —, faire paraître, manifester; montrer du courage, du zèle. —, laisser paraître; montrer de la tristesse. —, démontrer, prouver, enseigner; montrer le grec. Se —, v. pron. Paraître, se faire voir. Se —, faire preuve de courage, de caractère; se conduire d'une manière remarquable.

MONTRÉSOR, s. m. Petite ville du dép. d'Indre-et-Loire, chef-lieu de cant. de l'arr. de Loches. Bur. d'enregist. = Loches. Comm. de draperies et de laines.

MONTRET, s. m. Com. du dép. de Saône-et-Loire, chef-lieu de cant. de l'arr. de Louhans. Bur. d'enregist. = Louhans.

MONTREUIL, s. m. Com. du dép. de l'Aube, cant. de Lusigny, arr. de Troyes. = Troyes.

MONTREUIL, s. m. Com. du dép. du Calvados, cant. de Cambremer, arr. de Pont-l'Evêque. = Pont-l'Evêque.

MONTREUIL, s. m. Com. du dép. d'Eure-et-Loir, cant. et arr. de Dreux. = Dreux.

MONTREUIL, s. m. Com. du dép. d'Indre-et-Loire, cant. d'Amboise, arr. de Tours. = Amboise.

MONTREUIL, s. m. Com. du dép. de la Manche, cant. de Marigny, arr. de St.-Lô. = St.-Lô.

MONTREUIL, s. m. Com. du dép. de la Mayenne, cant. de Horps, arr. de Mayenne. = Mayenne.

MONTREUIL, s. m. Com. du dép. de la Seine, cant. de Vincennes, arr. de Sceaux. Banlieue de Paris.

MONTREUIL, s. m. Com. du dép. de la Vendée, cant. et arr. de Fontenay. = Fontenay-le-Comte.

MONTREUIL, s. m. Com. du dép. de la Vienne, cant. de Vouillé, arr. de Poitiers. = Lusignan.

MONTREUIL-AUX-LIONS, s. m. Com. du dép. de l'Aisne, cant. de Charly, arr. de Château-Thierry. = la Ferté-sous-Jouarre.

MONTREUIL-BELFROI, s. m. Com. du dép. de Maine-et-Loire, cant. et arr. d'Angers. = Angers.

MONTREUIL-BELLAY, s. m. Petite ville du dép. de Maine-et-Loire, chef-lieu de cant. de l'arr. de Saumur. Bur. d'enregist. et de poste.

MONTREUIL-DES-LANDES, s. m. Com. du dép. d'Ille-et-Vilaine, cant. et arr. de Vitré. = Vitré.

MONTREUIL-EN-CAUX, s. m. Com. du dép. de la Seine-Inférieure, cant. de Tôtes, arr. de Dieppe. = Tôtes.

MONTREUIL-EN-HOULME, s. m. Com. du dép. de l'Orne, cant. de Briouze, arr. d'Argentan. = Argentan.

MONTREUIL-ET-COPIERES, s. m. Com. du dép. de Seine-et-Oise, cant. de Magny, arr. de Mantes. = Magny.

MONTREUIL-LAMOTTE, s. m. Com. du dép. de l'Orne, cant. de Trun, arr. d'Argentan. = Argentan.

MONTREUIL-L'ARGILLÉ, s. m. Com. du dép. de l'Eure, cant. de Broglie, arr. de Bernay. Bur. de poste.

MONTREUIL-LE-CHÉTIF, s. m. Com. du dép. de la Sarthe, cant. de Fresnay, arr. de Mamers. = Fresnay-le-Vicomte.

MONTREUIL-LE-GAST, s. m. Com. du dép. d'Ille-et-Vilaine, cant. et arr. de Rennes. = Rennes.

MONTREUIL-LE-HENRY, s. m. Com. du dép. de la Sarthe, cant. de Lucé, arr. de St.-Calais. = St.-Calais.

MONTREUILLON, s. m. Com. du dép. de la Nièvre, cant. et arr. de Château-Chinon. = Château-Chinon.

MONTREUIL-SOUS-PÉROUZE, s. m. Com. du dép. d'Ille-et-Vilaine, cant. et arr. de Vitré. = Vitré.

MONTREUIL-SUR-BLAISE, s. m. Com. du dép. de la Haute-Marne, cant. et arr. de Vassy. = Vassy.

MONTREUIL-SUR-BRÊCHE, s. m. Com. du dép. de l'Oise, cant. de Froissy, arr. de Clermont. = Beauvais.

MONTREUIL-SUR-ILLE, s. m. Com. du dép. d'Ille-et-Vilaine, cant. de St.-Aubin-d'Aubigné, arr. de Rennes. = Hédé.

MONTREUIL-SUR-LOIRE, s. m. Com. du dép. de Maine-et-Loire, cant. de Briollay, arr. d'Angers. = Angers.

MONTREUIL-SUR-MAINE, s. m. Com. du dép. de Maine-et-Loire, cant. du Lion-d'Angers, arr. de Segré. = le Lion-d'Angers.

MONTREUIL-SUR-MER, s. m. Ville du dép. du Pas-de-Calais, chef-lieu de sous-préf. et de cant.; trib. de 1re inst.; société d'agric.; conserv. des hypoth.; direct. des contrib. indir.; recev. part. des finances; bur. d'enregist. et de poste. Fabr. de toile, savon noir, etc.; raffinerie de sucre; comm. de vins, eaux-de-vie, etc.

MONTREUIL-SUR-THÉRAIN, s. m. Com. du dép. de l'Oise, cant. de Noailles, arr. de Beauvais. = Noailles.

MONTREUIL-SUR-THONNANCE, s. m. Com. du dép. de la Haute-Marne, cant. de Poissons, arr. de Vassy. = Joinville.

MONTREUX, s. m. Com. du dép. de la Meurthe, cant. de Blamont, arr. de Lunéville. = Blamont.

MONTREUX-CHÂTEAU, s. m. Com. du dép. du Haut-Rhin, cant. de Fontaine, arr. de Belfort. = Belfort.

MONTREUX-JEUNE, s. m. Com. du dép. du Haut-Rhin, cant. de Fontaine, arr. de Belfort. = Belfort.

MONTREUX-VIEUX, s. m. Com. du dép. du Haut-Rhin, cant. de Fontaine, arr. de Belfort. = Belfort.

MONTREVAULT, s. m. Petite ville du dép. de Maine-et-Loire, chef-lieu de cant. de l'arr. de Beaupréau. Bur. d'enregist. = Beaupréau. Fabr. de toiles, mouchoirs, flanelles et autres étoffes de laine.

MONTREVEL, s. m. Petite ville du dép. de l'Ain, chef-lieu de cant. de l'arr. de Bourg. Bur. d'enregist. = Bourg-en-Bresse.

MONTREVEL, s. m. Com. du dép. du Jura, cant. de St.-Julien, arr. de Lons-le-Saulnier. = St.-Amour.

MONTREVEL-ET-DOISSIN, s. m. Com. du dép. de l'Isère, cant. de Virieu, arr. de la Tour-du-Pin. = Virieu.

MONTRIBOURG, s. m. Com. du dép. de la Haute-Marne, cant. de Châteauvilain, arr. de Chaumont. = Châteauvilain.

MONTRICHARD, s. m. Petite ville du dép. de Loir-et-Cher, chef-lieu de cant. de l'arr. de Blois. Bur. d'enregist. et de poste. Comm. de vins et de bois.

MONTRICOUX, s. m. Com. du dép. de Tarn-et-Garonne, cant. de Négrepelisse, arr. de Montauban. = Montauban.

MONTRIEUX, s. m. Com. du dép. de Loir-et-Cher, cant. de Neung-sur-Beuvron, arr. de Romorantin. = la Ferté-St.-Aubin.

MONTRIGAUD, s. m. Com. du dép. de la Drôme, cant. du Grand-Serre, arr. de Valence. = Romans. Comm. de toiles, fil, chanvre et bestiaux.

MONTRODAT, s. m. Com. du dép. de la Lozère, cant. et arr. de Marvejols. = Marvejols.

MONTROLLET, s. m. Com. du dép. de la Charente, cant. et arr. de Confolens. = Confolens.

MONTROMANT, s. m. Com. du dép. du Rhône, cant. de St.-Laurent-de-Chamousset, arr. de Lyon. = l'Arbresle.

MONTRON, s. m. Com. du dép. de l'Aisne, cant. de Neuilly-St.-Front, arr. de Château-Thierry. = Neuilly-St.-Front.

MONTROND, s. m. Com. du dép. des Hautes-Alpes, cant. de Serres, arr. de Gap. = Serres.

MONTROND, s. m. Com. du dép. du Doubs, cant. de Quingey, arr. de Besançon. = Besançon.

MONTROND, s. m. Com. du dép. du Jura, cant. de Champagnole, arr. de Poligny. = Champagnole.

MONT-ROND, s. m. Com. du dép. de l'Orne, cant. de Sées, arr. d'Alençon. = Sées.

MONTROTIER, s. m. Com. du dép. du Rhône, cant. de St.-Laurent-de-Chamousset, arr. de Lyon. = l'Arbresle.

MONT-ROTY, s. m. Com. du dép. de la Seine-Inférieure, cant. de Gournay, arr. de Neufchâtel. = Gournay.

MONTROUGE, s. m. Com. du dép. de la Seine, cant. et arr. de Sceaux. Bur. de poste.

MONTROUVEAU, s. m. Com. du dép. de Loir-et-Cher, cant. de Montoire, arr. de Vendôme. = Montoire.

MONTROY, s. m. Com. du dép. de la Charente-Inférieure, cant. de la Jarrie, arr. de la Rochelle. = la Rochelle.

MONTROZIER, s. m. Petite ville du dép. de l'Aveyron, cant. de Bozouls, arr. de Rodez. = Rodez.

MONTROZIÉS, s. m. Village du dép. du Tarn, cant. de Vaours, arr. de Gaillac. = Gaillac.

MONTRY, s. m. Com. du dép. de Seine-et-Marne, cant. de Crécy, arr. de Meaux. = Lagny.

MONTS, s. m. Com. du dép. du Calvados, cant. de Villers-Bocage, arr. de Caen. = Villers-Bocage.

MONTS, s. m. Com. du dép. d'Indre-et-Loire, cant. de Montbazon, arr. de Tours. = Tours.

MONTS, s. m. Com. du dép. de Loir-et-Cher, cant. de Bracieux, arr. de Blois. = Bracieux.

MONTS, s. m. Com. du dép. de l'Oise, cant. de Méru, arr. de Beauvais. = Chaumont-en-Vexin.

MONTS, s. m. Com. du dép. de la Vienne, chef-lieu de cant. de l'arr. de Loudun. Bur. d'enregist. = Loudun. Comm. de grains, vins et laines.

MONT-ST.-AIGNAN, s. m. Com. du dép. de la Seine-Inférieure, cant. de Maromme, arr. de Rouen. = Rouen.

MONT-ST.-ÉLOY, s. m. Com. du dép. du Pas-de-Calais, cant. de Vimy, arr. d'Arras. = Arras.

MONT-ST.-JEAN, s. m. Com. du dép. de l'Aisne, cant. d'Aubenton, arr. de Vervins. = Aubenton.

MONT-ST.-JEAN, s. m. Com. du dép. de la Côte-d'Or, cant. de Pouilly-en-Auxois, arr. de Beaune. = Saulieu.

MONT-ST.-JEAN, s. m. Com. du dép. de la Sarthe, cant. de Sillé, arr. du Mans. = Sillé-le-Guillaume.

MONT-ST.-LÉGER, s. m. Com. du dép. de la Haute-Saône, cant. de Dampierre-sur-Salon, arr. de Gray. = Gray.

MONT-ST.-MARTIN, s. m. Com. du dép. de l'Aisne, cant. de Braisne, arr. de Soissons. = le Catelet.

MONT-ST.-MARTIN, s. m. Com. du dép. des Ardennes, cant. de Monthois, arr. de Vouziers. = Vouziers.

MONT-ST.-MARTIN, s. m. Com. du dép. de l'Isère, cant. et arr. de Grenoble. = Grenoble.

MONT-ST.-MARTIN, s. m. Com. du

dép. de la Moselle, cant. de Longwy, arr. de Briey. = Longwy.

MONT-ST.-MICHEL, s. m. Petite ville fortifiée du dép. de la Manche, cant. de Pontorson, arr. d'Avranches. = Pontorson.

Cette ville est bâtie sur un rocher qui s'élève au milieu des flots de l'Océan, à une lieue et demie de la côte; elle est défendue par des remparts et par un château qu'on a transformé en prison d'état. La plage, qui sépare le Mont-St.-Michel de la côte, est couverte par la mer à toutes les marées, en sorte qu'on ne peut y entrer qu'à marée basse.

MONT-ST.-PÈRE, s. m. Com. du dép. de l'Aisne, cant. et arr. de Château-Thierry. = Château-Thierry.

MONT-ST.-REMY, s. m. Com. du dép. des Ardennes, cant. de Machault, arr. de Vouziers. = Vouziers.

MONT-ST.-SAVIN, s. m. Com. du dép. de la Vienne, cant. de St.-Savin, arr. de Montmorillon. = St.-Savin.

MONT-ST.-SULPICE, s. m. Com. du dép. de l'Yonne, cant. de Seignelay, arr. d'Auxerre. = Brienon.

MONT-ST.-VINCENT, s. m. Com. du dép. de Saône-et-Loire, chef-lieu de cant. de l'arr. de Châlons. Bur. d'enregist. = Joncy. Comm. de laine.

MONTSALIER, s. m. Com. du dép. des Basses-Alpes, cant. de Banon, arr. de Forcalquier. = Forcalquier.

MONTSALVI, s. m. Com. du dép. du Tarn, cant. et arr. d'Albi. = Albi.

MONTSALVY, s. m. Com. du dép. du Cantal, chef-lieu de cant. de l'arr. d'Aurillac. Bur. d'enregist. et de poste.

MONTSAON, s. m. Com. du dép. de la Haute-Marne, cant. et arr. de Chaumont. = Chaumont-en-Bassigny.

MONTSAUCHE, s. m. Com. du dép. de la Nièvre, chef-lieu de cant. de l'arr. de Château-Chinon. Bur. d'enregist. = Saulieu.

MONTSAUGEON, s. m. Com. du dép. de la Haute-Marne, cant. de Prauthoy, arr. de Langres. = Langres.

MONTSAUNÈS, s. m. Com. du dép. de la Haute-Garonne, cant. de Salies, arr. de St.-Gaudens. = St.-Martory.

MONTSEC, s. m. Com. du dép. de la Meuse, cant. de St.-Mihiel, arr. de Commercy. = St.-Mihiel.

MONT-SECRET, s. m. Com. du dép. de l'Orne, cant. de Tinchebray, arr. de Domfront. = Tinchebray.

MONTSÉGUR, s. m. Com. du dép. de l'Ariège, cant. de Lavelanet, arr. de Foix. = Foix.

MONTSÉGUR, s. m. Com. du dép. de la Drôme, cant. de Pierrelatte, arr. de Montélimar. = Pierrelatte.

MONT-SELGUES, s. m. Com. du dép. de l'Ardèche, cant. de Valgorge, arr. de Largentière. = Largentière.

MONTSERET, s. m. Com. du dép. de l'Aude, cant. de Lézignan, arr. de Narbonne. = Lézignan.

MONTSEUGNY, s. m. Com. du dép. de la Haute-Saône, cant. de Pesme, arr. de Gray. = Gray.

MONTSEVEROUX, s. m. Com. du dép. de l'Isère, cant. de Beaurepaire, arr. de Vienne. = Beaurepaire.

MONTSOREAU, s. m. Com. du dép. de Maine-et-Loire, cant. et arr. de Saumur. = Saumur. Comm. de grains.

MONTSOULT, s. m. Com. du dép. de Seine-et-Oise, cant. d'Ecouen, arr. de Pontoise. = Moisselles.

MONT-SOUS-VAUDREY, s. m. Com. du dép. du Jura, cant. de Montbarrey, arr. de Dôle. = Dôle.

MONT-SUR-COURVILLE, s. m. Com. du dép. de la Marne, cant. de Fismes, arr. de Reims. = Fismes.

MONT-SUR-MONNET, s. m. Com. du dép. du Jura, cant. de Champagnole, arr. de Poligny. = Champagnole.

MONTSURS, s. m. Com. du dép. de la Mayenne, chef-lieu de cant. de l'arr. de Laval. Bur. d'enregist. à Soulgé. = Laval.

MONTSURVENT, s. m. Com. du dép. de la Manche, cant. de St.-Malo-de-la-Lande, arr. de Coutances. = Coutances.

MONTSUZAIN, s. m. Com. du dép. de l'Aube, cant. et arr. d'Arcis-sur-Aube. = Arcis-sur-Aube.

MONTUEUX, EUSE, adj. Se dit d'un pays inégal dans lequel on trouve beaucoup de montagnes, de collines.

MONTURE, s. f. Animal sur lequel on monte pour voyager; fût d'un fusil; bois dont on se sert pour monter un outil, un instrument, etc. —, or, argent dont on entoure les diamans, etc.; cercle, cadre autour d'une miniature, d'une gravure, etc. —, assemblage des pièces d'une machine, etc. —, action de monter; travail du monteur.

MONTUREUX, s. m. Com. du dép. de la Haute-Saône, cant. d'Autrey, arr. de Gray. = Gray.

MONTUREUX-LÈS-BAULAY, s. m. Com. du dép. de la Haute-Saône, cant. d'Amance, arr. de Vesoul. = Jussey.

MONTURSIN, s. m. Com. du dép. du Doubs, cant. de St.-Hippolyte, arr. de Montbéliard. = St.-Hippolyte-sur-le-Doubs.

MONTUSCLAT, s. m. Com. du dép. de la Haute-Loire, cant. de St.-Julien-Chapteuil, arr. du Puy. = le Puy.

MONTUSSAINT, s. m. Com. du dép. du Doubs, cant. de Rougemont, arr. de Baume. = Baume.

MONTUSSAN, s. m. Com. du dép. de la Gironde, cant. de Carbon-Blanc, arr. de Bordeaux. = Bordeaux.

MONTVALEN, s. m. Com. du dép. du Tarn, cant. de Salvaignac, arr. de Gaillac. = Tarbes.

MONTVALENT, s. m. Com. du dép. du Lot, cant. de Gramat, arr. de Gourdon. = Martel.

MONTVENDRE, s. m. Com. du dép. de la Drôme, cant. de Chabeuil, arr. de Valence. = Valence.

MONTVERDUN, s. m. Com. du dép. de la Loire, cant. de Boën, arr. de Montbrison. = Montbrison.

MONTVERT, s. m. Com. du dép. du Cantal, cant. de Laroquebrou, arr. d'Aurillac. = Aurillac.

MONTVICQ, s. m. Com. du dép. de l'Allier, cant. de Montmarault, arr. de Montluçon. = Montmarault.

MONTVIEL, s. m. Com. du dép. de Lot-et-Garonne, cant. de Cancon, arr. de Villeneuve. = Villeneuve-d'Agen.

MONTVIETTE, s. f. Com. du dép. du Calvados, cant. de St.-Pierre-sur-Dives, arr. de Lisieux. = Croissanville.

MONTVILLE, s. f. Com. du dép. de la Seine-Inférieure, cant. de Clères, arr. de Rouen. = Rouen.

MONTVIRON, s. m. Com. du dép. de la Manche, cant. de Sartilly, arr. d'Avranches. = Avranches.

MONTZÉVILLE, s. f. Com. du dép. de la Meuse, cant. de Charny, arr. de Verdun. = Verdun.

MONUMENT, s. m. Témoignage public d'admiration et de reconnaissance, pour perpétuer le souvenir des services rendus à la patrie; tout ce qui a passé ou est digne de passer à la postérité. —, édifice public; tombeau. T. poét.

MONUMENTAL, E, adj. Qui appartient, est relatif aux monuments antiques; qui a le caractère d'un monument. Architecture —, qui s'applique aux monumens.

MON-VOYAU, s. m. Engoulevent, crapaud-volant de la Guiane, oiseau qui vit de moucherons comme l'hirondelle. T. d'hist. nat.

MONZE, s. m. Com. du dép. de Vaucluse, cant. de Capendu, arr. de Carpentras. = Carpentras.

MOON, s. m. Com. du dép. de la Manche, cant. de St.-Clair, arr. de St.-Lô. = St.-Lô.

MOOS, s. m. Com. du dép. du Haut-Rhin, cant. de Ferrette, arr. d'Altkirch. = Huningue.

MOOSCH, s. m. Com. du dép. du Haut-Rhin, cant. de St.-Amarin, arr. de Belfort. = Cernay.

MO-PIE-SU, s. m. Arbrisseau de la Chine. T. de bot.

MOPSÉE, s. f. Polypier coralligène. T. d'hist. nat.

MOQUABLE, adj. Qui prête à la moquerie, dont on peut se moquer.

MOQUE, s. f. Espèce de moufle sans poulie. T. de mar.

MOQUER (se), v. pron. Persifler quelqu'un, rire de quelque chose; tourner en ridicule. Se —, faire peu de cas, n'avoir pas d'égard, ne pas craindre; mépriser, braver. Se —, faire mal à propos, ne pas agir ou parler sérieusement.

MOQUERIE, s. f. Dérision, raillerie, persiflage, insulte. —, chose impertinente, absurde; c'est une moquerie.

MOQUETTE, s. f. Sorte d'étoffe veloutée; oiseau attaché à un piége pour attirer les autres, appelant.

MOQUEUR, s. m. Oiseau d'Amérique qui imite le chant des autres oiseaux, espèce de merle.

MOQUEUR, EUSE, s. et adj. Persifleur, qui est habile à saisir le côté ridicule des personnes et des choses, qui se moque adroitement, qui a l'habitude de se moquer. —, qui annonce la moquerie; ton, ris moqueur.

MOQUILLIER, s. m. Arbre rosacé de la Guiane. T. de bot.

MOQUOISEAU, s. m. Sorte de cerise.

MORA, s. f. Troupe de Spartiates libres, de trente à soixante ans, au nombre de cinq à neuf cents hommes. T. d'antiq.

MORABITES, s. m. pl. Sectateurs de Mohardin, petit-fils de Mahomet; Africains qui se livrent à l'étude des sciences, et qui font profession de sainteté.

MORACHES, s. m. Com. du dép. de la Nièvre, cant. de Brinon, arr. de Clamecy. = Corbigny.

MORAGNE, s. m. Com. du dép. de la Charente-Inférieure, cant. de Tonnay-Charente, arr. de Rochefort. = Tonnay-Charente.

MORAILLÉ, E, part. Alongé à l'aide de morailles, en parlant du verre. T. de verr.

MORAILLER, v. a. Alonger le verre avec des morailles. T. de verr.

MORAILLES, s. f. pl. Espèces de tenailles pour serrer le nez d'un cheval indocile. —, tenailles pour alonger le verre. T. de verr.

MORAILLON, s. m. Anneau adapté au couvercle d'un coffre pour recevoir le pêne d'une serrure.

MORAIN (le Grand-), s. m. Petite rivière qui prend sa source près de Sézanne, arr. d'Epernay, dép. de la Marne, et qui se jette dans la Marne, à Condé, après un cours de 16 l. Cette rivière est navigable depuis Tigeaux jusqu'à son embouchure.

MORAIN (le Petit-), s. m. Petite rivière dont la source se trouve près d'Ecury-sur-Coole, dép. de la Marne, et qui se jette dans la Marne, à la Ferté-sous-Jouarre, après un cours de 15 l.

MORAINE, s. f. Laine des peaux de mouton, détachée par la chaux.—, cordon de mortier autour d'un mur de pisé. —, amas de pierres et de graviers au pied des glaciers. T. d'hist. nat.—, pl. vers au fondement du cheval. T. de méd. vétér.

MORAINS, s. m. Com. du dép. de la Marne, cant. de Vertus, arr. de Châlons = Vertus.

MORAINVILLE, s. f. Com. du dép. de l'Eure, cant. de Cormeilles, arr. de Pont-Audemer. = Lieurey.

MORAINVILLE, s. f. Com. du dép. d'Eure-et-Loir, cant. d'Auneau, arr. de Chartres. = Gallardon.

MORAINVILLER, s. m. Com. du dép. de l'Oise, cant. de Maignelay, arr. de Clermont. = St.-Just.

MORAINVILLE-SUR-DAMVILLE, s. f. Com. du dép. de l'Eure, cant. de Damville, arr. d'Évreux. = Damville.

MORAINVILLIERS, s. m. Com. du dép. de Seine-et-Oise, cant. de Poissy, arr. de Versailles. = Poissy.

MORAL, s. m. Disposition naturelle au bien ou au mal; faculté intellectuelle, l'opposé du physique.

MORAL, E, adj. Qui concerne les mœurs; conforme aux bonnes mœurs, à la morale. —, métaphysique, l'opposé de matériel. Certitude —, fondée sur de fortes probabilités.

MORALE, s. f. Doctrine des mœurs; traité sur cette doctrine. —, loi naturelle écrite dans la conscience de l'homme; devoirs de l'homme en société. —, réprimande, remontrance. T. fam.

MORALEMENT, adv. Suivant les seules lumières de la raison. — parlant, vraisemblablement, selon les apparences.

MORALISATION, s. f. Action de rendre moral, de donner de la morale. T. inus.

MORALISÉ, E, part. Rendu moral.

MORALISER, v. a. Rendre moral, donner des leçons de morale, de mœurs. —, sermonner, faire une morale. T. fam. —, v. n. Faire des réflexions morales.

MORALISEUR, s. m. Pédant qui affecte sans cesse de parler morale; sermonneur. T. fam.

MORALISTE, s. m. Auteur qui écrit sur les mœurs, sur la morale.

MORALITÉ, s. f. Rapport des actions avec les principes de la morale; côté moral d'une chose; réflexion morale. —, but moral d'un poëme, d'une pièce de théâtre. —, caractère moral d'une personne; ses mœurs, ses principes, sa conduite conforme à la saine morale. —, pl. Premières comédies qui furent jouées en France dans les quinzième et seizième siècles offrant un mélange monstrueux de niaiseries et d'impiétés.

MORAMBERT, s. m. Com. du dép. de l'Aube, cant. de Ramerupt, arr. d'Arcis-sur-Aube. = Arcis-sur-Aube.

MORANCÉ, s. m. Com. du dép. du Rhône, cant. d'Anse, arr. de Villefranche. = Anse.

MORANCEZ, s. m. Com. du dép. d'Eure-et-Loir, cant. et arr. de Chartres. = Chartres.

MORANCOURT, s. m. Com. du dép. de la Haute-Marne, cant. et arr. de Vassy. = Vassy.

MORAND, s. m. Com. du dép. d'Indre-et-Loire, cant. de Château-Renault, arr. de Tours. = Château-Renault.

MORANGIS, s. m. Com. du dép. de la Marne, cant. d'Avize, arr. d'Epernay. = Epernay.

MORANGIS, s. m. Com. du dép. de Seine-et-Oise, cant. de Longjumeau, arr. de Corbeil. = Longjumeau.

MORANGLE, s. m. Com. du dép. de l'Oise, cant. de Neuilly-en-Thelle, arr. de Senlis. = Beaumont.

MORANNES, s. m. Com. du dép. de Maine-et-Loire, cant. de Durtal, arr. de Baugé. = Châteauneuf-sur-Sarthe.

MORANVILLE, s. f. Com. du dép. de la Meuse, cant. d'Etain, arr. de Verdun. = Etain.

MORAS, s. m. Com. du dép. de la Drôme, cant. du Grand-Serre, arr. de Valence. = Beaurepaire.

MORAS, s. m. Com. du dép. de l'Isère, cant. de Crémieu, arr. de la Tour-du-Pin. = Crémieu.

MORATOIRES, adj. f. pl. Se dit des dispositions d'un jugement qui accorde terme et délai. T. de procéd.

MORBECQUE, s. m. Com. du dép. du Nord, cant. et arr. d'Hazebrouck. = Hazebrouck.

MORBIDE, adj. Qui tient à l'état de maladie, qui en est la conséquence. —, mal sain, morbifique. —, se dit de la délicatesse et de l'expression des chairs. T. de peint.

MORBIDESSE, s. f. Mollesse, délicatesse animée des chairs. T. de peint.

MORBIEZ, s. m. Com. du dép. du Jura, cant. de Morez, arr. de St.-Claude. = Morez.

MORBIFIQUE, adj. Qui fait naître la maladie; cause morbifique. T. de méd.

MORBIHAN (dép. du), s. m. Chef-lieu de préf., Vannes; 4 arr. ou sous-préf.: Vannes, Lorient, Ploërmel et Pontivy; 37 cant. ou just. de paix; 227 com.; pop. 427.453 hab. env. Cour royale à Rennes, évêché de Vannes; 13ᵉ div. militaire; 14ᵉ div. des ponts-et-chaussées; 1ʳᵉ div. des mines; direct. de l'enregist. et des domaines, 3ᵉ classe; 14ᵉ arr. forestier, et de la direct. O. des douanes.

Ce dép. est borné au N. par le dép. des Côtes-du-Nord; à l'E. par ceux d'Ille-et-Vilaine et de la Loire-Inférieure; à l'O. par celui du Finistère. Son territoire est composé de montagnes et de forêts, dans sa partie septentrionale, et de vastes plaines, de landes et de marais salans dans le voisinage de la mer. On y trouve d'excellens pâturages qui nourrissent beaucoup de bestiaux. Productions : céréales de toute espèce en quantité, avoine, sarrasin, millet, lentilles, navets, lin, chanvre; quantité de fruits, donnant annuellement 240,000 hectolitres de cidre; grand et petit gibier; poisson de mer et d'eau douce; chevaux, moutons; beaucoup d'abeilles dont le miel est recherché; mines de fer et de plomb, cristal de roche, pierres de taille, ardoises, terre à poterie; sources d'eaux minérales. Manuf. de toiles de Bretagne; fabr. de draps, étoffes de laine, fil de chanvre, pain de seigle pour le comm.; porcelaine; filatures de coton; pêche de la sardine et du poisson frais. Exploitation de marais salans. Comm. de grains, eaux-de-vie, cire, fruits, beurre, suif, miel, cidre, chanvre, bestiaux, poisson salé, toiles, fils, cuirs, fer, papiers, huile de poisson. Entrepôts réels et fictifs. Cabotage. Les principales rivières qui arrosent ce dép. sont la Vilaine, le Blavet, l'Aff, l'Oust et le Scorf, qui y sont navigables.

MORBILLEUSE, adj. f. Se dit d'une fièvre qui précède le développement de la rougeole. T. de méd.

MORBLEU! interj. Sorte de jurement qui appartient à l'ancienne comédie.

MORCEAU, s. m. Partie séparée d'un corps solide, d'une étoffe; morceau de bois, de fer, de draps. —, partie des choses bonnes à manger; morceau de pain, de viande. —, mets, la bonne chère; aimer les bons morceaux. Manger un —, faire un léger repas. — de terre, une pièce de terre. —, pièce entière qui fait partie des œuvres d'un auteur. T. de litt. et d'arts.

MORCELÉ, E, part. Divisé par morceaux. Style —, haché, saccadé, coupé par petites phrases. Fig.

MORCELER, v. a. Diviser par morceaux, partager par portions; morceler des terres.

MORCENX, s. m. Com. du dép. des Landes, cant. d'Arjuzanx, arr. de Mont-de-Marsan. = Tartas.

MORCHAIN, s. m. Com. du dép. de la Somme, cant. de Nesle, arr. de Péronne. = Nesle.

MORCHAMPS, s. m. Com. du dép. du Doubs, cant. de Rougemont, arr. de Baume. = Baume.

MORCHIES, s. f. Com. du dép. du Pas-de-Calais, cant. de Bertincourt, arr. d'Arras. = Bapaume.

MORCOURT, s. m. Com. du dép. de l'Aisne, cant. et arr. de St.-Quentin. = St.-Quentin.

MORCOURT, s. m. Com. du dép. de l'Oise, cant. de Crépy, arr. de Senlis. = Crépy.

MORCOURT, s. m. Com. du dép. de la Somme, cant. de Bray, arr. de Péronne. = Corbie.

MORDACHE, s. f. Tenaille pour remuer le gros bois dans le feu. —, nom de plusieurs outils en forme de tenailles. T. de mét.

MORDACITÉ, s. f. Action d'une substance corrosive sur un corps solide qu'elle dissout. —, médisance, propos aigres et piquans. Fig.

MORDAILLER, v. a. Voy. MORDILLER.

MORDANT, s. m. Vernis pour fixer l'or, etc., sur les métaux; acide, composition chimique, sucs naturels qui altèrent, détruisent les couleurs ou les fixent. —, force, originalité piquante de l'esprit, causticité. Fig. —, timbre de la voix, net, sonore, pénétrant. T. de mus. —, instrument pour saisir, pincer, mordre. T. de mét. —, bois évidé en forme de pincette pour fixer la copie. T. d'impr.

MORDANT, E, adj. Qui mord; bête mordante. —, qui corrode; acide mordant. —, piquant, satirique; style mordant. Fig.

MORDARET, s. m. Clou doré sur les harnais.

MORDEHI, s. m. Diarrhée presque incurable aux Indes orientales.

MORDELLE, s. f. Insecte coléoptère mordellone. T. d'hist. nat.

MORDELLES, s. f. Com. du dép. d'Ille-et-Vilaine, chef-lieu de cant. de l'arr. de Rennes, où se tient le bur. d'enregist. = Rennes.

MORDELLONES, s. f. pl. Coléoptères hétéromères. T. d'hist. nat.

MORDETTE, s. f. Larve du hanneton. T. d'hist. nat.

MORDEXIN, s. m. Vomissement continuel et mortel dans l'Inde.

MORDICANT, E, adj. Acre, picotant, corrosif. —, médisant. Fig. et fam.

MORDICATION, s. f. Picotement.

MORDICUS, adv. tiré du lat. Avec ténacité; soutenir son opinion mordicus.

MORDIENNE ! interj. Sorte de jurement. A la grosse —, adv. Sans façon, sans finesse, franchement, sans cérémonie. T. fam.

MORDILLÉ, E, part. Mordu légèrement.

MORDILLER, v. a. Mordre légèrement et à plusieurs reprises.

MORDORÉ, s. m. Tangara jaune à tête noire; pigeon.

MORDORÉ, E, adj. Se dit d'une couleur brune mêlée de jaune.

MORDRE, v. a. et n. Saisir, serrer, avec les dents; pincer avec le bec, en parlant des oiseaux; piquer, en parlant des insectes. —, causer une cuisson plus ou moins vive. —, imprégner; creuser, ronger, détruire, corroder. —, critiquer, médire. Fig. — la poussière, être tué dans une bataille. Se —, v. pron. Se faire une morsure. Se — les pouces, se repentir. Fig.

MORDU, E, part. Entamé, déchiré à coups de dents. Feuille —, dont le sommet obtus est terminé par des entailles inégales. T. de bot.

MORE, s. m. Habitant de la partie septentrionale de l'Afrique. Traiter de Turc à —, avec rigueur, sans ménagement. Gris de —, gris tirant sur le more. —, adj. Qui concerne les Mores, leur appartient; rivage More.

MORE (St.-), s. m. Com. du dép. de l'Yonne, cant. de Vézelay, arr. d'Avallon. = Lucy-le-Bois.

MORÉAC, s. m. Com. du dép. du Morbihan, cant. de Locminé, arr. de Pontivy. = Locminé.

MOREAU, adj. m. Se dit d'un cheval extrêmement noir.

MORÉE, s. f. Province du nouveau royaume de Grèce, située au S. de la Livadie. Elle forme une presqu'île qui ne tient à la terre ferme que par l'isthme de Corinthe; c'est le Péloponèse des anciens. —, terre argilo-ferrugineuse. —, genre de plantes iridées T. de bot.

MORÉE, s. f. Com. du dép. de Loir-et-Cher, chef-lieu de cant. de l'arr. de Vendôme. Bur. d'enregist. = Cloyes.

MOREIL (St.-), s. m. Com. du dép. de la Creuse, cant. et arr. de Bourganeuf. = Bourganeuf.

MOREILLES, s. m. Village du dép. de la Vendée, cant. et arr. de Fontenay. = Luçon.

MOREL (St.-), s. m. Com. du dép. des Ardennes, cant. de Monthois, arr. de Vouziers. = Vouziers.

MORELLANE, s. m. Arbuste de la Chine. T. de bot.

MORELLE, s. f. Plante du genre des solanées. T. de bot.

MOREL-MAISON, s. m. Com. du dép. des Vosges, cant. de Châtenois, arr. de Neufchâteau. = Neufchâteau.

MORENCHIES, s. f. Com. du dép. du Nord, cant. et arr. de Cambrai. = Cambrai.

MORÈNE, s. f. Plante aquatique. T. de bot.

MORENIER, s. m. Grand palmier du Pérou. T. de bot.

MORESQUE, s. f. Danse à la manière des Mores. —, Voy. ARABESQUE. T. de peint. —, adj. Qui est relatif aux Mores, à leurs usages.

MORESTEL, s. m. Com. du dép. de l'Isère, chef-lieu de cant. de l'arr. de la Tour-du-Pin. Bur. d'enregist. et de poste.

MORET, s. m. Jolie petite ville du dép. de Seine-et-Marne, chef-lieu de cant. de l'arr. de Fontainebleau. Bur. d'enregist. et de poste. Comm. de farines.

MORÉTEL, s. m. Com. du dép. de l'Isère, cant. de Goncelin, arr. de Grenoble. = Goncelin.

MORETTE, s. f. Com. du dép. de l'Isère, cant. de Tullins, arr. de St.-Marcellin. = Tullins.

MOREUIL, s. m. Com. du dép. de la Somme, chef-lieu de cant. de l'arr. de Montdidier. Bur. d'enregist. = Montdidier.

MOREY, s. m. Com. du dép. de la Côte-d'Or, cant. de Gevrey, arr. de Dijon. = la Baraque.

MOREY, s. m. Com. du dép. de la Meurthe, cant. de Nomeny, arr. de Nancy. = Pont-à-Mousson.

MOREY, s. m. Com. du dép. de la

Haute-Saône, cant. de Vitrey, arr. de Vesoul. = Cintrey.

MOREY, s. m. Com. du dép. de Saône-et-Loire, cant. de Givry, arr. de Châlons. = Couches.

MOREZ, s. m. Com. du dép. du Jura, chef-lieu de cant. de l'arr. de St.-Claude. Bur. d'enregist. et de poste.
Comm. de vins, blé, fer.

MORFIL, s. m. Portion d'un instrument tranchant usée par la meule et qu'on enlève au moyen d'une pierre à l'huile. Voy. Manfil. (Vi.)

MORFONDRE, v. a. Refroidir, causer un froid pénétrant. Se —, v. pron. Gagner du froid, se geler, se glacer. Se —, perdre son temps à attendre. Fig. Se —, perdre sa chaleur, en parlant de la pâte.

MORFONDU, E, part. Transi, gelé, glacé.

MORFONDURE, s. f. Maladie du cheval occasionnée par un passage trop rapide du chaud au froid. T. de méd. vétér.

MORFONTAINE, s. f. Com. du dép. de la Moselle, cant. de Longwy, arr. de Briey. = Longwy.

MORGANE, s. f. Nom d'une fée. —, lumière nocturne prise pour un fantôme.

MORGANIE, s. f. Scrofulaire, plante de la Nouvelle-Hollande. T. de bot.

MORGANITIQUE, adj. Nocturne, qui tient de la féerie, magique, mystérieux. T. inus.

MORGANZ, s. m. Com. du dép. des Landes, cant. d'Hagetmau, arr. de St.-Sever. = St.-Sever.

MORGELINE, s. f. Genre de plantes caryophyllées. T. de bot.

MORGEMOULIN, s. m. Com. du dép. de la Meuse, cant. d'Etain, arr. de Verdun. = Etain.

MORGES, s. m. Com. du dép. du Jura, cant. de St.-Julien, arr. de Lons-le-Saulnier. = St.-Amour.

MORGNY, s. m. Com. du dép. de l'Eure, cant. d'Etrépagny, arr. des Andelys. = Lyons-la-Forêt.

MORGNY, s. m. Com. du dép. de la Seine-Inférieure, cant. de Buchy, arr. de Rouen. = Rouen.

MORGNY-EN-THIÉRACHE, s. m. Com. du dép. de l'Aisne, cant. de Rozoy-sur-Serre, arr. de Laon. = Rozoy-sur-Serre.

MORGOULES, s. m. Mollusque de mer en forme de moitié d'orange. —, pl. Zoophytes. T. d'hist. nat.

MORGUE, s. f. Hauteur, orgueil, fierté, contenance grave et méprisante; gravité fastueuse. —, guichet pour l'examen des prisonniers que l'on écroue. —, espèce de charnier où l'on expose les cadavres des personnes dont la mort peut donner lieu aux informations de la justice.

MORGUÉ, E, part. Regardé avec insolence, bravé.

MORGUER, v. a. Regarder avec fierté, avec insolence, braver quelqu'un.

MORGUEUR, s. m. Guichetier de la morgue. T. inus.

MORGUEUX, EUSE, adj. Insultant, méprisant. (Vi.)

MORGUIENNE! interj. Sorte de jurement des villageois qui figurent dans les comédies. T. fam.

MORHANGE, s. m. Com. du dép. de la Moselle, cant. de Grostenquin, arr. de Sarreguemines. = St.-Avold.

MORIAT, s. m. Com. du dép. du Puy-de-Dôme, cant. de St.-Germain-Lembron, arr. d'Issoire. = Lempde.

MORIBOND, E, s. et adj. Qui se meurt, est sur le point de mourir; dont la santé affaiblie annonce une mort prochaine.

MORICAUD, E, s. et adj. Qui a le teint basané comme les Mores. T. fam.

MORIE, s. f. Bête jetée à la voirie; peau de morie.

MORIENVAL, s. m. Com. du dép. de l'Oise, cant. de Crépy, arr. de Senlis. = Crépy.

MORIÈRES, s. f. Com. du dép. du Calvados, cant. de Coulibœuf, arr. de Falaise. = Croissanville.

MORIÈRES, s. f. Com. du dép. de Vaucluse, cant. et arr. d'Avignon. = Avignon.

MORIERS, s. m. Com. du dép. d'Eure-et-Loir, cant. de Bonneval, arr. de Châteaudun. = Bonneval.

MORIÉS, s. m. Com. du dép. des Basses-Alpes, cant. de St.-André, arr. de Castellanne. = Castellanne.

MORIEUX, s. m. Com. du dép. des Côtes-du-Nord, cant. de Lamballe, arr. de St.-Brieux. = Lamballe.

MORIGÉNÉ, E, part. Corrigé, remis dans le devoir.

MORIGÉNER, v. a. Former les mœurs, corriger les défauts, les vices; instruire, discipliner, remettre dans le devoir.

MORIGNY, s. m. Com. du dép. de la Manche, cant. de Percy, arr. de St.-Lô. = Villedieu.

MORIGNY-ET-CHAMPIGNY, s. m. Com. du dép. de Seine-et-Oise, cant. et arr. d'Etampes. = Etampes.

MORILLE, s. f. Espèce de champignon rempli de petites cavités semblables à celles d'une éponge ou d'un rayon de miel.

MORILLON, s. m. Sorte de raisin noir; petit canard. —, pl. Emeraudes brutes qu'on vend au poids.

MORILLON (St.-), s. m. Com. du dép. de la Gironde, cant. de Labrède, arr. de Bordeaux. = Bordeaux.

MORINGHEM, s. m. Com. du dép. du Pas-de-Calais, cant. et arr. de St.-Omer. = St.-Omer.

MORINDE, s. f. Plante des Indes, du genre des rubiacées. T. de bot.

MORINE, s. f. Plante de Perse, de la famille des dipsacées. T. de bot.

MORINGA, s. m. Grand arbre du Malabar. T. de bot.

MORIO, s. m. Antiope, magnifique papillon diurne. T. d'hist. nat.

MORION, s. m. Ancienne armure de tête plus légère que le casque. —, punition militaire qui consistait en des coups de hampe d'une hallebarde sur le derrière. —, insecte coléoptère carabique. T. d'hist. nat. —, pl. Personnages bossus, boiteux, contrefaits, ayant une tête pointue, de longues oreilles, en un mot une physionomie ridicule, que l'on admettait dans les festins pour amuser les convives. T. d'antiq.

MORIONVILLIERS, s. m. Com. du dép. de la Haute-Marne, cant. de St.-Blin, arr. de Chaumont. = Joinville.

MORIS, s. m. Basin des Indes.

MORISEL, s. m. Com. du dép. de la Somme, cant. de Moreuil, arr. de Montdidier. = Montdidier.

MORISÉS, s. m. Com. du dép. de la Gironde, cant. et arr. de la Réole. = la Réole.

MORISQUE, s. f. Monnaie de la ci-devant régence d'Alger, valant dix sous. — double, vingt sous.

MORIVILLE, s. f. Com. du dép. des Vosges, cant. de Châtel, arr. d'Epinal. = Charmes.

MORIVILLER, s. m. Com. du dép. de la Meurthe, cant. de Gerbéviller, arr. de Lunéville. = Lunéville.

MORIZÉCOURT, s. m. Com. du dép. des Vosges, cant. de la Marche, arr. de Neufchâteau. = la Marche.

MORKI, s. m. Maladie pestilentielle aux Indes orientales.

MORLAAS, s. m. Petite ville du dép. des Basses-Pyrénées, chef-lieu de cant. de l'arr. de Pau. Bur. d'enregist. = Pau. Comm. de vins.

MORLAC, s. m. Com. du dép. du Cher, cant. du Châtelet, arr. de St.-Amand. = Linières.

MORLAINCOURT, s. m. Com. du dép. de la Meuse, cant. de Void, arr. de Commercy. = Ligny.

MORLAIX, s. m. Ville maritime du dép. du Finistère, chef-lieu de sous-préf. et de cant.; trib. de 1re inst. et de comm.; société d'agric.; école d'hydrographie de 4e classe; conserv. des hypoth.; direct. des contrib. indir.; recev. part. des finances; bur. d'enregist. et de poste. Pop. 9,780 hab. env.

Cette ville est bâtie sur la pente de deux collines, au confluent des rivières de Jarleau et de Kerlent, qui forment le port de Morlaix, et se jettent dans l'Océan. Ce port, bordé de beaux quais, est situé au milieu de la ville, en sorte que les navires de 400 tonneaux peuvent débarquer les marchandises à la porte des négocians. Il est précédé d'une belle rade, très sûre et très commode, qui se prolonge entre deux longues chaînes de collines. On remarque particulièrement dans cette ville, l'école de navigation, l'hôpital, les promenades, les manuf. de tabacs, etc. Fab. de toiles, huiles, chandelles; raffineries de sucre; papeteries; manuf. royales de tabacs. Comm. de toiles, lin, chanvre, bœufs, porcs, moutons, chevaux, suif, graisse, miel; comm. de vins, eaux-de-vie, cuirs, papiers; entrepôt réel et fictif de toute espèce de marchandises; importation de denrées coloniales, etc.

MORLANCOURT, s. m. Com. du dép. de la Somme, cant. de Bray, arr. de Péronne. = Albert.

MORLANGE, s. m. Com. du dép. de la Moselle, cant. de Boulay, arr. de Metz. = Boulay.

MORLANGE, s. m. Com. du dép. de la Moselle, cant. et arr. de Thionville. = Thionville.

MORLANNE, s. f. Com. du dép. des Basses-Pyrénées, cant. d'Arzacq, arr. d'Orthez. = Orthez.

MORLAYE (la), s. f. Com. du dép. de l'Oise, cant. de Creil, arr. de Senlis. = Luzarches.

MORLE (le), s. m. Com. du dép. du Cantal, cant. de Ruines, arr. de St.-Flour. = St.-Flour.

MORLET, s. m. Com. du dép. de Saône-et-Loire, cant. d'Epinac, arr. d'Autun. = Nolay.

MORLEY, s. m. Com. du dép. de la Meuse, cant. de Montier-sur-Saulx, arr. de Bar-le-Duc. = Ligny.

MORLHON, s. m. Com. du dép. de l'Aveyron, cant. de Najac, arr. de Villefranche. = Villefranche.

MORLINCOURT, s. m. Com. du dép. de l'Oise, cant. de Noyon, arr. de Compiègne. = Noyon.

MORMAISON, s. f. Com. du dép. de la Vendée, cant. de Roche-Servière, arr. de Bourbon-Vendée. = Montaigu.

MORMANS, s. m. Com. du dép. du Loiret, cant. et arr. de Montargis. = Montargis.

MORMANT, s. m. Com. du dép. de Seine-et-Marne, chef-lieu de cant. de l'arr. de Melun. Bur. d'enregist. et de poste.

MORME, s. m. Poisson du genre du spare. T. d'hist. nat.

MORMÈS, s. m. Com. du dép. du Gers, cant. de Nogaro, arr. de Condom. = Nogaro.

MORMOIRON, s. m. Com. du dép. de Vaucluse, chef-lieu de cant. de l'arr. de Carpentras. Bur. d'enregist. = Carpentras.

MORMYRE, s. m. Poisson branchiostège du Nil. T. d'hist. nat.

MORNAC, s. m. Com. du dép. de la Charente, cant. et arr. d'Angoulême.= Angoulême.

MORNAC, s. m. Com. du dép. de la Charente-Inférieure, cant. de Royan, arr. de Mamers. = Royan.

MORNACH, s. m. Com. du dép. du Haut-Rhin, cant. de Ferrette, arr. d'Altkirch. = Altkirch.

MORNAND, s. m. Com. du dép. de la Loire, cant. et arr. de Montbrison. = Montbrison.

MORNANS, s. m. Com. du dép. de la Drôme, cant. de Bourdeaux, arr. de Die. = Crest.

MORNANT, s. m. Com. du dép. du Rhône, chef-lieu de cant. de l'arr. de Lyon. Bur. d'enregist. = Lyon.

MORNAS, s. m. Com. du dép. de Vaucluse, cant. de Bollène, arr. d'Orange. = Orange.

MORNAY, s. m. Com. du dép. de l'Ain, cant. d'Izernore, arr. de Nantua. = Nantua.

MORNAY, s. m. Com. du dép. de la Côte-d'Or, cant. de Fontaine-Française, arr. de Dijon. = Champlitte.

MORNAY, s. m. Com. du dép. de Saône-et-Loire, cant. de St.-Bonnet-de-Joux, arr. de Charolles. = St.-Bonnet-de-Joux.

MORNAY-BERRY, s. m. Com. du dép. du Cher, cant. de Nérondes, arr. de St.-Amand.= Bourges.

MORNAY-SUR-ALLIER, s. m. Com. du dép. du Cher, cant. de Sancoins, arr. de St.-Amand. = Sancoins.

MORNE, s. m. En Amérique, petite montagne isolée, ronde, qui forme un cap. —, s. f. Virole, anneau au bout d'une lance courtoise. T. de blas. —, adj. Triste, sombre; visage, silence morne. —, obscur, couvert; temps morne. Couleur —, sans éclat.

MORNÉ, E, adj. Sans dents, bec, langue, griffes ni queue; lion morné. Arme —, dont le fer était émoussé. Lance —, lance courtoise, garnie d'une morne. T. de blas.

MORNELLES ou MORNILLES, s. f. pl. Pêche que font les Espagnols en batelet, avec des nasses.

MORNETTE, s. f. Petite morne. T. de blas.

MORNIFLE, s. f. Soufflet appliqué sur la face. T. fam.

MOROCHITE, s. f. Terre très subtile, douce, savonneuse avec laquelle on nettoie les étoffes.

MOROCHTUS, s. m. Sorte de pierre.

MOROGES, s. m. Com. du dép. de Saône-et-Loire, cant. de Buxy, arr. de Châlons. = Buxy.

MOROGNE, s. m. Com. du dép. de la Haute-Saône, cant. de Marnay, arr. de Gray. = Marnay.

MOROGUES, s. m. Com. du dép. du Cher, cant. des Aix-d'Angilon, arr. de Bourges. = Henrichemont.

MORONVILLERS, s. m. Com. du dép. de la Marne, cant. de Beine, arr. de Reims. = Reims.

MOROSAGLIA, s. f. Com. du dép. de la Corse, chef-lieu de cant. de l'arr. de Corte. Bur. d'enregist. à Porta. = Ajaccio.

MOROSE, adj. Sombre, morne, triste, chagrin, bizarre; caractère morose.

MOROSIF, IVE, adj. Lent, négligent, tardif. T. inus.

MOROSITÉ, s. f. Tristesse, bizarrerie, taciturnité; caractère morose.

MOROSOPHIE, s. f. Folie. T. inus.

MOROUDE ou MORRUDE, s. f. Poisson du genre du trigle. T. d'hist. nat.

MORPHÉE, s. m. L'un des ministres du sommeil qui endormait ceux qu'il touchait avec une branche de pavot, et leur envoyait des songes sous diverses figures. T. de myth. —, s. f. Affection cutanée. T. de méd.

MORPHINE, s. f. Principe narcotique de l'opium, poison végétal.

MORPHNUS, s. m. Aigle-vautour. T. d'hist. nat.

MORPHON ou MORPHÉ, s. m. Genre d'insectes lépidoptères. T. d'hist. nat.

MORPION, s. m. Vermine qui s'attache aux parties velues du corps et qui cause des démangeaisons.

MORRE, s. m. Com. du dép. du

Doubs, cant. et arr. de Besançon. = Besançon.

MORS, s. m. Partie de la bride qui entre dans la bouche du cheval. Prendre le — aux dents, s'emporter avec une sorte de frénésie, en parlant des chevaux, et fig., sortir tout à coup de son apathie; se délivrer subitement d'un joug; se livrer avec ardeur au travail. —, frein, contrainte. Fig. —, bord d'un livre. T. de rel. —, extrémité de la canne. T. de verr. — du diable, scabieuse des bois. T. de bot.

MORSAIN, s. m. Com. du dép. de l'Aisne, cant. de Vic-sur-Aisne, arr. de Soissons. = Vic-sur-Aisne.

MORSAINS, s. m. Com. du dép. de la Marne, cant. de Montmirail, arr. d'Epernay. = Sézanne.

MORSALINES, s. f. Com. du dép. de la Manche, cant. de Quettehou, arr. de Valognes. = St.-Vaast.

MORSAN, s. m. Com. du dép. de l'Eure, cant. de Brionne, arr. de Bernay. = Brionne.

MORSANG-SUR-ORGE, s. m. Com. du dép. de Seine-et-Oise, cant. de Longjumeau, arr. de Corbeil. = Fromenteau.

MORSANG-SUR-SEINE, s. m. Com. du dép. de Seine-et-Oise, cant. et arr. de Corbeil. = Corbeil.

MORSBACH, s. m. Com. du dép. de la Moselle, cant. de Forbach, arr. de Sarreguemines. = Forbach.

MORSBRONN, s. m. Com. du dép. du Bas-Rhin, cant. de Wœrth-sur-Sauer, arr. de Wissembourg. = Haguenau.

MORSBRONN, s. m. Com. du dép. de la Moselle, cant. de Sarralbe, arr. de Sarreguemines. = Puttelange.

MORSCHWILLER, s. m. Com. du dép. du Bas-Rhin, cant. d'Haguenau, arr. de Strasbourg. = Haguenau.

MORSE, s. m. Mammifère amphibie dont les pattes de derrière sont réunies avec la queue. T. d'hist. nat. —, s. f. pl. Rang de pavés qui aboutissent aux bordures.

MORSEGO, s. m. Arbre de l'île d'Amboine dont le fruit est très recherché par les chauves-souris. T. de bot.

MORSENT, s. m. Com. du dép. de l'Eure, cant. et arr. d'Evreux. = Evreux.

MORSIGLIA, s. f. Com. du dép. de la Corse, cant. de Rogliano, arr. de Bastia. = Bastia.

MORSURE, s. f. Plaie, meurtrissure, empreinte faite en mordant. — de puces, coquille du genre du cône. T. d'hist. nat.

MORT, s. f. Divinité, fille du Sommeil et de la Nuit, la plus implacable de toutes les Déesses. On la représentait sous la forme d'un squelette, vêtue d'une robe noire persemée d'étoiles, avec des ailes et tenant une faulx à la main. T. de myth. —, cessation des mouvemens du cœur; fin de la vie, de l'existence; état de celui ou de ce qui a cessé d'exister. —, cessation de la vie de l'homme par rapport aux circonstances qui accompagnent cette catastrophe; mort violente, naturelle, subite. —, ce qui détruit, consume, anéantit; peine, douleur extrême, ennui, chagrin. — civile, privation des droits de citoyen. — de l'ame, état où l'ame tombe par le péché. Mettre à —, faire mourir. Etre à l'article de la —, sur le point de mourir.

MORT, E, s. Celui, celle qui a cessé de vivre; cadavre. —, s. m. pl. Tous ceux qui ont cessé d'exister, par opposition aux vivans. —, les trépassés. T. de liturgie. —, les mânes. T. de myth. —, part. du verbe mourir, et adj. Décédé, trépassé, qui a perdu la vie, qui a rendu l'ame; qui n'a plus d'existence, de mouvement, de force, d'action, au prop. et au fig. Yeux —, éteints. Chair —, chair insensible des plaies. Eau —, qui ne coule pas. Argent —, qui ne rapporte rien, etc.

MORTADELLE, s. f. Gros saucisson d'Italie.

MORTAGNE, s. f. Ville du dép. de l'Orne, chef-lieu de sous-préf. et de cant.; trib. de 1re inst.; conserv. des hypoth.; direct. des contrib. indir.; recev. part. des finances; bur. d'enregist. et de poste. Fabr. de calicots, toiles fortes. Forges, hauts-fourneaux, tréfilleries et martinets. Comm. de seigle, orge, avoine, lin, chanvre, vin, moutons et porcs.

MORTAGNE (la), s. f. Petite rivière qui prend sa source dans les montagnes des Vosges, et qui se jette dans la Meurthe au-dessus de Lunéville après un cours de 12. l.

MORTAGNE, s. f. Com. du dép. de la Charente-Inférieure, cant. de Cozes, arr. de Saintes. = Saintes.

MORTAGNE, s. f. Com. du dép. du Nord, cant. de St.-Amand, arr. de Valenciennes. = St.-Amand-les-Eaux.

MORTAGNE, s f. Petite ville du dép. de la Vendée, chef-lieu de cant. de l'arr. de Bourbon-Vendée. Bur. d'enregist. aux Herbiers. Bur. de poste. Comm. de toiles, cuirs, chevaux et moutons.

MORTAGNE, s. f. Com. du dép. des Vosges, cant. de Brouvelieures, arr. de St.-Dié. = Bruyères.

MORTAGNE-LA-VIEILLE, s. f. Com. du dép. de la Charente-Inférieure, cant. d'Aigrefeuille, arr. de Rochefort. = Surgères.

MORTAILLABLE, adj. Se disait des serfs dont le seigneur héritait.

MORTAIN, s. m. Laine de basse qualité.

MORTAIN, s. m. Petite ville du dép. de la Manche, chef-lieu de sous-préf. et de cant.; trib. de 1re inst.; conserv. des hypoth.; direct. des contrib. indir.; recev. part. des finances; bur. d'enregist. et de poste. Fabr. de poterie de grès très estimée, de toiles, dentelles, basanes, etc. Comm. de cidre, beurre, chanvre et bestiaux. Source d'eau minérale.

MORTAISE, s. f. Entaille dans une pièce de bois pour recevoir un tenon. T. de charp.

MORTALET, s. m. Boîte d'artillerie.

MORTALITÉ, s. f. Condition des mortels; mort d'une grande quantité de personnes ou d'animaux par une même cause et dans le même temps. Table de —, énumération des individus morts pendant un certain espace de temps.

MORT-AU-SAFRAN, s. f. Petite truffe parasite qui s'attache aux bulbes de la racine du safran et le fait mourir.

MORT-AUX-RATS, s. f. Drogue pour faire mourir les rats, les souris.

MORTCERF, s. m. Com. du dép. de Seine-et-Marne, cant. de Rozoy, arr. de Coulommiers. = Faremoutiers.

MORTE (la), s. f. Com. du dép. de l'Isère, cant. d'Entraigues, arr. de Grenoble. = la Mure.

MORTEAU, s. m. Com. du dép. du Doubs, chef-lieu de cant. de l'arr. de Pontarlier. Bur. d'enregist. et de poste.

MORTEAU, s. m. Com. du dép. de la Haute-Marne, cant. d'Andelot, arr. de Chaumont. = Andelot.

MORTEAUX, s. m. Com. du dép. du Calvados, cant. de Coulibœuf, arr. de Falaise. = Falaise.

MORTE-CHARGE, s. f. Cargaison incomplète; vaisseau à morte-charge. T. de mar.

MORTE-EAU, s. f. Basse marée entre la nouvelle et la pleine lune.

MORTEFONTAINE, s. f. Com. du dép. de l'Aisne, cant. de Vic-sur-Aisne, arr. de Soissons. = Villers-Cotterêts.

MORTEFONTAINE, s. f. Com. du dép. de l'Oise, cant. de Noailles, arr. de Beauvais. = Méru.

MORTEFONTAINE, s. f. Com. du dép. de l'Oise, cant. et arr. de Senlis. = la Chapelle-en-Serval.

MORTEL, LE, s. Homme, femme. T. poét. —, adj. Sujet à la mort. —, qui cause la mort; coup mortel. —, démesuré, extraordinaire, excessif; froid mortel. Péché —, qui donne la mort à l'ame. Ennemi —, jusqu'à la mort, ou qui désire la mort de celui qui est l'objet de sa haine.

MORTELLEMENT, adv. D'une manière mortelle, à mort; frappé mortellement. —, extrêmement, excessivement; haïr mortellement. Pécher —, grièvement.

MORTELLERIE, s. f. Métier, travail du mortellier. (Vi.)

MORTELLIER, s. m. Ouvrier qui battait dans un mortier certaines matières pour faire du ciment.

MORTEMAR, s. m. Com. du dép. de la Dordogne, cant. du Bugue, arr. de Sarlat. = le Bugue.

MORTEMART, s. m. Com. du dép. de la Haute-Vienne, cant. de Mézières, arr. de Bellac. = Bellac.

MORTEMER, s. m. Com. du dép. de l'Oise, cant. de Ressons, arr. de Compiègne. = Compiègne.

MORTEMER, s. m. Com. du dép. de la Seine-Inférieure, cant. et arr. de Neufchâtel. = Neufchâtel.

MORTE-PAYE, s. f. Soldat entretenu dans une garnison, en paix comme en guerre; vieux domestique sans service.

MORTEROLLE, s. f. Com. du dép. de la Creuse, cant. et arr. de Bourganeuf. = Bourganeuf.

MORTEROLLES, s. f. Com. du dép. de la Haute-Vienne, cant. de Mézières, arr. de Bellac. Bur. de poste.

MORTÉRY, s. m. Com. du dép. de Seine-et-Marne, cant. et arr. de Provins. = Provins.

MORTE SAISON, s. f. Epoque de l'année où l'artisan manque ordinairement d'ouvrage, où le commerce se repose.

MORT-GAGE, s. m. Gage dont on laisse la jouissance aux créanciers, sans que les revenus soient imputés sur la dette.

MORTHEMER, s. m. Com. du dép. de la Vienne, cant. de Lussac, arr. de Montmorillon. = Chauvigny.

MORTHOMIERS, s. m. Com. du dép. du Cher, cant. de Charost, arr. de Bourges. = Bourges.

MORTIER, s. m. Vase pour piler; pièce d'artillerie pour lancer des bombes. —, mélange de chaux et de sable pour maçonner. —, liqueur épaisse. —, bonnet rond que portaient les présidens des parlemens; président à mortier.

MORTIERS, s. m. Com. du dép. de

l'Aisne, cant. de Crécy-sur-Serre, arr. de Laon. = Laon.

MORTIERS, s. m. Com. du dép. de la Charente-Inférieure, cant. et arr. de Jonzac. = Jonzac.

MORTIFÈRE, adj. Qui cause la mort.

MORTIFIANT, E, adj. Humiliant, qui blesse l'amour-propre, qui cause du chagrin.

MORTIFICATION, s. f. Action de mortifier son corps, ses sens; humiliation, honte, chagrin, déplaisir qu'on éprouve. —, état des chairs près de se gangrener. T. de chir. —, pl. Accidens fâcheux de la vie; austérités.

MORTIFIÉ, E. part. Faisandé, en parlant de la viande.

MORTIFIER, v. a. Faire faisander de la viande. —, affliger son corps par des macérations, dompter ses sens, réprimer ses passions. —, humilier, réprimander; couvrir de confusion, de honte. Fig. Se —, v. pron. Se livrer aux austérités de la pénitence.

MORT-NÉ, adj. m. Se dit d'un enfant qui a péri dans le sein de sa mère, et fig., d'un ouvrage discrédité avant sa publication.

MORTODES, s. f. pl. Perles fausses pour la traite des Nègres.

MORTON, s. m. Com. du dép. de la Vienne, cant. des Trois-Moutiers, arr. de Loudun. = Loudun.

MORTRÉE, s. f. Petite ville du dép. de l'Orne, chef-lieu de cant. de l'arr. d'Argentan. Bur. d'enregist. et de poste.

MORTROUX, s. m. Com. du dép. de la Creuse, cant. de Bonnat, arr. de Guéret. = la Châtre.

MORTS-MURS, s. m..pl. Parois d'un four de fonderie.

MORTUAIRE, adj. Qui concerne les morts, relatif aux enterremens, aux funérailles; drap, registre, extrait mortuaire.

MORTZWILLER, s. m. Com. du dép. du Haut-Rhin, cant. de Massevaux, arr. de Belfort. = Belfort.

MORUE, s. f. Poisson de mer du genre du gade.

MORVAL, s. m. Com. du dép. du Jura, cant. de St.-Julien, arr. de Lons-le-Saulnier. = St.-Amour.

MORVAL, s. m. Com. du dép. du Pas-de-Calais, cant. de Bapaume, arr. d'Arras. = Bapaume.

MORVANT (le), s. m. Petit pays qui dépendait autrefois du Nivernais, et qui fait maintenant partie des dép. de la Nièvre et de l'Yonne. On y nourrit quantité de bestiaux, dont il se fait un comm. considérable.

MORVE, s. f. Mucosité du nez, humeur pituiteuse, visqueuse, qui sert à humecter les nerfs olfactoires et à les empêcher d'être desséchés par l'air, ce qui serait contraire à l'odorat. T. de méd. —, liqueur visqueuse des amendes avant leur maturité. —, maladie contagieuse des chevaux, qui se trouve au premier rang des cas redhibitoires. T. de méd. vétér.

MORVEAU, s. m. Morve épaisse. T. fam.

MORVER, v. n. Avoir la morve au nez; moucher. —, se pourrir. T. de jard.

MORVEUX, EUSE, adj. Qui a de la morve au nez; enfant morveux. —, qui est attaqué de la morve; cheval morveux. T. de méd. vétér. —, s. Enfant qui fait l'entendu.

MORVILLARS, s. m. Com. du dép. du Haut-Rhin, cant. de Delle, arr. de Belfort. = Delle.

MORVILLE, s. f. Com. du dép. du Loiret, cant. de Malesherbes, arr. de Pithiviers. = Pithiviers.

MORVILLE, s. f. Com. du dép. de la Manche, cant. de Bricquebec, arr. de Valognes. = Valognes.

MORVILLE, s. f. Com. du dép. de la Seine-Inférieure, cant. d'Argueil, arr. de Neufchâtel. = Lyons-la-Forêt.

MORVILLE, s. f. Com. du dép. des Vosges, cant. de Bulgnéville, arr. de Neufchâteau. = Neufchâteau.

MORVILLE-LÈS-VIC, s. f. Com. du dép. de la Meurthe, cant. et arr. de Château-Salins. = Château-Salins.

MORVILLER, s. m. Com. du dép. de l'Oise, cant. de Songeons, arr. de Beauvais. = Songeons.

MORVILLERS-ST.-SATURNIN, s. m. Com. du dép. de la Somme, cant. de Poix, arr. d'Amiens. = Aumale.

MORVILLE-SUR-NICE, s. f. Com. du dép. de la Meurthe, cant. de Delme, arr. de Château-Salins. = Château-Salins.

MORVILLE-SUR-SEILLE, s. f. Com. du dép. de la Meurthe, cant. de Pont-à-Mousson, arr. de Nancy. = Pont-à-Mousson.

MORVILLIERS, s. m. Com. du dép. de l'Aube, cant. de Soulaines, arr. de Bar-sur-Aube. = Brienne.

MORVILLIERS, s. m. Com. du dép. d'Eure-et-Loir, cant. de la Ferté-Vidame, arr. de Dreux. = Brezolles.

MORY, s. m. Com. du dép. du Pas-de-Calais, cant. de Croisilles, arr. d'Arras. = Bapaume.

MORY, s. m. Com. du dép. de Seine-et-Marne, cant. de Claye, arr. de Meaux. = Claye.

MORY-MONTCRUX, s. m. Com. du dép. de l'Oise, cant. de Breteuil, arr. de Clermont. = St.-Just.

MOSAÏQUE, s. f. Ouvrage qui représente des figures, par l'assemblage de pierres ou de morceaux d'émail de différentes couleurs. —, adj. Qui vient de Moïse; loi mosaïque.

MOSAÏSTE, s. m. Artiste qui fait la mosaïque.

MOSAMBÉ, s. f. Plante de la tétradynamie, quinzième classe des végétaux. T. de bot.

MOSAMBIQUE, s. f. Royaume d'Afrique sur la côte du Zanguébar. —, ville capitale de ce royaume qui possède un très beau port et qui appartient aux Portugais, dont une partie du pays est tributaire. On y trouve des mines d'or, et surtout beaucoup d'ivoire.

MOSARE, s. m. Insecte duplipenne. T. d'hist. nat.

MOSCATELLINE, s. f. Plante agreste, vulnéraire. T. de bot.

MOSCH, s. m. Plante d'Égypte à odeur de musc. T. de bot.

MOSCHAIRE, s. f. Plante de la tétrandrie, quatrième classe des végétaux.

MOSCOU, s. m. Ancienne capitale de la Russie, sur la Moscova, située dans la Russie méridionale au centre de ce vaste empire, à environ 150 l. de St.-Pétersbourg. Pop. 250,000 hab. l'été, et 400,000 l'hiver. On voit, par l'évaluation approximative de ses habitans, que cette ville, qu'on dit être la plus grande de l'Europe, n'est pas peuplée en proportion de son étendue.

MOSCOUADE, s. f. Sucre brut.

MOSCOVIE, s. f. La Russie, avant Pierre-le-Grand, à l'époque où Moscou était la capitale de l'empire.

MOSCOVITE, s. et adj. Russe habitant de Moscou et l'ancienne Moscovie; qui concerne cette partie du vaste empire de Russie.

MOSELLE, s. f. Rivière considérable dont on trouve la source au-dessus du village de Bussang, dép. des Vosges, arr. de Remiremont, et qui se jette dans le Rhin à Coblentz.

MOSELLE (dép. de la), s. f. Chef-lieu de préf., Metz : 4 arr. ou sous-préf.: Metz, Briey, Sarreguemines et Thionville; 27 cant. ou justices de paix, 864 com.; pop. 409,160 hab. environ. Cour royale et évêché à Metz; 3ᵉ div. milit.; 4ᵉ div. des ponts-et-chaussées; 3ᵉ div. des mines; direct. de l'enregist. et des domaines, 2ᵉ classe; 6ᵉ arr. forestier et de la div. E. des douanes.

Ce dép. est borné N. et N.-E. par le royaume des Pays-Bas, à l'E. par le dép. du Bas-Rhin, S. par celui de la Meurthe, et à l'O. par celui de la Meuse. Son territoire est en général montueux, mais il offre sur les bords de la Moselle, des plaines vastes et fertiles, de belles prairies, des étangs poissonneux et des vignobles qui donnent de bons vins, dont les plus estimés sont ceux de Jussy, Ste.-Ruffine, Scy et Dornot.

Poductions : céréales, pommes de terre, légumes, houblon, vin, bois, belles prairies, grand et menu gibier, poisson d'étangs et de rivières; mines de fer abondantes, houille, manganèse, grès, quartz, plâtre, argile à creusets et poterie; sources salées. Manuf. de draps pour l'habillement des troupes. Fabr. de draps, flanelles, molletons, papiers peints; chapellerie, passementerie, broderies à la main, pipes, colle-forte, tabatières en carton, cuirs forts, armes blanches, lames de scie, outils, quincaillerie; filatures de coton et de laine; raffineries de sucre de betteraves; distilleries de grains et de fruits; fabr. considérables de projectiles de guerre; nombreuses forges et hauts-fourneaux; verreries, belles faïenceries, poteries, cristalleries. Comm. de vins, eaux-de-vie, confitures, miel, lard, jambon, fer en barre, tôle, clous, bois de construction. Les principales rivières qui arrosent ce dép., sont : la Moselle et la Sarre.

MOSILLE, s. m. Genre d'insectes diptères. T. d'hist. nat.

MOSLES, s. m. Com. du dép. du Calvados, cant. de Trevières, arr. de Bayeux. = Bayeux.

MOSLINS, s. m. Com. du dép. de la Marne, cant. d'Avize, arr. d'Épernay. = Épernay.

MOSNAC, s. m. Com. du dép. de la Charente, cant. de Châteauneuf, arr. de Cognac. = Châteauneuf.

MOSNAC, s. m. Com. du dép. de la Charente-Inférieure, cant. de St.-Genis, arr. de Jonzac. = St.-Genis.

MOSNAY, s. m. Com. du dép. de l'Indre, cant. d'Argenton, arr. de Châteauroux. = Argenton.

MOSNES, s. m. Com. du dép. d'Indre-et-Loire, cant. d'Amboise, arr. de Tours. = Amboise.

MOSQUÉE, s. f. Église turque; lieu où les musulmans s'assemblent pour la prière.

MOSQUILLES ou MOSQUITTES, s.

f. pl. Maringouins, moucherons, cousins d'Afrique et des Indes. T. d'hist. nat.

MOSQUILLIER, s. m. Garniture de lit pour préserver de l'incommodité des mosquilles.

MOSSET, s. m. Com. du dép. des Pyrénées-Orientales, cant. et arr. de Prades. = Prades.

MOSSIG (la), s. f. Petite rivière qui s'échappe des Vosges, au-dessus du village de Wangenbourg, et qui se jette dans le canal de la Bruche, au-dessous de Soultz-lès-Bains.

MOSSON, s. m. Com. du dép. de la Côte-d'Or, cant. et arr. de Châtillon-sur-Seine. = Châtillon-sur-Seine.

MOSTUÉJOULS, s. m. Com. du dép. de l'Aveyron, cant. de Peyreleau, arr. de Milhau. = Milhau.

MOT, s. m. assemblage de lettres en une ou plusieurs syllabes qui présente une idée, expression, terme. —, dicton, adage, apophthègme, maxime, sentence. —, missive, billet; proposition, explication, sens d'une énigme. — heureux, heureusement trouvé. — profond, qui renferme un grand sens. Grands —, expressions exagérées. Gros —, paroles offensantes. Avoir le —, être dans la confidence. Entendre à demi —, comprendre aisément. Trancher le —, parler sans ménagement. Prendre au —, accepter tout à coup. Se donner le —, être d'intelligence, s'entendre. — à —, s. m. et adv. Traduction littérale, sans aucun changement dans les mots ni dans leur ordre. — pour —, adv. En traduisant le sens de chaque mot. En un —, en peu de mots, bref, enfin, etc.

MOTACILLE, s. f. Oiseau qui remue sans cesse la queue comme le bec-fin, la fauvette, le rossignol, etc.

MOT D'ORDRE, s. m. Mot donné aux officiers de service pour se reconnaître. —, intelligences pour l'exécution d'un plan, pour le succès d'une affaire.

MOTELLE ou MOTEILLE, s. f. Petit poisson d'eau douce.

MOTET, s. m. Composition musicale sur un sujet pieux.

MOTEUR, s. m. Premier mobile, principal agent. —, instigateur.

MOTEUR, TRICE, adj. Qui met en mouvement, qui imprime le mouvement. Prop. et fig.

MOTEY-BESUCHE, s. m. Com. du dép. de la Haute-Saône, cant. de Pesmes, arr. de Gray. = Marnay.

MOTHE-ACHARD (la), s. f. Com. du dép. de la Vendée, chef-lieu de cant. de l'arr. des Sables-d'Olonne, où se trouvent les bur. d'enregist. et de poste.

MOTHE-AUX-AULNAIS (la), s. f. Com. du dép. de l'Yonne, cant. de Charny, arr. de Joigny. = Joigny.

MOTHE-D'ALES (la), s. f. Village du dép. de Lot-et-Garonne, cant. de Lauzun, arr. de Marmande. = Marmande.

MOTHE-EN-BLEZY (la), s. f. Com. du dép. de la Haute-Marne, cant. de Juzennecourt, arr. de Chaumont. = Chaumont.

MOTHEREN, s. m. Com. du dép. du Bas-Rhin, cant. de Seltz, arr. de Wissembourg. = Lauterbourg.

MOTHE-ST.-HÉRAYE (la), s. f. Com. du dép. des Deux-Sèvres, chef-lieu de cant. de l'arr. de Melle. Bur. d'enregist. et de poste. Comm. de grains, de trèfle et de luzerne, de farine dite de minot, chevaux, mulets et bestiaux.

MOTHOIS, s. m. Com. du dép. de l'Oise, cant. de Songeons, arr. de Beauvais. = Gournay.

MOTIF, s. m. Cause, raison déterminante; ce qui porte à penser, à dire ou faire quelque chose. —, idée première, principale pensée d'un air. T. de mus.

MOTILITÉ, s. f. Faculté de se mouvoir; tendance à la contraction. T. de méd.

MOTION, s. f. Impulsion, mouvement. —, proposition, discours dans une assemblée qui a l'initiative ou qui la prend.

MOTIVE, adj. Se dit de la cause qui détermine à agir.

MOTIVÉ, E, part. Appuyé sur des motifs.

MOTIVER, v. a. Donner, alléguer les raisons qui déterminent, appuyer sur des motifs; motiver un jugement.

MOTREFF, s. m. Com. du dép. du Finistère, cant. de Carhaix, arr. de Châteaulin. = Carhaix.

MOTTE, s. f. Petit morceau de terre détaché par la bêche ou la charrue. —, terre adhérente aux racines d'une plante arrachée. —, petite portion de vieux tan, ronde et aplatie dans un moule; motte à brûler. —, masse de terre à cuire. T. de faïenc. —, éminence sur la symphyse du pubis, au-dessus de la commissure supérieure des grandes lèvres des parties génitales externes de la femme. T. d'anat. Prendre —, se poser à terre, en parlant de l'oiseau. T. de fauc.

MOTTE (la), s. f. Com. du dép. des Hautes-Alpes, cant. de St.-Bonnet, arr. de Gap. = Gap.

MOTTE (la), s. f. Com. du dép. du Calvados, cant. et arr. de Lisieux. = Lisieux.

MOTTE (la), s. f. Com. du dép. des Côtes-du-Nord, cant. et arr. de Loudéac. = Loudéac.

MOTTE (la), s. f. Com. du dép. du Var, cant. et arr. de Draguignan. = Draguignan.

MOTTE-AUX-BOIS (la), s. f. Village dépendant de la com. de Morbecque, dép. du Nord, cant. et arr. d'Hazebrouck. = Hazebrouck.

MOTTE-BAYENGHEM (la), s. f. Village du dép. du Pas-de-Calais, cant. et arr. de St.-Omer. = St.-Omer.

MOTTE-BEUVRON (la), s. f. Com. du dép. de Loir-et-Cher, chef-lieu de cant. de l'arr. de Romorantin. Bur. d'enregist. à Chaumont-sur-Tharonne. Bur. de poste.

MOTTE-CHALANÇON (la), s. f. Com. du dép. de la Drôme, chef-lieu de cant. de l'arr. de Die. Bur. d'enregist. = Die.

MOTTE-D'AVEILLAN (la), s. f. Com. du dép. de l'Isère, cant. de la Mure, arr. de Grenoble. = la Mure.

MOTTE-D'AYGUES (la), s. f. Com. du dép. de Vaucluse, cant. de Pertuis, arr. d'Apt. = Pertuis.

MOTTE-DE-GALAURE (la), s. f. Com. du dép. de la Drôme, cant. de St.-Vallier, arr. de Valence. = St.-Vallier.

MOTTE-DU-CAIRE (la), s. f. Com. du dép. des Basses-Alpes, chef-lieu de cant. de l'arr. de Sisteron. Bur. d'enregist. = Sisteron.

MOTTE-FANJAS (la), s. f. Com. du dép. de la Drôme, cant. de St.-Jean-en-Royans, arr. de Valence. = Romans.

MOTTE-FEUILLY (la), s. f. Com. du dép. de l'Indre, cant. et arr. de la Châtre. = la Châtre.

MOTTE-FOUQUET (la), s. f. Com. du dép. de l'Orne, cant. de Carrouges, arr. d'Alençon. = la Ferté-Macé.

MOTTER (se), v. pron. Se cacher derrière une motte de terre, en parlant de la perdrix.

MOTTEREAU, s. m. Com. du dép. d'Eure-et-Loir, cant. de Brou, arr. de Châteaudun. = Brou.

MOTTE-ST.-JEAN (la), s. f. Com. du dép. de Saône-et-Loire, cant. de Digoin, arr. de Charolles. = Digoin.

MOTTE-ST.-MARTIN (la), s. f. Com. du dép. de l'Isère, cant. de la Mure, arr. de Grenoble. = la Mure.

MOTTE-TILLY (la), s. f. Com. du dép. de l'Aube, cant. et arr. de Nogent-sur-Seine. = Nogent-sur-Seine.

MOTTEUX, s. m. Oiseau sylvain, genre de fauvettes.

MOTTEVILLE, s. f. Com. du dép. de la Seine-Inférieure, cant. d'Yerville, arr. d'Yvetot. = Yvetot.

MOTTEY-SUR-SAÔNE, s. m. Com. du dép. de la Haute-Saône, cant. de Fresne-St.-Martin, arr. de Gray. = Gray.

MOTTIER, s. m. Com. du dép. de l'Isère, cant. de la Côte-St.-André, arr. de Vienne. = Bourgoin.

MOTUS, interj. Soyez discret, paix ! silence ! T. fam.

MOU, s. m. Poumon de certains animaux ; mou de veau.

MOU, MOLLE, adj. Qui cède aisément au toucher, l'opposé de dur. —, qui a peu de vigueur, indolent. Fig. Air —, chaud et humide. Touche —, faible, sans expression. T. de peint.

MOUACOURT, s. m. Com. du dép. de la Meurthe, cant. et arr. de Lunéville. = Lunéville.

MOUAIS, s. m. Com. du dép. de la Loire-Inférieure, cant. de Derval, arr. de Châteaubriant. = Derval.

MOUANS, s. m. Com. du dép. du Var, cant. de Cannes, arr. de Grasse. = Grasse.

MOUAVILLE, s. f. Com. du dép. de la Moselle, cant. de Conflans, arr. de Briey. = Briey.

MOUAZÉ, s. m. Com. du dép. d'Ille-et-Vilaine, cant. de St.-Aubin-d'Aubigné, arr. de Rennes. = Rennes.

MOUCEAUX-LÈS-BRAY, s. m. Com. du dép. de Seine-et-Marne, cant. de Bray-sur-Seine, arr. de Provins. = Bray-sur-Seine.

MOUCHACHE, s. f. Amidon fait avec le suc de manioc desséché.

MOUCHAMPS, s. m. Com. du dép. de la Vendée, cant. des Herbiers, arr. de Bourbon-Vendée. = les Herbiers.

MOUCHAN, s. m. Com. du dép. du Gers, cant. et arr. de Condom. = Condom.

MOUCHARD, s. m. Agent subalterne de la police, qui court çà et là pour s'enquérir et rendre compte de ce qui se passe; espion.

MOUCHARD, s. m. Com. du dép. du Jura, cant. de Villers-Farlay, arr. de Poligny. = Salins.

MOUCHARDÉ, E, part. Surveillé, suivi par des mouchards.

MOUCHARDER, v. a. Epier, surveiller les démarches des personnes notées, pour en rendre compte à la police ; faire l'ignoble métier de mouchard.

MOUCHE, s. f. Petit insecte diptère dont les ailes sont transparentes et sans étui. —, petit morceau de taffetas noir que les dames appliquaient sur leur visage. —, petite tache. —, mouchard. Fig. et fam. Fine —, personne rusée. Prendre la —, se fâcher. Quelle — vous pique? pourquoi vous fachez-vous? Pieds de —, écriture fine et mal formée. —, constellation australe. T. d'astr. —, pl. Premières douleurs pour accoucher. T. de chir.

MOUCHÉ, E, part. Se dit d'un enfant auquel on a nettoyé le nez, d'une chandelle dont a coupé le lumignon.

MOUCHE (la), s. f. Com. du dép. de la Manche, cant. de la Haye-Pesnel, arr. d'Avranches. = Grandville.

MOUCHER, v. a. Oter la morve du nez d'un enfant. —, couper le superflu du lumignon; moucher la chandelle. Se —, v. pron. Faire usage de son mouchoir pour se nettoyer le nez.

MOUCHERIE, s. f. Action de se moucher. T. inus.

MOUCHEROLLE, s. f. Petit oiseau du genre des gobe-mouches.

MOUCHERON, s. m. Sorte de petite mouche. —, bout de mèche qui brûle.

MOUCHÉS, s. m. Com. du dép. du Gers, cant. de Montesquiou, arr. de Mirande. = Mirande.

MOUCHET, s. m. Fauvette d'hiver.

MOUCHETÉ, s. m. Serpent; lézard; bolet.

MOUCHETÉ, E, part. Garni de mouchetures.

MOUCHETER, v. a. Faire des mouchetures.

MOUCHETTE, s. f. Ciseaux ayant une sorte de petit coffre, pour moucher la chandelle. —, sorte de rabot. T. de menuis. —, larmier de corniche. T. d'arch. —, coquille bivalve. T. d'hist. nat.

MOUCHETURE, s. f. Petites marques rondes sur une étoffe, pour ornement. —, taches sur la peau d'un animal. —, pl. Légères scarifications. T. de chir.

MOUCHEUR, s. m. Garçon de théâtre qui mouchait les chandelles.

MOUCHIN, s. m. Com. du dép. du Nord, cant. de Cysoing, arr. de Lille. = Orchies.

MOUCHOIR, s. m. Morceau de linge, de soie, etc., pour se moucher. —, fichu dont les femmes se couvrent le sein. Jeter le —, donner la préférence à une femme, par allusion au sultan dans son harem.

MOUCHON, s. m. Bout du lumignon; moucheure, bout de mèche brûlée.

MOUCHURE, s. f. La partie qu'on enlève d'une chandelle en la mouchant.

MOUCHY-LE-PREUX, s. m. Com. du dép. de la Seine-Inférieure, cant. de Blangy, arr. de Neufchâtel. = Blangy.

MOUCHY-SUR-EU, s. m. Com. du dép. de la Seine-Inférieure, cant. d'Eu, arr. de Dieppe. = Eu.

MOUDRE, v. a. Faire broyer, pulvériser le grain entre les meules, pour le réduire en farine au moyen des bluteaux. — du café, faire passer le grain dans l'engrenage dont se compose le moulin à café. — de coups, accabler de coups. Fig.

MOUE, s. f. Sorte de mine, de grimace qu'on fait en alongeant les lèvres, pour témoigner son mécontentement, sa mauvaise humeur; faire la moue.

MOUÉE, s. f. Mélange de sang de cerf, de lait et de pain pour la curée des chiens. T. de véner.

MOUEN, s. m. Com. du dép. du Calvados, cant. de Tilly-sur-Seulles, arr. de Caen. = Caen.

MOUET, s. m. Mesure dont on se sert dans les salines.

MOUETTE, s. f. Oiseau de mer.

MOUETTES, s. f. Com. du dép. de l'Eure, cant. de St.-André, arr. d'Evreux. = Evreux.

MOUFETTE ou MOFETTE, s. f. Genre de quadrupèdes carnivores de la famille des martes, auxquels la peur fait exhaler une odeur suffocante. —, gaz délétère; exhalaison méphitique des souterrains, des latrines, etc.

MOUFFY, s. m. Com. du dép. de l'Yonne, cant. de Courson, arr. d'Auxerre. = Auxerre.

MOUFLAINES, s. f. Com. du dép. de l'Eure, cant. d'Etrépagny, arr. des Andelys. = Tilliers-en-Vexin.

MOUFLARD, E, s. Personne joufflue, qui a le visage gras et rebondi. T. fam.

MOUFLE, s. m. Visage gros et gras. T. fam. —, assemblage de poulies qui multiplient la force mouvante. —, vaisseau pour exposer des corps à l'action du feu, en les garantissant de la flamme. T. de chim. —, s. f. Mitaine, gros gant sans doigts; instrument d'émailleur; four mobile pour la porcelaine, etc.

MOUFLÉ, E, adj. Qui agit concurremment avec d'autres; poulie mouflée.

MOUFLERS, s. m. Com. du dép. de la Somme, cant. d'Ailly-le-Haut-Clocher, arr. d'Abbeville. = Flixecourt.

MOUFLETTES, s. f. pl. Morceaux de bois creusés en dedans, pour prendre le fer à souder. T. de mét.

MOUFLIÈRES, s. f. Com. du dép. de la Somme, cant. d'Oisemont, arr. d'Amiens. = Abbeville.

MOUFLON, s. m. Quadrupède ruminant, espèce de bélier sauvage des montagnes de la Grèce.

MOUFTI, s. m. Voy. MUFTI.

MOUGINS, s. m. Com. du dép. du Var, cant. de Cannes, arr. de Grasse. = Cannes.

MOUGON, s. m. Com. du dép. d'Indre-et-Loire, cant. de l'Isle-Bouchard, arr. de Chinon. = l'Isle-Bouchard.

MOUGON, s. m. Com. du dép. des Deux-Sèvres, cant. de Celles, arr. de Melle. = Melle.

MOUGUERRE, s. m. Com. du dép. des Basses-Pyrénées, cant. et arr. de Bayonne. = Bayonne.

MOUHERS, s. m. Com. du dép. de l'Indre, cant. de Neuvy-St.-Sépulcre, arr. de la Châtre. = la Châtre.

MOUHET, s. m. Com. du dép. de l'Indre, cant. de St.-Benoît-du-Sault, arr. du Blanc. = St.-Benoît-du-Sault.

MOUHOUS, s. m. Com. du dép. des Basses-Pyrénées, cant. de Garlin, arr. de Pau. = Pau.

MOUILLAC, s. m. Com. du dép. de la Gironde, cant. de Fronsac, arr. de Libourne. = St.-André-de-Cubzac.

MOUILLAC, s. m. Com. du dép. de Tarn-et-Garonne, cant. de Caylux, arr. de Montauban. = Caylux.

MOUILLADE, s. f. Humectation du tabac avec de l'eau salée.

MOUILLAGE, s. m. Endroit d'une côte où l'on peut jeter l'ancre, rade, port de mer, etc. —, action de mouiller les cuirs. T. de corroyeur.

MOUILLÉ, E, part. Trempé dans un liquide, humecté, imbibé. Poule —, personne sans caractère, sans fixité, sans énergie. T. fam.

MOUILLE (la), s. f. Com. du dép. du Jura, cant. de Morez, arr. de St.-Claude. = Morez.

MOUILLE-BOUCHE, s. f. Poire qui a beaucoup de jus.

MOUILLÉE, s. f. Tas de chiffons que l'on fait pourrir. T. de papet.

MOUILLER, v. a. Tremper dans un liquide, imbiber, humecter, arroser. —, prononcer mollement les ll comme dans meilleur, etc. — l'ancre, la descendre au fond de l'eau et l'y fixer. —, v. n. Jeter l'ancre. T. de mar. Se —, v. pron. S'imbiber.

MOUILLERON, s. m. Com. du dép. de la Haute-Marne, cant. d'Auberive, arr. de Langres. = Langres.

MOUILLERON-EN-PAREDS, s. m. Com. du dép. de la Vendée, cant. de la Châtaigneraye, arr. de Fontenay-le-Comte. = la Châtaigneraye.

MOUILLERON-LE-CAPTIF, s. m. Com. du dép. de la Vendée, cant. et arr. de Bourbon-Vendée. = Bourbon-Vendée.

MOUILLET, s. m. Sorte de raisin. —, deux jantes formant ovale pour placer des rais. T. de charron.

MOUILLETTE, s. f. Petite tranche de pain longue et menue pour tremper dans un œuf à la coque.

MOUILLEVILLERS, s. m. Com. du dép. du Doubs, cant. de St.-Hippolyte, arr. de Montbéliard. = St.-Hippolyte-sur-le-Doubs.

MOUILLOIR, s. m. Petit vase rempli d'eau pour mouiller les doigts en filant. —, cuve pour tremper les chiffons. T. de papet.

MOUILLURE, s. f. Action de mouiller; état de ce qui est mouillé.

MOUILLY, s. m. Com. du dép. de la Meuse, cant. de Fresnes-en-Wœvre, arr. de Verdun. = Verdun.

MOULAGE, s. m. Action de mouler, de jeter en moule; mesurage de bois, salaire du mouleur. —, carton pour les cartouches, les artifices. —, action de moudre; produit de la mouture; mécanisme du moulin. —, ancien droit seigneurial sur les moulins banaux.

MOULAINVILLE, s. f. Com. du dép. de la Meuse, cant. d'Etain, arr. de Verdun. = Verdun.

MOULANT, s. m. Garde-moulin qui fait moudre le grain.

MOULARD, s. m., ou MOLÉE, s. f. Terre qui se trouve au fond de l'auge des couteliers et qui est produite par le frottement du fer sur la meule.

MOULARÈS, s. m. Com. du dép. du Tarn, cant. de Pampelonne, arr. d'Albi. = Albi.

MOULAVA, s. m. Arbre légumineux de l'Inde. T. de bot.

MOULAY, s. m. Com. du dép. de la Mayenne, cant. et arr. de Mayenne. = Mayenne.

MOULAYRÈS, s. m. Com. du dép. du Tarn, cant. de Graulhet, arr. de Lavaur. = Albi.

MOULE, s. m. Creux, matrice pour donner la forme au métal, au plâtre, etc. —, modèle. Jeter en —, faire d'un seul jet. — de bouton, rond de bois, d'os, percé au centre, que l'on couvre d'étoffe pour attacher au vêtement. Bois de —, bois mesuré dans des membrures.

MOULE, s. f. Coquillage bivalve, oblong, qui renferme un animal bon à manger.

MOULÉ, E, part. et adj. Jeté en moule,

fait au moule. —, bien fait; cet homme est moulé. Fig. et fam.

MOULEDOULS, s. m. Com. du dép. des Hautes-Pyrénées, cant. de Tournay, arr. de Tarbes. = Tarbes.

MOULER, v. a. Jeter en moule; donner la forme au moyen d'un moule; prendre l'empreinte. —, mesurer du bois de chauffage. Se —, v. pron. Se former dans le moule. Se — sur quelqu'un, le prendre pour modèle. T. fam.

MOULERIE, s. f. Fonderie, atelier où l'on jette en moule.

MOULÈS, s. m. Com. du dép. de l'Hérault, cant. de Ganges, arr. de Montpellier. = Ganges.

MOULETTE, s. f. Petit coquillage. —, partie d'un clou de ciseaux. T. de coutelier.

MOULEUR, s. m. Fondeur, ouvrier qui jette en moule. —, garçon de chantier qui mesure le bois à brûler; inspecteur qui surveille le mesurage.

MOULEYDIER-ET-ST.-CIBARD, s. m. Com. du dép. de la Dordogne, cant. et arr. de Bergerac. = Bergerac.

MOULEZAN-ET-MONTAGNAC, s. m. Com. du dép. du Gard, cant. de St.-Mamert, arr. de Nismes. = Nismes.

MOULHARD, s. m. Com. du dép. d'Eure-et-Loir, cant. d'Authon, arr. de Nogent-le-Rotrou. = Brou.

MOULICENT, s. m. Com. du dép. de l'Orne, cant. de Longni, arr. de Mortagne. = Longni.

MOULIDARS, s. m. Com. du dép. de la Charente, cant. d'Hiersac, arr. d'Angoulême. = Angoulême.

MOULIÈRE, s. f. Endroit où l'on pêche les moules. —, veine tendre dans une meule à repasser. T. de coutel.

MOULIETS-ET-VILLEMARTIN, s. m. Com. du dép. de la Gironde, cant. de Pujols, arr. de Libourne. = Castillon.

MOULIHERNE, s. m. Com. du dép. de Maine-et-Loire, cant. de Longué, arr. de Baugé. = Baugé.

MOULIMES, s. m. Com. du dép. de la Vienne, cant. et arr. de Montmorillon. = Montmorillon.

MOULIN, s. m. Usine pour moudre les grains, pour broyer, fouler; moulin à eau, à vent, à foulon, à tan, à papier. Ressembler comme à un — à vent, n'avoir aucune ressemblance. Fig. et fam.

MOULINAGE, s. m. Préparation de la soie en la faisant passer au moulin.

MOULINÉ, E, part. Passé au moulin, en parlant de la soie; gâté par les vers.

MOULINE (la), s. f. Com. du dép. de l'Aveyron, cant. et arr. de Rodez. = Rodez.

MOULINEAUX, s. m. Com. du dép. du Calvados, cant. de Creully, arr. de Caen. = Caen.

MOULINEAUX (les), s. m. pl. Village du dép. de la Seine-Inférieure, cant. et arr. de Rouen. = Elbeuf.

MOULINER, v. a. Passer la soie au moulin. — la pierre, le bois, les creuser, en parlant des vers.

MOULINES, s. f. Com. du dép. du Calvados, cant. de Bretteville-sur-Laise, arr. de Falaise. = Thury-Harcourt.

MOULINES, s. f. Com. du dép. de la Manche, cant. de St.-Hilaire-du-Harcouet, arr. de Mortain. = St.-Hilaire.

MOULINET, s. m. Petit moulin. (Vi.) —, petite roue d'un moulin à vent; tourniquet pour tirer ou enlever des fardeaux. —, machine pour la fabrication de la monnaie. Faire le —, tourner avec rapidité et précision un sabre, un bâton, pour parer les coups portés par plusieurs assaillans.

MOULINET (le), s. m. Com. du dép. du Loiret, cant. et arr. de Gien. = Lorris.

MOULINET, s. m. Com. du dép. de Lot-et-Garonne, cant. de Cancon, arr. de Villeneuve. = Lauzun.

MOULINIER, s. m. Ouvrier qui fait le moulinage de la soie.

MOULINOT, s. m. Com. du dép. de la Nièvre, cant. de Tannay, arr. de Clamecy. = Corbigny.

MOULINS, s. m. Grande et belle ville du dép. de l'Allier, chef-lieu de préf., de sous-préf. et de deux cant.; évêché érigé dans le 19° siècle; cour d'assises; trib. de 1re inst. et de comm.; chambre consult. de manuf.; sociétés d'économie rurale, des sciences et des arts; école de dessin; biblioth. pub.; cabinet d'hist. nat. et musée; ingén. en chef des ponts-et-chaussées; direct. de l'enregist. et des domaines, 2° classe; conserv. des hypoth.; direct. des contrib. dir. et indir.; recev. gén. des finances; payeur du dép.; bur. d'enregist. et de poste. Pop. 14,525 hab. env.

Cette ville, assise sur la rive droite de l'Allier, au milieu d'une plaine fertile, est généralement bien bâtie en briques; ses rues sont propres, assez bien percées et ornées de belles fontaines; ses places publiques, plantées d'arbres, offrent des promenades agréables. On y remarque particulièrement un pont sur l'Allier et le tombeau du dernier connétable de Montmorency, décapité à Toulouse en 1632.

Fabr. de coutellerie, de bonneterie

en soie et coton, de toiles de lin et de linge de table; filatures de laine et de coton. Comm. de vins, grains, fer, bois, bœufs, porcs, etc.

MOULINS, s. m. Com. du dép. de l'Aisne, cant. de Craonne, arr. de Laon. = Fismes.

MOULINS, s. m. Com. du dép. d'Ille-et-Vilaine, cant. de la Guerche, arr. de Vitré. = la Guerche.

MOULINS, s. m. Com. du dép. de la Meuse, cant. de Stenay, arr. de Montmédy. = Mouzon.

MOULINS, s. m. Com. du dép. des Deux-Sèvres, cant. de Châtillon-sur-Sèvre, arr. de Bressuire. = Châtillon-sur-Sèvre.

MOULINS, s. m. Com. du dép. de l'Yonne, cant. de Toucy, arr. d'Auxerre. = Auxerre.

MOULINS, s. m. Com. du dép. de l'Yonne, cant. de Noyers, arr. de Tonnerre. = Noyers.

MOULINS-ENGILBERT, s. m. Com. du dép. de la Nièvre, chef-lieu de cant. de l'arr. de Château-Chinon. Bur. d'enregist. et de poste. Fabr. de draps, serges, toiles, etc. Comm. de grains, bois et cuirs.

MOULINS-ET-L'ANCIENNE-COMTÉ-DE-GERSAY, s. m. Com. du dép. de l'Indre, cant. de Levroux, arr. de Châteauroux. = Levroux.

MOULINS-LA-MARCHE, s. m. Com. du dép. de l'Orne, chef-lieu de cant. de l'arr. de Mortagne. Bur. d'enregist. et de poste.

MOULINS-LE-CARBONNEL, s. m. Com. du dép. de la Sarthe, cant. de St.-Pater, arr. de Mamers. = Alençon.

MOULINS-LÈS-METZ, s. m. Com. du dép. de la Moselle, cant. et arr. de Metz. = Metz.

MOULINS-SOUS-TOUVENT, s. m. Com. du dép. de l'Oise, cant. d'Attichy, arr. de Compiègne. = Compiègne.

MOULINS-SUR-ORNE, s. m. Com. du dép. de l'Orne, cant. et arr. d'Argentan. = Argentan.

MOULINS-SUR-YÈVRE, s. m. Com. du dép. du Cher, cant. de Baugy, arr. de Bourges. = Bourges.

MOULIS, s. m. Com. du dép. de l'Ariège, cant. et arr. de St.-Girons. = St.-Girons.

MOULIX, s. m. Com. du dép. de la Gironde, cant. de Castelnau, arr. de Bordeaux. = Bordeaux.

MOULLE, s. m. Com. du dép. du Pas-de-Calais, cant. et arr. de St.-Omer. = St.-Omer.

MOULON, s. m. Com. du dép. de la Gironde, cant. de Branne, arr. de Libourne. = Libourne.

MOULON, s. m. Com. du dép. du Loiret, cant. de Bellegarde, arr. de Montargis. = Montargis.

MOULONS, s. m. Com. du dép. de la Charente-Inférieure, cant. de Montendre, arr. de Jonzac. = Montendre.

MOULOTTE, s. f. Com. du dép. de la Meuse, cant. de Fresnes-en-Wœvre, arr. de Verdun. = Etain.

MOULSANS ou **MOULTANS**, s. m. pl. Toiles peintes de l'empire du Mogol.

MOULT, adv. Beaucoup. (Vi.)

MOULT, s. m. Com. du dép. du Calvados, cant. de Bourguébus, arr. de Caen. = Croissanville.

MOULU, E, part. de moudre. Cassé, broyé, réduit en farine par la meule, en parlant des grains, etc. — de coups, accablé de coups. Fumées mal —, mal digérées. T. de vener.

MOULURE, s. f. Ornement simple, uni et prolongé. T. d'arch.

MOUMOULOUS, s. m. Com. du dép. des Hautes-Pyrénées, cant. de Rabastens, arr. de Tarbes. = Tarbes.

MOUMOUR, s. m. Com. du dép. des Basses-Pyrénées, cant. de Ste.-Marie, arr. d'Oloron. = Oloron.

MOUNES, s. m. Com. du dép. de l'Aveyron, cant. de Belmont, arr. de St.-Affrique. = St.-Affrique.

MOUNISMES, s. m. Com. du dép. de la Haute-Vienne, cant. du Dorat, arr. de Bellac. = Bellac.

MOURANT, E, s. et adj. Agonisant, qui est sur le point de mourir, qui se meurt. —, qui annonce les approches de la mort; yeux mourans, voix mourante. Œil —, langoureux, passionné.

MOURCAIROL, s. m. Com. du dép. de l'Hérault, cant. de St.-Gervais, arr. de Béziers. = Bédarieux.

MOURÈDE, s. m. Com. du dép. du Gers, cant. d'Eauze, arr. de Condom. = Vic Fezensac.

MOUREILLER, s. m. Genre d'arbres et d'arbrisseaux exotiques de la famille des malpighiacées. T. de bot.

MOURENS, s. m. Com. du dép. de la Gironde, cant. de Sauveterre, arr. de la Réole. = Cadillac.

MOURÈRE, s. f. Plante herbacée de la Guiane. T. de bot.

MOURET, s. m. Com. du dép. de l'Aveyron, cant. de Marcillac, arr. de Rodez. = Rodez.

MOURET, s. m. Com. du dép. du Lot, cant. et arr. de Figeac. = Figeac.

MOUREUILLE, s. f. Com. du dép. du Puy-de-Dôme, cant. de Montaigut, arr. de Riom. = Montaigut.

MOUREUX, s. m. Com. du dép. des Basses-Pyrénées, cant. de Lagor, arr. d'Orthez. = Orthez.

MOUREY, s. m. Village dépendant de la com. de Grilly, dép. de l'Ain, cant. et arr. de Gex. = Gex.

MOURÈZE, s. m. Com. du dép. de l'Hérault, cant. de Clermont, arr. de Lodève. = Clermont-Lodève.

MOURGHIGLIOUN, s. m. Sorte d'anguille à tête plate. T. d'hist. nat.

MOURI, s. m. Toile de coton des Indes.

MOURIÈS, s. m. Com. du dép. des Bouches-du-Rhône, cant. de St.-Remy, arr. d'Arles. = St.-Remy.

MOURIEZ, s. m. Com. du dép. du Pas-de-Calais, cant. d'Hesdin, arr. de Montreuil. = Hesdin.

MOURINGOU, s. m. Noix de ben. T. de bot.

MOURIOUX, s. m. Com. du dép. de la Creuse, cant. de Bénévent, arr. de Bourganeuf. = Bourganeuf.

MOURIR, v. n. Cesser d'être, d'exister, de vivre, en parlant des êtres animés en général; décéder, trépasser, expirer, rendre l'ame. —, cesser de végéter, en parlant des plantes. —, se dit des choses dont le mouvement finit graduellement; le boulet vint mourir à nos pieds. —, s'éteindre, en parlant d'une chandelle, etc. Se —, v. pron. Languir, dépérir; agoniser, être près d'expirer. Se —, s'éteindre, en parlant du feu, de la lumière; la lampe, le feu se meurt.

MOURIRI, s. m. Arbre de la Guiane. T. de bot.

MOURJOU, s. m. Com. du dép. du Cantal, cant. de Maurs, arr. d'Aurillac. = Maurs.

MOURLENS, s. m. Com. du dép. du Gers, cant. et arr. de Lombez. = Lombez.

MOURMELON-LE-GRAND, s. m. Com. du dép. de la Marne, cant. de Suippes, arr. de Châlons. = Châlons-sur-Marne.

MOURMELON-LE-PETIT, s. m. Com. du dép. de la Marne, cant. de Suippes, arr. de Châlons. = Châlons.

MOURNANS, s. m. Com. du dép. du Jura, cant. de Nozeroy, arr. de Poligny. = Champagnole.

MOURNÈDE, s. m. Com. du dép. du Gers, cant. de Masseube, arr. de Mirande. = Castelnau.

MOURON, s. m. Plante du genre des primulacées, dont on donne la graine à manger aux petits oiseaux. —, sorte de lézard jaune, tacheté de noir.

MOURON, s. m. Com. du dép. des Ardennes, cant. de Grandpré, arr. de Vouziers. = Grandpré.

MOURON, s. m. Com. du dép. de la Nièvre, cant. de Corbigny, arr. de Clamecy. = Corbigny.

MOUROUCOU, s. m. Arbrisseau sarmenteux de la Guiane. T. de bot.

MOUROUX, s. m. Com. du dép. de Seine-et-Marne, cant. et arr. de Coulommiers. = Coulommiers.

MOURRE, s. f. Jeu d'enfant qui consiste à lever autant de doigts que l'exige celui qui commande.

MOURRENS, s. m. Com. du dép. de Lot-et-Garonne, cant. de Laplume, arr. d'Agen. = Nérac.

MOURS, s. m. Village dépendant de la com. de Peyrins, dép. de la Drôme, cant. de Romans, arr. de Valence = Romans.

MOURS, s. m. Com. du dép. de Seine-et-Oise, cant. de l'Isle-Adam, arr. de Pontoise. = Beaumont-sur-Oise.

MOURVILLES-BASSES, s. f. Com. du dép. de la Haute-Garonne, cant. de Caraman, arr. de Villefranche. = Caraman.

MOURVILLES-HAUTES, s. f. Com. du dép. de la Haute-Garonne, cant. de Revel, arr. de Villefranche. = Villefranche.

MOUS ou MOUX, s. m. pl. Mollusques. T. d'hist. nat.

MOUSCARDEZ, s. m. Com. du dép. des Landes, cant. de Pouillon, arr. de Dax. = Dax.

MOUSIEYS, s. m. Village du dép. du Tarn, cant. de Villefranche, arr. d'Albi. = Villefranche.

MOUSQUET, s. m. Ancienne arme à feu que l'on tirait au moyen d'une mèche allumée. —, fusil de munition. T. fam. —, pl. Tapis de Turquie et de Perse que l'on vend principalement à Smyrne.

MOUSQUETADE, s. f. Coup de mousquet; décharge de mousquets.

MOUSQUETAIRE, s. m. Autrefois, fantassin armé d'un mousquet; depuis, militaire faisant partie de deux compagnies de cavalerie de la garde des rois de France, lesquelles étaient composées de gentilshommes. —, pl. Le corps des mousquetaires.

MOUSQUETERIE, s. f. Feu de mousquets ou de fusils; mousquetade, fusillade.

MOUSQUETON, s. m. Sorte de fusil court pour la cavalerie.

MOUSQUITES, s. f. pl. Voy. Mosquilles.

MOUSSA, s. m. Farine de petit mil

cuite dans de l'eau, dont les Nègres se nourrissent.

MOUSSAC, s. m. Com. du dép. du Gard, cant. de St.-Chaptes, arr. d'Uzès. = Uzès.

MOUSSACHE, s. f. Amidon que dépose la liqueur laiteuse de la farine de manioc.

MOUSSAC-SUR-GARTEMPE, s. m. Com. du dép. de la Vienne, cant. et arr. de Montmorillon. = Montmorillon.

MOUSSAC - SUR - VIENNE, s. m. Com. du dép. de la Vienne, cant. de l'Isle-Jourdain, arr. de Montmorillon. = l'Isle-Jourdain.

MOUSSAGES, s. m. Com. du dép. du Cantal, cant. et arr. de Mauriac. = Mauriac.

MOUSSAN, s. m. Com. du dép. de l'Aude, cant. et arr. de Narbonne. = Narbonne.

MOUSSE, s. m. Petit garçon qui sert à la manœuvre d'un navire; jeune matelot.

MOUSSE, s. f. Famille de plantes rampantes, acotylédones ou cryptogames, qui végètent sur les toits, les arbres, les pierres. —, écume qui se forme sur certaines liqueurs par l'agitation et la fermentation. — de Corse, coraline rouge, officinale, excellent vermifuge. —, adj. Emoussé. (Vi.)

MOUSSE (la), s. f. Com. du dép. du Calvados, cant. de Thury-Harcourt, arr. de Falaise. = Thury-Harcourt.

MOUSSÉ, s. m. Com. du dép. d'Ille-et-Vilaine, cant. de la Guerche, arr. de Vitré. = la Guerche.

MOUSSEAU ou MOUSSAUT, s. et adj. m. Pain de farine de gruau.

MOUSSEAUX, s. m. Com. du dép. de l'Eure, cant. de St.-André, arr. d'Evreux. = les Andelys.

MOUSSEAUX, s. m. Com. du dép. de Seine-et-Oise, cant. de Bonnières, arr. de Mantes. = Mantes.

MOUSSELINE, s. f. Toile de coton très fine et très claire.

MOUSSER, v. n. Se couvrir de mousse, en parlant des liqueurs. Faire —, vanter, exagérer le mérite, faire valoir une chose. T. fam.

MOUSSERON, s. m. Petit champignon qui sort de la mousse, au printemps.

MOUSSERONNE, s. f. Sorte de laitue.

MOUSSET, s. m. Com. du dép. de l'Aveyron, cant. de Marcillac, arr. de Rodez. = Rodez.

MOUSSEUX, EUSE, adj. Qui fermente, qui mousse; vin mousseux, bière mousseuse. —, couvert de mousse; rose mousseuse.

MOUSSEY, s. m. Com. du dép. de l'Aube, cant. de Bouilly, arr. de Troyes. = Troyes.

MOUSSEY, s. m. Com. du dép. de la Meurthe, cant. de Réchicourt-le-Château, arr. de Sarrebourg. = Blamont.

MOUSSEY, s. m. Com. du dép. des Vosges, cant. de Senones, arr. de St.-Dié. = Raon-l'Etape.

MOUSSEYRON, s. m. Village du dép. de Lot-et-Garonne, cant. de Villeréal, arr. de Villeneuve. = Villeneuve.

MOUSSIER, s. m. Herbier des mousses. T. inus.

MOUSSIÈRES (les), s. f. pl. Com. du dép. du Jura, cant. des Bouchoux, arr. de St.-Claude. = St.-Claude.

MOUSSIÈRES, s. f. Com. du dép. du Jura, cant. de Chemin, arr. de Dôle. = Dôle.

MOUSSOIR, s. m. Outil en bois pour faire mousser le chocolat. —, cylindre pour délayer la pâte. T. de papet.

MOUSSON, s. f. Epoque de l'année où règnent certains vents réglés et périodiques dans la mer des Indes. —, pl. Vents de la mer des Indes.

MOUSSON, s. m. Com. du dép. de la Meurthe, cant. de Pont-à-Mousson, arr. de Nancy. = Pont-à-Mousson.

MOUSSONVILLIERS, s. m. Com. du dép. de l'Orne, cant. de Tourouvre, arr. de Mortagne. = St.-Maurice.

MOUSSOULENS-ET-CAUNETTES, s. m. Com. du dép. de l'Aude, cant. d'Alzonne, arr. de Carcassonne. = Carcassonne.

MOUSSU, E, adj. Couvert de mousse.

MOUSSURE, s. f. Barbes autour des trous. T. de potier.

MOUSSY, s. m. Com. du dép. de la Marne, cant. et arr. d'Epernay. = Epernay.

MOUSSY, s. m. Com. du dép. de la Nièvre, cant. de Prémery, arr. de Cosne. = Nevers.

MOUSSY, s. m. Com. du dép. de Seine-et-Oise, cant. de Marines, arr. de Pontoise. = Magny.

MOUSSY-LE-NEUF, s. m. Com. du dép. de Seine-et-Marne, cant. de Dammartin, arr. de Meaux. = Dammartin.

MOUSSY-LE-VIEUX, s. m. Com. du dép. de Seine-et-Marne, cant. de Dammartin, arr. de Meaux. = Dammartin.

MOUSSY-SUR-AISNE, s. m. Com. du dép. de l'Aisne, cant. de Craonne, arr. de Laon. = Laon.

MOUSTAC, s. m. Petite guenon qui a le nez blanc. T. d'hist. nat.

MOUSTACHE, s. f. Fossette verticale qui se trouve au-dessous de la cloison du nez. T. d'anat. —, barbe que les gens de guerre laissent pousser au-dessus de la lèvre supérieure, pour se donner un air rebarbatif. —, longs poils autour de la gueule de certains animaux. Vieille —, vieux soldat. —, manivelle de tireur d'or. —, mésange barbue. —, pl. Caps de mouton des vergues. T. de mar.

MOUSTAJON, s. m. Com. du dép. de la Haute-Garonne, cant. de Bagnères-de-Luchon, arr. de St.-Gaudens. = Bagnères-de-Luchon.

MOUSTERU, s. m. Com. du dép. des Côtes-du-Nord, cant. et arr. de Guingamp. = Guingamp.

MOUSTEY, s. m. Com. du dép. des Landes, cant. de Pissos, arr. de Mont-de-Marsan. = Lipostey.

MOUSTIER, s. m. Com. du dép. de Lot-et-Garonne, cant. de Duras, arr. de Marmande. = Marmande.

MOUSTIER, s. m. Com. du dép. du Nord, cant. de Trélon, arr. d'Avesnes. = Avesnes.

MOUSTIERS, s. m. Petite ville du dép. des Basses-Alpes, chef-lieu de cant. de l'arr. de Digne. Bur. d'enregist. = Riez. Fabr. de porcelaine, d'étoffes de laine, etc.

MOUSTIERS-VENTADOUR (le), s. m. Com. du dép. de la Corrèze, cant. d'Egletons, arr. de Tulle. = Egletons.

MOUSTILLE, s. f. Espèce de belette.

MOUSTIQUAIRE, s. m. Garniture de lit pour se préserver des moustiques.

MOUSTIQUE, s. f. Espèce de cousin, insecte dont la piqûre est très douloureuse.

MOUSTOIR (le), s. m. Com. du dép. des Côtes-du-Nord, cant. de Mael-Carhaix, arr. de Guingamp. = Carhaix.

MOUSTOIR-RAC, s. m. Com. du dép. du Morbihan, cant. de Locminé, arr. de Pontivy. = Locminé.

MOUSTOIR-REMANGOL, s. m. Com. du dép. du Morbihan, cant. de Locminé, arr. de Pontivy. = Locminé.

MOUSTROU, s. m. Com. du dép. des Basses-Pyrénées, cant. d'Arzacq, arr. d'Orthez. = Orthez.

MOÛT, s. m. Vin doux qui n'a point encore fermenté.

MOUTABIÉ, s. m. Arbrisseau sarmenteux de la Guiane. T. de bot.

MOUTAINE, s. f. Com. du dép. du Jura, cant. de Salins, arr. de Poligny. = Salins.

MOUTARDE, s. f. Sénevé, plante dont la graine, réduite en poudre, se délaie avec du vinaigre pour servir d'assaisonnement. S'amuser à la —, perdre son temps. — après dîner, chose qui arrive trop tard. Fig. et fam.

MOUTARDIER, s. m. Vinaigrier qui fait et vend de la moutarde; petit vase pour servir la moutarde sur la table.

MOUTARDON, s. m. Com. du dép. de la Charente, cant. et arr. de Ruffec. = Ruffec.

MOUTARET (le), s. m. Com. du dép. de l'Isère, cant. d'Allevard, arr. de Grenoble. = Goncelin.

MOUTERHAUSEN, s. m. Com. du dép. de la Moselle, cant. de Bitche, arr. de Sarreguemines. = Bitche.

MOUTERRE, s. m. Com. du dép. de la Vienne, cant. de l'Isle-Jourdain, arr. de Montmorillon. = l'Isle-Jourdain.

MOUTERRE-SILLY, s. m. Com. du dép. de la Vienne, cant. et arr. de Loudun. = Loudun.

MOUTHE, s. m. Com. du dép. du Doubs, chef-lieu de cant. de l'arr. de Pontarlier. Bur. d'enregist. = Pontarlier.

MOUTHEROT (le), s. m. Com. du dép. du Doubs, cant. d'Audeux, arr. de Besançon. = Marnay.

MOUTHIER, s. m. Com. du dép. du Doubs, cant. d'Ornans, arr. de Besançon. = Ornans.

MOUTHIER-EN-BRESSE, s. m. Com. du dép. de Saône-et-Loire, cant. de Pierre, arr. de Louhans. = Verdun.

MOUTHIERS, s. m. Com. du dép. de la Charente, cant. de Blanzac, arr. d'Angoulême. = Angoulême.

MOUTHOUMET, s. m. Com. du dép. de l'Aude, chef-lieu de cant. de l'arr. de Carcassonne. = la Grasse.

MOUTHOU-SUR-BIÈVRE, s. m. Com. du dép. de Loir-et-Cher, cant. de Contres, arr. de Blois. = Blois.

MOUTHOU-SUR-CHER, s. m. Com. du dép. de Loir-et-Cher, cant. de Montrichard, arr. de Blois. = Montrichard.

MOUTIER ou MOUSTIER, s. m. Eglise, monastère. (Vi.)

MOUTIER, s. m. Com. du dép. de la Moselle, cant. et arr. de Briey. = Briey.

MOUTIER-D'AHUN, s. m. Com. du dép. de la Creuse, cant. d'Ahun, arr. de Guéret. = Ahun. Comm. de bestiaux.

MOUTIER-MALCARD, s. m. Com. du dép. de la Creuse, cant. de Bonnat, arr. de Guéret. = Guéret.

MOUTIER-ROSEILLE, s. m. Com. du dép. de la Creuse, cant. de Felletin, arr. d'Aubusson. = Aubusson.

MOUTIERS, s. m. Com. du dép. d'Eure-et-Loir, cant. de Voves, arr. de Chartres. = Chartres.

MOUTIERS, s. m. Com. du dép. d'Ille-et-Vilaine, cant. de la Guerche, arr. de Vitré. = la Guerche.

MOUTIERS (les), s. m. pl. Com. du dép. de la Loire-Inférieure, cant. de Bourgneuf, arr. de Paimbeuf. = Bourgneuf-en-Rez.

MOUTIERS, s. m. Com. du dép. des Deux-Sèvres, cant. d'Argenton-Château, arr. de Bressuire. = Argenton-Château.

MOUTIERS, s. m. Com. du dép. de l'Yonne, cant. de St.-Sauveur, arr. d'Auxerre. = St.-Fargeau.

MOUTIERS-AU-PERCHE, s. m. Com. du dép. de l'Orne, cant. de Rémalard, arr. de Mortagne. = Rémalard.

MOUTIERS-EN-AUGE (les), s. m. pl. Com. du dép. du Calvados, cant. de Coulibœuf, arr. de Falaise. = Falaise.

MOUTIERS-EN-CINGLAI (les), s. m. pl. Com. du dép. du Calvados, cant. de Bretteville-sur-Laize, arr. de Falaise. = Thury-Harcourt.

MOUTIERS-HUBERT (les), s. m. pl. Com. du dép. du Calvados, cant. de Livarot, arr. de Lisieux. = Lisieux.

MOUTIERS-LES-MAUX-FAITS (les), s. m. pl. Com. du dép. de la Vendée, chef-lieu de cant. de l'arr. des Sables-d'Olonne. Bur. d'enregist. = Avrillé.

MOUTIERS-SAINT-JEAN ou RÉOME, ou MOUTIERS-LES-REOME, s. m. Com. du dép. de la Côte-d'Or, cant. de Montbard, arr. de Semur. = Semur.

MOUTIERS-SUR-CHANTEMERLE (les), s. m. pl. Com. du dép. des Deux-Sèvres, cant. de Moncoutant, arr. de Parthenay. = Bressuire.

MOUTIERS-SUR-LE-LAY (les), s. m. pl. Com. du dép. de la Vendée, cant. de Marcuil, arr. de Bourbon-Vendée. = Ste.-Hermine.

MOUTILS (les), s. m. pl. Com. du dép. de Loir-et-Cher, cant. de Contres, arr. de Blois. = Blois.

MOUTILS, s. m. Com. du dép. de Seine-et-Marne, cant. de la Ferté-Gaucher, arr. de Coulommiers. = la Ferté-Gaucher.

MOUTON, s. m. Bélier châtré qu'on engraisse pour la boucherie; viande de mouton; peau de mouton préparée. —, personne fort douce. Fig. et fam. —, agent de la police dans une maison d'arrêt, pour découvrir les secrets des prisonniers. —, gros billot garni de cercles de fer, pour enfoncer les pilotis; grosse pièce de bois qui tient les anses d'une cloche. —, pl. Les piliers qui soutiennent les soupentes d'un carrosse; grosses vagues blanchissantes.

MOUTON, s. m. Com. du dép. de la Charente, cant. de Manles, arr. de Ruffec. = Manles.

MOUTONNAILLE, s. f. Imitateurs serviles, gens qui font machinalement ce qu'ils voient faire aux autres. T. fam.

MOUTONNÉ, E, part. Frisé, crêpé comme la laine des moutons.

MOUTONNE, s. f. Com. du dép. du Jura, cant. d'Orgelet, arr. de Lous-le-Saulnier. = Salins.

MOUTONNEAU, s. m. Com. du dép. de la Charente, cant. de Manles, arr. de Ruffec. = Manles.

MOUTONNER, v. a. Friser, crêper comme la laine du mouton. —, v. n., et se —, v. pron. Se crêper, en parlant des cheveux; commencer à blanchir, en parlant des ondes.

MOUTONNIER, ÈRE, adj. De la nature du mouton. —, qui suit aveuglément l'exemple qu'on lui donne, qui fait ce qu'il voit faire; peuple moutonnier.

MOUTOUX, s. m. Com. du dép. du Jura, cant. de Champagnole, arr. de Poligny. = Champagnole.

MOUTROT, s. m. Com. du dép. de la Meurthe, cant. et arr. de Toul. = Toul.

MOUTURE, s. f. Action de moudre le grain; prix du moulage. —, mélange de froment, de seigle et d'orge. — rustique, blutée par un seul bluteau. — économique, qui sépare les sons.

MOUVANCE, s. f. Dépendance d'un fief qui relève d'un autre.

MOUVANT, E, adj. Qui a la puissance de mouvoir; force mouvante. —, qui se déplace, cède sous le poids; sable mouvant. Lieu —, passager, très fréquenté. Fief —, relevant d'un autre. T. de droit féodal. Pierre —, qui semble sortir de l'écu. T. de blas.

MOUVÉ, E, part. Labouré, en parlant de la terre contenue dans un pot à fleur ou une caisse.

MOUVEAUX, s. m. Com. du dép. du Nord, cant. de Tourcoing, arr. de Lille. = Tourcoing.

MOUVEMENT, s. m. Transport d'un corps d'un lieu dans un autre, par impulsion naturelle ou communiquée; locomotion. —, agitation, déplacement d'un corps ou de quelques-unes de ses parties; mouvement rapide, lent, etc.—, agitation intérieure, contraction; mouvement intestinal, des artères. —, passion, affection de l'âme. Fig. —, fermentation dans les esprits, disposition à la révolte; mouvement populaire. —, marche d'une armée, disposition des troupes, évolutions pour le combat; mouvement militaire.—, mutation dans un corps qui donne lieu à l'avancement. T. d'art milit.—, degré de vitesse. T. de mécan. —, ressort d'une montre. T. d'horlog.—, manière de battre la mesure. T. de mus.—, figures propres à remuer les passions, à faire naître des sensations vives et profondes. T. de rhét.

MOUVER, v. a. Remuer, labourer la terre contenue dans un pot à fleur, une caisse. —, détacher le sucre de la forme. T. de raffinerie.

MOUVERON, s. m. Morceau de bois pour remuer le sucre que l'on raffine.

MOUVET, MOUVOIR, s. m., ou MOUVETTE, s. f. Petite cuiller de bois, pour faire un roux, pour remuer les sauces. T. de cuis.

MOUVOIR, v. a. Donner du mouvement, une impulsion quelconque; agiter, remuer, faire changer de place. —, exciter, faire agir. Fig. Se —, v. pron. Se mettre en mouvement. Se —, agir. Fig.

MOUX, s. m. Com. du dép. de l'Aude, cant. de Capendu, arr. de Carcassonne. = Carcassonne.

MOUX, s. m. Com. du dép. de la Nièvre, cant. de Montsauche, arr. de Château-Chinon. = Saulieu.

MOUY, s. m. Petite ville du dép. de l'Oise, chef-lieu de cant. de l'arr. de Clermont. Bur. d'enregist. et de poste. Manuf. de draps pour l'habillement des troupes: fabr. de serges, molletons, tricots; filatures hydrauliques de laine, moulins à foulon; carrières de pierres de taille.

MOUY, s. m. Com. du dép. de Seine-et-Marne, cant. de Bray-sur-Seine, arr. de Provins. = Bray-sur-Seine.

MOUZAY, s. m. Com. du dép. d'Indre-et-Loire, cant. de Ligueil, arr. de Loches. = Loches.

MOUZAY, s. m. Com. du dép. de la Meuse, cant. de Stenay, arr. de Montmédy. = Stenay.

MOUZEIL, s. m. Com. du dép. de la Loire-Inférieure, cant. de Ligné, arr. d'Ancenis. = Ancenis.

MOUZENS, s. m. Com. du dép. de la Dordogne, cant. de St.-Cyprien-et-Lussas, arr. de Sarlat. = le Bugue.

MOUZENS, s. m. Com. du dép. du Tarn, cant. de Cuq-Toulza, arr. de Lavaur. = Puy-Laurens.

MOUZEUIL, s. m. Com. du dép. de la Vendée, cant. de l'Hermenault, arr. de Fontenay. = Fontenay-le-Comte.

MOUZIEYS, s. m. Com. du dép. du Tarn, cant. de Villefranche, arr. d'Albi. = Albi.

MOUZIEYS - ET - PANENS, s. m. Com. du dép. du Tarn, cant. de Cordes, arr. de Gaillac. = Cordes.

MOUZILLON, s. m. Com. du dép. de la Loire-Inférieure, cant. de Vallet, arr. de Nantes. = Clisson.

MOUZON, s. m. Petite et ancienne ville du dép. des Ardennes, chef-lieu de cant. de l'arr. de Sedan. Bur. d'enregist. et de poste. Située sur la Meuse, au milieu de belles prairies, cette ville était anciennement fortifiée. Turenne s'en étant emparé en 1671, elle fut démantelée par ordre de Louis XIV. Fabr. de draps, serges, cuirs forts, mors de bride; filatures de laine cardée; comm. de blé, orge, avoine, vins, foins, etc.

MOUZON, s. m. Com. du dép. de la Charente, cant. de Montembœuf, arr. de Confolens. = Larochefoucault.

MOVAL, s. m. Com. du dép. du Haut-Rhin, cant. et arr. de Belfort. = Belfort.

MOXA, s. m. Espèce d'absinthe qui produit un duvet avec lequel les Chinois brûlent les parties affectées de douleurs, pour attirer les humeurs en dehors. Appliquer des —, brûler légèrement avec une substance de la nature du moxa. T. de chir.

MOXIBUSTION, s. f. Mode de cautérisation ou d'ustion propre aux substances avec lesquelles on peut faire des moxas.

MOY, s. m. Com. du dép. de l'Aisne, chef-lieu de cant. de l'arr. de St.-Quentin. Bur. d'enregist. à Ribemont. = St.-Quentin.

MOYA, s. m. Argile imprégnée de soufre. T. d'hist. nat.

MOYAC, s. m. Oiseau du Canada.

MOYAUX, s. m. Com. du dép. du Calvados, cant. et arr. de Lisieux. = Lisieux.

MOYDANS, s. m. Com. du dép. des Hautes-Alpes, cant. de Rosans, arr. de Gap. = Serres.

MOYE, s. f. Partie tendre qui se trouve au milieu de la pierre.

MOYÉE, adj. f. Se dit d'une pierre dont le lit est d'une dureté inégale.

MOYEMONT, s. m. Com. du dép. des Vosges, cant. de Rambervillers, arr. d'Epinal. = Rambervillers.

MOYEN, s. m. Voie, expédient pour faire réussir. —, faculté, pouvoir de faire quelque chose. —, motif sur lequel est fondée une demande. T. de jurisp. —, pl. Richesses; ressources; commodités de la vie. —, facultés naturelles; manquer de moyens. Fig. —, pl. Termes du milieu d'une proportion. T. de math. Au — de, prép. A l'aide de.

MOYEN, NE, adj. de grandeur, de capacité médiocre; qui est entre deux extrémités, deux termes; qui est au milieu, dans le milieu. Temps —, calculé d'après la supposition de l'invariabilité du méridien. — âge, depuis la décadence de l'empire romain, jusqu'à la renaissance des lettres. — latinité, depuis le règne de Sévère, jusqu'à la décadence de l'empire.

MOYEN, s. m. Com. du dép. de la Meurthe, cant. de Gerbéviller, arr. de Lunéville. = Lunéville.

MOYENCOURT, s. m. Com. du dép. de la Somme, cant. de Poix, arr. d'Amiens. = Nesle.

MOYENCOURT, s. m. Com. du dép. de la Somme, cant. de Roye, arr. de Montdidier. = Poix.

MOYENMOUTIER, s. m. Com. du dép. des Vosges, cant. de Senones, arr. de St.-Dié. = Raon-l'Etape.

MOYENNANT, prép. Au moyen, à l'aide de. — que, conj. A condition que.

MOYENNÉ, E, part. Arrangé par entremise.

MOYENNEMENT, adv. Médiocrement. (Vi.)

MOYENNER, v. a. Arranger, procurer par son entremise. (Vi.)

MOYENNEVILLE, s. f. Com. du dép. de l'Oise, cant. de St.-Just-en-Chaussée, arr. de Clermont. = St.-Just-en-Chaussée.

MOYENNEVILLE, s. f. Com. du dép. du Pas-de-Calais, cant. de Croisille, arr. d'Arras. = Bapaume.

MOYENNEVILLE, s. f. Com. du dép. de la Somme, chef-lieu de cant. de l'arr. d'Abbeville, où se trouve le bur. d'enregist. = Abbeville.

MOYENVIC, s. m. Petite ville du dép. de la Meurthe, cant. de Vic, arr. de Château-Salins. Bur. de poste.

Cette petite ville possède de superbes salines alimentées par une source salée de son territoire, ainsi que par les eaux surabondantes de la saline de Dieuze, qui y sont amenées par des conduits en bois, d'une distance de 4 l. Faïencerie.

MOYENVIC (canal de), s. m. Ce canal a son origine dans l'étang d'Ammeroy et se jette à Moyenvic dans la rivière de Seille, affluent de la Moselle; il est flottable à bûches perdues sur toute l'étendue de son cours et sert, conjointement avec le canal de Réchicourt, au transport des bois nécessaires à la saline de Moyenvic.

MOYER, v. a. Fendre, scier une pierre en deux, T. de maç.

MOYEU, s. m. Centre de la roue où s'emboîtent les rais. —, jaune d'œuf. —, espèce de prune. —, pl. Prunes confites.

MOYEUVRE-LA-GRANDE, s. f. Com. du dép. de la Moselle, cant. et arr. de Thionville. = Briey. Forges, hauts-fourneaux et fonderies.

MOYEUVRE-LA-PETITE, s. f. Com. du dép. de la Moselle, cant. et arr. de Thionville. = Briey.

MOYON, s. m. Com. du dép. de la Manche, cant. de Tessy, arr. de St.-Lô. = Torigny.

MOYRASÉS, s. m. Petite ville du dép. de l'Aveyron, cant. et arr. de Rodez. = Rodez.

MOYVILLER, s. m. Com. du dép. de l'Oise, cant. d'Estrées-St.-Denis, arr. de Compiègne. = Compiègne.

MOZAC, s. m. Com. du dép. du Puy-de-Dôme, cant. et arr. de Riom. = Riom.

MOZAN, s. m. Petit fruit de l'île de Ténérife dont le suc est mielleux.

MOZARABE, s. m. Chrétien espagnol descendant des Mores.

MOZARABIQUE, adj. Qui concerne les Mozarabes.

MOZÉ, s. m. Com. du dép. de Maine-et-Loire, cant. des Ponts-de-Cé, arr. d'Angers. = Angers.

MOZETTE, s. f. Camail d'évêque, etc.

MU, E, part. de mouvoir. Remué, changé de place.

MUABLE, adj. Inconstant, sujet au changement, l'opposé d'immuable.

MUANCE, s. f. Changement de note; manière d'appliquer aux notes les syllabes de la gamme. T. de mus.

MUANT, s. m. Canal pratiqué dans le milieu des marais salans.

MUCHEDENT, s. m. Com. du dép. de la Seine-Inférieure, cant. de Longueville, arr. de Dieppe. = Rouen.

MUCHETAMPOT (à la), adv. Secrètement, en cachette. (Vi.)

MUCILAGE, s. m. Liqueur épaisse, visqueuse, gluante, tirée des végétaux, comme le lin, la racine de guimauve, etc.

MUCILAGINEUX, EUSE, adj. De la nature du mucilage; qui en contient.

MUCILAGO, s. m. Genre de champignons. T. de bot.

MUCITES, s. m. pl. Sels formés par l'acide muqueux.

MUCOSITÉ, s. f. Mucus, substance visqueuse, épaisse, gluante et douce de la nature de la morve, qui se durcit à l'évaporation.

MUCRONÉ, E, adj. Terminé en pointe aiguë; feuille mucronée. T. de bot.

MUCUS, s. m. (mot latin). Voy. Mucosité.

MUDAISON, s. m. Com. du dép. de l'Hérault, cant. de Maugnio, arr. de Montpellier. = Montpellier.

MUDE, s. f. Etoffe d'écorce d'arbre qui se fabrique en Chine.

MUDERIS, s. m. Professeur de l'alcoran et des lois de l'école d'une mosquée impériale.

MUE, s. f. Changement de plumage, de peau, de poil, de bois, en parlant des volatiles, des reptiles, des quadrupèdes et du cerf. —, dépouilles d'un animal qui a mué; temps où cette mutation s'opère. —, cage où l'on tient un oiseau qui mue; lieu où l'on engraisse la volaille; sorte de panier à claire-voie sous lequel on l'enferme.

MUEL, s. m. Com. du dép. d'Ille-et-Vilaine, cant. de St.-Méen, arr. de Montfort. = Montauban.

MUER, v. n. Entrer dans la mue. —, changer, en parlant de la voix des garçons à l'âge de puberté.

MUET, TE, s. et adj. Qui est privé de l'organe de la parole, qui ne peut parler. —, silencieux, taciturne; qui ne parle point par crainte, honte, malice, etc.—, se dit des choses; les lois sont muettes; elles n'ont pas prévu le cas. —, qui se prononce peu ou point; E muet, syllabe muette.

MUETTE, s. f. Maison de chasse où l'on garde les mues de cerf, où l'on met les oiseaux de fauconnerie en mue.

MUÉZIN, s. m. Préposé qui annonce l'heure du haut des minarets, en Turquie.

MUFLE, s. m. Extrémité du museau de certains animaux. —, grosse vilaine figure. T. fam. —, ornement représentant un mufle. T. de sculpt. — de veau ou muflier, plante dont la fleur représente un mufle. — de lion, sorte de petite fleur.

MUFTI ou MOUFTI, s. m. Chef de la religion mahométane, interprète de la loi.

MUGE ou MUGIL, s. m. Genre de poissons abdominaux. — volant ou adonis, poisson du genre de l'exocet. T. d'hist. nat.

MUGHO ou MUGO, s. m. Pin des Alpes. T. de bot.

MUGILOÏDE, s. m. Mugil du Chili. T. d'hist. nat.

MUGILOMORE, s. m. Mugil de la Caroline. T. d'hist. nat.

MUGIR, v. n. Crier, en parlant du taureau, des bœufs, etc.; se dit fig. d'un acteur, des vents, des flots.

MUGISSANT, E, adj. Qui mugit; les ondes mugissantes.

MUGISSEMENT, s. m. Cri du taureau, etc. —, sifflement des vents, des flots. T. poét.

MUGRON, s. m. Petite ville du dép. des Landes, chef-lieu de cant. de l'arr. de St.-Sever. Bur. d'enregist. = Tartas. Entrepôt et comm. considérable de vins et eaux-de-vie.

MUGUET, s. m. Plante à fleur printannière odoriférante. —, petit-maître, homme recherché dans sa toilette, qui fait le galant près des dames.

MUGUETTÉ, E, part. Se dit d'une dame qui a été l'objet des galanteries d'un merveilleux, d'un muguet.

MUGUETTER, v. a. Faire le muguet, le galant auprès des belles. — des faveurs, épier l'occasion d'en obtenir.

MUHLBACH, s. m. Com. du dép. du Bas-Rhin, cant. de Rosheim, arr. de Schélestadt. = Molsheim.

MUHLBACH, s. m. Com. du dép. du Haut-Rhin, cant. de Munster, arr. de Colmar. = Colmar.

MUHLENBERGIE, s. f. Genre de plantes graminées. T. de bot.

MUHLHAUSEN, s. m. Com. du dép. du Bas-Rhin, cant. de Bouxwiller, arr. de Saverne. = Saverne.

MUID, s. m. Mesure de liquides, contenant 248 pintes; futaille de ce contenu, etc. —, mesure de grains, de sel, etc.

MUIDES, s. m. Com. du dép. de Loir-et-Cher, cant. de Bracieux, arr. de Blois. = St.-Dié-sur-Loir.

MUIDORGE, s. m. Com. du dép. de l'Oise, cant. de Crèvecœur, arr. de Clermont. = Crèvecœur.

MUIDS, s. m. Com. du dép. de l'Eure, cant. de Gaillon, arr. de Louviers. = les Andelys.

MUILLE-VILLETTE, s. f. Com. du dép. de la Somme, cant. de Ham, arr. de Péronne. = Ham.

MUIRANCOURT, s. m. Com. du dép. de l'Oise, cant. de Guiscard, arr. de Compiègne. = Guiscard.

MUIRE, s. f. Eau dont on fait le sel.

MUIZON, s. m. Com. du dép. de la Marne, cant. de Ville-en-Tardenois, arr. de Reims. = Reims.

MUJOULX, s. m. Com. du dép. du Var, cant. de Coursegoules, arr. de Grasse. = Grasse.

MULAGIS, s. m. Cavalier turc d'élite.

MULALE, s. m. Palmier d'Afrique. T. de bot.

MULAMBEIRA, s. m. Grand arbre d'Afrique. T. de bot.

MUL 451 MUL

MULAR, s. m. Cétacé physetère. T. d'hist. nat.

MULAT, s. m. Poisson du genre holocanthe. T. d'hist. nat.

MULÂTRE, s. et adj. Né d'un blanc et d'une négresse, ou d'un nègre et d'une blanche.

MULCENT, s. m. Com. du dép. de Seine-et-Oise, cant. de Houdan, arr. de Mantes. = Mantes.

MULCEY, s. m. Com. du dép. de la Meurthe, cant. de Dieuze, arr. de Château-Salins. = Dieuze.

MULCTE, s. f. Amende. (Vi.)

MULCTÉ, E, part. Condamné à une peine, puni. (Vi.)

MULCTER, v. a. Condamner, punir. T. de jurisp. (Vi.)

MULE, s. f. Mulet femelle. Ferrer la —, profiter sur un achat fait au nom d'un tiers. T. prov. —, ancienne chaussure sans quartier, à l'usage des femmes. —, pantoufle du pape; baiser la mule.—, pl. Engelures au talon. — traversières, tumeurs sur le boulet d'un cheval. T. de méd. vétér.

MULET, s. m. Animal issu d'un cheval et d'une ânesse, ou d'un âne et d'une jument; bête de somme. —, tout animal né d'animaux de différentes espèces. —, sorte de poisson de mer. —, navire portugais à trois mâts et à voiles latines.

MULETIER, s. m. Conducteur de mulets.

MULETTE, s. f. Gésier des oiseaux de proie. T. de fauc. —, genre de testacés bivalves. T. d'hist. nat. —, bateau de pêche portugais. T. de mar.

MULHAUSEN, s. m. Ville du dép. du Haut-Rhin, chef-lieu de cant. de l'arr. d'Altkirch. Bur. d'enregist. et de poste. Manuf. considérables de toiles et de soieries peintes; fabr. de draps, percales, toiles de coton, bonneterie, passementerie, chapeaux de paille; filatures de laine et de coton; teintureries, maroquineries, brasseries; comm. de grains, vins, eaux-de-vie, etc.

MULIER, s. m. Filet pour la pêche, espèce de cibaudière.

MULIN, s. m. Genre de plantes ombellifères. T. de bot.

MULION, s. m. Genre d'insectes diptères. T. d'hist. nat.

MULLE ou MULLET, s. m. Genre de poissons thoraciques. T. d'hist. nat.

MULLE, adj. De la dernière qualité; garance mulle.

MULON, s. m. Tas de sel, de foin.

MULOT, s. m. Petit quadrupède rongeur du genre du rat, qui habite sous terre comme la taupe. — volant, chauve-souris des champs.

MULOTTER, v. n. Fouiller les trous de mulots, en parlant du sanglier.

MULQUINERIE, s. f. Fabrique, commerce de toiles très fines.

MULQUINIER, s. m. Fabricant de fil fin propre à faire de la dentelle.

MULSANNE, s. f. Com. du dép. de la Sarthe, cant. d'Ecommoy, arr. du Mans. = Ecommoy.

MULSANS, s. m. Com. du dép. de Loir-et-Cher, cant. de Mer, arr. de Blois. = Mer.

MULTANGULAIRE, adj. Polygone, à plusieurs angles. T. de géom. inus.

MULTICAPSULAIRE, adj. Se dit d'un fruit à plusieurs capsules. T. de bot.

MULTICAULE, adj. Qui a beaucoup de tiges. T. de bot.

MULTIFIDE, adj. Divisé profondément en plusieurs segmens. T. de bot.

MULTIFLORE, adj. Se dit d'un pédoncule garni de beaucoup de fleurs. T. de bot.

MULTIFORME, adj. Qui prend toutes sortes de formes, l'opposé d'uniforme.

MULTILOBÉ, E, adj. Multifide, à plusieurs lobes. T. de bot.

MULTILOCULAIRE, adj. Qui a plusieurs loges. T. de bot.

MULTINOME, s. m. Voy. POLYNOME. T. d'alg.

MULTIPARE, adj. Se dit de la portée d'un animal qui fait plusieurs petits.

MULTIPARTI, E, adj. Divisé profondément en plusieurs lanières. T. de bot.

MULTIPLE, s. m. et adj. Se dit d'un nombre qui en contient plusieurs autres exactement. T. d'arith.

MULTIPLIABLE, adj. Qui peut être multiplié.

MULTIPLIANT, s. m. Verre à facettes qui multiplie les objets. —, grand arbre des Indes.

MULTIPLICANDE, s. m. Nombre à multiplier à l'aide d'un autre nombre. T. d'arith.

MULTIPLICATEUR, s. m. Nombre au moyen duquel on en multiplie un autre. T. d'arith.

MULTIPLICATION, s. f. Augmentation en nombre. —, règle d'arithmétique qui consiste à prendre une grandeur dans le rapport indiqué par une autre.

MULTIPLICITÉ, s. f. Nombre indéfini de choses diverses; grand nombre.

MULTIPLIÉ, E, part. Augmenté en nombre.

MULTIPLIER, v. a. Augmenter un

nombre, une quantité. —, faire une multiplication. T. d'arith. —, v. n. Croître en nombre, engendrer. Se —, v. pron. S'augmenter. Se —, faire plusieurs choses en même temps; être en quelque sorte dans plusieurs lieux à la fois. Fig.

MULTISILIQUEUX, EUSE, adj. Qui a plusieurs siliques ou enveloppes. T. de bot.

MULTITUDE, s. f. Nombre considérable de personnes ou de choses. —, la foule, le commun des hommes, le peuple, le vulgaire; flatter la multitude.

MULTIVALVE, adj. Qui a plusieurs valves ou écailles. T. d'hist. nat.

MULTIVALVÉ, E, adj. Qui a plusieurs valves ou panneaux; capsule multivalvée. T. de bot.

MULTIVALVES, s. f. pl. Coquilles composées de plusieurs valves. T. d'hist. nat.

MUN, s. m. Com. du dép. des Hautes-Pyrénées, cant. de Pouyastruc, arr. de de Tarbes. = Tarbes.

MUNCHAUSIER, s. m. Très bel arbrisseau de l'Inde. T. de bot.

MUNCHHAUSEN, s. m. Com. du dép. du Bas-Rhin, cant. de Seltz, arr. de Wissembourg. = Lauterbourg.

MUNCHHAUSEN, s. m. Com. du dép. du Haut-Rhin, cant. d'Ensisheim, arr de Colmar. = Ensisheim.

MUNCOS, s. m. Mangouste de l'Indostan. T. d'hist. nat.

MUNCQUIEURLET, s. m. Com. du dép. du Pas-de-Calais, cant. d'Ardres, arr. de St.-Omer. = Ardres.

MUNDOLSHEIM, s. m. Com. du dép. du Bas-Rhin, cant. d'Oberhausbergen, arr. de Strasbourg. = Strasbourg.

MUNEIN, s. m. Com. du dép. des Basses-Pyrénées, cant. de Sauveterre, arr. d'Orthez. = Orthez.

MUNEVILLE-LE-BINGARD, s. f. Com. du dép. de la Manche, cant. de St.-Sauveur-Lendelin, arr. de Coutances. = Coutances.

MUNEVILLE SUR-MER, s. f. Com. du dép. de la Manche, cant. de Bréhal, arr. de Coutances. = Coutances.

MUNG (le), s. m. Com. du dép. de la Charente-Inférieure, cant. de St.-Porchaire, arr. de Saintes. = Saintes.

MUNGO, s. m. Espèce de haricot de l'Inde. T. de bot.

MUNI, E, part. Pourvu, garni.

MUNICH, s. m. Ville capitale du royaume de Bavière, grande, commerçante et manufacturière. Elle est très bien bâtie et possède de nombreux établissemens publics. Pop. 47,000 hab. envir.

MUNICIPAL, E; s. et adj. Membre d'une municipalité; qui appartient à l'administration d'une ville, d'une commune.

MUNICIPALISÉ, E, part. Se dit d'un pays où le régime municipal a été introduit.

MUNICIPALISER, v. a. Introduire le régime municipal.

MUNICIPALITÉ, s. f. Circonscription territoriale administrée par des municipaux; corps municipal; lieu de ses séances.

MUNICIPE, s. m. Ville municipale d'Italie, qui participait aux droits de bourgeoisie romaine. T. d'antiq.

MUNIFICENCE, s. f. Inclination à donner, à faire des libéralités, des largesses.

MUNIR, v. a. Pourvoir, fournir les approvisionnemens nécessaires; fortifier, mettre en état de défense. Se —, v. pron. S'approvisionner, et fig., s'armer.

MUNISTER ou MUNISTIER, s. m. Bœuf sauvage, aurochs. T. d'hist. nat.

MUNITION, s. f. Provision de choses nécessaires aux gens de guerre, armes, vivres, etc. Pain de —, pain qu'on distribue aux soldats. Fusil de —, fusil pour l'infanterie.

MUNITIONNAIRE, s. m. Fournisseur, garde-magasin qui a soin des munitions, qui les distribue. T. d'art milit.

MUNITIONNÉ, E, part. Garni de munitions; approvisionné.

MUNITIONNER, v. a. Fournir des munitions; approvisionner.

MUNNOZE, s. f. Genre de plantes corymbifères. T. de bot.

MUNSTER, s. m. Ville d'Allemagne, située dans la Prusse rhénane, siége d'un évêché.

MUNSTER, s. m. Com. du dép. de la Meurthe, cant. d'Albestroff, arr. de Château-Salins. = Dieuze.

MUNSTER, s. m. Petite ville du dép. du Haut-Rhin, chef-lieu de cant. de l'arr. de Colmar. Bur. d'enregist. = Colmar. Manuf. de toiles peintes; fabr. de toiles de coton, mousselines, calicots; filatures de coton; papeteries. Comm. de kirchenwasser, fromage, beurre et bestiaux.

MUNTZENHEIM, s. m. Com. du dép. du Haut-Rhin, cant. d'Andolsheim, arr. de Colmar. = Colmar.

MUNWILLER, s. m. Com. du dép. du Haut-Rhin, cant d'Ensisheim, arr. de Colmar. = Rouffach.

MUNYCHION, s. m. Dixième mois de l'année athénienne. T. d'antiq.

MUQUEUX, s. m. Substance visqueuse, principe immédiat des végétaux; mucilage.

MUQUEUX, EUSE, adj. Mucilagineux, visqueux.

MUR, s. m. Ouvrage de maçonnerie servant de clôture, de séparation, de défense, d'appui. Mettre au pied du —, forcer à prendre une détermination. Tirer au —, escrimer contre un tireur qui se borne à la parade. T. d'escr.

MÛR, E, adj. Qui est arrivé à sa maturité, qui est dans la saison d'être cueilli, récolté. —, qui est près de crever, en parlant d'un abcès, etc. Age —, âge viril, qui vient après la jeunesse. —, vieux, usé; habit mûr. Esprit —, réfléchi, sage. Après — délibération, après avoir médité, examiné, pesé le pour et le contre.

MUR, s. m. Com. du dép. des Côtes-du-Nord, chef-lieu de cant. de l'arr. de Loudéac. Bur. d'enregist. à Corlay. = Loudéac.

MUR, s. m. Com. du dép. de Loir-et-Cher, cant. de Selles-sur-Cher, arr. de Romorantin. = Selles-sur-Cher.

MURACIOLLE, s. f. Com. du dép. de la Corse, cant. de Serragio, arr. de Corte. = Bastia.

MURADÈS, s. m. Com. du dép. du Cantal, cant. de Saignes, arr. de Mauriac. = Bort.

MURAGE, s. m. Droit pour l'entretien des murs.

MURAILLE, s. f. Mur, enceinte de pierres, etc. —, sol de la mine à charbon.

MURAL, E, adj. Se dit d'une couronne que les Romains décernaient au guerrier qui montait le premier à l'assaut. Arc —, mur dans le plan du méridien. T. d'astr. Plante —, qui croît sur les murs comme le lierre, etc. T. de bot.

MURASSON, s. m. Com. du dép. de l'Aveyron, cant. de Belmont, arr. de St.-Affrique. = St.-Affrique.

MURAT, s. m. Com. du dép. de l'Allier, cant. de Montmarault, arr. de Montluçon. = Montmarault.

MURAT, s. m. Petite ville du dép. du Cantal, chef-lieu de sous-préf. et de cant.; trib. de 1re inst.; société d'agric.; conserv. des hypoth.; recev. part. des finances; bur. d'enregist. et de poste. Fabr. de grosses draperies, de dentelles et chaudronnerie. Comm. de draps, chevaux et fourrages.

MURAT, s. m. Com. du dép. de la Corrèze, cant. de Bugeat, arr. d'Ussel. = Ussel.

MURAT, s. m. Com. du dép. du Tarn, chef-lieu de cant. de l'arr. de Castres. Bur. d'enregist. à Lacaune. = Lacaune.

MURAT-LE-QUAIRE, s. m. Com. du dép. du Puy-de-Dôme, cant. de Rochefort, arr. de Clermont. = Clermont.

MURATO, s. m. Com. du dép. de la Corse, chef-lieu de cant. de l'arr. de Bastia. Bur. d'enregist. à St.-Florent. = Bastia.

MURBACH, s. m. Com. du dép. du Haut-Rhin, cant. de Guebwiller, arr. de Colmar. = Rouffach.

MURCIE, s. f. Ancien royaume et province d'Espagne, bornée N. par la Manche, E. Valence, S. Méditerranée, O. par la province de Grenade.

MUR-DE-BARREZ, s. m. Petite ville du dép. de l'Aveyron, chef-lieu de cant. de l'arr. d'Espalion. Bur. d'enregist. et de poste.

MÛRE, s. f. Fruit du mûrier. —, excroissance au grand angle de l'œil. T. de chir.

MURÉ, E, part. Clos de murs, enfermé.

MURE, s. f. Com. du dép. des Basses-Alpes, cant. de St.-André, arr. de Castellanne. = Castellanne.

MURE, s. f. Petite ville du dép. de l'Isère, chef-lieu de cant. de l'arr. de Grenoble. Bur. d'enregist. et de poste.

MURE (la), s. f. Com. du dép. du Rhône, cant. de St.-Nizier-d'Azergues, arr. de Villefranche. = Villefranche-sur-Saône.

MUREAUMONT, s. m. Com. du dép. de l'Oise, cant. de Formerie, arr. de Beauvais. = Grandvilliers.

MUREAUX (les), s. m. pl. Com. du dép. de Seine-et-Oise, cant. de Meulan, arr. de Versailles. = Meulan.

MUREILS, s. m. Com. du dép. de la Drôme, cant. de St.-Vallier, arr. de Valence. = St.-Vallier.

MURELET, s. m. Com. du dép. de la Haute-Garonne, cant. de Rieumes, arr. de Muret. = Lombez.

MÛREMENT, adv. Attentivement, avec beaucoup de réflexion.

MURÈNE, s. f. Genre de poissons apodes; sorte d'anguille. T. d'hist. nat.

MURENOBLENNE, s. f. Poisson du détroit de Magellan. T. d'hist. nat.

MURÉNOPHIS, s. m. Genre de poissons apodes; serpent qui ressemble à la murène. T. d'hist. nat.

MURER, v. a. Faire un mur; entourer, clore de murs; boucher une fenêtre, une ouverture quelconque avec de la maçonnerie.

MURES, s. f. Com. du dép. de l'Isère,

cant. d'Heyrieu, arr. de Vienne. = la Verpillière.

MURET, s. m. Com. du dép. de l'Aveyron, cant. de Marcillac, arr. de Rodez. = Rodez.

MURET-ET-CROUTTES, s. m. Com. du dép. de l'Aisne, cant. d'Oulchy-le-Château, arr. de Soissons. = Soissons.

MURET-ET-ST.-AMANS, s. m. Petite ville du dép. de la Haute-Garonne, chef-lieu de sous-préf. et de cant.; trib. de 1re inst.; société d'agric.; conserv. des hypoth.; direct. des contrib. indir.; recev. part. des finances; bur. d'enregist. et de poste. Fabr. de draps, de faïence blanche, etc.

MURET-ET-SAUGNAC, s. m. Com. du dép. des Landes, cant. de Pissos, arr. de Mont-de-Marsan. = Lipostey.

MURETTE (la), s. f. Com. du dép. de l'Isère, cant. de Rives, arr. de St.-Marcellin. = Rives.

MUREX, s. m. Coquillage univalve hérissé de pointes. T. d'hist. nat. —, plante dont la fleur a l'odeur du musc. T. de bot.

MURIANNETTE, s. f. Com. du dép. de l'Isère, cant. de Domène, arr. de Grenoble. = Grenoble.

MURIATE, s. m. Nom générique des sels formés par la combinaison de l'acide muriatique avec différentes bases. T. de chim.

MURIATIQUE, adj. m. Se dit de l'acide marin. T. de chim.

MURICALCITE, s. f. Variété de chaux carbonatée. T. d'hist. nat.

MURICIER, s. m. Arbrisseau grimpant de la Chine. T. de bot.

MURIE, s. f. Eau qui contient beaucoup de sel gemme. T. d'hist. nat.

MÛRIER, s. m. Arbre de la famille des urticées qui produit un fruit oblong. — noir, dont on mange le fruit. — blanc, dont les feuilles servent à nourrir les vers à soie. — des haies, espèce de ronce.

MURINAIS, s. m. Com. du dép. de l'Isère, cant. et arr. de St.-Marcellin. = St.-Marcellin.

MURINGUI-RINGUE, s. m. Grand arbre d'Afrique. T. de bot.

MURINS, s. m. pl. Famille de quadrupèdes rongeurs. T. d'hist. nat.

MURIQUÉ, E, adj. Couvert de pointes, d'aspérités, comme le murex. T. de bot.

MÛRIR, v. a. Exercer une influence, avancer la maturité des fruits, en parlant du soleil, des saisons, etc. —, v. a. et n. Venir à maturité. Se —, v. pron. Se dit fig. des personnes, des affaires, de l'esprit, etc.

MURLEAU ou MURLOT, s. m. Raisin noir velouté.

MURLES, s. f. Com. du dép. de l'Hérault, cant. de Matelles, arr. de Montpellier. = Montpellier.

MURLIN, s. m. Com. du dép. de la Nièvre, cant. de la Charité, arr. de Cosne. = la Charité.

MURMURATEUR, TRICE, s. et adj. Mécontent, qui murmure contre ses chefs.

MURMURE, s. m. Bruit sourd et confus de personnes qui parlent ensemble. —, léger bruit des eaux, des vents, etc. Fig. —, mécontentement, plainte à voix basse d'une personne. —, rumeur sourde, expression des griefs d'un peuple opprimé; murmure du peuple.

MURMURER, v. n. S'exprimer à demi voix, se plaindre sourdement. —, produire, former un léger murmure, en parlant des eaux, des vents. Fig.

MURO, s. m. Com. du dép. de la Corse, cant. d'Algajola, arr. de Calvi. = Bastia.

MUROLS, s. m. Com. du dép. de l'Aveyron, cant. de Mur-de-Barrez, arr. d'Espalion. = Mur-de-Barrez.

MUROLS, s. m. Com. du dép. du Puy-de-Dôme, cant. de Besse, arr. d'Issoire. = Besse.

MURON, s. m. Com. du dép. de la Charente-Inférieure, cant. de Tonnay-Charente, arr. de Rochefort. = Tonnay-Charente.

MURRAI, s. m. Arbrisseau des îles Moluques. T. de bot.

MURRHIN, s. m. Vase antique d'une composition inconnue. —, adj. m. pl. Se dit de vases vitreux, très fragiles et fort estimés des anciens.

MURRHINE, s. f. Ancienne boisson composée de vin et d'aromates.

MURS, s. m. Com. du dép. de l'Ain, cant. et arr. de Belley. = Belley.

MURS, s. m. Com. du dép. de l'Indre, cant. de Châtillon, arr. de Châteauroux. = Châtillon-sur-Indre.

MURS, s. m. Com. du dép. de Maine-et-Loire, cant. des Ponts-de-Cé, arr. d'Angers. = Angers.

MURS, s. m. Com. du dép. de Vaucluse, cant. de Gordes, arr. d'Apt. = Apt.

MURSANGES, s. m. Com. du dép. de la Côte-d'Or, cant. et arr. de Beaune. = Beaune.

MURTILLE, s. m. Arbrisseau d'Amérique dont le fruit produit une sorte de vin. T. de bot.

MURTIN, s. m. Com. du dép. des Ardennes, cant. de Renwez, arr. de Mézières. = Mézières.

MURUCUIA, s. m. Plante d'Amérique, voisine des grenadilles. T. de bot.

MURUME, s. m. Grand palmier d'Amérique. T. de bot.

MURVAUX, s. m. Com. du dép. de la Meuse, cant. de Dun, arr. de Montmédy. == Dun-sur-Meuse.

MURVIEL, s. m. Petite ville du dép. de l'Hérault, chef-lieu de cant. de l'arr. de Béziers, où se trouve le bur. d'enregist. == Béziers. Cette petite ville est agréablement située sur une colline plantée d'oliviers, qui domine la Méditerranée.

MURVIEL, s. m. Com. du dép. de l'Hérault, cant. et arr. de Montpellier. == Montpellier.

MURVILLE, s. f. Com. du dép. de la Moselle, cant. d'Audun-le-Roman, arr. de Briey. == Briey.

MURY-MONTEYMONT (St.-), s. m. Com. du dép. de l'Isère, cant. de Domène, arr. de Grenoble. == Grenoble.

MURZO, s. m. Com. du dép. de la Corse, cant. de Vico, arr. d'Ajaccio. == Ajaccio.

MUS, s. m. Com. du dép. du Gard, cant. de Vauvert, arr. de Nismes. == Calvisson.

MUSÆOGRAPHIE, s. m. Auteur de la description d'un musée.

MUSAGÈTE, s. et adj. Surnom d'Apollon et d'Hercule; guide des muses. T. de myth.

MUSARAIGNE, s. f. Petit mammifère insectivore, espèce de souris des champs à long museau.

MUSARD, E, s. et adj. Oisif, badaud qui s'arrête partout, s'amuse de tout et perd son temps à des bagatelles. T. fam.

MUSC, s. m. Quadrupède ruminant de la grosseur d'un petit chevreuil; liqueur odorante que renferme une bourse qui se trouve auprès du nombril de cet animal; parfum. Peau de —, parfumée de musc. Couleur de —, espèce de couleur brune.

MUSCADE, s. f. Noix du muscadier dont on se sert pour épicer les mets. —, adj. Qui sent le musc; rose muscade.

MUSCADELLE, s. f. Sorte de poire qui a l'odeur de musc.

MUSCADET, s. m. Vin qui a le goût du muscat. —, sorte de gros raisin.

MUSCADIER, s. m. Arbre des Indes du genre des laurinées.

MUSCADIN, s. m. Pastille dans laquelle il entre du musc. —, petit-maître musqué.

MUSCADINE, s. f. Vigne sauvage du Canada.

MUSCARDIN, s. m. Espèce de petit loir. — volant, sorte de chauve-souris.

MUSCARDINE, s. f. Maladie des vers à soie.

MUSCARDINS, s. m. pl. Vers à soie morts de la muscardine.

MUSCARI, s. m. Espèce de jacinthe, plante résolutive à l'extérieur et vomitive.

MUSCAT, s. m. Raisin du midi de la France, de Frontignan; vin que produit ce raisin.

MUSCAT, E ou MUSCADE, adj. Dont le parfum tire sur le musc; vin muscat, noix muscade.

MUSCICAPE, s. m. Oiseau gobemouches, moucherolle. T. d'hist. nat.

MUSCIDES, s. m. pl. Insectes diptères. T. d'hist. nat.

MUSCLE, s. m. Partie organique composée de fibres charnues, et destinée à exécuter les différens mouvemens du corps. T. d'anat.

MUSCLÉ, E, adj. Qui a les muscles bien prononcés. T. de peint.

MUSCOSITÉ, s. f. Espèce de mousse ou de velouté qu'on trouve dans les intestins des animaux ruminans.

MUSCOURT, s. m. Com. du dép. de l'Aisne, cant. de Neufchâtel, arr. de Laon. == Fismes.

MUSCULAIRE, adj. Se dit de tout ce qui concerne les muscles; mouvement musculaire. T. d'anat.

MUSCULDY, s. m. Com. du dép. des Basses-Pyrénées, cant. et arr. de Mauléon. == Mauléon.
Mines de fer et de plomb.

MUSCULE, s. m. Petit muscle. —, machine de guerre pour couvrir les assiégeans. T. d'antiq.

MUSCULEUX, EUSE, adj. Qui tient de la nature des muscles, qui a des muscles forts et vigoureux; constitution musculeuse. T. d'anat.

MUSCULITHE, s. f. Mousse fossile. T. d'hist. nat.

MUSCULO-CUTANÉ, s. et adj. Qui appartient aux muscles et à la peau; se dit d'un nerf qui part des nerfs brachiaux. T. d'anat.

MUSCULO-RACHIDIEN, s. et adj. Qui a rapport aux muscles et au rachis; se dit de certains rameaux artériels. T. d'anat.

MUSE, s. f. L'une des neuf sœurs, filles de Jupiter et de Mnémosyne, Déesses qui présidaient aux sciences et aux arts. T. de myth. —, génie inspirateur, talent poétique. —, pl. La poésie, les belles-lettres. Nourrissons des —, les poètes.

MUSE, s. f. Commencement du rut des cerfs. T. de véner.

MUSEAU, s. m. Partie de la tête de quelques animaux, comprenant la tête et la gueule. — de tanche, orifice antérieur du col de la matrice. T. d'anat. — long, poisson du genre du gymnote. T. d'hist. nat.

MUSÉE, s. m. Fils d'Eumolpus et de la Lune. Il excella dans la médecine. T. de myth. —, lieu destiné à l'étude des lettres, des sciences et des arts; réunion de gens de lettres, de savans et d'artistes. —, cabinet destiné à rassembler des monumens, des produits des arts ou de la nature.

MUSÉES, s. f. pl. Fêtes en l'honneur des muses. T. de myth.

MUSEGROS, s. m. Com. du dép. de l'Eure, cant. et arr. des Andelys. = les Andelys.

MUSELER, v. a. Voy. EMMUSELER.

MUSELIÈRE, s. f. Espèce de muserolle; tout ce qui sert à museler un animal pour l'empêcher de mordre ou de manger.

MUSER, v. n. Perdre son temps, s'amuser à des riens, à toute autre chose qu'à ce dont on devrait s'occuper, niaiser. —, entrer en rut, en parlant du cerf. T. de véner.

MUSEROLLE, s. f. Partie de la bride du cheval qui se trouve au-dessus du nez.

MUSETTE, s. f. Instrument de musique champêtre dont les sons aigres charment encore l'oreille des Auverguats.

MUSÉUM, s. m. Lieu consacré aux muses, musée, réunion de savans, de gens de lettres, etc.

MUSICAL, E, adj. Qui appartient à la musique.

MUSICALEMENT, adv. Selon les principes de la musique, harmonieusement.

MUSICIEN, NE, s. Compositeur de musique, artiste dont la profession est d'enseigner ou de faire de la musique.

MUSICO, s. m. Espèce de tabagie flamande ou hollandaise dans laquelle on danse.

MUSICOMANIE, s. f. Manie, fureur de faire ou d'entendre de la musique.

MUSIGNY, s. m. Com. du dép. de la Côte-d'Or, cant. d'Arnay-le-Duc, arr. de Beaune. = Arnay-le-Duc.

MUSINENS, s. m. Com. du dép. de l'Ain, cant. de Châtillon-de-Michaille, arr. de Nantua. = Châtillon-de-Michaille.

MUSIQUE, s. f. Science qui a pour objet l'étude de l'harmonie, du rapport des sons entre eux; art de composer des chants, des airs, à l'aide de caractères, de notes; ces chants, ces airs notés; papier, livre, cahier qui les renferme;
mélodie qui naît des sons, des voix, concert, symphonie; musique vocale, instrumentale. —, réunion de musiciens, orchestre. Faire de la —, jouer d'un instrument, chanter. —, nom de plusieurs coquillages qui semblent couverts de notes. — des sauvages, coquille univalve du genre des volutes. T. d'hist. nat.

MUSOPHAGE, s. m. Genre d'oiseaux sylvains du midi, qui se nourrissent de graines de plantin. T. d'hist. nat.

MUSQUÉ, E, part. Parfumé de musc. —, qui a une odeur de musc; poire musquée. —, adj. Doux, flatteur; paroles musquées. Fig.

MUSQUER, v. a. Parfumer de musc.

MUSQUIER ou MUSQUINIER, s. m. Ouvrier, fabricant de linon, de batiste.

MUSSE, s. f. Passage étroit dans une haie pour le lapin, le lièvre. T. de véner.

MUSSÉ, E, part. Caché, soustrait.

MUSSEAU, s. m. Com. du dép. de la Haute-Marne, cant. d'Auberive, arr. de Langres. = Langres.

MUSSENDER, s. m. Plante du genre des rubiacées. T. de bot.

MUSSER, v. a. Cacher, soustraire. Se —, v. pron. Se cacher. (Vi.)

MUSSEY, s. m. Com. du dép. de la Haute-Marne, cant. de Donjeux, arr. de Vassy. = Joinville. Fabr. de faïence.

MUSSEY, s. m. Com. du dép. de la Meuse, cant. de Revigny, arr. de Bar-le-Duc. = Bar-le-Duc.

MUSSIDAN, s. m. Jolie petite ville du dép. de la Dordogne, chef-lieu de cant. de l'arr. de Ribérac. Bur. d'enregist. et de poste. Forges et mines de fer.

MUSSIG, s. m. Com. du dép. du Bas-Rhin, cant. de Marckolsheim, arr. de Schélestadt. = Schélestadt.

MUSSITATION, s. f. Dans les fièvres ataxiques, mouvement des lèvres d'un malade comme s'il parlait à voix basse. T. de méd.

MUSSOIRE (la), s. f. Com. du dép. de l'Orne, cant. de Courtomer, arr. d'Alençon. = Nonant.

MUSSOLE, s. f. Coquillage bivalve. T. d'hist. nat.

MUSSY-LA-FOSSE, s. m. Com. du dép. de la Côte-d'Or, cant. de Flavigny, arr. de Semur. = Flavigny.

MUSSY-L'ÉVÊQUE, s. m. Com. du dép. de la Moselle, cant. de Vigy, arr. de Metz. = Metz.

MUSSY-SOUS-DUN, s. m. Com. du dép. de Saône-et-Loire, cant. de Chauffailles, arr. de Charolles. = la Clayette.

MUSSY-SUR-SEINE ou **MUSSY-L'É-VÊQUE**, s. m. Petite ville du dép. de l'Aube, chef-lieu de cant. de l'arr. de Bar-sur-Seine. Bur. d'enregist. et de poste. Comm. de vins et eaux-de-vie.

MUSTÉLIE, s. f. Plante corymbifère. T. de bot.

MUSTELINS, s. m. pl. Mammifères carnassiers, tels que martres, loutres, moufettes, etc. T. d'hist. nat.

MUSTELLE, s. f. Poisson du genre du gade. T. d'hist. nat.

MUSULMAN, E, s. et adj. Mahométan ; qui concerne le mahométisme, l'islamisme, les mahométans.

MUSULMANISME, s. m. Religion des musulmans, l'islamisme, le mahométisme.

MUSURGIE, s. f. Art de placer à propos les consonnances et les dissonances. T. de mus.

MUTABILITÉ, s. f. Qualité de ce qui est sujet au changement ; instabilité, variabilité.

MUTACISME, s. m. Difficulté de prononcer les lettres B, M, P.

MUTANDE, s. f. Caleçon de certains religieux

MUTATION, s. f. Changement dans la propriété, vente, échange, etc. T. de procéd. —, déplacement, révolution dans l'ordre politique, dans l'atmosphère, etc.

MUTÉ, E, part. Soufré, en parlant du vin.

MUTER, v. a. Soufrer le vin pour lui donner du corps.

MUTIGNEY, s. m. Com. du dép. du Jura, cant. de Montmirey, arr. de Dôle. = Gray.

MUTIGNY, s. m. Com. du dép. de la Marne, cant. d'Ay, arr. de Reims. = Épernay.

MUTILATION, s. f. Section, amputation ; se dit plus particulièrement des parties génitales de l'homme. T. de chir. —, destruction d'un monument, retranchement des morceaux les plus saillans d'une composition littéraire.

MUTILÉ, E, part. Coupé, retranché, amputé ; brisé, détruit.

MUTILER, v. a. Couper, amputer un ou plusieurs membres. —, briser, détruire, en parlant des monumens des arts. —, faire des retranchemens nombreux dans une composition littéraire, dans un journal, censurer. Se —, v. pron. S'estropier.

MUTILLAIRES, s. f. pl. Genre d'insectes hyménoptères dont les femelles sont privées d'ailes. T. d'hist. nat.

MUTILLE, s. f. Insecte hyménoptère mutillaire. T. d'hist. nat.

MUTIN, E, s. et adj. Entêté, opiniâtre, obstiné. —, séditieux, enclin à la révolte ; peuples de mutins.

MUTINER (se), v. pron. S'entêter, s'opiniâtrer, s'obstiner. Se —, se révolter, en parlant du peuple.

MUTINERIE, s. f. Entêtement, opiniâtreté, obstination. —, penchant à la sédition, à la révolte.

MUTIQUE, adj. Sans arêtes, sans épines. T. de bot.

MUTIR, v. n. Emeutir, fienter. T. de faucon.

MUTISIE, s. f. Genre de plantes corymbifères. T. de bot.

MUTISME, s. m., ou **MUTITÉ**, s. f. Infirmité d'un muet.

MUTRECY, s. m. Com. du dép. du Calvados, cant. de Bretteville-sur-Laize, arr. de Falaise. = Falaise.

MUTRY, s. m. Com. du dép. de la Marne, cant. d'Ay, arr. de Reims. = Épernay.

MUTTERSHOLTZ, s. m. Com. du dép. du Bas-Rhin, cant. de Marckolsheim, arr. de Schélestadt. = Saverne.

MUTUALITÉ, s. f. Réciprocité.

MUTUEL, LE, adj. Réciproque ; enseignement mutuel.

MUTUELLEMENT, adv. Réciproquement, tour à tour.

MUTULE, s. f. Modillon carré dans la corniche de l'ordre dorique. T. d'archit.

MUTZENHAUSEN, s. m. Com. du dép. du Bas-Rhin, cant. d'Hochfelden, arr. de Saverne. = Schélestadt.

MUTZIG, s. m. Com. du dép. du Bas-Rhin, cant. de Molsheim, arr. de Strasbourg. = Molsheim. Manuf. royale d'armes à feu.

MUXOÉIRA, s. f. Plante graminée de la côte de Mozambique. T. de bot.

MUY (le), s. m. Com. du dép. du Var, cant. de Fréjus, arr. de Draguignan. = Draguignan. Fabr. de cuirs ; nombreuses scieries hydrauliques.

MUZERAY, s. m. Com. du dép. de la Meuse, cant. de Spincourt, arr. de Montmédy. = Etain.

MUZILLAC, s. m. Com. du dép. du Morbihan, chef-lieu de cant. de l'arr. de Vannes. Bur. d'enregist. et de poste.

MUZY, s. m. Com. du dép. de l'Eure, cant. de Nonancourt, arr. d'Evreux. = Dreux.

MYAGRE, s. m. Plante du genre des crucifères dont on tire une huile qui chasse les rats. T. de bot.

MYCASTRE, s. m. Genre de Champignons. T. de bot.

MYCÈTES, s. m. pl. Singes alouates. T. d'hist. nat.

MYCÉTOBIES, s. f. pl. Insectes coléoptères hétéromères. T. d'hist. nat.

MYCÉTOLOGIE, s. f. Traité sur les champignons.

MYCÉTOPHAGE, s. m. Insecte coléoptère qui mange les champignons. T. d'hist. nat.

MYCTÉRISME, s. m. Ironie insultante et continue. T. inus.

MYDAS, s. m. Tortue de mer ; insecte diptère mydasien. T. d'hist. nat.

MYDASIENS, s. m. pl. Insectes diptères tanystomes, etc. T. d'hist. nat.

MYDÈSE, s. f. Putréfaction avec écoulement. T. de méd.

MYDRIASE, s. f. Affaiblissement de la vue, causé par la trop grande dilatation de la prunelle. T. de méd.

MYE, s. f. Genre de testacés bivalves. T. d'hist. nat.

MYGALE, s. f. Insecte du genre des araignées, à petite lèvre inférieure. T. d'hist. nat.

MYGINDE, s. f. Plante voisine des hartoges. T. de bot.

MYIOLOGIE, s. f. Partie de l'histoire naturelle qui concerne les mouches.

MYIOTHÈRES, s. m. pl. Oiseaux sylvains anisodactyles. T. d'hist. nat.

MYLABRE, s. m. Insecte coléoptère du midi, espèce de cantharide. T. d'hist. nat.

MYLASIS, s. m. Genre d'insectes coléoptères. T. d'hist. nat.

MYLÉÈNE, adj. f. Qui concerne la mâchoire ; apophyse myléène. T. d'anat.

MYLOCARION, s. m. Arbrisseau de l'Amérique du nord. T. de bot.

MYLOCARPE, s. m. Arbrisseau de l'Amérique septentrionale. T. de bot.

MYLOGLOSSE, s. et adj. m. Muscle qui s'étend des dents molaires jusqu'au pharynx. T. d'anat.

MYLO-HYOÏDIEN, s. et adj. m. Muscle qui part de la mâchoire inférieure et s'insère à la base de l'os hyoïde. T. d'anat.

MYLOÏCOPHORON, s. m. Plante graminée du genre du pâturin. T. de bot.

MYLO-PHARYNGIEN, s. et adj. m. Muscle qui s'étend des dents molaires au pharynx. T. d'anat.

MYOCÉPHALON, s. m. Tumeur à l'œil semblable à une tête de mouche ; staphylome. T. de chir.

MYODE, s. m. Dieu des mouches, que l'on invoquait pour être délivré de l'importunité de ces insectes ailés. T. de myth. —, s. f. Genre d'insectes coléoptères. T. d'hist. nat.

MYODOQUE, s. f. Genre d'insectes hémiptères. T. d'hist. nat.

MYODYNIE, s. f. Rhumatisme musculaire. T. de méd.

MYOGRAPHIE, s. f. Description des muscles. T. d'anat.

MYOLOGIE, s. f. Partie de l'anatomie qui traite des muscles. T. d'anat.

MYON, s. m. Com. du dép. du Doubs, cant. de Quingey, arr. de Besançon. = Quingey.

MYON (St.-), s. m. Com. du dép. du Puy-de-Dôme, cant. de Combronde, arr. de Riom. = Aigueperse.

MYOPE, s. m. Genre d'insectes dyptères. T. d'hist. nat.

MYOPE, s. et adj. Qui a la vue courte, l'opposé de presbyte. T. de chir.

MYOPIE, s. f. Vue courte occasionnée par la trop grande convexité du crystallin. T. de chir.

MYOPORE, s. m. Plante du genre des primulacées. T. de bot.

MYOSCHILE, s. m. Arbrisseau élæagnoïde du Pérou. T. de bot.

MYOSIE ou MYOSE, s. f. Contraction permanente de la prunelle. T. de chir.

MYOSOTE, s. f. Genre de plantes borraginées. T. de bot.

MYOSOTON, s. m. Plante voisine des céraistes. T. de bot.

MYOTILITÉ, s. f. Contractilité musculaire. T. de chir.

MYOTOMIE, s. f. Partie de l'anatomie qui a pour objet la dissection méthodique des muscles. T. d'anat.

MYRE, s. f. Poisson de mer du genre de la murène. T. d'hist. nat.

MYRIACANTHE, s. f. Acanthe dont les feuilles sont semblables à celles du houx. T. de bot.

MYRIADE, s. f. Dix mille. T. d'antiq. —, grand nombre indéterminé ; myriade de mouches. Fig.

MYRIAGRAMME, s. m. Mesure de pesanteur, dix mille grammes, environ vingt livres et demie.

MYRIALITRE, s. m. Mesure de capacité, dix mille litres.

MYRIAMÈTRE, s. m. Mesure itinéraire, dix mille mètres, environ deux lieues.

MYRIAPODES, s. m. pl. Insectes aptères qui ont un grand nombre de pattes. T. d'hist. nat.

MYRIARE, s. m. Mesure de superficie, environ dix mille ares.

MYRMÉCIE, s. f. Espèce de verrue

peu élevée qui naît le plus souvent dans la paume de la main et sous la plante des pieds, qu'on nomme ainsi parce qu'on ressent une douleur semblable à celle que produit une morsure de fourmi quand on la coupe. T. de chir. —, genre d'insectes formicaires. T. d'hist. nat.

MYRMÉCITE, s. f. Pierre figurée représentant une fourmi. T. d'hist. nat.

MYRMÉCODE, s. f. Insecte hyménoptère mutillaire. T. d'hist. nat.

MYRMÉLÉON, s. m. Genre d'insectes névroptères. T. d'hist. nat.

MYRMEX, s. f. Jeune fille que Minerve métamorphosa en fourmi, et qui devint mère d'une multitude de fourmis qui furent changées en hommes, auxquels on donna le nom de myrmidons. T. de myth.

MYRMICE, s. f. Insecte hyménoptère. T. d'hist. nat.

MYRMICOPHAGES, s. m. pl. Quadrupèdes édentés. T. d'hist. nat.

MYRMIDONS, s. m. pl. Thessaliens qui accompagnèrent Achille au siége de Troie. T. de myth.

MYRMOSE, s. f. Insecte hyménoptère mutillaire. T. d'hist. nat.

MYROBOLAN, s. m. Fruit desséché, gros comme la prune, qu'on apporte des Indes.

-MYROBOLANIER, s. m. Arbre des Indes qui porte les myrobolans.

MYROTHÉCIE, s. f. Genre de champignons. T. de bot.

MYRRHA, s. f. Fille de Cynire, roi de Chypre, mère d'Adonis. Elle fut métamorphosée en un arbrisseau d'où découle la myrrhe. T. de myth.

MYRRHE, s. f. Gomme odoriférante d'Ethiopie et d'Arabie.

MYRRHÉ, E, adj. Qui contient de la myrrhe ; vin myrrhé.

MYRRHIS, s. m. Cerfeuil musqué, cicutaire odorante, plante. T. de bot.

MYRRHITE, s. f. Pierre couleur de myrrhe. T. d'antiq.

MYRSINITE, s. f. Pierre ayant la couleur du miel et l'odeur du myrte. T. d'hist. nat. —, pl. Euphorbes. T. de bot.

MYRTE, s. m. Arbrisseau toujours vert, symbole de l'amour.

MYRTIFORME, adj. En forme de feuille de myrte ; caroncules myrtiformes. T. d'anat.

MYRTILITHE, s. f. Pierre figurée portant l'empreinte de feuilles de myrte. T. d'hist. nat.

MYRTILLE, s. f. Voy. AIRELLE. T. de bot.

MYRTOCISTUS, s. m. Millepertuis à fleurs d'un jaune d'or. T. de bot.

MYRTOGÉNISTA, s. m. Arbrisseau du cap de Bonne-Espérance. T. de bot.

MYRTOÏDES, s. f. pl. Famille des myrtes. T. de bot.

MYSIS, s. m. Genre de crustacés décapodes. T. d'hist. nat.

MYSOGYNE, s. m. et adj. Ennemi du beau sexe, qui fuit les femmes. T. inus.

MYSOGYNIE, s. f. Haine aux femmes. T. inus.

MYSTAGOGIE, s. f. Interprétation des mystères.

MYSTAGOGUE, s. m. Prêtre grec qui initiait aux mystères de la religion. T. d'antiq.

MYSTE, s. m. Initié aux petits mystères de Cérès. T. d'antiq.

MYSTÈRE, s. m. Dogme de la religion chrétienne inaccessible à la raison humaine ; mystère de la Trinité. —, chose incompréhensible, secret de la nature. —, secret d'une intrigue politique, et en général ce qu'on s'efforce de dérober à la connaissance des autres. Fig. Faire — de quelque chose, le tenir secret. —, pl. Comédies saintes, moralités, farces pieuses que jouaient les confrères de la Passion, et qui sont comme l'origine de notre théâtre. —, cérémonies secrètes du culte païen ; les mystères de Cérès, d'Isis.

MYSTÉRIEUSEMENT, adv. Avec mystère, d'une façon mystérieuse, sous le voile du mystère.

MYSTÉRIEUX, EUSE, adj. Qui contient quelque mystère, un secret, quelque sens caché. —, en parlant des personnes, qui fait mystère de tout.

MYSTICITÉ, s. f. Raffinement de dévotion, recherche profonde en fait de spiritualité.

MYSTIFICATEUR, s. m. Mauvais plaisant qui se plaît à mystifier.

MYSTIFICATION, s. f. Piége tendu à la crédulité de quelqu'un, tromperie, mauvaise plaisanterie.

MYSTIFIÉ, E, part. Trompé, tourné en ridicule.

MYSTIFIER, v. a. Abuser de la simplicité de quelqu'un pour lui faire croire quelque chose, et le tourner en ridicule.

MYSTIQUE, s. m. Dévot méditatif, qui est toujours en contemplation. —, adj. Figuré, allégorique, en parlant des mystères de la religion ; qui raffine sur les matières de dévotion. Testament —, secret, sous le cachet.

MYSTIQUEMENT, adv. Selon le sens mystique.

MYSTRE, s. m. Mesure grecque pour les liquides. T. d'antiq.

MYTHE, s. m. Traité sur la fable, sur la mythologie.

MYTHOLOGIE, s. f. Brillante rêverie des poètes, fatalisme, paganisme ; histoire des dieux de la fable, des demi-dieux et des héros de l'antiquité, pour l'intelligence des auteurs anciens.

MYTHOLOGIQUE, adj. Qui est relatif à la mythologie.

MYTHOLOGISME, s. m. Système de la mythologie.

MYTHOLOGISTE ou MYTHOLOGUE, s. m. Auteur qui écrit sur la mythologie, qui sait tout ce qui a rapport aux dieux de la fable, etc.

MYTHRIDATE, s. m. Roi de Pont, l'ennemi irréconciliable des Romains. —, tragédie de Racine. —, plante des anciens ; composition pharmaceutique.

MYTILACÉS, s. m. pl. Mollusques acéphales. T. d'hist. nat.

MYTILÈNE, s. m. Espèce d'ortolan. T. d'hist. nat. —, Metelino, l'ancienne Lesbos, ville de l'archipel grec, fertile en vins, huile et fruits excellens.

MYTILIER, s. m. Animal que renferment les moules. T. d'hist. nat.

MYTILITHE, s. f. Moule fossile. T. d'hist. nat.

MYURE, adj. Dont les pulsations s'affaiblissent peu à peu ; pouls myure. T. de méd.

MYZINE, s. f. Genre d'insectes hyménoptères. T. d'hist. nat.

MYZORE ou MYSORE, s. f. Ville fortifiée de l'Indostan, capitale du royaume de ce nom.

N.

N, s. m. et f. Quatorzième lettre de l'alphabet, onzième consonne, lettre numérale équivalant à 900, en chiffres romains. —, marque le nord, et sert à indiquer les auteurs anonymes.

NABAB, s. m. Prince indien ; agent de l'administration anglaise, négociant qui a fait une fortune considérable dans l'Inde.

NABABIE, s. f. Dignité de nabab ; ses possessions territoriales, son autorité.

NABAS, s. m. Com. du dép. des Basses-Pyrénées, cant. de Navarrenx, arr. d'Orthez. = Navarrenx.

NABINAUD, s. m. Com. du dép. de la Charente, cant. d'Aubeterre, arr. de Barbezieux. = la Graulle.

NABIRAT, s. m. Com. du dép. de la Dordogne, cant. de Domme, arr. de Sarlat. = Sarlat.

NABIS, s. m. Genre d'insectes hémiptères. T. d'hist. nat.

NABLE, s. m. Espèce de psaltérion, instrument de musique à cordes dont se servaient les Hébreux.

NABOR (St.-), s. m. Com. du dép. du Bas-Rhin, cant. de Rosheim, arr. de Schélestadt. = Strasbourg.

NABORD (St.-), s. m. Com. du dép. de l'Aube, cant. de Ramerupt, arr. d'Arcis-sur-Aube. = Arcis-sur-Aube.

NABORD (St.-), s. m. Com. du dép. des Vosges, cant. et arr. de Remiremont. = Remiremont.

NABOT, E, s. Petite personne rabougrie. T. de mép.

NABRINGHEN, s. m. Com. du dép. du Pas-de-Calais, cant. de Desvres, arr. de Boulogne. = Samer.

NACARAT, s. m. et adj. indécl. Couleur d'un rouge clair.

NACELLE, s. f. Petit bateau. —, membre creux en demi-ovale dans les profils. T. d'arch. —, petite cavité en forme de petit bateau qui se trouve à l'extrémité du canal de l'urètre. T. d'anat.

NACHAMPS, s. m. Com. du dép. de la Charente Inférieure, cant. de Tonnay-Boutonne, arr. de St.-Jean-d'Angély. = St.-Jean-d'Angély.

NACIRE, s. m. Genre de plantes de la famille des rubiacées. T. de bot.

NACQUEVILLE, s. f. Com. du dép. de la Manche, cant. de Beaumont, arr. de Cherbourg. = Cherbourg.

NACRE, s. f. Coquillage des Indes orientales, gris et ridé en dehors, luisant et argenté en dedans, renfermant ordinairement des perles ; ce coquillage préparé pour différens ouvrages de bijouterie, etc.

NACRÉ, s. m. Papillon de jour. T. d'hist. nat.

NACRÉ, E, adj. Qui a de l'analogie avec la couleur argentée de la nacre.

NACRITE, s. m. Minéral nacré. T. d'hist. nat.

NADAILLAC, s. m. Com. du dép. de la Dordogne, cant. de Salignac, arr. de Sarlat. = Sarlat.

NADAILLAC, s. m. Village du dép.

du Lot, réuni à la com. de Roc, cant. de Peyrac, arr. de Gourdon. = Peyrac.

NADES, s. f. Com. du dép. de l'Allier, cant. d'Ebreuil, arr. de Gannat. = Gannat.

NADILLAC, s. m. Village du dép. du Lot, cant. de Lauzès, arr. de Cahors. = Cahors.

NADIR, s. m. Point vertical, opposé au zénith. T. d'astr.

NÆMATOTHÈQUES, s. m. pl. Champignons. T. de bot.

NÆSE, s. f. Genre de crustacés. T. d'hist. nat.

NAFFE, s. f. Eau de fleur d'orange distillée par un parfumeur de ce nom.

NAFTEL, s. m. Com. du dép. de la Manche, cant. d'Isigny, arr. de Mortain. = St.-Hilaire.

NAGAM, s. m. Arbre des côtes du Malabar. T. de bot.

NAGAS, s. m. Plante de la famille des guttifères; arbre de l'Inde qui donne le bois de fer. T. de bot. —, baleine du Japon. T. d'hist. nat.

NAGASSARI, s. m. Grand arbre de l'Inde. T. de bot.

NAGE, s. f. Manière de voguer d'un navire; bord du bateau sur lequel la rame est appuyée. T. de mar. A la —, adv. En nageant. Se jeter à la —, se jete à l'eau pour nager. Etre en —, être couvert de sueur.

NAGEANT, E, adj. Etendu sur l'eau; feuille nageante. T. de bot. —, adj. f. Se dit d'une carde dont les dents cèdent facilement.

NAGÉE, s. f. Espace parcouru à la nage.

NAGEL, s. m. Com. du dép. de l'Eure, cant. de Conches, arr. d'Evreux. = Conches.

NAGEOIR, s. m. Bain public où l'on nage, où l'on apprend à nager. T. inus.

NAGEOIRE, s. f. Membrane des poissons disposée diversement dans chaque espèce, et qui leur sert à nager. —, tout ce qu'on juge convenable d'adapter pour se soutenir sur l'eau quand on apprend à nager. —, plateau de bois sur les seaux des porteurs d'eau. —, caisse devant la cuve. T. de papet.

NAGER, v. n. Parcourir la surface de l'eau en imitant avec ses bras et ses jambes les mouvemens de la grenouille. —, voyager, cheminer dans l'eau, en parlant des poissons. —, flotter sur l'eau, être porté par un liquide quelconque. —, ramer. T. de batel. — dans la joie, être ivre de joie. — dans l'opulence, posséder d'immenses richesses. — dans son sang, en être inondé. Fig.

NAGES, s. m. Com. du dép. du Tarn, cant. de Lacaune, arr. de Castres. = Lacaune.

NAGES-ET-SOLORGUES, s. m. Com. du dép. du Gard, cant. de Sommières, arr. de Nismes. = Calvisson.

NAGEUR, EUSE, s. Personne qui nage, qui sait nager. —, rameur. —, serpent, couleuvre ayant un collier. —, pl. Oiseaux aquatiques. T. d'hist. nat.

NAGOR, s. m. Gazelle du Sénégal. T. d'hist. nat.

NAGUÈRE ou NAGUÈRES, adv. Depuis peu de temps, récemment, il n'y a pas long-temps.

NAHUJA, s. f. Com. du dép. des Pyrénées-Orientales, cant. de Saillagouse, arr. de Prades. = Mont-Louis.

NAÏADES, s. f. pl. Nymphes, filles de Jupiter qui présidaient aux fleuves et aux fontaines. On les représente appuyées sur une urne et versant de l'eau. T. de myth. —, plantes aquatiques. T. de bot.

NAÏF, IVE, adj. Naturel, sans fard, sans artifice, qui n'est pas étudié; manières naïves. —, qui imite bien la nature; peinture naïve. —, rempli de simplicité, de candeur; bonasse, trop ingénu.

NAILLAC, s. m. Com. du dép. de la Dordogne, cant. de Hautefort, arr. de Périgueux. = Exideuil.

NAILLAT, s. m. Com. du dép. de la Creuse, cant. de Dun, arr. de Guéret. = Argenton-sur-Creuse.

NAILLIERS, s. m. Com. du dép. de la Vienne, cant. de St.-Savin, arr. de Montmorillon. = St -Savin.

NAILLOUX, s. m. Com. du dép. de la Haute-Garonne, chef-lieu de cant. de l'arr. de Villefranche où se trouve le bur. d'enregist. = Villefranche.

NAILLY, s. m. Com. du dép. de l'Yonne, cant. et arr. de Sens. = Sens.

NAIN, E, s. et adj. Qui est d'une taille beaucoup au-dessous de la médiocre; homme, arbre nain.

NAIN-LONDRIN, s. m. Drap fin anglais fait avec la laine des moutons espagnols.

NAINTRÉ, s. m. Com. du dép. de la Vienne, cant. et arr. de Châtellerault. = Châtellerault.

NAINVILLE, s. f. Com. du dép. de Seine-et-Oise, cant. et arr. de Corbeil. = Corbeil.

NAIPE, s. m. Juge turc dont la juridiction est renfermé dans son village.

NAIRE, s. m. Noble qui suit la carrière militaire, chez les Indiens qui habitent les côtes du Malabar.

NAISEY, s. m. Com. du dép. du Doubs, cant. de Roulans, arr. de Baume. = Besançon.

NAISSANCE, s. f. Sortie de l'enfant du sein de sa mère, venue au monde. —, origine, commencement au phys. et au moral. Fig. —, race, extraction, noblesse; homme d'une naissance illustre. —, endroit où une voûte commence. T. d'archit.

NAISSANT, E, adj. Qui naît, qui commence à exister, à se former, à venir, à paraître, à se faire sentir ; jour naissant, passion naissante, etc.

NAÎTRE, v. n. Venir au monde, sortir du sein de sa mère; se dit des animaux, des oiseaux, des plantes, etc. —, commencer au phys. et au moral; le jour vient de naître. — de, tirer son origine, être produit, provenir de.

NAÏVEMENT, adv. Avec naïveté.

NAIVES-DEVANT-BAR, s. m. Com. du dép. de la Meuse, cant. de Vavincourt, arr. de Bar-le-Duc.=Bar-le-Duc.

NAIVES-EN-BOIS, s. m. Com. du dép. de la Meuse, cant. de Void, arr. de Commercy. = Void.

NAÏVETÉ, s. f. Ingénuité, simplicité d'ame, franchise, bonhomie. —, vérité d'expression. —, simplicité naïve, trait naïf; propos qui échappe par ignorance ou par indiscrétion.

NAIX, s. m. Com. du dép. de la Meuse, cant. de Ligny, arr. de Bar-le-Duc. = Ligny.

NAIZIN, s. m. Com. du dép. du Morbihan, cant. de Locminé, arr. de Pontivy. = Locminé.

NAJAC, s. m. Petite ville du dép. de l'Aveyron, chef-lieu de cant. de l'arr. de Villefranche. Bur. d'enregist. = Villefranche. Fabr. de serges, fils retors, toiles rousses et d'emballage. Comm. de toiles et bestiaux.

NALAGU, s. m. Arbrisseau du Malabar. T. de bot.

NALIMÉ, s. m. Poisson qu'on trouve dans les rivières de Sibérie. T. d'hist. nat.

NALLIERS, s. m. Com. du dép. de la Vendée, cant. de l'Hermenault, arr. de Fontenay. = Fontenay.

NALZEN, s. m. Com. du dép. de l'Ariège, cant. de Lavelanet, arr. de Foix. = Mirepoix.

NAMA, s. m. Plante herbacée de la Jamaïque. T. de bot.

NAMUR, s. m. Ville des Pays-Bas sur la Meuse. Fabr. de coutellerie, quincaillerie, etc. Pop. 16,000 hab. envir.

NAMA-NEUSADIE, s. m. Arbre des Indes-Orientales. T. de bot.

NAMAS, s. m. Prière des Mahométans.

NAMBSHEIM, s. m. Com. du dép. du Haut-Rhin, cant. de Neufbrisack, arr. de Colmar. = Neufbrisack.

NAMPCEL, s. m. Com. du dép. de l'Oise, cant. d'Attichy, arr. de Compiègne. = Vic-sur-Aisne.

NAMPCEL-LA-COUR, s. m. Com. du dép. de l'Aisne, cant. et arr. de Vervins. = Vervins.

NAMPONT, s. m. Com. du dép. de la Somme, cant. de Rue, arr. d'Abbeville.=Montreuil.

NAMPS-AU-MONT, s. m. Com. du dép. de la Somme, cant. de Conty, arr. d'Amiens. = Poix.

NAMPS-AU-VAL, s. m. Com. du dép. de la Somme, cant. de Conty, arr. d'Amiens. = Poix.

NAMPTEUIL-SOUS-MURET, s. m. Com. du dép. de l'Aisne, cant. d'Oulchy-le-Château, arr. de Soissons. = Oulchy-le-Château.

NAMPTY-COPPEGUEULLE, s. m. Com. du dép. de la Somme, cant. de Conty, arr. d'Amiens. =Amiens.

NANAN, s. m. Friandises, sucreries. T. fam. et enfantin.

NANC, s. m. Com. du dép. du Jura, cant. de St-Amour, arr. de Lons-le-Saulnier. = Champagnole.

NANCAY, s. m. Com. du dép. du Cher, cant. de Vierzon, arr. de Bourges. =Vierzon.

NANCE, s. m. Com. du dép. du Jura, cant. de Bletterans, arr. de Lons-le-Saulnier. = Lons-le-Saulnier.

NANCELLE, s. f. Concavité entre deux tores ou moulures rondes. T. d'arch.

NANCLARS, s. m. Com. du dép. de la Charente, cant. de St-Amand-de-Boixe, arr. d'Angoulême. = Maules.

NANÇOIS-LE-GRAND, s. m. Com. du dép. de la Meuse, cant. et arr. de Commercy. = Ligny.

NANÇOIS-LE-PETIT, s. m. Com. du dép. de la Meuse, cant. de Ligny, arr. de Bar-le-Duc. = Ligny.

NANCRAS, s. m. Com. du dép. de la Charente-Inférieure, cant. de Saujon, arr. de Saintes. =Saujon.

NANCRAY, s. m. Com. du dép. du Doubs, cant. de Roulans, arr. de Baume. = Besançon.

NANCRAY, s. m. Com. du dép. du Loiret, cant. de Beaune, arr. de Pithiviers. = Bois-Commun.

NANCRÉ, s. m. Com. du dép. d'Indre-et-Loire, cant. de Richelieu, arr. de Chinon. = Richelieu.

NANCUISE, s. f. Com. du dép. du

NAN 463 NAN

Jura, cant. d'Orgelet, arr. de Lons-le-Saulnier. = Orgelet.

NANCY, s. m. Ville du dép. de la Meurthe, chef-lieu de préf., d'une sous-préf. et de 3 cant.; cour royale; évêché érigé dans le 12ᵉ siècle; trib. de 1ʳᵉ inst. et de comm.; chambre consultative des manuf.; société d'agric.; académie des sciences et belles-lettres; école royale forestière, cours gratuits de dessin, d'enseignement médical, d'accouchement et de bot.; biblioth. pub. de 23,000 vol.; muséum; ing. en chef des ponts-et-chaussées; direct. de l'enregist. et des domaines de 1ʳᵉ classe; conserv. des hypoth.; direct. des contrib. dir. et indir.; bur. de garantie des matières d'or et d'argent; recev. gén. des finances; payeur du dép.; bur. d'enregist. et de poste; pop. 30,000 hab. envir.

Cette ville, située au milieu d'une plaine fertile arrosée par la-Meurthe, est supérieurement bâtie; ses rues, tirées au cordeau, sont larges et ornées de belles maisons en pierres de taille; ses places et ses édifices publics sont d'une magnificence à faire honneur aux plus belles capitales. Tous ces embellissemens sont dus au roi de Pologne, Stanislas, qui y mourut en 1766. Les dépouilles mortelles de ce grand prince, cher à l'humanité, sont enfermées dans un magnifique mausolée en marbre blanc, chef-d'œuvre de Girardon. On remarque particulièrement à Nancy, la superbe place royale où est situé l'hôtel-de-ville, dont les deux façades latérales sont coupées par deux rues très étendues qui aboutissent à deux portes de la ville, bâties en arc de triomphe; la cathédrale, le palais du gouvernement, l'hôtel de la préfecture, précédé d'un bel arc de triomphe; la place d'Alliance, les beaux quartiers de la cavalerie, le cours Bourbon, etc. La fondation de Nancy ne remonte pas au-delà du 11ᵉ siècle; elle était déjà fortifiée, et fut prise par Charles-le-Téméraire, duc de Bourgogne, en 1475; mais il fut forcé de l'abandonner l'année suivante après la bataille de Morat. Peu de temps après, il l'assiégea de nouveau et perdit la vie sous ses murs en 1477. Louis XIV fit raser ses fortifications en 1661, à l'exception de la citadelle qui existe encore. En 1736, elle fut cédée, ainsi que toute la Lorraine, au roi de Pologne Stanislas, et ne fut réunie à la France qu'après la mort de ce monarque. Parmi les hommes célèbres dont cette ville s'honore, nous citerons Callot, graveur célèbre, madame de Graffigny, Palissot, Mollevaut, St.-Lambert et le général Drouot. Fabr. de broderie en tout genre, draps, étoffes de laine, bonneterie, dentelles, papiers peints, huiles, chandelles, liqueurs, boules vulnéraires d'acier, ouvrages de fer, de tôle et de cuivre; nombreuses filatures de coton; teintureries, tanneries et corroieries. Comm. de grains, vins, eaux-de-vie, huiles, cuirs, etc.

NANDAX, s. m. Com. du dép. de la Loire, cant. de Charlieu, arr. de Roanne. = Roanne.

NANDIROBE, s. f. Plante de la famille des cucurbitacées. T. de bot.

NANDU, s. m. Oiseau échassier tridactyle. T. d'hist. nat.

NANDY, s. m. Com. du dép. de Seine-et-Marne, cant. et arr. de Melun. = Melun.

NANGEVILLE, s. f. Com. du dép. du Loiret, cant. de Malesherbes, arr. de Pithiviers. = Malesherbes.

NANGIS, s. m. Petite ville du dép. de Seine-et-Marne, chef-lieu de cant. de l'arr. de Provins. Bur. d'enregist. et de poste. Comm. de grains, fromages, bestiaux, etc.

NANGUER ou NANGUEUR, s. m. Espèce de gazelle du Sénégal. T. d'hist. nat.

NANI, s. m. Arbre dont le bois est très dur. T. de bot.

NANKIN, s. m. Ville considérable située dans la partie méridionale de la Chine, ancienne capitale de ce royaume. Cette ville possède un grand nombre de savans et d'artistes, beaucoup de bibliothèques et d'établissemens scientifiques. C'est là qu'on trouve la fameuse tour de porcelaine dont parlent les voyageurs, tour élevée de neuf étages et qu'on cite comme un monument prodigieux. Nankin renferme, dit-on, plusieurs millions d'habitans. —, toile de coton des fabriques de Nankin; étoffe à l'imitation de celles de l'Inde.

NANKINETTE, s. f. Etoffe légère de coton tissue comme le nankin.

NANKO ou NANKA, s. m. Arbre à pain de l'île de Sumatra. T. de bot.

NANNA, s. m. Arbre d'Amérique dont le fruit, en forme d'artichaut, est délicieux à manger. T. de bot.

NANNAY, s. m. Com. du dép. de la Nièvre, cant. de la Charité, arr. de Cosne. = la Charité.

NANS, s. m. Com. du dép. du Doubs, cant. de Rougemont, arr. de Baume. = Baume.

NANS, s. m. Com. du dép. du Var, cant. de St.-Maximin, arr. de Brignoles. = St.-Maximin.

NANS (les), s. m. pl. Com. du dép. du Jura, cant. de Nozeroy, arr. de Poligny. = St.-Amour.

NANSE, s. f. Natte d'osier.

NAN-SOUS-THIL, s. m. Com. du dép. de la Côte-d'Or, cant. de Precy-sur-Thil, arr. de Semur. = Semur.

NANS-SOUS-STÉ.-ANNE, s. m. Com. du dép. du Doubs, cant. d'Amancey, arr. de Besançon. = Salins.

NANT, s. m. Com. du dép. de l'Aveyron, chef-lieu de cant. de l'arr. de Milhau. Bur. d'enregist. et de poste.

NANTAIS, E, s. et adj. Habitant de Nantes; qui est relatif à cette ville.

NANTAISE, s. f. Houppelande de matelot.

NANTEAU-SUR-ESSONNE, s. m. Com. du dép. de Seine-et-Marne, cant. de la Chapelle, arr. de Fontainebleau. = Malesherbes.

NANTEAU-SUR-LUNAIN, s. m. Com. du dép. de Seine-et-Marne, cant. de Nemours, arr. de Fontainebleau. = Nemours.

NANTERRE, s. m. Com. du dép. de la Seine, chef-lieu de cant. de l'arr. de St.-Denis. Bur. d'enregist. à Courbevoie. Bur. de poste.

NANTES, s. f. Com. du dép. de l'Isère, cant. de la Mure, arr. de Grenoble. = la Mure.

NANTES, s. f. Ancienne et grande ville maritime du dép. de la Loire-Inférieure, chef-lieu de préf., d'une sous-préf. et de 6 cant.; évêché érigé dans le 3e siècle; trib. de 1re inst. et de comm.; chambre et bourse de comm.; banque; hôtel des monnaies, lettre T; bur. de garantie des matières d'or et d'argent; école d'hydrographie de 1re classe; syndicat maritime; école secondaire de médecine; cours de dessin et d'accouchement; société d'agric. et d'assurance maritime; consulats étrangers; ingén. en chef des ponts-et-chaussées; direct. de l'enregist. et des domaines, 2e classe; conserv. des hypth.; direct. des contrib. dir. et indir.; direct. des douanes; recev. gén. des finances; payeur du dép.; bur. d'enregist. et de poste. Pop. 71,800 hab. env.

Cette ville, assise sur la rive droite de la Loire, au confluent de l'Erdre et de la Sèvre-Nantaise avec ce fleuve, est une des places les plus considérables et les plus commerçantes de la France. Elle est généralement bien bâtie et possède des places publiques régulières. L'île Feydeau, la place et le quartier Graslin, la place Royale et les quais surtout sont magnifiques. Le port de la Fosse, qui peut être comparé, pour la magnificence, à celui des Chartrons de Bordeaux, ne reçoit que des bâtimens de 200 tonneaux; ainsi ceux qui sont au-dessus de ce tonnage s'arrêtent à Paimbœuf pour y décharger une partie de leur cargaison. Les Cours St-Pierre et St.-André offrent des promenades spacieuses et agréables, bordées de belles maisons; ils s'étendent d'un côté sur la Loire, et de l'autre jusqu'à l'Erdre. Au bout du premier s'élève, sur le bord de la Loire, le vieux château des ducs de Bretagne, qui est d'un effet pittoresque et contribue à l'embellissement de cette place. C'est dans ce château que fut donné, par Henri IV, en 1598, le fameux édit de Nantes. La proximité de la mer et la navigation de la Loire donnent la plus grande extension au comm. de cette ville, où l'on remarque particulièrement l'hôtel de la préf., ancien palais de la cour des comptes; l'hôtel-de-ville, la bourse, ornée d'un beau péristyle de dix colonnes ioniques et d'un portique de quatre colonnes, couronnées des statues de Duquesne, Jean-Bart, Dugay-Trouin et Cassart; la salle de spectacle, la place Royale, l'hôtel des monnaies, la halle, la cathédrale, etc.; fabr. de bas, toiles, mouchoirs, indiennes, cotonnades, flanelles; produits chimiques; bouchons de liége, brosses, cartons, clous, câbles en fer à l'usage de la marine; filets pour la pêche; faïence, sabots; manuf. de cordages; filatures de coton; verreries, distilleries d'eaux-de-vie, vinaigreries, raffineries de sucre; tanneries, corroieries; construction de navires marchands, de corvettes et autres vaisseaux; fonderie de canons; comm. considérable de grains, farines, biscuits, beurre, légumes secs, laine, cuirs, maroquin, bois de construction, outils aratoires, vins, eaux-de-vie, vinaigre, sucre, liqueurs fines, etc.; magasin général de vivres et munitions pour la marine, approvisionnant les ports de Brest, Lorient et Rochefort; comm. d'exportation avec l'Europe entière, les colonies d'Amérique et les Indes; armemens pour la pêche de la morue; entrepôt réel et fictif; entrepôt de sel, etc.

NANTEUIL, s. m. Com. du dép. des Ardennes, cant. et arr. de Rethel. = Rethel.

NANTEUIL, s. m. Com. du dép. de la Charente, cant. et arr. de Ruffec. = Ruffec.

NANTEUIL, s. m. Com. du dép. de la Dordogne, cant. de Thiviers, arr. de Nontron. = Thiviers.

NANTEUIL, s. m. Com. du dép. de la Dordogne, cant. de Verteillac, arr. de Ribérac. = Mareuil.

NANTEUIL, s. m. Com. du dép. des

Deux-Sèvres, cant. de St.-Maixent, arr. de Niort. = St.-Maixent.

NANTEUIL-LA-FOSSE, s. m. Com. du dép. de l'Aisne, cant. de Vailly, arr. de Soissons. = Soissons.

NANTEUIL-LA-FOSSE, s. m. Com. du dép. de la Marne, cant. de Châtillon, arr. de Reims. = Reims.

NANTEUIL-LE-HAUDOIN, s. m. Com. du dép. de l'Oise, chef-lieu de cant. de l'arr. de Senlis. Bur. d'enregist. et de poste.

NANTEUIL-LES-MEAUX, s.m. Com. du dép. de Seine-et-Marne, cant. et arr. de Meaux. = Meaux.

NANTEUIL-NOTRE-DAME, s. m. Com. du dép. de l'Aisne, cant. de Fère-en-Tardenois, arr. de Château-Thierry. = Oulchy.

NANTEUIL-SUR-MARNE, s.m.Com. du dép. de Seine-et-Marne, cant. de la Ferté-sous-Jouarre, arr. de Meaux. = la Ferté-sous-Jouarre.

NANTEUIL-VICHEL, s. m. Com. du dép. de l'Aisne, cant. de Neuilly-St.-Front, arr. de Château-Thierry. = Neuilly-St.-Front.

NANTEY, s. m. Com. du dép. du Jura, cant. de St.-Amour, arr. de Lons-le-Saulnier. = St.-Amour.

NANTHALÈNE (Ste.-), s. f. Com. du dép. de la Dordogne, cant. et arr. de Sarlat. = Sarlat.

NANTHIAT, s. m. Com. du dép. de la Dordogne, cant. de Lanouaille, arr. de Nontron. = Exideuil.

NANTI, E, part. Pourvu de nantissemens.

NANTIAT, s. m. Com. du dép. de la Haute-Vienne, chef-lieu de cant. de l'arr. de Bellac. Bur. d'enregist. = Bellac.

NANTILLÉ, s. m. Com. du dép. de la Charente-Inférieure, cant. de St.-Hilaire, arr. de St.-Jean-d'Angely. = St.-Jean-d'Angely.

NANTILLOIS, s. m. Com. du dép. de la Meuse, cant. de Montfaucon, arr. de Montmédy. = Varennes.

NANTILLY, s. m. Com. du dép. de la Haute-Saône, cant. d'Autrey, arr. de Gray. = Gray.

NANTIR, v. a. Donner des nantissemens, des gages, pour garantie du paiement d'un emprunt. Se —, v. pron. Se garnir, se munir par précaution. Se —, s'emparer, se saisir.

NANTISSEMENT, s.m. Gage qu'exige un usurier ou le Mont-de-Piété, pour sûreté du capital et des intérêts de l'argent qu'il prête.

NANT-LE-GRAND, s. m. Com. du dép. de la Meuse, cant. de Ligny, arr. de Bar-le-Duc. = Ligny.

NANT-LE-PETIT, s.m. Com. du dép. de la Meuse, cant. de Ligny, arr. de Bar-le-Duc. = Ligny.

NANTOIN, s. m. Com. du dép. de l'Isère, cant. de la Côte-St.-André, arr. de Vienne. = Bourgoin.

NANTOIS, s. m. Com. du dép. de la Meuse, cant. de Ligny, arr. de Bar-le-Duc. = Ligny.

NANTON, s. m. Com. du dép. de Saône-et-Loire, cant. de Sennecey-le-Grand, arr. de Châlons. = Sennecey-le-Grand.

NANTOUILLET, s. m. Com. du dép. de Seine-et-Marne, cant. de Claye, arr. de Meaux. = Dammartin.

NANTOUX, s. m. Com. du dép. de la Côte-d'Or, cant. et arr. de Beaune. = Beaune.

NANTUA, s. f. Ville du dép. de l'Ain, chef-lieu de sous-préf. et de cant.; trib. de 1re inst.; chambre consultative des manuf.; société d'agric.; biblioth. pub.; conserv. des hypoth.; direct. des contrib. indir.; recev. part. des finances; bur. d'enregist. et de poste.
Fabr. de calicots, percales, mousselines, toiles de coton et de fil, couvertures; filatures de soie et de coton.
Comm. de souliers, de poissons, fromages, etc.

NANTUARD, s. m. Com. du dép. de la Haute-Saône, cant. et arr. de Gray. = Gray.

NAOURS, s. m. Com. du dép. de la Somme, cant. de Domart, arr. de Doullens. = Doullens.

NAPACÉ, E, ou **NAPIFORME**, adj. Se dit des racines qui ressemblent au navet. T. de bot.

NAPAUL, s. m. Faisan du Bengale, qui a le bec et les ongles bleus.

NAPÉE, s. f. Pente d'une montagne boisée. —, pl. Nymphes des bois et des montagnes. T. de myth. —, plantes malvacées de Virginie. T. de bot.

NAPEL, s. m. Voy. ACONIT.

NAPHA, s. m. Fleur d'oranger. T. de pharm.

NAPHTÉ, s. m. Espèce de bitume liquide, très subtil, qui brûle dans l'eau.

NAPIMOGA, s.m. Arbre de la Guiane. T. de bot.

NAPLES, s. f. Grande et belle ville d'Italie, capitale du royaume des Deux-Siciles, dans la terre de Labour que les anciens appelaient *Campania felix*, champs heureux, à cause de la beauté du climat et de la fertilité de son sol, est située au fond d'un golfe auquel elle donne son nom.

Cette ville, dans une situation admirable, est magnifiquement bâtie, et possède un port excellent et très commerçant : ses environs offrent une infinité d'objets dignes de l'attention des voyageurs. Nous citerons entre autres, la grotte du mont Pausilippe et celle du Chien ; Portici, village où l'on a découvert l'ancienne ville d'Herculanum, ensevelie sous les laves du Vésuve à la profondeur de soixante-dix à cent douze pieds, et enfin le mont Vésuve situé à quatre lieues de Naples. Pop. 400,000 hab. env.

NAPOLÉON, s. m. Pièce d'or française de 20 et de 40 francs, à l'effigie de l'empereur Napoléon. Voy. BONAPARTE.

NAPOLÉONE, s. f. Arbrisseau d'Afrique. T. de bot.

NAPOLI-DI-ROMANIE, s. m. Ville maritime du nouveau royaume de Grèce, sur la côte S.-E. de Morée, siège d'un archevêché grec. Comm. de grains, vin, huile, tabac, soie et coton.

NAPOLITAIN, E, s. et adj. Originaire de Naples ; qui concerne cette ville.

NAPOULE (la), s. f. Com. du dép. du Var, cant. de Fréjus, arr. de Draguignan. = Fréjus.

NAPPE, s. f. Morceau de linge dont on couvre la table à manger. —, linge dont on couvre l'autel, qu'on étend devant les fidèles qui sont admis à la communion. —, chute d'eau qui tombe en forme de nappe. —, peau de cerf pour la curée. T. de véner. —, filet pour prendre des cailles, des alouettes, etc.

NAPPISTE, s. m. Oiseleur qui chasse avec des nappes.

NAPT, s. m. Com. du dép. de l'Ain, cant. d'Izernore, arr. de Nantua. = Nantua.

NAQUET, s. m. Valet d'un jeu de paume.

NAQUETER, v. n. Attendre servilement à la porte comme un valet. (Vi.)

NAQUETTE, s. f. Marchande lingère en détail.

NARAVELIA, s. f. Plante du genre des renonculacées. T. de bot.

NARBÉ-FONTAINE, s. m. Com. du dép. de la Moselle, cant. de Boulay, arr. de Metz. = Boulay.

NARBIEZ, s. m. Com. du dép. du Doubs, cant. de Russey, arr. de Montbéliard. = Morteau.

NARBONNE, s. f. Ville du dép. de l'Aude, chef-lieu de sous-préf. et d'un cant. ; trib. de 1re inst. et de comm. ; société d'agric. et d'émulation ; école d'hydrographie, de 4e classe ; conserv. des hypoth. ; direct. des contrib. indir. ; recev. part. des finances ; bur. d'enregist. et de poste. Pop. 10,090 hab. env.

Cette ville, située sur le canal de Narbonne qui communique à l'Océan par le canal du Midi, et à la Méditerranée par l'étang de Bages ou de Sijean, est généralement mal bâtie. On y remarque la cathédrale, superbe édifice gothique qui fut jusqu'à la révolution le siège d'un archevêché très ancien. Devenue métropole de la première Narbonnaise, sous la domination des Romains, elle fut décorée d'un capitole, d'un cirque, de bains publics et de plusieurs temples. Fabr. d'eaux-de-vie, esprits, vert-de-gris, sel marin, poterie, tuiles, briques, plâtre ; filatures de soie ; teintureries. Comm. de blé, légumes secs, vins, eaux-de-vie, huile, cire, sel, calicot, salpêtre, etc.

NARCAPHTE, s. m. Écorce résineuse, odoriférante, de l'arbre qui donne l'oliban, l'encens mâle. T. de bot.

NARCASTET, s. m. Com. du dép. des Basses-Pyrénées, cant. et arr. de Pau. = Pau.

NARCE (la), s. f. Com. du dép. de l'Ardèche, cant. de Coucouron, arr. de Largentière. = Laugogne.

NARCISSE, s. m. Jeune homme de la plus rare beauté qui, après avoir désespéré toutes les nymphes par son indifférence, vit son image dans une fontaine où il allait pour se désaltérer en revenant de la chasse, et devint tellement épris de sa personne qu'il en mourut de langueur. Il fut métamorphosé en la fleur qui porte son nom. T. de myth. —, plante bulbeuse ; la fleur de cette plante.

NARCISSITE, s. f. Pierre représentant un narcisse. T. d'hist. nat.

NARCISSOÏDES, s. f. pl. Plantes bulbeuses de la famille des narcisses. T. de bot.

NARCOTINE, s. f. Principe narcotique de l'opium ; matière cristalline, produit de la dissolution alcoolique de l'opium.

NARCOTIQUE, s. m. L'opium, remède dont la vapeur raréfie le sang, et dont le sel volatil produit l'éréthisme ; remède assoupissant. —, adj. Qui assoupit, qui fait dormir. Prop. et fig.

NARCOTISME, s. m. Assoupissement profond produit par les narcotiques. T. de méd.

NARCY, s. m. Com. du dép. de la

Haute-Marne, cant. de Chevillon, arr. de Vassy. = St.-Dizier.

NARCY, s. m. Com. du dép. de la Nièvre, cant. de la Charité, arr. de Cosne. = la Charité.

NARD, s. m. Plante graminée, aromatique, du genre de la lavande. —, parfum qu'en retiraient les anciens.

NARDET, s. m. Nard bâtard.

NARESSE, s. f. Com. du dép. de Lot-et-Garonne, cant. de Villeréal, arr. de Villeneuve. = Monflanquin.

NARGIS, s. m. Com. du dép. du Loiret, cant. de Ferrières, arr. de Montargis. = Château-Landon.

NARGUE, s. f. Ce mot, qui n'admet ni article, ni épithète, sert à marquer le peu de cas qu'on fait d'une personne ou d'une chose ; nargue de nos prétendus réformateurs. Faire — à quelqu'un, l'emporter sur lui ou s'en moquer. T. fam.

NARGUÉ, E, part. Insulté, bravé avec mépris.

NARGUER, v. a. Faire nargue ; insulter, braver, mépriser.

NARGUILLET, s. m. Pipe persanne.

NARINES, s. f. pl. Cavités du nez, séparées par la cloison du vomer, tapissées par la membrane pituitaire et garnies à leur partie inférieure d'un cercle de poil, pour empêcher la poussière et les insectes d'y pénétrer. T. d'anat.

NARNHAC, s. m. Com. du dép. du Cantal, cant. de Pierrefort, arr. de St.-Flour. = St.-Flour.

NARP, s. m. Com. du dép. des Basses-Pyrénées, cant. de Sauveterre, arr. d'Orthez. = Orthez.

NARQUOIS, E, s. et adj. Fin, rusé, qui se plaît à tromper. T. fam. —, s. m. Argot des filous, des voleurs. (Vi.)

NARRATEUR, s. m. Celui qui raconte, fait un récit.

NARRATIF, IVE, adj. Qui appartient à la narration ; qui contient une narration, un récit.

NARRATION, s. f. Partie du discours, exposition des faits. T. de rhét.

NARRÉ, s. m. Récit, narration. Faire des —, donner de mauvaises raisons, éluder la question. T. fam. et iron.

NARRÉ, E, part. Raconté.

NARRER, v. a. Raconter, faire un récit, une narration.

NARROSSE, s. f. Com. du dép. des Landes, cant. et arr. de Dax. = Dax.

NARTOUX, s. m. Com. du dép. du Tarn, cant. de Monestiés, arr. d'Albi. = Cordes.

NARU-CILA, s. m. Plante liliacée de la côte de Malabar. T. de bot.

NARUM-PANEL, s. m. Arbrisseau du Malabar. T. de bot.

NARVAL ou NARWAL, s. m. Cétacé des mers du Nord. Voy. LICORNE.

NARVOLE, s. m. Arbre du Malabar. T. de bot.

NASAL, s. m. Partie supérieure d'un casque, qui tombait sur le nez quand on l'abaissait. T. de blas.

NASAL, E, adj. Se dit de tout ce qui appartient au nez ; fosses nasales. T. d'anat. —, modifié par le nez, qui se prononce du nez ; voyelle nasale. T. de gramm.

NASALEMENT, adv. Avec un son nasal.

NASALITÉ, s. f. Qualité d'un son nasal.

NASARD, s. m. Jeu de l'orgue qui imite le chant nasillard.

NASARDE, s. f. Chiquenaude sur le nez. T. fam.

NASARDÉ, E, part. Qui a reçu des nasardes. T. fam.

NASARDER, v. a. Donner des nasardes. T. fam.

NASBINALS, s. m. Com. du dép. de la Lozère, chef-lieu de cant. de l'arr. de Marvejols, où se trouve le bur. d'enregist. = Marvejols.

NASE, s. m. Poisson du genre du clupé, du cyprin. T. d'hist. nat.

NASEAU, s. m. Narine des animaux.

NASI, s. m. Président du sanhédrin des Juifs.

NASICORNE, s. f. Tortue de mer, scarabée. T. d'hist. nat.

NASILLARD, E, adj. Qui nasille, qui parle du nez. —, qui vient du nez ; chant nasillard.

NASILLARDISE, s. f. Prononciation en nasillant. T. inus.

NASILLER, v. n. Parler du nez.

NASILLEUR, EUSE, s. et adj. Qui parle du nez.

NASILLONNER, v. n. Nasiller un peu.

NASIQUE, s. f. Singe des Indes à long nez. T. d'hist. nat.

NASITOR, s. m. Cresson alénois. T. de bot.

NASO-LOBAIRE, s. et adj. m. Rameau du nerf nasal. T. d'anat.

NASON, s. m. Poisson du genre du chétodon. T. d'hist. nat.

NASONNER, v. n. Parler du nez en bégayant.

NASO-OCULAIRE, s. et adj. m. Nerf nasal. T. d'anat.

NASO-PALATIN, s. et adj. m. Nerf qui provient de la partie interne du ganglion sphéno-palatin. T. d'anat.

NASO-PALPÉBRAL, s. et adj. m. Muscle orbiculaire des paupières. T. d'anat.

NASO-SURCILIER, s. et adj. m. Muscle surcilier. T. d'anat.

NASSANDRES, s. m. Com. du dép. de l'Eure, cant. de Beaumont, arr. de Bernay. = Beaumont-le-Roger.

NASSAUVE, s. f. Genre de plantes de la syngénésie, dix-neuvième classe des végétaux. T. de bot.

NASSE, s. f. Panier d'osier en forme de verveux, qu'on jette au fond de l'eau dans les endroits par où passe ordinairement le poisson. T. de pêch. —, filet pour prendre des oiseaux. Etre dans la —, être engagé dans une affaire sans issue. Fig. et fam. —, genre de testacés univalves. T. d'hist. nat.

NASSELLE, s. f. Petite nasse de jonc. T. de pêch.

NASSI, s. m. Arbrisseau à feuilles alternes. T. de bot.

NASSIET, s. m. Com. du dép. des Landes, cant. d'Amou, arr. de St.-Sever. = St.-Sever.

NASSIGNY, s. m. Com. du dép. de l'Allier, cant. d'Hérisson, arr. de Montluçon. = Montluçon.

NASSONE, s. f. Nasse en forme de hotte pour prendre les crustacés. T. de pêch.

NASTE, s. m. Plante graminée, voisine des bambous. T. de bot.

NASTRINGUES, s. m. Com. du dép. de la Dordogne, cant. de Vélines, arr. de Bergerac. = Ste.-Foi.

NATAL, E, adj. Se dit du pays où l'on a pris naissance; pays natal.

NATANTE, adj. f. Se dit d'une plante aquatique dont les feuilles nagent sur l'eau.

NATATION, s. f. Art de nager, exercice du nageur. Ecole de —, où l'on enseigne à nager.

NATATOIRE, adj. f. Se dit de la vessie des poissons. T. d'hist. nat.

NATES, s. f. pl. (mot latin). Petites éminences du cerveau qui avoisinent les couches des nerfs optiques. T. d'anat.

NATICE, s. f. Genre de testacés univalves. T. d'hist. nat.

NATICIER, s. m. Animal renfermé dans les natices.

NATIF, IVE, adj. Né dans un certain lieu; natif de Bordeaux. —, apporté en naissant; vertu native. —, tiré pur de la mine; métal natif.

NATION, s. f. La masse des enfans, des citoyens d'un même pays, vivant sous les mêmes lois, parlant la même langue; la nation espagnole, etc. —, compatriotes en pays étranger. —, classe d'individus ayant les mêmes principes; la nation bigotte. —, l'une des quatre sections qui composaient la faculté des arts, dans l'ancienne université.

NATIONAL, E, adj. Qui concerne une nation, lui appartient, lui est propre; esprit national.

NATIONALEMENT, adv. D'une manière nationale.

NATIONALISÉ, E, part. Naturalisé, adopté par une nation.

NATIONALISER, v. a. Naturaliser, rendre national; faire adopter par la nation. Se —, v. pron. Se fixer chez une nation, prendre des lettres de naturalité.

NATIONALITÉ, s. f. Caractère national.

NATIONAUX, s. m. pl. Les naturels d'un pays, les indigènes, par opposition aux étrangers.

NATIVITÉ, s. f. Naissance de J.-C., de la Ste.-Vierge et de St.-Jean; fête commémorative de la naissance du Sauveur, le jour de Noël. —, disposition des astres au moment de la naissance. T. d'astr.

NATRIX, s. m. Serpent aquatique. T. d'hist. nat.

NATRON, s. m. Sel alcalin, naturel, terreux; carbonate de soude. T. d'hist. nat.

NATTA, s. f. Grosse tumeur charnue qui croît sur le dos, espèce de bronchocèle, loupe. T. de chir.

NATTAGES, s. m. Com. du dép. de l'Ain, cant. et arr. de Belley. = Belley.

NATTAIRE, s. et adj. Moine qui couchait sur une natte.

NATTE, s. f. Tissu de paille, de jonc; tresse de cheveux.

NATTÉ, E, part. Couvert de nattes; tressé.

NATTER, v. a. Couvrir de nattes; tresser.

NATTIER, s. m. Fabricant et marchand de nattes.

NATURALIBUS (in), adv. (mots latins). Dans l'état de nudité. T. fam.

NATURALISATION, s. f. Obtention de lettres de naturalité.

NATURALISÉ, E, part. Admis aux droits des nationaux, pourvu de lettres de naturalité.

NATURALISER, v. a. Donner à un étranger des lettres de naturalité. — une plante, l'acclimater. — un mot, le transporter d'une langue dans une autre. T. de gramm.

NATURALISME, s. m. Qualité de ce

qui est naturel, ou produit par une cause naturelle. —, matérialisme, athéisme, déplorable aveuglement de quelques esprits forts qui déifient la nature.

NATURALISTE, s. m. Savant versé dans l'histoire naturelle, qui écrit sur cette matière intéressante.

NATURALITÉ, s. f. État civil de celui qui est né ou naturalisé dans un pays. Lettres de —, qui accordent aux étrangers les mêmes droits qu'aux nationaux.

NATURE, s. f. L'universalité des choses créées, essentiellement subordonnées aux lois du Créateur, à ses décrets impénétrables. —, principe intrinsèque de l'organisation de chaque être, ce qui constitue les différentes espèces d'êtres; la nature divine, la nature humaine. —, propriété de chaque être. —, lumière naturelle pour discerner le bien et le mal; sentimens intimes. —, sentimens naturels qui forment les liens de famille, de société. —, mouvement secret, disposition innée, inclination, penchant. —, complexion, tempérament. —, sorte, espèce. —, productions de la nature, par opposition à celles de l'art; parties génitales. État de —, état de l'homme isolé, sans principes religieux, sans lois. Payer en —, avec les produits du sol.

NATUREL, s. m. Propriété qui tient à la nature, à l'organisation d'un être; constitution, tempérament, complexion; inclination, humeur. —, sentimens, affections, amour des pères et de leurs enfans; humanité, compassion. —, pl. Originaires d'un pays, aborigènes. Au —, adv. D'après nature, avec vérité et ressemblance; sans apprêt, sans déguisement. Au —, sans assaisonnement. T. de cuis.

NATUREL, LE, adj. Qui est conforme à l'ordre de la nature; qui lui appartient. —, qui n'est point altéré, déguisé, fardé, l'opposé d'artificiel. —, facile, sans contrainte; style naturel. Manière d'agir —, conforme à l'ordre, à la justice, au devoir, à la raison, au bons sens. Enfant —, né hors mariage, par opposition à enfant légitime.

NATURELLEMENT, adv. Par l'impulsion de la nature; suivant le cours de la nature. —, sans art, d'une manière naturelle, sans contrainte; d'une manière ingénue, vraie; sans déguisement, avec franchise. S'exprimer —, sans figures.

NATZVILLER, s. m. Com. du dép. des Vosges, cant. de Schirmeck, arr. de St.-Dié. = Raon.

NAUCELLE, s. f. Com. du dép. de l'Aveyron, chef-lieu de cant. de l'arr. de Rodez. Bur. d'enregist. à Sauveterre. = Rodez.

NAUCELLES, s. f. Com. du dép. du Cantal, cant. et arr. d'Aurillac. = Aurillac.

NAUCLÉE, s. f. Genre de plantes de la famille des rubiacées. T. de bot.

NAUCORE, s. m. Genre d'insectes hémiptères. T. d'hist. nat.

NAUFRAGE, s. m. Submersion d'un navire en mer, et, fig., revers, ruine, destruction, anéantissement. Faire —, périr, en parlant d'un navire; être sur ce bâtiment, en parlant de l'équipage et des passagers. Faire — au port, échouer au moment de la réussite. Fig.

NAUFRAGÉ, E, adj. Qui a fait naufrage, qui a péri, s'est perdu dans un naufrage. —, s. Échappé d'un naufrage.

NAUFRAGER, v. n. Faire naufrage.

NAUJEAN-ET-POSTIAC, s. m. Com. du dép. de la Gironde, cant. de Branne, arr. de Libourne. = Libourne.

NAULAGE, s. m. Voy. NOLIS.

NAUMACHIE, s. f. Évolutions d'une flotte simulant un combat naval, pour l'amusement des Romains avides de spectacles; lieu où se donnait ce spectacle. T. d'antiq.

NAUPHARY (St.-), s. m. Com. du dép. de Tarn-et-Garonne, cant. de Villebrumier, arr. de Montauban. = Montauban.

NAUPHYLAQUES, s. m. pl. Officiers et soldats de marine auxquels les Athéniens confiaient la garde de leurs vaisseaux. T. d'antiq.

NAUROY, s. m. Com. du dép. de l'Aisne, cant. du Catelet, arr. de St.-Quentin. = le Catelet.

NAUROY, s. m. Com. du dép. de la Marne, cant. de Beine, arr. de Reims. = Reims.

NAUSCOPIE, s. f. Art de découvrir les vaisseaux à une très grande distance en mer.

NAUSÉABONDE, adj. Qui cause des nausées.

NAUSÉE, s. f. Envie de vomir.

NAUSSAC, s. m. Com. du dép. de l'Aveyron, cant. d'Asprières, arr. de Villefranche. = Rignac.

NAUSSAC, s. m. Com. du dép. de la Lozère, cant. de Langogne, arr. de Mende. = Langogne.

NAUSSANNES, s. f. Com. du dép. de la Dordogne, cant. de Beaumont, arr. de Bergerac. = Bergerac.

NAUTIER, s. m. Couteau pour ôter les noues des morues. T. de pêch.

NAUTILE, s. m. Genre de testacés univalves. T. d'hist. nat.

NAUTILIER, s. m. Animal renfermé dans les nautiles.

NAUTILITHE, s. m. Nautile fossile. T. d'hist. nat.

NAUTIQUE, adj. Qui appartient, est relatif à la navigation; carte nautique.

NAUTODIQUES, s. m. pl. Membres composant un tribunal maritime d'Athènes, qui jugeait les marins et les étrangers. T. d'antiq.

NAUTONNIER, s. m. Batelier, marin qui conduit une barque, un navire. T. poét.

NAUVAY, s. m. Com. du dép. de la Sarthe, cant. de Marolles, arr. de Mamers. = Mamers.

NAUVIALE, s. m. Com. du dép. de l'Aveyron, cant. de Marcillac, arr. de Rodez. = Rodez.

NAVACELLES, s. f. Com. du dép. du Gard, cant. de St-Ambroix, arr. d'Alais. = St.-Ambroix.

NAVAILLES, s. f. Com. du dép. des Basses-Pyrénées, cant. de Thèze, arr. de Pau. = Pau.

NAVAL, E, adj. sans pl. m. Qui est relatif à la navigation. —, qui concerne les vaisseaux de guerre; bataille navale.

NAVARRE (la), s. f. Province du royaume d'Espagne, située entre la France, l'Aragon, Ségovie, l'Alava et le Guipuscoa. Cette province, hérissée de montagnes et sillonnée par de grands vallons, est arrosée par l'Ebre. Sa capitale est Pampelune.

NAVARRE (la Basse-), s. f. Petit pays qui dépendait autrefois de la ci-devant province de Béarn et qui fait partie du dép. des Basses-Pyrénées, où il forme la presque totalité de l'arr. de Bayonne.

NAVARRENX, s. m. Petite ville du dép. des Basses-Pyrénées, chef-lieu de cant. de l'arr. d'Orthez. Bur. d'enregist. et de poste. Fabr. de toiles.

NAVARROIS, E, s. et adj. Habitant de la Navarre; qui est relatif à cette province.

NAVÉE, s. f. Charge d'un bateau.

NAVEIL, s. m. Com. du dép. de Loiret-Cher, cant. et arr. de Vendôme. = Vendôme.

NAVENNE, s. m. Com. du dép. de la Haute-Saône, cant. et arr. de Vesoul. = Vesoul.

NAVES, s. m. Com. du dép. de l'Allier, cant. d'Ebreuil, arr. de Gannat. = Gannat.

NAVES, s. m. Com. du dép. de l'Ardèche, cant. des Vans, arr. de Largentière. = les Vans.

NAVES, s. m. Com. du dép. de l'Aveyron, cant. de Cassagnes-Bégonhès, arr. de Rodez. = Rodez.

NAVES, s. m. Com. du dép. de la Corrèze, cant. et arr. de Tulle. = Tulle.

NAVES, s. m. Com. du dép. du Nord, cant. et arr. de Cambrai. = Cambrai.

NAVES, s. m. Com. du dép. du Tarn, cant. et arr. de Castres. = Castres.

NAVET, s. m. Plante potagère du genre du chou, dont la racine offre un très bon légume.

NAVETIER, s. m. Fabricant de navettes de tisserand.

NAVETTE, s. f. Sorte de navet sauvage dont la graine fournit de l'huile à brûler. —, vase de métal, en forme de petit navire dans lequel on met de l'encens. —, instrument de tisserand pour passer le fil de la trame. —, petit bâtiment indien. T. de mar. —, genre de coquilles univalves. T. d'hist. nat.

NAVICULAIRE, adj. Qui a la forme d'une nacelle; se dit de deux os qui appartiennent l'un au carpe et l'autre au tarse. T. d'anat.

NAVIGABLE, adj. Se dit d'une rivière, etc., où la navigation est praticable.

NAVIGATEUR, s. m. Savant qui entreprend des voyages de long cours pour faire des découvertes, pour explorer des côtes, etc. —, pilote expérimenté.

NAVIGATION, s. f. Art de naviguer. —, voyage sur mer, sur les fleuves, etc.

NAVIGUER, v. n. Voyager sur mer, sur les fleuves. —, diriger, gouverner un navire.

NAVILLE, s. f. Petit canal d'irrigation.

NAVILLY, s. m. Com. du dép. de Saône-et-Loire, cant. de Verdun-sur-le-Doubs, arr. de Châlons. = Seurre.

NAVIRE, s. m. Bâtiment pour naviguer à l'aide des voiles et d'un gouvernail. — argo, constellation australe. T. d'astr.

NAVRANT, E, adj. Très affligeant; spectacle navrant.

NAVRÉ, E, part. Blessé grièvement. (Vi.) —, profondément affligé.

NAVRER, v. a. Blesser, faire une large plaie (Vi.). —, affliger profondément, accabler de douleur. —, faire une coche à un échalas pour le redresser. T. de jard.

NAXOS, s. m. Ile de la mer Egée dans laquelle Ariane fut abandonnée par Thésée. T. de myth.

NAY, s. m. Com. du dép. de la Manche, cant. de Périers, arr. de Coutances. = Périers.

NAY, s. m. Petite ville du dép. des

Basses-Pyrénées, chef-lieu de cant. de l'arr. de Pau. Bur. d'enregist. = Pau. Fabr. de cadis, raz, droguets, cordelats, bonneterie en laine, etc.

NAYE ou **LAYE**, s. f. Veine verticale de matières étrangères dans un banc d'ardoise.

NAYMONT-LES-FOSSÉS, s. m. Com. du dép. des Vosges, cant. et arr. de St.-Dié. = St.-Dié.

NAYRAC, s. m. Com. du dép. de l'Aveyron, cant. d'Estaing, arr. d'Espalion. = Espalion.

NAZAIRE (St.-), s. m. Com. du dép. de l'Aude, cant. de Ginestas, arr. de Narbonne. = Narbonne.

NAZAIRE (St.-), s. m. Com. du dép. de la Charente-Inférieure, cant. de St.-Agnant, arr. de Marennes. = Rochefort.

NAZAIRE (St.-), s. m. Com. du dép. de la Drôme, cant. de Bourg-du-Péage, arr. de Valence. = Die.

NAZAIRE (St.-), s. m. Com. du dép. du Gard, cant. de Bagnols, arr. d'Uzès. = Bagnols.

NAZAIRE (St.-), s. m. Com. du dép. de la Gironde, cant. de Ste.-Foi-la-Grande, arr. de Libourne. = Ste.-Foi-la-Grande.

NAZAIRE (St.-), s. m. Com. du dép. de l'Hérault, cant. de Maugnio, arr. de Montpellier. = Lunel.

NAZAIRE (St.-), s. m. Com. du dép. de l'Indre, cant. de St.-Gaultier, arr. du Blanc. = Argentan.

NAZAIRE (St.-), s. m. Com. du dép. de l'Isère, cant. et arr. de Grenoble. = Grenoble.

NAZAIRE (St.-), s. m. Com. du dép. de Lot-et-Garonne, cant. de Lauzun, arr. de Marmande. = Lauzun.

NAZAIRE (St.-), s. m. Petite ville du dép. de la Loire-Inférieure, chef-lieu de cant. de l'arr. de Savenay. Bur. d'enregist. = Guérande.

NAZAIRE (St.-), s. m. Com. du dép. des Pyrénées-Orientales, cant. et arr. de Perpignan. = Perpignan.

NAZAIRE (St.-), s. m. Com. du dép. de Tarn-et-Garonne, cant. de Bourg-de-Visa, arr. de Moissac. = Castelnau-de-Mont-Ratier.

NAZAIRE (St.-), s. m. Com. du dép. du Var, cant. d'Ollioules, arr. de Toulon. = Ollioules.

NAZAIRE-DE-LADAREZ (St.-), s. m. Com. du dép. de l'Hérault, cant. de Murviel, arr. de Béziers. = Béziers.

NAZAIRE-DES-GARDIES (St-), s. m. Com. du dép. du Gard, cant. de Sauve, arr. du Vigan. = Sauve.

NAZAIRE-LE-DÉSERT (St.-), s. m. Com. du dép. de la Drôme, cant. de la Motte-Chalançon, arr. de Die. = Saillans.

NAZAMONITIS, s. m. Pierre couleur de sang, veinée de noir; jaspe rouge. T. d'hist. nat.

NAZARD ou **NAZER**, s. m. Intendant du roi de Perse.

NAZARÉEN, NE, adj. Qualification donnée aux chrétiens et aux juifs. —, s. m. pl. Sectaires juifs qui ne considéraient J.-C. que comme un homme juste et saint.

NAZARÉISME, s. m. Hérésie de la secte des Nazaréens.

NAZARETH ou **NASRA**, s. m. Village de Syrie, dans le pachalic de St.-Jean-d'Acre, à 22 lieues de Jérusalem. C'est dans ce village habité par la sainte Vierge, que l'ange vint lui annoncer qu'elle avait conçu du Saint-Esprit.

NAZARETH, s. m. Village du dép. des Côtes-du-Nord, cant. de Plancoët, arr. de Dinan. = Plancoët.

NAZARETH, s. m. Com. du dép. de Lot-et-Garonne, cant. et arr. de Nérac. = Nérac.

NAZELLES, s. f. Com. du dép. d'Indre-et-Loire, cant. d'Amboise, arr. de Tours. = Amboise.

NAZIA, s. f. Genre de plantes graminées. T. de bot.

NAZIÈRE, s. f. Endroit d'une rivière où l'on pose les nasses. T. de pêch.

NE, particule négative, impérative, etc.

NÉ, E, adj. Qui est venu au monde, qui a reçu l'existence. —, qui a une vocation pour une chose; être né pour les armes. Homme bien —, qui appartient à une famille honorable; qui est d'un bon naturel, qui a de bonnes inclinations. Mort —, mort avant de naître.

NÉ (le), s. m. Petite rivière qui prend sa source dans le dép. de la Charente, et qui se jette dans la Charente, après un cours de 12 l.

NÉAC, s. m. Com. du dép. de la Gironde, cant. de Lussac, arr. de Libourne. = Libourne.

NÉANMOINS, adv. Cependant, pourtant, toutefois.

NÉANT, s. m. Rien; non existence, l'opposé de l'être. —, condition de notre nature périssable, fragilité; le néant des grandeurs humaines. —, défaut de naissance, de mérite, de considération, d'autorité; homme de néant. Mettre une appellation au —, débouter l'appellant. — à la requête, refus. T. fam.

NÉANT, s. m. Com. du dép. du Morbihan, cant. de Mauron, arr. de Ploërmel. = Ploërmel.

NÉANTHE, s. m. Arbre de la Jamaïque. T. de bot.

NÉAU, s. m. Com. du dép. de la Mayenne, cant. d'Evron, arr. de Laval. = Evron.

NEAUFLES-ST.-MARTIN, s. m. Com. du dép. de l'Eure, cant. de Gisors, arr. des Andelys. = Gisors.

NEAUFLES-SUR-RISLE, s. m. Com. du dép. de l'Eure, cant. de Rugles, arr. d'Evreux. = Rugles.

NEAUPHE-SOUS-ESSAIS, s. m. Com. du dép. de l'Orne, cant. de Sées, arr. d'Alençon. = Sées.

NEAUPHE-SUR-DIVES, s. m. Com. du dép. de l'Orne, cant. de Trun, arr. d'Argentan. = Argentan.

NEAUPHLE-LE-CHÂTEAU, s. m. Com. du dép. de Seine-et-Oise, cant. de Montfort-l'Amaury, arr. de Rambouillet. Bur. de poste.

NEAUPHLE-LE-VIEUX, s. m. Com. du dép. de Seine-et-Oise, cant. de Montfort-l'Amaury, arr. de Rambouillet. = Neauphle-le-Château.

NEAUPHLETTE, s. f. Com. du dép. de Seine-et-Oise, cant. de Bonnières, arr. de Mantes. = Rosny-sur-Seine.

NEAUX, s. m. Com. du dép. de la Loire, cant. de St.-Symphorien-de-Lay, arr. de Roanne. = St.-Symphorien.

NÉBEL, s. m. Espèce de psaltérion, instrument de musique à cordes dont se servaient les Hébreux. T. d'antiq.

NÉBIAN, s. m. Com. du dép. de l'Hérault, cant. de Clermont, arr. de Lodève. = Clermont-Lodève.

NÉBIAS, s. m. Com. du dép. de l'Aude, cant. de Quillan, arr. de Limoux. = Quillan.

NEBING, s. m. Com. du dép. de la Meurthe, cant. d'Albestroff, arr. de Château-Salins. = Dieuze.

NÉBOUZAT, s. m. Com. du dép. du Puy-de-Dôme, cant. de Rochefort, arr. de Clermont. = Clermont-Ferrand.

NÉBRIDE, s. f. Peau d'un jeune faon. —, vêtement des suivans de Bacchus. T. de myth.

NÉBRIE, s. f. Genre d'insectes coléoptères. T. d'hist. nat.

NÉBRITE, s. f. Pierre consacrée à Bacchus, jaune fauve. T. d'antiq.

NÉBULÉ, E, adj. En forme de nuées. T. de blas.

NÉBULEUX, EUSE, adj. Obscurci par les nuages, couvert; ciel nébuleux. Esprit —, obscur. —, s. m. Poisson du genre du labre. T. d'hist. nat. —, s. f. Espèce de couleuvre. —, assemblage d'étoiles; blancheur dans le ciel. T. d'astr.

NÉBULOSITÉ, s. f. Obscurité; nuages légers. T. inus.

NÉCANÉES, s. f. pl. Toiles des Indes à raies blanches et bleues.

NECBOUG, s. m. Palmier de l'île de Sumatra. T. de bot.

NÉCESSAIRE, s. m. L'essentiel, l'indispensable, l'opposé de superflu. —, joli meuble renfermant tous les objets de toilette nécessaires soit à un homme, soit à une dame. —, adj. Dont on a besoin, dont on ne peut se passer. —, très utile, indispensable; personne nécessaire. —, qui est d'obligation, qu'il faut faire; démarche nécessaire. —, qui doit arriver infailliblement. Mal —, inévitable, ou dont il résulte un bien.

NÉCESSAIREMENT, adv. Par une nécessité absolue; infailliblement.

NÉCESSITANTE, adj. f. Se dit de la grâce, en théologie; grâce nécessitante.

NÉCESSITÉ, s. f. Chose nécessaire, indispensable, ce à quoi il est impossible de se soustraire; la mort est une nécessité. —, besoin pressant, indigence; être réduit à la dernière nécessité. —, devoir indispensable, engagement irrévocable; obligation de dire ou de faire quelque chose. —, pl. Les choses indispensables à la vie. De toute —, adv. Nécessairement.

NÉCESSITÉ, E, part. Rendu nécessaire, obligatoire.

NÉCESSITER, v. a. Réduire à la nécessité; obliger, contraindre, forcer.

NÉCESSITEUX, EUSE, s. m. et adj. Indigent, pauvre, qui est dans le besoin, qui manque des choses de première nécessité. Langue —, pauvre, qui manque de mots techniques.

NÉCROBIE, s. f. Genre d'insectes coléoptères. T. d'hist. nat.

NÉCRODE, s. f. Genre d'insectes coléoptères. T. d'hist. nat.

NÉCROGRAPHE, s. m. Professeur d'anatomie. T. inus.

NÉCROGRAPHIE, s. f. Cours d'anatomie. T. inus.

NÉCROLÂTRIE, s. f. Culte qu'on rend à la mémoire des morts. T. inus.

NÉCROLOGE, s. m. Registre contenant la date de la mort des évêques; registre de l'état civil pour constater les décès.

NÉCROLOGIE, s. f. Notice historique sur un mort.

NÉCROMANCIE, s. f. Fantasmagorie à l'aide de laquelle un prétendu magicien fascinait les yeux des ignorans, pour leur persuader qu'il avait le pouvoir d'évoquer les morts et d'en obtenir des révélations sur l'avenir. T. de myth.

NÉCROMANCIEN, NE, s. Fourbe, imposteur, qui cherchait à exploiter la superstition des peuples dans l'enfance de la civilisation.

NÉCROPHAGES, s. m. pl. Genre d'insectes coléoptères qui vivent de charognes. T. d'hist. nat.

NÉCROPHOBIE, s. f. Crainte exagérée de la mort. T. de méd.

NÉCROPHORE, s. m. Genre d'insectes coléoptères qui enterrent les cadavres des souris, des grenouilles, etc., pour y déposer leurs œufs. T. d'hist. nat.

NÉCROSE, s. f. Sphacèle, gangrène, extinction de sensibilité, de vie, dans un os ou portion d'os. T. de chir.

NECTAIRE, s. m. Organe de la fleur où se trouve le suc dont les abeilles composent leur miel. T. de bot.

NECTAIRE (St.-), s. m. Com. du dép. du Puy-de-Dôme, cant. de Champeix, arr. d'Issoire. = Besse.

NECTAR, s. m. Breuvage qu'Hébé et Ganymède versaient aux Dieux. T. de myth. —, vin exquis, liqueur délicieuse. Fig. —, suc végétal d'une odeur et d'une saveur exquises. T. de bot.

NECTIQUE, adj. f. Se dit d'une pierre légère qui surnage. T. d'hist. nat.

NECTOPODES ou RÉMIPÈDES, s. m. pl. Coléoptères carnassiers, aquatiques; oiseaux palmipèdes; mammifères amphibies; cétacés. T. d'hist. nat.

NECY, s. m. Com. du dép. de l'Orne, cant. de Trun, arr. d'Argentan. = Falaise.

NÉCYDALE, s. f. Genre d'insectes coléoptères. T. d'hist. nat.

NEDDE, s. f. Com. du dép. de la Haute-Vienne, cant. d'Eymoutiers, arr. de Limoges. = Eymoutiers.

NEDON, s. m. Com. du dép. du Pas-de-Calais, cant. de Heuchin, arr. de St.-Pol. = St.-Pol.

NEDONCHEL, s. m. Com. du dép. du Pas-de-Calais, cant. de Heuchin, arr. de St.-Pol. = St.-Pol.

NÉEA, s. m. Plante du genre des nyctaginées. T. de bot.

NEEDHAME, s. m. Petit arbuste. T. de bot.

NEEHWILLER, s. m. Com. du dép. du Bas-Rhin, cant. de Lauterbourg, arr. de Wissembourg. = Lauterbourg.

NEEHWILLER, s. m. Com. du dép. du Bas-Rhin, caut. de Woerth-sur-Sauer, arr. de Wissembourg. = Haguenau.

NEF, s. f. Navire (Vi.) —, partie d'une église, du portail au chœur. —, vase en forme de navire.

NÉFASTES, adj. m. pl. Se disait des jours où la république avait éprouvé de grands désastres, où il était défendu par la religion romaine de vaquer aux affaires publiques. T. d'antiq.

NEFFES, s. m. Com. du dép. des Hautes-Alpes, cant. de Tallard, arr. de Gap. = Gap.

NEFFIAC, s. m. Com. du dép. des Pyrénées-Orientales, cant. de Millas, arr. de Perpignan. = Perpignan.

NÉFIES, s. m. Com. du dép. de l'Hérault, cant. de Roujan, arr. de Béziers. = Pézenas.

NÈFLE, s. f. Fruit à noyau, acidule, pâteux, astringent, qu'on fait mollir sur la paille pour le rendre mangeable.

NÉFLIER, s. m. Arbre rosacé qui produit les nèfles.

NÉGATIF, IVE, adj. Qui nie, exprime une négation, l'opposé d'affirmatif. Air —, air d'un homme toujours prêt à refuser son approbation. T. fam. Vote —, contraire à un projet de loi, etc. Grandeur —, précédée du signe moins (—) qui indique la soustraction. T. d'algèb.

NÉGATION, s. f. Action de nier, l'opposé d'affirmation. —, particule qui sert à nier. T. de gramm. —, absence d'une qualité. T. de philos.

NÉGATIVE, s. f. Proposition qui nie. —, particule qui sert à nier. T. de gramm. —, refus. T. fam.

NÉGATIVEMENT, adv. D'une manière négative.

NÈGE, s. f. Fort chantier au fond d'un train.

NÉGLIGÉ, s. m. Déshabillé du matin, costume d'une personne qui n'est point parée.

NÉGLIGÉ, E, part. Privé de soins. Style —, incorrect.

NÉGLIGEMENT, s. m. Air négligé qu'on donne à dessein à une composition. T. d'arts.

NÉGLIGEMMENT, adv. Avec négligence.

NÉGLIGENCE, s. f. Défaut de soin, d'application; inattention, indolence, nonchalance. — de style, faute qui échappe à un auteur paresseux, ou qui manque de goût, etc.

NÉGLIGENT, E, adj. Qui manque de soin; inattentif, indolent, nonchalant.

NÉGLIGER, v. a. Oublier de prendre soin. —, ne pas cultiver; négliger ses études. —, abandonner, cesser de fréquenter; négliger ses amis. —, laisser échapper; négliger l'occasion. — ses devoirs, ne pas les remplir. Se —, v. pron. Négliger sa toilette, sa parure; se relâcher de ses devoirs; faire moins bien que de coutume par insouciance.

NÉGOCE, s. m. Commerce en gros. —, intrigue, menée. Fig. et fam.

NÉGOCIABLE, adj. Qui peut se négocier, en parlant des effets de commerce.

NÉGOCIANT, s. m. Marchand qui fait le commerce en gros.

NÉGOCIANTISME, s. m. Esprit mercantile; système, conduite publique des négocians. T. inus.

NÉGOCIATEUR, s. m. Ambassadeur, agent diplomatique chargé de défendre les intérêts de son pays dans un congrès, près d'un gouvernement étranger. —, conciliateur qui négocie des arrangemens entre particuliers; négociateur d'un mariage. En ce sens on dit au féminin négociatrice.

NÉGOCIATION, s. f. Art, action de négocier les affaires publiques; l'affaire qu'on négocie; se dit des affaires particulières. —, trafic, escompte. T. de comm.

NÉGOCIÉ, E, part. Se dit d'une affaire publique ou particulière sur laquelle il a été conclu un traité.

NÉGOCIER, v. a. Entrer en négociation sur une affaire publique ou particulière pour parvenir à un arrangement; négocier la paix. — un effet de commerce, l'escompter. —, v. n. Faire le négoce, le commerce.

NÈGRE, NÉGRESSE, s. Individu d'une race de l'espèce humaine, à teint noir, figure oblongue, cheveux laineux, nez épaté, lèvres grosses, mâchoires saillantes, occupant l'Afrique moyenne depuis le désert de Sahara jusqu'au sud de la Guinée et aux confins de la Nubie et de l'Abyssinie. —, esclave noir employé aux travaux des colonies. Traiter comme un —, très durement. Fig. et fam. —, singe de l'île de Java; poisson du genre du scombre; papillon satyre. T. d'hist. nat.

NÉGREPELISSE, s. f. Espèce de cotonnade fabriquée dans la ville de ce nom.

NÉGREPELISSE, s. f. Petite ville du dép. de Tarn-et-Garonne, chef-lieu de cant. de l'arr. de Montauban. Bur. d'enregist. = Montauban.
Fabr. de minots, toiles, futaines, etc. Comm. de vins, grains, chanvre, etc.

NÉGRERIE, s. f. Lieu où l'on enferme les malheureux esclaves noirs dont on fait commerce.

NÈGRES (les), s. m. pl. Petit village du dép. de la Charente, cant. et arr. de Ruffec. = Ruffec.

NÈGRES-CARTES, s. f. pl. Emeraudes brutes de la première qualité. T. de lapidaire.

NÉGRÉTIE, s. f. Espèce de dolic, plante exotique de la famille des haricots. T. de bot.

NÉGREVILLE, s. f. Com. du dép. de la Manche, cant. de Bricquebec, arr. de Valognes. = Valognes.

NÉGRIER, s. et adj. Navire armé et disposé pour faire la traite des nègres; navire négrier.

NÉGRILLON, NE, s. Petit nègre, petite négresse. T. fam.

NÉGRINS, s. m. Village du dép. du Tarn, cant. de Montredon, arr. de Castres. = Castres.

NÉGRON, s. m. Com. du dép. d'Indre-et-Loire, cant. d'Amboise, arr. de Tours. = Amboise.

NÉGRONDES, s. f. Com. du dép. de la Dordogne, cant. de Savignac-les-Eglises, arr. de Périgueux. = Périgueux.

NÉGROPHAGE, s. m. Homme dont l'âme est fermée à toute espèce de sentimens d'humanité, qui considère les nègres comme des bestiaux, et qui n'a soin de ces malheureux qu'autant que son intérêt l'exige.

NÉGROPHILE, s. m. Philantrope, homme humain, qui gémit sur la déplorable condition des noirs, arrachés violemment à leurs familles, pour être vendus comme de vils animaux à des négrophages.

NÉGUEBOUC, s. m. Com. du dép. du Gers, cant. de Fleurance, arr. de Lectoure. = Fleurance.

NÉGUNDO, s. m. Arbre des Indes, érable. T. de bot.

NÉGUS, s. m. Nom de l'empereur des Abyssins.

NÉHOU, s. m. Com. du dép. de la Manche, cant. de St.-Sauveur-le-Vicomte, arr. de Valognes. = Valognes.

NÉIDE, s. f. Genre d'insectes hémiptères. T. d'hist. nat.

NEIGE, s. f. Vapeur condensée dans l'atmosphère, et qui tombe en flocons d'une extrême blancheur; blanc comme la neige. —, glace de fruits. T. de confis. Œufs à la —, blancs d'œufs fouettés, et n'offrant plus qu'une mousse blanche semblable à la neige.

NEIGER, v. impers. Tomber en flocons ; se dit de l'eau condensée dans l'atmosphère.

NEIGEUX, EUSE, adj. Disposé à la neige, en parlant de la température ; temps neigeux.

NEILLE, s. f. Ficelle détortillée. T. de tonnel.

NELAM-MARI, s. m. Sainfoin. T. de bot.

NELAM-PARENDA, s. m. Violette de l'Inde. T. de bot.

NELA-NAREGAM, s. m. Arbrisseau du Malabar. T. de bot.

NELÉE, s. m. Fils de Neptune et de la nymphe Tyro. Chassé de la Thessalie par son frère Pélias, il se réfugia dans la Laconie où il bâtit la ville de Pylos, et épousa Chloris, fille d'Amphion, dont il eut douze enfans qui, à l'exception de Nestor, furent tous, ainsi que lui, massacrés par Hercule. T. de myth.

NELEN-TSJUNDA, s. f. Morelle, plante de la Cochinchine. T. de bot.

NELESCHENA, s. f. Gouet de la Cochinchine, plante de la famille des arums. T. de bot.

NELITRE, s. m. Espèce de goyavier. T. de bot.

NELITTE, s. f. Genre de plantes légumineuses. T. de bot.

NELLING, s. m. Com. du dép. de la Moselle, cant. de Sarralbe, arr. de Sarreguemines. = Puttelange.

NELLUMULLA, s. m. Arbrisseau du Malabar. T. de bot.

NELMA, s. m. Saumon qu'on pêche dans les rivières de Sibérie. T. d'hist. nat.

NELSONIE, s. f. Acanthe, plante de la Nouvelle-Hollande. T. de bot.

NÉLUMBO, s. m. Plante aquatique des Indes, de la famille des renonculacées. T. de bot..

NÉMASPÈRE, s. f. Voy. Hypoxylon. T. de bot.

NÉMATE, s. f. Genre d'insectes hyménoptères. T. d'hist. nat.

NÉMATOCÈRES ou FILICORNES, s. m. pl. Insectes lépidoptères. T. d'hist. nat.

NÉMATOÏDÉE, s. f. Ver intestinal. T. d'hist. nat.

NÉMATOÏDES, s. m. pl. Vers intestinaux. T. d'hist. nat.

NÉMATOSPERME, s. m. Voy. Lacistème. T. de bot.

NÉMATOURES ou SÉTICAUDES, s. m. pl. Insectes aptères. T. d'hist. nat.

NÉMÉE, s. f. Fille de Jupiter et de la Lune. Elle donna son nom à une contrée de l'Elide, où il existait une vaste forêt dans laquelle, par ordre d'Euristhée, Hercule tua le terrible lion, de la peau duquel on le représente couvert. T. de myth.

NÉMÉENS, s. m. pl. Jeux qu'on célébrait en l'honneur d'Hercule, aux environs de la forêt de Némée. T. de myth.

NÉMÉONIQUE, s. m. Vainqueur aux jeux néméens. T. de myth.

NÉMERTE, s. f. Ver intestinal. T. d'hist. nat.

NÉMERTÉSIE, s. f. Polypier, ver sertulaire. T. d'hist. nat.

NÉMÉSÉES, s. f. pl. Fêtes lugubres en l'honneur de Némésis. T. de myth.

NÉMÉSIE, s. f. Espèce de scrofulaire, plante du cap de Bonne-Espérance. T. de bot.

NÉMÉSIS ou ADRASTÉE, s. f. Fille de Jupiter et de la Nécessité, Déesse de la vengeance, qui châtiait les méchans et ceux qui abusaient des dons de la fortune. On la représentait avec des ailes, armée de flambeaux et de serpens. T. de myth.

NÉMESTRINE, s. f. Genre d'insectes diptères. T. d'hist. nat.

NÉMOCÈRES, s. m. pl. Insectes diptères. T. d'hist. nat.

NÉMOCTE, s. m. Ver filiforme. T. d'hist. nat.

NÉMOGLOSSATES, s. m. pl. Insectes hyménoptères. T. d'hist. nat.

NÉMOGNATHE, s. m. Genre d'insectes coléoptères. T. d'hist. nat.

NÉMOLAPATHUM, s. m. Plante vivace, patience des bois. T. de bot.

NÉMOLITHES, s. f. pl. Pierres herborisées. T. d'hist. nat.

NÉMOPTÈRE, s. m. Genre d'insectes névroptères. T. d'hist. nat.

NÉMOSIE, s. f. Genre d'oiseaux sylvains. T. d'hist. nat.

NÉMOSOME, s. m. Genre d'insectes coléoptères. T. d'hist. nat.

NÉMOTELLE, s. f. Genre d'insectes diptères. T. d'hist. nat.

NEMOURS, s. m. Petite ville du dép. de Seine-et-Marne, chef-lieu de cant. de l'arr. de Fontainebleau. Bur. d'enregist. et de poste.

Fabr. de chapeaux ; fours à chaux ; pépinières. Comm. de grains, farines, vins, bois, fer, etc.

NEMPONT-ST.-FIRMIN, s. m. Com. du dép. du Pas-de-Calais, cant. et arr. de Montreuil. = Montreuil.

NEMS, s. m. Petit quadrupède d'Afrique qui ressemble au furet. T. d'hist. nat.

NÉNAX, s. m. Voy. CLIFFORTE. T. de bot.

NÉNIATION, s. f. Air spondaïque. T. de mus.

NÉNIE, s. f. Déesse des funérailles. —, pl. Chants funèbres dont on attribue l'invention à Linus. —, mauvais vers, vides de sens, comme ceux qu'on chantait dans les cérémonies funèbres. T. de myth.

NENNI, particule négative. Non. T. fam.

NENON, s. m. Com. du dép. du Jura, cant. de Rochefort, arr. de Dôle. = Dôle.

NÉNUPHAR, s. m. Plante aquatique anti-aphrodisiaque. T. de bot.

NÉOCORAT, s. m. Dignité des néocores. T. de myth.

NÉOCORES, s. m. pl. Prêtres chargés de la conservation du temple et de tous les objets nécessaires au culte. —, adj. Qualités que prirent les villes qui avaient fait bâtir des temples en l'honneur des empereurs. T. de myth.

NÉODAMODE, s. m. A Sparte, esclave affranchi qui n'appartenait pas à la classe des Ilotes. T. d'antiq.

NÉOGRAPHE ou NÉOGRAPHISTE, s. m. Novateur qui change l'orthographe.

NÉOGRAPHIE, s. f., ou NÉOGRAPHISME, s. m. Manière d'orthographier contraire à l'usage.

NÉOLOGIE, s. f. Création de nouveaux mots, ou emploi d'anciens mots dans une acception nouvelle.

NÉOLOGIQUE, adj. Qui est relatif à la néologie.

NÉOLOGISME, s. m. Déplorable affectation d'esprit, recherche blâmable de nouveaux mots, d'expressions nouvelles, de néologie.

NÉOLOGUE, s. m. Ecrivain bizarre qui se plaît à forger de nouveaux mots pour se singulariser.

NÉOMAYE (Ste.-), s. f. Com. du dép. des Deux-Sèvres, cant. de St.-Maixent, arr. de Niort. = St.-Maixent.

NÉOMÉNIASTE, s. m. Prêtre qui célébrait les néoménies. T. de myth.

NÉOMÉNIES, s. f. pl. Fêtes qu'on célébrait au renouvellement de la lune, à Rome et dans Athènes. T. de myth.

NÉOMÉRIS, s. m. Polypier coralligène. T. d'hist. nat.

NÉON-SUR-CREUSE, s. m. Com. du dép. de l'Indre, cant. de Tournon-St.-Martin, arr. du Blanc. = le Blanc.

NÉOPÈTRE, s. m. Petrosilex secondaire. T. d'hist. nat.

NÉOPHYTE, s. m. Nouveau chrétien; nouvellement converti à la religion chrétienne.

NÉOPTOLÈME, s. m. Nom de Pyrrhus, fils d'Achille. T. de myth.

NÉOTÉRIQUE, adj. Nouveau, moderne. T. inus.

NÉOTTIE, s. f. Genre de plantes de la famille des orchidées. T. de bot.

NÉOTTOCRYPTES, s. m. pl. Voy. ABDITOLARVES. T. d'hist. nat.

NÉOU, s. m. Arbre fruitier du Sénégal. T. de bot.

NÉOULES, s. m. Com. du dép. du Var, cant. de Roquebrussane, arr. de Brignoles. = Brignoles.

NÉOUX, s. m. Com. du dép. de la Creuse, cant. et arr. d'Aubusson. = Aubusson.

NÉPATANTOTOLT, s. m. Canard du Mexique. T. d'hist. nat.

NÈPE, s. f. Insecte hémiptère hydrocorise. T. d'hist. nat.

NÉPENTE, s. m. Genre de plantes herbacées. T. de bot.

NÉPENTHE, s. m. Remède contre la mélancolie, dont Homère vante la vertu.

NÉPÉTELLA, s. f. Voy. CHATAIRE. T. de bot.

NÉPHÉLINE, s. f. Substance minérale volcanique. T. d'hist. nat.

NÉPHÉLION, s. m. Petite tache blanche sur la cornée. T. de méd. —, arbrisseau de l'Inde. T. de bot.

NÉPHRALGIE, s. f. Maladie des reins, colique néphrétique. T. de méd.

NÉPHRANDRA, s. m. Gatilier de la Jamaïque. T. de bot.

NÉPHRELMINTHIQUE, adj. f. Se dit de l'ischurie occasionnée par la présence des vers dans les reins. T. de méd.

NÉPHREMPHRAXIS, s. f. Obstruction des reins. T. de méd.

NÉPHRÉTIQUE, s. Celui qui est atteint d'une violente colique causée par la présence de corps étrangers dans les reins. —, médicament propre à calmer cette colique. T. de méd. —, s. f. Colique néphrétique. T. de méd. —, adj. Se dit des médicamens propres à guérir les maux de reins, et particulièrement la colique néphrétique.

NÉPHRÉTITE, s. f. Stéatite verte, translucide. T. d'hist. nat.

NÉPHRITE ou NÉPHRITIS, s. m. Phlegmasie des reins. T. de méd.

NÉPHRITIQUE, adj. Voy. NÉPHRÉTIQUE.

NÉPHROCATALICON, s. m. Médicament qui désobstrue les reins. T. de méd.

NÉPHRODION, s. m. Genre de fougères. T. de bot.

NÉPHROGRAPHIE, s. f. Description des reins. T. d'anat.

NÉPHROJE, s. m. Arbrisseau de la Cochinchine. T. de bot.

NÉPHROLITHIQUE, adj. f. Se dit de l'ischurie causée par les calculs qui se forment dans les reins. T. de méd.

NÉPHROLOGIE, s. f. Partie de l'anatomie qui concerne les reins et leurs fonctions. T. d'anat.

NÉPHROME, s. m. Genre de lichens. T. de bot.

NÉPHROPHLEGMATIQUE, adj. f. Se dit de l'ischurie muqueuse. T. de méd.

NÉPHROPLÉGIQUE, adj. f. Se dit de l'ischurie causée par la paralysie des reins. T. de méd.

NÉPHROPLÉTORIQUE, adj. f. Se dit de l'ischurie occasionnée par la pléthore des reins. T. de méd.

NÉPHROPS, s. m. Genre de crustacés, écrevisse. T. d'hist. nat.

NÉPHROPYIQUE, adj. f. Se dit de l'ischurie causée par la purulence des reins. T. de méd.

NÉPHROSPASTIQUE, adj. f. Se dit de l'ischurie produite par le spasme des reins. T. de méd.

NÉPHROSTE, s. f. Enveloppe des poussières des lycopodes. T. de bot.

NÉPHROTHROMBOÏDE, adj. f. Se dit de l'ischurie causée par du sang caillé dans les reins. T. de méd.

NÉPHROTOME, s. m. Genre d'insectes. T. d'hist. nat.

NÉPHROTOMIE, s. f. Section des reins pour en retirer un corps étranger. T. de chir. —, dissection des reins. T. d'anat.

NEPHTYS, s. m. Genre de vers annélides. T. d'hist. nat.

NÉPOTISME, s. m. Crédit des neveux, des parens d'un pape et en général d'un ministre, d'un homme puissant.

NEPTUNE, s. m. Fils de Saturne et de Rhée, frère de Jupiter et de Pluton, Dieu de la mer. Ayant conspiré contre son frère aîné, il fut chassé du ciel, ainsi qu'Apollon. Ces Dieux bannis, se réfugièrent chez Laomédon, qu'ils aidèrent l'un et l'autre à relever les murs de Troie, etc. On le représente sur un char en forme de coquille, traîné par des chevaux marins et tenant un trident dans sa main. T. de myth.

NEPTUNIE, s. f. Plante aquatique. T. de bot.

NEPTUNIENS, s. m. pl. Naturalistes qui attribuent à l'eau la formation des basaltes.

NÉPVANT, s. m. Com. du dép. de la Meuse, cant. de Stenay, arr. de Montmédy. = Stenay.

NÉRAC, s. m. Ville du dép. de Lot-et-Garonne, chef-lieu de sous-préf. et de cant.; trib. de 1re inst. et de comm.; chambre des manuf.; conserv. des hypoth.; direct. des contrib. indir.; recev. part. des finances; bur. d'enregist. et de poste. Cette ville, située sur la Baise, qui commence à y être navigable, est bien bâtie; on y remarque un superbe château où résidèrent autrefois les rois de Navarre.

Fabr. de biscuits de mer, d'amidon, de liége, etc. Comm. de blé, de farine, de vins, eaux-de-vie, toiles, chanvre, lin, etc.

NERBIS, s. m. Com. du dép. des Landes, cant. de Mugron, arr. de St.-Séver. = Tartas.

NERCILLAC, s. m. Com. du dép. de la Charente, cant. de Jarnac, arr. de Cognac. = Jarnac.

NÉRÉ, s. m. Com. du dép. de la Charente-Inférieure, cant. d'Aunay, arr. de St.-Jean-d'Angély. = Aunay.

NÉRÉE, s. m. Dieu marin, fils de l'Océan et de Téthis, épousa Doris, sa sœur, dont il eut cinquante filles. T. de myth.

NÉRÉIDE, s. f. Mollusque, ver marin, pourvu d'organes extérieurs. T. d'hist. nat. —, pl. Filles de Nérée, nymphes de la mer. T. de myth.

NÉRÉIDÉE, s. f. Plante aquatique. Voy. VAREC. T. de bot.

NÉRET, s. m. Com. du dép. de l'Indre, cant. et arr. de la Châtre. = la Châtre.

NERF, s. m. Partie du corps humain en forme de cordon blanc, rond, quelquefois plat, fibreux ou membraneux, qui tire son origine du cerveau et de la moelle alongée ou de la moelle épinière. T. d'anat. —, force, mobile; l'argent est le nerf de la guerre. —, cordelettes qu'on met au dos d'un livre, pour attacher les cahiers. T. de relieur.

NERF-FÉRURE, s. f. Coup reçu par un cheval sur la partie postérieure de l'une de ses jambes. T. de méd. vétér.

NÉRIGEAN, s. m. Com. du dép. de la Gironde, cant. de Branne, arr. de Libourne. = Libourne.

NÉRIGNAC, s. m. Com. du dép. de la Vienne, cant. de l'Isle-Jourdain, arr. de Montmorillon. = l'Isle-Jourdain.

NÉRINDE, s. f. Toile, taffetas des Indes.

NÉRION, s. m. Laurier rose.

NÉRIS-LES-BAINS, s. m. Com. du dép. de l'Allier, cant. et arr. de Montluçon. = Montluçon.

NÉRITE, s. f. Coquillage univalve, operculé, de la famille des limaçons. T. d'hist. nat.

NERMERAY, s. m. Village du dép. de Seine-et-Oise, cant. et arr. de Rambouillet. = Rambouillet.

NERMIER, s. m. Com. du dép. du Jura, cant. d'Orgelet, arr. de Lons-le-Saulnier. = Orgelet.

NÉROLI, s. m. Essence de fleur d'orange. T. de pharm.

NÉRON, s. m. Empereur romain, fils d'Agrippine et successeur de Claude, fit empoisonner Britannicus, assassiner et sa mère et son épouse, ainsi qu'un grand nombre de Chrétiens, ordonna la mort de Sénèque, et se noya dans la débauche et le crime à tel point qu'après tant de siècles écoulés, son nom est la plus cruelle injure qu'on puisse adresser à un tyran.

NÉRON, s. m. Com. du dép. d'Eure-et-Loir, cant. de Nogent-le-Roi, arr. de Dreux. = Nogent-le-Roi.

NÉRONDE, s. f. Petite ville du dép. de la Loire, chef-lieu de cant. de l'arr. de Roanne. Bur. d'enregist. = St-Symphorien-de-Lay.

NÉRONDE, s. f. Com. du dép. du Puy-de-Dôme, cant. de Lezoux, arr. de Thiers. = Thiers.

NÉRONDES, s. f. Com. du dép. du Cher, chef-lieu de cant. de l'arr. de St.-Amand. Bur. d'enregist. = Villequiers.

NÉRONIEN, NE, adj. Qui est relatif à la cruauté de Néron, qui appartient à son règne. Jeux —, exercices littéraires, jeux institués par Néron qui aimait à se donner en spectacle comme un histrion, et qui entretenait une bande de flatteurs pour l'applaudir.

NERPOL-ET-SERRE, s. m. Com. du dép. de l'Isère, cant. de Vinay, arr. de St.-Marcellin. = St.-Marcellin.

NERPRUN, s. m. Arbrisseau rhamnoïde à baies purgatives.

NERS, s. m. Com. du dép. du Calvados, cant. et arr. de Falaise. = Falaise.

NERS, s. m. Com. du dép. du Gard, cant. de Vézenobres, arr. d'Alais. = Nismes.

NERSAC, s. m. Com. du dép. de la Charente, cant. et arr. d'Angoulême. = Angoulême.

NERVAISON, s. f. Assemblage de nerfs, fibres et ligamens.

NERVAL, adj. Voy. NERVIN.

NERVÉ, E, part. Garni de nerfs réduits en filasse et collés; se dit du bois. —, adj. Dont les nerfs sont d'émail différent. T. de blas. Feuille —, à nervures saillantes. T. de bot.

NERVER, v. a. Garnir du bois avec des nerfs réduits en filasse au moyen de la colle forte. —, dresser, fortifier les cordelettes. T. de rel.

NERVEUX, EUSE, adj. Qui appartient aux nerfs, qui en est rempli. —, musculeux, fort, vigoureux. Fig. Affection —, qui a son siége dans le système nerveux.

NERVEZAIN, s. m. Com. du dép. de la Haute-Saône, cant. de Dampierre-sur-Salon, arr. de Gray. = Cintrey.

NERVIEUX, s. m. Com. du dép. de la Loire, cant. de Boën, arr. de Montbrison. = Feurs.

NERVIN, s. et adj. m. Se dit des médicamens propres à fortifier les nerfs. T. de méd.

NERVOIR, s. m. Instrument pour nerver. T. de rel.

NERVULES, s. f. pl. Vaisseaux du pistil. T. de bot.

NERVURE, s. f. Art de nerver, d'appliquer les nerfs. —, partie élevée que forment les cordelettes appliquées au dos d'un livre. T. de rel. —, partie saillante des moulures. T. d'arch. —, filet saillant d'une feuille. T. de bot.

NÉRY, s. m. Com. du dép. de l'Oise, cant. de Crépy, arr. de Senlis. = Verberie.

NÉSARNAK, s. m. Cétacé du genre du dauphin. T. d'hist. nat.

NESCHERS, s. m. Com. du dép. du Puy-de-Dôme, cant. de Champeix, arr. d'Issoire. = Issoire.

NESCUS, s. m. Com. du dép. de l'Ariège, cant. de la Bastide-de-Seron, arr. de Foix. = Foix.

NESLE, s. f. Ancienne monnaie de billon, qui valait quinze deniers.

NESLE, s. f. Com. du dép. de la Somme, chef-lieu de cant. de l'arr. de Péronne. Bur. d'enregist. et de poste.

NESLE-EN-BRAY, s. f. Com. du dép. de la Seine-Inférieure, cant. et arr. de Neufchâtel. = Neufchâtel.

NESLE-ET-MASSOULT, s. f. Com. du dép. de la Côte-d'Or, cant. de Laignes, arr. de Châtillon. = Laignes.

NESLE-HODENG, s. f. Village du dép. de la Seine-Inférieure, cant. et arr. de Neufchâtel. = Neufchâtel.

NESLE-LA-REPOSTE, s. f. Com. du dép. de la Marne, cant. d'Esternay, arr. d'Épernay. = Villenauxe.

NESLE-LE-REPONS, s. f. Com. du dép. de la Marne, cant. de Dormans, arr. d'Épernay. = Dormans.

NESLE-L'HÔPITAL, s. f. Com. du dép. de la Somme, cant. d'Oisemont, arr. d'Amiens. = Blangy.

NESLES, s. f. Com. du dép. de l'Aisne, cant. et arr. de Château-Thierry. = Fère-en-Tardenois.

NESLES, s. f. Com. du dép. du Pas-de-Calais, cant. de Samer, arr. de Boulogne. = Boulogne.

NESLES, s. f. Com. du dép. de Seine-et-Marne, cant. de Rozoy, arr. de Coulommiers. = Coulommiers.

NESLES, s. f. Com. du dép. de Seine-et-Oise, cant. de l'Isle-Adam, arr. de Pontoise. = Pontoise.

NESLES-NORMANDEUSES, s. f. Com. du dép. de la Seine-Inférieure, cant. de Blangy, arr. de Neufchâtel. = Blangy.

NESLETTE, s. f. Com. du dép. de la Somme, cant. d'Oisemont, arr. d'Amiens. = Blangy.

NESLIE, s. f. Voy. MYAGRE. T. de bot.

NESMY, s. m. Com. du dép. de la Vendée, cant. et arr. de Bourbon-Vendée. = Bourbon-Vendée.

NESNAKI, s. m. Poisson des rivières de Sibérie du genre du salmone. T. d'hist. nat.

NESPLOI, s. m. Com. du dép. du Loiret, cant. de Bellegarde, arr. de Montargis. = Bois-Commun.

NESPOULS, s. m. Com. du dép. de la Corrèze, cant. et arr. de Brive. = Cressensac.

NESSA, s. m. Com. du dép. de la Corse, cant. d'Algajola, arr. de Calvi. = Bastia.

NESSATUS, s. m. Arbrisseau des Indes-Orientales. T. de bot.

NESSUS, s. m. Centaure, fils d'Ixion et de la Nue. Il fut tué par Hercule d'un coup de flèche, pour avoir voulu enlever Déjanire à laquelle il donna sa chemise teinte de son sang, en lui persuadant que cette chemise aurait la vertu de la garantir des infidélités d'Hercule, tandis qu'elle contenait un poison qui devait faire périr ce héros au milieu des plus horribles souffrances. T. de myth.

NESTALAS, s. m. Com. du dép. des Hautes-Pyrénées, cant. et arr. d'Argelès. = Argelès.

NESTE (la), s. f. Petite rivière qui prend sa source dans les Pyrénées et qui se jette dans la Garonne, près de Montrejeau, après un cours d'environ 15 l.

NESTIER, s. m. Com. du dép. des Hautes-Pyrénées, chef lieu de cant. de l'arr. de Bagnères. Bur. d'enregist. à Labarthe. = Montrejeau.

NESTOR, s. m. Fils de Nélée, l'un des chefs de l'armée grecque dont Homère a célébré la sagesse et l'expérience; il était le plus âgé des chefs de l'armée grecque. T. de myth. —, le plus vieux et le plus sage. Fig.

NESTORIANISME, s. m. Hérésie de Nestorius qui supposait deux natures en J.-C.

NESTORIEN, s. m. Sectateur de Nestorius.

NESTORIUS, s. m. Syrien qui fut élevé dans un monastère et qui se distingua tellement par sa piété et son savoir qu'il fut élevé aux premières dignités de l'église, et devint évêque de Constantinople. Enivré de sa haute fortune, il crut pouvoir s'écarter de la doctrine évangélique et soutint qu'il y avait deux natures en J.-C.; que la Ste.-Vierge n'était point la mère de Dieu, mais la mère du Christ, etc. Cette hérésie fut condamnée dans un premier concile tenu à Rome en 430, et ensuite au concile général d'Éphèse.

NET, s. m. Copie d'un brouillon, d'une minute; mettre un manuscrit au net. —, adv. Uniment, tout d'un coup; casser net. —, franchement, sans déguisement; je vous le dis tout net.

NET, TE, adj. Propre, sans souillure, sans ordure. —, uni, poli, sans tache; glace nette. —, distinct; écriture nette. —, vide; maison nette, clair, sans ambiguité; style net. —, exempt de dettes; affaires nettes, etc. Faire maison —, renvoyer ses domestiques. Fig. et fam. Conscience —, pure. En avoir le cœur —, savoir ce qui en est.

NETTANCOURT, s. m. Com. du dép. de la Meuse, cant. de Chevigny, arr. de Bar-le-Duc. = Bar-le-Duc.

NETTASTOME, s. m. Poisson apode. T. d'hist. nat.

NETTEMENT, adv. Avec netteté, propreté. —, clairement, franchement. Fig.

NETTETÉ, s. f. Qualité de ce qui est net. Au prop. et au fig.

NETTOIEMENT ou NETTOYAGE, s. m. Action de nettoyer.

NETTOYÉ, E, part. Rendu net, propre.

NETTOYER, v. a. Rendre net, enlever la malpropreté, les ordures ; décrotter, brosser, vergeter, épousseter. —, déménager ; dévaliser une maison. Fig.— la mer, en chasser les corsaires.— la tranchée, forcer les assiégeans à l'abandonner. T. d'art milit. — des contours, les rendre plus purs et plus nets. T. de peint. Se —, v. pron. Nettoyer ses habits, sa figure.

NEUBLANS, s. m. Com. du dép. du Jura, cant. de Chaussin, arr. de Dôle. = Dôle.

NEUBOIS, s. m. Com. du dép. du Bas-Rhin, cant. de Villé, arr. de Schélestadt. = Schélestadt.

NEUBOURG (le), s. m. Com. du dép. de l'Eure, chef-lieu de cant. de l'arr. de Louviers. Bur. d'enregist. et de poste. Fabr. de cotonnades, de toiles de lin. Comm. de grains, bois et fer.

NEUCHÂTEL, s. m. Com. du dép. du Doubs, cant. de Pont-de-Roide, arr. de Montbéliard. = Lisle-sur-le-Doubs.

NEUCOURT, s. m. Com. du dép. de Seine-et-Oise, cant. de Marines, arr. de Pontoise. = Magny.

NEUDORFF, s. m. Com. du dép. de la Moselle, cant. de Bouzonville, arr. de Thionville. = Bouzonville.

NEUF, s. m. Chiffre neuf ; carte empreinte de neuf points. —, adj. numéral. Le nombre après huit. —, neuvième ; Charles IX.

NEUF, s. m. Ce qui est neuf ; chose neuve. A —, adv. En renouvelant en entier ; refaire un bâtiment à neuf.

NEUF, NEUVE, adj. Fait depuis peu, qui n'a point ou que peu servi ; moins ancien. —, en parlant des personnes, qui manque d'usage ; maladroit. —, qui n'a point encore été émis ; pensée neuve, etc. Bois —, qui n'a pas flotté. Cheval —, qui n'a point encore servi.

NEUF-BERGUIN, s. m. Com. du dép. du Nord, cant. de Merville, arr. d'Hazebrouck. = Merville.

NEUFBOSC, s. m. Com. du dép. de la Seine-Inférieure, cant. de St.-Saens, arr. de Neufchâtel. = St.-Saens.

NEUF-BOURG (le), s. m. Com. du dép. de la Manche, cant. et arr. de Mortain. = Mortain.

NEUFCHÂTEAU, s. m. Ville du dép. des Vosges, chef-lieu de sous-préf. et de cant. ; trib. de 1re inst. ; conserv. des hypoth. ; direct. des contrib. indir. ; recev. part. des finances ; bur. d'enregist. et de poste. Cette ville, située entre des montagnes, est assez bien bâtie. Fabr. de grosses draperies et d'ouvrages en osier ; forges. Comm. de grains, vins, tabacs, bois, fers, clous, pointes de Paris, quincaillerie et boissellerie.

NEUFCHÂTEL, s. m. Com. du dép. de l'Aisne, chef-lieu de cant. de l'arr. de Laon. Bur. d'enregist. à Sissonne. = Reims.

NEUFCHÂTEL, s. m. Com. du dép. du Pas-de-Calais, cant. de Samer, arr. de Boulogne. = Samer.

NEUFCHÂTEL, s. m. Com. du dép. de la Sarthe, cant. de Fresnay, arr. de Mamers. = Mamers.

NEUFCHÂTEL, s. m. Petite ville du dép. de la Seine-Inférieure, chef-lieu de sous-préf. et de cant. ; trib. de 1re inst. et de comm. ; conserv. des hypoth. ; recev. part. des finances ; bur. d'enregist. et de poste. Cette ville est agréablement située sur la pente d'une colline, et près de la Béthune. Fabr. d'étoffes de laine, siamoises ; chapellerie, bonneterie ; brasseries, tanneries, verreries. Comm. d'excellens fromages, beurre, farines, vins et eaux-de-vie.

NEUFCHEF, s. m. Com. du dép. de la Moselle, cant. d'Audun-le-Roman, arr. de Briey. = Briey.

NEUFCHELLES, s. f. Com. du dép. de l'Oise, cant. de Betz, arr. de Senlis. = May.

NEUFFONS, s. m. Com. du dép. de la Gironde, cant. de Monségur, arr. de la Réole. = la Réole.

NEUFFONTAINES, s. f. Com. du dép. de la Nièvre, cant. de Tannay, arr. de Clamecy. = Corbigny.

NEUF-FOSSÉ, s. m. Canal qui réunit la Lys à l'Aa ; il est joint par le canal de la Bassée à Aire, et communique ainsi avec les canaux de la Deule et de la Sensée.

NEUFGRANGE, s. f. Com. du dép. de la Moselle, cant. et arr. de Sarreguemines. = Sarreguemines.

NEUFLIEUX, s. m. Com. du dép. de l'Aisne, cant. de Chauny, arr. de Laon. = Chauny.

NEUFLIZE, s. f. Com. du dép. des Ardennes, cant. de Juniville, arr. de Rethel. = Rethel.

NEUFMAISON, s. f. Com. du dép. des Ardennes, cant. de Signy-l'Abbaye, arr. de Mézières. = Mézières.

NEUFMAISONS, s. f. Com. du dép. de la Meurthe, cant. de Baccarat, arr. de Lunéville. = Baccarat.

NEUFMANIL, s. m. Com. du dép.

des Ardennes, cant. de Charleville, arr. de Mézières. = Mézières.

NEUFMARCHÉ, s. m. Com. du dép. de la Seine-Inférieure, cant. de Gournay, arr. de Neufchâtel. = Gournay.

NEUFME, s. m. Droit des curés pour la sépulture.

NEUFMESNIL, s. m. Com. du dép. de la Manche, cant. de la Haye-du-Puits, arr. de Coutances. = Périers.

NEUFMESNIL, s. m. Com. du dép. du Nord, cant. de Bavay, arr. d'Avesnes. = Bavay.

NEUFMOULIN, s. m. Com. du dép. de la Meurthe, cant. de Lorquin, arr. de Sarrebourg. = Sarrebourg.

NEUFMOULIN, s. m. Com. du dép. de la Somme, cant. de Nouvion, arr. d'Abbeville. = Abbeville.

NEUFMOUTIERS, s. m. Com. du dép. de Seine-et-Marne, cant. de Rozoy, arr. de Coulommiers. = Tournan.

NEUFMOUTIERS, s. m. Com. du dép. de Seine-et-Marne, cant. et arr. de Meaux. = Meaux.

NEUFOUR, s. m. Com. du dép. de la Meuse, cant. de Clermont, arr. de Verdun. = Clermont-en-Argonne.

NEUFVILLAGE, s. m. Com. du dép. de la Meurthe, cant. d'Albestroff, arr. de Château-Salins. = Dieuze.

NEUFVY, s. m. Com. du dép. de l'Oise, cant. de Ressons, arr. de Compiègne. = Compiègne.

NEUGARTHEIM, s. m. Com. du dép. du Bas-Rhin, cant. de Truchtersheim, arr. de Strasbourg. = Strasbourg.

NEUHAEUSEL, s. m. Com. du dép. du Bas-Rhin, cant. de Bischwiller, arr. de Strasbourg. = Haguenau.

NEUIL, s. m. Com. du dép. d'Indre-et-Loire, cant. de Sainte-Maure, arr. de Chinon. = Ste.-Maure.

NEUILH, s. m. Com. du dép. des Hautes-Pyrénées, cant. et arr. de Bagnères. = Bagnères-de-Bigorre.

NEUILLAC, s. m. Com. du dép. de la Charente-Inférieure, cant. d'Archiac, arr. de Jonzac. = Pons.

NEUILLAC, s. m. Com. du dép. du Morbihan, cant. de Cléguérec, arr. de Pontivy. = Pontivy.

NEUILLAY-LES-BOIS, s. m. Com. du dép. de l'Indre, cant. de Buzançais, arr. de Châteauroux. = Châteauroux.

NEUILLÉ, s. m. Com. du dép. de Maine-et-Loire, cant. et arr. de Saumur. = Saumur.

NEUILLÉ-LE-LIERRE, s. m. Com. du dép. d'Indre-et-Loire, cant. de Vouvray, arr. de Tours. = Tours.

NEUILLÉ-PONT-PIERRE, s. m. Com. du dép. d'Indre-et-Loire, chef-lieu de cant. de l'arr. de Tours. Bur. d'enregist. = Neuvy-le-Roi. Fab. de draps, serges et droguets.

NEUILLÉ-SUR-OUETTE, s. m. Com. du dép. de la Mayenne, cant. de Monsurs, arr. de Laval. = Laval.

NEUILLÉ-SUR-VICOIN, s. m. Com. du dép. de la Mayenne, cant. et arr. de Laval. = Laval.

NEUILLI-LE-BISSON, s. m. Com. du dép. de l'Orne, cant. du Mêle-sur-Sarthe, arr. d'Alençon. = le Mêle.

NEUILLY, s. m. Com. du dép. du Calvados, cant. d'Isigny, arr. de Bayeux. = Isigny.

NEUILLY, s. m. Com. du dép. de l'Eure, cant. de Pacy, arr. d'Evreux. = Pacy-sur-Eure.

NEUILLY, s. m. Com. du dép. de la Haute-Marne, chef-lieu de cant. de l'arr. de Langres, où se trouve le bur. d'enregist. = Langres.

NEUILLY, s. m. Com. du dép. de la Nièvre, cant. de Brinon, arr. de Clamecy. = Corbigny.

NEUILLY, s. m. Com. du dép. de la Seine, chef-lieu de cant. de l'arr. de St-Denis. Bur. d'enregist. et de poste.

NEUILLY, s. m. Com. du dép. de Seine-et-Oise, cant. de Marines, arr. de Pontoise. = Pontoise.

NEUILLY, s. m. Com. du dép. de l'Yonne, cant. d'Aillant, arr. de Joigny. = Basson.

NEUILLY-EN-DONJON, s. m. Com. du dép. de l'Allier, cant. du Donjon, arr. de la Palisse. = le Donjon.

NEUILLY-EN-DUN, s. m. Com. du dép. du Cher, cant. de Sancoins, arr. de St.-Amand. = Sancoins.

NEUILLY-EN-SANCERRE, s. m. Com. du dép. du Cher, cant. d'Henrichemont, arr. de Sancerre. = Henrichemont.

NEUILLY-EN-THELLE, s. m. Com. du dép. de l'Oise, chef-lieu de cant. de l'arr. de Senlis. Bur. d'enregist. à Chambly. = Beaumont-sur-Oise.

NEUILLY-LE-BRIGNON, s. m. Com. du dép. d'Indre-et-Loire, cant. de Lahaye, arr. de Loches. = Lahaye-Descartes.

NEUILLY-LE-DIEN, s. m. Com. du dép. de la Somme, cant. de Crécy, arr. d'Abbeville. = Auxy-le-Château.

NEUILLY-LE-MALHERBE, s. m. Com. du dép. du Calvados, cant. d'Evrecy, arr. de Caen. = Caen.

NEUILLY-LE-RÉAL, s. m. Com. du dép. de l'Allier, chef-lieu de cant. de l'arr. de Moulins, où est le bur. d'enregist. = Moulins.

NEUILLY-LÈS-DIJON, s. m. Com. du dép. de la Côte-d'Or, cant. et arr. de Dijon. = Dijon.

NEUILLY-LE-VENDIN, s. m. Com. du dép. de la Mayenne, cant. de Couptrain, arr. de Mayenne. = Pré-en-Pail.

NEUILLY-L'HOPITAL, s. m. Com. du dép. de la Somme, cant. de Nouvion, arr. d'Abbeville. = Abbeville.

NEUILLY-ST.-FRONT, s. m. Com. du dép. de l'Aisne, chef-lieu de cant. de l'arr. de Château-Thierry. Bur. d'enregist. et de poste.

NEUILLY-SOUS-CLERMONT, s. m. Com. du dép. de l'Oise, cant. de Mouy, arr. de Clermont. = Clermont-en-Beauvoisis.

NEUILLY-SUR-EURE, s. m. Com. du dép. de l'Orne, cant. de Longni, arr. de Mortagne. = Champrond.

NEUILLY-SUR-MARNE, s. m. Com. du dép. de Seine-et-Oise, cant. de Gonesse, arr. de Pontoise. = Fontenay-sous-Bois.

NEUILLY-SUR-SUIZE, s. m. Com. du dép. de la Haute-Marne, cant. et arr. de Chaumont. = Chaumont-en-Bassigny.

NEUIL-SOUS-FAYE, s. m. Com. du dép. de la Vienne, cant. de Monts, arr. de Loudun. = Loudun.

NEULETTE, s. f. Com. du dép. du Pas-de-Calais, cant. du Parcq, arr. de St.-Pol. = Hesdin.

NEULISE, s. f. Com. du dép. de la Loire, cant. de St.-Symphorien-de-Lay, arr. de Roanne. = Roanne.

NEULLES, s. f. Com. du dép. de la Charente-Inférieure, cant. d'Archiac, arr. de Jonzac. = Jonzac.

NEUME, s. m. Récapitulation du chant d'un mode. T. de plain-chant.

NEUNG-SUR-BEUVRON, s. m. Com. du dép. de Loir-et-Cher, chef-lieu de cant. de l'arr. de Romorantin. Bur. d'enregist. à Chaumont-sur-Tharonne. = la Ferté-St.-Aubin.

NEUNKIRK, s. m. Com. du dép. de la Moselle, cant. et arr. de Sarreguemines. = Sarreguemines.

NEUNKIRKEN, s. m. Com. du dép. de la Moselle, cant. de Bouzonville, arr. de Thionville. = Bouzonville.

NEURACHNE, s. f. Graminée de la Nouvelle-Hollande. T. de bot.

NEURADE, s. f. Plante rosacée. T. de bot.

NEURE, s. f. Petit navire hollandais pour la pêche. T. de mar.

NEURÉ, s. f. Com. du dép. de l'Allier, cant. de Lurcy-Lévy, arr. de Moulins. = St.-Pierre-le-Moutier.

NEUREY-EN-VAUX, s. m. Com. du dép. de la Haute-Saône, cant. de Saulx, arr. de Lure. = Vesoul.

NEUREY-LÈS-LADEMIE, s. m. Com. du dép. de la Haute-Saône, cant. de Noroy-le-Bourg, arr. de Vesoul. = Vesoul.

NEUTRALEMENT, adv. Dans un sens neutre. T. de gramm.

NEUTRALISATION, s. f. Action de neutraliser; traité provisoire de neutralité.

NEUTRALISÉ, E, part. Tempéré; mitigé; réduit à l'inaction.

NEUTRALISER, v. n. Tempérer; mitiger; rendre nul, réduire à l'inaction. —, rendre un sel neutre. T. de chim.

NEUTRALITÉ, s. f. Etat de celui qui reste neutre entre deux partis, entre deux puissances belligérantes.

NEUTRE, s. m. Le genre neutre. T. de gramm. —, adj. Qui continue à entretenir des relations d'amitié avec des puissances en guerre; qui ne prend point part aux discussions entre particuliers. —, qui n'est ni masculin ni féminin. Verbe —, qui n'a pas de régime direct. T. de gramm. —, se dit d'un sel qui n'est ni acide ni alcali. T. de chim. —, qui n'a pas de sexe. T. d'hist. nat. et de bot.

NEUVAINE, s. f. Prières, dévotions qu'on fait pendant neuf jours.

NEUVE-CHAPELLE, s. f. Com. du dép. du Pas-de-Calais, cant. de Laventie, arr. de Béthune. = la Bassée.

NEUVE-ÉGLISE-ET-HIRTZELBACH, s. f. Com. du dép. du Bas-Rhin, cant. de Villé, arr. de Schélestadt. = Schélestadt.

NEUVEGLISE, s. f. Com. du dép. du Cantal, cant. et arr. de St.-Flour. = St.-Flour.

NEUVE-GRANGE (la), s. f. Com. du dép. de l'Eure, cant. d'Étrépagny, arr. des Andelys. = Lions-la-Forêt.

NEUVELLE (la), s. f. Com. du dép. de la Haute-Marne, cant. de Varennes, arr. de Langres. = Bourbonne.

NEUVELLE (la), s. f. Com. du dép. de la Haute-Saône, cant. et arr. de Lure. = Port-sur-Saône.

NEUVELLE-LÈS-CHAMPLITTE, s. f. Com. du dép. de la Haute-Saône, cant. de Champlitte, arr. de Gray. = Champlitte.

NEUVELLE-LÈS-GRANCEY, s. f. Com. du dép. de la Côte-d'Or, cant. de Grancey-le-Château, arr. de Dijon. = Grancey-le-Château.

NEUVELLE-LÈS-LA-CHARITÉ, s. f. Com. du dép. de la Haute-Saône, cant. de Scey-sur-Saône, arr. de Vesoul. = Rioz.

NEUVELLE-LÈS-SCEY (la), s. f. Com. du dép. de la Haute-Saône, cant. de Combeau-Fontaine, arr. de Vesoul. = Rioz.

NEUVELLE-LÈS-VOISEY, s. f. Com. du dép. de la Haute-Marne, cant. de la Ferté-sur-Amance, arr. de Langres. = Bourbonne.

NEUVELOTTE (la), s. f. Com. du dép. de la Meurthe, cant. et arr. de Nancy. = Nancy.

NEUVE-LYRE (la), s. f. Com. du dép. de l'Eure, cant. de Rugles, arr. d'Évreux. = Conches.

NEUVE-MAISON, s. f. Com. du dép. de l'Aisne, cant. de Hirson, arr. de Vervins. = Vervins.

NEUVES-MAISONS, s. f. Com. du dép. de la Meurthe, cant. et arr. de Nancy. = Nancy.

NEUVEVILLE (la), s. f. Com. du dép. des Vosges, cant. de Raon-l'Etape, arr. de St.-Dié. = Raon-l'Etape.

NEUVEVILLE (la), s. f. Com. du dép. des Vosges, cant. de Vittel, arr. de Mirecourt. = Mirecourt.

NEUVEVILLE (la), s. f. Com. du dép. des Vosges, cant. de Châtenois, arr. de Neufchâteau. = Neufchâteau.

NEUVEVILLE-ET-GREMOMEN (la), s. f. Com. du dép. des Vosges, cant. de Bruyères, arr. d'Epinal. = Bruyères.

NEUVI-AU-HOULME, s. m. Com. du dép. de l'Orne, cant. de Putanges, arr. d'Argentan. = Falaise.

NEUVIC, s. m. Com. du dép. de la Charente-Inférieure, cant. de Matha, arr. de St.-Jean-d'Angely. = St.-Jean-d'Angely.

NEUVIC, s. m. Com. du dép. de la Charente-Inférieure, cant. de Montguyon, arr. de Jonzac. = St.-Jean-d'Angely.

NEUVIC, s. m. Com. du dép. de la Corrèze, chef-lieu de cant. de l'arr. d'Ussel. Bur. d'enregist. = Ussel.

NEUVIC, s. m. Com. du dép. de la Dordogne, chef-lieu de cant. de l'arr. de Ribérac. Bur. d'enregist. à Mussidan. Bur. de poste.

NEUVIC-ENTIER, s. m. Com. du dép. de la Haute-Vienne, cant. de Châteauneuf, arr. de Limoges. = Limoges.

NEUVIÈME, s. m. La neuvième partie. —, s. Celui, celle qui, ou ce qui occupe le neuvième rang. —, adj. Nombre d'ordre qui suit le huitième; neuvième rang.

NEUVIÈMEMENT, adv. En neuvième lieu.

NEUVIER, s. m. Com. du dép. du Doubs, cant. de St.-Hippolyte, arr. de Montbéliard. = St.-Hippolyte-sur-le-Doubs.

NEUVILLALAIS, s. m. Com. du dép. de la Sarthe, cant. de Conlie, arr. du Mans. = Sillé-le-Guillaume.

NEUVILLE, s. f. Com. du dép. de l'Aisne, cant. de Craonne, arr. de Laon. = Laon.

NEUVILLE, s. f. Com. du dép. de l'Allier, cant. de Hérisson, arr. de Montluçon. = Montmarault.

NEUVILLE, s. f. Com. du dép. du Calvados, cant. de Trévières, arr. de Bayeux. = Bayeux.

NEUVILLE, s. f. Com. du dép. du Calvados, cant. et arr. de Vire. = Vire.

NEUVILLE, s. f. Com. du dép. de la Corrèze, cant. d'Argentat, arr. de Tulle. = Argentat.

NEUVILLE, s. f. Com. du dép. de l'Eure, cant. de St.-André, arr. d'Evreux. = Pacy-sur-Eure.

NEUVILLE, s. f. Com. du dép. d'Indre-et-Loire, cant. de Château-Renault, arr. de Tours. = Château-Renault.

NEUVILLE, s. f. Com. du dép. du Loiret, chef-lieu de cant. de l'arr. d'Orléans. Bur. d'enregist. et de poste.

NEUVILLE, s. f. Com. du dép. de la Nièvre, cant. de Brinon, arr. de Clamecy. = Varzy.

NEUVILLE, s. f. Com. du dép. du Nord, cant. du Quesnoy, arr. d'Avesnes. = le Quesnoy.

NEUVILLE (la), s. f. Com. du dép. du Nord, cant. de Pont-à-Marcq, arr. de Lille. = Tourcoing.

NEUVILLE, s. f. Com. du dép. du Pas-de-Calais, cant. et arr. de Montreuil. = Montreuil.

NEUVILLE, s. f. Com. du dép. du Puy-de-Dôme, cant. de Billom, arr. de Clermont. = Billom.

NEUVILLE, s. f. Com. du dép. du Rhône, chef-lieu de cant. de l'arr. de Lyon. Bur. d'enregist. = Lyon. Fabr. de ratines, velours de coton et soie.

NEUVILLE, s. f. Com. du dép. de la Seine-Inférieure, cant. et arr. de Dieppe. = Dieppe.

NEUVILLE, s. f. Com. du dép. de la Vienne, chef-lieu de cant. de l'arr. de Poitiers. Bur. d'enregist. à Vouillé. = Poitiers.

NEUVILLE-À-BAYARD (la), s. f. Com. du dép. de la Haute-Marne, cant. de Chevillon, arr. de Vassy. = St.-Dizier.

NEUVILLE-À-MAIRE (la), s. f. Com. du dép. des Ardennes, cant. de Raucourt, arr. de Sedan. = Sedan.

NEUVILLE-À-REMY (la), s. f. Com. du dép. de la Haute-Marne, cant. et arr. de Vassy. = Vassy.

NEUVILLE-AU-BOIS, s. f. Com. du dép. de la Somme, cant. d'Oisemont, arr. d'Amiens. = Abbeville.

NEUVILLE-AU-CORNET, s. f. Com. du dép. du Pas-de-Calais, cant. et arr. de St.-Pol. = St.-Pol.

NEUVILLE-AU-PLAIN, s. f. Com. du dép. de la Manche, cant. de Ste.-Mère-Eglise, arr. de Valognes. = Ste.-Mère-Eglise.

NEUVILLE-AU-PONT (la), s. f. Com. du dép. de la Marne, cant. et arr. de Ste.-Ménehould. = Ste.-Ménehould.

NEUVILLE-AU-PONT (la), s. f. Com. du dép. de la Haute-Marne, cant. de St.-Dizier, arr. de Vassy. = St.-Dizier.

NEUVILLE-AUX-BOIS (la), s. f. Com. du dép. de la Marne, cant. de Dommartin-sur-Yèvre, arr. de Ste.-Ménehould. = Ste.-Ménehould.

NEUVILLE-AUX-BOIS (la), s. f. Com. du dép. de la Haute-Marne, cant. de Poissons, arr. de Vassy. = Joinville.

NEUVILLE-AUX-JOÛTES (la), s. f. Com. du dép. des Ardennes, cant. de Signy-le-Petit, arr. de Rocroy. = Aubenton. Forges et hauts fourneaux.

NEUVILLE-AUX-LARRIS (la), s. f. Com. du dép. de la Marne, cant. de Châtillon, arr. de Reims. = Dormans.

NEUVILLE-AUX-TOURNEURS (la), s. f. Com. du dép. des Ardennes, cant. de Signy-le-Petit, arr. de Rocroy.=Aubenton.

NEUVILLE-BOSC, s. f. Com. du dép. de l'Oise, cant. de Méru, arr. de Beauvais. = Chaumont-en-Vexin.

NEUVILLE-BOSMONT (la), s. f. Com. du dép. de l'Aisne, cant. de Marle, arr. de Laon. = Marle.

NEUVILLE BOURJONVAL, s.f.Com. du dép. du Pas-de-Calais, cant. de Bertincourt, arr. d'Arras. = Arras.

NEUVILLE-CHAMP-D'OISEL (la), s. f. Com. du dép. de la Seine-Inférieure, cant. de Boos, arr. de Rouen. = Rouen.

NEUVILLE-COPPEGUEULLE, s. f. Com. du dép. de la Somme, cant. d'Oisemont, arr. d'Amiens. = Aumale.

NEUVILLE-D'AUMONT, s. f. Com. du dép. de l'Oise, cant. de Noailles, arr. de Beauvais. = Méru.

NEUVILLE-DES-VAUX (la), s. f. Com. du dép. de l'Eure, cant. de Pacy, arr. d'Evreux. = Pacy-sur-Eure.

NEUVILLE-DU-BOSC (la), s. f. Com. du dép. de l'Eure, cant. de Brionne, arr. de Bernay. = Brionne.

NEUVILLE-EN-BEAUMONT, s. f. Com. du dép. de la Manche, cant. de St.-Sauveur-le-Vicomte, arr. de Valognes. = Valognes.

NEUVILLE-EN-BEINE (la), s. f. Com. du dép. de l'Aisne, cant. de Chauny, arr. de Laon. = Chauny.

NEUVILLE-EN-FERAIN, s. f. Com. du dép. du Nord, cant. de Tourcoing, arr. de Lille. = Tourcoing.

NEUVILLE-EN-HEZ (la), s. f. Com. du dép. de l'Oise, cant. et arr. de Clermont. = Clermont-en-Beauvoisis.

NEUVILLE-EN-TOURNE-AFUY, s. f. Com. du dép. des Ardennes, cant. de Juniville, arr. de Rethel. = Rethel.

NEUVILLE-EN-VERDUNOIS, s. f. Com. du dép. de la Meuse, cant. de Pierrefitte, arr. de Commercy. = St.-Mihiel.

NEUVILLE-ET-DAY (la), s. f. Com. du dép. des Ardennes, cant. de Tourteron, arr. de Vouziers. = Attigny.

NEUVILLE-FERRIÈRES, s. f. Com. du dép. de la Seine-Inférieure, cant. et arr. de Neufchâtel. = Neufchâtel.

NEUVILLE-HOUSSET (la), s. f. Com. du dép. de l'Aisne, cant. de Sains, arr. de Vervins. = Marle.

NEUVILLE-LÈS-BRAY (la), s. f. Com. du dép. de la Somme, cant. de Bray, arr. de Péronne. = Albert.

NEUVILLE-LÈS-DECIZE, s. f. Com. du dép. de la Nièvre, cant. de Dornes, arr. de Nevers. = Decize.

NEUVILLE-LÈS-DORENGT, s. f. Com. du dép. de l'Aisne, cant. de Nouvion, arr. de Vervins. = Guise.

NEUVILLE-LÈS-LŒUILLY, s. f. Com. du dép. de la Somme, cant. de Conty, arr. d'Amiens. = Amiens.

NEUVILLE-LÈS-MOLIENS (la), s. f. Com. du dép. de l'Oise, cant. de Formerie, arr. de Beauvais. = Grandvilliers.

NEUVILLE-LÈS-THIS, s. f. Com. du dép. des Ardennes, cant. et arr. de Mézières. = Mézières.

NEUVILLE-LÈS-VAUCOULEURS, s. f. Com. du dép. de la Meuse, cant. de Vaucouleurs, arr. de Commercy. =Vaucouleurs.

NEUVILLE-LÈS-WASIGNY (la), s. f. Com. du dép. des Ardennes, cant. de Novion, arr. de Rethel. = Rethel.

NEUVILLE-MAÎTRE-GARNIER (la), s. f. Com. du dép. de l'Oise, cant. d'Auneuil, arr. de Beauvais. = Beauvais.

NEUVILLE-PRÈS-CLAVILLE, s. f. Com. du dép. de l'Eure, cant. et arr. d'Evreux. = Evreux.

NEUVILLE-PRÈS-SÉES, s. f. Com. du dép. de l'Orne, cant. de Sées, arr. d'Alençon. = Sées.

NEUVILLER, s. m. Com. du dép. de la Meurthe, cant. de Baccarat, arr. de Lunéville. = Blamont.

NEUVILLE-ROI (la), s. f. Com. du dép. de l'Oise, cant. de St.-Just-en-Chaussée, arr. de Clermont. = St.-Just-en-Chaussée.

NEUVILLERS, s. m. Com. du dép. des Vosges, cant. et arr. de St.-Dié. = St.-Dié.

NEUVILLERS, s. m. Com. du dép. des Vosges, cant. de Schirmeck, arr. de St.-Dié. = Raon-l'Etape.

NEUVILLER-SUR-MOSELLE, s. m. Com. du dép. de la Meurthe, cant. de Haroué, arr. de Nancy. = Charmes.

NEUVILLE-ST.-AMAND, s. f. Com. du dép. de l'Aisne, cant. de Moy, arr. de St.-Quentin. = St.-Quentin.

NEUVILLE-ST.-REMY, s. f. Com. du dép. du Nord, cant. et arr. de Cambrai. = Cambrai.

NEUVILLE-ST.-VAAST, s. f. Com. du dép. du Pas-de-Calais, cant. de Vimy, arr. d'Arras. = Arras.

NEUVILLE-SIRE-BERNARD, s. f. Com. du dép. de la Somme, cant. de Moreuil, arr. de Montdidier. = Montdidier.

NEUVILLE-SOUS-ARZILLIÈRES, s. f. Com. du dép. de la Marne, cant. de St.-Remy-en-Bouzemont, arr. de Vitry. = Vitry-le-François.

NEUVILLE-SOUS-FARCEAUX, s. f. Com. du dép. de l'Eure, cant. d'Etrépagny, arr. des Andelys. = les Andelys.

NEUVILLE-SUR-AIN, s. f. Com. du dép. de l'Ain, cant. de Pont-d'Ain, arr. de Bourg. = Pont-d'Ain.

NEUVILLE-SUR-AUTHOU, s. f. Com. du dép. de l'Eure, cant. de Brionne, arr. de Bernay. = Brionne.

NEUVILLE-SUR-EAULNE, s. f. Com. du dép. de la Seine-Inférieure, cant. de Londinières, arr. de Neufchâtel. = Neufchâtel.

NEUVILLE-SUR-L'ESCAULT, s. f. Com. du dép. du Nord, cant. de Bouchain, arr. de Valenciennes. = Bouchain.

NEUVILLE-SUR-MARGIVAL, s. f. Com. du dép. de l'Aisne, cant. de Vailly, arr. de Soissons. = Soissons.

NEUVILLE-SUR-ORNE, s. f. Com. du dép. de la Meuse, cant. de Revigny, arr. de Bar-le-Duc. = Bar-le-Duc.

NEUVILLE-SUR-OUDEUIL, s. f. Com. du dép. de l'Oise, cant. de Marseille, arr. de Beauvais. = Marseille.

NEUVILLE-SUR-RENON, s. f. Com. du dép. de l'Ain, cant. de Châtillon-les-Dombes, arr. de Trévoux. = Châtillon-les-Dombes.

NEUVILLE-SUR-RESSONS, s. f. Com. du dép. de l'Oise, cant. de Ressons, arr. de Compiègne. = Compiègne.

NEUVILLE-SUR-SARTHE, s. f. Com. du dép. de la Sarthe, cant. et arr. du Mans. = le Mans.

NEUVILLE-SUR-SEINE, s. f. Com. du dép. de l'Aube, cant. de Mussy-sur-Seine, arr. de Bar-sur-Seine. = Bar-sur-Seine.

NEUVILLE-SUR-TOUQUE, s. f. Com. du dép. de l'Orne, cant. de Gacé, arr. d'Argentan. = le Sap.

NEUVILLE-SUR-VANNE, s. f. Com. du dép. de l'Aube, cant. d'Estissac, arr. de Troyes. = Estissac.

NEUVILLETTE, s. f. Com. du dép. de l'Aisne, cant. de Ribemont, arr. de St.-Quentin. = Origny-Ste.-Benoîte.

NEUVILLETTE (la), s. f. Com. du dép. de l'Eure, cant. de St.-André, arr. d'Evreux. = Evreux.

NEUVILLETTE, s. f. Com. du dép. de la Sarthe, cant. de Sillé, arr. du Mans. = Sillé-le-Guillaume.

NEUVILLETTE, s. f. Com. du dép. de la Somme, cant. et arr. de Doullens. = Doullens.

NEUVILLE-VITASSE, s. f. Com. du dép. du Pas-de-Calais, cant. et arr. d'Arras. = Arras.

NEUVILLEY, s. m. Com. du dép. du Jura, cant. et arr. de Poligny. = Poligny.

NEUVILLY, s. m. Com. du dép. de la Meuse, cant. de Clermont, arr. de Verdun. = Clermont-en-Argonne.

NEUVILLY, s. m. Com. du dép. du Nord, cant. du Catteau, arr. de Cambrai. = le Catteau.

NEUVIRŒUL, s. m. Com. du dép. du Pas-de-Calais, cant. de Vimy, arr. d'Arras. = Arras.

NEUVIZY, s. m. Com. du dép. des Ardennes, cant. de Novion, arr. de Rethel. = Launoy.

NEUVY, s. m. Com. du dép. de l'Allier, cant. et arr. de Moulins. = Moulins.

NEUVY, s. m. Com. du dép. de Loir-et-Cher, cant. de Bracieux, arr. de Blois. = Bracieux.

NEUVY, s. m. Com. du dép. de Maine-et-Loire, cant. de Chemillé, arr. de Beaupréau. = Beaupréau.

NEUVY, s. m. Com. du dép. de la

Marne, cant. d'Esternay, arr. d'Epernay. = Sézanne.

NEUVY, s. m. Com. du dép. de la Nièvre, cant. et arr. de Cosne. Bur. de poste.

NEUVY, s. m. Com. du dép. de Saône-et-Loire, cant. de Gueugnon, arr. de Charolles. = Bourbon-Lancy.

NEUVY, s. m. Com. du dép. de l'Yonne, cant. de Flogny, arr. de Tonnerre. = St.-Florentin.

NEUVY-BOUIN, s. m. Com. du dép. des Deux-Sèvres, cant. de Secondigny-en-Gatine, arr. de Parthenay. = Parthenay.

NEUVY-DEUX-CLOCHERS, s. m. Com. du dép. du Cher, cant. de Henrichemont, arr. de Sancerre. = Henrichemont.

NEUVY-EN-BEAUCE, s. m. Com. du dép. d'Eure-et-Loir, cant. de Janville, arr. de Chartres. = Thoury.

NEUVY-EN-CHAMPAGNE-ET-ST.-JULIEN, s. m. Com. du dép. de la Sarthe, cant. de Coulie, arr. du Mans. = Sillé-le-Guillaume.

NEUVY-EN-DUNOIS, s. m. Com. du dép. d'Eure-et-Loir, cant. de Bonneval, arr. de Châteaudun. = Bonneval.

NEUVY-EN-SULLIAS, s. m. Com. du dép. du Loiret, cant. de Jargeau, arr. d'Orléans. = Orléans.

NEUVY-LE-BARROIS, s. m. Com. du dép. du Cher, cant. de Sancoins, arr. de St.-Amand. = Sancoins.

NEUVY-LE-ROI, s. m. Com. du dép. d'Indre-et-Loire, chef-lieu de cant. de l'arr. de Tours. Bur. d'enregist. et de poste. Fabr. d'étoffes de laine, serges et étamines.

NEUVY-PAILLOUX, s. m. Com. du dép. de l'Indre, cant. et arr. d'Issoudun. = Issoudun.

NEUVY-ST.-SÉPULCRE, s. m. Com. du dép. de l'Indre, chef-lieu de cant. de l'arr. de la Châtre. Bur. d'enregist. = la Châtre.

NEUVY-SUR-BARANGEON, s. m. Com. du dép. du Cher, cant. de Vierzon-Ville, arr. de Bourges. = Vierzon-Ville.

NEUWEEG, s. m. Com. du dép. du Haut-Rhin, cant. d'Huningue, arr. d'Altkirch. = Huningue.

NEUWILLER, s. m. Com. du dép. du Bas-Rhin, cant. de Petite-Pierre, arr. de Saverne. = Saverne.

NEUWILLER, s. m. Com. du dép. du Haut-Rhin, cant. d'Huningue, arr. d'Altkirch. = Huningue.

NEVACHE, s. m. Com. du dép. des Hautes-Alpes, cant. et arr. de Briançon. = Briançon.

Fabr. de toiles de coton, mousselines, mouchoirs; filatures de coton.

NEVÉGES, s. m. Com. du dép. de Tarn-et-Garonne, cant. de Molières, arr. de Montauban. = Montauban.

NEVERS, s. m. Ville et chef-lieu de préf. du dép. de la Nièvre et d'un cant.; de la 6e div. des ponts-et-chaussées; évêché érigé dans le 4e siècle; cour d'assises; trib. de 1re inst. et de comm.; chambre consultative des manuf.; société d'agric., sciences et arts; biblioth. pub.; ingén. en chef des ponts-et-chaussées; direct. des contrib. dir. et indir.; direct. de l'enregist. et des domaines de 3e classe; bur. d'enregist. et de poste; conserv. des hypoth.; bur. de garantie des matières d'or et d'argent; recev. part. des finances; payeur du dép. Pop. 15,800 hab. env.

Cette ville est bâtie en amphithéâtre sur la rive droite de la Loire. On y remarque l'ancien château des ducs de Nevers, un beau pont en pierre, etc.

Fabr. de grosse draperie, boutons de métal, cordes à violon; verreries considérables; nombreuses faïenceries; tanneries; fonderie de canons. Comm. de bois, fer, acier, charbons de terre et de bois, fer-blanc, porcelaine, faïence renommée, vins, sels, cuirs, etc.

NEVEU, s. m. Fils du frère ou de la sœur. Nos —, la postérité. T. poét.

NEVEZ, s. m. Com. du dép. du Finistère, cant. de Pontaven, arr. de Quimperlé. = Quimperlé.

NEVIAN, s. m. Com. du dép. de l'Aude, cant. et arr. de Narbonne. = Narbonne.

NEVILLE, s. f. Com. du dép. de la Manche, cant. de St.-Pierre-Eglise, arr. de Cherbourg. = Valognes.

NÉVILLE, s. f. Com. du dép. de la Seine-Inférieure, cant. de St.-Valery, arr. d'Yvetot. = St.-Valery-en-Caux.

NEVOY, s. m. Com. du dép. du Loiret, cant. et arr. de Gien. = Gien.

NÉVRALGIE, s. f. Affection nerveuse. T. de méd.

NÉVRILÈME, s. m. Membrane cylindrique enveloppant la pulpe de chaque filet nerveux. T. d'anat.

NÉVRITIQUE, adj. Voy. NERVIN.

NÉVROGRAPHIE, s. f. Description des nerfs. T. d'anat.

NÉVROLOGIE, s. f. Physiologie des nerfs.

NÉVROPTÈRES, s. m. pl. Insectes à mandibules, ayant quatre ailes nues avec des nervures en réseau. T. d'hist. nat.

NÉVROSE, s. f. Affection du système nerveux. T. de méd.

NÉVROTOME, s. m. Anatomiste qui dissèque les nerfs; scalpel. T. d'anat.

NÉVROTOMIE, s. f. Partie de l'anatomie qui a pour objet la dissection des nerfs. T. de chir.

NEVY, s. m. Com. du dép. du Jura, cant. de Chaussin, arr. de Dôle. = Dôle.

NEVY, s. m. Com. du dép. du Jura, cant. de Voiteur, arr. de Lons-le-Saulnier. = Lons-le-Saulnier.

NEWTON, s. m. Célèbre astronome anglais au génie duquel la physique est redevable d'un grand nombre de découvertes.

NEWTONIANISME, s. m. Système de physique de Newton.

NEWTONIEN, NE, adj. Qui appartient au système de Newton. —, s. et adj. Partisan de ce système.

NEXANS (St.-), s. m. Com. du dép. de la Dordogne, cant. et arr. de Bergerac. = Bergerac.

NEXON, s. m. Com. du dép. de la Haute-Vienne, chef-lieu de cant. de l'arr. de St.-Yrieix. Bur. d'enregist. = Limoges.

NEY, s. m. Com. du dép. du Jura, cant. de Champagnole, arr. de Poligny. = Champagnole.

NEYROLLES, s. f. Com. du dép. de l'Ain, cant. et arr. de Nantua. = Nantua.

NEYRON, s. m. Com. du dép. de l'Ain, cant. de Montluel, arr. de Trévoux. = Lyon.

NEZ, s. m. Partie la plus saillante du visage, située au-dessus de la bouche, entre les deux yeux ; organe de l'odorat. —, le visage entier ; mettre le nez à la fenêtre. —, sagacité, prévoyance ; avoir bon nez. Saigner au —, répandre du sang par le nez. Saigner du —, manquer de courage. Fig. — à —, face à face. Pied de —, honte, mortification. Rire au — en face. Se casser le —, ne pas réussir. —, petite éminence de la tuile qui sert à l'attacher aux lattes. T. de couvr. —, partie de l'avant du navire qui se termine en pointe. T. de mar. —, poisson du genre du squale. T. d'hist. nat. — coupé, pistachier sauvage. T. de bot.

NÉZEL, s. m. Com. du dép. de Seine-et-Oise, cant. de Meulan, arr. de Versailles. = Maulle.

NÉZEN, s. m. Com. du dép. du Jura, cant. de Moirans, arr. de St.-Claude. = St.-Claude.

NÉZIGNAN-L'ÉVÊQUE, s. m. Com. du dép. de l'Hérault, cant. de Pézenas, arr. de Béziers. = Pézenas.

NI, particule conjonctive, énumérative et négative ; ni grand, ni petit.

NIABLE, adj. Qui peut être nié.

NIAFLE, s. m. Com. du dép. de la Mayenne, cant. de Craon, arr. de Château-Gontier. = Craon.

NIAIS, E, s. et adj. Qui n'a aucun usage du monde ; simple, crédule à l'excès, sot. —, qui tient de la simplicité, de la niaiserie, qui l'annonce ; air niais. Oiseau —, pris dans le nid. T. de fauc.

NIAISEMENT, adv. D'un air niais.

NIAISER, v. n. Faire ou dire des niaiseries, s'amuser à des riens, à des bagatelles.

NIAISERIE, s. f. Caractère du niais ; frivolité, bagatelle.

NIAUX, s. m. Com. du dép. de l'Ariège, cant. de Tarascon, arr. de Foix. = Tarascon-sur-Ariège.

NIBAS, s. m. Com. du dép. de la Somme, cant. d'Ault, arr. d'Abbeville. = St.-Valery-sur-Somme.

NIBELLE-ET-ST.-SAUVEUR, s. m. Com. du dép. du Loiret, cant. de Beaune, arr. de Pithiviers. = Bois-Commun.

NIBILES, s. m. Espèce de musette des Abyssins.

NIBLES, s. m. Com. du dép. des Basses-Alpes, cant. de la Motte du-Caire, arr. de Sisteron. = Sisteron.

NIBORE, s. f. Plante aquatique du Mississipi. T. de bot.

NIC (St.-), s. m. Com. du dép. du Finistère, cant. et arr. de Châteaulin. = Châteaulin.

NICANDRE, s. f. Belladone physaloïde. T. de bot.

NICCOLANE, s. m. Métal composé ne nikel et de cobalt. T. d'hist. nat.

NICE, NICETTE, s. Noms donnés par d'anciens poètes comiques à des servantes villageoises d'une ingénuité qui allait jusqu'à la niaiserie. —, adj. Simple, niais.

NICEY, s. m. Com. du dép. de la Côte-d'Or, cant. de Laignes, arr. de Châtillon. = Laignes.

NICEY, s. m. Com. du dép. de la Meuse, cant. de Pierrefitte, arr. de Commercy. = St.-Mihiel.

NICHE, s. f. Enfoncement dans l'épaisseur d'un mur, pour nicher une statue, etc. ; petit réduit dans une maison ou jardin ; loge, cabane pour un chien. —, tour de malice ou d'espièglerie. T. fam.

NICHÉE, s. f. Couvée d'oiseaux ; se dit aussi des souris. —, réunion de personnes méprisables. T. fam.

NICHER, v. a. Placer en quelque endroit. T. fam. —, faire son nid. Se —, v. pron. Se loger. T. fam.

NICHET, s. m. Œuf qu'on laisse dans le nid pour y attirer les poules et les empêcher de déposer leurs œufs dans des lieux cachés.

NICHOIR, s. m. Cage pour faire couver les serins.

NICK-CORONDE, s. m. Cannelle de l'île de Ceylan, sans odeur ni saveur.

NICKEL, s. m. Cuivre minéralisé, métal gris, grenu, dur et peu ductile que l'on trouve dans les mines de cobalt.

NICODÈME, s. m. Grand niais comme le personnage de ce nom qui figure dans une comédie de Beffroy-de-Reigny, dit le Cousin-Jacques.

NICOLAÏTES, s. m. pl. Sectaires qui permettaient aux prêtres de se marier.

NICOLAO (St.-), s. m. Com. du dép. de la Corse, chef-lieu de cant. de l'arr. de Bastia. Bur. d'enregist. à Pero. = Bastia.

NICOLAS (St.-), s. m. Com. du dép. de l'Aube, cant. et arr. de Nogent-sur-Seine. = Nogent-sur-Seine.

NICOLAS (St.-), s. m. Village du dép. des Côtes-du-Nord, cant. et arr. de Guingamp. Bur. d'enregist. = Guingamp.

NICOLAS (St.-), s. m. Com. du dép. de Lot-et-Garonne, cant. d'Astaffort, arr. d'Agen. = la Magistère.

NICOLAS (St.-), s. m. Com. du dép. de la Meurthe, chef-lieu de cant. de l'arr. de Nancy. Bur. d'enregist. et de poste.

NICOLAS (St.-), s. m. Com. du dép. du Pas-de-Calais, cant. et arr. d'Arras. = Arras.

NICOLAS (St.-), s. m. Com. du dép. du Pas-de-Calais, cant. d'Audruick, arr. de St.-Omer. = Gravelines.

NICOLAS-AU-BOIS (St.-), s. m. Com. du dép. de l'Aisne, cant. de Coucy-le-Château, arr. de Laon. = la Fère.

NICOLAS-D'ATTEZ (St.-), s. m. Com. du dép. de l'Eure, cant. de Breteuil, arr. d'Evreux. = Verneuil.

NICOLAS-DE-BOURGUEIL (St.-), s. m. Com. du dép. d'Indre-et-Loire, cant. de Bourgueil, arr. de Chinon. = Bourgueil.

NICOLAS-DE-BREM (St.-), s. m. Com. du dép. de la Vendée, cant. de St.-Gilles, arr. des Sables-d'Olonne. = St.-Gilles-sur-Vie.

NICOLAS-DE-COUTANCES (St.-), s. m. Com. du dép. de la Manche, cant. et arr. de Coutances. = Coutances.

NICOLAS-DE-LA-GRAVE (St.-), s. m. Com. du dép. de Tarn-et-Garonne, chef-lieu de cant. de l'arr. de Castel-Sarrasin.

Bur. d'enregist. et de poste. Comm. de melons très estimés.

NICOLAS-DE-LA-HAYE (St.-), s. m. Com. du dép. de la Seine-Inférieure, cant. de Caudebec, arr. d'Yvetot. = Caudebec.

NICOLAS-DE-LA-TAILLE (St.-), s. m. Com. du dép. de la Seine-Inférieure, cant. de Lillebonne, arr. du Havre. = Lillebonne.

NICOLAS-DE-MACHERIN (St.-), s. m. Com. du dép. de l'Isère, cant. de Voiron, arr. de Grenoble. = Voiron.

NICOLAS-DE-PIERREPONT (St.-), s. m. Com. du dép. de la Manche, cant. de la Haye-du-Puits, arr. de Coutances. = Périers.

NICOLAS-DE-PONT-ST.-PIERRE (St.-), s. m. Com. du dép. de l'Eure, cant. d'Ecouis, arr. des Andelys. = Ecouis.

NICOLAS-DE-REDON (St.-), s. m. Com. du dép. de la Loire-Inférieure, chef-lieu de cant. de l'arr. de Savenay. Bur. d'enregist. à Guémené. = Redon.

NICOLAS-DES-BIEFS (St.-), s. m. Com. du dép. de l'Allier, cant. de Mayet-de-Montagne, arr. de la Palisse. = Cusset.

NICOLAS-DES-BOIS (St.-), s. m. Com. du dép. de la Manche, cant. de Brecey, arr. d'Avranches. = Villedieu.

NICOLAS-DES-BOIS (St.-), s. m. Com. du dép. de l'Orne, cant. et arr. d'Alençon. = Alençon.

NICOLAS-DES-LAITIERS (St.-), s. m. Com. du dép. de l'Orne, cant. de la Ferté-Fresnel, arr. d'Argentan. = l'Aigle.

NICOLAS-DES-MOTTETS (St.-), s. m. Com. du dép. d'Indre-et-Loire, cant. de Château-Renault, arr. de Tours. = Château-Renault.

NICOLAS-DE-SOMMAIRE (St.-), s. m. Com. du dép. de l'Orne, cant. de la Ferté-Fresnel, arr. d'Argentan. = l'Aigle.

NICOLAS-DU-BOSC (St.-), s. m. Com. du dép. de l'Eure, cant. d'Amfreville, arr. de Louviers. = le Neubourg.

NICOLAS-DU-BOSC-ASSELIN (St.-), s. m. Com. du dép. de l'Eure, cant. d'Amfreville, arr. de Louviers. = Elbeuf.

NICOLAS-DU-BOSC-L'ABBÉ (St.-), s. m. Com. du dép. de l'Eure, cant. et arr. de Bernay. = Bernay.

NICOLAS-DU-TERTRE (St.-), s. m. Com. du dép. du Morbihan, cant. de Malestroit, arr. de Ploërmel. = Ploërmel.

NICOLAS-DU-VERTBOIS (St.-), s.

m. Com. du dép. de la Seine-Inférieure, cant. de Clères, arr. de Rouen. = Rouen.

NICOLAS-ET-COURBEFFY (St.-), s. m. Com. du dép. de la Haute-Vienne, cant. de Châlus, arr. de St.-Yrieix. = Châlus.

NICOLAS-LES-CITEAUX (St.-), s. m. Com. du dép. de la Côte-d'Or, cant. de Nuits, arr. de Beaune. = Nuits.

NICOLAS-PRÈS-GRANVILLE (St.-), s. m. Com. du dép. de la Manche, cant. de Granville, arr. d'Avranches.= Granville.

NICOLAS-SAINT-MESMIN (St.-), s. m. Com. du dép. du Loiret, cant. et arr. d'Orléans. = Orléans.

NICOLE, s. f. Com. du dép. de Lot-et-Garonne, cant. de Port-Ste.-Marie, arr. d'Agen. = Aiguillon.

NICOLO, s. m. Haute-contre de hautbois à laquelle on a donné le nom d'un célèbre compositeur de musique, Nicolo Isouard.

NICORÉE, s. f. Fille simple. (Vi.)

NICORPS, s. m. Com. du dép. de la Manche, cant. et arr. de Coutances. = Coutances.

NICOTEUX, s. m. pl. Morceaux de tuiles fendues.

NICOTIANE, s. f. Voy. Tabac.

NICOU, s. m. Robinier de la Guiane. T. de bot.

NICTAGE, s. m. Voy. Nyctage.

NICTATION, s. f. Clignotement. T. inus.

NID, s. m. Petit logement que se font les oiseaux pour pondre, couver et élever leurs petits. —, se dit de certains quadrupèdes et des insectes; nid de belette, de chenille, etc. — à rats, petite mansarde, grenier. — de pie, logement sur le haut d'une brèche. T. d'art milit. Trouver la pie au —, faire une découverte avantageuse. Fig. et fam. — de fourmis, arbrisseau grimpant de l'île de Cayenne. — d'oiseau, plante vulnéraire qui croît au pied des sapins. T. de bot.

NIDANGE, s. m. Com. du dép. de la Moselle, cant. de Vigy, arr. de Metz. = Boulay.

NIDERHOFF, s. m. Com. du dép. de la Moselle, cant. de Lorquin, arr. de Sarrebourg. = Sarrebourg.

NIDERSTINZEL, s. m. Com. du dép. de la Meurthe, cant. de Fénétrange, arr. de Sarrebourg. = Sarrebourg.

NIDERVILLER, s. m. Com. du dép. de la Meurthe, cant. et arr. de Sarrebourg. = Sarrebourg.

NIDOREUX, EUSE, adj. Qui a l'odeur de pourri, d'œufs couvis.

NIDS, s. m. Com. du dép. du Loiret, cant. de Patay, arr. d'Orléans. = Orléans.

NIDULAIRE, s. f. Genre de champignons. T. de bot.

NIÈBE, s. f. Dolic du Sénégal. T. de bot.

NIÈCE, s. f. Fille du frère ou de la sœur.

NIED (la), s. f. Rivière qui prend sa source dans le dép. de la Moselle et pénètre dans le duché du Bas-Rhin où elle se jette dans la Sarre, après un cours d'environ 20 l.

NIEDER-BETSCHDORF, s. m. Com. du dép. du Bas-Rhin, cant. de Soultz-sous-Forêts, arr. de Wissembourg. = Haguenau.

NIEDERBRONN, s. m. Com. du dép. du Bas-Rhin, chef-lieu de cant. de l'arr. de Wissembourg; bur. d'enregist. et de poste. Fabr. de poterie; forges.

NIEDERBROUCK, s. m. Com. du dép. du Haut-Rhin, cant. de Massevaux, arr. de Belfort. = Belfort.

NIEDERENTZEN, s. m. Com. du dép. du Haut-Rhin, cant. d'Ensisheim, arr. de Colmar. = Rouffach.

NIEDERHASLACH, s. m. Com. du dép. du Bas-Rhin, cant. de Molsheim, arr. de Strasbourg. = Molsheim.

NIEDERHAUSBERGEN, s. m. Com. du dép. du Bas-Rhin, cant. d'Oberhausbergen, arr. de Strasbourg. = Strasbourg.

NIEDERHERGHEIM, s. m. Com. du dép. du Haut-Rhin, cant. d'Ensisheim, arr. de Colmar. = Rouffach.

NIEDERLARG, s. m. Com. du dép. du Haut-Rhin, cant. d'Hirsingue, arr. d'Altkirch. = Altkirch.

NIEDERLAUTERBACH, s. m. Com. du dép. du Bas-Rhin, cant. de Lauterbourg, arr. de Wissembourg. = Lauterbourg.

NIEDERMORSCHWIHR, s. m. Com. du dép. du Haut-Rhin, cant. de Kaysersberg, arr. de Colmar. = Colmar.

NIEDERMOTTERN, s. m. Com. du dép. du Bas-Rhin, cant. de Bouxwiller, arr. de Saverne. = Haguenau.

NIEDERMUESPACH, s. m. Com. du dép. du Haut-Rhin, cant. de Ferrette, arr. d'Altkirch. = Altkirch.

NIEDERNAI, s. m. Com. du dép. du Bas-Rhin, cant. d'Obernai, arr. de Schélestadt. = Strasbourg.

NIEDERRŒDERN, s. m. Com. du dép. du Bas-Rhin, cant. de Seltz, arr. de Wissembourg. = Lauterbourg.

NIEDERSCHAEFFOLSHEIM, s. m. Com. du dép. du Bas-Rhin, cant. d'Haguenau, arr. de Strasbourg. = Haguenau.

NIEDERSEEBACH, s. m. Com. du dép. du Bas-Rhin, cant. de Seltz, arr. de Wissembourg. = Wissembourg.

NIEDERSOULTZBACH, s. m. Com. du dép. du Bas-Rhin, cant. de Bouxwiller, arr. de Saverne. = Saverne.

NIEDER-STEINBACH, s. m. Com. du dép. du Bas-Rhin, cant. et arr. de Wissembourg. = Wissembourg.

NIEDERWISSE, s. m. Com. du dép. de la Moselle, cant. de Boulay, arr. de Metz. = Boulay.

NIEDWELLING, s. m. Com. du dép. de la Moselle, cant. de Bouzonville, arr. de Thionville. = Bouzonville.

NIEIGLES, s. m. Com. du dép. de l'Ardèche, cant. de Thueyts, arr. de Largentière. = Largentière.

NIELLE, s. f. Maladie des graminées par suite de laquelle la substance farineuse que renferme le grain se trouve convertie en une poussière noire. —, plantes de plusieurs espèces.

NIELLÉ, E, part. Gâté par la nielle. T. d'agric.

NIELLER, v. a. Produire la nielle; se dit de la pluie, d'une température humide et froide lors de la floraison. —, remplir les traits de la gravure sur métaux d'une couleur noire.

NIELLES-LES-ARDRES, s. m. Com. du dép. du Pas-de-Calais, cant. d'Ardres, arr. de St.-Omer. = Ardres.

NIELLES-LÈS-BLÉQUIN, s. m. Com. du dép. du Pas-de-Calais, cant. de Lumbres, arr. de St.-Omer. = St.-Omer.

NIELLES-LÈS-CALAIS, s. m. Com. du dép. du Pas-de-Calais, cant. de Calais, arr. de Boulogne. = Calais.

NIELLES-LÈS-THÉROUANNE, s. m. Com. du dép. du Pas-de-Calais, cant. d'Aire, arr. de St.-Omer. = Aire-sur-la-Lys.

NIÉMEN, s. m. Rivière de Pologne, dans le gouvernement de Minsk, célèbre par l'entrevue de l'empereur Alexandre avec Napoléon son vainqueur, lors du traité de Tilsitt.

NIEPPE, s. m. Com. du dép. du Nord, cant. de Bailleul, arr. d'Hazebrouck. = Armentières.

NIER, v. a. et n. Prétendre qu'une chose n'est pas vraie, qu'elle n'existe pas. —, soutenir la négative; nier une proposition.

NIEREMBERGE, s. f. Plante de la pentandrie, cinquième classe des végétaux. T. de bot.

NIERGNIES, s. f. Com. du dép. du Nord, cant. et arr. de Cambrai. = Cambrai.

NIEUDAN, s. m. Com. du dép. du Cantal, cant. de la Roquebrou, arr. d'Aurillac. = Aurillac.

NIEUIL, s. m. Com. du dép. de la Charente, cant. de St.-Claud, arr. de Confolens. = St.-Claud.

NIEUIL-LE-DOLENT, s. m. Com. du dép. de la Vendée, cant. de la Motte-Achard, arr. des Sables-d'Olonne. = Avrillé.

NIEUIL-L'ESPOIR, s. m. Com. du dép. de la Vienne, cant. de la Villedieu, arr. de Poitiers. = Poitiers.

NIEUL, s. m. Com. du dép. de la Charente-Inférieure, cant. et arr. de la Rochelle. = la Rochelle.

NIEUL, s. m. Com. du dép. de la Haute-Vienne, chef-lieu de cant. de l'arr. de Limoges, où se trouve le bur. d'enregist. = Limoges.

NIEUL-LES-SAINTES, s. m. Com. du dép. de la Charente-Inférieure, cant. et arr. de Saintes. = Saintes.

NIEUL-LE-VIROUL, s. m. Com. du dép. de la Charente-Inférieure, cant. de Mirambeau, arr. de Jonzac. = Mirambeau.

NIEUL-SUR-DIVE, s. m. Com. du dép. de la Vienne, cant. des Trois-Moutiers, arr. de Loudun. = Loudun.

NIEUL-SUR-L'AUTISE, s. m. Com. du dép. de la Vendée, cant. de St.-Hilaire-sur-l'Autise, arr. de Fontenay. = Fontenay-le-Comte.

NIÈVRE, s. m. Com. du dép. de l'Ain, cant. de Montluel, arr. de Trévoux. = Montluel.

NIÈVRE (la), s. f. Rivière qui prend sa source dans le dép. qui porte son nom et se jette dans la Loire à Nevers, après un cours d'environ dix lieues.

NIÈVRE (dép. de la), s. f. Chef-lieu de préf., Nevers; 4 arr. ou sous-préf.: Nevers, Château-Chinon, Clamecy et Cosne; 25 cant. ou just. de paix; 330 com.; pop. 271,777 hab. environ. Cour royale de Bourges; évêché à Nevers; de la 15e div. milit.; 6e div. des ponts-et-chaussées; 3e div. des mines; direct. de l'enregist. et des domaines, 3e classe; 9e arr. forestier. Le dép. de la Nièvre est borné au N. par celui de l'Yonne, à l'E. par ceux de la Côte-d'Or et de Saône-et-Loire, au S. par celui de l'Allier, et à l'O. par celui du Cher. Son territoire est composé de montagnes élevées et de plaines sablonneuses assez fertiles; on y trouve de vastes et belles forêts qui fournissent une grande partie des approvisionnemens de Paris en bois et charbons.

Voici un aperçu des productions de ce dép. : céréales, légumes, fruits, truffes, vins assez bons, pâturages, bois, beaucoup de chevaux et de bestiaux ; mines de fer abondantes, carrières de marbre, grès à aiguiser, ocre jaune, sable quartzeux ; établissement d'eaux minérales à Pougues ; dépôt royal d'étalons à Corbigny ; fabr. de gros draps, étoffes de laine, cordes à violons ; ouvrages en émail, boutons de métal, clous ; ancres pour la marine ; boulets ; fer-blanc, porcelaine, forges nombreuses ; faïenceries, teintureries.

Comm. de vins, cuirs, bestiaux, fer, acier, cuivre, tôle, bois à brûler, merrain, échalas, pierres meulières. Les principales rivières qui arrosent ce dép. sont : la Nièvre, l'Allier, l'Yonne, le Beuvron, le Nohain, l'Aronez et l'Alaigne.

NIÉVROZ, s. m. Com. du dép. de l'Ain, cant. de Montluel, arr. de Trévoux. = Montluel.

NIFE ou NEF, s. f. Surface supérieure d'un banc d'ardoise.

NIFFER, s. m. Com. du dép. du Haut-Rhin, cant. d'Habsheim, arr. d'Altkirch. = Huningue.

NIGAUD, s. m. Petit cormoran, oiseau palmipède.

NIGAUD, E, s. et adj. Sot, niais.

NIGAUDER, v. n. Faire des nigauderies, des niaiseries, s'amuser à des bagatelles. T. fam.

NIGAUDERIE, s. f. Action de nigaud, niaiserie. T. fam.

NIGELLE, s. f. Plante du genre des renonculacées. T. de bot.

NIGRE-SERRE, s. m. Village du dép. de l'Aveyron, com. de Théroudels, cant. de Mur-de-Barrez, arr. d'Espalion. = Mur-de-Barrez.

NIGRIN, s. m. Tytane oxydé. T. d'hist. nat.

NIGRINE, s. f. Plante voisine du gui. T. de bot.

NIGRITIE, s. f. Partie centrale de l'Afrique, bornée N. par le désert de Sahara, E. l'Egypte, la Nubie et l'Abyssinie, et S. par des contrées inconnues, dont l'exploration a coûté la vie à beaucoup de voyageurs.

NIGROIL ou NÉGUEIL, s. m. Poisson de mer. Voy. SPARE. T. d'hist. nat.

NIHERNE, s. m. Com. du dép. de l'Indre, cant. et arr. de Châteauroux. = Châteauroux.

NIJON, s. m. Com. du dép. de la Haute-Marne, cant. de Bourmont, arr. de Chaumont. = Bourmont.

NIL, s. m. Fleuve qui fertilise l'Egypte par ses débordemens, et dont un voyageur anglais, Bruce, prétend avoir découvert la source dans le Sennaar, royaume d'Afrique.

NIL-GAUT ou NIL-GHAUT, s. m. Quadrupède ruminant, espèce d'antilope des Indes. T. d'hist. nat.

NILIEU, s. m. Com. du dép. du Jura, cant. de Montmirey, arr. de Dôle. = Gray.

NILION, s. m. Genre d'insectes coléoptères. T. d'hist. nat.

NILLAS, s. f. Etoffe d'écorce et de soie des Indes.

NILLE, s. f. Petit filet rond qui sort de la vigne en fleur. —, ornement de parterre. —, bois qui garnit le manche d'une manivelle. —, piton carré en fer. T. de serr. —, manivelle de la bobine. T. d'épinglier.

NILLÉE, adj. f. Ancrée, étroite et menue ; se dit d'une croix. T. de blas.

NILLY, s. m. Com. du dép. du Jura, cant. et arr. de Lons-le-Saulnier. = Lons-le-Saulnier.

NILOMÈTRE ou NILOSCOPE, s. m. Edifice au moyen duquel on mesure la hauteur des eaux du Nil, lors des débordemens de ce fleuve.

NILVANGE, s. m. Com. du dép. de la Moselle, cant. d'Audun-le-Roman, arr. de Briey. = Thionville.

NIM, s. m. Drap fabriqué en Languedoc.

NIMBE, s. f. Auréole dont les peintres entourent la tête des saints.

NINGAS ou NIGUAS, s. m. Insecte fort incommode de l'Amérique méridionale. T. d'hist. nat.

NINIGAN, s. m. Com. du dép. de la Haute-Garonne, cant. de Boulogne, arr. de St.-Gaudens. = Boulogne.

NINOS, s. m. Abeille du Pérou. T. d'hist. nat.

NINVILLE, s. f. Com. du dép. de la Haute-Marne, cant. de Nogent, arr. de Chaumont. = Montigny-le-Roi.

NIOPO, s. m. Arbre de l'Amérique méridionale. T. de bot.

NIORT, s. m. Com. du dép. de l'Aude, cant. de Belcaire, arr. de Limoux. = Guillan.

NIORT, s. m. Com. du dép. de la Mayenne, cant. de Lassay, arr. de Mayenne. = le Ribay.

NIORT, s. m. Ville du dép. des Deux-Sèvres, chef-lieu de préf., d'une sous-préf. et de 2 cant. ; trib. de 1re inst. et de comm. ; chambre consult. des arts et manuf. ; conseil de prud'hommes ; société d'agric. ; athénée des sciences et arts; biblioth. pub. de 15,000 vol. ; pépinière ; jardin bot. ; ing. en chef des ponts-et-chaussées ; direct. de l'enregist. et des domaines, 3e classe ; conserv. des hypoth. ; direct. des contrib. dir. et indir. ; recev. gén. des finances ; payeur du dép. ; bur. d'enregist. et de poste. Pop. 15,800 hab. env.

Cette ville est située sur la pente de deux collines et sur la Sèvre niortaise, qui y est navigable. Elle est généralement bien bâtie et possède de jolies promenades. On y remarque l'hôtel-de-ville, les bains, la belle fontaine de Viviers, etc. Patrie de Fontanes, littérateur distingué. Fabr. de peaux chamoisées, de gants de daim estimés, bretelles, étoffes de laine ; papeteries ; filatures de laine. Comm. de vins, grains, confitures d'angélique, vinaigre, crin, cuirs, ganterie ; entrepôt de bois pour la tonnellerie et les constructions.

NIOTE, s. m. Genre de plantes de l'octandrie, huitième classe des végétaux. T. de bot.

NIOZELLES, s. f. Com. du dép. des Basses-Alpes, cant. et arr. de Forcalquier. = Forcalquier.

NIPE, s. f. Plante de la famille des palmiers. T. de bot.

NIPPE, s. f. Habit, hardes, meubles, tout ce qui sert à l'ajustement ; se dit surtout au pl.

NIPPÉ, E, part. Pourvu de nippes, de hardes.

NIPPER, v. a. Fournir des nippes, des vêtemens.

NIQUE, s. f. Signe de moquerie, de mépris. Faire la —, se moquer. T. fam.

NIQUEDOUILLE, s. m. Sot, niais. T. fam.

NISA, s. f. Arbrisseau de l'île de madagascar. T. de bot.

NISANNE, s. f. Racine médicale de la Chine.

NISMES, s. f. Ancienne, grande et belle ville du dép. du Gard, chef-lieu de préf., d'une sous-préf. et de 3 cant. ; 18e arr. forestier ; cour royale ; évêché érigé dans le 5e siècle ; trib. de 1re inst. et de comm. ; chambre et bourse de comm. ; conseil de prud'hommes ; société d'agric. ; école de dessin et de chimie ; société de médecine ; biblioth. pub. de 10,000 vol ; cabinet d'hist. nat. ; ingén. en chef des ponts-et-chaussées ; direct. de l'enregist. et des domaines, 2e classe ; direct. des contrib. dir. et indir. ; bur. de garantie des matières d'or et d'argent ; recev. gén. des finances, payeur du dép. ; bur. d'enregist. et de poste. Pop. 39,100 hab. envir.

Cette ville, située dans une contrée délicieuse, couverte d'arbres fruitiers, de vignes et d'oliviers, est, sous le rapport de l'antiquité, extrêmement intéressante. La maison Carrée, l'amphithéâtre, la fontaine, le temple de Diane, la Tour-Magne peuvent donner une idée de la magnificence des monumens construits par les Romains. En effet, la maison Carrée est un édifice des mieux conservés ; il est construit de grands blocs de pierre blanche très dure, et ceint de 30 colonnes d'ordre corinthien d'une élégance admirable. L'amphithéâtre ou les arènes est un cirque majestueux de 1,080 pieds de circonférence, qui se compose de deux rangs d'arcades superposées, au nombre de 120, et pouvait contenir environ 20,000 spectateurs. Le temple de Diane est encore un monument très remarquable ; mais il est en partie détruit. La Tour-Magne, qui a 245 pieds de circonférence, 7 faces en bas et 8 en haut, paraît avoir fait partie des tours dont étaient flanqués anciennement les murs de la ville. On remarque encore à Nismes, parmi les monumens modernes, le palais de justice, la salle de spectacle, et la cathédrale où se trouvent les tombeaux de Fléchier et du cardinal de Bernis, etc. Patrie de Jean Nicot, qui apporta le tabac en France en 1559 ; du naturaliste d'Orthez et de Rabaud-St.-Etienne. Fabr. de bas de coton unis et à jour, de bas et bonnets de soie, de filoselle, et de fantaisie ; de schals façon madras ; velours, burats, indiennes, fleurets et étoffes pour meubles. Comm. de vins, eaux-de-vie, vinaigre, épiceries, drogueries, graines, soies grèges et ouvrées, hermès, etc. Entrepôt principal des soies du pays. Comm. considérable pour le nord, de graines oléagineuses et légumineuses, de plantes médicinales et propres à la teinture.

NISPIE, s. f. Monnaie d'or de Turquie, valant 5 francs 28 cent.

NISSAN, s. m. Com. du dép. de l'Hérault, cant. de Capestang, arr. de Béziers. = Béziers.

NISSOLE, s. f. Genre de plantes légumineuses. T. de bot.

NISTA, s. m. Arbre qui produit une substance alimentaire. T. de bot.

NISUS, s. m. Nom d'un personnage de l'Enéide, jeune héros dont la fin malheureuse a fourni à Virgile le sujet d'un épisode admirable.

NITÉE, s. f. Voy. NICHÉE.

NITÈLE, s. f. Insecte hyménoptère. T. d'hist. nat.

NITIDULAIRES, s. m. pl. Insectes coléoptères nitidules. T. d'hist. nat.

NITIDULE, s. f. Genre d'insectes clavicornes. T. d'hist. nat.

NITOUCHE (Sainte), s. f. Hypocrite, fourbe adroit qui sait dissimuler.

NITRAIRE, s. f. Voy. FICOÏDE. T. de bot.

NITRATE, s. m. Nom générique des sels formés par la combinaison de l'acide nitrique avec d'autres substances; nitrate d'argent. T. de chim.

NITRATÉ, E, adj. Combiné avec l'acide nitrique. T. de chim.

NITRE, s. m. Salpêtre, sel composé d'acide nitreux et d'alcali végétal fixe, base de la poudre à canon. —, nitrate de potasse. T. de chim.

NITREUX, EUSE, adj. Qui tient du nitre. Acide —, acide nitrique, moins une portion d'oxigène. T. de chim.

NITRIÈRE, s. f. Carrière, excavation d'où l'on tire le nitre.

NITRIFICATION, s. f. Conversion de certaines matières en substances nitreuses. T. de chim.

NITRIQUE, adj. Se dit d'un acide composé d'azote et d'oxigène. T. de chim.

NITRITE, s. f. Nom générique des sels formés par la combinaison de l'acide nitreux avec les bases. T. de chim.

NITROGÈNE, s. m. Azote. —, adj. Qui forme le nitre; gaz nitrogène. T. de chim.

NITRO-MURIATE, s. m. Sel formé par la combinaison de l'acide nitro-muriatique avec une base. T. de chim.

NITRO-MURIATIQUE, adj. Se dit d'une combinaison d'acide muriatique et d'acide nitrique. T. de chim.

NITROSITÉ, s. f. Qualité de ce qui tient du nitre.

NITRY, s. m. Com. du dép. de l'Yonne, cant. de Noyers, arr. de Tonnerre. = Noyers.

NITTING, s. m. Com. du dép. de la Meurthe, cant. de Lorquin, arr. de Sarrebourg. = Sarrebourg.

NIVAL, E, adj. Se dit des plantes qui vivent sous la neige.

NIVA-TOKA, s. m. Sureau du Japon.

NIVE (la), s. f. Rivière qui prend sa source dans le dép. des Basses-Pyrénées, arr. de Mauléon, et qui se jette dans l'Adour au-dessous de Bayonne, après un cours de 15 l. Cette rivière est navigable depuis Cambo jusqu'à son embouchure.

NIVEAU, s. m. Instrument dont se servent les charpentiers, etc., pour savoir si un plan est horizontal. De —, adv. Selon le niveau. Au —, à l'égal, de pair, au pair. Etre au — de quelqu'un, être son égal. Fig. — d'eau douce, insecte aquatique. T. d'hist. nat.

NIVELÉ, E, part. Mesuré avec le niveau; mis de niveau.

NIVELER, v. a. Mesurer avec le niveau; mettre de niveau. —, égaliser les rangs, les fortunes. Fig.

NIVELEUR, s. m. Directeur de travaux de maçonnerie, etc. —, partisan de la loi agraire, révolutionnaire fanatisé par les discours incendiaires de Marat, etc.

NIVELLE, s. f. Com. du dép. du Nord, cant. de St.-Amand, arr. de Valenciennes. = St.-Amand.

NIVELLEMENT, s. m. Action de niveler.

NIVENIE, s. f. Plante de la famille des protéoïdes. T. de bot.

NIVÉOLE, s. f. Plante du genre des narcissoïdes. T. de bot.

NIVEREAU, s. m. Pinson de neige.

NIVERNAIS (le), s. m. Ancienne province de France, qui forme aujourd'hui le dép. de la Nièvre, à l'exception d'une partie de l'arr. de Château-Chinon, et de quelques cant. de l'arr. de Cosne. Comprise par les Romains dans la première Lyonnaise, cette province fut gouvernée par des comtes et ducs particuliers, jusqu'à l'époque où Louis XIV la réunit à la couronne.

NIVET, s. m. Remise particulière à celui qui achète par commission. T. fam.

NIVETTE, s. f. Sorte de pêche. T. de jard.

NIVILLAC, s. m. Com. du dép. du Morbihan, cant. de la Roche-Bernard, arr. de Vannes. = la Roche-Bernard.

NIVILLER, s. m. Com. du dép. de l'Oise, chef-lieu de cant. de l'arr. de Beauvais. Bur. d'enregist. = Beauvais.

NIVONNE (la), s. f. Petite rivière qui prend sa source dans les montagnes d'Urdache en Espagne, entre sur le territoire français au-dessous d'Ainhouë et se jette dans l'Océan après un cours d'environ 8 l.

NIVOSE, s. m. Quatrième mois du calendrier républicain, du 20 décembre au 20 janvier.

NIXEVILLE, s. f. Com. du dép. de la Meuse, cant. de Souilly, arr. de Verdun. = Verdun.

NIZAN, s. m. Com. du dép. de la

Haute-Garonne, cant. de Boulogne, arr. de St.-Gaudens. = Boulogne.

NIZAN (le), s. m. Com. du dép. de la Gironde, cant. et arr. de Bazas.= Bazas.

NIZAS, s. m. Com. du dép. du Gers, cant. de Samatan, arr. de Lombez. = Lombez.

NIZAS, s. m. Com. du dép. de l'Hérault, cant. de Montagnac, arr. de Béziers. = Pézenas.

NIZEROLLES, s. m. Com. du dép. de l'Allier, cant. du Mayet-de-Montagne, arr. de la Palisse. = Cusset.

NIZIER (St.-), s. m. Com. du dép. de la Loire, cant. de Charlieu, arr. de Roanne. = Roanne.

NIZIER-D'AZERGUES (St.-), s. m. Com. du dép. du Rhône, chef-lieu de cant. de l'arr. de Villefranche. = Beaujeu.

NIZIER-DE-FORNAS (St.-), s. m. Com. du dép. de la Loire, cant. de St.-Bonnet-le-Château, arr. de Montbrison. = St.-Etienne.

NIZIER-LE-BOUCHOUX (St.-), s. m. Com. du dép. de l'Ain, cant. de St.-Trivier-de-Courtes, arr. de Bourg. = Pont-de-Vaux.

NIZIER-LE-DÉSERT (St.-), s. m. Com. du dép. de l'Ain, cant. de Chalamont, arr. de Trévoux. = Meximieux.

NIZIER-SOUS-CHARMOY (St.-), s. m. Com. du dép. de Saône-et-Loire, cant. de Montcenis, arr. d'Autun. = Montcenis.

NIZIER-SUR-ARROUX (St.-), s. m. Com. du dép. de Saône-et-Loire, cant. de Mesvres, arr. d'Autun. = Toulon-sur-Arroux.

NIZON, s. m. Com. du dép. du Finistère, cant. de Pontaven, arr. de Quimperlé. = Quimperlé.

NIZONNE (la), s. f. Petite rivière qui prend sa source près du village de St.-Front, arr. de Nontron, passe à Beaucourt, et se jette dans la Dronne, au-dessous de Ribérac, après un cours d'environ 9 l.

NIZY, s. m. Com. du dép. de l'Aisne, cant. de Sissonne, arr. de Laon. = Laon.

NOAILHAC, s. m. Com. du dép. de l'Aveyron, cant. de Conques, arr. de Rodez. = Rodez.

NOAILLAC, s. m. Com. du dép. de la Corrèze, cant. de Meyssac, arr. de Brive. = Brive.

NOAILLAC, s. m. Com. du dép. de la Gironde, cant. et arr. de la Réole. = la Réole.

NOAILLAN, s. m. Com. du dép. de la Gironde, cant. de Villandraut, arr. de Bazas. = Bazas.

NOAILLES, s. m. Com. du dép. de la Corrèze, cant. et arr. de Brive. = Brive.

NOAILLES, s. m. Com. du dép. de l'Oise; chef-lieu de cant. de l'arr. de Beauvais. Bur. d'enregist. et de poste. Fabr. de serges, de rubans et de jarretières de laine.

NOAILLES, s. m. Com. du dép. du Tarn, cant. de Cordes, arr. de Gaillac. = Cordes.

NOAILLY, s. m. Com. du dép. de la Loire, cant. de St.-Haon-le-Châtel, arr. de Roanne. = Roanne.

NOALHAC, s. m. Com. du dép. de la Lozère, cant. de Fournels, arr. de Marvejols. = St.-Chély.

NOALHAT, s. m. Com. du dép. du Puy-de-Dôme, cant. de Châteldon, arr. de Thiers. = Thiers.

NOARDS, s. m. Com. du dép. de l'Eure, cant. de St.-Georges-du-Vièvre, arr. de Pont-Audemer. = Pont-Audemer.

NOBILIAIRE, s. m. Catalogue des anciennes familles nobles. —, adj. Qui concerne les nobles; caste nobiliaire.

NOBILISSIMAT, s. m. Dignité des empereurs du Bas-Empire.

NOBILISSIME, s. m. Dignité créée par Constantin, empereur romain à l'époque où cet empereur porta le siége de son gouvernement à Bysance qui, par suite de cet événement, fut nommé Constantinople, ville de Constantin. —, adj. superlatif. Très noble, titre qu'on donnait dans le Bas-Empire aux Césars et à leurs épouses.

NOBILITÉ, s. f. Noblesse attachée au sol.

NOBLAILLE, s. f. Noblesse dégénérée. T. de mép.

NOBLE, s. Privilégié, personne qui appartenait au corps de la noblesse. —, le tiers de la livre sterling. — de la rose, ancienne monnaie d'or anglaise, valant 23 fr. 71 c.—, adj. Placé par son rang, sa naissance, ou par lettres du prince, au-dessus des autres classes. —, distingué, illustre, d'un état supérieur aux autres choses du même genre; air, pensée, style noble. —, grand, généreux; sentiments nobles. Parties —, essentielles à la vie, le cœur, le cerveau, etc.

NOBLE-ÉPINE, s. f. Voy. AUBÉPINE.

NOBLEMENT, adv. Avec noblesse, d'une manière noble, distinguée.

NOBLESSE, s. f. Institution militaire qui remonte au temps de la conquête; aristocratie dont les titres, droits et priviléges ont été supprimés par décret de l'assemblée constituante, sanctionné par Louis XVI. —, classe des nobles. —, élévation, grandeur, générosité; noblesse de sentimens, de style.

NOCARIO, s. m. Com. du dép. de la Corse, cant. de Piedicroce, arr. de Corte. = Bastia.

NOCCA, s. m. Arbrisseau de la pentandrie, cinquième classe des végétaux. T. de bot.

NOCE, s. f. Mariage. En ce sens ne se dit qu'au pl.; premières, secondes noces. —, cérémonies et réjouissances à l'occasion du mariage; la réunion des personnes invitées. N'être pas à la —, être dans une situation embarrassante. T. fam.

NOCÉ, s. m. Com. du dép. de l'Orne, chef-lieu de cant. de l'arr. de Mortagne. Bur. d'enregist. = Rémalard.

NOCETA, s. m. Com. du dép. de la Corse, cant. de Vezzani, arr. de Corte. = Corte.

NOCHER, s. m. Pilote, celui qui tient le gouvernail. T. poét.

NOCHIZE, s. m. Com. du dép. de Saône-et-Loire, cant. de Paray-le-Monial, arr. de Charolles. = Paray-le-Monial.

NOCLE (la), s. f. Com. du dép. de la Nièvre, cant. de Fours, arr. de Nevers. = Decize.

NOCQ, s. m. Com. du dép. de l'Allier, cant. d'Huriel, arr. de Montluçon. = Montluçon.

NOCTAMBULE, s. m. Voy. SOMNAMBULE.

NOCTILION ou BEC-DE-LIÈVRE, s. m. Genre de chauve-souris pourvues de queues. T. d'hist. nat.

NOCTILUQUE, s. m. Radiaire. T. d'hist. nat. —, adj. Se dit des corps lumineux durant la nuit.

NOCTUELLE, s. f. Genre d'insectes lépidoptères. T. d'hist. nat.

NOCTUELLITES ou NOCTUÉLITES, s. m. pl. Lépidoptères noctuelles. T. d'hist. nat.

NOCTULE, s. f. Sorte de chauve-souris. T. d'hist. nat.

NOCTUO-BOMBYCITES, s. m. pl. Lépidoptères bombyx. T. d'hist. nat.

NOCTURLABE, s. m. Instrument d'astronomie pour prendre la hauteur d'une étoile.

NOCTURNE, s. m. Partie de l'office des matines. —, adj. Qui appartient à la nuit, qui se passe durant la nuit; assemblée nocturne.

NOCTURNEMENT, adv. Nuitamment, durant la nuit. T. inus.

NODDI, s. m. Espèce d'hirondelle de mer. T. d'hist. nat.

NODOSITÉ, s. f. Etat d'une plante qui a des nœuds. T. de bot.

NODS, s. m. Com. du dép. du Doubs, cant. de Vercel, arr. de Baume. = Ornans.

NOD-SUR-SEINE, s. m. Com. du dép. de la Côte-d'Or, cant. et arr. de Châtillon-sur-Seine. = Châtillon-sur-Seine.

NODUS, s. m. (mot latin). Nœud, tumeur dure et indolente aux articulations, aux ligamens et aux tendons des personnes affectées de la syphilis, de la goutte. Voy. EXOSTOSE. T. de chir.

NOÉ, s. m. Com. du dép. de la Haute-Garonne, cant. de Carbonne, arr. de Muret. Bur. de poste.

NOÉ, s. m. Com. du dép. de l'Yonne, cant. et arr. de Sens. = Sens.

NOÉ-ET-LES-MALLETS, s. m. Com. du dép. de l'Aube, cant. d'Essoye, arr. de Bar-sur-Seine. = Bar-sur-Seine.

NOËL, s. m. Fête de la nativité de Jésus-Christ; cantique sur la solennité de cette fête; air de ce cantique.

NOËL-CERNEUX, s. m. Com. du dép. du Doubs, cant. de Russey, arr. de Montbéliard. = Morteau.

NOELLET, s. m. Com. du dép. de Maine-et-Loire, cant. de Pouancé, arr. de Segré. = Segré.

NOËL-ST.-MARTIN, s. m. Com. du dép. de l'Oise, cant. de Pont-Ste.-Maxence, arr. de Senlis. = Verberie.

NOÉ-POULAIN, s. m. Com. du dép. de l'Eure, cant. de St.-Georges-du-Vièvre, arr. de Pont-Audemer. = Pont-Audemer.

NOERZ ou NOERZA, s. m. Petit quadrupède, espèce de martre. T. d'hist. nat.

NOES (les), s. m. pl. Com. du dép. de l'Aube, cant. et arr. de Troyes. = Troyes.

NOES (les), s. m. pl. Com. du dép. de la Loire, cant. de St.-Haon-le-Châtel, arr. de Roanne. = Roanne.

NŒUD, s. m. Enlacement d'une chose flexible; nœud de fil. —, ornement en forme de nœud. —, attachement, liaison intime, union conjugale; les nœuds de l'hymen. —, difficulté, point essentiel. —, principal ressort d'une pièce de théâtre. — de la gorge, le larynx ou pomme d'Adam, formée par le cartilage thyroïde. T. d'anat.; articulation des doigts de la main; os de la queue du cheval, du chien, qui fait partie de la colonne vertébrale de ces animaux. —, jointure aux plantes; excroissance aux parties extérieures d'un arbre; partie plus dure que le reste dans le bois, le marbre, etc. —, assemblage de quatre notes rapides. T. de mus. —, les deux points où l'écliptique est coupé par l'orbite d'une planète. T. d'astr.

NOEUX, s. m. Com. du dép. du Pas-de-Calais, cant. d'Auxy-le-Château, arr. de St.-Pol. = Auxy-le-Château.

NOGARET, s. m. Com. du dép. de la Haute-Garonne, cant. de Revel, arr. de Villefranche. = Revel.

NOGARO, s. f. Petite ville du dép. du Gers, chef-lieu de cant. de l'arr. de Condom. Bur. d'enregist. et de poste.

NOGENT (canal de), s. m. Ce canal est une dérivation de la Seine. Il a été construit pour procurer aux bateaux un passage plus sûr et plus facile que celui qui existait par le pertuis du moulin de Nogent.

NOGENT, s. m. Com. du dép. de la Marne, cant. de Beine, arr. de Reims. = Reims.

NOGENT ou NOGENT-LE-ROI, s. m. Petite ville du dép. de la Haute-Marne, chef-lieu de cant. de l'arr. de Chaumont. Bur. d'enregist. et de poste. Fabr. considérable de coutellerie fort estimée.

NOGENTEL, s. m. Com. du dép. de l'Aisne, cant. et arr. de Château-Thierry. = Château-Thierry.

NOGENT-EN-OTHE, s. m. Com. du dép. de l'Aube, cant. d'Aix-en-Othe, arr. de Troyes. = Estissac.

NOGENT-L'ARTAUD, s. m. Com. du dép. de l'Aisne, cant. de Charly, arr. de Château-Thierry. = Charly.

NOGENT-LE-BERNARD, s. m. Com. du dép. de la Sarthe, cant. de Bonnétable, arr. de Mamers. = Bonnétable. Fabr. de toiles.

NOGENT-LE-PHAYE, s. m. Com. du dép. d'Eure-et-Loir, cant. et arr. de Chartres. = Chartres.

NOGENT-LE-ROI, s. m. Com. du dép. d'Eure-et-Loir, chef-lieu de cant. de l'arr. de Dreux. Bur. d'enregist. et de poste.

NOGENT-LE-ROTROU, s. m. Ville du dép. d'Eure-et-Loir, chef-lieu de sous-préf. et d'un cant.; trib. de 1re inst.; chambre consultative des manuf.; conserv. des hypoth.; direct. des contrib. indir.; recev. part. des finances; bur. d'enregist. et de poste.

Cette ville s'enorgueillit à juste titre d'avoir vu naître le poète Rotrou, qui a précédé Corneille dans la carrière dramatique. Fabr. de droguet, étamine, toiles; filatures de coton, teintureries.

NOGENT-LE-SEC, s. m. Com. du dép. de l'Eure, cant. de Conches, arr. d'Évreux. = Conches.

NOGENT-LES-MONTBARD, s. m. Com. du dép. de la Côte-d'Or, cant. de Montbard, arr. de Semur. = Montbard.

NOGENT-LES-VIERGES, s. m. Com. du dép. de l'Oise, cant. de Creil, arr. de Senlis. = Creil.

NOGENT-SUR-AUBE, s. m. Com. du dép. de l'Aube, cant. de Ramerupt, arr. d'Arcis. = Arcis-sur-Aube.

NOGENT-SUR-EURE, s. m. Com. du dép. d'Eure-et-Loir, cant. d'Illiers, arr. de Chartres. = Chartres.

NOGENT-SUR-LOIR, s. m. Com. du dép. de la Sarthe, cant. de Château-du-Loir, arr. de St.-Calais. = Château-du-Loir.

NOGENT-SUR-MARNE, s. m. Com. du dép. de la Seine, cant. de Charenton, arr. de Sceaux. = Charenton-le-Pont.

NOGENT-SUR-SEINE, s. m. Petite ville du dép. de l'Aube, chef-lieu de sous-préf. et de cant.; trib. de 1re inst.; conserv. des hypoth.; direct. des contrib. indir.; recev. part. des finances; bur. d'enregist. et de poste.

Cette ville est située sur la rive gauche de la Seine, qui y est navigable. En mars 1814, il s'y livra un combat sanglant à la suite duquel une partie de la ville fut incendiée.

Fabr. de bonneterie; corderie; flottage de bois pour l'approvisionnement de Paris. Comm. de grains, farines, vins, vinaigre, fourrages, ardoises, sels, chanvres, laines, etc.

NOGENT-SUR-VERNISSON. Voy. NOYEN-SUR-VERNISSON.

NOGNA, s. m. Com. du dép. du Jura, cant. de Conliège, arr. de Lons-le-Saulnier. = Lons-le-Saulnier.

NOGUÈRES, s. m. Com. du dép. des Basses-Pyrénées, cant. de Lagor, arr. d'Orthez. = Orthez.

NOGUET, s. m. Grand panier d'osier.

NOHAN, s. m. Village du dép. des Ardennes, cant. de Monthermé, arr. de Mézières. = Mézières.

NOHAN-EN-GRAÇAY, s. m. Com. du dép. du Cher, cant. de Graçay, arr. de Bourges. = Vatan.

NOHANENT, s. m. Com. du dép. du Puy-de-Dôme, cant. et arr. de Clermont. = Clermont-Ferrand.

NOHANT, s. m. Com. du dép. de l'Indre, cant. et arr. de la Châtre. = la Châtre.

NOHANT-EN-GOÛT, s. m. Com. du dép. du Cher, cant. de Baugy, arr. de Bourges. = Bourges.

NOHÈDES, s. m. Com. du dép. des Pyrénées-Orientales, cant. et arr. de Prades. = Prades.

NOHIC, s. m. Com. du dép. de Tarn-et-Garonne, cant. de Grisolles, arr. de Castel-Sarrasin. = Fronton.

NOIDAN, s. m. Com. du dép. de la Côte-d'Or, cant. de Précy-sous-Thil, arr. de Semur. = Vitteaux.

NOIDANS-LE-FERROUX, s. m. Com. du dép. de la Haute-Saône, cant. de Scey-sur-Saône, arr. de Vesoul. = Vesoul.

NOIDANS-LÈS-VESOUL, s. m. Com. du dép. de la Haute-Saône, cant. et arr. de Vesoul. = Vesoul.

NOIDANT-CHATENOY, s. m. Com. du dép. de la Haute-Marne, cant. de Longeau, arr. de Langres. = Langres.

NOIDANT-LE-ROCHEUX, s. m. Com. du dép. de la Haute-Marne, cant. et arr. de Langres. = Langres.

NOILHAN, s. m. Com. du dép. du Gers, cant. de Samatan, arr. de Lombez. = Lombez.

NOILHAN, s. m. Com. du dép. du Gers, cant. et arr. de Mirande. = Mirande.

NOINTEL, s. m. Com. du dép. de Seine-et-Oise, cant. de l'Isle-Adam, arr. de Pontoise. = Beaumont-sur-Oise.

NOINTOT, s. m. Com. du dép. de la Seine-Inférieure, cant. de Bolbec, arr. du Hâvre. = Bolbec.

NOIR, s. m. La couleur noire. —, nègre, par opposition à blanc. Aller du blanc au —, d'une extrémité à l'autre.

NOIR, E, adj. Qui est de la couleur la plus opposée au blanc. —, qui approche de la couleur noire; pain noir. —, livide, meurtri, contus. —, sale, crasseux; avoir les mains noires. —, obscur, ténébreux; nuit noire. —, sombre, pluvieux; temps noir. —, triste, sombre; noir pressentiment. —, odieux, atroce; action noire.

NOIRÂTRE, adj. Tirant sur le noir.

NOIRAUD, s. m. Espèce de chétodon.

NOIRAUD, E, s. et adj. Qui a les cheveux noirs et le teint brun. T. fam.

NOIR-AURORE, s. m. Gobe-mouches d'Amérique. T. d'hist. nat.

NOIRCEUR, s. f. Qualité de ce qui est noir; tache noire. —, méchanceté, perfidie, action infâme, atrocité. Fig. —, contusion, meurtrissure.

NOIRCI, E, part. Rendu noir; teint en noir. —, diffamé. Fig.

NOIRCIR, v. a. Rendre noir, teindre en noir; barbouiller, enduire de noir. —, calomnier, diffamer. Fig. —, v. n. Devenir noir. Se —, v. pron. Devenir noir, se barbouiller de noir. Se —, v. récip. Se diffamer l'un et l'autre. Fig.

NOIRCISSEUR, s. m. Ouvrier qui achève les teintures en noir. T. de teintur.

NOIRCISSURE, s. f. Tache de noir.

NOIRCOURT, s. m. Com. du dép. de l'Aisne, cant. de Rozoy-sur-Serre, arr. de Laon. = Montcornet.

NOIRE, s. f. Note qui vaut la moitié d'une blanche et le double de la croche. T. de mus.

NOIREAU (le), s. m. Rivière qui prend sa source au-dessus de Tinchebray, arr. de Domfront, et se jette dans l'Orne à Pont-d'Ouilly, après un cours d'environ 10 lieues.

NOIRE-FONTAINE, s. f. Com. du dép. du Doubs, cant. de Pont-de-Roide, arr. de Montbéliard. = St.-Hippolyte-sur-le-Doubs.

NOIREMONT, s. m. Com. du dép. de l'Oise, cant. de Froissy, arr. de Clermont. = Breteuil.

NOIRÉTABLE, s. m. Com. du dép. de la Loire, chef-lieu de cant. de l'arr. de Montbrison. Bur. d'enregist. = Thiers.

NOIR-ET-FAUVE, s. m. Serpent ainsi nommé à cause de sa couleur.

NOIRLIEU, s. m. Com. du dép. de la Marne, cant. de Dommartin-sur-Yèvre, arr. de Ste.-Menehould. = Ste.-Menehould.

NOIRLIEU, s. m. Com. du dép. des Deux-Sèvres, cant. et arr. de Bressuire. = Bressuire.

NOIRMOUTIERS (île de), s. m. Cette île est située dans l'Océan occidental, sur la côte de France, vers l'embouchure de la Loire, et fait partie du dép. de la Vendée, arr. des Sables-d'Olonne. Elle a environ 3 l. de long sur 1 de large. Son sol est d'une très grande fertilité; elle possède des marais salans d'un très grand rapport, d'excellens pâturages, etc. Outre la ville de son nom, elle renferme les villages de Barbatre et de l'Epine. Pop. 6,900 hab. env.

NOIRMOUTIERS, s. m. Petite ville maritime du dép. de la Vendée, chef-lieu de l'île du même nom, formant un cant. de l'arr. des Sables-d'Olonne. Bur. de poste et d'enregist.

Cette ville, située sur la côte orientale de l'île de son nom, au fond d'un golfe, dans la baie de Bourgneuf, possède un port de marée et une rade très commode. Pêche d'huitres pour la France et l'Angleterre. Comm. de froment, fèves de marais, soude de varech, sels marins.

NOIRON, s. m. Com. du dép. de la Côte-d'Or, cant. et arr. de Châtillon-sur-Seine. = Mussy-l'Evêque.

NOIRON, s. m. Com. du dép. de la Haute-Saône, cant. et arr. de Gray. = Gray.

NOIRON-LES-CITEAUX, s. m. Com. du dép. de la Côte-d'Or, cant. de Gevrey, arr. de Dijon. = la Baraque.

NOIRON-SOUS-BÈZE, s. m. Com. du dép. de la Côte-d'Or, cant. de Mirebeau, arr. de Dijon. = Mirebeau-sur-Bèze.

NOIRONTE, s. f. Com. du dép. du Doubs, cant. d'Audeux, arr. de Besançon. = Besançon.

NOIRPALU, s. m. Com. du dép. de la Manche, cant. de la Haye-Pesnel, arr. d'Avranches. = Granville.

NOIR-PLOYANT, s. m. Taches brunes sur le fer indiquant qu'il est ductile.

NOIR-SOUCI, s. m. Oiseau, espèce de pinson. T. d'hist. nat.

NOIRTERRE, s. m. Com. du dép. des Deux-Sèvres, cant. et arr. de Bressuire. = Bressuire.

NOIRVAL, s. m. Com. du dép. des Ardennes, cant. de Chesne, arr. de Vouziers. = Vouziers.

NOISE, s. f. Querelle, dispute; chercher noise à quelqu'un.

NOISEAU, s. m. Com. du dép. de Seine-et-Oise, cant. de Boissy-St.-Léger, arr. de Corbeil. = Boissy-St.-Léger.

NOISERAIE, s. f. Lieu planté de noyers.

NOISETIER, s. m. Coudrier, arbre qui produit les noisettes.

NOISETTE, s. f. Sorte de petite noix, fruit du coudrier, du noisetier; aveline. —, couleur voisine de celle de la noisette.

NOISIELLES, s. f. Com. du dép. de Seine-et-Marne, cant. de Lagny, arr. de Meaux. = Lagny.

NOISSEVILLE, s. f. Com. du dép. de la Moselle, cant. de Vigy, arr. de Metz. = Metz.

NOISY-LE-GRAND, s. m. Com. du dép. de Seine-et-Oise, cant. de Gonesse, arr. de Pontoise. Banlieue de Paris.

NOISY-LE-ROI, s. m. Com. du dép. de Seine-et-Oise, cant. de Marly-le-Roi, arr. de Versailles. = Versailles.

NOISY-LE-SEC, s. m. Com. du dép. de la Seine, cant. de Pantin, arr. de St.-Denis. = Bondy.

NOISY-LE-SEC, s. m. Com. du dép. de Seine-et-Marne, cant. de Lorrez, arr. de Fontainebleau. = Montereau.

NOISY-SUR-ÉCOLE, s. m. Com. du dép. de Seine-et-Marne, cant. de la Chapelle, arr. de Fontainebleau. = Milly.

NOISY-SUR-OISE, s. m. Com. du dép. de Seine-et-Oise, cant. de Luzarches, arr. de Pontoise. = Beaumont-sur-Oise.

NOIX, s. f. Fruit du noyer dont l'amande, divisée en plusieurs lobes, est enfermée dans une coque dure, ligneuse, recouverte d'une écale verte. —, ce qui a la forme de ce fruit; noyau; rotule; petite glande qu'on trouve dans la graisse du bœuf, etc.; bouton d'un plateau de verre. — de galle, excroissance formée sur les chênes du Levant par la piqûre d'un insecte qui y dépose ses œufs, et par les larves qui en proviennent. — d'Inde, fruit du cacaotier. — metelle, fruit du stramonium. — muscade, fruit du muscadier. — narcotique, fruit des Indes. — vomique, amande plate d'un arbre des Indes, violent vomitif, poison dont l'antidote est le vinaigre.

NOIZAY, s. m. Com. du dép. d'Indre-et-Loire, cant. de Vouvray, arr. de Tours. = Amboise.

NOIZÉ, s. m. Com. du dép. des Deux-Sèvres, cant. de Thouars, arr. de Bressuire. = Thouars.

NOJALS, s. m. Com. du dép. de la Dordogne, cant. de Beaumont, arr. de Bergerac. = Bergerac.

NOJON-LE-SEC, s. m. Com. du dép. de l'Eure, cant. d'Etrépagny, arr. des Andelys. = Gisors.

NOLAY, s. m. Com. du dép. de la Côte-d'Or, chef-lieu de cant. de l'arr. de Beaune. Bur. d'enregist. et de poste. C'est dans ce canton que se récoltent les vins de Montrachet et de Chassagne. Comm. de grains, lentilles, vins, laines; tanneries.

NOLAY, s. m. Com. du dép. de la Nièvre, cant. de Pougues, arr. de Nevers. = Nevers. Forges et martinets.

NOLET, s. m. Tuile creuse. T. de couvr. —, enfoncement formé par la rencontre de deux combles. T. de charp.

NOLF (St.-), s. m. Com. du dép. du Morbihan, cant. d'Elven, arr. de Vannes. = Vannes.

NOLI ME TANGERE, s. m. Mots latins qui signifient : Ne me touchez pas. Ulcère malin, cancéreux, qui vient au nez, à la bouche, etc., et qui s'irrite par les remèdes. T. de méd. —, plante hérissée d'épines acérées. T. de bot.

NOLINE, s. f. Plante de la Géorgie, de la famille des Lis. T. de bot.

NOLIS ou NOLISSEMENT, s. m. Fret d'un navire, d'une barque. T. de mar.

NOLISÉ, E, part. Frété. T. de mar.
NOLISER, v. a. Fréter. T. de mar.
NOLLEVAL, s. m. Com. du dép. de la Seine-Inférieure, cant. d'Argueil, arr. de Neufchâtel. = Lyons-la-Forêt.
NOLLIEUX, s. m. Com. du dép. de la Loire, cant. de St.-Germain-Laval, arr. de Roanne. = Roanne.
NOM, s. m. Terme, mot qui désigne la chose. —, qualification, titre; naissance; réputation bonne ou mauvaise. —, partie du discours qui désigne ou qualifie les personnes ou les choses; nom substantif, nom adjectif, etc. T. de gramm. — propre, qui désigne une seule personne ou une seule chose. — commun, qui convient à plusieurs. Au — de, par égard, en considération; par l'autorité; de la part de. Au — de, à la requête de, autorisé par. T. de procéd.
NOMADE, s. et adj. Errant, sans habitation fixe; peuple nomade. —, s. f. Genre d'insectes hyménoptères. T. d'hist. nat.
NOMAIN, s. m. Com. du dép. du Nord, cant. d'Orchies, arr. de Donai. = Orchies.
NOMANCE ou NOMANCIE, s. f. Divination par les lettres d'un nom.
NOMARQUE, s. m. Chef, gouverneur d'un nome. T. d'antiq.
NOMAS, s. m. Ulcère qui ronge successivement diverses parties de la bouche. T. de méd.
NOMBLE, s. m. Partie élevée entre les cuisses d'un cerf. T. de véner.
NOMBRABLE, adj. Que l'on peut nombrer.
NOMBRANT, adj. m. Se dit d'un nombre isolé, considéré en lui-même.
NOMBRE, s. m. Unité; assemblage d'unités; quantité indéterminée; multitude de personnes ou de choses. — de personnes, beaucoup de personnes. Faire —, être confondu dans la foule, n'avoir rien de remarquable; être sans prix, sans mérite. Au —, du —, parmi, au rang. —, terminaison qui ajoute à l'idée principale du mot, l'idée accessoire de la quantité; nombre singulier, pluriel. T. de gramm. —, harmonie qui résulte de l'arrangement des mots, en prose comme en vers. — d'or, cycle lunaire de dix-neuf années. —, pl. Quatrième des livres de Moïse, contenant le dénombrement du peuple hébreu. Sans —, adv. En grand nombre.
NOMBRÉ, E, part. Compté, calculé. —, adj. Se dit d'un nombre appliqué à quelque sujet que ce soit.
NOMBRER, v. a. Compter, calculer, supputer les unités d'une quantité.

NOMBREUSEMENT, adv. En grand nombre. T. inus.
NOMBREUX, EUSE, adj. Qui est en grand nombre. Style —, harmonieux.
NOMBRIL, s. m. Ombilic, espèce de trou borgne qui reste après la section du cordon ombilical, et qui est situé dans la région du ventre, entre l'épigastrique et l'hypogastrique. T. d'anat. —, œil; cavité du fruit. T. de bot. —, centre d'une coquille. T. d'hist. nat. — blanc, sorte de champignon. — de Vénus, plante de la famille des joubarbes.
NOM-DIEU, s. m. Com. du dép. de Lot-et-Garonne, cant. de Francescas, arr. de Nérac. = Nérac.
NOME, s. m. Nom générique des trente-six provinces que renfermait l'Egypte. T. d'antiq. —, nom sous lequel on adorait Jupiter et Apollon comme dieux protecteurs des campagnes, des pâturages et des bergers. T. de myth.
NOMÉCOURT, s. m. Com. du dép. de la Haute-Marne, cant. de Joinville, arr. de Vassy. = Joinville.
NOMENCLATEUR, s. m. Esclave romain chargé d'indiquer le nom des citoyens, à ceux qui avaient intérêt à les connaître. —, écrivain qui se borne à donner la nomenclature d'une science, d'un art.
NOMENCLATURE, s. f. Collection des mots employés dans une science, un art; classification de ces mots.
NOMENY, s. m. Com. du dép. de la Meurthe, chef-lieu de cant. de l'arr. de Nancy. Bur. d'enregist. = Pont-à-Mousson. Fabr. de draps communs.
NOMEXY, s. m. Com. du dép. des Vosges, cant. de Châtel, arr. d'Epinal. = Charmes.
NOMIE, s. f. Règle, loi. Il ne s'emploie que pour la composition de certains mots; physionomie, astronomie, etc. —, genre d'insectes hyménoptères. T. d'hist. nat.
NOMINAL, E, adj. Se dit d'un appel fait pour constater le nombre des membres présens dans une assemblée; faire l'appel nominal. Valeur —, valeur fictive. Droit de prières —, droit des anciens seigneurs d'être nommés aux prières du prône.
NOMINALISTE, s. m. adj. Partisan des nominaux.
NOMINATAIRE, s. m. Bénéficier nommé par le roi.
NOMINATEUR, s. m. Dispensateur des bénéfices qui nommait à ceux qui venaient à vaquer.
NOMINATIF, s. m. Premier cas dans

NOMINATION, s. f. Droit, action de nommer à une place vacante; effets de cette action.

NOMINATIVEMENT, adv. En désignant par le nom.

NOMINAUX, s. m. pl. Scholastiques opposés aux réalistes.

NOM-LABRETÈCHE (St.-), s. m. Com. du dép. de Seine-et-Oise, cant. de Marly-le-Roi, arr. de Versailles. = Versailles.

NOMMAY, s. m. Com. du dép. du Doubs, cant. d'Audincourt, arr. de Montbéliard. = Montbéliard.

NOMMÉ, E, part. Désigné par un nom; promu à un emploi. —, adj. Qui porte le nom de; un tel. A jour —, adv. Au jour pris, convenu. A point —, fort à propos, justement, comme il faut.

NOMMÉMENT, adv. En désignant par le nom; spécialement, expressément.

NOMMER, v. a. Donner, imposer un nom; qualifier; dire le nom d'une personne ou d'une chose; faire mention. —, donner sa voix, son suffrage; élire; choisir, désigner pour une fonction. —, déclarer, instituer; nommer son héritier, son exécuteur testamentaire. Se —, v. pron. Décliner son nom; porter tel nom.

MOMOCANON, s. m. Recueil des constitutions impériales et des canons qui y sont relatifs.

NOMOGRAPHE, s. m. Jurisconsulte, légiste, qui écrit sur les lois.

NOMOGRAPHIE, s. f. Traité sur l'ensemble, l'esprit et la disposition des lois.

NOMOPHYLAX, s. m. Magistrat conservateur des lois dans Athènes.

NOMOTHÈTE, s. m. Législateur grec. T. d'antiq.

NOMPAREIL, LE, adj. Sans pareil, sans égal, incomparable.

NOMPAREILLE, s. f. Ruban fort étroit; très petite dragée. —, caractère entre la mignonne et la parisienne. T. d'impr. —, coquillage terrestre. T. d'hist. nat.

NOMPATELIZE, s. f. Com. du dép. des Vosges, cant. de Raon-l'Etape, arr. de St.-Dié. = Raon-l'Etape.

NON, s. m. et adv. Négation, refus, l'opposé de oui. — plus, adv. Pas davantage; pareillement. — seulement, adv. relatif et augmentatif. Il est ordinairement suivi de la conjonction mais.

NONAC, s. m. Com. du dép. de la Charente, cant. de Montmoreau, arr. de Barbezieux. = Blanzac.

NONAGÉNAIRE, adj. Agé de quatre-vingt-dix ans.

NONAGÉSIME, s. et adj. Point de l'écliptique, éloigné de quatre-vingt-dix degrés des points où ce cercle coupe l'horizon. T. d'astr.

NONANCOURT, s. m. Petite ville du dép. de l'Eure, chef-lieu de cant. de l'arr. d'Evreux. Bur. d'enregist. et de poste. Comm. de grains.

NONANDRE, adj. f. Se dit d'une fleur à neuf étamines. T. de bot.

NONANT, s. m. Com. du dép. du Calvados, cant. et arr. de Bayeux. = Bayeux.

NONANT, s. m. Com. du dép. de l'Orne, cant. de Merlerault, arr. d'Argentan. Bur. de poste. Fabr. de toiles; verrerie.

NONANTE, adj. numéral. Neuf fois dix; quatre-vingt-dix. (Vi.)

NONANTIÈME, s. et adj. Nombre ordinal; quatre-vingt-dixième. (Vi.)

NONARDS, s. m. Com. du dép. de la Corrèze, cant. de Beaulieu, arr. de Brive. = Tulle.

NONAVILLE, s. f. Com. du dép. de la Charente, cant. de Châteauneuf, arr. de Cognac. = Châteauneuf-sur-Charente.

NONCE, s. m. Prélat, ambassadeur de sa sainteté, du Pape. —, député de la noblesse d'une province polonaise à la diète générale.

NONCHALAMMENT, adv. Avec Nonchalance.

NONCHALANCE, s. f. Négligence, indolence, paresse, défaut de soin.

NONCHALANT, E, s. et adj. Paresseux, indolent qui manque d'activité, qui croupit dans l'oisiveté. —, qui annonce la nonchalance; air nonchalant.

NONCIATURE, s. f. Dignité, fonctions de nonce; durée de ces fonctions.

NON-CONFORMISTE, s. Dissident, qui ne professe point la religion anglicane.

NON-CONFORMITÉ, s. f. Dissemblance, difformité, défaut de rapport, opposition.

NONCOURT, s. m. Com. du dép. de la Haute-Marne, cant. de Poissons, arr. de Vassy. = Joinville.

NONCOURT, s. m. Com. du dép. des Vosges, cant. et arr. de Neufchâteau. = Neufchâteau.

NONDKEIL, s. m. Com. du dép. de la Moselle, cant. de Cattenom, arr. de Thionville. = Thionville.

NONE, s. f. L'une des sept heures canoniales qu'on récite après sexte. —, s. f. pl. Chez les Romains, le huitième jour avant les ides, les sept de mars, mai, juillet, octobre, et le cinq des autres mois.

NONÈRES, s. m. Com. du dép. des Landes, cant. et arr. de Mont-de-Marsan. = Mont-de-Marsan.

NON-ÊTRE, s. m. Défaut d'existence, néant.

NONETTE, s. f. Com. du dép. du Puy-de-Dôme, cant. de St.-Germain-Lembron, arr. d'Issoire. = Issoire.

NONETTE (la), s. f. Petite rivière qui prend sa source à Nanteuil-le-Haudouin, et se jette dans l'Oise vis-à-vis de Précy, au moulin à Trois-Voies où elle forme une jolie cascade; son cours est d'environ 8 lieues.

NONFEUILLÉE, s. f. Plante de la famille des joncs. T. de bot.

NONGUIGNY, s. m. Com. du dép. de la Meurthe, cant. de Blamont, arr. de Lunéville. = Blamont.

NONIDI, s. m. Neuvième jour de la décade, dans le calendrier républicain.

NONIÈRES, s. f. Com. du dép. de l'Ardèche, cant. du Chaylard, arr. de Tournon. = le Chaylard.

NONIONE, s. f. Genre de coquillage. T. d'hist. nat.

NONIUS ou **VERNIER**, s. m. Pièce de cuivre employée dans la division des instrumens de mathématiques; partie de l'alidade.

NON-JOUISSANCE, s. f. Privation de jouissance. T. de procéd.

NONNAIN, s. f. Jeune nonne.—, s. m. et adj. Sorte de pigeon dont les plumes de la tête forment une espèce de capuchon.

NONNAT, s. m. Petit poisson de la Méditerranée.

NONNE, s. f. Religieuse. Pet de —, sorte de beignet d'une pâte légère.

NONNERIE, s. f. Couvent de nonnes. T. inus.

NONNETTE, s. f. Nonnain, jeune nonne. —andrée, sorte de mésange. —, pl. Pains d'épice de Reims.

NONNIÈRES, s. f. Village du dép. de la Drôme, cant. de Châtillon, arr. de Die. = Die.

NONOBSTANCE, s. f. Cause qui lève les obstacles ou oppositions prévues. T. de procéd. inus.

NONOBSTANT, prép. Malgré, sans avoir égard.

NON-OUVRÉ, E, adj. Brut, qui n'est pas mis en œuvre.

NON-PAIEMENT, s. m. Défaut de paiement.

NONPAIR, E, adj. Impair. T. inus.

NON ou **NEC PLUS ULTRA**, s. m. Mots latins qu'on suppose avoir été inscrits sur l'une des colonnes élevées par Hercule au détroit de Gibraltar. —, terme au-delà duquel on ne saurait aller; le plus haut degré de perfection.

NON-RÉSIDENCE, s. f. Absence du lieu où l'on devrait résider.

NONSARD, s. m. Com. du dép. de la Meuse, cant. de Vigneulles, arr. de Commercy. = Pont-à-Mousson.

NON-SENS, s. m. Phrase qui n'offre aucun sens.

NONTRON, s. m. Petite ville du dép. de la Dordogne, chef-lieu de sous-préf. et d'un cant.; trib. de 1re inst.; conserv. des hypoth.; direct. des contrib. indir.; recev. part. des finances; bur. d'enregist. et de poste. Cette ville est bâtie en amphithéâtre sur la rive droite du Bandiat. Tanneries importantes. Comm. de fer et bestiaux.

NONTRONNEAU, s. m. Com. du dép. de la Dordogne, cant. et arr. de Nontron. = Nontron.

NONUPLE, adj. Qui contient neuf fois.

NONUPLÉ, E, part. Répété neuf fois.

NONUPLER, v. a. Répéter neuf fois.

NON-USAGE, s. m. Cessation d'usage.

NON-VALEUR, s. f. Déficit dans le revenu d'une terre, dans la perception des impôts, etc.

NONVILLE, s. f. Com. du dép. de Seine-et-Marne, cant. de Nemours, arr. de Fontainebleau. = Nemours.

NONVILLE, s. f. Com. du dép. des Vosges, cant. de Monthureux-sur-Saône, arr. de Mirecourt. = Darney.

NONVILLIERS, s. m. Com. du dép. d'Eure-et-Loir, cant. de Thiron-Gardais, arr. de Nogent-le-Rotrou. = Illiers.

NON-VUE, s. f. Impossibilité d'apercevoir la côte, etc., causée par le brouillard. T. de mar.

NONZA, s. f. Com. du dép. de la Corse, chef-lieu de cant. de l'arr. de Bastia, où se trouve le bur. d'enregist. = Bastia.

NONZEVILLE, s. f. Com. du dép. des Vosges, cant. de Bruyères, arr. d'Épinal. = Rambervillers.

NOORDPEENNE, s. m. Com. du dép. du Nord, cant. de Cassel, arr. d'Hazebrouck. = Cassel.

NOPAGE, s. m. Action d'enlever les nœuds du drap. T. de manuf.

NOPAL, s. m. Espèce de cactier. Voy. OPUNTIA.

NOPÉ, E, part. Se dit d'une pièce de

drap dont a enlevé les nœuds. T. de manuf.

NOPER, v. a. Couper les nœuds qui se trouvent dans le drap, énouer. T. de manuf.

NOPEUSE, s. f. Ouvrière qui coupe les nœuds du drap. T. de manuf.

NOQUETS, s. m. pl. Plombs attachés aux jours des lucarnes.

NORANTE, s. f. Arbre de la Guiane. T. de bot.

NORD, s. m. Septentrion, pôle arctique, la partie du globe opposée au midi; vent du nord. —, pays situé de ce côté. Faire le —, se diriger vers le nord. Perdre le —, s'égarer en mer. T. de mar.

NORD (dép. du), s. m. Chef-lieu de préf., Lille; 7 arr. ou sous-préf.: Avesnes, Cambrai, Douai, Dunkerque, Hazebrouck, Lille et Valenciennes; 60 cant. ou just. de paix; 664 com.; pop. 962,648 hab. env. Cour royale à Douai; évêché à Cambrai; de la 16e div. milit.; 2e div. des ponts-et-chaussées; 2e div. des mines; direct. de l'enregist. et des domaines, 1re classe; 4e arr. forestier et de la div. N. des douanes, direct. à Dunkerque et à Valenciennes.

Ce dép. est borné au N. par la mer qui le sépare de l'Angleterre, à l'E. par le royaume des Pays-Bas, au S. par le dép. de l'Aisne, et à l'O. par celui du Pas-de-Calais. Son sol, l'un des plus riches du royaume, est généralement bas, uni, gras et fertile. On y récolte en abondance toutes les céréales, légumes, graines oléagineuses et textiles. Les pâturages y sont excellens, et les bois insuffisans pour la consommation; mais les mines inépuisables de houille qu'on y exploite suppléent à sa rareté. On porte à six millions de quintaux la quantité de houille fournie par les mines de ce département, et surtout par celles d'Anzin. Un grand nombre de canaux servent, non seulement à faciliter les communications, mais encore à dessécher les marais qui, sans cela, couvriraient encore une grande partie de cette contrée. Productions: toutes les céréales cultivées en France; légumes de toute espèce; quantité de graines oléagineuses; très belle variété de lin, beaucoup de chanvre. Culture en grand du tabac, de la chicorée-café, du houblon, du pastel, des haricots et des asperges; excellens pâturages; menu gibier; poisson de mer et d'eau douce; superbe espèce de chevaux, bêtes à cornes, moutons-mérinos, porcs; nombreuses pépinières d'arbres fruitiers, forestiers et exotiques; fer, tourbe, marbre, pierres de taille, grès à payer, argile à potier; exploitation de charbon de terre; manuf. de toiles blanches et écrues, de linge de table, batistes, linons, camelots, molletons, dentelles; fabr. de draps et étoffes de laine, de calicots, indiennes, mouchoirs, toiles à matelas, fil à coudre, à dentelle; sarreaux, laine peignée, cardes à laine et à lin; café-chicorée, céruse, crayon à dessin, noir animal, savon noir; bimbloterie, boissellerie, ouvrages en marbre; nombreuses distilleries d'eaux-de-vie de grains; raffineries de sucre et de sel; brasseries considérables; belles blanchisseries de toiles; teintureries, huileries hydrauliques; forges, hauts-fourneaux, clouteries; belles verreries à vitres et à bouteilles; nombreuses papeteries, briqueteries; manuf. de faïence et de porcelaine; tuileries, scieries de marbre, corderies, tanneries et corroieries; constructions de navires; manuf. royale de tabacs; raffinerie royale de salpêtre; fonderie royale de canons et manuf. d'armes. Comm. de grains, graines grasses, vins, vinaigre, eaux-de-vie, genièvre, houblon, huile, fromages de Bergues et de Marolles, beurre excellent, chicorée, chevaux, bestiaux; toiles, charbons de terre et de bois, marbre; bois de chauffage et de construction, merrain, boissellerie, drogueries et épiceries. Armemens pour la pêche de la baleine et de la morue; pêche du hareng et du poisson frais; cabotage. Le dép. du Nord est arrosé par l'Escaut, la Lys, la Scarpe, la Sambre, l'Aa, la Colme, la Lawe, la Bourre et la Hayne qui y sont navigables, et par les canaux de St.-Omer, de Bergues, de Dunkerque, de St.-Quentin, de Bourbourg, de Préavin, de la Neppe, de la Sensée, de la Bourre, etc.

NORDAUSQUES, s. m. Com. du dép. du Pas-de-Calais, cant. d'Ardres, arr. de St.-Omer. = Ardres.

NORD-CAPER, s. m. Cétacé, espèce de baleine des mers du Nord. T. d'hist. nat.

NORD-EST, s. m. Point entre le nord et l'est; vent qui souffle de ce point.

NORDESTER, v. n. Tourner vers le nord-est.

NORDHAUZEN, s. m. Com. du dép. du Bas-Rhin, cant. d'Erstein, arr. de Schélestadt. = Benfeld.

NORDHEIM, s. m. Com. du dép. du Bas-Rhin, cant. de Wasselonne, arr. de Strasbourg. = Strasbourg.

NORD-NORD-EST, s. m. Point entre le nord et le nord-est; vent qui part de ce point.

NORD-NORD-OUEST, s. m. Point entre le nord et le nord-ouest; vent qui vient de ce côté.

NORD-OUEST, s. m. Point entre le nord et l'ouest; vent qui part de là.

NORDOUESTER, v. n. Tourner vers le nord-ouest. T. de mar.

NORDPECH, s. m. Village du dép. de Lot-et-Garonne, cant. de la Roque-Timbaut, arr. d'Agen. = Agen.

NORENTE, s. m. Village du dép. des Basses-Alpes, cant. de Barrême, arr. de Digne. = Digne.

NORGES-LA-VILLE, s. f. Com. du dép. de la Côte-d'Or, cant. et arr. de Dijon. = Dijon.

NORMAL, E, adj. Qui règle, dirige. École —, où l'on étudie l'art d'enseigner.

NORMAND, E, s. et adj. Habitant de l'ancienne province de Normandie; qui concerne cette province.

NORMANDEL, s. m. Com. du dép. de l'Orne, cant. de Tourouvre, arr. de Mortagne. = St.-Maurice.

NORMANDIE, s. f. Grande province de France qui forme aujourd'hui les dép. de la Seine-Inférieure, de l'Eure, du Calvados, de la Manche et de l'Orne, à l'exception de l'arr. de Mortagne. Cette province qui, avant la conquête des Gaules par les Romains, faisait partie de la Gaule-Celtique fut, sous les empereurs, rangée dans la 2ᵉ Lyonnaise. Dans la suite elle passa sous la domination des Francs, et plus tard, dans le 9ᵉ siècle, elle fut envahie par les Normands. A l'époque où Guillaume-le-Conquérant s'empara du trône d'Angleterre, elle fut incorporée à ce royaume et lui appartint jusqu'au règne de Philippe-Auguste qui la réunit à la France en 1204. Les Anglais s'en étant emparés de nouveau, en 1409, la conservèrent jusqu'en 1425, époque à laquelle Charles VII chassa ces insulaires du territoire français.

NORMANVILLE, s. f. Com. du dép. de l'Eure, cant. et arr. d'Evreux. = Evreux.

NORMANVILLE, s. f. Com. du dép. de la Seine-Inférieure, cant. de Fauville, arr. d'Yvetot. = Fauville.

NORMÉE, s. f. Com. du dép. de la Marne, cant. de Fère-Champenoise, arr. d'Epernay. = Fère-Champenoise.

NORMIER, s. m. Com. du dép. de la Côte-d'Or, cant. de Précy-sous-Thil, arr. de Semur. = Vitteaux.

NOROLLES, s. f. Com. du dép. du Calvados, cant. de Blangy, arr. de Pont-l'Evêque. = Pont-l'Evêque.

NORON, s. m. Com. du dép. du Calvados, cant. de Balleroy, arr. de Bayeux. = Balleroy.

NORON, s. m. Com. du dép. du Calvados, cant. et arr. de Falaise. = Falaise.

NOROY, s. m. Com. du dép. de l'Aisne, cant. de Villers-Cotterets, arr. de Soissons. = Neuilly-St.-Front.

NOROY, s. m. Com. du dép. de l'Oise, cant. de St.-Just-en-Chaussée, arr. de Clermont. = St.-Just-en-Chaussée.

NOROY-LE-BOURG ou **L'ARCHEVÊQUE**, s. m. Com. du dép. de la Haute-Saône, chef-lieu de cant. de l'arr. de Vesoul où se tient le bur. d'enregist. = Vesoul.

NOROY-LES-JUSSEY, s. m. Com. du dép. de la Haute-Saône, cant. de Vitrey, arr. de Vesoul. = Jussey.

NORRENT-FONTES, s. m. Com. du dép. du Pas-de-Calais, chef-lieu de cant. de l'arr. de Béthune. Bur. d'enregist. = Aire-sur-la-Lys.

NORREY, s. m. Com. du dép. du Calvados, cant. de Tilly-sur-Seulles, arr. de Caen. = Caen.

NORREY, s. m. Com. du dép. du Calvados, cant. de Coulibœuf, arr. de Falaise. = Falaise.

NORROIS, s. m. Com. du dép. de la Marne, cant. de Thiéblemont, arr. de Vitry. = Vitry-le-Français.

NORROY, s. m. Com. du dép. des Vosges, cant. de Bulgnéville, arr. de Neufchâteau. = Neufchâteau.

NORROY, s. m. Com. du dép. de la Meurthe, cant. de Pont-à-Mousson, arr. de Nancy. = Pont-à-Mousson.

NORROY-LE-SEC, s. m. Com. du dép. de la Moselle, cant. de Conflans, arr. de Briey. = Briey.

NORROY-LE-VENEUR, s. m. Com. du dép. de la Moselle, cant. et arr. de Metz. = Metz.

NORT, s. m. Com. du dép. de la Loire-Inférieure, chef-lieu de cant. de l'arr. de Châteaubriant. Bur. d'enregist. = Nantes. Fabr. de cuirs; exploitation de houille.

NORT-BÉCOURT, s. m. Com. du dép. du Pas-de-Calais, cant. d'Ardres, arr. de St.-Omer. = Ardres.

NORTEN, s. m. Com. du dép. de la Moselle, cant. de Boulay, arr. de Metz. = Boulay.

NORTÉNIE, s. f. Plante, scrofulaire de Madagascar. T. de bot.

NORT-LEULINGHEM, s. m. Com. du dép. du Pas-de-Calais, cant. d'Ardres, arr. de St.-Omer. = Ardres.

NORT-QUERQUE, s. m. Com. du dép. du Pas-de-Calais, cant. d'Audruick, arr. de St.-Omer. = Ardres.

NORVILLE (la), s. f. Com. du dép. de Seine-et-Oise, cant. d'Arpajon, arr. de Corbeil. = Arpajon.

NORVILLE, s. f. Com. du dép. de la Seine-Inférieure, cant. de Lillebonne, arr. du Hâvre. = Lillebonne.

NORWÈGE (la), s. f. Royaume de la Scandinavie, réuni à la Suède. Pays extrêmement froid et peu fertile qui fournit des bois de construction, des mâts, des résines, du fer, des fourrures et du poisson salé. Il est baigné au couchant par la mer du nord, et par la mer glaciale au N.; à l'est, il est borné dans toute sa longueur par la Suède et la Laponie suédoise.

NOS, pron. pl. Voy. NOTRE.

NOSODENDRE, s. m. Genre d'insectes coléoptères. T. d'hist. nat.

NOSOGÉNIE, s. f. Formation des maladies. T. de méd.

NOSOGRAPHIE ou **NOSOLOGIE**, s. f. Description des maladies. T. de méd.

NOSSAGE-ET-BÉNÉVENT, s. m. Com. du dép. des Hautes-Alpes, cant. d'Orpierre, arr. de Gap. = Serre.

NOSSARIS, s. m. Toile de coton blanche des Indes.

NOSSONCOURT, s. m. Com. du dép. des Vosges, cant. de Rambervillers, arr. d'Epinal. = Rambervillers.

NOSTALGIE, **NOSTRASIE** ou **NOSTOMANIE**, s. f. Maladie du pays, tristesse, mélancolie occasionnée par le désir de retourner dans ses foyers. T. de méd.

NOSTANG, s. m. Com. du dép. du Morbihan, cant. de Port-Louis, arr. de Lorient. = Hennebon.

NOSTH, s. m. Com. du dép. de la Creuse, cant. de la Souterraine, arr. de Guéret. = la Souterraine.

NOSTOC, s. m. Plante aquatique; espèce de mousse qui ressemble à une gelée verte, gluante et membraneuse. Voy. TREMELLE. T. de bot.

NOTA, s. m. sans pl. (mot latin). Remarque, observation en marge ou au bas d'un écrit.

NOTABILITÉ, s. f. Importance, considération, distinction.

NOTABLE, adj. Remarquable, considérable. —, s. m. pl. Les habitans les plus distingués, les plus en crédit d'un pays.

NOTABLEMENT, adv. Considérablement, extrêmement.

NOTACANTHE, s. m. Poisson abdominal. —, s. f. pl. Famille d'insectes diptères. T. d'hist. nat.

NOTAGE, s. m. Manière de noter les cylindres de serinettes.

NOTAIRE, s. m. Officier public qui rédige les conventions des particuliers dont il garde minute, et qui se trouve ainsi dépositaire de tous les titres de la propriété.

NOTAMMENT, adv. Principalement, spécialement.

NOTARCHE, s. m. Mollusque gastéropode. T. d'hist. nat.

NOTARIAL, E, adj. Qui concerne les fonctions du notaire. T. inus.

NOTARIAT, s. m. Office, fonction de notaire.

NOTARIÉ, E, adj. Passé devant notaire; acte notarié.

NOTATION, s. f. Art de marquer les nombres par leurs caractères et leurs figures. T. d'arith.

NOTE, s. f. Marque sur un écrit; remarque, observation, éclaircissement sur un texte, sur un mot, etc. —, mémoire, exposé, petit extrait. — d'infamie, flétrissure. —, caractère de musique. Chanter toujours sur la même —, dire toujours la même chose. Changer de —, changer de façon de parler, d'agir. Fig. et fam.

NOTÉ, E, part. Remarqué.

NOTELÉE, s. f. Plante, genre de jasminées de la Nouvelle-Hollande. T. de bot.

NOTENSTEIN, s. m. Grès marqué de lignes et de taches en forme de notes de musique. T. d'hist. nat.

NOTER, v. a. Apposer un signe, une observation; remarquer. —, marquer. Se prend en mauvaise part; noter d'infamie. —, copier, écrire la musique T. de mus.

NOTÈRE, s. m. Genre d'insectes coléoptères. T. d'hist. nat.

NOTEUR, s. m. Copiste de musique.

NOTHALTEN, s. m. Com. du dép. du Bas-Rhin, cant. de Barr, arr. de Schélestadt. = Schélestadt.

NOTHRIE, s. f. Plante du cap de Bonne-Espérance. T. de bot.

NOTHUS, s. m. Genre d'insectes coléoptères. T. d'hist. nat.

NOTICE, s. f. Extrait raisonné d'un livre; compte succinct, détail abrégé; courte description; relevé de titres d'ouvrages.

NOTIFICATION, s. f. Action de notifier; signification de pièces. T. de procéd.

NOTIFIÉ, E, part. Déclaré officiellement; signifié dans les formes légales.

NOTIFIER, v. a. Faire une déclaration officielle; notifier un acte diplomatique. —, signifier des pièces, en faire la notification dans les formes voulues. T. de procéd.

NOTIOMÈTRE, s. m. Voy. HYGROMÈTRE.

NOTION, s. f. Connaissance, idée qu'on a d'une chose; notion certaine, superficielle.

NOTIOPHILE, s. m. Genre d'insectes coléoptères. T. d'hist. nat.

NOTITE, s. f. Roche primitive. T. d'hist. nat.

NOTJO, s. m. Arbre des Indes. T. de bot.

NOTOCÈRE, s. f. Vélar bicorne, plante. T. de bot.

NOTOGNIDION, s. m. Poisson acanthoptérygien. T. d'hist. nat.

NOTOIRE, adj. Connu, manifeste, évident.

NOTOIREMENT, adv. Evidemment, manifestement.

NOTOLÆNE, s. f. Genre de fougères. T. de bot.

NOTONECTE, s. f. Genre de punaises aquatiques. T. d'hist. nat.

NOTONECTIDÉES, s. f. pl. Insectes hémiptères. T. d'hist. nat.

NOTOPÈDE, s. m. Voy. TAUPIN. T. d'hist. nat.

NOTOPODES, s. m. pl. Crustacés décapodes. T. d'hist. nat.

NOTOPTÈRES, s. m. pl. Poissons apodes. T. d'hist. nat.

NOTORIÉTÉ, s. f. Evidence d'un fait généralement connu. Acte de —, attestation de témoins devant un notaire, pour suppléer à des preuves écrites.

NOTOSTOMATES, s. m. pl. Arachnides qui ont la bouche sur le dos. T. d'hist. nat.

NOTOXE, s. m. Genre d'insectes coléoptères. T. d'hist. nat.

NOTRE, s. m. pron. possessif. Qui est à nous, nous appartient, nous concerne, nous regarde, nous est relatif. —, joint à un substantif le précède toujours; notre patrie, notre famille. —, adj. poss. relat. Prend l'article et l'accent circonflexe; vous avez des partisans, nous avons les nôtres.

NOTRE-DAME, s. f. La Sainte-Vierge; fête en son honneur; église sous son invocation.

NOTRE-DAME-D'APRÈS, s. f. Com. du dép. de l'Orne, cant. de Moulins-la-Marche, arr. de Mortagne. = Moulins-la-Marche.

NOTRE-DAME-D'AUNAI, s. f. Com. du dép. de l'Orne, cant. de Vimoutiers, arr. d'Argentan. = le Sap.

NOTRE-DAME-DE-BLANGY, s. f. Com. du dép. du Calvados, cant. de Balleroy, arr. de Bayeux. = Balleroy.

NOTRE-DAME-DE-COURSON, s. f. Com. du dép. du Calvados, cant. de Livarot, arr. de Lisieux. = Lisieux.

NOTRE-DAME-DE-FRESNAY, s. f. Com. du dép. du Calvados, cant. de St.-Pierre-sur-Dives, arr. de Lisieux. = Croissanville.

NOTRE-DAME-DE-L'ÉPINE, s. f. Voy. EPINE (Notre-Dame-de-l').

NOTRE-DAME-DE-LIESSE, s. f. Voy. LIESSE.

NOTRE-DAME-DE-LIVAYE, s. f. Com. du dép. du Calvados, cant. de Mézidon, arr. de Lisieux. = Lisieux.

NOTRE-DAME-DE-LIVET, s. f. Com. du dép. du Calvados, cant. d'Orbec, arr. de Lisieux. = Orbec.

NOTRE-DAME-DE-LONDRES, s. f. Com. du dép. de l'Hérault, cant. de St.-Martin-de-Londres, arr. de Montpellier. = Ganges.

NOTRE-DAME-DE-MONT, s. f. Com. du dép. de la Vendée, cant. de St.-Jean-de-Mont, arr. des Sables-d'Olonne. = Beauvoir-sur-Mer.

NOTRE-DAME-DE-RIEZ, s. f. Com. du dép. de la Vendée, cant. de St.-Gilles, arr. des Sables-d'Olonne. = St.-Gilles-sur-Vie.

NOTRE-DAME-D'ESTRÉES, s. f. Com. du dép. du Calvados, cant. de Cambremer, arr. de Pont-l'Evêque. = Bayeux.

NOTRE-DAME-D'OR, s. f. Com. du dép. de la Vienne, cant. de Moncontour, arr. de Loudun. = Mirebeau.

NOTRE-DAME-DU-CROS, s. f. Com. du dép. de la Haute-Loire, cant. de Pinols, arr. de Brioude. = Langeac.

NOTTONVILLE, s. f. Com. du dép. d'Eure-et-Loir, cant. d'Orgères, arr. de Châteaudun. = Bonneval.

NOTULATION, s. f. Action de faire des notules. T. inus.

NOTULE, s. f. Petite note en marge.

NOUAILLE (la), s. f. Com. du dép. de la Creuse, cant. de Gentioux, arr. d'Aubusson. = Felletin.

NOUAILLÉ, s. m. Com. du dép. de la Vienne, cant. de la Villedieu, arr. de Poitiers. = Poitiers.

NOUAILLETTE (la), s. f. Com. du dép. de la Dordogne, cant. de Hautefort, arr. de Périgueux. = Exideuil.

NOUAILLEUX, adj. m. Noueux. T. inus.

NOUAINVILLE, s. f. Com. du dép. de la Manche, cant. d'Octeville, arr. de Cherbourg. = Cherbourg.

NOUAN, s. m. Com. du dép. de Loir-et-Cher, cant. de Bracieux, arr. de Blois. = Beaugency.

NOUAN-LE-FUZELIER, s. m. Com. du dép. de Loir-et-Cher, cant. de la Motte-Beuvron, arr. de Romorantin. = Salbris.

NOUANS, s. m. Com. du dép. d'Indre-et-Loire, cant. de Montrésor, arr. de Loches. = Loches.

NOUANS, s. m. Com. du dép. de la Sarthe, cant. de Marolles, arr. de Mamers. = Beaumont-le-Vicomte.

NOUART, s. m. Com. du dép. des Ardennes, cant. de Buzancy, arr. de Vouziers. = Buzancy.

NOUASSE, s. f. Noix muscade sauvage.

NOUATRE, s. m. Com. du dép. d'Indre-et-Loire, cant. de Ste.-Maure, arr. de Chinon. = Ste.-Maure.

NOUE (la), s. f. Com. du dép. de la Marne, cant. d'Esternay, arr. d'Epernay. = Sézanne.

NOUE, s. f. Pré gras et humide; endroit noyé d'eau. —, tuile en forme de canal. — cornière, rencontre de deux toits formant gouttière. —, entrailles de morue salées.

NOUÉ, E, part. Lié, arrêté au moyen d'un nœud. —, adj. Rachitique. Goutte —, accompagnée de nodosités. Fleur —, passée à l'état de fruit.

NOUÉES, s. f. pl. Fiente du cerf depuis le mois de mai jusqu'au mois d'août. T. de véner.

NOUEILLES, s. f. Com. du dép. de la Haute-Garonne, cant. de Montgiscard, arr. de Villefranche. = Villefranche.

NOUER, v. a. Lier, attacher, arrêter en formant un nœud; faire un nœud. —, lier; nouer une partie, amitié. Fig. —, v. n. et se —, v. pron. Passer à l'état de fruit, en parlant des fleurs.

NOUET, s. m. Linge noué dans lequel on a mis une drogue pour la faire infuser ou bouillir. T. de pharm.

NOUETTE, s. f. Tuile bordée d'une arête.

NOUEURE, s. f. Rachitisme.

NOUEUX, EUSE, adj. Se dit du bois dont les nœuds sont fortement prononcés.

NOUGAROULET, s. m. Com. du dép. du Gers, cant. et arr. d'Auch. = Auch.

NOUGAT, s. m. Gâteau d'amandes ou de noix au caramel.

NOUHAND, s. m. Com. du dép. de la Creuse, cant. de Chambon, arr. de Boussac. = Chambon.

NOUIC, s. m. Com. du dép. de la Haute-Vienne, cant. de Mézières, arr. de Bellac. = Bellac.

NOUILHAN, s. m. Com. du dép. des Hautes-Pyrénées, cant. de Vic, arr. de Tarbes. = Vic-en-Bigorre.

NOUILLONPONT, s. m. Com. du dép. de la Meuse, cant. de Spincourt, arr. de Montmédy. = Longuion.

NOUILLY, s. m. Com. du dép. de la Moselle, cant. de Vigy, arr. de Metz. = Metz.

NOULENS, s. m. Com. du dép. du Gers, cant. d'Eauze, arr. de Condom. = Condom.

NOULET, s. m. Conduit sur les toits pour l'écoulement des eaux; petit égout sur les lucarnes; enfoncement de deux combles qui se joignent; charpente qui forme la noue.

NOULLIERS (les), s. m. pl. Com. du dép. de la Charente-Inférieure, cant. de St.-Savinien, arr. de St.-Jean-d'Angely. = St.-Savinien.

NOURARD-LE-FRANC, s. m. Com. du dép. de l'Oise, cant. de St.-Just-en-Chaussée, arr. de Clermont. = St.-Just-en-Chaussée.

NOUREUIL, s. m. Com. du dép. du Pas-de-Calais, cant. de Croisilles, arr. d'Arras. = Bapaume.

NOURRAIN, s. m. Voy. ALEVIN.

NOURRAY, s. m. Com. du dép. de Loir-et-Cher, cant. de St.-Amand, arr. de Vendôme. = Vendôme.

NOURRI, E, part. Pourvu d'alimens nécessaires pour la subsistance; allaité. —, adj. Plein, abondant, riche; blé bien nourri; se dit du style, etc. Trait —, moelleux. T. de peint.

NOURRICE, s. f. Femme qui allaite l'enfant d'une autre et qui remplit le devoir d'une mère. —, se dit fig. d'un pays qui fournit les subsistances; la Sicile était la nourrice de Rome.

NOURRICERIE, s. f. Etablissement où l'on élève les vers à soie, etc.

NOURRICIER, s. m. Le mari d'une nourrice.

NOURRICIER, ÈRE, adj. Qui nourrit, alimente. Suc —, lymphe mucilagineuse tirée des substances alimentaires, et qui sert à réparer les pertes de l'économie animale et végétale. Père —, le mari de la nourrice d'un enfant, et fig., homme à la bienfaisance duquel on doit sa subsistance.

NOURRIR, v. a. Alimenter, fournir la nourriture; allaiter un enfant. —, élever, instruire; former l'esprit, le cœur, etc. Fig. —, entretenir, au moral comme au physique, — en parlant des plantes, leur fournir des sucs pour la végétation. — le trait, éviter la maigreur, la sécheresse. T. de peint. — les sons, les soutenir et leur donner de la force sans dureté. T. de mus. Se —, v. pron. Prendre de la nourriture. Se —, se repaître; se nourrir l'esprit de chimères. Fig. Se — l'esprit, le cultiver.

NOURRISSAGE, s. m. Soin, manière d'élever les bestiaux.

NOURRISSANT, E, adj. Qui a la propriété de nourrir, qui nourrit beaucoup.

NOURRISSEUR, s. m. Celui qui nourrit des vaches, des ânesses pour vendre leur lait, ou qui engraisse des bestiaux pour la boucherie.

NOURRISSON, s. m. Enfant confié aux soins d'une nourrice. — des muses, poète. Fig.

NOURRITURE, s. f. Tout ce qui nourrit, alimente. Prop. et fig. —, Action de nourrir un enfant. —, éducation. T. fam.

NOUS. pron. de la première personne, pl. de je, moi.

NOUSSE, s. f. Com. du dép. des Landes, cant. de Montfort, arr. de Dax. = Dax.

NOUSSEWILLER-LÈS-PUTTELANGE, s. m. Com. du dép. de la Moselle, cant. de Forbach, arr. de Sarreguemines. = Bitche.

NOUSSEWILLER-LÈS-VOLMUNSTER, s. m. Com. du dép. de la Moselle, cant. de Volmunster, arr. de Sarreguemines. = Forbach.

NOUSTY, s. m. Com. du dép. des Basses-Pyrénées, cant. et arr. de Pau. = Pau.

NOUVEAU, s. m. Ce qui arrive inopinément, chose surprenante; voici du nouveau. —, adv. Nouvellement, récemment. De —, derechef.

NOUVEAU ou NOUVEL, LE, adj. Qui vient de naître, de paraître, nouvellement créé, nouvellement établi, récent, moderne, neuf, inexpérimenté. Homme —, parvenu, enrichi. Visage —, inconnu, étranger. La saison —, le printemps. Le — Monde, l'Amérique.

NOUVEAUTÉ, s. f. Qualité de ce qui est nouveau; chose nouvelle.

NOUVELLE, s. f. Premier avis d'une chose nouvellement arrivée. —, renseignement sur une personne ou une chose; je viens de recevoir des nouvelles de Londres. —, menace, ressentiment; je vous donnerai de mes nouvelles. —, conte; les Nouvelles de Michel Cervantes.

NOUVELLE-ÉGLISE, s. f. Com. du dép. du Pas-de-Calais, cant. d'Audruick, arr. de St.-Omer. = Ardres.

NOUVELLE-HOLLANDE (la), s. f. La plus grande des îles de l'Océanie, séparée de la Nouvelle-Guinée par le détroit d'Endéavour, et de la terre de Van-Diemen, par le détroit de Bass. Ce pays, dont les Hollandais ont fait la découverte, n'offre à l'œil du navigateur que des côtes arides et stériles; mais, dans l'intérieur, il présente des sites pittoresques ainsi qu'un sol fertile et riche en pâturages, arrosé par des rivières navigables. On y trouve des bois de construction, de l'ardoise, de la chaux, et, en général, tout ce qui est nécessaire à l'établissement d'une colonie. Les Anglais seuls y ont formé un de ces établissemens, qu'ils ont nommé la Nouvelle-Galles, où les animaux domestiques de l'Europe se sont parfaitement acclimatés.

NOUVELLEMENT, adv. Récemment, depuis peu.

NOUVELLETÉ, s. f. Trouble apporté dans la possession d'autrui. T. de procéd.

NOUVELLISTE, s. m. Curieux qui est toujours à l'affût des nouvelles, et qui en invente au besoin pour se donner de l'importance.

NOUVION (le), s. m. Com. du dép. de l'Aisne, chef-lieu de cant. de l'arr. de Vervins. Bur. d'enregist. = la Chapelle. Comm. de fromages.

NOUVION, s. m. Com. du dép. de la Somme, chef-lieu de cant. de l'arr. d'Abbeville. Bur. d'enregist. à Rue. = Abbeville.

NOUVION-L'ABBESSE, s. m. Com. du dép. de l'Aisne, cant. de Crécy-sur-Serre, arr. de Laon. = la Fère.

NOUVION-LE-COMTE, s. m. Com. du dép. de l'Aisne, cant. de Crécy-sur-Serre, arr. de Laon. = la Fère.

NOUVION-LE-VINEUX, s. m. Com. du dép. de l'Aisne, cant. et arr. de Laon. = Laon.

NOUVION-SUR-MEUSE, s. m. Com. du dép. des Ardennes, cant. de Flize, arr. de Mézières. = Mézières.

NOUVOITOU, s. m. Com. du dép. d'Ille-et-Vilaine, cant. de Château-Giron, arr. de Rennes. = Rennes.

NOUVRON, s. m. Com. du dép. de l'Aisne, cant. de Vic-sur-Aisne, arr. de Soissons. = Soissons.

NOUZERINES, s. f. Com. du dép. de la Creuse, cant. et arr. de Boussac. = Boussac.

NOUZEROLLES, s. f. Com. du dép. de la Creuse, cant. de Bonnat, arr. de Guéret. = la Châtre.

NOUZIER, s. m. Com. du dép. de la Creuse, cant. de Chatelus, arr. de Boussac. = la Châtre.

NOUZILLY, s. m. Com. du dép. d'Indre-et-Loire, cant. de Château-Renault, arr. de Tours. = Château-Renault.

NOUZON, s. m. Com. du dép. des Ardennes, cant. de Charleville, arr. de Mézières. = Mézières.

NOVACELLES, s. f. Com. du dép. du Puy-de-Dôme, cant. d'Arlanc, arr. d'Ambert. = Ambert.

NOVACULITHE, s. f. Pierre à aiguiser les instrumens tranchans, les rasoirs. T. d'hist. nat.

NOVALE, s. f. Terre nouvellement défrichée. —, pl. Dîmes qu'on levait sur ces terres.

NOVALE, s. f. Com. du dép. de la Corse, cant. de Valle, arr. de Corte. = Bastia.

NOVATEUR, s. m. Esprit inquiet, remuant, qui aime le changement, qui innove, surtout en matière de religion; partisan des innovations, des dogmes contraires à la foi, aux institutions sociales, etc.

NOVATION, s. f. Changement qui s'opère dans la nature d'un titre, d'une créance, par de nouvelles conventions ou autrement.

NOVÉANT, s. m. Com. du dép. de la Moselle, cant. de Gorze, arr. de Metz. = Metz.

NOVELLA, s. f. Arbrisseau des Indes orientales. T. de bot.

NOVELLA, s. f. Com. du dép. de la Corse, cant. de Belgodère, arr. de Calvi. = Bastia.

NOVELLES, s. f. pl. Constitutions de l'empereur Justinien.

NOVEMBRE, s. m. Onzième mois de l'année commune.

NOVES, s. m. Com. du dép. des Bouches-du-Rhône, cant. de Château-Renard, arr. d'Arles. = St.-Remi.

NOVIANT-AUX-PRÉS, s. m. Com. du dép. de la Meurthe, cant. de Domèvre, arr. de Toul. = Pont-à-Mousson.

NOVICE, s. Pensionnaire qui prend l'habit religieux pour éprouver sa vocation. —, s. et adj. Peu exercé, peu habile, inexpérimenté. Fig. —, apprenti matelot. T. de mar.

NOVICIAT, s. m. Etat des novices avant de faire profession; durée des épreuves; leur habitation. —, apprentissage. Fig.

NOVILLARD, s. m. Com du dép. du Haut-Rhin, cant. et arr. de Belfort. = Belfort.

NOVILLARS, s. m. Com. du dép. du Doubs, cant. de Marchaux, arr. de Besançon. = Besançon.

NOVION-PORCIEN, s. m. Com. du dép. des Ardennes, chef-lieu de cant. de l'arr. de Rethel. Bur. d'enregist. = Rethel.

NOVIS, s. m. Com. du dép. de l'A-veyron, cant. de Sévérac-le-Château, arr. de Milhau. = Sévérac.

NOVISSIMÉ, adv. (mot latin). Tout récemment. T. fam.

NOVITAL-VIGUERIE, s. m. Com. du dép. de la Haute-Garonne, cant. de Fronton, arr. de Toulouse. = Toulouse.

NOVY, s. m. Com. du dép. des Ardennes, cant. et arr. de Rethel. = Rethel.

NOYADES, s. f. pl. Horrible passe-temps d'un proconsul nommé Carrier qui, envoyé en mission à Nantes, y fit faire des bateaux à soupape, pour noyer les malheureuses victimes de la délation de ses féroces agens.

NOYAL, s. m. Com. du dép. de l'Aisne, cant. de Guise, arr. de Vervins. = Guise.

NOYAL, s. m. Com. du dép. des Côtes-du-Nord, cant. de Lamballe, arr. de St.-Brieuc. = Lamballe.

NOYAL, s. m. Com. du dép. de la Loire-Inférieure, cant. de Rougé, arr. de Châteaubriant. = Châteaubriant.

NOYALE, s. f. Toile de chanvre écru, pour les voiles. T. de mar.

NOYAL-MUZILLAC, s. m. Com. du dép. du Morbihan, cant. de Muzillac, arr. de Vannes. = Muzillac.

NOYALO, s. m. Com. du dép. du Morbihan, cant. et arr. de Vannes. = Vannes.

NOYAL-PONTIVY, s. m. Com. du dép. du Morbihan, cant. et arr. de Pontivy. = Pontivy.

NOYAL-SUR-BAZOUGES, s. m. Com. du dép. d'Ille-et-Vilaine, cant. d'Antrain, arr. de Fougères. = Antrain.

NOYAL-SUR-SEICHE, s. m. Com. du dép. d'Ille-et-Vilaine, cant. et arr. de Rennes. = Rennes.

NOYAL-SUR-VILAINE, s. m. Com. du dép. d'Ille-et-Vilaine, cant. de Château-Giron, arr. de Rennes. = Rennes. Fabr. de toiles à voiles et écrues.

NOYANT, s. m. Com. du dép. de l'Allier, cant. de Souvigny, arr. de Moulins. = Souvigny. Exploitation de houille.

NOYANT, s. m. Com. du dép. d'Indre-et-Loire, cant. de Ste.-Maure, arr. de Chinon. = Ste.-Maure.

NOYANT, s. m. Com. du dép. de Maine-et-Loire, chef-lieu de cant. de l'arr. de Baugé, où se trouve le bur. d'enregist. = Baugé.

NOYANT, s. m. Com. du dép. de Maine-et-Loire, cant. de Gennes, arr. de Saumur. = Doué.

NOYANT-ET-ACCONIN, s. m. Com. du dép. de l'Aisne, cant. et arr. de Soissons. = Soissons.

NOYANT-LA-GRAVOYÈRE, s. m. Com. du dép. de Maine-et-Loire, cant. et arr. de Segré. = Segré.

NOYAREY, s. m. Com. du dép. de l'Isère, cant. de Sassenage, arr. de Grenoble. = Grenoble.

NOYAU, s. m. Capsule ligneuse et dure qui renferme la semence de certains fruits; noyau de pêche, de prune, etc. —, principe, origine d'un établissement, d'une faction; masse principale d'une armée. Fig. —, vis où s'assemblent les marches d'un escalier. T. d'arch. —, milieu des taches du soleil; la partie la plus lumineuse d'une comète. T. d'astr. — médullaire, voûte médullaire du cerveau. T. d'anat. —, pl. Pierres mal calcinées. T. de chaufournier.

NOYÉ, E, part. Jeté dans l'eau; asphyxié, mort dans l'eau. —, abîmé, ruiné; noyé de dettes. Fig. —, s. Cadavre qu'on retire de l'eau.

NOYELLE-EN-CHAUSSÉE, s. f. Com. du dép. de la Somme, cant. de Crécy, arr. d'Abbeville. = Abbeville.

NOYELLE-GODAULT, s. f. Com. du dép. du Pas-de-Calais, cant. de Carvin, arr. de Béthune. = Douai.

NOYELLE-LÈS-HUMIÈRES, s. f. Com. du dép. du Pas-de-Calais, cant. de Parcq, arr. de St.-Pol. = Hesdin.

NOYELLES, s. f. Com. du dép. du Nord, cant. de Berlaymont, arr. d'Avesnes. = Landrecies.

NOYELLES ou **NOYELLES-SUR-L'ESCAUT**, s. f. Com. du dép. du Nord, cant. de Marcoing, arr. de Cambrai. = Cambrai.

NOYELLES, s. f. Com. du dép. du Nord, cant. de Seclin, arr. de Lille. = Lille.

NOYELLES-LÈS-VERMELLES, s. f. Com. du dép. du Pas-de-Calais, cant. de Cambrin, arr. de Béthune. = Béthune.

NOYELLES-SOUS-BELLONNE, s. f. Com. du dép. du Pas-de-Calais, cant. de Vitry, arr. d'Arras. = Douai.

NOYELLES-SOUS-LENS, s. f. Com. du dép. du Pas-de-Calais, cant. de Lens, arr. de Béthune. = Lens.

NOYELLES-SUR-SELLE, s. f. Com. du dép. du Nord, cant. de Bouchain, arr. de Valenciennes. = Bouchain.

NOYELLE-SUR-MER, s. f. Com. du dép. de la Somme, cant. de Nouvion, arr. d'Abbeville. = Abbeville.

NOYELLETTE, s. f. Com. du dép. du Pas-de-Calais, cant. d'Avesnes-le-Comte, arr. de St.-Pol. = Arras.

NOYELLE-VION, s. f. Com. du dép. du Pas-de-Calais, cant. d'Avesnes-le-Comte, arr. de St.-Pol. = Arras.

NOYEN, s. m. Com. du dép. de la Sarthe, cant. de Malicorne, arr. de la Flèche. Bur. d'enregist. = Sablé.

NOYEN-SUR-SEINE, s. m. Com. du dép. de Seine-et-Marne, cant. de Bray-sur-Seine, arr. de Provins. = Bray-sur-Seine.

NOYEN-SUR-VERNISSON, s. m. Com. du dép. du Loiret, cant. de Châtillon-sur-Loing, arr. de Montargis. Bur. de poste.

NOYER, s. m. Grand et bel arbre de la famille des amentacées, qui produit les noix; bois veiné de cet arbre, propre à la menuiserie, à l'ébénisterie.

NOYER, v. a. Faire mourir dans l'eau, dans un liquide quelconque, asphyxier; inonder. — son chagrin, sa raison dans le vin, s'enivrer, perdre sa raison en buvant. Fig. — sa pensée, être trop diffus. —, mélanger, fondre les couleurs. T. de peint. Se —, v. pron. Périr volontairement ou accidentellement dans l'eau. Se —, se perdre sans ressource, se livrer aux plus grands excès; se noyer dans la débauche. Fig. Se —, pousser sa boule dans le noyon. T. de jeu de boule.

NOYER (le), s. m. Com. du dép. des Hautes-Alpes, cant. de St.-Bonnet, arr. de Gap. = Gap.

NOYER (le), s. m. Com. du dép. de l'Eure, cant. de Beaumesnil, arr. de Bernay. = Conches.

NOYER-MÉNARD, s. m. Com. du dép. de l'Orne, cant. de Gacé, arr. d'Argentan. = Gacé.

NOYERS, s. m. Com. du dép. des Basses-Alpes, chef-lieu de cant. de l'arr. de Sisteron. Bur. d'enregist. = Sisteron.

NOYERS, s. m. Village dépendant de la com. de Camboulazet, dép. de l'Aveyron, cant. de Cassagnes-Bégonhès, arr. de Rodez. = Rodez.

NOYERS, s. m. Com. du dép. du Calvados, cant. de Villers-Bocage, arr. de Caen. = Villers-Bocage.

NOYERS, s. m. Com. du dép. de l'Eure, cant. de Gisors, arr. des Andelys. = les Andelys.

NOYERS, s. m. Com. du dép. d'Indre-et-Loire, cant. de Ste.-Maure, arr. de Chinon. = Ste.-Maure.

NOYERS, s. m. Com. du dép. du Loiret, cant. de Lorris, arr. de Montargis. = Lorris. Sources d'eaux minérales.

NOYERS, s. m. Com. du dép. de Loir-et-Cher, cant. de St.-Aignan, arr. de Blois. = St.-Aignan.

NOYERS, s. m. Com. du dép. de la Haute-Marne, cant. de Clefmont, arr. de Chaumont. = Montigny-le-Roi.

NOYERS, s. m. Com. du dép. de la Meuse, cant. de Vaubecourt, arr. de Bar-le-Duc. = Bar-le-Duc.

NOYERS, s. m. Com. du dép. de la Seine-Inférieure, cant. de Forges, arr. de Neufchâtel. = Forges.

NOYERS, s. m. Com. du dép. de l'Yonne, chef-lieu de cant. de l'arr. de Tonnerre. Bur. d'enregist. et de poste. Fabr. de beiges, serges, étoffes rayées de laine, de fil et de coton ; blanchisserie de cire ; comm. de grains et de vins.

NOYERS-ET-THÉLONNE, s. m. Com. du dép. des Ardennes, cant. et arr. de Sedan. = Sedan.

NOYERS-ST.-MARTIN, s. m. Com. du dép. de l'Oise, cant. de Froissy, arr. de Clermont. = Breteuil.

NOYON, s. m. Petit fossé qui sert de borne au jeu de boules. —, petit creux de forme cylindrique. T. d'horl.

NOYON, s. m. Ville du dép. de l'Oise, chef-lieu de cant. de l'arr. de Compiègne. Bur. d'enregist. et de poste.
Cette ville, généralement bien bâtie, est agréablement située sur la pente d'une colline, et traversée par la Vorse, qui arrose une campagne fertile. Charlemagne, y ayant fixé momentanément sa résidence, s'y fit couronner. C'est aussi dans cette ville que Hugues-Capet fut élu roi de France. Patrie de Calvin. Fabr. de toiles, bonneterie et mousseline ; comm. de grains, cuirs, cendres, etc.

NOYURE, s. f. Trou pour araser la tête d'un clou, d'une vis.

NOZAC, s. m. Com. du dép. du Lot, cant. et arr. de Gourdon. = Gourdon.

NOZAI, s. m. Com. du dép. de la Loire-Inférieure, chef-lieu de cant. de l'arr. de Châteaubriant. Bur. d'enregist. et de poste.

NOZAY, s. m. Com. du dép. de l'Aube, cant. et arr. d'Arcis-sur-Aube. = Arcis-sur-Aube.

NOZAY, s. m. Com. du dép. de Seine-et-Oise, cant. de Palaiseau, arr. de Versailles. = Linas.

NOZEROY, s. m. Petite ville du dép. du Jura, chef-lieu de cant. de l'arr. de Poligny. Bur. d'enregist. = Champagnole. Fabr. de bottes et de souliers de pacotille ; tannerie ; papeterie ; comm. de cuirs, fromages, chevaux et bestiaux.

NOZEYROLLES, s. f. Com. du dép. de la Haute-Loire, cant. de Pinols, arr. de Brioude. = Langeac.

NOZIÈRES, s. f. Com. du dép. de l'Ardèche, cant. de la Mastre, arr. de Tournon. = Tournon.

NOZIÈRES, s. f. Com. du dép. du Cher, cant. et arr. de St.-Amand. = St.-Amand.

NSOSSI, s. m. Espèce d'antilope du Congo. T. d'hist. nat.

NU, s. m. Figure sans draperies, sans ornemens. T. de peint. et de sculpt. —, poisson du genre du bouclier. T. d'hist. nat. A —, adv. A découvert ; et fig. sans dissimulation, sans déguisement.

NU, E, adj. Qui n'est pas vêtu ; qui n'est pas couvert ; qui est mal vêtu. —, sorti de son fourreau ; sabre nu, épée nue. —, sans voile, sans fard, sans déguisement ; la vérité nue. Fig. Muraille —, sans papier, sans tapisserie. Peinture —, dépourvue d'ornemens.

NUAGE, s. m. Amas de vapeurs dans l'air. —, tout ce qui obscurcit, offusque la vue ; anxiété, chagrin. —, défiance, incertitude ; commencement de mésintelligence, de brouillerie. Fig. —, substance légère, visqueuse, blanchâtre, qui nage dans l'urine, énéorème. —, hallucination. T. de méd.

NUAGÉ, E, adj. Se dit de l'écu avec des ondes ; écu nuagé. T. de blas.

NUAGEUX, EUSE, adj. Nébuleux, couvert de nuages. —, terne en quelques endroits ; pierre nuageuse. T. de lapid.

NUAILLÉ, s. m. Com. du dép. de la Charente-Inférieure, cant. d'Aulnay, arr. de St.-Jean-d'Angely. = Aulnay.

NUAILLÉ, s. m. Com. du dép. de la Charente-Inférieure, cant. de Courçon, arr. de la Rochelle. Bur. d'enregist. et de poste.

NUAILLÉ, s. m. Com. du dép. de Maine-et-Loire, cant. de Chollet, arr. de Beaupréau. = Chollet.

NUAISON, s. f. Durée d'un même vent. T. de mar.

NUANCE, s. f. Tons différens d'une même couleur ; mélange, assortiment de couleurs. —, légère différence entre deux choses de même espèce, modification. Fig.

NUANCÉ, E, part. Assorti ; se dit des couleurs.

NUANCER, v. a. Assortir les couleurs, et fig. les idées, les images, les caractères.

NUART, s. m. Com. du dép. de la Nièvre, cant. de Tannay, arr. de Clamecy. = Corbigny.

NUBÉCOURT, s. m. Com. du dép. de la Meuse, cant. de Triaucourt, arr. de Bar-le-Duc. = Verdun-sur-Meuse.

NUBÉCULE, s. f. Encorème; hallucination. T. de méd. Voy. NUAGE. —, tache dans le ciel. T. d'astr.

NUBIE, s. f. Royaume d'Afrique qui fait partie de l'ancienne Ethiopie, et qui est situé dans la zône torride, au midi de l'Egypte.

NUBILE, adj. Qui est en âge de se marier, bon à marier; fille nubile.

NUBILITÉ, s. f. Age nubile, propre au mariage.

NUCES, s. m. Com. du dép. de l'Aveyron, cant. de Marcillac, arr. de Rodez. = Rodez.

NUCIFRAGES, s. m. pl. Oiseaux gros becs qui mangent des noix. T. d'hist. nat.

NUCIPERSICA, s. f. Pêche dont le noyau ressemble à une noix. T. de bot.

NUCLÉOBRANCHES, s. m. pl. Mollusques céphalopodes. T. d'hist. nat.

NUCLÉOLITHE, s. m. Radiaire échinide. T. d'hist. nat.

NUCULAIRE, s. f. Fruit qui renferme plusieurs noix distinctes. T. de bot.

NUCULE, s. f. Genre de testacés bivalves. T. d'hist. nat.

NUDIBRANCHES, s. m. pl. Voy. DERMOBRANCHES, T. d'hist. nat.

NUDICOLLES, s. m. pl. Oiseaux de proie ayant le cou nu, comme le vautour. T. d'hist. nat.

NUDIPÉDALES, s. f. pl. Fêtes dans lesquelles les Grecs et les Romains marchaient pieds nus. T. de myth.

NUDIPÈDES, s. m. pl. Famille de gallinacés. T. d'hist. nat.

NUDITÉ, s. f. Etat d'une personne nue. —, parties que la pudeur commande de cacher. —, pl. Figures nues. T. de peint.

NUE, s. f. Nuage. Elever jusqu'aux —, louer avec excès. Fig. Tomber des —, être surpris, étonné, décontenancé.

NUÉ, E, part. Assorti, nuancé.

NUÉE, s. f. Nuage épais chargé de pluie. —, grande quantité de choses; une nuée de traits. —, grande multitude de personnes, d'animaux, d'insectes; une nuée de sauterelles.

NUEIL-SOUS-LES-RUBIERS, s. m. Com. du dép. des Deux-Sèvres, cant. de Châtillon-sur-Sèvre, arr. de Bressuire. = Châtillon-sur-Sèvre.

NUEIL-SOUS-PASSAVANT, s. m. Com. du dép. de Maine-et-Loire, cant. de Vihiers, arr. de Saumur. = Vihiers.

NUELLES, s. f. Com. du dép. du Rhône, cant. de l'Arbresle, arr. de Lyon. = l'Arbresle.

NUEMENT, adv. Voy. NUMENT.

NUER, v. a. Assortir les couleurs, nuancer.

NUESSE, s. f. Domaine des bénéficiers.

NUGA, s. m. Voy. BONDUC. T. de bot.

NUIL, s. m. Plante de la famille des orchidées. T. de bot.

NUILLÉ-LE-JALAIS, s. m. Com. du dép. de la Sarthe, cant. de Montfort, arr. du Mans. = Connerré.

NUIRE, v. n. Causer du dommage, faire tort, porter préjudice. —, faire obstacle, entraver, incommoder. Ne pas —, être utile, servir. T. fam. Se —, v. pron. Compromettre ses intérêts, sa réputation. Se —, v. récip. Se faire du tort l'un à l'autre, se desservir.

NUISEMENT (le), s. m. Com. du dép. de l'Eure, cant. de Damville, arr. d'Evreux. = Damville.

NUISEMENT-AUX-BOIS, s. m. Com. du dép. de la Marne, cant. de St.-Remy-en-Bouzemont, arr. de Vitry. = Moutierender.

NUISEMENT-SUR-COOLE, s. m. Com. du dép. de la Marne, cant. d'Ecury-sur-Coole, arr. de Châlons. = Châlons-sur-Marne.

NUISIBLE, adj. Contraire, ennemi; nuisible à la santé.

NUISY, s. m. Com. du dép. de la Marne, cant. d'Anglure, arr. d'Epernay. = Sézanne.

NUIT, s. f. Fille de Cœlus et de Tellus, Déesse des Ténèbres. Elle épousa l'Achéron, fleuve des enfers, dont elle eut les Furies et plusieurs autres enfans. On la représente avec des habits noirs parsemés d'étoiles. T. de myth. —, l'opposé de jour, espace durant lequel le soleil est sous l'horizon. —, manière dont on passe la nuit; bonne, mauvaise nuit. T. fam. —, ombrage, obscurité. La — des temps, l'obscurité de l'histoire. La — éternelle, etc., la mort. T. poét. De —, adv. Pendant la nuit. — et jour, sans cesse, toujours.

NUITAMMENT, adv. De nuit.

NUITÉE, s. f. Espace, travail d'une nuit; coucher d'une nuit dans une auberge. T. fam.

NUITS, s. m. Petite ville du département de la Côte-d'Or, chef-lieu de cant. de l'arr. de Beaune. Bur. d'enregist. et de poste.

Cette ville est entourée d'excellens vignobles. Fabr. de draps, vinaigre; tanneries et papeteries. Comm. considérable des meilleurs vins de la Côte-d'Or et de pierres propres à bâtir.

NUITS, s. m. Com. du dép. de l'Yonne,

cant. d'Ancy-le-Franc, arr. de Tonnerre. = Ancy-le-Franc.

NUL, LE, adj. Aucun, pas un seul. —, sans valeur, sans effet; acte nul. —, inutile, sans talens, sans mérite; homme nul. —, dépourvu. T. de bot.

NULLE, s. f. Caractère insignifiant dans une lettre ou un chiffre, pour le rendre plus difficile à déchiffrer.

NULLEMENT, adv. Aucunement, en aucune manière. —, d'une manière nulle. T. de procéd.

NULLEMONT, s. m. Com. du dép. de la Seine-Inférieure, cant. d'Aumale, arr. de Neufchâtel. = Aumale.

NULLI, s. m. Ragoût italien composé de jaunes d'œufs, de sucre et d'aromates.

NULLIPORE, s. m. Polypier à rayons pierreux sans pores apparens. T. d'hist. nat.

NULLITÉ, s. f. Vice dans la forme d'un acte, d'une procédure. —, défaut absolu de capacité, de talens; inaction, impuissance. —, signe (») à la place d'une valeur. T. d'arith.

NULLY, s. m. Com. du dép. de la Haute-Marne, cant. de Doulevant, arr. de Vassy. = Doulevant.

NUMANCE, s. f. Ancienne ville d'Espagne qui était située au-dessous de la source du Douro, dans la province tarragonaise.

NUMBLE, s. m. Ancien droit féodal sur les bêtes que l'on tuait.

NUMENT, adv. Sans déguisement. —, immédiatement. T. de procéd.

NUMÉRAIRE, s. m. Argent comptant; monnaie en circulation, par opposition à papier monnaie. —, adj. Se dit de la valeur fictive des espèces.

NUMÉRAL, E, adj. Qui désigne un nombre; adj. numéral. Lettres —, I, V, X, L, C, D, M valant 1, 5, 10, 50, 100, 500 et 1000, en chiffres romains.

NUMÉRATEUR, s. m. Voy. Dénominateur.

NUMÉRATION, s. f. Art, action de compter, de nombrer.

NUMÉRIQUE ou NUMÉRAL, E, adj. Qui appartient au nombre.

NUMÉRIQUEMENT, adv. En nombre exact.

NUMÉRO. s. m., pl. Numéros. Indication numérale; nombre qui sert à reconnaître ce qui est coté, étiqueté; nombre d'ordre sur les maisons, les voitures. —, nombre porté sur un billet de loterie.

NUMÉROTÉ, E, part. Coté, marqué d'un numéro.

NUMÉROTER, v. a. Coter, mettre un numéro.

NUMIDIE, s. f. Ancienne province d'Afrique sur la côte de Barbarie, qui était occupée par les Massyliens du côté de l'Afrique, et par les Massasiliens du côté de la Mauritanie.

NUMISMALES, s. f. pl. Pierres calcaires rondes et aplaties. T. d'hist. nat.

NUMISMATE ou NUMISMATISTE, s. m. Antiquaire qui connaît et décrit les médailles et les monnaies antiques.

NUMISMATIQUE, s. f. Science des médailles et des monnaies antiques. —, adj. Qui appartient à la science des médailles.

NUMISMATOGRAPHIE, s. f. Description des médailles et des monnaies antiques.

NUMME, s. m. Monnaie romaine.

NUMMULAIRE, s. f. Plante de la famille des lysimachies, dont la feuille est ronde comme une petite pièce de monnaie. T. de bot.

NUMMULITHE, s. f. Mollusque acéphale. Voy. Camérine. T. d'hist. nat.

NUNCQ, s. m. Com. du dép. du Pas-de-Calais, cant. et arr. de St.-Pol. = Frévent.

NUNCUPATIF, IVE, adj. Se dit d'un testament fait verbalement, de vive voix. T. de procéd.

NUNDINAL, E, adj. Qui était relatif aux foires et marchés. Lettres —, nom donné par les Romains aux huit premières lettres de l'alphabet qui, chaque année, indiquaient les jours de foires et marchés. T. d'antiq.

NUNDINATION, s. f. Trafic dans les foires et marchés. T. d'antiq.

NUNDINE, s. f. Marché public qui se tenait dans Rome tous les neuf jours. T. d'antiq.

NUNNA, s. f. Toile blanche de la Chine.

NUNNÉSAIRE ou NUNNÉSIE, s. f. Petit palmier du Pérou. T. de bot.

NUPTIAL, E, adj. Qui appartient au mariage, aux noces.

NUQUE, s. f. Partie postérieure du cou. —, derrière du cou des animaux; partie de la tête des poissons qui s'articule avec la première vertèbre du tronc.

NUREMBERG, s. m. Ville d'Allemagne, dans la Franconie, célèbre par un grand nombre d'inventions utiles.

NURET-LE-FERRON, s. m. Com. du dép. de l'Indre, cant. de St.-Gaultier, arr. du Blanc. = Argenton-sur-Creuse.

NURLU, s. m. Com. du dép. de la

Somme, cant. de Roisel, arr. de Péronne. = Péronne.

NURSIE, s. f. Genre de crustacés décapodes. T. d'hist. nat.

NUTATION, s. f. Oscillation de l'axe de la terre; mouvement apparent des étoiles fixes. T. d'astr. —, direction des plantes vers le soleil. T. de bot.

NUTRITIF, IVE, adj. Qui nourrit, sert d'aliment. Faculté —, par laquelle l'aliment se convertit en la substance de l'animal.

NUTRITION, s. f. Faculté nutritive, fonction par laquelle les sucs nourriciers se convertissent en notre propre substance.

NUTRITUM, s. m. Onguent dessicatif et rafraîchissant.

NUZEJOULS, s. m. Com. du dép. du Lot, cant. de Catus, arr. de Cahors. = Cahors.

NYABEL, s. m. Arbre du Malabar qui produit un fruit dont l'amande est purgative. T. de bot.

NYCTAGE, s. m. Belle-de-nuit, plante de la famille des nyctaginées. T. de bot.

NYCTAGINÉES, s. f. pl. Famille de plantes dont les fleurs s'épanouissent la nuit. T. de bot.

NYCTALOPE, s. et adj. Qui voit mieux la nuit que le jour.

NYCTALOPIE, s. f. Maladie des yeux. T. de méd.

NYCTALOPIQUE, s. m. Espèce d'agaric qui obscurcit la vue des animaux qui en mangent. T. de bot.

NYCTANTHE, s. m. Arbre des Indes. T. de bot.

NYCTÉLÉE, s. f. Plante borraginée. T. de bot.

NYCTÉLIES, s. f. pl. Fêtes nocturnes en l'honneur de Bacchus. T. de myth.

NYCTÈRE, s. m. Chauve-souris. T. d'hist. nat.

NYCTÉRIBIE, s. f. Genre d'insectes diptères. T. d'hist. nat.

NYCTÉRINS, s. m. pl. Famille d'oiseaux de nuit, chouette, duc, etc. T. d'hist. nat.

NYCTICÈBE, s. m. Genre de mammifères lémuriens. T. d'hist. nat.

NYCTINOME, s. m. Genre de mammifères cheiroptères. T. d'hist. nat.

NYERS, s. m. Com. du dép. des Pyrénées-Orientales, cant. d'Olette, arr. de Prades. = Prades.

NYMPHACÉES, s. f. pl. Mollusques acéphales. T. d'hist. nat.

NYMPHAGOGUE, s. m. Celui qui conduisait la mariée à son époux. T. d'antiq.

NYMPHALE, s. f. Genre d'insectes lépidoptères. T. d'hist. nat.

NYMPHE, s. f. Divinité fabuleuse. —, femme jeune, jolie et bien faite. Fig. —, premier degré de la métamorphose des insectes. T. d'hist. nat. —, pl. Déesses, filles de l'Océan et de Téthis ou de Nérée et de Doris. Les unes, appelées Océanitides ou Néréides, habitaient la mer ; d'autres, appelées Naïades, habitaient les fleuves, les fontaines et les rivières. Les Dryades présidaient aux forêts ; les Hamadryades n'avaient qu'un seul arbre sous leur protection ; les Napées régnaient dans les bocages, et les Oréades sur les montagnes. T. de myth. —, pl. membranes fort épaisses placées aux deux bords de la partie supérieure de la vulve, sous les grandes lèvres. T. d'anat. —, insectes voisins de l'hémérobe. T. d'hist. nat.

NYMPHEAU, s. m. Plante aquatique. T. de bot.

NYMPHÉE, s. f. Bain public dans l'ancienne Rome. T. d'antiq.

NYMPHOLEPSIE, s. f. Mélancolie qui fait chercher la solitude des forêts.

NYMPHOMANIE, s. f. Fureur utérine. T. de méd.

NYMPHON, s. m. Genre d'insectes arachnides. T. d'hist. nat.

NYMPHONIDES, s. f. pl. Famille des insectes arachnides. T. d'hist. nat.

NYMPHOTOMIE, s. f. Section du superflu des nymphes. T. de chir.

NYOISEAU, s. m. Com. du dép. de Maine-et-Loire, cant. et arr. de Segré. = Segré.

NYONS, s. m. Petite ville du dép. de la Drôme, chef-lieu de sous-préf. et de cant.; trib. de 1re inst.; conserv. des hypoth.; recev. partic. des finances; bur. d'enregist. et de poste. Fabr. de savon et d'étoffes de laine. Comm. de grains, vins et huile d'olives.

NYPA, s. m. Palmier de l'Inde. T. de bot.

NYSSA, s. m. Genre de plantes éléagnoïdes. T. de bot.

NYSSALU, s. m. Arbre de l'Inde. T. de bot.

NYSSANTHE, s. f. Plante du genre des amaranthoïdes. T. de bot.

NYSSON, s. m. Insecte hyménoptère nyssonien. T. d'hist. nat.

NYSSONIENS, s. m. pl. Insectes hyménoptères armés d'aiguillons. T. d'hist. nat.

NYSTAGME, s. m. Spasme de l'œil. T. de méd.

O.

O, s. m. Quinzième lettre de l'alphabet, quatrième voyelle. —, zéro. —, indication abréviative de l'ouest. — de Noël, antiennes commençant par un O, qui se chantent aux approches de Noël. T. de liturgie.

Ô, interj. qui désigne l'apostrophe et sert à exprimer l'admiration, la joie, la douleur, etc.

OARISTE, s. m. Dialogue entre des époux. T. de poés. grecque.

OASIS, s. f. Nom de quelques-unes des contrées fertiles qui se trouvent à l'E. et au N. du grand désert de Sahara.

OBAI, s. m. Jasmin du Japon. T. de bot.

OBAN, s. m. Lingot d'or de la valeur de 149 fr., servant de monnaie au Japon.

OBCLAVÉ, E, adj. En forme de massue renversée. T. de bot.

OBCONIQUE, adj. Se dit d'une fleur ou d'un fruit qui offre l'image d'un cône renversé. T. de bot.

OBCORDÉ, E, adj. En forme de cœur renversé. T. de bot.

OBÉDIENCE, s. f. Obéissance. (Vi.) —, permission, congé d'un supérieur pour changer de couvent ou pour aller dans un lieu déterminé ; emploi particulier d'un religieux. —, hommage rendu à la puissance du pape par un souverain. Pays d'—, pays soumis à la juridiction de la cour de Rome.

OBÉDIENCIEL, LE, adj. Qui appartient à la juridiction du pape, à l'obédience.

OBÉDIENCIER, s. m. Religieux qui dessert un bénéfice dont il n'est pas titulaire.

OBÉIR, v. n. Se soumettre à la volonté, aux ordres de quelqu'un, et les exécuter. —, être dans la dépendance, sous la domination d'un prince. —, céder, plier, au physique comme au moral. Fig.

OBÉISSANCE, s. f. Action d'obéir, soumission. Etre sous l'— d'un prince, être sous sa domination.

OBÉISSANT, E, adj. Qui obéit ; soumis. —, souple, maniable, qui plie, cède aisément. Fig.

OBÈLE, s. f. Trait d'union (-).

OBÉLIE, s. f. Voy. Méduse. —, pl. Sorte de pain de forme pyramidale, dont on faisait offrande à Bacchus. T. de myth.

OBÉLISKOTÉCA, s. f. Plante de la syngénésie, dix-neuvième classe des végétaux. T. de bot.

OBÉLISQUE, s. m. Monument d'architecture, pyramide étroite et haute. — chinois, coquille univalve. T. d'hist. nat.

OBENHEIM, s. m. Com. du dép. du Bas-Rhin, cant. d'Erstein, arr. de Schélestadt. = Benfeld.

OBERANSPACH, s. m. Com. du dép. du Haut-Rhin, cant. d'Huningue, arr. d'Altkirch. = Huningue.

OBERBETSCHDORF, s. m. Com. du dép. du Bas-Rhin, cant. de Soultz-sous-Forêts, arr. de Wissembourg. = Wissembourg.
Fabr. de poterie de grès, cruchons, tuyaux de fontaines, etc. ; papeteries.

OBERBRONN, s. m. Com. du dép. du Bas-Rhin, cant. de Niederbronn, arr. de Wissembourg. = Haguenau.
Fabr. de poteries.

OBERBROUCK, s. m. Com. du dép. du Haut-Rhin, cant. de Massevaux, arr. de Belfort. = Belfort.

OBERDORF, s. m. Com. du dép. du Bas-Rhin, cant. de Woerth-sur-Sauer, arr. de Wissembourg. = Haguenau.

OBERDORFF, s. m. Com. du dép. de la Moselle, cant. de Bouzonville, arr. de Thionville. = Bouzonville.

OBERDORFF, s. m. Com. du dép. du Haut-Rhin, cant. de Hirsingue, arr. d'Altkirch. = Altkirch.

OBÉRÉ, E, part. Endetté.

OBERENTZEN, s. m. Com. du dép. du Haut-Rhin, cant. d'Ensisheim, arr. de Colmar. = Rouffach.

OBÉRER, v. a. Occasionner des dettes à quelqu'un. S'—, v. pron. S'endetter.

OBERGAILBAC, s. m. Com. du dép. de la Moselle, cant. de Volmunster, arr. de Sarreguemines. = Sarreguemines.

OBERHASLACH, s. m. Com. du dép. du Bas-Rhin, cant. de Molsheim, arr. de Strasbourg. = Molsheim.

OBERHAUSBERGEN, s. m. Com. du dép. du Bas-Rhin, chef-lieu de cant. de l'arr. de Strasbourg. Bur. d'enregist. à Schiltigheim. = Strasbourg.

OBERHERGHEIM, s. m. Com. du dép. du Haut-Rhin, cant. d'Ensisheim, arr. de Colmar. = Rouffach.

OBERHOFFEN, s. m. Com. du dép. du Bas-Rhin, cant. de Bischwiller, arr. de Strasbourg. = Haguenau.

OBERHOFFEN, s. m. Com. du dép. du Bas-Rhin, cant. et arr. de Wissembourg. = Wissembourg.

OBERLARG, s. m. Com. du dép. du Haut-Rhin, cant. de Ferrette, arr. d'Altkirch. = Huningue.

OBERLAUTERBACH, s. m. Com. du dép. du Bas-Rhin, cant. de Seltz, arr. de Wissembourg. = Laûterbourg.

OBERMICHELBACH, s. m. Village du dép. du Haut-Rhin, cant. d'Huningue, arr. d'Altkirch. = Huningue.

OBERMORSCHWIHR, s. m. Com. du dép. du Haut-Rhin, cant. de Wintzenheim, arr. de Colmar. = Colmar.

OBERMORSCHWILLER, s. m. Com. du dép. du Haut-Rhin, cant. et arr. d'Altkirch. = Altkirch.

OBERMOTTERN, s. m. Com. du dép. du Bas-Rhin, cant. de Bouxwiller, arr. de Saverne. = Lauterbourg.

OBERMUESPACH, s. m. Com. du dép. du Haut-Rhin, cant. de Ferrette, arr. d'Altkirch. = Altkirch.

OBERMULH, s. m. Com. du dép. de la Moselle, cant. et arr. de Sarreguemines. = Sarreguemines.

OBERNAI ou OBERENHEIM, s. m. Petite ville du dép. du Bas-Rhin, chef-lieu de cant. de l'arr. de Schélestadt. Bur. d'enregist. = Strasbourg.

Cette petite ville est agréablement située sur l'Egers, près du mont Holembourg, au sommet duquel on voit les ruines imposantes de l'ancien couvent de Ste.-Odile.

OBERROEDERN, s. m. Com. du dép. du Bas-Rhin, cant. de Soultz-sous-Forêts, arr. de Wissembourg. = Haguenau.

OBERSAASHEIM, s. m. Com. du dép. du Haut-Rhin, cant. de Neufbrisack, arr. de Colmar. = Neufbrisack.

OBERSCHAEFFOLSHEIM, s. m. Com. du dép. du Bas-Rhin, cant. d'Oberhausbergen, arr. de Strasbourg. = Strasbourg.

OBERSEEBACH, s. m. Com. du dép. du Bas-Rhin, cant. de Seltz, arr. de Wissembourg. = Wissembourg.

OBERSOULTZBACH, s. m. Com. du dép. du Bas-Rhin, cant. de Bouxwiller, arr. de Saverne. = Saverne.

OBERSTEINBACH, s. m. Com. du dép. de la Moselle, cant. de Bitche, arr. de Sarreguemines. = Bitche.

OBERSTINZEL, s. m. Com. du dép. de la Meurthe, cant. de Fénétrange, arr. de Sarrebourg. = Sarrebourg.

OBERWISSE, s. f. Com. du dép. de la Moselle, cant. de Boulay, arr. de Metz. = Boulay.

OBÉSITÉ, s. f. Excès d'embonpoint.

OBIER, s. m. Voy. AUBIER.

OBIES, s. f. Com. du dép. du Nord, cant. de Bavay, arr. d'Avesnes. = Bavay.

OBINÉ, E, part. Déposé dans la terre en attendant qu'on les plante; se dit des arbres.

OBINER, v. a. Planter des arbres très près l'un de l'autre, en attendant qu'on les replante à distances. T. de pépiniériste.

OBISIE, s. f. Genre d'insectes arachnides. T. d'hist. nat.

OBIT, s. m. (mot latin). Service pour le repos de l'ame du défunt.

OBITUAIRE, s. m. Pourvu en cour de Rome d'un bénéfice dont le titulaire est mort. —, s. et adj. Registre pour inscrire les services mortuaires; qui concerne les obits.

OBJAT, s. m. Com. du dép. de la Corrèze, cant. d'Ayen, arr. de Brive. Bur. d'enregist. = Brive.

OBJECTÉ, E, part. Se dit d'une raison donnée pour ou contre une proposition.

OBJECTER, v. a. Faire une ou des objections aux conséquences qu'on prétend tirer d'une proposition.

OBJECTIF, IVE, s. et adj. Verre de lunette tourné vers l'objet qu'on veut voir. T. d'opt. —, qui est le seul objet. T. de théol.

OBJECTION, s. f. Raisonnement qu'on oppose à une proposition; réfuter une objection.

OBJECTIVITÉ, s. f. Qualité de ce qui est objectif. T. inus.

OBJET, s. m. Tout ce qui s'offre à la vue, frappe les sens, émeut l'ame; matière d'un art, d'une science, sujet; but, fin. —, personne aimée. T. poét.

OBJURGATEUR, s. m. Censeur, désapprobateur. (Vi.)

OBJURGATION, s. f. Réprimande, reproche violent. T. inus.

OBJURGUÉ, E, part. Grondé, réprimandé.

OBJURGUER, v. a. Gronder, réprimander, quereller. (Vi.)

OBLADE, s. m. Poisson du genre du spare. T. d'hist. nat.

OBLAMINEUX, EUSE, adj. Qui se corrompt difficilement. (Vi.)

OBLAT, s. m. Moine lai; laïque, frère servant dans un monastère; invalide logé et nourri dans une abbaye.

OBLATEUR, s. m. Celui qui fait une oblation, une offrande à Dieu. T. inus.

OBLATION, s. f. Offrande à Dieu; chose offerte.

OBLIGATION, s. f. Engagement imposé par le devoir, la reconnaissance. —, acte notarié par lequel on s'oblige à faire quelque chose ou à payer une somme à une époque fixe.

OBLIGATOIRE, adj. Qui a les caractères voulus par la loi pour obliger à faire une chose.

OBLIGÉ, E, part. Lié, engagé par un contrat. —, s. et adj. Qui a reçu des services, qui est tenu à la reconnaissance. —, prescrit, nécessaire, indispensable. —, redevable. T. de procéd. —, qu'on ne peut retrancher; récitatif obligé. T. de mus.

OBLIGEAMMENT, adv. D'une manière obligeante.

OBLIGEANCE, s. f. Disposition, penchant à rendre service, à obliger.

OBLIGEANT, E, adj. Complaisant, officieux, qui aime à rendre service, qui se plaît à obliger. —, civil, poli, gracieux; paroles obligeantes.

OBLIGER, v. a. Imposer une obligation; rendre service. —, contraindre, mettre dans la nécessité de faire quelque chose. —, porter, exciter, engager; obliger au silence. —, faire contracter une obligation devant notaire. — un apprenti, s'engager à lui faire observer les conditions renfermées dans l'acte d'apprentissage. S'—, v. pron. Consentir une obligation. S'—, v. récip. Se rendre des services mutuels.

OBLINGHEM, s. m. Com. du dép. du Pas-de-Calais, cant. et arr. de Béthune. = Béthune.

OBLIQUANGLE, adj. A angles obliques. T. de géom.

OBLIQUE, adj. Qui est de biais, incliné; ligne oblique. —, indirect, détourné, suspect, frauduleux; voie, moyen oblique. Fig. Cas —, tous les cas, excepté le nominatif singulier. —, épithète donnée par les anatomistes à plusieurs muscles; oblique externe, ou grand oblique, oblique du nez, oblique épineux, oblique de l'œil, etc. T. d'anat.

OBLIQUEMENT, adv. De biais. —, indirectement, frauduleusement. Fig.

OBLIQUITÉ, s. f. Inclinaison d'une ligne, d'une surface sur une autre. —, astuce, fausseté. Fig.

OBLITÉRÉ, E, part. Effacé d'une manière insensible, à la longue.

OBLITÉRER, v. a. Effacer, insensiblement, en laissant des traces. S'—, v. pron. S'ossifier, se fermer, en parlant des alvéoles des dents, etc. T. de méd.

OBLONG, UE, adj. Plus long que large; volume oblong.

OBOLAIRE, s. f. Plante de Virginie, pédiculaire. T. de bot.

OBOLE, s. f. Petite monnaie d'Athènes, sixième partie de la drachme attique. —, petite monnaie de cuivre qui valait la moitié d'un denier tournois. —, petit poids de douze grains.

OBOMBRÉ, E, part. Caché, couvert d'une ombre. T. mystique.

OBOMBRER, v. a. Cacher, couvrir de son ombre. T. mystique.

OBOVAL, E, ou OBOVÉ, E, adj. En oval ou en œuf renversé dont le gros bout est en haut.

OBRECHIES, s. f. Com. du dép. du Nord, cant. de Maubeuge, arr. d'Avesnes. = Maubeuge.

OBRECK, s. m. Com. du dép. de la Meurthe, cant. et arr. de Château-Salins. = Château-Salins.

OBREPTICE, adj. Obtenu par surprise. T. de chancellerie.

OBREPTICEMENT, adv. Par surprise.

OBREPTION, s. f. Surprise, dissimulation, réticence qui rend un acte frauduleux.

OBRICH, s. m. Com. du dép. de la Moselle, cant. de Grostenquin, arr. de Sarreguemines. = St.-Avold.

OBRON, s. m. Anneau d'une obronnière. T. de serr.

OBRONNIÈRE, s. f. Bande de fer pour fermer un coffre-fort.

OBSCÈNE, adj. Indécent, qui blesse la pudeur; ouvrage obscène.

OBSCÉNITÉ, s. f. Indécence, parole, action qui blesse la pudeur.

OBSCUR, s. m. Couleur, teinte obscure. T. de peint.

OBSCUR, E, adj. Sombre, qui n'est pas éclairé; réduit obscur. —, qui réfléchit peu de lumière; couleur obscure. —, embrouillé, peu clair; style obscur. —, ignoré, peu connu; nom obscur.

OBSCURANT, s. m. Homme médiocre, cupide, envieux, jaloux, ennemi du talent, de la raison et des lumières.

OBSCURANTISME, s. m. Système d'une coterie qui a constamment refusé de rendre justice au mérite.

OBSCURCI, E, part. Rendu obscur; terni.

OBSCURCIR, v. a. rendre obscur, diminuer la clarté. —, embrouiller; obscurcir une question. —, ternir l'éclat. Fig. S'—, v. pron. Devenir obscur; perdre de son éclat. Fig.

OBSCURCISSEMENT, s. m. Affaiblisblissement de la lumière; diminution d'éclat. Fig.

OBSCURÉMENT, adv. Avec obscurité. Prop. et fig.

OBSCURIFIÉ, E, part. Obscurci. T. inus.

OBSCURIFIER, v. a. Obscurcir, rendre obscur. T. inus.

OBSCURITÉ, s. f. Absence de lumière. —, défaut de clarté dans le style; vie privée; condition servile, obscure. Fig.

OBSÉCRATION, s. f. Prière, supplication; figure de rhétorique. —, pl. Prières que l'on faisait à Rome dans les temps de calamités, pour apaiser la colère des Dieux.

OBSÉDÉ, E, part. Fatigué, tourmenté.

OBSÉDER, v. a. Etre importun, fatiguer, tourmenter; circonvenir, être assidu pour capter la bienveillance de quelqu'un.

OBSÈQUES, s. f. pl. Cérémonies funèbres, enterrement, funérailles pompeuses.

OBSÉQUIEUSEMENT, adv. D'une manière basse, vile, rampante.

OBSÉQUIEUX, EUSE, adj. Servile, rampant, qui pousse la complaisance, la soumission, les prévenances jusqu'à la bassesse.

OBSÉQUIOSITÉ, s. f. Servilité, bassesse, conduite, manière d'agir d'un valet. T. inus.

OBSERVABLE, adj. Visible, qui peut être observé, en parlant d'un corps céleste.

OBSERVANCE, s. f. Règle, statut, coutume; pratique rigoureuse de la règle d'un ordre religieux. — légales, pl. Pratiques et cérémonies de la loi de Moïse.

OBSERVANTIN, s. m. Religieux de l'observance de St.-François.

OBSERVATEUR, TRICE, s. Qui exécute avec exactitude un engagement, une règle, etc. —, moraliste qui observe la nature, les hommes, leurs vertus, leurs vices, etc. —, explorateur, espion. —, adj. Qui examine, comparé les objets; esprit observateur.

OBSERVATION, s. f. Action d'exécuter une loi, une promesse, etc. —, examen, remarque sur les phénomènes de la nature. —, objection; permettez-moi une observation. Armée d'—, armée qui couvre un siége. —, pl. Notes, remarques. T. de littér.

OBSERVATOIRE, s. m. Edifice destiné aux observations astronomiques.

OBSERVÉ, E, part. Accompli, en parlant des devoirs prescrits par une règle, par une loi.

OBSERVER, v. a. Accomplir un devoir, se soumettre à une règle. —, porter toute son attention vers un objet, pour en découvrir la nature, les qualités, les rapports, etc.; observer les symptômes d'une maladie. —, regarder, considérer, contempler. —, épier, être en observation. —, remarquer; en ce sens il est souvent suivi de que. On ne dit pas observer à quelqu'un; mais faire observer. S'—, v. pron. Etre circonspect. S'—, v. récip. S'épier.

OBSESSION, s. f. Etat d'un démoniaque, d'une personne que l'on croit possédée du démon. —, importunité; fatigue, situation vraiment pénible de celui qui n'a pas la force de se débarrasser des fâcheux.

OBSIDIANE ou **OBSIDIENNE**, s. f. Jaïet, marbre noir, onix volcanique qui tenait lieu de vitres dans l'antiquité.

OBSIDIONAL, E, adj. Se dit d'une couronne que les Romains décernaient à celui qui avait fait lever le siége d'une ville, et d'une monnaie frappée dans une ville assiégée; monnaie obsidionale d'Anvers.

OBSISTER, v. n. Résister, apporter un obstacle. T. inus.

OBSONVILLE, s. f. Com. du dép. de Seine-et-Marne, cant. de Château-Landon, arr. de Fontainebleau. = Nemours.

OBSTACLE, s. m. Difficulté, empêchement, opposition, embarras, résistance.

OBSTINATION, s. f. Opiniâtreté, entêtement.

OBSTINÉ, E, part. Opiniâtré. —, s. et adj. Entêté, qui a de l'obstination.

OBSTINÉMENT, adv. Avec entêtement, opiniâtreté.

OBSTINER, v. a. Rendre opiniâtre. —, contrarier, taquiner. Fig. S'—, v. pron. S'opiniâtrer.

OBSTRUCTIF, IVE, ou **OBSTRUANT, E**, adj. Qui cause ou peut causer des obstructions. T. de méd.

OBSTRUCTION, s. f. Amas d'humeurs ou de matières visqueuses, épaisses, calculeuses, gypseuses, purulentes, adipeuses, engorgement dans la cavité des vaisseaux, qui empêche la circulation des fluides. T. de méd.

OBSTRUÉ, E, part. Bouché, fermé, arrêté.

OBSTRUER, v. a. Boucher, fermer, arrêter le cours, la circulation. —, occasionner une obstruction. T. de méd.

OBTEMPÉRER, v. n. Obéir, déférer à. T. de procéd. (Vi.)

OBTENIR, v. a. Parvenir à se faire accorder ce qu'on désire. —, parvenir à un résultat; obtenir un acide, etc. T. de chim.

OBTENTION, s. f. Action d'obtenir; impétration.

OBTERRE, s. f. Com. du dép. de l'Indre, cant. de Mézières-en-Brenne, arr. du Blanc. = Châtillon-sur-Indre.

OBTONDANT, E, adj. Se dit d'un médicament qui corrige l'âcreté des humeurs. T. de méd.

OBTRÉE, s. f. Com. du dép. de la Côte-d'Or, cant. et arr. de Châtillon-sur-Seine. = Châtillon-sur-Seine.

OBTURATEUR, s. m. Soupape, plaque. T. de mécan. —, petite plaque en or, taillée suivant le contour de la voûte palatine et convexe comme la concavité de cette voûte. T. de chir.

OBTURATEUR, TRICE, adj. Se dit des muscles, etc., qui bouchent le trou ovalaire de l'os innominé. T. de chir.

OBTURATION, s. f. Action de boucher les ouvertures contre nature; obstruction.

OBTUS, E, adj. Plus grand qu'un droit; angle obtus. T. de géom. —, émoussé; bandage obtus. T. de chir. —, en pointe émoussée. T. de bot. —, peu pénétrant; esprit obtus. Fig.

OBTUSANGLE, adj. Qui a un angle obtus. Voy. AMBLYGONE. T. de géom.

OBTUSANGULÉ, E, adj. Dont les angles sont obtus. T. de bot.

OBUS, s. m. Petite bombe sans anse, projectile qu'on lance avec l'obusier.

OBUSIER, s. m. Mortier pour lancer les obus.

OBVENTION, s. f. Impôt ecclésiastique.

OBVERS, s. m. L'opposé du revers d'une médaille qui ne porte point de tête. T. de numismatique.

OBVERSÉ, E, adj. Tourné vers un objet. T. inus.

OBVIER, v. n. Prendre des mesures pour prévenir un mal, aller au-devant.

OBVOLUTÉ, E, adj. Plié en gouttière par sa face interne; se dit des rudimens des feuilles. T. de bot.

OC, s. m. Flûte turque terminée par une boule.

OCA, s. m. Racine odoriférante d'Amérique.

OCAGNANO, s. m. Com. du dép. de la Corse, cant. de Vescovato, arr. de Bastia. = Bastia.

OCAIGNÉ, E, part. Parfumé.

OCAIGNER, v. a. Enduire de parfums.

OCANA, s. f. Com. du dép. de la Corse, cant. de Bastelica, arr. d'Ajaccio. = Ajaccio.

OCCAIGNES, s. f. Com. du dép. de l'Orne, cant. et arr. d'Argentan. = Argentan.

OCCASE, adj. f. Se dit d'un arc de l'horizon compris entre le point où se couche un astre et l'occident vrai, qui est l'intersection de l'horizon et de l'équateur. T. d'astr.

OCCASION, s. f. Circonstance opportune, conjoncture favorable de temps, de lieux. —, sujet, ce qui donne lieu à; devenir une occasion de scandale. —, combat dans une rencontre. Marchandises d'—, marchandises à bon marché, par suite de circonstances particulières.

OCCASIONNÉ, E, part. Produit par occasion.

OCCASIONNEL, LE, adj. Né de l'occasion, de la circonstance; qui fournit occasion.

OCCASIONNELLEMENT, adv. Par occasion, fortuitement.

OCCASIONNER, v. a. Donner lieu à quelque chose, être cause de.

OCCELLAIRE, s. m. Genre de polypiers pierreux. T. d'hist. nat.

OCCEY, s. m. Com. du dép. de la Haute-Marne, cant. de Prauthoy, arr. de Langres. = Langres.

OCCHIATANA, s. f. Com. du dép. de la Corse, cant. de Belgodère, arr. de Calvi. = Bastia.

OCCI, s. m. Com. du dép. de la Corse, cant. de Calenzana, arr. de Calvi. = Bastia.

OCCIDENT, s. m. L'un des quatre points cardinaux, celui où le soleil se couche. —, partie du globe au couchant de notre hémisphère.

OCCIDENTAL, E, adj. Qui est relatif à l'occident.

OCCIPITAL, E, s. et adj. Os du crâne qui forme la partie postérieure de la tête, l'occiput. —, qui appartient à l'occiput. T. d'anat.

OCCIPITO-ATLOÏDIEN, NE, s et adj. Qui est relatif à l'occipital et à la vertèbre qu'on nomme atlas. T. d'anat.

OCCIPITO-AXOÏDIEN, NE, adj. Qui concerne l'occipital et la vertèbre axoïde. T. d'anat.

OCCIPITO-FRONTAL, s. et adj. m. Qui a rapport au front et à l'occiput. T. d'anat.

OCCIPITO-MÉNINGIEN, NE, adj. Qui appartient à l'occipital et à la dure-mère. T. d'anat.

OCCIPITO-PARIÉTAL, E, adj. Qui concerne l'occipital et le pariétal. T. d'anat.

OCCIPUT, s. m. Partie postérieure de la tête. T. d'anat.

OCCIRE, v. a. Tuer. (Vi.)

OCCIS, E, part. Tué. (Vi.)

OCCISEUR, s. m. Meurtrier, assassin. (Vi.)

OCCISION, s. f. Meurtre, assassinat, tuerie. (Vi.)

OCCOCHES, s. f. Com. du dép. de la Somme, cant. de Bernaville, arr. de Doullens. = Doullens.

OCCULTATION, s. f. Disparition momentanée d'un astre couvert par la lune, la terre ou quelque autre planète. T. d'astr.

OCCULTE, adj. Caché, secret; dont la cause est inconnue.

OCCULTEMENT, adv. D'une manière occulte, secrètement.

OCCUPANT, E, adj. Qui occupe, est en possession. Premier —, qui, le premier, s'est emparé d'une chose. Avoué —, avoué constitué, qui occupe dans une procédure. T. de procéd.

OCCUPATION, s. f. Manière d'employer son temps, travail, affaire, emploi. Donner de l'— à quelqu'un, lui susciter des affaires, des embarras. T. fam. —, figure de rhétorique à l'aide de laquelle on prévient une objection. — militaire, séjour d'une armée dans un pays conquis. —, habitation, demeure. T. de procéd.

OCCUPÉ, E, part. Employé, qui a de l'occupation, qui travaille.

OCCUPER, v. a. Remplir un espace de lieu ou de temps. —, demeurer, habiter; occuper un palais. —, employer, donner du travail, de l'occupation. —, donner de la peine; exiger beaucoup de soins, captiver l'attention. —, s'emparer, se saisir d'un poste, d'une ville. T. d'art milit. —, v. n. Représenter une partie en justice, procéder en son nom. T. de procéd. S'—, v. pron. Employer utilement son temps, travailler. S'— à faire un livre, être en train de le composer. S'— des lettres, les cultiver, s'y appliquer. S'—, donner ses soins, songer, faire attention.

OCCURRENCE, s. f. Circonstance, conjoncture, occasion, rencontre, événement fortuit.

OCCURRENT, E, adj. Qui survient, qui se rencontre.

OCÉAN, s. m. Dieu marin, fils de Cœlus et de Vesta, père des fleuves et des fontaines, épousa Téthys dont il eut plusieurs enfans. T. de myth. —, la grande mer qui sépare l'Europe et l'Afrique de l'Amérique. —, quantité incommensurable, abîme. Fig.

OCÉANE, adj. f. Se dit de l'Océan; mer océane.

OCÉANIDES, s. f. pl. Nymphes, filles de l'Océan et de Téthys. T. de myth.

OCÉANIE, s. f. Assemblage de toutes les îles du grand Océan entre l'Amérique et l'Asie. —, nautile, genre de testacés. T. d'hist. nat.

OCÉANIEN, NE, adj. Qui appartient à l'Océan.

OCELON, s. m. Com. du dép. de la Drôme, cant. de Luc-en-Diois, arr. de Die. = Die.

OCELOT, s. m. Espèce de chat-tigre d'Amérique. T. d'hist. nat.

OCELOXOCHITL, s. m. Tigridie, plante irridée d'Amérique. T. de bot.

OCHANCOURT, s. m. Com. du dép. de la Somme, cant. d'Ault, arr. d'Abbeville. = St.-Valery-sur-Somme.

OCHE, s. f. Voy. HOCHE.

OCHES, s. f. Com. du dép. des Ardennes, cant. de Buzancy, arr. de Vouziers. = Buzancy.

OCHEY, s. m. Com. du dép. de la Meurthe, cant. et arr. de Toul. = Toul.

OCHIAZ, s. m. Com. du dép. de l'Ain, cant. de Châtillon, arr. de Nantua. = Châtillon-de-Michaille.

OCHLOCRATIE, s. f. Abus du gouvernement démocratique; gouvernement du bas peuple, omnipotence de la populace.

OCHNA, s. f. Plante de la famille des magnoliers. T. de bot.

OCHNACÉES, s. f. pl. Plantes voisines des simaroubées. T. de bot.

OCHOISON, s. f. Occasion. (Vi.)

OCHRE, s. m. Voy. OCRE.

OCHROLITHE, s. f. Terre qui ressemble à l'ocre.

OCHROME, s. m. Plante malvacée. T. de bot.

OCHROSIE, s. f. Plante apocynée. T. de bot.

OCHTÉBIE, s. f. Genre d'insectes coléoptères. T. d'hist. nat.

OCHTÈRE, s. m. Genre d'insectes diptères. T. d'hist. nat.

OCHTEZEEL, s. m. Com. du dép. du Nord, cant. de Cassel, arr. d'Hazebrouck. = Cassel.

OCOCOLIN, s. m. Perdrix du Mexique. T. d'hist. nat.

OCONENETL, s. m. Grand pic, oiseau grimpeur du Mexique. T. d'hist. nat.

OCOROME, s. m. Quadrupède du Pérou. T. d'hist. nat.

OCOTE, s. m. Arbre de la Guiane. T. de bot.

OCOTOCHTLI, s. m. Lynx, mammifère du Mexique. T. d'hist. nat.

OCQUE, s. f. Poids de trois livres deux onces, dans les Echelles du Levant.

OCQUERRE, s. f. Com. du dép. de Seine-et-Marne, cant. de Lizy, arr. de Meaux. = Lizy.

OCQUEVILLE, s. f. Com. du dép. de la Seine-Inférieure, cant. de Cany, arr. d'Yvetot. = Cany.

OCRE, s. m. Oxyde de fer; terre métallique, rouge, jaune, etc.

OCREUX, EUSE, adj. Qui est de la nature ou de la couleur de l'ocre.

OCROCARPE, s. m. Plante de Madagascar de la famille des guttiers ou guttifères. T. de bot.

OCTACORDE, s. et adj. Instrument des anciens à huit cordes; système composé de huit sous. T. de mus.

OCTAÈDRE, s. m. Solide à huit faces. T. de géom.

OCTAÉTÉRIDE, s. m. Espace, durée de huit années. T. d'astr.

OCTANDRIE, s. f. Huitième classe des végétaux dont les fleurs ont huit étamines. T. de bot.

OCTANE, adj. f. Se dit d'une fièvre qui revient tous les huit jours. T. de méd.

OCTANT, s. m. Instrument ou secteur d'un huitième de cercle ou quarante-cinq degrés; distance de quarante-cinq degrés entre deux planètes. T. d'astr.

OCTANTE, adj. numéral. Quatre-vingts. (Vi.)

OCTANTIÈME, adj. Nombre d'ordre, quatre-vingtième.

OCTAPLES, s. f. pl. Bible polyglotte, à huit colonnes.

OCTARILLE, s. f. Chalef, plante de la Cochinchine. T. de bot.

OCTATEUQUE, s. m. Recueil contenant les huit premiers livres de l'ancien testament.

OCTAVE, s. f. Espace de huit jours durant lesquels on solennise les principales fêtes de l'année; l'octave de la Fête-Dieu; dernier jour de l'octave. —, stances de huit vers, dans la poésie italienne. —, ton éloigné d'un autre de huit degrés; leur consonnance; ces huit degrés pris ensemble. T. de mus.

OCTAVIER, v. n. Faire monter le son à l'octave. T. de mus.

OCTAVIN, s. m. Petite flûte.

OCTAVINE, s. f. Petite épinette qui n'a que la petite octave.

OCTAVO (In-), s. m. Voy. IN-OCTAVO.

OCTAVON, E, s. Celui, celle qui est né d'un quarteron et d'une blanche ou d'un blanc avec une quarteronne.

OCTEVILLE, s. f. Com. du dép. de la Manche, chef-lieu de cant. de l'arr. de Cherbourg où se trouve le bur. d'enregist. = Cherbourg.

OCTEVILLE, s. f. Com. du dép. de la Seine-Inférieure, cant. de Montivilliers, arr. du Hâvre. = Montivilliers.

OCTEVILLE - LA - VENELLE, s. f. Com. du dép. de la Manche, cant. de Quettehou, arr. de Valognes. = Valognes.

OCTIDI, s. m. Huitième jour de la décade, dans le calendrier républicain.

OCTIL, adj. m. Se dit d'une planète éloignée d'une autre de quarante-cinq degrés; aspect octil. T. d'astr.

OCTOBLÉPHARE, s. m. Genre de mousses. T. de bot.

OCTOBRE, s. m. Dixième mois de l'année commune.

OCTODICÈRE, s. m. Genre de mousses. T. de bot.

OCTOGÉNAIRE, s. et adj. Âgé de quatre-vingts ans.

OCTOGONE, s. m. et adj. Qui a huit angles et huit côtés. T. de géom.

OCTOGYNIE, s. f. Classe des plantes dont les fleurs ont huit pistils. T. de bot.

OCTON, s. m. Com. du dép. de l'Hérault, cant. de Lunas, arr. de Lodève. = Clermont-Lodève.

OCTOPÉTALÉ, E, adj. Pourvu de huit pétales. T. de bot.

OCTOPHORE, s. m. Litière portée par huit hommes, dans l'ancienne Rome.

OCTOPHYLLE, adj. Qui a huit folioles. T. de bot.

OCTOPODE, s. m. Mollusque céphalopode. T. d'hist. nat.

OCTOSTYLE, s. m. Edifice qui a huit colonnes de front. T. d'arch.

OCTROI, s. m. Concession. T. de chancell. —, impôt extraordinaire sur la consommation d'une ville. —, bureau de la perception de cet impôt; l'octroi de Paris.

OCTROYÉ, E, part. Concédé, accordé; la charte octroyée par Louis XVIII.

OCTROYER, v. a. Concéder, accorder; octroyer une grâce.

OCTUPLE, adj. Qui contient huit fois.

OCTUPLÉ, E, part. Répété huit fois.

OCTUPLER, v. a. Répéter huit fois

OCULAIRE, s. m. et adj. Se dit de tout ce qui concerne l'œil. Témoin —, qui a vu ce dont il rend témoignage. Verre —, verre d'une lunette d'approche placé du côté de l'œil. —communs, pl. Nerfs de la troisième paire cérébrale. T. d'anat.

OCULAIREMENT, adv. De ses propres yeux. T. inus.

OCULATION, s. f. Action de couper les bourgeons superflus d'un arbre à fruit. T. inus.

OCULINE, s. f. Genre de polypiers. T. d'hist. nat.

OCULISTE, s. m. Médecin, chirurgien qui s'occupe spécialement des maladies des yeux.

OCULO-MUSCULAIRES-EXTERNES, s. et adj. pl. Voy. Oculaires. T. d'anat.

OCYDROME, s. m. Coléoptère bembidion, cancre. T. d'hist. nat.

OCYPÈTE, s. m. Insecte arachnide. T. d'hist. nat. —, l'une des harpies. T. de myth.

OCYROÉ, s. f. Fille de Chiron et de Chariclo qui fut métamorphosée en cavale pour avoir voulu connaître l'avenir. T. de myth. —, méduse, genre de zoophytes. T. d'hist. nat.

OCYTHOÉ, s. f. Voy. Ocypète. T. de myth. —, sèche, genre de mollusques. T. d'hist. nat.

ODACANTHE, s. m. Insecte coléoptère carabique. T. d'hist. nat.

ODALISQUE ou **ODALIQUE**, s. f. Jeune fille enfermée dans le sérail en attendant qu'il plaise au sultan de profaner ses charmes.

ODARS, s. m. Com. du dép. de la Haute-Garonne, cant. de Montgiscard, arr. de Villefranche. = Villefranche.

ODAXISME, s. m. Démangeaison occasionnée par l'inflammation des gencives, lors de la sortie des premières dents, prurit. T. de méd.

ODE, s. f. Poëme lyrique divisé en strophes, dans lequel un auteur, débarrassé d'entraves, peut déployer toute la richesse de son imagination; les odes d'Anacréon, de Pindare, d'Horace, de J.-B. Rousseau, de Lebrun, etc.

ODEILLO, s. m. Com. du dép. des Pyrénées-Orientales, cant. de Saillagouse, arr. de Prades. = Mont-Louis.

ODENAS, s. m. Com. du dép. du Rhône, cant. de Belleville, arr. de Villefranche. = Belleville-sur-Saône.

ODÉON, s. m. Théâtre magnifique construit par Périclès dans Athènes. —, nom d'un théâtre de Paris, à l'extrémité du faubourg St.-Germain, lequel, après avoir été deux fois détruit par l'incendie, a été reconstruit et offre en ce moment l'un des plus beaux monumens de la capitale en ce genre.

ODEREN, s. m. Com. du dép. du Haut-Rhin, cant. de St.-Amarin, arr. de Belfort. = Belfort.

ODESSA, s. m. Ville et principauté de l'empire de Russie, sur la mer Noire. Cette ville, fondée en 1792, doit sa prospérité et la plupart de ses établissemens agricoles et industriels au duc de Richelieu, qui fut président du conseil des ministres sous le règne de Louis XVIII.

ODET ou **ODER**, s. m. Petite rivière qui prend sa source dans le dép. du Finistère, arr. de Châteaulin. Elle devient navigable à Quimper, et se jette dans l'Océan après un cours de 8 lieues.

ODEUR, s. f. Emanation des corps odoriférans; bonne, mauvaise odeur. —, réputation; être en odeur de sainteté. Fig. —, pl. Parfums; odeurs suaves, agréables.

ODIEUSEMENT, adv. D'une manière odieuse.

ODIEUX, EUSE, adj. Détestable, haïssable, qui excite l'aversion, l'indignation; homme odieux, coterie odieuse. —, s. m. Le côté odieux d'une affaire, etc.

ODIN, s. m. Dieu qu'invoquaient les anciens guerriers danois.

ODIVAL, s. m. Com. du dép. de la Haute-Marne, cant. de Nogent, arr. de Chaumont. = Chaumont.

ODOMÈTRE ou **COMPTE-PAS**, s. m. Instrument pour mesurer le chemin qu'on a parcouru, pour mesurer les tours d'une roue.

ODOMEZ, s. m. Com. du dép. du Nord, cant. de Condé, arr. de Valenciennes. = Condé-sur-l'Escaut.

ODONECTIS, s. f. Genre de plantes orchidées. T. de bot.

ODONTAGOGUE, s. et adj. Se dit de tous les instrumens avec lesquels on peut arracher les dents.

ODONTAGRE, s. f. Espèce de goutte dont les dents sont affectées. T. de chir.

ODONTALGIE, s. f. Douleur occasionnée par la carie des dents, ou par l'engorgement des premières voies; surtout chez les femmes enceintes; en général, douleur de dents.

ODONTALGIQUE, adj. Propre à calmer les maux de dents; élixir odontalgique. T. de méd.

ODONTECHNIE ou **ODONTIQUE**, s. f. Art du dentiste, chirurgie des dents.

ODONTHOGNATE, s. m. Poisson apode. T. d'hist. nat.

ODONTITE, s. f. Plante dont la décoction calme les douleurs de dents.

ODONTOGÉNIE, s. f. Formation, naissance des dents. T. de méd.

ODONTOGLOSSE, s. f. Plante orchidée. T. de bot.

ODONTOÏDE, adj. Qui ressemble à une dent, en forme de dent; se dit d'une apophyse placée sur la partie antérieure de la seconde vertèbre cervicale. T. d'anat.

ODONTOÏDIEN, NE, adj. Qui est relatif à l'apophyse odontoïde. T. d'anat.

ODONTOLITHES, s. f. pl. Dents fossiles.

ODONTOLOGIE, s. f. Partie de l'ostéologie qui traite des dents. T. d'anat.

ODONTOMAQUE, s. m. Genre d'insectes formicaires. T. d'hist. nat.

ODONTOMYIE, s. f. Genre d'insectes diptères. T. d'hist. nat.

ODONTOPÈTRES, s. m. pl. Dents pétrifiées d'animaux marins, glossopètres. T. d'hist. nat.

ODONTOPHIE, s. f. Dentition. Voy. ODONTOGÉNIE.

ODONTOPTÈRE, s. f. Plante grimpante. Voy. OPHIOGLOSSE. T. de bot.

ODONTORAMPHES ou **DENTIROSTRES**, s. m. pl. Passereaux. T. d'hist. nat.

ODONTOTECHNIE, s. f. Art du dentiste.

ODORANT, E, adj. Qui répand une odeur agréable, suave.

ODORAT, s. m. Sens qui perçoit les odeurs. Organe de l'—, le nez.

ODORATION, s. f. Perception des odeurs. T. de méd.

ODORÉ, E, part. Pénétré des molécules qui s'exhalent d'une substance odoriférante, en parlant du nez.

ODORER, v. a. Flairer, sentir, se pénétrer des émanations d'une substance odoriférante.

ODORIFÉRANT, E, adj. Odorant, qui répand une odeur agréable.

ODOS, s. m. Com. du dép. des Hautes-Pyrénées, cant. et arr. de Tarbes. = Tarbes.

ODRATZHEIM, s. m. Com. du dép. du Bas-Rhin, cant. de Wasselonne, arr. de Strasbourg. = Molsheim.

ODYNÈRE, s. f. Genre d'insectes hyménoptères. T. d'hist. nat.

ODYSSÉE, s. f. Poëme d'Homère dont les aventures d'Ulysse forment le sujet.

OÉ (Notre-Dame-d'), s. f. Com. du dép. d'Indre-et-Loire, cant. de Vouvray, arr. de Tours. = Vouvray.

ŒAGRE, s. m. Fils de Tharops, roi de Thrace, épousa Calliope, l'une des neuf Muses. C'est de leur union que naquit Orphée. T. de myth.

ŒCODOME, s. f. Genre d'insectes hyménoptères. T. d'hist. nat.

ŒCOPHORE, s. f. Insecte lépidoptère. T. d'hist. nat.

ŒCUMÉNICITÉ, s. f. Universalité, la totalité de la terre.

ŒCUMÉNIQUE, adj. Universel; concile œcuménique.

ŒCUMÉNIQUEMENT, adv. D'une manière œcuménique, universelle.

ŒDÉMATEUX, EUSE, adj. Affecté d'œdème; qui est de sa nature. T. de méd.

ŒDÈME, s. m. Tumeur molle, blanche, sans douleur, occasionnée par un amas de sérosités infiltrées dans les cellules du corps graisseux, ou dans les vaisseaux lymphatiques dilatés et devenus variqueux. T. de chir.

ŒDÉMÈRE, s. m. Genre d'insectes coléoptères. T. d'hist. nat.

ŒDÈRE, s. f. Genre de plantes corymbifères. T. de bot.

ŒDICNÈME, s. m. Genre d'oiseaux échassiers. T. d'hist. nat.

ŒDIPE, s. m. Roi de Thèbes, fils de Laïus et de Jocaste. Pour éviter l'accomplissement d'un oracle qui avait prédit à Laïus qu'il serait tué par son fils, et que celui-ci épouserait sa mère, un officier fut chargé de faire mourir l'enfant aussitôt sa naissance; mais, touché de compassion, cet officier lui lia les pieds et le suspendit à un arbre où il fut aperçu par un berger qui le recueillit et le porta à Polybe, roi de Corinthe. Ce dernier l'ayant adopté, l'éleva comme son fils et le nomma Œdipe, à cause de l'enflure qui lui était restée aux pieds. Parvenu à cet âge où l'homme commence à s'inquiéter du sort qui lui est réservé, et se croyant fils de Polybe, Œdipe consulta l'oracle à son tour et en reçut une réponse semblable à celle qui avait été faite à Laïus. Alors il s'exila volontairement de Corinthe. Chemin faisant, il rencontre Laïus dans un sentier étroit de la Phocide, lui dispute le passage et le tue. Ensuite il arrive à Thèbes, explique l'énigme du Sphinx dont la main de Jocaste était le prix, et devient ainsi l'époux de sa propre mère dont il eut deux fils, Etéocle et Polynice, et une fille nommée Antigone. Les Dieux, courroucés de cet inceste, frappèrent les Thébains d'une peste qui ne cessa qu'après que le berger, qui avait sauvé

les jours d'Œdipe, eut découvert la naissance de ce dernier, qui se creva les yeux et s'exila de sa véritable patrie. Cette fable a fourni le sujet d'un grand nombre de pièces de théâtre. T. de myth.
—, homme d'une sagacité extraordinaire, qui devine les choses les plus embrouillées, etc. Fig.

ŒDMANNIE, s. f. Plante de la diadelphie, deuxième classe des végétaux. T. de bot.

ŒIL, s. m. Organe de la vue, en forme de globe, qui occupe la cavité de l'orbite, au-dessous des sourcils. — artificiel, œil de verre pour remplacer celui qu'on a perdu, et corriger une difformité choquante. — simple ou double, bandage pour un ou pour les deux yeux. — de lièvre. Voy. LAGOPTHALMIE. T. de chir. —, regard; l'Europe a les yeux sur nous. —, manière de voir, de considérer, d'apprécier; voir d'un bon ou mauvais œil. Fig. —, expression d'un sentiment, d'une passion; l'œil d'une mère, voir d'un œil d'envie. —, ce qui a la forme d'un œil; lucarne ronde; ouverture dans certains instrumens; bouton, bourgeon; ombilic; petite cavité dans le pain, le fromage; lustre des étoffes, éclat des pierreries. —, teinte légère, superficielle; un œil de poudre. T. fam. —, le corps d'une lettre, l'espace entre ses parties. T. d'impr. A vue d'—, au premier aspect. Avoir l'— sur quelqu'un, le surveiller. Avoir l'— à quelque chose, y faire attention. En un clin d'—, en un moment, etc.

ŒIL-DE-BŒUF, s. m., pl. Œils-de-bœuf. Sorte de lucarne. —, nuage qui produit des tempêtes. T. de mar. —, buphtalmum, plante à fleurs radiées. T. de bot.

ŒIL-DE-BOUC, s. m. Phénomène qui paraît comme le bout d'un arc-en-ciel, et qui annonce des ouragans. T. de mar.

ŒILLADE, s. f. Coup d'œil, regard.

ŒILLADER, v. n. Jeter des regards, des œillades.

ŒILLÉ, s. m. Chien de mer, espèce de pleuronecte, de callionyme, de labre. T. d'hist. nat.

ŒILLÉE, adj. f. Transparente, à cercle concentrique; pierre œillée.

ŒILLÈRE, s. f. Petit vase pour baigner les yeux. —, pièce de cuir à la têtière pour garantir l'œil du cheval. —, s. et adj. Dent canine de la mâchoire supérieure, placée sous l'œil.

ŒILLET, s. m. Plante caryophyllée dont on compte un grand nombre d'espèces; fleur de cette plante. —, petit trou à un corset, etc., pour passer un lacet. —, boucle. T. de mar.

ŒILLETERIE, s. f. Lieu planté d'œillets.

ŒILLETON, s. m. Marcotte d'œillet; rejeton d'artichaut; bouton de vigne. —, trou oculaire du télescope.

ŒILLETONNÉ, E, part. Se dit d'un œillet, d'un artichaut, dont on a enlevé les œilletons.

ŒILLETONNER, v. a. Couper les marcottes d'œillet, d'artichaut, pour les planter. T. de jard.

OELLEVILLE, s. f. Com. du dép. des Vosges, cant. et arr. de Mirecourt. = Mirecourt.

ŒNANTHE, s. f. Genre de plantes ombellifères. T. de bot.

ŒNAS, s. m. Pigeon sauvage; genre d'insectes coléoptères. T. d'hist. nat.

ŒNÉE, s. m. Roi de Calidon, mari d'Althée, père de Méléagre, de Tydée et de Déjanire. T. de myth.

ŒNÉLEUM, s. m. Mélange de gros vin et d'huile rosat. T. de pharm.

ŒNISTICE, s. f. Divination en interrogeant le vol des oiseaux. T. de myth.

ŒNISTÉRIES, s. f. pl. Fêtes célébrées en l'honneur de Bacchus, où les jeunes gens faisaient de copieuses libations de vin; espèce d'orgie. T. de myth.

ŒNOGALA, s. m. Composition pharmaceutique de vin et de lait.

ŒNOLOGIE, s. f. Traité sur la manière de faire le vin, sur la vinification.

ŒNOLOGISTE, s. m. Auteur qui écrit ou qui a écrit sur les vins.

ŒNOMANTIE, s. f. Divination par le vin, soit qu'on en considérât la couleur, soit qu'en le buvant on tirât des présages de sa qualité. T. de myth.

ŒNOMAÜS, s. m. Roi d'Élide, fils de Mars et père d'Hippodamie. T. de myth.

ŒNOMEL, s. m. Vin miellé.

ŒNOMÈTRE, s. m. Instrument pour connaître le degré de fermentation du vin, et déterminer la quantité de sucre que renferme le moût.

ŒNONE, s. f. Nymphe du mont Ida. Elle fut séduite par Apollon, qui lui enseigna l'avenir et la médecine. Devenue l'épouse de Pâris, qui l'abandonna peu de temps après, elle lui prédit qu'il serait cause de la ruine de Troie. T. de myth. —, ver annélide. T. d'hist. nat.

ŒNOPE, adj. Qui a la couleur ou l'apparence du vin.

ŒNOPÉUS ou ŒNOPION, s. m. Fils

de Bacchus et roi de l'île de Chio. T. de myth.

ŒNOPHORE, s. m. Vase pour le vin; échanson. T. d'antiq.

ŒNOPHORIES, s. f. pl. Fêtes qui se célébraient en Egypte, et dans lesquelles chacun des assistans tenait en main une coupe pleine de vin. T. d'antiq.

ŒNOPLIE, s. f. Nerprun voluble. T. de bot.

ŒNOPTE, s. m. Censeur des festins, dans Athènes. T. d'antiq.

OERELUY, s. m. Com. du dép. des Landes, cant. et arr. de Dax. = Dax.

OERMINGEN, s. m. Com. du dép. du Bas-Rhin, cant. de Saar-Union, arr. de Saverne. = Sarrewerden.

ŒRRH, s. m. Grand roseau dont les Arabes se servent pour emmancher leurs lances.

ŒRVE, s. f. Cadélari, plante. T. de de bot.

ŒSIPE, s. m. Suint des moutons.

ŒSOPHAGE, s. m. Canal membraneux en forme d'entonnoir, situé derrière la trachée-artère, depuis le fond du gosier jusqu'à l'estomac. T. d'anat.

ŒSOPHAGIEN, NE, s. et adj. Qui appartient à l'œsophage. Artère —, artère qui prend naissance à la partie antérieure de l'aorte descendante, et va se distribuer à l'œsophage. T. d'anat.

ŒSOPHAGISME, s. m. Spasme de l'œsophage. T. de chir.

ŒSOPHAGITE, s. m. Inflammation de l'œsophage. T. de méd.

ŒSOPHAGOTOMIE, s. f. Incision à l'œsophage pour extraire un corps étranger. T. de chir.

ŒSTRE, s. m. Insecte diptère, espèce de taon. T. d'hist. nat.

ŒSTRIDÉES, s. f. pl. Famille d'insectes diptères. T. d'hist. nat.

ŒSTROMANIE, s. f. Fureur utérine. Voy. NYMPHOMANIE. T. de méd.

ŒTHRE, s. m. Genre de crustacés brachyures. T. d'hist. nat.

OETING, s. m. Com. du dép. de la Moselle, cant. de Forbach, arr. de Sarreguemines. = Forbach.

ŒUF, s. m. Corps organique renfermé dans une coquille ou enveloppe membraneuse, que pondent les femelles des oiseaux, des poissons, des insectes, d'un grand nombre de reptiles, et qui, étant fécondé par le mâle, est le principe de la reproduction de ces différens animaux; œuf de poule, de perdrix, etc. —, ce qui a la forme d'un œuf. T. de mét. —, pl. Nom donné par certains physiologistes à de petits nœuds qui se rencontrent dans les ovaires des femmes. Plein comme un —, tout-à-fait plein. Fig. et fam. Tondre sur un —, tirer profit de toutes choses.

ŒUF, s. m. Com. du dép. du Pas-de-Calais, cant. et arr. de St.-Pol. = St.-Pol.

OEUILLY, s. m. Com. du dép. de l'Aisne, cant. de Craonne, arr. de Laon. = Fismes.

OEUILLY, s. m. Com. du dép. de la Marne, cant. de Dormans, arr. d'Epernay. = Dormans.

OEUTRANGE, s. f. Com. du dép. de la Moselle, cant. de Cattenom, arr. de Thionville. = Thionville.

ŒUVÉ, E, adj. Se dit des poissons qui ont des œufs; carpe œuvée.

ŒUVRE, s. m, Recueil d'estampes d'un graveur; ouvrage d'un compositeur de musique. —, le corps d'un édifice, d'un bâtiment. T. d'archit.; travail d'un joaillier; plomb qui contient de l'argent. T. de métallurgie. — ou grand —, la pierre philosophale. T. d'alchim. —, s. f. Création, produit du travail et de l'industrie de l'homme; action; ouvrage considérable. —, action morale et chrétienne; œuvre de charité. —, fabrique, administration du revenu d'une paroisse, assemblée, corps des marguilliers; le banc, la place distinguée qu'ils occupent dans l'église. —, pl. L'ensemble des productions d'un auteur; les œuvres de Racine. — mortes, parties d'un navire hors de l'eau. — vives, celles qui sont dans l'eau. T. de mar.

OEUVY, s. m. Com. du dép. de la Marne, cant. de Fère-Champenoise, arr. d'Epernay. = Fère-Champenoise.

OEY, s. m. Com. du dép. de la Meuse, cant. de Void, arr. de Commercy. = Ligny.

OEYREGAVE, s. m. Com. du dép. des Landes, cant. de Peyrehorade, arr. de Dax. = Dax.

OFFE, s. m. Voy. SPARTE.

OFFEMONT, s. m. Com. du dép. du Haut-Rhin, cant. et arr. de Belfort. = Belfort.

OFFENDORF, s. m. Com. du dép. du Bas-Rhin, cant. de Bischwiller, arr. de Strasbourg. = Strasbourg.

OFFENHEIM, s. m. Com. du dép. du Bas-Rhin, cant. de Truchtersheim, arr. de Strasbourg. = Strasbourg.

OFFENSANT, E, adj. Choquant, injurieux, insultant, outrageant.

OFFENSE, s. f. Insulte, injure, outrage. —, faute, péché.

OFFENSÉ, E, part. Insulté, injurié, outragé.

OFFENSER, v. a. Insulter, injurier, outrager. —, pécher; offenser Dieu. —, choquer, heurter, blesser; offenser la morale, les bienséances. Fig. S'—, v. pron. Se piquer, se fâcher. S'—, v. récip. Se faire mutuellement des offenses, se dire des injures.

OFFENSEUR, s. m. Agresseur, qui offense, qui a offensé.

OFFENSIF, IVE, adj. Qui attaque, propre à attaquer, l'opposé de défensif; alliance offensive.

OFFENSIVE, s. f. Agression, attaque. T. d'art milit.

OFFENSIVEMENT, adv. D'une manière offensive, en attaquant.

OFFEQUERQUE, s. m. Com. du dép. du Pas-de-Calais, cant. d'Audruick, arr. de St.-Omer. = Ardres.

OFFERT, E, part. Présenté, invité à recevoir, prié d'accepter.

OFFERTE, s. f. Cérémonie de l'Eglise avant la consécration, à la messe.

OFFERTOIRE, s. f. Prière qui précède l'oblation, l'offerte du pain et du vin, à la messe.

OFFICE, s. m. Devoir à remplir. —, assistance, service; en ce sens, il s'emploie ordinairement au pl. —, fonction; emploi avec juridiction. —, prières journalières d'un prêtre; office divin. Le saint —, le tribunal de l'inquisition en Espagne et en Portugal. —, s. f. Art de préparer les friandises que l'on met sur la table au dessert; lieu où l'on dépose tous les objets qui servent à l'ornement de la table, linge, vaisselle, etc., où mangent les domestiques.

OFFICIAL, s. m. Juge d'une cour ecclésiastique.

OFFICIALITÉ, s. f. Tribunal de l'official; juridiction de ce tribunal.

OFFICIANT, E, s. et adj. Célébrant, prêtre qui officie; religieuse de semaine au chœur.

OFFICIEL, LE, adj. Annoncé, publié par l'autorité publique, par le gouvernement; nouvelle officielle. Journal —, qui donne des nouvelles officielles, comme le Moniteur en France.

OFFICIELLEMENT, adv. D'une manière officielle.

OFFICIER, s. m. Fonctionnaire public; officier de justice, de police, etc. —, militaire revêtu d'un grade au-dessus de celui de sous-officier. —, chef d'office dans une grande maison.

OFFICIER, v. n. Célébrer l'office divin. Bien —, bien boire et bien manger. T. fam.

OFFICIÈRE, s. f. Religieuse chargée d'une fonction dans sa communauté. —, femme employée dans l'office.

OFFICIEUSEMENT, adv. D'une manière officieuse.

OFFICIEUX, EUSE, adj. Obligeant, qui aime à rendre service. —, fait pour obliger sans nuire à personne; mensonge officieux.

OFFICINAL, E, adj. Préparé chez un apothicaire, un pharmacien.

OFFICINE, s. f. Laboratoire d'un chimiste, d'un pharmacien.

OFFIES, s. f. Com. du dép. du Nord, cant. de Solre-le-Château, arr. d'Avesnes. = Solre-le-Château.

OFFIGNY, s. m. Com. du dép. de la Somme, cant. de Poix, arr. d'Amiens. = Aumale.

OFFIN, s. m. Com. du dép. du Pas-de-Calais, cant. de Campagne, arr. de Montreuil. = Hesdin.

OFFLANGES, s. f. Com. du dép. du Jura, cant. de Montmirey, arr. de Dôle. = Dôle.

OFFOY, s. m. Com. du dép. de l'Oise, cant. de Grandvilliers, arr. de Beauvais. = Grandvilliers.

OFFOY, s. m. Com. du dép. de la Somme, cant. de Ham, arr. de Péronne. = Ham.

OFFRANDE, s. f. Don que l'on fait à l'église, à Dieu. —, cérémonie du culte, la quête.

OFFRANT, s. m. Celui qui met une enchère; au plus offrant et dernier enchérisseur. T. de procéd.

OFFRANVILLE, s. f. Com. du dép. de la Seine-Inférieure, chef-lieu de cant. de l'arr. de Dieppe, où se trouve le bur. d'enregist. = Dieppe.

OFFRE, s. f. Action d'offrir; objet offert. —, prix et condition auxquels on propose de donner ou de faire quelque chose, enchère. T. de procéd.

OFFRETHUN, s. m. Com. du dép. du Pas-de-Calais, cant. de Marquise, arr. de Boulogne. = Boulogne.

OFFRIR, v. a. Prier d'accepter, présenter; proposer de donner ou de faire; dire un prix; faire une ou des offres. —, étaler, exposer à la vue, et fig., à l'esprit. S'—, v. pron. Se mettre en avant, se présenter pour faire quelque chose; offrir ses services. S'—, en parlant des choses, se présenter à la vue, à l'esprit. Fig.

OFFROICOURT, s. m. Village du dép. des Vosges, cant. de Vittel, arr. de Mirecourt. = Mirecourt.

OFFUSQUÉ, E, part. Obscurci, caché, dérobé à la vue.

OFFUSQUER, v. a. Cacher, dérober

à la vue; diminuer l'éclat, obscurcir; éblouir, troubler la vue par trop d'éclat. —, troubler la raison, en parlant du vin, des passions. Fig. —, offenser la vue; porter ombrage; déplaire. —, surpasser, l'emporter sur un concurrent. S'—, v. pron. S'offenser, prendre en mauvaise part.

OFFWILLER, s. m. Com. du dép. du Bas-Rhin, cant. de Niederbronn, arr. de Wissembourg. = Haguenau.

OGCODE, s. m. Genre d'insectes diptères. T. d'hist. nat.

OGENNE, s. f. Com. du dép. des Basses-Pyrénées, cant. de Navarrenx, arr. d'Orthez. = Navarrenx.

OGER, s. m. Com. du dép. de la Marne, cant. d'Avize, arr. d'Epernay. = Vertus.

OGEU, s. m. Com. du dép. des Basses-Pyrénées, cant. et arr. d'Oloron. = Oloron.

OGÉVILLER, s. m. Com. du dép. de la Meurthe, cant. de Blamont, arr. de Lunéville. = Blamont.

OGIVAL, E, adj. En forme d'ogive. T. inus.

OGIVE, s. f. Arceau en forme d'arête, sous une voûte. T. d'arch.

OGLIASTRO, s. m. Com. du dép. de la Corse, cant. de Nonza, arr. de Bastia. = Bastia.

OGNES, s. f. Com. du dép. de l'Aisne, cant. de Chauny, arr. de Laon. = Chauny.

OGNES, s. f. Com. du dép. de la Marne, cant. de Fère-Champenoise, arr. d'Epernay. = Fère-Champenoise.

OGNES, s. f. Com. du dép. de l'Oise, cant. de Nanteuil, arr. de Senlis. = Nanteuil-le-Haudoin.

OGNÉVILLE, s. f. Com. du dép. de la Meurthe, cant. de Vézelise, arr. de Nancy. = Vézelise.

OGNOLLES, s. f. Com. du dép. de l'Oise, cant. de Guiscard, arr. de Compiègne. = Roye.

OGNON, s. m. Com. du dép. de l'Oise, cant. et arr. de Senlis. = Senlis.

OGNON (l'), s. m. Petite rivière qui prend sa source dans le dép. de la Vendée, à St.-Sulpice, arr. de Bourbon-Vendée, et qui se jette dans le lac de Grand-Lieu, dép. de la Loire-Inférieure. Cette rivière est navigable depuis le Pont-St.-Martin jusqu'à son embouchure.

OGNY, s. m. Com. du dép. de la Côte-d'Or, cant. de Liernais, arr. de Beaune. = Dijon.

OGOTONE, s. m. Pika, petit quadrupède de Sibérie. T. d'hist. nat.

OGRE, ESSE, s. Personnage allégorique, monstre à figure humaine, ayant des formes gigantesques, mangeur de chair fraîche, anthropophage, avec les faits et gestes duquel Perrault et autres faiseurs de contes ont effrayé l'imagination des enfans. —, grand mangeur. Fig.

OGY, s. m. Com. du dép. de la Moselle, cant. de Pange, arr. de Metz. = Metz.

OGYGIE, s. f. Fossile qu'on trouve dans les ardoises. T. d'hist. nat.

OH! interj. qui marque la surprise, l'admiration.

OHAIN, s. m. Com. du dép. du Nord, cant. de Trélon, arr. d'Avesnes. = Avesnes.

OHERVILLE, s. f. Com. du dép. de la Seine-Inférieure, cant. d'Ourville, arr. d'Yvetot. = Doudeville.

OHIGGINSIE, s. f. Genre de plantes de la famille des rubiacées. T. de bot.

OHIN, s. m. Défaut, vice. T. fam. inus.

OHIS, s. m. Com. du dép. de l'Aisne, cant. d'Hirson, arr. de Vervins. = Hirson.

OHLUNGEN, s. m. Com. du dép. du Bas-Rhin, cant. de Haguenau, arr. de Strasbourg. = Haguenau.

OHNENHEIM, s. m. Com. du dép. du Bas-Rhin, cant. de Marckolsheim, arr. de Schélestadt. = Marckolsheim.

OÏCEPTOME, s. m. Insecte du genre du bouclier. T. d'hist. nat.

OIE, s. f. Oiseau aquatique, palmipède, serrirostre. Conte de ma mère l'—, conte d'enfant, absurdité. Jeu de l'—, jeu avec deux dés sur un carton où sont figurées des oies. —, constellation boréale. T. d'astr.

OIGNEY, s. m. Com. du dép. de la Haute-Saône, cant. de Combeaufontaine, arr. de Vesoul. = Cintrey.

OIGNIES, s. f. Com. du dép. du Pas-de-Calais, cant. de Carvin, arr. de Béthune. = Carvin.

OIGNON, s. m. Plante dont la racine sphérique, bulbeuse, entre dans la préparation d'un très grand nombre de mets. Se mettre en rang d'—, l'un après l'autre, sur la même file. T. fam. —, tumeur douloureuse aux articulations des os du pied. T. de chir.

OIGNON (l'), s. m. Petite rivière qui prend sa source près du village de Château-Lambert, arr. de Lure, dép. de la Haute-Saône, et qui se jette dans la Saône, au-dessus de Pontailler, dép. de la Côte-d'Or, après un cours d'environ 35 l.

OIGNONADE, s. f. Fricassée d'oignons.

OIGNONET, s. m. Poire d'été.

OIGNONETTE, s. f. Petits oignons.

OIGNONNIÈRE, s. f. Terre semée d'oignons.

OIGNY, s. m. Com. du dép. de l'Aisne, cant. de Villers-Cotterêts, arr. de Soissons. = Villers-Cotterêts.

OIGNY, s. m. Com. du dép. de la Côte-d'Or, cant. de Baigneux-les-Juifs, arr. de Châtillon. = Baigneux-les-Juifs.

OIGNY, s. m. Com. du dép. de Loir-et-Cher, cant. de Montdoubleau, arr. de Vendôme. = Montdoubleau.

OILLE, s. m. (mot emprunté de l'espagnol). Potage composé de différentes viandes et de racines.

OINDRE, v. a. Frotter avec un corps gras, enduire d'une substance onctueuse. —, administrer les saintes huiles.

OING, s. m. Vieille graisse de porc fondue avec laquelle on graisse l'essieu des voitures.

OINGT, s. m. Petite ville du dép. du Rhône, cant. de Bois-d'Oingt, arr. de Villefranche. = Tarare.

OINT, E, part. Enduit de graisse; qui a reçu les saintes huiles. —, s. m. Qui a reçu une onction sainte, Jésus-Christ; l'oint du Seigneur.

OINVILLE, s. f. Com. du dép. de Seine-et-Oise, cant. de Limay, arr. de Mantes. = Meulan.

OINVILLE - ST. - LIPHARD, s. f. Com. du dép. d'Eure-et-Loir, cant. de Janville, arr. de Chartres. = Thoury.

OINVILLE-SOUS-AUNEAU, s. f. Com. du dép. d'Eure-et-Loir, cant. d'Auneau, arr. de Chartres. = Chartres.

OIRIÈRES, s. f. Com. du dép. de la Haute-Saône, cant. d'Autrey, arr. de Gray. = Gray.

OIRON, s. m. Com. du dép. des Deux-Sèvres, cant. de Thouars, arr. de Bressuire. = Thouars.

OIRY, s. m. Com. du dép. de la Marne, cant. d'Avize, arr. d'Épernay. = Epernay.

OISE (l'), s. f. Rivière qui prend sa source dans le royaume des Pays-Bas, et qui, après un cours de 55 l., se jette dans la Seine à Conflans-Ste.-Honorine. Cette rivière, qui commence à être flottable à Butor et navigable à Chauny, établit une communication de tous les canaux du Nord avec la Seine. Elle reçoit la Serre, l'Aisne, la Bresche, etc.

OISE (dép. de l'), s. f. Chef-lieu de préf., Beauvais; 4 arr. ou sous-préf. : Beauvais, Clermont, Compiègne et Senlis; 35 cant. ou just. de paix; 731 com. Pop. 385,124 hab. env. Cour royale d'Amiens; évêché à Beauvais; 1re div. milit.; 2e div. des ponts-et-chaussées; 2e div. des mines; direct. de l'enregist. et des domaines, 2e classe; 1er arr. forestier.

Le dép. de l'Oise est borné au N. par celui de la Somme, au S. par ceux de Seine-et-Marne et Seine-et-Oise, à l'E. par celui de l'Aisne, et à l'O. par ceux de la Seine-Inférieure et de l'Eure. Son territoire est généralement fertile. Il produit céréales de toute espèce, beaucoup de graines oléagineuses, légumes secs, artichauts, fruits, beurre et fromages excellens; vin, cidre; beaucoup de gibier; excellens poissons d'eau douce; chevaux de moyenne espèce, mulets, ânes, bêtes à cornes, quantité de moutons-mérinos et métis, porcs, volailles, beaucoup d'abeilles; carrières de marbre gris, pierres de taille, pierres meulières, grès à paver; plâtre, terre à creusets, terre à poterie, marne, tourbières; fabr. d'étoffes de laine, calicots, toiles demi-hollande, batistes, blondes, dentelles noires et blanches, indiennes, tapis de pied, bonneterie, passementerie, boisselerie, tabletterie, dominoterie, éventails, miroirs, cordes de chanvre et de tilleul; outils aratoires, porcelaine, sulfate de fer; filatures de coton; papeteries, belles faïenceries; manuf. royales de tapisseries; construction de bateaux. Comm. de grains, farines, lin, fruits, légumes, bestiaux, porcs, volailles, toiles, serges, tapis, souliers, étoffes de Beauvais, tabletterie, bois de charpente. Les principales rivières qui arrosent ce dép. sont : l'Oise, l'Aisne et l'Ourcq qui y sont navigables.

OISEAU, s. m. Animal appartenant à la classe des volatiles, ovipare, ayant deux pieds, un bec, des plumes et des ailes. —, oiseau de proie. T. de fauc. — de Jupiter, l'aigle; de Junon, le paon; de Minerve, la chouette; de Vénus, le pigeon. — de paradis, de Phébus, constellations australes. T. d'astr. —, espèce de palette dont se servent les maçons pour porter le mortier. T. de maç. A vol d'—, adv. En ligne droite.

OISELAY - ET - GRACHAUX, s. m. Com. du dép. de la Haute-Saône, cant. de Gy, arr. de Gray. = Gy.

OISELÉ, E, part. Dressé, en parlant d'un oiseau de proie. T. de fauc.

OISELER, v. a. Dresser un oiseau de proie. T. de fauc. —, v. n. Tendre des filets pour prendre des oiseaux.

OISELET, s. m. Petit oiseau. T. inus.

OISELEUR, s. m. Particulier qui fait métier de prendre des oiseaux.

OISELIER, s. m. Marchand qui élève, nourrit et vend des oiseaux.

OISELLERIE, s. f. Boutique d'un oiselier; comm. d'oiseaux.

OISEMONT, s. m. Com. du dép. de la Somme, chef-lieu de cant. de l'arr. d'Amiens. Bur. d'enregist. = Airaines. Comm. de grains, laines et chevaux.

OISEUX, EUSE, adj. Paresseux, fainéant par goût et par habitude. —, vain, frivole; parole oiseuse.

OISIF, IVE, adj. Qui ne fait rien, qui vit dans l'oisiveté; désœuvré. —, inoccupé. —, inutile; dont on ne fait pas usage.

OISILLON, s. m. Petit oiseau.

OISILLY, s. m. Com. du dép. de la Côte-d'Or, cant. de Mirebeau, arr. de Dijon. = Mirebeau-sur-Bèze.

OISIVEMENT, adv. D'une manière oisive, avec oisiveté.

OISIVETÉ, s. f. Vie oisive, désœuvrement, inaction.

OISLY, s. m. Com. du dép. de Loir-et-Cher, cant. de Contres, arr. de Blois. = Blois.

OISON, s. m. Petit de l'oie. —, niais, idiot. T. fam.

OISON, s. m. Com. du dép. du Cher, cant. d'Aubigny-la-Ville, arr. de Sancerre. = Aubigny.

OISON, s. m. Com. du dép. du Loiret, cant. d'Outarville, arr. de Pithiviers. = Thoury.

OISONVILLE, s. f. Com. du dép. d'Eure-et-Loir, cant. d'Auneau, arr. de Chartres. = Angerville.

OISSEAU, s. m. Com. du dép. de la Mayenne, cant. et arr. de Mayenne. = Mayenne.

OISSEAU-LE-PETIT, s. m. Com. du dép. de la Sarthe, cant. de St.-Pater, arr. de Mamers. = Alençon.

OISSEL, s. m. Com. du dép. de la Seine-Inférieure, cant. de Grand-Couronne, arr. de Rouen. = Rouen..

OISSERY, s. m. Com. du dép. de Seine-et-Marne, cant. de Dammartin, arr. de Meaux. = Dammartin.

OISSY, s. m. Com. du dép. de la Somme, cant. de Molliens-Vidame, arr. d'Amiens. = Picquigny.

OISY, s. m. Com. du dép. de l'Aisne, cant. de Wasigny, arr. de Vervins. = Guise.

OISY, s. m. Com. du dép. du Nord, cant. et arr. de Valenciennes. = Valenciennes.

OISY-ET-LE-VERGER, s. m. Com. du dép. du Pas-de-Calais, cant. de Marquion, arr. d'Arras. Bur. d'enregist. = Cambrai.

OIZÉ, s. m. Com. du dép. de la Sarthe, cant. de Pontvallain, arr. de la Flèche. = Fouletourte.

OIZY, s. m. Com. du dép. de la Nièvre, cant. et arr. de Clamecy. = Clamecy.

OKAL, s. m. Hôtellerie en Egypte.

OKE, s. m. Poids d'une livre en Turquie.

OKEITSOK, s. m. ou COURTE-LANGUE, s. f. Poule de mer qu'on trouve dans le Groënland.

OKIGRAPHE, s. m. Tachygraphe.

OKIGRAPHIE, s. f. Voy. TACHYGRAPHIE.

OKIR, s. m. Arbre de l'île d'Amboine. T. de bot.

OLACINÉES, s. f. pl. Plante hespéridées. T. de bot.

OLAMBA, s. m. Tambour des Nègres, très grand.

OLAMPI, s. m. Gomme d'Amérique apéritive, détersive.

OLARGUES, s. f. Petite ville du dép. de l'Hérault, chef-lieu de cant. de l'arr. de St-Pons, où se trouve le bur. d'enregist. = St.-Pons.

OLBY, s. m. Com. du dép. du Puy-de-Dôme, cant. de Rochefort, arr. de Clermont. = Clermont.

OLCANI, s. m. Com. du dép. de la Corse, cant. de Nonza, arr. de Bastia. = Bastia.

OLDENBOURG, s. m. Ville et duché d'Allemagne entre la mer du Nord et le Weser, berceau des maisons souveraines de Russie et de Danemarck.

OLDENLANDE, s. f. Plante de la famille des rubiacées. T. de bot.

OLÉAC-DEBAS, s. m. Com. du dép. des Hautes-Pyrénées, cant. de Pouyastruc, arr. de Tarbes. = Tarbes.

OLÉAC-DESSUS, s. m. Com. du dép. des Hautes-Pyrénées, cant. de Tournay, arr. de Tarbes. = Tarbes.

OLÉAGINEUX, EUSE, adj. Huileux, de la nature de l'huile.

OLÉANDER, s. m. Voy. LAUROSE. T. de bot.

OLÉANDRE, s. m. Rosage, arbrisseau aquatique. T. de bot.

OLEARIA, s. f. Grand coquillage de mer. T. d'hist. nat.

OLEB, s. m. Faux lin d'Egypte.

OLÉCRANE, s. f. Apophyse qui forme le coude. Voy. CUBITUS. T. d'anat.

OLÉCRANIEN, NE, adj. Qui concerne l'olécrane. T. d'anat.

OLÉIFIANT; adj. m. Qui forme l'huile; principe oléifiant. T. de chim.

OLEMPS, s. m. Com. du dép. de

l'Aveyron, cant. et arr. de Rodez. = Rodez.

OLENDON, s. m. Com. du dép. du Calvados, cant. de Coulibœuf, arr. de Falaise. = Falaise.

OLÉOGÈNE, s. m. Principe des substances oléagineuses. T. de chim.

OLÉOSACCHARUM, s. m. Voy. Eléosaccharum.

OLER, v. n. Sentir bon. (Vi.)

OLÉRACÉ, E, adj. De la nature des plantes potagères. T. de bot.

OLÉRON (île d'), s. m. Située sur la côte de France, dans la baie de Biscaie, vis-à-vis les embouchures de la Seudre et de la Charente, cette île, qui fait partie du dép. de la Charente-Inférieure, forme deux cant. de l'arr. de Marennes. Son territoire produit du vin et des grains en assez grande quantité; mais sa plus grande richesse est dans ses marais salans, dont les produits sont très recherchés. Pop. 16,000 hab. envir. Distillerie d'eaux-de-vie; construction de navires. Comm. de grains, sel, vins et eaux-de-vie.

OLETTA, s. f. Com. du dép. de la Corse, chef-lieu de cant. de l'arr. de Bastia. Bur. d'enregist. à St.-Florentin. = St.-Florentin.

OLETTE, s. f. Com. du dép. des Pyrénées-Orientales, chef-lieu de cant. de l'arr. de Prades, où se trouve le bur. d'enregist. = Prades.

OLFACTIF, IVE, ou OLFACTOIRE, adj. Qui appartient à l'odorat. Nerfs —, nerfs du cerveau, filets nerveux dispersés dans la membrane pituitaire, où ils reçoivent et transmettent l'impression des corps odorans. T. d'anat.

OLGY, s. m. Com. du dép. de la Moselle, cant. de Vigy, arr. de Metz. = Metz.

OLIBAN, s. m. Encens mâle, substance résineuse qu'on tire au moyen d'une incision d'une sorte de lentisque.

OLIBRIUS, s. m. Glorieux, arrogant, pédant qui fait l'entendu; fanfaron.

OLIDAIRE, s. f. Voy. Chénopodée. T. de bot.

OLIÈRES, s. f. Com. du dép. de l'Ardèche, cant. et arr. de Privas. = Privas.

OLIGANTHE, s. f. Plante de la famille des synanthérées. T. de bot.

OLIGARCHIE, s. f. Gouvernement où l'autorité est dans les mains d'un petit nombre de personnes.

OLIGARCHIQUE, adj. Qui appartient à l'oligarchie.

OLIGARQUE, s. m. Partisan, membre d'une oligarchie. T. inus.

OLIGARRHÈNE, s. m. Arbrisseau de la diandrie, deuxième classe des végétaux. T. de bot.

OLIGOCARPHE, s. f. Conyse à feuilles de laurose. T. de bot.

OLIGOCHRONE, adj. Qui vit peu de temps, qui est de courte durée.

OLIGOCHYLE, adj. Peu substantiel, peu nourrissant. T. de méd.

OLIGOPHARMACIE, s. f. Pharmacie simplifiée.

OLIGOPHYLLE, adj. Qui a peu de feuilles. T. de bot.

OLIGOPODE, s. m. Poisson qui n'a qu'une seule nageoire dorsale. T. d'hist. nat.

OLIGOPOSIE, s. f. Diminutif de soif. T. de méd.

OLIGOSPERME, adj. Qui a peu de semence. T. de bot.

OLIGOTROPHIE, s. f. Diminution de nutrition. T. de méd.

OLIM, s. m. (mot latin). Autrefois. —, pl. Anciens registres du parlement de Paris.

OLIN (St.-), s. m. Village du dép. de l'Ariège, cant. de Mirepoix, arr. de Pamiers. = Mirepoix.

OLINDE, s. f. Lame d'épée très fine du Brésil.

OLINDER, v. n. Dégaîner, tirer l'épée, se battre.

OLINDEUR, s. m. Spadassin, ferrailleur, bretteur. T. inus.

OLIO, s. m. Bois de charpente du Brésil.

OLIVAIE, s. f. Plant, bois d'oliviers. T. inus.

OLIVAIRE, adj. Qui a la forme d'une olive. T. d'anat. et de bot.

OLIVAISON, s. f. Epoque de l'année où l'on fait la récolte des olives.

OLIVÂTRE, adj. Jaune et basané, de la couleur de l'olive; teint olivâtre.

OLIVE, s. f. Fruit de l'olivier, dont on tire la meilleure des huiles à manger; couleur de ce fruit; ornement d'architecture en forme d'olive. —, bruant d'Amérique; coquillage univalve. T. d'hist. nat. — pétrifiées, pointes d'oursins fossiles.

OLIVE (Ste.-), s. f. Com. du dép. de l'Ain, cant. de St.-Trivier-sur-Mognand, arr. de Trévoux. = Trévoux.

OLIVESE, s. f. Com. du dép. de la Corse, cant. de Petreto-et-Bicchisano, arr. de Sartene. = Ajaccio.

OLIVET, s. m. Com. du dép. du Loiret, cant. et arr. d'Orléans. = Orléans. Comm. de vins; papeteries.

OLIVETIER, s. m. Animal renfermé dans l'olive, coquillage. T. d'hist. nat. —, arbuste de l'île de Madagascar de la famille des nerpruns. T. de bot.

OLIVETTE, s. f. Champ planté d'oliviers, olivaie; plante dont la graine fournit de l'huile. —, espèce de pinson de la Chine. —, danse provençale, après la récolte des olives; danser les olivettes. —, perle fausse. T. de joail.

OLIVIER, s. m. Arbre toujours vert, à fleurs monopétales, dont le fruit charnu, ovale, à noyau très dur, fournit une huile très délicate. —, symbole de la paix. T. poét. — sauvage de Bohême, chalef à fleurs odoriférantes.

OLIVIÈRE, s. f. Plante ombellifère. T. de bot.

OLIVINE, s. f. Péridot granuliforme. T. d'hist. nat. —, gomme d'olivier.

OLIZY, s. m. Com. du dép. de la Marne, cant. de Châtillon, arr. de Reims. = Dormans.

OLIZY, s. m. Com. du dép. de la Meuse, cant. de Stenay, arr. de Montmédy. = Stenay.

OLIZY-ET-BEAUREPAIRE, s. m. Com. du dép. des Ardennes, cant. de Grandpré, arr. de Vouziers.=Grandpré.

OLLAINVILLE, s. f. Com. du dép. de Seine-et-Oise, cant. d'Arpajon, arr. de Corbeil. = Arpajon.

OLLAINVILLE, s. f. Com. du dép. des Vosges, cant. de Châtenois, arr. de Neufchâteau. = Neufchâteau.

OLLAIRE, adj. Se dit d'une pierre tendre et facile à tailler; pierre ollaire.

OLLANS, s. m. Com. du dép. du Doubs, cant. de Marchaux, arr. de Besançon. = Besançon.

OLLÉ, s. m. Com. du dép. d'Eure-et-Loir, cant. d'Illiers, arr. de Chartres.= Courville.

OLLEY, s. m. Com. du dép. de la Moselle, cant. de Conflans, arr. de Briey. = Metz.

OLLEZY, s. m. Com. du dép. de l'Aisne, cant. de St.-Simon, arr. de St.-Quentin. = Ham.

OLLIÈRES, s. f. Com. du dép. de la Meuse, cant. de Spincourt, arr. de Montmédy. = Etain.

OLLIÈRES, s. f. Village du dép. du Puy-de-Dôme, cant. de Jumeaux, arr. d'Issoire. = Issoire.

OLLIÈRES, s. f. Com. du dép. du Var, cant. de St.-Maximin, arr. de Brignoles. = St.-Maximin.

OLLIERGUES, s. f. Com. du dép. du Puy-de-Dôme, chef-lieu de cant. de l'arr. d'Ambert. Bur. d'enregist. à Cunlhat. =Ambert. Fabr. de camelot et de toiles.

OLLIOULES, s. f. Com. du dép. du Var, chef-lieu de cant. de l'arr. de Toulon, où se trouvent les bur. d'enregist. et de poste. Comm. d'huile d'olive, raisins, figues, amandes, etc.

OLLIVES, s. f. Com. du dép. des Bouches-du-Rhône, cant. et arr. de Marseille. = Marseille.

OLLIVET, s. m. Com. du dép. de la Mayenne, cant. de Loiron, arr. de Laval. = Laval.

OLLOIX, s. m. Com. du dép. du Puy-de-Dôme, cant. de St.-Amand-Tallende, arr. de Clermont. = Clermont.

OLLON, s. m. Com. du dép. de la Drôme, cant. du Buis, arr. de Nyons. = le Buis.

OLLURE, s. f. Gros tablier de mégissier.

OLMES (les), s. f. pl. Com. du dép. du Rhône, cant. de Tarare, arr. de Villefranche. = Tarare.

OLMET, s. m. Com. du dép. de l'Hérault, cant. et arr. de Lodève. = Lodève.

OLMET, s. m. Com. du dép. du Puy-de-Dôme, cant. de Courpière, arr. de Thiers. = Thiers.

OLMETA-DI-CAPOCORSO, s. f. Com. du dép. de la Corse, cant. de Nonza, arr. de Bastia. = Bastia.

OLMETA-DI-TUDA, s. f. Com. du dép. de la Corse, cant. d'Oletta, arr. de Bastia. = Bastia.

OLMETO, s. m. Com. du dép. de la Corse, chef-lieu de cant. de l'arr. de Sartene, où se trouve le bur. d'enregist. = Ajaccio.

OLMI, s. m. Village du dép. de la Corse, cant. de Campile, arr. de Bastia. = Bastia.

OLMICCIA, s. f. Com. du dép. de la Corse, cant. de Ste.-Lucie, arr. de Sartene. = Ajaccio.

OLMI-ET-CAPELLA, s. m. Com. du dép. de la Corse, chef-lieu de cant. de l'arr. de Calvi. = Bastia.

OLMO, s. m. Com. du dép. de la Corse, cant. de Campile, arr. de Bastia. = Bastia.

OLOGRAPHE, adj. Écrit en entier de la main du testateur; testament olographe.

OLONETZ, s. m. Ville et gouvernement de l'empire de Russie, entre la mer Blanche et le lac Ladoga.
C'est dans cette ville que Pierre Ier, dit le Grand, avait établi son premier chantier de construction.

OLONNE, s. f. Toile de Bretagne pour les voiles.

OLONNE, s. f. Com. du dép. de la Vendée, cant. et arr. des Sables-d'Olonne. = les Sables-d'Olonne. Comm. de chevaux, mulets et bestiaux.

OLONZAC, s. m. Com. du dép. de l'Hérault, chef-lieu de cant. de l'arr. de St.-Pons. Bur. d'enregist. = Azille.

OLOPONG, s. m. Grande vipère des îles Philippines.

OLORON, s. m. Ville du dép. des Basses-Pyrénées, chef-lieu de sous-préf. et de cant.; trib. de 1re inst.; direct. des contrib. indir.; recev. part. des finances; bur. d'enregist. et de poste. Fabr. de draps, cordelats, bas et bonnets de laine; filatures de laine; papeteries. Comm. de laines du pays et de la Navarre-Espagnole, agnelins pour la chapellerie, peaux de moutons, chevaux, bestiaux, etc.

OLOTOPOLT, s. m. Joli oiseau du Mexique. T. d'hist. nat.

OLSBERG, s. m. Com. du dép. de la Moselle, cant. de Volmunster, arr. de Sarreguemines. = Bitche.

OLS-ET-RIGNODEZ, s. m. Com. du dép. de l'Aveyron, cant. de Villeneuve, arr. de Villefranche. = Villefranche.

OLTINGEN, s. m. Com. du dép. du Haut-Rhin, cant. de Ferrette, arr. d'Altkirch. = Huningue.

OLWISHEIM, s. m. Com. du dép. du Bas-Rhin, cant. de Brumath, arr. de Strasbourg. = Strasbourg.

OLYMPE, s. m. Montagne célèbre entre la Thessalie et la Macédoine, sur le sommet de laquelle les poètes feignent que Jupiter tenait sa cour. —, les cieux, le séjour des Dieux. T. de myth.

OLYMPIADE, s. f. Espace de quatre années entre la célébration des jeux olympiques, à partir de l'institution de ces jeux. T. d'antiq.

OLYMPIAS, s. f. Fontaine située dans l'Arcadie, près de laquelle il existait un volcan. On croit que c'est dans ce lieu que Jupiter combattit les Titans. T. de myth.

OLYMPIE, s. f. Ancienne ville de Grèce dans le Péloponèse, célèbre par le temple de Jupiter Olympien et par les jeux olympiques. T. de myth.

OLYMPIENS, adj. m. pl. Epithète que les poètes accordent aux douze principaux dieux de la fable, savoir : Jupiter, Mars, Neptune, Pluton, Vulcain, Apollon; Junon, Vesta, Minerve, Cérès, Diane et Vénus. T. de myth.

OLYMPIQUES, adj. m. pl. Se dit des jeux qu'on célébrait en Grèce auprès d'Olympie. T. de myth.

OLYRE, s. f. Genre de plantes graminées. T. de bot.

OMAGRE, s. m. Goutte à l'épaule. T. de méd.

OMAID, s. m. Gouet, plante à feuilles ternées. T. de bot.

OMALISE, s. m. Genre d'insectes coléoptères. T. d'hist. nat.

OMALOÏDES ou PLANIFORMES, s. m. pl. Coléoptères tétramères. T. d'hist. nat.

OMALYCUS, s. m. Genre de champignons. T. de bot.

OMASUM, s. m. Troisième ventricule des animaux ruminans.

OMBELLE, s. f. Rameaux en forme de branches de parasol, qui portent des fleurs. T. de bot.

OMBELLÉ, E, adj. En forme d'ombelle. T. de bot.

OMBELLIFÈRE, adj. Qui porte des ombelles. —, s. f. pl. Famille des plantes dicotylédones, polypétales, à étamines épygynes. T. de bot.

OMBELLULAIRE, s. m. Polypier à rayons. T. d'hist. nat.

OMBELLULE, s. f. Petite ombelle. T. de bot.

OMBILIC, s. m. Nombril. T. d'anat. —, petite cavité formée par les débris d'un calice supérieur et persistant, dans certains fruits. T. de bot. —, trou en forme de nombril à la partie supérieure de la coquille bivalve.

OMBILICAIRE, s. f. Genre de lichens. T. de bot.

OMBILICAL, E, adj. Qui appartient à l'ombilic. Cordon —, cordon composé de deux artères et d'une veine qui naît au fond du placenta et se termine au nombril de l'enfant. Région —, région du ventre entre l'épigastre et l'hypogastre. T. d'anat.

OMBILIQUÉ, E, adj. Pourvu d'un ombilic. T. de bot.

OMBLE, s. m. Poisson du genre du salmone. T. d'hist. nat.

OMBLEZE, s. f. Com. du dép. de la Drôme, cant. de Crest, arr. de Die. = Crest.

OMBRAGE, s. m. Amas de branches de feuilles qui donnent de l'ombre. —, défiance, soupçon. Fig.

OMBRAGÉ, E, part. Couvert d'ombrage.

OMBRAGER, v. a. Planter des arbres, des bois; couvrir d'ombrage. —, diminuer les jours. T. de peint. —, diminuer le trou des tuyaux. T. de luthier.

OMBRAGEUX, EUSE, adj. Défiant, soupçonneux. —, peureux, qui a peur de son ombre; cheval ombrageux.

OMBRE, s. f. Sorte d'obscurité causée par un corps opaque qui intercepte les rayons du soleil. —, obscurité, ténèbres; les ombres de la nuit. —, couvert des arbres, ombrage. —, faveur, protection, appui. Fig. —, apparence, prétexte; indice, marque; trace, vestige. —, spectre, fantôme. —, partie obscure, teinte sombre dans un tableau. —, ou terre d'—, terre brune pour ombrer. T. de peint. —, pl. Les ames des morts, les mânes. T. de myth. —, convives amenés par des conviés, pour prendre part à un festin, chez les Romains. T. d'antiq.

OMBRÉ, E, part. Enrichi, orné d'ombres, en parlant d'un tableau.

OMBRELLE, s. f. Petit parasol dont se servent les dames.

OMBRER, v. a. Distribuer les ombres pour faire ressortir les figures. T. de peint. —, brunir. T. d'arts.

OMBRETTE, s. f. Oiseau échassier du Sénégal. T. d'hist. nat.

OMBREUX, EUSE, adj. Qui produit, donne de l'ombre. (Vi.)

OMBROMÈTRE, s. m. Instrument pour évaluer la quantité de pluie qui tombe dans le courant d'une année. T. de phys.

OMÉCOURT, s. m. Com. du dép. de l'Oise, cant. de Formerie, arr. de Beauvais. = Grandvilliers.

OMÉGA, s. m. Grand O, dernière lettre de l'alphabet grec. —, la fin, la dernière partie. Fig.

OMELETTE, s. f. Œufs battus et cuits dans la poêle, à l'aide d'un morceau de beurre.

OMELMONT, s. m. Com. du dép. de la Meurthe, cant. de Vézelise, arr. de Nancy. = Vézelise.

OMENCOURT, s. m. Com. du dép. de la Somme, cant. de Roye, arr. de Montdidier. = Nesle.

OMENTITE, s. f. Voy. ÉPIPLOÏTE.

OMENTUM, s. m. (mot latin). Epiploon. Voy. ce mot.

OMER (St.-), s. m. Com. du dép. du Calvados, cant. de Thury-Harcourt, arr. de Falaise. = Thury-Harcourt.

OMER (St.-), s. m. Ville fortifiée du dép. du Pas-de-Calais, chef-lieu d'une sous-préf. et de deux cant.; trib. de 1re inst. et de comm.; chambre consultative des manuf.; société d'agric.; biblioth. pub. de 20,000 vol.; place de guerre de 3e classe; conserv. des hypoth.; direct. des contrib. indir.; bur. de garantie des matières d'or et d'argent; recev. part. des finances; bur. d'enregist. et de poste. Pop. 19,400 hab. env.
Cette ville, située dans une contrée marécageuse, sur la rivière de l'Aa, qui y est navigable, est en général bien bâtie et bien fortifiée. On y remarque l'ancienne cathédrale, bel édifice gothique, l'église du collège, le canal et les promenades.
Fabr. de draps, fils retors, amidon, savon, huile, colle-forte, filets de pêche; teintureries, raffineries de sel, papeteries, etc. Comm. de grains, vins, eaux-de-vie, huiles, épiceries, lin, houille, etc.

OMER-CAPELLE (St.-), s. m. Com. du dép. du Pas-de-Calais, cant. d'Audruick, arr. de St.-Omer. = Gravelines.

OMER-EN-CHAUSSÉE (St.-), s. m. Com. du dép. de l'Oise, cant. de Marseille, arr. de Beauvais. = Beauvais.

OMERGUES (les), s. f. pl. Com. du dép. des Basses-Alpes, cant. de Noyers, arr. de Sisteron. = Noyers.

OMERSWILLER, s. m. Com. du dép. de la Moselle, cant. de Volmunster, arr. de Sarreguemines. = Sarreguemines.

OMERVILLE, s. f. Com. du dép. de Seine-et-Oise, cant. de Magny, arr. de Mantes. = Magny.

OMES, s. f. Village du dép. du Puy-de-Dôme, cant. et arr. de Clermont. = Clermont.

OMESSA, s. f. Com. du dép. de la Corse, chef-lieu de cant. de l'arr. de Corte. = Corte.

OMET, s. m. Com. du dép. de la Gironde, cant. de Cadillac, arr. de Bordeaux. = Cadillac.

OMÉTIDES, s. f. pl. Coussins dont se servaient les femmes maigres et contrefaites, pour remédier aux défectuosités de leurs épaules. T. d'antiq.

OMETTRE, v. a. Manquer à faire ou à dire quelque chose, oublier, ne pas faire mention, passer sous silence.

OMEX, s. m. Com. du dép. des Hautes-Pyrénées, cant. de Lourdes, arr. d'Argelès. = Lourdes.

OMEY, s. m. Com. du dép. de la Marne, cant. de Marson, arr. de Châlons. = Châlons.

OMICOURT, s. m. Com. du dép. des Ardennes, cant. de Flize, arr. de Mézières. = Mézières.

OMIÉCOURT, s. m. Com. du dép. de la Somme, cant. de Nesle, arr. de Péronne. = Libons.

OMIS, E, part. Oublié, passé sous silence.

OMISSION, s. f. Oubli d'un devoir; chose omise. Péché d'—, péché de celui qui néglige d'observer les commandemens de l'église.

OMISSY, s. m. Com. du dép. de l'Aisne, cant. et arr. de St.-Quentin. = St.-Quentin.

OMMAILLOUROS, s. m. Quartz agate chatoyant. T. d'hist. nat.

OMMÉEL, s. m. Com. du dép. de l'Orne, cant. d'Exmes, arr. d'Argentan. = Argentan.

OMMEREY, s. m. Com. du dép. de la Meurthe, cant. de Vic, arr. de Château-Salins. = Moyenvic.

OMMOY, s. m. Com. du dép. de l'Orne, cant. de Trun, arr. d'Argentan. = Argentan.

OMNICOLOR, s. m. Soui-manga, oiseau sylvain de toutes couleurs. T. d'hist. nat.

OMNIPOTENCE, s. f. Attribut de la Divinité, la toute-puissance de Dieu.

OMNIPRÉSENCE, s. f. Présence en tous lieux à la fois; omniprésence de Dieu. T. didact.

OMNISCIENCE, s. f. Science infinie, qui n'appartient qu'à la puissance divine, au Tout-Puissant. T. didact.

OMNIVORE ou OMNIPHAGE, adj. Qui se nourrit de toutes sortes d'aliments, comme l'homme.

OMO-CLAVICULAIRE, s. et adj. Voy. CORACO-CLAVICULAIRE. T. d'anat.

OMOCOTYLE, s. f. Cavité de l'omoplate qui reçoit la tête de l'humérus. T. d'anat.

OMO-HYOÏDIEN, s. et adj. m. Voy. CORACO-HYOÏDIEN. T. d'anat.

OMONT, s. m. Com. du dép. des Ardennes, chef-lieu de cant. de l'arr. de Mézières. Bur. d'enregist. = Mézières.

OMONVILLE, s. f. Com. du dép. de la Seine-Inférieure, cant. de Bacqueville, arr. de Dieppe. = Bacqueville.

OMONVILLE, s. f. Com. du dép. de la Seine-Inférieure, cant. de St.-Saens, arr. de Neufchâtel. = Neufchâtel.

OMONVILLE-LA-PETITE, s. f. Com. du dép. de la Manche, cant. de Beaumont, arr. de Cherbourg. = Cherbourg.

OMONVILLE-LA-ROGUE, s. f. Com. du dép. de la Manche, cant. de Beaumont, arr. de Cherbourg. = Cherbourg.

OMOPHAGE, adj. Qui vit de chair crue.

OMOPHAGIES, s. f. pl. Fêtes en l'honneur de Bacchus dans lesquelles on immolait des boucs, dont on mangeait les entrailles palpitantes. T. de myth.

OMOPHRON, s. m. Genre d'insectes coléoptères. T. d'hist. nat.

OMOPLATE, s. m. Os plat et triangulaire situé à la partie supérieure et postérieure du thorax, et qui s'étend depuis la première des vraies côtes jusqu'à la septième. T. d'anat.

OMOPTÈRES, s. m. pl. Insectes hémiptères. T. d'hist. nat.

OMPHACINE, adj. f. Tiré des olives avant leur maturité; huile omphacine. T. de pharm.

OMPHALE, s. f. Reine de Lydie aux pieds de laquelle on prétend que filait Hercule. T. de myth.

OMPHALIER, s. m. Genre de plantes de la famille des tithymaloïdes. T. de bot.

OMPHALOBE, s. m. Plante de l'île de Ceylan. T. de bot.

OMPHALOCÈLE, s. f. Hernie ombilicale. Voy. EXOMPHALE. T. de chir.

OMPHALODE, s. m. Cynoglosse, plante borraginée. T. de bot.

OMPHALOMANCIE, s. f. Divination, présage que l'on tirait de la conformation du cordon ombilical.

OMPHALOMYCES, s. f. pl. Champignons feuilletés. T. de bot.

OMPHALOPSYQUES, s. m. pl. Sectaires grecs qui habitaient le mont Athos. Ces Grecs superstitieux étaient en contemplation devant leur nombril qu'ils croyaient lumineux et la source des délices célestes. T. d'antiq.

OMPHALOPTRE ou OMPHALOPTIQUE, adj. m. Se dit d'un verre convexe des deux côtés. T. d'opt.

OMPHALORRHAGIE, s. f. Hémorrhagie ombilicale chez les nouveaux nés. T. de chir.

OMPHALOTOMIE, s. f. Section du cordon ombilical. T. de chir.

OMPHAZITE, s. f. Variété d'actinote. T. d'hist. nat.

OMPOK, s. m. Poisson abdominal. T. d'hist. nat.

OMPS, s. m. Com. du dép. du Cantal, cant. de St.-Manet, arr. d'Aurillac. = Aurillac.

OMRAS, s. m. Titre des grands seigneurs à la cour du Mogol.

OMS, s. m. Com. du dép. des Pyrénées-Orientales, cant. et arr. de Céret. = Céret.

ON, pron. pers. indéf. Quelqu'un, quelques-uns, plusieurs. — dit, — raconte, les hommes disent. Quand — se trouve entre deux voyelles, on ajoute un l pour éviter l'hiatus; si l'on, où l'on.

ONAGRA, s. f. Plante astringente. T. de bot.

ONAGRAIRE, s. f. Plante de la famille des onagres.

ONAGRE, s. m. Baliste, machine de guerre dont les anciens se servaient pour lancer des pierres. —, âne sauvage. —, voy. ONAGRA. T. de bot.

ONAN, s. m. Heb. personnage de l'ancien testament, étant mort sans postérité, Onan, d'après la loi en vigueur, épousa la veuve de son frère et se pollua pour ne pas avoir d'enfans avec elle, parce que ceux-ci devaient porter le nom du premier époux.

ONANISME, s. m. Péché d'Onan, pollution, masturbation.

ONANS, s. m. Com. du dép. du Doubs, cant. de l'Isle-sur-le-Doubs, arr. de Baume. = l'Isle-sur-le-Doubs.

ONARD, s. m. Com. du dép. des Landes, cant. de Montfort, arr. de Dax. = Tartas.

ONAY, s. m. Com. du dép. de la Drôme, cant. de Romans, arr. de Valence. = Romans.

ONAY, s. m. Com. du dép. du Jura, cant. de Salins, arr. de Poligny. = Salins.

ONAY, s. m. Com. du dép. de la Haute-Saône, cant. et arr. de Gray. = Gray.

ONC ou ONCQUES, adj. Jamais. (Vi.)

ONCE, s. f. Poids de huit gros. —, nom de diverses monnaies d'Espagne. —, espèce de petite panthère qu'on apprivoise et dont on se sert, en Perse, pour chasser les gazelles.

ONCEAU, s. m. Petite once. T. de blas.

ONCELLE, s. f. Espèce de tigre de Barbarie.

ONCHIDIE, s. f. Genre de vers mollusques. T. d'hist. nat.

ONCHIDORE, s. m. Mollusque cyclobranche. T. d'hist. nat.

ONCIALES, adj. f. pl. Se dit de grandes lettres dont on se servait pour les inscriptions et les épitaphes. T. d'antiq.

ONCIEU, s. m. Com. du dép. de l'Ain, cant. de St.-Rambert, arr. de Belley. = St.-Rambert.

ONCLE, s. m. Frère du père ou de la mère. Grand —, frère du grand-père ou de la grand'mère. — à la mode de Bretagne, cousin germain du père ou de la mère.

ONCOTOMIE ou ONKOTOMIE, s. f. Ouverture d'un abcès à l'aide d'un instrument tranchant. T. de chir.

ONCOURT, s. m. Com. du dép. des Vosges, cant. de Châtel, arr. d'Epinal. = Epinal.

ONCTION, s. f. Administration des saintes huiles. Voy. EXTRÊME-ONCTION. —, mouvement de la grâce, consolation que donne le Saint-Esprit. Fig. —, qualité d'un discours édifiant, qui fait naître de douces émotions, qui inspire de la piété; sermon rempli d'onction.

ONCTUEUSEMENT, adv. Avec onction, d'une manière onctueuse, touchante.

ONCTUEUX, EUSE, adj. Huileux. —, rempli d'onction. Fig.

ONCTUOSITÉ, s. f. Qualité de ce qui est huileux, onctueux.

ONCUS, s. m. Arbrisseau de la Cochinchine. T. de bot.

ONCY, s. m. Com. du dép. de Seine-et-Oise, cant. de Milly, arr. d'Etampes. = Milly.

ONDATRA, s. m. Rat musqué. T. d'hist. nat.

ONDE, s. f. Flot, soulèvement de l'eau agitée; la mer; eau courante. l'— noire, le Styx, la mort. Fig. —, pl. Tout ce qui offre la figure de l'onde; défauts dans le verre; levier du métier à bas. —, lignes qui vont en serpentant sur la robe d'une coquille. T. d'hist. nat.

ONDÉ, E, adj. Façonné en forme d'ondes. —, plissé à gros plis arrondis. T. de bot.

ONDÉCAGONE, s. m. Figure qui a onze angles et onze côtés. T. de géom.

ONDÉCIMAL, s. m. Poisson du genre du silure. T. d'hist. nat.

ONDÉE, s. f. Pluie passagère.

ONDEFONTAINE, s. f. Com. du dép. du Calvados, cant. d'Aunay, arr. de Vire. = Aunay-sur-Odon.

ONDEHLANDE, s. f. Plante rubiacée. T. de bot.

ONDES, s. f. Com. du dép. de la Haute-Garonne, cant. de Fronton, arr. de Toulouse. = Grenade.

ONDIN, E, s. Génie des eaux, création fantastique des faiseurs de contes bleus.

ON DIT, s. m. Rapport indiscret, nouvelle hasardée. —, pl. Bruits vagues, propos indiscrets.

ONDOIEMENT, s. m. Baptême administré par un laïque, par un accoucheur, quand les jours de l'enfant sont en danger.

ONDOYANT, E, adj. Qui ondoie; vagues, flammes ondoyantes. —, qui offre l'image des ondes; contours ondoyans. T. de peint.

ONDOYÉ, E, part. Baptisé par un laïque.

ONDOYER, v. a. Baptiser un enfant, en parlant d'un laïque; dans les cas prévus par l'église. —, v. n. Flotter, se mouvoir en forme d'ondes.

ONDRAS (St.-), s. m. Com. du dép. de l'Isère, cant. de Viriéu, arr. de Latour-du-Pin. = Latour-du-Pin.

ONDRES, s. f. Village du dép. des Basses-Alpes, cant. de Colmar, arr. de Castellanne. = Castellanne.

ONDRES, s. f. Com. du dép. des Landes, cant. de St.-Vincent-de-Tyros, arr. de Dax. = Bayonne.

ONDREVILLE, s. f. Com. du dép. du Loiret, cant. de Puiseaux, arr. de Pithiviers. = Pithiviers.

ONDULANT, adj. m. Se dit d'un pouls élevé et inégal. T. de méd.

ONDULATION, s. f. Mouvement oscillatoire. T. de phys.

ONDULATOIRE, adj. Qui se meut par ondulation, oscillatoire.

ONDULÉ, E, ou ONDULEUX, EUSE, adj. Qui forme de petits plis arrondis. T. de bot.

ONDULER, v. n. Avoir un mouvement d'ondulation, s'agiter en forme d'ondes. T. de phys.

ONÉIRODYNIE, s. f. Songe pénible, cauchemar. T. de méd.

ONÉIROGYNE, s. m. Songe érotique.

ONÉIROMANCIE, s. f. Divination, interprétation des songes.

ONEIX, s. m. Com. du dép. des Basses-Pyrénées, cant. de St.-Palais, arr. de Mauléon. = St.-Palais.

ONEN (St.-), s. m. Com. du dép. d'Ille-et-Vilaine, cant. de St.-Méen, arr. de Montfort. = Montauban.

ONÉRAIRE, adj. Se dit d'une personne qui remplit les fonctions d'une charge dont un autre a l'honneur; tuteur onéraire.

ONÉREUX, EUSE, adj. Incommode, à charge; dispendieux, coûteux.

ONESSE, s. f. Com. du dép. des Landes, cant. d'Arjuzanx, arr. de Mont-de-Marsan. = Tartas.

ONET-LE-CHÂTEAU, s. m. Com. du dép. de l'Aveyron, cant. et arr. de Rodez. = Rodez.

ONET-L'ÉGLISE, s. m. Com. du dép. de l'Aveyron, cant. de Bozouls, arr. de Rodez. = Rodez.

ONEUX, s. m. Com. du dép. de la Somme, cant. de Nouvion, arr. d'Abbeville. = Abbeville.

ONGLE, s. m. Espèce de corne blanchâtre, transparente, qui recouvre la partie supérieure de l'extrémité des doigts des pieds et des mains, convexe en dessus et concave en dessous. —, griffe, serre de plusieurs animaux. —, pellicule vers l'angle interne de l'œil; collection de pus entre l'iris et la cornée. T. de chir. —, taie sur l'œil de l'oiseau. T. de fauc. —, sabot du cheval. T. de méd. vétér. —, sorte de coquille. — odorant, opercule d'un coquillage univalve. T. d'hist. nat. —, onglet adhérent au pétale. — de chat, sorte d'acacia.

T. de bot. Rogner les — à quelqu'un, diminuer son crédit ou ses profits. Donner sur les —, tancer vertement. Fig. et fam.

ONGLÉ, E, part. Armé de griffes, de serres. T. de fauc. et de blas.

ONGLÉE, s. f. Engourdissement douloureux au bout des doigts, occasionné par le froid. — ou ongle, excroissance membraneuse au coin de l'œil du cheval. T. de méd. vétér.

ONGLES, s. m. Com. du dép. des Basses-Alpes, cant. de St.-Etienne, arr. de Forcalquier. = Forcalquier.

ONGLET, s. m. Petit ongle. T. inus. —, feuillet substitué à un autre dont les pages sont fautives. T. d'impr. —, bande de papier cousue avec les feuilles pour recevoir les estampes. T. de rel. —, sorte de poinçon. T. d'arts et mét. —, assemblage de menuiserie en angles. —, partie de la fressure qui tient au foie et au mou. T. de bouch. —, petit tangara, oiseau sylvain. T. d'hist. nat. —, partie inférieure d'un pétale; tube d'une corolle monopétale. Voy. PTÉRYGION. T. de bot.

ONGLETTE, s. f. Burin plat. T. d'arts et mét. —, échancrure d'une lame pour l'ouvrir avec l'ongle. T. de coutel.

ONGLETTÉ, E, adj. Qui est pourvu d'un onglet. T. de bot.

ONGLIÈRES, s. f. Com. du dép. du Jura, cant. de Nozeroy, arr. de Poligny. = Champagnole.

ONGUENT, s. m. Médicament externe de consistance molle, composé d'huile, de graisse, de cire, de mucilages, de plantes, de substances animales et végétales, etc.

ONGUICULÉ, E, adj. Se dit des doigts des quadrupèdes, terminés par un ongle long et grêle. T. d'hist. nat. Pétale —, en forme d'ongle. T. de bot. —, s. et adj. m. pl. Quadrupèdes dont les doigts sont pourvus d'ongles. T. d'hist. nat.

ONGULÉS, s. et adj. m. pl. Quadrupèdes portant des sabots. T. d'hist. nat.

ONGULINE, s. f. Testacé bivalve. T. d'hist. nat.

ONGULOGRADES, s. m. pl. Mammifères pachydermes et ruminans. T. d'hist. nat.

ONIROCRITIE, s. f. Art d'interpréter les songes. Voy. ONÉIROMANCIE.

ONIROCRITIQUE, s. m. Charlatan, diseur de bonne aventure qui prétend interpréter les songes.

ONITE, s. m. Poisson du genre du labre —, ou onitis, genre d'insectes coléoptères. T. d'hist. nat.

ONIX, s. m. Coquille du genre cône. T. d'hist. nat. Voy. ONYX.

ONJON, s. m. Com. du dép. de l'Aube, cant. de Piney, arr. de Troyes. Troyes.

ONLAY, s. m. Com. du dép. de la Nièvre, cant. de Moulins-Engilbert, arr. de Château-Chinon. = Moulins-Engilbert.

ONNAING, s. m. Com. du dép. du Nord, cant. et arr. de Valenciennes. = Valenciennes.

ONOCENTAURES, s. m. pl. Esprits malfaisans, monstres moitié homme et moitié âne. T. de myth.

ONOCÉPHALE, adj. A tête d'âne.

ONOCHOËRITIS ou ONOCHOËTES, s. m. Monstre moitié âne et moitié porc, dont les chrétiens furent accusés d'avoir fait leur Dieu, pour jeter du ridicule sur leur religion. T. de myth.

ONOCLÉE, s. f. Genre de fougères. T. de bot.

ONOCORDON, s. m. Vulpin des prés, plante graminée. T. de bot.

ONOCROTALE, s. m. Pélican blanc à large gosier, oiseau aquatique ayant une poche sous le bec.

ONOMANCIE, s. f. Fourberie de jongleurs qui prétendaient lire l'avenir d'une personne dans la composition de son nom.

ONOMATOPÉE, s. f. Mot imitatif du son de la chose qu'il désigne; flonflon, trictrac.

ONONIS ou ANONIS, s. m. Arête-bœuf. T. de bot.

ONOPIX, s. m. Plante voisine du chardon. T. de bot.

ONOPORDE, s. f. Plante du genre des cynarocéphales. T. de bot.

ONORÉ, s. m. Espèce de butor, oiseau de l'Amérique méridionale. T. d'hist. nat.

ONOSCÈLE ou ONOSCÉLIDE, s. m. Satyre, monstre à jambes d'ânes.

ONOSÈRE, s. f. Genre de plantes de l'Amérique méridionale. T. de bot.

ONOSMA, s. f. Plante borraginée. T. de bot.

ONOSMODE, s. m. Grémil, plante borraginée de Virginie. T. de bot.

ONOSURE, s. m. Plante épilobienne. T. de bot.

ONOZ, s. m. Com. du dép. du Jura, cant. d'Orgelet, arr. de Lons-le-Saulnier. = Orgelet.

ONSEMBRAY, s. m. Com. du dép. de l'Oise, cant. d'Auneuil, arr. de Beauvais. = Beauvais.

ONTHOPHAGE, s. m. Genre d'insectes coléoptères. T. d'hist. nat.

ONTOLOGIE, s. f. Traité sur la nature et la composition de l'être en général; partie de la logique, science des êtres.

ONTOLOGIQUE, adj. Qui appartient à l'ontologie.

ONVILLE, s. f. Com. du dép. de la Moselle, cant. de Gorze, arr. de Metz. = Metz.

ONVILLERS, s. m. Village du dép. de la Somme, cant. et arr. de Montdidier. = Montdidier.

ONXIE, s. f. Plante corymbifère. T. de bot.

ONYCHITE, s. f. Térébratule fossile. T. d'hist. nat.

ONYCHOMANCIE, s. f. Divination par l'inspection des ongles.

ONYGENE, s. m. Petit champignon sur le sabot du cheval.

ONYMANCIE, s. f. Divination par l'huile et la cire.

ONYX, s. m. Agate très fine, blanche et brune.

ONZAIN, s. m. Com. du dép. de Loir-et-Cher, cant. d'Herbault, arr. de Blois. = Ecure.

ONZE, s. m. Onzième jour; le onze du mois. —, adj. numéral. Dix et un.

ONZIÈME, s. m. La onzième partie. —, adj. numéral. Qui vient après le dixième.

ONZIÈMEMENT, adj. En onzième lieu.

OO, s. m. Com. du dép. de la Haute-Garonne, cant. de Bagnères-de-Luchon, arr. de St.-Gaudens. = Bagnères-de-Luchon. Mines de cuivre, de plomb argentifère et de cristal.

OOLITHES, s. f. pl. Pierres composées de petites coquilles pétrifiées. T. d'hist. nat.

OOMANCIE ou OOSCOPIE, s. f. Divination par les figures qu'on remarquait dans les œufs.

OOST-CAPPEL, s. m. Com. du dép. du Nord, cant. de Hondschoote, arr. de Dunkerque. = Bergues.

OPA, s. m. Myrte de la Cochinchine. T. de bot.

OPACITÉ, s. f. Qualité d'un corps opaque, l'opposé de transparence.

OPALAT, s. m. Grand arbre de la Guiane, à bois blanc. T. de bot.

OPALE, s. f. Pierre précieuse, chatoyante, stalactite de feld-spath.

OPALÉ, E, part. Remué, détaché des formes, en parlant des grains du sucre.

OPALER, v. a. Remuer le sucre dans les formes, détacher les grains qui s'y attachent.

OPAQUE, adj. Qui n'est point transparent.

OPÂTRE, s. m. Genre d'insectes coléoptères. T. d'hist. nat.

OPÉGRAPHE, s. m. Genre de plantes cryptogames. T. de bot.

OPÉRA, s. m. Poëme lyrique qui réunit le pathétique de la tragédie au merveilleux de l'épopée, et dans lequel la musique, la danse et la peinture rivalisent pour varier les plaisirs du spectateur. —, spectacle où l'on représente ces sortes d'ouvrages; les acteurs, les musiciens, le matériel du théâtre. —, chose difficile, affaire compliquée, embarrassante. T. fam. — comique, drame d'un genre mixte, qui tient de la comédie par le fond, et s'approche de l'opéra par la forme; théâtre où l'on représente ce genre d'ouvrages dramatiques.

OPÉRATEUR, TRICE, s. Chirurgien habile qui opère avec succès. —, charlatan, empirique, arracheur de dents, marchand d'orviétan. T. fam.

OPÉRATIF, IVE, adj. Qui opère. (Vi.)

OPÉRATION, s. f. Travail, ouvrage en général. —, action d'une puissance, d'un agent qui opère; opération du Saint-Esprit, de la nature. —, application méthodique des instrumens de chirurgie sur quelque partie du corps; saignée, amputation, etc. —, effet des médicamens. T. de méd. —, calcul suivant les quatre règles. T. d'arith. —, combinaison ou décomposition de diverses matières. T. de chim. —, mouvemens stratégiques; les opérations de l'armée du Nord. T. d'art milit. Les trois — de l'entendement, la perception, le jugement et le raisonnement. T. de log.

OPERCULAIRE, s. f. Genre de plantes de la tétrandrie, quatrième classe des végétaux. T. de bot. —, adj. Qui est relatif aux opercules. T. d'hist. nat.

OPERCULE, s. f. Couvercle qui ferme l'ouverture de certaines coquilles univalves; corps écailleux qui recouvre les branchies d'un grand nombre de poissons. T. d'hist. nat. —, partie saillante et arrondie sur quelques graines; couvercle de l'urne de quelques mousses. T. de bot.

OPERCULÉ, E, adj. Pourvu d'une opercule. T. d'hist. nat. et de bot.

OPERCULITHE, s. f. Opercule fossile. T. d'hist. nat.

OPERDING, s. m. Com. du dép. de la Moselle, cant. de Volmunster, arr. de Sarreguemines. == Sarreguemines.

OPÉRÉ, s. m. Sujet sur lequel il a été pratiqué une opération chirurgicale. T. de chir.

OPÉRÉ, E, part. Fait, travaillé; qui a subi une opération chirurgicale.

OPÉRER, v. a. et n. Faire, travailler. —, produire un effet; la charité opère des miracles. —, faire une opération de chirurgie, de chimie, etc. —, produire son effet, en parlant d'un médicament. — sa jonction, se réunir à un autre, en parlant d'un corps d'armée.

OPES, s. m. pl. Trous des échafaudages qu'on laisse dans les murs; trous pour recevoir le bout des solives. T. d'arch.

OPÉTIOLE, s. f. Plante des Indes, de la famille des aroïdes. T. de bot.

OPHIASE, s. f. Voy. ALOPÉCIE. T. de méd.

OPHICÉPHALE, s. m. Genre de poissons thoraciques. T. d'hist. nat.

OPHICHTHYCTES, s. m. pl. Poissons osseux, T. d'hist. nat.

OPHIDIE, s. f. Genre de poissons apodes. T. d'hist. nat.

OPHIDIENS, s. m. pl. Serpens, genre de reptiles dont quelques espèces sont armées de crochets venimeux. T. d'hist. nat.

OPHIODONTES, s. m. pl. Dents de requin pétrifiées. T. d'hist. nat.

OPHIOGÈNES, s. m. pl. Hommes fabuleux issus d'un serpent.

OPHIOGLOSSE, s. m. Genre de fougères à feuilles en langue de serpent, plantes vulnéraires. T. de bot.

OPHIOGLOSSITES, s. m. pl. Voy. GLOSSOPÈTRES. T. d'hist. nat.

OPHIOÏDES ou OPHIOMORPHITES, s. m. pl. Cornes d'ammon. T. d'hist. nat.

OPHIOLÂTRE, s. et adj. Qui adore les serpens.

OPHIOLÂTRIE, s. f. Culte, adoration des serpens.

OPHIOLITHE, s. f. Espèce de roche. T. d'hist. nat.

OPHIOLOGIE, s. f. Partie de l'histoire naturelle, relative aux serpens. T. d'hist. nat.

OPHIOMANCIE, s. f. Divination par les serpens.

OPHION, s. m. Nom d'un roi vaincu par Saturne. T. de myth. —, genre d'insectes hyménoptères. T. d'hist. nat.

OPHIOPHAGE, s. et adj. Qui se nourrit de serpens.

OPHIOPOGON, s. m. Muguet du Japon. T. de bot.

OPHIORRHIZE, s. f. Genre de plantes de la famille des gentianes. T. de bot.

OPHIOSE, s. f. Arbrisseau de la pentandrie, cinquième classe des végétaux. T. de bot.

OPHIOSPERMES, s. f. pl. Famille de plantes. T. de bot.

OPHIOSTACHYS, s. f. Plante vivace d'Amérique. T. de bot.

OPHIR, s. m. Plante de la famille des onagres. T. de bot.

OPHISURE, s. m. Espèce de murène. T. d'hist. nat.

OPHITE ou SERPENTIN, s. m. Porphyre antique, tacheté. T. d'hist. nat.

OPHIUCUS, s. m. Constellation que les poètes croyaient être Hercule, et que les Latins nommèrent le Serpentaire, nom qui lui est resté. T. d'astr.

OPHIURE, s. m. Genre de vers échynodermes. T. d'hist. nat. —, genre de plantes graminées. T. de bot.

OPHRIE, s. f. Serpent boa. T. d'hist. nat.

OPHRYSE, s. f. Plante orchidée. T. de bot.

OPHTHALGIE ou OPHTALMODYNIE, s. f. Douleur qu'on éprouve à l'œil, sans inflammation. T. de méd.

OPHTALMIE ou OPHTALMOPONIE, s. f. Inflammation de la conjonctive, accompagnée de rougeur, avec ou sans écoulement de larmes. T. de méd.

OPHTALMIQUE, adj. Qui concerne les yeux, qui est propre à guérir les maux dont ces organes sont affectés. T. de méd.

OPHTALMITES, s. f. pl. Pierres qui ont la forme d'un œil. T. d'hist. nat.

OPHTHALMOCÈLE ou OPHTHALMOPTOSE, s. f. Exophthalmie, sortie de l'œil de son orbite. T. de méd.

OPHTHALMOGRAPHIE, s. f. Description anatomique de l'œil. T. d'anat.

OPHTHALMOLOGIE, s. f. Partie de l'anatomie qui traite des yeux. T. d'anat.

OPHTHALMOMÈTRE, s. m. Instrument pour mesurer la capacité de l'œil. T. de chir.

OPHTHALMORRHAGIE, s. f. Ecoulement de sang par les yeux. T. de méd.

OPHTHALMOSCOPIE, s. f. Art de juger, ou plutôt de faire des conjectures sur la nature du tempérament et du caractère d'une personne, par l'inspection des yeux.

OPHTHALMOSTASE, s. m. Instrument de chirurgie propre à fixer le globe de l'œil. T. inus.

OPHTHALMOTOMIE, s. f. Dissection de l'œil. T. d'anat. —, extraction de l'œil. T. de chir.

OPHTHALMOXYSE, s. f. Scarification de la conjonctive. T. de chir.

OPHTHALMOXYSTRE, s. m. Petite brosse de barbes d'épis de seigle, ou d'orge, pour scarifier les paupières. T. de chir.

OPIACÉ, E, adj. Qui contient de l'opium. T. de méd.

OPIAT, s. m. Médicament qui contient de l'opium; électuaire, pâte pour les dents. T. de méd.

OPICHTES, s. m. Poissons qui ressemblent aux serpens, comme l'anguille, etc.

OPILATIF, IVE, adj. Qui bouche les pores, qui cause des obstructions. T. de méd.

OPILATION, s. f. Obstruction. T. de méd.

OPILE, s. m. Genre d'insectes coléoptères. T. d'hist. nat. —, arbrisseau de l'Inde. T. de bot.

OPILÉ, E, part. Obstrué. T. de méd.

OPILER, v. a. Obstruer. T. de méd.

OPIMES, adj. f. pl. Se dit des dépouilles d'un général ennemi, tué par un général romain; dépouilles opimes. T. d'antiq.

OPINANT, s. m. Celui qui opine, qui a voix dans une délibération.

OPINATEURS, s. m. Entrepreneurs chargés de la fourniture des vivres et fourrages dans l'armée romaine. T. d'antiq.

OPINER, v. n. Dire son avis, son opinion, sur une chose en délibération.

OPINIÂTRE, s. et adj. En parlant des personnes, obstiné, entêté, trop fortement attaché à son opinion, à sa volonté; esprit opiniâtre. —, ferme, constant, persévérant; courage opiniâtre. —, soutenu long-temps, avec vigueur; combat opiniâtre. —, long, difficile; travail opiniâtre. Maladie —, qui résiste aux médicamens.

OPINIÂTRÉ, E, part. Obstiné, rendu opiniâtre.

OPINIÂTRÉMENT, adv. Avec opiniâtreté, entêtement; avec fermeté, constance.

OPINIÂTRER, v. a. Obstiner, rendre opiniâtre; soutenir avec opiniâtreté. S'—, v. pron. S'obstiner, s'entêter, apporter de l'opiniâtreté dans une affaire.

OPINIÂTRETÉ, s. f. Obstination, entêtement; défaut qui décèle un grand fond d'orgueil ou de sottise.

OPINION, s. f. Divinité allégorique qui préside aux jugemens des hommes.

T. de myth. — ,,avis, vote, voix; aller aux opinions. —, sentiment, jugement qu'on porte sur une personne ou sur une chose. —, esprit public, puissance irrésistible fondée sur la raison; opinion publique. —, croyance; opinion religieuse. Bonne —, confiance, espoir de succès.

OPIO, s. m. Com. du dép. du Var, cant. du Bar, arr. de Grasse. = Grasse.

OPIPIXCAN, s. m. Canard sauvage du Mexique. T. d'hist. nat.

OPISTHOCYPHOSE, s. f. Déviation, courbure de la colonne vertébrale, bosse, gibbosité. T. de méd.

OPISTHODOME, s. m. Partie postérieure d'un temple. T. d'archit.

OPISTHOGNATE, s. m. Blennie, poisson des Indes. T. d'hist. nat.

OPISTHOGRAPHE ou EPISTOGRAPHIQUE, adj. Ecrit des deux côtés de la feuille, au recto et au verso.

OPISTHOTONOS, s. m. Espèce de tétanos, maladie convulsive, dans laquelle le tronc se trouve renversé en arrière. T. de méd.

OPIUM, s. m. Suc épaissi du pavot blanc, puissant narcotique.

OPLISMÈNE, s. f. Genre de plantes graminées. T. de bot.

OPLOPHORES, s. m. pl. Poissons abdominaux. T. d'hist. nat.

OPOBALSAMUM, s. m. Baume de Judée, gomme résine d'un balsamier d'Arabie. Voy. BALSAMIER.

OPOCALPASUM, s. m. Substance gommo-résineuse. T. d'hist. nat.

OPODELDOCH, s. m. Baume pharmaceutique pour les douleurs rhumatismales.

OPODÉOCÈLE, s. f. Hernie souspubienne. T. de chir.

OPOPANAX ou OPOPONAX, s. m. Suc gommo-résineux employé en médecine.

OPORTO ou PORTO, s. m. Ville maritime de Portugal, à l'embouchure du Douro. Pop., 64,000 hab. env., non compris 10,000 étrangers. Comm. de vin, eau-de-vie, huile, coton, indigo, etc.

OPOSSUM, s. m. Voy. SARIGUE. T. d'hist. nat.

OPOUL, s. m. Com. du dép. des Pyrénées-Orientales, cant. de Rivesaltes, arr. de Perpignan. = Perpignan.

OPPÈDE, s. m. Com. du dép. de Vaucluse, cant. de Bonnieux, arr. d'Apt. = Avignon.

OPPEDETTE, s. f. Com. du dép. des Basses-Alpes, cant. de Reillannes, arr. de Forcalquier. = Manosque.

OPPENANS, s. m. Com. du dép. de la Haute-Saône, cant. de Villersexel, arr. de Lure. = Vesoul.

OPPORTUN, E, adj. Favorable, propice, qui vient à propos, selon le temps et le lieu.

OPPORTUNE (Ste.-), s. f. Com. du dép. de l'Eure, cant. de Quillebeuf, arr. de Pont-Audemer. = Paimbœuf.

OPPORTUNE (Ste.-), s. f. Com. du dép. de l'Orne, cant. d'Athis, arr. de Domfront. = Condé-sur-Noireau.

OPPORTUNE-DU-BOSC (Ste.-), s. f. Com. du dép. de l'Eure, cant. de Beaumont, arr. de Bernay. = le Neubourg.

OPPORTUNE-LA-CAMPAGNE (Ste.-), s. f. Com. du dép. de l'Eure, cant. de Beaumont, arr. de Bernay. = Beaumont.

OPPORTUNÉMENT, adv. D'une manière opportune. T. inus.

OPPORTUNITÉ, s. f. Qualité de ce qui est opportun; occasion favorable.

OPPOSANT, E, adj. Qui s'oppose à l'exécution d'un jugement. T. de procéd. —, s. et adj. m. pl. Antagonistes de la main. T. d'anat.

OPPOSÉ, s. m. Le contraire, chose qui se trouve en opposition directe avec une autre.

OPPOSÉ, E, part. Placé pour faire obstacle. —, adj. Situé à l'opposite; contraire, en parlant des esprits, des humeurs, des caractères, des intérêts, etc. —, contradictoire. Terme —, relatif ou contraire à un autre; le père et le fils, le chaud et le froid. —, se dit des plantes qui naissent de deux points diamétralement opposés. T. de bot.

OPPOSER, v. a. Placer pour faire obstacle; opposer une digue au torrent, un corps d'armée à un autre. —, mettre vis-à-vis, en contraste, en parallèle; opposer les anciens aux modernes. —, objecter, répliquer; opposer un raisonnement à un autre. S'—, v. pron. Mettre obstacle, être contraire, empêcher, refuser son consentement. S'—, former opposition à l'exécution d'un jugement, etc.

OPPOSITE, s. m. L'opposé, le contraire. T. inus. A l'—, adv. En face, vis-à-vis.

OPPOSITIF, IVE, adj. Qui fait obstacle, qui oppose.

OPPOSITION, s. f. Empêchement, obstacle; résistance. —, contrariété. —, la partie indépendante d'une assemblée politique, la minorité courageuse qui s'oppose aux abus, aux envahissemens du pouvoir. —, figure de rhétorique par laquelle on réunit deux idées qui semblent contradictoires. —, acte de procédure pour s'opposer à l'exécution d'un jugement, etc.; signifier une opposition. T. de procéd. —, distance de cent quatre-vingts degrés entre deux planètes. T. d'astr. Mouvement d'—, mouvement qu'exécutent les muscles antagonistes. T. d'anat.

OPPRESSÉ, E, part. Se dit d'une personne dont la respiration est gênée.

OPPRESSER, v. a. Presser fortement, gêner la respiration.

OPPRESSEUR, s. m. Persécuteur, tyran. —, adj. Qui opprime; gouvernement oppresseur.

OPPRESSIF, IVE, adj. Qui opprime, dont le but est d'opprimer; mesure oppressive.

OPPRESSION, s. f. Difficulté de respirer, étouffement, suffocation. —, abus de la force, despotisme, tyrannie ; misère, souffrance de l'opprimé.

OPPRESSIVEMENT, adv. D'une manière oppressive.

OPPRIMÉ, s. m. Le faible, par opposition au fort, victime d'un oppresseur, d'un tyran ; se dit surtout au pl.

OPPRIMÉ, E, part. Tenu dans l'oppression, sous le joug; persécuté, tyrannisé.

OPPRIMER, v. a. Abuser de sa force, de son pouvoir, pour accabler un malheureux ; persécuter, tyranniser; opprimer un peuple.

OPPROBRE, s. m. Honte, ignominie, affront. —, état d'abjection, de dégradation morale ; être l'opprobre de sa famille.

OPPY, s. m. Com. du dép. du Pas-de-Calais, cant. de Vimy, arr. d'Arras. = Arras.

OPRAS, s. m. Titre qu'on donne aux grands seigneurs dans le royaume de Siam.

OPSIGONE, adj. Qui vient dans un temps postérieur, comme les dents de sagesse. T. didact.

OPSIMATHIE, s. f. Envie tardive de s'instruire. T. inus.

OPSOMANE, s. et adj. Qui a un goût prononcé pour un aliment, un mets. T. inus.

OPSONOME, s. m. Magistrat d'Athènes, qui était chargé de la police des marchés.

OPTATIF, s. m. Mode du verbe qui exprime le souhait, comme le subjonctif dans la langue française. T. de gramm. grecque.

OPTATIF, IVE, adj. Qui exprime le souhait; formule optative.

OPTÉ, E, part. Choisi entre deux ou plusieurs choses.

OPTER, v. a. Choisir entre deux ou plusieurs choses qu'on ne peut posséder à la fois ; opter pour un emploi.

OPTÉRIES, s. f. pl. Cadeau qu'on faisait à un enfant la première fois qu'il vous était présenté ; présent d'un nouveau marié à son épouse. T. d'antiq.

OPTEVOZ, s. m. Com. du dép. de l'Isère, cant. de Crémieu, arr. de la Tour-du-Pin. = Crémieu.

OPTICIEN, s. m. Mécanicien versé dans l'optique; qui enseigne cette science; fabricant et marchand de lunettes, d'instrumens d'optique.

OPTICOGRAPHIE, s. f. Traité sur l'optique.

OPTICO-TROCHLÉI-SCLÉROTICIEN, s. et adj. m. Muscle grand oblique de l'œil. T. d'anat.

OPTIMATIE, s. f. Les premiers citoyens, les notables d'une ville. T. inus.

OPTIMISME, s. m. Système de quelques philosophes qui prétendent que tout est pour le mieux, et que nous sommes dans le meilleur des mondes possibles.

OPTIMISTE, s. m. Partisan de l'optimisme ; homme qui voit tout en beau, qui paraît toujours content de ce qui arrive.

OPTION, s. f. Pouvoir, faculté, action d'opter ; choix.

OPTIQUE, s. f. Science qui traite de la lumière et des lois de la vision; perspective, apparence des objets éloignés. —, s. m. Spectacle optique ; boîte où se trouve un miroir qui grossit les objets qu'on lui présente. —, adj. Qui concerne la vision, qui sert à la vue. Nerfs —, seconde paire de nerfs cérébraux. T. d'anat.

OPULEMMENT, adv. Avec opulence.

OPULENCE, s. f. Richesse, fortune, abondance de biens.

OPULENT, E, adj. Qui possède beaucoup de biens, qui est très riche.

OPUNTIA, s. f. Figuier de l'Inde, espèce de cactier dont se nourrit la cochenille. T. de bot.

OPUSCULE, s. m. Petit ouvrage de science ou de littérature.

OR, s. m. Métal jaune, très ductile, le plus précieux des métaux, et le plus pesant après le platine. —, monnaie de ce métal; payer en or. —; opulence, richesse ; ce qu'il y a de plus précieux. —, ce qui est bon, avantageux. Fig. —, se dit poét. de certaines choses d'un jaune éclatant; l'or des moissons. Age d'—, premier temps du monde où l'homme vivait dans la paix et l'innocence. Nombre d'—, révolution de dix-neuf années. — blanc. Voy. PLATINE. — fulminant, précipité de l'or dissous par l'alcali volatil. T. de chim.

OR, particule qui sert à lier une proposition, un discours à un autre, à exhorter, à inviter.

ORAAS, s. m. Com. du dép. des Basses-Pyrénées, cant. de Sauveterre, arr. d'Orthez. = Orthez.

ORACLE, s. m. Réponse ambiguë et souvent captieuse que faisaient les prêtres et les prêtresses du paganisme, à ceux qui venaient les consulter; le prêtre ou plutôt le jongleur qui se disait inspiré par un dieu; le lieu, le temple où le fatalisme conduisait les victimes d'une aveugle superstition; l'oracle de Delphes. —, vérités de l'écriture sainte reconnues par l'Eglise; jugement, décision d'un homme dont la sagesse est égale à l'érudition; cet homme érudit, ce sage. —, personne dont les avis servent de règle, qu'on n'ose contredire; bel esprit en vogue. T. fam. Parler comme un —, avec éloquence, de manière à en imposer. Parler d'un ton d'—, d'un ton tranchant, capable d'en imposer.

ORADOUR, s. m. Com. du dép. du Cantal, cant. de Pierrefort, arr. de St.-Flour. = St.-Flour.

ORADOUR, s. m. Com. du dép. de la Charente, cant. d'Aigre, arr. de Ruffac. = Aigre.

ORADOUR-FANAIS, s. m. Com. du dép. de la Charente, cant. et arr. de Confolens. = Confolens.

ORADOUR-ST.-GENEST, s. m. Com. du dép. de la Haute-Vienne, cant. du Dorat, arr. de Bellac. = le Dorat.

ORADOUR-SUR-GLANNE, s. m. Com. du dép. de la Haute-Vienne, cant. de St.-Junien, arr. de Rochechouart. = St.-Junien.

ORADOUR-SUR-VAYRES, s. m. Com. du dép. de la Haute-Vienne, chef-lieu de cant. de l'arr. de Rochechouart. Bur. d'enregist. = Rochechouart. Fabr. de faulx.

ORADOUX (St.-), s. m. Com. du dép. de la Creuse, cant. de Crocq, arr. d'Aubusson. = Felletin.

ORADOUX-DE-CHIROUSE (St.-), s. m. Com. du dép. de la Creuse, cant. de la Courtine, arr. d'Aubusson. = Felletin.

ORAGE, s. m. Tempête, vent impétueux, accompagné de pluie, de grêle, d'éclairs et de tonnerre. —, malheur, disgrâce, infortune qui fond subitement sur nous; guerre, révolution, etc. Fig. —, vive réprimande, reproches d'un supérieur. T. fam.

ORAGEUX, EUSE, adj. Qui amène, cause de l'orage; vent orageux. —, disposé à l'orage, chargé de nuages; temps orageux. Mer —, sujette aux orages. —, agité, tumultueux, exposé aux troubles, aux révolutions; vie, séance, cour orageuse.

ORAIN, s. m. Com. du dép. de la Côte-d'Or, cant. de Fontaine-Française, arr. de Dijon. = Mirebeau.

ORAINVILLE, s. f. Com. du dép. de l'Aisne, cant. de Neufchâtel, arr. de Laon. = Reims.

ORAIRE, adj. Obtenu par prières. T. inus.

ORAISON, s. f. Assemblage régulier de mots formant un sens; morceau d'éloquence, discours. — funèbre, discours prononcé à l'occasion de la mort d'un personnage digne des regrets publics. —, prière à Dieu ou aux saints; méditation.

ORAISON, s. f. Com. du dép. des Basses-Alpes, cant. de Mées, arr. de Digne. = Digne. Fabr. de draps.

ORAL, s. m. Voile, coiffe de femme. (Vi.) —, grand voile dont le pape se couvre la tête.

ORAL, E, adj. Qui se transmet de bouche en bouche, de vive voix; tradition orale.

ORANBLEU, s. m. Merle d'Afrique. T. d'hist. nat.

ORANG, s. m. Genre de mammifères renfermant les singes les plus rapprochés de l'espèce humaine. — outang, ou homme des bois, grand singe sans bajoues et sans queue. — outang roux, jocko, singe d'environ trois pieds de hauteur. — outang chimpanzé, grand jocko de la taille de l'homme, et très robuste. T. d'hist. nat.

ORANGE, s. f. Fruit des pays méridionaux, à pépins, d'un jaune doré, qui a beaucoup de jus; couleur de ce fruit. —, ou fausse —, variété de la citrouille. — de mer, alcyon.

ORANGE, s. f. Ville du dép. de Vaucluse, chef-lieu de sous-préf. et de deux cant.; trib. de 1re inst.; société d'agric.; conserv. des hypoth.; direct. des contrib. indir.; recev. part. des finances; bur. d'enregist. et de poste. Pop. 9,000 hab. env.

Cette ville, située dans une plaine magnifique arrosée par l'Aigues, fut embellie par les Romains d'un grand nombre de monumens, dont on voit encore les restes. Elle leur fut enlevée par les Bourguignons et les Visigoths, qui en furent chassés à leur tour par les rois de France. Plus tard, après avoir appartenu à la maison de Baux, ensuite à celle de Châlons, elle passa à la maison de Nassau, qui parvint au stadhoudérat de Hollande, et dont l'un des membres conserve encore le nom de prince d'Orange. On voit à peu de distance de cette ville, sur la route de Lyon à Marseille, un arc de triomphe qui fut élevé en mémoire de la victoire de Marius sur les Cimbres et les Teutons. On trouve encore sur les montagnes des environs un théâtre de construction romaine.

Fabr. de mouchoirs, toiles peintes, serges; filatures de soie; moulins à garance. Comm. de vins, eaux-de-vie, huiles, truffes, safran, miel, cire, garance, graines de toute espèce, gomme du pays, etc.

ORANGÉ, E, s. et adj. De couleur d'orange.

ORANGEADE, s. f. Boisson composée de jus d'orange, de sucre et d'eau.

ORANGEAT, s. m. Confiture sèche ou dragée d'écorce d'orange.

ORANGER, s. m. Bel arbre toujours vert, qui produit les oranges, et dont la fleur odoriférante entre dans la composition des liqueurs et d'un grand nombre de médicamens.

ORANGER, ÈRE, s. Marchand d'oranges.

ORANGERIE, s. f. Partie du jardin où sont rangés les orangers; serre chaude où ils sont renfermés durant l'hiver.

ORANGIN, s. m. Courge qui ressemble à l'orange.

ORANGISTE, s. m. Jardinier fleuriste qui élève et soigne des orangers. —, partisan de la maison d'Orange, du Roi de Hollande.

ORANVERT, s. m. Merle du Sénégal. T. d'hist. nat.

ORATEUR, s. m. Homme versé dans la dialectique, habile à bien dire, avocat, prédicateur qui compose et prononce des discours en public. —, celui qui a la parole dans une assemblée délibérante. —, le président de la chambre des communes, en Angleterre. —, insecte du genre des mantes. T. d'hist. nat.

ORATOIRE, s. m. Petite pièce d'une maison, destinée à prier Dieu. —, congrégation d'ecclésiastiques, fondée par le cardinal de Bérulle; églises et maisons qui appartiennent à cette congrégation. —, adj. Qui appartient à l'orateur, à l'éloquence; mouvement oratoire.

ORATOIREMENT, adv. D'une manière oratoire.

ORATORIEN, s. m. Prêtre appartenant à la congrégation de l'oratoire.

ORATORIO, s. m. Drame lyrique dont le sujet est puisé dans l'Ecriture sainte; oratorio de Saül.

ORBAGNA, s. f. Com. du dép. du Jura, cant. de Beaufort, arr. de Lons-le-Saulnier. = Lons-le-Saulnier.

ORBAIS, s. m. Com. du dép. de la Marne, cant. de Montmort, arr. d'Epernay. = Epernay.

ORBAN, s. m. Com. du dép. du Tarn, cant. de Réalmont, arr. d'Albi. = Albi.

ORBE, s. m. Corps rond ayant deux superficies, l'une convexe et l'autre concave. —, espace que parcourt une planète dans sa révolution. T. d'astr. —, poisson du genre du chétodon. T. d'hist. nat. —, adj. Contondant, qui meurtrit et n'entame pas les chairs. T. de chir. Mur —, sans porte ni fenêtre. T. de maç.

ORBE (l'), s. f. Petite rivière qui prend sa source dans le dép. de l'Hérault, arr. de St.-Pons, et qui se jette dans la Méditerranée. Cette rivière commence à être flottable à Bédarieux, et navigable depuis Sérignan jusqu'à la mer.

ORBEC, s. m. Petite ville du dép. du Calvados, chef-lieu de cant. de l'arr. de Lisieux. Bur. d'enregist. et de poste. Fabr. de draps, percales, ruban de fil, etc.; comm. de chapellerie, étoffes de laine et fils de lin.

ORBEC (l'), s. m. Petite rivière qui prend sa source dans le dép. du Calvados, et qui se jette dans la Touques, au-dessus de Lisieux, après un cours d'environ 6 l.

ORBEIL, s. m. Com. du dép. du Puy-de-Dôme, cant. et arr. d'Issoire. = Issoire.

ORBESSAN, s. m. Com. du dép. du Gers, cant. et arr. d'Auch. = Auch.

ORBEY, s. m. Com. du dép. du Haut-Rhin, cant. de la Poutroye, arr. de Colmar. = Cernay. Fabr. de toiles peintes; faïencerie.

ORBICULAIRE, adj. Sphérique, qui est rond, qui va en rond. —, s. et adj. Se dit de plusieurs muscles à fibres circulaires; orbiculaire des lèvres, des paupières, de l'utérus. T. d'anat.

ORBICULAIREMENT, adv. Circulairement, en rond.

ORBICULE, s. f. Coquille bivalve. T. d'hist. nat.

ORBICULÉ, E, adj. Plat et rond. T. de bot.

ORBICULES, s. f. pl. Famille de crustacés. T. d'hist. nat.

ORBICULITES, s. m. pl. Mollusques dont les coquilles sont en spirale. T. d'hist. nat.

ORBIÈRE, s. f. Cuir hémisphérique sur les yeux d'un mulet.

ORBIEU (l'), s. m. Petite rivière qui prend sa source au village de Fourtou, arr. de Limoux, dép. de l'Aude, et qui se jette dans l'Aude, au-dessous de Canet, après un cours d'environ 15 l.

ORBIGNY, s. m. Com. du dép. d'Indre-et-Loire, cant. de Montrésor, arr. de Loches. = Loches.

ORBIGNY-AU-MONT, s. m. Com. du dép. de la Haute-Marne, cant. de Neuilly, arr. de Langres. = Langres.

ORBIGNY-DU-VAL, s. m. Com. du dép. de la Haute-Marne, cant. de Neuilly, arr. de Langres. = Langres.

ORBILLE, s. f. Cupule dans les lichens. T. de bot.

ORBIS, s. m. Poisson de mer, de forme orbiculaire.

ORBITAIRE, adj. Se dit de tout ce qui est relatif à l'orbite et aux différentes parties qui entrent dans sa composition ; canal, nerf orbitaire. T. d'anat.

ORBITE, s. m. Espace que parcourt une planète par son mouvement propre. T. d'astr. —, cavité de l'œil. T. d'anat. —, région qui entoure l'œil des oiseaux. T. d'hist. nat.

ORBITÉ, s. f. Etat des époux sans enfans. T. inus.

ORBITO-EXTUS-SCLÉROTICIEN, s. et adj. m. Muscle droit, externe de l'œil. T. d'anat.

ORBITO-INTUS-SCLÉROTICIEN, s. et adj. m. Muscle adducteur, droit interne de l'œil. T. d'anat.

ORBITOLITHE, s. m. Genre de polypiers pierreux. T. d'hist. nat.

ORBITO-MAXILI-LABIAL, s. et adj. m. Muscle élévateur de la mâchoire supérieure. T. d'anat.

ORBITO-SUS-PALPÉBRAL, s. et adj. m. Muscle élévateur de la paupière supérieure. T. d'anat.

ORBOIS, s. m. Com. du dép. du Calvados, cant. de Caumont, arr. de Bayeux. = Villers-Bocage.

ORBRIE, s. f. Com. du dép. de la Vendée, cant. et arr. de Fontenay. = Fontenay-le-Comte.

ORBULITHE, s. f. Genre de testacés univalves. T. d'hist. nat.

ORCADES (les), s. f. pl. Groupe de vingt-huit îles, la plupart stériles, qui sont situées au N. de l'Écosse.

ORCANETTE, s. f. Espèce de buglose, plante borraginée dont la racine offre une teinture rouge. T. de bot.

ORÇAY, s. m. Com. du dép. de Loir-et-Cher, cant. de Salbris, arr. de Romorantin. = Vierzon.

ORCEMONT, s. m. Com. du dép. de Seine-et-Oise, cant. et arr. de Rambouillet. = Rambouillet.

ORCENNAIS, s. m. Com. du dép. du Cher, cant. et arr. de St.-Amand. = St.-Amand.

ORCET, s. m. Com. du dép. du Puy-de-Dôme, cant. de Veyre-Mouton, arr. de Clermont. = Clermont.

ORCEVAUX, s. m. Com. du dép. de la Haute-Marne, cant. de Longeau, arr. de Langres. = Langres.

ORCHAISE, s. f. Com. du dép. de Loir-et-Cher, cant. d'Herbault, arr. de Blois. = Blois.

ORCHAMPS, s. m. Com. du dép. du Jura, cant. de Dampierre, arr. de Dôle. Bur. de poste. Manuf. de porcelaine.

ORCHAMPS-VENNES, s. m. Com. du dép. du Doubs, cant. de Pierrefontaine, arr. de Baume. = Morteau.

ORCHEF, s. m. Oiseau gros bec des Indes. T. d'hist. nat.

ORCHES, s. f. Com. du dép. de la Vienne, cant. de St.-Genest-Lencloître, arr. de Châtellerault. = Châtellerault.

ORCHÉSIE, s. f. Coléoptère diapérale. T. d'hist. nat.

ORCHÉSOGRAPHIE, s. f. Traité sur la danse, sur la chorégraphie.

ORCHESTE, s. m. Genre d'insectes coléoptères. T. d'hist. nat.

ORCHESTIQUE, s. f. Partie de la gymnastique des Grecs qui embrassait tout ce qui était relatif à la danse et à la paume. —, adj. Qui concernait l'orchestique.

ORCHESTRE, s. m. Chez les Grecs, partie inférieure du théâtre en demi-cercle et garnie de sièges ; chez les Romains, enceinte remplie de sièges pour les sénateurs, les magistrats, les vestales et autres personnages de distinction ; chez nous, espace ménagé en avant de la scène pour la musique ; tous les musiciens en général, tous les symphonistes ; bon, mauvais orchestre.

ORCHESTRINO, s. m. Instrument de musique qui en imite plusieurs.

ORCHIDÉES, s. f. pl. Familles des orchis, plantes à racines tuberculeuses. T. de bot.

ORCHIES, s. f. Petite ville du dép.

du Nord, chef-lieu de cant. de l'arr. de Douai. Bur. d'enregist. et de poste. Fabr. de poterie de terre, d'huile, etc. Comm. de bestiaux.

ORCHIOCÈLE, s. f. Hernie humorale. T. de méd.

ORCHIS, s. m. Genre de plantes orchidées. T. de bot.

ORCHITES, s. f. pl. Variété d'olives. T. de bot.

ORCHOMÈNE, s. f. Ville de l'ancienne Grèce dans la Béotie, au N. du lac Copaïs. Cette ville était d'une richesse extraordinaire.

ORCHOTOMIE, s. f. Amputation des testicules, castration. T. de chir.

ORCIÈRES, s. f. Com. du dép. des Hautes-Alpes, chef-lieu de cant. de l'arr. d'Embrun. Bur. d'enregist. = Gap.

ORCINES-ET-VILLARS, s. f. Com. du dép. du Puy-de-Dôme, cant. et arr. de Clermont. = Clermont.

ORCIVAL, s. m. Com. du dép. du Puy-de-Dôme, cant. et arr. de Rochefort. = Clermont.

ORCONTE, s. m. Com. du dép. de la Marne, cant. de Thiéblemont, arr. de Vitry. = Vitry-le-Français.

ORD, E, adj. Vilain, sale. (Vi.)

ORDALIE, s. f. Jugement de Dieu, dans le moyen âge; duel, épreuve par les élémens, coutume cruelle autant qu'insensée qui peut donner la mesure de l'abjecte ignorance et de la barbarie d'une société qui mêlait le nom de Dieu à des assassinats.

ORDAN-ET-ARDENNE, s. m. Com. du dép. du Gers, cant. de Jegun, arr. d'Auch. = Auch.

ORDIARQ, s. m. Com. du dép. des Basses-Pyrénées, cant. et arr. de Mauléon. = Mauléon.

ORDINAIRE, s. m. Ce qu'on sert ordinairement pour le repas; portion de vin qu'on fournit chaque jour aux domestiques; ce qu'on a coutume de faire, habitude, usage; courrier qui part et arrive à jour fixe; jour du départ et de l'arrivée de ce courrier; évêque diocésain. —de la messe, prières essentielles, qui ne sont jamais changées. —, pl. Mois, menstrues, règles. —, adj. Qui a coutume d'être, d'arriver, de se faire; qui arrive fréquemment. —, médiocre, commun, vulgaire. —, dont on fait usage habituellement; vin ordinaire. —, en parlant de divers emplois, s'oppose à extraordinaire; ambassadeur ordinaire. A l'—, adv. Suivant l'usage. D'—, pour l'—, ordinairement, le plus souvent.

ORDINAIREMENT, adv. Communément, habituellement, d'ordinaire.

ORDINAL, adj. m. Qui détermine l'ordre; premier, second, etc.

ORDINAND, s. m. Candidat pour l'ordination.

ORDINANT, s. m. L'évêque qui confère les ordres sacrés.

ORDINATION, s. f. Action de conférer les ordres sacrés.

ORDIZAN, s. m. Com. du dép. des Hautes-Pyrénées, cant. et arr. de Bagnères. = Bagnères-de-Bigorre.

ORDO, s. m. (mot latin). Petit livre contenant l'office de chaque jour, à l'usage des prêtres.

ORDONNAC, s. m. Com. du dép. de la Gironde, cant. et arr. de Lesparre. = Lesparre.

ORDONNANCE, s. f. Arrangement, ordre, disposition; ordonnance d'une bataille, d'un poëme, d'un tableau. —, loi, constitution; acte émané de l'autorité royale; règlement d'une autorité supérieure. —, traitement que prescrit le médecin; écrit qui contient la formule. —, mandat sur un tiers. T. de comm. —, soldat porteur d'un message, à la suite d'un officier supérieur ou qui est de garde pour exécuter les ordres de cet officier. T. d'art milit. Compagnie d'—, qui ne fait partie d'aucun régiment. Habit d'—, habit d'uniforme.

ORDONNANCÉ, E, part. Se dit d'un mémoire de fournitures dont le paiement est ordonné par un ministre, etc.

ORDONNANCER, v. a. Donner à un dépositaire de deniers l'ordre de payer, apposer sa signature au bas de cet ordre; ordonnancer des fournitures.

ORDONNATEUR, s. m. Maître de cérémonies, personne chargée de faire le programme d'une fête et de veiller à l'exécution de son plan. —, celui qui ordonnance un paiement. T. de financ. —, adj. Qui ordonne, qui paie; commissaire ordonnateur, intendant militaire.

ORDONNAZ, s. m. Com. du dép. de l'Ain, cant. de Huis, arr. de Belley. = Belley.

ORDONNÉ, E, part. Disposé, rangé, mis en ordre.

ORDONNÉE, s. f. Ligne droite perpendiculaire à l'axe qui la coupe, dans une courbe. T. de géom.

ORDONNER, v. a. Disposer, ranger, mettre en ordre; ordonner une fête. —, régler, statuer; déclarer, décréter; prescrire, enjoindre, donner ordre; conférer les ordres. —, prescrire un traitement, faire une ordonnance. T. de méd. —, délivrer un mandat, ordonnancer un paiement. T. de financ. S'—, v. pron. Se disposer, se mettre en ordre; se combiner, se mettre en rapport.

ORDRE, s. m. Disposition naturelle des choses; état, situation de la fortune, des affaires. —, devoir, règle, discipline; commandement d'un supérieur. —, rang d'une personne dans la société; la classe à laquelle elle appartient; compagnie de personnes qui ont fait vœu de vivre sous certaines règles. —, le sixième des sacremens; chœur d'anges. —, marque distinctive, insigne d'un ordre de chevalerie; l'ordre de la Légion-d'Honneur. —, mot donné par l'état-major d'une place aux différens corps de troupes qui sont de service, pour se reconnaître. —, endossement d'un effet de commerce; billet à ordre. —, ordonnance, proportion, ornement d'architecture sur lequel on règle la colonne et l'entablement; ordre dorique, ionique, etc. Sous —, seconde classification des êtres. T. d'hist. nat.

ORDUN, s. m. Longueur de cannes montées sur des cordes. T. de pêch.

ORDURE, s. f. Excrémens et autres excrétions du corps; toutes les malpropretés qui s'attachent aux habits, aux meubles, etc., saletés. —, balayures, immondices —, actions honteuses, paroles obscènes. Fig.

ORDURIER, ÈRE, s. et adj. Qui se plaît à dire des obscénités. —, adj. Qui renferme des choses obscènes; livre ordurier.

ORE, s. f. Com. du dép. de la Haute-Garonne, cant. de St.-Bertrand, arr. de St.-Gaudens. = St.-Béat.

ORÉADES, s. f. pl. Nymphes des montagnes. T. de myth.

ORÉE, s. f. Lisière d'un bois. (Vi.)

ORÈGUE, s. m. Com. du dép. des Basses-Pyrénées, cant. de St.-Palais, arr. de Mauléon. = St.-Palais.

OREILLA, s. f. Com. du dép. des Pyrénées-Orientales, cant. d'Olette, arr. de Prades. = Prades.

OREILLARD, s. m. Chauve-souris qui a de longues oreilles.

OREILLARD, E, s. et adj. Se dit des chevaux qui ont des oreilles longues et pendantes. T. de man.

OREILLE, s. f. Organe de l'ouïe que les anatomistes divisent en oreille interne et oreille externe; l'une, comprenant tout ce qui est hors du trou auditif externe de l'os des tempes, et l'autre, tout ce qui est renfermé dans la cavité de cet os. T. d'anat. Avoir de l'—, être sensible à l'harmonie. Prêter l'—, être attentif, ou écouter favorablement. Avoir l'— de quelqu'un, en approcher aisément, avoir sa confiance. Dormir sur l'une et l'autre —, n'avoir aucune inquiétude. Avoir la puce à l'—, être sur le qui-vive. Se faire tirer l'—, céder difficilement. Echauffer les —, impatienter, mettre en colère. Donner sur les —, battre. —, tout ce qui ressemble à une oreille. —, languette, lame, partie saillante. T. d'arts et mét. —, partie plate au côté de la charnière d'une coquille. T. d'hist. nat. —, appendice en forme d'oreille. T. de bot. —, pli au coin du feuillet d'un livre. T. de rel.

OREILLÉ, E, adj. Pourvu d'oreilles d'un émail différent. T. de blas. —, garni à sa base d'appendices en forme d'oreilles; feuille oreillée. T. de bot.

OREILLER, s. m. Coussin ordinairement rempli de plume, qui fait partie du lit, pour tenir la tête élevée en dormant.

OREILLÈRE, s. f. Perce-oreille.

OREILLETTE, s. f. Petit anneau pour soutenir les pendans d'oreille; linge derrière l'oreille. — du cœur, pl. Sacs musculeux situés à la base du cœur, au-dessus des ventricules, l'un en avant, l'autre en arrière. T. d'anat.

OREILLONNÉ, E, adj. Qui a un oreillon ou des oreillons. T. de fortif.

OREILLONS ou ORILLONS, s. m. pl. Rognures de peaux pour la colle-forte. —, bouffettes qui servent d'ornement à la tête du cheval. —, tumeurs aux parotides. T. de chir. —, retours aux coins des chambranles. T. d'arch. —, épaulemens aux côtés des bastions, pour couvrir l'artillerie. T. de fortif.

OREÏTE, s. f. Com. du dép. des Basses-Pyrénées, cant. de Sauveterre, arr. d'Orthez. = Orthez.

ORÉLIE, s. f. Arbrisseau de l'île de Cayenne. T. de bot.

OREMUS, s. m. (mot latin). Prière, oraison. T. fam.

ORENBOURG, s. m. Gouvernement russe, au N.-E. d'Astrakan, habité par des Tartares Baschkires.

ORÉNOQUE, s. m. Grande rivière de l'Amérique méridionale, qui se jette dans l'Océan atlantique vis-à-vis de l'île de la Trinitad.

ORENS (St.-), s. m. Com. du dép. du Gers, cant. de Mauvesin, arr. de Lectoure. = Lectoure.

ORENS (St.-), s. m. Com. du dép. du Gers, cant. de Valence, arr. de Condom. = Condom.

ORENS-DE-GAMEVIELE (St.-), s. m. Com. du dép. de la Haute-Garonne, cant. de Castanet, arr. de Toulouse. = Toulouse.

ORENTHAL, s. m. Com. du dép. de la Moselle, cant. de Volmunster, arr. de Sarreguemines. = Sarreguemines.

ORÉOBOLE, s. m. Plante de la Nouvelle-Hollande. T. de bot.

ORÉOCALLE, s. m. Arbrisseau du Pérou. T. de bot.

ORES, adv. Présentement. (Vi.)

ORESMAUX, s. m. Com. du dép. de la Somme, cant. de Conty, arr. d'Amiens. = Amiens.

ORESTE, s. m. Fils d'Agamemnon et de Clytemnestre, petit-fils d'Atrée. Après avoir vengé sur Egisthe et sur Clytemnestre elle-même, la mort de son père, lâchement assassiné à son retour de Troie, ce prince partit pour l'Epire, et poignarda Pyrrhus aux pieds des autels, où ce dernier allait épouser Hermione. Cependant, depuis son parricide, il ne cessait d'être agité par les furies. Alors, il consulta l'oracle, qui lui enjoignit d'aller dans la Tauride pour se purifier de ses crimes. Il partit, accompagné de son fidèle Pylade, et tous deux furent arrêtés par l'ordre de Thoas, roi de cette contrée inhospitalière qui, ayant su que l'un des deux voyageurs était Oreste, ordonna que celui-ci fût sacrifié. En vain Pylade voulut s'immoler pour son ami, Oreste se fit connaître; mais il fut reconnu par Iphigénie, sa sœur, au moment où cette Princesse, devenue prêtresse de Diane, allait plonger le couteau dans son cœur. Cette reconnaissance est l'une des plus pathétiques qu'il y ait au théâtre. T. de myth.

ORFÈVRE, s. m. Fabricant et marchand de vaisselle d'or et d'argent.

ORFÉVRERIE, s. f. Fabrique, commerce d'argenterie, de vaisselle plate, flambeaux, etc.; les différens produits de la fabrique d'un orfèvre.

ORFÉVRI, E, adj. Fabriqué par l'orfèvre, mis en œuvre; argent orféuri.

ORFILLER, s. m. Coussin de coutellier sur le chevalet.

ORFRAIE, s. f. Grand aigle de mer, ossifrague, oiseau de proie nocturne.

ORFROI, s. m. Paremens brodés des chapes, des chasubles.

ORGAGIS, s. m. Bafetas, toile de coton des Indes.

ORGAN, s. m. Com. du dép. des Hautes-Pyrénées, cant. de Castelnau-Magnoac, arr. de Bagnères.=Castelnau-Magnoac.

ORGANDI, s. m. Sorte de mousseline.

ORGANE, s. m. Partie du corps de l'animal qui exécute une fonction principale, instrument, agent des sensations. —, la voix; avoir un bel organe. —, personne dont on se sert pour exprimer sa volonté, ou par l'entremise de laquelle on fait quelque chose. —, ce qui transmet la nourriture aux plantes. T. de bot.

ORGANEAU, s. m. V. ARGANEAU. T. de mar.

ORGANIQUE, adj. Qui concourt à l'organisation; qui agit par le moyen des organes; qui est relatif aux organes. Lois —, lois constitutionnelles, qui forment la base de l'organisation sociale.

ORGANISATION, s. f. Ensemble des parties qui composent un être organisé, des lois qui le régissent, mode de structure particulière aux êtres vivans; organisation du corps humain, des végétaux. —, constitution d'un état, son administration civile, militaire, judiciaire, le gouvernement. —, action d'organiser une compagnie, une société. Fig. —, art d'ajouter des jeux d'orgue à un forté-piano.

ORGANISÉ, E, part. et adj. Pourvu d'organes. Corps —, tout ce qui végète, croît et meurt, par opposition aux corps inorganiques. —, en parlant des personnes, qui possède une organisation bonne ou mauvaise. Tête fortement —, personne dont l'esprit a de la force et de la justesse. Vielle —, à laquelle on a adapté un petit orgue. T. de mus.

ORGANISER, v. a. Créer, former les organes d'un corps; donner aux parties d'un corps la disposition nécessaire aux fonctions pour lesquelles il est destiné. —, constituer un corps politique; régler le mouvement de son administration. Fig. —, ajouter un petit orgue à un clavecin, etc. S'—, v. pron. Se constituer, se former en corps. S'—, recevoir une institution, prendre une forme régulière.

ORGANISME, s. m. Ensemble des lois qui régissent l'économie animale; état, mode d'organisation.

ORGANISTE, s. Musicien qui touche de l'orgue. —, s. m. Espèce de tangara de St.-Domingue, oiseau dont le chant a les tons de l'octave. T. d'hist. nat.

ORGANOSCOPIE, s. f. Examen attentif des organes.

ORGANSIN, s. m. Soie torse qui a passé deux fois au moulin.

ORGANSINÉ, E, part. Tordu et passé au moulin, en parlant de la soie. T. de manuf.

ORGANSINER, v. a. Tordre la soie, et la passer deux fois au moulin. T. de manuf.

ORGASME, s. m. Tension, irritation,

agitation des humeurs qui cherchent une issue. T. de méd.

ORGE, s. m. et f. Sorte de grain à épi barbu, qui se sème au printemps; champ ensemencé de ce grain. — mondé, nettoyé, préparé. — perlé, dépouillé de sa première pellicule. Grossier comme du pain d'—, rude, très grossier. Fig. et fam. Faire ses —, faire de bonnes affaires, beaucoup de profits.

ORGÉANES, s. f. pl. Prêtresses de Bacchus qui présidaient aux orgies. T. de myth.

ORGEANS, s. m. Com. du dép. du Doubs, cant. de Maiche, arr. de Montbéliard. = St.-Hyppolite.

ORGEAT, s. m. Boisson rafraîchissante, composée d'eau d'orge, de sucre et d'amandes.

ORGEDEUIL, s. m. Com. du dép. de la Charente, cant. de Montbron, arr. d'Angoulême. = la Rochefoucault.

ORGEIX, s. m. Com. du dép. de l'Ariège, cant. d'Ax, arr. de Foix. = Tarascon.

ORGELET, s. m. Petite ville du dép. du Jura, chef-lieu de cant. de l'arr. de Lons-le-Saulnier. Bur. d'enregist. et de poste.

ORGEOLET ou ORGELET, s. m. Voy. CRITE. T. de méd.

ORGERAN, s. m. Espèce de pomme.

ORGÈRES, s. f. Com. du dép. d'Eure-et-Loir, chef-lieu de cant. de l'arr. de Châteaudun. Bur. d'enregist. à Terminiers. = Thoury.

ORGÈRES, s. f. Com. du dép. d'Ille-et-Vilaine, cant. et arr. de Rennes. = Rennes.

ORGERES, s. f. Com. du dép. de la Mayenne, cant. de Couptrain, arr. de Mayenne. = Pré-en-Pail.

ORGÈRES, s. f. Com. du dép. de l'Orne, cant. de Gacé, arr. d'Argentan. = Gacé.

ORGERUS, s. m. Com. du dép. de Seine-et-Oise, cant. de Montfort-l'Amaury, arr. de Rambouillet. = la Queue.

ORGES, s. f. Com. du dép. de la Haute-Marne, cant. de Château-Vilain, arr. de Chaumont. = Château-Vilain.

ORGEUIL, s. m. Com. du dép. de Tarn-et-Garonne, cant. de Grisolles, arr. de Castel-Sarrasin. = Fronton.

ORGEUX, s. m. Com. du dép. de la Côte-d'Or, cant. et arr. de Dijon. = Dijon.

ORGEVAL, s. m. Com. du dép. de l'Aisne, cant. et arr. de Laon. = Laon.

ORGEVAL, s. m. Com. du dép. de Seine-et-Oise, cant. de Poissy, arr. de Versailles. = Poissy.

ORGEVILLE, s. f. Com. du dép. de l'Eure, cant. de Pacy, arr. d'Evreux. = Pacy-sur-Eure.

ORGIBET, s. m. Com. du dép. de l'Ariège, cant. de Castillon, arr. de St.-Girons. = St.-Girons.

ORGIES, s. f. pl. Fêtes en l'honneur de Bacchus, ainsi nommées à cause de la fureur dans laquelle entraient les Bacchantes. —, désordre de l'ivresse, débauche de table; en ce sens, il a un singulier; faire une orgie.

ORGLANDES, s. f. Com. du dép. de la Manche, cant. de St.-Sauveur, arr. de Valognes. = Valognes.

ORGNAC, s. m. Com. du dép. de l'Ardèche, cant. de Vallon, arr. de Largentière. = Barjac.

ORGNAC, s. m. Com. du dép. de la Corrèze, cant. de Vigeois, arr. de Brive. = Uzerche.

ORGON, s. m. Com. du dép. des Bouches-du-Rhône, chef-lieu de cant. de l'arr. d'Arles. Bur. d'enregist. et de poste.
Comm. de toiles, quincailleries, etc.

ORGUE, s. m., et s. f. pl. en parlant d'un orgue d'église. Grand instrument de musique à vent, composé de tuyaux d'inégales grosseurs, de claviers et de soufflets; lieu de l'église où se trouve cet instrument. — de Barbarie, autre instrument à vent, organisé, que promènent des Piémontais dans les rues des grandes villes, et qui, comme la serinette, répète toujours les mêmes airs. —, sorte de herse pour fermer les portes d'une ville assiégée. —, assemblage de canons de fusil pour en faire l'épreuve. T. d'arqueb. Point d'—, trait final; impromptu, air de caprice. T. de mus. — de mer, coquillage en forme de tuyaux, vermiculaire de mer. T. d'hist. nat.

ORGUEIL, s. m. Amour-propre désordonné, égoïsme, vanité, opinion trop avantageuse de soi, qui vous rend injuste envers les autres; fierté, hauteur, insolence; l'un des sept péchés capitaux. Noble —, noble émulation, sentiment élevé qui porte à faire des grandes choses. Faire l'— de son pays, être l'objet de l'amour et de l'admiration de ses concitoyens. — ou crémaillère, pince dont les meuniers se servent pour lever la meule.

ORGUEILLEUSEMENT, adv. D'une manière orgueilleuse, avec hauteur; insolemment.

ORGUEILLEUX, EUSE, s. et adj.

Rempli d'orgueil; personne orgueilleuse. —, qui annonce l'orgueil; inspiré, mu par un sentiment d'orgueil; réponse orgueilleuse. —, très élevé; la cime orgueilleuse des monts. T. poét. —, s. f. Voy. CRITE.

ORIBATE, s. f. Genre d'arachnides. T. d'hist. nat.

ORICOU, s. m. Vautour d'Afrique. T. d'hist. nat.

ORICOURT, s. m. Com. du dép. de la Haute-Saône, cant. de Villersexel, arr. de Lure. = Vesoul.

ORIENT, s. m. L'un des quatre points cardinaux, celui d'où, chaque jour, le soleil semble se lever sur l'horizon. —, le Levant, l'Asie orientale. —, jeu des couleurs de la nacre. —, réunion, loge de francs-maçons; à l'O∴ de Paris. Grand —, loge supérieure à laquelle toutes les autres sont tenues de rendre compte de leurs travaux. T. de fr∴ m∴.

ORIENTAL, E, s. et adj. Qui est né en Orient. —, qui est relatif à cette partie de l'Asie; langues orientales.

ORIENTALISTE, s. m. Savant versé dans la connaissance des langues orientales.

ORIENTAUX, s. m. pl. Les peuples de la partie orientale de l'Asie, les Levantins, les Turcs, les Persans.

ORIENTÉ, E, part. Disposé, mis en rapport avec les quatre points cardinaux.

ORIENTER, v. a. Disposer une chose suivant la situation qu'elle doit avoir par rapport à l'orient et aux autres points cardinaux. — les voiles, leur faire prendre le vent selon la route qu'on veut tenir. S'—, v. pron. Reconnaître l'orient et les autres points cardinaux du lieu où l'on est. S'—, examiner sa position, la conduite à tenir, les divers aspects que présente une affaire, les moyens de réussir. Fig.

ORIEUX, s. m. Com. du dép. des Hautes-Pyrénées, cant. de Tournay, arr. de Tarbes. = Tarbes.

ORIFANT, s. m. Petit détachement qu'envoyaient les anciens chevaliers, pour provoquer au combat.

ORIFICE, s. m. Entrée étroite d'un vase, d'un tuyau, etc. —, ouverture de certains organes; l'orifice de l'estomac, de la matrice. T. d'anat.

ORIFLAMME, s. m. Etendard des anciens rois de France.

ORIGAN, s. m. Plante aromatique des montagnes, espèce de marjolaine. T. de bot.

ORIGINAIRE, adj. Qui tire son origine, sa source d'un pays; se dit des personnes et des choses. Demande —, demande principale. T. de procéd.

ORIGINAIREMENT, adv. Dans l'origine, primitivement, dans le commencement.

ORIGINAL, s. m. Manuscrit, minute, par opposition à copie, à expédition; personne dont on fait le portrait; auteur, artiste qui a créé un genre dans lequel il a excellé. —, premier en son genre. —, homme singulier, bizarre. T. fam.

ORIGINAL, E, adj., pl. Originaux. Qui a servi de modèle, et n'en a point eu. —, d'une nouveauté singulière et piquante, neuf; pensée originale. Tableau —, dont le sujet, le plan et l'exécution appartiennent à l'imagination du peintre. —, singulier, bizarre.

ORIGINALEMENT, adv. D'une manière originale, avec originalité.

ORIGINALITÉ, s. f. Caractère de ce qui est original. —, pl. Bizarrerie, singularité dans l'esprit et la conduite.

ORIGINE, s. f. Principe, cause première; commencement. —, extraction d'une personne, d'une famille, d'une nation. —, étymologie. —, point d'où l'on commence à décrire une courbe; sommet d'une courbe. T. de géom.

ORIGINEL, LE, adj. Qui vient de l'origine, qui remonte jusqu'à l'origine; justice, grâce originelle. Péché —; péché d'Adam, dont tous les hommes portent la peine.

ORIGINELLEMENT, adv. Dès l'origine.

ORIGNAC, s. m. Com. du dép. des Hautes-Pyrénées, cant. et arr. de Bagnères. = Bagnères-de-Bigorre.

ORIGNAL ou ORIGNAC, s. m. Elan du Canada. T. d'hist. nat.

ORIGNES, s. f. Com. du dép. de la Gironde, cant. de St-Symphorien, arr. de Bazas. = Bazas.

ORIGNI-LE-BUTIN, s. m. Com. du dép. de l'Orne, cant. de Bellême, arr. de Mortagne. = Bellême.

ORIGNI-LE-ROUX, s. m. Com. du dép. de l'Orne, cant. de Bellême, arr. de Mortagne. = Mamers.

ORIGNOLLES, s. f. Com. du dép. de la Charente-Inférieure, cant. de Montlieu, arr. de Jonzac. = Montlieu.

ORIGNY, s. m. Com. du dép. de l'Aisne, cant. d'Hirson, arr. de Vervins. = Vervins.

ORIGNY, s. m. Com. du dép. de la Côte-d'Or, cant. d'Aignay, arr. de Châtillon. = Aignay-le-Duc.

ORIGNY-LE-SEC, s. m. Com. du dép.

de l'Aube, cant. de Romilly-sur-Seine, arr. de Nogent-sur-Seine. = les Granges.

ORIGNY-STE.-BENOÎTE, s. m. Com. du dép. de l'Aisne, cant. de Ribemont, arr. de St.-Quentin. Bur. de poste. Fabr. de gaze en soie, tissus de cachemire en laine, fil et coton.

ORIGOME, s. m. Bourgeon seminiforme. T. de bot.

ORILLARD, E, adj. Voy. OREILLARD.

ORILLON, s. m. Petite oreille ; l'orillon d'une charrue. Voy. OREILLONS.

ORIN ou ORAIN, s. m. Câble qui tient d'un bout à la croisée de l'ancre et d'un autre à la bouée. T. de mar. —, câble au bout d'un filet. T. de pêch.

ORIN, s. m. Com. du dép. des Basses-Pyrénées, cant. de Ste.-Marie, arr. d'Oloron. = Oloron.

ORINCLES, s. m. Com. du dép. des Hautes-Pyrénées, cant. d'Ossun, arr. de Tarbes. = Tarbes.

ORIOCOURT, s. m. Com. du dép. de la Meurthe, cant. de Delme, arr. de Château-Salins. = Château-Salins.

ORIOL-EN-ROYANS, s. m. Com. du dép. de la Drôme, cant. de St.-Jean-en-Royans, arr. de Valence. = Romans.

ORIOL-ET-BOISBRETEAU, s. m. Com. du dép. de la Charente, cant. de Brossac, arr. de Barbezieux. = la Graulle.

ORION, s. m. Jupiter, Neptune et Mercure, en reconnaissance de l'hospitalité qu'ils avaient reçu d'un homme fort pauvre, qui désirait avoir un fils, lui ordonnèrent d'apporter la peau du bœuf qu'il avait tué pour les régaler, et, après l'avoir trempée dans l'eau, lui assurèrent qu'il en naîtrait un fils s'il la laissait au même endroit. En effet, Orion naquit de cette peau de bœuf. Il devint dans la suite un très grand chasseur et osa défier Diane qui, pour le punir de son audace, le fit attaquer par un scorpion dont la morsure le fit mourir ; mais Jupiter le métamorphosa en une constellation qui amène les pluies et les orages. T. de myth. —, constellation australe. T. d'astr. —, vésicaire lanugineuse. T. de bot.

ORION, s. m. Com. du dép. des Basses-Pyrénées, cant. de Sauveterre, arr. d'Orthez. = Orthez.

ORIPEAU, s. m. Feuille de cuivre mince et brillante. —, faux brillant, chose qui a belle apparence et peu de prix. Fig. et fam.

ORISEL, s. m. Genêt des îles Canaries. T. de bot.

ORIS-EN-RATIER, s. m. Com. du dép. de l'Isère, cant. d'Entraigues, arr. de Grenoble. = la Mure.

ORIST, s. m. Com. du dép. des Landes, cant. de Peyrehorade, arr. de Dax. = Dax.

ORITES, s. m. pl. Plantes de la Nouvelle-Hollande de la famille des protéoïdes. T. de bot.

ORITHIE, s. f. Fille d'Erechthée, roi d'Athènes. Elle fut enlevée par Borée dont elle eut deux enfans. T. de myth. —, crustacé décapode. T. d'hist. nat.

ORITORIUS, s. m. Petite pierre semblable à l'ætite. T. d'hist. nat.

ORIVAL, s. m. Com. du dép. de la Charente, cant. de Chalais, arr. de Barbezieux. = la Graulle.

ORIVAL, s. m. Com. du dép. de la Somme, cant. de Hornoy, arr. d'Amiens. = Aumale.

ORIVAL, s. m. Com. du dép. de la Seine-Inférieure, cant. d'Elbeuf, arr. de Rouen. = Rouen.

ORIXA, s. m. Arbrisseau du Japon. T. de bot.

ORLAC, s. m. Com. du dép. de la Charente-Inférieure, cant. de Montlieu, arr. de Jonzac. = Saintes.

ORLE, s. m. Plinthe de la base des colonnes ; filet sous l'arc du chapiteau. T. d'arch. —, filet au bord de l'écu. T. de blas. —, ourlet autour des voiles. T. de mar. —, bord d'un cratère. T. d'hist. nat.

ORLÉANAIS (l'), s. m. Ancienne province de France qui forme aujourd'hui les dép. de Loir-et-Cher et du Loiret, l'arr. de Châteaudun, une partie de celui de Chartres, dép. d'Eure-et-Loir, et partie de l'arr. de Cosne, dép. de la Nièvre.

ORLÉANAIS, E, s. et adj. Habitant d'Orléans ; qui est relatif à cette ville.

ORLÉANS, s. m. Grande et belle ville du dép. du Loiret, chef-lieu de préf., d'une sous-préf. et de cinq cant. ; Cour royale ; évêché érigé dans le 3e siècle ; trib. de 1re inst. et de comm. ; conseil de prud'hommes ; bourse et chambre de comm. ; société des belles-lettres, sciences et arts ; école gratuite de dessin et d'architecture ; biblioth. pub. de 25,000 vol. ; musée de tableaux ; ingén. en chef des ponts-et-chaussées ; direct. de l'enregist. et des domaines, 2e classe ; conserv. des hypoth. ; direct. des contrib. dir. et indir. ; bur. de garantie des matières d'or et d'argent ; recev. gén. des finances ; payeur du dép. ; bur. d'enregist. et de poste ; pop. 40,500 hab. environ.

Cette ville, située sur la rive droite de la Loire, que l'on traverse sur un superbe pont en pierres de taille, est généralement bien bâtie et bien percée. On y remarque particulièrement la belle rue Royale qui traverse toute la ville, depuis le pont, et se continue au milieu de l'immense faubourg Bannier; la place du Martroy, sur laquelle est un monument élevé, en 1803, à la mémoire de Jeanne d'Arc; le palais de justice; la cathédrale, superbe monument gothique, dont le portail est surmonté de deux tours d'un travail admirable, etc. Traversée par des grandes routes qui aboutissent à tous les points du royaume, et placée sur un fleuve superbe, cette ville est le centre d'un immense comm. On croit qu'Orléans a été bâti sur les ruines de l'ancien Genabum, qui fut détruit par César. L'empereur Aurélien l'augmenta considérablement et lui donna son nom, Aurélianum. En 450, aidée du général romain Aëtius, cette ville soutint un siège mémorable contre Attila, roi des Huns; elle passa ensuite sous la domination des Francs, devint, sous les successeurs de Clovis, la capitale du royaume de son nom, et fut réunie à la France par Hugues-Capet. Assiégée par les Anglais en 1428, elle fut délivrée par Jeanne d'Arc et par Dunois, après un siège de sept mois entiers. Patrie du célèbre jurisconsulte Pothier.

Fabr. de bonneterie pour le Levant, de chapellerie, couvertures de laine, plomb de chasse, limes, râpes, étrilles, chandeliers, produits chimiques, colle, pipes, carreaux, poterie de terre renommée, poterie d'étain; filatures de coton et de laine; nombreuses raffineries de sucre; vinaigreries, teintureries, tanneries et chamoiseries. Comm. en grand de vins, vinaigres, esprits, eaux-de-vie de Cognac et d'Orléans, de grains, farines, sucre raffiné, safran, laine, cuirs, fers, sels, bois à brûler, merrain, planches, cercles, charbons de terre et de bois; grand comm. d'épicerie, droguerie et teinture.

ORLÉANS (canal d'), s. m. Ce canal établit, au moyen de celui du Loing, une communication entre la Loire et la Seine; il a son embouchure dans la Loire à Combleux.

ORLÉAT, s. m. Com. du dép. du Puy-de-Dôme, cant. de Lezoux, arr. de Thiers. = Lezoux.

ORLEIX, s. m. Com. du dép. des Hautes-Pyrénées, cant. et arr. de Tarbes. = Tarbes.

ORLHONNAC, s. m. Com. du dép. de l'Aveyron, cant. et arr. de Villefranche. = Villefranche.

ORLIAC, s. m. Com. du dép. de la Dordogne, cant. de Villefranche-de-Belvès, arr. de Sarlat. = Belvès.

ORLIAC-DE-BAR, s. m. Com. du dép. de la Corrèze, cant. de Corrèze, arr. de Tulle. = Tulle.

ORLIAGUET, s. m. Com. du dép. de la Dordogne, cant. Carleux, arr. de Sarlat. = Sarlat.

ORLIÉNAS, s. m. Com. du dép. du Rhône, cant. de Mornant, arr. de Lyon. = Lyon.

ORLU, s. m. Com. du dép. d'Eure-et-Loir, cant. d'Auneau, arr. de Chartres. = Angerville.

ORLU, s. m. Com. du dép. de l'Ariège, cant. d'Ax, arr. de Foix. = Tarascon-sur-Ariège.

ORLY, s. m. Com. du dép. de Seine-et-Marne, cant. de Rebais, arr. de Coulommiers. = Rebais.

ORLY, s. m. Com. du dép. de la Seine, cant. de Villejuif, arr. de Sceaux. = Choisy-le-Roi.

ORMANCEY, s. m. Com. du dép. de la Haute-Marne, cant. et arr. de Langres. = Langres.

ORME, s. m. Arbre de première grandeur, dont le bois dur est employé dans le charronnage, pour la construction des roues. Attendre sous l'—, attendre long-temps, inutilement. T. fam.

ORME, s. m. Com. du dép. de l'Aube, cant. et arr. d'Arcis-sur-Aube. = Arcis-sur-Aube.

ORMEAU, s. m. Petit orme.

ORMEAUX, s. m. Com. du dép. de Seine-et-Marne, cant. de Rozoy, arr. de Coulommiers. = Rozoy.

ORMENANS, s. m. Com. du dép. de la Haute-Saône, cant. de Montbozon, arr. de Vesoul. = Rioz.

ORMES, s. m. Com. du dép. de l'Eure, cant. de Conches, arr. d'Évreux. = Conches.

ORMES, s. m. Com. du dép. du Loiret, cant. de Patay, arr. d'Orléans. = Orléans.

ORMES, s. m. Com. du dép. de la Marne, cant. et arr. de Reims. = Reims.

ORMES, s. m. Com. du dép. de Saône-et-Loire, cant. de Cuisery, arr. de Loubans. = Tournus.

ORMES (les), s. m. pl. Com. du dép. de la Vienne, cant. de Dangé, arr. de Châtellerault. Bur. de poste.

ORMES (les), s. m. pl. Com. du dép. de Seine-et-Marne, cant. de Bray, arr. de Provins. = Bray-sur-Seine.

ORMES (les), s. m. pl. Com. du dép. de l'Yonne, cant. d'Aillant, arr. de Joigny. = Joigny.

ORMES-ET-VILLE, s. m. Com. du dép. de la Meurthe, cant. d'Haroué, arr. de Nancy. = Vézelise.

ORMESNIL, s. m. Com. du dép. de la Seine-Inférieure, cant. de Clères, arr. de Rouen. = Tôtes.

ORMESSON, s. m. Com. du dép. de Seine-et-Marne, cant. de Nemours, arr. de Fontainebleau. = Nemours.

ORMESSON, s. m. Com. du dép. de Seine-et-Oise, cant. de Boissy-St.-Léger, arr. de Corbeil. = Boissy-St.-Léger.

ORMESWILLER, s. m. Com. du dép. de la Moselle, cant. de Volmunster, arr. de Sarreguemines. = Bitche.

ORMIER, s. m. Haliotide, oreille de mer, coquillage voisin des patelles. T. d'hist. nat.

ORMIÈRE, s. f. Plante des prés, de la famille des rosacées. T. de bot.

ORMILLE, s. f. Plant de petits ormes.

ORMIN, s. m. Plante labiée du genre des sauges. T. de bot.

ORMOCARPE, s. m. Genre de plantes légumineuses. T. de bot.

ORMOICHE, s. m. Com. du dép. de la Haute-Saône, cant. de Luxeuil, arr. de Lure. = Luxeuil.

ORMOIE, s. f. Terrain planté d'ormes.

ORMOY, s. m. Com. du dép. d'Eure-et-Loir, cant. de Nogent-le-Roi, arr. de Dreux. = Nogent-le-Roi.

ORMOY, s. m. Com. du dép. de la Haute-Saône, cant. de Jussey, arr. de Vesoul. = Jussey.

ORMOY, s. m. Com. du dép. de l'Yonne, cant. de Seignelay, arr. d'Auxerre. = Brienon.

ORMOY-ET-VILLERS, s. m. Com. du dép. de l'Oise, cant. de Crépy, arr. de Senlis. = Crépy.

ORMOY-LA-RIVIÈRE, s. m. Com. du dép. de Seine-et-Oise, cant. et arr. d'Etampes. = Etampes.

ORMOY-LE-DAVIEN, s. m. Com. du dép. de l'Oise, cant. de Betz, arr. de Senlis. = Crépy.

ORMOY-LES-SEXFONTAINES, s. m. Com. du dép. de la Haute-Marne, cant. de Vignory, arr. de Chaumont. = Vignory.

ORMOY-SUR-AUBE, s. m. Com. du dép. de la Haute-Marne, cant. de Château-Vilain, arr. de Chaumont. = Château-Vilain.

ORMOY-VILLABÉ, s. m. Com. du dép. de Seine-et-Oise, cant. et arr. de Corbeil. = Corbeil.

ORNACIEUX, s. m. Com. du dép. de l'Isère, cant. de la Côte-St.-André, arr. de Vienne. = la Côte-St.-André.

ORNAIN (l'), s. m. Rivière qui prend sa source près de Grand, arr. de Neufchâteau, dép. des Vosges, et se jette dans la Saulx, au-dessous d'Etrépy, après un cours d'environ 23 l.

L'Ornain est flottable en trains, au moyen des canaux de Ruvigny et de la Planche-à-Coulon, depuis Bar-le-Duc jusqu'à son embouchure.

ORNAISONS, s. m. Com. du dép. de l'Aude, cant. de Lézignan, arr. de Narbonne. = Narbonne.

ORNANS, s. m. Com. du dép. du Doubs, chef-lieu de cant. de l'arr. de Besançon. Bur. d'enregist. et de poste. Fabr. de fromages, façon gruyère; tanneries, papeteries, beaux moulins à blé, culture en grand du merisier, pour la fabr. de l'eau de cerises.

ORNE ou ORNIER, s. m. Frêne à fleurs. T. de bot.

ORNE (l'), s. m. Rivière qui prend sa source à Aunon, près de Sées, et se jette dans la Manche, au-dessous de Sallenelles, après un cours d'environ 30 l.

Cette rivière est navigable aux marées de vives eaux de pleines et nouvelles lunes, depuis Caen jusqu'à son embouchure.

ORNE (dép. de l'), s. m. Chef-lieu de préf., Alençon; 4 arr. ou sous-préf.: Alençon, Argentan, Domfront et Mortagne; 36 cant. ou just. de paix; 596 com.; pop. 434,400 hab. env. Cour royale de Caen; évêché de Sées; 14e div. milit.; 15e div. des pont-et-chaussées, 2e div. des mines; direct. de l'enregist. et des domaines, 2e classe; 11e arr. forestier. Ce dép. est borné au N. par celui du Calvados, au N.-E. par celui de l'Eure, à l'E. par celui d'Eure-et-Loir, au S. par ceux de la Sarthe et de la Mayenne, et à l'O. par celui de la Manche.

Le territoire de ce dép., coupé par une chaîne de montagnes, se compose de terrains incultes, de plaines très fertiles et de vallées dont les pâturages nourrissent beaucoup de bestiaux et de chevaux recherchés pour la cavalerie. Productions agricoles et industrielles: plantes céréales, légumes secs, pommes de terre, cidre, bois, menu gibier, poisson d'eau douce; superbe race de chevaux normands, mérinos, beaucoup de porcs, volailles et quantité d'oies; éducation d'abeilles; abondantes mines de fer; manganèse, marbre, granit, pierres de taille, kaolin, crayons noirs, marne, tourbe; établissemens d'eaux thermales à Bagnoles; source d'eaux minérales à la Herse; haras royal au Pin, l'un des plus beaux de l'Europe. Manuf. de dentelles, dites point d'Alençon. Fabr. considérables de fil de fer, clous d'épingle, aiguilles à coudre et à tricoter, quincaillerie; huile de vitriol, fil et chaîne de lin, ruban de fil, lacets, toiles cretonnes, toiles fortes et légères pour les colonies, coutils de coton, basins, filet de coton et laine; hauts fourneaux, feux d'affinerie, treffleries, verreries, faïenceries, papeteries, blanchisseries de toiles, tanneries et corroieries. Les principales rivières qui l'arrosent sont : l'Orne, la Sarthe, l'Eure, la Mayenne, le Noireau, l'Iton, l'Huisne, l'Egrenne, la Varennes, le Don, la Dive et la Rille.

ORNÉ, E, part. Enrichi d'ornemens. Prop. et fig.

ORNEL, s. m. Com. du dép. de la Meuse, cant. d'Etain, arr. de Verdun. = Etain.

ORNEMENT, s. m. Décoration, embellissement; ajustement, parure. —, titre, dignité, honneur, vertu qui rend recommandable. —, personne qui fait honneur à son siècle, à son corps; l'ornement du barreau, de la magistrature. —, figure de rhétorique qui ajoute à l'éclat du discours. Fig. —, pl. habits sacerdotaux.

ORNÉODE, s. m. Genre d'insectes lépidoptères nocturnes. T. d'hist. nat.

ORNEPHILES ou SYLVICOLES, s. m. pl. Coléoptères hétéromères. T. d'hist. nat.

ORNER, v. a. Parer, embellir, enrichir d'ornemens; donner du relief, de l'éclat. Fig.

ORNES, s. m. Com. du dép. de la Meuse, cant. de Charny, arr. de Verdun. = Verdun.

ORNES (l'), s. m. Rivière qui prend sa source au village d'Ornes, arr. de Verdun; elle passe à Etain, Conflans, Coinville, et se jette dans la Moselle, à Richemont, après un cours d'environ 131.

ORNEX, s. m. Com. du dép. de l'Ain, cant. de Ferney, arr. de Gex. = Ferney.

ORNEZAN, s. m. Com. du dép. du Gers, cant. et arr. d'Auch. = Auch.

ORNIAC, s. m. Com. du dép. du Lot, cant. de Lauzès, arr. de Cahors. = Cahors.

ORNIÈRE, s. f. Trace profonde que font, dans les chemins vicinaux, les roues des charrettes. —, sphère étroite; situation pénible d'où l'on ne peut sortir. Fig. et fam.

ORNIS, s. m. Mousseline des Indes, rayée d'or et d'argent.

ORNITHIDION, s. m. Cymbidion écarlate. T. de bot.

ORNITHIES, s. et adj. m. pl. Vents qui règnent ordinairement au printemps et ramènent en Europe les oiseaux de passage.

ORNITHOGALE, s. m. Plante du genre des liliacées. T. de bot.

ORNITHOLITHES, s. f. pl. Pétrifications, incrustations d'oiseaux. T. d'hist. nat.

ORNITHOLOGIE, s. f. Partie de la zoologie qui concerne les oiseaux. T. d'hist. nat.

ORNITHOLOGIQUE, adj. Qui appartient à l'ornithologie. T. d'hist. nat.

ORNITHOLOGISTE ou ORNITHOLOGUE, s. m. Naturaliste versé dans l'ornithologie, qui fait une étude particulière de cette science. T. d'hist. nat.

ORNITHOMANCE ou ORNITHOMANCIE, s. f. Divination tirée du vol, du cri, ou du chant des oiseaux. T. de myth.

ORNITHOPODE, s. m. Plante dont les gousses représentent une patte d'oiseau. T. de bot.

ORNITHORYNQUE, s. m. Quadrupède dont le museau ressemble à un bec de canard. T. d'hist. nat.

ORNITHOTYPOLITHES, s. m. pl. Empreintes d'oiseaux. T. d'hist. nat.

ORNITHROPHE, s. m. Plante du genre des saponacées. T. de bot.

ORNOLAC, s. m. Com. du dép. de l'Ariège, cant. de Tarascon, arr. de Foix. = Tarascon-sur-Ariège.

ORNON, s. m. Com. du dép. de l'Isère, cant. du Bourg-d'Oisans, arr. de Grenoble. = le Bourg-d'Oisans.

ORNY, s. m. Com. du dép. de la Moselle, cant. de Verny, arr. de Metz. = Metz.

OROBANCHE, s. f. Orobanchoïde, plante parasite. T. de bot.

OROBANCHOÏDES, s. f. pl. Famille de plantes parasites. T. de bot.

OROBE, s. m. Plante légumineuse. T. de bot.

OROBITES, s. f. pl. Concrétions pierreuses. T. d'hist. nat.

OROER, s. m. Com. du dép. de l'Oise, cant. de Niviller, arr. de Beauvais. = Beauvais.

OROGRAPHIE ou OROLOGIE, s. f. Traité, description des montagnes. T. inus.

OROIX, s. m. Com. du dép. des Hautes-Pyrénées, cant. et arr. de Tarbes. = Tarbes.

OROMASE, s. m. Le principe ou le Dieu du Bien, selon Zoroastre qui admettait un autre principe auteur du mal, nommé Arimane. T. de myth.

ORON, s. m. Com. du dép. de la Meurthe, cant. de Delme, arr. de Château-Salins. = Château-Salins.

ORONCE, s. f. Plante du genre des aroïdes. T. de bot.

ORONGE, s. f. Champignon qui a la couleur de l'orange. T. de bot.

OROUX, s. m. Com. du dép. des Deux-Sèvres, cant. de Thénezay, arr. de Parthenay. = Parthenay.

ORPAILLEUR, s. m. Voy. ARPAILLEUR.

ORPHANISTES, s. m. pl. Protecteurs des orphelins dans Athènes. T. d'antiq.

ORPHARION ou ORPHARON, s. m. Instrument à cordes qui s'accordait comme le luth. T. d'antiq.

ORPHÉE, s. m. Fils d'Apollon et de Clio, célèbre musicien de l'antiquité, qui jouait de la lyre avec une telle supériorité que les arbres et les rochers quittaient leur place, que les fleuves suspendaient leur cours, et que les bêtes féroces accouraient pour l'entendre. Ayant perdu Eurydice, le jour même de ses noces, il descendit aux enfers pour la redemander à Pluton, et charma toutes les divinités infernales par les accords de sa lyre. Son épouse lui fut rendue à condition qu'il ne regarderait pas derrière lui, jusqu'à ce qu'il fût sorti des enfers ; mais, ne pouvant commander à son impatience, il la perdit sans retour. Voy. EURYDICE. T. de myth.

ORPHELIN, E, s. Enfant en bas âge qui a perdu son père et sa mère, ou l'un des deux.

ORPHELINAGE, s. m. Etat d'orphelin.

ORPHELINE, s. f. Œillet violet. T. de fleur.

ORPHÉON ou ORPHÉOS, s. m. Espèce de grande vielle. T. d'antiq.

ORPHÉORON. s. m. Sorte de luth, petite pandore. T. d'antiq.

ORPHIE, s. f. Aiguillette, poisson de mer. T. d'hist nat.

ORPHILIÈRE, s. f. Espèce de filet. T. de pêch.

ORPHIN, s. m. Com. du dép. de Seine-et-Oise, cant. de Dourdan, arr. de Rambouillet. = Rambouillet.

ORPHIQUE, adj. Qui appartient, est relatif à Orphée. —, s. f. pl. Orgies, bacchanales, fêtes instituées par Orphée. T. de myth.

ORPIERRE, s. f. Com. du dép. des Hautes-Alpes, chef-lieu de cant. de l'arr. de Gap. Bur. d'enregist. = Serres. Tanneries, mines de plomb.

ORPIMENT, s. m. Orpin minéral, oxyde d'arsenic sulfuré jaune.

ORPIMENTÉ, E, part. Mêlé avec l'orpiment.

ORPIMENTER, v. a. Mêler, colorer avec l'orpiment.

ORPIN, s. m. Grassette, joubarbe des vignes, plante médicinale, vulnéraire. T. de bot. — minéral, orpiment.

ORQUE, s. f. Voy. EPAULARD.

ORQUEVAUX, s. m. Com. du dép. de la Haute-Marne, cant. de St.-Blin, arr. de Chaumont. = Andelot.

ORRES (les), s. m. pl. Com. du dép. des Hautes-Alpes, cant. et arr. d'Embrun. = Embrun.

ORRET, s. m. Com. du dép. de la Côte-d'Or, cant. de Baigneux-les-Juifs, arr. de Châtillon. = Baigneux-les-Juifs.

ORRIULE, s. m. Com. du dép. des Basses-Pyrénées, cant. de Sauveterre, arr. d'Orthez. = Orthez.

ORROUER, s. m. Com. du dép. d'Eure-et-Loir, cant. de Courville, arr. de Chartres. = Courville.

ORROUY, s. m. Com. du dép. de l'Oise, cant. de Crépy, arr. de Senlis. = Crépy.

ORRY, s. m. Com. du dép. de l'Oise, cant. et arr. de Senlis. = Louvres.

ORS, s. m. Com. du dép. du Nord, cant. du Catteau, arr. de Cambrai. = le Catteau.

ORSAN, s. m. Com. du dép. du Gard, cant. de Bagnols, arr. d'Uzès. = Bagnols.

ORSANCO, s. m. Com. du dép. des Basses-Pyrénées, cant. de St.-Palais, arr. de Mauléon. = St.-Palais.

ORSANS, s. m. Com. du dép. de l'Aude, cant. de Fanjeaux, arr. de Castelnaudary. = Castelnaudary.

ORSANS, s. m. Com. du dép. du Doubs, cant. de Vercel, arr. de Baume. = Baume.

ORSAY, s. m. Com. du dép. de Seine-et-Oise, cant. de Palaiseau, arr. de Versailles. = Palaiseau.

ORSCHWIHR, s. m. Com. du dép. du Haut-Rhin, cant. de Guebwiller, arr. de Colmar. = Rouffach.

ORSCHWILLER, s. m. Com. du dép. du Bas-Rhin, cant. et arr. de Schélestadt. = Schélestadt.

ORSE (St.-), s. m. Com. du dép. de la Dordogne, cant. de Thenon, arr. de Périgueux. = Périgueux.

ORSEILLE, s. f. Espèce de lichen dont le mélange avec la chaux et l'urine produit une pâte molle, avec laquelle on teint en violet.

ORSENNES, s. f. Com. du dép. de l'Indre, cant. d'Aigurande, arr. de la Châtre. = Argenton-sur-Creuse.

ORSER, v. n. Aller contre le vent à l'aide des rames. T. de mar.

ORSINVAL, s. m. Com. du dép. du Nord, cant. du Quesnoy, arr. d'Avesnes. = le Quesnoy.

ORSMESNIL, s. m. Com. du dép. de la Seine-Inférieure, cant. d'Aumale, arr. de Neuchâtel. = Aumale.

ORSODACHNE, s. f. Genre d'insectes coléoptères. T. d'hist. nat.

ORSONNETTE, s. f. Com. du dép. du Puy-de-Dôme, cant. de St.-Germain-Lembron, arr. d'Issoire. = Issoire.

ORSONVILLE, s. f. Com. du dép. de Seine-et-Oise, cant. de Dourdan, arr. de Rambouillet. = Dourdan.

ORT, s. m. C'est ainsi qu'on nomme dans le commerce une marchandise pesée avec sa toile d'emballage ; peser ort.

ORTAFFA, s. m. Com. du dép. des Pyrénées-Orientales, cant. de Thuir, arr. de Perpignan. = Perpignan.

ORTALE, s. m. Com. du dép. de la Corse, cant. de Valle, arr. de Corte. = Bastia.

ORTÉGIE, s. f. Plante du genre des caryophyllées. T. de bot.

ORTEIL, s. m. Doigt du pied. Gros —, le gros doigt du pied.

ORTHAGUET, s. m. Com. du dép. de l'Aveyron, cant. de Ste.-Geneviève, arr. d'Espalion. = Espalion.

ORTHEVIELLE, s. f. Com. du dép. des Landes, cant. de Peyrehorade, arr. de Dax. = Dax.

ORTHEZ, s. m. Ville du dép des Basses-Pyrénées, chef-lieu de sous-préf. et d'un cant. ; trib. de 1re inst.; conserv. des hypoth. ; direct. des contrib. indir.; recev. part. des fin. Bur. d'enregist. et de poste.

Cette ville, dominée par les ruines d'un ancien château, est située sur la pente d'une colline baignée par le Gave de Pau; elle possède une fontaine salée qui produit un sel très recherché, avec lequel on sale les jambons du pays.

Fabr. d'étoffes de laine, flanelles, laiton, fil de fer; teintureries, mégisseries, martinets à cuivre. Comm. de toiles, linge de table, mouchoirs, cuirs, jambons et salaisons ; ardoises, charbon de terre, pétrole, soufre, chevaux et bestiaux.

ORTHITE, s. m. Substance minérale brune. T. d'hist. nat.

ORTHOCERACÉES, s. f. pl. Coquilles voisines des orthocérées. T. d'hist. nat.

ORTHOCÉRAS, s. m. Plante orchidée de la Nouvelle-Hollande. T. de bot.

ORTHOCÉRATITE, s. f. Coquille fossile en forme de corne. T. d'hist. nat.

ORTHOCÈRE, s. m. Coléoptère ténébrionite ; genre de testacés univalves. T. d'hist. nat.

ORTHOCÉRÉES, s. f. pl. Coquilles univalves. T. d'hist. nat.

ORTHOCHILE. s. m. Insecte diptère, dolichopode. T. d'hist. nat.

ORTHODOXE, adj. Conforme à la saine doctrine, en matière de religion.—, avec la négative. Contraire aux bons principes; ceci n'est pas orthodoxe. —, s. pl. Les catholiques orthodoxes, qui suivent les préceptes de leur religion.

ORTHODOXIE, s. f. Caractère de ce qui est conforme aux principes de la religion ; sentiment, conduite orthodoxe.

ORTHODOXOGRAPHE, s. m. Auteur qui a écrit sur les dogmes de la religion catholique.

ORTHODROMIE, s. f. Route d'un vaisseau en ligne droite. T. de mar.

ORTHOÉPIE, s. f. Style correct. T. inus.

ORTHOGONAL, E, adj. Perpendiculaire.

ORTHOGONALEMENT, adv. Perpendiculairement.

ORTHOGONE, adj. f. Qui tombe sur une autre à angle droit; ligne orthogone. T. de géom.

ORTHOGRAPHE, s. f. Art d'écrire les mots d'une langue suivant les principes de la grammaire. —, système orthographique d'un auteur ; l'orthographe de Voltaire, etc.

ORTHOGRAPHIE, s. f. Dessin linéaire d'un édifice. —, profil, coupe perpendiculaire d'une fortification.

ORTHOGRAPHIÉ, E, part. Écrit correctement, suivant l'orthographe.

ORTHOGRAPHIER, v. a. Écrire les mots suivant les principes de l'orthographe, mettre l'orthographe.

ORTHOGRAPHIQUE, adj. Qui appartient à l'orthographe ou à l'orthographie.

ORTHOGRAPHISTE, s. m. Grammairien qui écrit sur l'orthographe.

ORTHOLOGIE, s. f. Art de bien dire, la rhétorique. T. inus.

ORTHOPÉDIE, s. f. Art de prévenir ou de corriger les difformités du corps, chez les enfans, les jeunes personnes. T. de méd.

ORTHOPÉDIQUE, adj. Qui appartient, est relatif à l'orthopédie. —, qui a pour objet de corriger les déviations de la taille; corset orthopédique.

ORTHOPNÉE, s. f. Difficulté de respirer étant couché. T. de méd.

ORTHOPTÈRES, s. m. pl. Insectes qui ont les ailes pliées en forme d'éventail, et recouvertes par des élytres. T. d'hist. nat.

ORTHORHYNGUS, s. m. Colibri à bec droit. T. d'hist. nat.

ORTHOSIE, s. f. Insecte lépidoptère noctuelle. T. d'hist. nat. —, ou Orthésie, surnom de Diane, à laquelle on rendait un culte sur le mont Orthésius, en Arcadie. T. de myth.

ORTHOSOMATIQUE, s. f. Voy. ORTHOPÉDIE.

ORTHOSTEMON, s. m. Plante de la Nouvelle-Hollande. T. de bot.

ORTIE, s. f. Plante sauvage de la famille des urticées, dont la tige et les feuilles sont armées de piquans. —, mèche qu'on introduit entre le cuir et la chair d'un cheval, — de mer, insecte marin.

ORTILLON, s. m. Com. du dép. de l'Aube, cant. de Ramerupt, arr. d'Arcis-sur-Aube. = Arcis-sur-Aube.

ORTIPORIO, s. m. Com. du dép. de la Corse, cant. de Campile, arr. de Bastia. = Bastia.

ORTIVE, adj. f. Se dit de l'arc de l'horizon entre l'orient vrai et l'orient rationnel; amplitude ortive. T. d'astr.

ORTO, s. m. Com. du dép. de la Corse, cant. de Soccia, arr. d'Ajaccio. = Ajaccio.

ORTOLAN, s. m. Petit oiseau de passage d'un goût exquis.

ORTONCOURT, s. m. Com. du dép. des Vosges, cant. de Rambervillers, arr. d'Epinal. = Rambervillers.

ORTOUX, s. m. Village du dép. du Gard, cant. de Quissac, arr. du Vigan. = le Vigan.

ORTYGOCOPIE, s. f. Combat des cailles dans un cercle, espèce de jeu.

ORUS, s. m. Com. du dép. de l'Ariège, cant. de Vicdessos, arr. de Foix. = Tarascon-sur-Ariège.

ORVAL, s. m. Com. du dép. du Cher, cant. et arr. de St.-Amand. = St.-Amand.

ORVAL, s. m. Com. du dép. de la Manche, cant. de Montmartin-sur-Mer, arr. de Coutances. = Coutances.

ORVALE, s. f. Voy. SCLARÉE.

ORVAULT, s. m. Com. du dép. de la Loire-Inférieure, cant. de la Chapelle-sur-Erdre, arr. de Nantes. = Nantes.

ORVAUX, s. m. Com. du dép. de l'Eure, cant. de Conches, arr. d'Evreux. = Conches.

ORVE, s. m. Com. du dép. du Doubs, cant. de Clerval, arr. de Baume. = Baume.

ORVEAU, s. m. Com. du dép. du Loiret, cant. de Malesherbes, arr. de Pithiviers. = Malesherbes.

ORVEAU, s. m. Com. du dép. de Seine-et-Oise, cant. de la Ferté-Aleps, arr. d'Etampes. = Etampes.

ORVERT, s. m. Espèce d'oiseau-mouche. T. d'hist. nat.

ORVET, s. m. Serpent ovipare, non venimeux. T. d'hist. nat.

ORVIÉTAN, s. m. Sorte d'antidote fort vanté par les charlatans d'autrefois. Marchand d'—, charlatan, empirique.

ORVILLE, s. f. Com. du dép. de la Côte-d'Or, cant. de Selongey, arr. de Dijon. = Selongey.

ORVILLE, s. f. Com. du dép. de l'Indre, cant. de St.-Christophe, arr. d'Issoudun. = Valençay.

ORVILLE, s. f. Com. du dép. du Loiret, cant. de Puiseaux, arr. de Pithiviers. = Pithiviers.

ORVILLE, s. f. Com. du dép. de l'Orne, cant. de Vimoutiers, arr. d'Argentan. = le Sap.

ORVILLE, s. f. Com. du dép. du Pas-de-Calais, cant. de Pas, arr. d'Arras. = Doullens.

ORVILLER-ET-SOREL, s. m. Com. du dép. de l'Oise, cant. de Ressons, arr. de Compiègne. = Compiègne.

ORVILLIERS, s. m. Com. du dép. de l'Aube, cant. de Romilly-sur-Seine, arr. de Nogent-sur-Seine. = Méry-sur-Seine.

ORVILLIERS, s. m. Com. du dép. de Seine-et-Oise, cant. de Houdan, arr. de Mantes. = Houdan.

ORX, s. m. Com. du dép. des Landes, cant. de St.-Vincent-de-Tyros, arr. de Dax. = Bayonne.

ORYCTÈRES ou FOUISSEURS, s. m. pl. Insectes hyménoptères. T. d'hist. nat.

ORYCTÉRIENS ou RATONS, s. m. pl. Mammifères édentés. T. d'hist. nat.

ORYCTÉROPE, s. m. Mammifère oryctérien. T. d'hist. nat.

ORYCTES, s. m. pl. Genre d'insectes coléoptères. T. d'hist. nat.

ORYCTOGNOSIE, ORYCTOGRAPHIE ou ORYCTOLOGIE, s. f. Partie de l'histoire naturelle qui concerne les fossiles. T. d'hist. nat.

ORYCTOLOGISTE, s. m. Naturaliste qui écrit sur les fossiles. T. d'hist. nat.

ORYSSUS, s. m. Genre d'insectes hyménoptères. T. d'hist. nat.

ORYTHIE, s. f. Méduse, genre de zoophytes. T. d'hist. nat.

ORYX, s. m. Antilope, bouc sauvage. T. d'hist. nat.

ORYZOPSIS, s. m. Plante graminée. T. de bot.

OS, s. m. Substance compacte, dure, solide, qui forme la charpente du corps de l'homme, des animaux, et de quelques poissons; os de baleine, de sèche. Ne pas faire de vieux —, mourir jeune. Fig. et fam. —, ergots du cerf. T. de véner. — de sèche fossiles, pétrifications d'une forme bizarre. T. d'hist. nat.

OS, s. m. Com. du dép. des Basses-Pyrénées, cant. de Lagor, arr. d'Orthez. = Oloron.

OSAGE, s. m. Grande rivière de l'Amérique du Nord, qui se jette dans le Missouri. —, pl. Peuplades hospitalières qui habitent le Missouri, et offrent une population d'environ 8,000 hab.

OSBECK, s. m. Plante du genre des mélastomées. T. de bot.

OSCABRION, s. m. Genre de testacés multivalves. T. d'hist. nat.

OSCANE, s. m. Testacé univalve. T. d'hist. nat.

OSCHÉOCÈLE, s. f. Hernie dans laquelle l'épiploon et l'intestin tombent dans le scrotum. T. de chir.

OSCHES, s. m. Com. du dép. de la Meuse, cant. de Souilly, arr. de Verdun. = Verdun.

OSCILLAIRE, s. f. Genre d'algues. T. de bot.

OSCILLATION, s. f. Mouvement d'un corps qui va et vient en sens contraire, balancement continuel.

OSCILLATOIRE, adj. De la nature de l'oscillation.

OSCILLER, v. n. Se mouvoir alternativement en sens contraire.

OSCINE, s. f. Insecte diptère muscide. T. d'hist. nat.

OSCITANTE, adj. f. Se dit d'une fièvre dont l'accès est accompagné de bâillemens. T. de méd.

OSCITATION, s. f. Bâillement. T. de méd.

OSCULATEUR, adj. m. Se dit de la développée d'une courbe; rayon osculateur. Cercle —, qui a ce rayon. T. de géom.

OSCULATION, s. f. Point où le cercle osculateur touche la développée; réunion de deux branches d'une courbe. T. de géom.

OSÉ, E, part. Entrepris hardiment, tenté, hasardé. —, adj. Hardi, qui a l'audace de faire une chose qu'il ne devrait pas faire; se joint avec les particules si, bien, assez.

OSEILLE, s. f. Plante potagère, acide, rafraîchissante.

OSENBACH, s. m. Com. du dép. du Haut-Rhin, cant. de Rouffach, arr. de Colmar. = Rouffach.

OSENX, s. m. Com. du dép. des Basses-Pyrénées, cant. de Lagor, arr. d'Orthez. = Orthez.

OSER, v. a. Tenter, hasarder, entreprendre avec hardiesse. —, v. n. Avoir l'audace, la hardiesse, le courage. —, prendre la liberté, se permettre; j'ose vous prier d'en finir. —, avec la négative. S'abstenir par circonspection de faire ou de dire quelque chose.

OSERAIE, s. f. Lieu planté d'osier.

OSIER, s. m. Arbrisseau dont les jets très flexibles servent à faire des paniers et autres ouvrages de vannier.

OSIRIS, s. m. Fils de Jupiter et de Niobé, mari d'Io, se sauva en Egypte avec celle-ci pour fuir les persécutions de Junon. Les Egyptiens l'adorèrent sous les noms d'Apis et de Sérapis. T. de myth.

OSLON, s. m. Com. du dép. de Saône-et-Loire, cant. et arr. de Châlons. = Châlons.

OSLY-COURTIL, s. m. Com. du dép. de l'Aisne, cant. de Vic-sur-Aisne, arr. de Soissons. = Soissons.

OSMANE (St.-), s. m. Com. du dép. de la Sarthe, cant. et arr. de St.-Calais. = St.-Calais.

OSMANLIS ou OSMANS, s. m. pl. Les Turcs conquérans.

OSMANVILLE, s. f. Com. du dép. du Calvados, cant. d'Isigny, arr. de Bayeux. = Isigny.

OSMAZOME, s. f. Principe gélatineux, nutritif, qui existe dans les chairs et fait la base du bouillon.

OSMÈRE, s. m. Poisson du genre du salmone. T. d'hist. nat.

OSMERY, s. m. Com. du dép. du Cher, cant. de Dun-le-Roi, arr. de St.-Amand. = Dun-le-Roi.

OSMETS, s. m. Com. du dép. des Hautes-Pyrénées, cant. de Trie, arr. de Tarbes. = Tarbes.

OSMIE, s. f. Genre d'insectes hyménoptères apiaires. T. d'hist. nat.

OSMITE, s. f. Plante corymbifère. T. de bot.

OSMIUM, s. m. Métal d'un gris foncé qui se trouve dans le platine brut. T. d'hist. nat.

OSMONDAIRE, s. f. Varec, plante de la Nouvelle-Hollande. T. de bot.

OSMONDE, s. f. Genre de fougères aquatiques. T. de bot.

OSMOY, s. m. Com. du dép. du Cher, cant. de Levet, arr. de Bourges. = Bourges.

OSMOY, s. m. Com. du dép. de Seine-et-Oise, cant. de Houdan, arr. de Mantes. = la Queue.

OSMOY, s. m. Com. du dép. de la Seine-Inférieure, cant. de Londinières, arr. de Neufchâtel. = Neufchâtel.

OSMYLE, s. m. Insecte névroptère. T. d'hist. nat.

OSNABRUCK, s. m. Province du royaume de Hanovre, située entre le Oldenbourg et la Prusse rhénane. —, ville capitale de cette province où fut conclue la paix de Westphalie, en 1648. Pop., 9,250 hab. env.

OSNE-LE-VAL, s. m. Com. du dép. de la Haute-Marne, cant. de Chevillon, arr. de Vassy. = Joinville.

OSNES, s. m. Com. du dép. des Ardennes, cant. de Carignan, arr. de Sedan. = Carignan.

OSNY, s. m. Com. du dép. de Seine-et-Oise, cant. et arr. de Pontoise. = Pontoise.

OSPHRÉSIOLOGIE, s. f. Traité sur les odeurs et le sens de l'odorat.

OSPHRONÈME, s. m. Genre de poissons thoraciques. T. d'hist. nat.

OSQUES, adj. m. pl. Se dit des atellanes, pièces licencieuses qu'on représentait sur le théâtre d'Athènes; jeux osques.

OSSA, s. f. L'une des montagnes que les géans entassèrent pour escalader le ciel. T. de myth.

OSSAGES, s. m. Com. du dép. des Landes, cant. de Pouillon, arr. de Dax. = Dax.

OSSAS, s. m. Com. du dép. des Basses-Pyrénées, cant. de Tardets, arr. de Mauléon. = Mauléon.

OSSATURE, s. f. Charpente osseuse. T. d'anat. —, parties qui lient un édifice. T. d'arch.

OSSE, s. m. Com. du dép. du Doubs, cant. de Roulans, arr. de Baume. = Besançon.

OSSÉ, s. m. Com. du dép. d'Ille-et-Vilaine, cant. de Châteaubourg, arr. de Vitré. = Vitré.

OSSÉ, s. m. Com. du dép. des Basses-Pyrénées, cant. d'Accous, arr. d'Oloron. = Oloron.

OSSEC, s. m. Egout au fond du navire. T. de mar.

OSSEJA, s. m. Com. du dép. des Pyrénées-Orientales, cant. de Saillagouse, arr. de Prades. = Mont-Louis.

OSSELET, s. m. Petit os; ce qui en a la forme. —, tumeur osseuse près du boulet. T. de méd. vétér. —, pl. Petits os de mouton avec lesquels jouent les enfans; torture avec des osselets enfilés. —, pl. Quatre petits os qui se trouvent dans la cavité de l'oreille interne. T. d'anat.

OSSELLE, s. f. Com. du dép. du Doubs, cant. de Boussières, arr. de Besançon. = St.-Vyt.

OSSEMENS, s. m. pl. Amas confus d'os préparés pour faire un squelette. T. d'anat.

OSSEN, s. m. Com. du dép. des Hautes-Pyrénées, cant. de Lourdes, arr. d'Argelès. = Lourdes.

OSSENX, s. m. Com. du dép. des Basses-Pyrénées, cant. de Sauveterre, arr. d'Orthez. = Orthez.

OSSERAIN, s. m. Com. du dép. des Basses-Pyrénées, cant. de St.-Palais, arr. de Mauléon. = St.-Palais.

OSSÉS, s. m. Com. du dép. des Basses-Pyrénées, cant. de St.-Etienne, arr. de Mauléon. = St.-Jean-Pied-de-Port.

OSSEUX, EUSE, adj. Qui tient de la nature des os, qui en a la couleur et la consistance; substance osseuse. Poissons —, dont les vertèbres non flexibles sont effectivement osseuses. T. d'hist. nat.

OSSEY-LES-TROIS-MAISONS, s. m. Com. du dép. de l'Aube, cant. de Romilly-sur-Seine, arr. de Nogent-sur-Seine. = Nogent-sur-Seine.

OSSIAN, s. m. Barde écossais, auteur de poésies gaéliques traduites par Macpherson.

OSSIANIQUE, adj. A la manière des poésies d'Ossian.

OSSIFICATION, s. f. Conversion des membranes et des cartilages en os.

OSSIFIÉ, E, part. Transformé en os.

OSSIFIER, v. a. Changer en os. S'—, v. pron. Se transformer en os.

OSSIFIQUE, adj. Qui convertit en os.

OSSIFRAGE, s. m. Poisson du genre du labre. T. d'hist. nat.

OSSIFRAGUE, s. m. Voy. ORFRAIE.

OSSILLON, s. m. Petit os d'oiseau. T. inus.

OSSIVORE, adj. Qui attaque, ronge les os, en parlant d'un ulcère, etc. T. de chir.

OSSU, E, adj. Qui a de gros os. T. inus.

OSSUN, s. m. Com. du dép. des Hautes-Pyrénées, chef-lieu de cant. de l'arr. de Tarbes, où se trouve le bur. d'enregist. = Tarbes.

OSSUN-EZ-ANGLES, s. m. Com. du dép. des Hautes-Pyrénées, cant. de Lourdes, arr. d'Argelès. = Lourdes.

OST, s. m. Armée. (Vi.)

OST (St.-), s. m. Com. du dép. du Gers, cant. et arr. de Mirande. = Mirande.

OST, s. m. Com. du dép. des Hautes-Pyrénées, cant. et arr. d'Argelès. = Argelès.

OSTABAT, s. m. Com. du dép. des Basses-Pyrénées, cant. d'Iholdy, arr. de Mauléon. = St.-Palais.

OSTEL, s. m. Com. du dép. de l'Aisne, cant. de Vailly, arr. de Soissons. = Soissons.

OSTENDE, s. m. Ville maritime fortifiée du royaume de Belgique. Constructions navales; école de marine; comm. très étendu. Pop., 10,550 hab. env.

OSTENDOIS, E, s. et adj. Originaire d'Ostende; qui concerne cette ville.

OSTENSIBLE, adj. Qui peut être montré, vu. —, qui tombe sous le sens, dont la démonstration est facile.

OSTENSIBLEMENT, adv. D'une manière ostensible.

OSTENSIF, IVE, adj. Qui montre, sert à montrer. T. inus.

OSTENSOIR ou OSTENSOIRE, s. m. Vase sacré à l'extrémité duquel se trouve un cercle d'or et d'argent, garni d'un double verre, pour exposer l'hostie.

OSTENTATEUR, s. m. Vaniteux, orgueilleux, superbe.

OSTENTATEUR, TRICE, adj. Qui a, qui marque de l'ostentation.

OSTENTATION, s. f. Orgueil, vanité ridicule, manie de faire parade de ses richesses, de ses qualités, de ses talens.

OSTÉOCÈLE, s. f. Hernie dont le sac est cartilagineux et osseux. T. de chir.

OSTÉOCOLLE, s. f. Substance fossile ayant la forme d'un os. T. d'hist. nat.

OSTÉOCOPE, s. et adj. f. Douleur aiguë et profonde dans les os. T. de méd.

OSTÉODERMES, s. m. pl. Poissons cartilagineux, sans nageoires ventrales, et dont la peau est parsemée de grains osseux. T. d'hist. nat.

OSTÉOGÈNE ou OSTÉOGÉNÉSIE, s. f. Partie de l'anatomie qui traite de la formation des os.

OSTÉOGRAPHIE ou OSTÉOLOGIE, s. f. Traité, description anatomique des os; ostéologie de Boyer. T. d'anat.

OSTÉOLITHES, s. m. pl. Os pétrifiés. T. d'hist. nat.

OSTÉOMALAXIE, s. f. Ramollissement des os. Voy. RACHITIS.

OSTÉOPHAGE, adj. Qui mange des os.

OSTÉOPHILE, s. f. Insecte voisin des podures. T. d'hist. nat.

OSTÉOSARCOME, s. m. ou OSTÉOSARCOSE, s. f. Maladie des os qui se ramollissent et dégénèrent en une substance charnue. T. de chir. Voy. OSTÉOMALAXIE.

OSTÉOSE, s. f. Ossification. T. de méd.

OSTÉOSPERME, s. f. Genre de plantes corymbifères. T. de bot.

OSTÉOSTÉATOME, s. m. Tumeur formée par la transformation d'un os en une substance graisseuse. T. de chir.

OSTÉOSTOMES, s. m. pl. Poissons osseux à branchies complètes. T. d'hist. nat.

OSTÉOTOMIE, s. f. Partie de l'anatomie qui a pour objet la dissection des os. T. d'anat.

OSTHAUSEN, s. m. Com. du dép. du Bas-Rhin, cant. d'Erstein, arr. de Schélestadt. = Benfeld.

OSTHEIM, s. m. Com. du dép. du Haut-Rhin, cant. de Kaisersberg, arr. de Colmar. = Colmar.

OSTHOFFEN, s. m. Com. du dép. du Bas-Rhin, cant. de Truchtersheim, arr. de Strasbourg. = Strasbourg.

OSTIE, s. f. Petite ville d'Italie à l'embouchure du Tibre, au temps des Romains.

Cette ville existe encore; mais elle n'est plus sur le bord de la mer, qui s'en est éloignée.

OSTORHYNQUE, s. m. Poisson thoracique. T. d'hist. nat.

OSTRACAIRE, s. m. Coquillage, huître et peigne. T. d'hist. nat.

OSTRACÉ, E, adj. Se dit des poissons couverts de plusieurs écailles dures. —, s. m. pl. Poissons revêtus d'écailles. T. d'hist. nat.

OSTRACION, s. m. Poisson du genre des branchiostèges. T. d'hist. nat.

OSTRACISME, s. m. Bannissement, pour dix ans, des hommes célèbres dont le mérite devenait suspect aux citoyens d'Athènes.

OSTRACITE, s. f. Coquille d'huître pétrifiée. T. d'hist. nat.

OSTRACODERME, adj. Revêtu d'écailles. —, s. m. pl. Animaux couverts d'écailles. T. d'hist. nat.

OSTRACODES, s. m. pl. Crustacés branchiopodes. T. d'hist. nat.

OSTREGNIES, s. f. Com. du dép. du Nord, cant. de Maubeuge, arr. d'Avesnes. = Maubeuge.

OSTREÏTE, s. f. Huître fossile. T. d'hist. nat.

OSTRELIN, s. m. Peuple oriental, par rapport à l'Angleterre; habitant des villes anséatiques.

OSTRÉOPECTINITE, s. f. Espèce de térébratule. T. d'hist. nat.

OSTREVILLE, s. f. Com. du dép. du Pas-de-Calais, cant. et arr. de St.-Pol. = St.-Pol.

OSTRICOURT, s. m. Com. du dép. du Nord, cant. de Pont-à-Marcq, arr. de Lille. = Douai.

OSTROG, s. m. Village des Kamtschadales.

OSTROGOTH, s. m. Goth habitant de l'orient. —, homme grossier qui ignore les usages, les bienséances.

OSTWALD, s. m. Com. du dép. du Bas-Rhin, cant. de Geispolsheim, arr. de Strasbourg. = Strasbourg.

OSYRIS, s. m. Genre d'arbrisseaux. T. de bot.

OTACOUSTIQUE, adj. Se dit des instrumens qui aident ou perfectionnent le sens de l'ouïe. T. de méd.

OTAGE, s. m. Personne considérable confiée pour garantie de l'exécution d'un traité.

OTALGIE, s. f. Névralgie de l'oreille. T. de méd.

OTALGIQUE, adj. Propre à calmer les douleurs d'oreille. T. de méd.

ÔTÉ, prép. Hormis, excepté; ôté cela.

ÔTÉ, E, part. Dérangé, changé de place.

OTELLES, s. f. pl. Bouts de fer de lance. T. de blas.

OTENCHYTE, s. f. Seringue pour faire des injections dans l'oreille; ces injections. T. de méd.

ÔTER, v. a. Déranger, changer de place. —, faire cesser ou passer; ôter la douleur, l'inquiétude. —, prendre, enlever par autorité ou par violence; ôter la bourse, la vie. —, retrancher; ôter un chiffre. —, priver, délivrer de. —, reprendre ce qu'on a donné. S'—, v. pron. Quitter sa place. S'—, se retrancher ce que l'on avait, propre et fig. S'—, v. récip. Se ravir, s'enlever mutuellement.

OTHE, s. m. Com. du dép. de la Moselle, cant. de Longuion, arr. de Briey. = Longuion.

OTHÈRE, s. m. Arbrisseau du Japon. T. de bot.

OTHIS, s. m. Com. du dép. de Seine-et-Marne, cant. de Dammartin, arr. de Meaux. = Dammartin.

OTHONNE, s. f. Plante du genre des corymbifères. T. de bot.

OTHRYS, s. m. Câprier de l'île de Madagascar. T. de bot.

OTIEUX, EUSE, adj. Oisif. (Vi.)

OTION, s. m. Mollusque cirrhipède. T. d'hist. nat.

OTIOPHORES, s. m. pl. Coléoptères pentamères. T. d'hist. nat.

OTIQUE, adj. Se dit des médicamens propres à guérir les maux d'oreille. T. de méd.

OTITE, s. f. Inflammation de l'oreille. T. de méd. —, diptère muscide. T. d'hist. nat.

OTOGRAPHIE ou OTOLOGIE, s. f. Description anatomique des parties qui composent l'oreille. T. d'anat.

OTORRHÉE ou OTIRRHÉE, s. f. Sérosité qui découle de l'oreille. T. de méd.

OTRANTE, s. m. Province du royaume de Naples, située entre la mer Adriatique et le golfe de Tarente. —, ville archiépiscopale, place de guerre, capitale de la province de ce nom, à l'entrée de la mer Adriatique.

OTTA, s. f. Com. du dép de la Corse, cant. de Piana, arr. d'Ajaccio. = Ajaccio.

OTTANGE, s. f. Com. du dép. de la Moselle, cant. de Cattenom, arr. de Thionville. = Thionville. Hauts-fourneaux, forges, fonderie et platinerie.

OTTELIE, s. f. Genre de plantes aquatiques. T. de bot.

OTTERSTHAL, s. m. Com. du dép. du Bas-Rhin, cant. et arr. de Saverne. = Saverne.

OTTERSWILLER, s. m. Com. du dép. du Bas-Rhin, cant. de Marmoutier, arr. de Saverne. = Saverne.

OTTMARSHEIM, s. m. Com. du dép. du Haut-Rhin, cant. de Habsheim, arr. d'Altkirch. = Ensisheim.

OTTOMAN, E, s. Turc, mahométan. —, adj. Qui concerne la Turquie, la religion mahométane. —, s. f. Sorte de canapé.

OTTONVILLE, s. f. Com. du dép. de la Moselle, cant. de Boulay, arr. de Metz. = Boulay.

OTTROTT-LE-BAS, s. m. Com. du dép. du Bas-Rhin, cant. de Rosheim, arr. de Schélestadt. = Strasbourg.

OTTROTT-LE-HAUT, s. m. Com. du dép. du Bas-Rhin, cant. de Rosheim, arr. de Schélestadt. = Strasbourg.

OTTUPLE, s. f. Mesure à quatre temps. T. de mus.

OTTWILLER, s. m. Com. du dép. du Bas-Rhin, cant. de Drulingen, arr. de Saverne. = Phalsbourg.

OU, s. m. Instrument de musique chinois, qui a la forme d'un tigre accroupi.

OU, conj. alternative. Autrement, d'une autre façon, en d'autres termes;

vaincre ou mourir; à pied ou à cheval; Byzance ou Constantinople.

OÙ, adv. En quel lieu, en quel endroit; où est-il? —, dans lequel; la position où nous sommes. — se joint souvent aux prépositions de et par; d'où vient-il? Par où est-il passé?

OUACAPOU, s. m. Arbre de la Guiane. T. de bot.

OUAICHE, s. m. Sillage d'un navire. T. de mar.

OUAIGNES, s. f. Com. du dép. de la Nièvre, cant. et arr. de Clamecy. = Clamecy.

OUAILLE, s. f. Brebis. (Vi.) —, chrétien, par rapport à son pasteur; se dit surtout au pluriel. Fig. —, arbre de la Guiane. T. de bot..

OUAINE, s. f. Com. du dép. de l'Yonne, cant. de Courson, arr. d'Auxerre. = Auxerre.

OUAINVILLE, s. f. Com. du dép. de la Seine-Inférieure, cant. de Cany, arr. d'Yvetot. = Cany.

OUAIS, interj. qui marque la surprise, l'opposition, l'ironie.

OUANDEROU, s. m. Espèce de babouin, de singe. T. d'hist. nat.

OUANGOU, s. m. Pâte de farine de manioc.

OUANNE (l'), s. f. Rivière qui prend sa source au village d'Ouanne, dép. de l'Yonne, et se jette dans le Loing à Montargis, après un cours de 15 l.

OUARINE, s. f. Alouate d'Amérique, espèce de sapajou. T. d'hist. nat.

OUARVILLE, s. f. Com. du dép. d'Eure-et-Loir, cant. de Voves, arr. de Chartres. = Chartres.

OUASPOUS, s. m. Grand phoque, quadrupède amphibie. T. d'hist. nat.

OUASSACOU, s. m. Espèce de phyllanthe. T. de bot.

OUATE, s. f. Coton cardé et glacé qui sert à doubler des robes d'hiver, à faire des douillettes.

OUATÉ, E, part. Garni d'ouate.

OUATER, v. a. Mettre de l'ouate entre l'étoffe et la doublure d'un vêtement.

OUAYÉ, s. f. Plante de la Guiane.

OUBEAUX (les), s. m. pl. Com. du dép. du Calvados, cant. d'Isigny, arr. de Bayeux. = Isigny.

OUBIER, s. m. Espèce de grand faucon. T. d'hist. nat.

OUBLI, s. m. Manque de mémoire, de souvenir. Tomber dans l'—, s'effacer de la mémoire des hommes.

OUBLIANCE, s. f. Oubli. (Vi.)

OUBLIE, s. f. Espèce de pâtisserie mince comme une feuille de papier, qu'on roule en forme de cornet.

OUBLIÉ, E, part. Sorti de la mémoire; omis; perdu de vue.

OUBLIER, v. a. Perdre le souvenir de quelqu'un ou de quelque chose. —, omettre; il ne faut rien oublier dans un compte. —, laisser par inadvertance; j'ai oublié mes gants. —, négliger, perdre de vue; oublier ses amis, ses devoirs. —, pardonner; oublier une offense. —, manquer à la reconnaissance; oublier un bienfait. —, v. n. Manquer de mémoire. — à faire quelque chose, en perdre l'habitude. — de, ne pas faire par oubli; j'oubliais de vous demander des nouvelles. S'—, v. pron. Ne point penser à soi; négliger ses intérêts ou l'occasion. S'—, manquer au respect, aux convenances; devenir fier, insolent.

OUBLIETTES, s. f. pl. Puits profond, abîme hérissé d'instrumens tranchans dans lequel, au moyen d'une bascule, on faisait tomber les personnes dont on voulait se défaire secrètement.

OUBLIEUR, s. m. Fabricant et marchand d'oublies.

OUBLIEUX, EUSE, adj. Sujet à oublier, qui oublie aisément.

OUCHAMPS, s. m. Com. du dép. de Loir-et-Cher, cant. de Contres, arr. de Blois. = Blois.

OUCHE, s. f. Rivière dont la source se trouve dans l'étang de Lusigny, dép. de la Côte-d'Or, et qui se jette dans la Saône un peu au-dessus de St.-Jean-de-Losne, après un cours d'environ 18 l.

OUCHE, s. f. Com. du dép. de la Loire, cant. et arr. de Roanne.=Roanne.

OUCHES, s. f. Com. du dép. de l'Indre, cant. de St.-Gauthier, arr. du Blanc. = Argenton-sur-Creuse.

OUCLE, s. m. Arbuste grimpant de l'Inde. T. de bot.

OUCQUES, s. f. Com. du dép. de Loir-et-Cher, cant. de Marchénoir, arr. de Blois. Bur. de poste.

OUDALLE, s. f. Com. du dép. de la Seine-Inférieure, cant. de St.-Romain-de-Colbosc, arr. du Hâvre.=Harfleur.

OUDAN, s. m. Com. du dép. de la Nièvre, cant. de Varzy, arr. de Clamecy. = Varzy.

OUDEUIL, s. m. Com. du dép. de l'Oise, cant. de Marseille, arr. de Beauvais. = Grandvilliers.

OUDEZEELE, s. f. Com. du dép. du Nord, cant. de Steenvoorde, arr. d'Hazebrouck. = Cassel.

OUDINCOURT, s. m. Com. du dép. de la Haute-Marne, cant. de Vignory, arr. de Chaumont. = Vignory.

OUDON, s. m. Com. du dép. de la Loire-Inférieure, cant. et arr. d'Ancenis. Bur. de poste.

OUDON (l'), s. m. Rivière dont la source se trouve à Gravelle, dép. de la Mayenne, et qui se jette dans la Mayenne après un cours d'environ 17 l. Cette rivière est navigable depuis Segré jusqu'à son embouchure.

OUDREN, s. m. Com. du dép. de la Moselle, cant. de Metzervisse, arr. de Thionville. = Thionville.

OUDRIR, v. n. Se rider, en parlant de l'écorce des bourgeons.

OUDRY, s. m. Com. du dép. de Saône-et-Loire, cant. de Palinges, arr. de Charolles. = Perrecy.

OUEILLOUX, s. m. Com. du dép. des Hautes-Pyrénées, cant. de Tournay, arr. de Tarbes. = Tarbes.

OUEN (St.-), s. m. Com. du dép. de la Charente-Inférieure, cant. de Marans, arr. de la Rochelle. = Marans.

OUEN (St.-), s. m. Com. du dép. de la Charente-Inférieure, cant. de Matha, arr. de St.-Jean-d'Angely. = St.-Jean-d'Angely.

OUEN (St.-), s. m. Com. du dép. d'Indre-et-Loire, cant. d'Amboise, arr. de Tours. = Amboise.

OUEN (St.-), s. m. Com. du dép. de la Marne, cant. de Sompuis, arr. de Vitry. = Vitry-le-François.

OUEN (St.-), s. m. Com. du dép. de la Nièvre, cant. de Decize, arr. de Nevers. = Decize.

OUEN (St.-), s. m. Com. du dép. de la Seine, cant. et arr. de St.-Denis. = St.-Denis.

OUEN (St.-), s. m. Com. du dép. de Seine-et-Marne, cant. de Mormant, arr. de Melun. = Tournan.

OUEN (St.-), s. m. Com. du dép. de Seine-et-Marne, cant. de Rebais, arr. de Coulommiers. = Mormant.

OUEN (St.-), s. m. Com. du dép. de la Haute-Vienne, cant. du Dorat, arr. de Bellac. = le Dorat.

OUEN (St.-), s. m. Com. du dép. des Vosges, cant. de Bulgnéville, arr. de Neufchâteau. = la Marche.

OUEN-AU-BOSC (St.-), s. m. Com. du dép. de la Seine-Inférieure, cant. de Valmont, arr. d'Yvetot. = Valmont.

OUEN-D'ATTEZ (St.-), s. m. Com. du dép. de l'Eure, cant. de Breteuil, arr. d'Evreux. = Verneuil.

OUEN-DE-LA-COUR (St.-), s. m. Com. du dép. de l'Orne, cant. de Bellême, arr. de Mortagne. = Bellême.

OUEN-DE-LA-LONDE (St.-), s. m. Com. du dép. de l'Eure, cant. de Bourg-théroulde, arr. de Pont-Audemer. = Elbeuf.

OUEN-DE-LA-ROUERIE (St.-), s. m. Com. du dép. d'Ille-et-Vilaine, cant. d'Antrain, arr. de Fougères. = Antrain.

OUEN-DE-LONGPAON (St.-), s. m. Village du dép. de la Seine-Inférieure, cant. de Darnetal, arr. de Rouen. = Rouen.

OUEN-DE-MIMBRÉ (St.-), s. m. Com. du dép. de la Sarthe, cant. de Fresnay, arr. de Mamers. = Fresnay.

OUEN-DE-PONCHEUIL (St.-), s. m. Com. du dép. de l'Eure, cant. d'Amfreville, arr. de Louviers. = Elbeuf.

OUEN-DES-ALLEUX (St.-), s. m. Com. du dép. d'Ille-et-Vilaine, cant. de St.-Aubin, arr. de Fougères. = St.-Aubin-du-Cormier.

OUEN-DES-BESACES (St.-), s. m. Com. du dép. du Calvados, cant. de Bény-Bocage, arr. de Vire. = Aulnay.

OUEN-DES-CHAMPS (St.-), s. m. Com. du dép. de l'Eure, cant. de Quillebeuf, arr. de Pont-Audemer. = Pont-Audemer.

OUEN-DE-SÉCHEROUVRE (St.-), s. m. Com. du dép. de l'Orne, cant. de Bazoche-sur-Hoëne, arr. de Mortagne. = Mortagne.

OUEN-DES-OYES (St.-), s. m. Com. du dép. de la Mayenne, cant. de Montsurs, arr. de Laval. = Laval.

OUEN-DES-TOITS (St.-), s. m. Com. du dép. de la Mayenne, cant. de Loiron, arr. de Laval. = Laval.

OUEN-DE-THOUBERVILLE (St.-), s. m. Com. du dép. de l'Eure, cant. de Routot, arr. de Pont-Audemer. = Bourg-Achard.

OUEN-DU-BREUIL (St.-), s. m. Com. du dép. de la Seine-Inférieure, cant. de Pavilly, arr. de Rouen. = Rouen.

OUEN-DU-MESNIL-AUGER (St.-), s. m. Com. du dép. du Calvados, cant. de Troarn, arr. de Pont-l'Evêque. = Croissanville.

OUEN-EN-BELIN (St.-), s. m. Com. du dép. de la Sarthe, cant. d'Ecommoy, arr. du Mans. = Ecommoy.

OUEN-EN-CHAMPAGNE (St.-), s. m. Com. du dép. de la Sarthe, cant. de Brûlon, arr. de la Flèche. = Sablé.

OUEN-L'AUMONE (St.-), s. m. Com. du dép. de Seine-et-Oise, cant. et arr. de Pontoise. = Pontoise.

OUEN-LE-BRISOULT (St.-), s. m. Com. du dép. de l'Orne, cant. de Carrouges, arr. d'Alençon. = Pré-en-Pail.

OUEN-LE-HOUX (St.-), s. m. Com. du dép. du Calvados, cant. de Livarot, arr. de Lisieux. = Vimoutiers.

OUEN-LE-MAUGER (St.-), s. m. Com. du dép. de la Seine-Inférieure, cant. de Bacqueville, arr. de Dieppe. = Bacqueville.

OUEN-LE-PIN (St.-), s. m. Com. du dép. du Calvados, cant. de Cambremer, arr. de Pont-l'Evêque. = Lisieux.

OUEN-MARCHEFROY (St.-), s. m. Com. du dép. d'Eure-et-Loir, cant. d'Anet, arr. de Dreux. = Houdan.

OUENNE (Ste.-), s. f. Com. du dép. des Deux-Sèvres, cant. de Champdeniers, arr. de Niort. = Niort.

OUEN-PREND-EN-BOURSE (St.-), s. m. Com. du dép. de la Seine-Inférieure, cant. de Longueville, arr. de Dieppe. = Bacqueville.

OUEN-SOUS-BAILLY (St.-), s. m. Com. du dép. de la Seine-Inférieure, cant. d'Envermeu, arr. de Dieppe. = Dieppe.

OUEN-SUR-BELLENCOMBRE (St.-), s. m. Com. du dép. de la Seine-Inférieure, cant. de Bellencombre, arr. de Dieppe. = St.-Saens.

OUEN-SUR-BRACHY (St.-), s. m. Com. du dép. de la Seine-Inférieure, cant. de Bacqueville, arr. de Dieppe. = Bacqueville.

OUEN-SUR-ITON (St.-), s. m. Com. du dép. de l'Orne, cant. de l'Aigle, arr. de Mortagne. = l'Aigle.

OUEN-SUR-MAIRE (St.-), s. m. Com. du dép. de l'Orne, cant. d'Ecouché, arr. d'Argentan. = Argentan.

OUERRE, s. f. Com. du dép. d'Eure-et-Loir, cant. et arr. de Dreux. = Dreux.

OUESSANT (île d'), s. m. Cette île, située dans l'Océan atlantique, forme une com. et un cant. de l'arr. de Brest où se trouve le bur. d'enregist. = Brest. Indépendamment de St.-Michel, qui en est le chef-lieu, elle renferme plusieurs hameaux ainsi qu'une forteresse et un phare.

OUEST, s. m. L'occident, le couchant; vent qui souffle de ce côté.

OUEST-NORD-OUEST, s. m. Point du compas qui se trouve entre le nord et l'ouest; vent qui vient de là.

OUEST-SUD-OUEST, s. m. Point entre le sud et l'ouest; vent qui vient de ce point.

OUEZY, s. m. Com. du dép. du Calvados, cant. de Bourguébus, arr. de Caen. = Croissanville.

OUF, Interj. qui marque une douleur subite, l'étouffement, l'oppression, la difficulté de respirer.

OUFFIÈRES, s. f. Com. du dép. du Calvados, cant. d'Evrecy, arr. de Caen. = Thury-Harcourt.

OUGE, s. f. Com. du dép. de la Haute-Saône, cant. de Vitrey, arr. de Vesoul. = Cintrey.

OUGES, s. f. Com. du dép. de la Côte-d'Or, cant. et arr. de Dijon. = Dijon.

OUGNEY (les), s. m. pl. Com. du dép. du Doubs, cant. de Roulans, arr. de Baume. = Baume.

OUGNEY, s. m. Com. du dép. du Jura, cant. de Gendrey, arr. de Dôle. = Dôle.

OUGNY, s. m. Com. du dép. de la Nièvre, cant. de Châtillon, arr. de Château-Chinon. = Moulins-Engilbert.

OUHANS, s. m. Com. du dép. du Doubs, cant. de Montbenoît, arr. de Pontarlier. = Pontarlier.

OUI, s. m. Affirmation, consentement; le oui et le non. —, particule affirmative. Je veux bien; il est vrai; certainement; j'y consens. Aimez-vous la musique? Oui.

OUÏ, E, part. Entendu.

OUICOU ou OUYCOU, s. m. Boisson des Américains, espèce de bière composée de manioc, de patates et d'eau-de-vie.

OUI-DÀ, adv. Volontiers, de bon cœur. T. fam.

OUIDES, s. f. Village du dép. de la Haute-Loire, cant. de Cayres, arr. du Puy. = le Puy.

OUÏ-DIRE, s. m. sans s au pl. Propos hasardé, ce qu'on ne sait que par le dire d'autrui.

OUÏE, s. f. Le sens par lequel on perçoit les sons. —, pl. Organes de la respiration chez les poissons.—, ouvertures au corps du violon. T. de luthier.

OUILLÉ, E, part. Rempli, en parlant d'un tonneau en vidange.

OUILLER, v. a. Remplir un tonneau en vidange.

OUILLON, s. m. Com. du dép. des Basses-Pyrénées, cant. de Morlaas, arr. de Pau. = Pau.

OUILLY, s. m. Com. du dép. du Rhône, cant. et arr. de Villefranche. = Villefranche.

OUILLYE-LA-RIBAUDE, s. f. Com. du dép. du Calvados, cant. et arr. de Lisieux. = Lisieux.

OUILLYE-L'UNION, s. f. Com. du dép. du Calvados, cant. et arr. de Lisieux. = Lisieux.

OUILLY-LE-BASSET, s. m. Com. du dép. du Calvados, cant. et arr. de Falaise. = Falaise.

OUILLY-LE-TESSON, s. m. Com. du dép. du Calvados, cant. de Bretteville-sur-Laise, arr. de Falaise. = Caen.

OUIN (St.-), s. m. Com. du dép. de Loir-et-Cher, cant. et arr. de Vendôme. = Vendôme.

OUIN (St.-), s. m. Com. du dép. de la Somme, cant. de Domart, arr. de Doullens. = Flixecourt.

OUÏR, v. a. N'est usité qu'à l'infinitif, aux prétérits de l'indicatif et du subjonctif, ainsi qu'aux temps composés. Percevoir les sons par l'oreille, entendre. —, prêter attention, donner audience, écouter favorablement, exaucer. — des témoins, recevoir leur déposition. T. de procéd.

OUIRES, s. f. Village du dép. de l'Aveyron, cant. de Camarès, arr. de St.-Affrique. = St.-Affrique.

OUISTITI, s. m. Sagouin, petit singe du Brésil. T. d'hist. nat.

OUISTREHAM, s. m. Com. du dép. du Calvados, cant. de Douvres-la-Délivrande, arr. de Caen. = Caen.

OULCHES, s. f. Com. du dép. de l'Aisne, cant de Craonne, arr. de Laon. = Laon.

OULCHY-LA-VILLE, s. m. Com. du dép. de l'Aisne, cant. d'Oulchy-le-Château, arr. de Soissons. = Oulchy-le-Château.

OULCHY-LE-CHÂTEAU, s. m. Com. du dép. de l'Aisne, chef-lieu de cant. de l'arr. de Soissons. Bur. d'enregist. et de poste.

OULEMARY, s. m. Grand arbre d'Amérique. T. de bot.

OULICES, s. f. pl. Tenons coupés en carré.

OULINS, s. m. Com. du dép. d'Eure-et-Loir, cant. d'Anet, arr. de Dreux. = Dreux.

OULLES, s. f. Com. du dép. de l'Isère, cant. du Bourg-d'Oisans, arr. de Grenoble. = le Bourg-d'Oisans.

OULLINS, s. m. Com. du dép. du Rhône, cant. de St.-Genis-Laval, arr. de Lyon. = Lyon.

OULMES, s. f. Com. du dép. de la Vendée, cant. de St.-Hilaire-sur-l'Autise, arr. de Fontenay. = Fontenay-le-Comte.

OULON, s. m. Com. du dép. de la Nièvre, cant. de Prémery, arr. de Cosne. = Nevers.

OULPH (St.-), s. m. Com. du dép. de l'Aube, cant. de Méry-sur-Seine, arr. d'Arcis-sur-Aube. = Méry-sur-Seine.

OUNANS, s. m. Com. du dép. du Jura, cant. de Villers-Farlay, arr. de Poligny. = Arbois.

OUPELOTTE, s. f. Racine médicinale qu'on apporte de Surate.

OUPIA, s. f. Com. du dép. de l'Hérault, cant. d'Olonzac, arr. de St.-Pons. = Azille.

OUR, s. m. Com. du dép. du Jura, cant. de Dampierre, arr. de Dôle. = Dôle.

OURAGAN, s. m. Tempête violente accompagnée de tourbillons, choc des vents, grand et violent orage.

OURAQUE, s. m. Cordon blanc qui part de la vessie, dans le fœtus, et va se perdre dans le cordon ombilical, entre les deux artères iliaques. T. de chir.

OURARI, s. m. Plante vénéneuse des Indes orientales. T. de bot.

OURATE, s. m. Grand arbre de la Guiane. T. de bot.

OURCE (l'), s. f. Rivière dont la source se trouve à Poinsenot, dép. de la Haute-Marne, arr. de Langres, et qui se jette dans la Seine, près de Bar-sur-Seine, après un cours d'environ 16 l. Cette rivière est flottable depuis sa source jusqu'à son embouchure.

OURCHE, s. f. Com. du dép. de la Drôme, cant. de Crest, arr. de Die. = Crest.

OURCHES, s. f. Com. du dép. de la Meuse, cant. de Void, arr. de Commercy. = Void.

OURCINAS, s. m. Com. du dép. de la Drôme, cant. de Dieu-le-Fit, arr. de Montélimar. = Dieu-le-Fit.

OURCQ (l'), s. m. Rivière qui prend sa source au-dessus de Fère-en-Tardenois, arr. de Château-Thierry, dép. de l'Aisne, et qui se jette dans la Marne, à Lizy, après un cours d'environ 12 l. Cette rivière est navigable au moyen de plusieurs écluses, depuis la Ferté-Milon jusqu'à son embouchure.

OURCQ (Canal de l'), s. m. Ce canal, destiné à enrichir Paris des eaux de la rivière d'Ourcq, a sa prise d'eau à Mareuil; il passe à Lisy, Congis, Meaux, Trilbardou, Claye, Sevran, traverse la forêt de Bondy, Pantin, et s'arrête à la Villette, après un développement de 93,922 mètres. On n'admet sur le canal de l'Ourcq que des bateaux de 2 mètres 50 cent. au plus : il a été livré à la navigation en 1825.

OURDE, s. f. Com. du dép. des Hautes-Pyrénées; cant. de Mauléon-Barousse, arr. de Bagnères. = Montrejeau.

OURDES, s. f. Com. du dép. des Hautes-Pyrénées, cant. de Lourdes, arr. d'Argelès. = Lourdes.

OURDI, E, part. Disposé pour faire un tissu ; se dit des fils. —, machiné, tramé, en parlant d'un complot. Fig.

OURDIR, v. a. Disposer les fils pour fabriquer un tissu. —, tramer, machiner ; ourdir une intrigue, un complot. —, tortiller. T. de mét. —, mettre la première couche de plâtre. T. de maç.

OURDISSOIR, s. m. Machine pour ourdir.

OURDISSURE, s. f. ou OURDISSAGE, s. m. Action d'ourdir, de disposer les fils pour la fabrication d'un tissu.

OURDON, s. m. Petit séné, plante.

OURDON, s. m. Com. du dép. des Hautes-Pyrénées, cant. de Lourdes, arr. d'Argelès. = Lourdes.

OURDRE, s. m. Nœud de la maille d'un filet.

OURIGOURAP, s. m. Vautour d'Afrique. T. d'hist. nat.

OURISIE, s. f. Plante personnée. T. de bot.

OURJOUT, s. m. Village du dép. de l'Ariège, cant. de Castillon, arr. de St.-Girons. = St.-Girons.

OURLÉ, E, part. Replié et cousu, en parlant des bords d'un morceau de toile.

OURLER, v. a. Faire un pli sur le bord d'une étoffe et l'assujettir au moyen d'une couture ; ourler une cravate.

OURLET, s. m. Pli cousu sur le bord du linge, pour l'empêcher de s'effiler ; rebord, bourrelet. —, repli formé par les organes de la fructification sur quelques fougères. T. de bot.

OURNES, s. f. Village du dép. du Lot, cant. et arr. de Figeac. = Figeac.

OURONOLOGIE, s. f. Traité des urines.

OURONOSCOPIE, s. f. Science hypothétique de quelques vieux médecins, qui prétendaient connaître la nature d'une maladie par l'inspection des urines.

OUROUER, s. m. Com. du dép. du Cher, cant. de Nérondes, arr. de St.-Amand. = Sancoins.

OUROUER, s. m. Com. du dép. de la Nièvre, cant. de Pougues, arr. de Nevers. = Château-Chinon.

OUROUX, s. m. Com. du dép. de la Nièvre, cant. de Montsauche, arr. de Château-Chinon. = Nevers.

OUROUX (St.-Antoine-d'), s. m. Com. du dép. du Rhône, cant. de Monsol, arr. de Villefranche. = Beaujeu.

OUROUX, s. m. Com. du dép. de Saône-et-Loire, cant. de St.-Germain-du-Plain, arr. de Châlons. = Châlons.

OUROUX-SOUS-LE-BOIS-STE.-MARIE, s. m. Com. du dép. de Saône-et-Loire, cant. de la Clayette, arr. de Charolles. = la Clayette.

OURQUE, s. f. Voy. ÉPAULARD.

OURS, s. m. Quadrupède féroce, plantigrade, à longs poils. —, homme très velu ; homme farouche, qui fuit la société. Fig. et fam. — mal léché, enfant difforme ; homme grossier, brutal, mal élevé.

OURS (St.-), s. m. Com. du dép. du Puy-de-Dôme, cant. de Pontgibaud, arr. de Riom. = Clermont-Ferrand.

OURSBELILLE, s. f. Com. du dép. des Hautes-Pyrénées, cant. et arr. de Tarbes. = Tarbes.

OURSCHAMPS, s. m. Com. du dép. de l'Oise, cant. de Ribécourt, arr. de Compiègne. = Noyon.

OURSE, s. f. Femelle de l'ours. Grande et petite —, constellations boréales. L'—, le nord. T. poét. —, pl. Manœuvres pour les voiles latines. T. de mar.

OURSEL-MAISON, s. f. Com. du dép. de l'Oise, cant. de Froissy, arr. de Clermont. = Crèvecœur

OURSIN, s. m. Coquillage de mer couvert d'épines, zoophite échinoderme. T. d'hist. nat.

OURSINE, s. f. Plante du cap de Bonne-Espérance. T. de bot.

OURSINÉ, E, adj. Hérissé d'épines, de pointes acérées. T. de bot.

OURS-MONS, s. m. Com. du dép. de la Haute-Loire, cant. et arr. du Puy. = le Puy.

OURSON, s. m. Petit de l'ours.

OURTON, s. m. Com. du dép. du Pas-de-Calais, cant. de Houdain, arr. de Béthune. = Béthune.

OURVARI, s. m. Cri pour rappeler les chiens. T. de véner. —, grand bruit, grand tapage. Fig. et fam.

OURVILLE, s. f. Com. du dép. de la Manche, cant. de Barneville, arr. de Valognes. = Valognes.

OURVILLE, s. f. Com. du dép. de la Seine-Inférieure, chef-lieu de cant. de l'arr. d'Yvetot ; bur. d'enregist. à Cany. = Cany.

OUSSE, s. f. Com. du dép. des Landes, cant. d'Arjuzanx, arr. de Mont-de-Marsan. = Tartas.

OUSSE, s. f. Com. du dép. des Basses-Pyrénées, cant. et arr. de Pau. = Pau.

OUSSIÈRES, s. f. Com. du dép. du Jura, cant. et arr. de Poligny. = Poligny.

OUSSON, s. m. Com. du dép. du Loiret, cant. de Briare, arr. de Gien. = Briare.

OUSSOY, s. m. Com. du dép. du Loiret, cant. de Lorris, arr. de Montargis. = Lorris.

OUST, s. m. Com. du dép. de l'Ariège, chef-lieu de cant. de l'arr. de St.-Girons. Bur. d'enregist. = St.-Girons.

OUST (l'), s. m. Rivière qui prend sa source aux Trois-Fontaines, dans la forêt de Lorge, arr. de Loudéac, dép. des Côtes-du-Nord, et qui se jette dans la Vilaine, au-dessus de Redon, après un cours d'environ 25 l. Cette rivière est flottable depuis St.-Cadarec, et navigable depuis Malestroit.

OUSTÉ, s. m. Com. du dép. des Hautes-Pyrénées, cant. de Lourdes, arr. d'Argelès. = Lourdes.

OUTARDE, s. f. Gros oiseau de passage de la famille des gallinacés, dont la chair est très estimée.

OUTARDEAU, s. m. Petit de l'outarde.

OUTARVILLE, s. f. Com. du dép. du Loiret, chef-lieu de cant. de l'arr. de Pithiviers; bur. d'enregist. = Thoury.

OUTERSTEENE, s. f. Village du dép. du Nord, réuni à la com. de Bailleul, cant. de Bailleul, arr. d'Hazebrouck. = Bailleul.

OUTIBOT, s. m. Outil d'épinglier pour frapper les têtes d'épingles.

OUTIL, s. m. Instrument quelconque dont se servent les cultivateurs, les artisans, etc., pour travailler.

OUTILLÉ, E, part. Garni, fourni d'outils, de choses nécessaires au travail, et fig. à une entreprise.

OUTILLER, v. a. Garnir, fournir d'outils. T. fam.

OUTINES, s. f. Com. du dép. de la Marne, cant. de St.-Rémy-en-Bouzemont, arr. de Vitry. = Vitry-le-Français.

OUTRAGE, s. m. Injure grave de fait ou de parole; se dit aussi du temps. Fig.

OUTRAGÉ, E, part. Offensé gravement.

OUTRAGEANT, E, adj. Qui renferme des injures graves, qui a le caractère de l'outrage.

OUTRAGER, v. a. Faire outrage, offenser cruellement.

OUTRAGEUSEMENT, adv. Avec outrage, d'une manière outrageuse, à outrance.

OUTRAGEUX, EUSE, adj. Qui fait outrage.

OUTRANCE (à), adv. A la rigueur; poursuivre à outrance. A —, jusqu'à l'excès; brave à outrance. Se battre à —, jusqu'à la mort.

OUTRANCOURT, s. m. Com. du dép. des Vosges, cant. de Bulgnéville, arr. de Neufchâteau. = Neufchâteau.

OUTRE, s. f. Peau de bouc préparée et cousue en forme de sac, dont on se sert en Espagne pour transporter les liquides.

OUTRE, prép. et adv. Au-delà, par-delà, de l'autre côté; le climat d'outremer. —, plus avant, plus loin; passer outre. —, par-dessus, en sus; outre le prix convenu. — que, ajoutez à cela que. En —, de plus, d'ailleurs, indépendamment. D'— en —, de part en part; percer d'outre en outre.

OUTRÉ, E, part. et adj. Porté au-delà des bornes; excédé; exagéré. —, pénétré, transporté; outré de colère. —, irrité, indigné; outré d'une injustice.

OUTREAU, s. m. Com. du dép. du Pas-de-Calais, cant. de Samer, arr. de Boulogne. = Boulogne.

OUTREBOIS, s. m. Com. du dép. de la Somme, cant. de Bernaville, arr. de Doullens. = Doullens.

OUTRECUIDANCE, s. f. Présomption, témérité. (Vi.)

OUTRECUIDANT, E ou OUTRECUIDÉ, E, adj. Présomptueux, téméraire; contrariant. (Vi.)

OUTRE-FURENS, s. m. Com. du dép. de la Loire, cant. et arr. de St.-Etienne. = St.-Etienne.

OUTREMÉCOURT, s. m. Com. du dép. de la Haute-Marne, cant. de Bourmont, arr. de Chaumont. = Bourmont.

OUTRÉMENT, adv. D'une manière outrée, à l'excès.

OUTREMER, s. m. Couleur bleue faite avec le lapis pulvérisé. —, passereau bleuâtre.

OUTRE-MESURE, adv. Avec excès, déraisonnablement.

OUTRE-MOITIÉ, s. f. Qui excède la moitié de la valeur d'un bien; lésion d'outre-moitié. T. de procéd.

OUTRE-PASSE, s. f. Abatis de bois fait au-delà des limites convenues. T. d'eaux et forêts.

OUTRE-PASSÉ, E, part. Passé au-delà, excédé.

OUTRE-PASSER, v. a. Passer au-delà, dépasser les bornes. Prop. et fig.

OUTREPONT, s. m. Com. du dép. de la Marne, cant. d'Heiltz-le-Maurupt, arr. de Vitry. = Vitry-le-Français.

OUTRER, v. a. Accabler, surcharger de travail. —, pousser au-delà des bornes; excéder. —, offenser grièvement, transporter de colère, pousser à bout; irriter, indigner; exagérer. S'—, v. pron. Se fatiguer excessivement.

OUTRILLE (St.-), s. f. Com. du dép. du Cher, cant. de Graçay, arr. de Bourges. = Vatan.

OUVANS, s. m. Com. du dép. du Doubs, cant. de Pierre-Fontaine, arr. de Baume. = Baume.

OUVAVE, s. m. Roseau qui donne une teinture rouge.

OUVEILLAN, s. m. Com. du dép. de l'Aude, cant. de Ginestas, arr. de Narbonne. = Narbonne.

OUVERT, E, part. et adj. Qui n'est point fermé, clos, intercepté, interdit, embarrassé, gêné. —, accessible, sans défense. Visage —, air franc et sincère. Guerre —, déclarée. Compte —, compte courant. Tenir table —, admettre tout le monde à sa table. A force —, les armes à la main. —, qui a les jambes trop écartées; cheval ouvert. T. de man. —, étalé; calice ouvert. T. de bot.

OUVERTEMENT, adv. Hautement, publiquement; franchement, sans déguisement.

OUVERTURE, s. f. Action d'ouvrir; fente, trou, espace vide dans ce qui est continu. —, commencement; ouverture des chambres. Fig. —, proposition, expédient, occasion de proposer, de parler, conjoncture. —, morceau de symphonie qui sert de début aux opéras et autres drames lyriques d'une certaine étendue. —, écartement de deux lignes des rayons. T. de géom. et de dioptr. — de cadavre, autopsie. T. de chir.

OUVE-WIRQUIN, s. m. Com. du dép. du Pas-de-Calais, cant. de Lumbres, arr. de St.-Omer. = St.-Omer.

OUVÈZE (l'), s. m. Rivière qui prend sa source près du village de Montauban, dép. de la Drôme, arr. de Nyons, et qui se jette dans la Sorgues à Bédarides après un cours de 12 l.

OUVILLE, s. f. Com. du dép. de la Manche, cant. de Cerisy-la-Salle, arr. de Coutances. = Coutances.

OUVILLE, s. f. Com. du dép. de la Somme, cant. de Nouvion, arr. d'Abbeville. = Abbeville.

OUVILLE-L'ABBAYE, s. f. Com. du dép. de la Seine-Inférieure, cant. d'Yerville, arr. d'Yvetot. = Doudeville.

OUVILLE-LA-BIEN-TOURNÉE, s. f. Com. du dép. du Calvados, cant. de St.-Pierre-sur-Dives, arr. de Lisieux. = Croissanville.

OUVILLE-LA-RIVIÈRE, s. f. Com. du dép. de la Seine-Inférieure, cant. d'Offranville, arr. de Dieppe. = Dieppe.

OUVILLERS, s. m. Com. du dép. de la Somme, cant. et arr. de Montdidier. = Montdidier.

OUVIRANDRA, s. f. Genre de plantes aquatiques. T. de bot.

OUVRABLE, adj. m. Se dit des jours où l'église permet de vaquer à ses travaux.

OUVRAGE, s. m. Produit du travail de l'ouvrier, de l'artisan, de l'artiste, du littérateur; ouvrage littéraire, de peinture, etc. —, façon, travail pour exécuter. —, ce qui est produit par une cause, un être; se dit de tout ce qui est fait, opéré, en général, et se prend en bonne ou mauvaise part. Fig. —, travaux en avant d'une place de guerre. T. de fortif.

OUVRAGÉ, E, part. Enrichi de divers ornemens, en parlant d'un ouvrage. —, adj. Qui a exigé beaucoup de travail.

OUVRAGER, v. a. Enrichir un ouvrage de divers ornemens.

OUVRANT, E, adj. Qui s'ouvre, que l'on peut ouvrir. A porte —, au moment où l'on ouvre les portes, dans une ville dont l'enceinte est fermée. A jour —, au point du jour.

OUVRÉ, E, part. Travaillé, façonné; linge ouvré.

OUVREAUX, s. m. pl. Ouvertures latérales des fourneaux de verrerie.

OUVRER, v. a. et n. Travailler, fabriquer. (Vi.)

OUVREUR, EUSE, s. Celui, celle qui ouvre les huîtres, les loges, dans une salle de spectacle. — Ouvrier qui plonge les formes. T. de pap. —, bossetier. T. de verr.

OUVRIER, ÈRE, s. Prolétaire qui vit du travail de ses mains, qui exerce un métier et travaille pour le compte d'un maître. —, adj. Ouvrable, jour ouvrier. Cheville —, qui joint la flèche d'un carrosse au train de devant, et fig. principal agent d'une affaire.

OUVRIR, v. a. Faire que ce qui était fermé, joint, etc., cesse de l'être; ouvrir une porte, une lettre, un livre. —, entamer, fendre, faire une incision, percer; ouvrir un pâté, un abcès. —, commencer à creuser, à fouiller; ouvrir la tranchée, une mine. —, écarter, éloigner, étendre; ouvrir les jambes, les bords. —, procurer un libre accès; ouvrir les ports. —, commencer; ouvrir la séance; fig. — les yeux, sortir de son aveuglement. — les yeux à quelqu'un, l'éclairer. — les bras, recevoir avec affection. —, v. n. Ouvrir la porte. —, commencer; la scène ouvre par un monologue. Fig. S'—, v. pron. Cesser d'être fermé, clos; s'élargir, s'épanouir. S'—, découvrir sa pensée, dire son avis, son sentiment. S'— un passage, se le frayer.

OUVROIR, s. m. Atelier, lieu où travaillent les ouvriers dans un couvent.

OUVROUER, s. m. Com. du dép. du Loiret, cant. de Jargeau, arr. d'Orléans. = Orléans.

OUYRA-OUASSOU, s. m. Grand oiseau de proie du Brésil. T. d'hist. nat.

OUZILLY, s. m. Com. du dép. de la Vienne, cant. de St.-Gesnet-Lencloître, arr. de Châtellerault. = Châtellerault.

OUZILLY, s. m. Com. du dép. de la Vienne, cant. de Montcontour, arr. de Loudun. = Loudun.

OUZOUER-DES-CHAMPS, s. m. Com. du dép. du Loiret, cant. de Lorris, arr. de Montargis. = Noyen.

OUZOUER-LE-DOYEN, s. m. Com. du dép. de Loir-et-Cher, cant. d'Ouzouer-le-Marché, arr. de Blois. = Cloyes.

OUZOUER-LE-MARCHÉ, s. m. Com. du dép. de Loir-et-Cher, chef-lieu de cant. de l'arr. de Blois. Bur. d'enregist. à Marchénoir. = Blois.

OUZOUER-SUR-BELLEGARDE, s. m. Com. du dép. du Loiret, cant. de Bellegarde, arr. de Montargis. = Bois-Commun.

OUZOUER-SUR-LOIRE, s. m. Com. du dép. du Loiret, chef-lieu de cant. de l'arr. de Gien. Bur. d'enregist. = Gien.

OUZOUER-SUR-TRÉZÉE, s. m. Com. du dép. du Loiret, cant. de Briare, arr. de Gien. = Briare.

OUZOUS, s. m. Com. du dép. des Hautes-Pyrénées, cant. et arr. d'Argelès. = Argelès.

OVAIRE, s. m. Partie où se forment les œufs, chez les femelles ovipares. —, pl. On nomme ainsi deux corps blanchâtres, un peu ovales et aplatis, qui sont placés dans le repli postérieur des ligamens larges, et comme suspendus aux vaisseaux spermatiques de la femme. T. d'anat. —, partie analogue chez les femelles des animaux. —, base du pistil qui renferme la semence. T. de bot.

OVALAIRE, adj. m. Se dit d'un trou du bassin, de figure à peu près ovale, qui est formé par les os ischium et pubis. T. d'anat.

OVALE, s. m. Figure ronde et oblongue. —, s. f. Machine à tordre les soies. —, adj. Rond et oblong comme un œuf.

OVALÉ, E, part. Préparé avec l'ovale, en parlant de la soie.

OVALER, v. a. Préparer les soies avec l'ovale.

OVANCHES, s. m. Com. du dép. de la Haute-Saône, cant. de Scey-sur-Saône, arr. de Vesoul. = Port-sur-Saône.

OVARISTE ou OVISTE, s. m. Physiologiste qui explique les phénomènes de la génération par le système des œufs.

OVATION, s. f. Petit triomphe chez les Romains.

OVE, s. f. Ornement en forme d'œuf. T. d'arch.

OVÉ, E, adj. Ovale. T. de bot.

OVELLE, s. f. Able, espèce de cyprin. T. d'hist. nat.

OVÉOLITHES, s. f. pl. Fossiles en forme d'œufs. T. d'hist. nat.

OVERLANDE, s. f. Petit bâtiment hollandais pour naviguer sur les rivières.

OVIBOS, s. m. Bison musqué du Canada. T. d'hist. nat.

OVICULE, s. m. Petit ove. T. d'arch.

OVIDUCS, s. m. pl. Trompes de Fallope, tuyaux qui, d'après le système des ovaristes, conduisent l'œuf fécondé de l'ovaire dans la matrice. T. d'anat.

OVIÈDE, s. m. Plante de la famille des gatiliers. T. de bot.

OVIÉDO, s. m. Ville épiscopale d'Espagne, capitale des Asturies.

OVIFORME, adj. De la couleur et de la consistance du blanc de l'œuf.

OVILLERS-LE-BOISSEL, s. m. Com. du dép. de la Somme, cant. d'Albert, arr. de Péronne. = Albert.

OVIN (St.-), s. m. Com. du dép. de la Manche, cant. et arr. d'Avranches. = Avranches.

OVIN, s. m. Voy. ORIN.

OVIPARE, adj. Se dit des animaux qui se reproduisent par des œufs. —, s. m. pl. Animaux ovipares. T. d'hist. nat.

OVIVORE, s. f. Couleuvre d'Amérique qui mange les œufs. T. d'hist. nat.

OVOÏDE, adj. Se dit des fruits qui ont la forme d'un œuf.

OVOIR, s. m. Ciselet pour faire des reliefs en ovale.

OVOVIVIPARES, s. et adj. m. pl. Animaux ovipares chez lesquels les œufs éclosent dans le ventre de la femelle. T. d'hist. nat.

OVULE, s. m. Genre de testacés univalves. T. d'hist. nat. —, rudiment de la graine dans l'ovaire. T. de bot.

OXALATE, s. m. Nom générique des sels formés par la combinaison de l'acide oxalique avec les bases. T. de chim.

OXALIDE, s. f. Plante de la famille des géranoïdes. T. de bot.

OXALIQUE, adj. m. Extrait de l'oseille; acide oxalique. T. de chim.

OXALIS, s. m. (mot lat.) Oseille. T. de bot.

OXALME, s. m. Vinaigre imprégné de saumure.

OXÉE, s. f. Genre d'insectes hyménoptères. T. d'hist. nat.

OXELAERE, s. f. Com. du dép. du Nord, cant. de Cassel, arr. d'Hazebrouck. = Hazebrouck.

OXFORD, s. m. Ville d'Angleterre, chef-lieu du comté de ce nom, célèbre par son université qui, dit-on, a plus de mille ans d'existence. Biblioth. précieuse, musée, jardin botanique, etc.

OXYACANTHE, s. f. Epine-vinette. T. de bot.

OXYANTHE, s. m. Arbuste rubiacé. T. de bot.

OXYBAPHE, s. m. Plante visqueuse de la famille des nyctaginées. T. de bot.

OXYBAPHON, s. m. Mesure grecque pour les liquides. T. d'antiq.

OXYBÈLE, s. m. Genre d'insectes hyménoptères myssoniens. T. d'hist. nat.

OXYCARPE, s. m. Grand arbre de la Cochinchine. T. de bot.

OXYCÈDRE, s. m. Petit cèdre à feuilles pointues. T. de bot.

OXYCÉPHAS, s. m. Genre de poissons osseux. T. d'hist. nat.

OXYCÈRE, s. m. Genre d'insectes diptères. T. d'hist. nat. —, genre de plantes. T. de bot.

OXY-CHLORURES, s. m. pl. Combinaisons du chlore avec les oxydes. T. de chim.

OXYCOQUE, s. m. Airelle. T. de bot.

OXYCRAT, s. m. Mélange d'eau, de vinaigre et de sucre.

OXYCRATÉ, E, part. Lavé avec de l'oxycrat.

OXYCRATER, v. a. Laver avec de l'oxycrat. T. inus.

OXYCROCÉUM, s. m. Emplâtre composé de safran, de vinaigre, etc.

OXYDABILITÉ, s. f. Disposition à s'oxyder. T. de chim.

OXYDABLE, adj. Qui peut être oxydé. T. de chim.

OXYDATION ou OXYGÉNATION, s. f. Combinaison de l'oxygène avec une autre substance. T. de chim.

OXYDE, s. m. Nom générique des corps unis à une portion d'oxygène, trop faible pour les élever à l'état d'acide. T. de chim.

OXYDÉ, E, part. Elevé à l'état d'oxyde. T. de chim.

OXYDER, v. a. Réduire à l'état d'oxyde; combiner avec l'oxyde. S'—, v. pron. Passer à l'état d'oxyde. T. de chim.

OXYDULE, s. m. Diminutif d'oxyde. T. de chim.

OXYDULÉ, E, adj. Légèrement oxydé. T. de chim.

OXYGÉNATION, s. f. Voy. OXYDATION.

OXYGÈNE, s. m. Principe acidifiant; base de l'air vital, de l'eau. T. de chim.

OXYGÉNÉ, E, part. De la nature de l'oxygène; saturé d'oxygène. T. de chim.

OXYGÉNER, v. a. Voy. OXYDER.

OXYGONE, adj. Voy. ACUTANGLE.

OXYLÈLES, s. m. pl. Insectes coléoptères. T. d'hist. nat.

OXYLOBION, s. m. Arbrisseau légumineux. T. de bot.

OXYMEL, s. m. Mélange de miel et de vinaigre.

OXYOPE, s. m. Genre d'insectes arachnides. T. d'hist. nat.

OXYPÉTALUM, s. m. Plante du genre des asclépiadées. T. de bot.

OXYPETRE, s. m. Pierre alumineuse jaunâtre. T. d'hist. nat.

OXYPHONIE, s. f. Symptôme de certaines affections du larynx. T. de méd.

OXYPORE, s. m. Genre d'insectes coléoptères. T. d'hist. nat.

OXYPTÈRE, s. m. Espèce de dauphin. T. d'hist. nat.

OXYREGMIE, s. f. Rapport acide de l'estomac. T. de méd.

OXYRINQUE, s. m. Poisson du genre du salmone. T. d'hist. nat.

OXYRRHODIN, s. m. Liniment d'huile et de vinaigre rosat, mêlés et agités ensemble, avec lequel on frotte les parties malades, pour calmer les douleurs et les inflammations. T. de pharm.

OXYS, s. m. Surelle. T. de bot.

OXYSACCHARUM, s. m. Mélange de sucre et de vinaigre. T. de pharm.

OXYSTELME, s. f. Plante de la famille des apocynées. T. de bot.

OXYSTOME, s. m. Petit attelable, apion. T. d'hist. nat.

OXYTARTRE, s. m. Terre foliée de tartre, ou acétate de potasse. T. de chim.

OXYTÈLE, s. m. Genre d'insectes coléoptères brachélytres. T. d'hist. nat.

OXYURE, s. m. Genre de vers intestinaux ; genre de poissons osseux. T. d'hist. nat.

OYANT, E, s. et adj. A qui l'on rend compte. T. de procéd.

OYAS, s. m. Voy. Opras.

OYE, s. f. Com. du dép. du Pas-de-Calais, cant. d'Audruick, arr. de St.-Omer. = Gravelines.

OYÉ, s. m. Com. du dép. de Saône-et-Loire, cant. de Semur, arr. de Charolles. = la Clayette.

OYE-ET-PALLET, s. f. Com. du dép. du Doubs, cant. et arr. de Pontarlier. = Pontarlier.

OYEN (St.-), s. m. Village du dép. de Saône-et-Loire, cant. de Cluny, arr. de Mâcon. Bureau de poste.

OYES, s. f. Com. du dép. de la Marne, cant. de Sézanne, arr. d'Epernay. = Sézanne.

OYEU, s. m. Com. du dép. de l'Isère, cant. de Viricu, arr. de la Tour-du-Pin. = Virieu.

OYEZ, impératif du verbe ouïr. Ecoutez ; oyez une merveille. (Vi.)

OYHERCQ, s. m. Com. du dép. des Basses-Pyrénées, cant. de St.-Palais, arr. de Mauléon. = St.-Palais.

OYONNAX, s. m. Com. du dép. de l'Ain, chef-lieu de cant. de l'arr. de Nantua. Bur. d'enregist. = Nantua. Fabr. de tabletterie, peignes de corne et de buis.

OYRÉ, s. m. Com. du dép. de la Vienne, cant. de Dangé, arr. de Châtellerault. = Châtellerault.

OYTIER-ET-ST.-OBLAS, s. m. Com. du dép. de l'Isère, cant. d'Heyrieu, arr. de Vienne. = Vienne.

OZ, s. m. Com. du dép. de l'Isère, cant. du Bourg-d'Oisans, arr. de Grenoble. = le Bourg-d'Oisans.

OZAN, s. m. Com. du dép. de l'Ain, cant. de Pont-de-Vaux, arr. de Bourg. = Pont-de-Vaux.

OZE, s. m. Com. du dép. des Hautes-Alpes, cant. de Veynes, arr. de Gap. = Veynes.

OZENAY, s. m. Com. du dép. de Saône-et-Loire, cant. de Tournus, arr. de Mâcon. = Tournus.

OZÈNE, s. m. Ulcère fétide du nez, qui ronge quelquefois les cartilages des narines. T. de méd. —, coléoptère carabique. T. d'hist. nat.

OZENNE, s. f. Village du dép. de la Manche, cant. de Ducey, arr. d'Avranches. = Avranches.

OZERAILLES, s. f. Com. du dép. de la Moselle, cant. de Conflans, arr. de Briey. = Briey.

OZEVILLE, s. f. Com. du dép. de la Manche, cant. de Montebourg, arr. de Valognes. = Valognes.

OZIÈRES, s. f. Com. du dép. de la Haute-Marne, cant. de Bourmont, arr. de Chaumont. = Bourmont.

OZILLAC, s. m. Com. du dép. de la Charente-Inférieure, cant. et arr. de Jonzac. = Jonzac.

OZOIR-LE-BREUIL, s. m. Com. du dép. d'Eure-et-Loir, cant. et arr. de Châteaudun. = Châteaudun.

OZOLLES, s. f. Com. du dép. de Saône-et-Loire, cant. et arr. de Charolles. = Charolles.

OZON, s. m. Com. du dép. de l'Ardèche, cant. et arr. de Tournon. = St.-Vallier.

OZON, s. m. Com. du dép. des Hautes-Pyrénées, cant. de Tournay, arr. de Tarbes. = Tarbes.

OZOTHAMNE, s. m. Arbuste corymbifère de la Nouvelle-Hollande. T. de bot.

OZOUER-LA-FERRIÈRE, s. m. Com. du dép. de Seine-et-Marne, cant. de Tournan, arr. de Melun. = Tournan.

OZOUER-LE-REPOS, s. m. Com. du dép. de Seine-et-Marne, cant. de Mormant, arr. de Melun. = Mormant.

OZOUER-LE-VOULGIS, s. m. Com. du dép. de Seine-et-Marne, cant. de Tournan, arr. de Melun. = Guignes.

OZOURT, s. m. Com. du dép. des Landes, cant. de Montfort, arr. de Dax. = Dax.

P.

P, s. m. Seizième lettre de l'alphabet, douzième consonne.

PAARS, s. m. Com. du dép. de l'Aisne, cant. de Braisne, arr. de Soissons. = Braisne.

PABU, s. m. Com. du dép. des Côtes-du-Nord, cant. et arr. de Guingamp. = Guingamp.

PABU (St.-), s. m. Com. du dép. du Finistère, cant. de Ploudalmézeau, arr. de Brest. = Brest.

PACA, s. m. Mammifère herbivore du Brésil, qui ressemble au cochon de lait. T. d'hist. nat.

PACAGE, s. m. Lieu où paissent les bestiaux, herbage, pâturage.

PACAGER, v. n. Paître, pâturer. T. de droit coutumier.

PACAL, s. m. Arbre d'Amérique dont les cendres sont dessicatives. T. de bot.

PACANE ou PACANIER, s. m. Noyer de la Louisiane. T. de bot.

PACANT, s. m. Rustre, manant, homme grossier. T. fam.

PACASCAS, s. m. Moscouade de la sève des palmiers.

PACAUDIÈRE (la), s. f. Com. du dép. de la Loire, chef-lieu de cant. de l'arr. de Roanne. Bur. d'enregist et de poste.

PACÉ, s. m. Com. du dép. d'Ille-et-Vilaine, cant. et arr. de Rennes. = Rennes.

PACÉ, s. m. Com. du dép. de l'Orne, cant. et arr. d'Alençon. = Alençon.

PACHA, s. m. Grand dignitaire turc, sorte de gouverneur de province qui jouit d'une très grande autorité.

PACHALIK, s. m. Province turque gouvernée par un pacha.

PACHÉABLÉPHAROSE, s. f. Epaississement des paupières. T. de méd.

PACHÉE, s. f. Emeraude orientale. T. d'hist. nat.

PACHINS, s. m. Com. du dép. de l'Aveyron, cant. de Montbazens, arr. de Villefranche. = Rignac.

PACHIRIER, s. m. Plante du genre des malvacées. T. de bot.

PACHYDERMES, s. et adj. m. pl. Ordre de mammifères ongulés, à peau épaisse, comme l'éléphant. T. d'hist. nat.

PACHYGASTRE, s. m. Genre d'insectes diptères. T. d'hist. nat.

PACHYPHYLLE, s. f. Plante orchidée du Pérou. T. de bot.

PACHYSANDRE, s. f. Plante vivace d'Amérique. T. de bot.

PACHYSTOME, s. m. Genre d'insectes diptères. T. d'hist. nat.

PACIFICATEUR, s. m. Souverain qui sacrifie l'éclat des armes au bonheur de ses sujets, qui travaille à faire la paix. —, conciliateur.

PACIFICATION, s. f. Négociation pour arriver à la paix; traité de paix, cessation de l'état de guerre.

PACIFIÉ, E, part. Apaisé, calmé; où le trouble, la guerre a cessé.

PACIFIER, v. a. Apaiser, calmer les hostilités, rétablir la paix, faire cesser l'état de guerre, les discordes civiles, etc.

PACIFIQUE, adj. Doux, humain, endurant, qui aime la paix. —, en parlant des choses, paisible, tranquille; mer pacifique, le grand Océan.

PACIFIQUEMENT, adv. D'une manière pacifique; tranquillement.

PACO-ALPAQUE ou ALPACO, s. m. Lama du Pérou, mouton dont la laine est douce et fine. T. d'hist. nat.

PACOSÉROCA, s. f. Plante employée pour la teinture.

PACOTILLE, s. f. Quantité déterminée de marchandises que les passagers et l'équipage d'un navire peuvent embarquer pour leur compte, sans payer le transport. —, bagages, paquets. T. fam.

PACOTILLEUR, s. m. Passager qui charge une pacotille sur un navire. T. inus.

PACOURIER, s. m. Arbrisseau de la Guiane. T. de bot.

PACOURINE, s. f. Plante chicoracée. T.

PACQUER, v. a. Voy. PAQUER.

PACQUET, s. m. Composition de suie, de farine et d'urine, pour tremper le fer et l'acier par cémentation.

PACQUIRE, s. m. Espèce de porc de l'île de Tabago. T. d'hist. nat.

PACT, s. m. Com. du dép. de l'Isère, cant. de Beaurepaire, arr. de Vienne. = Beaurepaire.

PACTA-CONVENTA, s. m. pl. (mots latins). Avant le partage de la Pologne, conventions entre la république de ce nom et le roi, lors de son élection.

PACTE, s. m. Accord, convention.

PACTEUR, s. m. Conciliateur, rédacteur de traités, de conventions. T. inus.

PACTION, s. f. Pacte. (Vi.)

PACTISER, v. n. Faire un pacte, une convention.

PACTOLE, s. m. Fleuve de Phrygie dont le sable était d'or. T. de myth. —, source inépuisable de richesses. Fig.

PACY, s. m. Com. du dép. de l'Yonne, cant. d'Ancy-le-Franc, arr. de Tonnerre. = Ancy-le-Franc.

PACY-SUR-EURE, s. m. Petite ville du dép. de l'Eure, chef-lieu de cant. de l'arr. d'Evreux. Bur. d'enregist. et de poste. Comm. de grains, fer, toiles, étoffes de laine, chevaux et bestiaux.

PADELIN, s. m. Creuset pour fondre le verre. T. de verr.

PADEN, s. m. Amande amère qu'on récolte en Perse.

PADERN, s. m. Com. du dép. de l'Aude, cant. de Tuchan, arr. de Carcassonne. = la Grasse.

PADIÉS-ROUGEMONT-ET-TELS, s. m. Com. du dép. du Tarn, cant. de Valence, arr. d'Albi. = Albi.

PADOU, s. m. Ruban moitié fil et moitié soie.

PADOUAN, NE, s. et adj. Habitant de Padoue; qui est relatif à cette ville. —, s. f. Médaille contrefaite de l'antique par un graveur de Padoue.

PADOUE, s. f. Ville d'Italie, dans l'état de Venise, siége d'un évêché. Impr. orientale; jardin botanique, gymnase grec; fabr. et manuf. de soieries, draps, lainages, cuirs; comm. de vin, huile. Pop. 48,000 hab. env.

PADOUX, s. m. Com. du dép. des Vosges, cant. de Bruyères, arr. d'Epinal. = Rambervillers.

PADRI, s. m. Bignone du Malabar. T. de bot.

PÆAN, s. m. Hymne en l'honneur d'Apollon. —, vers qu'on chantait aux fêtes de Bacchus et de Mars; nom du père de Philoctète. T. de myth.

PÆDÈRE, s. m. Genre d'insectes coléoptères. T. d'hist. nat.

PÆDEROS, s. m. Opale blanche. T. d'hist. nat.

PÆDEROTE, s. f. Genre de plantes personnées. T. de bot.

PÆDONOME, s. m. Instituteur des enfans à Sparte.

PÆDOTHYSIE, s. f. Sacrifice de ses enfans aux Dieux.

PAER (St.-), s. m. Com. du dép. de la Seine-Inférieure, cant. de Duclair, arr. de Rouen. = Barentin.

PAER (St.-), s. m. Com. du dép. de l'Eure, cant. de Gisors, arr. des Andelys. = Gisors.

PAGAIE, s. f. Aviron, rame des canots, des pirogues des sauvages.

PAGAMAT, s. m. Arbre des îles Moluques. T. de bot.

PAGAMIER, s. m. Arbrisseau rubiacé de l'île de Cayenne. T. de bot.

PAGANELLE, s. f. Poisson du genre gobie. T. d'hist. nat.

PAGANISME, s. m. Religion païenne, culte des faux Dieux, idolâtrie, gentilité, polythéisme.

PAGAX, s. m. Com. du dép. de l'Aveyron, cant. d'Aubin, arr. de Villefranche. = Rignac.

PAGAYARQUE ou PAGAQUE, s. m. Magistrat de village. T. inus.

PAGAYER, s. m. Arbre de la Guiane avec le bois duquel on fait des pagaies, des avirons.

PAGAYER, v. n. Diriger un canot à l'aide de l'aviron, de la pagaie.

PAGAYEUR, s. m. Rameur.

PAGE, s. m. Jeune gentilhomme qui fait un service d'antichambre auprès du roi, dont il porte la livrée.

PAGE, s. f. Côté d'un feuillet; l'écriture qu'il renferme.

PAGEAS, s. m. Com. du dép. de la Haute-Vienne, cant. de Chalus, arr. de St.-Yrieix. = Chalus.

PAGEL, s. m. Poisson rouge du genre du spare. T. d'hist. nat.

PAGINATION, s. f. Série des numéros des pages d'un livre.

PAGNE, s. f. Morceau de toile de coton avec lequel les nègres se couvrent de la ceinture aux genoux.

PAGNEY, s. m. Com. du dép. du Jura, cant. de Gendrey, arr. de Dôle. = Marnay.

PAGNEY-DERRIÈRE-BARINE, s. m. Com. du dép. de la Meurthe, cant. et arr. de Toul. = Toul.

PAGNON, s. m. Drap noir très estimé, fabriqué à Sedan.

PAGNONES, s. f. pl. Morceaux de bois qui entrent dans le mécanisme de la fusée ou du rouet d'un moulin.

PAGNOS, s. m. Com. du dép. du Jura, cant. de Villers-Farlay, arr. de Poligny. = Salins.

PAGNOTE, s. m. Lâche, poltron. Voy. MONT-PAGNOTE.

PAGNOTERIE, s. f. Lâcheté, poltronnerie.

PAGNY-LA-BLANCHE-CÔTE, s. m. Com. du dép. de la Meuse, cant. de Vaucouleurs, arr. de Commercy. = Vaucouleurs.

PAGNY-LA-VILLE, s. m. Com. du dép. de la Côte-d'Or, cant. de Seurre, arr. de Beaune. = Seurre.

PAGNY-LE-CHÂTEAU, s. m. Com. du dép. de la Côte-d'Or, cant. de Seurre, arr. de Beaune. = Seurre.

PAGNY-LÈS-GOIN, s. m. Com. du dép. de la Moselle, cant. de Verny, arr. de Metz. = Metz.

PAGNY-SUR-MEUSE, s. m. Com. du dép. de la Meuse, cant. de Void, arr. de Commercy. = Void.

PAGNY-SUR-MOSELLE, s. m. Com. du dép. de la Meurthe, cant. de Pont-à-Mousson, arr. de Nancy. = Pont-à-Mousson.

PAGODE, s. f. Temple, idole des Indiens. —, petite figure à tête mobile; personne grimacière, qui fait des gestes fatigans. Fig.—, monnaie d'or de l'Inde. —, sorte de manche de robe. —, coquille du genre des sabots. T. d'hist. nat.

PAGODITE, s. f. Substance minérale avec laquelle les Chinois font des pagodes et des figures grotesques.

PAGOLE, s. f. Com. du dép. des Basses-Pyrénées, cant. de St.-Palais, arr. de Mauléon. = St.-Palais.

PAGRE, s. m. Poisson qui ressemble au pagel. T. d'hist. nat.

PAGURE, s. m. Genre de crustacés décapodes. T. d'hist. nat.

PAÏEN, NE, s. et adj. Adorateur des faux dieux, idolâtre, gentil. —, qui professe le paganisme, en parlant des personnes; qui appartient au paganisme, en parlant des choses.

PAILHAC, s. m. Com. du dép. des Hautes-Pyrénées, cant. d'Arreau, arr. de Bagnères. = Arreau.

PAILHAS, s. m. Village du dép. de l'Aveyron, cant. et arr. de Milhau. = Milhau.

PAILHAS, s. m. Village du dép. du Lot, cant. de Lalbenque, arr. de Cahors. = Cahors.

PAILHEROLS, s. m. Com. du dép. du Cantal, cant. de Vic, arr. d'Aurillac. = Vic-sur-Cère.

PAILHÈS, s. m. Com. du dép. de l'Hérault, cant. de Murviel, arr. de Béziers. = Béziers.

PAILLARD, E, s. et adj. Lascif, luxurieux, lubrique.

PAILLARDEMENT, adv. D'une manière impudique. (Vi.)

PAILLARDER, v. n. Se livrer à la paillardise. (Vi.)

PAILLARDISE, s. f. Lubricité, lascivité, luxure.

PAILLARÈS, s. m. Com. du dép. de l'Ardèche, cant. de St.-Félicien, arr. de Tournon. = Tournon.

PAILLART, s. m. Com. du dép. de l'Oise, cant. de Breteuil, arr. de Clermont. = Breteuil.

PAILLASSE, s. m. Bouffon d'une troupe de saltimbanques, de bateleurs, qui contrefait les tours de ses camarades pour faire ressortir leur agilité. —, s. f. Toile cousue en forme de matelas et remplie de paille.

PAILLASSON, s. m. Sorte de paillasse; natte de paille qu'on met devant la porte d'entrée d'un appartement pour s'essuyer les pieds; nappe de paille cousue avec de la ficelle, dont les jardiniers se servent pour couvrir les châssis et les espaliers, et garantir les plantes soit du soleil, soit de la gelée.

PAILLE, s. f. Tuyau et épi du blé, du seigle, après avoir été battu dans l'aire; enveloppe du grain; fétu. Homme de —, homme de rien, sans considération; personne interposée, prête-nom qui n'offre qu'une garantie illusoire. Fig. et fam. Rompre la —, se brouiller. —, défaut de liaison dans les métaux. —, défaut, partie obscure dans les diamans, les pierres fines.

PAILLÉ, E, adj. Diapré. T. de blas.

PAILLÉ, s. f. Com. du dép. de la Charente-Inférieure, cant. d'Aunay, arr. de St.-Jean-d'Angely. = Aunay.

PAILLE-EN-CU ou PAILLE-EN-QUEUE, s. m. Voy. Fétu-en-cu.

PAILLENCOURT, s. m. Com. du dép. du Nord, cant. et arr. de Cambrai. = Cambrai.

PAILLÉOLES, s. f. pl. Paillettes d'or dans le sable de quelques rivières.

PAILLER, s. m. Cour d'une ferme où il y a des pailles, du fumier.

PAILLÉS, s. m. Com. du dép. de l'Ariège, cant. du Fossat, arr. de Pamiers. = le Mas-d'Azil.

PAILLET, s. m. Pièce entre la platine et le verrou; ressort. —, adj. m. Faible en couleur, d'un rouge pâle; vin paillet.

PAILLET, s. m. Com. du dép. de la Gironde, cant. de Cadillac, arr. de Bordeaux. = Cadillac.

PAILLETTE, s. f. Petite lame de métal, d'or ou d'argent, percée, pour appliquer sur une étoffe. —, partie de métal très petite et très légère. —, petit insecte du genre altise. T. d'hist. nat. —, petite feuille mince et écailleuse qui enveloppe la base d'une fleur. T. de bot.

PAILLEUR, EUSE, s. Voiturier, marchand de pailles.

PAILLEUX, EUSE, adj. Se dit des métaux défectueux, qui ont des pailles.

PAILLIER, s. m. Grenier où l'on serre la paille.

PAILLO, s. m. Chambre d'une galère dans laquelle est emmagasiné le biscuit de mer.

PAILLOLE, s. f. Espèce de filet pour la pêche.

PAILLOLES, s. f. Com. du dép. de Lot-et-Garonne, cant. de Cancon, arr. de Villeneuve. = Villeneuve.

PAILLON, s. m. Grosse paillette. —, lame sous les cristaux. T. de joaill. —, morceau de soudure. T. d'orfèv. —, alliage de bismuth, plus fusible que l'étain; poignée de paille au fond de la cuve. T. de papet.

PAILLONNÉ, E. Soudé avec du paillon. T. de mét.

PAILLONNER, v. a. Faire fondre du paillon sur une pièce, pour l'étamer ou la souder. T. de mét.

PAILLOTEUR, s. m. Orpailleur qui ramasse et lave les pailléoles.

PAILLY (le), s. m. Com. du dép. de la Haute-Marne, cant. de Longeau, arr. de Langres. = Langres.

PAILLY, s. m. Com. du dép. de l'Yonne, cant. de Sergines, arr. de Sens. = Pont-sur-Yonne.

PAIMBŒUF, s. m. Ville maritime du dép. de la Loire-Inférieure, chef-lieu de sous-préf. et de cant.; trib. de 1re inst.; société d'agric.; conserv. des hypoth.; direct. des contrib. indir.; recev. part. des finances; bur. d'enregist. et de poste.

Cette ville est située à l'embouchure de la Loire, sur la rive gauche de ce fleuve. C'est dans son port qu'on décharge la cargaison des navires qui tirent trop d'eau pour remonter jusqu'à Nantes. Fabr. de tuiles et de briques; construction de navires; comm. de grains, etc.

PAIMPOL, s. m. Petite ville maritime du dép. des Côtes-du-Nord, chef-lieu de cant. de l'arr. de St.-Brieuc. Bur. d'enregist. et de poste. Cette ville, située sur l'Océan, possède un port sûr et commode, précédé d'une rade foraine.

Fabr. de cordages; armemens pour la pêche de la morue, cabotage, etc. Comm. de grains, chanvre, lin, etc.

PAIMPONT, s. m. Com. du dép. d'Ille-et-Vilaine, cant. de Plélan, arr. de Montfort. = Plélan.

PAIN, s. m. Aliment de farine, pétrie avec de l'eau, fermentée, et cuite au four; pain blanc, bis, frais, etc. —, nourriture, subsistance; gagner son pain. —, choses réunies en masse; pain de suif. Savoir son — manger, être actif, industrieux, adroit. Donner pour un morceau de —, à très bas prix. Fig. et fam. — à chanter, hostie non consacrée. — bénit. Voy. BÉNIT. — céleste ou des anges, l'eucharistie. — de vie, la parole de Dieu. — quotidien, le travail journalier; ce qu'on a tous les jours. — de pourceau ou cyclame, alléluia, plante résolutive. — de singe, gros fruit d'un calebassier du Sénégal.

PAINBLANC, s. m. Com. du dép. de la Côte-d'Or, cant. de Bligny-sur-Ouche, arr. de Beaune. = Arnay-le-Duc.

PAIN-D'ÉPICES, s. m. Sorte de pain composé de farine de seigle, et de miel.

PAIN-D'ÉPICIER, s. m. Fabricant et marchand de pain-d'épices.

PAIR, s. m. Autrefois, duc ou comte qui avait séance au parlement de Paris; aujourd'hui, depuis la Charte de 1814, membre de la chambre des pairs, qui a remplacé le sénat impérial. —, valeur égale; les rentes sont au pair. —, pl. Principaux vassaux d'un seigneur; les égaux. —, adj. m. sans pl. Egal, pareil, semblable. T. inus. De —, adv. D'égal à égal; d'une manière égale, sans différence.

PAIR (St.-), s. m. Com. du dép. du Calvados, cant. de Troarn, arr. de Caen. = Troarn.

PAIR (St.-), s. m. Com. du dép. de la Manche, cant. de Granville, arr. d'Avranches. = Granville.

PAIR-DU-MONT (St.-), s. m. Com. du dép. du Calvados, cant. de Mézidon, arr. de Lisieux. = Croissanville.

PAIRE, s. f. Couple d'animaux de même espèce; paire de bœufs. —, deux choses de même espèce, de même forme, qui vont ensemble; paire de souliers. —, chose unique, composée essentiellement de deux pièces; paire de ciseaux. —, nom donné par les anatomistes aux nerfs, parce qu'ils sortent constamment deux à deux du lieu d'où ils tirent leur origine, pour se distribuer des deux côtés du corps; paires cérébrales, paires vertébrales, etc. T. d'anat.

PAIRE-ET-GRANDRUPT (le), s. m. Com. du dép. des Vosges, cant. et arr. de St.-Dié. = St.-Dié.

PAIREMENT, adv. Dont la moitié est aussi un nombre pair; nombre pairement pair. T. d'arith.

PAIRESSE, s. f. l'épouse d'un pair.
PAIRIE, s. f. Dignité de pair.
PAIRLE, s. m. Pal mouvant de la pointe de l'écu. T. de blas.
PAISAY-LE-SEC, s. m. Com. du dép. de la Vienne, cant. de Chauvigny, arr. de Montmorillon. = St.-Savin.
PAISIA, s. f. Com. du dép. du Jura, cant. de Beaufort, arr. de Lons-le-Saulnier. = Lons-le-Saulnier.
PAISIBLE, adj. Doux, tranquille, qui aime la paix; se dit des hommes et des animaux. —, posé, rassis; caractère paisible. —, dont on jouit sans trouble; possession paisible. Lieux —, éloignés du bruit, où l'on vit en paix.
PAISIBLEMENT, adv. Tranquillement, d'une manière paisible.
PAISSANT, E, adj. Qui paît. T. de blas.
PAISSEAU, s. m. Echalas.
PAISSELÉ, E, part. Garni d'échalas.
PAISSELER, v. a. Echalasser, planter des échalas.
PAISSELIÈRE, s. f. Lieu où l'on taille les paisseaux.
PAISSELURE, s. f. Menu chanvre. T. inus.
PAISSON, s. m. Pâture des bestiaux, des bêtes fauves dans les forêts. —, instrument pour étendre les peaux. T. de gantier.
PAISSONNÉ, E, part. Etendu sur le paisson. T. de gantier.
PAISSONNER, v. a. Etendre les peaux sur le paisson. T. de gantier.
PAISY, s. m. Com. du dép. de l'Aisne, cant. de Craonne, arr. de Laon. = Fismes.
PAISY-COSDON, s. m. Com. du dép. de l'Aube, cant. d'Aix-en-Othe, arr. de Troyes. = Estissac.
PAÎTRE, v. a. et n. Brouter l'herbe dans un pré, manger. Envoyer —, renvoyer avec mépris. Fig. et fam. —, donner à manger à un oiseau de proie. T. de fauc. Se —, v. pron. Se nourrir, en parlant des oiseaux de proie. Se —, voy. REPAÎTRE.
PAIX, s. f. Divinité allégorique, fille de Jupiter et de Thémis. On la représente tenant d'une main une statue du Dieu Plutus, et de l'autre une poignée d'épis et de branches d'olivier. T. de myth. —, situation d'un pays, d'un peuple qui cultive l'amitié de ses voisins et n'est en guerre avec personne. —, traité pour rétablir les relations amicales entre des peuples. —, réconciliation; bonne intelligence dans les familles; tranquillité de l'ame; absence de trouble, d'agitation, calme, repos, silence. —, patène que le prêtre donne à baiser à l'offrande; sorte de petite plaque qu'on fait baiser au clergé après la communion.—, os plat ou large d'une épaule de veau ou de mouton.—! interj. pour imposer silence.
PAIZAC, s. m. Com. du dép. de la Dordogne, cant. de Lanouaille, arr. de Nontron. = Montignac.
PAIZAY-LE-CHAPT, s. m. Com. du dép. des Deux-Sèvres, cant. de Brioux, arr. de Melle. = Chefboutonne.
PAIZAY-LE-TORT, s. m. Com. du dép. des Deux-Sèvres, cant. et arr. de Melle. = Melle.
PAIZAY-NAUDOIN, s. m. Com. du dép. de la Charente, cant. de Villefagnan, arr. de Ruffec. = Ruffec.
PAL, s. m., pl. Pals. Long pieu aiguisé par le bout, avec lequel on empale les criminels, en Turquie; supplice atroce.—, outil de fer pour enfoncer.—, pieu perpendiculaire qui traverse l'écu; de pal, de contre-pal. T. de blas.
PALA, s. m. Poisson des lacs de Savoie, du genre du salmoné. T. d'hist. nat. —, muscadier. T. de bot.
PALABRE, s. m. Présent que font les négriers aux roitelets des côtes d'Afrique.
PALACHE, s. f. Espèce d'épée longue et large.
PALADE, s. f. Mouvement des rames. T. de mar.
PALADIN, s. m. Grand seigneur de la cour de Charlemagne, qui suivait ce monarque à la guerre. —, chevalier errant. —, gentilhomme brave et galant, dont le bras est toujours armé pour l'honneur et les dames.
PALADRU, s. m. Com. du dép. de l'Isère, cant. de St.-Geoire, arr. de la Tour-du-Pin. = Virieu.
PALÆOTHERIUM, s. m. Genre de mammifères fossiles dont les os, retrouvés dans les environs de Paris, ont été réunis par Cuvier.
PALÆOZOOLOGIE, s. f. Partie de l'histoire naturelle qui concerne les animaux fossiles. T. d'hist. nat.
PALAIRAC, s. m. Com. du dép. de l'Aude, cant. de Monthoumet, arr. de Carcassonne. = la Grasse.
PALAIS, s. m. Edifice somptueux, maison spacieuse, magnifique, d'empereur, de roi, de prince, de grand seigneur, d'évêque; palais impérial, royal, ducal, pontifical, épiscopal. —, belle maison. —, lieu où l'on rend la justice. —, voûte supérieure de la bouche; se dit aussi des animaux. —, partie de la corolle dans plusieurs fleurs. T. de bot.

PALAIS (St.-), s. m. Com. du dép. de l'Allier, cant. d'Huriel, arr. de Montluçon. = Montluçon.

PALAIS (St.-), s. m. Com. du dép. de la Charente, cant. et arr. de Barbezieux. = Barbezieux.

PALAIS (St.-), s. m. Com. du dép. du Cher, cant. de St.-Martin-d'Auxigny, arr. de Bourges. = Bourges.

PALAIS (St.-), s. m. Com. du dép. du Morbihan, chef-lieu du cant. de Belle-Isle, arr. de Lorient. = Belle-Isle-en-Mer.

PALAIS (St.-), s. m. Com. du dép. des Basses-Pyrénées, chef-lieu de cant. de l'arr. de Mauléon. Bur. d'enregist. et de poste.

PALAIS (le), s. m. Com. du dép. de la Haute-Vienne, cant. et arr. de Limoges. = Limoges.

PALAIS-DE-LIÈVRE, s. m. Laiteron commun. T. de bot.

PALAIS-DE-NEGRIGNAC (St.-), s. m. Com. du dép. de la Charente-Inférieure, cant. de Montlieu, arr. de Jonzac. = Montlieu.

PALAIS-DE-PHIOLIN (St.-), s. m. Com. du dép. de la Charente-Inférieure, cant. de St.-Genis, arr. de Jonzac. = St.-Genis.

PALAIS-DE-ROYAN (St.-), s. m. Com. du dép. de la Charente-Inférieure, cant. de Royan, arr. de Marennes. = Royan.

PALAISEAU, s. m. Com. du dép. de Seine-et-Oise, chef-lieu de cant. de l'arr. de Versailles. Bur. d'enregist. et de poste. Comm. de foin.

PALAISEUL, s. m. Com. du dép. de la Haute-Marne, cant. de Longeau, arr. de Langres. = Langres.

PALAIS-LA-LANDE (St.-), s. m. Com. du dép. de la Gironde, cant. de St.-Ciers-la-Lande, arr. de Blaye. = Blaye.

PALAJA, s. f. Com. du dép. de l'Aude, cant. et arr. de Carcassonne. = Carcassonne.

PALALDA, s. f. Com. du dép. des Pyrénées-Orientales, cant. d'Arles, arr. de Céret. = Arles.

PALAMÈDE, s. m. Fils de Nauplius, roi de l'île d'Eubée, et petit-fils de Bélus. Ce fut lui qui prit Télémaque, encore au berceau, et le mit devant le soc de la charrue d'Ulysse, qui feignait d'être insensé, pour ne point suivre les Grecs au siége de Troie. Trahi par sa tendresse, Ulysse fut obligé d'abandonner ses foyers; mais, dans la suite, pour se venger de Palamède, il l'accusa de lui avoir volé une somme d'argent et le fit lapider.

On croit que ce Palamède inventa les jeux d'échecs et de dés, ainsi que les poids et mesures. T. de myth.

PALAMENTE, s. f. Les rames d'une galère.

PALAMIDE, s. f. Poisson du genre du scombre. T. d'hist. nat.

PALAMIDIÈRE, s. f. Filet pour pêcher les palamides. T. de pêch.

PALAMINY, s. m. Com. du dép. de la Haute-Garonne, cant. de Cazères, arr. de Muret. = Martres.

PALAN, s. m. Cordages, moufles, poulies pour soulever les fardeaux. T. de mar.

PALANCHE, s. f. Instrument en bois, dont se servent les porteurs d'eau. —, grosse étoffe pour les capotes des matelots.

PALANGRE, s. f. Corde garnie de lignes et de haims. T. de pêch.

PALANQUE, s. f. Fortification faite avec des pieux.

PALANQUÉ, E, part. Chargé à l'aide des palans, en parlant d'un navire.

PALANQUER, v. a. Charger un navire à l'aide des palans; hâler sur un palan. T. de mar.

PALANQUIN, s. m. Petit palan; sorte de litière en usage dans l'Inde.

PALANQUINET, s. m. Corde pour mouvoir le timon d'une galère. T. de mar.

PALANTE, s. f. Com. du dép. de la Haute-Saône, cant. et arr. de Lure. = Lure.

PALANTINE, s. f. Com. du dép. du Doubs, cant. de Quingey, arr. de Besançon. = Quingey.

PALARDEAUX, s. m. pl. Planches garnies pour boucher les trous du bordage. T. de mar.

PALARE, s. m. Genre d'insectes hyménoptères fouisseurs. T. d'hist. nat.

PALASCA, s. f. Com. du dép. de la Corse, cant. de Belgodère, arr. de Calvi. = Bastia.

PALASTRE, s. m. Boîte de fer d'une serrure. T. de serr.

PALATALE, adj. Se dit d'une consonne dont la prononciation se fait par un mouvement de la langue, qui touche au palais.

PALATIN, s. m. Dignité, dans quelques états du nord. —, pl. Prêtres saliens, ainsi nommés, parce qu'ils célébraient des fêtes en l'honneur de Mars, sur le mont Palatin. T. de myth.

PALATIN, E, adj. Se dit de tout ce qui a rapport au palais; voûte palatine. T. d'anat. Electeur —, dont les états étaient sur le Rhin. Mont —, mont fameux de l'ancienne Rome, sur lequel était construit un temple magnifique en l'honneur d'Apollon.

PALATINAT, s. m. Dignité, territoire, province d'un palatin. —, ancienne province d'Allemagne.

PALATINE, s. f. Epouse d'un palatin; princesse de sa maison. —, fourrure pour garantir les épaules et la poitrine des dames, vêtement d'hiver. —, sorte de guenon. T. d'hist. nat.

PALATO-LABIALE, s. et adj. f. Artère faciale. T. d'anat.

PALATO-PHARYNGIENS, s. et adj. m. pl. Petits muscles qui s'attachent par une de leurs extrémités entre la luette et l'apophyse ptérigoïde, et par l'autre à la partie latérale et postérieure du pharynx. T. d'anat.

PALATO-STAPHYLIN, s. et adj. m. Muscle qui s'attache à la partie supérieure de la luette qu'il tire en devant. T. d'anat.

PALÂTRE, s. m. Tôle battue en feuille.

PALAU, s. m. Com. du dép. des Pyrénées-Orientales, cant. d'Argelès, arr. de Céret. = Collioure.

PALAU, s. m. Com. du dép. des Pyrénées-Orientales, cant. de Saillagouse, arr. de Prades. = Mont-Louis.

PALAVIE, s. f. Plante du Pérou de la famille des malvacées. T. de bot.

PALAZINGE, s. f. Com. du dép. de la Corrèze, cant. de Beynat, arr. de Brive. = Brive.

PAL-DE-CHALANÇON (St.-), s. m. Com. du dép. de la Haute-Loire, cant. de Bas, arr. d'Yssingeaux. = Craponne.

PAL-DE-MONS (St.-), s. m. Com. du dép. de la Haute-Loire, cant. de St.-Didier-la-Séauve, arr. d'Yssingeaux. = Monistrol.

PAL-DE-MURS (St.-), s. m. Com. du dép. de la Haute-Loire, cant. de la Chaise-Dieu, arr. de Brioude. = Brioude.

PALE, s. f. Petite feuille de carton couverte de linge, qu'on met sur le calice. —, bout plat de l'aviron. —, pièce de bois en forme de pelle, pour boucher le trou d'une écluse.

PÂLE, adj. Blême, décoloré; teint pâle. —, qui manque de vivacité, en parlant des couleurs; qui manque de force et d'élégance, en parlant du style. Fig.

PALÉACÉ, E, adj. Garni de paillettes. T. de bot.

PALÉAGE, s. m. Travail des matelots avec la pelle. T. de mar.

PALÉE, s. f. Rangée de pieux pour soutenir une digue. —, poisson du genre du salmone. T. d'hist. nat.

PALEFRENIER, s. m. Valet d'écurie qui panse les chevaux.

PALEFROI, s. m. Cheval que montait une dame, avant l'invention des carrosses; cheval de parade dans une cérémonie. (Vi.)

PALÉMON, s. m. Genre de crustacés décapodes. T. d'hist. nat.

PALEMPUREZ, s. f. pl. Toiles peintes des Indes orientales.

PALENCIA, s. f. Ville épiscopale d'Espagne, capitale de la province de ce nom, dans le royaume de Léon.

PALÉOGRAPHIE, s. f. Art de déchiffrer les écritures anciennes.

PALÉOLAIRE, s. f. Plante synanthérée. T. de bot.

PALÉOLOGUE, adj. Qui s'exprime à la manière des anciens.

PALERME, s. f. Ville fortifiée, capitale de la Sicile. Université; riche cabinet de médailles, musée, observatoire astronomique; sociétés savantes; fabr., manuf.; comm. de froment, vin, huile, fruits du midi, manne. Pop. 150,000 hab. env.

PALERON, s. m. Partie plate et charnue de l'épaule de plusieurs quadrupèdes.

PALÈS, s. f. Déesse des bergers et des troupeaux. T. de myth. —, insecte lépidoptère. T. d'hist. nat.

PALESTINE, s. f. Terre sainte, aujourd'hui Agalie, pays aride, inculte et presque désert, dans la Turquie asiatique, pachalik de Damas. Ce pays, habité par des Juifs, des Samaritains et des Chrétiens, est infesté par les Arabes Bédouins. —, caractère entre le gros-parangon et le petit-canon. T. d'impr.

PALESTRE, s. f. Fille de Mercure, à laquelle on attribue l'invention des exercices gymnastiques. T. de myth. —, lieu public pour les exercices du corps; ces exercices. T. d'antiq.

PALESTRIQUE, s. f. Art qui a pour objet les exercices du corps. —, adj. Qui se faisait dans les palestres; exercices palestriques.

PALESTROFILAX, s. m. Gardien des palestres. T. d'antiq.

PALESVILLE-LAS-TOUZELLES, s. f. Com. du dép. du Tarn, cant. de Dourgne, arr. de Castres. = Revel.

PALET, s. m. Morceau de pierre ou de métal, rond et plat, pour jouer, en le jetant vers un but.

PALETER, v. n. Faire glisser le palet sur la terre; jouer au palet; aplatir en forme de palette. T. inus.

PALETOT, s. m. Justaucorps espagnol. —, habit-veste. T. fam.

PALETTE, s. f. Petit battoir pour jouer au volant, etc. —, instrument en bois, long, plat, pour enfoncer les bouchons. —, touche de clavier. —, nom de divers outils et instrumens. T. d'arts et mét. —, régulateur. T. d'horlog. —, sorte de spatule pour l'encre. T. d'impr. —, planchette mince et ronde, sur laquelle les peintres distribuent leurs couleurs. T. de peint. —, petit vase en étain contenant environ trois onces de sang. T. de chir.

PALETUVIER, s. m. Arbre des Indes, du genre des caprifoliacées. T. de bot.

PÂLEUR, s. f. Altération du teint, de la peau, produite par maladie ou par peur. —, défaut d'énergie, d'élégance dans le style. Fig.

PALEY, s. m. Com. du dép. de Seine-et-Marne, cant. de Lorrez, arr. de Fontainebleau. = Egreville.

PALEYRAC, s. m. Com. du dép. de la Dordogne, cant. de Cadouin, arr. de Bergerac. = Belvès.

PALHERS, s. m. Com. du dép. de la Lozère, cant. et arr. de Marvejols. = Marvejols.

PÂLI, E, part. Rendu pâle.

PALICOT, s. m. Petit parc tournant. T. de pêch.

PALICOUR, s. m. Arbrisseau de la Guiane. T. de bot.

PALIER, s. m. Plate-forme sur un escalier. —, pièce de moulin. —, segment de sphère.

PALIFICATION, s. f. Action de fortifier le sol avec des pilotis. T. inus.

PALIKOUR, s. m. Fourmillier de l'île de Cayenne. T. d'hist. nat.

PALILIES, s. f. pl. Fêtes en l'honneur de la déesse Palès, que l'on célébrait à Rome le 21 avril. L'une des cérémonies essentielles de ces fêtes, consistait à mettre le feu à des tas de paille, sur lesquels passaient en sautant des bergers, comme font encore les enfans dans nos villages, le dimanche qui suit la mi-carême.

PALIMPSESTE, s. m. Tablette dont on pouvait effacer l'écriture. T. d'antiq.

PALINDROME, s. m. Vers qui présente le même sens, soit qu'on le lise à droite, soit qu'on le lise à gauche.

PALINDROMIE, s. f. Retour d'un paroxysme de fièvre ; reflux, répercussion. T. de méd.

PALINGÉNÉSIE, s. f. Rêve de l'alchimie, qui prétendait régénérer un corps réduit en cendres, et opérer la réunion de ses premiers élémens.

PALINGES, s. f. Com. du dép. de Saône-et-Loire, chef-lieu de cant. de l'arr. de Charolles, où se trouve le bur. d'enregist. = Perrecy.

PALINLOGIE, s. f. Répétition d'un mot à la fin d'un vers et au commencement du suivant. T. inus.

PALINOD ou PALINOT, s. m. Poëme en l'honneur de l'immaculée Conception, qui était mis au concours dans quelques villes.

PALINODIE, s. f. Désaveu, rétractation. Chanter la —, se rétracter. T. fam.

PALINTOCIE, s. f. Enfantement ; intérêt de l'argent, usure. —, seconde naissance de Bacchus. T. de myth. —, remboursement des intérêts ; restitution d'une usure. T. de droit comm.

PALINURE, s. m. Pilote du vaisseau que montait Énée qui, après avoir erré pendant trois jours à la merci des flots, fut jeté sur les côtes de l'Italie, où les habitans le massacrèrent. T. de myth. —, genre de crustacés. T. d'hist. nat.

PALIPON, s. m. Espèce d'avoira de Cayenne. T. de bot.

PALIQUES ou PALISQUES, s. m. pl. Frères jumeaux, enfans de Jupiter et de Thalie. Cette Muse se trouvant enceinte, pria la Terre de la recevoir dans son sein, pour cacher sa grossesse à Junon. Elle y accoucha de deux garçons qui furent nommés Paliques, parce qu'ils naquirent deux fois, la première de Thalie, et la seconde de la Terre. T. de myth.

PÂLIR, v. a. Rendre pâle. —, v. n. Devenir pâle. —, devenir contraire, en parlant de la fortune ; son étoile pâlit. Fig.

PALIS, s. m. Pieu ; lieu entouré de pieux ; palissade. —, filet tendu sur des piquets. T. de pêch.

PALIS, s. m. Village du dép. de l'Aube, cant. de Marcilly-le-Hayer, arr. de Nogent-sur-Seine. = Estissac.

PALISE, s. f. Com. du dép. du Doubs, cant. de Marchaux, arr. de Besançon. = Besançon.

PALISSADE, s. f. Rangée de pieux en avant et pour la défense d'un poste ; palis. —, haie d'arbres plantés très près l'un de l'autre, formant un mur de verdure.

PALISSADE, E, part. Entouré de palissades, fortifié.

PALISSADER, v. a. Garnir, entourer, fortifier de palissades.

PALISSAGE, s. m. Action de palisser les arbres d'un espalier, d'attacher les branches.

PALISSANDRE ou PALIXANDRE, s. m. Bois des îles, violet, propre à l'ébénisterie.

PÂLISSANT, E, adj. Qui pâlit, devient pâle.

PALISSÉ, E, part. Se dit des arbres d'un espalier dont le jardinier a lié les branches.

PALISSE, s. f. Com. du dép. de la Creuse, cant. de Neuvic, arr. d'Ussel. = Ussel.

PALISSE (la), s. f. Voy. LAPALISSE.

PALISSER, v. a. Attacher les branches d'un arbre contre un mur, un treillage.

PALISSON, s. m. Outil de mégissier, de chamoiseur.

PALIURE, s. m. Arbrisseau des haies, espèce de nerprun. T. de bot.

PALLA, s. f. Manteau des dames romaines. T. d'antiq.

PALLADIE, s. f. Plante vivace, de la famille des gentianes. T. de bot.

PALLADIUM, s. m. Statue de Minerve, qu'on croyait être descendue du ciel et s'être placée elle-même dans un temple qu'avait cette Déesse dans la ville de Troie. L'oracle ayant prédit que la ville ne serait jamais prise tant qu'elle posséderait cette statue, Ulysse et Diomède l'enlevèrent, et bientôt, en effet, Troie fut prise par les Grecs. T. de myth. —, objet auquel une ville, un empire attachait sa conservation, dans l'antiquité. —, appui, garantie. Fig. —, métal découvert dans le platine. T. d'hist. nat.

PALLANNE, s. f. Com. du dép. du Gers, cant. de Marciat, arr. de Mirande. = Mirande.

PALLAS, s. f. Surnom qui fut donné à Minerve, parce que cette déesse tua un géant de ce nom, père d'Aurore. —, ou Pallante, s. m. Roi de Trézène qui fut massacré par Thésée avec tous ses enfans, à l'exception d'Aricie, qui devint épouse d'Hippolyte. T. de myth. —, planète nouvellement observée. T. d'astr.

PALLAYE (Ste.-), s. f. Com. du dép. de l'Yonne, cant. de Vermanton, arr. d'Auxerre. = Vermanton.

PALLE, s. f. Navire dont on se sert sur les côtes du Malabar. T. de mar.

PALLEAU, s. m. Com. du dép. de Saône-et-Loire, cant. de Verdun, arr. de Châlons. = Verdun.

PALLEGNEY, s. m. Com. du dép. des Vosges, cant. de Châtel, arr. d'Epinal. = Charmes.

PALLET (le), s. m. Com. du dép. de la Loire-Inférieure, cant. de Vallet, arr. de Nantes. = Clisson.

PALLIATIF, IVE, s. m. et adj. Calmant qui retarde les progrès du mal, sans en détruire le principe; remède palliatif. T. de méd. —, qui colore, déguise. Fig.

PALLIATION, s. f. Action de pallier. T. de méd. —, couleur favorable, voile, déguisement. Fig.

PALLIÉ, E, part. Calmé momentanément, en parlant d'un mal, etc.

PALLIER, v. a. Administrer des calmans, des palliatifs. T. de méd. —, colorer, couvrir, déguiser. Fig.

PALLIOBRANCHES, s. m. pl. Mollusques acéphales. T. d'hist. nat.

PALLIUM, s. m. (mot latin). Ornement de laine blanche, semé de croix noires, que le pape envoie aux archevêques, après l'avoir béni.

PALLOL, s. m. Com. du dép. des Pyrénées-Orientales, cant. et arr. de Céret. = Céret.

PALLU (le), s. m. Com. du dép. de la Mayenne, cant. de Couptrain, arr. de Mayenne. = Pré-en-Pail.

PALLUAU, s. m. Com. du dép. de la Vendée, chef-lieu de cant. de l'arr. des Sables-d'Olonne. Bur. d'enregist. à Challans. Bur. de poste.

PALLUAUD, s. m. Com. du dép. de la Charente, cant. de Montmoreau, arr. de Barbezieux. = Blanzac.

PALLUAU, VILLEBERNIN-ET-OUZAY, s. m. Com. du dép. de l'Indre, cant. de Châtillon, arr. de Châteauroux. = Châtillon-sur-Indre.

PALLUE (la), s. f. Com. du dép. de la Charente, cant. de Segonzac, arr. de Cognac. = Cognac.

PALLUEL, s. m. Com. du dép. du Pas-de-Calais, cant. de Marquion, arr. d'Arras. = Cambrai.

PALLUEL, s. m. Com. du dép. de la Seine-Inférieure, cant. de Cany, arr. d'Yvetot. = Cany.

PALMA CHRISTI, s. f. (mots latins). Palme du Christ, ricin, plante dont l'écorce brûlée sent le musc. T. de bot.

PALMAIRE, adj. Se dit d'une aponévrose qui occupe toute la paume de la main, et des fibres qui s'attachent aux os du métacarpe, entre les tendons des muscles fléchisseurs des doigts. T. d'anat.

PALMA-RÉAL, s. m. Grand palmier de l'île de Cuba. T. de bot.

PALMAS, s. m. Com. du dép. de l'Aveyron, cant. de Layssac, arr. de Milhau. = Sévérac.

PALME, s. m. Mesure ancienne en usage chez les Grecs et les Romains; mesure d'Italie, huit pouces trois lignes et demie. —, s. f. Rameau du palmier. —, victoire, triomphe, avantage remporté. Fig. — marine, litophyte. T. d'hist. nat.

PALMÉ, E, part. Aplati; se dit de la tête d'une aiguille. —, adj. Réuni par une membrane, en parlant des doigts des oiseaux. T. d'hist. nat. —, en forme d'éventail, de palme; feuille palmée. T. de bot.

PALMER, v. a. Aplatir la tête d'une aiguille.

PALMETTE, s. f. Ornement d'architecture, en forme de feuille de palmier. —, petit palmier. T. de bot.

PALMIER, s. m. Grand arbre des pays méridionaux qui produit les dattes; bois de cet arbre. — vinifère, palmier d'Ethiopie, dont on tire une liqueur qui a de l'analogie avec le vin. —, pl. Famille de plantes monocotylédones à étamines périgynes. T. de bot.

PALMIPÈDES, s. m. pl. et adj. Oiseaux aquatiques qui ont le pied plat et membraneux, comme l'oie. T. d'hist. nat.

PALMISTE, s. m. Nom générique et vulgaire des palmiers, dont la cime, qu'on nomme chou, est mangeable avant son développement. —, sorte d'écureuil; oiseau du genre du merle.

PALMITE, s. m. Moelle du palmier, tendre, blanche et d'un manger délicat.

PALMYRE, s. f. Ville célèbre et capitale d'un royaume dont on retrouve les ruines en Syrie, à 40 l. d'Alep.

PALNECA, s. f. Com. du dép. de la Corse, cant. de Sicavo, arr. d'Ajaccio. = Ajaccio.

PALO-DE-LUZ, s. m. Plante qui croît au Pérou, et dont la tige sert de chandelle. T. de bot.

PALO-DE-VACCA, s. m. Sapotilier de Caraccas, province de la Colombie. T. de bot.

PALOGNEUX, s. m. Com. du dép. de la Loire, cant. de St.-George-en-Couzan, arr. de Montbrison. = Montbrison.

PALOMBE, s. f. Pigeon ramier des Pyrénées. T. d'hist. nat.

PALOMBINO, s. m. Marbre blanc, gris ou jaune. T. d'hist. nat.

PALOMET, s. m. Agaric des Landes. T. d'hist. nat.

PALOMETTE, s. f. Mousseron, petit champignon printannier, couleur gorge de pigeon. T. de bot.

PALON, s. m. Petite pelle, espèce de spatule.

PALONNIER ou PALONNEAU, s. m. Pièce du train d'un carrosse, où l'on attèle les chevaux.

PALOT, s. m. Rustre, manant. T. fam. —, bêche pour le sable. T. de pêch.

PALOURDE, s. f. Coquille bivalve du genre des cames. T. d'hist. nat.

PALPABLE, adj. Qui se fait sentir au toucher. —, évident, manifeste. Fig.

PALPABLEMENT, adv. D'une manière palpable. T. inus.

PALPE, s. f. Voy. ANTENNULE.

PALPÉ, E, part. Manié, touché.

PALPÉBRAL, E, adj. Qui appartient aux paupières. T. d'anat.

PALPER, v. a. Saisir avec la main, manier.

PALPEURS, s. m. pl. Insectes coléoptères clavicornes. T. d'hist. nat.

PALPICORNES, s. m. pl. Insectes coléoptères pentamères. T. d'hist. nat.

PALPISTE, adj. Pourvu d'antennules; arachnide palpiste. T. d'hist. nat.

PALPITANT, E, adj. Qui palpite; chair palpitante.

PALPITATION, s. f. Battement déréglé et douloureux du cœur.

PALPITER, v. n. Battre inégalement et violemment, en parlant du cœur. —, avoir encore quelque mouvement convulsif, en parlant de la chair des animaux qu'on vient de tuer.

PALPLANCHE, s. f. Pièce de bois qui garnit les pilotis d'une digue, d'une jetée.

PALTOQUET, s. m. Homme grossier, manant. T. fam.

PALUD (la), s. f. Com. du dép. des Basses-Alpes, cant. de Moustiers, arr. de Digne. = Riez.

PALUD (la), s. f. Com. du dép. de la Charente, cant. et arr. d'Angoulême. = Angoulême.

PALUD (la), s. f. Voy. LAPALUD.

PALUDAMENTUM, s. m. (mot latin). Habit des généraux romains. T. d'antiq.

PALUDIER, s. m. Ouvrier employé dans les marais salans.

PALUS, s. m. (mot latin). Marais. — méotides, mer de Zabache, grand golfe au nord de la mer Noire.

PAL-VADLI, s. m. Plante de la famille des apocynées. T. de bot.

PALYTHOÉ, s. f. Genre de polypiers. T. d'hist. nat.

PA-MA, s. m. Ortie de la Chine. T. de bot.

PAMAQUA, s. m. Arbre d'Amérique, avec l'écorce duquel on fait des cordages. T. de bot.

PAMBE, s. m. Poisson plat, dont le manger est fort estimé aux Indes. T. d'hist. nat.

PAMBORE, s. m. Genre d'insectes coléoptères carnassiers. T. d'hist. nat.

PAMBOU, s. m. Serpent des Indes. T. d'hist. nat.

PÂMÉ, E, adj. Tombé en pâmoison. —, qui a la gueule béante; carpe pâmée.

PAMER, v. n. et se —, v. pron. Tomber en pâmoison, en défaillance; s'évanouir. Se — de rire, rire à gorge déployée.

PAMIER, s. m. Arbre de la décandrie, dixième classe des végétaux. T. de bot.

PAMIERS, s. m. Ville du dép. de l'Ariège, chef-lieu de sous-préf. et de cant.; trib. de 1re inst.; évêché; société d'agric.; conserv. des hypoth.; recev. part. des finances. Bur. d'enregist. et de poste. Fabr. de serges, burats; forges et aciéries.

PÂMOISON, s. f. Défaillance, évanouissement; tomber en pâmoison.

PAMPA, s. m. Chat du Paraguay. T. d'hist. nat.

PAMPE, s. f. Feuille des graminées, du blé, de l'orge, etc.

PAMPELMOUSSE, s. m. Oranger des Indes, dont le fruit a la grosseur d'un melon.

PAMPELONNE, s. f. Petite ville du dép. du Tarn, chef-lieu de cant. de l'arr. d'Albi. Bur. d'enregist. = Albi.

PAMPELUNE, s. f. Ville fortifiée du royaume d'Espagne, capitale de la province de Navarre.

PAMPHALÉE, s. f. Plante de l'Amérique méridionale. T. de bot.

PAMPHILIE, s. f. Genre d'insectes hyménoptères. T. d'hist. nat.

PAMPHLET, s. m. Brochure diffamatoire.

PAMPHLETIER ou PAMPHLÉTAIRE, s. m. Libelliste, auteur de pamphlets.

PAMPHRACTUS, s. m. Mammifère ornithorynque de l'île de Java. T. d'hist. nat.

PAMPINIFORME, adj. Qui a la forme de pampre; se dit du cordon des vaisseaux spermatiques et du canal thoracique. T. d'anat.

PAMPLIE, s. f. Com. du dép. des Deux-Sèvres, cant. de Champdeniers, arr. de Niort. = Niort.

PAMPRE, s. m. Branche de vigne avec ses feuilles. —, ornement qui en a la forme. T. d'arch.

PAMPRÉ, E, adj. Se dit des grappes de raisin attachées à la branche. T. de blas.

PAMPROUX, s. m. Com. du dép. des Deux-Sèvres, cant. de la Mothe-St.-Héraye, arr. de Melle. = la Mothe-St.-Héraye.

PAN, s. m. Partie tombante d'un vêtement; pan d'habit. —, portion considérable d'un mur; pièce du bois de lit; côté d'un ouvrage en menuiserie, etc. —, Dieu des bergers qu'on représente jouant de la flûte, ayant un visage enflammé, des cornes sur la tête, et les extrémités inférieures d'un bouc. Il accompagna Bacchus dans les Indes et fut père de plusieurs satyres. T. de myth. —, pl. facettes d'un diamant. — de rets, filets pour prendre la grosse bête. T. de véner.

PANACEAU, s. m. Lame attachée aux fusées volantes.

PANACÉE, s. f. Fille d'Esculape et d'Epione qui présidait à la guérison de toutes sortes de maladies. T. de myth. —, remède universel, propre à guérir tous les maux.

PANACHE, s. m. Assemblage de longues plumes flottantes pour ombrager un casque. —; partie supérieure d'une lampe d'église. —, cloison horizontale dans une fontaine de cuivre. —, partie d'un flambeau. T. d'orfèv. —, voûte en saillie. T. d'arch. —, rayure sur les feuilles, les fleurs. T. de jard. —, insecte coléoptère. T. d'hist. nat.

PANACHÉ, E, adj. Mélangé de diverses couleurs; tulipe panachée.

PANACHER, v. n. et se —, v. pron. Se dit des oiseaux et des fleurs qui prennent des couleurs variées.

PANACHURE, s. f. Taches blanches qui se forment sur les feuilles des végétaux dans un état de maladie.

PANADE, s. f. Soupe composée de pain et d'eau, que l'on fait réduire à petit feu, et dans laquelle alors on met du beurre.

PANADER (se), v. pron. Voy. PAVANER (se).

PANAGE, s. m. Droit qu'on paie pour obtenir la permission de mener des porcs dans une forêt, où ils se nourrissent de glands.

PANAIS, s. m. Plante potagère, ombellifère, dont la racine blanche tient de la carotte.

PANAMA, s. f. Ville maritime et capitale de la nouvelle Grenade, province de l'Amérique méridionale.

PANARD, adj. Se dit d'un cheval qui a les pieds de devant tournés en dehors.

PANARÈTE, s. f. Recueil des trois livres sapientiaux.

PANARINE, s. f. Plante du genre des amaranthoïdes. T. de bot.

PANARION, s. m. Antidote universel.

PANARIS, s. m. Tumeur flegmoneuse qui naît à l'extrémité des doigts, à la racine ou sur les côtés des ongles. T. de chir.

PANASSAC, s. m. Com. du dép. du Gers, cant. de Masseube, arr. de Mirande. ═ Auch.

PANAT, s. m. Com. du dép. de l'Aveyron, cant. de Marcillac, arr. de Rodez. ═ Milhau.

PANATHÉNAÏQUE, adj. Qui est relatif aux panathénées. T. de myth.

PANATHÉNÉES, s. f. pl. Fêtes en l'honneur de Minerve, qu'on célébrait dans Athènes. T. de myth.

PANAZOL, s. m. Com. du dép. de la Haute-Vienne, cant. et arr. de Limoges. ═ Limoges.

PANCALIER, s. m. Sorte de chou qui vient de Pancalieri, bourg du Piémont.

PANCARPE, s. m. Combat d'hommes contre des animaux. T. d'antiq.

PANCARTE, s. f. Affiche, placard. —, papier écrit, paperasse. T. fam.

PANCE, s. f. Partie supérieure du fût d'un balustre.

PANCÉ, s. m. Com. du dép. d'Ille-et-Vilaine, cant. de Bain, arr. de Redon. ═ Bain.

PANCERNE, s. m. Chevalier polonais.

PANCEY, s. m. Com. du dép. de la Haute-Marne, cant. de Poissy, arr. de Vassy. ═ Joinville.

PANCHERACCIA, s. f. Com. du dép. de la Corse, cant. de Piedicorte, arr. de Corte. ═ Bastia.

PANCHRESTE, s. m. et adj. Voy. PANACÉE.

PANCHYMAGOGUE, s. et adj. Médicament propre à faire évacuer toutes les humeurs morbifiques. T. de méd.

PANCOVE, s. m. Arbre de Guinée. T. de bot.

PANCRACE, s. m., ou PANCRATION, s. f. Exercice gymnique, composé de la lutte, du pugilat, du disque, de la course et de la danse. T. de myth.

PANCRAIS, s. m. Plante de la famille des narcissoïdes. T. de bot.

PANCRASSE (St.-), s. m. Com. du dép. de la Dordogne, cant. de Champagnac-de-Belair, arr. de Nontron. ═ Nontron.

PANCRASSE (St.-), s. m. du dép. de l'Isère, cant. du Touvet, arr. de Grenoble. ═ Mens.

PANCRATIASTE, s. m. Athlète qui remportait le prix dans les jeux du pancrace.

PANCRÉ (St.-), s. m. Com. du dép. de la Moselle, cant. de Longuion, arr. de Briey. ═ Longuion.

PANCRÉAS, s. m. Corps glanduleux situé vers la première vertèbre des lombes, sous l'estomac. T. d'anat.

PANCRÉATALGIE, s. f. Douleur au pancréas. T. de méd.

PANCRÉATEMPHRAXIS, s. m. Obstruction du pancréas. T. de méd.

PANCRÉATICO-DUODÉNAL, E, adj. Qui concerne le pancréas et le duodenum. T. d'anat.

PANCRÉATIQUE, adj. Se dit de tout ce qui a rapport au pancréas; canal, suc, artère, veine pancréatique. T. d'anat.

PANCRÉATITE, s. f. Inflammation du pancréas. T. de méd.

PANCY, s. m. Com. du dép. de l'Aisne, cant. de Craonne, arr. de Laon. ═ Laon.

PANDACA, s. m. Arbre laiteux de l'île de Madagascar. T. de bot.

PANDALE, s. m. Genre de crustacés décapodes. T. d'hist. nat.

PANDALÉON, s. m. Remède pectoral en tablettes. T. de pharm.

PANDELON (St.-), s. m. Com. du dép. des Landes, cant. et arr. de Dax. ═ Dax.

PANDAN, s. m. Plante sarmenteuse de l'île d'Amboine. T. de bot.

PANDECTE ou **PANDIT**, s. m. Prêtre indien de la secte de Brama.

PANDECTAIRE, s. m. Auteur des Pandectes.

PANDECTES, s. f. pl. Recueil de décisions de jurisconsultes, converties en lois, sous le règne de Justinien, empereur romain.

PANDÉMIE, s. f. Voy. ÉPIDÉMIE.

PANDÉMIQUE, adj. Voy. ÉPIDÉMIQUE.

PANDICULATION, s. f. Malaise, inquiétude, d'où résultent l'extension du bras et le bâillement qui accompagnent le frisson qu'on éprouve dans les fièvres intermittentes. T. de méd.

PANDORE, s. f. Statue animée par Vulcain, que les Dieux, à l'envi, s'efforcèrent de rendre parfaite. Irrité contre Prométhée, qui avait dérobé le feu du ciel, pour animer les premiers hommes, Jupiter l'envoya sur la terre avec une boîte où tous les maux étaient renfermés. Prométhée, à qui elle la présenta, l'ayant refusée, elle l'offrit à Epiméthée qui eut l'indiscrétion de l'ouvrir, et sur-le-champ en sortirent tous les maux qui désolent la terre depuis ce temps; l'espérance seule resta dans le fond de cette boîte. T. de myth. —, sorte de luth. —, mollusque acéphale, telline. T. d'hist. nat.

PANDOURE, s. m. Soldat hongrois.

PANDRIGNE, s. f. Com. du dép. de la Corrèze, cant. et arr. de Tulle. ═ Tulle.

PANDURÉ, E, ou **PANDURIFORME**, adj. Se dit des feuilles en forme de fût de violon. T. de bot.

PANÉ, E, part. Couvert de mie de pain ; côtelette panée. Eau —, dans laquelle on a fait tremper du pain grillé, pour corriger sa crudité.

PANECIÈRES, s. f. Com. du dép. du Loiret, cant. de Malesherbes, arr. de Pithiviers. = Pithiviers.

PANÉGYRIAQUES, s. m. pl. Magistrats des villes grecques, qui présidaient aux jeux panégyriques. T. d'antiq.

PANÉGYRIQUE, s. m. Poëme, discours dans lequel on fait l'éloge de quelqu'un. —, adj. Louangeur ; discours panégyrique. Jeux —, fêtes solennelles de l'ancienne Grèce, présidées par les panégyriaques. T. d'antiq.

PANÉGYRISME, s. m. Louange outrée. T. inus.

PANÉGYRISTE, s. m. Ecrivain, orateur qui fait un panégyrique.

PANEL, s. m. Arbre de la côte du Malabar. T. de bot.

PANELLE, s. f. Sucre brut des Antilles.

PANEMORE, s. m. Machine qui tourne à tout vent ; girouette.

PANER, v. a. Couvrir une côtelette, etc., de mie de pain.

PANERÉE, s. f. Plein un panier.

PANETERIE, s. f. Lieu où l'on distribuait le pain dans la maison du roi ; les employés de cet office.

PANETIER (grand), s. m. Autrefois grand officier de la couronne, surintendant de tous les boulangers de France.

PANETIÈRE, s. f. Sac où les bergers mettent leur pain. —, grand filet qu'on tend la nuit, à l'aide de perches, et qui se ferme comme un sac, quand une compagnie de perdreaux se jette dedans.

PANGE, s. f. Com. du dép. de la Côte-d'Or, cant. de St.-Seine, arr. de Dijon. = St.-Seine.

PANGE, s. f. Com. du dép. de la Moselle, chef-lieu de cant. de l'arr. de Metz. Bur. d'enregist. à Courcelles-Chaussy. = Metz.

PANGI, s. m. Arbre des îles Moluques. T. de bot.

PANGOLIN, s. m. Quadrupède édenté d'Asie et d'Afrique du genre des fourmilliers. T. d'hist. nat.

PANGONIE, s. f. Genre d'insectes diptères. T. d'hist. nat.

PANHARMONICON, s. m. Instrument de musique à vent qui imite plusieurs autres instrumens.

PANIC, s. m. Plante graminée. T. de bot.

PANICAUT, s. m. Plante du genre des ombellifères. T. de bot.

PANICULE, s. m. Assemblage de fleurs, de fruits, en forme de grappe.

PANICULÉ, E, adj. Disposé en panicule ; tige paniculée. T. de bot.

PANIER, s. m. Ustensile de ménage en osier, etc., pour mettre du pain et diverses choses ; manne, corbeille. —, sorte de caisse en osier pour emballer ; son contenu ; panier de gibier. —, Espèce de jupon garni de cercles de baleine, que les dames portaient, pour faire bouffer les jupes et la robe. — percé, dissipateur. Fig. et fam. Faire danser l'anse du —, faire payer les provisions de bouche plus qu'elles ne coûtent, en parlant d'une servante.

PANIFIABLE, adj. Propre à faire du pain. T. inus.

PANIFICATION, s. f. Conversion des substances farineuses en pain.

PANILLEUSE, s. f. Com. du dép. de l'Eure, cant. d'Ecos, arr. des Andelys. = Vernon.

PANIQUE, adj. Attribué au dieu Pan, par les Grecs. Terreur —, frayeur subite dont la cause est inconnue.

PANISSAGE, s. m. Com. du dép. de l'Isère, cant. de Virieu, arr. de la Tour-du-Pin. = Virieu.

PANISSIÈRES, s. f. Com. du dép. de la Loire, cant. de Feurs, arr. de Montbrison. = Feurs.

PANJAS, s. m. Com. du dép. du Gers, cant. de Cazaubon, arr. de Condom. = Nogaro.

PANKAMA, s. m. Poisson de mer qu'on pêche dans les parages de la Guiane. T. d'hist. nat.

PANKE, s. f. Plante du Chili dont on se sert pour tanner le cuir.

PANLATTE, s. f. Com. du dép. de l'Eure, cant. de Nonancourt, arr. d'Evreux. = Tillières-sur-Avre.

PANLEXIQUE, s. m. Dictionnaire encyclopédique contenant toutes les locutions consacrées dans une langue.

PANLY, s. m. Com. du dép. de la Seine-Inférieure, cant. d'Envermeu, arr. de Dieppe. = Dieppe.

PANNAIRE, s. f. Basane qu'on applique sur le rouleau, pour garantir l'étoffe. T. de fabr.

PANNE, s. f. Sorte d'étoffe velue imitant le velours. —, graisse qui enveloppe les viscères du porc et de quelques autres animaux. —, bout aplati du marteau opposé au gros bout. —, pièce de bois pour soutenir les chevrons. T. de charp. —, fourrure de vair ou d'hermine. T. de blas. Mettre en —, disposer les voiles de manière à demeurer en place. T. de mar. — isabelle, anémone à peluche, couleur isabelle,

PANNÉ, E, part. Creusé avec la panne.

PANNEAU, s. m. Pièce de bois, vitrage encadré. —, coussinet rembourré de chaque côté d'une selle. —, planche pour l'impression des étoffes, etc. —, filet en forme de hallier, pour prendre des lapins. —, piége, embûche; tomber dans le panneau. Fig. et fam. —, pl. Roues de la machine à friser les étoffes. T. de manuf.

PANNEAUTER, v. n. Tendre des panneaux. T. de véner.

PANNECÉ, s. m. Com. du dép. de la Loire-Inférieure, cant. de Riaillé, arr. d'Ancenis. = Ancenis.

PANNELLE, s. f. Feuille de peuplier. T. de blas.

PANNER, v. a. Creuser une pièce de métal avec la panne. T. de mét.

PANNES, s. f. Com. du dép. du Loiret, cant. et arr. de Montargis. = Montargis.

PANNES, s. f. Com. du dép. de la Meurthe, cant. de Thiaucourt, arr. de Toul. = Pont-à-Mousson.

PANNESSIÈRES, s. f. Com. du dép. du Jura, cant. de Conliège, arr. de Lons-le-Saulnier. = Lons-le-Saulnier.

PANNETON, s. m. Partie d'une clef qui entre dans la serrure. —, panier long et étroit, garni de toile, pour mettre la pâte. T. de boulanger.

PANNEVILLE, s. f. Com. du dép. de la Seine-Inférieure, cant. de Pavilly, arr. de Rouen. = Barentin.

PANNICULE, s. f. Membrane cutanée sous la graisse, enveloppe des muscles. T. d'anat.

PANNOIR, s. m. Marteau d'épinglier pour former la tête de l'épingle.

PANNON, s. m. Etendard à longue queue, bannière d'un simple gentilhomme au temps de la féodalité.

PANNONIE, s. f. Ancienne province d'Europe au N. de l'Illyrie, entre la Rhétie à l'O. et la Dacie à l'E.

PANNONIENS, s. m. pl. Habitans de la Pannonie.

PANNUS, s. m. Tache sur l'œil semblable à un petit lambeau de drap. —, tache irrégulière sur la peau. T. de méd.

PANOCOCO, s. m. Grand arbre de l'île de Cayenne. T. de bot.

PANOMIE, s. f. Village du dép. du Lot, cant. de Gramat, arr. de Gourdon. = Gramat.

PANON, s. m. Com. du dép. de la Sarthe, cant. et arr. de Mamers. = Mamers.

PANON, s. m. Oiseau de l'Amérique méridionale. T. de bot.

PANONCEAU, s. m. Ecusson d'armoiries sur une affiche, pour indiquer l'autorité dont elle émane, ou sur un poteau, pour établir la juridiction.

PANOPE, s. m. Oiseau nageur. —, s. f. Coquille bivalve. T. d'hist. nat. —, l'une des Néréides qui était au nombre des divinités nommées Littorales. —, fille de Thésée, épouse d'Hercule, dont ce dernier eut un fils auquel il donna le nom de sa mère. T. de myth.

PANOPHOBIE ou PANTOPHOBIE, s. f. Délire dans lequel l'imagination du malade est en proie à la terreur, et que les anciens croyaient causé par le dieu Pan. T. de méd.

PANOPLIE, s. f. Armure complète. T. inus.

PANOPS, s. m. Genre d'insectes diptères. T. d'hist. nat.

PANORAMA, s. m. Grand tableau circulaire représentant un horizon entier, fixé sur les murs d'une rotonde éclairée par en haut, et dont le spectateur occupe le centre.

PANORAMIQUE, adj. Qui représente un horizon entier comme un panorama; vue panoramique.

PANORPATES, s. f. pl. Insectes névroptères planipennes. T. d'hist. nat.

PANORPE, s. f. Genre d'insectes névroptères. T. d'hist. nat.

PANOSSARES, s. m. pl. Longs pagnes dont se couvrent les Indiens.

PANOSSAS, s. m. Com. du dép. de l'Isère, cant. de Crémieu, arr. de la Tour-du-Pin. = Crémieu.

PANOURE, s. f. Galiote chinoise. T. de mar.

PANOUSE (la), s. f. Com. du dép. de l'Aveyron, cant. de Sévérac-le-Château, arr. de Milhau. = Sévérac-le-Château.

PANOUSE (la), s. f. Com. du dép. de la Lozère, cant. de Grandrieu, arr. de Mende. = Langogne.

PANOUZE (la), s. f. Com. du dép. de l'Aveyron, cant. de Cornus, arr. de St.-Affrique. = St.-Affrique.

PANSAGE, s. m. Action de panser un cheval, etc.

PANSARD, E, s. et adj. Ventru, qui a une grosse panse.

PANSE, s. f. L'abdomen, le ventre. Avoir les yeux plus grands que la —, avoir moins d'appétit qu'on ne s'imaginait. T. fam.

PANSÉ, E, part. Se dit d'une plaie

sur laquelle le chirurgien vient d'appliquer un topique.

PANSEMENT, s. m. Application méthodique de remèdes topiques sur une plaie, etc.

PANSER, v. a. Soigner une plaie, poser un appareil pour contenir une fracture, appliquer un remède topique sur un mal. — un cheval, l'étriller, lui donner ce qui lui est nécessaire.

PANSOPHIE, s. f. Sagesse universelle.

PANSPERMIE, s. f. Amas confus de matières hétérogènes. T. de méd.

PANSTÉRÉORAMA, s. m. Représentation totale d'un objet vu en relief.

PANSU, E, adj. Pansard, ventru. T. fam.

PANTAGOGUE, s. et adj. Voy. PANCHYMAGOGUE. T. de méd.

PANTAGUIÈRES, s. f. pl. Cordages pour affermir les mâts dans une tempête. T. de mar.

PANTALÉON, s. m. Espèce de tympanon garni de cordes à boyau.

PANTALÉON (St.-), s. m. Com. du dép. de la Corrèze, cant. de Larche, arr. de Brive. = Brive.

PANTALÉON (St.-), s. m. Com. du dép. de la Corrèze, cant. de Lapleau, arr. de Tulle. = Mauriac.

PANTALÉON (St.-), s. m. Com. du dép. de la Drôme, cant. de Grignan, arr. de Montélimar. = Taulignan.

PANTALÉON (St.-), s. m. Com. du dép. du Lot, cant. de Moncuq, arr. de Cahors. = Cahors.

PANTALÉON (St.-), s. m. Com. du dép. de Saône-et-Loire, cant. et arr. d'Autun. = Autun.

PANTALÉON (St.-), s. m. Com. du dép. de Vaucluse, cant. de Gordes, arr. d'Apt. = Apt.

PANTALON, s. m. Vêtement d'homme plus commode que la culotte, qu'il a remplacée, et qui couvre toute l'extrémité inférieure du corps, depuis la ceinture jusqu'au cou-de-pied. —, personnage de la comédie italienne; habit de ce personnage bouffon, qui couvre depuis le cou jusqu'aux pieds. —, clavecin vertical; sorte de papier d'Angoulême. —, personne qui joue toutes sortes de rôles pour parvenir à ses fins. Fig. et fam.

PANTALONNADE, s. f. Danse, bouffonnerie du rôle de Pantalon. —, subterfuge ridicule; fausse démonstration de sentimens. Fig. et fam.

PANTALY-D'ANS (St.-), s. m. Com. du dép. de la Dordogne, cant. de Savignac-les-Eglises, arr. de Périgueux. = Exideuil.

PANTALY-D'EXIDEUIL (St.-), s. m. Com. du dép. de la Dordogne, cant. d'Exideuil, arr. de Périgueux. = Exideuil.

PANTANNE, s. f. Enceinte de filets.

PANTARBE, s. m. Pierre précieuse.

PANTE, s. f. Toile de crin. T. de brasserie. —, pl. Coquilles en chapelet, servant de monnaie.

PANTELANT, E, adj. Haletant, palpitant, étendu sans connaissance. (Vi.)

PANTELER, v. n. Haleter, palpiter. (Vi.)

PANTÈNE, s. f. Filet du genre des verveux. T. de pêch.

PANTENNE, s. f. État d'un navire désemparé et dégréé. T. de mar.

PANTER, v. n. Arrêter les peaux des cardes dans le panteur.

PANTEUR, s. m. Instrument pour tendre les peaux des cardes.

PANTHACHATES, s. f. pl. Agates mouchetées comme la peau de la panthère. T. d'hist. nat.

PANTHÉE, adj. f. Se dit des figures qui réunissent les attributs de plusieurs divinités. T. de myth.

PANTHÉISME, s. m. Système de Spinosa, qui n'admet d'autre dieu que la matière, que le grand tout qu'on nomme l'univers.

PANTHÉOLOGIE, s. f. L'ensemble des dieux du paganisme.

PANTHÉON, s. m. Temple bâti en l'honneur de tous les Dieux, dans Athènes et dans Rome. —, église magnifique de Paris, dédiée à sainte Geneviève, et qui fut consacrée momentanément, par la convention, à la mémoire des grands hommes. —, traité dans lequel sont dessinés les monumens religieux d'un peuple.

PANTHÉRA, s. f. Agate jaspée. T. d'hist. nat.

PANTHÈRE, s. f. Bête féroce, fauve, dont la peau est mouchetée en forme d'anneaux, animal consacré au dieu Pan et à Bacchus. T. de myth.

PANTIÈRE, s. f. Filet qu'on suspend aux arbres pour prendre de petits oiseaux.

PANTIN, s. m. Figure de carton découpé, qu'on fait mouvoir avec des fils. —, personne sans caractère, que l'on fait mouvoir à son gré; marionnette. Fig. et fam.

PANTIN, s. m. Com. du dép. de la Seine, chef-lieu de cant. de l'arr. de St.-Denis. Bur. d'enregist. à Belleville.

Banlieue de Paris. Filatures de laine et de coton.

PANTINE, s. f. Assemblage d'écheveaux attachés ensemble.

PANTOGÈNE, adj. Se dit d'un cristal dont chaque arête subit un décroissement.

PANTOGONIE, s. f. Trajectoire réciproque. T. de géom.

PANTOGRAPHE, s. m. Instrument pour copier des dessins, des estampes.

PANTOIMENT, s. m. Asthme des oiseaux. T. de fauc.

PANTOIRE, s. f. Manœuvre dormante. T. de mar.

PANTOIS, adj. m. Hors d'haleine, respirant à peine. (Vi.)

PANTOMÈTRE, s. m. Instrument de géométrie pour mesurer toutes sortes d'angles, de hauteurs, de distances.

PANTOMIME, s. m. Acteur qui, par des mouvemens, des signes, des gestes, et sans le secours de la parole, exprime une action théâtrale. —, s. f. Sorte de pièce de théâtre, de canevas, où les passions, les caractères et les événemens ne sont qu'indiqués, et doivent être développés par des gestes, soit naturels, soit de convention. —, langage d'action, partie de la déclamation qui concerne le jeu de l'acteur, ses attitudes, ses gestes, etc. —, adj. Dont l'action est exprimée par des pas, des attitudes et des gestes ; ballet pantomime.

PANTOPHILE, adj. Qui aime tout. T. inus.

PANTOPHOBIE, s. f. Voy. PANOPHOBIE.

PANTOPTÈRES, s. m. pl. Poissons apodes, osseux. T. d'hist. nat.

PANTOQUIÈRES, s. f. pl. Cordages pour affermir les haubans. T. de mar.

PANTOUFLE, s. f. Chaussure légère pour la chambre. —, bandage inventé par un célèbre chirurgien, nommé Petit, pour la rupture du tendon d'Achille. T. de chir. —, sorte de fer à cheval ; levier d'orgue. Raisonner comme une —, très mal. T. fam. En —, en négligé, à son aise.

PANTOUFLER, v. n. Raisonner de travers, comme une pantoufle. T. inus.

PANTOUFLERIE, s. f. Sot raisonnement. T. inus.

PANTOUFLIER, s. m. Fabricant de pantoufles. —, espèce de chien de mer. T. d'hist. nat.

PANURGE, s. m. Genre d'insectes hyménoptères. T. d'hist. nat.

PANUS, s. m. Voy. PHYGETHLON. T. de chir.

PANZÈRE, s. f. Plante de la Caroline. T. de bot.

PANZOULT, s. m. Com. du dép. d'Indre-et-Loire, cant. de l'Isle-Bouchard, arr. de Chinon. = l'Isle-Bouchard.

PAON, s. m. Genre de gallinacés nudipèdes, oiseau domestique ayant un plumage magnifique et une longue queue, dont les plumes offrent les plus brillantes couleurs. —, gros papillon, le plus beau d'Europe. — blanc, oiseau du Nord. —, bleu, poisson du genre du labre. — d'Inde, poisson du genre bandoulière. — marin, oiseau royal. —, constellation australe. T. d'astr.

PAONACE, s. f. Sorte d'anémone. T. de bot.

PAONNE, s. f. Femelle du paon.

PAONNÉ, E, adj. De couleur variée, comme la queue du paon.

PAONNEAU, s. m. Jeune paon.

PAONNIER, s. m. Domestique qui a soin des paons.

PAPA, s. m. Père. T. d'enfant. Grand —, grand-père. —, sarcoramphe d'Amérique, nommé le roi des vautours.

PAPABLE, adj. Qui a les qualités pour être élu pape.

PAPAL, E, adj. Qui concerne le pape.

PAPARIAN, s. m. Arbre de l'île d'Amboine. T. de bot.

PAPAS, s. m. Prêtre grec.

PAPAUTÉ, s. f. Dignité de pape.

PAPAVÉRACÉES, s. f. pl. Plantes qui composent la famille des pavots. T. de bot.

PAPAYE, s. f. Fruit du papayer. T. de bot.

PAPAYER, s. m. Arbre des Indes, du genre des cucurbitacées, au tronc duquel les feuilles, les fleurs et les fruits adhèrent. T. de bot.

PAPE, s. m. Le souverain Pontife, le Saint-Père, le chef de l'Eglise catholique. —, oiseau d'Amérique, espèce de pinson de trois couleurs.

PAPEGEAI, s. m. Oiseau en bois ou en carton, qu'on plante au bout d'une perche pour servir de but au tir. —, perroquet d'Amérique.

PAPELARD, E, s. m. et adj. Hypocrite, faux dévot. —, qui annonce l'hypocrisie. (Vi.)

PAPELARDER, v. n. Faire l'hypocrite. (Vi.)

PAPELARDISE, s. f. Fausse dévotion, hypocrisie.

PAPELINE, s. f. Etoffe légère dont la chaîne est de soie, et la trame de fleuret ou de filoselle.

PAPELONÉ, adj. m. Chargé d'écailles; écu papeloné. T. de blas.

PAPERASSE, s. f. Papier écrit et inutile. —, pl. Ecrits de procédure. T. fam.

PAPERASSER, v. n. Remuer, feuilleter, ranger des paperasses; faire des écritures inutiles, multiplier les actes de procédure; écrire sans fin. T. fam.

PAPERASSIER, s. m. Homme affairé qui aime à paperasser. T. fam.

PAPET, s. m. Monnaie d'argent de un franc quatre centimes, en circulation à Rome.

PAPETERIE, s. f. Fabrique et boutique de papetier.

PAPETIER, s. m. Fabricant, marchand de papier.

PAPHIE, s. f. Mollusque acéphale, coquillage. T. d'hist. nat.

PAPHOS, s. m. Ville de l'ile de Chypre, consacrée à Vénus, qui y était adorée. T. de myth.

PAPIA, s. f. Genre de plantes labiées. T. de bot.

PAPIER, s. m. Feuille composée avec une pâte de vieux linge broyé, pour écrire, imprimer, etc., invention précieuse des temps modernes qui, de même que l'imprimerie, a puissamment contribué à étendre le domaine de l'esprit humain. —, journal; livre de compte, billet, lettre de change, etc. —, pl. Titres, renseignemens, mémoires. — monnaie, papier public ayant une valeur représentative de l'argent monnayé. —, nouvelle ou — public, journal, gazette. — brouillard, coquille du genre cône. — de la Chine, coquillage chinois. T. d'hist. nat. — du Nil, plante semblable au souchet. T. de bot.

PAPILLAIRE, adj. Qui tient de la nature des papilles ou expansions nerveuses. T. d'anat.

PAPILLE, s. f. Petite éminence nerveuse sur la surface de la peau et principalement sur la langue; c'est l'organe immédiat du toucher. T. d'anat.

PAPILLON, s. m. Genre d'insectes lépidoptères qui comprend un grand nombre d'espèces. —, homme inconstant, léger. Fig. et fam.

PAPILLONACÉ, E, ou **PAPILIONACÉ, E**, adj. Se dit d'une corolle irrégulière à cinq pétales, ayant la forme d'une aile de papillon. T. de bot.

PAPILLONIDES, s. f. pl. Insectes lépidoptères, papillons, hespéries. T. d'hist. nat.

PAPILLONNAGE, s. m. Action de papillonner.

PAPILLONNER, v. n. Courir de belle en belle, voltiger d'un objet à un autre sans se fixer à aucun. T. fam.

PAPILLOTAGE, s. m. Effet de ce qui papillote. —, clinquant, faux brillant, futilités dont l'enluminure éblouit un esprit superficiel. T. de littér. —, petites taches d'encre aux extrémités des pages et des lignes. T. d'impr.

PAPILLOTE, s. f. Morceau de papier dans lequel on enveloppe une boucle de cheveux, pour la faire friser. —, bonbon renfermé dans un morceau de papier. —, paillette pour broder les habits.

PAPILLOTÉ, E, part. Mis en papillote, en parlant des cheveux.

PAPILLOTER, v. a. Mettre les cheveux en papillotes. —, v. n. Avoir dans les yeux un mouvement involontaire qui empêche de fixer les objets. —, enluminer, brillanter son style. T. de littér. —, avoir des reflets inégaux et trop vifs, des lumières et des ombres trop étroites. T. de peint. —, être ou paraître imprimé double. T. d'impr. Se —, v. pron. Mettre ses papillotes.

PAPILLOTS, s. m. pl. Pétéchies, taches qui se forment sur la peau dans les fièvres malignes. T. de méd.

PAPIMANE, s. m. Partisan du pape, papiste. (Vi.)

PAPIMANIE, s. f. Domaine de l'église, la cour du pape.

PAPION, s. m. Singe, babouin.

PAPISME, s. m. Expression injurieuse dont se servent les protestans pour désigner le catholicisme.

PAPISTE, s. m. Catholique.

PAPLEUX, s. m. Com. du dép. de l'Aisne, cant. de la Capelle, arr. de Vervins. = la Capelle.

PAPOU, s. m. Poisson du genre du theutie. T. d'hist. nat.

PAPOUAS, s. m. pl. Nègres qui habitent les îles Moluques, la Nouvelle-Guinée, etc.

PAPOUL (St.-), s. m. Petite ville du dép. de l'Aude, cant. et arr. de Castelnaudary. = Castelnaudary.

PAPPOPHORE, s. m. Plante graminée. T. de bot.

PAPULE, s. f. Eruption cutanée. T. de méd.

PAPULEUX, EUSE, adj. Qui a rapport aux papules. T. de méd.

PAPYRACÉ, E, adj. Mince et sec comme du papier. T. de bot. Coquille —, dont la robe est légère, fragile et mince comme du papier. T. d'hist. nat.

PAPYRIFÈRE, adj. Se dit des plantes dont on peut faire du papier. T. de bot.

PAPYRUS, s. m. Papier du Nil, arbrisseau dont l'écorce interne servait de papier aux anciens.

PAQUAGE, s. m. Arrangement du poisson salé dans les barils.

PÂQUE, s. m. ou PÂQUES, s. f. pl. Fête anniversaire, solennelle, en mémoire de la résurrection de J.-C. Faire ses —, communier pendant la quinzaine de cette fête. —, s. f. Fête anniversaire des Juifs en mémoire de leur sortie d'Egypte; agneau immolé et mangé à l'occasion de cette fête; manger la pâque.

PAQUÉ, E, part. Encaqué, en parlant du hareng. T. de pêch.

PAQUER, v. a. Encaquer du hareng, le mettre, l'entasser dans une caque. T. de pêch.

PÂQUERETTE, s. f. Petite marguerite à fleurs blanches, panachées, qui fleurit au temps de pâques.

PAQUET, s. m. Assemblage de choses liées, enveloppées ensemble; paquet d'allumettes. —, femme vêtue sans goût; mensonge; caquetage, propos de commère; réplique vive, ingénieuse, piquante. Fig. et fam. —, lettre sous enveloppe. —, certain nombre de lignes de composition liées ensemble. T. d'impr. —, boîte de tôle pour tremper le fer ou l'acier. T. d'arqueb. Risquer le —, s'engager dans une entreprise hasardeuse. T. fam.

PAQUET-BOT ou PAQUEBOT, s. m. Navire léger pour le passage d'Angleterre en France et en Hollande, et particulièrement pour le service des dépêches.

PAQUETÉ, E, part. Empaqueté, mis en paquet.

PAQUETER, v. a. Mettre en paquet. T. inus.

PAQUETIER, s. m. Compositeur à sa tâche, qui fait des paquets. T. d'impr.

PAQUEUR, s. m. Ouvrier qui encaque le poisson salé.

PAR, prép. de lieu, d'ordre, de temps; courir par les rues, ranger par tas, se promener par la belle saison. —, exprime la cause, le motif, le moyen, la manière, l'instrument; par la volonté de Dieu; agir par la bonté, obtenir par force, prendre par la douceur, périr par le fer. —, indique l'auteur d'une chose; comédie par Molière. —, marque la relation, l'ensemble, la comparaison; sert pour affirmer, conjurer, etc. De —, de la part, par l'ordre; de par le roi. — dessus, au-dessous. — dessus, au-dessus. — devant, en présence de; par devant témoins. — ci, — là, adv. En divers endroits; çà et là; de fois à autre. — derrière, par la porte du derrière.

— ici, de ce côté-ci. — là, par cet endroit; par ce moyen; par ce qu'on vient de dire. — trop, beaucoup trop.

PARA, s. m. Monnaie turque valant huit centimes.

PARABASE, s. f. Episode dans une pièce de théâtre. T. de littér. anc.

PARABATES, s. m. pl. Athlètes qui disputaient le prix de la course dans des chars, puis à pied. T. d'antiq.

PARABOLAINS, s. m. pl. Les gladiateurs les plus intrépides. T. d'antiq. —, clercs qui, comme les élèves en médecine à l'époque du choléra, exposaient leur vie pour secourir les pestiférés.

PARABOLE, s. f. Allégorie, fiction qui enveloppe une vérité importante. —, courbe qui résulte de la section d'un cône par un plan parallèle à l'un de ses côtés. T. de géom.

PARABOLIQUE, adj. Qui renferme des paraboles, en parlant de l'évangile. —, courbé en forme de parabole. T. de géom.

PARABOLIQUEMENT, adv. Allégoriquement, figurément, en parabole. —, en décrivant une parabole. T. de géom.

PARABOLOÏDE, s. f. Solide formé par la parabole; parabole supérieure. T. de géom.

PARACARPE, s. m. Ovaire avorté. T. de bot.

PARACENTÈSE, s. f. Ponction pratiquée à l'abdomen d'un hydropique. T. de chir.

PARACHEVÉ, E, part. Achevé, terminé. T. inus.

PARACHÈVEMENT, s. m. Fin, perfection d'un ouvrage. T. inus.

PARACHEVER, v. a. Terminer, achever complétement. T. inus.

PARACHRONISME, s. m. Erreur chronologique en retardant la date d'un événement.

PARACHUTE, s. m. Machine aérostatique, pour garantir les aéronautes des dangers d'une chute précipitée.

PARACLET, s. m. Le Saint-Esprit, notre consolateur.

PARACLÉTIQUE, s. m. et adj. Livre d'office grec contenant une invocation.

PARACMASTIQUE, adj. Se dit d'une fièvre continue qui décroît, ou de l'âge qui décline. T. de méd.

PARACOPE, s. m. Léger délire. T. de méd.

PARACOROLLE, s. f. Partie de la fleur qui ressemble à une corolle et qui se trouve placée au dedans de la vraie corolle. T. de bot.

PARACOUSIE ou **PARACUSIE**, s. f. Affection de l'ouïe qui ne permet pas d'entendre distinctement. T. de méd.

PARACTÈNE, s. m. Plante graminée de la Nouvelle-Hollande. T. de bot.

PARACY, s. m. Com. du dép. du Cher, cant. des Aix-d'Angillon, arr. de Bourges. = Henrichemont.

PARACYNANCIE, s. f. Variété de l'angine, sorte d'esquinancie. T. de méd.

PARADE, s. f. Montre, étalage d'ornemens; lit de parade. —, faste, ostentation, vanité; fausse démonstration de sentiment, d'amitié, de zèle, etc.; faire parade de beaux sentimens. —, revue, évolution militaire. —, action de parer. T. d'escrime. —, scène bouffonne qui se joue sur des tréteaux; farce ignoble des bateleurs. —, arrêt d'un cheval qu'on manie. T. de man.

PARADE (la), s. f. Com. du dép. de la Lozère, cant. de Meyrueis, arr. de Florac. = Meyrueis.

PARADE (la), s. f. Com. du dép. de Lot-et-Garonne, cant. de Castelmoron, arr. de Marmande. = Clairac.

PARADIASTON, s. m. Distinction précise des idées analogues.

PARADIÈRE, s. f. Filet avec lequel on forme une enceinte. T. de pêch.

PARADIGME, s. m. Exemple, modèle de conjugaisons. T. de gramm.

PARADIS, s. m. Séjour des bienheureux. — terrestre, jardin délicieux d'où fut chassé Adam après sa faute. —, séjour agréable où règnent la paix et l'abondance. Fig. —, amphithéâtre au-dessus des loges, dans une salle de spectacle. —, espèce de pommier à fruit rouge; pomme de paradis.

PARADISIER, s. m. Oiseau de paradis.

PARADOU, s. m. Com. du dép. des Bouches-du-Rhône, cant. de St.-Remy, arr. d'Arles. = St.-Remy.

PARADOXAL, E, adj. Enclin au paradoxe; esprit paradoxal. —, qui tient du paradoxe; raisonnement paradoxal.

PARADOXE, s. m. Proposition contraire à l'opinion reçue, spécieuse, mais fausse. —, proposition bizarre, extraordinaire, mais vraie. —, adj. Paradoxal.

PARADOXISME, s. m. Figure de rhétorique dans laquelle on trouve réunis des attributs opposés. T. inus.

PARADOXITE, s. m. Fossile des schistes. T. d'hist. nat.

PARADOXOLOGUE, s. m. Bouffon qui débitait des balivernes. T. d'antiq.

PARAFEU, s. m. Mur devant les ouvreaux. T. de verr.

PARAGE, s. m. Naissance, extraction, noblesse; dame de haut parage. —, espace de mer où se trouve un navire. —, première façon donnée aux vignes. —, pl. Rivages, bords, contrées. T. poét.

PARAGEUSTIE, s. f. Dépravation du goût. T. de méd.

PARAGLOSSE, s. m. Gonflement de la langue. T. de méd.

PARAGOGE, s. f. Addition à la fin d'un mot. T. de gramm.

PARAGOGIQUE, adj. Ajouté.

PARAGRAPHE, s. m. Petite section d'un discours, d'un chapitre; signe qui l'indique (§).

PARAGUANTE, s. m. Présent en reconnaissance d'un service rendu. (Vi.)

PARAGUAY, s. m. Ancienne province du Brésil, qui faisait partie des possessions portugaises en Amérique, et qui forme aujourd'hui une monarchie absolue.

PARAGUE, s. m. Insecte diptère. T. d'hist. nat.

PARAGUÉEN, NE, s. et adj. Habitant du Paraguay; qui concerne ce pays.

PARAISON, s. f. Forme donnée à la matière fondue. T. de verr.

PARAISONNIER, s. m. Ouvrier qui souffle les glaces.

PARAÎTRE, s. m. L'apparence, le dehors.

PARAÎTRE, v. n. Se faire voir, se montrer, s'offrir à la vue. —, se manifester. Fig. —, briller, se distinguer, se faire remarquer; avoir l'air, sembler. —, être publié, en parlant des productions littéraires. —, v. imp. Apparaître; être mis au jour. Il paraît que, il y a apparence que; il y paraît, c'est évident, on le voit bien.

PARALAMPSIE, s. f. Variété de l'albugo, maladie de la cornée. T. de méd.

PARALÉE, s. f. Arbre de la Guiane. T. de bot.

PARALIENS, s. m. pl. Marins qui montaient le paralos; habitans des environs du port d'Athènes. T. d'antiq.

PARALIPOMÈNES, s. m. pl. Livre de la Bible; supplément au livre des rois.

PARALIPSE, s. f. Figure de rhétorique qui consiste à fixer l'attention sur un objet, en paraissant le négliger.

PARALLACTIQUE, adj. Qui appartient à la parallaxe. T. d'astr.

PARALLAXE, s. m. Arc compris entre le lieu véritable et le point apparent de l'astre qu'on observe. T. d'astr. —, déplacement des deux fragmens d'un os fracturé qui chevauchent l'un sur l'autre. T. de chir.

PARALLÈLE, s. m. Cercle parallèle à l'équateur. —, comparaison de deux personnes ou de deux choses. Mettre en —, comparer. —, s. f. Ligne parallèle. T. de géom. —, communication d'une tranchée à une autre. T. de fortif. —, adj. Se dit de deux lignes ou de deux surfaces, également distantes l'une de l'autre, dans toute leur étendue. T. de géom.

PARALLÈLE-À-VIS, s. m. Outil de graveur en lettres.

PARALLÈLEMENT, adv. D'une manière parallèle.

PARALLÉLIPIPÈDE, s. m. Solide terminé par six parallélogrammes, dont les opposés sont parallèles. T. de géom.

PARALLÉLISME, s. m. État de deux lignes ou plans parallèles. T. de géom.

PARALLÉLOGRAMME, s. m. Surface dont les côtés opposés sont parallèles. T. de géom.

PARALLÉLOGRAPHE, s. m. Instrument pour tirer des lignes parallèles. T. de math.

PARALOGISME, s. m. Raisonnement faux.

PARALOS ou PARALE, s. m. Nom du vaisseau sur lequel Thésée, après avoir tué le minotaure, ramena dans Athènes les jeunes filles qui devaient être dévorées par ce monstre. T. d'antiq.

PARALYSÉ, E, part. Rendu paralytique.

PARALYSER, v. a. Rendre paralytique. —, rendre inutile, de nul effet; neutraliser, entraver, empêcher d'agir. Fig.

PARALYSIE, s. f. Privation totale ou diminution considérable de la contractilité musculaire avec ou sans lésion de la sensibilité. T. de méd.

PARALYTIQUE, s. et adj. Qui est affecté de paralysie. T. de méd.

PARAMÉ, s. m. Com. du dép. d'Ille-et-Vilaine, cant. et arr. de St.-Malo. = St.-Malo.

PARAMÉLIE, s. f. Genre de vers polypes amorphes. T. d'hist. nat.

PARAMÈTRE, s. m. Ligne constante et invariable qui entre dans l'équation d'une courbe. T. de géom.

PARAMONT, s. m. Sommet de la tête du cerf. T. de véner.

PARANDRE, s. m. Genre d'insectes coléoptères. T. d'hist. nat.

PARANGON, s. m. Comparaison, parallèle; exemplaire, modèle, patron. (Vi.) —, caractère entre la palestine et le gros-romain. —, s. et adj. Marbre très noir; diamant sans défaut. Perle —, très grosse.

PARANGONNÉ, E, part. Comparé. (Vi.)

PARANGONNER, v. a. Comparer. (Vi.) —, corriger l'inégalité d'épaisseur des caractères. T. d'impr.

PARANOMASE, s. f. Figure de rhétorique qui consiste à réunir des homonymes.

PARANOMASIE, s. f. Ressemblance entre deux mots de différentes langues. T. didact.

PARANT, E, adj. Qui pare, qui orne.

PARANTHINE, s. f. Scapolithe, substance minérale qui se ternit promptement. T. d'hist. nat.—, voy. WERNERIE. T. de bot.

PARANYMPHE, s. m. Chez les anciens Romains, jeune garçon qui conduisait la mariée chez son époux. —, sous les rois de la première race, seigneur qui conduisait une princesse à la cour de son époux. —, discours solennel prononcé à la fin de la licence. T. de théol. et de méd.

PARANYMPHÉ, E, part. Loué dans un discours, dans un paranymphe.

PARANYMPHER, v. a. Louer dans un paranymphe.

PARAPAR, s. m. Graine d'une plante légumineuse d'Amérique. T. de bot.

PARAPARA, s. f. Herbe vénéneuse d'Amérique. T. de bot.

PARAPEGME, s. m. Machine astronomique des anciens. —, pl. Tables de métal sur lesquelles on inscrivait les ordonnances, dans l'antiquité. —, tables sur lesquelles les astrologues plaçaient leurs prétendues règles.

PARAPET, s. m. Élévation en terre ou en pierre au-dessus d'un rempart.—, mur à hauteur d'appui sur un pont, une terrasse, etc.

PARAPHE, s. m. Traits de plume après la signature; marque qui en tient lieu.

PARAPHÉ, E, part. Se dit d'un écrit sur lequel le signataire a apposé son paraphe.

PARAPHER, v. a. Apposer son paraphe sur un écrit.

PARAPHERNALITÉ, s. f. État des biens paraphernaux. T. de jurisp.

PARAPHERNAUX, adj. m. pl. Se dit des biens dont la femme s'est réservé l'administration et la jouissance. T. de jurisp.

PARAPHIMOSIS, s. m. Étranglement du pénis par l'inflammation et le rétrécissement du prépuce. T. de chir.

PARAPHONES, adj. m. pl. Qui forment paraphonie; sons paraphones. T. de mus.

PARAPHONIE, s. f. Consonnance produite par différens sons. T. de mus. —, difformité de la voix dont le timbre est désagréable à l'oreille. T. de méd.

PARAPHONISTE, s. m. Musicien qui fait sa partie dans une paraphonie. T. de mus.

PARAPHRASE, s. f. Développement d'un texte ou de sa traduction littérale; commentaire, glose. —, amplification, exagération; interprétation maligne. T. fam.

PARAPHRASÉ, E, part. Développé, commenté, etc.

PARAPHRASER, v. a. et n. Développer un texte, le commenter, faire des paraphrases. —, amplifier, exagérer, interpréter malignement. T. fam.

PARAPHRASEUR, EUSE, s. amplificateur, exagérateur, menteur. —, malveillant, qui interprète les choses avec malignité. T. fam.

PARAPHRASTE, s. m. Paraphraseur, auteur de paraphrases, commentateur, glossateur.

PARAPHRASTIQUE, adj. f. Paraphrasée; traduction paraphrastique.

PARAPHRÉNÉSIE, s. f. Inflammation du diaphragme, qui cause une sorte de phrénésie, de délire, dans lequel le malade passe tour à tour d'une excessive gaieté à la fureur. T. de méd.

PARAPHROSYNE, s. f. Délire occasionné par la fièvre.

PARAPHYSES, s. f. pl. Poils fistuleux, cloisonnés, qui entourent les fleurs de plusieurs sortes de mousses. T. de bot.

PARAPLÉGIE ou PARAPLEXIE, s. f. Paralysie d'une partie du corps par suite d'une attaque d'apoplexie. T. de méd.

PARAPLEURÉSIE, s. f. Fausse pleurésie. T. de méd.

PARAPLEURITIS, s. f. Inflammation de la plèvre. T. de méd.

PARAPLUIE, s. m. Meuble d'une grande utilité en forme de petit pavillon, pour se garantir de la pluie. —, planche pour garantir le fondeur des parties du métal en fusion qui s'échappent du moule.

PARAPOPLEXIE, s. f. Fièvre maligne accompagnée d'assoupissement et de délire. T. de méd.

PARARDIR, v. n. Brûler d'amour. (Vi.)

PARARTHRÊME, s. m. Luxation incomplète. T. de chir.

PARASANGE, s. f. Mesure itinéraire des anciens Perses, trente stades grecs.

PARASCÉNIUM ou POST-SCENIUM, s. m. (mot latin). Le derrière du théâtre chez les anciens, l'arrière-scène.

PARASCÈVE, s. f. Préparation au sabbat chez les Juifs.

PARASCHE, s. m. Chapitre des livres juifs; leçon de l'Ecriture sainte.

PARASÉLÈNE, s. f. Image de la lune réfléchie dans un nuage.

PARASITE, s. m. Ecornifleur, qui vit aux dépens d'autrui. —, pl. prêtres chargés du soin des tables qu'on faisait servir en l'honneur des Dieux. T. de myth. —, insectes aptères. T. d'hist. nat.

PARASITE, adj. Qui vit, qui végète sur un autre et se nourrit de sa substance; plante parasite. Expressions —; qui reviennent trop souvent. T. de littér.

PARASITIQUE, s. et adj. f. Art du parasite. T. inus.

PARASOL, s. m. Espèce de petit parapluie pour se garantir du soleil. —, ombelle. Plantes en —, ombellifères. T. de bot.

PARASQUINANCIE, s. f. Voy. PARACYNANCIE.

PARASTADES, s. m. pl. Filamens stériles. T. de bot.

PARASTAMINES, s. m. pl. Etamines avortées. T. de bot.

PARASTATES, s. m. pl. Voy. EPIDIDYMES. T. de chir.

PARASTREMME, s. m. Distorsion de la bouche ou d'une partie de la face. T. de chir.

PARASTYLES, s. m. pl. Pystils avortés. T. de bot.

PARATA, s. f. Com. du dép. de la Corse, cant. de Piedicroce, arr. de Corte. = Bastia.

PARATHÉNAR, s. m. Nom de deux muscles du pied, le grand et le petit. T. d'anat.

PARATHÈSE, s. f. Imposition des mains. T. inus.

PARATILME, s. m. Châtiment imposé aux adultères.

PARATITLAIRE, s. m. Jurisconsulte qui enseigne les paratitles. —, pl. Auteurs de paratitles.

PARATITLES, s. m. pl. Explication abrégée de quelques titres ou livres du Code et du Digeste.

PARATONNERRE, s. m. Barre de fer aimantée, terminée en pointe qui, s'élevant à plusieurs mètres au-dessus d'un édifice, communique par une chaîne à la terre, attire l'électricité et garantit des coups de la foudre.

PARATRETE, s. f. Flûte des anciens.

PARAVENT, s. m. Châssis de bois

réunis par des charnières et recouverts d'étoffe ou de papier, pour garantir du vent dans un appartement.

PARAVIS, s. m. Com. du dép. du Gers, cant. de Miradoux, arr. de Lectoure. = Lectoure.

PARAY, s. m. Com. du dép. de Seine-et-Oise, cant. de Longjumeau, arr. de Corbeil. = Antony.

PARAY-LE-FRÉSIL, s. m. Com. du dép. de l'Allier, cant. de Chevagne, arr. de Moulins. = Moulins.

PARAY-LE-MOINEAU, s. m. Com. du dép. de Seine-et-Oise, cant. de Dourdan, arr. de Rambouillet. = Dourdan.

PARAY-LE-MONIAL, s. m. Com. du dép. de Saône-et-Loire, chef-lieu de cant. de l'arr. de Charolles. Bur. d'enregist. et de poste.

PARAY-SOUS-BRIAILLE, s. m. Com. du dép. de l'Allier, cant. de St.-Pourçain, arr. de Gannat. = St.-Pourçain.

PARAZA, s. f. Com. du dép. de l'Aude, cant. de Ginestas, arr. de Narbonne. = Lézignan.

PARBAYSE, s. f. Com. du dép. des Basses-Pyrénées, cant. de Monein, arr. d'Oloron. = Pau.

PARBLEU, interj. Sorte de jurement. T. fam.

PARBOUILLIR, v. n. Bouillir légèrement. T. inus.

PARC, s. m. Enclos d'une certaine étendue pour la promenade, la chasse, etc. —, pâtis entouré de fossés dans lequel on engraisse les bestiaux. —, enceinte de claies où l'on renferme les moutons, quand ils couchent dans les champs. —, bassin des marais salans. —, enceinte de filets pour prendre ou conserver le poisson, où l'on met les huîtres sur la grève. —, lieu où se trouvent les pièces d'artillerie. T. d'art milit.

PARC (Notre-Dame-du-), s. m. Com. du dép. de la Seine-Inférieure, cant. de Longueville, arr. de Dieppe. = Dieppe.

PARCAGE, s. m. Séjour des moutons parqués sur des terres labourées.

PARÇAY, s. m. Com. du dép. d'Indre-et-Loire, cant. de l'Isle-Bouchard, arr. de Chinon. = l'Isle-Bouchard.

PARÇAY, s. m. Com. du dép. d'Indre-et-Loire, cant. de Vouvray, arr. de Tours. = Tours.

PARÇAY, s. m. Com. du dép. de Maine-et-Loire, cant. de Noyant, arr. de Baugé. = Baugé.

PARC-D'ANXTOT (le), s. m. Com. du dép. de la Seine-Inférieure, cant. de Bolbec, arr. du Hâvre. = Rouen.

PARCÉ, s. m. Com. du dép. d'Ille-et-Vilaine, cant. et arr. de Fougères. = Fougères.

PARCÉ, s. m. Com. du dép. de la Sarthe, cant. de Sablé, arr. de la Flèche. = Sablé.

PARCELLAIRE, adj. Par parcelles, en parcelles. T. inus.

PARCELLE, s. f. Petite partie.

PARCELLÉ, E, part. Divisé par parcelles.

PARCELLER, v. a. Diviser par parcelles.

PARCE QUE, conj. A cause que, attendu que, par la raison que.

PARCHASSÉ, E, part. Poursuivi par un chien sans aboyer, en parlant d'une pièce de gibier. T. de vener.

PARCHASSER, v. a. Poursuivre un gibier sans aboyer, en parlant d'un chien de chasse.

PARCHEMIN, s. m. Peau de mouton préparée pour écrire, etc. —, pl. Titres de noblesse. Fig. et fam.

PARCHEMINERIE, s. f. Fabrique et commerce de parchemin.

PARCHEMINIER, s. m. Fabricant et marchand de parchemin.

PARCIEUX, s. m. Com. du dép. de l'Ain, cant. et arr. de Trévoux. = Trévoux.

PARCIMONIE, s. f. Epargne excessive.

PARCIMONIEUX EUSE, s. et adj. Econome jusqu'à la lésine.

PARCLOSES, s. f. pl. Traverses rapportées aux pilastres; montans chantournés. —, planches mobiles à fond de cale. T. de mar.

PARCOUL, s. m. Com. du dép. de la Dordogne, cant. de St.-Aulaye, arr. de Ribérac. = Coutras.

PARCOURIR, v. a. Aller d'une extrémité à l'autre, courir çà et là, en tous sens; visiter rapidement. — un livre, le feuilleter; des papiers, jeter dessus un léger coup d'œil.

PARCOURS, s. m. Droit de mener paître un troupeau dans toute l'étendue du territoire d'une commune.

PARCOURU, E, part. Battu, traversé en tous sens, en parlant d'un pays, d'une pièce de terre, etc.

PARCQ (le), s. m. Com. du dép. du Pas-de-Calais, chef-lieu de cant. de l'arr. de St.-Pol. Bur. d'enregist. à Auchy-les-Moines. = Hesdin.

PARCS-FONTAINES (les), s. m. pl. Com. du dép. du Calvados, cant. de Blangy, arr. de Pont-l'Evêque. = Pont-l'Evêque.

PARCY-ET-TIGNY, s. m. Com. du

dép. de l'Aisne, cant. d'Oulchy-le-Château, arr. de Soissons. = Oulchy.

PARDAILHAN, s. m. Com. du dép. de l'Hérault, cant. et arr. de St.-Pons. = St.-Pons.

PARDAILLAN, s. m. Com. du dép. de Lot-et-Garonne, cant. de Duras, arr. de Marmande. = Marmande.

PARDALOTE, s. m. Genre d'oiseaux sylvains. T. d'hist. nat.

PARDANTHE, s. m. Morée de la Chine. T. de bot.

PARDEILLAN, s. m. Com. du dép. du Gers, cant. de Valence, arr. de Condom. = Condom.

PAR-DESSUS, s. m. Instrument à cordes plus petit que la viole. T. de mus. —, ce qu'on donne au-delà du prix. T. de comm.

PARDIES, s. f. Com. du dép. des Basses-Pyrénées, cant. de Monein, arr. d'Oloron. = Pau.

PARDIES, s. f. Com. du dép. des Basses-Pyrénées, cant. de Nay, arr. de Pau. = Pau.

PARDINES, s. f. Com. du dép. du Puy-de-Dôme, cant. et arr. d'Issoire. = Issoire.

PARDISION, s. m. Genre de plantes radiées. T. de bot.

PARDON, s. m. Rémission d'une faute, d'une offense. Demander —, faire des excuses. —, interj. elliptique, pour excuser une inconséquence. —, pl. Indulgence de l'église. —, voy. ANGÉLUS.

PARDON-DE-CONQUES (St.-), s. m. Com. du dép. de la Gironde, cant. de Langon, arr. de Bazas. = Langon.

PARDONNABLE, adj. Excusable, qui mérite d'être pardonné; ne se dit que des choses.

PARDONNAIRE, s. m. Personne chargée à la cour de Rome d'accorder les indulgences.

PARDONNÉ, E, part. Se dit d'une personne à laquelle il a été accordé le pardon d'une faute.

PARDONNER, v. a. et n. Accorder le pardon, faire grâce; ne garder aucun ressentiment d'une injure, d'une faute, etc. —, supporter, tolérer, excuser. —, épargner, excepter; la mort ne pardonne à personne. Se —, v. récip. User d'indulgence l'un envers l'autre.

PARDONNEUR, s. m. Enclin à pardonner. T. inus.

PARDOULT (St.-), s. m. Com. du dép. de la Charente-Inférieure, cant. et arr. de St.-Jean-d'Angely. = St.-Jean-d'Angely.

PARDOUX (St.-), s. m. Com. du dép. de la Creuse, cant. de Royère, arr. de Bourganeuf. = Bourganeuf.

PARDOUX (St.-), s. m. Com. du dép. de Lot-et-Garonne, cant. et arr. de Marmande. = Marmande.

PARDOUX (St.-), s. m. Com. du dép. du Puy-de-Dôme, cant. de Menat, arr. de Riom. = Montaigut.

PARDOUX (St.-), s. m. Com. du dép. des Deux-Sèvres, cant. de Mazières, arr. de Parthenay. = Parthenay.

PARDOUX (St.-), s. m. Com. du dép. de la Haute-Vienne, cant. de Bessines, arr. de Bellac. = Chanteloube.

PARDOUX-CORBIER (St.-), s. m. Com. du dép. de la Corrèze, cant. de Lubersac, arr. de Brive. = Uzerche.

PARDOUX-D'ANS (St.-), s. m. Com. du dép. de la Dordogne, cant. d'Hautefort, arr. de Périgueux. = Exideuil.

PARDOUX-D'ARNET (St.-), s. m. Com. du dép. de la Creuse, cant. de Crocq, arr. d'Aubusson. = Felletin.

PARDOUX-DE-DRONE (St.-), s. m. Com. du dép. de la Dordogne, cant. et arr. de Ribérac. = Ribérac.

PARDOUX DE-LA-RIVIÈRE (St.-), s. m. Com. du dép. de la Dordogne, chef-lieu de cant. de l'arr. de Nontron, où se trouve le bur. d'enregist. = Nontron.

PARDOUX-DE-MAREUIL (St.-), s. m. Com. du dép. de la Dordogne, cant. de Mareuil, arr. de Nontron. = Mareuil.

PARDOUX-ISAAC (St.-), s. m. Com. du dép. de Lot-et-Garonne, cant. de Lauzun, arr. de Marmande. = Monflanquin.

PARDOUX-LA-CROISILLE (St.-), s. m. Com. du dép. de la Corrèze, cant. de Laroche, arr. de Tulle. = Tulle.

PARDOUX-LE-NEUF (St.-), s. m. Com. du dép. de la Corrèze, cant. d'Eygurande, arr. d'Ussel. = Ussel.

PARDOUX-LE-NEUF (St.-), s. m. Com. du dép. de la Creuse, cant. et arr. d'Aubusson. = Aubusson.

PARDOUX-L'ENFANTIER (St.-), s. m. Com. du dép. de la Corrèze, cant. de Lubersac, arr. de Brive. = Brive.

PARDOUX-LE-PAUVRE (St.-), s. m. Com. du dép. de la Creuse, cant. d'Evaux, arr. d'Aubusson. = Chambon.

PARDOUX-LES-CARDS (St.-), s. m. Com. du dép. de la Creuse, cant. de Chénérailles, arr. d'Aubusson. = Chénérailles.

PARDOUX-LE-VIEUX (St.-), s. m. Com. du dép. de la Corrèze, cant. et arr. d'Ussel. = Ussel.

PARDOUX-L'ORTIGIER (St.-), s. m. Com. du dép. de la Corrèze, cant. de Donzenac, arr. de Brive. = Argentat.

PARDOUX-VIETVIC (St.-), s. m. Com. du dép. de la Dordogne, cant. de Belvès, arr. de Sarlat. = Belvès.

PARÉ, E, part. Orné, embelli. —, en parlant des personnes, mis avec élégance. Titre —, en forme exécutoire. T. de procéd. Vaisseau —, prêt à combattre. T. de mar.

PARÉAC, s. m. Com. du dép. des Hautes-Pyrénées, cant. de Lourdes, arr. d'Argelès. = Lourdes.

PARÉAGE ou **PARIAGE**, s. m. Egalité de droit et de possession que deux seigneurs avaient sur une même terre.

PARÉATIS, s. m. (mot latin). Lettre de chancellerie pour l'exécution d'une sentence, hors du ressort du tribunal où elle avait été rendue. T. de procéd.

PAREAU, s. m. Grande barque indienne. T. de mar. —, chaudière pour fondre la vieille cire. T. de cirier. —, pl. Gros cailloux ronds et percés au bas d'une seine. T. de pêch.

PARÉE, s. f. Partie du fourneau. T. de forges.

PARÉGORIQUE, adj. Calmant, adoucissant. T. de méd.

PAREID, s. m. Com. du dép. de la Meuse, cant. de Fresnes-en-Wœvre, arr. de Verdun. = Etain.

PAREIL, LE, s. et adj. Egal, semblable. —, s. f. La même chose. Rendre la —, rendre à quelqu'un un traitement semblable à celui qu'on en a reçu. A la —, adv. De la même manière.

PAREILLEMENT, adv. D'une manière pareille, semblablement.

PAREIRA-BRAVA, s. f. Vigne sauvage, plante du Brésil anti-néphrétique. T. de bot.

PARÉLIE, s. f. Image du soleil réfléchi dans un nuage.

PARELLE, s. f. Patience, plante. Voy. PERELLE.

PAREMBOLE, s. f. Parenthèse relative au sujet ; parenthèse palliée.

PAREMENT, s. m. Ornement, parure ; étoffe dont on décore le devant des autels. —, revers au bout de la manche d'un vêtement. —, gros brin de fagot. —, graisse sur la panse des bestiaux. —, face apparente d'un ouvrage de menuiserie. —, colle de tisserand pour enduire la chaîne. —, côté d'une pierre à la surface d'un mur. T. de maç. —, pl. Grosses pierres de taille dont un ouvrage est revêtu; gros quartiers de pierre ou de grès qui bordent un chemin pavé. —, mailles sur les plumes d'un oiseau. T. de fauc.

PAREMENT-BLEU, s. m. Oiseau du Japon. T. d'hist. nat.

PAREMPUYRE, s. f. Com. du dép. de la Gironde, cant. de Blanquefort, arr. de Bordeaux. = Bordeaux.

PARENCÉPHALE, s. m. Le cervelet. T. d'anat.

PARENCÉPHALOCÈLE, s. f. Hernie du cervelet à travers une ouverture de l'os occipital. T. de chir.

PARENCHYMATEUX, EUSE, adj. Formé d'un parenchyme. T. d'anat. —, qui appartient au parenchyme ; chez lequel cette substance est abondante. T. de bot.

PARENCHYME, s. m. Substance vasculeuse qui forme la base de quelque viscère. T. d'anat. —, tissu cellulaire, tendre et spongieux, qui remplit les intervalles entre les plus délicates ramifications des feuilles et des tiges. T. de bot.

PARÉNÈSE, s. f. Discours moral ; exhortation à la vertu. T. de théol.

PARÉNÉTIQUE, adj. Qui a rapport à la parénèse, à la morale.

PARENNES, s. f. Com. du dép. de la Sarthe, cant. de Sillé, arr. du Mans. = Sillé-le-Guillaume.

PARENT, E, s. et adj. Issu d'une même famille, qui est uni par le sang. —, pl. Le père et la mère, les aïeux, les ancêtres. Nos premiers —, Adam et Ève.

PARENT, s. m. Com. du dép. du Puy-de-Dôme, cant. de Vic-le-Comte, arr. de Clermont. = Issoire.

PARENTAGE, s. m. Parenté, consanguinité. (Vi.)

PARENTÉ, s. f. consanguinité ; qualité de parent ; tous les membres d'une même famille, tous les parens.

PARENTÈLE, s. f. Parenté. (Vi.)

PARENTHÈSE, s. f. Phrase formant un sens à part, au milieu d'une période ; signe dont on se sert pour l'indiquer ( ).

PARENTIES, s. f. Com. du dép. des Basses-Pyrénées, cant. de Sauveterre, arr. d'Orthez. = Orthez.

PARENTIGNAT, s. m. Com. du dép. du Puy-de-Dôme, cant. de Sauxillanges, arr. d'Issoire. = Issoire.

PARENTIS-EN-BORN, s. m. Com. du dép. des Landes, chef-lieu de cant. de l'arr. de Mont-de-Marsan. Bur. d'enregist. à Pissos. = Mont-de-Marsan.

PARENTY, s. m. Com. du dép. du Pas-de-Calais, cant. de Hucqueliers, arr. de Montreuil. = Samer.

PARER, v. a. Orner, embellir. —, préparer, apprêter ; parer un cuir, —, garantir, préserver, mettre à couvert. — le pied d'un cheval, enlever la corne pour le ferrer. — un cap, le doubler. T.

de mar. — à, v. n. Prévenir, empêcher l'effet. Se —, v. pron. S'habiller, faire sa toilette. Se — de, affecter, faire parade; se parer d'une vertu austère. Fig. Se — des plumes du paon, s'attribuer ce qui appartient à un autre. T. fam.

PARÈRE, s. m. Avis de négocians sur des matières commerciales.

PARÉSIE, s. f. Légère attaque de paralysie. T. de méd.

PARESSE, s. f. Fainéantise, nonchalance, habitude de l'oisiveté, négligence de son devoir. —, divinité allégorique, fille du Sommeil et de la Nuit, qui fut métamorphosée en tortue pour avoir écouté les flatteries de Vulcain. T. de myth.

PARESSER, v. n. Faire le paresseux, s'abandonner à la paresse. T. fam.

PARESSEUX, EUSE, s. et adj. Fainéant qui croupit dans l'oisiveté; nonchalant qui évite l'action, le travail. Estomac —, qui digère difficilement.—, s. quadrupède tardigrade. T. d'hist. nat. —, s. f. Fausse chenille du rosier. T. d'hist. nat. —, espèce de sensitive. T. de bot.

PAREUR, s. m. Ouvrier qui met la dernière main, qui finit, perfectionne un ouvrage. —, marinier qui dégage la corde du bateau. T. de batelier.

PAREY-ST.-CÉSAIRE, s. m. Com. du dép. de la Meurthe, cant. de Vézelise, arr. de Nancy. = Vézelise.

PAREY-ST.-OUEN, s. m. Com. du dép. des Vosges, cant. de Bulgnéville, arr. de Neufchâteau. = la Marche.

PAREY-SOUS-MONTFORT, s. m. Com. du dép. des Vosges, cant. de Bulguéville, arr. de Neufchâteau. = Neufchâteau.

PARFAIRE, v. a. Achever, finir, donner la perfection; compléter un paiement.

PARFAIT, s. m. La perfection, ce qu'il y a d'achevé. —, temps du verbe. Voy. PRÉTÉRIT.

PARFAIT, E, part. et adj. Achevé, fini; accompli dans son genre, qui réunit toutes les qualités requises.

PARFAITEMENT, adv. D'une manière parfaite.

PARFILAGE, s. m. Action de parfiler; son résultat.

PARFILÉ, E, part. Se dit d'une étoffe, d'un galon de soie, dont on a séparé l'or ou l'argent.

PARFILER, v. a. Séparer la soie de l'or ou de l'argent dont une étoffe était recouverte.

PARFILURE, s. f. Produit du parfilage.

PARFOIS, adv. Quelquefois, de temps à autre. T. fam.

PARFOND, s. m. Hameçon plombé qui reste au fond de l'eau. T. de pêch.

PARFONDEVAL, s. m. Com. du dép. de l'Aisne, cant. de Rozoy-sur-Serre, arr. de Laon. = Rozoy-sur-Serre.

PARFONDEVAL, s. m. Com. du dép. de l'Orne, cant. de Pervenchères, arr. de Mortagne. = Mortagne.

PARFONDEVAL, s. m. Com. du dép. de la Seine-Inférieure, cant. de Londinières, arr. de Neufchâtel. = Neufchâtel.

PARFONDRE, v. a. Faire fondre également. T. de peint. en émail. Se —, v. pron. Entrer en fusion, se mélanger, s'unir également.

PARFONDRU, s. m. Com. du dép. de l'Aisne, cant. et arr. de Laon. = Laon.

PARFONDRUPT, s. m. Com. du dép. de la Meuse, cant. d'Etain, arr. de Verdun. = Etain.

PARFONDU, E, part. Fondu également. T. d'émailleur.

PARFOURNI, E, part. Fourni en entier.

PARFOURNIR, v. a. Fournir entièrement, achever de fournir. T. inus.

PARFOURNISSEMENT, s. m. Action de parfournir. T. inus.

PARFOURU-L'ECLIN, s. m. Com. du dép. du Calvados, cant. de Caumont, arr. de Bayeux. = Balleroy.

PARFOURU-SUR-ODON, s. m. Com. du dép. du Calvados, cant. de Villers-Bocage, arr. de Caen. = Villers-Bocage.

PARFUM, s. m. Arôme, odeur agréable, substance odoriférante. — d'août, petite poire précoce. T. de jard.

PARFUMÉ, E, part. Se dit d'un corps, d'une substance qui exhale une odeur suave.

PARFUMER, v. a. Exhaler une odeur suave; les fleurs parfument l'air. —, répandre une odeur agréable. —, purifier l'air. Se —, v. pron. Remplir d'odeurs ses habits, son linge, sa peau.

PARFUMEUR, EUSE, s. Espèce de chimiste, de distillateur, qui prépare des parfums; marchand qui vend de la parfumerie.

PARFUMOIR, s. m. Coffre grillé pour parfumer.

PARGA, s. f. Ville fortifiée de la Turquie européenne, sur la côte d'Albanie. Au mépris de la protection qui lui avait été accordée, cette ville fut vendue par le gouvernement anglais au farouche Ali-Pacha de Janina, qui passa les habilans au fil de l'épée et la réduisit en cendres.

PARGASITE, s. m. Minéral d'un vert grisâtre. T. d'hist. nat.

PARGINIE, s. f. Oiseau du Japon. T. d'hist. nat.

PARGNAN, s. m. Com. du dép. de l'Aisne, cant. de Craonne, arr. de Laon. = Fismes.

PARGNEAU, s. m. Petite carpe.

PARGNY, s. m. Com. du dép. de l'Aisne, cant. de Condé, arr. de Château-Thierry. = Château-Thierry.

PARGNY, s. m. Com. du dép. des Ardennes, cant. et arr. de Rethel.. = Rethel.

PARGNY, s. m. Com. du dép. de la Marne, cant. de Ville-en-Tardenois, arr. de Reims. = Reims.

PARGNY, s. m. Com. du dép. de la Somme, cant. de Nesle, arr. de Péronne. = Nesle.

PARGNY-FILAIN, s. m. Com. du dép. de l'Aisne, cant. de Vailly, arr. de Soissons. = Chavignon.

PARGNY-LES-BOIS, s. m. Com. du dép. de l'Aisne, cant. de Crécy-sur-Serre, arr. de Laon. = Laon.

PARGNY-SUR-MUREAU, s. m. Com. du dép. des Vosges, cant. et arr. de Neufchâteau. = Neufchâteau.

PARGNY-SOUS-SAULX, s. m. Com. du dép. de la Marne, cant. de Thiéblemont, arr. de Vitry. = Vitry-le-Français.

PARGOIRE (St.-), s. m. Com. du dép. de l'Hérault, cant. de Gignac, arr. de Lodève. = Gignac.

PARGUES, s. m. Com. du dép. de l'Aube, cant. de Chaource, arr. de Bar-sur-Seine. = Chaource.

PARHOMOLOGIE, s. f. Figure de rhétorique. Concession.

PARI, s. m. Engagement éventuel, gageure ; somme gagée.

PARIA, s. m. Caste d'Indiens réputés infâmes.

PARIADE, s. f. Epoque où les perdrix s'apparient ; perdrix appariées.

PARIAL, E, adj. Qui appartient à la dignité de pair, qui concerne la pairie.

PARIAMBE, s. m. Instrument de musique à cordes, ou flûte pour accompagner les iambes. T. d'antiq.

PARIANE, s. f. Plante graminée de la Guiane. T. de bot.

PARICLES, adj. f. pl. Se dit des chartres dont on délivrait des expéditions aux parties contractantes.

PARIÉ, E, part. Gagé.

PARIER, v. a. Gager, faire un pari, une gageure.

PARIÉTAIRE, s. f. Plante qui croît sur les murs, émolliente, diurétique, de la famille des urticées. T. de bot.

PARIÉTAL, E, adj. Attaché sur la paroi interne d'un fruit. T. de bot.

PARIÉTAUX, s. et adj. m. pl. Os formant les parties supérieures et latérales du crâne, et qui sont unis ensemble par la suture sagittale. T. d'anat.

PARIEUR, EUSE, s. Personne qui parie, qui a coutume de proposer des paris.

PARIGNARGUES, s. m. Com. du dép. du Gard, cant. de St.-Mamert, arr. de Nismes. = Nismes.

PARIGNÉ, s. m. Com. du dép. d'Ille-et-Vilaine, cant. et arr. de Fougères. = Fougères.

PARIGNÉ, s. m. Com. du dép. de la Mayenne, cant. et arr. de Mayenne. = Mayenne.

PARIGNÉ-LE-POLIN, s. m. Com. du dép. de la Sarthe, cant. de Suze, arr. du Mans. = Foulletourte.

PARIGNÉ-L'ÉVÊQUE, s. m. Com. du dép. de la Sarthe, cant. et arr. du Mans. = le Mans. Fabr. de toiles, papeteries.

PARIGNY, s. m. Com. du dép. de la Loire, cant. de Perreux, arr. de Roanne. = Roanne.

PARIGNY, s. m. Com. du dép. de la Manche, cant. de St.-Hilaire-du-Harcouet, arr. de Mortain. = St.-Hilaire.

PARIGNY-LA-ROSE, s. m. Com. du dép. de la Nièvre, cant. de Varzy, arr. de Clamecy. = Varzy.

PARIGNY-LES-VEAUX, s. m. Com. du dép. de la Nièvre, cant. de Pougues, arr. de Nevers. = Nevers.

PARIGNY-SUR-FARDOLLES, s. m. Com. du dép. de la Nièvre, cant. de Decize, arr. de Nevers. = Decize.

PARILI, s. m. Arbre de la côte du Malabar. T. de bot.

PARINAIRE, s. m. Plante du genre des rosacées. T. de bot.

PARIS ou **ALEXANDRE**, s. m. Fils de Priam et d'Hécube. Celle-ci ayant consulté l'oracle sur la destinée de l'enfant dont elle était enceinte, il lui fut répondu que cet enfant serait cause de la ruine de Troie, et dès lors Priam, pour éviter ce malheur, ordonna qu'on le fît mourir aussitôt après sa naissance ; mais l'officier chargé d'exécuter cet ordre en eut pitié, et confia le soin de son enfance à des bergers du mont Ida, parmi lesquels il sut bientôt se distinguer. Ce jeune prince, d'une beauté rare, fut choisi par Jupiter pour terminer le différend qui s'était élevé entre

Junon, Minerve et Vénus, au sujet de la pomme que la Discorde avait jetée sur la table, aux noces de Thétis et de Pélée. Il accorda cette pomme fatale à Vénus, qui devint sa protectrice, mais il encourut la haine des deux autres Déesses. Ayant eu souvent occasion de se faire remarquer dans les jeux qu'on célébrait à Troie, Priam voulut le voir, l'interrogea, le reconnut pour son fils et lui rendit le rang que lui assignait sa naissance. Envoyé à Sparte en qualité d'ambassadeur, pour réclamer sa tante Hésione, il vit Hélène, épouse de Ménélas, lui fit sa cour et l'enleva. Cet enlèvement fut cause de la guerre que Priam eut à soutenir contre la Grèce entière confédérée, et de la ruine de Troie, qui fut prise après dix ans de siége et saccagée. T. de myth.

PARIS, s. m. Ville capitale de la France, résidence du roi et des chambres, chef-lieu du dép. de la Seine.

Cette ville, dont l'histoire, écrite par divers auteurs, contient un grand nombre de volumes, peut être considérée comme la métropole du monde civilisé. Ce serait en vain que nous essayerions de donner ici une légère idée des richesses qu'elle renferme en monumens d'architecture, en établissemens scientifiques, etc. Il nous suffira de dire qu'on y trouve réuni tout ce que la littérature, les sciences, les arts et l'industrie ont produit de plus admirable depuis leur renaissance. Pop. 1,000,000 hab. env., sans y comprendre les étrangers.

PARISE-LE-CHÂTEL (St.-), s. m. Com. du dép. de la Nièvre, cant. de St.-Pierre-le-Moutier, arr. de Nevers. ⇒ St.-Pierre-le-Moutier.

PARISETTE, s. f. Plante du genre des asparagoïdes. T. de bot.

PARISIEN, NE, s. et adj. Originaire de Paris; qui concerne cette ville.

PARISIENNE ou SÉDANNAISE, s. f. Caractère d'imprimerie plus petit que la nompareille. T. d'impr.

PARISIS, adj. m. Se disait des monnaies frappées à Paris; denier parisis.

PARISOT, s. m. Com. du dép. de Lot-et-Garonne, cant. de Villeréal, arr. de Villeneuve. ⇒ Monflanquin.

PARISOT, s. m. Com. du dép. du Tarn, cant. de Lisle, arr. de Gaillac. ⇒ Gaillac.

PARISYLLABIQUE, adj. f. Qui a un pareil nombre de syllabes au nominatif et au génitif singulier. T. de gramm. grecque.

PARITÉ, s. f. Égalité entre des choses de même nature; comparaison par similitude.

PARIVÉ, s. m. Arbre légumineux de la Guiane. T. de bot.

PARIZE-EN-VIRY (St.-), s. m. Com. du dép. de la Nièvre, cant. de Dornes, arr. de Nevers. ⇒ Decize.

PARIZET, s. m. Com. du dép. de l'Isère, cant. de Sassenage, arr. de Grenoble. ⇒ Grenoble. Fabr. de taillanderie; forges et hauts-fourneaux.

PARIZOT, s. m. Com. du dép. de Tarn-et-Garonne, cant. de St.-Antonin, arr. de Montauban. ⇒ Caylus.

PARJURE, s. m. Faux serment; violation de serment. —, s. et adj. Coupable de parjure.

PARJURER (se), v. pron. Faire un faux serment; violer son serment.

PARKINSON, s. m. Oiseau de la Nouvelle-Hollande, faisan de montagne. T. d'hist. nat.

PARKINSONE, s. m. Arbre légumineux. T. de bot.

PARLAGE, s. m. Verbiage, caquetage, discours dépourvu de sens.

PARLAN, s. m. Com. du dép. de l'Aveyron, cant. de Cassagnes-Bégonhès, arr. de Rodez. ⇒ Rodez.

PARLAN, s. m. Com. du dép. du Cantal, cant. de St.-Mamet, arr. d'Aurillac. ⇒ Maurs.

PARLANT, E, adj. Qui parle, qui semble parler; tête parlante. —, fort ressemblant; portrait parlant. Armes —, dont la pièce principale exprime le nom de la famille. T. de blas.

PARLATGES, s. m. Com. du dép. de l'Hérault, cant. et arr. de Lodève. ⇒ Lodève.

PARLEBOSCQ, s. m. Com. du dép. des Landes, cant. de Gabarret, arr. de Mont-de-Marsan. ⇒ Roquefort.

PARLEMENT, s. m. Dans les premiers temps de la monarchie française, grands du royaume assemblés pour quelque délibération importante. —, avant la révolution de 1789, cour souveraine qui rendait la justice et enregistrait les édits; sa juridiction, son ressort. —, en Angleterre, assemblée des lords et des députés.

PARLEMENTAIRE, s. m. Pendant les troubles de l'Angleterre, membre du parti armé pour le parlement contre le roi. —, officier envoyé près d'un général ennemi pour porter des propositions. —, s. et adj. m. Navire qui porte un négociateur. —, adj. Conforme aux usages du parlement, des assemblées délibérantes.

PARLEMENTER, v. n. Faire, écouter

des propositions pour la reddition d'une place. —, entrer en accommodement. T. fam.

PARLER, s. m. Langage, manière de s'exprimer. —, accent, jargon.

PARLER, v. a. S'exprimer dans telle ou telle langue; parler français. — une langue, la savoir. —, s'entretenir; parler affaires. —, v. n. Prononcer, proférer des paroles, articuler des mots; s'énoncer, discourir, déclarer ses intentions, sa volonté; expliquer sa pensée, ses sentimens de vive voix ou par écrit. —, laisser échapper, révéler, divulguer un secret. —, se dit fig. de tout ce qui manifeste la pensée, les sentimens, et, par analogie, des êtres métaphysiques; tout parle de sa gloire. — avec quelqu'un, avoir un entretien, converser avec lui. — de quelqu'un, s'en entretenir. — pour..., prendre la défense, intercéder, témoigner en faveur de... — mal, médire. — à quelqu'un, lui adresser la parole. Faire — quelqu'un, lui prêter des discours qu'il n'a pas tenus. Faire — de soi, devenir célèbre, ou donner sujet à la médisance. — au cœur, aux passions, intéresser le cœur, flatter les passions. — pour une partie, plaider pour elle. Se —, v. pron. Être parlé; la langue française se parle dans toute l'Europe. Se —, v. récip. S'adresser mutuellement la parole, avoir ensemble un entretien.

PARLERIE, s. f. Babil importun. T. fam.

PARLEUR, EUSE, s. Bavard, indiscret, qui ne cesse de parler. —, harangueur. T. iron. Beau —, qui s'énonce bien, avec affectation.

PARLIER, ÈRE, adj. Qui n'est qu'en paroles, qui abonde en paroles plus qu'en raisons.

PARLOIR, s. m. Endroit où les religieux parlent aux gens du dehors.

PARLY, s. m. Com. du dép. de l'Yonne, cant. de Toucy, arr. d'Auxerre. = Toucy.

PARMACELLE, s. f. Genre de mollusques. T. d'hist. nat.

PARME, s. f. Duché de la haute Italie, entre les états du duc de Modène, la Lombardie et le Piémont. —, ville capitale du duché de ce nom. Cette ville, grande, belle et très agréable, possède l'un des plus beaux théâtres de toute l'Italie. —, bouclier ancien.

PARMENIE, s. f. Ellébore fétide. T. de bot.

PARMENTIÈRE, s. f. Pomme de terre, ainsi nommée de Parmentier, qui introduisit en France la culture de ce précieux légume.

PARMESAN, s. m. Fromage d'Italie, dans le duché de Parme.

PARMESAN, NE, s. et adj. Habitant de Parme; qui concerne cette ville ou le duché dont elle est la capitale. —, s. f. Espèce d'anémone.

PARMI, s. m. Cordage qui soutient un filet. T. de pêch. —, prép. Entre, au milieu, dans le nombre.

PARMILLIEU, s. m. Com. du dép. de l'Isère, cant. de Crémieu, arr. de la Tour-du-Pin. = Crémieu.

PARMOPHORE, s. f. Genre de coquillages. T. d'hist. nat.

PARMULAIRES, s. m. pl. Gladiateurs armés d'un bouclier, d'une parme; leurs partisans sur la scène.

PARNAC, s. m. Com. du dép. de l'Indre, cant. de St.-Benoît-du-Sault, arr. du Blanc. = St.-Benoît-du-Sault.

PARNAC, s. m. Com. du dép. du Lot, cant. de Luzech, arr. de Cahors. = Cahors.

PARNANS, s. m. Com. du dép. de la Drôme, cant. de Romans, arr. de Valence. = Romans.

PARNASSE, s. m. Montagne de la Phocide, consacrée aux Muses. T. de myth. —, la poésie, les poètes. Fig.

PARNASSIDES, s. f. pl. Les Muses. T. de myth.

PARNASSIE, s. f. Surnom de Thémis, à laquelle on avait élevé un temple sur le mont Parnasse. T. de myth. —, plante capparidée. T. de bot.

PARNASSIEN, NE, s. Poète, habitant du Parnasse. —, pl. Insectes lépidoptères, papillons.

PARNASSIM, s. m. Directeur d'une synagogue. T. inus.

PARNASSUS, s. m. Fils de Neptune et de Cléodore, qui demeurait dans les environs du mont Parnasse auquel il donna son nom. T. de myth.

PARNAY, s. m. Com. du dép. du Cher, cant. de Dun-le-Roi, arr. de St.-Amand. = Dun-le-Roi.

PARNAY, s. m. Com. du dép. de Maine-et-Loire, cant. et arr. de Saumur. = Saumur.

PARNÉ, s. m. Com. du dép. de la Mayenne, cant. d'Argentré, arr. de Laval. = Laval.

PARNES, s. m. Com. du dép. de l'Oise, cant. de Chaumont, arr. de Beauvais. = Magny.

PARNOT, s. m. Com. du dép. de la Haute-Marne, cant. de Bourbonne, arr. de Langres. = Bourbonne.

PAROCHES (les), s. m. pl. Com. du dép. de la Meuse, cant. de St.-Mihiel, arr. de Commercy. = St.-Mihiel.

PARODIE, s. f. Ouvrage qui renferme une critique vive et gaie d'un écrit sérieux, d'une pièce de théâtre applaudie, et dans lequel, en conservant l'action et la conduite du poëme, on travestit le caractère et la condition des personnages.
—, air de symphonie auquel on ajuste des paroles.

PARODIÉ, E, part. Se dit d'un poëme dont il a été fait une parodie.

PARODIER, v. a. Composer une parodie; imiter d'une manière plaisante, tourner en ridicule.

PARODISTE, s. m. Auteur de parodies.

PAROENIE, adj. f. Se dit d'une flûte ancienne dont on jouait dans les festins.

PAROI, s. f. Muraille, cloison maçonnée. (Vi.) —, surface latérale d'un vase, d'un tube. —, surface interne de toutes les cavités du corps. T. d'anat. —, pl. arbres qui séparent les coupes d'une forêt.

PAROIR, s. m. Lame à long manche pour gratter le cuivre; outil pour parer, finir. —, boutoir avec lequel les maréchaux parent le pied du cheval.

PAROIS, s. m. Com. du dép. de la Meuse, cant. de Clermont, arr. de Verdun. = Clermont-en-Argonne.

PAROISSE, s. f. Étendue du territoire d'une cure, d'une commune; ses habitans; son église.

PAROISSE-DU-VIGAN (la), s. f. Com. du dép. du Gard, cant. et arr. du Vigan. = le Vigan.

PAROISSIAL, E, adj. Qui concerne la paroisse, lui appartient; église paroissiale.

PAROISSIEN, NE, s. Habitant d'une paroisse; livre d'heures, de prières.

PAROLE, s. f. Faculté naturelle de parler. —, ton de la voix; parole dure. —, mot prononcé. —, sentence, mot notable; la parole du sage. —, promesse, assurance verbale; donner sa parole. —, proposition, offre; porter des paroles de paix. —, permission de parler, d'émettre son opinion dans une assemblée délibérante; demander la parole. Homme de —, fidèle à ses promesses. Sur —, sur le dire d'autrui. Porter la —, parler au nom d'une compagnie, d'une corporation. Couper la —, interrompre. —, pl. Discours aigres, piquans, gros mots; se prendre de paroles. — d'un opéra, le texte, le poëme.

PAROLI, s. m. Double de la première mise; corne faite à la carte sur laquelle on a doublé sa mise. T. de jeu.

PARON, s. m. Com. du dép. de l'Yonne, cant. et arr. de Sens. = Sens.

PARONIQUE, s. f. Renouée argentée, plante annuelle. T. de bot.

PARONOMASE, s. f. Figure de rhétorique qui consiste à rapprocher des mots qui ont à peu près la même consonnance, mais qui expriment des idées différentes.

PARONOMASIE, s. f. Ressemblance entre des mots de différentes langues, qui peut indiquer leur origine.

PARONS ou PAIRONS, s. m. pl. Pères et mères des oiseaux de proie. T. de fauc.

PARONYCHIE, s. f. Sorte de panaris. —, plante contre le mal d'aventure, le panaris simple. T. de bot.

PARONYME, s. m. Mot qui a de l'affinité avec un autre par son étymologie.

PAROPSIDE, s. m. Insecte coléoptère chrysoméline. T. d'hist. nat.

PAROPSIE, s. f. Arbre de l'île de Madagascar. T. de bot.

PAROQUES, s. m. pl. Officiers qui fournissaient aux magistrats romains ce qui leur était nécessaire en voyage. T. d'antiq.

PAROS, s. m. Ville et île de la mer Égée, célèbre par le marbre qu'on tire de ses mines.

PAROT, s. m. Poisson du genre du labre. T. d'hist. nat.

PAROTE, s. f. Ansérine, plante du Mexique. T. de bot.

PAROTIDÉE, adj. f. Qui affecte le cou et la gorge; esquinancie parotidée. T. de méd.

PAROTIDES, s. f. pl. Glandes salivaires qui occupent la partie antérieure et inférieure des oreilles, derrière l'angle de la mâchoire inférieure. T. d'anat.

PAROTIDIEN, adj. m. Se dit d'un conduit excréteur qu'on nomme canal de sténon, par lequel la salive arrive dans la bouche. T. d'anat.

PAROXYSME ou PAROXISME, s. m. Accès, redoublement, exacerbation d'une maladie. T. de méd.

PAROXYTIQUE, adj. Qui appartient au paroxysme. T. de méd.

PAROY, s. m. Com. du dép. du Doubs, cant. de Quingey, arr. de Besançon. = Quingey.

PAROY, s. m. Com. du dép. de la Haute-Marne, cant. de Poissons, arr. de Vassy. = Joinville.

PAROY, s. m. Com. du dép. de la Meurthe, cant. et arr. de Lunéville. = Lunéville.

PAROY-EN-OTHE, s. m. Com. du dép. de l'Yonne, cant. de Brienon, arr. de Joigny. = Brienon.

PAROY-JUTIGNY, s. m. Com. du dép. de Seine-et-Marne, cant. de Donnemarie, arr. de Provins. = Donnemarie.

PAROY-SUR-THOLON, s. m. Com. du dép. de l'Yonne, cant. et arr. de Joigny. = Joigny.

PARPAILLOT, E, s. Calviniste, huguenot. —, impie. T. fam.

PARPAING, s. m. Pierre qui occupe toute l'épaisseur d'un mur. T. de maç.

PARPAYOLLE, s. f. Petite pièce de monnaie du Milanais, valant 7 centimes.

PARPEÇAY, s. m. Com. du dép. de l'Indre, cant. de St.-Christophe, arr. d'Issoudun. = Selles.

PARPEVILLE, s. f. Com. du dép. de l'Aisne, cant. de Ribemont, arr. de St.-Quentin. = Origny-Ste.-Benoîte.

PARQUE (la), s. f. Atropos, celle des Parques qui coupait avec des ciseaux le fil de la vie; la mort. Les —, pl. Filles de l'Érèbe et de la Nuit, nommées Lachésis, Clothon et Atropos. Ces trois sœurs filaient la trame de la vie humaine. T. de myth.

PARQUÉ, E, part. Mis dans une enceinte, renfermé dans un parc.

PARQUER, v. a. Mettre dans une enceinte, enfermer dans un parc; parquer un troupeau. —, v. n. Être dans un parc.

PARQUET, s. m. Assemblage de pièces de bois en compartimens, qui couvre un plancher; châssis, cadre en menuiserie pour poser une glace. —, espace entre l'enceinte réservée aux juges et le barreau; salle du palais où le ministère public donne audience; les magistrats qui composent ce ministère. —, partie de la salle de spectacle plus basse que la scène, les spectateurs. —, retranchement sur le pont pour les boulets. T. de mar.

PARQUETAGE, s. m. Ouvrage de parquet.

PARQUETÉ, E, part. Couvert d'un parquet, en parlant du plancher d'un appartement.

PARQUETER, v. a. Poser un parquet dans un appartement.

PARQUIER, s. m. Gardien, dépositaire de bestiaux saisis. —, s. et adj. m. Pêcheur qui prend du poisson dans les parcs.

PARRAIN, s. m. Celui qui tient un enfant sur les fonts de baptême, qui nomme une cloche que l'on bénit. —, second qui accompagnait un chevalier dans un combat singulier, dans un duel. —, membre d'un corps qui présente le récipiendaire. —, camarade qu'un militaire, à l'instant d'être fusillé, choisit pour lui bander les yeux.

PARRAKOUA, s. m. Faisan de la Guiane. T. d'hist. nat.

PARRANQUET, s. m. Com. du dép. de Lot-et-Garonne, cant. de Villeréal, arr. de Villeneuve. = Monflanquin.

PARRE-AUX-TERTRES (St.-), s. m. Com. du dép. de l'Aube, cant. et arr. de Troyes. = Troyes.

PARRECEY, s. m. Com. du dép. du Jura, cant. et arr. de Dôle. = Dôle.

PARRES-LES-VAUDES (St.-), s. m. Com. du dép. de l'Aube, cant. et arr. de Bar-sur-Seine. = Bar-sur-Seine.

PARRICIDE, s. m. Assassin de son père, de sa mère, de son frère, de sa sœur, du souverain. —, crime du parricide. —, adj. Qui a commis ou tend à commettre un parricide; bras, dessein parricide.

PARROUQUIAL (la), s. f. Com. du dép. du Tarn, cant. de Monestiés, arr. d'Albi. = Cordes.

PARS, s. m. Chat voisin du serval. T. d'hist. nat.

PARS, s. m. Com. du dép. de l'Aube, cant. de Chavanges, arr. d'Arcis-sur-Aube. = Granges.

PARSAC, s. m. Com. du dép. de la Creuse, cant. de Jarnages, arr. de Boussac. = Gouzon.

PARSAC, s. m. Com. du dép. de la Gironde, cant. de Lussac, arr. de Libourne. = Libourne.

PARSEMÉ, E, part. Semé, répandu çà et là.

PARSEMER, v. a. Semer, répandre, jeter çà et là.

PARSI, s. m. Guèbre, idolâtre.

PARSONNIER, ERE, s. Associé pour tenir un ménage. T. fam.

PARSONSIE, s. f. Salicaire de la Jamaïque, plante du genre des apocynées. T. de bot.

PART, s. m. sans pl. Enfant dont une femme vient d'accoucher; supposition, suppression de part. T. de jurisp.

PART, s. f. Portion d'une chose divisée entre plusieurs personnes, partie, lot, quote-part. —, partie d'une chose commune à plusieurs. —, lieu, endroit; je vous ai rencontré quelque part. —, intérêt qu'on prend à quelqu'un, être sensible; je prends part à vos chagrins. —, personne d'où vient quelque chose; faites-lui des complimens de ma part. Avoir —, participer, encourir. Prendre en bonne ou mauvaise —, interpréter bien ou mal. Faire — d'une nouvelle, la faire connaître, la communiquer. A —, adv. Séparément, isolément, en particulier, en secret, à l'écart, en réserve.

A — soi, en soi-même, tacitement. De — en —, d'un côté à l'autre.

PARTAGE, s. m. Division d'une chose en plusieurs parts; portion de la chose partagée; acte entre cohéritiers pour le réglement de leurs droits successifs. —, portion de bonne ou de mauvaise fortune, d'esprit, de talent, etc., départie à chaque individu ; l'homme a reçu la raison en partage. —, égalité de suffrages parmi des juges, des électeurs.

PARTAGÉ, E, part. Divisé, séparé, distribué en plusieurs parts.

PARTAGEABLE, adj. Qui est de nature à pouvoir être partagé.

PARTAGER, v. a. Diviser, séparer, distribuer en plusieurs parts. —, donner en partage, donner part. —, prendre part; partager la douleur de quelqu'un. —, s'acquitter d'une chose avec une ou plusieurs personnes, coopérer; partager les travaux. —, posséder en commun ; partager la faveur d'un grand. —, séparer en partis opposés ; de vaines théories partagent la France. Se —, v. pron. Se diviser, se séparer. Se —, v. récip. S'emparer, se donner mutuellement une part ; se partager les finances de l'état.

PARTANCE, s. f. Départ d'un navire, d'une flotte. Coup de —, qui annonce le départ. T. de mar.

PARTANT, adv. Par conséquent. T. de procéd.

PARTEMENT, s. m. Départ. (Vi.) —, petite fusée volante ; direction du cours d'un navire, par rapport au méridien.

PARTENAIRE, s. m. Joueur intéressé avec un autre dans une partie de jeu.

PARTERRE, s. m. Aire plate et unie; rez-de-chaussée. —, partie d'un jardin destiné à la culture des fleurs. —, espace compris entre le théâtre et l'amphithéâtre formant un plan incliné; le public, les spectateurs.

PARTHEM (St.-), s. m. Com. du dép. de l'Aveyron, cant. d'Aubin, arr. de Villefranche. = Rignac.

PARTHENAY, s. m. Com. du dép. d'Ille-et-Vilaine, cant. et arr. de Rennes. = Rennes.

PARTHENAY, s. m. Ville du dép. des Deux-Sèvres, chef-lieu de sous-préf. et de cant. ; trib. de 1re inst.; conserv. des hypoth.; recev. part. des finances. Bur. d'enregist. et de poste.

Cette ville, généralement mal bâtie, est divisée en haute et basse ville par le Thouet qui en arrose les environs. Fabr. de draps calmoucks, pinchinas, droguets, serges; nombreuses tanneries et corroieries.

PARTHÉNIE, s. f. Plante du genre des corymbifères. T. de bot. — ou Parthénos, vierge, surnom de Junon, de Diane et de Minerve. T. de myth. —, pl. Hymnes chantées par des chœurs de jeunes filles dans certaines solennités.

PARTHÉNIEN, NE, s. et adj. Enfant né en l'absence du mari, à Lacédémone. Flûte —, au son de laquelle dansaient les vierges grecques. T. d'antiq.

PARTHENIUS, s. m. Fleuve de la Paphlagonie, ainsi nommé parce que Diane, surnommée Parthénie, allait souvent à la chasse dans les bois qu'il traversait. —, montagne d'Arcadie où les jeunes filles célébraient des fêtes en l'honneur de Vénus. T. de myth.

PARTHÉNOLOGIE, s. f. Traité sur les maladies des filles.

PARTHÉNON, s. m. Temple élevé dans Athènes, à Minerve-Parthénie. T. de myth.

PARTHÉNOPE, s. m. Genre de crustacés décapodes. T. d'hist. nat. —, s. f. L'une des sirènes qui se précipitèrent dans la mer pour n'avoir pu charmer Ulysse par leur chant. Son corps fut jeté sur les côtes de l'Italie, où les habitans lui élevèrent un tombeau; mais la ville où était ce tombeau, ayant été renversée, on en construisit une autre beaucoup plus magnifique qu'on nomma Naples, c'est-à-dire ville nouvelle. T. de myth.

PARTHÉNOPÉE, s. m. Fils de Méléagre et d'Atalante qui fut tué au siège de Thèbes. T. de myth.

PARTHES, s. m. pl. Peuples puissans d'Asie qui succédèrent aux Séleucides, 256 ans avant J.-C.

PARTH-HAUTE-ET-BASSE, s. f. Com. du dép. de la Moselle, cant. de Cattenom, arr. de Thionville. = Thionville.

PARTHIQUE, adj. m. Vainqueur des Parthes.

PARTI, s. m. Union de plusieurs personnes contre d'autres qui ont un intérêt, une opinion contraire ; ligue, faction, conspiration. —, détermination, résolution ; prendre un parti. —, moyen, expédient, ressource ; quel parti prendre ? —, condition, traitement ; faire un mauvais parti. —, genre de vie, profession, emploi, fonction ; prendre le parti des armes. —, personne à marier ; c'est un bon parti. —, corps détaché envoyé à la découverte. T. d'art milit. — bleu, qui marche sans ordre du général. Prendre le — de quelqu'un, prendre son intérêt, sa défense. Tirer — de quelque chose, en tirer avantage.

PARTI, E, part. Partagé.—, adj. Profondément divisé. T. de bot. —, partagé du haut en bas. T. de blas.

PARTIAIRE, adj. m. Qui ne jouit que d'une partie; fermier partiaire.

PARTIAL, E, adj. Qui favorise un parti, une personne, une opinion aux dépens d'une autre. —, qui n'offre qu'une partie d'un tout; éclipse partiale. T. didact.

PARTIALEMENT, adv. Avec partialité, d'une manière partiale.

PARTIALISER (se), v. pron. Se coiffer d'une opinion, épouser les préventions d'un parti de manière à se refuser à l'évidence. T. inus.

PARTIALITÉ, s. f. Attachement aveugle aux intérêts, aux opinions d'un parti, de quelqu'un; préférence injuste.

PARTIBLE, adj. Se dit des parties de la fructification des plantes qui se divisent spontanément. T. de bot.

PARTIBUS (in) (mots latins). Voy. ÉVÊQUE.

PARTICHOIR, s. m. Instrument pour préparer le fil.

PARTICIPANT, E, adj. Qui prend part à quelque chose, qui participe.

PARTICIPATION, s. f. Action de participer à quelque chose; communication, connaissance d'une affaire, etc., part qu'on y prend, qu'on y a prise; consentement.

PARTICIPE, s. m. Modification du verbe, qui participe de l'adjectif et le devient souvent. T. de gramm. —, intéressé dans une affaire de finance, qui y prend part.

PARTICIPER, v. n. Prendre part à quelque chose; participer à un crime. —, entrer en participation dans une affaire; être de connivence. —, tenir de la nature d'une chose.

PARTICULARISÉ, E, part. Se dit d'un événement dont on a marqué les particularités, les détails.

PARTICULARISER, v. a. Marquer les particularités, entrer dans les détails d'un fait, d'un événement. —, faire une application particulière.

PARTICULARISME, s. m. Système des particularistes.

PARTICULARISTE, s. m. Controversiste qui soutient que J.-C. est mort pour les prédestinés et non pour tous les hommes.

PARTICULARITÉ, s. f. Circonstance particulière, détail, incident; propriété spéciale.

PARTICULE, s. f. Petite partie, parcelle. —, petite partie du discours. T. de gramm.

PARTICULÉ, E, adj. Précédé d'une particule, joint à une particule. T. de gramm.

PARTICULIER, s. m. Personne privée, par opposition à personne publique, à société. —, détail, circonstance. Le —, le chez soi, l'intérieur du ménage. En —, adv. A part, en secret; séparément, de côté, notamment, principalement, spécialement.

PARTICULIER, ÈRE, adj. Qui appartient singulièrement, proprement à un être. —, l'opposé de général, de public. —, remarquable, rare, extraordinaire, singulier, bizarre. —, intime; liaison particulière. —, vif, fortement prononcé; goût particulier. —, séparé; chambre particulière. —, secret; entretien particulier. —, retiré, solitaire.

PARTICULIÈREMET, adv. D'une manière particulière, singulièrement, spécialement, expressément; d'une manière fixe, déterminée.

PARTIE, s. f. Portion d'un tout en général. —, projet d'amusement, exécution de ce projet, danse, repas, etc. —, personne qui exerce une action, soit en demandant, soit en défendant, pour laquelle on plaide. —, antagoniste, adversaire; avoir affaire à forte partie. Fig. —, engagement, lutte au jeu, série de coups; partie de piquet. —, somme due. T. de fin. —, article d'un compte. T. de comm. —, voix ou mélodie séparée, dont la réunion forme harmonie; le dessus, la haute-contre, la taille et la basse-taille. T. de mus. —, pl. Contractans; plaideurs; personnes dont les intérêts sont opposés, en général. — simples, comptes ouverts aux débiteurs et créditeurs. — doubles, comptes généraux qui offrent la balance du doit et avoir. T. de comm. — du discours, le nom, le verbe, etc. — naturelles, parties de la génération. T. fam. En —, adv. Pour une part, pas tout-à-fait.

PARTIEL, LE, adj. Qui fait partie d'un tout.

PARTIELLEMENT, adv. Par parties.

PARTIL, s. m. Sorte d'aspect, de point de vue. T. d'astr.

PARTIR, s. m. Le moment du départ. T. de man.

PARTIR, v. a. Partager, diviser en plusieurs parts. (Vi.)—, v. n. Se mettre en route, commencer un voyage; quitter une place, sortir, s'en aller; abandonner un lieu, se retirer, s'éloigner.

—, prendre sa course, son vol, en parlant des animaux et des oiseaux. —, faire explosion, sortir avec impétuosité, en parlant d'une arme à feu. —, tirer son origine; tous les nerfs partent du cerveau. —, découler, émaner, provenir. —, poser un principe et en tirer la conséquence. A — de, adv. En commençant.

PARTISAN, s. m. Fauteur, défenseur d'un parti. —, personne qui prend le parti d'une autre, qui soutient ses intérêts, qui défend sa conduite. —, attaché à un ordre de choses, qui adopte une opinion, un système. —, traitant, agioteur, maltotier. —, commandant, soldat d'une expédition militaire pour harceler l'ennemi ; aller en partisan.

PARTITEUR, s. m. Diviseur. T. d'arithm.

PARTITIF, IVE, adj. Qui désigne une partie, comme moitié, dizaine, quelques, plusieurs; substantif partitif.

PARTITION, s. f. Partage, division, distribution. T. de gramm. et de littér. —, collection des parties d'une composition musicale, mises au-dessous l'une de l'autre. T. de mus. —, règle d'accord de la première octave. T. de fact. d'orgues. —, division de l'écu. T. de blas. — oratoires, pl. Ouvrage de Cicéron, qui traite des parties de la rhétorique.

PARTNER, s. m. (mot anglais). Partenaire, associé au jeu, au wisk.

PARTOLOGIE, s. f. Traité des accouchemens.

PARTOUT, adv. En tous lieux; en quelque lieu que ce soit ou puisse être.

PARTS, s. m. Com. du dép. de l'Aube, cant. de Romilly-sur-Seine, arr. de Nogent-sur-Seine. = Nogent-sur-Seine.

PARTURITION, s. f. Voy. ACCOUCHEMENT. T. de chir.

PARU, s. m. Poisson du genre du stromate. T. d'hist. nat.

PARULIE, s. f. Tumeur inflammatoire aux gencives. T. de chir.

PARURE, s. f. Ornement, ajustement, ce qui pare, sert à parer; parure de diamans. —, superfluités qu'on retranche pour polir un ouvrage. T. d'arts et mét. —, rognures de peaux pour faire de la colle. — du pied d'un cheval, corne enlevée pour rafraîchir le pied et ajuster le fer.

PARUX, s. m. Com. du dép. de la Meurthe, cant. de Lorquin, arr. de Sarrebourg. = Blamont.

PARVENIR, v. n. Arriver au but avec difficulté. —, arriver à ses fins, venir à bout d'une entreprise. —, obtenir ce que l'on souhaite. —, arriver à son adresse, au terme de son voyage, en parlant d'une lettre, d'un messager, etc.; se dit fig. d'un propos, d'une médisance. —, s'élever en dignité, faire fortune.

PARVENU, s. m. Aventurier, agioteur, maltotier qui a fait fortune.

PARVES, s. m. Com. du dép. de l'Ain, cant. et arr. de Belley = Belley.

PARVILLE, s. f. Com. du dép. de l'Eure, cant. et arr. d'Evreux. = Evreux.

PARVILLERS, s. m. Com. du dép. de la Somme, cant. de Rosières, arr. de Montdidier. = Roye.

PARVIS, s. m. Espace autour du tabernacle chez les Hébreux ; place devant la porte principale d'une église.

PARZAC, s. m. Com. du dép. de la Charente, cant. de St.-Cloud, arr. de Confolens. = St.-Claud.

PAS, s. m. Mouvement que fait l'homme, l'animal, en mettant un pied devant l'autre pour marcher; vestige du pied; espace entre les pieds en marchant. —, mesure précise de distance; pas géométrique. —, saut méthodiquement figuré qu'exécute le danseur; seuil d'une porte. —, passage étroit dans une montagne; pas de Suze. —, détroit; Pas de Calais. —, mouvement d'une pédale de mécanique, etc. T. d'arts et mét. — de vis, espace compris entre deux filets. — d'une fusée, chacun des tours qu'elle fait. T. d'horl. —, conduite, démarche. Fig. —, préséance ; avoir le pas. Mauvais —, bourbier, et fig., embarras, danger. Marcher sur les — de quelqu'un, suivre, imiter son exemple. A deux —, tout près. —, pl. Allées et venues pour la réussite d'une affaire, démarches, etc. — à —, adv. Doucement, de très près ; suivre pas à pas. De ce —, sur-le-champ, à l'instant même.

PAS, adv. de négation. Point. — un, nul, aucun.

PAS, s. m. Com. du dép. du Pas-de-Calais, chef-lieu de cant. de l'arr. d'Arras. Bur. d'enregist. = Doullens. Fabr. d'huiles; filatures de coton; raffineries de sel.

PAS (le), s. m. Com. du dép. de la Mayenne, cant. d'Ambrières, arr. de Mayenne. = Mayenne.

PAS (les), s. m. pl. Com. du dép. de la Manche, cant. de Pontorson, arr. d'Avranches. = Pontorson.

PASAN, s. m. Antilope à cornes droites. T. d'hist. nat.

PASCAL, E, adj. Qui concerne la fête de Pâques; communion pascale.

PASCALIE, s. f. Plante corymbifère du Chili. T. de bot.

PASCALIN, s. m. Machine d'arithmétique inventée par Pascal.

PASCAN, s. m. Variété de vigne. T. de bot.

PAS-D'ÂNE, s. m. Sorte de mors, instrument pour tenir ouverte la bouche du cheval, quand on veut lui faire prendre un médicament; garde d'épée qui couvre toute la main. —, plante. Voy. TUSSILAGE. T. de bot.

PAS D'ASSE, s. f. Surface intérieure des douves. T. de tonnel.

PAS-DE-CALAIS (le), s. m. Bras de mer qui sépare la France de l'Angleterre; sa largeur d'une rive à l'autre est d'environ 7 l.

PAS-DE CALAIS (dép. du), s. m. Chef-lieu de préf., Arras; 6 arr. ou sous-préf.: Arras, Béthune, Boulogne, Montreuil, St.-Omer, St.-Pol; 43 cant. ou justices de paix; 927 com.; pop. 642,969 hab. env. Cour royale de Douai, diocèse d'Arras; 16e div. milit.; 2e div. des ponts-et-chaussées; 2e div. des mines; direct. de l'enregist. et des domaines de 1re classe; du 21e arr. forestier; de la div. N. des douanes, direct. à Boulogne.

Le dép. du Pas-de-Calais est borné au N. et à l'E. par le dép. du Nord, au S. par celui de la Somme, et à l'O. par l'Océan. Son territoire est généralement plat et fertile en grains; on y récolte abondamment toutes les espèces de plantes céréales, légumes, betteraves, graines oléagineuses, fruits à cidre, peu de bois. On y trouve menu gibier, poissons de mer et d'eau douce, chevaux de trait, ânes, bêtes à cornes, vaches laitières, mérinos, beaucoup de porcs et quantité de volailles; houille, marbre de diverses espèces; faux marbre, grès à paver, pierres à fusil, pierres calcaires, terres de pipe et à potier, belles carrières de sable, tourbe en abondance. Jardins botaniques à Arras et à Courset; eaux minérales ferrugineuses et acidules à Boulogne; manuf. de pipes de terre. Fabr. de draps communs, toiles, bonneterie en fil, en coton et en laine, velours de coton, tuls dits anglais, dentelles, pain d'épice, filets de pêche, ouvrage de vannerie; filat. de laine et de coton; nombreuses tuileries perfectionnées; raffineries de sucre de cannes et de betteraves; distilleries d'eaux-de-vie; forges; moulins à poudre; raffineries de sel; blanchisseries de toiles; amidonneries; genièvreries; belles papeteries; tanneries, moulins à tan; poudrerie royale; entrepôts réels et fictifs; pêche de la morue, du maquereau et du hareng; cabotage. La Lys, la Scarpe, la Canche, l'Ar, l'Auty et la Lave arrosent ce dép. et y sont navigables, ainsi que les canaux de Calais, de St.-Omer, d'Ardres et de la Marck.

PAS-DE-CAMP, s. m. Mesure pour tracer un camp. T. d'art milit.

PAS-DE-JEU, s. m. Com. du dép. des Deux-Sèvres, cant. de Thouars, arr. de Bressuire. = Thouars.

PASIGRAPHE, s. m. Inventeur d'une écriture de convention; personne qui en fait usage.

PASIGRAPHIE, s. f. Ecriture universelle proposée comme un moyen de se faire comprendre dans toutes les langues.

PASIGRAPHIQUE, adj. Qui a rapport à la pasigraphie.

PASILALIE, s. f. Pasigraphie parlée.

PASILLY, s. m. Com. du dép. de l'Yonne, cant. de Noyers, arr. de Tonnerre. = Noyers.

PASIPHAÉ, s. f. Fille du Soleil et de Persa, épouse de Minos. Irritée contre le Soleil de ce qu'il l'avait fait surprendre dans les bras de Mars, Vénus inspira à Pasiphaé une passion monstrueuse pour un taureau, et cette princesse devint mère du Minotaure. Voy. ce mot. T. de myth.

PASIPHÉE, s. f. Crustacé décapode. T. d'hist. nat.

PASITE, s. m. Genre d'insectes hyménoptères apiaires. T. d'hist. nat.

PASLIÈRES, s. f. Com. du dép. du Puy-de-Dôme, cant. de Châteldon, arr. de Thiers. = Thiers.

PASLIS, s. m. Com. du dép. de l'Aube, cant. de Marcilly-le-Hayer, arr. de Nogent-sur-Seine. = Estissac.

PASLY, s. m. Com. du dép. de l'Aisne, cant. et arr. de Soissons. = Soissons.

PASPALE, s. m. Genre de graminées exotiques. T. de bot.

PASQUES, s. m. Com. du dép. de la Côte-d'Or, cant. et arr. de Dijon. = Dijon.

PASQUIER (le), s. m. Com. du dép. du Jura, cant. de Champagnole, arr. de Poligny. = Champagnole.

PASQUIN, s. m. Personnage comique dont on fait ordinairement un mauvais plaisant, un bouffon satirique. —, statue mutilée à laquelle les mécontens attachent des placards satiriques, à Rome.

PASQUINADE, s. f. Placard attaché à la statue de Pasquin. —, bouffonnerie satirique.

PASQUINISER, v. n. Faire ou dire des pasquinades, médire.

PASSA, s. m. Com. du dép. des Pyrénées-Orientales, cant. de Thuir, arr. de Perpignan. = Perpignan.

PASSABLE, adj. Supportable; admissible comme n'étant pas mauvais dans son espèce.

PASSABLEMENT, adv. D'une manière supportable, de telle sorte qu'on puisse s'en contenter.

PASSACAILLE, s. f. Espèce de danse, de chacone; air de cette danse. Faire la —, couper avec une carte inférieure. T. de jeu.

PASSADE, s. f. Passage dans un lieu où l'on ne séjourne pas; jouissance passagère, fantaisie du moment. Fig. —, aumône demandée ou faite en passant. —, action de passer et repasser sur un même terrain. T. de man. A la —, une fois en passant, par hasard.

PASSAGE, s. m. Action, moment de passer; lieu par où l'on passe; chemin, sentier, avenue, etc. —, droit de passer, ou payé pour passer. Voy. Péage. —, changement de situation, chose de peu de durée. Fig. —, morceau, fragment des écrits d'un auteur dont on invoque l'autorité. —, ornement ajouté à un trait de chant. T. de mus. —, allure mesurée et cadencée du cheval. T. de man. —, mouvement d'une planète qui passe sur le soleil. T. d'astr. —, usage des nuances, transition. T. de peint. Oiseau de —, qui vient dans une saison et s'en retourne dans l'autre. T. d'hist. nat.

PASSAGÉ, E, part. Conduit et tenu dans l'action du passage, en parlant d'un cheval. T. de man.

PASSAGE (le), s. m. Com. du dép. de Lot-et-Garonne, cant. et arr. d'Agen. = Agen.

PASSAGE (le), s. m. Com. du dép. de l'Isère, cant. de Virieu, arr. de la Tour-du-Pin. = Virieu.

PASSAGER, v. a. Conduire et tenir un cheval dans l'action du passage. —, v. n. Etre dans cette action, en parlant du cheval. T. de man.

PASSAGER, ÈRE, s. Personne qui s'embarque pour passer en quelque lieu. —, adj. Qui ne fait que passer, qui n'a point de demeure fixe. —, qui passe, s'écoule, s'évanouit; de courte durée, fugitif, éphémère, instantané.

PASSAGEREMENT, adv. En passant, instantanément.

PASSAGEUR, s. m. Batelier qui conduit un bac. T. inus.

PAS-ST.-LOMER (le), s. m. Com. du dép. de l'Orne, cant. de Longni, arr. de Mortagne. = le Mêle.

PASSAIS, s. m. Com. du dép. de l'Orne, chef-lieu de cant. de l'arr. de Domfront où se trouvent les bur. d'enregist. et de poste.

PASSALE, s. m. Genre d'insectes coléoptères. T. d'hist. nat.

PASSALORYNCHITES, s. m. pl. Hérétiques qui mettaient un doigt sur la bouche en priant.

PASSAN, s. m. Poisson du genre du gymnote. T. d'hist. nat.

PASSANDEAU, s. m. Canon, pièce de huit livres de balles. T. inus.

PASSANT, s. m. Celui qui passe dans un chemin, dans une rue, en un lieu. En —, adv. Chemin faisant; incidemment, par occasion, par parenthèse. Fig.

PASSANT, E, adj. Se dit d'un chemin fréquenté où il passe beaucoup de monde.

PASSARAGE, s. m. Espèce d'outarde de l'Inde.

PASSARILLES, s. f. pl. Raisins secs de Frontignan.

PASSATION, s. f. Action de passer un contrat, un acte.

PASSAU, s. m. Ville fortifiée du royaume de Bavière, chef-lieu du cercle du Bas-Danube.

PASSAVANT ou PASSE-AVANT, s. m. Ecrit par lequel il est enjoint aux employés de la douane, de laisser passer des marchandises dont le droit a été payé, ou qui en sont exemptes.

PASSAVANT, s. m. Com. du dép. du Doubs, cant. et arr. de Baume. = Baume.

PASSAVANT, s. m. Com. du dép. de Maine-et-Loire, cant. de Vibiers, arr. de Saumur. = Vihiers.

PASSAVANT, s. m. Com. du dép. de la Marne, cant. et arr. de Ste.-Ménehould. = Ste.-Ménehould.

PASSAVANT, s. m. Com. du dép. de la Haute-Saône, cant. de Jussey, arr. de Vesoul. = Jussey. Hauts-fourneaux, forges, fonderies et martinets.

PASSE, s. f. Addition d'une petite somme, pour compléter une grande. —, partie d'un bonnet de femme à laquelle sont attachés le fond et les papillons; point de broderie. —, canal praticable entre deux rochers, deux bancs. T. de mar. —, dégagement. T. d'escr. —, petit arc en fer au jeu de billard et de mail. —, mise à chaque coup passé au brelan et à la bouillotte. T. de jeu. Main de —, main de papier ajoutée à une rame, pour remplacer les feuilles défectueuses. T. d'impr. Etre en —, en belle —, être dans une situation avantageuse pour parvenir. —, adv. D'accord, à la bonne heure.

PASSÉ, s. m. Temps écoulé. —, chose faite, chose passée ; oublier le passé. —, voy. PRÉTÉRIT. T. de gramm. —, prép. Excepté, au-delà ; passé ce temps.

PASSÉ, E, part. Traversé, transporté d'un lieu dans un autre. —, adj. Qui n'est plus. —, écoulé, évanoui, disparu ; fané, flétri, vieilli ; tombé en désuétude, omis, oublié, etc.

PASSE-BALLE ou PASSE-BOULET, s. m. Planche percée en rond, pour prendre les boulets et vérifier leur calibre. T. d'artill.

PASSE-BLEU s. m. Moineau bleu de l'île de Cayenne. T. d'hist. nat.

PASSE-CARREAU, s. m. Morceau de bois dont se servent les tailleurs pour repasser les coutures.

PASSE-CHEVAL, s. m. Petit bac pour passer un cheval.

PASSE-CORDE, s. m. Grosse aiguille à enfiler.

PASSE-DEBOUT, s. m. Permission de traverser une ville avec des marchandises, sans payer de droit.

PASSE-DIX, s. m. Jeu avec trois dés où, pour gagner, il faut amener plus de dix points.

PASSE-DROIT, s. m. Faveur accordée contre le droit et l'usage, au préjudice d'un tiers. —, promotion injuste d'un nouveau venu, d'un protégé.

PASSÉE, s. f. Moment dans la soirée où les bécasses quittent le bois pour aller dans les champs ; grand filet pour prendre ces oiseaux. —, trace du pied de la bête. T. de véner. —, l'aller et le venir de la navette. T. de tiss. —, fils passés des deux côtés d'une boutonnière. T. de tailleur d'habits.

PASSE-FLEUR, s. f. Anémone, agrostème coronaire, lychnide pulsatille, plantes. T. de bot.

PASSEFONTAINE, s. m. Com. du dép. du Doubs, cant. de Vercel, arr. de Baume. = Besançon.

PASSÉGE, s. m. Allure du cheval en passégeant. T. de man.

PASSÉGÉ, E, part. Mené sur deux pistes, de côté, en parlant d'un cheval. T. de man.

PASSÉGER, v. a. Mener un cheval au pas, au trot, sur deux pistes, de côté. —, v. n. Aller de cette sorte, en parlant du cheval. T. de man.

PASSEL, s. m. Com. du dép. de l'Oise, cant. de Noyon, arr. de Compiègne. = Noyon.

PASSEMENT, s. m. Tissu plat et peu large, de fil d'or, de soie, qui sert d'ornement aux habits, aux meubles.

PASSEMENTÉ, E, part. Chamarré de passemens.

PASSEMENTER, v. a. Garnir, chamarrer de passemens.

PASSEMENTERIE, s. f. Fabrique ou commerce de passemens.

PASSEMENTIER, ÈRE, s. Fabricant ou marchand de passementerie, galons, franges, etc.

PASSE-MÉTEIL, s. m. Blé mêlé d'un tiers de seigle.

PASSE-MUR, s. m. Couleuvrine, canon d'une longueur extraordinaire.

PASSE-MUSC, s. m. Petit animal qui donne un musc très-estimé.

PASSE-MUSQUÉ ou PASSE-MUSCAT, s. m. Sorte de raisin muscat.

PASSENANS, s. m. Com. du dép. du Jura, cant. de Sellières, arr. de Lons-le-Saulnier. = Sellières.

PASSE-PAROLE, s. m. Commandement militaire qui se transmet de bouche en bouche, de manière à être entendu d'une extrémité à l'autre d'une armée, et exécuté simultanément. T. d'art milit.

PASSE-PARTOUT, s. m. Clef qui sert à ouvrir plusieurs portes ; clef commune pour une même porte. —, moyen général de succès. Fig. —, scie de bûcheron, de facteur d'orgues. —, ciseau d'ardoisier ; gravure dans laquelle on a laissé un vide pour en placer une autre. —, batte pour fouler le sable. T. de grav.

PASSE-PASSE (tour de), s. m. Tour d'adresse d'un escamoteur, d'un joueur de gobelets. —, tromperie adroite, filouterie. Fig.

PASSE-PERLE, s. m. Fil de fer le plus fin.

PASSE-PIED, s. m. Danse bretonne dont le mouvement est très rapide ; air de cette danse, à trois temps.

PASSE-PIERRE, s. m. Voy. PERCE-PIERRE. T. de bot.

PASSE-POIL, s. m. Petit bordé d'or, d'argent, sur les coutures, etc., qui dépasse l'étoffe.

PASSE-POMME, s. f. Pomme précoce d'un beau rouge.

PASSEPORT, s. m. Invitation adressée par la police, aux autorités civiles et militaires, de laisser passer librement une personne dont on donne le nom, l'âge et le signalement, etc. ; sorte de permission de voyager. —, qualité, privilège qui font passer, admettre. Fig.

PASSER, v. a. Traverser ; passer les

mers. —, transporter d'un lieu dans un autre. —, aller au-delà, trop loin. Prop. et fig. —, devancer, surmonter en savoir, en mérite; passer ses rivaux. —, être au-dessus de la portée, de l'intelligence, ne pas comprendre; cela me passe. Fig. —, employer, consumer; passer son temps. —, supporter, tolérer, pardonner; passer une faute, un ridicule. —, omettre, taire; passer un mot, une phrase, une circonstance. —, accorder, admettre, approuver, allouer; passer une dépense dans un compte. —, rédiger, en parlant des actes; passer un contrat. —, mettre; passer son habit. —, faire entrer; filtrer, tamiser; faire couler une chose sur une autre, apprêter, préparer. — au fil de l'épée, égorger, massacrer. — un billet à ordre, l'endosser. —, v. n. Aller d'un lieu dans un autre, émigrer. —, dépasser, surpasser, aller au-delà; être plus long, plus large, plus haut, plus considérable, etc. —, s'écouler, en parlant du temps; cesser, finir, en parlant de la douleur, du plaisir, etc. —, se faner, se flétrir, en parlant des fleurs, de la beauté. —, n'être plus de mode; tomber en désuétude. —, avoir cours, être de mise; être passable, suffire, valoir. —, être admis, reçu à l'examen; être réputé. —, faire une transition dans un discours. — sur une chose, ne pas l'approfondir; sur les difficultés, ne pas s'y arrêter. — outre, aller au-delà, malgré les obstacles. Faire —, faire cesser; envoyer, transmettre. En — par là, se soumettre à une nécessité. Se —, v. pron. S'écouler, en parlant du temps; avoir lieu, en parlant des événements. Se —, perdre son éclat, sa fraîcheur, sa qualité. Se —, cesser. Se — de, supporter le besoin, l'absence, la privation de; se contenter; savoir se priver, s'abstenir de; n'avoir pas recours à.....; n'avoir pas besoin de.

PASSERAGE, s. f. Plante crucifère. T. de bot.

PASSEREAU, s. m. Moineau franc. —, pl. Oiseaux sylvains. T. d'hist. nat.

PASSERIE, s. f. Liqueur aigre, acide, pour passer les cuirs.

PASSERILLE, s. f. Raisin muscat séché au soleil.

PASSERINE, s. f. Genre d'oiseaux sylvains, chanteurs. T. d'hist. nat. —, genre de daphnoïdes. T. de bot.

PASSERINETTE, s. f. Petite fauvette. T. d'hist. nat.

PASSE-ROSE, s. f. Alcée rose. — parisienne, agrostème des jardins. T. de bot.

PASSE-SATIN, s. m. Lunaire, plante annuelle. T. de bot.

PASSE-SOIE, s. m. Lame de fer trouée pour passer la soie.

PASSET, s. m. Mesure romaine de cinq palmes. T. d'antiq.

PASSE-TALON, s. m. Morceau de cuir qui couvre entièrement le talon de bois. T. de cordonn.

PASSE-TEMPS, s. m. Amusement, plaisir, divertissement.

PASSETTE, s. f. Anneau. T. de tireur d'or. —, fil de laiton en spirale. T. de manuf.

PASSEUR, EUSE, s. Batelier qui conduit un bac, un batelet.

PASSE-VELOURS, s. m. Plante du genre des amaranthoïdes. T. de bot.

PASSE-VERT, s. m. Tangara vert, oiseau de l'île de Cayenne. T. d'hist. nat.

PASSE-VIN, s. m. Instrument pour faire passer une liqueur sur une autre moins pesante.

PASSE-VIOLET, s. m. Couleur du fer, de l'acier, rougi au feu.

PASSE-VOGUE, s. m. Redoublement d'efforts qu'on fait faire à des galériens pour voguer plus vite. T. de mar.

PASSE-VOLANT, s. m. Homme qui passe en revue sans être enrôlé. —, sorte d'écornifleur, de parasite, d'intrus, qui s'introduit dans une société, sans y être invité, dans un spectacle, sans payer. Fig. et fam.

PASSIBILITÉ, s. f. Qualité des êtres passibles, qui éprouvent des sensations.

PASSIBLE, adj. Capable de souffrir, d'éprouver des sensations. — de dommages et intérêts, qui peut y être condamné. T. de procéd.

PASSIF, s. m. Sens passif d'un verbe. T. de gramm. —, ce qu'on doit. T. de comm.

PASSIF, IVE, adj. L'opposé d'actif, en général. Verbe —, qui marque l'objet de l'action. T. de gramm.

PASSIN, s. m. Com. du dép. de l'Ain, cant. de Champagne, arr. de Belley. = Belley.

PASSINS, s. m. Com. du dép. de l'Isère, cant. de Morestel, arr. de la Tour-du-Pin. = la Tour-du-Pin.

PASSION, s. f. Souffrances de J.-C.; récit qu'on en fait dans l'Evangile; sermon sur ce sujet. —, mouvement impétueux de l'ame vers un objet qu'on désire; sentiment vif, exalté par l'imagination et fortifié par les obstacles. —, affection vive, profonde pour un objet; amour; objet qui l'inspire. —, habitude insurmontable; partialité outrée. —, expression, représentation vive et naturelle des affections de l'ame. T. de littér.

et de peint. —, impression reçue. T. de philos. —, affection, maladie; passion iliaque, hystérique. T. de méd.

PASSIONNAIRE, s. m. Livre qui renferme l'histoire de la Passion de J.-C.

PASSIONNÉ, E, part. Intéressé vivement, rempli de passion.

PASSIONNÉMENT, adv. Avec passion, d'une manière passionnée.

PASSIONNER, v. a. Intéresser fortement, inspirer une passion. —, marquer, exprimer la passion, donner un caractère passionné qui l'indique. Se —, v. pron. Se laisser entraîner par la passion; s'emporter; s'affectionner vivement; s'animer, s'enflammer.

PASSIRAC, s. m. Com. du dép. de la Charente, cant. de Brossac, arr. de Barbezieux. = la Graulle.

PASSIVEMENT, adv. D'une manière passive.

PASSIVETÉ, s. f. État d'indifférence, d'insensibilité de l'ame.

PASSOIRE, s. f. Ustensile de cuisine percé d'une infinité de petits trous, pour passer les alimens.

PASSULE, s. f. Miel préparé avec des raisins cuits; raisin séché au soleil.

PASSY, s. m. Com. du dép. de Saône-et-Loire, cant. de St.-Gengoux-le-Royal, arr. de Mâcon. = Joncy.

PASSY, s. m. Com. du dép. de la Seine, cant. de Neuilly, arr. de St.-Denis. Bur. de poste. Sources d'eaux minérales ferrugineuses; fabr. de plomb de chasse; raffinerie de sucre; filatures de coton. Comm. de vins, eaux-de-vie, huiles, etc.

PASSY, s. m. Com. du dép. de Seine-et-Marne, cant. de Bray, arr. de Provins. = Brie-Comte-Robert.

PASSY, s. m. Com. du dép. de l'Yonne, cant. et arr. de Sens. = Sens.

PASSY-EN-VALOIS, s. m. Com. du dép. de l'Aisne, cant. de Neuilly-St.-Front, arr. de Château-Thierry. = la Ferté-Milon.

PASSY-GRIGNY, s. m. Com. du dép. de la Marne, cant. de Châtillon, arr. de Reims. = Dormans.

PASSY-SUR-MARNE, s. m. Com. du dép. de l'Aisne, cant. de Condé, arr. de Château-Thierry. = Dormans.

PASTEL, s. m. Crayon composé de couleurs pulvérisées; tableau fait avec ce crayon.

PASTENADE, s. f. Voy. PANAIS.

PASTENAGUE ou PASTÉNAQUE, s. f. Espèce de raie. T. d'hist. nat.

PASTÈQUE, s. f. Melon d'eau, plante dont le fruit est très rafraîchissant.

PASTEUR, s. m. Berger. —, chargé du soin des ames, curé, évêque. Fig.

PASTICHE, s. m. Tableau rempli d'imitations; copie servile d'un tableau. T. de peint. —, opéra composé de morceaux pillés. T. de mus. —, imitation affectée du style d'un auteur. T. de littér.

PASTILLAGE, s. m. Petites figures de sucre.

PASTILLE, s. f. Sorte de bonbons, composition de sucs de différentes plantes pour la poitrine, etc.; pastille d'ipécacuanha, de menthe.—du Levant, terre bolaire, sigillée.

PASTOPHORES, s. m. pl. Prêtres de Vénus, vêtus d'un long voile, qui portaient des idoles sur des lits. T. de myth.

PASTORAL, s. m. Sorte de rituel à l'usage des évêques.

PASTORAL, E, adj. Qui a rapport à la vie champêtre, aux mœurs des anciens bergers; poésie pastorale. —, qui appartient au pasteur, au curé, à l'évêque; instruction pastorale. Lettre —, qui émane d'un évêque.

PASTORALE, s. f. Opéra dans lequel figuraient des bergers et des bergères, et dont la musique était assortie à la simplicité des mœurs qu'on leur supposait. —, poëme; chanson, danse, air champêtre. —, grosse poire d'automne. T. de jard.

PASTORALEMENT, adv. En bon pasteur. Fig.

PASTORECCIA-DI-ROSTINO, s. f. Com. du dép. de la Corse, cant. de Morosaglia, arr. de Corte. = Bastia.

PASTORECCIA-D'OREZZA, s. f. Com. du dép. de la Corse, cant. de Piedicroce, arr. de Corte. = Bastia.

PASTORELLE, s. f. Air italien dans le genre pastoral.

PASTOSITÉ, s. f. Couleur nourrie. T. de peint.

PASTOUR, s. m. Pasteur. (Vi.)

PASTOUR (St.-), s. m. Com. du dép. de Lot-et-Garonne, cant. de Monclar, arr. de Villeneuve. = Villeneuve.

PASTOUREAU, RELLE, s. Petit berger, petite et jolie bergère. —, pl. Fanatiques qui ravagèrent la France durant la captivité de St.-Louis.

PASTOUS (St.-), s. m. Com. du dép. des Hautes-Pyrénées, cant. et arr. d'Argelès. = Argelès.

PASTREMENS, s. m. pl. Peaux de bœufs et de vaches de Turquie.

PASTRICCIOLA, s. f. Com. du dép. de la Corse, cant. de Salice, arr. d'Ajaccio. = Ajaccio.

PASTURAC, s. m. Village du dép. du

Lot, cant. de St.-Géry, arr. de Cahors. = Cahors.

PASYTHÉE, s. f. Genre de polypiers cellulaires. T. d'hist. nat.

PAT, s. m. Echec inévitable au roi, s'il remue. T. de jeu d'échecs.

PATACHE, s. f. Chaloupe légère pour le service d'un gros navire. —, bureau des douanes sur un bateau. —, petite voiture attelée d'un cheval, qui part à volonté, et qui stationne sur une place publique, en attendant les voyageurs. —, espèce de varech. T. de bot.

PATAGON, s. m. Pièce de monnaie espagnole qui vaut à peu près trois francs. —, espèce de valériane. T. de bot. —, pl. Indigènes de la Patagonie, remarquables par leur taille gigantesque et leurs formes athlétiques.

PATAGONIE, s. f. Contrée de l'Amérique méridionale située entre le Paraguay, le Chili, Rio-de-la-Plata, le détroit de Magellan et le grand Océan. Ce pays est couvert par d'immenses troupeaux.

PATAGONULE, s. m. Arbrisseau de l'Amérique méridionale. T. de bot.

PATAGUA, s. m. Arbre du Chili, toujours vert. T. de bot.

PATAOUA, s. m. Palmier de Cayenne. T. de bot.

PATAQUE, s. f. Monnaie du Brésil, de Turquie.

PATARAFFE, s. f. Ecriture illisible, lettres confusément rangées, traits informes.

PATARASSE, s. f. Coin de fer, ciseau de calfat. T. de mar.

PATARASSÉ, E, part. Enfoncé avec la patarasse. T. de mar.

PATARASSER, v. a. Enfoncer l'étoupe avec la patarasse. T. de mar.

PATARD, s. m. Petite monnaie, sou.

PATAS, s. m. Singe ayant un large museau. T. d'hist. nat.

PATATE, s. f. Sorte de pomme de terre.

PATATRAS, s. m. Onomatopée pour exprimer le bruit, la chute, la rupture d'un objet.

PATAUD, E, s. Paysan grossier; nom donné aux Vendéens par les bleus, les soldats républicains. —, jeune chien à grosses pattes. —, adj. Grossièrement fait, épais, lourd.

PATAUGER, v. n. Marcher dans la boue.

PATAVINITÉ, s. f. Façon de s'exprimer, propre aux habitans de Padoue. T. d'antiq.

PATAY, s. m. Com. du dép. du Loiret, chef-lieu de cant. de l'arr. d'Orléans. Bur. d'enregist. = Orléans. Fabr. de couvertures de laine.

PÂTE, s. f. Farine délayée avec de l'eau et pétrie, pour faire du pain. —, substances broyées, détrempées et mises en masse. —, complexion, constitution, naturel; c'est une bonne pâte d'homme. Mettre la main à la —, aider à faire la cuisine, se mettre à l'ouvrage. Tomber en —, se rompre, se mêler, en parlant des caractères qui entrent dans la composition d'une page. T. d'impr.

PÂTÉ, s. m. Pièce de pâtisserie, dans l'intérieur de laquelle on met différentes sortes de viandes, du poisson, etc. —, goutte d'encre qu'on laisse tomber sur du papier. —, fortification de figure ronde attachée au corps d'une place. —, ombres trop fortes; couleurs épaisses et confuses. T. d'arts. —, caractères mêlés et confondus ensemble. T. d'impr. Gros —, gros enfant joufflu, potelé. T. fam. Faire le —, arranger les cartes de manière à se donner bon jeu.

PÂTÉ, E, part. Collé avec la pâte. T. de cordon.

PÂTÉE, s. f. Mélange d'alimens en pâte pour les oiseaux, les animaux domestiques.

PATELET, s. m. Espèce de morue verte.

PATELIN, s. m. Nom d'un personnage d'une ancienne farce qui fut donnée au théâtre sous le titre de l'Avocat-Patelin. —, homme souple, artificieux, flatteur, insinuant, qui emploie toutes sortes de ruses pour tromper.

PATELIN, E, adj. Souple, artificieux; ton patelin.

PATELINAGE, s. m. Moyens artificieux, ruses, fourberies qu'emploie l'avocat Patelin, pour tromper un marchand de drap.

PATELINÉ, E, part. Flatté, caressé par un motif d'intérêt.

PATELINER, v. a. Caresser, flatter, ménager artificieusement, par un motif d'intérêt. —, v. n. Se conduire en fourbe, comme l'avocat Patelin.

PATELINEUR, EUSE, s. et adj. Fourbe qui prend un ton doucereux, insinuant, qui pateline.

PATELLE, s. f. Lépas, genre de coquilles univalves. T. d'hist. nat.

PATELLITE, s. f. Coquille fossile. T. d'hist. nat.

PATÈNE, s. f. Vase sacré en forme de petite assiette, qui sert à couvrir le calice.

PATENÔTRE, s. f. Prière qu'on apprend aux enfans, le pater; toute autre prière. —, grain de chapelet. Dire ses —, le chapelet tout entier. —, ornement d'architecture en forme de chapelet. —, liége pour soutenir un filet sur l'eau. T. de pêch.

PATENÔTRERIE, s. f. Commerce de chapelets.

PATENÔTRIER, s. m. Fabricant et marchand de chapelets.

PATENT, E, adj. Revêtu du grand sceau, en bonne forme; lettres-patentes. Acquit —, brevet portant gratification d'une somme, et servant d'acquit au porteur.

PATENTABLE, adj. Soumis au droit de patente; qui peut y être imposé.

PATENTE, s. f. Sorte de brevet délivré par le receveur des contributions, aux marchands et autres personnes que les lois de finances obligent à payer un impôt, à raison de leur commerce ou de leur industrie. —, pl. Lettres accordées par le roi, par une université.

PATENTÉ, E, part. Soumis au droit de patente. —, s. et adj. Pourvu d'une patente.

PATENTER, v. a. Soumettre au droit de patente, délivrer une patente.

PATER, s. m. (mot latin). Oraison dominicale. —, gros grain d'un chapelet sur lequel on dit cette oraison.

PÂTER, v. a. Coller le cuir avec une colle-pâte. —, v. n. Enlever la terre avec ses pattes, en parlant du lièvre. T. de véner.

PATER (St.-), s. m. Com. du dép. de la Sarthe, chef-lieu de cant. de l'arr. de Mamers. Bur. d'enregist. à Fresnay. = Alençon.

PATÈRE, s. f. Vase très ouvert dont se servaient les anciens, pour les sacrifices. —, ornement qui imite ce vase.

PATERNE (St.-), s. m. Com. du dép. d'Indre-et-Loire, cant. de Neuvy-le-Roi, arr. de Tours. = Château-du-Loir.

PATERNEL, LE, adj. Tel qu'il convient à un père; tendresse paternelle. —, du côté du père; bien paternel.

PATERNELLEMENT, adv. D'une manière paternelle, en bon père.

PATERNITÉ, s. f. Titre, état, qualité de père.

PATERSONE, s. f. Genre de plantes iridées. T. de bot.

PATET (le), s. m. Com. du dép. du Jura, cant. et arr. de St.-Claude. = St.-Claude.

PÂTEUX, EUSE, adj. Qui n'est pa assez cuit; pain pâteux. —, de la nature de la pâte; fruit pâteux. —, empâté, plein d'une humidité épaisse; bouche pâteuse. Liqueur —, épaisse.

PATHÉTIQUE, s. m. Elocution vive, animée, qui remue l'ame, qui fait naître la pitié, captive l'attention et subjugue la volonté. —, adj. Qui émeut les passions; véhément, naturel, énergique, expressif, touchant. Nerfs —, nerfs de la quatrième paire cérébrale, qui se distribuent au muscle trochléateur, lequel muscle, par un mouvement qu'il fait faire au globe de l'œil, exprime un sentiment tendre et passionné. T. d'anat.

PATHÉTIQUEMENT, adv. D'une manière pathétique.

PATHÉTISME, s. m. Art d'émouvoir l'auditeur, de captiver son attention.

PATHOGÉNÉSIE, s. f. Partie de la médecine qui traite de l'origine des maladies, de leurs principes, de leurs causes.

PATHOGNOMONIQUE, adj. Se dit des signes caractéristiques des maladies. T. de méd.

PATHOLOGIE, s. f. Traité analytique sur la nature des maladies, leurs causes, leurs symptômes, etc. T. de méd.

PATHOLOGIQUE, adj. Qui concerne la pathologie. T. de méd.

PATHOS, s. m. Bouffissure, enflure de style.

PATHUS (St.-), s. m. Com. du dép. de Seine-et-Marne, cant. de Dammartin, arr. de Meaux. = Dammartin.

PATIBULAIRE, s. m. Gibet. —, particularités qui concernent les suppliciés. —, adj. Qui appartient au gibet. Mine —, d'un voleur, digne de la potence.

PATIEMMENT, adv. Avec patience.

PATIENCE, s. f. Vertu qui donne le courage de supporter avec calme et sans murmure, les chagrins de l'adversité, la douleur, les injures, les travers d'autrui, les contrariétés, le mal, en général. —, attente paisible; prendre patience. —, plante vivace, dont la racine est employée en médecine. T. de bot. —, interj. Attendez; sorte de menace.

PATIENT, s. m. Condamné qu'on est sur le point d'exécuter, qui attend le supplice. —, malade sur lequel on pratique une opération chirurgicale. —, sujet sur lequel on agit. T. de philos.

PATIENT, E, adj. Qui est doué de patience, en général; qui attend patiemment, qui supporte les défauts d'autrui. —, qui reçoit l'impression d'un agent physique. T. didact.

PATIENTER, v. n. Prendre patience; souffrir, attendre patiemment.

PATIME, s. f. Plante de la Guiane. T. de bot.

PATIN, s. m. Ancien soulier de femme, très élevé. —, chaussure garnie de fer, qui s'adapte au soulier à l'aide de courroies, pour glisser sur la glace. —, ais qui sert de base. T. de charp.

PATINE, s. f. Couleur brillante du vert-de-gris sur le cuivre, dont sont composés les monumens antiques.

PATINÉ, E, part. Manié indiscrètement. T. fam.

PATINER, v. a. Manier indiscrètement. T. fam. —, v. n. Glisser sur la glace avec des patins.

PATINEUR, s. m. Jeune homme qui patine; galant d'une espèce-particulière, qui exprime sa tendresse par de grossiers attouchemens. T. fam.

PATINGES, s. f. Com. du dép. du Cher, cant. de la Guerche, arr. de St.-Amand. = Nevers.

PÂTIR, v. n. Souffrir; être plongé dans la misère, végéter, endurer la faim, être en proie à la douleur. —, éprouver du dommage, des pertes, etc. —, être puni.

PATIRA, s. m. Pécari, quadrupède de l'Amérique méridionale, espèce de cochon. T. d'hist. nat.

PATIRICH, s. m. Guêpier de l'île de Madagascar. T. d'hist. nat.

PÂTIS, s. m. Pâturage où l'on mène paître les bestiaux.

PÂTISSER, v. n. Faire de la pâtisserie.

PÂTISSERIE, s. f. Pâte dont le beurre est le principal assaisonnement; pâté, gâteau, tourte, etc. —, profession, commerce du pâtissier.

PÂTISSIER, ÈRE, s. Celui, celle qui fait et vend de la pâtisserie.

PATISSOLE, s. f. Etoffe de soie de la Chine.

PÂTISSOIRE, s. f. Table à rebords sur laquelle on fait la pâtisserie.

PATOIS, s. m. Langage particulier à un pays; jargon inintelligible des paysans de certaines provinces.

PATOLLES, s. f. pl. Etoffes de soie de Surate.

PÂTON, s. m. Boulette de pâte pour engraisser la volaille. —, morceau de cuir avec lequel on renforce le bout d'un soulier. T. de cordon. —, amas de pâte qui forme une grosseur dans le papier. T. de pap. —, motte de terre. T. de potier.

PATORÉALE, s. f. Canard du Chili, à crête rouge sur le bec.

PATORNAY, s. m. Com. du dép. du Jura, cant. de Clairvaux, arr. de Lons-le-Saulnier. = Lons-le-Saulnier.

PATOUILLE, s. f. Machine pour séparer la terre du minerai, dans les forges.

PATOUILLET, s. m. Machine hydraulique pour dégager le minerai de ses parties terreuses.

PATOUILLEUSE, adj. f. Trop agitée pour des canots et de légères embarcations; mer patouilleuse.

PATRAQUE, s. f. Machine grossièrement faite ou dont les ressorts sont usés. —, personne maladive, dont la santé est affaiblie, qui est souvent dérangée. Fig. et fam.

PATRAS, s. m. Ville maritime de Grèce, dans la Morée, à quatre lieues de Lépante. Cette ville fortifiée, et résidence d'un archevêque grec, était bien peuplée et très commerçante; mais elle a beaucoup souffert dans la dernière guerre.

PATRAT ou **PÈRE PATRAT**, s. m. Chef des féciaux, dans l'ancienne Rome.

PÂTRE, s. m. Pasteur, berger, gardien de troupeaux.

PATRES (ad), mots latins qui signifient vers ses pères. Aller ad —, mourir. Envoyer ad —, tuer, être cause de la mort.

PATRIARCAL, E, adj. Qui appartient au patriarche, à la dignité, à la simplicité des mœurs des patriarches de l'ancien Testament; vie patriarcale.

PATRIARCAT, s. m. Dignité du patriarche.

PATRIARCHE, s. m. Personnage vénéré de l'ancien Testament, chef d'une nombreuse famille qu'il édifiait par la pureté de ses mœurs et la sagesse de ses conseils, type de la souveraineté de droit divin. —, premier évêque grec; titre de dignité de quelques évêques. —, fondateur d'un ordre religieux; doyen d'une profession. —, vieillard respectable vivant comme les anciens patriarches, au milieu d'une famille nombreuse dont le ciel bénit les travaux. Fig.

PATRICE, s. m. Dignité de l'empire romain, instituée par l'empereur Constantin.

PATRICE (St.-), s. m. Com. du dép. d'Indre-et-Loire, cant. de Langeais, arr. de Chinon. = Langeais.

PATRICE-DE-CLAIDS (St.-), s. m. Com. du dép. de la Manche, cant. de Lessay, arr. de Coutances. = Périers.

PATRICE-DU-DÉSERT (St.-), s. m. Com. du dép. de l'Orne, cant. de Carrouges, arr. d'Alençon. = la Ferté-Macé.

PATRICIAT, s. m. Dignité de patrice.

PATRICIEN, NE, s. et adj. Issu des premiers sénateurs institués par Romulus.

PATRIE, s. f. Pays qu'ont habité nos pères, le sol qu'ils ont cultivé, les lois, les institutions qu'ils ont fondées, la ville, le village qui nous a vu naître, qui a protégé notre enfance. La céleste —, le ciel.

PATRIMOINE, s. m. Bien paternel ou maternel, bien de famille. — de St.-Pierre, partie des états ecclésiastiques donnés à l'église par l'empereur Constantin. Cette province, dont la capitale est Viterbe, est bornée à l'E. par le Tibre, à l'O., par la Méditerranée, et au S. par la campagne de Rome.

PATRIMONIAL, E, adj. Qui vient du père ou de la mère ; bien patrimonial.

PATRIMONIALITÉ, s. f. Nature des biens patrimoniaux. T. inus.

PATRIMONIO, s. m. Com. du dép. de la Corse, cant. de St.-Florent, arr. de Bastia. = Bastia.

PATRIOTE, s. et adj. Citoyen attaché à son pays, dévoué à sa patrie, au maintien de ses droits, de son honneur.

PATRIOTIQUE, adj. Qui distingue le vrai patriote, qui caractérise son dévouement; sentimens patriotiques.

PATRIOTIQUEMENT, adv. D'une manière patriotique, avec le zèle ardent, désintéressé d'un patriote.

PATRIOTISME, s. m. Vertu du patriote, amour de la patrie.

PATRISTIQUE, s. f. Science des événemens qui se rattachent à l'histoire des pères de l'église.

PATRO, s. m. Com. du dép. de la Corse, cant. d'Olmi-et-Capella, arr. de Calvi. = Calvi.

PATROCLE, s. m. Fils de Ménœtius roi des Locriens, l'ami, le compagnon d'Achille, qu'il suivit au siège de Troie. Ce dernier, indigné contre Agamemnon qui lui avait enlevé Briséis, sa captive, voyait avec indifférence les désastres des Grecs poussés par les Troyens jusque dans leurs derniers retranchemens. La flotte grecque étant à la veille d'être incendiée par Hector, les principaux chefs de l'armée argienne essayèrent encore une fois de fléchir la colère du fils de Pélée; mais leurs efforts se brisèrent contre son ressentiment. Cependant Achille permit à Patrocle de se mettre à la tête de ses mirmidons pour combattre les Troyens. Couvert des habits et des armes d'Achille, ce héros sema la terreur parmi les défenseurs de Priam et livra un combat dans lequel il fut tué par Hector. Sa mort, qui forme un des plus intéressans épisodes de l'Iliade, répandit le deuil et la consternation dans l'armée grecque et fut pour Achille une source inépuisable de larmes. Alors il n'hésita plus à reprendre les armes pour venger son ami, et bientôt Hector mordit la poussière. T. de myth. —, coquille univalve. T. d'hist. nat.

PATRON, s. m. Saint dont on porte le nom, sous l'invocation duquel se trouve une église. —, défenseur, protecteur. —, le maître de la maison, le propriétaire d'un esclave. —, prélat ou seigneur qui nommait à un bénéfice. —, commandant des matelots d'une galère ou d'un navire marchand. T. de mar. —, carton découpé pour prendre l'intérieur et les contours sur un plan ; dessin, modèle dont se servent les artisans; patron d'une robe. —, adj. Se dit d'un premier ministre de la cour de Rome; cardinal patron. —, monté par le lieutenant général des galères ; galère patronne.

PATRONAGE, s. m. Droit de nommer à un bénéfice; peinture faite avec des patrons.

PATRONAL, E, adj. Se dit de la fête du saint, du patron d'une église; fête patronale.

PATRONET, s. m. Garçon pâtissier-traiteur. T. fam.

PATRONIMIQUE, adj. m. Commun à tous les descendans d'une race et tiré de celui qui en est le père; nom patronimique.

PATRONNÉ, E, part. Enduit de couleur à l'aide d'un patron.

PATRONNER, v. a. et n. Enduire de couleur au moyen d'un patron évidé. T. de cartier.

PATRONNEUR, s. m. Celui qui fait, arrange les dessins. T. de rubanier.

PATROUILLAGE, s. m. Saleté, gâchis qu'on fait en patrouillant.

PATROUILLE, s. f. Détachement en tournée pour veiller à la sûreté d'un camp, d'une ville; soldats, gardes-nationaux qui forment ce détachement. —, vieux linge mouillé au bout d'une perche pour nettoyer le four ; écouvillon.

PATROUILLÉ, E, part. Manié malproprement. T. fam.

PATROUILLER, v. a. Manier malproprement. —, v. n. Faire patrouille. —, agiter de l'eau bourbeuse. T. fam.

PATROUILLIS, s. m. Patrouillage ; bourbier. T. fam.

PATTE, s. f. Pied des quadrupèdes, des oiseaux, des écrevisses, des insectes.

—, ce qui a la forme d'une patte, pied, base, crochet, etc. — d'ancre, triangle recourbé qui la fait mordre dans la terre. Faire — de velours, retirer ses griffes en donnant la patte; se dit du chat, et fig. d'un hypocrite qui cache sa méchanceté pour obtenir la bienveillance de quelqu'un. Coup de —, trait vif et mordant. Fig et fam.

PATTÉ, E, adj. Qui a les extrémités en forme de patte. T. de blas.

PATTE-DE-LION, s. f. Plante astringente des Alpes. T. de bot.

PATTE-D'OIE, s. f. Ce qui a la forme d'une patte d'oie. —, point où se réunissent plusieurs allées, plusieurs chemins. —, expansion nerveuse dont les rameaux offrent la figure d'une patte d'oie, au-dessous de l'orbite. T. d'anat.

PATTE-PELU ou PATE-PELU, s. m. Personne fourbe, doucereuse et perfide. T. fam.

PATTIÈRE, s. f. Femme qui fait le triage des chiffons. T. de papet.

PATTU, E, adj. Se dit des pigeons dont les pattes sont couvertes de plume.

PÂTURAGE, s. m. Herbage, prairie où vont paître les bestiaux; droits de pacage.

PÂTURE, s. f. Pacage, herbe donnée aux bestiaux, nourriture des bêtes, en général. —, nourriture de l'homme, et fig. de l'ame, de l'esprit.

PÂTURER, v. n. Paître, prendre sa pâture.

PÂTUREUR, s. m. Cavalier qui mène les chevaux au vert. T. d'art milit.

PATURIN, s. m. Plante du genre des graminées, qui fournit beaucoup de pâture. T. de bot.

PATURON, s. m. Partie de la jambe du cheval entre le boulet et la couronne.

PAU, s. m. Ancienne et jolie ville du dép. des Basses-Pyrénées, chef-lieu de préf.; d'une sous-préf. et de deux cant.; cour royale; trib. de 1re inst. et de comm.; académie universitaire; société d'agric.; ingén. en chef des ponts-et-chaussées; direct. de l'enregist. et des domaines; direct. des contrib. dir. et indir.; conserv. des hypoth.; bur. de garantie des matières d'or et d'argent; recev. part. des fin.; payeur du dép. Bur. d'enregist. et de poste.

Cette ville, généralement bien bâtie et entourée de jolies promenades, est située dans une contrée charmante, sur les ruisseaux de Hédas et de l'Ousse qui s'y réunissent au Gave de Pau. Le château où naquit Henri IV, bâti sur un rocher à pic, baigné par le Gave, est, sans contredit, le plus bel ornement de cette ville. Patrie de Henri IV, de Gaston de Foix, du vicomte d'Orthez qui épargna à la ville de Bayonne les horreurs de la St.-Barthélemy, du général Bernadotte, actuellement roi de Suède. Fabr. de linge de table, mouchoirs, tapis; papeteries, tanneries et teintureries. Comm. de vins de Jurançon, jambons dits de Bayonne; cuisses d'oie; cotons filés et teints; pierres à chaux et calcaires; haras royal.

PAU (St.-), s. m. Com. du dép. de Lot-et-Garonne, cant. de Mezin, arr. de Nérac. = Nérac.

PAUCIFLORE, adj. Qui porte peu de fleurs. T. de bot.

PAUCIRADIÉ, E, adj. Qui a peu de rayons. T. de bot.

PAUCITÉ, s. f. Petite quantité, petit nombre.

PAUCOURT, s. m. Com. du dép. du Loiret, cant. et arr. de Montargis. = Montargis.

PAUCRAIN ou PAUCRIN, s. m. Portefaix, dans les ports de mer.

PAUDY, s. m. Com. du dép. de l'Indre, cant. et arr. d'Issoudun. = Issoudun.

PAUILHAC, s. m. Com. du dép. du Gers, cant. de Fleurance, arr. de Lectoure. = Fleurance.

PAUILLAC, s. m. Com. du dép. de la Gironde, chef-lieu de cant. de l'arr. de Lesparre. Bur. d'enregist. et de poste.

Ce village possède un port important sur la rive gauche de la Gironde, où l'on embarque les excellens vins de Médoc.

PAUL (St.-), s. m. Com. du dép. des Basses-Alpes, chef-lieu de cant. de l'arr. de Barcelonnette. Bur. d'enregist. = Barcelonnette.

PAUL (St.-), s. m. Com. du dép. du Cantal, cant. de Salers, arr. de Mauriac. = St.-Martin-Valmeroux.

PAUL (St.-), s. m. Com. du dép. de la Charente, cant. de la Rochefoucauld, arr. d'Angoulême. = la Rochefoucauld.

PAUL (St.-), s. m. Com. du dép. de la Charente, cant. et arr. de Barbezieux. = Barbezieux.

PAUL (St.-), s. m. Com. du dép. de la Corrèze, cant. de Laroche-Canillac, arr. de Tulle. = Tulle.

PAUL (St.-), s. m. Com. du dép. de la Haute-Garonne, cant. de Grenade, arr. de Toulouse. = Grenade.

PAUL (St.-), s. m. Com. du dép. de la Gironde, cant. et arr. de Blaye. = Blaye.

PAUL (St.-), s. m. Com. du dép. de l'Oise, cant. d'Auneuil, arr. de Beauvais. = Beauvais.

PAUL (St.-), s. m. Com. du dép. des Hautes-Pyrénées, cant. de Nestier, arr. de Bagnères. = Montrejeau.

PAUL (St.-), s. m. petite ville du dép. des Pyrénées-Orientales, chef-lieu de cant. de l'arr. de Perpignan. Bur. d'enregist. et de poste.

PAUL (St.-), s. m. Com. du dép. du Tarn, chef-lieu de cant. de l'arr. de Lavaur, où se trouvent les bur. d'enregist. et de poste.

PAUL (St.-), s. m. Com. du dép. du Var, cant. de Fayence, arr. de Draguignan. = Draguignan.

PAUL (St.-), s. m. Com. du dép. du Var, cant. de Vence, arr. de Grasse. = Vence.

PAUL (St.-), s. m. Com. du dép. de la Haute-Vienne, cant. de Pierre-Buffière, arr. de Limoges. = Pierre-Buffière.

PAUL (St.-), s. m. Com. du dép. des Vosges, cant. de Châtenois, arr. de Neufchâteau. = Neufchâteau.

PAUL-AUX-BOIS (St.-), s. m. Com. du dép. de l'Aisne, cant. de Coucy-le-Château, arr. de Laon. = Chauny.

PAUL-DE-BAISE (St.-), s. m. Com. du dép. du Gers, cant. de Valence, arr. de Condom. = Vic-Fezensac.

PAUL-DE-COURTONNE (St.-), s. m. Com. du dép. du Calvados, cant. d'Orbec, arr. de Lisieux. = Orbec.

PAUL-DE-FOURQUES (St.-), s. m. Com. du dép. de l'Eure, cant. de Brionne, arr. de Bernay. = Brionne.

PAUL-DE-JARRAT (St.-), s. m. Com. du dép. de l'Ariège, cant. et arr. de Foix. = Foix.

PAUL-DE-LA-HAYE (St.-), s. m. Com. du dép. de l'Eure, cant. de Routot, arr. de Pont-Audemer. = Bourg-Achard.

PAUL-D'ÉPERCIEUX (St.-), s. m. Com. du dép. de la Loire, cant. de Feurs, arr. de Montbrison. = Feurs.

PAUL-DES-BURGES (St.-), s. m. Village du dép. de Tarn-et-Garonne, cant. de Lauzerte, arr. de Moissac. = Lauzerte.

PAUL-DE-SERRE (St.-), s. m. Com. du dép. de la Dordogne, cant. de Vergt, arr. de Périgueux. = Neuvic.

PAUL-DES-LANDES (St.-), s. m. Com. du dép. du Cantal, cant. et arr. d'Aurillac. = Aurillac.

PAUL-D'ESPIS (St.-), s. m. Com. du dép. de Tarn-et-Garonne, cant. et arr. de Moissac. = Moissac.

PAUL-DES-SABLONS (St.-), s. m. Com. du dép. de la Manche, cant. de Barneville, arr. de Valognes. = Valognes.

PAUL-DE-TARTAS (St.-), s. m. Com. du dép. de la Haute-Loire, cant. de Pradelles, arr. du Puy. = le Puy.

PAUL-DE-VARAX (St.-), s. m. Com. du dép. de l'Ain, cant. de Chalamont, arr. de Trévoux. = Châtillon-les-Dombes.

PAUL-DE-VARCES (St.-), s. m. Com. du dép. de l'Isère, cant. de Vif, arr. de Grenoble. = Grenoble.

PAUL-DE-VEZELIN (St.-), s. m. Com. du dép. de la Loire, cant. de St.-Germain-Laval, arr. de Roanne. = Roanne.

PAUL-D'IZEAUX (St.-), s. m. Com. du dép. de l'Isère, cant. de Tullins, arr. de St.-Marcellin. = Tullins.

PAUL-D'OUEILH (St.-), s. m. Com. du dép. de la Haute-Garonne, cant. de Bagnères-de-Luchon, arr. de St.-Gaudens. = Bagnères-de-Luchon.

PAUL-DU-BOIS (St.-), s. m. Com. du dép. de Maine-et-Loire, cant. de Vihiers, arr. de Saumur. = Vihiers.

PAUL-DU-VERNAY (St.-), s. m. Com. du dép. du Calvados, cant. de Balleroy, arr. de Bayeux. = Balleroy.

PAUL-D'UZORE (St.-), s. m. Com. du dép. de la Loire, cant. et arr. de Montbrison. = Montbrison.

PAULE, s. f. Petite monnaie d'Italie, d'environ 10 sous, 50 centimes.

PAULE, s. f. Com. du dép. des Côtes-du-Nord, cant. de Mael-Carhaix, arr. de Guingamp. = Rostrenen.

PAULE (Ste.-), s. f. Com. du dép. du Rhône, cant. de Bois-d'Oingt, arr. de Villefranche. = Villefranche-sur-Saône.

PAULEL, s. m. Com. du dép. de la Haute-Garonne, cant. de Verfeil, arr. de Toulouse. = Toulouse.

PAUL-EN-BORN (St.-), s. m. Com. du dép. des Landes, cant. de Mimizan, arr. de Mont-de-Marsan. = Lipostey.

PAUL-EN-CORNILLON (St.-), s. m. Com. du dép. de la Loire, cant. de Chambon, arr. de St.-Etienne. = St.-Etienne.

PAUL-EN-GATINE (St.-), s. m. Com. du dép. des Deux-Sèvres, cant. de Moncoutant, arr. de Parthenay. = Parthenay.

PAUL-EN-JARRET (St.-), s. m. Com. du dép. de la Loire, cant. de Rive-de-Gier, arr. de St.-Etienne. = St.-Chamond. Fabr. de crêpes; filatures de soie, fonderie et clouterie.

PAUL-EN-PAREDS (St.-), s. m. Com.

du dép. de la Vendée, cant. des Herbiers, arr. de Bourbon-Vendée. = les Herbiers.

PAULET (St.-), s. m. Com. du dép. de l'Aude, cant. et arr. de Castelnaudary. = Castelnaudary.

PAULET-DE-CAISSON (St.-), s. m. Com. du dép. du Gard, cant. du Pont-St.-Esprit, arr. d'Uzès. = le Pont-St.-Esprit.

PAULETTE, s. f. Droits annuels qu'on payait au Roi, pour conserver la faculté de vendre certains offices de judicature et de finance.

PAULETTER, v. n. Payer la paulette. (Vi.)

PAULHAC, s. m. Com. du dép. du Cantal, cant. et arr. de St.-Flour. = St.-Flour.

PAULHAC, s. m. Com. du dép. de la Haute-Garonne, cant. de Montastruc, arr. de Toulouse. = Toulouse.

PAULHAC, s. m. Com. du dép. de la Haute-Loire, cant. et arr. de Brioude. = Brioude.

PAULHAC, s. m. Com. du dép. de la Lozère, cant. de Malzieu, arr. de Marvejols. = Marvejols.

PAULHAGUET, s. m. Petite ville du dép. de la Haute-Loire, chef-lieu de cant. de l'arr. de Brioude. Bur. d'enregist. = Brioude.

PAULHAN, s. m. Com. du dép. de l'Hérault, cant. de Clermont, arr. de Lodève. = Clermont-Lodève.

PAULHENC, s. m. Com. du dép. du Cantal, cant. de Pierrefort, arr. de St.-Flour. = St.-Flour.

PAULHIAC, s. m. Com. du dép. de Lot-et-Garonne, cant. de Monflanquin, arr. de Villeneuve. = Monflanquin.

PAULIAC, s. m. Village du dép. du Lot, cant. de Bretenoux, arr. de Figeac. = Figeac.

PAULIEN (St.-), s. m. Com. du dép. de la Haute-Loire, chef-lieu de cant. de l'arr. du Puy. Bur. d'enregist. = le Puy.

PAULIGNE, s. f. Com. du dép. de l'Aude, cant. et arr. de Limoux. = Limoux.

PAULIN, s. m. Com. du dép. de la Dordogne, cant. de Salignac, arr. de Sarlat. = Sarlat.

PAULIN, s. m. Com. du dép. du Tarn, cant. d'Alban, arr. d'Albi. = Albi.

PAUL-LA-COSTE (St.-), s. m. Com. du dép. du Gard, cant. et arr. d'Alais. = Alais.

PAUL-LA-ROCHE (St.-), s. m. Com. du dép. de la Dordogne, cant. de Jumillac-le-Grand, arr. de Nontron. = Nontron.

PAUL-LE-FROID (St.-), s. m. Com. du dép. de la Lozère, cant. de Grandrieu, arr. de Mende. = Langogne.

PAUL-LE-GAUTHIER (St.-), s. m. Com. du dép. de la Sarthe, cant. de Fresnay, arr. de Mamers. = Fresnay-le-Vicomte.

PAUL-LÈS-DAX (St.-), s. m. Com. du dép. des Landes, cant. et arr. de Dax. = Dax.

PAUL-LÈS-DURANCE (St.-), s. m. Com. du dép. des Bouches-du-Rhône, cant. de Peyrolles, arr. d'Aix. = Aix.

PAUL-LÈS-MONESTIER (St.-), s. m. Com. du dép. de l'Isère, cant. de Monestier-de-Clermont, arr. de Grenoble. = Grenoble.

PAUL-LÈS-ROMANS (St.-), s. m. Com. du dép. de la Drôme, cant. de Romans, arr. de Valence. = Romans.

PAULLINIE, s. f. Plante de la famille des saponacées. T. de bot.

PAUL-LISONNE (St.-), s. m. Com. du dép. de la Dordogne, cant. de Verteillac, arr. de Ribérac. = Ribérac.

PAULMÉRY, s. m. Com. du dép. de l'Indre, cant. de Valançay, arr. de Châteauroux. = Selles-sur-Cher.

PAUL-MONT-PENIT (St.-), s. m. Com. du dép. de la Vendée, cant. de Palluau, arr. des Sables-d'Olonne. = Palluau.

PAULMY, s. m. Com. du dép. d'Indre-et-Loire, cant. de Pressigny-le-Grand, arr. de Loches. = la Haye-Descartes.

PAULNAY, s. m. Com. du dép. de l'Indre, cant. de Mézières-en-Brenne, arr. du Blanc. = Châtillon-sur-Indre.

PAUL-SUR-RISLE (St.-), s. m. Com. du dép. de l'Eure, cant. et arr. de Pont-Audemer. = Pont-Audemer.

PAUL-SUR-SARTHE, s. m. Com. du dép. de la Sarthe, cant. de Fresnay, arr. de Mamers. = Mamers.

PAUL-TROIS-CHÂTEAUX (St.-), s. m. Petite ville du dép. de la Drôme, cant. de Pierrelatte, arr. de Montélimar. = Pierrelatte. Comm. de vins, d'huile d'olives et de soie.

PAUL-VALMALLE (St.-), s. m. Com. du dép. de l'Hérault, cant. d'Aniane, arr. de Montpellier. = Montpellier.

PAULX, s. m. Com. du dép. de la Loire-Inférieure, cant. de Machecoul, arr. de Nantes. = Machecoul.

PAUME, s. f. Le dedans de la main. —, mesure d'environ trois pouces, hauteur du poing fermé. —, jeu de balle avec des raquettes.

PAUMÉ, E, part. Empaumé.

PAUMELLE, s. f. Espèce d'orge ; lisière de drap dont le cordier se sert pour filer. —, morceau de bois dentelé qui sert aux corroyeurs. — ou Moquette, machine qui soutient l'appelant. T. d'oisel. —, pl. Pentures de portes légères.

PAUMER, v. a. Empaumer. — la gueule, donner un coup de poing sur la face. T. fam.

PAUMET, s. m. Dé à coudre la voile. T. de mar.

PAUMIER, s. m. Maître d'un jeu de paume. —, raquetier, artisan qui fait des raquettes de paume.

PAUMILLON, s. m. Partie de la charrue. T. d'agric.

PAUMURE, s. f. Endroit où le bois d'un cerf va se partager en rameaux. T. de véner.

PAUNAC, s. m. Village du dép. du Lot, cant. de Martel, arr. de Gourdon. = Martel.

PAUNAT, s. m. Com. du dép. de la Dordogne, cant. de St.-Alvère, arr. de Bergerac. = le Bugue.

PAUPÉRISME, s. m. Etat de pauvreté d'un grand nombre de sujets anglais, qu'on entretient au moyen d'une taxe ; pauvres à la charge du public.

PAUPIÈRE, s. f. Voile membraneux qui couvre le globe de l'œil, et qui le met à couvert des corps étrangers pendant le sommeil. Fermer la —, s'endormir ou mourir. —, poisson du genre du persègue. T. d'hist. nat.

PAUPOIRE, s. f. Plaque de fonte sur laquelle on aplatit le cul des bouteilles. T. de verr.

PAUSAIRE, s. m. Bas officier de galère qui faisait voguer la chiourme.

PAUSANIES, s. f. pl. Jeux qu'on célébrait à Sparte. T. d'antiq.

PAUSE, s. f. Suspension, cessation momentanée d'une action. —, intervalle de temps, de silence. T. de mus. —, endroit d'une cloche où frappe le battant. T. de fond. —, bateau russe, large et plat. T. de mar.

PAUSER, v. a. Appuyer sur une syllabe en chantant.

PAUSICARPE, s. m. Cylindre creux et étroit dans lequel on enfermait un criminel, dans Athènes. —, muselière qu'on mettait aux chevaux et quelquefois aux esclaves. T. d'antiq.

PAUSSAC, s. m. Com. du dép. de la Dordogne, cant. de Montagrier, arr. de Ribérac. = Bourdeilles.

PAUSSILES, s. m. pl. Coléoptères tétramères. T. d'hist. nat.

PAUSSUS, s. m. Insecte coléoptère paussile. T. d'hist. nat.

PAUTAINES, s. f. Com. du dép. de la Haute-Marne, cant. de Donjeux, arr. de Vassy. = Joinville.

PAUTKAS, s. m. Toile de coton des Indes.

PAUVRE, s. et adj. Indigent, qui manque du nécessaire. —, mendiant. —, chétif, mauvais en son genre ; pauvre auteur. —, se dit pour exprimer la douleur, la plainte, la compassion, la pitié, le mépris, etc. Homme —, dans l'indigence. — homme, homme crédule, simple, naïf, sans énergie, sans mérite. Langue —, qui manque de mots pour exprimer ses pensées.

PAUVRE, s. m. Com. du dép. des Ardennes, cant. de Machault, arr. de Vouziers. = Vouziers.

PAUVREMENT, adv. Dans la pauvreté, l'indigence ; d'une manière pauvre, médiocre.

PAUVRESSE, s. f. Femme pauvre, qui mendie. T. fam.

PAUVRET, TE, adj. Diminutif de pauvre.

PAUVRETÉ, s. f. Divinité allégorique, fille du Luxe et de l'Oisiveté, mère de l'Industrie et des Beaux-Arts. On la représente mal vêtue, avec une figure pâle, ou, semblable à une furie affamée, farouche, et livrée au désespoir. T. de myth. —, manque de biens, des choses nécessaires à la vie, indigence. —, défaut d'abondance ; pauvreté des moissons. —, action ou parole basse, sottise, platitude. Fig. et fam.

PAUXI, s. m. Espèce de hocco noir. T. d'hist. nat.

PAVACE (St.-), s. m. Com. du dép. de la Sarthe, cant. et arr. du Mans. = le Mans.

PAVAGE, s. m. Ouvrage du paveur.

PAVAME, s. m. Bois de cannelle, arbre d'Amérique. T. de bot.

PAVANE, s. f. Ancienne danse grave.

PAVANER (se), v. pron. Marcher d'une manière fière, superbe.

PAVANT, s. m. Com. du dép. de l'Aisne, cant. de Charly, arr. de Château-Thierry. = Charly.

PAVATE, s. m. Arbrisseau des Indes. T. de bot.

PAVÉ, s. m. Grès taillé, pierre cube pour paver. —, rue, chemin pavé. Etre sur le —, sans asile, sans ressource. Fig. et fam. Le haut du —, le premier rang.

PAVÉ, E, part. Couvert, revêtu de

pavés; rue pavée. Gosier —, à l'épreuve des liqueurs fortes, des alimens chauds.

PAVECHEUR ou PAVESSIER, s. m. Soldat d'une ancienne milice armée de pavois.

PAVEMENT, s. m. Action de paver; ouvrage du paveur.

PAVER, v. a. et n. Couvrir, revêtir de pavés.

PAVESADE, s. f. Toile tendue sur un vaisseau pendant le combat, pour cacher à l'ennemi les mouvemens intérieurs. T. de mar.

PAVEUR, s. m. Ouvrier qui pave les rues, les routes.

PAVEZIN, s. m. Com. du dép. de la Loire, cant. de Rive-de-Gier, arr. de St.-Etienne.=St.-Chamond. Clouteries.

PAVIE, s. f. Ville épiscopale d'Italie, dans le Milanais, sur le Tésin, à 7 lieues S. de Milan. —, sorte de pêche qui tient à son noyau.

PAVIE, s. f. Com. du dép. du Gers, cant. et arr. d'Auch. = Auch.

PAVIER, s. m. Bord du vaisseau qui sert de garde-fou. —, pl. Voy. PAVESADE.

PAVILLON, s. m. Sorte de tente carrée ou ronde, terminée en pointe par le haut; corps de bâtiment qui en a la forme. —, tour de lit plissé par le haut et suspendu; tour d'étoffe sur le tabernacle, sur le ciboire. —, extrémité évasée d'une trompette, d'un cor, etc.; enseigne, drapeau; étendard attaché au mât d'un vaisseau. —, ancienne monnaie d'or française. —, enveloppe des armoiries d'un souverain. —, extrémité d'un canal, d'une cavité; pavillon de la trompe. T. d'anat. — d'orange, coquille univalve. T. d'hist. nat. —, pl. Faces inférieures d'un diamant. T. de lapidaire.

PAVILLON (le), s. m. Com. du dép. de l'Aube, cant. et arr. de Troyes. = Troyes.

PAVILLONNÉ, E, adj. Dont le pavillon est d'un émail différent. T. de blas.

PAVILLY, s. m. Com. du dép. de la Seine-Inférieure, chef-lieu de cant. de l'arr. de Rouen. Bur. d'enregist. = Barentin. Fabr. de toiles; papeteries. Comm. de grains, lin, volailles, etc.

PAVIN-DES-CHAMPS, s. m. Com. du dép. de la Sarthe, cant. et arr. du Mans. = le Mans.

PAVOIS, s. m. Sorte de grand bouclier. —, pavesade qu'on déploie dans un jour de combat ou de réjouissance. T. de mar. —, patelle alongée; oursin aplati. T. d'hist. nat.

PAVOISÉ, E, part. Garni de pavois. T. de mar.

PAVOISER, v. a. Garnir de pavois. T. de mar.

PAVONAZZO, s. m. Sorte de marbre.

PAVONE, s. f. Polypier à rayons. T. d'hist. nat. —, plante de la famille des malvacées. T. de bot.

PAVONITES, s. f. pl. Polypiers fossiles. T. d'hist. nat.

PAVOT, s. m. Plante annuelle, soporifique, à fleurs rosacées, dont on extrait l'opium. — épineux, argémone, plante d'Amérique. —, symbole du sommeil; attribut de plusieurs dieux, et particulièrement de Morphée. T. de myth.

PAXILOMME, s. m. Insecte hyménoptère. T. d'hist. nat.

PAYABLE, adj. Qui doit être payé à certaine époque.

PAYANT, E, s. et adj. L'amphitryon, celui qui paie la carte, le dîner, qui défraie les autres.

PAYE ou PAIE, s. f. Solde des troupes. —, salaire. —, débiteur; bonne, mauvaise paye. Haute —, morte —, voy. ces mots.

PAYÉ, E, part. Acquitté, en parlant d'une dette.

PAYELLES, s. f. pl. Grandes chaudières, pour raffiner le sel.

PAYEMENT ou PAIEMENT, s. m. Action de payer; somme payée. —, salaire.

PAYER, v. a. Acquitter une dette; faire la solde, la paye, donner le salaire. —, récompenser, reconnaître un service; punir. Fig. —, v. n. S'acquitter envers ses créanciers, se libérer de ses dettes; solder un compte. — de sa personne, s'exposer, se mettre en avant dans une occasion périlleuse. — le tribut à la nature, mourir. — les violons, faire les frais d'une entreprise dont les autres ont le profit. — d'ingratitude, trahir son bienfaiteur. Se —, v. pron. Retenir le montant d'une créance sur l'argent qu'on a entre les mains. Se — de quelque chose, s'en contenter. Se — d'une défaite, feindre d'y croire.

PAYEUR, EUSE, s. Celui, celle qui paie, qui doit payer; officier payeur.

PAYNS, s. m. Com. du dép. de l'Aube, cant. et arr. de Troyes. = Troyes.

PAYRA, s. f. Com. du dép. de l'Aude, cant. de Salles-sur-l'Hers, arr. de Castelnaudary. = Castelnaudary.

PAYRAUD, s. m. Com. du dép. de l'Ardèche, cant. de Ferrières, arr. de Tournon. = le Péage.

PAYRÉ, s. m. Com. du dép. de la Vienne, cant. de Couhé, arr. de Civray. = Couhé.

PAYRÉ-SUR-VENDÉE, s. m. Com. du dép. de la Vendée, cant. de St.-Hilaire-sur-l'Autise, arr. de Fontenay. = Fontenay.

PAYROLLE, s. m. Arbrisseau de la Guiane. T. de bot.

PAYROS, s. m. Com. du dép. des Landes, cant. de Geaune, arr. de St.-Sever. = St.-Sever.

PAYROUX, s. m. Com. du dép. de la Vienne, cant. de Charroux, arr. de Civray. = Civray.

PAYS, s. m. Région, contrée, province; lieu de naissance, patrie. —, compatriote. T. fam. — de Cocagne, où règne l'abondance. Faire voir du —, susciter des embarras, des démarches. Etre de son —, être novice, facile à duper. Fig. et fam.

PAYSAC, s. m. Com. du dép. de l'Ardèche, cant. de Joyeuse, arr. de Largentière. = Joyeuse.

PAYSAGE, s. m. Etendue de pays qui offre un seul aspect. —, genre de peinture qui a pour objet la perspective, dessin, tableau représentant un site, la vue d'une campagne.

PAYSAGISTE, s. m. Artiste qui peint le paysage.

PAYSAN, NE, s. Villageois, campagnard qui manque d'usage, de politesse. A la —, en paysan. —, pl. Villageois changés en grenouilles par Jupiter, pour avoir refusé à Latone un peu d'eau qu'elle leur demandait pour se désaltérer. T. de myth.

PAYSANNERIE, s. f. Classe des paysans. —, pièce de théâtre dont les acteurs sont des paysans. T. inus.

PAYSSOUS, s. m. Com. du dép. de la Haute-Garonne, cant. de St.-Bertrand, arr. de St.-Gaudens. = St.-Gaudens.

PAZANNE (Ste.-), s. f. Com. du dép. de la Loire-Inférieure, cant. de Pellerin, arr. de Paimbœuf. = Machecoul.

PAZAYAC, s. m. Com. du dép. de la Dordogne, cant. de Terrasson, arr. de Sarlat. = Terrasson.

PAZIOLS, s. m. Com. du dép. de l'Aude, cant. de Tuchan, arr. de Carcassonne. = la Grasse.

PAZY, s. m. Com. du dép. de la Nièvre, cant. de Corbigny, arr. de Clamecy. = Corbigny.

PÉ, s. m. Montant d'osier dans les paniers. Voy. PEX.

PÉ (St.-), s. m. Com. du dép. des Hautes-Pyrénées, chef-lieu de cant. de l'arr. d'Argelès. Bur. d'enregist. à Lourdes. = Argelès. Fabr. de toiles, mouchoirs, peignes, etc.

PÉ (Notre-Dame du), s. m. Com. du dép. de la Sarthe, cant. de Sablé, arr. de la Flèche. = Sablé.

PÉAGE, s. m. Droit pour un passage; bureau de perception de ce droit.

PÉAGE (le), s. m. Com. du dép. de l'Isère, cant. de Roussillon, arr. de Vienne. Bur. de poste.

PÉAGER, s. m. Receveur du péage.

PÉAS, s. m. Com. du dép. de la Marne, cant. de Sézanne, arr. d'Epernay. = Sézanne.

PEAU, s. f. Derme, cuir, enveloppe extensible et très élastique qui contient tous les organes, et figure toutes les parties extérieures du corps de l'homme ou de l'animal. —, enveloppe des végétaux, des fruits charnus; pellicule, croûte légère à la superficie de certaines choses. Enrager dans sa —, n'oser témoigner sa mauvaise humeur. Fig. et fam. Craindre pour sa —, être poltron.

PEAUGRES, s. m. Com. du dép. de l'Ardèche, cant. de Ferrières, arr. de Tournon. = Annonay.

PÉAULE, s. m. Com. du dép. du Morbihan, cant. de Questembert, arr. de Vannes. = la Roche-Bernard.

PÉAULT, s. m. Com. du dép. de la Vendée, cant. de Mareuil, arr. de Bourbon-Vendée. = Luçon.

PEAUSSERIE, s. f. Apprêt et commerce de peaux.

PEAUSSIER, s. m. Artisan qui prépare les peaux et les vend. —, s. et adj. m. Muscle très mince, fortement attaché à la peau, qui couvre tout le devant du cou depuis les clavicules jusqu'au menton. T. d'anat.

PEAUTRE, s. m. Gouvernail. (Vi.) Envoyer au —, chasser.

PEAUTRÉ, E, adj. Se dit de poissons dont la queue est d'un autre émail que le corps. T. de blas.

PÉBÉES, s. f. Com. du dép. du Gers, cant. de Samatan, arr. de Lombez. = Lombez.

PÉBRAC, s. m. Com. du dép. de la Haute-Loire, cant. de Langeac, arr. de Brioude. = Langeac.

PEC, adj. m. En caque et fraîchement salé; hareng pec.

PÉCARI, s. m. Cochon sauvage de l'Amérique méridionale.

PECCABLE, adj. Capable de pécher.

PECCADILLE, s. f. Petit péché, faute légère.

PECCANT, E, adj. Se disait autrefois de la prétendue acrimonie ou altération de certains fluides; humeur peccante. T. de méd.

PECCATA, s. m. Âne dans les combats d'animaux. T. fam.

PECCAVI, s. m. (mot latin). Contrition sincère, aveu de ses péchés avec repentir.

PECH (le), s. m. Com. du dép. de l'Ariège, cant. de Cabannes, arr. de Foix. = Tarascon-sur-Ariège.

PECHA ou PESSA, s. f. Petite monnaie de l'Inde, valant deux centimes.

PECHABOU, s. m. Com. du dép. de la Haute-Garonne, cant. de Castanet, arr. de Toulouse. = Toulouse.

PECHAIRIC-ET-LE-PY, s. m. Com. du dép. de l'Aude, cant. de Belpech, arr. de Castelnaudary. = Castelnaudary.

PECHAUDIER, s. m. Com. du dép. du Tarn, cant. de Cuq-Toulza, arr. de Lavaur. = Puy-Laurens.

PECHAURIOLE, s. f. Com. du dép. de la Haute-Garonne, cant. et arr. de Toulouse. = Toulouse.

PECHBONNIEU, s. m. Com. du dép. de la Haute-Garonne, cant. et arr. de Toulouse. = Toulouse.

PECHBUSQUE, s. m. Com. du dép. de la Haute-Garonne, cant. de Castanet, arr. de Toulouse. = Toulouse.

PÉCHÉ, s. m. Transgression de la loi divine. — mignon, mauvaise habitude. T. fam.

PÊCHE, s. f. Gros fruit à noyau dont la chair est très délicate et très rafraîchissante. —, art, action, droit de pêcher; poisson qu'on a pêché.

PÊCHÉ, E, part. Pris à la pêche, en parlant du poisson.

PÉCHER, v. n. Transgresser la loi divine; manquer à un devoir, faillir; pécher contre l'honneur. —, n'avoir pas les qualités requises.

PÊCHER, s. m. Arbre à fleurs rosacées qui produit la pêche.

PÊCHER, v. a. Prendre du poisson à la pêche. — en eau trouble, occasionner des désordres pour en profiter. Fig. et fam.

PECHEREAU (le), s. m. Com. du dép. de l'Indre, cant. d'Argenton, arr. de Châteauroux. = Argenton.

PÊCHERIE, s. f. Lieu où l'on a coutume de pêcher, préparé pour la pêche. —, réservoir, boutique où les pêcheurs gardent le poisson.

PÉCHEUR, ERESSE, s. Celui, celle qui commet des péchés, qui est enclin à pécher.

PÊCHEUR, s. m. Marchand de poisson, qui fait métier de pêcher le poisson. —, amateur de la pêche.

PECH-LUNA, s. f. Com. du dép. de l'Aude, cant. de Belpech, arr. de Castelnaudary. = Castelnaudary.

PECHOURSI, s. m. Com. du dép. du Tarn, cant. de Cuq-Toulza, arr. de Lavaur. = Puy-Laurens.

PECHPEYROUS, s. m. Village du dép. du Lot, cant. de Castelnau, arr. de Cahors. = Castelnau.

PÉCHURIN, s. m. Fruit aromatique d'une espèce de laurier.

PÉCHYAGRE, s. f. Goutte fixée à l'articulation du coude.

PÉCILE, s. m. Monument public d'Athènes. T. d'antiq.

PÉCORADE, s. f. Com. du dép. des Landes, cant. de Geaune, arr. de St.-Sever. = St.-Sever.

PÉCORE, s. f. Animal, bête. —, personne sotte, stupide. Fig. et fam.

PECQ (le), s. m. Com. du dép. de Seine-et-Oise, cant. de St.-Germain-en-Laye, arr. de Versailles. = St.-Germain-en-Laye. Fabr. de blanc de plomb, colle-forte, etc.

PECQUE, s. f. Femme sotte et impertinente qui fait l'entendue. T. fam.

PECQUEMENT, s. m. Moût de raisin dans lequel on trempe le maroquin.

PECQUENCOURT, s. m. Com. du dép. du Nord, cant. de Marchiennes, arr. de Douai. = Marchiennes.

PECQUEUSE, s. f. Com. du dép. de Seine-et-Oise, cant. de Limours, arr. de Rambouillet. = Limours.

PECQUEUX, s. m. Com. du dép. de Seine-et-Marne, cant. de Mormant, arr. de Melun. = Mormant.

PECTEN, s. m. (mot latin). Os pubis. T. d'anat. —, sorte de coquillage. T. d'hist. nat. — veneris, sorte de cerfeuil sauvage. T. de bot.

PECTINAIRE, s. f. Genre d'annélides. T. d'hist. nat.

PECTINE, s. f. Fruit de l'île de Ceylan. T. de bot.

PECTINÉ, s. et adj. m. Petit muscle de la cuisse, plat, et plus large en haut qu'en bas, qui s'attache à la partie supérieure de l'os pubis, et descend obliquement vers le petit trochanter. T. d'anat.

PECTINÉ, E, adj. En forme de dents de peigne. T. d'hist. nat.

PECTINIBRANCHES, s. m. pl. Mollusques adélobranches. T. d'hist. nat.

PECTINICORNES, s. m. pl. Papillons.

PECTINIER, s. m. Animal renfermé dans un coquillage nommé peigne. T. d'hist. nat.

PECTINITES, s. f. pl. Peignes fossiles. T. d'hist. nat.

PECTIS, s. m. Genre de plantes corymbifères. T. de bot.

PECTORAL, s. m. Ornement brodé que le grand prêtre des Juifs portait sur sa poitrine.

PECTORAL, E, adj. Qui appartient à la poitrine. —, favorable dans les affections de poitrine; sirop pectoral. —, qui se porte sur la poitrine; croix pectorale.

PECTORAUX, s. m. pl. Poissons thoraciques. T. d'hist. nat.

PECTORILOQUE, s. m. Celui qui présente le phénomène de la pectoriloquie. T. de méd.

PECTORILOQUIE, s. f. Voix qui semble sortir immédiatement de la poitrine. T. de méd.

PÉCULAT, s. m. Vol des deniers publics par un comptable, un agent de l'administration des finances.

PÉCULATEUR, s. m. Coupable de péculat. T. inus.

PÉCULE, s. m. Avoir acquis par une personne sous la puissance d'autrui; épargnes, économies dont cette personne peut disposer.

PÉCUNE, s. f. Argent monnayé. (Vi.)

PÉCUNIAIRE, adj. Qui consiste en argent; intérêt pécuniaire.

PÉCUNIEUX, EUSE, adj. Qui a beaucoup d'argent, riche en argent. T. fam.

PÉCY, s. m. Com. du dép. de Seine-et-Marne, cant. de Nangis, arr. de Provins. = Rozoy-en-Brie.

PÉDAGNE, s. f. Appui des pieds des galériens.

PÉDAGOGIE, s. f. Instruction, éducation des enfans.

PÉDAGOGIQUE, adj. Qui concerne l'éducation des enfans.

PÉDAGOGUE, s. m. Précepteur chargé de l'enseignement des enfans.

PÉDAIRE, s. et adj. m. Sénateur qui votait en passant d'un côté ou d'un autre. T. d'antiq.

PÉDALE, s. f. Gros tuyau d'orgue qu'on fait résonner avec le pied; touche qui communique à ce tuyau. —, touche de la harpe, du forté-piano pour modifier le son de l'instrument; son le plus bas d'un basson, d'un serpent. —, planche sur laquelle on pose le pied pour faire tourner une meule, un tour.

PÉDALINÉES, s. f. pl. Plantes voisines des verbénacées. T. de bot.

PÉDALION, s. m. Plante de la famille des pédalinées. T. de bot.

PÉDANE, s. m. Chardon commun. T. de bot.

PÉDANÉ, adj. m. Se dit d'un juge de village qui rendait ses jugemens debout, faute de siége.

PÉDANT, s. m. Pédagogue qui fait parade de son érudition, qui affecte d'étaler son savoir, qui apporte dans la société le ton tranchant, décisif de l'école.

PÉDANT, E, adj. Qui tient du pédant, qui a du rapport avec son ton, ses manières, sa morgue. —, s. f. Vieille femme qui a des prétentions à l'esprit, au savoir.

PÉDANTAILLE, s. f. L'engeance des pédans. (Vi.)

PÉDANTER, v. n. Enseigner dans un collége. T. iron.

PÉDANTERIE, s. f. Profession de pédant; ridicule du pédant, son air, ses manières; la pédantaille.

PÉDANTESQUE, adj. Qui sent le pédant; morgue pédantesque.

PÉDANTESQUEMENT, adv. D'une manière pédantesque.

PÉDANTISER, v. n. Faire le pédant.

PÉDANTISME, s. m. Pédanterie; air, manière, caractère du pédant; affectation et vanité du savoir.

PÉ-D'ARDET (St.-), s. m. Com. du dép. de la Haute-Garonne, cant. de St.-Bertrand, arr. de St.-Gaudens. = St.-Béat.

PÉDARTHROCACE, s. m. Espèce de rachitis; maladie des articulations dans les enfans. T. de méd.

PÉ-DE-BOULOGNE (St.-), s. m. Com. du dép. de Lot-et-Garonne, cant. de Mezin, arr. de Nérac. = Nérac.

PÉ-D'ELBOSC (St.-), s. m. Com. du dép. de la Haute-Garonne, cant. de Boulogne, arr. de St.-Gaudens. = Boulogne.

PÉ-DE-LEREN (St.-), s. m. Com. du dép. des Basses-Pyrénées, cant. de Salies, arr. d'Orthez. = Orthez.

PÉDÉRASTE, s. m. Sodomite.

PÉDÉRASTIE, s. f. Sodomie, péché des habitans de Sodome.

PÉDERNEC, s. m. Com. du dép. des Côtes-du-Nord, cant. de Begard, arr. de Dinan. = Guingamp.

PÉDESTRE, adj. Se dit d'une statue posée sur ses pieds, par opposition à équestre.

PÉDESTREMENT, adv. A pied. T. fam.

PÉDÈTES, s. m. pl. Mammifères rongeurs. T. d'hist. nat.

PÉDIAIRE, adj. En forme de pied d'oiseau; feuille pédiaire. T. de bot.

PÉDICELLAIRE, s. m. Genre de polypiers pourvus de pieds. T. d'hist. nat.

PÉDICELLE, s. m. Petit pédoncule. T. de bot.

PÉDICELLÉ, E, adj. Porté par un pédicelle. T. de bot.

PÉDICELLIE, s. f. Arbre de la Cochinchine. T. de bot.

PÉDICIE, s. f. Genre d'insectes diptères. T. d'hist. nat.

PÉDICULAIRE, s. f. Plante de la famille des rhinantacées, vulnéraire, astringente. T. de bot. —, adj. Se dit d'une maladie dans laquelle il s'engendre une grande quantité de poux. T. de méd.

PÉDICULE, s. m. Petit pied; tige des champignons. —, partie étranglée qui supporte une tumeur. T. de méd.

PÉDICULÉ, E, adj. Porté par un pédicule. T. de bot.

PÉDICULIDÉES, s. f. pl. Insectes parasites, poux. T. d'hist. nat.

PÉDICURE, s. et adj. m. Espèce de chirurgien qui soigne les pieds, coupe les ongles, les cors, etc.

PÉDIENS, s. m. pl. Athéniens qui habitaient la plaine. T. d'antiq.

PÉDIEUX, s. et adj. m. Petit muscle du pied qui s'attache à la partie antérieure et supérieure du calcanéum. T. d'anat.

PÉDILANTHE, s. m. Euphorbe tithymaloïde. T. de bot.

PÉDILUVE, s. m. Bain de pied.

PÉDIMANES, s. m. pl. Mammifères carnassiers de l'Amérique méridionale et de la Nouvelle-Hollande, qui ont le pouce des pieds de derrière écarté des doigts. T. d'hist. nat.

PÉDINE, s. m. Genre d'insectes coléoptères. T. d'hist. nat.

PÉDIONOMES, s. m. pl. Genre d'oiseaux échassiers. T. d'hist. nat.

PÉDIPALPES, s. m. pl. Arachnides pulmonaires. T. d'hist. nat.

PÉDOMÈTRE, s. m. Voy. ODOMÈTRE.

PÉDON, s. m. Courrier à pied.

PÉDONCULAIRE, adj. Dépendant du pédoncule. T. de bot.

PÉDONCULE, s. m. Nom de divers appendices cérébraux. T. d'anat. —, queue d'une fleur, d'un fruit. T. de bot.

PÉDONCULÉ, E, adj. Supporté par un pédoncule. T. de bot.

PÉDONNE, s. f. Bouton de buis ou en ivoire, du fer à velours. T. de manuf.

PÉDOPHILE, s. et adj. Qui aime les enfans. T. inus.

PÉDOTROPHIE, s. f. Art de nourrir, de soigner les enfans.

PEDUM, s. m. (mot lat.). Bâton pastoral, attribut des auteurs comiques. T. d'antiq.

PÉE, s. f. Plante de la côte du Malabar. T. bot.

PÉE (St.-), s. m. Com. du dép. des Basses-Pyrénées, cant. d'Ustarits, arr. de Bayonne. = Bayonne.

PÉGAIROLLES, s. f. Com. du dép. de l'Hérault, cant. du Caylar, arr. de Lodève. = Lodève.

PÉGAIROLLES, s. f. Com. du dép. de l'Hérault, cant. de St.-Martin-de-Londres, arr. de Montpellier. = Ganges.

PÉGASE, s. m. Cheval ailé qui naquit du sang de Méduse à laquelle Persée trancha la tête. Au moment de sa naissance, il frappa du pied la terre et fit jaillir une fontaine qui fut nommée Hippocrène. Il habitait les monts Parnasse, Hélicon et Piérius, et paissait sur les bords de l'Hippocrène, de Castalie et du Permesse. T. de myth. —, génie, inspiration poétique. Fig. —, constellation boréale. T. d'astr. —, genre de poissons cartilagineux. T. d'hist. nat.

PÉGASIDES, s. f. pl. Surnom des Muses. T. de myth.

PÈGLE, s. m. Goudron épais.

PEGMATITE, s. f. Roche granitique. T. d'hist. nat.

PÉGOLIÈRE, s. f. Voy. PIGOULIÈRE.

PÉGOMANCIE, s. f. Divination par l'eau des fontaines.

PEGOMAS, s. m. Com. du dép. du Var, cant. et arr. de Grasse. = Grasse.

PÉGOT, s. m. Espèce de fauvette des Alpes.

PÉGOUSE, s. m. Poisson plat de la Méditerranée.

PEGUE (le), s. m. Com. du dép. de la Drôme, cant. de Grignan, arr. de Montélimar. = Taulignan.

PEGUILLAN, s. m. Com. du dép. de la Haute-Garonne, cant. de Boulogne, arr. de St.-Gaudens. = Boulogne.

PEIGNAGE, s. m. Action de peigner le chanvre, la laine.

PEIGNE, s. m. Instrument de buis, de corne ou d'ivoire, à dents, pour démêler les cheveux et décrasser la tête. —, objet de toilette, parure de différentes formes et matières dont les dames se servent pour attacher leur coiffure. —, seran, instrument pour apprêter le chauvre, la laine. —, nom de divers autres instrumens à l'usage des artisans. —, maladie du cheval, sorte de gale.

T. de méd. vétér. —, genre de coquilles bivalves régulières. T. d'hist. nat. — de Vénus, aiguille de berger, plante annuelle du genre du cerfeuil. T. de bot.

PEIGNÉ, E, part. Démêlé, nettoyé, décrassé, coiffé; soigné, ajusté.

PEIGNER, v. a. Démêler avec le peigne, nettoyer, décrasser la tête; coiffer, friser les cheveux. —, apprêter, préparer avec le peigne. T. de mét. —, battre, maltraiter, prendre aux cheveux. Fig. et fam. Se —, v. pron. Peigner ses cheveux. Se —, v. récip. Se battre.

PEIGNEUR, s. m. Ouvrier qui peigne le chanvre, la laine.

PEIGNEY, s. m. Com. du dép. de la Haute-Marne, cant. et arr. de Langres. = Langres.

PEIGNIER, s. m. Fabricant, marchand de peignes.

PEIGNOIR, s. m. Espèce de manteau de mousseline ou de toile, qu'on met sur ses épaules, quand on se peigne ou se fait peigner.

PEIGNON, s. m. Paquet de chanvre affiné que porte, en forme de ceinture, l'ouvrier qui file une corde. —, pl. Rebut de laines peignées.

PEIGNURES, s. f. pl. Cheveux tombés de la tête en se peignant.

PEILHEROLS, s. m. Village du dép. du Cantal, cant. de Vic, arr. d'Aurillac. = Vic-sur-Cère.

PEILLAC, s. m. Com. du dép. du Morbihan, cant. d'Allaire, arr. de Vannes. = Redon.

PEILLE, s. f. Voy. EMPILE.

PEILLER, s. m. Chiffonnier. T. de papet.

PEILLES, s. m. pl. Chiffons pour la fabrication du papier. T. de papet.

PEINCHEBEC, s. m. Espèce de métal, résultat de l'alliage du cuivre et du zinc.

PEINDRE, v. a. et n. Enduire de couleur, appliquer des couleurs; peindre en bleu, en rouge, dessiner, représenter des objets à l'aide du pinceau, des couleurs; faire un tableau, un paysage, un portrait. —, tracer bien ou mal des caractères d'écriture. —, décrire, représenter vivement par le discours, les sentimens qu'on éprouve; je ne saurais peindre mon indignation. Se —, v. pron. Faire soi-même son portrait. Se —, faire connaître ses qualités et ses défauts. Fig. Se —, être représenté, être sensiblement touché. A —, adv. Admirablement, à merveille; personne faite à peindre.

PEINE, s. f. Sentiment du mal, en général; douleur, affliction, chagrin, ennui, tourment, inquiétude. —, travail, fatigue, soin. —, châtiment, punition. —, difficulté, empêchement, obstacle. —, répugnance à dire ou faire quelque chose. Homme de —, qui fait de rudes travaux. A —, conj. et adv. Aussitôt que. —, bien peu, fort peu, presque pas. A grand'—, difficilement.

PEINÉ, E, part. Affligé, chagriné.

PEINER, v. a. Chagriner, affliger, faire de la peine, causer de l'inquiétude, de la fatigue. —, v. n. Travailler beaucoup, avec effort, difficilement, avoir de la peine, de la fatigue. —, répugner à. Se —, v. pron. Prendre de la peine, du chagrin.

PEINEUX, EUSE, adj. Qui donne de la peine. T. inus.

PEINTADE, s. f. Voy. PINTADE.

PEINTRE, s. m. Artiste dont la profession est de peindre, de faire des tableaux, des portraits; peintre à l'huile, en miniature. —, poète, orateur dont l'imagination est riche, qui fait une peinture vive et animée des objets.

PEINTRE, s. m. Com. du dép. du Jura, cant. de Montmirey, arr. de Dôle. = Dôle.

PEINTREAU, s. m. Mauvais peintre.

PEINTURAGE, s. m. Peinture à la grosse brosse, barbouillage.

PEINTURE, s. f. Art de peindre; ouvrage d'un peintre. —, couleur, en général. —, description vive et animée. Fig. En —, adv. En apparence.

PEINTURÉ, E, part. Enduit d'une seule couleur, barbouillé.

PEINTURER, v. a. Appliquer, coucher une couleur sur une porte, etc., barbouiller.

PEINTURES (les), s. f. pl. Com. du dép. de la Gironde, cant. de Coutras, arr. de Libourne. = Coutras.

PEINTUREUR, s. m. Peintre en bâtiment, barbouilleur.

PEINTURLURÉ, E, part. Peinturé.

PEINTURLURER, v. a. et n. Peindre ou peinturer. T. fam.

PEIPIN, s. m. Com. du dép. des Basses-Alpes, cant. de Volonne, arr. de Sisteron. = Sisteron.

PEIPIN, s. m. Com. du dép. des Bouches-du-Rhône, cant. de Roquevaire, arr. de Marseille. = Roquevaire.

PEIRATTE (la), s. f. Com. du dép. des Deux-Sèvres, cant. de Thenezay, arr. de Parthenay. = Parthenay.

PEIRUSSE, s. f. Com. du dép. du Cantal, cant. d'Allanche, arr. de Murat. = Murat.

PÉKAN, s. m. Quadrupède de l'Amérique septentrionale du genre des martres. T. d'hist. nat.

PÉKING, s. m. Ville capitale de la Chine, où l'empereur fait sa résidence dans un magnifique palais. Pop. 2,000,000 d'hab. envir.

PÉLACHE, s. f. Peluche grossière.

PÉLADE, s. f. Voy. ALOPÉCIE. T. de méd.

PÉLAGE, s. m. Hérésiarque anglais qui vivait au quatrième siècle et qui, entre autres erreurs dont la condamnation fut prononcée par les conciles, prétendait que l'homme peut opérer son salut sans le secours de la grâce; qu'il n'y a point de péché originel, etc. —, couleur du poil des chevaux, des cerfs.

PÉLAGIANISME, s. m. Hérésie de Pélage.

PÉLAGIE, s. f. Erysipèle écailleux. T. de méd.

PÉLAGIEN, NE, s. et adj. Partisan de l'hérésiarque Pélage. —, se dit des oiseaux qu'on rencontre en pleine mer, des poissons et des coquillages qui ne se trouvent qu'au fond des mers. T. d'hist. nat.

PÉLAGOSCOPE, s. m. Instrument d'optique pour voir au fond de l'eau.

PELAINS, s. m. pl. Satins de la Chine.

PÉLAMIDE, s. m. Centronote, poisson thoracique voisin du maquereau. —, jeune thon; genre de serpens d'eau. T. d'hist. nat.

PELARD, adj. m. Ecorcé sur pied pour faire du tan; bois pelard.

PELARDEAUX, s. m. pl. Sortes de bouchons de bois, enduits de goudron et de bourre, pour fermer les trous de boulets. T. de mar.

PELARGON, s. m. Genre de plantes du cap de Bonne-Espérance. T. de bot.

PÉLASGES, s. m. pl. Les plus anciens habitans de la Grèce, qui furent ainsi nommés, pour perpétuer la mémoire de Pélasgus, fils de Jupiter. T. de myth.

PÉLASGIE, s. f. Surnom de la déesse Junon, particulièrement révérée des anciens Grecs. T. de myth.

PÉLASGIS, s. f. Surnom de Cérès à laquelle Pelasgus fit élever un temple. T. de myth.

PÉLASGUS, s. m. Fils de Jupiter, auquel Cérès enseigna l'agriculture, en reconnaissance de l'hospitalité qu'elle en avait reçue. On lui attribue l'invention de l'architecture. T. de myth.

PÉLATES, s. m. pl. Domestiques d'Athènes, de condition libre. T. d'antiq.

PELAUDÉ, E, part. Battu, châtié.

PÉLAUDER (se), v. pron. Se battre à coups de poing. T. fam.

PELÉ, E, part. Dégarni de poil, dépouillé de sa peau, de son écorce.

PÉLÉCINE, s. f. Genre d'insectes hyménoptères T. d'hist. nat. —, plante légumineuse. T. de bot.

PÉLÉCINON, s. m. Cadran des anciens, en forme de hache. T. d'antiq.

PÉLÉCOÏDE, adj. En forme de hache. T. inus.

PÉLÉCOTOME, s. m. Genre d'insectes coléoptères. T. d'hist. nat.

PÉLÉE, s. m. Fils d'Éaque, roi de la Phthiotide, en Thessalie, mari de Thétis et père d'Achille. T. de myth.

PÊLE-MÊLE, adv. Sans ordre, confusément.

PEL-EN-DER, s. m. Com. du dép. de l'Aube, cant. de Brienne-le-Château, arr. de Bar-sur-Aube. = Brienne-le-Château.

PELER, v. a. Enlever le poil, la peau, l'écorce. —, v. n. et se —, v. pron. Se dit des animaux dont le poil tombe, des corps dont la peau se détache.

PÈLERIN, E, s. Personne pieuse qui va en pèlerinage; personne dissimulée, fine, rusée, adroite. Fig. et fam. —, s. f. Coquille de St.-Jacques, mollusque acéphale. —, ajustement de femme qui couvre les épaules.

PÈLERINAGE, s. m. Voyage entrepris par dévotion, pour visiter les lieux saints.

PELETTE, s. f. Outil pour couper la terre à briques.

PÉLIAS, s. f. Fils de Neptune et de la nymphe Tyro. Ce prince cruel, après avoir usurpé les états d'Eson, fit assassiner la femme et les enfans de ce roi, à l'exception de Jason qui fut élevé en secret. Dans la suite, ce dernier vint redemander les états de son père à Pélias qui, n'osant les lui refuser, l'engagea à tenter la conquête de la Toison-d'Or, dans l'espoir qu'il y périrait; mais ce jeune prince revint triomphant à l'aide des enchantemens de Médée, son épouse. Cette célèbre magicienne, pour venger son mari, et punir l'assassin de la famille d'Eson, le fit égorger par ses filles, en leur persuadant que le moyen de rajeunir leur père était de faire bouillir ses membres dans une chaudière. T. de myth.

PÉLICAN, s. m. Genre d'oiseaux palmipèdes, remarquables par un sac membraneux situé au-dessus d'un bec large et plat, qui leur sert de garde-manger.

—, sorte d'alambic. —, ancienne pièce d'artillerie de six livres de balles. —, ancien instrument de chirurgie pour arracher les dents. —, crochet pour assujettir les pièces. T. de charp.

PÉLICE, s. f. Couleuvre des Indes. T. d'hist. nat.

PÉLIN ou PLAIN, s. m. Chaux éteinte.

PÉLION, s. m. Montagne de Thessalie qui était au nombre de celles que les géans entassèrent, pour escalader le ciel. T. de myth.

PÉLIOPE ou PÉLIOPODE, s. f. Poule d'eau à pieds blancs.

PÉLIOSANTHE, s. m. Plante des Indes. T. de bot.

PELISSANNE, s. f. Com. du dép. des Bouches-du-Rhône, cant. de Salon, arr. d'Aix. = Lambesc.

PÉLISSE, s. f. Sorte de manteau ou de mantelet fourré. —, vêtement au nombre des distinctions honorifiques, en Turquie.

PELLAFOL, s. m. Com. du dép. de l'Isère, cant. de Mens, arr. de Grenoble. = Corps.

PELLÂTRE, s. f. Partie la plus large d'une pelle.

PELLE, s. f. Instrument aratoire de fer ou de bois, large, plat, et garni d'un long manche.

PELLE-À-CUL, s. f. Espèce de siége de jardin dont le dos a la forme d'une pelle.

PELLEAUTIER, s. m. Com. du dép. des Hautes-Alpes, cant. et arr. de Gap. = Gap.

PELLEFIGUE, s. f. Com. du dép. du Gers, cant. et arr. de Lombez. = Lombez.

PELLEGRUE, s. f. Com. du dép. de la Gironde, chef-lieu de cant. de l'arr. de la Réole. Bur. d'enregist. à Sauveterre. = Monségur.

PELLEPORT, s. m. Com. du dép. de la Haute-Garonne, cant. de Cadours, arr. de Toulouse. = Grenade.

PELLEREY, s. m. Com. du dép. de la Côte-d'Or, cant. de St-Seine, arr. de Dijon. = St.-Seine.

PELLERIN (St.-), s. m. Com. du dép. d'Eure-et-Loir, cant. de Cloyes, arr. de Châteaudun. = Châteaudun.

PELLERIN (St.-), s. m. Com. du dép. de la Manche, cant. de Carentan, arr. de St.-Lô. = Carentan.

PELLERIN (le), s. m. Com. du dép. de la Loire-Inférieure, chef-lieu de cant. de l'arr. de Paimbœuf. Bur. d'enregist. = Paimbœuf.

PELLERINE (la), s. f. Com. du dép. de Maine-et-Loire, cant. de Noyant, arr. de Baugé. = Baugé.

PELLERINE (la), s. f. Com. du dép. de la Mayenne, cant. d'Ernée, arr. de Mayenne. = Ernée.

PELLERON, s. m. Petite pelle longue et étroite.

PELLETÉE, PELLERÉE ou PELLÉE, s. f. Ce qui peut tenir sur une pelle.

PELLETERIE, s. f. Art de préparer les peaux pour en faire des fourrures; peaux préparées; commerce de ces peaux.

PELLETIER, ÈRE, s. Fourreur, marchand qui prépare et vend de la pelleterie.

PELLETOT, s. m. Com. du dép. de la Seine-Inférieure, cant. de Longueville, arr. de Dieppe. = Rouen.

PELLEVOISIN, s. m. Com. du dép. de l'Indre, cant. d'Ecueillé, arr. de Châteauroux. = Levroux.

PELLICULE, s. f. Peau très mince, petite peau.

PELLICULEUX, EUSE, adj. Rempli de pellicules.

PELLIER, s. m. Com. du dép. du Jura, cant. de St.-Laurent, arr. de St.-Claude. = Lons-le-Saulnier.

PELLOUAILLES, s. f. Com. du dép. de Maine-et-Loire, cant. et arr. d'Angers. = Angers.

PELMATODES, s. m. pl. Oiseaux sylvains anysodactyles. T. d'hist. nat.

PÉLOGONE, s. m. Insecte hémiptères hydrocorise. T. d'hist. nat.

PELOIR, s. m. Rouleau de bois pour faire tomber le poil des peaux.

PÉLONNE, s. m. Com. du dép. de la Drôme, cant. de Rémusat, arr. de Nyons. = le Buis.

PÉLOPÉE, s. f. Genre d'insectes hyménoptères. T. d'hist. nat.

PÉLOPIDES, s. m. pl. Atrée et Thyeste, petits-fils de Pélops; le premier, père d'Agamemnon, et le second, d'Egysthe. T. de myth.

PÉLOPIES, s. f. pl. Fêtes célébrées dans l'Elide, en l'honneur de Pélops.

PÉLOPONÈSE, s. m. Célèbre presqu'île au milieu de la Grèce, à laquelle Pélops a donné son nom; aujourd'hui la Morée. T. de myth.

PÉLOPS, s. m. Fils de Tantale. Après avoir vaincu Œnomaüs, père d'Hyppodamie, il épousa cette princesse. Il se rendit maître du Péloponèse auquel il a laissé son nom. T. de myth.

PÉLORE, s. f. Plante semblable à la linaire. T. de bot.

PELOTAGE, s. m. Troisième laine de vigogne.

PELOTE, s. f. Boule formée en roulant sur eux-mêmes du fil, de la soie, etc. —, coussinet pour attacher les épingles, les aiguilles; petite boule. —, petite personne très grosse. T. fam. —, marque blanche sur le front du cheval. —, profits accumulés; faire sa pelote. —, cuivre roulé. T. de fond.

PELOTÉ, E, part. Battu, maltraité.

PELOTER, v. a. Battre, maltraiter, et fig., vaincre dans une discussion. —, v. n. Jouer à la paume pour s'exercer, sans engager une partie. Se —, v. pron. Se battre.

PELOTEUR, s. m. Joueur de paume. T. inus.

PELOTON, s. m. Petite pelote de fil; petite troupe de soldats; petit groupe de personnes; petits tas d'insectes.

PELOTONNÉ, E, part. Mis en peloton.

PELOTONNER, v. a. Mettre en peloton. Se —, v. pron. Se ramasser, se mettre en peloton, en parlant des personnes.

PELOUSE, s. f. Terrain couvert d'une herbe douce et épaisse.

PELOUZEY, s. m. Com. du dép. du Doubs, cant. d'Audeux, arr. de Besançon. = Besançon.

PELTA, s. f. Cupule de lichen. T. de bot.

PELTAIRE, s. f. Genre de plantes crucifères. T. de bot.

PELTASTES, s. m. pl. Troupes légères grecques armées de peltes. T. d'antiq. —, s. f. pl. Insectes hyménoptères ichneumonides. T. d'hist. nat.

PELTATÉES, s. f. pl. Famille de plantes. T. de bot.

PELTE, s. f. Petit bouclier échancré avec une protubérance ou pointe au centre. T. d'antiq.

PELTÉ, E, adj. Se dit d'une feuille dont le pétiole s'implante dans le milieu de sa surface, comme les capucines. T. de bot.

PELTIS, s. m. Genre d'insectes coléoptères. T. d'hist. nat.

PELTOÏDES, s. m. pl. Coléoptères clavicornes. T. d'hist. nat.

PELTRE, s. m. Grosses toiles de Bretagne.

PELTRE, s. m. Com. du dép. de la Moselle, cant. de Verny, arr. de Metz. = Metz.

PELU, E, adj. Garni de poils.

PELUCHE, s. f. Panne à longs poils. —, touffe de feuilles dans quelques fleurs. T. de jard. fleur.

PELUCHÉ, E, adj. Velu, en parlant de certaines étoffes et de certaines plantes.

PELUCHER, v. n. Se couvrir de poils, en parlant des étoffes.

PELUCHEUX, EUSE, adj. Qui peluche, est sujet à pelucher.

PELURE, s. f. Pellicule de dessus le fromage, les fruits, etc.; laine détachée par la chaux. — d'oignon, vin paillet de la couleur d'une pelure d'oignon; petite huître verte; petit agaric; variété de pomme de terre.

PÉLUSSIN, s. m. Com. du dép. de la Loire, chef-lieu de cant. de l'arr. de St.-Etienne. Bur. d'enregist.=Condrieu. Filatures de soie.

PELVES, s. m. Com. du dép. du Pas-de-Calais, cant. de Vitry, arr. d'Arras. = Arras.

PELVICRURAL, E, adj. Qui appartient au bassin et à la cuisse. T. d'anat.

PELVIEN, NE, adj. Qui concerne le bassin. T. d'anat.

PELVIMÈTRE, s. m. Instrument de chirurgie dont on se sert dans les accouchemens, pour avoir la dimension du bassin. T. de chir.

PELVI-TROCHANTÉRIEN, NE, adj. Qui appartient au bassin et au trochanter. T. d'anat.

PÉLYOSANTHE, s. m. Plante de l'Inde. T. de bot.

PEMINA, s. f. Obier du Canada. T. de bot.

PEMPHIGUS, s. m. Maladie inflammatoire accompagnée de pustules. T. de méd.

PEMPHIS, s. m. Arbrisseau des îles Molusques. T. de bot.

PEMPHRÉDON, s. m. Genre d'insectes hyménoptères. T. d'hist. nat.

PÉNAILLE, s. f. Assemblée de moines. T. de mépris.

PÉNAILLERIE, s. f. L'ordre monacal. T. de mépris.

PÉNAILLON, s. m. Haillon. —, moine. T. de mépris.

PÉNAL, E, adj. Qui rend passible d'une peine. —, qui concerne les peines légales, qui les renferme; code pénal.

PÉNALITÉ, s. f. Caractère de ce qui est pénal; assujettissement aux peines légales.

PÉNARD, s. m. Vieillard libertin et rusé; vieux pénard.

PÉNATES, s. et adj. m. pl. Lares, dieux domestiques et particuliers à chaque famille, à chaque maison. T. de myth. —, s. m. pl. Habitation, demeure.

PÉNAUD, E, adj. Embarrassé, honteux, interdit, confus. T. fam.

PENAVAYRE, s. m. Com. du dép. de l'Aveyron, cant. d'Entraygues, arr. d'Espalion. = Mur-de-Barrez.

PENCHANT, s. m. Pente, terrain, chose qui se dirige en pente. —, déclin, décadence. Fig. —, propension; inclination naturelle.

PENCHANT, E, adj. Incliné, qui penche, qui baisse, qui menace ruine.

PENCHARD, s. m. Com. du dép. de Seine-et-Marne, cant. et arr. de Meaux. = Meaux.

PENCHÉ, E, part. Incliné. Airs —, mouvemens affectés de la tête et du corps.

PENCHEMENT, s. m. Action de pencher ou de se pencher; état de ce qui penche.

PENCHER, v. a. Incliner, baisser de quelque côté; mettre hors d'aplomb. —, v. n. Aller en baissant, en descendant, en pente. —, avoir de la propension, de l'inclination. Fig. Se —, v. pron. S'incliner, se renverser un peu.

PENCRAN, s. m. Com. du dép. du Finistère, cant. de Landerneau, arr. de Brest. = Landerneau.

PENDABLE, adj. Coupable, qui mérite la potence; homme, action pendable.

PENDAGE, s. m. Inclinaison des veines de charbon.

PENDAISON, s. f. Exécution d'un criminel condamné à être pendu.

PENDANT, s. m. Partie inférieure d'un vêtement, d'un ornement; pendant de baudrier. —, le pareil; ce qui correspond. —, tableau de même grandeur, et peint dans le même goût qu'un autre. Faire le —, être semblable. — d'oreille, pl. Pierreries, bijoux que les femmes suspendent à leurs oreilles.

PENDANT, prép. Durant un certain espace de temps. — que, conj. Tandis que.

PENDANT, E, adj. Qui pend; bras pendant. —, en instance, qui n'est pas jugé; cause pendante. T. de procéd.

PENDARD, E, s. Fripon, vaurien.

PENDÉ, s. m. Com. du dép. de la Somme, cant. de St.-Valery, arr. d'Abbeville. = St.-Valery-sur-Somme.

PENDELOQUE, s. f. Pierreries ajoutées à des boucles d'oreilles; pendans d'oreilles; cristaux mobiles d'un lustre; petits ornemens pendans.

PENDEMENT, s. m. Pendaison. T. inus.

PENDENTIF, s. m. Corps de voûte suspendu hors le perpendicule des murs. T. d'archit.

PENDERIE, s. f. Pendaison, pendement. T. fam. inus. —, perche pour étendre les peaux. T. de mégissier.

PENDEUR, s. m. Bout de corde qui soutient la poulie. T. de mar. —, pie-grièche. T. d'hist. nat.

PENDILLER, v. n. Etre suspendu en l'air et agité par le vent. T. fam.

PENDILLON, s. m. Verge rivée avec la tige de l'échappement. T. d'horl.

PENDOIR, s. m. Bout de corde pour pendre le lard.

PENDRE, v. a. Attacher une chose par une de ses parties, de manière qu'elle ne touche pas à terre; supplicier, accrocher au gibet, étrangler. —, v. n. Etre suspendu; tomber trop, descendre trop bas; les joues lui pendent. Se —, v. pron. S'étrangler, se suicider.

PENDU, s. m. Cadavre d'un pendu; sec comme un pendu.

PENDU, E, part. Suspendu; attaché à une potence, supplicié.

PENDULE, s. m. Poids attaché à un fil de fer, de soie, etc., pour régler la marche d'une horloge, d'une machine, par ses oscillations. —, s. f. Horloge à pendule.

PENDULIER, s. m. Horloger qui ne fait que des pendules.

PENDULINE, s. m. Mésange du Languedoc qui suspend son nid.

PENDULISTE, s. m. Fondeur, ébéniste qui fait des boîtes de pendule.

PÈNE, s. m. Morceau de fer long et carré qui sort de la serrure et entre dans la gâche, quand on ferme une porte.

PÈNE, s. f. Pièce de bois qui forme une partie de l'antenne. —, pl. Bouchons d'étoupes. T. de mar.

PÉNÉE, s. m. Fleuve de la Thessalie sur les bords duquel Daphné fut métamorphosée en laurier. T. de myth. —, genre de crustacés décapodes. T. d'hist. nat.

PÉNÉLOPE, s. f. Fille d'Icarius et épouse d'Ulysse, la femme la plus vertueuse des temps antiques. Pour se délivrer des importunités de ses nombreux adorateurs, pendant l'absence de son mari, qui était au siège de Troie, elle promit de se prononcer en faveur de l'un d'eux, après avoir achevé une pièce de toile à laquelle elle travaillait; mais elle défaisait la nuit l'ouvrage du jour, et les amusa par toutes sortes d'artifices jusqu'au retour d'Ulysse, qui les massacra tous. T. de myth.

PENESTIN, s. m. Com. du dép. du Morbihan, cant. de la Roche-Bernard, arr. de Vannes. = la Roche-Bernard.

PÉNÉTRABILITÉ, s. f. Qualité de ce qui est pénétrable.

PÉNÉTRABLE, adj. Concevable, compréhensible, qu'on peut pénétrer. —, où l'on peut pénétrer.

PÉNÉTRANT, E, adj. Qui pénètre; froid pénétrant. —, qui saisit promptement, qui a beaucoup de perspicacité; esprit pénétrant. —, persuasif, insinuant, touchant; discours pénétrant. Fig.

PÉNÉTRATIF, IVE, adj. Qui pénètre aisément.

PÉNÉTRATION, s. f. Vertu, action de pénétrer. —, vivacité d'esprit, finesse de jugement, sagacité, perspicacité. Fig.

PÉNÉTRÉ, E, part. Percé, passé à travers. —, affligé, touché, en parlant de l'ame. Fig.

PÉNÉTRER, v. a. Percer, passer à travers, entrer bien avant. —, discerner, découvrir. Fig. —, concevoir parfaitement; approfondir. —, toucher le cœur; affliger profondément. —, v. n. Parvenir, entrer dans un pays; l'armée française pénétra en Russie. Se —, v. pron. Remplir son esprit, son cœur.

PENGUILY ou **L'AILE-DES-HAIES**, s. m. Com. du dép. des Côtes-du-Nord, cant. de Moncontour, arr. de St.-Brieuc. =Moncontour.

PENHARS, s. m. Com. du dép. du Finistère, cant. et arr. de Quimper. = Quimper.

PÉNIBLE, adj. Qui cause de la peine; qui se fait avec peine. —, chagrinant, contrariant, affligeant, douloureux. Fig.

PÉNIBLEMENT, adv. D'une manière pénible; avec peine.

PÉNICHE, s. f. Petit bâtiment de transport. T. de mar.

PÉNICILLÉ, E, adj. Divisé à son extrémité en manière de pinceau; stigmate pénicillé. T. de bot.

PÉNICILLIFORME, adj. En forme de pinceau. T. de bot.

PÉNIDE, s. m. Voy. ALPHOENIX.

PÉNIL, s. m. Eminence formée par une quantité plus ou moins grande de graisse sur la symphise de l'os pubis. T. d'anat.

PÉNIL, s. m. Com. du dép. de la Moselle, cant. et arr. de Briey. = Briey.

PÉNIN, s. m. Com. du dép. du Pas-de-Calais, cant. d'Aubigné, arr. de St.-Pol. = Arras.

PÉNINSULE, s. f. Presqu'île, Chersonèse.

PÉNIS, s. m. (mot latin). Membre viril, la verge. T. d'anat.

PÉNISTON ou **PANISTON**, s. m. Etoffe de laine drapée.

PÉNITENCE, s. f. Repentir, regret d'avoir offensé Dieu; l'un des sept sacremens. —, peine qu'impose le prêtre, ou qu'on s'impose soi-même, pour l'expiation de ses péchés; jeûnes, mortifications. —, punition infligée pour une faute; mettre un enfant en pénitence.

PÉNITENCERIE, s. f. Sorte de tribunal ecclésiastique; charge, dignité, fonction de pénitencier.

PÉNITENCIER, s. m. Prêtre commis par son évêque pour absoudre les cas réservés.

PÉNITENT, E, s. Celui, celle qui confesse ses péchés. —, membre d'une confrérie où l'on pratique certains exercices de pénitence. —, adj. Qui a regret d'avoir offensé Dieu, qui fait pénitence.

PÉNITENTIAUX, adj. m. pl. Se dit des sept psaumes de la pénitence, et des canons de la primitive Eglise concernant les pénitences publiques.

PÉNITENTIEL, s. m. Rituel de la pénitence.

PENMARCH, s. m. Com. du dép. du Finistère, cant. de Pont-l'Abbé, arr. de Quimper. = Quimper.

PENNACHE-DE-MER, s. m. Voy. PENNATULE.

PENNAGE, s. m. Plumage des oiseaux de proie; plume des ailes de tous les volatiles. T. de fauc.

PENNANTIE, s. f. Plante des îles de la mer du Sud. T. de bot.

PENNATIFIDE, adj. Se dit des feuilles à nervures pennées; feuille pennatifide. T. de bot.

PENNATILOBÉE, adj. f. Se dit des feuilles à nervures pennées, lobes incisés. T. de bot.

PENNATIPARTIE, adj. f. A nervures pennées, lobes divisés, parenchyme interrompu; feuille pennatipartie. T. de bot.

PENNATISÉQUÉE, adj. f. A nervures pennées, parenchyme interrompu; feuille pennatiséquée. T. de bot.

PENNATULAIRES, s. m. pl. Animaux radiaires, pennatules. T. d'hist. nat.

PENNATULE, s. f. Genre de polypiers libres. T. d'hist. nat.

PENNATULITHE, s. f. Empreinte de la pennatule fossile. T. d'hist. nat.

PENNAUTIER, s. m. Petite ville du dép. de l'Aude, cant. et arr. de Carcassonne.=Carcassonne. Fabr. de draps pour les colonies.

PENNE, s. f. Grosse plume d'oiseau de proie. T. de fauc. —, plume d'une flèche. —, angle le plus haut de la voile latine. T. de mar. —, pl. Fils pour attacher les chandelles.

PENNÉ, E, adj. Se dit des feuilles dont les folioles sont disposées en forme de barbe de plume. T. de bot.

PENNE (la), s. f. Com. du dép. des Bouches-du-Rhône, cant. d'Aubagne, arr. de Marseille. = Aubagne.

PENNE, s. f. Com. du dép. de la Drôme, cant. de Luc-en-Diois, arr. de Die. = Die.

PENNE (la), s. f. Com. du dép. de la Drôme, cant. du Buis, arr. de Nyons. =Nyons.

PENNE, s. f. Com. du dép. de Lot-et-Garonne, chef-lieu de cant. de l'arr. de Villeneuve. Bur. d'enregist. = Villeneuve-d'Agen. Fabr. de minots ; tanneries.

PENNE, s. f. Com. du dép. du Tarn, cant. de Vaour, arr. de Gaillac. = Cordes.

PENNE-DE-PIE, s. f. Com. du dép. du Calvados, cant. d'Honfleur, arr. de Pont-l'Evêque. = Honfleur.

PENNES (les), s. f. pl. Com. du dép. des Bouches-du-Rhône, cant. de Gardanne, arr. d'Aix. = Aix.

PENNESIÈRE-ET-COURBOUX, s. m. Com. du dép. de la Haute-Saône, cant. de Rioz, arr. de Vesoul. = Rioz.

PENNIFORME, adj. m. Se dit de muscles composés par la réunion de deux muscles simples en un seul tendon, et dont les trousseaux sont rangés en forme de barbe de plume. T. d'anat.

PENNING, s. m. Petite monnaie de compte hollandaise, seizième partie du sou.

PENNISETTE, s. f. Genre de plantes graminées. T. de bot.

PENNON, s. m. Ancien étendard de chevalier.

PENNY, s. m. pl. Pence, denier sterling, monnaie d'Angleterre valant la douzième partie du schelling.

PENOL, s. m. Com. du dép. de l'Isère, cant. de St.-Etienne-de-St-Geoirs, arr. de St.-Marcellin. = la Côte-St.-André.

PÉNOMBRE, s. f. Ombre légère avant, et faible lumière après les éclipses totales. T. d'astr. —, passage du clair à l'obscur. T. de peint.

PÉNON, s. m. Girouette de liége garnie de plumes.

PÉNORÇON, s. m. Espèce de pandore à neuf rangs de cordes. T. de mus. anc.

PENSANT, E, adj. Qui pense ; être pensant. —, qui professe une opinion ; bien ou mal pensant.

PENSÉ, E, part. Inventé, imaginé ; médité, réfléchi, raisonné.

PENSÉE, s. f. Résultat de la faculté intellective de l'homme, opération de l'esprit qui combine les rapports des choses entre elles et s'en forme l'image ; faculté, action de penser. —, chose pensée et exprimée ; pensée triviale. —, ce que chacun pense ou a pensé ; pensée triste, agréable.—, sentiment, opinion ; intention, dessein, projet. — première, idée, esquisse. T. de peint. — jolie petite fleur à cinq feuilles, nuée de violet et de jaune. —, s. f. et adj. Couleur violette, tirant sur le brun.

PENSER, s. m. Façon de penser. —, pensée. T. poét.

PENSER, v. a. Avoir dans l'esprit ; dire ce qu'on pense. —, inventer, imaginer. — v. a. et n. Croire, juger, estimer. —, v. n. Former dans son esprit l'idée, l'image d'une chose ; faire réflexion, attention, raisonner. —, avoir telle opinion, tel sentiment, tel système politique, moral, religieux ; penser bien ou mal. —, se souvenir de. —, se proposer de. —, prendre garde. —; suivi d'un infinitif, être sur le point de ; il a pensé mourir.

PENSEUR, s. et adj. m. Esprit méditatif ; qui a l'habitude de réfléchir.

PENSIF, IVE, adj. Qui songe, qui rêve ; profondément occupé d'une pensée qui chagrine, qui attache fortement. Air —, d'une personne pensive.

PENSION, s. f. Maison où l'on est logé et nourri pour un certain prix ; maison d'éducation ; prix de l'enseignement, du logement et de la nourriture. —, revenu annuel qu'on donne à quelqu'un pour sa nourriture et son entretien. —, traitement accordé pour récompense de services ; pension militaire.

PENSIONNAIRE, s. Celui, celle qui paie ou pour qui l'on paie pension. Grand —, principal agent de l'ancien gouvernement hollandais.

PENSIONNAT, s. m. Logement des pensionnaires dans un collége ; maison d'éducation où l'on prend des pensionnaires.

PENSIONNÉ, E, part. Pourvu d'une pension.

PENSIONNER, v. a. Donner, faire une pension.

PENSOL, s. m. Com. du dép. de la

Haute-Vienne, caut. de St.-Mathieu, arr. de Rochechouart. = Chalus.

PENSUM, s. m. (mot latin). Surcroît de travail exigé d'un écolier pour le punir.

PENSYLVANIE, s. f. L'un des états de l'Amérique du Nord dont la capitale est Philadelphie, ville fondée par Guillaume Pen. Cette ville, où naquit le célèbre Franklin, qui a si puissamment contribué à l'indépendance de sa patrie, est le siége du gouvernement de l'Union.

PENTACONTARQUE, s. m. Chef de cinquante hommes. T. d'antiq.

PENTACORDE, s. m. Lyre des anciens, à cinq cordes.

PENTACOSIOMÉDIMNE, s. m. Citoyen d'Athènes qui recueillait cinq cents mesures de blé ou d'huile.

PENTACRINITES, s. f. pl. Encrines fossiles à cinq rayons. T. d'hist. nat.

PENTACROSTICHE, adj. Contenant cinq acrostiches; vers pentacrostiches. T. de poés.

PENTADACTYLE, s. m. Poisson d'Amérique, du genre du polynème. —, adj. Se dit des animaux qui ont cinq doigts à chaque pied. T. d'hist. nat.

PENTADÉCAGONE, s. m. adj. Qui a quinze angles et quinze côtés. T. de géom.

PENTA-DI-CASINCA, s. f. Com. du dép. de la Corse, caut. de Vescovato, arr. de Bastia. = Bastia.

PENTAÈDRE, s. m. Solide à cinq faces. T. de géom.

PENTA-ET-ACQUATELLA, s. f. Com. du dép. de la Corse, cant. de Campile, arr. de Bastia. = Bastia.

PENTAGLOTTE, adj. En cinq langues.

PENTAGONE, adj. Qui a cinq angles et cinq côtés. T. de géom.

PENTAGONIQUE, adj. En forme de pentagone. T. de géom.

PENTAGONIUM, s. m. Campanule à capsule pentagone, prismatocarpe. T. de bot.

PENTAGYNE, adj. A cinq pistils. T. de bot.

PENTAGYNIE, s. f. Ordre des plantes dont les fleurs ont cinq pistils. T. de bot.

PENTALOBE, s. m. Arbre de la Cochinchine. T. de bot.

PENTAMÈRES, s. m. pl. Coléoptères dont les tarses ont cinq articles distincts. T. d'hist. nat.

PENTAMERIS, s. f. Plante graminée de l'île de Madagascar. T. de bot.

PENTAMÈTRE, s. et adj. m. Vers grec ou latin, de cinq pieds.

PENTANDRIE, s. f. Cinquième classe des végétaux, dont les fleurs ont cinq étamines. T. de bot.

PENTANÈME, s. f. Synanthérée hérissée de longs poils. T. de bot.

PENTANTHÈRE, adj. Se dit des plantes pourvues de cinq anthères. T. de bot.

PENTAPÉTALÉ, E, adj. Qui a cinq pétales, en parlant des plantes. T. de bot.

PENTAPÈTE, s. m. Plante des Indes orientales. T. de bot.

PENTAPHYLLE, adj. Pourvu de cinq feuilles ou folioles. T. de bot.

PENTAPHYLLON, s. m. Plante à cinq feuilles sur le pétiole. T. de bot.

PENTAPOLE, s. f. Contrée renfermant cinq villes. T. d'antiq.

PENTAPROTIADE, s. f. Dignité des cinq premiers officiers de l'empire grec.

PENTAPTÈRE, adj. qui a cinq ailes ou membranes saillantes, en parlant des plantes graminées. T. de bot.

PENTAPYLON, s. m. Temple de Jupiter Arbitrator, orné de cinq portes, dans l'ancienne Rome.

PENTARCHIE, s. f. Gouvernement de cinq personnes.

PENTARQUE, s. m. Membre d'une pentarchie, gouvernement où le pouvoir est dans les mains de cinq personnes.

PENTARRAPHIS, s. f. Plante graminée du Mexique. T. de bot.

PENTASPASTE, s. m. Machine à cinq poulies, pour soulever des fardeaux. T. de mécan.

PENTASPERME, adj. Se dit d'une semence qui renferme cinq graines. T. de bot.

PENTASTYLE, adj. Orné de cinq colonnes. T. d'arch.

PENTASYRINGUE, s. f. Machine de bois à cinq trous pour assujettir la tête, les bras et les jambes d'un criminel. T. d'antiq.

PENTATEUQUE, s. m. Les cinq premiers livres de la Bible, attribués à Moïse. — chirurgical, division des maladies externes en cinq classes.

PENTATHLE, s. m. Réunion de cinq espèces de jeux ou de combats gymniques, dans l'ancienne Grèce ; athlète qui figurait dans ces jeux. T. d'antiq.

PENTATOME, s. m. Genre d'insectes hémiptères. T. d'hist. nat.

PENTAURÉA, s. f. Mine de fer magnétique. T. d'hist. nat.

PENTE, s. f. Surface inclinée, terrain qui va en descendant; cours de peau; pente douce, rapide. —, bande d'étoffe qui pend autour d'un lit, d'un dais. —, inclination, penchant. Fig.

PENTÉCOMARQUE, s. m. Gouverneur de cinq bourgs, dans l'ancienne Grèce.

PENTÉCONTARQUE, s. m. Commandant d'un pentécontore. T. d'antiq.

PENTÉCONTORE, s. m. Navire à cinquante rameurs. T. d'antiq.

PENTECOSTYS, s. m. Cohorte de cent vingt-huit Spartiates. T. d'antiq.

PENTECÔTE, s. f. Fête solennelle célébrée dans l'église catholique en mémoire de la descente du St.-Esprit, cinquante jours après Pâques.

PENTÉLIQUE, adj. m. Tiré du mont Pentélikos près d'Athènes; marbre pentélique. T. d'antiq.

PENTHÉE, s. m. Fils d'Echion et d'Agavée, roi de Thèbes. Il professait un tel mépris pour les Dieux, qu'il fit arrêter Bacchus, passant par ses états, et le fit jeter en prison. Pour le punir de son impiété, ce Dieu sortit de prison et inspira une telle fureur à la famille royale, qu'elle fit périr Penthée et le mit en pièces. T. de myth.

PENTHÉSILÉE, s. f. Fille de Mars, reine des amazones, qui fut tuée sous les murs de Troie. T. de myth.

PENTHÉTRIE, s. f. Genre d'insectes tipulaires. T. d'hist. nat.

PENTHORE, s. f. Plante herbacée des marais de l'Amérique du Nord. T. de bot.

PENTIÈRE, s. f. Voy. PANETIÈRE.

PENTISULCE, adj. Se dit des quadrupèdes dont les pieds sont divisés en cinq doigts. T. d'hist. nat.

PENTSÉE, s. f. Touffe de cheveux que les Chinois laissent derrière la tête.

PENTURE, s. f. Bande de fer pour soutenir une porte, une fenêtre.

PENTZIE, s. f. Immortelle flabelliforme. T. de bot.

PÉNULTIÈME, s. et adj. Qui précède immédiatement le dernier; la pénultième syllabe.

PÉNURIE, s. f. Grande disette, extrême pauvreté.

PENVENAN, s. m. Com. du dép. des Côtes-du-Nord, cant. de Tréguier, arr. de Lannion. = Tréguier.

PÉON ou PÉAN, s. m. Médecin qui guérit Pluton de la blessure que lui fit Hercule, lors de sa descente aux enfers. T. de myth. —, pied de vers de quatre syllabes, qu'on employait particulièrement dans les hymnes en l'honneur d'Apollon, comme dieu de la médecine.

PÉOTTE, s. f. Grande chaloupe ronde, dont se servent les Vénitiens sur la mer Adriatique. T. de mar.

PÉPASME, s. m. Maturité des humeurs. T. de méd.

PÉPASTIQUE ou PEPTIQUE, s. m. adj. Médicament qui active la coction des alimens, qui facilite la suppuration des tumeurs inflammatoires; digestif, maturatif. T. de méd. et de chir.

PÉPERIN, s. m. Tuf volcanique d'une couleur grise, qu'on emploie pour bâtir, à Rome. T. d'hist. nat.

PÉPÉRITE, s. f. Tuf volcanique rouge. T. d'hist. nat.

PÉPIE, s. f. Pellicule au bout de la langue des oiseaux, qui les empêche de boire et de crier.

PÉPIER, v. n. Crier, en parlant du moineau.

PÉPIEUX, s. m. Com. du dép. de l'Aude, cant. de Peyriac-Minervois, arr. de Carcassonne. = Azille.

PÉPIEUX, s. m. Com. du dép. du Gers, cant. de Saramon, arr. d'Auch. = Auch.

PÉPIN, s. m. Semence de certains fruits tels que la pomme, etc.

PÉPINIÈRE, s. f. Terrain semé de pépins, de noyaux; plant de jeunes arbres pour replanter. —, lieu, pays fertile en soldats, en grands hommes; pépinière de héros. Fig.

PÉPINIÉRISTE, s. m. Jardinier qui cultive une pépinière.

PÉPITA, s. f. Morceau de métal dans les mines.

PÉPITES, s. f. pl. Grains d'or natif, or natif amorphe. T. de minéralogie.

PÉPLIDE, s. f. Petite plante rampante, calycanthème. T. de bot.

PÉPLIDIE, s. f. Plante entre les gratioles et les lindernes. T. de bot.

PÉPLIS ou PÉPLIUM, s. m. Pourpier sauvage. T. de bot.

PÉPLON, s. m. Ancien manteau de femme.

PÉPLOS, s. m. Plante tithymaloïde. T. de bot.

PÉPON, s. m. Courge à limbe droit. T. de bot.

PEPSIE, s. f. Digestion, coction; maturation. T. de méd. (Vi.)

PEPSIS, s. m. Genre d'insectes hyménoptères. T. d'hist. nat.

PEPTIQUE, s. m. et adj. Voy. PÉPASTIQUE. T. de méd.

PÉQUET, s. m. Nom d'un anatomiste. Réservoir de —, où le chyle est conduit par les veines lactées. T. d'anat.

PÉRA, s. m. Faubourg de Constantinople, habité par les Européens, les diplomates et les commerçans. —, voy. PÉRULA.

PÉRAGRATION, s. f. Action de parcourir; cours des astres. T. d'astr.

PÉRAGU, s. m. Plante du genre des pyrénacées. T. de bot.

PÉRAMBULATION, s. f. Exploration, arpentage d'une forêt.

PÉRAME, s. f. Plante de la Guiane, de la famille des gatiliers. T. de bot.

PÉRAMÈLE, s. m. Quadrupède du genre des marsupiaux. T. d'hist. nat.

PÉRAN (St.-), s. m. Com. du dép. d'Ille-et-Vilaine, cant. de Plélan, arr. de Montfort. = Montfort.

PÉRASSAY, s. m. Com. du dép. de l'Indre, cant. de Ste.-Sévère, arr. de la Châtre. = la Châtre.

PÉRAVY (St.-), s. m. Com. du dép. du Loiret, cant. de Patay, arr. d'Orléans. = Orléans.

PÉRAVY-ÉPREUX (St.-), s. m. Com. du dép. du Loiret, cant. d'Outarville, arr. de Pithiviers. = Toury.

PÉRAY (St.-), s. m. Com. du dép. de l'Ardèche, chef-lieu de cant. de l'arr. de Tournon. Bur. d'enregist. et de poste. Cette com. est renommée pour ses excellens vins blancs.

PÉRAY, s. m. Com. du dép. de la Sarthe, cant. de Marolles, arr. de Mamers. = Bonnétable.

PERÇAGE, s. m. Action de percer des trous pour poser des chevilles. T. de mar.

PERCALE, s. f. Toile de coton très fine, façon des Indes.

PERÇANT, E, adj. Acéré, pointu, qui perce. —, qui pénètre; froid perçant. Fig. —, vif, pénétrant; esprit perçant. —, aigre, aigu; voix perçante. Fig.

PERCE, s. f. Outil de facteur de musettes. En —, adv. Percé pour transvaser; pièce de vin en perce.

PERCÉ, E, part. Perforé, troué. Maison bien —, maison dont les croisées sont bien placées. Paysage bien —, où l'on découvre les objets éloignés. T. de peint. Pièces —, qui laissent voir l'émail du champ de l'écu. T. de blas. Etre bas —, être à peu près ruiné, avoir de mauvaises affaires. Fig. et fam.

PERCÉ, s. m. ou **PERCÉE**; s. f. Ouverture dans un bois pour pratiquer un chemin, un point de vue.

PERCE-BOIS, s. m. pl. Voy. TÉRÉDILES. T. d'hist. nat.

PERCE-BOSSE, s. f. Chasse-bosse, plante. T. de bot.

PERCE-BOURDON, s. m. Outil pour percer les bourdons des musettes.

PERCE-CHAUSSÉE, s. m. Insecte de la grosseur d'un hanneton.

PERCE-CRÂNE, s. m. Instrument de chirurgie pour percer le crâne du fœtus.

PERCE-FEUILLE, s. f. Plante ombellifère, vulnéraire, astringente. T. de bot.

PERCE-FORÊT, s. m. Intrépide chasseur qui arpente les bois. T. fam. inus.

PERCE-LETTRE, s. m. Poinçon pour percer les lettres.

PERCEMENT, s. m. Action de percer; ouverture faite en perçant.

PERCE-MEULE, s. m. Outil pour percer une meule.

PERCE-MOUSSE, s. m. Politric commun, plante. T. de bot.

PERCE-MUR, s. m. Ratissure de peau de bœuf pour faire de la colle.

PERCE-MURAILLE, s. f. Voy. PARIÉTAIRE.

PERCE-NEIGE, s. f. Plante bulbeuse qui fleurit l'hiver, dans les prairies.

PERCE-OREILLE, s. m. Voy. FORFICULE.

PERCE-PIERRE, s. f. Blennie baveuse, sorte de poisson. T. d'hist. nat. —, voy. BACILE. T. de bot.

PERCEPTEUR, s. m. Préposé à la perception des impôts, receveur des contributions.

PERCEPTIBILITÉ, s. f. Qualité de ce qui est perceptible.

PERCEPTIBLE, adj. Qui peut être perçu; impôt perceptible. —, qui tombe sous les sens, visible, sensible; objet perceptible.

PERCEPTION, s. f. Recette, recouvrement des contributions, de revenus particuliers; charge de percepteur, ses bureaux. —, idée produite par l'impression d'un objet sur l'ame, sur les sens; sentiment.

PERCER, v. a. Faire une ouverture de part en part, forer, trouer; percer un abcès, une planche. —, pénétrer, passer au travers; mon habit est percé par la pluie. —, pratiquer une ouverture; percer une porte. —, mettre en perce; percer un tonneau de vin. —, s'ouvrir un passage à travers la presse; percer la foule, un escadron. —, prévoir, pénétrer; percer l'avenir, un mystère. Fig. — le cœur, affliger profondément. —, v. n. Avoir issue, se faire ouverture, pénétrer. —, acquérir de la renommée, avancer dans les emplois, faire fortune. Fig. —, se déceler, se découvrir; la vérité finit par percer. —, tirer de long. T. de véner. Se —, v. pron. Se faire une blessure profonde avec un instrument pointu; se percer la main, etc.

PERCE-RONDE, s. f. Compas de criblier.

PERCEUR, s. m. Ouvrier qui perce pour cheviller. T. de mar.

PERCEVOIR, v. a. Recevoir les impôts, les contributions, faire une recette. —, recevoir par les sens l'impression des objets, l'idée qu'on en conçoit.

PERCEY, s. m. Com. du dép. de l'Yonne, cant. de Flogny, arr. de Tonnerre. = St.-Florentin.

PERCEY-LE-GRAND, s. m. Com. du dép. de la Haute-Saône, cant. de Champlitte, arr. de Gray. = Champlitte.

PERCEY-LE-PAUTEL, s. m. Com. du dép. de la Haute-Marne, cant. de Longeau, arr. de Langres. = Langres.

PERCEY-LE-PETIT, s. m. Com. du dép. de la Haute-Marne, cant. de Prauthoy, arr. de Langres. = Champlitte.

PERCHANT, s. m. Appelant. T. d'oiseleur.

PERCHAY (le), s. m. Com. du dép. de Seine-et-Oise, cant. de Marines, arr. de Pontoise. = Pontoise.

PERCHE, s. f. Poisson de mer et d'eau douce. —, ancienne mesure de superficie, d'arpentage, de dix-huit, vingt à vingt-deux pieds, selon les localités. —, brin de bois, long de dix à douze pieds, gaule. —, croc de batelier. —, bois de cerf à plusieurs andouillers. —, femme grande et maigre. Fig. et fam.

PERCHÉ, E, part. Mis sur un lieu élevé.

PERCHE (le), s. m. Pays comprenant les dép. de la Sarthe, de l'Orne, d'Eure-et-Loir et de Loir-et-Cher.

PERCHÈDE, s. m. Com. du dép. du Gers, cant. de Nogaro, arr. de Condom. = Nogaro.

PERCHER, s. m. Perche qui sert à étendre les mottes pour les faire sécher. —, l'instant où les oiseaux se perchent. T. de véner.

PERCHER, v. a. Mettre sur un lieu élevé. T. fam. —, v. n., et se —, v. pron. Se jucher sur une perche, sur une branche d'arbre, en parlant des oiseaux. Se —, grimper sur un lieu élevé pour mieux voir, en parlant des personnes. Fig. et fam.

PERCHE-URÇAY (la), s. f. Com. du dép. du Cher, cant. de Saulzais-le-Pothier, arr. de St.-Amand. = St.-Amand.

PERCHIS, s. m. Clôture avec des perches. T. de jard.

PERCHOIR, s. m. Perche sur laquelle un oiseau se juche. —, poulailler où se couchent les poules, la volaille.

PERCLUS, E, adj. Privé de l'usage d'un ou de plusieurs membres, impotent.

PERCNOPTÈRE, s. m. Grande espèce de vautour. T. d'hist. nat.

PERÇOIR, s. m. Instrument pour percer, foret pour mettre du vin en perce.

PERÇU, E, part. Reçu; en parlant des impôts, et fig. en parlant des objets qui font impression sur les sens.

PERCUSSION, s. f. Action d'un corps qui en frappe un autre; fusil à percussion.

PERCY, s. m. Com. du dép. du Calvados, cant. de Mezidon, arr. de Lisieux. = Croissanville.

PERCY (le), s. m. Com. du dép. de l'Isère, cant. de Clelles, arr. de Grenoble. = Mens.

PERCY, s. m. Com. du dép. de la Manche, chef-lieu de cant. de l'arr. de St.-Lô. Bur. d'enregist. à Tessy. = Villedieu.

PERDABLE, adj. Qui peut se perdre; procès perdable.

PERDANT, s. m. Joueur qui perd son argent; se dit surtout au pl.

PERDEAUVILLE, s. f. Com. du dép. de Seine-et-Oise, cant. de Bonnières, arr. de Mantes. = Houdan.

PERDICIE, s. f. Plante corymbifère. T. de bot.

PERDICITES, s. f. pl. Pierres de la couleur d'une perdrix.

PERDITION, s. f. Dégât, dissipation, mauvais emploi de son bien. T. inus. —, état d'une personne livrée aux égaremens de l'impiété, qui est hors des voies du salut.

PERDON (St.-) et ST.-ORENS, s. m. Com. du dép. des Landes, cant. et arr. de Mont-de-Marsan. = Mont-de-Marsan.

PERDOUX (St.-), s. m. Com. du dép. de la Dordogne, cant. d'Issigeac, arr. de Bergerac. = Bergerac.

PERDOUX (St.-), s. m. Com. du dép. du Lot, cant. et arr. de Figeac. = Figeac.

PERDRE, v. a. Etre privé de ce que l'on avait, d'un avantage que l'on possédait; perdre sa fortune, sa réputation, etc. —, cesser d'avoir, n'avoir plus; perdre ses dents, ses cheveux, son éclat, l'espérance. —, être vaincu; perdre la partie, la bataille. —, faire un mauvais emploi; perdre son temps. —, gâter, endommager quelque chose. — l'occasion, ne pas en profiter. — quelqu'un, l'égarer dans le chemin et l'y abandonner; s'en trouver involontairement séparé, soit dans le monde, soit par la mort; décréditer, déshonorer, causer la ruine; corrompre, débaucher. Fig. — pied, ne plus toucher le fond étant dans l'eau. — la tête, avoir la tête tranchée, et fig., ne savoir plus quel parti prendre; devenir fou. — de vue, cesser de voir à cause de l'éloignement; ne plus fréquenter une personne, ne plus s'occuper d'une chose. —, v. n. Eprouver quelque perte. Se —, v. pron. S'égarer, ne plus trouver son chemin. Se —, se débaucher, se ruiner; se damner; faire naufrage; se dissiper, s'évaporer, s'évanouir, disparaître. Fig.

PERDREAU, s. m. Perdrix de l'année, jusqu'au temps où s'apparient ces oiseaux. —, pl. Petites grenades lancées avec la bombe. T. d'artill.

PERDRIGON, s. m. Sorte de grosse prune.

PERDRIX, s. f. Oiseau de la grosseur du pigeon, dont la chair est très estimée, genre de gallinacées nudipèdes qui ne se perchent point.

PERDU, E, part. et adj. Egaré; chien perdu. —, inefficace, inutile; peine perdue. Puits —, où les eaux se perdent. Pays —, éloigné, inhabité. Sentinelle —, postée le plus près possible de l'ennemi, afin d'observer ses mouvemens. Enfans —, troupes irrégulières qui marchent à l'aventure et font des excursions dans le pays ennemi. A fonds —, en viager. Homme — de dettes, de réputation, ruiné, décrié. Crier comme un —, de toutes ses forces. A temps —, dans les momens de loisir.

PERDUVILLE, s. f. Com. du dép. de la Seine-Inférieure, cant. de St.-Saens, arr. de Neufchâtel. = St.-Saens.

PÈRE, s. m. Homme qui a engendré un ou plusieurs enfans. —, homme bienfaisant; le père des pauvres. Notre premier —, Adam. Le — des croyans, Abraham. Le saint —, le souverain pontife, le pape. Le — Eternel, Dieu. Dieu le —, la première des trois personnes de la Sainte-Trinité. —, auteur, source, principe; le travail est le père du plaisir. —, pl. Aïeux, ancêtres. Les — de l'église, docteurs dont l'église a sanctionné les décisions. Les — du désert, les anciens anachorètes. Les — conscrits, les sénateurs de l'ancienne Rome.

PERÉ, s. m. Com. du dép. de la Charente-Inférieure, cant. de Surgères, arr. de Rochefort. = Surgères.

PÈRE (St.-), s. m. Com. du dép. d'Ille-et-Vilaine, cant. de Châteauneuf, arr. de St.-Malô. = Châteauneuf.

PÈRE (St.-), s. m. Com. du dép. du Loiret, cant. de Sully, arr. de Gien. = Gien.

PÈRE (St.-), s. m. Com. du dép. de la Nièvre, cant. et arr. de Cosne. = Cosne.

PÉRÉ, s. m. Com. du dép. des Hautes-Pyrénées, cant. de Lannemezan, arr. de Bagnères. = Tarbes.

PÈRE (St.-), s. m. Com. du dép. de l'Yonne, cant. de Vézelay, arr. d'Avallon. = Vézelay.

PÉREBIER, s. m. Arbre de la Guiane, à suc laiteux. T. de bot.

PÈRE-EN-RETZ (St.-), s. m. Com. du dép. de la Loire-Inférieure, chef-lieu de cant. de l'arr. de Paimbœuf où se trouvent les bur. d'enregist. et de poste.

PÉRÉGRATION, s. f. Périodicité. Mois de —, périodique. T. d'astr.

PÉRÉGRIN, s. m. Etranger. (Vi.) — faucon hagard.

PÉRÉGRINATION, s. f. Voyage en pays éloigné, pèlerinage. (Vi.)

PÉRÉGRINER, v. n. Aller en pèlerinage, voyager dans les pays étrangers.

PÉRÉGRINITÉ, s. f. Etat politique des étrangers dans un pays. T. de jurisp.

PÉRÉGRINOMANIE, s. f. Fureur de voyager. T. inus.

PEREILLE, s. f. Com. du dép. de l'Ariége, cant. de Lavelanet, arr. de Foix. = Mirepoix.

PÉRELLE, s. f. Orseille d'Auvergne, substance fongueuse, terreuse et sèche, qui entre dans la composition de la teinture rouge.

PERELLI, s. m. Com. du dép. de la Corse, cant. de Valle, arr. de Corte. = Bastia.

PÉREMPTION, s. f. Fin de non recevoir tirée de l'expiration du délai prescrit pour procéder utilement; péremption d'instance. T. de procéd.

PÉREMPTOIRE, adj. Tiré de la péremption; décisif, qui est sans réplique.

PÉREMPTOIREMENT, adv. D'une manière péremptoire.

PÉREMPTORISER, v. n. Prolonger, accorder des délais. T. inus.

PERENCHIES, s. f. Com. du dép. du Nord, cant. du Quesnoy-sur-Deule, arr. de Lille. = Lille.

PÉRENNIAL, adj. Perpétuel. (Vi.)

PÉRENNISÉ, E, part. Rendu perpétuel. (Vi.)

PÉRENNISER, v. a. Rendre perpétuel. (Vi.)

PÉRENNITÉ, s. f. Longue durée des fonctions. (Vi.)

PÉRÉNOPTÈRE, s. m. Voy. PERCNOPTÈRE.

PÉRÉQUAIRE, s. m. Cadastre d'une commune. T. inus.

PÉRÉQUATEUR, s. m. Préposé à la répartition des impôts sur les biens ruraux. T. inus.

PÉRÉQUATION, s. f. Equation parfaite. T. inus.

PERET, s. m. Com. du dép. de la Corrèze, cant. de Meymac, arr. d'Ussel. = Ussel.

PERET, s. m. Com. du dép. de l'Hérault, cant. de Montagnac, arr. de Béziers. = Clermont-Lodève.

PEREUIL, s. m. Com. du dép. de la Charente, cant. de Blanzac, arr. d'Angoulême. = Blanzac.

PEREUILH, s. m. Com. du dép. des Hautes-Pyrénées, cant. de Pouyastruc, arr. de Tarbes. = Tarbes.

PEREUSE (la), s. f. Com. du dép. des Ardennes, cant. de Novion, arr. de Rethel. = Launois.

PEREUSE (Ste.-), s. f. Com. du dép. de la Nièvre, cant. et arr. de Château-Chinon. = Château-Chinon.

PEREX, s. m. Com. du dép. de l'Ain, cant. de Pont-de-Veyle, arr. de Bourg. = Mâcon.

PERFECTIBILITÉ, s. f. Qualité de ce qui est perfectible.

PERFECTIBLE, adj. Susceptible de perfection.

PERFECTION, s. f., sans pl. Qualité de ce qui est parfait en son genre; réunion de toutes les qualités requises. —, achèvement, dernière main, exécution complète. —, qualité excellente de l'ame et du corps, pl. en ce sens. En —, adv. D'une manière parfaite, parfaitement.

PERFECTIONNÉ, E, part. Achevé, accompli, rendu parfait.

PERFECTIONNEMENT, s. m. Action de perfectionner un ouvrage, de le rendre plus parfait; résultat du travail de l'artiste ou de l'ouvrier.

PERFECTIONNER, v. a. Corriger les imperfections, les défauts d'un ouvrage, le rendre plus parfait. Se —, v. pron. Marcher vers la perfection, atteindre au but qu'on se propose.

PERFIDE, s. et adj. Qui manque à sa parole, fourbe, traître, déloyal. —, qui tient de la perfidie, qui la caractérise; tour perfide.

PERFIDEMENT, adv. D'une manière perfide, avec perfidie.

PERFIDIE, s. f. Manque de foi, abus de confiance, méchanceté, trahison, déloyauté, infidélité; tour perfide.

PERFOLIÉE, adj. f. Se dit d'une feuille dont le disque entoure la tige par sa base.

PERFORANT, s. m. et adj. Muscle qui se termine par quatre tendons à la troisième phalange des doigts de la main. — du pied, muscle long fléchisseur commun des orteils. T. d'anat.

PERFORATIF, IVE, adj. Qui sert à percer. T. inus.

PERFORATION, s. f. Action de perforer. —, ouverture accidentelle dans la continuité des organes. T. de méd.

PERFORÉ, E, part. Percé. —, s. et adj. m. Se dit des muscles dont les fibres s'écartent pour donner passage aux tendons des perforans; perforé de la main, perforé du pied. T. d'anat.

PERFORER, v. a. Percer, entamer les parties dures. T. de chir.

PERGAIN, s. m. Com. du dép. du Gers, cant. et arr. de Lectoure. = Lectoure.

PERGAME, s. m. L'ancienne Troie, ainsi nommée de l'une de ses tours. —, ville de l'Asie-Mineure dans la Mysie, peu éloignée de la mer, à la hauteur de l'île de Lesbos. Cette ville, qui se nomme aujourd'hui Bergame, devint la capitale d'un royaume fondé 282 ans avant J.-C.

PERGOLÈSE, s. m. Célèbre compositeur de musique dont la mémoire est chère à l'Italie. —, sorte de raisin.

PERGOUTE, s. f. Fleur blanche qui tient de la marguerite.

PERGUE, s. f. Genre d'insectes hyménoptères. T. d'hist. nat.

PERGUET, s. m. Com. du dép. du Finistère, cant. de Fouesnant, arr. de Quimper. = Quimper.

PERGULAIRE, s. f. Plante de la famille des apocynées. T. de bot.

PÉRI, s. m. Génie, démon; le feu, chez les Persans.

PÉRI, s. m. Com. du dép. de la Corse, cant. de Sarrola, arr. d'Ajaccio. = Ajaccio.

PÉRIANTHE, s. m. Calice le plus commun. T. de bot.

PÉRIAPTE, s. m. Espèce d'amulette qu'on portait au cou, pour se garantir des maladies. T. d'antiq.

PÉRIBLEPSIE, s. f. Regard effaré dans le délire. T. de méd.

PÉRIBOLE, s. m. Plant d'arbres autour d'un temple ; parapet, garde-fou. T. d'antiq. —, s. f. Transport des matières morbifiques vers les parties extérieures. T. de méd. —, porcelaine incomplète, testacé. T. d'hist. nat.

PÉRICALLES, s. m. pl. Oiseaux sylvains anisodactyles. T. d'hist. nat.

PÉRICARDE, s. m. Membrane épaisse et serrée qui sert d'enveloppe au cœur, et empêche que les poumons ne gênent ses mouvemens. T. d'anat.

PÉRICARDIAIRES, adj. m. pl. Qui s'engendrent dans le péricarde ; vers péricardiaires.

PÉRICARDIN, E, adj. Qui appartient, est relatif au péricarde ; artères, veines péricardines. T. d'anat.

PÉRICARDITE, s. f. Inflammation du péricarde. T. de méd.

PÉRICARPE, s. m. Pellicule qui enveloppe le fruit d'une plante. T. de bot. —, voy. Epicarpe. T. de chir.

PÉRICHET, s. m. Involucre au-dessous des fleurs de quelques mousses. T. de bot.

PÉRICLITANT, E, adj. Qui menace ruine, qui périclite.

PÉRICLITER, v. n. Courir quelque hasard ; être en péril, menacer ruine.

PÉRICLYMÉNON, s. m. Chèvrefeuille à fleurs jaunes. T. de bot.

PÉRICONDRE, s. m. Membrane qui recouvre les cartilages du poignet. T. d'anat.

PÉRICORS, s. m. Voy. Apéritoire. T. d'épingl.

PÉRICRANE, s. m. Membrane formée de plusieurs lames, qui recouvre le crâne et communique avec la dure-mère par les sutures. T. d'anat.

PÉRIDESMIQUE, adj. Se dit d'une enflure causée par la compression d'une ligature sur une partie molle. T. de chir.

PÉRIDIOLITHE, s. f. Sorte de petite coquille. T. d'hist. nat.

PÉRIDONIUS ou **PÉRITHE**, s. m. Pierre fauve ; fer sulfaté. T. d'hist. nat.

PÉRIDOT, s. m. Pierre verte, de la couleur de l'olive. — du Brésil, tourmaline verte. — oriental, corindon vitreux. T. d'hist. nat.

PÉRIDROME, s. m. Galerie dans un périptère, entre les colonnes et les murs ; promenade à couvert. T. d'arch. anc.

PÉRIÉGÈTE, s. m. Géographe qui indiquait la situation des côtes aux étrangers, et leur servait de guide. T. d'antiq.

PÉRIÉLÈSE, s. f. Interposition de notes dans l'intonation.

PÉRIER, s. m. Instrument dont se servent les fondeurs pour ouvrir le fourneau. —, oiseau de la couleur de l'alouette.

PERIER (le), s. m. Com. du dép. de l'Isère, cant. d'Entraigues, arr. de Grenoble. = la Mure.

PÉRIÈRES, s. f. Com. du dép. du Calvados, cant. de Coulibœuf, arr. de Falaise. = Falaise.

PÉRIÉRÈSE, s. f. Incision que les anciens pratiquaient autour des grands abcès. T. de chir.

PÉRIERS, s. m. Com. du dép. du Calvados, cant. de Douvres-la-Délivrande, arr. de Caen. = Caen.

PÉRIERS, s. m. Com. du dép. du Calvados, cant. de Dives, arr. de Pont-l'Evêque. = Dives.

PÉRIERS, s. m. Com. du dép. de l'Eure, cant. de Beaumont, arr. de Bernay. = Beaumont-le-Roger.

PÉRIERS, s. m. Com. du dép. de la Manche, chef-lieu de cant. de l'arr. de Coutances. Bur. d'enregist. et de poste. Comm. de graines de trèfle.

PÉRIGÉE, s. et adj. m. Point du ciel où se trouve une planète quand elle est à sa plus petite distance de la terre. T. d'astr.

PÉRIGNAC, s. m. Com. du dép. de la Charente, cant. de Blanzac, arr. d'Angoulême. = Blanzac.

PÉRIGNAC, s. m. Com. du dép. de la Charente-Inférieure, cant. de Pons, arr. de Saintes. = Pons.

PÉRIGNAC, s. m. Com. du dép. de la Dordogne, cant. de Terrasson, arr. de Sarlat. = Terrasson.

PÉRIGNAT-ÈS-ALLIER, s. m. Com. du dép. du Puy-de-Dôme, cant. de Billom, arr. de Clermont. = Billom.

PÉRIGNÉ, s. m. Com. du dép. des Deux-Sèvres, cant. de Brioux, arr. de Melle. = Melle.

PÉRIGNEUX, s. m. Com. du dép. de la Loire, cant. de Perreux, arr. de Roanne. = St.-Etienne.

PÉRIGNY, s. m. Com. du dép. de l'Allier, cant. et arr. de Lapalisse. = St.-Gérand.

PÉRIGNY, s. m. Com. du dép. du Calvados, cant. de Condé-sur-Noireau, arr. de Vire. = Condé-sur-Noireau.

PÉRIGNY, s. m. Com. du dép. de la Charente-Inférieure, cant. et arr. de la Rochelle. = la Rochelle.

PÉRIGNY, s. m. Com. du dép. de Loir-et-Cher, cant. de Selommes, arr. de Vendôme. = Vendôme.

PÉRIGNY, s. m. Com. du dép. de Seine-et-Oise, cant. de Boissy-St.-Léger, arr. de Corbeil. = Brie-Comte-Robert.

PÉRIGNY-LA-ROSE, s. m. Com. du dép. de l'Aube, cant. de Villenauxe, arr. de Nogent-sur-Seine. = Villenauxe.

PÉRIGONE, s. m. Calice ou corolle, enveloppe de la fleur. T. de bot.

PÉRIGORD (le), s. m. Etendue de pays qui forme le dép. de la Dordogne.

PÉRIGOURDIN, E, s. et adj. Habitant du Périgord ; qui est relatif à cette ancienne province de France.

PÉRIGUEUX, s. m. Pierre noire fort dure.

PÉRIGUEUX, s. m. Ville du dép. de la Dordogne, chef-lieu de préf., d'une sous-préf. et d'un cant. ; cour d'assises ; trib. de 1re inst. et de comm. ; évêché érigé dans le 3e siècle ; société d'agric. ; biblioth. publique de 11,000 volumes ; jardin bot. ; ingén. en chef des ponts-et-chaussées ; direct. de l'enregist. et des domaines de 2e classe ; conserv. des hypoth. ; direct. des contrib. dir. et indir. ; bur. de garantie des matières d'or et d'argent ; recev. général des finances, payeur du dép. ; bur. d'enregist. et de poste.

Cette ville est située sur la rive droite de l'Isle, au milieu d'une belle vallée : son territoire produit quantité de gibier et des truffes excellentes, avec lesquels on fait des pâtés très estimés qui font l'objet d'un commerce considérable. On y remarque la cathédrale, la préfecture, de construction moderne, et les promenades. Patrie de la Grange-Chancel, auteur dramatique.

Fabr. de mouchoirs ; bonneterie, liqueurs fines. Comm. de fer, bestiaux, etc.

PÉRIGYNE ou PÉRIGYNIQUE, adj. Inséré autour de l'ovaire ; étamine périgyne. T. de bot.

PÉRIHÉLIE, s. f. Point de l'orbite d'une planète le plus près de la terre. T. d'astr.

PÉRIKÈCE ou PÉRIHÈSE, s. m. Involucre velouté du pédoncule. T. de bot.

PÉRIL, s. m. Risque, danger, situation où il y a quelque chose à craindre.

PÉRILAMPE, s. m. Genre d'insectes hyménoptères. T. d'hist. nat.

PÉRILLE, s. m. Célèbre artisan qui fut victime de la froide cruauté de Phalaris, et qui, comme tous les fauteurs de la tyrannie, mérita son triste sort. Pour plaire à son maître et seconder sa fureur, il avait inventé un taureau d'airain dans lequel on enfermait un malheureux qu'on faisait mourir d'une manière cruelle, en allumant du feu sous cette horrible machine. Ce fut sur lui que Phalaris fit l'essai de ce genre de supplice. T. de myth. —, s. f. Plante annuelle des Indes. T. de bot.

PÉRILLEUSEMENT, adv. Dangereusement, avec péril.

PÉRILLEUX, EUSE, adj. Dangereux, où il y a du péril.

PÉRILLOS, s. m. Com. du dép. des Pyrénées-Orientales, cant. de Rivesaltes, arr. de Perpignan. = Perpignan.

PÉRILOMIE, s. f. Genre de plantes labiées. T. de bot.

PÉRIMER, v. n. Périr, se perdre par la prescription, par l'expiration des délais, en parlant d'une instance. T. de procéd.

PÉRIMÈTRE, s. m. Contour, circonférence. T. de géom.

PÉRINÉAL, E, ou PÉRINÉEN, NE, adj. Qui appartient, est relatif au périnée. T. d'anat.

PÉRINÉE, s. m. Espace compris entre le rectum et les parties génitales. T. d'anat.

PÉRINÉOCÈLE, s. f. Hernie du périnée. T. d'anat.

PÉRIODE, s. m. Le plus haut point où une chose puisse arriver. —, espace de temps indéterminé. —, s. f. Révolution d'un astre ; mesure de temps ; époque. —, révolution qui s'opère dans une fièvre réglée. T. de méd. —, phrase composée de membres dont la réunion forme un sens complet.

PÉRIODICITÉ, s. f. Qualité de ce qui est périodique.

PÉRIODIQUE, adj. Qui paraît à époques fixes ; ouvrage périodique. —, qui a ses périodes ; fièvre périodique. —, nombreux, harmonieux, riche en période ; style périodique.

PÉRIODIQUEMENT, adv. D'une manière périodique.

PÉRIODISTE, s. m. Journaliste, rédacteur de feuilles périodiques.

PÉRIODONIQUES, s. m. pl. Vainqueurs dans les jeux sacrés. T. d'antiq.

PÉRIODYNIE, s. f. Violente douleur d'estomac. T. de méd.

PÉRIŒCIENS, s. m. pl. Peuples qui habitent sous un même parallèle. T. de géog.

PÉRIOSTE, s. m. Membrane qui enveloppe la plupart des os à l'intérieur et à l'extérieur. T. d'anat.

PÉRIOSTOSE, s. m. Gonflement du périoste. T. de chir.

PÉRIPATÉTICIEN, NE, s. et adj. Disciple d'Aristote; partisan de la doctrine de ce philosophe; qui appartient à son école.

PÉRIPATÉTIQUE, adj. Qui concerne la philosophie d'Aristote, le péripatétisme.

PÉRIPATÉTISME, s. m. Philosophie d'Aristote, doctrine des péripatéticiens.

PÉRIPÉTIE, s. f. Changement subit, inopiné de fortune; dénouement d'une pièce de théâtre, d'un roman.

PÉRIPHÉRIE, s. f. Contour, circonférence d'une figure. T. de géom.

PÉRIPHRASE, s. f. Circonlocution, tour de phrase dont on se sert pour exprimer ce qu'on ne croit pas pouvoir appeler par son nom.

PÉRIPHRASER, v. n. Employer des périphrases, des circonlocutions.

PÉRIPLE, s. m. Voyage maritime autour d'un pays, d'une côte, pour l'explorer. T. de géog. anc.

PÉRIPLOCA, s. f. Plante asclépiadée. T. de bot.

PÉRIPNEUMONIE, s. f. Inflammation du poumon accompagnée d'une fièvre aiguë, d'oppression, et de crachement de sang. T. de méd.

PÉRIPOLIGONE, s. et adj. m. Se dit d'un cristal dont le prisme a un grand nombre de pans. T. de minéralogie.

PÉRIPTÈRE, s. m. Edifice à colonnes isolées au pourtour extérieur; temple entouré de colonnes. T. d'arch.

PÉRIR, v. n. Prendre fin, mourir; tomber en ruine, en décadence. —, faire une fin malheureuse, violente. —, être abîmé, englouti; faire naufrage. —, être excédé; périr d'ennui. —, périmer. T. de procéd.

PÉRIRRANTÉRION, s. m. Vase pour l'eau lustrale. T. d'antiq.

PÉRISCÉLIDE, s. f. Bracelet, jarretière à la cheville du pied. T. d'antiq.

PÉRISCIENS, s. m. pl. Habitans des zônes froides dont l'ombre fait le tour de l'horizon en certains temps de l'année. T. de géog. anc.

PÉRISCYPHISME, s. m. Incision qui se pratiquait sur la partie proéminente du crâne. T. d'antiq.

PÉRISPERME, s. m. Tégument de la semence; corps autour de l'embryon. T. de bot.

PÉRISPORE, s. m. Enveloppe des corpuscules reproductifs des plantes cryptogames. T. de bot.

PÉRISSABLE, adj. Sujet à périr, peu durable.

PERISSAC, s. m. Com. du dép. de la Gironde, cant. de Fronsac, arr. de Libourne. = St.-André-de-Cubzac.

PÉRISSOLOGIE, s. f. Répétition vicieuse, superfluité dans le discours.

PÉRISTALTIQUE, adj. m. Se dit d'un mouvement propre aux intestins qui se contractent pour pousser les excrémens en dehors. T. d'anat.

PÉRISTAPHYLIN, s. et adj. m. Se dit de deux muscles de la luette. T. d'anat.

PÉRISTAPHYLO-PHARYNGIENS, s. et adj. m. Petits muscles attachés par l'une de leurs extrémités entre la luette et l'apophyse ptérigoïde, et par l'autre, à la partie postérieure et latérale du pharynx. T. d'anat.

PÉRISTÈRES, s. m. pl. Gallinacés qui se rapprochent des passereaux. T. d'hist. nat.

PÉRISTOLE, s. f. Intervalle entre la systole et la diastole, entre la contraction et la dilatation des artères. T. d'anat.

PÉRISTÔME, s. m. Bord de l'urne des mousses. T. de bot.

PÉRISTOMION, s. m. Genre de mousses. T. de bot.

PÉRISTYLE, s. m. Suite de colonnes formant galerie; galerie couverte soutenue par des colonnes. T. d'arch.

PÉRITOINE, s. m. Membrane située sous les muscles du bas-ventre et qui recouvre intérieurement tous les viscères de cette cavité. T. d'anat.

PÉRITONÉAL, E, adj. Qui appartient au péritoine. T. d'anat.

PÉRITONITE, s. f. Inflammation du péritoine. T. de méd.

PÉRITROCHON, s. m. Machine pour soulever de gros fardeaux.

PERITROPE, adj. Se dit des graines qui se dirigent de l'axe du fruit aux côtés du péricarpe. T. de bot.

PERKINISME, s. m. Moyen indiqué par le docteur anglais Perkins, pour guérir les maux de tête et les érysipèles, en présentant des pointes d'aiguilles à la partie malade.

PERLAIRES ou PERLIDES, s. f. pl. Insectes névroptères. T. d'hist. nat.

PERLASSE, s. f. Potasse d'Amérique.

PERLE, s. f. Globule d'un blanc argentin qui se forme dans les coquilles bivalves, pierre fine d'un très grand prix. — fine, véritable. — fausse, fabriquée. —, ce qu'il y a d'excellent, de précieux. Fig. et fam. —, le plus petit caractère. T. d'impr. —, névroptère perlide. T. d'hist. nat. —, pl. Dents très belles. T. poét. Enfiler des —, s'amuser à des bagatelles.

PERLÉ, E, adj. Où il entre des perles; julep perlé. —, couvert de globules, d'yeux, en parlant d'un liquide. —, fait avec goût, avec soin. T. fam. —, orné de perles. T. de blas. —, brillant et gracieux. T. de mus.

PERLES, s. f. Com. du dép. de l'Aisne, cant. de Braisne, arr. de Soissons. ⸗ Fismes.

PERLES-ET-CASTELET, s. f. Com. du dép. de l'Ariège, cant. d'Ax, arr. de Foix. ⸗ Tarascon-sur-Ariège.

PERLOIR, s. m. Ciselet gravé pour faire de petits ornemens en forme de perles. —, entonnoir de confiseur.

PERLON, s. m. Poisson du genre du trigle. T. d'hist. nat.

PERLSINTER, s. m. Quartz hyalin. T. d'hist. nat.

PERLUAUX, s. m. pl. Ecorces enduites de résine servant de flambeau.

PERLURE, s. f. Grumeaux sur le bois des cerfs, des daims. T. de véner.

PERMANENCE, s. f. Durée constante d'une chose. —, état d'une assemblée constamment en fonctions. —, présence continuée du corps de J.-C. dans l'eucharistie, après la consécration.

PERMANENT, E, adj. Stable, immuable, qui dure toujours. Séance —, continuée jusqu'à la clôture des débats.

PERMÉABILITÉ, s. f. Qualité de ce qui est perméable.

PERMÉABLE, adj. Qui peut être traversé par un fluide. T. de phys.

PERMESSE, s. m. Fleuve qui prend sa source au pied du mont Hélicon. Il était consacré aux muses. T. de myth.

PERMESSIDE, adj. Qui appartient au Permesse.

PERMETTRE, v. a. Donner liberté, pouvoir, de dire ou de faire quelque chose; autoriser, ne pas empêcher, tolérer; donner le moyen, le loisir. Se —, v. pron. Prendre la liberté de faire ou de dire.

PERMIS, s. m. Permission. —, droit sur le chargement et le déchargement d'un navire. T. de mar.

PERMIS, E, part. et adj. Qui n'est pas défendu, licite.

PERMISSION, s. f. Pouvoir, liberté de faire ou de dire une chose.

PERMIXTION, s. f. Mélange pour tempérer deux choses.

PERMUTANT, s. m. Ecclésiastique qui permute.

PERMUTATION, s. f. Echange d'un bénéfice. —, changement d'ordre; manière de disposer les quantités. T. d'arith.

PERMUTE, E, part. Echangé; se dit des bénéfices ecclésiastiques.

PERMUTER, v. a. Echanger un bénéfice.

PERMUTEUR, s. m. Troqueur. T. inus.

PERN (St.-), s. m. Com. du dép. d'Ille-et-Vilaine, cant. de Bécherel, arr. de Montfort. ⸗ Bécherel.

PERN, s. m. Com. du dép. du Lot, cant. de Castelnau, arr. de Cahors. ⸗ Castelnau-Ratier.

PERNANT, s. m. Com. du dép. de l'Aisne, cant. de Vic-sur-Aisne, arr. de Soissons. ⸗ Soissons.

PERNANT, s. m. Com. du dép. de la Côte-d'Or, cant. et arr. de Beaune. ⸗ Beaune.

PERNAY, s. m. Com. du dép. d'Indre-et-Loire, cant. de Neuillé-Pont-Pierre, arr. de Tours. ⸗ Tours.

PERNE, s. f. Genre de coquilles bivalves irrégulières. T. d'hist. nat.

PERNELLE (la), s. f. Com. du dép. de la Manche, cant. de Quettehou, arr. de Valognes. ⸗ St.-Vaast.

PERNES, s. f. Com. du dép. du Pas-de-Calais, cant. et arr. de Boulogne. ⸗ Boulogne.

PERNES, s. f. Petite ville du dép. du Pas-de-Calais, cant. de Heuchin, arr. de St.-Pol. Bur. d'enregist. ⸗ St.-Pol.

PERNES, s. f. Petite ville du dép. de Vaucluse, chef-lieu de cant. de l'arr. de Carpentras, où se trouvent les bur. d'enregist. et de poste. Comm. de safran et d'olives. Patrie de Fléchier.

PERNETTE, s. f. Prisme triangulaire de faïence.

PERNICIEUSEMENT, adv. D'une manière pernicieuse.

PERNICIEUX, EUSE, adj. Nuisible, mauvais, dangereux, qui cause, peut causer un grand préjudice; remède pernicieux.

PERNICITAS, s. f. (mot latin). Vitesse extraordinaire de mouvement. T. de phys.

PERNOIS, s. m. Com. du dép. de la Somme, cant. de Domars, arr. de Doullens. ⸗ Flixecourt.

PER-OBITUM, adv. (mots latins). Par suite du décès du titulaire; bénéfice vacant per obitum.

PÉRODACTYLIEN, s. et adj. m. Muscle long fléchisseur commun des orteils. T. d'anat.

PERO-ET-CASEVECCHIE, s. m. Com. du dép. de la Corse, chef-lieu de cant. de l'arr. de Bastia. Bur. d'enregist. = Bastia.

PEROJA, s. m. Bicorne, plante de la Nouvelle-Hollande. T. de bot.

PÉROLS, s. m. Com. du dép. de la Corrèze, cant. de Bugeat, arr. d'Ussel. = Ussel.

PÉROLS, s. m. Com. du dép. de l'Hérault, cant. et arr. de Montpellier. = Montpellier.

PÉRON, s. m. Com. du dép. de l'Ain, cant. de Collonge, arr. de Gex. = Collonge.

PÉRONÉ, s. m. Os long, plat et triangulaire, placé le long du tibia, à sa partie externe; le plus petit des deux os de la jambe. T. d'anat.

PÉRONÉE, s. f. Genre de vers mollusques. T. d'hist. nat.

PÉRONÉO-MALLÉOLAIRE, s. et adj. f. Saphène externe. T. d'anat.

PÉRONÉO-PHALANGINIEN, s. et adj. m. Muscle long fléchisseur du gros orteil. T. d'anat.

PÉRONÉO-SOUS-TARSIEN, s. et adj. m. Muscle long péronier. T. d'anat.

PÉRONÉO-SUS-MÉTATARSIEN, s. et adj. m. Muscle moyen péronier. T. d'anat.

PÉRONÉO-SUS-PHALANGETTIEN, s. et adj. m. Muscle extenseur commun des orteils. T. d'anat.

PÉRONÉO-SUS-PHALANGINIEN, s. et adj. m. Extenseur propre du gros orteil. T. d'anat.

PÉRONÉO-TIBIAL, E, adj. Qui concerne le tibia et le péroné. T. d'anat.

PÉRONÉO-TIBI-SUS-PHALANGETTIEN, s. et adj. m. Long. extenseur commun des orteils. T. d'anat.

PÉRONIER, ÈRE, adj. Qui appartient au péroné. T. d'anat.

PÉRONNE, s. f. Com. du dép. du Nord, cant. de Cysoing, arr. de Lille. = Lille.

PÉRONNE, s. f. Com. du dép. de Saône-et-Loire, cant. de Lugny, arr. de Mâcon. = St.-Oyen.

PÉRONNE, s. f. Ville fortifiée du dép. de la Somme, chef-lieu de sous-préf. et d'un cant.; trib. de 1re inst.; conserv. des hypoth.; direct. des contrib. indir.; receveur partic. des finances; bur. d'enregist. et de poste.

Cette ville, bâtie sur la Somme, dans une contrée marécageuse mais fertile, est entourée de fortifications. N'ayant jamais été prise, elle fut surnommée la Pucelle. Charles-le-Simple y est mort dans les fers, et Louis XI y a été prisonnier de Charles-le-Téméraire pendant trois jours. Fabr. de linons, batistes, percales, basins, etc.

PÉRONNELLE, s. f. Femme impertinente et babillarde. T. de mép.

PÉRONS, s. m. pl. Pères et mères des oiseaux. T. de fauc.

PÉRONVILLE, s. f. Com. du dép. d'Eure-et-Loir, cant. d'Orgères, arr. de Châteaudun. = Châteaudun.

PÉROPTÈRES, s. m. pl. Poissons osseux sans nageoires. T. d'hist. nat.

PÉRORAISON, s. f. Quatrième partie du discours; résumé, récapitulation, conclusion. T. de rhét.

PÉRORER, v. n. Discourir, déclamer. T. fam. et iron.

PÉROREUR, s. m. Déclamateur. T. inus.

PÉROS-HAMON, s. m. Com. du dép. des Côtes-du-Nord, cant. de Paimpol, arr. de St.-Brieuc. = Paimpol.

PÉROT, s. m. Baliveau de l'âge de deux coupes. T. d'eaux et forêts.

PÉROTE, s. f. Plante de l'Inde, du genre des graminées. T. de bot.

PÉROTRICHE, s. f. Plante de la famille des synanthérées. T. de bot.

PÉROU, s. m. Vaste contrée de l'Amérique méridionale, bornée N. par la Nouvelle-Grenade, E. par les Andes, S. par le Chili, O. grand Océan. Ce pays, conquis en 1533 par l'Espagnol Fernand Pizaro, était gouverné par des rois qu'on nommait incas. Son nom est aujourd'hui synonyme de richesse. En effet, il renferme des mines d'or et d'argent les plus abondantes du monde. Son sol est généralement fertile. Il forme aujourd'hui un état indépendant.

PÉROUASCA, s. m. Martre de Sibérie. T. d'hist. nat.

PEROUGES, s. m. Petite ville du dép. de l'Ain, cant. de Meximieux, arr. de Trévoux. = Meximieux.

PEROUILLE (la), s. f. Com. du dép. de l'Indre, cant. et arr. de Châteauroux. = Châteauroux.

PEROUSE (la), s. f. Com. du dép.

du Jura, cant. et arr. de St.-Claude.= St.-Claude.

PÉROUSE, s. f. Com. du dép. du Haut-Rhin, cant. et arr. de Belfort. = Belfort.

PÉROUZE (la), s. f. Com. du dép. de l'Ain, cant. de St.-Trivier-sur-Mognand, arr. de Trévoux. = Trévoux.

PEROXYDE, s. m. Métal au plus haut degré d'oxygénation. T. de chim.

PEROY-LES-GOMBRIES, s. m. Com. du dép. de l'Oise, cant. de Nanteuil, arr. de Seulis. = Nanteuil-le-Haudouin.

PERPEIRE, s. f. Poisson du genre du pleuronecte. T. d'hist. nat.

PERPENDICLE, s. m. Niveau à pendule.

PERPENDICULAIRE, s. f. Ligne perpendiculaire. — , adj. Qui tombe à plomb. T. de géom.

PERPENDICULAIREMENT, adv. D'une manière perpendiculaire.

PERPENDICULARITÉ, s. f. Etat de ce qui est perpendiculaire.

PERPENDICULE, s. m. Ce qui tombe à plomb. — d'une montagne, ligne qui part de son sommet et tombe à plomb sur son plan horizontal.

PERPÉTRÉ, E, part. Fait, commis; se dit d'un crime.

PERPÉTRER, v. a. Faire, commettre; perpétrer un crime.

PERPÉTUATION, s. f. Action qui perpétue; effet de cette action.

PERPÉTUÉ, E, part. Rendu perpétuel.

PERPÉTUEL, LE, adj. Continuel, qui ne cesse point, qui dure toujours; mouvement perpétuel. —, qui revient souvent; interruption perpétuelle.

PERPÉTUELLEMENT, adv. Sans cesse, toujours; habituellement, fréquemment.

PERPÉTUER, v. a. Rendre perpétuel, faire durer sans cesse. Se —, v. pron. Durer toujours.

PERPÉTUITÉ, s. f. Durée perpétuelle, sans interruption. A —, adv. Pour toujours.

PERPEZAC-LE-BLANC, s. m. Com. du dép. de la Corrèze, cant. d'Ayen, arr. de Brive. = Brive.

PERPEZAC-LE-NOIR, s. m. Com. du dép. de la Corrèze, cant. de Vigeois, arr. de Brive. = Uzerches.

PERPEZAT, s. m. Com. du dép. du Puy-de-Dôme, cant. de Rochefort, arr. de Clermont. = Clermont-Ferrand.

PERPIGNAN, s. m. Ancienne ville du dép. des Pyrénées-Orientales, chef-lieu de préf., d'une sous-préf. et de 2 cant.; cour d'assises; trib. de 1re inst. et de comm.; évêché érigé dans le 6e siècle; hôtel des monnaies; bur. de garantie des matières d'or et d'argent; société d'agric., arts et comm.; école de dessin et d'arch.; biblioth. publique de 13,000 vol.; cabinets d'hist. nat. et de physique; ingén. en chef des ponts-et-chaussées; direct. de l'enregist. et des domaines de 3e classe; sous-inspect. des forêts; direct. des contrib., dir. et indir.; recev. gén. des finances; payeur du dép.; bur. d'enregist. et de poste. Pop. 15,360 hab. env.

Cette ville, assise au confluent de la Tet et de la Baisse, dans une contrée charmante, fournit d'excellens vins, parmi lesquels on cite ceux de Grenache et de Malvoisie. On y remarque une citadelle très forte, la place d'armes, sur un côté de laquelle sont de belles casernes, l'hôtel-de-ville, etc. Patrie de Carrère, médecin célèbre, et de Rigaud, peintre. Fabr. de draps, dentelles, liége; tanneries. Comm. de vins, eaux-de-vie, huiles, laines fines, soie, bouchons, etc.

PERPIGNER, v. n. Disposer les couples pour les placer perpendiculairement à la quille. T. de mar.

PERPLEXE, adj. Irrésolu, incertain, qui est dans la perplexité.

PERPLEXITÉ, s. f. Incertitude pénible, irrésolution, embarras, anxiété.

PERQUES (les), s. m. pl. Com. du dép. de la Manche, cant. de Bricquebec, arr. de Valognes. = Valognes.

PERQUIE, s. f. Com. du dép. des Landes, cant. de Villeneuve, arr. de Mont-de-Marsan. = Mont-de-Marsan.

PERQUISITEUR, s. m. Agent de police qui fait une perquisition.

PERQUISITION, s. f. Recherche exacte d'une personne ou d'une chose.

PERRANCEY, s. m. Com. du dép. de la Haute-Marne, cant. et arr. de Langres. = Langres.

PERRAY, s. m. Com. du dép. de Seine-et-Oise, cant. et arr. de Corbeil. = Corbeil.

PERRAY (le), s. m. Com. du dép. de Seine-et-Oise, cant. et arr. de Rambouillet. = Rambouillet.

PERREAU, s. m. Chaudron de cirier en cuivre étamé.

PERRECY-LES-FORGES, s. m. Com. du dép. de Saône-et-Loire, cant. de Toulon-sur-Arroux, arr. de Charolles. Bur de poste.

PERREIEURS ou PÉRIERS, s. m. pl. Ouvriers qui tirent l'ardoise; ardoisiers.

PERRENA (la), s. f. Com. du dép. du Jura, cant. des Planches, arr. de Poligny. = Lons-le-Saulnier.

PERRET, s. m. Com. du dép. des Côtes-du-Nord, cant. de Goarec, arr. de Loudéac.=Rostrenen. Fabr. de marmites, chaudières, poêles à frire, hauts-fourneaux.

PERREUIL, s. m. Com. du dép. de Saône-et-Loire, cant. de Couches, arr. d'Autun. = Couches.

PERREUSE, s. f. Com. du dép. de l'Yonne, cant. de St.-Sauveur, arr. d'Auxerre. = St.-Fargeau.

PERREUX, s. m. Com. du dép. de la Loire, chef-lieu de cant. de l'arr. de Roanne, où se trouvent les bur. d'enregist. et de poste.

PERREUX (St.-), s. m. Com. du dép. du Morbihan, cant. d'Allaire, arr. de Vannes. = Redon.

PERREUX, s. m. Com. du dép. de l'Yonne, cant. de Charny, arr. de Joigny. = Joigny.

PERRICHE, s. f. Perruche d'Amérique à longue queue.

PERRIER, s. m. Com. du dép. du Puy-de-Dôme, cant. et arr. d'Issoire. = Issoire.

PERRIER (le), s. m. Com. du dép. de la Vendée, cant. de St.-Jean-de-Mont, arr. des Sables-d'Olonne. = Challans.

PERRIÈRE, s. f. Carrière. T. inus. —, voy. PÉRIER.

PERRIERE (la), s. f. Com. du dép. de l'Orne, cant. de Pervenchères, arr. de Mortagne. = Bellême.

PERRIERS, s. m. Com. du dép. de la Manche, cant. de Sourdeval, arr. de Mortain. = Mortain.

PERRIERS-SUR-ANDELLE, s. m. Com. du dép. de l'Eure, cant. d'Ecouis, arr. des Andelys. = Ecouis.

PERRIGNY, s. m. Com. du dép. du Jura, cant. de Conliège, arr. de Lons-le-Saulnier. = Lons-le-Saulnier.

PERRIGNY, s. m. Com. du dép. de Saône-et-Loire, cant. de Bourbon-Lancy, arr. de Charolles. = Bourbon-Lancy.

PERRIGNY, s. m. Com. du dép. de l'Yonne, cant. et arr. d'Auxerre. = Auxerre.

PERRIGNY, s. m. Com. du dép. de l'Yonne, cant. d'Ancy-le-Franc, arr. de Tonnerre. = Ancy-le-Franc.

PERRIGNY-LÈS-DIJON, s. m. Com. du dép. de la Côte-d'Or, cant. et arr. de Dijon. = Dijon.

PERRIGNY-SUR-L'OIGNON, s. m. Com. du dép. de la Côte-d'Or, cant. de Pontailler-sur-Saône, arr. de Dijon. = Pontailler.

PERRIQUE, s. f. Petit perroquet.

PERROGNEY, s. m. Com. du dép. de la Haute-Marne, cant. de Longeau, arr. de Langres. = Langres.

PERRON, s. m. Escalier découvert et extérieur d'un étage peu élevé.

PERRON (le), s. m. Com. du dép. de la Manche, cant. de Torigny, arr. de St.-Lô. = Torigny.

PERRONNAZ, s. m. Com. du dép. de l'Ain, cant. et arr. de Bourg. = Bourg.

PERROQUET, s. m. Oiseau grimpeur, frugivore, à bec crochu, qui apprend facilement à parler. —, sorte de chaise à dos pliant. —, petit mât de hune; sorte de toile à voile. T. de mar. —, poisson du genre du coryphène, du labre. T. d'hist. nat.

PERROS-GUIREC, s. m. Com. du dép. des Côtes-du-Nord, chef-lieu de cant. de l'arr. de Lannion, où se trouvent les bur. d'enregist. et de poste.

PERROT, s. m. Echeveau de fil de trame.

PERROUSE, s. f. Com. du dép. de la Haute-Saône, cant. de Rioz, arr. de Vesoul. = Rioz.

PERROY, s. m. Com. du dép. de la Nièvre, cant. de Donzy, arr. de Cosne. = Donzy.

PERRUCHE, s. f. Femelle du perroquet; petit perroquet de l'ancien continent.

PERRUEL, s. m. Com. du dép. de l'Eure, cant. d'Ecouis, arr. des Andelys. = Lyons-la-Forêt.

PERRUQUE, s. f. Coiffure de faux cheveux.

PERRUQUIER, ÈRE, s. Coiffeur qui fait et vend des perruques.

PERRUSSON, s. m. Com. du dép. d'Indre-et-Loire, cant. et arr. de Loches. = Loches.

PERS, s. m. Com. du dép. du Cantal, cant. de St.-Mamet, arr. d'Aurillac. = Aurillac.

PERS, s. m. Com. du dép. du Loiret, cant. de Courtenay, arr. de Montargis. = Egreville.

PERS, s. m. Com. du dép. des Deux-Sèvres, cant. de Sauzé-Vaussais, arr. de Melle. = Sauzé-Vaussais.

PERS, E, adj. Se dit d'une couleur entre le vert et le bleu. (Vi.)

PERSAC, s. m. Com. du dép. de la Vienne, cant. de Lussac, arr. de Montmorillon. = Montmorillon.

PER-SALTUM, adv. (mots latins). Par saut. T. de droit canon.

PERSAN, E, s. et adj. Habitant de la Perse ; qui concerne ce royaume.

PERSAN, s. m. Com. du dép. de Seine-et-Oise, cant. de l'Isle-Adam, arr. de Pontoise. = Beaumont-sur-Oise.

PERSCRUTATION, s. f. Recherche exacte.

PERSE (la), s. f. Royaume d'Asie, borné N. Russie, mer Caspienne et Tartarie Usbèque, S. golfe Persique, O. Turquie, E. Beloudgistan et Caboulistan. Subjugué par Nadir, plus connu sous le nom de Thamas Kouli-Kan, et déchiré par des révolutions depuis environ un siècle, ce royaume est, pour ainsi dire, au premier occupant. —, belle toile peinte, fabriquée dans la Perse. Bleu de —, d'une nuance qui tient de la couleur verte.

PERSÉA, s. m. Arbre d'Egypte, toujours vert. T. de bot.

PERSÉCUTANT, E, adj. Qui incommode par ses importunités.

PERSÉCUTÉ, E, part. Vexé, inquiété, tourmenté par des actes injustes.

PERSÉCUTER, v. a. Vexer, inquiéter, tourmenter par des poursuites injustes et violentes. —, fatiguer, importuner.

PERSÉCUTEUR, TRICE, s. Celui, celle qui exerce des persécutions contre quelqu'un, qui ne laisse pas de repos, presse, importune.

PERSÉCUTION, s. f. Poursuite injuste et violente, vexation ; importunité, obsession.

PERSÉE, s. m. Fils de Jupiter et de Danaé. Entre autres exploits, il coupa la tête de Méduse, du sang de laquelle naquit le cheval pégase ; puis, monté sur ce cheval, il délivra Andromède, exposée sur un rocher à la fureur d'un monstre marin, et pétrifia ce monstre en lui montrant la tête de Méduse. A son retour, Acrise, son aïeul, s'opposant à son passage, il le tua sans le connaître, et en fut tellement affligé que Jupiter, pour le consoler, l'enleva au ciel où il le mit au nombre des constellations. T. de myth. —, constellation boréale. T. d'astr.

PERSÈGUE, s. m. Poisson osseux, thoracique, le même que la perche. T. d'hist. nat.

PERSÉITÉ, s. f. Existence par soi-même. T. didact.

PERSÉVÉRAMMENT, adv. Avec persévérance.

PERSÉVÉRANCE, s. f. Qualité d'une personne persévérante ; stabilité, constance à faire ou demander, persistance dans le bien, dans la foi.

PERSÉVÉRANT, E, adj. Constant dans ses opinions, ses actions, qui persévère.

PERSÉVÉRER, v. n. Penser, dire, agir d'une manière stable ; poursuivre l'exécution de ses desseins, demeurer ferme dans ses résolutions ; persister, être constant dans le bien.

PERSICAIRE, s. f. Plante aquatique, vulnéraire, astringente. T. de bot.

PERSICITE, s. f. Pierre argileuse, ayant la forme d'une pêche.

PERSICOT, s. m. Liqueur faite avec de l'eau-de-vie, des noyaux de pêche, etc.

PERSIENNE, s. f. Sorte de jalousie montée sur châssis.

PERSIFLAGE, s. m. Ironie fine et soutenue, raillerie adroite.

PERSIFLÉ, E, part. Raillé adroitement, plaisanté finement.

PERSIFLER, v. a. Railler, plaisanter quelqu'un, flatter son amour-propre, se moquer adroitement de lui, le rendre instrument et victime d'une ironie. —, v. n. Dire plaisamment des choses sérieuses, et sérieusement des choses frivoles.

PERSIFLEUR, s. m. Celui qui persifle, qui a l'habitude de persifler.

PERSIL, s. m. Plante potagère ombellifère. — de bouc, espèce de saxifrage. — de Macédoine, plante méridionale, alexipharmaque. — des marais, encens d'eau, œnanthe. Voy. CÉLERI.

PERSILLADE, s. f. Tranches de bœuf au persil ; assaisonnement avec du persil.

PERSILLÉ, E, adj. Qui offre en dedans de petites taches verdâtres ; fromage persillé.

PERSIQUE, s. f. Pêche très grosse, rouge et pointue. —, adj. Se dit d'un ordre d'architecture dans lequel l'entablement est porté par des figures de captifs. Golfe —, mer verte, méditerranée d'Asie, entre la Perse et l'Arabie-Heureuse, communiquant avec l'océan Indien, par le détroit d'Ormus.

PERSISTANCE, s. f. Action de persister ; état, qualité de ce qui est persistant, persévérance.

PERSISTANT, E, adj. Se dit des feuilles qui ne tombent pas à l'automne ; des stipules qui restent après la chute des feuilles, du calice qui subsiste après que la fleur est flétrie. T. de bot.

PERSISTER, v. n. Demeurer ferme

dans ses résolutions, persévérer, ne point se départir, tenir bon.

PERSONALISME, s. m. Egoïsme.

PERSONNAGE, s. m. Personne, homme remarquable. —, rôle que joue un acteur, une actrice; rôle que l'on joue dans le monde. —, figure d'homme, de femme; tapisserie à personnages.

PERSONNALISÉ, E, part. Attribué à un personnage; particularisé.

PERSONNALISER, v. a. Attribuer quelque chose à un personnage réel ou fictif; appliquer des généralités à un individu; faire une application particulière, désigner une personne, particulariser.

PERSONNALITÉ, s. f. Caractère, qualité de ce qui est personnel; ce qui constitue un individu. —, égoïsme. —, trait mordant, injure, invective contre une personne désignée.

PERSONNAT, s. m. Sorte de dignité dans un chapitre, au-dessus du chanoine.

PERSONNE, s. f. Homme ou femme. Jeune —, demoiselle, jeune fille. —, celui, celle qui parle; à qui, ou de qui l'on parle. T. de gramm. —, pron. indéfini. Nul, qui que ce soit. Il est toujours précédé ou suivi de la négative; mais on doit faire exception à cette règle dans l'interrogation; personne oserait-il se plaindre?

PERSONNÉE, adj. f. Se dit des fleurs dont la corolle représente un mufle d'animal. —, s. f. pl. Plantes dicotylédones, polypétales, à corolles hypogynes. T. de bot.

PERSONNEL, s. m. Manière d'être, qualité d'une personne; égoïsme. —, officiers et soldats, les hommes, les personnes; le personnel d'une armée.

PERSONNEL, LE, adj. Propre, particulier à chaque personne. Homme —, égoïste. —, qui marque les personnes; pronom personnel. T. de gramm.

PERSONNELLEMENT, adv. En propre personne.

PERSONNIFICATION, s. f. Action de personnifier; effet de cette action.

PERSONNIFIÉ, E, part. Se dit d'un être fictif, idéal, auquel on attribue le langage d'une personne.

PERSONNIFIER, v. a. Attribuer à un être idéal, inanimé, la figure, les sentimens, le langage d'une personne; transformer des êtres métaphysiques en personnages.

PERSPECTIF, IVE, adj. Qui représente un objet en perspective.

PERSPECTIVE, s. f. Art de repré-senter les objets dans leurs situations respectives. —, peinture de bâtimens, de jardins, dans l'éloignement. —, aspect des objets vus de loin, lointain. —, espérances ou craintes fondées; riante, triste perspective. Fig. En —, adv. Dans l'éloignement.

PERSPICACITÉ, s. f. Pénétration d'un esprit prompt à saisir les choses difficiles.

PERSPICUITÉ, s. f. Clarté, netteté des idées, du style.

PERSPIRATION, s. f. Transpiration insensible. T. de méd.

PERSQUEN, s. m. Com. du dép. du Morbihan, cant. de Guémené, arr. de Pontivy. = Pontivy.

PERSUADANT, E, adj. Convaincant, qui persuade; engageant.

PERSUADÉ, E, part. Convaincu.

PERSUADER, v. a. et n. Décider, forcer par le raisonnement à croire ou à faire quelque chose, convaincre. Se —, v. pron. Croire, se figurer, s'imaginer.

PERSUASIBLE, adj. Qui peut être persuadé.

PERSUASIF, IVE, adj. Qui a la force, le pouvoir de persuader; raisonnement persuasif.

PERSUASION, s. f. Art, talent, action de persuader. —, ferme croyance, conviction.

PERTAIN, s. m. Com. du dép. de la Somme, cant. de Nesle, arr. de Péronne. = Nesle.

PERTE, s. f. Privation d'un bien, en général; dommage, ruine. —, absence, mort; déplorer la perte d'une épouse. —, insuccès; la perte d'un procès. —, mauvais emploi; perte de temps. —, altération, déchet; déperdition. —, endroit où l'eau se perd. —, écoulement extraordinaire du flux menstruel. A —, adv. Avec perte. A — de vue, trop éloigné pour pouvoir distinguer les objets. Raisonner à — de vue, divaguer. Fig. En pure —, sans utilité, sans but.

PERTÉRÉBRANT, E, adj. Se dit d'une douleur vive, aiguë. T. de méd.

PERTH, s. m. Bourg d'Ecosse, chef-lieu du comté de ce nom, ancienne résidence royale, à quatorze lieues d'Edimbourg. Pop. 17,000 hab. env.

PERTHES, s. m. Com. du dép. des Ardennes, cant. de Juniville, arr. de Rethel. = Rethel.

PERTHES, s. m. Com. du dép. de la Marne, cant. de Ville-sur-Tourbes, arr. de Ste.-Ménehould. = Châlons-sur-Marne.

PERTHES, s. m. Com. du dép. de la

Haute-Marne, cant. de St.-Dizier, arr. de Vassy. = St.-Dizier.

PERTHES, s. m. Com. du dép. de Seine-et-Marne, cant. et arr. de Melun. = Ponthierry.

PERTHES-EN-ROTHIÈRE, s. m. Com. du dép. de l'Aube, cant. de Brienne-le-Château, arr. de Bar-sur-Aube. = Brienne-le-Château.

PERTHEVILLE, s. f. Com. du dép. du Calvados, cant. et arr. de Falaise. = Falaise.

PERTINACITÉ, s. f. Entêtement, opiniâtreté.

PERTINEMMENT, adv. Convenablement, avec discernement; prudence, circonspection.

PERTINENT, E, adj. Propre, convenable. T. de procéd.

PERTRE (le), s. m. Com. du dép. d'Ille-et-Vilaine, cant. d'Argentré, arr. de Vitré. = Vitré.

PERTUAUX, s. m. pl. Voy. PERTAUX.

PERTUIS, s. m. Trou, ouverture à une digue. —, détroit entre une île et la terre ferme; le pertuis d'Antioche, entre les îles d'Oléron et de Rhé. T. de géogr. —, garde d'une serrure. T. de serr.

PERTUIS, s. m. Ville du dép. de Vaucluse, chef-lieu de cant. de l'arr. d'Apt. Bur. d'enregist. et de poste. Comm. de vins, eaux-de-vie, huile d'olives, garance, etc.

PERTUISANE, s. f. Ancienne hallebarde.

PERTUISANIER, s. m. Soldat armé d'une pertuisane.

PERTUISÉ, adj. m. Rongé par les vers; bois pertuisé.

PERTURBATEUR, TRICE, s. Brouillon, agitateur qui excite du trouble; perturbateur du repos public.

PERTURBATION, s. f. Trouble, désordre, occasionné par une cause quelconque. —, entraves à la marche d'une maladie par des agens thérapeutiques. T. de méd. —, dérangement dans le mouvement des planètes par leur attraction en tous sens. T. d'astr.

PERTUSE, adj. f. Parsemée de petits points transparens; feuille pertuse. T. de bot.

PÉRULA, s. m. Arbre de l'Amérique méridionale. T. de bot.

PÉRULE, s. f. Enveloppe extérieure des boutons des plantes. T. de bot.

PERUSE (la), s. f. Com. du dép. de la Charente, cant. de Chabanais, arr. de Confolens. = Chabanais.

PERUSSE (la), s. f. Com. du dép. des Basses-Alpes, cant. et arr. de Digne. = Digne.

PERUSSES, s. f. Com. du dép. de la Haute-Marne, cant. de Clefmont, arr. de Chaumont. = Bourmont.

PÉRUTOTOLT, s. m. Canard du Mexique. T. d'hist. nat.

PÉRUVIEN, NE, s. et adj. Habitant du Pérou; qui concerne ce pays. —, s. f. Etoffe de soie à deux chaînes et de deux couleurs.

PERVENCHE, s. f. Plante vivace de la famille des apocynées. T. de bot.

PERVENCHÈRES, s. f. Com. du dép. de l'Orne, chef-lieu de cant. de l'arr. de Mortagne. Bur. d'enregist. à Bellême. = Mortagne.

PERVERS, E, s. et adj. Méchant, dépravé.

PERVERSEMENT, adv. Avec perversité. T. inus.

PERVERSION, s. f. Changement de bien en mal.

PERVERSITÉ, s. f. Méchanceté, dépravation.

PERVERTI, E, part. Corrompu, dépravé.

PERVERTIR, v. a. Corrompre, dépraver, faire changer de bien en mal; pervertir la jeunesse. —, troubler; pervertir l'ordre des choses. —, altérer; pervertir le sens d'un passage. Se —, v. pron. et récip. Se corrompre.

PERVERTISSABLE, adj. Enclin à la perversité; qu'il est aisé de pervertir.

PERVERTISSEMENT, s. m. Action de pervertir; résultat de cette action.

PERVERTISSEUR, s. m. Corrupteur.

PERVILLAC, s. m. Village du dép. de Tarn-et-Garonne, cant. de Montaigut, arr. de Moissac. = Moissac.

PERVILLE, s. f. Com. du dép. de Tarn-et-Garonne, cant. de Valence, arr. de Moissac. = Valence-d'Agen.

PESADE, s. f. Mouvement du cheval qui lève les pieds de devant sans remuer ceux de derrière. T. de man.

PESAMMENT, adv. D'une manière pesante. Prop. et fig.

PESANT, s. m. Plomb, poids pour assujettir l'étoffe que l'on coud. —, sorte de verroterie. Valoir son — d'or, être excellent. Fig. et fam. —, adv. Du poids de.

PESANT, E, adj. Lourd, d'un grand poids. —, onéreux; joug pesant. —, lent; esprit pesant. —, qui a le poids légal, en parlant de la monnaie. —, qui manque de légèreté, de finesse; touche pesante. T. de peint.

PESANTEUR, s. f. Tendance vers un centre, gravité; qualité de ce qui est pesant. Prop. et fig. —, violence du coup reçu d'un corps pesant, d'un homme robuste. —, malaise, lourdeur. T. de méd. — spécifique, rapport du poids d'un corps à son volume. T. de phys.

PESCADOIRE, s. m. Com. du dép. du Lot, cant. de Puy-l'Evêque, arr. de Cahors. = Castelfranc.

PESCHADOIRE, s. m. Com. du dép. du Puy-de-Dôme, cant. de Lezoux, arr. de Thiers. = Thiers.

PESÉ, E, part. Se dit d'un corps dont la pesanteur a été déterminée à l'aide de poids.

PESÉE, s. f. Action de peser; ce qu'on a pesé en une fois. —, effort des hommes qui se servent d'un levier pour soulever un poids. —, massif de plomb. T. d'épingl.

PÈSE-LIQUEUR, s. m. Instrument pour connaître la pesanteur des liquides.

PESER, v. a. Déterminer la pesanteur d'un corps avec des poids, le degré d'un liquide avec un pèse-liqueur. —, examiner attentivement une affaire pour en connaître la situation. Fig. — ses paroles, parler avec lenteur, avec circonspection. —, v. n. Graviter, avoir un certain poids. —, faire une pesée. —, avoir une valeur quelconque; valoir. —, être importun, embarrasser; rien ne pèse tant qu'un secret. — à, être à charge. — sur, insister sur. — sur l'estomac, être lourd, difficile à digérer. — sur le cœur, causer du regret, du ressentiment.

PESEUR, s. m. Celui qui pèse.

PESEUX, s. m. Com. du dép. du Doubs, cant. de Pont-de-Roide, arr. de Montbéliard. = St.-Hippolyte-sur-le-Doubs.

PESEUX, s. m. Com. du dép. du Jura, cant. de Chemin, arr. de Dôle. = Dôle.

PESLIÈRES, s. f. Com. du dép. du Puy-de-Dôme, cant. de Jumeaux, arr. d'Issoire. = Issoire.

PESMES, s. m. Com. du dép. de la Haute-Saône, chef-lieu de cant. de l'arr. de Gray. Bur. d'enregist. = Gray. Fabr. de cuirs; forges et hauts-fourneaux.

PESON, s. m. Voy. ROMAINE.

PESSAC, s. m. Com. du dép. de la Gironde, chef-lieu de cant. de l'arr. de Bordeaux, où se trouve le bur. d'enregist. =Bordeaux.

PESSAC-DE-GENSAC, s. m. Com. du dép. de la Gironde, cant. de Pujols, arr. de Libourne. = Castillon.

PESSAIRE, s. m. Appareil qu'on introduit dans le vagin, soit pour provoquer les mois ou arrêter les pertes, soit pour soutenir la matrice. T. de chir.

PESSAN, s. m. Com. du dép. du Gers, cant. et arr. d'Auch. = Auch.

PESSANS, s. m. Com. du dép. du Doubs, cant. de Quingey, arr. de Besançon. = Quingey.

PESSAT-VILLENEUVE, s. m. Com. du dép. du Puy-de-Dôme, cant. et arr. de Riom. = Riom.

PESSE, s. m. Espèce de sapin; genre de plantes hydrocharidées. T. de bot.

PESSERRE (St.-), s. m. Com. du dép. du Gers, cant. de Miradoux, arr. de Lectoure. = Lectoure.

PESSIMISME, s. m. Système du pessimiste, l'opposé d'optimisme.

PESSIMISTE, s. m. Misanthrope qui ne voit que du mal dans ce monde, qui met tout au pire.

PESSINES, s. f. Com. du dép. de la Charente-Inférieure, cant. et arr. de Saintes. = Saintes.

PESSON, s. m. Voy. PALISSON.

PESSONURE, s. f. Ratissures de peaux blanches pour faire de la colle.

PESSOULENS, s. m. Com. du dép. du Gers, cant. de St.-Clar, arr. de Lectoure. = St.-Clar.

PESTE, s. f. Maladie contagieuse qui enlève des populations entières, particulièrement dans le Levant où elle est endémique. —, personne ou chose capable de corrompre l'esprit et le cœur. —, sorte d'imprécation; peste des révolutions. —, interj. d'exclamation, d'admiration; peste! que nous sommes heureux! T. fam.

PESTER, v. n. Etre de mauvaise humeur, murmurer, parler avec aigreur contre ce qui fait le sujet d'un mécontentement.

PESTH, s. m. Ville de Hongrie, sur le Danube, centre du commerce de ce royaume. Pop., 48,000 hab. env.

PESTIFÈRE, adj. Contagieux, qui répand, communique la peste. T. didact.

PESTIFÉRÉ, E, s. et adj. Infecté de la peste; qui a la peste.

PESTIFÉRER, v. a. Infecter de la peste, répandre la contagion. T. inus.

PESTILENCE, s. f. Air pestilentiel, la peste.

PESTILENT, E, adj. Qui tient de la peste.

PESTILENTIEL, LE, adj. Pestilent, infecté de la peste, contagieux.

PESTILENTIEUX, EUSE, adj. Pestilentiel. T. inus.

PESTILLAC, s. m. Village du dép. du Lot, cant. de Puy-l'Evêque, arr. de Cahors. = Cahors.

PESTIVIEN, s. m. Com. du dép. des Côtes-du-Nord, cant. de Callac, arr. de Guingamp. = Guingamp.

PET, s. m. Flatuosité, gaz qui s'échappe des intestins, et sort avec bruit par l'orifice de l'anus. — de nonne, sorte de beignet rond. — en gueule, sorte de jeu d'écoliers. — en l'air, sorte de vêtement.

PÉTALAIRE, s. m. Serpent des Indes. T. d'hist. nat.

PÉTALE, s. m. Pièce qui compose le calice des fleurs. T. de bot.

PÉTALÉ, E, adj. Composé de pétales, pourvu d'une corolle. T. de bot.

PÉTALISME, s. m. Sorte d'ostracisme établi à Syracuse, où les juges qui prononçaient la sentence d'exil, écrivaient leurs suffrages sur une feuille.

PÉTALITHE, s. m. Substance minérale. T. d'hist. nat.

PÉTALOCHEIRE, s. m. Genre d'insectes hémiptères. T. d'hist. nat.

PÉTALOÏDE, adj. Semblable à un pétale. T. de bot. Sédiment —, sédiment écailleux de l'urine. T. de méd.

PÉTALOPÈDE, s. m. Eupatoire ferrugineuse. T. de bot.

PÉTALOSOMES, s. m. pl. Poissons osseux. T. d'hist. nat.

PÉTAMONAIRES ou PÉTAMENAIRES, s. m. pl. Sauteurs, faiseurs de tours de force.

PÉTARADE, s. f. Série de pets que fait un cheval en ruant. —, imitation du bruit de ces pets avec la bouche, pour se moquer de quelqu'un. T. fam.

PÉTARASSE, s. f. Espèce de hache à marteau.

PÉTARD, s. m. Machine chargée de poudre pour faire sauter les portes d'une ville, etc., pièce d'artifice. —, insecte coléoptère qui lance avec bruit, par l'anus, une matière âcre et blanche. T. d'hist. nat.

PÉTARDÉ, E, part. Renversé par l'explosion d'un pétard, en parlant des portes d'une ville.

PÉTARDER, v. a. Faire jouer le pétard contre la porte d'une ville de guerre, etc.

PÉTARDIER, s. m. Artilleur qui fait ou pose des pétards.

PÉTASE, s. m. Sorte de chapeau des anciens.

PÉTASITE, s. m. Herbe-aux-teigneux, plante vulnéraire, espèce de tussilage. T. de bot.

PÉTAUD, s. m. (La cour du roi). Maison où tout le monde est maître.

PÉTAUDIÈRE, s. f. Cour du roi Pétaud, assemblée où règne la confusion, le désordre, où chacun veut être maître.

PÉTAURE, s. m. Jeu des anciens, espèce de bascule au moyen de laquelle deux personnes se balançaient.

PÉTAURISTE, s. m. Celui qui s'exerçait au pétaure. T. d'antiq. —, genre de mammifères marsupiaux de la Nouvelle-Hollande. T. d'hist. nat.

PÉTÉCHIALE, adj. Se dit des fièvres accompagnées de pétéchies. T. de méd.

PÉTÉCHIES, s. f. pl. Petites taches rouges sur la peau, dans les fièvres malignes. T. de méd.

PÉTER, v. n. Faire un pet. —, éclater avec bruit. Fig. — dans la main, manquer au besoin. T. fam.

PÉTERSBACH, s. m. Com. du dép. du Bas-Rhin, cant. de Petite-Pierre, arr. de Saverne. = Phalsbourg.

PÉTERSBOURG (St.-), s. m. Ville capitale de l'empire russe, sur la Newa, résidence ordinaire des souverains. Cette ville, fondée par Pierre-le-Grand, possède un grand nombre d'établissemens scientifiques, de manufactures et de fabriques; des chantiers de construction pour vaisseaux de guerre et marchands, un arsenal, des fonderies de canons, etc. Pop., 250,000 hab. env.

PÉTÉSIE, s. f. Genre de plantes rubiacées. T. de bot.

PÉTEUR, EUSE, s. Personne qui pète souvent, qui a l'habitude de péter.

PÉTHOLE, s. m. Serpent d'Afrique. T. d'hist. nat.

PÉTILLANT, E, adj. Qui pétille, au prop. et au fig.; vin, esprit pétillant.

PÉTILLEMENT, s. m. Action de pétiller.

PÉTILLER, v. n. Eclater avec un bruit réitéré, en sautillant, comme le sel. —, briller avec éclat; pétiller d'esprit. — de, suivi d'un infinitif, désirer ardemment; et, suivi d'un subst., manifester beaucoup; pétiller d'impatience.

PÉTIMBRE, s. m. Poisson des mers de l'Amérique. T. d'hist. nat.

PÉTIOLAIRE, adj. Qui appartient au pétiole. T. de bot.

PÉTIOLE, s. m. Queue ou support des feuilles. T. de bot.

PÉTIOLÉ, E, adj. Porté par un pétiole. T. de bot.

PETIT, s. m. Animal nouvellement né. —, petit garçon. T. fam. Du — au grand, par comparaison des choses petites aux grandes. —, pl. Le peuple, par opposition aux gens riches, aux puissans. En —, adv. En raccourci, en miniature. — à —, peu à peu, insensiblement, avec le temps.

PETIT, E, adj. Qui a peu d'étendue, de volume, l'opposé de grand. —, moindre que d'autres choses de même genre. —, bas, vil ; peu considérable, sans importance.

PETIT-BARRAGE, s. m. Sorte de linge ouvré.

PETIT-BIJOU-BLANC-DE-LAIT, s. m. Agaric blanc. T. de bot.

PETIT-BLANC, s. m. Ancienne monnaie d'argent française.

PETIT-BOURG-DES-HERBIERS, s. m. Com. du dép. de la Vendée, cant. des Herbiers, arr. de Bourbon-Vendée. = les Herbiers.

PETIT-CANON, s. m. Caractère d'imprimerie.

PETIT-CHÂTEAU-DE-SENAR, s. m. Agaric à chapeau marron. T. de bot.

PETIT-CHÂTEL, s. m. Com. du dép. du Jura, cant. de Moirans, arr. de St.-Claude. = St.-Claude.

PETIT-CHOU, s. m. Sorte de pâtisserie.

PETIT-CORPS, s. m. Fabricant de petite serge. T. inus.

PETIT-COUP, s. m. Vis à tête du métier à bas.

PETIT-CROIX, s. m. Com. du dép. du Haut-Rhin, cant. de Fontaine, arr. de Belfort. = Belfort.

PETIT-DEUIL, s. m. Mésange du cap de Bonne-Espérance. —, poisson du genre du chétodon. T. d'hist. nat.

PETITE-CHAUX (la), s. f. Com. du dép. du Doubs, cant. de Mouthe, arr. de Pontarlier. = Pontarlier.

PETITE-FILLE, s. f. Fille du fils ou de la fille.

PETITE-FONTAINE, s. f. Com. du dép. du Haut-Rhin, cant. de Massevaux, arr. de Belfort. = Belfort.

PETITE-FOREST-DE-RAISMES, s. f. Com. du dép. du Nord, cant. de St.-Amand, arr. de Valenciennes. = Valenciennes.

PETITE-FOSSE (la), s. f. Com. du dép. des Vosges, cant. de Saales, arr. de St.-Dié. = St.-Dié.

PETITE-GUERRE, s. f. Simulacre d'un combat. —, guerre de partisans pour harceler l'ennemi.

PETITE-MAÎTRESSE, s. f. Voy. MAÎTRESSE.

PETITE-MARCHE (la), s. f. Com. du dép. de l'Allier, cant. de Marcillat, arr. de Montluçon. = Montluçon.

PETITEMENT, adv. En petite quantité ; d'une manière petite, mesquine, pauvre.

PETITE-NIÈCE, s. f. Fille du neveu ou de la nièce.

PETITE-OIE, s. f. Petits membres d'une oie, abatis. —, petits ajustemens ; faveurs légères. Fig.

PETITE-OLONNE, s. f. Toile à voiles, de chanvre écru.

PETITE-OPERCULÉE AQUATIQUÉ, s. f. Coquille fluviatile. T. d'hist. nat.

PETITE-PIERRE (la), s. f. Com. du dép. du Bas-Rhin, chef-lieu de cant. de l'arr. de Saverne. Bur. d'enregist. = Phalsbourg. Fabr. de toiles, bonneterie, taillanderie.

PETITE-RAON (la), s. f. Com. du dép. des Vosges, cant. de Senones, arr. de St.-Dié. = Raon-l'Étape.

PETITES-CHIETTES, s. f. Com. du dép. du Jura, cant. de St.-Laurent, arr. de St.-Claude. = Lons-le-Saulnier.

PETITES-CÔTES (les), s. f. pl. Com. du dép. de la Marne, cant. de St.-Remy-en-Bouzemont, arr. de Vitry. = Vitry-le-Français.

PETITES-LOGES (les), s. f. pl. Com. du dép. de la Marne, cant. de Verzy, arr. de Reims. = Reims.

PETITES-MAISONS, s. f. pl. Ancien hôpital pour les aliénés, à Paris.

PETIT-ESPADON, s. m. Poisson du genre de l'ésoce.

PETITESSE, s. f. Peu d'étendue, de volume ; modicité, exiguité. —, bassesse. —, habitude des minuties ; défaut d'élévation d'ame ; action, discours qui l'annoncent ; petitesse d'esprit.

PETITE-VÉROLE, s. f. Voy. VARIOLE.

PETITE-VILLE (la), s. f. Com. du dép. de la Marne, cant. de St.-Remy-en-Bouzemont, arr. de Vitry. = Vitry-le-Français.

PETIT-FILS, s. m. Fils du fils ou de la fille.

PETIT-GRIS, s. m. Ecureuil du nord, dont la queue sert à faire des pinceaux pour la miniature ; fourrure faite de la peau de cet animal. —, duvet sous l'aile de l'autruche.

PETIT-HAUT, s. m. Quatrième étage du bois entassé pour faire du charbon.

PETITIE, s. f. Arbrisseau de St.-Domingue. T. de bot.

PÉTITION, s. f. Demande adressée à une autorité. — de principe, défaut de raisonnement qui consiste à offrir pour preuve ce qui est en question.

PÉTITIONNAIRE, s. m. Solliciteur qui présente une pétition.

PÉTITIONNER, v. n. Adresser fréquemment des pétitions.

PETIT-LAIT, s. m. Sérosité du lait.

PETIT-MAÎTRE, s. m. Voy. MAÎTRE.

PETIT-MERCEY, s. m. Com. du dép. du Jura, cant. de Gendrey, arr. de Dôle. = St.-Vyt.

PETIT-MESNIL-ET-LA-GIBERIE, s. m. Com. du dép. de l'Aube, cant. de Soulaines, arr. de Bar-sur-Aube. = Brienne.

PETIT-MÉTIER, s. m. Sorte de pâtisserie, d'oublie.

PETIT-MONDE, s. m. Poisson du genre des quatre-dents. T. d'hist. nat.

PETIT-MONT, s. m. Com. du dép. de la Meurthe, cant. de Lorquin, arr. de Sarrebourg. = Sarrebourg.

PETIT-NEVEU, s. m. Fils du neveu ou de la nièce.

PETIT-NOIR-ET-SAULÇOIS, s. m. Com. du dép. du Jura, cant. de Chemin, arr. de Dôle. = Dôle.

PETITOIRE, s. m. Demande formée en justice pour obtenir la propriété d'une chose. T. de procéd.

PETIT-PALAIS-ET-CORNEMPS, s. m. Com. du dép. de la Gironde, cant. de Lussac, arr. de Libourne. = Coutras.

PETIT-PARANGON, s. m. Sorte de caractère d'imprimerie.

PETIT-PARIS (le), s. m. Com. du dép. de la Drôme, cant. de la Motte-Chalençon, arr. de Die. = Saillans.

PETIT-PIED, s. m. Os du sabot du cheval.

PETIT-QUÉ, s. m. Le point et virgule. T. d'impr.

PETIT-ROMAIN, s. m. Caractère d'imprimerie entre la philosophie et le petit-texte.

PETIT-ROYAL, s. m. Ancienne monnaie d'or française.

PETIT-SIMON, s. m. Oiseau d'Afrique.

PETIT-TEXTE, s. m. Sorte de caractère d'imprimerie.

PETIT-TOURNOIS, s. m. Ancienne monnaie d'argent de France.

PETIT-VILLARD, s. m. Com. du dép. du Jura, cant. de Moirans, arr. de St.-Claude. = Orgelet.

PETIT-VILLARD, s. m. Com. du dép. du Jura, cant. de Nozeroy, arr. de Poligny. = Poligny.

PETIVÈRE, s. f. Plante du genre des chénopodées. T. de bot.

PETIVILLE, s. f. Com. du dép. du Calvados, cant. de Troarn, arr. de Caen. = Troarn.

PETIVILLE, s. f. Com. du dép. de la Seine-Inférieure, cant. de Lillebonne, arr. du Hâvre. = Lillebonne.

PETON, s. m. Petit pied. T. fam.

PÉTONCLE, s. f. Coquillage bivalve. T. d'hist. nat.

PÉTORITE, s. m. Chariot à quatre roues. T. d'antiq.

PETOSSE, s. f. Com. du dép. de la Vendée, cant. de l'Hermenault, arr. de Fontenay. = Fontenay-le-Comte.

PÉTREAU, s. m. Sauvageon qui pousse au pied d'un arbre. T. de jard.

PÉTRÉE, adj. f. Aride, couverte de rochers, de pierres; Arabie-pétrée.

PETREL, s. m. Genre d'oiseaux palmipèdes. T. d'hist. nat.

PETRETO-ET-BICCHISANO, s. m. Com. du dép. de la Corse, chef-lieu de cant. de l'arr. de Sartene. Bur. d'enregist. = Ajaccio.

PÉTREUX, EUSE, s. et adj. Qui tient de la pierre. —, os des tempes, ainsi nommé, à cause de son apophyse qui figure un rocher. T. d'anat.

PÉTRI, E, part. Détrempé avec de l'eau et battu pour faire une pâte, en parlant de la farine. —, adj. Rempli; pétri de grâce.

PÉTRICHERIE, s. f. Appareil de la pêche de la morue. T. de mar.

PÉTRICOLE, s. f. Genre de coquilles bivalves. T. d'hist. nat.

PÉTRIÈRE, s. f. Four où l'on pétrit. T. inus.

PÉTRIFIANT, E, adj. Qui a le pouvoir de pétrifier.

PÉTRIFICATION, s. f. Transformation d'une substance végétale ou animale en pierre; substance pétrifiée.

PÉTRIFIÉ, E, part. Converti, transformé en pierre.

PÉTRIFIER, v. a. Convertir, métamorphoser, transformer en pierre. —, glacer, stupéfier, rendre immobile d'étonnement. Fig. Se —, v. pron. Se transformer en pierre.

PÉTRIFIQUE, adj. Qui change en pierre.

PÉTRIN, s. m. Huche pour pétrir le pain. Etre dans le —, dans l'embarras. T. fam.

PÉTRIR, v. a. Détremper de la farine avec de l'eau et battre ce mélange pour faire de la pâte; se dit de toutes les pâtes, de l'argile, etc.

PÉTRISSAGE, s. m. Action de pétrir.

PÉTRISSEUR, EUSE, s. Personne qui pétrit.

PÉTROBION, s. m. Arbrisseau de l'île de Ste.-Hélène. T. de bot.

PÉTROCALE, s. f. Drave, plante crucifère des Pyrénées. T. de bot.

PÉTRO-KOTSIPHO, s. m. Merle bleu de Scio, île de l'Archipel. T. d'hist. nat.

PÉTROLE, s. m. Bitume liquide, inflammable, qui découle des fentes de certains rochers.

PETROMYZON, s. m. Genre de poissons apodes. T. d'hist. nat.

PÉTROPHARYNGIENS, s. et adj. m. pl. Paire de petits muscles qui s'attachent d'un côté à l'os pétreux, et de l'autre au pharynx. T. d'anat.

PÉTRO-SALPINGO-PHARYNGIEN, s. m. Faisceau charnu du sphénoïde. T. d'anat.

PÉTRO-SALPINGO-STAPHYLIN, s. et adj. m. Muscle péristaphylin interne. T. d'anat.

PÉTROSILEX, s. m. Pierre ou caillou, concrétion de quartz mêlé de feldspath, pierre à fusil. T. d'hist. nat.

PÉTROSILICEUX, EUSE, adj. De la nature du pétrosilex. T. d'hist. nat.

PÉTRO-STAPHYLIN, s. et adj. m. Voy. PÉTRO-SALPINGO-PHARYNGIEN. T. d'anat.

PETTO (in), adv. (mot italien). Intérieurement, au fond du cœur, en secret.

PETTONCOURT, s. m. Com. du dép. de la Meurthe, cant. et arr. de Château-Salins. = Château-Salins.

PETTONVILLE, s. f. Com. du dép. de la Meurthe, cant. de Baccarat, arr. de Lunéville. = Blamont.

PÉTULAMMENT, adv. Avec pétulance, d'une manière pétulante.

PÉTULANCE, s. f. Vivacité, impétuosité, brusquerie.

PÉTULANT, E, adj. Vif, brusque, impétueux, qui a peine à se contenir.

PÉTUN, s. m. Tabac. (Vi.)

PÉTUNER, v. n. Fumer du tabac.

PÉTUNIE, s. f. Plante du Brésil de la famille des solanées. T. de bot.

PÉTUN-SÉ, s. m. Caillou de la Chine qu'on réduit en poudre, et qui entre dans la composition de la porcelaine, dont il forme l'émail.

PÉTUT, s. m. Sorte de filet à grandes mailles. T. de pêch.

PEU, s. m. Petite quantité. Se contenter de —, de peu de choses. —, adv. En petit nombre, en petite quantité. —, modifie les adj. et les adv.; peu aimable, peu agréablement. Dans —, sous —, dans ou sous peu de temps. — à —, petit à petit, insensiblement. A — près, environ, presque entièrement. Pour — que, si faiblement que.

PEUCÉDANE, s. m. Genre de plantes ombellifères. T. de bot.

PEUDRY, s. m. Com. du dép. de la Charente, cant. de Montmoreau, arr. de Barbezieux. = Blanzac.

PEUILLE, s. f. Morceau de métal pour en faire l'essai.

PEUJARD, s. m. Com. du dép. de la Gironde, cant. de St.-André-de-Cubzac, arr. de Bordeaux. = St.-André-de-Cubzac.

PEUME, s. m. Genre de nerpruns du Chili. T. de bot.

PEUMERIT, s. m. Com. du dép. du Finistère, cant. de Plougastel-St.-Germain, arr. de Quimper. = Quimper.

PEUMERIT-QUINTIN, s. m. Com. du dép. des Côtes-du-Nord, cant. de Bothoa, arr. de Guingamp. = Rostrenen.

PEUPLADE, s. f. Multitude d'habitans qui passent d'un pays dans un autre pour le peupler; colonie d'étrangers; lieu où ils se fixent; horde de sauvages. —, frai, alevin.

PEUPLE, s. m. Agrégation politique d'hommes qui forment une nation; le peuple Français. —, sujets, par opposition à souverain. —, la portion des habitans d'un état la plus nombreuse, la plus intéressante, la plus laborieuse, qui fait la force et la richesse d'un pays, qui supporte le fardeau des impôts et n'a en perspective que la misère et l'insolent mépris des oisifs, gorgés d'or à ses dépens; multitude, vulgaire, par opposition aux classes élevées. —, en mauvaise part, multitude ignorante, la dernière classe, la populace. —, petit poisson qu'on jette dans un étang pour le peupler. —, rejetons au pied des arbres et des plantes bulbeuses.

PEUPLÉ, E, part. et adj. Rempli d'habitans.

PEUPLEMENT, s. m. Action de peupler un colombier. T. inus.

PEUPLER, v. a. Transporter des habitans dans un pays désert et les y établir. —, multiplier le nombre des habitans par la voie de la génération. —, mettre de petits poissons dans un étang, des lapins dans une garène, etc. —, garnir de solives, de poteaux. T. de charp. — un tableau, y faire entrer beaucoup de figures. T. de peint. —, v. n. Multiplier. Se —, v. pron. Devenir peuplé.

PEUPLERAGE, s. m. Bois, allée de peupliers.

PEUPLIER, s. m. Grand arbre amentacé, à bois blanc, de plusieurs espèces.

PEUPLIÈRE, s. f. Champignon qui pousse aux pieds des peupliers. T. de bot.

PEUPLINGUE, s. m. Com. du dép. du Pas-de-Calais, cant. de Calais, arr. de Boulogne. = Calais.

PEUR, s. f. Vive et subite appréhension, crainte, effroi, sentiment d'une ame faible. —, pusillanimité, poltronnerie. De — de, de — que, conj. De crainte de ou que.

PEUREUX, EUSE, adj. Craintif, timide, pusillanime, qui se crée des fantômes, qui s'effraie de rien. —, qui manque de résolution.

PEUT-ÊTRE, adv. dubitatif. Il peut se faire que. —, s. m. éventualité; se fonder sur un peut-être.

PEUTON, s. m. Com. du dép. de la Mayenne, cant. de Cossé-le-Vivien, arr. de Château-Contier. = Craon.

PEUVILLERS, s. m. Com. du dép. de la Meuse, cant. de Damvillers, arr. de Montmédy. = Damvillers.

PÉVANGE, s. m. Com. du dép. de la Meurthe, cant. et arr. de Château-Salins. = Château-Salins.

PEVER (St.-), s. m. Comp. du dép. des Côtes-du-Nord, cant. de Plouagat, arr. de Guingamp. = Guingamp.

PEVY, s. m. Com. du dép. de la Marne, cant. de Fismes, arr. de Reims. = Reims.

PEXINE (Ste.-), s. f. Com. du dép. de la Vendée, cant. de Mareuil, arr. de Bourbon-Vendée. = Ste.-Hermine.

PEXIORA, s. m. Com. du dép. de l'Aude, cant. et arr. de Castelnaudary. = Castelnaudary.

PEXONNE, s. f. Com. du dép. de la Meurthe, cant. de Baccarat, arr. de Lunéville. = Blamont. Manuf. de faïence et de poterie.

PEY, s. m. Morceau d'ardoise fixé en terre, pour soutenir un tas d'ardoises.

PEY, s. m. Com. du dép. des Landes, cant. de Peyrehorade, arr. de Dax. = Dax.

PEY-DE-CASTETS (St.-), s. m. Com. du dép. de la Gironde, cant. de Pujols, arr. de Libourne. = Libourne.

PEYNIER, s. m. Com. du dép. des Bouches-du-Rhône, cant. de Trets, arr. d'Aix. = Aix.

PEYPIN-D'AIGUES, s. m. Com. du dép. de Vaucluse, cant. de Pertuis, arr. d'Apt. = Pertuis.

PEYRABOUT, s. m. Com. du dép. de la Creuse, cant. d'Ahun, arr. de Guéret. = Guéret.

PEYRAC, s. m. Com. du dép. du Lot, chef-lieu de cant. de l'arr. de Gourdon, où se trouvent les bur. d'enregist. et de poste.

PEYRADE (canal de la), s. m. Ce canal borde la route de Montpellier à Cette, s'embranche au canal des Etangs, près du pont de la Peyra, et va se réunir à celui de Cette.

PEYRAT (le), s. m. Com. du dép. de l'Ariège, cant. de Mirepoix, arr. de Pamiers. = Mirepoix.

PEYRAT, s. m. Village du dép. de l'Aveyron, cant. de Mur-de-Barrez, arr. d'Espalion. = Mur-de-Barrez.

PEYRAT, s. m. Com. du dép. de la Creuse, cant. de Chénérailles, arr. d'Aubusson. = Chénérailles.

PEYRAT, s. m. Com. du dép. de la Haute-Vienne, cant. et arr. de Bellac. = Bellac.

PEYRAT-LE-CHÂTEAU-ET-BEAULIEU, s. m. Com. du dép. de la Haute-Vienne, cant. d'Eymoutiers, arr. de Limoges. = Limoges.

PEYRAUBE, s. m. Com. du dép. des Hautes-Pyrénées, cant. de Tournay, arr. de Tarbes. = Tarbes.

PEYRE, s. m. Village du dép. des Hautes-Alpes, cant. de Serres, arr. de Gap. = Serres.

PEYRE, s. m. Com. du dép. des Landes, cant. d'Hagetmau, arr. de St.-Sever. = St.-Sever.

PEYREBESSE, s. f. Com. du dép. de l'Aveyron, cant. de St.-Amans, arr. d'Espalion. = Mur-de-Barrez.

PEYREBRUNE, s. f. Com. du dép. de l'Aveyron, cant. de Salles-Curan, arr. de Milhau. = Milhau.

PEYRECAVE, s. m. Com. du dép. du Gers, cant. de Miradoux, arr. de Lectoure. = Lectoure.

PEYREFITE-DU-RAZÈS, s. m. Com. du dép. de l'Aude, cant. de Chalabre, arr. de Limoux. = Chalabre.

PEYREFITE-SUR-L'HERS, s. m. Com. du dép. de l'Aude, cant. de Belpech, arr. de Castelnaudary. = Castelnaudary.

PEYREGOUX, s. m. Com. du dép. du Tarn, cant. de Lautrec, arr. de Castres. = Castres.

PEYREHORADE, s. f. Petite ville du dép. des Landes, chef-lieu de cant. de l'arr. de Dax. Bur. d'enregist. et de poste. Entrepôt de bois de marine des Pyrénées.

PEYRELEAU, s. m. Com. du dép. de

l'Aveyron, chef-lieu de cant. de l'arr. de Milhau, où se trouvent les bur. d'enregist. et de poste. Fabr. de bas de coton; comm. de bestiaux.

PEYRELEVADE, s. f. Com. du dép. de la Corrèze, cant. de Sornac, arr. d'Ussel. = Ussel.

PEYRELONGUE, s. f. Com. du dép. des Basses-Pyrénées, cant. de Lembeye, arr. de Pau. = Pau.

PEYRENS, s. m. Com. du dép. de l'Aude, cant. et arr. de Castelnaudary. = Castelnaudary.

PEYRESQ, s. m. Com. du dép. des Basses-Alpes, cant. de St.-André, arr. de Castellane. = Castellane.

PEYRESTORTES, s. f. Com. du dép. des Pyrénées-Orientales, cant. de Rivesaltes, arr. de Perpignan. = Perpignan.

PEYRET-ANDRÉ, s. m. Com. du dép. des Hautes-Pyrénées, cant. de Castelnau-Magnoac, arr. de Bagnères. = Castelnau-Magnoac.

PEYRIAC-DE-MER, s. m. Com. du dép. de l'Aude, cant. de Sijean, arr. de Narbonne. = Sijean.

PEYRIAC-MINERVOIS, s. m. Com. du dép. de l'Aude, chef-lieu de cant. de l'arr. de Carcassonne. Bur. d'enregist. = Carcassonne.

PEYRIAT, s. m. Com. du dép. de l'Ain, cant. d'Izernore, arr. de Nantua. = Nantua.

PEYRIÈRE, s. f. Com. du dép. de Lot-et-Garonne, cant. de Lauzun, arr. de Marmande. = Marmande.

PEYRIEUX, s. m. Com. du dép. de l'Ain, cant. et arr. de Belley. = Belley.

PEYRIGUÉ, s. m. Com. du dép. du Gers, cant. de Samatan, arr. de Lombez. = Lombez.

PEYRIGUÈRE, s. f. Com. du dép. des Hautes-Pyrénées, cant. de Pouyastruc, arr. de Tarbes. = Tarbes.

PEYRILHAC-ET-CONORRE, s. m. Com. du dép. de la Haute-Vienne, cant. de Nieul, arr. de Limoges. = Limoges.

PEYRILLAC, s. m. Com. du dép. de la Dordogne, cant. de Carlux, arr. de Sarlat. = Sarlat.

PEYRILLES-ET-OZECH, s. m. Com. du dép. du Lot, cant. de St.-Germain, arr. de Gourdon. = Gourdon.

PEYRIN, s. m. Village du dép. du Tarn, cant. de Mazamet, arr. de Castres. = Mazamet.

PEYRINHAC, s. m. Com. du dép. du Lot, cant. et arr. de Gourdon. = Gourdon.

PEYRINS, s. m. Com. du dép. de la Drôme, cant. de Romans, arr. de Valence. = Romans.

PEYRISSAC, s. m. Com. du dép. de la Corrèze, cant. de Treignac, arr. de Tulle. = Uzerche.

PEYRISSAS, s. m. Com. du dép. de la Haute-Garonne, cant. d'Aurignac, arr. de St.-Gaudens. = Martres.

PEYROLE, s. m. Com. du dép. du Tarn, cant. de Lisle, arr. de Gaillac. = Rabastens.

PEYROLES, s. m. Com. du dép. du Gard, cant. de St.-André-de-Valborgne, arr. du Vigan. = St.-Jean-du-Gard.

PEYROLLES, s. m. Com. du dép. des Bouches-du-Rhône, chef-lieu de cant. de l'arr. d'Aix. Bur. d'enregist. = Aix.

PEYROLLES, s. m. Com. du dép. de l'Aude, cant. de Couiza, arr. de Limoux. = Limoux.

PEYRONIE (St.-), s. m. Village du dép. de Tarn-et-Garonne, cant. de Caylus, arr. de Montauban. = Caylus.

PEYROULES, s. m. Com. du dép. des Basses-Alpes, cant. et arr. de Castellane. = Castellane.

PEYROUSE (la), s. f. Com. du dép. du Jura, cant. de St.-Julien, arr. de Lons-le-Saulnier. = St.-Amour.

PEYROUSE (la), s. f. Com. du dép. du Puy-de-Dôme, cant. de Montaigut, arr. de Riom. = Montaigut.

PEYROUSE, s. f. Com. du dép. des Hautes-Pyrénées, cant. de St.-Pé, arr. d'Argelès. = Lourdes.

PEYROUZET, s. m. Com. du dép. de la Haute-Garonne, cant. d'Aurignac, arr. de St.-Gaudens. = Martres.

PEYRUIS, s. m. Com. du dép. des Basses-Alpes, chef-lieu de cant. de l'arr. de Forcalquier. Bur. d'enregist. = Forcalquier.

PEYRUN, s. m. Com. du dép. des Hautes-Pyrénées, cant. de Rabastens, arr. de Tarbes. = Tarbes.

PEYRUS, s. m. Com. du dép. de la Drôme, cant. de Chabeuil, arr. de Valence. = Valence. Papeterie.

PEYRUSSE, s. f. Petite ville du dép. de l'Aveyron, cant. de Montbazens, arr. de Villefranche. = Rignac. Comm. de vins et de bestiaux.

PEYRUSSE-GRANDE, s. f. Com. du dép. du Gers, cant. de Montesquiou, arr. de Mirande. = Mirande.

PEYRUSSE-MASSAS, s. f. Com. du dép. du Gers, cant. de Jegun, arr. d'Auch. = Auch.

PEYRUSSES, s. f. Com. du dép.

de la Haute-Loire, cant. de Lavoûte-Chilhac, arr. de Brioude. = Langeac.

PEYRUSSE-VIEILLE, s. f. Com. du dép. du Gers, cant. de Montesquiou, arr. de Mirande. = Mirande.

PEYSSIES, s. f. Com. du dép. de la Haute-Garonne, cant. de Carbonne, arr. de Muret. = Noé.

PEYZAC, s. m. Com. du dép. de la Dordogne, cant. de Montignac, arr. de Sarlat. = Montignac. Hauts-fourneaux, forges et aciéries.

PEYZIEUX, s. m. Com. du dép. de l'Ain, cant. de Thoissey, arr. de Trévoux. = Trévoux.

PEZARCHES, s. m. Com. du dép. de Seine-et-Marne, cant. de Rosoy, arr. de Coulommiers. = Rosoy-en-Brie.

PEZAY-LE-JOLY-ET-LONGEFONS, s. m. Com. du dép. de l'Indre, cant. de St.-Gaultier, arr. du Blanc. = Argenton.

PEZÉ, s. m. Com. du dép. de la Sarthe, cant. de Sillé, arr. du Mans. = Sillé-le-Guillaume.

PÉZENAS, s. m. Ville du dép. de l'Hérault, chef-lieu de cant. de l'arr. de Béziers; bur. d'enregist. et de poste. Cette petite ville est agréablement située au confluent de la Peine et de l'Hérault. Fabr. de toiles, mousselines, mouchoirs, molletons, chapeaux, verdet sec et humide, produits chimiques, sucre de raisin; lavoirs à laine. Comm. de froment, seigle, graine jaune, tartre rouge, olives confites, figues sèches, câpres, fruits, coton, soie, laine, etc.

PEZÈNES, s. f. Com. du dép. de l'Hérault, cant. de Bédarieux, arr. de Béziers. = Bédarieux.

PEZENNE (Ste.-), s. f. Com. du dép. des Deux-Sèvres, cant. et arr. de Niort. = Niort.

PEZILLA, s. f. Com. du dép. des Pyrénées-Orientales, cant. de Millas, arr. de Perpignan. = Perpignan.

PEZILLA, s. f. Com. du dép. des Pyrénées-Orientales, cant. de Sournia, arr. de Prades. = St.-Paul-de-Fenouillet.

PÉZIZE, s. f. Genre de champignons. T. de bot.

PEZOU, s. m. Com. du dép. de Loir-et-Cher, cant. de Morée, arr. de Vendôme. = Vendôme.

PEZUL, s. m. Com. du dép. de la Dordogne, cant. de St.-Alvère, arr. de Bergerac. = le Bugue.

PEZY, s. m. Com. du dép. d'Eure-et-Loir, cant. de Voves, arr. de Chartres. = Chartres.

PFAFFANS, s. m. Com. du dép. du Haut-Rhin, cant. de Fontaine, arr. de Belfort. = Belfort.

PFAFFENHEIM, s. m. Com. du dép. du Haut-Rhin, cant. de Rouffach, arr. de Colmar. = Rouffach.

PFAFFENHOFFEN, s. m. Petite ville du dép. du Bas-Rhin, cant. de Bouxwiller, arr. de Saverne. = Haguenau. Fabr. de poterie de terre.

PFALZWEYER, s. m. Com. du dép. du Bas-Rhin, cant. de Petite-Pierre, arr. de Saverne. = Phalsbourg.

PFASTATT, s. m. Com. du dép. du Haut-Rhin, cant. de Mulhausen, arr. d'Altkirch. = Mulhausen.

PFETTERHAUSEN, s. m. Com. du dép. du Haut-Rhin, cant. d'Hirzingue, arr. d'Altkirch. = Altkirch.

PFETTISHEIM, s. m. Com. du dép. du Bas-Rhin, cant. de Truchtersheim, arr. de Strasbourg. = Strasbourg.

PFULGRIESHEIM, s. m. Com. du dép. du Bas-Rhin, cant. de Truchtersheim, arr. de Strasbourg. = Strasbourg.

PHACA, s. m. Genre de plantes légumineuses. T. de bot.

PHACÉLIE, s. f. Plante du genre des sébesteniers. T. de bot.

PHACITE, s. f. Pierre lenticulaire. T. d'hist. nat.

PHACOÏDE, adj. m. Lenticulaire; se dit du cristallin. T. d'anat.

PHACOSE, s. f. Tache noire sur l'œil. T. de chir.

PHACOTES, s. m. pl. Rugines pour les fractures du crâne. T. de chir. (Vi.)

PHÆCASIE, s. f. Chaussure légère des anciens, montant jusqu'à mi-jambe.

PHAÉTON ou ERIDAN, s. m. Fils du Soleil et de Clymène. Ayant obtenu de la tendresse d'Apollon la conduite de son char pendant un jour seulement, les chevaux, ne connaissant pas la main de ce nouveau conducteur, prirent le mors aux dents, de sorte que, s'approchant trop de la terre, tout y était brûlé par l'ardeur du soleil, et que, s'en éloignant trop, tout y périssait par le froid. Jupiter, pour remédier à ce désordre, foudroya l'imprudent Phaéton, qui tomba dans un fleuve d'Italie, auquel il laissa le nom d'Eridan, aujourd'hui le Pô. T. de myth. —, petite calèche à deux roues, légère et découverte. —, constellation du cocher. T. d'astr. —, paille-en-cu, genre d'oiseaux nageurs. T. d'hist. nat.

PHAÉTUSE, s. f. Sœur du Phaéton, qui fut métamorphosée en peuplier. T.

de myth. —, plante corymbifère de la Caroline. T. de bot.

PHAGÉDÉNIQUE, adj. Caustique, corrosif. T. de méd.

PHAGRE, s. m. Sorte de poisson dont les Egyptiens avaient fait une divinité. T. de myth.

PHAIE, s. f. Plante de la gynandrie, vingtième classe des végétaux. T. de bot.

PHAIOFNÉE, s. f. Navire du Japon pour la promenade.

PHAL (St.-), s. m. Com. du dép. de l'Aube, cant. d'Ervy, arr. de Troyes. = Ervy.

PHALACROSE, s. f. Chute des cheveux, calvitie. T. de méd.

PHALANGE, s. f. Corps de soldats armés de piques qui combattaient en carrés; phalange macédonienne. —, corps d'infanterie. T. poét. —, espèce d'araignée venimeuse. —, espèce d'asphodèle, plante qu'on emploie contre la morsure des insectes venimeux. —, pl. Os qui composent les doigts de la main et du pied, et qui s'articulent entre eux. T. d'anat.

PHALANGER, s. m. Genre de mammifères marsupiaux. T. d'hist. nat.

PHALANGÈRE, s. f. Plante de la famille des liliacées. T. de bot.

PHALANGISTE, s. m. Coléoptère scarabée. T. d'hist. nat.

PHALANGITE, s. m. Soldat d'une phalange.

PHALANGOSE, s. f. Maladie des paupières dans laquelle les cils sont hérissés contre l'œil, comme la pointe acérée des piques contre l'ennemi. T. de chir.

PHALARIS, s. m. Cruel tyran d'Agrigente. Voy. PÉRILLE.

PHALAROP, s. m. Genre d'oiseaux échassiers pinnatipèdes, petit bécasseau. T. d'hist. nat.

PHALEMPIN, s. m. Com. du dép. du Nord, cant. de Pont-à-Marcq., arr. de Lille. = Lille.

PHALÈNE, s. f. Papillon de nuit, genre d'insectes lépidoptères. T. d'hist. nat.

PHALÉNITES, s. m. pl. Lépidoptères nocturnes. T. d'hist. nat.

PHALEUQUE ou PHALEUCE, adj. m. Se dit d'un vers composé d'un spondée, d'un dactyle et de trois trochées. T. de poés.

PHALIER (St.-), s. m. Com. du dép. de l'Indre, cant. de Levroux, arr. de Châteauroux. = Levroux.

PHALLOPHORES, s. m. pl. Nom de ceux qui, dans les fêtes de Priape et d'Osiris, portaient la figure obscène de Phallus. T. de myth.

PHALLUS, s. m. L'un des quatre Dieux de l'impudicité, le membre viril. T. de myth.

PHALSBOURG, s. m. Petite ville fortifiée du dép. de la Meurthe, chef-lieu de cant. de l'arr. de Sarrebourg. Bur. d'enregist. et de poste.
Bâtie sur une montagne qui fait partie des Vosges, cette ville a été fortifiée d'après les plans de Vauban. Comm. de grains et fabr. de liqueurs fines.

PHANÉROGAME, adj. Se dit des plantes dont les organes sexuels sont apparens. T. de bot.

PHANTIS, s. m. Arbre de l'île de Ceylan. T. de bot.

PHAON, s. m. Jeune Lesbien de la plus grande beauté, célèbre par la passion et les vers de Sapho. T. de myth.

PHARAON, s. m. Sorte de jeu de cartes.

PHARAONE, s. f. Coquillage du genre du sabot.

PHARE, s. m. Ile d'Egypte, devant le port d'Alexandrie, réunie au continent par une digue où Ptolémée Philadelphe fit construire une tour. —, grand fanal sur une haute tour, pour éclairer la marche des vaisseaux en mer; tour sur laquelle est établi ce fanal. — de Messine, phare construit à la pointe N.-E. de Sicile.

PHARELLE, s. f. Plante graminée. T. de bot.

PHARIER, s. m. Pigeon ramier. T. d'hist. nat.

PHARILLON, s. m. Petit réchaud dans lequel on entretient des flammes, pour attirer le poisson pendant la nuit. T. de pêch.

PHARISAÏQUE, adj. Qui tient du pharisaïsme.

PHARISAÏSME, s. m. Caractère des pharisiens. —, hypocrisie. T. Fam.

PHARISIEN, s. m. Sectaire juif qui affectait le rigorisme. —, hypocrite, faux dévot. T. fam.

PHARMAC, s. m. Arbre de l'île d'Amboine. T. de bot.

PHARMACEUTE, s. m. Pharmacien. T. d'antiq.

PHARMACEUTIQUE, s. f. Science du pharmacien. —, adj. Qui appartient, est relatif à la pharmacie.

PHARMACIE, s. f. Art de préparer les médicamens; laboratoire du pharmacien, boutique d'apothicaire.

PHARMACIEN, s. m. Chimiste qui compose et vend des médicamens, qui exerce la pharmacie.

PHARMACITE, s. f. Bois fossile, bitumineux. T. d'hist. nat.

PHARMACOCHIMIE, s. f. Partie de la chimie appliquée à la composition des médicamens, à la pharmacie.

PHARMACOLITHE, s. f. Arséniate de chaux mêlé de cobalt. T. de chim.

PHARMACOLOGIE, s. f. Traité sur la pharmacie.

PHARMACOLOGIQUE, adj. Qui appartient, a rapport à la pharmacie.

PHARMACOPE, s. m. Pharmacien. T. inus.

PHARMACOPÉE, s. f. Traité contenant les formules pour la préparation des médicamens; pharmacopée de Baumé.

PHARMACOPOLE, s. m. Apothicaire, droguiste, marchand de drogues. T. inus.

PHARMACOPOSIE, s. f. Médicament liquide, potion.

PHARMACOTRITE, s. m. Broyeur de drogues, dans l'antiquité.

PHARMAQUE, s. m. Prêtre grec qui purifiait les parricides, etc.

PHARNACE, s. m. Genre de plantes caryophyllées. T. de bot.

PHARSALE, s. f. Ville de la Thessalie, au S.-O. de Larisse. —, poëme épique de Lucain.

PHARYNGÉ, E ou PHARYNGIEN, NE, adj. Qui concerne le pharynx, lui appartient. T. d'anat.

PHARYNGITE, s. f. Inflammation du pharynx. T. d'anat.

PHARYNGOCÈLE, s. f. Tumeur résultant d'une dilatation du pharynx. T. d'anat.

PHARYNGO-GLOSSIEN, s. et adj. m. Voy. GLOSSO-PHARYNGIEN. T. d'anat.

PHARYNGOGRAPHIE, s. f. Description du pharynx. T. d'anat.

PHARYNGOLOGIE, s. f. Partie de l'anatomie qui traite du pharynx.

PHARYNGO-PALATIN, s. et adj. m. Voy. PALATO-PHARYNGIEN. T. d'anat.

PHARYNGO-STAPHYLIN, s. et adj. m. Voy. PALATO-STAPHYLIN. T. d'anat.

PHARYNGOTOME, s. m. Instrument de chirurgie pour ouvrir le pharynx, scarifier les amygdales et les parties de l'arrière-bouche où se forment des apostèmes. T. de chir.

PHARYNGOTOMIE, s. f. Section du pharynx. T. de chir.

PHARYNX, s. m. Partie supérieure de l'œsophage composée de plusieurs bandes charnues qui en forment la capacité, et d'une membrane qui tapisse intérieurement cette cavité. T. d'anat.

PHASCOCHOÈRE, s. m. Genre de mammifères pachydermes. T. d'hist. nat.

PHASCOLARCTOS, s. m. Quadrupède de la Nouvelle-Hollande. T. d'hist. nat.

PHASCOLOME, s. m. Genre de quadrupèdes pédimanes de la Nouvelle-Hollande, qui ressemblent aux marmottes, et dont les femelles ont une poche sous le ventre. T. d'hist. nat.

PHASE, s. f. Les diverses apparences de quelques planètes, qui présentent plus ou moins leur partie éclairée. T. d'astr.

PHASÉOLE, s. f. Espèce de haricot. T. de bot.

PHASIE, s. f. Genre d'insectes diptères. T. d'hist. nat.

PHASME, s. m. Genre d'insectes orthoptères. T. d'hist. nat.

PHASQUE, s. m. Genre de plantes cryptogames. T. de bot.

PHATAGIN, s. m. Pangolin à longue queue. T. d'hist. nat.

PHAT-THU, s. m. Variété de citronnier. T. de bot.

PHÉ, s. m. Petit quadrupède rongeur de Sibérie. T. d'hist. nat.

PHÉBUS, s. m. Surnom d'Apollon, le soleil. T. de myth. —, style obscur et ampoulé. Fig.

PHELLANDRE, s. m. Genre de plantes ombellifères. T. de bot.

PHELLODRYS, s. m. Espèce de chêne. T. de bot.

PHELLOPLASTIQUE, s. f. Art d'imiter en liége les édifices.

PHELYPÉE, s. f. Plante de la famille des orobanchoïdes. T. de bot.

PHÈNE, s. f. Genre d'oiseaux accipitres. T. d'hist. nat.

PHENGITE, s. m. Pierre translucide. T. d'hist. nat.

PHÉNICITES, s. f. pl. Pointes d'oursin pétrifiées. T. d'hist. nat.

PHÉNICOPTÈRE, s. m. Voy. BÉCHARU.

PHÉNIGME ou PHŒNIGME, s. m. Rougeur de la peau, occasionnée par des frictions ou des médicamens. T. de méd.

PHÉNIX, s. m. Fils d'Amyntor qui suivit Achille au siége de Troie. On lui attribue l'invention des lettres grecques. —, oiseau fabuleux dont les Égyptiens avaient fait une divinité. Cet oiseau, de la plus grande beauté, était le seul de son espèce, et renaissait de sa cendre. T. de myth. —, personne, chose unique dans son genre, supérieure aux autres. Fig. —, oiseau sur un bûcher, les ailes étendues. T. de blas. —, instrument à cordes dont les habitans de la Thrace se servaient dans leurs festins. T. de mus. —, constellation australe. T. d'astr. —, papillon du genre du sphinx. T. d'hist. nat. —, ivraie sauvage à grains rouges. T. de bot.

PHÉNOMÉNAL, E, adj. Qui tient du phénomène. T. inus.

PHÉNOMÈNE, s. m. Événement extraordinaire, prodigieux, surnaturel, dans le ciel, dans l'air. —, le merveilleux de la nature, sa puissante intervention dans les maladies. —, tout ce qui surprend par sa rareté, sa nouveauté. Fig.

PHÉRÉCRATIEN, adj. m. Se dit d'un vers grec ou latin composé d'un dactyle entre deux spondées. T. de poés.

PHÉRUSE, s. f. Amphitrite plumeuse, ver marin; flustre. T. d'hist. nat.

PHIALITHE, s. f. Concrétion pierreuse en forme de bouteille ou de fiole. T. d'hist. nat.

PHIBALURE, s. f. Oiseau sylvain. T. d'hist. nat.

PHIDITIES, s. f. pl. Repas publics institués par Licurgue. T. d'antiq.

PHILADELPHE, s. m. Qui aime ses frères.

PHILADELPHIE, s. f. Ville de l'Amérique septentrionale, capitale de la Pensylvanie, fondée par Guillaume Pen, au confluent de la Delaware et de la rivière Schulykill. Cette ville, qui est le siége du gouvernement américain, possède divers établissemens scientifiques, des manufactures, des fabriques, un commerce considérable et une navigation fort étendue. Elle s'honore d'avoir vu naître le célèbre Franklin. Pop. 108,000 hab. env.

PHILALÈTHE, s. m. Ami de la vérité. T. inus.

PHILANDRE ou PHILANDER, s. m. Kanguroo, sarigue, quadrupèdes. T. d'hist. nat.

PHILANTEURS, s. m. pl. Insectes hyménoptères fouisseurs. T. d'hist. nat.

PHILANTHE, s. m. Genre d'insectes hyménoptères. T. d'hist. nat.

PHILANTHROPE, s. m. Homme doux, généreux, humain, naturellement porté à aimer son semblable, dans quelque rang que le hasard l'ait fait naître.

PHILANTHROPIE, s. f. Caractère du philanthrope; bienfaisance, inclination à obliger, vive affection pour ses semblables, humanité.

PHILANTHROPIQUE, adj. Qui appartient aux mœurs du philanthrope; inspiré par la philanthropie. Société —, réunion de philanthropes qui s'occupent de tout ce qui peut contribuer au bonheur de la société.

PHILARQUE ou PHYLARQUE, s. m. Chef de tribu dans Athènes. T. d'antiq.

PHILAUTIE, s. f. Amour de soi-même. T. inus.

PHILBERT (St.-), s. m. Com. du dép. de la Loire-Inférieure, chef-lieu de cant. de l'arr. de Nantes. Bur. d'enregist. = Machecoul.

PHILBERT-DE-BOUAINE (St.-), s. m. Com. du dép. de la Vendée, cant. de Roche-Servière, arr. de Bourbon-Vendée. = Montaigu.

PHILBERT-DES-CHAMPS(St.-), s. m. Com. du dép. du Calvados, cant. de Blangy, arr. de Pont-l'Évêque. = Pont-l'Évêque.

PHILBERT-DU-PEUPLE, s. m. Com. du dép. de Maine-et-Loire, cant. de Longué, arr. de Baugé. = Saumur.

PHILBERT-DU-PONT-CHARRAULT (St.-), s. m. Com. du dép. de la Vendée, cant. de Chantonnay, arr. de Bourbon-Vendée. = Chantonnay.

PHILBERT-EN-MAUGES (St.-), s. m. Com. du dép. de Maine-et-Loire, cant. et arr. de Beaupréau. = Beaupréau.

PHILBERT-SOUS-GEVREY (St.-) ou VELLE-SOUS-GEVREY, s. m. Com. du dép. de la Côte-d'Or, cant. de Gevrey, arr. de Dijon. = Gevrey.

PHILBERT-SUR-BOISSEY (St.-), s. m. Com. du dép. de l'Eure, cant. de Bourgthéroulde, arr. de Pont-Audemer. = Bourgthéroulde.

PHILBERT-SUR-ORNE (St.-), s. m. Com. du dép. de l'Orne, cant. de Putanges, arr. d'Argentan. = Falaise.

PHILBERT-SUR-RISLE (St.-), s. m. Com. du dép. de l'Eure, cant. de Montfort, arr. de Pont-Audemer. = Pont-Audemer.

PHILÉLIE, s. f. Chanson en l'honneur d'Apollon. T. d'antiq.

PHILÉRÈME, s. m. Genre d'insectes hyménoptères. T. d'hist. nat.

PHILÉSIE, s. f. Arbuste asparagoïde. T. de bot.

PHILEURE, s. m. Genre d'insectes pentamères. T. d'hist. nat.

PHILHARMONIQUE, s. et adj. Amateur de musique, qui donne des concerts.

PHILHELLÈNE, s. et adj. Ami des Grecs.

PHILIÂTRE, s. m. Amateur qui se livre, par goût, à l'étude et à la pratique de la médecine.

PHILIPPE-DE-SEIGNAC (St.-), s. m. Com. du dép. de la Gironde, cant. de Ste.-Foi-la-Grande, arr. de Libourne. = Ste.-Foi-la-Grande.

PHILIPPE-ET-LES-SALLES (St.-), s. m. Com. du dép. de la Gironde, cant. de Castillon, arr. de Libourne. = Castillon.

PHILIPPES, s. m Ancienne ville d'Europe dans la partie de la Thrace qui fut soumise à la Macédoine. Philippe, père d'Alexandre-le-Grand, lui donna son nom.

PHILIPPINES ou ÎLES MANILLES, s. f. pl. Archipel au midi de la Chine, dans lequel on compte environ douze cents îles qui appartenaient aux Espagnols. Elles produisent sucre, coton, excellent tabac, café, épiceries, etc. On y trouve des mines d'or et d'argent.

PHILIPPIQUE, s. f. Discours de Démosthènes contre Philippe. —, discours violent et injurieux. Fig.

PHILIPPSBOURG, s. m. Com. du dép. de la Moselle, cant. de Bitche, arr. de Sarreguemines. = Bitche.

PHILLYRÉE, s. f. Sorte d'arbrisseau toujours vert. T. de bot.

PHILOBIOSIE, s. f. Amour de la vie. T. inus.

PHILOCRYSE, s. f. Amour de l'or, avarice. T. inus.

PHILOCTÈTE, s. m. Fils de Pœan et compagnon d'Hercule. Ce dernier, à l'instant de mourir, lui ordonna d'enfermer ses flèches dans sa tombe, et le fit jurer de ne jamais découvrir le lieu de sa sépulture. Les Grecs ayant appris par l'oracle qu'on ne prendrait jamais Troie sans ces flèches, Philoctète se laissa séduire par les artifices d'Ulysse, et pour n'être pas parjure, frappa du pied à l'endroit du tombeau où elles étaient enfermées; mais il n'en viola pas moins son serment, et ne tarda pas à être puni de sa faute. En effet, s'étant embarqué avec les Grecs, il laissa tomber une des flèches d'Hercule sur le pied dont il avait frappé la terre, et bientôt la plaie qu'il se fit répandit une odeur tellement insupportable, que les mêmes Grecs l'abandonnèrent dans l'île de Lemnos. Cependant, après la mort d'Achille, les ingrats qui l'avaient ainsi sacrifié furent obligés d'implorer une seconde fois le secours de ses armes; mais ce ne fut que sur l'ordre d'Hercule lui-même, qui lui apparut dans un nuage, qu'il consentit à partir. T. de myth.

PHILODOXE, s. m. Homme qui tient fortement à ses opinions, qui abonde dans son sens.

PHILOGYNIE, s. f. Amour pour les femmes. T. inus.

PHILOLOGIE, s. f. Littérature universelle; science des belles-lettres, de la critique.

PHILOLOGIQUE, adj. Qui concerne la philologie.

PHILOLOGUE, s. m. Savant qui embrasse plusieurs branches de littérature, la critique surtout.

PHILOMATIQUE, adj. Qui a rapport à l'amour des sciences. Société —, composée d'amis des sciences.

PHILOMÈLE, s. f. Fille de Pandion, roi d'Athènes. Elle fut métamorphosée en rossignol. T. de myth. —, rossignol. T. poét.

PHILONDENX, s. m. Com. du dép. des Landes, cant. de Geaune, arr. de St.-Sever. = St.-Sever.

PHILONOTIS, s. f. Espèce de renoncule. T. de bot.

PHILOPATOR, s. m. Qui aime son père.

PHILOPATRIDALGIE ou PHILOPATRIDOMANIE, s. f. Monomanie produite par le désir de revoir son pays.

PHILOPHANE, s. et adj. Qui adore la lumière.

PHILOSCIE, s. f. Espèce de cloporte. T. d'hist. nat.

PHILOSOPHAILLE, s. f. Tourbe des philosophes. T. de mép. inus.

PHILOSOPHAILLER, v. n. Faire le philosophe; parler philosophie. T. de mép. inus.

PHILOSOPHALE, adj. f. Se dit de la prétendue transformation des métaux en or par les alchimistes. Pierre —, chose difficile, impossible à trouver. Fig.

PHILOSOPHE, s. m. Savant qui s'applique à connaître les effets par leurs causes et leurs principes, à connaître les causes premières. —, ami de la sagesse; homme sage qui s'élève au-dessus des passions et se contente de son sort, quel qu'il soit. —, sceptique, athée, matérialiste, apôtre de l'irréligion, de l'immoralité; idéologue dont les discours et les écrits tendent à bouleverser l'état social; homme sec, froid, égoïste par système, qui doute de tout ce qui est, affirme tout ce qu'il pense, secoue les préjugés sans acquérir de vertu. Voy. PHILOSOPHISTE. —, adj. Qui s'applique à la philosophie, l'aime, l'étudie, la pratique; qui prouve de la philosophie.

PHILOSOPHER, v. n. Réfléchir sur des matières philosophiques, raisonner de philosophie. —, raisonner trop subtilement, sophistiquer.

PHILOSOPHIE, s. f. Amour et pratique de la sagesse; élévation d'esprit, fermeté d'âme qui rend l'homme maître de ses passions, le met au-dessus de la fortune comme de l'adversité. —, connaissance des choses par leurs causes et leurs effets; science qui comprend la logique, la morale, la physique et la métaphysique; classe, traité, cours de philosophie. —, doctrine des philosophes célèbres; la philosophie d'Aristote. —, incrédulité, scepticisme, irréligion, athéisme, philosophisme. —, caractère entre le cicéro et le petit-romain. T. d'impr.

PHILOSOPHIQUE, adj. Qui appartient à la philosophie, qui la concerne. Esprit —, plein de clarté, de raison, de méthode, exempt de passions, de préjugés. Or —, or des alchimistes.

PHILOSOPHIQUEMENT, adv. D'une manière philosophique.

PHILOSOPHISME, s. m. Secte, doctrine des philosophistes, des matérialistes.

PHILOSOPHISTE, s. m. Faux philosophe, sceptique, athée, matérialiste qui, sous prétexte de s'affranchir des préjugés, brave tous les principes sociaux, toutes les vérités morales et religieuses.

PHILOSTÉMON, s. m. Arbuste radicant. T. de bot.

PHILOTECHNIE, s. f. Amour des arts.

PHILOTECHNIQUE, adj. Qui appartient à l'amour des arts. Société —, réunion d'artistes, d'amis des arts.

PHILOTÈQUE, s. m. Arbrisseau de la Nouvelle-Hollande. T. de bot.

PHILOTÉSIE, s. f. Toast chez les Grecs.

PHILOXÈRE, s. m. Plante du genre des amaranthacées. T. de bot.

PHILTRE, s. m. Breuvage, drogue, préparation qu'on suppose propre à donner de l'amour, à faire naître une passion.

PHILYDRE, s. m. Plante herbacée de la Nouvelle-Hollande. T. de bot.

PHIMOSIQUE, adj. f. Se dit de l'ischurie produite par un phimosis. T. de méd.

PHIMOSIS, s. m. Resserrement naturel ou accidentel du prépuce.

PHITOLITHE, s. f. Pierre qui porte une empreinte de végétation. T. d'hist. nat.

PHITOSOPHORE, s. m. Ver radiaire, gélatineux. T. d'hist. nat.

PHLASME ou PHLASIS, s. m. Contusion, enfoncement d'un os plat. T. de chir.

PHLÉBITE, s. f. Inflammation de la membrane interne des veines, à la suite de la saignée, etc. T. de chir.

PHLÉBOCARYE, s. f. Plante vivace. T. de bot.

PHLÉBOGRAPHIE, s. f. Description des veines. T. d'anat.

PHLÉBOLITIS, s. m. Plante de l'Inde. T. de bot.

PHLÉBOLOGIE, s. f. Partie de l'anatomie qui concerne les veines. T. d'anat.

PHLÉBORRHAGIE, s. f. Rupture d'une veine. T. de chir.

PHLÉBOTOME, s. m. Lancette à ressort. Voy. PHLÉBOTOMISTE. T. de chir.

PHLÉBOTOMIE, s. f. Dissection des veines. T. d'anat. —, art de pratiquer la saignée, saignée. T. de chir.

PHLÉBOTOMISÉ, E, part. Saigné.

PHLÉBOTOMISER, v. a. Ouvrir la veine, saigner.

PHLÉBOTOMISTE, s. m. Chirurgien qui saigne habilement. —, partisan de la saignée. T. de chir.

PHLEGMAGOGUE ou PHLEGMASIE, etc. Voy. FLEGMAGOGUE, etc.

PHLIN, s. m. Com. du dép. de la Meurthe, cant. de Nomeny, arr. de Nancy. ═ Lunéville.

PHLOGISTIQUE, s. m. Partie des corps susceptible de s'enflammer; feu primitif, feu élémentaire, matière inflammable, calorique. —, adj. f. pl. Accompagnées d'une chaleur plus ou moins considérable; maladies phlogistiques. T. de méd.

PHLOGISTIQUÉ, E, adj. Combiné avec le phlogistique.

PHLOGOÏDE, adj. f. Se dit de la rougeur intense de la face. T. de méd.

PHLOGOPYRE, s. f. Fièvre inflammatoire. T. de méd.

PHLOGOSE, s. f. Inflammation externe ou interne, ardeur, chaleur contre nature.

PHLOGOSÉ, E, adj. Affecté de phlogose, d'inflammation. T. de méd.

PHLOÏOTRIBE, s. m. Genre d'insectes coléoptères. T. d'hist. nat.

PHLOMIS, s. m. Plante labiée. T. de bot.

PHLOSCOPE, s. m. Poêle à flammes visibles.

PHLOX, s. m. Plante monopétale, à fleur rouge. T. de bot.

PHLYACOGRAPHE, s. m. Auteur de parodies.

PHLYACOGRAPHIE, s. f. Espèce de parodie chez les Grecs.

PHLYCTÈNE, s. f. Petite ampoule vésiculeuse, transparente, formée par l'épiderme que soulève un amas de sérosités. T. de méd.

PHLYCTÉNOÏDE, adj. Qui ressemble à des phlyctènes; qui est caractérisé par des phlyctènes. T. de méd.

PHLYCTIS, s. m. Genre de plantes qui comprend des ulves et des varecs. T. de bot.

PHOBÈRE, s. m. Arbrisseau myrtoïde. T. de bot.

PHOCÈNE, s. f. Marsouin. T. d'hist. nat.

PHŒNICURE, s. m. Rossignol de muraille, à queue rouge.

PHŒNIGME, s. m. Médicament qui fait naître des ampoules. T. de méd.

PHOLADAIRES, s. m. pl. Famille des conchylifères. T. d'hist. nat.

PHOLADE, s. f. Genre de coquilles multivalves. T. d'hist. nat.

PHOLADIER, s. m. Animal renfermé dans les pholades. T. d'hist. nat.

PHOLADITE, s. f. Pholade fossile. T. d'hist. nat.

PHOLCUS, s. m. Genre d'arachnides pulmonaires. T. d'hist. nat.

PHOLIDIE, s. f. Arbrisseau de la Nouvelle-Hollande. T. de bot.

PHOLIDOTE, s. m. Voy. PANGOLIN.

PHONASCIE, s. f. Art de former la voix pour la déclamation et pour le chant. T. d'antiq.

PHONASQUES, s. m. pl. Maîtres de déclamation et de chant. T. d'antiq.

PHONATION, s. f. Ensemble des phénomènes qui concourent à la formation de la voix et de la parole. T. de physiologie.

PHONIQUE, s. f. Voy. ACOUSTIQUE.

PHONOCAMPTIQUE, adj. Qui réfléchit les sons, fait écho. T. de phys.

PHONOLITHE, s. f. Pierre compacte, verdâtre. T. d'hist. nat.

PHONOMÈTRE, s. m. Instrument pour mesurer les sons. T. de phys.

PHOQUE, s. m. Genre de quadrupèdes amphibies, couverts de poil, à pattes très courtes, qu'on trouve dans les mers du nord, au Groënland. T. d'hist. nat.

PHORE, s. m. Genre d'insectes diptères. T. d'hist. nat.

PHORMINGE, s. f. Espèce de cythare. T. de mus.

PHORMION, s. m. Plante de la Nouvelle-Hollande. T. de bot.

PHORONOMIE, s. f. Science du mouvement des fluides et des solides, la physique.

PHORONOMIQUE, adj. Qui a rapport à la phoronomie.

PHOSPHATE, s. m. Nom générique des sels formés par la combinaison de l'acide phosphorique avec différentes bases. T. de chim.

PHOSPHATÉ, E, adj. Combiné avec l'acide phosphorique.

PHOSPHITE, s. m. Nom générique des sels formés par la combinaison de l'acide phosphoreux avec différentes bases. T. de chim.

PHOSPHORE, s. m. Corps combustible qui s'enflamme par le contact de l'air. T. de chim.

PHOSPHORÉ, E, adj. Où il entre du phosphore.

PHOSPHORESCENCE, s. f. Formation du phosphore. T. de chim. —, propriété de certains corps lumineux dans l'obscurité.

PHOSPHORESCENT, E, adj. Se dit des corps lumineux dans l'obscurité.

PHOSPHOREUX, adj. Se dit d'un acide formé par la combustion lente du phosphore. T. de chim.

PHOSPHORIQUE, adj. m. Qui appartient au phosphore; qui tient du phosphore; où il entre du phosphore. Acide —, formé par la combustion rapide et complète du phosphore. T. de chim. Colonne —, surmontée d'un fanal. T. d'arch.

PHOSPHORUS, s. m. L'étoile de Vénus, lorsqu'elle précède le soleil. T. de myth. et d'astr.

PHOSPHURE, s. f. Combinaison du phosphore avec différentes bases. T. de chim.

PHOTOLOGIE, s. f. Partie de l'histoire naturelle qui traite de la lumière.

PHOTOMÈTRE, s. m. Instrument pour mesurer l'intensité de la lumière.

PHOTOPHORE, s. m. Réverbère en cône tronqué.

PHOTOPHYGES ou LUCIFUGES, s. m. pl. Insectes coléoptères hétéromères. T. d'hist. nat.

PHOTOPSIE, s. f. Lésion du sens de la vue dans laquelle on croit voir des traînées lumineuses. T. de méd.

PHOTOSCIATÉRIQUE, s. f. Voy. GNOMONIQUE.

PHOXICHILE, s. m. Insecte arachnide. T. d'hist. nat.

PHRASE, s. f. Assemblage de mots

formant un sens complet; manière de parler, de s'exprimer.

PHRASÉOLOGIE, s. f. Construction de phrase particulière à une langue, propre à un écrivain.

PHRASER, v. n. Faire des phrases. —, marquer chaque phrase. T. de mus.

PHRASEUR, s. m. Faiseur de phrases. T. inus.

PHRASIER, s. m. Pédant qui cherche des tours de phrases, qui s'exprime d'une manière affectée.

PHRATRIARQUE, s. m. Chef d'une division de tribu, dans Athènes. T. d'antiq.

PHRATRIQUES, s. m. pl. Festins d'une tribu athénienne.

PHRÉNÉSIE, s. f. Voy. FRÉNÉSIE.

PHRÉNIQUE, adj. Voy. DIAPHRAGMATIQUE.

PHRÉNITIS, s. f. Voy. PARAPHRÉNÉSIE.

PHRÉNOLOGIE, s. f. Partie de la métaphysique, qui a pour objet l'étude des facultés intellectuelles.

PHRICIASIE, s. f. Froid morbifique. T. de méd. inus.

PHRICOÏDE, adj. Se dit des fièvres dans lesquelles on éprouve un froid violent. T. de méd.

PHRONIME, s. m. Genre de crustacés. T. d'hist. nat.

PHRYGANE, s. f. Genre d'insectes névroptères. T. d'hist. nat.

PHRYGANELLE, s. f. Plante du genre des varecs. T. de bot.

PHRYGIE, s. f. Fille de Cécrops. Elle donna son nom à une contrée de l'Asie mineure, célèbre par le culte qu'on rendait à Cybèle. T. de myth. —, plante de la famille des centaurées. T. de bot.

PHRYGIEN, adj. m. Se dit d'un mode de la musique grecque.

PHRYMA, s. m. Plante personnée. T. de bot.

PHRYNE, s. m. Genre d'insectes arachnides. T. d'hist. nat.

PHRYNÉ, s. m. Papillon de jour. T. d'hist. nat.

PHTHIOTIDE, s. f. Contrée de la Thessalie où régnait Pélée, père d'Achille. T. de myth.

PHTHIRIASE, s. f. Maladie pédiculaire. T. de méd.

PHTHIRIE, s. f. Genre d'insectes diptères. T. d'hist. nat.

PHTHIROPHAGE, s. et adj. Qui mange des poux.

PHTHISIE, s. f. Marasme, consomption lente, dépérissement, maigreur extrême. T. de méd.

PHTHISIOLOGIE, s. f. Traité sur la phthisie. T. de méd.

PHTHISIQUE, s. et adj. Attaqué de phthisie. T. de méd.

PHTHISURIE, s. f. Voy. DIABÉTÈS. T. de méd.

PHU, s. m. Voy. VALÉRIANE.

PHUCAGROSTE, s. f. Plante de la diœcie, vingt-deuxième classe des végétaux. T. de bot.

PHYCIS, s. m. Genre d'insectes lépidoptères. T. d'hist. nat.

PHYGETHLON, s. m. Tumeur inflammatoire, érysipélateuse, garnie de petites pustules, qui a son siége dans les glandes et vient rarement à suppuration. T. de chir.

PHYKI, s. m. Plante aquatique de la Cochinchine. T. de bot.

PHYLA, s. m. Lysimachie, plante de la Cochinchine. T. de bot.

PHYLACTÈRE, s. m. Petit morceau de papier ou de parchemin sur lequel était écrit quelque passage de la Bible, et que portaient au bras ou au front les anciens juifs. —, chez les païens, préservatif, talisman.

PHYLARQUE, s. m. Magistrat, chef de tribu dans Athènes.

PHYLE, s. f. Tribu attique.

PHYLIQUE, s. f. Plante du genre des rhamnoïdes. T. de bot.

PHYLLACNE, s. m. Plante de la monœcie, vingt-unième classe des végétaux. T. de bot.

PHYLLACTIS, s. m. Valériane qui croît au Pérou. T. de bot.

PHYLLADE, s. m. Roche primitive. T. d'hist. nat.

PHYLLANTHE, s. m. Plante du genre des tithymaloïdes. T. de bot.

PHYLLAURE, s. m. Plante de la monœcie. T. de bot.

PHYLLÉPIDE, s. m. Plante amaranthoïde. T. de bot.

PHYLLIDIE, s. f. Genre de vers mollusques nus. T. d'hist. nat.

PHYLLIE, s. f. Genre d'insectes orthoptères. T. d'hist. nat.

PHYLLIROÉ, s. m. Mollusque ptéropode. T. d'hist. nat.

PHYLLIS, s. f. Arbuste rubiacé à belles feuilles. T. de bot.

PHYLLITHE, s. f. Feuille pétrifiée; pierre qui porte des empreintes de feuilles. T. d'hist. nat.

PHYLLITIS, s. m. Langue de cerf, plante dont les feuilles ressemblent à celles de l'oseille. T. de bot.

PHYLLOBOLIE, s. f. action de jeter des feuilles et des fleurs sur un tombeau. T. d'antiq.

PHYLLOLITHE, s. f. Chaux carbonatée, cristallisée. T. d'hist. nat.

PHYLLOMANIE, s. f. Maladie des plantes qui ne poussent que des feuilles. T. de bot.

PHYLLOME, s. m. Aloès à feuilles bordées de pourpre; dragonnier. T. de bot.

PHYLLON, s. m. Mercuriale émolliente, laxative. T. de bot.

PHYLLOPES ou PHYLLOPODES, s. m. pl. Crustacés branchiopodes. T. d'hist. nat.

PHYLLOSOME, s. m. Genre de crustacés stomapodes. T. d'hist. nat.

PHYLLOSTOME, s. m. Genre de chauve-souris, qui ont sur le nez une membrane en forme de feuille. T. d'hist. nat.

PHYMA, s. m. Petite tumeur inflammatoire sur la peau, sans cause externe. T. de méd.

PHYMATE, s. f. Genre d'insectes hémiptères, membraneux. T. d'hist. nat.

PHYSA, s. m. Plante de la famille des caryophyllées. T. de bot.

PHYSALE, s. m. Genre de mammifères cétacés. T. d'hist. nat.

PHYSALIE, s. f. Genre de vers radiaires. T. d'hist. nat.

PHYSALIS, s. m. Plante solanée. T. de bot.

PHYSALOÏDES, s. m. pl. Physalis somnifères. T. de bot.

PHYSAPODES ou VESITARSES, s. m. pl. Insectes hémiptères. T. d'hist. nat.

PHYSCONIE, s. f. Intumescence de l'abdomen. T. de méd.

PHYSE, s. f. Genre de coquilles univalves. T. d'hist. nat.

PHYSÈNE, s. f. Genre de plantes de la décandrie, dixième classe des végétaux. T. de bot.

PHYSÉTÈRE, s. m. Cachalot à nageoire dorsale. T. d'hist. nat.

PHYSICIEN, s. m. Savant qui cultive la physique, qui l'enseigne ou l'étudie.

PHYSICO-MATHÉMATIQUE, adj. Qui a rapport à la physique et aux mathématiques.

PHYSICO-TECHNIOPE, s. m. Microscope dont le champ est très vaste.

PHYSIDRUM, s. m. Production marine, végétale, en forme de vessie. T. de bot.

PHYSIOCRATE, s. m. Matérialiste qui n'admet de pouvoir que celui de la nature. T. inus.

PHYSIOCRATIE, s. f. Puissance de la nature. T. inus.

PHYSIOCRATIQUE, adj. Qui concerne la physiocratie. T. inus.

PHYSIOGNOMONIE, s. f. Art de juger des inclinations par l'inspection des traits de la figure. Voy. PHYSIONOMIE.

PHYSIOGNOMONIQUE, adj. Qui est relatif à la physiognomonie.

PHYSIOGNOMONISTE, s. m. Physionomiste.

PHYSIOGRAPHIE, s. f. Histoire naturelle.

PHYSIOGRAPHIQUE, adj. Qui appartient, est relatif à l'histoire naturelle, à la description des productions de la nature.

PHYSIOLOGIE, s. f. Partie de la médecine qui a pour but d'enseigner les principes de l'économie animale, les phénomènes de la vie, le jeu de nos organes, etc.

PHYSIOLOGIQUE, adj. Qui appartient à la physiologie.

PHYSIOLOGISTE, s. m. Savant anatomiste, qui a étudié les lois de la pesanteur et du mouvement, la mécanique, la chimie, la physique, etc.; et qui, à l'aide de ces connaissances, explique les phénomènes de la vie.

PHYSIONOMIE, s. f. Air, ensemble des traits du visage. —, aspect sous lequel une chose se présente. —, voy. PHYSIOGNOMONIE.

PHYSIONOMISTE, s. m. Observateur qui se connaît, ou qui croit se connaître assez en physionomie, pour juger, par l'ensemble des traits du visage, des inclinations de l'homme.

PHYSIONOTRACE, s. m. Instrument pour réduire et graver les dessins.

PHYSIQUE, s. m. Apparence naturelle; constitution; physionomie. —, s. f. Science qui a pour objet la connaissance des corps et de leurs propriétés; traité de physique; classe où l'on enseigne cette science. —, adj. Naturel, qui appartient à la physique; matériel. —, l'opposé de moral; impossibilité physique.

PHYSIQUEMENT, adv. D'une manière physique.

PHYSOCÈLE, s. f. Hernie du scrotum, occasionnée par des gaz. T. de méd. Voy. PNEUMATOCÈLE.

PHYSOCÉPHALE, s. m. Emphysème de la tête. T. de méd.

PHYSODE, s. m. Insecte voisin des cloportes. T. d'hist. nat.

PHYSOMÈTRE, s. m. Légère tumeur dans la région de l'utérus, tympanite. T. de méd.

PHYSOON, s. m. Genre de mollusques. T. d'hist. nat.

PHYSOPHORE, s. m. Ver radiaire, couvert de vésicules remplies d'air, qui le portent sur l'eau. T. d'hist. nat.

PHYSOTRIS, s. m. Production marine en forme de vessie. T. d'hist. nat.

PHYTADELGES ou PLANTISUGES, s. m. pl. Insectes hémiptères. T. d'hist. nat.

PHYTIBRANCHES, s. f. pl. Crustacés isopodes. T. d'hist. nat.

PHYTOCHIMIE, s. f. Chimie végétale.

PHYTOCONIS, s. m. Byssus pulvérulent. T. de bot.

PHYTOLACCA, s. m. Plante de la famille des chénopodées. T. de bot.

PHYTOLITHE, s. f. Plante pétrifiée; pierre qui porte l'empreinte d'une plante. T. d'hist. nat.

PHYTOLOGIE, s. f. Traité sur les plantes, botanique.

PHYTOMORPHITE, s. f. Pierre représentant des plantes. T. d'hist. nat.

PHYTOPHAGE, s. et adj. Voy. HERBIVORE.

PHYTOTOME, s. m. Genre d'oiseaux sylvains, granivores. T. d'hist. nat.

PHYTOTYPOLITHE, s. f. Empreinte de plantes sur une pierre. T. d'hist. nat.

PIA, s. f. Com. du dép. des Pyrénées-Orientales, cant. et arr. de Perpignan. = Perpignan.

PIABUQUE, s. m. Poisson du genre du salmone. T. d'hist. nat.

PIACÉ, s. m. Com. du dép. de la Sarthe, cant. de Beaumont, arr. de Mamers. = Beaumont-le-Vicomte.

PIACULAIRE, adj. Qui a rapport à l'expiation; sacrifice piaculaire.

PIADET, s. m. Sorte de navire turc. T. de mar.

PIAFFE, s. f. Faste, ostentation, vanité; somptuosité dans les habits, les équipages. —, développement démesuré de l'allure du pas. T. de man.

PIAFFER, v. n. Faire piaffe, de l'embarras. —, passager, faire des sauts, des courbettes à la même place. T. de man.

PIAFFEUR, EUSE, s. et adj. Personne qui aime à faire parade de sa toilette, de ses équipages. T. fam. Cheval —, qui a l'habitude de piaffer.

PIAILLER, v. n. Crier d'une voix glapissante, criailler par humeur. T. fam.

PIAILLERIE, s. f. Crierie, criaillerie.

PIAILLEUR, EUSE, s. et adj. Criard, gueulard, qui piaille sans cesse. T. fam.

PIAN, s. m. Maladie vénérienne, en Amérique.

PIANA, s. f. Com. du dép. de la Corse, chef-lieu de cant. de l'arr. d'Ajaccio. Bur. d'enregist. à Evisa. = Ajaccio.

PIANELLO, s. m. Com. du dép. de la Corse, cant. de Moita, arr. de Corte. = Corte.

PIAN-EN-MÉDOC (le), s. m. Com. du dép. de la Gironde, cant. de Blanquefort, arr. de Bordeaux. = Bordeaux.

PIANE-PIANE, adv. Doucement, lentement.

PIANISTE, s. m. Musicien qui touche du piano.

PIANO, s. m. Com. du dép. de la Corse, cant. de Porta, arr. de Bastia. = Bastia.

PIANO, adv. (mot italien). Doux, doucement.

PIANO-FORTÉ, FORTÉ-PIANO ou PIANO, s. m. Instrument de musique à touches et à pédales; sorte de clavecin carré.

PIAN-SUR-GARONNE, s. m. Com. du dép. de la Gironde, cant. de St.-Macaire, arr. de la Réole. = St.-Macaire.

PIARDS (les), s. m. pl. Com. du dép. du Jura, cant. de St.-Laurent, arr. de St.-Claude. = St.-Claude.

PIARRE (la), s. f. Com. du dép. des Hautes-Alpes, cant. de Serres, arr. de Gap. = Serres.

PIASTE ou PIAST, s. m. Descendant des anciennes familles polonaises.

PIASTRE, s. f. Monnaie d'argent espagnole qui vaut un écu. — forte ou double, pièce de cinq francs et quelques sous.

PIAT, s. m. Petit de la pie.

PIAT (St.-), s. m. Com. du dép. d'Eure-et-Loir, cant. de Maintenon, arr. de Chartres. = Maintenon.

PIATTOLE, s. f. Vase pour faire reposer le lait. T. inus.

PIAUHAU, s. m. Genre d'oiseaux sylvains. T. d'hist. nat.

PIAULARD, E, s. et adj. Qui piaule habituellement. T. fam.

PIAULER, v. n. Crier, en parlant du poussin. —, se plaindre en pleurant. T. fam.

PIAZZALI, s. m. Com. du dép. de la Corse, cant. de Valle, arr. de Corte. = Bastia.

PIAZZOLE, s. m. Com. du dép. de la Corse, cant. de Piedicroce, arr. de Corte. = Bastia.

PIBEUF, s. m. Com. du dép. de la Seine-Inférieure, cant. de Buchy, arr. de Rouen. = Rouen.

PIBLANGE, s. m. Com. du dép. de

la Moselle, cant. de Boulay, arr. de Metz. = Boulay.

PIBOUL (le), s. m. Com. du dép. de l'Aveyron, cant. de Cassagnes-Bégonhès, arr. de Rodez. = Rodez.

PIBRAC, s. m. Com. du dép. de la Haute-Garonne, cant. de Léguevin, arr. de Toulouse. = Toulouse.

PIC, s. m. Instrument de fer, courbé et pointu, dont se servent les terrassiers pour ouvrir une tranchée. —, rocher qui termine une montagne. —, montagne très élevée ; le pic de Ténériffe. —, coup du jeu de piquet où celui qui a la main arrive à trente en jouant les cartes, et compte soixante. —, mesure d'aunage pour les toiles, les draps. T. de manuf. —, genre d'oiseaux grimpeurs qui percent l'écorce des arbres, pour se nourrir des vers qu'ils renferment. A —, adv. Perpendiculairement.

PICA, s. m. Appétit dépravé des femmes enceintes, et des jeunes filles qui ont les pâles couleurs. T. de méd.

PICACUROBA, s. m. Espèce de tourterelle du Brésil. T. d'hist. nat.

PICADIL, s. m. Verre devenu jaune-noir par addition ; verre qui se répand dans le four.

PICADON, s. m. Lieu où l'on brise les soudes. T. de savonnerie.

PICAILLON, s. m. Petite monnaie de cuivre du Piémont, valant deux deniers. —, pl. Argent. T. fam.

PICARD, E, s. et adj. Habitant de la Picardie ; qui est relatif à cette ancienne province.

PICARDIE (la), s. f. Ancienne province de France qui forme aujourd'hui le dép. de la Somme, ainsi que les arr. de St.-Quentin et de Vervins, ceux de Boulogne et de Montreuil, dép. du Pas-de-Calais.

PICAREAU, s. m. Com. du dép. du Jura, cant. et arr. de Poligny.=Poligny.

PICAREL, s. m. Poisson du genre du spare. T. d'hist. nat.

PICATION, s. f. Emplâtre de poix. T. de pharm.

PICAUVILLE, s. f. Com. du dép. de la Manche, cant. de Ste.-Mère-Eglise, arr. de Valognes. = Carentan.

PICAVERET, s. m. Voy. CABARET.

PICCHION, s. m. Genre d'oiseaux sylvains. T. d'hist. nat.

PICÉA, s. m. Voy. PESSE.

PICHANGE, s. m. Com. du dép. de la Côte-d'Or, cant. d'Is-sur-Tille, arr. de Dijon. = Is-sur-Tille.

PICHERAND, s. m. Com. du dép. du Puy-de-Dôme, cant. de Latour-St.-Pardoux, arr. d'Issoire. = Besse.

PICHET, s. m. Petit pot de faïence à large ventre et bec étroit, dont on se sert pour débiter le vin, dans les guinguettes. T. fam.

PICHINA, s. m. Etoffé de laine fabriquée en Flandre.

PICHOLINE, s. f. Olive de la plus petite espèce ; olive confite.

PICHON, s. m. Chat putois de la Louisiane. —, quatrième chambre de la madrague. T. de pêch.

PICHURINE, s. f. Fruit d'un laurier peu connu. T. de bot.

PICINNA, s. f. Plante cucurbitacée de la côte du Malabar. T. de bot.

PICO, s. m. Variété d'oreilles d'ours, à courtes étamines. T. de bot.

PICOLETS, s. m. pl. Petits crampons qui tiennent le pêne dans la serrure.

PICORÉE, s. f. Maraude. (Vi.)

PICORER, v. n. Marauder. (Vi.)

PICOREUR, s. m. Maraudeur. (Vi.)

PICOT, s. m. Engrelure au bas des dentelles. —, pointe qui reste sur une souche où le bois a été mal coupé. —, marteau de carrier, de tailleur de pierres. —, demi-folle. T. de pêch.

PICOTE, s. f. Petite-vérole. —, gros camelot.

PICOTÉ, E, part. et adj. Incommodé par des picotemens ; marqué de piqûres, de grains de petite-vérole.

PICOTEMENT, s. m. Impression incommode et un peu douloureuse sous la peau.

PICOTER, v. a. Causer des picotemens. —, faire de petites piqûres. —, mettre du picot à une dentelle. —, lancer des traits malins, agacer, provoquer. Fig. et fam. Se —, v. récip. S'agacer mutuellement.

PICOTERIE, s. f. Traits piquans, agaceries, dispute pour des bagatelles.

PICOTIN, s. m. Petite mesure pour donner l'avoine aux chevaux ; son contenu.

PICQUIGNY, s. m. Petite ville du dép. de la Somme, chef-lieu de cant. de l'arr. d'Amiens. Bur. d'enregist. et de poste.

PICRAMNIE, s. f. Arbuste de la diœcie. T. de bot.

PICRIDE, s. f. Plante, genre de chicoracées. T. de bot.

PICRIE, s. f. Plante herbacée. T. de bot.

PICRIS, s. m. Chicorée sauvage, pissenlit. T. de bot.

PICRITE, s. m. Chaux carbonatée. T. d'hist. nat.

PICROCHOLE, adj. Bilieux, cholérique. T. de méd.

PICROLITHE, s. f. Magnésie carbonatée. T. d'hist. nat.

PICROMEL, s. m. Matière gluante, un peu sucrée et très amère, extraite de la bile. T. de chim.

PICTES, s. m. pl. Habitans de la partie septentrionale de la Grande-Bretagne, les Calédoniens, les Ecossais.

PICTITE, s. m. Variété de titane. T. d'hist. nat.

PICUCULE ou PIC-GRIMPEREAU, s. m. Genre d'oiseaux sylvains. T. d'hist. nat.

PICUIPINIMA, s. f. Petite tourterelle du Brésil. T. d'hist. nat.

PICUIPITA, s. m. Pigeon du Paraguay. T. d'hist. nat.

PIDANCE, s. m. Gros maillet de flotteur.

PIE, s. f. Oiseau blanc et noir, du genre du corbeau. Fromage à la —, fromage mou, écrémé.

PIE, adj. Noir et blanc; cheval pie. —, pieux, de piété; œuvre pie.

PIÈCE, s. f. Portion, partie, fragment; morceau d'étoffe, de métal, avec lequel on raccommode les choses de même nature. —, partie d'un logement; appartement de six pièces. —, valeur monnayée; pièce d'or, etc. —, chacun, chacune; citrons à deux sous la pièce. —, chose formant un tout complet; pièce de drap. —, bouche à feu; pièce d'artillerie. —, tour d'espièglerie; faire une pièce à quelqu'un. —, production littéraire, ouvrage dramatique; pièce de théâtre. —, écritures, titres; les pièces d'une procédure. — de vin, tonneau rempli de vin. — de blé, portion de terre ensemencée en blé. Emporter la —, railler, critiquer. Fig. Etre près de ses —, n'avoir plus qu'un peu d'argent. — à —, adv. Une pièce après l'autre, et fig. peu à peu, successivement.

PIÉCETTE, s. f. Monnaie d'argent espagnole valant environ un franc.

PIED, s. m. Partie du corps de l'homme et de l'animal qui s'articule avec la jambe, et qui est l'organe immédiat de la station et de la locomotion; figure de cette partie, sa trace.—, le bas, la tige d'un arbre, d'une plante; l'arbre, la plante; un pied de vigne. —, partie inférieure, la base; le pied d'un édifice. —, partie du lit opposée au chevet. —, syllabes qui font la mesure des vers grecs et latins. — de roi, mesure de longueur, douze pouces. —, condition, état; position, situation, rapport. Fig. et fam. Aller à —, sur ses pieds. Avoir —, toucher le fond de l'eau avec ses pieds. Mettre — à terre, descendre de cheval, de voiture, débarquer. Mettre une armée sur —, lever des troupes.

Avoir bon —, bon œil, être en bonne santé, plein de vigueur. Sur le — de à raison, à proportion de. — à —, adv. Peu à peu, avec circonspection. De — ferme, avec assurance. Au — levé, en partant, et fig. sans avoir le temps de se reconnaître.

PIED-À-TERRE, s. m. Petite habitation où l'on ne s'arrête qu'en passant.

PIED-D'ALOUETTE, s. m. Dauphinelle, plante d'agrément à fleurs pyramidales.

PIED-D'ÂNE, s. m. Huître dont la coquille ressemble à la corne du pied de l'âne.

PIED-DE-BICHE, s. m. Support en forme de pied de biche; barre pour fermer une porte; sorte de marteau. —, détente brisée. T. d'horlog. —, instrument de dentiste pour arracher les racines.

PIED-DE-BŒUF, s. m. Sorte de jeu villageois où les joueurs mettent leurs mains les unes sur les autres.

PIED-DE-BOUC, s. m. Angélique sauvage.

PIED-DE-CANARD, s. m. Voy. PODOPHYLLE.

PIED-DE-CHAT, s. m. Plante vulnéraire, astringente.

PIED-DE-CHÈVRE, s. m. Pièce de bois servant de pied à la machine nommée chèvre. —, espèce de petit levier, pince fendue et courbe. —, instrument d'imprimerie pour monter et démonter les balles. —, agaric, espèce de liseron des Indes; petite angélique sauvage.

PIED-DE-COQ, s. m. Panis, cretelle d'Egypte; clavaire coralloïde; renoncule rampante.

PIED-DE-CORBEAU, s. m. Renoncule à feuilles d'aconit.

PIED-DE-CORBIN, s. m. Renoncule âcre.

PIED-DE-GELINE, s. m. Sorte de fumeterre.

PIED-DE-GRIFFON, s. m. Ancien instrument de chirurgie, sorte de crochet dont on se servait dans les accouchemens laborieux. —, ellébore fétide. T. de bot.

PIED-DE-LIÈVRE, s. m. Petit trèfle des champs.

PIED-DE-LION, s. m. Alchimille, plante vulnéraire, astringente.

PIED-DE-MOUCHE, s. m. Trait d'écriture mal formé.

PIED-D'ENTRÉE, s. m. Montant d'une voiture sur lequel la portière est ferrée.

PIED-DE-PIGEON, s. m. Sorte de plante.

PIED-DE-POULE, s. m. Espèce de chiendent.

PIED-DE-SAUTERELLE, s. m. Espèce de campanule.

PIED-D'ÉTAPE ou PLAN, s. m. Etabli de cloutier.

PIED-DE-VEAU, s. m. Plante aromatique, médicinale.

PIED-DE-VENT, s. m. Eclaircie sur l'horizon annonçant du vent. T. de mar.

PIED-DROIT, s. m. Partie du jambage d'une porte, d'une fenêtre. T. d'arch.

PIED-EQUIN, s. m. Difformité du pied trop concave et trop raccourci.

PIÉDESTAL, s. m., pl. Piédestaux. Support d'une colonne, d'une statue.

PIED-FORT, s. m. Forte pièce qui sert de modèle. T. de monn.

PIED-GRIS, s. m. Alouette de mer.

PIED-HORAIRE, s. m. Troisième partie de la longueur d'un pendule.

PIEDICORTE-DE-BOZIO, s. m. Com. du dép. de la Corse, cant. de Sermano, arr. de Corte. = Bastia.

PIEDICORTE-DE-CAGGIO, s. m. Com. du dép. de la Corse, chef-lieu de cant. de l'arr. de Corte, où est le bur. d'enregist. = Bastia.

PIEDICROCE, s. m. Com. du dép. de la Corse, chef-lieu de cant. de l'arr. de Corte; bur. d'enregist. à Porta. = Bastia.

PIEDIGRIGGIO, s. m. Com du dép. de la Corse, cant. d'Omessa, arr. de Corte. = Bastia.

PIEDIPARTINO, s. m. Com. du dép. de la Corse, cant. de Piedicroce, arr. de Corte. = Bastia.

PIEDMONT, s. m. Com. du dép. de la Moselle, cant. de Longwy, arr. de Briey. = Longwy.

PIED'ORREZZA, s. f. Com. du dép. de la Corse, cant. de Piedicroce, arr. de Corte. = Bastia.

PIEDOUCHE, s. m. Petit piédestal. T. de sculpt.

PIED-PLAT, s. m. Homme lâche, méprisable.

PIED-POU, s. m. Renoncule des marais.

PIED-POUDREUX, s. m. Vagabond, va-nu-pieds. T. fam.

PIED-ROUGE, s. m. Oiseau de mer qui vit de coquillages.

PIEDS-BOTS, s. m. pl. Famille de champignons.

PIEDS-D'HIPPOCAMPE, s. m. Protubérances cérébrales.

PIED-VERT, s. m. Bécasseau.

PIÉGE, s. m. Engin pour prendre des animaux. —, dessein concerté, machination, embûche, artifice. Fig.

PIEGON, s. m. Com. du dép. de la Drôme, cant. et arr. de Nyons. = Nyons.

PIE-GRIÈCHE, s. f. Petite pie grise, très criarde. —, femme acariâtre, d'humeur querelleuse. Fig. et fam.

PIEGROS, s. m. Com. du dép. de la Drôme, cant. de Crest, arr. de Die. = Crest.

PIÉGUT, s. m. Com. du dép. des Basses-Alpes, cant. de Turriers, arr. de Sisteron. = Sisteron.

PIE-MÈRE, s. f. Seconde tunique qui enveloppe immédiatement le cerveau. T. d'anat.

PIÉMONT, s. m. Principauté d'Italie, au pied des Alpes, bornée N. Savoie et Valais, E. Milanais, S. Gênes et Méditerranée, O. France.

PIENCE (Ste.-), s. f. Com. du dép. de la Manche, cant. de la Haye-Pesnel, arr. d'Avranches. = Avranches.

PIENCOURT, s. m. Com. du dép. de l'Eure, cant. de Thiberville, arr. de Bernay. = Bernay.

PIENNES, s. f. Com. du dép. de la Moselle, cant. d'Audun-le-Roman, arr. de Briey. = Briey.

PIENNES, s. f. Com. du dép. de la Somme, cant. et arr. de Montdidier. = Montdidier.

PIÉPAPE, s. m. Com. du dép. de la Haute-Marne, cant. de Longeau, arr. de Langres. = Langres.

PIÉRIUS, s. m. Montagne de Thessalie consacrée aux muses. T. de myth.

PIERRE, s. f. Corps dur plus ou moins compacte qui se forme dans la terre et sert à bâtir. —, caillou et autre corps solide de la même nature. —, calcul des reins ou de la vessie. —, espèce de gravier dans les fruits. — précieuse, diamant, rubis. — angulaire, que l'on pose la première à l'angle d'un édifice. Rencontrer des — en son chemin, trouver des empêchemens, des obstacles. Fig. Jeter la —, accuser, invectiver. Jeter des — dans le jardin de quelqu'un, le provoquer, l'attaquer. — à cautère, potasse caustique. — infernale, nitrate d'argent fondu. — à chaux, pierre dont on tire la chaux. — à fusil, silex, caillou qui produit de vives étincelles. — à laver, espèce d'auge plate qui sert à laver la vaisselle. — apyre, qui a la propriété de résister à l'action du feu, talc, amiante, etc. — à rasoir, sorte de schiste servant à affiler les rasoirs. —, marbre, granit employé comme instrument, outil ou ingrédient. T. d'arts et met.

PIERRE (St.-), s. m. Com. du dép. de l'Aisne, cant. de Sains, arr. de Vervins. = Vervins.

PIERRE (St.-), s. m. Com. du dép. des Basses-Alpes, cant. d'Entrevaux, arr. de Castellane. = Entrevaux.

PIERRE (St.-), s. m. Village du dép. des Basses-Alpes, cant. de Seyne, arr. de Digne. = Seyne.

PIERRE (la), s. f. Com. du dép. de l'Isère, cant. de Goncelin, arr. de Grenoble. = Goncelin.

PIERRE (St.-), s. m. Com. du dép. du Jura, cant. de St.-Laurent, arr. de St.-Claude. = Arbois.

PIERRE (St.-), s. m. Com. du dép. des Landes, cant. et arr. de Mont-de-Marsan. = Mont-de-Marsan.

PIERRE (St.-), s. m. Com. du dép. de Loir-et-Cher, cant. de Montoire, arr. de Vendôme. = Montoire.

PIERRE, s. m. Com. du dép. de la Meurthe, cant. et arr. de Toul. = Toul.

PIERRE (St.-), s. m. Com. du dép. du Bas-Rhin, cant. de Barr, arr. de Schélestadt. = Schélestadt.

PIERRE, s. m. Com. du dép. de Saône-et-Loire, chef-lieu de cant. de l'arr. de Louhans. Bur. d'enregist. = Verdun-sur-Saône.

PIERRE-A-ARNES (St.-), s. m. Com. du dép. des Ardennes, cant. de Machault, arr. de Vouziers. = Vouziers.

PIERRE-A-CHAMP (St.-), s. m. Com. du dép. des Deux-Sèvres, cant. d'Argenton-Château, arr. de Bressuire. = Argenton-Château.

PIERRE-A-GOUY (St.-), s. m. Com. du dép. de la Somme, cant. de Picquigny, arr. d'Amiens. = Picquigny.

PIERRE-AIGLE (St.-), s. m. Com. du dép. de l'Aisne, cant. de Vic-sur-Aisne, arr. de Soissons. = Soissons.

PIERRE-AUX-OIES (St.-), s. m. Com. du dép. de la Marne, cant. d'Ecury-sur-Coole, arr. de Châlons. = Châlons-sur-Marne.

PIERRE-AVEZ (St.-), s. m. Com. du dép. des Hautes-Alpes, cant. de Ribiers, arr. de Gap. = Serres.

PIERRE-AZIF (St.-), s. m. Com. du dép. du Calvados, cant. de Dives, arr. de Pont-l'Évêque. = Touques.

PIERRE-BOIS (St.-), s. m. Com. du dép. du Bas-Rhin, cant. de Villé, arr. de Schélestadt. = Schélestadt.

PIERRE-BROUCK (St.-), s. m. Com. du dép. du Nord, cant. de Bourbourg, arr. de Dunkerque. = Bourbourg.

PIERRE-BUFFIÈRE, s. m. Petite ville du dép. de la Haute-Vienne, chef-lieu de cant. de l'arr. de Limoges. Bur. d'enregist. et de poste. C'est dans cette petite ville que naquit Dupuytren, célèbre chirurgien.

PIERRE-CANIVET (St.-), s. m. Com. du dép. du Calvados, cant. et arr. de Falaise. = Falaise.

PIERRE-CHÂTEAU (St.-), s. m. Com. du dép. de la Haute-Vienne, cant. d'Eymoutiers, arr. de Limoges. = Eymoutiers.

PIERRE-CHÂTEL (St.-), s. m. Com. du dép. de l'Isère, cant. de la Mure, arr. de Grenoble. = la Mure. Exploitation de houille.

PIERRE-CHÂTEL, s. m. Fort du dép. de l'Ain, cant. et arr. de Belley. Ce fort, qui est bâti sur le sommet d'un rocher, sur la rive droite du Rhône, vis-à-vis d'Yenne, domine le cours du fleuve et le passage de France en Savoie.

PIERRE-CHÉRIGNAT (St.-), s. m. Com. du dép. de la Creuse, cant. et arr. de Bourganeuf. = Bourganeuf.

PIERRE-CLOS, s. m. Com. du dép. de Saône-et-Loire, cant. de Tramayes, arr. de Mâcon. = Mâcon.

PIERRE-COLAMINE (St.-), s. m. Com. du dép. du Puy-de-Dôme, cant. de Besse, arr. d'Issoire. = Besse.

PIERRECOURT, s. m. Com. du dép. de la Haute-Saône, cant. de Champlitte, arr. de Gray. = Champlitte.

PIERRECOURT, s. m. Com. du dép. de la Seine-Inférieure, cant. de Blangy, arr. de Neufchâtel. = Blangy.

PIERRE-D'ALLEVARD (St.-), s. m. Petite ville du dép. de l'Isère, cant. d'Allevard, arr. de Grenoble. = Goncelin.

PIERRE-D'AMILLY (St.-), s. m. Com. du dép. de la Charente-Inférieure, cant. de Surgères, arr. de Rochefort. = Mauzé.

PIERRE-D'ARGENÇON (St.-), s. m. Com. du dép. des Hautes-Alpes, cant. d'Aspres-les-Veynes, arr. de Gap. = Veynes.

PIERRE-D'ARMENS (St.-), s. m. Com. du dép. de la Gironde, cant. de Castillan, arr. de Libourne. = Castillan.

PIERRE-D'ARTÉGLISE (St.-), s. m. Com. du dép. de la Manche, cant. de Barneville, arr. de Valognes. = Valognes.

PIERRE-D'ARTHENAY (St.-), s. m. Com. du dép. de la Manche, cant. de St.-Jean-de-Daye, arr. de St.-Lô. = St.-Lô.

PIERRE-D'AUBEZIES (St.-), s. m.

Com. du dép. du Gers, cant. d'Aignan, arr. de Mirande. = Plaisance.

PIERRE-D'AURILLAC (St.-), s. m. Com. du dép. de la Gironde, cant. de St.-Macaire, arr. de la Réole. = St.-Macaire.

PIERRE-D'AUTILS (St.-), s. m. Com. du dép. de l'Eure, cant. de Vernon, arr. d'Évreux. = Vernon.

PIERRE-D'AVENSAC (St.-), s. m. Com. du dép. du Gers, cant. de Cologne, arr. de Lombez. = Lombez.

PIERRE-DE-BAILLEUL (St.-), s. m. Com. du dép. de l'Eure, cant. de Gaillon, arr. de Louviers. = Gaillon.

PIERRE-DE-BAT (St.-), s. m. Com. du dép. de la Gironde, cant. de Targon, arr. de la Réole. = Cadillac.

PIERRE-DE-BŒUF (St.-), s. m. Com. du dép. de la Loire, cant. de Pélussin, arr. de St.-Etienne. = le Péage.

PIERRE-DE-BRESSIEUX (St.-), s. m. Com. du dép. de l'Isère, cant. de St.-Etienne-de-St.-Geoirs, arr. de St.-Marcellin. = la Côte-St.-André.

PIERRE-DE-BUZET (St.-), s. m. Com. du dép. de Lot-et-Garonne, cant. de Damazan, arr. de Nérac. = Aiguillon.

PIERRE-DE-CANTELOUP (St.-), s. m. Com. du dép. du Calvados, cant. et arr. de Lisieux. = Lisieux.

PIERRE-DE-CERNIÈRES (St.-), s. m. Com. du dép. de l'Eure, cant. de Broglie, arr. de Bernay. = Montreuil-l'Argillé.

PIERRE-DE-CHARTREUSE (St.-), s. m. Com. du dép. de l'Isère, cant. de St.-Laurent-de-Pont, arr. de Grenoble. = Grenoble.

PIERRE-DE-CHERENNES (St.-), s. m. Com. du dép. de l'Isère, cant. de Pont-en-Royans, arr. de St.-Marcellin. = St.-Marcellin.

PIERRE-DE-CHEVILLÉ (St.-), s. m. Com. du dép. de la Sarthe, cant. de Château-du-Loir, arr. de St.-Calais. = Château-du-Loir.

PIERRE-DE-CHIGNAC (St.-), s. m. Voy. CHIGNAC.

PIERRE-DE-CLAIRAC (St.-), s. m. Com. du dép. de Lot-et-Garonne, cant. de Puymirol, arr. d'Agen. = la Magistère.

PIERRE-DE-COLE (St.-), s. m. Com. du dép. de la Dordogne, cant. de Thiviers, arr. de Nontron. = Thiviers.

PIERRE-DE-COLOMBIER (St.-), s. m. Com. du dép. de l'Ardèche, cant. de Burzet, arr. de Largentière. = Aubenas.

PIERRE-DE-CORMEILLES (St.-), s. m. Com. du dép. de l'Eure, cant. de Cormeilles, arr. de Pont-Audemer. = Pont-Audemer.

PIERRE-DE-COURSON (St.-), s. m. Com. du dép. du Calvados, cant. de Livarot, arr. de Lisieux. = Lisieux.

PIERRE-DE-COUTANCES (St.-), s. m. Com. du dép. de la Manche, cant. et arr. de Coutances. = Coutances.

PIERRE-DE-CRESNAY (St.-), s. m. Com. du dép. de la Manche, cant. de Brecey, arr. d'Avranches. = Sourdeval.

PIERRE-DE-FURZAC (St.-), s. m. Com. du dép. de la Creuse, cant. du Grand-Bourg, arr. de Guéret. = la Souterraine.

PIERRE-DE-JARDS (St.-), s. m. Com. du dép. de l'Indre, cant. de Vatan, arr. d'Issoudun. = Vatan.

PIERRE-DE-JULIERS (St.-), s. m. Com. du dép. de la Charente-Inférieure, cant. d'Aunay, arr. de St.-Jean-d'Angely. = Aunay.

PIERRE-DE-LAGES (St.-), s. m. Com. du dép. de la Haute-Garonne, cant. de Lanta, arr. de Villefranche. = Caraman.

PIERRE-DE-LAMPS (St.-), s. m. Com. du dép. de l'Indre, cant. de Levroux, arr. de Châteauroux. = Levroux.

PIERRE-DE-LASSERRE (St.-), s. m. Com. du dép. du Tarn, cant. de Valence, arr. d'Albi. = Albi.

PIERRE-DE-LÉVIGNAC (St.-), s. m. Com. du dép. de Lot-et-Garonne, cant. de Seyches, arr. de Marmande. = Marmande.

PIERRE-DE-LIER (St.-), s. m. Com. du dép. des Landes, cant. de Montfort, arr. de Dax. = Tartas.

PIERRE-DE-LIÉROU (St.-), s. m. Com. du dép. de l'Eure, cant. de Pont-de-l'Arche, arr. de Louviers. = Elbeuf.

PIERRE-DE-L'ÎLE (St.-), s. m. Com. du dép. de la Charente-Inférieure, cant. de Loulay, arr. de St.-Jean-d'Angely. = St.-Jean-d'Angely.

PIERRE-DE-MACCHABÉE (St.-), s. m. Com. du dép. de l'Ardèche, cant. de Satilieu, arr. de Tournon. = Annonay.

PIERRE-DE-MAILLÉ (St.-), s. m. Com. du dép. de la Vienne, cant. de St.-Savin, arr. de Montmorillon. = Angle.

PIERRE-DE-MAILLOC (St.-), s. m. Com. du dép. du Calvados, cant. d'Orbec, arr. de Lisieux. = Orbec.

PIERRE-DE-MÉAROZ (St.-), s. m. Com. du dép. de l'Isère, cant. de Corps, arr. de Grenoble. = la Mure.

PIERRE-DE-MÉZAGE (St.-), s. m. Com. du dép. de l'Isère, cant. de Vizille, arr. de Grenoble. = Vizille.

PIERRE-DE-MONS (St.-), s. m. Com.

du dép. de la Gironde, cant. de Langon, arr. de Bazas. = Langon.

PIERRE-DE-NOGARET (St.-), s. m. Com. du dép. de la Lozère, cant. de St.-Germain-du-Teil, arr. de Marvejols. = la Canourgue.

PIERRE-D'ENTREMONT (St.-), s. m. Com. du dép. de l'Isère, cant. de St.-Laurent-du-Pont, arr. de Grenoble. = Grenoble.

PIERRE-D'ENTREMONT (St.-), s. m. Com. du dép. de l'Orne, cant. de Tinchebray, a*. de Domfront. = Tinchebray.

PIERRE-DE-PALADRU (St.-), s. m. Village du dép. de l'Isère, com. de Paladru, cant. de St.-Geoire, arr. de la Tour-du-Pin. = la Tour-du-Pin.

PIERRE-DE-PLESGUEN (St.-), s. m. Com. du dép. d'Ille-et-Vilaine, cant. de Combourg, arr. de St.-Malô. = Dinan.

PIERRE-DE-RIVIÈRE (St.-), s. m. Com. du dép. de l'Ariège, cant. et arr. de Foix. = Foix.

PIERRE-DE-SALERNE (St.-), s. m. Com. du dép. de l'Eure, cant. de Brionne, arr. de Bernay. = Brionne.

PIERRE-DES-BOIS (St.-), s. m. Com. du dép. de la Sarthe, cant. de Brûlon, arr. de la Flèche. = Sablé.

PIERRE-DES-CERCUEILS (St.-), s. m. Com. du dép. de l'Eure, cant. d'Amfreville, arr. de Louviers. = Elbeuf.

PIERRE-DES-CHAMPS (St.-), s. m. Com. du dép. de l'Aude, cant. de la Grasse, arr. de Carcassonne. = la Grasse.

PIERRE-DES-CORPS (St.-), s. m. Com. du dép. d'Indre-et-Loire, cant. et arr. de Tours. = Tours.

PIERRE-DES-ÉCHAUBROGNES (St.-). Voy. ÉCHAUBROGNES.

PIERRE-DES-ÉGLISES (St.-), s. m. Com. du dép. de la Vienne, cant. de Chauvigny, arr. de Montmorillon. = Chauvigny.

PIERRE-DE-SEMILLY (St.-), s. m. Com. du dép. de la Manche, cant. de St.-Clair, arr. de St.-Lô. = St.-Lô.

PIERRE-DES-ÉTIEUX (St.-), s. m. Com. du dép. du Cher, cant. de Charenton, arr. de St.-Amand. = St.-Amand.

PIERRE-DES-FORÇATS (St.-), s. m. Com. du dép. des Pyrénées-Orientales, cant. de Mont-Louis, arr. de Prades. = Mont-Louis.

PIERRE-DES-IFS (St.-), s. m. Com. du dép. du Calvados, cant. et arr. de Lisieux. = Lisieux.

PIERRE-DES-IFS (St.-), s. m. Com. du dép. de l'Eure, cant. de St.-George-du-Vièvre, arr. de Pont-Audemer. = Pont-Audemer.

PIERRE-DES-JONQUIÈRES (St.-), s. m. Com. du dép. de la Seine-Inférieure, cant. de Londinières, arr. de Neufchâtel. = Neufchâtel.

PIERRE-DES-LANDES (St.-), s. m. Com. du dép. de la Mayenne, cant. de Chaillaud, arr. de Laval. = Ernée.

PIERRE-DES-LOGES (St.-), s. m. Com. du dép. de l'Orne, cant. de Moulins-la-Marche, arr. de Mortagne. = Moulins-la-Marche.

PIERRE-DE-SOMMAIRE (St.-), s. m. Com. du dép. de l'Orne, cant. de la Ferté-Fresnel, arr. d'Argentan. = l'Aigle.

PIERRE-DES-ORMES (St.-), s. m. Com. du dép. de la Sarthe, cant. et arr. de Mamers. = Mamers.

PIERRE-DES-TRÉPIEDS (St.-), s. m. Com. du dép. de la Lozère, cant. de Meyrueis, arr. de Florac. = Meyrueis.

PIERRE-DE-SURGÈRES (St.-), s. m. Com. du dép. de la Charente-Inférieure, cant. de Surgères, arr. de Rochefort. = Surgères.

PIERRE DE TOUCHE, s. f. Sorte de schiste qui garde la trace de l'or et de l'argent qu'on frotte dessus, et que l'eau-forte ne saurait effacer. —, ce à quoi l'on reconnaît l'amitié, les vertus; ce qui met à l'épreuve. Fig.

PIERRE-DE-TRÉVISI (St.-), s. m. Com. du dép. du Tarn, cant. de Vabre, arr. de Castres. = Castres.

PIERRE-DE-VARENNE (St.-), s. m. Com. du dép. de Saône-et-Loire, cant. de Couches, arr. d'Autun. = Couches.

PIERRE-DE-VASSOLS (St.-), s. m. Com. du dép. de Vaucluse, cant. de Mormoiron, arr. de Carpentras. = Carpentras.

PIERRE-D'EXIDEUIL (St.-), s. m. Com. du dép. de la Vienne, cant. et arr. de Civray. = Civray.

PIERRE-D'EYRAUD (St.-), s. m. Com. du dép. de la Dordogne, cant. de la Force, arr. de Bergerac. = Ste.-Foi-la-Grande.

PIERRE-D'IRUBE (St.-), s. m. Com. du dép. des Basses-Pyrénées, cant. et arr. de Bayonne. = Bayonne.

PIERRE-D'OLÉRON (St.-), s. m. Petite ville du dép. de la Charente-Inférieure, chef-lieu de cant. de l'arr. de Marennes. Bur. d'enregist. = l'île d'Oléron. Comm. de grains, vins, eaux-de-vie, etc.

PIERRE-DU-BOSGUERARD (St.-), s. m. Com. du dép. de l'Eure, cant. d'Amfreville, arr. de Louviers. = Bourgthéroulde.

PIERRE-DU-BUT (St.-), s. m. Com.

du dép. du Calvados, cant. et arr. de Falaise. = Falaise.

PIERRE-DU-CHAMP (St.-), s. m. Com. du dép. de la Haute-Loire, cant. de Vorcy, arr. du Puy. = Craponne.

PIERRE-DU-CHÂTEL (St.-), s. m. Com. du dép. de l'Eure, cant. de Beuzeville, arr. de Pont-Audemer. = Pont-Audemer.

PIERRE-DU-CHEMIN (St.-), s. m. Com. du dép. de la Vendée, cant. de la Châtaigneraye, arr. de Fontenay-le-Comte. = la Châtaigneraye.

PIERRE-DU-FRESNE (St.-), s. m. Com. du dép. du Calvados, cant. d'Aunay, arr. de Vire. = Aunay-sur-Odon.

PIERRE-DU-JONQUET (St.-), s. m. Com. du dép. du Calvados, cant. de Troarn, arr. de Caen. = Croissanville.

PIERRE-DU-MESNIL (St.-), s. m. Com. du dép. de l'Eure, cant. de Beaumesnil, arr. de Bernay. = Montreuil-l'Argillé.

PIERRE-DU-MONT (St.-), s. m. Com. du dép. du Calvados, cant. d'Isigny, arr. de Bayeux. = Isigny.

PIERRE-DUMONT (St.-), s. m. Com. du dép. de la Nièvre, cant. de Varzy, arr. de Clamecy. = Varzy.

PIERRE-DU-PALAIS (St.-), s. m. Com. du dép. de la Charente-Inférieure, cant. de Montguyon, arr. de Jonzac. = Montlieu.

PIERRE-DU-REGARD (St.-), s. m. Com. du dép. de l'Orne, cant. d'Athis, arr. de Domfront. = Condé-sur-Noireau.

PIERRE-DU-TRONCHET (St.-), s. m. Com. du dép. de la Manche, cant. de Villedieu, arr. d'Avranches. = Villedieu.

PIERRE-DU-VAUVRAY (St.-), s. m. Com. du dép. de l'Eure, cant. et arr. de Louviers. = Louviers.

PIERRE-DU-ZOROUER (St.-), s. m. Com. du dép. de la Sarthe, cant. de Lucé, arr. de St.-Calais. = la Chartre.

PIERRÉE, s. f. Conduit fait en terre, à pierres sèches, pour l'écoulement des eaux.

PIERRE-ÉGLISE (St.-), s. m. Com. du dép. de la Manche, chef-lieu de cant. de l'arr. de Cherbourg. Bur. d'enregist. = Cherbourg. Fabr. de toiles; tanneries et mégisseries.

PIERRE-EN-PORT (St.-), s. m. Com. du dép. de la Seine-Inférieure, cant. de Valmont, arr. d'Yvetot. = Valmont.

PIERRE-EN-VAL (St.-), s. m. Com. du dép. de la Seine-Inférieure, cant. d'Eu, arr. de Dieppe. = Eu.

PIERRE-EN-VAUX (St.-), s. m. Com. du dép. de la Côte-d'Or, cant. d'Arnay-le-Duc, arr. de Beaune. = Arnay-le-Duc.

PIERRE-EN-VAUX (St.-), s. m. Com. du dép. de Maine-et-Loire, cant. de Gennes, arr. de Saumur. = les Rosiers.

PIERRE-ÈS-CHAMPS (St.-), s. m. Com. du dép. de l'Oise, cant. du Coudray-St.-Germer, arr. de Beauvais. = Gournay.

PIERRE-ÈS-LIENS (St.-), s. m. Com. du dép. de la Dordogne, cant. de St.-Pierre-de-Chignac, arr. de Périgueux. = Périgueux.

PIERRE et MIQUELON (St.-) (îles de), s. f. Ces îles, qui appartiennent à la France, et qui sont les seules possessions qui lui restent dans l'Amérique septentrionale depuis la perte du Canada, sont très importantes pour la pêche de la morue.

PIERRE-EYNAC (St.-), s. m. Com. du dép. de la Haute-Loire, cant. de St.-Julien-Chapteuil, arr. du Puy. = le Puy.

PIERREFAITE, s. f. Com. du dép. de la Haute-Marne, cant. de la Ferté-sur-Amance, arr. de Langres. = Fays-Billot.

PIERREFEU, s. m. Com. du dép. du Var, cant. de Cuers, arr. de Toulon. = Cuers.

PIERREFICHE, s. f. Com. du dép. de l'Aveyron, cant. de St.-Geniez, arr. d'Espalion. = St.-Geniez.

PIERREFICHE, s. f. Com. du dép. de la Lozère, cant. de Châteauneuf, arr. de Mende. = Langogne.

PIERREFIQUE, s. m. Com. du dép. de la Seine-Inférieure, cant. de Criquetot-l'Esneval, arr. du Hâvre. = Montivilliers.

PIERREFITE, s. f. Com. du dép. des Deux-Sèvres, cant. de St.-Varent, arr. de Bressuire. = Thouars.

PIERREFITE-ÈS-BOIS, s. f. Com. du dép. du Loiret, cant. de Châtillon-sur-Loire, arr. de Gien. = Gien.

PIERREFITTE, s. f. Com. du dép. de l'Allier, cant. de Dompierre, arr. de Moulins. = Digoin.

PIERREFITTE, s. f. Com. du dép. du Calvados, cant. et arr. de Falaise. = Falaise.

PIERREFITTE, s. f. Com. du dép. du Calvados, cant. de Blangy, arr. de Pont-l'Évêque. = Pont-l'Évêque.

PIERREFITTE, s. f. Com. du dép. de la Corrèze, cant. de Seilhac, arr. de Tulle. = Uzerche.

PIERREFITTE, s. f. Com. du dép.

de la Creuse, cant. de Jarnages, arr. de Boussac. = Gouzon.

PIERREFITTE, s. f. Com. du dép. de Loir-et-Cher, cant. de Salbris, arr. de Romorantin. = Salbris. Fabr. de serges.

PIERREFITTE, s. f. Com. du dép. de la Meuse, chef-lieu de cant. de l'arr. de Commercy. Bur. d'enregist. = St.-Mihiel.

PIERREFITTE, s. f. Com. du dép. de l'Oise, cant. et arr. de Beauvais. = Beauvais.

PIERREFITTE, s. f. Com. du dép. de la Seine, cant. et arr. de St.-Denis. = St.-Denis.

PIERREFITTE, s. f. Com. du dép. des Vosges, cant. de Darney, arr. de Mirecourt. = Mirecourt.

PIERREFONDS, s. m. Com. du dép. de l'Oise, cant. d'Attichy, arr. de Compiègne. = Compiègne.

PIERREFONTAINE, s. f. Com. du dép. du Doubs, chef-lieu de cant. de l'arr. de Baume. Bur. d'enregist. = Baume.

PIERREFONTAINE, s. f. Com. du dép. du Doubs, cant. de Blamont, arr. de Montbéliard. = Lisle-sur-le-Doubs.

PIERREFONTAINES, s. f. Com. du dép. de la Haute-Marne, cant. de Longeau, arr. de Langres = Langres.

PIERREFORT, s. m. Com. du dép. du Cantal, chef-lieu de cant. de l'arr. de St.-Flour. Bur. d'enregist. = St.-Flour. Fabr. de toiles et de bas de laine tricotés.

PIERRE-GARIN, s. m. Espèce d'hirondelle de mer.

PIERREGOT, s. m. Com. du dép. de la Somme, cant. de Villers-Bocage, arr. d'Amiens. = Amiens.

PIERRE-LA-BRUYÈRE (St.-), s. m. Com. du dép. de l'Orne, cant. de Nocé, arr. de Mortagne. = Rémalard.

PIERRE-LA-COUR (St.-) s. m. Com. du dép. de la Mayenne, cant. de Loiron, arr. de Laval. = Laval.

PIERRE-LA-COUR (St.-), s. m. Com. du dép. de la Mayenne, cant. de Bais, arr. de Mayenne. = Evron.

PIERRE-LA-GARENNE (St.-), s. m. Com. du dép. de l'Eure, cant. de Gaillon, arr. de Louviers. = Gaillon.

PIERRE-LA-MONTAGNE (St.-), s. m. Com. du dép. de la Haute-Vienne, cant. de Laurières, arr. de Limoges. = Chanteloube.

PIERRE-LANGERS (St.-), s. m. Com. du dép. de la Manche, cant. de Sartilly, arr. d'Avranches. = Graudville.

PIERRE-LA-NOAILLE (St.-), s. m. Com. du dép. de la Loire, cant. de Charlieu, arr. de Roanne. = Roanne.

PIERRE-LA-PALUD (St.-), s. m. Com. du dép. du Rhône, cant. de l'Arbresle, arr. de Lyon. = l'Arbresle.

PIERRE-LA-RIVIÈRE (St.-), s. m. Com. du dép. de l'Orne, cant. d'Exmes, arr. d'Argentan. = Nonant.

PIERRE-LA-ROCHE (St.-), s. m. Com. du dép. de l'Ardèche, cant. de Rochemaure, arr. de Privas. = Montélimar.

PIERRELATTE, s. f. Petite ville du dép. de la Drôme, chef-lieu de cant. de l'arr. de Montélimar. Bur. d'enregist. et de poste.

PIERRE-LAVAL (St.-), s. m. Com. du dép. de l'Allier, cant. et arr. de la Palisse. = St.-Martin-d'Estreaux.

PIERRE-LA-VIEILLE (St.-), s. m. Com. du dép. du Calvados, cant. de Condé-sur-Noireau, arr. de Vire. = Condé-sur-Noireau.

PIERRE-LAVIS (St.-), s. m. Com. du dép. de la Seine-Inférieure, cant. de Fauville, arr. d'Yvetot. = Fauville.

PIERRE-LAYE, s. f. Com. du dép. de Seine-et-Oise, cant. et arr. de Pontoise. = Pontoise.

PIERRE-LE-BOST (St.-), s. m. Com. du dép. de la Creuse, cant. de Royère, arr. de Bourganeuf. = Bourganeuf.

PIERRE-LE-BOST (St.-), s. m. Com. du dép. de la Creuse, cant. et arr. de Boussac. = Boussac.

PIERRE-LE-CHASTEL (St.-), s. m. Com. du dép. du Puy-de-Dôme, cant. de Pontgibaud, arr. de Riom. = Clermont-Ferrand.

PIERRE-LE-DECHAUSSELAT (St.-), s. m. Com. du dép. de l'Ardèche, cant. des Vans, arr. de Largentière. = Les Vans.

PIERRE-LE-MOUTIER (St.-), s. m. Petite ville du dép. de la Nièvre, chef-lieu de cant. de l'arr. de Nevers. Bur. d'enregist. et de poste. Carrières de sable à faïence aux environs.

PIERRE-LE-PETIT (St.-), s. m. Com. du dép. de la Seine-Inférieure, cant. de Fontaine, arr. d'Yvetot. = St.-Valery-en-Caux.

PIERRE-LES-BOIS (St.-), s. m. Com. du dép. du Cher, cant. du Châtelet, arr. de St.-Amand. = Linières.

PIERRE-LÈS-NAUD (St.-), s. m. Com. du dép. de Seine-et-Marne, cant. de Nemours, arr. de Fontainebleau. = Nemours.

PIERRE-LEVÉE, s. f. Com. du dép.

de Seine-et-Marne, cant. de la Ferté-sous-Jouarre, arr. de Meaux. = la Ferté-sous-Jouarre.

PIERRE-LE-VIEUX (St.-) ; s. m. Com. du dép. de Saône-et-Loire, cant. de Tramayes, arr. de Mâcon. = Mâcon.

PIERRE-LE-VIEUX (St.-), s. m. Com. du dép. de la Lozère, cant. de Malzieux, arr. de Marvejols. = St.-Chély.

PIERRE-LE-VIEUX (St.-), s. m. Com. du dép. de la Seine-Inférieure, cant. de Fontaine, arr. d'Yvetot. = St.-Valery-en-Caux.

PIERRE-LE-VIEUX (St.-), s. m. Com. du dép. de la Vendée, cant. de Maillezais, arr. de Fontenay. = Fontenay-le-Comte.

PIERRE-LE-VIGER (St.-), s. m. Com. du dép. de la Seine-Inférieure, cant. de Fontaine, arr. d'Yvetot. = St.-Valery-en-Caux.

PIERRE-LEZ-BITRY (St.-), s. m. Com. du dép. de l'Oise, cant. d'Attichy, arr. de Compiègne. = Vic-sur-Aisne.

PIERRE-LEZ-CALAIS (St.-), s. m. Com. du dép. du Pas-de-Calais, cant. de Calais, arr. de Boulogne. = Calais. Fabr. de tuls ; brasseries.

PIERRELONGUE, s. f. Com. du dép. de la Drôme, cant. du Buis, arr. de Nyons. = le Buis.

PIERREMANDE, s. f. Com. du dép. de l'Aisne, cant. de Coucy-le-Château, arr. de Laon. = Chauny.

PIERREMONT (St.-), s. m. Com. du dép. des Ardennes, cant. de Buzancy, arr. de Vouziers. = Buzancy.

PIERREMONT (St.-), s. m. Com. du dép. du Pas-de-Calais, cant. et arr. de St.-Pol. = St.-Pol.

PIERREMONT (St.-), s. m. Com. du dép. des Vosges, cant. de Rambervillers, arr. d'Epinal. = Rambervillers.

PIERRE-MONTLIMARD (St.-), s. m. Com. du dép. de Maine-et-Loire, cant. de Montrevault, arr. de Beaupréau. = Beaupréau.

PIERREMORAINS, s. m. Com. du dép. de la Marne, cant. de Vertus, arr. de Châlons. = Vertus.

PIERRE-NOGARET (St.-), s. m. Com. du dép. de Lot-et-Garonne, cant. et arr. de Marmande. = Marmande.

PIERRE-OURSIN (St.-), s. m. Com. du dép. du Calvados, cant. de Troarn, arr. de Caen. = Croissanville.

PIERREPERCÉE, s. f. Com. du dép. de la Meurthe, cant. de Baccarat, arr. de Lunéville. = Blamont.

PIERRE-PERTHUIS, s. m. Com. du dép. de l'Yonne, cant. de Vézelay, arr. d'Avallon. = Vézelay.

PIERREPONT, s. m. Com. du dép. de l'Aisne, cant. de Marles, arr. de Laon. = Laon.

PIERREPONT, s. m. Com. du dép. des Ardennes, cant. de Signy-l'Abbaye, arr. de Mézières. = Launois.

PIERREPONT, s. m. Com. du dép. du Calvados, cant. de Creully, arr. de Caen. = Caen.

PIERREPONT, s. m. Com. du dép. du Calvados, cant. et arr. de Falaise. = Falaise.

PIERREPONT, s. m. Com. du dép. de la Moselle, cant. de Longuion, arr. de Briey. = Longuion.

PIERREPONT, s. m. Com. du dép. de la Seine-Inférieure, cant. de Londinières, arr. de Neufchâtel. = Eu.

PIERREPONT, s. m. Com. du dép. de la Somme, cant. de Moreuil, arr. de Montdidier. = Montdidier.

PIERREPONT, s. m. Com. du dép. des Vosges, cant. de Bruyères, arr. d'Epinal. = Rambervillers.

PIERRE-QUILBIGNON (St.-), s. m. Com. du dép. du Finistère, cant. et arr. de Brest. = Brest.

PIERRERIES, s. f. pl. Pierres précieuses.

PIERRE-ROCHE (St.-), s. m. Com. du dép. du Puy-de-Dôme, cant. de Rochefort, arr. de Clermont. = Clermont-Ferrand.

PIERRE-RONDE, s. f. Com. du dép. de l'Eure, cant. de Beaumesnil, arr. de Bernay. = Beaumont-le-Roger.

PIERRERUE, s. f. Com. du dép. des Basses-Alpes, cant. et arr. de Forcalquier. = Forcalquier.

PIERRERUE, s. f. Com. du dép. de l'Hérault, cant. de St.-Chinian, arr. de St.-Pons. = St.-Chinian.

PIERRÉS, s. m. pl. Cailloux qui servent à assujettir les filets. T. de pêch.

PIERRES, s. f. Com. du dép. du Calvados, cant. de Vassy, arr. de Vire. = Vire.

PIERRES, s. f. Com. du dép. d'Eure-et-Loir, cant. de Maintenon, arr. de Chartres. = Maintenon.

PIERRE-SUR-DIVES (St.-), s. m. Com. du dép. du Calvados, chef-lieu de cant. de l'arr. de Lisieux. Bur. d'enregist. = Croissanville.

PIERRE-SUR-L'ERVE (St.-), s. m. Com. du dép. de la Mayenne, cant. de Ste.-Suzanne, arr. de Laval. = Evron.

PIERRE - SUR - VENCE (St.-), s. m.

Com. du dép. des Ardennes, cant. de Flize, arr. de Mézières. = Mézières.

PIERRE-TARENTAINE (St.-), s. m. Com. du dép. du Calvados, cant. de Bény-Bocage, arr. de Vire. = Vire.

PIERRETTE, s. f. Petite pierre.

PIERREUX, EUSE, adj. Rempli, couvert de pierres.—, graveleux, calculeux.

PIERREVAL, s. m. Com. du dép. de la Seine-Inférieure, cant. de Buchy, arr. de Rouen. = Rouen.

PIERREVERT, s. m. Com. du dép. des Basses-Alpes, cant. de Manosque, arr. de Forcalquier. = Manosque.

PIERREVILLE, s. f. Com. du dép. de l'Ardèche, chef-lieu de cant. de l'arr. de Privas. = Privas. Bur. d'enregist.

PIERREVILLE, s. f. Com. du dép. de la Manche, cant. des Pieux, arr. de Cherbourg. = Valognes.

PIERREVILLE, s. f. Com. du dép. de la Meurthe, cant. de Vézelise, arr. de Nancy. = Vézelise.

PIERREVILLERS (St.-), s. m. Com. du dép. de la Meuse, cant. de Spincourt, arr. de Montmédy. = Longuion.

PIERREVILLERS, s. m. Com. du dép. de la Moselle, cant. et arr. de Briey = Briey.

PIERREVLÉE, s. f. Com. du dép. de Seine-et-Marne, cant. de Villiers, arr. de Provins. = la Ferté-Gaucher.

PIERRIC, s. m. Com. du dép. de la Loire-Inférieure, cant. de Guémené, arr. de Savenay. = Derval.

PIERRIER, s. m. Petit canon à cartouches; sorte de mortier.

PIERRIÈRES, s. f. pl. Carrières; monceaux de pierres devant une place forte.

PIERROT, s. m. Personnage de l'ancienne comédie italienne, d'un comique. Bas —, coiffe de paysanne; moineau franc.

PIERRURES, s. f. pl. Ce qui forme la fraise autour de la meule d'une bête fauve. T. de véner.

PIERRY, s. m. Com. du dép. de la Marne, cant. et arr. d'Epernay. = Epernay.

PIESCIPHALE, s. m. Genre de poissons osseux. T. d'hist. nat.

PIESSY, s. m. Espèce de renard de Sibérie, dont la fourrure est fort estimée.

PIÉTÉ, s. f. Affection et respect pour les objets du culte, dévotion; respect religieux pour les morts, les malheureux. —, amour des enfans pour leurs père et mère; piété filiale. —, pélican qui s'ouvre le sein. T. de blas.

PIÉTÉ, E, part. Disposé, préparé à se défendre, à résister.

PIÉTELLE, s. f. Com. du dép. du Jura, cant. de Clairvaux, arr. de Lons-le-Saulnier. = Lons-le-Saulnier.

PIÉTER, v. a. Mettre en garde, disposer à la résistance. — le gouvernail, y mettre des marques de distance en distance. T. de mar. —, v. n. Tenir le pied au but. T. de jeu. Se —, v. pron. S'affermir sur ses pieds, se disposer à la résistance; faire ses efforts pour ne pas céder sa position. Se —, se mettre en garde, prendre bien ses mesures. Fig. et inus.

PIÉTINAGE ou PIÉTINEMENT, s. m. Action de piétiner, de fouler avec les pieds; effets de cette action.

PIÉTINÉ, E, part. Foulé avec les pieds.

PIÉTINER, v. a. Fouler avec les pieds; v. n. Agiter violemment ses pieds, par vivacité, par impatience, etc.; piétiner de colère.

PIÉTISME, s. m. Piété excessive, outrée.

PIÉTISTE, s. m. Sectaire tolérant, indifférentiste.

PIÉTON, NE, s. Personne qui voyage à pied. —, soldat d'infanterie; bon, mauvais piéton.

PIÉTONNER, v. n. Voyager à pied. T. fam. et inus.

PIÉTOT, s. m. Petite monnaie de l'île de Malte valant trois deniers.

PIÉTRA, s. f. Com. du dép. de la Corse, chef-lieu de cant. de l'arr. de Corte. Bur. d'enregist. à Servione = Corte.

PIETRA-CORBARA, s. f. Com. du dép. de la Corse, cant. de Brando, arr. de Bastia. = Bastia.

PIETR'ALBA, s. f. Com. du dép. de la Corse, cant. de Lama, arr. de Bastia. = Bastia.

PIETRASERENA, s. f. Com. du dép. de la Corse, cant. de Piedicorte, arr. de Corte. = Bastia.

PIÈTRE, adj. Mesquin, chétif, de nulle valeur en son genre; en mauvais état; vil, méprisable. T. fam.

PIÈTREMENT, adv. Mesquinement, chétivement, pauvrement. T. fam.

PIÈTRERIE, s. f. Chose vile et méprisable en son genre. T. fam.

PIETRICAGGIO, s. m. Com. du dép. de la Corse, cant. de Valle, arr. de Corte. = Bastia.

PIÉTRIR, v. n. Se ramollir. T. de parcheminier.

PIETRO-DI-TENDA (Sto.-), s. m. Com. du dép. de la Corse, chef-lieu de cant. de l'arr. de Bastia. Bur. d'enregist. à St.-Florent. = Bastia.

PIETRO-DI-VENACO (Sto.-), s. m. Com. du dép. de la Corse, cant. de Serraggio, arr. de Corte. = Bastia.

PIETROSO, s. m. Com. du dép. de la Corse, cant. de Vezzani, arr. de Corte. = Bastia.

PIETS, s. m. Com. du dép. des Basses-Pyrénées, cant. d'Arzacq, arr. d'Orthez. = Orthez.

PIETTE, s. f. Oiseau aquatique, petit harle huppé.

PIEU, s. m. Pièce de bois aiguisée par un bout.

PIEUSEMENT, adv. Avec piété; d'une manière pieuse. Croire —, par dévotion, par déférence.

PIEUSSE, s. f. Com. du dép. de l'Aude, cant. et arr. de Limoux. = Limoux.

PIEUX, EUSE, adj. Qui a de la piété, rempli de piété; ame pieuse. —, qui part d'un sentiment de piété; croyance pieuse. Legs —, qui doit être employé en œuvres pies.

PIEUX (les), s. m. pl. Com. du dép. de la Manche, chef-lieu de cant. de l'arr. de Cherbourg. Bur. d'enregist. = Cherbourg.

PIEVE, s. m. Com. du dép. de la Corse, cant. de Murato, arr. de Bastia. = Bastia.

PIEZATES, s. m. pl. Insectes hyménoptères. T. d'hist. nat.

PIFFARO, s. m. Haute-contre du haut-bois.

PIFFONDS, s. m. Com. du dép. de l'Yonne, cant. de Villeneuve-le-Roi, arr. de Joigny. = Villeneuve-le-Roi.

PIFFRE, RESSE, s. Personne qui a beaucoup d'embonpoint; goulu, gourmand. T. de mép. —, gros marteau de batteur d'or.

PIFFRER (se), v. pron. Voy. EMPIFFRER (s').

PIGACHE, s. m. Trace du pied d'un sanglier dont un ongle est plus long que l'autre. T. de véner.

PIGACHIE, s. f. Connaissance du pied du sanglier. T. de véner.

PIGAMON, s. m. Plante de la famille des renonculacées. T. de bot.

PIGARGUE, s. m. Quadrupède à fesses blanches, espèce de gazelle. —, oiseau carnivore de la grosseur de l'aigle, qui habite les pays froids. T. d'hist. nat.

PIGEON, s. m. Oiseau domestique d'un grand nombre d'espèces dont la plus nombreuse, le biset, s'élève dans les colombiers. —, nigaud qui se laisse plumer, dupe. T. fam. —, variété de pomme. T. de jard. —, maille longue qui commence le filet. T. de pêch. Clous à —, sorte de grands clous à crochets.

PIGEONNEAU, s. m. Jeune pigeon, petit du pigeon.

PIGEONNER, v. n. Mettre du plâtre par poignées. T. de maç.

PIGEONNET, s. m. Variété de pomme. T. de jard.

PIGEONNIER, s. m. Lieu où l'on élève des pigeons; colombier. —, pl. Famille de champignons. T. de bot.

PIGEROLE, s. m. Com. du dép. de la Creuse, cant. de Gentioux, arr. d'Aubusson. = Felletin.

PIGMALION ou **PYGMALION**, s. m. Fils de Bélus, roi de Tyr. Il fit mourir Sichée, mari de Didon, sa sœur, qui se réfugia en Afrique où elle porta tous ses trésors et fonda la ville de Carthage. Astarbé, épouse de Pigmalion, empoisonna ce prince cruel et voulut faire périr l'héritier du trône; mais celui-ci eut le bonheur de s'échapper, se retira en Syrie, et là garda des troupeaux jusqu'au jour où, prévenu par un officier qui lui était dévoué, il vint à la fois venger l'assassinat de son père et monter sur son trône. —, fameux sculpteur qui, dit-on, devint amoureux d'une statue de Vénus, son chef-d'œuvre. T. de myth.

PIGNA, s. f. Com. du dép. de la Corse, cant. de l'Ile-Rousse, arr. de Calvi. = Bastia.

PIGNAN, s. m. Com. du dép. de l'Hérault, cant. et arr. de Montpellier. = Montpellier.

PIGNANS, s. m. Com. du dép. du Var, cant. de Besse, arr. de Brignoles. Fabr. de poterie commune. = le Luc.

PIGNARESSE, s. f. Femme qui sérance le chanvre.

PIGNE, s. f. Masse d'argent tirée du minerai à l'aide du mercure. —, pl. Argent qui reste après l'évaporation du mercure.

PIGNEROL, s. m. Ville épiscopale du Piémont, à l'entrée du Val-Perouse, huit lieues de Turin. Pop. 10,000 hab. envir.

PIGNEROLLE, s. f. Chardon étoilé.

PIGNICOURT, s. m. Com. du dép. de l'Aisne, cant. de Neufchâtel, arr. de Laon. = Reims.

PIGNOCHER, v. n. Manger sans appétit et par petits morceaux. T. fam.

PIGNOLS, s. m. Com. du dép. du

Puy-de-Dôme, cant. de Vic-le-Comte, arr. de Clermont. = Billom.

PIGNON, s. m. Mur d'une maison terminé en pointe et portant le haut du faîtage. —, amande de la pomme de pin. —, petite roue dentée ; arbre cannelé. T. de maçon. et d'horlog.

PIGNONÉ, E, adj. Qui s'élève en forme d'escalier et de pyramide. T. de blas.

PIGNORATIF, IVE, adj. Se dit d'un contrat par lequel un débiteur cède un héritage à son créancier, en se réservant la faculté de rachat ; vente pignorative. T. de jurisp.

PIGNY, s. m. Com. du dép. du Cher, cant. de St.-Martin-d'Auxigny, arr. de Bourges. = Bourges.

PIGOCHE, s. f. Espèce de jeu de marelle.

PIGOU, s. m. Chandelier de fer à deux pointes. T. de mar.

PIGOUIL, s. m. Plante graminée du Pérou. T. de bot.

PIGOULIÈRE, s. f. Bateau dans lequel sont les chaudières pour le brai. T. de mar.

PI-HAU-HAU, s. m. Grive de Cayenne.

PIHEM, s. m. Com. du dép. du Pas-de-Calais, cant. de Lumbres, arr. de St.-Omer. = St.-Omer.

PIIS, s. m. Com. du dép. de Lot-et-Garonne, cant. de Villeréal, arr. de Villeneuve. = Mouflanquin.

PIKA, s. m. Petit quadrupède rongeur de Sibérie. T. d'hist. nat.

PILA-ET-CANALE, s. f. Com. du dép. de la Corse, cant. de Ste.-Marie, arr. d'Ajaccio. = Ajaccio.

PILASTRE, s. m. Pilier carré, orné et proportionné comme une colonne.

PILAU, s. m. Riz cuit dans le bouillon gras ou dans de l'eau, avec du beurre ; mets oriental.

PILCANTHE, s. m. Arbrisseau de la Nouvelle-Hollande. T. de bot.

PILCHARD, s. m. Poisson du genre du clupé. T. d'hist. nat.

PILE, s. f. Amas de choses entassées les unes sur les autres ; pile de bois. —, maçonnerie qui soutient les arches d'un pont. —, vaisseau pour conserver l'huile. —, mortier du moulin à papier ; auge où sont placés les draps que l'on foule. —, boîte en cuivre, de poids de marc, contenant ses subdivisions. —, côté d'une pièce de monnaie opposé à la face. —, pal aiguisé, la pointe en haut. T. de blas. — de héron, machine hydraulique. — de volta, appareil électrique. —, voy. EMPILE. T. de pêch.

PILÉ, E, part. Broyé, écrasé avec un pilon.

PILÉALE, s. f. Feuille extérieure du germe. T. de bot.

PILÉE, s. f. Certaine quantité d'étoffes que l'on met dans l'auge pour la fouler. T. de manuf.

PILER, v. a. Broyer, écraser dans un mortier avec un pilon. —, mettre en morceaux, en frappant, en marchant dessus.

PILET, s. m. Espèce de canard du nord.

PILETTE, s. f. Instrument pour piler la laine. T. de manuf.

PILEUR, s. m. Ouvrier qui pile.

PILHON (le), s. m. Com. du dép. de la Drôme, cant. de Luc-en-Diois, arr. de Die. = Die.

PILIDION, s. m. Cupule des lichens. T. de bot.

PILIER, s. m. Ouvrage de maçonnerie qui sert à soutenir un édifice. —, potence d'écurie ou de manége. — de cabaret, ivrogne qui ne bouge pas des guinguettes, du cabaret. Fig. et fam.

PILIFORME, s. et adj. L'une des plus petites membranes de l'œil. T. d'anat.

PILI-MIXTION, s. f. Excrétion d'urine, mêlée de filamens T. de méd.

PILLAC, s. m. Com. du dép. de la Charente, cant. d'Aubeterre, arr. de Barbezieux. = la Graulle.

PILLAGE, s. m. Action de piller ; perte qui en résulte ; butin fait en pillant.

PILLARD, E, s. et adj. Qui aime à piller, qui a l'habitude du pillage.

PILLÉ, E, part. Volé, extorqué.

PILLEMOINE, s. m. Com. du dép. du Jura, cant. de Champagnole, arr. de Poligny. = Champagnole.

PILLER, v. a. et n. S'emparer violemment de tout ce qui tombe sous la main, dans une ville prise d'assaut, etc. ; commettre des concussions ; extorquer ; voler. —, commettre un plagiat. Fig. —, en parlant d'un chien de chasse, forcer l'arrêt, se jeter sur le gibier.

PILLERIE, s. f. Action de piller, extorsion, volerie.

PILLES (les), s. m. pl. Com. du dép. de la Drôme, cant. et arr. de Nyons. = Nyons.

PILLEUR, s. m. Pillard.

PILLOLET, s. m. Espèce de serpolet citronné. T. de bot.

PILLON, s. m. Com. du dép. de la Meuse, cant. de Spincourt, arr. de Montmédy. = Longuion.

PILLU, s. m. Oiseau aquatique du Pérou. T. d'hist. nat.

PILLURION, s. m. Collurion de la Guiane. T. d'hist. nat.

PILOBOLE, s. m. Genre de champignons. T. de bot.

PILOCARPE, s. m. Arbre de la pentandrie, cinquième classe des végétaux. T. de bot.

PILOIR, s. m. Bâton pour enfoncer les peaux. T. de mégissier.

PILON, s. m. Instrument de fer, de bois, pour piler dans un mortier. Mettre un livre au —, porter les exemplaires de ce livre au moulin à papier, pour les réduire en pâte. —, coquille du genre strombe. T. d'hist. nat.

PILON, s. m. Village du dép. de Tarn-et-Garonne, cant. de Montpezat, arr. de Montauban. ═ Montauban.

PILONAGE, s. m. Action de piloner. T. de verr.

PILONÉ, E, part. Foulé ; se dit de la laine.

PILONER, v. a. Fouler la laine. —, remuer le verre fondu avec le pilon. T. de verr.

PILONG, s. m. Sorte d'étoffe de l'Inde.

PILORI, s. m. Poteau auquel on attache les criminels condamnés à l'exposition. —, quadrupède rongeur du genre des agoutis. T. d'hist. nat.

PILORIÉ, E, part. Attaché au pilori.

PILORIER, v. a. Mettre au pilori. —, diffamer. Fig. et fam.

PILORIMENT, s. m. Action d'attacher au pilori.

PILOSELLE, s. f. Oreille de rat, plante velue, astringente, vulnéraire. T. de bot.

PILOT, s. m. Pile, tas de sel. T. de sal. —, portion du filet appelé folle. T. de pêch. —, tige de métal attachée aux touches de l'orgue.

PILOTAGE, s. m. Ouvrage de pilotis. —, art. de conduire un navire ; droits dus au pilote.

PILOTE, s. m. Marin qui tient le gouvernail, qui conduit un navire. —, conseil qui est à la tête d'une affaire. Fig. —, poisson du genre du gastré, qui suit les navires. —, pl. Baguettes dans les orgues.

PILOTÉ, E, part. Garni de pilotis.

PILOTER, v. a. et n. Enfoncer des pilotis. —, gouverner un navire. T. de mar.

PILOTINS, s. m. pl. Principaux pieux des bourdigues. T. de mar.

PILOTIS, s. m. Gros pieu enfoncé en terre ou au fond de l'eau, pour asseoir les fondemens d'une construction.

PILOTRIC, s. m. Genre de mousses. T. de bot.

PILULAIRE, s. f. Plante aquatique, incisive, apéritive. T. de bot. —, scarabée. T. d'hist. nat. —, adj. Relatif aux pilules.

PILULE, s. f. Composition pharmaceutique en petites boules. Avaler la —, faire ce qui répugne. Fig. et fam.

PILULIER, s. m. Boîte à pilules.

PILUMNE, s. m. Genre de crustacés décapodes. T. d'hist. nat.

PIMALOT, s. m. Grand étourneau des côtes de la mer du Sud. T. d'hist. nat.

PIMBÈCHE, s. f. Nom d'une comtesse ridicule des Plaideurs, comédie de Racine ; femme acariâtre, impertinente. T. fam.

PIMBERAH, s. m. Serpent monstrueux de l'île de Ceylan. T. d'hist. nat.

PIMBO, s. m. Com. du dép. des Landes, cant. de Geaune, arr. de St.-Sever. ═ St.-Sever.

PIMÉLÉE, s. f. Plante du genre des thymélées. T. de bot.

PIMÉLEPTÈRE, s. m. Genre de poissons thoraciques. T. d'hist. nat.

PIMÉLIAIRES, s. m. pl. Insectes coléoptères mélastomes. T. d'hist. nat.

PIMÉLIE, s. f. Coléoptère piméliaire. T. d'hist. nat.

PIMÉLITHE, s. f. Substance terreuse, verte. T. d'hist. nat.

PIMELLES, s. f. Com. du dép. de l'Yonne, cant. de Cruzy, arr. de Tonnerre. ═ Ancy-le-Franc.

PIMÉLODE, s. m. Genre de poissons abdominaux. T. d'hist. nat.

PIMENT, s. m. Poivre long, genre de solanées, herbe et sous-arbrisseau dont le fruit rouge, oblong, est très âcre et très tonique.

PIMENTADE, s. f. Sauce dans laquelle le piment domine.

PIMORIN, s. m. Com. du dép. du Jura, cant. d'Orgelet, arr. de Lons-le-Saulnier. ═ Orgelet.

PIMPANT, E, adj. Bien paré, élégamment vêtu ; recherché dans sa toilette. T. fam. et iron.

PIMPESOUÉE, s. f. Femme qui fait la délicate et la précieuse. (Vi.)

PIMPLE, s. m. Genre d'insectes, ichneumon. T. d'hist. nat.

PIMPLIN ou PIMPLIM, s. m. Poivre du Bengale. T. de bot.

PIMPRELOCHÉ, E, part. Coiffé ridiculement. T. inus.

PIMPRELOCHER, v. n. Coiffer d'une manière ridicule. T. inus.

PIMPRENELLE, s. f. Plante potagère, vivace, genre de rosacées. — ou pipinelle, excellent pâturage. — d'Afrique, mélianthe.

PIMPREZ, s. m. Com. du dép. de l'Oise, cant. de Ribécourt, arr. de Compiègne. = Ribécourt.

PIN, s. m. Grand arbre conifère, toujours vert, dont on tire la résine. — poisson du genre du trigle. —, pl. Mailles du fond de la Manche. T. de pêch.

PIN, s. m. Com. du dép. de l'Allier, cant. du Donjon, arr. de Lapalisse. = le Donjon.

PIN (le), s. m. Com. du dép. du Calvados, cant. et arr. de Lisieux. = Lisieux.

PIN (le), s. m. Com. du dép. de la Charente-Inférieure, cant. de Montlieu, arr. de Jonzac. = Montlieu.

PIN (le), s. m. Com. du dép. de la Charente-Inférieure, cant. et arr. de St.-Jean-d'Angely. = St.-Jean-d'Angely.

PIN (le), s. m. Com. du dép. du Gard, cant. de Bagnols, arr. d'Uzès. = Alais.

PIN (le), s. m. Com. du dép. de la Haute-Garonne, cant. de Rieumes, arr. de Muret. = Lombez.

PIN (le), s. m. Com. du dép. de la Haute-Garonne, cant. et arr. de Toulouse. = Toulouse.

PIN (le), s. m. Com. du dép. de l'Indre, cant. d'Eguzon, arr. de la Châtre. = Argenton-sur-Creuse.

PIN (le), s. m. Com. du dép. de l'Isère, cant. de Virieu, arr. de la Tour-du-Pin. = Virieu.

PIN (le), s. m. Com. du dép. du Jura, cant. de Voiteur, arr. de Lons-le-Saulnier. = Lons-le-Saulnier.

PIN (le), s. m. Com. du dép. de la Loire-Inférieure, cant. de St.-Mars-la-Jaille, arr. d'Ancenis. = Ancenis.

PIN (le), s. m. Com. du dép. de la Haute-Saône, cant. de Marnay, arr. de Gray. = Marnay.

PIN (le), s. m. Com. du dép. de Seine-et-Marne, cant. de Claye, arr. de Meaux. = Villeparisis.

PIN (le), s. m. Com. du dép. des Deux-Sèvres, cant. de Cerizay, arr. de Bressuire. = Châtillon-sur-Sèvre.

PIN (le), s. m. Com. du dép. de Tarn-et-Garonne, cant. d'Auvillar, arr. de Moissac. = Beaumont.

PINACLE, s. m. La partie la plus élevée d'un édifice; ne se dit que de l'endroit du temple où J.-C. fut transporté, quand il fut tenté par le diable. Etre sur le —, dans une grande élévation. Mettre sur le —, mettre au premier rang, au-dessus des autres.

PINACOTÈQUE, s. f. Cabinet de peinture. T. inus.

PINAIOUA, s. m. Corossolier de la Guiane. T. de bot.

PINARU, s. m. Poisson du genre du blenne. T. d'hist. nat.

PINAS, s. m. Com. du dép. des Hautes-Pyrénées, cant. de Lannemezan, arr. de Bagnères. = Tarbes.

PINASSE, s. f. Bateau de transport à voiles et à rames. T. de mar. —, pl. Etoffes d'écorce d'arbre des Indes orientales.

PINASTER ou PINASTRE, s. m. Pin sauvage. T. de bot.

PIN-AU-HARAS (le), s. m. Com. du dép. de l'Orne, cant. d'Exmes, arr. d'Argentan. = Bellême. Haras royal.

PINAY, s. m. Com. du dép. de la Loire, cant. de Néronde, arr. de Roanne. = St.-Symphorien-de-Lay.

PINCART, s. m. Cheval qui ne marche que sur la pince. T. de man.

PINCE, s. f. Bout du pied de certains animaux; partie antérieure et inférieure du sabot du cheval; le devant d'un fer à cheval. —, levier en fer; grosses pincettes pour soulever les bûches dans la cheminée; grande, petite tenaille; nom de divers instrumens de chirurgie, de divers outils de métiers. —, piége pour prendre des oiseaux; partie inférieure de la proue, voisine de la quille. T. de mar. —, genre d'insectes qui ont des pinces aux antennes. —, action de pincer, de saisir avec force. —, pl. Dents de devant du cheval.

PINCÉ, s. m. Agrément propre au clavecin, au piano.

PINCÉ, E, part. Serré entre les doigts, entre deux corps qui se rapprochent. —, adj. Affecté, maniéré; air pincé.

PINCÉ, s. m. Com. du dép. de la Sarthe, cant. de Sablé, arr. de la Flèche. = Sablé.

PINCEAU, s. m. Instrument de peinture composé de poils de petits-gris ou de martre, liés et montés dans une plume. —, manière de colorier d'un peintre; plume d'un écrivain; style d'un orateur, d'un poète. —, muscle de la lèvre inférieure, houpé du menton. T. d'anat. — optique, assemblage de rayons de lumière. —, nom de plusieurs quadrupèdes et de zoophytes, vers marins, etc.

PINCE-BALLE, s. f. Grande tenaille pour porter un boulet rouge.

PINCÉE, s. f. Petite quantité d'une chose qu'on peut prendre avec deux ou trois doigts.

PINCELIER, s. m. Vase séparé en

deux parties, dont les peintres se servent pour nettoyer leurs pinceaux.

PINCE-MAILLE, s. m. Homme qui fait son dieu de l'argent, avare jusqu'à la lésine.

PINCEMENT, s. m. Action de pincer les fruits, de couper les bourgeons. T. de jard.

PINCER, s. m. Action d'approcher l'éperon des flancs du cheval sans le piquer. T. de man.

PINCER, v. a. Serrer fortement entre les doigts, entre deux corps qui se rapprochent; presser la superficie de la peau; causer une douleur vive. —, arrêter, saisir, empoigner. T. fam. —, critiquer, railler, lancer des traits piquans. Fig. et fam. —, tirer des sons d'un instrument de musique en saisissant la corde avec les doigts; pincer de la harpe.

PINCE-SANS-RIRE, s. m. Homme médisant et sournois.

PINCETTÉ, E, part. Arraché avec des pinces, en parlant du poil.

PINCETTER, v. a. Arracher le poil avec de petites pinces.

PINCETTES, s. f. pl. Ustensile à deux branches pour arranger le feu. — ou Pince, instrument de chirurgie pour les dissections, les pansemens, etc. —, outil pour pincer, prendre, poser. T. d'arts et mét.

PINCEUR, EUSE, s. Celui, celle qui pince, a l'habitude de pincer.

PINCHARD, s. m. Espèce de pinson. T. d'hist. nat.

PINCHE, s. m. Singe du Brésil, joli petit sagouin.

PINCHEBEC, s. m. Métal composé d'un mélange de cuivre et de zinc.

PINCHINA, s. m. Gros drap de laine.

PINCKNEYE, s. m. Arbuste rubiacé d'Amérique. T. de bot.

PINÇON, s. m. Contusion produite par le pincement. —, languette sur le devant du fer à cheval et rabattue sur le sabot.

PINÇURE, s. f. Faux pli que prennent les draps au foulon.

PINDARE, s. m. Poète grec dont les odes, généralement admirées, offrent, à travers des écarts d'imagination, des pensées sublimes et un style d'une hardiesse étonnante.

PINDARIQUE, adj. Noble, élevé, sublime comme les vers de Pindare; style pindarique.

PINDARISER, v. n. Prendre un vol trop hardi, tomber dans la bizarrerie, dans l'enflure, en cherchant à imiter l'élévation du style de Pindare. T. inus.

PINDARISEUR, s. m. Poète dont le froid délire ne produit que de l'enflure. T. fam.

PINDE, s. m. Montagne entre l'Epire et la Thessalie, consacrée aux muses. T. de myth.

PINDÈRE, s. m. Com. du dép. de Lot-et-Garonne, cant. d'Houeillès, arr. de Nérac. = Castel-Jaloux.

PINDRAY, s. m. Com. du dép. de la Vienne, cant. de Chauvigny, arr. de Montmorillon. = Montmorillon.

PINÉ-ABSOU, s. m. Arbre d'Amérique, dont le fruit offre un des poisons les plus dangereux. T. de bot.

PINÉALE, adj. Se dit d'un petit corps glanduleux, en forme de pomme de pin, qui se trouve au milieu du cerveau. T. d'anat.

PINEAU, s. m. Raisin très noir et très estimé. —, espèce de palmier de la Guiane.

PINEAUX (les), s. m. pl. Com. du dép. de la Vendée, cant. de Mareuil, arr. de Bourbon-Vendée. = Ste.-Hermine.

PINÈDE, s. m. Arbrisseau du Pérou. T. de bot.

PINÉE, s. f. Morue sèche.

PIN-EN-MAUGE (le), s. m. Com. du dép. de Maine-et-Loire, cant. et arr. de Beaupréau. = Beaupréau.

PINET, s. m. Com. du dép. de l'Aveyron, cant. de St.-Bauzély, arr. de Milhau. = Milhau.

PINET, s. m. Com. du dép. de l'Hérault, cant. de Florensac, arr. de Béziers. = Mèze.

PINET, s. m. Com. du dép. du Tarn, cant. de Valence, arr. d'Albi. = Albi.

PINEUIL, s. m. Com. du dép. de la Gironde, cant. de Ste.-Foi-la-Grande, arr. de Libourne. = Ste.-Foi.

PINEY, s. m. Petite ville du dép. de l'Aube, chef-lieu de cant. de l'arr. de Troyes. Bur. d'enregist. = Troyes. Fabr. de cordes de tilleul pour les puits et les papeteries. Comm. de bois.

PINGOUIN, PINGOIN ou PINGUIN, s. m. Genre d'oiseaux palmipèdes des mers du Nord. T. d'hist. nat.

PINGUE, s. f. Petite flûte à varangues plates, pour la pêche. Voy. PINQUE. T. de mar.

PINICOLE, s. m. Genre d'insectes hyménoptères. T. d'hist. nat.

PINIER (le), s. m. Com. du dép. de la Charente-Inférieure, cant. de St.-Savinien, arr. de St.-Jean-d'Angely. = St.-Savinien.

PINIPINICHI, s. m. Petit arbre des Indes, à suc laiteux. T. de bot.

PINITE, s. f. Substance minérale. T. d'hist. nat.

PIN-LA-GARENNE (le), s. m. Com. du dép. de l'Orne, cant. de Pervenchères, arr. de Mortagne. = Nonant.

PIN-MORIÉS, s. m. Com. du dép. de la Lozère, cant. de St.-Germain-du-Teil, arr. de Marvejols. = Marvejols.

PINNAS, s. m. Fruit d'Amérique.

PINNATIFIDE, adj. Divisé en segmens semblables à des ailes; feuille pinnatifide. T. de bot.

PINNATIPÈDES, s. m. pl. Oiseaux échassiers tétradactyles. T. d'hist. nat.

PINNÉE, adj. f. Se dit des feuilles composées de plusieurs folioles rangées de chaque côté d'un pétiole commun. T. de bot.

PINNE-MARINE, s. f. Grand coquillage bivalve dont on file les soies. T. d'hist. nat.

PINNIER, s. m. Animal renfermé dans la pinne-marine. T. d'hist. nat.

PINNIGINE, s. f. Coquille bivalve. T. d'hist. nat.

PINNIPÈDE, adj. Se dit des oiseaux dont les quatre doigts sont engagés dans une même membrane. T. d'hist. nat.

PINNITE, s. f. Pinne-marine fossile. T. d'hist. nat.

PINNOTHÈRE, s. m. Genre de crustacés décapodes, petit cancre dans la pinne-marine. T. d'hist. nat.

PINNULAIRE, s. f. Nageoire de poisson fossile. T. d'hist. nat.

PINNULE, s. f. Petite plaque de cuivre élevée perpendiculairement à chaque extrémité d'une alidade, et percée d'un petit trou. —, pl. Appendices mobiles placés près des yeux des poissons.

PINO, s. m. Com. du dép. de la Corse, cant. de Luri, arr. de Bastia. = Bastia.

PINOLS, s. m. Com. du dép. de la Haute-Loire, chef-lieu de cant. de l'arr. de Brioude. Bur. d'enregist. à Langéac. = Langéac.

PINON, s. m. Com. du dép. de l'Aisne, cant. d'Anizy-le-Château, arr. de Laon. = Chavignon.

PINOPHILE, s. m. Coléoptère brachélytre. T. d'hist. nat.

PINOT, s. m. Palmier de l'île de Cayenne. T. de bot.

PINQUE, s. f. Espèce de flûte, navire à fond plat. T. de mar.

PINS (les), s. m. pl. Com. du dép. de la Charente, cant. de St.-Claud, arr. de Confolens. = Larochefoucault.

PINS (les), s. m. pl. Com. du dép. d'Indre-et-Loire, cant. de Neuvy-le-Roi, arr. de Tours. = Neuvy-le-Roi.

PINSAC-ET-BLANZAGNET, s. m. Com. du dép. du Lot, cant. de Souillac, arr. de Gourdon. = Souillac.

PINSAGUEL, s. m. Com. du dép. de la Haute-Garonne, cant. et arr. de Muret. = Muret.

PINSBECK, s. m. Tombac très fin, composé de cuivre et de zinc.

PINS-ET-JUSTARET, s. m. Com. du dép. de la Haute-Garonne, cant. et arr. de Muret. = Muret.

PINSON, s. m. Petit oiseau à gros bec, à plumage de diverses couleurs; genre de passereaux de beaucoup d'espèces. Gai comme —, très gai. T. fam.

PINSONNÉE, s. f. Chasse aux petits oiseaux pendant la nuit.

PINSOT, s. m. Com. du dép. de l'Isère, cant. d'Allevard, arr. de Grenoble. = Goncelin.

PINTAC, s. m. Com. du dép. des Hautes-Pyrénées, cant. et arr. de Tarbes. = Tarbes.

PINTADE, s. f. Oiseau gallinacé, espèce de poule dont le plumage est d'un gris blanc. —, serpent; coquillage bivalve du genre des huîtres.

PINTADEAU, s. m. Petit de la pintade.

PINTAIL, s. m. Faisan de mer. T. d'hist. nat.

PINTE, s. f. Ancienne mesure de liquides; son contenu.

PINTER, v. n. Boire des pintes de vin, s'enivrer. T. fam.

PINTEREAU, s. m. Barbouilleur, mauvais peintre. T. inus.

PINTERVILLE, s. f. Com. du dép. de l'Eure, cant. et arr. de Louviers. = Louviers.

PINTHEVILLE, s. f. Com. du dép. de la Meuse, cant. de Fresnes-en-Wœvre, arr. de Verdun. = Etain.

PINTHIÈRES (les), s. m. pl. Com. du dép. d'Eure-et-Loir, cant. de Nogent-le-Roi, arr. de Dreux. = Nogent-le-Roi.

PIOBETTA, s. f. Com. du dép. de la Corse, cant. de Valle, arr. de Corte. = Bastia.

PIOCHAGE, s. m. Travail avec la pioche.

PIOCHE, s. f. Outil composé d'une lame de fer et d'un manche de bois, pour remuer la terre, tirer des pierres, démolir, etc. —, clavette d'orgue en équerre.

PIOCHÉ, E, part. Remué avec la pioche.

PIOCHER, v. a. et n. Remuer la terre avec la pioche; travailler durement, se donner beaucoup de peine, fig. et fam.

PIOCHON, s. m. Besaiguë. T. de charp. —, piquet à filets. T. de pêch.

PIOGGIOLA, s. f. Com. du dép. de la Corse, cant. d'Olmi et Capella, arr. de Calvi. = Bastia.

PIOLÉ, E, adj. Bigarré de diverses couleurs. T. inus.

PIOLENC, s. m. Com. du dép. de Vaucluse, cant. et arr. d'Orange. = Orange. Fabr. de faïence; filatures de soie; comm. de grains, vins et fruits.

PION, s. m. Petite pièce du jeu d'échecs, de dames.

PIONNAT, s. m. Com. du dép. de la Creuse, cant. d'Ahun, arr. de Guéret. = Guéret.

PIONNER, v. n. Prendre un pion en échange d'un autre. T. de jeu de dames.

PIONNIER, s. m. Soldat du génie qui travaille aux retranchemens, aux fortifications, avec la pioche et la pelle, etc.

PIONSAT, s. m. Com. du dép. du Puy-de-Dôme, chef-lieu de cant. de l'arr. de Riom. Bur. d'enregist. = Montaigut.

PIOT, s. m. Vin. T. fam.

PIOTE ou PIOTTE, s. f. Espèce de gondole vénitienne.

PIOUQUEN, s. m. Espèce d'outarde. T. d'hist. nat.

PIOUSSAY, s. m. Com. du dép. des Deux-Sèvres, cant. de Chef-Boutonne, arr. de Melle. = Chef-Boutonne.

PIPA ou PIPAL, s. m. Crapaud plat de la Guiane. T. d'hist. nat.

PIPARE, s. m. Arbre de la Guiane. T. de bot.

PIPE, s. f. Petit godet de plâtre, etc. garni d'un long tuyau, pour fumer le tabac. —, futaille d'un muid et demi. —, petit coin de fer. T. de meunier. —, poisson du genre du syngnathe. T. d'hist. nat.

PIPÉ, E, part. Trompé; pris à la pipée.

PIPEAU, s. m. Chalumeau, flûte champêtre. —, appeau pour contrefaire le cri des oiseaux. T. poét. —, pl. Gluaux pour prendre les oiseaux à la pipée.

PIPÉE, s. f. Chasse aux oiseaux avec des pipeaux et des gluaux.

PIPELINE, s. f. Mouette.

PIPER, v. a. Contrefaire le cri des oiseaux pour les attirer et les prendre à la pipée. —, tromper par de fausses promesses, fig. — des dés, les plomber pour tromper au jeu.

PIPERELLE, s. f. Thym. T. de bot.

PIPERIE, s. f. Filouterie, escroquerie au jeu.

PIPERINE, s. f. Espèce de ciment naturel d'Italie.

PIPÉRITÉES, s. f. pl. Famille de plantes. T. de bot.

PIPÉRITIS, s. m. Passerage à larges feuilles, piment. T. de bot.

PIPET, s. m. Oiseau.

PIPETTE, s. f. Petite pipe.

PIPEUR, s. m. Filou, escroc qui joue avec des dés pipés.

PIPI, s. m. Genre d'oiseaux sylvains, chanteurs. T. d'hist. nat. —, urine. Faire —, pisser. T. enfantin.

PIPICAU ou PIPIXCAU, s. m. Mouette du Mexique. T. d'hist. nat.

PIPIRI, s. m. Oiseau.

PIPISTRELLE, s. f. Sorte de chauve-souris.

PIPOIR, s. m. Outil pour enfoncer les pipes, les coins. T. de meunier.

PIPOT, s. m. Futaille pour le miel.

PIPRIAC, s. m. Com. du dép. d'Ille-et-Vilaine, chef-lieu de cant. de l'arr. de Redon. Bur. d'enregist. à Lohéac. = Redon.

PIPRIS, s. m. Pirogue dont se servent les Nègres du cap Vert et de la côte de Guinée.

PIPTATHÈRE, s. m. Espèce de millet. T. de bot.

PIPTOCOME, s. m. Plante du genre des synanthérées. T. de bot.

PIPUNCULE, s. m. Genre d'insectes diptères. T. d'hist. nat.

PIQUAGE ou RAYONNEMENT, s. m. Action de rhabiller les meules. T. de meunier.

PIQUANT, s. m. Pointe, aiguillon, épine.

PIQUANT, E, adj. Qui pique, qui a une pointe aiguë. —, acide, aigre, qui est d'un goût relevé; sauce piquante. —, vif, rigoureux; froid piquant. —, malin, mordant, caustique, satirique, choquant, offensant; discours piquant. —, agréable, animé, plein de finesse et de vivacité; style piquant; beauté piquante. —, qui excite l'intérêt, la curiosité; scène piquante.

PIQUE, s. m. L'une des deux couleurs noires du jeu de cartes. —, s. f. Arme offensive, composée d'un fer pointu et d'un long manche; homme qui en est armé. —, brouillerie, refroidissement à la suite d'une querelle. Fig. et fam.

PIQUÉ, s. m. Sorte d'étoffe. —, jeu en pointant fortement les notes. T. de mus.

PIQUÉ, E, part. Percé, entamé légèrement avec une pointe.

PIQUE (la), s. f. Petite rivière dont la source se trouve dans les montagnes des Pyrénées, arr. de St.-Gaudens, et qui se jette dans la Garonne un peu au-dessous de St.-Béat après un cours de 6 l. environ.

PIQUE-BŒUF, s. m. Charretier qui aiguillonne les bœufs. —, genre d'oiseaux sylvains, d'Afrique.

PIQUE-CHASSE, s. m. Poinçon d'artificier.

PIQUECOS, s. m. Com. du dép. de Tarn-et-Garonne, cant. de la Française, arr. de Montauban. = Montauban.

PIQUE-NIQUE, s. m. Repas où chacun paie son écot.

PIQUER, v. a. Percer, entamer légèrement avec une pointe; mordre, en parlant des serpens. —, larder de la viande; faire un arrière-point sur une étoffe; passer une ficelle pour rapprocher les deux surfaces d'un matelas, etc. —, causer de l'humeur, fâcher, irriter; aiguillonner, exciter. Fig. —, rustiquer les paremens de la pierre. T. de maç. —, tracer la coupe d'une pièce de bois. T. de charp. —, rehausser le clair d'un dessin. T. d'arts. — quelqu'un d'honneur, lui persuader que son honneur est intéressé à faire quelque chose. — l'assiette, faire le parasite. —, v. a. et n. Offenser la langue, le palais, en parlant des liqueurs, des alimens acides, etc.; se faire sentir vivement, en parlant du froid. —, v. n. Avoir une pointe aiguë, des épines. —, être offensant, en parlant du discours. Fig. Se —, v. pron. Se faire une piqûre. Se —, être attaqué par les vers, en parlant du bois, des étoffes. Se —, prendre de l'humeur, se fâcher. Fig. Se — de quelque chose, se vanter, se glorifier de la bien faire.

PIQUERIE, s. f. Plante corymbifère du Mexique. T. de bot.

PIQUERON, s. m. Bois pour battre la terre de pipe.

PIQUET, s. m. Petit pieu fiché en terre pour attacher, aligner, etc. —, fiche d'arpenteur. —, détachement prêt à marcher au premier ordre. T. d'art milit. —, sorte de jeu de cartes. Planter le —, s'établir chez quelqu'un. Lever le —, décamper. Fig. et fam.

PIQUETTE, s. f. Boisson inférieure qu'on tire du marc du raisin, sur lequel on jette de l'eau. —, petit vin de mauvaise qualité. T. fam. —, pince dont se servent les bourreliers.

PIQUEUR, s. m. Garde à cheval qui dirige la meute. T. de vén. —, garçon d'écurie qui débourre les chevaux, les monte, les fait trotter au marché. —, inspecteur des ouvriers maçons, paveurs. —, cuisinier qui larde les viandes. —, ouvrier qui fiche les épingles, qui passe les fils de la chaîne dans le peigne. T. de fabr. — d'assiette, écornifleur, parasite, gourmand. T. fam.

PIQUIER, s. m. Homme armé d'une pique, lancier.

PIQUITINGE, s. m. Poisson du genre de l'ésoce. T. d'hist. nat.

PIQÛRE, s. f. Légère blessure, division des parties molles par un instrument piquant. T. de chir. —, morsure d'un reptile. —, trou d'insectes dans le fruit, le bois, etc. —, ouvrage à l'aiguille; dessin piqué. — de mouche, coquille du genre cône. T. d'hist. nat.

PIRABE, s. m. Poisson des côtes d'Espagne, espèce d'exocet. T. d'hist. nat.

PIRAJOUX, s. m. Com. du dép. de l'Ain, cant. de Coligny, arr. de Bourg. = St.-Amour.

PIRAPÈDE, s. m. Poisson du genre du trigle. T. d'hist. nat.

PIRARE, s. f. Coquille voisine du strombe. T. d'hist. nat.

PIRATE, s. m. Forban, écumeur de mer, voleur qui court les mers pour détrousser indistinctement les navires qu'il rencontre. —, corsaire barbaresque.

PIRATER, v. n. Faire l'infâme métier de pirate.

PIRATERIE, s. f. Course d'un navire armé sans lettres de marques; métier de pirate; concussion, volerie. Fig.

PIRATINIER, s. m. Grand arbre de la Guiane. T. de bot.

PIRE, s. m. Ce qu'il y a de plus mauvais. —, adj. comparatif de mauvais. De plus mauvaise qualité; plus nuisible; plus dangereux, plus méchant. Le —, superlatif. Le plus mauvais; le plus nuisible, le plus dangereux, etc.

PIRÉ, s. m. Com. du dép. d'Ille-et-Vilaine, cant. de Janzé, arr. de Rennes. = la Guerche.

PIREY, s. m. Com. du dép. du Doubs, cant. d'Audeux, arr. de Besançon. = Besançon.

PIRIAC, s. m. Com. du dép. de la Loire-Inférieure, cant. de Guérande, arr. de Savenay. = Guérande.

PIRIFORME, adj. En forme de poire, ou pyramidal. T. d'anat. et de bot.

PIRIJAO, s. m. Palmier des bords de l'Orénoque, grande rivière de l'Amérique du Sud. T. de bot.

PIRIMÈLE, s. f. Genre de crustacés décapodes. T. d'hist. nat.

PIRIPÉE, s. f. Plante aquatique de l'île de Cayenne. T. de bot.

PIRIPU, s. m. Arbrisseau de la côte de Malabar. T. de bot.

PIRITHOÜS, s. m. Fils d'Ixion, l'ami, le compagnon d'armes de Thésée, dont il partagea les travaux. Etant descendu aux enfers pour enlever Proserpine, il y fut dévoré par Cerbère, et Thésée, qui l'avait accompagné pour l'aider dans cette expédition, fut enchaîné par l'ordre de Pluton, jusqu'au jour où il fut délivré par Hercule. T. de myth.

PIRITU, s. m. Palmier épineux des bords de l'Orénoque. T. de bot.

PIRMIL, s. m. Com. du dép. de la Sarthe, cant. de Brûlon, arr. de la Flèche. = Sablé.

PIROGUE, s. f. Petit bateau des sauvages de l'Amérique, d'un seul arbre creusé.

PIROLLE, s. f. Plante vulnéraire, dont la feuille ressemble à celle du poirier.

PIRON, s. m. Espèce de gond.

PIROU, s. m. Com. du dép. de la Manche, cant. de Lessay, arr. de Coutances. = Périers.

PIROUETTE, s. f. Petit jouet d'enfant qu'on fait tourner sur un pivot.—, action de pirouetter, de tourner sur soi-même en dansant. —, subterfuge pour se tirer d'une affaire embarrassante. Fig. et fam. —, volte d'un cheval sur sa longueur, sans quitter la place. T. de man. —, pendule circulaire. T. d'horl.

PIROUETTE, s. m. Pas de danse en tournant sur soi-même.

PIROUETTER, v. n. Faire une pirouette ou des pirouettes.

PIS, s. m. Tétine de la vache, de la chèvre, de la brebis. —, poitrine. (Vi).

PIS, s. m. et superlatif. Ce qu'il y a de pire. Mettre, prendre les choses au —, les envisager sous le rapport le plus désavantageux. —, adv. comparatif de mal. Plus mal, plus nuisible, d'une manière plus désavantageuse. De — en —, de plus en plus mal.

PIS, s. m. Com. du dép. du Gers, cant. de Fleurance, arr. de Lectoure. = Fleurance.

PIS-ALLER, s. m. Ce qui peut arriver de pire ; dernière ressource. Au —, en supposant les choses au pire.

PISAN, NE, s. et adj. Habitant de la ville de Pise ; relatif à cette ville.

PISANÇON, s. m. Village du dép. de la Drôme, cant. de Bourg-du-Péage, arr. de Valence. = Valence.

PISANG-JACKI, s. m. Bananier de l'île d'Amboine. T. de bot.

PISANY, s. m. Com. du dép. de la Charente-Inférieure, cant. de Saujon, arr. de Saintes. = Saujon.

PISAY, s. m. Com. du dép. de l'Ain, cant. de Montluel, arr. de Trévoux. = Montluel.

PIS-BAJON, s. m. Com. du dép. du Gers, cant. de Masseube, arr. de Mirande. = Mirande.

PISCANTINE, s. f. Mauvais vin, piquette. T. inus.

PISCATOIRE, adj. Qui est relatif à la pêche, aux pêcheurs. T. inus.

PISCICEPTOLOGIE, s. f. Traité sur la pêche et les poissons.

PISCICOLE, s. f. Sangsue. T. d'hist. nat.

PISCINE, s. f. Réservoir où l'ange descendait tous les ans pour troubler l'eau, selon la Bible. —, vivier où les anciens nourrissaient du poisson. —, égout pratiqué dans une sacristie, pour recevoir l'eau qui a servi à nettoyer les vases sacrés, le linge des autels.

PISCIVORE, adj. Qui se nourrit de poisson ; oiseau piscivore.

PISCOP, s. m. Com. du dép. de Seine-et-Oise, cant. d'Ecouen, arr. de Pontoise. = Enghien.

PISE, s. f. Ville archiépiscopale de la Toscane, sur l'Arno. Patrie de Galilée. Pop. 17,000 hab.

PISÉ, s. m. Construction en terre rendue compacte.

PISÉ, E, part. Rendu compacte, en parlant de la terre.

PISER, v. a. Rendre la terre compacte.

PISEUR, s. m. adj. Ouvrier qui construit en pisé ; maçon piseur.

PISEUX, s. m. Com. du dép. de l'Eure, cant. de Verneuil, arr. d'Evreux. = Verneuil.

PISIEU, s. m. Com. du dép. de l'Isère, cant. de Beaurepaire, arr. de Vienne. = Beaurepaire.

PISIFORME, adj. Qui a la forme d'un pois. —, quatrième os de la première rangée du carpe. T. d'anat.

PISITOÉ, s. m. Genre de crustacés. T. d'hist. nat.

PISOLITHES, s. f. pl. Concrétions calcaires en forme de pois. T. d'hist. nat.

PISON, s. m. Batte pour piser.

PISONE, s. f. Plante du genre des nyctaginées. T. de bot.

PISSAPHALTE, s. m. Mélange de poix noire et d'asphalte. T. d'hist. nat.

PISSAT, s. m. Urine des animaux; urine de l'homme, corrompue.

PISSE (la), s. f. Com. du dép. des Hautes-Alpes, cant. de l'Argentière, arr. de Briançon. = Briançon.

PISSE-FROID, s. m. Homme froid, mélancolique, que rien ne saurait émouvoir. T. fam.

PISSELEU, s. m. Com. du dép. de l'Oise, cant. de Marseille, arr. de Beauvais. = Grandvilliers.

PISSELEUX, s. m. Com. du dép. de l'Aisne, cant. de Villers-Cotterets, arr. de Soissons. = Villers-Cotterets.

PISSELOUP, s. m. Com. du dép. de la Haute-Marne, cant. de la Ferté-sur-Amance, arr. de Langres. = Cintrey.

PISSEMENT, s. m. Évacuation de sang par l'urètre; pissement de sang.

PISSENLIT, s. m. Dent de lion, plante du genre des chicoracées. —, enfant qui pisse au lit. T. fam.

PISSER, v. a. et n. Uriner.

PISSEUR, EUSE, s. Celui, celle qui pisse souvent. —, coquillage qui lance une liqueur pourprée. T. d'hist. nat.

PISSEURE (la), s. f. Com. du dép. de la Haute-Saône, cant. de Vauvillers, arr. de Lure. = Luxeuil.

PISSIDE, s. f. Pézise à chapeau en forme de coupe. T. de bot.

PISSIPESQUÉE, s. f. Femme qui fait la précieuse. T. inus.

PISSITE, s. m. Pierre de poix.

PISSOIR, s. m. Baquet pour pisser, dans certains lieux publics.

PISSOS-ET-LIPOSTEY, s. m. Com. du dép. des Landes, chef-lieu de cant. de l'arr. de Mont-de-Marsan. Bur. d'enregist. = Lipostey. Hauts-fourneaux.

PISSOTE, s. f. Sorte de canule de bois au bas d'un cuvier.

PISSOTER, v. n. Uriner fréquemment et peu à la fois.

PISSOTIÈRE, s. f. Lieu où l'on pisse. —, petit jet d'eau, petite fontaine. T. iron.

PISSOTTE, s. f. Com. du dép. de la Vendée, cant. et arr. de Fontenay. = Fontenay-le-Comte.

PISSY, s. m. Com. du dép. de la Seine-Inférieure, cant. de Maromme, arr. de Rouen. = Rouen.

PISSY, s. m. Com. du dép. de la Somme, cant. de Mollens-Vidame, arr. d'Amiens. = Picquigny.

PISTACHE, s. f. Amande du pistachier, dont la noix a la figure d'une olive. —, sorte de petite dragée.

PISTACHIER, s. m. Arbre d'Asie, du genre des térébinthacées, dont une espèce produit les pistaches. T. de bot.

PISTATION, s. f. Action de luter un vase dans lequel on fait cuire quelque chose, de le fermer hermétiquement avec de la pâte. T. inus.

PISTE, s. f. Trace, vestige des animaux, et fig. de l'homme.

PISTIL, s. m. Organe femelle de la fructification des plantes, composé de l'ovaire, du style et du stigmate. T. de bot.

PISTOLE, s. f. Monnaie d'or étrangère. —, en France, valeur de compte, dix livres tournois.

PISTOLET, s. m. Arme à feu très courte, pour tirer d'une main. —, chaudron de papetier; outil de parcheminier.

PISTON, s. m. Cylindre mobile dans le corps d'une pompe.

PISTORF, s. m. Com. du dép. du Bas-Rhin, cant. de Drulingen, arr. de Saverne. = Phalsbourg.

PITANCE, s. f. Portion d'alimens pour le repas d'un religieux, dans les communautés, et fam., ce qu'on mange avec le pain.

PITANCERIE, s. f. Office claustral.

PITANCIER, s. m. Pourvoyeur d'une communauté.

PITAR, s. m. Coquille du genre vénus. T. d'hist. nat.

PITAUD, E, s. Paysan lourd et grossier. T. fam.

PITCAIRNE, s. m. Plante de la famille des narcisses. T. de bot.

PITCHOU, s. m. Espèce de fauvette de Provence.

PITE, s. f. Petite monnaie de cuivre, un quart du denier. —, plante d'Amérique, espèce d'aloès qui fournit de la soie.

PITEUSEMENT, adv. De manière à exciter la pitié; d'une manière piteuse. T. fam.

PITEUX, EUSE, adj. Digne de pitié, de compassion. — chère, mauvaise chère. T. fam.

PITGAM, s. m. Com. du dép. du Nord, cant. de Bergues, arr. de Dunkerque. = Bergues.

PITHÉCIENS, s. m. pl. Singes sans queues. T. d'hist. nat.

PITHEN, s. m. Com. du dép. du Pas-de-Calais, cant. de Guines, arr. de Boulogne. = Boulogne.

PITHÈQUE, s. m. Singe pithécien.

PITHIENVILLE, s. f. Com. du dép. de l'Eure, cant. et arr. d'Evreux. = Evreux.

PITHIVIERS, s. m. Petite ville du dép. du Loiret, chef-lieu de sous-préf. et de cant.; trib. de 1re inst.; conserv. des hypoth.; recev. part. des finances; direct. des contrib. indir.; bur. d'enregist. et de poste. Source d'eau minérale. Fabr. de cuirs. Comm. de blés, vin, cire, miel blanc, laines, bois et safran du Gatinais.

PITHIVIERS-LE-VIEL, s. m. Com. du dép. du Loiret, cant. et arr. de Pithiviers. = Pithiviers.

PITHOMÉTRIQUE, adj. Se dit d'une échelle qui indique les segmens des tonneaux, dans l'opération du jaugeage.

PITHON, s. m. Com. du dép. de l'Aisne, cant. de St.-Simon, arr. de St.-Quentin. = Ham.

PITHYS, s. m. Genre d'oiseaux sylvains. T. d'hist. nat.

PITIÉ, s. f. Compassion, impression douloureuse qu'on ressent du mal d'autrui. Regarder en —, dédaigner, mépriser. Fig. Ecrire de manière à faire —, écrire très mal. —, hôpital de Paris dans le faubourg St.-Marceau ; mourir à la Pitié.

PITIN, s. m. Espèce de pie du Chili. T. d'hist. nat.

PITO, s. m. Espèce d'étourneau de la Nouvelle-Hollande. T. d'hist. nat.

PITON, s. m. Sorte de clou dont la tête est percée en forme d'anneau.

PITO-RÉAL, s. m. Oiseau vert du Pérou.

PITOYABLE, adj. Enclin à la pitié. T. inus. —, digne de pitié, de compassion ; qui excite la pitié. —, mauvais, méprisable, qui fait pitié. T. fam.

PITOYABLEMENT, adv. De manière à exciter la compassion ou le mépris.

PITPIT, s. m. Petit oiseau de la Guiane. T. d'hist. nat.

PITREPITE, s. m. Liqueur très forte, faite avec de l'esprit de vin.

PITRES, s. m. Com. du dép. de l'Eure, cant. du Pont-de-l'Arche, arr. de Louviers. = le Pont-de-l'Arche.

PITTEFAUX, s. m. Com. du dép. du Pas-de-Calais, cant. et arr. de Boulogne. = Boulogne.

PITTONE, s. f. Plante borraginée. T. de bot.

PITTORESQUE, adj. Susceptible d'un grand effet en peinture, et fig., qui peint vivement à l'esprit ; description pittoresque.

PITTORESQUEMENT, adv. D'une manière pittoresque.

PITTOSPORE, s. f. Genre de plantes polypétales. T. de bot.

PITUITAIRE, adj. Qui est relatif à la pituite ; fosse, glande pituitaire. T. de méd.

PITUITE, s. f. Flegme, humeur aqueuse, lymphatique et visqueuse.

PITUITEUX, EUSE, adj. Sujet à la pituite ; qui a un tempérament lymphatique.

PITYRIASE, s. f. Teigne porrigineuse furfuracée. T. de méd.

PITYRODIE, s. f. Arbrisseau de la Nouvelle-Hollande. T. de bot.

PITYTE, s. f. Bois pétrifié, offrant l'image du pin. T. d'hist. nat.

PIVE, s. f. Crustacé qui vit sur les poissons. T. d'hist. nat.

PIVERT, s. m. Oiseau d'un jaune vert, qui pique les arbres.

PIVETTE, s. f. Bécasseau.

PIVOINE, s. m. Bouvreuil. —, s. f. Plante renonculacée, à très grosses fleurs, dont la graine et les racines ont des propriétés médicinales. T. de bot.

PIVOT, s. m. Morceau de métal ou de bois arrondi par le bout, sur lequel tourne un corps solide qu'il soutient.—, grosse racine d'arbre enfoncée perpendiculairement. —, principal agent ; principal mobile ; principal soutien. Fig.

PIVOTANTE, adj. Se dit d'une racine enfoncée perpendiculairement dans la terre. T. de bot.

PIVOTE-ORTOLANE, s. f. Oiseau qui ressemble à l'alouette des prés.

PIVOTER, v. n. Tourner comme sur un pivot. —, pousser perpendiculairement, en parlant d'une racine.

PIXÉRÉCOURT, s. m. Com. du dép. de la Meurthe, cant. et arr. de Nancy. = Nancy.

PIZIEUX, s. m. Com. du dép. de la Sarthe, cant. et arr. de Mamers. = Mamers.

PIZOU (le), s. m. Com. du dép. de la Dordogne, cant. de Monpont, arr. de Ribérac. = Monpont.

PIZY, s. m. Com. du dép. de l'Yonne, cant. de Guillon, arr. d'Avallon. = Avallon.

PLA (le), s. m. Com. du dép. de l'Ariège, cant. de Quérigut, arr. de Foix. Bur. d'enregist. = Tarascon-sur-Ariège.

PLABENNEC, s. m. Com. du dép. du Finistère, chef-lieu de cant. de l'arr. de Brest où se trouvent les bur. d'enregist. et de poste.

PLACAGE, s. m. Application d'une feuille d'acajou, etc., sur du bois de moindre valeur.

PLAÇAGE, s. m. Distribution des places dans un marché. T. d'agent de police.

PLACAQUE, s. m. Mortier liquide de terre grasse.

PLACARD, s. m. Boiserie sans saillie, appliquée pour boucher un vide ; affiche imprimée ou manuscrite ; écrit injurieux qu'on affiche ou qu'on distribue gratuitement. —, épreuve d'une affiche tirée sur un seul côté du papier. T. d'impr.

PLACARDÉ, E, part. Affiché; couvert de placards.

PLACARDER, v. a. Afficher un placard; répandre des placards. — quelqu'un, afficher, distribuer un écrit contre lui. Fig.

PLACE, s. f. Lieu, endroit; espace qu'occupe, que peut occuper une personne ou une chose. —, situation, position convenable, commode. —, dignité, charge, emploi. —, mention dans une liste, un ouvrage. —, rang d'un écolier dans sa classe. —, lieu public découvert et environné de bâtimens ; la place Vendôme. —, ville de commerce, de change, de banque; sur la place de Bordeaux.—, ville de guerre, forteresse. — d'armes, espace où l'on exerce les troupes; ville frontière où se trouve le principal dépôt des munitions, des armes. Faire — à quelqu'un, se ranger par déférence pour le laisser passer, le placer à côté de soi, lui céder sa place. Faire—, se dit fig. des choses; la peur a fait place à la confiance. Se mettre à la—de quelqu'un, s'imaginer qu'on est dans une position semblable à la sienne. Demeurer sur la —, tomber mort. —! —! interj. Gare! gare! rangez-vous.

PLACÉ, E, part. Mis dans une place; employé.

PLACÉ, s. m. Com. du dép. de la Mayenne, cant. et arr. de Mayenne. = Mayenne.

PLACEMENT, s. m. Action de placer de l'argent; argent placé.

PLACENTA, s. m. Arrière faix, délivre, masse charnue composée de diverses membranes qui servent d'enveloppe au fœtus. T. d'anat. —, partie interne du péricarpe à laquelle la graine est attachée. T. de bot.

PLACER, v. a. Mettre, poser dans un lieu, dans une place. —, assigner la place, déterminer le rang.—, asseoir, établir; placer sa confiance en Dieu. Fig. —, donner, procurer une place, un emploi.— des capitaux, les prêter à intérêt. — bien ce qu'on dit, parler à propos. Se —, v. pron. Se mettre dans un lieu; se procurer un emploi.

PLACES (les), s. f. pl. Com. du dép. de l'Eure, cant. de Thiberville, arr. de Bernay. = Bernay.

PLACET, s. m. (mot latin). Tabouret. —, demande par écrit pour obtenir justice, grâce, etc.

PLACEY, s. m. Com. du dép. du Doubs, cant. d'Audeux, arr. de Besançon. = Besançon.

PLACHETTES, s. f. pl. Petits ais pour porter les tuiles. T. inus.

PLACHY et BUYON, s. m. Com. du dép. de la Somme, cant. de Conty, arr. d'Amiens. = Amiens.

PLACIDE, adj. Calme, doux, pacifique. T. inus.

PLACIDEMENT, adv. Doucement, tranquillement, pacifiquement. T. inus.

PLACIDITÉ, s. f. Naturel doux, humeur pacifique. T. inus.

PLACIER, s. m. Fermier, locataire d'une place où se tient un marché.

PLACITÉ, E, adj. Approuvé. T. de procéd. (Vi.)

PLACODE, s. f. Espèce de lichen. T. de bot.

PLACUNE, s. f. Genre de testacés bivalves. T. d'hist. nat.

PLACUS, s. m. Genre de plantes corymbifères. T. de bot.

PLACY, s. m. Com. du dép. du Calvados, cant. de Thury-Harcourt, arr. de Falaise. = Thury-Harcourt.

PLACY, s. m. Com. du dép. de la Manche, cant. de Torigni, arr. de St.-Lô. = Torigni.

PLADAROSE, s. f. Petite loupe molle, adhérente aux paupières. T. de méd.

PLAFOND, s. m. Dessous d'un plancher, garni de plâtre. —, plateau de cuivre pour le four. —, carène, œuvres vives. T. de mar.

PLAFONNÉ, E, part. Couvert, garni de plâtre, en parlant du dessous d'un plancher.

PLAFONNER, v. a. Garnir de plâtre le dessous d'un plancher. —, donner le raccourci nécessaire à une figure peinte sur un plafond. T. de peint. —, v. n. Être bien en perspective sur un plafond.

PLAFONNEUR, s. m. Maçon qui fait un plafond.

PLAGE, s. f. Rivage de mer plat et découvert. —, contrée, climat, point de l'horizon. T. poét.

PLAGIAIRE, s. et adj. Forban littéraire qui pille et s'approprie les ouvrages d'autrui. —, qui vole des enfans, des esclaves. T. de jurisp.

PLAGIANTHE, s. m. Arbre de la Nouvelle-Zélande. T. de bot.

PLAGIAT, s. m. Vol littéraire.

PLAGIAULE, s. f. Flûte des anciens, à bout recourbé.

PLAGIÈDRE, adj. m. Se dit d'un cristal à facettes obliques.

PLAGIOSTOME, s. f. Coquille bivalve. —, s. m. pl. Famille de poissons. T. d'hist. nat.

PLAGIURES, s. m. pl. Poissons et coquillages qui ne se trouvent qu'en haute mer. T. d'hist. nat.

PLAGIUSE, s. f. Poisson du genre du pleuronecte. T. d'hist. nat.

PLAGNE, s. m. Com. du dép. de la Haute-Garonne, cant. de Cazères, arr. de Muret. = Martres.

PLAGNOLE, s. f. Com. du dép. de la Haute-Garonne, cant. de Rieumes, arr. de Muret. = Lombez.

PLAGUSIE, s. f. Crustacé décapode. T. d'hist. nat.

PLAID, s. m. Manteau de laine, à carreaux rouges, verts, etc., des montagnards écossais. —, plaidoyer. Tenir les —, donner audience.

PLAIDABLE, adj. Qui peut être plaidé. Jour —, jour d'audience.

PLAIDANT, E, adj. Qui plaide.

PLAIDÉ, E, part. Contesté, défendu en justice.

PLAIDER, v. a. et n. Contester, défendre en justice. — une cause, la défendre. — quelqu'un, lui intenter un procès. — pour quelqu'un, défendre sa cause, parler en sa faveur.

PLAIDEUR, EUSE, s. Malheureux qui a un procès; insensé qui aime à plaider, qui sacrifie sa tranquillité, sa fortune en plaidant.

PLAIDOIRIE, s. f. Art de plaider; profession, discours d'un avocat; plaidoyer.

PLAIDOYABLE, adj. Se dit des jours d'audience; jour plaidoyable.

PLAIDOYER, s. m. Plaidoirie, discours d'un avocat, soit en demandant, soit en défendant.

PLAIE, s. f. Solution de continuité récente dans une partie molle, par un instrument tranchant, piquant ou contondant. T. de chir. —, malheur, affliction; calamité, fléau. Fig. Les — d'Egypte, fléaux dont Dieu punit Pharaon. —, entaille pour greffer. T. de jard.

PLAIGNANT, E, adj. Se dit d'une personne qui a rendu plainte en justice, qui poursuit correctionnellement la réparation d'un dommage.

PLAIGNE, s. f. Com. du dép. de l'Aude, cant. de Belpech, arr. de Castelnaudary. = Castelnaudary.

PLAILLY, s. m. Com. du dép. de l'Oise, cant. et arr. de Senlis. = Louvres.

PLAIMBOIS, s. m. Com. du dép. du Doubs, cant. de Pierrefontaine, arr. de Baume. = Morteau.

PLAIMBOIS-DU-MIROIR, s. m. Com. du dép. du Doubs, cant. de Russey, arr. de Montbéliard. = Morteau.

PLAIN, s. m. Grande cuve de tanneur dans laquelle on met les peaux dont on veut faire tomber le poil à l'aide de la chaux.

PLAIN, E, adj. Uni, plat, sans inégalités. — campagne, rase campagne. Linge —, non ouvré.

PLAIN-CHANT, s. m. Chant d'église, chant grégorien.

PLAIN-DE-VALSCH, s. m. Com. du dép. de la Meurthe, cant. et arr. de Sarrebourg. = Sarrebourg.

PLAINDIN, s. m. Sorte de serge qu'on fabrique en Ecosse.

PLAIN-PIED, s. m. Appartement de niveau, de même étage. De —, adv. De niveau.

PLAINDRE, v. a. Avoir pitié, compassion du sort d'un malheureux, être sensible aux peines d'autrui. —, faire, donner à regret; plaindre sa peine, son argent. Se —, v. pron. Se lamenter, gémir. Se —, former, rendre plainte en justice. Se — de quelqu'un ou de quelque chose, témoigner le mécontentement qu'on éprouve.

PLAINE, s. f. Grande étendue de terre unie, rase campagne; les plaines de la Beauce. — liquide, la mer. T. poét.

PLAINE (la), s. f. Rivière qui prend sa source au-dessus de Raon-sur-Plaine, et se jette dans la Meurthe, à Raon-l'Etape. Elle est flottable depuis sa source jusqu'à son embouchure, et fait mouvoir un grand nombre de scieries, dont les planches sont exploitées au port de Raon.

PLAINE (la), s. f. Com. du dép. de la Loire-Inférieure, cant. de Pornic, arr. de Paimbœuf. = Pornic. Source d'eau minérale.

PLAINE (la), s. f. Com. du dép. de Maine-et-Loire, cant. de Vihiers, arr. de Saumur. = Vihiers.

PLAINE (la), s. f. Com. du dép. des Vosges, cant. de Saales, arr. de St.-Dié. = Raon-l'Etape.

PLAINEHAUTE, s. f. Com. du dép. des Côtes-du-Nord, cant. de Quintin, arr. de St.-Brieuc. = Quintin.

PLAINEMONT, s. m. Com. du dép. de la Haute-Saône, cant. de Vauvillers, arr. de Lure. = Luxeuil.

PLAINES, s. f. Com. du dép. de l'Aube, cant. de Mussy-sur-Seine, arr. de Bar-sur-Seine. = Mussy-l'Evêque.

PLAINFAING, s. m. Com. du dép. des Vosges, cant. de Fraize, arr. de St.-Dié. = St.-Dié.

PLAINOISEAU, s. m. Com. du dép. du Jura, cant. de Voiteur, arr. de Lons-le-Saulnier. = Lons-le-Saulnier.

PLAINS-ET-GRANDS-ESSARTS (les), s. m. Com. du dép. du Doubs, cant. de St.-Hippolyte, arr. de Montbéliard. = St.-Hippolyte-sur-le-Doubs.

PLAINT, E, part. Se dit d'une personne dont le sort a excité un intérêt mêlé de compassion.

PLAINTE, s. f. Gémissement, lamentation; paroles, accens qui expriment la douleur, la compassion. —, mécontentement exprimé de vive voix ou par écrit. —, exposé des griefs dont on poursuit la réparation devant les tribunaux; déposer sa plainte au parquet.

PLAINTEL, s. m. Com. du dép. des Côtes-du-Nord, cant. de Ploeuc, arr. de St.-Brieuc. = Quintin.

PLAINTIF, IVE, adj. Dolent, gémissant; voix plaintive. —, qui se plaint, se lamente; homme plaintif.

PLAINTIVEMENT, adv. D'un ton plaintif, d'une voix plaintive.

PLAINVAL, s. m. Com. du dép. de l'Oise, cant. de St.-Just-en-Chaussée, arr. de Clermont. = St.-Just.

PLAINVILLE, s. f. Com. du dép. de l'Eure, cant. et arr. de Bernay. = Bernay.

PLAINVILLE, s. f. Com. du dép. de l'Oise, cant. de Breteuil, arr. de Clermont. = Montdidier.

PLAIRE, v. n. Etre agréable, flatter l'esprit ou les sens. —, en parlant des dames, charmer par son esprit, ses grâces. —, v. impers. Vouloir; avoir pour agréable; trouver bon. Se —, v. pron. Prendre plaisir à faire quelque chose; je me plais à courir les forêts. Se —, se trouver bien en un lieu, y profiter, en parlant des végétaux.

PLAISAMMENT, adv. D'une manière agréable, plaisante. —, ridiculement, bizarrement. T. iron.

PLAISANCE, s. f. Plaisir. Maison de —, de pur agrément.

PLAISANCE, s. f. Duché d'Italie, réuni aux états de Parme. —, ville capitale de ce duché, au confluent de la Trébia et du Pô. Pop. 15,000 hab.

PLAISANCE, s. f. Com. du dép. de l'Aveyron, cant. de St.-Sernin, arr. de St.-Affrique. = St.-Sernin.

PLAISANCE, s. f. Com. du dép. de la Haute-Garonne, cant. de Léguevin, arr. de Toulouse. = Toulouse.

PLAISANCE, s. f. Com. du dép. de la Vienne, cant. et arr. de Montmorillon. = Montmorillon.

PLAISANCE, s. f. Petite ville du dép. du Gers, chef-lieu de cant. de l'arr. de Mirande. Bur. d'enregist. et de poste.

PLAISANT, s. m. Homme d'un caractère léger, qui aime à dire des plaisanteries. Le —, le côté plaisant d'une aventure; ce qui est propre à faire rire.

PLAISANT, E, adj. Agréable, qui plaît. —, qui récrée, divertit, fait rire; drôle, comique. —, ridicule, impertinent. T. iron.

PLAISANTÉ, E, part. Persiflé, raillé, tourné en ridicule.

PLAISANTER, v. a. Persifler, railler, tourner en ridicule. —, v. n. Dire ou faire des plaisanteries pour faire rire; badiner, ne pas parler sérieusement.

PLAISANTERIE, s. f. Raillerie, badinerie; chose dite ou faite pour amuser; chose sans conséquence. — à part, sérieusement.

PLAISIA, s. f. Com. du dép. du Jura, cant. d'Orgelet, arr. de Lons-le-Saulnier. = Orgelet.

PLAISIANS, s. m. Com. du dép. de la Drôme, cant. du Buis, arr. de Nyons. = le Buis.

PLAISIR, s. m. Sentiment, sensation agréable de l'ame, excitée par la jouissance ou l'espérance d'un bien; délices, volupté; joie, contentement, satisfaction. —, amusement, divertissement; se dit surtout au pl. —, volonté, consentement; sous votre bon plaisir. —, grâce, faveur, service, bon office; faites-moi le plaisir de m'entendre. A —, adv. Avec plaisir, facilité. Conte fait à —, pour amuser. Par —, par divertissement.

PLAISIR (St.-), s. m. Com. du dép. de l'Allier, cant. de Bourbon-l'Archambault, arr. de Moulins. = Bourbon-l'Archambault.

PLAISIR, s. m. Com. du dép. de Seine-et-Oise, cant. de Marly-le-Roi, arr. de Versailles. = Neauphle.

PLAISSAN, s. m. Com. du dép. de l'Hérault, cant. de Gignac, arr. de Lodève. = Gignac.

PLAIZAC, s. m. Com. du dép. de la Charente, cant. de Rouillac, arr. d'Angoulême. = Angoulême.

PLAMAGE, s. m. Action de plamer les cuirs; état du cuir plamé. T. de tann.

PLAMÉ, E, part. Se dit d'un cuir dont on a fait tomber le poil. T. de tann.

PLAMÉE, s. f. Eau de chaux dans laquelle on fait tremper les peaux pour faire tomber le poil. T. de tann. —, chaux pour bâtir avec le moellon.

PLAMER, v. a. Faire tomber le poil du cuir avec une préparation de chaux. T. de tann.

PLAMERIE, s. f. Lieu dans lequel on fait le plamage. T. de tann.

PLAMOTTÉ, E, part. Retiré des formes, en parlant des pains de sucre.

PLAMOTTER, v. a. Retirer les pains de sucre des formes.

PLAN, s. m. Surface plane: superficie plate; délinéation, dessin d'un ouvrage, en général. T. de math. et d'arch. —, objets supposés compris entre deux distances en profondeur; premier, second plan. T. de peint. —, projet d'un ouvrage de littérature, ordonnance, distribution de ses parties, de ses détails. —, projet formé pour une chose quelconque; plan de campagne; plan de conduite.

PLAN, E, adj. Tracé sur une superficie plate; angle plan. T. de math. —, plat et uni; figure plane. Nombre —, produit de deux nombres multipliés l'un par l'autre. T. d'arith.

PLAN (le), s. m. Com. du dép. de la Haute-Garonne, cant. de Cazères, arr. de Muret. = Martres.

PLAN (le), s. m. Com. du dép. de l'Isère, cant. de St.-Etienne de St-Geoirs, arr. de St.-Marcellin. = Bourgoin.

PLANAIRE, s. f. Ver aquatique; ver intestinal, monostome. T. d'hist. nat.

PLANAY, s. m. Com. du dép. de la Côte-d'Or, cant. de Laignes, arr. de Châtillon. = Laignes.

PLANCARD (St.-), s. m. Com. du dép. de la Haute-Garonne, cant. de Montrejeau, arr. de St.-Gaudens. = Montrejeau.

PLANCHAMP, s. m. Com. du dép. de la Lozère, cant. de Villefort, arr. de Mende. = Villefort.

PLANCHE, s. f. Morceau de bois scié en long, beaucoup plus large qu'épais; ce qui a la forme d'une planche. —, morceau de bois, de cuivre, etc., large et mince, gravé, lithographié ou destiné à l'être; estampe. —, fer de mulet; bloc d'ardoise. —, espace de terre plus long que large entre des sentiers. T. de jard. Faire la —, nager sur le dos; être le premier à tenter une chose. — pourrie, personne, chose sur laquelle on ne peut compter. Fig.

PLANCHÉIÉ, E, part. Garni de planches.

PLANCHÉIER, v. a. Garnir de planches le sol d'un appartement.

PLANCHÉIEUR, s. m. Inspecteur qui veille aux ponts de planches.

PLANCHER, s. m. Séparation entre les étages; séparation haute ou basse d'une chambre; plafond. —, surface inférieure d'une cavité quelconque. T. d'anat.

PLANCHER-BAS, s. m. Com. du dép. de la Haute-Saône, cant. de Champagney, arr. de Lure. = Lure. Papeterie; mine de houille.

PLANCHER-LES-RUINES, s. m. Com. du dép. de la Haute-Saône, cant. de Champagney, arr. de Lure. = Lure. Fabr. de clous à vis, carrés de montre, vis à bois, tabatières en cornes; filatures de coton; comm. de bois de construction.

PLANCHERS (St.-), s. m. Com. du dép. de la Manche, cant. de Granville, arr. d'Avranches. = Granville.

PLANCHES (les), s. f. pl. Com. du dép. de l'Eure, cant. et arr. de Louviers. = Louviers.

PLANCHES (les), s. f. pl. Com. du dép. du Jura, chef-lieu de cant. de l'arr. de Poligny. Bur. d'enregist. à St.-Laurent. = Arbois.

PLANCHES (les), s. f. pl. Com. du dép. du Jura, cant. d'Arbois, arr. de Poligny. = Champagnole.

PLANCHES, s. f. Com. du dép. de l'Orne, cant. de Merlerault, arr. d'Argentan. = Nonant.

PLANCHETTE, s. f. Petite planche. —, instrument de mathématiques pour lever des plans; outils de divers métiers.

PLANCHEZ, s. m. Com. du dép. de la Nièvre, cant. de Montsauche, arr. de Château-Chinon. = Château-Chinon.

PLANCOËT, s. m. Com. du dép. des Côtes-du-Nord, chef-lieu de cant. de l'arr. de Dinan. Bur. d'enregist. et de poste.

PLANÇON ou PLANTARD, s. m. Branche de saule coupée pour être replantée; bouture.

PLANCY, s. m. Petite ville du dép. de l'Aube, cant. de Méry-sur-Seine, arr. d'Arcis-sur-Aube. = Méry-sur-Seine. Fabr. de bonneterie; filatures de coton.

PLAN-D'AUPS (le), s. m. Com. du dép. du Var, cant. de St.-Maximin, arr. de Brignoles. = Aups.

PLAN-DE-BAIX, s. m. Com. du dép. de la Drôme, cant. de Crest, arr. de Die. = Crest.

PLAN-DE-LA-TOUR (le), s. m. Com. du dép. du Var, cant. de Grimaud, arr. de Draguignan. = le Luc.

PLANE, s. m. Poisson du genre du pleuronecte, plie. T. d'hist. nat. —, s. f. Outil tranchant à deux poignées pour planer. —, couteau pour détacher la languette du haim. —, outil de bois pour enlever du moule l'excédant de la terre.

T. de briquetier. —, morceau de cuivre carré garni d'une poignée. T. de plombier. —, assemblage de feuilles de parchemin en carré. T. de batteur d'or.

PLANÉ, E, part. Poli avec la plane.

PLANE (la), s. f. Com. du dép. de l'Aveyron, cant. de Villeneuve, arr. de Villefranche. = Villefranche.

PLANÉE (la), s. f. Com. du dép. du Doubs, cant. et arr. de Pontarlier. = Pontarlier.

PLANER, v. a. Polir avec la plane, unir; égaler. —, v. n. Se soutenir en l'air, les ailes étendues et comme immobiles; se dit de l'aigle, etc. —, considérer de haut; dominer sur..., en parlant de la vue, et fig. de l'esprit.

PLANÈRE, s. f. Arbre de la Caroline. T. de bot.

PLANÈS, s. m. Com. du dép. des Pyrénées-Orientales, cant. de Mont-Louis, arr. de Prades. = Mont-Louis.

PLANÉTAIRE, s. m. Représentation en petit du cours des planètes. —, adj. Qui concerne les planètes, leur appartient; système planétaire. T. d'astr.

PLANETE, s. f. Astre qui a son mouvement périodique, emprunte sa lumière du soleil, et la réfléchit.

PLANÉTÉ, E, part. Adouci; se dit de la corne du peigne.

PLANETER, v. a. Adoucir la corne du peigne.

PLANÉTOLABE, s. m. Instrument d'astronomie pour mesurer le mouvement des planètes.

PLANEUR, s. m. Artisan qui plane la vaisselle d'or et d'argent, qui polit les cuivres.

PLANÉZES, s. m. Com. du dép. des Pyrénées-Orientales, cant. de Latour, arr. de Perpignan. = Perpignan.

PLANGUENOUAL, s. m. Com. du dép. des Côtes-du-Nord, cant. de Pléneuf, arr. de St.-Brieuc. = Lamballe.

PLANHES, s. m. Com. du dép. de l'Aveyron, cant. de Ste.-Geneviève, arr. d'Espalion. = Villefranche.

PLANICAUDES, s. m. pl. Lézards amphibies, crocodiles.

PLANIMÉTRIE, s. f. Art de mesurer les surfaces planes.

PLANIOLES, s. m. Com. du dép. du Lot, cant. et arr. de Figeac. = Figeac.

PLANIPENNES, s. m. pl. Névroptères synistates. T. d'hist. nat.

PLANIQUEUES, s. m. pl. Quadrupèdes rongeurs, castor, etc. T. d'hist. nat.

PLANIROSTRES, s. m. pl. Famille des passereaux à bec court et aplati. T. d'hist. nat.

PLANISPHÈRE, s. m. Plan de la moitié d'un astre; carte représentant, sur un plan, les deux hémisphères célestes ou terrestres. T. d'astr.

PLANOIR, s. m. Ciselet à bout aplati pour planer les champs. T. de cisel. et d'orfèv.

PLANOIS (le), s. m. Com. du dép. de Saône-et-Loire, cant. de St.-Germain-du-Bois, arr. de Louhans. = Louhans.

PLANORBE, s. m. Genre de testacés univalves. T. d'hist. nat.

PLANORBIER, s. m. Animal renfermé dans les planorbes. T. d'hist. nat.

PLANOSPIRITE, s. f. Coquille univalve, fossile. T. d'hist. nat.

PLANOY, s. m. Com. du dép. de Seine-et-Marne, cant. de Rozoy, arr. de Coulommiers. = Rozoy-en-Brie.

PLANQUAY (le), s. m. Com. du dép. de l'Eure, cant. de Thiberville, arr. de Bernay. = Bernay.

PLANQUERY, s. m. Com. du dép. du Calvados, cant. de Balleroy, arr. de Bayeux. = Balleroy. Carrières d'ardoises.

PLANQUES, s. m. Com. du dép. du Pas-de-Calais, cant. de Fruges, arr. de Montreuil. = Fruges.

PLANRUPT, s. m. Com. du dép. de la Haute-Marne, cant. de Montierender, arr. de Vassy. = Montierender.

PLANS (les), s. m. pl. Com. du dép. du Gard, cant. de St.-Martin-de-Valgalgues, arr. d'Alais. = Alais.

PLANS (les), s. m. pl. Com. du dép. de l'Hérault, cant. et arr. de Lodève. = Lodève.

PLANT, s. m. Jeune arbre, jeune plante; bouture à planter ou nouvellement plantée; terrain planté d'arbres; pépinière, jeune vigne.

PLANTADE, s. f. Plant d'arbres. (Vi.)

PLANTAGE, s. m. Action de planter. —, plantes de cannes à sucre, de tabac, etc.

PLANTAGINÉES, s. f. pl. Famille des plantains, plantes herbacées, dicotylédonnes, apétales, à étamines hypogynes. T. de bot.

PLANTAIN, s. m. Plante de la famille des plantaginées, renfermant un grand nombre d'espèces. T. de bot.

PLANTAIRE, s. m. Muscle très mince et très long qui s'attache par son extrémité supérieure à la partie externe du condile du fémur et se termine à la partie postérieure interne du calcanéum.

—, adj. Qui appartient à la plante du pied; nerfs plantaires. T. d'anat.

PLANTAIRE (St.-), s. m. Com. du dép. de l'Indre, cant. d'Aigurande, arr. de la Châtre. == Argenton-sur-Creuse.

PLANTARD, s. m. Voy. PLANÇON.

PLANTAT, s. m. Vigne d'un an.

PLANTATION, s. f. Action de planter; plant. —, établissement dans les colonies.

PLANTAY (le), s. m. Com. du dép. de l'Ain, cant. de Chalamont, arr. de Trévoux. == Meximieux.

PLANTE, s. f. Dénomination commune à toutes les productions végétales. —, production végétale, annuelle ou vivace qui ne pousse pas de bois; plante médicinale. —, jeune garçon, jeune fille. Fig. — du pied, le dessous du pied, la partie convexe du tarse et du métatarse. T. d'anat.

PLANTÉ, E, part. Mis dans la terre pour végéter, en parlant d'un arbre, d'une plante. Cheveux bien —, bien placés. Maison bien —, bien située.

PLANTER, v. a. et n. Ouvrir la terre et y déposer un arbre, une plante, pour la faire végéter. —, enfoncer en terre; planter une borne, un pieu. — là, abandonner, quitter, délaisser. Fig. et fam. — une chose au nez de quelqu'un, la lui reprocher en face.

PLANTEUR, s. m. Jardinier qui plante des arbres. —, propriétaire d'un établissement agricole, d'une plantation, en Amérique. — de choux, gentilhomme campagnard.

PLANTIÈRES, s. f. Com. du dép. de la Moselle, cant. et arr. de Metz. == Metz.

PLANTIGRADES, s. m. pl. Genre de quadrupèdes carnassiers qui appuient à terre en marchant la plante entière du pied. T. d'hist. nat.

PLANTIS (le), s. m. Com. du dép. de l'Orne, cant. de Courtomer, arr. d'Alençon. == le Mêle.

PLANTIVORE, adj. Voy. FRUGIVORE.

PLANTOIR, s. m. Cheville de bois avec laquelle on fait des trous en terre pour planter les choux, etc.

PLANTOMANIE, s. f. Manie des plantations. T. inus.

PLANTULE ou PLUMULE, s. f. Rudiment de la tige qui sort des lobes séminaux à l'époque de la germination. T. de bot.

PLANTUREUSEMENT, adv. Copieusement, abondamment. (Vi.)

PLANTUREUX, EUSE, adj. Abondant, copieux. (Vi.)

PLANTY, s. m. Com. du dép. de l'Aube, cant. de Marcilly-le-Hayer, arr. de Nogent-sur-Seine. == Villeneuve.

PLANULITHE, s. f. Coquille en spirale, fossile. T. d'hist. nat.

PLANURE, s. f. Partie retranchée du bois qu'on plane. — ou plature, veine qui s'étend en superficie dans les mines de charbon.

PLANZOLES, s. m. Com. du dép. de l'Ardèche, cant. de Joyeuse, arr. de Largentière. == Joyeuse.

PLAPPEVILLE, s. f. Com. du dép. de la Moselle, cant. et arr. de Metz. == Metz.

PLAQUE, s. f. Table de métal; table de fer ou de fonte avec laquelle on garnit le fond d'une cheminée. —, sorte de chandelier. —, partie plate de la garde d'une épée. —, corps de verre ou d'émail façonné à la flamme de la lampe. T. d'émailleur.

PLAQUÉ, s. m. Ouvrage en métal sur lequel on applique de l'or ou de l'argent.

PLAQUÉ, E, part. Appliqué sur un meuble, en parlant du placage. Vaisselle —, vaisselle de métal recouvert d'une feuille d'or ou d'argent.

PLAQUEMINIER, s. m. Arbre des Indes, du genre des ébénacées. T. de bot.

PLAQUER, v. a. Appliquer une feuille d'acajou sur un meuble d'un autre bois, une feuille d'argent sur un ouvrage de métal.

PLAQUERESSES, s. f. pl. Sortes de cardes.

PLAQUESAIN, s. m. Petit vase de plomb. T. de vitrier.

PLAQUETTE, s. f. Monnaie de billon dans divers pays.

PLAQUEUR, s. m. Ouvrier en placage, en plaqué.

PLAQUIS, s. m. Incrustation de pierres sans mortier. T. de maç.

PLARON, s. m. Petite musaraigne. T. d'hist. nat.

PLASENCE, s. m. Com. du dép. des Basses-Pyrénées, cant. d'Arzacq, arr. d'Orthez. == Orthez.

PLASME, s. m. Emeraude brute, broyée, pour certains médicamens.

PLASNES, s. m. Com. du dép. de l'Eure, cant. et arr. de Bernay. == Bernay.

PLASNES, s. m. Com. du dép. du Jura, cant. et arr. de Poligny. == Poligny.

PLASSAC, s. m. Com. du dép. de la Charente, cant. de Blanzac, arr. d'Angoulême. == Blanzac.

PLASSAC, s. m. Com. du dép. de la Charente-Inférieure, cant. de St.-Genis, arr. de Jonzac. == St.-Genis.

PLASSAC, s. m. Com. du dép. de la Gironde, cant. et arr. de Blaye. = Blaye.

PLASSAY, s. m. Com. du dép. de la Charente-Inférieure, cant. de St.-Porchaire, arr. de Saintes. = Saintes.

PLASTIQUE, s. f. Art de modeler. —, adj. Qui a la puissance de former. T. de philos. Art —, de modeler.

PLASTRON, s. m. Le devant de la cuirasse. —, pièce de cuir rembourrée, sur l'estomac, pour le garantir des coups de bouton. T. d'escr. —, celui qui est en butte aux railleries. Fig. et fam. —, ornement en forme de bouclier. T. de sculpt. —, enveloppe de la tortue. T. d'hist. nat.

PLASTRONNER (se), v. pron. Se couvrir d'un plastron.

PLAT, s. m. Partie plate d'une chose; coup de plat de sabre. —, pièce de vaisselle pour servir les mets, son contenu; plat de légumes. A —, uniment tout-à-fait. Tout à —, entièrement. A — couvert, en cachette, clandestinement.

PLAT, E, adj. Dont la surface est unie, sans inégalité; terrain plat. —, sans sel, sans force, sans agrément; style plat. Fig. —, sans élévation, sans courage, sans noblesse de sentiment; homme plat. Pays —, pays de plaine. — pays, la campagne, les villages, par opposition aux places fortifiées. Vaisseau —, de bas bord. Vaisselle —, d'argent sans soudure. Rimes —, qui se succèdent deux à deux sans être entremêlées.

PLATAGONE, s. m. Cistre grec garni de grelots.

PLATANAIE, s. f. Terrain planté de platanes. T. inus.

PLATANE, s. m. Grand arbre de la famille des amentacées. T. de bot. —, poisson du genre du cyprin, espèce de brème. T. d'hist. nat.

PLATANISTE, s. m. Plaine couverte de platanes où les jeunes Spartiates se livraient aux exercices gymnastiques. T. d'antiq.

PLATANTHÈRE, s. f. Orchis double-feuille, plante. T. de bot.

PLAT-BORD, s. m. Garde-fou autour du pont d'un navire. T. de mar.

PLATE, s. f. Sorte de grand bateau plat. T. de mar. —, besant d'argent. T. de blas. —, pl. Bandes de cuivre jaune.

PLATEAU, s. m. Fond de bois des grosses balances; petite table, petit plat de tôle vernissée. —, terrain élevé mais uni, sur lequel on établit une batterie; cîme unie d'une montagne. —, partie inférieure des bulbes. T. de bot. —, pl. Fumées plates et rondes des bêtes fauves. T. de véner.

PLATE-BANDE, s. f. Moulure carrée; ornement plat, uni et étroit; voûte servant de linteau; pièce de bois au-dessus des ouvertures. T. d'arch. —, cadre de parquet. T. de menuis. —, planche de terre étroite et longue qui règne aux côtés des allées, pour planter les fleurs et arbustes d'agrément. T. de jard.

PLATÉE, s. f. Contenu d'un plat. —, massif de fondation dans toute l'étendue du bâtiment. T. d'arch. —, ville de Béotie, célèbre par un temple érigé en l'honneur de Jupiter Libérator. T. de myth.

PLATE-FACE, s. f. Place des tuyaux de montre dans l'orgue.

PLATE-FORME, s. f. Toit formant une terrasse. —, ouvrage en terre sur lequel on pose une batterie; assemblage de solives pour placer du canon. T. d'art milit. —, plaque à division. T. d'horlog.

PLATE-LONGE, s. f. Longe de cuir qu'on ajoute au harnais des chevaux de carrosse, pour les empêcher de ruer.

PLATEMENT, adv. D'une manière plate, avec platitude.

PLATEURE, s. f. Filon horizontal. Voy. PLANURE.

PLATIASME, s. m. Vice de prononciation en ouvrant trop la bouche.

PLATICÈRES, s. m. pl. Insectes coléoptères. T. d'hist. nat.

PLATIÈRE, s. f. Ruisseau qui traverse une chaussée.

PLATILLE, s. f. Toile de lin fabriquée en France.

PLATILOBE, s. m. Arbrisseau légumineux. T. de bot.

PLATIN, s. m. Rivage plat et sablonneux, inondé par les marées. T. de mar.

PLATINE, s. m. Or blanc, métal d'un blanc gris, le plus pesant, le plus inaltérable de tous les métaux.

PLATINE, s. f. Grand rond de cuivre un peu convexe, monté sur des pieds de fer, dont on se sert pour sécher et repasser le linge; instrument d'arts et métiers de diverses formes. —, batterie d'une arme à feu. —, plaque de fer percée pour le passage de la clef. —, plaque qui soutient les rouages d'une montre. T. d'horlog. —, partie de la presse qui foule sur le tympan. T. d'impr. —, espèce de râpe sur laquelle on déchire le chiffon. T. de papet.

PLATISME, s. f. Genre de lichens. T. de bot.

PLATITUDE, s. f. Défaut d'énergie, d'élégance, de noblesse, d'élévation dans

www.ingramcontent.com/pod-product-compliance
Lightning Source LLC
Chambersburg PA
CBHW050058230426
43664CB00010B/1365